Yearbook on Consolidating Poverty-Alleviation Achievements in Coordination with Promoting Rural Revitalization

巩固拓展脱贫攻坚成果同乡村振兴有效衔接

年鉴
2023

《巩固拓展脱贫攻坚成果同乡村振兴有效衔接年鉴》编委会 编

知识产权出版社
全国百佳图书出版单位
—北京—

《巩固拓展脱贫攻坚成果同乡村振兴有效衔接年鉴》编辑委员会

主　任：刘焕鑫

副主任：洪天云　夏更生　蒋天宝　黄　艳　李敬辉

委　员：许健民　毛德智　侯永健　聂新鹏　吕　焱
　　　　杨　炼　李富君

《巩固拓展脱贫攻坚成果同乡村振兴有效衔接年鉴》编辑部

主　　编：许健民　刘俊文
副 主 编：吴增益　毕国强　刘　玫　詹　玲　刘胜安　延　欣
　　　　　桑　明　李　昕
编　　辑：余　晖　林华珰　肖　寒
撰 稿 人：（以姓氏笔画为序）

丁　艳　丁启春　于　波　于　雷　万怡蕊　马文沛
马先元　马丽媛　马怡心　马洪福　马腾雄　王　子
王　东　王　刚　王　赤　王　凯　王　佳　王　恒
王　勇　王　寒　王　鹏　王　赛　王　磊　王力轩
王东旭　王成喜　王佩琪　王学飞　王胜颜　王庭秦
王美欢　王洪伟　王笑雨　王银龙　王碧宁　王璐宇
尤泽西　牛　猛　毛思敏　文湘林　尹　健　邓小睿
邓治国　邓梦颖　艾　岩　左　锦　石娜娜　叶月丹
田　欢　由晓明　史盛庆　冉　梦　冉勇波　冉梦梦
付江涛　付晓阳　付群明　白　洁　包明凯　邝希聪
冯　伟　冯博洋　匡砚涵　毕迪迪　师进云　朱　峰
朱　强　朱子美　朱志胜　朱星宇　朱晓莉　朱德隆
乔绪衡　延　欣　任　田　任　君　任一娇　任津漪
华超杰　伊志豪　向海兰　刘　帅　刘　阳　刘　峰
刘　涛　刘　骋　刘　爽　刘　敏　刘　博　刘　鼎
刘　鑫　刘书娜　刘东升　刘兆龙　刘兆扬　刘丽勤
刘沈韬　刘秉晟　刘怡君　刘建斌　刘树楷　刘艳晴
刘爽健　刘婷婷　刘慧君　刘璇子　闫　斐　关智中

江 姗	汤文庭	安 珣	安建冲	祁 盈	许 晨
许志豪	许静超	许薇薇	孙 丹	孙 松	孙 波
孙 峰	孙 晶	严 超	严 瑾	苏成峰	杜艺伟
杜雪松	杜敬尧	李 扬	李 刚	李 阳	李 珑
李 栋	李 俊	李 婧	李 翔	李 婷	李 滨
李 群	李创业	李庆涛	李国栋	李牧原	李佳琦
李佩桓	李泽桓	李学峰	李雪梅	李勖晟	李敬伟
李雅君	李新华	李新庚	杨 艺	杨 韧	杨 玫
杨 根	杨 超	杨 晴	杨志军	杨志海	杨现栋
杨晓亮	肖坤林	肖惠民	吴 非	吴 波	吴 琦
吴茂华	吴佳聪	吴祖葵	吴竞姣	邱述光	何 帆
何 亮	何昊华	何登榜	余 礽	余 静	余成超
余思宏	汪 磊	沙柯宇	沈珂珂	沈琦兴	宋 健
宋文雅	宋晓明	张 帅	张 芝	张 刚	张 江
张 进	张 柯	张 剑	张 晨	张 超	张 翔
张 雷	张 鹏	张 慧	张 毅	张 翼	张文学
张东梅	张亚南	张光韬	张贵鑫	张洪桃	张艳丽
张晓宇	张峻梧	张铁军	张家铭	张婉婷	陆世军
陈 希	陈 玲	陈 超	陈 颖	陈 鑫	陈中山
陈兰兰	陈优芳	陈学瑜	陈晟平	武 涛	武思乔
苗 坤	苟均林	范 沛	范 俐	范志刚	林江平
林原羽	林震远	欧阳铭聪		欧秀珊	卓剑波
易 磊	易见伟	罗 菁	罗 琦	罗元开	罗立志
季跃峰	周 浩	周 翔	周世东	周园翔	周建文
周建章	周善杰	郑成义	郑景云	宗 菁	宛远波
孟 省	孟子超	项旭兵	赵 蕊	赵心刚	赵庆新
赵若藁	赵春红	赵思源	赵新启	赵鑫琪	郝文祥
郝庆平	胡 浩	胡江涛	柳丰林	侯云亮	侯伟锋
俞冠宇	施 楠	姜凯曦	姜秉辰	姚惠宇	秦咸悦
袁 芳	袁龙生	聂玉亮	贾兆义	原梓涵	顾 杰

党　宁	钱　赟	钱罗权	徐　起	徐　静	徐　薇
徐庆祥	徐金海	徐泽群	徐朝阳	卿任鹏	凌　照
高　会	高　轶	高　峰	高　航	高立立	高星照
高洁儒	高继辉	郭　睿	郭万江	郭亚洲	郭海港
郭康安	郭黎明	郭耀龙	唐　凯	唐丕跃	唐微木
陶　伟	黄　涛	黄　娟	黄韦韦	黄少燕	黄思思
黄晓天	黄靖翔	黄肇文	曹振华	曹偌琳	龚　辉
龚亮保	崔　霖	崔诗晴	符智捷	鹿华涛	阎　艳
梁　山	梁　雨	梁宏强	宿彦慧	彭　伟	彭　勇
彭嘉淇	葛　卉	董　帅	董　刚	董明智	董佳乐
董家齐	董智盟	董璐嘉	蒋大华	蒋荣清	韩　帅
韩　旭	韩双伟	韩秀丽	韩雪莹	程　春	傅　珊
傅立东	舒　译	童　宇	童福林	曾永星	曾泽鹏
游　画	靳世花	蓝希龙	樊　宇	潘　鑫	潘美霖
鞠诗尧	檀松朴	魏东东	魏仕雯	韩额尔德木图	

巩固拓展脱贫攻坚成果同乡村振兴有效衔接年鉴 2023

党建帮扶

中国延安干部学院党建专家用彝区干部群众爱听的"贴心话"、听得懂的"实在话",把党的二十大精神送到群众心窝里。

2022年11月,中国航空集团有限公司下属国航桂林营业部党支部与广西壮族自治区昭平县江口村党总支部开展党建联建活动。

中国东方电气集团有限公司"党建带团建",到幼儿园为小朋友送去一份暖冬关爱和祝福,点亮"微心愿"。

1

产业帮扶

宁夏回族自治区固原市原州区姚磨村大力发展冷凉蔬菜产业，通过示范基地建设，提高蔬菜产品的质量，拓宽其销售市场，增加农民收入。

广西壮族自治区田东县村企合作集体经济香葱产业园推广滴灌标准化种植，带动更多农户投身香葱事业。

谢佩霞 摄

中国农业银行股份有限公司创新推广"富民贷"信用贷款，支持农户发展生产。图为该行支持建设的贵州黄红缨茶业有限公司的茶园。

社会帮扶

国家烟草专卖局帮扶打造湖北省竹溪县肖家边村的生态宜居村庄美、兴业富民生活美、文明和谐乡风美，该村现已成为远近闻名的电影小村。

2022年8月，在最高人民检察院的协调推动下，云南省富宁县田蓬口岸通过国家验收。

国家中医药管理局挂职干部在山西省五寨县正和堂药业药材加工现场调研。

社会帮扶

公安部筹集400万元资金帮助贵州省兴仁市建设海河红军战斗遗址纪念馆，发展乡村红色旅游。

2022年7月，中央外事工作委员会办公室协调总额5000万元的中央专项彩票资金项目落地重庆市彭水苗族土家族自治县，打造黄家镇红色文化教育示范地、景区联动枢纽示范地及乡村振兴拉动示范地。

中华全国归国华侨联合会投入52.6万元资金在江西省上饶市广信区3个村开展太阳能路灯亮化项目。

社会帮扶

中国电力建设集团在云南省剑川县实施剑湖流域水环境综合治理项目，打造高质量生态涵养地初见成效。

中国交通建设集团有限公司在宁夏回族自治区银川文化园项目部组织"傈僳学堂"，向云南省怒江籍工友传授专业技能。

中国人民保险集团股份有限公司在陕西省留坝县老街打造"巧姐妹工坊"巾帼创业创新基地，组织妇女手工艺技能培训，激发女性创业发展潜力。

社会帮扶

中国人寿保险（集团）公司在湖北省丹江口市引进产业帮扶项目——北京一轻食品（丹江口）产业园区，年产值超10亿元。

中国光大集团股份公司旗下光大银行在湖南省新化县投放高标准农田建设流动资金贷款1亿元，赋能乡村振兴。

矿冶科技集团有限公司派驻河南省平舆县前张村第一书记扎根基层，为村民排忧解难。

社会帮扶

2022年11月，中国农业大学副教授在云南省"镇康县丘陵山地甘蔗机械化收获模式及装备现场会"上向村民展示最新研究成果。

上海交通大学"思源致远"号洱海科考船试航成功，该校的生态帮扶能力得到进一步增强。

2022年2月，中国地质大学（武汉）考察组在云南省施甸县考察页岩气资源情况。

社会帮扶

2022年11月，中国民主促进会云南省委员会联合贵州省科学技术协会赴贵州省安龙县开展2022"发现宇宙"系列活动。

2022年7月，九三学社北京市委员会组织医疗专家深入四川省旺苍县开展"服务百姓健康"系列义诊活动。

2022年4月，解放军边防官兵为留守儿童庆祝生日。

社会帮扶

中国青少年发展基金会开展"追风计划"乡村校园女足扶持项目，资助乡村学校女足球队并提供体育资源支持。

中国妇女发展基金会"母亲健康快车"项目在全国27个省（区、市）开展医疗卫生健康服务。图为该基金会司机正在送医进村的路上。

截至2022年年底，中国儿童少年基金会发起实施的"恒爱行动"已为全国31个省（区、市）困境儿童及新疆少数民族儿童编织爱心毛衣约132万件。

社会帮扶

上海真爱梦想公益基金会在云南省泸水市举办运动梦想课教师培训。

中国人口福利基金会在广西壮族自治区环江毛南族自治县开设"家长学校，养育未来"项目养育服务点。图为养育师入户家访，为偏远村镇家庭提供"一对一"亲子指导服务。

文化和旅游部联合浙江蚂蚁公益基金会发起"数字木兰"民宿管家培训计划，提升民宿管家的职业技能与数字素养。图为贵州省雷山县白岩村培训基地的培训现场。

国际交流与合作

2022年6月28日，第16届中国—东盟社会发展与减贫论坛在广西壮族自治区南宁市开幕。论坛由中国国家乡村振兴局、广西壮族自治区政府联合主办，中国国际扶贫中心、广西壮族自治区乡村振兴局联合承办，东盟秘书处、联合国开发计划署和中国国际经济技术中心支持。论坛主题为"加强减贫交流，共建繁荣家园"。

2022年11月10日，由中国国家乡村振兴局主办、中国国际扶贫中心承办的"中非减贫与发展伙伴联盟成立大会暨2022中非合作论坛——减贫与发展会议"在北京召开。会议以"深化减贫与发展伙伴关系，推动中非合作高质量发展"为主题。会上宣读《中非减贫与发展伙伴联盟成立宣言》。

2022年7月13日，由中国国家乡村振兴局和阿根廷外交、国际贸易和宗教事务部联合主办，中国国际扶贫中心承办的"第二届中拉减贫与发展论坛"以视频会议方式成功举办。论坛主题为"后疫情时代推进中拉减贫合作"，旨在助推中拉在减贫与农村发展领域的深入合作，为建设中拉命运共同体做出更大的贡献。

目 录

2022年度中央领导同志重要指示 1
2022年度重要会议 19
第一篇　年度综述篇 23
第二篇　改革创新篇 29
第三篇　基础工作篇 33
第四篇　重点工作篇 39
第五篇　监督考核篇 55
第六篇　行业帮扶篇 63
　　中共中央组织部帮扶 65
　　中共中央宣传部帮扶 68
　　国家发展和改革委员会帮扶 72
　　教育部帮扶 74
　　科学技术部帮扶 78
　　民政部帮扶 80
　　财政部帮扶 82
　　人力资源和社会保障部帮扶 85
　　自然资源部帮扶 89
　　生态环境部帮扶 91
　　住房和城乡建设部帮扶 92
　　交通运输部帮扶 93
　　水利部帮扶 95
　　农业农村部帮扶 98
　　商务部帮扶 100
　　国家卫生健康委员会帮扶 102
　　中国人民银行帮扶 104
　　中华全国供销合作总社帮扶 106
　　中华全国妇女联合会帮扶 109

第七篇　地方篇 ·· 113

　河北省 ·· 115
　山西省 ·· 118
　内蒙古自治区 ·· 122
　辽宁省 ·· 126
　吉林省 ·· 130
　黑龙江省 ··· 134
　江苏省 ·· 138
　浙江省 ·· 141
　安徽省 ·· 144
　福建省 ·· 148
　江西省 ·· 153
　山东省 ·· 157
　河南省 ·· 161
　湖北省 ·· 165
　湖南省 ·· 169
　广东省 ·· 173
　广西壮族自治区 ··· 177
　海南省 ·· 181
　重庆市 ·· 185
　四川省 ·· 188
　贵州省 ·· 192
　云南省 ·· 195
　西藏自治区 ·· 198
　陕西省 ·· 201
　甘肃省 ·· 204
　青海省 ·· 207
　宁夏回族自治区 ··· 210
　新疆维吾尔自治区 ·· 214
　新疆生产建设兵团 ·· 218

第八篇　社会帮扶篇 ··· 221

（一）东西部协作 ··· 223
　北京市—内蒙古自治区东西部协作 ································· 225

天津市—甘肃省东西部协作 ········· 229
上海市—云南省东西部协作 ········· 232
江苏省—陕西省、青海省东西部协作 ········· 236
浙江省—四川省东西部协作 ········· 239
福建省—宁夏回族自治区东西部协作 ········· 243
山东省—重庆市、甘肃省部分地市州（定西、陇南、临夏）东西部协作 ········· 246
广东省—广西壮族自治区、贵州省东西部协作 ········· 250

（二）定点帮扶 ········· 253
 中共中央纪律检查委员会、中华人民共和国国家监察委员会定点帮扶 ········· 255
 中共中央组织部定点帮扶 ········· 258
 中共中央统一战线工作部定点帮扶 ········· 260
 中共中央对外联络部定点帮扶 ········· 263
 中共中央政法委员会定点帮扶 ········· 265
 中共中央网络安全和信息化委员会办公室定点帮扶 ········· 268
 中共中央委员会台湾工作办公室定点帮扶 ········· 270
 中共中央外事工作委员会办公室定点帮扶 ········· 272
 中共中央机构编制委员会办公室定点帮扶 ········· 274
 中共中央和国家机关工作委员会定点帮扶 ········· 277
 中共中央党校（国家行政学院）定点帮扶 ········· 280
 中共中央党史和文献研究院定点帮扶 ········· 283
 人民日报社定点帮扶 ········· 286
 求是杂志社定点帮扶 ········· 288
 中华全国总工会定点帮扶 ········· 291
 中国共产主义青年团中央委员会定点帮扶 ········· 294
 中华全国妇女联合会定点帮扶 ········· 297
 中国文学艺术界联合会定点帮扶 ········· 298
 中国作家协会定点帮扶 ········· 301
 中国科学技术协会定点帮扶 ········· 303
 中华全国归国华侨联合会定点帮扶 ········· 306
 全国人民代表大会常务委员会办公厅定点帮扶 ········· 308
 中国人民政治协商会议全国委员会办公厅定点帮扶 ········· 311
 最高人民法院定点帮扶 ········· 315
 最高人民检察院定点帮扶 ········· 317

外交部定点帮扶	320
教育部定点帮扶	323
科学技术部定点帮扶	326
工业和信息化部定点帮扶	328
国家民族事务委员会定点帮扶	332
公安部定点帮扶	335
国家安全部定点帮扶	338
司法部定点帮扶	340
财政部定点帮扶	344
自然资源部定点帮扶	345
生态环境部定点帮扶	348
住房和城乡建设部定点帮扶	350
交通运输部定点帮扶	353
水利部定点帮扶	355
农业农村部定点帮扶	357
商务部定点帮扶	359
文化和旅游部定点帮扶	360
国家卫生健康委员会定点帮扶	363
应急管理部定点帮扶	365
中国人民银行定点帮扶	368
审计署定点帮扶	371
国务院国有资产监督管理委员会定点帮扶	373
海关总署定点帮扶	377
国家税务总局定点帮扶	379
国家广播电视总局定点帮扶	382
国家体育总局定点帮扶	384
国家统计局定点帮扶	386
国家医疗保障局定点帮扶	389
国务院参事室定点帮扶	392
国务院研究室定点帮扶	394
新华通讯社定点帮扶	396
中国科学院定点帮扶	398

条目	页码
中国工程院定点帮扶	400
国务院发展研究中心定点帮扶	403
中国气象局定点帮扶	406
国家信访局定点帮扶	409
中华全国供销合作总社定点帮扶	411
光明日报社定点帮扶	412
中国日报社定点帮扶	414
中国外文出版发行事业局定点帮扶	417
经济日报社定点帮扶	420
中国法学会定点帮扶	422
中国人民对外友好协会定点帮扶	425
中华全国新闻工作者协会定点帮扶	428
中国国际贸易促进委员会定点帮扶	430
中国残疾人联合会定点帮扶	433
中国红十字会总会定点帮扶	436
中国宋庆龄基金会定点帮扶	439
中国国家铁路集团有限公司定点帮扶	441
中国投资有限责任公司定点帮扶	445
中国中信集团有限公司定点帮扶	448
中国光大集团股份公司定点帮扶	451
中国邮政集团有限公司定点帮扶	454
中国出版集团有限公司定点帮扶	457
中共中央保密委员会办公室（国家保密局）定点帮扶	459
国家档案局定点帮扶	461
国家粮食和物资储备局定点帮扶	464
国家能源局定点帮扶	467
国家国防科技工业局定点帮扶	471
国家烟草专卖局定点帮扶	473
国家林业和草原局定点帮扶	476
国家铁路局定点帮扶	479
中国民用航空局定点帮扶	481
国家邮政局定点帮扶	484

国家文物局定点帮扶 …… 486
国家中医药管理局定点帮扶 …… 488
国家药品监督管理局定点帮扶 …… 491
国家知识产权局定点帮扶 …… 495
中国地震局定点帮扶 …… 498
国家自然科学基金委员会定点帮扶 …… 501
中国浦东干部学院定点帮扶 …… 504
中国延安干部学院定点帮扶 …… 507
中国井冈山干部学院定点帮扶 …… 509
中国工程物理研究院定点帮扶 …… 512
北京航空航天大学定点帮扶 …… 514
北京理工大学定点帮扶 …… 517
西北工业大学定点帮扶 …… 520
哈尔滨工业大学定点帮扶 …… 523
中国科学技术大学定点帮扶 …… 526
中国银行保险监督管理委员会定点帮扶 …… 529
中国证券监督管理委员会定点帮扶 …… 532
国家外汇管理局定点帮扶 …… 534
中国进出口银行定点帮扶 …… 537
中国农业发展银行定点帮扶 …… 540
中国工商银行股份有限公司定点帮扶 …… 544
中国农业银行股份有限公司定点帮扶 …… 547
中国银行股份有限公司定点帮扶 …… 551
中国建设银行股份有限公司定点帮扶 …… 555
交通银行股份有限公司定点帮扶 …… 559
中国人民保险集团股份有限公司定点帮扶 …… 562
中国人寿保险(集团)公司定点帮扶 …… 565
中国太平保险集团有限责任公司定点帮扶 …… 568
中国出口信用保险公司定点帮扶 …… 571
中国华融资产管理股份有限公司定点帮扶 …… 574
中国长城资产管理股份有限公司定点帮扶 …… 577
中国东方资产管理股份有限公司定点帮扶 …… 579

目录

中国信达资产管理股份有限公司定点帮扶 …………………………………………581
招商银行股份有限公司定点帮扶 ……………………………………………………584
中国民生银行定点帮扶 ………………………………………………………………587
北京大学定点帮扶 ……………………………………………………………………591
清华大学定点帮扶 ……………………………………………………………………593
北京科技大学定点帮扶 ………………………………………………………………595
北京交通大学定点帮扶 ………………………………………………………………598
北京邮电大学定点帮扶 ………………………………………………………………601
中国农业大学定点帮扶 ………………………………………………………………604
北京林业大学定点帮扶 ………………………………………………………………607
中国地质大学(北京)定点帮扶 ………………………………………………………610
中国矿业大学(北京)定点帮扶 ………………………………………………………612
南开大学定点帮扶 ……………………………………………………………………615
天津大学定点帮扶 ……………………………………………………………………618
山东大学定点帮扶 ……………………………………………………………………621
东北大学定点帮扶 ……………………………………………………………………625
大连理工大学定点帮扶 ………………………………………………………………629
吉林大学定点帮扶 ……………………………………………………………………632
东北林业大学定点帮扶 ………………………………………………………………635
复旦大学定点帮扶 ……………………………………………………………………637
同济大学定点帮扶 ……………………………………………………………………639
上海交通大学定点帮扶 ………………………………………………………………642
华东理工大学定点帮扶 ………………………………………………………………645
东华大学定点帮扶 ……………………………………………………………………647
南京大学定点帮扶 ……………………………………………………………………650
东南大学定点帮扶 ……………………………………………………………………652
河海大学定点帮扶 ……………………………………………………………………654
南京农业大学定点帮扶 ………………………………………………………………657
中国药科大学定点帮扶 ………………………………………………………………660
浙江大学定点帮扶 ……………………………………………………………………663
合肥工业大学定点帮扶 ………………………………………………………………666
厦门大学定点帮扶 ……………………………………………………………………669

华中科技大学定点帮扶 …… 672
武汉大学定点帮扶 …… 676
湖南大学定点帮扶 …… 679
中山大学定点帮扶 …… 681
华南理工大学定点帮扶 …… 684
四川大学定点帮扶 …… 687
重庆大学定点帮扶 …… 690
西安交通大学定点帮扶 …… 693
西北农林科技大学定点帮扶 …… 696
西安电子科技大学定点帮扶 …… 699
长安大学定点帮扶 …… 702
北京语言大学定点帮扶 …… 705
中国石油大学(北京)定点帮扶 …… 707
中国传媒大学定点帮扶 …… 709
中央财经大学定点帮扶 …… 712
中国政法大学定点帮扶 …… 716
北京中医药大学定点帮扶 …… 719
中国海洋大学定点帮扶 …… 721
中国地质大学(武汉)定点帮扶 …… 724
武汉理工大学定点帮扶 …… 727
中南财经政法大学定点帮扶 …… 729
西南大学定点帮扶 …… 731
中国核工业集团有限公司定点帮扶 …… 734
中国航天科技集团有限公司定点帮扶 …… 737
中国航天科工集团有限公司定点帮扶 …… 740
中国航空工业集团有限公司定点帮扶 …… 742
中国船舶集团有限公司定点帮扶 …… 745
中国兵器工业集团有限公司定点帮扶 …… 747
中国兵器装备集团有限公司定点帮扶 …… 750
中国电子科技集团有限公司定点帮扶 …… 752
中国石油天然气集团有限公司定点帮扶 …… 755
中国石油化工集团有限公司定点帮扶 …… 758

中国海洋石油集团有限公司定点帮扶 …………………………………………762

国家电网有限公司定点帮扶 ………………………………………………765

中国南方电网有限责任公司定点帮扶 ……………………………………768

中国华能集团有限公司定点帮扶 …………………………………………771

中国大唐集团有限公司定点帮扶 …………………………………………774

中国华电集团有限公司定点帮扶 …………………………………………778

国家电力投资集团有限公司定点帮扶 ……………………………………781

中国长江三峡集团有限公司定点帮扶 ……………………………………784

国家能源投资集团有限责任公司定点帮扶 ………………………………787

中国电信集团有限公司定点帮扶 …………………………………………790

中国联合网络通信集团有限公司定点帮扶 ………………………………793

中国移动通信集团有限公司定点帮扶 ……………………………………796

中国电子信息产业集团有限公司定点帮扶 ………………………………799

东风汽车集团有限公司定点帮扶 …………………………………………801

中国一重集团有限公司定点帮扶 …………………………………………804

中国机械工业集团有限公司定点帮扶 ……………………………………807

中国东方电气集团有限公司定点帮扶 ……………………………………811

鞍钢集团有限公司定点帮扶 ………………………………………………814

中国宝武钢铁集团有限公司定点帮扶 ……………………………………817

中国铝业集团有限公司定点帮扶 …………………………………………820

中国远洋海运集团有限公司定点帮扶 ……………………………………824

中国航空集团有限公司定点帮扶 …………………………………………826

中国东方航空集团有限公司定点帮扶 ……………………………………829

中国中化控股有限责任公司定点帮扶 ……………………………………832

中粮集团有限公司定点帮扶 ………………………………………………837

中国五矿集团有限公司定点帮扶 …………………………………………840

中国通用技术（集团）控股有限责任公司定点帮扶 ……………………843

中国建筑集团有限公司定点帮扶 …………………………………………846

中国储备粮管理集团有限公司定点帮扶 …………………………………849

国家开发投资集团有限公司定点帮扶 ……………………………………852

招商局集团有限公司定点帮扶 ……………………………………………855

华润（集团）有限公司定点帮扶 …………………………………………858

中国旅游集团有限公司定点帮扶……861

中国商用飞机有限责任公司定点帮扶……863

中国节能环保集团有限公司定点帮扶……868

中国国际工程咨询有限公司定点帮扶……871

中国诚通控股集团有限公司定点帮扶……874

中国中煤能源集团有限公司定点帮扶……876

中国煤炭科工集团有限公司定点帮扶……879

中国机械科学研究总院集团有限公司定点帮扶……881

中国钢研科技集团有限公司定点帮扶……884

中国化学工程集团有限公司定点帮扶……887

中国盐业集团有限公司定点帮扶……891

中国建材集团有限公司定点帮扶……894

中国有色矿业集团有限公司定点帮扶……898

中国有研科技集团有限公司定点帮扶……901

矿冶科技集团有限公司定点帮扶……903

中国国际技术智力合作集团有限公司定点帮扶……906

中国建筑科学研究院有限公司定点帮扶……909

中国中车集团有限公司定点帮扶……912

中国铁路工程集团有限公司定点帮扶……915

中国铁道建筑集团有限公司定点帮扶……919

中国交通建设集团有限公司定点帮扶……922

中国信息通信科技集团有限公司定点帮扶……925

中国农业发展集团有限公司定点帮扶……928

中国林业集团有限公司定点帮扶……930

中国医药集团有限公司定点帮扶……934

中国保利集团有限公司定点帮扶……937

中国建设科技有限公司定点帮扶……941

中国冶金地质总局定点帮扶……944

新兴际华集团有限公司定点帮扶……946

中国民航信息集团有限公司定点帮扶……949

中国航空油料集团有限公司定点帮扶……951

中国航空器材集团有限公司定点帮扶……954

中国电力建设集团有限公司定点帮扶 ……957
中国黄金集团有限公司定点帮扶 ……960
中国广核集团有限公司定点帮扶 ……964
南光(集团)有限公司定点帮扶 ……967
中国电气装备集团有限公司定点帮扶 ……970
中国国新控股有限责任公司定点帮扶 ……972
中国国民党革命委员会中央委员会定点帮扶 ……976
中国民主同盟中央委员会定点帮扶 ……978
中国民主建国会中央委员会定点帮扶 ……982
中国民主促进会中央委员会定点帮扶 ……984
中国农工民主党中央委员会定点帮扶 ……987
中国致公党中央委员会定点帮扶 ……990
九三学社中央委员会定点帮扶 ……992
台湾民主自治同盟中央委员会定点帮扶 ……995
中华全国工商业联合会定点帮扶 ……997
2022年中央单位定点帮扶情况统计表 ……999

(三)军队帮扶 ……1017

(四)"万企兴万村"行动 ……1023
综 述 ……1025
上海复星高科技(集团)有限公司帮扶 ……1027
北京天安农业发展有限公司帮扶 ……1030

(五)社会组织帮扶 ……1033
中国乡村发展基金会帮扶 ……1035
中国乡村发展协会帮扶 ……1038
中国老区建设促进会帮扶 ……1040
友成企业家乡村发展基金会帮扶 ……1042
中国乡村发展志愿服务促进会帮扶 ……1046
中国人口福利基金会帮扶 ……1048
中国网络社会组织联合会帮扶 ……1050
中国残疾人福利基金会帮扶 ……1051
中国儿童少年基金会帮扶 ……1054
上海真爱梦想公益基金会帮扶 ……1056

腾讯公益慈善基金会帮扶……1059
　　中国青少年发展基金会帮扶……1061
　　开明慈善基金会帮扶……1063
　　中国青年创业就业基金会帮扶……1066
　　北京泰康溢彩公益基金会帮扶……1068
　　中国民族贸易促进会帮扶……1070
　　中国人保公益慈善基金会帮扶……1073
　　阿里巴巴公益基金会帮扶……1074
　　北京字节跳动公益基金会帮扶……1077
　　中国妇女发展基金会帮扶……1079
　　中国食用菌协会帮扶……1082
　　浙江蚂蚁公益基金会帮扶……1084
　　民生通惠公益基金会帮扶……1086
　(六)中国社会帮扶网帮扶……1087

第九篇　国际合作篇……1091
　　国际减贫交流……1093
　　国际减贫合作……1095
　　国际减贫培训……1096
　　国际发展援助和国际化倡导……1097

第十篇　专题研究篇……1099
　　乡村振兴中基层干部群众的所思、所想、所盼……1101

第十一篇　宣传表彰篇……1109
　　巩固拓展脱贫攻坚成果及乡村振兴宣传……1111

第十二篇　统计数据篇……1113
　　表1　2016—2022年农村居民人均收支情况……1115
　　表2　2016—2022年农村居民按东、中、西部及东北地区分组的人均可支配收入……1117
　　表3　2016—2022年分地区农村居民人均可支配收入……1118
　　表4　2022年分地区农村居民人均可支配收入来源……1120
　　表5　2022年分地区农村居民人均消费支出构成……1122
　　表6　2022年中西部22省(区、市)脱贫县农村居民人均可支配收入……1124

附　录……1125
　(一)2022年有关文件汇编……1127
　(二)全球减贫与发展概况……1195

2022年度中央领导同志重要指示

习近平二〇二二年新年贺词(摘要)

民之所忧,我必念之;民之所盼,我必行之。我也是从农村出来的,对贫困有着切身感受。经过一代代接续努力,以前贫困的人们,现在也能吃饱肚子、穿暖衣裳,有学上、有房住、有医保。全面小康、摆脱贫困是我们党给人民的交代,也是对世界的贡献。让大家过上更好生活,我们不能满足于眼前的成绩,还有很长的路要走。

(资料来源:《人民日报》2022年1月1日第1版)

习近平在世界经济论坛视频会议上的演讲(摘要)

中国共产党团结带领中国人民长期艰苦奋斗,在国家建设发展和人民生活改善上取得举世瞩目的成就,如期实现了全面建成小康社会目标,如期打赢了脱贫攻坚战,历史性地解决了绝对贫困问题,现在踏上了全面建设社会主义现代化国家新征程。

(资料来源:《人民日报》2022年1月18日第1版)

习近平赴山西看望慰问基层干部群众时的讲话（摘要）

我们要走的路还很长，第一个百年奋斗目标实现了，第二个百年的新征程已经开启，我们要全面建设社会主义现代化国家。现代化离不开农业农村现代化，要把巩固脱贫攻坚成果和乡村振兴衔接好，使农村的生活奔向现代化，越走越有奔头。

（资料来源：新华社2022年1月27日）

习近平参加党的二十大广西代表团讨论时的讲话
（摘要）

　　党的十八大以来,广西壮族自治区党委和政府贯彻落实党中央决策部署,团结带领全区各族人民统筹推进"五位一体"总体布局、协调推进"四个全面"战略布局,在百年变局与世纪疫情交织叠加的严峻考验下,全面打赢脱贫攻坚战,同全国同步全面建成小康社会,综合实力迈上新台阶,改革开放全面深化,生态环境持续改善,人民生活明显提升,城乡面貌日新月异,从严治党向纵深推进,民族团结、社会稳定、边疆安宁,八桂大地发生了翻天覆地的历史巨变。

（资料来源:《人民日报》2022年10月18日第1版）

习近平在陕西、河南考察时的讲话(摘要)

全面建设社会主义现代化国家,最艰巨最繁重的任务仍然在农村。要全面学习贯彻党的二十大精神,坚持农业农村优先发展,发扬延安精神和红旗渠精神,巩固拓展脱贫攻坚成果,全面推进乡村振兴,为实现农业农村现代化而不懈奋斗。

现在,"两个一百年"奋斗目标的第一个百年目标已经实现,绝对贫困问题解决了,老乡们过上了好日子,但还要继续努力往前走,让生活越来越美好。

(资料来源:新华社2022年10月28日)

习近平在中央农村工作会议上的讲话(摘要)

全面推进乡村振兴是新时代建设农业强国的重要任务,人力投入、物力配置、财力保障都要转移到乡村振兴上来。要全面推进产业、人才、文化、生态、组织"五个振兴",统筹部署、协同推进,抓住重点、补齐短板。产业振兴是乡村振兴的重中之重,要落实产业帮扶政策,做好"土特产"文章,依托农业农村特色资源,向开发农业多种功能、挖掘乡村多元价值要效益,向一二三产业融合发展要效益,强龙头、补链条、兴业态、树品牌,推动乡村产业全链条升级,增强市场竞争力和可持续发展能力。巩固拓展脱贫攻坚成果是全面推进乡村振兴的底线任务,要继续压紧压实责任,把脱贫人口和脱贫地区的帮扶政策衔接好、措施落到位,坚决防止出现整村整乡返贫现象。要坚持把增加农民收入作为"三农"工作的中心任务,千方百计拓宽农民增收致富渠道。

(资料来源:《人民日报》2022年12月25日第1版)

胡春华在广西督导乡村振兴重点帮扶县巩固拓展脱贫攻坚成果工作时的讲话(摘要)

要落实党中央、国务院决策部署,加大对乡村振兴重点帮扶县倾斜支持力度,加快提升其自我发展能力。要进一步完善和落实防止返贫监测帮扶机制,及时消除风险隐患,确保不发生规模性返贫。要大力促进脱贫群众持续增收,确保过渡期内脱贫群众与当地农民、脱贫地区农民与全国农民的收入比例不断提高。要巩固提升乡村特色产业,加快发展县域富民产业,进一步筑牢发展根基。要积极支持外出务工,拓宽易地搬迁群众就业渠道,促进脱贫劳动力稳定就业。东西部协作等帮扶资源力量和政策举措要向促进发展聚焦,着力夯实巩固拓展脱贫攻坚成果基础。

(资料来源:新华社2022年1月9日)

胡春华在全国巩固拓展脱贫攻坚成果同乡村振兴有效衔接暨乡村振兴重点帮扶县工作推进会上的讲话(摘要)

要把促进脱贫县加快发展作为主攻方向,不断缩小发展差距,确保"三保障"和饮水安全保障水平持续巩固提升。要大力发展乡村产业,加快发展壮大县域经济,加强脱贫县与发达地区的联系。要强化对重点帮扶县的集中支持,确保在发展上不掉队。

要全面推进乡村振兴,把工作对象转向所有农民,把工作任务转向推进乡村"五大振兴",把工作举措转向促进发展。要聚焦产业促进乡村发展,扎实稳妥推进乡村建设,加强和改进乡村治理。乡村振兴系统要全面履行好职责任务,加强统筹协调和分类指导。

(资料来源:新华社2022年3月27日)

胡春华在2021年度巩固拓展脱贫攻坚成果同乡村振兴有效衔接考核评估发现问题整改工作电视电话会议上的讲话(摘要)

乡村振兴系统要积极担当作为,全面履行好职责。要用发展的办法巩固拓展脱贫攻坚成果,把增加脱贫群众收入作为根本措施,把促进脱贫县加快发展作为主攻方向,稳步提高兜底保障水平。要加快开展全面推进乡村振兴重点工作,聚焦产业促进乡村发展,扎实稳妥推进乡村建设,加强和改进乡村治理。

(资料来源:新华社2022年4月26日)

胡春华在新疆督导巩固拓展脱贫攻坚成果同乡村振兴有效衔接工作时的讲话(摘要)

要继续把巩固拓展脱贫攻坚成果作为脱贫地区乡村振兴的首要任务抓紧抓好,把增加脱贫群众收入作为根本措施,把促进脱贫县加快发展作为主攻方向,不断缩小收入差距、发展差距,确保不出现规模性返贫,努力让脱贫群众生活更上一层楼。要加快推动工作重心转换,抓紧开展全面推进乡村振兴重点工作,聚焦产业促进乡村发展,扎实稳妥推进乡村建设,加强和改进乡村治理。要接续推动民族地区发展,促进各族群众共同富裕,不断铸牢中华民族共同体意识。

(资料来源:新华社2022年6月7日)

胡春华在全国乡村建设工作会议上的讲话(摘要)

乡村建设是国家现代化建设的重要内容,必须按照党中央、国务院部署,落实《乡村建设行动实施方案》,坚持不懈推进乡村建设,努力让广大农村居民也能过上现代文明生活。要夯实打牢农村现代化的基础设施支撑,加强农村生产生活基础设施建设,推进城乡基础设施布局衔接和功能互补。要着力建设生态宜居美丽乡村,改善村庄整体设施和环境,结合乡土特色改造提升村庄风貌。要加快提升农村基本公共服务水平,健全县乡村一体化发展的公共服务体系,提高村级公共服务能力,加强和改进乡村治理。

要牢牢把握扎实稳妥推进乡村建设的基本要求,确保经得起历史和实践检验。要因地制宜、分期分批推进,防止"一刀切"和急于求成。要顺应县域内城乡融合发展趋势,统筹推进县乡村建设。要建立起政府提供公共服务、农民干好自己事情的实施机制,广泛调动各方面力量参与。

(资料来源:新华社2022年6月20日)

胡春华在西藏督导巩固拓展脱贫攻坚成果同乡村振兴有效衔接工作时的讲话（摘要）

脱贫地区要继续把巩固拓展脱贫攻坚成果摆在首要位置抓好落实，让脱贫基础更加稳固、成效更可持续。要依托高原特色优势资源，做优做强现代农牧业，加快发展农产品加工、流通和乡村旅游，实现一二三产业融合发展，培育壮大县域富民产业，促进脱贫群众持续增收。要抓紧开展全面推进乡村振兴重点工作，扎实稳妥推进农村基础设施建设，提升公共服务水平，持续改善农牧民生产生活条件。要接续推动民族地区发展，促进各民族共同团结奋斗、共同繁荣发展。

（资料来源：新华社2022年7月4日）

胡春华在省部级干部全面推进乡村振兴专题研讨班开班式上的讲话(摘要)

要把学习贯彻习近平总书记关于"三农"工作的重要论述作为重大政治任务,坚持读原著学原文悟原理,切实增强抓"三农"、谋发展、促振兴的能力和水平。要把握农业农村发展规律,改进工作方式方法,强化系统谋划和工作统筹,坚持因地制宜、从实际出发,循序渐进、稳扎稳打推进乡村振兴,坚决反对形式主义、官僚主义。要积极作为并结合实际创造性抓好落实,确保不断取得实实在在的成效。

(资料来源:新华社2022年7月11日)

胡春华在全国乡村产业发展工作推进电视电话会议上的讲话（摘要）

要认真贯彻习近平总书记关于推进乡村产业振兴的重要指示精神，加快发展壮大乡村产业，为全面推进乡村振兴、实现农业农村现代化提供坚实支撑。

产业振兴是乡村振兴的重中之重，务必进一步增强责任感、紧迫感，切实抓紧抓好。要加快构建现代乡村产业体系，确保把产业发展落到促进农民增收致富上。要坚持不懈做大做强种养业，持续提高农业综合生产能力，确保国家粮食安全和重要农产品有效供给。要大力发展农产品加工流通业，加快发展现代乡村服务业，积极拓展乡村产业发展新空间。要立足整个县域推动乡村产业发展，统筹发挥好县乡村作用，结合县域资源禀赋打造主导产业，发展壮大县域经济。要充分利用劳动力资源发展就业带动能力强的富民产业，积极引导从农村走出去的人才返乡创业，正确把握工商资本的作用定位，让农民更多分享产业发展增值收益。

要加大对脱贫地区产业发展的支持力度，推动东部发达地区产业向脱贫地区梯度转移，夯实巩固拓展脱贫攻坚成果的根基。要加强对乡村产业振兴的组织领导，切实凝聚起共同推进的强大合力。

（资料来源：新华社2022年7月15日）

胡春华在全国冬春农田水利建设暨秋冬"三农"重点工作电视电话会议上的讲话(摘要)

"三农"战线要把学习贯彻党的二十大精神作为当前和今后一个时期的首要政治任务,深入领会、准确把握党中央对新时代新征程"三农"工作的部署要求,坚定不移走中国特色社会主义乡村振兴道路,强化加快农业农村现代化的责任担当,增强全面推进乡村振兴的责任感和紧迫感。

(资料来源:新华社2022年11月1日)

胡春华在云南督导巩固拓展脱贫攻坚成果工作时的讲话（摘要）

改变脱贫地区和脱贫群众落后面貌，根本要靠发展。要充分发挥本地资源优势，大力发展带动能力强的特色乡村产业，并不断推动产业高质量发展。要发展壮大县域经济，推动东部发达地区向脱贫地区梯度转移产业。

要把增加脱贫群众收入作为根本措施，切实保持脱贫劳动力务工就业规模，着力增加经营性收入，稳定转移性收入，不断缩小收入差距，促进各族群众共同富裕和边疆地区繁荣稳定。

（资料来源：新华社2022年11月26日）

2022年度重要会议

【全国巩固拓展脱贫攻坚成果同乡村振兴有效衔接暨乡村振兴重点帮扶县工作推进会】 2022年3月27日，全国巩固拓展脱贫攻坚成果同乡村振兴有效衔接暨乡村振兴重点帮扶县工作推进会在云南省曲靖市召开。中共中央政治局委员、国务院副总理胡春华出席会议并讲话。他强调，要深入学习贯彻习近平总书记关于巩固拓展脱贫攻坚成果同乡村振兴有效衔接的一系列重要讲话精神，以更加扎实的工作确保巩固拓展好脱贫攻坚成果，以更加积极的作为确保全面推进乡村振兴落地见效。

【2021年度巩固拓展脱贫攻坚成果同乡村振兴有效衔接考核评估发现问题整改工作电视电话会议】 2022年4月26日，2021年度巩固拓展脱贫攻坚成果同乡村振兴有效衔接考核评估发现问题整改工作电视电话会议在北京举行。中共中央政治局委员、国务院副总理胡春华出席会议并讲话。他强调，要切实把思想和行动统一到习近平总书记重要指示精神上来，较真碰硬抓好考核评估发现问题整改，扎实推动巩固拓展脱贫攻坚成果，加快全面推进乡村振兴。

【全国东西部协作和中央单位定点帮扶工作推进电视电话会议】 2022年5月18日，全国东西部协作和中央单位定点帮扶工作推进电视电话会议在北京召开。中共中央政治局委员、国务院副总理胡春华出席会议并讲话。他强调，要切实把思想和行动统一到习近平总书记重要指示精神上来，持续深化东西部协作和中央单位定点帮扶，扎实推动巩固拓展脱贫攻坚成果，加快全面推进乡村振兴。

【乡村振兴促进法实施座谈会】 2022年6月13日，乡村振兴促进法实施座谈会在北京召开，全国人大常委会副委员长吉炳轩出席并讲话。他强调，要深刻理解、全面贯彻乡村振兴促进法的立法宗旨、根本原则、目标任务和内涵要义，切实增强贯彻落实习近平总书记重要指示批示精神和中共中央决策部署的政治判断力、政治领悟力、政治执行力，不断夯实全面推进乡村振兴的法治保障。

【学习贯彻习近平总书记关于"三农"工作的重要论述座谈会】 2022年6月14日，学习贯彻习近平总书记关于"三农"工作的重要论述座谈会在北京召开。中共中央政治局委员、中央农村工作领导小组组长胡春华，中共中央政治局委员、中央农村工作领导小组副组长陈全国出席会议并讲话。胡春华强调，要把学习贯彻习近平总书记关于"三农"工作的重要论述作为重大政治任务，学好用好习近平《论"三农"工作》，奋力开创全面推进乡村振兴新局面。

【全国乡村建设工作会议】 2022年6月20日，全国乡村建设工作会议在福建省三明市召开。中共中央政治局委员、国务院副总理胡春华出席会议并讲话。他强调，要深入贯彻习近平总书记关于扎实稳妥推进乡村建设的重要指示精神，采取有力措施组织实施好乡村建设行动，逐步使农村基本具备现代生活条件，从而全面推进乡村振兴、实现农村现代化。

【全国乡村产业发展工作推进电视电话会议】 2022年7月15日，全国乡村产业发展工作推进电视电话会议在北京召开。中共中央政治局委员、国务院副总理胡春华出席会议并讲话。他强调，要认真贯彻习近平总书记关于推进乡村产业振兴的重要指示精神，加快发展壮大乡村产业，为全面推进乡村振兴、实现农业农村现代化提供坚实支撑。

【"三农"重点工作视频调度会】 2022年8月16日，三季度"三农"重点工作视频调度会在北京召开。中共中央政治局委员、国务院副总理胡春华出席并讲话。他强调，要深入贯彻落实习近平总书记重要指示精神,全面落实疫情要防住、经济要稳住、发展要安全的要求,抓紧抓实秋粮生产,毫不放松抓好生猪等"菜篮子"产品稳产保供,努力夺取全年粮食丰收。要坚决守住不发生规模性返贫的底线,持续强化防止返贫动态监测帮扶,稳住脱贫人口务工增收的良好势头,组织开展防止返贫第二轮排查,切实把脱贫攻坚成果巩固好。

【全国就业工作电视电话会议暨国务院就业工作领导小组全体会议】 2022年8月19日,全国就业工作电视电话会议暨国务院就业工作领导小组全体会议在北京召开。中共中央政治局委员、国务院副总理胡春华出席会议并讲话。他强调,要深入学习贯彻习近平总书记重要指示精神,以更大努力推动就业形势进一步回稳向好,为经济社会发展大局作出积极贡献。要优先保障好脱贫劳动力就业,多措并举支持返乡农民工就地就近就业。

【全国"万企兴万村"行动工作推进会】 2022年9月7日,全国"万企兴万村"行动工作推进会在北京召开。全国政协副主席、全国工商联主席高云龙出席会议并讲话。他强调,要把巩固拓展脱贫攻坚成果作为首要任务,在广泛动员民营企业和商会参与上下功夫,对行动进行再宣传、再部署,动员更多商会和企业参与到行动中来。

【中央农村工作会议】 2022年12月23日至24日,中央农村工作会议在北京举行。国家主席习近平出席会议并发表重要讲话。

习近平强调,全面推进乡村振兴、加快建设农业强国,是党中央着眼全面建成社会主义现代化强国作出的战略部署。强国必先强农,农强方能国强。没有农业强国就没有整个现代化强国;没有农业农村现代化,社会主义现代化就是不全面的。要铆足干劲,抓好以乡村振兴为重心的"三农"各项工作,大力推进农业农村现代化,为加快建设农业强国而努力奋斗。

部分中共中央政治局委员、中央书记处书记,全国人大常委会、国务院、全国政协有关领导同志等出席会议。

(农业农村部　崔诗晴　何　亮)

第一篇

年度综述篇

2022年巩固拓展脱贫攻坚成果同乡村振兴有效衔接年度综述

2022年是巩固拓展脱贫攻坚成果同乡村振兴有效衔接的深化之年。国家乡村振兴局深入学习贯彻习近平新时代中国特色社会主义思想和党的二十大精神,全面落实中共中央决策部署,在中共中央农村工作领导小组办公室(以下简称"中央农办")、农业农村部指导下,扎实推进巩固拓展脱贫攻坚成果同乡村振兴有效衔接。经过各方面共同努力,脱贫攻坚成果得到进一步巩固拓展,守住不发生规模性返贫的底线,乡村发展、乡村建设、乡村治理取得新进展、新成效。总的来说,主要有三个标志性成果:一是防止返贫监测帮扶机制有效发挥作用,做到早发现、早干预、早帮扶,没有发生规模性返贫情况。2022年,中西部地区累计识别纳入的监测对象中,65.3%已消除返贫风险,其余均落实帮扶措施。"三保障"、饮水安全和兜底保障水平持续巩固提升。二是脱贫劳动力就业形势保持稳定。2022年,务工就业规模达到3277.9万人,比2021年年底增加132.9万人,超过年度目标任务。三是脱贫地区和脱贫人口收入增长较快。2022年,脱贫县农村居民人均可支配收入为15111元、同比增长7.5%,脱贫人口人均纯收入为14342元、同比增长14.3%,分别高于全国农村居民人均可支配收入和人均纯收入增速8个百分点和1.2个百分点。

一、完善防止返贫监测帮扶机制,实现监测对象应纳尽纳、应帮尽帮

坚持从制度上预防和解决返贫问题,做到早发现、早干预、早帮扶,将返贫风险消除在萌芽状态。制定出台《健全防止返贫动态监测和帮扶机制工作指南(试行)》,对防止返贫监测对象识别、帮扶实施、风险消除、政策保障等作出具体规范。明确各地从发现返贫风险线索之日起到完成监测对象识别认定原则上不超过15天,按照"一户一策"完成帮扶计划制订和帮扶措施申报原则上不超过10天。指导各地因地制宜建立监测标准年度调整机制,2022年中西部22个省份监测标准均高于6500元。对所有农户进行动态监测,组织开展两次集中排查,实现监测对象应纳尽纳、应帮尽帮。

二、及时出台政策举措,积极应对新冠疫情影响

面对新冠疫情多点散发的严峻挑战,采取有效措施,努力把疫情对巩固拓展脱贫攻坚成果的影响降到最低。成立应对疫情影响工作专班,建立调度、报告、通报机制,出台应对疫情影响持续巩固拓展脱贫攻坚成果的5个方面24项针对性措施,尽最大努力把疫情影响降到最低。疫情防控进入新阶段后,配合中央农办、农业农村部做好农村疫情防控工作,及时出台指导意见。坚持统筹发展与安全,制定印发《关于防范化解巩固拓展脱贫攻坚成果领域风险的指导意见》《关于建立健全防范因灾返贫长效机制的通知》,及时消除风险隐患。

三、强化就业和产业帮扶,脱贫人口收入保持较快增长

坚持把增加脱贫人口收入作为巩固拓展脱贫攻坚成果的根本措施,狠抓就业和产业两

个关键。一方面，着力推动脱贫群众稳岗就业。提早下达年度目标任务，完善就业帮扶政策，深化省际和省域内劳务协作，支持帮扶车间发展，规范管理公益性岗位，会同有关部门启动实施"雨露计划+"就业促进行动，全力抓好就业帮扶。另一方面，促进脱贫地区帮扶产业发展。中央财政衔接推进乡村振兴补助资金的55%以上用于支持产业发展，制定出台《关于进一步健全完善帮扶项目联农带农机制的指导意见》和《关于鼓励引导脱贫地区高质量发展庭院经济的指导意见》，会同有关部门对国家乡村振兴重点帮扶县以外的脱贫县选派产业顾问组，引导东部地区产业转移，拓宽脱贫地区农产品销售渠道。

四、加大倾斜支持力度，重点区域发展基础不断夯实

把国家乡村振兴重点帮扶县和易地扶贫搬迁集中安置点作为巩固拓展脱贫攻坚成果的重点区域，持续抓紧抓好。支持和推动国家乡村振兴重点帮扶县发展。组织西部10个省（自治区、直辖市）、160个国家乡村振兴重点帮扶县编制完成巩固拓展脱贫攻坚成果同乡村振兴有效衔接实施方案，在此基础上编制完成《国家乡村振兴重点帮扶县巩固拓展脱贫攻坚成果同乡村振兴有效衔接实施方案》，细化实化14个方面倾斜支持政策，谋划一批补短板促发展项目。配合有关部门选派科技特派团，开展教育、医疗干部人才"组团式"帮扶，为国家乡村振兴重点帮扶县提供有力的人才支撑。深入做好易地扶贫搬迁后续扶持工作。配合有关部门加强安置点配套产业和基础设施、公共服务建设。实施易地扶贫搬迁安置点乡村治理专项行动，安置点基层党组织、村（居）民自治组织实现全覆盖，驻村第一书记和工作队实现应派尽派。实施搬迁群众就业帮扶专项行动，实现有劳动能力的搬迁户一户一人以上就业。

五、深化协作帮扶，社会合力进一步凝聚

深入推进东西部协作。指导东西部协作省份签署并认真落实《2022年东西部协作协议》，年度协议指标任务超额完成。2022年，东部省份实际投入财政援助资金230.9亿元，互派干部和专业技术人员2.6万人。深入推进中央单位定点帮扶。会同牵头部门指导各中央单位制订2022年度帮扶计划，加强工作调度推进。305家中央单位共向592个定点帮扶县投入和引进帮扶资金689亿元。广泛动员社会力量参与帮扶。深入推进"万企兴万村"行动，引导更多民营企业到脱贫地区投资兴业、带动就业。会同民政部动员社会组织积极参与乡村振兴。推动退役军人事务部门、群团组织等各方面力量更好发挥作用。深入推进驻村帮扶。18.6万名驻村第一书记、56.3万名工作队队员在助推当地经济发展、促进社会稳定等方面发挥重要作用。

六、扎实做好乡村振兴有关具体工作，乡村面貌不断改善

建立乡村建设项目库，开展乡村建设信息数据采集，开展"百校联百县兴千村"行动，推动基础设施和基本公共服务向农村延伸、向农户覆盖。深入推进农村人居环境整治，配合开展农村户厕问题摸排整改"回头看"，农村人居环境进一步改善。进一步推广积分制、清单制、数字化等治理方式，配合开展高额彩礼、大操大办等移风易俗重点领域突出问题专项治理，推动健全县乡村三级治理体系功能，乡村治理水平进一步提升。

七、强化要素供给，支撑保障得到加强

会同农业农村部制定出台《"十四五"时期巩固拓展脱贫攻坚成果同乡村振兴有效衔接规划》，细化过渡期目标任务和方法路径。协调有关部门加大资金投入力度，中央财政衔接推进乡村振兴补助资金1650亿元、同比增加85亿元。新增脱贫人口小额信贷945.4亿元、同比增加192.8亿元；积极推动面向所有农户的"富民贷"。推出一批巩固拓展脱贫攻坚成果和推进乡村振兴主题的影音书籍、深度报道、画报特刊、成就展览等，成功举办一系列机制性国际论坛，为巩固拓展脱贫攻坚成果同乡村振兴有效衔接营造良好的舆论环境。

（农业农村部　林江平）

第二篇

改革创新篇

【健全完善帮扶项目联农带农机制】 联农带农机制是帮扶项目发挥带动效应、促进农户持续稳定增收的重要保障。习近平总书记强调，农村一二三产业融合不是简单的一产接二连三，关键是完善利益联结机制，不能富了老板、丢了老乡，要通过就业带动、保底分红、股份合作等多种形式，让农民合理分享全产业链增值收益；要延伸产业链条，提高抗风险能力，建立更加稳定的利益联结机制。

为深入贯彻习近平总书记重要指示精神，落实中共中央、国务院决策部署，2022年9月，国家乡村振兴局印发《关于进一步健全完善帮扶项目联农带农机制的指导意见》。总的要求是，纳入扶贫项目资产管理的经营性资产，使用各级财政衔接资金、东西部协作资金、中央单位定点帮扶无偿援助资金、社会捐赠资金扶持的经营性项目，原则上都要建立联农带农机制，经营主体都要落实联农带农责任。其他资金支持的经营性帮扶项目，具备条件的鼓励建立联农带农机制，采取多种方式带动农户增收。联农带农的对象重点是对脱贫户和监测户进行带动帮扶，在此基础上有序带动其他农户发展。联农带农的方式主要包括通过订单生产、托养托管、产品代销、保护价收购等带动农户发展生产，通过拓宽用工渠道吸纳农村劳动力稳定就业，通过帮扶项目资产的产权归属和收益分配促进农户共享资产收益，树立勤劳致富导向，杜绝简单发钱发物。

中西部22个省（区、市）陆续出台相关贯彻落实的实施意见和细则，推动各地进一步完善帮扶项目联农带农机制，发挥联农带农效果，促进脱贫群众增收。

（农业农村部 安 珣）

【推进乡村建设行动】 2022年，中共中央办公厅、国务院办公厅印发《乡村建设行动实施方案》。农业农村部、国家乡村振兴局会同有关部门认真贯彻落实，加快构建乡村建设行动责任体系、政策体系、制度体系、保障体系，一批普惠性、基础性、兜底性民生项目落地实施，乡村建设行动稳健起步。

合力推进的责任体系基本建立。按照中央统筹、省负总责、市县乡抓落实的要求，中央农村工作领导小组统筹组织实施，中央农办、农业农村部加强协调，各有关部门专项推进实施，省级党委、政府精心组织实施，初步形成部门协同、上下联动、各负其责、合力推进的工作格局。2022年6月，召开全国乡村建设工作会议在福建省三明市，部署行动实施工作。

"四梁八柱"的政策体系逐步形成。按照"一项任务一个推进方案"的要求，各有关部门围绕乡村建设"183"行动重点任务，逐一印发专项推进方案。各省份制订出台乡村建设行动实施方案和配套文件，细化实化政策举措，并通过召开现场会、印发工作要点等方式部署推进、抓好落实。乡村建设行动"1+N"政策体系不断完善，为乡村建设行动落地见效提供支撑。

科学规范的制度体系探索创立。国家乡村振兴局等7个部门印发《农民参与乡村建设指南（试行）》，完善农民参与乡村建设的程序和方法。农业农村部、国家乡村振兴局、国家发展和改革委员会印发《乡村建设项目库建设指引（试行）》《乡村建设任务清单管理指引（试行）》，推动各地建立健全乡村建设任务和项目统筹机制。组织建立全国乡村建设信息监测平台，监测全国49.8万个行政村、2.2亿户农户的相关建设信息。

多措并举的保障体系加快构建。各部门各地方积极破解乡村建设人、地、钱等难题。中央财政利用现有渠道持续加大对乡村建设的支持力度。地方政府专项债券和一般债券用于乡村基础设施、公共服务、农村人居环境整治的规模稳步扩大。自然资源部优化土地支持政策，农村土地综合整治节余的建设用地指标优先用于乡镇范围内的农村基础设施建设等用地，也可以在县域范围内调剂使用，所得净收益用于乡村建设。国家乡村振兴局、教育部、工业和信息化部、人力资源和社会保障部、住房和城乡建设部、农业农村部、文化和旅游部、中华全国妇女联合会8个部门联合印发《关于推进乡村工匠培育工作的指导意见》，国家乡村振兴局启动"百校联百县兴千村"行动，推动105所高校与130个县结对开展陪伴式建设。

在中共中央、国务院坚强领导下，在各地、各部门共同努力下，2022年乡村建设行动取得明显成效。公共基础设施加快延伸覆盖。具备条件的乡镇和建制村全部通硬化路、通客车、通邮路，农村自来水普及率达到87%，农村供电可靠率达到99.8%，农村光纤宽带网络和移动基站实现行政村全覆盖。农村人居环境整治提升扎实推进。全国农村卫生厕所普及率超过73%，农村生活污水治理率达到31%，生活垃圾得到收运处理的行政村比例稳定在90%以上，95%以上的村庄开展村庄清洁行动。农村基本公共服务保障更加有力。农村义务教育辍学问题保持动态清零，农村普惠性幼儿园覆盖率达到92.2%，有卫生院的乡镇比例达到90.8%，基本消除村医疗卫生机构"空白点"。农村基层组织和精神文明建设持续加强。优化提升村"两委"班子队伍，选派驻村第一书记21.09万人、工作队员56.3万人，持续加强高额彩礼、人情攀比、铺张浪费、薄养厚葬、封建迷信、打牌赌博等突出问题治理。

（农业农村部　周　翔）

第三篇

基础工作篇

【驻村帮扶】 召开全国驻村帮扶工作视频推进会。2022年5月19日，中共中央组织部（以下简称"中组部"）、农业农村部、国家乡村振兴局联合召开全国驻村帮扶工作视频推进会，深入学习贯彻习近平总书记重要指示精神，全面落实中共中央、国务院决策部署，总结驻村帮扶成效，分析面临的形势，研究部署工作，为巩固拓展脱贫攻坚成果上台阶、乡村全面振兴见实效提供有力支撑。国家乡村振兴局党组书记、局长刘焕鑫和中组部组织二局、农业农村部发展规划司负责同志对驻村帮扶工作进行具体安排，安徽、海南、云南3个省党委组织部和福建、四川、陕西3个省乡村振兴局作交流发言。加强对各地驻村帮扶工作的指导。印发《关于进一步发挥驻村干部作用助推产业发展巩固脱贫攻坚成果推进乡村振兴的通知》，推动驻村干部把更多精力放到发展产业上。指导驻村第一书记和工作队加强跟踪监测，动态掌握脱贫人口外出务工情况，拓宽就业渠道，深入细致做好脱贫人口就业帮扶工作。指导驻村第一书记和工作队找准乡村建设的切入点和突破口，积极争取衔接资金支持，促进更多项目落地。突出抓好基层党建工作，积极推动公共服务下乡进村，加强农村精神文明建设，继续强化乡村治理载体抓手，在引育人才上下功夫。强化典型宣传和示范引领。充分总结驻村帮扶工作进展、成绩和亮点，选树一批先进典型，充分发挥宣传平台和新闻媒体作用，推出一批"立得住、叫得响、推得开"的先进典型和经验做法，营造浓厚氛围，发挥示范引领作用。

（农业农村部　苗　坤）

【乡村振兴干部培训】 2022年，国家乡村振兴局聚焦"守底线、抓发展、促振兴"，强化培训工作顶层设计和部署，完善系统化、经常化、实战化教育培训机制，充分发挥干部培训工作的先导性、基础性作用，持续同中组部、农业农村部等相关部门沟通对接，扎实推进干部培训各项工作，完成全国分级分类培训，为巩固拓展脱贫攻坚成果、全面推进乡村振兴提供坚强的人才保障和智力支持。

始终以习近平新时代中国特色社会主义思想为指导，深入学习贯彻党的二十大精神，贯彻落实习近平总书记关于"三农"工作的重要论述和巩固拓展脱贫攻坚成果、全面推进乡村振兴重要指示精神，贯彻落实中央关于乡村人才振兴的决策部署。3月，印发《关于做好2022年全国乡村振兴局系统培训工作的通知》，召开全国乡村振兴系统培训工作视频推进会，对全国乡村振兴系统年度培训工作进行安排部署。确保9月底前，实现乡村振兴局新任职干部、乡村干部、东西部协作和定点帮扶选派挂职干部、驻村第一书记和工作队队员全部轮训一遍。年底前，配合有关部门做好新任职省、市、县党政分管领导的轮训工作。

国家乡村振兴局各司各单位举办各类专题示范培训班20余期。举办省级乡村振兴部门新任负责同志和业务骨干线上培训班，视频播放量25.61万次。举办全国乡村振兴干部培训工作研讨班、全国健全防止返贫动态监测和帮扶机制培训班、乡村振兴示范创建培训班、中央单位定点帮扶工作示范培训班、全国东西部协作示范培训班、全国乡村建设现场培训班等。与中组部共同举办4期国家乡村振兴重点帮扶县党政正职专题培训班，对全国160个国家乡村振兴重点帮扶县党政正职实现全覆盖轮训。配合农业农村部完成省部级干部乡村振兴专题班、"大学习大轮训"培训班、国家乡村振兴重点帮扶县农业农村局或乡村振兴局局长培训班相关工作。配合人力资源和社会保障部完成2022年专业技术人才知识更新工程乡村振兴领域2万人培训任务。

承担中组部《2023—2027年全国干部教育培训规划》起草重点课题"干部教育培训考核评价体系研究",为起草新一轮全国干部规划提供借鉴参考。加强培训工作调度,收集分析各省(区、市)干部培训工作开展情况,指导各地补短强弱、提质增效,为全国乡村振兴系统干部培训工作提供指导服务。组织编写《巩固拓展脱贫攻坚成果同乡村振兴有效衔接干部培训教学参考大纲》《巩固拓展脱贫攻坚成果同乡村振兴有效衔接政策解读》(上、下册),作为培训基础性教材,向全国各省(区、市)和新疆生产建设兵团乡村振兴局发放,进一步增强学习培训效果,着力提高乡村振兴干部人才能力素质。编发《培训交流》简报,向各省(区、市)和新疆生产建设兵团乡村振兴局负责培训工作的同志分享交流各地培训经验,实现能力共同提升。

为进一步提高培训工作的实战性、针对性和有效性,向中西部22个省(区、市)和新疆生产建设兵团印发《巩固拓展脱贫攻坚成果村级实践交流基地认定方案》,认定一批在巩固拓展脱贫攻坚成果工作中走在前、做表率,有可学可鉴经验做法的村级实践交流基地,促进经验分享交流。配套起草《巩固拓展脱贫攻坚成果村级实践交流基地管理办法(试行)》。联合教育部等部门印发《全面推进"大思政课"建设的工作方案》《关于公布"大思政课"实践教学基地名单的通知》,设立脱贫攻坚、乡村振兴专题实践教学基地41个,助力推进"大思政课"建设。

(全国扶贫宣传教育中心
阎 艳 张 江)

【衔接资金管理与使用】 2022年,国家乡村振兴局与财政部等部门严格落实"四个不摘"要求,保持财政投入规模总体稳定,资金预算执行推进有力有序,项目资产监督管理持续强化,资金使用效益有效提升,为扎实推进巩固拓展脱贫攻坚成果同乡村振兴有效衔接提供有力保障。

持续加大资金投入,安排中央财政衔接推进乡村振兴补助资金1650亿元,比2021年增加84.76亿元,增长5.4%。

优化资金使用管理。适应过渡期工作需要,配合财政部等部门联合印发《关于加强中央财政衔接推进乡村振兴补助资金使用管理的指导意见》,进一步细化明确衔接资金支持重点和管理要求,督促指导各地完善联农带农机制,坚持项目资金审批权限下放到县,优先支持联农带农富农产业发展。据统计,2022年中央衔接资金用于产业发展及配套基础设施占比55%以上。

强化项目库建设。指导各地做好巩固拓展脱贫攻坚成果和乡村振兴项目储备、入库管理等工作,规范项目库建设,做到提前谋划、规模适度、有进有出、动态管理。项目库储备项目61.7万个,资金规模近1万亿元。截至2022年年底,实施项目32.6万个。

规范扶贫项目资产后续管理。指导各地组织开展摸底确权、分类管护,健全长效运行管理机制。组织开展"回头看",集中排查解决存在的问题,推动各地工作重心从摸底确权向管好用好转变。积极应对新冠疫情影响,帮助支持暂时出现生产运营困难的产业帮扶项目,尽快恢复正常生产经营活动。推进盘活用好低效闲置资产,防止出现新的闲置资产。截至2022年年底,已摸清扶贫项目资产2.87万亿元,已确权资产2.85万亿元,近一半资产确权到村集体。

做好资金监督评价。健全衔接资金预算执行和项目实施月通报、季调度工作机制。联合财政部等部门开展2022年衔接资金绩效评价,评价结果纳入巩固成果后评估,并作为2023年中央衔接资金分配因素给予相应激励。坚持问题导向,督促各地对审计等各类监督检查发现的问题及时组织整改,配合财政部组织开展衔接资金政策落实情况自查,举一反三完善政策举措,确保问题整改到位、长效机制建立健全。

(农业农村部 张婉婷)

【乡村振兴调查和研究】 2022年是巩固拓展脱贫攻坚成果同乡村振兴有效衔接的深化之年。国家乡村振兴局把调查研究作为促进提升工作质量的重要支撑,围绕巩固拓展脱贫攻坚成果和全面推进乡村振兴工作的新情况、新特点,推动调查研究工作务实高效开展。

加强总体设计。制定《国家乡村振兴局加强和改进调查研究工作实施办法(试行)》,印发《国家乡村振兴局课题管理办法(试行)》,提高调查和研究工作的规范化、制度化水平。紧扣职责职能和重点难点工作,制订印发《国家乡村振兴局巩固拓展脱贫攻坚成果推进乡村振兴重大问题调研方案》《国家乡村振兴局2022年度课题研究计划》,对年度重点调研、重点课题研究作出明确部署,推动各项工作有序开展。

统筹开展调查研究。围绕促进脱贫人口持续增收、推动脱贫县加快发展和推进东部地区、中部地区、西部地区乡村振兴等5个主题,统筹组织开展局领导、督查专员带队的重点调研,全年局领导共调研57次185天。向各省(区、市)乡村振兴局印发通知,组织各地围绕重点主题广泛深入开展调研,确保反映情况真实准确,为政策设计提供有力支撑。聚焦巩固拓展脱贫攻坚成果、乡村建设、乡村治理等重点任务,委托高校等科研机构开展20个课题研究,形成研究主报告20篇和案例汇编、经验总结等分报告。

促进调研成果转化。对调查研究中发现的问题、收集的建议认真研究,吸收纳入政策的制定完善,出台《应对新冠肺炎疫情影响持续巩固拓展脱贫攻坚成果的若干措施的通知》《关于进一步健全完善帮扶项目联农带农机制的指导意见》《关于防范化解巩固拓展脱贫攻坚成果领域风险的指导意见》等文件,召开全国乡村振兴局长视频会、全国巩固拓展脱贫攻坚成果同乡村振兴有效衔接重点工作推进视频会等会议,对各项工作进行部署,有力推动重点、难点问题解决。建立《国家乡村振兴局调研报告》交流载体,刊发13篇优秀的调研报告,促进互学互鉴。选编21篇调研报告和课题研究成果,出版图书《巩固拓展脱贫攻坚成果同乡村振兴有效衔接研究》。及时将工作新进展、新情况以专报信息形式上报,将各地区、各部门的好经验、好做法、好典型通过《乡村振兴简报》宣传推广,部分成果已经转化为政策措施或工作部署。

(农业农村部 林江平)

【政务公开和信息简报】 2022年,国家乡村振兴局坚持以习近平新时代中国特色社会主义思想为指导,聚焦巩固拓展脱贫攻坚成果同乡村振兴有效衔接工作,遵循公正、公平、合法、便民的原则,切实履行政府信息公开职能,及时依规发布主动公开类信息,组织落实对拟公开政府信息的审查,严把信息质量关,切实做到应公开尽公开。在官方网站上主动公开信息4326条,其中政务动态类信息4067条,信息公开目录信息更新259条。对100件全国两会建议提案复文进行上网公开。在官方网站新开设《我为巩固拓展脱贫攻坚成果同乡村振兴有效衔接建言献策》专栏,广泛征求各方面政策建议,推动改进工作,截至2022年12月31日共收到网民留言381条,并对部分留言和回复内容进行主动公开。实施国家乡村振兴局官方网站升级改版,对板块和内容进行进一步丰富优化,并依托新媒体不断推进政务公开工作,新开设"党的二十大""聚焦2022年两会""巩固拓展脱贫攻坚成果这一年"等5个专题页面;增设《乡村建设》专栏;在"精彩视频"板块下新开设《记住乡愁》《解码十年》等视频专栏;官方新媒体发稿共4251条,其中微信1357条、微博1531条、客户端1363条,政府信息公开的载体功能不断完善,各类政府信息发布形式和呈现效果得到进一步提升。

围绕迎接党的二十大胜利召开和学习宣传贯彻党的二十大精神这条主线,对巩固拓展脱贫攻坚成果、全面推进乡村振兴有关工作开展集中宣介,弘扬主旋律,传播正能量,振奋精气神。联合举办"新时代的乡村振兴"主题新闻发布会,牵头筹办巩固拓展脱贫攻坚成果同乡村振兴有效衔接成果展,配合举办迎接党的二十大胜利召开主题成就展、"'三农'这十年——新时代农业农村发展成就展"。制作《中国乡村这十年》人民画报特刊,推出《中国故事》等系列外宣微视频,制作"乡村里的中国"等外宣产品。围绕"巩固成果这一年",协调媒体推出系列综述报道。联合中央广播电视总台录制播出全国乡村振兴特别节目《奋斗新征程》,摄制播出5集专题片《脱贫之后再出发》。结合"奋进新征程、建功新时代"重大主题采访活动,协调中央媒体在"非凡十年"中推出"脱贫成果巩固拓展、乡村振兴全面展开"重点报道。宣传二十大代表中的34位全国脱贫攻坚模范人物,多种方式报道32名脱贫攻坚和乡村振兴青年典型。组织媒体赴湖北、河南、安徽等地开展"走基层"主题采访活动,聚焦巩固拓展脱贫攻坚成果同乡村振兴有效衔接的热点问题,通过新闻媒体向社会公开,主动回应社会关切。

收到政府信息公开申请43件,较2021年度减少85件,均严格按照国家乡村振兴局《政府信息依申请公开实施办法》进行答复,在办理答复意见过程中程序合规、信息准确、要素齐备。没有因依申请公开信息收取费用情况。没有因政府信息公开工作被申请行政复议、提起行政诉讼的情况。

(农业农村部 何 帆 李新庚)

第四篇

重点工作篇

(一)防止返贫动态监测和帮扶工作

完善制度设计,强化政策支持。制定《健全防止返贫动态监测和帮扶机制工作指南(试行)》,对监测对象识别、帮扶实施、风险消除、政策保障等进行规范,回答基层反映较为集中的37个具体问题。联合财政部等6个部门印发《关于加强中央财政衔接推进乡村振兴补助资金使用管理的指导意见》,允许中央衔接资金用于防止返贫监测对象跨省就业交通补助和乡村公益性岗位补助、帮扶车间就业奖补等。指导中西部22个省(区、市)因地制宜建立监测范围年度调整机制,以2021年监测范围为基础,综合考虑农村居民收入、农村低保、物价指数等情况,确定2022年监测范围,中西部22个省(区、市)监测标准均高于6500元。截至2022年年底,中西部22个省(区、市)防止返贫动态监测和帮扶工作推进扎实有力,覆盖2138个县、2.5万个乡镇、27.5万个村。

强化工作部署,推动落实落地。在北京召开健全防止返贫监测帮扶机制工作部署视频会,安排部署重点工作。在湖北组织举办全国线下专题培训班,围绕重点、难点问题,采取政策解读、交流发言、分组讨论等方式,对各省(区、市)业务人员开展集中培训,为河南、湖南、湖北、广西、贵州、陕西等地乡村振兴系统及160个国家乡村振兴重点帮扶县党委政府、农业农村和乡村振兴部门主要负责同志开展专题辅导培训,加强针对性指导,着力提升各级干部的政策水平和业务能力。各地高度重视防止返贫动态监测帮扶工作,持续优化工作机制、简化工作流程,强化精准施策,工作实效显著提高。

突出问题导向,开展集中排查。认真落实《中央农村工作领导小组关于健全防止返贫动态监测和帮扶机制的意见》中关于"每年至少开展一次集中排查"的工作要求,第二季度在全国范围内组织开展防止返贫集中排查,重点关注脱贫户、低收入户、多子女家庭、残疾人家庭、务工不稳定户及突发严重困难户等8类重点人群,聚焦"应纳未纳""体外循环"问题全面识别新增防止返贫监测对象,聚焦风险消除不稳定、帮扶不精准等问题全面排查存量监测对象。坚持问题导向,结合审计、暗访和第一轮集中排查发现问题,第四季度组织各地有针对性地完成第二轮重点排查。

紧盯风险隐患,积极应对疫情灾情影响。应对疫情方面,出台《应对新冠肺炎疫情影响持续巩固拓展脱贫攻坚成果的若干措施》,从强化防止返贫监测帮扶、稳岗就业、产业帮扶、项目实施和资金支出、社会帮扶和驻村帮扶等5个方面作出24项具体安排,成立工作专班,建立应对疫情影响工作机制、调度机制和通报机制,指导各地尽最大努力把疫情对巩固拓展脱贫攻坚成果的影响降到最低。应对灾情方面,会同相关部门印发《关于建立健全防范因灾返贫长效机制的通知》,允许受灾地区优先安排实施防止因灾返贫急需项目,通过"绿色通道"对受灾有返贫风险的农户先实施帮扶、后完善程序。强化灾情分析研判和预警应对,跟踪监测干旱、洪涝、地震等灾害影响。开展旱情影响专题分析,按旬下发6期旱灾中短期预警,指导各地提早防范化解风险。

国家乡村振兴局定期与民政、人社、卫健、医保、教育、住建、残联、公安、气象等行业部门开展数据交换,坚持按季开展工作调度和数据分析,持续加强风险研判,指导各地突出问题导向,做到精准识别、精准帮扶,确保稳定消除风险。截至2022年年底,中西部22个省(区、市)65.3%的监测对象已标注风险消除,其余均已及时落实帮扶措施,守住不发生规模性返贫的底线。

(农业农村部 董家齐)

(二)国家乡村振兴重点帮扶县帮扶

贯彻落实中共中央、国务院决策部署,国家乡村振兴局坚持把乡村振兴重点帮扶县作为巩固脱贫攻坚成果的重点区域,统筹整合各方资源,会同相关部门全力推动重点帮扶县发展。

集中安排部署。2022年3月,国务院副总理胡春华主持召开全国巩固拓展脱贫攻坚成果同乡村振兴有效衔接暨乡村振兴重点帮扶县工作推进会议,专题研究部署年度重点任务。农业农村部部长唐仁健、国家乡村振兴局局长刘焕鑫在会议上提出明确要求。9月,刘焕鑫主持召开国家乡村振兴重点帮扶县重点工作推进视频会,根据新形势、新任务对重点工作进行安排部署,推动160个国家乡村振兴重点帮扶县完成全年目标任务。

编制实施方案。贯彻落实《中共中央 国务院关于做好2022年全面推进乡村振兴重点工作的意见》中关于"编制国家乡村振兴重点帮扶县巩固拓展脱贫攻坚成果同乡村振兴有效衔接实施方案"的要求,编制印发《国家乡村振兴重点帮扶县巩固拓展脱贫攻坚成果同乡村振兴有效衔接实施方案》,明确过渡期重点帮扶县工作的总体要求、主要任务、重点项目、支持政策和保障措施。指导西部10个省(区、市)和160个国家乡村振兴重点帮扶县编制省、县两级实施方案,并报国家乡村振兴局备案。督促指导各地抓好方案落实,推动补短板促振兴项目落地见效。

强化政策支持。中央衔接资金倾斜支持国家乡村振兴重点帮扶县。继续实施脱贫人口小额信贷政策,开展"富民贷"试点,"富民贷"产品服务对160个重点帮扶县全覆盖。组织东部133个经济较发达县结对帮扶160个重点帮扶县,实现帮扶全覆盖。深入推进"万企兴万村"行动,动员3740家民营企业与160个重点帮扶县建立对接关系。会同民政部动员300多家社会组织与重点帮扶县初步达成结对帮扶意向。配合中共中央组织部(以下简称"中组部")和相关部门向160个重点帮扶县选派科技特派团,实施教育、医疗干部人才"组团式"帮扶。

健全指标体系。落实中共中央办公厅、国务院办公厅印发的《关于确定国家乡村振兴重点帮扶县的意见》要求,在已有县域基本情况、特色产业发展、教育、医疗卫生等4类指标基础上,从巩固拓展脱贫攻坚成果、县域经济社会发展和实施方案编制质量等方面进一步拓展完善重点帮扶县监测评价指标体系。

强化成果运用。组织西部10个省(区、市)和160个国家乡村振兴重点帮扶县乡村振兴部门开展县域经济社会发展数据监测;结合巩固拓展脱贫攻坚成果有关情况,编印160个国家乡村振兴重点帮扶县经济社会发展和巩固拓展脱贫攻坚成果相关数据手册;制作《国家乡村振兴重点帮扶县分布图(2021—2025年)》,印送28个中央单位和部门工作参考使用。

(农业农村部 董家齐)

(三)乡村治理体系建设

2022年,国家乡村振兴局认真贯彻落实中共中央、国务院关于加强和改进乡村治理的部署要求,配合中共中央农村工作领导小组办公室(以下简称"中央农办")、农业农村部等积极推动健全党组织领导的自治、法治、德治相结合的乡村治理体系,加强政策力量协同和机制方法创新,发挥典型引领示范带动作用,农村精神文明建设和农村公共服务建设持续取得积极进展,乡村治理体系和治理能力现代化水平不断提升。

推进提升乡村治理效能。贯彻落实习近平总书记关于推动健全县乡村三级治理体系功能的重要指示精神,会同农业农村部组织开展专题研究,联合起草有关实施意见稿,两轮征求中组部、中共中央宣传部（以下简称"中宣部"）、中共中央政法委员会等16个部门意见。配合农业农村部指导全国乡村治理体系建设试点示范工作，将试点期工作延长至2022年年底，分专题、分区域在河南省济源市、宁夏回族自治区吴忠市利通区举办两次工作交流会，部署开展试点总结，全面总结试点探索的制度性成果。会同农业农村部开展第四批全国乡村治理典型案例征集，遴选推介"宁夏回族自治区：开展'一村一年一事'行动扎实推进乡村善治"等31个乡村治理典型案例，为各地树立学习借鉴的样板。持续创新推广积分制、清单制等务实管用的乡村治理方式，支持地方完善运行机制、拓展应用领域。加强政策理论研究，形成"加强和改进乡村治理课题报告"等多份研究报告，组织开展乡村治理评价体系研究。配合起草《关于规范村级组织工作事务机制牌子和证明事项的意见》，以中共中央办公厅、国务院办公厅名义印发；开展易地扶贫搬迁安置点乡村治理专项活动，指导推进安置点完善乡村治理体系，提升乡村治理能力水平。

加强农村精神文明建设。加大移风易俗工作力度，配合中央农办印发《2022年全国移风易俗工作要点》，组织开展推动农村精神文明建设和移风易俗问题研究。配合开展高价彩礼、大操大办等移风易俗重点领域突出问题专项治理。组织开展第三届"县乡长说唱移风易俗"和移风易俗宣传月活动，征集推介第三批全国村级"文明乡风建设"典型案例。促进乡村文化发展，开展2022年全国乡村特色文化艺术典型案例征集工作，首批推介146个典型案例。联合文化和旅游部等部门印发《关于推动文化产业赋能乡村振兴的意见》，配合开展全国文化产业赋能乡村振兴试点工作。配合农业农村部、国家体育总局印发《关于推进"十四五"农民体育高质量发展的指导意见》。会同农业农村部、国家体育总局组织开展2022年"美丽乡村健康跑"活动。开展文明新风活动，联合中宣部组织开展2022年"新时代乡村阅读季"活动，举办全民阅读大会乡村阅读推进分论坛。配合中央精神文明建设指导委员会办公室开展年度全国学雷锋志愿服务"四个100"先进典型宣传推选活动。配合中央农办开展"听党话、感党恩、跟党走"宣传教育活动。推进农业文化遗产传承保护，配合农业农村部开展中国重要农业文化遗产保护传承工作年度报告。

推动农村公共服务建设。配合农业农村部、国家发展和改革委员会开展第四批全国农村公共服务典型案例征集，评选推介"北京市延庆区：打造点单派单服务平台 破解农村公共服务难题"等22个案例，总结推广各地加强农村公共服务建设的好经验、好做法，进一步发挥典型引领作用。配合国家卫生健康委员会、中华全国妇女联合会组织推动"助力乡村振兴战略——基层儿童早期发展"项目，推广儿童早期发展适宜技术，增强家庭养育照护知识和技能。起草乡村医疗体系建设情况报告、农村养老服务事业发展研究报告，有针对性提出政策建议。开展农村公共服务评价体系研究，启动县、乡、村公共服务一体化示范研究。

（农业农村部　郝庆平）

（四）产业帮扶

【综述】 2022年，各地各部门坚持把发展产业作为实现稳定脱贫的主要途径和长久之策，推动各类资源和帮扶措施向促进产业发展聚焦，加快推进产业提档升级、提质增效，对促进脱贫地区持续发展和群众稳定增收发挥重要作用。农业农村部、国家乡村振兴局印发《关于鼓励引导脱贫地区高质量发展庭院经济的指导意见》，鼓励引导农户特别是脱贫人口和防止返贫监测对象发展庭院特色种植、养殖、手工、休闲旅游和生产生活服务。国家乡村振兴局印发《关于进一步健全完善帮扶项目联农带农机制的指导意见》,明确纳入扶贫项目资产管理的经营性资产,使用各级财政衔接资金、帮扶资金、社会捐赠资金扶持的经营性项目,原则上都要建立联农带农机制,经营主体都要落实联农带农责任。开展脱贫地区帮扶产业项目风险监测,对帮扶产业项目的生产经营状况、联农带农情况进行监测,指导地方采取针对性措施化解风险隐患,组织力量赴相关省份对监测发现问题及风险化解情况进行实地核实。强化科技支撑,中组部、教育部、科学技术部、农业农村部、国务院国有资产监督管理委员会、国家乡村振兴局等部门统筹调配全国涉农科技人才资源,以"一县一团"方式向160个国家乡村振兴重点帮扶县选派科技特派团。同时,对于重点帮扶县以外的脱贫县,建立产业顾问组制度,由国家乡村振兴局会同中国科学技术协会组建产业顾问组支持产业发展。脱贫地区帮扶产业发展取得长足进步,2022年脱贫人口人均生产经营性净收入为2098元。

(农业农村部　郭亚洲)

【脱贫地区发展高质量庭院经济】 脱贫攻坚以来,脱贫地区农民收入实现较快增长,但与全国平均水平相比仍有较大差距。为增加脱贫群众收入,不断缩小收入差距,解决农村劳动力就业不充分问题,国家乡村振兴局会同农业农村部提出鼓励引导农户特别是脱贫人口和防止返贫监测对象高质量发展庭院经济。

2022年9月,农业农村部、国家乡村振兴局印发《关于鼓励引导脱贫地区高质量发展庭院经济的指导意见》,提出坚持以习近平新时代中国特色社会主义思想为指导,深入贯彻落实中共中央、国务院决策部署,立足新发展阶段、贯彻新发展理念、构建新发展格局、推动高质量发展,以农业农村资源为依托,以农户为主体,以市场化、特色化、品牌化为导向,与区域特色主导产业相协调,围绕特色种植、特色养殖、特色手工、特色休闲旅游和生产生活服务等,实行项目到户、扶持到人,用好财政、金融、创业就业和消费帮扶等政策措施,加强统筹协调、规划引领、联结带动和宣传引导,鼓励支持农户特别是脱贫人口和防止返贫监测对象在符合用地政策前提下,利用自有院落空间和资源资产高质量发展庭院经济,促进就地就近就业创业,发展乡村特色产业,多渠道增加农民收入。

(农业农村部　师进云)

【消费帮扶】 2022年,国家乡村振兴局深入学习贯彻习近平总书记重要指示精神,落实中共中央、国务院关于高效统筹疫情防控和经济社会发展的决策部署,按照《关于继续加大力度实施消费帮扶巩固拓展脱贫攻坚成果的指导意见》要求,坚持政府引导与社会参与相结合、政策支持与市场运作相结合、线上平台与线下渠道相结合、集中发动与持续推进相结合,多方动员、多措并举,多方面拓宽脱贫地区滞销农产品的销售渠道,不断加大消费帮扶力度,助力脱贫地区巩固拓展脱贫攻坚成果。依托东西部协作机制深化消费帮扶。将消费帮扶作为东西部协作帮扶的重要内容,纳入东西部协作协议和考核评价指标体系,加强工作调度,打造特色品牌,拓宽销售渠道,建立与受帮扶地区长期稳定的产销衔接机制,形成区域互助消费的良好局面。全年累计采购、帮助销售协作地区农产品954.5亿元。依托中央单位定点帮扶机制强化消费帮扶。把消费帮扶作为中央单位定点帮扶的重要内容,纳入中央单位定点帮扶考核评价指标体系。印发《关于加强中央单位定点帮扶相关重点工作调度的函》,要求各牵头部门督导各中央单位主动与定点县对接,帮助销售定点县和脱贫地区农产品,助力农民增收。全年累计采购、帮助销售脱贫地区农产品440亿元。动员社会力量参与消费帮扶。开展"万企兴万村"行动倾斜支持国家乡村振兴重点帮扶县专项工作,印发《国家乡村振兴局综合司关于动员企业开展电商帮扶助力脱贫地区产业发展的通知》,动员引导北京京东世纪贸易有限公司、阿里巴巴集团控股有限公司等14家电商平台企业开展电商帮扶,助力脱贫地区补齐产业发展短板,拓宽农副产品销售渠道,促进脱贫地区群众持续稳定增收。积极开展"消费帮扶助农增收集中行动"。印发《国家乡村振兴局综合司关于组织开展"消费帮扶助农增收集中行动"的通知》,动员东部省市、中央定点帮扶单位、电商平台企业等相关方面力量,开展"消费帮扶助农增收集中行动",帮助脱贫地区解决农产品滞销卖难问题,有效扩大农产品销售规模,增加农民群众收入。配合财政部等部门做好政府采购脱贫地区农副产品有关工作。配合财政部等部门印发《关于进一步做好政府采购脱贫地区农副产品有关工作的通知》,明确县级乡村振兴部门配合农业农村部门建立"832平台"供应商审核推荐机制,重点对供应商联农带农和帮助脱贫群众增收情况进行把关。

(农业农村部　李雪梅)

(五)就业帮扶

【综述】 2022年是巩固拓展脱贫攻坚成果同乡村振兴有效衔接的深化之年。国家乡村振兴局深入贯彻习近平总书记重要指示精神,全面落实中共中央、国务院决策部署,把就业帮扶作为重点工作,围绕脱贫人口务工就业总规模稳定在3000万人以上的目标任务,完善总体设计,加大政策支持,强化工作落实,脱贫人口稳岗就业工作取得明显成效。务工规模创新高。2022年年底,全国脱贫人口务工规模达3278万人,各省(区、市)均超额完成任务。收入水平持续增长。全国脱贫人口人均工资性收入达到9710元。务工稳定性增强。全国脱贫人口外出务工人员中,就业6个月及以上的稳定就业人员比2021年上升2个百分点。重点群体就业有新突破。超过九成的"雨露计划"毕业生实现就业或升学,就业帮扶车间吸纳、乡村公益性岗位兜底、易地扶贫搬迁群众就业均超过2021年水平。

【帮扶车间】 全面落实中共中央、国务院关于高效统筹疫情防控和经济社会发展的决策部署,把抓好就业帮扶车间作为做好稳岗就业工作的重要手段,积极应对疫情影响,拓宽就地就近就业渠道,千方百计增加脱贫群众的务工收入。截至2022年年底,就业帮扶车间吸纳49万人就业,比2021年增加6万人。加大帮扶力度。落实过渡期内"四个不摘"要求,不断健全完善工作机制,持续保持就业帮扶车间政策总体稳定。2022年3月,人力资源和社会保障部、国家发展和改革委员会(以下简称"国家发展改革委")、财政部、农业农村部、国家乡村振兴局印发《关于做好2022年脱贫人口稳岗就业工作的通知》,提出延续就业帮扶车间相关奖补政策,保持政策的延续性,健全顶层设计。落实国务院出台的留抵退税、降低涉企收费、金融支持等普惠性政策的同时,指导各地相继出台一次性财政奖补、金融支持、就业补贴、土地厂房租金减免及用水用电补贴等一系列优惠政策,持续加大资金支持力度。强化有效应对。会同人力资源和社会保障部等部门加强日常监测,建立健全"月调度、季通报"等机制,专项调度就业帮扶车间吸纳脱贫人口务工情况。在《应对新冠肺炎疫情影响持续巩固拓展脱贫攻坚成果的若干措施》中,提出落实中央支持中小微企业相关政策,帮助解决帮扶车间订单不足、资金短缺、物流不畅等问题;按规定落实引导脱贫人口、监测对象到帮扶车间就业的奖补政策。7月7—9日,在山西组织召开全国易地扶贫搬迁后续扶持暨促进就业帮扶车间发展工作会议,对推动就业帮扶车间工作进行专题安排部署。加强规范管理。强化日常监管,组织各地定期开展跟踪回访,了解帮扶车间的运营状况及吸纳脱贫劳动力就业情况,建立台账、定期巡查、督促整改。强化动态调整,指导各地按照生产经营规模、吸纳就业能力、助推群众增收效益等不同情况,对就业帮扶车间进行动态调整。强化风险防控,按照扶贫资产后续管理的有关规定,探索帮扶车间市场化监管机制,对帮扶车间进行专业化、规范化运营监管,最大程度降低帮扶车间运营风险。

【职业教育培训】 持续推进"雨露计划",要求各地延续各项帮扶政策,组织引导脱贫家庭新成长劳动力接受职业教育,加强学籍信息比对,落实各项补贴。开展实施"雨露计划+"就业促进行动,将"雨露计划"的支持范围由职业教育环节扩至就业帮扶环节,实现从教育培训到促进就业的全链条、一体式帮扶。截至2022年年底,全国63万名"雨露计划"毕业生就业和升学共58万人,占比超过九成,高于全国高等院校毕业生平均就业水平。明确目标任务。2022年4月,会同教育部、人力资源和社会保障部印发《"雨露计划+"就业促进行动实施方案》,提出过渡期内组织引导300多万脱贫家庭新成长劳动力就读职业院校的目标任务,并明确组织摸底排查、持续推进"雨露计划"、切实加强职业教育、开展就业帮扶、持续提升技能等主要任务,对各项工作进行具体部署。扩大帮扶范围。认真落实《关于切实加强就业帮扶巩固拓展脱贫攻坚成果助力乡村振兴的指导意见》,将"雨露计划"帮扶对象由脱贫家庭扩大到脱贫家庭和防止返贫监测对象家庭,让更多低收入群体享受政策。全面摸清底数。组织各地乡村振兴、教育、人力资源社会保障部门开展摸底排查,全面掌握脱贫家庭新成长劳动力底数、"雨露计划"在读生底数等情况,建立健全就读职业院校意愿清单和"雨露计划"即将毕业学生、已经毕业学生的就业意愿清单,做到动态调整、动态管理,夯实就业帮扶基础。强化就业帮扶。指导有关行业部门,组织动员企业和社会组织等用工主体,提供适合"雨露计划"毕业生的就业岗位,建立岗位需求清单,免费提供至少1次就业指导、3个合适岗位信息、1个见习机会、1次职业规划。加强监测调度。对于已就业的毕业生,重点关注其就业稳定性和收入情况,确保持续稳定增收。对于就业质量不高和就业不稳定的毕业生,积极提供转岗服务和就业岗位。8—9月,紧抓"雨露计划"学生毕业季和就业季的时机,启动对"雨露计划"毕业生就业情况的专题调度,准确了解就业形势、研判存在的问题。

【公益性岗位帮扶】 突出乡村公益性岗位"托底、救急、临时、公益"属性,引导各地结合经济发展、资金承受能力和巩固拓展脱贫攻坚成果需要,合理开发和规范管理乡村公益性岗位。2022年,全国乡村公益性岗位安置440万脱贫人口,比2021年增加26万人。优化完善政策。联合人力资源和社会保障部、国家发展改革委、财政部、农业农村部出台《关于进一步支持农民工就业创业的实施意见》,要求各地统筹用好现有各类乡村公益性岗位,对"无法离乡、无业可扶"且有就业意愿、有能力胜任岗位工作的脱贫人口实施安置,不得在现有规定外另行设置年龄、残疾等不必要的限制条件,并要求用人单位按规定购买相关保险,依法签订劳务合同或劳务协议。加强组织领导。指导各地按照"谁开发、谁负责、谁管理"原则,对优化岗位设置、加强规范管理、强化权益保障及做好退出人员后续工作等方面提出要求,明确相关部门责任。保障资金来源,鼓励各地积极利用社会资金、集体经济收益、产业收入,形成以国家财政衔接推进乡村振兴补助资金、就业困难补助资金、行业补助资金、地方财政资金及村级集体收益、光伏电站收益为来源的多元化投入保障机制。合理开发岗位。指导各地围绕乡村建设、人居环境治理、公共设施维护、村级公共服务等领域，统筹利用各类资金，持续加大开发力度，让不能外出的脱贫劳动力和半劳动力、弱劳动力实现家门口就业。坚持从严管理。要求各地健全"按需设岗、以岗聘任、在岗领补、有序退岗"管理机制，进一步规范乡村公益性岗位开发管理，及时纠正查处安置不符合条件人员、违规发放补贴、拖欠工资等行为。

（农业农村部　周建文）

（六）易地扶贫搬迁后续扶持

国家发展改革委联合18个部门出台《关于推动大型易地扶贫搬迁安置区融入新型城镇化实现高质量发展的指导意见》，推动大型搬迁安置区成为新型城镇化的"新名片"，推动中小型农村安置点成为乡村振兴的"新标杆"。联合国家乡村振兴局印发实施《易地扶贫搬迁后续扶持2022年工作要点》，明确40项后续扶持重点任务。配合国家乡村振兴局印发《2022年易地扶贫搬迁安置点乡村治理专项行动方案》，从健全乡村治理体系、推动移风易俗、强化监测帮扶等方面推进安置点治理。召开全国巩固易地搬迁脱贫成果工作视频推进会暨部际沟通协调会议，研判巩固易地搬迁脱贫成果面临的新形势、新挑战。推动国家乡村振兴局将易地扶贫搬迁集中安置点和搬迁群众作为防止返贫动态监测和帮扶重点，对识别出的防止返贫监测对象分类施策，有效落实帮扶举措。截至2022年年底，475.98万人易地搬迁脱贫劳动力实现就业，有劳动力的搬迁家庭基本实现1人以上就业目标。协调财政部、国家乡村振兴局安排中央财政衔接推进乡村振兴补助资金48亿元，支持人口较多的安置点后续产业扶持。推动各地在谋划安排年度中央预算内投资计划项目时，对易地扶贫搬迁集中安置点和搬迁群众予以重点支持。

印发《易地扶贫搬迁后续扶持工作成效明显的地市督查激励实施办法》，报请国务院办公厅对2021年后续扶持成效明显的地市予以督查激励。编印18期《"十四五"易地扶贫搬迁后续扶持工作指引》，深入挖掘和梳理各地在就业帮扶、产业培育、社区治理、社会融入等方面的做法经验。在国家发展改革委"两微一端"开设《媒体看易地搬迁》《易地搬迁后续发展观察》等专栏，深入挖掘各地的好做法、好经验，加强典型经验做法宣传推介。

（国家发展和改革委员会地区振兴司　马怡心）

（七）教育帮扶

2022年，教育系统深入学习贯彻党的二十大精神，贯彻落实习近平总书记关于教育、"三农"工作的重要论述，充分发挥教育系统特色优势，在巩固拓展教育脱贫攻坚成果基础上，加快推动工作重心转换，统筹推进乡村教育振兴和教育振兴乡村工作取得新进展、新成效。

强化组织领导，形成教育系统乡村振兴协同推进机制。进一步健全乡村振兴组织领导机制。教育部和各省级教育行政部门、直属高校、部省合建高校充分发挥乡村振兴工作领导小组统筹协调作用，形成责任清晰、各负其责、执行有力的工作体系。完善乡村振兴工作推进机制，充分发挥领导小组各成员单位分别对口联系160个国家乡村振兴重点帮扶县工作机制的积极作用，加强直连到县的紧密联系。健全乡村振兴政策保障体系，制订《关于深入学习贯彻习近平总书记关于"三农"工作重要论述的工作方案》，督促各成员单位结合工作职责按时保质做好贯彻落实工作。

精准分类施策，构建较为完善的乡村教育体系。推进义务教育优质均衡发展，巩固深化义务教育控辍保学成果，建档立卡脱贫家庭学生辍学持续保持动态清零。进一步完善布局规划、学校建设、经费投入、教师队伍、学校管理、质量评价等义务教育保障体系。多渠道增加普惠性学前教育资源供给,深入实施《"十四五"学前教育发展提升行动计划》,2022年全国农村普惠性幼儿园覆盖率达到92.2%,农村学前教育公共服务网络逐步完善。整体提升县域高中阶段教育质量,会同中组部启动教育人才"组团式"帮扶工作,助力160个国家乡村振兴重点帮扶县247所高中阶段学校提升管理和教育教学水平。落实《"十四五"县域普通高中发展提升行动计划》,改善县域普通高中基本办学条件,实施部属高校县域普通高中托管帮扶项目。

聚焦关键领域,筑牢乡村教育保障基础。持续改善农村义务教育学校基本办学条件,危房、大通铺等问题基本解决,"最好最安全的建筑在学校"得到群众的公认。加大教育经费保障力度,考虑"乡村振兴重点帮扶县"因素,在安排中央财政资金时予以倾斜支持,加大乡村教师经费支持力度,进一步完善学生资助管理制度,不断提升精准资助水平。全面加强乡村教师队伍建设,继续实施"优师计划""国培计划""特岗计划""银龄讲学计划"等,加强对欠发达地区教师培养培训,不断优化教师队伍管理和资源配置。用教育信息化缩小城乡教育"数字鸿沟",大力实施国家教育数字化战略行动,上线国家智慧教育公共服务平台,为农村地区送去优质教育资源。

发挥教育优势,提升教育服务乡村振兴能力。加快发展面向农业农村的职业教育,加强职业教育涉农领域专业、课程建设,建立与乡村产业紧密联系的技术技能人才培养培训机制。加强职业教育东西协作,支持东部省份在教师交流、专业建设、教学资源等方面与西部省份结对帮扶。系统推进涉农人才培养和新农科建设,加强和改进涉农高校耕读教育,推出"大国三农"系列在线开放课程,用现代科学技术改造提升传统涉农专业,加大农林一流专业建设力度。持续加大科技小院建设力度,探索集人才培养、科技创新、社会服务于一体的培养模式,先后有800余名校内外导师和1500多名研究生参与其中。深入做好直属高校定点帮扶工作,直属高校累计直接投入帮扶资金2.05亿元,引进帮扶资金4.95亿元,购买脱贫地区农产品2.79亿元,帮助销售脱贫地区农产品7.16亿元,培训干部和技术人才24.25万人次,全方位助力乡村"五大振兴"。

(教育部　刘　爽　李勖晟)

(八)健康帮扶

国家卫生健康委员会全面贯彻落实中共中央、国务院巩固拓展脱贫攻坚成果同乡村振兴有效衔接决策部署,召开乡村振兴工作领导小组会议,明确年度工作重点,部署推进;指导各地落实巩固拓展健康帮扶成果同乡村振兴有效衔接各项举措,建立健全防止因病返贫监测和帮扶机制,动态监测易返贫致贫人口的健康和保障状况,及时落实分类救治等帮扶措施,切实守住不发生规模性因病返贫的底线;动态监测乡村医疗卫生机构和人员变化情况,进一步强化巡诊、派驻机制和邻村卫生室延伸服务,切实守住保持乡村医疗卫生服务全覆盖的底线。聚焦农村县域医疗卫生服务能力提升,进一步加大投入和支持力度,强化完善医疗卫生服务体系,持续开展三级医院对口帮扶,支持推进紧密型县域医共体建设;健全完善脱贫地区健康危险因素控制长效机制,强化重点地区重大疾病综合防控,实施重点人群健康改善行动,深入开展爱国卫生运动,加快推进健康中国计划,为全面推进乡村振兴提供坚实的健康保障。

(国家卫生健康委员会
财务司乡村振兴处　舒　译)

(九)危房改造

2022年,住房和城乡建设部深入学习

习近平总书记重要指示批示精神，贯彻落实党的二十大精神，按照中共中央、国务院关于巩固拓展脱贫攻坚成果同乡村振兴有效衔接的决策部署，深化完善衔接期农村危房改造工作措施，建立农村低收入群体住房安全保障长效机制。配合财政部下达中央财政农村危房改造补助资金62.8亿元，支持43.9万户重点对象实施农村危房改造和农房抗震改造。

（住房和城乡建设部帮扶办公室 秦咸悦）

（十）社会保障

【综述】 2022年，民政领域加快健全过渡期内各项政策措施并推动落地落细，深化巩固社会救助兜底脱贫成果，建立低收入人口动态监测和分层分类救助帮扶机制，进一步兜住、兜准、兜好困难群众基本生活保障底线。

【社会救助兜底保障政策】 民政部深入学习贯彻习近平总书记关于社会救助工作的重要指示批示精神，印发《民政部关于深入学习贯彻习近平总书记重要讲话精神 进一步做好困难群众兜底保障等工作的意见》，指导地方深化社会救助制度改革，精准实施社会救助兜底保障政策。进一步完善社会救助政策，加大低保等扩围增效力度，会同财政部印发《关于切实保障好困难群众基本生活的通知》，部署各地应对疫情影响，为低保对象、特困人员、符合条件的未参保失业人员等增发一次性生活补贴或临时救助金，全力保障因疫因灾遇困群众的基本生活。会同中央农办、财政部、国家乡村振兴局印发《关于进一步做好最低生活保障等社会救助兜底保障工作的通知》，指导地方加大低保扩围增效力度，细化低保渐退等政策，放宽重度残疾人申请低保条件。截至2022年年底，全国共有农村低保对象3349万人，农村低保平均标准达到6985元/人·年（按月计为582元）。

【社会救助兜底脱贫成果巩固拓展】 民政部会同国家乡村振兴局落实防止返贫监测数据比对共享长效机制，定期进行数据比对，指导地方及时将符合条件的脱贫不稳定人口、边缘易致贫人口和突发严重困难户等监测对象纳入低保或特困救助供养范围，实现应保尽保、应兜尽兜。截至2022年年底，全国共有310万防止返贫监测对象被纳入低保或特困人员救助供养范围，占全部监测对象的49%，共对15万防止返贫监测对象实施临时救助，为守住不发生规模性返贫底线发挥应有作用。

【低收入人口动态监测和救助帮扶机制】 民政部推动建立健全主动发现机制，印发《民政部办公厅关于建立完善社会救助主动发现机制的通知》，指导基层丰富完善求助渠道，及时识别并归集低收入人口基本信息。拓展应用全国低收入人口动态监测信息平台，指导地方拓展平台监测预警功能，及早发现低收入人口风险点。会同教育部、人力资源和社会保障部、住房和城乡建设部、国家医疗保障局、国家乡村振兴局等8个部门出台《社会救助信息共享和数据利用管理办法》，加强社会救助部门之间的信息共享和数据利用，提升监测预警效能。印发《民政部关于进一步健全完善社会救助家庭经济状况核对机制的意见》，健全完善跨部门、多层次、互联互通、信息共享、业务协同的社会救助家庭经济状况核对机制。截至2022年年底，全国低收入人口动态监测信息平台已归集约6500万人低收入人口信息，全国1/3的省份已建立多部门联动的风险预警、综合研判和快速处置机制，实现从预警到救助的闭环管理。

（民政部 刘东升）

（十一）交通帮扶

2022年，交通运输部认真贯彻落实中共中央、国务院关于巩固拓展脱贫攻坚成果同乡村振兴有效衔接的决策部署，积极服务全面推进乡村振兴战略实施。

坚持政策规划引领。印发《国家公路网规划》《加快建设交通强国五年行动计划(2023—2027年)》等相关政策文件,将涉及交通运输巩固拓展脱贫攻坚成果、服务全面推进乡村振兴的一系列重大举措、重大项目纳入规划,加强顶层设计,完善政策衔接体系。发挥交通先行作用。充分发挥交通行业优势,完善脱贫地区交通基础设施建设。推进脱贫地区国家公路待贯通路段建设,推进脱贫地区沿边沿江通道及航海和内河港口建设。启动新一轮农村公路建设和改造,加快完善农村公路网络,推动农村客运可持续发展。2022年累计下达车购税资金2911亿元支持中西部22个省份交通发展。做好定点帮扶工作。聚力"五大振兴",提前谋划交通运输服务乡村振兴战略、推进"四好农村路"高质量发展方案及定点帮扶年度工作要点,创新工作举措,加大投入力度,督促政策落实落地,助力交通运输部定点帮扶县巩固拓展脱贫攻坚成果、全面推进乡村振兴。

(交通运输部　高　轶　杨晓亮　史盛庆)

(十二)水利帮扶

2022年,水利部坚持以习近平新时代中国特色社会主义思想为指导,深入学习贯彻党的二十大精神,全面贯彻落实中共中央、国务院关于巩固拓展脱贫攻坚成果同乡村振兴有效衔接的决策部署,学习运用浙江"千万工程"经验,扎实推进巩固拓展水利帮扶成果和乡村振兴水利保障工作,各项帮扶任务有力有序实施,取得较好成效,乡村振兴水利支撑能力不断加强。安排832个脱贫县水利建设投资1106.4亿元,其中中央投资458亿元,实施16550个水利项目。聚焦重点任务,坚决守住农村饮水安全底线。组织对脱贫地区和供水条件薄弱地区开展农村饮水安全状况摸底排查和动态监测,推进农村供水工程建设改造,加强农村供水工程运行管理。截至2022年年底,全国农村自来水普及率达到87%,规模化供水工程覆盖人口比例达到56%。紧盯薄弱环节,加快夯实脱贫地区的水利基础。加强防洪基础设施建设,加快大中型灌区建设与改造,推进重大水利工程和中小型水库建设,实施国家水土保持重点工程。脱贫地区新增、恢复和改善灌溉面积526.35万亩,完成中小河流治理3772.4千米,治理水土流失面积1.1万平方千米。加强能力建设,不断提升水利支撑保障水平。实施水利人才技术帮扶,强化水利帮扶项目运行管理,加大山区河道管理和乡村河湖管护力度,加强水利工程运行管理,在农村水利基础设施领域推广以工代赈方式。培训脱贫县水利干部1.13万人次,脱贫县在水利工程建设与管护就业岗位上吸纳脱贫人口和低收入人口17.88万人。广泛凝聚力量,大力推进重点区域帮扶工作。加大对160个国家乡村振兴重点帮扶县水利支持力度,抓好革命老区、民族地区、边境地区巩固拓展水利帮扶成果和推进乡村振兴水利保障工作,推进定点帮扶、对口支援和水利援藏援疆工作。

(水利部乡村振兴办　蓝希龙　王笑雨)

(十三)土地政策帮扶

【综述】 2022年,自然资源部坚持以习近平新时代中国特色社会主义思想为指导,坚决落实中共中央、国务院关于巩固拓展脱贫攻坚成果同乡村振兴有效衔接的决策部署,持续协调推进政策帮扶重点工作,促进脱贫基础更加稳固、成效更可持续。

【优化乡村空间布局】 在《全国国土空间规划纲要(2021—2035年)》编制工作中,充分考虑国土空间规划对乡村振兴的促进作用。持续推动市县级国土空间规划编制和审查报批工作,指导各地因地制宜优化乡村空间资源配置,保障农村一二三产业融合发展空间需求。统筹乡村一二三产业融合发展空间。统筹县域产业空间布局,以农业为依托延伸产业链条,引导农产品深加工等产业向县城、重点乡镇及物流节点等集聚;引导农产品初加工等产业在村庄区位优势区域合理布局;保障农产品加工流通、乡村旅游等新产业、新业态用地需求。保障乡村基础设施建设空间。保障乡村教育、卫生、养老、托幼、文化、旅游、殡葬及基础设施空间需求,完善乡村公共服务设施网络和道路交通、供水服务网络体系。健全县乡村三级农村物流服务体系,建设村级寄递物流综合服务站,保障农村电网巩固提升工程空间供给。保障乡村居民点建设。县域统筹分区分类编制村庄规划,立足本地资源禀赋优势,合理确定村庄建设边界,控制村庄建设用地总量。保障居民点建设,科学划定宅基地范围,优化宅基地空间布局,满足合理的宅基地需求。

【乡村振兴用地计划保障】 印发《关于2022年土地利用计划管理的通知》,在依据规划严格控制总量和空间布局的前提下,继续坚持土地要素跟着项目走,以真实有效的项目落地作为配置计划指标的依据,切实保障有效投资用地需求,统筹安排新增和存量建设用地,对国家重大项目和符合要求的省政府重大项目用地统一确认配置计划指标;对未纳入重点保障的项目用地,计划指标的配置与处置存量土地挂钩,量入为出,督促地方下大力气盘活存量土地。同时,继续安排每个脱贫县计划指标600亩,专项用于巩固拓展脱贫攻坚成果和乡村振兴用地需要,持续保障脱贫地区经济社会发展用地需要。继续单列农村村民住宅建设用地计划,专项用于符合"一户一宅"和国土空间规划要求的农村村民住宅建设。

【增减挂钩工作指导】 按照中共中央要求,过渡期内,在相关省份充分协商的基础上,已将2022年第一批跨省域调剂任务报请国务院同意下达有关省份,并积极指导地方做好节余指标验收核定工作,明确原"三区三州"及其他深度贫困县、国家乡村振兴重点帮扶县,拆旧复垦安置节余的建设用地指标可在省际协商基础上由国家统筹跨省域调剂。调入节余指标4.26万亩,调出节余指标6.18万亩,涉及资金共计205亿元,同时完成吉林调出节余指标的验收核定工作,核定吉林调出节余指标9000亩。

【全域土地综合整治试点】 按照《关于开展全域土地综合整治试点工作的通知》和《关于印发全域土地综合整治试点名单的通知》的部署要求,2022年共推动实施446个以乡镇为单元的试点,涉及重庆、陕西、甘肃、广西、贵州、云南等的10个国家乡村振兴重点帮扶县,实施田、水、路、林、村整体谋划、全域整治,优化农村生产、生活、生态空间布局,支持农业适度规模经营和现代农业发展,促进节约集约用地,保护和修复乡村生态环境。

【延续建设占用永久基本农田预审政策】 出台《关于过渡期内支持巩固拓展脱贫攻坚成果同乡村振兴有效衔接的通知》,明确延续建设占用永久基本农田预审政策,2024年1月2日前原深度贫困地区、集中连片特困地区、国家扶贫开发工作重点县省级以下基础设施、易地扶贫搬迁、民生发展等建设项目,确实难以避让永久基本农田的,可被纳入重大建设项目范围,由省级自然资源主管部门办理用地预审,并按照规定办理农用地转用和土地征收。

【跨省域补充耕地国家统筹】 根据《跨省域补充耕地国家统筹管理办法》,2022年报经国务院批准天津等7个省(市)补充耕地国家统筹申请,内蒙古等6个省(区)承担国家统筹补充耕地任务,发挥经济发达地区和资源丰富地区资金资源优势互补,促进乡村振兴战略实施。其中,安排国家乡村振兴重点帮扶县内蒙古自治区扎赉特旗,甘肃省古浪县,宁夏回族自治区红寺堡区、同心县承担补充耕地国家统筹任务,中央财政分别拨付补充耕地资金11.31亿元、2.32亿元、5.99亿元、3.66亿元,助力巩固脱贫攻坚成果。

(自然资源部　刘　阳)

(十四)金融帮扶

结合巩固拓展脱贫攻坚成果、全面推进乡村振兴的新形势、新要求,相关部门和金融机构加强沟通合作,持续加大金融帮扶工作力度,优化完善政策,聚焦重点任务,推动工作落实,促进金融支持巩固拓展脱贫攻坚成果取得新进展、新成效。

扎实做好脱贫人口小额信贷。按月监测脱贫人口小额信贷业务进展情况,及时指导各省(区、市)突出重点,强化风险防范,确保业务健康发展。2022年7月,与农业农村部、中国银行保险监督管理委员会联合召开全国脱贫人口小额信贷视频调度会议,系统通报进展情况,分析面临的困难,指导相关地区聚焦问题,明确工作举措,保持脱贫人口小额信贷稳步增长。截至2022年年底,脱贫人口小额信贷当年累计发放945.4亿元,同比增长25.6%,当年累计发放贷款户数218.2万户(次)。贷款余额1859.8亿元,逾期率0.54%。

持续拓展农户小额信贷。全面总结面向一般农户的"富民贷"工作经验,推动中国农业银行在160个国家乡村振兴重点帮扶县实现业务全覆盖。2022年,在重点县发放贷款45.7亿元,支持4.4万户一般农户发展生产。9月,与中国工商银行、中国农业银行、中国建设银行共同印发《关于开展富农产业贷试点的通知》,将富农产业贷试点范围扩至脱贫县中的革命老区县和江西、湖北、湖南、广西等4个省(区)的油茶种植大县,以及山西、内蒙古、江苏、浙江、安徽、山东、河南、四川、贵州等9个省区。截至2022年年底,"富民贷"贷款余额116亿元,支持农户14.6万户。

开展多方合作推动金融支持乡村振兴。2021年以来,农业农村部、国家乡村振兴局与国家开发银行、中国农业发展银行、中国工商银行、中国农业银行、中国银行、中国建设银行、交通银行、中国人民保险集团等8家金融机构签署合作协议,聚焦巩固拓展脱贫攻坚成果同乡村振兴有效衔接,倾斜支持国家乡村振兴重点帮扶县,支持乡村产业发展、乡村建设行动等具体任务,明确工作重点和阶段性目标,推动各方充分发挥优势,合力支持乡村振兴。

构建重点项目融资对接机制。会同相关单位共同印发通知,指导各级乡村振兴部门聚焦巩固拓展脱贫攻坚成果、乡村建设等领域,积极筛选梳理重点项目向金融机构推荐。截至2022年年底,组织各级乡村振兴部门累计向相关金融机构推荐3批项目,部分项目已获得授信。

(农业农村部　张婉婷)

(十五)农村人居环境整治提升

2022年,国家乡村振兴局深入贯彻习近平总书记关于改善农村人居环境的重要指示批示精神,全面落实中共中央、国务院决策部署,按照职责分工,主动参与、积极作为,配合农业农村部等部门扎实推进农村人居环境整治提升各项重点任务落实。截至2022年年底,全国农村卫生厕所普及率超过73%,2018年以来累计改造农村户厕5000多万户。农村生活垃圾进行收运处置的自然村比例超过91%。农村生活污水治理率达30%。95%以上的村庄开展清洁行动,14万个村庄得到绿化美化,农村人居环境进一步改善,农民群众生活质量和卫生观念普遍提高。

加强部署谋划。积极推动农村人居环境整治提升有关内容被纳入《中共中央　国务院关于做好2022年全面推进乡村振兴重点工作的意见》及《"十四五"推进农业农村现代化规划》《乡村建设行动实施方案》等重要文件和规划行动,作为实施乡村建设行动、全面推进乡村振兴的重要任务进行部署安排。印发2022年农村人居环境整治提升工作要点,明确34个部门和单位的58项重点任务,指导督促各地编制"十四五"农村人居环境整治提升省级实施方案,组织召开全国视频会议,对重点工作进行全面部署。

扎实推进农村"厕所革命"。在农村户厕问题摸排整改的基础上,组织摸排整改"回头看",召开视频会、座谈会,指导各地开展拉网式排查,及时查漏补缺、扎实开展问题整改。以"四不两直"方式对摸排整改情况集中开展调研,通报典型问题案例,约谈问题严重省份,持续督促各地分类有序推进问题整改。配合有关部门加强农村厕所改造技术指导服务,印发《关于加强农村公厕建设和管理的通知》,派出专家服务团赴中西部15个省份开展技术指导,指导编制《农村户用卫生旱厕建设技术规范》等5项行业标准。

持续开展村庄清洁行动。以"清洁村庄环境、共建洁美家园"为主题,深入开展村庄清洁行动。通过全国视频会、调研调度等,督促指导各地压茬打好四季战役,全域化推进、常态化开展、长效化保持。通报表扬98个村庄清洁行动先进县。

强化激励支持。配合财政部,组织实施农村厕所革命整村推进财政资金奖补,下达资金74亿元支持引导各地推动有条件的农村普及卫生厕所。配合国家发展改革委继续组织实施农村人居环境整治整县推进,安排中央预算内投资30亿元,支持中西部地区以县为单位推进农村人居环境基础设施建设。配合财政部开展改善农村人居环境等乡村振兴重点工作督查激励,对2021年度17个工作成效明显的地方给予激励支持。

统筹开展其他重点工作。配合生态环境部、住房和城乡建设部、国家林业和草原局等部门,共同推进农村污水治理、厕所粪污和生活污水处理,健全农村生活垃圾收运处置体系,农村生活垃圾分类减量与资源化利用,持续开展村庄美化绿化和乡村风貌保护提升。

(农业农村部 张 柯)

(十六)医疗保障

2022年,国家医疗保障局深入学习党的二十大精神,全面贯彻近平总书记关于巩固拓展脱贫攻坚成果重要指示批示精神,坚决落实中共中央、国务院关于巩固拓展脱贫攻坚成果同乡村振兴有效衔接决策部署,督促指导各地抓好医保综合帮扶政策落实,持续巩固医疗保障脱贫成果,加快建立防范化解因病返贫致贫长效机制,坚决守牢不发生因病规模性返贫的底线。

健全完善工作机制。坚决扛实行业部门责任,优化完善相应工作机制,有力推动各项帮扶政策落细落实。强化组织领导。优化调整国家医疗保障局乡村振兴工作领导小组组成人员和工作职责,统筹加强对巩固拓展医疗保障脱贫攻坚成果和定点帮扶工作的组织领导。优化调度监测机制。升级上线医保信息平台乡村振兴政策调度模块,动态监测农村低收入人口参保和待遇享受情况,按季度报告各地政策落实情况,及时预警提示风险。完善督导落实机制。建立信息通报机制,开展重点地区督导调研,组织各地做好医保综合帮扶政策效果评估。

确保农村低收入人口应保尽保。督促各地落实落细分类资助参保政策,全额资助特困人员,定额资助低保对象、返贫致贫人口及被纳入监测的脱贫不稳定人口。指导各地积极应对因病因疫等苗头性问题,做好因病纳入监测的边缘人员参保资助工作。加强与民政、乡村振兴、残联等部门的信息共享,健全参保核查比对机制,加大疑似未参保人员和流动人口参保动员,确保应保尽保。据监测,截至2022年年底,脱贫人口和农村低收入人口参保率稳定在99%以上,累计资助8899.1万人参保,资助参保支出180.2亿元。

强化三重制度综合保障。稳定基本医保住院待遇水平,健全门诊共济保障机制,完善居民"两病"用药保障机制,进一步减轻慢特病患者门诊费用负担。发挥大病保险减负功能,继续对低保对象、特困人员、返贫致贫人口实施倾斜支付。加大医疗救助托底力度,分类细化救助政策,统筹提高年度救助限额。截至2022年年底,医保三重制度综合保障政策惠及农村低收入人口就医14481.7万人次,帮助减轻医疗费用负担1487亿元。经三重制度综合保障,农村低收入人口住院和门诊慢特病实际报销比例分别达79.2%、84%,待遇水平总体平稳。

夯实医疗救助托底功能。指导地方全面贯彻落实《国务院办公厅关于健全重特大疾病医疗保险和医疗救助的意见》,立足基金支撑能力,完善医疗救助托底保障措施。截至2022年年底,全国所有省份出台配套文件,天津、山西、江西、山东、河南、广西、重庆、贵州、甘肃等9个省(市)提高年度救助限额,河北、甘肃等23个省和兵团省级层面明确因病致贫重病患者认定标准。全年全国医疗救助支出626亿元,实施住院和门诊救助11829万人次,全国次均住院救助、门诊救助分别为1226元、84元。

建立健全防范化解因病返贫致贫长效机制。联合相关部门印发《关于坚决守牢防止规模性返贫底线 健全完善防范化解因病返贫致贫长效机制的通知》,对守牢防止因病规模性返贫底线作出统筹安排。指导各地做好高额医疗费用负担患者监测预警,分类细化因病返贫和因病致贫监测标准,完善依申请救助机制,及时将符合条件的重点监测人员纳入医疗救助范围,协同实施综合帮扶,合力防范因病返贫致贫风险。截至2022年年底,各地主动推送高额费用患者信息625.7万人次,经核查认定,开展直接医疗救助21.6万人。

倾斜支持国家乡村振兴重点帮扶县。积极争取中央财政加大医疗救助资金投入,全年中央财政下达各地医疗救助补助资金311亿元,支持各地做好资助困难群众参保和医疗救助工作。中央财政医疗救助补助资金采取因素法分配,在绩效因素中明确增加国家乡村振兴重点帮扶县。2022年,中央财政医疗救助补助资金下达国家乡村振兴重点帮扶县所在10个省份和新疆、西藏共187亿元。

扎实做好定点帮扶工作。国家医保局党组先后4次召开党组会和乡村振兴工作领导小组会,研究部署定点帮扶工作,从8个方面明确帮扶重点任务并高质量完成。选优配强挂职干部,选派2名干部到积石山保安族东乡族撒拉族自治县(以下简称"积石山县")开展定点帮扶工作。发挥行业优势,协调济南市人民医院、济南市章丘区人民医院组成医疗帮扶工作队,长期进驻积石山县人民医院开展对口帮扶。助力乡村产业发展,累计引进帮扶资金2006.3万元,直接投入帮扶资金20万元,协调引进"AI豆计划"数字产业基地,帮助300名群众稳岗就业。帮助提升干部能力素质,全年各项业务政策和能力培训惠及全县基层干部和技术人员580余人次。开展消费帮扶,拓宽农特产品销售渠道,购买和帮助销售农产品418.3万元。

此外,持续做好医保药品目录动态调整,常态化、制度化开展药品及医用耗材集中带量采购,按规定将"互联网+"医疗服务纳入医保支付范围,合力降低农村低收入人口的就医成本。强化医疗服务行为监管,优化异地就医备案、全面推进市(地)"一站式"结算,统筹提高农村地区医疗保障服务水平。

(国家医疗保障局乡村振兴办　郝文祥)

第五篇

监督考核篇

（一）巩固拓展脱贫攻坚成果同乡村振兴有效衔接日常监督

【中央纪委国家监委机关持续强化监督执纪执法】 2022年，中共中央纪律检查委员会、中华人民共和国国家监察委员会（以下简称"中央纪委国家监委"）深入学习贯彻习近平总书记关于"三农"工作的重要论述和中共中央决策部署，坚持人民至上，坚持稳中求进，把监督保障巩固拓展脱贫攻坚成果、有效衔接乡村振兴作为一项重要政治任务摆在突出位置，持续深化过渡期专项监督，接续谋划乡村振兴领域不正之风和腐败问题专项整治，坚决纠治影响中央政策落实和损害群众利益的突出问题，为全面推进乡村振兴提供坚强保障。

加强统筹谋划部署，压茬推进专项监督整治。中央纪委常委会多次对加强中央惠农富农、乡村振兴有关政策措施落实监督检查作出部署，要求各级纪检监察机关切实提高政治站位，持续深化过渡期专项监督，推动巩固拓展脱贫攻坚成果同乡村振兴有效衔接。组织开展重点课题调研，先后召开华北、西南、西北、中南共4场调研座谈会，派员赴山西、吉林、江苏等9个省实地蹲点，全面总结党的十九大期间开展扶贫领域专项治理和过渡期专项监督有效经验，分析存在的问题及阶段性特征，为接续做好乡村振兴领域监督工作提供借鉴。

党的二十大对全面推进乡村振兴作出重大战略部署。中央纪委领导对此高度重视，亲自部署推动开展乡村振兴领域不正之风和腐败问题专项整治，多次做出批示、提出要求，每次赴基层调研都深入了解乡村振兴有关工作。中央纪委国家监委领导要求强化基层正风反腐，找准切入点，持续深化专项监督治理。2022年11月，中央纪委办公厅制发《关于贯彻党的二十大部署要求　锲而不舍落实中央八项规定精神深化纠治"四风"工作的意见》，再次强调围绕全面推进乡村振兴政策措施落实加强监督，推动巩固拓展脱贫攻坚成果同乡村振兴有效衔接。

紧紧围绕"国之大者"，以具体化、精准化、常态化政治监督保障乡村振兴战略实施。以有力政治监督压紧压实乡村振兴责任制，利用换届有利契机，通过开展谈心谈话等方式，督促提醒新任各级领导班子切实履行乡村振兴政治责任，坚决防范松劲懈怠不作为、政绩冲动乱作为、新官不理旧账"翻烧饼"等作风方面倾向性问题。紧盯守住"十八亿亩耕地"红线任务，持续开展整治农村乱占耕地建房问题专项监督。2022年，全国各级纪检监察机关共查处农村乱占耕地建房问题3900余件、处理处分6700余人。聚焦保障粮食安全这一头等大事，持续深化粮食购销领域腐败问题专项整治，组织开展"拉网式"检查，认真做好"地毯式"整改。

坚决整治形式主义、官僚主义等作风顽疾，以作风提振促乡村振兴。把作风建设贯穿于乡村振兴全过程。突出监督重点，加大对开展工作敷衍应付、推诿扯皮等问题的监督检查力度，着力纠治不顾群众意愿、脱离地方实际、违背客观规律大干快上，特别是在农村基础设施建设、人居环境整治中搞"一刀切"、"拍脑袋"决策、弄虚作假及盲目举债建"形象工程""面子工程"等问题。持续监督推动为基层减负，纠治检查考核过多、过度留痕、"指尖上的形式主义"等问题。坚持纠树并举、破立结合，立足职责推动移风易俗，积极引导党员干部带头抵制天价彩礼、薄养厚葬等不良社会风气，以优良党风政风引领新时代文明乡风。2022年，全国各级纪检监察机关共查处乡村振兴领域形式主义、官僚主义等作风问题1.3万件，处理处分2万人。

坚持严的基调，以"零容忍"态度严惩损害

群众利益的"蝇贪""蚁腐"。聚焦乡村振兴重大资金、项目和重要环节,重点查处工程建设腐败问题、民生领域啃食群众利益的"微腐败"及利用国有投资平台公司搞利益输送的新型腐败案件。2022年,全国各级纪检监察机关共查处乡村振兴领域腐败问题3.2万件、处理处分4.5万人。巩固深化扫黑除恶专项斗争成果,聚焦征地拆迁、矿产资源等群众反映强烈的领域,紧盯村"两委"、乡镇基层站所等重点岗位,打掉一批长期把持基层政权、欺压百姓、侵占集体资产资源的"村霸"黑恶势力及"保护伞"。2022年,全国共查处涉黑涉恶腐败和"保护伞"问题4200余件,给予党纪政务处分4300余人,移送检察机关400余人。加大警示教育和通报曝光力度,配合拍摄电视纪录片《零容忍》将查处乡村振兴领域典型案件作为重要内容,2022年全国各级纪检监察机关通报曝光典型案例3300余个。

坚持大抓基层的鲜明导向,做实基层监督促进乡村治理。深入落实推动全面从严治党向基层延伸有关要求,督促健全县委全面领导、县纪委监委协助推动、乡镇(街道)抓好落实、带动村级跟进的"县统筹抓乡促村"工作机制,推动监督下沉落地。加强对换届后村干部特别是"一肩挑"人员监督,配合中共中央组织部(以下简称"中组部")等部门印发《关于加强对村干部特别是"一肩挑"人员管理监督的通知》,提出强化管理监督具体措施,持续跟进、推动落实。整合运用基层监督力量,指导配齐配强村(社区)纪检委员,深化运用片区协作、"室组乡"联动等做法,推动基层纪检监察组织加强与村务监督机构的沟通协作、有效衔接,增强监督合力。指导各地深化村(社区)集体"三资"提级监督试点,全国1160个县纪委监委对6.1万个集体"三资"规模较大的村(社区),由乡镇监督提级到县(区)监督。围绕农村集体"三资"管理、惠农资金监督等开展专题调研,总结推广有效经验,指导各地纪委监委结合实际强化监督执纪问责,督促职能部门完善监管制度机制。

(中央纪委国家监委
机关党风政风监督室　吴祖葵)

【审计监督】 2022年,审计署坚持以习近平新时代中国特色社会主义思想为指导,深入学习贯彻党的二十大精神,认真贯彻落实习近平总书记关于审计工作的重要指示批示精神和中共中央、国务院关于"三农"工作的决策部署,全力推进习近平总书记在中央经济工作会议上的重要讲话精神和《中共中央　国务院关于做好2022年全面推进乡村振兴重点工作的意见》中的任务分工落实,聚焦主责主业,切实履职尽责,注意揭示反映"三农"领域的风险隐患,推动巩固拓展脱贫攻坚成果同乡村振兴有效衔接,助力实现农业农村现代化。

旗帜鲜明讲政治,深入推进审计工作全国一盘棋。审计署牢固树立政治机关意识,坚持和加强中共中央对审计工作的集中统一领导,贯彻落实习近平总书记关于做到审计工作全国一盘棋的重要指示精神,严格落实请示报告制度,审计工作运行机制不断优化完善,审计工作全国一盘棋加快形成。在审计项目谋划方面,指导各地方审计机关参照审计署农业农村审计中长期项目库,结合当地发展规划和区域特点制定项目库,组织开展富有当地特色的农业农村审计项目,促进地方审计机关与审计署统一开展的审计项目计划充分衔接、成果共用。在审计项目组织方面,坚持把审计力量和资源向基层一线下沉、向群众身边延伸,尤其是在开展重点帮扶县相关审计工作中,地方审计机关承担94%以上的审计任务,做到上下贯通、同向发力,充分发挥地方审计机关力量;坚持"上审下""交叉审"相结合的组织方式,充分保持审计的独立性。在审计结果报送方面,优化全流程质量控制体系,通过编发问题清单式的审计标准件等方式统一审计思路方法,通过及时纠偏、改进审计工作动态中报送的问题强化审计过程质量控制,通过专题报告汇总阶段的多轮交叉复核把好审计结果质量关,促进地方审计机关提高审计工作质量;督促各级审计机关完整报送审计查出问题,通过比对各期审计工作动态和审计报告、组织人员跟踪每个疑点问题的查处情况、前往审计现场开展督促指导等方式,严防审计查出问题在报送过程中被"过滤"。

扎扎实实做研究,聚焦"国之大者"开展农业农村审计工作。2022年,审计署坚持以人民为中心谋划开展审计工作,沿着"政治—政策—项目—资金"这一主线,做深做实研究型审计。从2021年11月至2022年1月,组织对云南等10个省(区、市)开展巩固拓展脱贫攻坚成果同乡村振兴有效衔接相关的政策和资金审计,重点抽查52个乡村振兴重点帮扶县,抽查资金266.94亿元;2022年6—8月,组织对内蒙古等10个省(区、市)开展乡村振兴重点帮扶县审计,抽查10个省(区、市)的92个重点帮扶县,抽查资金586.53亿元。2022年12月,习近平总书记在中央农村工作会议上谈到促进产业振兴相关工作时,特别提到乡村振兴重点帮扶县审计综合报告中反映的部分地区还存在产业发展基础不牢、联农带农机制不够持续稳固、产业配套支持政策落实不够精准有效3个方面问题,并要求有关部门和地区严格贯彻落实乡村振兴责任制,针对存在的问题采取有效举措抓整改。

持续跟踪促整改,扎实做好审计整改"下半篇文章"。审计署坚持揭示问题与督促整改并重,贯彻落实《中共中央办公厅　国务院办公厅关于建立健全审计查出问题整改长效机制的意见》和《审计署审计整改工作业务流程》,把督促审计整改作为开展审计工作的重要抓手,紧盯反复出现、经常发生的问题和影响范围广、性质恶劣的重大问题。一方面,加强审计整改全周期规范管理。在编制2022年审计项目工作方案时,将以前年度审计发现问题整改情况作为审计重点,并以开展审计的程序和标准核实问题整改情况;在现场审计过程中,针对普遍性、典型性问题加强政策研究,发现问题背后的体制机制原因,从而提出有针对性、可行性的整改建议,针对能够立即纠正的问题推动被审计单位立行立改;在现场审计结束后,组织建立审计发现问题整改台账,明确行业主管部门、具体实施单位的责任清单及整改问题的类型、要求和时限等,为后续持续督促整改落实打好基础。另一方面,定期"回头看",严把问题销号关。将审计发现问题全部纳入整改范围,严格对照相关政策法规,对问题是否达到销号标准进行复核,对于被审计单位自评、审计组评定为"完成整改",但经核实发现未完成整改或未达到整改效果的问题,组织审计组督促被审计单位按照相关要求持续进行整改,多轮督促核实,直至整改完成进行销号处理,严防应付式整改和虚假整改。

部门贯通强协作,合力推动整治涉农领域的腐败问题和不正之风。审计署始终把农民群众关心的突出问题作为审计工作的重点,紧盯惠农项目资金、高标准农田、农村改厕等领域的突出问题,严肃查处侵犯农民利益的"微腐败",持之以恒正风肃纪。深化审计监督和纪检监察等各类监督贯通协同,围绕整治涉农领域腐败和作风问题,进一步加强与中央纪委国家监委党风政风监督室等单位的沟通协调,扩大审计查出案件线索的移交范围,将审计查出的影响中共中央"三农"决策部署落地生效和涉农资金使用绩效的典型问题纳入移交范围,切实用好审计成果,推动形成监督合力。2022年,审计署向中央纪委国家监委共移交农业农村领域腐败和作风典型问题线索89件。其中,违纪违法案件线索26件,影响中共中央"三农"决策部署落地生效和涉农资金使用绩效的典型问题63件。同时,持续加强与纪检监察机关的经验交流,派员参加中央纪委国家监委党风政风监督室组织召开的沟通协调会、经验交流会等,拓宽查处问题的思路方法,持续增强审计监督效能。

(审计署农业农村审计司　葛　卉)

【信访工作】　2022年,国家乡村振兴局主要以暗访调研为抓手,加强日常监督指导。暗访调研坚持问题导向和调研定位,按照"四不两直"要求,深入基层干部和群众,掌握第一手情况,充分听取吸收各方面意见建议,认真分析研判,提出工作建议,形成暗访调研报告。暗访调研成果在征求意见的基础上,经国家乡村振兴局专题会议研究后一对一反馈各地并督促抓好问题整改,促进工作提质增效。各地高度重视暗访调研成果,通过多种方式推进问题整改工作,取得明显成效,发挥积极作用。2022年,共走访150个县(区、市、旗),形成28份分省报告,挖掘总结典型经验做法48个,发现主要问题229个,需要关注的问题62个,提出工作建议145条,有力促进各地工作责任进一步压实、工作作风进一步转变、政策举措进一步落地见效。

深入学习领会习近平总书记关于加强和改进人民信访工作的重要指示精神,准确理解把握信访是"送上门来的群众工作"的深刻内涵,深入贯彻落实《信访工作条例》,不断健全完善信访工作机制,扎实有序开展信访工作。用好12317电话、局长信箱、来信、来访等渠道及中国政府网留言系统、国务院"互联网+督查"办理平台,对受理信访件及时交办转办。加强防止返贫监测和乡村振兴咨询服务平台(下称"12317平台")建设,12317平台延伸到县级乡村振兴局,信访事项全部在网上登记、交办、跟踪、督办、监督、评价,做到受理事项全录入、办理过程全记录,形成信访事项办理完整闭环。用好信访情况月报、专报、年报制度,定期汇总分析信访反映问题表现,为开展决策、改进工作提供参考。坚持分级分类、属地办理,办理中加强跟踪监督,全国纳入12317平台管理的2.4万多个信访件全部按期办结,调查群众满意度超过96%。在重要阶段、重要节点及时下发信访工作提醒函,委托第三方开展信访问题线索核查,与基层共同着力解决农民群众"急难愁盼"问题,切实维护群众的合法权益和合理诉求,不断增强群众的获得感、幸福感。

(农业农村部　曹振华)

(二)巩固拓展脱贫攻坚成果同乡村振兴有效衔接考核评估

2022年是巩固拓展脱贫攻坚成果同乡村振兴有效衔接深化之年。中央农村工作领导小组认真贯彻落实习近平总书记重要指示精神,按照中共中央部署要求,继续统筹巩固脱贫成果后评估、东西部协作考核评价和中央单位定点帮扶工作成效考核评价,组织开展2022年度巩固拓展脱贫攻坚成果同乡村振兴有效衔接考核评估,对各地区各部门2022年度相关工作和取得成效进行综合分析评价。

对象范围。一是有巩固拓展脱贫攻坚成果同乡村振兴有效衔接任务的中西部22个省(区、市)党委和政府。二是承担东西部协作任务的东部8个省(市)、西部10个省(区、市)。三是承担定点帮扶任务的305家中央单位。

组织实施。在中央农村工作领导小组统一领导下,组建考核评估工作组负责组织实施。考核评估工作组由中共中央农村工作领导小组办公室、中组部、国家乡村振兴局牵头,中共中央委员会统一战线工作部、中共中央和国家机关工作委员会、国家发展和改革委员会、教育部、科学技术部、民政部、财政部、人力资源和社会保障部、自然资源部、生态环境部、住房和城乡建设部、交通运输部、水利部、农业农村部、国家卫生健康委员会、中国人民银行、国务院国有资产监督管理委员会、国家统计局、国家医疗保障局和中共中央军事委员会政治工作部等20家单位参加。

主要任务。研究制订考核评估工作方案，组织实施实地考核评估，收集平时情况，进行定量分析、综合评分，提出考核评估结果建议，提请中央农村工作领导小组研究讨论。日常工作由国家乡村振兴局承担。

考核评估内容。巩固脱贫成果后评估。主要评估责任落实、政策落实、工作落实和成效巩固4个方面，重点关注脱贫地区农村居民和脱贫人口的收入变化、"三保障"及饮水安全保障等脱贫成果巩固情况，防止返贫动态监测帮扶、脱贫地区产业发展、脱贫人口稳岗就业、易地扶贫搬迁后续扶持、国家乡村振兴重点帮扶县倾斜支持、防范化解因灾因疫返贫致贫风险等政策和工作落实情况，以及乡村建设、乡村治理有关具体工作部署推进情况，严查数据失真失实、弄虚作假等形式主义、官僚主义问题。东西部协作考核评价。主要评价协作双方2022年度东西部协作工作取得成效，包括完成2022年度《东西部协作协议》和工作创新情况。年度协议完成情况，重点关注组织领导、巩固拓展脱贫攻坚成果、加强区域协作、促进乡村振兴等方面的内容。工作创新情况，重点关注加强区域协作、动员社会力量参与、做好结对关系调整工作等方面的典型做法。中央单位定点帮扶工作成效考核评价。主要评价2022年度中央单位定点帮扶工作取得成效，重点关注组织领导、选派挂职干部、促进乡村振兴、工作创新等情况。

实施情况。一是开展实地考核评估。坚持2021年考核评估的基本做法，继续采取第三方评估、综合核查和媒体暗访的方式进行，同时不断予以优化和完善，充分发挥部委和地方同志各自优势，采取"部门牵头+地方参与"形式开展综合核查；更好发挥媒体优势，委托新华通讯社独立开展暗访调研，独立提交暗访报告，进一步提升考核评估的权威性。组织1933名考核评估人员分赴中西部22个省份，深入210个县、3327个村和123个易地扶贫搬迁安置社区，调查3.7万户农户。二是梳理平时情况。中央和国家机关10个部门结合工作职责，提供16个方面的平时情况和监测数据。三是完善评价办法。全面采用定量分析、综合评分方式进行结果评价，制定办法、明确细则，建立综合评分体系，组织考核评估工作组各成员单位进行评分，提出考核评估结果建议，经中央农村工作领导小组研究讨论后，报中共中央、国务院审定。

考核评估结果。2022年，各地区各部门坚持以习近平新时代中国特色社会主义思想为指导，深入贯彻党的二十大精神和习近平总书记关于"三农"工作的重要论述，认真落实中共中央决策部署，聚焦"守底线、抓发展、促振兴"，把巩固拓展脱贫攻坚成果作为全面推进乡村振兴的前提，持续压紧压实责任，不断优化政策措施，扎实推动重点工作，努力防范化解风险，取得显著成效。防止返贫动态监测和帮扶机制更加健全，"三保障"和饮水安全保障水平稳步提升，突发性返贫致贫风险及时有效化解，未发现整村整乡返贫现象，不发生规模性返贫的底线守得更牢；脱贫人口务工就业规模再创新高，脱贫地区特色产业发展短板加快补齐，联农带农机制日益完善，脱贫地区群众和脱贫人口收入保持较快增长，脱贫攻坚成果得到进一步巩固拓展；乡村发展、乡村建设、乡村治理取得新进展、新成效；脱贫地区群众生产生活条件不断改善，获得感、幸福感、安全感进一步增强。第三方评估数据显示，2022年脱贫群众对巩固脱贫攻坚成果的认可度达95.7%。面对新形势、新任务，各地结合实际、积极探索、勇于创新，形成一批好的经验和做法。同时,在巩固拓展脱贫攻坚成果同乡村振兴有效衔接过程中,也存在一些问题和不足。

2023年5月,中共中央办公厅、国务院办公厅向各地各部门通报2022年度巩固拓展脱贫攻坚成果同乡村振兴有效衔接考核评估情况。中央农村工作领导小组向各地一对一反馈考核评估情况。各地高度重视问题整改,党政主要负责同志亲自研究、部署、督导,举一反三全面查摆剖析问题,分类施策,精准落实,通过问题整改有力促进整体工作的提升。

(农业农村部　延　欣)

第六篇

行业帮扶篇

中共中央组织部帮扶

【概述】 2022年,中共中央组织部认真贯彻落实中共中央关于巩固拓展脱贫攻坚成果同乡村振兴有效衔接的决策部署和习近平总书记的重要指示精神,深入推进抓党建促乡村振兴,推动各级组织部门贯彻落实新时代党的组织路线,持续加强农村党的建设,夯实筑牢农村基层党组织战斗堡垒。

【干部帮扶】 建强县乡领导班子和干部队伍。指导各地区各单位把乡村振兴作为培养锻炼干部的舞台,选拔敢于担当、业绩突出、群众公认、经受考验的干部进入县乡领导班子,着力建设一支政治过硬、本领过硬、作风过硬的乡村振兴干部队伍。指导有关方面继续做好中央单位定点帮扶、东西部协作挂职干部选派工作,有序开展轮换。

继续充实一线工作力量。落实《关于贯彻实施公务员法建设高素质专业化公务员队伍的意见》《公务员转任规定》,指导地方充实和稳定基层公务员队伍,支持有空编的乡镇机关补充人员,从严控制上级机关从基层特别是乡镇借调公务员,激励、引导和支持公务员转任到艰苦边远地区、乡村振兴一线工作。认真落实《关于做好艰苦边远地区基层公务员考试录用工作的意见》,指导艰苦边远地区单独或综合采取适当降低学历条件、放宽专业要求、拿出一定数量职位面向当地户籍人员招录等措施解决"招人难"问题。会同人力资源和社会保障部推动各地区做好国家乡村振兴重点帮扶县和艰苦边远地区县乡事业单位公开招聘工作,指导拿出一定数量岗位面向本县、本市或周边县市户籍人员(或者生源)招聘,支持对退役军人按照有关规定进行专项招聘。继续做好选调生到村任职工作,2022年全国在村在岗的选调生6.2万人。

大力推进干部教育培训。会同农业农村部等单位在国家级干部院校和部门行业培训机构举办省部级干部、地市级党政领导干部、国家乡村振兴重点帮扶县党政正职、全国粮食和油料生产大县党政正职全面推进乡村振兴相关专题班次,在中国干部网络学院举办水旱灾害风险管理、强化河湖长制等网上专题班。会同有关单位深入实施农村基层干部乡村振兴主题培训计划,全覆盖培训农村基层干部。举办乡镇党委书记培训示范班3期,村党组织书记培训示范班、基层党校骨干教师乡村振兴培训示范班2期,西部地区组工干部和抓党建促乡村振兴培训班6期。推动各地区全覆盖开展村"两委"任职培训及乡村振兴主题培训,村党组织书记由省、市两级培训的达到60%。继续实施公务员对口培训计划,举办全面实施乡村振兴战略、推进西部大开发专题培训班,推动优质培训资源向乡村振兴聚焦、向基层延伸。

持续压紧压实五级书记责任。推动各级组织部门在干部任职谈话、考核考察中对各级党组织书记担负全面推进乡村振兴的政治责任提出工作要求、进行重点了解;在市、县党政领导班子和领导干部乡村振兴实绩考核中,首先看书记抓的情况,强化考核结果运用。推动省、市、县党委书记及组织部部长任期内分别做到县、乡、村"三个走遍",县级领导班子成员包乡走村入户,乡镇领导班子成员包村联户,同基层干部群众一起谋发展、理思路、出实招。认真开展市、县、乡党委书记抓基层党建工作述职评议考核,把抓党建促乡村振兴作为重要内容,以党建责任落实推动乡村振兴责任落地。

【人才帮扶】 强化人才项目倾斜支持。组织实施第22批博士服务团选派工作,向脱贫地区共派出267人。持续推进"西部之光"访问学者项目,选派382名优秀专业人才到中央有关部委及东部地区研修,重点选派脱贫地区、重点帮扶县急需紧缺的教育、医疗卫生、农林牧业等领域专业技术人员。会同相关单位深入实施"三区"人才支持计划,2022年选派约13万名教师、医生、科技人员、社会工作者、文化工作者等到革命老区、民族地区、边疆地区工作或提供服务,培养约1.4万名"三区"本土人才。推动有关部门在"三支一扶""西部志愿者""特岗教师"等人才服务基层项目中向重点帮扶县倾斜支持。

持续完善乡村人才振兴政策。牵头编制《国家"十四五"期间人才发展规划》,继续实施脱贫攻坚期间各项人才智力支持政策,提出完善编制管理、职称评审、人才招录和柔性流动等政策措施,畅通人才向乡村振兴一线流动渠道。指导督促各地区各部门抓好《关于鼓励引导人才向艰苦边远地区和基层一线流动的意见》的贯彻落实。

深入推进干部人才"组团式"帮扶。会同有关部门制订印发国家乡村振兴重点帮扶县医疗、教育人才"组团式"帮扶工作方案和选派科技特派团通知,并召开干部人才"组团式"帮扶国家乡村振兴重点帮扶县工作部署电视电话会议和工作推进会,组织选派医疗、教育人才帮助每个重点帮扶县建好1所县人民医院、1所普通高中和1所职业高中,以"一县一团"方式为每个重点帮扶县组织选派一批专家型科技支撑人才进行全产业链指导服务,提高重点帮扶县的医疗卫生事业、教育事业和农业产业发展水平。

【基层党组织建设】 加强换届后村"两委"班子能力提升和管理监督。部署开展换届"回头看",推动县、乡领导班子成员普遍对所有村"走一遍"。先后分别组织10个组到东部、中西部有关省、区、市的10个乡镇、10个村开展蹲点调研。会同有关部委制定印发加强村干部管理监督的通知,严格规范村级事项决策和公开,加强村干部日常管理考核,强化基层纪检监察组织与村务监督委员会合力监督,推进村干部廉洁履职、规范用权。在东部、中部、西部确定12个县、市、区,开展重点村分类管理试点。

充分发挥党员带头致富、带领致富作用。鼓励引导党员带头创办领办农民合作社、家庭农场等新型农业经营主体,从项目、资金、技术、信息等方面给予支持,力争每个村都有一批党员致富能手、每名党员致富能手至少结对帮带1户群众。加大在青年农民特别是致富能手、农村外出务工经商人员中发展党员力度,2022年发展的农民、牧民、渔民党员中35岁及以下的占63%。

持续派强用好驻村第一书记和工作队。深入落实《关于向重点乡村持续选派驻村第一书记和工作队的意见》,会同国家乡村振兴局召开全国驻村帮扶工作推进会,推动各地区各单位抓实人选选派、日常管理、保障支持等工作。2022年,全国在岗驻村第一书记20.96万人、工作队员56.3万人。组织编写《驻村第一书记和工作队典型案例选编》,推动典型引路。

推动发展壮大村级集体经济。会同财政部、农业农村部指导各地区强化县级党委统筹和镇村党组织引领,组织党员、群众因地制宜确定主导产业和经营模式,增强乡村产业聚合力;充分挖掘运用红色资源,推动1000个红色美丽村庄建设试点工作,撬动发展壮大村级集体经济。推动各地区完成这两个项目实施情况的综合评估,充分发挥示范引领作用,加强巩固拓展脱贫攻坚成果的物质基础。

(中共中央组织部组织二局一处
罗元开)

中共中央宣传部帮扶

【概述】 2022年,中共中央宣传部(以下简称"中宣部")深入学习贯彻习近平新时代中国特色社会主义思想,认真贯彻落实习近平总书记关于"三农"工作的重要指示精神和中共中央部署要求,围绕巩固拓展脱贫攻坚成果同乡村振兴有效衔接,着力从新闻报道、出版宣传、乡村观影、文艺创作、精神文明建设等方面开展工作,宣传中共中央政策精神和实施推进情况,充分展示乡村振兴的阶段性重大成就,着力推动巩固拓展脱贫攻坚成果与乡村振兴有效衔接。

【宣传报道】 组织中央主要媒体开展乡村振兴宣传报道。《人民日报》刊发《全面推进乡村振兴 加快建设农业强国》,新华通讯社播发《中央一号文件释放加快建设农业强国信号》,《经济日报》刊发《农业农村部负责人解读中央一号文件:凝心聚力全面推进乡村振兴》等。围绕乡村振兴取得的成就,会同农业农村部组织开展"乡村行•看振兴"主题宣传报道,选派骨干记者深入全国各地典型乡村进行调研采访,集中推出系列直播特别节目和专题报道,挖掘报道各地立足区位条件、资源禀赋和发展基础探索形成的乡村振兴新模式、新路径,以点带面展现产业兴旺、生态宜居、乡风文明、治理有效、生活富裕的乡村振兴图景。

【主题出版】 中宣部办公厅印发《关于做好2022年主题出版工作的通知》,引导、组织各出版单位在巩固拓展脱贫攻坚成果同乡村振兴有效衔接方面积极挖掘选题,全年共出版相关题材图书600余种,推出《中国脱贫攻坚》《全国乡村振兴优秀案例选编》等一批精品图书。同时,着力加强乡村音像电子出版物供给,共安排出版农业农村类选题50个,其中音像制品32个、电子出版物18个。发挥音像制品和电子出版物直观便捷、形式活泼、方式多样的呈现特点,提升农民群众科学文化素养,丰富乡村精神文化生活。

【乡村文化振兴】 将文化文艺工作与乡村振兴工作有机结合,推动乡村文化振兴工作深入开展。指导支持创作反映巩固拓展脱贫攻坚成果同乡村振兴有效衔接主题的文艺作品。指导中国作家协会实施"新时代山乡巨变创作计划"等,已推出《宝水》《天露湾》《热雪》等多角度展现乡村时代变迁的优秀作品。加强对乡村振兴题材电视和网络节目的资金扶持、创作指导。推出《我们在行动》等电视节目,《闽宁纪事2022》《硕果秋歌》等纪录片,《下姜村的共同富裕梦》《天天成长记第五季》《大山里的梦之队》等动画片,《三泉溪暖》《我们这十年》(《心之所向》单元)、《幸福到万家》《花开山乡》等电视剧,《金山上的树叶》《青春正好》《草原上的萨日朗》《藏草青青》等网络剧,《极限挑战》《奔跑吧》等乡村振兴特别季品牌综艺节目,《麦宿手造》《我们都是追梦人》《民族要复兴 乡村必振兴》《小丽相亲记》等公益广告。评选出《记住乡愁——乡村振兴系列》《土地 我们的故事(贺岁篇)》《我们村》《美美乡村》《小镇青年》《青春作伴好还乡》等纪录片,向全国各级电视台推荐播出。支持实施戏曲进乡村项目。自2016年起,中央财政支持实施戏曲进乡村项目,每年为贫困地区12984个乡镇共配送8万场戏曲演出。2022

年，基层院团、乡土剧团、百姓戏班3类文艺院团进农村演出总场次为91.27万场，观众总人数达到3.2亿人次。推动落实《推进乡村文化振兴工作方案》。贯彻落实《中共中央 国务院关于实施乡村振兴战略的意见》和《中共中央 国务院关于印发〈乡村振兴战略规划（2018—2022年）〉的通知》，以推动落实《推进乡村文化振兴工作方案》为抓手，聚焦乡村思想道德建设、乡村优秀传统文化、乡村公共文化服务、乡村文化生活、乡村文化经济等领域，发挥龙头示范项目的支撑和引领作用，深入推进乡村文化振兴工作。深入实施中华优秀传统文化传承发展工程。深入实施《中华优秀传统文化传承发展工程"十四五"重点项目规划》，扎实推进中华文化资源普查工程、中国传统村落保护工程、非物质文化遗产传承发展工程、戏曲传承振兴工程、农耕文化传承保护工程等重点项目。组织策划《中国传统建筑的智慧》《记住乡愁》等一批聚焦乡村、展示中华优秀传统文化内涵的纪录片和电视专题片。组织开展"我们的中国梦——文化进万家"活动。会同文化和旅游部、国家广播电视总局、中央广播电视总台、中国文学艺术界联合会，围绕春节、元宵、清明、端午等传统节日，动员组织文化文艺小分队，以线上、线下相结合的形式面向县级及以下村镇社区开展节目演出、电影放映、送图书报刊等文化惠民服务项目。加强廊桥保护研究利用工作。会同文化和旅游部、国家文物局组织开展廊桥保护三年行动计划，聚焦廊桥系统性保护，建立健全长效保护机制，做好整体修缮和综合展示，将廊桥及附属文物建筑、周边既有建筑、当地现有展馆等作为乡村公共活动和文化中心加以利用，鼓励企业、当地居民等社会力量广泛参与家乡廊桥保护、管理和安全防控。

【乡村观影工作】 加强农村电影放映工作是满足人民基本观影需求、保障人民基本文化权益的重要途径。2022年，全国共有281家农村数字电影院线公司、4.6万台放映设备开展农村电影放映工作，电影数字节目交易平台累计供应影片5214部，全年共订购影片938.5万场，其中少数民族语译制影片21.25万场。国家电影局在全国开展迎接党的二十大优秀影片展映展播活动，全国数字电影农村院线积极开展放映活动，订购推介影片超过100万场。

【文明村镇创建】 2022年4月，中共中央精神文明建设指导委员会印发《全国文明村镇测评体系（2022年版）》，已经将"促进增收致富，积极开展巩固全面小康成果的有关工作，国家各项惠农利农政策得到落实，乡镇财政收入、村集体收入和村镇居民人均收入逐年增加，高于所在县（市、区、旗）平均水平""加强救助帮扶，坚持物资帮扶与精神帮扶、文化帮扶相结合，巩固脱贫攻坚成果，没有发生规模性返贫问题，常态关注易返贫致贫人口，建立困难群众主动发现机制，为符合救助条件的家庭和人员提供协助申请救助服务，特困供养人员应养尽养，符合低保的家庭应保尽保"等内容被列为全国文明村镇测评内容。

【定点帮扶】 2022年，中宣部定点帮扶陕西省铜川市耀州区、内蒙古自治区兴安盟科尔沁右翼中旗（以下简称"科右中旗"），直接投入帮扶资金224万元，引入帮扶资金3542.37万元，压茬选派挂职帮扶干部4名，助力两地乡村振兴和精神文明建设。做好帮扶督导。组织开展中宣部领导与相关地方领导座谈交流活动，指导推进有关工作。中宣部领导出席部机关定点帮扶、对口支援工作视频督导推进会，了解帮扶工作进展，协调有关事项。机关党委全委会、机关工会全委会先后4次统筹调度帮扶工作。8月，中宣部政策法规研究室、机关党委先后派工作组赴科右中旗就产业项目开工进度和帮扶工作推进情况进行现场督导。

推动产业振兴。支持耀州区围绕"3+X"产业布局，形成以鲜干果、中药材、香菇、设施蔬菜、奶山羊和光伏为主导的六大特色产业集群。重视发掘耀瓷文化，助力振兴耀瓷产业，持续壮大28家龙头企业和168个农业合作社，提高秦脆苹果、耀州黄芩、庙湾香菇、关庄奶山羊等当地品牌的知名度，实现产业带动15200户脱贫户年均增收4000元以上。推动科右中旗肉牛全产业链提档升级，持续优化升级农牧业结构，带动8000余名农牧民在肉牛产业链各个环节实现增收，助力引进的优质饲草项目，年产量达200万吨以上，总产值约5.65亿元，覆盖5.26万户农牧民，户均年增收1万元以上；蒙古族刺绣车间带动科右中旗173个嘎查2.1万余名妇女参与，其中脱贫户3000余人，年均增收2000元以上。协调中国电影集团公司投资运行中影影视基地和数字摄影棚项目，电视剧《枫叶红了》拍摄基地景区建设项目二次砌筑完成。加强人才振兴。全年培训村镇基层干部668人，培训乡村振兴带头人2408名。利用"乡村振兴大讲堂""双书记"周例会等学习平台，加大对驻村干部的培训力度；协助耀州区开展党的二十大精神培训，先后举办学习贯彻习近平总书记历次来陕西考察重要讲话重要指示精神培训班、乡村干部抓党建促振兴培训班、村社区党组织书记和第一书记履职能力提升培训班，协调《时事报告》杂志社组织林草、畜牧专家对苏木和嘎查负责人、驻村第一书记及产业发展带头人开展专题培训讲座，共培训1600余人。协调30名耀州瓷工艺美术大师和陶瓷营销人员前往潮州学习培训。培训专业技术人才729名，主要是协调中国人权发展基金会联系医疗专家志愿者为科右中旗医务人员开展培训，对100余名医护人员进行案例教学。对接北京市八一学校结对帮扶耀州中学、照金红军小学、照金北梁红军小学等学校；协调人权发展和交流中心邀请国内教育专家学者对耀州294名中小学校长和学科教师进行线上培训。与中共中央组织部教育人才"组团式"帮扶团队对接，推进两地校园基础建设。推进生态振兴。协调北京港澳台侨妇女联谊会等社会力量启动科右中旗"十年千亩公益造林"项目，首期完成种植经济林100余亩；对接联系中国乡村振兴基金规划新的林草植被恢复项目；协调中共中央组织部、共青团中央委员会第22批博士服务团挂职干部赴巴彦茫哈指导盐碱地水稻种植及土壤改良；协调京蒙资金支持哈日道卜嘎查村给排水一体化项目；协调水利部、财政部2022年水系连通及水美乡村建设资金落地，助力科右中旗国家生态文明建设示范旗创建工作。做好文化振兴。协调红色电影《闪亮的军号》《一定寻到你》在耀州拍摄；帮助策划录制9集广播连续剧《药王孙思邈》在学习强国学习平台播放；将耀州文化元素植入电影《长空之王》；推动反映耀州乡村振兴电影《明天会更好》立项。协调中央新闻媒体赴耀州开展主题采访活动，先后在《光明日报》《中国日报》、中国新闻网等中央主要媒体推出《陕西铜川：山桃林里的"手工达人"撬动"绿色资本"》《"朱鹮保姆"守护生态画卷》《绿水青山间绘就多彩画卷》等100余篇新闻稿件。协调中国儿童少年基金会向科右中旗图书馆、乡村小学等捐赠价值75万元码洋图书；通过农家书屋项目直接捐赠价值100万元码洋图书。助力好来宝《总书记回信了》入选"喜迎二十大　说唱新时代"全国优秀曲艺节目展演；电影《枫叶红了》荣获内蒙古自治区2022年"五个一工程"奖，歌舞剧《雕花的马鞍》入选2022年度内蒙古自治区文艺作品质量提升工程，乌力格尔获批内蒙古自治区非遗曲艺书场试点，乌兰牧骑入选为全国"双服务"先进集体。推动组织振兴。指导耀州区以"八星励志"项目为抓手，培育扶持党建引领产业发展典型,成功打造全国红色美丽乡村1个、乡村振兴示范点1个、集体经济发展示范村20个,带动村集体平均年收入15万元以上;在派驻第一书记的柳林村探索打造"基层党组织+非公党组织"特色党建品牌,2022年非公企业、社会组织为"八星励志"扶志扶智基金累计捐款60余万元。在科右中旗推广由驻村第一书记和嘎查党组织书记共同组织召开"双书记"周例会,指导组建"我帮你"志愿服务队1700多支,"家门口唠嗑队"第一时间在社区庭院、小公园、嘎查小广场等场所学习宣讲党的二十大精神,被中宣部评为"基层理论宣讲先进集体",巴彦茫哈苏木哈吐布其嘎查获评内蒙古自治区第七届文明村镇。做好消费帮扶。帮助销售两地农产品1832.63万元,包括协调人民日报新媒体中心直播带货;协调电商平台上线帮扶地龙头企业产品,并提供一揽子惠企措施支持;协调中华全国供销合作总社支持当地农畜企业产品上线脱贫地区农副产品网络销售平台("832平台");支持科右中旗文旅产业发展。

(中共中央宣传部 原梓涵)

国家发展和改革委员会帮扶

【概述】 2022年,国家发展和改革委员会(以下简称"国家发展改革委")以习近平新时代中国特色社会主义思想为指导,全面贯彻落实党的二十大精神,落实《中共中央 国务院关于实现巩固拓展脱贫攻坚成果同乡村振兴有效衔接的意见》和《中共中央办公厅 国务院办公厅关于坚持做好中央单位定点帮扶工作的意见》的部署要求,聚焦行业帮扶重点工作,进一步加大政策、资金、项目支持和督促指导力度,积极支持脱贫县创建国家农村产业融合发展示范园,发展乡村特色产业。

【易地搬迁后续扶持】 强化政策支持,联合18个部门出台《关于推动大型易地扶贫搬迁安置区融入新型城镇化实现高质量发展的指导意见》,推动大型搬迁安置区成为新型城镇化的"新名片",推动中小型农村安置点成为乡村振兴的"新标杆"。印发实施《易地扶贫搬迁后续扶持2022年工作要点》,明确40项后续扶持重点任务。联合国家乡村振兴局印发《2022年易地扶贫搬迁安置点乡村治理专项行动方案》,从健全乡村治理体系、推动移风易俗、强化监测帮扶等方面推进安置点治理。召开全国巩固易地搬迁脱贫成果工作视频推进会暨部际沟通协调会议,研判巩固易地搬迁脱贫成果面临的新形势、新挑战。推动国家乡村振兴局将易地扶贫搬迁集中安置点和搬迁群众作为防止返贫动态监测和帮扶的重点,对识别出的防止返贫监测对象分类施策,有效落实帮扶举措。截至2022年年底,475.98万易地搬迁脱贫劳动力实现就业,有劳动力的易地扶贫搬迁家庭基本实现1人以上就业目标。加大投入力度,协调财政部、国家乡村振兴局安排中央财政衔接推进乡村振兴补助资金48亿元,支持人口较多的安置点后续产业扶持。推动各地在谋划安排年度中央预算内投资计划项目时,对易地扶贫搬迁集中安置点和搬迁群众重点支持。加强宣传引导,印发《易地扶贫搬迁后续扶持工作成效明显的地市督查激励实施办法》,报请国务院办公厅对2021年后续扶持成效明显的地市予以督查激励。编印18期《"十四五"时期易地扶贫搬迁后续扶持工作指引》,深入挖掘和梳理各地在就业帮扶、产业培育、社区治理、社会融入等方面的做法经验。在国家发展改革委"两微一端"开设《媒体看易地扶贫搬迁》《新时代新征程·易地搬迁后续发展新观察》等专栏,深入挖掘各地的好做法、好经验,加强典型经验做法宣传推介。

【以工代赈】 修订《国家以工代赈管理办法》,进一步规范和加强新形势下以工代赈管理。印发《国家以工代赈工作成效综合评价办法(试行)》《关于做好以工代赈巩固拓展脱贫攻坚成果衔接乡村振兴试点典型经验做法复制推广工作的通知》《关于在农业农村基础设施建设领域推广以工代赈方式2022年工作要点的通知》,召开全国以工代赈工作视频推进会。联合财政部下达75亿元以工代赈中央投资计划,将项目劳务报酬占中央预算内投资的比例由不低于15%调至30%,带动超20万名农村低收入群众在家门口务工就业。报请国务院办公厅转发《关于在重点工程项目中大力实施以工代赈促进当地群众就业增收的工作方案》。形成在重点工程项目中可实施以工代赈的建设领域和用工环节指导目录、2022年度适用以工代赈的国家重点工程项目清单，并推动落地实施。编印10余期重点工程项目以工代赈工作指引，推介有关地方和部门的典型做法经验。

【消费帮扶】 发挥消费帮扶部际沟通协调机制作用，落实《关于继续大力实施消费帮扶巩固拓展脱贫攻坚成果的指导意见》，印发《2022年国家层面消费帮扶年度重点工作事项》，明确70项年度重点工作事项。组织开展"消费帮扶新春行动"，累计直接采购、帮助销售脱贫地区产品和服务约970亿元，助推脱贫地区特色产业发展。引导消费帮扶重点企业联盟开展"山货年货节"等帮销活动，全国市场化消费帮扶占比超过60%。开展2022年度消费帮扶助力乡村振兴典型案例遴选，明确166个年度优秀典型案例，并做好宣传推广。

【产业帮扶】 以国家农村产业融合发展示范园(以下简称"示范园")创建为载体，支持脱贫地区农村一二三产业融合发展，优先支持能够吸纳易地扶贫搬迁安置点群众就地就近就业的示范园创建，延伸产业链、提升价值链，引领和助推乡村产业高质量发展。2022年，国家发展改革委同有关部门按照"当年创建、次年认定"原则，认定第三批100家示范园，超过1/4示范园位于脱贫县；安排中央预算内投资支持示范园公益性基础设施建设，提高产业融合发展水平，带动当地群众就业增收。

【定点帮扶】 2022年，国家发展改革委深入贯彻落实习近平总书记关于深化定点帮扶工作的重要指示精神，支持河北省灵寿县、吉林省汪清县、广西壮族自治区田东县(以下简称"三县")巩固拓展脱贫攻坚成果、全面推进乡村振兴。聚焦三县基础设施改善、公共服务水平提升、特色产业发展、生态保护和修复等领域，直接投入帮扶资金4357万元，引进帮扶资金2309万元。累计帮助三县培训基层干部、乡村振兴带头人、各类专业技术人才等3900余人次。直接购买三县等脱贫地区农产品226万元，帮助销售农产品达5743万元。

(国家发展和改革委员会　马怡心)

教育部帮扶

【概述】 2022年，教育部以习近平新时代中国特色社会主义思想为指导，深入学习贯彻党的二十大精神，贯彻落实习近平总书记关于教育、"三农"工作的重要论述，先后4次召开教育部乡村振兴工作领导小组会，总结调度工作进展，研究解决困难问题，部署推进重点工作，推广教育服务乡村振兴的路径模式，凝聚更广泛力量推进乡村教育振兴。

【帮扶资金投入】 持续加大中央财政教育投入力度，会同财政部下达转移支付资金3855亿元。在资金测算与分配上考虑乡村振兴重点帮扶县因素，对相关省份予以倾斜。完善普惠性学前教育保障机制，中央财政下达支持学前教育发展资金230亿元，支持地方资助家庭经济困难幼儿、改善普惠性幼儿园办园条件等。继续实施义务教育薄弱环节改善与能力提升补助资金项目和教育强国推进工程中央投资，下拨安排转移支付资金超369亿元，支持有序扩大城镇学位供给，改善农村学校基本办学条件。持续实施改善普通高中学校办学条件补助项目，投入资金增加至70亿元，重点支持全国县域普通高中学校改善办学条件。进一步规范和完善学生资助工作，安排学生资助资金688.48亿元。支持建设乡村温馨校园，给予第三批96所学校每校4万~5万元校园文化建设经费补助。

【国家乡村振兴重点帮扶县帮扶】 教育部各司局、直属单位共62家成员单位与160个国家乡村振兴重点帮扶县建立紧密联系，以政策支持、项目资金、人才培训、数字资源、宣传研究等五大类132项帮扶举措"工具包"为抓手，开展帮扶工作。在资金项目支持方面，优化教育财政支持重点，向国家乡村振兴重点帮扶县倾斜，推动改善基本办学条件、加强教师队伍建设、强化学生关爱资助、提升教育教学能力。统筹定向招生、订单定向培养、教育人才帮扶等政策，协同东西协作、对口支援、中央单位定点帮扶等力量，加大教育帮扶力度。开展消费帮扶，组织采购对口联系县农副产品。在强化人才培养方面，充分发挥教育系统优势，面向农民、教育管理干部、一线教师、学生等不同群体，开展针对性培养培训、研学研修活动，提供急需紧缺的教具教材和数字资源，激发对口联系县的发展内生动力。在教育数字化方面，推动对口联系县常态化应用国家智慧教育公共服务平台，改善信息化硬件设备，丰富数字化教学资源，有效提升师生信息化素养、数字技能和乡村学校数字化管理水平。在密切基层联系方面，充分发挥各单位党组织模范带头作用，与对口联系县党组织开展联学联建，共同加强理论学习，交流探讨工作模式和方法，提升基层党组织治理能力。

【义务教育优质均衡发展】 持续巩固义务教育控辍保学成果，督促各地进一步健全联控联保责任机制、定期专项行动机制、应助尽助救助机制、依法控辍治理机制、办学条件保障机制，完善控辍保学台账，利用学籍系统加强年度巩固情况监测，常态化做好控辍保学工作。指导相关省份做好学籍系统数据与当地人口库比对，组织精准摸排辍学学生情况，重点关注国家乡村振兴重点帮扶县辍学学生，"一生一表"建立工作档案，切实做好劝返复学工作。积极开展县域义务教育优质均衡创建工作,聚焦农村学校布局规划、师资均衡配置、城乡学校共同体建设等攻坚清单,探索义务教育优质均衡发展的实现路径和有效举措,遴选135个先行创建县(市、区、旗),及时总结先行创建县(市、区、旗)优质均衡实现路径和有效举措,形成一批可复制、可推广的典型经验,供国家乡村振兴重点帮扶县学习借鉴,切实增强国家乡村振兴重点帮扶县教育发展"造血"功能。

【特殊教育拓展融合发展】 推进实施《"十四五"特殊教育发展提升行动计划》,要求加强特殊教育学校建设,鼓励20万人口以上的县(市、区、旗)办好一所达到标准的特殊教育学校,20万人口以下县要因地制宜合理设置特殊教育班,依托设在乡镇(街道)的小学和初中因地制宜建设特殊教育资源中心,确保家庭经济困难残疾学生优先获得资助。加强省级、市级统筹,落实县级主体责任,加大对欠发达地区和特殊教育薄弱地区的支持力度。持续巩固适龄残疾儿童义务教育普及水平,完善适龄残疾儿童义务教育入学安置信息监测系统,实行动态监测和"穿透式"监管,确保各类适龄残疾儿童应入尽入。加大特殊教育补助资金投入,中央财政下达特殊教育补助资金预算5亿元,重点支持包括国家乡村振兴重点帮扶县在内的中西部省份和东部部分困难地区改善特殊教育办学条件,引导推动各地合理规划布局,增加特殊教育学位供给。

【乡村教师队伍建设】 加强欠发达地区教师培养培训,印发《关于进一步做好"优师计划"师范生培养工作的通知》,共招收"优师计划"师范生11418人。稳步推进实施"特岗计划",优先满足中西部农村地区农村小学、教学点的教师需求,新招聘到岗近6.6万人,服务近3万所农村学校,期满经考核合格自愿留任8.3万人,留任率达91.2%。推进实施"师范教育协同提质计划",覆盖中西部欠发达地区师范院校72所,促进人才队伍层次提升和学科专业特色发展。深入实施系列教育人才支教计划,配合中共中央组织部实施教育人才"组团式"帮扶,选派247位高中阶段校长和2145名管理人员、专任教师赴国家乡村振兴重点帮扶县开展帮扶工作,助力当地提升教育管理和教育教学水平。持续推进"三区"人才支持计划教师专项计划,支持各地选派支教教师18292名,其中幼儿园教师411名、小学教师11080名、初中教师6801名。继续实施"银龄讲学计划",支持各地招募退休优秀校长、教师5000名到农村义务教育阶段学校支教讲学。不断优化教师队伍资源配置,中西部22个省份715个原集中连片特困地区县全面实施乡村教师生活补助政策,覆盖近7.3万所乡村学校,受益教师约130万人,人均月补助标准达到394元。

【教育数字化】 大力实施国家教育数字化战略行动,开通上线国家智慧教育公共服务平台,融入德育、课程教育、体育、美育、劳动教育等丰富的数字资源,"三个课堂"应用帮助乡村教师提高教学能力。开展数字支教赋能乡村教育创新试验,委托东北师范大学、华东师范大学、陕西师范大学、西安电子科技大学4所高校大学生志愿者通过线上授课方式,为3个省4个定点帮扶县44所乡村小学开设信息技术和艺术两大类支教课程,为搭建数字支教工作制度框架、形成标准化工作流程、开发原创支教课程、总结凝练线上教学模式奠定基础。支持乡村地区教育新型基础设施建设,截至2022年年底,160个国家乡村振兴重点帮扶县中小学(含教学点)互联网接入率达到100%,建设无线网络的中小学超过6500所,有98.4%的中小学拥有多媒体教室,教室数量达到18.6万余间,其中78.27%的学校实现多媒体教室全覆盖。

【推普助力乡村振兴】 持续聚焦民族地

区、农村地区,推进推普攻坚行动、推普助力乡村振兴计划,指导普通话基础薄弱的中西部10个省份落实"一地一策",加大国家通用语言文字推广力度。印发《关于加强高等学校服务国家通用语言文字高质量推广普及的若干意见》,对高校服务全面推进乡村振兴等作出部署。完成国家语言文字推广基地对口帮扶的60个国家乡村振兴重点帮扶县6000名中小学教师普通话示范培训。实施经典润乡土计划,支持指导22个省份在经典文化乡村行、诗教润乡土、中华经典培训等方面开展60个项目。启动建设中国语言文字数字博物馆,汇聚优质数字资源,服务民族地区、农村地区共享学习国家通用语言文字和中华优秀传统语言文化。联合共青团中央开展全国大学生推普社会实践志愿服务大行动,近千支团队万余名青年学生积极参与,赴中西部18个省份500多个县(区)开展推普培训、宣传、调研等实践。

【职业教育服务乡村振兴】 持续加强职业院校办学能力建设,实施职业学校办学条件达标工程。会同5个部门印发《职业学校办学条件达标工程实施方案》,稳定边远脱贫地区办学规模,不断加大政策供给和资金投入,加快改善职业学校办学条件。加强涉农专业建设和布局,新增智能化农业装备技术、现代植保技术高职本科专业及草原修复与保护技术中职专业。组织完善农业领域相关专业顶岗实习标准、专业实训教学条件建设标准50余个。持续实施"一村一名大学生计划",开设七大科类29个专科、本科专业(方向),招生7.97万人。指导全国职业院校巩固扶贫成果服务乡村振兴协作联盟成员单位265所中高职学校,通过专科层次基层农技特岗人员定向培养、本土化乡村医生等订单式培养,培养乡村紧缺人才7.26万余人,招收订单培养学生8万余人。加强乡村振兴人才职业技能培训,指导各地推动职业院校面向乡村振兴人才开展农林牧副渔职业技能培训130余万人次。

【新农科建设】 全方位推动涉农高校加强和改进耕读教育,编写出版《耕读教育十讲》《中华农耕文明概论》新农科新形态教材,指导推动中国农业大学等34所涉农高校多渠道拓展耕读教育实践教学场所,建成184个耕读教育实践基地。以新农科建设为统领,持续推进农林人才供给侧结构性改革,增设生物育种科学、湿地保护与恢复、智慧林业、木结构建筑与材料等4个涉农本科专业,新增智慧农业等21个新兴专业布点,加快农林紧缺人才培养。研制《新农科人才培养引导性专业指南》,围绕粮食安全、生态文明、智慧农业、营养与健康、乡村发展等五大领域,设置生物育种科学、智慧农业、乡村治理等12个新农科人才培养引导性专业,持续提升涉农学科专业与乡村振兴的融合度,服务农业农村现代化进程中的新产业、新业态。

【科技小院建设】 印发《关于支持建设一批科技小院的通知》,支持全国68家培养单位780个科技小院建设,实现31个省份和新疆生产建设兵团全覆盖,涉及34个全国乡村振兴重点帮扶县,实现零距离科技对接、零时差指导解决、零门槛普惠服务、零费用培训推广,"产学研政"紧密结合,有效解决农业技术推广普及的"最后一公里"问题。打造地方特色农业,通过品种选育、农技推广、科普宣传等方式,促进村域农产品提质增效,助推乡村产业振兴;培养科普人才,通过教学讲解、技术培训、现场示范等方式培养科技农民,推广现代化农业理念及种植养殖技术,服务乡村人才振兴;丰富村落文化生活,深入挖掘村内文化资源,组织艺术节、小诗会等村民农耕文化和文娱活动,助力乡村文化振兴;创建高值农业模式,减少施用化学肥料,防治土壤、水源污染,为乡村宜居宜业献智慧,促进乡村生态振兴;创新基层党建模式,紧紧围绕党的二十大精神学习宣传工作要求,组建科技小院党的二十大精神宣讲先锋队,18支队伍74名学生走遍378个村庄,累计培训10183人次,推动乡村组织振兴。

【直属高校定点帮扶】 召开2次教育部直属高校定点帮扶工作推进会,分析形势、研究问题、明确任务,安排做好下一阶段工作。深入推进102项直属高校服务乡村振兴创新试验工作,召开4次视频调度会,支持"乡村振兴千万带头人培养计划""繁星计划"等特色活动,一大批发挥高校优势、体现高校特色的乡村振兴模式逐步显现。强化8个高校帮扶联盟工作,制订年度计划,推广典型案例,推进特色项目,支持高校旅游、教育、资源环境帮扶联盟开展专题培训和主题论坛等活动。召开"教育这十年""1+1"系列第九场新闻发布会,介绍党的十八大以来教育部直属高校定点帮扶工作成效,充分展现教育部直属高校在八年脱贫攻坚、两年乡村振兴中的作为和担当。组织开展"高校服务乡村振兴·笔谈"系列报道,在《中国教育报》刊发高校书记、校长署名文章18篇,分享思路举措和经验体会。

(教育部　刘　爽　李勖晟)

科学技术部帮扶

【概述】 2022年,科学技术部(以下简称"科技部")以科技支撑巩固拓展脱贫攻坚成果同乡村振兴有效衔接为主线,以160个国家乡村振兴重点帮扶县为主要阵地,以开展"三区"科技人才专项、选派重点帮扶县科技特派团等科技特派员工作为重要抓手,深入开展科技帮扶工作,为脱贫地区一体化配置政策、资金、人才、项目、平台等创新要素,增强脱贫县实施创新驱动发展的综合能力,为过渡期的脱贫地区实现有效衔接提供有力的科技和人才支撑。科技部坚持将科技帮扶工作放在科技创新工作的重要位置,调整完善乡村振兴工作领导小组,加强对科技帮扶工作的统筹协调和组织领导。与中共中央组织部、农业农村部等共同向160个国家乡村振兴重点帮扶县选派科技特派团,制订《科技支撑国家乡村振兴重点帮扶县巩固拓展脱贫攻坚成果助力乡村振兴三年行动方案》,着力解决产业发展遇到的技术瓶颈问题,围绕科技项目、科技特派团、成果转化、平台园区、科技金融、科普宣传"六个全覆盖"任务目标扎实开展重点帮扶,取得显著进展和成效。

【实现科技项目全覆盖】 组织优势科研力量开展相关科技研发与集成示范,围绕中共中央组织部确定的重点帮扶县78大类农业主导产业科技需求,统筹科技部内资源,通过部省联动机制实施国家重点研发计划项目,按照"一县一团一课题"精准支持农业主导产业关键技术研发与集成示范,设立19个部省联动项目和160个课题,投入中央财政资金4.15亿元,支持重点帮扶县解决主导产业技术瓶颈问题。

【实现科技特派团全覆盖】 深入推行特派员制度,加强对科技特派团工作统筹支持,积极开展科技指导、科技培训、科技成果转化应用示范等服务活动,强化科技人才下沉和农民培训成效。重点帮扶县共有各级选派的科技特派员12192名,组建160支科技特派团覆盖全部重点帮扶县,1600余名科技特派员被纳入2022年度"三区"人才支持计划科技人员专项计划支持范围,乡镇覆盖率达90.33%,行政村覆盖率为74.61%。与福建省科学技术厅、南平市人民政府合作共建首个全国骨干科技特派员培训基地,围绕茶产业、苹果、食用菌、蜂产业、肉牛肉羊、生猪、中药材等产业组织举办7个面向全国的线上专题培训班,培训117个(占比73.1%)重点帮扶县骨干科技特派员2400余名,系统提升科技特派员服务乡村特色产业的综合能力。

【实现科普宣传全覆盖】 通过组织"2022年科技活动周""科技列车河池行"、科技文化卫生"三下乡"集中示范、流动科技馆等活动,向重点帮扶县赠送报刊、支持建设科普平台基地等方式,利用多种渠道、多种方式大力进行科普宣传,注重解决农民产业科技需求的同时,积极推动全民科普教育,提高农民的科学素质。

【推进成果转化全覆盖】 按照《关于深入开展科技计划成果"进园入县"行动的通知》工作部署,组织开展农业科技成果下乡转化活动,转化应用一批新品种、新技术、新产品、新模式等先进适用的科技成果。梳理700项"十三五"国家重点研发计划创新成果,通过"科技列车行"活动、骨干科技特派员培训班等渠道,向重点帮扶县和科技特派团推介。支持117个重点帮扶县建设各类科技示范和成果转化基地828个,覆盖73.2%重点帮扶县。促成160个重点帮扶县建立科技帮扶结对关系1776对,覆盖全部重点帮扶县。

【推进平台园区全覆盖】 持续开展农业科技园区、县域科技创新试验示范站、科技示范镇、科技示范村、星创天地等农业科技创新平台建设,孵化培育一批科技型中小企业,打造乡村特色产业集群。截至2022年年底,在137个重点帮扶县累计认定科技型企业1625家,覆盖85.7%重点帮扶县。111个重点帮扶县拥有涉农专利4368项,覆盖69.37%重点帮扶县。

【推进科技金融全覆盖】 结合重点帮扶县实际开展科技金融服务,通过发展地方信贷产品,与金融机构合作,积极帮助企业落实信贷资金,对接和开发适宜金融产品,支持重点帮扶县科技企业创新发展,为重点帮扶县产业龙头企业创新创业注入更多金融资本。

(科学技术部政体司区域处　陈晟平
中国农村技术开发中心科创处　李雅君)

民政部帮扶

【概述】 2022年,民政部深入学习贯彻党的二十大精神,贯彻落实习近平总书记关于巩固拓展脱贫攻坚成果、推进乡村振兴的重要讲话和指示批示精神,全面落实中共中央、国务院决策部署,坚持不懈把巩固拓展脱贫攻坚兜底保障成果作为重中之重和底线任务,召开全国民政系统巩固拓展脱贫攻坚成果同乡村振兴有效衔接工作推进视频会进行安排部署,持续强化特殊群体关爱服务保障,加大社会力量参与力度,扎实推进乡村建设和乡村治理,在巩固拓展脱贫攻坚成果同乡村振兴有效衔接上不断取得新进展。

【特殊困难老年人照护服务】 指导地方全面落实《特困人员认定办法》,适度扩大特困供养范围。强化县、乡两级养老机构对失能、部分失能特困老年人的兜底保障,深入实施农村敬老院改造提升工程和公办养老服务机构能力提升项目,支持特困人员供养服务设施(敬老院)护理能力提升和消防安全改造,提高敬老院集中供养能力和服务水平。截至2022年年底,全国共有农村特困人员434.5万人,农村特困人员基本生活标准为10671元/人·年,全自理、半护理和全护理照料护理标准分别为2047元/人·年、4664元/人·年和9563元/人·年,2022年全国累计支出特困人员救助供养资金527.1亿元。截至2022年9月底,全国特困人员供养服务设施(敬老院)达1.7万家,床位178.7万张,收住81万人。

【困境儿童关爱服务】 指导各地提高孤儿基本生活保障标准,推动将孤儿等特殊儿童群体纳入价格临时补贴保障范围。开通孤儿认定申请受理"跨省通办",满足广大群众异地办事需求。针对孤儿医疗康复、读书就学需求,推进孤儿助医助学工作,累计投入彩票公益金17亿元,为22.3万人次病残孤儿提供康复治疗;通过实施"福彩圆梦·孤儿助学工程",每年安排彩票公益金近3亿元,资助孤儿到大中专院校就读。截至2022年9月,全国集中养育孤儿平均保障标准达每人每月1792.8元,社会散居孤儿平均保障标准达每人每月1351.1元,保障15.9万孤儿群体的基本生活,全国共有35.1万名事实无人抚养儿童被纳入保障,平均保障标准为每人每月1351.1元。指导各地构建基层未成年人保护工作网络,夯实困境儿童关爱保护工作基层基础。推进各地加强儿童主任队伍建设,打通关爱服务农村留守儿童等困境儿童的"最后一米",全国共有儿童主任66.7万名。联合公安部、教育部等16个部门印发《关于做好暑期未成年人安全保护工作的通知》,实施"情暖新春 共护未来"寒假春节期间未成年人关爱服务专项行动。联合中国建筑集团有限公司开展"百场宣讲进工地"等活动,加强困境儿童安全保护,全面提高困境儿童关爱服务质量。

【残疾人保障】 指导地方开展低收入残疾人集中或社会化照护服务工作。指导地方综合利用国家发展和改革委员会"十四五"时期社会服务设施兜底线工程项目资金、民政部本级彩票公益金等资金加强精神卫生福利设施建设和设施设备改造。截至2022年年底,"十四五"时期社会服务设施兜底线工程已确定支持29个地级市精神卫生福利设施项目,累计投入中央预算内项目资金7.5亿元。优化新增残疾人福利机构管理信息系统相关功能,提高包括精神卫生社会福利机构在内的残疾人福利机构信息化、规范化、科学化管理水平。会同财政部、国家卫生健康委员会、中国残疾人联合会印发《关于开展"精康融合行动"的通知》,统筹推进城乡精神障碍社区康复服务发展,引导城市精神卫生优质服务资源到农村,提升农村地区精神障碍社区康复服务能力和水平。

【定点帮扶】 2022年,民政部制订定点帮扶工作计划,主要负责同志担任定点帮扶工作领导小组组长,多次指挥调度部署定点帮扶工作。继续实施"双联系"制度,8个直属党组织继续与定点帮扶县、对口支援县结对帮扶村开展"双联系"结对帮扶工作。选优配强挂职干部,切实加强对挂职干部和驻村第一书记的管理和关心关爱,选派5名干部在定点帮扶县、1名干部在对口支援县的县乡村挂职锻炼。在民政部彩票公益金中继续设立乡村振兴衔接专项资金,倾斜支持西藏自治区、新疆维吾尔自治区、新疆生产建设兵团1.73亿元,安排江西省遂川县、莲花县、兴国县1589万元,主要用于老年人福利、残疾人福利、儿童福利和社会公益项目。协调对接中国社会福利基金会、中国慈善联合会、周大福慈善基金会等爱心组织共引入和投入帮扶款物共约2400万元。持续加大消费帮扶力度,协调各司局、直属单位、社会组织积极参与,2022年累计直接购买定点帮扶县农产品69.85万元,帮助销售农产品586万元。2022年,为遂川县、莲花县协调直接投入帮扶资金1908万元,引进帮扶资金4236.9万元支持遂川县"以茶立县"战略规划,持续精准帮扶遂川县南屏茶厂发展;协调莲花县发展肉牛、白鹅等特色产业,持续开展"授渔计划·双师课堂"项目;支持兴国县发展富硒芦笋、赣南脐橙等特色产业和建设示范性种植基地。助力人才帮扶,帮助遂川县、莲花县培训基层干部2278人次,培训乡村振兴带头人759人次,培训各类专业技术人才8764人次。成功争取长赣铁路经过遂川县、莲花县,结束两个定点帮扶县无铁路的历史。

(民政部 刘东升)

财政部帮扶

【概述】 2022年是巩固拓展脱贫攻坚成果、衔接全面推进乡村振兴的关键之年，财政部深入贯彻落实习近平总书记关于巩固拓展脱贫攻坚成果同乡村振兴有效衔接工作的重要指示精神和中共中央、国务院决策部署，聚焦牢牢守住不发生规模性返贫底线，围绕不断提升脱贫地区和脱贫群众的内生发展动力，加大投入保障，强化政策供给，狠抓资金管理和政策落实，为巩固拓展脱贫攻坚成果、衔接全面推进乡村振兴提供有力支撑。

【强化巩固衔接工作投入保障】 中央财政坚决贯彻落实中共中央、国务院关于过渡期保持主要帮扶政策总体稳定的决策部署，继续将巩固拓展脱贫攻坚成果同乡村振兴有效衔接摆在重要位置，在投入保障上给予有力支持。

通过一般性转移支付强化倾斜支持。中央财政继续加大对巩固拓展脱贫攻坚成果任务相对较重、财力相对较弱的中西部地区的一般性转移支付力度，在县级基本财力保障机制奖补资金、重点生态功能区转移支付等转移支付测算分配时考虑巩固脱贫攻坚成果因素。

持续加大衔接推进乡村振兴补助资金（以下简称"衔接资金"）投入。2022年，中央财政预算安排衔接资金1650亿元（含补助新疆生产建设兵团资金）。衔接资金主要用于健全防止返贫监测帮扶机制、培育壮大欠发达地区特色优势产业、实施易地搬迁后续扶持、弥补必要的村内小型公益性基础设施建设短板等，在守牢不发生规模性返贫底线的同时，重点促进脱贫群众增收和加快脱贫地区发展。资金测算分配时，向巩固脱贫攻坚成果任务重、乡村振兴底子薄的国家乡村振兴重点帮扶县等倾斜。

全力支持巩固拓展教育、医疗和社会保障领域的脱贫攻坚成果。教育方面，中央财政通过教育相关转移支付积极支持脱贫地区巩固完善城乡义务教育经费保障机制，推进义务教育薄弱环节改善与能力提升工作，持续扩大普惠性学前教育资源，改善县域普通高中基本办学条件，落实好学生资助政策等。在分配下达相关转移支付资金时，指导各地切实发挥省级统筹作用，重点向脱贫地区和国家乡村振兴重点帮扶县倾斜。医疗方面，中央财政通过医疗救助补助资金支持做好城乡医疗救助工作，资助符合条件的困难群众参加基本医疗保险，对其经医保报销后仍难以负担的个人自付费用给予补助，分配资金时将国家乡村振兴重点帮扶县作为资金分配因素予以倾斜；通过医疗服务与保障能力提升（医疗卫生机构能力建设方向）补助资金支持国家乡村振兴重点帮扶县、其他脱贫县等地区加强县级公立医院和基层医疗卫生机构能力建设。社会保障方面，中央财政通过农村危房改造补助资金支持做好农村低收入群体等重点对象危房改造和农房抗震改造等工作；通过困难群众救助补助资金支持做好低保、特困人员救助供养、临时救助，流浪乞讨人员救助，孤儿基本生活保障等工作。分配上述资金时，对国家乡村振兴重点帮扶县予以倾斜支持。

引导其他相关转移支付支持脱贫地区加快发展。产业发展方面，在中央财政衔接资金优先用于联农带农富农产业发展的同时,农业生产发展资金也将脱贫地区作为重要的分配因素予以倾斜支持。就业方面,分配就业补助资金时将脱贫劳动力数量和就业情况、国家乡村振兴重点帮扶县数量作为分配因素,对相关省份给予倾斜,支持脱贫地区落实各项就业创业扶持政策。基础设施建设方面,在安排车辆购置税收入补助地方资金时统筹考虑区域差异和财政困难程度,对脱贫地区的交通基础设施建设予以倾斜支持,使西部地区及"三区三州"等脱贫地区的国家高速公路、普通国道补助标准高于东中部地区。林业草原生态保护修复方面,安排林业草原转移支付资金,支持落实退耕还林还草补助政策,逐步调整优化生态护林员政策,支持非国有林保护补偿,实施油茶产业发展奖补政策。

在加大财政投入力度的同时,中央财政还通过税收优惠、贷款贴息等方式,积极引导社会资本、金融资本投入,助力巩固拓展脱贫攻坚成果和全面推进乡村振兴。

【调整优化财政帮扶政策】 贯彻落实中共中央、国务院关于巩固拓展脱贫攻坚成果同乡村振兴有效衔接工作的决策部署,积极应对过渡期新形势、新任务、新要求,会同相关部门认真开展调查研究,对相关帮扶政策及时优化完善,不断提升政策实效。

及时优化调整衔接资金政策。2022年2月,联合国家乡村振兴局等部门印发《关于加强中央财政衔接推进乡村振兴补助资金使用管理的指导意见》,进一步细化衔接资金使用管理要求,督促各地落实更多依靠发展来巩固拓展脱贫攻坚成果的要求,将衔接资金优先用于联农带农富农产业,并健全利益联结机制;加强项目实施和资金使用管理,推动明显提升资金使用效益。

不断完善政府采购支持政策。依托脱贫地区农副产品网络销售平台"832平台",持续推动预算单位食堂食材采购与脱贫地区农副产品供给有效对接。2022年,各级预算单位累计通过"832平台"采购脱贫地区农副产品超120亿元,带动近300万脱贫地区农户增收。同时,会同相关部门印发《关于进一步做好政府采购脱贫地区农副产品有关工作的通知》,指导脱贫地区不断加强货源组织,强化产品质量价格管控,确保政府采购脱贫地区农副产品工作落实落细。

【持续督导各地抓好政策落实】 坚决贯彻落实习近平总书记"四个不摘"重要指示精神,在做好投入保障和政策完善的同时,高度重视督促各地抓好政策落实落地,确保政策取得实效。加强政策培训,联合国家乡村振兴局、农业农村部等有关部门2次召开全国视频会议,详细解读衔接资金使用管理政策并对各地做好巩固拓展脱贫攻坚成果同乡村振兴有效衔接工作提出要求,帮助地方解决工作中遇到的困难和疑虑。加强调研督导,2022年年底,根据中共中央农村工作领导小组统一部署,积极参加巩固脱贫成果后评估,财政部领导率队赴江西省开展实地综合核查和巩固拓展脱贫攻坚成果同乡村振兴有效衔接有关工作情况调研,推动巩固拓展脱贫攻坚成果同乡村振兴有效衔接责任落实、政策落实和工作落实。建立常态化监管机制。将部分巩固拓展脱贫攻坚成果同乡村振兴有效衔接相关资金纳入直达管理,督促各省在规定时限内分解下达。同时,依托直达资金监控等信息化系统,定期监测资金项目实施和支出进度,对工作推进较慢省份及时督促,持续传导压力。组织开展绩效评价。2022年年底,会同国家乡村振兴局等5个部门,委托专家和第三方机构组织开展衔接资金绩效评价考核,评价结果纳入2023年度衔接资金因素法分配,激励各地强化资金使用管理。同时,用好审计、绩效评价、日常监管等各类监督检查成果,以查促改,推动提升政策落实和资金使用成效。

【定点帮扶】 2022年，财政部深入贯彻落实习近平总书记关于深化东西部协作和中央单位定点帮扶工作的重要指示精神，坚持把帮助湖南省平江县、云南省永胜县巩固拓展脱贫攻坚成果、加快全面推进乡村振兴作为重要工作，积极发挥财政职能作用，以钉钉子精神推动定点帮扶工作走深走实。强化组织领导。财政部党组7次对定点帮扶工作作出指示批示，印发年度帮扶工作要点、明确重点事项。两次召开定点帮扶工作座谈会，与定点帮扶县共同研究帮扶举措。财政部内各单位全年到两个定点帮扶县实地调研63人次，其中司局级干部15人次。打造过硬帮扶干部队伍。派驻定点帮扶县的挂职干部、驻村第一书记、基层锻炼干部人数达到17人，持续加强派驻定点帮扶县干部的激励与管理，加强"传帮带"工作，坚持实地考察派驻挂职干部工作实效，定期开展谈心谈话，推动工作落实、了解实际困难。驻村工作队坚持把调查研究作为了解需求的重要途径和解决问题的重要抓手，共参与各级座谈76次、实地走访100余次、开展集中研讨18次，形成10余篇调研报告，为两县县域经济发展拓宽思路。加强四级财政部门联动。通过"以查帮扶"的方式，指导定点帮扶县规范财政运行、资金使用管理、项目建设等，提高资金使用效率。深入一线开展集中排查整改行动和实地督导，指导定点帮扶县稳步提高兜底保障水平，推动具体措施精准有效。紧盯基本民生，积极协调资金，支持巩固提升"两不愁三保障"及饮水安全保障水平，开展"博爱送万家"、先天性心脏病零负担救治、送智援教公益培训等一系列活动。支持加快全面推进乡村振兴。协调各方资源，帮助引进光伏发电、商贸流通产业园、旅游开发合作等项目，建设公共乡土文化传习所、乡村文化站，开展乡村人才专业技能培训，定点帮扶县产业支撑得以巩固并不断提档升级。2022年，累计向平江县、永胜县直接投入无偿帮扶资金1.74亿元，引进无偿帮扶资金2.52亿元，引进有偿帮扶资金2.99亿元，财政部干部职工直接购买农产品消费帮扶143.02万元，通过各类渠道帮助销售脱贫地区农产品5661.15万元。

（财政部农业农村司地区振兴处）

人力资源和社会保障部帮扶

【概述】 2022年,人力资源和社会保障部认真贯彻党的二十大精神,根据中共中央农村工作领导小组部署安排,通过实施人社帮扶专项行动,突出国家乡村振兴重点帮扶县、易地搬迁大型安置区两大重点,发挥东西部协作作用,加强定点帮扶,用足用好就业、技能、社保、人才人事4个方面政策,扎实有力开展各项帮扶工作,不断巩固拓展人社脱贫攻坚成果助力推进乡村振兴,取得积极成效。

【就业帮扶】 各级人力资源社会保障部门坚决贯彻落实中共中央、国务院决策部署,与有关部门密切配合,把脱贫人口就业帮扶摆在重要位置,强部署、明举措、优服务、抓重点,全力稳定脱贫人口务工规模。强化部署推动。会同国家乡村振兴局2次召开脱贫人口稳岗就业工作电视电话会议,明确全年脱贫人口务工规模不低于3000万人,中西部省份脱贫人口务工数不少于2020年年底水平,东部地区吸纳脱贫人口务工数不少于2020年年底水平。要求加快脱贫人口摸底排查、组织输出、稳岗支持、返乡承接,千方百计稳住脱贫人口务工规模。截至2022年年底,全国脱贫人口(含防止返贫监测对象)务工规模达到3278万人,超过年度目标任务259万人。完善政策举措。会同国家发展和改革委员会(以下简称"国家发展改革委")、财政部、农业农村部、国家乡村振兴局出台《关于做好2022年脱贫人口稳岗就业工作的通知》,将防止返贫监测对象纳入政策扶持范围,对深化省际省内劳务协作、拓宽就地就近就业渠道等重点工作作出部署。会同国家发展改革委、财政部、农业农村部、国家乡村振兴局出台《关于进一步支持农民工就业创业的实施意见》,明确稳定就业岗位、引导外出务工、促进就近就业创业、强化就业服务保障、实施防止返贫就业攻坚行动等多项工作举措。加强对接协作。会同农业农村部、国家发展改革委等部门印发《关于进一步推进东西部人社协作的通知》,对深化东西部劳务协作、加强省内劳务协作、发展劳务品牌等提出明确要求,指导地方推动落实。指导各地开展家政服务劳务对接助力乡村振兴行动,强化家政服务技能培训,加强家政培训能力建设,不断提高家政从业人员职业技能水平。开展人力资源服务机构稳就业促就业行动,鼓励引导人力资源服务机构开展劳务协作、技能培训、助力劳务品牌建设等服务,帮助进城务工人员特别是脱贫人口外出务工和就近就业。优化服务保障。组织开展春风行动,将脱贫人口作为重点服务对象,优先送温暖、送政策、送岗位、送服务。在百日千万网络招聘专项行动中设立脱贫劳动力招聘专场,发布适合的就业岗位,帮助人岗精准对接。组织"春暖农民工"服务行动,开展进城务工人员返乡返岗"点对点"运输服务,重点保障脱贫劳动力(含防止返贫监测对象)出行。举办全国劳务品牌发展大会,创建全国性、高层次平台,推动劳务品牌高质量发展,促进脱贫人口就业增收。在第五届"中国创翼"创业创新大赛中设立"乡村振兴专项赛"和"劳务品牌专项赛",为优秀创业项目搭建资源对接平台,提供优先扶持。聚焦重点发力。将国家乡村振兴重点帮扶县列入中央就业补助资金分配因素,加大对所在省份资金倾斜支持力度。会同国家发展改革委印发《2022年易地扶贫搬迁后续扶持工作要点》，召开会议部署，进一步拓宽搬迁群众就业渠道，提升就业服务水平。会同国家乡村振兴局等部门组织开展"雨露计划+"就业促进专项行动，帮助"雨露计划"毕业生就业创业。鼓励引导人力资源服务机构在国家乡村振兴重点帮扶县建立子公司、分支机构，就地就近提供专业的人力资源服务。在第五届"中国创翼"创业创新大赛、"乡村振兴专项赛"全国选拔赛名额分配上，留出36%的名额专门面向160个国家乡村振兴重点帮扶县。

【技能帮扶】各级人力资源社会保障部门持续推进技能帮扶，不断增强职业技能教育和培训资源供给，深入实施国家乡村振兴重点帮扶地区职业技能提升工程。以国家乡村振兴重点帮扶县和西藏、新疆等地为重点，综合考虑大型特大型易地扶贫搬迁安置区技能培训需求，建立完善职业指导、分类培训、技能评价、就业服务协同联动的公共服务体系。加强技工教育和职业技能培训基础能力建设，加大帮扶力度，努力实现每个有培训需求的脱贫家庭和防止返贫监测对象家庭劳动力都有机会接受职业技能培训或技工教育，加强农村高技能人才和乡村工匠培养。加大东西部协作和对口支援力度，加强技工院校对口帮扶。参加企业新型学徒制培训的给予企业每人每年5000元以上的职业技能培训补贴。加强师资队伍建设和技术支持，遴选建设一体化师资研修基地，建设技工院校师资研修平台，积极推动技工院校参与对口支援。在推动工作落实方面，按照"一县一表"要求，调度国家乡村振兴重点帮扶县技能帮扶"六个一批"工作进展，指导做好东西部协作对接，协调解决问题。截至2022年年底，160个国家乡村振兴重点帮扶县和西藏、新疆（含兵团）共有技工院校（教学点）172所、职业技能培训机构1513个、各级各类高技能人才培训基地111个、技能大师工作室241个；57个国家乡村振兴重点帮扶县组织开展专项职业能力培训考核发证，开展职业技能培训约280万人次，新增高技能人才超过5.2万人。2022年，全国技工院校招生166万人，全国组织进城务工人员参加补贴性职业技能培训700万人次。

【社保帮扶】各级人力资源社会保障部门持续巩固拓展社会保险帮扶成果，接续推进与乡村振兴战略有效衔接，推动农村地区社会保险事业高质量可持续发展。困难人员基本养老保险应保尽保。指导各地继续为参加城乡居民基本养老保险的困难群体代缴保险费用。2022年，全国共为2687万名低保对象、特困人员、返贫致贫人口、重度残疾人等困难人员代缴城乡居民基本养老保险费，基本养老保险参保率保持在99%以上。重点群体参保持续推进。按月更新全民参保信息，为精准参保扩面提供数据支撑。放开灵活就业人员参加城镇职工基本养老保险的城乡户籍限制、就业地参保户籍限制。持续推进建筑领域按项目参加工伤保险，稳妥推进新就业形态就业人员职业伤害保障试点，积极推进基层快递网点快递员优先参加工伤保险。推动各省（区、市）出台统一农民工和城镇职工失业保险参保办法，做好失业保险金等保生活待遇发放工作，对符合条件的参保职工和领取失业保险金人员发放失业保险技能提升补贴。截至2022年年底，全国工伤保险参保人数达2.91亿人，全国累计向1058万名失业人员发放不同项目的失业保险待遇887亿元，向249万人次发放技能提升补贴40亿元。聚焦市场主体纾困解难。会同有关部门出台阶段性缓缴社会保险费政策。4—12月，阶段性缓缴养老、失业、工伤三项社会保险费共计1361亿元。同时，工伤保险、失业保险延续实施阶段性降费政策，减轻企业负担。失业保险实施稳岗返还、留工培训补助、一次性扩岗补助等政策，鼓励企业稳住就业岗位、不裁员少裁员，吸纳大学生就业。2022年，共向1369万户次企业发放稳岗资金826亿元。工伤保险明确将危险化学品等5个行业作为工伤预防重点行业，积极推进实施危险化学品企业工伤预防能力提升培训工程。待遇水平稳步提高。统一提高全国城乡居民养老保险基础养老金最低标准，19个省份在中央提标的基础上再次提高当地基础养老金。城乡居民养老保险个人账户记账利率办法全面落地。积极推动城乡居民养老保险基金委托投资，委托合同规模超过6000亿元，到账资金超过5000亿元，提前完成"十四五"时期规划目标。截至2022年年底，全国城乡居民月人均养老金达到196元，基金委托投资年均收益率5.44%，较好实现基金保值增值目标。全国失业保险金人均达到每月1711元。基金监督管理效能持续增强。企业职工养老保险全国统筹制度启动实施。印发《关于进一步推进完善工伤保险省级统筹制度的通知》，完善工伤保险省级统筹。推动2021年全国城乡居民养老保险专项整治发现重点问题整改，印发《社会保险基金监督举报奖励暂行办法》，将社会保险基金监督举报电话纳入12333。召开社会保险基金安全警示教育大会，部署开展全系统"警示教育月"活动，教育引导广大社保干部筑牢思想防线。

【人才人事帮扶】 各级人力资源社会保障部门持续实施人才人事倾斜激励政策，支持引导各类专家人才发挥智力优势助力乡村振兴，引导高校毕业生服务基层，加大帮扶地区本土人才培育力度，接续推动人才人事帮扶工作取得新进展。扎实做好专业技术人才帮扶工作。组织实施80个各类专家人才服务示范团，新建16个专家服务基地。扎实开展新疆、西藏和四省涉藏州县少数民族人才特殊培养工作，选拔培养640名特培学员。支持县以下基层开展职称评审"定向评价、定向使用"，对10项职业资格考试在重点帮扶县等地区实行单独划定合格标准政策。实施高校毕业生"三支一扶"计划。大力开发乡村振兴助理员等服务岗位，2022年新招募4.13万名"三支一扶"人员到基层服务，各级人社部门开展能力提升专项培训1.54万人次。推进基层事业单位工作人员队伍建设。继续指导和支持各地在基层事业单位设置"双定向"专业技术岗位，实行总量控制、比例单列。指导落实基层事业单位工作人员公开招聘"三放宽一允许"倾斜政策。推进县以下事业单位管理岗位职员等级制度实施工作，41万余人晋升职员等级。落实有关工资倾斜政策。指导各地落实乡镇工作补贴、高校毕业生到基层工作高定薪级工资、西藏特殊津贴、高海拔地区折算工龄补贴等工资政策；调整艰苦边远地区津贴标准和部分地区津贴类别范围政策。指导做好绩效工资实施工作，推进公立医院薪酬制度改革，全面落实义务教育教师工资待遇。

【定点帮扶】 2022年，人力资源和社会保障部把定点帮扶工作作为重大政治任务，按照"发挥人社特长、结合当地特点、突出帮扶特色"的原则，扎实推动党建引领和开展就业、技能、社保、人才人事、产业帮扶的"1+5"帮扶模式，不断取得新成效。扎实有序推进定点帮扶山西省天镇县、安徽省金寨县五年规划（2021—2025年）和2022年度定点帮扶具体措施，结合定点帮扶县资源禀赋，组织44个部属单位党组织在结对帮扶中"一对一"摸清需求、"面对面"研究措施、"点对点"谋划项目。着力开展"四心行动"、搭建"四大平台"，发挥党建引领作用聚同心、彰显人社职能优势惠民心、帮助解决实际困难暖人心、有效助企纾困解难强信心。充分发挥驻县帮扶工作队作用，精准对接"定点帮扶之所需"与"人社帮扶之所能"，持续提供就业创业服务、推进技能提升计划、加大专业人才支持、实施社保兜底行动,充分发挥天镇人社技能培训基地作用,促进"天镇保姆"品牌提质升级,进一步推动安徽金寨技师学院建设发展,助力定点帮扶县巩固拓展脱贫攻坚成果同乡村振兴有效衔接。2022年,人力资源和社会保障部在中央单位定点帮扶工作成效考核中被评为"好"等次。

(人力资源和社会保障部农民工工作司 马文沛)

自然资源部帮扶

【概述】 2022年，自然资源部认真贯彻习近平总书记重要指示精神和中共中央、国务院关于巩固拓展脱贫攻坚成果同乡村振兴有效衔接的决策部署，持续协调推进行业帮扶重点工作，持续加强对脱贫地区的行业帮扶倾斜，印发《关于过渡期内支持巩固拓展脱贫攻坚成果同乡村振兴有效衔接的通知》，从村庄规划编制、建设用地保障、耕地保护、建设占用永久基本农田预审、增减挂钩节余指标跨省域调剂、工业项目用地指标控制、城镇低效用地再开发、集体建设用地盘活利用、矿产资源开发利用、地质灾害防治、地质信息服务等11个方面提出支持政策，更好推动巩固拓展脱贫攻坚成果同乡村振兴有效衔接。

【村庄规划编制管理】 顺应乡村发展规律，根据乡村人口变化、区位条件和发展优势，通盘考虑土地利用、产业发展、居民点布局、人居环境整治、生态保护和历史文化传承，在县级国土空间总体规划中统筹城镇和村庄布局，科学确定村庄分类，加快推进有条件、有需求的村庄编制"多规合一"实用性村庄规划。依据村庄类型，分类引导村庄规划编制的内容和深度，可以多个行政村为单元联合编制，实现资源高效配置、空间高效融合。编制村庄规划要落实上位规划确定的各类管控边界、约束性指标等管控要求，坚持村民主体地位，尊重村民意愿，反映村民诉求，合理安排村庄用地布局。

【建设用地计划指标保障】 各脱贫县每年安排新增建设用地计划指标600亩，专项用于巩固拓展脱贫攻坚成果和乡村振兴用地，不得挪用；原深度贫困地区新增建设用地计划指标不足的，由所在省份协调解决。

【耕地保护措施】 改进和规范建设占用耕地占补平衡制度，耕地转为其他农用地及农业设施建设用地实行年度"进出平衡"。严格控制新增农村道路、畜禽养殖设施、水产养殖设施和破坏耕作层的种植业设施等农业设施建设用地使用一般耕地。过渡期内，继续执行跨省域补充耕地国家统筹政策，补充耕地指标优先考虑耕地保护成效突出的革命老区、民族地区、边疆地区和脱贫地区。鼓励支持脱贫地区光伏项目在戈壁、荒漠等地区建设，不得新增占用耕地建设光伏项目。

【延续建设占用永久基本农田预审政策】 2024年1月前，原深度贫困地区、集中连片特困地区、国家扶贫开发工作重点县省级以下基础设施、易地扶贫搬迁、民生发展等建设项目，确实难以避让永久基本农田的，可被纳入重大建设项目范围，由省级自然资源主管部门办理用地预审，并按照规定办理农用地转用和土地征收。

【增减挂钩节余指标跨省域调剂政策】 支持原"三区三州"及其他深度贫困县、国家乡村振兴重点帮扶县所在省份，优先按照东西部协作和对口支援关系开展增减挂钩节余指标跨省域调剂。对其他脱贫地区继续实施城乡建设用地增减挂钩节余指标省域内交易政策。工矿废弃地复垦利用政策到期后，符合条件的工矿废弃地可纳入增减挂钩实施。

【优化工业项目用地指标控制】 国家乡村振兴重点帮扶县、原深度贫困地区按规划新批准的工业项目,过渡期内,其建设用地控制指标可不受相应地区行业投资强度控制指标约束。

【城镇低效用地再开发】 继续支持脱贫地区依据国土空间规划开展城镇低效用地再开发。在城镇开发边界内编制或修编详细规划,优化存量空间结构;在保障安全和节约集约的原则基础上,因地制宜制定地方规划用地标准,引导土地混合开发和空间集约复合利用,推动城镇有机更新。不再开展历史遗留工矿废弃地复垦利用、低丘缓坡开发利用试点。

【盘活利用集体建设用地】 农村集体经济组织兴办企业或者与其他单位、个人以土地使用权入股、联营等形式共同举办企业的,可以依据《土地管理法》第六十条规定使用规划确定的建设用地;单位或者个人也可按照国家统一部署,通过集体经营性建设用地入市的渠道,以出让、出租等方式使用集体建设用地;在充分尊重农民意愿的前提下,可依据国土空间规划,以乡镇或村为单位开展全域土地综合整治,盘活农村存量建设用地,腾挪空间用于支持农村产业融合发展和乡村振兴;在符合国土空间规划和用途管制要求、确保安全的前提下,鼓励对依法登记的宅基地等农村建设用地进行复合利用,发展乡村民宿、农产品初加工、电子商务等农村产业。

【山水林田湖草沙一体化保护和修复工程】 会同财政部等部门,指导有关省(区)推进实施"十四五"第一批、第二批山水林田湖草沙一体化保护和修复工程,提高生态系统质量和稳定性。其中,涉及国家乡村振兴重点帮扶县的有内蒙古自治区科尔沁草原(涉及库伦旗)、贵州省武陵山区(涉及正安县、务川仡佬族苗族自治县、沿河土家族自治县、松桃苗族自治县)、甘肃省甘南黄河上游水源涵养区(涉及临潭县)、四川省黄河上游若尔盖草原湿地(涉及若尔盖县、阿坝县、红原县)等4个山水工程项目,中央财政将给予每个工程20亿元奖补资金,截至2022年年底已下达76.5亿元。支持湘西土家族苗族自治州"龙山县、保靖县、花垣县、吉首市2023年历史遗留矿山生态修复项目"和"永顺县、古丈县、凤凰县、泸溪县2023年历史遗留矿山生态修复项目"申报历史遗留矿产生态修复项目,争取项目资金5000多万元,总项目修复面积228.23公顷。

【矿产资源开发利用】 在生态保护红线之外,加大地质找矿力度,选择有市场前景、有资源潜力的资源富集区开展前期调查勘查,统筹安排矿产资源开发利用的指标、项目、技术、资金等,在同等条件下向国家乡村振兴重点帮扶县、原深度贫困地区倾斜支持。

【地质灾害防治】 加大地质灾害防治投入,对脱贫地区上报的符合条件的特大型地质灾害治理项目予以重点支持。加强山体崩塌、滑坡、泥石流等地质灾害防治,抓好灾害易发区的监测预警、搬迁避让和工程治理等措施的落实,建立健全脱贫地区地质灾害防治体系。

【地质信息服务】 引导和鼓励各类市场主体、地勘单位等积极开展原深度贫困地区现有地质资料的二次开发,深入挖掘地质资料潜力,继续开展地质资料专题服务和定制服务。积极实施原深度贫困地区地质调查,进一步摸清地质资源优势;继续加强原深度贫困地区土地质量地球化学调查,助力特色农业发展;继续加强原深度贫困地区地下水综合调查,助力解决饮水用水难题。特别是2022年夏秋以来,湘西土家族苗族自治州保靖县迁陵镇普溪村遭遇60年来最严重的干旱,自然资源部选派的挂职干部组织湖南省地质调查所承担普溪村的打井工程,经过多次现场调研、勘查分析,在普溪村北部村口打出地下水,使人畜饮水、生产生活用水得到保障。

(自然资源部综合司 刘 阳)

生态环境部帮扶

【概述】 2022年，生态环境部深入学习贯彻党的二十大精神和习近平总书记关于巩固拓展脱贫攻坚成果、全面推进乡村振兴的重要讲话精神，认真贯彻落实中共中央、国务院各项决策部署，先后召开党组会、部长专题会和现场推进会3次，切实发挥自身优势，促进巩固拓展脱贫攻坚成果和全面推进乡村振兴，推动加大污染防治和生态环境保护力度，协同推进脱贫地区生态环境高水平保护和经济社会高质量发展。

【污染防治和生态保护】 引导中央生态环境资金等向脱贫地区倾斜。配合财政部共安排中央生态环境资金619.8亿元，支持各地深入打好蓝天、碧水、净土保卫战，推动有效解决生态环境突出问题。指导脱贫地区严格生态空间管控，强化自然保护地监管，实施山水林田湖草沙一体化保护修复工程，推动自然保护地生态环境破坏问题整改和生态修复。

【生态环境质量监测】 持续开展国家重点生态功能区县域生态环境质量监测与评价工作。中央财政共安排810个县域国家重点生态功能区转移支付资金992亿元，涉及脱贫县510个。其中，95个脱贫县的生态环境质量综合评价结果为"轻微变好"及以上等级，334个脱贫县为"基本稳定"，81个脱贫县为"轻微变差"及以下等级。

【农村环境综合整治】 联合农业农村部等部门印发《农业农村污染治理攻坚战行动方案（2021—2025年）》，明确"十四五"时期农村生活污水垃圾治理、黑臭水体整治等重点任务，加强监督指导，推动各地因地制宜开展工作。配合财政部开展2022年农村黑臭水体治理试点工作，全国15个城市入选，并给予资金支持。会同国家开发银行、中国农业发展银行积极推进农村生活污水治理项目融资，推动发挥绿色金融作用，拓宽农村生活污水治理项目融资渠道。组织相关单位赴10个省份，重点针对农村生活污水（包括集中式处理设施运行）等突出问题治理和农村黑臭水体排查整治情况开展调研评估。2022年，全国新增完成1.9万个行政村环境整治，农村生活污水治理率达到31%以上，消除1300余个国家监管清单内农村黑臭水体。

【推动绿色发展】 积极引导脱贫地区依托资源禀赋优势，培育壮大特色生态产业，支持发展有机农产品，建设有机食品生产基地等，促进生态要素向生产要素、生态资产向物质财富转变，推动生态文明建设试点示范向脱贫地区倾斜。2022年，命名第六批生态文明建设示范市县106个，涉及国家脱贫县28个，命名第六批"绿水青山就是金山银山"实践创新基地51个，涉及国家脱贫县19个。

【农村饮用水环境安全】 深入实施《关于推进乡镇及以下集中式饮用水水源地生态环境保护工作的指导意见》，推动解决农村水源地突出环境问题，促进农村饮用水水源地保护区划定、监测和综合整治。2022年，全国"千吨万人"饮用水水源断面（点位）总体达标比例为82.9%。

（生态环境部乡村振兴领导小组办公室　王美欢　卿任鹏）

住房和城乡建设部帮扶

【概述】 2022年,住房和城乡建设部以习近平新时代中国特色社会主义思想为指导,深入学习贯彻党的二十大精神,坚决落实中共中央、国务院决策部署,聚焦"守底线、抓发展、促振兴",扩大帮扶范围、拓展帮扶内容、优化帮扶举措,巩固拓展脱贫攻坚成果、全面推进乡村振兴取得积极成效。

【建立动态监测机制】 指导各地加强与民政、乡村振兴等部门协调联动和数据共享,通过农户自查、镇村排查、县级巡查等方式开展农村低收入群体住房安全动态监测工作,做到发现一户、改造一户、保障一户。依托全国农村危房改造信息系统做好建立农村低收入群体住房安全档案工作。

【强化质量安全管理】 指导各地组织专业力量开展技术帮扶,因地制宜编制农房设计图集,免费提供给农户使用,确保改造房屋设计合理、结构安全。强化质量安全管理,指导各地强化农村危房改造施工现场巡查与质量监督,做好竣工验收,切实保障农村危房改造工程质量安全。鼓励有条件的地区通过政府采购监理服务,对农村危房改造工程进行监管。

【强化补助资金管理】 配合财政部修订《中央财政农村危房改造补助资金管理办法》,优化资金分配方式,基于各地农村低收入群体等重点对象分布,统筹考虑全国东中西部差异、地震高烈度设防区分布和2021年度绩效考核情况,向保障任务重、财政困难、工作绩效好的地区倾斜。

【同步提升农房建设品质】 指导各地结合农村危房改造,进一步优化农房设计,完善农房使用功能。鼓励北方地区结合农村危房改造和农房抗震改造同步实施农房节能改造,因地制宜推广绿色建材应用和各类新型建造方式,提升农民群众的获得感、幸福感、安全感。

(住房和城乡建设部 秦咸悦)

交通运输部帮扶

【概述】 2022年，交通运输部认真贯彻落实中共中央、国务院关于巩固拓展脱贫攻坚成果同乡村振兴有效衔接的决策部署，坚决落实《中共中央 国务院关于实现巩固拓展脱贫攻坚成果同乡村振兴有效衔接的意见》部署要求，聚焦服务乡村振兴战略和"四好农村路"高质量发展，发挥行业优势，加大帮扶力度，扎实推进交通运输行业帮扶取得良好成效。

【帮扶资金投入】 交通运输部加大资金支持力度，累计安排车购税资金2911亿元支持中西部22个省份的交通发展，其中安排车购税资金1402亿元支持高速公路建设，安排车购税资金644亿元支持普通国道建设，安排"以奖代补"切块资金672亿元支持普通省道和农村公路建设（含326.3亿元支持脱贫地区交通发展）。

【脱贫地区重大项目建设】 持续推进脱贫地区国家公路待贯通路段建设。新疆依吞布拉克至若羌高速公路、玉溪至楚雄高速公路、敦煌至当金山口高速公路等一批公路项目建成通车，雅安至叶城高速公路康定至新都桥段等项目开工建设。北京至昆明高速公路蒲城至涝峪段及兰州至海口高速公路渝黔界至遵义段、钦州至北海段完成扩容改造。川藏铁路及公路配套工程加快推进，有效提升脱贫地区外通内联水平。加快推进脱贫地区沿边沿江通道建设。持续推动国道G216、G219、G331等干线公路部分路段实施提级改造并予以资金补助倾斜支持，夯实脱贫地区公路基础服务保障。积极支持纳入水运"十四五"规划的国家乡村振兴重点帮扶县内河航道项目，按程序对柳江红花枢纽至石龙三江口Ⅱ级航道等项目出具资金承诺函。扎实推进脱贫地区沿海和内河港口建设。西部陆海新通道（平陆）运河工程、长江上游涪陵至丰都河段航道整治工程、广西右江百色水利枢纽通航设施工程、长江上游朝天门至涪陵河段航道整治工程等一批重点水运项目开工建设，钦州港大榄坪南作业区7—8号泊位自动化集装箱码头正式投入运营。

【"四好农村路"建设】 联合国家发展和改革委员会等5个部门印发《农村公路扩投资稳就业更好服务乡村振兴实施方案》，启动新一轮农村公路建设和改造，组织加快实施农村公路骨干网络提档升级、基础路网延伸完善等"四好农村路"助力乡村振兴五大工程，稳定农村公路投资规模，加快完善便捷高效、普惠公平的农村公路网络。2022年，全国农村公路完成固定资产投资4733亿元，同比增长15.57%；新改建农村公路（含自然村组通硬化路）18.98万千米，同比增长8.6%，新增通三级及以上公路乡镇480个，新增通硬化路较大人口规模自然村（组）超过3.57万个。扎实开展公路安全设施和交通秩序管理精细化提升行动，指导各地加快梳理农村公路安全提升路段清单，制订安全提升措施方案，加快推进隐患整治。2022年，全国改造农村公路危桥10589座，同比增长38.1%；完成农村公路安全生命防护工程13.5万千米，同比增长66.7%；在全国3.2万个农村公路平交路口加装5.4万个减速带。印发《关于进一步健全完善农村公路"路长制"运行长效机制的通知》《关于印送农村公路"路长制"典型案例的函》，指导各地加快健全完善"路长制"运行长效机制，进一步夯实地方主体责任。截至2022年年底，有农村公路管理任务的县级行政单位农村公路"路长制"覆盖率达到98.7%，全国路长总人数67.16万人。指导各地加大农村公路就业岗位开发力度，建立健全岗位信息公开制度和动态考核与调整机制，截至2022年年底，全国农村公路管护领域提供就业岗位约80万个。组织开展农村公路建设质量技术服务支援工作，提升一线技术管理人员的质量安全意识和管理水平。全国共有400家试验检测机构对24个省份的201个市（州）548个县（区）的1702条农村公路开展现场技术指导或培训。

【运输服务水平提升】 印发《关于加快构建发展长效机制切实保障农村客运稳定运行的通知》，推动构建农村客运发展长效机制，完善农村客运服务供给，巩固具备条件的建制村通客车成果。深入推进农村客货邮融合发展，指导各地深入推进农村客货邮机制、设施、运力、信息等融合，加快构建"一点多能、一网多用、功能集约、便利高效"的农村运输服务发展新模式。印发《农村客货邮融合发展典型案例》，宣传推广农村客货邮融合典型模式和经验做法。截至2022年年底，全国累计开行农村客货邮合作线路8000余条，农村群众获得感显著提升。会同国家邮政局组织开展3批共100个农村物流服务品牌推广工作，指导各地加大农村地区物流资源整合力度，创新运营服务模式，便利城乡间物资运输，以农村物流支撑带动农村地区的农业和产业发展。深入开展城乡交通运输一体化示范创建，引导有序推进城市公交线路向周边重点村镇延伸和农村客运班线公交化改造，以点带面提升城乡客运公共服务均等化水平。截至2022年年底，全国具备条件的建制村通公交率（含公交化运营）达50.6%。

【以工代赈】 印发《关于做好交通运输基础设施建设和管护领域推广以工代赈工作的通知》，指导各地在交通运输基础设施建设和管护领域大力推广以工代赈方式。2022年，全国实施农村公路以工代赈项目3859个，发放劳动报酬总额8.27亿元，吸引农村劳动力7.8万人，其中脱贫人口1.7万人。

（交通运输部 高　轶　杨晓亮　史盛庆）

水利部帮扶

【概述】 2022年，水利部高度重视巩固拓展水利扶贫成果同乡村振兴水利保障有效衔接工作，深入学习贯彻习近平总书记关于"三农"工作的重要论述，全面贯彻落实中共中央、国务院决策部署，按照"四个不摘"要求，强化部署推动，加大支持力度，持续巩固拓展水利扶贫成果，大力推进乡村振兴水利保障工作，年度各项任务圆满完成，未发生规模性农村饮水安全问题，脱贫地区水利基础设施条件持续改善，水利管理服务能力不断提升，为脱贫地区经济社会高质量发展提供重要水利支撑和保障。

【帮扶会议】 4月、6月，采取视频会议方式，在北京分别召开巩固拓展水利扶贫成果同乡村振兴水利保障有效衔接工作会议、定点帮扶工作会议，部署推进相应工作。召开1次水利部乡村振兴领导小组会全体会议、1次水利部乡村振兴领导小组办公室主任会，研究安排巩固拓展水利扶贫成果同乡村振兴水利保障有效衔接和定点帮扶重点任务。

【帮扶文件】 3月，印发《水利部办公厅关于印发2022年水利乡村振兴工作要点的通知》。4月，印发《水利部关于做好支持革命老区民族地区边境地区巩固拓展水利扶贫成果和推进乡村振兴水利保障工作的通知》。6月，印发《水利部关于支持江西革命老区水利高质量发展的意见》。9月，联合印发《水利部、国家发展改革委、财政部、生态环境部、住房城乡建设部、农业农村部、应急管理部、中国气象局、国家疾病预防控制局、国家乡村振兴局关于印发强化农村防汛抗旱和供水保障专项推进方案的通知》。

【人才、技术帮扶】 选派4名挂职干部赴西藏自治区米林市开展定点帮扶，选派2名博士到甘肃省、宁夏回族自治区参加"博士服务团"挂职锻炼、技术帮扶。做好2名重庆定点帮扶挂职干部和2名西部地区、革命老区帮扶挂职干部期满考核和轮换工作。选派4个团组35名专业技术人才赴阿里地区、那曲市、山南市、日喀则市开展"组团式"技术援助。指导各地推进实施人才"订单式"培养，总结推广湖南省、湖北省、广西壮族自治区、青海省等开展人才"订单式"培养经验。围绕新疆维吾尔自治区、重庆市、江西省等水利帮扶重点领域，举办17期帮扶专题培训班，其他水利培训班名额分配向重点帮扶地区倾斜。脱贫县参加上级水利干部培训1.13万人次。组织中国水利水电科学研究院、南京水利科学研究院、长江科学院对四川省9个脱贫县开展科技帮扶。推进4个先进实用技术示范类项目，支持新疆维吾尔自治区、西藏自治区、重庆市等重点地区开展5个技术推介类项目。

【水利劳务帮扶】 水利部办公厅印发《关于印发在农村水利基础设施领域推广以工代赈方式2022年工作要点的通知》，督促指导各地在农村水利基础设施领域推广以工代赈方式，引导脱贫人口和低收入人口参与建设、增加收入，共吸纳农村劳动力205万人。脱贫县在水利工程建设与管护就业岗位上优先吸纳满足岗位技能要求的脱贫人口和低收入人口17.88万人。各地聘用脱贫人口担任巡河员（护河员）共计22万人。

【监督指导】 水利部领导深入湖北省、重庆市定点帮扶县（区）和江西省、西藏自治区等脱贫地区进行调研指导，帮助解决有关问题，做到6个定点帮扶县（区）调研指导全覆盖。对17个中西部省份开展2022年水利乡村振兴工作"一对一"监督检查，查找发现40个问题，以"一省一单"方式进行反馈。按照中央农村工作领导小组统一安排，会同四川省对西藏自治区2022年度巩固拓展脱贫攻坚成果同乡村振兴有效衔接情况开展综合核查。利用12314监督举报服务平台等监督渠道，及时发现并解决水利乡村振兴有关问题。"四不两直"抽查150个县（市、区）的农村供水状况，对所有县级水利行政主管部门行业监管责任人电话和农村供水监督举报电话进行全面核查。

【运行管理】 强化水利扶贫项目资产后续管理，加强农村河湖管护与水资源管理。深化农村水利工程管理制度改革，指导地方对分散管理小型水库推行区域集中管护、政府购买服务、"以大带小"等专业化管护模式。全国4.8万座分散管理小型水库全面推行专业化管护。

【宣传报道】 向中共中央宣传部报送《攻坚克难补强水利发展短板，助力全面建成小康社会》专稿。在巩固拓展脱贫攻坚成果同乡村振兴有效衔接成果展上展示水利乡村振兴成效。在人民日报、新华通讯社分别刊发21篇、15篇水利乡村振兴稿件，中央广播电视总台、国务院网站报道水利部等10个部门印发的《强化农村防汛抗旱和供水保障专项推进方案》，农民日报采写《书写乡村振兴水利保障新答卷》深度通讯稿件，光明日报、中国日报等中央媒体及网络新媒体刊发《水利部部署巩固拓展水利扶贫成果同乡村振兴水利保障有效衔接工作》新闻通稿5篇。中国水利报依托报、刊、网、新媒体等融媒集群，累计发布水利乡村振兴稿件800余篇（条），"中国水利"官方微信刊发稿件34篇，水利部网站登载信息93篇。编印水利乡村振兴工作简报6期。出版《水润农家"讲好农村供水故事"征文活动优秀论文集》。

【农村供水保障】 排查监测并推动解决393万人口因灾因工程老化出现的临时反复供水不稳定问题。组织实施长江流域水库群抗旱保供水联合调度专项行动，解决旱情高峰期81万人、92万头大牲畜的临时饮水困难问题。下达2022年度农村供水工程维修养护中央补助资金30.69亿元。各地维修养护农村供水工程11.5万处，服务农村人口2.34亿人。脱贫县落实农村供水工程维修养护资金18.3亿元，完成维修工程5.5万处。指导地方优先使用水库和引调水工程等骨干地表水源，推进农村供水规模化建设及小型工程规范化改造，有条件地区推进城乡供水一体化。各地共落实农村供水建设资金1007.1亿元，完成工程建设投资987.8亿元，完工18169处，提升8791万人农村人口的供水保障水平。脱贫县实施工程项目5808处，覆盖人口2119.89万人。推进农村供水区域统筹管理和专业化管理，健全完善管水员队伍，全国已配备村级管水员59.5万人，占需要配备人数的96%。启动农村供水水质提升专项行动。配合生态环境部门推进乡镇级饮用水水源保护区"划、立、治"工作。加快配备净化消毒设施设备并规范运行，健全县级水质检测中心巡检和千吨万人水厂日检制度。截至2022年年底，全国农村自来水普及率达到87%，规模化供水工程覆盖人口比例达到56%。

【水利基础设施建设】 农田灌排方面，下达中央预算内投资19.91亿元，支持脱贫地区实施22处大型灌区续建配套与现代化改造项目；全国共安排水利发展资金65亿元，实施417处中型灌区续建配套与节水改造项目，其中支持脱贫地区89处。下达中央预算内投资

56.07亿元，支持脱贫地区17处大型灌区建设项目。江西梅江、大坳灌区等2项新建大型灌区工程开工建设。脱贫县新增、恢复和改善灌溉面积526.35万亩。防洪抗旱方面，下达中央预算内投资71.63亿元，支持脱贫地区55条主要支流治理，完成治理河长624.7千米。安排水利发展资金79.9亿元，支持脱贫地区635条中小河流治理，完成治理河长3772.4千米。长江芜湖河段整治、赣江抚河下游尾闾综合整治、安徽包浍河治理等工程立项开工建设。下达中央预算内投资5.67亿元，实施脱贫县16座大中型病险水库除险加固。支持包括脱贫地区在内的全国3400座小型水库实施除险加固。安排中央水利发展资金20亿元，开展山洪灾害防治非工程措施建设及运行维护，实施183条重点山洪沟防洪治理。下达中央预算内投资16亿元，开展水文测站和水文监测中心等建设。水生态水环境方面，安排中央资金45.9亿元，支持脱贫地区实施国家水土保持重点工程，完成水土流失治理面积1.1万平方千米。深入开展河湖"清四乱"专项行动，排查整治妨碍河道行洪突出问题1.25万个。推进华北地区地下水超采综合治理。全面完成京杭大运河2022年全线贯通补水，累计补水8.4亿立方米。2022年，华北地区累计补水约70亿立方米。安排水利发展资金44.58亿元，推进水系连通及水美乡村试点县建设。供水保障方面，开建西藏帕孜水利枢纽工程等重大水利工程，甘肃省引洮供水二期已通水，引江济淮工程实现试通水。下达中央预算内投资25.45亿元，用于脱贫地区28座中型水库建设。安排水利发展资金用于脱贫地区93座小型水库建设。

【重点区域帮扶】 国家乡村振兴局印发的《国家乡村振兴重点帮扶县巩固拓展脱贫攻坚成果同乡村振兴有效衔接实施方案》明确水利重点任务，加大对160个国家乡村振兴重点帮扶县支持力度。安排水利建设投资198.6亿元，在国家乡村振兴重点帮扶县实施农村供水、农田灌排、防洪抗旱减灾、水土保持和水生态保护修复等项目3607个。推进四川省龙塘水库、宁夏回族自治区清水河流域供水等重大水利工程建设。国家乡村振兴重点帮扶县新增、恢复和改善灌溉面积33.43万亩，完成中小河流治理长度666.37千米。统筹支持革命老区、民族地区、边境地区巩固拓展水利扶贫成果和推进乡村振兴水利保障工作，在水利资金项目和人才技术上给予倾斜支持，深入挖掘革命老区、民族地区的水文化资源。支持江西革命老区水利高质量发展和赣州革命老区水利高质量发展示范区建设，与人力资源和社会保障部共同制订《"十四五"时期对口支援江西省宁都县振兴发展实施方案》。推进西藏自治区和新疆维吾尔自治区巩固拓展水利扶贫成果，对西藏自治区、新疆维吾尔自治区的重大水利工程前期工作提前介入。

（水利部乡村振兴办公室
蓝希龙　王笑雨）

农业农村部帮扶

【概述】 2022年,农业农村部贯彻落实中共中央、国务院关于实现巩固拓展脱贫攻坚成果同乡村振兴有效衔接的决策部署,聚焦中西部22个省(区、市)832个脱贫县,严格落实"四个不摘"要求,强化政策扶持,加强指导服务,健全工作机制,持续抓实脱贫地区特色产业发展,坚决守住不发生规模性返贫的底线,为接续推进乡村全面振兴、加快农业农村现代化奠定坚实基础。截至2022年年底,支持脱贫地区累计发展市级以上龙头企业1.6万家、农民合作社72万家、家庭农场近80万个,通过订单生产、土地流转、股份合作等方式,近3/4的脱贫人口与新型经营主体建立紧密的利益联结关系,实现人均产业增收2200元以上,产业帮扶已经成为覆盖面最广、带动人口最多、可持续最强的帮扶举措。

【加大资金投入】 会同财政部等部门出台《关于加强中央财政衔接推进乡村振兴补助资金使用管理的指导意见》,稳步提升过渡期内中央财政衔接推进乡村振兴补助资金支持产业发展比重。截至2022年年底,中央财政衔接推进乡村振兴补助资金支持产业发展规模超过1600亿元。新发脱贫人口小额信贷超过866亿元,惠及脱贫户近200万户。创设面向一般农户发展产业的"富农产业贷",有效解决小农户贷款难、贷款贵问题。引导各地积极推进优势特色农产品保险提标扩面,832个脱贫县农业保险保额超过1.1万亿元。优势特色农产品保险险种达到5400多个,覆盖75%以上的脱贫地区主导产业。

【强化工作部署】 编制《"十四五"巩固拓展脱贫攻坚成果同乡村振兴有效衔接规划》,对培育壮大优势特色产业提出明确要求。召开全国乡村产业发展工作推进电视电话会议,对过渡期内脱贫地区产业发展工作作出全面安排。指导832个脱贫县全部编制完成"十四五"特色产业发展规划,组织中西部22个省(区、市)开展规划审查工作。编制脱贫县"一主两辅"特色主导产业目录,引导资源要素进一步集聚支持主导产业发展。将脱贫地区产业发展纳入国务院督查激励范围,安排4.2亿元激励资金对河北省正定县、四川省达州市等中西部15个产业发展成效明显的市、县给予奖励支持,引导各地强化担当作为,持续推进乡村产业振兴。宣传推介河北、湖北、湖南、甘肃、新疆等5个省(区)产业发展典型经验,遴选发布14个脱贫县特色产业创新做法。

【加快补齐设施短板】 提高补助标准和建设质量,支持脱贫地区累计建成高标准农田2.7亿亩。持续完善农产品市场流通体系建设,安排中央财政衔接资金59亿元,支持脱贫地区建设2100个产地仓储保鲜冷链物流设施项目,脱贫县农产品冷藏保鲜等产业配套基础设施进一步改善,错峰销售、减损增效能力进一步增强。

【推动产业集聚发展】 优势特色产业集群、现代农业产业园、农业产业强镇等产业融合发展项目倾斜支持脱贫地区,累计支持脱贫地区创建国家现代农业产业园60个、省市县级园区2000多个、农业产业强镇350个。支持脱贫地区累计发展市级以上龙头企业1.6万家、农民合作社72万家、家庭农场近80万个,加快构建龙头企业引领、上下游企业联动、农民合作社和家庭农场跟进、脱贫户广泛参与的产业发展雁阵。

【持续推进产销衔接】 对脱贫地区认定和使用绿色食品、有机农产品标志给予费用减免,支持脱贫地区累计注册产品商标(品牌)数量达6.1万个,新发展绿色、有机、地理标志农产品数量6237个。深入推进脱贫地区农业品牌公益帮扶,利用农交会、农民丰收节等活动,对脱贫地区经营主体参加各类产销对接活动给予费用减免。依托"832平台"(脱贫地区农副产品网络销售平台)累计销售脱贫地区农副产品超300亿元。

【强化科技人才服务】 农村实用人才带头人、高素质农民培育等继续向脱贫地区倾斜,2022年培训脱贫地区各类产业带头人810多万人次。向160个国家乡村振兴重点帮扶县选派科技特派团。全面推进脱贫县产业技术专家组服务和农技人员特聘计划,开展技术服务超71.9万次,推广应用新品种、新技术1.7万个(项),实现脱贫县主导产业技术服务全覆盖。

【巩固非农帮扶产业】 持续巩固光伏扶贫工程成效,定期通报全国村级光伏帮扶电站运行情况,全国8.3万座村级光伏帮扶电站累计发电185亿千瓦·时,运维覆盖率96.77%。发电收入总额148.68亿元,带动公益性岗位87.9万个。脱贫地区累计认定就业帮扶车间3.64万个,平均每个就业帮扶车间吸纳就业人口13.4人。

(农业农村部　陈　鑫)

商务部帮扶

【概述】 2022年,商务部深入学习贯彻习近平总书记关于"三农"工作的重要论述,发挥联通内外、贯通城乡、对接产销的特色和优势,以流通提升、开放合作、就业拓展、能力建设、定点帮扶为重要切入点,支持脱贫地区搞活流通、扩大开放、发展产业、增加就业,各项工作取得积极成效。

【组织领导】 商务部党组高度重视商务服务乡村振兴工作。坚持高位谋划。主持召开商务部乡村振兴工作领导小组会议、定点帮扶工作专题会议,学习贯彻习近平总书记关于全面推进乡村振兴的重要论述,研究部署商务服务乡村振兴重点工作。累计召开6次会议研究推进乡村振兴、定点帮扶、商务援藏工作。加强调查研究。2月,商务部相关领导带队赴广安市调研,实地考察乡村特色产业生产销售、村级电商站点建设运营等情况,走访慰问脱贫群众、基层干部,研究对接乡村振兴重点工作;分别于7月、12月开展定点帮扶工作调研,深入指导仪陇县、城步苗族自治县巩固拓展脱贫攻坚成果、全面推进乡村振兴,实现定点帮扶县部领导调研全覆盖。深化统筹推进。部属单位按照《商务部落实〈中共中央 国务院关于实现巩固拓展脱贫攻坚成果同乡村振兴有效衔接的意见〉实施方案》明确的5个方面12项具体举措,扎实开展各项工作。

【流通提升】 联合国家邮政局等8个部门印发《关于加快贯通县乡村电子商务体系和快递物流配送体系有关工作的通知》,加快完善县乡村三级物流配送体系,发展农村物流共同配送,全国行政村快递覆盖率达到95%。联合财政部印发《关于支持加快农产品供应链体系建设 进一步促进冷链物流发展的通知》,支持17个省份加强农产品供应链体系建设,重点抓跨区域农产品批发市场和冷链物流,2022年新增冷库库容96万吨。推动产销对接,建设面向乡村振兴重点帮扶县的专区、专档、专柜,在河南省新乡市、甘肃省天水市等地举办全国产销对接助力乡村振兴活动,对接金额达22.3亿元。实施"数商兴农",连续开展4批"三品一标"认证帮扶,累计培训企业超过2400家,确定资助667家。通过推介洽谈和日常帮扶等,累计帮助对接和销售农产品超过400亿元。依托"全国网上年货节""双品网购节"等,组织各地和企业开设涉农专场,促进地理标志农产品和各地农特产品销售。支持脱贫地区因地制宜发展农村电商,引导电商、快递、物流企业向中西部农村地区拓展,832个脱贫县全年农产品网络零售额722.5亿元。

【开放合作】 第131届、第132届中国进出口商品交易会(广交会)线上举办,对所有脱贫地区企业放开申报,不设数量限制和出口额门槛条件,累计安排1907家次脱贫地区企业线上参展。报请国务院设立西藏吉隆边境经济合作区。积极指导边境地区促进边境贸易创新发展,确认13个边境县、市为边民互市贸易进口商品落地加工第一批试点,共吸引超过160家企业赴边境地区投资兴业,带动边境地区特色优势产业发展。利用外经贸发展专项资金对包括脱贫地区在内的中西部、东北地区承接加工贸易转移给予重点支持。综合利用中国国际进口博览会、中国—亚欧博览会、中国—东盟博览会等展会平台宣传推介,协调联合国有关发展机构推动乡村振兴相关项目和组织外资企业商贸考察,加大对帮扶地区支持力度,助力当地乡村振兴。

【就业拓展】 印发《促进家政服务业提质扩容2022年工作要点》《2022年家政兴农行动工作方案》,提出通过家政提质扩容助力乡村振兴行动、深化区域家政供需合作等政策措施和6个方面28项具体举措,进一步挖掘家政服务业促进进城务工人员就业的潜力。落实《关于深入开展对外劳务合作助力乡村振兴工作的通知》精神,指导地方利用外经贸发展专项资金支持脱贫地区外派劳务公共服务能力建设,促进"走出去"企业和劳务人员对接,鼓励地方、企业和行业组织加强外派劳务人员增收致富、助力乡村振兴的典型事迹宣传。2022年,我国派出各类劳务人员25.9万人,其中脱贫地区劳务人员1.3万人。

【能力建设】 加大人才智力帮扶和干部人才培养力度,选派2名司处级干部和6名选调生到定点帮扶地区和江西省全南县挂职及驻村锻炼,确保帮扶人员不断、力度不减。接收定点帮扶地区6名干部到商务部机关学习交流,加强对定点帮扶地区商务干部队伍建设的支持力度。举办1期全面推进乡村振兴商务能力建设培训班,邀请宁夏回族自治区市区县商务主管部门干部51人参训,帮助干部掌握商务政策、交流经验做法、提高商务发展和乡村振兴能力水平。

【总结宣传】 向有关部门报送工作信息20篇,重点上报商务服务乡村振兴、定点帮扶工作情况,多篇被上级信息部门采用。《四川省仪陇县华江村:"桑蚕+农旅"产业融合 铺就乡村振兴"新丝路"》获评人民网"2022乡村振兴创新案例"。商务部官方网站、"两微一端"推出商务服务乡村振兴相关报道20余篇,《国际商报》报道近50篇。《人民日报》(人民网)、新华通讯社(新华网)等主流媒体报道商务服务乡村振兴等情况超过25次。

(商务部财务司 付晓阳)

国家卫生健康委员会帮扶

【概述】 2022年，国家卫生健康委员会全面贯彻落实中共中央、国务院巩固拓展脱贫攻坚成果同乡村振兴有效衔接决策部署，持续巩固拓展健康扶贫成果同乡村振兴有效衔接，印发年度工作要点，召开巩固拓展健康扶贫成果同乡村振兴有效衔接电视电话会议，全面部署推进各项工作。召开巩固拓展健康扶贫成果推进乡村振兴工作座谈会，了解各地工作存在的困难和问题，听取意见建议，研究完善工作举措。建立工作台账，定期统筹调度，积极推动落实。指导各地做好2021年度巩固衔接考核评估发现问题整改工作，进一步提高巩固衔接工作质量，确保取得实效。召开健康扶贫工作成效及与乡村振兴有效衔接工作进展专题新闻发布会。建立乡村振兴工作交流平台和机制，编发巩固衔接工作专刊。

【帮扶资金投入】 卫生健康领域现有支持脱贫地区的各类投入政策、资金和项目保持总体稳定，并向国家乡村振兴重点帮扶县倾斜，进一步提升脱贫地区医疗卫生机构基础设施条件和设备配置水平。2022年，协调安排中央转移支付资金24.1亿元，支持脱贫地区县医院和基层医疗卫生机构能力提升，重点兼顾国家乡村振兴重点帮扶县、医疗服务能力薄弱县等。协调安排中央预算内投资15.4亿元支持33个脱贫地区县级医院提标扩能项目，提高县级医院基础设施条件和设备配置水平。协调中央财政资金8400万元支持脱贫地区42家县级中医医院开展"两专科一中心"建设。

【防止返贫动态监测和帮扶】 完善全国防止因病返贫动态监测系统，与国家防止返贫动态监测网络有效对接，并与民政部、国家医疗保障局、国家乡村振兴局等部门数据进行比对，形成联动机制。会同有关部门共同做好防止因病返贫动态监测和帮扶工作，指导各地摸排脱贫不稳定户、边缘易致贫户和突发严重困难户等重点监测对象的健康和保障情况，开展动态监测，落实各项医疗保障政策和社会救助、慈善帮扶等措施，防止因病返贫监测和帮扶机制不断完善。

【基本医疗卫生服务全覆盖】 指导各有关地方落实投入责任，持续改善乡村两级医疗卫生机构基础设施和设备条件。动态监测乡村医疗卫生机构和人员变化情况，进一步加强巡诊、派驻和邻村卫生室延伸服务，研究制定《关于做好县域巡回医疗和派驻服务工作的指导意见》，完善县域巡回医疗和派驻服务机制，确保乡村医疗卫生服务全覆盖。2022年，各地县级医院向乡镇卫生院派驻5.2万人，通过"乡聘村用"和从乡镇卫生院向村卫生室派驻村医1.8万人，选派1.9万名乡镇卫生院医生定期到村开展巡诊。

【提升脱贫地区医疗卫生服务能力】 指导推进紧密型县域医共体建设，超过200个脱贫县(区、市)被纳入国家紧密型县域医共体建设试点地区，积极探索整合重构县域医疗卫生服务体系，调整优化医疗资源布局，强县域、强基层的目标正在逐步显现。持续支持脱贫地区人才队伍建设，鼓励人才向艰苦边远地区和基层一线流动。持续实施全科医生特岗计划，逐步扩大订单定向免费医学生培养规模，招收计划优先满足脱贫地区需求，2022年招收农村订单定向医学生5900余人,5500余名新毕业的定向医学生履约补充到农村基层医疗岗位。深入开展万名医师支援农村卫生工程和国家医疗队巡回医疗工作。组织优质医疗资源"组团式"帮扶乡村振兴重点帮扶县人民医院,"一县一案"制订帮扶方案。2022年首批帮扶团队已全部派驻到岗,推动实现"输血"与"造血"有机统一。同时,深入推进优质服务基层行活动和社区医院建设,持续提升基层医疗卫生服务能力。

【提升脱贫地区居民健康水平】 实施脱贫地区健康促进行动,深入开展爱国卫生运动,提升健康素养,构建健康环境;以落实基本公共卫生服务和家庭医生签约服务为抓手,持续做好妇女、儿童、老人等重点人群健康保障。持续实施脱贫地区儿童营养改善项目,覆盖832个脱贫县,累计受益儿童人数达1365万人。加强脱贫地区新生儿疾病筛查工作,利用中央财政专项补助经费,为每例新生儿开展两种遗传代谢病(苯丙酮尿症和先天性甲状腺功能减退症)筛查和听力障碍筛查。联合国务院妇女儿童工作委员会和国家乡村振兴局在全国30个省(区、市)192个县(市、区)共同实施助力乡村振兴战略——基层儿童早期发展项目,为3岁以下婴幼儿及其养育人提供婴幼儿营养喂养评估及咨询指导、养育风险筛查、定期健康管理随访等服务,促进婴幼儿健康成长。

(国家卫生健康委员会
财务司乡村振兴处 舒 译)

中国人民银行帮扶

【概述】 2022年，中国人民银行认真贯彻落实《中共中央 国务院关于做好2022年全面推进乡村振兴重点工作的意见》部署要求，深入贯彻中央经济工作会议、中央农村工作会议精神，聚焦农村金融问题的堵点、难点，补短板、强弱项，加强资源配置，创新金融产品，优化金融服务，不断巩固脱贫攻坚成果，持续提升金融支持全面推进乡村振兴的能力和水平。截至2022年年底，全国涉农贷款余额49.25万亿元。

【帮扶贷款投放】 2022年，全国累计发放金融精准帮扶贷款2.16万亿元，贷款余额4.8万亿元。其中，发放脱贫人口贷款0.85万亿元，贷款余额1.03万亿元，其中经营性贷款同比增长14.5%；产业带动精准帮扶贷款余额1.8万亿元，全年增加1016亿元，同比多增1872亿元，带动469万人（次）人口增收；项目精准帮扶贷款余额1.95万亿元，为3.43亿人（次）人口改善生产生活创造条件。

【信贷政策指导】 3月，印发《关于做好2022年金融支持全面推进乡村振兴重点工作的意见》，从加大现代农业基础支撑金融资源投入、稳步提高乡村建设金融服务水平、持续改善农村基础金融服务、加强考核评估和组织宣传等方面，对做好巩固拓展脱贫攻坚成果全面推进乡村振兴提出具体要求。同时，对分支行和金融机构进行动员部署，引导金融机构进一步细化针对脱贫地区特别是国家乡村振兴重点帮扶县的支持措施，在信贷准入、授权审批、资本计量等方面予以倾斜，保持脱贫地区信贷投放力度不减。截至2022年年底，脱贫地区各项贷款余额10.7万亿元，同比增加1.38万亿元。

【货币政策工具运用】 积极运用差别化的存款准备金政策，下调金融机构存款准备金率0.25个百分点，加大对小微企业和"三农"支持力度。持续加大支农支小再贷款、再贴现支持力度，支持2020年及以前发放的扶贫再贷款按规定展期。做好两项直达实体经济货币政策工具接续转换工作，将普惠小微贷款支持工具的激励资金支持比例由1%提高至2%，强化精准滴灌和正向激励，引导金融机构加大对国民经济重点领域、薄弱环节和区域协调发展的支持力度。截至2022年年底，全国支农、支小再贷款余额分别为6004亿元、14171亿元，再贴现余额为5583亿元。

【乡村振兴服务体系完善】 推动银行业金融机构结合职能定位，建立健全服务乡村振兴的内设机构或业务条线，在信贷资源配置、产品服务创新等方面予以倾斜。支持银行增加涉农贷款投放、普惠小微贷款投放，加大对农业农村基础设施建设等中长期信贷支持力度，下沉服务重心、延伸服务半径，保持农村地区尤其是脱贫地区网点基本稳定，支持打造乡村振兴金融服务特色支行或网点。积极引导农村中小金融机构坚守支农支小主业，改善公司治理和内控机制，强化服务当地、服务小微企业、服务城乡居民的定位。

【金融产品和服务创新】 持续推广农村承包土地的经营权抵押贷款业务，推动开展保单、农机具和大棚设施、活体畜禽等抵押质押贷款业务，拓宽农村资产抵押质押物范围，支持脱贫地区发展乡村特色产业。指导农业银行在脱贫地区设立39个"三农"产品创新基地,根据脱贫地区特色种养业发展和产业发展升级趋势,创新推出助业脱贫贷、奶源基地贷、乡村振兴光伏贷、乡村振兴园区贷等乡村产业贷款产品。联合中国银行保险监督管理委员会等部门完善针对脱贫人口小额信贷政策,截至2022年年底,全国脱贫人口小额信贷余额1379亿元,同比增长4.9%。联合人力资源和社会保障部等部门加大创业担保贷款政策实施力度,满足脱贫地区各类群体创业就业和发展特色产业的合理资金需求。截至2022年年底,创业担保贷款余额2679亿元,同比增长14%。

【乡村振兴统计监测与考核评估】 积极组织金融机构做好涉农贷款、"两权"抵押贷款、金融精准帮扶贷款、国家乡村振兴重点帮扶县等专项统计。强化数据审核,全面开展数据质量评估,提高数据质量。加强调研分析,配合政策部门,深入开展相关统计数据分析,围绕巩固拓展脱贫攻坚成果同乡村振兴有效衔接工作提供高效有力的信息支持。联合中国银行保险监督管理委员会对20家全国性银行业金融机构开展考核评估,及时通报评估结果,推动金融机构改进完善体制机制,优化资源配置,更好满足乡村振兴多样化金融需求,提升乡村振兴金融服务质效。

【农村基础金融服务改善】 深入推动农村信用体系建设,持续开展"信用户""信用村""信用乡(镇)"的评定和创建工作,为金融机构服务涉农经营主体提供基础。截至2022年年底,全国共建设涉农信用信息系统286个,累计评定信用户1.15亿个、信用村29.24万个、信用乡(镇)1.42万个,有条件地区评定信用县232个。持续推动改善农村支付服务环境,优化支付基础设施服务功能,截至2022年年底,农村地区银行卡助农取款服务点74.06万个,以银行卡助农取款服务为主体的基础支付服务基本实现村级行政区全覆盖,基本实现农民足不出村享受基础支付服务,弥合农村支付服务"数字鸿沟"。

(中国人民银行金融市场司 邝希聪 朱子美)

中华全国供销合作总社帮扶

【概述】 2022年，中华全国供销合作总社以习近平新时代中国特色社会主义思想为指导，深入贯彻中共中央、国务院关于巩固拓展脱贫攻坚成果、全面推进乡村振兴的决策部署，充分发挥行业特点和系统优势，强化制度建设，持续开展消费帮扶、电商帮扶、产业帮扶、科教帮扶，统筹整合资源合力开展定点帮扶，加快发展农业社会化服务，着力提升农产品流通服务，积极参与农村人居环境整治，全力促进巩固拓展脱贫攻坚成果同乡村振兴有效衔接。

【帮扶制度建设】 根据年度帮扶计划制定任务分工清单，按月调度，推动各项帮扶举措落地落细。制订《2022年定点帮扶工作计划》《2022年对口支援工作计划》和《2022年推进乡村振兴战略工作要点和分工安排》。

【消费帮扶】 印发《关于参与"消费帮扶新春行动"有关工作的通知》，组织系统内机关、企事业单位等积极参与，进一步挖掘供销合作社系统的消费潜力。2022年，全系统各类流通主体设立线下消费帮扶专区专柜5600多个，开设线上消费帮扶专区的电商平台2100多个，举办或参与产销对接活动3000余次。通过线上直播，举办2022脱贫地区农副产品产销对接会暨"832平台"年货节启动仪式，设立四大产销对接专区开展专场对接活动，在线销售2500个品类、30余万款农副产品；中国（海南）国际热带农产品冬季交易会上，组织脱贫地区优质特色农产品供销合作社展示活动，集中展示15个省份31家供应商近300款脱贫地区特色农副产品。及时总结并推荐系统典型经验做法，广东省供销合作社"打造省际合作平台 拓展消费帮扶新模式"、海南省供销合作社"厚植海南农民增收的'第七棵树'"、安徽省岳西县供销合作社"供销福农新路径 消费帮扶促振兴"等入选国家发展和改革委员会2022年消费帮扶助力乡村振兴优秀典型案例。

【电商帮扶】 与财政部、农业农村部联合印发《关于进一步做好政府采购脱贫地区农副产品有关工作的通知》，进一步优化脱贫县供应商入驻审核流程，在政府采购的基础上，鼓励国有企业通过"832平台"采购脱贫地区农副产品，吸引带动更多的社会力量积极参与帮扶。推动"832平台"继续做好供应商入驻和商品上架工作，简化供应商入驻流程；开展"双实行动"，构建商品质量和价格管控体系，提升农产品品质，调整优化商品价格；开展"政采帮扶 安全供给"系列活动，通过专场培训、优质农产品推介等举措，进一步满足平台供采双方服务需求。截至2022年年底，"832平台"入驻供应商2万家，在售商品30万款，2022年实现交易额136.5亿元，同比增长18%，平台累计交易额334.6亿元，助推近300万农户巩固脱贫成果。

【产业帮扶】 指导系统结合当地资源禀赋，通过培育产业化龙头企业、领办农民专业合作社，大力发展乡村特色产业。截至2022年年底，全系统有各级政府和省以上有关部门认定的农业产业化龙头企业2182家，在推进乡村特色产业发展中发挥积极作用。借助"832平台"渠道、产销大数据优势，推动吉林省汪清县大米、木耳等农产品标准化、规范化、品牌化发展，形成具有市场竞争力的特色农产品供应链，全力打造全国首个"832平台"产业帮扶示范县。指导中国果品流通协会积极开展果业振兴百县行动，通过产销对接、一二三产业融合发展等，帮扶全国100个以果业为主导产业的县市壮大地域特色果业；修订完善《中国果品流通协会团体标准管理办法》，成立果品行业标准委，积极推动富硒水果认证、草莓等级规格及包装贮运等多项标准的制定，帮助果农发展标准化生产，提高果品的标准化水平。

【科教帮扶】 整合系统培训中心、科研院所和行业协会资源，以特色产业为抓手，积极开展科教帮扶，服务乡村产业振兴。南京野生植物综合利用研究院、济南果品研究院、北京商业机械研究所等事业单位利用自身技术和人才优势，通过搭建"产学研用"科技帮扶模式、提供数字乡村关键技术与系统集成方案、推进中国大数据平台开发建设等方式，推广新技术、新模式，服务地方特色产业发展。2022年，加大线上培训力度，不间断地为贫困地区提供培训服务。开展各类市场化专题培训4期，审批类、核准类班次17期，各省市供销合作社委托培训10期，公益性培训3期，送教上门6期；举办云课堂7期，在线观看及点播达120万人次。

【援疆援藏工作】 在2021年建立系统援疆援藏工作机制的基础上，将援疆援藏工作列入年度重点任务统筹部署推动。18个对口援疆、17个对口援藏省级供销合作社均指定具体处室负责相关工作，召开专题会议研究部署年度工作，研究制订年度援疆援藏工作计划，梳理汇总形成5个方面78条工作要点，转发新疆维吾尔自治区、西藏自治区及新疆生产建设兵团供销合作社，为受援、支援双方加强工作对接提供有力指导。在与农业农村部、中国国际贸易促进委员会、海南省人民政府共同主办的2022年中国（海南）国际热带农产品冬季交易会上，专门安排布置新疆、西藏产品展示专区；在2022年脱贫地区农副产品产销对接会线上板块设置援疆援藏线上展，为新疆、西藏特色产品开设专区，强化宣传、扩大销售。黑龙江省、江苏省、湖南省、广东省等省供销合作社在所属线下商超设立援疆援藏专区（专柜），积极组织新疆、西藏产品推介和产销对接活动。全系统共设立新疆、西藏农产品销售专区（专柜）5605个。

【农业社会化服务】 印发《关于发挥供销合作社优势积极做好服务"三夏"生产工作的通知》，编写《供销合作社农业生产社会化服务典型案例汇编》，引导系统各类经营服务主体积极开展农业生产性社会化服务。2022年，全系统土地全托管面积8657万亩，配方施肥、统防统治、农机作业等农业社会化服务面积达6.4亿亩次，有效避免耕地"非农化""非粮化"倾向，不断丰富服务内容和手段，提升服务层次和水平。

【农产品流通服务】 印发《2022年供销合作社县域流通服务网络建设提升行动工作要点》《关于在河北、山东、重庆、贵州四省（市）推广"互联网+第四方物流"供销集配模式的通知》，对优化脱贫地区县域批发市场、商品集散中心、物流基地布局，推进农产品流通服务网络建设等工作进行统筹部署，为脱贫地区农产品销售提供基本保障。2022年，全系统销售农产品2.8万亿元，同比增长2.17%。

【农村人居环境整治提升行动】 举办供销合作社农村人居环境整治提升行动线上培训班，总结系统参与农村人居环境整治三年行动的成效，交流典型经验做法，部署下一步重点工作，指导系统积极参与农村人居环境整治提升行动。2022年，全系统有1502个供销合作社开展农村人居环境整治提升相关工作，回收农村生活垃圾超过1000万吨;有近630家社有企业开展农业生产废弃物资源化利用,回收处理废旧农膜77万吨,回收处理农药包装废弃物近9亿件。

(中华全国供销合作总社经济发展与改革部　董璐嘉)

中华全国妇女联合会帮扶

【概述】 2022年,中华全国妇女联合会(以下简称"全国妇联")深入贯彻落实党的二十大精神和习近平总书记关于巩固拓展脱贫攻坚成果同乡村振兴有效衔接的重要讲话精神,紧紧围绕中共中央、国务院关于"三农"工作的总体战略部署,发挥引领服务联系职能,深入推进"乡村振兴巾帼行动",团结带领广大妇女群众为巩固拓展巾帼脱贫成果、推动乡村全面振兴贡献力量。

【组织领导】 强化政治担当,聚焦巩固拓展脱贫攻坚成果同乡村振兴有效衔接存在的问题,细化目标任务,调整工作切入点和着力点,把工作对象重点锁定脱贫地区妇女及单亲贫困母亲、残疾妇女、患重病妇女、留守妇女等特殊困难群体。相关领导先后深入甘肃省、河北省、广西壮族自治区、青海省、安徽省、山西省等地开展实地调研,明确重点任务,督促指导工作,有力推动中共中央决策部署在妇联系统落实、在基层妇联落地。

【宣传引领】 坚持思想引领,以"巾帼心向党 喜迎二十大"为主题,以《习近平走进百姓家》一书的出版和宣讲为重点,指导妇联系统深入学习习近平总书记系列重要讲话和重要指示精神,引导所属全媒体在头版头条转发刊发,引导广大妇女感恩党、感恩新时代。创新开展"今天我来读"云接力活动,指导各地村(社区)妇联主席线上、线下领读,带动妇女群众学金句、悟思想,实现31个省(区、市)和兵团全覆盖。坚持宣传引领,策划"今天我来讲"系列主题宣传,同步推出"我眼中的国之大者"微博话题;启动"跟党奋进新征程 巾帼建功新时代"首场示范宣讲,指导各省(区、市)开展巾帼大宣讲线上、线下40万场次,受众5.5亿人次。坚持活动引领。开展"我奋斗·家国美"故事汇和短视频征集展示活动,27个省(区、市)直播观看总量超1000多万人次,共征集到各具特色短视频3万余条,优秀短视频访问量超1亿人次,1.1亿人次参与"我奋斗·家国美"话题。

【人才帮扶】 开展农村实用人才致富带头人培训。联合农业农村部门,采取按需报名、统筹安排的形式,在贵州省等地举办10期农村致富女带头人培训,切实提高培训精准性、实效性。指导脱贫地区开展手工、家政、电商等各类培训,因地制宜发展妇女优势特色产业,促进脱贫妇女灵活就业增收。2022年,累计培训93804人,带动各地举办各级各类培训3.9万余期,200多万名妇女受益。开展文化素质培训。与国家语言文字工作委员会、教育部语言文字应用管理司联合开展"小手拉大手学讲普通话"活动,在凉山彝族自治州开展"语爱同行——普通话+职业技能"示范培训,培训学员120人,指导新疆维吾尔自治区、四川省等西部地区妇女联合会对4万余名妇女开展"普通话+职业技能"培训;宁夏回族自治区、安徽省等地妇女联合会针对易地搬迁妇女、上岸渔民等妇女群体,开设妇女识字班,帮助3615名妇女提高文化素质。

【健康帮扶】 深入推进"健康中国 母亲行动"。持续开展"关爱女性健康中国行"活动,组织医学专家团队赴甘肃、贵州等5个省10个国家乡村振兴重点帮扶县,开展健康知识大讲堂、义诊咨询、带教查房活动,线上、线下为近50万人次妇女群众送去健康知识和健康服务;深入开展"健康中国 母亲行动"宣传月活动,指导各地开展疫情防控、合理膳食、心理健康、运动健身、妇幼保健、"两癌"防治等健康知识宣传和"健康体重"行动,线上、线下累计开展活动2.1万余场,发放宣传资料139万余份,参与妇女超过1980万人次;针对凉山地区,制作并发放包含艾滋病防治、"两癌"防治、妇女保健等内容的彝汉双语视频优盘3000个、健康邮包3000个,帮助妇女养成健康的生活习惯;与中国计划生育协会等部门联合下发《关于开展2022年度家庭健康主题推进活动的通知》,引导妇女带动家庭成员培养文明健康的生活方式。持续推动实施妇女"两癌"免费检查与救助项目。积极参与《加速消除宫颈癌行动计划(2023—2030年)》,加大"两癌"宣传教育力度,指导各级妇女联合会积极争取党委、政府支持,31个省(区、市)及新疆生产建设兵团"两癌"检查全覆盖,18个省(区、市)将妇女"两癌"救助纳入省级民生实事或列入全省重点工作;争取中央专项彩票公益金2.87亿元,救助28551名低收入"两癌"患病妇女。

【乡村治理】 积极参与推进移风易俗工作。与农业农村部、国家乡村振兴局等部门印发《开展高价彩礼、大操大办等农村移风易俗重点领域突出问题专项治理工作方案》的通知;发挥全国妇联干部执委、巾帼宣讲队、典型家庭作用,运用乡村大喇叭、曲艺表演等群众易于接受、喜闻乐见的形式,引导广大家庭摒弃金钱至上的低俗观念,自觉反对和抵制高价彩礼、大操大办等陈规陋习;指导各级妇女联合会特别是脱贫地区在评选推荐全国五好家庭和最美家庭过程中,选树践行移风易俗的家庭典型,联合中共中央宣传部在中央广播电视总台举办全国最美家庭发布仪式,讲述宁夏回族自治区马学仁家庭带领乡亲摒弃陋习等10户家庭的感人故事;宣传推广脱贫地区妇联创建积分超市、建设"美丽庭院"和移风易俗等工作经验做法,倡导文明健康风尚,助力美丽乡村建设。推进人居环境整治。指导各地立足当地农村经济基础、自然风貌、文化传统等实际,发挥乡村妇联执委、巾帼志愿者作用,引导妇女参与农村人居环境整治和村庄清洁行动;推动将"美丽庭院"工作纳入《农村人居环境整治提升五年行动方案(2021—2025年)》《关注森林活动工作规划(2021—2025年)》和"美丽乡村"建设标准,引导妇女参与农村人居环境整治村庄清洁行动;推动各地累计创建美丽庭院635万户,以庭院"小美"助推乡村"大美"。

【产业帮扶】 充分发挥基地示范带动作用。认定100个全国巾帼现代农业科技示范基地,带动各地创建各级各类妇字号基地9702个,全国巾帼助农平台销售4.2亿元特色农产品。推进"巾帼科技助农直通车"进乡村活动。组织女性科技工作者、农技女性专家深入田间地头,对接家庭农场、农民合作社等,提供技术咨询、农事指导、农技培训、技术示范、成果转化等科技帮扶活动1200余期,累计服务35.7万人次。扶持发展妇女优势特色产业。加强源头参与,引领妇女参与手工、乡村旅游、电商等妇女优势特色产业发展,联合国家乡村振兴局等部门印发《关于推进乡村工匠培育工作的指导意见》;联合中国残疾人联合会启动"美丽工坊"残疾妇女就业增收项目,联合农业农村部等部门举办首届全国农民技能大赛,带动更多农村妇女将"指尖技艺"转变为"指尖经济",参与发展乡村手工产业,在家门口实现增收致富;推动巾帼家政提质扩容,召开线上调研会,指导各级妇女联合会开展家政技能培训线上、线下共166万人次,推动巾帼家政规范化发展。

【农村妇女儿童权益保护】 重点关注农村改革中的妇女权益,推进立法进程。积极参与农村集体经济组织立法工作,关于农村妇女土地权益保护的建议已获一审稿采纳;推动农业农村部在农村集体产权制度改革和第二轮土地承包到期后延长30年试点工作文件和方案中落实农村妇女土地权益保护要求,防止农村妇女土地权益受损。深化保护妇女儿童权益工作合作机制,加强司法保护。与公安部等部门联合发文,指导地方妇联积极参与全国打击拐卖妇女儿童、打击性侵犯罪专项行动。据不完全统计,各地为644名被解救妇女儿童提供维权服务3141次,开展反拐法治宣传4万余次,吸引545.5万人次参与;加强困难妇女群体法律援助工作,与最高人民检察院联合开展"关注困难妇女群体,加强专项司法救助"活动,发放司法救助金3110余万元,1976名困难妇女儿童获助,"中国妇女法律援助行动"帮助受援人挽回经济损失7488万余元。维护农村妇女儿童权益,提供多元关爱服务。持续抓好《全国妇联关于把维护妇女权益工作做在平常抓在经常落到基层的指导意见》落实,指导地方妇联在党委和政府领导下摸排特殊困难群体,配合做好生活困难、留守、残疾妇女儿童及单亲、失亲、矛盾多家庭的走访关爱服务,设立分类台账;建立婚姻家庭纠纷预防化解定期报告制度,特别强调在春节前后、新产业工人返乡期等重点时段,组织力量加强专项矛盾纠纷预防化解行动,日常以农村地区为重点密切关注两地分居、婚姻关系变化等家庭,及时发现纠纷,分级分类妥善化解,有效防范婚姻家庭领域的风险隐患;修订《妇联组织信访工作规定》,进一步畅通和规范妇女群众诉求表达、利益协调、权益保障通道,把妇联维权服务送到农村妇女群众身边。

(中华全国妇女联合会妇女发展部 高继辉)

第七篇

地方篇

河北省

【概述】 2022年，河北省委、省政府坚持以习近平新时代中国特色社会主义思想为指导，深入贯彻党的二十大精神和习近平总书记关于"三农"工作的重要论述，推动巩固拓展脱贫攻坚成果同乡村振兴有效衔接取得新进展、新成效。原45个国家扶贫开发工作重点县农村居民人均可支配收入同比增长8.1%，高于全省平均增速1.6个百分点；全省脱贫户人均纯收入达到12485元。河北省在国家2022年度巩固拓展脱贫攻坚成果后评估中综合评价为"好"等次，衔接资金绩效评价获得"A"等次。

【衔接资金投入】 2022年，河北省提升衔接资金使用绩效，保持财政投入规模不降，下达省级以上财政衔接资金113.3亿元，其中62个重点帮扶县104.9亿元，占资金总量的92.6%。印发《关于进一步加强衔接资金项目监管的通知》，加大资金支出督导检查力度。创新衔接资金使用方式，支持19个县（区）开展巩固拓展脱贫攻坚成果和衔接推进乡村振兴示范区建设。

【防止返贫动态监测和帮扶】 按照"早、宽、简、实"（及早发现风险、放宽认定条件、简化工作流程、抓实帮扶救助）要求，畅通农户申报、基层排查、部门筛查3条渠道，面向所有农村人口开展常态化排查和集中排查，简化认定程序，将认定时间从1个月缩短至15天，精准认定监测对象、精准实施帮扶救助。扎实做好疫情灾情应对工作，成立疫情应对领导小组和工作专班，建立调度通报、重要情况报告、局领导联系地方等机制，出台6项针对性措施。对存在因疫因灾返贫致贫风险的开辟"绿色通道"，先帮扶救助后履行程序。

【"三保障"和饮水安全成果巩固】 不断巩固"两不愁三保障"成果，全省共资助家庭经济困难学生298万人，救治大病患者13.2万人，签约4种主要慢病患者42.7万人，解决低收入群体新增住房安全问题4952户，"三保障"和饮水安全问题保持动态清零。全省农村低保平均标准提高到每人每年6141元，增长10.4%。

【项目资产监管】 对党的十八大以来扶贫项目资产投入、规模、现状、运营管护等全面进行"回头看"，统计扶贫项目资产价值664.3亿元，明晰产权关系，压实管护责任。纳入国家财政补助目录的2.5万座光伏扶贫电站运行良好，均能及时足额分配收益。

【产业帮扶】 印发《关于进一步健全完善帮扶项目联农带农机制的实施细则》，深入推进项目增收、科技支撑、龙头培育、帮扶助力"四大行动"，脱贫地区打造农业产业化联合体10个，新建农业创新驿站30个。制订《2022年河北省巩固提升脱贫地区农业特色产业工作方案》和9个专项方案，脱贫地区深入实施"十四五"特色产业发展规划，投入脱贫地区省级以上产业发展资金105.8亿元，中央财政衔接资金用于产业发展比例达到70%以上。

【就业帮扶】 持续拓宽有组织劳务输出、帮扶车间吸纳、居家灵活就业、返乡创业带动、公益性岗位开发、优势产业带动等就业渠道，多措并举促进脱贫劳动力稳岗就业。截至2022年年底，全省脱贫劳动力和监测对象务工92.02万人，超额完成年度任务。与阿里巴巴（中国）有限公司签订"雨露计划+"就业促进合作协议，成为全国"雨露计划+"就业促进行动3个试点省份之一。

【易地搬迁后续扶持】 加大易地搬迁后续扶持工作力度。全省330个集中安置区共配套公共服务设施2000多个，建成后续产业设施606个，有劳动能力的建档立卡搬迁家庭至少1人就业。集中安置区实现基层党组织和基本管理单元全覆盖，31个大中型安置区全部配套"一站式"服务平台，搬迁群众加快融入社区生活。同时，支持各地探索将公租房、保障性租赁住房用于保障符合条件的集中安置户新增住房需求。张家口易地搬迁后续扶持工作受到国务院办公厅通报表扬。

【衔接推进乡村振兴】 河北省巩固拓展脱贫攻坚成果领导小组充分发挥牵头抓总和统筹协调作用，制定2022年工作要点，逐项明确牵头省领导、责任部门和完成时限。省直相关部门主要负责同志靠前指挥，分管负责同志和业务处室具体推动，特别是保持易地搬迁后续扶持、产业帮扶等工作专班不撤、人员力量不减。制定县委书记主要精力抓"三农"责任清单，延续党委政府定期研究、领导干部包联等制度。出台省级衔接政策文件78个，保持主要帮扶政策总体稳定并狠抓落实，让脱贫基础更加稳固、成效更可持续。

【乡村建设数据采集】 高质量完成全省乡村建设信息数据采集任务，截至2022年12月31日累计采集录入4.25万个村、1282万农户各类数据3.6亿条，"当日采集、当日比对、当日分析"做法被国家乡村振兴局《乡村振兴简报》刊发。

【示范创建】 以河北省政府办公厅文件印发实施《"百校联百县兴千村"行动河北省试点工作方案》，清华大学、中国农业大学、中国传媒大学等6所高校分别与河北省6县建立"百校联百县兴千村"结对关系。积极开展乡村振兴示范创建，河北省石家庄鹿泉区、唐山丰南区、保定阜平县、邯郸魏县4个县（区）入选全国乡村振兴示范县创建名单。加快补齐农村公共服务短板弱项，加强和改进社会治理，强化积分制和清单制运用，邢台南和区"强基础 重管理 塑特色 力推卫生健康服务一体化改革"入选第四批全国农村公共服务典型案例，魏县沙口集乡"创新服务'小程序'助力乡村'大治理'"、巨鹿县"打造'巨好办'服务平台 构建乡村治理新格局"入选第四批全国乡村治理典型案例，唐山市迁西县铁门关村、邯郸市肥乡区田寨村入选全国村级文明乡风建设典型案例。

【社会帮扶】 强化中央单位定点帮扶服务保障，31家中央单位引进帮扶项目或企业173个，直接投入或引进帮扶资金53.75亿元，在培训基层干部、乡村振兴带头人、专业技术人才和购买、帮助销售脱贫地区农产品方面继续加大帮扶力度。深化省内帮扶工作，38名省级领导每人包联1个脱贫县，组织河北省发展和改革委员会、河北省财政厅、河北省卫生健康委员会等23个单位分别定点帮扶1个脱贫县，发挥行业优势，提升帮扶实效。继续组织"五包一"包联帮扶，协调省内经济强市、强区结对帮扶脱贫地区，动员12000多家企业、商会参与"万企兴万村"行动，进一步凝聚帮扶合力。

【考核评估】 河北省巩固拓展脱贫攻坚成果领导小组与各设区市（含定州、辛集市）、雄安新区及各成员单位签订责任书，明确职责任务、压实工作责任。持续开展巩固脱贫成果"回头看"，把国家考核评估、暗访等发现问题整改与省委巡视、省级考核评估、督查暗访等发现问题整改一体推进、一体落实。

【干部激励培训】 河北省乡村振兴局与河北农业大学签订战略合作协议，局校联合共建乡村振兴研究院。聚焦市县党政领导干部、乡村振兴系统干部、帮扶干部及驻村干部、乡村两级干部、乡村振兴人才和农民骨干等重点人群,分类分级开展培训,全省累计举办各类培训班4040期次,培训干部76.7万人次。

（河北省乡村振兴局　韩雪莹）

山西省

【概述】 2022年,山西省深入学习贯彻党的二十大精神和习近平总书记考察调研山西重要指示精神,落实全方位推动高质量发展目标,聚焦守底线、抓发展、促振兴,扛牢政治责任、落细帮扶政策、抓实重点工作,各项重点工作取得显著成效,多项工作指标位居全国前列,巩固拓展脱贫攻坚成果扎实推进乡村振兴年度目标任务全面完成。山西省以问题整改为抓手,全面强化责任落实,扛牢主体责任,完善体制机制,狠抓问题整改,强化督导考核,进一步形成五级书记一起抓的强劲态势。出台增收举措,加大力度促进脱贫人口增收,全省农村低保标准大幅度提高;完善落实防返贫动态监测帮扶机制,防返贫动态监测帮扶应纳尽纳、应扶尽扶;强化易地搬迁后续扶持,大力度发展产业,多渠道促进就业,全覆盖抓好配套,确保搬迁群众稳得住、有就业、逐步能致富;强化脱贫劳动力就业帮扶,脱贫劳动力务工就业和省外务工就业人数与2021年相比实现"两个高于",帮扶车间逆势而上实现数量、吸纳务工人数和工资收入"三个增长";扎实抓好资金项目管理,着力提升驻村帮扶实效,加大消费帮扶力度,巩固拓展"三保障"和饮水安全成果。以乡村振兴示范创建为抓手有序推进乡村发展,以乡村建设行动为抓手建设宜居宜业和美乡村,以抓党建促基层治理能力提升专项行动为抓手加强和改进乡村治理,乡村发展、乡村建设和乡村治理工作扎实有序推进。

【资金项目管理】 山西省出台加强衔接补助资金和项目管理的指导意见,对预算落实、项目开工、资金支出等周调度月通报,存在突出问题的提醒约谈。各级预算安排衔接补助资金127.38亿元,同比增加4.01亿元。中央衔接资金支出进度99.2%,居全国第三。组织开展"冬季行动",提前办结项目手续,年度计划实施的11415个项目全部开工,开工率100%。764.9亿元扶贫项目资产全部确权,分类管理。开展扶贫项目资产管理"回头看",对管护不到位、项目效益差的重点督办,确保有人管、管得好、收益可持续。

【组织领导】 山西省委、省政府决定在"十四五"期间成立山西省巩固拓展脱贫攻坚成果同乡村振兴有效衔接领导小组,在省委农村工作领导小组下开展工作。省委副书记任组长,省委常委、组织部部长和分管副省长任副组长,领导小组下设办公室。同时,山西省巩固拓展脱贫攻坚成果同乡村振兴有效衔接领导小组下设12个专项工作组,分工负责抓落实。11个市和巩固成果任务重的县全部成立领导小组,组建工作专班,有专门队伍、协调机构、工作机制。

【防止返贫动态监测和帮扶】 将监测收入标准从6000元提高到6500元。紧盯脱贫不稳、边缘易致贫、突发严重困难"三类户",坚持日常排查、重点排查和集中排查相结合,定期开展行业部门数据信息比对,分析研判返贫致贫风险,针对性落实帮扶政策措施。建立防返贫大数据平台,实现防止返贫动态监测和帮扶工作全流程监管。监测对象不设规模限制,15天内完成识别认定,10天内制定针对性帮扶措施,15天内落实措施。严格退出标准,规范退出程序,对消除风险的跟踪巩固半年以上,确保稳定消除风险。到2022年年底，全省有监测对象6.9万户15.7万人，其中新识别1.2万户2.7万人。已消除风险4.7万户11万人，未消除风险的全部落实针对性帮扶措施。

【促进脱贫人口增收】 出台支持脱贫人口增收4个方面30条政策措施，组织开展脱贫劳动力务工就业和产业发展促增收专项行动。通过发展产业带动、就业帮扶促进、消费帮扶助力、政策兜底保障等多措并举，有力带动促进脱贫人口增收。全省农村低保平均达到6209元，比2021年增加551元。2022年全省脱贫人口人均纯收入12406元，增幅15.1%，增幅居全国第四，高于全国0.8个百分点。2022年脱贫地区农村居民人均可支配收入增幅居全国第二，绝对额达到12724元，增幅9.1%。

【产业帮扶】 深入实施农业特优战略，培育发展带动帮扶主体，完善利益联结机制，组织开展产业帮扶到村到户集中攻坚行动，重点支持联农带农富农产业发展，优先保障到人到户项目资金需求。2022年，到县衔接补助资金中69.66亿元用于产业发展，占61.2%。省级扶持建设158个乡村振兴示范村、100个特色产业示范基地。支持脱贫户和监测户发展高质量庭院经济，每户奖补2000元，省级统筹安排资金2亿元，对成效显著的县给予奖补。小额信贷应贷尽贷、全额贴息，全年投放55.51亿元，惠及10.03万脱贫户和监测户。农产品价格险、灾害险在46个重点帮扶县和40个整体推进县全覆盖。

【就业帮扶】 稳规模、强技能、提质量，集中开展脱贫劳动力务工就业信息摸底排查，村级建立台账，市县建立数据库。加大交通补贴、稳岗补助支持力度，加大就业帮扶车间吸纳就业奖补力度。拓宽务工就业渠道，通过外出务工输送、帮扶车间吸纳、公益性岗位安置、技能培训提升和自主创业带动"五个一批"措施，推动脱贫劳动力务工就业人数稳中有升、务工就业收入稳中有增。2022年，全省就业帮扶车间达到1847个，较2021年增加109个，吸纳脱贫劳动力务工就业3.51万人，较2021年增加1.42万人。中央在晋帮扶企业保利集团实施"星火启航"项目，助力脱贫地区45名劳动力出国就业。2022年，全省脱贫劳动力务工就业101.06万人，其中省外务工就业19.3万人，分别比2021年增加5.95万人、3.15万人。

【易地搬迁后续扶持】 有序开展就业帮扶好、产业带动好、社区治理好、权益保障好、融入环境好"五好"社区创建活动，大力度发展产业，多渠道促进就业，全覆盖配套服务、高标准规范管理、集中安置区全部制定产业发展规划，教育、医疗、社区服务保障全覆盖，促进搬迁群众稳得住、有就业、可融入，逐步能致富。集中安置区全部制定产业发展规划，462个集中安置区配套建设就业帮扶车间，430个集中安置区配套建设产业园或工业园区。800人以上集中安置区全部设立就业服务站，19.38万人搬迁脱贫劳动力中，19.05万人稳定就业，基本实现有劳动能力的搬迁脱贫户每户至少1人稳定就业。

【"三保障"和饮水安全】 进一步发挥"三保障"牵头部门作用，坚持问题导向，压实主体责任，突出过程管控，健全长效排查和限时解决制度，精准化监测、常态化排查、动态化保障、机制化巩固、责任化考核。2022年，新建改造义务教育阶段寄宿制学校500所，失学辍学儿童动态清零；农村低收入人口等困难群体住院合规综合报销比例80%以上；4993户农村危房改造全部竣工；新建农村供水保障工程1061处，154.6万人受益，维修养护工程4060处，覆盖580.4万人。"三保障"和饮水安全保障水平持续巩固提升。

【驻村帮扶】 加强驻村帮扶工作管理，推

进驻村帮扶干部强素质、转作风、提能力。印发《关于进一步加强驻村第一书记和工作队管理确保持续发挥作用的通知》，夯实驻村帮扶干部管理主体责任。出台《关于进一步健全常态化驻村帮扶工作机制的实施意见》，组织开展"入户大走访、政策大宣传、为民大服务、驻村大比武、环境大提升"专项行动，通过制作政策短视频、印发政策宣传画、编印政策"口袋书"等多种方式，全方位宣传解读政策。通过入户走访，了解村情民情，排查解决问题，打通政策落实、工作落实的"最后一公里"。各级驻村干部累计走访农户406.91万户，帮助群众解决"急难愁盼"问题5.69万个，着力提升驻村帮扶实效，提升群众认可度。

【乡村振兴示范创建】 分级创建、分类示范、分批实施，在2021年国家支持启动五台县、武乡县2个革命老区县乡村振兴示范区建设的基础上，启动岚县、左权县和汾西县3个革命老区县乡村振兴示范区建设。确定创建省级乡村振兴示范村100个、乡村旅游振兴示范村43个、数字乡村建设示范村15个、乡村特色产业示范基地100个，以点的突破带动面的提升，努力探索全面推进乡村振兴山西路径。省级为每个示范村投入300万~500万元衔接补助资金，各级衔接补助资金共投入25.13亿元。规划实施1257个项目，吸纳脱贫劳动力就业2.98万人次。

【光伏帮扶】 精准量化发电指标，强化运维管理，对光伏电站发电收益实行周调度月通报，全年收益19.21亿元，年度收益连续三年居全国第一，光伏帮扶电站运维覆盖率100%。完善村级光伏公益性岗位设置管理办法，规范管理公益性岗位，光伏公益性岗位安置30.9万个，其中脱贫户和监测户24.8万人。

【消费帮扶】 深化拓展"五进九销"措施（"五进"，即农特产品进机关、企业、学校、医院和军营；"九销"，即"五进"对接承销、龙头企业带销、宣传推介展销、商场超市直销、电子商务营销、基地认领订销、旅游带动促销、帮扶单位助销、劳动就业推销），搭建脱贫地区农产品销售平台，推动单位食堂、商超与脱贫地区建立定向采购合作机制。开展产销对接"百日攻坚"专项行动，组织帮扶单位及驻村第一书记、工作队包销帮扶村农特产品，助力脱贫群众产品变商品、增产变增收。全年累计助销脱贫地区农产品44.65亿元，开展各类展示展销活动1662次，累计受益151.86万人。

【乡村建设】 出台《山西省乡村建设行动实施方案》，以乡村建设行动为抓手建设宜居宜业和美乡村。深入实施农村道路安全畅通、农村水安全保障、乡村清洁能源建设、农产品仓储保鲜冷链物流设施建设、数字乡村建设发展、村级综合服务设施、农房质量安全提升、农村人居环境整治提升"八大工程"，推动基础设施和公共服务往村覆盖、往户延伸。开展农村户厕问题摸排整改"回头看"和村庄清洁"秋冬攻势"专项行动。全省有3640个村完成"多规合一"实用性村庄规划编制。新改厕32.5万户，卫生厕所普及率达到70%以上。垃圾收运体系覆盖93.4%的自然村，新建生活污水处理设施625个，村容村貌、户容户貌持续改善。

【乡村治理】 开展抓党建促乡村治理能力提升专项行动，推进农村带头人队伍优化提升行动和村级集体经济壮大提质行动，实施"乡村振兴万人计划"，实现行政村"一村一名大学生"全覆盖，开展党组织书记星级化管理、农村党员积分制管理、"星级文明户"创建活动，专项治理高价彩礼、大操大办等农村移风易俗重点领域的突出问题，着力推动形成共建共享共治的乡村治理新格局。

【问题整改】 把问题排查整改作为重大政治任务，省委、省政府专题研究，主要领导出席会议，动员部署。分类梳理国考反馈问题和其他渠道发现问题，针对性提出56项具体措施,省委、省政府出台整改工作方案,推动市县和省直相关部门制订整改方案,全面排查整改。对问题突出的县挂牌督办、集中约谈。对问题排查整改实行周调度月通报,市级提级验收、省级抽查核验,不合格的限期"回炉"整改。坚持"当下改"和"长久立"相结合,既追根溯源、找准症结精准整改,又完善机制、标本兼治杜绝再犯,推进整体工作提质增效。国考反馈问题和举一反三排查发现问题全部完成整改。

【干部教育培训】 省级抓示范、市级抓重点、县级广覆盖,举办市县党政领导干部、乡村振兴系统干部、驻村帮扶干部示范培训班,同步指导市县分级培训,全省培训2303期42.74万人次。省级组织政策宣讲员在11个市巡回宣讲,各市组织政策宣讲员深入县区宣讲,举办17期政策大讲堂,以视频方式直通到县,编制"口袋书",印刷"宣传画",制作"微视频",普及"大喇叭",全方位、立体式宣传解读政策,全省组织宣讲3.8万次,覆盖218.7万人次,帮助各级干部掌握政策、落实政策,促进脱贫群众知晓政策、享受政策。

(山西省乡村振兴局综合处 郭耀龙)

内蒙古自治区

【概述】 2022年,内蒙古自治区乡村振兴局坚持以习近平新时代中国特色社会主义思想为指导,深入学习贯彻党的二十大精神,全面落实中共中央、国务院决策部署,按照自治区党委和政府的工作安排,扎实推进巩固拓展脱贫攻坚成果同乡村振兴有效衔接工作,脱贫攻坚成果得到进一步巩固拓展,守住了不发生规模性返贫的底线,乡村发展、乡村建设、乡村治理取得新进展新成效。开展两次集中监测、两次集中排查,对监测对象全部落实监测联系人和针对性帮扶措施,未发生规模性返贫现象。全区38.4万脱贫人口5.4万监测对象享受到低保和特困供养政策,在86个旗县开展"防贫保",守牢了最后防线。中央、自治区财政衔接资金63.3%用于优势特色产业发展,支持种植养殖、农畜产品加工、冷链电商等产业项目1889个,带动25.3万脱贫人口和监测对象增收。制定稳岗就业政策措施,在6065个嘎查村选聘村级就业协管员,协管员既是公益性岗位,又是就业组织员,效果良好。投入国家乡村振兴重点帮扶旗县衔接资金23.4亿元,占资金总规模的27%。安排易地搬迁后续扶持资金4.9亿元,落实项目68个,受益搬迁群众5.7万人,其中脱贫人口4.3万人。北京市投入财政援助资金19.7亿元,实施757个项目,帮助销售农畜产品161亿元。29家中央定点帮扶单位投入帮扶资金3.78亿元,引进帮扶资金28亿元、帮扶项目129个,采购和帮助销售农畜产品10.69亿元。推动自治区2359家民营企业与2756个嘎查村结对帮扶,实施1227个项目,惠及38万名群众。3个旗县、30个苏木乡镇、260个嘎查村进入国家乡村振兴示范创建行列,选定8个自治区级示范创建旗县。完成户厕改造10.38万个。在574个行政村开展生活污水治理,在1697个行政村新建垃圾收运处置设施,在461个村开展人畜分离试点。确定12个党建引领乡村治理示范旗县,集中打造乡村治理示范试点嘎查村428个。

【衔接资金、项目管理】 2022年,内蒙古自治区投入中央和自治区衔接资金86.8亿元,同比增长3%。在35个脱贫旗县整合涉农涉牧财政资金73.7亿元。印发修订衔接资金管理使用政策文件6项,以旗县为单位编制衔接资金支持具体政策。建立全过程日常监控机制,实行"周调度、月通报、季报告"工作机制,进入施工季节以来,累计反馈数据37次、下发通报6期、上报季度报告3期。对使用衔接资金的旗县开展2次专项督查,1次绩效评价。

【防止返贫动态监测和帮扶】 制订印发《内蒙古自治区2022年度防返贫监测和帮扶工作方案》,明确2022年监测范围,积极应对灾情疫情,牢牢守住不发生规模性返贫的底线。建立"一三季度重点监测、二四季度集中排查"工作机制,健全跨部门工作会商和信息互通机制,推动各方面各层级数据共享,对监测对象全部落实监测联系人、全面落实针对性帮扶措施,做到应纳尽纳、应帮尽帮。2022年,新识别监测对象1.1万户2.5万人,基本做到应纳尽纳、应帮尽帮。全区4.7万户9.96万名监测对象已有48.1%消除风险,未发生规模性返贫致贫问题。

【产业帮扶】 中央、自治区财政衔接资金同比增长3%，63.3%用于优势特色产业发展，支持种植养殖、农畜产品加工、冷链电商等产业项目。修订印发《光伏帮扶电站收益使用管理办法（试行）》，调整优化过渡期内光伏帮扶电站收益使用范围，提高使用效益。全区487座村级光伏帮扶电站发电运维良好，各项指标均优于全国平均值。全年拨付到村收益分配资金2.47亿元，设立公益性岗位3.6万个，支持小型公益事业2.14亿元、发放奖励补助资金568.23万元。2022年脱贫人口人均纯收入16900元（按每年9月底农牧民收入年度计算），全国排第三位，比全国平均水平高2558元，增速13.04%。实现"两个高于"（脱贫群众收入增速高于当地农民收入增速、脱贫地区农民收入增速高于全国农民收入增速）的增长目标。

【优势产业发展】 2022年，内蒙古自治区18个优势产业带和11个产业集群投入衔接资金36.7亿元（占用于产业衔接资金的62%），支持建设种植养殖业基地1964个，并配套必要的生产设施设备。发展优质牛羊养殖7.4万头（只）、禽类54.9万只，进一步提高粮食和重要农产品供给保障水平。

【新型经营主体】 支持实施龙头企业、合作社、嘎查村集体经济、帮扶车间等经营主体领办产业帮扶项目，带动脱贫人口29.3万人，建成清水河县绿色农产品加工产业园和林格尔县草原新牧民奶牛牧场，莫旗肉类食品加工、生猪养殖基地及冷链物流配送，林西县、四子王旗肉牛肉羊屠宰深加工等一批辐射带动能力强的大项目好项目。

【一二三产业融合发展】 内蒙古自治区聚焦产业集群发展，推动产业发展园区化、产业带动龙头化，支持市场前景好、增收带动能力强的种养业及农畜产品精深加工、副产物综合利用等全产业链发展，补上技术、设施、营销等短板。全区有帮扶产业园区118个，引进行业先进生产企业172家，其中2022年支持发展产业园区29个、保鲜仓储库145个、农畜产品加工交易场所543个，将更多脱贫人口吸附在仓储、揽收、分拣、运输、配送等产业链环节，一二三产业融合发展，链条式发展的产业体系加快形成。

【就业帮扶】 梳理优化促进脱贫人口稳岗就业17条措施，牵头修订完善就业帮扶协管员管理办法、帮扶车间认定办法、公益性岗位管理办法等多项制度，规范就业帮扶管理。建立脱贫人口稳岗就业月调度、季通报机制，持续强化跟踪督办，及时协调解决问题。采取电话抽查、信息比对等方式，针对性补好就业帮扶信息更新不及时、数据不准不实等短板。促进20.6万名脱贫人口和监测对象务工就业，超过国家任务5%，其中就近就地就业15万人，占73%。人均工资性收入稳中有增，抵御严重疫情、就业不稳带来的致贫返贫风险。与内蒙古自治区人力资源和社会保障厅择优选送6个劳务品牌参加全国推荐会，内蒙古自治区获得"带动就业奖"。

【重点帮扶县帮扶】 组织指导15个国家和自治区乡村振兴重点帮扶旗县分别编制有效衔接实施方案，细化落实14项倾斜支持政策，落实国家乡村振兴重点帮扶旗县衔接资金23.4亿元，组织召开15个重点帮扶旗县与自治区16个厅局政策对接会，组建10个国家重点帮扶县科技特派团，选派专家学者417人，开展产业技术服务和教育、医疗帮扶。

【金融帮扶】 全年发放脱贫人口小额信贷2.17万户、9.84亿元，累计贷款余额29.62亿元，涉及7万户脱贫人口和监测对象，有效保障应贷尽贷。创设"富民贷""乡村振兴助农贷"，将支持脱贫人口的特惠金融政策向所有农牧人口拓展，已发放贷款7亿元。全区有86个旗县开展"防贫保"，覆盖447.5万人，对出现返贫致贫风险的群众及时给予保险赔付，累计赔付7500万元。

【乡村建设】 制订《内蒙古自治区乡村建设行动重点任务及分工方案》，细化24类87项具体任务，逐项明确责任分工，建立厅际协调机制，推动乡村建设全面启动。完成7339个嘎查村"多规合一"规划编制。加快补齐农村牧区基础设施和公共服务短板，新开工建设公路7785千米，自来水普及率达到80%，行政村光纤、4G网络通达率均达到99.5%，建制村快递服务覆盖率达到96%。

【乡村治理】 确定12个党建引领乡村治理示范旗县。接续推进农村人居环境整治提升五年行动，以沿黄流域和"一湖两海"为重点，分类实施农村牧区户厕改造、生活污水和垃圾治理。创新出台户厕改建工作规范和管理办法，完善资金奖补机制，完成10.38万个户厕改造。在574个行政村开展生活污水治理，在1697个行政村新建垃圾收运处置设施，在461个村开展人畜分离试点。开展乡村治理示范建设，打造乡村治理示范试点嘎查村428个。推广积分制、清单制、网格化等治理模式，建立村级"文明团结超市"5593个，划定农村牧区网格75449个，配备专兼职网格员14.13万人，11037个嘎查村建立村规民约，确定8个试点旗县纠治天价彩礼、厚葬薄养、婚丧大操大办等陈规陋习。

【京蒙协作】 北京市持续加大支持力度，对察右前旗宏福现代农业产业园、翁牛特旗杨家营子现代农业示范园区、莫旗生猪产业园等项目持续提供支持；启动运行"京蒙百企情"产业对接平台，新落地和新增投资的北京市企业114家，新增投资70.71亿元。共建产业园区59个，新入驻企业75家，新增投资22.54亿元。共建农畜产品生产加工基地项目606个、能源基地项目71个。全区农畜产品进京销售161亿元，连续2年突破百亿元大关。京蒙携手推进"两个基地"建设，入选国家乡村振兴局社会帮扶助力巩固拓展脱贫攻坚成果同乡村振兴有效衔接第一批典型案例。

【革命老区建设】 组织实施中央专项彩票公益金项目，支持欠发达革命老区发展。2022年，四子王旗中央专项彩票公益金支持欠发达革命老区乡村振兴项目获国家批准并组织实施。中央专项彩票公益金已拨付4000万元，分别支持当地标准化肉羊育肥场、杜蒙肉羊育种联合体、生活垃圾粪污无害化处理3个项目，已按要求全部完成建设任务。继续推动宁城县中央专项彩票公益金项目建设，年内全部完工并完成县级验收，中央专项彩票公益金5000万元已全部拨付到位，有效地支持了革命老区事业发展。把"壮大特色优势产业"作为支持革命老区振兴发展的突破口，扎实推进"一村一品""一县一业""一个品牌带动一个产业带"3项工程。

【驻村帮扶】 调整选派驻村第一书记、驻村干部16187人。修订完善内蒙古自治区驻嘎查村工作队管理办法和驻村干部考核办法，指导15个旗县对自治区选派驻村干部进行考核。组织开展驻村帮扶"擂台比武""岗位练兵""述职交流评议"等活动，创新模式、健全机制、强化保障，着力发挥好驻村帮扶主力军作用。建立省级领导和重点国有企业"双包联"帮扶重点旗县机制，组织全区党政机关、企事业单位与脱贫户结对包联帮扶，对所有监测对象全部落实监测联系人。

【考核评估】 8—9月，内蒙古自治区党委乡村振兴工作领导小组办公室对标对表国家和自治区有效衔接考核评估反馈问题整改完成情况，组织开展了考核评估反馈问题整改完成情况"回头看"暗访调研，深入呼伦贝尔市、兴安盟、通辽市、赤峰市、锡林郭勒盟、乌兰察布市等7个盟市的17个旗县46个苏木乡镇66个嘎查村，走访农牧户239户（包括脱贫户123户、监测户75户、一般户41户）。实地核查了国家和内蒙古自治区有效衔接考核评估反馈问题整改工作推进情况、"三保障"和饮水安全保障政策整改、脱贫人口收入持续增长、防止返贫监测和帮扶、脱贫地区帮扶产业发展、脱贫人口稳岗就业等10项重点工作推进情况。12月,由中共中央农村工作领导小组牵头、国家乡村振兴局组织,国家医疗保障局、湖北省、西北农林科技大学联合组成考核评估组对内蒙古自治区开展了2022年度巩固拓展脱贫攻坚成果同乡村振兴有效衔接考核评估工作,实地抽查了兴安盟突泉县,通辽市库伦旗,赤峰市巴林左旗,锡林郭勒盟太仆寺旗、正镶白旗,乌兰察布市商都县,巴彦淖尔市五原县等旗县。

【脱贫成果巩固和帮扶宣传】 向国家乡村振兴局上报巩固脱贫攻坚成果和全面推进乡村振兴典型案例、"四个一批"典型案例24篇,库伦旗民族医药助力乡村振兴等2个案例入选第三届全球减贫优秀案例。组织召开"巩固拓展脱贫攻坚成果 全面推进乡村振兴"新闻发布会,加强与各级媒体联动,与中国经济信息社、央广网开展合作,为中央主要媒体供稿200多篇。与《内蒙古日报》、内蒙古广播电视台开展深度合作,开设"书写乡村振兴奋进画卷""奋斗振兴路"等专版专栏,开展系列报道。在官方网站和微信公众号开通《优化营商环境》等专栏,通过"一网两微"发布"优化营商环境"类信息500条。制作15期图文并茂的政策解读视频,提升巩固拓展脱贫攻坚成果同乡村振兴有效衔接政策解读实效。

(内蒙古自治区乡村振兴局　祁　盈)

辽宁省

【概述】 2022年，辽宁省委、省政府高度重视巩固衔接工作，省委书记、省长多次作出指示批示要求，省委、省政府分管领导靠前指挥、亲自参战，省委常委会会议、省政府常务会议多次专题研究相关工作，省委、省政府专题印发《辽宁省2022年坚决守住不发生规模性返贫底线行动方案》部署工作，专题召开全省巩固拓展脱贫攻坚成果同乡村振兴有效衔接暨省级乡村振兴重点帮扶县工作推进会议等。经过各方面共同努力，脱贫攻坚成果得到进一步巩固拓展，守住了不发生规模性返贫的底线，乡村发展、乡村建设、乡村治理取得新进展新成效。

【衔接资金投入】 2022年，辽宁省及时下达省级以上财政衔接资金189580万元，其中中央财政衔接资金69580万元、省级财政衔接资金120000万元。印发《关于做好2022年度省以上衔接推进乡村振兴补助资金和项目安排的通知》，与省财政厅联合印发《关于进一步加强财政衔接推进乡村振兴补助资金使用管理的通知》，指导各地规范使用资金。

【组织部署】 辽宁省乡村振兴局深入学习贯彻习近平总书记关于巩固拓展脱贫攻坚成果同乡村振兴有效衔接工作的重要指示精神，认真落实中共中央、国务院决策和省委、省政府部署，聚焦"守底线""两高于"目标任务，努力克服新冠疫情影响，推动巩固拓展脱贫攻坚成果同乡村振兴有效衔接工作落细落实，坚决守住不发生规模性返贫底线，按照"工程化、项目化、清单化"的要求，全力抓好各项重点工作任务落实。

【责任落实】 建立年度防止返贫动态监测范围调整机制，综合物价指数变化、农村居民人均可支配收入增幅和农村低保标准等因素，按程序将2022年度防止返贫监测范围在2021年度6600元的基础上增长10%，调整为7260元。同时，明确党组研究调整建议、征求相关部门意见、报政府分管领导审批的调整程序，每年调整时间为每年1月底、2月初前。起草《辽宁省2022年坚决守住不发生规模性返贫底线行动方案》，以省委1号文件附件印发。完成全省防止返贫监测帮扶第一次集中排查，印发《2022年防止返贫监测帮扶集中排查工作方案》，召开全省防止返贫监测帮扶工作暨集中排查业务培训会议，编制《防止返贫监测帮扶工作指导手册》，建立周调度制度，加强工作调度和部门联动。全省对93个县（市、区）、1050个乡镇、11118个行政村、523.1万户农户进行了摸排，对163万余户各类重点对象进行了深入细致的入户排查，新识别监测对象3421户、7703人，对符合条件的监测对象1168户、2650人进行了风险消除。印发《辽宁省2022年度巩固脱贫攻坚成果信息采集和防止返贫监测帮扶第二轮排查工作方案》，召开全省防止返贫监测帮扶采集和第二轮集中排查业务培训会议，建立定期调度制度，按时间节点推进各地落实工作。推进防返贫部门联动，召开防止返贫动态监测部门座谈会议，与11个省直行业部门相关业务人员开展防止返贫动态监测交流，推动防止返贫动态监测部门数据筛查预警工作。通过月调度、季通报、数据分析、督导调研等多种形式，积极推动各地区有序推动防返贫监测常态化,第三季度全省新识别监测对象662户、1458人,其中识别脱贫不稳定户58户110人、边缘易致贫户361户849人、突发严重困难户237户480人,消除风险136户325人。

【项目库建设、资金管理】 加快推进项目库建设和实施。全省项目库共储备项目5770个,储备项目预算总投资共计112.1亿元。已纳入年度项目实施计划的项目共计3256个,其中已开工项目3254个,项目开工率近100%。8月25—26日,分别召开辽西北和辽东辽南两个片区视频调度会议,听取了32个县(市、区)情况汇报。

【健康帮扶】 出台《关于健全全省重特大疾病医疗保险和救助制度的实施意见》《关于做好脱贫人口及易返贫致贫人口医疗保险参保工作的通知》等政策文件。全省脱贫人口、监测人口医保参保实现应保尽保。

【信贷帮扶】 出台《关于加快推进脱贫人口小额信贷工作若干措施的通知》,推广脱贫人口小额信贷自我发展、合伙发展、合作发展、合营发展的"一自三合"新模式。全省新增贷款量1.8亿元,贷款户4064户。

【脱贫人口增收】 2022年,脱贫人口人均纯收入达到12252元,同比增长11.7%,比全省农村居民人均可支配收入增速3.6%高出8.1个百分点;人均纯收入在1万元以下的脱贫人口占比下降15.7个百分点(由2021年的51.18%下降到35.5%)。坚持组织动员脱贫人口外出务工与促进就近就地就业双向发力,全省脱贫人口务工18.11万人,完成国家任务目标(15.6万人)的116%。其中,建设公益性岗位5.13万个,超计划完成2万个。支持就业帮扶车间发展,加大以工代赈力度,强化返乡回流人员就业帮扶,实施"雨露计划+"就业促进行动,多措并举有效应对疫情影响,确保脱贫人口务工就业规模稳中有升。2022年,脱贫人口人均工资性收入3691元,同比增长1.1%,占人均纯收入的比重为30.1%。实施脱贫地区特色产业提升行动,中央和省财政衔接推进乡村振兴补助资金64.3%以上用于支持帮扶产业发展,实施巩固衔接项目3165个。争取4000万元中央专项彩票公益金,支持桓仁满族自治县开展革命老区乡村振兴项目建设。2022年,脱贫人口人均经营净收入3633元,同比增长0.7%,占人均纯收入的比重为29.6%。狠抓脱贫地区发展。2022年,中央和省级财政衔接推进乡村振兴补助资金用于17个国家乡村振兴重点帮扶县13.59亿元,占比71.7%,县均0.8亿元。

【乡村振兴】 按照中共中央办公厅、国务院办公厅《乡村建设行动实施方案》文件要求,会同辽宁省农业农村厅起草辽宁省推进乡村建设行动实施方案。主动与辽宁省城乡建设集团有限责任公司对接,开展乡村建设调研、为基层配备乡村建设辅导员,从谋划项目入手,对全省乡村建设情况进行摸底调查,提前帮助基层更多地了解乡村建设工作内涵。按照国家乡村振兴局统一部署,发挥数字助力乡村建设的作用,依托北票市乡村建设试点开发乡村建设信息采集小程序并组织开展全省乡村建设信息采集工作,共采集了99个县(市、区)1077个乡镇1.12万个村437万个农户的相关信息。确定西丰县、喀喇沁左翼蒙古族自治县为乡村治理试点县,试点工作取得阶段性成效。配合辽宁省委农村工作领导小组办公室等部门开展了脱贫地区高价彩礼、大操大办等移风易俗重点问题专项整治工作,对高价彩礼和"贺楼""上梁""满月""升学"等问题现象进行了有力整治。配合省委组织部、省农业农村厅、省民政厅、省营商环境建设监督局等部门推进了乡村治理体系建设工作。

联合省教育厅、省农业农村厅发起成立辽宁省乡村振兴高校联盟。围绕2022年全省乡村振兴重点工作,重点选取防返贫动态监测、资金项目库管理、经营性项目资产管理、帮扶产业典型模式、乡村建设示范体系、党建引领助力乡村振兴、乡村振兴示范创建、乡村治理、社会资本与脱贫群众利益联结等9项工作,确定在2个市、20个县开展试点,探索可复制、可推广的制度性创新成果。

【定点帮扶、驻村帮扶】 深入推进省(中)直单位定点帮扶。各级定点帮扶单位已向帮扶村投入帮扶资金9亿元,其中直接投入资金1.1亿元,协调资金6.6亿元,物资折算0.4亿元,消费帮扶资金0.9亿元,发展产业项目548个。对口帮扶资金到位5748.13万元,其中大连市消费帮扶朝阳市291.02万元,鞍钢集团有限公司消费帮扶建昌县263.9万元。持续深入推进"万企兴万村"行动,2022年全省参与"万企兴万村"民营企业达到1896家,较2021年新增550家,实施帮扶项目668个,带动行政村692个。

【省内对口帮扶】 深入推进省内对口帮扶,继续保持省内对口帮扶关系不变,帮扶双方开展领导互访36人次,沈阳市、大连市、鞍山市、营口市和鞍钢集团有限公司、盘锦市和辽河油田投入帮扶资金5748.16万元。

【消费帮扶】 组织参与开展各项消费帮扶行动,牵头与省商务厅、省广播电视局共同主办2022辽宁5G电商直播年货节,协调各市县乡村振兴部门甄选优质农特产品,组织推选优秀驻村干部参与年货节活动,共销售1000多万元农副产品。春节前,配合省发展和改革委员会等部门,组织全省乡村振兴系统开展消费帮扶新春行动。组织汇总17个国家乡村振兴重点帮扶县开展消费帮扶产品名录,筛选出302家农事企业、502个农特产品,向省内一些知名主播和平台推荐,使更多的农产品走进直播间。9月,为促进全省脱贫地区农特产品销售,切实增加群众收入,组织全省脱贫地区尤其是17个国家乡村振兴重点帮扶县的帮扶企业和帮扶产品参加第二十二届沈阳国际农业博览会。汇总41家帮扶企业的79种帮扶产品,提供给活动主办方,筛选合格后将免费入驻网上商城。配合省商务厅组织开展县域商业体系建设促进农村消费行动,出台了《辽宁省县域商业建设行动方案》《关于加强县域商业体系建设促进农村消费的实施方案》,加大对县域商业体系建设支持力度,优先支持有条件的17个国家乡村振兴重点帮扶县。11月初,下发了《关于开展2022年县域商业建设行动工作的通知》,正式开展此项工作。配合省交通运输厅开展2022年"四好农村路"示范创建省级核查工作。6月,按照省禁毒委员会通知要求,组织各市乡村振兴部门,利用防止返贫监测入户走访、排查等时机,配合各级禁毒部门开展禁毒宣传活动。活动情况在"辽宁禁毒"公众号刊登。6月,与省民政厅联合印发《辽宁省动员引导社会组织参与乡村振兴工作实施意见的通知》,向省民政厅提供17个国家乡村振兴重点帮扶县需要帮扶的项目519个。

【防止返贫动态监测和帮扶】 根据国家和省防返贫监测帮扶工作总体部署,全省累计识别监测对象1.9万户4.1万人,其中脱贫不稳定户8123户17453人、边缘易致贫户7302户16300人、突发严重困难户3302户7290人;累计风险消除10725户23633人,风险消除率为57.6%。其中,脱贫不稳定户6341户14102人、边缘易致贫户3685户7969人、突发严重困难户699户1562人。2022年以来,全省共新识别监测对象6068户13446人,消除风险732户1666人。

【督查考核】 印发《2022年辽宁省巩固脱贫成果后评估实施方案》《关于开展2022年巩固脱贫成果实地评估工作的通知》,采取巩固脱贫成果第三方实地评估、工作组实地核查、衔接资金绩效考评、行业部门对各市评价考核等方式组织对12个市、17个国家乡村振兴重点帮扶县、24个非重点县开展了巩固脱贫成果后评估工作。完成2021年全省巩固拓展脱贫攻坚成果同乡村振兴有效衔接考核评估发现问题整改工作会议有关准备并印发了整改工作方案，会同省直有关部门对24个县、133个问题进行实地核查。全省305个问题（"回头看"218个、对照排查87个）中301个问题完成整改，其余4个问题持续跟踪关注。印发了《关于进一步推进扶贫领域信访工作制度机制落实的通知》《关于进一步加强乡村振兴系统信访工作的通知》，完成了省12345和12317热线电话对接。2022年，29件信访事项全部办结。

【应对疫情】 积极应对疫情影响，出台《高效统筹疫情防控和经济社会发展扎实做好巩固脱贫成果加快推进乡村振兴具体工作的若干措施》，制定9个方面、35条务实管用举措，积极发挥乡村振兴系统在稳经济、促增长中的作用。出台《关于克服疫情影响做好巩固拓展脱贫攻坚成果有关工作的通知》和《关于印发防止因灾因疫返贫致贫十条政策措施的通知》，指导各地区在做好疫情防控的同时，精准做好巩固拓展脱贫攻坚成果工作。

【帮扶宣传】 组织开展2022"新时代乡村阅读季"活动。全年在《人民日报》刊发报道2篇、新华社采访报道1次、中央广播电视总台播发报道1次、辽宁新闻播发报道163次、辽宁日报刊发报道664篇、《辽宁乡村振兴》杂志出版12期。

【帮扶培训】 组织举办辽宁省2022年巩固拓展脱贫攻坚成果同乡村振兴有效衔接视频专题培训班。全省各市县乡村振兴局全体机关干部近900人参加了培训。8月1—5日，与省委组织部、省委党校联合组织"巩固拓展脱贫攻坚成果与乡村振兴有效衔接专题线上培训班"，14个市乡村振兴局局长和71个县（区）乡村振兴局局长、省乡村振兴局全体干部共100余人参加培训。

（辽宁省乡村振兴局综合处　王洪伟）

吉林省

【概述】 2022年,吉林省坚持把巩固拓展脱贫攻坚成果同乡村振兴有效衔接摆在突出位置,推动脱贫基础更加巩固、成效持续拓展,乡村建设行动、"千村示范"创建、边境村建设迈出坚实步伐,创新实施巩固拓展脱贫攻坚成果同乡村振兴有效衔接"大提升"10个专项行动。全省2022年度脱贫人口人均纯收入13805元,同比增长14.5%,高出全国脱贫人口人均纯收入增速0.2个百分点,全省农村居民人均可支配收入增速11.7%。"千村示范"创建、桦甸市村级集体经济倍增专项行动等2项典型经验被中共中央办公厅、国务院办公厅通报推广,在国家乡村振兴局召开的专项工作会议上5次作典型经验交流。

【衔接资金投入】 2022年,吉林省筹措使用各级财政衔接推进乡村振兴补助资金38.53亿元,其中中央衔接资金较2021年增长5%、省级衔接资金保持投入力度不减。实施巩固拓展脱贫攻坚成果和乡村振兴项目2000个,其中中央衔接资金用于产业发展比例达到60.8%,超过规定比例5.8个百分点。建立资金支出"日调度、周报告、旬通报"制度,截至2022年年底中央衔接资金支出进度99.3%,在全国加强扶贫项目资产后续管理暨衔接推进乡村振兴补助资金执行进度调度视频会议上交流工作经验。开展扶贫项目资产后续管理"回头看",确权资产306亿元,确权率99.8%。

【防止返贫动态监测和帮扶】 将防止返贫动态监测和精准帮扶列入省政府50件民生实事之一,全省2022年防止返贫监测收入指导线调整至6700元,创新推出防返贫农户手机申报小程序,充分发挥6.2万名村组专兼职防返贫监测员和中省直部门厅际协调机制作用,确保符合条件的农户应纳尽纳、应帮尽帮。截至2022年年底,全省共纳入监测对象14305户28593人,其中80.99%已稳定消除返贫风险。

【应对疫情】 印发《关于防范因疫返贫致贫切实稳定脱贫群众收入的通知》,跟进出台应对疫情影响11条措施和32条措施,组织9.3万名乡村干部全覆盖排查走访脱贫人口及监测对象,帮助购买农资5.8万吨、代播代种2.4万亩、协调贷款7251.1万元。开通防返贫监测帮扶"绿色通道",对感染新冠病毒的86名脱贫人口先行落实帮扶措施、提速履行识别纳入程序;建立防范农田渍涝等灾害周调度机制,临时救助受灾农户48人,全省无一人因疫因灾返贫致贫。

【产业帮扶】 做好"粮头食尾""农头工尾""畜头肉尾"文章,创建国家级龙头企业63家、产业集群1个、现代农业产业园2个、产业强镇5个,省级以上龙头企业发展到600家。健全联农带农机制,新上产业帮扶项目581个,带动脱贫人口及监测对象18.92万户34.69万人。2022年发放脱贫户小额信贷1.77万户6.81亿元,同比增长98.4%。延续脱贫人口"6+N+1"产业保险,财政全额补贴保费1.1亿元,提供风险保障21.2亿元;脱贫村发展庭院经济实现全覆盖,全省发放补贴资金5969万元,带动脱贫户及监测对象10.44万户。

【就业帮扶】 开展"春风行动"和农村劳动力务工增收行动,强化外出务工、就近吸纳、就地安置"三路并进",实现脱贫人口及监测对象就业12.43万人,较2021年增长10.1%。其中,公益性岗位安置7.05万人,较2021年增长10.3%;创建就业帮扶车间208个,吸纳脱贫人口就业1364人,较2021年分别增长104%、23%。大安市在全国易地扶贫搬迁后续扶持暨促进就业帮扶车间发展工作会议上交流经验。

【"三保障"和饮水安全】 发放农村家庭经济困难学生补助9.3万人次,义务教育阶段农村适龄儿童少年无失学辍学。全省740家定点医疗机构全部设立"先诊疗后付费"及"一站式"窗口,762家乡镇卫生院、8760家村卫生室全部配有合格医生,脱贫人口签约服务实现应签尽签,重点人群大病救治实现应治尽治。继续实施"一村一名大学生村医计划",扎实推进4793名大学生村医的院校培养。规范就医的脱贫人口县域内、县域外住院医药费用托底救助至90%和80%,全省医疗保险基金支出12.91亿元,实现应报尽报。县级全部建立脱贫户住房安全保障基金,完成6类群体危房改造4248户。落实农村供水问题"限期+回访+考核"动态清零流程化管理机制,投入1.2亿元实施维修养护工程5795处。

【易地搬迁后续扶持】 投入衔接资金1.32亿元,在安置区大力培育发展特色产业,创建认定省级农产品加工示范园区2个,支持7家企业11个产品获得绿色食品标志使用权。加大电商帮扶力度,孵化网商(网店)129户,开展网络促销活动68场次、销售额702.15万元。实施就业帮扶专项行动,开展线上、线下招聘会60余场,有意愿搬迁劳动力实现务工就业3910人。

【低收入人口常态化帮扶】 农村低保和特困供养保障标准分别达到年人均5335元、8988元,脱贫人口纳入低保和特困救助19.57万人、临时救助1.24万人。完善农村低收入人口监测平台,将125万人低保、特困、易返贫致贫、因病因灾因意外事故等基本生活出现严重困难人口纳入监测范围。代缴困难群体养老保险保费53.84万人5760.29万元。提供农村困难残疾人基本康复服务3.47万人。关爱服务农村留守和困境儿童15.8万人。

【乡村建设】 在全国率先建立省级乡村建设行动议事协调机制,制订印发2022年全省工作方案和16个专项方案,创新形成以"1+N"方案体系为支撑、"一引领三提升一示范"(突出村庄规划引领、深化人居环境整治提升、推动重点基础设施提升、加快基本公共服务提升、滚动创建"千村示范")为抓手的吉林乡村建设行动2.0版,并在全国乡村建设现场培训班上作典型发言。累计投入建设资金168亿元,较2021年增加100亿元。完成村庄规划编制1201个,建设农村公路3252千米,建成农村养老大院4671个、乡村博物馆113家,绿化美化村屯1386个,改造农村厕所10.35万户、校舍电清洁取暖27万平方米,创建"干净人家"20万户,开通异地定点医疗机构11740家,落实农村困难群众低保和特困供养59.75万人,村级综合性文化服务中心覆盖率98%、自来水普及率97.8%、快递服务通达率97.5%、生活垃圾收运处置体系覆盖率94%、新能源乡村振兴工程覆盖率68%、5G信号通达率49.4%、生活污水治理率19%,县域农村电网户均配变容量全部达到2千伏安以上。

【"千村示范"创建】 坚持"巩固一批、创建一批、提升一批"思路和"九有六无"标准,当年新增创建示范村1029个,同步开展17个领域"示范创建+"活动,打造出"四好农村公路"示范县、村庄清洁行动先进县、规划编制示范镇、肉牛养殖样板村等各具特色的样板典型。尊重基层首创精神,总结推广"小积分"激活"大德治"的"道德银行"等典型经验50余个,实现村庄规划编制、"干净人家"评选、"道德银行""爱心超市"建设、"十户一组"网格管理、农家书屋和文化小广场载体作用发挥"五个全覆盖"。

【边境村建设】 启动边境村建设三年行动,选派省市县540家单位包保帮扶、668名干部驻村帮扶,实现每村3人驻村工作队全覆盖。创新运用"支边+创业+旅游+养老+移民"模式,深入开展人才、产业、社会"三支边"活动,实现游客等各类人员往来96.7万人次。筹措各级资金6.94亿元,实施产业项目99个、基础设施建设项目196个,216个边境村全部纳入"千村示范"创建,实现边境村生活用电、移动通信、饮水安全、生活垃圾收运处置全覆盖,村集体年收入10万元以上的村达到197个。

【重点帮扶县帮扶】 强化对13个省级乡村振兴重点帮扶县的政策倾斜和优先保障,投入中央和省级财政衔接推进乡村振兴补助资金16.05亿元,占全省总量的47.7%;各项贷款余额1515亿元,同比增长9.3%,高于全省各项贷款余额平均增速2.9个百分点;跨省调剂城乡建设用地增减挂钩节余指标9000亩,可获调剂资金36亿元。

【定点帮扶】 8家中央单位累计赴定点县考察187人次,投入和引进无偿帮扶资金约2.51亿元,引进帮扶项目54个,招商引资3.27亿元,购买和帮助销售脱贫地区农产品2.69亿元。

【社会帮扶】 开展"万企兴万村"吉林行动,促成1037家民营企业到村结对帮扶,线上举行"百校联百县兴千村"行动集中签约仪式,确定4所高等院校和县(市)建立合作共建关系。启动社会组织参与乡村振兴6项行动,省级层面86家社会组织制订有关行动计划,39家全省性社会组织落实具体项目。216家供应商入驻"832平台",2022年销售额2.49亿元。深化金融支持吉林乡村振兴机制,全省涉农贷款余额6040亿元,同比增长9.2%。

【组织推动】 坚持五级书记抓乡村振兴,强化党委统一领导、政府组织实施、党委农村工作领导小组统筹协调、行业部门分线推进工作体系。明确48家中省直部门63项年度工作清单,分解落实具体任务。及时调整19位新到任省领导乡村振兴联系点,38位省领导常态化进县到乡入村联系指导81次。组织开展县乡党政主要领导和村党组织书记集中遍访行动,实现所有乡镇、村脱贫人口及监测对象走访全覆盖。

【教育培训】 举办"学习贯彻习近平新时代中国特色社会主义思想,巩固拓展脱贫攻坚成果"省级专题视频培训班和4期"凝心聚吉·共话振兴——东北特色乡村振兴云论坛",推出乡村振兴网络大讲堂4轮38节、农村基层干部专题培训98门课程,分级分类培训15.2万人次,实现市县两级党政分管领导、乡村振兴系统干部、行业部门新任干部、乡村干部、驻村干部、农村骨干人才全部轮训一遍。

【宣传引导】 中央主流媒体刊播吉林巩固拓展脱贫攻坚成果和乡村振兴工作627次,其中中央广播电视总台《新闻联播》21次、《人民日报》48次、新华社89次。双辽市巨兴村探寻春小麦的产业振兴之路入选《巩固拓展脱贫攻坚成果同乡村振兴有效衔接优秀案例选》。政务微信公众号"吉林省乡村振兴"发布稿件7422篇,阅读量218万次,粉丝突破14万人。编发《吉林省乡村振兴工作简报》106期,国家《乡村振兴简报》采用信息9篇,省委办公厅每日要情刊发11篇。

【考核评估】 强化督导考评,吉林省乡村振兴调研指导组以"四不两直"方式开展5轮调研指导;提高"巩固拓展脱贫攻坚成果"一项在各类县(市、区)乡村振兴实绩考核中的分值权重,其中8个原国家扶贫开发工作重点县占60%,7个原省级扶贫开发工作重点县和6个脱贫人口较多县(市)占40%,其他县(市、区)

占15%;从严运用2021年度后评估结果,约谈排名靠后的6个县(市、区);全面完成国家和省考核评估反馈问题及各地举一反三发现问题整改,在吉林省延吉市召开的全国2022年度考核评估工作会议上作典型发言。强化监督执纪,查处乡村振兴领域腐败和作风问题482件,通报曝光典型案件20起。

(吉林省乡村振兴局　李　俊)

黑龙江省

【概述】 2022年,黑龙江省深入贯彻党的二十大精神、习近平总书记关于"三农"工作的重要论述和中共中央决策部署,统筹疫情防控与经济社会发展,粮食生产喜获大丰收、实现"十九连丰",总产量继续稳居全国第一;脱贫群众"两不愁三保障"和饮水安全问题始终动态清零,全省脱贫人口人均纯收入15271元,同比增长14.6%,继续高于全省农村居民收入增速;现有脱贫人口和监测对象均已因户因人落实针对性帮扶措施,75.5%的监测对象已消除返贫致贫风险,没有出现返贫致贫情况,牢牢守住了不发生规模性返贫的底线,广大农民群众生产生活条件持续改善,获得感、幸福感、安全感进一步提升。

【组织领导】 2022年,黑龙江省委、省政府将"三落实一巩固"工作任务目标纳入经济社会发展全局加力推动。全年召开省委常委会会议17次、政府常务会议11次、省委农村工作领导小组会议3次,研究部署巩固拓展脱贫攻坚成果同乡村振兴有效衔接工作。省委主要领导带头到巩固拓展脱贫攻坚成果任务重的县,实地调研9次,走村入户,以上率下带动五级书记抓巩固拓展脱贫攻坚成果、全面推进乡村振兴。省政府主要领导专题研究部署农村地区产业发展、公路建设、物流配套、数字建设等关键性突破性工作,实地调研指导11次,组织开发"一键申报"防返贫监测App。省委、省政府分管领导高频次调度重点工作推进落实情况,常态化督战重点地区、重点部门。其他省领导结合工作实际,主动加强对住房、饮水、教育、医疗、医保、社会救助等重点工作的调度,定期深入联络点开展调研指导,及时发现问题、解决问题,扎实推进各项任务举措落细落地。

【责任落实】 坚持五级书记抓巩固拓展脱贫攻坚成果同乡村振兴有效衔接,明确把巩固拓展脱贫攻坚成果纳入实施乡村振兴战略实绩考核范围,建立省领导联系脱贫县、市县党委和政府负责同志乡村振兴联系点等制度,形成一级抓一级、层层抓落实的工作格局。全面推行"四个体系"工作机制,动态持续开展"政策大宣讲、入户大走访、典型大剖析、问题大整改"等"四个一"活动,省领导带头到基层开展调研暗访,逐级压实巩固拓展脱贫攻坚成果同乡村振兴有效衔接工作责任。采取巡视、审计、纪检监察等有效手段,广泛开展监督工作,督导各地各部门针对国家考核、媒体暗访等各渠道反馈问题,上下联动、一体推进、举一反三,限时完成各类问题排查整改,以严实的责任传导推动脱贫成果巩固、乡村全面振兴。

【构建完善衔接政策体系】 黑龙江省委、省政府制定出台《关于做好2022年全面推进乡村振兴重点工作的实施意见》和《关于印发黑龙江省2022年巩固拓展脱贫攻坚成果同乡村振兴有效衔接工作责任分工方案的通知》。对照国家层面出台的帮扶项目联农带农、脱贫人口稳岗就业等各项政策举措,全省积极跟进、全面承接,制定出台了系列专项政策文件,"1+N"政策支撑体系更加完善,保持过渡期主要帮扶政策总体稳定。

【防止返贫动态监测和帮扶】 简化识别纳入程序,抓实农户自主申报、部门数据比对、基层排查核实三个路径,组织开展两次集中排查,做到全省农村人口监测排查全覆盖,其中新纳入农村低保、特困供养、重度残疾对象实现常态化核查;及时开展因灾致贫返贫风险预警排查,制定实施应对新冠疫情25条具体措施和建立健全防范因灾返贫长效机制实施意见,没有出现因灾因疫返贫致贫情况。开展防范化解返贫风险"1+3"专项行动,进一步优化监测对象识别认定流程,压缩监测对象认定时间,提高监测识别效率,做到早发现、早干预、早帮扶。

【"三保障"和饮水安全】 坚持问题导向,采取暗访指导、专项排查方式,查缺补漏,持续补短板强弱项,各类问题动态清零。新增危房全改造,严格落实"即认即改、先改后补"原则,对动态监测的农村低收入群体新增存在住房安全问题,通过加固改造、拆除重建、选址新建、置换闲置农房等方式统筹解决,全省改造农村低收入群体重点对象危房1.7万户,做到不漏一户、不落一人。基本医疗全参保,对脱贫人口和监测对象继续落实"先诊疗后付费"政策,国家确定的4种慢病及黑龙江省扩面的14种慢病实现应签尽签,乡村医疗卫生机构和人员"空白点"持续动态清零。先后开展5轮参保情况核查,比对信息200余万条,排查出未参保脱贫人口512人,全部动员缴费参保、落实资助政策。义务教育全落实,对重点人群适龄儿童少年接受义务教育情况定期核查,精准摸排疑似失学辍学学生,多措并举加大劝返复学力度,同步落实城乡义务教育学生"两免一补"及学生资助政策,全省脱贫人口控辍保学从动态清零转向常态为零。饮水安全全覆盖,坚持建管并重、长效运行原则,落实地方政府一般债券8亿元实施农村供水保障工程建设,全省农村自来水普及率达到95%以上,超全国平均水平。完善农村供水长效运行机制,设立监督举报电话,加大督查整改力度,确保农村居民长期稳定喝上安全水、放心水。

【产业帮扶】 在衔接资金安排上优先支持产业发展增收,要求各地用于发展产业项目的衔接资金不少于55%。组织市县落实《关于推动脱贫地区特色产业可持续发展的实施意见》,全省脱贫地区培育特色主导产业175个,每个脱贫县都形成了2~3个特色鲜明、带动面广的主导产业。完善联农带农机制,结合脱贫攻坚期贫困地区联农带农的成功经验做法,推广"五联五带"的联农带农思路,并从方式方法、规范运行、监督管理等方面进一步健全完善黑龙江省产业项目联农带农机制,让产业发展的增值收益更多留给农民。

【就业帮扶】 提出推进劳务输出和劳务协作、精准实施技能提升等5类11项帮扶举措,扎实做好脱贫人口稳岗就业工作,保持脱贫人口务工规模总体稳定。实行"月监测、季通报",加强对各地就业帮扶工作的督促指导。开展"雨露计划+"就业促进行动,全年共出台7个文件对相关工作进行部署,共帮助1107名应届"雨露计划"毕业生实现就业。截至2022年年底,全省脱贫人口和监测对象务工就业21.64万人。

【兜底保障】 织密"三重医疗保障线",将因病因灾因疫情因意外事故等导致基本生活出现严重困难人口及时纳入兜底保障、给予必要救助,全省共有26.6万名脱贫人口和监测对象纳入兜底保障,实现应保尽保、应兜尽兜。继续提高社会救助标准,把农村低保省级指导标准提高到每年5292元/人、同比增长9.8%,实现"十六连增",特困供养标准同步提高。制定临时救助规范,乡镇临时救助备用金全覆盖,全面实现"急难型"临时救助"异地办理"。

【社会帮扶】 广泛动员民营企业充分发挥自身优势特点,通过产业帮扶、就业帮扶、消费帮扶等形式参与巩固拓展脱贫攻坚成果、推进乡村振兴工作。2022年,全省参与"万企兴万村"行动民营企业1256家,实施项目1390个,受帮扶村1307个。开展龙江"社会组织伙伴日"系列活动,为社会组织参与乡村振兴搭建平台、对接路径。2022年,"问需于民"为民服务单收集基层百姓需求142项;"问计于社会组织"为民服务单收集社会组织帮扶项目119个;入选农副产品"优品库"的基层农副产品1117个品种。442家社会组织投入3327.73万元用于乡村振兴工作,16万人(次)困难群众受益。

【消费帮扶】 组织动员全省乡村振兴系统广大干部职工积极参与"消费帮扶新春行动",直接采购脱贫地区农副产品46.14万元,帮助销售脱贫地区农副产品483.2万元。组织开展政府采购脱贫地区农副产品相关工作。制定企业入驻"832平台"流程图,指导脱贫县积极推荐符合条件供应商入驻"832平台"。全省20个脱贫县向"832平台"推荐帮扶企业97家,累计493家;上架产品4190个,累计10441个;销售额6.21亿元,累计销售额21.67亿元。

【推动脱贫地区发展】 聚焦融入和服务国家、省级重大战略,集中各方资源,强化政策支持,推动脱贫地区更多依靠发展来巩固拓展脱贫攻坚成果。2022年,全省99个县(市、区)获得中央和省级衔接资金。其中,28个脱贫县获得衔接资金22.1亿元,占全省总资金的42.8%。脱贫地区建设高标准农田336万亩,粮食亩均增产1~2成;形成一批经济支撑力强、综合拉动力大的项目,这些项目被纳入全省"百大项目"集中开工、加速投产。

【乡村建设】 印发黑龙江省乡村建设行动实施方案,配套制订道路畅通工程、清洁能源工程、人居环境整治等13项重点任务专项方案,全面建立专项工作责任机制、重点任务清单机制、工作调度与数据共享机制,全年全省共实施乡村建设项目2157个,投资总额188亿元。有序推进村庄规划,引导1027个有条件的村庄分类编制规划,推动其他乡村在乡镇层面做到规划管理全覆盖。新改建农村公路4000千米,建成一批旅游路、产业路、资源路,并推动农村公路建设项目更多向进村入户倾斜。拉网式开展农村户厕摸排整改"回头看",摸排农村户厕44.8万户,坚持宜水则水、宜旱则旱,因地制宜新改户用厕所1万余户。深入实施村庄清洁行动和绿化美化行动,农村生活污水治理率超过25%,实现年度目标,95%以上村屯实现干净整洁有序。

【乡村治理】 扎实推进党建引领乡村治理试点和"强乡赋能"改革,推动村党组织书记通过法定程序担任村委会主任和村级集体经济组织负责人,全省"一肩挑"比例达96.6%。在全国率先以省委文件出台《乡镇职责清单指导目录》,选取150个乡镇试点深化改革,有效增强乡镇党委统筹协调功能。持续深化乡村网格化管理服务,推动乡村治理"一张网",建立农村网格4.7万余个,推行"接诉即办""吹哨报到"。深入推进乡村移风易俗,把积分制、清单制融入村民自治、村务管理、产业发展、环境整治等治理环节,县乡村三级全部建立新时代文明实践场所,村规民约实现行政村全覆盖,开展"德礼满龙江"主题教育实践、寻找"龙江最美家庭"等选树活动,整治农村天价彩礼、厚葬薄养等不良习俗,弘扬社会主义核心价值观和中华民族传统美德。

【培训宣传】 通过会议部署、网络培训、座谈交流、实地教学等方式,持续加强对地方党政领导干部、驻村工作队、驻村第一书记、帮扶责任人、村"两委"干部及集体经济组织负责人、致富带头人的专项培训,累计培训各级干部15.8万人次,切实让干部说得清、把握准政策。通过新闻发布会、"口袋书"印发、门户网站解读、村村大喇叭广播、入户点对点宣讲等方式,广泛宣传政策,努力让群众知晓政策。

(黑龙江省乡村振兴局综合处 杜敬尧)

江苏省

【概述】 2022年,江苏省乡村振兴系统深入学习宣传贯彻党的二十大精神和习近平总书记关于"三农"工作重要论述,全面落实中共中央和江苏省委、省政府决策部署,围绕建设新时代鱼米之乡目标要求,扎实有序做好巩固拓展脱贫致富奔小康成果和乡村振兴有关具体工作。脱贫致富奔小康成果进一步巩固拓展,富民强村帮促行动深入实施,农村低收入人口分层分类帮促和救助体系逐步完善,重点村、重点县区、"6+2"重点片区和革命老区内生发展动力持续增强,纳入全省推进乡村振兴战略实绩考核的10个设区市、29个县(市、区)农村居民人均可支配收入增幅基本高于全省农村居民收入平均增幅,820个省乡村振兴重点帮促村村均集体年经营性收入增幅全部高于全省村级平均增幅。乡村建设行动全面启动实施,研究提出乡村建设行动实施方案,省委、省政府印发实施方案并召开全省乡村建设工作会议进行全面部署推进,乡村建设省级推进机制基本建立。乡村治理工作稳步推进,"1+4+1"乡村治理体系持续深化,乡风文明水平不断提高,3个案例入选第四批全国乡村治理典型案例,2个村(社区)入选第三届全国村级"文明乡风建设"典型案例。687个行政村整村推进"厕所革命"、县(市、涉农区)新增1个以上乡镇开展乡村医疗互助试点、建成5000间"梦想小屋"等3项江苏省政府民生实事任务均超额完成。

【脱贫成果巩固】 深化巩固拓展脱贫致富奔小康成果同乡村振兴有效衔接政策,新增省级部门衔接政策6个,形成"1+29"帮促政策体系。对农村低收入人口开展常态化认定工作,各农村建档立卡对象信息核对更新,保持原农村建档立卡人口原有支持政策总体稳定,开展分层分类帮促。957家龙头企业、1357个帮扶车间吸纳农村低收入人口就业2.2万人,开发公益性岗位2.8万个,安排低收入人口就业1.5万人。加强消费帮促,累计销售超32亿元。对省级重点帮促村,按照"总量不变、适度调整"原则,确定820个省乡村振兴重点帮促村,每村安排160万元资金,重点用于支持发展村集体经济,共全额拨付641个省乡村振兴重点帮促村,其余先期拨付100万元,共实施项目382个。选派第一书记驻村开展工作,实现820个省乡村振兴重点帮促村、404个软弱涣散村、870个乡村振兴任务重的村"三个全覆盖"。省级以上文明单位与重点帮促村开展新一轮"城乡结对、文明共建"活动。对重点帮促县区,深化"五方挂钩"帮促机制,拓展帮促内容,优化帮促路径,省直机关部门的政策资源、部省属企业的产业资源、高校科研院所的技术资源、苏南发达县(市、区)的发展资源更多流向帮促地区。选派新一届24支省委驻县(市、区)乡村振兴(帮促)工作队,组建科技服务团,落实各类帮促资金13.2亿元,编排各类帮促项目759个,召开县(市、区)"五方挂钩"帮促工作会议21次。对"6+2"重点片区,完善片区联席会议制度,加强成员单位建设,深化帮促机制,整合协调成员单位政策、资金重点支持片区发展项目。投入衔接资金2.6亿元,实施重点项目34个。持续推动黄桥茅山革命老区强村富民行动,支持发展壮大特色产业、实施乡村建设行动等。对黄花塘等革命老区继续实施"点穴式"帮促。省财政每年安排1亿元,对29个欠发达革命老区乡镇进行重点扶持。纳入全省推进乡村振兴战略实绩考核的10个设区市、29个县(市、区)农村居民人均可支配收入增幅基本高于全省农村居民收入平均增幅,820个乡村振兴重点帮促村村均集体年经营性收入增幅全部高于全省村级平均增幅。

【农村"厕所革命"】 改造农村户厕43.9万户。对2013年以来各级财政支持改造农村户厕进行3轮深入摸排,完善"十四五"改厕计划和分年度任务,其中2022年改造任务41.3万户。建立省农村"厕所革命"联席会议制度,后并入省乡村建设联席会议制度。成立专家技术服务指导组和工作专班,编印无害化卫生户厕改造建设工作手册,开展业务技能培训。建立全省农村户厕改造信息管理平台,完成2022年度新建改造户厕信息采集录入工作。研究制订省级奖补资金方案,按照新建改造户厕每户1000元、整改达标户厕每户500元标准对市、县进行补助。

【乡村建设】 江苏省委办公厅、省政府办公厅印发江苏省乡村建设行动实施意见,明确12项重点任务。江苏省委、省政府召开全省乡村建设工作会议,部署推进乡村建设行动。建立省乡村建设联席会议制度,成立12个专项任务推进组和工作专班,开展乡村建设信息录入工作。全面完成江苏省委、省政府的部署安排和纳入"十四五"规划的农业农村重大项目建设、农村住房改善、"四好农村路"建设等乡村建设重点任务。开展国家乡村振兴示范县创建,4个县区入选国家乡村振兴示范县,4个县入选全国村庄清洁行动先进县,1个区入选全国农村"厕所革命"典型。

【农村人居环境整治提升】 江苏省委办公厅、省政府办公厅印发《"十四五"开展农村人居环境整治提升行动实施方案》,省农村人居环境整治联席会议办公室印发《2022年全省农村人居环境整治提升工作要点》。印发《江苏省生态宜居美丽乡村示范建设评价实施办法(试行)》,启动"十四五"时期20个县、200个乡镇、2000个行政村示范建设计划,全年培育14个示范县(市、区)、61个示范乡镇(街道)、768个示范村(行政村)。开展清理农村积存垃圾、河塘沟渠、农业废弃物和无保护价值的残垣断壁,加强乡村公共空间治理,加快改变农民生活习惯"四清一治一改"常态化村庄清洁行动,开展好村庄清洁行动。累计清除农村生活垃圾800余万吨,清理村内河塘沟渠、排水沟28万余处。生活垃圾集中收运率及城乡生活垃圾无害化处理率均达99%以上,生活污水处理设施行政村覆盖率达到81.9%,农村生活污水治理率达40%以上。编印农村人居环境整治典型案例40个,无锡市等4个设区市和南京市浦口区等9个县(市、区)被江苏省政府确认为2021年度"促进乡村振兴、改善农村人居环境"激励对象。

【乡村治理】 完善省乡村治理联席会议制度,印发《2022年乡村治理体系建设工作要点》。深化党建引领、自治法治德治智治融合、村级集体经济充分发展的"1+4+1"乡村治理体系,拓展丰富治理内容,健全完善协同机制,促进乡村治理更加有效、充满活力、和谐有序。按照国家关于延长全国乡村治理体系建设试点示范工作试点期要求,指导江宁区等7个全国试点县(市、区)抓好试点延长期各项工作。推广运用积分制、清单制,农村高价彩礼、大操大办等不良风气整治3个"一张图"典型方式,常态化开展文明祭扫、卫生"三下乡"集中服务等活动。全省累计有6个乡镇、60个村入选全国第二批乡村治理示范乡镇和示范村,其中有3个案例入选第四批全国乡村治理典型案例、2个村(社区)入选第三届全国村级

"文明乡风建设"典型案例。江苏省乡村治理试点示范、基层减负"1+2+3"模式和无锡市"六个一"推进乡村治理现代化做法受到专刊推介。

【民生实事】 采取"一事一方案、一事一计划、一事一要求"的办法,大力推动整村推进"厕所革命"、乡村医疗互助试点、"梦想小屋"建设3个江苏省政府民生实事项目。687个行政村整村推进无害化卫生户厕改造提升任务全部完成。计划开展乡村医疗互助试点县(市、区)76个,实际开展80个,新增试点乡镇184个、行政村2729个、参与群众440.2万人,筹集资金3.34亿元,补助13.6万人1.33亿元。建设5000间"梦想小屋"年度计划超额完成,实际完成5251间。

【队伍建设】 开展全省乡村振兴研究机构和乡村振兴培训基地摸底,联合江苏省委农村工作领导小组办公室、省农业农村厅认定5家单位为省级乡村振兴培训基地,认定15家省乡村振兴研究智库成员单位。制订全省乡村振兴干部人才培训工作计划,累计培训各类对象超13万人次。承办省人大建议政协委员提案42件,办理群众咨询服务工单11个、12345政务平台工单40个、群众来信1件、局长信箱19件。开展"行走新时代鱼米之乡"融媒体新闻行动、"乡村振兴·江苏百村调研"大型全媒体行动、农民丰收节等,全年各平台累计发表乡村振兴各类图文、音视频稿件超万篇次。

(江苏省乡村振兴局　张　毅)

浙江省

【概述】 2022年，浙江省"三农"战线贯彻落实中共中央和浙江省委、省政府"三农"决策部署，对标"两个先行"（省域现代化先行、共同富裕先行），对准农业"双强"、乡村建设、农民共富三条跑道，坚持主动想、重点干、出经验，深入实施新时代浙江"三农"工作"369"行动，系统推进"三农"变革重塑，全省农业农村经济继续保持稳健增长、稳中有进态势。"千村示范、万村整治工程"名片持续擦亮，农村人居环境水平位居全国前列。全省农村常住居民人均可支配收入37565元，增长6.6%，连续38年位居各省区第一。

【新型帮共体建设】 浙江省构建完善由省级机关、省内院校、三甲医院、国有企业（含中央企业驻浙江企业）、金融机构、经济强县（市）和民营企业共同组成的全域结对帮扶新模式。优化"一县一团"组团帮扶，569家成员单位组成26个帮扶团组"一对一"帮扶山区26个县，建立26个团组帮扶个性化清单，谋划制定一批支持山区26个县乡村振兴的政策举措。组织省级有关部门、群众团体、社会组织、国有企业、民营企业谋划制订乡村振兴（26个县）十大助力行动方案，召开启动仪式，编织由各界资源、各类资本、各方爱心组成的开放式共同帮促网络。强化"一村一组"驻村帮扶，省级选派驻村工作组261个902人，市县两级同步参照选派驻村工作组，实现山区26个县1838个省级乡村振兴重点帮促村驻村工作组全覆盖。落实"一户一策"精准帮扶，1.7万名帮扶干部与全部低收入农户逐户结对，纾困解忧，全年问题处理率100%。优化调整"双向赛马"绩效评价体系，持续提升帮扶团组与山区26个县的工作积极性、能动性，提升帮扶质效。

【红色乡村振兴计划】 启动红色乡村振兴计划，实施5个省级革命老区乡村振兴示范区项目，支持革命老区人居环境改善、农村特色产业发展、治理能力提升，筑牢红色根脉，规范引导革命老区乡村振兴发展。指导松阳县建设中央专项彩票公益金支持欠发达革命老区乡村振兴示范区，累计实施省级以上革命老区乡村振兴示范区项目8个。

【乡村振兴综合试点项目】 支持各地以"一县一链"为核心发展产业项目，推动建立乡村振兴综合试点项目与低收入农户、重点帮促村等利益联结机制，鼓励衔接项目驱动产业发展，带动低收入农户和村集体增收，确定2022年度乡村振兴综合试点项目7个，累计实施试点项目32个。

【异地搬迁】 落实好"26+3"县异地搬迁扩面到所有整村搬迁农户的新政策，进一步完善异地搬迁补助政策，实施异地搬迁后续帮扶项目试点，支持异地搬迁集中安置小区基础配套设施和公共服务设施建设，不断加大搬迁后续帮扶力度，2022年全省启动搬迁3.8万人，同比增长90%。

【公益性岗位】 鼓励各地积极开发公益性岗位，优先吸纳半劳动力、弱劳动力就业，按照不高于当地最低工资标准的50%给予衔接资金补助。鼓励企业用工，对企业吸纳低收入农户就业的，视同公益性岗位。累计为低收入农户提供公益性岗位10153个。

【来料加工】 大力支持来料加工业发展,会同江苏省妇女联合会、江苏省归国华侨联合会加强"巾帼共富工坊""侨助工坊"建设,吸纳低收入农户就近灵活就业,对各类来料加工吸纳就业的,均在岗位补贴、场租补贴、金融贷款等方面给予支持。

【兜底保障】 积极研究完善低保等社会救助兜底保障政策,加强社会救助扩围增效资金保障,统筹使用省级以上困难群众救助补助资金和地方各级财政安排的资金,指导各地积极落实健康和教育帮扶,全年安排5458万元的低收入农户医疗补充政策性保险和1920万元"雨露计划"补助。全省人均月低保标准达到1083元,位居全国省区第一。

【数字化建设】 打造全国首个"浙农帮扶"数字化应用,开发低收入农户多维帮促应用场景,新增培训、就业、产业、微心愿、政策申报5项功能,通过与"一户一策"干部帮扶的联网,实现风险实时预警、需求及时满足,完善了数字化全流程闭环预警帮扶机制,农户诉求解决时间由54.3天缩减到5天,风险及时解决率100%。"浙农帮扶"应用获得2022年度全省数字社会系统最佳应用。

【农产品供给】 全省粮食播种面积1531万亩、产量621万吨、亩产405.7千克,同比分别增长1.36%、0.01%和1.35%。油菜籽播种面积12.4万公顷,增长3.4%;蔬菜67.1万公顷,增长1.0%;中药材4.66万公顷,下降1.6%;瓜果类8.37万公顷,下降4.5%。生猪存栏644.5万头,同比增长0.67%;累计出栏850.5万头,同比增长9.9%;能繁母猪存栏71.1万头,同比增长2.6%。水产品总产量645.6万吨,同比增长3.14%,其中水产养殖280.3万吨,同比增长5.5%;国内海洋捕捞257.2万吨,同比增长0.2%。

【千万工程】 高规格协办"千万工程"全国现场会,高质量筹办全省推进会,制定并发布《浙江省和美乡村建设导引和认定办法(试行)》。全面统筹未来乡村和和美乡村建设,构建"示范引领—特色精品—达标覆盖"的梯度创建体系,先后开展3批687个未来乡村建设,在建未来乡村412个,已完成创建成效评价并命名275个,规划各类项目7387个,计划总投资331.4亿元以上。创建完成和美乡村示范县14个、示范乡镇100个以上、示范带22条、特色精品村400个以上,全省和美乡村覆盖率达到20%以上。召开全省迎亚运农村环境综合整治提升行动暨农村生活垃圾治理工作视频会,制定"六位一体"的迎亚运农村环境综合整治提升"1+2+3"(1个总体工作方案、2个具体实施方案和3项整治标准)任务指导文件。组织开展"周周查、月月评"专项行动,每月固定开展"最美村庄""最美田园"等评选活动。制定出台《关于高质量推进农村生活垃圾分类收运和处置体系综合提升工作的意见》等文件,开展2023年度农村生活垃圾分类处理工作验收评价,成功创建省级高标准示范村3000个。

【乡村治理】 高质量完成全省2.4万个村社的换届,2.1万名全日制大学生进入村社班子,实现70.6%的村有1名以上全日制大学生。全面开展村级班子整固提升行动,坚持把乡村治理要求纳入村级班子"堡垒指数"管理和底线管理,落实村党组织对乡村治理集中统一领导。深入推进"万村善治"示范工程,分解落实2022年善治(示范)村创建任务2000个,建成省级善治(示范)村10530个。全省域开展清廉村居评价认定,分步分类推进清廉村居评价指标体系建立。推动全省各地以县为单位统一制定村级"小微权力"清单,明确村级"小微权力"的监管重点和监管方式,细化流程标准,规范自由裁量权,让所有"小微权力"在阳光下运行。

【社会事业】 全省农村一、二级幼儿园占比74.2%,全省目标任务均已实现。农村义务教育阶段学校年生均公用经费标准为小学800元、初中1000元;农村中小学(不含宁波市)低收入家庭子女爱心营养餐基础标准生均1000元/年,受益学生占义务教育阶段学生总数的2%。享受省涉农专业免费就读政策的大中专学生(不含技工院校学生)3.4万人。实施医疗卫生服务"网底"工程,2021—2022年新改扩建规范化村级医疗机构连续两年被纳入省政府民生实事项目予以推进。其中,2021年完成建设716个,2022年完成建设533个,各级财政合计投入建设资金约4亿元,村级医疗机构规范化建设率达84.4%。全省建成1456家居家养老服务中心、2.3万家社区照料中心,实现乡镇(街道)和社区全覆盖,助餐配送餐覆盖63%的村(社区)。

(浙江省乡村振兴局　俞冠宇)

安徽省

【概述】 2022年,安徽省聚焦守底线、抓衔接、促振兴,不断优化政策措施,强化责任、政策和工作落实,扎实推进巩固拓展脱贫攻坚成果同乡村振兴有效衔接工作。全省防止返贫监测帮扶机制更加健全,"三保障"、饮水安全和兜底保障水平持续巩固提升,没有发生规模性返贫现象;中央衔接资金用于产业比重达到62%,脱贫地区特色产业发展短板加快补齐,脱贫劳动力务工就业规模达到195.75万人,发放脱贫人口小额信贷67亿元,光伏扶贫电站发电收益25.81亿元,脱贫攻坚成果得到进一步巩固拓展;乡村发展、乡村建设、乡村治理取得新进展新成效,脱贫地区群众生产生活条件不断改善,获得感、幸福感、安全感进一步增强。全省3000个脱贫村村均集体经济收入59.7万元,比2021年增长32.8%,脱贫人口人均纯收入15514元,比2021年增长13.7%,脱贫地区农村居民人均可支配收入17781元,比2021年增长7.2%,分别高出全省农村居民人均收入水平7.2和0.7个百分点。在2022年国家巩固拓展脱贫攻坚成果同乡村振兴有效衔接考核评估中,安徽省巩固脱贫成果后评估综合评价为"好"等次。

【帮扶资金投入】 2022年,安徽省各级财政投入衔接推进乡村振兴补助资金170.11亿元。其中,中央财政下达衔接资金45.23亿元,省级财政投入衔接资金32.32亿元,市县财政投入衔接资金92.36亿元。开展涉农资金整合试点,20个原国家级贫困县统筹整合财政涉农资金95.3亿元。同时,全省发放脱贫人口小额信贷67亿元;各级定点帮扶单位直接投入帮扶资金8.36亿元,帮助引进各类资金38.18亿元;20个经济较发达县(市、区)向结对帮扶的20个省乡村振兴重点帮扶县投入帮扶资金3.71亿元,帮助引进到位项目资金24.8亿元。

【帮扶资金管理】 2022年,安徽省通过组织开展衔接资金项目执行进度情况通报、巩固拓展脱贫攻坚成果同乡村振兴有效衔接工作暗访、衔接资金项目及扶贫项目资产管理检查等,切实加强衔接资金项目及扶贫项目资产管理,在2022年中央财政衔接资金绩效评价中获"优秀"等次。一是加强部门联动和日常监测。省级行业部门建立定期会商和数据共享机制,及时互通情况、开展工作调度。二是开展定期调度和情况通报。对市、县(市、区)资金支出、项目建设进度等情况进行通报,对进度快的给予表扬、对进度慢的点名批评、对连续落后的开展约谈,有效落实省级监管责任。三是开展监督检查和绩效评价。省级行业部门组织开展衔接资金及扶贫项目资产管理"回头看"、以工代赈项目、少数民族发展项目、欠发达国有农场和国有林场项目专项检查,对使用衔接资金的市、县(市、区)开展2022年度衔接资金绩效评价。

【脱贫成果巩固】 安徽省把巩固拓展脱贫攻坚成果作为全面推进乡村振兴的前提,持续压紧压实责任,省市县设立巩固拓展脱贫攻坚成果专项小组,形成省委和省政府统一领导、省委农村工作领导小组牵头抓总、专项小组统筹协调、省直部门协作配合,上下联动、齐抓共管的工作机制。健全防止返贫动态监测帮扶机制,优化网格化监测,紧盯防止返贫创新推行快速发现响应"一码申报",上线"安徽防止返贫监测对象申报"小程序,推出巩固脱贫成果帮扶码,健全部门共享与比对机制,组织开展2次集中排查,跟踪落实帮扶举措。2022年全省新识别监测对象21560户67723人,监测对象总数为100907户280275人,其中71.9%的监测对象已消除返贫风险,其余均落实帮扶措施。常态化开展"三保障"和饮水安全摸排整改,2022年全省义务教育阶段失辍学学生保持动态清零,资助各学段家庭经济困难学生269.59万人次、30.24亿元;资助农村特困人员、低保对象、防止返贫监测对象参加居民医保232.64万人、6.49亿元,实现应保尽保;改造农村危房7305户,完成农村饮水维修养护工程6634处、服务人口1960万人,皖北地区群众喝上引调水工程惠及751万人。有效防范化解风险,聚焦整户无劳动力等9类重点群体和风险隐患,实行基层排查和部门数据筛查预警相结合,建立关键信息实时推送与部门会商机制,及时发现并快速处置各类问题,做到返贫致贫风险动态清零。

【农村低收入人口帮扶】 安徽省聚焦农村低收入人口,加强动态监测和常态化救助帮扶。截至2022年年底,全省农村低保对象169.87万人、特困供养人员32.44万人,农村临时救助72690人次,人均低保补助水平和特困人员供养水平分别为470元/月、950.65元/月,农村临时救助水平2341.4元/人次。

【易地搬迁后续扶持】 安徽省建立健全党委政府负责、部门统筹指导支持的工作体制,压实后续扶持责任,落实各项帮扶政策措施。以集中安置区为重点,抓好产业就业帮扶,促进就地就近就业,易地搬迁脱贫群众实现务工就业4.42万人,实现有劳动能力的搬迁户1户1人以上就业。强化社区融入,全省安置区及周边配套建成就业帮扶车间137个,新建社区管理机构197个,建立基层党组织15个,推动和引导搬迁群众自我管理、自我监督、自我服务,提升基层社会治理水平。

【重点帮扶县帮扶】 安徽省将原20个国家级贫困县确定为省乡村振兴重点帮扶县,优化14条举措予以倾斜支持,进一步加快发展步伐。2022年,对20个省乡村振兴重点帮扶县安排中央和省级衔接资金44.7亿元,占比57.5%,县均投入规模是其他县(市、区)的3.5倍;延续执行涉农资金统筹整合试点,累计整合涉农资金95.3亿元;投入产业发展资金61.7亿元,占全省总量的67.4%。

【帮扶衔接】 安徽省接续推进领导联系帮扶、单位定点帮扶、干部驻村帮扶、县域结对帮扶、社会帮扶,助力巩固拓展脱贫攻坚成果、全面推进乡村振兴。深化领导联系帮扶,完善省级负责同志联系乡村振兴有关县(市、区)制度,明确35名省级负责同志联系帮扶20个原国家级贫困县、11个原省级贫困县和4个巩固成果任务较重的县,加强统筹协调,推动解决重大问题和实际困难。深化单位定点帮扶,全省各级帮扶单位直接投入帮扶资金8.36亿元、帮助引进38.18亿元。深化干部驻村帮扶,选派轮换第八批驻村干部9840人,驻村工作队3334支,脱贫村、较大型易地扶贫搬迁安置村、乡村振兴重点示范村、红色村实现应派尽派;创新开展以双百创评、精准培训、擂台比武、红色引领、为民办事、关心关爱为主要内容的选派工作6项行动,推动选派干部切实履行巩固拓展脱贫攻坚成果、抓党建促乡村振兴职责任务。深化县域结对帮扶,组织省内20个经济较发达县(市、区)"一对一"帮扶省乡村振兴重点帮扶县,促进结对双方加强产业合作、劳务对接、人才交流和资源互补,投入资金3.71亿元,帮助引进到位项目资金24.8亿元,互派挂职干部266人次、技术人才233人次,采购与消费帮扶6.83亿元。深化社会帮扶,出台

《合力推进巩固拓展脱贫攻坚成果同乡村振兴有效衔接工作方案》，深入实施"万企兴万村"行动，2022年全省参与行动的12204家民营企业向7560个村投入资金485.25亿元；创新开展"聚社力·兴乡业"社会组织助力乡村振兴示范工程，2022年省级社会组织投入超8000万元。

【产业帮扶】 安徽省深入实施产业帮扶，推动脱贫地区特色产业发展，中央衔接资金用于产业比重达62%，超过国家不低于55%的要求。推进产业园区建设，2022年新建产业园区1415个，全省符合建设标准、达到带动增收要求的园区4388个。加大到村到户产业帮扶力度，2022年投入资金83.1亿元，实施到村项目3061个、到户项目54.8万个，全省历年累计发展且仍在发挥效益到村产业帮扶项目32988个，村均项目10.99个，到户产业帮扶项目271.94万个、户均项目1.73个。推动主体联农带农，全省脱贫地区参与带动的企业5025家、农民合作社2.9万个、家庭农场3.4万个，带动脱贫人口和监测对象等76.1万人。创新推动微果园、微菜园、微茶园、微药园、微电站（庭院光伏电站）等庭院经济发展，支持40.5万户脱贫人口和监测对象等发展自种自养。大力推进金融帮扶，2022年新发放脱贫人口小额信贷67亿元，增长36.7%，居全国前列；强化光伏扶贫电站运维管理、收益分配和综合利用，2022年累计发电收益25.81亿元，创历史纪录，惠及9030个村集体、40余万户脱贫群众和监测对象。强化产业发展指导和服务，省级选派科技特派团143个，全省选认科技特派员17229名，在全国率先实现省域行政村"一对一"服务全覆盖。

【就业帮扶】 安徽省组织动员脱贫人口外出务工与促进就近就地就业双向发力，多措并举有效应对疫情灾情影响，确保脱贫人口稳岗就业形势总体稳定。截至2022年年底，全省脱贫人口和监测对象实现务工就业195.75万人，超出国家下达规模9.49个百分点。健全完善乡村公益性岗位管理机制，累计开发26.16万个乡村公益性岗位，安置25.52万人脱贫人口和监测对象实现就地就近就业。

【基础设施建设】 安徽省大力实施农村公路提质改造工程，新改建农村公路4597千米。推进农村配网工程建设，完成农村配网工程建设投资73.46亿元。加强农村地区5G网络建设，累计建成5G基站12163个，覆盖12339个行政村。扎实推进"快递进村"，累计建成村级快递服务网点15392个，实现14477个行政村通快递服务。

【基本公共服务】 安徽省持续提高农村地区教育质量，安排脱贫地区建设类项目资金28.1亿元。推动普通高中特色多样发展，实施县中托管帮扶工程，2所部属高校、9所省属高校托管帮扶皖北20所县域薄弱高中，实施脱贫县改善普通高中学校办学条件建设项目168个，投资2.63亿元。持续提升农村医疗服务能力和水平，深化县域医疗卫生体制改革，组建125个紧密型县域医共体，服务4500万人。实施村医队伍建设三年行动和乡村医疗卫生能力提升工程，连续2年开展"万医轮训"，累计培训村医近5.3万人次，实现每个行政村至少有1名合格村医。

【帮扶培训】 安徽省在全国率先设立省级乡村振兴学院，分级分类开展乡村振兴干部教育培训，重点围绕"三农"政策、产业发展、乡村治理、农村党建等内容，加大对换届后基层干部、乡村振兴干部特别是村"两委"和驻村工作队的集中培训力度，2022年累计开展各类乡村振兴培训10599期，培训807304人次，帮助各级干部熟悉政策、掌握方法、增强本领。

【乡村建设】 安徽省积极推进乡村建设行动，深入推进农村户厕问题整改，2022年完成农村改厕31.365万户；农村生活污水治理率达23.1%,农村黑臭水体治理率达到24.5%;农村卫生厕所普及率87%,生活垃圾无害化处理率78.5%;全省已建和在建美丽乡村中心村10708个,涉及73%的行政村。

【乡村治理】 安徽省大力推广运用积分制、清单制及数字化治理等务实管用做法,深入推进党建引领信用村建设,加大对高额彩礼、人情攀比等不良风气的整治力度,推动文明乡风建设取得显著成效。开展试点示范创建,4个县(区)入选2022年国家乡村振兴示范县,10个乡镇、97个村获评全国乡村治理示范乡镇、示范村,15个县、100个乡镇、499个村(社区)被纳入全省"115"乡村振兴示范工程创建名单。

【疫情、灾情应对】 建立省市县(市、区)三级联动疫情应对工作机制,制定出台有效应对新冠疫情影响、持续巩固拓展脱贫攻坚成果、积极应对旱情影响、切实防止因灾返贫致贫等相关政策举措,实行常态化调度,2022年全省未出现因疫因灾返贫致贫现象。组建农村地区疫情防控工作专班,建立24小时值班制和信息日报制,制定下发疫情防控举措和工作提示单,千方百计打赢农村地区疫情防控硬仗,确保脱贫群众、监测对象等特殊群体健康安全、平稳渡峰,尽最大努力将疫情影响降到最低。

【彩票公益金项目】 2022年,财政部下达安徽省中央专项彩票公益金支持欠发达革命老区乡村振兴示范区建设资金4800万元,其中2022年度金寨县中央专项彩票公益金支持环梅山湖乡村振兴示范区建设资金4000万元,2021年度潜山市中央专项彩票公益金支持环潜水河乡村振兴示范区建设新增资金800万元。支持项目涵盖特色产业提升、革命文物保护、传统文化传承保护、示范区基础设施建设等内容,有效发挥中央专项彩票公益金的示范引领作用。在2022年中央专项彩票公益金支持欠发达革命老区乡村振兴示范区建设评估中,总体评价和灵璧县、潜山市、金寨县示范区评估结果均为"A"等次。

(安徽省乡村振兴局　程　春)

福建省

【概述】 2022年,福建省深入学习贯彻党的二十大精神,贯彻落实习近平总书记关于"三农"工作的重要论述和对福建省工作的重要讲话重要指示精神,认真落实中共中央、国务院决策部署,持续巩固拓展脱贫攻坚成果,全面推进乡村振兴,走具有福建特色的乡村振兴之路。2022年,全省没有发现新增致贫返贫现象,脱贫人口家庭人均纯收入20394元,同比增长14.1%,增幅继续高于全省农民平均水平。农村居民人均可支配收入24987元,同比增长7.6%,增幅连续12年高于城镇居民,城乡居民收入差距不断缩小。

【帮扶资金投入】 2022年,福建省下达省级以上衔接财政资金19.8亿元,其中中央资金6.1亿元,省级资金13.7亿元;安排土地出让收益10.1亿元、新增政府专项债券91.57亿元用于乡村振兴。2022年,福建省各级财政共安排衔接资金57.9亿元,衔接资金主要用于扶持脱贫户和脱贫村产业发展和生产生活条件改善。下达省级以上衔接资金1.25亿元,支持全省250个巩固脱贫成果任务较重的建制村补齐必要的人居环境整治和小型公益性基础设施短板。投入各级衔接资金7701万元补助455个老区生产发展、基础设施提升、革命遗址保护利用等项目,带动其他渠道投入7483.68万元。

【帮扶资金管理】 印发《福建省巩固拓展脱贫攻坚成果和乡村振兴项目库建设管理指南》,规范项目入库程序,各级财政衔接资金支持的项目均从项目库中选择。2022年,纳入年度实施计划项目9664个,项目金额112.8亿元。出台《福建省进一步健全完善帮扶项目联农带农机制实施细则》,要求衔接资金投入项目都要建立联农带农机制,重点向脱贫人口和监测对象倾斜。充分利用福建省乡村振兴(扶贫惠民)资金在线监管平台,规范资金使用。2022年列入监管项目48项、资金96.17亿元。其中,巩固拓展脱贫攻坚成果同乡村振兴有效衔接资金23项、金额15.39亿元,惠民资金14项、金额32.7亿元,乡村振兴资金11项、金额48.08亿元;外网公开扶贫惠民补助金额83.15亿元,惠及户(人)数619.98万,向全社会提供6523万次的查询服务。

【防止返贫动态监测和帮扶】 福建省以家庭年人均纯收入不低于城乡低保最低标准7908元为底线,各县(市、区)按照不低于当地低保标准,合理确定监测范围。落实防止返贫监测帮扶机制,对易致贫返贫人口进行单列管理、重点帮扶。通过"一键报贫"等平台申报,每月组织乡村干部走访排查、行业部门专项筛查,全省共受理农户申请4574户,摸排发现疑似对象7916户,核实认定监测对象53户167人。2022年,挂钩帮扶干部入户走访监测对象3.8万次,安排各级财政专项资金2848.3万元倾斜支持监测对象,实施各类帮扶措施2.9万项,推动监测对象及申报农户352户766人纳入城乡低保、436户972人得到临时救助。

【产业帮扶】 全省安排省级以上衔接资金12.7亿元支持脱贫地区发展特色产业,其中投入5.5亿元用于支持12个国家乡村振兴重点帮扶县和欠发达老区原中央苏区县创建或续建现代农业产业园、8个乡镇创建农业产业强镇、258个"一村一品"专业村发展壮大特色产业。安排省级以上衔接资金1.9亿元支持新型农业经营主体带动脱贫户发展生产、支持脱贫户发展"种养加"项目，全省累计带动10万户以上脱贫户发展生产、持续增收。出台联农带农实施细则，开展庭院经济试点，帮扶9.2万户脱贫户发展产业项目。落实产业帮扶保险政策5.4万户次、保障金额6.2亿元。实施光伏帮扶，全省125个光伏扶贫项目实现发电量3270.977万千瓦·时，实现收入总额3139.07万元，所关联的109个行政村实现村均增收10万元以上、2400户脱贫户户均增收850元。

【就业帮扶】 持续加大就业帮扶力度，全省脱贫劳动力和监测对象实现务工规模16.7万人，完成脱贫人口稳岗就业目标任务。实施"雨露计划"，补助1.08万名脱贫家庭新成长劳动力接受职业教育，压茬推进"雨露计划+"就业促进行动，确保"雨露计划"应届毕业生充分就业。2022年，全省投入资金10800万元，实施农民素质提升行动，新增培训高素质农民12.5万人次，新增招收中专以上涉农专业学历教育1.66万人，接受农村实用技术远程培训123.3万人次。

【易地搬迁后续扶持】 福建省易地扶贫搬迁脱贫人口务工人数2.56万人，全省253个集中安置点基础设施和公共服务设施基本配套，扎实开展2022年易地扶贫搬迁安置点乡村治理专项行动，全省253个集中安置点和1009个分散安置点2万户6.5万人搬迁人口，采取新建或依托的办法，纳入党支部、村（居）委会、社区管理，促进搬迁群众和谐稳定。

【挂钩帮扶】 强化挂钩帮扶，福建省领导57人次、省直单位255人次深入38个国家乡村振兴重点帮扶县和欠发达老区原中央苏区县开展帮扶调研活动，协调帮扶项目391个，落实帮扶资金14.33亿元；深化县县对口协作，经济较发达县（市、区）落实帮扶资金5.057亿元，开展专业技术人员交流1044人次，助力老区苏区振兴发展。推进山海协作园区共建，新开发产业园区建设面积1410亩，共同引进46家企业投资113.88亿元，园区工业总产值765.91亿元，税收9.84亿元，新增从业人员4550人。

【驻村帮扶】 福建省选派驻村第一书记3736名，其中省级308名，市、县两级3428名，采取以乡建队、跨村联建等方式选派驻村工作队2208个，选任科技特派员2137名，下派担任乡村振兴指导员党政干部816名。省级财政安排308个省派第一书记驻点村每个村帮扶资金20万元。各级驻村干部累计筹措资金89.1亿元，实施生产经营、基础设施建设、社会事业发展等项目3233个，修建改善村级组织活动场所982个，驻村第一书记参与培训7470人次。制定或完善村级组织相关制度7719个，解决群众"急难愁盼"问题22802个。

【社会帮扶】 福建省在总结"千企帮千村"行动成果的基础上，启动"万企兴万村"行动，持续推动巩固拓展脱贫攻坚成果同乡村振兴有效衔接，广泛动员全省广大民营企业和商会组织参与乡村振兴，推进福建省"万企兴万村"行动持续发展。2022年，全省共有1436家民营企业和商会组织参与"万企兴万村"行动，"兴村"总数1665个，实施"兴村"项目1836个，累计投资78.97亿元，捐赠款物61.49亿元。认定首批省级"万企兴万村"试验项目66个。

【以工代赈】 福建省中央财政衔接推进乡村振兴补助资金以工代赈专项2420万元，省级财政配套资金780万元，用于补助欠发达县（区）23个农村基础设施项目建设。制定《福建省以工代赈工作成效综合评价实施办法》，强化项目监管，23个项目进展顺利，资金全部投入项目使用。改善当地经济发展环境和生活生态环境。发放劳务报酬482.22万元。

【特色产业发展】 福建省深入实施特色

现代农业高质量发展"3212"工程,创建闽西禽蛋国家优势特色产业集群、2个国家现代农业产业园、7个国家农业产业强镇和593个"一村一品"专业村,乡村特色产业加快向优势区域集聚发展。推进"福农优品"进高速公路服务区、进加油站、进超市,"三品一标"农产品5972个,建成农产品产地初加工中心1278个,农产品加工转化率74%。深化"互联网+"农产品出村进城工程,实施农产品产地冷藏保鲜设施建设项目200个,全省农村网络零售额2062亿元,居全国第三。大力发展休闲农业,新增4个国家农村产业融合发展示范园和一批中国美丽休闲乡村、全域生态旅游小镇。

【农村人居环境整治】 福建省出台乡村建设行动方案和农村人居环境整治提升行动实施方案,建设水环境治理、居住环境整治、风貌管控、基础设施提档、样板建设等五大工程。完成投资355.6亿元,完成村庄规划编制6957个,新改建农村卫生厕所10709户,新改建乡镇生活污水管网1224千米,完成生活污水治理村庄451个,建成安全生态水系301千米,整治裸房14.1万栋,开展38个传统村落保护。创新开展乡村"五个美丽"建设,已建成美丽庭院43407个、美丽乡村微景观12738个、美丽乡村小公园2669个、美丽田园1022个、美丽乡村休闲旅游点339个。清理农村生活垃圾415万吨,清理沟渠5.4万千米,清理农业生产废弃物26.1万吨。评选公布13个省级村庄清洁行动实绩突出县,3个县获评全国村庄清洁行动先进县。全国乡村建设工作会议在福建省召开。

【基础设施建设】 新改建农村公路2594千米,完成危桥改造198座。创建33个"四好农村路"省级示范县,9个县(市、区)为"四好农村路"全国示范县,泉州市为"四好农村路"建设市域突出单位。完成73个县(市、区)城乡供水一体化规划,67个已启动项目建设。改造农村10千伏线路372条,改建农村电网台区4244个。创建4个国家数字乡村试点县(市),实现所有乡镇5G网络覆盖和所有建制村光纤、4G网络通达。

【乡村公共服务】 加强基本公共服务县域统筹,实施公办幼儿园建设、义务教育薄弱环节改善与能力提升项目,新增县域公办幼儿园学位2.3万个、义务教育学位6万个。加强紧密型县域医共体医疗服务能力建设,基本实现村卫生室"空白点"动态清零。建设农村区域性养老服务中心,农村幸福院等养老服务设施覆盖率达72.1%。持续打造"百姓大舞台"公共文化服务品牌,开展戏曲进乡村、乡村"村"晚等文化惠民演出。制定历史文化保护传承7条措施,认定非遗工坊91家。

【乡村治理】 福建省加强农村基层党组织建设,积极推行跨村联建、村党支部领办合作社,发展壮大村级集体经济,全省已基本消除年经营性收入10万元以下的村。全面落实"四议两公开""六要"群众工作法,推广村级事务小微权力清单制,村级民主议事厅覆盖率100%。推广"党建+数字化"、积分制、清单制等乡村治理方式,完善乡村治理体系。持续开展文明村镇创建,县级以上文明村占比63.4%,省级"文明乡风联系点"覆盖所有县(市、区),新时代文明实践中心、所、站实现全覆盖。完善村规民约,深化农村移风易俗突出问题专项治理,22个县开展清单制试点,35%的村推广运用积分制。推进县乡村平安建设三级联创,全省平安乡镇(街道)、平安村(社区)分别占比84.5%、76.5%。深化乡村公共法律服务,实现"一村一法律顾问",培养"法律明白人"5.8万名,创建省级以上民主法治示范村(社区)813个。健全基层网格体系,完善矛盾纠纷化解机制。

【闽宁对口协作】 福建省持续推进闽宁协作,深化"联席推进、结对帮扶、产业带动、互学互助、社会参与"工作机制,深化产业、劳务、人才、教育、科技、经贸等领域合作和县(区)"一对一"结对帮扶。闽宁两省区党政主要领导率团互访,召开闽宁协作第二十六次联席会议,落实财政援宁资金6.25亿元、社会帮扶资金1.27亿元,帮助宁夏3.72万名农村劳动力、2.25万人脱贫人口实现转移就业,完成消费帮扶47.08亿元,选派802名专业技术人才赴宁夏开展帮扶,引进96家企业到宁夏投资38.5亿元。《人民日报》《求是》杂志刊登了闽宁协作经验成效,歌剧《山海情》在国家大剧院隆重演出并深受好评。福建省东西部协作工作办公室被授予"人民满意的公务员先进集体"荣誉称号。

【典型宣传】 福建省持续开展"五个美丽"建设工作专题系列报道,营造良好氛围。评选发布50个年度"五个美丽"先进典型,营造"比学赶超"氛围。认真做好2022年丰收节巩固拓展脱贫攻坚成果同乡村振兴有效衔接展览福建省展厅设计。利用中国网等新闻媒体平台,加大对2021年度"五个一批"先进集体和先进个人系列宣传力度,开展2022年度"五个一批"推荐遴选工作。改进乡村振兴信息宣传报送制度,调整2022年度乡村振兴信息宣传考核、计分办法,编发24期《福建乡村振兴简报》,国家乡村振兴局《乡村振兴简报》选用7篇。福建省在全国驻村帮扶工作视频推进会、巩固拓展脱贫攻坚成果同乡村振兴有效衔接工作会议等全国性会议上作交流发言。福建省安溪铁观音茶文化系统发展荣获第三届全球减贫最佳案例。

【考核表彰】 福建省结合实际,率先将巩固拓展脱贫攻坚成果纳入实施乡村振兴战略实绩考核统筹推进,突出保障国家粮食安全和守牢不发生规模性返贫两条底线,聚焦乡村产业发展、乡村建设、乡村治理三大任务,科学设置20项考核内容96条考核指标,切实发挥考核的"指挥棒"作用。经设区市自评、省直有关单位评议评分、省专项小组牵头单位综合评价、省委扶贫开发成果巩固与乡村振兴工作领导小组审定,2022年度实施乡村振兴战略实绩考核结果优秀等次4个、良好等次6个。继续评选表彰"一懂两爱"乡(镇)村好书记、优秀驻村第一书记、优秀科技特派员、农村创新创业明星和助村富民明星企业各10名。

【千村试点、万村推进】 建设乡村振兴"千村试点、万村推进"试点示范项目6127个,培育100条乡村振兴精品示范线,打造一批乡村振兴福建模式。试点实施以来,形成了各具特色的乡村振兴经验典型。一是壮大乡村特色产业。特色乡镇、试点村立足资源禀赋、区位条件,按照"一村一品"思路,做强特色产业,抽样试点村村均集体经营性收入达37.4万元,比全省平均水平高3.1万元。二是补齐民生短板。各特色乡镇、试点村实现村村通电、通硬化路、通客车和光纤、4G网络、有线电视,义务教育、基本医疗、养老保险基本实现全覆盖,自来水普及率99.1%,比全省平均水平高10.4个百分点,养老服务设施覆盖率69.1%,比全省平均水平高8.9个百分点。三是提升人居环境。各特色乡镇、试点村实现无害化卫生户厕全覆盖,生活污水治理率89.6%,比全省平均水平高38.9个百分点。四是增进乡风文明。各特色乡镇、试点村开展移风易俗活动,弘扬优秀传统文化,保护利用古村落、古民居、古建筑,76.5%的试点村被评为县级以上文明村,比全省平均水平高13.1个百分点。五是提升乡村治理水平。各特色乡镇、试点村全面推行"四议两公开""六要"群众工作法,实现法律顾问、"法律明白人"全覆盖。95.4%的试点村党支部评星定级三星级以上,100%的试点村建有"一约四会"。

【彩票公益金】 财政部下达福建省中央专项彩票公益金8800万元,政和县、长汀县各

4000万元,奖励建宁县800万元,用于示范区产业发展、基础设施建设。政和县在示范区建设中推行"一统四联三提升"机制,探索产城融合乡村振兴示范区建设。政和县示范区6个村集体经济平均收入达21.3万元;农村居民年人均可支配收入达21538元,带动示范区6000多农户户均增收1万元,群众满意度98%。长汀县走出一条"以红为基、以绿为媒、红绿融合"的乡村特色振兴之路。长汀县示范区内农村集体经济平均收入达34.7万元;农村居民年人均可支配收入22358元,农村劳动力就业人数4342人,群众满意度100%。

【乡村振兴贷】 福建乡村振兴贷累计发放贷款30.13亿元,支持全省1455家农业经营主体发展生产。为破解农业经营主体融资难题,创新推出福建乡村振兴贷,符合条件的农业经营主体可在"金服云"平台在线发起贷款申请,最高可获信用融资1000万元。银行受理5个工作日内完成放款。建立多种风险共担机制,包括银行和资金池各承担50%风险责任的"银政模式"、银行和担保公司按2∶8比例分担风险责任的"银政担模式"、由保险公司提供贷款保证保险的"银政保模式"等,促进银行主动对接农业经营主体融资需求。福建乡村振兴贷实行优惠利率,已发放贷款中,最低利率为2%,最高利率为4.7%,加权平均利率仅为3.88%。创新建立"部门收集+企业申请+银行推送"的多渠道农业经营主体名单推送制度。经基层全面摸排,平台每月10日推送符合条件的农业经营主体名单,经公示后纳入企业名单池实行动态管理。已有23批32364家农业经营主体名单通过公示,日均发放贷款超1000万元,授信满足率96.92%。

(福建省农业农村厅
乡村振兴综合协调处　黄肇文)

江西省

【概述】 2022年，江西省按照中共中央、国务院关于巩固拓展脱贫攻坚成果同乡村振兴有效衔接工作部署，聚焦"走在前、勇争先、善作为"目标要求，坚持守底线、抓发展、促振兴工作主线，提升"三保障"和饮水安全保障水平，推进防返贫监测和产业帮扶、就业帮扶、驻村帮扶及搬迁后扶、扶贫项目资产管护。2022年，全省脱贫人口人均纯收入达16348元，同比增长13.6%；全省脱贫地区农村居民人均可支配收入达15741元，增幅8.9%，总量和增幅均高于全国平均水平。

【衔接资金投入】 2022年，江西省共投入财政衔接推进乡村振兴补助资金108.07亿元，实施项目2.7万个。下达中央和省级衔接资金81.72亿元。深入推进脱贫人口小额信贷，2022年新增贷款43亿元、7.68万户，累计贷款247.46亿元、34.7万户。规范村级光伏帮扶电站收益分配，2022年发放公益性岗位工资1.82亿元，奖补资金0.79亿元，发展小型公益事业1.38亿元，其中临时劳务支出0.53亿元。推行防贫保险，2022年投入2亿元购买"防贫保"，启动理赔8154例1.29亿元。

【衔接资金管理】 江西省针对巩固衔接过渡期新情况，切实加强财政衔接推进乡村振兴补助资金使用管理，转发《关于加强中央财政衔接推进乡村振兴补助资金使用管理的指导意见》，要求加大对省级乡村振兴重点帮扶县(村)的倾斜支持力度，合理安排资金支出方向，坚持把产业作为衔接资金支持重点，健全完善利益联结机制，严格规范项目资金管理，推动提高资金使用效益。

【基础设施建设】 江西省开发农村"厕所革命"数据管理系统，实现农村户厕精准摸排、精准建档、精准整改、精准管护，农村水冲厕普及率达98.23%、卫生厕所普及率达77.25%。整治人居环境，城乡环卫一体化垃圾收运处置体系实现行政村全覆盖，90个县(市、区)实现城乡环卫"全域一体化"第三方治理，建成村庄污水处理设施约7500座。实施美丽宜居示范创建专项提升行动。落实精心规划、精致建设、精细管理、精美呈现"四精要求"，统筹推进美丽宜居示范县、全域美丽乡镇、美丽村庄、美丽庭院创建，提升美丽乡村建设水平。累计建设美丽乡镇679个、美丽村庄7650个、美丽庭院95万个，打造美丽宜居示范带623条。发展社会事业，2022年新改建农村公路4075千米，农村公路总里程达到18.53万千米，新改扩建乡村小规模学校和乡镇寄宿制学校526所，下发乡村医生公共卫生服务岗位补助7527万元，农村互助养老服务设施覆盖86%的建制村。

【易地搬迁后续扶持】 江西省在全省推行易地搬迁后续扶持"点长制"，聚焦3.5万户13.47万名搬迁脱贫群众，落实产业就业帮扶，健全长效机制。全省886个安置点周边累计建设产业基地529个，改造升级产业基地177个，带动1.35万户搬迁脱贫群众发展产业，推动6.53万名搬迁劳动力就业。强化安置社区治理，完善配套基础设施，推动28个安置人口较多的安置点成立安置社区，配套建设"一站式"服务窗口,安置住房产权办证率100%。

【产业帮扶】 江西省培育有带动脱贫户和监测对象增收功能的龙头企业、农民合作社、家庭农场、创业致富带头人"四类带动经营主体"5.21万个,积极建设村级(联村)扶持产业基地1.62万个,通过培育带动经营主体,直接带动29.05万户脱贫户及监测对象发展产业,稳定就业19.33万人;通过建设扶持产业基地直接带动18.18万户脱贫户及监测对象发展产业,稳定就业8.25万人。强化农业科技推广应用,选定1393名科技人员组成217个科技特派团,派驻乡村开展产业科技帮扶。深化拓展消费帮扶,2022年帮扶产品销售金额150.57亿元,其中机关事业单位采购12.76亿元。大力发展休闲农业、乡村旅游,全省乡村旅游接待游客1.42亿人次,实现旅游收入823.66亿元。

【"雨露计划+"就业促进行动】 江西省继续落实"雨露计划"政策,江西省乡村振兴局、江西省教育厅、江西省财政厅、江西省人力资源和社会保障厅联合印发《江西省"雨露计划+"就业促进行动实施方案》,以脱贫家庭(含防止返贫监测对象家庭,下同)新成长劳动力为重点,提升脱贫家庭新成长劳动力的技能水平和就业竞争力,促进脱贫人口收入持续增长。方案明确,"雨露计划"资助对象为脱贫家庭就读中、高职业院校的劳动力。对监测对象尚未消除风险的,2021年秋季和2022年春季学期"雨露计划"核发补助资金2.7亿元,补助脱贫户和监测对象家庭学生10.6万人。

【扶贫项目资产管理】 江西省依托江西省扶贫项目资产管理系统,加强清查录入、确权登记、后续管护和监督管理,实现资产与资金项目"一键查询"、资产管理风险"一键预警"、资产效益状况"一键监管",实现从资金到项目、资产的无缝衔接。全省共清查扶贫项目资金总规模744.31亿元,项目资产总规模712.12亿元,形成扶贫项目资产占比95.68%。

【防止返贫动态监测和帮扶】 江西省开发防返贫监测大数据平台,创新"农户自主申报、部门数据比对、干部常态摸排"三线预警机制,扎实开展2022年监测帮扶两轮集中排查、巩固脱贫攻坚成果信息采集,对脱贫不稳定户、边缘易致贫户、突发严重困难户早发现、早干预、早帮扶,全省累计识别监测对象4.7万户16.8万人。坚持因人因户施策、分层分类帮扶,监测对象户均享受帮扶措施2.8个,54.8%的监测对象消除了风险,其余均落实针对性帮扶举措。全省因干旱影响饮水困难的脱贫户和监测对象共512户1635人,通过延伸管网、新建水源、启用应急水源、拉水送水等方式已全部解决。

【乡村治理】 江西省加强和改进乡村治理,健全党组织领导的自治、法治、德治相结合的乡村治理体系,持续提升乡村治理效能。从2022年开始,连续5年开展乡村振兴模范党组织选树工作,首批共选树省级乡村振兴模范党组织493个。建立县级新时代文明实践中心100个、新时代文明实践所1655个、新时代文明实践站20925个,培育"乡村大喇叭""围炉夜话""板凳课堂"等一批基层宣讲品牌。抓感恩教育,深入开展"听党话、感党恩、跟党走"宣传教育活动,2022年累计组织3411名宣讲员,集中开展4890场宣传教育活动,参加活动人数268866人。在全省培养和遴选农村"法律明白人"和农村"法律明白人"骨干,积极参与村务管理、开展"村民说事"、基层公共法律服务。深化"执行+保险""执行+慈善"等救助机制,推进法院执行工作服务保障乡村振兴战略行动。大力整治高价彩礼、厚葬薄养、大操大办、打牌赌博、封建迷信等陈规陋习,推动移风易俗乡风文明建设,引导全省所有行政村修订完善村规民约，成立各类红白理事会20562个，将"婚事新办"修订到村规民约中。强化道德红黑榜、诚信积分制、清单制、数字化等治理举措。推进文明村镇建设提质增效，全省共有文明乡镇1396个、文明村16894个。

【乡村振兴队伍建设】 江西省坚持学深悟透习近平总书记关于"三农"工作重要论述，不断提高政策水平和工作本领。省委理论学习中心组围绕"巩固拓展脱贫攻坚成果、推进实施乡村振兴战略"主题组织集体学习研讨。省委组织部、省乡村振兴局连续五年举办专题研讨班，对市、县两级乡村振兴局局长和县级党政分管领导进行集中培训。采取"省级示范培训、市级重点培训、县级全员培训"的方式，用好脱贫攻坚成就展、脱贫攻坚交流基地、乡村振兴实践基地等实践教学平台，编印《巩固拓展脱贫攻坚成果与乡村振兴200问》《江西省巩固拓展脱贫成果全面推进乡村振兴操作指南》等培训资料，分级分类抓好乡村振兴干部培训，推动各级共举办各类基层干部培训班8647期，对全省43.9万名基层干部全部轮训一遍。选优、派强、管好驻村帮扶力量，全省5823个驻村工作队、6550名驻村第一书记、11781名驻村工作队员沉在基层一线。

【党史学习教育】 1月，江西省乡村振兴局党史学习教育总结会议召开，主要任务是深入学习贯彻习近平总书记关于学习党史的重要论述，认真贯彻落实中共中央和省委党史学习教育总结会议精神，全面总结省乡村振兴局党史学习教育成效经验，激励全局党员干部从党的百年奋斗重大成就和历史经验中汲取智慧和力量，推进各项工作迈出新步伐。

【"四好农村路"全国示范县】 1月，江西省安义县、寻乌县、新干县、安福县、靖安县、玉山县被评为"四好农村路"全国示范县。

【教育培训】 江西省农业农村厅、江西省乡村振兴局在高安市举办2022年江西省高素质农民培育省级农村学法用法示范户培训班，省派单位驻村帮扶工作队遴选的100名高素质青年农民参加培训。培训课程结合农民生产生活涉及的法律法规安排课程，课程内容包括习近平法治思想、民法典、乡村振兴"一法一条例"、动物防疫法、种子法及农药、兽药、肥料、农膜等农业投入品相关法律法规及政策解读。

【乡村振兴示范创建】 江西省部署全面实施乡村振兴样板创建"十百千"工程，围绕保障粮食等重要农产品供给、巩固拓展脱贫攻坚成果、推动绿色农业发展、建设美丽乡村、改进乡村治理、深化农村改革6个方面，探索创建15个示范县、140个示范乡镇、1350个示范村。扎实推进井冈山市、石城县、于都县、兴国县4个全国脱贫攻坚交流基地建设，在上海合作组织国家扶贫研修班上，代表中国讲述脱贫故事。用好中央专项彩票公益金支持项目，建设欠发达革命老区乡村振兴示范区。井冈山市、资溪县作为2021年度项目县，年度评估分获"A""B"等次，全国综合排前十名，修水县、于都县、宁都县作为2022年度项目县，示范建设扎实有力推进。5个项目县共获国家支持资金2.58亿元。扎实推进210个省级红色名村建设，"一村一策"编制实施方案，促进红色基因传承与美丽乡村建设有机结合，高标准打造一批"支部过硬、红色突出、服务优质、村庄秀美、乡风文明"的乡村振兴示范村。

【衔接推进乡村振兴】 江西省将全省100个县（市、区）划分为先行示范县、整体推进县、重点帮扶县3类。已指导25个重点帮扶县逐一制订实施方案，18个先行示范县逐个出台示范规划，57个整体推进县正在分期编制实施方案。在保障重点帮扶县资金投入的基础上，2022年安排先行示范县每县1000万元资金支持。从全省选定1841个村,作为"十四五"省定乡村振兴重点帮扶村,因地制宜,分类指导,"十四五"期间给予每村每年100万元资金扶持。指导各地全部完成编制"多规合一"村庄规划。统筹推进省定乡村振兴重点帮扶村建设,共计投入资金31.89亿元、安排项目8457个。

(江西省乡村振兴局　龚亮保)

山东省

【概述】 2022年，山东省深入贯彻习近平总书记关于"三农"工作的重要论述和对山东工作的重要指示要求，深入学习贯彻党的二十大精神，全面落实中共中央、国务院决策部署，严格落实"四个不摘"要求，保持帮扶政策、资金支持、帮扶力量总体稳定，持续巩固拓展脱贫攻坚成果，守住不发生规模性返贫的底线。

【衔接资金投入与管理】 2022年，山东省安排各级财政衔接资金83.7亿元，其中中央资金10.9亿元、省级资金31亿元、市级资金20.3亿元、县级资金21.5亿元，各级财政衔接资金投入保持总体稳定。省级以上衔接资金对省乡村振兴重点帮扶县予以倾斜支持，2022年度中央衔接资金分配给20个乡村振兴重点帮扶县6.4亿元；省级衔接资金分配给乡村振兴重点帮扶县19.3亿元。山东省财政厅、省乡村振兴局等5部门联合印发《关于加强中央和省级财政衔接推进乡村振兴补助资金使用管理的意见》《关于印发山东省衔接推进乡村振兴补助资金绩效评价及考核办法的通知》，进一步明确资金使用范围，优化使用结构，突出支持重点，创新使用方式，强化资金监管和绩效管理。依托全国防止返贫监测和衔接推进乡村振兴信息系统、财政直达资金监控系统，强化数据信息动态监测，实时掌握进展情况，随时统计分析，定时给予反馈指导。建立衔接资金项目实施和资金支出进度双周调度和月通报制度，不定期开展调研督导，提高衔接资金使用质量和效益。优化完善衔接资金绩效评价指标，聘请第三方机构年中、年底开展两次全省财政衔接资金实地绩效评价，及时准确了解掌握各地衔接资金投入、项目实施推进、资金报账支出等情况；采取"集中评审+大数据比对"模式，按照县级自评、市级复评、省级集中审核的程序，组织开展年度资金绩效评价，确保各级财政衔接资金使用成效。在国家2022年度财政衔接资金绩效评价中，山东省获得"A"等次。

【衔接资金项目实施】 山东省制定印发《关于进一步加强衔接资金项目管理工作的通知》《衔接资金项目管理参考模板》，强化项目全过程、标准化、规范化管理，进一步健全完善帮扶项目联农带农机制。加快推进年度衔接资金项目实施，全省投入各级财政衔接推进乡村振兴补助资金67.3亿元，组织实施产业发展和农村小型基础设施项目3814个，促进脱贫群众持续增收，不断改善脱贫地区农村基础设施条件，帮扶带动1.99万个村，61.7万名脱贫享受政策人口受益。

【帮扶项目资产后续管理】 山东省持续加强帮扶项目资产后续管理，组织开展全省帮扶项目资产运营管理专项检查和后续管理"回头看"活动，进一步摸清帮扶项目资产底数和运行现状，健全完善资产管理台账，抓好问题排查整改，推动帮扶项目资产良性运行，持续发挥帮扶带动作用。据统计，党的十八大以来，全省累计形成帮扶项目资产277.6亿元，其中经营性资产248亿元、公益性资产28亿元、到户资产1.64亿元，2022年实现帮扶收益15.47亿元，带动脱贫村和脱贫户稳定增收，使用帮扶收益设置公益性岗位5.84万个，吸纳6.12万名群众就业，其中脱贫享受政策人口和监测帮扶对象5.47万人，共发放岗位工资1.12亿元。

【防止返贫动态监测和帮扶】 聚焦完善落实防止返贫动态监测和帮扶机制，创新建立防止返贫日常监测预警机制。山东省乡村振兴局、省教育厅、省民政厅等8个部门联合印发《关于进一步健全完善防止返贫监测预警机制的通知》，压实市县乡村四级监测预警责任，同时优化防返贫监测帮扶对象认定流程，缩短了认定时间。山东省乡村振兴局印发《健全防止返贫动态监测和帮扶机制工作指南（试行）》，明确监测指标体系，召开全省视频培训会议，指导各地逐级培训到镇村干部。组织开展2次防止返贫监测帮扶集中排查，对符合条件的即时纳入、即时帮扶。根据国家乡村振兴局统一部署，精心组织开展巩固脱贫成果和乡村建设信息采集、脱贫人口动态调整等工作。通过日常监测和集中排查，截至2022年年底，全省累计纳入防返贫监测帮扶对象5.73万人，全部落实了针对性帮扶措施，无致贫返贫情况。

【帮扶政策衔接】 山东省教育厅印发《2022年巩固拓展教育脱贫攻坚成果同乡村振兴有效衔接重点任务分解》，对脱贫享受政策等10类特殊困难学生全面落实从学前教育到高等教育各项资助政策，累计资助脱贫享受政策、防止返贫监测对象家庭学生12.8万人，资助金额1.55亿元。继续实施"雨露计划"项目，全年共为符合条件的困难学生家庭发放"雨露计划"补助6.44万人次、9664万元。山东省卫生健康委员会、省医疗保障局等部门以省政府办公厅文件印发《关于健全重特大疾病医疗保险和救助制度的实施意见》，累计报销住院、门诊费用82.79亿元，惠及851.32万人次。山东省住房和城乡建设厅、省农业农村厅等部门联合印发《2022年山东省农村低收入群体等重点对象住房安全保障工作实施方案》，累计完成农村脱贫享受政策户、脱贫不稳定户、边缘易致贫户等重点群体危房改造9910户，其中脱贫享受政策户（含防止返贫监测帮扶对象）2930户。山东省水利厅印发《2022年乡村振兴水利保障任务清单》，全省农村供水保障工程投资56.7亿元，超额完成年度目标。山东省民政厅印发《巩固拓展民政领域脱贫攻坚成果同乡村振兴有效衔接2022年重点工作安排》，指导各地落实好低保、特困和临时救助政策，保持民政兜底保障政策总体稳定。全省脱贫享受政策人口和防返贫监测对象中有71.6万人被纳入低保、特困保障范围，其中低保对象58万人、特困人员13.6万人。

【衔接乡村振兴集中推进区建设】 山东省创新开展衔接乡村振兴集中推进区建设。省乡村振兴局、省财政厅联合印发《关于开展衔接乡村振兴集中推进区建设工作的通知》，引导各地在保障巩固拓展脱贫攻坚成果基础上，聚焦产业发展和乡村建设短板弱项，在不改变资金分配因素、不改变资金用途的前提下，进一步优化资金使用方式。坚持多元投入、集中使用的原则，从切块下达到县衔接资金中安排部分资金，整合行业资金、社会资本等资源，围绕产业发展、就业带动、环境整治、人才培养、乡村治理、巩固成果六大内容，统筹谋划推进，集中连片打造，着力建设宜居宜业和美乡村。2022年，全省建设首批衔接乡村振兴集中推进区36个，覆盖32个县的43个乡镇街道、519个行政村，安排衔接资金18.5亿元，整合行业部门资金22.2亿元，吸引社会资本32.9亿元，实施各类乡村振兴项目1000余个。

【就业帮扶】 山东省人力资源和社会保障厅等5个部门印发《关于做好2022年脱贫人口稳岗就业工作的通知》，累计开展补贴性职业技能培训79.25万人次，全省脱贫劳动力实现务工就业40.6万人，完成年度目标任务的

100%。延续对帮扶车间的优惠政策,积极推动帮扶车间转型升级,全省3232个就业帮扶车间累计吸纳农村劳动力3.77万人,其中脱贫劳动力5096人。山东省人力资源和社会保障厅等4个部门印发《关于进一步规范加强城乡公益性岗位开发管理工作的通知》,围绕公共管理、公共服务、社会事业、设施维护、社会治理等,开发乡村公益性岗位,重点安置脱贫享受政策人口(含防止返贫监测帮扶对象)、农村低收入人口、农村残疾人、农村大龄人员(45~65周岁)等群体,全省开发乡村公益性岗位55.64万个,安置上岗54.71万人,上岗人员年均增收1万元左右。

【社会帮扶】 山东省委组织部、省农业农村厅联合印发《关于进一步做好驻村帮扶工作的通知》,将驻村第一书记和工作队、"加强农村基层党组织建设"工作队进行合并,进一步充实驻村帮扶工作力量,全省驻村工作力量达到3.4万人,实现对脱贫村和易地扶贫搬迁村(社区)、乡村振兴任务重的村、党组织软弱涣散村的全覆盖。实施"万企兴万村"行动,积极协调民营企业发挥自身优势,助力巩固拓展脱贫攻坚成果、全面推进乡村振兴,全省纳入"万企兴万村"行动台账系统的民营企业2664家,帮扶4071个村,受益农村人口112.2万人。配合国家乡村振兴局在山东省威海市文登区举办"百校联百县兴千村"行动启动仪式暨全国乡村建设现场培训班,31个省(自治区、直辖市)乡村振兴系统和30所高校的与会代表通过线上线下参加培训,威海市文登区、济宁市泗水县、临沂市费县、菏泽市曹县等8个县(市、区)与清华大学、中国农业大学、浙江大学等8所高校签订合作协议。

【金融帮扶】 山东省持续推动脱贫人口小额信贷和富民生产贷工作规范开展,印发《关于做好过渡期脱贫人口小额信贷工作的通知》《关于印发〈金融支持乡村振兴产业指导意见〉的通知》,细化政策措施。各地对有信贷需求的脱贫享受政策和防返贫监测人口认真开展摸底调查,确保符合条件的困难群众得到及时满足,做到应贷尽贷。2022年,全省新增脱贫人口小额信贷4493万元,富民生产贷5.2亿元。省乡村振兴局联合金融机构共同创设首款乡村振兴主题信贷产品"齐鲁富民贷",为符合条件的一般农户提供便捷、优惠的经营性个人贷款,发布《关于印发〈山东省齐鲁富民贷产品实施方案〉的通知》,建立健全常态化工作推进机制和监测预警机制,促进"齐鲁富民贷"规范健康发展。2022年,全省16个市138个县(市、区)累计投放贷款98亿元,贷款余额71亿元,惠及农户3.2万户。

【乡村建设】 制定《村庄规划技术规范》地方标准,有序推进村庄规划编制,全省5600余个村完成村庄规划编制。印发《山东省乡村建设行动实施方案》,实施农村基础设施网建设行动计划,新改建农村公路1万千米,农村自来水普及率达到97.2%,行政村5G网络通达率超过40%。深入推进农村人居环境整治提升五年行动,开展村庄清洁系列行动,完成户厕改造7.13万户,新增完工5597个生活污水治理村,完成率达45.5%,城乡生活垃圾无害化处理率保持在99%以上。累计建成美丽庭院287万余户,实现村村有美丽庭院。

【革命老区乡村振兴示范区建设】 山东省日照市五莲县、聊城市东昌府区承担中央专项彩票公益金支持欠发达革命老区乡村振兴示范区建设任务。两个示范区围绕"五大振兴",积极探索全面推进乡村振兴的有效做法,组织实施特色产业发展、就业创业、农村人居环境整治、乡村治理等各类项目26个,项目总投资44736.7万元。其中,中央专项彩票公益金投入8000万元,整合行业部门资金24266.5万元、社会资本12470.2万元。示范区覆盖行政村20个、34717人。示范区分别探索形成新时代文明实践"五朵金花"乡风文明引育、健全"五助"农村养老长效机制、"以工带农、工农互促"农户庭院经济发展、"小田并大田"农业适度规模经营等经验模式,为全面推进乡村振兴发挥示范带动作用。

【督查考核评估】 聚焦牢牢守住不发生规模性返贫底线任务,坚持压责任、树导向,统筹谋划、扎实推进巩固脱贫成果督查和考核评估。聚焦责任落实、工作落实、政策落实、成效巩固等4个方面,围绕防止返贫动态监测、帮扶政策落实、衔接资金使用管理3个重点,采取委托第三方暗访、实地明察、资金绩效评价相结合的方式,认真组织开展督查考核评估,累计抽查634个乡(镇、街道)产业项目762个、衔接推进区24个,入户核查11530户,严督实考、较真碰硬,切实推动各地找准问题、认清差距,压实责任、强化举措,主动防范化解各种潜在风险,切实把脱贫攻坚成果巩固住、拓展好。

【宣传工作】 2022年2月,《山东脱贫攻坚简报》更名为《山东乡村振兴简报》,通过建立健全工作机制、完善优化工作流程,构建信息报送编发常态化工作格局。2022年,共收到各级各部门报送信息800余篇,编发简报162期,相关典型先后被国家或省级信息及媒体平台采用,国家乡村振兴局《乡村振兴简报》刊发14篇,《中国乡村振兴》杂志及其公众号刊发92篇,学习强国平台采用128篇。在全国"巩固拓展脱贫成果全面推进乡村振兴"主题作品征集展示活动中,山东有5件图片类、5件视频类作品获奖;山东省乡村振兴局与山东广播电视台共同拍摄的专题片《小康路上不落一人》,获评国家乡村振兴局"2021年乡村振兴好新闻"二类作品。举办"新生活感党恩"乡村振兴主题摄影作品征集活动,征集影像作品3000余幅,用镜头定格乡村发展、用光影记录乡村变迁、用画面讲述乡村故事。策划举办"巩固拓展脱贫攻坚成果齐鲁行"媒体记者专题采访活动,在山东广播电视台农科频道黄金时段连续播放,充分宣传巩固拓展脱贫攻坚成果创新经验做法,助力推进巩固拓展脱贫攻坚成果同乡村振兴有效衔接各项工作。

(山东省乡村振兴局 韩秀丽)

河南省

【概述】 2022年,河南省深入贯彻习近平总书记关于巩固拓展脱贫攻坚成果同乡村振兴有效衔接的重要讲话,认真落实中共中央、国务院决策部署,聚焦守底线、抓发展、促振兴,全面落实省负总责、市县乡抓落实的工作机制,大力弘扬脱贫攻坚精神,严格落实"四个不摘"要求,积极应对疫情灾情影响,"三保障"和饮水安全保障水平巩固提升,兜底保障水平稳步提高,脱贫人口人均纯收入增速、脱贫地区农村居民人均可支配收入增速均高于全省农村居民人均可支配收入增速,守住了不发生规模性返贫底线,脱贫攻坚成果得到巩固拓展,为全面推进乡村振兴奠定坚实基础。全省脱贫人口、监测对象人均纯收入分别达到16139元、12259元。全省脱贫地区农村居民人均可支配收入16880元。在2022年度国家巩固拓展脱贫攻坚成果同乡村振兴有效衔接考核评估中,河南省被综合评价为"好"等次。

【衔接资金投入】 2022年,全省投入各级财政衔接资金204.31亿元,53个脱贫县统筹整合财政涉农资金193.26亿元,通过宅基地复垦券交易为脱贫县筹集资金3.89亿元。建立"线上研判、实地督导"和"月通报、季调度、年考核"工作模式,健全部门会商制度,加强对资金项目的日常调度和跟踪问效。开展扶贫项目资产后续管理"回头看",全面排查脱贫攻坚以来扶贫项目投入、资产规模、资产现状、运营管护等情况,发现问题及时整改,确保持续发挥效益。全省有扶贫项目资产40.25万个,资产规模1395亿元。

【防止返贫动态监测和帮扶】 瞄准易返贫致贫人口,用好基层干部排查、部门筛查预警、农户自主申报等渠道,采取常态化排查与集中排查相结合,开展2轮防止返贫监测帮扶集中排查,把符合条件的农户及时纳入监测范围。全省累计识别认定监测对象24.3万户76.6万人,2022年新识别认定监测对象3.1万户10.4万人。对每户监测对象明确1名国家公职人员作为帮扶责任人,定期入户走访,开展精准帮扶。对有劳动能力的,落实产业、就业、创业等开发式帮扶措施;对无劳动能力的,实施兜底保障。全省监测对象户均享受帮扶措施4.5个。严格执行监测对象退出标准和程序,全省监测对象返贫致贫风险消除率41.9%。

【易地搬迁后续扶持】 对全省869个易地扶贫搬迁安置点、25.97万名搬迁人口,做好后续扶持工作,确保搬迁群众稳得住、有就业、逐步能致富。向安置村(社区)选派驻村第一书记607人,派驻工作队638个,有针对性地开展帮扶工作。投入2.25亿元财政衔接资金支持后续产业发展,投放18.9亿元政策性贷款支持36个大中型安置点产业帮扶。定期开展"春风行动"专项招聘活动,开展"订单式、定制式"技能培训,培训搬迁群众7.79万人次,推动有劳动能力的搬迁家庭每户至少1人就业。新设立或合并设立58个村(居)民委员会,206个村(居)民小组就近并入管理,实现属地化、常态化管理。在245个集中安置点新建"一站式"综合服务设施,大中型安置点实现以党群服务中心为基本阵地的综合服务设施全覆盖。

【"三保障"和饮水安全】 教育保障方面，严格控辍保学目标责任制，开展控辍保学排查整改，实现脱贫家庭义务教育阶段失学辍学学生动态清零；精准资助脱贫享受政策户和风险未消除的监测对象家庭学生181.13万人次，"营养餐"覆盖全省38个原国家扶贫开发工作重点县；农村地区新建、改扩建校舍面积54.3万平方米，招聘特岗教师1.68万名补充到农村学校。医疗保障方面，脱贫享受帮扶政策户、监测对象参保率100%，监测对象医保参保享受不低于80元定额资助；将大病专项救治政策扩大到县域内所有罹患30种大病患者，将脱贫人口和监测对象全部纳入家庭医生签约范围；脱贫人口、监测对象享受县域内定点医疗机构"先诊疗后付费"和"免交住院押金"政策，住院费用政策范围内报销85%。住房保障方面，对监测发现有安全问题的住房及时纳入改造任务，改造农村危房1.23万户。饮水安全方面，动态监测农村供水工程运行和村民饮水状况，维修农村供水工程1.01万处。农村集中供水率94%，自来水普及率91.5%。

【产业帮扶】 开展田园增收等产业发展十大行动，实施肉牛奶牛产业发展行动计划，开展乡村康养旅游示范村创建，推进优质专用小麦等十大优势特色农产品基地建设，53个脱贫县都形成2~3个特色主导产业。财政衔接资金用于产业发展的比例达59%，脱贫人口小额信贷余额户贷率达38.46%。在11个革命老区县开展"富民贷"试点，在21个县开展"富农产业贷"试点。全省有帮扶龙头企业1549家，培育农民合作社19.8万家、家庭农场26.2万家，规模以上农产品加工企业6344家。实施科技特派员助力乡村振兴五年行动计划，形成"团、队、员"一体化、全覆盖的帮扶新模式。开展消费帮扶产销对接专项行动，全省组织购买和帮助销售脱贫地区农副产品773.55亿元。推广"龙头企业+合作社+脱贫户（监测户）+金融"等帮带模式，产业项目带动脱贫人口和监测对象365.31万人次增收。

【灾后重建】 针对受洪涝灾害影响严重的国家挂牌督办县浚县、省挂牌督办县卫辉市，建立省级领导和省直部门联系制度，出台18条支持政策措施，协调42家中央驻豫单位、省管企业、金融机构和省属高校开展结对帮扶，各级共安排浚县财政衔接资金1.25亿元、卫辉市财政衔接资金1.62亿元，支持化解因灾返贫致贫风险。经省级验收，浚县、卫辉市于2022年12月摘牌。全省恢复和重建5311个水毁扶贫项目，建成110个集中安置住房项目，完成20.17万户村民住房的重建任务，对蓄滞洪区受灾群众发放补偿资金37.41亿元。

【就业帮扶】 以"人人持证、技能河南"建设为抓手，实施职业技能提升行动，加强"雨露计划"培训，培训脱贫劳动力19.99万人，完成持证13.8万人。提高劳务输出组织化程度，采取有组织有计划统一送达、发放交通补贴等方式，支持脱贫人口和监测对象外出务工。开展稳岗留工行动，对走不出去或弱劳动能力的，通过当地企业和帮扶车间吸纳、公益性岗位和以工代赈安置等方式帮助就近就地就业。实施豫商豫才回归工程，吸引更多豫籍优秀人才回乡创业、带动就业，为脱贫人口自主创业提供创业培训、税费减免、担保贷款等政策支持。全省脱贫人口和监测对象就业231.59万人，完成年度任务的112.74%。

【农村低收入人口帮扶】 出台《关于加强低收入人口动态监测和救助帮扶工作巩固脱贫攻坚兜底保障成果的实施意见》，建成河南省低收入人口动态监测平台，实施基层社会救助服务能力提升工程,采取"大数据+铁脚板"方式,加强对农村低收入人口动态监测和排查认定。全省有145.7万名脱贫人口通过社会救助进行兜底保障,39.3万名监测对象纳入农村低保或特困救助供养范围。农村低保标准由每人每年不低于4524元提高到不低于5040元,特困人员基本生活标准不低于当地低保标准的1.3倍。残疾人"两项补贴"标准由每人每月60元提高至75元,享受困难残疾人生活补贴94.7万人、重度残疾人护理补贴119.8万人。实施困难重度残疾人家庭无障碍改造2.74万户。由政府主导的重度残疾人集中照护服务机构达到2660个,照护服务4.63万名残疾人。

【社会帮扶】 中共中央办公厅等中央24个单位定点帮扶河南省31个原国家扶贫开发工作重点县,省直222个单位参与定点帮扶。全省有驻村工作队1.3万个,驻村干部4.62万人,其中驻村第一书记1.33万人,落实"五天四夜"工作制。4个经济实力较强的省辖市结对帮扶4个省级乡村振兴重点帮扶县,53所省属高校"一对一"结对帮扶脱贫县。选派省产业科技特派员服务团61个、各级科技特派员5000余名,组建县级科技特派员服务队107个。动员5330家民营企业参与"万企兴万村"行动。

【乡村建设】 出台《河南省乡村建设行动实施方案》及13个重点任务专项行动方案,完善政策体系和工作机制。完成1.73万个村庄"多规合一"实用性规划编制。实施城乡交通建设、信息通信网络建设、物流体系建设等一体化行动,全省农村公路总里程23.3万千米,所有行政村通硬化路、通客车;全省实现乡镇、农村热点区域5G网络全覆盖,20户以上自然村光纤宽带和4G网络全覆盖;5000个农村配电台区升级改造全面完成,农村电网10千伏电网互联率达65%。实施县域城乡教育、公共文化、医疗卫生、社会保障均等化行动,全省九年义务教育巩固率96.1%,行政村和社区综合性文化服务中心实现全覆盖,2211所乡镇卫生院和社区卫生服务中心达到服务能力基本标准。推进农村"厕所革命",中央和省级财政投入10.16亿元用于新改户厕奖补,全省无害化卫生厕所普及率68.7%,"小三格+大三格""大三格+资源化利用"厕改模式和草粉生态式厕改模式得到农业农村部推广。

【乡村治理】 开展"五星"支部创建,设置支部过硬星、产业兴旺星、生态宜居星、平安法治星、文明幸福星,明确29项重点任务,建立"党员联户、干部包片、支部会商""村报告、乡处理、县办结""农户绑定合作社、合作社绑定龙头企业"等机制,推动基层党支部建设全面进步、全面过硬,引领农村社会治理。以零上访、零事故、零案件村、企事业单位创建为目标,常态化开展"六防六促"(防情感纠纷、促人际和悦,防家庭纠纷、促家庭和睦,防邻里纠纷、促社会和谐,防债务纠纷、促经营和顺,防物业纠纷、促小区和美,防疫灾纠纷、促群众和康),把矛盾纠纷解决在基层、化解在源头。全省平安乡镇(街道)、村(社区)占比动态保持在80%以上,95%以上行政村建立"一约四会",98.57%的村制定村民自治章程,99.58%的村修订完善村规民约。

【能力作风建设】 坚持五级书记一起抓巩固拓展脱贫攻坚成果和乡村振兴,建立省巩固拓展脱贫攻坚成果专班推进机制。39名省级领导干部分别联系30个乡村振兴示范县和38个脱贫县,深入基层宣讲党的二十大精神,帮助解决突出问题和困难。围绕巩固拓展脱贫攻坚成果同乡村振兴有效衔接,河南省委组织开展专项巡视,省纪委监委开展专项监督,省审计厅开展专项审计,省巩固拓展脱贫攻坚成果督查巡察组开展督查和暗访调研,确保工作成效经得起实践检验和群众评判。开展2022年全省巩固脱贫成果后评估,落实奖惩措施,发挥考核的"指挥棒"作用。开展"能力作风建设年"活动,分级分类培训乡村振兴领域干部62.06万人次,打造过硬干部队伍。

（河南省乡村振兴局政策法规处　李　扬）

湖北省

【概述】 2022年,湖北省深入学习党的二十大精神、认真贯彻习近平总书记关于"三农"工作的重要论述和考察湖北重要讲话精神,全面落实中共中央、国务院决策部署,始终把巩固拓展脱贫攻坚成果同乡村振兴有效衔接工作摆在突出位置,坚持以强县工程为抓手,将共同缔造理念贯穿全过程,着力巩固拓展脱贫攻坚成果,牢牢守住不发生规模性返贫的底线,乡村发展、乡村建设、乡村治理取得新进展新成效。2022年,全省脱贫人口人均纯收入达到14705元;28个国家扶贫开发工作重点县农村居民人均可支配收入16188元,增速居全国第一。

【衔接资金项目管理】 创新编制衔接资金项目管理"一本通",创建管理流程、项目入库、项目验收、县级报账、联农带农等21个模板,规范管理流程,提高使用效益。持续加大投入,2022年湖北省累计投入财政衔接资金239.82亿元,其中省级资金48.97亿元。开展统筹整合使用财政涉农资金试点,28个国家扶贫开发工作重点县共整合资金129.85亿元。强力推进项目建设,纳入2022年度实施计划的2.1万个项目已全部开工。

【责任落实】 坚持中央统筹、省负总责、市县乡抓落实的工作机制和党政一把手负总责的工作责任制,坚持五级书记抓巩固拓展脱贫攻坚成果和乡村振兴。湖北省委、省政府先后召开11次省委常委会会议、14次省政府常务会议,第一时间传达、贯彻习近平总书记的重要讲话和重要指示批示精神,研究贯彻落实举措。湖北省委农村工作领导小组发挥牵头抓总、统筹协调作用,定期召开省联席会议,研究部署有效衔接重点工作。湖北省委、省政府分管领导多次召开专题会议,研究部署有效衔接有关具体工作,协调解决矛盾和困难。40位省级领导联系37个乡村振兴重点帮扶县,深入一线解难题、抓督办、促落实。湖北省人大常委会严格开展乡村振兴促进"一法一条例"执行情况检查,省政协通过"协商在一线"行动助推乡村振兴。出台加强产业帮扶联农带农机制建设、低收入群体住房安全动态监测管理、推进移风易俗等有效衔接政策41项,保持主要帮扶政策总体稳定。

【防止返贫动态监测和帮扶】 健全落实防返贫动态监测和帮扶机制。选取10个县进行防返贫动态监测和帮扶机制工作试点。优化识别程序,推广监测户零资料申报等创新经验。扎实组织2轮集中排查整改,做到应纳尽纳、应帮尽帮。截至2022年12月底,全省共有监测对象8.48万户、25.36万人,其中6.16万户、18.11万人已消除返贫致贫风险,占比71.4%。积极应对疫情灾情影响。省市县成立工作专班,建立健全风险防控机制,出台26条举措,577户1695人因灾纳入监测对象范围并得到精准帮扶,9750人因疫返乡脱贫人口得到就近就业安置,有效防范化解风险隐患。

【教育帮扶】 巩固提升乡村教育办学质量。推进学前教育普及普惠发展和义务教育优质均衡发展,全省乡村普惠性幼儿园覆盖率达到85%以上,义务教育巩固率达到98.5%以上。新建、改扩建学校62所,增加学位6万个。健全完善控辍保学机制。脱贫家庭义务教育适龄学生失学辍学实现动态清零，发放中央和省级义务教育家庭经济困难学生补助资金4.5亿元，资助学生58万人。

【"雨露计划"】 严格落实"雨露计划"学生补助政策，对全省脱贫户家庭、监测帮扶对象家庭中符合"雨露计划"职业教育补助条件的子女应补尽补。2022年，全省共落实"雨露计划"职业教育补助资金4.18亿元，补助26.93万人次。

【健康帮扶】 强化基本医保、大病保险、医疗救助三重制度综合保障功能，保持政策范围医疗费用控制、综合报销比例、先诊疗后付费及"一站式"结算等医疗帮扶主要政策总体稳定。除参军、服刑、死亡、失联、动态新增等特殊情况外，全省农村低收入人口和脱贫人口全部纳入基本医保覆盖范围，实现了参保动态全覆盖。对全省特困人员、低保对象、返贫致贫人口严格落实起付线降低50%、报销比例提高5个百分点的大病保险保障政策。规范全省农村低收入人口政策范围内医疗费用，确保住院政策范围内个人自付医疗费用救助比例特困人员达到100%，低保对象和返贫致贫人口不低于70%。持续推进家庭医生签约服务，2022年全省脱贫人口家庭医生签约551万人。

【住房安全】 强化农村低收入群众住房安全保障机制，持续实施农村危房改造补助政策，加强农村低收入人口等6类重点对象住房日常巡查，对动态新增的农村低收入人口唯一住房为C级、D级危房的应改尽改、应补尽补。2022年，全省筹措农村危房改造补助资金1.98亿元，改造农村危房8612户。

【饮水安全】 严格按照国家《生活饮用水卫生标准》(GB 5749—2022)要求，加快推进农村饮水提标升级工程，全省启动实施79个农村饮水安全提标升级重点项目，完成投资51亿元，改善农村供水人口611万人。大力推动农村供水优惠政策落地见效，积极落实农村饮水维修养护资金3.4亿元，已受益2600万人。

【产业帮扶】 大力推动脱贫地区特色产业发展。2022年，全省脱贫地区茶叶面积达437.84万亩、总产量24.91万吨，柑橘面积达166.5万亩、总产量185.2万吨，蔬菜面积达708.26万亩、总产量1149.42万吨，绿色食品企业和有机农产品企业分别达到406家、66家，地理标志企业达到91家。出台湖北省《省委农办关于进一步加强产业帮扶联农带农机制建设的通知》，推动市场主体与农户建立紧密的利益联结机制，让农户深度融入产业链价值链，更多分享产业增值收益。实施培育壮大农业龙头企业"十百千万"工程，新增农业类上市后备"金种子"企业17家、省级农业产业化龙头企业246家。新增地理标志农产品15个，总量达到195个，居中部省份第一、全国第三。2022年，全省37个脱贫县共有农业产业化龙头企业622家、农民合作社15799家、家庭农场5805家，带动脱贫人口225.94万人。高质量发展庭院经济，选取11个县开展庭院经济发展试点，着力打造180个庭院经济示范村、5000户庭院经济示范户，拓宽农户经营性收入增收途径。

【就业帮扶】 强化省际省内劳务协作，落实一次性交通补贴政策，推动脱贫劳动力外出务工就业。大力发展就业帮扶车间，开发乡村公益性岗位，优先吸纳脱贫人口参与以工代赈项目，推动脱贫人口就近就地就业。开展"雨露计划+"就业促进行动，畅通"雨露计划"毕业生从"校门"到"厂门"的"绿色通道"，提高就业率。2022年，全省外出务工脱贫人口216.1万人，达到年度目标的103.7%；公益性岗位安置21.4万人脱贫人口和监测对象；375家帮扶龙头企业带动3.7万人脱贫人口就业，1280家帮扶车间带动2.59万人脱贫人口就业。

【消费帮扶】 2022年,17家中央单位采购25个定点帮扶县农副产品1.34亿元,帮助销售1.63亿元;350家省直定点帮扶单位采购37个乡村振兴重点帮扶县农副产品1.6亿元,帮助销售1.07亿元;43个区域协作结对帮扶市、县采购37个乡村振兴重点帮扶县农副产品2.36亿元,帮助销售2.47亿元;28个国家扶贫开发工作重点县在"832平台"销售农副产品25.25亿元,销售额居全国首位。

【易地搬迁后续扶持】 出台《2022年湖北省易地搬迁后续扶持工作若干措施》,投入资金6.06亿元,累计投放贷款144.68亿元,支持安置区发展基本产业、解决基本就业、保障基本公共服务,推动88.23万名搬迁群众可持续发展。在安置区累计建成配套工业园区133个、农牧业产业基地2436个、商贸物流园区和冷链仓储基地208个、旅游产业项目450个。800人以上安置区均建立就业服务站,32万名搬迁群众实现稳定就业。强化安置区基层党组织建设,建立党群服务中心4964个、自治性组织5350个、党组织3350个,成立物业管理服务中心772个,有效提升安置区治理水平。

【扶贫项目资产管理】 严格落实《湖北省扶贫项目资产后续管理办法(试行)》,开展扶贫资产清理"回头看",进一步摸清资产底数,明晰产权归属,加强运营管护,规范收益分配,推动扶贫项目资产持续发挥效益。全省扶贫项目资产总规模1504.27亿元。已完成全部确权,确权进度100%。截至2022年12月底,全省5646座光伏扶贫电站累计结算发电收入54.01亿元,惠及93个县、3700个脱贫村、26.75万名脱贫户。

【脱贫人口小额信贷】 严格落实脱贫小额信贷政策,确保符合条件有需要的脱贫户应贷尽贷。2022年,全省新增脱贫人口小额信贷35.03亿元,7.62万户获贷。

【中央专项彩票公益金项目】 确定谷城县、秭归县和神农架林区为湖北省2022年中央专项彩票公益金项目示范区实施单位,每个县(林区)各5000万元。各示范区项目已进入全面实施阶段。

【省内区域协作和定点帮扶】 落实乡村振兴重点帮扶县帮扶机制,43个经济强市县落实财政援助资金4.69亿元、帮助引进资金22.14亿元;350家省直单位落实帮扶资金8.71亿元、帮助引进资金31.1亿元。协调17家中央单位落实25个定点帮扶县帮扶项目394个,资金12.83亿元,帮助引进资金32.78亿元。深入推进"万企兴万村"行动,全省共组织动员5721家民营企业和商会组织参与乡村振兴,结对帮扶4451个行政村。

【驻村帮扶】 持续向37个重点帮扶县选派驻村第一书记和工作队,全省共选派驻村第一书记1.77万人、驻村工作队1.2万支、驻村干部4.26万人,总数居全国第二。出台《湖北省驻村工作考核办法(试行)》,督促派出单位、驻村第一书记和工作队员扎实履职尽责,提高驻村帮扶工作质效。

【乡村建设】 湖北省委、省政府研究出台《湖北省乡村建设行动推进方案》,明确17项乡村建设专项任务。坚持规划引领,6453个行政村已形成村庄规划编制成果。建立乡村建设评价体系,对64个县开展评价,带动全省乡村建设有序推进。持续整治提升农村人居环境,农村卫生厕所普及率达到90.2%,农村生活污水治理超额完成年度任务,治理率达到29.51%;常态化推进村庄清洁行动和农村生活垃圾分类处理,完成10396个行政村环境整治,建成乡镇垃圾中转站1160座,配备农村保洁员14.1万人;在两个县创新推进偏远山区小型化分布式垃圾处理设施试点建设,有效解决偏远山区地广人稀、生活垃圾转运成本较高问题。

【农村寄递物流】 出台《关于加快推进农村寄递物流体系建设的实施意见》，着力构建县乡村三级农村寄递物流服务体系。在全省范围内选取12个县开展农村寄递物流试点，推动试点地区实现村级寄递物流综合服务网点全覆盖。截至2022年12月底，全省共建成县级公共配送物流中心75个；建成乡镇综合服务站点4135个，实现乡镇邮政快递站点全覆盖；建成村级综合服务网点17039个，快递服务可覆盖20200个村，分别占全省建制村总数的78.98%和96.1%。

【乡村治理】 坚持党建引领乡村治理促进乡村振兴，全省建成乡镇（街道）综合文化服务中心1299个、村（社区）综合文化服务中心26637个。常态化开展文化惠民活动，农村群众精神文化需求得到更好满足。大力推行积分制、清单制管理，乡村治理专业化水平明显提升。深入推进移风易俗，加强乡村普法依法治理，维护农村社会安全稳定。

【巩固脱贫成果后评估】 对全省17个市（州）、92个有巩固脱贫成果任务的县（市、区）开展后评估，并将评估结果作为市（州）、县（市、区）党委、政府主要负责同志和领导班子综合评价的重要参考，作为市（州）、县（市、区）推进乡村振兴战略实绩考核、高质量发展综合绩效评价和市（州）、县（市、区）党委书记抓基层党建工作述职评议考核的重要内容。2022年湖北省对市县后评估中，12个市（州）、69个县（市、区）获得综合评价"好"等次。

【干部培训】 采取省级示范培训、市级重点培训、县级全员培训等方式，做到市县党委政府分管负责人、乡村振兴局干部、驻村第一书记和工作队培训全覆盖，着力提升各级乡村振兴领域干部履职尽责能力。承办全国健全防止返贫动态监测和帮扶机制培训班和2022年第一期中央单位定点帮扶工作示范培训班。联合浙江大学举办全省乡村振兴"头雁"示范培训班，采取线上线下相结合的方式，培训村党组织书记483名。2022年，全省共举办省级示范干部培训班10期，培训4726人次，指导各地开展乡村振兴干部教育培训6176期，培训68.8万人次。

（湖北省乡村振兴局 李新华）

湖南省

【概述】 2022年，湖南省认真贯彻习近平总书记关于"三农"工作的重要论述精神和中共中央、国务院决策部署，坚持把巩固拓展脱贫攻坚成果同乡村振兴有效衔接摆在突出位置，严格落实"四个不摘"要求，持续加大工作力度，脱贫攻坚成果得到巩固拓展，牢牢守住不发生规模性返贫底线，乡村全面振兴加快步伐。全省脱贫户人均纯收入达到15499元，增长14.4%；脱贫县农村居民人均可支配收入达到14714元，增长8.7%，增速高于全省平均水平1.9个百分点。

【衔接资金投入】 2022年，湖南省中央和省级财政衔接推进乡村振兴补助资金投入119.55亿元。其中，中央财政衔接推进乡村振兴补助资金投入68.25亿元，省本级财政衔接推进乡村振兴补助资金投入51.3亿元。中央衔接资金用于产业发展的比重达55.5%。支持全省40个国家扶贫开发工作重点县整合涉农资金102.3亿元。

【衔接资金管理】 出台《湖南省财政衔接推进乡村振兴补助资金及脱贫县涉农整合资金项目管理操作指南》，细化资金使用方向，规范资金项目资产管理程序。印发《关于进一步做好巩固拓展脱贫攻坚成果和乡村振兴项目库有关工作的通知》，对安排衔接资金的132个县市区开展全覆盖资金项目资产实地核查、惠民惠农财政补贴资金"一卡通"问题专项治理、衔接推进乡村振兴补助资金绩效评价考核。对永顺县、安仁县、宁远县、汉寿县开展落实乡村振兴政策专项审计。

【扶贫项目资产管理】 印发《关于进一步强化扶贫项目资产后续管理的意见（试行）》《关于认真做好扶贫项目资产后续管理"回头看"工作的通知》，组织132个县市区对扶贫项目资产后续管理情况进行"回头看"。2022年，全省扶贫项目资产总数81.95万个，原值1336.21亿元。

【中央专项彩票公益金】 汝城县、溆浦县2021年中央专项彩票公益金项目实地评估结果总体获"A"类，国家乡村振兴局、财政部增加湖南省1个示范区项目，奖励单独获"A"类的汝城县800万元项目资金。桑植县、邵阳县、新化县三县获批实施2022年中央专项彩票公益金支持欠发达革命老区乡村振兴示范区建设项目，国家下拨资金1.2亿元。桑植县、邵阳县、新化县、汝城县共实施项目60个，年底开工率100%，中央专项彩票公益金支出进度84%。

【脱贫小额信贷】 发放脱贫人口小额信贷56.38亿元（含续贷0.83亿元），贷款余额105.29亿元。贷款余额涉及22.96万户，占脱贫户和监测对象户比重12.97%，占有劳动能力的脱贫户和监测对象户比重30.88%。

【湘赣边区域合作示范区建设】 5月，湘赣边区域合作示范区建设推进大会在江西省萍乡市召开，湖南省和江西省在会上签署《湘赣六地市医疗保障部门合作备忘录》等9项合作协议。

【乡村建设行动】 印发《湖南省乡村建设行动实施方案》，提出加强乡村规划建设管理等12项重点任务，全力建设宜居宜业和美乡村。11月，印发《湖南省乡村建设行动工作推进机制》,明确"省领导联系指导、部门联席推进、专项责任落实、加强研究协商、定期调度报告、进行专题培训、强化示范引领"7项机制。

【农村饮水安全】 湖南省共打井13000余口,延伸管网1700千米,实施人工增雨作业1000余次,动员各级抗旱力量约500万人次,出动送水车辆约13万台次,抽灌设备100多万台次,有效保障2100多万名旱区群众生活用水和1800多万亩中晚稻灌溉用水需求,实现全省农村因旱饮水困难应急送水人口全部清零。

【农村"厕所革命"】 完成新(改)建农村户厕55.7万个,农村卫生厕所普及率达到93%;摸排历年新(改)建农村户厕355万余个,发现问题户厕9.5万个并全部整改到位;举办2期全省推进乡村建设行动暨农村"厕所革命"培训班,市县乡村分层培训,培训施工队员、监督人员及县乡村三级业务骨干7.6万人次。

【产业帮扶】 湖南省共识别出有产业发展能力、有产业发展意愿的脱贫户70.22万户和监测户3.66万户,均实现主体带动和产业帮扶措施全覆盖。脱贫地区累计认证"两品一标"农产品1588个,培育市级以上龙头企业1426家,发展农民合作社、家庭农场7.88万家。

【重点帮扶县帮扶】 湖南省乡村振兴重点帮扶县新纳入古丈县、通道侗族自治县2个县,全省共15个乡村振兴重点帮扶县。出台《关于支持15个乡村振兴重点帮扶县跨越发展的意见》,从财政、金融、项目、人才、科技等方面出台系列支持政策,每县安排10家知名民营企业结对帮扶。调整完善省领导联系乡村振兴重点帮扶县制度,15名省委常委、副省长分别联系1个重点帮扶县。省直部门共制定43个政策文件,形成"1+43"实施方案。单独切块6亿元衔接资金,支持15个县巩固拓展脱贫攻坚成果和发展主导产业。15个县生产总值平均增速4.5%,脱贫人口人均纯收入15210元,增速14.1%。

【对口帮扶】 湖南省新增浏阳市对口帮扶通道侗族自治县、宁乡市对口帮扶古丈县,实现省内对口帮扶15个县全覆盖。双方互派挂职干部224名,互派医生、教师、农技等专业技术人才挂职交流551人次。累计向被帮扶地区投入财政(直接)援助、项目支持和社会帮扶资金9.97亿元。

【驻村帮扶】 继续选派12784支工作队、33741名驻村干部参与驻村帮扶,实现脱贫村、易地搬迁安置村、乡村振兴任务重的村、党组织软弱涣散村选派全覆盖。开展驻村帮扶相关业务培训670期,共培训8.4万人次,所有驻村干部年内至少接受1次县级以上培训。

【定点帮扶】 14家中央帮扶单位直接投入湖南省各帮扶县资金约13.97亿元,引进各类资金约11.4亿元,实施产业发展、公共基础设施、教育、医疗等联农益农、民生项目。

【消费帮扶】 湖南省共有消费帮扶专区214个,总销售额14.49亿元;消费帮扶专馆204个,总销售额11.21亿元;消费帮扶专柜11335个,总销售额0.5亿元。通过"832平台"、省消费帮扶公共服务平台和省政府采购电子卖场乡村振兴馆"两台一馆",共销售脱贫地区农副产品9.13亿元。

【"万企兴万村"】 湖南省启动"帮扶千村 破零倍增"和"民企兴县 跨越同行"两个专项行动,分别组织民营企业结对帮扶1000个集体收入"空壳村""薄弱村",组织150家知名民营企业、15家省级商协会帮扶15个县。民营企业、商协会与15个县签订帮扶协议85个,已实施项目43个,投入资金近1亿元;全省2000多家民营企业和商协会结对帮扶1800多个村,全年投资落地40亿元。

【易地搬迁后续扶持】 湖南省开展易地

扶贫搬迁群众就业帮扶专项行动,易地扶贫搬迁户中有就业意愿劳动力已就业30.35万人,实现全省有劳动能力且有就业意愿的易地搬迁户每户至少1人就业。

【乡村治理】 湖南省共创建10个省级乡村治理示范乡镇、50个省级乡村治理示范村。衡阳市耒阳市"用好'湾村明白人' 管好湾村那些事"、永州市零陵区"建立'五基'机制 开展'六自'互助"入选第四批全国乡村治理典型案例。

【危房改造】 湖南省完成17243户农村危房改造,及时将新田县"10·17"山火中损毁的农房纳入危房改造任务,并按期完成房屋修缮。

【隆回县摘牌验收】 湖南省隆回县被国家列为巩固拓展脱贫攻坚成果同乡村振兴有效衔接工作挂牌督办县。4月,湖南省印发《隆回县防止返贫监测帮扶专项整改摘牌验收方案》,省领导多次调度并到隆回县调研指导,省乡村振兴局成立工作专班开展具体业务指导。9月,综合核查组和第三方评估组赴隆回县开展摘牌验收。

【就业帮扶】 湖南省脱贫劳动力(含监测对象)外出务工250.75万人,完成年度目标的108%。建成帮扶车间、基地等就业载体7841个,吸纳10.24万名脱贫劳动力就地就近就业。开发公益性岗位安置脱贫劳动力和监测对象16万人,有就业能力的零就业家庭持续动态清零。将稳岗补贴标准由1000元/人提高至2000元/人,全省6451个帮扶车间吸纳脱贫劳动力(含监测对象)6.45万人,帮扶车间享受奖补9384.63万元。

【社会保障】 湖南省86.4万名脱贫人口和23.5万名防止返贫监测人口被纳入农村低保、特困人员供养兜底保障范围。全省农村低保平均标准达到5593元/年,农村特困人员供养标准达到6931元/年。

【防贫机制】 2022年,湖南省将全省监测范围内的收入标准调整为6900元,累计识别监测对象17.5万户44.7万人,户均享受帮扶措施3.8个,风险消除率47.6%,全年因灾纳入监测对象562户1702人。

【"雨露计划"】 湖南省继续对脱贫家庭(含防止返贫监测对象家庭)子女落实"雨露计划"职业教育补助,按照每生3000元/年的补助标准,共资助学生37.12万人次,资助金额5.58亿元。

【致富带头人培训】 湖南省共举办乡村振兴致富带头人培训班61期,培训学员8642人。其中,乡村建设型学员2936人、产业发展型学员2881人、乡村治理型学员2825人。

【教育帮扶】 湖南省持续抓好控辍保学和教育资助工作,累计劝返义务教育阶段辍学学生2103人(含原建档立卡户等家庭经济困难学生711人);落实义务教育阶段家庭经济困难学生生活补助资金9.16亿元,资助学生231.09万人次(含原建档立卡户等5类学生约145万人次)。

【健康帮扶】 湖南省基本医疗保险参保对象6558.4万人,覆盖率达99.04%;脱贫人口、监测对象等特殊困难群众参保率达100%。加强对因病存在返贫致贫风险对象的排查和识别,因病纳入防止返贫监测对象27723户89283人。

【干部培训】 湖南省共举办各类培训班1861期,培训乡村振兴干部504506人次,其中省级层面组织培训126期,培训人员29697人次,市县层面组织1735期,培训人员474809人次。

【乡村振兴公益事业】 湖南省乡村发展基金会全年募集社会公益资金626万元。探索实施专项基金新模式,制定《湖南省乡村发展基金会专项基金管理办法(试行)》,设立第一个专项基金,由大汉控股集团出资成立"红汉子"专项基金。

【光伏帮扶】 湖南省共有村级、联村光伏帮扶电站3297个，总装机规模38.51万千瓦，总发电量35773.37千瓦·时，收入总额28731.19万元，结算电费总额16006.98万元。

【乡村振兴立法】 2022年11月23日，湖南省十三届人大常委会第三十四次会议通过《湖南省乡村振兴促进条例》，自2023年1月1日起施行。《湖南省乡村振兴促进条例》共25条，是湖南省第一部促进乡村振兴的地方性法规。

【乡村振兴宣传】 湖南省在中央和省内主流媒体刊发巩固脱贫攻坚成果和乡村振兴稿件15000余篇。推出12集湖南全国脱贫攻坚交流基地外宣双语纪录片《精准扶贫的力量》。数十篇稿件在《人民日报》、新华社等中央主流媒体的头版、头条刊播。先后3次组织召开乡村振兴领域新闻发布会，连续2年承办中共中央对外联络部举行的以"中国脱贫攻坚成就"为主题的线上研讨会，承办全国脱贫攻坚交流基地建设及国际传播能力提升培训班。

（湖南省乡村振兴局　肖坤林）

广东省

【概述】 2022年,广东省牢牢把握新时代"三农"工作的历史方位和战略定位,深入实施《中共中央 国务院关于做好2022年全面推进乡村振兴重点工作的意见》《乡村振兴促进法》和乡村振兴责任制,把巩固拓展脱贫攻坚成果同乡村振兴有效衔接工作作为重中之重,紧紧围绕守住确保国家粮食安全和不发生规模性返贫底线,聚焦乡村发展、乡村建设、乡村治理重点任务,确保农业稳产增产、农民稳步增收、农村稳定安宁。2022年,全省农林牧渔业总产值8890.56亿元,第一产业增加值5340.36亿元。农村居民人均可支配收入23598元,城乡居民收入比进一步缩小。全省防止返贫动态监测和帮扶机制不断完善,不发生规模性返贫底线牢牢守住,驻镇帮镇扶村工作成效持续显现,东西部协作年度指标任务超额完成,产业、劳务、消费等协作持续走在全国前列。现代乡村产业体系不断完善,预制菜、乡村旅游等新产业蓬勃发展,现代化海洋牧场、设施农业、农业微生物等新赛道方兴未艾;农村人居环境持续改善,基础设施和公共服务水平进一步提升,乡村治理积分制、清单制实践全面推开,建设宜居宜业和美乡村实现顺利开局。"政银保担基企"金融支农格局巩固拓展,各类民营企业积极投身精准帮扶和乡村振兴事业,社会力量帮扶精准对接机制不断健全。

【防止返贫动态监测和帮扶】 制定印发《广东省2022年防止返贫动态监测和帮扶工作要点》,明确年度监测标准范围和退出程序及帮扶措施。针对部分低保脱贫户退保问题,联合广东省民政厅印发《关于进一步做好社会救助兜底保障成果与乡村振兴有效衔接工作的通知》,推动落实脱贫人口政策,健全脱贫人口监测帮扶机制与民政部门低收入人口监测救助机制紧密衔接。全面建立"基层主动排查+群众自主申报+系统监测预警"的防止返贫动态监测机制,对脱贫人口特别是"三类监测对象"(脱贫不稳定户、边缘易致贫户、突发严重困难户)实现信息汇聚、常态监测、快速预警,做到及时干预、精准救助、综合帮扶,为"三类监测对象"全部购买防返贫保险,对无劳动能力的监测户落实兜底保障。组织开展2021年度巩固脱贫成果后评估,联动第三方机构优化样本抽取方式,及时将发现问题反馈给有关地市,督促完成整改;组织开展2021年度乡村振兴战略实绩考核,以乡村振兴数据运营工作平台为依托,搭建乡村振兴考核系统,实现考核无纸化、网格化,从严从实推动各地责任、政策和工作"三落实"。深入实施"粤菜师傅""广东技工""南粤家政"3项工程和高素质农民培育工程、农村电商工程、"乡村工匠"工程,力保脱贫劳动力稳岗增收。截至2022年12月底,全省脱贫人口54.57万户145.71万人,家庭人均可支配收入达17442元。"三类监测对象"2890户13719人,家庭人均可支配收入14505元,超出年度监测基准(9920元)46.22%。全省有劳动能力脱贫户实际转移就业44.07万人,家庭人均可支配收入19240元。

【驻镇帮镇扶村】 先后制定《关于加强驻镇帮镇扶村工作队管理的通知》《广东省乡村振兴驻镇帮镇扶村工作指引(2022年)》《关于

明确全省乡村振兴驻镇帮镇扶村工作职责任务的通知》等文件,细化工作任务,明晰目标要求,压实工作责任。组织开展各类培训班,加强驻镇帮镇扶村工作队队员能力素质培训,释放科技特派员、金融助理等专业人才和大学生志愿者的帮扶潜力。组织开展全省百份优秀乡村振兴调研报告和优秀镇域乡村振兴规划评选活动,大力推广先进工作经验,筛选编印《广东驻镇帮镇扶村典型案例(2022年)》,系统总结各地各工作队推进乡村振兴驻镇帮镇扶村工作的好思路好做法,着力推动驻镇帮扶工作深入开展。截至2022年年底,全省共有7000多个组团单位向1190个乡镇街道(林场)派驻帮扶工作队,在岗驻镇帮镇扶村队员17679名(含党政机关和企事业单位干部、农村科技特派员、"三支一扶"人员、高校毕业生志愿者、金融助理),其中持续向乡村振兴任务重的村、红色村、集体经济薄弱村、党组织软弱涣散村选派驻村第一书记4000余名,全域全覆盖推进乡村振兴。工作队联合所在镇和有关部门充分借助帮镇扶村机制,以产业帮扶、消费帮扶和就业帮扶为载体,累计引入7488家企业到帮扶地区,投资总额达650亿元,带动低收入人口28.7万人就业增收。强化消费帮扶助力产销衔接,累计带动帮扶地区农产品销售43.9亿元。通过组织定向募捐、项目认捐、捐资助学、医疗救助等活动,向帮扶地区累计捐款98亿元、捐物折款15.8亿元。901个农村科技特派员团队累计服务带动农户超3万户,为当地引进新品种超610件、推广新技术超820项,形成一批可复制可推广的科技服务成果。中国农业银行广东省分行选派1000余名金融助理,县域贷款、涉农贷款2022年分别增加605亿元、517亿元。

【东西部协作】 坚持聚焦守底线、抓发展、促振兴,全力推动东西部协作各项工作落细落实。持续加大国家乡村振兴重点帮扶县支持力度,深入推进协作共建现代农业产业园、农村劳动力稳岗就业基地,创新开展粤企入桂、入黔"双百"行动,加快推动"桂品入粤""黔货出山"。2022年,共向广西、贵州两省区拨付财政援助资金52.75亿元,新增粤企入桂、入黔933家,实际到位投资446.57亿元,协作共建产业园区209个,其中农业产业园140个,引导570家企业入园、实际到位投资213.08亿元。在广西、贵州累计认定粤港澳大湾区"菜篮子"基地236个、供深农产品基地159个,认证"圳品"131个,共采购、销售广西、贵州农畜牧产品和特色手工艺产品420.43亿元。坚持以协作共建"一县一企"农村劳动力稳岗就业基地为切入点,兜底保障脱贫人口稳岗就业,新增帮助14.17万名广西、贵州籍农村劳动力转移来粤就业,其中脱贫劳动力8.52万名。2022年在中央东西部协作考核评价中,广东获综合评价"好"等次。

【乡村产业发展】 锚定农业强省建设目标,着力构建高品质、多主体、可持续、共繁荣的现代乡村产业体系。制定出台《广东省乡村产业发展规划(2021—2025年)》《广东省乡村休闲产业"十四五"规划》等一批规划,系统性指引岭南特色产业、农产品加工业、乡村休闲产业等优化升级,推进乡村产业全面振兴。优势特色产业集群、现代农业产业园、农业产业强镇等建设富有成效,全省累计建设9个国家级优势特色产业集群、18个国家现代农业产业园、75个农业产业强镇。农业全产业链加快延伸融合,预制菜等产业成为热点,农产品精深加工成为产业增值驱动力;成立广东省乡村休闲产业发展智库,休闲农业与乡村旅游年接待1.31亿人次,农业多种功能、乡村多元价值得到进一步开发。累计创建全国休闲农业重点(示范)县(市、区)13个,中国美丽休闲乡村52个,省级休闲农业与乡村旅游示范镇(点)700个。持续开展"12221"市场体系建设，先后发起迎春网络年货节、"飞渡计划"、年鱼经济等系列活动，助力荔枝、菠萝、柚子、水产等农产品销售实现产销两旺、量价齐升。全省省级以上农业龙头企业1403家，农民合作社5.4万家，纳入名录管理系统的家庭农场近16万家。

【农村人居环境整治提升】 持续推进农村人居环境整治提升五年行动，重点抓好农村"厕所革命"、生活垃圾和污水治理、村容村貌提升。牵头印发《广东省农村厕所改造建设技术指南（试行）》《关于建立健全农村厕所长效管护机制的指导意见》等文件，规范全省农村厕所建设改造标准，明确了长效管护机制。2021年4月，开展农村厕所问题摸排整改，2022年开展相关"回头看"工作。截至2022年年底，全省农村无害化卫生户厕普及率达96%。全省农村生活垃圾治理基本建立"村收集、镇转运、县处理"收运处置体系，在运行的农村生活垃圾镇级转运站1538座，村收集点32.6万个。全省自然村生活污水治理率为53.4%，设施正常运行率为82.2%。各市治理水平进一步提升，均制订落实农村生活污水治理攻坚行动方案，涉农县（市、区）实现农村生活污水治理专项规划和运维管理制度全覆盖，中山市成功入选全国农村黑臭水体治理试点城市。坚持以"三清三拆三整治"为抓手持续推进村庄清洁行动。全省开展"三清三拆三整治"自然村15.3万余个，覆盖率达99.8%，广州市从化区、韶关市仁化县、梅州市梅县区、河源市东源县被农业农村部、国家乡村振兴局通报表扬为2022年全国村庄清洁行动先进县。广州市增城区获国务院农村人居环境整治督查激励。

【乡村风貌管控】 广东省继续加强农房管控和乡村风貌提升，通过设置村入口标志，推进既有农房外立面改造，对新建农房提供图集指引，指导各地开展既有农房整治和新建农房建设。2022年，广东省住房和城乡建设厅编制印发《岭南新风貌·广东省农房设计方案图集》，指导各地因地制宜开展具有地域特色的农房设计图集修编，免费提供给新建农房村民选择使用。结合乡村振兴示范带主题，打造具有广府、潮汕、客家、雷州地区及瑶、畲等少数民族地域文化特色的新时代乡村建筑风貌，实现农房色彩、风格与村庄整体风貌协调。与广东省住房和城乡建设厅等部门联合印发《促进农房外立面改造相关消费提质升级工作方案》，把扩大农村消费需求与提升农村消费能力有机结合，多措并举促进农房外立面改造相关消费提质升级，显现岭南特色的新时代广东乡村风貌。

【村内道路建设】 广东省人民政府印发《关于印发2022年省十件民生实事分工方案的通知》，将"攻坚村内道路建设"列入省10件民生实事，全面落实纳入乡村振兴规划建设的自然村内干路路面硬化工作。2022年，全省开展攻坚自然村村内干路建设，制订出台《广东省2022年农村村内道路建设民生实事办理方案》，明确工作目标、重点工作、责任分工和保障措施。通过拍摄教学视频、编写工作指引、开发"村路通"信息系统建档立卡、调研督导等形式，提高村内道路建设的技术性、规范性和可操作性，有效推进村内干路建设。截至2022年年底，新增完成村内干路硬化建设1.1万余千米。

【乡村治理】 坚持以党建引领乡村治理，省市县三级乡村治理领导体系不断完善，推动农村社会既充满活力又拥有良好秩序。健全完善乡村治理联席会议、年度要点任务分工、乡村振兴战略实绩考核、工作报告考评等工作机制，印发《2022年全省乡村治理工作要点》，制定出台《关于在乡村治理中推广运用积分制的指导意见》《关于在乡村治理中推广运用清单制的指导意见》。落实新一轮基层党建三年行动计划,实施"头雁"工程和南粤党员先锋工程,深化抓党建促乡村振兴示范县创建。持续加强对驻村第一书记管理工作,全省村党组织书记、村委会主任和村经济合作社长"一肩挑"比例达99.6%。积极推广运用积分制、清单制,率先开展农村移风易俗突出问题专项治理试点、村级议事协商创新实验试点,持续开展乡村治理示范创建活动,推动乡村治理能力现代化水平不断提升。全省村规民约修订完善率100%,各县(市、区)制定村级小微权力清单完成率达90%,建成新时代文明实践中心2.8万个,96.83%的行政村达到县级以上文明村创建标准,45个村、437个村分别被评为全国和省级民主法治示范村。不断探索"民情地图"构建"大数据+网格化+群众路线"的"田字型"社会治理模式,推动"数字赋能"化解社会矛盾。

【金融帮扶】 坚持管好用好财政资金,持续扩大金融服务合作面和覆盖面,扎实为全面推进乡村振兴和建设农业强省提供金融支持。印发广东省乡村振兴专项债工作方案,明确乡村振兴专项债投资十大方向,全年乡村振兴领域专项债券发行额达492.9亿元。推进成立社团法人组织广东省金融支农促进会,首批会员包括省内主要金融机构在内共88家,打造"政银保担基企"全方位金融支农大格局。持续打造"广东乡村振兴板",积极组织高质量涉农企业入库上板,截至2022年年底,已聚集挂牌展示企业236家,70家企业获6家银行近23亿元融资授信,39家企业实现银行融资超5.5亿元,10家企业获得股权融资超18.51亿元。研究制订省乡村振兴融资风险补偿金试点工作方案,充分发挥财政资金的撬动激励作用,推出由"政府+银行"参与风险分担的专项信贷产品,构建市场运作为主、政府引导的多层次、全方位农业融资服务体系。持续开展信贷直通车和小额信贷支持推进乡村振兴,确定广东省信贷直通车13家支撑银行和"自主点单"服务模式。深入推进农业保险扩面、增品、提标,积极协调保险理赔快赔保生产,2022年农业保险保费收入达到81.4亿元,为农业生产提供2674.89亿元风险保障。

(广东省农业农村厅扶贫规划处 许志豪)

广西壮族自治区

【概述】 2022年,广西壮族自治区深入学习宣传贯彻党的二十大精神及习近平总书记关于"三农"工作的重要论述,全面贯彻落实中共中央、国务院的重要决策部署,把做好巩固拓展脱贫攻坚成果同乡村振兴有效衔接工作作为首要任务,作为深刻领悟"两个确立"、做到"两个维护"的重大政治检验,紧紧围绕"三个转向",聚焦《中共中央 国务院关于做好2022年全面推进乡村振兴重点工作的意见》,守底线、抓发展、促振兴,大力弘扬脱贫攻坚精神,采取超常规措施,牢牢守住不发生规模性返贫底线,脱贫攻坚成果持续巩固拓展、乡村全面振兴扎实有效推进。

【衔接资金投入】 广西各级投入财政衔接资金227.15亿元。其中,中央财政衔接资金113.33亿元(包括巩固拓展脱贫攻坚成果和乡村振兴任务104.18亿元、以工代赈任务1.8亿元、少数民族发展任务6.75亿元、欠发达国有农场巩固提升任务1745万元、欠发达国有林场巩固提升任务4267万元),自治区本级财政衔接资金64.64亿元,市县级财政投入衔接资金49.18亿元。广西投入33个国家扶贫开发工作重点县(滇桂黔石漠化片区县)的中央财政衔接资金64.34亿元,占当年中央财政衔接资金投入总量的56.8%。

【资金项目管理】 保持财政投入力度不减,筹措安排各级财政衔接资金227.15亿元,54个县统筹整合涉农资金120.61亿元。加强脱贫人口小额信贷发放管理,全年新增发放贷款51.68亿元,贷款余额195.22亿元,新增放贷量和贷款余额排名全国前列。加快巩固脱贫攻坚成果和衔接乡村振兴项目实施,年度项目全部开工,完工率97.23%。

【组织建设】 严格落实"五级书记"抓乡村振兴机制,实行党政领导遍访脱贫地区、脱贫群众工作制度,推动县级党政主要领导把主要精力放在有效衔接工作上。强化基层干部帮扶责任,共选派1.9万多名驻村干部(其中2022年新增选派2283名)扎根村屯,组织1.7万名离任驻村干部开展"三回头"(回头看、回头访、回头帮)行动。

【脱贫人口持续增收】 实施脱贫人口增收三年行动,聚焦强化产业支撑带动、拓宽就业创业渠道、提高兜底保障标准、用活乡村资源资产、促进农业生产降本增效"五点发力"。组建自治区、市、县三级增收工作专班,常态化监测分析脱贫人口收入数据,发现问题及时预警,并分类分项制定增收措施、因户因人制订增收计划,做到"一户一策"。加强收入数据分析调度,推动各行业部门在生产经营净收入、工资性收入、转移性收入等方面完善增收政策,督促各地落实、落细帮扶措施。统筹做好脱贫人口收入等信息采集。2022年,脱贫人口人均纯收入达到15029元,脱贫人口收入与农村居民收入的差距进一步缩小。

【"三保障"和饮水安全】 强化市、县落实"双线四包"和联控联保责任,严格落实送教上门,义务教育阶段辍学学生保持动态清零;摸清各学段学校脱贫家庭学生底数,共下达各学段学生资助资金78.6亿元,资助学生约426万人次。调整优化脱贫人口医疗保障政策,实施脱贫人口参保资助渐退政策、大病专项救治政策,家庭医生签约服务继续全覆盖脱贫人口,医保实现应保尽保、大病救治率达99%。健全农村低收入群体住房安全保障长效机制,深入推进农村房屋安全隐患排查和自建房安全专项整治,实施农村危房改造5502户。加快推进农村供水工程建设,落实建设资金28.47亿元,提高378.7万人的供水保障水平。

【防止返贫动态监测和帮扶】 实施贯穿全年的"防返贫 守底线"专项行动,先后2次开展集中大排查,组织各级帮扶干部进村入户,对广西1128万户农户进行全覆盖大排查,对存在返贫致贫风险的农户应纳尽纳。构建"线上网络化、线下网格化"工作机制,组建自治区市县三级防止返贫监测工作专班和1.5万名防止返贫监测信息员队伍、3.15万名村级防止返贫监测网格员,实施常态化监测排查。根据监测对象的返贫致贫风险和发展需求,"一户一策"制订帮扶计划,帮助尽快消除风险。截至年底,累计纳入防止返贫监测对象51.67万人,经帮扶已有33.92万人稳定消除风险。

【产业帮扶】 出台农业产业振兴三年行动方案,着力构建"10+3"现代特色农业产业体系,突出打造优势特色产业集群、现代农业产业园。指导54个脱贫县编制特色产业发展规划。截至2022年年底,投入产业发展的各级财政衔接资金119.47亿元,其中中央衔接资金投入产业占比超过55%。加强经营主体培育,强化联农带农机制,因地制宜发展高质量庭院经济,推行和完善订单联结、股份联结、服务联结、产业融合联结等利益联结机制,累计培育农民合作社6.2万个、家庭农场11.99万个,共有37.76万户脱贫户(含监测对象)通过新型经营主体和产业示范基地(园)带动获得产业收益。

【就业帮扶】 落实带动就业主体扶持、脱贫劳动力跨省就业交通补助等政策,向98.76万名脱贫劳动力(含监测对象)发放3.89亿元跨省就业交通补助。2022年年底,广西脱贫人口务工规模达289.07万人,完成国家下达任务的107.78%。扶持就业帮扶车间发展,建立帮扶车间联系制度,4261个就业帮扶车间吸纳脱贫人口就业5.99万人。加大乡村公益性岗位统筹开发力度,创新开发乡村建设公益性岗位,乡村公益性岗位共安置26.36万人脱贫人口上岗。实施"雨露计划+"就业促进行动,29所技工院校与44个乡村振兴重点帮扶县、8000人以上大型易地搬迁安置区结对实施技能帮扶,助力脱贫人口稳岗就业。

【易地扶贫搬迁后续扶持】 强化易地搬迁安置区招商引资,因地制宜发展易地搬迁后续扶持产业。2022年,投入各级衔接资金9.4亿元,实施易地搬迁后续扶持项目204个;投入乡村振兴补助资金1.87亿元,实施47个后续扶持项目;争取银行贷款80.23亿元,支持安置区后续扶持项目118个。实施搬迁群众就业帮扶专项行动,帮助32.42万人搬迁脱贫人口(含监测对象)务工,实现15.87万户有劳动能力且有就业意愿的搬迁户每户1人以上就业。抓好安置区治理体系建设,506个易地搬迁安置区全部落实县领导包点责任制、全部选派驻村工作队。

【乡村振兴重点帮扶县扶持】 组织编制自治区本级国家乡村振兴重点帮扶县实施方案和44个乡村振兴重点帮扶县实施方案,明确39条支持政策措施,协调区直相关部门出台完善支持政策,按照"一县一案""一县一表"实行挂图作战,从财政、金融、土地、人才、产业、政策等方面倾斜支持。2022年,共安排44个乡村振兴重点帮扶县财政衔接资金117.22亿元,实施1.1万个"补短板促发展"项目,安排资金量占自治区总量的65.86%。

实施"万企兴万村"倾斜支持乡村振兴重点帮扶县专项行动,累计组织1.87万家民营企业结对帮扶1.11万个行政村,其中2607家民营企业结对帮扶国家乡村振兴重点帮扶县的2543个村和实施区属企业"一企包一村"项目，年内各企业共投入帮扶资金10.12亿元。

【粤桂东西部协作】 创新成立"粤桂高质量职教就业联盟"，提高广西农村劳动力的职业技能和就业质量，首批成员单位已发展到21家，共筹集资金1895万元，免费培训1277人。帮助广西农村劳动力（含脱贫劳动力）实现就业75.32万人（脱贫劳动力37.12万人）。积极在资金、人才、项目、政策等方面向重点帮扶县和易地扶贫搬迁集中安置区倾斜更多帮扶资源，其中投入重点帮扶县10.93亿元、易地扶贫搬迁集中安置区3.3亿元，共实施帮扶项目236个。坚持消费帮扶与产业发展相结合，累计建成159个供深农产品基地、37个供粤港澳大湾区"菜篮子"生产基地，131个农产品获得"圳品"认证，协调广东采购、帮助销售广西农畜产品和特色手工艺产品超过220亿元。

【定点帮扶】 对接做好25家中央单位定点帮扶广西28个县工作，加强与中央单位选派干部沟通联系，共同谋划推动中央定点帮扶工作。各中央单位领导干部到定点帮扶县考察调研126人次，累计选派帮扶干部64人，其中28人挂任定点帮扶县委常委、副县长，21人挂任定点村驻村第一书记；开展各类干部人才培训324期，共培训乡村振兴干部人才2.42万人、群众2.89万人。向定点帮扶县直接投入和引进帮扶资金17.28亿元，实施帮扶项目519个，打造乡村振兴示范点33个，其中投入基础设施改善资金2.63亿元，投入产业帮扶资金2.85亿元、教育帮扶资金1.94亿元。共带动农村劳动力务工就业1.98万人，其中脱贫劳动力1.02万人。动员中央单位购买帮扶地区农产品2.29亿元，帮助销售帮扶地区农产品1.55亿元。

【应对疫情灾情】 强化对脱贫地区的疫情监测，及时组建成立应对疫情影响工作专班，实行分片包干调研督导制度，自治区先后出台支持疫情防控重点地区巩固拓展脱贫成果"14条"、支持百色市复工复产稳增长"27条"、积极应对疫情影响巩固拓展脱贫成果"26条"等特殊政策措施。积极应对洪涝、干旱等多发频发自然灾害影响，及时组织开展遭受洪涝、干旱等灾害地区防止返贫监测对象排查认定，对受灾后生活陷入严重困难的群众，通过"绿色通道"先行救助并落实帮扶措施，从政策、资金项目和物资等方面支持受灾群众快速恢复生产生活，没有因为疫情灾情出现规模性返贫和群众致贫。

【乡村建设】 持续开展"乡村规划师"服务，编制"多规合一"实用性村庄规划，2022年新完成1377个行政村（约1.2万个自然村）的村庄规划编制，累计完成3000多个。"四位一体"统筹推进农村"厕所革命"、生活污水治理、生活垃圾治理及村容村貌提升，从严从实组织开展农村户厕问题摸排整改"回头看"，农村卫生厕所普及率高于全国平均水平；积极推广"三个两、无动力、低成本"农村黑灰污水治理模式，加快推进农村污水处理设施建设和农村黑臭水体治理；健全农村生活垃圾收运处置体系，完成44个乡镇（片区）垃圾转运设施、101个村级垃圾处理设施项目建设，行政村生活垃圾收运处置体系覆盖率保持在95%以上；因地制宜拓展"三清一改"内容，引导农民群众改变不良习惯，推进村庄清洁行动常态化。

【乡村治理】 深入推进抓党建促乡村振兴和基层党建"五基三化"攻坚年行动，评选命名第五批星级村党组织1700个。加强农村精神文明建设，大力培育和践行社会主义核心价值观，深入农村开展理论宣讲5万余场，引导农村党员群众听党话、感党恩、跟党走。开展"推进移风易俗·助力乡村振兴"新时代文明实践志愿服务活动。积极推广清单制、积分制、数字化治理等模式，推进34个乡村治理示范村创建，全广西清单制、积分制已推广覆盖超过1500个村（自然村）。

【外资帮扶】 世界银行贷款广西贫困片区农村扶贫试点示范项目利用世界银行贷款资金1亿美元，国内配套资金约0.68亿美元（中期调整后）。该项目覆盖百色市和河池市10个项目县139个行政村，涉及建档立卡脱贫人口8.8万人。截至2022年年底，累计完成项目资金8.66亿元。其中，国内配套资金4.3亿元，世界银行资金4.36亿元。世界银行结果导向型贷款广西扶贫示范项目于2018年年底正式生效实施（建设期至2021年），2022年圆满完成世界银行结果导向型贷款广西扶贫示范项目总结评估工作，获得世界银行团队的"高度满意"评价，在广西实施的世界银行贷款扶贫领域项目综合评价中创历史新高。

【国际减贫交流合作】 承办第16届中国—东盟社会发展与减贫论坛。2022年6月28日到7月1日，由国家乡村振兴局和广西壮族自治区人民政府联合主办、中国国际扶贫中心和广西壮族自治区乡村振兴局联合承办的第16届中国—东盟社会发展与减贫论坛以线上、线下相结合的方式在南宁举办。来自东盟10个国家政府相关部门官员、8个国际机构和地区组织代表、7个东盟国家驻华使领馆外交官，以及国内外专家学者、企业、媒体代表和东盟国家在华留学生参会。完成第19届中国—东盟博览会乡村振兴成果展布展工作。9月16—19日，举办第19届中国—东盟博览会广西乡村振兴成果展，集中展示广西巩固拓展脱贫成果全面振兴乡村、国际减贫合作、粤桂协作、市县乡村振兴的丰硕成果等内容，共有600余种展品参展。

（广西壮族自治区乡村振兴局　文湘林）

海南省

【概述】 2022年，海南省深入学习贯彻党的二十大精神和习近平总书记关于"三农"工作的重要论述及视察海南的重要讲话精神，把巩固拓展脱贫攻坚成果、全面推进乡村振兴作为政治责任，加强部署、强力推进。海南成立由书记和省长任双组长的省委实施乡村振兴战略领导小组，紧盯巩固衔接，省委、省政府共召开24次常委会、常务会、领导小组会、专题会等重要会议研究推进有关工作。省政府召开专题会议，学习领会习近平总书记提出的推进产业生态化和生态产业化的重要指示，在做强做大有机农产品生产、乡村旅游、休闲农业、非物质文化遗产传承等方面进行研究部署。省人大常委会就乡村振兴工作开展专题调研，提出一系列意见建议。围绕槟榔问题开展深入调研，就巩固衔接工作向中国人民政治协商会议全国委员会提交专项提案。根据2022年巩固拓展脱贫攻坚成果同乡村振兴有效衔接重点工作及国家考核评估关注的重点，结合"能力提升建设年"暨深化拓展"查堵点、破难题、促发展"活动，专门策划开展全省乡村振兴大比拼活动，印发《海南省2022年乡村振兴大比拼活动方案》，科学设置"六比"的比拼内容和指标（比监测帮扶、比持续增收、比整改销号、比项目推进、比双向熟悉、比工作亮点），采取亮点展示、市县交叉检查两种方式，全面检查验收问题整改成效及重点工作推进情况。

【衔接资金投入】 2022年，海南省出台一系列政策性文件，完善过渡期衔接资金使用管理顶层设计。印发《关于加强衔接推进乡村振兴补助资金使用管理的实施意见》《海南省衔接推进乡村振兴补助资金绩效评价及考核办法》《海南省农村集体资产管理暂行办法》，用足用好衔接资金，保障农民增收。2022年中央下达衔接资金到县规模20.3亿元（不含海南省林业和草原局、海南省农垦投资控股集团有限公司主管的在省本级列支的衔接资金），省级预算安排衔接资金13.7亿元，市县安排衔接资金7.6亿元，衔接资金共计41.6亿元，资金安排率100%，全部安排到具体项目。其中，中央衔接资金安排产业项目14.3亿元，占比70.2%，18个市县安排产业项目资金占比均达到55%以上且不低于2021年度占比。

【防止返贫动态监测和帮扶】 巩固动态监测机制。完善农户自主申报、基层干部排查和部门筛查预警方式，明确从发现风险线索到完成识别认定程序原则上不超过15天，对所有农村人口、重点区域、重点关注对象实行全覆盖动态监测和筛查，确保应纳尽纳、应帮尽帮。建立收入研判机制。"五级研判"，即帮扶联系人月采集、村级月会审、乡镇月审核、县级月会商、省级月调度，及时精准筛选收入有下降趋势农户，逐户进行分析研判，找出收入短板，制订施策方案，确保农户增收。调整完善帮扶机制。为确保及时消除监测对象返贫致贫风险，明确完成识别程序后村级10天内完成帮扶计划和帮扶措施申报，对于因灾因意外事故出现返贫致贫风险的，生活陷入严重困难事实清楚的，开启"绿色通道"先行救助帮扶再履行识别认定程序。全年新识别监测对象4118户15786人，消除风险3739户14857人，未发生新增返贫致贫。

【"两不愁三保障"】 义务教育保障方面，推进控辍保学从动态清零转向常态清零，及时发放教育特惠性资助，全年共发放2.38亿元，受益学生20.03万人次。基本医疗保障方面，规范农村脱贫人口30种大病专项措施，脱贫患者救治率管理率100%，实现应治尽治；全省脱贫人口家庭医生签约率99.23%，基本做到应签尽签、应管尽管；脱贫不稳定户、边缘易致贫户、突发严重困难户住院报销比例93.38%；全省脱贫人口及监测对象参保率100%。住房安全保障方面，积极开展农村低收入群体危房改造，全省农村危房改造任务683户，按照应改尽改原则，将动态新增农村低收入群体危房也列入年度改造计划，全年实际完成农村危房改造1062户，超额完成年度任务。饮水安全保障方面，组织对监测对象和重点人群、特殊群体供水保障情况开展全面排查，全省共排查供水管网管护不到位146处并全部完成整改，脱贫户和监测对象饮水均达到现行安全标准。

【产业帮扶】 完善产业发展推进机制。省级产业帮扶工作专班牵头，开展产业帮扶项目顶层谋划、分区域指导和督促检查。全省共安排产业帮扶项目衔接资金23.4亿元，占年度衔接资金的56.2%。完善联农带农机制。引导经营主体、产业帮扶项目与脱贫户、监测对象建立紧密型利益联结机制，推行差异化分红。2022年，全省联农带农产业帮扶项目收益分红3.03亿元，惠及脱贫户和监测对象12.66万户次、51.18万人次。完善奖补机制。对原来发展产业净增收满3000元一次性奖励1000元的政策进行优化调整，按4000元分档实行阶梯式奖励，最高奖励3000元，全省产业奖补共发放6.94万户、1.19亿元。向立体式种植养殖转型。橡胶、槟榔是海南脱贫地区主导产业，也是价格风险突出的产业。为防范风险，全省大力发展林下经济。据统计，全省林下经济已达314.34万亩，产值190.12亿元。向农文旅融合转型。坚持将发展共享农庄作为推进农文旅融合的主要抓手，102家共享农庄实现年营业收入12.9亿元，带动农户3.5万户，总收入12.2亿元。

【就业帮扶】 开展促进农民工高质量就业行动、全省就业质量提升专项行动和"百日攻坚稳就业"专项行动，全年脱贫人口（含防止返贫监测对象）务工31.34万人。创设就业驿站。在全省乡镇、社区和园区多方布局，为农村劳动力就近提供用工咨询、求职登记、职业介绍等公共就业服务。加大补贴力度。采取双向补贴即补贴用工单位和补贴务工人员的办法，鼓励本省农村劳动力到重点项目重点企业务工，同时对连续外出务工满6个月和灵活就业满3个月的脱贫劳动力给予奖补。2022年，全省累计为脱贫人口发放务工奖补25.65万人次3.35亿元。优化公益性岗位。开发乡村公益性岗位，托底安置无法外出、无业可就的弱劳力、半劳力，共安置脱贫人口3.53万人；支持市县开发疫情防控临时公益岗（不超过6个月），安置脱贫人口就业3394人。提升技能促务工。海南省共开展补贴性职业培训13.09万人次，其中培训农村转移劳动力6.82万人次、脱贫人口1.67万人次。

【"雨露计划"】 开展"雨露计划+"就业促进行动，引导脱贫户家庭新成长劳动力入读职业院校和技工院校，落实职业教育补助发放，做到应学尽学、应补尽补，2022年全省发放"雨露计划"补助3.59万人次6296.33万元。出台《关于开展"雨露计划+"就业促进行动的通知》，细化具体贯彻落实措施，加大"雨露计划"毕业生就业帮扶力度。6月，召开全省脱贫人口稳岗就业工作暨"雨露计划"就业促进行动推进会，安排部署阶段重点工作任务，利用入学季、毕业季时间窗口做好"雨露计划"毕业生就业帮扶，组织引导脱贫家庭新成长劳动力入读职业院校等工作，对未就业、有需求的

"一人一策"制定并落实帮扶措施。搭建职业院校、用工企业、人力资源服务机构、社会组织等"雨露计划"毕业生就业服务平台,大力开展就业援助月、校园招聘、专场招聘等各类就业招聘活动,并不定期以短信、公众号推送等方式积极向"雨露计划"毕业生推送岗位信息,拓宽"雨露计划"毕业生就业渠道。

【定点帮扶】 海南省255家省派定点帮扶单位积极开展"固成果 促发展 争先进"活动,定点帮扶267个脱贫村,从人力、资源、资金等方面给予强力支持,对脱贫村既"扶上马"又"送一程",助力推进巩固拓展脱贫攻坚成果同乡村振兴各项工作的完成。全省省派定点帮扶单位帮扶产业项目288个,投入资金21550万元,转移劳动力25397人,组织农产品线上线下销售金额2819万元,参与基础设施项目323个,投入资金21573万元,参与人居环境整治投入资金370多万元。开展驻村第一书记乡村振兴大比武等活动,全面检视每一支工作队、每一名队员的帮扶业绩、担当精神,持续压实驻村第一书记和乡村振兴工作队帮扶责任。2022年,海南共选派2758支乡村振兴工作队8200余人,覆盖所有乡镇村,其中驻村第一书记2561人。此做法得到中共中央组织部、国家乡村振兴局肯定,连续2年受邀在全国驻村帮扶工作推进会上作经验交流。

【社会帮扶】 积极举办"消费帮扶月""消费助农大集市"等活动,引导推动消费帮扶。全省累计举办各类集市活动1067场,销售额4043.79万元。打造"空中消费帮扶专馆"。借助海南航空控股股份有限公司、飞享互联科技(海南)有限公司等"数字客舱"平台资源,以"空中Wi-Fi+飞机客舱"的方式,为海南本地消费帮扶产品搭建空中销售和宣传渠道,在44架客机开通"空中消费帮扶专馆"。举办农产品"云产销直播""'公益海南'四号行动"等大宗待销农产品线上产销对接等活动,解决疫情影响下农产品滞销卖难问题,2022年共签订单2.6亿元。发挥全国脱贫地区农副产品网络销售平台("832平台")、海南乡村振兴网等网络平台功能,"832平台"交易额955.51万元,海南乡村振兴网销售额5106万元。据统计,2022年全省消费帮扶产品销售总额2.08亿元,受益脱贫户8.5万户次。开展"万企兴万村"海南行动,民营企业积极开展结对帮扶,全省有820家民营企业实施"兴村"项目1137个,累计投入资金71.48亿元,惠及849个行政村。

【乡村建设】 出台《海南省乡村建设行动实施方案(2022—2025年)》,提出以美丽乡村田园风景线建设为主攻方向,统筹资源要素,调动各方力量,加快建设农村基础设施和公共服务体系,打造生态宜居、业兴人和的美丽乡村。

开展农村"厕所革命"。健全党政同责推进、政策和投入保障、因地分类施策、全程质量监管等机制,不断提升"厕所革命"质量。2022年,全省累计建成农村户用卫生厕所125.65万个,普及率达99.1%。

生活垃圾治理。实行生活垃圾全焚烧处理和全域海上环卫制度,全省生活垃圾实现"日产日清日处理",生活垃圾无害化处理率达95%以上。建成110座乡镇标准示范生活垃圾分类屋(亭)和1100余座(个)行政村标准垃圾分类投放屋(亭),完成1000个村垃圾分类和资源化利用示范,农村生活垃圾治理体系覆盖率达100%。

农村生活污水治理。开展以"六水共治"为载体的农村生活污水治理。聚焦"治污水、保供水、排涝水、防洪水、抓节水、优海水"的目标,"点、线、面"结合,采取"因地制宜、分类治理,经济适用、资源化利用"等方式治理农村生活污水。2022年,全省新完成2192个自然村的生活污水治理。

【乡村治理】 在农村地区开展乡风文明

"七个倡导"(倡导男女平等、勤劳致富、文明饮酒、远离私彩、厉行节约、孝老爱幼、卫生整洁)活动,组织全省性"乡风文明·七个倡导"破陋习、树新风巡演。实施"积分制、清单制实践扩面增效专项行动",健全村级"小微权利"事项清单、村(居)民委员会依法履职事项清单和协助政府工作事项清单,厘清基层政府与自治组织权责边界,实现积分制行政村全覆盖、清单制所有乡镇有突破。强化党建引领。完善"一核两委一会"乡村治理结构,推行村党组织书记通过法定程序担任村级集体经济组织、合作经济组织负责人,全省建立1029个上下联动的党建联席会议、122个互联互动的党建联盟。规范村规民约。对村规民约全面开展审查清理、修订完善,全省3197个村(社区)完成审查工作。完善协商机制。印发《海南省城乡社区协商工作规范指引》,明确协商主体、协商内容和协商程序,为共治机制提供制度支撑。

(海南省乡村振兴局政策法规处 姜秉辰)

重庆市

【概述】 2022年，在重庆市委、市政府坚强领导下，全市乡村振兴系统坚决落实中共中央、国务院决策部署，统筹各类资源，调动各方力量，全力以赴、积极应对，牢牢守住不发生规模性返贫底线，"三保障"及饮水安全、兜底保障水平持续巩固提升。脱贫群众与其他农民的收入差距、脱贫地区与其他地区的发展差距不断缩小。重庆市脱贫人口人均纯收入达16118元，同比增长13.5%，高于全国1776元；全市14个脱贫区县农村居民人均可支配收入17044元，同比增长7.3%，增幅高于全市农村居民0.6个百分点。

【衔接资金投入】 重庆全年安排市级以上衔接资金57.1亿元，同比增长5.2%，其中市级衔接资金23.1亿元；整合财政涉农资金82.6亿元。中央财政衔接资金用于产业发展的比例达到59.9%。落实中央专项彩票公益金4000万元，支持欠发达革命老区县开展乡村振兴项目建设。坚持"一年实施、两年前期、三年储备"，推动区县建设三年巩固拓展脱贫攻坚成果和乡村振兴滚动实施项目库。2022年，项目库立项项目9058个，涉及资金125.9亿元。加强扶贫项目资产监管，组织开展扶贫项目资产"回头看"，保障项目可持续发展、群众可持续获益。

【疫情灾情应对】 坚持"战疫战灾"和"巩固成果"两手抓，全员出动、上下联动把损失降到最低。制定印发《关于进一步加强疫情灾情防范应对切实巩固拓展脱贫攻坚成果的紧急通知》《应对当前突发规模性疫情做好脱贫地区农产品销售工作的八条措施》，综合运用就业帮扶、产业帮扶、消费帮扶等"政策包"，及时采取有效措施精准帮扶，有效防范化解因疫因灾返贫致贫风险。统筹做好农村疫情防控，开展疫情影响情况调度9期，聚焦重点人群、重点区域，逐级压实责任，及时解决突出问题。全市临时救助受疫情影响困难群众1.87万人次，发放临时救助金4299.81万元；临时救助受高温旱情影响困难群众412人次，发放临时救助金143万元。鼓励区县根据防灾减灾救灾需要调整优化资金使用结构，优先安排防止因灾返贫急需项目，全市调整项目1053个，3.8亿元衔接资金和涉农资金优先用于抗旱救灾，全市没有发生因疫因灾返贫致贫情况。

【防止返贫动态监测和帮扶】 完善防止返贫监测帮扶机制，建立专项工作联席会议制度，优化市级防止返贫大数据监测平台，开通"渝防贫App"便民通道，发挥1.2万名监测信息员作用，线上与线下相结合，简化工作流程、缩短认定时间，精准识别认定防止返贫监测对象。根据不同返贫致贫风险，坚持"一户一策"，落实监测帮扶责任人和精准帮扶措施，做到早发现、早干预、早帮扶。扎实开展"大走访大排查大整改"行动，动员驻乡驻村及帮扶干部10.6万名，对涉农区县所有农户进行走访排查，突出抓好解读政策、解决问题和帮助增收"两解一帮"工作，重点纠治应纳未纳、体外循环、帮扶措施不精准、风险消除不规范等问题。全年累计识别监测对象3.09万户9.36万人，消除风险1.5万户4.68万人。

【"两不愁三保障"】 常态化开展问题排查、调度研究、定期通报，持续巩固提升"两不愁三保障"及饮水安全保障水平。义务教育学校学生辍学、脱贫户子女辍学保持动态双清零。动态监测乡村医疗卫生机构和人员变化情况，乡村医疗卫生机构和人员"空白点"动态清零，脱贫人口大病专项救治率、监测对象家庭医生应签尽签率、重点慢病患者签约管理率均为100%。投入农村供水工程项目建设资金24亿元，农村饮水安全问题实现动态清零。

【脱贫群众稳定增收】 抓住产业和就业两个关键，打造脆李、柠檬、三峡柑橘、榨菜等国家优势特色产业集群，累计发放"富民贷"3.33亿元、3932户，贷款数量及规模居全国前列。实现消费帮扶82.39亿元。实现脱贫人口务工人数稳中有增，就业率48.2%，高于全国16个百分点。深化农村集体产权制度改革，探索资源开发、物业服务、项目投资等集体经济有效发展方式和路径，农村集体经济"空壳村"实现动态清零。盘活集体经营性资产18.8亿元，村均经营性收入达26.8万元，617万农民受益。

【重点帮扶县及乡镇帮扶】 精心编制实施市县两级"1+4"国家乡村振兴重点帮扶县巩固拓展脱贫攻坚成果同乡村振兴有效衔接工作实施方案。全年向城口县、巫溪县、西阳土家族苗族自治县、彭水苗族土家族自治县4个国家乡村振兴重点帮扶县倾斜安排衔接补助资金20.96亿元，占到县资金总量的36.84%；统筹整合涉农资金21亿元，支持山地特色高效农业、生态工业、文化旅游等特色产业发展；加大对教育、医疗、养老、公共文化等支持力度，倾斜支持4个县新增专项债券73.5亿元；安排东西部协作财政援助资金2.25亿元，占援助资金总量的30.9%，实施帮扶项目131个。向4个县分别选派科技特派团，组织专家106名，结对帮带学徒169名。市四大班子主要领导带头，20多位市领导挂帅，优化组建17个市级帮扶集团，定点帮扶17个市级乡村振兴重点帮扶乡镇及所在区县。同时，帮助指导原18个市级深度贫困乡镇巩固拓展脱贫攻坚成果。

【社会帮扶】 全面完成鲁渝东西部协作协议任务，落实山东财政援助资金7.28亿元，实施各类帮扶项目484个，两地互派挂职干部、专业人才1581名，培训干部和专业技术人才2.25万人次。新增落地投产山东企业77家，共建产业园区77个，实现农村劳动力转移就业5.27万人，实现消费帮扶18.8亿元。鲁渝协作"东产西移"工程入选全国社会帮扶典型案例。9家中央单位直接投入14个脱贫区县帮扶资金2.59亿元，协调引进帮扶资金5.6亿元，采购和帮助销售农副产品2亿元，培训基层干部、专业技术人才各1.4万人。深入推进"万企兴万村"行动，组织5836家民营企业结对帮扶2319个村，新增产业投资44.03亿元。实施"巴渝巾帼"乡村振兴示范工程项目，成立"巴渝巾帼科技助农服务团"。选派国家"三区"科技人才275名和市、区县两级科技特派员2544名。

【易地搬迁后续扶持】 深入推进易地搬迁群众就业、产业、配套基础设施、生活保障、社区管理等工作。帮助有劳动力的搬迁群众实现就业5.8万户14.4万人，开发公益性岗位过渡性安置搬迁脱贫群众1.4万人，搬迁脱贫户零就业家庭实现动态清零。持续抓好后续产业发展，协同抓好43个市级产业示范点建设，产业覆盖搬迁群众5.6万户21.9万人。安排衔接资金1亿元支持62个后续扶持项目建设，逐步完善产业配套设施和公共服务，建成投用47个。落实搬迁群众生活用电8折优惠政策，减免电费795万元。全面落实搬迁群众社会保障政策，纳入养老保险17.5万人、纳入医疗保险23万余人。实现安置住房不动产登记全覆盖。

【乡村建设】 建立市级部门乡村建设联

席会议制度,定期调度推进乡村建设工作。编制实施《重庆市乡村建设行动实施方案》,谋划推进乡村规划建设、实施农村道路畅通工程等12项重点任务。重庆市累计新改建农村公路3900千米,完成农村公路安防工程4071千米。持续推动农村人居环境整治提升,稳步推进农村"厕所革命",建立全市农村改厕工作数字化台账系统,新建(改造)农村户厕4.3万户。全市农村卫生厕所普及率、行政村生活垃圾和污水治理率分别达到85.27%、100%(自然村95%以上)、35.2%。累计创建美丽宜居乡村1482个,开工建设10个"巴蜀美丽庭院示范片",县级以上文明村和乡镇占比分别达66.2%、73.8%。

【乡村治理】 创新实施集清单制、积分制、院落制、数字化于一体的治理模式,持续推动减轻村级组织负担,探索推进乡村建设与乡村治理融合发展。创新打造"三事分流""五员共治""新风小院""和顺茶馆"等乡村治理品牌,渝北区"建强'民情茶室'助力乡村善治"、奉节县"'四访'工作法提升基层治理能力"入选全国乡村治理典型案例。铜梁区"小积分开启乡村环境美颜新模式"、江津区探索"院长制"治理模式等典型案例在全国得到推广。全年创建市级乡村治理示范镇25个、示范村90个。成功创建国家乡村治理示范乡镇4个、示范村40个。探索"互联网+乡村治理",创新开展乡村儿童社会主义核心价值观培育AI互动空间试点。持续加强农村精神文明建设,深入推进农村地区移风易俗"十抵制十提倡",树立文明新风。

【干部队伍建设】 坚持大抓基层、抓实基层鲜明导向,着力建强农村基层战斗堡垒。全覆盖开展村"两委"运行情况特别是村党组织书记履职情况回访研判,对班子运行不畅、推动工作不力、信访反映较多的督促限期整改,对不胜任不尽职的及时调整。常态长效开展村干部教育培训,共开展市级培训22期,调训2460人。常态化整顿软弱涣散村党组织,实行"一村一策"包点整顿。实施农村发展党员2年规划,全年发展农民党员4000余人,35岁以下占比达78.2%。滚动回引本土人才到村挂职任职、创新创业,全市动态储备在村挂职本土人才1万名左右、村级后备力量2万余名。

(重庆市乡村振兴局综合处　向海兰)

四川省

【概述】 2022年,四川省坚持以习近平新时代中国特色社会主义思想为指导,深入学习贯彻习近平总书记来川视察重要指示和党的二十大精神,围绕"讲政治、抓发展、惠民生、保安全"工作总思路,聚焦守底线、抓发展、促振兴工作主线,牢牢守住了不发生规模性返贫的底线,脱贫攻坚成果持续巩固拓展,全面乡村振兴迈出新步伐,在2022年国家巩固脱贫成果考核评估中获得"好"等次,实现"七连好"。2022年,四川省脱贫户家庭年人均纯收入12631元,高于全省农村居民人均可支配收入增速。

【衔接资金投入】 2022年,四川省中央、省级衔接资金总规模216.47亿元,增长3.23%,其中省级衔接资金83.30亿元。中央、省级衔接资金单独给予国家乡村振兴重点帮扶县每县8000万元、省级乡村振兴重点帮扶县每县4000万元的倾斜支持,50个乡村振兴重点帮扶县中央、省级衔接资金达112.41亿元,占全省51.93%。

【衔接资金项目资产管理】 出台《关于加强中央和省级财政衔接推进乡村振兴补助资金使用管理的实施意见》,储备衔接项目3.82万个,预算总投资724.21亿元;全省纳入年度项目实施计划项目2.59万个,涉及资金规模464.40亿元。其中,衔接资金安排项目2.2万个,安排资金300多亿元。开展扶贫项目资产后续管理"回头看"工作,进一步做好扶贫项目资产确权登记、移交和系统录入,分级分类落实后续管理等工作。

【政策制度衔接】 制定《关于做好2022年巩固拓展脱贫攻坚成果同乡村振兴有效衔接工作的意见》,明确细化46条举措推动相关工作落实;在落实"1+37"衔接政策基础上,推动新出台《四川省"十四五"巩固拓展脱贫攻坚成果同乡村振兴有效衔接规划》《国家乡村振兴重点帮扶县巩固拓展脱贫攻坚成果同乡村振兴有效衔接省级实施方案》《省定乡村振兴重点帮扶县巩固拓展脱贫攻坚成果同乡村振兴有效衔接省级实施方案》等政策文件22个。在四川省委农村工作领导小组下增设巩固拓展脱贫攻坚成果专项工作领导小组,进一步强化统筹指导、督促落实工作机制,有力确保多灾之年没有发生规模性返贫。组织各地开展巩固拓展脱贫成果"回头看",完成2022年度国家和省级有效衔接工作考核实地评估。

【防止返贫动态监测和帮扶】 健全落实监测帮扶机制,将2022年监测收入标准调整为6800元,将监测对象识别认定程序优化为6个步骤,时间由1个月缩减至15天。创新用好"盯村抓户"抓手,建立健全村级入户核查员、低收入人口主动发现、动态监测和常态化救助帮扶机制,组织开展2轮防止返贫监测帮扶集中排查,67.1%的监测对象稳定消除风险,其余监测对象全部落实针对性帮扶措施。

【疫情、灾情应对】 成立应对疫情灾情影响工作领导小组,制定应对疫情灾情影响持续巩固拓展脱贫攻坚成果5个方面27条措施,定期调度分析疫情影响共9轮。积极应对"6·1"芦山地震、"6·10"马尔康地震、"9·5"泸定地震及旱灾、洪涝等严重自然灾害影响,第一时间开通先救助后纳入的"绿色通道",积极参与灾后恢复重建规划编制专班工作,全力战疫抗灾,未发生因灾因疫规模性返贫致贫现象。

【"三保障"及饮水安全】 全面落实保障政策,出台《四川省人民政府办公厅关于健全重特大疾病医疗保险和救助制度的实施意见》,积极争取监测对象医疗救助年度救助限额和倾斜救助年度限额等资助;积极配合四川省教育厅做好义务教育阶段控辍保学工作,浙江省东西部协作和对口支援年度项目资金用于凉山彝族自治州学前学普项目1271.4万元,145万名脱贫人口纳入低保兜底,全省农村危房改造和农房抗震改造5.4万户,农村供水自来水普及率89.39%,规模化供水工程覆盖农村人口比例61%,供水保障率达到100%,"三保障"和饮水安全保障水平持续巩固提升。

【重点帮扶县帮扶】 编制出台国家和省乡村振兴重点帮扶县省级实施方案、50个分县实施方案;向50个国省重点帮扶县分别选派科技特派团和产业顾问组,全覆盖开展教育医疗科技"组团式"帮扶;组织第三方专业机构对50个国省重点帮扶县支持政策和凉山彝族自治州25条特殊支持措施的执行落实情况开展专项评估。

【易地搬迁后续扶持】 提前两个月完成3101户掉边掉角农户搬迁入住工作;实施易地搬迁安置区乡村治理专项行动,开展推荐78个安置区规范化建设,200人以上的集中安置区全面建立市县领导定点联系机制,全部选派帮扶工作队;3000人以上大型安置区累计配套建设产业园或帮扶车间22个,年度投入资金11.9亿元,实施后续扶持产业项目280个。

【产业帮扶】 2022年,中央、省级衔接资金用于产业发展占比分别达56.71%、51.98%,衔接资金安排产业发展项目0.89万个,在脱贫地区支持创建国家现代农业产业园2个,支持培育成渝现代高效特色农业带合作园区5个,建设成德眉资都市现代农业园区2个,支持省星级现代农业园区提档升级56个。支持农户发展到户产业,加快推动乡村振兴金融创新示范区"1+14"试点示范,2022年累计发放脱贫人口小额信贷6.34万户26.39亿元,发放"富民贷"8.68亿元。

【就业帮扶】 深化省外劳务协作、强化省内岗位对接、抓实就地就近就业,广泛推行以工代赈方式、帮扶车间模式,做好因疫回流人员就业帮扶,2022年四川省脱贫人口和监测对象务工232.22万人,完成年度目标任务的105.3%。

【消费帮扶】 全省"天府乡村"公益品牌累计用标主体3525家、用标产品9007个。组织开展农产品展销活动,全年带动脱贫地区农产品销售202.95亿元。积极推荐2004家供应商、3.6万余款产品入驻"832平台",累计销售28.5亿元,其中2022年销售额达9.5亿元。

【"雨露计划"】 持续深化"雨露计划+"就业促进行动,将支持范围由职业教育环节延伸到就业帮扶环节,与阿里巴巴(中国)有限公司签订"雨露计划+"就业促进合作协议,帮助"雨露计划"毕业生实现更高质量就业。2022年,"雨露计划"毕业生5.4万人,实现就业、参军、升学5.07万人,就业率94%,比全国平均水平高2个百分点。

【以工代赈】 在巩固拓展脱贫攻坚成果同乡村振兴有效衔接工作中,通过衔接资金采取以工代赈方式实施项目1033个,总投资金额11.36亿元,发放劳务报酬1.44亿元(其中,针对脱贫人口和监测对象发放劳务报酬2337.76万元);组织参与工程建设务工人数2.47万人,其中脱贫人口和监测对象4399人。

【定点帮扶】 在四川省定点帮扶的24个中央单位直接投入帮扶资金5.64亿元、实施项目343个,帮助引进帮扶资金12.39亿元、实施项目257个;培训基层干部64301人次、乡村振兴带头人19031人次、专业技术人才51954人次；购买脱贫地区农产品2.03亿元，帮助销售脱贫地区农产品10.18亿元。339个省直部门（单位）直接投入帮扶资金5.61亿元、实施项目2192个，帮助引进帮扶资金8.16亿元、实施项目584个；培训基层干部17063人次、乡村振兴带头人4194人次、专业技术人才19011人次；购买脱贫地区农产品1.37亿元，帮助销售脱贫地区农产品1.09亿元。

【东西部协作】 浙江省11个市62个县结对帮扶四川省12个市68个县，推动两省村企、学校、医院等结对2626对，1419名浙江选派干部人才全部到位，财政年度帮扶资金达33.99亿元，实施帮扶项目867个，共建产业合作园区93个，新引进浙江企业590家，投资金额489.7亿元。11月，四川省副省长率队赴浙江省考察对接东西部协作工作，共同谋划2023年浙川东西部协作重点任务。"浙川共建产业园区，全力打造东西部产业协作'浙川模式'"入选全国第一批社会帮扶典型案例。

【省内对口帮扶】 研制印发年度重点任务清单，组织开展3轮全覆盖调研调度，压紧压实受扶地主体责任、帮扶地协同责任、工作队直接责任。全年共投入帮扶资金12.6亿余元，实施项目929个，积极协调帮扶地1437个部门、679个乡镇、989所学校、435家医疗机构与受扶地相应单位全域结对。

【驻村帮扶】 研制年度驻村帮扶工作重点任务清单，创新制发《四川省驻村第一书记和工作队帮扶工作指引》，在《四川日报》、封面新闻等媒体平台开设宣传专栏、频道，向50个乡村振兴重点帮扶县下拨驻村干部工作经费6700余万元、补助资金2000余万元。就相关做法在全国驻村帮扶工作视频推进会作交流发言，被国家乡村振兴局转发推广，被《人民日报》《中国组织人事报》宣传报道。

【社会帮扶】 2022年，四川省扶贫基金会募集资金4518.34万元，募集物资折价4003.46万元，惠及群众19.65万人次。四川省扶贫开发协会募集资金501.76万元，开展昭觉县新春慰问活动、"情系革命老区　关爱涉藏地区儿童"、孝老助老爱心帮扶和助力乡村发展等帮扶活动。四川省老区建设促进会捐赠约100万元，开展老区儿童慰问活动。四川西部扶贫资源开发中心扎实开展栋梁工程20周年、百工技师工程转型升级等重要活动，积极筹备四川省乡村发展联合会事宜。扎实开展"万企兴万村"行动，9259家企业和行业协会商会与7433个村结对共建，70家社会组织与50个国家和省乡村振兴重点帮扶县结成对子，"国企入凉"、乡村振兴"青春建功行动""巾帼行动""助残共富行动"等品牌活动蓬勃开展。

【光伏帮扶】 组织四川省91座光伏帮扶电站从资产管理、运维管理、收益分配、公益性岗位4个方面开展自查自纠，联合组织实地抽查核查，开展问题整改"回头看"，光伏帮扶电站管理水平有效提升。全年累计发电收益8652.8万元，结算结转至村集体7678.6万元，设置公益性岗位6562个，开展村级公益事业建设吸纳务工就业人员4625人，支付公益性工资和公益事业建设劳务费用1477.2万元。

【乡村建设】 出台《四川省乡村建设行动实施方案》，明确18项重点任务，推动省直有关部门制订专项推进方案。组织开展全省乡村建设信息采集工作；6个县（市、区）入选2022年国家乡村振兴示范县创建名单；开展"百校联百县兴千村"行动，推动4对县校成功结对签约；支持12个农村人居环境整治重点县建设。开展农村户厕问题摸排整改"回头看"，发现问题户厕3.11万户，立行立改2.56万户，完成2329个村、64.5万户农村"厕所革命"整村推进示范村建设任务。全省农村卫生厕所普及率达87%，行政村生活垃圾、生活污水有效处置率分别达98%、65.6%。实施乡村电网巩固提升工程,农村供电可靠率达99.7%;推进"四好农村路"建设,新(改)建农村公路1.14万千米,所有镇和建制村通硬化路。

【乡村治理】 健全党组织领导下的自治、法治、德治相结合的乡村治理体系,推广积分制、清单制、数字化等治理方式,在293个村开展试点工作。开展高价彩礼、大操大办等农村移风易俗重点领域突出问题专项治理,在涉藏地区、彝族聚居区持续推进移风易俗主题教育实践活动,指导凉山彝族自治州在全国率先出台移风易俗条例,推进移风易俗工作法治化、常态化、规范化。扎实开展感恩奋进教育,教育引导脱贫群众听党话、感党恩、跟党走。

【脱贫成果巩固和乡村振兴宣传】 紧紧围绕迎接学习贯彻党的二十大精神主线,聚焦守底线、抓发展、促振兴主题,开展多层次、全方位、立体式宣传。做好"奋进新时代"主题成就展相关工作,平昌县、昭觉县的脱贫户帮扶手册、脱贫户(监测户)收入核算表作为实物参展,并被中国国家博物馆永久收藏;配合办好2022年中国农民丰收节成都主场活动,配合举办国家"新起点上的接续奋斗——巩固拓展脱贫攻坚成果同乡村振兴有效衔接成果展"。9月,天府农耕文明博物馆四川脱贫攻坚主题展正式开展,分为精神空间、漫漫减贫路、时代最强音、下足绣花功夫、攻克深贫堡垒、汇聚八方之力、载入史册的答卷、新征程再起航8个单元,集中展示四川举全省之力打赢脱贫攻坚战的伟大实践。在《人民日报》《四川日报》上刊发《四川脱贫家庭学子就业得到"雨露计划"帮扶》《从"摘穷帽"到"促振兴",看新起点上的四川变与不变》等重点报道,持续推进新华网《乡村新青年》大型融媒体栏目摄制,累计上线9期,在社会各界引起强烈反响。

(四川省乡村振兴局办公室　邓梦颖)

贵州省

【概述】 2022年,贵州省出台《贵州省乡村振兴促进条例》,印发《贵州省建设巩固拓展脱贫攻坚成果样板区实施方案》,与国家乡村振兴局签订《关于推进贵州巩固拓展脱贫攻坚成果样板区建设合作协议》。投入中央和省财政衔接推进乡村振兴补助资金243.55亿元,其中中央资金144.22亿元、省级资金99.33亿元,年度计划实施项目12208个,到县财政衔接资金投入产业比重达55%。全省脱贫人口人均纯收入达1.32万元,收入在1万元以下的脱贫人口减少190万人,脱贫地区就业和产业支撑能力不断增强。

【脱贫成果巩固】 实施贵州省巩固拓展脱贫攻坚成果"六个专项行动"。确定2022年度防返贫监测范围为农村居民人均纯收入低于6700元以下的农村家庭。落实教育各类资助和营养改善计划投入169.7亿元,惠及学生1255.14万人次,义务教育阶段辍学学生动态清零。当期脱贫人口和监测对象参保率均为100%,"三重医疗保障"共报销101.44亿元,大病专项救治和"先诊疗后付费"政策救治大病脱贫群众和监测对象15.65万人。下达农村住房保障资金5.22亿元,危房改造19595户,C级、D级危房全部完成整治。建立完善农村饮水安全问题快速发现响应机制,农村自来水普及率达90.6%,规模化供水工程覆盖人群28.75%,30户以上自然村寨全部纳入县级农村供水管网建设规划。全省农村居民低保标准提高到每年5292元,增长15.8%。与广东等省签订脱贫人口稳岗就业协议,全省脱贫劳动力外出务工343.94万人。采取以工代赈方式实施衔接资金项目936个,发放劳务报酬1.96亿元。省市县逐级编制国家乡村振兴重点帮扶县有效衔接实施方案,推动金融、土地等14个方面倾斜政策落地落实。下发给20个国家乡村振兴重点帮扶县中央和省级财政衔接资金68.54亿元,占县资金的47.7%。新增发放脱贫人口小额信贷35.93亿元,占全省新增总额的51.1%。"富民贷"放款5.89亿元,覆盖农户3968户,占全省的36.3%。派出中央和省级科技特派员817名,占总数的53.09%。2022年,中央和省级衔接资金到县143.58亿元,累计发放脱贫人口小额信贷608.5亿元,新增60.15亿元,"富民贷"政策扩展到23个革命老区县,累计发放8.91亿元,覆盖农户6501户。在正安县、兴义市、独山县等3个市县开展盘活闲置低效扶贫项目资产试点。

【推进乡村振兴】 大力发展现代山地特色高效农业,推动12个农业特色优势产业发展,林下经济产值达478亿元,农产品加工转化率达59%,机械化率提升至46%。创新设立乡村振兴"产业贷",共放贷33.35亿元。安排衔接资金78.88亿元,实施产业项目5826个,争取1.7亿美元世界银行贷款支持产业发展。加大庭院经济发展支持力度,印发《关于鼓励引导脱贫地区高质量发展庭院经济的实施意见》。推动科技兴农,开展人才帮扶,共遴选省内专家255名(省级151名、县级104名)组建产业顾问组。落实国家"183"行动部署,启动创建特色小寨打造"四在农家·美丽乡村"升级版建设,下达农村公益事业财政奖补和美丽乡村建设资金11.35亿元,制订实施乡村建设行动方案和12个配套子方案。编制村庄规划1613个,完成新(改)建农户厕所21.9万户,30户以上自然村寨农村生活垃圾收运体系覆盖率达60%以上,农村生活污水治理率较2021年增长3个百分点。50个省级试点规划建设项目1339个,开工建设项目1083个,完工925个。湄潭县、雷山县入选2022年国家乡村振兴示范县创建名单。探索乡村振兴指导员、科技特派员、金融助理员"三员"选派机制,启动贵阳市息烽县石硐镇大洪村等15个村全国村级议事协商创新实验试点建设。开展"一中心一张网十联户"治理效能提升行动,共建立15.99万个网格,推行"寨管家"、清单式、积分制、"合约食堂"等乡村治理新模式,加快促进"三治"融合。开展"推进移风易俗,树立文明乡风"专项行动,县(市、区)制订婚丧移风易俗具体方案,90%的村(居)建立红白理事会并将移风易俗相关要求写入村规民约。以台江县台盘村"村BA"为代表的农民群众丰富的文化生活得到国内外主流媒体的广泛宣传。正安县吉他、玉屏侗族自治县箫笛、台江县"村BA"、赤水市竹编4个案例已通过国家乡村振兴局初评,入选2022年度全国"一县一品"特色文化艺术典型案例初选名单。

【东西部协作】 着力打造粤黔东西部协作的典范,两省共同印发《关于建立粤黔两省更加紧密的结对帮扶关系的实施意见》,签订《2022年度粤黔东西部协作协议》。2022年,广东省向贵州省拨付财政援助资金35.16亿元,超协议1.5亿元,实施协作项目1833个。深化"4+"模式,共建产业园区98个。启动粤企入黔"双百"行动推进产业转移,全年新增投资企业612家,到位投资267.41亿元。新增"菜篮子"基地46个、"圳品"认证12个,帮助采购或销售贵州省农特产品195.97亿元。深化"组团式"帮扶,广东省选派40名校长和96名教师、18家医院组团帮扶贵州省20个国家乡村振兴重点帮扶县教育和医疗事业发展,选派221名党政挂职干部、2098名专业技术人才赴贵州省开展帮扶。帮助贵州农村劳动力转移就业24.35万人,其中脱贫劳动力16.37万人。制作《山海携手、筑梦振兴》画册、东西部协作视频片及东西部协作工作专刊。

【定点帮扶】 印发《关于进一步做好服务保障争取中央定点帮扶单位更大支持的工作方案》。2022年,中央定点帮扶单位共有3400余人次到贵州省开展调研,全国人大常委会副委员长、民革中央常务副主席等领导先后赴贵州省定点帮扶县调研考察。累计选派140名干部到贵州省定点帮扶县蹲点挂职。投入无偿帮扶资金8.52亿元、有偿帮扶资金75亿元。通过消费帮扶采购或帮助销售贵州农特产品10.65亿元。举办培训班1163期,培训党政干部、乡村振兴带头人、专业技术人才等15.2万人。"中央组织部实施'组团式'教育医疗帮扶,帮助定点县补齐社会事业发展短板""公安部推动普安茶产业成为富民强县的绿色生态产业""中国农业发展银行助力打造鹅产业链,让一片鹅毛引发产业蝶变""中国农业银行创设'三个基金'巩固脱贫攻坚成果""电子科技大学'智慧护林员'助推乡村生态振兴""中国联通助力打造糯米蕉全产业链"等6个中央单位定点帮扶案例入选国家乡村振兴局社会帮扶典型案例,入选案例数为全国的1/3。

【社会帮扶】 制订"万企兴万村"行动倾斜支持国家乡村振兴重点帮扶县2022年度专项工作计划,571家民营企业结对帮扶贵州省20个国家乡村振兴重点帮扶县。印发《关于动员社会组织参与乡村振兴工作的通知》《贵州省社会组织助力乡村振兴专项行动方案》,推动省内52个省级社会组织结对帮扶20个国家乡村振兴重点帮扶县。澳门地区与从江县签署27个帮扶协议,投入各类帮扶资金合计11670.48万元。横琴粤澳深度合作区携手澳门与正安县开展协作,2022年横琴粤澳深度合作区拨付8057.25万元财政援助资金支持正安县发展。

【法治建设】 制定《贵州省乡村振兴促进条例》,为全省乡村振兴促进工作提供坚强法治保障。印发《贵州省乡村振兴标准体系》,包含6129项标准。其中,国家标准1791项、国家指导性文件34项、行业标准2757项、地标1231项、团体标准316项。框架分为四级体系,以贵州省乡村振兴为一级体系;以巩固拓展脱贫攻坚成果、"五大振兴"等8项重点工作为二级子体系;以农业绿色发展、基层政权治理等28项具体内容为三级子体系;以十二大特色产业、人才数字平台等90个具体措施为四级子体系。

【外资项目】 高质量完成世界银行贷款中国贫困片区产业扶贫试点示范项目,累计提款报账金额4000万美元(折合人民币26800.82万元)。该项目覆盖5个县、30个乡镇、98个村,覆盖农户11736户,其中贫困农户7691户,总投资4.8亿元,组建40个合作社,其中24个合作社实现盈利,占比达到60%,超过世界银行盈利合作社40%的目标。各项项目指标超额完成,达到项目预期效果。

【宣传工作】 中央和省级新闻媒体报道贵州乡村振兴新闻信息7372条,《中国乡村振兴》杂志刊发贵州乡村振兴文章31篇,贵州省乡村振兴局微信公众号、门户网站、微博分别推送信息1460条、1903条、364条,印发《贵州省乡村振兴信息》17期。举办"乡村振兴这一年"主题周年庆宣传活动,编辑出版《决战决胜脱贫攻坚"贵州战法"》丛书,制作《中国减贫奇迹的精彩篇章——贵州脱贫攻坚成就展纪念手册》,会同相关成员单位组织各市(州)挖掘统计返乡创业青年先进典型153个,并遴选22人作为宣传报道对象,宣传先进典型。

【培训工作】 举办各类乡村振兴培训班997期,共计培训215767人次。其中,3天以上乡村振兴主题培训班642期,累计培训131035人次;短期培训班355期,累计培训84732人次。开发乡村振兴优质课程40余门,建立"案例库""教材库"40余个。认定第一批省级乡村振兴教学实践基地11个并授牌。贵州省平坝区塘约村党性教育基地、贵州省海雀文朝荣党性教育基地获批国家级"大思政课"实践教学基地认定。

【典型调查】 印发《贵州省乡村振兴定点观测工作方案》,配合中国扶贫发展中心开展贵州省典型调查任务,将2022年定点观测纳入典型调查。

【搭建智库平台】 6月,成立贵州省乡村振兴研究院,负责乡村振兴相关政策研究,为乡村振兴相关政策提供智力支撑。

【示范试点建设】 印发《贵州省特色田园乡村集成示范试点评价命名工作方案》,在遵义市湄潭县、凤冈县召开全省特色田园乡村·乡村振兴集成示范试点建设暨东西部协作现场推进会。动员协调中华全国工商业联合会农业产业商会会员企业与50个省级试点村建立结对帮扶关系,组织整合资源参与示范试点建设。由贵州省农业科技创新联盟理事单位261名专家组成50个产业技术指导专家组,编制完成50个试点村产业发展技术服务方案。制作《乡村振兴这一年》特别节目,对试点建设工作进行宣传,提高特色田园乡村集成示范试点知晓度。

(贵州省乡村振兴局综合处　李佩桓)

云南省

【概述】 2022年，云南省坚持以习近平新时代中国特色社会主义思想为指导，深入学习贯彻习近平总书记关于巩固拓展脱贫攻坚成果同乡村振兴有效衔接的系列重要指示精神和考察云南重要讲话精神，严格落实"四个不摘"要求，聚焦守底线、抓发展、促振兴，抓实防止返贫动态监测帮扶，持续巩固提升"三保障"和饮水安全，以"六个一批"（农业产业提档升级增收一批、发展乡村旅游增收一批、推动劳动力技能提升转移就业增收一批、推动就地就近创业就业增收一批、盘活脱贫人口资产增收一批、加大政策性转移支付力度增收一批）为抓手，制订实施农村居民和脱贫人口持续增收三年行动方案，强化责任落实、政策落实、工作落实，牢牢守住了不发生整村整乡规模性返贫底线，脱贫地区基础设施和基本公共服务明显改善，乡村振兴由点到面全面展开。2022年，云南省脱贫群众和监测对象人均纯收入14147元（其中，脱贫群众人均纯收入14238元），同比增长15.9%，实现了年人均纯收入7000元以下有劳动能力的脱贫户和监测户动态清零。

【组织领导】 云南省始终把巩固拓展脱贫攻坚成果摆在压倒性位置抓紧抓实，形成"五级书记一起抓、党委政府共同抓、行业部门合力抓"的工作格局。云南省委、省政府召开省委常委会、省政府常务会等50多次专题研究工作，云南省委书记、省长在全省巩固拓展脱贫攻坚成果工作现场推进会、全省巩固拓展脱贫攻坚成果同乡村振兴有效衔接暨考核评估发现问题整改工作电视电话会、全省巩固拓展脱贫攻坚成果同乡村振兴有效衔接工作视频调度会等会议上多次进行安排部署，并分别挂联任务最重的会泽县、镇雄县。43名省级领导挂联57个国家和省级乡村振兴重点帮扶县（国家级27个、省级30个），省级领导到一线调研督导160余次，为基层解决实际困难和突出问题近300个。

【政策体系】 对标中共中央、国务院决策部署，对照中央部委工作要求和政策举措，在保持教育、医疗、住房、产业、就业、兜底保障等主要帮扶政策总体稳定的基础上分类优化，制定实施《云南省"十四五"巩固拓展脱贫攻坚成果同乡村振兴有效衔接规划》，省级部门累计出台政策文件220个。

【防止返贫动态监测和帮扶】 省级合理确定2022年收入监测线7000元。持续完善农户线上自主申报和干部线下常态排查双向协同监测机制。云南省政府救助平台总访问量1049.9万次，日均1.95万次，收到群众申请43.13万件，办结42.21万件。3万余支工作队45万余名干部，全面摸清484.86万农户情况，对70万户年人均纯收入1万元以下且有劳动能力的脱贫户实施"一对一"帮扶。累计识别监测对象25.2万户90.4万人，消除风险16.3万户61.6万人。

【"两不愁三保障"和饮水安全】 健全农村家庭经济困难学生教育帮扶机制，投入121.63亿元资助学生1012.74万人次，控辍保学实现动态清零，367名"省管校用"教师赴乡村振兴重点帮扶县开展"组团式"帮扶。脱贫人口参保资助、大病保险、医疗救助等逐步退坡，政策范围内住院费用报销比例90.68%，36种大病患者救治率99%。编制民居特色风貌提升改造引导图册、乡村宜居农房风貌引导图集等技术文件，完成农房抗震改造10.62万户。提高15.15万依靠水窖供水和17.82万依靠水窖辅助供水人口供水保障水平，农村自来水普及率66.7%。

【产业帮扶】 健全完善帮扶项目联农带农机制，引导农村居民和脱贫人口融入"1+10+3"重点产业发展格局，云南省脱贫群众人均生产经营性收入占人均纯收入比重22%。88个脱贫县财政涉农整合资金投入产业项目148.75亿元，占整合资金总数的58.12%。实施农业市场主体倍增培育计划，全省农业企业达10.25万户；农民专业合作社达6.82万户。全省形成26个农业主导产业，每个脱贫县形成2~3个主导产业，2.87万个新型经营主体与有产业发展条件及意愿的163万户脱贫户建立稳定利益共同体。新选派2010名科技特派员，44个科技特派队下沉到25个边境县（市）85个乡镇开展工作，24个科技特派团开展"一团一业"服务，涉及稻米、肉牛、马铃薯、特色水果等20余个产业。

【帮扶培训、就业】 制定实施促进脱贫人口和监测对象增收的9条措施及应对新冠疫情影响切实做好脱贫人口稳就业8条措施，培训技能脱贫劳动力40万人，建立就业人员、失业人员、返乡人员、有意愿外出人员"四个清单"，70%的务工人员实现"出家门、上车门、进厂门"的组织化输出，全省脱贫劳动力和监测对象外出务工344.58万人（跨省务工109万人），人均工资性收入占人均纯收入比重67%。"剑川木雕工匠""巍山乡厨""鹤庆银匠""丘北纺织工"等115个"滇字号"劳务品牌打响乡村振兴"薪"前景，"镇雄五金工"带动6万余人在浙江永康一带就业。与比亚迪股份有限公司合作开展"雨露计划+"就业行动，畅通"校门"到"厂门"的"绿色通道"，首批已赴深圳就业，比亚迪股份有限公司新增聘用云南员工5175人，人均月工资5000元以上。选聘生态护林员18.3万名，2064个帮扶车间吸纳2.98万名脱贫劳动力就业，及时安排2.1万名受疫情影响回流务工人员就近再就业。公益性岗位安置37.2万名脱贫劳动力，月工资提高至800元/人。扎实推进"雨露计划"，实现就业、升学、参军5.05万人。省级696个重点工程以工代赈项目带动61.5万名当地群众务工，发放劳务报酬57亿元，超过1.4万名脱贫人口、监测对象在"家门口"务工。

【村集体经济】 开展农村集体产权制度改革"回头看"和集体经济组织成员身份校验，有经营性资产的村全部成立农村集体经济组织。2022年，云南省99.55%的行政村集体经营性收入达5万元以上，99.9%的村制定集体经济帮扶救助管理办法，帮扶救助3.9万人次，支出5899万元。35个县1387座村级光伏扶贫电站发电3.23亿千瓦·时，收益达2.48亿元。普洱市景谷傣族彝族自治县永平镇易地扶贫搬迁安置点永裕社区投入帮扶资金550万元，盘活土地3500亩，每年分红18万元，2022年集体经济收入达150万元，其中30%用于脱贫人口和监测对象产业发展、就业帮扶等。

【政策性转移支付】 梳理64项惠民惠农财政补贴，开展"一卡通"资金专项整治，及时足额发放惠农富农强农补贴。2022年，全省132.2万人脱贫人口和监测对象纳入农村低保、特困供养（监测对象40.3万人），为270.35万名低保对象、特困人员发放一次性生活补贴2.9亿元。为72.91万名残疾人发放两项补贴7.81亿元，发放困难群众救助资金107.98亿元。

【乡村振兴重点帮扶县】 云南省57个乡村振兴重点帮扶县下达中央和省级财政衔接

资金177.43亿元、县均资金3.11亿元,其中27个国家重点县县均资金4.66亿元,高于31个脱贫县(非重点县)的县均资金0.96亿元。下达整合财政涉农资金275.69亿元、县均资金4.83亿元,其中27个国家重点县县均资金6.6亿元,高于31个脱贫县的县均资金2.57亿元。

【易地扶贫搬迁后续帮扶】 安排资金13.8亿元,其中衔接资金11.43亿元、省预算内资金1.76亿元及以奖代补资金和水电费、物管费补贴资金6280万元,用于支持后续产业发展,提升完善学校、社区综合服务等公共服务配套设施。将易地搬迁群众充分就业作为重中之重的工作来抓,全省易地搬迁群众实现转移就业达54.2万人、户均2人。

【乡村建设】 制订《云南省推进乡村建设行动实施方案》。5万余名公职人员参与"干部规划家乡行动",村庄规划覆盖率85%。新改建农村公路1.9万千米。累计改建农村卫生户厕47.29万个,100户以上自然村和九湖、赤水河流域卫生公厕3977个,全省乡(镇)镇区、村庄生活垃圾处理设施覆盖率分别为78%和60%。学习借鉴浙江"千村示范、万村整治"工作经验,成功创建腾冲市、建水县、姚安县3个国家级乡村振兴示范县,建设省级示范乡镇16个、精品村203个、美丽村庄1638个。组织开展美丽庭院评选、环境卫生红黑榜等活动,全省累计评定美丽村庄2700个、绿美乡镇129个、绿美村庄205个。

【乡村治理】 推行行政村党组织"大岗位制"。1.49万个村(社区)修订自治章程、村规民约,农村公益性公墓乡镇全覆盖率77%。建设"清廉村(居)",98.7%以上的行政村运用积分制、清单制、评比制、数字化等规范运行。继续开展安宁市、西畴县、沧源佤族自治县乡村治理体系建设试点示范。建成15923个规范化公共法律服务中心(站),调解矛盾纠纷14.2万件、成功率97.8%。积极培育文明乡风,加强农村殡葬基础设施建设,大力整治高价彩礼、人情攀比、厚葬薄养、铺张浪费等行为。全省县级以上文明村镇达9675个,占村镇总数的72.4%。

【问题整改】 建立问题、措施、责任、时限、销号"5个清单"和监测、巩固、帮扶、增收、监督"5本账",国家考核评估反馈的12项问题全部整改到位。云南省纪委省监委、省委督查室、省政府督察室和省乡村振兴局牵头开展督导调研、专项督查,举一反三督促各地完善38个长效整改机制,东川区、大关县2个挂牌督办县实现摘牌。

【典型宣传】 树立"今天再晚也是早、明天再早也是晚"的效率意识,践行项目工作法、一线工作法、典型引路法,基层调研坚持"一个季度突出一个重点、一个时期聚焦一个主题",加强总结提炼,形成学习互鉴"10种实践模式"和"13个典型经验"、助农增收10种参考模式和15个实践案例、发展乡村旅游助农增收10个实践模式。乡村振兴项目库入库储备项目17482个,其中2022年项目储备17198个,纳入年度实施计划16679个,开工16606个。

(云南省乡村振兴局政策法规处 陆世军)

西藏自治区

【概述】 2022年,西藏自治区在自治区党委、政府的坚强领导下,深入贯彻落实自治区第十次党代会部署要求和自治区两会具体安排,聚焦"四件大事"、聚力"四个创建",提高站位守底线、全力以赴抓发展、着眼长远促振兴,全区巩固拓展脱贫攻坚成果同乡村振兴有效衔接扎实推进。

【资金投入】 2022年,西藏自治区乡村振兴局、西藏自治区发展和改革委员会、西藏自治区民族事务委员会、财政厅等部门联合印发《西藏自治区财政涉农筹整合资金项目建设内容指引(试行)》《衔接推进乡村振兴补助资金绩效评价及考核办法》等政策措施,多层级、多形式、多样化规范项目管理,提高项目质效。西藏自治区全年投入统筹整合资金147.49亿元(其中,中央财政衔接推进乡村振兴补助资金94.61亿元,自治区财政衔接推进乡村振兴补助资金28.5亿元),实施项目1646个。

【体制机制】 西藏自治区党委坚决扛起省负总责的政治责任,严格落实五级书记抓乡村振兴政治责任,调整充实西藏自治区党委农村工作领导小组,高位推进乡村振兴工作。西藏自治区党委常委会、政府常务会议先后21次研究部署巩固衔接工作。西藏自治区领导率先到农业农村系统宣讲党的二十大精神,深入西藏自治区乡村振兴局调研指导,提出处理好"六对关系"要求,带头深入乡村调研督导促落实。省负总责、市县抓落实机制得到深入贯彻,形成上下同心齐抓、部门协作共管的良好局面。西藏自治区乡村振兴局全面履行巩固拓展脱贫攻坚成果组、考核评估组牵头职责,守底线、抓发展、促振兴,全力推进巩固拓展脱贫攻坚成果同乡村振兴有效衔接各项工作。

【政策保障】 严格落实"四个不摘"要求,持续保持政策稳定,以《西藏自治区"十四五"期间巩固拓展脱贫攻坚成果同乡村振兴有效衔接规划》为纲,制订出台《西藏自治区脱贫人口增收行动实施方案》《西藏自治区扶贫产业项目提档升级行动实施方案》《西藏自治区乡村建设行动实施方案》《西藏自治区树立农牧民新风貌行动实施方案》等政策措施,西藏自治区各相关行业部门聚焦职能职责,配套出台《西藏自治区农村低收入群体等重点对象住房安全保障工作实施方案》《关于进一步做好巩固拓展农牧区饮水安全脱贫攻坚成果动态监测机制的通知》《关于进一步做好最低生活保障等社会救助兜底保障工作的通知》等巩固"一收入、三保障"和饮水安全保障政策措施,进一步完善衔接推进乡村振兴的政策体系。

【防止返贫动态监测和帮扶】 健全完善防止返贫动态监测和帮扶机制,将监测范围从农牧民人均纯收入6000元(含)以下调整为6500元(含)以下,将识别认定时间由30天缩短至15天以内,做到早发现、早干预、早帮扶。全区累计识别监测对象8696户36264人,5122户21806人通过精准帮扶已消除返贫风险,守牢不发生规模性返贫底线。制定应对疫情影响持续巩固拓展脱贫攻坚成果22条实施细则,落实"绿色通道",为全区9836名监测对象发放失业生活困难人员救助补助资金1201.43

万元,坚决做到应纳尽纳、应帮尽帮、应保尽保。

【脱贫成果巩固】 充分发挥巩固拓展脱贫攻坚成果组的统筹作用,会同各行业部门推动"三保障"和饮水安全保障持续提升,教育"三包"经费年生均提高到4440元,保持控辍保学动态清零;分类调整落实大病倾斜和救助托底政策,特困、低保及纳入监测范围的其他低收入人口医疗费用保障共13.6万人次;完成48.46万户农村住房安全隐患排查,全面提升农村饮水安全成果,受益人口23.12万人,农村居民最低生活保障补助标准提高到每人每年5160元。投入10.2亿元,实施各类搬迁后续扶持项目101个,强化易地扶贫搬迁后续扶持。

【脱贫人口增收】 启动实施脱贫人口增收行动,扎实落实加大资金投入、产业提档升级、强化就业帮扶、加强金融惠民、加大消费帮扶、兜牢民生底线、激发内生动力"七项增收举措",积极发挥龙头企业、专业合作社、村级集体经济组织引领带动作用,消费帮扶农副产品18.03亿元,脱贫人口经营性收入占比27.75%;乡村产业已成为脱贫群众持续增收的重要渠道。不断提高就业组织化程度,强化服务保障和就业技能培训,脱贫人口外出务工累计20.97万人,脱贫人口人均纯收入13815元、增幅14.5%,增速高于农村人口收入增速。

【产业发展】 制定出台《西藏自治区乡村振兴局 西藏自治区农业农村厅关于鼓励引导农牧区高质量发展庭院经济的实施意见》《西藏自治区乡村振兴局关于健全完善帮扶项目联农带农机制的实施细则》《西藏自治区组建产业顾问组支持脱贫地区发展实施方案》等指导性文件,助力乡村产业高质量发展。启动实施扶贫产业项目提档升级行动,大力发展高原特色产业,制定出台健全完善联农带农机制,调整优化产业布局,建立完善三年滚动项目库,指导市县完成乡村振兴重点帮扶县实施方案,共储备产业项目2187个,涉及投资215.54亿元。中央衔接资金用于产业比重55%,安排资金52.84亿元。对2016—2021年扶贫产业项目进行全面梳理核查,摸清底数,全面梳理核查扶贫产业项目,摸清底数、分类管理,全区共形成扶贫项目资产20956个,确权规模704亿元,确权进度100%。对运行管理好、市场认可度高的做大做强,对发展前景好、需要培育扶持的再注资进行巩固提升,对难以持续发展的及时止损、盘活现有资产。

【乡村建设和乡村治理】 启动实施乡村建设行动,打造宜居宜业和美乡村,全年统筹整合涉农资金60.38亿元,推进200个美丽宜居村庄建设,实施项目220个。美丽宜居村创建认定工作扎实推进,琼结县被列入2022年国家乡村振兴示范县创建名单。突出实效改进乡村治理,试点推广积分制。落实中央和自治区本级财政补助资金1.4亿元,完成农村户用卫生厕所改造3.7万个。常态化开展以"四清两改"为重点的村庄清洁行动,投入资金1.2亿元,落实拉萨等5个地市、6个县(区)中央预算内人居环境项目6个。

【树立农牧民新风貌】 启动实施树立农牧民新风貌行动,以铸牢中华民族共同体意识为主线,以社会主义核心价值观为引领,以新时代文明实践中心(所、站)为阵地,以庭院干净和村庄整洁为切入点,以村规民约为规范约束机制,选取琼结县、芒康县、拉孜县3个县和300个村开展试点。3个试点县实现宣传动员全覆盖,试点项目有序推进。琼结县确定"12345"工作思路,拉孜县提出"一分离+两提升+N"行动举措,芒康县成立3个专项组推进任务落实,300个示范村与乡村建设行动紧密结合,坚持"铸魂"与"塑形"并举,树文明新风、改陈规陋习、建村规民约、兴优秀文化、美村容村貌,引导农牧民群众改陋习树新风。

【督查考核评估】 严整改重监督,一体部署推进2021年度考核评估、国务院大督查和审计暗访等发现反馈问题整改工作,国家层面反馈的4个方面25个问题全部整改落实。充分发挥12317监督平台作用,全年受理来访来信来电75起,全部办结。制定局机关督查督办工作办法,对西藏自治区党委、政府安排部署及自治区领导指示批示事项重点督办,建立各类台账21个,督办落实事项300余项。完成2022年度西藏自治区巩固拓展脱贫攻坚成果同乡村振兴有效衔接考核工作,经自治区对7个地(市)、自治区党委农村工作领导小组(自治区党委实施乡村振兴战略领导小组)9个专项组、16家区(中)直行业部门进行综合考核,评定山南市、那曲市、昌都市,人才振兴、生态振兴、巩固成果、科技支撑专项工作组,西藏自治区科学技术厅、西藏自治区人力资源和社会保障厅、西藏自治区住房和城乡建设厅、西藏自治区交通运输厅、西藏自治区水利厅、西藏自治区农业农村厅、西藏自治区乡村振兴局、中国人民银行拉萨中心支行为综合评价"好"等次。对综合评价"好"的山南市、那曲市、昌都市在统筹安排2023年衔接资金时分别给予奖励。

【干部队伍建设】 对标西藏自治区党委改进作风狠抓落实工作要求,以强责任提形象、强学习提能力、强业务提质量、强机制提服务、强管理提效能"五强联动"为抓手,制定18条具体措施,努力建设"讲政治、守纪律、负责任、有效率"模范机关。建立厅级干部联系服务基层制度,深入一线调查研究,实地"解剖麻雀""参战指导"。始终坚持新时代好干部和民族地区"四个特别"政治标准,在厅局之间、处室之间结成对子开展"比学赶帮超"活动,做到比有对象、学有标杆、赶有榜样、帮有目标、超有标准。

(西藏自治区乡村振兴局
综合处 朱 强)

陕西省

【概述】 2022年，陕西省以习近平新时代中国特色社会主义思想为指引，认真学习贯彻党的二十大精神，深入贯彻落实习近平总书记关于"三农"工作的重要论述和来陕考察重要讲话、重要指示精神，严格落实"四个不摘"要求，守底线、抓发展、促振兴，牢牢守住不发生规模性返贫的底线，脱贫攻坚成果持续巩固拓展，乡村振兴扎实有序推进，保持脱贫群众持续稳定增收、脱贫地区持续全面发展的良好态势，在2022年巩固拓展脱贫攻坚成果同乡村振兴有效衔接考核评估中取得综合评价"好"等次。陕西省就稳岗就业、干部培训、扶贫资产后续管护、易地搬迁后续扶持、"万企兴万村"等18项工作在全国会议上作经验交流。国家乡村振兴局《乡村振兴简报》19次刊发陕西经验做法。《人民日报》、新华通讯社、中央广播电视总台、《光明日报》《经济日报》《农民日报》等中央主流媒体刊发（播）陕西相关做法3200余次。

【资金投入和管理】 2022年，陕西省保持过渡期财政支持政策总体稳定，加强财政衔接资金使用管理，高质量谋划实施项目，提高资金使用效益，为巩固脱贫攻坚成果、全面推进乡村振兴提供有力支撑。安排各级财政衔接资金175.32亿元，各级到县衔接资金157.15亿元，整合财政涉农资金155.11亿元，发行新增一般债券59.5亿元、专项债券67.85亿元。将2022年确定为项目建设质量提升年，指导县区扎实做好项目谋划，提升项目库建设质量，规范项目入库、实施、绩效评价、资产后续管护等全流程管理，提升资金项目精细化管理水平。全省纳入县级项目库项目4.2万个，纳入2022年度实施计划项目2.6万个，开工率99.94%。持续加大金融帮扶力度，累计投放小额信贷45.24亿元，支持9.86万户脱贫户和监测对象发展产业。扎实开展清查摸底"回头看"，不断完善管护机制、压实管护责任、建强专业队伍、强化经费保障，规范后续管护运营和收益分配，确保资产保值增值、长期发挥效益。2013—2021年，全省形成扶贫资产1467.3亿元，均已完成确权。

【体制机制衔接】 成立由陕西省省委书记、省长担任双组长的陕西省巩固拓展脱贫攻坚成果同乡村振兴有效衔接领导小组，充分发挥省委农村工作领导小组（省委实施乡村振兴战略领导小组）牵头抓总作用，统筹发挥陕西省委农村工作领导小组办公室、陕西省农业农村厅、陕西省乡村振兴局职能作用，形成强大的工作合力。落实省级领导和部门责任清单落实机制、乡村振兴战略实绩考核机制、督查督办暗访等有效机制，层层压实工作责任，推动各级各部门尽锐出战、担当尽责。常态化开展提升督帮行动，建立提升、督帮、督考的工作闭环，既督又帮、督帮一体，常态化查找问题、整改问题，持续提高工作质量。对标国家政策体系和工作要求，聚焦实际工作需要，及时出台促进脱贫群众增收、脱贫人口稳岗就业、健全联农带农机制、防返贫保险、乡贤助力乡村振兴等50余项政策文件，不断完善政策保障体系。持续加强机构队伍建设，组建陕西省乡村振兴研究发展中心，强化工作谋划和智力支撑。在全国率先建立乡村振兴干部培训"四库""两基地",采取业务培训、现场观摩、工作推进"三会合一"的方式,分级分类对全省乡村振兴干部进行轮训,不断提高乡村振兴干部队伍做好"三农"工作的本领。

【防止返贫动态监测和帮扶】 全面落实防返贫动态监测和帮扶机制,成立由省政府分管领导任组长,横联49个部门的防返贫动态监测帮扶专班,统筹灾情调度、疫情调度和防返贫动态监测日常调度,市县建立相应机构,形成上下贯通的防返贫指挥体系。制定《陕西省防止返贫动态监测和帮扶工作导则》,进一步明确19个承担防返贫监测预警及重点帮扶任务、8个承担防返贫监测对象核查及信息比对任务的省级部门职责及市县乡工作责任。优化省防返贫监测信息化平台,健全县乡村全覆盖的网格体系,组织动员2.56万名驻村干部和31.3万名网格员通过寓排查于帮扶的日常排查、定期集中排查等各种形式,常态化排查700余万户农户,实现农村常住人口全覆盖。根据国家安排,先后组织开展2次全省集中排查,共核实补正数据38.01万条,纳入监测对象3382户10812人。针对疫情反复和洪涝干旱灾害影响,不断强化工作调度,及时采取管用措施,疫情灾情严重期间实行日监测、日研判、日调度。全省共纳入监测对象6.83万户20.88万人,均落实产业、就业、医疗救助、兜底保障等精准帮扶措施。

【脱贫人口增收】 制定出台《促进脱贫群众增收若干政策措施》,从增收、减支、除风险、增后劲等方面作出系统安排,细化工作指标,明确部门职责,加强工作调度。聚焦九大现代农业全产业链建设,投资107.76亿元,实施200个重大项目,集中力量补链、延链、强链,持之以恒促进优势特色产业发展。以健全联农带农机制为核心,统筹脱贫地区产业规模化提升和到户类产业扶持,把帮扶产业牢牢嵌入全产业链建设,高质量发展"五小经济",山地苹果、"小木耳、大产业""因茶兴业、因茶致富"等区域特色产业蓬勃发展,洛川苹果、眉县猕猴桃、安康富硒茶等一大批区域公用品牌影响力日益增强。统筹推动脱贫劳动力外出务工和就近就地就业,用好点对点劳务协作、帮扶车间、公益性岗位、以工代赈、"雨露计划+"等载体,强化就业监测和服务保障,全省脱贫劳动力和监测对象务工219.4万人,完成年度任务的104%。深入推进农村"三变"改革,完成农村产权入场交易4935宗,成交金额10.2亿元。开展农村集体经济"清零消薄"行动,"空壳村"基本清零,收益5万元以下的"薄弱村"占比下降至30%。2022年,全省脱贫人口人均纯收入14277元。

【乡村振兴重点帮扶县】 把促进脱贫县加快发展作为主攻方向,把发展壮大县域经济作为巩固脱贫攻坚成果、促进乡村振兴的战略抓手,设立50亿元省级专项资金支持县域经济高质量发展,实施"一县一业"行动计划,大力发展壮大县域经济。2022年,全省县域实现地区生产总值1.4万亿元,占全省生产总值比重提高到43%。落实乡村振兴重点帮扶县16个方面倾斜支持政策,为每个国家乡村振兴重点帮扶县编制1个实施方案,壮大1~2个主导产业,打造1个现代化产业园区,建立1个项目清单,整合1个帮扶团队,向国家和省级乡村振兴重点帮扶县投入中央和省级衔接资金49亿元,占下达到县资金总量的48.07%。组织451名科技、教育、医疗人才"组团式"帮扶11个国家乡村振兴重点帮扶县。组织省内20个经济强区(开发区)对口帮扶国家乡村振兴重点帮扶县,落实财政援助资金5450万元,引进企业11家,实施帮扶项目51个。强化易地搬迁后续扶持,扎实开展稳就业促增收、特色产业培育、社会治理提升、补短板提质量、监测帮扶"回头看"五大行动,安排衔接资金3.64亿元、省级基建资金5000万元,支持重点项目建设,保障搬迁群众乐业安居。制定《易地扶贫搬迁社区管理服务规范》陕西省地方标准,推行户口簿、居住簿"双簿制",全省2116个易地搬迁安置点实现社区服务全覆盖,有力保障群众权益,有效促进社会融入。

【乡村建设、乡村治理】 全面落实乡村建设行动,制订出台《陕西省乡村建设行动方案》,细化15项具体建设任务。坚持规划引领,明确村庄分类,组织编写村庄规划编制技术导则和技术要点,1558个行政村启动了"多规合一"实用性村庄规划编制工作,已完成524个。结合沿黄河片区、沿渭河片区、沿汉江片区、沿秦岭片区区域特点,统筹推进基层党建、基础设施建设和乡风文明建设,探索出"四沿三建"推进乡村建设的陕西路径。稳步推进农村户厕改造,新改建25.1万个,农村户用卫生厕所普及率达到78.1%。累计摸排2013年以来利用各级财政支持改造的农村户厕176.1万个,发现问题厕所16.32万个,整改15.77万个。完善"户分类、村收集、镇转运、县处理"机制,93.49%的村庄生活垃圾进行收运处理,33.3%的行政村生活污水得到有效治理。持续健全"三治融合"的乡村治理体系,落实"四议两公开"和"小微权力"清单制度,推广清单制、积分制、网格化、数字化等做法,开展高价彩礼、大操大办等农村移风易俗重点领域突出问题专项治理。组织5个县区开展国家级乡村治理体系建设试点示范工作,认定乡村治理示范镇36个、乡村治理示范村135个。

【社会帮扶】 始终坚持把社会帮扶作为重要力量,广泛凝聚各方合力。持续强化驻村帮扶,大力推行驻村帮扶具体任务清单制、重点工作"擂台制"、试点示范"赛马制",推动驻村干部在岗履职、帮出成效。陕西省驻村工作队协调派出单位投入帮扶资金29.8亿元,引进资金38.38亿元,实施项目10402个,消费帮扶17.03亿元。高质量推动苏陕协作持续走深走实,两省党政领导部署、推动,先后在西安、南京召开对口协作工作会议,共谋协作事项,推动任务落实。两省2022年东西部协作协议任务全面完成。各级苏陕协作财政帮扶资金26.6亿元,实施产业帮扶、就业帮扶等协作项目1066个。通过苏陕协作渠道帮助2.77万名农村劳动力、1.65万名脱贫劳动力新转移就业。通过协作机制共吸引260家东部企业落地投资,实际到位投资额138.6亿元,两省共建产业园区92个,引导入驻园区企业193家。选派399名干部赴江苏挂职,1242名专业技术人才赴江苏交流学习。江苏省累计采购、帮销陕西省消费帮扶产品共39.7亿元。全力配合中央定点帮扶,37家中央单位定点帮扶陕西省50个脱贫县,直接投入帮扶资金18.4亿元,引进帮扶资金5.4亿元,引进帮扶项目、企业182个,引进企业实际投资6.01亿元,购买帮销脱贫地区农产品8.01亿元,带动12.58万名农户增收。持续用好特色帮扶体系,动员包括清华大学在内的14所高校与41个县区结对,开展"百校联百县兴千村"示范创建。继续组织实施校地结对"双百工程",94所省内高校对口帮扶56个脱贫县,开展各类帮扶工作351项。省内外112家三级医院对口帮扶陕西省105家县级医院。组建163个乡村振兴合力团,号召5237家社会组织参与乡村振兴,投入帮扶资金2.78亿元。开展村企联建,引导社会资本有序参与乡村振兴。动员3936家民营企业参与"万企兴万村"行动,累计实施项目5249个,全方位、多领域推动村企精准对接、优势叠加、共同发展,实现资源互补、村民致富、村企共赢。

(陕西省乡村振兴局
政策法规处　任　田)

甘肃省

【概述】 2022年，甘肃省坚持以习近平新时代中国特色社会主义思想为指导，认真学习贯彻党的二十大精神，深入贯彻落实习近平总书记关于"三农"工作的重要论述和对甘肃重要讲话、重要指示批示精神，把巩固拓展脱贫攻坚成果同乡村振兴有效衔接作为首要任务和头等大事，聚焦守底线、抓发展、促振兴，扎实推动责任、政策、工作"三落实"，全省农村居民人均可支配收入达到12165元，同比增长6.4%；脱贫人口人均纯收入达到11766元，同比增长13.5%，守住不发生规模性返贫的底线，统筹推动乡村发展、乡村建设、乡村治理迈出新步伐。

【衔接资金投入】 2022年，甘肃省安排财政衔接补助资金243.49亿元，设立30亿元甘肃省乡村振兴投资基金，土地出让收益用于农业农村的比例提高到32%以上，保持投入力度不减。安排58个脱贫县每县新增建设用地计划指标600亩，专项用于巩固脱贫攻坚成果和乡村振兴。会同财政等部门制定印发《关于加强财政衔接推进乡村振兴补助资金使用管理的实施意见》，进一步细化完善衔接资金使用管理具体要求。持续开展涉农资金整合，对各县区2022年财政涉农资金统筹整合方案进行2次联审，指导各地规范项目谋划和资金安排使用。

【机制衔接】 甘肃省委、省政府印发《关于做好2022年全面推进乡村振兴重点工作的实施意见》，明确巩固拓展脱贫攻坚成果、全面推进乡村振兴的任务书和施工图。定期召开领导小组会议、专项调度会部署推动重点工作。分级分层签订2022年重点工作责任书，逐级传递责任压力。对照中央衔接政策，优化完善政策措施，制定落实促进产业、人才、生态、文化、组织振兴的专门意见或规划。先后组织6轮督导，对脱贫县逐一"过筛子"，对部分县进行"回头看"，跟踪督促整改落实。对标有效衔接"硬任务"和工作落实短板弱项，组织开展"十聚焦十到位"专项行动，以重点突破带动面上工作整体提升。先后召开3次省委农村工作领导小组全体会议、7次领导小组专题会议，召开全省乡村产业发展、生态及地质灾害避险搬迁、乡村建设现场推进会，安排部署重点任务，拧紧上下贯通的责任链条。制定《甘肃省"十四五"巩固拓展脱贫攻坚成果同乡村振兴有效衔接规划》，出台《甘肃省乡村振兴促进条例》。

【防止返贫动态监测和帮扶】 紧盯政策落实效果，巩固提升"三保障"和饮水安全保障水平，持续提高兜底保障水平。健全落实防止返贫监测帮扶机制，编制《甘肃省健全防止返贫动态监测和帮扶机制工作指南（试行）》，规范风险排查、对象识别、精准帮扶、风险消除、动态管理等各环节，在全省范围内组织开展3次防止返贫排查，坚持重点人群"六必访""六必查"、风险消除"七不消"要求，监测对象户均落实帮扶措施3.9项，帮扶措施的针对性和风险消除的稳定性不断提高。出台应对疫情影响巩固拓展脱贫攻坚成果30条和防范化解巩固脱贫成果领域风险20条具体措施，不发生规模性返贫的底线更加牢固。

【产业就业帮扶】 把产业和就业作为根

本举措，财政衔接补助资金用于产业的占比提高到55%以上，健全完善帮扶项目联农带农机制，累计为6.7万户监测户落实产业帮扶措施，占全省10.9万户监测对象的61.5%，脱贫地区的2231家龙头企业带动脱贫户35万户，7.1万个农民合作社带动脱贫户80.4万户。扎实做好脱贫人口小额信贷工作，累计发放贷款181.44万户821.93亿元，贷款总量、余额和新增贷款均居全国第一。村级光伏扶贫电站累计收益37亿元，帮助9.7万个困难家庭就业增收，带动2893个脱贫村村均集体经济收入每年增加25万元以上，村级光伏扶贫电站发电效率居全国第二、专业运维实现全覆盖。全省输转脱贫劳动力200.3万人，完成年度计划的105.4%。推进2541个乡村就业工厂（帮扶车间）转型升级，吸纳就业人员9.76万人。加强脱贫家庭新成长劳动力职业教育和就业帮扶，累计资助27.2万人次，发放补贴4.1亿元。在全国率先采取"现场招聘+线上招聘+直播带岗"方式组织专场招聘活动，现场达成意向就业协议1000多份，吸引10.2万名学生在线观看互动，《人民日报》客户端、快手、抖音等网络媒体广泛宣传报道。

【乡村振兴重点帮扶县】 集中支持23个国家和16个省定乡村振兴重点帮扶县，倾斜安排中央和省级衔接资金138.22亿元，比2021年增长2.7%，占全省的69.4%。实现23个国家乡村振兴重点帮扶县每县1个科技特派团和教育、医疗人才"组团式"帮扶全覆盖。分县编制实施39个重点帮扶县有效衔接实施方案，分年度谋划实施十大类1.5万个补短板促发展项目，开工项目占4年计划的44.75%。强化易地扶贫搬迁后续扶持，安排1.67亿元财政衔接补助资金用于产业发展和公共服务补短板，有劳动能力且有就业意愿的搬迁脱贫家庭实现户均1人以上就业。

【东西部协作】 天津市、山东省援助甘肃省财政资金32.22亿元，成功举办2022年"津陇共振兴"和"鲁企走进甘肃"活动，签约项目107个，合同金额170.8亿元，帮助引进223家东部企业落地，投资金额22.83亿元；采购和帮助销售甘肃省农特产品66.37亿元；帮助15.91万名农村劳动力实现转移就业。持续推进"一县一园"和"百村振兴"计划，共建产业园区78个，协力打造乡村振兴示范村181个。深化"万企兴万村"甘肃行动，实施项目1065个，投入资金80.02亿元。通过"走出去、请进来"方式，向东部协作省市选派挂职干部242名、专业技术人才2397名，东部向甘肃省选派挂职干部270名、专业技术人才2030名。

【定点帮扶】 召开中央企业助力甘肃乡村振兴和高质量发展座谈会，36家中央单位直接投入43个定点帮扶县帮扶资金5.97亿元，选派挂职干部107人，实施产业项目、园区建设、异地搬迁后续扶持、基础设施和公共服务建设等项目421个，引进农产品加工、畜禽养殖、新能源开发、文旅产业发展等帮扶项目204个，直接采购和帮助销售农产品6.45万元。

【驻村帮扶】 制定有效衔接帮扶工作责任清单，继续选派2.24万人开展驻村帮扶，7.19万名县乡干部全覆盖结对帮扶所有监测对象。优化升级驻村工作队管理平台，编印有效衔接帮扶工作100问，分层分类培训驻村干部、乡村干部等44万人次，加快推动驻村干部由"选优配强"向"管训促用"转变。深入开展关爱服务和练兵比武"一行动一活动"，16.7万名干部结对关爱41.5万名农村"三留守"人员和特殊困难群众，帮办实事140.9万件次，开展练兵比武184.8万人次，有效提升基层干部能力水平，及时解决困难群众"急难愁盼"问题。

【乡村建设】 甘肃省委办公厅、省政府办公厅制订印发《甘肃省乡村建设行动实施方案》，全力开展以"八大行动"和"七大工程"为重点的乡村建设。充分发挥规划引领作用，优化调整确定发展类村庄8027个，累计编制完成6750个"多规合一"实用性村庄规划。深化"5155"乡村建设示范行动，2022年完成投资183.87亿元，完成50个省级示范乡（镇）、500个省级示范村创建任务，全面推动全省乡村建设行动。大力实施农村人居环境整治提升五年行动，完成40.66万户农村卫生厕所年度改造任务，截至2022年年底，全省卫生厕所累计达到263.84万个，卫生厕所普及率达到66.1%。持续开展村庄清洁行动，农村生活污水和清单内黑臭水体治理率分别达到24.15%、73.17%，农村生活垃圾收运处置实现行政村全覆盖。

【乡村治理】 推动3个国家级试点县和15个省级试点市、县按期完成乡村治理体系建设试点示范任务。大力推广积分制、清单制等创新经验，持续开展移风易俗专项行动，全省村规民约实现全覆盖，96.7%的村镇成立红白理事会，乡村文明焕发新气象。深入宣传《中华人民共和国乡村振兴促进法》，累计分别创建国家级和省级民主法治示范村（社区）130个、1545个，为乡村振兴营造良好的法治氛围。

【项目资产管理】 强化部门协同，采取"实施意见+专项通知"的方式全面安排，以"工作指南+工作提示函+定期通报"的方式指导督导，全省统一标准、统一流程、统一口径全面推进摸底确权，形成上下衔接、各负其责的资产管理体系，已确权资产182.7亿元，占比92.2%，就甘肃经验在全国加强扶贫项目资产后续管理暨衔接推进乡村振兴补助资金执行进度调度视频会议上作典型发言。

（甘肃省乡村振兴局宣传教育中心 付江涛）

青海省

【概述】 2022年,青海省聚焦守底线、抓发展、促振兴,全力推进脱贫攻坚成果巩固和乡村振兴;整合加强青海省委农村牧区工作领导小组(乡村振兴领导小组),建立乡村振兴"八大行动"统一指挥系统,健全完善省级领导联系推动乡村振兴、约谈、监督执纪等制度措施,压紧压实各级责任;落实防止返贫动态监测和帮扶机制,将监测对象识别参考收入提高至6700元,研发防返贫监测信息可视化平台,建立11家省级行业部门联席会议制度,开展两轮全省性集中排查,累计纳入监测对象5111户19065人,组织开展针对性帮扶,守住不发生规模性返贫致贫底线。全省2.87万户有劳动能力建档立卡搬迁户中,实际就业5.48万人,实现户均2人就业。编制完成有效衔接实施方案,将65.1%的财政衔接资金和74.5%的东西部协作资金倾斜用于支持乡村振兴重点帮扶县发展。落实江苏省协作帮扶资金8.59亿元,将51%的资金用于产业发展,30个协作项目投资达千万元以上。1622个脱贫村通过发展村级光伏扶贫电站,村均年收益达到30万元以上。消费帮扶通过线上线下相结合,全年完成销售额18.6亿元。2022年,全省脱贫人口人均纯收入达到13035元。

【防止返贫动态监测和帮扶】 建立"完善机制、走访排查、数据比对、政策落实、风险管理和能力提升"6项工作机制,严格落实防止返贫动态监测和帮扶机制,监测对象识别参考收入标准由6000元提高至6700元,识别认定时间压缩至15天以内。自主研发防返贫监测信息可视化平台,建立11家省级行业部门参与的防止返贫监测和帮扶工作联席会议制度,先后2轮开展全省性集中排查,3次组织对遭受山洪、山体滑坡、干旱等自然灾害地区90万户340余万名农村群众、297个易地扶贫搬迁安置区开展全覆盖实地走访排查,强化信息数据比对,及时进行动态调整和精准帮扶,做到应纳尽纳、应帮尽帮。截至2022年年底,全省新纳入监测对象805户3250人,累计纳入监测对象5111户19065人。经过帮扶,73%以上的监测对象稳定消除返贫风险。

【"三保障"和饮水安全】 青海省以"三保障"和安全饮水为重点,保持财政支出75%以上用于民生事业发展,扎实推进教育提质、住房改善、健康青海等10类47项民生实事工程,持续提升农牧区基础设施和公共服务水平。依法依规健全完善控辍保学常态化、长效化工作机制,全省义务教育巩固率稳定在97%以上。调整优化医保政策,监测对象和稳定脱贫人口住院医疗费报销比例分别达到90%、80%。对低收入人群住院报销比例未达到标准的及时予以补报。组织开展农牧区群众住房现状调查评估,严格落实一户一档管理要求。投入省级补助资金6亿元,实施4万户农牧民居住条件改善工程。全省脱贫群众安全住房保障率达到100%。

【定点帮扶】 14家中央定点帮扶单位在15个县(区)实施农村基础设施、农村人居环境治理、特色种植养殖、"拉面经济"等项目244个,选派挂职干部29名,投入资金2.42亿元,引进帮扶企业34家,完成招商引资2.38亿元,为帮扶县经济社会发展做出积极贡献。深化省内单位定点帮扶。131家省直各部门、人民团体和企事业单位参加定点帮扶工作,联点帮扶442个脱贫村。出台《关于进一步明确驻村第一书记和工作队管理服务职责的通知》《青海省驻村第一书记和工作队选派管理办法》《青海省加强驻村第一书记和工作队培训工作十条措施》,全面落实驻村帮扶工作机制和驻村干部待遇保障。

【东西部协作】 落实江苏省协作帮扶资金8.59亿元,将51%的资金用于产业发展,30个协作项目投资达千万元以上。引进江苏省企业17家,完成投资14.7亿元。全省2061名农村劳动力依托省外资源实现就业。青海省向江苏省选派40名干部挂职锻炼、101名专业技术人才跟岗学习,江苏省向青海省选派挂职干部27名、专业技术人才184名。苏青东西部协作年度协议任务全面完成。

【就业帮扶】 积极应对疫情灾情影响,及时研判增收形势,青海省委、省政府先后出台进一步落实强农惠农政策促进农牧民稳定增收20条政策举措,全省脱贫人口和监测对象务工规模达到21.6万人,超额完成国家下达任务。放宽乡村帮扶车间(工坊)认定门槛,全省帮扶车间(工坊)238个,带动就业人员1.34万余人。全省生态保护公益性岗位14.5万个,其中脱贫人口生态管护员4.99万名,人均年收入超2万元。按照农村牧区实际需求,积极开发各类公益性岗位,帮助5.23万名农牧民实现"家门口"就业。

【乡村建设】 制订推进乡村建设五年行动方案,开展乡村建设评估工作。遴选200个村开展乡村振兴试点,整合25%的村同步实施高原美丽乡村建设项目。坚持数量服从质量、进度服从实效、求好不求快,全年共实施4.42万个农村户用厕所和40个公共卫生厕所新改建项目。扎实推进农村人居环境整治提升五年行动,在300个村实施高原美丽乡村建设,在31个村开展生活污水治理,支持玉树藏族自治州推行县乡村组四级全域无垃圾网格化管理工作机制,乡村整体面貌不断提升。

【乡村治理】 以党建引领基层治理三年行动为引领,强化搬迁安置点乡村治理,297个集中安置区建立健全各类党群组织,全部修建综合服务中心。坚持法治、德治、自治相结合,积极推广应用积分制、清单制等乡村治理创新经验。在8个县市开展乡村治理试点,通过网格化管理、数字化赋能、精细化服务,探索建立小微权力、村级事项、公共服务等各类清单,基层治理效能得到提升。坚持和发展新时代"枫桥经验",全面推行社会稳定风险评估和"三调联动"大调解机制,常态化开展禁宰惜售、薄养厚葬、天价彩礼专项治理。稳步推进乡村法律服务体系建设,全省建成公共法律服务中心(站、室)5044个。

【乡村振兴重点帮扶县】 青海省持续用力加快脱贫地区发展,15个国家乡村振兴重点帮扶县全年累计投入统筹整合涉农资金33.24亿元、财政衔接推进乡村振兴补助资金25.76亿万元、东西部协作资金4.2亿元、社会帮扶资金1.07亿元、地方自筹资金1.39亿元。投入资金7.55亿元,实施教育、卫生、文化、就业、社会保障等民生项目143个,民生福祉不断增进。投入资金36.5亿元,实施持续改善乡村振兴重点帮扶县生产生活条件、培育壮大特色优势产业、促进生态环境保护等项目708个。15个国家乡村振兴重点帮扶县与江苏省相关地区建立"一对一"结对帮扶关系。选派15支科技特派团、23支教育医疗"组团式"帮扶工作队、369名专家进点开展工作,制订产业培育、技术攻关、人才培养等帮扶工作计划47项,帮助乡村振兴重点帮扶县提升农牧科技水平、医疗条件和教育质量。

【宣传工作】 在各级各类主流媒体上刊登(播)青海省巩固拓展脱贫攻坚成果同乡村

振兴有效衔接稿件5367余篇（次），其中在中央媒体刊发157篇、在省级主流媒体刊发869篇、在网络媒体报道4341篇（条）。在新华网开辟"青海乡村振兴"频道，设置《振兴要闻》《政策速览》《品牌振兴》《振兴人物》《魅力乡村》等5个栏目；在《青海日报》和青海卫视同步开设《乡村振兴在青海》常态化专题专栏；在西宁广播电视台进行乡村振兴系列报道，生动讲述新时代乡村振兴青海故事。全年共编发乡村振兴信息简报87期。

（青海省乡村振兴局　杨　玫）

宁夏回族自治区

【概述】 2022年，宁夏回族自治区认真学习贯彻党的二十大精神和习近平总书记关于"三农"工作重要论述，按照自治区第十三次党代会提出的"加快建设乡村全面振兴样板区"目标要求，聚焦"守底线、抓发展、促振兴"，以巩固拓展脱贫攻坚成果为重点，以不发生规模性返贫为底线，以反馈问题整改落实为抓手，抓重点补短板，抓统筹促提升，各项工作取得显著成效。2022年，宁夏农村居民人均可支配收入16430元，增长7.1%；脱贫县区农村居民人均可支配收入14151元，增长8.5%，高于全国农村居民人均可支配收入增速（6.3%）2.2个百分点；脱贫人口人均纯收入13578元，增速16.3%，高于全国脱贫人口人均纯收入增速（14.3%）2个百分点。

【衔接资金投入】 2022年，宁夏各级投入财政衔接资金47.34亿元。其中，中央财政衔接资金35.34亿元（包括巩固拓展脱贫攻坚成果和乡村振兴任务28.83亿元、以工代赈任务1.54亿元、少数民族发展任务1.61亿元、欠发达国有农场巩固提升任务1128万元、欠发达国有林场巩固提升任务2491万元），自治区本级财政衔接资金12亿元。2022年，宁夏投入5个国家扶贫开发工作重点县的中央财政衔接资金21.21亿元，占当年中央财政衔接资金投入总量的60.02%。

【项目资金管理】 强化项目库建设，实行项目备案审查，2022年入库项目11151个，资金规模114.04亿元，实施项目11115个，开工率100%。加大扶贫项目资产管理力度，组织开展扶贫项目资产后续管理"回头看"，宁夏从党的十八大以来共纳入统计管理范围的扶贫项目7.95万个、资产原值433.23亿元，截至2022年12月底已确权资产原值合计432.65亿元，并全部完成移交。严格光伏扶贫电站资产管理，全年发电量2.4亿千瓦·时，结算电费0.97亿元，分配到村级集体收益6850万元。

【组织领导】 坚持把习近平总书记关于巩固拓展脱贫攻坚成果、全面推进乡村振兴工作的重要指示精神和视察宁夏重要讲话精神结合起来，多次召开党委常委会会议、政府常务会议、党委农村工作领导小组会议和考核反馈问题整改、移民致富提升行动、扶持壮大村集体经济暨驻村帮扶、脱贫人口稳岗就业、金融助力巩固脱贫成果、中央单位定点帮扶等专题会议进行重点研究、安排部署。党政主要领导以上率下、靠前指挥，全年累计开展调研29次、协调解决问题、推动工作落实；分管领导直接抓，重要工作必部署、重点工作必协调、重大事项必督办；其他领导协助抓，19名省级领导联系9个国家乡村振兴重点帮扶县，带头调研指导工作、协调解决问题。人大、政协开展执法检查、专题调研、专题议政，纪委监委开展专项监督。各厅局单位发挥行业优势、统筹各方资源，全力支持成果巩固，有效衔接各项工作。各市、县（区）党政"一把手"切实履行一线总指挥职责，及时解决具体问题，推动各项部署落实落地。

【防止返贫动态监测和帮扶】 建立监测、帮扶、责任、考核"四项机制"和乡村人口基础数据库（覆盖89.2万户302.6万人），科学测算调整防返贫监测范围（2022年为7000元），组织开展两轮防返贫监测帮扶集中大排查,常态化开展"四查四补",对重点人群和特殊群体实行"八必访",对风险户实行"一键预警",及时启动认定程序,提前进行有针对性的帮扶。2022年,新增监测对象0.39万户1.47万人,累计识别监测对象1.68万户6.38万人,66.1%消除风险,98.5%得到产业、就业等帮扶。

【"两不愁三保障"】 持续推进义务教育控辍保学,失学辍学问题常态清零,投入8.7亿元资助困难家庭学生45.2万人次。优化医保参保缴费资助政策,脱贫人口动态全部参保,脱贫人口和监测对象享受基本医保、大病保险、医疗救助三重保障,截至2022年12月底住院医疗费用报销比例分别为74.8%、76.6%。实施低收入群体危房和抗震宜居农房改造4858户,新增危房实现动态清零。全覆盖、滚动式开展饮水安全短板弱项问题监测摸排,推广"互联网+城乡供水",宁夏农村集中供水率98.8%,自来水普及率96.5%,城乡供水保障能力持续提升。

【产业帮扶】 聚焦"两个高于"目标,制定"促农增收13条""应对疫情影响巩固脱贫成果27条"等措施,强化产业帮扶促增收,大力发展葡萄酒、枸杞、牛奶、肉牛、滩羊、冷凉蔬菜"六特"产业,健全联农带农富农机制。优先保障到人到户项目资金需求,2022年下达中央和自治区衔接资金中用于产业的占比为60.41%(中央衔接资金占比60.2%),各级衔接资金到人到户项目15.56亿元,占比为33.2%。

【就业帮扶】 加强就业帮扶促增收,积极开发公益性岗位,推动以工代赈、帮扶车间等就地就近就业,脱贫人口、监测帮扶对象实现务工就业30.23万人,完成国家下达任务的123.4%,务工收入占脱贫群众收入近60%。帮扶车间吸纳农村劳动力就业2.01万人(脱贫人口和监测对象0.93万人)。开发公益性岗位3.7万人,安置就业4万人,增长22%。实施技能提升行动,培训脱贫劳动力1.32万人次,完成任务计划的165%。

【易地搬迁后续扶持】 实施移民致富提升行动,制订自治区移民致富提升行动实施方案、"一区十镇百村"示范工作实施方案,紧盯产业、就业、社会融入3件事,聚焦12个重点县、261个千人以上重点移民村(社区),建立省市县领导包抓机制,25名省级领导包抓9个脱贫县、3个移民工作重点县和20个重点村移民后续扶持工作,落实投资39.2亿元,组织实施产业培育、就业帮扶、基础设施、公共服务、人居环境等项目3017个,开展易地扶贫搬迁安置点乡村治理专项行动和群众"急难愁盼"问题排查整改工作。2022年,全区生态移民人均可支配收入11519元,增幅9.5%。吴忠市易地扶贫搬迁后续扶持工作成效明显,受到国家发展和改革委员会通报表扬。

【东西部协作】 坚持把深化闽宁协作作为一项重要的政治任务,持续加强产业合作、资源互补、劳务对接、人才交流,全力推动新发展阶段闽宁协作由政府主导向发挥市场主体作用转变、由单向援助向双向互动转变、由扶贫协作向全面合作转变。7月,宁夏回族自治区党委书记、自治区政府主席率宁夏党政代表团赴福建考察学习,召开两省区党政领导见面会、经贸合作恳谈会,签订部门协议14个,经贸合作项目103个、262亿元。9月,两省区在银川召开闽宁协作第二十六次联席会议,福建省投入闽宁协作资金6.25亿元,打造闽宁乡村振兴示范村37个,共建闽宁产业园11个,实施协作项目299个。两省区签订的东西部协作协议任务全部完成。加强劳务协作,深化人才交流,转移劳务就业3.77万人,向福建省选派专业技术人员249人。强化消费带动,扩大有效投资,完成消费帮扶23.41亿元,新增引导落地企业96家,投资38.48亿元。

【定点帮扶】 9家中央定点帮扶单位对

标中央要求、适应新阶段定点帮扶工作形势,切实推进定点帮扶由"输血"向"造血"深化、由"一域"向"全域"深化、由"单向"向"双向"深化。2022年,投入资金1.68亿元,实施基础设施、特色产业、教育培训、社会事业等项目107个,培训各类人才1.89万人次,采购和帮助销售当地农特产品3.17亿元,资助大学生963名,医疗救助困难群众3.78万人。9家中央定点帮扶单位的37个党支部与帮扶县重点村党支部开展结对联建,助力加强基层组织建设。

【社会帮扶】 全面深化"万企兴万村"行动,通过帮县带村、村企帮扶等方式,组织88家区内外民营企业与5个国家乡村振兴重点帮扶县"县企对接"。积极推动中国乡村发展基金会"两计划三项目"("活水计划""新农人培训计划"、生态林建设项目、善品公社项目、百美村庄项目)在宁夏落地落实。

【雨露计划+就业】 开展"雨露计划+"就业促进行动,2021—2022学年共发放补助4.8万人次,补助资金7088万元,宁夏"雨露计划"毕业生就业率90%以上。

【乡村建设】 出台《宁夏乡村建设行动实施方案》,落实乡村建设"183"重点任务。科学布局乡村生产生活生态空间,开展村庄规划编制1112个,完成831个,村庄规划编制覆盖率达50%。大力实施农村道路、防汛抗旱和供水、清洁能源等八大工程,宁夏常住人口20户以上自然村通硬化路率达99.7%,农村供电可靠率达99.88%,快递服务乡镇网点覆盖率达100%,所有行政村实现4G网络全覆盖。深入实施农村人居环境整治提升五年行动,大力开展示范县乡村创建,扎实开展村庄清洁行动,常态化开展户厕问题摸排整改"回头看",2022年共改造农村厕所3万座,卫生厕所普及率达65%,农村生活垃圾得到治理村庄达95%以上,生活污水治理率达31.59%。

【乡村治理】 持续加强农村党组织建设,开展抓乡促村、整乡推进、整县提升"一抓两整"行动,2022年年底共成立网格党支部1829个,设立网格党小组1.1万个,村党组织书记、村委会主任"一肩挑"比例达75.5%。扎实推进整省域乡村治理示范创建,制定乡镇权力、赋权、政务、执法、责任"五张清单",实行村级小微权力和村民代表会议议事指导清单制,48项民生事项不出村(社区)办理,全区90%以上乡村政务事项实现网上办理,2个乡镇19个村入选全国乡村治理示范村镇,宁夏"一村一年一事"经验做法、红寺堡区"55124"村级治理模式在全国推广。加强农村精神文明建设,发挥乡村治理、农业农村综合服务、新时代文明实践"三个中心"作用,大力推广积分制、清单制,持续开展移风易俗,高价彩礼、大操大办、厚葬薄养、人情攀比等陈规陋习得到有效遏制。

【乡村振兴重点帮扶县】 编制宁夏和9个国家乡村振兴重点帮扶县巩固拓展脱贫攻坚成果同乡村振兴有效衔接实施方案,谋划实施补短板促发展项目1350个,完成投资134亿元。统筹整合资源要素,重点推动财政、金融、土地、人才、社会帮扶、"组团式"帮扶政策落实,下达9个国家乡村振兴重点帮扶县中央和自治区衔接资金34.8亿元,占比73.5%;新增建设用地单列计划指标2925亩,向福建省调剂城乡建设用地增减挂钩节余指标4000亩。从福建省和宁夏回族自治区内选派91名优秀校长和教师,帮助每个国家乡村振兴重点帮扶县办好1所普通高中、1所职业高中,选派99名医疗专家和75名科技特派员下沉国家乡村振兴重点帮扶县;建设农村实用人才培训基地74个,招聘特岗教师192名,招募"三支一扶"人员2179名。9个国家乡村振兴重点帮扶县2022年农村居民人均可支配收入增速均高于全区平均水平。

【金融帮扶】 优化小额信贷政策,2022

年累计发放7.08万户、42.96亿元,户均贷款6.1万元,贷款覆盖率55%。扎实推进"富民贷"试点,5个国家乡村振兴重点帮扶县2022年累计发放8747户、7亿元。

【驻村帮扶】 选优派强新一轮驻村帮扶干部队伍,向1963个村选派干部4586名,压实驻村帮扶责任,从严从实加强对驻村第一书记和工作队的监督管理。2022年,宁夏各帮扶单位共投入帮扶资金16.7亿元,实施项目2399个,受益脱贫人口和监测对象46万人。

【政策衔接】 按照"稳定一批、优化一批、调整一批"的原则,配套完善14个方面124个衔接政策文件,构建符合实际、务实管用的"1+N"政策衔接体系。及时制定出台加快打造乡村全面振兴样板区、打造塞上乡村乐园等综合性政策文件,为做好有效衔接工作确定路线图、制定任务书。

【兜底保障】 加强低收入人口常态化帮扶,提高兜底保障标准,改造升级低收入人口动态监测信息平台,定期开展数据比对、摸排核查,"三类人群"中纳入兜底保障2.3万人,农村低保标准由每人每年4560元提高到5520元,全年累计投入救助资金29.2亿元,增长15.6%。

(宁夏回族自治区乡村振兴局　闫　斐)

新疆维吾尔自治区

【概述】 2022年，新疆维吾尔自治区党委、政府坚持把巩固拓展脱贫攻坚成果作为乡村振兴的底线任务，聚焦守底线、抓发展、促振兴，推进巩固拓展脱贫攻坚成果同乡村振兴有效衔接，脱贫地区经济社会平稳发展，脱贫人口生活水平逐年提高，牢牢守住不发生规模性返贫的底线。截至2022年年底，全区有脱贫人口76.26万户301.38万人，人均纯收入14951元，脱贫人口收入结构进一步优化，生产经营性收入、工资性收入、转移性收入、财产性收入结构为24.9∶55.9∶15.8∶3.4，生产经营性收入和工资性收入比重逐步提高；收入低于8000元的脱贫人口占比1.04%，脱贫人口收入差距进一步缩小。防返贫监测机制不断完善，全区18.48万户76.84万人监测对象实现全覆盖动态监测帮扶，户均享受2.14项帮扶措施，16.03万户69.5万人稳定消除风险。2022年，全区实现脱贫人口务工就业108.7万人，完成年度任务的100.43%。"两不愁三保障"持续巩固，农村义务教育、健康医疗、住房安全、饮水安全等基本保障持续巩固提升，农村低保、社会救助、临时救助等社会保障网不断织密兜牢。巩固脱贫攻坚成效明显，在国家、省级党委和政府扶贫开发工作成效考核和巩固脱贫成果后评估、财政衔接资金推进乡村振兴补助资金绩效评价工作中，新疆连续6年综合评价为"好"等次。

【项目资产管理】 制定印发《关于加强财政衔接推进乡村振兴补助资金使用管理的指导意见》，定期调度通报资金管理情况，加快拨付进度，共下达各类资金344.81亿元。其中，中央衔接资金149.3亿元，自治区衔接资金61.35亿元，地债资金80亿元，32个国家扶贫开发工作重点县统筹整合涉农资金54.16亿元。制定《新疆维吾尔自治区巩固拓展脱贫攻坚成果同乡村振兴项目入库指南（试行）》，优化项目储备流程，明确项目要素，强化项目论证，系统谋划整体性、综合性项目，提高项目入库质量，安排实施项目3696个。制定印发《关于进一步加强扶贫项目资产后续管理和有效盘活利用工作的通知》，探索多元化盘活资产新路径。摸清全区2013—2020年扶贫项目资产13万余个，经营性资产2022年预期收益率3.75%。开展扶贫项目资产后续管理情况"回头看"，建立健全帮扶项目联农带农机制，确保资产保值增值、持续发挥效益。落实小额信贷政策，新发放小额信贷22.98亿元，覆盖6.89万农户。完成南疆四地州和35个脱贫县巩固拓展脱贫攻坚成果同乡村振兴有效衔接"十四五"规划及实施方案编制工作。

【帮扶政策】 严格落实"四个不摘"要求，对照中共中央、国务院及国家出台的有效衔接方面政策文件，对医保、教育、供水、住房、交通、就业等政策进行优化调整，制定出台基础设施建设、公共服务保障、抓党建促乡村振兴、城乡融合发展、乡村产业振兴、农村人居环境整治、投入保障、科技服务、人才支撑、灾害防控、乡村治理等方面的政策性文件，推动脱贫攻坚政策举措和工作体系向乡村振兴平稳过渡。组织编制南疆四地州巩固拓展脱贫攻坚成果同乡村振兴有效衔接"十四五"规划和35个脱贫县实施方案，构建有效衔接的"四梁八柱"。配合制定《关于促进农民大幅增收的指导意见》，专门对以南疆为重点全力推进脱贫农民大幅度增收作出安排部署，确保脱贫群众收入增速高于当地农民收入增速、脱贫地区农民收入增速高于全区农民收入增速。加强过渡期有效衔接政策效果评估，跟踪督促衔接政策落实，确保工作不留空档、政策不留空白。

【防止返贫动态监测和帮扶】 制定落实常态化防返贫动态监测和帮扶工作，建立防返贫监测范围年度调整机制，自治区2022年监测范围收入标准从6000元调整到6500元，重点监测监测对象，常态关注未纳入监测对象的脱贫户和未纳入监测对象人均纯收入低于1万元的农户。全区实有监测对象18.48万户76.84万人，已消除风险16.03万户69.5万人。组织开展第二轮集中排查、巩固脱贫攻坚成果和乡村建设信息采集工作，精准识别认定防止返贫监测对象，因地制宜落实帮扶措施。特别是对存在收入下降情况的，逐户分析原因，因户因人制定"一对一"帮扶措施，压实帮扶责任，持续跟踪落实，确保稳定增收，防止发生返贫风险。2022年，新识别监测对象2790户11306人。坚持预防性措施和事后帮扶相结合，制定发展产业、稳岗就业、综合保障兜底等11项帮扶举措，落实帮扶措施39.51万项，户均享受帮扶措施2.14项。制定落实应对新冠疫情影响持续巩固拓展脱贫攻坚成果5个方面40条具体措施，最大限度减少疫情对巩固拓展脱贫攻坚成果的影响。制定印发《关于防范化解巩固拓展脱贫攻坚成果领域风险的实施意见》，加强巩固拓展脱贫攻坚成果领域风险防范化解，着力解决苗头性倾向性问题，确保脱贫群众收入持续增长、"三保障"和饮水安全保障水平持续巩固提升，确保不发生规模性返贫。

【脱贫地区发展】 成立自治区现代农业产业技术体系建设战略咨询科学家委员会和自治区乡村振兴专家咨询委员会，对接组建产业顾问组支持脱贫县产业发展，打造农业科学家智库。制定35个脱贫县"十四五"特色产业发展规划，《新疆维吾尔自治区农副产品加工业发展"十四五"规划》《新疆维吾尔自治区纺织服装等劳动密集型产业"十四五"发展规划》等，积极鼓励承接发展纺织服装、电子产品组装、鞋帽、假发、箱包、玩具等劳动密集型产业，加快发展林果、农副产品加工、葡萄酒等特色优势产业，发展高质量庭院经济，支持带动脱贫人口就业较多的龙头企业、合作社发展，推动产业帮扶由到村到户为主向乡到村带户为主转变，由支持种养环节向支持农业全产业链开发转变，完善联农带农机制，逐步提高脱贫人口家庭经营性收入比重。推动县级巩固拓展脱贫攻坚成果和乡村振兴项目库与产业发展项目库共建共管共享共用，中央财政衔接资金用于产业发展的比重达59.17%，重点支持脱贫地区帮扶产业补上技术、设施、营销等短板，促进产业提档升级。组织开展消费帮扶助农增收活动，累计帮助销售脱贫地区农副产品110.27亿元。全区92座光伏帮扶电站累计安排公益性岗位就业8327人。

【易地搬迁后续扶持】 制订出台《自治区2022年巩固拓展搬迁脱贫成果做好易地搬迁后续扶持工作方案》《2022年自治区易地扶贫搬迁安置点乡村治理专项行动方案》等后续扶持政策，将易地搬迁后续帮扶纳入2022年中央提前下达财政衔接推进乡村振兴补助资金"因素法"分配体系，优化易地搬迁后续扶持类项目计划编制，加大对大中型安置区的资金投入力度，下达后续扶持资金6.72亿元。加大安置区劳动力技能培训力度，7.62万名易地搬迁群众转移就业，实现有劳动力搬迁家庭1户1人以上就业。将易地扶贫搬迁后续产业的培育发展融入县域经济发展，实现每个安置区至少有1项稳定增收主导产业。改造或新建义务教育学校、幼儿园、卫生所、文化娱乐场所，切实提高搬迁安置区基本公共服务水平。配置全民健身场地设施、公共事业服务和物流配送商业网点，统筹建设综合超市、便利菜店、公交站点等设施，打造"一刻钟便民生活服务圈"。扎实推进2022年易地搬迁安置点乡村治理专项行动，着力解决配套设施不完善、社会管理跟不上、群众办事"两头跑"等问题，提升社区便民服务能力。

【就业帮扶】 坚持把脱贫人口稳岗就业作为巩固脱贫攻坚成果的重中之重，积极应对疫情影响，坚持就近就地就业和有序转移输出就业有机结合，着力稳住脱贫人口就业规模，实现脱贫劳动力务工就业108.7万人，完成全年目标任务的100.43%。精准摸排脱贫人口和监测对务工状况和就业意愿等信息，实施"点对点"输送，提高劳务输出有序化程度，并与输入地加强务工人员信息互换共享，共同做好服务保障和关心关爱，促进稳定就业、长期就业。制定生态护林员管理实施细则、劳务品牌建设的实施意见等政策文件，进一步优化就业帮扶措施，持续巩固3年10万人就业规划、2.2万名乡村道路养护工岗位就业等重大举措稳岗就业工作成果。支持14.05万名就业困难脱贫人口稳定就业增收，实现公益性岗位吸纳就业人数只增不减。支持劳动密集型企业和特色乡村产业平稳发展带动就业，发挥衔接资金项目、以工代赈项目、帮扶车间、公益性岗位作用促进就近就地就业，发挥区内劳务协作和对口援疆机制作用推动跨区域务工。推动"雨露计划+"就业促进行动，开展"春风行动"、劳动光荣大宣讲、劳务品牌大赛等活动，指导开展就业帮扶专项活动，提高脱贫人口、监测对象劳动力务工就业能力，营造外出就业光荣的良好社会氛围。依托全国防返贫监测信息系统，强化稳岗就业动态监测，调度掌握脱贫人口就业情况，及时分析研判脱贫人口、监测对象务工情况，帮助因疫情影响返乡回流人员尽快再就业。

【乡村建设】 制订出台《自治区乡村建设行动实施方案》，召开自治区乡村建设和乡村产业发展工作会；制订《自治区农村人居环境整治提升五年行动方案（2021—2025年）》和扎实推进"十四五"农村"厕所革命"的实施意见，修订《自治区农村户厕建设和维护管理规范》《自治区农村公共厕所建设技术导则》《自治区美丽宜居村庄建设导则》，进一步明晰目标任务、完善工作机制。持续推进农村人居环境整治，以"三清三改两提升"为重点，开展村庄清洁系列行动，安排2亿元资金支持1000个村庄绿化美化，完成绿化面积10.49万亩。分区分类推进农村污水和黑臭水体治理，统筹厕所粪污和生活污水治理，投资1.2亿元支持6个县市农村人居环境整治，安排2.65亿元实施66个村粪污一体化项目，农村生活污水治理率达22.6%，全区农村生活垃圾收运处置体系覆盖的行政村比例达90%以上。坚持一手抓整改巩固、一手抓改造提升，持续推进1067个农村"厕所革命"整村推进示范村建设，新建农村户厕6.1万个，整改问题户厕39万个，农村卫生厕所普及率提高到44.1%。投入50.82亿元，实施农村电网升级改造工程，农村电网供电可靠性达99.83%。巩固提升89.2万户南疆煤改电一期工程，完成二期工程21万户。新改建农村公路6442千米；投入4700万元建成农产品产地冷藏保鲜设施70个，新增库容超4万吨；全区4G网络已实现行政全覆盖，所有地州市级城区、县城城区和90.53%的乡镇镇区已实现5G网络覆盖。

【乡村治理】 坚持抓党建促乡村振兴，健全完善乡村治理体系，不断提升乡村治理效能。指导督促玛纳斯县、阿克苏市做好全国乡村治理体系建设试点示范总结工作，系统梳理总结典型案例。实施典型引领、整体带动推进。印发《关于在乡村治理中大力推广运用积分制、清单制的通知》,召开全区加快积分制、清单制推广运用视频会,组织开展摸底排查,建立定期调度工作机制,加快推进积分制、清单制推广运用,实现所有行政村积分制、清单制推广运用全覆盖。联合印发数字乡村发展年度工作实施方案,推动数字赋能乡村治理。开展"听党话、感党恩、跟党走"宣讲活动,加强铸牢中华民族共同体意识宣传教育,激发内生动力,引导广大农民群众更加自觉投身乡村振兴。全区96个县(市、区)新时代文明实践中心、所、站基本实现全覆盖。推进移风易俗专项行动,指导各地修改完善村规民约,加大文明新风宣传力度,引导农民树立现代文明的生活观念和健康文明的生活方式。

【社会帮扶】 17家中央单位定点帮扶28个脱贫县投入帮扶资金6.23亿元,实施项目183个,选派挂职干部157人,引进企业41家,投资5.65亿元,带动就业7645人。242家自治区部门单位落实"两个优先"要求,扎实开展定点帮扶和助力示范工作,投入帮扶资金11.4亿元,实施项目1766个,带动就业12106人,组织人才技能培训11.48万人次。选派驻村工作队11897个65873人,实现所有村(社区)派驻工作队全覆盖、选派驻村第一书记全覆盖。33个区内协作援助县(市、区)投入帮扶资金1.38亿元,实施项目70个,选派干部、专业技术人才761人,安置协作帮扶县(市)转移就业8039人。制订《自治区动员引导社会组织参与乡村振兴工作的通知》《自治区社会组织助力乡村振兴专项行动方案》,深入推进"万企兴万村"行动,引导957家民营企业与1062个村开展兴村帮扶,实施项目1181个,投资经营类项目58.56亿元,公益捐赠1.24亿元。

【考核评估和问题整改】 聚焦国家考核评估反馈问题和自治区考核评估发现问题等,突出抓好脱贫群众收入不增反降等问题一体整改落实,以问题整改实际成效巩固拓展脱贫攻坚成果、全面推进乡村振兴。对考核评价结果为"较好"的6个地(州、市)和"一般"的15个县(市、区)进行集体约谈。国家考核评估反馈的12个问题得到有效整改。制订推进乡村振兴战略实绩考核方案、工作方案、实施方案,视疫情情况,采取实地综合核查和第三方评估方式,组织开展考核评估。制定印发2022年自治区部门单位乡村振兴工作成效和区内协作帮扶考核评价细则,以考核评价推动帮扶工作落到实处。

(新疆维吾尔自治区乡村振兴局政策法规处 刘建斌)

新疆生产建设兵团

【概述】 2022年,新疆生产建设兵团(以下简称"兵团")党委坚持以习近平新时代中国特色社会主义思想为指导,深入学习贯彻党的二十大精神,深入学习贯彻习近平总书记关于"三农"工作的重要论述,深入学习贯彻习近平总书记视察新疆和兵团时的重要讲话、重要指示精神,聚焦守底线、抓发展、促振兴,脱贫攻坚成果得到进一步巩固拓展,乡村治理、乡村建设等重点任务扎实推进。

【项目资金管理】 2022年,兵团加强财政衔接推进乡村振兴补助资金项目管理,构建完善衔接资金使用管理制度体系,切实提升项目管理科学化、制度化、规范化水平。深入推进衔接资金项目资产全链条绩效管理,组织开展2022年上半年衔接推进乡村振兴补助资金绩效评价实地考核。对2022年衔接资金执行进度进行"周通报",督促师市倒排工期,制订工作计划,明确节点任务。截至2022年年底,2022年衔接资金支出率93.6%,基本完成目标任务。开展"冬季攻势"行动,指导师团科学谋划储备项目,严格项目入库论证,做深做实做细项目前期,确保2023年衔接资金到位后,立刻启动项目实施。开展后续管理"回头看",确保扶贫项目资产持续发挥作用。全面排查2018年以来扶贫项目投入、资产规模、资产现状、运营管护情况等,排查出28个问题全部整改到位。

【防止返贫动态监测和帮扶】 兵团建立易返贫致贫人口及时发现和帮扶机制,常态化开展动态监测,按季度调度,对13个师、179个团场及2个乡开展2轮集中排查,2022年无新增监测对象。自2020年兵团开展防返贫监测工作以来,共识别42户163名监测对象,梳理风险点,一户一策制订帮扶计划,落实帮扶措施。经过帮扶,36户141人稳定消除返贫致贫风险,仍未消除风险的6户22人持续落实帮扶政策,守住不发生规模性返贫的底线。

【就业帮扶】 兵团共有脱贫人口和监测对象11626人,分布在8个师。脱贫劳动力通过产业带动、自主创业、公益性岗位安置等措施实现4821人就业,就业率98.7%。无劳动能力和弱劳动能力6805人享受低保、残疾人补助等兜底政策,低保标准由每月560元/人提高到616元/人,增幅10%。脱贫人口年人均纯收入由2021年度的13374元增长到15451元,增幅15.5%。

【挂钩帮扶】 兵团调整优化兵团领导干部乡村振兴联系点,挂钩帮扶乡村振兴重点团场。组织编制4个脱贫团场巩固拓展脱贫攻坚成果同乡村振兴有效衔接实施方案、38个脱贫连队乡村振兴方案,实现"一团一策""一连一策"谋发展。安排衔接资金4.3亿元,倾斜支持乡村振兴重点帮扶团场发展特色产业,衔接资金用于产业比例达到80%以上。持续指导72个兵团机关企事业单位对乡村振兴重点帮扶团场和过渡期内脱贫团场(38个团场)持续开展定点帮扶。脱贫团场综合实力进一步增强,逐步实现同乡村振兴有效衔接。

【脱贫成果巩固】 兵团针对2021年衔接推进乡村振兴补助资金绩效评价考核发现问题,组建整改专班,制订兵团2021年衔接推进乡村振兴补助资金绩效评价考核问题整改方案,对标反馈兵团的5个方面具体问题和5个方面共性问题,做好对照排查和全面整改。对照自治区2021年度有效衔接反馈问题整改方案,结合兵团实际制定35条整改措施,已在规定时间内完成整改并长期坚持。对当下能解决的,已全部立行立改。对需要全面推进的,明确详细措施,稳步推进落实。对需要长期解决的,建章立制,制定阶段性目标,持续推动整改。国务院第九次大督查工作未发现兵团乡村振兴相关问题。组织开展兵团扶贫领域"两拖欠"问题排查整改,兵团无拖欠务工人员工资问题,拖欠工程款2100.38万元全部清偿。

【乡村治理】 兵团全面梳理乡村治理工作相关指标,摸清兵团团场连队基层治理底数。选取13个团场、26个连队,制定印发乡村治理典型方式工作指南"三张图",指导团场连队推广应用积分制、清单制、数字化治理等创新经验,用务实管用的工作方法推进兵团善治乡村建设,充分调动干部职工群众参与乡村治理的积极性、主动性、创造性。按照国家统一部署,兵团农业农村局、乡村振兴局等7个部门联合开展高价彩礼、大操大办等农村移风易俗重点领域突出问题专项治理工作,对高价彩礼、人情攀比、厚葬薄养、铺张浪费等开展专项治理,细化9个方面阶段性任务和时间节点安排,移风易俗突出问题得到有效遏制。

【乡村建设】 紧扣兵团职责使命制定规划,突出兵团职责使命和功能特色,有序推进兵团乡村建设行动实施方案确定的"1+9+5"重点任务落实。构建"团场小城镇+和美连队+作业点"新格局。稳步提升基础设施和公共服务均等化水平,加强团场连队道路、供水、电网、燃气、通信等公共基础设施建设,持续提高团场基本公共服务质量。

【示范宣传】 兵团推荐1篇作品获全国年度"乡村振兴好新闻"奖。"纪录小康工程"中央丛书收录兵团"全国脱贫攻坚先进个人"岳敏、"全国脱贫攻坚先进集体"塔里木大学先进事迹。持续做好涉兵团乡村振兴领域舆情监测,确保乡村振兴舆论环境安全稳定。3件作品分别荣获"巩固拓展脱贫成果 全面推进乡村振兴"主题作品征集展示活动一类奖、三类奖和优秀奖,兵团乡村振兴局被评为优秀组织单位。

(新疆生产建设兵团乡村振兴局
毛思敏)

第八篇

社会帮扶篇

（一）东西部协作

北京市—内蒙古自治区东西部协作

【概述】 2022年，北京市深入学习贯彻习近平总书记关于深化东西部协作工作的重要讲话和指示批示精神，认真落实全国东西部协作和中央单位定点帮扶工作推进电视电话会议及北京市委、市政府部署要求，助力内蒙古自治区巩固拓展脱贫攻坚成果同乡村振兴有效衔接，全年投入京蒙东西部协作资金19.72亿元，选派干部人才1097人，促进内蒙古农村劳动力就业7.4万人，培训各类人员6.8万人次，引导114家北京企业到内蒙古投资70.71亿元，共建59个产业园区、138个帮扶车间，销售内蒙古消费帮扶产品161亿元，助力内蒙古打造107个乡村振兴示范村。北京市在国家东西部协作成效考核中取得"好"等次。

【资金投入】 2022年，北京市投入东西部协作资金19.72亿元。坚持把资金项目聚集年度协议任务和国家东西部协作考核评价指标，聚集产业、就业、乡村振兴示范等重点领域。注重发挥挂职干部作用，压实旗县主体责任，757个项目全部开工，联农带农机制完善，直接、间接带动3.7万人就业增收受益。向10个国家乡村振兴重点帮扶县投入京蒙协作资金6.64亿元，选派干部人才441人，引导落地企业30家，实际到位投资21.41亿元。做好易地扶贫搬迁后续帮扶，投入京蒙协作资金7250万元，实施乡村特色产业培育、基础设施完善等项目28个，援建帮扶车间21个，帮助4423名劳动力实现稳定就业。

【组织领导】 3月，召开北京市支援合作工作领导小组全体会议，研究部署年度工作。7月，北京市委书记、市长率北京市党政代表团赴内蒙古考察调研。11月，北京市委书记、代市长与来京考察的内蒙古党政代表团座谈交流。各区、各部门按照市委、市政府工作部署，扎实开展京蒙协作工作。京蒙双方及时修订《京蒙协作资金和项目管理办法》，印发《落实京蒙协作促进产业高质量发展若干政策措施》《2022年北京市支援合作工作要点》《北京市支援合作任务清单》等文件。

【产业帮扶】 2022年，北京市共引导114家企业赴内蒙古投资兴业，实际到位投资70.71亿元。一是加大支持力度。持续安排每年不低于65%的京蒙协作资金用于支持协作地区特色种植养殖、农畜产品加工、物流运输、消费帮扶等领域，持续支持察哈尔右翼前旗宏福现代农业产业园、翁牛特旗现代农业示范产业园区、科尔沁左翼中旗肉牛养殖等重点项目，推动优势产业做大做强。二是提升服务效能。在内蒙古自治区赤峰市成立赤峰乡村振兴京蒙协作服务协会，为赴内蒙古投资企业提供优质服务。北京市朝阳区率先成立支援合作企业发展共同体，充分发挥企业作为产业协作主体的作用。三是打造品牌活动。京蒙双方同步线上举办"京蒙百企情"暨2022年京蒙产业对接启动仪式，京蒙两地500多家单位和120多家企业参加，31个合作项目签约金额1464亿元。立足结对旗县发展需求和资源优势，开展"京企草原情"品牌活动，北京市属国企分别赴呼伦贝尔市、兴安盟等地，对接京蒙产业合作，实现双方在资源、技术、人才、管理等各自优势上的深度融合。

【就业帮扶】 一是强化政策资金支持。

制定出台企业招用脱贫人口享受社会保险补贴办法。安排京蒙协作资金4906万元，用于稳岗补贴、就业帮扶和技能培训。落实国家开发性金融支持劳务协作工作要求，协助国家开发银行北京市分行为北汽福田汽车股份有限公司发放13.5亿元劳务协作贷款。二是强化稳岗就业服务。会同协作地区组织线上、线下招聘会135场，提供18.7万个就业岗位。在58同城搭建招聘专区，覆盖近3万家企业，超过6万个岗位供求职者选择。全市建成210个"务工人员之家"，为在京务工人员提供政策咨询、权益维护等服务45.5万人次。三是强化岗位技能培训。精准支持协作地区举办劳务培训班225期，培训农村劳动力1.2万余人次。在赤峰市探索建立"劳务合作专业村"新型劳务用工模式，以村为单位培养专业技术人才，累计用工2000多人次。敖汉旗"望京保安"已成为国家优秀劳务品牌，在北京就业保安7000余人。帮助内蒙古自治区7.4万余名农村劳动力就业，吸纳41.3万名脱贫劳动力在北京务工。

【消费帮扶】 全年采购、帮助销售内蒙古地区农畜牧产品和特色手工艺产品161亿元。一是坚持政策引导。签署《京蒙全面深化农畜产品流通合作框架协议》。继续组织全市4300余家预算单位预留30%份额采购支援合作地区农副产品。深入实施北京市消费帮扶"京彩西品"行动。利用京蒙协作资金支持协作地区农副产品展示展销、冷链物流设施建设和物流运输补贴。二是强化产销对接。发挥北京市消费帮扶双创中心示范作用，创新"商贸企业、批发市场+消费帮扶双创中心""商超企业+专馆、专区、专柜"等集采联销模式，线下以新发地、岳各庄等大型批发市场及大型超市和各区消费帮扶专店专柜为重点，线上以美团、京东、天猫等平台的消费帮扶电商馆为重点，完善提升全市消费帮扶营销网络。三是积极宣传推介。继续开展"北京文旅消费帮扶直通车"活动，以"四季风物，节气甄选"为主题，打造文旅消费帮扶新模式。"京彩西品"工会消费帮扶月期间，组织全市2万台公交电视、1万个地铁终端、6000台楼宇电视集中宣传支援合作地区农副产品。

【社会事业帮扶】 北京市358家学校结对帮扶内蒙古468家学校，北京市276家医院结对帮扶内蒙古315家医院。共同打造校（园）长工作室8个，已在线培训校长26名。免费为内蒙古7个盟市开通北京"空中课堂"账号73000个，京蒙共享优质教育资源。北京市第二中学帮扶阿尔山市第一中学，2018—2022年阿尔山市第一中学高考成绩一年上一个台阶，2022年高考本科上线率48%。北京市密云区第二中学帮扶库伦旗第二中学，库伦旗第二中学2022年高考本科上线率47%，较2021年提高13.6%，专科上线率100%。助力医疗卫生事业发展，帮助内蒙古医疗卫生机构建立临床重点科室59个，完善管理制度552项，输出医疗卫生技术414项，培训内蒙古骨干医生1.56万人次。帮助建成"北京—兴安盟—阿尔山市—下属乡镇"四级远程医疗体系。北京天坛医院帮助太仆寺旗医院建立胸痛中心。北京市海淀区医院帮助科尔沁右翼中旗人民医院实现妊娠期高血压患者诊治零的突破。北京市顺义区医院帮助巴林左旗医院填补尺动脉血管吻合术、血透通路术等多项技术空白。北京科泰兴达高新技术有限公司发挥净水技术优势，累计投资2.3亿元在内蒙古20多个旗县实施饮用水改善工程40多个，保障内蒙古100万人城乡居民饮水安全。

【生态帮扶】 召开京蒙生态环境督察队伍建设座谈会。无偿技术支持呼伦贝尔市编制《鄂伦春阿里河防洪工程初步设计报告书》。支持中国科学院植物研究所在内蒙古盐碱地、退化草场、戈壁沙漠上开展羊草种植研究，已实施25万亩的生态修复工程，建成11.29万亩羊草种子基地。

【智力帮扶】 北京市选派干部和人才共1097人到内蒙古挂职，接收内蒙古1892名干部人才到北京挂职。落实中共中央组织部要求，向重点县选优派强教育医疗人才107人，其中教育人才72人、医疗人才35人，赴内蒙古7家医院、18所学校，助力提升公共服务水平。全年采取集中培训、上门培训、线上培训等多种方式，举办内蒙古干部人才培训647期，培训56274人次。开展技能培训225期，培训农村劳动力12138人次。

【打造乡村振兴示范村】 全年安排协作资金3.29亿元，助力内蒙古107个乡村振兴示范村建设。一是坚持规划先行。聘请京蒙两地专业技术团队，以整村打造为基本模式，以城乡融合为基本路径，以服务群众为基本方向，编制"多规合一"的实用性村庄规划。二是探索实践振兴路径模式。以产业振兴为引领，协调支持中国供销合作对外贸易有限责任公司旗下北京中合万家投资管理有限公司投资50亿元，在呼和浩特市推进"中和万家田园综合体+现代农业科技产业园"项目建设，打造百亿元级"粮油肉菜"冷链仓储及农产品深加工产业园，探索实践京蒙协作乡村振兴解决方案。助力察哈尔右翼中旗乳泉村以"四产联动、五业并举、六方运营"方式打造乡村振兴示范村，打造中国北方首个彩色油菜花试验田。三是稳步推进建设成效。聚焦乡村"五大振兴"，统筹帮扶资源持续投入，一批乡村人居环境从干净整洁向美丽宜居迈进，基础设施和公共服务持续配套提升，一批特色种植养殖、民宿康养等乡村富民产业向规模化、标准化、品牌化方向发展，一批基层党组织带头人、专业合作社和返乡创业务工人员进一步筑牢乡村振兴之基，党建引领乡村治理成效明显，文明乡风不断浓厚。东城区持续支持阿尔山市明水河镇西口村打造"慢种慢养"生态农牧业产业园区和特色车间大棚、中草药花海田园，西口村先后获评第三批全国乡村旅游重点村、全国非遗旅游村寨。

【建设两个基地】 贯彻落实习近平总书记对内蒙古自治区的战略定位，打造农畜产品和清洁能源"两个基地"。一是建设农畜产品基地。京蒙合作已共建606个农畜产品生产加工基地。北京宏福集团在察哈尔右翼前旗计划投资60亿元建设四季番茄小镇，一期已建成30万平方米的现代化智能温室，新增就业岗位500余个，52个脱贫户实现就地就近就业，人均月工资3000~5000元；该集团将成功模式复制到赤峰市喀喇沁旗，投资50亿元建设基地。北京凯达恒业农业技术开发有限公司（以下简称"凯达恒业"）共投资32亿元建设马铃薯现代产业园，带动30家关联企业入园投资50亿元，牵头建立"政金企保农"合作联盟，托底保障种植户收益，已带动4万名农户种植30万亩马铃薯和蔬菜，其中4343名贫困人口稳定脱贫增收致富，该园区被商务部、农业农村部分别评为"国家外贸转型升级基地"和"国家现代农业产业园"。凯达恒业将成功模式复制推广，在锡林郭勒盟太仆寺旗投资30亿元再建一个马铃薯精深加工产业园。北京中博农畜牧科技股份有限公司投资5.05亿元在兴安盟科尔沁右翼中旗建设2万头肉牛良种繁育示范基地。北京首农食品集团有限公司依托北京二商大红门肉类食品有限公司，盘活莫力达瓦达斡尔族自治旗福润肉类加工项目，打造高品质生猪产品输出基地和重点肉品保障供应基地，全年可屠宰加工生猪30万头，周边地区有1000户农民从事生猪养殖，每年每户农民可增加收入5000元。共同在林西县、卓资县、太仆寺旗实施北京德青源农业科技股份有限公司（以下简称"德青源"）的"金鸡产业扶贫"项目，共投资11.1亿元，其中京蒙协作资金7749万元、企业投资3.75亿元,建成年产鸡蛋13.8亿枚的北京鸡蛋产品保供基地,2022年满足北京市20%的鸡蛋需求,为北京疫情保供做出突出贡献。国家乡村振兴局将德青源"379"联农带农模式作为产业扶贫精品工程模式向全国重点推广。二是推进清洁能源基地建设。首都能源企业累计在内蒙古投资超1800亿元,其中京蒙协作资金6.3亿余元,帮助内蒙古建设71个清洁能源基地,装机容量达7600万千瓦。北京能源集团有限责任公司所属北京京能国际能源股份有限公司与正镶白旗签署"绿电进京"项目投资合作框架协议,阿巴嘎旗绿电基地一期项目已投资58亿元,在建装机总容量50万千瓦,已建成30万千瓦。北京京东方能源科技有限公司在苏尼特右旗规划投资9.12亿元建设的20万千瓦牧光储综合示范项目开工在建,已完成8亿元投资,于12月并网发电,该项目建成后预计年均生产绿电3.4亿千瓦·时,减排二氧化碳25万吨。

(北京市支援合作办公室
支援合作二处　徐　静)

天津市—甘肃省东西部协作

【概述】 2022年，天津市坚持"升级加力、多层全覆盖、有限无限相结合、有形无形相结合"的工作思路，与甘肃省各级各部门及社会各界，推动津甘东西部协作取得新成效、再创新佳绩。天津市各级投入财政帮扶资金16.1亿元，实施帮扶项目901个。累计捐赠社会帮扶款物折合2.85亿元。引导127家企业在甘肃省落地投产，实际到位资金12.58亿元。津甘共建产业园区46个，投入帮扶资金3.67亿元，选派园区管理人才65人，不断提升园区软硬件配套能力，帮助引导入园企业95家，实际投资额8.32亿元。帮助6.21万人农村劳动力实现输转就业，其中新增就业2.38万人。全年累计完成消费帮扶39.11亿元。大幅度超额完成津甘东西部协作协议各项指标任务，其中引导企业实际投资数、帮助脱贫劳动力就业数、消费帮扶数分别达到任务数的近3倍、5倍和6倍。

【工作机制】 天津市委、市政府高度重视东西部协作工作，党代会后市委第一时间调整市东西部协作和支援合作工作领导小组领导，健全东西部协作工作组织领导机制。先后9次组织召开市委常委会会议、市政府常务会议、领导小组会等，传达中央精神，研究审定东西部协作重大事项，推动各项工作走深走实。出台《天津市高质量推进东西部协作和支援合作2022年实施方案》和人才支援、产业合作等11个专项方案，明确工作目标和任务，压实各专项工作组、各区主体责任，健全行业部门系统动员、区县主责落实、社会各界广泛参与的工作推动机制。聚焦示范村建设、疫情应对、联农带农等重点任务，印发实施配套政策10项，及时调整资金支持、工作举措、帮扶方向，助力甘肃省巩固脱贫攻坚成果、全面推进乡村振兴。

【帮扶项目】 2022年，天津市在甘肃省投入财政帮扶资金16.1亿元，占一般公共预算收入比例达到7.5‰；启动实施项目901个，确保80%以上惠及民生。加强资金项目管理，出台应对疫情影响、联农带农等制度，强化"事前指导、事中监管、事后问效"全流程管理，提升财政、社会帮扶资金使用绩效。安排实施的282个产业项目联农带农超过15.12万人，其中吸纳农村劳动力就业1.87万人。紧盯甘肃省312万脱贫不稳定人口、边缘易致贫人口和突发严重困难人口，使用财政援助资金3033.4万元帮助16.36万户64.96万人设立防返贫保险，累计赔付资金1210.85万元。

【社会帮扶】 实施"协作献爱心 共圆中国梦""爱心家庭一元捐"等公益行动，拓宽社会帮扶渠道，动员152个社会组织、1588家企业、32万名爱心人士参与，累计捐赠款物2.85亿元。依托"万企兴万村"行动，以"小资金·大爱心"方式，动员900余家企业捐赠2110.33万元建立防返贫资金池，实际支出861.55万元，支持脱贫县灾害救助、特困家庭资助和疫情防控等工作，解决因灾、因病、因学等造成的返贫问题。组织开展"津陇慈善情·助力乡村振兴"公益活动，助力示范村公共服务设施改善，提高百姓的幸福感、获得感。

【重点帮扶县帮扶】 全面落实乡村振兴重点帮扶县和易地搬迁集中安置区倾斜支持

政策，12个国家乡村振兴重点帮扶县县均财政援助资金超过其他县40%，新增引导落地投产企业53家，实际投资额5.4亿元，全面启动教育医疗人才"组团式"帮扶国家乡村振兴重点帮扶县工作，新增医院结对22对，高中、职业院校结对23对，选派医生、教师126人。针对甘肃省提供的874个易地搬迁集中安置区，投入帮扶资金1.42亿元，实施基础设施建设、公共服务提升等帮扶项目71个，援建帮扶车间63个，帮助劳动力就业2725人，有针对性地引导一批企业投资落地，帮助民众拓宽增收致富渠道。

【产业帮扶】 天津市坚持"以协作促发展"理念，持续深化产业合作，助力甘肃省不断增强内生发展动力。成功举办"津陇共振兴"合作交流洽谈大会，动员上千家企业和社会组织参与，推动签署合作项目76个，合作金额111.9亿元。继续举办"津诚所至·协作同甘"东西部协作产业节等活动，策划推出全国首档以东西部协作为主题的大型综艺节目《生机勃勃的我们》。落实产业合作奖补资金1518.8万元，引导天津奥群牧业有限公司、天津中天盛世科技发展有限公司等127家企业落地投产，实际到位资金12.58亿元，吸纳农村劳动力就业4548人。大力支持46个津甘共建产业园区良性发展，安排帮扶资金3.67亿元，选派园区管理人才65人，动员天津园区（企业）与共建园区建立结对关系，累计提供各类咨询、管理、招商类信息上千条。积极助力园区完善基础设施、优化营商环境、加强园区招商和企业服务，引导入园企业95家，实际投资额8.32亿元，吸纳农村劳动力就业4066人。

【消费帮扶】 创新推出天津市消费帮扶服务平台，上线消费帮扶产品8650种，累计注册用户超过30万个，交易金额1.34亿元；加大预留脱贫地区农副产品采购份额，通过"832平台"采购1亿元。积极开展"津品陇味""嗨购河北"等展销活动，加强"甘味"农特产品、中药材等的宣传推广与集中采购，助推兰州百合、甘谷辣椒、华池香菇等甘肃农畜牧产品、特色手工艺品"跨越山海"，闻名津城、出口世界，累计完成消费帮扶39.11亿元。健全滞销农产品快速响应机制，帮助销售景泰西瓜、静宁苹果等滞销产品上千万元。

【劳务协作】 开展在津稳岗就业行动，累计发放企业吸纳外出务工人员、脱贫人口就业社保补贴、岗位补贴等3707.5万元，帮助在津脱贫人口稳岗就业超15.5万人。安排就业创业帮扶资金9704.94万元，试点打造返乡创业示范基地、创业孵化基地等创业平台，建设就业帮扶车间715个，规范设置乡村临时公益性岗位4831个，帮助农村劳动力就近就业3.69万人，其中新增就业1.41万人。健全东西部劳务协作机制，组织专场招聘109场，提供岗位信息16.3万条，帮助6.21万名农村劳动力实现输转就业，其中新增就业2.38万人。实施"津甘技工"品牌共建计划，为1.05万人实施技能培训，形成"拉卜楞工匠""张家川伊香拉面师""庄浪梯田妹"等劳务品牌。推进"雨露计划+"就业促进行动，天津市职业院校招收3025名农村学生在津就读，并为毕业生就业提供帮助支持。

【科技帮扶】 创新津甘省际科技特派员制度，津甘联合认定3批次、291名科技特派员，组织专家"进百企入千户"，基本覆盖甘肃省特色主导产业。投入帮扶资金3854.98万元，实施科技项目79个，推动牦牛专家工作站、天农—甘南青稞联合研发中心等平台落地，推广转化新技术、新产品、新品种300项。推广使用"津科帮扶"App，实现"订单式""菜单式"精准科技服务，累计入库科技特派员680余名，发布教学视频50个，帮助甘肃省5406名农户在线解答各类问题1245个，累计访问量达10万人次，有效提升结对县的科技创新能力和水平。

【人才帮扶】 顺利完成200名党政干部压茬交接，结合脱贫县人才需求，选派各类专业技术人才1287名。其中，中级以上职称占比超过70%，帮扶6个月以上占比达64%。强化天津市12所高职国家示范校和骨干校、14所中职国家示范校分别与甘肃省26所职业院校建立"一对一"帮扶合作关系。选派园区管理人才65人，动员天津园区（企业）与共建园区建立结对关系，累计提供各类咨询、管理、招商类信息上千条。开展乡村振兴干部人才培训532期，培训2.98万人次，激活乡村振兴"本土引擎"。

【乡村振兴示范村建设】 统筹津甘两省市财政、社会资金和企业、社会组织、医院、学校等各方资源，集中支持91个东西部协作乡村振兴示范村建设，天津市投入财政援助资金2.77亿元，实施改善乡村环境、强化民生保障和特色产业发展等项目186个，打造富坪村、富民新村、贾洼村等一大批具有示范引领效应的样板和典型。创新"N家企业+1个社会组织"、"组团式"结对帮扶，40家社会组织、896家企业结对帮扶示范村发展，捐赠社会帮扶资金3542.15万元，企业投资2177万元，促进农村公共服务提升，助力经济发展，帮助村民就业970人。选派34名平均年龄29岁并在天津市五星、四星村担任村党支部书记、村委会主任"一肩挑"一年以上的农村专职党务工作者，到示范村担任村党组织副书记，复制推广网格化、积分制、"红黑榜"等治理方式，推动共享基层治理、乡村建设经验。

（天津市合作交流办支援合作一处 韩双伟）

上海市—云南省东西部协作

【概述】 2022年,上海市以迎接、学习、贯彻党的二十大精神和习近平总书记系列重要讲话精神为牵引,坚持把助力云南省乡村全面振兴作为分内之责,纳入全市工作大格局,沪滇协作工作取得新成效。上海市共安排财政援滇资金43.51亿元,实施各类项目1545个(其中市级计划内项目532个)。选派226名党政干部、833名专业技术人员到云南省开展协作任务;新增引导落地投产企业251家,新增投资额85.51亿元;帮助云南省176069名农村劳动力(其中113862名脱贫劳动力)实现转移就业;采购、销售云南省农特产品62.31亿元,销售中西部地区消费帮扶产品132.5亿元。

【组织领导】 2022年,上海市持续做好对云南省的帮扶工作。7月,召开上海云南对口协作第25次联席会议,强调要在巩固成果、拓展协作、完善机制上共同发力,围绕助力乡村振兴,创新产业协作、园区共建、消费帮扶、"组团式"帮扶等方式,签订《关于深化开放协同支持云南建设面向南亚东南亚辐射中心的框架协议》及8份配套协议,完善东西部协作发展目标、重点任务、关键举措和政策框架。12月,上海市代表团赴云南怒江、保山考察,实地调研产业协作、教育卫生"组团式"帮扶、乡村振兴示范点打造等情况,与云南省共同商议全面深化协同开放新路径。

【推进帮扶任务】 统筹调度疫情防控和东西部协作,抽调骨干力量,建强工作专班,采取"线上办公+值班值守"机制,聚力提升项目执行率和资金报账率,抢抓工作主动权。与多个部门联合简化流程,及时全额划拨资金到云南省各项目责任单位。同步启动月报机制,分阶段调度项目开工、资金划拨、施工进度、竣工验收、结算报销等关键指标,落实"以周保月、以月保季、以季保年"工作要求。上海市分管领导多次部署召开对口帮扶计划调度会、重点项目推进会,制定相应举措,纳入督查清单。沪滇双方组织调研组、工作队分赴项目点位巡查督导,加强信息数据应用共享。

【干部轮换】 协商确定"优中选强、任务匹配"和"先进后出、压茬轮换"的总方针,充分对接形成第12批援滇干部人才选派方案。7月,轮换工作有序完成,统一派进党政干部156名、医生50名、教师141名。州市层面,援滇干部小组长统一挂任州(市)委副秘书长,任务重的州市加派乡村振兴局副局长。加强新派干部日常管理、业务培训和服务保障。

【产业、就业帮扶】 结合云南省打好绿色食品牌、"一县一业"规划,稳步提升援滇资金投入产业发展项目的比重,高于中央衔接资金标准10个百分点,重点对农产品基地的产业道路、水利设施、初加工、仓储物流、推广营销等全链条进行扶持。深化沪滇"1+16+N"产业示范园区共建体系,以临港昆明科技城为龙头,出资成立临港昆明科技城产业发展有限公司。制定《上海市就业促进条例》,将"支持对口地区以及中西部地区的农村劳动力、脱贫劳动力就地就近就业、异地就业和来沪就业"以地方性法规形式固化下来。印发《上海市人民政府关于做好本市当前和今后一个时期稳就业工作的意见》,15个部门印发《上海市家政兴农工作实施方案》,结合大调研、大走访,专题调研云南脱贫劳动力在沪正规就业和灵活就业情况。修订专项资金支持沪滇劳务协作相关政策口径，扩大促进来沪就业支持范围，调高技能培训、异地就业生活补贴等标准。

【国家重点帮扶县及易地搬迁后续扶持】 在干部人才、资金项目、产业协作、劳务就业、社会事业等方面持续加大帮扶。对27个重点县安排资金16.41亿元，县均资金超过6000万元。对重点帮扶县实现"组团式"教育卫生帮扶全覆盖，其中上海结对重点帮扶县高中、职业高中38所，结对重点帮扶县人民医院10家；引导落户重点帮扶县投资项目68个、到位投资6.8亿元。结合"万企帮万村"行动，每个重点帮扶县均安排3家以上民营企业结对帮扶。将全市"双一百"村企行动向重点帮扶县倾斜，市属国有企业对怒江傈僳族自治州、昭通市给予专门安排。另外，对云南19个易地搬迁大型集中安置区安排资金2.16亿元，援建医疗机构、教育机构、帮扶车间49个，帮助劳动力实现就业4652人；动员社会组织参与社区治理，促进平安建设及和谐发展。

【教育、健康帮扶】 持续加大对云南对口地区教育、医疗卫生帮扶力度，确保在结对覆盖"一县一学校、一县一医院"保底目标的基础上，积极探索"大组团"链接"小组团"帮扶模式，以三级医院结对帮扶、中共中央组织部"组团式"帮扶为骨干，辐射带动脱贫县社会公共服务能力提升，构建县乡村三级公共服务体系。"组团式"帮扶工作抓好"选、送、用"各环节，重点选派学校校长、医院院长，配强中层管理团队，通过远程培训、师徒带教、抓点带面等方式，整体提升业务能力，帮助建设提升一批重点学科、特色专科。

【结对帮扶】 上海市16个区与云南省88个脱贫县完成党政主要领导对接互访，召开对口协作联席会议。全市202个街镇结对帮扶云南462个乡镇，1347家企业、117个社会组织结对帮扶云南2063个村；211所学校结对帮扶云南184所学校，其中属中共中央组织部"组团式"教育帮扶的36所；135所医院结对帮扶云南129所医院，其中属中共中央组织部"组团式"医疗帮扶的10家。在产业协作方面，依托沪滇协作机制，新增引导落地投产企业251家，到位投资85.51亿元，指导落地企业完善联农带农机制，吸纳农村劳动力就业19036人，其中脱贫劳动力2781人。持续优化"1+16+N"园区共建体系，共建产业园区80个，其中农业产业园36个，引导入驻园区企业205家，到位投资32.83亿元，吸纳农村劳动力就业14780人，其中脱贫劳动力1999人。援建帮扶车间310个，吸纳农村劳动力就业15677人，其中脱贫劳动力5102人。在劳务协作方面，在云南省19个易地扶贫搬迁大型安置区组织开展劳务就业专项服务，线上线下精准发布就业岗位，针对性开展岗前培训、点对点劳务输出、加强岗位技能提升、完善稳岗服务和关怀关爱。帮助农村劳动力实现就业176069人。其中，来沪就业10768人（含脱贫劳动力6361人）；省内就地就近就业131173人（含脱贫劳动力80378人）；其他地区就业34128人（含脱贫劳动力27123人）。到东部地区职业学校就读农村学生3402人，当年毕业实现就业1405人。根据人力资源和社会保障部通报，上海市吸纳中西部地区脱贫劳动力在沪稳岗就业49.9万人，超过年度任务指标。在消费帮扶方面，持续深化"百县百品"行动，助力"云品入沪""云品出滇"。上海市大型批发市场及各保供主体加强与云南基地对接，建立供沪农副产品外延基地32个，已全覆盖云南16个州市。结合第3届上海"五五购物节"，实现采购、销售云南农特产品62.31亿元，销售中西部地区消费帮扶产品132.5亿元；帮助云南打造具有区域影响力的爆款产品21个，诺邓火腿、保山小粒咖啡、孟连牛油果等深受消费者喜爱。在人才支持方面,选派赴云南挂职党政干部226人,其中厅局级3人、县处级121人,选派专业技术人才833人。选派首批141名校长和骨干教师、50名院长和骨干医生到重点帮扶县开展"组团式"教育卫生帮扶,其中教授1人、正高级教师1人、高级教师65人、主任医生2人、副主任医生25人。

【产业合作探索新模式】 一是探索"四个+"协作模式,按照上海云南对口协作第25次联席会议精神,两地加紧研究,上海市印发《关于深化沪滇对口协作促进更高水平开放协同的实施方案》,云南省出台《深化沪滇产业协作工作方案》,共同发挥上海的市场、管理、人才等优势及云南的区位、劳动力、空间和口岸优势,加强区域协同协作。二是以项目化推动产业梯度转移,聚焦重点领域、重点产业,有序引导产业梯度转移。比如,上海电气风电集团股份有限公司与玉溪市签订战略协议,追加投资5700万元升级改造落地项目,建成大容量智能化的风机制造基地;上海医药集团股份有限公司向云南白药集团股份有限公司股权定增,云南白药集团股份有限公司正式成为上海医药集团股份有限公司的战略投资者,合作金额超百亿等。三是园区合作的深度和广度增加。丰富拓展"1+16+N"沪滇产业园区共建体系,加快建设形成沪滇合作临港中心、科技交流创展中心、数字工贸服务中心。沪滇共建产业园区提升明显,已达到80个,其中农业产业园36个。

【乡村振兴打造新样本】 一是复制推广东部乡村振兴经验,按照国家乡村振兴局的工作要求,上海市通过组织学习考察"三园"工程、研学交流、见学活动等方式,依托区县结对体制,复制推广乡村振兴经验,推进示范村"一对一"结对。二是合力打造乡村振兴示范村,针对具备较完善的基础设施条件的村寨,从一二三产业融合发展、发掘民族文化及农旅资源禀赋、发挥基层党建引领作用等方面予以扶持;遴选沧源佤族自治县班洪村、隆阳区新寨村、玉龙纳西族自治县玉湖村等25个乡村振兴示范点,在项目支持、品牌推广、软件支撑等方面进行优先保障。三是推动"三师彩云行",年内组织两批次9名专家赴普洱市、迪庆藏族自治州实地调研考察,对当地乡村振兴发展阶段、现实需求、资源条件、痛点堵点进行深刻全面剖析,提出针对性的意见建议。

【消费帮扶】 一是消费帮扶深度对接上海大市场,积极筹划将消费帮扶纳入"五五购物节"总体安排,达到统筹资源、优势联动、拉动消费的目标。"申情购·沪爱帮"上海对口地区"百县百品"展销活动通过线上线下、集中分散结合,分为渠道发布、新品推介、网络直播、爆款争霸、社区推广等环节,持续深耕主流消费市场,赢得消费者的口碑。二是严选优品燃爆消费新势力。深耕"百县百品"工程,按照"动态扩容、增量提质"要求,完成新一轮"百县百品"遴选扩容,品类达到9大类近800个产品。在此基础上,对市场前景好、销售规模大、联农带农强的产品进行深度发掘,打造21个云南省具有区域影响力的品牌产品,年销售额均达到千万元级。三是数字赋能反促产业端改造。顺应消费升级"新潮流",通过"百县百品"微官网、直营店网络直播带货等形式,进行精准画像分析,反向促进消费帮扶产品提质升级。通过"121"消费帮扶骨干网络,创建"百县百品"粉丝福利群,活跃用户突破10万+,部分明星商品广受好评。

【社会参与创设新举措】 一是完善专项政策支撑,安排专项资金对社会力量参与对口帮扶给予支持,对上海企业到对口地区开展固定资产投资、劳务用工、采购消费帮扶产品的,给予单个企业最高达300万元的政策补助;对社会力量到对口地区开展社会公益项目的,给予单个项目最高达50万元的政策资助。二是实施"163百万公益行动",即16家上海市有实力、有代表性的社会组织结对15个沪滇帮扶州市,签订《上海社会组织助力对口帮扶地区全面推进乡村振兴结对帮扶框架协议》,3年内为公益项目落地县市提供总价值不低于100万元公益援助。三是打造"小而美""小而精""小而灵"的产品。例如,发起"光明行"公益活动,为白内障患者消除病患;发起"行走的渴望"公益助残活动,累计为文山壮族苗族自治州致残人员安装维护4000多条义肢;引导社会组织积极参与《极限挑战》和《我们在行动》等全媒体文旅消费宣传。2022年,共引导上海各界捐资捐物共计3.46亿元。

(上海市人民政府合作交流办公室 张 进)

江苏省—陕西省、青海省东西部协作

【概述】 2022年,江苏省扎实推进陕西、青海两省东西部协作工作。在陕西省投入财政协作资金26.6亿元,实施协作项目1068个,共建产业园区82个。举办劳务协作培训班138期,帮助陕西8.9万名农村劳动力实现就业。选派147名党政干部、1122名专业技术人才到陕西开展协作工作。继续组织10个设区市52个县(市、区)结对协作陕西56个脱贫县,其中国家乡村振兴重点帮扶县11个。苏陕两省镇镇结对349个、村村结对491个、村企结对244个、学校结对415个、医院结对137个。助力陕西打造乡村振兴示范村,已启动打造乡村振兴示范典型71个。在青海省投入财政协作资金8.588亿元,实施协作项目330个。共建产业园11个。举办劳务协作培训班27期,帮助7841名农村劳动力实现就业。选派27名挂职干部、196名技术人才赴青海省开展协作工作。举办乡村振兴干部和专业技术人才培训班34期,培训青海省乡村振兴干部1123人次、专业技术人才1237人次。在保持南京和无锡两市8个县(市、区)结对帮扶西宁、海东两市9个县(区)的基础上,继续安排15个经济强县(市、区)与青海省15个国家乡村振兴重点帮扶县结对,苏青两省镇镇结对45个、村村结对48个、村企结对42个、学校结对94个、医院结对39个。助力青海打造乡村振兴示范村,已启动打造乡村振兴示范村17个。

【资金投入】 2022年,在陕西省投入26.6亿元,共安排和实施协作项目1068个,安排3.19亿元用于乡村公共基础设施建设,2亿元用于提升乡村教育、医疗等基本公共服务水平,0.58亿元用于乡村人居环境整治。安排12.5亿元支持陕西略阳县、镇巴县、紫阳县等11个国家乡村振兴重点帮扶县,帮助实施359个项目;新增引导落地企业42家,实际到位投资11亿元。在青海省投入8.588亿元,共安排和实施协作项目330个。其中,安排6.3亿元用于产业协作,2.2亿元用于乡村公共基础设施建设,2.4亿元用于提升乡村教育、医疗等基本公共服务水平,4822万元用于乡村人居环境整治,协作地区基层基础条件得到普遍改善。安排15个经济强县(市、区)与青海省玉树市、共和县、玛沁县等15个乡村振兴重点帮扶县结对,签署协作协议,投入4.52亿元协作资金予以重点支持。

【工作机制】 江苏省进一步健全工作机制,调整充实领导小组,加强对东西部协作工作的组织领导。2月,江苏省委办公厅、省政府办公厅印发《关于进一步完善东西部协作机制实施意见的通知》;4月,江苏省委办公厅、省政府办公厅印发《关于成立省对口支援协作合作工作领导小组的通知》,将领导小组成员单位增至36家,进一步强化省级统筹、部门联动、市县抓落实的组织框架。

【劳务协作】 组织实施劳务品牌共建工程,健全工作机制,强化部门对接、信息互通、工作互动,强化技能培训,培育乡村工匠。开展"春风行动""百日百万""带岗直播"等线上、线下招聘,实施农民工返岗复工点对点服务行动,强化供需对接、精准匹配、快速到岗,出台

"人社助企纾困12条"等政策举措,将就业人员稳在岗位、稳在企业、稳在当地。在陕西省打造山阳辅警、商南焊工、丹凤厨工、柞水汽配工等劳务协作区域品牌。全年帮助陕西农村劳动力实现就业27697人,其中到江苏就业11587人;在青海省打造宁姐月嫂、化隆拉面师等劳务协作区域品牌,帮助青海农村劳动力实现就业2061人,其中到江苏就业430人。

【产业协作】 按照"一县一品""一村一态""一户一业",通过引入新品种、指导种植养殖、开展深加工、创意提形象、设施破瓶颈,帮助引入龙头企业、培育本土经营主体,发展庭院经济,将农村劳动力嵌入特色产业链,让脱贫群众持续稳定增收。帮助陕西省新增引导落地投产企业248家,实际投资金额102.6亿元,吸纳农村劳动力就业10326人。采取协作共建、单独兴建、联合共管等多种形式,通过共同谋划发展定位、联合开展招商引资、帮助优化营商环境等方式,持续推进共建产业园区高质量发展。与陕西共建产业园区82个,其中农业产业园44个,帮助引导170家企业入驻园区,实际投资金额55.75亿元。针对陕西汽车制造业的优势,帮助引入新能源微车、汽车内饰件、轮胎生产等项目,有力助推陕西汽车零部件生产本地化。结合榆林市煤化工产业和风力资源优势,帮助引入精细化工、风机和储能系统制造等项目进行延链补链,帮助打造智慧路灯、特种电缆、特种矿井工作靴等配套产业。持续助力安康市发展毛绒玩具文创产业,已集聚各类毛绒玩具文创企业736家,形成从创意设计、原辅料生产到产品加工、贸易销售的全产业链,年产值35亿元,出口额2.8亿元,并推出仿真毛绒玩具、纳米防菌面料、毛绒玩具盲盒等创新产品,推动传统产业向高端发展,成为全国第四大毛绒玩具生产基地。帮助青海省新增引导落地投产企业17家,实际投资额14.7亿元,吸纳农村劳动力就业477人。

与青海省共建产业园区11个,其中农业产业园8个,帮助引导13家企业入驻园区,实际投资额0.27亿元,吸纳农村劳动力就业226人。围绕青海省打造清洁能源输出高地建设,帮助引进天合光能股份有限公司、远景能源有限公司、苏州阿特斯阳光电力集团股份有限公司等知名企业,总投资超千亿元。其中,苏州阿特斯阳光电力集团股份有限公司计划在海东零碳产业园投资600亿元建设一体化新能源产业基地,这是青海省近年投资规模最大的引进项目。

【消费协作】 在陕西省帮助打造柞水木耳、勉县小龙虾、丹凤核桃、富平乳业、周至猕猴桃、白水苹果、平利茶叶、耀州香菇等一批消费帮扶品牌产品和生产基地;组织开展江苏省对口支援协作合作地区特色商品展、消费帮扶新春行动等消费促进活动,组织电子商务、商贸流通、大型市场等建立稳定合作关系,加强"田间直采""直播带货",落实政府采购和工会经费使用政策,实施进机关、进学校、进市场、进企事业、进商会、进展销会"六进"工程,稳步扩大消费帮扶规模。帮销陕西农特产品38.84亿元。在青海省组织实施消费共享升级工程,帮助打造乐都蔬菜、互助独头蒜、循化辣椒、湟中土豆等一批消费帮扶品牌产品和生产基地;组织开展江苏省对口支援协作合作地区特色商品展、消费帮扶新春行动等消费促进活动,组织电子商务、商贸流通、大型市场等建立稳定合作关系,加强"田间直采""直播带货",落实政府采购和工会经费使用政策,实施进机关、进学校、进市场、进企事业、进商会、进展销会"六进"工程,稳步扩大消费帮扶规模。采购、帮销青海农畜牧产品和特色手工艺产品1.6亿元。

【经贸合作】 在陕西省组织100多家企业参加第6届"丝博会",签约合作项目85个,总投资达312亿元,涉及新能源、新材料、中医药、装备制造、高效农业、危废处理等领域,参与企业数量、合作项目数量、投资贸易金额均为历年之最;举办连云港西安新丝绸之路合作交流专场活动,有力推动区域经济合作。在青海省组织企业参加第23届"青洽会",通过"青洽会""南京经贸洽谈会"等平台,落实合作项目31个,签约总金额超80亿元。支持协作地区参加江苏省重要展览展销活动,不断深化东西部地区经贸交流合作。与青海共用境外经贸网络,共办招商引资活动,共享招商引资项目信息,帮助组织推介,协助对接企业和洽谈项目。举办海南州投资环境说明暨专场签约活动,有力推动区域经济合作。

(江苏省发展和改革委员会支援合作处 王 刚)

浙江省—四川省东西部协作

【概述】 2022年，浙江省深入学习贯彻习近平总书记关于东西部协作工作的重要指示批示精神，按照全国东西部协作工作推进会部署，高质量助力四川省巩固拓展脱贫攻坚成果、全面推进乡村振兴。全省拨付四川省财政帮扶资金33.99亿元，选派155名干部入川挂职，到位专业技术人才1264人，帮助四川省10.48万名农村劳动力和3.55万名脱贫人口实现就业，采购销售四川省消费帮扶产品138.03亿元。

【组织领导】 召开省对口工作领导小组会议，要求全省以走在前列的工作要求，紧扣重点区域、重点领域、重点群体，谋深谋实对口工作任务计划，推动更多项目落地见效。4月，分别召开省委常委会会议、省政府常务会议，传达学习习近平总书记在听取2021年度巩固拓展脱贫攻坚成果同乡村振兴有效衔接考核评估情况汇报时的重要讲话精神，对东西部协作工作进行部署。全省各地赴四川省结对地区调研对接1316人次，浙江省委常委、政协副主席、慈善联合总会会长等领导赴四川调研考察，结对的62个县（市、区）党政主要负责同志赴四川调研对接实现全覆盖。印发《"万企兴万村"行动倾斜支持乡村振兴重点帮扶县专项工作方案》《浙江省"万企兴万村"行动倾斜支持国家乡村振兴重点帮扶县2022年度工作清单》《浙江省打造消费帮扶"金名片"省级层面2022年度重点推进工作事项》等21个文件。

【劳务协作】 截至10月底，在浙江务工的省外劳动力2281万人，其中四川籍劳动力171万人，22个省在浙江脱贫人口245万人，其中四川籍脱贫人口15万人。在浙江脱贫人口同等享受浙江省就业创业扶持政策，享有租房补贴、交通探亲补贴等优惠。解决外来务工人员子女入学、住房等痛点难点问题。提供不讲年龄、不讲技能、不讲学历的爱心岗位3.2万个。深化"十省百市千县"省际劳务合作，签署协议、定期会商、互通信息。2022年，省市县三级与劳务输出省份签订协议157份。深度推动省际劳务协作，建立省外劳务工作站195个。深化运行浙川中职合作培养机制，招收结对地区农村学生3649人。舟山市发挥海员培养优势，四川省宣汉县海员月薪超10000元。截至11月底，新增帮助四川省农村劳动力32639人、脱贫人口18824人实现就地就近就业，新增帮助农村劳动力19766人、脱贫人口9261人到其他地区就业。在广元市开展"帮帮摊"项目，打造集来料代工、货物仓储分发、人员培训等功能于一体的"帮帮驿站"，铺设摊贩发展地摊经济，重点帮助当地残疾人、脱贫人口、重点监测对象等低收入人群稳增收促就业。已在广元市、绵阳市、巴中市、乐山市等地推广，拉动就业超过500人，人均月增收2000元。推广来料加工模式，帮助群众实现家门口就业。在广元市昭化区建设5个"归雁工程"来料加工车间，吸纳妇女就业近200人，2022年生产产品20余万件；在汶川县建成来料加工车间37个，吸纳农村劳动力就业1500余人，人均月增收超过1300元，实现务农和务工两不误。根据产业发展和用工需求,定制化开展家政服务、物流配送、电商直播等劳动技能培训,打造劳务协作品牌。舟山市帮助达州市中职院校设立"达州化工班",为达州市宣汉县化工产业园培养定制的化工人才,首批50人班级于9月开班。

【产业合作】 浙江省不断强化产业合作在东西部协作工作中的基础性和引领性作用,不仅在产业园区硬件建设上加大帮扶力度,还在完善联合招商机制方面取得显著成效。截至11月底,新增引导590家企业在四川省投资,实际到位资金489.7亿元。共同创建一批特色鲜明、优势突出、示范性强的产业园区、"飞地园区",形成东西部产业错位发展、优势互补、互利共赢的良好格局。2022年3月,嘉兴市海盐县与宜宾市屏山县因共建浙川纺织产业园成效显著,被国家乡村振兴局邀请参加《奋斗新征程——2022全国乡村振兴特别节目》。截至11月底,浙川共建产业园93个,新增引导企业入驻165家,入园企业实际投资额70.47亿元,吸纳农村劳动力17296人、脱贫人口3621人就业。增加帮扶资金进行扶持,一批蓝莓、菌菇、中药材、青花椒、魔芋等蔬果种植基地(园区),以及牦牛、白鹅、乌鸡、稻鱼等养殖基地(园区)建设有序推进。

【消费帮扶】 印发《浙江省打造消费帮扶"金名片"省级层面2022年度重点推进工作事项》,对32个省级有关部门列出50条年度工作事项,推动落实消费帮扶工作。用考核"指挥棒"推动11个设区市消费帮扶工作,印发《浙江省东西部协作工作2022年度指标任务分解表》,分解消费帮扶任务到省区市。在省行政中心开展"浙川东西部协作 农副优特产品进机关"消费帮扶活动,组织四川省近100种名优特农产品进机关展销活动,引导机关干部以购代捐,拓宽对口地区农产品销售渠道。宁波市和凉山彝族自治州(以下简称"凉山州")轮流组织消费协作洽谈对接活动,在宁波市设立凉山州消费帮扶产品直销店(馆)11个、服务站2个。嘉兴市帮助宜宾市屏山县成立东西部协作李产业联盟上海销售办事处,帮助茵红李优质果在上海及长三角地区销售。义乌市市场发展集团有限公司开发集小程序、公众号、视频号、信用兑换、政采云等功能于一体的"百县万品"微商城,在售产品4436种,公众号粉丝数约3.1万人,引进专业多频道网络机构,成立合资公司拓展直播业务,挖掘适销农产品,孵化部分农产品"网红"品牌,已开设8个"百县万品"运营号,开展直播带货786场,链接营销社群247个,着力开展社区团购,累计销售额达1.12亿元。

【人才帮扶】 浙江省选派155名优秀挂职干部和1264名专业技术人才入川,帮助当地培养一支留得住、能战斗、带不走的干部人才队伍。以项目化、体系化、专班化运作,重点做好省级层面浙川东西部协作管理服务平台、浙川共建产业园提档升级、牦牛产业全产业链发展、浙川能源合作等15个"组团式"帮扶重点项目。在阿坝藏族羌族自治州组织31名挂职干部申报个人专长,组建援派干部讲师团,将涉及数字化改革、重大项目谋划管理、产业培育、数字经济、文明城市创建等方面的14名援派干部人才加入州、县委组织部讲师库,多次为当地干部开展授课培训。浙江省接收四川省211名挂职干部和637名专业技术人才来浙跟岗学习。全年共组织524期、62060人次干部培训,363期、31705人次教师培训,422期、19633人次医务人员培训,提升当地干部、人才的能力水平。向四川省脱贫地区输送248项管理、医疗、教学、农业方面的技术,当地受益群众超过19万人。浙江省从各设区市排名靠前的59所学校、44家医院遴选出110

名教育专家(含28名高中校长)和66名医疗专家(含13名医院院长),分别选派到四川省乡村振兴重点帮扶县的28所学校和13家医院挂职。在乡村振兴重点帮扶县安排2.01亿元资金、28个学校建设项目和0.49亿元资金、12个医院建设项目,提升当地学校、医院的基础设施水平。

【数字赋能】 浙江省驻川工作组主动对接四川省乡村振兴局、四川省大数据中心、四川省财政厅、四川省公安厅、四川省民政厅,助推四川省防返贫数字化监测帮扶平台建设,形成常态化排查、动态化监测、精准化帮扶的长效机制。嘉兴市以"两联一进"工作为载体,织密"线上+线下"两张网,助力茂县成功建立四川首个县级数字化防返贫监测系统。完善"杭广共富云"杭州广元东西部劳务协作数字化就业创业服务平台,构建劳务协作"智慧大脑",集聚浙川两地招聘企业15000余家、在招岗位26万余个、就业创业服务机构347家、职业类院校893所,提供技能培训、就业指导、视频面试等服务。宁波市开发东西部劳务协作系统("镇E惠"),建立跨区域、跨部门、跨层级的协同体系,精准信息匹配,引入预警机制,实现招聘就业全过程高效管理运行、补贴资金快速直达。金华市帮助南江县公山镇卫星村建成数字农业云平台,实现3500亩金银花产业园节水50%、肥料利用率提高20%、人工节省90%的显著效果。在乡城县投入2300万元,打造"一个基础、一个云库、一个平台"一体化"苹果+藏猪种养循环"现代农业模式,全天候采集生产数据,实现过程管控智能化;利用云计算技术,全方位赋能指挥平台,实现决策分析智慧化;苹果和藏猪产值分别达到5400万元和6000万元。

【重点帮扶县帮扶】 浙江省向四川省25个国家乡村振兴重点帮扶县拨付13.77亿元财政帮扶资金,占总拨付财政帮扶资金33.99亿元的41%。从省级统筹的3000万元帮扶资金中列支1100万元,用于安排25个国家乡村振兴重点帮扶县产业发展、稳岗就业等方面项目。印发《浙江省应对新冠肺炎疫情影响助力四川省持续巩固拓展脱贫攻坚成果的若干措施》,专门将国家乡村振兴重点帮扶县倾斜支持内容作为单独部分进行重点部署。浙川两省相关部门共同印发《"万企兴万村"行动倾斜支持乡村振兴重点帮扶县专项工作方案》,要求在"十四五"期间,为每个国家乡村振兴重点帮扶县开展1次以民营企业为主体的实地考察对接活动及动员3家以上浙江民企参与结对帮扶。全省对口办主任会议部署四川彝区"学前学普"工作,着手编制专项工作方案,安排近3000万元帮扶资金专项支持。

【社会帮扶】 截至11月底,浙江省向四川省脱贫地区捐赠款物价值4.94亿元。深化"万企兴万村"行动,在24家浙江省属国企带头结对帮扶四川省50个脱贫村的示范下,浙江省1450家企业和社会组织与四川省1541个脱贫村签订结对帮扶协议,开展产业合作、劳务协作、消费帮扶、捐款赠物等方面的帮扶工作。杭州市动员浙江开农贸易有限公司结对帮扶四川省康定市2个脱贫村,企业通过流转3000亩有机茶种植基地土地每年为村集体带来40万元收益,同时提供300余个就业岗位。宁波市部署开展向"时代楷模"钱海军学习活动,在大凉山脱贫家庭中开展"千户万灯"工程。丽水市持续推进丽水-泸州"百名华侨"结对"千名乌蒙山区学子"工作。拓宽社会帮扶渠道,开展两地乡镇(街道)、村(社区)、学校和医疗卫生机构结对,建立健全"点对点"协作机制,已有257个乡镇(街道)、132个村(社区)、434所学校、433所医疗机构开展实质性帮扶举措。杭州市萧山区中医院在四川省甘孜藏族自治州康定市、阿坝藏族羌族自治州九寨沟县和广元市旺苍县启动"重塑人生脊梁"公益慈善项目,免费治疗三地生活困难的脊柱畸形患者,已完成手术23例,其余患者也将赴杭州市萧山区中医院接受手术。

[浙江省对口支援工作领导小组办公室（浙江发改对口办） 季跃峰]

福建省—宁夏回族自治区东西部协作

【概述】 2022年，福建省和宁夏回族自治区坚持把深化闽宁协作作为一项重要的政治任务，持续加强产业合作、资源互补、劳务对接、人才交流，全力推动新发展阶段闽宁协作由政府主导向发挥市场主体作用转变、由单向援助向双向互动转变、由扶贫协作向全面合作转变。两省区党政代表团相互开展交流互访和考察学习，召开两省区党政领导见面会、经贸合作恳谈会，签订部门协议14个，经贸合作项目103个、项目金额262亿元。两省区召开闽宁协作第二十六次联席会议，福建省投入闽宁协作资金6.25亿元，打造闽宁乡村振兴示范村37个，共建闽宁产业园12个，实施协作项目299个。两省区签订的东西部协作协议任务全部完成。加强劳务协作，深化人才交流，转移劳务就业3.77万人，根据宁夏所需选优配强802名教师、医生等专业技术人才赴宁夏开展帮扶工作，支持宁夏选派415名专业技术人员。强化消费带动，扩大有效投资，完成消费帮扶47.08亿元，新增引导落地企业180家，投资72.27亿元。

【帮扶资金投入】 2022年，福建省安排财政援助资金6.25亿元，实施闽宁协作项目299个，完工项目293个。加大对国家乡村振兴重点帮扶县和易地搬迁移民集中安置区倾斜支持力度，安排闽宁协作资金60050万元，占资金总额的96.08%，其中安排5个国家乡村振兴重点帮扶县闽宁协作资金35850万元，占资金总额的57.36%；安排易地搬迁移民集中安置区闽宁协作资金17089万元，社会帮扶资金2794.5万元，有效助推脱贫地区发展和脱贫人口增收。

【工作机制】 福建省党政主要领导率团到宁夏考察，在银川召开闽宁协作第二十六次联席会议。先后召开党委常委会、政府常务会议、党委农村工作领导小组会、专题会，研究部署闽宁协作工作；宁夏回族自治区党委书记、自治区政府主席率党政代表团到福建省考察学习，在福州召开闽宁协作工作座谈会。闽宁两省区省级领导及市县有关部门负责同志1364人次互访调研对接、合作洽谈，形成党政引领、各方参与、互动联动、协同推进的新格局。落实《2022年东西部协作协议》《闽宁协作第二十六次联席会议纪要》，紧盯部门合作协议和结对县（区）帮扶协议，细化责任分工，统筹推进落实。出台《宁夏回族自治区招商引资若干规定》《关于进一步促进农民增收13条政策措施》《开展"打好就业收入扩增战"的若干措施》等政策文件，编印《宁夏招商引资政策清单》，营造用心贴心暖心的促投资、促就业、促消费、保增长的政策服务环境。

【社会帮扶】 充分发挥两省区民主党派、群团组织、商会、企业联盟等作用。福建省妇女联合会资助85万元，联合宁夏回族自治区妇女联合会开展巾帼家政培训、巾帼健康行动、巾帼电商创业、资助困境女童等帮扶活动。福建省工商业联合会、厦门市工商业联合会捐赠光彩事业公益基金200万元。两省区团委联合开展闽宁青少年思想引领、闽宁青年助力乡村振兴、闽宁大学生结伴成长、闽宁青年人才互学互助等4项行动，募集学生资助项目210万余元。

【产业帮扶】 深化拓展"福建企业+宁夏资源""福建总部+宁夏基地""福建市场+宁夏产品""宁夏市场+福建产品""宁夏企业+福建资源"等模式,共同实施项目引进、产业转移、科技创新、产销衔接,推动两省区产业融合发展。围绕夯实脱贫县、脱贫村、脱贫户产业基础,2022年闽宁协作资金安排3.6亿元用于产业发展,共建闽宁产业园12个,建设闽宁协作帮扶车间224个,引导落地投产、增资扩产企业180家,实际到位资金72.27亿元,壮大一批有地域特色的主导产业,建成一批绿色标准化生产基地,培育一批带动能力强的农业企业,打造一批有影响力的特色品牌。通过带动产业发展、吸纳务工就业、资产入股分红、土地流转等方式,有效带动村集体经济增长,20.3万名农村人口享受到产业增值收益。

【就业帮扶】 健全完善闽宁劳务协作工作对接、职业培训、就业招聘、信息共享等工作机制,搭建线下招聘会、直播带岗、网络招聘"三位一体"的用工服务平台,在福建省建立劳务工作站14个,在宁夏建立劳务基地7个。积极应对疫情影响,联合开设返岗就业绿色通道,采取包机包车"点对点""一站式"直达运输的方式,向福建省输送农村劳动力2154人次。联合福建省加强稳岗就业政策扶持,组织开展劳务对接51次,召开劳务协作座谈会36场,签订劳务合作协议20份,举办闽宁专场招聘会98次,支持校企合作办校、开展定向培训、助力精准就业,推广福建省飞毛腿技师学院"1+1+1"模式,通过有组织的劳务输出、产业项目拉动、帮扶车间吸纳、创业支持带动、公益性岗位安置等渠道,帮助农村劳动力就业3.77万人,其中脱贫人口2.25万人,分别完成协议目标的377%、703%。

【消费帮扶】 拓展"线上+线下"消费协作平台,大力推进"宁品出塞、闽品西行",成功举办"闽宁特产线上行"、2022西部电商产业发展论坛暨闽宁商品对接会、宁夏品质中国行(福州站)活动、第21届读者节暨宁夏"六特"产品展销会等活动,销售宁夏农特产品47.08亿元,完成协议目标的392%。鼓励企业通过吸纳就业、订单式收购、收益分红等利益联结机制,建立供货农户台账,带动脱贫地区群众持续稳定增收。

【"组团式"帮扶】 全面实施教育、医疗"组团式"帮扶,福建省安排5所普通高中、5所职业学校选派36名教育人才组团帮扶宁夏国家乡村振兴重点帮扶县的5所普通高中和5所职业学校;安排6家医院选派27名医疗人才组团帮扶宁夏国家乡村振兴重点帮扶县的5家医院25个科室。从自治区内三甲医院选派47名专家,组成7个医疗团队帮扶薄弱县(区)医院,有效提升脱贫地区的教育和卫生服务水平。

【结对帮扶】 推动结对帮扶纵向延伸到乡镇和行政村。福建省10个县(市、区)结对帮扶宁夏9个县(区)和闽宁镇,实现乡镇结对101对、村结对214对、村企结对85对、社会组织与村结对85对。横向不断向部门(单位)拓展,自治区党委组织部、党委宣传部、工业和信息化厅、科学技术厅、教育厅、卫生健康委员会、文化和旅游厅等近30个部门单位与福建省对口部门建立多渠道、多层次、多形式的交流合作。签订部门合作协议20份,协议合作内容126项,已落实107项。福建省结对市县动员社会力量投入帮扶资金11678万元、捐物折款1001万元。

【人才交流】 坚持供需对接、精准选派、按需选派的原则,压茬推进干部挂职锻炼工作,全力做好福建省援宁挂职干部和专业技术人才服务保障,福建省选派23名干部到宁夏挂职,宁夏选派19名干部赴闽挂职锻炼,挂职期均为2年。聚焦宁夏的人才需求,发挥福建人才资源优势,开展"福建院士专家宁夏行"活动,建立科技特派员互认机制,福建省选认44名科技特派员组成7个团队,围绕肉牛养殖、食用菌栽培等领域在宁夏开展科技服务。2022年,福建省选派援宁专业技术人才802名,宁夏选派415名专业技术人员赴闽交流学习,完成协议任务的208%。通过"走出去、请进来"的方式,组织培训乡村振兴干部50期7950人次、培训专业技术人才87期4615人次。

【经贸合作】 以"一带一路"建设为契机,充分利用中国国际投资贸易洽谈会、中国(宁夏)国际葡萄酒文化旅游博览会等平台,促进双向协作、互利共赢,更好服务和融入以国内大循环为主体、国内国际双循环相互促进的新发展格局。2022年,闽宁双方互邀组团参加第二届中国(宁夏)国际葡萄酒文化旅游博览会、第二十二届中国国际贸易投资洽谈会,开展闽宁协作1300亩示范葡萄园认购、"宁夏优品厦门行"等活动,共同举办2022中国—波兰商务理事会企业线上对接会,助推双方企业深度融入国际市场。召开福建·宁夏经贸合作暨企业家恳谈会,签订投资贸易项目103个,签约金额262亿元,已实施项目77个,实际到位资金28.3亿元。举办闽宁经贸项目对接、洽谈活动200余次,开展"百家闽商塞上行"等活动,引入福建宁德时代新能源科技股份有限公司、厦门中创环保科技股份有限公司、福建龙钢新型材料有限公司等企业到宁投资新材料、新能源、循环经济等产业项目89个,实际到位资金41.3亿元。

【闽宁产业园】 借鉴福建省产业园区经营管理方面的成功经验和模式,不断优化园区营商环境,推动闽宁产业园提档升级。在闽宁协作第二十六次联席会议期间,两省区党政主要领导共同出席闽宁产业园二期奠基仪式。该项目由厦门市思明区、湖里区和银川市永宁县共同投资建设,占地1439亩。三方合资成立园区发展平台公司,坚持问题导向,创新"三破三变"工作法,共同招商、运营、服务。园区启动后,举办招商专项活动6场次,组织闽宁两地企业家集中考察22批次,精准对接目标企业31家,签约项目9个、落地项目13个,其中成功招引世界500强企业项目和上市企业项目3个,闽宁产业园二期建设步入快车道。

【多领域协作】 立足两省区发展优势和资源禀赋,融合"数字福建"和"数字宁夏"建设,携手实施"东数西算"工程,联合推进"闽宁云"建设,22家企业上线入驻。开展季节差异化和互补性旅游目的地营销活动,成功举办"鹭岛心·闽宁情——百团万人游宁夏"文旅交流活动,年内福建到宁旅游人数超过2万人次。深入开展粮食、公共资源交易、自然资源、外事等领域协作,共同推进宁夏(中卫)"一带一路"粮食储加销基地项目合作,启动两省区三市工程建设项目远程异地评标,向福建省调剂城乡建设用地增减挂钩节余指标4000亩,可获得调剂资金12亿元。

(宁夏回族自治区乡村振兴局　闫　斐
福建省乡村振兴局　周善杰)

山东省—重庆市、甘肃省部分地市州（定西、陇南、临夏）东西部协作

【概述】 2022年，山东省深入学习党的二十大精神，坚决贯彻习近平总书记关于深化东西部协作工作的重要指示精神，全面落实全国会议精神和国家乡村振兴局部署要求，不断拓展协作领域，深化协作交流，提升协作成效，圆满完成协作任务。2022年，山东省投入财政援助资金23.38亿元，其中重庆市7.28亿元、甘肃省16.1亿元；实施产业就业帮扶、干部人才培训、乡村公共基础设施等协作项目1128个；动员企业、社会组织和个人等社会力量参与乡村振兴，捐款捐物2.81亿元，其中重庆市0.95亿元、甘肃省1.86亿元。山东省会同国家乡村振兴局、重庆市成功举办2022年中国农民丰收节"强协作　促振兴——社会帮扶在行动"活动，开展"东产西移"工作入选全国东西部协作社会帮扶典型案例，就开展职业教育、强化技能培训的经验做法在全国推进会上作典型交流。在2022年度巩固拓展脱贫攻坚成果同乡村振兴有效衔接考核评估中，山东省东西部协作工作获评"好"等次。

【资金投入】 2022年，山东省投入财政援助资金23.38亿元，其中重庆市7.28亿元、甘肃省16.1亿元。坚持向国家乡村振兴重点帮扶县和易地搬迁集中安置区倾斜，拨付15个国家乡村振兴重点帮扶县财政援助资金10.44亿元，县均6960万元，高出平均水平13.1%，实施帮扶项目408个。加强易地搬迁集中安置区后续扶持，完善配套设施和公共服务，投入资金1.3亿元，实施项目63个，建设帮扶车间87个，帮助就业4752人。积极参与协作地"百村乡村振兴"计划，携手实施乡村建设行动，投入资金3.3亿元，实施一批乡村建设领域协作项目，帮助完善乡村公共基础设施建设，提升教育、医疗等乡村基本公共服务水平。复制推广乡村振兴齐鲁样板经验，大力推广"党建+"乡村治理模式，已帮助实施打造乡村振兴示范村118个，其中重庆28个、甘肃90个。着力打造东西协作"升级版"，为乡村振兴建设注入数字"新动能"，在鲁渝协作14个区县推进数字赋能乡村振兴示范村建设工程。

【组织领导】 山东省委、省政府坚定扛牢东西部协作重大政治责任，坚持高站位统筹、高质量推进、高水平保障，强化组织领导，完善协作机制，推动东西部协作向全方位、全地域、全领域深化延伸。

坚持高位推动。山东省委、省政府先后3次召开省委常委会会议、省政府常务会议、省领导小组会议，专题研究部署东西部协作工作，落实中共中央、国务院决策部署。山东省委、省政府主要领导多次对协作重庆市、甘肃省工作提出明确要求；省长率省代表团先后赴重庆市、甘肃省进行调研对接，召开联席会议，考察协作项目，指导推动工作落实，高层引领、高位推动的工作格局进一步夯实。

强化政策保障。认真落实省际年度协议，研究制定2022年度工作要点，明确22条重点工作事项。结合工作实际，及时出台《山东省助力协作省市应对疫情影响持续巩固拓展脱

贫攻坚成果的工作措施》《关于进一步健全完善帮扶项目联农带农机制的实施意见》等10余项政策文件。对年度工作重点事项、"十四五"规划、推进措施进行分解,明确责任单位,压实工作责任,以协议目标为牵引、各项推进措施为支撑的政策保障体系日益健全。

凝聚协作合力。坚持"省负总责、市县抓落实"总要求,广泛动员社会力量参与,先后组织15个市、33个县(市、区)、389个镇(乡、街道)、1080个村(社区)、644所学校、254家医院、358家企业、158个社会组织开展常态化结对帮扶工作。承担任务的市、县及省有关部门负责同志赴协作地调研对接1520人次,其中重庆市1330人次、甘肃省190人次。实行"月调度、季通报、年总结"制度,确保各项工作抓实抓细、抓出成效。省委、省政府主要负责同志负总责,山东省政府分管负责同志牵头抓,省对口支援办具体抓,相关部门、各市按职责抓落实的工作机制得到有效实施。

【产业协作】 聚集增强内生动力,推动区域协调发展,多领域、深层次推动产业协作。帮助协作地培育富民产业,充分发挥山东经济大省优势,结合重庆、甘肃资源禀赋和产业发展需求,聚焦种植养殖、农产品深加工、现代物流等重点领域,扎实开展"鲁企走进协作地"等系列招商推介活动,大力引导东部企业到协作地投资兴业。全年新引导落地投产企业173家,实际到位投资额58.29亿元,其中重庆77家、投资49.23亿元,甘肃96家、投资10.25亿元。强化产业园区建设。立足协作双方资源禀赋和合作需求,聚焦协作地"一县一园"目标,拓宽"以业立园,以园引企,以企兴园"的园区建设新路子,不断提升协作地园区建设的专业化、规模化。通过帮助建设公共配套、参与规划设计和运营管理等方式,积极引导东部资金、技术、人才向园区聚集,与协作区县累计打造产业园区109个,其中重庆市77个、甘肃省32个。协调落实相关优惠政策,引导入园区企业141家,实际投资11.6亿元,吸纳农村劳动力4221人(含脱贫人口1061人),其中重庆市77家、投资4.79亿元,甘肃省64家、投资6.81亿元。助推帮扶车间提质增效。采取"企业+车间+农户"的模式,积极探索"政府搭台唱戏,政策扶持激励,企业示范带动,订单培训'造血',农户自愿参与"的帮扶车间发展模式,坚持分类指导,加大帮扶资金投入、政策支持力度,按照"转型发展一批、支持新建一批"原则,建设帮扶车间810个,吸纳农村劳动力就业2.56万人,其中脱贫劳动力1.18万人,成为承接东部劳动密集型产业转移、带动就地就近就业的重要载体。持续扩大消费帮扶规模。充分利用山东消费市场和外销渠道,组织开展"渝货进山东·共筑山海情"、山东会客厅东西协作城市主题周、青岛消费协作月、济南年货节等"渝货·甘货入鲁"系列产销对接活动,拓宽"农商联动+电商帮扶"产销对接渠道,实行政府采购承销、社会力量助销、专馆专柜展销等多种模式,累计采购、帮助销售重庆市、甘肃省农副产品46.06亿元,其中重庆市18.8亿元、甘肃省27.26亿元。

【劳务协作】 把扩大就业作为巩固拓展脱贫攻坚成果的关键,突出政策激励、品牌打造、权益维护3个重点,实施创业带动就业、职业技能培训、技工教育合作、各类人才交流4项举措。大力实施鲁渝劳务品牌领军人才培育工程和"鲁甘人力"东西部劳务协作品牌建设行动,健全务工需求和岗位供给"两张清单"精准对接机制,降低补贴政策享受条件,提高稳岗补贴标准,扩大政策覆盖面,在山东省设立劳务工作站,开展"春风行动"等线上线下招聘会,实行包车、包机等方式"点对点"输送到鲁务工人员。建成青岛—陇南劳务协作平台,实现数字赋能劳务协作。全年帮助农村劳动力就业11.29万人、脱贫劳动力就业6.58万人,其中转移山东省就业1.01万人、脱贫劳动力就业0.48万人。通过发展劳动密集型产业、援建帮扶车间、设立公益性岗位等方式,帮助提升县域就业容量,帮助8.37万人农村劳动力就近就业,其中脱贫劳动力4.29万人。加大"订单式"、项目制式培训力度,举办就业技能培训班282期,培训农村劳动力1.38万人次、脱贫劳动力1.15万人次。

【智力帮扶】 着眼实现智志双扶,强化协作地人才智力支撑,优选挂职干部127人,其中重庆市57人、甘肃省70人。根据协作地需求,精选教师、医生、科技等各类技术人才1806人,其中重庆市1063人、甘肃省743人。先后举办各类培训班1441期,培训党政干部2.47万人次、专业技术人才5.79万人次,发挥好援派干部桥梁纽带和"酵母"作用,搞好"传帮带",为协作区县打造一支"带不走"的人才队伍。认真落实中共中央组织部教育、医疗人才"组团式"帮扶国家乡村振兴重点帮扶县任务,优选87名教师、35名医生,帮助国家乡村振兴重点帮扶县提高教学、诊疗水平,规范学校、医院管理。

【创新工作】 山东省"寿光模式"东产西移,助推重庆市蔬菜产业高质量发展。复制寿光市蔬菜"六统一分"运营模式,实现蔬菜生产规模化、集约化。加强示范引领,由一地发展到周边村镇,形成当地有影响力的蔬菜产业园区。围绕培育绿色食品、有机农产品,打造初深加工经营主体,带动劳动力就地就近就业,通过土地租金、务工薪金、分红股金3份收入,带动农民增收致富。

数字赋能乡村振兴,探索智慧农业数字乡村新路径。聚焦数据驱动构筑产业新引擎。构建种植、养殖、农产品加工等标准化数字服务模式,为特色产业园区、文旅项目和民宿农家乐提供数字化服务。聚焦数据跑路推动服务"无缝隙"。在示范村部署村级政务服务智能终端,整合在线政务服务事项,实现与市级"渝快办"政务服务平台对接。聚焦综合治理实现管理数字化。建设平安乡村视频感知体系,打造乡村就业培训服务系统,开展在线培训服务,推行乡村积分数字化管理系统。聚焦智慧旅游提升发展新空间。针对原有旅游场景提供个性化改造服务,打造贯穿游前、游中、游后的文旅数字化服务。

探索形成联农带农8种模式,带动脱贫群众致富增收。一是资产租赁收益型。投入帮扶资金形成经营性固定资产,由企业租赁使用,按比例缴纳租金,增加村集体经营性资产收入。二是农户入股分红型。建设农业产业园,由合作社吸纳农户入股,以"保底收益+按股分红"的方式享受经营性收益。三是乡村示范带动型。引进龙头企业,培育壮大经营主体,带动农户参与,吸纳就近就业获得工资性收入。四是金融保障型。实施政企合作"保险+期货"项目,对冲农产品市场价格波动风险,增强农民生产市场预期。五是订单收购型。引进龙头企业向农户提供优良品种和生产技术指导,双方签订订单收购、保护价收购合同。六是技能增收型。开展技能培训,推行"培训+就业"模式,推动农民从"靠劳力吃饭"向"凭技能就业"转变。七是党建引领型。推行党支部领建合作社模式,发展特色产业,带动农民稳定增收。八是链条嵌入型。实施全产业链帮扶,使农民分享链条增值收益,实现产业增值、企业增效、农民增收。

打造就业技能培训"四化"机制,提高劳务协作精准性。一是一体化机制。整合"培训机构+劳务中介+信息平台+就业企业"资源,开展订单、定向、定岗式培训。二是精准化机制。引进山东省培训机构与甘肃省技工院校联合办学,推行"三合一"培养方式,实现"入校即就业"。三是特色化机制。围绕甘肃省产业特色和市场需求,开发特色品牌职业培训项目,提高就业率。四是品牌化机制。实施高技能人才共育行动,建设鲁甘"工匠联盟"、鲁甘技工院校教师能力提升研修基地等,打造"鲁甘人力"东西部劳务协作品牌。

(山东省发展和改革委员会
对口支援协调处　梁宏强
山东省对口支援办公室　郑成义)

广东省—广西壮族自治区、贵州省东西部协作

【概述】 2022年，广东省全面贯彻落实党的二十大精神和习近平总书记关于深化东西部协作的重要指示精神，结对帮扶广西、贵州两省（区）16个市（州）99个脱贫县，其中国家乡村振兴重点帮扶县40个，分别占全国总数的23%、25%，务实推进产业、劳务、消费、科技、社会力量等各项协作，超额完成2022年东西部协作协议各项指标任务，全力推动广东东西部协作走深走实。广东省向广西、贵州共拨付财政援助资金52.75亿元，县均5325万元；选派329名党政干部、3322人次专业技术人才入驻广西、贵州开展协作帮扶，接收桂黔491名党政干部、3423人次专业技术人才到粤挂职交流；引导企业到广西、贵州两省（区）开展产业协作，新增落地投产企业933家，实际到位投资446.57亿元，吸纳6.88万名农村劳动力就业，共建产业园区209个，其中农业产业园140个；帮助广西、贵州111.66万名农村劳动力实现就业，其中脱贫劳动力59.73万名；采购、销售桂黔消费帮扶产品420.43亿元；组织108个县（市、区、东莞市、中山市镇街）与广西、贵州共99个脱贫县（市、区）开展结对帮扶工作。广泛动员社会力量参与粤桂、粤黔协作工作，募集社会帮扶资金（含捐物折款）7.63亿元。在2022年中央东西部协作考核评价中，广东省获综合评价"好"等次。

【组织领导】 一是高规格谋划。召开专题会议、省政府常务会议，专题研究部署东西部协作工作，审定2022年东西部协作协议等政策文件。召开广东省委常委会议，听取东西部协作工作情况汇报。省分管领导多次主持召开省委农村工作领导小组专题会议，研究制定具体工作措施。二是高效率部署。广东省委农村工作领导小组印发年度工作要点、年度协议指标任务分解数、省考核评价实施方案，省乡村振兴局单独或联合相关部门印发一系列工作通知，明确各项工作要求，推动省委、省政府决策部署落地落实。与广西、贵州分别签署年度东西部协作协议，与广西签署《全面深化粤桂合作框架协议》，与贵州签署《广东省贵州省建立更加紧密的结对帮扶关系的框架协议》。广东省委组织部、省民政、教育、财政、人社等部门，充分发挥行业部门资源优势，出台35个行业指导性文件，形成强大政策支撑力。三是高频次对接。6月、8月，广西、贵州党政代表团先后到粤调研对接，召开粤桂、粤黔东西部协作联席会议。7月、8月、11月，广东省委常委看望东西部协作干部，先后赴广西、贵州调研对接，召开东西部协作工作推进会。省直有关单位和广州等11个帮扶市积极组织赴协作地区调研对接。组织108个结对帮扶县（市、区、东莞市、中山市镇街）与广西、贵州99个脱贫县结对，建立长期协作结对帮扶关系，其中47个县（市、区、东莞市、中山市镇街）结对帮扶40个国家乡村振兴重点帮扶县。广东全年赴广西、贵州调研对接7518人次，广西、贵州到粤考察交流5108人次。

【产业帮扶】 一是注重产业集聚，推动园区建设。以协作共建现代农业产业园为切入点和突破口，与广西、贵州共建产业园区209个，其中农业产业园140个，引导企业入园570家，实际到位投资213.08亿元。二是注重龙头

带动,培育优势产业。积极引导广东大型国有企业、民营企业,特别是农业龙头企业,通过"企业+村集体+脱贫户""公司+合作社+脱贫户"等模式,建立联农带农机制,提高农民参与度,确保群众持续增收。新增入桂入黔广东企业933家,实施产业项目943个,吸纳6.88万名农村劳动力就业,其中脱贫劳动力1.8万名。三是注重互利共赢,深化交流合作。充分利用粤港澳大湾区建设,聚焦区域协调发展和产业梯度转移,深度结合广东资金、技术、市场优势和广西、贵州资源、生态、劳动力优势,深化交流、共谋合作,携手高质量发展。组织121家企业赴广西参加中国—东盟博览会、中国—东盟商务与投资峰会,签约投资48亿元;广东省中山市与贵州省六盘水市加强旅游资源开发,推出5条精品旅游线路,六盘水市2022年接待过夜游客376.35万人次。

【就业帮扶】 强化劳务协作。坚持把劳务协作放在突出位置来抓,实现中西部省份412.1万名脱贫人口在粤稳岗就业,占全国总数(940.9万人)的43.8%。紧抓新产业、新业态带来新岗位、新机遇,围绕保存量、拓增量,支持鼓励广东企业挖掘就业潜力,落实稳岗就业政策,帮助协作地区通过产业带动、公益性岗位设立、帮扶车间建立等方式,拓宽就地就近就业渠道,深入实施粤菜师傅、广东技工、南粤家政"三项工程"和"乡村工匠"工程,复制推广"粤桂高质量职教就业联盟"、粤黔校企合作"订单"班经验做法,持续加大技能培训力度,促进精准就业、高质量就业。全年共举办各级各类劳务协作培训班1735期,帮助培训农村劳动力7.27万名,其中脱贫劳动力4.36万名。以协作共建"一县一企"农村劳动力稳岗就业基地为切入点,兜住脱贫人口稳岗就业底线,175个"一县一企"稳岗就业基地挂牌兜底尽责。新增帮助14.17万名广西、贵州籍农村劳动力转移到粤就业,其中脱贫劳动力8.52万名。

【消费帮扶】 坚持打造品牌、搭建平台、拓宽渠道、完善设施多措并举,培育消费帮扶新载体、新热点。创新成立消费帮扶联盟,搭建"1(政府)+1(联盟)+21(广东21个地市)"立体平台,做强平台服务,加强产销对接,聚合900多家企业参与消费帮扶。在广西、贵州累计认定粤港澳大湾区"菜篮子"基地236个、供深农产品基地159个,认证"圳品"131个,2022年采购、销售广西、贵州农畜牧产品和特色手工艺产品420.43亿元。

【科技帮扶】 坚持把科技项目实施、技术攻关、成果转化、产业合作、人才交流作为"主抓手",充分发挥广东科技优势及科技支撑引领作用,粤黔两省签订《丘陵山区农业机械化发展战略合作框架协议》,广州国家现代农业产业科技创新中心在广西、贵州设立分中心,广东高校、科研机构等与广西、贵州签署科技合作框架协议。

【社会帮扶】 创新开展粤企入桂入黔"双百"行动,推动广东"万企兴万村"行动落地协作地区,广泛动员广东企业、社会组织、行业协会等社会力量积极参与东西部协作。共筹集7.64亿元社会帮扶资金(含捐物折款),解决协作地区"急难愁盼"民生问题。为帮助贵州抗击疫情,紧急调拨医疗物资152万件(套),捐赠2276.59万元抗疫医疗、生活物资。

【政策支持】 一是突出资金投入增长。2022年,共向广西、贵州两省(区)拨付财政援助资金52.75亿元,县均达5328万元,有力保障2204个帮扶项目顺利实施。二是突出干部人才双向交流。持续加大培训力度,多渠道、多举措促进实现协作双方多领域"人员互动、技术互学、观念互通、作风互鉴",为协作地区打造一支"带不走"的工作队。全年共举办乡村振兴干部培训班723期,培训7.07万人次;举办乡村振兴专业技术人才培训班3394期,培训23.37万人次。三是突出乡村振兴示范典型打造。结合协作地区需求，将广东乡村建设、乡村治理好经验、好做法，因地制宜推广到协作地区，打造可学习、可推广的示范典型，助力推进《乡村建设行动实施方案》落地落实。支持广西、贵州启动打造428个乡村振兴示范点，引入广东村级事务积分制管理等成功模式，引导村民参与村庄建设、产业培育、文明创建等各项事务，形成全体村民共建、共治、共享治理体系。

【重点帮扶县帮扶】 一是加力政策支撑。制订印发《广东省支持国家乡村振兴重点帮扶县巩固拓展脱贫攻坚成果同乡村振兴有效衔接"九大加力行动"方案》，稳步实施财政、干部人才、社会力量、产业、就业、消费、科技、乡村建设，探索创新"九大加力行动"30条，帮助广西、贵州40个国家乡村振兴重点帮扶县改善发展条件、提升发展能力。广东省委组织部等部门联合印发教育、医疗人才"组团式"帮扶国家乡村振兴重点帮扶县文件，为倾斜支持重点帮扶县提供有力支撑。二是加力资源集聚。支持资金、项目、人才等要素向国家乡村振兴重点帮扶县聚焦，全年共拨付广西、贵州40个国家乡村振兴重点帮扶县财政援助资金22.94亿元，占资金总额的43.49%，县均5735万元；选派148名党政干部、1578名专业技术人才赴国家乡村振兴重点帮扶县开展协作工作；新增引导落地投产企业352家，实际到位投资109.64亿元，县均2.74亿元。三是加力"组团式"帮扶。省统筹选派268名教师、100名卫生医疗人才"组团式"帮扶国家乡村振兴重点帮扶县74所学校、20所医院，省财政安排"组团式"帮扶国家乡村振兴重点帮扶县工作保障经费1922.69万元，激发工作动力，提供有力保障。

【易地搬迁后续扶持】 持续加大易地搬迁集中安置区资金、项目支持力度，优先满足安置区群众就地就近就业、发展产业、完善基础设施、提升公共服务、加强社区治理等需求，让搬迁群众稳得住、有就业、能致富。全年共投入东西部协作资金9.31亿元，实施产业、就业、基础设施建设等项目301个，援建帮扶车间536个，帮助实现就业6.51万人。

【帮扶机制】 一是完善东西部协作考核评价机制。充分发挥考核"指挥棒"作用，进一步压实工作责任，参照中央东西部协作考核评价工作做法，制定出台《广东省东西部协作考核评价暂行办法》及年度考核评价实施方案，组建2个实地考评组及6个实地考评小组，扎实开展省对11个帮扶市、18个承担东西部协作工作的省直管单位东西部协作考核评价工作，通报考核评价结果并送省委组织部，作为对市县党委和政府领导班子、主要负责同志推进乡村振兴战略实绩考核评价，以及省管领导班子和领导干部年度考核等工作的重要参考。二是完善舆论宣传正向激励机制。主动对接中央广播电视总台《新闻联播》《焦点访谈》和《人民日报》《南方日报》等权威媒体，大力宣传东西部协作工作成效、典型案例、感人事迹，讲好广东协作故事，营造良好舆论氛围。2022年度编印《广东东西部协作工作动态》10期，国家乡村振兴局《乡村振兴简报》刊发广东经验9期，《中国乡村振兴》第8期封面报道"广东坚持'三聚焦、三强化'助力协作地区巩固拓展脱贫攻坚成果"，第14期封面报道"广东实施'四项工程'推进稳岗就业"。三是完善协作干部激励机制。综合运用干部考核评价、选树先进典型、财政支持保障等措施，充分调动东西部协作干部干事创业的积极性。各级组织部门、工会和派出单位针对协作干部人才，普遍开展谈心慰问活动，协调解决实际困难和问题。2022年共有144名东西部协作干部受到奖励表彰，67名得到提拔重用。

（广东省农业农村厅　许志豪）

（二）定点帮扶

中共中央纪律检查委员会、中华人民共和国国家监察委员会定点帮扶

【概述】 2022年,中共中央纪律检查委员会、中华人民共和国国家监察委员会(以下简称"中央纪委国家监委")深入学习党的二十大精神,认真贯彻落实习近平总书记关于"三农"工作的重要论述,定点帮扶四川省马边彝族自治县(以下简称"马边县")、雷波县,投入帮扶资金1176.8万元,购买脱贫地区农副产品697.83万元,帮助销售农副产品587.51万元,协调引进帮扶资金2.89亿元,帮扶项目或企业25个,帮助培训基层干部、乡村振兴带头人和专业技术人员8071人次,在中央单位定点帮扶工作成效考核评价中被评为"好"等次。

【帮扶资金投入】 2022年,中央纪委国家监委直接投入帮扶资金1176.8万元,其中投入资金605万元,用于支持马边县区域教育质量提升、村干部和致富带头人培训、小谷溪村旅游产业发展、柏香村蛋鸡养殖等项目,提升马边县的基础教育水平,提高干部队伍的整体素质,助力特色产业发展;投入资金571.8万元,用于推进雷波县"厕所革命"奖补项目,实施谷堆乡中心校教师周转房建设及汶水村综合项目,助力当地教育质量提升、乡村基础夯实。

【帮扶资金管理】 中央纪委国家监委压紧压实两县主体责任,坚持清单管理,定期跟踪项目进展,适时现场督导查看,及时发现解决困难问题。对近年专项资金支持项目开展审计,督促两县抓实审计问题整改。指导两县对2016—2022年投入的专项帮扶结余资金进行梳理汇总并统筹使用,要求加强对结余资金使用情况和效果的监管,会同挂职干部定期跟踪项目进展。

【帮扶调研】 坚持线上、线下相结合,共赴马边、雷波两县调研督导7次,形成调研报告7份;组织召开视频督导调研座谈会,压实两县主体责任,持续传导压力,监督落实防返贫监测机制,分析发展现状,理清发展思路,创新发展模式。

【帮扶制度建设】 制定《中央纪委国家监委机关下派驻村第一书记工作经费管理使用办法》;建立动态跟踪直接投入项目和重点协调项目进展情况一月一调度工作机制,与挂职干部保持联动,及时发现解决问题,确保项目进度;组织专项治理,针对党员、干部和公职人员出台系列规定。

【帮扶培训】 支持两县组织赴福建泉州蓉中村开展乡村致富带头人培训;协调参加商务部电商培训、广电总局全媒体运营技能提升培训等项目;协调国家卫生健康委员会人才培训中心为两县培训护工。推动开展"农村家庭能人"和"培养实训基地"评选活动;督促推动两县做实做细农民夜校、网络讲堂、新型农民素质提升工程等,多渠道培训农村劳动力。协调两县干部赴江苏、浙江、福建等东部发达地区挂职锻炼;多批次协调两县干部参加农业、卫健、教育、金融等系统举办的基层干部网络培训班;协调清华大学针对性开设乡村振兴系列课程,培训两县干部人才。

【产业帮扶】 协调农业农村部技术专家赴两县对农特产品种植养殖、病虫害防治进行

技术指导和农技培训；协调科学技术部为两县改良茶叶优势品种；协调中国工程院院士、国家植物功能成分利用工程技术研究中心主任团队指导两县茶叶深加工项目。协调水利部支持马边县芦稿溪水库和雷波县麻柳湾水库建设；协调自然资源部支持两县推广先进工艺及关键技术转换应用，促进磷化工行业绿色发展；协调中国银行保险监督管理委员会加大金融帮扶政策针对性支持力度，两县支农支小政策性贷款利率适度降低，雷波冷水鱼等特色产业被纳入政策性保险。协调全国工商业联合会精选一批优质企业与两县对接；组织马边县赴福建省泉州市招商引资，对接鸿星尔克实业有限公司、福建盼盼食品有限公司等劳动密集型企业在马边县意向投资建厂；协调中国旅游集团有限公司加快推进雷波"唐家山美丽乡村"项目；协调华润（集团）有限公司与雷波县合作发展生态肉牛养殖，示范打造县域富民主导产业。助力两县拓宽销售渠道，协调农特产品上线电商平台、中央企业内购平台。

【智力帮扶】 邀请国家监委特约监察员、行业专家、国家智库团队等赴两县调研指导，为两县完整准确全面贯彻新发展理念、实现高质量发展出谋划策。协调中国工程院院士、生态环境部环境规划院院长团队为两县绿色转型发展出谋划策；协调中国工程院院士、中国中医科学院院长团队长期蹲点指导马边县青梅产业提质增效；协调水利部、商务部、中旅集团等指导帮助两县编制水利、电商、旅游等发展专规；四川省纪委监委协调12家职能部门专门成立两县产业发展指导组，帮助指导两县高质量制定"十四五"产业发展规划，真正把智力成果转化为帮扶成果。

【教育帮扶】 投入550万元支持北京师范大学马边教育帮扶计划和雷波县最偏远学校教师宿舍楼建设；协调争取中央预算内资金2800万元支持马边县3所乡镇学校建设；协调中国长江三峡集团有限公司捐建雷波县第二高中。协调北京师范大学托管雷波中学；协调浙江师范大学、杭州师范大学和南京师范大学83名毕业生分赴两县顶岗实习支教；协调北京师范大学、清华大学开展网络教师培训、科普讲堂，培训师生近5000人次。马边、雷波两县高考本科上线人数分别由2012年的93人、102人增加到2022年的403人、505人，其中雷波县从2020年起连续三年均有学生考到北京大学、清华大学等高等院校。

【党建帮扶】 开展常态共建互促，中央纪委国家监委各单位党组织、群团组织、广大干部职工与两县基础薄弱村党支部、贫困群众进行结对帮扶，利用线上方式定期开展互动互助活动，助推基层党组织增强工作能力。创新抓党建促治理经验做法。挂职干部坚持驻守乡村振兴一线，与县乡干部"同思同干同担当"；派驻第一书记的马边小谷溪村、雷波汶水村探索抓党建促治理新路径，带领群众开展"五清"行动改善村域人居环境，因地制宜稳妥推进"厕所革命"，强化联系群众、服务群众能力。探索通过"派驻帮建"的方式强化社区党支部建设，以组织引领促发展、精细化管理促稳定、文明新风促融合。推动两县以自我革命精神狠抓干部队伍建设，紧盯责任、作风、腐败开展监督，深化专项治理，纠治形式主义、官僚主义。针对马边县查处的干部职务违法问题，要求做好以案促改、以案促治、以案促建，制作警示片教育身边干部，举一反三纠补项目审批、招投标等关键领域制度漏洞。

【特色帮扶】 持续强化"三级"纪委监委集中帮扶作用，坚持中央、省、市（州）纪委监委和两县的定点帮扶机构"3+1"常态化联学联动机制和帮扶项目分级协调、合力推动工作机制，在工作谋划、问题研商、工作指导、督促检查、项目协调上保障工作任务优质高效落实。充分发挥纪检监察机关的组织优势，对接各有关派驻、内设纪检监察机构持续协调所在单位对两县各领域发展给予政策、资金、项目、信息、技术、人才等支持。联系有关省级纪委监委持续协调当地与两县开展产业合作、资源互补、劳务对接、人才交流、干部培训等工作。

【帮扶宣传】 帮助打造的马边小谷溪村湖羊产业发展模式入选国家乡村振兴局社会帮扶典型案例；指导申报马边高山茶入选《中国名牌》乡村振兴示范基地；重点帮扶的雷波汶水村获评四川省乡村旅游重点村、凉山州乡村治理示范村。马边县荣获全国民族团结进步示范县；雷波县纪委监委荣获四川省纪检监察系统先进集体。协调中央广播电视总台宣传马边高山绿茶、雷波优质脐橙，《远方的家》栏目摄制组到两县拍摄制作系列节目，全面展示当地独特的自然风光和文化旅游资源，助力提升产品知名度和品牌价值。

(中共中央纪律检查委员会、中华人民共和国国家监察委员会　宛远波)

中共中央组织部定点帮扶

【概述】 2022年，中共中央组织部（以下简称"中组部"）认真学习贯彻党的二十大精神和习近平总书记关于全面推进乡村振兴、深化定点帮扶工作的重要指示精神，持续深入推进新一轮定点帮扶工作，帮助甘肃省舟曲县、贵州省台江县抓党建促乡村振兴、高标准培育特色农业产业、高质量发展教育医疗事业。

【帮扶资金投入】 2022年，中组部继续按要求做好资金投入和消费帮扶工作，向两县直接投入帮扶资金1350万元，引进帮扶资金11467.8万元；直接购买脱贫地区农副产品97.85万元，帮助销售农副产品805.97万元。

【组织领导】 6—7月，中组部领导到舟曲县深入开展调研指导，看望慰问一线干部、群众和挂职帮扶同志，对加强党建帮扶、产业帮扶、"组团式"教育医疗帮扶、生态帮扶等工作提出明确要求、具体指导。中组部部务会结合职责分工，持续给予指导、支持。各局级单位认真贯彻部务会要求，积极参与定点帮扶工作，上下联动、前后协同的帮扶工作机制不断得到强化，集成效应不断显现。

【帮扶培训】 扎实开展理论宣讲。协助两县党委制订《党的二十大精神学习宣讲方案》，组织藏汉、苗汉双语宣讲队伍，深入村寨、社区开展宣讲，切实把党的二十大精神传达到基层一线。捐赠党的二十大精神辅导读物2500余册，为学习宣传提供有力保障。

统筹推进换届后干部培训。在中国浦东干部学院、中国延安干部学院、深圳改革开放干部学院等协调安排乡村振兴专题培训班次，围绕中共中央关于"三农"工作的部署要求设置课程，培训科级以上干部370余人。通过东西部协作机制，协调天津、佛山等提供跟岗锻炼岗位，选派16人到岗学习。帮助州县党校（行政学院）提高教育培训质量，通过流动式、夜校式、农家课堂等形式，培训干部2500多人次，提升基层干部带富能力。

积极组织就业创业技能培训。运用集中培训、网络直播等形式，大力开展技术培训，先后举办中华蜂养殖、冬季茶园栽培管理等各类培训50余场，覆盖农技人员、种植大户4500余人，为当地产业培养有生力量。协助舟曲县举办"东西部协作劳动力转移就业"等10场招聘活动，完成省内转移就业449人、省外转移就业401人，其中9人到天津就业。推动台江县举办劳务就业创业培训，培训1885人次。

【干部挂职帮扶】 选派干部开展帮扶。从中组部机关分别选派3名干部到舟曲县、4名干部到台江县开展帮扶工作，年内完成21个未达标村级党群服务中心改建扩建工作，按照"一村一策"要求完成两县13个党组织的整顿加强。指导舟曲县全面推行"民事村办"，明确136项县直部门服务管理事项在村级服务中心办理，限时办结清账。推动台江县坚持和发展新时代"枫桥经验"，建成县乡村三级综治中心81个、网格375个、行业调解委员会17个，矛盾纠纷调解成功率达到94.28%，社会和谐安定得到有力维护。

【"组团式"教育医疗帮扶】 帮助舟曲县争取天津新选派18人团队帮扶县初级中学，完成舟曲县第一中学与峰迭新区中学校区置换，争取华育助学基金会、幸福人寿保险股份有限公司等捐助交互式智能一体教学机17台;帮助台江县制订《教育高质量发展行动方案(2022—2030)》《"强师工程"实施方案》等指导性文件,协助对接广东省佛山市选派47名骨干教师到台江民族中学、台江县中等职业学校、台江县第三中学、台江县施洞中学帮扶,推动完成台江民族中学宿舍楼、教学楼、食堂改建扩建工程,硬件设施水平进一步提升。协调有关方面向舟曲县捐赠核酸检测方舱实验室、CT等设备,整合县人民医院内部资源成立健康管理中心,年内累计服务群众2.3万人次;帮助台江县推进县人民医院内科大楼、中医院新院区等项目建设,县人民医院建成省内县级医院中首家建成国家级创伤中心、卒中中心,正式启用现代化重症监护室,在全州率先具备ECMO操作能力,县中医院新建肝胆、糖尿病、正骨等9个特色科室,协调浙江大学医学院附属第二医院等省内外医院选派26人到县人民医院、中医院帮扶,技术能力大幅度提升。

【产业帮扶】 推动做好产业发展规划。邀请农业农村部、中国农业科学院专家给予指导,精心编制两县《乡村振兴产业发展总体规划》《特色农业产业发展规划纲要(2021—2025年)》。2022年4月,中组部领导主持召开帮扶定点县农业产业发展促进视频会议,就规划实施进行深入研讨和系统部署。两县分别成立专班,做好机制保障。

助力强化人才和科技支撑。邀请水稻、中药、畜牧养殖等方面专家会诊施策,及时提供专业指导。帮助舟曲县建成首个野生汉藏药材资源圃,初步确定从岭藏鸡原始种源并形成繁育方案,筛选培育"中舟黑"黑土猪品种和羊肚菌高原错季栽培品种,建立蜂产业质量安全体系和花椒优化种植模式。帮助台江县引进优质稻华浙优210、茶叶中黄3号等产量高、品质好的新品种,推广集中旱育秧、轻简化栽培病虫害绿色防控等节本增效新技术,农业科技含量大幅度提升。高标准实施示范点建设,两县示范点完成3500亩优质稻、1000亩冰球子仿野生种植等新技术试验推广工作。舟曲县成功申报国家农业产业强镇项目,获批"省级农业科技示范园区",博峪镇路诺村入选全国"一村一品"示范村镇,立节镇杰迪村获得"中国美丽休闲乡村"称号;台江县成功申报省级稻油轮作、优势特色粮食项目,获批"二品一标"有机认证14941.15亩、有机认证产品6个。

(中共中央组织部二局一处 罗元开)

中共中央统一战线工作部定点帮扶

【概述】 2022年,中共中央统一战线工作部(以下简称"中央统战部")定点帮扶贵州省赫章县、晴隆县、望谟县、三都水族自治县(以下简称"三都县")和甘肃省积石山保安族东乡族撒拉族自治县(以下简称"积石山县")等5个国家乡村振兴重点帮扶县。中央统战部深入学习贯彻党的二十大精神和习近平总书记关于深化中央单位定点帮扶工作的重要指示精神,立足定点帮扶县实际需求,努力克服新冠疫情影响,加强项目资源统筹,细化任务分工方案,推动帮扶项目落实;印发《统一战线巩固脱贫成果助力乡村振兴2022年项目计划》,包括产业、教育、医疗等8大类380个具体帮扶项目。全年在定点帮扶县共投入和引入帮扶资金7005.8万元。

【帮扶思路】 结合定点帮扶县发展实际,形成"统筹+聚焦+嵌入"的帮扶工作思路,主动统筹统一战线和东西部协作等各方面帮扶资源,聚焦民生和产业两大领域,结合帮扶县发展规划开展嵌入式帮扶,将以往兜底式、点线式、碎片式帮扶拓展为统筹发力、精准施策帮扶,注重聚焦长期规划、延伸产业、示范项目等,取得较好成效。

【帮扶机制】 完善统一战线社会服务工作领导小组架构,由分管日常工作的副部长担任统一战线社会服务工作领导小组组长,新增分管民主党派工作和非公经济工作的2名副部长担任副组长,进一步明确定点帮扶工作主要职责。建立统一战线助力乡村振兴联席会议制度,结合统一战线定点帮扶工作实际情况,调整联席会议组成人员,建立联系对接、跟踪统计、信息交流、考核反馈4个方面制度,为巩固拓展脱贫攻坚成果同乡村振兴有效衔接提供机制保障。全年召开统一战线定点帮扶助力乡村振兴工作专题会和工作交流会7次,研究确定具体帮扶举措,推动定点帮扶工作取得实效。

【帮扶调研】 中央统战部领导带队赴贵州省毕节市及赫章县、三都县实地调研并形成专题调研报告,及时发现并整改帮扶工作中存在的问题;组织对晴隆县、望谟县和积石山县的视频调研会,调度帮扶进度,督促项目落实,指导帮扶工作,实现考察调研、督促指导全覆盖。全年组织赴定点帮扶县考察调研321人次。

【干部挂职帮扶】 选派6名干部在定点帮扶县挂职帮扶,其中5人挂职任县委常委、县政府副县长,1人挂职任驻村第一书记。同时,选派6名选调生充实帮扶队伍,形成一支业务能力强、工作作风硬的帮扶团队。按照年度帮扶计划,积极推动统一战线资源支持帮扶项目落地,协调解决帮扶过程中出现的新情况、新问题,同时积极协调、争取项目和资金,全年共引进帮扶项目(企业)44个,稳步推动定点帮扶工作落地见效。

【帮扶培训】 委托贵州省社会主义学院举办"统一战线巩固拓展脱贫攻坚成果同乡村振兴有效衔接专题培训班",组织贵州省赫章县、晴隆县、望谟县、三都县有关部门负责同志,乡镇基层干部、致富带头人及中央统战部挂职帮扶干部共200人开展集中培训。安排专题辅导4次,案例教学3次,现场教学1次。

通过组织参训学员深入学习领会习近平总书记关于"三农"工作的重要论述和深化中央单位定点帮扶工作的重要指示精神，有效提高学员的政治站位，强化学员对巩固拓展脱贫攻坚成果同乡村振兴有效衔接的重要性和紧迫性的认识，提高帮扶干部做好巩固拓展脱贫攻坚成果同乡村振兴有效衔接工作的能力和水平。

【助力毕节贯彻新发展理念示范区建设】 10月，中央统战部办公厅印发《关于统一战线助力毕节高质量发展的实施意见》，从搭建制度平台、加强智力支持、助力产业发展、提高教育质量、提升医疗水平、强化人才支撑、加强组织保障7个方面，制定具体措施，不断丰富中国共产党领导的多党合作基层实践，广泛凝聚各方智慧力量参与和支持毕节建设，完善统一战线助力毕节高质量发展的长效机制，推动毕节成为统一战线助力地方改革发展实践的展示窗口。

【产业帮扶】 通过"中国光彩事业行"等活动助力产业振兴，协调民营企业等帮助打造一批示范带动效果好、增值收益多的产业项目和示范点，乡村示范点由2021年度的3个增加至11个，实现5个定点帮扶县全覆盖；推进村企结对帮扶，通过中华全国工商业联合会安排3个行业协会试点在贵州省相关定点帮扶县把产业项目、公益帮扶等落地到村、连接到户，带动农民群众增收致富；在积石山县打造千头牛羊养殖示范村，设立产业发展基金，分3个批次向96个农户发放帮扶资金480万元，通过无息借款扶持农户发展家庭养殖农场，在资金支持、技术指导、市场收购等环节形成产供销一体化发展模式。

【教育帮扶】 在赫章县启动"助力赫章教育均衡发展计划"，该教育计划涵盖提升心理健康水平、教研管理能力、教育设施设备、"音体美"素质拓展等4个方面20个帮扶项目；联合广州市番禺区对口帮扶力量，围绕基础设施建设、教师培训、结对帮扶、教育资助等重点领域，形成"定点"+"东西部协作"帮扶合力，推动赫章县学前教育高质量发展。联系华侨大学组织优秀教师及志愿者到积石山县开展支教活动，发动社会各界爱心人士持续捐款，用于当地中小学添置教学设备，改善基础教育设施，提高教学质量水平。

【健康帮扶】 在赫章县实施健康帮扶活动，覆盖县域人口慢性病监测防治、医院重点科室建设、基层诊疗能力提升、专项病预防诊疗等帮扶项目，有效缓解群众"看病难""看病贵"问题。在积石山县实施综合社会福利院改善项目，为包括脱贫群众在内的各族病残老人和农村困难群众提供舒适便捷的养老服务。

【消费帮扶】 2022年共购买和帮助销售定点帮扶县农产品1943.37万元。引入中国社会帮扶网入驻的电商服务平台，与贵州省4个定点帮扶县签订消费帮扶协议，帮助定点帮扶县完善产品标准、提升产品品质、做好宣传推广，运用市场化方式有效解决地方仓储、配送、售后等短板，帮助定点帮扶县实现网络销售1620余万元，助推定点帮扶县农业产业向"垂直电商+产品升级+产业优化"全产业链提升迈进。设置脱贫县特色产品展示区，供干部职工、住宿客人、用餐人员购买消费。组织机关党委和工会、直属事业单位等购买定点帮扶县农特产品，通过机关消费帮扶助推脱贫群众增收致富。积极联系对接中国农业银行、中国建设银行网络销售平台，推广销售定点帮扶县农副产品。

【公益帮扶】 对接美团公益和深圳壹基金，引进美团"乡村儿童操场"公益项目，为赫章县偏远乡村及易地扶贫搬迁安置点的52所幼儿园铺设超过2.6万平方米的多功能运动场，陆续配备多功能儿童滑梯等大型活动设施，同时配备体能游戏综合器材包，支持开展体育教学和户外游戏活动等，极大提升乡村幼儿园基础设施条件。协调中华思源工程扶贫基金会、北京情系远山公益基金会、新浪扬帆公益基金等，为定点帮扶县师生开展远程培训和扬帆捐书计划——种子阅读指导师培训，带动薄弱学校教育教学的整体提升。

【党建帮扶】 通过党支部共建活动助力组织振兴，开展捐赠书籍、帮困助学等活动，协调对接帮扶项目，助力积石山县高关村和阳山村等建设治理有序、充满活力的新农村。中央统战部办公厅党总支向高关村捐赠一批图书。协调法国华人社团捐赠41万元，用于高关小学教职工宿舍房屋整修及资助46名家庭困难学生。

【帮扶宣传】 积极向中共中央和国家机关工作委员会、国家乡村振兴局等推荐一批帮扶案例，其中联引的非公企业在贵州省望谟县发展板栗产业的案例在人民网刊载，《中央统战部支持引导村企结对、以点带面助力乡村振兴》在中共中央和国家机关工作委员会旗帜网刊发。在2022年农民丰收节"巩固拓展脱贫攻坚成果同乡村振兴有效衔接成果展"上，展示统一战线帮扶工作情况。在《中国统一战线》、中国新闻网和中央统战部机关网站上刊发《共富路上的新"法宝"——党的十九大以来统一战线开展定点帮扶工作综述》及各类帮扶信息20余篇。协调选送非物质文化遗产三都县马尾绣作品参加"喜迎二十大"主题成就展览，名为"中国梦"和"民族团结"的两幅刺绣作品充分展现重点帮扶项目成效。

（中共中央统一战线工作部办公厅
社会服务处　张　翔）

中共中央对外联络部定点帮扶

【概述】 2022年,中共中央对外联络部(以下简称"中联部")定点帮扶河北省行唐县。中联部认真学习贯彻党的二十大精神和习近平总书记关于定点帮扶工作的重要指示精神,按照中共中央乡村振兴战略的总要求,认真研究制订《中联部2022年度定点帮扶工作计划》,帮助行唐县稳固脱贫攻坚成效,推动乡村振兴。中联部引进帮扶资金2829.75万元,直接投入资金290.67万元,采购及帮助销售脱贫地区农产品87.94万元,培训各类人员467人次。

【帮扶资金投入】 2022年,中联部共引进帮扶资金2829.75万元,其中包括石家庄峪口禽业有限公司投资1400万元建设饲料厂;引进企业投资980万元用于建设休闲食品加工厂、箱包厂;协调210.67万元用于帮扶村(杨村)生活污水管道项目;协调中国和平发展基金会、北京凌锋公益基金会等社会组织和企业捐赠239.08万元的物资和资金。中联部直接投入帮扶资金290.67万元,主要用于民生设施建设、人居环境整治、人才培养、村党群服务中心建设等。

【帮扶调研】 中联部部长主持召开调研定点帮扶工作视频会议,了解定点帮扶工作进展情况,对下阶段工作作出安排部署。在双月定点帮扶工作协调交流机制的基础上,副部长两次听取行唐县委书记汇报行唐县巩固拓展脱贫攻坚成果同乡村振兴有效衔接和定点帮扶工作情况。

【干部挂职帮扶】 中联部两名处级干部继续在行唐县挂职帮扶,分别任县委常委、副县长和杨村驻村第一书记,围绕调查研究、沟通交流、引资引智、协调督促等开展工作,扎实推动定点帮扶工作取得新进展。杨村驻村第一书记获评2022年度"河北省优秀驻村第一书记"。

【产业帮扶】 推进帮扶村(东安太庄村)及周边村申报省级乡村振兴示范区;协调石家庄峪口禽业有限公司加大对行唐县产业投资力度,投资1400万元建设饲料厂;协调引进河北一钢食品有限公司投资600万元建立杨村休闲食品生产基地;引进杨村箱包厂车间项目;开展农业、畜牧业领域招商引资,对接内蒙古蒙牛乳业(集团)股份有限公司、四川新希望集团有限公司、北京市新发地农产品股份有限公司等企业,推动行唐县特色产业做大做强。

【人才帮扶】 中联部共培训各类人员467人次。其中,培训基层干部363人次,培训乡村振兴带头人78人次,培训技术人员26人次。捐赠党费10万元用于帮扶村(杨村)党员干部培训等。

【消费帮扶】 中联部机关服务中心采购脱贫地区农产品63.08万元,机关工会采购东安太庄村苹果24.86万元。

【社会帮扶】 推进民生工程建设,保障民生发展,捐赠帮扶资金150万元支持行唐县体育公园建设;推动北京凌锋公益基金会投入40万元在行唐县卫生室建设以村民康复为主要目的的健康小屋;捐赠125万元、协调中华慈善总会等捐赠23万元,用于上碑镇杨村建设党群服务中心、人居环境整治等;协调推动中国和平发展基金会向行唐县捐赠价值166

万元的婴幼儿奶粉;协调推动河北慈善联合基金会捐赠价值10.08万元梦想口袋、营养包。

【帮扶宣传】 中联部通过河北新闻网直播间,宣传行唐县生态清洁小流域综合治理工程建设成效;中国经济联络中心与阿拉伯中国合作与发展协会以线上、线下相结合的方式举办"学习《习近平谈治国理政》第四卷中国–阿拉伯国家云上大课堂"活动,向外方讲述行唐县脱贫攻坚、推动共同富裕的故事,展现习近平新时代中国特色社会主义思想在地方的生动实践;举办第六届中非青年领导人论坛,驻村第一书记介绍上碑镇杨村脱贫攻坚与乡村振兴的做法。

（中共中央对外联络部机关党委 刘兆扬）

中共中央政法委员会定点帮扶

【概述】 2022年,中共中央政治局委员会(以下简称"中央政法委")认真贯彻落实习近平总书记关于实施乡村振兴战略的重要指示精神,定点帮扶内蒙古自治区扎赉特旗,精心研究制订《中央政法委2022年定点帮扶工作计划》,统筹实施10个方面、33项重点举措,推进"五大振兴"。全年共引进无偿帮扶资金3.73亿余元、有偿帮扶资金13.5亿余元,新增草原畜牧业转型升级试点暨现代肉牛产业示范基地等重点项目近10个,帮助销售农产品近8.58亿元,培训基层干部5000余人次、乡村振兴带头人2600余人次、专业技术人员等2200余人次,推动乡村发展、乡村建设、乡村治理呈现崭新面貌。中央政法委2022年度定点帮扶工作成效被评为"好"等次。

【帮扶资金投入】 2022年,中央政法委共引进无偿帮扶资金3.73亿元、有偿帮扶资金13.5亿余元,直接投入帮扶资金180万元。其中,争取农业农村部、水利部支持2.08亿元,完善绰勒水利枢纽下游灌区田间工程。争取国家发展和改革委员会等支持,获批4000万元帮扶资金,助力国家草原畜牧业转型升级试点建设。获得自然资源部、国家林业和草原局等支持,争取"三北"防护林围封及造林、草原生态保护修复等项目资金1.05亿元、生态护林员补助1545万元,推进山水林田湖草沙一体化保护和修复工程项目。争取农业农村部等支持,投入"厕所革命"补贴资金170万元,推进1.8万户农村厕所粪污无害化处理。协调国家开发银行乡村振兴部与巴达尔胡镇巴达尔胡嘎查开展结对共建,捐赠100万元产业发展资金。争取中国法学会、中国足球协会等支持,捐赠价值110万元的羽绒服、足球运动用品等。协调内蒙古自治区党委政法委员会向巴达尔胡镇投入基层社会治理资金40万元。争取国家开发银行支持,牵头发放引绰济辽水利项目贷款13.4亿元,完善农村水利基础设施网络。协调国家开发银行向扎赉特旗发放生源地助学贷款1056万元,帮助1135名贫困学生圆了"大学梦"。先后投入180万元帮助建设"长安书屋"、培训基层政法干警和农村实用技术人员,助力农村人居环境整治。

【帮扶制度建设】 中央政法委完善组织领导、沟通会商等工作机制,推动政策精准对接、项目精准承接,提高帮扶工作质效。完善组织领导机制,中央政法委领导先后3次主持召开秘书长会议,认真学习习近平总书记有关做好乡村振兴工作的重要讲话精神,研究谋划帮扶工作思路和重点项目,多次就助力保障国家粮食安全、巩固拓展脱贫攻坚成果、促进全面振兴等提出明确要求。完善帮扶会商机制,中央政法委领导邀请兴安盟盟委领导、扎赉特旗委领导座谈交流,了解定点帮扶举措落地情况,会商乡村振兴工作举措。创新帮扶协作机制,深化市场化社会化帮扶思路,中央政法委领导协调推动,争取国家发展和改革委员会、农业农村部、水利部、国家开发银行等10余个部委、单位,以及中央企业、北京企业、浙商、楚商等社会力量支持,推动整合政策、项目、资金、技术、市场等资源,最大程度汇聚帮扶工作合力。完善工作落实机制,强化党建引领,把定点帮扶工作纳入中央政法委年度全面从严治党工作要点,结合开展"学查改"专项工作,在改进工作作风、强化执行力上下功夫,实行项目化管理,建立重点工作任务台账,明确责任分工、完成时限、质量要求,周跟踪、月报告,滚动推进,确保帮扶举措精准落实落地。

【帮扶培训】 中央政法委助力培养乡村振兴带头人,帮助分批次组织乡村振兴大讲堂暨乡村夜校,培训基层干部5000余人次,打造乡村振兴骨干队伍。投入30万元,依托扎赉特旗天牧臻职业培训学校以家庭农场经营者、农民合作社带头人、农牧专业技术人才等为重点,帮助组织开展肉牛养殖、庭院经济等实用技术培训2400余人次,培养致富发展带头人,有效支持农民就业增收。

【干部挂职帮扶】 中央政法委在按照统一部署,择优选派2名干部分别挂职扎赉特旗副旗长、驻村第一书记的基础上,又选派1名干部挂任兴安盟副盟长,加强帮扶工作组织和项目协调对接。督促帮扶干部聚焦主责主业,充分发挥组织员、信息员、联络员作用,加强考核、激励、管理。3位挂职干部围绕加强调查研究、沟通交流、引资引项、协调督促等,做优做实规定动作,做好做活自选动作。

【产业帮扶】 中央政法委聚焦促进产业兴旺核心任务,立足扎赉特旗农牧业大县实际,树牢精准思维,坚持"六个强化",推进"六个升级",推动扎赉特旗入选第一批"全国农业现代化示范区"、第三批国家农村产业融合发展示范园,打造农业现代化新样板。强化整体谋划,推进发展战略升级。将推动农业现代化作为做好精准帮扶的重中之重,制定乡村振兴定点帮扶五年规划,围绕绿色农畜产品精深加工、高标准农田、农文旅融合生态旅游等领域项目建设提供全面的融智、融资支持,帮助研究确定的《"科技+共享"精准做好"特"文章》入选《乡村振兴战略规划实施报告(2018—2022)》中实践篇乡村产业发展地方范例。强化特色优势,推进主导产业升级。助力国家粮食安全,立足全国粮食生产先进县资源优势,协调主管部门争取数字农业相关项目资金,建设农业科技示范区16个,形成"二带、三田、四园、五区"格局。聚焦水稻、玉米、肉牛等主导产业延链补链、强链优链,协调有关金融机构给予支持,持续引进浙商、楚商及中央企业、北京企业,在原粮贸易、电商平台建设、牛肉干加工、肉牛养殖等领域开展广泛合作。强化综合配套,推进基础设施升级。围绕加强农田水利设施建设努力补短板、破瓶颈、固基础,协调国家开发银行给予金融支持,发放引绰济辽水利项目贷款,完善绰勒水利枢纽下游灌区田间工程,推动建设全域高标准农田,亩均增产163千克以上、增收293元以上,促进产量、质量、效益"三提升"。强化绿色发展,推进生态农业升级。坚持生态优先、绿色发展,帮助协调争取生态项目资金,推动发展节地节能节水农业,大力培育农村生态产业、美丽经济,不断放大生态农业优势。强化消费拉动,推进市场拓展升级。协调中粮集团有限公司加大对玉米、大米等农产品收购力度,健全"公司+基地+合作社+农户"的共赢共享机制,推进企业有序收粮,服务农民放心售粮,收购玉米、大米等农产品33.15万吨8.17亿元,连通小农户和大市场。协调浙江万惠国际贸易有限公司宣介"我在扎赉特有一亩田"私人定制项目,完成订单4000万元,助推扎赉特旗农产品天猫旗舰店销售特色农产品62万元。争取财政、农业农村等部门支持,推动大米、牛羊肉、木耳、葵花籽油等7类、128种农产品入驻"832平台",最大限度利用平台为干部、职工提供农产品"代购"服务,采购299.78万元,人均超万元。强化融合发展,推进业态模式升级。推进"互联网+"农业融合发展,推广"一物一码、数字身份",探索"一品一标、数字贸易"新模式。推进农文旅融合发展,帮助规划建设好力保稻香小镇、巴彦塔拉秘境河谷生态文化旅游区等农文旅融合项目，帮助打造"中国草原鱼米之乡"，推进多点支撑、多业共生、多元融合。

【基础设施建设】 助力建设高标准农田，协调农业农村部、水利部，争取投入无偿帮扶资金2.08亿元，完善绰勒水利枢纽下游灌区田间工程，推动建设高标准农田16万亩，加强东北黑土地保护性耕作，建设数字化大田。助力完善水利设施，协调国家开发银行牵头发放引绰济辽水利项目贷款13.4亿元，完善农村水利基础设施网络，保障农牧业高质量发展需要，促进稳产高产。助力草原畜牧业升级，协调国家发展和改革委员会等支持，争取4000万元帮扶资金，助力国家草原畜牧业转型升级试点建设，推动形成生态优先、绿色发展新模式，提高畜牧业发展质量效益。

【生态帮扶】 支持加强自然环境治理，协调自然资源部、国家林业和草原局等支持，推进山水林田湖草沙一体化保护和修复工程项目，争取"三北"防护林围封及造林、草原生态保护修复等项目资金1.05亿元、生态护林员补助1545万元，助力扎赉特旗被评为全国绿化模范旗。协调促成楚鲁巴达蓄能电站35千米生态红线退出项目，推动生态价值多元转化和自然资源有效保护统筹共进。支持加强人居环境整治，协调农业农村部等支持，实施农村人居环境整治五年行动，争取"厕所革命"补贴资金170万元，推进1.8万户农村厕所粪污无害化处理。协调国家开发银行支持加强巴彦乌兰镇易地搬迁集中安置区后续扶持，直接投入资金20万元帮助15个嘎查村，推动村容村貌整体提升。

【教育帮扶】 协调国家开发银行向扎赉特旗发放生源地助学贷款1056万元，帮助1135名贫困学生圆了"大学梦"。协调中国足球协会为扎赉特旗中小学捐赠价值50万元的运动用品，推进校园足球发展。直接投资65万元在14个苏木乡镇全覆盖建设"长安书屋"，举办"悦读润心田、携手向未来"读书活动、"朦根绰尔杯"中小学诗歌朗诵比赛等，推进书香校园建设。会同中共中央组织部、教育部推进教育人才"组团式"帮扶工作，支持扎赉特旗1所普通高中、1所职业院校发展。协调中国光华科技基金会开展"一起云支教·携手创未来"活动，为9所中小学校818名学生提供暑期服务和拓展培训。

【健康帮扶】 持续协调北京朝阳医院、安贞医院开设远程医疗、建立就医"绿色通道"，提供专家会诊等医疗服务，帮助培训医护人员28次、186人次。中国法学会大力支持，向全旗重点监测户捐赠价值60万元的2000件羽绒服，开展"献爱心、送温暖"活动。

【特色帮扶】 中央政法委发挥政法工作优势，聚焦打造安全稳定发展环境。助推深化平安法治建设，各局主动担当、协力帮扶，在建立健全多元化矛盾纠纷排查化解机制、推进综治中心规范化标准化建设、加强网格化服务管理等领域加强对口指导，直接投入55万元，分批培训基层政法干警1200余人次，协调内蒙古自治区党委政法委员会向巴达尔胡镇投入基层社会治理资金40万元，推动健全"党组织+网格化"管理体系，指导深化"平安扎赉特"建设。支持民族团结进步示范旗建设，推动用好援建的中小学民族团结政治安全教育基地、平安广场、帮教中心等。助力建强基层党组织，各党支部与扎赉特旗6个重点支持村党支部开展支部共建、发展共商，进行"点对点""手拉手"帮扶。协调国家开发银行乡村振兴部与巴达尔胡镇巴达尔胡嘎查开展结对共建，举办"青年微课"活动，捐赠100万元产业发展资金，开展定期协商交流、定向调研培训，帮助解决发展难题。

[中共中央政法委员会机关党委（干部局） 武 涛]

中共中央网络安全和信息化委员会办公室定点帮扶

【概述】 2022年,中共中央网络安全和信息化委员会办公室(以下简称"中央网信办")定点帮扶陕西省佛坪县,以高质量发展为主线,以产业项目为支撑,围绕乡村"五大振兴"开展工作,共投入无偿帮扶资金362.2万元,引进无偿帮扶资金3032.4万元,培训基层干部558人次,培训乡村振兴带头人、专业技术人才132人次,购买脱贫地区农产品85.7万元,帮助销售脱贫地区农产品1068.5万元。

【帮扶资金投入】 2022年,中央网信办向佛坪县投入无偿帮扶资金362.2万元,其中200万元用于建设数字乡村示范点,40万元用于建设佛坪电商特产馆,32.4万元用于奖励高考成绩突出的学生和优秀教师,30万元用于支持疫情防控,30万元用于建设创新创业孵化园,29.8万元用于举办"佛坪发展大讲坛"。

【帮扶会议】 中央网信办领导主持召开中央网信办乡村振兴工作领导小组会议,研究部署2022年定点帮扶工作,强调要切实扛起政治责任,发挥网信工作优势,聚焦乡村"五大振兴"重点任务,持续精准发力,扎实推进各项工作。

【产业帮扶】 协调上海携程商务有限公司捐赠1000万元、中国平安保险(集团)股份有限公司捐赠200万元、陕西省发展和改革委员会拨付600万元支持建设携程度假农庄、旅悦花筑等中高端乡村民宿。协调上海携程商务有限公司、旅悦(天津)酒店管理有限公司、浙江飞猪网络技术有限公司等头部文旅企业,通过品牌授权、活动策划、形象设计、管家培育等方式支持佛坪县旅游餐饮产业发展。协调高德软件有限公司开发"高德导航一键游"模块,引导自驾游游客到佛坪县旅游度假。

【人才帮扶】 支持举办"佛坪发展大讲堂",对基层党政干部、非公党组书记、驻村第一书记进行培训。协调中国乡村发展基金会选拔优秀基层干部、致富带头人参加新农人致富带头人能力提升培训。多次协调举办电商技能培训,通过"引""育"结合的方式培养数字经济人才。

【文化帮扶】 指导佛坪县文化和旅游局等部门及相关街镇举办青年公社篮球赛、摄影家七彩百合园采风、垂钓比赛、6·18啤酒篝火晚会、农特产品展销等活动。协调抖音、快手、腾讯、哔哩哔哩、小红书等视频直播平台支持举办"第十三届秦岭大熊猫文化旅游节",组织音乐晚会、主播带你去佛坪、网络达人培训班、乡村振兴活动月等活动。支持创建公共文化服务高质量发展示范县,协调中国光华科技基金会、中国社会科学出版社、上海假面信息科技有限公司捐赠价值124.3万元图书。指导县民政局、县融媒体中心等部门发布《文明殡葬倡议书》。

【生态帮扶】 协调蚂蚁科技集团股份有限公司捐赠450万元,支持建设大谷坪野生大熊猫保护区,吸引1700万人次在线上以减碳出行、认领保护地等方式参与大谷坪保护。指导佛坪县融媒体中心围绕自然生态和野生动物开展主题报道,多篇稿件被央媒平台采用,入选新华社"全国县融中心2022第三季度优秀案例"。

【党建帮扶】 中央网信办网络安全应急

指挥中心专项事务三处党支部与银厂沟村党支部开展联学共建活动,共同学习领会习近平总书记关于乡村振兴的重要论述,探讨推进乡村振兴的思路举措。挂职副县长担任佛坪县挂职(支援)干部临时党支部书记,汇聚中央单位帮扶、东西部协作帮扶、陕西省级机关定点支援等帮扶力量,在资金筹集、师资培训、项目引进等方面形成合力。协助佛坪县委组织部打造党建直播间,邀请党校教授、党建骨干在抖音号"佛坪党建"上进行"党建+"直播,制作原创党建短视频。

【公益帮扶】 协调阿里巴巴公益基金会捐赠322.9万元,用于改善乡村医疗和中小学教育。协调北京猿力科技有限公司为小学生捐赠17.7万元科技类、童话类书籍。协调蚂蚁科技集团股份有限公司为脱贫女性投保"加油木兰"公益保险24.5万元,降低因病、因学返贫风险;为中小经营者、创业者、农户等发放普惠贷款2725.9万元。

【电商帮扶】 从"人、货、场"3个要素着力促进佛坪县电商产业发展。协调启动"电商陪跑"计划,对从业人员手把手指导,巩固深化培训效果,同时举办电商直播大赛,对电商企业进行考核奖励。协调"寻找远方美好"设计团队为佛坪产品提供设计方案和创意。协助企业开拓"原料供应+代加工"合作模式,开发新产品,整合供应链。协调中国互联网发展基金会捐赠66万元支持建设银厂沟村电商直播基地。

【就业帮扶】 协调阿里巴巴网络技术有限公司捐赠200万元在佛坪县开展数据标注业务,项目一期招聘60人。协调阿里巴巴网络技术有限公司、义乌市浪宇箱包有限公司捐赠190万元,在大河坝镇建立天猫帐篷社区工厂。

【数字乡村建设】 协调中国移动通信集团有限公司投入120万元,在大熊猫保护区建设通信基站,消除信号盲区。统筹各电信运营商加大信息基础设施建设力度,建成5G基站17个,光缆240千米,开通千兆端口约1万个。投入200万元对中蜂、冷水鱼等特色养殖产业进行智慧化升级。协调陕西省广播电视局拨付266万元用于应急广播体系建设,实现应急广播自然村全覆盖。协调天融信科技集团股份有限公司、深信服科技股份有限公司等网络安全企业支持电子政务外网改造。

(中共中央网络安全和信息化委员会
办公室秘书局　袁龙生)

中共中央委员会台湾工作办公室定点帮扶

【概述】 2022年，中共中央委员会台湾工作办公室（以下简称"中央台办"）定点帮扶甘肃省广河县，直接投入帮扶资金46.9万元，引进帮扶资金845.1万元，协调投入25万元开展乡村基层干部和巾帼行动培训，培训人员506人；为强化产业"造血"能力，协调台资企业开展务工人员技能培训，培训技术人员1888名；协调台商台企捐赠防疫用品和生活物资等总价值160余万元，助力广河县缓解防控物资短缺压力。

【帮扶会议】 中央台办领导先后4次召开专题会议，深入学习贯彻习近平总书记重要指示精神，研究定点帮扶工作。机关党委积极履行领导小组办公室职责，主动做好统筹协调工作，积极对接国家乡村振兴局、中共中央和国家机关工作委员会，准确把握政策要求和时间节点，确保工作不落项。

【产业帮扶】 中央台办推动广河县生产供应商进驻"832平台"，已有4家广河企业登录平台，涉及牛羊肉、菜籽油、土蜂蜜、清真月饼等品类。做好消费帮扶，直接投入资金35万元用于采购广河县牛羊肉，支持牛羊产业发展；积极稳妥做好稳岗就业，促进群众增收；向厦门玉晶光电有限公司等台资企业输转广河籍劳动力1154人；推动台企力翰教育集团到广河县考察，将儿童早期趣味性科普培训资源落地广河；支持康农集团红星村大棚项目提升经济效益，实现"双赢"目标。

【文化教育帮扶】 协调教育帮扶资金216.6万元用于广河县中小学改善教学环境，其中建设录播教室1间，建设操场1个。捐赠台式电脑100台，捐赠图书3000余册，共计45万余元；协调90万元组织3个批次共128名广河县学生赴北京、武汉、深圳开展研学活动；协调星云文化教育公益基金会、顶新公益基金会向广河优秀学子发放奖学金28万元；协调投入20万元实施红星村篮球文化广场改造项目，丰富群众文化体育生活；加强红星村幼儿园建设，协调交通部门完善园区道路设施，协调广东台湾青年为幼儿园孩子捐赠玩具110套价值2万元；协调支持广河县举办"两岸一家亲·花儿庆丰年"第一季陇台音乐人民族文化传承交流活动，密切陇台两地同胞情感交融，活动被甘肃省内外20多家媒体及中国时报集团、东森媒体集团和台湾导报等媒体报道或转载，总阅读量超过1000万次。

【健康帮扶】 以广河县中西医结合医院呼吸科为重点，按照"名医培养、名科建设、名院打造"思路，推动台资医院与广河县中西医结合医院对接共建，采取医疗器械捐赠、医护人员交流等措施以点带面提升县域医疗水平。协调合富医疗集团、湖南旺旺医院、东莞台心医院及东莞市台商投资企业协会，捐赠价值271.7万元的医疗设备。

【干部挂职帮扶】 中央台办选派两名优秀干部赴广河县开展帮扶，分别挂职县委常委、副县长和庄窠集镇红星村第一书记。两名干部扎根基层、无私奉献，积极确保中央台办定点帮扶各项措施在广河县落地见效。

【党建帮扶】 中央台办从留存党费中支出3万元，用于支持第一书记所在的红星村党建工作。协调投入210万元，加快红星村乡村振兴实用技能培训基地项目建设。协调中医药青年医师到村义诊,受到当地群众高度赞誉。投入10万元与广河县委组织部共同举办基层干部乡村振兴能力提升培训班,对全县102个行政村党支部书记和驻村第一书记共204人开展集中培训,切实提升基层干部推进乡村振兴的能力水平。协调广州、深圳、珠海台商协会投入15万元举办庄窠集镇乡村振兴巾帼行动培训班,增长妇女的科学文化知识,提高农村妇女基础发展能力。

(中共中央委员会台湾工作办公室 李泽桓)

中共中央外事工作委员会办公室定点帮扶

【概述】 2022年,中共中央外事工作委员会办公室(以下简称"中央外办")坚决贯彻落实习近平总书记关于做好定点帮扶工作的重要指示批示精神和中共中央决策部署,按照中共中央办公厅、国务院办公厅《关于坚持做好中央单位定点帮扶工作的意见》要求,落实全国东西部协作和中央单位定点帮扶工作推进电视电话会议精神,统筹研究制订年度帮扶计划,确定10个方面32项举措,充分发挥自身优势,加大资源投入和统筹协调力度,帮助重庆市彭水苗族土家族自治县(以下简称"彭水县")应对"旱疫火三情叠加、水电双缺并存"等复杂不利局面,积极推进各项帮扶举措落地见效。全年直接投入帮扶资金17.38万元,协调引进帮扶资金4103万元,招商引资6000万元,直接采购彭水县农产品10.26万元,帮助销售农产品145.58万元,培训基层干部372人,培训专业技术人才342人。在中央单位定点帮扶工作成效考核评价中被评为"好"等次。

【帮扶资金投入】 2022年,中央外办直接投入帮扶资金17.38万元,协调引进帮扶资金4103万元,招商引资6000万元,直接采购彭水县农产品10.26万元,帮助销售农产品145.58万元。推动重庆市人民政府外事办公室、重庆市乡村振兴局与彭水县签署《共建乡村振兴国际合作示范点合作协议》,引入根创乡美科技发展集团有限公司计划3年投资6000万元,首个投资2000万元的农旅融合示范点已开工建设。指导彭水县成功申报"中央专项彩票公益基金支持欠发达革命老区乡村振兴示范区建设资金项目",资金总额5000万元,打造黄家镇红色文化教育示范地、景区联动枢纽示范地及乡村振兴拉动示范地,带动当地1.6万余人创业增收。引入100余万元资金用于乡村学校基建、贫困学生资助、学习用品发放及共建图书室等。举办11场捐赠活动,捐资捐物(折合)资金10.93万元。

【组织领导】 中央外办主任主持办务会专题研究审议年度帮扶工作计划,6次作出专门批示,对强化政治意识和责任担当、与彭水县加强沟通对接、协调各方资源、加强挂职干部管理和培养等提出要求;全面听取定点帮扶工作汇报并作出批示,要求坚决扛起定点帮扶政治责任,支持彭水县巩固拓展脱贫攻坚成果和全面实现乡村振兴。

【帮扶会议】 根据工作需要,及时调整充实中央外办定点帮扶工作领导小组,加强组织领导,召开两次会议分别审议年度计划和工作总结,压实责任,务求实效。分管定点帮扶工作的办领导两次召开专题办公会,研究和督促推进重点工作。中央外办副主任同彭水县委书记、县长举行视频会议,商议定点帮扶工作计划;同彭水县委书记举行电话会议,就推进开发中医药、旅游、能源领域发展项目进行深入研究。中央外办领导在北京召集文化和旅游部资源开发司、有关专家和彭水县主要领导就促进彭水县旅游发展进行座谈;同彭水县委书记就做好下半年定点帮扶工作进行研究。

【帮扶调研】 11月,中央外办领导赴彭水县开展定点帮扶工作调研,监督检查帮扶成效,研究推进重点帮扶项目;同共建党支部开展交流,并到困难群众家中看望老党员。派驻彭水县的两名优秀干部积极推动有关重点项目落地落实。带领部分青年同志赴彭水县开展"根在基层"调研活动，深入乡村同多个党支部开展交流并捐资捐物。

【帮扶培训】 加强人才培训，直接投入资金委托彭水县培训基层干部、专业技术人才合计714人。推动西北农林科技大学成立农民发展学院彭水分院，并设立首个"农村致富带头人精品班"项目。推动北京大学前沿交叉学科研究院与彭水建立战略合作关系，依托北大资源对彭水中小学教师进行专业科目培训。引入北京服装学院与彭水苗绣企业开展合作，推进苗绣技艺创新和本土人才培养。通过直接拨款或协调资源，重点针对基层干部、农村技术人员、教师学生等三大群体，大力开展助学助训，形成"博学海洋奖学金"等帮扶品牌。

【干部挂职帮扶】 2021年选派的干部继续挂职任彭水县政府党组成员、副县长，协助分管脱贫攻坚工作。9月，派驻彭水县保家镇东流村第一书记结束驻村工作，选派1名干部接任，担任彭水县保家镇东流村驻村第一书记。3名挂职干部深入挖掘各种资源，用心、用情、用力推动各类项目落地落实，取得良好效果，得到彭水县干部、群众的一致好评。

【产业帮扶】 协调推动文化和旅游部、清华大学相关单位负责同志和专家先后3次到彭水县考察，围绕彭水旅游产业规划和提档升级进行研究，重点做好摩围山创建国家级旅游度假区工作并签订有关合作协议。推动中国旅游集团有限公司赴彭水县调研，签署全面合作框架协议。推动重庆市人民政府外事办公室、重庆市乡村振兴局与彭水签署《共建乡村振兴国际合作示范点合作协议》，引入根创乡美科技发展集团有限公司计划，开工建设农旅融合示范点。指导彭水成功申报"中央专项彩票公益基金支持欠发达革命老区乡村振兴示范区建设资金项目"，打造黄家镇红色文化教育示范地、景区联动枢纽示范地及乡村振兴拉动示范地。协调推动国家中医药管理局、中国中医科学院西苑医院和中国医药集团有限公司等有关企业负责人赴彭水调研，制定中医药产业发展规划，西苑医院与重庆市中医院、彭水县中医院签订医联体合作协议。

【党建帮扶】 中央外办8个党支部围绕党史学习教育常态化、长效化和学习宣传贯彻党的二十大精神要求，与结对共建的彭水基层党支部持续开展党建和为群众办实事等活动，全年共联合举办11场活动，并捐资捐物（折合）资金10.93万元，推动彭水有关基层党支部提高党建水平。通过多种形式的党建活动，各党支部党员干部同彭水基层党员建立良好的工作关系，深入交流学习体会和工作情况，共促乡村发展。

【整村推进】 对派驻彭水县驻村第一书记所在的东流村加大支持投入，紧抓党建引领，改善基础设施，推动产业发展，倡导精神文明建设，促进乡村治理。全年共协调资金1353.7万元落地东流村，开展15个建设项目。特别是通过发展中蜂养殖、生猪养殖、天冬种植、电商服务中心等强村富民产业，为村内脱贫户和监测户带来近2万元分红，带动就近群众超过100人增收就业。村集体经营性资产从无到有，资产总额达1100余万元，经营性资产预计年均稳定创收40万元以上，在彭水县296个行政村中名列前茅。协调中国极地研究中心等10余家企事业单位开展消费帮扶约40万元，协调中国海洋发展基金会、山东聊城高新控股集团有限公司等企事业单位捐资捐物112万元，建设文体广场、乡村振兴图书室和村道路灯等设施，帮助东流完全小学改善教学条件、设立奖学金资助家庭困难学生等，乡村建设发展治理取得明显成效。

（中共中央外事工作委员会办公室 韩　旭）

中共中央机构编制委员会办公室定点帮扶

【概述】 2022年,中共中央机构编制委员会办公室(以下简称"中央编办")坚持以习近平新时代中国特色社会主义思想为指导,认真贯彻落实《中共中央 国务院关于做好2022年全面推进乡村振兴重点工作的意见》及《关于进一步做好中央和国家机关定点帮扶工作的通知》,在中共中央和国家机关工作委员会、农业农村部、国家乡村振兴局直接指导下,认真履行定点帮扶责任,紧密结合内蒙古自治区化德县实际,精心组织、主动作为。全年直接投入帮扶资金379.46万元,引进帮扶资金12362.21万元,培训基层干部和技术人员1250人,购买和帮助销售当地农产品1990.28万元。

【帮扶资金投入】 2022年,中央编办直接投入资金379.46万元,主要用于修缮党群服务中心和党员活动室、建设村企业帮扶车间、支持肉羊养殖集体经济、建设县职高"生态高值农业"实验基地、搭建县医院网上培训平台、修建健身广场、购置垃圾清扫设备、安装路灯等;为化德县引进帮扶资金12362.21万元,主要用于村庄环境美化、路面硬化、村庄数字化、供水设施和防洪设施修建、建设分户养殖场地、支持村集体建设育苗大棚和腌制车间、公租房保障和城市棚户区改造等项目。

【帮扶资金管理】 中央编办召开专题会议,研讨细化帮扶资金使用计划,在源头上严格控制资金使用范围,每一笔项目资金的投入都经过周密论证,并规范财务程序。在资金使用过程中加大日常监督力度,发挥挂职干部作用,加强对资金使用的督促检查,对于资助到户到人的资金,要求被资助人签收,注明收款金额,防止出现资金挤占、挪用和截留等情况。在项目完成后,做好项目验收,对项目进行严格审计,确保项目资金发挥最大效益。

【帮扶会议】 中央编办结合实际,及时调整定点帮扶工作领导小组成员,领导小组组长直接抓、负总责,多次召开定点帮扶专题工作会,听取工作汇报,研究帮扶措施,审定工作计划,部署重点工作,并强调要始终坚持将定点帮扶作为大事来抓,继续保持帮扶力度不减,进一步对接需求、聚焦重点,持续发力、做深做实。

【调研督导】 8月,中央编办领导与乌兰察布市主要负责同志进行座谈,听取帮扶项目进展情况汇报,协商对接帮扶需求,围绕构建"一核多元"乡村治理体系、建设乡镇党校等5个方面任务明确工作要求。9月,中央编办领导带队赴化德县调研,了解基层党建、乡村振兴、"组团式"帮扶及落实过渡期各项帮扶政策措施情况,与化德县主要负责同志和挂职干部座谈,督促贯彻落实中共中央关于乡村振兴的重大决策部署,帮助解决实际困难。

【干部挂职帮扶】 中央编办新选派1名副局长接任乌兰察布市委常委、副市长;1名处长任化德县委常委、副县长,协助分管全面推进乡村振兴和定点帮扶工作;1名副处长任驻村第一书记;另有2名干部先后在村里任职,参与帮扶工作。5名干部组成帮扶前方党小组,尽职尽责、甘于奉献,展现良好作风,得到一致认可。4月,驻村第一书记被乌兰察布市评为"优秀挂职干部"。

【帮扶培训】 充分利用信息化手段，借助腾讯会议等视频会议软件打造线上"云课堂"，及时开展线下培训，确保"疫情防控"和"教育培训"两不误。通过线上、线下相结合，全年共培训基层干部170人、电商人才83人、乡村振兴带头人170人、专业技术人员827人，超额完成培训计划。

【党建帮扶】 中央编办直接投入帮扶资金107.34万元，用于部分行政村修缮党群服务中心，加强党建活动阵地建设。投入3.38万元帮助非公企业修建党员活动室，捐赠价值24.67万元家具，提升服务党员群众功能。推进党支部建设，严格执行"三会一课"制度，规范组织生活，学习宣传贯彻党的二十大精神，加强党员教育管理监督，把村党支部建设成为加强党的领导的坚强战斗堡垒。帮扶前方党小组与中央编办综合局党支部、北京市挂职团队和县直机关党支部结对共建，定期联合开展活动，开创"党建共建、资源共享、文明共创、活动共办"工作局面。定期开展对老党员、困难党员、困难群众的走访慰问，传递党的温暖和关怀。邀请北京市医疗专家到定点帮扶村义诊，推动疾病早发现、早诊治。

【产业帮扶】 支持蒙园金菜农业开发有限公司发展，协助成立党支部，投入资金10万元帮助建设帮扶车间。促成内蒙古厚德农牧业产品有限公司等围绕乡村振兴开展合作，签订700万元战略合作协议。大力招商引资，协调中国电力建设集团到化德县考察，达成100万千瓦风光互补项目投资意向。协调中国纺织品联合会和中国服装业协会到化德考察指导，帮助宣传推介化德县服装。直接投入和协调资金共计1644.17万元支持补龙湾村产业发展，其中400万元支持村集体建设育苗大棚和腌制车间，提升蔬菜规模化种植和深加工能力，带动村民就业。协调资金1194.17万元建设分户养殖场地，连续两年共投入50万元支持村集体选购优质母羊，促进羊种改良换代，提高养殖效益。探索生态草原羊认养模式，与中央编办域名服务中心签订100只羊购销合同。

【消费帮扶】 中央编办全年直接采购当地特色农产品40.48万元。广泛动员社会力量帮助化德县拓宽农产品销售渠道，引荐当地龙头企业农产品销往北京，累计销售1949.8万元，助力当地滞销农产品销售，促进城乡融合发展。

【"组团式"帮扶】 推动健全"组团式"帮扶工作机制，建立联席会议机制，指定专人担任联络员，定期组织"组团式"帮扶干部人才座谈，对接帮扶需求，形成工作合力。在教育帮扶方面，投入20.5万元帮助化德县职业高中建设"生态高值农业"实验基地，拨付12万元为化德县第一中学购买桌椅。开展"名校大学生进校园"活动，获得各界好评。在医疗帮扶方面，投入资金20.6万元，帮助县医院与北京房山医院搭建网上培训平台。在支持科技特派团方面，帮助华宸公司联系中国工程院院士，通过线上方式指导该公司科研生产。

【文化帮扶】 向补龙湾村新建文化活动中心捐赠健身器材和音响设备，夯实活动阵地。组建村文艺宣传队，举办补龙湾村2022年新春文艺晚会和首届趣味运动会，丰富村民文化生活。宣传村规民约，反对封建迷信，消除打牌赌博、人情攀比等陈规陋习，推进移风易俗。投入资金设立村爱心超市，实行"以表现换积分、以积分换物品"奖励机制，引导村民主动参与乡村治理。

【生态帮扶】 协调中央草原生态保护补助奖励资金、内蒙古自治区农业相关转移支付资金、中央水利发展资金、中央财政耕地地力保护补贴资金、重点生态功能区转移支付等共计8217.65万元，支持保护生态环境和改善民生、加强中小河流治理、提升耕地质量等项目建设。

【改善人居环境】 协调保障性安居工程补助、农村综合改革转移支付等资金2154.26万元,用于公租房保障和城市棚户区改造等项目。协调资金396.13万元,支持补龙湾村实施环境美化、路面硬化、村庄数字化、供水设施及防洪设施修建等工程。协助完成化德县519个户厕改造。投入资金98.5万元,支持多个乡村完善基础设施、修建健身广场、购置垃圾清扫设备、安装路灯。

[中共中央机构编制委员会办公室机关党委(人事局) 何登榜]

中共中央和国家机关工作委员会定点帮扶

【概述】 2022年,中央和国家机关工作委员会(以下简称"工委")定点帮扶河北省平山县、临城县、阳原县和山西省宁武县。工委深入学习贯彻党的二十大精神和习近平总书记关于定点帮扶工作的重要指示精神,认真落实全国东西部协作和中央单位定点帮扶工作推进电视电话会议部署,把定点帮扶作为走好践行"两个维护"第一方阵的具体实践,优化帮扶举措,扎实推动各项任务落实。

【帮扶资金投入】 2022年,工委直接投入帮扶资金362万元,引进帮扶资金11392万元,培训基层干部819人次、乡村振兴带头人510人次、专业技术人才453人次,购买脱贫地区农产品128万元,帮助销售脱贫地区农产品2657.5万元。

【组织领导】 召开定点帮扶工作领导小组会议,研究部署2022年定点帮扶任务。根据实际及时调整定点帮扶工作领导小组组成人员,进一步明确职责任务。广泛征求和充分吸收各部门各单位、历任帮扶干部意见建议,制订《2022年度定点帮扶工作计划》,将58项重点帮扶工作分解落实到17个部门单位,压实工作责任,完善"上下协同、部门联动"的定点帮扶工作机制,形成齐抓共管的帮扶合力。建立定点帮扶工作协调会商机制,邀请中国乡村发展基金会、中国文化传媒集团有限公司、京东集团股份有限公司等单位、企业负责人与4个定点帮扶县帮扶干部面对面交流帮扶信息,精准对接帮扶项目。建立工作台账,定期了解进展情况,创编《定点帮扶工作情况》简报,持续推动各项帮扶任务落地落实落细。

【干部挂职帮扶】 坚持把乡村振兴的广阔舞台作为考察识别干部和锤炼硬实作风的重要阵地,严格遴选标准,选派4名挂职帮扶干部和2名驻村第一书记,确保各项工作有序推进。新选派6名干部到定点帮扶县挂职。加强对帮扶干部的激励、关怀,定期沟通了解干部思想、工作、生活动态,回应干部关切。

【帮扶培训】 紧盯县域经济社会发展需要,持续提升培训效能。协调中国乡村发展基金会将平山县、临城县、阳原县纳入"乡村振兴人才培养项目"实施范围,帮助3个县培训农民合作社带头人60余人,提升合作社经营管理能力。帮助引进中国共产主义青年团中央委员会"乡村振兴健康服务项目",对阳原县、宁武县县乡村三级医护人员118人开展常见病筛查、慢性病管理等医护技能培训,提升基层医护人员专业服务能力。协调14名中小学教师参加"蒲公英"乡村教师培训,促进乡村教师专业素质能力提升。邀请农业资源与农业区划专家到定点帮扶县调研,围绕种植品种改良、产业技术转化等对脱贫群众进行专业指导。协调中国农药工业协会组织农业技术专家针对小麦、林果、蔬菜病虫害防治开展农技培训。聚焦宁武县电商发展短板,举办7期电商直播培训班,培训电商企业人员、返乡创业大学生、村集体产业带头人、农村电商服务站站长等450多人。

【党建帮扶】 工委推动工委基层党组织与定点帮扶县农村基层党支部开展结对共建,带动农村基层党员队伍建设。推动落实阳原县、宁武县护林员项目资金共2219万元,确保受益群众收入不减。积极帮助定点帮扶县基层党组织应对疫情,向宁武县划拨200万元专项党费用于疫情防控。机关妇委会向宁武县东寨镇二马营完全小学捐赠"暖心毛衣"织品40件。持续做好党刊捐赠工作,向4个定点帮扶县党员干部捐赠《旗帜》《机关党建研究》共计14400册。投入70万元资金支持临城、阳原、宁武3个县建设红色教育基地、基层党建示范点和文化长廊,打造抗日县政府纪念馆。协调引入四川蒙顶山合作社发展培训学院、河北省农村合作经济促进会等专业服务机构开展党建引领壮大村集体发展项目,争取试点县名额及配套政策和资金,成立党支部领办的农民合作社,建立托管责任机制、利益联结和分配机制,壮大村集体经济。组织召开中央和国家机关青年·阳原县直机关青年联学暨"青春赛道 奋力奔跑"座谈会,推动相互学习交流,激励青年在乡村振兴实践中建功立业。

【产业帮扶】 帮助4个定点帮扶县引项目、找资金、树品牌,助推产业提档升级,助力产品提质增效。持续跟进协调临城县国家现代农业产业园项目建设,落实配套资金3000万元。协调中信证券股份有限公司投入资金50万元,在临城县开展生猪"保险+期货"项目,总保额逾980万元。引进资金130万元在临城县建立乡村振兴"微工厂",带动500多名脱贫群众就近就业。对接文化和旅游部做好阳原碎皮加工技艺申报国家级非物质文化遗产工作,邀请中国食品土畜进出口商会考察商定9个毛皮产业帮扶项目。通过旗帜网对泥河湾国家考古遗址公园进行集中宣传,帮助阳原县打造"人类祖源、故乡阳原"文旅品牌。协调科学技术部将宁武县莜麦食品深加工项目纳入国家重点研发计划部省联动项目。推动中国农业发展银行与宁武县签订战略合作协议,向华润电力(宁武)有限公司融资授信8亿元,发放贷款9426万元。

【消费帮扶】 开拓消费帮扶渠道,协调对接中央和国家机关有关行业资源和头部电商平台,推动4个定点帮扶县农产品入驻"832平台"、国铁商城、12306铁路商城、中信易家、大昌行"1+1"助农平台等合作电商平台。协调定点帮扶县商户参加"消费帮扶新春行动之开门红"行动、"青耘中国·夏耘梦想"直播助农等活动。积极助力品牌宣传,推动阳原县成为全国第一批"推动品牌强农 助力乡村振兴"签约试点县,协调中国国家铁路集团有限公司在全国铁路站车媒体上线定点帮扶县公益广告,宣传定点帮扶县优质文旅资源。积极落实"832平台"农产品采购预留份额要求,不断扩大采购规模,深化"以购代扶"帮扶成果。多措并举助力定点帮扶县电子商务发展。完成临城县电子商务开展情况调研,联系商务部等有关部门协商县域商业建设工作。推动中国服务贸易协会、中国联合国采购促进会携会员单位有播科技有限公司赴宁武县调研,开通电商专区销售特色农产品。

【教育帮扶】 指导中央和国家机关青年支教帮扶队在认真完成教学任务的同时,广泛联系协调社会资源,帮助解决教学物资短缺、学生生活困难等实际问题。支教帮扶队协调中国出版集团有限公司等企业开展爱心助学活动,捐赠物资70余万元。投入50万元在平山县设立"明志奖学助学金",实现"明志奖学助学金"对4个定点帮扶县义务教育阶段中小学全覆盖。全年为482名学生发放奖学助学金48.2万元。在工委机关举办"为了孩子们的光明前程"教育帮扶专题展,引发干部职工热烈反响。《旗帜》杂志刊发《孩子们那一封封来信——中央和国家机关工委设立"明志奖学助学金"侧记》专题报道。工委领导带头、基层党组织和干部职工与定点帮扶县42名困难学生建立"一对一"帮扶关系,帮助解决生活困难,改善学习条件,传递温暖与爱心。另外,为

3985名困难学生申请助学贷款3945万元；协调内蒙古伊利实业集团股份有限公司向定点帮扶县学生捐赠价值30万元学生饮用专供牛奶；协调中国社会福利与养老服务协会为宁武县2所小学捐赠电气化智能厨房设备；协调公益组织捐赠价值100万元"爱心书包"；协调中国科学技术协会、中信出版集团捐赠价值50余万元图书；协调首都师范大学捐赠《语文导报》、首都教育远程互助工程账号及价值16.7万元图书。协调中国科学院、中国建设银行等部门教育资源，组织定点帮扶县中小学生参加"同心公益行动·教育支持乡村"系列线上讲座，覆盖师生上万人。

【示范村建设】 协调多方资源，因地制宜帮助打造平山县北庄村、宁武县杨庄村2个乡村振兴示范点。协助北庄村召开党建工作年会暨习近平总书记北庄回信一周年庆祝活动，充分发挥基层党组织战斗堡垒作用和党员先锋模范作用，凝聚乡村振兴合力；推动中国建设银行石家庄分行与北庄村签署合作协议，共同成立"北庄村回乡人才创业基金"，双方共出资100余万元，专项奖励扶持到北庄村进行创业且满一年的各类人才；协调韵达快递与北庄村电商直播助农惠农展销基地签署物流合作协议，加强电商基础设施建设，降低物流运输成本；支持返乡青年研发"团结北庄"手工布鞋等特色文创产品；协调河北华宸汽车服务有限公司捐赠红旗新能源汽车1辆，供北庄村公务使用。投入资金20万元，建设杨庄村党建教育基地；帮助杨庄村建立健全村"两委"管理制度90余项；盘活闲置仓库、大棚等资产用于出租经营，增加村集体收入；协调13万元资金加强司法宣传基础设施建设；开展债务、合同清理专项行动，争取资金58.5万元，为每户增收3000元；帮助杨庄村创建"全国民主法治示范村""山西省数字乡村建设示范村"，落实配套资金700万元。

【牵头联系工作】 工委贯彻落实习近平总书记关于定点帮扶工作的重要指示精神，积极履行中央和国家机关定点帮扶牵头联系工作职责，推动中央和国家机关119个部门扎实完成定点帮扶任务。将定点帮扶工作纳入《2022年中央和国家机关党的建设工作要点》，以机关党建为牵引，统筹推进定点帮扶工作。完成中央和国家机关定点帮扶工作成效考核评价。召开分类评价会议，向国家乡村振兴局报送分类评价报告，起草119个部门分类评价子报告和反馈意见，"一对一"进行反馈，并督促各部门完成整改。加强消费帮扶。推动119个部门落实财政部等部门《关于深入开展政府采购脱贫地区农副产品工作推进乡村产业振兴的实施意见》，同等条件下优先采购脱贫地区农产品，确保采购额度；向国家发展和改革委员会推荐中国科学技术协会等5个部门消费帮扶典型案例。抓好示范培训。会同国家乡村振兴局在湖北省黄冈市蕲春县举办2022年第一期中央单位定点帮扶工作示范培训班，中央和国家机关20个部门定点帮扶机构工作人员和帮扶干部参加。强化典型经验示范引领。向中央和国家机关各部门发放《中央和国家机关定点扶贫成就巡礼集》；筹办旗帜网《中央和国家机关定点帮扶》专栏；向中央和国家机关各部门征集第二批社会帮扶典型案例（共44个部门报送67个案例）；中央和国家机关6个部门案例获评国家乡村振兴局第一批社会帮扶典型案例；向国家乡村振兴局报送向"纪录小康工程"中央丛书推荐的先进事迹材料。加大对国家乡村振兴重点帮扶县的支持力度。联合中国红十字会总会在中央和国家机关定点帮扶的国家乡村振兴重点帮扶县组织实施博爱家园、健康促进、大病救助等3类共4个红十字助力乡村振兴项目。

（中共中央和国家机关工作委员会 徐 起）

中共中央党校(国家行政学院)定点帮扶

【概述】 2022年,中共中央党校(国家行政学院)[以下简称"校(院)"]坚持以习近平新时代中国特色社会主义思想为指导,深入贯彻落实中共中央、国务院有关决策部署,把做好定点帮扶工作作为重大政治责任扛在肩上,聚焦实现巩固拓展脱贫攻坚成果同乡村振兴有效衔接,充分发挥自身优势,克服疫情不利影响,进一步优化帮扶资源和力量,持续为河北省武邑县、江西省安远县、云南省大关县和墨江哈尼族自治县(以下简称"墨江县")巩固拓展脱贫攻坚成果、全面推进乡村振兴提供强有力的帮扶和支持。全年为4个定点县直接投入帮扶资金740万元,采购定点县农副产品252余万元,引进无偿帮扶资金2783万元,引进中国农业发展银行等专项贷款3.59亿元。根据定点县需求,举办乡村振兴党政领导干部培训班,有计划地开展送教下乡、网上培训等活动,全年共培训基层干部4520人次,培训专业技术人才和致富带头人475人次,网络培训近万人次。校(院)在中央单位定点帮扶工作成效考核评价中被评为"优秀"等次。

【帮扶资金投入】 2022年,校(院)直接投入帮扶资金740万元。在武邑县,把校(院)历年援建的贾寺院村党校、村史馆、文化广场、智慧蔬菜大棚等项目串联起来,打造集授课培训、实地观摩、绿色农产品认证、现场教学、团建餐饮于一体的"红色引擎"培训产业,全年组织1000余人次培训,全村蔬菜年产值超800万元。在安远县,依托当地三百山镇4A级旅游项目,投入和配套帮扶资金援建完成咀下村"莲心驿"民宿,以公开竞价方式每年承包收租30.2万元,为村集体经济和就业农民带来稳定收入,成为当地知名网红打卡点和农村旅游发展示范点。在大关县,完成玉碗镇"出水堰党性教育基地"升级改造工程,提升并引领当地红色旅游项目发展;为木杆中学建成全县首家标准化英语听力口语教室、多功能阶梯教室。在墨江县,因地制宜推动坝利村果树打塘等"寨子经济"发展试点项目,精准带动基层群众增收致富;支持那哈乡珠街村坡脚田州际接边集散市场建设,极大便利周边群众生产生活,有效扩大当地农副产品销路,促进州际接边地区繁荣稳定发展。

【帮扶调研】 校(院)领导分别赴江西省安远县、云南省墨江县和大关县、河北省武邑县考察调研,实地查看现代农业产业园区、乡村振兴项目、基础设施项目等产业、文化、生态振兴项目建设情况,分析发展现状,理清发展思路,与定点帮扶县共商发展良策,推动帮扶举措落地见效。校(院)帮扶办先后派出12批71人次到定点县就政策落实、工作落实和作风建设开展专项督查,对校(院)投入资金帮扶、消费帮扶、地质调查帮扶、产业帮扶等情况进行评估督导,确保帮扶工作取得实效。

【帮扶会议】 校(院)组织召开定点帮扶工作领导小组会议,研究审定2022年度定点帮扶工作计划,统筹校(院)各方面力量,强化政治意识和责任担当,高位推进定点帮扶责任落实。组织召开4个定点帮扶县党政主要领导座谈会,指导和帮助各县巩固拓展脱贫攻坚成果同乡村振兴有效衔接的各项工作。召开定点帮扶县联席工作会议,重点围绕帮扶政策落实、经验总结、作风建设等主题,开展专家辅导、汇报研讨、观摩互学等活动,统筹部署各项帮扶措施,着力推动4个定点帮扶县共同学习提高,加强校(院)对帮扶工作的指导。校(院)帮扶办每月组织召开视频调度会,通过线上工作汇报、经验交流、专题研究等方式,全力抓好各项帮扶措施的经常性督导与落实,加强对挂职帮扶干部的管理与监督。

【帮扶培训】 组织4个定点帮扶县党校(行政学院)系统参加校(院)举办的学习党的二十大精神线上师资培训班,引导帮助定点县各级领导干部深刻领会党的二十大精神的核心要义、丰富内涵和实践要求。组织帮扶挂职干部、驻村第一书记和选调生组成宣讲团队,深入基层、社区开展宣讲活动。安排专家学者线上授课,在4个定点帮扶县持续推进学习宣传贯彻党的二十大精神,帮助干部群众用党的二十大精神武装头脑、指导实践、推动工作。有计划安排校(院)专家教授线上、线下"送教下乡",组织定点帮扶县各级党政领导干部参加乡村振兴培训班。会同国家开发银行在贵州中共雷山县委党校举办乡村振兴培训班,会同中国乡村发展基金会在四川蒙顶山合作社发展培训学院举办第二期乡村产业发展与人才培训班。

【干部挂职帮扶】 校(院)结合工作实际,增派7名选调生到定点帮扶县挂职锻炼,不断充实帮扶力量。2022年,校(院)共选派4人挂任县级帮扶干部,4人任驻村第一书记,11名选调生挂职锻炼。帮扶挂职干部工作组深入走访调研,围绕巩固拓展脱贫攻坚成果同乡村振兴有效衔接,发挥校(院)学科和智库优势,探索实践符合当地特色和校(院)优势的智力帮扶模式,组织专家团队,为定点帮扶县编制完善《"十四五"期间乡村振兴战略规划》,组织撰写《脱贫县县域经济发展思考》《农业用地托管的调研与思考》等调研文章,为定点帮扶县全面实施乡村振兴提供决策参考。《河北武邑:农村党校激活乡村振兴"一池春水"》入选人民网乡村振兴典型案例,人民日报客户端刊发《河北武邑:乡村新颜入画来》。

【产业帮扶】 校(院)进一步整合聚集资源,为定点县引入优质项目,拓宽金融渠道,加快产业融合,实现脱贫后产业可持续发展。武邑县积极突破京津冀农业领域合作,主动与北京市农业农村局和河北省农业农村厅联系沟通,争取环京周边蔬菜供应基地建设项目,河北鑫鼎农业科技有限公司被认定为环京周边蔬菜生产基地;继续保持与国家开发银行、中国农业发展银行协调沟通,进一步形成与校(院)定点县深化合作的关系。协调帮助安远县争取专项贷款6.99亿元(已投放3.59亿元),为推动安远县经济社会发展提供有力金融支持;在大关县,积极协调引进红狮控股集团有限公司多晶硅项目和清华大学网络行为研究所"东数西算"项目;在墨江县,重点对墨江普洱茶和咖啡特色产业生产配套进行升级,提升特色产业链附加值。建立完善校(院)食堂、工会定期采购机制,加强与抖音、快手等新型电商平台合作,进一步拓宽农特产品购销渠道,全年采购和帮助销售定点帮扶县农特产品6596万元。

【地质帮扶】 校(院)继续协调中国地质调查局实施《地质调查支撑服务中共中央党校定点帮扶四县乡村振兴工作方案(2022—2025年)》和分县实施方案。全年安排经费1500万元,在矿产资源、水文地质与水资源、地热资源等方面调查取得阶段性成果。在大关县发现中型规模铝土矿床一处,形成滇东北铝土矿水电铝一体化发展格局。在大关县大寨村、墨江县碧溪村开展水文地质调查,成功钻获2处水量充足的优质地下水,完成供水井2口,解决2个村4200人饮水困难和水质不安全问题,为乡村振兴示范点建设打下坚实基础。在安远县以康养旅游产业发展为突破口,初步完成4处矿泉水井位部署,预计单井水量可超过150吨/日;完成安远县地热资源潜力分析和三百山景区地质灾害风险评价调查,形成三百山景区地质灾害风险一张图,提出4处地热井位建议。在武邑县推进水热资源调查与循环综合利用、土地质量调查,编制形成武邑县营养元素地球化学分布图,支撑农业种植结构优化。

【捐赠帮扶】 整合校(院)内部资源,向定点帮扶县捐赠替换电脑1000台,用于计算机专业技能培训及网络教学,进一步改善办学条件。协调引进国家开发银行生源地助学贷款376.93万元,资助武邑县354名学生完成学业;协调中国乡村发展基金会,为大关县落实"爱心包裹"项目,每人获赠价值100元文具书包,14859名小学生受益;协调中国马克思主义研究基金会、人民文学出版社为大关县木杆中学和墨江中小学捐赠价值30余万元图书,丰富图书馆馆藏,拓展学生阅读视野;协调中国人民大学文学院支教团赴墨江县开展"墨上花开,江来可期"暑期青春成长训练营项目,充分发挥高校师生在助力乡村教育振兴和教育振兴乡村上的独特优势;协调捐赠羽绒服等爱心物资3000余件。

【党建帮扶】 综合论证定点县需求和发展情况,通过实地调研考察论证,综合利用校(院)资源,建成一批具有校(院)特色的乡村振兴示范性项目。在武邑县,通过探索实施"1+10"培训机制(1个农村党校负责培训本村及周边10个村的党员干部),创建50所农村党校(乡村振兴讲习所),实现农村党员干部教育培训全覆盖,该案例成功入选人民网乡村振兴典型案例。在安远县咀下村,启动党群服务中心建设,向基层党员和群众传播党建知识理论。在大关县,启动大关筇竹文化传承博物馆党史县志展览室先期建设。在墨江县,依托《学习时报》、乡村振兴实验室等平台,积极宣传推介墨江县在民族文化保护、农村集体经济发展、社会帮扶等方面的典型做法。

[中共中央党校(国家行政学院) 凌 照]

中共中央党史和文献研究院定点帮扶

【概述】 2022年,中共中央党史和文献研究院主要承担甘肃省镇原县、河南省南召县和河北省唐县定点帮扶任务,以迎接、学习、宣传、贯彻党的二十大精神为主线,认真贯彻落实习近平总书记关于乡村振兴和定点帮扶工作的重要指示精神,按照中共中央决策部署,着眼乡村振兴战略全局,以开展党建帮扶为抓手,以培育特色优势产业、巩固"两不愁三保障"、做好防返贫监测为工作重点,夯实群众脱贫基础,不断巩固拓展脱贫攻坚成果,大力推进乡村产业振兴、人才振兴、文化振兴、生态振兴、组织振兴。全年共向3个定点帮扶县投入帮扶资金722.6万元,超额完成1.77%;引进帮扶资金295.86万元,超额完成269.83%;培训县乡村基层党员干部678名,超额完成276.67%;培训乡村振兴带头人、专业技术人才702名,超额完成89.73%;购买脱贫地区农产品73.38万元,超额完成22.3%;帮助销售脱贫地区农产品374.93万元,超额完成524.88%。在2022年度中央单位定点帮扶工作成效考核评价中被评为"好"等次。

【帮扶资金投入】 2022年,中共中央党史和文献研究院直接投入资金722.6万元用于推进帮扶项目,其中中共中央党史和文献研究院财政资金12.6万元,中央文献出版社出资625万元,中共党史出版社出资85万元。向甘肃省镇原县投入帮扶资金272.6万元,其中党建帮扶投入12万元,用于推动郭原乡农村党支部建设标准化;产业帮扶投入73万元,用于全链条推进毛庄村辣椒产业发展和扶持西杨村肉牛养殖场发展;人员培训投入13万元,用于培训基层党员干部和乡村振兴专业技术人员;文化帮扶投入98万元,用于实施"镇原县境内红色资源历史资料挖掘整理和标识保护"项目和建设毛庄村红色书屋;教育帮扶投入2.6万元,用于为郭原乡中学"周恩来班"购买文体器材;便民基础设施帮扶投入59.5万元,用于维修毛庄村部和便民服务中心,以及建设"亮化郭原"工程;医疗帮扶投入13.5万元,用于建设毛庄村卫生室;社会帮扶投入1万元,用于慰问老党员、留守老人、留守儿童和特困人员等。向河南省南召县投入帮扶资金210万元,其中党建帮扶投入40万元,用于完善中共南召第一支部纪念馆基础设施建设;产业帮扶投入90万元,用于城郊乡东庄村道路基础设施建设项目和建设石门乡裴庄村村级光伏电站;人员培训投入10万元,用于培训基层党员干部和乡村振兴专业技术人员;文化帮扶投入45万元,用于建设崔庄乡马良村村史馆和支持出版《南召县扶贫大事记》;教育帮扶投入10万元,用于向10所希望小学捐助物资;医疗帮扶投入15万元,用于为东庄村卫生室和乡镇基层采购医疗器械和防疫物资,引进设备并进行人员培训。向河北省唐县投入帮扶资金240万元,其中党建帮扶投入40万元,用于设立基层治理网格员岗位及建设和提升乡村新时代文明实践站;人员培训投入40万元,用于培训基层党员干部和乡村振兴专业技术人员;产业帮扶投入70万元,用于支持史家佐村养猪产业发展和建设唐县天农果品专业合作社生产基地；文化帮扶投入80万元，用于建设唐县淑吕村进京赶考旧址展陈项目、齐家佐镇文明积分超市项目、史家佐村红色书屋及编辑出版《尧乡烽火》党史学习教材和乡村基层治理的相关课题研究；教育帮扶投入5万元，用于奖励资助考入本科院校的大学生和史家佐小学助学助教金；医疗帮扶投入5万元，用于为史家佐村建档立卡脱贫人员办理医疗保险补充商业险和帮助史家佐村卫生室购置体检所需器材。

【帮扶调研】 中共中央党史和文献研究院先后3次成立调研组，由院务会成员带队共计13人次分赴3个定点帮扶县开展调研。5月，相关领导赴甘肃省镇原县开展调研，督促指导定点帮扶工作，详细了解党建帮扶、产业帮扶、文化帮扶等工作进展情况及当地教育工作情况，看望慰问困难群众，与挂职干部座谈交流；12月，赴河南省南召县开展调研，督促指导定点帮扶工作，详细了解村集体产业发展情况、村"两委"党建工作开展情况，并向南召县钟店希望小学捐赠文体器材；12月，相关领导赴河北省唐县开展调研，督促指导定点帮扶工作，实地考察晋察冀军区司令部旧址和白求恩居住地旧址，调研文明积分超市、村史馆、电商培训室、红色书屋等帮扶项目，看望慰问部分脱贫户和挂职干部。

【干部挂职帮扶】 中共中央党史和文献研究院高度重视挂职干部选派工作，抽调年富力强、能力突出的优秀干部到定点帮扶县挂职，对挂职到期的干部按照组织程序进行压茬交接，确保挂职帮扶工作不断档，2022年共选派6人到3个定点帮扶县挂职副县长和驻村第一书记。根据院务会统一安排，将2022年新入职干部、选调生共9人派驻到3个定点帮扶县（镇原县4人、南召县2人、唐县3人），由挂职副县长负责、驻村第一书记牵头，组成定点帮扶工作组。驻县定点帮扶工作组扎根基层、深入实际、积极发挥作用，受到当地干部群众的高度认可。同时，他们结合自身业务优势，给各县机关单位、企业和基层党支部等辅导宣讲党史、党的十九届六中全会精神、党的二十大精神等，全年共作理论宣讲30余次，营造理论学习的良好氛围。

【帮扶培训】 中共中央党史和文献研究院坚持智志双扶，积极组织3个定点帮扶县开展各类党建、产业技术培训。以"书写好中华民族伟大复兴的'三农'新篇章"为题向3个定点帮扶县作专题视频辅导授课，定点帮扶县委、县政府负责同志、机关干部及乡村振兴局共170余人参加视频培训。全年投入培训帮扶资金63万元，共培训基层党员干部678人次、乡村振兴带头人51人次、乡村振兴专业技术人才651人次。其中，镇原县组织60名基层党员干部赴南梁干部学院开展专题培训；帮助培训电商网上直播带货人才429人次。南召县组织面向"两委班子"、驻村第一书记的乡村振兴培训班，共培训50人次；组织面向种粮大户、农村合作社骨干的乡村振兴技术人才培训班，共培训50人次。唐县组织面向乡镇党政正职、县直属部门负责人、行政村和社区党组织书记、"两委"干部、驻村干部的乡村振兴专题培训班，共培训568人次；培训乡村振兴致富带头人51人次；组织培训电商从业人员、种植人员等172人次。

【党建帮扶】 中共中央党史和文献研究院充分发挥业务优势，积极指导定点帮扶县干部群众系统学习习近平新时代中国特色社会主义思想和党的二十大精神，通过抓学习、促党建推进乡村振兴。全年向3个定点帮扶县捐赠《论中国共产党历史》《中国共产党简史》《中国共产党百年历史经验》等学习用书5000余册。中共中央党史和文献研究院副院长赴镇原县调研期间,专门以"以党为业"为题,向镇原县乡镇以上党员干部进行专题授课辅导。

【文化帮扶】 中共中央党史和文献研究院充分发挥党史文献研究专业优势,持续加大资金投入力度,帮助定点帮扶县开发利用和保护红色资源,开展地方党史课题研究,完善革命历史纪念馆、展览馆等。其中,镇原县投入资金80万元,实施"镇原县境内红色资源历史资料挖掘整理和标识保护"项目,重点开展4项工作:一是编撰《镇原县红色资源历史资料汇编》,以新民主主义革命时期镇原红色历史为基础进行编整;二是开展红色资源助力乡村振兴专题调研,形成《保护利用县域红色资源,凝心聚力推动乡村振兴》专题调研报告;三是拍摄镇原县《红色沃土·美丽镇原》红色历史电视专题宣传片;四是实施遗址遗迹标识保护工程,对中央红军、红二十五军长征经过镇原沿线的11处重要遗址遗迹进行标识保护。南召县投入资金40万元,用于充实完善中共南召第一支部纪念馆展陈,打造多媒体演播厅,制作南召党史宣传片,提升纪念馆的宣传效应;唐县投入30万元,用于淑吕村毛泽东进京赶考旧址展陈项目,该项目在2021年发布的建党百年红色旅游百条精品线路中被列为"不忘初心·进京赶考"精品线路的一站。

【产业帮扶】 中共中央党史和文献研究院加大产业帮扶力度,投入产业帮扶资金183万元,以产业振兴推动乡村全面振兴,促进脱贫群众增收。其中,镇原县投入资金58万元,推进镇原县毛庄村辣椒产业向全产业链发展,建设冷藏库及加工工厂各一座,申请注册"辣云端"商标和食品生产流通许可证,同时带动全县种植辣椒5000亩;投入资金15万元,继续扶持西杨村肉牛养殖场发展,带动农户发展肉牛养殖,建成牛棚1600平方米,牛存栏110头带动全村150户养牛880头。南召县投入资金40万元,在石门乡裴庄村建设村级光伏电站项目。该项目建成后有力地完善农业基础设施,改善村容村貌,助力产业振兴,打造成为乡村振兴特色亮点工程。唐县投入40万元,用于在木兰红现代农业园区建设蓄水池100立方米,改变当地农民靠天吃饭的传统红枣种植模式,项目建成后直接带动脱贫户9户20人,户均直接增收3750元,人均直接增收938元;投入资金30万元,助力唐县五丰农业开发有限公司建设投资4000万元、年存栏2万头育肥猪、年出栏4万头育肥猪的养猪企业,项目建成后可极大带动史家佐村脱贫户就业和促进村集体增收。

(中共中央党史和文献研究院办公厅
王 勇)

人民日报社定点帮扶

【概述】 2022年，人民日报社坚持以习近平新时代中国特色社会主义思想为指导，深入学习宣传贯彻党的二十大精神，深入学习贯彻习近平总书记关于巩固拓展脱贫攻坚成果同乡村振兴有效衔接重要指示精神和中共中央决策部署，按照中共中央和国家机关工作委员会、国家乡村振兴局要求，把定点帮扶河南省虞城县、河北省滦平县作为重要的政治任务，坚持运用定点扶贫工作中积累的好做法、好经验，聚焦精准帮扶，加强组织领导，发挥自身优势，着力做好宣传报道，着力加强对重点人群的教育培训，深入开展党建帮扶和结对帮扶，积极支持指导挂职干部履职尽责，助力两县全面推进"五大振兴"，在中央单位定点帮扶工作成效考核评价中被评为"好"等次。

【帮扶资金投入】 2022年，人民日报社向两县直接投入帮扶资金共100万元。其中，30万元用于开展两县专业技能培训，提高脱贫群众特别是农民、进城务工人员运用专业技能致富增收能力；60万元用于虞城县张庄村、滦平县孙营村和下营子村等3个村开展乡村环境治理、基础设施建设等；10万元用于滦平县拉海沟中心校改善教学条件。

【帮扶会议】 2月、8月，人民日报社先后两次主持召开编委会会议，听取定点帮扶工作情况和下一步帮扶计划的汇报，对做好有关工作作出安排。会议强调，要深入学习贯彻习近平总书记重要指示精神，按照"四个不摘"要求，充分发挥报社在新闻宣传等方面优势，对接定点帮扶县需求，持续精准做好定点帮扶工作，要结合新形势、新任务，研究新特点、对接新需求、探索新办法，不断加强改进定点帮扶工作。

【帮扶调研】 人民日报社领导到滦平县调研1次、虞城县调研1次。调研期间，人民日报社领导走进田间地头、帮扶企业，深入了解发展特色农业、推进产业升级、企业带动群众增收等情况；看望慰问脱贫户，了解防返贫措施落地和脱贫群众精神面貌、收入来源及生产生活等情况；同两县负责同志、报社挂职干部、村支部书记、帮扶企业负责人等沟通，了解乡村振兴和疫情防控情况，就扎实做好巩固拓展脱贫攻坚成果同乡村振兴有效衔接工作，切实增强群众的获得感、幸福感、安全感等进行交流，研究提出具体举措。

【帮扶制度建设】 人民日报社印发《加强报社定点帮扶监督管理有关责任清单》，包括严格挂职帮扶干部选派标准，加强对帮扶办领导干部、挂职帮扶干部的管理监督和警示教育，加强对以报社名义引进帮扶项目的审核把关，对捐赠资金严格执行财务管理有关文件和要求并纳入当地监管，在两县组织开展活动严格落实中央八项规定及其实施细则精神等，进一步压实定点帮扶监督管理责任，加强对相关人员、项目、资金等的监管。

【帮扶宣传】 人民日报社在《人民日报》和《人民日报海外版》刊发两县报道文章共21篇，在人民日报客户端、人民网等推出宣传两县的图文、微视频等新媒体产品共45件。《人民日报》刊发的《河北滦平金山岭滑雪场——盘活山岭资源　乐享冰雪运动》《河南虞城——激活制造业绿色发展新优势》《跟着农

机手 一路看夏收》《干部沉下去 党建实起来》等新闻报道，人民日报客户端、人民网推出的《抢抓农时插秧忙》《滦平的抗疫十二时辰》《河南虞城：速生菜敲开致富门》《河北滦平：绿色"金牌"引领乡村振兴》等多组新媒体产品，展现两县在推动经济社会高质量发展方面好的做法经验，展示两县干部群众良好的精神面貌，有效提升两县知名度、美誉度，为两县招商引资、加快发展提供有力舆论支持。

【干部挂职帮扶】 人民日报社2名同志继续任定点帮扶县副县长，2名同志继续任驻村第一书记。4名挂职干部主动扛起担子、倾尽心力投入工作，积极为当地群众办好事实事。在舆论帮扶、党建帮扶、教育帮扶、产业帮扶及引进帮扶资金等方面做了大量工作，有效推动帮扶车间、帮扶项目等各项工作落实，特别是4名干部在疫情防控等急难险重工作中主动认领任务、始终奋战一线、发挥带头作用，获得两县党委政府及干部群众充分肯定。

【产业帮扶】 人民日报社联系国家邮政局、中国邮政集团，引荐顺丰控股股份有限公司等物流企业入驻虞城县物流产业园；联系引进碧桂园集团在虞城县张庄村建成300多亩立体园林景观。协助滦平县成功申报"建设红色美丽村庄"，获批财政资金300万元专项用于加强下营子村基础设施建设；协助当地发展康养旅游产业，引进久财农牧开发有限责任公司建成中药康养民宿9间；引进归农蜂业有限公司建设"永酿"蜂蜜品牌，有效增加滦平县下营子村集体收入；联系维他奶有限公司在滦平县开展"促进合理膳食 助力乡村振兴"公益行动，为乡村儿童捐赠价值177.8万元的奶制品；联系中国乡村发展基金会在滦平县实施"童伴妈妈"项目，为10个行政村503名留守儿童提供辅助教育。

【帮扶培训】 人民日报社加大帮扶培训工作力度，在两县组织实施"加强专技培训 拓宽致富门路"帮扶系列培训。在虞城县组织开展果蔬种植、畜禽养殖、家庭农场主经营等线下培训7期，开展"新农人·新品牌——打造自己的线上生意"电商营销线上培训4期；在滦平县组织开展育婴月嫂、中药材种植、专业农机手等培训班3期共9班次，开展为期2天的礼仪培训1期。为两县累计培训基层干部455人次、技术人员1919人次，切实提高脱贫群众特别是农民、进城务工人员运用专业技能致富增收能力。

【消费帮扶】 人民日报社完善消费帮扶工作机制，列支专项资金160万元采购两县农副产品用于职工普惠性福利；继续把两县作为职工食堂定点副食基地；在食堂设立农副产品专卖柜，协助拓宽销售渠道。在人民日报社开展定点帮扶县农副产品展销，20多家企业、60余种农产品、副食品、手工艺品参展，销售额超6万元。在做好两县消费帮扶的同时，用好、用足报社线上直播、电商平台等，助力其他地区一大批农户和乡村企业销售增收。人民日报社新媒体中心联合拼多多推出"全力以'复'惠农助企'拼一单'""金秋好'食'光"等线上带货直播，覆盖全国200余个主要农产区，销售2000余款农副食品。人民日报客户端、人民日报快手号推出"'乡'约'浙'里——助农直播浙江专场"，协助销售浙江农副产品超110万件；推出"乡村振兴·人民助力"公益直播专场，协助销售各地农产品，成交额702万元。

（人民日报社 张 雷）

求是杂志社定点帮扶

【概述】 2022年，求是杂志社根据《中共中央 国务院关于做好2022年全面推进乡村振兴重点工作的意见》相关要求，始终把对青海省玉树藏族自治州杂多县的定点帮扶工作作为一项重大政治任务，将巩固拓展脱贫攻坚成果放在突出位置，推进脱贫地区乡村产业、人才、文化、生态、组织等全面振兴；加强定点帮扶工作组织领导，扎实推进调研帮扶、干部帮扶、培训帮扶、教育帮扶、产业帮扶、消费帮扶、党建帮扶，深入宣传乡村振兴战略，先后直接投入帮扶资金82.9万元，帮助引进各类资金及企业投资442.4万元，购买农产品39万元，帮助销售农产品68万元，帮助培训基层干部、乡村振兴带头人和技术人员131人次，圆满完成2022年度帮扶工作计划，多项指标超额完成，取得良好的帮扶成效，受到各界好评。

【帮扶资金投入】 2022年，求是杂志社直接投入帮扶资金82.9万元，其中，拨付杂多县西部计划志愿者相关补贴经费68.4万元，慰问志愿者3.6万元；拨付2.7万元用于委托中国铁路成都局集团有限公司干部培训中心线上培训杂多县基层干部、乡村振兴带头人和驻村第一书记；党员干部捐款3万元；慰问当地农户0.2万元。此外，拨付苏鲁乡山荣村基层组织建设帮扶资金5万元，开展支部结对帮扶活动和结对共建脱贫村活动，以提升组织力为重点，协助加强基层组织建设。帮助引进资金442.4万元（含物折款），其中引进三峡集团公益基金会帮扶资金300万元用于杂多县绿水青山颂党恩教育基地建设；引进绿城集团帮扶资金77.9万元用于杂多县苏鲁乡生态环境保护建设及捐赠中小学图书；联络北京华瑞慈善基金会为杂多县捐赠防疫物资18万元，为杂多县学校捐赠各类图书10522册、价值31.5万元，为西部志愿者捐赠华为笔记本电脑35台、价值13万元；联合青海物产爆破技术服务有限公司向杂多县捐赠防疫物资2万元。通过脱贫地区网络销售"832平台"购买农产品39万元，帮助销售杂多县特色农产品68万元。

【组织领导】 求是杂志社社长担任定点帮扶工作领导小组组长，办公室、财务部、事业服务中心等相关部门人员组成定点帮扶工作领导小组办公室具体负责工作实施。4月、9月、12月，分别召开会议，传达学习中共中央办公厅、国务院办公厅印发的有关文件精神，回顾总结定点帮扶工作情况，审议2022年度定点帮扶工作计划、划拨帮扶资金等。求是杂志社定点帮扶工作领导小组办公室分别于4月、7月、11月召开专题工作会议，系统学习中共中央、国务院《关于做好2022年全面推进乡村振兴重点工作的意见》等文件，研究讨论《求是杂志社2022年度定点帮扶杂多县工作计划》落实情况，总结前期工作，细化帮扶举措，在定点帮扶工作中发挥协调推动工作的作用。

【帮扶调研】 12月，求是杂志社编委带队前往杂多县开展调研座谈，深入了解当地经济社会发展情况、慰问贫困户和西部计划志愿者，与杂多县负责同志一起分析发展现状、理清发展思路、明确发展方向。求是杂志社帮扶办组织人员在杂多县开展实地调研，深入城镇、牧区了解当地经济社会发展情况，与当地干部和牧户群众座谈，根据实际需求制订下一步工作计划。督促指导杂多县将巩固拓展脱贫攻坚成果作为过渡期内脱贫地区工作的首要任务,坚决防止规模性返贫,守住不发生规模性返贫的底线,切实抓紧、抓实、抓好。7月,求是杂志社领导前往刚刚落成的杂多县党性教育基地调研指导,强调要继续深入挖掘杂多当地党性教育资源,注重体现杂多特色、讲好杂多红色故事,用好党性教育基地,使党性教育基地成为杂多县党员干部接受党性锤炼、提升党性修养的平台;对杂多县脱贫摘帽与乡村振兴衔接过程中的教育、卫生、人才等需求及苏鲁乡山荣村生态牧场建设情况进行调研督导,根据实际需求提出下一步工作建议。

【干部挂职帮扶】 求是杂志社继续向杂多县选派挂职干部,做到挂职干部定期轮换、压茬交接,确保帮扶工作不断档。4月,选派1人挂任杂多县委副书记,1人继续担任驻山荣村第一书记。持续加强对挂职干部的培训、管理、考核、监督、服务,将乡村振兴作为培养锻炼干部的广阔舞台,同时对挂职干部切实做到政治上关心、工作上支持、生活上保障。帮扶干部奋战在海拔4200多米的帮扶一线,下基层调查研究,结合当地实际出谋划策,走出去联系社会投资和社会捐助,积极组织推动一系列帮扶活动。

【帮扶培训】 求是杂志社与中国铁路成都局集团有限公司干部培训中心开展培训合作,培训班采取线上培训方式,基层干部培训班培训32人,乡村振兴带头人暨驻村第一书记专题培训班培训37人,培训专业技术人才62人次。此外,绿城中国中原区域公司依托孔子博物馆,在杂多县第二完全小学开展远程线上国学课堂,累计授课253人次。各类培训提升干部群众的自我发展能力,为乡村振兴注入新活力。

【教育帮扶】 求是杂志社推动建成投用杂多县党性教育基地。引进中国长江三峡集团有限公司投入资金300万元,占地246平方米的党性教育基地一期布展建设完成并投入使用,该基地的建成投运填补杂多县党性教育基地的空白,为开展党员干部党性教育提供重要活动场所。继续做好"西部计划志愿者"项目,鼓励支持关爱在岗的36位志愿者为高原教育事业贡献本领。联合海通建投建设集团有限公司、北京华瑞慈善基金会向西部计划支教教师捐赠价值13万元的笔记本电脑。挂职干部赴杂多县第二民族中学慰问西部计划支教教师,送去慰问品。号召社会力量捐赠各类图书。协调绿城中国中原区域公司捐赠图书1793册;联络北京华瑞慈善基金会捐赠各类图书10522册。

【产业帮扶】 求是杂志社参与生态牧场建设。聚焦杂多县资源禀赋、产业结构和产业发展特色,组织干部进行深入细致调研,与杂多县委、县政府共谋产业发展大计,以实现人与自然和谐发展和牧业增效、牧民增收为目标,继续参与生态牧场建设。会同杂多县委、县政府,围绕该县"十四五"规划中打造特色小镇的项目计划,推动生态牧场经营机制取得新进展。6月,由求是杂志社出资援建的苏鲁乡山荣村生态牧场综合服务站竣工。7月,相关设施设备入场并安装调试完毕。联系海通建投建设集团有限公司考察杂多县苏鲁乡生态牧场项目,双方就投资合作事宜进行洽谈。推动基础设施生态改造。引进绿城中国中原区域公司援建杂多县苏鲁乡生态观测站3处,总投资约25万元;援助杂多县苏鲁乡生态垃圾车3辆,总投资约34.5万元;援建杂多县苏鲁乡太阳能路灯30个,总投资约18.5万元。

【党建帮扶】 求是杂志社驻山荣村第一书记与班子成员一起研究加强山荣村基层党组织建设,帮助山荣村党支部完善各项制度、提升业务能力,为当地党员干部上党课,引导他们结合时政热点学《求是》,不断提高其政治思想水平。求是杂志社综合编辑部党支部与山荣村党支部结成党建帮扶对子,开展联学共建活动,共同学习习近平总书记的重要文章《坚持把解决好"三农"问题作为全党工作重中之重,举全党全社会之力推动乡村振兴》,研究讨论山荣村推动乡村振兴、实现共同富裕的思路举措。

【帮扶宣传】 求是杂志社充分发挥中央宣传单位优势,深入宣传杂多县在产业、人才、文化、组织、生态振兴方面的做法成效。积极做好党的二十大宣传报道工作。10月,求是杂志社综合编辑部完成访谈文章《奋力书写"健康、现代、幸福"玉树新篇章——访党的二十大代表、青海省玉树藏族自治州委书记蔡成勇》,在求是网上头条发布。大力宣传习近平总书记关于乡村振兴一系列重要论述,宣传中共中央关于乡村振兴的重要决策部署。在求是网继续开设《美丽杂多》专栏,先后转发《综合编辑部党支部与青海省杂多县山荣村党支部举办联学共建》《砥砺奋进 实干笃行 绘就澜沧源头现代美好幸福新画卷》《十年逐梦前行 澜沧江畔奏响时代华章》等宣传杂多县的稿件6篇,取得良好的宣传效果。

(求是杂志社定点帮扶工作领导小组办公室 张洪桃)

中华全国总工会定点帮扶

【概述】 2022年,中华全国总工会(以下简称"全国总工会")定点帮扶山西省和顺县、壶关县,投入帮扶资金1487.74万元,引进帮扶资金417万元,招商引资8490万元,引进帮扶项目或企业11个,培训县乡村基层干部392人次、乡村振兴带头人294人次、专业技术人才1692人次,购买定点帮扶县农产品53.67万元,帮助销售农产品458.98万元。2个消费帮扶典型案例获评"2022年全国消费帮扶助力乡村振兴优秀典型案例"。全国总工会在2022年度中央单位定点帮扶工作成效考核评价中获得"好"等次。

【帮扶资金投入】 2022年,全国总工会投入帮扶资金1487.74万元,引进帮扶资金417万元,主要用于产业、干部人才培训、教育、医疗、文化、党建等帮扶项目。招商引资8490万元,其中帮助和顺县引进北京京晋宁科技有限公司,在平松乡沙佛陀村投资兴建现代化养牛园区,2022年实现投资350万元;帮助壶关县引进山西建设投资集团有限公司,在壶关县经济技术开发区投资建设山西建筑产业现代化长治园区项目,2022年实现投资8140万元。

【帮扶会议】 3月,全国总工会定点帮扶工作领导小组组长主持召开定点帮扶工作会议,传达学习习近平总书记关于乡村振兴的重要讲话精神,总结2021年定点帮扶工作,研究部署2022年工作,要求将各类要素资源向和顺县、壶关县倾斜,在牢牢守住不发生规模性返贫这条底线的基础上,多措并举促进产业提档升级,持续抓好脱贫人口稳岗就业,加大易地搬迁后续扶持工作的力度,积极推进乡村建设,提升教育、医疗等公共服务水平;制订《全国总工会2022年定点帮扶工作计划》,明确目标任务和工作举措,分解帮扶任务,压紧压实责任。

【帮扶培训】 全国总工会联合定点帮扶县有关部门举办乡镇综合行政执法能力提升、致富带头人、连翘产业发展与栽培管理、香菇种植等13期培训班,共培训县乡村基层干部392人次、乡村振兴带头人294人次、专业技术人才1692人次。

【干部挂职帮扶】 全国总工会继续选派优秀干部到定点帮扶县挂职帮扶,先后完成4名定点帮扶工作队队员的轮换和交接工作。全国总工会驻山西定点帮扶工作队共7人,其中2人分别挂任和顺县委常委、副县长,壶关县副县长,1人任壶关县水池村驻村第一书记,1人在壶关县乡村振兴局挂职,3人分别在和顺县会里村、壶关县水池村挂职。在工作中,挂职帮扶干部围绕定点帮扶县实际需求,不断加大工作力度,坚持做到精准施策,扎实做好定点帮扶各项工作。

【产业帮扶】 全国总工会围绕定点帮扶县资源禀赋和主导产业,多方动员协调社会力量,为定点帮扶县引进8个帮扶项目和3家企业,招商引资8490万元。投入定点帮扶资金持续助力乡村特色产业发展,在和顺县,投入帮扶资金153万元扶持山河醋业有限公司等4家龙头企业和日金新电子科技有限公司等4

个帮扶车间,帮助208名脱贫人口就业;投入帮扶资金84万元,扶持11家专业合作社从事杂粮、蔬菜和菌菇等种植加工;投入帮扶资金93万元,补助银河湾、京顺等"太行云牛"品种培育,助力和顺县畜牧业发展。在壶关县,投入帮扶资金49.35万元扶持壶关县豆豆绿色食品开发有限公司等5家龙头企业,帮助147名脱贫人口就业;投入帮扶资金190.39万元扶持21个新型农业经营主体,发展连翘、香菇、玉露香梨等产业,在50个村新种植连翘5000亩,种植面积已累计5万亩。

【智力帮扶】 在和顺县,全国总工会积极推动县工人文化宫的立项和建设,帮助改善公共文化基础设施;邀请全国劳动模范到和顺县进行宣讲,大力弘扬劳模精神、劳动精神、工匠精神;支持非物质文化遗产代表性传承人发展壮大和顺县巧英民间绣艺中心,带动脱贫妇女劳动增收;在山河醋业有限公司打造劳动实践基地,建设职工书屋,帮助开展职工技能、思想道德培训,提高职工队伍素质。在壶关县,继续大力支持壶关县武汉大学乡村振兴服务站的建设,联合武汉大学教授开展农村基层党组织建设、基层治理能力提升路径课题研究,组织50名大学生到壶关暑期实习、支教,用高校专家、师生的智慧为基层工作赋能;编撰《壶关县连翘栽培管理技术》手册印制分发到每个山区家庭,普及连翘文化及种植技术;继续组织13个机关及直属单位党组织与定点帮扶县13个村党支部开展结对共建,通过共同开展党日活动、同上党课等方式,帮助结对村建强"两委班子",帮助干部群众更新发展观念。

【教育帮扶】 全国总工会机关捐赠价值64万元的电脑用于改善两县中小学校和乡村医疗机构的信息化办公硬件设施条件;组织机关及直属单位干部职工,向两县学校捐赠价值1.7万元的图书和体育用品;投入58万元帮扶资金,在两县乡村小学叫响做实"全总爱心美术包""全总杯阅读、运动竞赛活动"等帮扶品牌项目。在和顺县,投入50万元帮扶资金,帮助和顺县6所中小学及幼儿园改善教学条件。在壶关县,投入15万元帮扶资金,协助县教育局开展落实课改推进"教练上门"服务,推动提升县中小学教师教学技能和课堂教学质量;投入1万元为树人小学引进"家长学校",提升进城农民家长的教育理念。

【健康帮扶】 在和顺县,全国总工会投入26万元帮扶资金,为易地搬迁小区卫生室、乡镇卫生院、县人口和计生妇幼服务中心改善医疗条件,慰问一线防疫人员。在壶关县,协调华润医药集团有限公司、中国妇女发展基金会对县乡村三级医疗体系开展全面帮扶,向县妇幼保健院捐赠价值20万元母亲健康快车1辆,投入37万元援建3所村卫生室并捐赠价值30万元的润心健康包医药物资,引进北京三甲医院专家为壶关县群众提供远程健康指导。

【基础设施建设】 在和顺县,全国总工会投入和引进帮扶资金物资83万元,帮助义兴镇会里村等6个村进行厕所改造、垃圾清运、污水治理、村容村貌整治,改善乡村人居环境。在壶关县,投入和引进147万元帮扶资金,帮助石坡乡苇则水村等18个村建设道路、蓄水池、厕所等生产生活设施,改善村落环境,发展乡村旅游。

【整村推进】 全国总工会适度将帮扶资金和资源向壶关县水池村、和顺县会里村倾斜,围绕"五大振兴"开展帮扶工作,在定点帮扶县打造全国总工会乡村振兴示范点。在壶关县水池村,驻村第一书记坚持"党建引领、产业赋能、人才支撑、蓝图先行"的思路推进工作;常态化坚持"三会一课",组织集体学习,不断增强村党支部的组织力、凝聚力、战斗力;以改善农村生态环境为主题,开展村庄绿化美化和监控设备更新升级;完成武汉大学乡村振兴服务站主楼的土建工程,为深化县校合作打下坚实基础;开展水池村数字乡村示范村建设,释放数字红利催生乡村发展内生动力。在和顺县会里村,投入40万元,用于村史馆、红色文化广场建设,加强革命传统精神经典事迹宣讲,改善垃圾清运、人居环境,发展红色旅游;为会里村党员干部宣讲党的二十大精神,推动加强基层党组织建设。

(中华全国总工会劳动和经济工作部 高 峰)

中国共产主义青年团中央委员会定点帮扶

【概述】 2022年,中国共产主义青年团中央委员会(以下简称"共青团中央")立足山西省灵丘县、石楼县发展新阶段和共青团特点,以乡村人才培养为重点,履职尽责、扎实工作,迎难而上、稳中求进,助力两县巩固拓展脱贫攻坚成果、全面推进乡村振兴。共青团中央在2022年度中央单位定点帮扶考核中取得"好"等次。

【帮扶资金投入】 2022年,共青团中央持续加大资金帮扶力度,对定点帮扶县投入帮扶资金3799万元,引进帮扶资金8517万元,主要支持两县巩固脱贫成果、发展特色产业、培养青年人才、服务青少年成长、开展党建帮扶等。

【帮扶制度建设】 共青团中央严格落实乡村振兴工作领导小组机制,由书记处第一书记负总责,书记处分管书记具体抓,直属机关各部门和单位均作为成员。召开共青团中央乡村振兴工作领导小组工作会议,传达学习《中共中央 国务院关于做好2022年全面推进乡村振兴重点工作的意见》和中央单位定点帮扶部署要求,部署全年重点任务。出台《关于进一步深化团中央定点帮扶工作的意见》,形成各成员单位重点项目111条,坚持月督促、季报告、重点项目即时调度,确保各项工作落实到位。

【干部挂职帮扶】 共青团中央继续选派8名机关干部(灵丘、石楼两县各4人)扎根一线开展帮扶,修订《共青团中央定点帮扶干部管理办法》《团中央乡村振兴工作队财务管理制度》,建立工作队双周调度机制,提升工作队、驻村第一书记的一线作战能力。

【帮扶调研】 6月,共青团中央书记处第一书记赴灵丘县调研考察,看望慰问困难群众,实地调研帮扶项目,与干部群众共谋发展良策。11月,乡村振兴工作领导小组组长主持召开定点帮扶石楼县专题工作会议,与石楼县党政主要负责同志沟通交流,督导推进重点项目。2022年,机关共有司局级及以下干部26人次在两县调研指导乡村振兴、定点帮扶等工作,会同工作队督促落实过渡期各项帮扶政策,发现问题12条,提出意见建议20余条。

【产业帮扶】 共青团中央引进帮扶项目6个,招商引资2032万元。在灵丘县,为20余家本土涉农企业及大学生返乡创业项目提供资金支持、技术赋能、金融贴息及技能培训,帮助当地生物医药科技公司引进贷款2000万元;助力实施"数字东河南""稻蟹共生""福田喜柿"等产业项目,完善利益联结机制,打造特色村落;结合大同车河国际有机农业论坛,对接中国青年企业家协会、中华全国青年联合会等开展经贸考察交流;为800余名外出务工人员购买保险,助力稳岗就业。在石楼县,引进涉农企业投资272万元,延伸中草药、小杂粮产业链条,发展壮大特色产业;加大直播助销、公益推介力度,帮助山西太公山泉饮品有限公司、山西善农蜂业有限公司等7家中小企业扩大销路,稳步巩固县域集体经济发展;助力600余脱贫人口就业增收。

【人才帮扶】 共青团中央培训两县基层干部801人次、乡村振兴带头人1412人次、各类专业人才3088人次。依托高素质青年农民培育、"数商青年"电商云课等,帮助新媒体从业人员、创业青年、致富带头人等提升致富技能;依托共青团乡村振兴健康服务项目,培训县医院、乡镇卫生院基层医生181名;在搬迁安置社区开展美容美发、麦秸画制作、杂粮加工、茶艺花艺、工艺品制作等技能培训,培训2000余人次;推荐两县青年参加"中国与新加坡青年数字经济经验分享会""澜湄青年创业交流营"等国际交流学习,观摩"创青春"中国青年创新创业大赛乡村振兴专项赛会,帮助开阔发展视野;对接中央团校、北京大学、山西大学等院校,开展暑期乡村社会实践项目,引导高校学子关注乡村、服务乡村。

【文化帮扶】 共青团中央支持当地建设党群服务阵地,整合663.57万元建设共青团图书馆(室),积极营造学习奋斗文化氛围;协调人民日报、新华通讯社等中央媒体,依托团属媒体,大力宣传两县风土人情、农特产品及脱贫新貌,积极推动两县纳入文化和旅游部旅游精品路线;实施优秀传统文化进校园项目,开展音体美"小三科"教学覆盖1600余名学生;打造乡村文化广场、文化墙,配套支持"祥瑞福田""拥军秧歌队"等文化品牌,丰富居民文化生活。

【生态帮扶】 在灵丘县,共青团中央重点支持白崖台村、东福田村等配套清洁设备,实施"厕所革命",开展垃圾清运和河道清理活动;打造东河南村"十里花溪"特色生态廊道,助推产业发展绿色转型;组织1000余名中小学生开展绿色研学实践,引导青少年树牢绿色节约理念。在石楼县,实施改厕60余所,投入35万余元开展水环境治理;投入190万元对2千米河道进行建坝清淤、拓宽取直、河岸污水治理、砌建、生态河道建设河岸等工作;投入70余万元对党群服务中心、道路沿线、文化广场等公共区域进行绿化彩化,种植各类苗木8000余株。

【党建帮扶】 共青团中央着力抓党建促振兴,直属机关32个党支部与31个村党支部开展结对共建,会同当地干部群众一起学习宣传贯彻党的二十大精神,围绕主题党日、干部教育培训、农产品帮销、服务阵地建设等开展帮扶。以党建引领强化县域基层团组织改革,推动两县共青团工作发挥示范标杆作用。强化中国青年志愿者协会等团属青年社会组织枢纽功能,建设"青年之家""童心港湾"等青少年服务阵地38个,组建青年突击队、志愿服务队,在疫情防控、基层治理、政务服务、民生关怀、灾害防范等方面发挥生力军作用。

【教育帮扶】 共青团中央在两县中小学广泛开展"学党史、感党恩、听党话、跟党走"学习教育,引导广大青少年牢记初心使命、坚定不移跟党走;依托大中专学生暑期"三下乡""返家乡"社会实践等团属品牌项目,对两县重点倾斜支持,组织"童心向党 强国有我"等各类研学活动,强化城乡青少年交流沟通。依托12355青少年服务台,广泛开展青少年心理、法律咨询服务。实施"希望工程圆梦行动",为两县134名品学兼优大学生提供助学金67万元,为500名小学生提供助学金50万元。捐赠各类书报刊、教育课程等资源价值近1800万元,捐赠价值近4000万元的图书、教学仪器、运动礼包和线上课程,捐建图书室、教育空间及音乐教室等8个教育场所。开展"阳光阅读·陪伴成长"等公益活动,积极提升乡村公共教育软硬件水平。支持建设6个"童心港湾"项目,对留守儿童重点开展亲情陪伴、情感关怀、自护教育、励志教育等服务。在灵丘县乡村小学开展"罗罗腔进校园"项目,做好县域非遗文化产品传承。

【易地扶贫搬迁后续扶持】 共青团中央着重从易地搬迁社区建设入手,通过创新服务方式,重点助力搬迁社区青少年健康成长。在石楼县,开办"四点半课堂",组织研究生支教团、青年志愿者为留守儿童提供课后看护、学业辅导、素质拓展、亲情陪伴、心理辅导等服务。同时，联系多家企业支持青年就近就业70人次，引入9家专业环保机构发展青年志愿者125人，并通过设立绿色积分兑换、荣誉称号授予等激励措施，带动青少年共同参与社区建设。

【"两不愁三保障"】 在灵丘县，共青团中央投入139万元中小学生助学资金，依托"希望工程""幸福联盟"等，引进线上课程、电脑图书等各类教育物资近700万元；在12所中小学配套图书300余万元码洋建设"共青团书海长廊"；协调捐赠防疫物资730余万元；引进价值472万元的4台HRA人体分析仪，改善医疗条件；投入资金20余万元支持东河南村、东福田村、边台村等实施住房安全改造及饮水安全提升项目。在石楼县，依托各类助学项目引进教育培训资源1800余万元，直接资助石楼县中小学生7644人次；投入资金29万余元支持石楼中学建设共青团图书馆项目；持续实施石楼县学生饮水"思源计划"，投入资金48万余元帮助全县25所学校提高饮水质量，1.5万余名学生受益；争取抗疫救灾各类物资740万元。

【消费帮扶】 共青团中央建立工会福利、外事礼物、食堂食材直供直销和长期供货机制，加大"832平台"采买力度，全年直属机关直接购买农特产品135万元，帮销农特产品490万元。大力打造共青团"青耘中国"直播助农品牌，以"春夏秋冬"四季为主题，重点对灵丘苦荞、石楼小杂粮等进行直播助销、渠道推广、公益推介。依托团组织力量，同步支持832个脱贫县农产品购买推广，直接购买其他脱贫地区农产品44.5万余元，实现帮销1328万元。

【打造共青团特色村】 共青团中央聚力打造共青团促进乡村振兴示范村。投入资金150万元支持灵丘县东河南村打造共青团促进乡村振兴特色村，围绕160亩苗木种植基地和70亩菌棒生产基地，整合打造"十里花溪"产业文化品牌；组建培育村内3支舞蹈队、10余名网红青年和百余名才艺达人；建设东河南村数字乡村治理系统，搭建共青团东河南村青年服务平台，开展乡村青少年"两助两帮"行动。投入资金158万元并协调撬动山西省乡村振兴示范村资金1000万元，支持石楼县车家坡村建设共青团促进乡村振兴特色村，规划建设特色农田300亩，擦亮"车家坡有机小米"招牌，标准化建设有机谷子种植示范基地，在产业发展、农旅融合、基础设施、公共服务、农村人居环境提升等方面做好示范、打造样板。

【帮扶宣传】 共青团中央依托团属宣传矩阵，大力挖掘总结两县在基层治理、志愿服务、数字乡村、青年创业、易地扶贫搬迁社区青少年服务等方面的经验做法。其中，石楼县研究生支教团项目在中央广播电视总台《新闻联播》播发，支持易地扶贫搬迁社区工作经验被推报国家乡村振兴局全球减贫案例，并在中共中央和国家机关工作委员会旗帜网刊发。

（中国共产主义青年团中央委员会
青年发展部　张　帅）

中华全国妇女联合会定点帮扶

【概述】 2022年,中华全国妇女联合会(以下简称"全国妇联")定点帮扶甘肃省漳县、西和县。4月,全国妇联领导赴漳县调研指导,同漳县干部和脱贫群众面对面交流,强调要深入学习贯彻习近平总书记重要讲话和指示精神,立足实际,突出年度性、针对性、实效性,从总体上研究好、安排好各项工作。全国妇联明确定点帮扶重点任务,持续巩固拓展脱贫攻坚成果,坚决杜绝大规模返贫,在此基础上促进漳县、西和县乡村发展,推进乡村建设,改进乡村治理,推动两县乡村产业、人才、文化、生态、组织振兴。在2022年中央单位定点帮扶工作成效考核中获得"好"等次。

【帮扶资金投入】 2022年,全国妇联落实帮扶和引进资金7882万元,其中直接投入1522万元,帮助协调引进各类资金和项目6360万元。协调和直接开展消费帮扶2139万元。

【帮扶调研】 3月,全国妇联召开专题会议,总结2022年定点帮扶工作情况,研究部署2023年重点任务。2月、10月,先后主持召开座谈会和线上调研会,对接帮扶需求,了解两县全年经济社会发展指标完成情况,及时跟进指导。

【防范化解规模性返贫】 全国妇联在漳县共识别"三类户"177户814人,监测对象累计达到1678户6986人,西和县共纳入监测对象4058户18691人,实现监测对象应排尽排、应访尽访、应消尽消。

【产业帮扶】 全国妇联针对漳县和西和县产业引进需求,协调引进兰州鑫源现代农业科技开发有限公司建设食用菌菌种菌棒生产培养线,新增投资4884.43万元用于食用菌菌种菌棒生产和大棚建设,吸纳当地100多名群众就业;引进山东寿光市瀚兴蔬菜专业合作社,建设总投资2500万元的漳县现代设施农业产业园;协调引进210万元用于全国妇联帮扶基地盐井镇手工醋厂的升级建设和产业发展。

【帮扶培训】 全国妇联先后举办定点帮扶县基层干部乡村振兴能力提升、基层妇联组织成员示范培训班,实施"心桥计划"——漳县学校心理课堂活动等培训项目,共培训基层妇联干部、农业技术人员、农村致富带头人等1810人次,提升他们服务"三农"、助力乡村振兴的能力。

【关爱帮扶特殊困难群体】 全国妇联在定点帮扶县实施农村妇女"两癌"免费检查和低收入妇女救助项目,共免费检查6599人,发放救助资金60万元,实现"两癌"患病妇女救助全覆盖。发挥家庭独特作用助力乡村治理。将521个巾帼家美积分超市作为开展巾帼乡村振兴行动的有效载体,进一步优化积分兑换机制,累计开展积分兑换5290场次,兑换积分94.82万分,受益家庭3.72万户,受益群众13.33万人次。

(中华全国妇女联合会妇女发展部 高继辉)

中国文学艺术界联合会定点帮扶

【概述】 2022年,中国文学艺术界联合会(以下简称"中国文联")向定点帮扶的甘肃省陇南市武都区累计投入资金407.97万元、引进社会资金20万元,购买脱贫地区农产品20.468万元,帮助销售脱贫地区农产品38.6625万元,培训基层干部和专业技术人员105人次,培训艺术生1594人次,资助武都家庭困难高三年级学生155名,资助西南科技大学学生到武都区小学开展文艺支教工作,组织中国文联文艺支教团走进马营镇和祥宇生态产业园慰问演出,协调中央音乐学院精神文明实践宣讲师到武都区开展多领域宣讲,积极发挥文联的特点优势,努力为武都区经济社会发展加油助力。

【干部挂职帮扶】 中国文联挂职干部、甘肃省协助分管定点帮扶工作,着力提高结对帮扶和所包镇村党组织的基层组织建设水平,推动文艺帮扶、科技帮扶、消费帮扶各项工作扎实开展,深入所联系的吉石坝街道办开展疫情防控工作,严格落实各项管控措施,全面加强社会面和重点人员管控。中国文联挂职干部、武都区上尹家村党支部第一书记走访在家农户,了解民情民意,着力加强组织建设,选优配强党员和人才队伍,通过入户、召开群众会议、接待来访群众等方式大力宣传中共中央和省、区、市关于巩固脱贫成果、全面推进乡村振兴政策,开展产业帮扶,引导村集体进行产业调整,从原来的草莓种植调整为尝试引进发展食用菌产业,成功试种反季节羊肚菌,产业效益得到显著改善。

【文艺志愿服务】 中国文联文艺志愿服务中心与西南科技大学深度合作,在武都区开展文艺支教项目。每年按照公开招募、自愿报名、组织选拔、集中派遣的方式,面向全校招募具有舞蹈、音乐、美术、器乐等方面艺术特长的师生,集中培训后派往武都区部分中小学开展文艺支教志愿服务工作,已累计招募15批次共计143名志愿者(含3名教师、140名学生)赴武都区开展文艺支教服务,先后完成教学2.6万余课时,直接受益学生达1.3万余人。通过文艺支教项目平台,学校与服务地建立良好志愿服务合作关系,共同组织开展以关爱留守儿童为主题的系列志愿者活动,学校青年志愿者服务中心和"追梦人"志愿者服务团队长期为当地留守儿童筹集冬衣、文具、书包、儿童书籍等物资,心理专业学生还对当地留守儿童开展一对一心理辅导。

【文艺帮扶】 中国文联邀请中央音乐学院精神文明实践宣讲教师赴武都区开展多领域宣讲活动。开展"跳跃的音符 历史的旋律"喜迎党的二十大胜利召开音乐党课活动,以讲演结合,探索运用先进的音乐文化创新党课思政教育模式。开展中国文联文艺支教团走进马营镇和祥宇生态产业园为工人、农民开展慰问演出。积极为武都区文化馆和非遗中心等3个项目申报中国文联青年文艺创作扶持计划。协调国家文物局和故宫博物院专家协助中国人民政治协商会议陇南市武都区委员会开展福津广严院修复和文创产品创研工作。推进东江镇新时代文明实践站试点建设,开展"送文化、种文化"活动,引导广大基层文化文艺工作者深入生活,扎根人民具有浓郁乡村特色、充满正能量、深受农民欢迎的作品。

【教育帮扶】 中国文联持续资助家庭困难学生，2022年资助武都家庭困难高三年级学生155名，在所有受资助的学生中已有112名被大专、本科院校录取，录取率达72%以上，保证家庭困难学生完成学业，坚决避免因学返贫情况的发生。开办武都区新闻新媒体才人培训班，培训人员为融媒体中心和乡镇联络员，培训人数共55人。通过专业培训，进一步提升武都区新时代宣传工作的能力和水平，强化新闻媒体"举旗帜、聚民心、育新人、兴文化、展形象"的使命担当，切实提高新闻工作者、通讯员业务素质。开展武都电商人才培训，培训电商人才50余人。开展武都区文化旅游从业人员队伍培训，培训人员涉及全区星级农家乐、农家客栈、旅游饭店、旅行社、A级景区及其他文化旅游企业从业人员。

【艺考生专项帮扶】 武都区部分高中通过特色办学、加强艺术教育，提高高考录取水平，高二艺术考生近千名，艺考需要专业教师授课，好的教师数量有限。为了提高这些学生的艺考成绩，中国音乐家协会、中国美术家协会、中国舞蹈家协会、中国书法家协会邀请45位专业教师、专家，对武都实验中学、两水中学、武都八一中学、武都区洛塘中学高二艺术特长生开展为期15天的支教培训，共培训学生1594人。通过针对性的专业授课、讲座交流等，增加艺术考生对国家艺考政策的了解，让学生在专业课练习上更接近高考要求，为提高高考通过率打下坚实基础，受到广大艺术师生和家长的一致好评。

【消费帮扶】 中国文联系统全体干部职工积极参与消费帮扶，购买武都农产品，中国文联1000余名干部职工购买武都农产品20.645万元，引进社会资金购买农产品38.6625万元。组织中国电影家协会、中国摄影家协会、机关服务中心等3个有食堂的单位，将食堂全年采购预算总额的10%以上，用于购买国家级脱贫县的农产品，其中采购定点帮扶的武都区农产品10.0025万元，通过财政部"832平台"采购其他脱贫区县农产品28.66万元。

【产业帮扶】 继续做好中药材产业扶持资金使用。2017年中国文联筹集的450万元资金扶持武都区建立中药材产业种植开发基地，已形成滚动效应，450万元药材基金全部下发并在鱼龙镇7个片区流转。在前期投入120万元建设蔬菜大棚的基础上，投入7万元对蔬菜大棚进行升级改造，扶持经济作物种植产业，亩产鲜羊肚菌350千克左右。加强电商协作，帮助区商务局对接江苏东海农业发展集团有限公司，签署农产品销售、电商人才培养和跨境电商协作协议。

【生态振兴和美丽乡村建设】 按照乡村振兴"产业兴旺、生态宜居、乡风文明、治理有效、生活富裕"的总要求，中国文联与当地政府共同谋划、发展乡村旅游建设，积极协调着力打造鱼龙镇观音坝乡村振兴示范村。投入帮扶资金180万元，邀请有经验的美术艺术专家实地考察观音坝村，制定高标准美丽乡村建设规划，邀请专业团队参与施工，把观音坝村建成"望得见山、看得见水、留得住乡愁、生态宜居的美丽家园"，通过深入挖掘民俗文化、优化产业发展、完善基础设施，用心用情描绘产业强、村庄美、村民富的美丽画卷。

【基础设施建设】 中国文联投入310.97万元开展"四好农村路"建设和"点亮乡村"工程，补齐乡村振兴基础设施建设短板。其中，投入170万元开展"四好农村路"修复工程，为东江镇郭坪社区、新庄社区和王沟社区修复水毁道路，保障8858名群众日常出行安全；投入140.97万元开展"点亮乡村"工程，为油坊沟村、秦河村、斜坡村、尹家坝村、草地子村、大楞村、斗子坪村、八海村等8个村安装大功率太阳能路灯,保障1314户5341人出行安全。

【疫情防控】 9月,中国文联向武都区红十字会定向捐赠陇南市武都区吉石坝街道疫情防控资金20万元,帮助吉石坝街道解决防疫燃眉之急;挂职干部迅速深入所联系的吉石坝街道办公室开展疫情防控工作,严格落实各项管控措施,全面加强社会面和重点人员管控,当地疫情得到有效控制。

【健康帮扶】 中国文联组织开展红十字助力乡村振兴项目,协调武都区申报"博爱家园"项目1个、"博爱卫生站"健康促进类项目1个、"博爱E站"健康促进类项目1个,申请中央专项彩票公益金大病儿童救助项目救助白血病儿童12名、先天性心脏病儿童35名。

【帮扶宣传】 6月,由中国文联帮扶办公室、中国民间文艺家协会组织策划的"乡村振兴,民艺赋能——武都区民艺精品晋京展"在中国文联展览馆开幕。中国文联领导、中国民间文艺家协会领导等有关方面负责人和武都区委领导及武都区有关方面负责人、民间艺术家代表,中国文联各协会代表及北京10余家新闻媒体代表共计80多人参加开幕式。展览展出武都民间艺术家精心设计创作的民艺作品,有5类9个品种,包括紫泥文创产品、布艺贴画、雕刻、剪纸等,其中紫泥作品15件、紫泥印章709件、紫泥皮画24幅、陶像13件、高山戏服4套、布艺贴画4幅、藏式锦带5条、木雕12件、玉雕6件、剪纸28幅,共计820件。为了呈现更完整的武都民艺,打造紫泥文化品牌,展览采取图文、实物和戏曲音乐并具的形式。《高山戏》作为当地最具代表性的民间文艺形式,首次以展览的形式出现在观众面前。

(中国文学艺术界联合会办公厅
国有资产管理处　李　栋)

中国作家协会定点帮扶

【概述】 2022年,中国作家协会(以下简称"中国作协")定点帮扶甘肃省临潭县。中国作协坚持"文化润心、文学助力、扶志扶智"特色帮扶思路,直接投入帮扶资金330万元,引进帮扶资金20万元,购买、助销农产品25万元,培训基层干部147人次,助力临潭县全面推进乡村振兴。

【帮扶资金投入】 2022年,中国作协投入帮扶资金330万元,引进帮扶资金20万元,采购、助销农产品25万元,合计帮扶375万元。

【帮扶调研】 9月,中国作协书记处书记及办公厅、社联部、机关党委(人事部)等相关部门11人先后到临潭县调研指导,采风创作。

【帮扶会议】 4月,中国作协党组召开帮扶工作专题会,制订通过《中国作协2022年度定点帮扶工作计划》。7月,临潭县县长一行到访,中国作协党组书记召集党组及相关部门负责人,座谈交流临潭县巩固拓展脱贫攻坚成果同乡村振兴有效衔接、打造"高原厨房"农牧产业品牌等县域发展新思路,探讨文学助力临潭县弘扬新时代拔河精神、洮商精神等定点帮扶工作。

【帮扶培训】 中国作协举办临潭县乡村振兴干部能力提升培训班、临潭县图书馆总分馆建设基础文化干部培训班、临潭县乡镇教师电教化能力提升培训班、临潭县农村技术人员职中实训班等班次,共培训相关人员147人次。投入15万元支持乡村教师在线教学能力培训。

【干部挂职帮扶】 中国作协选派1人挂职临潭县委常委、副县长,策划、推动中华诗词示范县创建,临潭县电影院升级改造、冶力关大景区中国当代著名作家书画馆、本土农牧产品包装设计等特色工作,动员社会力量为学生捐赠学习、生活用品价值近10万元。1人挂职临潭县池沟村驻村第一书记,聚焦为民办实事,利用周末、节假日坚持为池沟村及周边村初中学生提供"督苗助学"课后辅导,共辅导学生1535人次,其事迹被中共甘南藏族自治州委员会组织部拍成专题片宣传。

【产业帮扶】 中国作协以文学助力一二三产融合发展,开展"诗意临潭·高原甄选"农产品包装设计全国征集活动,为临潭"高原厨房"产业振兴重点项目打下基础。以文化助力临潭重点特色产业乡村旅游升级发展,帮助"中国传统村落"红堡子村打造临潭第一家村史馆,驻村第一书记所在的池沟村被评为中国乡村旅游模范村、全国乡村旅游重点村。

【智力帮扶】 中国作协巩固拓展文学助力成果,擦亮"文学之乡"成色。组织文学界业务学习交流,推动召开临潭县宣传文化系统学习贯彻中国文学艺术界联合会十一大、中国作协十大会议精神座谈会;在临潭县召开中国作协原挂职干部朱钢专题书写临潭的散文集《远道而来》座谈交流会;组织临潭县6名本土作家在《文艺报》刊发作品,探讨新时代山乡巨变中基层作家的文学书写。

【教育帮扶】 中国作协驻村第一书记在池沟村开展初中学生"督苗助学"课后辅导,学生考试成绩显著提高,参加"督苗助长"的27名九年级学生中有22名通过中考升入普通高中,其中1人升入甘肃省重点中学,4人升入甘南藏族自治州重点中学。发挥文学功能促进教育发展,推荐临潭县2名学生在《中国校园文学》上发表作品，其中《外婆的西葫芦》全网累计阅读量超过50万次。通过教育局组织临潭中小学生参加《中国校园文学》"致中国梦·中国青少年公益梦想"征文活动，推动学生素质教育。组织中华传统文化进校园活动，邀请临潭县洮州诗词楹联学会会长到临潭县城关第三小学举办诗词楹联创作基础知识讲座；当地11名学生在国家文物局等单位举办的"我身边的革命文物"全国征文中获奖。

【文化帮扶】 中国作协继续发挥自身优势，助力临潭文学之乡建设。拨付扶持资金20万元支持临潭县电影院升级改造，2022年9月项目完成，补足临潭文化短板，丰富群众精神需求，提升文化品位。协调中国文学艺术界联合会、中国作协原副主席为临潭县发展文化旅游产业品牌的口号"侯显故里 人文流顺"题词。"4·23世界读书日"之际，策划"文学助力文旅融合——临潭县图书馆图书捐赠助力关驿书香民宿建设暨书香进文旅单位"活动，以文塑旅。中国作协11家文学报刊积极为临潭县中国作协图书室捐赠报刊1000余册。大力推介作家发表出版文学作品，推荐当地作者在《人民文学》《文艺报》《中华诗词》《中华辞赋》等上发表散文、古体诗词作品，为本土作家和临潭文旅宣传精心编辑出版5本图书。培育文学队伍，2022年临潭县有1位作家加入中国作协、10位诗词作家加入中华诗词学会、1位作家被鲁迅文学院高研班录取。

【社会帮扶】 中国作协挂职干部动员社会力量陆续开展3个教育帮扶进校园系列活动，新浪育儿、浙江爱升婴童用品股份有限公司为冶力关、流顺镇、城关第二幼儿园捐赠价值6万元的卡通睡袋。北京海嘉国际汉语学校为临潭县第三中学捐赠价值3000余元的学习生活物品。全国名校山西省晋城市第一中学校为临潭高中师生捐赠价值3.5万元的优秀学子文集500册。完成2021年度达成的冶力关中国当代著名作家书画馆项目第一批作品交付工作，征集到王蒙、莫言、吉狄马加、刘亮程等近百位作家的书画作品。协调中华诗词学会会长、著名书法家为新城镇组织振兴红色示范村文化牌楼题词，提升文化景观层次。经中华诗词学会同意，临潭县启动"中华诗词示范县"创建工作，并于9月在临潭成功举办全国性社会组织助力国家乡村振兴重点帮扶县结对共建活动，该活动已被列入了民政部、国家乡村振兴局"全国性社会组织助力乡村振兴项目库"。

【公益帮扶】 中国作协在中华文学基金会的帮助下，与中国光华科技基金会对接，向临潭县图书馆亲子阅读室捐赠价值11万元码洋的绘本图书。

【基础设施建设】 中国作协驻池沟村第一书记组织完成池沟村党群服务中心水电改造，对村内和田间路段进行维修，安装排水管，改善生态环境。共投入20万元完成池沟村村北水渠一期、二期工程，实现水浇灌耕地80亩，农作物实现增产。

【帮扶宣传】 中国作协《文艺报》2次、中国作家网5次专题采写宣传帮扶工作，多次协调临潭县、所属甘南藏族自治州媒体及时宣传报道帮扶工作。"5·19中国旅游日"前夕，策划"在这个夏天，让我们一起遇见临潭"文旅宣传文案，10余个平台同步发布，点击率达到数万人次。"6·11文化和遗产日"前夕，联系中国民间文艺家协会推介临潭重点非物质文化遗产，洮州刺绣在其官方公众号被推介。9月，组织中华诗词学会、甘肃省诗词学会著名诗人到临潭县采风，创作大量作品发表出版，宣传临潭文旅资源。中国作协文化帮扶经验案例被2022年甘肃省东西部协作和定点帮扶新闻发布会选中，进行经验交流，被省内外多家媒体报道。

（中国作家协会办公厅 高　会）

中国科学技术协会定点帮扶

【概述】 2022年，中国科学技术协会（以下简称"中国科协"）定点帮扶山西省临县和岚县，充分发挥"一体两翼"组织优势和人才优势，坚持"四个不摘"、志智双扶，强化党建引领、科技赋能，大力推动会企合作，深入开展科技助力产业提质增效、乡村振兴人才培训、消费帮扶等工作。全年先后70次赴定点帮扶县考察调研，召开8次专题办公会，专题研究定点帮扶工作；选派4名挂职干部参与帮扶；投入帮扶资金1251.8万元，引进帮扶资金2000万元；培训基层干部371人次、乡村振兴带头人395人次、各类专业技术人员629人次；购买脱贫地区农产品60.6万元，帮助销售脱贫地区农产品553.5万元；捐赠207套办公电脑，捐赠衣物、文具等5200余件，价值26.7万余元，助力巩固拓展脱贫攻坚成果同全面推进乡村振兴有效衔接。中国科协在2022年度中央单位定点帮扶工作成效考核评价中被评为"好"等次。

【帮扶资金投入】 2022年，中国科协直接投入帮扶资金1251.8万元。其中，投入425万元用于产业帮扶，助力定点帮扶县沙棘、食用菌、粗杂粮、枣花蜜等特色产业发展；投入198.5万元，用于打造临县城庄镇小马坊村和岚县岚城镇王家村2个乡村振兴示范村；投入194万元，用于开展定点帮扶县乡村基层干部和乡村振兴带头人培训；投入200.2万元，用于提升定点帮扶县医疗卫生人员和中小学教师专业技能水平；投入174.1万元，用于开展定点帮扶县科普助力"双减"，提升青少年科学素质；投入60万元，用于支持定点帮扶县科协"三长"队伍建设。

【帮扶会议】 中国科协主要负责同志主持召开中国科协乡村振兴工作领导小组全体会议，面向全国科协系统发布《中国科协2022年定点帮扶工作要点》，明确全国学会开展"组团式"帮扶、深化基层农技服务、广泛开展科技志愿服务、关心关爱挂职干部、开展基层党组织结对帮扶等11项重点任务。全年共召开8次专题办公会，研究推动乡村振兴定点帮扶工作；与临县人民政府、岚县人民政府建立季度会商机制，每季度通过线上形式召开工作推进会，深入了解帮扶县需求，合理制订帮扶计划和安排帮扶项目，及时掌握帮扶工作进度、解决工作困难，确保帮扶成效可持续。

【帮扶培训】 中国科协聚焦基层干部、乡村振兴带头人和各类专业技术人员等重点人群，共培训乡村基层干部371人次、乡村振兴带头人395人次、专业技术人员629人次，助力人才振兴。推动江苏省科学技术协会在南京组织岚县乡村振兴干部研修培训班，49名基层干部参加；协调国维集团全额资助帮扶县20名乡镇长参加"北京师范大学乡长学院"培训；协调中华医学会先后派驻14位知名专家对基层卫生人员开展疫情防控、慢性病防治、中医适宜技术培训，编制卫生人才培养发展课程汇编，建立卫生人员"千人学习档案"，配置先进医疗教学器材，提升基层卫生人员专业水平。协调山西师范大学为两县50名基础学科教师提供专业能力培训，为200名科技教师提供科技教育培训，有效提升青少年科技教育水平；动员中国自动化学会、中国电子学会分别捐助2个"智航教育"工作室,开展科技支撑乡村振兴"启迪义教"活动,为帮扶县13所学校捐赠科教物资,对千余名学生开展现代科技教育,点亮孩子们的科学梦想。

【干部挂职帮扶】 中国科协选派2名干部分别担任临县和岚县副县长,2名干部分别担任临县城庄镇小马坊村、岚县岚城镇王家村驻村第一书记。临县副县长、岚县副县长做好联系定点帮扶县桥梁纽带,坚守感情入位、工作到位,深入乡村一线摸需求、协调项目和资源落地,以实干赢得当地干群普遍好评;驻村第一书记带领小马坊村种植香菇增收致富,协调各方力量助力王家村建设马铃薯主题"农业+科普+旅游"示范村。

【产业帮扶】 中国科协围绕帮扶县沙棘、马铃薯、食用菌、红枣等特色产业提质升级,开展产业科技帮扶,扶持龙头企业、农村专业合作社11个。动员国内沙棘知名专家、辽宁旱地农林研究所所长带领团队5次赴岚县开展科技服务,引进沙棘品种(系)10个,建设良种示范基地200亩,栽植苗木4.4万株,繁育良种苗木20万株,帮助选育岚河1号、岚顺5号等8个中国沙棘品种,解决原有品种退化、病虫害严重等问题;推动岚县与江苏省铸造学会及4家铸造企业达成共识,助力岚县铸造产业提质升级;推动江苏省科学技术协会为岚县引进63头"苏姜猪"优质品种,现场指导生态养殖。针对临县食用菌产业种植小、散、乱等问题,筛选羊肚菌优良品种、示范种植100亩,编制技术规程,创新示范羊肚菌—香菇轮作技术和菌菜轮作技术,推动生产管理标准化;为临县引进3个彩色水稻和果蔬优良品种,开展稻田种植与鸭、小龙虾、青蛙、锦鲤、鳖形成综合生态养殖。深化与国家乡村振兴局、中国农业科学院协作,组建临县、岚县在内的112个脱贫县产业顾问组,助力脱贫县产业增效和群众增收。

【党建帮扶】 中国科协坚持党建引领带动基层组织建设,组织动员16家直属单位发挥各自优势开展多样化结对帮扶,组建5个"科创中国"产业服务团、1个区域服务团、2个专业服务团,邀请院士、专家12人次对接10余家企业技术需求;开展"天宫课堂""天文科普""云上科学营""大手拉小手科普报告汇""科普中国智惠农民·乡村振兴大直播"等特色科普活动,配置4个"科创筑梦"乡村青少年科技教育服务站,捐赠90套课程体验包,配发7部科技影片等科普资源,助力公民科学素质提升;协助组建10支科技志愿服务队,指导开展科技志愿服务活动30余次;采购帮扶县农副产品60.6万元;开展"爱在金秋 爱心传递"捐赠活动,500余名干部职工捐赠书籍、衣物等物品5200余件,价值26.7万余元。

【社会帮扶】 中国科协强化会企合作,推动社会力量参与定点帮扶,加强与国家能源投资集团有限责任公司合作,引入资金超2000万元,在岚县完成一期4.7兆瓦光伏项目建设,使用后为覆盖农户每年每户增收2000元;推动中国石油化工集团有限公司将22种特色农副产品上线中国石化员工团购网,帮销农产品553.5万元,促进农户增收;在《中国石化》杂志专版宣传临县青塘粽子,助力销售5万余只粽子,扩大农特产品影响力;与中国银行股份有限公司签订战略合作协议,推动当地金融机构为两县重点企业提供300万元融资;加强与科大讯飞股份有限公司合作,以智慧化生猪养殖为牵引提升帮扶县信息化水平;探索与淘菜菜合作,拓宽帮扶县农产品销售渠道;推动北京德恒律师事务所在岚县建设公益法律服务工作站,提供多样化免费法律公共服务。

【整村推进】 中国科协助力岚县王家村打造乡村振兴示范村,协调建设150亩种薯繁育示范基地,推动传统商品薯生产向种薯培育转变,使覆盖农户全年平均纯收入增长1200

余元;制作马铃薯科普文化墙236.5平方米、科普展板200余幅和特色文创产品11个,为近2万名游客提供一场丰富的"农业+科普+旅游"盛宴,积极引入彩色马铃薯,设计打造马铃薯科普示范田,集中展示岚县马铃薯文化,丰富"土豆花开了"旅游文化品牌内涵,推动马铃薯产业转型升级。

(中国科学技术协会 荀均林)

中华全国归国华侨联合会定点帮扶

【概述】 2022年,中华全国归国华侨联合会(以下简称"中国侨联")定点帮扶江西省上饶市广信区。中国侨联党组高度重视定点帮扶工作,坚持以习近平新时代中国特色社会主义思想为指导,深入贯彻落实党的二十大精神,认真学习贯彻习近平总书记在党的二十大报告中关于乡村振兴的重要论述,严格按照中共中央和国家机关工作委员会、国家乡村振兴局的要求,切实履行定点帮扶责任,将发挥侨联组织独特优势与广信区经济社会发展需要相结合,通过选定帮扶项目,制订帮扶计划,精准实施基础设施帮扶、教育帮扶、文化帮扶、消费帮扶等,进一步补短板、强弱项,推动巩固拓展脱贫攻坚成果同乡村振兴有效衔接;共投入帮扶资金141.88万元,引进帮扶资金308万元,培训基层干部及专业人才275人次,购买定点帮扶县和脱贫地区农产品6.378万元,帮助销售定点帮扶县和脱贫地区农产品9.996万元,圆满完成各项帮扶任务。

【帮扶资金投入】 2022年,中国侨联机关各部门、各企事业单位充分发挥各自优势,共投入和引进帮扶资金449.88万元,为清水乡双溪村高山饮水项目,清水乡双溪村、湖村乡碧霞村、田墩镇东坑村太阳能路灯项目,茶亭镇中心幼儿园"安吉游戏"玩具项目,上泸镇中心小学、湖村乡中心小学"云课堂"设备项目,铁山乡中心幼儿园长廊、水循环玩具、种植园项目,五府山镇中心幼儿园文化建设、图书及玩具项目,枫岭头镇中心小学信息化建设项目,黄沙岭乡大屋村小学改善办学条件等10个项目提供资金204.2万元;为广信区部分贫困大学生提供奖助学金40万元;针对广信区遭受重大水灾的情况拨付20万元援助款,为当地灾后重建工作提供有力支持;协调中关村精准医学基金会为广信区妇幼保健院捐赠价值150万元的进口彩色B超设备1台;为丰富广信区村民和学生的文化生活,投入20万元为当地居民免费提供2万张线上电影票;投入16万余元用于购买脱贫地区农产品。

【帮扶会议】 中国侨联召开定点帮扶工作领导小组会议,总结2021年工作情况,部署2022年定点帮扶工作。会议强调,要巩固定点帮扶成果,继续落实"四个不摘"要求,机关各部门(单位)要把思想和行动统一到习近平总书记重要讲话精神和中共中央决策部署上来,按照中共中央和国家机关工作委员会、国家乡村振兴局的要求,密切合作,履职尽责,扎实做好定点帮扶和乡村振兴工作。

【帮扶计划】 中国侨联为更好地将定点帮扶项目与促进地方乡村振兴有机结合,在前期调研走访的基础上确定各项帮扶任务。4月19日,中国侨联召开十届四十七次主席办公会议,对帮扶计划进行专题研究讨论,通过后正式印发机关各部门、各直属企事业单位,并抄送上饶市广信区委、区政府、区侨联,推进各相关单位立足实际,助力定点帮扶工作。

【帮扶调研】 11月,中国侨联党组成员、副主席带队赴广信区调研、督查定点帮扶工作,了解挂职干部工作情况,听取基层干部群众意见建议,并出席中国侨联向广信区捐赠医疗设备、奖助学金、水灾救助金的捐赠仪式,并指出定点帮扶工作是中共中央着眼全局作出的重大决策,是推动区域协调发展、缩小发展差距、实现共同富裕的重要举措。中国侨联2022年定点帮扶工作在上饶市委、市政府,广信区委区政府及各相关部门的关心支持下,克服疫情影响,扎实顺利开展,达到预期效果。两位挂职干部认真履职,克服困难,完成各项任务。

【干部挂职帮扶】 中国侨联选派2名干部分任区委常委、副区长和驻村第一书记,挂职干部积极了解当地百姓、企业需求,将侨界资源与当地帮扶工作精准对接、落到实处,推动广信区乡村振兴。

【帮扶督查】 为确保项目资金落实,中国侨联办公厅、权益保障部、机关党委(纪委)组成联合督查组,赴上饶市广信区,深入枫岭头镇、茶亭镇、黄沙岭乡、五府山镇、铁山乡、田墩镇,就帮扶政策落实、年度项目执行、帮扶资金使用等情况进行督促检查并反馈整改意见。督查组与上饶市领导、广信区领导就做好下一阶段定点帮扶工作、更好助力广信区乡村振兴事业发展进行交流。

【帮扶培训】 中国侨联特邀上饶市委党校副教授以"提升乡村治理能力 助力人居环境改善"为题做专题辅导讲座,上饶市广信区各村的村务监督委员会主任共计225人聆听讲座。在广信区举办"中国侨联贯彻落实二十大精神 推动定点帮扶工作培训班",共有57名学员参加培训,系统学习党的二十大精神,重点学习习近平总书记关于实施乡村振兴战略的重要论述。

【教育帮扶】 中国侨联针对广信区一些幼儿园、小学缺少教具及办学条件急需改造等需求,坚持量力而行、尽力而为,推动解决。投入118万元,用于茶亭镇中心幼儿园"安吉游戏"玩具项目,上泸镇中心小学、湖村乡中心小学"云课堂"设备项目,铁山乡中心幼儿园长廊、水循环玩具、种植园项目,五府山镇中心幼儿园文化建设、图书及玩具项目,枫岭头镇中心小学信息化建设项目,黄沙岭乡大屋村小学改善办学条件等6个项目;协调中国侨商联合会为当地新考入大学的贫困生提供40万元奖助学金,为他们消除后顾之忧。

【基础设施建设】 中国侨联根据广信区申请,投入100余万元用于清水乡双溪村高山饮水项目,清水乡双溪村、湖村乡碧霞村、田墩镇东坑村太阳能路灯项目,指定专人负责项目落地及推进工作,为当地村民消除生产生活安全隐患,改善居住环境;针对广信区遭受重大水灾的情况,投入20万元援助款,为当地灾后重建工作提供有力支持。

【健康帮扶】 协调中关村精准医学基金会为广信区妇幼保健院捐赠价值150万元的进口彩色B超设备1台;协调华厦眼科医院集团为黄沙岭乡中心小学、黄沙岭中学、郑坊中学、郑坊镇中心小学、望仙乡中心小学、望仙中学共6所学校的2645名学生做视力筛查,并为其中432名学生免费配镜。

【文化帮扶】 中国侨联为丰富广信区村民和学生的文化生活,加强乡村精神文明建设,免费提供5000张电影票,供广信区村民和学生免费观看6部影片。

【消费帮扶】 中国侨联购买定点帮扶县和脱贫地区农产品6.378万元,帮助销售定点帮扶县和脱贫地区农产品9.996万元。积极推动直属机关工会及各分工会在"832平台""广信扶贫购"等网络平台采购工会福利品和慰问品,联系中国华侨出版社、中国侨商联合会、北京华侨大厦有限公司等帮助销售广信区农产品。

(中华全国归国华侨联合会权益保障部信访处 钱 赟)

全国人民代表大会常务委员会办公厅定点帮扶

【概述】 2022年,全国人民代表大会常务委员会办公厅(以下简称"全国人大常委会办公厅")深入学习领会习近平总书记关于巩固拓展脱贫攻坚成果、全面推进乡村振兴重要讲话和对深化定点帮扶工作的重要指示精神,严格落实"四个不摘"要求,全力以赴推动内蒙古自治区太仆寺旗、察哈尔右翼前旗(以下简称"察右前旗")巩固拓展脱贫攻坚成果同乡村振兴有效衔接。整合多方力量,直接投入和引进帮扶资金12539.19万元;推进消费帮扶,直接购买和帮助销售农产品2551.86万元;对接地方需求,选派3名优秀干部到两旗挂职;创新培训模式,培训基层干部、乡村振兴带头人、技术人员4017人次;充分发挥自身优势,协调多个帮扶项目落实落地;发散思维、集思广益,动员中国民主促进会中央委员会、清华大学、深圳市腾讯计算机系统有限公司等多方面力量广泛参与两旗乡村振兴工作;督促运行好防止返贫动态监测和帮扶机制,提醒加快推进帮扶项目落实落地;组织与两旗3个村级党支部共建,促进组织振兴。

【帮扶资金投入】 2022年,全国人大常委会办公厅整合多方力量,直接投入和引进帮扶资金12539.19万元。直接投入帮扶资金603.94万元,其中直接向两旗拨付帮扶资金100万元;向两旗捐赠家具、计算机、图书等物资451.89万元;援建红喜村有机肥发酵项目等41.51万元;培训费10.54万元。协调引进帮扶资金11932.25万元,其中协调落实察右前旗创建国家现代农业产业园中央奖补资金4000万元、农村人居环境整治2022年度中央预算内投资项目2000万元、国家数字种植业创新应用基地建设项目(马铃薯)1980.31万元、马铃薯育种创新能力提升项目1200万元,深圳市腾讯计算机系统有限公司投入资金2000万元,中国下一代教育基金会向两旗捐赠价值435万元的物资,太仆寺旗百亩土壤改良示范项目投入资金177.9万元,中国科学技术协会、中国光华科技基金会、中国民主法制出版社、北京五八信息技术有限公司等捐赠价值139.04万元的图书。

【帮扶资金管理】 全国人大常委会办公厅认真做好定点帮扶资金使用管理工作,确保资金安全、合规、有效使用。为确保帮扶项目及时精准落地、资金使用规范安全,定期了解进展情况,两次提醒两旗督促有关主体,切实按程序抓紧抓好落实,加快推进项目实施,争取尽早发挥作用,真正惠及当地群众。

【帮扶调研】 7月,第十届全国人民代表大会常务委员会副委员长赴察右前旗,出席全国人大常委会办公厅、中国下一代教育基金会举办的"情系民族地区 关爱下一代"捐赠仪式,向两旗捐赠价值435万元的物资,包括运动鞋服、文具、图书、营养厨房设备和童乐园项目,实地走访中国下一代教育基金会捐助支持的平地泉中学、启智幼儿园。

【帮扶会议】 全国人大常委会办公厅召开全国人大机关党组会议,传达学习习近平总书记对深化定点帮扶工作作出的重要指示,研究部署定点帮扶工作,要求坚决贯彻落实中共中央决策部署,继续发挥特色优势,巩固脱贫成果,推动两旗走向振兴。全国人大机关定点帮扶办公室全力抓好各项任务落实,与两旗及有关方面召开各类对接、协调、座谈会48次,就项目落地、产业扶持、物资捐赠、培训学习、消费帮扶等进行深度对接。

【帮扶培训】 全国人大常委会办公厅创新培训模式,培训基层干部、乡村振兴带头人、技术人员4017人次。在不适宜举办现场培训班的情况下,派专人前往基层全国人民代表大会代表所在地录制视频课程,结合全国人大干部网络学院原有课程,为两旗旗乡两级干部、村支"两委"、驻村工作队员、乡村振兴带头人等讲授学习贯彻2022年中央一号文件稳住农业基本盘、建设美丽乡村推进乡村振兴、驻村工作无小事民心凝聚齐向前、党建引领推动乡村振兴等课程。

【干部挂职帮扶】 全国人大常委会办公厅党组高度重视挂职帮扶干部的选派和管理工作,坚决落实中共中央各项要求,把定点帮扶作为机关干部成长培养的重要途径和手段,坚持优中选优、精挑细选,确保把觉悟高、能力强、有志于帮扶的干部选派到一线。2名干部分别任察右前旗、太仆寺旗政府副旗长,在察右前旗挂职干部兼任旗委常委;1名干部任太仆寺旗红旗镇红喜村驻村第一书记。机关定点帮扶办公室完善与挂职干部的沟通联络机制,及时听取挂职干部的工作和生活情况汇报及需求,协调落实有关事项。研究确定机关帮扶专项资金用于支持挂职干部开展工作,提供每人不少于10万元资金用于推进乡村振兴项目。察右前旗挂职干部在乌兰察布市挂职干部目标考核中获评"优秀"等次。

【消费帮扶】 全国人大常委会办公厅直接购买和帮助销售农产品2551.86万元。积极推动两旗特色产品进机关,帮助两旗提高农产品质量和销量,保障有效供给,机关工会和后勤采购单位同等条件下优先采购两旗农产品,全体干部职工积极参与,机关全年直接购买两旗农产品443.08万元。通过公益人大等平台推介两旗农产品,多种渠道帮助内蒙古塞茵苏乳品有限公司、锡林郭勒盟红井源油脂有限责任公司销售产品等方式,帮助两旗销售农产品2108.78万元,进一步扶持当地龙头企业和农村合作社发展,促进一二三产业有机融合,助力产业振兴。

【项目帮扶】 全国人大常委会办公厅帮助察右前旗创建2022年国家乡村振兴示范县,成为乌兰察布市唯一、内蒙古自治区3个入选旗县之一。协调落实察右前旗通过国家现代农业产业园认定,及时获得中央财政奖补资金4000万元,有效缓解地方资金压力,进一步深化产业园建设。帮助落实察右前旗申请创建国家农业绿色发展先行区事宜,进一步巩固当地农业农村绿色发展成果,助力走出绿色道路。商请住房和城乡建设部、国家博物馆分别在为太仆寺旗规划编制城镇内涝治理方案和察右前旗文物遗址开发方面给予支持。积极帮助察右前旗申报马铃薯育种创新能力提升项目、农村人居环境整治2022年度中央预算内投资项目、国家数字种植业(马铃薯)创新应用基地建设项目。把原在察右前旗投资建厂的北京凯达恒业农业技术开发有限公司引荐太仆寺旗,该公司拟在太仆寺旗投资30亿元建设马铃薯加工厂。

【产业帮扶】 全国人大常委会办公厅抓住国家推动马铃薯主粮化开发战略机遇,积极支持察右前旗做大做强马铃薯产业。积极争取项目资源,直接引进资金2.32亿元,助推马铃薯产业发展。大力培育优良种薯,打造马铃薯的"中国芯",国家现代农业产业园核心区马铃薯亩产超过3吨。推广订单化种植,让村民增产又增收,有效带动41个村集体3371户11051人参与订单农业,马铃薯规模化种植面积达11万亩,亩均利润达1300元,推动2973户9862人脱贫人口稳定增收。增强马铃薯精深加工能力,拓展延伸产业链条,32家企业形成马铃薯上、下游产业集群,带动2.2万人在家门口就业。不断拓宽销售渠道,完善利益联结机制,7000余户农户稳定受益,其中3200余户脱贫户人均增收1000余元。

【教育帮扶】 全国人大常委会办公厅协调江苏省泰兴市育红幼儿园优秀教师团队分别为察右前旗、太仆寺旗幼儿园园长、骨干教师开展1次线上培训。北京五八公益基金会按需捐赠2万册图书,联合北京市西部阳光农村发展基金会在两旗开展青葵花导师计划,为700名乡村教师搭建专业、可持续的共学成长公益培训平台。

【文化帮扶】 全国人大常委会办公厅协调深圳市腾讯计算机系统有限公司在当地开展"耕耘者振兴计划"人才培训,通过培训掌握积分制助力文化振兴。

【公益帮扶】 全国人大常委会办公厅协调深圳市腾讯计算机系统有限公司在两旗建设未来教室,发起专项助农项目"丰收好物计划",无偿出资2000万元并统合公司内部资源,聚焦实施13个群众获得感强烈的民生项目,带动21个村1.8万余人直接受益。北京五八信息技术有限公司充分发挥作为互联网生活服务平台企业的自身资源优势,为两旗搭建网上招聘专区,助力就业帮扶;通过鼓励员工购买、助力当地企业品牌宣传等方式开展消费帮扶。

【基础设施建设】 全国人大常委会办公厅经与中国国家铁路集团有限公司反复沟通,太锡铁路途经太仆寺旗线路明确不换车、不降速,将充分发挥出原设计对太仆寺旗经济社会发展的带动作用,后续又促成生态环境部正式受理该项目环评方案,按程序尽早办理批复手续。11月,该项目建设全面启动。

【生态帮扶】 全国人大常委会办公厅与中国民主促进会中央委员会青年工作委员会、中国民主促进会清华大学委员会签订三方战略合作备忘录,依托清华大学开孔陶瓷空心微珠土壤改良创新技术,由天津泰达绿化科技集团股份有限公司具体实施,在当地环境条件最差、土地最干旱贫瘠的红喜村建设百亩土壤改良示范基地。该项目团队创新性地将开孔陶瓷空心微珠土壤改良创新技术、畜禽粪便及生物质资源高效利用技术、中草药生态高产种植技术及智慧节水灌溉等4项关键技术集成,种植土豆、胡麻等当地主要经济作物和11种高价值中草药品种,增产成效明显。

【党建帮扶】 全国人大常委会办公厅定点帮扶的太仆寺旗红喜村、帐房山村和察右前旗哈毕格村是有关支部的共建村。在共建支部的推动下,分别为红喜村、帐房山村援建党员活动阵地、安装便民路灯,红喜村有关项目已经落地,帐房山村成立专业合作社,注册农产品商标品牌。红喜村百亩土壤改良示范项目取得积极成效,帮助帐房山村销售玉米28.79万元,在助力基层党组织和党员队伍建设、帮助培育新型农业经营主体、帮助共建村发展壮大农村集体经济等方面发挥积极作用。

【帮扶宣传】 全国人大常委会办公厅积极对接人民日报社新媒体中心,将两旗加入人民日报首批乡村振兴传播计划,在发掘培育乡村短视频创作者、做活农村电商、组织传播活动、提升县域知名度等方面获得支持。形成3个创新帮扶典型案例,1个由人民网发布,社会反响好。

(全国人民代表大会常务委员会办公厅机关事务管理局　罗　琦)

中国人民政治协商会议全国委员会办公厅定点帮扶

【概述】 2022年，中国人民政治协商会议全国委员会办公厅（以下简称"政协全国委员会办公厅"）认真贯彻落实习近平总书记关于定点帮扶工作的重要指示精神，深入学习党的二十大精神，认真落实《中共中央 国务院关于做好2022年全面推进乡村振兴重点工作的意见》和全国东西部协作和中央单位定点帮扶工作推进电视电话会议部署要求，在国家乡村振兴局、中共中央和国家机关工作委员会的有力指导下，推动定点帮扶工作再上新台阶、乡村振兴取得新进展、农业农村现代化迈出新步伐。全年对安徽省六安市舒城县、阜阳市颍东区直接投入帮扶资金131.67万元，引进帮扶资金1542.24万元，培训基层干部52人、乡村振兴带头人738人、技术人员1617人，购买、帮助销售农副产品244.28万元。在中央单位定点帮扶工作成效考核评价中被评为"好"等次。

【帮扶资金投入】 2022年，政协全国委员会办公厅累计投入帮扶资金131.67万元，其中中国文史出版社、《中国政协》杂志社、机关服务局、干部培训中心各投入帮扶资金20万元，人民政协报社投入帮扶资金10万元，信息中心、中国政协文史馆各投入帮扶资金5万元，机关事务管理局筹措9万多元物资，中国文史出版社、中国政协文史馆、政协文化文史和学习委员会办公室合计投入价值22万余元图书支持农家书屋建设。这些资金、物资用于支持颍东区村级产业基地、办公设备更新和舒城县乡村振兴示范产业、特色文化产业发展等项目，帮助两地全面推进乡村振兴。

【帮扶调研】 6月，第十三届全国政协副主席率调研组赴舒城县视察调研，并接见和慰问机关挂职干部。全国政协副秘书长、机关党组成员率调研组赴舒城县、颍东区了解推进乡村振兴的新举措、新做法，督促指导两区县贯彻落实中共中央重大决策部署，督促运行好防止返贫动态监测和帮扶机制，落实过渡期各项帮扶政策措施。第十三届全国政协人口资源环境委员会主任率调研组，分别到舒城县、颍东区调研指导生态文明建设情况。第十三届全国政协教科卫体委员会副主任率部分全国政协委员到颍东区开展定点帮扶，协调建立与颍东区教育、医疗合作共建关系。第十三届全国政协农业和农村委员会副主任率调研组到两区县调研，指导两地农业农村高质量发展。

【帮扶会议】 第十三届全国政协主席汪洋高度重视机关定点帮扶工作，亲自主持召开全国政协党组会议听取全国政协机关有关定点帮扶工作开展情况的汇报。第十三届全国政协副主席亲自部署、推动，主持召开机关党组会议专题研究2022年机关定点帮扶工作计划，要求机关定点帮扶工作领导小组20家成员单位按时保质保量完成各项工作任务。全国政协副秘书长、机关党组副书记多次就机关定点帮扶工作做出批示。全国政协副秘书长、机关定点帮扶工作领导小组组长主持召开机关定点帮扶工作领导小组会议，部署年度帮扶计划，督促调度任务落实，协调解决帮扶区县在乡村振兴中遇到的实际困难和问题。

【帮扶制度建设】 政协全国委员会办公厅进一步完善帮扶工作机制，增强帮扶工作合力。机关党组研究制订并组织实施《2022年机关定点帮扶工作计划》,专门听取《2021年度定点帮扶工作成效考核评价反馈意见》的有关情况汇报并研究整改落实工作,将机关定点帮扶工作纳入机关重点督查事项,由机关帮扶办会同督查室建立每半年督促调度、报告制度。机关定点帮扶工作领导小组定期召开会议,分解落实工作任务,制定《关于进一步做好机关定点帮扶工作的通知》,督促加快工作进度。机关帮扶办协调20家成员单位合力聚力抓好各项工作任务落实。

【帮扶培训】 政协全国委员会办公厅依托干部培训中心,培训两区县基层干部52人。协调全国政协委员和中国农业科学院专家到颍东区、舒城县举行专题培训讲座,累计培训技术人员1600余人。协调开设乡村振兴主题辅导网络公开课,组织县乡村干部600余人参与培训。组织医务人员120余人参加中国人民解放军总医院专家"帕金森病的外科手术治疗"专题培训讲座。协调63人参加2022年清华碧桂园乡村产业振兴领头雁培养计划学习培训。

【干部挂职帮扶】 政协全国委员会办公厅选派9名干部(含选调生)分赴两地挂职锻炼,其中1人担任六安市委常委、副市长,8人到业务对口的县直单位挂职,并参与乡村振兴有关工作。继续从两区县借调4名干部到机关挂职锻炼。

【帮扶慰问】 政协全国委员会办公厅协调碧桂园控股有限公司向留守儿童捐赠价值3万元学习桌椅和智能对话学习机。协调浙江大学苏州工业技术研究院视力健康联合研发中心向舒城县实验小学公益捐赠90万元、300台近视弱视治疗仪。积极联系协调政协委员、公益组织和爱心人士为青墩村白血病女孩募集捐款12余万元。机关老干部局赠送留守儿童13件由老干部手编的毛衣、围巾和400余册在职干部捐赠的图书。

【产业帮扶】 政协全国委员会办公厅协调工业和信息化部支持舒城县申报2022年度中小企业特色产业集群,帮助阜阳市创建国家区域医疗中心。协调碧桂园控股有限公司捐赠650万元、香港友好协会捐赠50万元,支持舒城县青墩村垂钓基地产业项目建设,打造村级振兴示范产业园。促成安徽香江环保科技有限公司与颍东区签订环保建材项目投资协议,一期投资5亿元,建成后将成为全国大宗固废资源化利用示范基地。协调碧桂园控股有限公司投入100余万元支持舒城县南港镇陶窑非物质文化遗产展示基地文旅体验项目建设,支持舒城县庐镇乡黄柏村乡村振兴示范产业项目。帮助颍东区对接国内一流化工园、化工企业,促成苏州永得亿电脑和汽车配件、中通物流自动化生产、荃银高科种业种植、中科蓝海医疗设备等产业项目签约颍东区。协调安徽绿迪集团、中垦集团帮助发展干汊河镇黄姜产业、"舒城蔬菜"品牌打造和对接定向供应。积极对接符合两地产业发展导向的经济界委员所在企业考察投资,牵线搭桥搭建合作平台,与比亚迪集团、福建盼盼食品有限公司等联系,争取在两地投资兴业。

【人才帮扶】 政协全国委员会办公厅协调促成复旦大学附属妇产科医院(上海市红房子妇产科医院)与颍东区政府签订医疗卫生战略合作协议,在阜阳市第七医院挂牌"上海市红房子妇产科医院技术指导单位",在学科建设、人才培养等多方面为颍东区提供帮助。推动中国医学科学院肿瘤医院团队、中国中医科学院西苑医院团队与阜阳市肿瘤医院开展合作,协调阜阳市肿瘤医院医务人员到两所医院学习进修。促成北京市第十二中学与阜阳市城郊中学签订共建协议,开放共享教育教学资源,接收教师到北京市第十二中学跟班学习。协调苏州科技大学、常熟理工学院、苏州创美知识产权代理有限公司等人才合作类项目签约。

【文化帮扶】 政协全国委员会办公厅协调人民日报新媒体支持舒城县成功列入首批100个"乡村振兴传播计划"示范县。邀请部分全国政协委员等22名知名文化艺术界人士录制短视频，通过互联网为舒城人民送上新年祝福。协调相关部门、爱心企业多批次开展送春联、元宵节灯谜、"甩龙稠、剃龙头"等民俗活动。协调中央广播电视总台科教频道《味道》栏目组到舒城拍摄《春天的味道》专题节目，在全国播放形成美食品牌效应。协调在阜阳市城郊中学挂牌"刘月宁委员艺术工作室"，开展常态化音乐艺术教学；协调全国政协常委、委员聘为舒城县文化艺术顾问，开设名家艺术创作教育工作室。

【生态帮扶】 政协全国委员会办公厅助力巩固"国家生态文明建设示范区"创建成果，支持舒城县创建全国第六批"绿水青山就是金山银山"实践创新基地，帮助定点帮扶区县再获"国字号"荣誉。全国政协人口资源环境委员会组织专家调研组到两区县指导生态文明建设、美丽乡村建设，指导颍东区做好采煤沉陷区域内村庄搬迁、生态治理规划编制工作，引导重视采煤沉陷形成的湿地生态环境保护和合理开发利用，推进煤化工产业绿色低碳转型发展。指导舒城县持续加大生态环境保护基础设施建设力度，深化巢湖治理，探索完善巢湖流域水资源生态补偿机制，做好小型畜禽养殖户治污管理、乡镇污水处理设施规范运行等工作。指导两地深入开展农村人居环境整治工作，开展农村厕所革命、垃圾处理、污水治理等，大力倡导美丽庭院和美丽乡村建设。协调在两区县作生态文明建设辅导报告，在村庄规划编制、美丽乡村建设等方面给予智力支持和规划指导。

【党建帮扶】 政协全国委员会办公厅由机关党委牵头全面推动机关相关室局党支部和两区县基层党支部结对子。结合调研考察活动，全国政协农业和农村委员会办公室、人口资源环境委员会办公室、教科卫体委员会办公室、文化文史和学习委员会办公室、中国文史出版社等党支部分别与两区县基层党组织签订结对共建协议，建立常态化联系渠道，达成实质性合作意向，并通过召开结对共建线上座谈会、建立微信工作群等，积极开展学习交流和互促工作，扎实推进结对共建单位双向联络。为加强机关与基层帮扶工作组织建设，建立机关帮扶办与两区县乡村振兴部门帮扶工作"直通车"联络机制。协调碧桂园控股有限公司捐资21.9万元支持舒城县青墩村村史暨全国政协扶贫纪念馆建设，集中展示扶贫（帮扶）和党建工作成果。

【公益帮扶】 全国政协港澳台侨委员会办公室协调有关港澳地区委员捐助92.2万元支持舒城县文化项目、党群服务中心设施等建设。协调安徽龙讯信息科技有限公司投入15万元，支持舒城县5个数字示范村建设。协调中国宋庆龄基金会支持两区县改善医疗条件。协调北京启明星辰慈善公益基金会捐资30万元、阜阳市科学技术协会提供5万元，为冉庙乡中心学校扩建科技馆。协调委员捐赠10万元支持舒城老干部活动中心建设。

【消费帮扶】 中国人民政治协商会议全国委员会机关工会自颍东区采购31.14万元农副产品1531份。组织机关服务中心、干部培训中心等二级预算单位和两区县有关农业企业加强农副产品购销对接，并通过线上"832平台"采购约17万元。组织采购14.5万元舒城县"小兰花"茶叶作为会议用茶。通过公益政协App累计帮助销售22.3万元农副产品。协调收购销售莴笋、叶菜类，土鸡家禽类农产品共计30余万元，组织开展云上开茶节暨"助农直播、'抖'来喝茶"助农纾困电商营销活动，抖音直播期间销售额达123.95万元。联系相关农业企业支持疫情防控期间社区生活物资保障。

【特色帮扶】 政协全国委员会办公厅助力推进系统治理、依法治理、综合治理、源头治理等治理体系建设。继续组织实施《农业和农村委员会办公室定点帮扶舒城县、颍东区加强农村基层治理体系建设工作方案（2021—2023）》，以"创新基层治理方式、提升基层治理能力"为主题，开展对两区县定点帮扶指导。发挥专门协商机构作用，把政协协商与基层协商有效衔接、与基层社会治理有机结合，指导两区县政协开展镇、村议事协商创新实验，在挂职干部所在村庄创新开展"有事好商量·六安商量"之"共话舒心事·青墩夜话"活动，创立协商品牌，议题围绕农村垃圾分类等关键小事，突出实效改进乡村治理，把基层协商议事工作引向实处、引向深入，提升党组织领导下的自治、法治、德治有机结合能力，提升解决基层社会治理实际问题的能力，推进基层治理体系和治理能力建设。

【帮扶宣传】 人民政协报、《中国政协》杂志社在各平台、版面加大对两区县脱贫攻坚成果、乡村振兴典型经验、特色资源展示等方面宣传，刊发《舒城小兰花直播"抖"好茶——舒城兰花谷网络开茶节暨"助农直播，'抖'来喝茶"助农纾困电商营销活动举办》等18篇报道，通过人民政协报抖音、微博等支持发布舒城旅游形象宣传片暨旅游精品线路推介。协调安徽广播电视台经济生活频道制作的《桃溪瓦罐汤（上、下）》在全网开播。

（中国人民政治协商会议全国委员会办公厅机关事务管理局　苏成峰）

最高人民法院定点帮扶

【概述】 2022年，最高人民法院（以下简称"最高法"）深入学习贯彻习近平总书记关于乡村振兴工作的重要指示，按照中共中央关于巩固拓展脱贫攻坚成果、全面推进乡村振兴的部署要求，坚持把定点帮扶作为一项义不容辞的重大政治任务抓紧抓好，取得一系列阶段性成果，为高质量推进最高法定点帮扶工作发展打下坚实基础。全年共向定点帮扶的河南省商丘市宁陵县、睢县投入直接帮扶资金600万元，购买两县及其他脱贫地区农产品196万元，帮助两县引进帮扶资金2900万元，扶持龙头企业3家，培育新型农业经营主体9家，转移就业960人，培训人员1.5万余人次，帮助销售农产品12.44亿元。

【帮扶资金投入】 2022年，最高法筹集帮扶资金600万元。其中，人民法院新闻传媒总社筹集资金400万元，人民法院出版社筹集资金200万元。帮扶资金分别投入宁陵县350万元、睢县250万元，用于两县帮扶项目发展、完善农村生活设施、培训党员干部及专业技术人员。

【帮扶调研】 最高法全年针对宁陵县科创电商产业园、石桥镇果蔬冷链物流交易及深加工项目、睢县云腾国家级田园综合体项目，先后组织3次视频调研，听取项目进展情况汇报，及时研究解决遇到的困难。

【帮扶培训】 在宁陵县，最高法完成对1830名"法律明白人"的法治业务培训；对返乡进城务工人员、大学生、退伍军人、脱贫户等开展农村电商基础知识和技能提升培训，培训共12630人次，既有针对农产品的包装、设计、宣传、营销等技能的重点培训，又有加强直播电商等实操培训。在睢县，通过邀请农技专家现场授课，指导村民进行羊角蜜、绿宝和西红柿等果蔬生产管理，培训县乡村基层干部、乡村振兴带头人、农业技术人员286人次，培养他们懂技术、懂生产，带动一片、致富一方。

【干部挂职帮扶】 最高法选派3名干部分别到两个定点帮扶县挂职，1人担任宁陵县委常委、副县长，1人担任睢县县委常委、副县长，1人在睢县回示村担任驻村第一书记。同时，选派9名中央选调生到两县参与帮扶工作。宁陵县委常委、副县长被商丘市委记三等功，睢县驻村第一书记被河南省委组织部评为优秀驻村书记，所驻村党支部被评为四星党支部。

【产业帮扶】 最高法积极协调争取政策支持，帮助宁陵县申报生态环境部EOD模式融资项目及整县推进农村生活污水治理项目。全面打造电商服务体系，帮助宁陵县增强县乡村三级物流配送体系，建设完成二级物流县城快递驿站10个、二级物流乡村快递驿站50个，建成并备案211个村级寄递物流综合服务站，提升农特产品商品化率；通过打造县级电商公共服务中心、快递物流服务中心、农产品云仓分拣中心、网红孵化直播基地、特色产品网货基地"三中心两基地"的县域电商聚集区，成功举办省级农特产品展销会2场，县市级农特产品产销对接会4场，进一步推动农产品进城的公共服务体系建设。在商务部组织的国家级电商进农村综合示范工作绩效考评中，宁陵县再次取得全省第一名的好成绩。

最高法帮助睢县被确定为国家级田园综合体试点建设项目,再次获得资金支持2500万元。深化推进云腾食谷产业园项目,帮助睢县建设完工河南云腾食谷产业园无尘车间装修、给排水、二次消防等工程,就引入二期资金达成协议,继续谋划现代农业产业园建设和运营,探索农业供给侧结构性改革和三产融合新路径。帮助回示村紧紧扭住壮大村集体经济这条主线,努力变"输血"为"造血",借助五星支部建设的有利契机,将有限资金投入产业发展,顺应县域产业主流,扶持鞋业制造,提供就业岗位,增加集体收入。深入挖掘村集体资产价值,一地两用,在原有光伏设备下引入蟾蜍养殖,创造新收入、增加新岗位。

【消费帮扶】 最高法组织干警和直属单位采购定点帮扶县农副产品,共筹集消费帮扶资金196万元,通过"832平台"等渠道,购买两县和其他脱贫地区大批富有当地特色的农产品,让广大脱贫地区群众感受到实实在在的帮扶效果,进一步巩固拓展当地脱贫攻坚成果。

【文化帮扶】 最高法深入挖掘弘扬魁元文化,引导树立正确价值导向。在进行村容村貌改善过程中,积极继承发扬传统文化与优良家风家训的引领教育作用,营造"不比谁家房子大,只要孩子好读书"的重教氛围,为大学生家庭装钉特制门牌,提升好读书家庭的荣誉感,激励广大村民重视孩子教育,把有限的资源投入孩子的学习教育,努力培养数量多、质量高的人才,并积极鼓励学业有成的大学生返乡创业。为加快"水族"文化与乡村旅游相结合,谋划建设水族文化展厅,大力推进国家田园综合体项目建设使之加快融汇。进一步完善梁庄村法治一条街建设,更新法律法规知识,常用常新,达到更好的宣传效果。

【帮扶宣传】 最高法对宁陵县原有的法治公园进行提升,推动在法治公园建成35平方米的多功能、高清晰LED电子显示屏,以声光电的信息化方式搭建法治宣传平台,使其成为宁陵县法治宣传的新阵地。利用报纸刊物、电台、网络、微信公众号等多种媒体全方位宣传最高法对睢县的帮扶成效,先后在省(市、县)媒体刊发《商丘"菜园子"直通上海"菜篮子"》《"星"旺产业带民富》《草莓园里年味浓》《工厂建在家门口,村民奔向致富路》《大棚蔬菜种植成为农民致富新引擎》《专家献良策,冬枣助增收》等,对最高法的帮扶工作和帮扶成效进行宣传报道。

(最高人民法院司法行政装备管理局 杨 根)

最高人民检察院定点帮扶

【概述】 2022年，最高人民检察院（以下简称"最高检"）定点帮扶云南省文山壮族苗族自治州（以下简称"文山州"）西畴县、富宁县，坚持以习近平新时代中国特色社会主义思想为指导，以高度的政治自觉、法治自觉、检察自觉深入学习贯彻落实党的二十大精神、习近平总书记关于乡村振兴的重要论述、《中共中央 国务院关于做好2022年全面推进乡村振兴重点工作的意见》，采取有力措施，助推西畴县、富宁县巩固拓展脱贫攻坚成果、全面推进乡村振兴。

【帮扶资金投入】 2022年，最高检直接投入帮扶资金300万元，引进无偿帮扶资金1322万元，引进有偿帮扶资金12.3623亿元，直接购买脱贫地区农产品130万元，帮助销售脱贫地区农产品608万元，协调捐赠200余万元物资，培训基层干部和技术人员900余人。

【帮扶调研】 11月，最高检党组副书记、副检察长率最高检调研组，深入文山州、西畴县及瓦厂村，实地查看协调援建的董经河桥、汤谷民族小学、法治广场、汤谷文化创意产业园，村民开办的特色民宿，调研了解项目帮扶、教育帮扶、法治帮扶、产业帮扶等工作情况。看望慰问挂职干部和驻村第一书记，并在文山州召开座谈会，强调"聚焦定点帮扶县所需，尽最高检所能"，持续抓好落实。最高检各级干部赴定点帮扶县调研考察13人次。

【动态监测帮扶】 最高检运用云南省"一平台三机制"开展动态监测，累计全年排查发现两县风险信息11841条，因户施策，统筹采取外出务工、发展种植养殖业、兜底保障等措施帮扶脱贫群众兴业增收，定点帮扶县脱贫群众人均收入实现稳定增长，其中西畴县脱贫群众人均收入达到1.61万元，富宁县脱贫群众人均收入达到1.55万元。

【产业帮扶】 在西畴县，最高检完善开发八角、草果等系列特色农产品，与四川宜宾竹海酒业有限公司合作开发2款"汤检情"白酒产品，与上海鸿浦实业有限公司签订电商代理协议，与正和圣企业管理咨询有限公司签订线下销售协议，与四川省司法监狱系统签订"以购代扶"协议，与中辉国际养老公司、家家悦集团股份有限公司、深圳市医药行业协会、昆明长水国际机场等建立销售协作关系，实现年销售收入450万元，净收益达50万元。巩固发展文创产品和电子线圈车间等现有产业，与故宫博物院建立订单生产关系，开发"故宫文创系列"等5大系列100余种文创产品，带动村内50余人月均增收2500余元。在富宁县，依托老寨美丽乡村项目和龙哩乡村产业振兴示范点，建成龙哩水车和兵州洞亮化景观。加强与四川省司法系统消费帮扶合作，销售黑木耳、茶树菇等农特产品47万元。新建格当村龙哩村小组1个林间养鸡场，养殖阉鸡600余羽。硬化产业道路2300米，建设蔬菜大棚30个，格当集体专业合作社中标富宁神火铝业有限公司食材配送项目，出售蔬菜4批2万余元。发动农户试种黑木耳5万棒，投入帮扶资金10万元对3300棵八角树实施维护整治。利用云南泸之源商贸有限公司捐赠50万元发展格当村茶产业，引入云南滇红集团股份有限公司战略合作，定制推出"格当红"品牌红茶，格当村集体经济年收入达10万元以上。

【项目帮扶】 最高检推动云南省田蓬公路口岸对外开放顺利通过国家正式验收。推动珠江航运云南省富宁港建设工程项目于2022年11月开工建设。协调国家开发银行支持西畴县"云南省高速公路网广南(那洒)至西畴(兴街)高速公路PPP项目""云南省农村供水保障行动项目"贷款10.5亿元,支持富宁县"乡村振兴道路建设项目工程""云南省农村供水保障行动项目"贷款1.3亿元。协调山东正通实业集团有限公司与富宁县签订富宁温泉康养度假区建设项目投资协议,计划投资2亿元,完成投资1500万元。协调云南户联环保科技有限公司铝灰渣无害化处理资源再利用项目进驻富宁县,完成投资1500万元。协调上海市虹口区590万元、检察日报社70万元推进富宁县格当村老寨村小组美丽乡村建设,实施林下观光栈道、雨污管道铺设、广场硬化、传统民居修缮、路灯安装等项目。协调资金300万元加快西畴县太阳山祭祀坛改造。协调四川省司法厅投入150万元建设西畴县瓦厂村法治乡村项目。整合资金50余万元实施富宁县格当村小曹村小组村内道路硬化项目,协调资金30余万元新建富宁县格当村兵州、砟子门和大湾村小组文化活动广场。投入帮扶资金13.5万元推进西畴县汤谷村乡村振兴示范点项目建设。

【帮扶培训】 最高检从文山州选派4名干部到最高检机关党委交流学习。与国家开发银行在红旗渠干部学院联合举办"开发性金融支持中央单位和国行定点帮扶县乡村振兴培训会",两县30名党政干部参加培训。举办2022年最高检定点帮扶县党政干部与农业技术人员培训班,近800人参加培训。组织西畴县乡村干部和致富带头人到四川成都、江苏江阴等地考察学习,依托文创车间培养乡村振兴带头人25人、专业技术人才27人。协调中国乡村发展基金会投入102万元组织富宁县260名乡村医生培训并发放260个巡诊包。

【教育帮扶】 最高检协调中国乡村发展基金会投入100万元在两县实施县域骨干教师教研教学能力协同提升项目,组建6个学科32个团队322名优秀教师参加培训。协调中国发展研究基金会实施第二期"山村幼儿园"计划。投入帮扶资金10万元建设格当希望小学法治宣传角、15万元修建格当希望小学沐浴室,投入帮扶资金7.5万元改善西畴县第三中学、汤谷小学等办学条件。协调社会各界捐资捐物200余万元助力教育事业。其中,中国检察出版社向两县捐赠《未成年人保护法律全书》500册,云南省人民检察院为富宁县格当希望小学捐赠床上用品260套,文山州人民检察院捐赠180套文具和1套《未成年人保护法律全书》;河南省平顶山市大黄村党支部书记为瓦厂村委会、汤谷小学和格当村委会、格当小学捐赠图书200册;北京快手科技有限公司为西畴县第三中学、汤谷小学捐赠价值28.5万元的计算机、课桌等;中华少年儿童慈善救助基金会、国际救助儿童基金会向西畴县捐赠羽绒服2000套、奶粉2308罐、篮球250个、足球250个,助学金3万元,总价值122.1万元。

【法治帮扶】 最高检发挥检察机关优势,促进定点帮扶县平安建设、法治建设。推进法治文化建设,建设法治文化广场,推进法治文化元素与乡村旅游相融合,定期开展法治宣传。推进法治进校园、进课堂,深化推进"一号检察建议",在中小学建设法治图书角,邀请国家检察官学院教师为学校师生宣讲法治课。推进乡村治理现代化进程。依托中国电信数字乡村建设平台,启动格当数字乡村建设项目,利用信息化手段提高工作效率,提升乡村治理数字化水平。强化基层网格管理,用好"五户联保""十户联防"的群防群治工作机制、村规民约和征信达标管理积分卡,基层治理机制更加完善。

【帮扶宣传】 最高检帮助西畴县瓦厂村《守好绿水青山 撑起村民致富的钱袋子》典型案例入选人民网"2022年乡村振兴创新案例"。正义网刊发《云南省西畴县"牵手"快手科技发力助农致富助推乡村振兴》，《检察日报》刊发《村里成立了文化产业公司》《聚焦"全面推进乡村振兴" 打造具有检察特色的乡村振兴示范点》《在祖国西南边陲接续奋斗》等；《文山日报》刊发《最高检定点帮扶文山州工作综述——把真情和汗水播撒在壮乡苗岭》。向全面依法治国办公室报送《"奋进新时代"主题成就展》有关宣传材料，全面反映最高检在脱贫攻坚和乡村振兴战线上的成就。编发《机关党委工作情况(定点帮扶工作专刊)》5期。

[最高人民检察院机关党委(定点帮扶办) 马腾雄]

外交部定点帮扶

【概述】 2022年,外交部定点帮扶云南省红河哈尼族彝族自治州(以下简称"红河州")金平苗族瑶族傣族自治县(以下简称"金平县")和文山壮族苗族自治州麻栗坡县,认真学习领会党的二十大精神和习近平总书记关于乡村振兴系列重要讲话精神,贯彻落实中共中央决策部署和"四个不摘"要求,紧密围绕"五大振兴",切实加强组织领导,认真履行帮扶责任,发挥职能优势,助力金平县和麻栗坡县巩固拓展脱贫攻坚成果、全面推进乡村振兴。全年共投入帮扶资金2199.44万元,协调引进帮扶资金2472.21万元,实施帮扶项目41个,帮助销售两县各类产品660.37万元,实现脱贫人口转移就业987人,培训乡村基层干部、乡村振兴带头人及各类专业技术人才1183人。在2022年中央单位定点帮扶工作成效考核中连续第六年获得"好"等次。

【帮扶资金投入】 2022年,外交部向两县直接投入帮扶资金2199.44万元,协调引进帮扶资金2472.21万元。其中,招商引资925.15万元,帮扶两县特色产业,支持当地农业合作社、帮扶车间发展;投入312万元,援助两县现代化边境小康示范村建设,帮助改善两县农村人居环境、完善农村生活设施;投入900万元,为两县配备医疗器材,改善两县医院硬件条件;投入30万元,为两县紧急提供防疫物资,调动社会力量向两县援助价值120万元抗原检测试剂盒;投入90万元,为两县乡村基层干部、专业技术人才、乡村振兴带头人、乡村小学教师等开展多种形式培训;通过捐资助学、爱心捐助等,捐赠148.23万元助学款,共在两县资助家庭困难学生1263人。

【帮扶资金管理】 外交部党委高度重视帮扶工作,要求严格执行"三重一大"决策制度。各级领导利用赴两县考察调研等契机,实地考察外交帮扶建设项目,督促指导资金使用,要求两县进一步健全外交帮扶项目资金管理、招投标管理机制等,严格执行各项规章制度。同时,积极发挥驻县帮扶代表对资金项目使用的全程监管作用,对资金账目、项目招投标、后续使用等加强管理。认真执行《关于加强扶贫项目和资金管理的规定》和外交部扶贫工作贯彻落实中央八项规定精神的有关要求等,严格监督执纪和廉洁自律,按规定做好下县考察调研、出差、接待及活动等的安排管理,加强外交帮扶作风建设。

【帮扶调研】 外交部乡村振兴定点帮扶工作领导小组组长赴两县考察调研,实地了解脱贫攻坚取得的成果及乡村振兴发展需求。先后深入麻栗坡县麻栗镇石笋村、天保镇平安坡村、边境经济合作区乡村振兴示范园和金平县勐拉镇田头村、金水河镇曼棚新寨村、金平县第一中学、傣丽农业科技专业合作社等,考察外交帮扶教育、卫生、产业扶持、人才培训、现代化边境小康示范村建设、"大爱无国界"等项目,与两县干部群众座谈交流,了解"急难愁盼"问题,共同研究帮扶举措。外交部其他党委成员和部属单位通过各种方式参与外交帮扶,利用各种机会和场合与定点帮扶省(州、县)领导交流沟通帮扶工作,结合分管工作积极筹措帮扶资金和引进帮扶项目,推进落实外交帮扶各项政策举措,协调解决当地亟待解决的问题。

【帮扶会议】 外交部主持召开2022年乡村振兴定点帮扶工作领导小组全体会议,全面总结2022年外交帮扶工作,统筹规划2023年工作,审议通过外交部2023年帮扶工作重点任务,并印发纪要,要求各成员单位抓好落实,并凝聚形成帮扶合力。外交部副部长结合赴两县考察调研,分别在两县主持召开定点帮扶工作座谈会,积极协调解决两县实际困难和问题。

【帮扶培训】 外交部举办乡村基层干部、教师、农业、电商等各类培训班。其中,投入近60万元,为两县培训乡村基层干部950人。投入30余万元,举办两县100名乡村小学教师培训班,已累计为两县培训乡村教师1300余人。结合两县农特产品经营者数字化经营需求,牵线浙江省义乌市与两县开展东西协作,举办电子商务、现代农业等培训课程,为两县培训乡村振兴带头人130人。

【干部挂职帮扶】 外交部持续做好干部挂职帮扶工作,选派挂职及驻村干部深入走访调研,积极联络协调外交帮扶项目落地落实。其中,2021年选派的2名干部继续分别担任金平县和麻栗坡县委常委、副县长,1名干部继续担任金平县五家寨村驻村第一书记。外交部服务中心选派2人分别挂任金平县、麻栗坡县外援办副主任。选派2名资深外交官分别担任红河州委常委、副州长和文山州委副秘书长。通过归口管理、择优选派、规范挂职时间等方式加强对挂职干部和驻村第一书记管理,并结合部司领导赴两县调研、联学共建等。

【产业帮扶】 外交部结合帮扶县实际需求,因地制宜帮助培育壮大特色产业。全年为定点帮扶县引进41个项目,招商引资925.15万元,帮助建设11个帮扶车间。通过支持当地帮扶车间、农业合作社发展,帮助两县发展特色产业,实现脱贫人口转移就业987人。推动麻栗坡县结合当地特点,以种植西红柿、甜瓜等农产品为试点,与山东省寿光市就发展蔬菜大棚种植开展合作。推动金平县打响"长寿之乡"品牌,与广东科技企业达成战略合作,发展当地生态康养特色产业。用好产业帮扶基金,完善云南两县"基金+合作社+农户"模式,与香港仁善扶贫基金会及合作社签订总额为500万元的四方合作协议,扶持百香果、红米、中药材等重点产业,激发两县群众内生动力和自主"造血"功能。

【教育帮扶】 外交部推动外国友人捐资1000万元,支持两县开展职业教育。联系国内外知名企业、爱心人士向两县学校捐赠电子白板、笔记本电脑、运动服、空调、冷柜等设备,总金额达972.85万元。外交部服务中心选派6名干部职工赴麻栗坡县老寨小学、下金厂乡九年一贯制学校开展为期1年的志愿支教,带去新的教育理念,帮助他们开阔视野。

【公益帮扶】 外交部推动"大爱无国界——乡村振兴健康先行"项目落地,拨款900万元为金平县人民医院体检中心和麻栗坡县妇幼保健计划生育服务中心配备医疗设备,改善两县医院硬件条件,提高诊疗水平。开展青年志愿服务活动,外交部青年干部与两县50名儿童建立长期联系,关心关爱事实无人抚养儿童健康成长。积极参与"幸福工程——救助困境母亲行动""一对一"助学等"组团式"帮扶。外交战线党员干部积极开展助学、爱心捐赠,共为两县筹款148.23万元。

【整村推进】 外交部向两县投入312万元帮助改善农村人居环境,完善农村生活设施。其中,在金平县马鞍底乡大鱼塘村和麻栗坡县石笋、石家湾村分别投入100万元,用于建设现代化边境小康示范村,打造宜居宜业和美乡村样板。投入110万元在两县修建饮水工程,实施厕所改造及生活垃圾和污水治理项目,有力推动两县人居环境实现提升。

【就业帮扶】 外交部推动麻栗坡县民族职业高中开设定向委培班,通过第二期"订单式培养",3名学生到外交部服务中心物业服务部门实现先实习后就业。通过帮扶车间、农业合作社发展,帮助定点帮扶县脱贫人口转移就业987人。

【帮扶宣传】 外交部以外交帮扶30周年为契机,全面总结外交帮扶30年经验成果,推介两县特色产业和文化旅游资源。发表外交帮扶30周年纪念文章《脱贫攻坚结硕果,乡村振兴谱新篇:外交部定点帮扶云南两县30年工作纪实》,被人民日报、新华网等14家国内媒体、网站和融媒体客户端转载,总阅读量超过60万;组织拍摄外交帮扶微纪录片;制作外交帮扶30周年画册;向长期参与外交帮扶的企业发送明信片、书签等特色纪念品。举行"长寿金平·牵手三十载""感恩外交帮扶30周年·接续奋斗乡村振兴——麻栗坡农特产品展暨'麻品进京'专场推介会"活动,推广两县特色产品。牵线国内有影响力短视频直播平台,协助金平县对蝴蝶大爆发奇观进行直播宣传。发挥职能优势,突出"外"字特色,组织外国驻华记者团赴帮扶县参访,中央媒体等国内外媒体广泛报道,累计覆盖人数超3300万人,海内外媒体累计浏览量超5000万次,讲好中国脱贫攻坚和乡村振兴故事。外交部帮扶办还积极维护运营好外交帮扶网及公众号、微博等新媒体平台,及时发布中共中央关于巩固拓展脱贫攻坚成果同乡村振兴有效衔接的最新政策、外交帮扶工作动态和成果等。

(外交部乡村振兴定点帮扶工作领导小组办公室　鹿华涛)

教育部定点帮扶

【概述】 2022年，教育部以习近平新时代中国特色社会主义思想为指导，切实将对河北省青龙满族自治县（以下简称"青龙县"）、威县定点帮扶的政治责任扛在肩上、落在实处，严格落实"四个不摘"要求，深化教育帮扶、科技帮扶，培育人才振兴、产业振兴内生动力，总计投入、引进帮扶资金超3.6亿元，招商引资超8000万元，购买、协助销售农产品超1亿元，培训各类人才2.7万人，转移就业1.02万人。在2022年中央单位定点帮扶工作成效考核评价中被评为"好"等次。

【帮扶资金投入】 2022年，教育部直接投入帮扶资金2137.43万元，引进帮扶资金3.4亿元，用于两县教育软硬件改善、教师素质能力提升、美丽乡村建设等工作，并资助两县经济困难师生、群众。及时拨付并指导两县用好中央财政教育转移支付资金2.79亿元。

【帮扶制度建设】 教育部将定点帮扶工作纳入教育部乡村振兴工作领导小组议事协调事项，形成"党组书记亲自抓、分管负责同志直接抓、党组成员结合业务同步抓"的领导机制，"部内司局协同、各级教育行政部门联动、高校产学研对接帮扶、京津冀协同帮扶"的工作机制，"部统筹指导、省倾斜支持、市衔接配套、县落地实施"的央地联动机制。共召开4次领导小组专题会议、10余次工作专题会议，研究解决定点帮扶工作有关问题事项。印发《教育部2022年对河北省青龙满族自治县、威县定点帮扶工作要点》，明确5个方面、18条任务举措，24个司局（单位）、京津冀3个省（市）教育厅（教委）、秦皇岛市与邢台市、两县分工协作，协同做好定点帮扶工作。

【帮扶调研】 教育部副部长及有关司局、直属单位等43人先后赴两县开展调研，在现场召开定点帮扶和乡村振兴工作座谈会，重点调研教育事业发展、校企合作、科技创新等特色工作。调研后，积极争取农业农村部支持，指导威县成功入选第三批国家农业绿色发展先行区。浙江大学等10余所高校通过线上、线下相结合的形式进行指导，纾解两县发展的难点、痛点。

【帮扶慰问】 教育部组织司局开展"春节送温暖"帮扶慰问活动，面向两县家庭经济困难教师和群众120人，发放慰问金20万元。

【帮扶培训】 教育部加强两县基层"三支队伍"建设，在教育部各类乡村振兴培训项目中向两县倾斜名额，引导两县职教中心围绕当地经济社会发展需要开设专业、开展职业培训，累计培训乡村基层干部4431人次、乡村振兴带头人987人次、专业技术人才21721人次。组织直属单位和高校通过"国培计划""乡村振兴千万带头人培养计划""威县强师工程培训项目""中小学教师信息技术应用能力提升工程2.0"等，培训中小学教师2269人次。依托教育部机关专项党费，培训威县骨干校长、教师、班主任769人。在两县实施"一村一名大学生计划"等专项，全年招生1063人。坚持"输血""造血"并重，建立定点帮扶县干部跟岗锻炼学习工作机制，从威县选派县纪委干部到教育部机关跟岗锻炼1年，为定点帮扶县推进乡村振兴提供干部人才支持。

【干部挂职帮扶】 教育部共派驻13名干部赴两县挂职，其中青龙县7名、威县6名。挂职干部认真贯彻落实定点帮扶工作部署，深入细致开展基层调研，推动各项措施落地落实。青龙县副县长针对产业科技含量不高、产品销售难、专业人才紧缺等难题，打出"科技+电商+人才"帮扶牌，用好高等教育、职业教育资源，探索教育帮扶乡村产业振兴新路径；龙潭村驻村第一书记扎根基层，积极推进强村富民，与群众打成一片，荣获河北省"优秀驻村第一书记"称号；五指山村副书记策划消费帮扶活动，帮助青龙农产品走出深山；肖营子村副书记组织党建阅读活动，促进形成文明乡风；县委组织部干部联系高校实施"银龄专家"计划，推进人才振兴；县教体局干部协调企业捐赠智慧教室、学习资料，促进优质教育资源共享，协调引进教育帮扶资源，助力全县教育高质量发展。威县副县长探索建立"142"定点帮扶机制，打造1个"创新威县"品牌，加强部、省、市、县四级联动资源整合，发挥高校技术人才优势和科技企业创新主体两轮驱动；魏家寨村驻村第一书记做事实、方法多，成为村民"主心骨"，荣获河北省"优秀驻村第一书记"称号；桑家庄村党支部副书记立足"一老一小"，策划并实施一系列"我为群众办实事"实践行动；县教育局副局长不忘教育初心，协调高校资源，服务县域教育事业发展；县委办干部积极服务领导决策，宣传县域创新工作；县教师发展中心副主任主持制定县域教师培训3年工作规划，弥补农村教师发展短板。

【产业帮扶】 教育部为两县引进帮扶项目27个，成立帮扶车间18个，扶持龙头企业20个，帮助培育新型农业经营主体11个。依托"百校进青""百校入威"工程，两县新增合作院校30余个、院士合作单位2家、专家工作室4个，建成10余个省级科研平台，引进清华大学等50余所高校进行科研转化，帮助当地企业转型升级。在教育部建设的农校对接精准帮扶采购平台上，设立青龙县、威县专区，共有两县26家供应商、522种产品。依托教育部、高校及中国校园团餐联盟成员，共采购青龙县农副产品1534.7万元、威县农副产品282.9万元。协调东润公益基金会、京东集团股份有限公司等，为县域农副产品建立质量标准、合规审核省级、市场渠道搭建、销售品牌打造等提供服务。

教育部深入推进青龙板栗产业高质量发展，支持板栗产业技术教育部工程研究中心开展相关科研工作，指导青龙试验站加强软硬件建设。推动阿里巴巴"盒马县""盒马村"项目落地，搭建青龙原产地商品官方旗舰店，推动青龙板栗入驻盒马鲜生、大润发等高端销售平台，实现销售网全国覆盖，并出口日韩、欧美及东南亚国家，仅五指山村102家网店当年板栗销售达1500余万元，全县年内总销售量超1000吨。依托河北科技师范学院等院校、科研机构，研发板栗酒、板栗粉、板栗糕点、板栗冰棒等新产品10余种，推进板栗产品标准化和供应链标准化，利润提升30%，实现从农产品到农商品再到农精品的升级。

【教育帮扶】 教育部在中央财政少数民族地区教育特殊补助资金中，对青龙县教育事业予以支持。协调中国教育发展基金会、中国乡村发展基金会直接投入1400余万元用于两县教学基础设施、教育资源建设。协调中国光华科技基金会、人民教育出版社等向青龙县捐赠价值710万元的图书资料。通过协调基金会捐赠、县财政资助等方式，资助两县家庭经济困难师生1820余万元。协调指导威县82所中心小学实现光纤进校，为全县4000余名教师和学生联通京沪深等地区优质教育教学课程资源。

教育部启动部属高校县中托管帮扶项目，

青龙县第一中学由北京师范大学托管帮扶,威县第一中学由中国人民大学依托其附属高中托管帮扶,助力提升帮扶县中管理水平,加强教研指导和教师培训,带动县域基础教育办学水平提升。开展2022届两县籍高校毕业生精准就业帮扶行动,为毕业生提供"一人一档""一生一策"针对性帮扶,促进高质量就业。

指导建立秦皇岛高校退休专家信息库和青龙银龄岗位需求信息库,聘任60位退休专家为青龙乡村振兴银龄顾问,为青龙县教育、产业、科技、文化、旅游、规划、管理等行业领域共119个岗位提供顾问指导,协调中国教育发展基金会多渠道募集25.2万元资金支持。

指导威县引进社会力量,扎实做好邢台应用技术职业学院建设,配强师资队伍、优化专业设置、推动中高职专业有效衔接,当年该校开设8个专业,教职工182人,在校生3000余人,与50余家企业签订合作协议。支持教育部第二批人工智能助推教师队伍建设试点落户威县。

通过开展教育帮扶,两县高中和中职毕业生共有1933人升入本科、3107人升入专科。青龙县职业技术教育中心获评河北省中等职业教育质量提升工程名牌学校。

【文化帮扶】 教育部支持青龙县文化建设。鼓励东北大学秦皇岛分校开展满学研究、长城文化研究,助力保护和传承优秀传统文化,挖掘花厂峪红色文化、抗日斗争史。协调肖营子村新时代文明实践站加入"长安街读书会"阅读合作机制。协调燕山大学在龙潭村、五指山村、肖营子村举办"礼赞新时代 领航新百年"音乐会,推动树立文明乡风。指导重庆大学等8所高校在青龙乡村振兴示范村建立14个寒暑假社会实践活动基地,支持高校大学生参与美丽乡村建设。

支持威县开展普通话语言教学和课文朗读技巧推广、英雄主题巡回展演等活动,推动国家通用语言文字推广、中华经典文化传播与乡村振兴紧密结合。捐赠魏家寨村价值3.5万元的计算机、社区云课堂设备和资源及2600余册儿童绘本图书。

【党建帮扶】 教育部司局、直属单位、有关院校基层党组织以多种形式与两县9个村、职教中心、教育局等开展支部共建活动,并在农业产业帮扶、农业生产技术服务等方面提供帮助。两县挂职干部党支部与县内有关党组织定期开展"共学共建"主题党日活动。

【公益帮扶】 教育部协调有关企业向青龙中小学直接投入94万元用于智慧教室等建设,捐赠价值5015万元的网络课程、计算机设备、软件等资源,向肖营子中心小学捐赠价值5万元的文体器材。向青龙县职业技术教育中心捐赠5套无线录播设备。引入2948.2万元社会资金新建秦皇岛市麒石中等职业学校。协调直属单位、社会组织、爱心企业向威县近百所学校捐赠价值7360余万元的资金、图书、教学软硬件设备等。

【基础设施建设】 教育部依托中央专项彩票公益金"润雨计划"投入731万元,对青龙县11所乡村学校进行污水处理设施改造、旱厕改造、取暖改造;投入749万元,对威县37所中小学校实施"洁净取暖全覆盖工程""屋顶防水全覆盖工程"。积极改善定点帮扶村人居环境,争取资金130万元,推动龙潭村完成农村厕所改造56户,升级改造乡村道路,该村当年获评秦皇岛市休闲农业示范点;对魏家寨村内坑塘垃圾进行清理并加装隔离挡板;持续推进桑家庄村转型改建"拾忆行动",并制作《回我的家》村庄纪录片,产生良好的社会反响。

(教育部发展规划司　刘　爽
职业教育与成人教育司　李勰晟)

科学技术部定点帮扶

【概述】 2022年,科学技术部(以下简称"科技部")持续深化中共中央、国务院关于实现巩固拓展脱贫攻坚成果同乡村振兴有效衔接的决策部署,坚持高位推动,严格督促指导,完善工作机制,细化帮扶举措,统筹各类科技创新资源,支持江西省井冈山市、永新县,四川省屏山县,陕西省柞水县、佳县5个定点帮扶县(以下简称"定点县")持续巩固拓展脱贫攻坚成果,聚焦产业振兴和人才振兴两个重点,强化资金、项目、平台、人才等创新要素一体化配置,扎实推进定点县科技特派团、农业科技园区、创新型县(市)、重点研发计划项目、东部高新区结对帮扶"五个全覆盖"工作,努力将定点县打造成为新时期创新驱动乡村振兴的示范样板。《科技部紧扣"五个全覆盖"创新助力定点帮扶县乡村全面振兴》的经验做法入选2022年国家乡村振兴局《乡村振兴简报》第208期。井冈山市获评2022年国家乡村振兴示范县,屏山县蒋坝村被评为四川省乡村振兴示范村。

2022年,科技部在5个定点县选派挂职干部14人;部署实施科技帮扶项目62个,直接投入资金5931.39万元,引进帮扶资金1121.65万元,促成招商引资1亿元以上;直接采购定点县特色农产品143万元,帮助销售农产品2184.84万元;培训基层干部、技术人员、乡村教师1530人次。

【组织领导】 科技部党组把定点帮扶工作作为一项重大政治任务,部党组会议专题研究部署和推进,部主要负责同志、分管负责同志多次听取定点县巩固拓展脱贫攻坚成果同乡村振兴有效衔接情况,研究推进重点工作、协调解决问题。部领导及有关负责同志深入井冈山市、永新县调研督导,全年共有司局级领导7人次、处级以下干部40余人到定点县推动工作。制定《科技部2022年定点帮扶工作要点》,明确提出推动定点县实现"五个全覆盖",坚决守住不发生规模性返贫的底线。印发《科技支撑国家乡村振兴重点帮扶县巩固拓展脱贫攻坚成果助力乡村振兴三年行动方案》,聚焦定点县和乡村振兴重点帮扶县农业主导产业,集成创新资源,推动人才下沉、科技下乡。选优派强挂职干部,新选派5位党性强、作风硬、能力优的部机关青年干部赴柞水县和佳县挂职任驻村干部,提升定点帮扶科技服务能力,强化科技帮扶团队伍建设,第一届科技帮扶团已达48人。加强对挂职干部的培养使用,其中1人提拔为二级巡视员,1人提拔为正处级干部。

【产业帮扶】 科技部紧盯定点县产业和就业,聚焦永新县稻虾共作产业、屏山县茵红李产业、柞水县中药材产业、佳县小杂粮产业等,加强科技成果转化推广,培育壮大乡村特色产业,带动群众增收致富。围绕定点县乡村特色产业科技需求,通过部省联动机制部署实施国家重点研发计划"乡村产业"专项,以高质量科技供给推动定点县产业振兴。继续支持井冈山、永新和屏山茶产业,井冈山数字化服务,佳县杂粮产业等,累计直接投入科技项目经费5931.39万元。支持屏山县开展低产低效茶园改造,建成200亩标准茶叶示范园,示范推广屏山炒青、功夫红茶等名优茶种植加工,带动7个村186户贫困户户均增收1200元。

【人才帮扶】 科技部深入推行科技特派员制度，通过"三区"人才计划科技人员专项计划，向定点县选派科技特派员382名，按照"一县一团"方式组建科技特派团，精准开展科技服务和人才培养帮带。通过举办农业技术培训、中小学英语教师在线职业技能培训等各类培训班，累计培训基层干部520名、技术人员854名、乡村振兴带头人106名、中小学英语教师50名。

【文化帮扶】 科技部开展智能教育示范应用场景建设工作，引进好未来教育集团在定点县设立17所智能教育应用示范校，捐赠价值160余元的教研云智能备课系统和双师AI教室等设备。向定点县赠送《科技日报》《中国农村科技》《农村科技口袋书》等，推送"星火科技30分"52期。

【生态帮扶】 科技部加强农村人居环境整治，推广应用"绿色宜居村镇"等重点专项技术成果，改善定点县农村人居环境。为屏山县协调20余万元资金，开展安全饮用水和污水治理建设，让300余户脱贫群众喝上安全放心水。柞水县开展食用菌渣废弃物肥料化、菱铁矿石焙烧磁选工艺技术升级改造等，实现减排降污。

【组织帮扶】 科技部发挥驻村第一书记作用，屏山县蒋坝村、永新县花汀村党支部转正预备党员、发展预备党员各2名，培养入党积极分子1名。蒋坝村党总支获评宜宾市2021年度市级(4A)先进村党组织，永新县花汀村驻村第一书记获评吉安市乡村振兴优秀驻村干部。柞水县发挥中央单位驻商洛临时党支部作用，开展"争当秦岭生态卫士、争做乡村振兴先锋"等主题党日活动，强化组织建设。

【促进县域创新】 科技部推动柞水县、井冈山市完成首批创新型县(市)验收工作，指导和支持永新县、屏山县、佳县创建第二批创新型县(市)。引导定点县加强科技型企业培育，举办高新技术企业政策宣讲会2次，参加人数65人，支持近百家科技企业备案科技型中小企业。推动屏山县与浙江嘉兴高新区、柞水县与江苏武进高新区、佳县与江苏盐城高新区开展结对帮扶，在产业发展、人才交流等方面共签订合作协议5份，完成招商引资1亿元以上。

【消费帮扶】 科技部全年部机关和事业单位直接采购定点县特色农产品共计143万余元。帮助对接脱贫地区农副产品网络销售平台、兴农商城等线上平台和中国国家铁路集团有限公司，开展"乡村振兴你我他"线上农产品推介活动，完成农产品销售2184.84万元。

【帮扶宣传】 中央广播电视总台新闻频道和《光明日报》《经济日报》报道佳县示范渗水地膜旱作技术，中央广播电视总台农业农村频道《振兴路上》栏目报道永新县科技养蚕。拍摄《科技润的羊肚香》《柞水木耳情》等科技产品宣传片6部，《最美科技特派员》《我是科技特派员》等5个短视频在学习强国、科技日报等客户端点击量超40万次。

(科学技术部政体司区域处　陈晟平
中国农村技术开发中心科创处　李雅君)

工业和信息化部定点帮扶

【概述】 2022年,工业和信息化部(以下简称"工信部")坚持以习近平新时代中国特色社会主义思想为指导,深入贯彻落实中共中央、国务院决策部署,在中共中央农村工作领导小组、中共中央和国家机关工作委员会的指导下,严格落实"四个不摘""四个不减""三个转向"要求,加强组织领导,完善工作机制,发挥行业特色,创新帮扶举措,组织调动各方力量积极参与,助力定点帮扶县不断巩固拓展脱贫攻坚成果、推动乡村全面振兴。工信部坚决扛起四川省南充市嘉陵区、南部县,河南省洛宁县、汝阳县,西藏自治区浪卡子县等5个县(区)的定点帮扶任务,同时督促推进4所部属高校定点帮扶工作。在帮扶地区大力推动数字乡村建设,扶持特色优势产业,有序开展教育和党建组团帮扶,动员企业等社会力量广泛参与定点帮扶工作,取得积极成效。

【组织领导】 按照中共中央、国务院全面推进乡村振兴战略的决策部署,工信部与时俱进加强组织领导,推动定点帮扶和乡村振兴工作全面走深走实。一是工信部党组高度重视。部主要负责同志主持召开党组会,研究部署定点帮扶工作,部领导针对定点帮扶工作作出指示批示10余次。二是印发《工信部2022年定点帮扶工作计划》,围绕组织领导、数字乡村、产业振兴、人才振兴、组织振兴、动员各方力量等多个方面制定具体帮扶举措,指导部系统定点帮扶工作;印发《关于进一步做好定点帮扶工作的函》,及时向定点帮扶办成员单位、挂职帮扶团队传达中共中央对定点帮扶工作的新要求;印发《2022年党建组团帮扶工作方案》《关于深入开展消费帮扶的通知》,统筹部署专项帮扶工作。三是建立"多帮一"对口联系机制,由5个部定点帮扶工作领导小组成员司局牵头,各司局和有关部属单位共同参与,组成5个工作组分别对口联系5个定点帮扶县(区)。四是召开2022年定点帮扶工作视频座谈会,邀请部定点帮扶县(区)挂职干部与有关部属单位和企业共同交流对接帮扶需求,研究做好巩固拓展脱贫攻坚成果同乡村振兴有效衔接;召开定点帮扶项目专家评审会,指导定点县(区)乡村振兴发展。五是深入调研督导。工信部领导分赴定点县(区)开展专题调研,走访脱贫村,慰问脱贫户,看望挂职干部,督查帮扶项目,督导乡村振兴工作。部机关司局级及以下61人次赴定点县(区)调研对接,帮助当地解决乡村振兴阶段实际问题。

【建设数字乡村】 建设数字乡村是乡村振兴的战略方向和重要抓手。工信部以电信普遍服务为抓手,大力推动数字乡村建设,支持农业、医疗、乡村治理等领域数字化转型,推动新一代信息技术与农业农村各领域融合发展。一是推进网络建设。联合财政部部署2022年度电信普遍服务工作,支持工信部定点县(区)建设51个4G基站,引导基础电信企业支持工信部定点县(区)建成1729个5G基站。定点县(区)通信网络供给能力持续提升,行政村均已实现通光纤和4G网络,洛宁县和汝阳县已实现行政村和20户以上自然村4G网络和光纤接入全覆盖,嘉陵区和南部县20

户以上自然村通4G网络和光纤比例达到99%。二是加强政策指导。联合有关部门先后制订发布《数字乡村发展行动计划(2022—2025年)》《2022年数字乡村发展工作要点》《数字乡村标准体系建设指南》等文件,积极推动数字乡村建设。指导洛宁县人民政府出台《数字洛宁建设实施意见》。三是拓展网络应用。大力支持定点县(区)开展"互联网+"农业、医疗、乡村治理等宽带网络应用,如推动基础电信企业开展南部县八尔湖"数字乡村"项目建设,整合政务办理应用21个、便民服务功能应用17个,线上使用累计达31921人次;南部县人民医院建设分级诊疗平台,"5G+远程诊疗"实现南部县与华西医药的远程会诊;汝阳县王坪乡合村"5G+数字乡村""5G+红薯基地"等应用有效落地;支持实施的"洛宁县马店镇关庙村金珠沙梨智慧果园项目"在第五届"绽放杯"5G应用征集大赛中荣获全国总决赛一等奖。

【产业帮扶】 产业振兴是巩固拓展脱贫攻坚成果的根本之策,是乡村全面振兴的基础和关键。工信部充分发挥行业特色,结合帮扶地区资源禀赋和产业比较优势,加强规划指导,组织产业对接,引导产业集聚,增强当地产业"造血"能力。一是加大资金投入。2022年向5个定点县(区)直接投入无偿帮扶资金2283.5万元,帮助引进无偿帮扶资金3.56亿元,引进招商引资等有偿帮扶资金6.18亿元。其中,围绕"五大振兴",聚焦培育县域主导产业、壮大乡村特色产业、数字乡村建设等重点方向,协调定点帮扶专项资金1500万元,支持5个定点县(区)实施20个帮扶项目。二是推动形成"一县一业"发展格局。协调车载信息服务产业应用联盟在汝阳县、嘉陵区开展智能农机产品征集,确定智能农机推广、人才培训、合作社建立等工作方向;协调中国有色金属工业协会指导洛宁县延伸金银、铅锌矿产资源加工产业链;指导第三方机构帮助汝阳县发展绿色建材产业,支持洛阳市成为政府采购支持绿色建材促进建筑品质提升政策实施范围城市。协调中国乡村发展基金会200万元产业帮扶资金支持洛宁县苹果、金珠沙梨两类特色林果产业链发展、品牌提升和销售推广;支持汝阳县举办2022年大豆、玉米带状复合种植智能农机作业现场演示会,提升当地农机装备智能化应用水平。此外,全年帮助定点县(区)引进帮扶项目(企业)12个,扶持龙头企业12家,培育新型农业经营主体(家庭农场、合作社等)11个,新建帮扶车间3个,帮助1086人转移就业。三是深化消费帮扶。先后印发《部定点帮扶办关于深入开展消费帮扶的通知》《部办公厅关于做好2022年政府采购脱贫地区农副产品工作的通知》《部财务司关于进一步做好政府采购脱贫地区农副产品有关工作的通知》,组织工信部系统各单位认真做好2022年度政府采购脱贫地区农副产品工作。通过"832平台"及特色农产品定向直销进机关、单位、高校食堂活动,协调中国平安等平台帮助销售特色农产品,在汝阳县举办"信息消费助力乡村振兴"区县行活动。2022年,工信部系统累计购买定点县(区)特色农产品530万元,帮助销售农产品1540万元,购买其他脱贫地区农产品670万元。

【人才帮扶】 工信部通过选派干部、发挥部属高校教育资源优势等,努力为帮扶地区提供教育和人才支撑。一是选派挂职干部。2022年,新选派10名选调生赴河南和四川的4个定点县(区)开展帮扶工作和基层锻炼,在定点县(区)挂职干部共23名,其中挂职县(区)领导4人、驻村第一书记1人、基层锻炼干部18人。二是强化人才培训。支持鼓励定点县(区)及相关企业开展各类人才能力提升培训活动,全年累计培训县乡村基层干部621名、乡村振兴带头人224名、专业技术人才855名。三是开展支教实训。组织7所部属高校开展教育帮扶,30名学生赴洛宁县开展"工信青年看洛宁"暑期实践活动,进行科普宣讲和科技帮扶。哈尔滨工业大学派出教师团队面向洛宁县第一高中开展招生政策宣讲及报考咨询活动。南京理工大学在汝阳县成立乡村振兴青年工作站,开展5场"行走的党课"理论宣讲活动,推动相关军工科技应用于当地杜仲加工业,取得良好成效。四是组织爱心助学活动。全年累计协调投入定点县(区)教育帮扶资金995万元。通过开展"一对一"结对帮扶困难学生、"关爱春蕾"行动、"新长城高中生自强班项目"累计资助305名家庭困难学生完成学业;协调嘉兴市河南商会向嘉陵区教育系统捐赠总价约19万元的89台多功能激光一体机;协调戴尔公司捐赠28.5万元支持南部县第二小学建设戴尔学习中心;协调深圳市腾讯计算机系统有限公司捐赠20万元支持洛宁县学校建设创客教室;协调高通公司为汝阳乡村学校捐赠总价值50万元的100台华为笔记本电脑。

【组织帮扶】 工信部积极开展党建组团帮扶,通过党建引领提升帮扶地区发展的内生动力。一是加强工作统筹。制订《工信部2022年度党建帮扶组织振兴工作方案》,提出支部建设标准化、联学共建常态化、调研实践精准化、专题党课品牌化"四化"计划,开展"党建+人才振兴""党建+消费帮扶""党建+教育帮扶"等帮扶活动。二是开展"党建+"组团帮扶。部机关司局和部属单位联合成立10个帮扶小组对口帮扶5个定点县(区)10个脱贫村。与洛宁县兴华镇董寺小学联合举行六一文艺汇演暨党建帮扶捐赠仪式,捐赠价值4000元的显示屏、书籍和文具等助学用品。向南部县升钟镇回龙场村赠送春联、儿童玩具等礼品,疫情防控期间主动向村支部捐赠总价值2万元的N95口罩、额温枪等防疫物资。组织"一对一"结对帮扶困难学生活动,动员部机关600多名党员干部向定点县(区)80名家庭困难学生捐款12.57万元。三是组织社会实践活动。组织部机关、部属单位和高校青年干部、师生前往洛宁县、嘉陵区帮扶村开展青年实践调研,推进青年"下基层接地气";成立工信部定点帮扶南部县、嘉陵区青年干部理论学习小组,组织开展联学联建活动,南部县挂职副县长为干部培训班讲授"推动中小企业高质量发展"专题党课,推动学习研究成果转化为定点帮扶工作实践。工信部驻村第一书记所在的南部县羊角山村被评为四川省乡村振兴示范村、四川省乡村治理示范村和南充市4A级党建示范村。工信部挂职干部帮扶的朝阳村被评为四川省乡村振兴重点帮扶优秀村。

【公益帮扶】 工信部积极动员各方力量参与乡村振兴工作,努力营造全系统热心公益、广泛参与的良好氛围。一是引导广泛参与。协调中国乡村发展基金会、爱帛投资有限公司、高通公司、唯品会信息科技有限公司等爱心企业,先后实施"童伴妈妈""河南洪涝灾害灾后恢复与产业振兴""智慧农业""女性大病救助""女性家政赋能培训""天使巡诊赋能计划""爱心包裹"等7个帮扶项目,捐款捐物折合资金1086万元。开展中国红十字基金会中招公益基金资金募集工作,动员企业为定点帮扶工作募集资金80万元。协调四川省乡村振兴发展资金300万元用于提升南部县羊角山村基础设施水平。二是做好宣传报道。通过工信部门户网站、双微等平台发布定点帮扶工作典型经验和成效。向人民网推荐汝阳县"互联网+医疗"健康扶贫案例作为乡村振兴创新案例,支持汝阳县参加新华网"种子计划"

赋能乡村振兴(第二季)行动相关活动。协调河南电视台《午间新闻》宣传洛宁县兴华镇董寺村特色文旅,《洛阳日报》刊发《定点帮扶送温暖,真情关怀暖童心》。中央广播电视总台农业农村频道《5G"提智"我们村》节目对工信部帮扶的汝阳县"5G+农业""5G+医疗"等数字赋能新乡村建设经验做法和成效进行专题报道。

(工业和信息化部 刘 博)

国家民族事务委员会定点帮扶

【概述】 2022年,国家民族事务委员会(以下简称"国家民委")以习近平新时代中国特色社会主义思想为指导,全面学习贯彻党的二十大精神,认真学习领会习近平总书记关于深化东西部协作和定点帮扶工作的重要指示精神,贯彻落实中共中央、国务院关于做好定点帮扶工作的决策部署,进一步提高政治站位,坚定不移扛起定点帮扶政治责任,将完成好定点帮扶任务作为践行"两个维护"的实际行动,将贯彻落实中央民族工作会议精神与做好定点帮扶工作有机结合,加强对内蒙古自治区巴林右旗和广西壮族自治区德保县的帮扶工作。全年共投入帮扶资金2666万元,购买农产品93.77万元,帮助销售农产品42万元,引进帮扶资金30万元,帮助培训基层干部106人次,引进帮扶项目或企业13个,在中央单位定点帮扶工作成效考核评价中被评为"好"等次。

【帮扶资金投入】 2022年,国家民委为巴林右旗、德保县分别投入中央财政衔接推进乡村振兴补助资金786万元和1540万元。同时,发挥委属高校优势,为德保县引进无偿帮扶资金30万元。所用资金重点用于扶持特色产业、开展文化帮扶等活动。政策资金的充足供给为两县(旗)巩固拓展脱贫攻坚成果同乡村振兴有效衔接提供有力支持。

【帮扶会议】 4月,国家民委召开2022年定点帮扶和对口支援工作视频推进会,国家民委副主任边出席会议并讲话。委机关有关部门、直属各单位负责同志,有关省(区)民族工作部门负责同志、定点帮扶县(旗)有关负责同志,以及国家民委派驻定点帮扶县(旗)挂职干部等参会。会议全面总结2021年定点帮扶工作取得的主要成绩,深入研究部署2022年定点帮扶工作。会议强调,2022年定点帮扶工作要进一步深化思路、细化举措、强化落实。要健全好一个长效机制,确定委属高校相对固定结对帮扶一个县(旗),推动定点帮扶工作有所作为、有所积累、有所成长。要编制好一项整体规划。坚持目标导向、问题导向、效果导向,立足帮扶县(旗)之所需,聚焦乡村产业振兴、人才振兴、文化振兴、生态振兴、组织振兴,为帮扶县(旗)量身编制定点帮扶工作规划。要突出好一条工作主线,把铸牢中华民族共同体意识融入帮扶工作的各方面、全过程,教育引导帮扶县(旗)各族群众牢固树立休戚与共、荣辱与共、生死与共、命运与共的共同体理念。

【帮扶制度建设】 国家民委印发年度帮扶工作计划,明确定点帮扶工作领导小组各成员单位2022年定点帮扶工作任务。同时,立足帮扶县(旗)之所需,立足把巩固拓展脱贫攻坚成果同乡村振兴结合起来,把县域整体发展思路与帮扶具体举措结合起来,把"管脑子"和"管肚子"结合起来,聚焦"五大振兴",印发实施2022—2025年对帮扶县(旗)的具体工作规划,明确帮扶目标、重点任务和责任分工,确保工作规划落实落地。

【帮扶培训】 根据定点帮扶县(旗)人才振兴需求,国家民委为两县(旗)大力培养干部人才。2022年,为两县(旗)专门举办"巴林右旗乡村振兴特色产业发展专题培训班""德保县铸牢中华民族共同体意识专题培训班"等特色培训班,在国家民委主办的"全国民委系统学习贯彻中央民族工作会议精神轮训班"等重点班次中为两县(旗)安排名额,累计为两县(旗)培训县乡村基层干部106人次,为两县(旗)巩固拓展脱贫攻坚成果和全面推进乡村振兴提供重要智力支持。

【干部挂职帮扶】 国家民委文化宣传司1人继续挂任巴林右旗副旗长,共同发展司1人继续挂任德保县委常委、副县长,民族文化宫人事处1人继续挂任德保县都安乡凌雷村驻村第一书记。挂职干部进一步发挥主观能动性,密切联系群众、深入调研、积极作为,推动定点帮扶各项工作任务落实落地,发挥国家民委和定点帮扶县(旗)之间的桥梁纽带作用,为两县(旗)巩固拓展脱贫攻坚成果同乡村振兴有效衔接做出贡献。

【产业帮扶】 国家民委支持两县(旗)大力发展壮大特色优势产业,带动脱贫群众持续增收。大连民族大学利用巴林右旗查干沐沦现有的沙巴尔台王府、格斯尔庙、巴林石国石村、固伦淑慧公主陵、古榆树群等一批具有代表性的历史文化旅游资源,积极融合民族文化和旅游业,为当地量身打造"半日游+牧家乐"特色旅游产品。2022年,已将"一家亲牧家乐"项目由2家推广到7家,"一家亲牧家乐"旅游项目已接待游客近2万名,收入近120万元。

【教育帮扶】 国家民委发挥委属高校的独特优势,坚持把帮扶对象的实际需求作为工作着力点,在智力支持和教育帮扶等优势领域持续发力,坚持项目化带动,把帮扶工作任务细化为校地合作项目,通过科研定向服务为两县(旗)产业发展、乡村振兴提供智力支持;立足学科专业特色,为两县(旗)特色旅游开发、民族工作规划提供政策咨询,在两县(旗)乡村振兴的实践中做出切实贡献。

【文化帮扶】 国家民委充分运用委属文化事业单位力量,着力加强文化帮扶,丰富两县(旗)精神文化生活,推动形成文明乡风、良好家风、淳朴民风。巴林右旗举办首届金秋文化旅游节暨第十八届巴林石文化节开幕式专场演出,中央民族歌舞团和巴林右旗乌兰牧骑联袂演出,为线上、线下观众献上文化视听盛宴。中南民族大学与德保县签订芳山文化园民族团结主题塑造等设计方案委托协议,为德保县设计民族团结进步标志性logo、芳山文化公园民族团结主题塑造、德保县都安乡凌雷村法光屯凌雷屯村居外观改造和铸牢中华民族共同体意识文化长廊等有关内容。民族文化宫、民族出版社、中国民族语文翻译中心等单位为两县(旗)捐赠图书591册,码洋3.6万余元。

【生态帮扶】 国家民委指导并支持两县(旗)深入贯彻落实新发展理念,坚持"绿水青山就是金山银山""冰天雪地也是金山银山",不断改善农村人居环境,加强农村厕所改造、生活垃圾和污水治理,打造美丽乡村,让各族群众在乡村振兴中能够看得见山、望得见水、记得住乡愁。派驻驻村第一书记的德保县凌雷村实施居民楼屋顶钢结构及彩钢瓦屋面安装,法光屯村头村尾、公共区域道路、微菜园周边增建挡土墙等工程,建成后有效改善凌雷村村容村貌和人居环境。

【特色帮扶】 国家民委注重引导各族群众在乡村振兴中交流、交往、交融,把定点帮扶工作作为构建各族群众共居、共学、共事、共乐社会环境的重要抓手,推动两县(旗)走出一条乡村振兴与民族团结双融合、双促进的跨越发展之路。大连民族大学面向巴林右旗青少年组织2022年各族青少年科技夏令营活动,来自巴林右旗的9个民族、27名中小学生和5名指导教师参加活动。夏令营聚焦主题主线,坚持突出"融"的重点,通过铸牢中华民族共同体意识教育、爱国主义教育、中华文化体验、科技体验、文艺体育等多种类型共20项活动,为来自巴林右旗的各族青少年提供交往、交流、交融的实践平台,以全方位的体验式交往交流交融感受历史之美、人文之美、科技之美、自然之美和友爱之美。

【帮扶宣传】 国家民委加大对两县(旗)铸牢中华民族共同体意识的指导宣传力度。指导巴林右旗修改完善铸牢中华民族共同体意识教育实践基地建设有关工作方案。中南民族大学与德保县签订委托合同,为德保县未来10年铸牢中华民族共同体意识、加强中华民族共同体建设提供前瞻性规划和整体性指导。民族画报社在新媒体平台刊发《内蒙古巴林右旗铸牢中华民族共同体意识教育实践基地成立》《广西德保:用"心"绘就铸牢中华民族共同体意识新画卷》,宣传两县(旗)在铸牢中华民族共同体意识方面的经验做法。

(国家民族事务委员会

许 晨 张峻梧)

公安部定点帮扶

【概述】 2022年,公安部在定点帮扶贵州省兴仁市、普安县和广西壮族自治区三江侗族自治县(以下简称"三江县")的工作中,提高政治站位,创新帮扶措施,落实帮扶责任,克服疫情影响,统筹协调推进,助力三地持续巩固拓展脱贫攻坚成果、推动乡村全面振兴。全年累计投入无偿帮扶资金5873万元、引进无偿帮扶资金9072万元,培训基层干部、乡村振兴带头人、专业技术人才1.4万余人次,采购、销售农副产品等1.8亿余元,发动部属单位102批639人次开展帮扶调研,选派9名干部挂职,选派106名民警、警校生开展支教工作,帮助1913名群众实现稳定就业,推动三地脱贫基础更加巩固、成效更可持续,乡村发展、乡村建设、乡村治理等重点工作取得新进展。尤其是在打造支教品牌、深化消费帮扶、发展生态产业等方面的做法及成效得到社会各界的广泛好评。公安部在2022年度中央单位定点帮扶工作成效考核评价中获得"好"等次。

【帮扶资金投入】 2022年,公安部通过发动党员干部捐款、自筹帮扶资金、筹集社会资金等方式,为兴仁市、普安县、三江县投入无偿帮扶资金5873万元,引进无偿帮扶资金9072万元,引进有偿帮扶资金11.28亿元,帮助三地巩固脱贫成果、发展特色产业、推进乡村建设。全年筹集各类帮扶资金共计12.77亿元,为兴仁市、普安县、三江县分别筹集62643万元、56334万元、8787万元。其中,帮助巩固提升"三保障"和饮水安全保障水平投入7643万元,帮助改善农村人居环境投入461万元,帮助完善农村生活设施投入3313万元,党员干部捐款、捐物合计176.54万元。

【帮扶资金管理】 公安部发动部属单位102批639人次赴兴仁市、普安县、三江县调研,及时传达中共中央决策部署和部党委工作要求,指导落实帮扶政策措施。会同三地党委、政府对帮扶项目、资金开展审计,防范廉政风险。督促三地党委、政府对援建的1000余个帮扶项目分类建立台账清单,落实后续管护责任。

【帮扶培训】 公安部采取跟班学习、以工代训、送教下乡、专题培训等方式,帮助兴仁市、普安县、三江县开展乡村振兴干部教育培训和教育教学、医疗卫生、特色种植养殖、电商销售、经营管理、旅游茶艺、民族刺绣等技能培训,为三地培训基层干部3734人次、乡村振兴带头人1660人次、专业技术人才9371人次,三地基层干部的能力素质明显提升,群众的内生发展动力持续增强。

【干部挂职帮扶】 公安部向定点帮扶地区派驻干部9人,其中1人在兴仁市、普安县所在的黔西南布依族苗族自治州担任州委常委、副州长,分管中央单位定点帮扶工作;3人分别在兴仁市、普安县、三江县担任县(市)委常委、副县(市)长,协助管理乡村振兴工作;5人分别在兴仁市老里旗村、普安县白石村、棉花村、辣子树村、三江县唐朝村担任驻村第一书记。

【脱贫成果巩固】 公安部加强兜底保障,把促进就业、增加收入作为根本措施,帮助兴仁市、普安县、三江县巩固拓展脱贫攻坚成果。一是巩固提升"三保障"成果。督促三地运行好防止返贫监测和帮扶机制,把帮扶政策措施落实到村、到户、到人,确保应纳尽纳。协调国家开发银行贷款5.11亿元支持普安县棚户区改造。筹集1988万元帮助三地9所中小学修建教学楼、运动场、报告厅等硬件设施,捐赠价值1598万元的计算机、图书、校服、运动器材及教学软件,为三江县476名困难学生发放助学金150余万元。筹集400万元帮助兴仁市改建8个条件简陋的村卫生室,为三地援助诊疗设备及防疫物资1260万元,保障村民就近就医。二是抓好稳岗就业工作。帮助三地新建、扩建帮扶车间8个,继续做好对警用被装帮扶企业的支持,帮助实现订单9400余万元,解决就业226人。协调宁波、厦门、惠州等地公安机关发动属地企业提供就业岗位558个,开通务工就业直通车,发动属地公安机关做好关心关爱和服务保障。三是拓宽就业增收渠道。筹集300万元帮助三地开展茶叶加工、畜禽养殖、电商营销等培训,培训1万余人次,指导村集体经济合作社制定资金管理和使用办法,采取代养托养、订单种养、就近务工、入股分红等方式,鼓励群众直接参与生产经营,更多分享产业发展收益。

【产业帮扶】 公安部抓住产业发展这个关键,多措并举促进乡村特色产业提档升级,带动群众增收致富。一是壮大主导产业。扎实推进普安县"万亩茶园"建设,加强技术指导,提高茶园存活率,使茶园变成群众可世代传承的致富产业。"公安部推动普安茶产业成为富民强县的绿色生态产业"入选国家乡村振兴局社会力量助力乡村振兴典型案例。帮助兴仁市、普安县、三江县发展薏仁米、腊肉、金银花加工和白鹅、黄牛、乌金鸡养殖等特色产业,兴仁市薏仁米入选农业农村部"2022年农业品牌精品培育名单",三江县50余家企业160个品种农产品完成溯源体系质量认证,三地县域经济得到发展壮大。二是培育乡村旅游。筹集400万元帮助兴仁市建设红军长征海河战斗遗址纪念馆,组织千余名民警功模赴兴仁市、普安县康养,协调铁路、航空有关部门在车站、列车、航班上宣传普安县、三江县文旅资源,帮助打造田园休闲旅游项目,农民旅游收入大幅度增长。三是深化消费帮扶。制订出台《深化推进定点帮扶县(市)乡镇农产品销售帮扶工作实施方案》,发动部属单位、垂管系统和地方公安机关积极采购三地农副产品1.33亿元,加强与国家体育总局协作,利用体育赛事做好宣传推广,助力群众增产增收。

【教育帮扶】 公安部把支教帮扶作为乡村人才振兴的基础工作来抓,着力打造民警支教品牌。一是持续深化支教帮扶。建立支教民警轮换机制,选派106名民警、警校生赴兴仁市、普安县、三江县开展足球、语文、数学、英语等支教,带动兴仁市、普安县450所中小学全部开设足球课程,14名学生获得国家二级运动员证书;帮助三江县中小学创新教学法,开展课后巩固提升辅导服务。成功举办中西部地区青少年足球邀请赛,帮扶的兴仁市、普安县参赛球队取得全胜战绩。二是积极拓展支教成效。援建图书室、心理健康辅导屋和道路交通安全教育基地,开设大山里的音乐课、美术课、科普课等兴趣班,组织学生到沿海发达城市参加夏令营。引进北京、山东、宁波等地名校与三地5所重点中小学开展校际结对共建,举办3期足球业余级教练员培训班,开展教师培训28批次,培训1500余人,帮助提高教学水平。三是加强典型宣传表彰。摄制播出支教纪录片《为爱黔行》,在公安部机关举办支教帮扶工作成果展,受到广泛好评。北京市公安局支教团队荣立集体一等功、支教民警获评"全国最美基层民警"和"首都公安青年榜样",选树10名国家移民管理局驻三江县"最美支教民警",展示支教民警忠诚担当、一心为民的良好形象。

【文化帮扶】 公安部坚持物质文明和精神文明一起抓,注重提升干部群众精神风貌,不断加强乡村精神文明建设。制订出台《加强定点帮扶县(市)乡镇道路交通安全宣传教育工作实施方案》,在兴仁市、普安县、三江县乡镇道路沿线、文化广场设置宣传栏、宣传标语,深入宣传习近平新时代中国特色社会主义思想和党的二十大精神,传达党的惠农政策。采取"红黑榜""积分制""文明家庭"评选等方式,推进农村移风易俗,群众颂党情、感党恩、跟党走更加自觉,精神面貌焕然一新。引进1600万元支持兴仁市、普安县建设全民健身中心,帮助三江县组建"侗音唐朝"文艺队,丰富群众文体生活。

【基础设施建设】 公安部把整治提升农村人居环境、改善农村基础设施作为提高农民生活品质的重大工程,高质量推进宜居宜业和美乡村建设。筹集1239万元帮助兴仁市、普安县、三江县31个村开展人居环境整治和高标准农田建设,因地制宜推进生活垃圾处置、污水治理、卫生厕所改建、庭院美化绿化等工程。筹集322万元为三地援建产业路、太阳能路灯、护栏、交通标识等基础设施。继续发挥援建的农贸集市、牛马交易市场等作用,提高群众生产生活的便利程度。兴仁市老里旗村、普安县白石村、三江县归东村分别被评为省级、市(州)级乡村振兴示范村。

【特色帮扶】 公安部充分发挥职能作用和系统优势,按照"公安部定点帮扶工作走在中央和国家机关前列、帮扶地区公安工作走在所在省前列"的目标要求,着力帮助兴仁市、普安县、三江县公安机关提高保安全、护稳定、促发展的能力水平,切实守护乡村和谐稳定。一是助力提升队伍素质。指导三地公安机关深化队伍教育整顿成果,加强政治教育和作风建设,推进整治顽瘴痼疾常态化。出台第四轮全国公安机关素质强警交流合作计划,安排东部教育训练工作先进省份、部属院校为三地培训民警311人次。二是助力强化基础建设。筹集800余万元帮助兴仁、普安、三江公安机关更新警用装备、加强信息化建设、捐赠报刊书籍,为三地7个派出所改善执法办案条件。筹集400余万元慰问帮扶地区因公牺牲、负伤和生活困难民警及家属。三是助力推进公安工作。指导三地公安机关深入开展夏季治安"百日行动",严厉依法打击侵害群众利益的违法犯罪行为,加强农村法治宣传教育。开展"枫桥式公安派出所"创建活动,三江县程村派出所被评为广西壮族自治区第二批"全区枫桥式公安派出所"。

(公安部定点帮扶办 梁 山)

国家安全部定点帮扶

【概述】 2022年，国家安全部党委深入学习领会中共中央、习近平总书记关于全面推进乡村振兴的决策部署，坚决贯彻落实中共中央和国家机关工作委员会、国家乡村振兴局工作部署，精准对接河北省盐山县、内蒙古自治区敖汉旗帮扶需求，聚焦亟待解决的重点领域突出问题，充分发挥垂直领导体制优势，调动全系统资源力量，统筹推进资金投入、政策协调、教育培训、产业引进、消费采买等一系列扎实有效的帮扶措施，持续推动巩固拓展脱贫攻坚成果同乡村振兴有效衔接，使两地脱贫基础更加稳固、乡村振兴取得长足进展，工作成效受到两地群众高度认可，在2022年中央单位定点帮扶工作成效考核中连续第四年被评为"好"等次。

【帮扶资金投入】 2022年，国家安全部共为盐山县、敖汉旗直接投入帮扶资金1211.51万元，推进实施14个帮扶项目，主要用于两地改善学校教学设施、提升农业种植水平、建设小微工厂、壮大集体经济、加强人才培训、建设美丽乡村；调动各方面资源力量，为两地引进帮扶资金共计44698万元，主要用于推动重大基础设施建设、集中力量努力打造当地优势产业和知名品牌、解决产业发展资金不足问题、实施兜底保障和公益救助。

【组织领导】 国家安全部定点帮扶工作领导小组召开会议部署年度工作，国家安全部党委书记、部长出席会议并作重要讲话，强调要从维护政治安全、人民安全和经济安全的高度认识和抓好定点帮扶工作，推动两地乡村振兴取得新进展、农业农村现代化迈出新步伐；与到访的敖汉旗委书记举行座谈，听取敖汉旗工作情况汇报，共同研究推动工作的具体措施。新一届国家安全部党委书记、部长关注定点帮扶工作进展情况，亲自担任定点帮扶工作领导小组组长，强调要把定点帮扶作为重大政治任务抓紧、抓实、抓好。国家安全部帮扶办扎实贯彻部定点帮扶工作领导小组决策部署，定期调度两地工作进展，结合实地调研，认真督导推进各项重点工作，圆满完成年度工作任务。

【党建帮扶】 国家安全部不断厚植党建结对帮扶工作基础，始终坚持以党建帮扶引领推动乡村振兴。国家安全部机关党建结对帮扶单位再添一员，共计20个局级单位与敖汉旗、盐山县建立党建结对帮扶关系。各单位努力克服疫情影响，采取多种形式开展党建结对帮扶，全年共组织7次实地调研，召开8次线上视频会议，与两地共谋发展良策，确保帮扶举措落到实处、发挥效益。各单位通过捐赠图书、衣物、电子设备、助学基金等形式，组织干部职工累计向敖汉旗、盐山县捐款、捐物总价值104万余元，有效解决结对村的实际困难，努力改善人民群众的生活水平，助力强化农村基层党组织的政治功能，提升治理能力，有效巩固党在农村的执政基础。

【产业帮扶】 国家安全部充分利用敖汉旗优质天然牧区的资源禀赋，推动肉羊产业形成种群规模，协助敖汉旗成立良种繁育推广中心，并成功获批国家羊核心育种场资质。协调中国农业科学院在敖汉旗设立专家工作站,成功培育出生长速度快、出肉率高、肉质好的杂交肉羊品种——敖泊羊,并协助敖汉旗建成大型肉羊示范养殖场,通过放种收羔、种羊共享等方式使牧民大幅度增加收入。继续协调中央广播电视总台以优惠价格在黄金时段播出敖汉小米广告,助力开发小米锅巴、小米膳食等深加工产品,促进小米产业整合和品牌升级。针对盐山县耕地盐碱化的实际情况,协调专家推行试种700亩青储高粱,使种植农民收入显著增加,同时改善土壤有机质、提升地力。积极推动盐山县阀门企业增资扩产,协调对接体育器材、智能芯片、中医药等各行业企业,力争打造新的经济增长点。

【消费帮扶】 国家安全部多措并举持续加大消费帮扶力度,帮助两地打开思路、拓宽销路,有效促进当地群众增收致富。发挥垂直领导体制优势,动员全国国家安全机关利用节日慰问和食堂采购参与消费帮扶,2022年直接采购敖汉旗、盐山县特色农产品总额达1480万元。积极帮助两地打造知名品牌、开发深加工产品、开展电商培训、推动规模化运营,推动两地特色农产品登录线上销售平台、进驻各大商超,拓宽销售渠道,全年帮助销售两地特色农产品总额达2606万元。国家安全部消费帮扶的成功做法获评国家发展和改革委员会"2022年全国消费帮扶助力乡村振兴优秀典型案例"。

【帮扶培训】 国家安全部在两地举办多种形式的乡村振兴专题培训,全年共计培训5267人次,其中乡村基层干部2246人次、乡村振兴带头人1800人次、专业技术人才1221人次。持续发挥教育培训协作联合体作用,积极协调国内智库专家赴内蒙古敖汉干部学院举办高水平培训讲座,助力敖汉旗提升培训教学质量和干部综合素质。

【教育帮扶】 国家安全部协调筹集设立"大爱无疆——青春圆梦"教育帮扶基金,2022年向两地220名家庭困难学生发放66万元助学金,有效缓解学生家庭经济压力。向两地无偿捐赠864.44万元资金,实施"大爱无疆——启智润心"教育帮扶项目,帮助河北省盐山中学、敖汉旗箭桥中学建设现代化的物理、化学、生物数字实验室,帮助盐山县职业技术教育中心建设高水平的学生实训基地。

【建设和美乡村】 国家安全部一是开展健康帮扶。协调北京部分三甲医院及当地医院各科室专家为两地群众开展义诊,传授医疗知识,捐赠医疗急救物资;协调阿里健康信息技术有限公司在敖汉旗实施"小鹿灯""加油木兰"等公益项目,落地"医蝶谷"基层医生学习平台项目,提升基层医生专业技术水平。二是推动生态振兴。在敖汉旗建设"国安林"基地,充分发挥植树造林在改善生态环境、带动林业经济方面的示范引领作用;推动敖汉旗生态减贫案例入选中共中央对外联络部组织编写的《中国社会组织国际交流合作2021年度报告》,宣传敖汉成功经验。三是助力文化振兴。投入资金为党建结对村建设多功能文化活动广场,配备室外体育器材;修缮敖汉旗乡村振兴讲习所,开展新时代文明实践志愿服务活动;向"草原书屋"、乡村图书室捐赠价值近20万元精品图书,打造群众文化活动的主阵地,推动形成家风正、村风淳、乡风美的良好社会风尚。

(国家安全部 李 滨)

司法部定点帮扶

【概述】 2022年，司法部深入贯彻落实党的二十大精神，全面贯彻习近平新时代中国特色社会主义思想，深入学习贯彻习近平法治思想，认真贯彻落实中央农村工作会议精神、全国东西部协作和中央单位定点帮扶工作推进电视电话会议要求，坚持帮扶政策不变、帮扶力度不减、帮扶责任不松，积极推进定点帮扶工作走深走实，协助推进河北省阜城县、四川省平昌县和苍溪县巩固脱贫攻坚成果向乡村振兴平稳过渡。

司法部认真贯彻落实《中华人民共和国乡村振兴促进法》和《关于实现巩固拓展脱贫攻坚成果同乡村振兴有效衔接的意见》，突出司法行政职能优势，坚持乡村振兴和法治建设"两手抓"，把促进社会公平正义、增进人民福祉作为出发点和落脚点，以增强可持续发展能力为突破口，聚焦发展特色产业、培育乡村振兴人才、深化网络赋能效应，大力发展智慧农业、农村电商等，构建多维度帮扶体系，助推3个定点帮扶县经济社会综合实力、基层社会治理能力进一步提升和完善。截至2022年年底，为3个县投入直接帮扶资金570万元、引进帮扶资金1689.2万元，直接采购农副产品83.17万元，帮助销售农副产品483.16万元，帮助培训基层干部2914人、技术人才4620人、乡村振兴带头人525人。阜城县定点帮扶案例被国家乡村振兴局评选为2022乡村振兴创新案例，其"党建引领促脱贫 法治引领谋振兴"的具体做法被人民网采用报道。

【帮扶资金投入】 2022年，司法部持续发挥各方工作合力，加强沟通协调，积极协调争取政策、资金、项目支持，广泛动员有关部门及社会组织参与定点帮扶工作。部机关各厅局、直属单位立足职能优势，从政策引领、党建指导、项目推动、资源协调等方面群策群力，使定点帮扶工作机制在各项实践中不断发展完善。全年向3个县共无偿投入帮扶资金570万元，捐赠法治图书价值25万元。其中，拨付普法装备补助经费、律师党建经费、公证业务经费共计270万元，用于3个县普法装备采购、法治文化广场创建及律师人才培养、公证业务发展等。部直属单位法制日报社、法律出版社、中国法制出版社向3个县拨付帮扶经费共计300万元，用于3个县相关帮扶项目开发。在5名挂职干部的协调努力下，共帮助3个定点帮扶县引进帮扶资金1689.2万元。其中，帮助平昌县引进专项帮扶资金778.2万元，用于电商培训、公益活动及小学基础设施改造提升等；帮助苍溪县引进各类帮扶资金588万元，用于支持当地水库改造、拓宽道路、扩建养殖场、小学宿舍改建等；帮助阜城县引进专项资金323万元，用于支持当地农业生产及建立农业产业化联合体。

【帮扶制度建设】 司法部结合3个定点帮扶县实际情况，制订《司法部2022年定点帮扶工作计划》，从加强组织领导、关心培养挂职干部、加大帮扶资金投入力度、深入开展产业帮扶、坚持法治帮扶、坚持扶志扶智、抓好党建帮扶、做好消费帮扶、协助补齐社会事业短板弱项等9个方面对2022年定点帮扶工作作出详细安排和部署,要求司法部机关各单位立足实际、发挥优势,助推3个定点帮扶县经济社会综合实力、基层社会治理能力进一步提升和完善。该计划明确以下工作目标:协助3个县抓实防返贫监测,坚决守住不发生规模性返贫的底线;协助3县构建产业发展长效机制,推进县域特色产业发展,强化联农带农机制;协助3个县不断补齐社会发展短板,不断提高群众的认可度和满意度。围绕以上目标,司法部不断强化工作力量、创新工作举措、加大帮扶力度,协助3个县切实解决影响"两不愁三保障"的突出问题,完善长效帮扶机制,培育发展特色产业,带动群众就业增收,改善提高生活水平,推动3个县不断巩固拓展脱贫攻坚成果、开创乡村振兴新局面。同时,注重发挥行业优势,坚持乡村振兴和法治建设同步推进,扎实推动"乡村振兴 法治同行"活动在3个定点帮扶县取得实效,切实增强帮扶地区广大群众的法治获得感、幸福感、安全感。

【干部挂职帮扶】 司法部在3个定点帮扶县选派的3名挂职帮扶干部和2名驻村第一书记继续在自己的工作岗位上兢兢业业、恪尽职守,用心、用情为帮扶地区乡村振兴和解决困难群众需求贡献智慧。一是加强沟通协调。做好司法部机关和定点帮扶县的沟通桥梁,围绕定点帮扶县中心工作,加强同各部委、部机关各单位及河北省司法厅、四川省司法厅等单位的联系与对接,为定点帮扶县争取更多、更大的支持,协调解决一些现实问题,为定点帮扶县发展创造良好的外部环境。二是做好调查研究。挂职干部深入部分乡镇和帮扶村,走访当地公司、企业,了解掌握定点帮扶县域经济社会发展情况和当地帮扶群众的实际需求,分析定点帮扶县主要致贫原因、脱贫攻坚重难点及脱贫致富主要路径等,从而提出有针对性的解决措施,找准帮扶工作着力点。三是持续推动定点帮扶县经济社会综合发展。挂职干部在协助定点帮扶县改善基础设施条件、争取项目资金和帮扶资金、推进致富产业发展、加强农产品助销等方面积极贡献力量。以四川省平昌县为例,挂职帮扶干部奔走协调,积极推进阿里巴巴教育医疗等项目落地。截至2022年年底,全县53家医院2196位医生成功入驻"医蝶谷"基层医生培训平台参加培训。41所学校小学教师1752人在松果公益平台注册学习,陆续开展线上、线下活动。协调法治日报社为平昌县磴子小学捐赠价值5万元的图书1000册,建立爱心图书室;对接东西部协作,在平昌县磴子小学建立"童伴之家",帮助完成羽毛球场塑胶工程,永康市专业技术人员为平昌县磴子小学师生开展语文公开课和中医小儿推拿培训。

【产业帮扶】 司法部积极助推3个县县域特色产业发展,不断提升产业发展后劲和动力。一是协助3个县推进优势产业提档升级。在稳定粮食生产的基础上,扩大阜城县高粱、玫瑰花等特色产业的种植面积,促进西瓜等优势产业提档升级。在平昌县规模发展茶叶、花椒、生态养殖的基础上,引入金线莲种植特色产业。借力金华市农业科学研究院科技支持,在帮扶地区探索建设金线莲示范基地。协助苍溪县通过组织招投标,盘活集体闲置资源,扩大猕猴桃种植和生态养殖羊规模。二是协助3个县制订印发《2022年产业到户补贴方案》,持续落实脱贫人口和监测对象自主发展到户产业项目补贴政策,激发自主发展特色产业的积极性。在阜城县西马村和平昌县磴子社区积极探索试点,进一步发展富民产业,推进法治乡村示范片区建设。三是帮助销售3个县特色农副产品。在3个县建立"周边监狱+贫困村产业合作社+基地(园区)+农户(庭园)"的农副产品种销模式,平昌县与周边监狱签订蔬菜供应订单,销售农副产品178.4万元;苍溪县销售农副产品63.5万元;阜城县销售农副产品241.26万元。

【法治帮扶】 司法部坚持司法为民,突出法治帮扶,探索乡村治理新模式。一是开展精准普法。在3个定点帮扶县成立由律师、村居法律顾问、法律服务志愿者组成的法律服务宣讲团,组织开展"法律进乡村"活动,对乡村群众开展"精准普法"。在3个县重点开展"尊崇宪法、学习宪法、维护宪法、运用宪法"主题宣传活动和"美好生活·民法典相伴"主题宣传月活动,真正让宪法精神逐步深入人心,让《中华人民共和国民法典》走进群众心里。二是积极开展民主法治示范村(社区)创建活动。在3个县基层党组织的领导下,着眼着力治理有效,开展民主法治示范村(社区)评选活动,依照宪法法律依法管理村里各项事务,提高乡村治理法治化水平。在3个县共评选出民主法治示范村36个。积极参加3个县民主法治示范村创建活动,西马村等14个村入选名单。三是实施"法律明白人"培养工程。分别在3县培养一批以村(社区)干部、人民调解员、村民小组长、退役军人等为重点的"法治带头人",加强对村"两委"班子成员、村务监督委员会委员法治培训,提高基层干部用法治思维和法治方式深化改革、推动发展、化解矛盾、维护稳定、应对风险的能力,形成更可靠、稳定、有效的治理模式。四是创新乡村法治文化建设。协助3个定点帮扶县加强乡村法治文化基础设施建设,实现每个村(社区)至少有1个法治文化阵地,广泛开展群众性法治文化活动。打造以定点帮扶村阜城县古城镇西马村和定点帮扶社区平昌县白衣镇磴子社区为中心的法治乡村示范片区,以点带面,推动各乡镇按照"一村一规划、一村一特色"的思路推进法治乡村建设,提高群众在乡村治理中的主体意识和责任意识,让群众的法律问题在"家门口"得到回应和解决。

【消费帮扶】 司法部坚持以购代销,突出消费帮扶,拓宽农副产品销售渠道。一是发挥司法行政系统"三级联动"效能,整合部机关、省司法厅、监狱管理局和有关监狱等司法行政力量,多点发力,以购代销,在"832平台"上直接采购并线下帮助销售3个县各类农副产品共计566.33万元。二是协助3个县创建农副产品电商销售公司、网络旗舰店等,创新开拓线上、线下相结合的消费帮扶新零售模式,构建农户、产品、厂商、市场之间的联结机制,搭建从供应到市场的桥梁,将帮扶地区的农产品市场打造成不受时间和地域限制的"24小时市场",实现线上直播助农、网上下单订购、线下智能物流配送、智能货柜无接触售货"一条龙"。三是积极开展县长直播带货活动,在深入调研的基础上,确定以平昌青花椒、苍溪红心猕猴桃和阜城雪梨为主打产品,认真谋划、提前宣传、多方导流、精心组织,在抖音和天猫等平台的支持下,成功开展多次县长直播带货,完成销售数十万元。利用新媒体直播等创新帮扶方式,司法部定点帮扶办协调法治日报社联系3个定点帮扶县共同策划、筹备、开展司法部定点帮扶县农副产品年货节直播带货活动,直播活动开展的3个小时内,来自全国各省(区、市)的消费者购买3个县特色农副产品共计46.14万元。

【智力帮扶】 司法部坚持"扶志""扶智"相结合,抓好内生动力激发,积极引导提升基层干部群众能力水平。通过强化宣传引导,倡导自力更生,培育文明新风,协助3个县深入开展"行为规范"立正风、"司法保障"倡清风、"村规民约"改民风、"教育引导"正家风、"文明创建"树新风、"公益救助"促和风"六大行动"。继续运用好司法部各类培训平台,联系法治、农业、教育、经济等方面的专家学者,帮助3个县开展培训工作,提升基层法律工作人员的综合能力和水平。协助3个定点帮扶县组织"社区矫正业务培训班""政法队伍教育整顿培训班""综合行政执法人员专业法律知识培训班"等9个班次,协助3个县组织"猕猴桃春季管理""小麦病虫防治""秧苗管护"等各类技术培训班7个班次,不断提升3个县基层干部和技术人员的工作能力和水平,为做好3个县人才帮扶工作贡献应有之力。

(司法部办公厅办公室 刘 鑫)

财政部定点帮扶

【概述】 2022年,财政部深入贯彻落实习近平总书记关于深化东西部协作和中央单位定点帮扶工作的重要指示精神,坚持把帮助湖南省平江县、云南省永胜县巩固拓展脱贫攻坚成果、加快全面推进乡村振兴作为重要工作,积极发挥财政职能作用,推动定点帮扶工作走深、走实。2018年以来,财政部已连续五年在中央单位定点帮扶工作考核中被评为"好"等次。

【帮扶资金投入】 2022年,财政部累计向平江、永胜两县直接投入无偿帮扶资金1.74亿元,引进无偿帮扶资金2.52亿元,引进有偿帮扶资金2.99亿元,直接购买农产品143.02万元,通过各类渠道帮助销售脱贫地区农产品5661.15万元。

【组织领导】 财政部党组坚决扛起定点帮扶工作政治责任,7次对定点帮扶工作作出指示批示,印发年度帮扶工作要点,明确重点事项。财政部领导两次召开定点帮扶工作座谈会,与定点帮扶县共同研究帮扶举措。2022年,财政部内各单位到两个定点帮扶县实地调研63人次,其中司局级干部15人次。

【干部挂职帮扶】 财政部派驻帮扶县的挂职干部、驻村第一书记、基层锻炼干部人数达到17人,持续加强派驻帮扶县干部的激励与管理,加强"传帮带"工作,坚持实地考察派驻挂职干部的工作实效,定期开展谈心谈话,推动工作落实、了解实际困难。工作队坚持把调查研究作为了解需求的重要途径和解决问题的重要抓手,共参加各级座谈76次、实地走访100余次、开展集中研讨18次,形成10余篇调研报告,为两县县域经济发展拓宽思路。加强四级财政部门联动。通过"以查帮扶"的方式,指导帮扶县规范财政运行、资金使用管理、项目建设等,提高资金使用效率。与地方干部一起深入一线开展集中排查整改行动和实地督导,指导定点帮扶县稳步提高兜底保障水平,推动具体措施精准有效。紧盯基本民生,积极协调资金,支持巩固提升"两不愁三保障"及饮水安全保障水平,开展"博爱送万家"、先天性心脏病零负担救治、送智援教公益培训等一系列活动。

【产业帮扶】 财政部协调各方资源,帮助引进光伏发电、商贸流通产业园、旅游开发合作等项目,建设公共乡土文化传习所、乡村文化站,开展乡村人才专业技能培训,帮扶县产业支撑得以巩固并不断提档升级。继续深入贯彻落实习近平总书记关于巩固拓展脱贫攻坚成果同乡村振兴有效衔接工作的重要指示精神和中共中央、国务院决策部署,进一步强化政治责任,落实好投入保障,完善政策举措,抓好政策落实,在牢牢守住不发生规模性返贫底线的同时,持续推动提升脱贫地区和脱贫群众的内生发展动力。

(财政部农业农村司乡村振兴处)

自然资源部定点帮扶

【概述】 2022年，自然资源部认真学习贯彻党的二十大精神和习近平总书记关于深化东西部协作和定点帮扶工作的重要指示精神，深入贯彻落实中共中央、国务院决策部署，按照《关于坚持做好中央单位定点帮扶工作的意见》，落实定点帮扶黑龙江省海伦市，江西省赣州市赣县区、宁都县、于都县、兴国县，海南省琼中黎族苗族自治县（以下简称"琼中县"）政治责任，保持力度不减，从政策、项目、资金、人才等方面帮助6个定点帮扶县巩固拓展脱贫攻坚成果、全面推进乡村振兴。全年直接投入帮扶资金2529.24万元，帮助引进帮扶资金44040.33万元，帮助招商引资41407.5万元，直接购买定点帮扶县农产品1014.87万元，通过"832平台"等帮助定点帮扶县销售农产品14234.05万元，采购、帮销其他脱贫地区农产品236.35万元。培训乡村基层干部、乡村振兴带头人、各类专业技术人才共3113人，因地制宜实施14个乡村特色产业项目。在中央单位定点帮扶工作成效考核评价中被评为"好"等次。

【帮扶资金投入】 2022年，自然资源部直接投入帮扶资金2529.24万元，其中安排定点帮扶专项资金1000万元，支持定点帮扶县实施产业发展、教育帮扶等，投入地质调查专项经费1281.24万元，实施找水打井、矿产资源调查、地质灾害监测预警等。帮助引进帮扶资金44040.33万元，其中协调落实地质灾害防治、实景三维建设项目、矿产资源勘查、生态保护修复等专项资金，通过城乡建设用地增减挂钩节余指标省内交易、跨省域补充耕地等政策，帮助引进无偿帮扶资金36532.33万元，通过引入社会资本参与废弃矿山生态修复项目等，帮助引进有偿帮扶资金7508万元。

【组织领导】 自然资源部党组高度重视定点帮扶工作，将其纳入重要议事日程，加强统筹部署，主要负责同志亲自部署，分管负责同志直接抓，党组成员结合业务同步抓。召开自然资源部乡村振兴工作领导小组全体会议，对年度工作进行研究部署，明确帮扶任务，压实帮扶责任；召开3次自然资源部定点帮扶工作推进会；自然资源部领导对定点帮扶工作批示67次，有力推动重点工作落实。自然资源部领导分别赴6个定点帮扶县调研，实现调研全覆盖，部系统129人次调研对接工作，共谋乡村振兴。

【帮扶制度建设】 自然资源部制订《自然资源部2022年定点帮扶工作计划》，明确任务目标，强化责任落实。出台《自然资源部办公厅关于2022年支持定点帮扶县实现巩固拓展脱贫攻坚成果同乡村振兴有效衔接的意见》，精准对接需求，研究提出20项针对性支持政策措施，发挥要素保障作用。制订《自然资源部对口支援赣县区振兴发展实施方案（2021—2030年）》，结合帮扶和支援双重任务，明确15项对口支援赣县区工作任务。制定《自然资源定点帮扶项目管理办法》《自然资源定点帮扶项目资金管理办法》，对项目申报与审批、项目实施、项目验收、项目移交、资金申请、资金拨付与管理、监督检查与绩效评价等全流程作出明确规定。

【干部挂职帮扶】 自然资源部压茬选派1名挂职干部到赣县区轮换，支持赣县区选派2名干部到自然资源部机关司局锻炼；新选派

1名选调生到琼中县基层锻炼。自然资源部驻6个定点帮扶县工作的干部共14人,其中挂职帮扶干部7人、驻村第一书记3人、基层锻炼干部4人。挂职干部积极融入地方,发挥桥梁作用,统筹帮扶资源,推动帮扶政策举措落地见效。

【编制村庄规划】 自然资源部采取"典型引路、就近帮扶"的方式,协调6个定点帮扶县(琼中县已完成村庄规划编制,未加)各推荐1个村庄,由自然资源部组织广东、福建、重庆、黑龙江4个省(市)自然资源厅(局),华侨大学、哈尔滨工业大学及重庆市规划设计研究院、福建省城乡规划设计研究院等的专家团队按照就近帮扶原则协助编制村庄规划。截至2022年年底,帮扶县推荐的6个村庄已形成村庄规划初步成果,按照发挥村民主体作用要求,正调动村民参与积极性,通过视频会等方式征求村民意见。

【产业帮扶】 自然资源部实施产业帮扶项目,结合当地实际,因地制宜实施14个乡村特色产业项目,支持海伦市建设黏豆包加工厂,赣县区建设电子帮扶车间、种植赣南脐橙,兴国县发展草席加工、艾草产业、种植太秋甜柿,宁都县升级改造脐橙基地,于都县升级改造矿泉水加工项目,琼中县打造新伟生态茶旅融合示范基地、发展澳洲淡水龙虾养殖等。组织专家开展项目论证评审,选准选优项目,完善联农带农机制,着力提升帮扶项目实效。多渠道助力产业发展,帮助招商引资41407.5万元,协调国家电力投资集团有限公司、华能海南发电股份有限公司等在宁都县、琼中县发展光伏产业。帮助引进电子材料加工、服装加工、奇楠沉香等帮扶项目9个。助力加快推进赣南离子型稀土矿污染防控工艺与绿色开发新技术研发,基本完成注浆防渗材料试验和可移动灌浆平台原型机设计,获得实用新型专利1项。初步完成稀土矿区林下经济植物调研和种植模式实验,编制工作区林下植物资源名录,形成稀土矿业发展布局及产业规划建议。

【帮扶培训】 自然资源部印发《关于进一步做好自然资源定点帮扶培训工作的通知》,制订年度培训计划。针对实际需求,安排专项培训经费60余万元,邀请高校科研院所相关领域专家现场讲授,培训乡村基层干部、乡村振兴带头人、各类专业技术人才共3113人,涉及农村基层治理、基本公共卫生服务、中小学教师能力提升、新媒体农特产品营销推广、直播带货、大棚蔬菜技术、三黄鸡养殖、村庄规划、地灾防治等20余个专题。

【文化帮扶】 自然资源部投入170万元帮扶资金,支持于都县铁山垅镇打造"共和国第一国企"中华钨矿公司旧址红色文化教育培训基地;支持宁都县固厚乡升级"宁都起义精神"实践教育基地;支持赣县区大埠乡打造红色旅游示范区,弘扬"大埠农民武装起义"红色文化;支持琼中县红毛镇番响村建设村史馆,展示黎族乡土文化。在海伦市长华村开展"庆丰收、感党恩"主题农民丰收节活动,为长发村秧歌队更新秧歌服装,开展送戏入村;在赣县区夏潭村开展"宝贝出村"和"光影计划"活动,组织留守儿童80余人次进城体验生活,为村民放映电影20余场。

【生态帮扶】 自然资源部将海伦市前进镇等5个乡村纳入自然资源部全域土地综合整治试点。在琼中县湾岭镇、黎母山镇实施省级全域土地综合整治试点,破解耕地碎片化、生态质量退化等难题,提升耕地质量,对营根镇排面岭闭坑矿区及周边约562亩土地开展矿山修复、土壤改良,发展生态循环农业。针对赣南强降雨,派出4批9名专家前往赣县区、于都县等地开展汛期地质灾害应急驻守,排查127处地灾隐患监测点。在滑坡、崩塌等地灾隐患点累计安装普适型监测设备79台套,开展133个隐患点工程治理。帮助改善农村人居环境,硬化村屯路边沟9000余米,修建入户涵270个,修复路桥涵9个,安装路灯100余盏,旱厕环保改建38户,布设垃圾箱70余处。

【党建帮扶】 自然资源部印发《关于做好2022年抓党建促乡村振兴结对共建帮扶有关事项的通知》,自然资源部司局单位15个党支部与13个农村党支部开展党建结对帮扶,通过实地调研、走访慰问、为群众办实事、捐资助学、联合主题党日、支部书记讲党课等学习宣传贯彻党的二十大精神。从党费中拨付专项资金9万元用于结对帮扶村委会改造、党建文化宣传和困难学生助学。党员干部累计捐款、捐物41.35万元。

【消费帮扶】 自然资源部印发《关于做好2022年消费帮扶工作有关事项的通知》,发动自然资源部系统工会组织和干部职工积极购买定点帮扶县农产品,将6个定点帮扶县300余个农副产品纳入消费帮扶产品名录,制作自然资源部定点帮扶县农副产品图册,开展消费帮扶"新春行动"。与定点帮扶县政府签订乡村振兴框架合作协议,授予海伦市"极地科考农副产品供应保障海伦基地"称号,为中国第39次南极考察提供优质农副产品后勤保障,帮助扩大品牌宣传效应。

【脱贫成果巩固】 2022年,自然资源部在海伦市东风镇和祥富镇完成2口供水示范井,有效解决当地群众饮水问题。为178口建成供水井提供管护技术指导,保障村民饮水安全。为海伦市因灾返贫风险家庭捐赠医疗救治费用27.5万元。筹集资金81.5万元,在海伦市、琼中县设立奖学金,支持琼中女足队员改善训练条件,覆盖近600名中小学生。开展"卫星遥感科普空中课堂""海洋育苗项目",向赣县区五云中学捐赠"海洋教育智慧教学平台"。

【特色帮扶】 自然资源部紧紧围绕支持发展这一目标,拓展帮扶内容、优化帮扶举措、发挥行业优势,帮助定点帮扶县加快发展。一是强化要素保障,夯实发展基础。优化国土空间开发格局,指导赣州四县完成"三区三线"划定,支持赣县区高新区依法依规开展调区扩区工作;落实用地政策保障,安排每个县600亩专项用地指标,及时批复宁都县梅江灌区等项目用地预审,有力保障重大基础设施和产业项目的落地;提供测绘地理信息数据支持,支持于都县实景三维建设和琼中县数字乡村建设。二是优化营商环境,改善发展条件。指导宁都县开展"容缺审批+承诺制";加快推进集体建设用地使用权和农村房地一体不动产确权登记试点颁证工作;指导兴国县、赣县区开展自然资源节约集约示范县(市)创建,支持赣县区、兴国县为全域国土空间生态修复试点县。三是激活资源优势,增强发展能力。支持矿产资源开发利用,在赣州四县部署7个战略性矿产勘查项目及地热、矿泉水等服务乡村振兴的勘查项目;发挥特色土地资源优势,支持富硒产业建设,海伦市2个地块成功获批全国第二批天然富硒土地;支撑星级地质文化村评定,圈定琼中县地质景观20余处,设计6条研学路线,支持发展森林康养生态产业。

【帮扶宣传】 自然资源部打造乡村振兴示范点9个,赣县区五云镇夏潭村《精心搭建新时代文明实践平台 让村民乐作乡村振兴主角》连续第二年入选人民网2022乡村振兴创新案例。驻村第一书记打造学习分享会,创新基层理论宣讲,被赣县区作为示范全区推广,得到江西省委宣传部肯定。出版《从脱贫攻坚迈向乡村振兴——自然资源政策帮扶典型案例》,总结宣传推广自然资源政策助力脱贫攻坚、全面推进乡村振兴的成效。发布《他们的山海情》展示挂职干部的帮扶故事。《中国自然资源报》累计宣传定点帮扶县新闻报道79篇。

(自然资源部 刘 阳)

生态环境部定点帮扶

【概述】 2022年,生态环境部坚决落实定点帮扶政治责任,加强思想动员和激励约束,保持帮扶要求不降、工作力度不减,切实发挥自身优势,推动定点帮扶工作对象、工作任务、工作举措"三个转向",持续帮助定点帮扶的河北省承德市围场满族蒙古族自治县(以下简称"围场县")、隆化县(以下简称"两县")进一步巩固拓展脱贫攻坚成果和全面推进乡村振兴,协同推进生态环境高水平保护和经济社会高质量发展。

【组织领导】 生态环境部制订实施《生态环境部2022年定点帮扶工作计划》,明确定点帮扶细化任务和工作分工,不断凝聚生态环境部系统13个帮扶工作小组46家成员单位的工作合力。生态环境部副部长2次与承德市及两县主要负责同志座谈交流,生态环境部党组成员带队赴两县督促指导。生态环境部系统159人次深入结对帮扶地区开展实地调研和一线帮扶,帮助分析和解决实际困难、问题。持续发挥定点帮扶前方工作组4名挂职干部的一线攻坚和桥梁纽带作用,配合地方安排1名挂职驻村第一书记兼任隆化县茅荆坝镇党委副书记,推动落实有关帮扶举措。

【产业振兴】 生态环境部与中国农业发展银行开展合作,将加强金融资金支持纳入合作内容,指导两县与中国农业发展银行进行项目对接。持续组织专家技术团队帮助定点帮扶县开展有机认证监测,累计颁发有机或有机转换证书76张,覆盖沙棘、番茄、稻谷、土豆等30余种农产品。指导两县68家有机龙头企业打造"产品导向+客户导向"营销模式,不断延伸产业链,拓展联农带农机制。投入资金600余万元,帮助发展太空舱管屋生态民宿,实施"礼·山溪"可持续发展乡村等生态产业项目,推动将生态资源优势转化为推进乡村振兴发展优势。

【人才振兴】 生态环境部结合两县实际需求,通过线上、线下相结合的形式,举办绿色种植养殖、美丽乡村建设、骨干教师培训等各类培训班,共培训基层干部、专业技术人才、乡村振兴带头人5800余人次。筹集资金44万余元,连续第四年在两县设立生态环保励志奖学金,分别奖励11名考入重点大学、重点高中的脱贫户、边缘户、突发困难户家庭优秀毕业生和545名初高中在读优秀学生。

【文化振兴】 生态环境部指导两县宣传弘扬尊重自然、顺应自然、保护自然的生态文明理念。投入和引进资金55万元,帮助加强文化广场、文化书苑建设。协调腾讯公益慈善基金会在两县实施100万元的公益捐步项目,两县3万余名干部群众积极响应参加绿色出行。组织生态环境部系统相关单位在两县16个村设立乡风文明奖励基金,围绕院落环境整治、孝老爱幼、杜绝铺张浪费等方面建立积分评比机制,将积分情况与"绿色标兵""美丽庭院"等评先表彰挂钩,促进文明乡风、良好家风和淳朴民风建设,推动形成共建、共治、共享的乡风文明治理格局。

【生态振兴】 生态环境部指导两县加强污染防治和生态保护,支持开展生态文明建设示范区创建。围绕畜禽粪污源头管控与资源化利用、生活污水治理与设施运维、生活垃圾分类减量、村容村貌绿化美化等方面，帮助两县编制印发农村环境整治三年行动方案（2022—2024年），逐村制定工作目标和任务措施，指导100余个村开展生活垃圾和污水治理，推动村容村貌由干净整洁向美丽宜居跨越。围场县2022年被命名为"第六批国家生态文明建设示范区"。围场县、隆化县在2022年国家重点生态功能区生态环境质量监测评价中分别评为"轻微变好"和"基本稳定"等次。

【组织振兴】 生态环境部始终坚持党建引领，继续组织生态环境部系统46家单位与两县87个村不断深化"一对一"党支部共建，围绕开展主题党日活动、产业发展、美丽乡村建设等方面建立支部共建事项清单。共建单位通过线上、线下等方式开展联学联建40余次，慰问困难群众20余户，帮助两县实施村级基础设施和集体经济项目20余个，生态环境部系统党员干部捐赠物资100余万元，帮助加强基层党组织阵地建设和能力建设。

【生态宜居美丽村镇试点建设】 生态环境部与两县共同遴选4个村、1个乡镇开展生态宜居美丽村镇试点建设，立足不同村镇区位特点和发展定位，印发《2022年生态宜居美丽村镇试点建设项目清单》，明确41项试点建设项目，推动加强农村环境整治、培育发展生态产业等。

【消费帮扶】 生态环境部组织开展"生态帮扶、助农振兴""围场美食节"等消费帮扶活动，依托生态环保帮扶电商平台、脱贫地区农副产品网络销售平台等，动员组织生态环境部系统干部职工购买和帮助销售脱贫地区农副产品。积极帮助对接盒马鲜生、山姆会员商店、叮咚买菜等品牌新零售商，推动两县有关企业与云南芸岭鲜生农业发展有限公司等大采购商签订产销对接协议。2022年，共购买脱贫地区农产品527万元，其中购买两县农产品196万元，帮助销售脱贫地区农产品2350万元，其中帮助销售两县农产品908万元。

【创新绿色产业支持模式】 生态环境部依托生态环保金融支持项目储备库建设，将两县项目入库范围扩至绿色产业发展项目，积极协调对接金融机构，加强对两县的倾斜支持。组织部属有关单位与两县签订并落实碳达峰碳中和战略合作协议，并与围场县、塞罕坝机械林场共同发起成立塞罕坝生态文明创新研究院，打造生态环境科技帮扶平台，助力解决生态环境治理和产业发展技术需求，持续推动从向两县"输血"转变为两县自我"造血"，变外在拉动力为发展内生动力。

（生态环境部乡村振兴领导小组办公室
王美欢　卿任鹏）

住房和城乡建设部定点帮扶

【概述】 2022年,住房和城乡建设部以习近平新时代中国特色社会主义思想为指导,深入学习贯彻党的二十大精神,坚决落实中共中央、国务院决策部署,聚焦守底线、抓发展、促振兴,扩大帮扶范围、拓展帮扶内容、优化帮扶举措,助力定点帮扶的青海省湟中区、大通回族土族自治县(以下简称"大通县"),湖北省红安县、麻城市(以下简称"四县")巩固拓展脱贫攻坚成果、全面推进乡村振兴取得积极成效,在中央和国家机关各部门定点帮扶工作成效考核评价中被评为"好"等次。

【帮扶资金投入】 2022年,住房和城乡建设部向四县直接投入帮扶资金1.647亿元,帮助引进帮扶资金3.941亿元,引进企业和项目7个,招商引资5亿元,帮助2455人就业。会同财政部安排中央财政农村危房改造补助资金1130万元,支持四县871户农户开展农村危房改造。安排中央资金8177万元支持四县93个老旧小区实施城镇老旧小区改造和棚户区改造,改善8900余户城镇居民的居住环境。协调湖北、青海两省住房城乡建设部门倾斜支持四县农牧民居住条件改善工程、高原美丽城镇和高原美丽乡村建设、乡镇污水治理等省级补贴各类资金3亿元,持续改善人居环境。

【组织领导】 住房和城乡建设部主要负责同志主持召开党组会议、定点帮扶工作领导小组会议,研究部署重点工作,制订印发2022年定点帮扶工作计划,提出5个方面23项具体帮扶措施。部分管负责同志分赴四县调研并召开定点帮扶部县联席会议,逐项推进重点任务落实。部帮扶办公室和部定点帮扶工作领导小组成员单位认真落实帮扶责任,督促运行好防止返贫监测和帮扶机制,指导四县坚决守住不发生规模性返贫底线,推进乡村全面振兴。

【抢险救灾与灾后重建】 大通县发生"8·18"山洪灾害后,住房和城乡建设部迅速募集帮扶资金130万元紧急拨至县慈善账户,指导有序开展抢险救灾和灾后重建工作。协调相关单位和公益组织向大通县捐赠价值230万元的救灾物资,保障受灾群众基本生活需求。组织专家深入受灾乡村,指导开展受灾房屋安全应急评估、安全鉴定和灾后重建规划等工作,帮助受灾群众重建家园。

【产业帮扶】 住房和城乡建设部支持建筑业发展。指导红安县发展装配式建筑产业,总投资20亿元的海通智能化建筑装配式基地项目一期建成投产;协调推动三一重工股份有限公司在红安县设立智能建造中心。协调专家指导湟中区编制建筑产业园发展规划,推动装配式建筑和绿色建材产业发展,助力湟中区"建筑业强区"工程。支持特色产业发展。支持红安县将红苕产业做成富民强县支柱产业,指导推动"将乡红"二期项目顺利投产。支持麻城市菊花产业创新发展,帮助引进优质菊花品种,做大做强"花经济";支持将"福菊杯"全国首届花卉园艺职业技能竞赛落户麻城市,提升麻城菊花产业知名度和影响力。协调轨道交通企业采购麻城市石材4000余万元,推动当地石材产业发展。支持湟中区银铜器和牙藏毯产业发展,协调清华大学为湟中区银铜器和牙藏毯、西堡奶牛养殖等特色产业制定发展规划,邀请院士专家现场调研指导,提升乡村旅游产业项目规划设计水平。协调爱心企业支持大通县联合村集体和农户开展乡村旅游项目,实现村集体和农户双增收。

【帮扶培训】 住房和城乡建设部组织百位村党支部书记赴宁夏回族自治区闽宁镇实地学习,帮助四县培养素质优良、能力突出的乡村振兴带头人210人次。举办建设科技与产业化大讲堂、村镇建设、城镇水系统治理、城市更新等网络专题培训,帮助四县培训建设、教育、医疗、电商等专业技术人才和基层干部2700余人次。协调北京大学在红安县成立北京大学(红安)思想政治实践课教育基地,深化人才培养、学科建设等方面合作。协调清华大学在湟中区设立乡村振兴工作站,组建队伍到湟中区开展建筑规划设计、特色产业调研等一系列工作,为湟中区发展提供人才支撑和智力支持。

【城乡建设】 住房和城乡建设部指导四县开展农村房屋安全隐患排查整治工作,切实消除农村房屋安全隐患,为包括四县在内的中央和国家机关单位定点帮扶的22个县(市、区)捐赠《"农村自建房安全常识"一张图》挂图1000张和折页图1万份,强化农村群众建房的安全意识,确保脱贫群众住房安全。指导四县加强历史文化街区和历史建筑保护,保留历史文化记忆,塑造特色风貌,对有重要保护价值的村落进行挖掘和保护利用,四县17个村被列入第六批中国传统村落名录,会同有关部门将麻城市确定为传统村落集中连片保护利用示范县,给予5000万元中央财政资金支持;联合中共中央宣传部、新华通讯社开展"谁不说俺家乡好"短视频征集等系列活动,宣传包括四县在内的传统村落保护工作。指导四县落实《关于建立健全农村生活垃圾收集、转运和处置体系的指导意见》,加强农村生活垃圾收运处置体系建设,四县农村生活垃圾进行收运处理的自然村占比在90%以上。

【党建帮扶】 住房和城乡建设部在四县500余个村庄深入推进"共同缔造"行动,引导各村成立群众自治组织,发动村民参与村庄建设发展。深入开展设计下乡,协调4家规划设计单位深入四县开展"陪伴式"服务,解决农村基层乡村规划设计人才短缺、技术力量薄弱问题。带领四县村党支部书记实地学习培训,提高党建工作业务水平和带领群众致富本领。

【消费帮扶】 住房和城乡建设部动员干部职工自发购买四县农产品290万元,帮助四县销售农产品160万元,购买其他地区农产品97万元,利用各类媒体平台宣传推广四县农产品和优势旅游资源,带动农村产业发展,促进农民致富增收。

【公益帮扶】 住房和城乡建设部组织四县医护人员参加京津冀中医药协同发展系列网络培训课1000余人次,引进帮扶资金1240万元为湟中区购置2台数字减影血管造影机,填补区级医院微创介入治疗的技术空白。向湟中区、大通县捐赠200台总价值140万元的助听器,关心关爱听障群众。向湟中区捐赠价值42万元的负压救护车及配套设备,协调爱心企业向湟中区、大通县捐款捐物价值27万元用于防疫工作。组织干部职工开展"献爱心"和"一助一"帮扶,开展捐资助学、捐赠书籍、教育辅导等教育帮扶活动,减轻困难家庭负担。协调爱心公益组织为四县各提供1个免费名额参加乡村体育教师培训班,捐赠价值16万元的开学季运动装备礼包。组织大通县70位骨干乡村校长参加碧桂园-清华大学校长成长计划培训,提升乡村学校教育"软实力"。向四县小学生捐赠价值24万元的《我的家在中国:五十六个民族是一家》有声图书,邀请优秀主持人海霞为孩子们组织普通话推广活动和云端音乐会。向红安县和麻城市"共同缔造"示范村捐建爱心书屋10个,丰富村民群众业余文化生活。面向社会公开征集"美丽宜居乡村篮球场"创意设计方案,吸引120余位高校师生、设计人员和文体爱好者投稿,其中40个优秀创意设计方案在各县落地建设,让创意篮球场走进乡村,引导社会公众更多关注乡村青少年体育事业发展。

(住房和城乡建设部帮扶办公室 秦咸悦)

交通运输部定点帮扶

【概述】 2022年,交通运输部继续负责定点帮扶四川省阿坝藏族羌族自治州(以下简称"阿坝州")小金县、黑水县、壤塘县和甘孜藏族自治州色达县等4个高原涉藏县(以下统称"四县")。深入贯彻党的二十大精神,全面贯彻习近平总书记关于巩固拓展脱贫攻坚成果同乡村振兴有效衔接和定点帮扶工作的重要指示精神,全面落实中共中央、国务院关于定点帮扶工作部署,严格落实"四个不摘"要求,坚持"脱贫不脱钩、帮扶不减弱",发挥行业优势,创新工作举措,持续加大投入力度,督促政策落实落地,助力四县巩固拓展脱贫攻坚成果、全面推进乡村振兴。

【帮扶资金投入】 2022年,交通运输部投入无偿帮扶资金约1.94亿元,重点支持小金县G351线夹金山隧道、色达县霍西乡至洛若镇美丽乡村路等项目及农村公路建设;引进无偿帮扶资金约3.63亿元,用于四县农村公路养护、通自然村硬化路建设等。6月,四川省阿坝州马尔康市连续发生多次地震,壤塘县国省干线及农村公路受损严重。交通运输部及时下达698万元抢险资金用于壤塘县公路应急抢通工作,提前下达2023年车购税资金4127万元支持壤塘县灾害防治项目。

【帮扶调研】 交通运输部副部长带队赴四县调研并主持召开交通运输部定点帮扶工作座谈会,进一步了解对接需求,帮助解决困难,督导工作落实。同时,交通运输部系统先后有162名司局级及以下干部赴四县调研,深入帮扶县当面对接需求,共谋振兴发展良策。

【帮扶会议】 交通运输部服务乡村振兴战略推进"四好农村路"建设领导小组严格落实"一把手"负责制,召开领导小组会议1次、现场座谈会1次、工作调度会1次,各帮扶单位召开24次专题工作会,深入学习贯彻习近平总书记重要指示精神,研究部署定点帮扶各项工作。

【帮扶制度建设】 交通运输部制定印发定点帮扶年度工作要点,提出加强组织领导、加强督促指导、选优配强挂职干部、加大力度支持交通运输发展、促进乡村振兴、深化工作创新等6个方面27条工作举措。

【帮扶培训】 交通运输部聚焦人才振兴,加强智力援助。通过专题培训班、网络培训、技能培训等方式,全面培训交通运输部定点帮扶县县乡村基层干部267人、乡村振兴带头人54人、专业技术人才306人,共计627人。

【干部挂职帮扶】 交通运输部共选派7名挂职干部。其中,1名司局级干部挂任阿坝州委常委、州政府副州长,4名处级干部分别挂任四县县委副书记或县委常委、副县长,全部分管或协助分管乡村振兴工作,1名处级干部挂任阿坝州交通运输局副局长,1名科级干部挂任驻村第一书记,挂职期限均为2年。

【脱贫成果巩固】 交通运输部投入280万元资金用于巩固提升"两不愁三保障"及饮水安全保障成果。其中,捐资55万元用于壤塘县脱贫群众助学、助病、助困等,投入6万元帮扶资金修复黑水县斯伺村引水管道,捐款10万元帮助家庭经济困难学生,捐资10万元用于色达县医疗卫生保障和文化教育用品等。派出医疗专家到小金县人民医院开展为期3个月的医疗帮扶。

【产业帮扶】 交通运输部推动"交通+特色产业"发展，高质量开展招商引资。帮助四县引进10个帮扶项目（企业），其中小金县引进江西路景观项目，总投资约1.8亿元；黑水县引进全域旅游孵化园项目，总投资约600万元；壤塘县引进汽车塑料配件及农产品包装、水轮发电机组采购、电气设备零部件生产等项目，总投资约1.25亿元；色达县引进牦牛现代农业产业园项目，总投资约1212万元。

【就业帮扶】 交通运输部积极推动"交通+就业"，帮助2232名脱贫群众实现转移就业。其中，指导四县积极开发"四好农村路"公益性岗位1276个，在农村小型交通基础设施建设领域推广以工代赈，完成投资1399万元，吸纳四县劳动力747人，发放劳务报酬242万元。

【文化帮扶】 交通运输部挂职干部结合群众工作，督导更新完善乡规民约、村规民约，推动法律政策和文明新风进农户、进牧场、进学校、进寺庙，激发群众内生动力。通过捐赠方式，推动色达县群众文化活动室、小金县嘉绒锅庄非遗舞蹈传习所、扎窝镇西厘村文化活动广场等文化设施建设，捐资48万余元支持马尔村"党建引领文化振兴样板村"建设。

【生态帮扶】 交通运输部帮助改善农村生产生活条件，制订才盖村人居环境提升方案和斯跃武村生态振兴工作方案，推动厕所改造。指导四县交通运输局开展路域环境整治工作，有效改善四县391个村的居民生活环境。开展生态修复实验路线和方案专项研究，推进黑水县道路灾毁生态修复。开展色达县G548生态修复关键技术研究及高寒地区恒负温复合激发材料的制备技术研究工作，为色达县打造G548生态旅游公路及农村公路建设提供技术保障。

【消费帮扶】 交通运输部印发《交通运输部办公厅关于做好2022年政府采购脱贫地区农副产品工作的通知》，组织部属行政事业单位预留政府采购份额1658.75万元，积极鼓励工会组织和个人采购脱贫地区农副产品。全年直接购买四县农产品528万元，帮助四县销售农产品2122万元，直接购买其他脱贫地区农产品2179万元，帮助其他脱贫地区销售农产品505万元。进一步拓宽帮扶县农产品销售渠道，将优质农产品引入"832平台"、四川高速公路服务区消费帮扶专柜、本来生活网等平台，塑造品牌、上线销售。

【帮扶宣传】 制订交通运输部定点帮扶四县宣传方案，支持四县参加"我家门口那条路""十大最美农村路"等大型宣传活动。在北京市地铁等公共交通工具及枢纽场站刊播四县公益宣传广告，利用珠江水运全媒体宣传定点帮扶成效，推介定点帮扶县旅游资源、生态品牌及特色农副产品。四县知名度、美誉度进一步提升，农牧产品销量进一步提高。

（交通运输部　高　轶　杨晓亮　史盛庆）

水利部定点帮扶

【概述】 2022年，水利部坚持将定点帮扶工作作为重要政治任务，严格落实"四个不摘"要求，充分发挥水利行业优势，持续深化"组团帮扶"和"八大工程"，接续推动湖北省十堰市郧阳区和重庆市万州区、武隆区、城口县、丰都县、巫溪县等6个县（区）[以下简称"六县（区）"]定点帮扶工作，加大对城口县、巫溪县2个国家乡村振兴重点帮扶县（以下简称"重点县"）的支持力度，指导帮助六县（区）巩固拓展脱贫攻坚成果、全面推进乡村振兴，落实直接投入帮扶资金8505万元、引进帮扶资金5176.5万元。水利部连续6年在中央单位定点帮扶工作成效考核中被评为"好"等次。

【组织领导】 2022年，水利部共召开26次定点帮扶专题工作会议，研究落实有关帮扶任务。6月，以视频会议形式召开水利部定点帮扶工作座谈会，部署推进定点帮扶重点工作，水利部部长出席会议并讲话。6个定点帮扶工作组充分对接六县（区）实际需求，编制印发2022年度定点帮扶县（区）工作计划。

【发挥行业优势】 水利部持续加大投资倾斜支持力度，下达六县（区）水利投资24.9亿元，其中中央投资15.77亿元，六县（区）中央水利投资均高于所在省的县均水平，助力六县（区）实施一批大中型灌区建设改造、供水保障、水库建设、小流域综合治理、水美乡村等项目建设。强化水利技术帮扶，组织专业技术力量实地调研，为定点帮扶县区库岸整治初设编制、水美乡村试点建设方案编制、小型水库建设、水库除险加固、库区泥沙清淤及综合利用提供技术帮助。

【调研督导】 水利部领导分别赴六县（区）调研指导，实现定点帮扶县（区）全覆盖，重点督促指导定点帮扶工作，实地查勘项目，走访群众，看望慰问挂职干部，协调解决有关问题。水利部机关司局和直属单位共开展32次170人次调研检查，加强与地方协调沟通和帮扶对接，指导帮助地方解决工作中的困难和问题。开展14次专项督导，督促检查六县（区）贯彻落实中共中央重大决策部署、各项帮扶政策措施实施、完善定点帮扶机制及运行管理和防止返贫动态监测等情况。

【产业帮扶】 水利部实施农村供水、农田灌溉、水土保持等项目，推动六县（区）实现从传统产业向高附加值产业转变。帮助丰都县三建乡构建"一库十塘百池"水网，实施管网渠系互联互通，全方位支撑脱贫产业，使1.8万亩土地变成旱涝保收田，实现产业结构的优化调整，粮经比由9∶1调整为2∶8，单位土地面积增收10倍以上。利用全国对口支援三峡库区、南水北调对口协作等平台，帮助六县（区）招商引资，引进帮扶项目12个，助力发展特色产业。协调北京市东城区投入对口协作资金1900万元，支持郧阳区汉江流域油橄榄产业基地建设。在农业农村基础设施领域深入推广以工代赈项目，吸纳低收入人口就近就业增收，累计实施以工代赈项目76个。

【人才帮扶】 水利部在岗挂职六县（区）干部10人、驻村第一书记3人。其中，新轮换选派3名县区挂职干部和1名驻村第一书记。培训基层干部595名、乡村振兴带头人81名、专业技术人才1778名。其中，2个重点县共培训基层干部272名、乡村振兴带头人26名、专业技术人才1219名。通过对口支援平台协调吉林大学举办乡村振兴经济发展专项培训，组织基层干部赴发达地区实地调研学习绿色小水电管理先进理念，组织专业技术人员带队赴正在建设的广西大藤峡水库实地开展水利工程技术现场培训等。

【文化帮扶】 水利部利用对口支援平台，援助万州区建设艺术体育中心、整治校园环境等项目，改善中小学办学条件，提高办学质量；创新引入外资企业投资100万元，用于巫溪县4所小学节水设施建设，组织学校师生开展节水知识问答、科普课堂等活动。

【生态帮扶】 水利部在城口县实施小流域综合治理工程，落实投资1517万元，治理水土流失面积41平方千米，实现水土流失面积和强度"双下降"，有效改善当地水土资源和生态环境。在城口县、万州区和巫溪县实施生活垃圾和污水治理项目，投入资金2940.35万元，帮助改善水生态环境和生活服务设施。在丰都县新场镇实施水系配套项目，打造具有"小桥流水四合院"特色的生态宜居小镇。

【组织帮扶】 水利部开展结对共建党支部，完成党支部结对共建20个。开展结对共建脱贫村，完成脱贫村结对共建16个。向脱贫村捐赠党建科技文化图书、办公用品设备等，折合价值42.45万元。

【脱贫成果巩固】 水利部投入1.72亿元用于六县（区）巩固"两不愁三保障"成果。其中，投入六县（区）农村饮水安全保障1.38亿元，解决农村供水保障不稳定、季节性缺水等突出问题。在武隆区广坪村实施农村供水工程规范化建设和管理项目，建成重庆市第一个雨水积蓄项目试验点，在渝东南第一个应用超滤膜水处理技术，建成全区第一个农村规范化全智能化水厂。协调采购捐赠16万元防疫物资，帮助巫溪县打赢抗疫保卫战。投入资金619.28万元，在丰都县实施南江村人居环境整治工程，用于农村住房改造和社区配套。

【消费帮扶】 水利部积极组织购买和帮助销售农产品，直接购买六县（区）农产品559.5万元，帮助销售农产品956.24万元。协助搭建销售平台，推广六县（区）农产品参与线上、线下平台展销，帮助当地销售平台发展，打造定点帮扶县区农产品品牌效应。

【支持乡村振兴示范点建设】 水利部支持定点帮扶县区建设12个乡村振兴示范村，其中重庆市城口县松柏村和湖北省十堰市郧阳区玉皇山村为重点乡村振兴示范点。帮助松柏村推动文旅产业发展，筹措资金70万元，修缮特色人文艺术木屋；将松柏村水利工程纳入以工代赈项目清单，吸纳地方低收入人群就近就业，促进稳岗就业增收；组织协调企业向松柏村捐赠党史、水利等图书，折合价值10.34万元；通过水土保持重点工程实施，促进当地香菇等农业产业发展。帮助玉皇山村成功创建十堰市乡村振兴示范村，并完成国家乡村振兴示范村申报工作；投入水利项目资金1350万元，支持玉皇山村的农业产业发展、农产品消费帮扶、基础设施提升和人居环境改善，采取"组团"帮扶发展袜业、林果业和中草药种植业，让群众在家门口实现就业致富。

【帮扶宣传】 水利部督促指导六县（区）加强正面宣传，鼓励通过平台、网络等方式传播地方特色产业、产品。指导巫溪县拍摄农村供水摄影、视频，先后获得中国水务杯摄影比赛一等奖和第一届"水润农家"短视频征集活动二等奖。

（水利部乡村振兴办公室
蓝希龙　付群明　王笑雨）

农业农村部定点帮扶

【概述】 2022年，农业农村部定点帮扶湖北省咸丰县、来凤县，湖南省永顺县、龙山县，贵州省剑河县。全年向5个定点帮扶县倾斜安排各类财政资金5.55亿元，引进帮扶资金33.52亿元；帮助引进龙头企业和发展项目23个，培育当地龙头企业35个，新认定国家级农民合作社示范社4家；帮助培训基层干部和各类人才8976人次，组织开展产业技术服务520人次；帮助改造农村户用厕所12823个；直接购买定点帮扶县农产品84.9万元，帮助销售定点帮扶县农产品1.95亿元。农业农村部在2022年度中央单位定点帮扶工作成效考核评价中获评"好"等次。

【帮扶资金投入】 2022年，农业农村部倾斜安排5个定点帮扶县各类资金5.55亿元，重点用于国家现代农业产业园、高标准农田、农产品仓储保鲜冷链设施、优势特色产业集群和农业产业强镇建设，着力推进特色主导产业全链开发、提档升级。通过协调政策性银行投放贷款、发放脱贫人口小额信贷、组织企业公益捐赠等方式，帮助5个定点帮扶县引入各类帮扶资金33.52亿元，其中有偿资金33.22亿元、无偿资金0.3亿元。

【帮扶调研】 农业农村部部长专门召开部定点帮扶和对口支援工作领导小组会议，谋划部署定点帮扶工作，审定实施《2022年农业农村部定点帮扶工作实施方案》，多次与定点帮扶县所在省有关负责同志沟通帮扶工作。农业农村部领导先后赴定点帮扶县开展调研督导，督促定点帮扶县落实"四个不摘"要求，有力有效推进巩固拓展脱贫攻坚成果同乡村振兴有效衔接工作。全年农业农村部系统司局（单位）的干部和专家到定点帮扶县开展调研指导296人次，形成调研报告和专项材料5份，对接有关需求和问题10个，提出一批有针对性的帮扶措施和建议。

【产业帮扶】 农业农村部协调安排中央和省级财政资金2.36亿元，支持定点帮扶县新建高标准农田15.86万亩。将适宜机具补贴额测算比例由30%提高至35%，安排农机购置与应用补贴资金1131万元，支持定点帮扶县提高农机化水平。安排中央财政资金1350万元，支持咸丰县、来凤县、剑河县继续参与建设湖北鄂西南武陵山茶和贵州山地食用菌产业集群，连片打造特色主导产业全产业链。加强对永顺县国家现代农业产业园创建指导，推动该县猕猴桃、柑橘产业园顺利通过国家现代农业产业园认定评审。倾斜支持定点帮扶县培育农业产业化龙头企业、农民合作社等新型农业经营主体，全年新培育县级以上龙头企业35家、家庭农场和农民合作社264个。帮助永顺县引入资金4000万元，建设农产品加工展示展销中心。协调中国茶业集团、浙江省茶业集团等与咸丰县开展对接合作，建设精品茶叶加工生产线。促成北京企业在永顺县计划投资1.5亿元，建设猕猴桃果浆精深加工生产线。帮助剑河县引进2家国家级示范企业，建设"水稻+水产+特色种养"生态循环种养示范基地。

【消费帮扶】 农业农村部举办中部六省脱贫地区产销对接暨农业农村部定点帮扶县品牌农产品专场推介活动，组织定点帮扶县生产经营主体参加中国农民丰收节金秋消费季等展会节庆活动。

【生态帮扶】 农业农村部加大定点帮扶县农村人居环境整治提升支持力度,安排中央预算内农村人居环境整治专项资金4000万元,支持龙山县、永顺县因地制宜开展农村人居环境基础设施建设。安排农村"厕所革命"整村推进奖补资金1130万元,支持定点帮扶县12823个农户实施卫生厕所改造项目。指导龙山县获评2021年度全国村庄清洁行动先进县。

【人才帮扶】 农业农村部组织全国中药材、茶叶、特色蔬菜等产业技术体系专家520人次到定点帮扶县开展技术指导服务,帮助引进新品种92个、先进适用技术59项,指导建设试验示范基地65个。安排基层农技推广体系改革与建设补助资金188万元,为定点帮扶县新招募特聘农技员24人。组织农业农村部系统各单位和挂职干部通过线上、线下方式培训当地技术人员2718人次。组织中国农业科学院科研专家34人次深入定点帮扶县,推动解决食用菌、百合、猕猴桃等特色产业发展难题。联合行业顶尖科研团队和国家级示范企业在剑河县开展稻渔综合种养示范,推动当地稻渔综合养殖亩均效益达到10362元。

【党建帮扶】 农业农村部印发《关于做好2022年党组织结对帮扶工作的通知》,调整优化结对帮扶关系,指导农业农村部系统22个单位党组织与定点帮扶县脱贫村党支部深入开展联学共建。通过联合主题党日活动、讲党课、基层调研等形式,支持结对帮扶村党组织加强基层党组织建设。积极争取政策扶持和社会支持,大力开展技术指导、人才培训、消费帮扶,帮助结对帮扶村培育壮大特色产业和推进村庄建设。

【干部挂职帮扶】 农业农村部选派8名挂职干部到定点帮扶所在州县挂任州委常委副州长、县委常委副县长和驻村第一书记,明确分管或协管乡村振兴,尤其是产业振兴工作。要求挂职干部蹲在基层干、围着乡村振兴转,对其履职情况进行定期调度,督促做好脱贫村基层党建、产业发展、项目支持、企业引入、农民培训等方面工作,得到当地干部群众的高度认可。

【帮扶培训】 通过农业农村部和中共中央组织部开展的农村实用人才带头人培训项目,以及农业农村部有关司局和单位举办的重点帮扶地区工作培训班等各类专题培训班,帮助5个县累计培训基层干部2038人次。实施高素质农民培育计划等,帮助5个县累计培养种植大户、家庭农场经营者、农民合作社带头人、高素质农民等乡村振兴带头人901人。农业农村部系统各单位和挂职干部积极组织开展经营管理、农业养殖、品牌与电商线上线下技能相关培训活动,帮助5个县累计培训专业技术人员6037人次。

(农业农村部 陈 鑫)

商务部定点帮扶

【概述】 2022年,商务部领导累计6次召开会议,研究对四川省广安市广安区、南充市仪陇县和湖南省邵阳市城步苗族自治县(以下简称"城步县")的定点帮扶工作;先后3次深入三县区调研,积极推动解决三县区和所在地市的需求。

【帮扶资金投入】 2022年,商务部直接投入项目资金2943.84万元,重点支持定点帮扶县区发展特色产业、开展人才培训等。其中,继续向乡村振兴工作任务比较重的城步县予以倾斜,支持金额1898.24万元,占比65%。引进帮扶资金612.54万元,其中协调引入联合国开发计划署资金300万元,支持三县区进一步发展农村特色产业;向仪陇县捐赠价值78.55万元的图书、计算机等教学用品,捐赠24.2万元用于修建标准篮球场;向城步县引入资金145.39万元推进"童伴妈妈""爱心包裹"公益项目,捐赠价值44.4万元的儿童营养包,捐赠价值20万元的教学计算机。

【人才帮扶】 商务部在原有4名挂职干部基础上,派出6名选调生赴定点帮扶县驻村锻炼;接收定点帮扶县6名干部到商务部机关学习交流。安排部门预算120万元,支持三县区开展基层干部人才培训。三县区全年共培训2065人次,其中基层干部1243人次、乡村振兴带头人150人次、专业技术人才672人次。

【产业帮扶】 商务部安排城步县帮扶资金1838.24万元,支持柳林村、桃林村、蓬瀛村、金童山村峒茶品牌建设与推广等产业发展项目。安排仪陇县帮扶资金485.6万元,支持三河镇整治撂荒土地种植中药材吊瓜、铜鼓乡完善基础设施和新建产业服务平台等。安排广安区帮扶资金400万元,支持革新村添置生产加工设备、白马乡建设冷库等。积极与联合国开发计划署合作开展"商务助力乡村振兴和可持续发展项目",为三县区各安排100万元,重点支持广安区革新村集体经济高质量发展,支持仪陇县华江村巩固提升桑蚕示范基地,支持城步县打造高质高效中蜂养殖产业。

【消费帮扶】 商务部累计采购三县区农特产品152.84万元。其中,通过"832平台"采购123.42万元;采购广安牛肉干、豆干、葡萄、蜂蜜等农副产品作为节假日慰问品发放给职工,共计29.42万元;向部各直属单位发送消费帮扶倡议书,组织动员干部职工积极购买定点帮扶县农副产品,据不完全统计,采购额超过5.7万元。

(商务部财务司　付晓阳)

文化和旅游部定点帮扶

【概述】 2022年，文化和旅游部充分发挥部门职能优势，坚持感情帮扶、责任帮扶、科学帮扶、实效帮扶，凝心聚力推动山西省娄烦县、静乐县，内蒙古自治区阿尔山市和广西壮族自治区巴马瑶族自治县（以下简称"巴马县"）等定点帮扶地区巩固拓展脱贫攻坚成果同乡村振兴有效衔接各项帮扶政策措施落地见效。文化和旅游部全年向定点帮扶地区投入和引进帮扶资金共计1951.96万元；为定点帮扶地区培训县乡村基层干部1383人次，培训乡村振兴带头人94人次，培训专业技术人才1227人次；购买定点帮扶地区农副产品265.19万元，帮助定点帮扶地区销售农副产品107.2万元。在中央单位定点帮扶工作成效考核评价中被评为"好"等次。

【帮扶资金投入】 2022年，文化和旅游部共向娄烦县、静乐县、阿尔山市和巴马县直接投入帮扶资金698.99万元，引进帮扶资金1252.97万元。其中，对国家乡村振兴重点帮扶县巴马县加大倾斜支持，投入和引进帮扶资金共计1166.67万元。

【组织领导】 文化和旅游部不断建立健全对口支援和乡村振兴工作领导小组工作机制，统筹推进定点帮扶工作早谋划、早部署、见实效，进一步完善分工协作、监测交流、督促检查和总结评估等工作制度，不断强化"年初有计划，年中有监督，年底有总结"的工作体系。制订印发文化和旅游部2022年定点帮扶工作计划表，进一步强化帮扶工作的计划性和针对性。

【帮扶会议】 文化和旅游部部长主持召开对口支援和乡村振兴工作领导小组工作会，学习贯彻习近平总书记关于对口支援和乡村振兴工作重要论述精神，总结前一阶段定点帮扶工作，部署2022年重点工作。文化和旅游部副部长主持召开定点帮扶工作推进会，总结2022年上半年对口支援和定点帮扶工作，安排部署下半年重点任务。对口支援和乡村振兴工作领导小组办公室多次组织召开专题座谈会，研究对接定点帮扶相关工作，为定点帮扶地区协调项目和资金、开展宣传活动等事项提供支持和指导。定期开展定点帮扶干部线上交流，及时掌握定点帮扶工作推进情况，进一步协调解决工作中遇到的困难和问题。

【帮扶调研】 8月，文化和旅游部部长赴内蒙古自治区调研文化和旅游发展情况及定点帮扶工作时强调，将继续做好定点帮扶阿尔山市各项工作，将其作为一项长期坚持的重要政治任务部署推进，要把握好当前和长远、硬件和软件、"输血"和"造血"关系，突出问题导向，进一步总结经验、补齐工作短板，用好政策、资金、项目、人才，健全工作机制，调动各方力量，创新工作思路，压实工作责任，推进定点帮扶工作落地落实。7月，文化和旅游部党组成员赴静乐县、娄烦县调研，与地方干部和基层群众深入交流，慰问挂职干部，详细了解当地经济社会发展和乡村振兴工作情况。9月，文化和旅游部副部长赴巴马县调研，走访易地搬迁群众，看望挂职干部和驻村第一书记，对当地乡村振兴及文化建设和旅游发展工作进行指导。

【干部挂职帮扶】 文化和旅游部坚持把

思想好、作风正、能力强的干部选派到定点帮扶县挂职和担任驻村第一书记。2022年，选派1名处级干部到阿尔山市任市委常委、副市长，轮换挂职到期的上一任市委常委、副市长，压茬推进定点帮扶工作。截至2022年年底，共有7名干部在4个定点帮扶县挂职或担任驻村第一书记。

【产业帮扶】 文化和旅游部支持定点帮扶地区开展文化产业赋能乡村振兴工作，引导文化产业机构和工作者深入定点帮扶地区开展规划策划、项目投资，促进文化产业人才、资金、项目、消费等要素向定点帮扶地区流动。积极支持定点帮扶地区文化和旅游高质量发展。一是积极开展非遗帮扶，支持静乐县、阿尔山市、巴马县等定点帮扶地区建设非遗工坊4家，通过开展技能培训和展示展销活动，带动当地群众就业增收。在2022年非遗购物节活动中，给予定点帮扶地区的非遗工坊店铺重点支持。二是帮助定点帮扶地区开展宣传推广，在全国旅游公益广告作品遴选展播活动、"乡村四时好风光"全国乡村旅游精品线路宣传活动中，对定点帮扶地区予以支持。在全国乡村旅游重点村镇建设提升等方面，对定点帮扶地区予以适度倾斜支持。其中，巴马县甲篆镇百马村、阿尔山市白狼镇分别入选第四批全国乡村旅游重点村名单和第二批全国乡村旅游重点镇（乡）名单。三是帮助定点帮扶地区培育发展动能。支持阿尔山市和巴马县开发文旅IP项目，依托当地非遗、旅游等特色资源，开发具有鲜明区域特点与民族特色的动漫形象和数字文化产品。

【帮扶培训】 文化和旅游部持续加大定点帮扶地区各类人才的培训力度。一是实施"文化人才服务支持艰苦边远地区和基层一线专项"。向定点帮扶县（市）所在的山西、内蒙古、广西等省（区）基层文化单位选派文化工作者2315名，培养文化工作者231名。二是山西、内蒙古、广西等省（区）共有57人入选"乡村文化和旅游带头人支持项目"，涉及乡村旅游、乡村民宿、非遗传承保护、群众文化等领域，将为促进定点帮扶地区乡村文化建设和旅游发展发挥更大的示范带动作用。在文化和旅游部举办的非遗传承人群研培计划、旅游规划、研学旅游、创新创业等专题培训中，对定点帮扶地区给予参训名额方面倾斜支持，不断提升当地文化和旅游干部队伍素质。

【文化帮扶】 文化和旅游部指导直属艺术院团大力开展文化惠民活动，在制订全年公益性演出计划中对定点帮扶地区做到全覆盖。依托"戏曲进乡村"项目，为定点帮扶地区所辖乡镇每两个月配送一场以地方戏为主的文艺演出。结合实施公共文化云建设项目，支持和指导定点帮扶县开展公共数字文化建设，通过中央财政安排专项资金110万元在4个定点帮扶县（市）开展全民艺术普及数字化服务，促进基层全民艺术普及服务提质增效。加大定点帮扶地区国家级非遗代表性项目的资金扶持。支持巴马县70万元开展瑶族祝著节、壮族补粮敬老习俗等国家级非遗代表性项目保护传承工作。组织定点帮扶地区非遗项目、传承人参加"文化进万家——视频直播家乡年"活动、"文化和自然遗产日"非遗宣传展示活动。实施"春雨工程""阳光工程""圆梦工程"，为定点帮扶地区提供形式多样的志愿服务。

【旅游帮扶】 文化和旅游部指导和支持定点帮扶地区梳理总结文化和旅游融合发展模式，充分展现各地旅游资源的深厚底蕴，打造美丽乡村。积极推进娄烦县高君宇故居片区、"南出口"片区、汾河水库景区提升打造工作，推进娄烦县八路军358旅指挥部旧址周边环境整治工作。引进文化资源提升定点帮扶地区文化生态建设品质。协调浙江艺术职业学院等6所艺术院校将写生基地落户阿尔山市明水河镇西口村,创新开发乡村墙绘、特色旅游菜系等文化和旅游产品,将西口村打造成特色艺术乡村。

【党建帮扶】 文化和旅游部为娄烦县官庄村党支部、阿尔山市明水河镇西口村党支部、巴马县新民社区党支部各拨付党费5万元,用于支持驻村第一书记所在村(社区)党组织党建工作。指导挂职干部、驻村第一书记派出单位党组织与驻村第一书记所在村的党组织开展支部联学共建活动。

【消费帮扶】 文化和旅游部财务司组织召开文化和旅游部对口支援阿尔山市消费帮扶产品集采座谈会,组织直属单位通过实地调研、线下采购等方式,采购定点帮扶地区农副产品,带动定点帮扶地区发展特色产业。截至2022年年底,共购买定点帮扶地区农副产品265.19万元,帮助定点帮扶地区销售农副产品107.2万元。通过帮助开发文创产品、利用传统工艺等方式带动定点帮扶地区发展特色产业,为当地群众稳定脱贫增收致富做出积极贡献。

【帮扶宣传】 文化和旅游部中外文化交流中心与广西壮族自治区文化和旅游厅共同举办"中国文化和旅游资源全球发布"系列活动。系列活动包括巴马文化和旅游宣传片发布、摄影图片展、文化和旅游助力乡村振兴巴马案例分享、巴马景区CGTN融媒体平台慢直播项目等内容,展示"长寿之乡"巴马县的优质文旅资源,助力巴马县打造世界一流国际康养旅游胜地。共有35家驻外机构在社交媒体平台发布宣传推广活动内容,覆盖6大洲30个国家和地区。通过海外宣传推广,不断提高定点帮扶地区文化和旅游的国际知名度,向国际社会讲好中国故事、分享中国经验。文化和旅游部全国公共文化发展中心与中国农业电影电视中心联合制作"乡村网红"培育计划之《乡约》正式播出。通过"乡村网红"培育计划为定点帮扶地区发掘、扶持、培育一批优秀的"乡村网红"人才,使其成为乡村振兴的代言人、推介官,利用新理念、新技术、新平台推动乡村文化和旅游高质量发展。

(文化和旅游部财务司　李　翔)

国家卫生健康委员会定点帮扶

【概述】 2022年,国家卫生健康委员会(以下简称"国家卫生健康委")多措并举持续开展定点帮扶工作,助力山西省大宁县、永和县,陕西省清涧县、子洲县(以下简称"四县")巩固拓展脱贫攻坚成果、全面推进乡村振兴,制订印发《国家卫生健康委2022年定点帮扶工作计划》,召开定点帮扶工作座谈会部署推进,选派优秀干部扎根一线,通过产业帮扶、消费帮扶、党建帮扶、健康帮扶等各项举措,助力定点县产业振兴、人才振兴、文化振兴、生态振兴、组织振兴。全年国家卫生健康委对四县总投入3669.14万元,购买农产品1420.07万元,帮助销售农产品691.34万元,帮助培训乡村基层干部、乡村振兴带头人和专业技术人才4606人次,在中央单位定点帮扶工作成效考核评价中被评为"好"等次。

【产业帮扶】 国家卫生健康委帮助四县引进企业、项目8个,建立14个帮扶车间。指导大宁县建设水果供应链基地,"宁脆"苹果远销欧美斩获英国千万订单;帮助永和县乾坤湾成功创建国家4A级旅游景区;促成陕西首个"盒马县"在清涧县落户;支持子洲县建设马蹄沟黄芪融合产业园区、中欧国际乡村振兴产业园区,不断深化产业链,促进产业提档升级,持续增收态势不断巩固。通过中国人口福利基金会筹集资金241.93万元,支持永和县任家庄村蛋鸡养殖项目、索驼村种植大棚整修备种;支持子洲县爱豆科技有限公司发展、小微企业生产设备帮扶项目。

【消费帮扶】 国家卫生健康委充分发挥工会组织作用,组织号召委属(管)单位积极参与消费帮扶,要求各单位开展节假日职工福利采购时,预留不低于50%的额度定向采购定点帮扶县农产品。2022年,国家卫生健康委购买定点帮扶县农产品总价值1420.07万元,帮助销售定点帮扶县农产品总价值691.34万元。其中,连续3年订购手工制品挂件,全年订购大宁县妇女手工编织挂件3000件,总价近30万元。同时,动员国家卫生健康委预算单位在"832平台"积极购买脱贫地区农副产品3533万元,占当年预留采购份额的149%,同比增长39%。国家卫生健康委"实施平台引领激发乡村振兴新动力"和"做好消费帮扶工作助推乡村振兴发展"入选国家发展和改革委员会"2022年全国消费帮扶助力乡村振兴优秀典型案例名单"。

【党建帮扶】 国家卫生健康委着力加强基层党组织建设,由委机关各司局党组织牵头,分别联合1~2家直属和联系单位党组织组成帮扶团队,每个团队结对帮扶定点帮扶县的1个乡镇,充分发挥团队资源优势,"广开门路"落实帮扶任务,坚持以特色优势项目为载体,在永和县启动"健康小屋"试点工作,旨在立足基层乡镇、村居需求,整合各方力量和资源,深入开展健康教育与促进活动,普及科学健康理念与知识,促进提升当地群众的健康素养和水平。同时,组织开展定点县健康促进帮扶工作,以健康教育师资培训为抓手,普及健康知识和技能,倡导文明健康绿色环保的生活方式。

【健康帮扶】 国家卫生健康委在县级医院服务能力提升方面,继续开展三级医院对口帮扶工作,指导委属(管)的北京大学第一医院、北京大学第三医院、山东大学齐鲁医院、山东大学第二医院等医院以加强四县县医院能力建设为核心,全面提升县域卫生健康综合服务能力,内科、外科、妇科、儿科等科室常见病、多发病规范化诊疗能力显著提升,实现跨越式发展。在强化重点人群健康保障方面,帮助四县建立县级危重孕产妇和新生儿救治中心,扎实推进新生儿疾病筛查、出生缺陷救助和儿童营养改善项目。支持四县建设老年友善医疗卫生机构16家,推动医疗卫生机构开展适老化改造,提供老年友善服务。在持续推进健康促进方面,大力推进健康促进县创建,充分利用传统媒体、新媒体等,全方位开展科普宣传,普及健康知识和技能,持续推进倡导文明健康绿色环保生活方式活动。在助推健康产业方面,指导陕西省印发《陕西省对黄芪山茱萸杜仲叶开展按照既是食品又是中药材的物质管理试点方案》,将黄芪纳入药食同源管理,为子洲县黄芪产业发展提供有利的市场条件。同时,指导子洲县结合乡村振兴战略,稳步扩大黄芪等优势中药材种植规模,大力推广规范化、标准化管理,形成以种植、加工和营销为依托,以农民增收为目标的中药材产业开发体系。

(国家卫生健康委员会财务司　舒　译)

应急管理部定点帮扶

【概述】 2022年，应急管理部坚持以习近平新时代中国特色社会主义思想为指导，认真贯彻落实中共中央关于巩固拓展脱贫攻坚成果、全面推进乡村振兴的重大决策部署，紧跟"三农"工作重心历史性转移到全面推进乡村振兴的新要求，结合自身职能优势和定点帮扶县经济发展现状，实施以"红""黄""蓝""绿"4种底色为工作重点和主攻方向的帮扶策略，扎实做好定点帮扶山西省阳高、广灵两县各项工作。应急管理部共自筹和引进帮扶资金16521.73万元，直接购买和帮助销售脱贫地区农产品9947.74万元，培训县乡村基层干部、乡村振兴带头人和专业技术人才866人。

【帮扶资金投入】 2022年，应急管理部加大救灾款物支持力度。在救灾资金分配中给予两县倾斜支持，协调山西省财政厅向两县累计拨付中央救灾资金2632万元。加大消防资金和装备支持力度。继续向两县拨付消防专项经费，用于建设2个大同地区首批一级消防站和4个乡镇微型消防站，为4个乡镇微型消防站各配备消防车1辆、防火服等装备300余件，极大提高两县甚至大同市的消防安全水平。加大应急管理信息化建设投入。协调资金和设备，为两县建设应急管理信息化系统，组织大数据中心技术人员对两县应急管理局指挥中心大屏显示、数字会议系统、应急通信保障、计算机基础网络等系统方案进行论证优化。

【帮扶会议】 坚持高位部署推动，应急管理部党委主要负责同志主持召开党委会议，专题研究部署定点帮扶工作，制定2022年度定点帮扶工作要点。分管部领导多次组织研究两县重点帮扶任务进展情况及专项资金安排，并与山西省委、省政府有关负责同志共同研究推进黄花产业项目落地等事宜。

【帮扶调研】 应急管理部领导率办公厅等司局有关同志赴两县开展实地调研，走访调研帮扶建设的一级消防站、"阳高红"西红柿产业园区、广灵黄花特色食品加工厂、村支部党建工作室及有关化工、绿色低碳企业等13个重点项目，随机入户走访当地脱贫群众，深入了解脱贫攻坚后各项保障措施落实情况，与两县共同研究推进定点帮扶和乡村振兴工作。将两县作为国家基层应急管理体系和应急能力建设课题研究对象，组织紧急救援促进中心、国家减灾中心等单位专家赴两县进行实地调研指导，资助资金和应急装备，有效提升两县基层社区的应急处置能力。

【帮扶制度建设】 应急管理部及时调整组织机构，根据工作需要和人员变动情况，及时调整部定点帮扶工作领导小组，进一步加强对部定点帮扶工作的领导。领导小组办公室设在办公厅，服务保障领导小组日常工作。出台指导性文件，制定《贯彻落实2022年中央一号文件精神 深入推进农村应急管理工作的意见》《贯彻落实中共中央办公厅〈中央层面整治形式主义为基层减负专项工作机制2022年工作要点〉的工作方案》，全面加强农村应急管理工作，助力乡村振兴取得新进展、农业农村现代化迈出新步伐，在持续为基层减压赋能上解难题、求实效，突出做好定点帮扶工作。印发《应急管理部办公厅深入推进基层减负观测点工作实施方案》，把两县作为联系基层的重要渠道、改进作风的重要平台、创新试点的重要基地，深化整治形式主义为基层减负工作。

【干部挂职帮扶】 应急管理部选派4名干部到两县挂职副县长和驻村第一书记，累计推动投入帮扶资金2295.73万元，帮助引进帮扶资金243万元，引进帮扶企业17家，帮助建立帮扶车间14个，帮助转移就业146人，培训乡村基层干部202人，打造乡村振兴示范点1个。

【产业帮扶】 应急管理部向两县直接拨付专项资金，帮助引进各类帮扶资金，持续加大对两县西红柿、黄花等特色产业投入。一是持续做强阳高县西红柿产业。支持阳高县300万元资金增加2000亩西红柿种植，重点开展高标准大棚建设，协调国家有关科研部门积极开展新品种、新种植技术攻关，不断扩建优秀育苗基地，加快向育种育苗、终端市场等上下游产业延伸布局。指导和支持阳高县成功举办首届"阳高红"西红柿产业发展论坛，协调推动"阳高红"品牌商标注册。二是逐步壮大广灵县黄花产业。支持广灵县新建年产万吨非油炸全杂粮黄花方便面项目，进一步延伸黄花产业链，提高黄花产业附加值，真正把黄花打造成为"致富花"，将"小黄花"做成"大产业"。该项目投产后既可以就地消化本地出产的杂粮和黄花，还可以提供130余个就业岗位，间接带动当地近万名农户受益。三是加大招商引资帮扶力度。积极引导各类社会力量参与乡村振兴发展，聚焦规模化设施农业、智能种养、新型材料、环保等绿色工业，加快引入适合县情的优质企业。2022年，累计帮助两县引进各类帮扶项目和企业17个、帮扶车间14个。

【基础设施建设】 应急管理部立足防灾减灾救灾工作职责，指导支持两县加强防灾减灾能力建设，提高灾害风险治理能力。一是强化物资储备能力建设。支持阳高县建设1个县级救灾物资储备库。支持阳高县建成3个综合减灾示范社区应急物资储备站，并完成相关装备物资储备。二是夯实防灾减灾救灾基础能力。帮助两县32个乡镇完善防汛抗旱、森林草原防灭火、地质灾害防范、安全生产等预案和规章制度。指导和支持两县6个村（社区）创建全国综合减灾示范社区，加强专业技术人员定向培训。指导众和村成功申报山西省数字乡村示范村创建。

【帮扶培训】 应急管理部始终坚持把定点帮扶工作与应急救援救灾能力建设有机结合，最大程度发挥组织、人才和资源优势。一是加强救灾救助工作指导。专门派员赴两县调研救灾助力巩固拓展脱贫攻坚成果、防止因灾致贫返贫情况，主动对接救灾工作需求。指导两县进一步健全防止因灾致贫返贫协调机制，推动灾害救助与民政救助、乡村振兴等政策制度更好衔接，加强信息比对和共享，发挥救助帮扶政策合力。二是加强应急科普宣教。指导开展"安全生产月""防灾减灾日""消防宣传月"等集中宣传活动，制作宣传展板76块、悬挂标语120余条，累计发放各类宣传资料6万余份。协调应急管理出版社向两县捐赠472类图书及宣传片，涉及应急管理业务用书及文学名著、中小学教材等，共4670册。

【教育帮扶】 继续开展"献爱心·助学"活动，应急管理部领导带头，部机关及国家矿山安全监察局、中国地震局、国家消防救援局、森林消防局等单位自愿参与，及时帮扶大学生283人，有效解决家庭困难大学新生上学难等问题。积极协调碧桂园控股有限公司、北京郎朗艺术基金会等企业和社会公益组织为两县募集钢琴等教学用品。

【就业帮扶】 应急管理部积极协调部机关服务中心等所属事业单位在两县公开招聘后勤服务工作人员，为两县群众提供更多就业机会。协调碧桂园培训学校和清华大学乡村振兴远程教学站等机构开展多期技能培训班，累计培训县乡村基层干部、乡村振兴带头人、专业技术人才866人，有效带动当地群众就近就便就业。

【脱贫成果巩固】 应急管理部协助两县推行"红黄绿灯"帮扶新机制，为64户154人脱贫不稳定户制定"一户一策"帮扶政策。指导众合村建成全省首个"颐养之家"项目，可为40名生活困难的居家老人提供助救、助餐、助医、助洁、助购、助娱等服务。指导平城村建设广灵县首个新时代文明实践站。

【消费帮扶】 应急管理部持续做好消费帮扶工作，充分发挥电商平台作用，把产业发展成果转化为群众的实在收益。一是大力发展电子商务。不断拓宽电商平台销售渠道，协调蚂蚁集团、京东商城、抖音等大型电商平台，累计帮助两县销售特色农产品9770.79万元。持续推进广灵电子商务进农村综合示范县工程，争取省级预算资金用于实施广灵县"壶泉e镇"重点项目。二是加大定点采购力度。应急管理部机关及部属单位通过食堂采购、各级工会通过为干部职工采买福利等方式直接采购定点帮扶地区产品。两县挂职干部分别组织召开"832平台"供应商座谈会，引导供应企业强化"832平台"运营管理，进一步助力特色农产品线上销售。三是策划线上销售专项活动。协调两县4款产品入选蚂蚁集团举办百县百品丰收节助农专场活动，广灵小米、三色糙米、小米锅巴和阳高杏脯4款单品均刷新单日线上销售纪录，产品传播曝光量超2.4亿。

（应急管理部救灾司 李 群）

中国人民银行定点帮扶

【概述】 2022年,中国人民银行深入学习贯彻党的二十大精神,认真落实习近平总书记关于"三农"工作的重要论述,按照"信守一个承诺、种好两块田地、建设三个工程"的工作思路,聚焦守底线、抓发展、促振兴,完善工作机制、强化帮扶投入、创新帮扶举措、丰富帮扶内容,从产业、人才、文化、生态、组织等方面,支持陕西省铜川市印台区、宜君县等帮扶地区做好乡村发展、乡村建设、乡村治理重点工作,助推帮扶地区巩固拓展脱贫攻坚成果、全面衔接乡村振兴。全年向帮扶地区直接投入无偿帮扶资金1067.06万元,引进无偿帮扶资金445.8万元;直接投入有偿帮扶资金20862.64万元,引进有偿帮扶资金170万元;培训县乡村基层干部130人,培训乡村振兴带头人52人,培训专业技术人才734人;购买脱贫地区农产品2036.81万元,帮助销售脱贫地区农产品931.52万元。在强化帮扶投入的同时,中国人民银行对标乡村振兴重点领域和帮扶地区薄弱环节,认真做好产业、人才等帮扶项目的组织实施工作,有力支持帮扶地区农业农村发展,取得较好的帮扶实效,在2022年度中央单位定点帮扶工作成效考核评价中被评为"好"等次。

【帮扶资金投入】 2022年,中国人民银行向帮扶地区直接投入帮扶资金1067.06万元,其中投入260万元支持大棚西瓜、樱桃示范园、苹果包装车间等产业项目,投入200万元资助家庭困难学生1710人、家庭困难教师50人,奖励优秀教师120人,支持创客教学、操场修缮、电子阅卷系统等项目,推动铜川市印台区、宜君县教育事业高质量发展。投入20万元支持印台区创建信用建设示范区,开展信用知识宣传,增强居民信用意识。投入19万元在5家农村养老幸福院开展助餐助医助洁服务,弘扬传统美德。投入20万元组织开展"兴农学堂"、农村干部、养殖种植等系列培训,激励引导干部群众开阔视野、增长才干,累计培训900余人次。投入120万元支持哭泉村人居环境卫生综合整治项目,大幅度提升村级生态环境和旅游接待能力,逐步形成"以景带村、以村实景、景村互动"的发展模式。投入16万元实施哭泉镇人饮工程,巩固提升334人的饮水安全。投入315.12万元支持建设标准化卫生室、疾控中心实验室、疫情防控物资采购、技能培训中心、基层服务平台、普惠金融服务站、新时代文明实践中心等项目,从疫情防控、医疗健康、政务管理、组织建设等多方面提高基层公共服务水平。投入96.94万元支持苹果"保险+期货"项目,为1.5万余名群众购买防返贫保险,助力帮扶地区守住防止规模性返贫底线。

【帮扶调研】 中国人民银行坚持行党委对帮扶工作的统一领导,行长、书记多次作出指示批示,副行长赴帮扶地区调研并主持召开定点帮扶乡村振兴座谈会,在专题会议上对帮扶工作作出安排部署。在行党委的支持指导下,定点帮扶乡村振兴工作领导小组各成员单位、帮扶振兴办公室、驻铜川市工作组、铜川市中支帮扶干部等紧密配合、同向发力,落实帮扶任务、优化帮扶举措、推进帮扶项目,不断开创定点帮扶工作新局面。

【帮扶制度建设】 中国人民银行夯实帮扶责任、强化督促引导，认真制定《中国人民银行2022年定点帮扶工作要点》《中国人民银行2022年定点帮扶任务清单》，细化工作标准、完成时限等具体要求，及时募集帮扶资金，定期了解帮扶进展，强化帮扶工作全过程管理。制定并系统落实《中国人民银行"十四五"时期定点帮扶工作规划》，启动定点帮扶规章制度修订工作，研究提出帮扶资金、帮扶项目管理办法征求意见稿，持续提升帮扶工作的规范性、科学性、有效性，为完善帮扶工作制度体系、推动帮扶工作行稳致远打下良好基础。

【帮扶培训】 中国人民银行围绕地方实际需要精准开展教育帮扶、扶智扶志等培训项目，推动两区(县)开阔发展思路、增强内生动力。投入265万元资助家庭困难学生1710人、家庭困难教师50人，奖励优秀教师120人，支持创客教学、操场修缮、电子阅卷系统等项目，推动两区(县)教育事业高质量发展。通过慰问、捐赠物资、视频连线等多种方式做好结对帮扶，组织开展"兴农学堂"、农村干部、养殖种植等系列培训，激励引导干部群众开阔视野、增长才干，累计培训900余人次。

【干部挂职帮扶】 中国人民银行共选派4名干部到铜川市印台区、宜君县和哭泉村担任挂职副区长、挂职副县长和驻村第一书记。中国人民银行挂职干部和驻村第一书记结合当地政府发展思路和资源条件，充分发挥央行帮扶优势，突出金融帮扶特色，积极引入多方社会力量，推动帮扶成果不断取得新进展、新成效。中国人民银行挂职宜君县政府党组成员、副县长帮助协调引入的"菜鸟乡村农产品上行和共配中心综合体"项目入选2022年国家乡村振兴局有效衔接典型案例。中国人民银行挂职印台区副区长在铜川市第五中学开展创客教育项目取得丰硕成果，在2022年第六届全国青少年无人机大赛中获二等奖2个、三等奖7个、优秀奖2个，并荣获优秀组织奖。中国人民银行驻哭泉村第一书记及时组织整修遭遇连续大雨山体位移导致损坏的饮用水池，有效确保和改善村民用水难和安全饮水问题；为应对新冠疫情，积极协调退烧药、血氧仪、温度计等医疗物资，为群众分发健康包，切实将党和政府的关心送到群众身边。中国人民银行定点帮扶干部和驻村第一书记的先进事迹被人民日报社人民数字网、《金融时报》、中国网、陕西新闻广播、陕西农村网等多家媒体报道宣传。2022年，宜君县被评为全国农产品数字化百强县，哭泉村被评为"宜君县健康村庄""铜川市森林村庄"，中国人民银行驻哭泉村第一书记被铜川市委组织部授予"十佳第一书记"称号。

【产业帮扶】 中国人民银行坚持把特色产业作为帮扶重点，立足地方资源禀赋和农业优势，推动特色产业发展、助力集体经济壮大。投入260万元支持大棚西瓜、樱桃示范园、苹果包装车间等产业项目，在云闪付商城、公益中国、工福云等平台搭建线上、线下相结合的销售渠道，带动周边群众就业增收。协调中国银联股份有限公司发放惠民消费券50万元，开展"乐购果乡，惠民消费"活动，拉动消费增长、活跃县域经济。引入阿里巴巴集团控股有限公司等帮扶力量，巩固提升人工智能标注、蚂蚁云客服、假发制作、电商培育、菜鸟物流等数字经济项目，丰富乡村业态，激活内生动力，稳定就业群众已有240多人，月均工资4000余元。

【文化帮扶】 中国人民银行通过多种形式丰富乡村文化生活，推进移风易俗，营造文明向上的民风乡风。投入20万元支持印台区创建信用建设示范区，开展信用知识宣传，增强居民的信用意识。投入19万元在5家农村养老幸福院开展助餐助医助洁服务，弘扬传统美德。引入"寻找远方的美好"项目资源，以民俗彩绘为风格优化设计包装,发掘地方特色文化的多元价值。

【生态帮扶】 中国人民银行点面结合、久久为功,助力两区(县)生态环境持续向好,推动"两山理论"落地见效。投入120万元支持哭泉村人居环境卫生综合整治项目,大幅度提升村级生态环境和旅游接待能力,逐步形成"以景带村、以村实景、景村互动"的发展模式。投入16万元实施哭泉镇人饮工程,巩固提高334人的饮水安全。

【党建帮扶】 中国人民银行巩固完善基层公共服务水平,加强基层党组织阵地建设,优化基层社会治理。投入引进577万元支持建设标准化卫生室、疾控中心实验室、技能培训中心、基层服务平台、普惠金融服务站、新时代文明实践中心、绿色积分超市、农田围栏网、暖棚水池等项目,从疫情防控、医疗健康、政务管理、组织建设等多方面提高基层公共服务水平。注重发挥保险的兜底作用,投入97万元支持苹果"保险+期货"项目,为1.5万余名群众购买防返贫保险,助力帮扶地区守住防止规模性返贫底线。

【特色帮扶】 中国人民银行健全普惠金融工作体系。推动"铜川市普惠金融改革试验区"获批,指导制订铜川市普惠金融发展总体方案。指导成立铜川市普惠金融改革试验区工作领导小组,支持印台区、宜君县金融基础设施提档升级,成立10家"四贷促进"乡村振兴服务站,累计发放贷款2482.79万元。

(中国人民银行金融市场司 邝希聪　朱子美)

审计署定点帮扶

【概述】 2022年，审计署切实加大定点帮扶河北省顺平县和贵州省丹寨县的工作力度，抓紧抓好定点帮扶工作、全面推进乡村振兴，成效持续稳固，取得积极进展。全年共投入帮扶资金4.53亿元，其中直接投入和引进无偿帮扶资金2.54亿元，引进有偿帮扶资金1.99亿元；购买农产品22.3万元，帮助销售农产品160.6万元。

【帮扶资金投入】 2022年，审计署在中央单位定点帮扶工作成效考核评价中被评为"好"等次。审计署按照对口支援和定点帮扶工作计划，积极动员审计系统和社会力量，直接投入和引进无偿帮扶资金2.54亿元，引进有偿帮扶资金1.99亿元，主要用于支持定点帮扶县培育壮大特色主导产业。以顺平县富硒土壤资源为基础，壮大富硒产业，打造"尧帝故里、中华硒谷"品牌；推动顺平县北京环卫集团京环循环经济园建设，促进传统塑料产业提档升级；积极推动丹寨县茶产业、页岩气产业和旅游产业发展；协调中国地质调查局对丹寨县茶叶和土壤的微量元素进行检测，开展丹寨县优势矿产现场调查评价并推动丹寨页岩气产业发展；协调万达集团帮扶丹寨县从"景点旅游"向"全域旅游"转变。

【帮扶调研】 审计署领导先后深入帮扶一线，调研考察、听取汇报、走访贫困家庭、实地调研产业项目和农村医疗教育情况，指导推进定点帮扶工作，根据调研掌握的资料和实际情况调整完善帮扶工作。

【帮扶会议】 审计署审计长担任审计署对口支援和定点帮扶工作领导小组组长，办公厅、人事教育司、机关党委、服务局为领导小组成员单位。机关党委积极履行领导小组办公室职能，制订并实施2022年审计署对口支援和定点帮扶工作计划，先后2次召开定点帮扶专题工作会议，研究部署推动定点帮扶工作。

【帮扶培训】 审计署全年培训基层干部241人次、乡村振兴带头人303人次、专业技术人才272人次。其中，培训顺平县乡村两级党务干部180人次、丹寨县乡村两级党务干部61人次；培训丹寨县蓝莓种植和管护技术人员153人次，培训顺平县电子商务从业人员150人次；以送教上门、线上教学等方式培训顺平县财务和资产管理人员98人次、丹寨县174人次。安排挂职干部到丹寨县纪委监委作国家审计专题讲座。

【干部挂职帮扶】 审计署择优选派1名司局级干部挂职担任贵州省黔东南苗族侗族自治州副州长。2021年选派到顺平县和丹寨县挂职担任副县长或驻村第一书记的4名干部任期2年，其中2名挂职副县长协助分管乡村振兴工作。4名挂职干部政治强、业务精、作风实，工作表现得到群众认可。及时将相关人员挂职情况向中共中央组织部备案，加强干部管理，建立挂职干部工作交流群，履行对挂职帮扶干部的培训、考核、监督、管理和服务职责。

【帮扶慰问】 审计署副审计长走访慰问顺平县困难群众，发放米、面、油等价值合计5万元的生活物资；协调湘财证券股份有限公司向顺平县孤儿和单亲孩子发放助学金40万元。

【脱贫成果巩固】 审计署直接投入丹寨县帮扶资金60万元,其中投入30万元用于南皋乡偿卡村2022年人居环境整治和石桥村地质文化村建设,帮助改善提升农村人居环境,打造非遗旅游与产业;投入20万元用于雅灰乡夺鸟村茶叶加工厂续建项目,通过大力扶持村级合作社增加村集体收入并推动茶产业向精深加工发展,协调部分脱贫群众子女就业。协调中国地质调查局岩溶地质研究所投入资金95万元,在扬武镇番瓮村实施农村饮水示范工程,有效解决1184人的安全稳定饮水问题。

【产业帮扶】 审计署从种植、加工、销售和茶叶品牌打造等方面帮扶丹寨县茶产业发展。一是助力发展茶叶种植。开山发展1200亩茶叶基地,指导成立丹寨县安信茶业有限责任公司,当地农民通过扶贫资金和土地流转等形式入股,盘活村集体闲置荒山资源。群众每年取得土地租金收入60余万元,带动就业1500人以上,促进增收600余万元。二是协调支持加工端发展。通过直接投入和吸引社会资本,在丹寨县主要产茶地投建2个标准化茶叶加工厂,每日制茶的产能最高可达到1.6吨,同时帮助解决企业用水、用电、道路和融资难题。三是推动茶叶产供销对接。融合发展线上、线下市场,通过线上专馆、推介活动、对口销售和机关直采等方式,打造一体化产业平台。四是帮助打造茶叶品牌。自主打造"甲石白茶"品牌,协调万达集团推动以马寨茶园为代表的茶叶通过285项检测,获得欧盟SGS认证,创建"丹红""丹绿""丹馈"三大茶叶品牌。审计署帮扶丹寨县以来,丹寨县连年被评为"全国重点产茶县""中国茶业百强县"。

【教育帮扶】 审计署为顺平县优秀学生颁发审计长奖学金30万元,向丹寨县甲石村和排调第二小学捐赠笔记本电脑等价值合计7.39万元的办公用品,提高村级和农村小学办公、教学条件;投入6.6万元用于解决丹寨县扬武镇长青第二小学教学设施,300多名农村小学生因此受益。

【党建帮扶】 审计署深入联系单位到帮扶村讲党课、宣讲政策,将党的政治建设、思想建设、组织建设、党员教育管理和党建工作宣传有机结合。捐赠党建图书、审计专业图书共81册,并在丹寨和顺平两县审计局建立审计书屋,帮助审计干部和甲石村党支部加强学习,提升党员干部的党性和知识水平。

【社会帮扶】 审计署协调万达产业基金向丹寨县捐赠5000万元,促进县域脱贫群众增加收入;协调中华慈善总会为6名先天性心脏病儿童免费手术;协调中国红十字会向丹寨县甲石村捐赠两台除颤仪,提高村卫生所的医疗应急能力。

(审计署农业司机关党委　郑景云)

国务院国有资产监督管理委员会定点帮扶

【概述】 2022年，国务院国有资产监督管理委员会（以下简称"国务院国资委"）认真学习贯彻习近平总书记关于"三农"工作的重要讲话和指示批示精神，坚决落实中共中央、国务院有关决策部署，坚持把定点帮扶责任扛在肩上，全力以赴抓好国务院国资委机关和中央企业助力乡村振兴工作，加强组织领导，完善工作机制，创新帮扶举措，克服困难，主动作为，持续助力定点县河北省平乡县、魏县（以下简称"两县"）巩固拓展脱贫攻坚成果、全面推进乡村振兴。在两县深入开展各类帮扶活动60余次、帮扶项目30余个，直接投入无偿帮扶资金657万元，引进无偿帮扶资金1218万元、有偿帮扶资金7110万元、投资2.1亿元，培训人员6739人次，购买脱贫地区农产品439万元，帮助销售脱贫地区农产品2.41亿元，大幅度超额完成年度工作计划；选派3名干部到两县挂职，6名干部到西藏等地挂职。助力两县经济社会发展步入快车道，城乡居民人均可支配收入增速位居所在地级市前列。魏县荣获"国家乡村振兴示范县"称号。牵头指导、组织91家中央企业在246个脱贫县开展定点帮扶工作，扎实推进援藏、援疆、援青工作，为助力乡村振兴贡献国资中央企业力量。

【帮扶责任落实】 国务院国资委坚决贯彻落实中共中央、国务院关于实现巩固拓展脱贫攻坚成果同乡村振兴有效衔接的部署要求，不断加强定点帮扶工作组织领导。国务院国资委乡村振兴工作领导小组下设机关帮扶办和中央企业乡村振兴办，统筹指导、组织推进委机关和中央企业助力乡村振兴工作。成立13个机关帮扶协作组结对帮扶两县重点村。时任国务院国资委党委书记多次听取机关定点帮扶有关情况汇报，亲自协调部署推动两县产业帮扶工作，协调关系两县乡村振兴发展的重要事项。国务院国资委机关帮扶办通过电话沟通、视频会议等方式了解两县巩固拓展脱贫攻坚成果、推进乡村振兴工作进展；专门组成督查组实地了解两县贯彻中共中央、国务院重大决策部署情况，督促两县落实好防止返贫动态监测和帮扶机制，形成督查报告，向两县反馈5个问题、6条建议，并督促完成整改。认真组织协调各机关帮扶协作组落实责任，开展自评互评工作，有效激发各单位参与定点帮扶工作的积极性。

【帮扶调研】 国务院国资委高度重视定点帮扶工作，领导赴两县调研、指导工作，赴两县宣传党的二十大精神，实地调研巩固拓展脱贫攻坚成果、推进乡村振兴工作情况，强调要加大工作力度，助力两县全面推进乡村振兴取得新成效。国务院国资委机关帮扶办多次赴两县开展实地调研，结合两县脱贫后实际，围绕县域经济发展点，积极探索建设可示范、可推广的乡村振兴示范点。各机关帮扶协作组围绕年初设定的帮扶目标，强化组织领导，赴两县开展调研100余人次，推动精准帮扶工作不断落实落地。

【帮扶会议】 国务院国资委党委深入学习领会习近平总书记关于"三农"工作的重要讲话和指示批示精神，认真研究贯彻落实举措,参与筹备并组织中央企业参加第三次对口支援西藏工作会议,组织召开中央企业产业兴疆恳谈会。国务院国资委领导多次听取机关定点帮扶工作情况汇报,作出重要指示要求,并亲自部署推动产业帮扶工作。组织召开国务院国资委直属机关定点帮扶工作会议,对扎实推进巩固脱贫成效与乡村振兴有效衔接作出部署。国务院国资委机关帮扶办多次召开协作组推进会、座谈会,组织各成员单位、协作组研究抓好委党委决策部署的贯彻落实工作。认真制订《国资委直属机关2022年定点帮扶工作计划》,明确工作责任、目标和完成时限,为圆满完成各项年度帮扶工作奠定坚实基础。

【干部挂职帮扶】 国务院国资委坚持尽锐出战,精心选派9名干部到两县及其他艰苦边远地区任职。其中,2名同志挂职两县县委常委、副县长,1名同志任平乡县艾村驻村第一书记,6名同志在西藏、新疆等地挂职。多名同志因工作表现突出被评为优秀公务员,按职务职级晋升办法提前晋级;2名同志由副处长被提拔为正处长。

【帮扶培训】 国务院国资委不断强化与各部委、高校、企业之间合作,通过送教上门、外出培训和网络教学等方式,开展培训活动20次,培训人员6739人次。一是围绕基层党建、"三农"发展、乡村治理主题,举办培训活动7次,培训基层干部1844人次。二是围绕社交电商零售、乡镇企业发展等主题,举办培训活动6次,培训乡村振兴带头人1177人次。三是围绕特色农产品种植、农机维修等内容,举办培训活动5次,培训专业技术人才3474人次。

【消费帮扶】 国务院国资委创新工作方法,通过食堂直接采购、直播带货、举办消费帮扶专场等方式,深化消费帮扶,助力脱贫群众稳定增收。一是直接购买脱贫地区农产品439万元。组织13个协作组在"832平台"购买农产品314万元;在农业银行、建设银行电商平台购买两县农产品105万元;组织职工购买甘肃、宁夏脱贫县农产品20余万元。二是帮助销售脱贫地区农产品2.41亿元。与国家电网有限公司共同举办首届"央企消费帮扶兴农周"活动,其中在国务院国资委中央企业乡村振兴办、机关帮扶办、新闻中心具体组织、协调、宣传的主会场活动中销售脱贫地区农产品2.41亿元,其他分会场销售脱贫地区农产品超10亿元。

【产业帮扶】 国务院国资委紧密结合两县资源禀赋和企业发展规划,协调推动10个产业帮扶项目落地两县,引进无偿帮扶资金1218万元、有偿帮扶资金7110万元、投资2.1亿元,涉及长期帮扶资金6.2亿元。一是协调中国中煤能源集团有限公司在平乡县继续推进聚烯烃改性实验基地项目,实现生产线全面投产,年投入110万元。二是协调中国医药集团有限公司在平乡县建设以中国生物单采血浆站为依托,集医疗联合体体检、二类疫苗注射、国药系药房、中医药康养等于一体的大健康综合体项目,投入6000万元。三是协调中国物流集团有限公司在平乡县投资建设国际内陆港物流园项目,已达成初步合作意向。四是协调中国中化控股有限责任公司在魏县建设河北省首个数字农业指挥中心,年投入1070万元。五是协调中国建材集团有限公司推进凯盛君恒药用玻璃项目3号窑炉建设,年投入2.1亿元。六是协调中国储备粮管理集团有限公司在魏县建设粮食仓储物流项目,年投入7000万元。七是协调中国海洋石油集团有限公司在魏县建设国学馆项目,赋能乡村文化振兴,年投入100万元。八是协调中国保利集团有限公司与魏县合作运营魏州文化艺术中心项目。九是协调国家电网有限公司审批通过在魏县建设供电生产综合用房项目，投资5887万元。十是协调中国中车集团有限公司北京中车重工机械有限公司工程机械产业整体搬迁至魏县，正在推进厂址建设，拟投资5亿元。

【教育帮扶】 国务院国资委高度重视教育振兴在乡村振兴战略中的基础性和全局性地位，充分整合各类资源，动员社会各方力量，在加强教育帮扶方面下功夫。用好国务院国资委助学奖学金，向两县品学兼优的家庭困难学生发放助学金50万元；协调中国乡村发展基金会继续投入20万元在两县开展高中生自强班项目；协调中国人口福利基金会投入15万元为平乡县艾村小学改善教学条件；成立"石化爱心奖学助学金"，每年投入10万元资助平乡县洪康联合小学品学兼优的家庭困难学生。

【中央企业定点帮扶】 国务院国资委全面贯彻落实中共中央、国务院关于乡村振兴工作的决策部署，不断完善工作思路举措，坚持"服从中央、服务地方、扶持企业"，坚持"工作项目化、项目品牌化"，持续做强做优国资中央企业乡村振兴工作。组织中央企业克服疫情等各种不利影响，坚决落实帮扶责任和"四个不摘"要求，立足帮扶地区资源禀赋，着眼群众"急难愁盼"问题，发挥优势特长，创新帮扶举措，持续加大帮扶力度，累计投入和引进无偿帮扶资金43.4亿元、有偿帮扶资金187.4亿元，培训定点帮扶县干部人才48.9万人次，购买和帮助销售脱贫地区农产品66亿元，为巩固拓展脱贫攻坚成果、全面推进乡村振兴做出积极贡献。一是强化组织推动，压紧压实帮扶责任。参与筹备第三次对口支援西藏工作会议，召开中央企业产业兴疆恳谈会，组织中央企业扎实推进援藏、援疆、援青工作。圆满完成2021年度中央企业定点帮扶成效考核评价，中央企业荣获"好"等次的比例再创历史新高。印发《关于做好2022年定点帮扶工作的通知》，细化年度工作重点和举措要求。建立月通报制度，及时肯定成绩、查找不足，表扬先进、督促后进。举办首届中央企业定点帮扶工作培训班，学习贯彻党的二十大精神，进一步增强中央企业做好定点帮扶的使命感、责任感和紧迫感，坚定助力乡村振兴的信心和底气。二是创新工作举措，推动帮扶提质增效。依托中央企业消费帮扶电商平台，成功举办首届"央企消费帮扶兴农周"活动，形成"百家央企齐动员、千万职工同参与"的巨大声势，集中采购和帮助销售脱贫地区农产品超10亿元，及时有效缓解脱贫地区农产品滞销卖难问题。开展中央企业乡村振兴领域问题专项整治行动，确保帮扶工作依法合规、严守底线、不碰红线。组织中央企业参与科技人才"组团式"帮扶专项行动，为国家乡村振兴重点帮扶县产业发展提供智力支持。指导中央企业乡村产业投资基金聚焦粮食安全、种业振兴、绿色兴农、质量兴农、科技兴农等重点领域，完善投资理念，加大投资力度，全年新增投资项目20个、涉及金额33.55亿元，布局一批贯彻新发展理念、带动效果好、群众受益多、可持续发展的乡村产业项目。三是加强宣传报道，营造良好舆论氛围。协调中央广播电视总台《新闻联播》《东方时空》等栏目多次报道中央企业定点帮扶工作。动员新华通讯社、人民日报、国资小新等主流媒体积极宣传报道中央企业乡村振兴工作典型经验和特色做法。组织中央企业积极参加大型主题展览、画册等素材征集活动。支持中央企业广泛参与乡村振兴领域评选表彰活动。创办《中央企业社会责任（援扶工作专刊）》，加强中央企业之间工作经验交流。编制《中央企业助力乡村振兴蓝皮书（2022）》，遴选发布一批中央企业助力乡村"五大振兴"典型案例和中央企业乡村振兴示范项目,向社会公众展现中央企业助力乡村振兴成果成效。编写《央企人在村儿里》,讲述中央企业帮扶干部的感人故事,诠释中央企业的援扶精神。

(国务院国有资产监督管理委员会管理局改革指导处　包明凯)

海关总署定点帮扶

【概述】 2022年，海关总署定点帮扶河南省鲁山、卢氏、民权三县。在已有6名挂职副县长、驻村第一书记的基础上，选拔支教教师一批共6人，增派基层锻炼选调生9名；直接投入帮扶资金565.27万元，引进帮扶资金3777.52万元，招商引资8.42亿元，引进帮扶项目19个；培训基层干部369人，专业技术人员3360人；购买脱贫地区农产品60.59万元，帮助销售农产品1847万元。海关总署在2022年度中央单位定点帮扶工作成效考核中被评为"好"等次。卢氏县委常委、副县长开展定点帮扶工作情况被中央广播电视总台《焦点访谈》节目报道；选派的2名驻村第一书记被评为河南省优秀驻村第一书记。

【帮扶会议】 根据中共中央对海关总署党委班子的调整情况，及时调整海关总署定点帮扶工作领导小组。海关总署党委高度重视2021年定点帮扶工作成效考核评价反馈问题整改工作，听取汇报，召开专题会议，研究制定整改措施。各有关司局、帮扶工作组迅速反应、明确分工，认真抓好整改提升，及时向中共中央和国家机关工作委员会、国家乡村振兴局报送整改落实情况。

【帮扶培训】 海关总署结合定点帮扶地区新产业、新业态，因地制宜培育乡村振兴带头人。发挥海关专业优势，在鲁山县开展外贸业务培训，保障进口保税仓库顺利运行；开设"酥梨学堂"，邀请海关专家和"种梨能人"为群众授课，持续激发酥梨产业效能。支持卢氏县开设"五星"支部创建示范培训班，组织基层党支部书记等364人学习，夯实基层党务干部能力水平；联合电商企业开展电商直播技能培训，累计培训25期1166人。在民权县开展食品技能人才培训，1800余人参加；推动阿里巴巴客户体验中心在民权县落户，解决当地就业500人，输送优秀客服人才50人。

【消费帮扶】 海关总署依托定向采购帮扶、区域协作帮扶、社会力量参与等，推动当地产品销售。在鲁山县持续培育"生态鲁山"区域公共品牌，打造精品"鲁山九颗梨"特色产品，2022年累计销售品牌包装梨75万余元。在卢氏县指导商务局开展电商直播擂台赛8期，推动乡镇、电商与农户三方合作，线上销售当地农产品600余万元，带动800余人灵活就业。在民权县开办当地和进口产品展销厅，开通京东民权农特产馆，68款新上架产品广销21个省份，支持企业积极参加各类展销会，助力农产品销售1074万元；及时对接商超、协会等平台，解决滞销莴笋、油麦菜26万千克。

【产业帮扶】 海关总署发挥资源优势，培育特色农业。聚焦鲁山县蔡庄村特色农产品酥梨，创建"梨享蔡庄"品牌，推进酥梨分拣中心、品控中心和农村电商基地建设；直接投入帮扶资金60万元，引入社会资金142万元，打造村域旅游核心区"梨享欢乐谷"，助推"特色产品+生态观光"新业态发展，蔡庄村被评为河南省乡村康养旅游示范村创建单位。在卢氏县由挂职干部担任中药材产业链"链长"，促成与石家庄以岭药业股份有限公司签订战略合作框架协议，推动当地20万亩连翘标准化种植，全县共有1.9万户群众通过连翘产业增收近6亿元，连翘种植面积和产量位居全国县域之首；引进香菇加工销售企业，收购当地鲜香菇2368吨，带动150人就业，促成卢氏县果岭村党支部领办合作社项目，建设380亩苹果园，投入60.92万元开展农机捐助。在民权县推动双井村与河南省大一农业科技有限公司签订利益联结协议书和马铃薯种植托管服务合同，建立"双绑"机制。

立足海关特点，拓展外贸经济。保障鲁山县进口保税仓库投入试运营，提供供应链金融业务，服务外贸企业6批次，贸易额达92万美元；对县内17家重点外贸企业量身指导，申请发放各类政策资金110余万元。协调食用菌出口企业落地，年出口总额达2700万元。指导卢氏县多家当地龙头企业办理农产品出口备案，推动当地智联植物工厂认定大湾区"菜篮子"基地，不断开拓海外市场。在民权县引进铁路西货场改造、韵达产业园、普洛斯运行等项目，引资总额6.48亿元，打造县城保税区智慧物流园区，加强分拨配送能力。借助万邦鲸采项目，加快水果国际贸易交流；推动阿里巴巴集团控股有限公司在民权菜鸟仓提供唯一背靠背"不加价"待遇，招引多家优质商家入驻跨境电商平台，2022年度保税物流中心跨境贸易额破千万元。

【教育帮扶】 海关总署派出支教志愿者一批共6人，赴鲁山县、卢氏县4所中小学任教，受教学生2000余人次。在卢氏县投入10万元建设易地搬迁社区青少年心理健康工作阵地；联合上海海关学院，通过线上直播带领650余名学生走进上海中国国际进口博览会展览现场；邀请吉林大学志愿者开办线上课程，为帮扶村50名少年讲授书法、美术等课程。在民权县引入索尼"梦想教室"，举办科普实验活动，邀请索尼公司资深讲师培训摄影记者49名；绘制植树节、端午节科普黑板报，宣传绿色理念、弘扬传统文化。

【文化帮扶】 海关总署培育文明家风、良好乡风、淳朴民风，形成生产、生活、生态和文化的良性互动。发扬海关党建帮扶优良传统，将良好乡风融入鲁山县党建品牌创建，签订村级党建联盟协议，举办群众喜闻乐见的文化下乡联合演出、"梨园小马拉松"等活动，引入喜马拉雅有声图书馆，打造新乡村风格文化广场等特色区域。投入60万元改建卢氏县果岭村党群服务中心，强化"三有五中心"建设，添置数字乡村等软、硬件设施。推进民权县双井村党群服务中心建设，为基层党建、村民议事和行政办公提供舒适环境。

【公益帮扶】 海关总署协调全国海关为定点帮扶地区捐赠价值数百万元民生、防疫物资。通过"99公益日"等活动，在鲁山县募集资金19.9万元，满足困难群众"两不愁三保障"需要。在卢氏县协调蔬菜种植企业捐赠2500千克蔬菜，向"三类户"、脱贫户发放御寒衣物和米、面、油等生活物资。在民权县引入阿里巴巴公益项目"童伴妈妈"资金56万元，建立留守儿童监护网络模式；以口岸专班和保供、监管疫情防控专班为切入点，筹集资金91万元用于补充保供物资，为全县61万居民提供保障，为20万户困难家庭免费派发米、面等2710吨，蔬菜1525吨。

【基础设施建设】 海关总署补齐农村环境治理短板，推进村容村貌整洁亮化，提升美丽乡村建设水平。投入海关帮扶资金及筹资共667.1万元，修建鲁山县生产生活道路10千米、下水输水网线10千米、储水罐50吨；美化卢氏县村内老旧墙面1800余平方米，安装道路安全生命防护栏480米，铺设供水管线4000余米，修建集体水井房1座；修缮民权县双井学校。在三县共安装路灯283盏，推动户厕改造249户。

(海关总署机关党委 游 画)

国家税务总局定点帮扶

【概述】 2022年,国家税务总局(以下简称"税务总局")定点帮扶青海省海东市平安区、民和回族土族自治县(以下简称"民和县")。建立"总局党委负总责、主要领导亲自抓、牵头部门统筹推进、职能部门协同配合,税务系统全力支持、挂职干部一线落实"的工作机制,聚焦"三个转向",加大帮扶力度,持续推动帮扶地区夯实发展基础、改善发展条件、增强发展动力。税务总局局长多次主持召开会议研究推动定点帮扶工作,并强调要把巩固拓展脱贫攻坚成果和全面推进乡村振兴作为重大政治任务抓好抓实。税务总局围绕"两不愁三保障"补短板、促进"五大振兴"加大支持帮扶力度,全年累计向定点帮扶两县(区)投入帮扶资金581.46万元,引进帮扶资金1708.99万元;培训基层干部、乡村振兴带头人、各类技术人才1444人次;直接购买脱贫地区农产品2.81亿元,其中购买两县(区)农产品6669.5万元,帮助两县(区)销售农产品3097.8万元。税务总局在2022年中央单位定点帮扶工作成效考核中,被评为"好"等次。

【帮扶资金投入】 2022年,税务总局直接投入和引进帮扶资金2290.45万元。其中,直接投入资金581.46万元,包括动员直属事业单位捐赠无偿帮扶资金400万元,为两县(区)捐赠的400台计算机价值181.46万元。引进帮扶资金1708.99万元,包括北京、上海、江苏、浙江、福建、广东、厦门、深圳等8个经济发达地区省级税务局捐赠无偿帮扶资金400万元,协调公益基金会捐赠医疗设备、乡村卫生室改建项目、儿童重疾救助项目等价值844.4万元,协调爱心企业捐赠净水设备、音乐教室项目、农产品采购补助等价值354.6万元,以及协调社会公益组织捐赠教育、防疫、生活物资等价值109.99万元。

【帮扶调研】 税务总局累计派出工作组赴两县(区)开展实地调研3次,组织开展线上调研1次,共计60人次参与。7月,税务总局帮扶办前往平安区蚂蚁服务星站、城区假发工厂、电商物流中心、东村幼儿园、青海康硒农业科技有限公司、三合镇菌菇产业基地、沙沟乡桑昂村,调研了解就业帮扶、产业帮扶、消费帮扶、教育帮扶和基层党组织建设情况;前往民和县大库土村、新民乡毛拉山养殖场、大庄乡中心学校,实地了解乡村振兴示范点建设情况、易地搬迁后续产业培育情况及教育帮扶情况等。7月,驻村第一书记派出司局前往民和县大库土村、电商产业园、圣源地毯集团有限公司、光伏产业园区,调研了解驻村工作、教育工作、税收优惠政策落实工作开展情况等。11月,税务总局副局长组织召开线上调研座谈会,以视频形式全面了解年度投建和引进的涉及产业、就业、教育、医疗等方面共21个帮扶项目建设使用情况,围绕"深入学习贯彻党的二十大精神、想方设法助力农民增收、因地制宜推进乡村振兴、多措并举支持县域发展、扎实推进年度重点工作任务"等提出具体要求。

【帮扶会议】 税务总局5次主持召开党委会议,传达学习习近平总书记关于乡村振兴工作的重要讲话精神,研究部署税务部门定点帮扶工作,提出贯彻落实要求。6月、11月,两次主持召开定点帮扶和对口支援工作领导小组会议,听取工作汇报、审议年度资金使用计划、察看帮扶项目进展情况、部署定点帮扶重点任务。税务总局帮扶办多次召开定点帮扶工作座谈会,传达学习中共中央有关文件精神、听取阶段性工作汇报、分析定点帮扶工作形势、压茬推动帮扶任务落实。

【帮扶培训】 税务总局采取多种方式帮助培育乡村振兴人才。助力平安区建设"数智学堂"网络培训平台,通过线上、线下相结合培训基层干部588人次,培训电商人才100人次;引进假发工厂、蚂蚁星站就业项目,实施技术培训331人次。举办乡村振兴专业培训班和拉面经营管理培训班,为民和县培训基层干部、乡村振兴带头人、农业科技人员等425人次。安排中共国家税务总局党校与民和县党校签订干部人才培养合作协议,计划每年免费为民和县举办领导干部、基层干部及专业技术人才培训班10期左右,为乡村振兴提供人才支撑。

【干部挂职帮扶】 税务总局机关选派3名干部继续挂职平安区、民和县副区(县)长和驻大库土村第一书记。税务总局坚持严管厚爱和约束激励并重,促进挂职干部安心履职尽责、积极发挥作用。督促挂职干部落实工作月报、季度汇报、遵守纪律等规定要求。定期组织座谈交流,了解工作进度,研究工作措施,压茬推进落实。3名挂职干部认真履职尽责,积极推进帮扶项目、协调帮扶资源、宣传税收政策、落实疫情防控等工作,取得明显成效,受到一致好评。

【产业帮扶】 税务总局持续推进平安区三合镇菌菇产业集群发展,在原建105座拱棚的基础上,投入120万元新建15座拱棚,购置菌种培育设备,完善出菇车间基础设施,促进"蘑菇小镇"提档升级,带动上百名农户全年收入近70万元,村集体分红14万元。助力巴藏沟乡饲草产业发展,投入35万元购置农机设备,引导建立优质饲草生产基地520亩,带动500多名农户实现增收,村集体经济收入7万元。投入150万元为民和县大库土村、大庄村援建羊肚菌种植项目,通过"龙头企业+合作社+农户"方式壮大村集体经济。引进山东企业与民和县企业合作成立青海硒贝生物科技有限公司,建设食用油加工产业链,进一步提高农产品附加值。引入订单式"青绣"加工产业,助力民和县北山乡50名"民和绣娘"实现增收致富,形成引领效应。

【教育帮扶】 税务总局始终把教育帮扶作为阻断贫困代际传递的长远之策。2022年,为两县(区)6所学校捐赠400台计算机,提高当地教学信息化水平。投入35万元为平安区东村幼儿园配备办公教学设备,投入40万元为民和县大庄乡中心学校实施运动场改建工程,协调投入116万元为平安区7所乡村学校建立音乐教室和净水项目。继续实施"新未来高中生成长计划",为350名受助学生发放补助金52.5万元,开设20余场次"云支教梦想师"公益课堂,向上千名学生捐赠冬季温暖包和冬季校服,引入社会力量为学校捐赠防疫物资等。

【文化帮扶】 税务总局把推进移风易俗和提高公共文化水平作为文化帮扶的重要内容。立足民和县多民族聚集特点,投入30万元打造8个移风易俗示范村,帮助制作宣传栏、宣传标语、文化墙等,倡导文明新风,并组织基层干部开展学习交流互鉴。引入阿里巴巴"寻美"公益团队,以"祝福·平安"为主题,为平安区打造公用品牌,推广当地独特的人文历史、风土人情和河湟民俗。通过《中国税务》杂志助宣、引入淘宝流量助卖,帮助平安区扩大青绣文化影响力,该区青绣绣娘荣获金砖国家女性创新大赛"木兰奖",成为获得该奖的3个中国代表之一。

【生态帮扶】 税务总局助力平安区做好

污水处理、大气污染、垃圾填埋等隐患治理和补短板工作。投入126万元实施农村电暖炕替代传统烧炕,减少污染排放。平安区被生态环境部评为第六批"绿水青山就是金山银山"实践创新基地。投入80万元为民和县转导乡、核桃庄乡实施生态环境改善和人居环境整治工程,进一步改善乡村宜居环境。

【党建帮扶】 税务总局坚持抓党建促乡村振兴,多措并举抓好乡村基层党组织和党员队伍建设。组织挂职干部所在司局、定点帮扶地区税务局党支部分别与民和县大库土村、平安区下郭尔村党支部等结成对子,开展经常性主题联学活动,助力建强战斗堡垒。大库土村确定"把致富能手培养成党员,把党员培养成村干部"的发展目标,2021年发展的女党员已经成为村妇女联合会主任,2022年培养的3名种养大户为入党积极分子。组织多地税务部门党员干部捐款20余万元,为两地捐赠计算机、学生用品、暖心煤等物资。

【就业帮扶】 税务总局为平安区引入假发社区工厂项目,成为解决农村留守女性就业的重要平台。继续投入25万元助力假发社区工厂增设工位,扩大规模。已建成一个城区总厂、3个村级站点,共设工位200余个,带动就业177人,其中脱贫户20人、残疾人22人,累计出货4000余套,发放工资近百万元。在平安区协调开设青海省首个蚂蚁服务星站,承接天猫国际、考拉海购线上客服业务,有效解决年轻人就业问题。蚂蚁服务星站具备工位146个,带动就业98人,平均年龄24岁,平均每人每月工资达4000元,累计发放工资101万元。

【健康帮扶】 税务总局为民和县2家医院协调捐赠总价值708万元的CT设备、飞利浦实时四维彩超和便携彩超、十八导心电图各1台,极大改善当地诊疗条件。协调社会力量投入200万元,对平安区34所乡村卫生室进行翻修,为40所村卫生室配备医疗设备,对120名村医进行技能培训。引进健康小鹿灯"无陷未来"项目,为13名患儿拨付12.9万元救助金。向平安区1家卫生院捐赠1辆价值19.5万元的母亲健康快车。

【整村推进】 税务总局持续推进大库土村宜居宜业和美乡村建设,通过投建羊肚菌大棚、发展规模养殖助力产业兴;实施"三年成才奖励计划"捐资助学,开展税法进校园,抓好后继有人工作助力人才兴;丰富"健康驿站"理疗设备,捐赠爱心包关注儿童成长,营造尊老爱幼氛围助力文化兴;移栽鲜花绿植,开展小花园、小菜园、小游园的"三园"建设助力生态兴;开展联学联建活动、"亮身份、树形象、做表率"系列活动助力组织兴。

(国家税务总局机关党委办公室 邱述光)

国家广播电视总局定点帮扶

【概述】 2022年,国家广播电视总局(以下简称"广电总局")定点帮扶四川省德格县、山西省平顺县。全年累计投入帮扶资金581万元,引进帮扶资金4041万元,引进帮扶项目或企业5个,引进企业投资额11500万元,培训基层干部1622名,培训技术人员和乡村振兴带头人3484名,购买脱贫地区农产品230万元,帮助销售脱贫地区农产品4804万元。广电总局在2022年中央单位定点帮扶工作成效考核评价中被评为"好"等次。

【帮扶资金投入】 2022年,广电总局投入帮扶资金581万元,引进帮扶资金4041万元,引进帮扶项目或企业5个,引进企业投资额11500万元,培训基层干部1622名,培训技术人员和乡村振兴带头人3484名,购买脱贫地区农产品230万元,帮助销售脱贫地区农产品4804万元。

【帮扶调研】 11月,广电总局局长带队赴平顺县调研乡村振兴工作,并召开定点帮扶工作座谈会,明确要立足新阶段、新目标、新要求,聚焦特色主导产业发展,发挥广电行业优势,加大帮扶力度,细化深化帮扶举措,持续做好定点帮扶工作。9月,广电总局副局长带队赴德格县入户慰问脱贫群众,调研群众生产生活、地方特色产业项目等,深入了解当地文旅产业发展和乡村振兴工作情况,系统谋划和统筹推进定点帮扶工作。

【干部挂职帮扶】 广电总局选派3名干部到定点帮扶县挂职,其中2名挂职副县长,分管或协助分管乡村振兴工作,1名挂职驻村第一书记。此外,还选派1名干部在德格县所在的甘孜藏族自治州挂职副州长。严格落实《中共国家广播电视总局党组关于进一步做好援派挂职干部管理保障的若干意见》,加强援派挂职干部管理和后勤服务。

【产业帮扶】 广电总局结合平顺县电商发展,协调阿里巴巴集团控股有限公司与平顺县建立帮扶关系,并派驻乡村振兴专员支持平顺县太行电商小镇建设和物流中心智慧化改造;协调腾讯公益慈善基金会投资30万元支持平顺100亩金银花种植项目。此外,还协调为平顺县引进丰赫农业开发有限公司,山西翕松氢源科技有限公司石城镇石城村LNG、加氢合建站等招商引资项目。积极开展消费帮扶活动,联合国家发展和改革委员会有关部门共同开展"消费帮扶新春行动之开门红"公益直播带货活动,邀请头部网红直播帮销平顺县农副产品。

【教育帮扶】 广电总局持续开展"捐资助学""恒爱行动"等爱心捐赠活动;协调"光明优酷艺术教室"落地德格县;协调商务印书馆向德格中小学生捐赠7000册字典和词典;协调中华思源工程扶贫基金会开展"故宫小书包"捐赠活动,并联系故宫博物院与藏族学生直播连线教学;协调福建商会在平顺县开展"情系寒门骄子——教育帮扶"活动;协调阿里巴巴集团控股有限公司在平县顺开展新未来高中生计划等帮扶活动,让定点帮扶县的学生接受更好的义务教育。为增加脱贫群众创业就业本领,广电总局持续在定点帮扶县开展"乡村振兴公益培训",协调网络视听头部平台提供技术指导和流量资源,帮助定点帮扶县培育本土网红、电商从业人员和网络直播标注师等带头人。

【党建帮扶】 广电总局积极构建抓党建促进定点帮扶、抓帮扶推动党组织建设的格局。指导机关各部门、直属各单位党支部与定点帮扶县基层党组织建立结对帮扶关系,通过党建、共建活动等形式开展定点帮扶工作。持续开展党费帮扶,为定点帮扶县捐赠党费15万元,支持定点帮扶县党组织建设。广电总局机关党委在定点帮扶县开展"送文化、送健康、送温暖"下基层帮扶活动,丰富定点帮扶县群众的精神文化生活。

【健康帮扶】 广电总局积极开展健康帮扶活动,降低定点帮扶县群众因病致贫、因病返贫风险。结合德格县高原寒冷、关节炎患者较多的现状,选派2名优秀医疗专家,专程赴德格县开展义务诊疗服务,并对德格县乡村医生进行关节炎等高原常见病医疗培训,切实为高原群众办实事、办好事。协调成都京东方医院派医疗团队赴德格县开展白内障义诊活动,对德格县2名唇腭裂儿童进行免费手术治疗;协调中国残疾人福利基金会开展"集善扶困(贫)健康行"眼病康复活动,为平顺县家庭困难的白内障患者提供500个免费手术名额;协调阿里巴巴集团控股有限公司在平顺县开展"母亲健康快车"项目,捐赠救护车1辆并每月开展1~2次义诊咨询和健康教育活动,开展"小鹿灯"儿童重疾救治项目,对平顺县17名重疾儿童提供救助,切实减轻患者家庭医疗支出负担。

【文化帮扶】 广电总局立足职责职能,将推动定点帮扶县广播电视事业发展作为落实定点帮扶责任的分内事。广电总局向定点帮扶县继续免费提供中国广电融媒云业务技术平台,推动县融媒体中心采、编、播、存、管技术水平跨步前进。为平顺县张井村数字乡村示范基地建设提供技术指导,加速平顺数字乡村建设进程。协调湖南广播影视集团有限公司向两个定点帮扶县分别捐赠5G智慧电台编播系统,推进县级融媒体中心智慧化升级。协调相关版权单位为两个定点帮扶县分别捐赠了10部热播的优秀电视剧,进一步充实县级融媒体中心播出内容。协调山西省广播电视局在平顺县开展广电5G乡村智慧大屏应用系统试点工程建设,支持平顺"村村通"设备置换升级,推进平顺直播卫星高清智能终端迭代升级。

【帮扶宣传】 广电总局结合德格县"文化立县、农旅富县"的发展规划,协调四川广播电视台拍摄反映德格藏族传统手工艺的《麦宿手造》公益广告,并在中央广播电视总台及全国各级广播电视台播出;协调湖南卫视《天天向上》、浙江卫视《"食"万八千里》等节目组到德格县拍摄录制,帮助德格县打造培育网红打卡地;协调抖音、快手、视听中国等网络平台设立德格专属话题,其中"德格宝藏古村"宣传视频播出超2.7亿次,切实提高德格县文旅品牌的知名度、美誉度。

(国家广播电视总局 孟子超)

国家体育总局定点帮扶

【概述】 2022年，国家体育总局定点帮扶山西省繁峙县、代县，直接投入定点帮扶资金1583.01万元，引进帮扶资金1.07亿元，直接采购和助销两县农副产品共计733.19万元；聚焦体育帮扶，举办体育赛事活动20场；聚焦人才振兴，培训基层干部和乡村振兴带头人、专业技术人才2008人；聚焦农村地区民生项目，助力帮扶县科技农业发展；聚焦群众"急难愁盼"问题，巩固"两不愁三保障"实施效果；聚焦党建引领帮扶工作，构建"党建+帮扶"工作新格局。

【帮扶资金投入】 2022年，国家体育总局直接投入定点帮扶资金1583.01万元，引进帮扶资金1.07亿元，直接采购和助销两县农副产品共计733.19万元；投入资金313.24万元，在繁峙县、代县举办体育赛事和群众健身活动；投入资金147.56万元，培训基层干部和乡村振兴带头人、专业技术人才；投入资金272.01万元，扶持当地特色产业发展、改善体育文化基础设施；投入资金96万元，支持繁峙县、代县部分村卫生室开通医保结算项目，确保当地农民不出村就能享受就医用药；投入资金40万元，帮助两县做好疫情防控工作。

【帮扶会议】 3月，国家体育总局主要负责同志主持召开体育总局系统定点帮扶工作会议，回顾总结2021年定点帮扶工作成效，安排部署2022年重点任务，对高质量推进定点帮扶工作提出明确要求。4月、9月，召开两次国家体育总局定点帮扶工作领导小组会议，及时研究推动定点帮扶工作有序衔接、接续推进。

【帮扶培训】 国家体育总局加大对技术人才的培训力度，2022年累计培训两县基层干部、乡村振兴带头人、技术人才共计2008人。其中，举办4期繁峙县壮大村集体经济专题培训班，培训298人；举办代县乡村振兴培训班，培训720人；举办3期代县农业技术培训班，培训300人；体操中心、气功中心及武术中心在两县分别开展体育专业技术人员培训，培训690人；举办繁峙县、代县第二届职业技能大赛，培训技术人员500余人；从体育系统选派67人前往繁峙县、代县开展支教工作，帮助两县提高基础教育水平。

【产业帮扶】 国家体育总局聚焦"三个转向"，加大涉农项目帮扶力度。投入资金100万元，支持繁峙县集义庄乡数字农业建设，对3000亩基本农田实行数字化改造，带动当地科技农业发展，每年可增加村集体收入20多万元，惠及6个行政村3000多人口；投入资金67.3万元，支持繁峙县下茹越乡香甜糯玉米产业真空保鲜加工厂冷库建设，该项目可推广种植甜糯玉米3000余亩，带动周边5个村500余户村民实现增收；投入资金116.1万元，支持繁峙县三祝村食用菌种植大棚建设；投入资金103.86万元，支持代县上馆镇上瓦窑头村辣椒产业建设，带动全县6000多个椒农增产增收。

【赛事帮扶】 国家体育总局结合当地需求，积极推动全国性体育赛事落户繁峙县、代县，相继开展"寻找美丽中华"全国旅游城市定向比赛、全国青少年啦啦操赛、全国毽球邀请赛、中国繁峙"环五台山"徒步大会暨"环五台山"越野挑战赛等赛事活动，充分发挥全国性体育赛事和品牌赛事聚人气、影响大的综合带动效应,帮助提升两县的全国知名度。其中,中国繁峙"环五台山"徒步大会暨"环五台山"越野挑战赛,作为山西省七个项目之一入选中国体育文化博览会评定的"2022中国体育旅游精品项目"名单。

【文化帮扶】 国家体育总局继续开展"助力乡村振兴——冠军运动员繁代两县志愿服务活动",组织6名优秀运动员深入学校、农村、社区,与学生、群众面对面交流互动,传播科学健身理念,弘扬中华体育精神和奥林匹克精神。

【党建帮扶】 国家体育总局坚持以党建引领帮扶工作,深入指导山西帮扶组临时党支部工作。3位帮扶干部每月集中过1次组织生活,认真学习贯彻党的二十大精神和习近平总书记关于全面推进乡村振兴的重要讲话精神,始终做到讲政治、顾大局,守初心、担使命,深入基层一线了解掌握情况,努力拓宽帮扶路径和渠道,发挥示范引领作用。从体育系统选派13个优秀基层党组织,与繁峙县、代县有关部门单位、基层乡村党组织开展党建结对,充分发挥中央和国家机关党建工作优势,助力两县基层党组织规范化建设。通过党建搭桥,为帮扶县送技术、送信息、培训人才,全面推动被帮扶对象工作质量提升,努力构建"结对联动、优势互补、共同发展"的"党建+帮扶"工作新格局。

【基础设施建设】 国家体育总局投入资金90万元,支持繁峙县全民健身活动中心场馆设施设备改造升级;投入资金70万元,支持繁峙县移民小区配置体育健身设施;投入资金133.2万元,支持代县新城体育场馆完成信息化改造和群众健身区26套智能健身路径建设;投入资金90.82万元,在代县实施农村饮水安全巩固提升工程,对代县峨口镇下高陵村、枣林镇望台村、上馆镇水峪村和雁门关镇殿上村开展用水工程改造,受益人口2580人,有效提升帮扶县基础设施水平。

(国家体育总局定点帮扶办 沈珂珂)

国家统计局定点帮扶

【概述】 2022年,国家统计局坚决扛起定点帮扶政治责任,继续帮扶山西省岢岚县、内蒙古自治区正镶白旗。国家统计局领导赴定点帮扶县调研指导2次,向定点帮扶县选派挂职干部2人,直接投入帮扶资金400万元,引进帮扶项目10个,引进帮扶资金1250万元,培训基层干部、乡村振兴带头人和专业技术人才900余人次,购买和帮助销售农产品390余万元。

【帮扶资金投入】 2022年,国家统计局向定点帮扶县直接投入帮扶资金400万元,岢岚县、正镶白旗各200万元。

【帮扶会议】 国家统计局立足工作实际,积极对接定点帮扶县帮扶需求,在保持帮扶政策稳定的基础上,积极探索新思路、新举措。先后召开定点帮扶工作会议2次,定期研究部署重点帮扶事项。召开国家统计局党组会听取定点帮扶工作汇报,审定《国家统计局2022年定点帮扶工作要点》,谋划布置4方面12项重点任务。组织召开定点帮扶工作推进会,督导调度帮扶进展,统筹推进各项重点任务。

【帮扶调研】 国家统计局主要负责同志和分管负责同志分别带队赴岢岚县、正镶白旗考察指导,深入了解帮扶工作进展,实地调研帮扶项目建设情况,鼓励继续发扬脱贫攻坚精神,推动帮扶工作取得更大成效。国家统计局帮扶办组织成员单位深入帮扶县,沟通帮扶需求,推动帮扶举措落实。挂职帮扶干部加强调查研究,深刻剖析乡村振兴中亟须解决的现实问题,形成《"党建+村集体经济"赋能乡村振兴》《关于正镶白旗沙葱等特色产业种植技术与经济效益的思考》《关于建设畜牧业产业化示范联合体可行性的报告》《关于正镶白旗草原畜牧业发展的思考》等多篇课题报告和典型案例,总结帮扶经验,明确帮扶重点,共谋发展良策。

【干部挂职帮扶】 国家统计局严格按照挂职干部选派要求,加大干部选派力度,扎实做好挂职期满干部考核和轮换工作。完成正镶白旗委常委、副旗长和驻村第一书记等2名挂职干部选派及5名干部的挂职期满考核工作。先后有9名挂职干部在基层开展帮扶工作,其中岢岚县3人,正镶白旗6人。加强对帮扶干部的监督管理,通过严格考勤管理、强化跟踪了解、严肃监督考核等方式,及时了解掌握帮扶干部的思想动态和工作开展情况。

【产业帮扶】 国家统计局充分挖掘定点帮扶县的比较优势和潜在资源,注重产业项目的长期培育,协助地方搭建平台,建设一批特色鲜明、带动能力强的产业项目。在岢岚县孟家坡村种植小叶菠菜200亩,带动农户流转土地增收22万元,带动100余名务工群众增收50万元以上,为村集体增收60余万元。成立孟家坡村振亭农机专业合作社,购置2台大型拖拉机并配套8台农机设备,协调岢岚县配套资金144万元,新购10余件农机具,进一步扩大合作社规模。投入25万元帮助宋家沟镇铺上村开展反季节特色蔬菜大棚提质改造。在岢岚县西豹峪乡甘钦村建成羊肚菌育种试验室并投入使用。在正镶白旗3个包联村投入54万元开展沙葱阳光大棚建设,试点黄花菜种植,推广雪菊花经济种植模式。

【帮扶培训】 国家统计局突出需求导向、区分层次类别，科学制订培训计划，持续加大基层干部培训力度，助力定点帮扶县人才振兴。着重围绕学习贯彻党的二十大精神、习近平经济思想、乡村振兴战略、生态文明建设、相关技术领域等开展特色培训。综合运用现场教学、实地调研、情景教学、学员研讨等方式提高培训的针对性和实效性，多方面提高基层干部和脱贫村党支部书记、致富带头人、技术人才"三支队伍"的领富带富本领，打造"不走的工作队"。全年举办培训班5期，培训学员938人次。

【教育帮扶】 国家统计局向岢岚县、正镶白旗各捐赠计算机设备50台，用于改善定点帮扶县中小学教学设施。在岢岚县孟家坡村开展"手拉手　献爱心"助学活动，为新学年入校的学生购买学习用品，给他们送去关怀和鼓励。向正镶白旗捐赠《统计手册》2000册。支持参加正镶白旗中国共产主义青年团委员会、少年先锋队工作委员会组织的"情暖童心梦点亮微心愿"六一儿童节主题活动，捐赠儿童故事书籍170余册。

【消费帮扶】 国家统计局组织岢岚县10余家企业注册"832平台"，并申报40余种农产品。联合岢岚县电商企业，开展"6·18"电商购物节直播推荐活动。推动正镶白旗冷链物流建设，协调2家企业入驻国务院国有资产监督管理委员会主办的"央企消费帮扶电商平台"。直接购买定点帮扶县农产品167万元，帮助销售224万元。通过"832平台"购买其他脱贫地区农产品305万元。

【文化帮扶】 国家统计局在岢岚县高家会乡打造"新时代文明实践所+综合文化站+返乡入乡人员创新创业中心+统计示范点"。帮助岢岚县融媒体中心筹建媒资储存迭代项目，提高岢岚县媒体服务公共文化领域的水平。投入3万余元改造岢岚县孟家坡村农家书屋，捐赠图书1000余册。投入2万元在正镶白旗查干宝恩本村和南沟村开办爱心超市，建立积分卡管理机制，细分6大类11项量化指标，突出正向激励，用"小积分"兑出农村治理新气象，村民共建共治的内生动力得到有效激发。正镶白旗以此模式为基础，进一步完善"新时代文明实践乡村治理积分制管理"模式，形成良好的示范效应。

【生态帮扶】 国家统计局助力《岢岚县全域旅游发展规划》通过专家组评审，推动建成王家岔沙棘药茶基地、吴家庄生态园，帮助打造富民休闲农业，岢岚县农旅融合发展特色初步显现。帮助孟家坡村成功申请并代表岢岚县入围山西省美丽乡村建设名单，投入370余万元专项资金用于民生工程建设，持续改善乡村环境。推动正镶白旗查干宝恩本村农村牧区公路联网路项目建设，协调专项资金145.5万元，完成查干宝恩本村街巷硬化2.9千米。

【党建帮扶】 国家统计局坚持"抓党建促发展"工作思路，以加强基层党组织建设为抓手，帮助改进提升基层治理体系和治理能力。驻村第一书记认真贯彻落实关于基层党建引领基层治理的相关任务要求，在村内严格党内政治生活，组织帮扶村党员围绕"抓基层治理　促能力提升"等主题开展党日活动，从严从实教育管理党员，提高党员队伍建设质量。探索党员网格化包联到户工作法，建立入户遍访机制，对脱贫户开展动态化摸底，及时了解群众困难并采取精准帮扶措施。定期走访慰问在村老党员、困难党员，让帮扶工作更有温度。

【统计专业帮扶】 国家统计局编辑出版《中国农村贫困监测历史资料汇编》，系统反映国家统计局30多年积累的贫困监测分析研究成果和统计数据资料。持续完善脱贫县农村住户监测调查制度，开展住户监测调查，按季度分析上报脱贫县农村居民收支情况。加强对帮扶县农业、住户等调查统计工作的培训和指导力度,提高统计数据质量和统计服务水平。组织专题调研,撰写《巩固拓展易地搬迁脱贫攻坚成果需关注群众就业四方面问题》等报告,及时反映脱贫县发展中的新情况、新问题,为巩固拓展脱贫攻坚成果、推进乡村振兴相关决策提供统计参考。

【帮扶宣传】 国家统计局用心用情讲好乡村振兴故事,扩大宣传影响。协调中央广播电视总台农业农村频道《"三农"群英汇》栏目组对正镶白旗定点帮扶工作进行专题报道。撰写《内蒙古自治区正镶白旗:因地制宜引进优质产业 建立村级屋顶分布式光伏发电项目》,在人民网《乡村振兴创新案例》栏目中展示。发挥统计宣传阵地作用,深入开展联动宣传。通过"云采访"形式,采写《小毛驴带动大发展——国家统计局定点帮扶的"致富密码"》《"小菠菜"种出幸福生活》等稿件,在《中国信息报》和《中国统计》杂志上刊发《定点帮扶显真情》《正镶白旗畜牧业振兴路径探析》等稿件10余篇。利用政务新媒体策划制作《可以团购,绝不独买,论统计调查人的"吃货"属性》《我们的"小书记"不简单,今晚央视见》等推文,深入宣传报道帮扶工作成效。

(国家统计局办公室　张铁军)

国家医疗保障局定点帮扶

【概述】 2022年,国家医疗保障局(以下简称"国家医保局")深入贯彻习近平总书记重要指示精神,坚决落实中共中央、国务院决策部署,自觉将定点帮扶工作作为重大政治任务和重要政治责任,从增强"四个意识"、坚定"四个自信"、做到"两个维护"的政治高度,聚焦巩固拓展脱贫攻坚成果、全面推进乡村振兴,创新帮扶机制,加大帮扶力度,压实帮扶责任,全力抓好定点帮扶工作。

【帮扶资金投入】 2022年,国家医保局直接投入帮扶资金20万元,引进帮扶资金2006.3万元,购买和帮助销售农产品418.3万元,较好完成定点帮扶任务。

【组织领导】 国家医保局党组深入学习贯彻习近平总书记关于定点帮扶工作的重要讲话论述,认真落实全国东西部协作和中央单位定点帮扶工作推进电视电话会议精神,深刻领会"三农"工作重心从脱贫攻坚到全面推进乡村振兴历史性转移的深刻内涵,统一思想认识,凝聚共识共为。先后4次召开党组会和乡村振兴工作领导小组会,研究部署定点帮扶工作,明确目标要求,加强力量统筹,推动责任落实,督促项目推进,确保帮扶成效。国家医保局党组自觉对标中共中央决策部署,坚持发挥医疗保障优势与甘肃省积石山保安族东乡族撒拉族自治县(以下简称"积石山县")实际需求相结合,聚焦巩固拓展脱贫攻坚成果、全面推进乡村振兴,突出年度性任务、针对性举措、实效性导向,以《中央农村工作领导小组关于2021年度中央单位定点帮扶工作成效考核评价情况的通报》《中央和国家机关工委2021年定点帮扶工作成效评价反馈意见》反馈问题整改为契机,以"两不愁三保障"为重点,研究制订《国家医疗保障局2022年定点帮扶工作计划》,从8个方面明确帮扶重点,确保高质量完成定点帮扶任务。

【干部挂职帮扶】 国家医保局坚持把向积石山县选派挂职帮扶干部和驻村第一书记作为培养锻炼干部的重要途径,提前谋划考虑第二批挂职干部人选,选派1名干部挂职担任积石山县委常委、副县长、定点帮扶工作队队长,1名干部担任驻村第一书记。把"三个转向"作为定点帮扶工作的重中之重,督导挂职干部和驻村干部在定点帮扶工作中发挥"前哨"和"纽带"作用,深入基层一线,围绕产业帮扶、就业帮扶、消费帮扶等开展调查研究,找准矛盾问题、剖析原因症结、提出对策建议,有力推进定点帮扶工作开展。

【健康帮扶】 国家医保局发挥医保优势,围绕解决"基本医疗有保障"的突出问题,充分发挥行业优势,通过精准帮扶,实现积石山县医疗保障能力全面提升。协调济南市人民医院、济南市章丘区人民医院组成医疗帮扶工作队,长期进驻积石山县人民医院开展对口帮扶;协调兰州大学第二医院专家团队开展"送健康,送温暖"爱心义诊,为村民问诊开方,讲解常见疾病预防知识,共接待问诊群众500余人次;组织兰州大学第二医院专家为80余名基层医护人员开展业务培训,结合临床病例讲授心血管、呼吸系统等方面常见疾病的诊疗和救治方法,帮助提高医疗服务能力。协同积石山县补齐院感防控短板,完善发热门诊"三区两通道"、独立CT等硬件设施；先后协调国药控股股份有限公司、石家庄以岭药业股份有限公司、齐鲁制药有限公司、甘肃扶正药业科技股份有限公司等爱心企业捐赠医用外科口罩、防护服及4批疫情防控物资；捐赠双黄连口服液60箱，专项用于经济困难患者和新冠感染集中隔离点人员。提高应急检测能力。协调湖南圣湘生物科技有限公司支持新建积石山县中西医结合医院PCR实验室，捐赠核酸检测设备等。协调临夏州人民医院专家等对核酸实验室业务骨干进行培训。守住致贫返贫底线。督促积石山县坚决落实"疫情要防住、经济要稳住、发展要安全"的重要指示要求，第一时间将有返贫致贫风险和突遇严重困难的农户纳入监测范围，及时采取有效举措。协调蚂蚁科技集团股份有限公司继续推进"加油木兰"项目，投入100余万元为积石山县4.8万余名建档立卡贫困女性购买公益保险；为全县14岁以下儿童提供大病公益保险；谋划推动"加油追梦人"项目，投入100余万元为全县有安装假肢需求的残疾人定制假肢，确保特殊人群不因疫致贫返贫。

【教育帮扶】 国家医保局大力支持积石山县教育事业发展，鼓励支持女性入学，协调蚂蚁科技集团股份有限公司为初升高的脱贫户家庭女学生购买教育保险，当年在读高中、职中、中专的女学生可获得500元/学期、1000元/学年的帮助；落地"未来教室"（通过协调捐赠投影仪、3D打印机和相应软件程序等，学习硬件编程、3D打印等前沿课程，体验AR或VR互动等前沿科技）项目，助力学生前沿科技视野拓展；落地"知识星光"项目，为全县19个小学167个班级建设读书角，配置课内外读物；落地"追风计划"乡村校园女足扶持项目，资助乡村小学发展校园女子足球，同时协调爱心企业捐赠可移动篮球架等体育器材，促进儿童健康成长。

【生态帮扶】 国家医保局协调"蚂蚁森林"公益项目，在2021年种植40万株树木的基础上，继续加大种植力度，投入资金733万元，在县域内造林5000亩，在改善生态环境、打造绿色县域名片的同时，增加当地群众就业机会。着力建设2个乡村振兴示范点，在直接投入资金20万元的基础上，协调爱心企业捐资，帮助改善农村人居环境、完善农村生活设施，打造和美宜居的农村环境。督促积石山县委、县政府落实主体责任，加大生态文明建设力度，加强农村突出环境问题综合治理，持续推进美丽乡村建设。

【消费帮扶】 国家医保局通过《中国医疗保险》杂志广泛宣传积石山县农特产品，扩大农副产品的影响力和销售范围。协调支付宝芭芭农场将积石山花椒上线百县百品助农专场，并在销售平台进行宣传推介，引导消费者关注和购买积石山县农特产品，帮助销售农产品135万元。安排国家医保局机关工会在传统节日发放慰问品时优先采购定点帮扶县产品，共购买农产品15.3万元；协调爱心企业在发放年节福利时积极采购定点帮扶县产品，已帮助销售农产品268万元，直接或间接帮助183户边缘户和脱贫户增收；协调有关产品销售企业进驻京东物流仓储，大幅度提升物流时效，节省物流资金64.8万元以上。

【组织帮扶】 国家医保局坚持党建工作与定点帮扶深度融合、互促共进，通过做实"五强"党建帮扶模式，有效促进定点帮扶任务完成。建强基层组织。国家医保局10个党支部与驻村第一书记所在村党支部进行共建帮扶，定期开展活动，形成党建合力和集成优势。加强联学联建。瓦窑沟村党支部与国家医保局办公室、规划财务和法规司、医疗保障事业管理中心等党支部，以及国家医保局青年理论学习小组，先后开展3次联学联建活动，交流乡村振兴、基层医保工作情况，共同研究解决存在的问题。补强短板弱项。大力加强组织阵地建设,健全完善综合办公室、党建活动室、乡村振兴文化室、村民健身文化广场等设施,基层组织履职能力显著加强。做强暖心工程。连续3年开展"恒爱行动"暖心工程,发动国家医保局女干部、职工编织毛衣、帽子、围巾等御寒衣物100余件。增强组织功能。督导挂职干部协助积石山县委开展软弱涣散基层党组织摸排调研,挂钩指导徐扈家乡周家村制订软弱涣散基层党组织整改方案,完善工作台账,限期整改到位,切实提高基层组织建设质量。

【产业帮扶】 积石山县资源比较匮乏,产业基础薄弱,"造血"能力不足,防止返贫、稳岗就业、富民增收压力较大。国家医保局立足县域实际,在充分考察调研的基础上,确定"引企拓岗、培训适岗、发展稳岗"的定点帮扶思路,协调引进全国第七家、甘肃省唯一的"AI豆计划"数字产业基地,取得较明显的经济效益和社会效益。实现就业"零距离"。积石山县资源禀赋较差,产业基础薄弱,就业创业空间小。针对这个突出矛盾,积极探索创新,以适合青年群体的数字产业为突破重点,引导大学生回乡就业创业。数字产业基地已帮助300名群众稳岗就业,其中大中专院校毕业生240名。督促完成L3安全级别的场地改造,配套完善集办公、休闲于一体的设施设备,正式引进"饿了么健康卡"审核、蚂蚁爱豆服务星站、支付宝调研岗和AIphaQ平台数字标注等业务,帮助脱贫群众尤其是女性获得本地化、职业化的就业与发展机会。特别是数字就业岗位受限较小,稳岗就业的300名群众中脱贫户占22%,女性占74%。积石山县是多民族聚居县,9个少数民族人口占全县总人口的64.9%。数字产业基地现有员工中有7个少数民族,占员工总数的55%。督促挂职干部加强对数字产业基地工作的指导,全力打造"彩陶故里党旗红"品牌,推动形成积极向上、团结互助的企业文化。

(国家医疗保障局 郝文祥)

国务院参事室定点帮扶

【概述】 2022年,国务院参事室定点帮扶吉林省龙井市,直接投入帮扶资金38.46万元,引进帮扶资金141.71万元;购买帮扶地区农产品8.46万元,帮助销售帮扶地区农产品24.77万元;培训基层干部35人,培训技术人员655人,培训乡村振兴带头人63人。龙井市完成国家脱贫攻坚与乡村振兴有效衔接普查工作,未出现返贫情况。

【帮扶资金投入】 2022年,国务院参事室直接投入帮扶资金38.46万元,引进帮扶资金141.71万元,引进有偿帮扶资金99300万元;购买帮扶地区农产品8.46万元,帮助销售帮扶地区农产品24.77万元。

【帮扶调研】 11月,国务院参事室党组书记带队赴龙井市调研考察、督导工作,出席国务院参事室在龙井市举办的海兰江乡村振兴论坛。国务院参事室相关领导始终靠前指挥、加强调度,有力指导推进帮扶举措落实。

【党建帮扶】 注重发挥党建引领作用,扎实抓好基层党建工作,国务院参事室办公室和参事业务一司党支部与龙海村党支部继续开展结对共建。挂职干部为包保村党支部全体党员讲党课3次。组织龙海村全体党员开展主题党日活动,重温入党誓词,共同开展党史学习教育,组织党员到周边典型示范村参观学习。协调延边大学出版社在龙海村开展送文化下乡活动,捐赠1040册价值2.66万元的图书充实农家书屋。组织国务院参事室青年干部赴龙井市开展"根在基层"调研活动,围绕新时代乡村振兴战略在基层的实施情况,进村入户开展有针对性的调研实践。

【消费帮扶】 国务院参事室通过抖音和"832平台"线上销售渠道,协调吉林职业技术学院、延边大学出版社、龙井市红十字会等定期采购大米5万余元。协调华鼎国学研究基金会采购5.8万元龙井大米。全年累计购买龙井市农产品8.46万元,帮助销售24.77万元,扶持当地龙头企业6家、农村合作社2家。协调龙井市企业产品参加阿里巴巴新春首场公益助农直播活动,累计成交481件,销售金额为1.3万元。组织龙井市旅游企业参加延吉车务段"百年红色情,沈铁伴您行"定制化春游产品推介会;组织龙井市7家企业入驻面向200多万名铁路职工的铁路消费帮扶平台"国铁商城",延吉车务段购买龙井大米25吨合计15万元,用于省内57个车站伙食点。

【教育帮扶】 国务院参事室采取"请进来、走出去"等方式做实基层培训,先后协调吉林省农业科学院、吉林省蔬菜花卉科学研究院有关专家和龙井市科技特派员团队,赴龙海村开展农作物新品种宣传推广、种植技术和病虫害防治等方面培训。组织龙海村干部群众赴长春参观农业博览会,赴长春市农安县、四平市梨树县、辽源市东辽县、延边朝鲜族自治州敦化市和安图县乡村振兴典型示范村考察学习。累计培训县乡村基层干部35人、乡村振兴带头人63人、专业技术人才655人。与深圳市腾讯计算机系统有限公司合作开展"健步百日行,助力乡村兴"公益活动,通过健身捐步、公益配捐筹集到100万元资金,用于龙井市"智慧向未来"项目,为中小学校捐赠智慧教育资源,惠及5500多名中小学生和1300多名教师。协调龙井7所中小学加入国家基础教育资源共建共享联盟,并完成对这些学校590名教师的线上培训,推动联盟平台优质教育资源实现免费共享。协调阿里巴巴集团控股有限公司为龙井两所乡镇学校捐赠净水设备,并提供为期3年的后续养护费用。

【公益帮扶】 国务院参事室向龙井市拨付调研联系点经费30万元,用于保障调查研究、收集社情民意。动员社会力量参与帮扶,协调有关企业、高校、社会组织向龙市井捐赠各类爱心物资。累计投入帮扶资金38.46万元,引进无偿帮扶资金141.71万元。

【产业帮扶】 国务院参事室主动对接龙井市需求,及时向国家发展和改革委员会、财政部、农业农村部等部门了解有关情况,在项目申报、审批执行等方面积极协调争取支持。围绕夯实产业基础、完善产业链条,帮助协调龙井市2022年度"延边黄牛育种科技产业园""医疗、康养产业园区基础设施建设""汽车零配件制造产业园基础设施工程"等12个专项债券项目全部通过财政部审核,涉及资金24.2亿元,为龙井市乡村振兴项目建设和产业发展带去强劲动力。帮助协调将龙井市建设国家现代农业产业园、推进肉牛产业发展两项工作纳入吉林省千亿斤粮食产能提升规划。帮助协调龙井市在建的国家现代农业产业园项目顺利通过农业农村部牵头组织的中期评估,中央财政补贴第二笔资金3000万元按计划拨付。帮助协调农业农村部和吉林省畜牧业管理局,争取对延边黄牛品种保护和产业发展给予指导支持,对进一步健全完善包括保种育种、繁育推广、带户养殖、精深加工、文创旅游在内的全产业链业态具有积极作用。协调推进龙井市抽水蓄能项目通过有关部门审查,该项目有望被列入"十四五"重点实施项目,并在"十四五"期间实施。

【健康帮扶】 国务院参事室继续推进在龙井市中医医院开展"糖尿病高危人群健康教育与筛查能力提升"项目,组织两次免费筛查,多位市民参加。协调龙井市两名符合条件的重疾患儿加入阿里巴巴"小鹿灯"儿童重疾救助公益项目,由中国出生缺陷干预救助基金会发放救助资金共计3.48万元。协调华鼎国学研究基金会采购5.8万元龙井大米,全部捐赠给当地疫情防控一线工作人员。

(国务院参事室办公室信息技术处 赵新启)

国务院研究室定点帮扶

【概述】 2022年,国务院研究室深入学习贯彻习近平总书记关于深化东西部协作和定点帮扶工作的重要指示精神,充分发挥自身优势,广泛调动全室力量,综合运用帮扶政策研究、集中调研督导、积极协调资源等方式,深入了解定点帮扶的河南省淅川县的经济社会发展需求,帮助争取项目和资金,协调解决重点、难点问题,推动淅川县脱贫成果持续稳固、发展动力不断增强,在2022年度中央单位定点帮扶工作考核评价中被评为"好"等次。

【帮扶资金投入】 2022年,国务院研究室直接投入帮扶资金16万元,引进无偿帮扶资金1.08亿元、有偿帮扶资金2.2亿元,主要用于农村集中供水、垃圾治理、户厕改造等人居环境整治工程及基础教育发展、体育设施建设、新冠疫情防控等。

【帮扶会议】 国务院研究室党组书记、主任主持召开2次党组会议,3次定点帮扶工作领导小组会议,深入学习贯彻习近平总书记关于深化东西部协作和定点帮扶工作的重要指示精神,审定年度定点帮扶工作计划,研究具体帮扶措施,调度帮扶项目及资金进展,协调解决帮扶工作中遇到的困难、问题。

【帮扶调研】 国务院研究室坚持把定点帮扶县作为调查研究的重要样本、收集社情民意的重要渠道,跟踪定点帮扶县脱贫后群众持续增收、全面推进乡村振兴落地见效等情况,从中总结经验、发现问题,以点带面提出务实管用的政策、举措、建议,推动中共中央巩固拓展脱贫攻坚成果同乡村振兴有效衔接重大决策的部署落实。3月,国务院研究室副主任带队到定点帮扶县调研督导,实地走访产业园区、南水北调库区、建设项目、基层农村等,与县乡基层干部深入交流,了解巩固拓展脱贫攻坚成果同乡村振兴有效衔接进展情况及面临的困难问题,形成2篇调研报告。

【产业帮扶】 国务院研究室指导定点帮扶县以发展绿色生态产业为重点,统筹抓好水质保护、乡村振兴、全域旅游等工作,持续提升帮扶产业规模和质量。帮助定点帮扶县培训县乡村基层干部、乡村振兴带头人、专业技术人才350余人次。指导定点帮扶县建设标准化果园,培育专精特新中小企业,推动产业提质升级。

【消费帮扶】 国务院研究室立足定点帮扶县特色农产品绿色、有机等优势,促进产销对接,多方拓宽销售渠道,促成北京京东世纪贸易有限公司与淅川县达成销售农产品战略合作协议。推动定点帮扶县农产品产销信息化,通过一亩田平台、在线直播等方式积极对接,促成8家农产品种植合作社与大型批发市场达成供货协议,带动销售农产品100余万千克,实现收益500万元以上。广泛宣传推广"淅有山川"特色品牌,指导定点帮扶县做大做强"亚洲一库"大闸蟹、"榴博士"软籽石榴、淅川乌骨鸡等知名商标,培育柑橘等特色农产品产业。

【社会帮扶】 国务院研究室加强对定点帮扶县教育、医疗、住房等方面的精准有效帮扶。协调相关单位以直接捐赠、发起公益计划等方式,投入教育帮扶资金115万余元、医疗帮扶资金10万余元。通过争取政府投资、协调企业帮扶等方式,推动投入饮水安全资金68万余元。协调在定点帮扶县建设美丽宜居乡村篮球场,推进乡村文化振兴。

【干部挂职帮扶】 国务院研究室共有2名干部在淅川县从事定点帮扶工作,分别担任淅川县委常委、副县长和驻村第一书记。挂职干部以抓好党建工作为引领,扎实推动消费帮扶平台和企业建设,协调完善农村生活垃圾和污水处理设施。驻村第一书记推动重修村内损毁道路,指导成立村孝善理事会、村民议事会等,组织"喜迎二十大,美丽乡村行"演出活动,提升乡村治理和乡风文明水平。

(国务院研究室 董明智)

新华通讯社定点帮扶

【概述】 2022年,新华通讯社(以下简称"新华社")定点帮扶贵州省石阡县和河北省新河县,深入学习贯彻习近平总书记关于全面推进乡村振兴的重要论述和重要指示精神,认真落实中共中央、国务院关于定点帮扶工作的决策部署,聚焦巩固拓展脱贫攻坚成果同乡村振兴有效衔接,发挥宣传报道、媒体融合、消费帮扶等优势,汇聚资源力量,创新帮扶举措,助推石阡县、新河县经济社会发展取得新成效、迈上新台阶,圆满完成年度定点帮扶工作任务。

【帮扶资金投入】 2022年,新华社向石阡县、新河县直接投入帮扶资金3816万元,引进帮扶资金4685万元,培训基层干部1326人次、技术人员等505人次,购买脱贫地区农副产品661万元(含机关食堂采购脱贫地区农副产品169万元),帮助销售脱贫地区农副产品200万元。

【帮扶会议及调研】 新华社多次召开社党组会议和定点帮扶工作领导小组会议,听取定点帮扶工作汇报,审议定点帮扶重点工作安排,对推进各项帮扶工作作出部署。新华社社长多次对做好定点帮扶工作提出要求,并深入石阡县考察调研,主持召开定点帮扶工作专题座谈会。新华社秘书长到新河县考察调研。各级领导和相关负责同志赴定点帮扶县调研督导56人次,各责任单位积极推进、狠抓落实,新华社帮扶办加强统筹协调和督促检查,驻点帮扶工作队衔接资源落地,完成65项定点帮扶工作任务。核选近100名记者深入中西部22个省(自治区、直辖市),组织实施2022年度巩固拓展脱贫攻坚成果同乡村振兴有效衔接暗访工作,总结乡村振兴典型经验,查找突出问题,核查整改成效。

【干部挂职帮扶】 新华社出台《新华社贯彻落实习近平总书记重要批示精神 深入推进年轻干部下基层接地气工作方案》,选派9名挂职干部,强化形成驻县乡村三级帮扶模式。驻新河帮扶工作队与新华网、新华网河北分公司党支部常态化联合举行党支部活动,捐赠3个新华党建融媒屏,建设新河"智慧党建"平台,助推新河县党建水平提升。驻点帮扶挂职干部扎根帮扶工作一线,以过硬的能力素质和优良的工作作风赢得干部、群众广泛好评。

【打造融媒体样板】 新华社制订《关于帮扶石阡县融媒体中心力争打造为具有示范意义样板融媒体中心实施方案》,从提供优质内容、完善技术建设、加大运营推广、创新培训模式等方面全方位开展帮扶,帮扶效能不断凸显,石阡县融媒体中心获全国县融媒体中心第三季度优秀案例。为新河县援建可视化数据大屏展示设备、提供融媒体新闻平台操作系统软件、研发新河县融媒体新闻客户端,开展每周1~2次线上业务培训,新河县融媒体中心入选全国县融中心综合影响力优秀案例。

【产业帮扶】 新华社投入62万元升级石阡茶叶加工厂,开展技术培训,组织龙头茶企入驻京东电商平台,投入价值75万元的广告版面时段宣介石阡苔茶,精准发力种植、管护、加工、销售、推广,打造"从茶园到茶杯"的"五个一"帮扶模式,推动石阡茶产业提质增效。发挥新华社民族品牌工程作用,对接知名企业到石阡县考察投资,成功引入阿里巴巴集团控股有限公司在石阡县投资1000万元建设阿里巴巴客户体验中心,新增200多个就业岗位。

【协调引进项目】 新华社协调水利部为新河县争取"水系连通及水美乡村建设"项目专项建设资金1.2亿元。向中央部委争取石阡两岔河水库项目,已获自然资源部审批。对接安踏(中国)有限公司、中国青少年发展基金会、上好佳(中国)有限公司等为石阡县捐赠体育设施、修建美丽宜居乡村篮球场等价值225万元。协调中国社会福利基金会赴石阡县考察调研医疗健康、体育健康产业,爱德基金会捐赠医疗设备,为石阡县引进23个公益项目价值810余万元。

【消费帮扶】 新华社倡导干部职工积极采购帮扶地区农副产品,直接采购石阡县、新河县农副产品483万元,总社和分社机关食堂在"832平台"采购脱贫地区农副产品约178万元。在新华每日电讯抖音平台上进行新河农产品羊肚菌融媒直播,提升农产品的知名度和影响力,带动农产品销售。开启公益网络直播带货,助力"黔货出山",直接拉动石阡龙头企业、农村合作社64家,全年帮助销售石阡农产品470余万元;在新华网客户端推出"云助农计划"新河农特产品包,销售农产品36万余元,全年帮助销售新河农产品190余万元。依托新华网溯源中国平台,联动生态合作伙伴销售地方优质农产品,助力特色农产品出村进城,累计订单金额超2.28亿元。

【帮扶培训】 新华社多措并举加大人才教育培训力度,先后为石阡县新任科级干部、中青班、宣传统战系统干部、西部计划新到岗志愿者、石阡茶企等提供培训,累计培训超800人次。为新河县举办干部素质能力提升班,邀请知名专家学者为1122名村"两委"干部和驻村干部在线授课。

【帮扶宣传】 新华社紧扣乡村振兴和高质量发展主题,统筹网上网下、对内对外、公开内参,报道各地区、各部门推进乡村振兴的成效经验,宣传乡村振兴进程中涌现的先进事迹和典型案例,全年播发有关稿件1万多篇(条)。播发《彪炳史册的人间奇迹——党的十八大以来我国脱贫攻坚成就举世瞩目》《牢牢把住粮食安全主动权——以习近平同志为核心的党中央带领人民干好这件头等大事》《让希望的田野充满活力——从全国两会看乡村振兴发力点》等一系列"镇版""刷屏"之作。新华网开通乡村振兴频道,追踪乡村振兴热点,宣传乡村振兴典范,播发《乡村振兴在行动》专题报道等5000篇(条)。组织记者深入石阡、新河采访调研,精心策划播发文字、图片、全媒体等重点报道300多篇(条),《贵州石阡:围绕困牛山 深挖"红色"魂》《贵州石阡:摁下春茶采摘生产"加速键"》《河北新河:打造新型电池产业基地》《河北新河:创新驱动引领县域经济高质量发展》等稿件产生良好社会反响。加强对外传播,讲好中国故事,组织外籍记者前往新河采访播发《全球连线丨外籍记者看中国:"眼镜盒之乡"的小康密码》等。

(新华通讯社帮扶办公室　朱德隆)

中国科学院定点帮扶

【概述】 2022年,中国科学院深入学习贯彻习近平总书记关于做好巩固拓展脱贫攻坚成果同乡村振兴有效衔接工作的指示精神和中共中央重要会议精神,按照中共中央、国务院有关决策部署要求,充分发挥体系化、建制化优势,在巩固拓展贵州省水城区、内蒙古自治区库伦旗、广西壮族自治区环江毛南族自治县(以下简称"环江县")脱贫攻坚成果的基础上,全面推进乡村振兴,不断强化科技支撑和有效供给。中国科学院向3个定点帮扶县(区、旗)直接投入帮扶资金1610万元,引进帮扶资金4031万元;培训基层干部2507人次,培训乡村振兴带头人292人次,培训专业技术人才2966人次;直接购买帮扶地区农产品1919万元,帮助县销售农产品1466万元;在2022年度中央单位定点帮扶工作成效考核中获得"好"等次。

【帮扶资金投入】 2022年,中国科学院向水城区、库伦旗和环江县3个定点帮扶县(区、旗)直接投入帮扶资金1610万元,引进帮扶资金4031万元。通过中国乡村发展基金会向新长城大学生项目捐赠26.4万元,为80名定点帮扶地区大学生提供资助。

【帮扶会议】 4月,中国科学院召开定点帮扶领导小组会议,学习传达习近平总书记关于做好巩固拓展脱贫攻坚成果同乡村振兴有效衔接工作的重要指示精神,明确新发展阶段推进乡村振兴的工作思路,审定《中国科学院2022年定点帮扶工作计划》,落实中国科学院领导到定点帮扶县(区、旗)调研督导的工作安排。12月,召开2022年度科技帮扶工作总结交流会,总结交流科技帮扶工作经验和成绩,分析面临的困难,探讨工作思路。

【帮扶调研】 8—12月,中国科学院副院长带队先后赴水城区、环江县和库伦旗进行考察,调研定点帮扶工作与乡村振兴推进情况,慰问驻村干部和一线科技人员,并就继续发挥中国科学院体系化、建制化优势和科技智库作用,服务帮扶地区乡村振兴、经济社会可持续发展等工作开展交流研讨。

【干部挂职帮扶】 选派1名同志挂任水城区副区长,选派1名同志挂任库伦旗副旗长,选派1名同志挂任环江县委常委、副县长;选派1名同志担任水城区院坝村驻村第一书记;选派1名同志担任水城区二道岩村驻村第一书记。

【消费帮扶】 中国科学院直接购买脱贫地区农产品1919万元(其中3个定点帮扶县201万元),帮助销售农产品1466万元。中国科学院条件保障与财务局、中国科学院工会委员会分别印发文件,倡导院属单位通过"832平台"、中国科学院工会云平台线上销售平台和线下渠道采购定点帮扶县(区、旗)和脱贫地区农产品。

【产业帮扶】 围绕定点帮扶地区的茶叶、刺梨、猕猴桃、山桐子、荞麦、肉牛等产业开展技术示范与推广,持续推动县域特色产业发展壮大。帮助引进4家帮扶企业,通过扩大招商引资渠道共引进资金4031万元,帮助231名脱贫人口实现转移就业。

【人才振兴】 通过开展各类技术和管理培训,共计培训乡村基层干部2507人次,培训乡村振兴带头人292人次,培训专业技术人才2966人次。

【文化振兴】 在水城区,驻村第一书记推行积分制,创建幸福积分屋,促进乡村治理、人居环境整治、乡风文明的一体化推进;举办茶文化科技旅游节,通过打造茶文化有效宣传当地农特产品。在环江县,帮扶工作队积极与广西产业技术研究院洽谈筹建展示平台事宜,以加强宣传推广工作,提高环江县的知名度。在库伦旗,帮扶工作队重点推动"家校共育"模式示范,充分发挥家长在学校教育和家庭教育中的作用;中国科学院大学关心下一代工作委员会与库伦旗签署关心下一代"阳光工程"合作协议,助力完善库伦旗公共文化服务体系。

【生态振兴】 有效利用成熟技术继续打造美丽乡村,助力帮扶地区生态振兴。在水城区,重点帮助改善农村人居环境,实施农村厕改20户,帮助滥窖田、院坝、二道岩3个村实施生活垃圾和污水治理。在环江县,针对下塘村养殖污水和生活污水的乡村振兴瓶颈问题,开展绿狐尾藻治理养殖污水和生活污水及资源化利用示范。在库伦旗,帮助实施农村厕改,完善农村生活设施,试点推行农村人居环境整治积分制,调动广大村民参与农村人居环境整治的积极性。

【组织振兴】 通过捐赠图书、完善文化娱乐设施、开展技术培训等方式,结对共建党支部6个,结对共建脱贫村6个,扶持龙头企业10家;培育新型农业经营主体9个,党员干部捐款捐物折合资金15.7万元。在水城区,帮扶工作队与村党支部联合开展"喜迎二十大,助力乡村振兴"共建活动;开展"2022金秋助学帮困"结对帮扶活动,为学生和困难群众捐款捐物。在环江县,帮扶工作队走访慰问困难老党员。在库伦旗,帮扶工作队通过集雨-节水灌溉设施农业示范工程建设,打造生态、可控、高效、增收的村级集体经济发展模式,助力组织振兴;为库伦旗政府无偿捐赠一次性医用外科口罩140000只,助力打好打赢防疫阻击战。

【乡村振兴示范点建设】 助力定点帮扶县(区、旗)打造乡村振兴示范点5个。在水城区,重点打造滥窖田省级乡村振兴示范点和院坝村县级乡村振兴示范点。在环江县,重点打造下南乡下塘-中南-波川生态产业示范带。在库伦旗,重点打造了库伦镇老虎洞嘎查和六家子镇达林稿村两个乡村振兴示范村。

(中国科学院 赵心刚)

中国工程院定点帮扶

【概述】 2022年，中国工程院党组以习近平新时代中国特色社会主义思想为指导，深入学习贯彻党的二十大精神和习近平总书记关于定点帮扶工作的重要指示精神，按照中共中央、国务院决策部署，发挥科技、人才优势，助推云南省会泽县、拉祜族自治县（以下简称"澜沧县"）巩固拓展脱贫攻坚成果、全面推进乡村振兴。全年直接投入经费300万元，用于开展帮扶项目的咨询研究工作；协调引进帮扶资金24463.35万元，用于基础设施建设和产业发展；培训基层干部635人，培训技术人才2111人；购买农产品11.532万元，帮助销售农产品1548.8万元。

【帮扶资金投入】 2022年，中国工程院直接投入经费共计300万元，用于两县开展帮扶项目的咨询研究工作，其中向澜沧县投入资金150万元，设立"澜沧县农业提质增效若干问题研究"项目，向会泽县投入资金150万元，设立"会泽县水安全、数字林业和城乡统筹战略问题研究"项目；协调引进帮扶资金共计24463.35万元，用于基础设施建设和产业发展。购买农产品11.532万元，帮助销售贫困地区农产品1548.8万元。

【帮扶资金管理】 中国工程院领导带头严格执行中央八项规定精神，持续加强帮扶资金管理，坚决执行《院士科技咨询专项经费管理办法》，全面推行帮扶资金项目公告公示制，强化监督检查，坚决杜绝挤占挪用、截留和贪污等情况发生。

【帮扶调研】 中国工程院党组结合定点帮扶县实际，深入实地开展调查研究工作。中国工程院院长和班子成员4人次，分别到会泽县、澜沧县开展科技帮扶。中国工程院副院长、秘书长在昆明与云南省委、省政府主要领导同志会谈，推动帮扶工作。组织5名化工领域院士召开中国工程院定点帮扶会泽县磷化工产业发展座谈会，为会泽县磷产业发展建言献策。中国工程院副院长及10余位院士专家深入会泽县走访调研，召开乡村振兴座谈会，对健全防止返贫动态监测和帮扶机制、易地扶贫搬迁后续扶持工作、乡村特色产业发展等给予指导。中国工程院副院长率调研组赴澜沧县调研科技助力乡村振兴工作，多位院士对澜沧县林下中药材种植、肉牛养殖、煤矿铅矿、水稻蔬果种植等多个产业发展给予指导。

【组织领导】 根据中共中央、国务院决策部署和工作实际，召开中国工程院定点帮扶工作领导小组会议，学习习近平总书记关于定点帮扶工作和乡村振兴工作的重要指示和论述，研究部署2022年工作，强化帮扶工作体制机制保障，加强工作统筹协调。召开党组会及时调整定点帮扶工作领导小组成员，保障工作顺利推进。

【帮扶培训】 推动当地人才队伍建设，2022年共培训基层干部635名，其中澜沧县基层干部351名，会泽县基层干部284名。发挥院士专家工作站的优势，通过开办院士指导技能培训班、举办报告会等形式，培训一大批懂技术、会经营的新型农民。共培训技术人员2111名，其中澜沧县技术人员1523名，会泽县技术人员588名，学员遍及数十个乡镇，很多已经成为致富带头人。

【干部挂职帮扶】 院党组加大人力资源支持,把选派挂职干部作为培养锻炼年轻干部的重要途径,全年共有3名中青年干部到定点帮扶县挂职,具体协调和参与推进科技帮扶项目,充实当地工作力量,扎根帮扶一线,积极开展工作。中国工程院党组和机关领导多次前往定点帮扶县看望慰问挂职干部,及时了解干部的思想动态。

【产业帮扶】 梳理和对接两县帮扶需求,积极拓展科技帮扶产业。一是扶持农业实体企业成长,将文化植入产品,提高附加值。在会泽县,强化市场经营主体培育,通过科技、人才和项目扶持智森生物科技有限公司、富天农业科技有限公司等本土龙头企业做大做强,实现从"输血式"帮扶向"造血"模式转变;拓展电商平台企业联盟,持续发挥第一书记电商平台影响力,联合会泽县电子商务公共服务中心、会泽珞妮山庄商贸有限公司等当地企业,助销科技产品。同时,引导本土企业将文化元素植入产品,开展铜商、会馆、民族等文化融合推广。协调西安建大城市规划设计研究院在原有古城规划的基础上修订、补充、完善会泽古城有关规划,加快以古城为核心的县域旅游发展,指导会泽县做好历史文化传承和历史文化遗产保护工作。二是帮助引进培育一系列新产业、新项目。在澜沧县,中国工程院将优势资源和产业基础与相关企业的投资发展需求结合起来,帮助引进安琪酵母(普洱)有限公司落地设厂,一期项目投资7.47亿元,于2022年12月投产。经洽谈争取,2022年新签约1.7万吨酵母抽提物二期项目。两期项目达产后可实现销售收入8亿元,年创利税过亿元,可为当地提供500个就业岗位。帮助引进光筑农业集团有限公司数字蓝莓产业园项目,已到位投资2亿元,完成2600余亩核心区蓝莓种植。帮助引进云天化集团有限责任公司投资建设千亩高标准蔬菜种植示范园,其中一期已投资3000万元,完成温室棚体建设和苗木定植。帮助引进浙江长兴辉煌牧业有限公司投资1亿元建设湖羊养殖基地,首期投资3000万元建设的湖羊良繁中心于2022年9月破土动工。

【智力帮扶】 中国工程院充分发挥智力优势,通过院士科技成果转化,支持帮扶县重点建设项目。在指导会泽县推广种植优质新品种燕麦20万亩,会泽富天农业科技有限公司建立燕麦乳生产线,年产能达2.3万吨,实现产值2.7亿元;指导会泽县建立辣椒安全生产集成技术核心示范区,优选出12个辣椒品种,新品种累计种植推广面积达1万亩,产值4420万元;指导会泽县继续引进红露、维纳斯等5个苹果新品种种植,在金钟街道种植1000亩;指导会泽县化工产业发展,组织多位院士为会泽县磷化工产业发展把脉开方,推进高标准绿色发展,推动四川大学华西医院与会泽县建立对口帮扶关系,确保"十万人进城"搬得出、稳得住、能致富。指导澜沧县完成水果良繁基地建设,累计完成无毒柑橘种苗生产30余万株。支持普洱市设立绿色能源与矿产资源研究院暨香港中文大学(深圳)城市地下空间及能源研究院普洱分院,在澜沧县及周边开展中深层地热能及有关矿产资源勘查。指导澜沧县打造多个林下中药材科技成果示范样板,累计试验示范、推广林下中药材种植1万余亩;突破两项核心技术,在澜沧县实施1120亩水稻旱种核心示范,经实测平均亩产586.4千克,并推广种植2.7万亩,使荒山变粮仓。指导澜沧县围绕生猪产业整体设计提质增效工程并开展育种、营养等技术攻关,澜沧县于2022年6月获得"全国生猪调出大县"荣誉称号及中央财政奖励扶持资金。

【教育帮扶】 自2019年起多渠道筹措资金推进普洱市职业教育分中心项目建设,一期工程于2022年9月完成竣工验收并投入使用,学生总数达1426人。该中心成立订单式培养

"光筑蓝莓班""双喜服装班"和校企创新实践基地,并与云南旅游职业学院、云南农业职业技术学院等达成"3+2"中高职贯通合作意向。

【帮扶宣传】 中国工程院多次发出向"脱贫攻坚楷模""时代楷模""脱贫攻坚先进个人"等院士学习的号召,弘扬脱贫攻坚精神,动员广大科技工作者投身科技帮扶工作。在定点帮扶工作中,大力宣传、推介会泽县和澜沧县,报道科技帮扶先进事迹。电影《农民院士》于2022年1月上映,引发强烈的社会反响;澜沧县云山村"时代楷模精神学习教育基地"成功申报首批中国科学家精神教育基地;拉祜族舞蹈《摆出一个春天》登上中央广播电视总台春晚;院士走进二十大代表通道介绍水稻旱种新技术,分享科技创新助力乡村振兴的成果和故事。

脱贫攻坚时期,中国工程院先后组织300余名院士专家多批次开展"院士专家会泽、澜沧行",进行科技帮扶。2022年,前往两县调研指导的院士达52人次。他们结合自身工作,以助学、助工、助农、助医等各种方式,在全国各地开展机械、信息、化工、能源、环境、农业、医药等领域的帮扶工作,助力当地人才培养、产业发展和乡村振兴。

(中国工程院办公厅　刘　博)

国务院发展研究中心定点帮扶

【概述】 2022年，国务院发展研究中心（以下简称"国研中心"）以习近平新时代中国特色社会主义思想为指导，深入贯彻党的二十大精神，认真贯彻落实中共中央、国务院有关决策部署，扎实做好定点帮扶河北省大名县工作，围绕"产业振兴、人才振兴、文化振兴、生态振兴、组织振兴"，落实各项帮扶措施。全年直接投入无偿帮扶资金1014.5万元，引进无偿帮扶资金561万元，培训基层干部120人次，培训乡村振兴带头人2人次，培训专业技术人才1009人次，逐项落实全年帮扶计划，加大帮扶工作力度，为大名县巩固拓展脱贫攻坚成果、持续全面推进乡村振兴做出贡献。

【帮扶资金投入】 2022年，国研中心加大资金投入力度，通过党组成员带头捐赠、直属单位安排自有资金等多种方式促进乡村振兴，直接投入无偿帮扶资金1014.5万元，引进无偿帮扶资金561万元，各项帮扶资金落实到位、项目推进有序。其中，中国发展研究基金会拨付380万元开展"慧育中国入户早教计划"，拨付300万元继续开展"一村一园：乡村幼儿园质量提升计划"，拨付100万元开展"大名县健康乡村项目"，拨付22万元开展"村儿童主任"等儿童早期发展项目；国研科技集团有限公司出资60万元继续实施"国研励志奖学金"项目，投入150万元支持双台村农村电商发展项目；资源与环境政策研究所党支部与大名县万北村党支部结对共建，捐赠2.5万元帮助万北村党支部开展植树绿化。引进社会资金220万元、山东然浩建筑工程有限公司投资70万元成立大名县五礼记贸易有限公司；组织协调光明行动专项公益基金向大名县19个乡镇21所中小学捐赠并安装价值共计160余万元的护眼灯具；协调上海宋庆龄儿童基金会投入111万元，为大名县农村基层女性提供生殖健康、两癌及产前筛查等诊疗服务。

【帮扶资金管理】 国研中心注重对大名县在脱贫攻坚责任落实、政策落实、工作落实和作风建设等方面开展督促。注重强化作风建设，督促大名县继续加强帮扶项目和资金监管，做到专人协调、专人负责，确保项目取得实效。要求挂职干部发挥前哨作用，在日常工作中督促大名县委、县政府落实好各项政策。要求帮扶责任单位定期统计项目资金投入情况，动态监督项目进度，督促帮扶工作按计划落实。

【帮扶调研】 7月，国研中心副主任率机关部门、直属单位有关负责同志赴大名县，对乡村振兴与帮扶项目推进工作进行调研指导，送签项目7项，落实帮扶资金1062万元。要求大名县委、县政府认真贯彻落实中共中央推进乡村振兴的要求和部署，在县域经济发展上，要特别关注两个问题：一是房地产业的变化对县域经济增长动力的影响与地方政府财政支出增长压力；二是居民公共服务需求大幅度上升对地方政府财政支出结构产生的影响。国研中心充分发挥自身优势，把大名县作为联系基层的重要渠道、加强问题研究的重要基地，加强对大名县的调查研究并提出政策咨询建议。资源与环境政策研究所加强对大名县农村人口居住环境和生活设施等方面调研，坚持绿色发展，结合"绿色中国"研究课题，帮助大名县设计生态循环农业方案,为大名县改善农村生态环境提供思路和建议。

【帮扶会议】 国研中心党组书记、定点帮扶工作领导小组组长主持召开定点帮扶工作领导小组会议。会议决定进一步充实国研中心定点帮扶工作领导小组成员及办公室人员,审议通过《国务院发展研究中心2022年定点帮扶河北省大名县工作计划》,研究部署2022年国研中心定点帮扶项目、帮扶方式和责任单位,要求各帮扶责任单位加强统筹谋划、务求实事求是、落实帮扶责任、做到言出必行。国研中心主任高度重视定点帮扶大名县工作,强调要围绕新阶段、新任务、新要求,聚焦"五大振兴"发力,要加强统筹协调、落实工作责任,各责任单位要明确实施步骤、推动项目落实。

【帮扶培训】 利用农村党校授课、外出到山东观摩见学等形式,进行时政宣讲、党员教育,培训双台村"两委"干部、乡村振兴带头人120余人次。举办早期绘本阅读教师、村儿童主任、健康乡村专题、"呵护康乃馨"两癌筛查等各类培训,协调组织一对一农产品电商直播培训、助农培训等特色课程,培训电商、教师、志愿者、卫生院医生、村医等专业技术人才1000余人次。

【干部挂职帮扶】 选派优秀干部挂职帮扶,协助做好帮扶工作。选派办公厅(人事局)资产与审计处1人接替挂任大名县委常委、副县长,支持产业帮扶、消费帮扶、教育帮扶、健康帮扶等发展。办公厅(人事局)人才处处长、全国先进工作者赴大名县担任双台村驻村第一书记,推动农村电商项目,创立村级企业,打造自主农产品品牌,有效推动双台村乡村振兴。

【产业帮扶】 着眼推动大名县发展乡村特色产业,开展产业政策辅导解读,引进帮扶项目等,助力脱贫人员稳岗就业。结合专业领域,召开两次专题工作会,围绕大名县产业进一步发展进行研究。所属国研科技集团有限公司专门召开党委会研究安排全年帮扶工作,投入150万元支持大名县双台村"农村电商发展项目",建设完成"857直播(双台村)基地""青岛直播电商行业协会双台村直播培训实践基地"等。驻双台村第一书记带领双台村集体打造双台品牌,成立双台建筑安装有限公司,引进社会资金220万元、山东然浩建筑工程有限公司投资70万元成立大名县五礼记贸易有限公司,培育壮大双台玉带农牧种养合作社、双台文化旅游开发有限公司等三产融合发展组织载体,促进双台村一二三产业融合发展。推动成立的河北万北实业有限公司与邯郸供销集团有限公司签订战略合作协议,与北京中慈控股集团有限公司等多家企业签订花青素健康产业项目,花青素黑玉米全产业链产业园规划逐步形成规模,在"双碳"目标指引下循环经济高质量发展的绿色生态"零碳小镇"打造进入实操阶段。

【教育帮扶】 持续开展全方位、全链条教育帮扶,帮助大名县提高教育教学质量。幼儿教育方面,开展"慧育中国"项目,通过设置村级育婴辅导员,建立农村婴幼儿照护服务体系,提高基层婴幼儿照护水平;开展"一村一园"项目有效提高农村幼儿园的质量,帮助大名县学前教育获得显著发展。初级教育方面,开展"村儿童主任"项目,建立农村儿童保护基层工作队伍,探索建立了村一级儿童保护网络,推动大名县儿童关爱工作。中级教育方面,国研中心党组成员每人结对帮扶4名贫困学生,向每名学生每年资助2500元;通过持续设立"国研励志奖学金",发放中考励志奖学金和高中励志奖学金,奖励品学兼优的中学生,激励带动学子奋发图强;继续与北京市教育委员会联合开展"国务院发展研究中心助力大名县教育质量提升计划",北京教育科学研究院14名专家名师通过线上送教的方式为大名县高中教师组织为期4天的示范讲学活动,大名县350余名教师参加,显著提升大名县高中教师的业务工作能力和教育教学质量。国研中心着眼推动青少年健康发展,组织协调光明行动专项公益基金向大名县19个乡镇21所中小学捐赠并安装共计160余万元的护眼灯具,大名县中小学100余间教室"改头换面",5000多名学生受益。

【健康帮扶】 针对老年人的健康状况,所属中国发展研究基金会开展"大名县健康乡村项目",投入超过100万元,提供大量药品援助,培训乡村医生270人次,为确定进入项目试点试验干预期的村民完成试验组基因检测工作,开展药品采购和赠药工作,为大量建档立卡贫困户提供基本医疗服务,对符合项目标准的患者给予药品援助,帮助患者规范用药,提高生活质量。协调上海宋庆龄儿童基金会投入111万元,开展"呵护康乃馨——关爱女性健康行动",为大名县农村基层女性提供生殖健康、两癌及产前筛查等诊疗服务,联合医疗团队开展免费宫颈癌筛查样本2097例,并为部分阳性患者现场提供免费医疗咨询和诊疗意见;开展适龄妇女免费乳腺癌筛查样本1006例,并在筛查期间进行相关乳腺健康的科普教育。

【消费帮扶】 国研中心机关工会、所属各单位工会组织职工购买大名县小磨香油、芝麻、花生等农产品及其他贫困地区农产品34.94余万元。国研中心联合河北消费未厨农业科技有限公司等,通过线上、线下联合推广,帮助销售农产品1137.5万元。

【帮扶宣传】 发挥所属《中国经济时报》、中国发展出版社的新闻媒体平台作用,通过政策解读、宣传报道、公益广告等方式,推动宣传大名县乡村振兴成果。中国经济时报社以"奋进新征程 建功新时代"为主题,开展"伟大变革·新发展理念实践案例"征集活动,总结梳理、宣传展示各地方、各领域全面准确完整贯彻新发展理念的典型经验实践,结集成册并发布案例报告成果,其中"国研中心智力帮扶大名县经验做法"已作为典型案例被收进案例专辑。刊发《大名县多举措巩固脱贫攻坚成果》《小乡村里的"大振兴"(上)丨双台村:三产融合筑"凤巢"》《小乡村里的"大振兴"(下)丨双台村:乡村文化振兴的实践样本》《"农村党校"为大名乡村振兴注入新活力》等报道,深入展现和探讨乡村振兴在大名县的探索和实践,多举措巩固脱贫攻坚成果,为全面推进乡村振兴打下坚实基础。

[国务院发展研究中心办公厅(人事局) 杜艺伟]

中国气象局定点帮扶

【概述】 2022年，中国气象局认真学习贯彻落实习近平总书记关于巩固拓展脱贫攻坚成果和全面推进乡村振兴的重要指示精神，按照《中央单位定点帮扶工作成效考核评价办法》的有关要求，坚持高位推动，加强组织管理，扎实推进内蒙古自治区突泉县定点帮扶工作，持续稳固脱贫成效，拓展乡村振兴取得积极进展。全年共投入帮扶资金1434.4万元，购买农产品179.6万元，帮助销售农产品2607.56万元，引进帮扶资金919.2万元，引进11项农业气象科技成果，助力粮食生产实现七连增，帮助培训基层干部、乡村振兴带头人和技术人员2246人次，实施"四大行动"，促进产业帮扶高效益，在中央单位定点帮扶工作成效考核评价中被评为"好"等次。

【帮扶资金投入】 2022年，中国气象局落实拨付帮扶资金510万元，其中160万元用于提升乡村振兴气象保障服务能力，350万元用于助力乡村振兴相关项目建设；引进无偿帮扶资金812.2万元、有偿帮扶资金107万元，直接投入有偿帮扶资金5.2万元，合计投入资金1434.4万元。在突泉县五三村设立助学金2万元，资助困难家庭学生4名。

【帮扶调研】 6月，中国气象局组织成立调研组，由分管副局长带队赴突泉县督导调研定点帮扶有关项目和工作进展情况，共商推进年度帮扶工作。

【帮扶会议】 先后5次组织召开定点帮扶工作专题会，传达学习中共中央、国务院关于乡村振兴及定点帮扶的重点部署及有关要求，监督落实防返贫监测机制，分析发展现状，理清发展思路，研究部署推进相关帮扶举措落地见效。召开智慧气象服务助力突泉乡村振兴专题视频会议，要求高质量完成定点帮扶任务，做好年度总结和工作谋划。

【帮扶制度建设】 先后印发《2022年突泉县定点帮扶工作计划》《助力突泉县全面提升乡村振兴气象保障服务能力建设工作方案（2022—2024年）》，对落实中共中央、国务院最新帮扶要求，进一步压实帮扶责任，全面系统部署突泉县定点帮扶工作，确保定点帮扶工作成效具有重要意义。

【帮扶培训】 根据定点帮扶县人才振兴需求，将防灾减灾课程纳入县委党校干部培训课程体系。专门组织突泉县基层干部赴中国气象局气象干部培训学院湖南分院开展乡村振兴气象保障专题研修，支持"农民夜校"完成培训9期，累计培训基层干部、乡村振兴带头人和专业技术人员2246人次。支持1所小学和1所中学建设校园气象站和气象科学课程体系。组织开展"科技下乡——走进突泉县"活动。组织乌兰牧骑创作多个防灾减灾主题的地方特色文艺作品，在11个村进行巡演，以人民群众喜闻乐见的方式宣传普及气象防灾减灾知识。

【干部挂职帮扶】 选派的3名干部政治素养高、工作能力强，分别担任内蒙古自治区兴安盟行署副盟长、突泉县委常委、副县长和驻村第一书记。帮扶干部充分发挥桥梁纽带作用，深入调研突泉县实际情况和发展需求，积极对接中央定点帮扶资源，立足突泉县实际谋划具体帮扶措施，推动定点帮扶工作融入突泉县委政府工作大局，圆满完成各项定点帮扶年度计划任务。驻村第一书记严格落实驻村工作要求，常态化组织全面摸排全村243户629人返贫致贫风险，协调利用中国气象局、中华环境保护基金会和地方项目资源，有效推动农牧业产业振兴和人居环境改造。

【帮扶慰问】 坚持把"我为群众办实事"活动与定点帮扶工作相结合，积极组织干部职工献爱心，为县委党校、乡村学校和农家书屋捐赠图书4181册。组织捐赠图书、模型等多类科普产品，折合资金11万元。

【产业帮扶】 引进帮扶项目2个，扶持龙头企业5家、农村合作社2个，建立帮扶车间1个，通过设置气象站维护公益性岗和村屯环境卫生公益岗，带动新增就业25人。实施"四大行动"：建成全国首个"风云地球"县级卫星遥感应用平台，提供15种实时定制化服务产品，开展实时监测，有效提高气象灾害监测预警的精准性。印发实施《突泉县气象灾害应急预案》《突泉县"气象+"赋能行动方案（2022—2023年）》，加强突泉气象灾害监测预警能力和机制建设，24小时预报准确率达89%，预警发布提前量达45分钟，准确率达100%。建设突泉县人工影响天气信息平台，在全国率先实现县级人工影响天气安全智慧作业，全县17个防雹作业点有效拦截各方向进入突泉县的冰雹，发射增雨火箭弹109发、防雹弹2564发，保护全县51万亩农田免受气象灾害。建成智能气象节水灌溉示范区，每亩地节水25立方米、节电4.5度，每年产生经济效益2000余万元，并实施推广。编制精细化农业气候区划，引进优质玉米品种实现增产增收，成立全国首个县级农业气象科研工作站，建设土壤检测分析实验室，实施农作物品种优选示范项目，引进11项农业气象科技成果，助力粮食生产实现七连增。推广畜牧改良技术，支持畜牧改良防疫服务体系建设。助力发展工业产业，协调

专家指导突泉县富集的蛇纹石资源科学开发绿色利用。开展1千米分辨率的网格化精细化风能太阳能资源评价，评估表明技术开发量可达903万千瓦，全部开发后的年发电量将超过200亿千瓦·时，相当于每年减排1750万吨二氧化碳，助力碳达峰与碳中和潜力巨大。开展紫皮蒜精细化气候品质评价，提高市场附加增值20%左右。

【教育帮扶】 协调开展帮扶助学活动。协调爱心人士和企业在突泉县五三村设立助学金，对4名困难家庭学生长期一对一助学帮扶，每人每年支持5000元，持续推进志智双扶。

【文化帮扶】 支持定点帮扶地区的非遗文化保护传承。建设突泉民间剪纸非遗工坊，举办多期剪纸技能培训班，创作新时代民间剪纸作品，打造民间剪纸主题的农村党员活动室和乡村民宿，助力文化振兴和文旅融合发展取得新进展。

【生态帮扶】 协调落地多项生态环境建设项目。协调支持农村污水治理项目1项，财政投资2067.9万元，现已完成建设任务。协调中华环境保护基金会支持建设项目2个，合计投资103万元，建成农村过水小桥1座、乡村学校爱心书屋1个，有效提升农村人居环境质量。深入开展生态文明建设气象服务保障，组织开展突泉县生态旅游气候资源评价。开展突泉县新能源发电精细化气象预报服务，每周制作《突泉县新能源气象服务专报》，面向县内各光伏、风电企业定向发布，为新能源发电功率预测、电网调度和能源保供提供气象服务保障。

【党建帮扶】 深入开展支部结对共建。中国气象局减灾司党支部、兴安盟气象局党支部、突泉县气象局党支部分别与五三村、东风村结对共建，指导曙光村等5个包片帮扶村基层党建工作，推动农村基层组织抓党建促乡村

振兴。

【整村推进】 支持壮大村级集体经济，为1000多户脱贫户、监测户免费进行测土配方，支持打造1个民间剪纸主题民宿村，为脱贫户免费发放优质玉米种子350千克、土豆种2750千克，帮助村集体经济不断壮大。

【特色帮扶】 充分发挥部门垂管优势，加强统筹协调，集全国气象部门众智合力，开展行业帮扶、科技帮扶、产业帮扶，组织实施风云平安行动、卫星慧眼行动、守护丰产行动、气候赋能行动"四大行动"，提升气象灾害监测预警和防灾减灾能力，打造助力全面推进乡村振兴的特色品牌。聚焦"五大振兴"，推动农业产业、畜牧产业、生态旅游、风能太阳能开发利用、传统文化产业发展，助力突泉粮食产量取得7年连增的好成绩，巩固拓展脱贫攻坚成果同乡村振兴有效衔接迈出新步伐。充分发挥部门联动合力，搭建"市场+部门"的消费帮扶平台，探索建立守牢防止规模性返贫底线的工作机制。联合国家乡村振兴局、自然资源部、应急管理部等部门，印发《关于建立健全防范因灾返贫长效机制的通知》，共同推动建立防范因灾返贫长效机制。联合农业农村部开展农业气象灾害风险预警服务，有效促进农业气象灾害从"灾后救助"转向"灾前预防"。通过多种渠道推动突泉农产品进入气象部门，联合知名电商，打通线上销售渠道，着力形成气象消费帮扶和市场长效机制的合力。在突泉县定点帮扶一线，督促运行好监测对象快速发现和响应机制、农村低收入人口常态化帮扶机制及易地搬迁后续扶持机制，确保守牢防止规模性返贫底线。继续强化气象灾害监测预报预警，提高气象灾害应对能力，趋利避害产生经济效益近亿元，有效降低气象灾害造成返贫致贫的风险。

【帮扶宣传】 大力宣传突泉的地方名片。在中央广播电视总台1套、13套、17套分别播出兴安盟和突泉县天气预报，播出突泉"中国天然氧吧"地域宣传广告，提高两地知名度。相关宣传报道共831篇，形成科技帮扶、行业帮扶的良好舆论氛围。协调本来生活、京东等知名电商，搭建突泉消费帮扶产品线上专区，组织气象主播开展直播带货，利用气象媒体广泛宣传突泉农特产品，推动农产品的商品化、标准化、品牌化，形成气象消费帮扶和市场长效机制的合力，帮助销售农产品2607.56万元。

（中国气象局　鞠诗尧）

国家信访局定点帮扶

【概述】 2022年,国家信访局坚持以习近平新时代中国特色社会主义思想为指导,深入学习贯彻党的二十大精神,学习领悟习近平总书记关于实施乡村振兴战略的重要论述,认真落实中共中央、国务院关于巩固拓展脱贫攻坚成果同乡村振兴有效衔接的重大决策部署,研究制订2022年国家信访局定点帮扶工作计划,细化帮扶举措,狠抓工作落实,指导河北省海兴县牢牢守住不发生规模性返贫底线,以"产业兴旺、生态宜居、乡风文明、治理有效、生活富裕"5个维度为着力点,推动海兴县乡村振兴再上新台阶,圆满完成年度各项帮扶任务。

【帮扶资金投入】 2022年,国家信访局在直接投入帮扶资金方面,为海兴县相关村、校、脱贫户等组织现金、计算机、扫描仪、空调、书籍、衣物等捐赠活动10余次,所捐物资总价值达172万余元;在引进帮扶资金方面,依托海兴县宣惠河防潮闸重建工程、海兴县君益一牧奶牛养殖场等项目,引进无偿帮扶资金4890万元。直接购买脱贫地区农产品总金额达26万余元,帮助销售脱贫地区农产品总金额达62万余元。

【帮扶调研】 国家信访局组织2批次共9人次赴海兴县开展帮扶调研活动。国家信访局领导结合干部考察工作分别赴苏基镇张王文村、马厂村及辛集镇刘前村开展调研,指导乡村振兴工作。调研组通过实地查看村基础设施、现场了解特色农产品销售、座谈党建工作落实等,指导定点帮扶工作开展,对推动驻县帮扶举措落地见效发挥了重要作用。

【帮扶培训】 投入17万元委托培训资金,完成各类人员培训2400余人,其中县乡村基层干部458人、乡村振兴带头人1095人、专业技术人才860人。开办的乡村振兴带头人和驻村第一书记培训中,挂职干部带队赴河北省隆尧县、临城县进行实地考察,学习其他县在乡村振兴方面的经验和做法,收到良好效果。

【干部挂职帮扶】 一是选派精干力量驻县挂职。国家信访局高度重视海兴县乡村振兴工作,选派工作经验丰富、组织协调能力强的优秀干部驻县工作,对每位挂职干部开展岗前培训、谈话,并在工作中对其加强管理和教育。2022年,国家信访局共选派4人驻县挂职,其中1人担任海兴县委常委、副县长,协助分管海兴县乡村振兴工作;1人在苏基镇张王文村担任驻村第一书记;安排2名中央选调生分别担任苏基镇张王文村、马厂村党支部书记助理。二是强化团结协作。国家信访局驻县帮扶全体干部根据驻县工作需要,随时加强沟通联络,对帮扶工作中发现的新情况、新需求及时分析研判,积极组织协调,争取各方力量为海兴县乡村振兴添砖加瓦。三是形成工作合力。国家信访局各司室动员干部职工主动参与帮扶工作,支持帮扶事业,营造浓厚的帮扶氛围,进一步推动形成挂职干部驻县帮扶工作合力。

【产业帮扶】 结合海兴县产业发展实际,协调各方推进海兴县产业振兴。一是紧盯民生基础设施建设。针对宣惠河防潮闸年久失修、已过安全使用年限的现实,协调水利部,使得宣惠河防潮闸重建项目立项并得到水利部和河北省水利厅拨付的4100万元水利专项资金支持。该项目极大改善和提升海兴县水利基础设施水平，为海兴县乡村振兴提供坚实的水利设施保障。二是引进培育新产业。引进总投资20872万元的标准化奶牛养殖项目，该项目是海兴县与石家庄君乐宝乳业集团有限公司合作、在海兴县落地实施的龙头农业产业，可保证全县脱贫村、脱贫户及易返贫致贫户15年稳定增收。三是助力做强传统产业。国家信访局挂职干部对海兴县正大生物制品股份有限公司等龙头企业和村级合作社进行多次调研指导，从加强管理、产品研发、人才引进和带动脱贫群众增收等方面给予帮扶，有效提升相关企业、合作社的经营管理水平及经济效益，进一步增强企业、合作社辐射带动脱贫群众增收的效能。

【人才帮扶】 由国家信访局帮助引进总投资2400万元、占地面积2万余平方米的公共实训基地顺利竣工，该基地预计年培训职业技能人才达3000人次。通过国家信访局的大力支持和驻县挂职干部的协调，为公共实训基地配备2个计算机教室，每个计算机教室配备40台实训课程操作电脑，进一步提高实训基地的培训能力。公共实训基地投入使用后，可为海兴县多领域、多专业技能人才培训提供平台，对该县高技能人才培养、劳动力转移、脱贫人口致富，加快海兴县人才振兴等产生强大的支撑作用。

【教育帮扶】 重视海兴教育帮扶工作，通过组织干部职工捐款捐物，对口支持学校建设，帮助家庭困难学生成长、成才等多方面落实教育帮扶。由妇女委员会组织向海兴县捐赠毛衣、文具等生活学习物资。为张王文小学捐赠多功能教学一体机、空调等总价值2.3万元的设备。离退办向张王文小学捐赠价值1.5万元的图书近500册。联系中国残疾人福利基金会，升级2万张"集善云听"卡为终身免费账户，为海兴县党政机关各级领导干部日常学习提供平台支撑。联系河北康佑医药有限公司捐款10万元，并争取县教育局160万元配套专项资金，用于张王文小学操场重修。联系中国光华科技基金会，引进"彩虹桥"人才计划，协调县乡村振兴局印发《关于组织实施"彩虹桥"工业设计人才培养专项行动的通知》，组织符合条件的农村青年报名入学，提供免费上大学和推荐就业的平台。继续联系爱心企业家到张王文村资助2名结对帮扶的困难学生，每人每年6000元。

【生态帮扶】 支持海兴县生态帮扶工作落实落地，驻县帮扶干部协调相关基金会、企业等帮扶海兴县做好生态提升。一是联系北京天使妈妈慈善基金会为海兴县高湾中学无偿捐赠30万元，用于校园旱厕改造。二是协调北京中科健德环保科技有限公司向海兴县捐赠总价值57万元的智能纯吸式除尘减霾清洁机5台。三是协调海兴县政府投入近200万元完成苏基镇张常丰村和张王文村农村生活设施改造，帮助600余户完成厕所改造。

【整村推进】 在国家信访局挂职干部的推进协调下，5月，作为河北省乡村振兴示范项目，海兴县苏基镇张王文村"三区同建"（新型社区、产业园区、生态园区）规划的重要板块之一，张王文村新型社区工程正式破土动工，社区规划布置居住建筑16栋（其中，6层住宅楼8栋、11层住宅楼2栋、16层住宅楼6栋），总规划住宅900余套，总建筑面积约13万平方米。新型社区规划布局突出民生为先，注重环境优美、居住方便、服务高效、配套齐全，在改善居住条件的同时，进一步增强3个自然村群众的幸福感、获得感。

（国家信访局　尹　健）

中华全国供销合作总社定点帮扶

【概述】 2022年，中华全国供销合作总社定点帮扶安徽省潜山市、江西省寻乌县，对口支援江西省安远县，严格按照"四个不摘"要求，加强组织领导，创新帮扶举措，助力帮扶县巩固拓展脱贫攻坚成果、全面推进乡村振兴；高度重视帮扶工作，主要领导多次听取工作汇报，亲自研究审定年度定点帮扶和对口支援工作计划，直接推动有关任务落实；相关领导分别赴安远县、寻乌县、潜山市实地调研指导，看望慰问挂职干部。

【帮扶资金投入】 2022年，中华全国供销合作总社直接投入帮扶资金1260万元，支持各类项目14个；引进帮扶资金9036万元，帮助招商引资2600万元。

【帮扶制度建设】 相关领导4次对定点帮扶工作做出批示，强调定点帮扶工作是必须抓好的政治任务，将中共中央、国务院的最新精神落实到工作中，取得实效。4月，相关领导召开领导小组会议，深入学习贯彻习近平总书记关于深化定点帮扶和全面推进乡村振兴等的重要论述，研究审议定点帮扶工作计划。派出2名副县级挂职干部、2名驻村第一书记到定点帮扶县（市）负责乡村振兴工作。

【帮扶调研】 领导班子成员于6月、11月分别到寻乌县、潜山市实地调研，深入了解定点帮扶县（市）贯彻落实中共中央重大决策部署情况，并对当地发展乡村特色产业、激发脱贫群众内生动力等提出工作建议。中华全国供销合作总社机关各部局、直属企事业单位及主管行业协会根据工作需要，到定点帮扶县（市）实地调研考察40人次，就定点帮扶工作召开专题会议6次；赴定点帮扶县（市）调研并督促指导9次，形成督促指导报告4份，对发现的问题及时指出并提出意见建议。多次通过视频方式调研交流，摸实情、送服务、拓思路。

【人才帮扶】 通过帮扶项目招用脱贫人口11人，帮助脱贫人口转移就业100人；加强人才智力支持，开展线上、线下培训，提供技术咨询等服务，全年帮助定点帮扶县（市）培训乡村基层干部、特色产业带头人、专业技术人才5824人次。

【产业帮扶】 助力补齐产业发展短板，打造"互联网+第四方物流"供销集配模式，寻乌县65%的脐橙、百香果等特色农产品通过该网络发往全国，快递价格下调15%，有效破解农村物流的堵点、痛点。中华全国供销合作总社所属研究所主动对接，对潜山市瓜蒌、寻乌县脐橙等特色产业开展科技攻关，帮助提档升级；所属行业协会通过搭建平台、引流资源等方式，为帮扶县（市）农产品全产业链发展提供支持。

【帮扶宣传】 在《人民日报》《农民日报》《中华合作时报》及中华全国供销合作总社微信公众号等平台上发布相关新闻报道20篇，帮助2个定点帮扶县（市）各拍摄1部宣传片，及时向中共中央和国家机关工作委员会、国家乡村振兴局报送工作信息11篇、典型案例2篇。

（中华全国供销合作总社
经济发展与改革部　董璐嘉）

光明日报社定点帮扶

【概述】 2022年,光明日报社高度重视定点帮扶工作,按照"定点帮扶力度不减"的要求,在帮扶宣传、教育帮扶上下功夫,加大投入、引进资源,助力青海省囊谦县产业振兴、人才振兴、文化振兴、生态振兴、组织振兴,确保完成定点帮扶任务。

【帮扶资金投入】 2022年,光明日报社帮扶囊谦县资金总计849.69万元,其中投入帮扶资金730.49万元,引进帮扶资金119.2万元,培训囊谦县基层干部、技术人员1300余名,共资助347名学生,购买贫困地区农产品92.06万元;充分发挥思想文化大报优势,在《光明日报》上为囊谦县及青海省宣传发稿48篇,光明网为囊谦县及青海省发稿472篇,刊登公益广告14版,全方位、多视角宣传囊谦县,取得了很好的效果。

【帮扶调研】 7月,光明日报社社长带领调研组赴青海与囊谦县领导干部进行座谈,肯定囊谦县在巩固脱贫成果、推进乡村振兴方面的成绩,表示继续通过加强对囊谦县的宣传报道、开展干部培训、教育帮扶等措施助推囊谦县"三黑一红"(藏黑陶、黑青稞、黑啤酒、藏红盐)特色产业发展。主管定点帮扶工作的副社长带队到囊谦县调研,实地考察囊谦县级融媒体中心、《光明日报》捐赠的宣传栏和多昌村党员活动室的使用情况,在囊谦县第三民族寄宿制中学为部分学生送去光明助学金并慰问困难群众。

【教育帮扶】 2015年,光明日报社建立光明助学金,连续8年对囊谦县贫困学生进行一对一帮扶,资金来源于光明日报社职工及社会人士每年的爱心捐款。从2015年到2022年,帮扶人从40余人增加到300余人,受帮扶学生从52人增加到347人,帮扶资金从每年6万余元增加到53.23万元。在社内,天津记者站向囊谦县阳光福利学校捐赠一批笔记本和衣物;文摘报党支部向囊谦县阳光福利学校和多昌村幼儿园捐赠智力玩具,丰富孩子们的课余生活。在社外,动员更多社会力量参与囊谦县乡村振兴,上海旺旺食品集团有限公司向囊谦县阳光福利学校捐赠60箱旺旺新年大礼包;黑龙江飞鹤乳业有限公司向囊谦县9所学校2000多名学生捐赠758箱价值50万元的奶粉,圣元国际集团向囊谦县学生捐赠800箱价值66.24万元的奶粉。

【帮扶培训】 采取线上、线下相结合的方式,开展囊谦县党员干部培训,举办4期光明日报社对口支援党建引领乡村振兴村"两委"班子培训班,培训800余人,进一步推动囊谦县党员干部从"要我干"到"我要干"的思想转变,提高抓党建促乡村振兴能力,更好发挥基层党组织带头人作用,帮助农民群众解决产业发展中遇到的困难和问题。邀请中国社会科学院、北京大学等院校专家围绕党的二十大精神进行专题授课。联系囊谦县委、县政府各部门及与光明日报社开展党建共建的5个囊谦党支部和玉树市委理论学习中心组成员共计500余人采取线上培训的方式开展学习。

【干部挂职帮扶】 派出2名挂职干部分别担任囊谦县委常委、副县长和驻村第一书记。其中,1人挂职县委常委、副县长,参与完成着晓乡三民中操场改建等工程项目、中国红十字会总会赈济救灾部红十字助力乡村振兴项目在囊谦县落地相关工作,负责调研填报和项目审核制定。1人担任驻多昌村第一书记,组织多昌村春耕,耕种面积创新高;积极承担村"两委"相关工作,组织联系多昌村党支部与国网青海省电力公司囊谦县供电公司党支部开展以"党建引领聚民心 携手多昌谋振兴"为主题的共建活动,宣传习近平新时代中国特色社会主义思想,讲解省州政策,推进多昌村低压入户项目,协调解决20多户居民用电问题;多次组织法治宣讲活动,邀请北京律师到囊谦进行现场宣讲,为村民提供法律咨询。

【消费帮扶】 在"832平台"采购92.06万元的农副产品,进一步推动消费帮扶。囊谦虫草资源比较丰富,为帮助囊谦县销售虫草,帮扶办和挂职干部积极同社会各界沟通,拓宽虫草销售渠道,帮助销售虫草和农产品1.4万元。

【帮扶宣传】 充分发挥宣传报道优势,主动与囊谦县委宣传部沟通,策划报道主题,以新闻报道、公益广告等形式,全方位多视角深度宣传、介绍囊谦县在乡村振兴过程中取得的显著成就和发生的可喜变化。同时,创新运用"两微一端"等新媒体平台,采用短视频等形式丰富宣传报道内容。2022年,《光明日报》为囊谦及青海刊发稿件48篇、公益广告14版,光明网刊发稿件472篇,展现囊谦乡村振兴实施推进情况,讲好囊谦故事。

(光明日报社机关党委 万怡蕊)

中国日报社定点帮扶

【概述】 2022年，中国日报社坚持以习近平新时代中国特色社会主义思想为指导，发挥媒体优势，调度更多资源，加强对江西省会昌县的定点帮扶工作，突出做好脱贫人口的稳岗就业，加大对脱贫人口职业技能培训力度，持续推进巩固拓展脱贫攻坚成果同乡村振兴有效衔接。全年向会昌县投入帮扶资金368.25万元，引进帮扶资金550万元，培训基层干部1089名，培训技术人员301名，购买定点帮扶县农产品104万元，帮助定点帮扶县销售农产品208万元。坚持前方、后方联动，不断创新工作思路，紧贴会昌县实际需求制订并落实报社定点帮扶工作方案。帮助会昌县加强组织及人才支撑，引导能人回乡创业；加强项目资金支撑，促进农村思想道德建设和公共文化建设，培育文明乡风、良好家风、淳朴民风。

【帮扶资金投入】 2022年，中国日报社助力会昌县数字乡村建设，捐赠70台（价值43.1万元）办公电脑给会昌县委宣传部。以会昌县全面推进数字乡村建设，全力打造"三地一城"、建设"独好会昌"为契机，助力会昌县成为全省数字乡村建设示范区、数字乡村治理先行区。为扩大教育帮扶成果，持续关心和资助家庭困难的高中生。帮助会昌县白鹅初级中学创建全国"中小学国防教育示范学校"。向会昌县骨干教师赠阅《21世纪英语教育》，向江西省会昌中学等11所中小学校捐赠涵盖义务教育阶段《二十一世纪学生英文报》的报纸47万余份，向梓坑村儿童捐赠总价值93.35万元3800册儿童画刊。向会昌县白鹅乡梓坑村捐赠图书价值共计15万元，设立爱心书屋促进乡村文明建设。向高排乡坪坑村捐赠5万元，为坪坑村脱贫户解决光伏发电增加变压器容量200千瓦的资金缺口。分别向白鹅乡、高排乡捐赠价值11.4万元的核酸检测车。

帮助会昌县招商。引入江西六海能源科技有限公司投资200万元，引入会昌县裕众农业发展有限公司投资200万元。争取上级乡村振兴衔接资金50万元，用于扩建援建的乡村振兴帮扶车间。发挥报社驻村工作队作用，在梓坑村开展助力春耕生产、土地复耕活动，促进农民增收致富。解决100余户安置过渡费50余万元。筹集资金50余万元建设山泉水饮水工程。帮助白鹅乡引进企业发展鲜笋加工，按600平方米的规模进行建设，建成后可带动白鹅乡周边群众创收200余万元，解决20人次就业；盘活白鹅村闲置资产，增加收入5万元；梓坑村每年固定分红3万元。

【组织领导】 中国日报编委会根据主要负责同志任职调整情况，及时调整完善定点帮扶工作领导小组。由中国日报社社长担任组长，副总编辑及编委担任副组长。定点帮扶工作领导小组以习近平总书记关于定点帮扶、乡村振兴工作的重要指示精神为抓手，落实中共中央和国家机关工作委员会、国家乡村振兴局的各项工作要求。

【帮扶会议】 2月，召开定点帮扶专题会议，组织相关部门负责人认真研究帮扶思路、具体发力点和创新举措，制订完善并及时下发《中国日报社2022年定点帮扶会昌工作方案》，明确各相关部门定点帮扶工作任务。5

月,接到2021年度中央单位定点帮扶工作成效考核评价反馈意见后,专门召开会议听取意见并深入学习。召开定点帮扶工作专题会,传达学习考核评价通报,梳理分析制约因素,对标对表工作方案,有针对性地制定整改措施,进一步提升定点帮扶工作成效。6月,与来访的会昌县委书记一行召开座谈会,听取帮扶需求,就会昌县委统筹做好疫情防控和安全生产、解决群众实际困难、促进农民增收致富等工作深入探讨,要求相关部门进一步压紧、压实、压牢定点帮扶工作责任,坚持问题导向、目标导向、结果导向。

【帮扶调研】 6月,中国日报社副总编辑带队赴会昌县开展调研督导工作,并看望报社挂职干部。在珠兰乡大西坝村,实地调研报社援建的红九军团纪念馆;在白鹅乡梓坑村,要求驻村干部与村民同吃、同住、同劳动,加强村党支部建设,想方设法协调各方力量和资源解决好村民群众的"小事"。与报社派驻的两名干部进行交流,听取挂职干部的工作开展情况汇报,对他们取得的成绩给予充分肯定,要求挂职干部进一步增强政治意识和大局意识,强化责任担当,立足本职,扎根基层,协助当地政府做好各项工作。走进会昌九二盐业有限责任公司、石磊集团有限公司、小密硒谷农业发展有限公司,进车间、看生产、走基地、看变化。

【干部挂职帮扶】 中国日报社选派2人挂职会昌县委常委、副县长及梓坑村驻村第一书记。2名挂职干部坚持以党建促帮扶,以发展产业为抓手,坚持"政府引导、市场主导、农民参与、持续发展"的原则,寻找产业发展方向;参加会昌县"新时代共产主义星期六"活动,到挂点乡村开展圩镇整治,定期走访帮扶农户,解决他们的"急难愁盼"问题。对接江西省文化和旅游厅、赣州市文化广电新闻出版旅游局,挖掘宣传推广会昌的文化和旅游资源。帮助汉仙温泉成功创建省级旅游度假区,汉仙湖全面升级改造并投入开放,汉仙岩风景名胜区入选江西"避寒养生福地";推动成立会昌剪纸非遗代表性传承人张奕清和会昌藤器制作技艺非遗代表性传承人文平清工作室;推进国家长征文化公园会昌段红军长征遗址遗迹展示提升及环境整治项目;参与小密花乡4A级景区复核。

【帮扶培训】 推进实施中国日报社定点帮扶培训技术人员项目和中国日报社定点帮扶培训基层干部项目,针对会昌县(乡、镇)、村"两委"干部、就业信息协管员、乡村振兴"第一书记"及工作队员开展培训,针对城乡贫困劳动力、职业教育毕业生、城乡未继续升学的应届初高中毕业生、农村转移就业劳动者、旅游运营管理人员开展乡村振兴知识培训、职业技能培训和电商创业培训,共培训基层干部209人次、基层技术人员301人次。中国日报社驻村工作队牵头保证梓坑村独好会昌乡村振兴学院正常运转,承担对外联络、会务保障、资料制作、餐饮住宿安排等工作,驻村第一书记发挥组织和专业能力,同参加培训的学员交流工作体会。该学院已成为会昌县的党建教育基地、干部培训基地、红色教育基地、乡村振兴基地。2022年,共承办17个班次,培训880余人次,为村集体和村民创收48万余元。

【消费帮扶】 中国日报社通过挂职干部连接农户、报社工会、商家,定期面对面交流信息,建立供需直通车,多渠道拓宽需求端。通过京东会昌馆连接村民与员工,动员报社广大员工积极参与消费帮扶,为员工提供便捷的购买渠道和消费平台,通过"以购代捐""以买代帮"等方式购买和推广会昌特色农产品,购买农特产品82余万元。通过会昌县振兴农业产业集团有限公司采购会昌莲子等农特产品22万余元。引入本来生活网生鲜电商平台,并与会昌县振兴农业产业集团有限公司签订销售协议,线上销售农产品,通过各条电商渠道帮助销售农特产品208万元。

【结对帮扶】 中国日报社办公室党总支、广告部党支部、发行部党支部先后与派驻第一书记的梓坑村党支部结对共建,共同开展主题党日活动,推动梓坑村党组织建设、精神文明建设、生态文明建设,通过把支部建在网上、党员连在线上,与村民共商村事,带动共谋发展,形成党建引领乡风文明的良好氛围。在梓坑村建立爱心书屋营造学习氛围,组织短视频大赛及文艺活动传诵村规民约,排练《梓坑薪火》情景剧讲好红色故事,让村民业余活动多起来、精气神活起来,村民的幸福感、获得感、安全感倍增,乡风文明呈现新风貌。梓坑村党支部获评江西省2021年度乡村振兴模范党组织。

【帮扶宣传】 中国日报网在定点帮扶工作中投入200.7万元为会昌县设立乡村振兴专题网页,全方位宣传会昌。先后派出记者到会昌实地专题调研,专版报道会昌的发展。在专题网页上置顶滚动播放会昌宣传片,在中文网首页位置推广会昌专题,并邀约中央媒体赴会昌县开展联合采访宣传报道,推出《穷山沟变成"富窝窝"》等中、英文稿件120余篇。推动会昌县文化旅游各项指标在赣州市、江西省排位前移,擦亮会昌"风景独好"名片。

(中国日报社定点帮扶办 郭海港)

中国外文出版发行事业局定点帮扶

【概述】 2022年是中国外文出版发行事业局(以下简称"中国外文局")定点帮扶山西省左权县第20年。中国外文局以习近平新时代中国特色社会主义思想为指导,深入学习贯彻中共中央关于定点帮扶工作的重要指示精神和决策部署,紧紧围绕左权县"十四五"时期发展定位和总体目标,着力聚焦党建、宣传、产业、智志、文旅、消费帮扶,汇聚全局之力、协调多方资源,坚持巩固帮扶成果,优化创新帮扶举措,督促落实帮扶政策,加强工作指导,助力左权县做好巩固拓展脱贫攻坚成果同乡村振兴有效衔接工作,开创乡村高质量发展新局面。

【帮扶资金投入】 2022年,中国外文局共投入帮扶资金425.22万元。其中,贫困大学生资助金15.22万元,举办左权中青年干部培训班10万元,投放媒体广告费用近400万元。引进帮扶资金90万元。

【帮扶调研】 中国外文局副局长分别带队调研考察督导定点帮扶工作。调研期间,紧密围绕左权县发展战略,充分发挥中国外文局优势,就切实帮扶左权县巩固脱贫攻坚成果和乡村振兴有序衔接进行研究部署,分别从党建、宣传、产业、智志、文旅和消费等方面推进完成定点帮扶工作任务要求,并充分了解产业帮扶项目落地和收益情况、党建帮扶资金使用和项目落实情况、挂职干部工作生活情况。

【帮扶制度】 中国外文局局务会、定点帮扶工作领导小组指导局帮扶办全面总结2021年定点扶贫工作成绩和经验,分析2022年面临的形势和任务,积极听取左权县各级领导和有关方面意见,广泛征集局属各单位主动帮扶意愿和项目,认真制订《中国外文局2022年定点帮扶工作计划》,明确党建帮扶、文旅振兴、教育振兴、人才振兴、产业振兴、消费帮扶等6个方面重点任务,提出完成任务的具体保障措施,确保各项计划落细落实、各项任务执行到位。

【帮扶会议】 5月,召开全局定点帮扶工作推进会,传达中国外文局2021年定点帮扶工作成效考核评价情况,听取中国外文局左权县挂职干部一线帮扶工作汇报,对全局定点帮扶工作进行再部署、再动员,要求全局各单位统筹抓好疫情防控和定点帮扶工作,发挥自身优势,引入外部资源,不断优化创新帮扶方式,加大统筹力度,形成全局协同帮扶合力,确保问题整改和定点帮扶工作有序推进。9月,与左权县召开定点帮扶座谈会,结合左权县关于巩固拓展脱贫攻坚成果同乡村振兴有效衔接情况,研判帮扶项目的落地和收益情况,与左权县委、县政府共同研究办法和举措,推进产业帮扶,发挥帮扶项目实际作用,着力在宣传推广、产业培育、文化教育、人才培训等方面助力左权县实现高质量发展。

【干部挂职帮扶】 共有4名挂职干部在左权县负责定点帮扶工作。其中,1人任左权县副县长,负责统筹对接中国外文局定点帮扶工作,分管县融媒体中心、招商引资中心、外事办、政府网站。1人任桐峪镇党委副书记,主抓巩固脱贫攻坚成果衔接乡村振兴,推进"桐峪·1941小镇"建设、"左权县·中国北方写生基地"桐峪片区建设、文物保护等工作。1人任寒王乡里长村驻村第一书记，重点在建强村党支部、推进强村富民、提升治理水平、为民办事服务等方面开展工作。帮扶挂职干部认真学习贯彻中共中央关于定点帮扶工作的部署要求，结合帮扶工作要求和挂职工作特点，因地制宜开展帮扶工作，为巩固拓展脱贫攻坚成果同乡村振兴有效衔接建言献策、献计出力。

【党建帮扶】 完成左权县第一批党建帮扶资金20万元使用情况评估工作。完成第二批党建帮扶资金20万元划拨工作。进一步督导驻村第一书记和帮扶工作队认真履职尽责，切实发挥作用，按计划用好党建帮扶资金，着力加强左权县基层党组织标准化、规范化建设，主要用于实施农村干部学历提升工程和"一堡垒五中心"示范村创建工程，共计资助80名年轻的村"两委"干部和后备干部完成学历提升，助力左权县创建35个"一堡垒五中心"示范村，对其中4个花费较多、建设标准较高的村党组织每村给予补助。在桐峪镇上武村、桐滩村和寒王乡里长村创建"党员积分制管理""三级网格管理"及"党建+养老"党建工作新模式，发挥党建示范引领效果。

【产业帮扶】 协助左权县招商引资69.58亿元，项目涵盖农业生产、文旅、新能源、新材料等领域，其中已签约项目5个。助力里长村黑山羊繁殖育种基地项目一期工程取得重要进展，3座高标准羊舍及配套设施已建设完成；筹划、推动左权县藏香猪养殖，打造"太行百草猪"品牌，做大、做强左权藏香猪产业链；助力里长村采取"企业+合作社"经营模式，申请县域中药材种植补贴，已播种黄芩等特色中药材260亩，桐峪镇20余村的连翘、苹果等已形成规模化种植。协助山西科耐农业有限公司入驻左权县，贸易额实现突破，有效增加当地税收；协调与中融国润资本投资控股有限公司合作，有序推进"辽州老井"酒厂、碳水钙产业园、现代化物流产业园及汽车配件贸易基地等项目前期工作。

【智志帮扶】 持续擦亮"复兴书屋"帮扶项目品牌，全年捐赠图书共3971册，坚持按期向左权县中小学"复兴书屋"寄赠《人民画报》《英语角》等期刊，新世界出版社有限责任公司、海豚出版社有限责任公司等向左权县南街小学、桐峪红军小学、农家书屋和左权县人民武装部捐建书架、捐赠图书。举办第十八期左权县中青年干部培训班，邀请中共中央党校、农业农村部、国务院发展研究中心等的教授、专家，聚焦"深入学习贯彻党的二十大精神，提高党性修养和工作能力""左权特色产业的发展与转型"及"实用技能与履职能力"等，对50名骨干进行专业指导。为左权县外语专业人才特设名额，免费参加翻译专业培训。坚持资助困难大学生，全年资助大学生22名，共计15.22万元。联系江苏淮安市白鹭湖小学等与左权县乡镇小学进行"一对一"帮扶和交流，迈出"大山内外教育联通"第一步，形成跨省优势互补的新局面，促进教育公平和优质教育资源共享，构建基础教育高质量发展新样态。

【文旅帮扶】 组织开展"纪念毛泽东延安文艺座谈会讲话80周年暨祭奠前方鲁艺抗战文艺烈士万里行"活动，弘扬左权革命精神，助推左权县红色旅游产业发展；协助左权县红色文物保护规划方案建设，在第三批文物保护方案中增加红色文物40余处；争取文物保护经费56万元支持里长村白衣阁、观音阁古建筑修复项目；争取省市县支持，里长村数字乡村建设示范村项目获600万元扶持资金，已完成设计、立项、招标工作并有序推进；协助左权县推进"前方鲁艺历史文化纪念馆""上武前方鲁艺旧址"新建、维修项目，进一步凸显左权革命文化特色；协助左权县重点推进"桐峪中心片区"项目建设，中国外文局中东欧与中南亚传播中心在该区域与左权县挂牌共建《人民画报》北方摄影创作基地，助力左权县集中发展

"写生经济"。

【消费帮扶】 中国外文局购买左权县及脱贫地区农产品共计约119.03万元，其中购买左权县农产品42.53万元，帮助销售左权县农产品25.09万元。

【帮扶宣传】 组织开展中央媒体走进左权主题采访活动，中国外文局副局长带队，局属中国互联网新闻中心及中国外文局美洲传播中心、西欧与非洲传播中心、中东欧与中南亚传播中心等媒体单位骨干力量共同组成采编队伍，与人民日报、新华通讯社、光明日报、中国日报等中央在山西媒体记者集中报道左权县"辽县易名左权县80周年"纪念活动以及左权县乡村振兴和经济社会发展情况。中国外文局中国互联网新闻中心及时报道左权县乡村振兴的新项目、新动态，不断扩大左权县的知名度和影响力；中国外文局亚太传播中心利用期刊和新媒体平台，制作刊发重点稿件及短视频产品，宣介中国扶贫和乡村振兴故事；中国外文局中东欧与中南亚传播中心制作的左权宣传画册已进入最终审稿、定稿阶段；外文出版社有限责任公司、朝华出版社有限责任公司、中国画报出版社有限责任公司与左权县有关方面对接推进数字乡村建设示范村项目，筹备出版《太行丰碑》画册、红色理论动漫读本等图书，中国画报出版社有限责任公司编印《大美左权》精品画册，向左权县赠送1000套；中国外文局统筹局属全球四大中心媒体资源，开设专版专题专栏，刊发图文专题广告，宣介左权县文化旅游、农特产品等。

（中国外文出版发行事业局
定点帮扶工作办公室　肖惠民）

经济日报社定点帮扶

【概述】 2022年,经济日报社以习近平新时代中国特色社会主义思想为指导,深入学习贯彻党的二十大精神,全面贯彻落实习近平总书记关于定点帮扶工作的一系列重要讲话和指示精神,认真落实中共中央、国务院关于乡村振兴工作的决策部署,坚持编委会对定点帮扶工作的全面领导,完善定点帮扶工作机制,定点帮扶河北省赤城县,帮助培训党员干部35人,帮助培训技术人员20人,直接采购定点帮扶县农副产品64.65万元,帮助定点帮扶县销售农副产品97.57万元,重点帮扶企业2家。

【帮扶资金投入】 2022年,经济日报社直接投入帮扶资金252.45万元,帮助引进帮扶资金257.7万元。

【组织领导】 经济日报社社长全年在定点帮扶工作相关报告上作出批示20余次,要求定点帮扶工作领导小组及相关部门定期召开协调会议,研究推动相关工作。副社长分管报社帮扶工作,多次主持召开定点帮扶协调会,抓好工作落实。与赤城县委、县政府建立完善长期帮扶工作协同机制,充分利用线上沟通渠道。经济日报社定点帮扶工作领导小组和办公室成员多次赴赤城县实地调研定点帮扶工作,与赤城县委、县政府对接帮扶工作,共同研究制订《经济日报社2022年定点帮扶计划》,确定帮扶工作主要思路与工作重点。

【干部挂职帮扶】 派出的2名挂职干部创造性开展帮扶工作,圆满完成编委会交办的年度工作任务。其中,1人在赤城县政府分管对外招商,协助乡村振兴,开展有针对性帮扶工作,在持续巩固"两不愁三保障"成果、统筹抓实企业纾困等方面履职尽责;1人以"强基层党建促乡村振兴"为抓手开展工作,在帮扶所在村实施亮化美化工程、购买防疫物资、提供公益性岗位等方面尽心尽力,为当地群众办实事。

【产业帮扶】 继续与中和农信小额信贷公司开展合作,为当地农民提供小额贷款。经济日报社帮扶办多次到北京中联正兴电子商务有限公司调研,为赤城县农副产品进中央机关和北京市打基础、找销路,促成赤城县斌赋食品生产有限公司与中联正兴电子商务有限公司深入对接,达成合作意向。经济日报社所属《中国企业家杂志社》、中国经济网、《经济》杂志社等继续开展对赤城县绿色扶贫产业发展有限公司、斌赋食品生产有限公司、御久粮生物科技有限公司等当地龙头农副产品企业一对一帮扶工作。及时对产业帮扶计划进行适当调整,以重点帮扶赤城县两家农业龙头企业的产品销售为突破口,确定6类35项农产品销售清单,通过在报社食堂开设销售网点等措施弥补不足。

【基础设施建设】 开展捐助活动,助力文化振兴,对赤城县文化硬件进行扶持投入,捐赠计算机130台、复印机20台、打印机30台及科技书刊等,总价值85万元。推动当地人居环境改善,助力生态振兴,为赤城县申沟村小花园安装雕塑灯。

【党建帮扶】 全面加强帮扶村基层组织建设,开展驻村党员活动,组织学习和宣讲党的二十大精神,助力组织振兴。

【消费帮扶】 在经济日报社机关设立赤城县农副产品销售点,组织职工购买。同时,采取措施向其他单位和社会推广,帮助推动销售。经济日报社机关采购赤城县农副产品,直接采购额64.65万元,帮助联系其他销售单位,推动销售农副产品共计97.57万元。

【文化帮扶】 经济日报社所倡导推动的文化帮扶,辐射和受益的企业主要有绿色扶贫产业发展有限公司、斌赋食品生产有限公司、御久粮生物科技有限公司等。上述企业在直接收购农户土特产品数量及直接惠及农户数量上均实现逆势增长。2022年,《经济日报》和所属媒体为重点帮扶企业宣传推广所用版面超过10个。

【帮扶培训】 在前期工作基础上,继续推动中国商业技师协会及所属北京今日东方人力资源服务有限公司,与赤城县签订人才培训协议,免费培训各类技师人才并推荐安排就业。联系北京"阿姨来了"家政服务有限公司,为赤城县免费培训月嫂、育儿嫂、家政服务人员,并推荐安排就业。联系北京瑞赢酒店物业管理有限公司、北京金融街物业管理有限责任公司、北京信科联物业管理有限公司等3家企业,作为赤城县酒店业、物业管理等劳动力就业的保障基地。联系清华大学等培训机构,为当地党员干部培训引进高层次平台。

【帮扶宣传】 发挥中央媒体优势,开展形式多样的宣传和文化帮扶。加大对赤城县宣传推介力度,推进消费帮扶,助力产业振兴。充分发挥中央主流媒体作用,在《经济日报》和所属《证券日报》《中国企业家杂志》《中国县域经济报》《中国花卉报》等上宣传赤城乡村振兴和经济社会发展成绩,促进赤城县知名度和美誉度提升,带动多家帮扶企业销售渠道明显拓宽。通过扩大对赤城县的宣传面,帮助提升赤城县的自身宣传水平,增强县域经济发展的文化软实力。经济日报社和所属子报子刊、网站、移动新媒体、社交媒体等,围绕乡村振兴与经济发展、生态环境保护、县域历史文化传承等,长期跟踪、深度报道,连续进行全方位的宣传推介。

(经济日报社　王胜颜)

中国法学会定点帮扶

【概述】 2022年,中国法学会定点帮扶重庆市开州区,深入学习贯彻习近平总书记关于全面推进乡村振兴的重要论述,全面贯彻党的二十大精神,认真落实中共中央、国务院关于定点帮扶工作的重大决策部署,接续推进开州区巩固拓展脱贫攻坚成果同乡村振兴有效衔接。中国法学会共完成人才振兴各类培训516人次;投入无偿帮扶资金20万元,引进无偿帮扶资金425万元;动员相关企业为开州区赵家街道捐赠总价90万元的羽绒服3000件;直接采购和帮助销售开州区农产品共计33余万元;开展结对共建活动,关心慰问脱贫户;加大协调力度,推进被帮扶村基础设施建设;探索运用积分制开展乡村社会治理,提升被帮扶村的精神面貌和发展水平。

【帮扶资金投入】 2022年,中国法学会投入无偿帮扶资金20万元,帮助协调引进资金425万元。在直接投入的资金中,10万元用于茶竹村党组织建设,5万元用于基层干部培训,2万元用于扶持开州区农村合作社和开州区龙头企业发展,1万元用于人居环境整治,2万元用于巩固"两不愁三保障"成果。帮助协调引进帮扶资金425万元,其中375万元用于产业路硬化,50万元用于扶持产业发展。

【帮扶资金管理】 始终注重加强对帮扶资金的使用管理,督促驻村第一书记加强专项资金的财务管理及使用监督管理,落实好村级"四议两公开"制度,确保依规合理使用帮扶资金,发挥帮扶资金的最大效益。修改完善《中国法学会帮扶资金使用管理办法》,明确帮扶资金的目的用途、使用范围、使用程序等内容,强调要严格按照财务规定使用帮扶资金,坚决防止出现挪用、占用、贪污帮扶资金等情形,并要求被帮扶单位编制帮扶资金使用年度决算,从制度和程序上强化帮扶资金使用监管。

【帮扶会议】 中国法学会副会长主持召开定点帮扶工作专题会议,学习传达相关文件,总结2011年定点帮扶工作,研究制订2022年定点帮扶工作计划;主持召开第二次定点帮扶工作专题会议,明确落实帮扶资金20万元和30万元消费帮扶产品采购任务的具体责任部门;主持召开第三次定点帮扶工作专题会议,研究通过帮扶资金使用方案。

9月,中国法学会党组书记与重庆市开州区委书记就定点帮扶工作进行座谈交流。随后,召开中国法学会定点帮扶工作推进会,汇报定点帮扶开州区的工作,进展情况,并提出需要帮助解决的重点事项。

【帮扶调研】 11月,中国法学会副会长以视频方式主持召开由中国法学会和开州区有关人员参加的定点帮扶工作座谈会,详细了解定点帮扶工作和开州区首席法律咨询专家制度的落实等情况。

【产业帮扶】 进一步强化产业帮扶措施,先后投入帮扶资金2万元,扶持专业合作社。在开州区农业农村委员会专家支持下,组织优质沃柑评选活动,通过向获奖农户发放化肥、农药等奖品及邀请果树专家对果农进行培训、在产品销售方面提供支持等举措,大力扶持沃柑种植大户并发挥他们的带动、引领作用,使茶竹村1200余亩柑橘和590亩青脆李得到科学管护。同时,通过专业合作社的利益联结机制,茶竹村20户脱贫户直接受益。

【防贫监测】 建立防返贫人员动态监测机制,由帮扶干部每人负责5户脱贫户,每月至少走访1次,动态了解掌握脱贫户、监测户的情况;驻村第一书记每半年对所有脱贫户、监测户开展1次大走访、大排查活动,重点排查帮扶政策是否落实到位,如果发现需要帮扶的情况,就立即启动帮扶机制开展帮扶。2022年对全村脱贫户遍访2次,有1户被纳入监测户并启动帮扶机制。

【就业帮扶】 帮扶干部积极协调街道办,争取村保洁、护林员等公益性岗位落地到被帮扶村茶竹村,帮助脱贫人口3人就业。

【乡村治理】 坚持党建引领乡村基层治理。在被帮扶村茶竹村探索运用积分制,制订《运用积分制进行乡村治理的实施方案》和积分事项清单,将乡村治理各项事务转化为数量化指标,对群众日常行为进行评价并形成积分,给予相应精神鼓励或物质奖励,让乡村治理工作可量化、有抓手,将乡村治理由"村里事"变成"家家事"、由"要我参与"变成"我要参与",推动乡风文明、治理有效落地落实,取得初步成效。

【消费帮扶】 倡导中国法学会党员干部购买开州区特色农产品,先后购买开州香肠、腊肉、开州大米、开州清脆李、开县春橙、紫水豆干、龙珠茶等10余种特色农产品,消费金额共计33余万元。

【帮扶培训】 为深入学习宣传习近平法治思想,深化对《中华人民共和国宪法》《中华人民共和国民法典》的宣传,突出法治帮扶特色,促进开州区基层干部学习法律知识、提高法治意识、增强法治观念,引导广大干部群众办事依法、遇事找法、解决问题用法、化解矛盾靠法,积极推进法治乡村建设,加大对脱贫攻坚和乡村振兴战略相关法律法规、政策性文件的宣传解读力度,在开州区组织开展"弘扬法治精神助力乡村振兴"党政干部培训、"乡村法律明白人"基层干部培训、乡村振兴带头人培训等,共培训干部516人次。

【干部挂职帮扶】 2021年7月,中国法学会选派2名干部到开州区挂职,接续开展为期2年的定点帮扶工作。其中,1人挂职开州区委常委、副区长,协助分管乡村振兴、对口支援和司法行政工作;1人挂职开州区赵家街道党工委委员、茶竹村驻村第一书记。两位同志到岗后,迅速转换角色,认真履职,充分发挥专长,用心、用情、用力开展帮扶工作,在推进乡村振兴中发挥积极作用。

【帮扶慰问】 6月,中国法学会培训中心与被帮扶村茶竹村开展支部结对共建,帮扶干部走访慰问脱贫户2户,发放中国法学会培训中心捐赠的党费1000元。

【社会帮扶】 发挥联系面广的优势,中国法学交流基金会协调有关企业为开州区赵家街道捐赠羽绒服3000件,共计90余万元。

【脱贫成果巩固】 继续在巩固"两不愁三保障"脱贫攻坚成果方面发力,先后向茶竹村投入帮扶资金1.3万余元,争取上级支持资金3万元,用于整治山坪塘5个、打机井1口,有效解决78户(含10个脱贫户)共259人因干旱导致的饮水难问题;使用帮扶资金2000元购买棉鞋送给茶竹村"五保户"、残疾人等特殊群体;举办英语辅导班,为留守学生免费辅导英语120人次。

【人居环境整治提升】 帮扶干部进一步完善家庭环境卫生评比考核办法,将人居环境整治纳入积分制积分事项,并投入1万元帮扶资金用于人居环境整治工作,加大对生活垃圾处理、农村厕所改建、生活污水的治理力度,组织开展家庭环境卫生评比活动,通过颁发卫生家庭光荣户、发放小礼品等形式调动群众参与人居环境整治工作的积极性,使259个家庭的人居环境得到提升。

【基础设施建设】 持续关注支持开州区基础设施建设。帮扶干部积极向开州区乡村振兴局、开州区交通局争取产业路硬化项目资金共计375万元,用于硬化茶竹村产业路4千米。继续关注、积极推进跳蹬水库、渝西高铁项目建设,跟进达(开)万铁路扩能改造项目途经开州并在开州设站、长寿—垫江—梁平普速铁路延伸至开州等工作,对开州区完善道路基础设施建设、提升总体运输能力发挥关键作用,为接续推进开州区巩固拓展脱贫攻坚成果同乡村振兴有效衔接创造有利条件。

【帮扶宣传】 依托中国法学会官方网站开发建设定点帮扶专题网站,在宣传中共中央、国务院的乡村振兴战略决策部署的同时,从更深层次、更广领域、更新视角宣传推介开州,共计发布文章15篇。发挥所属媒体《民主与法制》杂志影响力大、传播力强、受众面广的优势,预留版面,为开州区农产品免费刊发公益广告40期。利用媒体平台展示开州区基层党建工作成效、脱贫攻坚与乡村振兴衔接经验、"两山"理论贯彻情况等,增加开州区的知晓度和开放度。创建"茶竹振兴"微信公众号,加大对乡村振兴政策的解读和帮扶工作的宣传。

(中国法学会　左　锦)

中国人民对外友好协会定点帮扶

【概述】 2022年，中国人民对外友好协会（以下简称"全国对外友协"）坚持以习近平新时代中国特色社会主义思想为指导，深入贯彻落实习近平总书记关于定点帮扶和乡村振兴的重要指示精神，严格落实"四个不摘"要求，坚决落实中共中央、国务院的决策部署，以新发展理念为引领，充分发挥民间外交作用，统筹调动国内外资源，为定点帮扶山西省吕梁市兴县乡村振兴提供支持帮助。全年直接投入帮扶资金86.82万元；引进帮扶资金425万元；培训技术人员475人次；培训基层干部90人次；购买脱贫地区农产品33.25万元，帮助销售脱贫地区农产品63.28万元。

【帮扶资金投入】 2022年，全国对外友协投入帮扶资金86.82万元。其中，向山西省兴县实验小学和兴县城镇小学捐赠免洗手消毒凝胶、洗手液、消毒湿巾、额温枪、医用防护口罩、红外线测温仪等，共约60万元；为山西省兴县蔡家崖乡沙壕村建设85盏太阳能路灯，投入约26万元；在兴县开展中日韩青少年国际书画交流展线下回顾展，投入0.82万元。引进帮扶资金425万元。

【帮扶资金管理】 全国对外友协的帮扶资金主要来源于下属机构中国友好和平发展基金会帮扶专项资金，少量来源于机关服务中心自有资金、机关行政经费及工会会员会费。在项目资金使用上实施会计核算，严格项目资金审查审批程序和财务制度，在项目资金监督管理及验收审计等关键环节严抓严管，采取公示制度、定期报告制度、检查验收制度、接受审计制度。

【帮扶调研】 全国对外友协副会长一行4人赴兴县考察调研，听取县乡村三级政府关于巩固拓展脱贫攻坚成果同乡村振兴有效衔接的工作介绍并召开座谈会，先后深入蔡家崖乡沙壕村、经开区新材料智能制造业、魏家滩镇马蒲滩村、兴县职业中学新校区等实地调研。全国对外友协会长共16人组成联合工作组，并邀请中国工合国际委员会、北京培黎职业学院及美国、欧洲等的6家跨国公司、9家国际非政府组织的高管一同赴吕梁市、兴县考察、调研、对接、落实帮扶工作。其间，会长出席3场帮扶座谈会、3场项目捐赠或启动仪式、5次实地调研，带去15个帮扶项目价值超1000万元。邀请宁夏回族自治区副主席带领宁夏的林业、畜牧业专家团队到兴县对接指导生态帮扶项目。

【帮扶会议】 召开全国对外友协党组定点帮扶工作专题扩大会议，听取2021年度定点帮扶工作情况报告，研究讨论2022年度定点帮扶工作计划，并对全年定点帮扶工作作出部署，要求做好"三个表率"，各部门要发挥外事资源富集优势，助推兴县乡村产业、人才、文化、生态、组织等实现全面振兴。一是在保持现有帮扶举措和力度的前提下，有针对性地将帮扶重心向兴县乡村振兴倾斜，逐步实现由集中资源支持脱贫攻坚向全面推进乡村振兴平稳过渡。二是坚持志智双扶，激发当地干部群众的内生动力。三是深入调研对接外事资源与兴县乡村振兴重点项目，推动落地见效和对外宣介。

【帮扶培训】 在干部能力建设方面，为兴县县乡村党员干部作题为"国际形势与民间外交工作"专题讲座,开阔兴县领导干部的国际视野,增进当地对民间外交工作的了解,有助于双方进一步对接帮扶工作、深化帮扶成效。

在职业技术培训方面,邀请承德市、金稻田生物科技有限公司围绕蘑菇种植、机械化作业和产业发展等内容进行线上授课;联系吕梁市非物质文化传承人、剪纸民间艺人向沙壕村村民传授剪纸技艺,引导村民利用当地文化资源提高收入,培育当地特色文化产业;继续推进"乡村中医"公益培训项目,完成对吕梁地区454名基层乡村中医的线上、线下专业培训。

【干部挂职帮扶】 全国对外友协选派的2名干部在兴县及沙壕村挂职,其中1人担任兴县县委副书记,1人担任蔡家崖乡沙壕村驻村第一书记。

【产业帮扶】 组织"爱心助农,传递幸福的味道"活动,协调全球首席执行官委员会成员公司自愿认购兴县沙壕村小杂粮,15家跨国公司共完成采购额63.28万元;确保全国对外友协机关工会福利优先采购兴县农产品企业小杂粮礼包共计21.86万元;机关食堂通过"832平台"全年采购猪肉、绿豆、小米等价值11.39万元,以销促产,增加农民收入。

【智力帮扶】 联系美国高通公司出资23.17万元,组织开展兴县师生赴北京参加英语游学活动;推动美国非政府组织将兴县纳入"赠与亚洲"山区校长奖学金项目和"走进山区学校"支教项目,经兴县县委和教育局推荐,兴县1名小学校长已接受该项目的培训。

【教育帮扶】 争取美国"赠与亚洲"提供150万元资金支持,启动"第一代大学生助学计划",为受助学生每学期发放教育鼓励金,已与兴县友兰中学和兴县中学签订资助60名在校高中生参与项目协议,两所学校共计资助约17万元;继续与顺丰速运(集团)有限公司合作,完成2022年度"莲花助学基金"助学金31.52万元的发放工作;面向兴县青少年征集精品书画作品10幅,参加第12届中日韩青少年国际书画交流展,并在兴县举办中日韩青少年国际书画交流回顾展。

【党建帮扶】 全国对外友协办公厅党总支与沙壕村党支部通过视频形式共建,交流党的二十大学习体会和贯彻落实中共中央关于乡村振兴工作决策部署的实践心得,对接沙壕村现阶段发展实际需求。全国对外友协美大工作部党总支与兴县李家梁村党支部共建,捐赠12万元购买农机及为留守儿童购买冬衣等,将党组织对群众的关心关爱体现在实际行动上。

【基础设施建设】 争取香港乐施会资助,为兴县蔡家崖乡沙壕村新合并的两个自然村安装85盏太阳能路灯,投资约26万元,解决118户在村村民的出行安全问题,提升社区公共服务和基础设施水平,该项目已完成验收竣工,实现6个自然村都有了太阳能路灯。精心设计、持续推进沙壕村公共服务设施升级改造建设项目,计划投入资金245万元对村委会现有建筑进行功能改造,建设公共文化活动广场、老年日间照料中心、红白理事厅等,提升沙壕村的公共服务能力,打造适宜当地老年人生活的村庄环境,塑造良好的村风村貌。2022年年底前,完成征地、招投标等工作。

【健康帮扶】 与欧洲依视路视力基金会合作,举办爱眼护眼慈善活动,向兴县捐赠老花眼镜34048副,价值340余万元;在兴县城镇小学、兴县实验小学,开展关爱少年儿童·爱心防疫物资支援项目,为两所学校提供价值约60万元的手部消毒液或免洗洗手液、消毒湿巾、体温枪、医用防护口罩、红外线测温仪体温计、消毒灯、消毒液等防疫物资,用于改善学校卫生环境。联系兴县民政局、蔡家崖乡政府,开展沙壕村幸福院建设及农村互助养老试点探索,针对沙壕村老年群体需求,为沙壕村幸福院配备必要的设备,开展慢性病健康管理、老年人集体生日会、日常社区互助等活动,提高村庄老年人幸福指数,通过积极探索农村互助养老机制的有效模式,助力乡村振兴战略实施。

【帮扶宣传】 8—9月,全国对外友协会长赴兴县乡村调研,邀请中国工合国际委员会、北京培黎职业学院及美国、欧洲等的6家跨国公司、9家国际非政府组织高管赴兴县考察、调研、对接、落实帮扶工作,不仅争取对方给予兴县振兴重点扶持,而且增进跨国公司及国际组织对我国乡村振兴工作的了解,调动在华跨国公司和国际组织参与乡村振兴的积极性。11月,《联合国气候变化框架公约》第二十七次缔约方大会中国角"迈向双碳目标的城市低碳行动"在埃及举办。全国对外友协协调安排山西省吕梁市委副书记、市长线上参会,并以视频形式做题为"聚焦'双碳'目标 加快绿色发展"的发言,在国际会议上宣传习近平总书记的"两山"理论,推介了吕梁市的绿色低碳发展实践。

(中国人民对外友好协会办公厅
帮扶办 周 浩)

中华全国新闻工作者协会定点帮扶

【概述】 2022年，中华全国新闻工作者协会（以下简称"中国记协"）定点帮扶甘肃省陇南市文县，坚持以习近平新时代中国特色社会主义思想为指导，深入贯彻落实党的二十大精神，聚焦巩固拓展脱贫攻坚成果和全面推进乡村振兴目标任务，切实履行中央单位定点帮扶政治责任，在新闻帮扶、产业规划与培育、教育帮扶和人才培养等方面精准发力，走出一条以新闻帮扶为主线，产业发展、教育帮扶、人才培育多措并举的特色帮扶之路，在中央单位年度定点帮扶工作成效考核评价中被评为"好"等次。

【帮扶资金投入】 2022年，中国记协总计投入423.23万元，其中直接投入资金30.65万元，在文县举办乡村振兴人才培训班，支持文县抗击新冠疫情，帮助文县在北京举办农特产品和文旅资源推介会，扶持发展农业特色产业。动员机关工会和干部职工购买文县农产品7.78万元。引进资金384.79万元，其中实施产业规划类项目（碧口大景区旅游总体规划）1个，引入资金196万元；教育类项目8个，引入资金188.79万元，惠及文县15所中小学、幼儿园。

【帮扶资金管理】 为加强对帮扶资金的管理，定点帮扶期间直接投入的资金由中国记协对文县有关部门账户公对公办理有关款项来往业务，确保资金来往账目清晰。资金的具体使用由文县政府及有关部门组织实施。引进资金的管理由捐赠方与文县政府具体协商解决，但需做到专款专用。

【帮扶会议】 中国记协党组会、办公会专题研究定点帮扶工作共计3次。7月，第14次党组会审议通过《中国记协2022年上半年帮扶工作总结》；7月，第6次书记办公会研究直接提供10万元帮扶资金助力文县抗洪减灾及应对新冠疫情工作；12月，第25次党组会听取中国记协2022年定点帮扶工作情况汇报。8月，在北京召开中国记协定点帮扶文县工作对接会；12月，以视频连线方式召开中国记协定点帮扶文县工作推进会。

【帮扶培训】 在文县投入10.63万元举办5期"助力文县乡村振兴"培训班，共培训文县乡镇基层干部21人、中药材专业技术人员70人、乡村振兴带头人86人，劳务输转助力稳岗就业28人，组织部分优秀学员赴陇南市宕昌县、西和县、徽县实地观摩学习。根据文县需求，联系国务院国有资产监督管理委员会国企发展研究中心专家到文县就如何设立政府投资引导基金进行专题讲座，培训党政班子、县直单位业务骨干45人次；联系甘肃日报社接收文县融媒体中心2位业务骨干赴兰州交流学习1周。

【干部挂职帮扶】 中国记协在岗从事定点帮扶工作的干部有2位，分别挂任文县副县长和驻村第一书记。其中，1人挂任文县副县长，负责中国记协定点帮扶文县有关工作，协助负责巩固拓展脱贫攻坚成果同乡村振兴有效衔接等工作；1人担任文县何家湾村驻村第一书记。

【帮扶慰问】 驻村第一书记多次组织开展走访慰问、关爱特殊群体活动，为老党员和困难群众累计送去慰问金0.5万元，联系包村干部、村妇联一同上门为"五保户"和"三留守"人员打扫卫生、更换床单毛巾,送去防潮垫、毛毯、棉衣等慰问物资共计0.3万元。举办慰问文县乡村教师活动,向8所学校的一线教师捐赠价值8.76万元的护眼灯200盏,以实际行动关爱乡村教师。

【产业帮扶】 健全完善联农带农机制,带动农户参与产业发展。连续多年通过扶持龙头企业文县中寨纹党产区代元有限公司,带动470户纹党种植户稳定增收。扶持玉垒乡柑橘产业发展,带动20户柑橘种植户;对碧口镇何家湾村的核桃树进行品种改良,为核桃种植户高接换优10余亩核桃。紧扣文旅康养产业培育,积极为文县引进德勤咨询(重庆)有限公司,提供价值196万元的旅游规划报告及样板区概念性规划设计服务,助力文县文旅康养产业提档升级。购买农村地区农产品7.78万元。

【教育帮扶】 多渠道引入8个教育类项目,合计188.79万元。其中,联系深圳市腾讯计算机系统有限公司在文县第二中学捐建未来教室价值128.77万元,联系南京机器岛智能科技有限公司向城关幼儿园捐赠第三代AI点读笔70套、13.5英寸儿童液晶早教启智画板700个、儿童绘本读物1400册总价值10.21万元,联系德勤咨询(重庆)有限公司在文县第一中学发放10万元奖学金,协调沈阳日报社向文县第一中学、文县东坝中学捐赠进口钢琴并帮助创建东坝童声合唱团,还向其他10所中小学、幼儿园捐赠中小学编程教学助手、星悦故事宿舍广播系统、4000余册图书和200盏护眼台灯。

【文化帮扶】 在何家湾村投放乡风文明、村规民约展板,将此前依托中国红十字会"博爱家园"项目帮建的避难广场改为村民文化广场,满足村民日常休闲需求,参与村口景观石、乡村风貌围墙等文化小景点建设。在玉垒乡和碧口镇何家湾村,推动农村移风易俗、建立村规民约,推进文明乡风、良好家风、淳朴民风建设。

【生态帮扶】 充分调研玉垒乡旅游资源,研究提出建设"玉垒大峡谷景区"规划,开展美丽乡村建设,推动创建冉家山3A级乡村旅游景区;督促马家沟村开展生态廊道建设,彻底改变212国道马家沟段沿线"脏乱差"的情况。利用中国记协向碧口镇捐赠的垃圾清运车,设立垃圾集中清运点,确保村民的生活垃圾及时处理;购买种植景观植物,美化村居环境。

【党建帮扶】 中国记协挂职干部从"强思想,抓制度,重培训,带队伍,解难题"等5个方面狠抓党建帮扶工作。中国记协帮扶办协调安排文县党政代表团赴中国共产党历史展览馆参观学习,开展党史学习教育。挂职干部定期在联系的玉垒乡冉家村党支部、县民政局党支部督促指导落实"三会一课"制度,包抓玉垒乡黄路村党支部集中整顿。挂职副县长到玉垒乡宣讲党的二十大精神,组织学习党的二十大精神座谈会。负责联系的玉垒乡培养入党积极分子18名,培养发展对象16名,接收预备党员8名、转正党员12名。驻村第一书记在碧口镇何家湾村抓好落实软弱涣散村党支部的集中整顿,牵头进行全面走访排查,累计发现并解决各类矛盾纠纷和历史遗留问题10余项。

(中国记协办公室　宋晓明)

中国国际贸易促进委员会定点帮扶

【概述】 2022年,中国国际贸易促进委员会(以下简称"中国贸促会")定点帮扶贵州省从江县和黑龙江省林甸县。中国贸促会认真学习贯彻习近平总书记关于乡村振兴的重要论述和党的二十大精神,以党史学习教育为契机,全面落实中共中央、国务院的各项决策部署,在中共中央和国家机关工作委员会、国家乡村振兴局指导帮助下,结合定点帮扶县实际情况,充分发挥优势,定点帮扶工作取得预期成效。中国贸促会无偿投入项目帮扶资金1496.46万元(从江县1176.46万元、林甸县320万元),挂职干部工作经费75万元,引进无偿帮扶资金153.85万元,培训基层干部940人,培训技术人员522人,培训乡村振兴带头人243人,购买定点帮扶县农特产品147.4万元,帮助销售农产品3181.39万元。

【帮扶资金投入】 2022年,中国贸促会无偿投入项目帮扶资金1496.46万元,比原计划的1315万元增加181.46万元;挂职干部工作经费75万元;购买农副产品147.4万元,比原计划的120万元增加27.4万元;引进无偿帮扶资金153.85万元,比原计划的40万元增加113.85万元。其中,从江县为国家乡村振兴重点县,加大对其支持倾斜力度,无偿投入项目帮扶资金1176.46万元。

【帮扶资金管理】 中国贸促会自定点扶工作开展以来,一直重视帮扶资金的筹措及规范使用,先后印发《中国贸促会专项扶贫资金管理办法》《驻贫困县挂职干部和驻村第一书记专项工作经费管理办法》《中国贸促会扶贫项目调研经费使用管理暂行办法》。2022年,通过前期调研并征求定点帮扶县相关意见,经过会长专题办公会与党组会的审议,制订印发《中国贸促会2022年定点帮扶工作方案》,方案明确帮扶项目资金金额、挂职干部保障经费金额及相关出资单位和额度安排,项目资金和保障经费及时拨付至指定专户。帮扶资金的使用在严格执行资金管理办法的基础上与定点帮扶县签订工作责任书,明确双方帮扶资金管理责任。帮扶项目结项后,督促挂职干部、县内实施单位及时报送结项报告,审核项目资金使用及结余情况。

【帮扶调研】 中国贸促会副会长赴林甸县、从江县调研推进定点帮扶工作,深入帮扶村、重点企业,与基层干部群众交流,了解县域优势产业发展、群众就业增收情况等,督促两县认真履行主体责任,加紧推进帮扶项目,做好项目结项工作。

【干部挂职帮扶】 精心选派优秀中青年干部到定点帮扶县挂职。2名干部分别挂任从江县委常委、副县长和林甸县委常委、副县长,协助分管乡村振兴工作。4名干部分别任从江县高武村、摆平村和林甸县新民村、宏伟村驻村第一书记。挂职干部在当地党委、政府的大力支持下,努力学习、担当尽责,克服语言关、生活关、环境落差关、工作本领关等,得到当地干部、群众充分肯定。

【帮扶培训】 共投入75万元培训两县基层干部、乡村振兴带头人、专业技术人员等。参训人员共计1705名,其中培训两县基层干部940名;培训乡村振兴带头人243名,培训技术人员522名。

【产业帮扶】 在农业发展上,共投入360万元,其中:用于乡村特色产业试点发展资金120万元。在从江县加榜乡、谷坪乡、翠里乡、秀塘乡等7个乡镇,试种蜂糖李、中药材等经济作物,养殖香猪、山羊等地方家畜,受益群众5016人;在林甸县宏伟村、新民村、永胜村等乡镇村屯试种嘎拉西红柿、木耳,加工鲜食玉米,养殖肉鹅等。

助力县域优势产业招商引资50万元。用于从江县积极对接融入粤港澳大湾区"桥头堡",赴广东省佛山市开展旅游宣传暨招商推介活动等;用于林甸县赴安徽、厦门、云南、四川、青岛等地进行招商推介,与青岛政商考察团和大连黑龙江商会举办2场小型对接会等。

助力农产品品牌打造30万元。针对林甸县碱地大米、木耳进行品牌设计,制作宣传册,组建直播团队并与平台对接,参加购物盛典和农产品对接会,沟通联系中通快递、美团等平台进行采购等。

助力从江县高武村、摆平村乡村振兴示范点巩固提升80万元。高武村结合实际制定"一心一廊两组团"5~10年村庄发展规划,以党建为引领统筹推进产业、就业等工作。摆平村在村庄建设上补短板强弱项,发展特色种植养殖业和林下香羊养殖,先试先行探索劳务输出新模式等。

【就业帮扶】 共投入60万元,在从江县易地搬迁社区设置保洁员、楼层管理等公益性岗位100个,每人每年补贴6000元,帮助无法外出务工人员就近就业。

【党建帮扶】 投入188.46万元助力两县抓党建促乡村振兴,其中为两县基层党支部硬件设施提升120万元,用于新建党群活动中心、进行活动室维修、购置办公设备等,覆盖6个乡镇9个村,惠及9000余人,切实改善基层党组织硬件环境。

开展党支部结对共建68.46万元。5个机关部门、5个会属单位与两县9个村级党支部开展结对共建,购买党建资料、搭建宣传栏、开展党日活动、组织党员培训、慰问困难党员及群众等,助力基层党组织和党员干部队伍建设。

【教育帮扶】 投入资金165万元在两县设立贸促奖学金和助学金,对考入大学的两县籍困难学生、家庭困难的优秀中小学生等给予奖励,资助成绩优异的高考学生、品学兼优的困难家庭学生等786名。

【文化帮扶】 4位驻村第一书记主动用好"讲习台"、党员书屋、健身广场、文化长廊等场所,以群众喜闻乐见的形式营造良好氛围,增进邻里和谐团结互助,全面加强农村精神文明建设。从江县高武村、摆平村驻村第一书记主动用好"讲习台"、综合文化活动室、篮球场、健身广场等群众公共文体服务场所,不断丰富群众文化,助推群众精神文化娱乐生活健康积极向上发展,增进村寨邻里和谐团结互助。林甸县宏伟村、新民村驻村第一书记开辟宣传阵地,教育引导群众讲身边故事,践行社会主义核心价值观,培育自力更生脱贫致富的自强意识。

【基础设施建设】 6月,从江县发生百年一遇的特大暴雨洪灾,中国贸促会党组第一时间指示挂职干部和驻村第一书记,及时跟踪了解受灾救灾情况,并安排帮扶办调研组赴从江县察看灾情。根据从江县反馈和调研情况,中国贸促会党组研究决定追加150万元支持从江部分乡镇村级防灾排水沟修复、公厕和村级主干道重建等工作。

【公益帮扶】 机关离退办协调中国贸促会书画摄影研究会离退休老干部为从江县捐赠32幅自行创作装裱的书画作品;中国贸促会帮扶办与挂职干部积极协调伊利营养2030项目,向从江县中小学生捐赠牛奶3334箱,折合资金20万元,直接受益学生3000人;挂职干部积极协调苏州市吴江区面包树公益服务中心77.5万元、戴尔集团40.94万元、澳门青年艺能志愿工作会5.41万元、北京大鸢翔宇慈善基金会5万元、黑龙江省金天爱心医药经销有限公司5万元等社会力量参与定点帮扶工作,捐赠学习用品、建设食堂、捐赠防疫物资等。

【帮扶宣传】 主动加强与中共中央和国家机关工作委员会、国家乡村振兴局、商务部等业务主管部门联系,听取意见建议,争取工作支持,报送阶段性成果等;组织编发12期定点帮扶工作动态,在"中国贸促"公众号、《贸促之窗》等内部刊物上宣传定点帮扶工作4期,制作宣传展板2期。

(中国国际贸易促进委员会帮扶办 关智中)

中国残疾人联合会定点帮扶

【概述】 2022年，中国残疾人联合会（以下简称"中国残联"）坚持以习近平新时代中国特色社会主义思想为指导，全面贯彻党的二十大精神，认真落实中共中央、国务院决策部署，围绕"三个转向"要求，聚焦定点帮扶河北省南皮县乡村产业发展、建设、治理等任务，坚定政治担当，创新帮扶举措，加大帮扶力度，持续增强南皮县内生发展动力，助推南皮县经济社会各项事业高质量发展，定点帮扶各项工作取得积极成效。全年投入和引进帮扶资金519.82万元，帮助南皮县培训基层干部、乡村振兴带头人、专业技术人员1272人，购买农副产品117.66万元。

【帮扶资金投入】 2022年，中国残联严格落实"四个不摘"和帮扶力度不减的要求，累计投入和引进帮扶资金519.82万元，用于基础设施建设、项目投入、教育培训、图书捐赠等方面。加大对南皮县残疾人事业发展补助资金的倾斜力度，投入124.94万元用于残疾儿童救助、基本康复服务、辅具服务、残疾人家庭医生签约和困难重度残疾人家庭无障碍改造等。

【帮扶会议】 中国残联强化党组统一领导、领导小组牵头抓总、党组书记带头抓、分管领导具体管、各部门单位合力推进的责任落实机制。召开领导小组会议，听取2021年定点帮扶工作情况报告，全面部署2022年定点帮扶相关工作。多次主持召开专题会议推进工作落实。全年中国残联领导针对定点帮扶工作作出批示、提出要求10余次，层层传导压力，有关单位各司其职，形成合力，推动帮扶重点任务高质量落地落实。

【帮扶督导】 制订实施《中国残联2022年定点帮扶工作计划》，坚持双月报告、半年总结通报和定期调度推进机制，3次召开定点帮扶工作专题会，通报定点帮扶工作最新进展情况，督促指导年度帮扶项目按期推进。

【帮扶调研】 中国残联领导定期与南皮县委、县政府沟通对接，及时了解南皮县帮扶需求，指导运行好防止返贫监测和帮扶机制，坚决防止出现规模性返贫；深入南皮县宣讲党的二十大精神，实地考察南皮县乡村振兴工作，督促指导南皮县巩固拓展脱贫攻坚成果；赴南皮县专题调研，对接"三个转向"需求等。中国残联司局级干部带队赴南皮县调研对接52人次，帮助南皮县办实事做好事，为南皮县巩固拓展脱贫攻坚成果、全面推进乡村振兴助力赋能。

【干部挂职帮扶】 坚持把定点帮扶作为培养锻炼干部的平台载体，既压紧压实责任，确保工作有效落实，又加强关心关爱，帮助解决困难问题，有力保障挂职干部发挥作用。一是工作上提供有力支持。指定干部负责具体联络，及时与2名帮扶干部沟通情况、反馈意见，有效推进各项帮扶工作的开展。二是纪律上严格日常管理。按照党组工作安排，直属机关党委定期与帮扶干部谈心谈话，关心了解干部的思想情况，强调纪律要求，督促帮扶干部更好发挥纽带和抓手作用。

【产业帮扶】 突出发挥产业增收带动作用，紧扣中国残联在康复医疗、辅助器具和动员组织社会力量方面的优势，在技术、人才、市场等方面赋能南皮县发展特色产业，积极支持南皮县打造辅助器具产业联盟。一是立足辅助器具研发方面的资源,结合南皮县五金机电特色产业优势,以"研发"为发力点,助力南皮县生产更多国产高科技辅助器具产品,努力打造"1+1＞2"的产业发展模式。二是与南皮县政府联合召开产业转型对接交流会,组织南皮县辅助器具转型企业与行业内机构、专家进行交流,对南皮县发展辅助器具产业提出指导意见。为南皮辅助器具企业产品检测提供优惠价格,进行产品标准解读,提高产品质量。三是组织人员专门研究南皮县五金机电产业发展历史、现状,协助南皮县做好辅助器具产业转型,支持南皮县残疾人辅助器具研发生产基地建设。四是结合南皮县产业优势,积极开展招商引资,邀请国家电力投资集团吉林吉电新能源有限公司、北京力森德利电力科技有限公司、深圳新番投资管理有限公司等企业赴南皮县洽谈项目,引进徐州工程机械集团有限公司和营口机床厂有限公司投资南皮县6000万元项目。五是推动以"帮扶"为落脚点,推动南皮县龙头企业积极吸纳更多脱贫人口就业,在乡村振兴过程中形成经济效益和社会效益兼顾双赢的良好局面。

【帮扶培训】 聚焦定点帮扶工作对象转向所有农民的要求,围绕康复医疗技术、突发公共卫生事件处理、农业种植技术、电商从业人员技能及科技助农等相关方面知识,对南皮县乡村基层干部、乡村振兴带头人和专业技术人员持续开展有针对性的培训。全年共培训乡村基层干部524人、乡村振兴带头人383人、专业技术人员365人。

【文化帮扶】 坚持扶志扶智,开展形式多样的培育文明新风实践活动。中国听力语言康复研究中心开设线上星火课堂,讲解听障家庭阅读成果分享;中国盲文出版社帮助南皮县建设完善村级图书室,提供大字版优秀读物图书、明盲对照儿童读物图书、盲文优秀读物图书、有声读书电子资源等。华夏出版社捐赠11.88万元的图书给南皮县学校图书馆及幼儿园孩子,捐赠4万元图书用于援建华夏书屋。中国残疾人杂志社持续支持南皮县残疾人文化创业示范基地建设,捐赠书画作品20幅,向乌马营镇塔马寺村图书室提供《中国残疾人》《三月风》等杂志、书籍180册,助力乡风文明建设。

【生态帮扶】 聚焦打造美丽乡村,多措并举帮助南皮县改善乡村人居环境,完善生活设施和基础设施建设。指导南皮县开展"农村人居环境百日攻坚行动"和"全县农村地区垃圾污水和黑臭水体大清理大整治集中攻坚行动"。积极推进"厕所革命",对村庄厕所采取先建后补的方式改造,帮助实施农村厕改。积极投入资金支持南皮县实施道路硬化、路灯照明项目,美化村容村貌,改善群众的生产、生活条件。

【党建帮扶】 坚持把党的建设贯穿于全面推进乡村振兴工作的全过程、各方面,安排直属党组织与南皮县乡镇进行对口帮扶,实现南皮县每个乡镇都有1~2个直属党组织结对帮扶,推动南皮县通过抓党建引领乡村治理、以组织振兴带动乡村振兴。加大对选派的驻村第一书记的支持力度,通过开展政策宣讲、加大资金投入、入户走访慰问、捐赠党建书籍等支部结对共建活动,进一步壮大村级集体经济、改善村容村貌、激发内生动力,打造乡村振兴示范点。

【脱贫成果巩固】 持续指导南皮县运行好防止返贫监测和帮扶机制,做好易返贫致贫、突发困难、低收入人口的精准监测、及时帮扶,聚焦提升南皮县残疾人托养服务水平、保障脱贫人口就业等方面开展精准帮扶,坚决守住不发生规模性返贫底线。2022年,投入无偿帮扶资金56万元支持南皮县提升基层医疗卫生机构服务能力。捐赠无障碍汽车、残疾人轮椅、康复健身器材、助听器等，助推南皮县提升服务群众能力。联系爱心企业向南皮县捐赠无障碍卫浴扶手1000支，助力无障碍改造。截至2022年年底，南皮县共有脱贫户2215户5189人，纳入易返贫致贫户监测115户329人，其中4户14人消除风险，2022年脱贫户人均纯收入13963元，增速达到15.69%，超过该县农民收入增速。

【消费帮扶】 加大消费帮扶力度，同等条件下优先采购南皮县农副产品用于机关和直属单位食堂食材、节日慰问，支持南皮县建设线上消费扶贫馆，为南皮农产品的推销提供便利。充分挖掘内部消费潜力，发动干部职工购买南皮县农副产品，帮助南皮县销售农副产品。2022年完成消费帮扶117.66万元，超额完成年度计划。

【特色帮扶】 聚焦巩固拓展脱贫攻坚成果、全面推进乡村振兴，结合南皮县提出的"一揽子"帮扶需求和建议，指导所属部门、单位根据各自职能发挥优势特点，主动认领任务，细化帮扶措施，确保定点帮扶取得扎实成效。中国残联机关办公厅帮助南皮县潞灌镇残疾人成立南皮县希望之家社会工作服务中心，指导开展工作。研究室将南皮经验纳入巩固残疾人脱贫攻坚成果、促进残疾人共同富裕的研究。维权部督导南皮县困难重度残疾人家庭无障碍改造。康复部指导南皮县开展康复服务，102名残疾儿童接受康复救助，1553名残疾人得到基本康复服务。教育就业部指导南皮县做好易返贫致贫、突发困难、低收入残疾人的精准监测和帮扶工作，推动残疾人福利就业创业。直属机关党委动员党员干部为南皮县困难群众捐赠258件衣物。组联部指导南皮县乡镇残联如期完成换届工作。中国康复研究中心、北京按摩医院持续加大对南皮县人民医院的医技资源支持和人才队伍建设支持力度。中国残疾人辅助器具中心大力支持南皮县残疾人辅助器具研发生产基地建设，加大在人才、技术等方面的指导、支持力度。中国残疾人福利基金会开展"追梦行动"系列助残公益项目，为肢体残疾人适配假肢或矫形器，面向残疾女性开展职业技能培训。

【帮扶宣传】 充分发挥所属宣传文化单位的矩阵作用，强化对南皮县文化帮扶，围绕重要节点、重大活动、工作成效组织做好宣传报道，及时报道南皮县乡村振兴情况。在中国残联"两微一端"设置《定点帮扶·南皮一瞥》专栏，全年发布南皮县相关信息和报道35篇，阅读量15万余人次。持续加强南皮县残疾人文化创业示范基地建设，在宣传、文创非遗、书画艺术、爱心企业帮扶等方面提供大力支持，帮助定点帮扶的文创基地残疾人创业增收。华夏时报社充分发挥媒体优势，发布南皮县宣传报道50余条，全面展示南皮县乡村振兴取得的成果。中国残疾人杂志社利用刊网资源，为南皮县设计制作并连续刊发公益广告，全年刊登公益广告共63个版面，展示南皮县文化、科技、农业、生态等方面的特点和优势，加强南皮县招商引资和形象推广宣传。

(中国残疾人联合会直属机关党委　张　芝)

中国红十字会总会定点帮扶

【概述】 2022年,中国红十字会总会(以下简称"总会")继续定点帮扶湖北省黄冈市英山县。总会以习近平新时代中国特色社会主义思想为指导,深入贯彻落实习近平总书记关于深化定点帮扶工作的重要指示精神,按照中共中央、国务院的决策部署,严格落实"四个不摘"工作要求,压实责任、狠抓落实,坚持以发展促进巩固拓展脱贫攻坚成果同乡村振兴有效衔接,推动巩固脱贫成果上台阶、乡村振兴开新局。

2022年,总会累计向英山县投入帮扶项目款物1497万元,其中直接投入帮扶项目款物1325万元,引进帮扶项目款物172万元;培训基层干部705人次,培训专业技术人员82人次;购买贫困地区农产品16.2万元,完成2022年定点帮扶工作计划目标任务。第一期中央单位定点帮扶工作示范培训班学员到英山县开展观摩教学活动,英山县因定点帮扶工作成效显著成为本期培训班现场教学唯一入选县。总会在中央单位定点帮扶工作成效考核评价中被评为"好"等次。

【帮扶资金投入】 2022年,总会协调各部门、单位累计向英山县投入帮扶项目款物1497万元,其中直接投入帮扶项目款物1325万元,引进帮扶项目款物172万元。共援建博爱家园项目6个,项目资金309万元,指导召开博爱家园项目评审会、培训会;援建并实施健康e站项目6个,项目资金98.667万元;援建博爱卫生站1个,项目资金30万元;援建曜阳养老食堂项目1个,项目资金20万元;援建"黄房子——美学启蒙公益"项目2个,项目资金50万元。

【帮扶资金管理】 为用好项目资金、抓好项目建设、发挥项目帮扶实效,指导英山县践行"12345"项目管理法:讨论项目安排等"三重一大"事项时,必须召开1次党组会,充分研究、集体领导、会议决定,防止"一言堂""一支笔";以"自下而上、平等参与、民主决策"和"自上而下、责任传导、层层深入"2种方式推进项目;按专业、分领域培养3类志愿者,分别参与项目执行、应急救护、人道服务,补充夯实基层红十字力量;建立专家小组、县红十字会、乡镇政府(县直单位)、村委会4级项目管理监督体系,各负其责,层层把关,对项目实行多方位监督;以项目资金为抓手,执行项目申请、评审、评估、督办、审计五大机制,完善项目管理链条,确保资金合法、合规、合理使用。通过完善项目机制,项目资金得到有效利用。

【帮扶调研】 中国红十字会相关领导赴英山县调研定点帮扶和乡村振兴工作,实地查看方家咀乡四棵枫村、金家铺镇龙珠村、红山镇乌云山村,深入了解红十字博爱家园、健康e站、产业发展、曜阳养老、志愿服务等工作,走访慰问困难群众,并出席总会定点帮扶英山县工作座谈会。

总会采取线上、线下相结合的形式开展定点帮扶工作督导调研。一是紧盯新冠疫情防控窗口期,组织赴英山县现场督导调研。总会主要负责人、各部门和直属单位全年到英山县开展各类督促检查、项目考察、调研指导等43人次,与县委、县政府主要领导召开定点帮扶工作座谈会3次,通过进村入户走访、项目实地考察、查阅档案资料等，督促指导英山县委、县政府压实巩固脱贫成果责任、落实乡村振兴政策。二是及时调整工作举措，增加"线上"督促指导频次，开展项目管理督导、人员培训等工作，取得较好效果。

【干部挂职帮扶】 总会1人压茬交接，挂职英山县委常委，负责社会帮扶等方面的工作，协管应急管理、巩固拓展脱贫攻坚成果同乡村振兴有效衔接、招商引资工作，联系英山县红十字会、英山县信访局。总会1人继续挂职英山县方家咀乡四棵枫村驻村第一书记。挂职干部严格遵守党章党规党纪和相关法律法规，自觉服从和服务英山县改革发展大局，把总会所能与英山县党政所需、人民群众所盼紧密结合，高质量谋划一批项目，积极争取项目款物，高效推进项目工作，为助力英山县乡村振兴做出积极贡献。

【产业帮扶】 指导6个博爱家园项目村发展产业，支持四棵枫村自强互助合作社发展特色民宿、观光采摘产业，支持河口村自强互助合作社建设眼镜加工车间，支持灵芝村自强互助合作社发展水稻产业基地100亩，支持棕树塆村自强互助合作社新建蔬菜大棚14座，支持苞茅冲村自强互助合作社发展白茶30亩，支持槐树坪村自强互助合作社发展黄金芽茶叶30亩。

【帮扶培训】 通过经费支持和技术支持，为英山县培养红十字救援队、红十字救护转运队、红十字救护队、曜阳养老志愿服务队等高素质人才队伍。持续开展红十字救护培训，推动红十字应急救护培训纳入湖北省党员干部下基层察民情、解民忧、暖民心实践活动，全年支持英山县开展11期红十字救护培训，培训红十字救护师资6名、救护员770人，超额完成全年工作目标。支持英山县红十字会开展水上救援培训演练，县红十字救援队25名队员参训，受到第一期中央单位定点帮扶工作示范培训班学员的好评。此外，指导支持英山县红十字会召开全省红十字会2022年"博爱校医室"项目建设培训现场会，指导开办2022年博爱家园项目培训班。总会组建中国红十字救护转运队支援上海市医疗转运工作，英山县派出5名队员、4辆救护车驰援上海，连续工作20天，累计出车335台次，顺利转运患者283人。

【精神文明建设帮扶】 支持英山县以志愿服务引领文化振兴，打造精神文明建设品牌，推进乡风文明建设，营造文明乡风、良好家风、淳朴民风。一是打造养老志愿服务品牌，总会在全县11个乡镇支持建立25个曜阳养老服务站，100多个村成立曜阳养老志愿服务队，建设曜阳养老食堂、养老服务站、养老社区中心，1000余名红十字曜阳养老志愿者关心关爱老年人，为他们办实事、做好事、献爱心。在第八届中国养老服务业发展高层论坛暨第四届红十字养老服务论坛上，英山县交流分享"曜阳养老英山模式"。二是打造救援救护志愿服务品牌。力推英山县红十字"救"在身边项目成为2021年度全国学雷锋志愿服务"四个100"最佳志愿服务项目，英山县红十字救援队荣获"全国红十字模范单位"称号。三是打造"三献"志愿服务品牌。1名英山县红十字志愿者在武汉大学中南医院分两次捐献造血干细胞，共被采集360毫升造干混悬液，为一名身患白血病的乡村教师带去生命的希望。这位志愿者是英山县首例、黄冈市第10例、湖北省第510例造血干细胞捐献者。支持英山县举办1期"生命接力·大爱传递"人体器官捐献宣传徒步走暨签名仪式，来自社会各界的200余名志愿者参加。

【帮扶慰问】 在英山县开展2022年度"红十字博爱送万家"活动，向全县11个乡镇100多个村的困难群众发放价值30万元的慰问物资，包括家庭包、牙膏、鞋子、保暖内衣等。向英山县调拨100顶棉帐篷、500箱冲锋衣、500包棉被和26箱洗手抗菌液等物品,总价值58万元,发放给全县11个乡镇和高速路口疫情防控值守点的工作人员,助力英山县筑牢新冠疫情防控安全线。

【组织帮扶】 大力推进红十字基层组织建设,指导英山县委办公室、政府办公室联合印发《关于加强县红十字会基层组织建设实施方案》,要求在乡镇、开发区、教育系统、卫生健康系统、县直单位、企业、村(社区)建立红十字会组织,贯彻实施《中华人民共和国红十字会法》,按照《中国红十字会章程》组织开展防灾救灾、卫生健康知识和"三献"宣传、应急救护培训、红十字青少年等工作,积极发展个人与团体会员,及时准确报告灾害信息,并指导召开英山县红十字会第一次会员代表大会。

【红十字助力乡村振兴项目】 总会协调中共中央和国家机关工作委员会联合印发《关于组织实施红十字助力乡村振兴项目的通知》,在中央和国家机关定点帮扶的国家乡村振兴重点帮扶县组织实施"红十字助力乡村振兴项目",共涉及46家中央单位帮扶的55个国家乡村振兴重点帮扶县,预算金额约7145万元,计划在每个县支持开展"博爱家园""博爱卫生站""博爱e站"和"大病儿童救助"等项目。

(中国红十字会总会　黄　娟)

中国宋庆龄基金会定点帮扶

【概述】 2022年，中国宋庆龄基金会深入学习贯彻党的二十大精神和习近平总书记致中国宋庆龄基金会成立40周年重要贺信的精神，认真贯彻落实中共中央和国家机关工作委员会、国家乡村振兴局的有关部署要求，全面压实定点帮扶工作责任，在助学助教、医疗卫生、基础设施建设、乡村产业发展等多个领域开展帮扶，扎实做好宁夏回族自治区彭阳县巩固拓展脱贫攻坚成果同乡村振兴有效衔接工作；全年共投入帮扶资金679.5万元，引进帮扶资金130万元，购买、帮助销售农产品10万余元，帮助培训基层干部和技术人员200人次；在中央单位定点帮扶工作成效考核评价中被评为"较好"等次。

【帮扶资金投入】 2022年，中国宋庆龄基金会直接投入帮扶资金679.5万元，其中投入559万元，用于购买农产品、捐赠运动鞋、图书等；投入45万元，建设村集体农副产品加工厂；投入40万元，帮助100名彭阳县家庭困难大学生完成学业；投入15万元建设篮球场；投入12.5万元建设"关爱儿童之家"；投入8万元，举办中国宋庆龄基金会定点帮扶彭阳县提升基层治理能力专题研讨班。

【帮扶会议】 中国宋庆龄基金会2次召开定点帮扶工作领导小组会议，研究审议2022年定点帮扶工作计划，对做好年度定点帮扶工作提出要求，认真传达学习《中央农村工作领导小组关于2021年度中央单位定点帮扶工作成效考核评价情况的通报》《中共中央和国家机关工作委员会《2021年度定点帮扶工作成效评价反馈意见》，举一反三检视整改差距和不足，细化帮扶措施。7月，宁夏固原市委书记、彭阳县委书记一行到中国宋庆龄基金会，围绕巩固脱贫攻坚成果、助力彭阳县全面推进乡村振兴进行座谈交流。

【帮扶培训】 举办1期中国宋庆龄基金会定点帮扶彭阳县提升基层治理能力专题研讨班，培训乡科级干部40人。

【干部挂职帮扶】 中国宋庆龄基金会2人继续在彭阳县挂职，分别担任县委常委、副县长和彭阳县草庙村驻村第一书记。3月，选派机关党委1人赴彭阳县接任县委常委、副县长。中国宋庆龄基金会挂职帮扶干部和驻村第一书记始终牢记定点帮扶政治责任，主动担当作为，积极引进帮扶项目，中关村教育基金会捐赠100万元用于援建数字国学馆，陶行知教育基金会捐赠价值30万元的三屏互动AI智慧教室，中国海洋石油集团有限公司捐赠12台总价值近30万元的AED体外除颤仪，江苏圣华盾防护科技股份有限公司捐赠价值121万元的校服，努力做好巩固拓展脱贫攻坚成果同乡村振兴有效衔接各项工作。

【产业帮扶】 坚持把协助发展产业作为帮扶彭阳县实施乡村振兴战略的首要任务，立足彭阳县资源禀赋，不断推动帮扶工作重点从"输血"向"造血"转变。一是在彭阳县草庙乡草庙村建设村集体农副产品加工厂，对当地生产的胡麻、核桃、黍谷等特色农作物进行深加工，壮大集体经济，帮助农民增收。二是在中国宋庆龄青少年科技文化交流中心和宋庆龄故居设立彭阳县特色农产品宣传展示场地和售卖柜台，加强与"同心康城""扶贫商城""人民优选"等电商平台沟通联系,帮助销售彭阳县特色农产品。三是积极牵线搭桥,帮助彭阳县桃仁、杏仁加工企业与北京同仁堂(集团)有限责任公司、湖南春光九汇现代中药有限公司等企业对接,促进彭阳县发展中药产业。推动彭阳县文旅部门、县委党校与中青旅控股股份有限公司对接,助力发展县域旅游业和餐饮住宿业;争取北京市美丹食品有限公司支持,帮助彭阳县发展食品加工业并提供实习岗位。加强与北京市跨区域产业协作中心协调对接,争取北京市疏解非首都功能的外溢企业落地彭阳县,推动发展当地副食品、肉牛等加工项目。

【人才帮扶】 协调辽宁何氏眼科医院集团股份有限公司专家到彭阳县妇幼保健院对32名医护人员进行业务培训,安排彭阳县5名眼科医护人员到辽宁何氏眼科医院进修学习;线上培训彭阳县艺术专业教师123人,邀请彭阳县师生参加2022国际青少年合唱艺术提升计划、"文化小大使"等线上活动,提升师生文化素养。

【文化帮扶】 向彭阳县教育体育局捐赠1000本《宋庆龄故事——青少年学习手册》和100本《诗意还原 未来讲堂——古诗词名家诵读与鉴赏》,组织"宋庆龄的民族精神"远程授课,传播宋庆龄的崇高精神。

【社会帮扶】 携手特步集团有限公司为彭阳县捐赠总价值540余万元的运动鞋。协调辽宁何氏眼科医院集团股份有限公司为彭阳县妇幼保健院捐赠价值100万元的医疗设备,提升当地的医疗水平。

(中国宋庆龄基金会机关党委 曾永星)

中国国家铁路集团有限公司定点帮扶

【概述】 2022年,中国国家铁路集团有限公司(以下简称"国铁集团")认真学习贯彻习近平总书记关于巩固拓展脱贫攻坚成果、全面推进乡村振兴的重要指示精神,坚决落实中共中央、国务院的决策部署,践行人民铁路为人民的宗旨,充分发挥行业企业优势,严格落实"四个不摘"要求,全力提升铁路建设、运输、定点等帮扶成效,助力推动乡村建设、乡村治理、乡村发展取得新成效,为促进脱贫地区共同富裕、建设宜居宜业和美乡村贡献铁路力量。

【帮扶资金投入】 2022年,国铁集团持续定点帮扶河南省栾川县、陕西省勉县、宁夏回族自治区原州区、新疆维吾尔自治区和田县4个县(区),对口支援福建省泰宁县。国铁集团共投入4个县(区)无偿帮扶资金(含物资捐赠折算等)2.1亿元、有偿帮扶资金0.93亿元,引进无偿帮扶资金1.27亿元、有偿帮扶资金0.9亿元;共同精选113个项目,推动乡村发展、乡村建设、乡村治理取得新成效;所属各铁路局集团公司继续承担省级定点帮扶任务。全年国铁集团投入无偿帮扶资金计3.35亿元。

【帮扶机制】 国铁集团保持董事长、党组书记和总经理双组长制,18个机关部门+18个铁路局+15个协同帮扶单位的工作架构。领导小组和振兴办召开36次工作会,制订年度帮扶工作要点和资金计划,组织32家帮扶单位签署《铁路定点帮扶责任书》。将帮扶情况纳入党组巡视、年度审计和经营业绩考核,坚持日常调度、半年通报、全年考核,扎实推进铁路帮扶各项工作走深、走实。

【督促指导】 国铁集团主要领导和其他党组成员以线上、线下结合方式,调研督导4个县(区)全覆盖;其他司局级干部59人次、处级及以下干部638人次现场调研;各级干部累计督导75次、发送督导报告77件,提出建议205条,推动问题整改216个。

【干部挂职帮扶】 选派政治觉悟高、工作能力强、重点培养锻炼的优秀年轻干部,以及乡村振兴所需人才,用心、用情、用力做好挂职帮扶工作,新轮换干部49人,全部帮扶干部186人(驻村第一书记58人)。其中,和田县54人(驻村第一书记12人、少数民族干部39人),居全路之首,帮扶力量保持稳定。

【建设帮扶】 不断加大脱贫地区铁路建设投资倾斜力度,着力解决铁路发展不平衡、不充分特别是西部留白偏多问题,不断提高铁路网通达性、均衡性,持续深化"铁路网+无轨站+永临结合"的建设帮扶模式,高质量推进川藏铁路、百项交通扶贫骨干通道工程中铁路项目建设,2022年老少边及脱贫地区铁路建设投资完成3695亿元,占全国80.2%;新投产3486.6千米,占全国85%,覆盖88个老少边及脱贫县(29个县结束不通铁路的历史)。和田县所在地区开通运营世界首条沙漠铁路环线和田—若羌铁路,结束洛浦县、策勒县、于田县、民丰县、且末县等脱贫县(区)不通火车的历史。研究制订在川藏铁路建设中开展团结线幸福路建设的实施方案,明确助力沿线乡村振兴8项任务。统筹永临结合设施,据不完全统计,新建便民道路1027千米、水井404口、桥梁144座、通信基站229座,培训使用劳动力

6.2万余人次,购买农副产品1.7亿元、生产物料103亿元,租赁当地设备12.4亿元等。

【运输帮扶】 客运方面,发挥"精准运输+公益性'慢火车'+旅游帮扶+农产品专列"运输帮扶模式作用,克服新冠疫情影响,精准开行乡村地区客运列车,脱贫地区年发到旅客1.1亿人次。印发优化提升公益性"慢火车"开行方案,完善站车设施、升级空调车体、打造服务品牌,年运送旅客685.4万人次。时速160千米的复兴号动车组实现31个省(区)全覆盖。不断完善无轨站功能,精准乡村旅游等产业发展,全年组织开行脱贫地区旅游、科技、健康、助学、务工等专列535列。

货运方面,全面落实中共中央关于调整运输结构的决策部署,统筹脱贫地区疫情防控和经济发展,制订保障物流畅通、促进产业链供应链稳定工作方案,大力发展脱贫地区集装箱多式联运、货物直达列车、快运班列等,优先确保疫情防控物资和电煤、石油、春耕化肥、粮食等关系国计民生的重点物资运输畅通,降低社会物流成本。严格落实国家支农惠农政策,完善物流枢纽、物流基地、县乡村三级物流配送体系;拓展脱贫地区国际联运班列,搭建农特产品走出国门快捷通道。老少边及脱贫地区年发到货物7.9亿吨,同比增长9.7%,减免物流等费用14.5亿元。

【消费帮扶】 持续完善定向采购、进站上车、电商带货、建设消费、疫情防控帮运帮销行动,以及联农带农、品质提升、营销宣传、物流服务等"五项消费帮扶行动+四项长效帮扶机制",利用铁路公众号、站车视频等渠道,以及直播带货、"三进"(进社区、进单位、进车间)直通车等方式,引导铁路和社会力量参与消费帮扶,2022年购买、帮销脱贫地区农副产品7.8亿元。特别是在全国车站投放铁路消费帮扶柜700个,在431个车站和2218列客车上设置帮扶直销店(专区);"三网一柜"帮扶产品种类增至21个省(区)2万余种,其中4个县(区)2200余种。积极组织开展农文旅创新行动,帮助13个脱贫县特别是国家乡村振兴重点帮扶县设计打造32个区域特色品牌和营销方案,多种方式助力消费帮扶提质增效。中铁快运股份有限公司、中国铁路成都局集团有限公司两个案例获全国消费帮扶典型案例。

【就业帮扶】 落实国家"雨露计划+"就业促进专项行动,持续深化"五个一批"就业帮扶举措。据不完全统计,全年帮助脱贫地区20.3万余人次实现就业。加强铁路建设项目以工代赈,组织途经脱贫地区在建项目施工单位优先培训使用沿线脱贫县劳动力6.2万人;进一步拓宽装卸搬运、卫生保洁等外包用工范围,组织铁路单位招录脱贫县毕业生、优秀劳务工等5.6万人;加大有组织的劳务输出力度,运输脱贫地区外出务工人员3.9万人;会同定点帮扶地区政府开展技能培训和新职业、新业态培训,培训4.3万余人次;采取"帮扶产业+公益岗位"等用工模式,帮助4个县(区)就近就业3127人。

【"两不愁三保障"】 投入专项资金2213万元,改善50所中小学的教学环境及设施,165家医院、乡镇卫生院及村级卫生室的医疗条件,16个帮扶村的住房及饮水条件。组织"茅台助学""圆梦希望"等系列活动,持续9年开展"恒爱行动——百万家庭亲情一线牵"公益活动,为和田县儿童编织、捐赠过冬衣物100件。协同地方政府完善和落实防返贫监测帮扶机制,精准识别因疫、因灾等风险135户,按照"一户一策"原则细化落实帮扶措施,全年帮扶县(区)没有返贫致贫情况。

【产业振兴】 一是提高产业扶持比重。向4个县(区)投入、引进产业资金(含无偿和有偿)3.2亿元,占总资金62.1%,实施特色产业项目73项;招商引资8229万元,引进企业21家。二是培育发展县域特色产业集群。在栾川县持续投入580万元，打造全产业链的"铁路·峡谷"经济示范线，建设集休闲旅游、果蔬新品种展示、采摘及蔬菜品鉴养生于一体的产业园，受益范围扩至7700余名脱贫群众。在和田县持续投入1683万元，打造"火车头"铁路综合产业园，建成"铁字号"产业14项，增加就业岗位435个，年发放工资及红利1067万元。三是补齐强化产业链条，促进产业提档升级。投入勉县1200万元，持续完善辣椒、茶叶等11个产业基地设施，受益范围扩至15个村庄9000余人。在原州区杨郎村持续投入444万元，提升改造果蔬大棚灌溉系统2065亩，带动周边4个村组种植果蔬1万亩，年产值突破1.2亿元。四是完善联农带农机制。完善"龙头企业+集体经济+农户"等联农带农模式，以机制推动群众嵌入集体产业链条，使群众共享乡村振兴成果。年内建设帮扶车间22个，转移就业13742人。

【人才振兴】 一是加强线下培训。投入4个县（区）244万元，利用浙江大学、省级和铁道党校、铁路务工培训基地等，举办培训班21期共计培训2047人，组织44人赴四川省雅安市、江西省万安县等现场学习民宿经营、合作社管理。二是联合中国乡村发展基金会培训资源，投入75万元，组织培训旅游、电商等11期共计191人。三是助力补齐人才紧缺短板。深化"郑暖暖"助学支教品牌，组织80名职工到栾川县9所小学开展课后延时教育，授课272节1.65万人次。优选4名职工到勉县小学整学年支教，帮扶故事纪录片在学习强国、新华网等平台宣传。在和田县帮扶村优选、培养56名青年党员，充实村级骨干人才储备库。全年培训基层干部9977人次、乡村振兴带头人4066人次，医生、教师等专业技术人才17287人次。

【文化振兴】 一是加强思想道德引领。在和田县开展星级文明户创建，民族团结进步家庭创建率达70%以上；协同栾川县梳理提炼乡愁文化，促进乡村文化融入社会主义核心价值观。二是推进公共文化建设。投入480万元，为和田县新建功能齐全的火车头文化广场，为栾川县建设火车头书屋、村史馆，为原州区帮扶村修建室外篮球场等，为4个县（区）捐赠图书5.1万余册。三是开展文化惠民活动。组织中国铁路文学艺术工作者联合会到勉县山区会演，利用寒、暑假举办留守儿童素质培训班。四是推动乡村移风易俗。投入27万元，在原州区开展"移风易俗志愿行、铁路帮扶助振兴"文明实践活动，相关工作被中共中央农村工作领导小组办公室《乡村治理动态》刊发推广。

【生态振兴】 一是发展生态产业。投入原州区1084万元，完善资源化利用等设施，推动"养种循环、出户入园"生态养殖；投入勉县262.7万元，推进"茶旅融合"生态产业项目。二是实施村庄清洁和绿化美化行动。投入栾川县688万元，改造144户村民房屋及庭院，为14个乡镇配置垃圾清运车；投入原州区140万元，整治1400户村民院内及周边环境，发展养蜂、种菜、林果等"庭院经济"；投入和田县597万元，推进328户农村厕改，推动庭院"四区分离"。三是推进乡村产业路、供水工程等基础设施建设。投入栾川县178万元，提升旅游示范区道路、旅游标识和小品景观；投入勉县562.7万元，安装太阳能路灯、修建抽水设施，亮化油菜观花步道和广场。

【组织振兴】 一是助力村"两委"规范化建设。发挥铁路党建优势，助推帮扶村"两委"标准化、规范化建设。二是开展联学联建活动。深化"四联"帮扶机制，组织25个基层党支部与30个脱贫村党支部联学联建、41个党支部745人次到脱贫村61次开展助力乡村振兴等主题党日活动，捐赠书籍、慰问物品等总价400.8万元。三是培育示范群体。在帮扶村发展党员69人。加强与市场对接,因地制宜培育家庭农场、合作社等新型农业经营主体107个,集中打造栾川印象生态农业发展有限公司、勉县沔水春农业发展有限公司、宁夏正杞红枸杞产业发展有限公司等龙头企业57家。

【示范创建】 一是帮扶栾川县入选中国县域旅游综合竞争力百强县,"铁路小镇"入选全国社会帮扶典型案例;白土镇马超营社区入选全国"一村一品"示范村镇,秋扒乡小河村同时入选中国美丽休闲乡村、农家乐特色乡村。二是帮扶原州区彭堡镇入选全国"一村一品"示范村镇、全国乡村旅游重点村镇,三营镇安河村入选全国民主法治示范村,安河村、金轮村、和润村入选县级乡村振兴示范村等。三是帮扶勉县的3个村入选省、市级乡村振兴示范村,阜川镇果蔬大棚和茶叶加工厂成为勉县产业帮扶示范基地。四是帮扶和田县的比曾村、坎特艾日村创建自治区重点示范村,库木艾日克村入选县级农业产业发展示范村等。

【重点区域乡村振兴】 组织铁路局对管内国家乡村振兴重点帮扶县持续加大帮扶力度。成都、南宁铁路局分别承担贵州省望谟县坝奔村、广西壮族自治区融水苗族自治县大德村等3个村的帮扶任务,共派驻7名干部,投入265万元、引入300余万元,实施特色种植等16个项目。依托高铁优势,在覆盖十八洞村的张吉怀高铁推出"最美大湘西高铁旅游线"活动,培育"高铁+旅游消费"游客群,接待游客增长52.2%。向对口支援革命老区福建省泰宁县投入1600万元,派驻干部2名,实施帮扶项目8个,助力旅游等特色产业提质升级。

【帮扶宣传】 讲好铁路帮扶故事,在人民日报、中央广播电视总台《焦点访谈》等中央媒体上,刊播《票价1元的"慢火车"铺设一条共富之路》等铁路帮扶报道1000余篇,中国铁路全媒体平台刊播550余篇。会同西南交通大学等开展铁路旅游助力乡村振兴专项课题研究。《"慢火车"的扶贫致富故事》文集入选国家出版基金项目;《乡村振兴与脱贫攻坚衔接的理论基础及实现路径》入选国家乡村振兴局优秀征文;乡村振兴主题歌舞剧《幸福的金火车》入选国家艺术基金。帮扶原州区的经验做法在国家乡村振兴局的《乡村振兴简报》《中国乡村振兴》上刊登,在中央广播电视总台《走进老区看新貌》专题节目中展播。

(中国国家铁路集团有限公司 任 君)

中国投资有限责任公司定点帮扶

【概述】 2022年,中国投资有限责任公司(以下简称"中投公司")学习贯彻习近平总书记关于"三农"工作的重要论述,紧紧围绕中共中央、国务院关于乡村振兴和定点帮扶工作的决策部署,认真落实中共中央和国家机关工作委员会、国家乡村振兴局的工作要求,积极发挥中央单位模范表率作用和督促指导作用,全年为青海省循化撒拉族自治县(以下简称"循化")、贵州省施秉县、甘肃省静宁县和会宁县投入和引进帮扶资金4.21亿元,直接购买和帮助销售脱贫地区农产品7200万元,有效帮助三省四县守住不发生规模性返贫的底线,全面推进乡村振兴取得扎实成效。

【帮扶资金投入】 2022年,中投公司以三省四县不发生规模性返贫为目标,严格落实"四个不摘"要求,为三省四县投入和引进帮扶资金4.21亿元。其中,1.3亿余元用于巩固"三保障"和饮水安全等工作成果,2.9亿余元用于支持四县产业振兴、人才振兴、文化振兴、生态振兴、组织振兴。

【帮扶制度建设】 中投公司出台《中国投资有限责任公司定点帮扶工作管理办法(试行)》,对职责分工、资金项目管理、考评监督等作出明确规定,为定点帮扶和乡村振兴工作提供制度保障,提高帮扶工作的规范化水平。

【帮扶培训】 中投公司系统各单位共培训基层干部12114人次,培训基层技术人员7379人次,培训乡村振兴带头人1919人次。面向四县40余名基层干部和帮扶干部在井冈山开展专题培训。组织四县开展党支部书记抓党建促乡村振兴能力提升培训,培训村党支部书记1000余人次。在施秉县,结合党的二十大精神学习,充分利用有声党建图书馆对乡村干部和群众进行培训,参加人员达3425人次。

【干部挂职帮扶】 坚持把强化驻县工作队管理作为巩固拓展脱贫攻坚成果、全面推进乡村振兴的重要抓手。一是抓好干部选派和压茬轮换。选派政治素质过硬、专业能力突出,既懂金融业务又懂农村实际的优秀干部,及时完成5名干部压茬交接。截至2022年年底,三省四县在任帮扶干部17人,切实做到帮扶队伍不撤、力量不削弱。二是抓好履职尽责和作用发挥。明确驻县工作队责任分工,确保4名挂职副县长均分管乡村振兴工作。定期听取驻县工作队工作进展情况汇报,加强对工作队履职尽责、纪律作风、工作成效等方面的监督管理。驻县工作队建立周例会、月督导、季报告履职工作机制,统筹推进定点帮扶工作任务落地。三是抓好关心关爱和激励保障。推动完善挂职干部激励约束保障制度机制,对挂职干部在生活、工作上加强关心关怀。

【产业帮扶】 坚持以"强特色、防风险、育主体"为重点,加大富民产业扶持力度,切实提高脱贫群众收入。一是做大做强乡村优势特色产业。在循化县投入贷款担保金,撬动引入国有商业银行"拉面贷"贷款5000万余元,为受拉面户持续提供金融支持、纾解燃眉之急,助力"六稳""六保"。在施秉县开展红色文旅产业基地建设项目,探索发展红色旅游产业。在静宁县帮建万头牛场和蔬菜大棚项目,帮助群众实现家门口就业。在会宁县帮扶建设肉羊交易市场和产业基地,力争将肉羊产业打造成为该县主导产业。二是创新金融手段助力产业发展。聚焦苹果、玉米、肉牛等特色产业,实施"保险+期货"项目,确保农户免于农畜产品价格下跌风险,织牢产业发展安全网。三是加大新型经营主体培育力度。在施秉县种植灵芝,带动地坝村从原深度贫困村跃升为全县第二个村集体经济年收入百万元村,惠及3000余人。在会宁县支持百合、小杂粮等特色村集体产业发展,为村集体和村民增收1000万余元,惠及6200余人。帮扶静宁县建强肉牛龙头企业,吸收180余人就业,带动周边1200户村民种植饲料玉米6200亩实现增收。

【教育帮扶】 坚持"扶志"和"扶智"并举,大力开展教育帮扶,逐步构建起覆盖各学段、涵盖"硬件+软件"的全方位、立体式教育帮扶体系。聚焦硬件提升,援建施秉县第四幼儿园和第一中学宿舍楼、会宁县第一中学实验楼,帮扶循化县5所学校实施取暖设备改造,惠及师生6000余人。聚焦软件提质,实施"美丽中国""大手牵小手"等项目,通过奖教助教、奖学助学,为教育发展注入动力,惠及师生3000余人。

【健康帮扶】 充分挖掘内外部资源,聚焦痛点,实施健康帮扶,帮助定点帮扶县缓解"看病难"问题。以海拔较高、易发多发"三高"慢病的循化县为试点,开展"三高"慢病防控项目,从"被动救治"到"主动预防",惠及5000余人,血压达标率由30%提到60%。向四县捐赠和引入救护车8辆、援建村卫生室4个,重点援建施秉县马溪乡卫生院,缓解数万名群众"疾病难急救""看病难"等问题。

【基础设施建设】 聚焦民生福祉,积极补齐基础设施短板。连续3年在施秉县、静宁县实施"点亮乡村工程"项目,安装太阳能路灯1万余盏,惠及48万人口。在静宁县实施"道路提升改造工程",有效解决当地3.2万名群众的出行难题。在会宁县实施"母亲水窖"工程,解决2400余人的供水质量问题及3万亩基本农田用水难题,有效保障居民用水安全,并通过水利设施提高农田品质,助力会宁县守住粮食安全底线。

【人才帮扶】 围绕干部人才培养需求,念好"引、育、储"三字经,以人才振兴带动乡村全面振兴。在施秉县引进教师人才21人,促进教学水平大幅度提升,助力县高中在黔东南苗族侗族自治州40所高中的排名从末位上升至第4位。在静宁县设立返乡创业示范奖、劳务组织奖,助力进城务工人员、退伍军人、大学生等2300余人返乡创业。以促进脱贫人口稳岗就业为目标,共计培训乡村基层干部、乡村振兴带头人、专业技术人才等2万人余次,帮助脱贫人口转移就业8300余人。在平凉机电工程学校建成首个引入国家农业数据的智慧无人机专业,招生50人,实现当地培训、当地就业。开发"静宁果农"App,为静宁县劳务技术人才供需对接搭建桥梁。

【文化帮扶】 抓住乡村文化振兴这个"魂",以文化人、以文兴业。指导循化县开展"听党话、感党恩、跟党走"等主题宣教活动10余场,引导群众践行社会主义核心价值观。为会宁县284个行政村图书室购置近3000册图书,丰富乡村的"精神粮仓"。打造施秉县刻道、苗绣、龙舟"非遗文化能量包",大力开展民俗文化宣传。帮助静宁县创建3个技能大师工作室,扶持剪纸、玻璃工艺、掐丝画3类民间工艺,助力非遗文化传承。

【生态帮扶】 坚持"绿水青山就是金山银山",突出绿色发展主基调。在会宁县24个村开展"美丽乡村建设行动",持续改善村民的生活环境。在施秉县地坝村开展"整洁乡村工程",建设户外垃圾分类收集亭50个,通过积分项目调动村民参与环保的积极性。以"双碳"战略为指引，在会宁县开创性实施中国证券行业首个林业碳汇资源开发项目，助力会宁生态林建设100万亩，探索碳汇产品价值实现机制，推进"生态产业化、产业生态化"发展，该项目得到中国证券业协会的高度评价。

【党建帮扶】 充分发挥党建引领作用，筑牢乡村振兴"桥头堡"。在会宁县实施"村级党组织活动场所改善工程"，完成12个村的党群阵地建设。中投公司系统与四县25个基层党支部开展结对共建，助力提升党建工作水平。为四县160个基层党支部订阅《求是》杂志，提高基层党员干部的政治思想水平。

【特色帮扶】 积极调动中投公司系统内证券、保险、期货、基金等金融资源，持续拓宽金融帮扶覆盖面，提高金融帮扶的精准度和有效性。一是继续用好保险和期货工具。发挥保险普惠功能及融合保险和期货优势，持续实施"防返贫综合险"和"保险+期货"项目，有效保障36万余人，为乡村群众搭建"避风港"。二是创新运用基金和期权手段。在静宁县以股权投资形式设立产业发展基金，聚焦主导产业完成首轮1100万元投资；在会宁县通过资金出借形式设立创业互助基金，支持龙头企业、合作社发展。在静宁县实施国内首单政策性牛饲料场外期权项目，综合收益率200%。通过产业基金和期权等市场化手段，有效提升帮扶主体的治理能力和规范化水平。三是发挥投行和咨询服务优势。组织投行专业力量在静宁县对恒达环保集团有限公司进行上市挂牌辅导。

（中国投资有限责任公司
办公室 董 帅）

中国中信集团有限公司定点帮扶

【概述】 2022年,中国中信集团有限公司(以下简称"中信集团")认真贯彻落实党的二十大精神,深入学习领会习近平总书记关于"三农"工作的重要论述,坚决贯彻落实中共中央、国务院的决策部署,牢记乡村振兴是"国之大者",把定点帮扶云南省元阳县、屏边苗族自治县(以下简称"屏边县")和重庆市黔江区作为做到"两个维护"的实际行动,提高政治站位,强化责任担当,结合"地方所需、中信所能",积极推进一区两县巩固拓展脱贫攻坚成果与全面乡村振兴有效衔接。中信集团在资金、资源上加大对国家乡村振兴重点帮扶县元阳县的支持力度,圆满完成各项既定目标任务。

【帮扶资金投入】 2022年,中信集团紧紧围绕"五大振兴",结合元阳县、屏边县和黔江区的实际,直接投入无偿帮扶资金3544.43万元、有偿帮扶资金8.32亿元,引进无偿帮扶资金188.76万元、有偿帮扶资金2.31亿元。

【帮扶会议】 召开3次党委会、1次定点帮扶工作领导小组会议,研究审议年度定点帮扶工作计划,部署帮扶重点工作,实施40个帮扶项目。

【帮扶调研】 中信集团党委书记视频参加屏边县调研座谈会,党委委员、副总经理分别赴屏边县、黔江区、元阳县现场调研,督促全面落实中共中央、国务院关于巩固拓展脱贫攻坚成果、全面推进乡村振兴的决策部署,压实主体责任,帮助解决实际困难。全年共赴定点帮扶区(县)调研督导95人次,发现主要问题9个,形成督促指导报告3份。

【组织领导】 组织挂职干部、中信集团子公司召开9次帮扶工作推进会,学习贯彻党的二十大精神,传达学习中共中央关于"三农"工作、定点帮扶的最新精神,压实帮扶责任,提高抓落实的工作能力,做好帮扶项目监督实施。组织7家子公司签订帮扶协议书,明确帮扶工作量化指标,压实帮扶责任。

【干部挂职帮扶】 中信集团在3个定点帮扶区(县)有6名挂职干部(其中3名区、县领导,3名驻村第一书记),他们在乡村振兴一线聚焦主责主业,发挥自身专长,围绕调查研究、沟通协调、督促落实、引资引智等开展工作。与一区两县建立完善人才双向交流机制,当地8名干部在中信集团系统挂职结束后,继续接收新一批14名基层干部到中信银行股份有限公司、中信证券股份有限公司、中信建投证券股份有限公司、中信和业投资有限公司挂职锻炼。

【强化资源统筹】 印发《关于发挥自身优势对接一区两县帮扶需求的通知》,召开3次帮扶需求对接会,推动相关子公司深度参与帮扶工作。组织10余家子公司分3批赴一区两县开展"组团式"调研帮扶,对接当地帮扶需求,落地具有中信特色的帮扶举措。发挥群团、统战资源优势,在元阳县组织开展工会干部培训班和模范先进休养,协调中国民主同盟、中国致公党中信支部赴屏边县开展帮扶捐赠活动。

【产业振兴】 围绕补强产业发展短板弱项,健全完善联农带动机制,投入1063万元实施11个产业帮扶项目,推动当地富民产业发展、示范带动特色种植养殖、改善生产和物流条件,拓宽农民增收致富渠道,带动转移就业388人。其中,在元阳县投入200万元实施种子资源保护和利用项目二期,推动梯田红米产业提档升级。在屏边县投入140万元参与实施冷链物流仓储配送中心建设项目,提升"最初一公里"的仓储保鲜能力。在黔江区投入50万元实施数字智慧旅游项目,打造区域一键智慧游平台,为游客提供"吃住行游娱购"全方位智慧旅游服务。

【人才振兴】 围绕增强一区两县干部群众内生动力,投入193万元实施基层干部培训、技术人员培训和乡村振兴带头人培训项目,累计培训5203人。组织中信证券股份有限公司、中信建投证券股份有限公司、中信期货有限公司开展现代农业发展模式和"保险+期货"项目培训,中信银行股份有限公司和中信消费金融有限公司开展金融知识宣传教育活动。组织中信大昌行集团有限公司、中信易家电子商务有限公司开展直播带货和营销策略培训,中信医疗健康产业集团有限公司培训当地医生255人次。邀请国家乡村振兴局、中国人民大学和西南大学的专家教授帮助基层干部提高"三农"工作本领。

【文化振兴】 围绕推动形成文明乡风、淳朴民风,投入230万元修建文化墙、建设文化广场、实施新时代文明实践站等项目,制作发放社会主义核心价值观宣传海报,促进当地群众精神文化生活更加丰富。组织中信出版集团股份有限公司在20所学校建设"梦想书屋"、2所学校开展"梦想课堂"活动,为帮扶区县学校捐赠图书近万册。

【生态振兴】 围绕建设宜居宜业和美乡村,投入1728万元建设排污管网、公厕、垃圾处理站,为5个脱贫村安装路灯527盏,打造3个乡村振兴示范点,帮助脱贫群众改善人居环境。

【组织振兴】 围绕党建引领乡村振兴,中信集团总部职能部门、相关子公司党组织与帮扶区县23个党组织结对共建,积极开展"送党课到基层""送文化到基层""送技术到基层"活动,推动将基层党组织建设成为有效实现党的领导的坚强战斗堡垒,激励党员干部在乡村振兴中发挥先锋模范作用。通过"送温暖到基层""送医疗到基层"活动,向结对帮扶区县基层党组织捐赠50余万元,帮助改善乡村医疗条件、关心留守儿童。

【教育帮扶】 围绕强化智志双扶,投入1080万元实施中信奖助学金、元阳县良心寨小学综合楼改造、屏边县玉屏小学改扩建、黔江区沙坝镇中心学校教学设备采购等7个项目,激励优秀师生、帮助困难学生,改善学校教学条件。引进中国乡村发展基金会"爱心包裹"项目折合金额100万元,为元阳县1万名乡村小学生发放美术包,丰富学习用品。

【健康帮扶】 组织中信医疗健康产业集团有限公司向元阳县主鲁村医务室捐赠便携式B超、心电图仪等价值10万元的医疗物资,并提供远程会诊支持。通过"天使工程"项目,向元阳县捐赠25万元,提高50个乡村的医疗服务能力。

【消费帮扶】 持续加强消费帮扶力度,中信集团系统购买和销售脱贫区县农产品1.1亿元。引进阿里巴巴集团控股有限公司参与元阳县帮扶,推动元阳县梯田红米、咸鸭蛋等农产品入驻阿里自营及第三方电商渠道,利用天猫"双十一"直播间、聚划算百亿补贴直播间宣传元阳县农产品及文旅资源,销售元阳县农产品133万元、红河哈尼族彝族自治州农产品135万元。

【金融帮扶】 贯彻落实"三个转向"要求,把工作举措转向促进发展,通过金融帮扶撬动区域发展新动能。推动中信银行股份有限公司为黔江区提供授信额度12.16亿元、贷款余额8.16亿元,为元阳县涉农小微企业融资1094万元,解决中小企业、小微企业的融资难题;向元阳县、屏边县农村群众提供经营性贷款532.27万元,助力发展产业。协调中信建投期有限公司货、中信期货有限公司在一区两县实施12个"保险+期货"项目,为83户养殖户实现风险补偿313万元。推动中信消费金融有限公司开展金融助农"破晓计划",以近零利润、无抵押模式向农户提供便捷、高效、普惠的服务,及时帮助解决农村群众"急难愁盼"问题。

【系统帮扶】 围绕援藏"五大任务",向西藏自治区申扎县投入无偿帮扶资金2600万元实施乡村振兴示范新区建设等9个项目。5月,中信集团第九批援藏干部1人在从海拔4700米的申扎县下乡途中不幸因公牺牲。

中信集团系统各子公司在定点帮扶工作中同题共答、同向发力。中信银行股份有限公司投入无偿帮扶资金764.47万元,帮扶"三区三州"和中西部地区58个村乡村振兴。中信建投证券股份有限公司投入无偿帮扶资金620万元,帮扶山西省吉县、代县等6个帮扶县;为5个脱贫县企业融资36.26亿元,开展29个"保险+期货"项目。中信证券股份有限公司投入无偿帮扶资金791万元,帮扶甘肃省积石山保安族东乡族撒拉族自治县,中信期货有限公司投入无偿帮扶资金440余万元实施39个"保险+期货"项目,惠及4万余户农户、合作社和涉农企业。

【帮扶宣传】 中信集团消费帮扶案例入选2022年全国消费帮扶助力乡村振兴优秀典型案例。总结金融帮扶的典型经验和创新做法,撰写《中信集团:"保险+期货"稳了农户心——发挥金融独特优势赋能产业发展探索实践》专题文章,在《中国乡村振兴》杂志上刊发。在《中国政协》杂志分3期刊发中信集团帮扶一区两县情况,讲好中信帮扶故事。通过中央广播电视总台二套《消费主张》节目、《人民日报》《中国日报》、凤凰网等媒体,宣传元阳县文旅及农产品。协调《中国新闻周刊》赴元阳县开展当地新农人绣娘专访,讲好乡村振兴故事。

(中国中信集团有限公司党委党群工作部　孙　峰)

中国光大集团股份公司定点帮扶

【概述】 2022年，中国光大集团股份公司（以下简称"光大集团"）认真学习贯彻习近平总书记关于全面推进乡村振兴的重要论述，贯彻落实中央单位定点帮扶工作部署，挥产融业务优势，积极探索创新赋能乡村振兴的帮扶模式，全年向湖南省新化县、新田县、古丈县3个定点帮扶县直接投入无偿帮扶资金2618万元，启动实施帮扶项目59个，购买和帮助销售脱贫地区农产品6511万元。光大集团旗下的光大环境新化垃圾发电厂一期项目帮助改善新化县及周边农村人居环境，形成良好的示范效应；光大集团定点帮扶的乡村远程诊疗项目、新田家政培训中心和中青旅山水酒店等项目，在巩固脱贫攻坚成果助力乡村振兴中持续发挥作用。光大集团在中央单位定点帮扶工作成效考核中被评为"好"等次。

【帮扶资金投入】 2022年，光大集团向新化县、新田县、古丈县3个定点帮扶县直接投入无偿帮扶资金2618万元，其中新化县1004万元，新田县1009万元，古丈县605万元；引进无偿帮扶资金4161万元；购买和帮助销售脱贫地区农产品6511万元，其中直接购买农产品2813万元，帮助销售农产品3698万元。

【组织领导】 4月，光大集团召开党委会、乡村振兴工作领导小组会，研究审议《2022年光大集团助力推进乡村振兴重点工作实施意见》及年度帮扶工作计划。9月，光大集团乡村振兴办公室梳理定点帮扶工作情况，对照指标要求，查漏补缺，完善下一步工作措施。10月，光大集团党委会听取定点帮扶专项工作汇报，要求全系统聚焦定点帮扶重点任务，完善工作举措，加快帮扶投入，推进"三个转向"，确保定点帮扶工作取得新进展、新成效。光大集团系统共计召开定点帮扶专题工作会6次，赴定点帮扶县调研119人次。

【干部挂职帮扶】 光大集团有3名挂职干部和1名驻村第一书记在定点帮扶县工作。古丈县挂职干部被湘西土家族苗族自治州记二等功。新田县挂职干在新田火灾发生后第一时间奔赴火场，参与救火抢险，得到当地干部群众的肯定。新化县挂职干部协调信贷资金，支持高标准农田建设。驻村第一书记帮助栗山坪村发展黄桃种植产业，拓宽农产品销路，被北京市石景山区团委授予2022年"石景山青年榜样"称号。

【产业帮扶】 光大集团在3个县投入资金1200万元，实施产业帮扶项目27个，扶持和培育一批农业合作社、农业龙头企业、电子商务企业等新型经营主体，帮助延长产业链条，不断增强"造血"功能。在新化县，重点支持农机服务、茶叶种植等5家专业合作社；在新田县，重点扶持石羊镇"新田有机大豆综合体"示范基地和金盆镇沃柑基地等特色产业基地，帮助当地农户通过务工、土地租让或产业分红的方式实现创收增富，发展村集体经济；在古丈县，强化帮扶茶叶龙头企业，支持发展油茶产业、农村电商、"茶旅融合"乡村旅游等特色产业。

【消费帮扶】 通过工会"爱心采购"、客户活动帮销、电商平台推介等举措共采购和帮助销售脱贫地区农产品6511万元，其中直接购买农产品2813万元,帮助销售农产品3698万元。通过"购精彩"平台线上农产品直播带货、线下农产品展销、联合外部机构消费帮扶等方式,帮扶乡村企业236家,销售助农产品32.42万件。开展"品古丈明前春茶"活动,参与人员3.3万人。支持古丈县举办猕猴桃乡村振兴电商助农线上直播销售活动,帮助销售猕猴桃10多万千克。

【金融帮扶】 光大集团旗下光大银行持续完善乡村振兴综合金融服务方案,建设乡村振兴产品库,推出"阳光兴农"金融服务包2.0,为服务乡村振兴工作提供支持保障。截至2022年年底,光大银行在3个定点帮扶县累计投放信贷23.5亿元。其中,投放湖南省首笔"高标准农田建设"流动资金贷款1亿元,支持社会资本进行高标准农田建设。光大银行新田、新化支行通过产业发展风险补偿基金累计发放贷款1.3亿元,惠及当地企业41家次。光大集团安排专项帮扶资金12.5万元用于扶持"保险+期货"项目,已有4个养殖大户(合作社)投保。

【生态帮扶】 光大集团旗下中国光大环境(集团)有限公司在新化县投资建设的垃圾焚烧发电厂一期项目持续发挥环保行业龙头的示范引领作用,追加资金65万元添置压缩密闭式垃圾运输车,提高乡村垃圾转运能力,帮助全县实现生活垃圾无害化处理,目前项目总投资达5.88亿元。光大集团追加帮扶资金300万元,支持新田县森林火灾的灾后重建,包括配置高扬程水泵、风力灭火机,支持受灾房屋的重建修缮、林区防火隔离带建设和受灾严重的集体山林复垦复种。

【文旅帮扶】 光大集团旗下中国青旅集团有限公司帮助新化县紫鹊界梯田景区进行策划管理,帮助古丈县启动全域旅游规划,完成"一部手机游古丈"项目,累计阅读浏览量超20万人次。中青旅新化山水酒店入围2022年娄底市旅游发展大会定点接待酒店。

【健康帮扶】 持续巩固在定点帮扶地区援建的乡村远程医疗项目,帮助提高基层卫生服务能力,防止因病返贫。在3个定点帮扶县援建的204个远程诊疗点累计接诊近26万人次,其中远程会诊和远程心电11.8万例。在新化县,建设远程医疗和急救指挥中心,提高远程医疗及边远地区乡镇医院120急救反应速度,支持村级卫生室解决远程医疗运转问题,推动远程医疗服务质量提升,服务4.4万人次。光大永明人寿保险有限公司组织线上义诊,邀请北京地区三甲医院专家远程为古丈县19个村200多名村民提供诊疗服务。光大兴陇信托有限责任公司"光大之声"项目定向捐赠80万元,在新化县免费为150名有听力需求的残疾人适配助听器,为10名听力残疾儿童实施人工耳蜗手术。

【帮扶培训】 在助力人才振兴方面,光大集团帮助培训县乡村基层干部2673人次,培训乡村振兴带头人368人次。在新化县,开展茶叶种植加工、中药材种植加工、生猪养殖等农村实用技术人才培训1050人。支持新化湘妹心宝"一村一品一主播"项目,培训电商人才260余名,带动当地农副产品的销售。在新田县,依托光大新田家政培训中心,开展育婴师、保育员、养老护理专业技能培训6期共314人次,开展农业实用技术培训9期共446人次,促进农村劳动力转移就业。光大集团旗下中国青旅集团有限公司为3个定点帮扶县组织"文旅大讲堂"专场培训,培训300余人次。视频课件同步上线至央视频、微信视频号、微博、抖音等新媒体平台,全渠道累计覆盖超50万人次。光大永明人寿保险有限公司为古丈县民族中学捐赠计算机等5.1万元物资,帮助学校建设电化教室。光大证券股份有限公司浙江分公司为新田县苦志育才学校捐赠1.2万元的教学生活物品,包括1台价值近万元的教学一体机。

【就业帮扶】 在稳岗就业方面帮助开发公益性岗位。在新田县设置66个生态护林员和村庄环卫工岗位，在新化县设置56个低收入人口公益性岗位，在古丈县坪坝镇为脱贫户、监测户、低保户等困难群众设置道路维护员、垃圾清运员、护渔员等36个公益性岗位，巩固脱贫群众增收基础。光大环境新化垃圾发电厂、中青旅山水酒店集团股份有限公司、中国光大银行股份有限公司娄底新化支行和中国光大银行股份有限公司永州新田支行推进"用工本地化"，帮助当地群众稳岗就业。

【党建帮扶】 发挥党建引领作用，稳步推进光大集团系统基层党支部与定点帮扶县党支部结对共建，结成12对帮扶对子，其中包括10个脱贫村。光大集团乡村振兴办公室党支部与栗山坪村党总支结对共建，协调费用为栗山坪村建设新的党员活动中心，帮助提升村级党组织的组织力、凝聚力。光大证券办公室党支部为门楼下瑶族乡受灾群众捐赠棉大衣等价值5万元的物资。光大保险运营管理党支部与古丈县米多村支部开展结对共建活动。

【帮扶宣传】 光大集团在古丈县探索茶旅融合帮扶模式、助力茶产业发展的案例被《中国乡村振兴》杂志报道，该案例同时获评人民日报社第十届中国民生发展论坛"2022民生示范工程"案例、"中国金融年度品牌大奖"。光大集团在新化县栗山坪村的驻村帮扶工作案例，获得新华网、光明网、中国网、中国新闻网等50余家媒体的关注和报道。

（中国光大集团股份公司乡村振兴办公室　罗　菁）

中国邮政集团有限公司定点帮扶

【概述】 2022年,中国邮政集团有限公司(以下简称"中国邮政")定点帮扶陕西省商州区、洛南县。中国邮政深入学习习近平总书记关于弘扬脱贫攻坚精神、全面推进乡村振兴的重要论述,认真贯彻落实中共中央、国务院关于坚持做好中央单位定点帮扶工作的决策部署,聚焦"守底线、抓衔接、促振兴"重点,加强与地方政府对接,做好谋划、狠抓落实,推动商州区、洛南县巩固脱贫攻坚成果上台阶、乡村振兴见实效。中国邮政累计投入直接帮扶资金1348万元,引进帮扶资金86.38万元,投放各类贷款11.99亿元。同时,在全国范围内深化消费帮扶,中国邮政系统共直接购买脱贫地区农产品8605.52万元,帮助销售脱贫地区农产品2亿元。在2022年中央单位定点帮扶工作成效考核中,中国邮政被评为"好"等次。

【帮扶资金投入】 2022年,中国邮政向商州区、洛南县投入资金总额1348万元,开展产业振兴、人才振兴、文化振兴、生态振兴、组织振兴49项帮扶项目。其中,捐资商州区665.2万元,占总资金49.3%;捐资洛南县682.8万元,占总资金50.7%。引进帮扶资金86.38万元,投放各类贷款11.99亿元。

【帮扶资金管理】 中国邮政定点帮扶专项资金以捐赠形式拨付到地方乡村振兴局专用账户,各项目资金纳入地方政府总体规划统筹使用,并委托当地乡村振兴局进行资金监管。经内部检查和审计不存在帮扶资金挤占、挪用现象。

【帮扶调研】 中国邮政副总经理深入商洛地区调研定点帮扶工作、慰问挂职干部,对帮扶工作给予协调和指导,帮助他们理清思路、树牢信心、找出对策、破解困难,在调研中指出,因地制宜,充分发挥邮政在推进乡村振兴中的资源优势,帮助地方政府找准推进农业现代化发展的好路子;要继续加大邮政对农村创业群体的支持力度,积极探索产业与文旅融合发展之路;要多办一些让农民省钱、省心、省力的实事,主动引导村民移风易俗,激发农民参与乡村振兴的内生动力。据统计,全年中国邮政集团公司分管领导赴定点帮扶地区调研指导1人次,厅级及以下干部共赴商州区调研工作140人次、洛南县155人次。

【帮扶会议】 中国邮政党组高度重视巩固拓展脱贫攻坚成果同乡村振兴有效衔接工作,多次主持召开服务乡村振兴战略工作领导小组会议,要求邮政各级党组织落实"三个强化",增强"四大能力",做好"三大支撑",切实发挥"四流合一"的独特资源禀赋,全力推进惠农合作项目、强化普惠金融服务、发展农村电子商务、健全县乡村三级物流体系、推动网点站点转型,落实定点帮扶、金融帮扶、产业帮扶三大领域帮扶,加快构建农村市场主导优势。研究2022年中国邮政定点帮扶工作方案。召开总经理办公会,要求邮政各级单位坚决贯彻中共中央决策部署,保持帮扶政策稳定,围绕守底线、抓衔接、促振兴的帮扶工作重点,扶助定点帮扶县发展特色产业、培育专业人才、改善基础设施、培育文明新风、完善乡村治理。

【帮扶培训】 在商州区和洛南县开展县镇村基层干部培训2470人次。帮扶商州区举办为期3天的全区乡村振兴第一书记和工作队暨"千名干部驻村兴农"示范培训班,参培人员850人。帮扶洛南县举办为期3天的"洛南县乡村振兴驻村帮扶示范培训班",参培人员1070余人;分4个片区举办"巩固拓展脱贫攻坚成果业务培训班",参培人员550人。开展农业生产经营人才、农村二三产业发展人才等专业人才培育,在商州区、洛南县共培训产业项目技术人员2780人、乡村振兴带头人897人,增强产业发展动能。

【干部挂职帮扶】 中国邮政共派出4名挂职干部。其中,2名任驻村第一书记,另2名分别担任商州区副区长和洛南县副县长。4名挂职干部履职尽责,一心一意为帮扶群众着想,得到基层群众的认可。他们认真落实集团公司决策部署,紧扣当地党委、政府中心工作,调查研究谋划项目,在项目帮扶、抗洪救灾、疫情防控等急难险重工作中发挥骨干作用。

【帮扶慰问】 在商州区上河村、洛南县陶岭社区持续开展慰问"五保户"、重点监测户和孤寡老人的送温暖活动;开展暖冬"邮"你健康关怀行动,针对农村留守妇女儿童、乡村教师等群体,提供健康体检、医疗问诊、保健讲座、常用药品及防疫物资发放等关爱服务。

【产业帮扶】 投入帮扶资金700万元(商州区、洛南县各350万元)。一是在洛南县投入资金220万元,帮扶洛南县种植的3200亩辣椒喜获丰收,捐资建成灵口镇宽坪村剁椒加工车间,延长产业链。以村集体经济为依托,采取"政府+企业+合作社+村集体+农户"的订单农业发展模式,引领灵口镇14个村种植辣椒5500余亩,人均增收1200元;捐资50万元扶持城关街道办陶岭社区发展大棚蔬菜产业,捐资30万元扶持寺耳镇发展灵芝种植项目,均达到预期效果。二是在商州区投入资金260万元,帮扶重点项目腰市镇江山生态农业种植观光采摘园,该项目一期建设的89个标准化大棚已全面投入运营,初步实现中小学生劳动实践教育、果蔬采摘、休闲度假和亲子娱乐等多功能一体化的农旅休闲体验,实现一二三产业和"农文旅"融合发展,带动当地专职就业人员30人、临聘人员50人,人均年收入3万元;投入40万元帮助商州区上河村建成红仁核桃地膜洋芋示范园项目。三是一区一县投入资金100万元,努力克服新冠疫情影响,依托中国邮政销售平台开展消费帮扶,助销农产品470万元。产业项目累计带动6437户(含脱贫户3787户)群众增收。

【教育帮扶】 中国邮政投入资金88万元。延续"教育+就业"的特色帮扶模式,招收37名原建档立卡贫困生订单培养,上学期间每人资助2万元,毕业安排在陕西邮政企业就业。向受助学生赠送运动装、行李箱,发放入学交通补助,与当地乡村振兴局联合举办座谈活动。接收43名教育帮扶项目毕业生入职陕西省邮政公司。中国邮政向甘肃省舟曲县捐资22万元,复制"教育+就业"帮扶,招收10名原建档立卡贫困生进行订单培养,为舟曲县人才振兴注入内生动力。

【文化帮扶】 中国邮政投入帮扶资金100万元(商州区、洛南县各50万元)。一是为商州区夜村、大荆、杨斜、杨峪河、牧护关等5个镇的大型移民搬迁点捐建红白理事会,推进移风易俗文明乡风建设;为腰市镇庙前村幸福院硬化活动广场;完善上河村"邮政幸福家园"服务功能,村民的幸福感和获得感得到大幅度提升。二是在洛南县开展医疗卫生暨乡风文明宣传下乡活动;分别为陶岭社区和宽坪村捐建1个村民文化活动广场。

【基础设施建设】 中国邮政投入帮扶资金400万元(商州区、洛南县各200万元)。一是向洛南县陶岭社区、罗坡、宽坪、柏峪寺、娘庙和云蒙山等6个村捐建标准化村卫生室,村医疗保健服务功能得到大幅度提升;帮扶陶岭社区、宽坪村2个乡村振兴示范村开展人居环境综合整治。二是为商州区陈塬、板桥等镇修复5条水毁路段，为麻街、板桥等镇捐赠200盏太阳能路灯，改善当地基础设施，方便群众生活出行。

【金融帮扶】 向两区(县)核桃、辣椒等收购加工合作社提供信贷资金，加大向低收入脱贫群众提供就业岗位的带贫企业信贷支持力度，银邮协同共拓农村市场。2022年累计发放各类贷款11.99亿元。

【保险帮扶】 投入资金25万元。为1.27万群众提供意外伤害及意外医疗保险，保障额3.5亿元，累计赔付3人次，赔付金额4.6万元，其中意外伤害赔付1次、赔付金额2万元，意外伤害医疗赔付2人次、赔付金额2.6万元。

【公益帮扶】 中国邮政除做好定点帮扶工作外，充分利用网点和品牌优势，与中国农村发展基金会、中国妇女发展基金会合作开展"爱心包裹""母亲邮包"等公益帮扶项目，提升社会各界参与公益帮扶途径的多样性和便捷性。该项目已累计募集捐款10.5亿元，发放爱心包裹725万件、母亲邮包113万件。2022年，公益包裹累计募集捐款1547.1万元。其中，爱心包裹4.9万件；母亲邮包3.3万件。中国邮政储蓄银行与中国乡村发展基金会联合成立邮爱公益基金，发起邮爱自强班项目。2022年，邮爱公益基金持续开展邮爱自强班、邮爱奖学金、邮爱公益爱心包裹和爱心体育教室捐赠等项目，为经济欠发达地区的学生提供教育资金资助及成才支持。截至报告期末，邮爱公益基金共募集资金4999.88万元，其中本行捐赠合计2500万元。

【帮扶宣传】 通过中国邮政微信公众号、《中国邮政报》等多种有效宣传方式，广泛宣传中共中央巩固拓展脱贫攻坚成果同乡村振兴有效衔接的决策部署和集团公司党组在推进乡村振兴上的有关政策举措。及时、全面、准确地宣传中国邮政在推进乡村振兴进程中的好经验、好做法，发布中国邮政服务乡村振兴典型案例，讲好中国邮政推进乡村振兴故事。充分发挥中国邮政在商州区、洛南县定点帮扶的示范引领作用，激发内生动力，为邮政服务乡村振兴工作出成绩、出经验奠定坚实基础。开展邮政服务乡村振兴大型主题系列宣传活动。在中央广播电视总台农业农村频道《中国"三农"报道》栏目开展"激活乡村振兴最后一公里"和"千县万品好物产"系列报道，聚焦中国邮政在建设和健全三级物流体系、开展助农惠农合作、利用金融科技赋能乡村振兴、巩固脱贫攻坚成果、推动农村电商及农村公共服务等领域的各项工作，展现邮政服务乡村振兴的完整体系、典型模式与先进实践，全面提升邮政服务乡村振兴工作的传播力、影响力、感召力、带动力。

(中国邮政集团有限公司计划建设部 符智捷)

中国出版集团有限公司定点帮扶

【概述】 2022年,中国出版集团有限公司(以下简称"中国出版集团")深入贯彻习近平总书记关于做好定点帮扶工作的重要指示精神,有效落实中共中央和国家机关工作委员会关于2022年定点帮扶工作的意见精神。中国出版集团多次就定点帮扶工作提出要求,审定帮扶工作年度计划,赴青海省泽库县实地调研、深入考察,推动指导帮扶项目落实。中国出版集团秉持"中央要求、泽库所需、中版所能"原则,坚持完善"全集团一盘棋"帮扶机制,对标对表强化学习,加强领导力保落实,务实精准推进工作。一是强化资金帮扶,上半年550万元帮扶资金全部拨付到位;二是聚焦产业帮扶,继续投入100万元建设生态养殖小区;三是聚焦"志""智"双扶,出版《习近平扶贫故事》俄文版等10个语种;四是聚焦党建帮扶,组织人民文学出版社第六支部等6个支部与泽库县基层党组织结对共建;五是聚焦生态帮扶,投入160万元参与乡村建设和乡村治理;六是聚焦宣传引导,投入30万元支持泽库县拍摄纪录片《行走泽库》。全年工作注重形成帮扶工作合力,注重发挥帮扶干部的积极性,注重党建引领帮扶,助推泽库县发展、建设和治理再上新台阶。

【帮扶资金投入】 2022年,中国出版集团考虑泽库县属于国家乡村振兴重点帮扶县,加大对泽库县的倾斜支持力度,强化资金帮扶,上半年550万元帮扶资金全部拨付到位。中国出版集团通过捐款捐物、消费帮扶、结对共建等方式,加大资金项目等倾斜支持力度。组织人民音乐出版社等单位向7个中国出版阅读基地捐赠52万余元码洋的图书、音像产品,超额完成计划;人民文学出版社第六支部等6个共建基层党组织向泽库县捐款捐物价值14万余元;各级工会购买近160万元泽库县农产品,新华书店网上商城帮助销售1万多元泽库县等脱贫地区农产品。以上合计近800万元物资支持。

【帮扶资金管理】 中国出版集团合理管理项目资金,与泽库县人民政府签订定点帮扶工作协议书。协议书约定,定点帮扶项目资金从550万元帮扶资金中支出。帮扶资金实施统一管理:中国出版集团财务部将帮扶资金统一拨付泽库县财政局;泽库县财政局设立中国出版集团专门账户进行管理,确保专款专用,严格执行有关财经纪律和财务规定。资金使用前,需由中国出版集团外派挂职干部县委副书记审核把关。

【产业帮扶】 聚焦产业帮扶,持续助力特色产业提质增效。一是结合建设"绿色生态新泽库",重点打造乡村振兴示范典型而尖村,在2021年已经投入90万元的基础上,继续投入100万元建设生态养殖小区,发挥生态畜牧业合作社的组织、资源和管理优势,支持有发展意愿的合作社发展育、选、繁、推一体化的牦牛产业。扩大基础母畜产能,缩短出栏周期,推动牧户形成稳定的产业联合体,进一步助力而尖村集体经济发展。二是助推县域经济发展,守牢防返贫底线,投入40万元助力特色产业提质增效。其中,20万元用于泽库县扎西民族传统用品有限公司招聘12名脱贫人口稳岗就业,进一步加大就业帮扶力度,超额完成计划任务;20万元用于泽荣科技环保燃料加工专业合作社扩建厂房,打造清洁能源开发高地。

【防返贫监测】 中国出版集团运行完善防止返贫动态监测和帮扶机制,克服泽库县疫情汛情并发的困难,督促指导前方工作组,会同泽库县有关部门对脱贫不稳定户加强监测,挂职县委副书记掌握边缘易致贫户情况,驻村第一书记走访因疫情或汛情收入骤减或支出骤增户,提前采取针对性的帮扶措施,分别投入20万元用于做好疫情防控工作和招聘脱贫人口稳岗就业,确保不发生因疫因灾返贫致贫。

【就业帮扶】 聚焦任务抓落实、聚焦特色抓突破、聚焦短板抓重点,持续聚焦就业帮扶、"志""智"双扶,助推县域经济发展,守牢防返贫底线。一是投入20万元助力就业帮扶提质增效,用于泽库县扎西民族传统用品有限公司招聘12名脱贫人口稳岗就业。二是投入资金80万元,用于泽库县各类能力提升培训,并指导泽库县自筹资金实施柔性引才计划。紧紧围绕干部能力提升、基层党建、牧民家政服务、"三科"教师等,加大培训力度,组织培训班6期共285人,变简单"输血"为提高"造血"能力。

【乡村治理】 投入160万元参与乡村建设和乡村治理,将生态帮扶作为乡村治理的重要抓手,助推县域经济发展,守牢"生态环保"底线。其中,130万元用于支持泽库县发展和改革局建设高原职工氧吧,切实改善干部职工的工作条件;30万元用于乡村治理,建设而尖村生态养殖小区配套工程,重点用于污水治理等。

【消费帮扶】 中国出版集团党组高度重视消费帮扶,连续4年将消费帮扶纳入年度计划,将"卖泽库"(帮助宣传推介泽库县优质农牧产品)与"买泽库"(集团各单位和职工积极选购泽库农牧产品)统筹起来。一方面,借助中国出版集团媒体、报刊及网站,积极宣传泽库县产品,加大消费帮扶力度;另一方面,利用文化资源、宣传平台和对外推广优势,购买泽库县牦牛肉、黄蘑菇、羊毛被等产品,推动帮扶工作深入开展。各级工会购买近160万元泽库县农产品,新华书店网上商城帮助销售1万多元泽库县等脱贫地区农产品,超额完成任务。

【社会帮扶】 中国出版集团重视定点帮扶工作,注重形成帮扶工作合力。一是注重柔性引才,积极从省州引进生态环保、文旅发展、农牧水利等方面专家人才8名,为泽库县经济社会高质量发展提供人才支撑。二是组织商务印书馆等单位承办、协办"首届全民阅读大会·乡村阅读推进论坛暨2022新时代乡村阅读季"启动仪式,并开展"携手奔振兴"捐赠活动。

【脱贫成果巩固】 全面落实"守底线、抓衔接、促振兴"的部署要求,以巩固成果为根本,强化措施抓基础。拨付20万元资金支持泽库县做好疫情防控工作,向国家通用语言文字基金补充75万元资金,用于表彰全县教育高质量发展中涌现的工作突出学校的教师、班级及成绩优异的学生。支持泽库县扎西民族传统用品有限公司招聘12名脱贫人口稳岗就业,向7个中国出版阅读基地捐赠52万余元码洋的图书、音像产品,建成县党群服务中心,支持泽库县发展和改革局建设高原职工氧吧,支持泽库县委宣传部拍摄纪录片《行走泽库》,从产业振兴、人才振兴、组织振兴、生态振兴、文化振兴5个方面全面巩固拓展脱贫攻坚成果。

[中国出版集团有限公司办公室(党组办公室) 施 楠]

中共中央保密委员会办公室(国家保密局)定点帮扶

【概述】 2022年,中共中央保密委员会办公室(国家保密局)[以下简称"保密办(局)"]定点帮扶湖北省房县,坚持以习近平新时代中国特色社会主义思想为指导,深入学习贯彻习近平总书记关于巩固拓展脱贫攻坚成果、全面推进乡村振兴的重要讲话和指示批示精神,严格落实中共中央和国务院关于定点帮扶工作的各项部署要求,协调整合各方资源,助力房县高质量巩固拓展脱贫攻坚成果、开创乡村振兴新局面。保密办(局)直接投入帮扶资金42.19万元;帮助引进实施项目2个,资金共计4137万元;联系协调财政部审批通过房县申报的7个专项债项目,资金总额11.96亿元;对接国家发展和改革委员会,审批通过房县物流配送体系建设项目等7个政策性金融工具入库,资金总额4.1亿元;购买定点帮扶县农副产品33.6万元,机关和所属单位用44.14万元优先采购定点帮扶县农副产品,帮助定点帮扶县销售农副产品267.56万元;组织培训县乡村基层干部22人次,培训乡村振兴带头人10人次,培训各方面专业技术人才332人次;协调对接中国铝业股份有限公司、中国铜业有限公司、中国长江三峡集团有限公司、楚雄滇中有色金属有限责任公司和中国烟草总公司等大型企业,推动循环经济产业园、再生铜、"抽水蓄能电站"、"水环境治理"、烟叶种植等项目落实落地;协调"中国天然氧吧"申报事宜,助力房县特色绿色产业发展,更好发挥独特文旅资源优势。

【帮扶资金投入】 2022年,保密办(局)共直接投入帮扶资金42.19万元,帮助引进实施项目2个,资金共计4137万余元。

【帮扶会议】 保密办(局)与定点帮扶县以视频形式召开定点帮扶工作会议,定点帮扶县主要负责同志汇报2021年脱贫攻坚成果和全面推进乡村振兴工作情况,两名挂职干部作交流发言,同时对2022年帮扶工作进行动员部署。保密办(局)主要负责同志、分管负责同志与房县党政负责同志面对面交流定点帮扶工作开展情况,听取房县关于脱贫攻坚、乡村振兴、经济社会发展有关情况,了解实际需求,明确下一步工作方向和措施。

【干部挂职帮扶】 选派1人挂任房县政府党组成员、副县长,负责招商引资,协助分管巩固拓展脱贫攻坚成果和乡村振兴工作,多次带队赴江苏、浙江考察纺织服装企业,促成浙江古纤道等纺织项目在房县签约落地,进一步完善纺织招商全产业链;积极对接国家发展和改革委员会产业司、财政部办公厅、工业和信息化部原材料司、湖北省生态环境厅等部门,争取国家、省市帮扶资源,为当地工业产业绿色发展提供政策保障。选派1人挂任乡党委委员、驻村第一书记,严格规范细致做好村党支部换届选举工作,挨家挨户走访,及时为村民排忧解难、化解矛盾,积极谋划探索符合村情民意的村级产业振兴路径。

【产业帮扶】 积极协调中央有关单位为房县争取政策和资金支持,帮助联系中国循环经济协会,促成签订战略合作框架协议及循环经济产业园项目合作协议;联系国务院国有资产监督管理委员会、中国铝业股份有限公司、中国铜业有限公司等单位,争取再生铜项目技术合作和投资建厂，补强循环经济产业链条；协调财政部，将定点帮扶县奥林匹克体育中心建设项目纳入政府和社会资本合作中心管理库；联系中国长江三峡集团有限公司，协调加快推进"抽水蓄能电站"和"水环境治理"项目事宜；促成楚雄滇中有色金属有限责任公司来房县考察；协调中国烟草总公司，推动烟草种植预算指标8.5万担获批，确保实现税收2800余万元。

【人才帮扶】 充分发挥挂职帮扶干部和驻村第一书记作用，积极协调各方面资源，通过开办培训班等形式，组织培训县乡村基层干部22人次，培训乡村振兴带头人10人次，培训各方面专业技术人才332人次，推动乡村振兴各领域人才规模不断扩大、素质稳步提升、结构持续优化。

【教育帮扶】 发动党员干部职工募集2万元爱心捐款，资助房县16名贫困学生。支持房县图书馆、房县第一中学、房县实验中学建设3个"金城出版社读书园地"，解决装修费用11万余元，并捐赠各类书籍10000余册，图书总价值达55万元。

【生态帮扶】 组织房县有关部门与中国气象局对接"中国天然氧吧"申报事宜，在前期协调及材料申报的基础上，通过专业设备持续开展负氧离子监测，满一年后即可参加2023年集中审定；驻村帮扶工作队组织发动群众每周五开展"村庄清洁日"活动，改善乡村人居环境，引导居民形成自觉的环保意识。

【党建帮扶】 保密办（局）驻村帮扶工作队严格落实"三会一课"等制度，规范村级党组织政治生活，协助培养年轻后备党员干部；将理论学习、微党课、户外活动有机结合，增强村"两委"的凝聚力、号召力；持续开展"户户走到"活动，掌握农户的家庭情况和发展意愿，并就村庄规划、建设项目、预期效果与群众面对面沟通，帮助群众解决"急难愁盼"问题。

【社会帮扶】 协调腾讯公益慈善基金会向定点帮扶县红十字会捐助137万余元，用于乡镇卫生院建设健康小屋，进一步提高农村基层医疗卫生服务质量。成立专门工作组就健康小屋规划建设、设备配置、服务标准、运行管理等事宜，进行反复磋商、细化完善。该项目建成后将免费为当地群众提供健康检测和咨询服务，进一步提高群众的健康水平。

【帮扶宣传】 协调将房县乡村振兴典型经验刊登在《国家乡村振兴简报》（第256期）上，宣传交流房县在乡村振兴工作方面取得的成效。

［中共中央保密委员会办公室（国家保密局）机关党委　陈中山］

国家档案局定点帮扶

【概述】 2022年,国家档案局定点帮扶四川省喜德县,投入帮扶资金131.68万元,引进帮扶资金76.86万元,培训基层干部1393人次、乡村振兴带头人101人次、专业技术人才139人次,帮助销售定点帮扶县农产品20.95万元,有效助力帮扶地区巩固拓展脱贫攻坚成果、全面推进乡村振兴。

【帮扶资金投入】 2022年,国家档案局直接投入帮扶资金131.68万元,主要用于助力喜德县乡村振兴,巩固脱贫攻坚成果,实施涉及产业、人才、教育、文化、党建和民生改善等方面的14个帮扶项目;积极引进帮扶资金76.86万元,用于支持喜德县档案信息化建设和农村产业发展。

【帮扶调研】 11月,国家档案局派员作为中央有关部门祝贺团成员,赴凉山彝族自治州参加建州70周年活动期间,对定点帮扶工作开展对接调研1次。

【帮扶培训】 持续加大对县乡村基层干部和致富带头人培训力度,共培训县乡村基层干部1393人次、乡村振兴带头人101人次和专业技术人才139人次。一是立足档案行业优势,组织四川省档案局、凉山彝族自治州档案局举办线上"凉山州巩固拓展脱贫攻坚成果同乡村振兴有效衔接档案工作培训班",对凉山彝族自治州及所属县市有关档案工作负责同志和工作人员1194人进行培训。二是联合喜德县委组织部、喜德县总工会等部门继续深入开展县乡村基层干部、致富带头人培训,举办培训班2班次,培训基层干部199人次;举办全县电商直播短视频营销培训班1班次、"两新"组织工作者培训班1班次,培训致富带头人91人次。三是结合专业技能竞赛创新培训方式,提升培训示范带动能力,培训专业技术人才139人次。其中,联合喜德县总工会举办医护人员应急技能比赛暨培训班1班次,培训104人次;联合思源·新浪扬帆公益基金举办喜德县帕拉卡3D编程课培训班,对35所小学的35名帕拉卡课程辅导教师进行培训。四是安排专项资金,积极输送乡村振兴带头人10人外出考察学习红色文化和产业发展科学经验。支持喜德县两河口镇考察组赴会理市考察学习产业发展科学经验,开展"追寻红色记忆,助力乡村振兴,展现时代风采"主题教育。

【干部挂职帮扶】 继续选派1人挂职喜德县委常委、副县长,选派1人担任喜德县斯果觉村驻村第一书记。

【脱贫成果巩固】 加强饮水安全和医疗保障,为斯果觉村村民小组购买电子血压计,为农户购买水龙头过滤装置,并在疫情形势严峻时为两河口镇赠医用口罩。开展斯果觉村暖冬行动,为每户村民购买粮、油等物资,惠及260户。继续开展消费帮扶,通过节日福利采买、"832平台"网购等方式,购买和推介特色农副产品,购买定点帮扶县农产品14.94万元、其他脱贫地区农产品35.11万元,帮助销售定点帮扶县农产品20.95万元。

【产业帮扶】 一是策划喜德"时珍月宝"产品组合方案,聚焦助力喜德县农特产品销售,支持做大做强特色品牌,扩大市场影响力。协调喜德县电商中心设计开发网络销售喜德"时珍月宝"农特产品小程序,将档案行业

logo、国家档案局帮扶标识、产品特色等融入其中。《中国档案报》(2022年9月8日)头版报道喜德农特产品电商营销活动,并协调《中国档案》月刊连续刊登喜德县该活动。同时,积极促进电商产业发展,助力当地农特产品走出大山,为县电商中心、电商企业和"京郆达"农业产业示范公园提供产品物流、包装设计等方面的资金支持2.8万元。二是继续把帮扶喜德县两河口镇斯果觉村产业发展作为助推乡村产业振兴的突破口,以点带面,探索创新民族地区乡村产业帮扶方式。积极联合社会帮扶力量支持斯果觉村种植养殖业发展和产业设施建设,引入四川农村发展组织资助斯果觉村农户养殖业补贴27万元,惠及农户92户,占全村常住户数的2/3以上。积极推动浙江省机电集团有限公司与斯果觉村签署村企结对帮扶协议,连续5年,每年捐助20万元,着力促进农村经济发展。协调"京郆达"农业产业示范公园经营企业北京喜尚佳喜农业科技发展有限责任公司连续3年、每年捐资1万元支持斯果觉村集体经济发展。三是采取以奖代补后端奖励方式激励当地经营主体,加大斯果觉村产业发展基金投入力度。继续实施以奖代补等激励措施,大力培育和发展党组织领导、村民广泛参与的斯果觉村集体经济组织及喜德县依自崛农业农民专业合作社等4个合作社。在2021年村民人均100元的基础上提升10%,2022年投入10.12万元。

【教育帮扶】 安排资金21万元支持喜德县教师发展中心网络教室建设,采购有关设备,切实提高全县教师教学能力和教育教学质量。继续在斯果觉村开展"兰台助学"圆梦活动,资助斯果觉村非义务教育阶段的在校学生81人,每人3000元兰台助学金。充分调动档案行业资源,依托四川省档案学校为喜德籍学生设置档案专班,并出资为档案专班学生设置奖学金和助学金。

【文化帮扶】 积极利用《中国档案报》等宣传阵地,宣传凉山彝族自治州和喜德县乡村振兴、档案工作及有关帮扶工作,2022年《中国档案报》进行有关宣传报道11篇次。安排专项资金支持乡村文化建设活动和彝族特色群众文化活动,组织斯果觉村彝族舞蹈表演、拔河比赛和篮球比赛等。开展斯果觉村卫生评比活动,有效示范带动乡邻移风易俗、共建文明家园。国家档案局帮扶干部看望慰问村里的老人和小学生,组织包粽子等文体活动。

【生态帮扶】 安排专项资金10万元支持农村生活设施完善,帮助改善农村人居环境。一是斯果觉村排污沟改造项目,整治排污沟510米,确保排水通畅。二是实施斯果觉村公共浴室修建项目,占地20平方米,建2个房间各有3个喷头。三是实施农村家庭厕所改造及太阳能热水器浴室修建补贴项目,7户农户积极参与。

【党建帮扶】 国家档案局党纪工团党支部与斯果觉村党支部签订党支部共建协议,并开展主题为"支部共建话端午 敬老爱幼促帮扶"的首次远程共建党群活动。开展"兰台助成长 点亮微心愿"活动,国家档案局工会组织职工帮助喜德县52名儿童实现微心愿,捐赠心愿礼物价值1万余元。积极联系社会公益力量开展爱心捐助,为在村里读书的7名小学生购置学习桌柜、装修房间等。开展驻村第一书记讲党课等活动。资助斯果觉村完成党群活动中心漏雨点修缮。慰问因病住院的党员干部和老党员3人次。

【行业帮扶】 继续做好档案行业对口支援。为支持喜德县创建省级数字档案馆,国家档案局安排帮扶经费20万元,积极协调北京远桥科技有限公司等,向喜德县档案馆无偿捐赠一套价值48.86万元的档案一体机;安排支持喜德县档案馆乡村振兴帮扶工作经费8万元。依托档案行业优势,为喜德县查找提供该县作为中国现代彝语标准音所在地的档案文件,为弘扬彝族文化、促进乡村振兴提供档案特有的支持作用,对喜德县文旅产业乃至经济社会发展具有重要意义。支持凉山彝族自治州利用脱贫攻坚档案成果举办"美丽乡村展新颜"成就展。

【喜德模式】 探索乡村振兴新模式——档案系统"喜德模式"正式启动。由国家档案局、北京市档案馆、四川省档案局、四川省档案馆、喜德县人民政府、四川省档案学校、北京联合大学、档档(北京)数字技术有限公司共同开展的档案行业助力喜德县"乡村振兴·职业教育"项目于2022年正式启动。该项目是国家档案局充分调动档案行业资源,依托四川省档案学校的职业教育特色优势,联合多方力量推动实施的帮扶项目,探索"企业+专业教育+就业"的档案专业教学就业模式。四川省档案学校在校内设立"档案专班",每年接收喜德100名符合标准的初三毕业生就读,负责档案专班学生中专学历层次的培养,为档案专班学生申请国家助学金,并推荐优秀学生进入对口大专院校学习。参加全国成人高考且成绩达到北京统一录取分数线的学生,由北京联合大学按照本校成人高考(夜大学)招生计划从高分到低分进行录取,被录取的学生可以取得北京联合大学成人教育专升本层次(夜大学)学历。档档(北京)数字技术有限公司为档案专班学生每人每年解决3000元生活补助金,采取工学结合的方式组织实习和职业教育培训,并免费提供食宿。在拓宽毕业生实习就业渠道方面,协调合作企业的智慧零碳档案数字产业园区为档案专班学生提供实习、就业机会,建立以档案服务产业化振兴乡村发展的长效机制,通过档案职业教育培养一批乡村治理人才,增强乡村自主"造血"功能,创造具有鲜明档案系统特色的乡村振兴"喜德模式"。

(国家档案局　张　超)

国家粮食和物资储备局定点帮扶

【概述】 2022年,国家粮食和物资储备局坚持以习近平新时代中国特色社会主义思想为指导,认真学习贯彻党的二十大精神,深入贯彻落实习近平总书记关于巩固拓展脱贫攻坚成果、全面推进乡村振兴和深化定点帮扶工作的重要指示精神,牢记国家粮食安全和乡村振兴"国之大者",坚决落实"四个不摘"和"三个转向"要求,持续扎实做好安徽省阜南县定点帮扶工作。全年累计投入帮扶资金582.7万元;引进帮扶资金3.35亿元,引进帮扶项目和企业8个,到位资金2.3亿元;培训人员7177人次;购买脱贫地区农产品849万元,帮助销售脱贫地区农产品779.6万元。通过集中连片种植60万亩优质专用小麦,亩均增产40多千克,带动当地20多万名小农户增收近2亿元。国家粮食和物资储备局帮扶阜南县"五优联动""三链协同""阜南样板获得高质量发展硕果经验做法,被人民网选为"2022乡村振兴创新案例",消费帮扶经验做法被国家发展和改革委员会评为全国消费帮扶助力乡村振兴优秀典型案例,引入的示范企业中国中化以"产业技术+数字技术"重塑阜南县粮食产业链助力乡村振兴的实践案例被评为第三届全球减贫最佳案例、全国保障粮食安全典型案例。阜南县在安徽省乡村振兴评估年度考核中获得全省第十三名、阜阳市第一名的好成绩。

【帮扶资金投入】 2022年,国家粮食和物资储备局直接投入帮扶资金582.7万元,帮助新建1个就业帮扶车间,购置粮食收购、食品加工等设施设备,开展乡村振兴人才培训,设立助学奖学金,开展道路修缮等基础设施建设,帮助群众解决实际困难,巩固"两不愁三保障"成果。

【帮扶资金管理】 压实阜南县政府帮扶资金管理责任,成立由阜南县政府分管副县长任组长、县相关部门和挂职干部为成员的工作专班,对项目严格实行"一项目一档案一台账"管理,严格按照进度拨付资金,加强对建设项目的监督检查,确保质量合格、资金安全。各相关镇、村履行项目主体责任,具体负责项目实施、管理等工作,严格履行招投标、设备采购等程序。挂职干部对资金使用、项目实施实行全过程监督,国家粮食和物资储备局乡村振兴办不定期赴现场进行督导检查。

【帮扶调研】 国家粮食和物资储备局党组把定点帮扶工作列入年度工作要点,作为重点任务来抓,制订印发年度工作计划,细化6个方面19项具体措施。分管定点帮扶工作的局领导到阜南县实地调研,围绕巩固拓展脱贫攻坚成果、接续推进乡村振兴和粮食产业发展,先后到皖西北(阜南)粮食产业园、中化现代农业技术服务中心、苗集镇、洪河桥镇盛郢村等地实地调研,看望挂职干部,慰问基层老党员,并与阜阳市、阜南县负责同志座谈交流。采取视频调度、实地调研、委托驻地机构蹲点调研等相结合的方式,加强沟通会商、具体指导和督促检查。全年赴阜南县调研27人次,召开11次视频调度会、座谈会,形成5份报告,发现并解决35个问题。在夏季小麦收购的关键时刻,实行国家、省、市、县粮食和物资储备部门及龙头企业五级视频调度,加强组织协调;协调安徽省粮食和物资储备局2名干部赴一线蹲点1周,加强现场督导。

【帮扶培训】 持续加大对定点帮扶县乡村振兴人才培养力度,结合阜南县乡村振兴实际需求制订年度培训计划,坚持"走出去"和"请进来"相结合,构建多元人才培养机制,实现基层干部、技术人员、致富带头人、困难群众各类人员全覆盖。注重优秀干部培养,在全国粮食和物资储备高质量发展高级研修班中,为阜南县单独安排培训名额。立足优质小麦规模化种植及全产业链发展需要,发挥科技小院等创新平台和全国粮食安全宣传教育基地作用,运用田间课堂、新媒体等载体,重点围绕农业技术、粮食产业发展培训5118人次。

【干部挂职帮扶】 根据阜南县实际需要进一步充实帮扶力量,2022年挂职干部人数由5名增至6名,其中2名处级干部分别任副县长和驻村第一书记,4名科级干部分别在阜南县发展和改革委员会、农业农村局、乡村振兴局和乡镇挂职,保持各层级全覆盖。与阜南县委书记会商对接,研究推进帮扶工作;针对当地科技人才短板,商请中国科学技术协会等部门,推动科技小院、食品产业研究院等落户阜南县;扎根农田和产业园施工一线,克服疫情和雨水多的不利影响,协调政府、企业加大工作力度,按期完成项目建设;指导两个脱贫村"村社合一"合作社加快发展,帮助销售农产品289.04万元;发挥专业优势,为阜南县巩固脱贫攻坚成果、全面推进乡村振兴建言献策。

【粮食产业帮扶】 持续夯实小麦示范种植—规模化种植—就地加工转化"三步走"。一是在优质粮源基地持续带动增产增收上下功夫。2022年,阜南县优质小麦种植面积扩至60万亩,推广实施"六统一"(组织土地、技术方案、机械作业、金融保险、烘干收储、培育品牌)标准化生产,整体实现增产提质,优质小麦品质基本达到一等,平均亩产520千克,同比增产40多千克;盘活当地14万吨闲置仓容,协调落实3.34亿元低息粮食收储专项贷款资金,优质小麦订单收购均价同比提高27%,每亩净收益达800元;在国家粮食交易平台设专场销售3.81万吨优质小麦,销售额1.22亿元,实现好粮卖好价。阜南县小麦种植适度规模经营率从52.3%上升到65%,参与大托管的村集体经济组织达115个,平均亩产增长近3%,品质均在二等以上从根本上改变阜南县小麦生产"小散弱"的局面。二是在粮食产业园重大项目建设上下功夫。投资3.9亿元的中裕食品有限公司一期30万吨面粉加工项目2022年建成投产,招聘当地员工162人,可实现年产值15亿元。相继引进中裕食品有限公司二期投资13.5亿元的小麦精深加工和中央智慧厨房项目、投资1.7亿元的北大荒仓储物流等生产项目,全产业链集聚融合发展的态势加快形成。三是"冬小麦、夏花生"轮作扩面提质取得新进展。持续开展高油酸优质花生示范订单种植,优选3个品种,种植面积从2021年2650亩拓大到5500亩,平均亩产突破325千克,亩均收益超过1000元,比普通花生增收350元/亩以上。

【消费帮扶】 国家粮食和物资储备局深化"三大行动",大力推进消费帮扶。一是持续开展直采帮扶行动。全局系统有食堂的160家预算单位通过"832平台"采购食堂食材时,按不少于11.5%比例采购阜南县等脱贫地区农副产品。在安排工会福利、慰问老干部时优先采购阜南县及脱贫地区农副产品,组织开展对口支援的江西省于都县及广西壮族自治区田东县等脱贫县特色农产品团购活动。二是持续开展线上帮扶行动。与中华全国供销合作总社深入合作,推动"中国好粮油"品牌品质优势与"832平台"渠道优势强强联合,上线"832平台""中国好粮油"产品专场,集中推介销售60余款脱贫地区优质粮油产品。在线上举办的第四届全国粮食交易大会期间,专场集中展销脱贫地区优质粮油产品,加大消费帮扶力度。三是持续开展消费帮扶新春行动。利用春节、元宵节等消费旺季,在全局系统组织开展"消费帮扶新春行动",累计采购脱贫地区农副产品152.4万元,促进脱贫地区粮油产品市场销售。

【党建帮扶】 强化定点帮扶党建引领,深化支部结对共建,把不断提高基层党组织战斗力作为重要内容,局机关和直属单位24个党组织与阜南县9个脱贫村党支部深化结对共建,并将抓共建情况纳入年度基层党组织书记述职评议考核。通过联学共建,把党的创新理论学习课堂搬到田间地头、基层一线,也使机关党员干部更接地气、提升服务基层能力。挂职干部任党委副书记的苗集镇获评阜阳市唯一的"安徽省基层思想政治工作示范点"。帮助致富带头人增强本领,组织脱贫村"两委"委员到南京、苏州、无锡、杭州等长三角发达地区实地考察学习20余次,找差距、学经验、鼓干劲,提高党员干部带领群众致富的能力,并试点将学习情况列入各村绩效考核内容。壮大村级集体经济,支持指导2个脱贫村建强"村社合一"合作社,持续加强"党建+产业+合作社+脱贫户"利益联结,将返贫监测户全部纳入合作社股东,实施产品品质品牌提升行动,并在全县创新开展村级合作社集并收粮。其中,盛郢村合作社年收入达336万元,帮助村集体增收13.5万元,带动49名脱贫户增收3.9万元,自2022年2月起综合评分保持在全镇前三名,由三类村晋级一类村,党组织凝聚力、向心力、战斗力不断增强。

【智力帮扶】 搭建智力帮扶平台,与中国农业大学、江南大学等6所高校、科研院所开展产学研合作,小麦科技小院、健康食品产业技术研究院等创新平台相继落户阜南县,为阜南县构建从面粉初加工到精深加工的小麦全产业链体系提供支撑。健全双向交流机制,在安排挂职干部一线帮扶的同时,接收阜南县2名青年干部到国家粮食和物资储备局机关跟班学习锻炼,帮助基层干部拓宽工作视野、提升业务能力。针对"两不愁三保障"薄弱环节,继续投入45万元励志助学金,资助450名家庭困难学生,投入7.2万元为脱贫村小学购买校服300套、空调16台,改善学生学习生活条件。

【革命老区建设】 国家粮食和物资储备局选派1名处级干部、1名科级干部和江西垂管局2名科级干部到对口支援的江西省于都县任职;充分发挥行业系统优势,因地制宜打好政策、资金、项目、智力、技术"组合拳",全力支持于都县实施优质粮食工程,培育发展富硒大米、油茶、梾木果油等优质特色粮油产业,延伸产业链,打造行业标准,搭建产销对接平台;协调于都县与本来生活网合作,助力提升当地特色农产品品质,畅通销售渠道,帮助销售农产品373万元。

【帮扶宣传】 中央媒体视频专题报道"阜南样板"1次,刊发宣传文章5篇。安徽省广播电视局向阜南县广播电视台捐赠影视节目。在《中国粮食经济》上免费为阜南县刊登公益广告,价值8万元,设置定点帮扶专栏,发表《饮水思源 真情守沪》;捐赠杂志5280本,价值10.56万元。赴定点帮扶村洪河桥镇盛郢村开展"科创中国"绿色储粮新技术推广活动,帮助建设阅读角,开展送春联活动。盛郢村驻村第一书记发布乡土文化宣传短视频25期,播放量超10万人次。在定点帮扶村苗集镇张店村开展"欢庆六一、与爱同行"主题关爱活动,该村2022年被评为第九批安徽省民主法治示范村。

[国家粮食和物资储备局
规划建设司(乡村振兴办)
周世东 黄思思 韩 帅]

国家能源局定点帮扶

【概述】 2022年,国家能源局党组坚持以人民为中心的发展思想,遵循习近平总书记关于扎实推动乡村产业、人才、文化、生态、组织"五大振兴"的重要论述,贯彻落实中共中央、国务院决策部署,坚持"四个不摘",从甘肃省通渭县、清水县的发展条件和实际出发,动员全局系统和有关方面的力量,多措并举、精准发力,创新工作机制、拓宽帮扶渠道,推动年度帮扶目标任务如期落地实施。全年直接投入帮扶资金253.46万元,引进帮扶项目(有偿)共完成投资15.34亿元,引进无偿帮扶资金4432.86万元,干部和人才培训规模达到8775人次,消费帮扶总额达到4651.83万元。新能源成为两县重要的支柱产业,有力增强当地发展的内生动力。国家能源局在中央单位定点帮扶工作成效考核评价中被评为"好"等次。

【帮扶资金投入】 2022年,国家能源局直接投入帮扶资金253.46万元;引进帮扶项目(有偿)共完成投资15.34亿元,引进无偿帮扶资金4432.86万元;干部和人才培训规模达到8775人次;消费帮扶总额达到4651.83万元。

【帮扶调研】 国家能源局党组书记、局长带队赴通渭县、清水县开展定点帮扶专题调研,重点了解两县能源项目建设运行、乡村人居环境、致富产业项目、乡村文化建设等情况,入户探望老党员,看望挂职干部,协调解决项目建设中遇到的难题,指导完善电商销售平台。全局干部累计赴两县调研8次、67人次,开展党建共建、专家培训、捐款捐物等活动20项。

【帮扶会议】 国家能源局主持召开3次乡村振兴工作领导小组会议,传达学习贯彻习近平总书记关于乡村振兴的重要讲话和指示批示,学习贯彻党的二十大报告关于乡村全面振兴的新部署、新要求,印发实施《国家能源局2022年乡村振兴定点帮扶和对口支援工作要点》,明确4个方面、18项帮扶任务,审定印发《国家能源局2022年定点帮扶责任目标分解表》,压实各单位帮扶责任和目标任务。按季度检查工作进度,研究解决工作中的困难和问题。分管乡村振兴工作的相关领导与定西市、通渭县相关领导专题座谈交流,推动落实帮扶工作。

【帮扶培训】 联系中国人民大学乡村振兴师资力量,为两县举办线上专题培训班,有针对性地讲授"抓实党建引领 促乡村产业振兴""食品安全与生态农业""电商下如何打开农产品市场""党支部领办合作社"等实用课程。委托中国可再生能源学会风能专业委员会组织专家,为通渭县电力企业一线员工开办专题培训班。两县参加培训共8775人。其中,基层干部6410人,致富带头人1355人,技术人员1010人。

【干部挂职帮扶】 国家能源局选派1名干部压茬接替到期干部,任通渭县副县长;增派2名优秀青年干部赴两县挂职,分别任通渭县工业和信息化局党组成员、清水县发展和改革局党组成员。在通渭县、清水县分别派出5名、3名帮扶干部,其中挂职副县长2名,县直单位党组成员3名,驻村第一书记2名,驻村帮扶队队员1名。挂职干部全身心投入帮扶工作,出色完成各项帮扶任务的同时,开展专题调研,形成多篇有价值的调研报告,有力推动帮扶工作质量提升。国家能源局乡村振兴工作领导小组定期听取挂职干部工作汇报,建立挂职干部"一对一"联系机制。举办全局"喜迎二十大　建功新时代"挂职干部汇报分享会,展示近年挂职干部履职尽责、干事创业的成绩和风采,激励挂职干部在基层建功立业。

【产业帮扶】　坚持把产业振兴作为帮扶工作的重中之重,充分发挥职能优势,支持通渭县、清水县立足自身资源禀赋,做优做强优势特色产业,取得显著成效。一是新能源成为两县重要的支柱产业。截至2022年年底,通渭县新能源装机规模达126.24万千瓦,成为陇中地区风电规模最大且唯一超过百万千瓦的县;清水县风电达到6万千瓦、光伏21万千瓦,是天水市新能源规模最大的县;两县全年新能源项目总投资15.34亿元,分别占两县固定资产投资的28%、9%。同时,接续推动一批新增清洁能源项目建设,总投资152.6亿元的清水黄龙抽水蓄能项目完成核准,道路、桥梁等前期工程顺利开工;通渭县寺子川乡10万千瓦风电、马营镇10万千瓦光伏、清水县黄门镇10万千瓦光伏、5万千瓦风电项目加快建设。二是种植养殖产业初见成效。挂职干部组织当地农户利用光伏电站板下120亩土地,试种从外地引进的蔬菜和农作物,第一批甘蓝、萝卜亩产值约3000元,三色藜麦亩产值近万元,远高于当地传统农作物产值。派驻通渭县孟河村驻村第一书记带领村民试种15亩新品种的向日葵喜获丰收,动员村民采摘野生榆钱1500余千克,烘干包装后通过电商平台销售,成为很多留守老人新的收入来源。争取获得90万元扩建资金,帮助清水县时家村养羊场扩大规模,现有存栏达到460只,出栏量达到280只,实现全年收入30万元以上;帮助清水县盘龙村建设的养牛场稳定增长存栏量,能繁母牛达到19头;协调中国农业科学院与通渭县共建"西北草畜和中药材试验站",引进10只优良种羊,已杂交繁殖改良品种59只、纯繁2只,成活率达88.4%。三是电商平台带动农产品销售额持续增长。联合17家能源中央企业开展能源消费帮扶合作行动,销售额达到4066万元。指导两县办好"陇上孟河""初祖农耕"电商平台,帮助新建"丝路白驼"电商平台,全年销售总额超过800万元,有力带动当地马铃薯、核桃、苹果、地皮菜、羊肉等传统农产品的销售,促进传统产业发展和农户增收。通过全局党员干部个人购买、食堂和工会采购等方式累计购买71.7万元脱贫地区农产品。

【教育帮扶】　国家能源局党员干部连续第5年开展"一对一"捐资助学,共向通渭县、清水县627名低收入家庭学生捐资31.35万元。连续第3年组织实施"核苗计划",协调四川核工业技师学院定向招收通渭县初中毕业生,免收3年学费,每人每年提供3000元生活补助。会同深圳市腾讯计算机系统有限公司开展"绿色低碳　捐步助学"活动,由腾讯公益慈善基金会提供资金,全局系统和两县1万多名干部群众积极参加,所捐款项为两县购置智慧黑板,改善当地教学条件,累计获得公益金近70万元。协调"清流公益"机构、和利时科技集团有限公司、法国电力集团、中美能源合作项目等捐赠资金15.4万元,用于设立奖学金、购买计算机、冬装和校服等,支持当地中小学教育。协调甘肃省发展和改革委员会下达1000万元专项资金,支持通渭县第一中学教学楼建设。

【文化帮扶】　依托挂职干部力量,持续加强对通渭县、清水县文化帮扶力度。组织集体观看党的二十大直播。加强村民精神文化活动阵地建设。通渭县孟河村驻村第一书记组织修建新时代文明实践广场,安装宣传展板和健身设施,传播社会主义核心价值观和文明正能量,引导村民自觉践行村规民约,培育文明乡风。动员国家能源局内单位、社会力量捐赠《民法典进农村普法宣传册》《农村基层干部一线工作一本通》等图书资料260余本,增长村民法律知识和提升一线干部乡村治理水平。开展丰富多彩的民间群团文艺和体育活动。两县挂职干部在当地开展走访慰问、送学下乡、戏曲下乡、趣味运动会等活动,传递组织关怀、弘扬社会正气。驻村干部与村民融洽无间,参加广场舞活动,定期为村民播放电影,丰富村民的精神文化生活。

【生态帮扶】 坚持生态优先、绿色发展理念,助力通渭县、清水县持续推进美丽乡村建设。一是以点带面,重点推进环境治理。清水县白驼村驻村第一书记在村内组织开展农业面源污染集中整治,清理回收废旧地膜280千克,关闭村内垃圾填埋点1处。派驻两县驻村第一书记共计完成2个村760户农户户厕情况摸排录入和"回头看"走访调查,督促户厕正常使用,协调5.28万元资金改造21个户厕。二是着眼长远,推动改善乡村环境。协调指导通渭县在生物质资源丰富的中心村、易地扶贫搬迁安置点开设生物质能清洁取暖试点,减少冬季散煤使用,首批试点村已完成锅炉房、储存加工车间建设和管道铺设。以"构建绿色孟河,绘就振兴画卷""植绿护绿减碳、绿化美化赋能"为主题,派驻两县驻村第一书记组织开展义务植树主题党日活动,在两县种植红松树苗、云杉1100余株。

【党建帮扶】 坚持党建引领,持续强化结对共建,取得积极进展。一是完善党建共建机制。根据实际工作需要,对国家能源局基层党组织与两县村级党组织结对共建关系进行调整,有18个单位与通渭县、清水县10个村结对共建,全年开展形式多样的帮扶活动,对防止返贫致贫发挥重要作用。二是强化基层党组织建设。国家能源局基层党组织全年累计赴两县结对村现场调研45人次,采取线上形式开展座谈、党课联学等活动,共同加强学习,交流党组织建设思路举措。向通渭县6个直属部门和94个贫困村捐赠1年《求是》杂志,助力基层党建质量提升。三是帮助改善生产生活条件。协调动员能源企业、公益组织等捐助资金和物资合计326.9万元,用于完善村庄道路、广场、照明、教学设备等基础设施,以及购买米面油、书籍、地膜、化肥、种子等物资。四是试点数字化乡村治理。孟河村驻村第一书记积极探索数字化乡村治理方式,利用"腾讯为村"数字平台,研究推行村级事务"积分制"管理,增强村党支部的组织力、影响力,提高村民的村务参与度,形成优化乡村治理的新途径、新机制,增加乡村发展活力。

【就业帮扶】 协调安徽省芜湖市鸠江区与通渭县对接,签订人才战略协作协议,深化合作机制与模式,推动通渭县剩余劳动力转移。协调相关核电企业,连续第3年定向招录通渭籍大学生就业。协调中国石油天然气集团有限公司、中国石油化工集团有限公司加油站在清水县招聘7名员工。在通渭县、清水县新能源项目建设中,积极推行以工代赈,吸纳600余名脱贫群众就近务工。持续发挥光伏扶贫电站就业帮扶作用,通渭县、清水县光伏扶贫电站收益分别达到1.38亿元、5568万元,分别设立公益性岗位3558个、1335个。

【基础设施建设】 协调落实两县农网巩固提升工程投资2503万元,启动建设总投资7610万元的通渭县平襄110千伏输变电工程项目,完成投资4256万元。协调甘肃省发展和改革委员会连续第7年向两县各下达1000万元专项资金,用于通渭县第一中学教学楼项目和清水县后川河中桥项目建设。

【健康帮扶】 通渭县孟河村1户脱贫户8个月大的婴儿患有先天性胆道闭锁,面临生命危险,与该村结对的国家能源局浙江能源监管办党组伸出援手,协调浙江大学医学院附属第一医院为其免费手术治疗(手术费约30万元),并动员党员干部和其他6家单位捐款10万余元,用于后续治疗,防止因病返贫。持续关注留守儿童心理健康,继续安排心理健康辅导员为帮扶村留守儿童做心理疏导工作。

【特色帮扶】 国家能源局结合"十四五"电力发展规划,进一步完善全国各区域电网主网架结构,特别是中西部地区,不断扩大主电网覆盖范围。组织实施农村电网巩固提升工程,下达中央预算内投资计划资金151亿元,其中中央预算内投资50亿元,重点支持原连片特困地区、边远地区等农网薄弱地区,共安排项目719个,持续巩固提升农村地区电力保障水平。推动农村可再生能源多元化开发利用,在2021年印发整县屋顶分布式光伏开发试点方案的基础上,持续推进建设工作,2022年全国光伏新增装机8741万千瓦,其中以农村地区为主的户用光伏约占1/3;实施"千乡万村驭风行动",大力推进乡村风电开发,全国风电累计并网达到3.65亿千瓦,大部分位于乡村地区;结合农村实际需要,推动生物质多元化利用,2022年全国生物质发电并网容量达到4132万千瓦。稳妥有序推进北方农村地区清洁取暖,联合国家发展和改革委员会、财政部、生态环境部、住房和城乡建设部等部门印发《关于促进北方地区清洁取暖持续向好发展的意见》等3个文件,对清洁取暖工作做出总体部署。同时,积极推进可再生能源供热,将乡村可再生能源供热纳入地方政府专项债券支持领域。经过几年持续推动,我国北方地区清洁取暖率达到70%以上,替代散煤1.5亿吨以上,对改善空气质量的贡献率超过30%。

【帮扶宣传】 中央广播电视总台《振兴路上》节目组赴通渭县拍摄"绿色能源到我村"专题片,报道国家能源局帮助通渭县加快农村能源转型发展、全面推进乡村振兴的生动实践和务实举措。国家能源局协助中央广播电视总台拍摄山东省阳信县、河南省兰考县、青海省共和县、江西省万安县等地农村能源建设专题片,播出后取得良好宣传效果。通过所属中国能源传媒集团有限公司持续加强乡村振兴、定点帮扶方面的宣传,《中国电力报》累计刊发相关主题稿件120余篇,微信公众号、网站刊登相关稿件200余篇。

(国家能源局发展规划司 李 刚)

国家国防科技工业局定点帮扶

【概述】 2022年,国家国防科技工业局(以下简称"国家国防科工局")定点帮扶陕西省宁强县、略阳县,坚持组织振兴为引领、产业振兴为目标、人才振兴为抓手、文化振兴为载体,利用国防科技工业特有的人才资源、军工文化资源、国防科技资源等,助力两县发展天麻、淫羊藿、杜仲等优势中药材产业,提升基层乡村治理能力,培养县域行业领军人才。国家国防科工局"全年共投入帮扶资金292.1万元,购买农产品63.78万元,帮助销售农产品714.89万元,引进帮扶资金409万元,帮助培训基层干部、乡村振兴带头人和技术人员2301人次,在中央单位定点帮扶工作成效考核评价中被评为"好"等次。

【帮扶资金投入】 2022年,国家国防科工局进一步加大定点帮扶资金投入力度,直接投入帮扶资金292.1万元,主要用于发展特色中药材产业、基层党组织建设、基础教育培训及科普教育设施改造升级等。其中,投入137.1万元,用于产业帮扶,发展中药材辐照育种、淫羊藿和天麻种植、电商平台建设等;投入85万元,用于结对村党组织开展党员教育培训、基础设施人居环境改善、人才培训等;投入35万元,用于设立国防军工奖学金、组织夏令营等;投入35万元,用于"钱学森书屋"升级改造,包括土建施工,科普书籍、航空航天模型、VR体验设备购买等。

【帮扶资金管理】 定点帮扶过程中,严格按照定点帮扶专项资金委托管理办法约定,明确国家国防科工局与宁强、略阳两县在使用定点帮扶专项资金方面的各项权利和义务。国家国防科工局对帮扶项目的申请、实施、验收、审计后评价等全过程进行监管,宁强、略阳两县每项资金使用都要有凭证,以确保资金合法合规使用、充分发挥效益。

【帮扶调研】 国家国防科工局领导2人次、12个部门单位司局级及以下26人次赴两县考察调研,向两县提出改进建议4条,均督促整改到位。副局长出席第四届"走进军工、筑梦未来"夏令营活动。国家国防科工局摸索出一条"产业带动、消费拉动、科技驱动、志智双扶、党建引领"的定点帮扶路径,重点帮扶两县推进中药材产业发展,大力采购乌鸡、茶叶、食用菌等农特色产品,积极协调引进国内知名科研机构和专家团队提供技术支持,面向青少年广泛开展科普教育,加大与帮扶县基层党组织开展党建联建工作力度。

【帮扶会议】 召开1次党组会,2次定点帮扶工作领导小组办公室会,1次定点帮扶工作经验交流会。4月,国家国防科工局党组第7次会议审议2022年定点帮扶工作计划。6月,召开定点帮扶领导小组办公室会议,督促检查对口支援和定点帮扶工作进展,研究部署重点工作。9月,召开定点帮扶领导小组办公室会议,学习传达习近平总书记在中央农村工作会议上的讲话和《中央单位定点帮扶工作成效考核评价办法》等文件精神,听取定点帮扶工作进展情况汇报,研究部署重点工作。10月,国家国防科工局定点帮扶工作组召开辐照育种帮扶经验交流会,向定点帮扶工作先进单位学习帮扶经验,促进两县中药材产业发展。

【帮扶制度建设】 印发《国防科技工业对

口支援与定点帮扶工作领导小组办公室及工作组工作规则的通知》，对中共中央、国务院关于新时代支持革命老区、脱贫地区振兴发展的决策部署，统筹做好国家国防科工局对口支援江西省吉水县、定点帮扶陕西省宁强、略阳两县工作，压实主体责任，助力三县全面振兴发展，确保取得成效具有重要意义。印发《新时代国防科技工业支持陕西省汉中市宁强、略阳两县振兴发展的若干意见》，明确2025年和2035年近期、远期定点帮扶目标，动员发挥国防科技工业优势力量，巩固拓展脱贫攻坚成果，建立长效机制，强化帮扶政策支持力度，聚焦乡村特色产业，扎实推进"五大振兴"。

【帮扶培训】 加强对两县基层干部、技术人员的培训，不断提升党员干部、技术人员、振兴带乡村头人等带动群众致富的能力。重点从产业科技、种植技术、营销策略、乡村振兴等方面加强培训，培训县乡村基层干部958人次，培训乡村振兴带头人126人次，培训专业技术人才1217人次。

【干部挂职帮扶】 国家国防科工局共有5名挂职干部在汉中市及两县从事乡村振兴相关工作，分别担任汉中市委常委、副市长，宁强县委常委、副县长，略阳县委常委、副县长，略阳县黄家沟村驻村第一书记、宁强县二道河村委副书记。建立新老挂职干部定期联系、要事共商的工作机制，以老带新、压茬交接，传授帮扶经验，深入走访调研，发挥自身优势，探索实践符合当地特色和国防军工优势的帮扶模式，充分发挥桥梁纽带作用。

【产业帮扶】 利用国防工业加工制造优势，改良两县食用菌高温高压灭菌工艺，提供关键设备设施支持，使菌袋灭菌时间由72小时缩短至8小时，直接降低成本30%，极大提高产业竞争力和经济效益。利用航天育种、重离子核辐照育种技术，在两县建成全国规模最大的中药材辐照育种基地，会同中国农业科学院、中国科学院专家，持续开展中药材高能重离子辐照育种项目研究，通过辐照育种项目的实施形成产量高、品质好并极具市场竞争力的中药材新品种，助力两县获得更多的中药材市场份额。利用高分辨率卫星遥感技术，为两县在农业产业监测、中药材种植规划、生态环境保护等方面提供技术支持，可视化展示脱贫攻坚以来两县整体面貌的变化情况。协调推进略阳天麻新品种"略麻1号"通过国家认定，品牌效应持续提升。持续支持宁强县发展高品质乌天麻育种和种植，育种面积超过500亩，高山林下种植面积超过4000亩。

【教育帮扶】 国家国防科工局设立国防军工奖学金，投入资金30万元，奖励品学兼优的学生和贡献突出的教师，累计获奖师生达120人。在宁强、略阳两县先后建成面向青少年展示中国航天发展成果为主的"钱学森书屋"，配备航天科普书籍和长征系列火箭、中国空间站、嫦娥五号探测器等模型及VR航天体验设备等，大力开展军工科普活动，形成集航天科普、爱国主义教育和中小学生实践研学于一体的国防军工科普教育基地。邀请两县青少年参加第四届"走进军工、筑梦未来"夏令营，开展科普知识讲座，参与航模制作，参观在陕西军工单位民用飞机生产线和精益加工中心等场所，进一步激发两县青少年热爱祖国、发奋学习的情感动力。

（国家国防科技工业局四司　许薇薇）

国家烟草专卖局定点帮扶

【概述】 国家烟草专卖局自2002年、2013年、2016年定点帮扶湖北省竹溪县、竹山县和宁夏回族自治区红寺堡区以来,共派驻挂职帮扶干部26名,现有5名优秀干部在定点帮扶地区挂职,协管挂职帮扶地区的乡村振兴工作。2022年国家烟草专卖局直接投入无偿帮扶资金1.31亿元、有偿帮扶资金3535.73万元,引进无偿帮扶资金1343万元、有偿帮扶资金5185.2万元,购买和帮助销售定点帮扶地区农产品1.06亿元,定点帮扶地区受益总人数为12.45万人、受益"三类户"总人数为3624人,圆满完成2022年度定点帮扶的各项工作任务,获得2022年度中央单位定点帮扶工作成效考核评价"好"等次。

【帮扶资金投入】 2022年,国家烟草专卖局直接投入无偿帮扶资金1.31亿元、有偿帮扶资金3535.73万元,引进无偿帮扶资金1343万元、有偿帮扶资金5185.2万元。精准发力"五大振兴",保持定点帮扶工作稳步推进,2022年共批复36个项目(竹溪县12个、竹山县13个、红寺堡区11个),包括产业增收项目12个、教育事业项目7个、基础设施项目3个、医疗卫生项目4个、人居环境改善项目6个、就业帮扶项目2个、其他项目2个。在产业振兴方面,招商引资8571.8万元。在生态振兴方面,投入1445万元帮助改善农村人居环境,投入资金705万元完善农村生活设施。在组织振兴方面,组织机关党支部与定点帮扶地区结对村支部开展联学联建活动,拨付党费及党员干部捐款捐物折合资金共457.8万元,支持定点帮扶地区乡村振兴。

【组织领导】 国家烟草专卖局局长主持召开3次乡村振兴工作领导小组会议,研究部署2022年度定点帮扶工作计划和落实措施;相关领导分别赴竹山县、竹溪县督促指导定点帮扶工作,走访慰问一线挂职帮扶干部,实地查看定点帮扶项目建设进度及联农带农情况;国家烟草专卖局副局长赴红寺堡区督促指导有关工作。相关部门负责同志及有关工作人员共59人次深入定点帮扶地区实地调研,并协调解决问题。

【消费帮扶】 充分发挥垂直领导体制优势,动员行业各单位开展消费帮扶行动,大力采购定点帮扶地区农产品。国家烟草专卖局各单位食堂在每年农产品采购额度内,要预留不低于10%用于采购定点帮扶地区农产品。各单位除食堂采购外,要在工会福利购买、会员积分兑换等方面,加大对定点帮扶地区农产品采购力度。优化农产品采购方式,借助信息化手段拓宽销售渠道,提升农产品采购帮扶规模和效果。国家局和行业各单位共购买和帮助销售定点帮扶地区农产品10613.82万元,并稳步推进借助电商平台销售定点帮扶地区农产品的相关工作,帮助定点帮扶地区拓宽农产品销售渠道,助力农业产业链条的拓展和延伸。

【产业帮扶】 协助定点帮扶地区积极探索产业发展新模式,助力农业稳健发展。竹溪县立足地方特色产业,以竹溪贡米原产地为核心区,累计投入1400余万元建设秦巴山区有机农业示范园。投入390万元帮扶资金,支持竹山县柳林乡、官渡镇、大庙乡分别实施产业路、山地轨道运输机等农业基础设施项目,改善农业生产条件,促进农业降本增收;投入200万元帮扶资金,支持竹山县中蜂产业发展,发展蜜源植物约1000亩;投入180万元帮扶资金,支持深河乡郧阳大鸡屠宰车间建设,助力改善生产环境、更好联农带农;投入100万元帮扶资金,支持文峰乡及时完成水毁旅游路修复,保证太和梅花谷顺利建成4A级景区,乡村旅游产业带动致富效应持续发挥。投入665万元支持红寺堡区大河乡乌沙塘现代设施农业产业园建设,建成56座日光温棚,预计年总产值1700万元,净利润达600万元,每年可稳定提供就业岗位120个,实现劳务收入600万元以上,促进村集体经济增收112万元。

【卫浴汽配产业园项目】 紧密依靠定点帮扶地区人民政府,支持定点帮扶地区有发展前景的产业,持续给予资金、政策等各方面支持,做到同向发力。在前两年投入帮扶资金5550万元用于帮扶竹山县建设卫浴汽配标准化厂房52000余平方米和进行水、电、道路等配套基础设施改造的基础上,2022年继续安排2350万元帮扶资金用于卫浴汽配产业园扩容建设。卫浴汽配产业园是湖北省首批承接产业转移示范园区,已招引浙江、广东、福建等82家企业入驻投产,培育规模企业34家,初步形成产品研发、金属熔铸、精深加工、智能制造、市场销售等全产业链条。卫浴汽配产业园实现工业产值70亿元、应税销售收入67.2亿元、税收3.1亿元,已经成为竹山县的重要税源和财政支撑,成为鄂西北地区规模最大、链条最全、特色最鲜明的卫浴产业;提供就业岗位3000多个,带动周边乡镇80余个村2500余户近3000人(其中脱贫户1000余人)就业,月均收入达到3000元以上,实现良好的帮扶效益。国家烟草专卖局向人民网推荐的《湖北省竹山县:卫浴汽配产业园聚焦聚力支持产业孵化和成长》获评"2022乡村振兴创新案例"。

【特色帮扶】 烟草产业在帮助群众增收、增加地方政府税源方面作用明显,国家烟草专卖局依托烟草产业优势,帮助农民增收致富。一是充分发挥烟叶的压舱石作用,助力地方经济发展。支持竹溪县种植烟叶2.22万亩,投入烟田基础设施、水源工程等方面有偿帮扶资金1580万元和引进无偿帮扶资金40万元,收购烟叶5.7万担,烟农收入9314.34万元,户均收入13.19万元,上缴烟叶税1860万元,带动703户烟农脱贫致富。支持竹山县种植烟叶2.22万亩,投入烟田基础设施、水源工程等方面有偿帮扶资金1955.73万元,收购烟叶5.17万担,上缴烟叶税1624.04万元,烟农收入8083.34万元,烟农户均收入12.1万元,带动678户烟农脱贫致富。二是加强农网终端建设,助力农民增产增收。2022年竹溪县累计建成218户农网现代终端,新增零售客户50户,卷烟零售户共1393户,卷烟批发业务综合税收5211.14万元,卷烟零售收入34821万元。竹山县累计建成农网现代终端116户,新增零售客户87户,卷烟零售户共1781户,卷烟批发业务综合税收6660.74万元,卷烟零售收入42995万元;协调金融机构向91名经营困难客户发放烟草贷1947万元。红寺堡区累计建成农网现代终端84户,推广云移动销售终端80户,建设农网数字化门店8户、爱心积分超市3户,办理烟商贷121户,共计为客户融资1314.4万元。

【整村推进】 持续加大对定点帮扶地区乡村振兴综合体、示范区、示范村的帮扶力度。参与示范创建工作,有利于定点帮扶工作走深走实、落地见效,从县级层面推动国家烟草专卖局驻村第一书记派驻村肖家边村成为竹溪县首个乡村振兴建设先行区,以共同缔造的理念开展综合体建设,带动乡村治理水平不断提升。肖家边村国烟乡村振兴综合体一期规划的入口区、产业核心区、耕读田园区建设已基本完成,施工中的硬化、规整场地面积超过3000平方米，河道整治长度1.5千米，新建景观10余处，改建民房10余间，完成戴家大院"二十四天井"的测绘建模，完成乡村振兴会客厅的主体建设。国家烟草专卖局派驻竹山县驻村第一书记的擂鼓镇烟墩梓村被列为湖北省红色美丽村庄建设试点村，投入190万元帮扶资金支持修建锣鼓洞战斗纪念广场、修缮烈士合葬墓等，爱国主义教育基地和党建培训基地建设初见成效。投入1250万元支持城关镇刘家山乡村振兴示范区建设，发掘独特的资源优势、区位优势，推动实现一二三产业融合发展。茶文化展馆、旅游路、环境提升项目等基本建设完成，生态康养、茶旅融合示范效应初步显现。

【防返贫帮扶机制】 对防返贫监测户开展立体式帮扶。一是在竹溪县和竹山县分别安排100万元用于防返贫监测户养殖帮扶项目，组织帮扶企业带动防返贫监测户组成养殖专业合作社，国家烟草专卖局承担牲畜购买、圈舍建设、卫生防疫等先期投入，鼓励入社防返贫监测户用自有资金自觉自愿认购股份，年底根据所占股份比例参与分红。二是分别安排100万元无偿帮扶资金在竹溪县和竹山县设置稳岗就业基金，面向当地防返贫监测对象提供环境卫生保洁员、院落治安巡逻员、消防安全巡逻员等七大类公益性岗位，提供就业培训，支付每人每年5000元左右劳动报酬，帮助其在家门口就业。三是动员建设和运营国家烟草专卖局定点帮扶项目的相关方、定点帮扶地区农产品供应商、行业各单位积极协调业务外包单位提供工作岗位，在同等条件下，优先雇用当地防返贫监测户，挂职帮扶干部协调定点帮扶地区政府建立稳定有效的就业帮扶机制，共协调上述单位面向定点帮扶地区防返贫监测户提供就业岗位875个。

【示范引领】 督促指导定点帮扶地区加强示范引领作用，打造乡村振兴样板。根据《农业农村部 国家乡村振兴局关于开展2022年"百县千乡万村"乡村振兴示范创建的通知》《农业农村部办公厅 住房和城乡建设部办公厅关于开展美丽宜居村庄创建示范工作的通知》等文件精神，国家烟草专卖局及时印发《关于协助帮扶地区申报乡村振兴示范创建项目的通知》《关于协助帮扶地区申报美丽宜居村庄创建示范项目的通知》，动员局机关各部门、各单位和行业各直属单位，主动协助定点帮扶地区和行业其他帮扶地区申报各类示范创建项目，进一步扎实推进行业乡村振兴工作做深、做实、做到位。国家烟草专卖局定点帮扶地区和行业各单位帮扶地区有8个乡村振兴示范县、9个乡村振兴示范乡（镇）、52个乡村振兴示范村获批创建，4个乡（镇）、25个村的乡村振兴示范创建项目正在评审中，其他省份相关申报工作正在陆续开展。行业有4个村获批其他试点示范项目，分别是中国传统村落、省级集体经济发展试点村、省级乡村旅游示范村、省级党组织标准化建设示范村。

（国家烟草专卖局发展计划司乡村振兴工作处 李 阳）

国家林业和草原局定点帮扶

【概述】 2022年,国家林业和草原局(以下简称"国家林草局")以习近平新时代中国特色社会主义思想为指导,认真落实中共中央、国务院关于巩固拓展脱贫攻坚成果、全面推进乡村振兴的决策部署,坚持高位推动,加强工作统筹,持续围绕广西壮族自治区龙胜各族自治县(以下简称"龙胜县")和罗城仫佬族自治县(以下简称"罗城县")、贵州省独山县和荔波县4个定点帮扶县生态资源优势开展帮扶,实施各类帮扶项目17项,完成培训1245人次,直接投入帮扶资金36983.68万元,帮助引入各类资金40755.62万元,累计采购农产品231.22万元,帮助销售农产品6238.03万元,在中央和国家机关年度定点帮扶工作成效考核评价中获得"好"等次。

【帮扶资金投入】 2022年,国家林草局持续向定点县投入帮扶资金,统筹林草生态帮扶专项基金950万元,实施产业帮扶项目4个,扶持合作社7个;组织科技帮扶资金755万元,实施林草科技帮扶项目13个;引入龙头企业投资4600万元建设产业园和精深加工基地;安排林草资金4.3亿元,推动定点县生态保护修复治理;支持独山县、荔波县引进国家储备林(以下简称"国储林")项目贷款3.47亿元,提升森林质量,发展林下种养,改善乡村人居环境。

【公益帮扶】 国家林草局主动开展公益帮扶,中国林业科学研究院亚热带林业研究所积极参与龙胜县乡村建设乡村景观布局规划,捐赠栽植500株红花油茶;机关服务局组织党员干部开展爱心捐款活动,向罗城县龙岸镇中心幼儿园捐赠玩具、图书、文具等学习用品;中南调查规划设计院走访慰问罗城县民族村困难党员、脱贫群众、困难学生,向当地村委捐赠打印机等办公设备;信息中心向独山县、荔波县捐赠办公电脑70台;驻贵阳森林资源监督专员办事处党组通过结对共建活动,累计捐款5.64万元,支持打造8个乡村振兴示范点。

【帮扶调研】 国家林草局赴定点县开展各类调研指导共142人次。国家林草局副局长、总工程师先后带队赴龙胜县、罗城县、独山县、荔波县调研指导巩固拓展脱贫攻坚成果、促进乡村振兴。相关调研立足行业特色,聚焦"四个不摘"政策、防止返贫监测、乡村产业发展等重点任务,深入了解定点县乡镇村屯实际情况,系统总结林草帮扶成效经验,完成《巩固脱贫攻坚成果同乡村振兴有效衔接的探索与启示》《贵州荔波县全域旅游发展模式研究》《广西龙胜县竹产业调研报告》等针对性强、实践指导作用明显的调研报告,提炼可复制、可推广的林草特色帮扶典型,为后续新路径探索、新举措创新提供依据支撑。

【帮扶培训】 以技术培训、专题讲座、林草科技服务团等形式推动定点县培训帮扶。组织中国林业科学研究院专家赴龙胜县培训笋用竹培育技术人员、林农100余人;选派林草专家参与科学技术部主办的"科技列车河池行"活动,指导罗城县南方鲜食枣高效栽培和麻竹笋用林高效培育,举办生态产品绿色核算与碳中和评估专题讲座;组建"1+N"林草科技服务团,深入独山县、荔波县开展油茶、山桐子、无患子、海花草等林下经济技术培训指导;

组织林草专家团队,赴独山县开展2期"春晖行动·风筝计划"共"桐"富裕产业技术培训及项目推广活动,培训相关技术人员120人;举办荔波县油茶低产林改造及高效栽培相关技术培训班3期,培训技术人员、林农50余人。通过积极协调各类培训班安排名额,共培训基层干部623人、乡村振兴带头人92人、技术人员530人,在乡村振兴带头人学员中产生"全国乡村振兴青年先锋标兵""全国向上向善好青年"等荣誉称号获得者,定点县发展人才技术基础进一步夯实。

【干部挂职帮扶】 国家林草局继续强化干部挂职帮扶。修订印发《国家林业和草原局定点帮扶挂职干部工作职责》,进一步明确挂职干部帮扶工作任务及要求。及时完成挂职干部轮换接续工作,选派3名副司局级干部分别挂任广西壮族自治区林业局副局长,桂林市委常委、副市长,贵州省黔南布依族苗族自治州委常委、副州长;选派4名处级干部分别挂任定点帮扶县委常委、副县长;选派3名青年干部分别挂任国家乡村振兴重点帮扶县罗城县林业局副局长、民族村驻村第一书记和独山县紫林山村驻村第一书记。与定点县建立双向挂职锻炼机制,继续接纳多名定点县青年干部到国家林草局机关挂职锻炼跟班学习,积极协调安排定点县基层干部参加相关司局组织的培训活动,支持定点县干部培养。

【产业帮扶】 积极深化产业帮扶,立足定点县笋用麻竹、板蓝根等"小原料"种植优势,以项目引导社会企业参与打造"龙头企业+合作社+脱贫户"的产业合作帮扶模式,构建原料生产、产品加工、终端销售一体化产业链,建成麻竹、油桐、板蓝根种植示范基地1000亩,联结脱贫户499户1811人,户均年增收1.5万元,推动龙胜县、罗城县、独山县、荔波县食用菌、毛木耳及笋用麻竹、海花草、板蓝根等产业发展,打造企业、集体、脱贫户共赢局面。发展林下种养,指导定点县用好国储林政策红利,挖掘林间空地和林下资源效用,探索形成"国储林项目+林下经济+公司+合作社+农户"发展模式,推动独山县、荔波县林下种植天麻、松茯苓、铁皮石斛、灵芝等中药材4500余亩。探索文旅产业融合发展,坚持生态保护建设、民族文化传承,支持定点县深入推进文旅融合,挖掘民族特色文化和自然生态等旅游资源。罗城县米椎林乡村旅游区被评为广西五星级乡村旅游区、木栾生态农庄被评为广西四星级乡村旅游区,荔波县瑶山村上榜中国美丽休闲乡村、瑶山古寨景区入选非遗旅游景区,"生态建设+民俗文化+乡村旅游"的全域融合发展模式基本形成。

【基础设施建设】 在龙胜县江底乡新建村建设林下经济种植科普教育基地,建成493米森林科普步道和1个景观平台,安放26个科普小设施和50余块科普标牌,助力周边各类研学活动。在罗城县小长安镇木栾屯生态旅游扶持项目的基础上,建设木栾屯森林科普体验基地,建成275米森林科普步道和2个集散小广场,打造民族特色中草药科普点,开展动植物标本、书签等自然手工艺品的制作,为游客观光游览提供便利。

【生态帮扶】 深入实践生态帮扶,发挥林草行业优势,安排定点帮扶县林草资金4.3亿元,推动国土绿化行动、实施重点生态工程建设、强化林草资源保护管理,持续改善乡村人居环境,夯实地区发展生态基础。支持独山县、荔波县引进国储林项目贷款3.47亿元,推动树种结构调整优化,精准提升森林质量。推动定点县林业有害生物防治,选派专家团队赴荔波县指导松材线虫病疫情防控工作,有效遏制疫情扩散蔓延。独山县、荔波县所在的黔南布依族苗族自治州荣获"国家森林城市"称号,龙胜县荣获"广西森林城市"称号。

【特色帮扶】 继续实施生态护林员特色

帮扶，支持定点县续聘生态护林员约1.8万人。发掘生态公益性岗位多重作用，推动生态护林员与林长制工作有效结合，加强生态护林员信息化、可视化、精细化管理，发挥生态护林员"绿水青山警卫员、帮扶政策宣传员、林草科技推广员、基层林草工作监督员"的作用，为巩固拓展生态帮扶成果、促进当地生态保护修复做出贡献。

【党建帮扶】 推动党建帮扶，整合挂职干部帮扶力量，成立挂职干部临时党支部，坚持定点帮扶工作落实到哪里，组织就建到哪里，党建工作就跟进到哪里，推进林草挂职干部组织生活向一线、基层延伸，打造讲政治、走在前、善作为的坚强战斗堡垒，实现省市县村四级组织结构全覆盖，形成纵向到底的帮扶力量组织形态。驻贵阳森林资源监督专员办事处党组书记赴荔波县联江村共建支部讲党课，宣讲党的二十大精神，指导村支"两委"谋划产业发展。

【行业帮扶】 国家林草局高度重视生态帮扶，坚持生态美百姓富的工作思路，发掘部门优势，推动行业帮扶。全年完成造林6304万亩、种草改良4821万亩、治理沙化石漠化土地2927万亩，将全国2/3以上的重点生态工程建设、造林绿化、保护修复任务和资金向欠发达地区倾斜，优先组织脱贫人口参与植树造林等获得劳务性收入。支持中西部22个省（区、市）及新疆生产建设兵团在重点生态工程中用工231万人次，发放劳务补助近25亿元。延长第二轮退耕还林还草补助期限，推动退耕还林工程覆盖全国812个、占总数97.6%的脱贫县。鼓励开展农村庭院和"四旁"绿化，完成32%的村庄绿化率目标，坚决守住防火防虫安全底线，促进乡村绿化美化、宜居宜业。全年林业产业总产值达到9.01万亿元。保有经济林面积7亿亩，年生产干鲜水果、森林食品等产量达到2.24亿吨以上；全国竹林地面积1.05亿亩，竹产品生产、加工企业超过1万家；种植花卉面积2241.3万亩，大型花卉企业5249家；建设国家林业重点龙头企业677家，国家林业产业示范园区75个，国家林下经济示范基地总数达649个，认定命名林特类中国特色农产品优势区37个，产业带动作用进一步凸显。生态护林员政策保持稳定，落实生态护林员补助64亿元，用于脱贫地区人口受聘开展森林、草原、湿地、沙化土地等资源管护人员的劳务报酬支出。援藏援疆工作持续推动。

（国家林业和草原局　彭　伟　王　佳）

国家铁路局定点帮扶

【概述】 2022年，国家铁路局党组坚决把定点帮扶贵州省榕江县工作作为重大政治任务摆在重要位置，立足行业优势、做好需求对接，多措并举助推榕江县巩固拓展脱贫攻坚成果，全面推进乡村振兴。全年共组织赴榕江县开展调研20人次。

【帮扶资金投入】 2022年，国家铁路局直接无偿投入帮扶资金110万元，用于支持榕江县人才培训、旅游宣传、忠诚镇高扒村安全基础设施建设等。

【帮扶会议】 国家铁路局党组书记、局长主持召开乡村振兴工作领导小组会议，深入学习《中共中央 国务院关于做好2022年全面推进乡村振兴重点工作的意见》。

【帮扶制度建设】 3月，国家铁路局印发《国家铁路局定点帮扶榕江县2022年工作推进方案》，细化4个方面29项帮扶措施，充分调动局属各单位各部门力量，不断增强工作力度、提升帮扶效果。

【帮扶调研】 6月，国家铁路局副局长带队赴榕江县调研定点帮扶工作，深入了解榕江县巩固拓展脱贫攻坚成果同乡村振兴有效衔接情况及国家铁路局前期援建项目发展情况，现场帮助协调解决榕江县基础设施建设、美丽乡村建设等工作诉求，提出工作建议。7月，局乡村振兴办公室牵头，相关职能部门参加，联系11家相关企业到榕江县开展项目考察调研，督促榕江县抓住产业发展关键、不断改善发展环境、持续加强交流对接，现场帮助协调引进企业项目、促进招商引资。两次调研结束后，均认真分析、撰写调研报告，研究诉求的推进方案，积极为榕江县发展出谋划策。

【干部挂职帮扶】 国家铁路局坚持选派政治素质好、工作能力强、工作作风实的优秀干部挂职锻炼，保持1名同志挂职榕江县副县长、1名同志任忠诚镇高扒村驻村第一书记。加强干部管理，每月调度挂职干部工作情况。

【产业帮扶】 国家铁路局协调相关部门，加强工作指导，助力榕江县农村产业融合发展示范园纳入第三批国家农村产业融合发展示范园认定名单。引进农业科技公司与忠诚镇高扒村合作社开展技术服务合作，邀请农技专家来村进行种植技术指导，扎实推动高扒村农业产业发展。引进铁路设备制造企业在榕江县注册公司。引进北京九州动脉隧道技术有限公司与榕江县签订关于超高速管道交通旅游试验线项目的战略合作框架协议，并在榕江县注册公司推动落实。帮助建立木材加工就业帮扶车间，使村民实现就近就业。推动前期援建的寨章农家乐、铁榕腊肉加工厂、乐乡小香鸡养殖基地等项目持续发挥效益，年盈利13万元，发展壮大村集体经济。推动"D球村榕江服务中心"升级为榕江县乡村振兴服务中心，建立从农产品种植到对外销售、输出的全流程服务。

【帮扶培训】 国家铁路局举办2期新时代基层干部专题培训班，分别培训50名少数民族干部、50名党务干部，不断夯实党建基层基础。举办致富带头人培训班，结合榕江"精品果蔬"产业发展需要，培训种植百香果、蜂糖李致富带头人10名，支持乡村振兴种植人才带头致富。举办4期专业技术人员培训班，培训酒店管理技能人员。

【文化帮扶】 国家铁路局以"美好生活——民法典相伴"为主题,在忠诚镇高扒村开展民法典宣传活动,通过赠送法治宣传材料、提供法律服务等方式,宣传民法典及"三农"相关法律,推动培养乡村"法律明白人"。面向榕江县三江水族乡中心校等5所学校300余名师生开展铁路安全普法宣传,赠送文具套装、书包、动车组模型、铁路科普绘本等学习用品。投入6万元在高扒村组织开展"助贫、助困、助学、助医"公益活动,采取以奖代捐、以奖代补的形式,激发脱贫户内生动力,提振乡村振兴精气神。协调《高铁伴旅》杂志社刊载榕江宣传内容,印发2期共6万册在高铁站及动车组列车上广泛投放。

【生态帮扶】 国家铁路局投入348万元用于榕江县人居环境治理、安全基础设施及水毁路段修复工程等,不断美化亮化村庄。实施高扒村人居环境治理工程,硬化改造公路沿线边沟8千米、污水沟5.8千米,建设联户沉淀池15个,改造提升水沟雨污分流2.4千米,建设垃圾集中转运收集点9个,改造厕所5个。实施高扒村安全基础设施及水毁路修复工程,修复入户道路3.5千米,铺设消防水管1.8千米,建设应急避难场所1000平方米,修复水毁便民桥1座,修复水毁道路3.5千米。实施忠诚镇公路水毁路基修复工程,开展水毁农户房屋地基加固、公路路基、灌溉沟渠维修。

【党建帮扶】 国家铁路局深化抓党建促帮扶工作思路,局直属机关党委党支部与忠诚镇高扒村党支部持续开展结对共建活动,定期与驻村第一书记交流党建工作思路,赠送《百年大党 面对面》《党的二十大报告》《党的二十大辅导读本》《中国共产党章程》等学习资料;走访慰问高扒村2名易返贫户并发放慰问金,把组织的关怀送到群众的心坎上。

【政策帮扶】 国家铁路局将贵广高铁提质改造工程纳入《"十四五"铁路发展规划》并协调推进。积极支持与榕江县相关的兴永郴赣铁路、涪陵至柳州铁路项目纳入《中长期铁路网规划》修编。用好《支持贵州在新时代西部大开发上闯新路实现交通运输高质量发展实施方案》,帮助榕江县协调有关部门争取政策支持。

【就业帮扶】 国家铁路局积极联系贵阳铁路职业技师学校、榕江县中等职业学校,帮助协调铁路班。

【消费帮扶】 国家铁路局积极组织局属各单位、各级工会组织、机关食堂等机构,加大脱贫地区农特产品采购。

(国家铁路局直属机关党委　潘　鑫)

中国民用航空局定点帮扶

【概述】 2022年,中国民用航空局(以下简称"民航局")对新疆维吾尔自治区于田县和策勒县直接投入无偿帮扶资金4030.83万元。投入资金1347.16万元,用于于田万方机场航线补贴和中小机场补贴,助力机场更好发展运营。投入资金530万元,分别在于田县巴什喀群村和策勒县古勒铁日干村、硝尔哈纳村3个乡村振兴示范村打造"幸福小院""蓝天小院",支持基础设施提升改造和生态环境改善。投入资金1390.06万元,支持两县发展产业,大力发展高标准林果示范园,壮大集体经济;在首都机场集团公司所属成员机场免费提供柜台和广告位,加大消费帮扶力度。投入资金260万元开展文化帮扶,新建或完善文化基础设施,组织开展乡村振兴带头人培训。投入资金503.61万元,改造小学操场,继续参加"新长城"助学项目,资助家庭困难学生,为乡镇卫生院捐赠医疗设备,设立公益性岗位。

【帮扶会议】 4月,民航局召开定点帮扶工作动员部署会,对全年定点帮扶工作作出任务部署,进一步统一思想、指明方向。6月,民航局新领导班子上任伊始,局长专门听取定点帮扶工作汇报,并主持召开定点帮扶年中工作座谈会,在对两县开展乡村振兴面临困难和问题进行全面分析的基础上,紧紧围绕把工作对象转向所有农民、把工作任务转向推进乡村"五大振兴"、把工作举措转向促进发展的"三个转向"工作要求,提出立足行业优势、突出标杆引领、创新思路方法的落实举措,推动定点帮扶工作提质增效。12月,局党组组织召开定点帮扶调研督导工作会,局长、副局长出席会议,逐一听取和田地委、两县县委、挂职干部、驻村工作队、村民代表及帮扶单位的意见建议和工作汇报,全方面调研了解年度定点帮扶工作实际情况,督导各项任务落地落实,并对继续做好年底前帮扶项目收尾、考核迎检及2023年工作等作出安排部署。

【帮扶制度建设】 根据中共中央对民航局领导班子调整情况,民航局及时调整更新民航局乡村振兴工作领导小组,由党组书记、局长任组长,其他党组成员、副局长任副组长,持续加强对定点帮扶工作的整体谋划、高位推进。在领导小组的统一领导下,领导小组办公室切实加强统筹协调和推进落实,加强对行业资源的集约利用,形成帮扶合力;着重发挥民航局各直属单位的帮扶主力军和骨干作用,由各单位主要领导亲自挂帅、靠前指挥,积极承担帮扶任务并推进工作完成;有效发挥行业单位在帮扶工作上的生力军和支持作用,为帮扶两县发展群策群力、各尽其能。在深入了解两县乡村振兴进程和实际需求的基础上,局党组对照《2021年度定点帮扶工作成效考核评价反馈意见》,找准工作短板与不足,研究确定2022年定点帮扶工作思路,制订下发《民航局2022年定点帮扶工作计划》和《任务分解表》。

【特色帮扶】 民航局发挥行业优势,全面实施机场建设运营工程。推动于田万方机场纳入"干支通、全网联"政策支持范围,畅通两县飞往内地大城市的航线,截至2022年年底已开通飞往北京、上海、成都等千万人口以上大城市的航线5条,推动人员出行和货物往来更加畅通。依托科技力量优化管制程序,由民航科研单位牵头,推动于田万方机场作为"新疆全域机场智能化远程管制系统关键技术研究及应用试点"获得立项,申请有关方面科技计划专项经费120万元给予支持,项目通过以乌鲁木齐为枢纽对疆内部分支线机场进行统一、集中、规范的管制指挥,大幅度降低包括于田机场在内的疆内支线机场运行成本,提升运行效率和服务水平,并填补国内枢纽机场面向多个支线机场远程管制"一管多"整体解决方案的空白。对于事权在地方的策勒通用机场建设,主动对接、关口前移,积极协调地方、军方等有关方面开展空域协调会,及时批复选址报告,把准备工作做在前面,争取早日开工建设。协调航企航校于6月赴于田万方机场和策勒通用机场场址开展实地调研,就引入运营单位、提升机场利用率开展探索。

【整村推进】 民航局深入实施乡村振兴示范村工程,进一步加大投入力度,推动于田县木尕拉镇巴什喀群村和策勒县达玛沟乡古勒铁日干村、硝尔哈纳村3个示范村在乡村振兴上先行一步,为两县其他村的建设探索方向、打造样板。大力发展示范村特色产业,积极培育集体经济,推动干果加工厂、"蓝天创业市场"、饲料加工厂等原有帮扶项目持续运营,在提升特色产业水平的同时,切实帮助解决村民就业问题,持续增强当地自我发展能力;注重增强农业生产能力,帮助种植樱桃、苹果等经济林木160亩并同时套种红薯,进一步提高基本农田利用率。不断优化示范村宜居条件,在于田县连续第2年投资建设"幸福小院",同时扩大改造范围,在策勒县示范村开展"蓝天小院"建设,按照"美化硬化净化"的要求对符合条件的158户居民进行庭院改造,走好消除危房美化生活环境的"最后一公里"。持续改善农村生态环境,安排资金135万元分别在示范村实施道路硬化、路灯亮化和简易垃圾站建设项目,引导当地村民逐步向现代化的生活方式靠拢;投入资金20万元种植槐树1.1万株,作为生态林木发挥防风固沙作用,牢牢守住基本农田。

【产业帮扶】 民航局突出特色产业,针对当地部分农产品品种不优、品质不高的现象,投入资金186万元扶持打造核桃提质增效示范田、高标准林果示范园,不断优化产品质量,提高产品的市场竞争力。壮大集体产业,安排资金150万元支持于田县集体经济经营中心建设和策勒县工业园区人居环境改造,通过发展新型经济组织和优化产业园区环境,提升对小农户、小作坊的带动和引领作用。积极开展招商引资,依托挂职干部引进企业2家,引资额2亿元;组织两县企业到国内其他地区参观学习、参加论坛会展,推动产品"进机场、上飞机",协调两县产品入驻"832平台""国航知音"等网上商城。继续开展消费帮扶,安排不低于10%的预算资金用于采买脱贫地区农产品,预算份额2524万元,在中央和国家机关中位列第6位,实际购买2721.36万元,其中直接采购两县农产品2521.27万元。

【文化帮扶】 民航局通过开展系列文化活动、完善文化基础设施,推动扶智扶志,促进当地经济社会稳定发展。安排资金150万元对两县的2个乡3个村进行文化设施改造,新建文化活动中心,新建或完善村文化活动室、妇女儿童之家、图书室等基础设施。结合学习宣传党的二十大精神,依托民航系统派驻的2个驻村工作队和7名驻村第一书记,积极开展"听党话、感党恩、跟党走"宣传教育和"民族团结一家亲"活动,充分发挥民航局党校作用,通过"中国民航教育培训在线"平台开展远程授课,不断增强当地群众的思想认同、政治认同和文化认同。安排资金60万元,在两县举办"乡村振兴带头人强化班",培训基层干部和专业技术人员,特别是针对于田机场运营、策勒通用机场建设等业务需求,先后对84名专业技术人员开展培训,为当地提供人才和智力支持。

【脱贫成果巩固】 民航局进一步推动补齐当地社会事业短板弱项,开展教育和医疗帮扶。连续第20年参与中国扶贫基金会(现更名为"中国乡村发展基金会")"新长城"助学项目,资助73名困难大学生;出资100万元对351名家庭困难学生进行资助。帮助两县改善中小学幼儿园的教育设施条件,组织民航系统青年赴两县开展志愿支教助教。安排资金100万元,在两县各选取1个乡镇卫生院帮助购置医疗设备,改善医疗卫生条件。利用自有医疗资源,组织专家到策勒县古勒铁日干村对87名群众进行义诊和慢性病知识宣传。设立公益性岗位78个,为就业存在困难的群众进行兜底保障。

【干部挂职帮扶】 2022年,于田、策勒两县在岗的挂职干部2名,均为民航局2021年选派的挂职担任两县县委常委的干部;驻村第一书记7名,包括于田县1个乡村振兴示范村第一书记、策勒县2个乡村振兴示范村第一书记及其他4个新疆维吾尔自治区"访惠聚"驻村工作队所在村第一书记;驻村工作队员16名。民航局充分发挥民航系统派驻两县的2名挂职干部和23名驻村工作队员的联络纽带作用,加强对帮扶项目的协调推进和跟踪监督,确保各项帮扶举措落在实处、取得实效。

【帮扶宣传】 民航局积极发挥各类媒体宣传作用,在《中国民航报》重要版面发表乡村振兴报道20篇,中国民航网等新媒体发表乡村振兴报道67篇,进一步凝聚共识、鼓励先进,积极营造全面推进乡村振兴的良好氛围。同时,结合年内新上映的根据2021年民航紧急救助"和田断臂男孩"的真实事件改编的电影《平凡英雄》,不断加强宣传,吸引行业内外对当地发展的关注和关心,助力新疆乡村振兴。

(中国民用航空局人事科教司 陈 超)

国家邮政局定点帮扶

【概述】 2022年,国家邮政局定点帮扶河北省平泉市,深入学习贯彻习近平总书记关于深化定点帮扶工作的重要指示精神和党的二十大精神,认真落实《关于进一步做好中央和国家机关定点帮扶工作的通知》要求,始终把定点帮扶作为重大政治任务优先推动,汇集行业力量,千方百计推进各项工作。选派2名优秀干部继续在平泉市定点帮扶挂职,分别任副市长和驻村第一书记;培训基层干部80人、乡村振兴带头人160人、专业技术人员471人,争创乡村振兴示范村2个,结对共建脱贫村2个,持续推动定点帮扶工作打开新局面、取得新成效。

【帮扶资金投入】 2022年,国家邮政局直接投入帮扶资金(无偿)180万元,引进帮扶资金(无偿)2303.7万元,帮助销售农产品1000万余元,购买农产品20.53万元。

【组织领导】 国家邮政局主要负责同志主持召开局长办公会议,专题研究定点帮扶工作计划并对完成重点任务提出工作要求。分管副局长带头谋划重点工作,亲自协调解决工作中的困难和问题,3月,主持召开定点帮扶工作会议部署推进全年工作;10月,主持召开定点帮扶工作推进会议调度重点、难点工作;12月,带队赴河北省平泉市定点帮扶一线开展调研,筑牢央地协作"连心桥"。定点帮扶一线团队开展深入细致的调研,形成涉及教育、饮水、住房、医疗和产业发展5个类别的8个备选帮扶项目,为制定年度帮扶重点任务提供重要支撑。局定点帮扶工作组通过"两上两下"反复征求各方意见,形成《国家邮政局2022年定点帮扶工作重点任务计划》,将全年工作从5个方面、13个大项、30个小项进行精心计划安排,精准对接地方需求、全面体现中央要求,为有力有序有效推进全年定点帮扶工作奠定坚实基础。

【行业帮扶】 国家邮政局紧跟"三农"工作重心历史性转移到全面推进乡村振兴的新要求,切实把工作对象转向所有农民,把工作任务转向推进乡村"五大振兴"、把工作举措转向促进发展,紧密结合邮政快递业实际,做到主动转、及时转、全面转。协调中国邮政集团有限公司将平泉市列为2022年全国县乡村三级物流体系建设示范县,投入资金243.7万元,更新改造县级共配中心邮件分拣处理设备,升级改造乡镇网点,推动建设村级综合便民服务站实现"一村一站",增加农村投递车辆,年底前基本实现农村投递汽车化。巩固深化平泉市"快递进村"工程,全市238个村实现村村设点,在河北省率先建成快快共配和邮政商配双链条农村三级物流体系,率先打通惠农助农"快车道"。2022年,邮政快递服务电商和农村经济体71家,寄递农产品15万件。协调京东快递、顺丰电商寄递价格优惠政策,节省物流成本近240万元,带动网络零售额达1490万元。

【就业帮扶】 国家邮政局利用行业资源优势和平泉就业创业政策支持,与平泉市政府携手建设公园里直播电商产业园暨"云朵就业"快递客服呼叫中心。承接邮政快递客服呼叫业务解决青年就业300余人,人均收入达到3500元。直播电商产业园入驻直播企业20

家,吸引主播创业带动就业300人。

【基础设施建设】 国家邮政局一是实施房屋改造工程。投入30万元,对平泉市党坝镇永安社区村民住房进行援助修建,更换门窗、加固墙体、修缮厨房等,提升新农村示范社区面貌,保障村民住房安全。二是支持农村公路建设夯实发展基础。发挥"大部制"的优势,从"四好农村路"建设着力,积极争取交通运输部门支持,协调争取到王土房子乡和杨三线28.1千米的2条农村公路建设项目,共引进建设资金2057万元。三是实施医疗帮扶工程。投入40万元,助力平泉市疫情防控工作,新建南五十家子镇卫生院"五室合一"(候诊、登记、接种、留观、处置等5个功能室)预防接种门诊房1座,为全镇1.2万人提供专门疫苗接种等医疗服务。四是加大人居环境整治力度。协调帮扶资金65万元,支持哈叭气村人居环境整治,对村口公园、临街道路、沿河景观进行改造,建设村口观光区、河边露营区、池塘休闲区,争创人居环境整治示范村,吸引投资打造亲子乐园、庭院民宿、梨果采摘等旅游经济。

【产业帮扶】 国家邮政局重点加强哈叭气村食用菌种植和烘干车间运营监督指导,投入20万元,建设哈叭气云朵就业分职场和食用菌包装车间,为村集体经济发展提供产业支撑。

【教育帮扶】 国家邮政局实施"国邮助学"工程。2022年对平泉市困难家庭品学兼优的学生,按照大学新生每人3000元、高中生每人2000元、寄宿初中生每人1500元、走读初中生1000元、小学生500元的标准进行资助,拟资助215人,资助金额25万元。

【消费帮扶】 国家邮政局利用多种平台和渠道,购买和销售平泉市农特产品,千方百计帮助解决农产品滞销问题。顺丰、京东、韵达等发挥领头雁作用带动农产品上行,2022年助销农产品864.91万元。大力开展消费帮扶,局机关及直属单位采购平泉市农产品20.53万元。

(国家邮政局 邓治国)

国家文物局定点帮扶

【概述】 2022年，国家文物局坚决贯彻落实习近平总书记关于巩固拓展脱贫攻坚成果同乡村振兴有效衔接的重要讲话精神，坚持把定点帮扶作为重大政治任务，充分发挥文物资源优势，压实帮扶责任，帮助定点帮扶县河南省淮阳区巩固脱贫攻坚成果。全年共投入各类有偿和无偿帮扶资金1155万元，招商引资500万元，帮助培训基层干部、乡村振兴带头人和技术人员607人次。充分发挥淮阳历史遗迹众多的资源优势，将文物工作积极融入发展大局，主动对接国家重大战略，把全国重点文物保护单位太昊陵、淮阳平粮台古城考古遗址公园、陈楚故城的保护传承和开发利用有机结合起来，全年累计接待游客268.6万人次，旅游综合收入达3.6亿元。

【帮扶资金投入】 2022年，国家文物局直接投入无偿帮扶资金195万元，用于帮助巩固提升"三保障"和饮水安全保障。解决脱贫人口大病医疗求助、购置改善农村小学教育设施、农村卫生室医疗设施提升、脱贫家庭饮水安全巩固提升、助力农村基层党建、组织开展脱贫人口农业生产和就业技术培训、组织开展农村基层干部巩固脱贫成果的政策业务培训；组织局机关和直属单位直接投入资金25.03万元购买淮阳区农特产品，引进行业外单位帮助销售淮阳区农特产品60万元，推动消费帮扶常态化、长效化；推动淮阳博物馆建设项目落地落实，完成建筑设计及展陈设计，争取专项债1.2亿元，2022年年底正式开工建设；成功引入鸿州制罐有限公司在时庄村投入500万元，建设一条制罐生产线；调动行业资源，为淮阳区新站镇小王楼村淮新干渠渠首遗址保护利用项目引进帮扶资金875万元，打造周口沙颍河文化观光旅游带的重要节点。

【帮扶调研】 8月，国家文物局党组副书记、副局长到淮阳区专题调研定点帮扶和古城遗址保护工作，同周口市和定点帮扶区领导一起分析发展现状、理清发展思路、明确发展方向。调研建议要充分发挥淮阳历史遗址众多的资源优势，将文物工作积极融入发展大局，主动对接共同富裕、乡村振兴的国家重大战略，把淮阳平粮台古城考古遗址公园、陈楚故城的保护传承和开发利用有机结合起来，更好助力当地经济社会发展；要在积极做好朱丘寺遗址等考古发掘和勘探工作的同时，协调河南省文物考古研究院、周口市考古研究所等单位就近安排脱贫户参加发掘工作，有效解决就业问题；要加快淮阳区相关博物馆建设，创新展览展示传播，推介文物宣传精品，满足人民群众文化需求。

【帮扶会议】 国家文物局局长主持召开国家文物局2022年第11次党组会议，研究部署定点帮扶工作。会议审议通过《国家文物局2022年定点帮扶工作计划》，指导挂职干部深入淮阳当地，充分结合文物资源特点，加强行业帮扶力度，全面加强淮阳历史文化价值研究挖掘，积极探索通过文物保护成果与休闲农业、乡村旅游相结合，为乡村振兴产业提供支撑。会议要求，机关各司室、各直属单位要把定点帮扶工作作为一项重要政治任务，按照2022年定点帮扶工作计划任务分工，进一步强化定点帮扶工作的统筹协调、力量整合等工作力度，不断提高定点帮扶工作的能力和水平。

【帮扶培训】 国家文物局坚持"扶智"和"扶志"相结合，提升当地经济发展内生动力。投入帮扶资金支持淮阳区委组织部举办淮阳区驻村第一书记培训班，培训人员32人，支持淮阳区商务局举办电商实操技能培训班，培训128人，支持淮阳区乡村振兴局举办农村劳动力技能提升培训班、焊工技术培训班、贫困家庭劳动力技能培训班、建档立卡贫困户电商实操专题培训、扶贫车间负责人专题培训、农村致富带头人专题培训，累计培训乡村振兴带头人447人。

【干部挂职帮扶】 国家文物局选派2人到淮阳区挂职锻炼。其中，1人作为周口市人民政府副秘书长、淮阳区委常委、副区长，在全面调研所分管的淮阳文旅工作基础上，主导推动中华太昊伏羲始祖圣地旅游区创建国家5A级旅游景区工作，全面完成5A级景区创建12项硬件任务和11项软件任务，并通过河南省文化和旅游厅初步验收；推动河南省人民政府批准周口荷花节成为省级节庆活动，并高标准举办周口市第一届荷花节和淮阳文化旅游消费季系列活动；推动周口沙颍河生态观光旅游带淮阳段建设，位于新站镇王潭村的旅游驿站、房车露营地向公众开放，大连乡大朱村被公布为河南省首批乡村康养旅游示范村，文化旅游促进乡村振兴成效显著。驻村第一书记立足当地条件制定时庄村村庄规划，创建五星支部，打造人居环境建设示范村。2022年，继续推进"六增一改"工程，投入53万元用于帮助实施生活垃圾和污水治理，补齐农村环境治理短板；推动成立村集体合作社，投入60万元购置农机用于规模化种植。

【产业帮扶】 国家文物局紧跟定点帮扶村淮阳区时庄村发展实际，多方协调，成功引入鸿州制罐有限公司在时庄村投入500万元，建设一条制罐生产线，并与中冶天工集团有限公司、山东省润品源食品发展有限公司达成初步意向，在时庄村投资建设田园综合体、农产品深加工项目，发展民宿旅游，有力带动时庄村产业振兴；充分调动行业资源，为淮阳区新站镇小王楼村淮新干渠渠首遗址保护利用项目引进帮扶资金875万元，用于相关遗址保护利用，并与中原众恒集团达成合作意向，由其承担相关维护运营经费，打造周口沙颍河文化观光旅游带的重要节点。

【文化帮扶】 国家文物局帮助当地高水平举办太昊陵二月庙会、周口荷花节暨淮阳文化消费旅游季活动，庙会期间的广场摊位消费、荷花节期间的龙湖游船收入均创历史新高，全年累计接待游客268.6万人次，旅游综合收入达3.6亿元；高位推动淮阳历史文化遗产保护和生态修复，新核定公布38处淮阳区文物保护单位、40处历史建筑和2条历史文化街区，开展基础测绘和档案更新，夯实工作基础；推动淮阳博物馆建设项目落地落实，完成建筑设计及展陈设计，争取专项债1.2亿元，2022年年底正式开工建设；帮助建设1个区级广播中心、21个乡级分控广播中心，为467个行政村安装应急广播，为全区乡镇文化站安装联通宽带18条，组织开展"感党恩，话振兴，树新风"群众性文化活动130场次，送文化下乡15场，送戏下乡74场次，送书下乡2次，送书近2500册，推动乡村基本公共文化服务均等化。

【党建帮扶】 国家文物局组织8个直属单位党委(总支)与淮阳区有关部门和村级党组织建立共建关系。组织时庄村党员干部参观党史馆和北大红楼，多次举办党员培训，宣讲政策，增强村支部凝聚力。以会议积分、荣誉称号评比及乡规民约，协助当地党组织推进示范村建设，革除高价彩礼、人情攀比、厚葬薄养、铺张浪费等陈规陋习，推动形成文明乡风、良好家风、淳朴民风。

（国家文物局　孙　波）

国家中医药管理局定点帮扶

【概述】 2022年,国家中医药管理局(以下简称"国家中医药局")党组认真学习领会习近平总书记关于实施乡村振兴战略的重要论述,深入贯彻落实中共中央决策部署,将山西省五寨县定点帮扶工作作为一项重大政治任务,摆在全局工作的突出位置,充分释放中医药多元功能和价值,全力支持五寨县中医药卫生事业和中医药特色产业发展,扎实推动乡村产业、人才、文化、生态、组织振兴,全面助力五寨县经济社会发展。国家中医药局积极应对新冠疫情影响,持续巩固拓展脱贫攻坚成果,大力推动乡村振兴取得新进展,接续推进五寨县域发展和群众生活改善。

【组织领导】 国家中医药局一是加强组织领导。印发《中共国家中医药管理局党组关于调整乡村振兴工作领导小组的通知》,建立党组书记和局长任组长的双组长制,党组书记亲自部署推进有关工作,进一步强化政治担当,推动形成合力。2022年共召开局乡村振兴工作领导小组会3次、局乡村振兴办专题会议4次,进一步优化工作思路,完善工作机制,拓展帮扶内容,研究和推动中医药定点帮扶工作扩面提质增效。二是做好统筹规划。召开五寨县定点帮扶工作专题会,印发2022年定点帮扶工作计划及任务分工。建立挂职干部月度交流会制度,加强防止返贫动态信息监测,及时更新系统信息数据。统筹推进疫情防控和经济社会发展,支持五寨县中医院发热门诊和核酸实验室建设,在五寨县疫情防控期间加强沟通指导、协调中药捐赠发放,积极助力疫情防控。三是开展调研督导。国家中医药局党组一行深入五寨县调研,着力指导办好首届山西五寨夏季康养峰会暨中医药文化研讨会。2022年,国家中医药局共有1名主要负责同志、1名班子其他成员和41人次司局级及以下干部前往五寨县实地调研。

【干部挂职帮扶】 国家中医药局选派1人任五寨县委副书记,重点负责乡村振兴工作,1人任五寨县中所村驻村第一书记,抓好基层党建,助推中所村建设成为省级数字乡村示范村。国家中医药局持续落实关于做好援派挂职干部跟踪了解和关心关爱挂职干部的有关要求,每季度调度挂职干部工作情况,积极做好对挂职干部的关心慰问与服务保障。

【乡村振兴】 国家中医药局一是保障资金投入。直接投入帮扶资金1430万元,用于支持五寨县卫生健康、中医药事业及经济社会全面发展。引进帮扶资金645万元,用于支持五寨县中医药事业传承与发展、推进公立医院综合改革。开展2021年度五寨县定点帮扶资金专项审计,发现6个问题,形成专项审计报告。二是助力产业振兴。推动帮扶项目建设。国药集团投资的中国中药山西五寨产业园项目(累计投资3830.34万元,2022年投资1030.46万元)已竣工。预计投产后年销售额1.5亿元,利税1100万元,解决就业岗位120个,可带动种植农户3000户。扶持龙头企业发展。通过税收优惠等政策扶持国药五寨天江药业有限公司建成集中药材种植、饮片加工和"互联网+智能配送"于一体的综合性产业园。通过消费帮扶、宣传推广等扶持山西正道良田农业股份有限公司,建成集杂粮种植、生产研发、产品销售、生态农业开发于一体的现代化农业企业。帮助培育农业合作社。召开五寨县中药材产业技术对接会，举办中药材产业高质量发展培训班，组织专家深入实地指导，帮助当地4家农业合作社提高种植技术水平。扩大中药材种植面积。通过发放中药材种植补贴、开展种植技术培训、指导推广"企业+合作社+农户"种植模式等，2022年新增菊花种植面积1700余亩，预计收益600万元，转移就业脱贫户209人。推动康养产业发展。国家中医药局作为指导单位，全力支持五寨县举办首届山西五寨夏季康养峰会暨中医药文化研讨会，推动中医药康养、文化等产业新业态融合发展，打造五寨县产业发展新平台。三是助力人才振兴。培训县乡村基层干部和乡村振兴带头人。通过举办基层党政干部培训班、乡村振兴带头人学习班等多种方式，共计培训基层干部379人次、乡村振兴带头人358人次。培训专业技术人才。支持五寨县医疗集团选派5名优秀医务人员外出进修；为五寨县培训2名国家中医药应对重大公共卫生事件和疫病防治骨干人才库成员、1名中医馆骨干、1名中医护理骨干，支持4名中医类别全科医师开展转岗培训；开展中医适宜技术培训、护理技术培训等共计38场，培训医务人员1054人次。四是助力文化振兴。支持五寨县中医药文化宣教基地建设并指导组建讲解团队；依托基地举办中医药文化进校园活动8次、讲座20余场，惠及五寨县中小学生1000余名及本地、周边听众近千人，营造中医药文化氛围。捐赠中医药书籍330册，总价值1.6万余元，传播中医药文化内涵。五是助力生态振兴。投入资金181.64万元，用于实施人居环境整治项目和美丽乡村建设项目，修建公共厕所2个，帮助砚城镇周家村、中所村改善村容村貌。投入资金291.97万元，用于实施老旧房屋改造工程和给水管网改造工程，提升砚城镇周家村、城内村居民的住房饮水安全。设立种植补贴60万元，鼓励农民开垦撂荒地、在柠条林下和光伏板下种植中药材，加强生态保护并促进农民增收。六是助力组织振兴。向五寨县划拨党费专项资金40万元，用于加强基层党组织阵地建设，完善硬件设施，开展党员培训和慰问等。国家中医药局18个基层党组织与6个脱贫村党组织、2个乡镇党组织组成帮扶小组，通过座谈调研、专题党课、主题党日、青年理论学习等多种形式开展联学联建。

【创新帮扶】 国家中医药局一是帮助巩固提升"三保障"和饮水安全保障水平。投入资金1170万元用于为五寨县中医院、县医疗集团购置CT等医疗设备。投入资金186万元支持五寨中医药文化宣教基地建设。投入资金291.97万元支持住房安全和饮水安全项目，加快五寨城乡一体化进程。二是消费帮扶情况。直接购买帮扶地区农产品。通过印发通知等宣传动员，持续发动局直属（管）单位通过优先采购、预留采购份额等购买五寨县农产品456.44万元，购买其他脱贫地区农产品89.19万元。帮助销售帮扶地区农产品。通过"忻州杂粮走进雄安"展销会帮助帮扶企业国药山西五寨天江药业签订五寨大健康产品销售合同5080万元。通过"定制药园"帮助五寨县销售黄芪等中药材604万元。

【打造乡村振兴示范点】 国家中医药局一是指导砚城镇中所村建设省级数字乡村示范村。搭建包括数字乡村统一指挥中心、乡村服务大厅、电子商务平台等的云数据平台，全面建设乡村安全数字化体系，助力中所村建成省级数字乡村示范村。二是指导砚城镇周家村建设省级乡村振兴示范村。大力实施全村范围内的街道污水管网铺设的污水处理系统、厕所改造等工程，助力周家村建成省级乡村振兴示范村。

【健康帮扶】 国家中医药局一是加大项

目资金投入，补齐公共卫生服务短板。通过中央对地方转移支付资金支持五寨县中医院综合改革、"两专科一中心"建设，推进五寨县中医药特色健康管理中心建设，有效提升基层中医药服务能力。二是下沉优质医疗资源，降低因病致贫返贫风险。持续抽调医疗专家长期驻点五寨县中医院，中国中医科学院第五批驻点医疗队进行轮换交接，继续在专科建设、诊疗服务、医疗质控、医院管理等方面进行帮扶。2022年，国家中医药局派驻人员开展专家门诊6218人次，收治住院患者414人次，完成手术199例，科普讲座35场。定期开展乡镇巡回医疗、义诊和"眼健康光明行"活动，覆盖10个乡镇，服务957人次，减轻当地群众就医经济负担。三是开展"组团式"帮扶，打造一支"带不走的医疗队"。采用一对一跟诊、带教查房、床旁实操等方式手把手指导，持续开展中医适宜技术培训和护理技术培训，建立远程会诊平台和转诊渠道，加强医疗卫生人才队伍建设。五寨县中医院二级甲等水平进一步巩固，2022年门、急诊量相比2021年同期增长17.5%，省级重点专科骨伤科、心血管科稳步发展，院内重点科室肛肠科、针灸推拿理疗科逐步成熟，为百姓健康提供有力保障。

【特色帮扶】 国家中医药局一是开展中药材种植技术培训和基地建设指导，激发脱贫群众内生动力。支持五寨示范推广先进黄芪种植技术，定期组织专家调研指导、开展中药材相关培训，2022年建设黄芪示范推广基地1500亩。持续推动五寨黄芪专业化良种繁育基地建设，减少化肥农药施入，优化加工技术，提高植被覆盖率，改善生态环境。二是提高种子种苗质量，规范中药材仓储生产流通。支持建设山西五寨中药材种子种苗质量分析评价研究室，有效保障种子种苗种植质量。支持建设现代化黄芪种子仓储中心，根据市场现状和趋势进行战略储备，规范黄芪种子产品的生产和流通。三是引进帮扶企业投资建厂，延伸壮大产业链。指导完善中国中药五寨饮片产业园和晋西北中药健康产业孵化园功能，带动集黄芪种植、生产、加工、仓储、销售于一体的全产业链体系发展。全县中药材种植面积已达5万亩，培育壮大中药材种植生产企业4家，种植专业合作社7个，规模种植大户11个，全县6000多人从事中药材产业，其中脱贫人口2221人。四是加强农企结合，持续推进产销精准对接。鼓励五寨县芪参中药材开发中心、五寨县正和堂药材有限公司等参与宣传推广，扩大口碑影响，提升销售量。2022年实现综合效益3000万元。五是助力康养产业高质量发展。围绕"康养山西、夏养山西"，指导办好首届山西五寨夏季康养峰会暨中医药文化研讨会，积极探索康养产业与医疗、养老、文旅、体育等多业态深度融合。六是争取科研项目支持，推进科技强县工作。积极向科学技术部"科技助力经济2020"重点专项推荐"山西道地药材黄芪制种及种子加工关键技术研究与应用示范"获批立项，并于2022年顺利结项。这是五寨县首次参与国家级科研课题，为五寨科研能力提升和科技人才培养提供支持和平台。

（国家中医药管理局乡村振兴办公室 王 赛）

国家药品监督管理局定点帮扶

【概述】 2022年，国家药品监督管理局（以下简称"国家药监局"）深入贯彻落实习近平总书记重要指示精神，切实把定点帮扶摆到重要议事日程，加强政策督导支持，落实落细各项帮扶工作，帮助定点帮扶的安徽省临泉县和砀山县更好巩固脱贫攻坚成果，全面推进乡村振兴，建设宜居宜业和美乡村。全年为定点帮扶县投入帮扶资金455.8万元，引进帮扶资金1334.6万元，引入招商引资资金4.9亿元，购买农产品285.5万元，帮助销售农产品1123.76万元，在中央单位定点帮扶工作成效考核评价中被评为"好"等次。

【帮扶资金投入】 2022年，国家药监局为定点帮扶县投入帮扶资金455.8万元。其中，为临泉县和砀山县分别投入中央药品监管补助资金216.3万元、204.1万元，用于药品安全监管和能力建设等工作，进一步提升两县药品安全监管能力和水平；投入35万元，用于临泉县张老庄行政村和各自然村人居环境整治提升，切实增强村民的幸福感和满意度；投入0.38万元，购买临泉县生产的医用口罩。

【帮扶调研】 11月，国家药监局党组书记赴砀山县宣讲党的二十大精神，督查调研定点帮扶工作，实地考察砀城镇林屯村，调研光伏电站和村小学，看望慰问国家药监局挂职干部，与基层党员干部和群众代表亲切交谈，交流学习党的二十大精神的体会感悟。8月，国家药监局副局长赴两县督导调研，考察张老庄村华润三九中药材种植基地，听取相关负责人的介绍，了解产业发展情况，考察林屯村卫生站、林屯村光伏发电基地和林屯村三官庙小学，详细了解挂职干部帮扶工作生活情况及林屯村近期乡村振兴和疫情防控工作情况。有关司局和直属单位赴定点帮扶县调研10人次，考察乡村振兴工作情况，指导药品监管工作。

【帮扶会议】 国家药监局召开两次定点帮扶工作会议。召开党组会暨定点帮扶（对口支援）工作领导小组会，审议通过定点帮扶2022年工作安排，会议要求提高政治站位，切实做好定点帮扶工作，从产业帮扶、健康帮扶、人才队伍建设等多个方面开展工作，推动工作提质增效。召开定点帮扶工作调度会，通报工作进展，调度督促各项任务落实，会议要求进一步对准定点帮扶县需求，加大帮扶力度，积极推进"五大振兴"，确保标准不降、力度不减、效果明显，继续以"好"的标准做好定点帮扶工作。

【帮扶培训】 国家药监局共培训两县基层干部92人、乡村振兴带头人1243人、技术人员1233人。其中，7月27日至29日在线上举办定点帮扶和药品监管能力提升培训班，培训基层药品监管人员，县、村"两委"和致富带头人共1310人，围绕帮扶政策、致富技能、乡村振兴、新型电商等内容，推进乡村发展、乡村建设、乡村治理等工作开展。各司局和直属单位围绕药品安全监管、"两法衔接"等内容开展专业能力培训，举办《医疗器械生产监督管理办法》《医疗器械经营监督管理办法》宣贯线上培训班、临床药师能力提升线上直播等，进一步提升基层药品安全监管能力。

【干部挂职帮扶】 国家药监局选派2名干部赴临泉县挂职副县长和单桥镇张老庄村驻村第一书记，选派2名干部赴砀山县挂职副县长和砀城镇林屯村驻村第一书记。挂职干部深入基层、真抓实干、敢于担当，积极与各司局和直属单位沟通对接，认真落实好各项帮扶措施，联系考察投资，助力巩固拓展脱贫攻坚成果同全面推进乡村振兴有效衔接。临泉县挂职干部协调联系多家医药企业，帮助指导中药材种植合作社深入开展中药材规范化、规模化种植，协助推动中药材产地加工政策落地，指导支持医药企业产品注册申报工作。砀山县挂职干部协助砀山深化与深圳迈瑞生物医疗电子股份有限公司合作，高标准打造砀山迈瑞医疗科技产业园，促成山东润中药业有限公司和安徽梨多宝生物科技有限公司达成合作框架协议，成立安徽祥隆药业有限公司，协调指导砀山医药产业审评审批问题。

【产业帮扶】 国家药监局积极协助推动落实中药材产地加工政策，促进优质中药材种植加工产业规范化发展。协调多家企业与临泉县的合作社深入开展共建中药材种植基地、签订中药材购销合同等合作，促进农民增收致富。协调安徽华本康业有限公司在临泉县投资建厂，2022年落地资金1.58亿元。协调企业在临泉县投资成立阜阳好克光电仪器有限公司、安徽奥得舒医疗器械有限公司，构建产业发展新格局，填补高端医疗器械产业空白。协调山东制药企业和砀山当地企业合作成立安徽祥隆药业有限公司，进一步提高酥梨的产品附加值，升级产业链，项目共计划投资5亿元。高标准启动砀山迈瑞医疗科技产业园建设，集研发、孵化、生产于一体，打造医疗器械产业集群和经济发展重要引擎，并辐射周边地区，先期基建投资约6亿元，设备投资约4亿元，目前该项目落地资金3亿元，迈瑞产业园已于2022年4月28日启动奠基开工仪式。招商引进江苏创英医疗器械有限公司在砀山县注册成立安徽若贝医疗器械有限公司，该公司专注于研发、销售和牙种植体系统及后续牙科种植的系列产品。

【教育帮扶】 国家药监局协调沈阳兴齐眼药股份有限公司在临泉县设立教育基金，连续5年每年捐赠资金120万元，2022年捐赠资金已到位，用于改造教育基础设施和资助经济困难学生。协调安徽华源医药集团股份有限公司连续3年设立制药类助学金项目，2022年继续落实资金50万元，资助临泉入读高校制药类相关专业的经济困难学生。协调正大天晴药业集团股份有限公司为临泉医药希望学校3栋教学楼进行整体维修改造，分3年完成，总造价预算近500万元，2022年落实资金88万元，为医药希望学校师生创造更加安全舒适的教学环境。协调腾讯公益慈善基金会为临泉县和砀山县捐资建设星光智慧图书室，建设线上、线下一体化学习空间，改善学校基础设施和学生学习条件。联系沈阳兴齐眼药股份有限公司捐赠资金为砀山村内学校增建微机室，实现教育资源共享，不断提升村内教育发展水平。

【文化帮扶】 国家药监局协调企业捐赠资金，为砀山县赵屯村捐赠20万元用于文明创建工作。协调企业捐赠单桥镇6万元，结合每月开展"美丽清洁户""最美庭院""十星级文明户""移风易俗带头人""好媳妇""好婆婆""最美志愿者"等表彰活动，以精神奖励为主、物质奖励为辅，宣传受表彰的先进事迹、先进人物，引导群众践行社会主义核心价值观，带动乡风文明、良好家风、淳朴民风，为乡村振兴凝聚文明力量。录制药械科普及党建宣传视频480个、制作安全用药科普手册3500册及宣传折页3000份、化妆品安全科普宣传折页6000份，发放至县卫健委和定点帮扶村、卫生室，提升群众安全用药用妆水平。与百度健康医典展开战略合作，联合举办皮肤健康在线培训会，进一步完善和巩固"全国药械知识权威科普平台"内容体系，增长基层医护人员皮肤病用药及护理知识，推动药械安全知识科学普及，提高全民健康意识。

【生态帮扶】 国家药监局协调沈阳兴齐眼药股份有限公司捐赠100万元，实施张老庄行政村人居环境整治全域亮化工程，为张老庄行政村安装太阳能路灯1110盏。协调捐赠资金115万元，用于张老庄行政村和各自然村人居环境整治提升。改造后的自然村已达到农村人居环境整治提升标准，切实增强村民的幸福感和满意度。协调捐赠资金83.65万元，用于砀山县林屯村人居环境整治工作，共为村内硬化修建道路500余米，打通林屯村通往林屯水库的断头路285米，开挖路边沟8000米以上。

【党建帮扶】 国家药监局各直属党组织围绕学习贯彻党的二十大精神，与结对党组织广泛开展联学共建和主题党日活动6次，为当地"党建书屋"捐赠书籍2500册。国家药监局党校继续依托习近平新时代中国特色社会主义思想学习平台，为结对帮扶的乡镇、农村党组织开设学习账号共计50个，持续提供思想理论课程。各基层党组织结合疫情实际，通过线上、线下等方式，持续开展"一对一"结亲共计35户，走访慰问贫困户21户，捐赠资金14万元、学习用品225套帮助困难家庭和儿童生活学习。开展"恒爱行动——百万家庭亲情一线牵"公益活动，组织党员干部职工为定点帮扶地区困难家庭儿童编织毛衣，折合毛线80千克。

【健康帮扶】 国家药监局持续推进北京大学第一医院对临泉县人民医院的对口帮扶、北京友谊医院和砀山县人民医院的健康帮扶技术合作，帮助打造重点学科，提升医院整体医疗质量和服务水平。2022年3月临泉县政府与北京大学第一医院签订第二个5年对口帮扶计划，打造泌尿科、肿瘤科、骨科、普外科、呼吸科、心内科、神经内科、妇科等重点学科，选派专家开展诊疗带教、手术示范等，建立区域肿瘤诊疗中心和双向转诊绿色通道，提升临泉县人民医院的整体医疗质量和服务水平，更好地满足临泉县人民群众的健康需求。截至11月底，北京大学第一医院选派专家赴临泉县人民医院交流指导共11人次，诊疗600余人，实施手术43台，开展讲座11次、共283人次参加。改善县医院和村卫生室诊疗条件，推动医疗资源下沉。协调武汉明德生物科技股份有限公司、华尔康医疗科技有限公司、新华医疗器械股份有限公司等向砀山县人民医院、临泉县单桥镇卫生院、砀山县林屯村卫生室捐赠医疗器械价值180余万元，完善基层医疗机构基础设施配备，保障人民健康安全。联系沈阳兴齐眼药股份有限公司在砀山县设立防返贫致贫医疗救助基金，2022—2026年计划每年捐赠120万元，持续巩固脱贫攻坚成果，资助就医资金困难的脱贫户和监测户，2022年帮扶救助基金120万元已到位。

【整村推进】 临泉县张老庄村开展多项举措，带动产业振兴。国家药监局挂职干部协调联系多家医药企业，帮助指导张老庄村中药材种植合作社深入开展中药材规范化、规模化种植，扩大种植面积，提升产量产值，助力产业振兴，带动周边村民增收。华润三九医药股份有限公司与临泉合作社共建野菊花和板蓝根种植基地，占地面积550亩，预计年产量50吨。借鉴先进经验，立项建设蔬菜大棚，项目已获批,资金已到位,预计每年可为村集体带来数十万收益。砀山县驻村第一书记帮助林屯村变"输血"为"造血",与龙头企业合作,大力提高林屯村水果的品质和产量,壮大村集体经济,2022年林屯村助农销售120万余元,预计为村级集体经济增收50万元。线上利用"微信商城"电商平台,开拓助农销售新途径,从编辑产品信息,到设计产品包装、联系果农和物流,层层把控,严把品质关;线下整合资源,推介安徽当地农产品。现有"线上+线下"相结合模式实践已初显成效,打开产业发展、民富村强的新局面。

(国家药品监督管理局综合司　张　翼)

国家知识产权局定点帮扶

【概述】 2022年,国家知识产权局(以下简称"知识产权局")持续定点帮扶湖南省桑植县和河北省市崇礼区,认真贯彻落实习近平总书记关于深化定点帮扶工作的重要指示,扛稳定点帮扶政治责任,不断总结知识产权定点帮扶经验,持续发挥知识产权核心职能和特色优势,融合专利、商标、地理标志"三大路径",以建强国家地理标志产品保护示范区为抓手,积极引进适合当地特色的产业项目,大力拉动县域经济发展,持续扶持以专利为支撑的创新经济、以商标为支撑的品牌经济和以原产地地理标志为支撑的特色经济,巩固拓展"知识产权助力精准扶贫世界样本"成效,推动知识产权与乡村振兴进一步有机结合、共同发展,提高帮扶的经济和社会实效,有力促进乡村振兴。全年知识产权局共7批87人次赴2个定点县(区)开展调研实践,投入和引进帮扶资金共3998.59万元,在中央单位定点帮扶工作成效考核中取得"好"等次。

【帮扶资金投入】 2022年,知识产权局继续承诺全年投入帮扶资金1768.91万元,超额率194.81%,引进无偿帮扶资金580.38万元、有偿帮扶资金1649.3万元,合计2026.49万元,超额率869.43%,打造蔬菜种植基地、促进农旅融合发展、改善乡村人居环境、创建知识产权实践教室、培养当地知识产权骨干等,为当地发展提供资金保障、人才支撑、技术支持。

【干部挂职帮扶】 知识产权局2021—2022年挂职帮扶干部6人,发挥帮扶一线"战斗队"作用,推动各项帮扶工作落地落实,其中桑植2人分别任副县长、陈家坪村驻村第一书记兼任驻村工作队队长;崇礼4人,分别任副区长、崇礼区人民政府办公室副主任、农业农村局副局长、教育和科技局副局长。

【帮扶会议】 4月,知识产权局党组书记、局长主持召开党组会议,贯彻落实习近平总书记关于深化定点帮扶工作重要指示精神和中央定点帮扶工作部署要求,听取2021年定点帮扶工作成效考核情况及2022年工作计划汇报,审议通过《2022年定点帮扶工作计划》,全面部署定点帮扶工作和安排帮扶资金。3月,定点帮扶工作领导小组召开定点帮扶工作专题部署推进会,明确工作目标和任务,研究讨论2022年定点帮扶工作计划,安排帮扶项目和资金,统筹常态化疫情防控下的帮扶工作。

【帮扶调研】 知识产权局党组成员、副局长、定点帮扶工作领导小组组长赴桑植县实地调研,考察空壳树乡陈家坪村帮扶项目,了解村容环境整治、万公坪富硒种植基地、民歌寨农机合作社等建设情况;前往崇礼区查看"崇礼好礼"官方自营店、地标产品玻璃连栋温室等项目,推进帮扶项目高质量落实。同时,针对2个定点县(区)的工作实际,召开定点帮扶专题工作会,看望关心帮扶干部,征求意见并排忧解难,督促落实知识产权助力乡村振兴工作。

【帮扶培训】 知识产权局投入60万元,在桑植县、崇礼区分别设立30万元"知识产权助学金",建立长效助学帮扶机制。在桑植县,投入15万元以陈家坪村民歌寨研学基地为载体,支持县白茶协会、蔬菜种植专家、木耳种植大户、蜂蜜协会开办农业产业技能培训班,培训基层干部1335人、乡村振兴带头人103人、农业科技人才563人。在崇礼区,投入24万元支持举办乡村振兴系列培训班,培训基层干部592人、乡村振兴带头人237人、农业技术人员547人;依托2022年知识产权公共服务培训项目,培训其他专业技术人才400人;投入6万元支持创建知识产权实践教室,培养学生创新理念;投入6.5万元支持建设定点帮扶食育工坊,促进丰富师生的教学实践课程。

【产业帮扶】 知识产权局在桑植县投入20万元支持陈家坪村80亩自然连片土地建设蔬菜种植基地,引入湖南科迪现代农业发展有限公司进行管理和运营,发展订单农业;投入10万元引进小龙虾养殖大户"壹心家庭农场"发展稻虾共养,纳入"桑植民歌寨"乡村旅游小龙虾垂钓项目,促进农旅融合发展;投入17万元购置履带自走式旋耕机和谷物联合收割机,由陈家坪村集体与桑植县民歌寨农机专业合作社联合经营,满足本村耕作兼以租赁方式提供有偿服务,增加村集体经济收入;投入26万元支持东旺坪村建设现代化万亩生态稻产业基地和东旺米业有限公司,建设高标准大米生产车间,采购日产30吨大米全套精加工生产设备,发展大米加工产业。在崇礼区,投入186万元建设上三道河村地标产品玻璃连栋温室,改进育苗技术、完善育苗设施;投入14万元购置"崇礼蚕豆"产品加工和罐装设备,丰富产品品类、改进产品包装;投入10万元建设"崇礼好礼"直营店、地理标志产品宣传展示和直播带货专区,发展网络销售平台,补齐区域公共品牌"崇礼好礼"营销短板,促进特色产业发展。

【农夫山泉桑植生产基地】 8月,知识产权局党组成员、副局长、定点帮扶工作领导小组组长专程前往杭州农夫山泉股份有限公司,推动农夫山泉桑植生产基地建设项目。该项目于2022年11月签约,总投资15亿元,在桑植县建设天然饮用水生产线多条和无菌饮料生产线,打造多款农夫山泉系列产品生产基地,建设周期4年,全部投产后产值可达25亿元以上,综合年税收2亿元以上,直接带动就业1000人以上。

【文化帮扶】 知识产权局在桑植县投入10万元通过县妇联巾帼志愿服务宣讲团在全县23个乡镇开展文明乡风宣讲活动,以"树文明家庭新风"为主题,以"乡村振兴巾帼宣讲屋场会"形式,推动营造文明乡风、良好家风、淳朴民风,革除人情攀比、厚葬薄养、铺张浪费等陈规陋习;投入10万元在新民村建设村民文化活动中心,修缮小舞台、文化墙、健身器材等,健全村民健康文化活动的舞台平台。在崇礼区,投资10万元修建417平方米石窑子乡板申图村文化广场,配设宣传栏、摆设老式石碾子等设施,美化村庄环境,丰富群众文化生活,宣传乡村振兴政策;投入8万元资金和价值数万元书籍、影像资料,为西湾子小学打造知识产权实践室,推动知识产权和科技创新在义务教育阶段启蒙发展。

【生态帮扶】 知识产权局在桑植县投入44万元实施陈家坪村村容整治和综合服务中心提质升级项目,修缮太阳能路灯90盏,新修排水沟渠和涵洞,整治破损路面,建设乡风文明宣传墙,修建公共生态停车场,完善村卫生室功能和布局,完成农户改厕19户等。引入中央专项彩票公益金支持欠发达革命老区乡村振兴项目资金480万元,实施7个乡村建设项目,改建农村道路、生态河堤、便民桥、生态停车场、垃圾分类亭等基础设施。支持"美丽屋场"建设,联系湖南大学专家指导规划设计陈家坪村牛塔组和董家峪组两个美丽屋场片区,打造"五美"屋场。在崇礼区,支持上三道河村平整杂草丛生的"闲置空地"2700平方米变成苗木环绕、铺装平整的育苗场所,硬化道路500平方米,完成供暖线、排水和供电线路改造。

【组织帮扶】 知识产权局在桑植县投入10万元开办乡村振兴基层干部培训班,内容包括乡村振兴法律法规解读、驻村工作队管理政策、农村基层党组织管理经验交流、乡村振兴产业发展对策、乡村振兴起步年先进经验学习等方面,培训基层干部329人。持续加强帮扶村陈家坪村党支部建设,投入10万元完善党建活动阵地,指导规范党员发展流程,修订完善党员积分管理办法;通过村干部包片、党员结对联系农户等方式压实责任,自上而下实行网格化管理,切实提升基层治理能力。加强驻村第一书记所在部门党组织和陈家坪村党支部共建工作,组织驻村党支部与邻村党支部开展跨村联建,定期会商人居环境提升、乡村基层治理、产业发展布局等问题,实现党建引领与乡村振兴同频共振。在崇礼区,与上碌磌沟村、上三道河村党支部结对党建,为上碌磌沟村敬老院捐赠现金5000元,为村民书屋捐赠图书3000余册,提升基层党组织自身建设水平。

【专项督察】 1月、10月,国家市场监督管理总局纪检监察组贯通湖南、河北两省市场监督管理局纪检监察组通过座谈调研、实地走访、查看台账等形式,对两个定点县(区)帮扶工作组进行专项督察,形成督导报告,在肯定成效的同时,明确指出存在的问题,列出问题清单,深入细致督促知识产权局及两个定点帮扶工作组认真履行帮扶职责,提出整改措施,进一步改进工作、提高成效。

【知识产权质押融资】 知识产权局帮助两个定点县(区)建立"政府+银行+保险+评估"四方风险共担机制,一体推进"快评、快审、快登、快贷",开展企业专利、商标质押登记,其中湖南湘丰桑植白茶有限公司质押融资101万元,张家口崇藜农业发展有限公司4项商标质押融资50万元,崇礼区树林农副产品购销有限公司4项商标质押融资40万元,张家口市万龙运动旅游有限公司7项商标质押融资5000万元。7月,协调中国人民财产保险股份有限公司,促成河北省首单"崇礼蚕豆"地理标志保险签约,为特色产业发展保驾护航。

【知识产权实践教室】 知识产权局在崇礼区西湾子小学、希望小学,创建两个知识产权实践教室,拓宽学习实践渠道,及早培养青少年创新意识,加强中小学生知识产权启蒙教育,提升学生综合素质水平,提高知识产权普及率。实践教室设置商标、专利故事讲述区,知识产权图读、影像、视频展示区,C919大飞机、长征二号捆绑式火箭等中国自主知识产权的专利模型展柜,增加课堂的生动性、实践性,提升互动感。结合小学本身的科技特色,教学实践课以3D打印、智能机器人为主要内容,纳入日常教学体系开展教学活动。

【消费帮扶】 知识产权局各级工会组织购买2个定点县(区)的农产品1149.66万元,购买其他脱贫地区农产品876.83万元,帮助销售农产品8622.13万元。

【驻村帮扶】 知识产权局驻桑植定点帮扶工作组继续定点帮扶空壳树乡陈家坪村,由驻村第一书记与空壳树乡政府两名干部组成工作队,按照"守住一条底线、建强一个堡垒、帮扶一批项目、引领一股新风、擦亮一张名片"等"五个一"帮扶思路和工作目标,全力助推该村全面振兴。

(国家知识产权局定点帮扶工作办公室 冯 伟)

中国地震局定点帮扶

【概述】 2022年,中国地震局定点帮扶甘肃省永靖县。中国地震局党组高度重视定点帮扶工作,全面落实习近平总书记重要指示精神和中共中央部署,坚决履行定点帮扶政治责任,召开党组会议研究2022年定点帮扶有关事项,印发《中国地震局2022年定点帮扶工作要点》,将永靖县区域特点与防震减灾工作特色有机结合,坚持高位部署定点帮扶工作。

中国地震局投入帮扶资金660万元,引进帮扶资金35.4万元,购买和帮助销售农产品2.7亿余元,捐赠科普图书1.6万余册(折款42.37万元);坚持因地制宜,在永靖县实施15个帮扶项目79项具体帮扶任务,大力推进"五个振兴",聚焦产业帮扶,突出行业优势,注重基层党组织建设,建成草莓、百合繁育组培基地,促进特色农业提质增效,累计培训和指导产业群众1万余人次,不断增强永靖县发展内生动力。《中国地震局定点帮扶的永靖实践》入选人民日报社、人民论坛杂志社"中国式现代化的生动实践——2021—2022国家治理创新经验典型案例"课题成果。

【帮扶资金投入】 2022年,中国地震局在永靖县直接投入帮扶资金660万元,引进帮扶资金35.4万元。直接投入帮扶资金共实施15个帮扶项目,其中投入90万元,在三塬镇建设130亩草莓种苗繁育示范基地,为脱贫村提供优质草莓种苗;投入53万元,建设百合脱毒种球组培示范基地,为特色百合农业提供优质脱毒原种、百合小种球;投入17万元,建设百合扦插快繁试验基地;投入50万元,开展特色产业技术推广与人才支撑体系建设,组建特色产业协会,培养技术人才,开展劳动技能评比、交流;投入60万元,开展特色产业技术支撑体系建设,建设完善草莓、百合、花椒等特色产业专家工作站,编制特色产业发展规划;投入75万元,开展基层应急人才培养,完善基层应急管理体系和制度,通过培训、大讲堂、推演等方式提高基层应急管理人员的能力水平;投入45万元,开展教育系统应急人才培养;投入60万元,编制徐顶乡村庄规划,提升乡村治理能力;投入80万元,开展减灾主题公园试点建设;投入25万元,开展防震减灾社会文化建设,组织防震减灾科普讲解大赛南北赛区半决赛,开展"地震科普 携手同行"主题活动全国试点等;投入15万元,实施"减灾林"生态改善项目,改善黄河流域生态环境;投入50万元,开展徐顶乡综合减灾示范达标建设,提高徐顶乡综合防灾减灾能力;投入10万元,建设减灾帮扶平台,用于提高永靖县公共预警服务能力。

【帮扶调研】 中国地震局主要通过线上、电话方式加强对定点帮扶地区的调研,并委托下属单位甘肃省地震局赴永靖县实地调研。甘肃省地震局共实地调研28人次,其中省地震局党组成员4人次,调研主要内容:实地调研年度帮扶项目计划情况,并指导帮扶项目谋划;跟进督促帮扶项目推进情况;考察乡村建设规划与自然灾害风险摸排情况;指导防汛抗旱、地震地质应急演练;指导减灾科普进校园活动;指导减灾科普讲解大赛开展等。

【帮扶会议】 2月,中国地震局党组书记、局长主持召开中国地震局党组2022年第7

次会议,研究审议《2022年中国地震局定点帮扶工作要点》,从组织领导、项目支持、行业政策、消费帮扶和完善措施等6个方面提出17条具体帮扶措施,将定点帮扶地永靖县区域特点与防震减灾工作特色有机结合,调动全局各方力量开展帮扶工作。中国地震局领导强调,要继续保持现有帮扶政策稳定、帮扶力度不减,调动地震系统力量,层层压紧压实帮扶责任,确保帮扶工作落到实处,助力永靖县实现巩固拓展脱贫攻坚成果同乡村振兴有效衔接。根据中国地震局党组部署安排,甘肃省地震局认真开展定点帮扶工作,多次召开党组会议,研究帮扶举措、听取帮扶进展汇报、解决帮扶实际问题,制订2022年度乡村振兴定点帮扶工作实施方案,与永靖县人民政府首次签署年度中央定点帮扶协议书,编制帮扶项目实施方案,并与临夏回族自治州、永靖县和徐顶乡多次开展座谈对接。

【帮扶培训】 中国地震局结合定点帮扶县实际和行业特色,充分利用网络视频方式灵活开展线上培训,持续加强干部职工、技术人才、专业人才等培训,增强永靖县的"造血"能力。2022年,实施特色产业整合与人才技术体系构建项目和应急人才培养项目,扶持10个特色产业协会,举办"田间课堂"、防灾减灾大讲堂等,共培训基层干部1796人次,培训乡村振兴带头人111人次,培训教师、农业科技人才、专业技术人才等11925人次。

【干部挂职帮扶】 中国地震局2名干部在永靖县担任挂职副县长和三联村驻村第一书记,甘肃省地震局2名干部在永靖县挂职徐家沟村、久长沟村驻村第一书记,1名同志在永靖县挂职三联村驻村队员。挂职干部认真履职,并参与挂职地区疫情防控工作。挂职副县长负责中央单位定点帮扶工作,分管县地震局、协管县乡村振兴局和应急管理局,深入县职能部门、产业协会和乡镇基层开展调查研究50余次,带队赴县外考察交流9次,赴上级部门和社会组织汇报对接18次。驻村工作队扎实开展防返贫动态监测,坚持每月遍访监测户,对监测户实现"一户一策"全覆盖,做到防返贫政策"一口清"。

【脱贫成果巩固】 中国地震局开展永靖县教育系统应急人才培养,在党校、教育等行业常规培训课程中增加减灾课程,组织1200名山区中小学师生开展减灾研学,开展中小学教师减灾科普技能培训,培养中小学创客教育和减灾科普传播师130余人次。

【产业帮扶】 在产业帮扶方面,中国地震局实施6个帮扶项目、27项具体帮扶任务。实施特色产业种苗(球)繁育和现代化种植示范项目,建成刘家峡优质草莓种苗繁育基地和兰州百合种球组培基地,开展百合扦插快繁试验。实施特色产业整合与人才技术体系构建项目,扶持10个特色产业协会,建成草莓专家工作站,举办"田间课堂",引进新品种、新技术,开展市场对接,发掘"田秀才""土专家"。建成永靖县扶农助农公益电商平台。帮助建立帮扶车间1个,帮助就业109人。

【人才帮扶】 为进一步提高标准化栽培技术、农产品品质和产量,促进特色农业优化升级,中国地震局通过课堂讲课、田间示范、农业专家跟班指导等方式,培训产业群众11925人次。为进一步增长永靖县各级应急管理与安全生产监管人员防灾救灾综合知识,培养公众防灾减灾意识和识别灾害风险能力,组织培训相关人员1796人次。

【文化帮扶】 中国地震局采取系列措施,不断推进乡风文明建设。依托太极岛绿道公园建成防灾减灾主题公园,成功举办第六届全国防震减灾科普讲解大赛和"地震科普 携手同行"临夏回族自治州主场活动,开展中国地震局定点帮扶永靖县30周年主题活动。在徐家沟村建成减灾文化长廊。充分运用积分制建立爱心超市,为困难群众帮办实事超过160件,通过设立网格长、网格员及时化解纠纷11起。组织群众主动参加新春社火表演,其中久长沟村在2022年永靖县乡村特色民俗活动评选中取得第一名。

【生态帮扶】 为保护母亲河、改善刘家峡库区生态环境,中国地震局持续开展龙汇山"减灾林"补植补种,共造林300亩、栽植侧柏等苗木8500余株、维修上水管道5600余米。驻村第一书记在徐顶乡三联村建设"减灾林"基地,共调运栽植云杉4000余株。

【党建帮扶】 中国地震局推动甘肃省地震局机关党委、甘肃省地震台和规划财务处党支部与三联村、徐家沟村、久长沟村开展支部"五联共建"活动,促进基层党组织建设。深入开展"阳光永靖 党旗引领"品牌建设,严格落实"三会一课"制度,驻村第一书记坚持每月召开支委会推进基层组织民主建设,每季度召开1次党员大会亲自讲党课。积极发展壮大基层党组织,主动引导返乡大学生和青年创业者向党组织靠拢,全年召开基层党员学习活动40余次,共发展入党积极分子6名、接收预备党员2名、按时转正正式党员5名。

【公益帮扶】 中国地震局引进深圳市腾讯计算机系统有限公司捐赠资金35.4万元,共同开展公共预警服务合作,积极推动总投资约500万元的国家预警工程社会处置示范项目在永靖县落地。主动对接阿里巴巴集团控股有限公司推动三联村成功入围全国第一批100个数字乡村并拍卖电子藏品200余件,增加村集体收入1.2万余元。

【健康帮扶】 中国地震局结合帮扶县实际需求,向徐顶乡捐赠价值6万余元的口罩、药品及医疗器械共2000余盒(件),委托甘肃省地震局及时将相关防疫物资送至定点帮扶的永靖县并协助发放,有效缓解基层村镇在落实落细新冠病毒感染"乙类乙管"各项措施过程中医药物资紧缺的实际困难。

【特色帮扶】 中国地震局充分发挥行业特色优势,以永靖县创建全国综合减灾示范县为契机,努力构建安全应急减灾与乡村振兴和县域经济高质量发展深度融合的"永靖模式"。积极开展防灾减灾与乡村文化振兴融合探索,联合中国灾害防御协会成功举办第六届全国防震减灾科普讲解大赛预赛和甘肃省"地震科普 携手同行"主场活动,联合东西部协作的山东省地震局共同培养中小学创客教育和减灾科普传播师130余人次、组织全县1200名山区中小学师生开展减灾研学,开展"防灾减灾 幸福同行"主题征文活动,在黄河绿道建成防灾减灾主题公园。探索推动防灾减灾融入县域经济高质量发展,完成徐顶乡省级综合减灾示范达标建设,完成全县基层应急队伍岗位"大比武",联合住建、消防和物业服务等部门围绕12个城区社区、73个小区开展综合减灾小区创建活动,邀请国家、省、州安全应急减灾领域专家组织防灾减灾大讲堂、基层灾害信息员培训,遴选基层消防队员赴兰州陆搜基地训练。积极推动总投资约500万元的国家预警工程社会处置示范项目在永靖县落地。

【帮扶宣传】 中国地震局全年撰写新闻报道及宣传材料30余篇。人民日报社指导、人民日报社和人民论坛杂志社主办的"深入学习贯彻党的二十大精神——第八届国家治理高峰论坛年会暨人民论坛创刊30周年座谈会"活动在北京举行,《中国地震局定点帮扶的永靖实践》入选"中国式现代化的生动实践——2021—2022国家治理创新经验典型案例"课题成果,成为40个典型案例之一。在《中国应急管理报》头版发表1篇、受邀为国家乡村振兴局《驻村第一书记和工作队典型案例选编》供稿,永靖县融媒体中心先后4次对驻村工作队先进事迹和人物典型进行专题报道。

(中国地震局规划财务司　石娜娜)

国家自然科学基金委员会定点帮扶

【概述】 2022年,国家自然科学基金委员会(以下简称"自然科学基金委")深入学习贯彻党的二十大精神和习近平总书记关于巩固拓展脱贫攻坚成果扎实推进乡村振兴的重要指示精神,深入贯彻落实中共中央、国务院关于中央单位定点帮扶工作的决策部署,紧跟"三农"工作重心历史性转移到全面推进乡村振兴的新要求,结合定点帮扶的内蒙古自治区奈曼旗社会经济需求,充分发挥自然科学基金委的人才与科技资源优势,聚焦奈曼旗主导产业,全年直接投入和引进帮扶资金674.55万元,资助定点帮扶项目5项,以科技力量为乡村振兴筑基赋能,不断提升当地内生发展动力和自我发展能力,培训各类人才2300余人次,注重科普教育,树立新发展理念,为当地干部群众搭建先进实用的科技成果推广平台。2022年,自然科学基金委员会奈曼旗科普教育基地获批第一批"全国科普教育基地"。

【帮扶资金投入】 2022年,自然科学基金委向奈曼旗直接投入和协调各类帮扶资金共计674.55万元,其中直接投入定点帮扶项目资金150万元,主要支持奈曼旗当地特色产业发展;直接拨付党建帮扶经费20万元,用于帮扶基层党组织建设和美丽乡村建设;协助争取内蒙古自治区项目资金300万元,重点推广奈曼旗沙地生物资源高效集约利用新模式;捐赠防疫物资、笔记本电脑等各类物资合计84.85万元;直接购买和帮助销售奈曼旗农产品119.7万元。

【帮扶调研】 自然科学基金委相关领导带队赴奈曼旗开展定点帮扶调研督导,与旗委、旗政府围绕奈曼旗经济社会发展实际需求,进一步研讨帮扶模式、优化工作机制,持续巩固脱贫攻坚成果,切实推进奈曼定点帮扶及乡村振兴工作,看望挂职干部,与奈曼旗政府有关负责同志、自然科学基金委派驻奈曼旗挂职干部进行深入交流,对乡村振兴工作提出指导意见和工作要求,不断提高帮扶工作水平;定点帮扶领导小组成员和相关部门先后共有20余人次前往奈曼旗进行调研,在项目组织、课题开展、技术指导、人才培训、消费帮扶、医疗帮扶、物品捐赠等方面深入开展工作。

【帮扶会议】 自然科学基金委党组会议3次学习贯彻习近平总书记关于巩固拓展脱贫攻坚成果、扎实推进乡村振兴系列重要论述和指示批示精神,紧密结合奈曼旗产业发展实际,在保持帮扶力度不减的同时,提高帮扶的精准性,推动定点帮扶工作落地见效。自然科学基金委领导、自然科学基金委帮扶办全年召开专题会议12次,就项目对接、督导调研、签约授牌等方面进行深入推进,压实牵头部门责任,审议制定自然科学基金委2022年定点帮扶重点举措清单,及时跟踪督办帮扶工作进展,确保各项帮扶举措落地见效。

【干部挂职帮扶】 自然科学基金委高度重视挂职干部的选拔、管理和使用,领导同志多次带队赴奈曼旗开展实地调研,关心慰问挂职干部,了解实际工作需求,多方面支持定点帮扶工作,挂职干部充分发挥自身的专业优势,深入调研,统筹推进、协调、检查科学基金帮扶项目实施情况,在奈曼旗发展"五大振兴"方面做了大量工作。副旗长围绕人才帮扶和项目帮扶工作,积极联系北京师范大学、首都医科大学对奈曼旗中小学教师及当地医生开展培训;协助推进招商引资工作,促成中国(青岛)数字经济产业创新基地、山东润农农业发展有限公司等一批重点企业与奈曼旗签署合作协议。驻村第一书记主动对接资源,在哈沙图村建成设施农业大棚8座,高效整合精准技术—智能装备—肥料产品,实现农业提质增效;联系北京大学人民医院、解放军总医院、首都医科大学附属医院等在哈沙图村开展巡诊、坐诊等支医活动;协助建成包含多媒体信息化在线学习设施的"草原书屋",切实提升村民与本村青少年的学习效果。

【特色帮扶】 自然科学基金委继续组织开展定点帮扶项目遴选工作。聚焦奈曼旗当地主要农作物和牲畜品种提质增产等方面的关键科学问题,在充分调研、论证的基础上,协调当地有关部门和单位做好定点帮扶项目的遴选、申报和组织实施工作。新批准立项定点帮扶项目5个,投入资金150万元;支持定点帮扶项目示范种植高产玉米2600余亩,亩均增产150余千克基础上,2022年推广密植高产玉米种植技术3万亩,结合玉米秸秆饲料化利用、田间释放赤眼蜂防治玉米螟、玉米籽粒收获直收作业等新技术,推动全旗玉米种植业及上下游产业绿色高质量发展;协助奈曼旗中药材农业科技园区获批内蒙古通辽市第一批农业科技园、内蒙古蒙古包食品有限公司获评市级专业化众创空间;定期邀请专家团队深入奈曼旗药材种植龙头企业和种植户,从药材栽培关键技术攻关、标准化栽培技术集成、技术培训与示范推广等多角度给予帮扶,积极引导农民依法组建合作社,辐射带动农民300余户,推动全旗农业结构调整和转型升级。

【产业帮扶】 自然科学基金委组织召开奈曼旗乡村振兴产业项目对接会5次,邀请浙江大学、中国农业科学院、中国农业大学、青岛农业大学、内蒙古自治区农牧业科学院等高校和科研机构专家50余人次,带动山东齐鲁云商电子商务有限公司、山东惠发集团、浙江急速科技有限公司等大型企业与奈曼旗相关部门和企业开展工作对接和项目合作,促进发达地区资源要素向定点帮扶地区流动,推动当地特色产业创新发展;协助奈曼旗促成中国(青岛)数字经济产业创新基地与奈曼旗签署智慧数字新媒体战略合作协议,致力于建设新媒体人才培训、内容创作、直播赋能、跨境电商、直播供应链、云仓等电商产业细分领域集聚区和一站式产业服务体系,推动奈曼旗商品供应链相关产业结构全面转型升级发展;协助奈曼旗促成山东润农农业发展有限公司与奈曼旗财鑫农牧业科技有限公司合作签约,以打造智慧城市中央厨房为核心,带动奈曼旗当地牛羊肉、蔬菜等优质农牧产品深加工产业升级,并运用消费大数据指导上游实现标准化、集约化、规模化种植养殖,带动当地农牧业产业化发展;协助奈曼旗与中药材科研单位、企业合作,打造药材标准化示范基地1980亩,实施奈曼甘草、黄芪、苦参、桔梗、防风5个道地药材品种为主导的品牌化发展战略,推动全旗药材种植面积从2015年的1.5万亩增加到2022年的20.6万亩,以产业帮扶带动农户年均增收15%~25%,户均增收6000元以上。

【帮扶培训】 自然科学基金委举办高产玉米标准化生产技术培训班,邀请中国农业科学院作物研究所、全国农业科技入户示范工程玉米首席专家团队进行现场授课,全旗130余名种植能手、种植大户参加培训,为全旗范围推广高产种植技术提供支持;依托定点帮扶项目承担单位举办中药材(蒙药材)绿色生态种植与质量保障学习班,组织奈曼旗中药材企业技术骨干代表参加培训,为当地中蒙药材产业发展提供人才支持;积极拓展校地协作,促成内蒙古民族大学数理学院与奈曼旗大数据中心签订"实习与就业基地"协议，盘活奈曼旗云计算中心、航天科普教育基地等优质科教资源，就科研项目支持、科技人才志愿服务、大学生实践实习等方面建立长效合作机制，为奈曼旗智慧乡村建设和人才培养提供支持；促成河北医科大学与奈曼旗人民政府签订"精准医疗帮扶、助力乡村振兴"合作协议，成立乡村医生培训基地，面向奈曼旗基层卫生人员开展培训100余人次；在奈曼旗举办3期科尔沁牛地标保护培训班，培训重点养牛企业、养殖大户150余人次，为当地肉牛产业发展奠定基础；联合通辽老科学技术工作者协会举办服务林果产业科技园建设经验交流会，在全旗巡回开展果树田间管理培训，服务种植户、合作社负责人等200余人次。

【文化帮扶】 自然科学基金委联合科技日报社、中国农村技术开发中心等单位，向奈曼旗捐赠全年《科技日报》及《星火科技30分》节目，帮助广大农牧民树立新发展理念，学习掌握先进实用的科技成果；协助奈曼旗举办2022年"科技工作者服务基层，助力乡村振兴"行动，邀请来自中国农业大学、内蒙古农业大学等高校专家担任科技志愿者，深入田间地头进行现场指导，活动期间发放科普读本500册，受益农牧民145人；持续推进国家自然科学基金委员会奈曼旗科普教育基地建设，该基地获批第一批全国科普教育基地并已挂牌。

【生态帮扶】 自然科学基金委结合"6·18"草原保护日，邀请植被生态教育部重点实验室主任、东北师范大学教授举办草地生态保护专题报告会，积极推广生态保护技术，服务当地生态环境建设；协助当地有关部门对接中国扶贫基金会，引进蚂蚁森林公益项目，为当地生态脆弱地区植被恢复和低收入群众增收创造条件。

【党建帮扶】 向自然科学基金委定点帮扶村哈沙图村党支部拨付党建帮扶经费20万元，用于帮扶基层党组织建设和美丽乡村建设；协助奈曼旗举办乡村振兴领头雁"333"工程理论实践课堂，面向苏木乡镇党务干部、嘎查村"两委"成员、村务监督委员会主任等开展专题培训，累计培训干部1200余人次，已经成为基层干部提升政治素养、激发干事创业热情的训练营和孵化器；组织开展爱心物资捐赠和"金秋助学"活动，累计捐赠计算机40台、图书3200册，为定点帮扶村困难大学生发放助学金1.25万元，进一步巩固脱贫攻坚成果，助推乡村振兴事业高质量发展。

（国家自然科学基金委员会办公室 范 俐）

中国浦东干部学院定点帮扶

【概述】 2022年,中国浦东干部学院(以下简称"浦东干部学院")深入学习贯彻党的二十大精神和习近平总书记关于乡村振兴的重要论述,认真落实中共中央关于定点帮扶的决策部署,始终把定点帮扶工作作为一项重大政治任务来抓,不断增强"四个意识"、坚定"四个自信"、做到"两个维护",积极克服疫情影响,发挥干部教育培训优势,持续为贵州省江口县提供强有力的帮扶支持,推动江口县巩固脱贫攻坚成果、建设宜居宜业和美乡村,不断开创乡村振兴工作新局面。

2022年,浦东干部学院投入帮扶资金285.31万元,引进无偿帮扶资金397.78万元、有偿帮扶资金3305万元;培训基层干部7155人,培训乡村振兴带头人225人,培训专业技术人才1265人;直接购买农产品65.8万元,帮助销售农产品1152.75万元。

浦东干部学院持续为江口县乡村振兴探索新路,有力推动江口县经济社会快速发展。2022年,江口县完成地区生产总值79.25亿元,同比增长0.9%;城镇居民人均可支配收入达到38324元,农村人口人均可支配收入达到12927元,分别增长5.2%、6.8%。

【干部挂职帮扶】 浦东干部学院高度重视帮扶挂职干部工作,加大对定点帮扶工作队的支持和关心力度。加强工作队挂职干部日常管理和党风廉政建设工作,落实档案制度,强化工作督查督办,充分发挥工作队一线派驻的桥梁纽带和战斗堡垒作用。

【帮扶调研】 浦东干部学院分管日常工作的副院长、定点帮扶工作领导小组组长带头开展调研,全年共派出2批次7人次到江口县考察调研,其中副局级以上5人次;率院领导班子成员一行赴江口县调研指导帮扶工作,通过实地走访、查阅资料、开座谈会、捐赠帮扶经费、慰问老党员、脱贫户和挂职干部等方式,推动帮扶举措落实见效、乡村振兴有序开展。浦东干部学院各部门(单位)认真贯彻落实院务委员会和帮扶工作领导小组要求,结合各自职能积极参与,形成全院上下一心、高效协同,前方后方联动作战、合力推进的局面。

【产业振兴】 浦东干部学院围绕江口县"一地三区"奋斗目标,依托组织网络优势,紧抓招商引资与"黔货出山"产业链两端。招商引资方面,坚持"走出去"与"请进来"并重,协助江口县到上海、深圳、杭州、苏州、义乌等地开展多场招商活动,邀请北京、上海、广东等地客商到江口县考察指导。邀请上海市16位企业家集体到江口县调研,寻找合作发展商机,已在污水处理、"黔货出山"、爱心助学等方面达成合作意向。4月,在江口县及帮扶工作队等多方努力下,重启与深圳檀悦文旅集团有限公司合作并就鱼粮溪度假区开发项目重新签约,签约资金15亿元,实际到位资金3305万元,项目正顺利推进。

【人才振兴】 浦东干部学院大力开展新时代基层干部培训,加快乡村振兴人才队伍建设。积极承办国家乡村振兴重点帮扶县党政正职培训。在中共中央组织部、中共中央农村工作领导小组办公室、农业农村部、国家乡村振兴局的高度重视下,浦东干部学院与农业农村部等联合办班部委及单位密切配合、通力合作,确保2022年度3期"国家乡村振兴重点帮扶县党政正职巩固拓展脱贫攻坚成果、全面推进乡村振兴"专题培训班成功举办,培训学员247人。此外,办好中共中央组织部对口帮扶县"全面实施乡村振兴战略,推动建设高素质干部队伍"培训班,培训学员90人。积极协调安排4名江口县处级干部到以上相关乡村振兴主体班次插班选学,实现培训内容与参训对象合理对接,切实增强干部培训的实效性。

浦东干部学院投入236.4万元开展干部远程在线教育培训,开设党建引领基层治理、农村基层干部乡村振兴等网络培训班,培训基层干部2713人、乡村振兴带头人225人、专业技术人员1175人。采取灵活的干部选学机制,多方式、全覆盖加强干部教育培训。江口县干部在线学习注册学员达3940名,有效提升江口县干部的政治素质和业务水平。根据县委组织部需求,积极探索"互联网+"培训,授权学院22门网络课程资源供中共江口县委党校使用,培训基层干部4355人,"空中课堂"实现资源共享。邀请浦东干部学院两位教授为江口县人才助力乡村振兴暨人才工作者培训班远程在线授课,并开展互动交流,宣讲党的二十大精神和人才工作政策,培训学员83人。浦东干部学院帮扶工作队邀请贵州省内农技专家到挂扣村开展茶叶、蔬菜等种植实用技术培训,参与群众90人,改变群众传统的种植观念,提高种植管理技能。

【文化振兴】 浦东干部学院围绕江口县精神文明建设,积极倡导现代文明理念,通过弘扬传承当地优秀文化,开展群众文化活动,推进农村移风易俗,以文化引领推进精神文明建设。激活农村美学,浦东干部学院工作队先后20余次到村调研乡村风貌的保护与发展,邀请知名建筑设计事务所到江口县考察,围绕乡村建筑影响村落风貌的问题与村镇交流探讨,对即将实施、启动修建、改造村寨规划提出意见建议。在6个特色田园乡村试点开展入户访谈,选取合适的农户,后续将由专业公司签约设计,形成综合体现自然、人文、区域和时代特征,富有乡村美学兼具现代宜居的住房方案。同时,邀请复旦大学团队赴江口县调研,策划和积极争取构建"中国武陵土家文化展示体系"。

浦东干部学院传承创新当地文化,帮助挂扣村深度挖掘龙舟文化、农耕文化、红色文化,协同建立1个龙舟广场,打造1家耕读庭院,创作1首龙舟歌曲,组建1支龙舟文化表演队。表演队现有队员64名,演出13场,深受村民喜爱。依托新时代文明实践站,加强农村思想道德建设和公共文化建设,建立12支志愿服务队伍,举办妇女儿童讲堂、文化志愿服务等活动,拓展延伸红色教育基地、村史馆、小桔子书屋等功能,不断丰富群众的精神文化生活。

【生态振兴】 江口县地处武陵山腹地,生态资源丰富,核心生态优势是丰富的生物多样性。浦东干部学院向江口县教育局无偿捐助10万元,并联合上海真爱梦想基金会、上海市专家学者,打造以江口为诞生地的生物多样性科普课程体系。积极推进改善农村人居环境、建设美丽乡村。协调东西部协作资金500万元用于挂扣村庭院改造168户,新建污水处理设施1处,改造厕所258户,安装路灯504盏,为村民营造良好的生活环境。引进上海泽宁环保科技有限公司捐赠挂扣村微水厕所设备项目,兼具实用和节水功能。

【组织振兴】 浦东干部学院深入推进抓党建促乡村振兴,接续发挥单位党建优势,助推江口县党建工作高质量发展。与江口县委组织部沟通联系,共同制订干部教育培训计划,已完成3个培训班次,无偿捐助10万元用于江口县基层党支部标准化、规范化建设。邀请浦东干部学院副院长为江口县优秀专家人才专题网络培训班、新型工业化专题网络培训班授课。继续深化人力资源部党支部与挂扣村党支部联建工作,无偿捐助5万元用于支持村级阵地建设。信息技术部党支部引荐上海市长三角绿色联盟乡村专委会,为江口县招商引资牵线搭桥,捐赠挂扣村党支部《习近平谈治国理政》(一卷至四卷)。9月,对外交流部党支部邀请英国卡迪夫大学教授视频连线为江口县乡村振兴工作"把脉问诊"。

【社会帮扶】 基建方面,浦东干部学院协调引进贵州省信合公益基金会资金200万元,无偿捐赠挂扣村用于乡村振兴工作。协调衔接资金117万元用于挂扣村安装路灯,为全村填补无路灯照明的空白。教体方面,引进上海真爱梦想基金会10万元,用于江口县20支中小学队伍开展省内研学项目。引进爱心企业捐赠3.5万元,用于挂扣村幼儿园基础设施改造和添置设施设备、玩教具。助学方面,浦东干部学院爱心团队向江口县182名困难学生资助36.5万元。协调安踏茁壮成长专项基金向江口县18所学校捐赠安踏(中国)有限公司物资30.48万元。

【消费帮扶】 浦东干部学院以消费帮扶助力"黔货出山",积极帮助协调江口县生态茶、中药材、蔬菜等农特产品在长三角、珠三角等地推广销售,协助县内5家公司销售产品1152.75万元,直接购买"832平台"及江口县农产品65.8万元。

【帮扶创新】 浦东干部学院坚持以党建为引领,发挥协调联络优势,依托东西部协作机制,积极争取各方支持,以"五大振兴"为抓手,共同发力将挂扣村打造成省级乡村振兴示范点"样板区"。推进产业发展,组建挂扣村产业专班,流转75亩土地作为集体产业研学基地。已接待研学6批次1000余人,游客3000余人,带动消费30万元。引进1家电子商务公司落地,推广"我在梵净山下有丘田"项目,签订租赁合同、购销合同,已完成签约48笔。挖掘特色文化,对挂扣村红色文化、耕读文化、龙舟文化进行挖掘、整理与呈现,邀请设计公司设计"运动挂扣幸福家园"标识及党建logo,举办"文艺夜校",组建龙舟、龙灯、广场舞群众文艺队伍,开展文艺表演、赛事活动60余次,推动以文聚人,增加乡村文化活力。创新基层治理,探索"事件性解决"向"规则性解决"的有效方法,建立"积分兑换"超市,有效激发村民参与乡村治理的积极性、主动性,推动形成共建共治共享的乡村治理新格局。挂扣村先后接待省部级领导考察调研3人次,厅局级领导考察调研50人次。

【帮扶宣传】 浦东干部学院充分发挥学院宣传和智库优势,在"报、网、端、微"刊发一批报道江口县的文章,提高知名度、美誉度。组织编撰学院帮扶江口县工作经验案例"以智力帮扶为导向,创建'多频道扶志扶智'模式",获评人民网"2022乡村振兴创新案例"。"贵州江口:探索建立'两委一社四中心',全方位提升村级组织为民服务效能"获评第六届基层党建创新典型案例征集活动"优秀案例"。"江口县:'六挂六扣'高质量推动乡村振兴示范点建设"入选贵州省乡村振兴局案例。设计、印制"我们的江口"宣传册,包括"情定江口""醉美江口""优品江口""投资江口"等版块,将宣传册发放给全体学员及到院讲学、访问的专家和领导干部,引导广大学员了解支持定点帮扶工作,进而促成帮扶江口县的实际行动。

[中国浦东干部学院人力资源部
(机关党委) 陈 颖]

中国延安干部学院定点帮扶

【概述】 2022年,中国延安干部学院(以下简称"延安干部学院")定点帮扶四川省越西县,全年直接投入帮扶资金126.5万元,引进有偿帮扶资金2545万元,引进无偿帮扶资金714.79万元,招商引资6500万元,培训基层干部6878人次,培训技术人员3357人次,培训致富带头人405人次,直接购买脱贫地区农副产品147.29万元,帮助销售脱贫地区农副产品8966.32万元。在2022年中央单位定点帮扶工作成效评价中,延安干部学院获得"好"等次,并连续三年获此殊荣。

【帮扶资金投入】 2022年,延安干部学院直接投入帮扶资金126.5万元,引进有偿帮扶资金2545万元,引进无偿帮扶资金714.79万元,招商引资6500万元,直接购买脱贫地区农副产品147.29万元,帮助销售脱贫地区农副产品8966.32万元。

【帮扶调研】 延安干部学院分管日常工作的副院长带队赴四川调研,与四川省委组织部及省直有关部门座谈交流,赴越西县查看集体经济、重点项目、基层党建、学前教育等情况,向越西县捐赠4000册图书、60台电脑及文具用品,与西北农林科技大学、越西县三方共建农业产业专家工作站,召开督导调研座谈会,要求越西县紧跟中共中央决策部署,严格对标"三个转向",进一步转变思路、抓住关键、精准发力,推动各项工作高质量发展。

【干部挂职帮扶】 延安干部学院继续选派1名二级巡视员到越西县挂职县委副书记,选派1名科级干部担任驻村第一书记。坚持帮扶工作队月报制度,及时汇报工作推进情况,加强一线挂职干部管理,落实关心关爱各项措施。

【帮扶培训】 延安干部学院充分发挥自身优势,投入100余万元举办2期越西县巩固拓展脱贫攻坚成果同乡村振兴有效衔接专题培训暨重大决策部署专题研讨班,100名一线干部参加。在"两基地"举办防震减灾知识讲座暨"三网一员"培训班、乡村文化振兴专题示范培训班等各类班次45期,培训基层干部6878人次。整合各方资源,举办安全生产、应急管理、"控辍保学"等培训班13期,培训各类技术人员3357人次。为中共中央组织部定点帮扶的贵州省台江县、甘肃省舟曲县举办专题培训班,组织80名一线干部开展课堂讲授、现场教学,赴延安及周边地区实地调研、案例教学,并围绕乡村振兴进行专题交流研讨。

【教育帮扶】 延安干部学院投入5万元用于延安干部学院共建越西成长幼儿园建设,推动越西县学前"学普"取得新进展。引进中国乡村发展基金会中小学教师教学与教研能力提升项目及猿辅导小学课后素质教育帮助项目,免费向越西县小学生开放50门课程。

【产业帮扶】 延安干部学院立足特色资源,推动重点项目建设,健全联农带农机制,助力脱贫人口稳岗就业。引进福建康联数字经济健康产业生态新城项目,打造公共医疗卫生服务互联网信息资源集成平台,前期投资6300万元。引进凉山彝族自治州智慧物流园重点项目,解决农产品流通平台和通道问题,预计总投资1.2亿元。成立越西县华阳村现代蔬菜种植产业园,在华阳村发展200亩小香葱种植加工产业。抓好瓦曲觉村生态牛养殖基地建设,帮助优化产业模式、强化管理效能,养殖肉牛96头,出栏25头,销售收入50余万元。协调四川银行股份有限公司、四川农村商业银行等给予社会化融资支持,解决华阳苹果示范园运维资金不足问题,推进优质苹果示范园持续发展。协调300万羽蛋鸡等项目,吸收脱贫群众就业2.9万余人次。

【消费帮扶】 延安干部学院坚持推进优质农产品进商超、上平台,帮助销售脱贫地区农副产品8966.32万元,其中学员在延安干部学院内消费帮扶超市购买131.12万元。坚持应购尽购,直接购买脱贫地区农副产品147.29万元。新成昆铁路越西站于12月开通,对进一步促进旅游、消费发挥重要作用。

【党建帮扶】 延安干部学院坚持党建引领,发挥基层党组织的战斗堡垒作用,不断探索基层党建新路。全年投入资金15万元,与华阳村、瓦曲觉村、城北感恩社区党支部开展共建。组织开展2022年爱心捐赠活动,捐款捐物共计57860元。聚焦每月重点任务,指导越西县实行"一月一批党建重点任务、一月一个党建工作清单"工作机制,做到清单安排、清单交账、清单考核。挂职干部常态化督导重点工作落实情况,联系协调解决实际困难。加强新时代文明实践站建设,打造华阳村、瓦曲觉村及城北感恩社区乡村振兴示范点。2022年华阳村发展入党积极分子4名,2名预备党员转为正式党员。其中,致富能手1人2022年光荣入党,带动贫困户务工60人次,人均增收9000余元。

【文化帮扶】 延安干部学院坚持深化运用越西文化教育资源,加强农村精神文明建设,培育文明乡风、良好家风、淳朴民风。依托学院援建的新时代文明实践站,加强农村思想道德建设和公共文化建设,为华阳村购买红白喜事用品近2万元。开展群众知情大会,宣传杜绝高价彩礼、反对封建迷信等,引导树立社会主义核心价值观。协调中国工信出版传媒集团有限责任公司、中国青年出版总社有限公司、北京嘀嘀无限科技发展有限公司、广发银行股份有限公司成都分行为越西县捐赠4000余册图书、60台电脑,推进越西县全民阅读,提升精神文明素养。举办"高举欢庆火把,照亮幸福前方"火把节主题活动,组织群众自觉进行舞蹈表演、诗歌朗诵等,丰富群众精神文化生活,进一步知党情、感党恩、跟党走。

【生态帮扶】 延安干部学院结合越西地域、规划实际,协调解决生态振兴滞后问题。协调南京水利科学研究院继续支持越西县水利事业发展,推动"专家科技服务团队"建设。协调华侨城集团有限公司利用越西县生态资源优势,加强对越西县旅游产业的规划、发展和推介,推动乡村旅游、生态文明齐头并进。督促越西县推进"蓝天、碧水、净土"三大保卫战,在5个行政村启动农村生活污水治理"千村示范工程"。指导越西县制定农村生活污水处理设施运行维护管理办法,编制土壤及地下水监测方案和土壤详查方案,规范危险废物的收集、运输、处置等监管工作。督导越西县统筹推进农村"三大革命",在中所镇实行300户无害化卫生厕所改革。组织开展人居环境整治"百日攻坚"行动,为20个乡镇解决生活垃圾收集、处理和消纳问题,着力改善村庄公共环境,加强绿化美化、风貌塑造,推动村容村貌整体提升。

(中国延安干部学院帮扶办 李 珑)

中国井冈山干部学院定点帮扶

【概述】 2022年,中国井冈山干部学院(以下简称"井冈山干部学院")继续定点帮扶江西省鄱阳县,派出1名挂职干部,同时继续定点帮扶鄱阳县古县渡镇汪家村,派出1名驻村第一书记。井冈山干部学院坚持以习近平新时代中国特色社会主义思想为指导,深入贯彻落实习近平总书记关于巩固拓展脱贫攻坚成果同乡村振兴有效衔接系列重要论述精神,坚决贯彻落实中共中央关于定点帮扶决策部署,院务委员会会议3次专题研究定点帮扶工作,定点帮扶工作领导小组4次召开会议研究解决具体问题,机关党委定期调度帮扶工作进展。井冈山干部学院深入总结帮扶工作经验,立足自身实际,发挥独特教育资源和学员资源优势,对标鄱阳县巩固拓展脱贫攻坚成果同乡村振兴有效衔接的现实需要,制订并实施《2022年定点帮扶工作计划》。全年投入无偿帮扶资金154.7万元,主要用于推动乡村特色产业发展、改善农村教育条件、农村地区疫情防控等方面。井冈山干部学院不断深化对乡村振兴帮扶工作的研究,与鄱阳县联合开展"乡村振兴帮扶机制运行现状及对策研究"课题研究并给予经费支持,为鄱阳县无偿举办培训班1期,与江西省乡村振兴局等单位共同举办"聚力乡村振兴 推进共同富裕 喜迎党的二十大——深入学习贯彻习近平经济思想"学术研讨会。井冈山干部学院在内部开辟鄱阳县特色农产品展示展销专区,助力农业增效、带动群众增收,在中央单位2022年定点帮扶工作成效考核评价中被评为"好"等次。

【帮扶资金投入】 2022年,井冈山干部学院直接投入帮扶资金154.7万元,同比增加28.9%。其中,安排乡村特色产业项目发展专项帮扶经费89万元,农村学生奖学助学及农村教学点建设专项经费13万元,乡村建设和乡村治理专项帮扶经费28万元,农村精神文明建设及文化惠民活动专项经费19.5万元,"两不愁三保障"成效巩固专项经费5.2万元。

【帮扶资金管理】 井冈山干部学院切实强化帮扶项目建设管理和经费使用管理,制订《中国井冈山干部学院2022年度定点帮扶经费使用计划》,对于工程建设等"到项"类资金,严格公开招标、严格施工监管(委托)、严格项目验收(委托)。对于奖励补助等"到户"类资金,严格对象遴选、严格信息公示、严格本人签领,确保把帮扶经费用准用好。

【帮扶培训】 8月,井冈山干部学院无偿为鄱阳县举办"喜迎二十大,奋进新征程"党性修养专题培训班1期,副院长出席开班式并讲话。鄱阳县委、县人大、县政府、县政协领导班子成员18人和乡镇(街道)主要负责人33人参加培训。在课程设计上,既安排乡村振兴、乡村治理等专题教学,也组织学员到井冈山市乡村振兴示范点开展现场教学。通过培训,学员们普遍反映对乡村振兴工作有了更深刻理解、更清晰思路。井冈山干部学院副院长到鄱阳县宣讲党的二十大精神1次,古县渡镇及汪家村党员干部参加学习。此外,井冈山干部学院支持和推动鄱阳县举办乡村振兴专题培训3期,行业部门分管负责人、乡镇分管负责人、乡村振兴工作站站长、驻村第一书记、村(社区)党组织负责人1270余人次参加培训,切实提升鄱阳县乡村振兴专职专门队伍的专责专业能力。

【干部挂职帮扶】 井冈山干部学院挂职干部担任鄱阳县委常委、县政府副县长，分管文化、新闻出版、广播电视工作和江西鄱阳湖博物馆，协助分管乡村振兴工作。挂职干部改任县委副书记、县政府副县长，分管新冠疫情防控、教育、文化、新闻出版、广播电视工作和江西鄱阳湖博物馆，协助分管乡村振兴工作。井冈山干部学院派出驻村第一书记1名，驻在鄱阳县古县渡镇汪家村。

井冈山干部学院对帮扶干部从严管理、从实关爱，定期沟通掌握干部思想动态，及时了解并帮助解决帮扶干部在工作上和生活中的困难，学院机关纪委不定期对帮扶干部开展廉政提醒，让帮扶干部在严管下努力工作、在厚爱中健康成长。

【产业帮扶】 井冈山干部学院坚持产业为重，一手帮固本兴新扩面，一手扶补链提质增效。帮助和指导鄱阳县构建"南菜北药中茶果"产业格局，打造水稻和水产两个百亿级特色产业集群，全年全县粮食播种面积超过278万亩，油菜播种面积超过56万亩，全年粮食总产量超过10亿千克，均为江西省第一；因地制宜打造油茶、中药材、茶叶、水果、蔬菜等5个特色产业集群及15个万亩以上特色产业基地，成为江西省全省大农业的标杆。

指导和支持定点帮扶的古县渡镇汪家村进一步提升农文旅融合发展水平。为村集体建设两个保温大棚，提高蔬菜产能；为莲荷产业基地增设步道，丰富旅游内容；为花卉苗木产业改良基地，改善土壤状况。在学院直接投入资金建设的产业项目中，强化利益联结机制，优先吸收群众参股、务工，确保学院投入资金充分带农、长效惠农。全年实现村集体年增收超过10万元，参股或务工群众户均增收超过1万元。该村党支部被评为"江西省乡村振兴模范党组织"。

【帮扶调研】 坚持一线帮扶、一线调研、一线督导。井冈山干部学院领导班子成员、司局级及以下干部6人次到鄱阳县调研。

井冈山干部学院分管日常工作的副院长到鄱阳县调研督导定点帮扶工作，走访县委党校、有关镇，深入古县渡镇南坂村、汪家村等农村及江西鄱阳湖米业有限公司、斯沃德教育科技股份有限公司、建阳村雷竹产业基地等企业，通过入户调查、现场考察、座谈交流等方式，了解定点帮扶干部的政策落实、责任落实、工作落实情况，听取鄱阳县委、县政府关于进一步强化院地良性互动、共同推进乡村振兴的意见建议，并形成调研督导报告。与鄱阳县委主要负责人座谈，了解年度帮扶项目实施进展，共商进一步提高帮扶质效的具体举措。

井冈山干部学院分管定点帮扶工作的副院长到鄱阳县调研督导，实地考察古县渡镇汪家村果蔬产业基地、瓦屑坝移民文化园、油墩街镇仿古建筑特色产业基地，分别与乡、村党员干部交流，听取关于进一步做好定点帮扶工作的意见建议，并形成调研督导报告。

【帮扶慰问】 井冈山干部学院领导班子和党员干部始终心系鄱阳群众，每到鄱阳调研均进村入户走访慰问各类监测户，了解群众的生活状况，帮助解决具体问题，给群众送去慰问金和物资。2022年，井冈山干部学院领导干部到鄱阳走访慰问群众28户，共发放慰问金2.16万元和总价值0.8万元的生活物资。

【教育帮扶】 井冈山干部学院坚持教育为本，一手帮"控辍保学"，一手扶师资建设。重点关注监测户教育支出，并实施精准帮扶解难。经细致摸排，确定72名急需资助对象，发放奖学金3.28万元、助学金7.1万元、生活补贴1.62万元，切实化解因教育返贫致贫风险。安排专项资金帮助古县渡镇汪家村教学点改善教学环境，添置教具和教辅材料，帮助教师解决生活困难,并在教师节开展慰问。同时,积极在教师学习提升方面提供帮助。

【文化帮扶】 井冈山干部学院坚持文化为魂,一手帮文化保护传承,一手扶乡风文明建设。在县内红色资源保护利用方面,指导开展中共鄱阳县委机关旧址保护提升工作并给予5万元经费支持;指导开展红色文物征集和保护工作并给予5万元经费支持;指导开展革命文化资源整理利用专项课题研究并给予5万元支持。在公共文化服务方面,指导县图书馆改造提升并给予5万元经费支持,指导县赣剧团创作乡村振兴主题新剧并给予5万元经费支持。赣剧饶河戏新剧《终身大事》全年下乡进村展演100余场,引导"零彩礼"婚嫁新风尚。在移风易俗方面,指导探索乡村治理和乡风文明建设的新模式,形成乡村治理"五零五好"的鄱阳经验。

向古县渡镇汪家村捐赠总价值约10万元码洋的系列党建图书,并协调有关单位捐赠总价值20万元码洋图书,丰富该村图书室的书籍结构。同时,结合高龄群众和低龄儿童的阅读习惯,创造更具吸引力的阅读环境,打造书常新、门常开、人常来的农村文化阵地,得到江西省委宣传部等单位及上饶市委的肯定和推广,获得"全国示范农家书屋"称号。

【消费帮扶】 井冈山干部学院内部开辟鄱阳县优质农副产品展销专区,可供干部教师线下选样、线上下单,机关工会采购鄱阳县农副产品总额153万多元,多渠道助销农副产品总额超过1583万元。鄱阳县消费帮扶多项数据居江西省前列、上饶市第一。

【健康帮扶】 支持和帮助鄱阳县做好疫情常态化防控工作,挂职干部担任县疫情防控综合指挥组组长、隔离监管专班负责人,在工作上给予指导,在资源上给予保障。井冈山干部学院领导经常向挂职干部传达中共中央关于做好疫情防控的部署要求和有关政策信息,指导提高风险研判和应急处置能力水平。全年隔离各类风险人员3万余人,协助安置外县隔离人员2000余人,实现风险零外溢、本土零感染。同时,积极协调有关渠道为鄱阳县解决重点药品急缺的困难,并指导探索务实管用的农村地区感染者早发现、快救治模式。国务院疫情联防联控机制江西督导组到鄱阳现场督导检查,对有关工作给予充分肯定。

(中国井冈山干部学院
综合督查处　王　东)

中国工程物理研究院定点帮扶

【概述】 2022年,中国工程物理研究院(以下简称"中物院")认真学习贯彻习近平总书记关于实施乡村振兴战略的重要指示精神,持续推动陕西省富平县巩固拓展脱贫攻坚成果同乡村振兴有效衔接;落实中物院"十四五"帮扶规划,全年投入无偿帮扶资金1189万元,引进无偿帮扶资金35万元,引进有偿帮扶资金5100万元,招商引资7794万元;直接购买富平县农副产品959万元,帮助销售1108万元;培训各类人才3844人次。中物院在2022年中央单位定点帮扶工作成效考核评价中获评"好"等次。

【帮扶资金投入】 2022年,中物院投入无偿帮扶资金1189万元,引进无偿帮扶资金35万元,引进有偿帮扶资金5100万元。帮扶资金主要用于建设富平县羊奶产品加工园、易地搬迁社区工厂,开展培训帮扶、教育帮扶、健康帮扶等。

【帮扶会议】 中物院召开2次院党委常委会、3次院帮扶领导小组会,学习习近平总书记关于全面推进乡村振兴和深化定点帮扶工作的重要指示精神,研究部署重点任务,优化帮扶思路,优化帮扶领导小组成员配置及其职责,制定帮扶队伍和帮扶项目管理制度,制订年度帮扶计划,推进羊奶产品加工园建设、迤山小学筹建等重大项目。

【帮扶调研】 中物院帮扶调研共8批47人次。中物院院长、副院长分别带队赴富平县,就落实帮扶政策、完善帮扶思路、建成羊奶产品加工园、筹建迤山小学等事宜深入调研督导;派出6个工作组分别就具体项目深入调研。5月,渭南市委常委、富平县委书记带队到中物院对接交流。

【帮扶制度建设】 中物院加强定点帮扶管理体系建设,印发《关于调整院定点帮扶工作领导小组的通知》,制定《帮扶工作组管理规定》和《帮扶项目管理规定》,优化帮扶管理职责、健全项目实施机制,建立"季度+专项"督导机制。

【干部挂职帮扶】 中物院选派3名政治立场坚定、工作经验丰富的干部组成派驻工作组。其中,车家村原驻村第一书记接替挂职富平县副县长,2人分别任大众村、山西村驻村第一书记。

【产业帮扶】 中物院聚焦富平县奶山羊特色产业,投入无偿帮扶资金1000万元,引进有偿帮扶资金5100万元,加快建设富平县羊奶产品加工园,推动乳品加工由羊奶粉为主向液态奶精深加工迈进。通过中物院引荐,中央储备粮富平直属库项目在富平县落地,2022年招商引资到位资金7794万元。引进无偿帮扶资金35万元,支持老庙镇毓秀家园社区制衣工厂扩建,带动200余名易地搬迁人员就近就地就业。

【教育帮扶】 中物院党政领导亲自部署推动,议定投入无偿帮扶资金1.62亿元帮扶建设富平县迤山小学,保障农村生源在城区公平接受义务教育。投入无偿帮扶资金100万元,开展"春蕾资助计划",资助320名家庭困难学生。持续开展手牵手教育帮扶活动,选派5名骨干教师,赴富平县开展心理健康教育帮扶活动。

【帮扶培训】 中物院培训各类人才3844人次。其中,组织富平县21名医护人员在中物院所属医院跟岗培训6个月;在富平县组织培训教师521人次、医生529人次、基层干部615人次、乡村振兴带头人268人次、农业技术人才1890人次。

【健康帮扶】 中物院选派16名医疗卫生专家,开展学术授课、技术指导、送医送药下乡活动。开展点对点学术授课和临床实用医疗技术指导培训;组织超声科专家在富平县中医院开展为期2周的驻点指导;深入富平县3个乡镇卫生院、1个养老院开展现场义诊,并入户随访患病行动不便群众。

【生态帮扶】 中物院协调配置车家村390个垃圾箱、垃圾清运车1辆、割草机6台等环卫设施设备,修缮大众村文化广场,帮助山西村、大众村改厕92户。

【文化帮扶】 中物院在大众村组织举办"怀德生日会",弘扬传统文化。投入帮扶资金13.7万元,编辑出版《怀德行远——中物院·富平县初心情怀与家风家训故事集》。协助中央广播电视总台CCTV-2拍摄《乡村振兴中国行之陕西富平篇》。

【党建帮扶】 中物院协调4个基层党支部与大岗村、巨贤村、都村、杨家村等4个村开展党建结对帮扶活动。议定投入130万元,帮扶前期结对的曹村镇大渠村修复红色旅游交通站。驻村第一书记组织村党员干部学习贯彻习近平新时代中国特色社会主义思想、党的二十大精神及习近平总书记赴陕西考察重要讲话。

【消费帮扶】 中物院发挥消费帮扶联农带农机制,优化消费帮扶方式,加大采购和帮销力度,购买富平县农副产品959万元,较2021年增加450万元;帮助销售农副产品1108万元,较2021年增加398万元。

【督促指导】 中物院针对疫情防控、易地搬迁后续扶持、防止规模性返贫监测和帮扶机制运行、人居环境整治、帮扶项目推进等情况,采取实地指导、会议座谈、资料查阅等方式,督促指导4次,形成报告4份,发现问题2个,落实问题整改2个,提出有针对性的建议10条。

[中国工程物理研究院公共事务管理部（中物院帮扶办） 童 宇]

北京航空航天大学定点帮扶

【概述】 2022年,北京航空航天大学(以下简称"北航")深入贯彻习近平总书记关于乡村振兴特别是定点帮扶工作的重要讲话论述和重要指示精神,坚决落实中共中央、国务院决策部署,将定点帮扶工作自觉作为重大政治任务和重要政治责任,严格落实"四个不摘",聚焦全方位推动山西省中阳县高质量发展目标,推动定点帮扶工作取得新进展、实现新突破,不断为中阳县巩固拓展脱贫攻坚成果同乡村振兴有效衔接贡献北航智慧和力量。2022年共引进帮扶项目7个,投入和引进各类帮扶资金9317.92万元(含招商引资),培训各类人员4123人次,直接投入帮扶资金357.92万元,引进帮扶资金3960万元,直接购买农特产品90.22万元,进一步拓展高校特点和帮扶规律相一致、高校优势和帮扶实际相结合的定点帮扶"北航模式"。"吕梁山护工"特色劳务品牌助力乡村振兴受到国务院大督查通报表扬。

【帮扶资金投入】 2022年,北航直接投入帮扶资金357.92万元,引进各类帮扶资金3960万元,购买帮扶县农特产品90.22万元,帮助改善农村人居环境投入资金5.19万元,党员干部捐款捐物折合资金共23.86万元,巩固"两不愁三保障"成果投入资金62.89万元。

【帮扶调研】 北航党委副书记、定点帮扶工作领导小组组长带队到中阳县开展调研,督促指导中阳县贯彻中共中央重大决策部署、落实各项帮扶政策。北航纪委办公室派专人到中阳县阳坡村开展督导检查工作。全年学校定点帮扶领导小组成员单位共60人次到中阳县,进一步加强到县考察调研和督促指导的针对性、实效性。

【帮扶会议】 北航坚持校党委"总揽全局、协调各方"的组织机制,2次召开定点帮扶专题工作会,按月进行工作调度和督促指导。制定年度《北京航空航天大学2022年定点帮扶工作要点》,明确工作目标体系、任务体系和责任体系,切实加强重点工作分办反馈和跟踪督办。

【干部挂职帮扶】 北航按照选优配强原则,认真落实挂职干部常态化工作机制,压茬选派第四任挂职副县长到岗。完善制度保障,增强干事动力。校领导每次到县调研,均安排与挂职干部进行深入座谈,解决实际困难。

【帮扶培训】 北航健全农业人才队伍培育体系。推荐2位北航教授作为"吕梁人才大讲堂"特邀专家。采取"线上+线下"相结合的方式,邀请北京市委党校、中国社会科学院农村发展研究所及校内多位专家,面向基层干部开展党的二十大精神、乡村振兴战略等培训,参训988人次;引进腾讯"耕耘者"干部培训计划。面向企业经营者,开展"832平台"业务培训、规范化股份制改造培训和专精特新认定标准解读等,培训235人次。开展多期护工培训、电子商务技能培训等,培训2900人次。通过完善基层干部、乡村振兴带头人和专业技术人才"三位一体"培训体系,实现"智志双扶",有效强化人才支撑。

【产业帮扶】 北航一是发挥科研优势加快科技赋能。北航材料学院专家继续指导中阳钢铁有限公司转型升级技术中心工作,"高速线材头尾耳子缺陷控制关键技术开发与应用"项目已联合申报2021年度山西省科技进步奖。引进校友企业上海山源电子科技股份有限公司与中阳县鑫岩煤矿合作的"5G+"智慧矿山项目被人民网、新华社等媒体广泛报道，入选"中国5G+工业互联网典型应用（2021）"。北航化学学院科研团队依托本土孵化农业科技企业山西仁味仁农产品销售有限公司食品公司成立联合实验室支持中阳县黄粉虫产业发展，建成3851平方米的产业基地，可年产黄粉虫1000吨、虫沙1600吨，提供就业岗位100个，企业负责人获2021年吕梁市"奉献吕梁 服务'六新'"优秀人才提名奖。二是壮大"双创"基地激发内生动力。坚持引育结合，继续支持北航中汇科技孵化器专业化建设，发挥其作为山西省省级"众创空间"、省级科技企业孵化器的作用，全年实现稳岗就业200余人。北航资产经营有限公司和北航科技园有限公司校地合作专家赴中阳县开展实训，培训科技孵化器和入驻企业工作人员40余人，协助入驻校友企业吕梁硕为思大数据服务股份有限公司做好"新三板"上市准备工作。三是探索三产融合建设现代农业。北航引进的耕耘金谷农业科技有限公司"中阳县畜禽粪便集中处理站"项目取得积极进展；中艺永青农业产业科技园前期大棚100座稳定运行，均已取得良好的经济与生态效益。深度参与阳坡村总投资5.74亿元的"尚养桃园农业旅游综合体"项目建设，在村民土地流转、产业集群规划、运营人才选聘等方面贡献"北航智慧"。

【教育帮扶】 北航继续加大基础教育帮扶力度。依托北航实验学校和幼儿园，实现职业教育、义务教育与学前教育师资培训全覆盖，开展义务教育新课程标准培训、暑期联合备课等活动。选派第7批研究生支教团山西分团到岗工作，研究生支教团的"中西部地区高效脱贫帮扶模式探索"项目获2022年首都"挑战杯"金奖。举办2022年青少年高校科学营中阳分营、北航大学生科技志愿服务队科创训练营；邀请《航空知识》杂志社科普专家开展讲座并赠阅杂志；中阳县第一中学与实验学校合作开展直播互动、书信交友活动。各类讲座覆盖学生近2000人，为青少年学生拓宽视野、全面发展打开"北航之窗"。

【文化帮扶】 北航一是增加优质公共文化服务供给。更加注重满足中阳人民群众日益增长的文化需求，建设公共文化基础设施，引进各类优质文化资源。引进资金1600万元建设的阳坡塔科教中心已经投入使用。投入22万元建成2处"北航书屋"，开设"公益暑期学校"，举办诗文朗诵、声乐基础培训、演讲与口才等活动，覆盖学生和家长300余人次。投入10万元帮助中阳县心理学会建成积极心理体验中心，举办团体辅导、读书会、儿童心灵驿站等活动。群众精神文化生活更接地气，更富活力。二是创新创业赋能剪纸文化传承发展。中阳剪纸于2006年获评国家级非物质文化遗产。2022年北航定制毕业生纪念品、70周年校庆伴手礼等各类剪纸文创产品共37.83万元，联合开发幼儿剪纸手工课程，将中阳剪纸与空天特色、校庆文化、启蒙教育和AR科技相结合，有力地支持剪纸手工艺人和企业，实现传统剪纸文化的创造性转化和创新性发展。三是加大乡风文明帮扶力度。后勤党委向阳坡村"爱心超市"捐赠物资2万余元，资产公司捐赠20万元，继续执行爱心积分兑换和日间照料中心制度，引领促进移风易俗和乡风文明。

【消费帮扶】 北航持续推进"订单式"消费帮扶带动就业。继续采购中阳木耳、小米等农产品90.22万元。订购文化衫1.84万元扶持服装加工车间。举办中阳特色农产品"年货节"、"6·18"购物节。与中央在吕梁帮扶单位联动，带领中阳商户参加"吕梁山货中国行"

"晋绥购物节""丰收好物节"等活动,持续打响"中阳山宝""吕梁山货"区域性特色品牌。

【就业帮扶】 北航一是加大招商引资力度,积极扩大县域内就近就地就业。推动中阳县与温州市弦中电子科技有限公司签约,引进煤矿专用防爆开关厂建设项目,总投资5000万元,预计创造就业岗位100个,人均年增收3万元以上。成功引进山西省首批乡村e镇培育项目,获财政支持资金1000万元。帮助建立和扶持帮扶车间5个,以劳动密集型产业为主,包括双孢菇种植、陈醋生产、服装加工、大数据和移动客服等,新增就业岗位175个。二是丰富"吕梁山护工"等劳务品牌,引导脱贫劳动力转移就业。以吕梁山护工北航服务站为支撑,直接转移就业230人。帮助开展脱贫劳动力"千人就业"行动,33家企业提供就业岗位1093个,签订用工合同712份、购买服务协议11份,总额90.4万元。"山西省吕梁市打造'吕梁山护工'特色劳务品牌助力乡村振兴"在国务院第九次大督查中被作为典型经验通报表扬。

【健康帮扶】 为充分满足村民的诊疗需求,北航校医院募集由医生、护士、药师、检验师党员组成的义诊志愿服务队,赴中阳县开展义诊活动,提供问诊检查、用药指导、常规血压和血糖检测服务,免费发放药品,覆盖诊疗全环节。在1个易地移民社区和2个脱贫村共服务250余人。

【整村推进】 在北航帮扶包联阳坡村的工作中,坚持"以党建促脱贫"的成功经验,大力发展三产融合现代农业,助力宜业宜居和美乡村建设。一是优先农旅综合体项目。阳坡村"尚养桃园"项目建设蹄疾步稳,游客接待中心、科技实验大楼、首期7处民宿院落主体完工,将打造科技引领、科教融通、三产融合的现代农业产业园,大幅度改善阳坡村及周边人居环境。"紫柏羊记"羊汤馆开业,延伸国家地理标志产品柏籽羊产业链。北航交通学院专家团队深度参与项目实施,合作建设"沟域农业智能动力机械装备应用示范基地",已申报吕梁市校地合作科技创新平台,将在探索智慧农业应用发展、提高生产效率等方面发挥引领作用。二是共建农村党支部战斗堡垒。履行驻村第一书记抓党建职责,落实"三会一课"和"四议两公开"制度,阳坡村党支部与机关党委、校医院、计算机学院、法学院、冯如书院、致真书院等单位党组织开展结对共建。以新时代文明实践站和日间照料中心为主要阵地,大力推动精神文明建设,阳坡村获评吕梁市移风易俗示范村、中阳县文明村。

【帮扶宣传】 北航结合学习党的二十大精神,讲好定点帮扶"北航故事"。驻村第一书记作为中央驻晋帮扶单位挂职干部唯一代表,两次参加国家乡村振兴局调研座谈,向局长汇报阳坡村工作;在吕梁市"人才兴吕"网络迎新联欢会上分享北航定点帮扶工作经验;接受《光明日报》头版《奋斗者·正青春》栏目采访。阳坡村和北航定点帮扶工作被各级媒体多次报道。

(北京航空航天大学
定点帮扶领导小组办公室 伊志豪)

北京理工大学定点帮扶

【概述】 北京理工大学（以下简称"北理工"）自2015年起定点帮扶山西省方山县。2022年，北理工深入学习习近平新时代中国特色社会主义思想和党的二十大精神，坚决贯彻落实中共中央、国务院关于全面推进乡村振兴的决策部署，立足新发展阶段、贯彻新发展理念、构建新发展格局，按照"全员全方位帮扶"工作模式部署推进帮扶工作，着力实现产业体系更加完善、人才培养更加多元、文化氛围更加浓厚、生态旅游更具内涵、党建引领更加牢固的帮扶目标。在全校师生员工及广大校友的共同努力下，2022年北理工总计向方山县投入帮扶资金480.5万元，购买农产品76.8万元，帮助销售农产品1650万元，引进帮扶资金3694.6万元，培训技术人员1865人次，培训基层干部688人次，有效推进方山县经济社会稳步发展，在定点帮扶工作成效考核评价中获得"好"等次。

【帮扶资金投入】 2022年，北理工直接投入帮扶资金480.5万元，其中投入11.7万元用于组织北理工方山暑期学校；投入9.4万元用于设立北理工支教团奖学金；投入23万元用于北理工方山科技人才工作站建设和开展科研产业帮扶工作；投入220万元为方山中医院捐赠GE心脏彩超设备，提升改善医疗条件；投入3.5万元为方山县胡堡村捐赠1套气象监测设备；投入18.3万元为胡堡村捐赠1套太阳能采暖设备；投入5万元为胡堡村老年人日间照料中心捐赠运营所需物资，全方位改善农村生产生活条件；投入112.8万元为方山县学校和社区捐赠书籍、电脑和学习用品；投入76.8万元用于采购方山县农产品，助力方山县产业增收。

【干部挂职帮扶】 北理工继续选派1人挂职方山县副县长，分管电子商务，协管教育、招商引资和乡村振兴工作，选派1人挂职方山县胡堡村驻村第一书记兼工作队队长及北理工方山科技人才工作站法人代表，负责建强村党组织、推进强村富民、提升治理水平、为民办事服务，与村"两委"遇事共商、问题共解、责任共担，助企纾困、技术革新。2022年，挂职干部协调各方资源，借助电商平台，帮助当地销售农产品1650万元，引进帮扶资金3694.6万元；深入推进方山县5G建设，指导方山县打造"电子商务进农村"项目基础设施，成功申报山西省"乡村e镇"项目；积极推进"北理工方山暑期学校"和"数字乡村示范村"等项目建设，助力省校合作项目落地；帮助包联帮扶企业申报4项专利。1人荣获"吕梁市乡村振兴十佳科技工作者"称号。

【帮扶调研】 北理工党委书记、校长及其他校领导分别前往方山县调研指导定点帮扶工作，实地考察定点帮扶项目进展情况并召开定点帮扶工作座谈会，立足方山县建设规划，对接地方经济社会发展需求，全面谋划重点项目，助推方山县发展能力提升。学校各单位同方山县主动加强联系，全年各级领导干部共166人次赴方山县实地调研，推进帮扶工作重心向下移，进一步聚焦问题和需求，以实际行动推动乡村全面振兴见实效。

【帮扶会议】 北理工定期召开定点帮扶工作专题会议，推进定点帮扶工作。2022年，北理工党委常委会3次专题研究部署定点帮扶工作，深入学习习近平总书记关于乡村振兴战略的重要论述，统一思想、提高认识，系统谋划巩固拓展脱贫攻坚成果同乡村振兴有效衔接的多种举措。学校定点帮扶工作领导小组组织召开工作会议，充分发挥领导小组作用，主动谋划、强化统筹，有序推动学校各项帮扶举措落实落细。

【帮扶制度建设】 北理工党委结合帮扶工作实际，制订《北京理工大学2022年定点帮扶工作计划》，细化部署7大项、17小项具体举措，压实工作职责，推动各项帮扶工作有序开展。同时，对各单位帮扶任务落实情况进行全面督促检查，并将结果作为各单位和个人年度考核、评先评优等工作的重要依据。6月，学校党委对照中共中央和国家机关工作委员会办公厅《2021年度定点帮扶工作成效考核评价反馈意见》指出的主要问题，深入剖析具体原因，认真研究部署整改任务，制定《北京理工大学年度定点帮扶工作整改报告》，拓展帮扶新思路、新举措、新路径，切实将学校的科技、教育、人才优势转化为方山县乡村振兴的发展动能。

【产业帮扶】 北理工充分发挥科技和人才优势，对接方山县产业发展需求，为方山县产业发展提供人才保障和智力支持。一是加强科技创新转化。针对方山县产业升级需求，组织开展"方山县矿用液压支柱表面修复新技术"等项目研究，积极推动"岩棉制备用离心辊表面强化延寿"等科技成果转移转化。加强与包联企业联合开展科技创新，建立联合实验室，协助山西鸿盛农业科技有限公司申报认定为山西省2022年第一批高新技术企业。二是深入推进5G建设。全年引入投资2000万元，新建5G综合业务区机房8个且全部入网运行，合计布放光缆300千米，建设完成5G基站76个，实现方山重点乡镇、人员聚集区全覆盖，构建方山县高速网络新格局，着力打造"数字方山"。三是推动电商产业持续发展。指导方山县打造"电子商务进农村"项目基础设施，成功申报山西省"乡村e镇"项目并获批项目资金1000万元。助力提升"一方粮川"品牌价值，加大农产品认证体系、追溯体系、标准化和品牌化建设力度。帮助培育引进电子商务企业，与北京本来工坊科技有限公司、山东浪潮新基建科技有限公司等企业签订电商销售框架合作协议。完成县级电子商务中心、快递物流中心等资源的整合，深化农村寄递物流体系建设，加快推进农村寄递物流服务全覆盖。

【人才帮扶】 北理工统筹全校资源，持续建立健全与方山县教育提升相关的帮扶机制，系统提升方山县人才培养质量。一是加强对北理工方山科技人才工作站运行保障。加大资金帮扶投入力度，组织技术专家长期驻站工作，为包联企业解决技术难题，培训方山专业人才素质和技能，推动产业长远发展。二是推进教师专业素质能力提升。依托校友资源，引进"明德云公益——乡村教师赋能成长千校计划"公益项目，资助金额共94.62万元，面向方山县19所中小学及其教师免费开放"明德云讲堂"在线教育智库资源，提供50种直播培训课程，助力乡村教育发展。与山西省教育厅帮扶工作队合作，组织省内7所重点小学与方山县各小学开展共建，提高教育质量。三是推动扩充教育资源。引入山西华兴科软职业教育研究院为方山县职业中学发展提供专业规划和指导。帮助方山县职业中学成功申报方山县"文旅+电商"产教融合平台载体和实训基地。推动山西省经贸学校结对帮扶方山县职业中学工作站正式挂牌成立。与山西通用航空职业技术学院、山西金融职业学院联合实施"三二分段"式培养模式，拓宽方山县职业中学学生升学就业和成长成才通道。继续组织大学生支教团学生到方山县职业中学任教，帮扶方山县职业中学普职融通班教育教学工作。

【文化帮扶】 北理工持续完善公共教育服务和文化服务建设。一是推进"北理工方山暑期学校"标准化建设。优化完善北理工方山暑期学校的课程体系与运行机制，打造大学生暑期实习实训基地，组织支教团队开展社会实践活动，为方山县发展建言献策。组织80名山西籍大学生实地进行线下教学、40余名外省市大学生线上开展教学，组织"乡村π计划"等特色课程，共吸引238名中小学生参与。二是加强教育帮扶公益体系建设。在奖励与资助并行、保障与育人结合的全方位"理工领航"教育帮扶公益体系支持下，投入9.4万元对支教团成员开展奖助。为方山县高级中学、职业中学、人才公寓、积翠社区等地捐赠图书价值104.3万码洋，捐赠台灯、文具等物资3.5万元，与中国光华科技基金会合作，面向方山县中小学生开展"一起云支教 阅读向未来"社会实践公益活动，数百名中小学生主动报名参加，与北理工大学生志愿者一一配对，在云端交流，一起读书、一起运动，获得良好效果。

【生态帮扶】 北理工充分发挥科技、资源优势，赋能方山县新农村建设发展。一是因地制宜打造生态旅游新品牌。依托"乡村e镇"项目建设，打造"健康文旅+康养电商"的产业模式，建设符合低碳理念的方山县生态旅游产业。帮扶方山县新星水泥厂旧址改造项目，挖掘左国城文化内涵，打造双碳主题展示体验园。邀请北京建筑大学院士团队指导，为峪口镇来堡村成功申报第六批中国传统村落。邀请方山县政府赴北京考察，依托校友资源助力方山县生态旅游示范区招商引资工作。二是科技赋能建设清洁能源示范村。引进北理工卫星遥感技术、"0"碳智能植物生长机、智能太阳能采暖设备等，为方山县解决气象监测、蔬菜种植、冬季供暖等民生能源问题，优化传统用能结构，改善农村人居环境。三是数字技术引领"数字乡村示范村"建设。为方山县胡堡村争取到山西省数字乡村示范村建设项目，获批省级经费300万元、县级配套资金300余万元。依托学校数字化优势，助力胡堡村打造新型数字化乡村，让数字技术服务基层群众，推动胡堡村人居环境优化升级。

【党建帮扶】 北理工积极将先进工作经验和优质资源引入方山县，助推方山县组织振兴。一是建立多元培训工作体系。深化与方山县委组织部、党校的合作，采用线上授课的方式对当地党政主要干部开展培训，提升当地党政干部依法执政、科学决策能力。持续开展"方山县基层干部能力提升工程"，采用"送课上门+实践调研+脱岗培训"的方式，累计培训基层干部688人次，助力方山县基层干部拓宽视野、提升能力。二是深化支部结对帮扶模式。组织教工党支部根据专业特点，与方山县相关单位党支部开展长期结对帮扶，解决方山县各单位的实际问题。动员学生党支部、离退休党支部与方山县相关单位党支部开展联合支部活动，提炼总结典型经验和有效做法并进行推广。

【健康帮扶】 北理工帮助方山县推进重点学科脊柱微创暨疼痛康复诊疗中心建设、乡镇卫生院提标升级，推动"行走的医院"村卫生室一体化建设项目落地，为全县90个行政村的卫生室配置价值近18万元的"全科医生助诊包"和"全科医生工作站"，向方山县中医院捐赠价值220万元的GE心脏彩超设备，打通诊疗"最后一公里"，着力解决方山群众的"急难愁盼"问题。

（北京理工大学党政办公室 刘艳晴）

西北工业大学定点帮扶

【概述】 2022年,西北工业大学(以下简称"西工大")深入学习贯彻党的二十大精神和习近平总书记关于实施乡村振兴战略的重要论述,认真落实中共中央关于巩固拓展脱贫攻坚成果、全面推进乡村振兴的重大决策部署,增强责任意识,强化责任担当,从广西壮族自治区融水苗族自治县(以下简称"融水县")经济社会发展实际需求出发,以"持续推动融水巩固拓展脱贫攻坚成果同乡村振兴有效衔接"为中心任务、"三重点、三巩固"为基本思路,不断发挥学校优势,加大帮扶力度,创新帮扶举措,"四个结合"助力产业、人才、文化、生态、组织"五大振兴"取得实效。

【帮扶资金投入】 2022年,西工大党委认真履行定点帮扶主体责任,精心组织谋划,夯实工作基础,优化帮扶举措,扎实推进定点帮扶地区脱贫攻坚成果进一步巩固,乡村振兴迈出坚实步伐,11月融水县在70周年县庆成果展中对西工大帮扶工作给予充分肯定。西工大定点帮扶投入力度和完成情况均有所提升,2022年为融水县直接投入帮扶资金(含有偿和无偿)679.1万元,引进帮扶资金(含有偿和无偿)1880万元,招商引资到款1.126亿元;培训县乡村基层干部1854人次、乡村振兴带头人4706人次、专业技术人才6778人次;购买融水县特色农产品323.44万元,购买其他脱贫地区农产品314.66万元,帮助融水县销售农产品1758万元,帮助其他地区销售农产品332万元。

【帮扶调研】 西工大党委将定点帮扶工作列入2022年学校党委重点工作计划,党委书记、副书记等校领导4人次赴融水县实地调研督导,对接帮扶需求;学校各部门、各学院101人次赴定点帮扶县考察调研,全校上下用心用情用力,推进帮扶工作落地见效;党委常委会专题研究帮扶工作,书记主持召开定点帮扶工作领导小组会,部署推进帮扶工作;学校结合自身优势和帮扶地区实际,制定并下发《2022年定点帮扶融水工作要点》及工作台账,将58项任务分解至校内22个责任单位。

【干部挂职帮扶】 西工大党委始终坚持优中选优,不断加强融水挂职干部选派和管理,选派政治素质好、业务能力强的年轻处级干部挂职县委常委、副县长,协助分管全县乡村振兴工作,认真履职尽责,确保各项定点帮扶工作顺畅接力、持续推进,并不断推动工作创新。西工大党委和组织部领导赴一线看望慰问挂职干部,调研工作进展,督促工作落实,开展谈心谈话,加强关心关爱;对学校定点帮扶工作中表现突出的挂职干部及时予以提拔任用。

【产业振兴】 一是依托优势资源,发展富民产业。西工大依托华南农业大学等专业院校,开展调研指导并形成《融水苗族自治县林下经济产业发展规划》;对接北京林业大学专业教师实地指导融水开发国有储备林和林业碳汇项目,培训68名林业工作人员;支持融水悦创农业有限公司开展育苗基地建设项目、产品研发及市场推广,打造全产业链科技型企业,带动村集体、合作社种植草珊瑚和1000余户脱贫户增收;学校联合清华德人西安幸福制药有限公司、广西壮族自治区林业局、融水签订四方合作框架协议,全力推动狗脊等药用植物抚育和人工培植。二是发挥科技优势,壮大龙头企业。组织专家团队助力融水县特色生态农林业、潜力工业等14家龙头企业项目的产品开发、设备引进和发展壮大,带动2个易地搬迁点548户脱贫户就业;利用校友资源,帮助融水广西农业科技园区建设项目引进资金400万元;支持32万元帮助融水县福融贝江源农业发展有限公司、融芝宝农业科技有限公司、融乐农林综合开发有限责任公司等企业开展种植技术、产品研发、厂房建设。

【人才振兴】 一是提升教师教学水平。西工大发挥优质教育资源优势,引进"双师教学"项目,利用互联网平台,通过"线上名校名师+线下自校教师"高度协作,组织西安9个学科名师团队为融水县民族高级中学开展近百次线上专题授课;建立西工大附属中、小、幼结对帮扶线上交流长效机制,共推教学任务、共享教改方案,实现全过程互动教师培养;继续设立"翱翔奖教金"13.6万元,大力弘扬教书育人先进事迹,激发广大教师投身教学育人。二是激发学生学习动力。学校组织融水县60余名中学生参加西北工业大学"三航科技"中学生筑梦夏令营活动,组织专家教授、优秀学生代表分别赴融水县开展人工智能讲座、航天科普讲座、青少年创客大赛等活动10余场,点燃科技梦想;选派8名研究生支教团紧抓"第一课堂",发展"第二课堂",定期赴易地搬迁点社区开展助学活动和社区治理调研,在融水县3所支教学校建立"三航筑梦小屋",该活动获得人民日报、央视新闻、新华网、光明日报、中国青年报等10余家媒体报道。三是组织实施乡村振兴带头人培训项目16个,共计培训11485人次(线上4646人次),联合实施各类专业技术人才培训项目20个,1.6万余人次受益。

【文化振兴】 西工大支持融水县80万元建设"铸牢中华民族共同体意识"展馆,增进融水县各民族团结,弘扬民族文化,推进文化振兴,激发全县人民干事创业内生动力;将融水怀宝镇盘荣村五星级党支部创建与学校先进示范党组织建设相结合,通过挖掘村屯历史,打造村史馆,传扬家风家训,打造孝廉文化,提升群众家屯认同感和凝聚力。

【生态振兴】 西工大组织专家教授指导融水县农村卫生厕所改造、普及和厕所粪污处理,指导乡镇开展住房动态监测,助力组织农村危房改造148户,全力推动住房保障、乡村建设等相关工作落实落地;指导新建饮水项目37处,受益人口3.66万人,农村供水标准和保障程度大幅度提升;指导开展融水县17个屯农村生活污水治理项目,编制"一村一策"的《"十四五"农村生活污水治理实施方案》;指导开展10个边远村屯片区垃圾处理设施(焚烧炉)的建设,制定长效管护机制,提升农村生活垃圾无害化处理水平,增强农民环境保护意识和卫生健康意识。

【组织振兴】 西工大统筹安排校内41个基层党组织与融水县基层党组织结对共建,通过抓早抓细实现全过程党建引领,学校各基层党组织连续多年与结对帮扶的融水县拱洞乡龙培村、云际村、甲报村等开展送党课入基层、讲政策促振兴、捐款捐物等活动,全面提高基层党组织凝聚力和战斗力;组织马克思主义理论研究方向的专家教授赴融水县联合开展乡村基层干部培训班8期共计1854人次,提高基层干部工作理论水平,打造"可持续发展的人才队伍"。

【规划帮扶】 一是西工大与华南农业大学、北京林业大学、中南林业科技大学组织专家教授多次赴融水县实地调研指导,助力融水县林业高质量发展,并形成《融水苗族自治县林下经济产业发展规划》。二是依托高校城乡规划帮扶联盟和西工大力学与土木建筑学院教授团队,助力江竹村打造乡村振兴示范点建设样板,形成《江竹村(大东江屯)乡村振兴规划建设咨询报告》。

【社会帮扶】 西工大一是组织学校深圳研究院、宁波研究院异地创新机构及陕西华秦科技实业股份有限公司、西安铂力特增材技术股份有限公司等科技孵化企业帮助融水县开展消费帮扶和招商引资。二是对接工业和信息化部信息消费推进联盟,联合中国电信集团有限公司、深圳市腾讯计算机系统有限公司、京东集团股份有限公司、同程网络科技股份有限公司、华为技术有限公司、科大讯飞股份有限公司、海尔集团公司等企业,为融水县农特产品搭建网络销售平台,畅通销售渠道。三是邀请校友企业家到融水县洽谈、考察,为其后续高质量招商引资和产业落地奠定基础。

【消费帮扶】 西工大一是学校中秋、端午采购融水县特色农产品323.44万元,为融水县9家农特产品公司(合作社)解决农产品销售难题;二是帮助融水电子电商公共服务中心和7家农特产品公司(合作社)销售农副产品1758万元,比计划金额增加958万元,在疫情影响下超额完成任务;三是在联农带农方面,通过吸纳农民工(脱贫户)就业务工,开展农技人员培训和电子商务培训,带动就业3985户,其中脱贫户548户,促进脱贫户增收致富。

【智力帮扶】 西工大组织15名优秀研究生暑期赴融水县各局、委开展为期1个月的工作实践,积极投身到巩固拓展脱贫攻坚成果同乡村振兴有效衔接中,参与社区治理与基层服务,形成《关于融水苗族自治县发展的调研报告》;组织20余名专家教授赴融水县调研指导,结合实际需求,形成《融水苗族自治县林下经济产业发展规划》《关于"发展油茶产业,助力乡村振兴"调研报告》《木材加工产业链调研报告》等多份调研报告。

【"三保障"及饮水安全】 西工大在教育、医疗、住房和饮水工程方面投入资金123.8万元。一是投入63.8万元用于教育帮扶,提升融水县教育教学质量;二是投入20万元改善农村人居环境,对2022年严重受特大暴雨影响的乡村学校、特困户房屋和饮水设施进行修缮,对涉及6个乡镇11个村因降水毁坏的医务室进行维修改造,全力提升标准化卫生室建设水平;三是投入20万元提升基层医疗水平,组织20个乡镇卫生院及村卫生室医生参加培训20场次,培训430余人次,开展义诊活动,指导全县乡镇卫生院及村卫生室开展中医适宜技术,扩大卫生院中医药服务范围,推进中医专科基层发展;四是投入20万元用于饮水安全,对受灾最严重的香粉乡古都村果园屯开展饮水巩固提升工程建设项目,惠及52户277人(脱贫户13户51人)安全饮水。

【打造示范典型】 西工大组织专家团队赴派驻第一书记的江竹村推进乡村示范点建设,从产业发展、文化传承、生态宜居等多个层面进行规划设计,并撰写《江竹村乡村振兴规划建设报告》,全方位、分层次提出符合实际、具有当地特色的乡村振兴战略与实施路径;按照"旅游兴村、产业富民"发展思路,协调推进江竹村白竹屯"元宝山旅游集散中心"建设,在大东江屯、甲坡屯建设"生态农业观光区、特色生态种养区";资助15万元为江竹村购买27万株草珊瑚幼苗,带动85户农户林下种植中草药草珊瑚,种植面积达到450亩;通过融水县农业农村局申请到5000千克田螺种苗,带动江竹村106户农户养殖田螺,初步建成100亩稻螺综合养殖基地;资助"深山美"灵芝合作社20万元进行生产技术改造和产品包装设计;积极开展消费帮扶,累计采购江竹村黑木耳、黑糯米、茶叶共计112.8万元,带动230户农民增收致富。江竹村党总支部先后获得自治区五星级党组织、柳州市"红旗村"党组织、融水县"平安村(社区)"等荣誉。

(西北工业大学帮扶办 任一娇)

哈尔滨工业大学定点帮扶

【概述】 按照中共中央、国务院的统一部署,自2016年起,哈尔滨工业大学(以下简称"哈工大")定点帮扶广西壮族自治区金秀瑶族自治县(以下简称"金秀县")。学校党委坚持以习近平新时代中国特色社会主义思想为指导,充分发挥学校教育、科技、人才优势,深入实施教育帮扶、人才帮扶、科技帮扶、产业帮扶、爱心帮扶"五大帮扶工程"。哈工大党委高度重视定点帮扶工作,学校领导3人次及师生、校友等70余人次赴金秀县实地开展帮扶工作,2022年投入帮扶资金近600万元,其中直接投入资金340万元,帮助引进资金150万元;引进帮扶项目5个,扶持龙头企业6家,扶持农村合作社6个,帮助脱贫人口转移就业83人,招用脱贫人口2人;培训县乡村基层干部1601人次,培训乡村振兴带头人236人次,培训专业技术人才451人次;参与结对共建党支部11个,党员干部捐款捐物折合资金11.46万元;直接采购农产品366.55万元,其中通过"832平台"采购281万元,直接购买定点帮扶地区农产品85.55万元,帮助销售农副产品2264.65万元。

【帮扶资金投入】 2022年,哈工大投入帮扶资金近600万元,其中直接投入资金340万元,帮助引进资金150万元;450万元用于在金秀县长峒村建设"八角听雨·橘梗停秋"生态污水治理景观项目,解决当地生活污水排放和治理问题;20万元用于改善3个村屯的饮水基础设施;5万元用于六巷乡王钳村建设党建文化长廊;15万元用于支持金秀县当地企业建立电商直播间,拓宽农副产品销售渠道。组织开展消费帮扶活动,全年直接采购366.55万元农副产品,其中通过"832平台"采购281万元(包括购买金秀蜂蜜20万元);直接购买金秀砂糖橘85.55万元;通过组织教职工爱心认购、协调校友企业签约采购等方式帮助销售农副产品2264.65万元。

【帮扶调研】 哈工大坚持以调研督导作为定点帮扶工作开展的决策之源、谋事之基、成事之道。在学校领导的带动下,全年全校师生、校友共70余人次到金秀县实地开展调研督导、走访调查、专题培训、项目对接、慰问帮扶等工作,推进定点帮扶工作落地见效。校党委常务副书记带队赴金秀县深入调研走访,谋划全年定点帮扶工作。3月,召开常委会审定学校年度定点帮扶工作要点,列出全年具体工作任务及其责任单位。9月,校党委书记带队赴金秀县调研学校各项帮扶项目落实情况,召开座谈会了解金秀县对进一步深化定点帮扶工作提出的需求,并赴有关乡镇、村、屯实地调研指导乡村振兴及定点帮扶工作,分析解决工作中遇到的问题和困难,确保定点帮扶工作高质高效完成。学校纪委通过查阅资料、召开座谈会、个别访谈、走访贫困户等方式,对金秀县在责任落实、政策落实、工作落实和作风建设等方面开展督促指导检查,深入了解学校定点帮扶工作具体开展情况及派出帮扶干部履职情况。

【帮扶会议】 哈工大3次召开定点帮扶工作会议,审定学校2022年定点帮扶工作要点,制订具体工作计划,列出全年工作任务及责任单位,指出保持帮扶力度不减,发挥优势、突出重点、打造示范,举全校之力,助力金秀县巩固拓展脱贫攻坚成果同乡村振兴有效衔接;审议2021年度定点帮扶工作成效考核评价反馈意见整改方案,指出立足现有产业帮扶工作,着眼金秀县情和发展需求,瞄准金秀康养旅游、种植养殖、瑶医药特色产业发力,助力金秀县引进优质产业项目,促进金秀县域经济发展;研究推进定点帮扶工作,强调抓紧推进各项帮扶任务进度,确保年度任务如期完成。7月,金秀县委书记一行到校调研,对进一步深化定点帮扶工作展开交流。

【干部挂职帮扶】 哈工大按照"尽锐出战"的要求,坚持高标准派驻帮扶干部,确保定点帮扶工作不减力、不断线。选派2人分别挂任县委常委、副县长和三友村驻村第一书记,完成帮扶干部压茬轮换。两名干部全年坚守在工作第一线,与金秀县共克新冠疫情,巩固拓展脱贫攻坚成果同乡村振兴有效衔接。县委常委、副县长围绕学校帮扶工作和在县政府的分管协管工作,依托校友资源优势发力产业帮扶,协调推动广西保利集团、广西科学院等与金秀县签订合作协议,协调引进金秀头排镇现代渔业产业园项目,引资额1.2亿元。驻村第一书记利用学校帮扶资金帮助三友村建立养猪场,推动三友村养殖产业向专业化、标准化、规范化发展。

【教育帮扶】 哈工大立足金秀县教育现状,充分发挥高校教育优势,形成"选派优秀学生接续支教、助力当地建强师资队伍、着力培养优秀拔尖学生、集中资源建设示范班级、科技创新点燃学生求知梦想、投入资金升级当地教育设施、发动师生助学帮困"七管齐下的立体教育帮扶局面。2022年,建成并投入使用金秀县第一座标准化塑胶运动场,改善办学条件;继续选派15名优秀学生在金秀县长期支教,全体队员立足教学本职,不断钻研改进教学方法,所带班级学科成绩均位于年级前三;注重"智志双扶",开展励志讲座、第二课堂和科技创新等活动,不断开阔学生视野;聚焦优生培养,有针对性地开展"星光夜校""暑期学校"和"高考培优"等活动,成立新一届"哈工大班",集中资源重点培养。精心培养在哈工大附中参加"圆梦计划"的16名金秀县学生,减免学费、食宿等费用50余万元,经过哈工大附中科学系统的教学指导,学生成绩显著提高,用知识改变人生的梦想更加明晰。2022年高考,民族高中一本上线人数较2021年翻两番,创造2008年以来最好成绩。1名学生考入哈尔滨工业大学(威海),成为金秀民族高中自2014年以来第二位考入"985"高校的学生。

【帮扶培训】 哈工大注重人才振兴推进全面振兴,全年培训基层干部、技术人员、乡村致富带头人等2288人次,助力打造高素质乡村振兴人才队伍。在哈尔滨举办金秀乡村振兴人才培训班和金秀教育系统党务工作者培训班,采取理论授课、现场教学和座谈交流等方式,帮助金秀县基层干部和教师骨干共95人提升乡村振兴实战能力,并免除培训等费用33万余元;选派专家举办金秀·哈工大"瑶山讲堂"4期,围绕生态文明思想、县域经济发展、金融风险防范、双碳政策影响等主题培训干部1438人次,帮助金秀干部拓宽视野、提高理论水平;组织开展金秀·哈工大"农技大学堂",在三友村、中山村、头排村培训致富带头人和脱贫户236人,有效提升当地村民的科技文化素质和农业技术水平。

【产业帮扶】 哈工大分层次、多角度大力推进产业帮扶工作。依托校友资源优势,在广西南宁召开招商推介会,面向校友和当地企业全面推介金秀县特色产业资源,签署招商引资战略合作协议,助力金秀县引进产业项目。积极与广西来宾市工业园区对接,探索哈工大-来宾市-金秀县三方帮扶模式,协调推动广西保利集团、广西科学院、广西桂茗文化旅游投资有限公司等多家企业与金秀县签订合作协议,助推当地茶业和瑶医药等特色产业发展。协调引进广西鑫坚投资集团有限公司在金秀县头排镇建设现代渔业产业园项目,引资协议额1.2亿元。指导两家当地企业入驻"832平台",投入15万元帮助金秀县电商企业建立3个直播间,助力金秀县农特产品销售。建成三友生猪养殖场并投入使用,年产生猪4000头,推动三友村养殖基地由蛋鸭养殖向多元化、规模化发展,村集体经济预计年增收44万元。

【生态帮扶】 哈工大结合金秀县委、县政府美丽乡村建设工作实际,组织哈工大环境学院院士团队和建筑学科师生团队先后4次赴金秀县长桐村开展农村污水调研、勘察、设计工作,投入帮扶资金450万元,并免除设计勘测费50余万元,启动建设"八角听雨·橘梗停秋"生态污水治理景观项目。设计团队通过在传统湿地中添加新研发的功能材料并结合"电子异位补偿"新理念,实现水体、底泥同步高效原位修复,污染物去除效果更佳。该项目利用"植物—功能材料—微生物"的多重作用,具有低建设成本、零维护成本的显著特点,建成后将实现雨污分流和生态污水治理,切实改善长桐村周边水体生态环境,有效提升乡村人居环境,打造乡村振兴示范点。同时,地上景观建筑湿地公园为村民文化休闲和乡村旅游提供基础。

【党建帮扶】 哈工大党委与金秀县委签订党建共建协议,以党建共建为"五大帮扶工程"赋能升级,选派4个优势学科师生党支部与金秀县4个行政部门党支部开展共建活动,充分发挥党支部的战斗堡垒作用,凝心聚力攻坚克难,形成党建引领乡村振兴的新局面。环境学院和建筑学院师生党支部着力帮助县生态环境局和自然资源局党支部破解农村污水治理和村容村貌改善难题,承担长桐村生态污水治理景观项目的设计任务;土木学院混凝土与砌体结构学科组党支部与县住建局党支部结对开展危房鉴定和技术人员培训,免除费用20万元;交通学院交通工程系教师党支部与县交通局党支部结对共建,为全县交通发展建设提供技术支持。此外,哈工大7个机关单位党支部与三友村党支部的结对互助工作稳步开展,通过开展党课教育、联合党支部活动和支持党员之家场所建设等方式,进一步强化党建引领,助推三友村发展。

(哈尔滨工业大学帮扶办 李敬伟 张亚南)

中国科学技术大学定点帮扶

【概述】 2022年,中国科学技术大学(以下简称"中国科大")深入学习宣传贯彻党的二十大精神,按照习近平总书记关于乡村振兴、定点帮扶工作的重要指示,接续帮扶贵州省六枝特区,以"五个振兴"为着力点,全力推进巩固拓展脱贫攻坚成果同乡村振兴有效衔接工作。全年共投入帮扶资金379.66万元,引进帮扶资金40万元,培训党员干部555人次、技术人员1145人次,购买六枝特区农产品164.53万元、安徽省金寨县等其他脱贫地区农产品1256.71万元,帮助销售六枝特区农副产品2814.16万元,圆满完成年度目标任务,在中央单位定点帮扶工作成效考核评价中被评为"较好"等次。

【帮扶资金投入】 2022年,中国科大直接投入帮扶资金379.66万元,其中投入50万元,用于六枝特区2022年度教育培训项目;投入30万元,用于六枝特区科技馆二期援建项目;投入15万元,用于岩脚镇直播基地项目;投入55万元,用于联合村数字乡村项目;投入20万元,用于猕猴桃基地管护费用;投入60万元,用于帮扶六枝特区电商产业发展;投入35万元,用于四角田小学操场改造项目;投入10万元,用于2022年新窑镇联合村驻村工作经费;投入30万元,用于联合村人居环境整治提升;投入28万元,用于党员干部培训项目;投入22万元,用于电商人才培训项目;投入6.34万元,用于支持六枝特区青少年科普工作;另有8万余元,分别用于联合村关田组产业路建设项目、蜗壳助农馆农产品销售小程序开发、捐赠电脑升级更换材料及运费、支部共建视频会议系统、支教队开展活动等。

【帮扶资金管理】 2022年,中国科大始终高度重视帮扶项目资金管理,年度资金使用计划均在年初的定点帮扶领导小组工作会议上讨论确定,并经学校党委常委会审定通过。

【帮扶调研】 中国科大先后组织11次、51人次的调研团队深入六枝特区督导调研定点帮扶工作,其中分管领导2次前往六枝特区。调研组实地查看贵州二表哥生态农业有限公司、六枝特区大北农农业科技有限公司、梭戛乡生猪养殖点、牛场乡辣椒种植区域等地,考察六枝特区种植养殖业;多次前往猕猴桃种植基地,了解联合村集体经济发展情况;两次前往六枝特区第三中学,慰问支教队员;校友企业代表前往六枝特区磷酸铁锂项目和煤焦氢项目点观摩,深入了解六枝特区煤化工和新能源材料的相关情况并给予指导,为六枝特区工业发展建言献策;人才规划相关的专家教师开展领导的决策和核心素质专题讲座;组织召开六枝特区定点帮扶座谈会,传达中共中央关于定点帮扶重要部署,监督落实防返贫监测机制,分析发展现状,理清发展思路,推动帮扶举措落地见效。

【帮扶会议】 中国科大坚决落实中共中央决策部署,坚持"四个不摘",先后3次召开专项会议研究帮扶工作。3月,组织召开2022年度定点帮扶工作领导小组第一次工作会议,审议2022年度定点帮扶工作计划,研究部署年度重点任务;召开党委常委会专题会议,研究解决帮扶工作中的重点、难点问题,与会校领导对定点帮扶工作提出具体意见与建议;召开2022年度定点帮扶工作领导小组第二次工作会议,要求充分发挥学校科教优势,进一步强化教育、科技、产业、消费、健康帮扶,助力六枝特区"五大振兴",不断创新帮扶举措,打造乡村振兴示范点,推动定点帮扶工作再上新台阶。

【帮扶培训】 中国科大深入推进"人才培训+干部培养"队伍双轨机制建设,加强师资投入,与六枝特区组织部、教育局、卫健局、工信局等部门合作,开展党员干部、教师、医护人员、乡村振兴带头人等培训。2022年共开展各类培训16期,培训基层党员干部555人次、各类技术人员1145人次。此外,结合对口支援工作,促成六枝特区教育局与六盘水师范学院的教师教育"U-G-S"(大学-政府-中小学)协同育人合作,涵盖合作育人、教师培训、教育教学研究等合作内容。

【干部挂职帮扶】 中国科大选派1人担任六枝特区政府副区长,继续做好定点帮扶工作。1人继续担任六枝特区新窑镇联合村驻村第一书记,带领村"两委"和驻村工作队制定完善村规民约,推动移风易俗,革除陈规陋习,通过院坝会等形式开展党的方针政策宣传贯彻工作。挂职干部和驻村第一书记积极履职尽责,强化政治引领,通过重温入党誓词、党的二十大精神宣讲等活动,强化基层党建,在疫情防控最前线和为群众解决"急难愁盼"问题上发挥党员先锋模范作用,努力做到基层党建与乡村振兴双推进。

【帮扶慰问】 中国科大广大党员干部积极践行"我为群众办实事"实践活动,持续开展"春蕾计划"、设立高中女生助学金,捐赠计算机、打印机等系列活动。在四角田小学、播雨小学、二塘小学开展爱心助学捐赠活动及游学活动授旗仪式;中国科大信息学院捐赠140台计算机,支持六枝特区第六小学、第三中学建设信息教室。

【产业帮扶】 中国科大争取中国科学院系统科技力量支持,持续做好示范基地的管理工作。邀请武汉植物园教授及其团队成员3次到六枝特区实地指导猕猴桃病虫害防治等种植技术,开展智慧农业试点,升级建设涵盖种植管理、溯源和销售等全流程的数字化示范基地。中国科大还结合电商兴农示范项目,大力支持电商经济发展。一是投入资金打造电商物流产业园,对区内电商企业、电商创业者免费开放,提供电商平台运营、引流、货源等业务咨询服务。二是支持建设贵州省云仓六枝节点,有效整合电商快递物流,通过接入云仓调度平台等系统,实现数据互通和云仓集单,为以生产为主的企业提供一站式网络销售服务。三是支持六枝特区开展农产品精深加工,指导相关企业继续开发新产品、扩大规模、打造品牌,不断向上、下游拓展,带动连片发展。四是投入资金支持岩脚镇打造六枝六味·主播驿站,支持"支书带你看岩脚"IP进行线上宣传、推广农产品。五是不断拓宽销售渠道,开通学校帮扶产品销售平台"蜗壳助农馆",上线1个月销售猕猴桃等六枝农产品18万余元,平台部分收益以帮扶基金形式反哺"春蕾计划"、村小游学等帮扶项目。

【智力帮扶】 为助推六枝特区产业发展,中国科大积极争取各方资源支持。6月,中国科大校友会组织校友企业举办招商引资座谈会,为进一步考察和参与六枝特区产业发展打下基础。邀请多家校友企业赴六枝特区调研,考察六枝特区产业发展和招商引资情况。为支持六盘水资源型城市产业转型升级和区域创新发展,中国科大与六盘水市、六盘水师范学院谋划共建科技成果转移转化中心,支持中国科大、六盘水师范学院科技成果优先在六盘水市、六枝特区落地转化。积极利用乡村建设高校联盟资源,组织六枝特区申报乡村振兴重点项目,争取优先贷款等金融支持。

【教育帮扶】 中国科大全面开展教育帮扶,推进六枝特区基础教育发展。新设六枝特区为新的支教服务点,首批3名研究生支教队员在六枝特区第三中学开展为期1年的支教工作。六一儿童节在四角田小学、播雨小学、二塘小学开展爱心助学捐赠活动及游学活动授旗仪式;中国科大信息学院捐赠140台计算机,支持六枝特区第六小学、第三中学建设信息教室。投入35万元支持四角田小学操场升级改造,向学生提供安全的运动场所与活动空间,为素质教育的顺利开展保驾护航。支持六枝特区开展2022年"走进科技·你我同行"科技周活动,组织全区中小学生线上聆听多位院士主讲的中国科大科技活动周系列科普报告。投入35万余元继续支持六枝特区科技馆和青少年创客中心建设,提升科普阵地的服务能力,支持六枝特区创建第二批全国科普示范区。

【党建帮扶】 中国科大党委专门印发通知,倡议校内基层党组织与定点帮扶地区党支部开展结对共建。2022年,共有6个机关部门、学院、实验室的基层党支部与六枝特区机关部门党支部、村支部结对共建,通过线上或线下形式共同开展主题党日、支部学习、共上党课等活动。学校广大党员干部积极践行"我为群众办实事"实践活动。

(中国科学技术大学帮扶办　何昊华)

中国银行保险监督管理委员会定点帮扶

【概述】 2022年,中国银行保险监督管理委员会(以下简称"银保监会")认真学习领会习近平总书记关于定点帮扶的重要指示精神,坚决贯彻落实中共中央、国务院决策部署,切实扛起定点帮扶内蒙古自治区察哈尔右翼中旗(以下简称"察右中旗")、察哈尔右翼后旗(以下简称"察右后旗")和甘肃省和政县、临洮县的政治责任,严格落实"四个不摘"要求,加强组织领导,动员行业力量,发挥金融优势,突出帮扶重点,强化工作创新,为定点帮扶地区巩固拓展脱贫攻坚成果、全面推进乡村振兴做出重要贡献。银保监会直接投入无偿帮扶资金1745.77万元,引进无偿帮扶资金2136.07万元,引进有偿帮扶资金4805万元;培训基层干部、乡村振兴致富带头人等2619人次,购买和帮助销售脱贫地区农产品3986万元,在2022年中央单位定点帮扶工作成效评价考核中被评为"好"等次。

【组织领导】 银保监会早部署、快落实、严要求。2月,组织召开定点帮扶工作领导小组会议,安排部署全年重点任务,对做好2022年定点帮扶工作提出明确要求。3月,印发《2022年定点帮扶工作重点任务》,从加强组织领导、突出帮扶重点、发挥金融优势等方面对全年重点帮扶任务作出安排,并明确各项帮扶任务的时间表和责任单位。6月,组织召开定点帮扶工作调度会,总结上半年定点帮扶任务完成情况,对确保完成全年目标任务进行再动员再部署。银保监会副主席分别会见到访的察右后旗和临洮县党委、政府主要负责同志一行,共同研究推进定点帮扶工作。7月,银保监会副主席赴察右中旗、察右后旗开展督导调研,指导抓好工作落实。12月,银保监会主席主持召开视频座谈会,对临洮县、和政县定点帮扶工作开展督促指导。

【干部挂职帮扶】 银保监会向4个定点帮扶县(旗)各选派1名挂职帮扶干部和1名驻村第一书记,挂职干部分管乡村振兴工作,主要精力用于定点帮扶工作。2月,组织召开挂职干部专题培训会,从定点帮扶政策要求、工作重点、注意事项等方面对挂职帮扶干部进行培训。

【产业帮扶】 银保监会大力支持发展优势特色产业,促进产业升级,加大金融支持力度。察右后旗围绕强产业、增"造血"、发展和壮大集体经济的目标,突出产业孵化园修缮建设、电子商务平台建设和食品加工设备购置。引导定点帮扶地区龙头企业不断延长产业链、完善供应链,把产业发展的增值收益更多留给农民。在临洮县延长百合产业发展链条,打造"产储销带"全产业链帮扶新模式。聚焦定点帮扶县(旗)马铃薯、百合、赤松茸等优势产业,鼓励引导银行机构落实金融帮扶政策。

【信贷投放帮扶】 银保监会加大信贷支持力度,支持定点帮扶地区脱贫群众发展生产、增收致富。临洮县全年发放脱贫人口小额信贷共2140户、9450.9万元;临洮县探索创设畜牧活体贷,为各类养殖企业、合作社投放贷款8.04亿元。和政县积极争取"富民贷"落地,全年发放1200多万元。不断完善金融支持和联农带农成效挂钩机制,带动脱贫群众稳定增收。察右中旗大力支持农民合作社等新型农业经营主体,全年发放贷款6300多万元。积极协调察右后旗在全旗范围内推广"党建金融联盟"。在全旗8个苏木乡镇、86个行政村,组建370多个创业党小组,为农户授信4.9亿元,已用信2.8亿元。

【保险保障帮扶】 银保监会推动在定点帮扶县(旗)发展特色优势产业保险,不断提升保险理赔服务质量。和政县种植的赤松茸因高温旱灾受损严重,造成1/3绝收,协调中国人民保险集团股份有限公司甘肃分公司积极开展理赔工作,赔付资金600余万元。织牢防贫保障网,投入帮扶资金在4个定点帮扶县(旗)开展防止返贫保险,提供一揽子综合性保险保障,坚决防止发生规模性返贫。察右中旗实现全旗4.84万常住农牧户"防贫保"全覆盖。和政县进一步升级"防贫救助保险",全年累计向38户受灾群众赔付107万元。

【消费帮扶】 银保监会深入推进消费帮扶,全年消费帮扶近4000万元。通过干部职工购买、发动金融机构帮助销售、加大第三方平台促销力度、直播带货等各种方式,积极组织购买和帮助销售定点帮扶县(旗)农产品。推荐引导金融系统员工和客户购买临洮百合产品,实现百合类产品销售收入390.5万元。临洮百合成功入选全国名特优新农产品目录。

【教育帮扶】 银保监会在和政县、临洮县实施教育帮扶项目,投入400多万元,资助两县1300多名家庭经济困难学生和特困教师。向察右后旗投入100多万元,为当地职业学校、幼儿园等购置教学设备、文体器材等,改善办学条件。

【健康帮扶】 银保监会在和政县实施"天使工程——乡村医疗服务能力提升计划",为全县122个行政村提供天使数据化巡诊包和天使赋能培训。在察右中旗协调有关单位出资捐赠价值100万元的高血压治疗仪。向定点帮扶地区捐赠防疫物资,对基层医护人员开展培训。

【人才帮扶】 银保监会深入推进智力帮扶。通过"线上+线下"结合的方式,开展基层干部和专业技术人员培训,全年为定点帮扶县(旗)培训基层干部和专业技术人员2600多人。在察右后旗实施精品培训项目"嘉种计划",整体周期长达15个月,参训人员达200多人,主要围绕乡村建设和运营进行培训。

【生态帮扶】 银保监会引导银行保险机构支持当地绿色低碳发展。鼓励金融机构发放绿色信贷,提供环境污染责任保险。和政县和临洮县绿色信贷余额达11.46亿元,同比增长29%。协调中国乡村发展基金会实施新一轮"蚂蚁森林"生态林项目,采取"合作社+农户"的模式带动群众参与造林,增加劳务收入,共完成造林1万亩。

【乡村建设帮扶】 银保监会助力定点帮扶地区完善农村生活设施,加强环境综合治理。协调帮扶机构出资加大乡村治理力度,为察右后旗贲红镇石门口村安装路灯,为乌兰哈达苏木、土牧尔台镇大南坊村建设垃圾处理设施。在和政县打造美丽乡村,利用脱贫村石咀村的优势条件,分两年投入帮扶资金250余万元,帮助完善提升旅游基础设施,改善全村人居环境,全力打造休闲旅游美丽乡村。

【党建帮扶】 银保监会帮助定点帮扶地区建设修缮基层党组织活动阵地。在察右后旗建设修缮党群活动服务中心,向基层党组织捐助台式计算机35台。在临洮投入资金70万元,新建2个党群服务中心。开展党建结对帮扶,组织会机关部门、银保监局、金融机构党支部和定点帮扶县(旗)脱贫村开展党建结对,开展支部共建、志愿服务等活动。

【行业帮扶】 银保监会印发《关于2022年银行业保险业服务全面推进乡村振兴重点工作的通知》,对金融支持巩固拓展脱贫攻坚成果同乡村振兴有效衔接工作作出安排部署。截至2022年年底,脱贫地区各项贷款余额10.7万亿元,同比增加1.38万亿元,增长14.8%;脱贫地区农业保险保额1.46万亿元,同比增长6%,覆盖农户5564万户次,支付赔款204亿元;优势特色农产品保险品种共计5674个(各脱贫县品种汇总数),同比增加700多个。国家乡村振兴重点帮扶县各项贷款余额1.64万亿元,同比增长14.7%,高于全国贷款增速4.1个百分点。2022年,银行保险机构在国家乡村振兴重点帮扶县新设分支机构112家。深入推进脱贫人口小额信贷工作。2022年,全国累计发放脱贫人口小额信贷933.5亿元,贷款户数217.8万户。截至2022年年底,脱贫人口小额信贷余额1824亿元,同比增长13.2%,支持脱贫户和监测对象433.3万户。切实做好国家助学贷款工作。银保监会与财政部、教育部、中国人民银行联合印发《关于做好2022年国家助学贷款免息及本金延期偿还工作的通知》。2022年,国家助学贷款累计发放569亿元,发放591万人次,同比分别增长32.3%和10.9%。银行机构办理免除2022年国家助学贷款利息19.3亿元,惠及贷款学生374万人。全年为10.3万名贷款学生办理本金延期偿还,涉及贷款金额近6亿元。

(国家金融监督管理总局
普惠金融司　张艳丽)

中国证券监督管理委员会定点帮扶

【概述】 2022年，中国证券监督管理委员会(以下简称"证监会")深入贯彻党的二十大精神和习近平总书记"四个不摘"要求，将履行好定点帮扶责任作为践行党的初心和使命的具体体现，统筹全系统全行业力量，充分发挥资本市场作用，全力推动9个定点帮扶县巩固拓展脱贫攻坚成果和推进乡村振兴。

【帮扶资金投入】 2022年，证监会定点帮扶6个省(自治区)的9个县，分别为河南省兰考县和桐柏县、陕西省延长县、山西省隰县和汾西县、安徽省宿松县和太湖县、甘肃省武山县及新疆维吾尔自治区麦盖提县。证监会各帮扶单位直接投入无偿帮扶资金5870.06万元，引进无偿帮扶资金6209.08万元，培训基层干部2505人，培训乡村振兴带头人845人，培训专业技术人才3207人，购买定点帮扶县农产品523.85万元，帮销定点帮扶县农产品1010.23万元，支持定点帮扶县打造乡村振兴示范点7个。全年直接投入无偿帮扶资金和引进无偿帮扶资金合计1.2亿元，与9个定点帮扶县巩固拓展脱贫攻坚成果和推进乡村振兴的需求相适应。证监会在中央单位定点帮扶工作成效考核中被评为"好"等次。

【帮扶资金管理】 在帮扶资金投放和项目管理上，证监会突出实的导向、严的要求，确保帮扶资金用在实处、帮扶项目真正发挥惠农助农作用。一是加强组织领导，压实系统8家帮扶单位"一把手"责任，要求其将定点帮扶工作作为政治责任抓牢抓严，对本单位年度帮扶计划和重点帮扶项目严格把关、亲自过问。二是严把监督关，对标习近平总书记"六个精准"要求，加强对帮扶项目过程管理，压实挂职干部前期考察和管理责任，督促其适时跟进帮扶项目开展情况，确保各项帮扶措施都及时落地、按期推进、如期见效。三是加强跟踪调研，定期实地察看各项帮扶措施的落地情况，重点查找工作中的短板弱项，评估帮扶工作成效，督促系统相关部门(单位)和各挂职干部进一步把好责任关，对所投帮扶项目严把立项关、过程关和成效关。

【帮扶培训】 证监会投入25万元，支持太湖县开展3期乡村振兴专题培训班，组织乡村基层干部和致富带头人学习经济作物栽培技术，交流致富经验，激发内生发展动力。支持桐柏县开展"产业振兴千人培训计划"，通过传授科学种植技术、演示直播卖货过程、培训电商客服技能等，帮助定点帮扶县培训各类专业技术人才2611人次。组织专家围绕"如何做大做强中小企业 助推县域经济高质量发展"开展线上专题培训，帮助武山县民营企业家、农业合作社负责人和乡镇干部共计45人，树牢市场化发展思维，增强规范发展意识。举办2期"梨想行动"培训班，向隰县农业合作社负责人、种植大户、返乡青年等160多人，传授大棚种植技术和防虫防灾知识，培养农业致富带头人。

【干部挂职帮扶】 证监会选派12名优秀干部常驻定点帮扶县挂职，其中9名干部任副县长，1名干部任驻村第一书记，2名干部在定点帮扶县挂职副镇长。与此同时，深圳证券交易所在麦盖提县和武山县派驻4名帮扶助理，协助挂职干部做好定点帮扶工作。挂职干部在定点帮扶县表现优异,工作业绩突出,得到了地方政府肯定和好评。兰考县张庄村驻村第一书记带领乡村孩子们在桐花书馆开展的"读诵经典"活动,被中央电视台收入《建书香中国铸精神伟力——习近平总书记致首届全面读书大会举办的贺信引发热烈反响》节目,2022年4月24日《新闻联播》播放对驻村第一书记的采访。宿松县挂职干部因工作能力突出,被安庆市政府选拔兼任市政府副秘书长,协管全市金融工作。

【产业帮扶】 上海期货交易所投入200万元对太湖县小池镇竹木产业园进行改造和扩建,着力提升深加工能力,将山区竹林资源转化为增加村集体收入和农民收入的宝贵资产。上海证券交易所出资100万元为宿松县引入中国农业科学院茶叶研究所的茶叶加工技术,改造标准茶园400亩,建设茶叶加工厂2个,助力当地创建优质茶叶品牌。深圳证券交易所协调唐人神集团股份有限公司在武山县增加投资4500万元,扩大生猪养殖基地,打造支柱产业。郑州商品交易所协调23家期货公司在桐柏县开展助农项目26个,涉及茶叶、食用菌、黄桃等经济作物的科学种植和深加工,支持定点帮扶县打造"小而美"的乡村致富产业体系。中国金融期货交易所会同郑州商品交易所连续3年在延长县开展苹果"保险+期货"项目,参保的8个乡镇2455户农户均为脱贫户,累计赔付1119万元,有效保障果农收益,提振果农种植信心,促进延长苹果产业健康发展。该"保险+期货"项目还成功引进由中华思源工程基金会和鸥鹭学社联合开创的"定心丸乡村普惠金融"公益计划,创新开拓出"保险+期货+公益基金"帮扶模式。

【生态帮扶】 证监会支持宿松县建设乡村振兴碳普惠体系,通过开发和销售光伏电站的碳汇和减排量,推动定点帮扶县山区壮大村集体经济,促进农户稳收增收。投入300万元在太湖县寺前镇建设美丽家园示范点,开展乡村美化亮化工程和农林水综合整治项目,帮助定点帮扶县打造美丽宜居乡村。投入439万元,支持延长县创建4个美丽乡村宜居示范村,以点带面推动定点帮扶县持续优化农村人居环境,提升村民幸福感。

【党建帮扶】 证监会邀请兰考原县委书记宣讲党的二十大精神,帮助会机关党员干部进一步增强主动对标对表中共中央精神的思想自觉和行动自觉。组织74名青年党员到桐柏县开展党建活动,推动18家期货公司与桐柏县基层党组织开展联学联建,帮助定点帮扶县提升基层党组织战斗堡垒作用。中国证券投资基金业协会与汾西县2个乡村党支部结对共建,围绕"学习党的二十大精神,共谋乡村振兴发展"主题,组织多场在线联学活动,一起学习党的二十大报告,共同研讨贯彻落实思路和举措。

【社会帮扶】 证监会进一步拓展和深化行业结对帮扶机制,推动18家证券公司与9个定点帮扶县开展结对帮扶,促成92家期货公司与9个定点帮扶县签署213份结对帮扶协议,实现每个定点帮扶县都有证券公司和期货公司参与结对帮扶。证监会办公厅协调中国证券业协会、中国期货业协会、中国证券投资基金业协会加强沟通交流,强化行业帮扶统筹协作,发挥好证券公司、期货公司和基金公司各自优势,着力打造立体化的行业帮扶格局,推动不同类型行业机构帮扶行动协同互补联动,促进行业帮扶效益最大化。中国证券业协会发起证券行业促进乡村振兴公益行动,推动行业机构开展不同层面、不同形式的帮扶合作,增强行业帮扶协同性和实效,最大限度促进定点帮扶县巩固拓展脱贫攻坚成果和推进乡村振兴。

(中国证券监督管理委员会　杨志海)

国家外汇管理局定点帮扶

【概述】 2022年，国家外汇管理局（以下简称"外汇局"）深入学习贯彻党的二十大精神和习近平总书记关于乡村振兴的重要讲话精神，以及中共中央、国务院决策部署，严格落实"四个不摘"工作要求，在国家乡村振兴局的组织领导下，在中国人民银行定点帮扶乡村振兴工作领导小组的具体指导下，充分发挥"局县银企"帮扶模式优势，扎实做好对河北省巨鹿县的定点帮扶工作，超额完成年初预定帮扶任务，取得积极帮扶成效。外汇局在主要帮扶任务中，直接投入无偿帮扶资金324.5万元，引进无偿和有偿帮扶资金4445.82万元，培训基层干部和各类人才1278人次，帮助销售脱贫地区农副产品677.17万元，购买脱贫地区农副产品21.29万元，均大幅度超额完成计划指标。外汇局先后有2名处级干部、1名科级干部在巨鹿县挂职，巨鹿县选拔1名干部在外汇局机关交流工作。

【帮扶资金投入】 2022年，外汇局直接投入无偿帮扶资金324.5万元，直接投入有偿帮扶资金819.71万元，引进无偿和有偿帮扶资金4445.82万元，培训基层干部和各类人才1278人次，帮助销售脱贫地区农副产品677.17万元，购买脱贫地区农副产品21.29万元。

【帮扶会议】 外汇局多次召开定点帮扶工作领导小组及办公室会议，传达学习习近平总书记关于乡村振兴重要讲话精神。党的二十大召开后，认真学习贯彻党的二十大报告关于全面推进乡村振兴的工作要求，深刻理解把握新时代中共中央、国务院关于乡村振兴的决策部署，提高政治站位，加强组织领导，紧密结合外汇局和巨鹿县实际，用心用情用力推动定点帮扶工作不断走向深入。

【帮扶调研】 外汇局局长担任局定点帮扶工作领导小组组长，认真履行第一责任，多次召开定点帮扶工作领导小组会议或作出指示批示，亲自协调解决帮扶工作重大问题。外汇局副局长召开定点帮扶巨鹿视频座谈会议，深入了解"局县银企"帮扶进展情况，就下阶段帮扶工作进行部署安排。与来访的巨鹿县委书记一行座谈，再次调度调研帮扶项目进展情况，就协助推进巨鹿县招商选资、人才引进工作提出指导意见。外汇局副局长多次就推进定点帮扶工作听取汇报、作出指示、进行调度。外汇局帮扶办认真履行帮扶指导职责，定期召开帮扶工作调度会议、联席会议，研究重点帮扶任务，推动工作落实落地。

【帮扶工作机制】 外汇局一是指导成立巨鹿县对接外汇局资源整合工作小组，由巨鹿县委常委、组织部部长担任组长，专司承接外汇局帮扶项目及资源落地中涉及的具体事项，强化工作落实效能。二是建立外汇局与巨鹿县干部互派机制，选派2名优秀干部到巨鹿县挂职，完成挂职副县长人选轮换和工作交接；同时外汇局与巨鹿县建立干部交流培训工作机制，巨鹿县选派1名干部到外汇局定点帮扶工作办公室交流工作，提高工作能力和水平，为巨鹿县培养人才。三是建立定点帮扶数据维护工作制度。明确系统维护责任分工和工作流程，全面收集外汇局直接帮扶巨鹿乡村振兴和协调分支机构、金融机构、企业和社会力量等资源参与帮扶的成效数据，为精准推进定点帮扶工作提供有力的数据支撑。

【人才振兴】 外汇局协调互联网企业专门为巨鹿县开办"耕耘者"振兴计划新型农业经营主体专题培训班,对60名乡村振兴人才开展封闭式、体验式、进阶式培训,打造乡村振兴示范队伍。建成巨鹿县"田间大学"教育基地、"田间课堂"实训基地,培训基层干部100人次、乡村振兴带头人119人次、专业技术人员1059人次。

【防返贫监测帮扶】 外汇局指导巨鹿县完善"1+3+1"防返贫监测预警机制和兜底帮扶政策,守牢不发生规模性返贫底线;捐赠防返贫保险和农业设施保险项目,防止因自然灾害造成的损失导致返贫。针对2021年自然灾害造成的农业损失,已理赔232.46万元。

【金融帮扶】 外汇局实施"金融支持巨鹿乡村振兴行动",聚合总局和分支局帮扶力量。一是强化信贷支持。指导河北分局、邢台中心支局到巨鹿调研考察,召开政银企对接会2场,促成融资金额近2亿元。以再贷款、再贴现、普惠小额贷款为抓手,加大政策倾斜力度。二是破解融资难题。指导巨鹿县开发"金银花贷""葡萄贷""肉羊贷""哈口蔬菜贷"等近20款特色信贷产品,巨鹿县涉农贷款余额达81.96亿元,有效解决脱贫群众发展产业资金难题。三是优化金融环境。指导巨鹿县开展农村信用创建活动,新评定农村信用户2万余户,创建信用村88个、信用乡镇1个。推动河北银行邢台分行启动巨鹿网点建设工作,健全金融服务乡村振兴的组织体系。四是健全协调机制。指导河北分局、邢台中心支局协调各金融机构,为巨鹿企业提供融资解决方案;出台支持巨鹿县涉外经济发展方案,指导和推动巨鹿县2家企业获批成为外汇便利化试点企业。指导河北分局支持巨鹿优质企业使用贸易外汇收支便利化政策,提升资金结算质效。完善政银担合作机制,推动巨鹿农商银行与河北省农业融资担保有限责任公司签订战略合作协议,加强对特色产业集群专项信贷支持。

【产业帮扶】 一是推动腾讯金融与巨鹿融信村镇银行合作,做好金银花金融产品的风控体系设计研发,打造高效授信、普惠富民的金融支持模式。

【教育帮扶】 一是拓宽教育帮扶渠道。在推动北京海淀区实验小学和巨鹿县育红小学结对共建的基础上,与首都师范大学联合启动"中国城乡义务教育差距比较研究"课题研究,为进一步拓宽帮扶渠道提供理论指导。协调海淀区实验小学为巨鹿县近百名教师开展"深学导行新课标 赋能培养'三有'时代新人"送教教研活动,组织巨鹿县20名乡村校长参加首都师范大学教育学院"乡村校长领导能力提升高级研修班",提升教学和管理水平。二是持续改善教学环境。引进社会公益基金组织,开展"扬帆阅读计划",向巨鹿县40所乡村小学捐赠总价值56万元的阅读书籍,并提供阅读指导教师培训;开展"追风计划",帮扶5所小学组建足球队,提供价值30万元培训资金及足球设备;实施智慧校园项目,为4所学校提供人脸识别等智能设备,进一步改善校园环境。

【社会帮扶】 外汇局吸引互联网企业和社会公益基金组织等社会力量持续加大对巨鹿县的支持力度。一是加强数字产业帮扶。帮助巨鹿县打造"巨好办"数字化平台,7月该案例参加第五届数字中国建设峰会,受到与会人员广泛关注。9月,巨鹿县应邀参加全国党建信息化发展暨人民党建云探索实践十周年研讨会,在线介绍"巨好办"平台建设经验。2022年巨鹿县被评为河北省"数字生态十强县"。二是加大医疗帮扶力度。引进社会公益基金组织,引进帮扶资金240余万元,在巨鹿县开展"小鹿灯项目""顶梁柱计划""加油宝贝"等项目,为先天性缺陷儿童、低收入家庭提供医疗和保险帮助,降低因病、因意外致返贫风险。引进"童伴妈妈"项目,为农村留守儿童提供照料服务;协调社会力量捐赠近30万元用于涝灾救助、购置母亲健康快车等,助力防贫工作开展。

【消费帮扶】 外汇局机关集中采购脱贫地区农副产品21.29万元,号召系统内干部职工购买巨鹿县农副产品近4万元。通过网络平台等渠道帮销巨鹿县农副产品677.17万元。

(国家外汇管理局机关工会 宋 健)

中国进出口银行定点帮扶

【概述】 2022年,中国进出口银行(以下简称"进出口银行")深入学习贯彻党的二十大精神和中共中央关于全面推进乡村振兴的决策部署,持续定点帮扶甘肃省岷县和重庆市云阳县。进出口银行党委坚决扛起定点帮扶政治责任,集全行之智、举全行之力,助力两县巩固拓展脱贫攻坚成果同乡村振兴有效衔接、坚决守住不发生规模性返贫底线,扎实推进任务落实,将政策性金融优势与定点帮扶县实际需求有机结合,不断推动定点帮扶工作再上新台阶,在中央单位定点帮扶工作成效考核评价中获"好"等次。进出口银行累计向两县投入无偿帮扶资金2515万元、有偿帮扶资金21000万元,引进无偿帮扶资金457.45万元、有偿帮扶资金8399万元,消费帮扶2368.04万元,培训基层干部、技术人员和创业致富带头人5900人次,精准落实帮扶项目37个,受益人口120万人次。

【帮扶资金投入】 2022年,进出口银行向两县无偿捐赠资金2515万元,倾斜支持重点帮扶县岷县,捐赠1700万元,占比67.6%。捐赠资金中的654.53万元用于巩固"两不愁三保障"成果,守牢防返贫底线,1860.47万元用于全力推进"五大振兴"。一是投入1142.02万元助力产业振兴,在岷县打造红色文旅、绿色猫尾草和金色中药材等特色产业,在云阳县推进柑橘产业发展,助推品牌升级;二是投入242.05万元助力人才振兴,对两县基层干部、乡村振兴带头人、技术人才等各类人员共计5900人次开展培训,激发内生发展动力;三是投入276万元助力生态振兴,实施人居环境改善项目,包括危墙改造、防护栏修复、滑坡风险点整治、道路维修、文物保护、"厕所革命"等,受益群众2000余名;四是投入106.4万元助力组织振兴,支持岷县多纳村党群服务中心建设,进出口银行挂职驻村第一书记带头讲党课,推动党建工作与帮扶工作深度融合;五是投入94万元助力文化振兴,完善文化下乡硬件设施,为岷县采购专业音响、灯光和户外LED显示屏等,推动"节庆经济"发展。

【帮扶资金管理】 修订完善《中国进出口银行乡村振兴捐赠资金管理办法》,进一步规范捐赠资金审批、拨付、变更、监督等管理流程,明确捐赠资金项目需经进出口银行挂职干部、普惠金融服务部、乡村振兴工作领导小组(以下简称"领导小组")三级审批。要求县政府有关部门每半年出具捐赠资金监管报告。挂职干部每月向进出口银行总行报送履职工作台账,年内实地抽查捐赠项目共计40余次,确保将进出口银行捐赠资金用在亟须解决的项目上,并安全运行、有效使用。

【帮扶调研】 8月,进出口银行副行长带队赴云阳县调研,考察当地农产品龙头企业及电商云仓等项目,对创新帮扶举措、配置优质资源提出要求。12月,进出口银行副行长带队赴岷县调研,深入产业基地及示范村实地指导,调研帮扶项目进展成效,慰问挂职干部。进出口银行领导分别会见定西市、岷县和云阳县政府负责同志,听取工作汇报,对接帮扶工作,研究谋划乡村振兴发展长效机制。全年共计30人次赴两县调研,开展党建活动,了解当地产业发展情况,探索政策性金融支持特色产业发展路径。

【帮扶会议】 多次召开会议系统谋划，第一时间传达学习习近平总书记有关乡村振兴的重要论述及指示批示精神。进出口银行领导多次主持召开领导小组会、行长办公会、财务审核委员会等会议，审议年度乡村振兴工作方案和计划、领导小组工作规范等相关制度，审批通过两县帮扶项目共37个，专题安排部署相关工作，要求充分发挥政策性金融优势，确保政策落实、责任落实、工作落实。

【帮扶制度建设】 将乡村振兴工作由党群工作部划转至普惠金融服务部，实现乡村振兴与普惠金融有机结合。制订2022年乡村振兴工作方案和计划，助力定点帮扶县巩固拓展脱贫攻坚成果同乡村振兴有效衔接。印发《中国进出口银行2022年定点帮扶和对口支援招商引资试点工作实施方案》，引导结对分行发挥地域优势，以招商引资、引进项目等方式助力产业振兴。指导岷县印发《中国进出口银行定点帮扶项目及资金管理办法》，确保帮扶资金使用合规安全。

【帮扶培训】 激发内生发展动力，助力人才振兴。对两县基层干部、乡村振兴带头人、技术人才等各类人员共计5900人次，开展多层级多批次精准培训，支持赴厦门大学等教学点、开展专题培训；举办乡村振兴政策、财务法律金融知识、特色产业种植养殖技能、电商营销等主题培训班13期；将进出口银行员工内部网络培训课程"汇贤名家讲坛"开通专门渠道与岷县基层干部共享，上千人参与线上培训；开展电商、面工等实用技能专题培训，提升就业技能。

【干部挂职帮扶】 选派优秀年轻干部赴两县挂任副县长和驻村第一书记，在助推发展产业、招商引资、助销农产品、提升人才素质等方面发挥重要作用。明确挂职干部工作任务，要求合理把握"双重身份"，将主要精力放在助力定点帮扶县巩固拓展脱贫攻坚成果和全面推进乡村振兴工作上，督促指导两县落实主体责任。挂职干部按月向进出口银行总行报送工作及项目资金使用监管情况，及时反馈问题，做到重点工作行内与两县同步推进。

【产业帮扶】 因地制宜探索金融服务乡村振兴的有效途径，紧紧围绕"一条路、三种特色产业"，着力推进乡村一二三产业融合发展，带动农民就业增收。在岷县，以推进落实甘肃省文化振兴为契机，打造红色文旅产业，深挖当地历史、生态、人文资源，打造精品民宿，预计每年可带动群众增收260万元，受益人口1581人；以猫尾草产业为着力点，通过培育龙头合作社、制定国家级标准体系、对接优质平台，推动岷县10万亩绿色猫尾草产业快速发展，仅返乡大学生创业合作社1家的年销售额就突破1000万元；依托岷县中药材原产地优势，打造"招商引资+金融支持+厂房建设+标准化种植+销售带动+拓宽就业"的产业帮扶模式，推动金色中药材产业全产业链发展，带动就业逾千人，人均日工资90~130元。在云阳县，围绕"千亿工业"战略，建立招商引资协同帮扶模式，对接考察10家主导产业上、下游企业，对新引进的温州市宇田鞋业有限公司和温州市龙湾海滨新颜东鞋包加工场2家招商落户企业提供配套补贴，实现签约资金4950万元。在两县累计发放贷款6.98亿元，发放转贷款0.64亿元，持续推进贴息、"期货+保险"等一揽子金融帮扶模式，支持两县主导产业壮大、基础设施完善、中小微企业健康发展，打好金融服务"组合拳"。

【教育帮扶】 将教育帮扶与扶智扶志相结合，深耕教育筑梦育人。支持云阳县移民大镇高阳镇新建3500平方米教学综合楼，优化办学条件，有效缓解教育资源不足状况，辐射受益人口1.5万余人。连续7年开展"圆梦计划"项目，将资助范围扩至北京地区和"双一流"院校脱贫户家庭大学生，累计资助大学生289人次（2022年资助学生99人次），资助每人每年1万元直到大学毕业。

【文化帮扶】 围绕"文化兴乡"，助力文化振兴。投入资金完善文化下乡硬件设施，为岷县采购专业音响、灯光和户外LED显示屏等，支持举办非遗、民俗和红色文化活动，每年可带动大型惠民演出100场。在云阳县清水乡建立乡村振兴农村讲习所，规范化建设党员活动室、新时代文明实践站等，定期开展培训、志愿、评比活动。

【党建帮扶】 进出口银行领导带队与云阳县临江村党支部开展共建活动，围绕发挥党建引领作用、推动乡村振兴进行深入交流探讨，慰问脱贫老党员和退伍军人，自愿带头向受旱灾群众捐赠100桶矿泉水。支持岷县多纳村党群服务中心建设，设置便民大厅、会议室、驻村帮扶队工作生活室、积分超市等功能区域，进一步增强基层党组织的向心力和凝聚力，把党群服务中心打造成多纳村加强基层治理的阵地和服务党员群众的家园。

【基础设施建设】 聚焦补齐基础设施短板，建设宜居宜业和美乡村，加强两县基础设施建设。一是支持卫生院标准化改建，解决2万人就医难题，筑牢疫情防线。二是为灾后重建村65户村民排除住房隐患，为40户村民升级住房硬件设施和解除场坪院坝，保障440名农户住房安全；三是支持新建日供水300吨超滤水厂，确保2600名农户饮水安全。利用政策性金融工具加大基础设施建设投入力度，联合5家银行组成银团，进出口银行承贷金额2.5亿元，支持途经岷县境内马坞至西寨段的凤合高速项目，促进当地生产要素流动和城镇体系发展，打造高效便捷的物流通道，助力畅通城乡循环。

【帮扶宣传】 在《人民日报》《中国教育报》及定点帮扶县所在省（市、县）各级媒体上刊发宣传稿11篇。向农业农村部、中国人民银行等上级单位报送《政策性金融支持农业农村现代化理论和实践研究》《中国进出口银行多元化金融赋能 打造政策性金融支持乡村振兴新样本》等研究材料和工作信息稿。首次在中国人民银行金融市场司专刊上刊发稿件《中国进出口银行履行社会责任积极服务乡村振兴》。向中共中央党校报送《国有经济在实现共同富裕中的作用》，多维度展示进出口银行乡村振兴工作的亮点成效和经验做法。

（中国进出口银行普惠金融服务部 黄靖翔）

中国农业发展银行定点帮扶

【概述】 2022年,中国农业发展银行(以下简称"农发行")坚持以习近平新时代中国特色社会主义思想为指引,认真落实中共中央、国务院关于定点帮扶工作的部署,切实履行中央单位定点帮扶政治责任,围绕"巩固成果、再接再厉、聚焦重点、做出特色"的总体思路,持续深化融资、融智、融商、融情"四融一体"帮扶机制,帮扶贵州省锦屏县、吉林省大安市、云南省马关县、广西壮族自治区隆林各族自治县(以下简称"隆林县")实现巩固拓展脱贫攻坚成果同全面推进乡村振兴的有效衔接;聚焦国家乡村振兴重点帮扶县和易地扶贫搬迁集中安置区,瞄准产业和就业两个关键,建立健全联农带农机制,深入开展项目覆盖、产业带动、就业帮扶、保障救助等"四个一批"专项行动,实现4个定点帮扶县2万多名防返贫监测对象帮扶全覆盖。

【帮扶资金投入】 2022年,农发行帮助定点帮扶县引进无偿帮扶资金5028万元,帮销脱贫地区农产品10.19亿元,强化四级机构责任体系,继续组织签订责任书,压实省级分行和总行对口部门帮扶责任。加大考核力度,统筹农发行信贷、财务、人力等资源,动员1241家企业、机构力量向定点帮扶县聚合。直接投入无偿帮扶资金2711万元;引进有偿帮扶资金(含招商引资)6.1亿元。围绕稳住经济大盘,紧盯重点区域、重点人群、重点客户,优先落地84条"压箱底"支持政策,累计投放贷款19.05亿元,减费让利超1000万元,服务27.29万人,带动当地脱贫人口人年均增收4000元左右。

【帮扶培训】 培训基层干部、乡村振兴带头人、专业技术人员1.89万人,创历史新高。适应新时代农业农村发展需求,投入160余万元组织形式多样的人才培训,累计培训乡村干部7186人次、乡村振兴带头人2850人次、专业技术人员8887人次。与中央农业广播电视学校等开展合作,专门录制稻田养鱼、柑橘病虫害防治等课程开展专题培训。在贵州省锦屏县,联合友成企业家扶贫基金会实施"香橙妈妈"创业培训,培养41名女性乡村振兴带头人。在吉林省大安市,捐资150万元修建新型职业农民实践基地,为学生毕业即就业创造条件。针对云南省马关县等少数民族地区不会普通话出现就业难的情况,组织青年志愿服务团队深入村寨推广普通话,从源头上解决群众就业难问题。促进农民就地就近就业。

【组织领导】 组织召开定点帮扶和对口支援工作领导小组会议,先后8次在全行性会议上对农发行定点帮扶工作进行重点部署,就做好定点帮扶工作作出批示20余次;农发行行长亲赴隆林县现场督导,帮助解决地方党政"急难愁盼"问题。农发行党委成员先后8次通过现场及视频等方式督导调研,督促地方履行主体责任,推动全行定点帮扶工作高质量开展。持续完善由董事长任组长、行长任副组长的农发行定点帮扶和对口支援工作领导小组协调机制,负责对定点帮扶工作统一领导。持续深化总行领导分工联系制度,4位农发行领导"一对一"包片到县。定点帮扶县所在省级分行行长负总责,6个总行部门、8家东部地区省级分行对口帮扶,总行其他部门、19家省级分行协同配合,四级行全力帮扶。继续选派"三人小组"代表总行驻县,遴选16名优秀干部挂职,发挥桥梁纽带作用,推动帮扶措施落实落地。

【考核督导】 结合农发行长期以来定点帮扶经验实践,量化定点帮扶任务,纳入全行绩效单独考核。考核任务量同比提高170%,考核权重同比提高50%,切实发挥"指挥棒"的作用。定点帮扶县所在省级分行、总行对口帮扶部门继续向总行党委签订责任书,对定点帮扶工作开展逐月调度、按季督导、全行通报,全面开展"扶贫项目建成即闲置"专项问题排查、定点帮扶工作专项督导。

【产业帮扶】 大力支持特色产业发展。一是在大安市,农发行牢牢抓住当地粮食产区区位特征,支持当地盐碱地改造3.53万亩,使原来的不毛之地实现粮食增产1650万千克,助力当地粮食产业发展。配合隆林县政府提出的生猪产业发展目标,积极匹配客户资源,帮助引入上市公司北京大北农科技集团股份有限公司,支持推动"年出栏50万头生猪生态全产业链项目"落地,成为当地首个农业全产业链投产项目。支持马关县蜀丰食品有限公司由弱做强,被评为云南省第十六批农业产业化省级重点龙头企业。二是着力推动一二三产业融合发展。农发行帮助引进核心龙头企业,以"建链、稳链、强链"为导向,推动当地提升产业价值链。在隆林县,连续4年累计投入8亿元信贷资金支持高标准产业园区建设,牵线吉利百矿集团有限公司投资入驻,依托全市重点产业"建链",推动融入区域产业链条,达产即完成产值16.68亿元。在锦屏县,农发行深耕当地鹅产业"延链",5年来陆续投入信贷资金累计上亿元,助力传统种养产业实现上游生态养鹅、中游羽毛球和鹅肉加工、下游赛事康养的三次产业联动发展。三是积极开展招商引资。连续6年为定点帮扶县专门召开招商引资对接会,2022年对接企业30余家,促成签订项目合作协议9份,达成意向投资金额112.4亿元。定点帮扶县三人小组、当地分支机构与地方党政有针对性地"走出去",通过"云招商"方式成功引进竞农科技(北京)有限公司、广州立达尔生物科技股份有限公司等3家企业达成1.9亿元投资意向。农发行注重增强帮扶资金联农带农效果,投入捐赠资金395万元,支持农村就业工坊等新型经营主体发展,吸纳农村劳动力稳定就业。探索建立经营主体与当地合作社绑在一起、与脱贫群众绑在一起的"两绑"利益联结机制,带动当地46家合作社向脱贫户提供200余个就业岗位,人均增收5000元。对接政府防返贫动态监测系统,统筹使用捐赠资金212万元,为就业困难的脱贫群众提供公益性岗位1645个,年人均收入8600元。

【消费帮扶】 以消费帮扶为抓手,推动定点帮扶县农副产品产销对接。动员农发行5万多名员工积极参与消费帮扶,发起204次专题倡议,组织273次专项活动,在机关食堂等设置184个销售专柜,仅"消费帮扶新春行动"一次活动即购买产品682.8万元,系统内全年购买脱贫地区农产品4280万元。农发行江苏省分行推动"鲜丰汇"平台搭建农发行专区,全年销售金额达到220万元;湖南省分行组织助农直播,2场直播累计帮销120余万元;新疆维吾尔自治区分行边扶持、边帮销,全年帮助客户销售花卉等1100万元,全行帮助脱贫地区销售农产品达到10.19亿元。

【就业帮扶】 依托客户资源,通过线上、线下多种形式开展招聘活动,帮助1459人次实现务工就业,其中脱贫户、监测户劳动力

237人。在隆林县，农发行与吉利百矿集团有限公司联合举办"我为群众办实事"现场招聘会，招聘生产、技术工人240名。在锦屏县，农发行与当地人力资源公司合作，针对性开展上岗培训，资助277名农村劳动力赴江苏、浙江等发达地区工厂务工，人均月收入达到5000元以上。

【基础设施建设】 支持农村基础设施提档。全力支持农村道路、供水保障、农房质量安全提升、人居环境整治等重点领域基础设施建设。其中，支持新建乡村道路603.9千米；解决马关县1/3群众饮水困难问题；资助锦屏县130栋灾损房屋恢复重建，支持806户脱贫户4.8万平方米农村危房改造。持续推进"厕所革命"，投入400多万元支持锦屏县31所中小学的旱厕全部改为卫生水厕，实现当地乡村学校卫生厕所全覆盖。加大对脱贫地区义务教育、基本医疗等基本公共服务的帮扶力度，致力于消除返贫致贫风险隐患。支持定点帮扶县新（改）建学校37所，惠及脱贫地区学生超万人，从源头解决落后地区"入学难"问题。在锦屏县，农发行捐资55万元修缮88个村级卫生室，帮助当地实现乡村规范卫生室全覆盖。在大安市，联合京东数字科技控股股份有限公司共同修建"健康小屋"，试点实施乡村远程医疗项目，实现老百姓不出村即可智能筛查、无人取药。

【生态帮扶】 聚焦生态修复、环境保护、污染防治、清洁能源和林业保护等重点领域，出台高质量服务生态文明建设37条措施，大力支持定点帮扶县绿色发展。近年来，累计投入信贷资金6.9亿元支持保护和盘活林业资源，支持收储林地13.74万亩，帮助盘活外出务工群众和脱贫户闲置林地，助力发展林中养蜂、林下种养、林内休闲康养的林下经济，农民直接收益超4亿元。

【组织帮扶】 深入推进基层党建工作，农发行9个党支部与4个定点帮扶县基层党组织结成共建关系，开展共上党课、主题党日、党团共建、走访慰问等活动19次；投入捐赠资金235.92万元，支持19个基层党组织场所规范化升级。注重文化引领，积极支持少数民族地区修建锦屏北侗博物馆、隆林民俗文化交流中心等公共文化设施；与锦屏县委宣传部联合开展送文化下乡活动，帮助当地培训基层通信员300名。与中国移动通信集团有限公司合作，在锦屏县共同打造数字乡村综合服务与治理平台，构建智能化、数字化、精准化乡村治理新模式。

【创新模式】 创新东西协作模式。在国家东西部协作关系的基础上，农发行在系统内全面扩大帮扶支援关系，促成8家东部地区省级分行与农发行定点帮扶县拓展协作关系，引导四级行资源全部向定点帮扶县聚合。探索推进"东部企业+西部资源""东部总部+西部基地""东部市场+西部产品"等合作方式，实现两地资源互补、分工协作、互利共赢。创新撮合对接模式。三人小组遴选当地优质集体经济和村民合作社，撮合客户企业建立帮扶联系。在大安市、马关县，农发行联合地方政府筛选出283名丧失劳动能力脱贫人口，撮合江苏17家企业签订帮扶协议，爱心捐赠资金190万元，保障脱贫人口的基本生活需要。在隆林县、锦屏县，通过实地调研筛选出一批优质集体经济和农民合作社，撮合浙江、山东的122家企业签订帮扶协议，捐赠帮扶资金779万元，推动定点帮扶县种养产业发展的同时，切实带动2407名脱贫人口稳定增收。以有资源、有特色的行政村为单位，探索打造宜居宜业和美乡村的农发行路径。邀请贵州理工学院、友成企业家扶贫基金会等专业机构帮助设计制定示范点综合规划；统筹安排捐赠资金超千万元,在4个定点帮扶县试点打造"一县一村"示范村。在马关县嘎迪村,统筹安排捐赠资金,以"乡愁"为主题,打造"望得见山、看得见水、记得住乡愁"的和美乡村示范点,有效带动当地330户1364人实现增收。

【帮扶宣传】 农发行在信贷融资、东西协作、联农带农、整村示范等方面积极探索创新,帮扶案例和帮扶经验被《人民日报》等中央主流媒体刊载30余次;信贷支持大安市盐碱地整治两登央视新闻,锦屏县"一片鹅毛引发的蝶变"入选国家乡村振兴局典型案例。

(中国农业发展银行　王　赤)

中国工商银行股份有限公司定点帮扶

【概述】 2022年,中国工商银行股份有限公司(以下简称"工商银行")扎实推进对四川省南江县、通江县、万源市、金阳县的定点帮扶工作。工商银行全年向4个县(市)投入帮扶资金19.4亿元,引进帮扶资金超6亿元;帮助培训基层干部、乡村振兴带头人和技术人员等近13.7万人次;购买和帮助销售定点帮扶4个县(市)农产品3.2亿元;4个县(市)各项贷款余额56.74亿元、增幅20%,精准帮扶贷款余额9亿元、增幅近22%。工商银行在2022年度中央单位定点帮扶工作成效考核评价中获评"好"等次。

【帮扶资金投入】 2022年,工商银行向定点帮扶的4个县(市)直接投入帮扶资金19.4亿元。其中,无偿投入帮扶资金近1.1亿元,有偿投入帮扶资金约18.3亿元,重点支持4个县(市)发展特色产业、完善基础设施、加强人才培养、整治人居环境、筑牢返贫防线;向4个县(市)引入各类帮扶资金近6亿元。其中,引入无偿帮扶资金约0.5亿元,引入有偿帮扶资金5.5亿元,通过权威媒体宣传资源投入、县域智慧服务系统搭建、协调企业公益捐赠、组织开展招商引资等方式,为4个县(市)巩固脱贫成果、推进乡村振兴提供支持。

【产业帮扶】 工商银行持续加大对帮扶地区特色产业发展支持力度。抓重点领域。按照"一县一业"原则,投入1500余万元,持续推动南江黄羊、通江银耳、万源黑鸡、金阳青花椒等"金银黑青"四色优质产业发展,培育四川德健南江黄羊食品有限责任公司、巴中市巴山牧业股份有限公司、四川顺和通米业有限公司、金阳泰兴农业有限责任公司、万源市恒康农业开发有限公司等龙头企业。抓助农增收,完善利益联结机制,通过脱贫户土地入股分红等方式带动脱贫户持续增收、稳定脱贫。向4个县(市)引入头部电商平台,结合开展"喜迎新春""乡约金秋"消费帮扶专项行动,全年采购帮销定点帮扶4个县(市)农产品超3亿元,助力农户持续增收。抓科学规划,深化产学研结合,联合专业咨询机构赴定点帮扶4个县(市)开展实地调研,分析当地的行业环境、市场竞争、产业发展趋势等情况,编制产业链图谱,提出发展建议,引导人才和创新要素助力乡村振兴。

【帮扶培训】 积极支持4个县(市)打造强大的乡村人才队伍。助力基层干部提升素养。围绕党的二十大精神、金融帮扶政策、乡村治理提升等内容举办培训班,全年帮助4个县(市)培训基层干部6.8万余人次。助力乡村振兴带头人增长才干。实施乡村振兴"千村万人"头雁培育行动,与四川巴中村政学院、南江县教师进修学校等院校共建兴农培训基地,举办村党组织书记、村委会主任能力提升进修班,帮助4个县(市)培训乡村振兴带头人近2.1万人次,促进基层治理能力提升。助力专业技术人才增强技能。全年帮助4个县(市)培训专业技术人才近4.8万人次。组织开展4个县(市)优秀乡村教师培训活动,支持南江县通过线上、线下相结合的方式举办2022年中小学有效备课方略培训、通江县举办中小学教科室主任培训班等,推动提升教育教学能力和水平。此外,组织开展砖砌工、挖机使用、家政护理等培训活动,累计培训1000余人,帮助脱贫地区群众稳就业、稳收入。

【金融帮扶】 坚持发挥行业优势,持续加大对定点帮扶4个县(市)的金融支持。构筑信贷新支撑。在定点帮扶4个县(市)贷款余额超60亿元,支持高速公路、医药卫生、水利水电等保障民生的重点基础性工程,2022年新增贷款超10亿元,增速25%,是所在地分行平均贷款增速的1.5倍。激发产品新活力。针对花椒、茶叶、竹笋等特色农作物创新推出专属信贷产品,在全国推广"整村授信",为550多万农户授信超640亿元,有效缓解融资难题。构建服务新格局。在4个县(市)设立助农取款点22个、工银"兴农通"普惠金融服务点8个,推出手机银行美好家园版和工银"兴农通"App,实现县域金融服务7×24小时不断线。

【干部挂职帮扶】 选派5名干部赴定点帮扶4个县(市)挂职工作,其中挂职万源市委常委、副市长1人,万源市乡村振兴局副局长1人,金阳县委常委、副县长1人,金阳县驻村第一书记1人,南江县人民政府办公室副主任1人。全年挂职帮扶干部总人数达18人,在4个县(市)分别建立起一支结构合理、专业互补、相互配合的工行帮扶工作队。

【脱贫成果巩固】 工商银行引进和投入资金超2.3亿元,支持定点帮扶4个县(市)实施补短板帮扶项目。补强教育短板。无偿投入580万元,连续20年实施表彰乡村教师的"烛光计划",连续19年实施资助困难学生的"启航工程",全年惠及400名教师和1300余名学生。引进和投入600万元,支持4个县(市)12所学校完善基础设施建设,改善教学条件。延长教育帮扶链条,积极帮助贫困大学生就业,2022年签约录用脱贫家庭大学生、大学生村干部、"三支一扶"人员503人。补强医疗短板。在捐赠750万元、贷款3.8亿元的基础上,2022年工商银行再向万源市中心医院迁建升级项目投放4800万元设备改造贷款,推动该医院建设成为整个川东北地区最好的县级医院之一,惠及万源及周边群众80余万人。投入2200余万元,帮助南江县妇幼保健院、通江县中医医院、金阳县中彝医院等购置CT、B超等必要医疗设备,改善诊疗条件,补齐设施短板。联合中华健康快车基金会、中国儿童少年基金会、后生公益基金会等公益组织持续实施"健康快车""爱目行动"等公益项目,累计帮助1700多名生活困难患者免费实施白内障手术,全年为1.5万名学生提供视力筛查等诊疗服务。补强住房和饮水安全短板。投入和引进超2000万元,帮助4个县(市)13个村实施安全饮水建设项目,支持通江、万源、金阳在部分村开展危房改造、乡村道路整修、集中垃圾站建设,进一步改善农村人居环境。补强兜底保障短板。投入400余万元,在定点帮扶4个县(市)全面推广防返贫保险项目,推动建立"近贫预警、骤贫处置、脱贫保稳"工作机制,将保障范围扩大到全体农村人口,并对脱贫户、易致贫户进行重点动态监测,对"因病、因学、因灾"影响全年收入及时认定、实时赔付,帮助400余户脱贫户、易致贫户解决实际困难。

【帮扶制度建设】 制定《关于聚焦国家乡村振兴重点帮扶县做好金融支持服务的意见》《服务国家乡村振兴重点帮扶县工作方案》等制度文件,强化乡村振兴和定点帮扶的金融投入保障。印发《中国工商银行2022年度定点帮扶工作要点》,从强化组织领导、巩固拓展脱贫攻坚成果、促进乡村发展、助力乡村建设、融入乡村治理、打造金融帮扶样板、优化人才培养等7个方面提出34项具体任务,保持支持力度不减。

【文化帮扶】 坚持推动帮扶地区加强农村精神文明建设,大力弘扬和践行社会主义核心价值观。建强宣传阵地。投入超200万元,支持通江县王坪村党群活动中心与烈士陵园建设，推动红色文化深入人心，厚植爱党爱国情怀。投入近450万元，支持南江县、金阳县建设图书馆、文化馆，搭建图书阅览数字化平台，加强文化产品供给。丰富宣传手段。投入40万元，支持南江县举办"村晚"，赞助金阳县开展第2届"最美乡村"评选，丰富农民的精神文化生活，展现脱贫群众的良好精神风貌。投入500多万元，实施"定点帮扶地区乡村振兴高铁广告"帮扶项目，为4个县（市）购买5列高铁全车广告位，在成都开往北京、上海、广州等发达城市的高铁列车上，利用车身、行李架、车内海报等广泛宣传定点帮扶4个县（市）的农业、文旅、生态等资源和产品，累计触达旅客超500万人次。

【党建帮扶】 持续深入推进抓党建促乡村振兴。强化组织引领。开展"深化联建攻坚 助力乡村振兴"主题活动，推动10个总行部室、12家对口帮扶省分行党组织与定点帮扶4个县（市）30多个基层党组织实施"手拉手"结对子工程，通过阵地联建、班子联抓、工作联动等提升帮扶质效。投入超150万元，支持南江县、通江县、万源市改善党建阵地环境，增强基层党组织凝聚力、战斗力。开展爱心捐赠。全年党员干部向定点帮扶4个县（市）捐赠物资折合金额超110万元。党员干部积极捐款为4个县（市）购买消毒液、口罩等防疫物资，为保障脱贫群众健康安全提供有力支持。总行相关部室和对口帮扶省分行基层党组织通过组织开展善品义卖、图书捐赠、优秀学生奖励等活动，为定点帮扶地区生活困难学生和留守儿童送去关心关爱。此外，工商银行群团组织积极参与帮扶工作，总行团委联合中国青少年发展基金会发起"爱心助学 '工'益有你"希望工程1+1助学项目，为4个县（市）困难学生募集助学资金40万元。

【帮扶宣传】 中央广播电视总台、《人民日报》等主流媒体播发工商银行支持乡村振兴和定点帮扶相关报道2000余篇，其中《人民日报》在"金融创新助力乡村振兴"系列报道中，以首期专版报道工商银行扎根农村、服务"三农"的生动故事。中国人民银行《金融定点帮扶乡村振兴简报》先后2期刊发工商银行帮扶工作的经验做法。

（中国工商银行办公室　朱星宇）

中国农业银行股份有限公司定点帮扶

【概述】 2022年,中国农业银行股份有限公司(以下简称"农业银行")扎实推进对河北省饶阳县、武强县,贵州省黄平县,重庆市秀山土家族苗族自治县(以下简称"秀山县")4个县的定点帮扶工作。聚焦当地经济社会发展和农民增收,持续加大信贷投放,大力开展帮扶方式创新,扎实做好资金、项目、人才、消费等帮扶工作,圆满完成各项帮扶任务;在4个定点帮扶县直接投入有偿帮扶资金49.5亿元,投入无偿帮扶资金5994万元,积极引进无偿和有偿帮扶资金3.6亿元,招商引资金额达到5.8亿元,共培训4个定点帮扶县各类人才9.1万人次,直接购买和帮助销售脱贫地区农副产品14亿元。农业银行在2022年定点帮扶工作中被评为"好"等次;定点帮扶饶阳县、秀山县典型案例获评"全球减贫最佳案例"。

【帮扶资金投入】 2022年,农业银行发挥金融优势,在4个定点帮扶县持续加大信贷资金投入,截至2022年年底,贷款余额达到149.1亿元,有力支持当地优势特色产业发展和农村基础设施建设。总行专门为4个县拨付无偿捐赠资金5400万元,并通过贷款和引进帮扶资金,在定点帮扶县打造一批"三保障"和饮水安全、防返贫基金及产业项目。2022年,为4个县引进无偿帮扶资金2175万元,引进有偿帮扶资金3.4亿元。

【帮扶制度建设】 农业银行深入贯彻落实中共中央、国务院定点帮扶有关的会议精神,制订出台《2022年定点帮扶工作计划》,明确19项工作措施。总行于3月、10月两次召开定点帮扶工作专题会,研究推进定点帮扶工作。出台2022年《服务巩固拓展脱贫攻坚成果专项评价方案》,强化定点帮扶工作考核。建立总、分行与定点帮扶县政府、挂职干部常态化沟通机制,总、分行共91人次赴定点帮扶县对接工作,指导定点帮扶县学习贯彻党的二十大精神、落实好防止返贫监测和帮扶机制。

【干部挂职帮扶】 为每个定点帮扶县选派1名挂职副县长和1名驻村第一书记,共派驻9名帮扶干部赴定点县挂职,及时完成1名驻村第一书记到期轮换;有关分支行也为定点县选派11名优秀干部开展驻村帮扶。挂职干部得到地方政府的高度肯定,先后获得"2022重庆市乡村振兴年度贡献人物""优化营商环境先进个人""黔东南州嘉奖"等多项荣誉。

【产业振兴】 在4个定点帮扶县设立乡村振兴产业发展基金,以担保或直投方式撬动信贷资金加大投放,支持定点帮扶县奶业、蔬菜、白酒、茶叶等支柱产业发展。创新"智慧畜牧贷""农村集体经济组织贷款"等金融产品,服务各类新型经营主体。加大农户贷款投放,助力农民群众发展生产、增收致富。截至2022年年底,在4个定点帮扶县乡村产业贷款余额24.5亿元,农户贷款余额10.2亿元;重点支持龙头企业37家,培育新型农业经营主体109个,助力定点帮扶县产业链延伸和价值链提升;帮助建立帮扶车间18个,实现脱贫人口转移就业3140人。创新招商引资方式,为4个定点帮扶县研发上线"农银智慧招投"数字服务平台,在中央广播电视总台新闻频道、农业农村频道投放招商广告,2022年共为4个定点帮扶县引进帮扶项目15个。

【人才振兴】 与清华大学合作创建"乡村振兴远程教学站",为黄平县、秀山县设立"云课堂",加大对乡村振兴干部、致富带头人、技术人才培训的广度和深度。在秀山县深入开展"家园文化进校园"活动,将乡村教师送至重庆市名校跟班跟岗锻炼,助力乡村教师队伍建设。在武强县打造"金穗扶智"培训品牌,通过"点单式"培训,提升干部群众的增收致富能力。2022年,在4个定点帮扶县共培训基层干部2.5万人次、乡村振兴带头人1.3万人次、专业技术人才5.3万人次。

【文化振兴】 在秀山县,创新"非遗贷"信贷产品、开展非遗培训、打造就业工坊、建立展示体验中心,帮助近500名土家族妇女提高非遗手工技能,传承保护土家织锦传统图纹400多种。在武强县,建设综合文化广场、安装新时代文明实践宣传展示大屏、布放乡风文明等宣传广告,打造村民喜闻乐见的文化活动中心。在4个定点帮扶县通过开展"五讲五兴三比"活动、创新"爱心超市"基金等方式,引导农民积极参与积分制管理,提高荣誉感和获得感,助力培育文明乡风、良好家风、淳朴民风。

【生态振兴】 在武强县与县妇联合作,推进2430户美丽庭院、636户精品庭院示范创建,助力宜居宜业和美乡村建设。在秀山县为钢化玻璃制造公司发放绿色信贷900万元,支持低碳技术产品认证推广;创新设立农村"厕所革命"基金,支持325个高标准农村卫生厕所建设。为4个定点帮扶县投入资金2.2亿元帮助改善农村人居环境,投入资金1830万元帮助完善农村生活设施,支持31个村实施生活垃圾和污水治理,推动实施农村厕改2191户。

【组织振兴】 总、分行共有9个党支部与定点帮扶县建立结对帮扶,组织开展形式多样的主题党日活动,农业银行党员干部为4个定点帮扶县捐款捐物折合资金85.3万元。在秀山县创新设立150万元"三变"改革基金,以政府公益持股模式,推动2个村集体经济组织市场化、规范化运行,实现"资源变资产、资金变股金、农民变股民"。在武强县推动建立"1+N党员联系户"制度,成立15个微网格党小组,为村民提供代办代领服务200余次,化解邻里矛盾纠纷20多起。

【消费帮扶】 农业银行通过发动全系统各级工会和后勤部门采购脱贫地区农产品、优化农行公益电商"兴农商城"管理运营、开展"爱心卡"优惠活动、组建"爱心购"团购群等多种方式,持续加大线上、线下消费帮扶力度。独家赞助秀山县"农行杯"青年电商销售大赛,带动农特产品销售4059.7万元。2022年,全行直接购买脱贫地区农副产品1.7亿元,帮助销售脱贫地区农副产品12.3亿元。

【行业帮扶】 聚焦832个脱贫县和160个国家乡村振兴重点帮扶县,稳定优化金融帮扶政策,持续加大信贷投放,加强产品创新和科技赋能,进一步提升金融服务巩固拓展脱贫攻坚成果同乡村振兴有效衔接的质效。截至2022年年底,农业银行在832个脱贫县贷款余额16910亿元,比年初增加2253亿元,增幅15.37%。农业银行作为唯一金融机构,被邀请在"全国巩固拓展脱贫攻坚成果同乡村振兴有效衔接暨乡村振兴重点帮扶县工作推进会"上交流典型经验。农业银行"创新金融服务模式 支持脱贫地区发展"的做法被农业农村部评为"金融支持全面推进乡村振兴十大典型案例"。

【信贷投入】 积极帮扶脱贫地区发展特色产业,延伸涉农产业链、价值链,推动建立产业带动脱贫人口增收致富的利益联结机制,持续增强脱贫地区乡村振兴内生动力。截至2022年年底,农业银行在脱贫地区乡村产业贷款余额2768亿元,增幅18.18%,高于全行贷款平均增幅2.7个百分点。将脱贫人口小额信贷最高额度从5万元提至10万元,贷款期限由3年延长至5年,对符合条件的脱贫户"应贷尽贷",脱贫人口小额信贷余额103亿元。保持金融精准帮扶政策总体稳定,大力投放精准帮扶贷款,通过土地托管、订单收购、吸纳就业等多种方式,带动脱贫人口增加收入,全行精准帮扶贷款余额达5436亿元。

【国家乡村振兴重点帮扶县】 制订《中国农业银行支持国家乡村振兴重点帮扶县工作实施方案》和2022年工作计划,在放宽贷款条件、创新担保方式、实行优惠利率、减免服务收费、加强渠道建设、实行尽职免责等方面制定21项工作措施,倾斜支持160个国家乡村振兴重点帮扶县。明确要求160个国家乡村振兴重点帮扶县新发放贷款利率低于其他地区,对重点帮扶县新发放贷款实行FTP减点50BP优惠,并根据重点帮扶县贷款利率执行情况,实施差异化激励。截至2022年年底,农业银行在160个国家乡村振兴重点帮扶县贷款余额3149亿元,增幅18.01%,高于全行贷款平均增幅2.52个百分点。2022年,农业银行在国家乡村振兴重点帮扶县新发放贷款平均利率3.57%,低于所在省份县域平均利率水平0.15个百分点。

【创新推广"富民贷"】 与国家乡村振兴局合作,创新"富民贷"信用贷款产品,额度最高20万元,期限最长可达5年,执行优惠利率,并推动政府建立增信机制。截至2022年年底,农业银行"富民贷"余额达116亿元,支持15万户农户发展生产经营,覆盖全部832个脱贫县、644个重点革命老区县及新疆、西藏、宁夏整区。

【金融助残帮扶】 与中国残疾人联合会联合印发《关于开展金融助残服务的通知》,围绕残疾人、残疾人家庭成员和助残致富带头人等3类重点服务对象,合作开展金融助残服务。依托农业银行"e推客"场景平台开展线上推荐,银行客户经理上门为残疾人办理贷款,提供优惠利率,帮助残疾人家庭解决资金需求,实现"残联线上推荐、农行上门办贷、残疾人家庭受益"的金融助残服务模式。

【易地搬迁后续扶持】 围绕易地搬迁安置区建设及搬迁居民金融服务需求,创新易地搬迁安置贷款产品,为安置点社区设立物理网点和自助银行,提升基础金融服务水平。在贵州创新推出"易扶资产贷"专项服务品牌,以搬迁社区经营性资产现金流作为主要还款来源,用于支持易地扶贫搬迁安置区内的公共服务设施和产业就业基础设施建设。截至2022年年底,累计授信6.24亿元,支持17个搬迁安置点扶贫车间、农贸市场、幼儿园等产业和公共服务设施建设,服务搬迁群众12.64万人,其中已脱贫人口5.4万人,带动安置区搬迁群众就业4832人。

【东西部协作】 农业银行主动对接融入政府东西部协作安排,积极开展农业银行东西部协作,指导东部一级分行向西部协作地区引进项目70个,为43个政府东西部协作项目提供信贷、支付结算等金融服务。深入实施东西部行协作"双百"干部人才结对帮扶计划,中西部地区110家县支行与东部发达地区110家一级支行结对,开展"一对一"精准帮扶行动。

【金融渠道建设】 持续完善物理网点、自助银行、"惠农通"服务点、手机银行、远程银行和流动服务立体式服务渠道体系。截至2022年年底,在832个脱贫县设立物理网点3774个,实现对脱贫县网点全覆盖;设立惠农通服务点7.84万个,电子机具行政村覆盖率达83.79%。在脱贫地区创新推出智慧畜牧、乡镇治理、政府增信客户推荐、农业托管、智慧招投、智慧景区、智慧市场等一批涉农特色场景,助力提升脱贫地区生产生活数字化水平。

【帮扶宣传】 农业银行定点帮扶工作成效得到《人民日报》《经济日报》、新华网、人民政协网等媒体报道或转载50余篇次。在黄平县创设"三个基金"典型经验,获评国家乡村振兴局第一批"社会帮扶助力巩固拓展脱贫攻坚成果同乡村振兴有效衔接典型案例";创新的"富民贷"产品和助力非遗文化传承、党建结对帮扶等多个做法,得到国家乡村振兴局、人民银行工作简报宣传。农业银行在饶阳县创设产业发展基金、在黄平县打造"5G+智慧场景"等2个经验做法,被中国国际扶贫中心、世界银行、联合国粮食及农业组织等联合评选为第三届"全球减贫最佳案例"。

(中国农业银行股份有限公司总行乡村振兴金融部　赵若蘪　王碧宁)

中国银行股份有限公司定点帮扶

【概述】 2022年，中国银行股份有限公司（以下简称"中国银行"）坚持以习近平总书记关于乡村振兴和定点帮扶工作的重要讲话和指示批示精神为根本遵循，认真学习宣传贯彻党的二十大关于乡村振兴的战略部署，围绕乡村振兴"守底线、抓发展、促振兴"工作主线，充分发挥全球化金融行业优势，持续支持陕西省永寿县、长武县、旬邑县、淳化县4个定点帮扶县（以下简称"北四县"）巩固拓展脱贫攻坚成果同乡村振兴有效衔接。全年投入和引进无偿帮扶资金7959万元，直接投入和引进有偿帮扶资金9.23亿元，实施各类帮扶项目89个，组织培训北四县基层干部、乡村振兴带头人、专业技术人员超3万人次，购销全国脱贫地区农产品近1.87亿元，直接受益群众近50万人，有力地支持当地社会经济发展。中国银行在中央单位定点帮扶工作成效评价中被评为"好"等次。

【帮扶资金投入】 2022年，在解决"两不愁三保障"和饮水安全等突出问题的基础上，中国银行主动对标中共中央在新时代的新部署，严格按照"三个转向"中的"聚焦产业促进乡村发展"要求，帮扶资金精准投向产业振兴方向。投入和引进无偿帮扶资金7959万元，直接投入和引进有偿帮扶资金9.23亿元，实施各类帮扶项目89个，项目符合乡村振兴政策导向和制度规范，在持续改善当地生产生活水平、振兴乡村产业、强化组织建设和美丽乡村建设、促进智志双扶和扶弱济困等方面发挥积极作用，得到当地政府和广大群众认可。

【帮扶调研】 中国银行党委先后8次专题研究乡村振兴和定点帮扶工作，落实中共中央、国务院关于全面推进乡村振兴的决策部署，学习贯彻党的二十大精神，研究帮扶举措，对工作进行把关定向。中国银行党委班子成员、局处级干部赴定点帮扶县考察调研58人次。其中，党委副书记、副行长先后4人次调研北四县，同当地干部群众共商巩固拓展脱贫攻坚成果、促进乡村振兴的举措。

【干部挂职帮扶】 中国银行择优选派更换到期帮扶队员3人，保持14名挂职干部人数不减。其中，咸阳市2人、副县长4人、县乡村振兴局副局长4人、驻村第一书记4人。扎实做好帮扶队伍的自身建设，强化日常管理，严明纪律要求，压实帮扶干部工作责任，及时了解掌握干部的思想动态，指导帮扶干部多向当地干部群众请教，主动发现问题、分析问题、解决问题，积累工作经验，提高能力素养。联合当地组织部门共同促进干部双向挂职交流，选派4名咸阳北四县优秀青年干部在中国银行总行及陕西省分行挂职锻炼，帮助当地培育复合型人才。

【金融帮扶】 中银富登村镇银行在全国范围内开展"百行进万村·服务新发展"活动，以地方政府和媒体为突破口，持续深化整村推进营销模式，以村级金融服务为抓手，逐步推进县域经济社会发展。该活动坚持政府引导、市场运作、风险可控原则，按照政府搭台、逐级对接、进村入户、信贷投放、持续服务五大步骤，做好乡村金融服务。2022年，新增签约乡镇416个，累计签约乡镇665个，覆盖行政村2.1万个；专属产品整村推进信用贷新增客户4.5万户，授信余额36.12亿元。其中，北四县30个乡镇实现签约，累计进入560个行政村，发放农户小额贷款3.57亿元，发放特色小额信用贷款2200余笔，投放金额近5600万元，派驻包村帮扶员工4人，完成整村推进、苹果收购商推介会、村委致富带头人评选、乡村金融小课堂等专项活动，切实以金融服务助力当地乡村振兴。

【招商引资】 创新招商引资模式，构建8家发达地区分行与北四县招商引资结对关系，持续发挥"中银E企赢"跨境撮合平台优势，开展"北四县招商引资系列行""苏商浙商进咸阳"等活动，为帮扶地区引进5家企业项目，引进投资2.1亿元。支持北四县红色文化、自然资源、特色农产品等宣传片登录中央广播电视总台，并在和谐号高铁列车投放相关广告，提升咸阳市"西部名市·丝路名都"的城市形象，推介北四县良好的投资营商环境。

【保险帮扶】 坚决落实"三个转向"工作要求，主动识变应变求变，在聚焦脱贫不稳定户、边缘易致贫户及突发严重困难户的基础上，把帮扶对象转向全体农民，无偿投入380万元，联合咸阳市乡村振兴局实施"防返贫"保险项目。该项目把帮扶地区的44.7万名农村户籍人口全部纳入保障范围，对因病、因灾、因学、因意外事故、因收入、因安全住房等导致家庭人均年收入低于6000元（政府贫困监测线的1.5倍）的返贫致贫风险农户，按照核查研判、入户查勘、公开公示、资金兑付等程序进行帮扶支持，切实发挥金融产品在巩固脱贫成果、筑牢防返贫"安全阀"方面的积极作用，有效地预防致贫返贫风险。

【产业帮扶】 坚持把产业振兴作为乡村全面振兴的基础和关键，加快促进帮扶地区产业发展壮大。全年投入有偿帮扶资金超7亿元，保障亭口水库管网、农光互补、新农业光伏、畜牧乳业等北四县重点产业项目。支持区域品牌建设和产业发展，聚焦果业、畜牧业、村集体经济等方向，投入700余万元实施果脆食品深加工、农机合作社、供销社等无偿帮扶项目。发挥中银富登村镇银行支农支小作用，开展"保障粮食安全""苹果贷""生猪贷"等专项营销活动，新增贷款投放超1亿元。

【文化帮扶】 严格落实中共中央关于宣传思想文化和精神文明建设的重要部署，推进文化自信自强。投入无偿帮扶资金460余万元建设文化宣传阵地，支持定点帮扶县新时代文明实践中心提质扩面、提档升级，帮助当地构建弘扬时代新风的精神家园。充分发挥挂职干部作用，结对担任北四县学校课外辅导员，定期开展讲座、研习讨论、体育竞技比赛等活动，丰富农村孩子的文体生活。携手中国乡村发展基金会在21个脱贫村持续实施"童伴妈妈"项目，让缺失照顾的留守儿童、困境儿童有爱相伴，保障留守儿童权益。邀请北京心理健康专家开展线上"中小学生心理护航系列公益讲座"，在线观众峰值超过1.3万人，互动和点赞量超过百万人次，帮助当地学生培养健康、积极的心理品质。

【帮扶培训】 广泛汇聚各方资源，坚持在立人才、强支撑上下功夫，持续加大3类人员培训力度，与西北农林科技大学合作开发30期乡村振兴课程，提供区域发展、现代农业、村镇建设、助农金融等乡村振兴理论与实践指导，采用线上、线下相结合的方式，组织培训北四县基层干部8600余人次、乡村振兴带头人6200余人次、专业技术人员1.57万人次。

【消费帮扶】 坚持做好脱贫地区农副产品购买、帮销工作，购销金额达1.86亿元。一是结合中国农民丰收节、"双11"等时点，与新华社快看、今日头条、腾讯新闻、新浪微博等新媒体矩阵合作,宣传推介帮扶地区特色农产品。二是发挥中国国际进口博览会战略合作伙伴的优势,助力"咸阳马栏红"苹果等农产品第五次登上中国国际进口博览会的舞台,进一步提升咸阳的知名度和区域公用品牌价值。三是有效整合资源,将"公益中国"消费帮扶平台嵌入中国银行手机银行,支持数字人民币在公益中国App上购买脱贫产品,创建数字人民币助力乡村振兴新模式。

【教育帮扶】 着力提升当地师资水平,开阔当地学生视野。2022年,投入无偿帮扶资金近800万元,援建旬邑县太村镇初级中学、永寿县城关小学、淳化县北城堡幼儿园及黄甫幼儿园等项目,并组织北四县教师开展学生教育、课程研发、信息化教学等多领域线上培训,参训教师达4000人。在北四县44所学校中持续开展集自由阅览、远程互动教学、集体活动等于一体的"梦想课堂"活动,为学生构建认知山外世界的教育平台;通过北四县学生视频连线奥运冠军等方式,激励孩子们强健体魄、健康成长。开展捐资助学活动,帮助引进500余万元实施"多彩课间"、中银"爱加倍""童书益站""爱心厨房""暖心浴室"等14个项目,帮助北四县学生改善学习生活条件。

【乡村建设】 坚定不移走生产发展、生活富裕、生态良好的文明发展道路,直接投入320余万元支持帮扶地区宜居宜业和美乡村建设。一是解决当地群众生产生活排污困难的问题,实施农村厕改项目,有效缓解当地厕所数量少、设施简陋等问题,直接受益群众近1000户。二是改善当地村容村貌及生活卫生条件,实施雨污分流管道建设项目,支持永寿县将寨里村打造为宜居、宜业、宜游的市级乡村振兴示范村。三是让当地群众喝上干净水、安全水、放心水,实施永寿县渠子镇张贺村咀头村水质净化等水质提升项目,帮助当地解决因日常饮水导致水源性疾病的问题,防止因病返贫。

【党建帮扶】 充分发挥帮扶地区红色资源优势,支持当地把组织活力转化为乡村振兴动力。一是加强党组织阵地建设,投资近200万元支持马栏干部学院党性体检中心项目,为当地各级党员干部和省内外社会各界提供更全面、更优质的党性教育实训平台。二是倡导全行各单位与当地乡村基层党组织持续开展结对帮扶,总行党委组织部、全球金融市场部、私人银行中心及陕西省分行辖属多家机构与当地基层党组织开展乡村振兴大讲堂等结对帮扶、党建共建活动30余次,促进乡镇基层党组织工作规范化、组织建设标准化。三是举办"中银乡村振兴学堂——咸阳北四县干部培训班",当地县镇各级干部130余人现场参加培训,同时超3000人次参加线上直播学习,切实提高基层党组织解决难题、推动发展的能力。

【抗疫救灾】 大力支持帮扶地区新冠感染救治工作,有效助力帮扶地区应对新冠疫情。投入330万元,实施援建防疫值守屋、核酸实验室,捐赠负压救护车、防护服等防疫项目12个,协调支持当地卫生健康部门采购国产新冠药物1.3万瓶,最大程度降低因疫情导致的返贫风险。支持帮扶地区防汛抗灾,投入80万元支持灾后重建,开展民房修缮、水毁道路修复、救灾物资购置等工作,保障当地群众快速恢复生产生活。

【特色帮扶】 发挥全球化优势,切实提高教育帮扶针对性,创新工作形式,充分考虑海外机构区域划分、时差、地域跨度、文化特点等因素,选择卢森堡、新加坡、悉尼、东京等海外机构,建立海外机构与定点帮扶县的结对机制,年内开展6场海外机构员工志愿者与定点帮扶县中小学生"中银海外小讲堂"直播交流活动,参加的当地中小学师生超过2500人次。该活动通过海外员工志愿者讲授和两地问答的形式进行,主要围绕中国银行和中资企业的海外发展情况及员工志愿者个人的成长经历等开展,让互动交流实现共情共鸣,开阔帮扶地区孩子们的视野,引燃成长成才志向。

(中国银行股份有限公司直属机关党委 胡江涛)

中国建设银行股份有限公司定点帮扶

【概述】 2022年，中国建设银行股份有限公司（以下简称"建设银行"）深入学习贯彻党的二十大精神，在国家乡村振兴局和中国人民银行的指导下，扎实履行中央单位定点帮扶责任，深入实施乡村发展、乡村建设、乡村治理"三大行动"，持续推进"五大振兴"，做好定点帮扶陕西省安康市汉滨区、汉阴县、紫阳县、岚皋县（以下简称"一区三县"）工作。建设银行充分发挥资源优势、人才优势，不断创新定点帮扶模式，支持地方经济社会发展，通过践行新金融行动提升乡村振兴服务供给能力，聚焦"五大振兴"，形成"做优做强特色产业、培育扶持乡村人才、弘扬推广乡土文化、共建共享美丽乡村、科技赋能基层治理"五位一体的综合帮扶模式。2022年，建设银行在中央单位定点帮扶工作成效考核评价中被评为"好"等次。

【帮扶资金投入】 2022年，建设银行直接投入无偿帮扶资金10344万元，引进无偿帮扶资金4511万元，直接投入有偿帮扶资金127507万元，引进有偿帮扶资金8526万元，通过调动全行资源落地招商引资项目资金38273万元；培训基层干部28729人次、致富带头人17507人次、专业技术人才20056人次；购买脱贫地区农产品8787万元，帮助销售脱贫地区农产品11.76亿元。

【组织领导】 建设银行调整完善乡村振兴工作领导小组，党委书记继续担任组长，党委副书记担任常务副组长，党委委员担任副组长。建立上下贯通、精准施策、一抓到底的乡村振兴与定点帮扶工作体系，构建全行大帮扶格局，组织37家一级分行和相关子公司、境外机构帮扶安康市，发挥集团客户资源、人才储备和子公司牌照优势，在招商引资、消费帮扶、人才培训等方面提供支持。

【干部挂职帮扶】 启动帮扶干部轮换工作，择优选拔帮扶干部下沉一线，确保思想不乱、工作不断、队伍不散、干劲不减，完成市政府挂职干部和驻村第一书记压茬轮换，增加1人挂职安康市发展投资集团有限公司，择优选拔政治过硬、作风优良、业务对口的帮扶干部到乡村振兴一线。完成轮换后，建设银行在安康派驻22名帮扶干部，其中1人担任安康市委党组成员，5人担任"一区三县"党政领导副职，1人担任安康市发展投资集团有限公司副总，4人担任区（县）乡村振兴局副局长，2人担任安康市电子政务负责人，4人担任驻村第一书记，5人担任驻村干部。

【产业振兴】 创新产业链帮扶模式。建设银行联合中粮集团所属中国茶叶股份有限公司、安康市紫阳县政府共同成立当地首家中央企业子公司中茶紫阳茶叶有限公司，形成"品牌整合+标准输出+渠道共享"的"小产区特色茶"长效发展机制，预计茶叶年加工量50吨，带动1000户茶农稳定增收。打造公益帮扶光伏新模式。引入深圳市腾讯计算机系统有限公司在汉阴县开展户用光伏试点建设，形成"公益+融资+国企运维+集体分红+农户租金"的帮扶模式。建强现代农业发展项目。实施"数字农业"项目支持农业种植和养殖产业发展，援建数字农业产业园、数字蜂场、数字牛场、数字粮库、数字渔业、县级农业大数据平台、智慧农业大数据平台等7个类别的农业产业数字化项目，引入北京京东世纪贸易有限公司在紫阳县首批投入建设10个数字茶园，以科技手段促进农业生产提质增效。完善乡村物流建设，支持搭建县域三级物流分拣中心、蔬菜保供基地物流体系，联合中国邮政集团有限公司延长入村物流配送，打通"快递进村、山货出村"通道。多措并举壮大村集体经济。建立"龙头企业+合作社+农户"连接机制，支持建设规模型种鸡繁育场、菌粮菜共生套种基地、中华蜂养殖基地、野油菜加工厂、海通嘉华蜂蜜加工生产线等，构建"企业有发展、集体有壮大、农户有增收"的多赢合作模式。以农村集体经济合作社为基础创新成立有限责任公司，引入内蒙古西门塔尔牛建设"裕农犇"种牛繁殖场，构建"种牛自繁自育+农户有偿代养+村集体自负盈亏"发展模式。

【人才振兴】 建设银行结合一区三县的发展需求，联合政府各个部门开展人才振兴工作，2022年培训基层干部28729人次、致富带头人17507人次、专业技术人才20056人次。持续加大人才培训力度，与安康学院合作打造人才培训平台，发挥建设银行研修中心优势，共同设立安康乡村振兴学院，进一步打造高质量人才培训平台。建设完成教室、金融创新实验室等培训设施，开发完成线上学习平台，嵌入建设银行"金智惠民"和安康学院线上精品课程资源，深入推进"一区三县"产教融合实训基地建设，形成人才培训的完整体系和长效机制；与中共中央党校合作举办安康基层干部培训班，助力基层干部增强干事创业能力。与北京师范大学合作开展为期3年的"新时代校园长培训项目"，助力安康基础教育事业高质量发展；深入开展"金智惠民"分层分类特色培训。重点面向基层干部、致富带头人、专业技术人员等群体，组织开展线上、线下培训；协调集团资源提升培训质效。邀请多名产业专家实地指导，组织安康有关人员前往江苏、厦门、上海等地学习交流。在建设银行研修中心学习平台上建立"安康乡村振兴专区"，协调各分行制作并上传培训课件90余个，将优质培训资源送到田间地头。

【文化帮扶】 推进安康市在中央广播电视总台综合频道和新闻频道投放公益广告，宣传安康的自然景观、人文风情，传播安康安居乐业、招商引资的好形象，帮助发出安康"好声音"。加强理论研究，建设银行联合安康学院开展"秦巴山区'人山和谐共生'现代化乡村建设的探索与实践"课题研究，深入领会习近平总书记在安康调研时提出的"人不负青山，青山定不负人"的重要论断及关于"三农"工作的系列重要论述。在核心期刊上发表论文8篇，完成调研报告15篇和专著1部，并用于指导实践。充分发挥"裕农通"乡村振兴综合平台在文化宣传建设方面的作用。线上、线下宣传推广有特色的乡村文化，增加文化产品供给。为定点帮扶村援建文化广场、建设乡村有声图书馆等文化基础设施；开展"智秦云图书馆"公益项目，服务全民免费阅读；邀请两院院士、知名专家学者开展"同心公益行动 教育支持乡村"科普讲座，已惠及中学生1万多人次。持续运营管理好援建的23个乡村露天剧场，播放爱国主义影片。

【生态帮扶】 建设银行推动三产融合打造美丽乡村新名片。基于定点帮扶村的产业基础和区位优势，主动联合汉滨区政府建设"财梁片区农旅融合示范带"，引入荷兰球根花卉种植打造"梯田花海"，打造"朱小鹏露营基地""三柳咖啡"，与知名民宿联合打造"花婆婆"民俗文旅项目，实施岚皋县宏大村绿化亮化工程、建设猎鹰拓展训练中心，多个村落快速成为网红打卡地。助力改善乡村人居环境，支持厕所改造、垃圾收集点改造，在大型社区广场安置文化大屏，推进"点亮乡村"项目，修建太阳能路灯，保障群众夜晚出行安全，打造

"夜间经济",打造环境友好、宜居宜业的美丽乡村,持续开展便民桥建设。联合慈善机构建设20座便民过河桥,解决汉滨区深山村民通行安全和产业物流通车难题。

【组织振兴】 建设银行认真学习贯彻党的二十大精神,党委书记在全行传达学习党的二十大精神会议上强调,要继续举全行之力助力乡村振兴。扎实推进学习教育。策划"奋进新征程,建功新时代"系列宣传活动,支持镇村开展党的二十大精神学习培训,驻村第一书记组织村内党员开展专题读书班。组织总行部门、分行及子公司与"一区三县"定点帮扶村党支部开展"党员联学、组织联建、资源联享、服务联抓、发展联促"主题共建。

【消费帮扶】 建设银行持续加大消费帮扶力度,实施"数商兴农"工程,依托建设银行"善融商务"电商平台,引入安康更多优质商户,组织开展"安康富硒茶"春茶开园、"瀛湖枇杷节"等专项促销活动。依托建设银行"全球撮合家"平台,促成欧洲、中国香港地区等定制安康毛绒玩具和富硒水,拓宽销售渠道。通过工会提货、单位采购、积分权益等方式,建立订单收益共享至村集体或妇女基金会机制,消费帮扶覆盖更多受益群体。

【金融帮扶】 探索乡村振兴新模式。一是创新乡村振兴金融产品。与"一区三县"农业农村局合作,以数据赋能,推进建设银行土地流转平台与区农村产权综合交易平台直连,基于农村土地确权和流转数据创新推出土地承包权、经营权抵押贷款。系统直连生猪、商贸等相关龙头企业的生产经营数据,创新"裕农快贷"(产业链版)金融服务,免抵质押担保,为阳晨集团、安康乡村振兴空间等上下游生产经营主体提供融资支持。二是完善跨境金融服务模式。率先在安康创新推出"县域跨境直通车",构建"一横一纵六免"服务模式,破解安康外向型产值较高但出口留存较少的难题,为涉外业务发展注入新动能。三是支持重点项目带动地方就业。重点支持交通、水利、能源、医疗等领域项目建设,为华电汉阴集中式光伏项目投放贷款1.8亿元,投产后每年减少碳排放10万吨,带动就业200余人。落实国家设备更新贷款贴息政策,为安康中医院、紫阳中医院提供授信,继续投放支持汉江一江两岸、张石大道等重点工程项目建设。四是加大乡村振兴类贷款投放力度。积极推荐"善担贷""惠农富硒贷""陕农云担贷"等特色产品,加大贷款投放力度,支持龙头企业、小微企业发展。

【脱贫成果巩固】 建设银行延续做好传统项目,巩固拓展脱贫攻坚成果,持续做好"云生产"帮扶项目。优化项目积分兑换机制,进一步向留守妇女、残疾人等特殊群体倾斜,年度投入专项资金1800万元,帮助2000余名脱贫群众人均增收9000元;参与建立防返贫大病救助基金、村民医疗互助计划等项目,累计为500余个困难家庭提供及时救助,守牢防返贫底线;支持医院信息化建设项目,推广实施医疗区域检测中心和在线问诊平台,在定点帮扶村建设"健康小屋",有效提升基层医疗服务水平;援建32个"幸福家园",促进提升村社老年人照料服务,加强老年人健康关怀。建设银行持续支持乡村教育发展,援建12个留守儿童关爱中心,帮助改善乡村学校教学条件;面向当地中小学持续开展"同心公益"系列讲座,联合共青团中央捐赠价值300万元图书,开展"书海工程"活动,建设云图书馆。持续发挥"建融智学"平台作用,有效提升校园管理效能。

【科技帮扶】 提升数字乡村治理效能,推动制订《安康市数字乡村平台建设推广方案》,完成试点村选取与调研,筹备百村示范推广。新增智慧养老及山体滑坡监测管理等功能,实现对重点人群、重点路段、生态环境实时动态监测。支持数字政府建设。牵头编制市级数字政府建设规划体系文件,优化"安康智慧治理"平台,实现政务服务网上办、掌上办,用户体验不断提升,实名注册用户143万人,覆盖常住人口超一半,全年办理事项共计2.23万项。

【帮扶宣传】 建设银行在中央广播电视总台投放安康市城市宣传公益广告,覆盖约4.84亿人次。邀请新华通讯社、人民日报、陕西日报等10余家权威媒体组团赴安康"一区三县"调研采访,刊发多篇新闻稿。依托《建设银行报》刊发150余篇报道,推介乡村振兴和定点帮扶工作经验;积极与新媒体平台合作。与B站合作发布《北京人喝到的水,一半来自哪? 答案是陕西安康》《中国光伏世界领先,但如何走进乡村》;与网易合作发布《安康烟火味》;与快手合作发布《秦巴腹地,大美安康》《灵山秀水,神奇岚皋》《走进安康紫阳县》,展现安康的秀美山川、地道美食,以喜闻乐见的方式讲好定点帮扶与乡村振兴故事。节目上线后引发广泛关注,视频播放总量超过1183.8万次,文章阅读量超过1521.4万次。在中韩建交30周年之际,联动中国驻首尔旅游办事处、安康市委宣传部等共同举办"云游中国·醉美安康"线上主题活动,向韩国民众展现安康自然之美、文化之美、建设之美。

(中国建设银行办公室　傅立东)

交通银行股份有限公司定点帮扶

【概述】 2022年,交通银行股份有限公司(以下简称"交通银行")认真学习贯彻党的二十大精神和习近平总书记关于"三农"工作的重要论述,深入贯彻落实中共中央、国务院关于全面推进乡村振兴的战略部署,严格按照"四个不摘"工作要求,发挥交通银行金融专业优势,广泛动员社会力量参与,在定点帮扶的甘肃省天祝藏族自治县(以下简称"天祝县")、四川省理塘县、山西省浑源县进一步加大产业帮扶和基础设施领域投入,统筹推进疫情防控和定点帮扶工作,切实助力巩固拓展脱贫攻坚成果、全面推进乡村振兴。交通银股连续第5年在中央单位定点帮扶成效考核评价中获得"好"等次。

【党建帮扶】 交通银行始终将服务好乡村振兴、抓好定点帮扶作为交通银行党委履行社会责任的"一号工程",充分发挥党委领导作用。一是提高政治站位。健全完善总行党委"第一议题"制度,持续跟进、逐条梳理习近平总书记关于乡村振兴的最新重要讲话、文章和指示批示精神,纳入总行党委会议、中心组学习的"第一议题"集中传达学习,并结合工作实际主动思考落实举措,切实增强"四个意识"、坚定"四个自信"、做到"两个维护"。二是增强组织力量。增配分管授信风险的交通银行副行长为乡村振兴工作领导小组副组长,进一步强化乡村振兴信贷投向引导,形成党委书记、董事长和党委副书记、行长担任双组长,4名党委委员担任副组长的领导力量,确保中共中央关于乡村振兴、定点帮扶的各项决策部署在交通银行贯彻落实。继续保持交银集团下辖的45家境内经营机构全部与3个定点帮扶县结对。

【帮扶会议】 全年召开2次乡村振兴工作领导小组会议,6次定点帮扶专题座谈会。印发《交通银行定点帮扶工作管理办法》《交通银行2022年定点帮扶工作计划》和《交通银行2022年定点帮扶工作成效考核评价方案》,明确规范定点帮扶各项工作目标和要求。

【帮扶调研】 交通银行党委班子已连续7年赴定点帮扶县督导调研全覆盖。交通银行副行长分别赴浑源县、理塘县、天祝县开展督导调研,发现问题5个,形成督导报告3篇。连续6年实现交通银行领导赴定点帮扶县督导调研全覆盖。调研现场召开座谈会现场办公,按照"一件事"思维对帮扶县诉求拿出切实可行的解决方案。

【干部挂职帮扶】 交通银行树立干部到艰苦地区锻炼、从艰苦地区选拔的导向,从总行机关中选拔优秀青年干部派往定点帮扶地区。截至2022年年底,全集团共有定点帮扶点168个,其中总行定点帮扶县3个,各省分支机构帮扶点165个。在岗帮扶干部193人,其中总行5人,向定点帮扶县所在地级市(甘肃省武威市)派出挂职干部1名,向定点帮扶县(天祝县、理塘县、浑源县)选派挂职县政府副职3名,选派驻村第一书记1名,各省分支机构选派帮扶干部188人。帮扶干部已成为全行服务"三农"、县域产业的一支重要队伍。

持续做好定点帮扶干部管理,先后两次召开定点帮扶干部工作专题会议,研究进一步做好定点帮扶干部选派、管理、考核等有关工作。结合会议研究情况,印发《关于进一步加强定点帮扶干部管理的通知》,明确了定点帮扶干部的职能范围、汇报路径、管理责任。

【防止返贫监测帮扶】 一是帮助定点帮扶县落实好防止返贫动态监测和帮扶机制,在医疗设备、学校建设等方面持续用力,进一步扩大前期医疗、教育方面的帮扶成果。在理塘县实施校园饮水安全项目,为6所学校9000余名师生提供健康达标的饮用水。与中国乡村发展基金会合作开展"天使工程——村医能力提升"工程,为149个行政村配置移动医疗包并开展村医培训。在浑源县促成内蒙古医科大学附属人民医院、南京市中医院等帮扶资源与浑源县人民医院、浑源县中医院开展结对,探索加强"医疗软件"帮扶。二是用心用力做好易地扶贫搬迁后续帮扶。在天祝县建设智能化秀珍菇专产温室52座,有效促进德吉新村和周边村集体经济发展。

【产业振兴】 通过扶持当地特色产业做大做强,带动脱贫群众就地就近就业,实现稳岗增收"造血"式帮扶。在天祝县,聚焦粮食种子安全,实施国家农村产业融合发展示范园高原食用菌基地建设项目,助力"一园N区"菌菇产业布局,培育食用菌产业成为天祝县促进乡村振兴的支柱产业,通过固定分红、入园务工、自主经营多种方式带动脱贫户菌菇种植稳定增收。在理塘县,聚焦强化农业科技和装备支撑,以招商引资方式为理塘县康藏阳光现代农业园区引进1台农产品重量分选设备,帮助解决高原果蔬生产的初级分选需求。在浑源县,聚焦发展新型农村集体经济,实施黄芪文化产业园项目和浑源县王庄堡镇岭顶村玉米杂粮面条加工厂项目,改变当地黄芪产业散乱经营状态,延伸玉米产业链,带动村集体经济增收。不仅在总行定点帮扶县,交通银行在全行各级帮扶点将帮扶资金优先投入产业帮扶项目,如陕西延安吴起县交行创新实施的"光伏+冷库"产业帮扶模式,将山地苹果的"好味道"转为"好收入",该模式成为延安帮扶样板工程。

【人才振兴】 交通银行围绕产业发展、乡村建设等重点领域人才短板和技术弱项,加大培训力度。加大线上培训技术的运用,通过"县长督学、局长坐镇、进度公示、激励挂钩"等办班措施,减少新冠疫情对人才培训的影响。提前考察、科学谋划,选定上海、武汉、沈阳、湖州等多个线下培训基地且互为备份,优选教学师资,精心策划课程,安排学员赴浙江、湖北等省实地观摩学习共同富裕先进经验。全年培训定点帮扶县学员3783人次,取得培训实效。

【文化振兴】 开展"金融知识进农村"活动。向脱贫群众宣传反洗钱、反电信诈骗、珍惜个人征信等内容。完善乡村文化基础设施。实施理塘县国家二级图书馆改造提升项目,帮助系统建设升级、补齐现有馆藏,提高理塘县群众的精神生活水平。在天祝县岔口驿村石门滩组实施乡村振兴基础设施建设项目,重点聚焦农村人居环境改造和历史文化风貌建设,提高群众生活质量。

【生态振兴】 加强对帮扶县域生态振兴项目跟踪,统筹政府资源与社会资源向国家乡村振兴重点帮扶县倾斜。在理塘县,高城镇东城门援建种植云杉2000棵,绿化山坡面积8亩,建设"交通银行党建林"。在理塘县实施香菇基地和圣地农庄白萝卜加工两个产业污水处理项目,促进理塘特色产业绿色可持续发展。在浑源县投入帮扶资金,支持崞村参与创建山西省乡村振兴示范村,帮助崞村改善化粪池、排污管等基础设施,实施村容村貌改造、荒山生态修复。

【组织振兴】 保持定点帮扶县所在分支机构党支部与定点帮扶县村支部结对共建关系,不断丰富党建共建活动内容,持续开展党建共建活动。交通银行四川省分行普惠部、乡村振兴部党支部与四川省理塘县高城镇德西一村、理塘县农牧农村和科技局开展"学习红色金融史"等多次特色联学联建活动。

【消费帮扶】 坚持线上与线下、采购与营销相结合,持续通过"三个一批"推进消费帮扶,投入资源历时半年开发打造交通银行信用卡"买单吧"App乡村振兴频道,定点帮扶地区的优质农特产品通过乡村振兴频道被推向交通银行客户。在3个县试点"乡村有好物,交行助振兴"助农增收直播带货专场活动中,用好用足业务办理积分、员工饭卡余额、客户活动回馈"三个钱包",加大支持脱贫地区乡村特色产业电商发展,形成消费帮扶常态化机制。全年消费帮扶累计3021.73万元,其中购买农产品875.43万元,帮助销售农产品2146.3万元。

(交通银行乡村振兴部 梁 雨)

中国人民保险集团股份有限公司定点帮扶

【概述】 2022年，中国人民保险集团股份有限公司（以下简称"中国人保"）全面学习把握落实党的二十大精神，坚决贯彻落实中共中央、国务院关于全面推进乡村振兴和定点帮扶的决策部署，始终把深化帮扶黑龙江省桦川县、陕西省留坝县和江西省吉安县、乐安县作为重大政治任务，严格落实"四个不摘"要求，持续推进"保险+"帮扶模式提档升级，助力4个县巩固拓展脱贫攻坚成果和全面推进乡村振兴，高质量完成全年定点帮扶工作任务。中国人保投入无偿帮扶资金4400万元，引进无偿帮扶资金1600万元，直接购买脱贫地区农产品5513.44万元，帮助销售脱贫地区农产品719.4万元，培训县乡村基层干部4614人次、乡村振兴带头人2349人次、专业技术人员2292人次，提供支农融资额度8亿元。在服务就业上，为无法外出务工的脱贫人员提供就业岗位，共帮助脱贫户转移就业144人。在服务保障国家粮食安全上，累计承保4个县三大主粮142.6万亩，为8.2万户次农户提供风险保障18.2亿元，有效避免生产中断风险。在助力防返贫机制建设上，承保4个县农户50.75万人，提供风险保障1286万元，其中覆盖脱贫户11.06万人，提供风险保障233亿元，对脱贫不稳定户、边缘易致贫户和突发严重困难户形成兜底保障。

【帮扶资金投入】 2022年，中国人保向定点帮扶4个县分别直接捐赠帮扶资金1100万元，共计4400万元。投入资金主要用于4个县发展优势特色产业、助力乡村建设、服务乡村治理等。在吉安县立足农村水域特点和保护治理需要，投入帮扶资金385万元用于永和镇尚书村水系治理，形成布局合理、生态良好的健康水域景观格局；在桦川县高效推进秸秆粪污资源利用，投入616万元新建纳米发酵区、购置膜式堆肥机等，不仅实现秸秆和粪污还田，还"变废为宝"带动有机肥年产值超过4500万元，拉动213户脱贫户户年均增收超过2000元。资金来源为：中国人民财产保险股份有限公司2200万元、中国人民人寿保险股份有限公司350万元、中国人保资产管理股份有限公司450万元、中诚信托有限责任公司250万元、中国人民健康保险股份有限公司350万元、中国人民养老保险有限责任公司50万元、人保投资控股有限公司350万元、人保资本保险资产管理有限公司350万元、人保再保险股份有限公司50万元。

【帮扶资金管理】 按照国家乡村振兴局和中国人民银行关于定点帮扶工作的有关要求，进一步强化帮扶资金监管，在与定点帮扶4个县政府充分沟通的前提下，制定《中国人民保险集团定点帮扶资金使用指导意见》，明确要求帮扶资金用于乡村产业发展的比重不低于60%，与4个县政府一同建立帮扶资金投入项目库，重点支持将帮扶资金投入带动脱贫人口增收、解决规模性就业的重点项目，精准引导帮扶从"输血"向"造血"转变，避免"撒胡椒面"式的帮扶。捐赠资金到位后，由各县按照辖内资金使用计划，根据4个县发展实际，重点围绕产业振兴、人才振兴、文化振兴、生态振兴、组织振兴和"两不愁三保障"等方向，做好立项和项目审查工作，报送省分公司党委研究同意后,由各县做好项目实施,定期向集团、总、省公司报备项目进展情况。

【帮扶调研】 中国人保领导多次到4个县调研走访,全方位部署和指导定点帮扶工作,协调解决各类问题。全年各级机构共20余次派出调研督导组深入4个县开展帮扶和调研,调研督导达96人次,形成督导报告4份。中国人保领导带队赴桦川县、吉安县、乐安县调研督导,先后到吉安县河源村、陈坑村艾草基地、江南井岗蜜柚合作社、乐安县东湖示范村、长江蔬菜基地等实地调研,了解帮扶县产业发展、乡村建设及巩固拓展脱贫攻坚成果同乡村振兴有效衔接进展情况,同时指出保证投入力量不变、帮扶力度不减,升级"保险+"帮扶模式,保障好国家粮食安全、守好不发生规模性返贫底线。

【帮扶会议】 中国人保党委高度重视定点帮扶和助推乡村振兴工作,召开加强农险农网建设扎实做好定点帮扶和助推乡村振兴工作会,集团公司和主要子公司印发了《2022年定点帮扶和助推乡村振兴工作方案》《贯彻落实2022年中央一号文件 做大做强农险农网行动计划》等系列文件,进一步细化工作任务和举措,同时印发定点帮扶和助推乡村振兴工作任务清单,明确5个方面68项工作任务,集团、子公司、省、市、县五级推动体系层层递进、环环相扣,确保关键任务"能落地、见实效",全面推动各项工作落实到位。

【帮扶机制】 进一步加强工作机制建设,建立上下贯通的例会机制,年内召开工作层面例会10次,检视任务进度,协商解决存在的问题;做实信息报送机制,在内网建立"服务乡村振兴"模块,及时萃取推广典型经验和案例百余篇;提升管理精细化,建设上线服务乡村振兴报表系统,全面梳理与服务乡村振兴有关领域、险种、产品,为穿透式管理提供必要条件。

【帮扶培训】 坚持培育本土人才和招才引智并重,增强人才的可持续发展能力,强化乡村人才支撑。结合4个县产业发展需求,联合县委组织部、县乡村振兴局、县文旅局、县农业农村局等单位,通过现场培训、线上培训、外出学习、线下学习等多种渠道,开展致富带头人、农村电商人才、专业种养技术人才等各类专项培训,2022年累计培训超过9000万人次,为4个县培养一批适应新时代农村工作需要的、懂经营、会管理、专业化人才,进一步发挥专业化人才引领带动脱贫户及边缘户稳定增收作用,巩固脱贫成效。在招才引智方面,立足4个县产业实际,统筹利用好涉农院校、农业科研院所等各类资源,以重点项目实施"筑巢引凤",为乡村振兴引入人才"活水",如在留坝投入资金帮扶打造蜜蜂产业项目,并帮助建立中国农业科学院蜜蜂研究所专家工作站,指导提升留坝蜂产业专业水平。

【干部挂职帮扶】 坚持选优派强派出挂职干部,2022年共有21名优秀干部在4个县挂职,其中中共中央组织部备案县委或县政府副职5名,分管或协管乡村振兴工作。快速完成干部轮换,遴选吉安、乐安两县挂职副县长及吉安县南街村驻村第一书记人选,确保工作"不断档、不掉线"。配优配强帮扶力量,选派1人作为中央单位对口支援中央苏区干部挂任吉安县委副书记、副县长;与中共中央组织部及乐安县委、县政府研究探索,增派处级干部1人任乐安县新居村驻村第一书记。中国人保挂职干部积极融入帮扶地区发展大局,扑下身子、扎根基层,带着感情帮扶、充满激情帮扶,获得当地政府和群众的肯定。

【产业帮扶】 坚持用发展的办法巩固脱贫攻坚成果,立足4个县优势资源,投入资金做强做优特色农业产业链、促进一二三产业融合,提升4个县产业自我发展能力。同时,创新联农带农机制,充分发挥农业龙头企业、专业合作社等新型农业经营主体联农带农作用,累计在4个县扶持龙头企业36家，扶持合作社81个，创立留坝菌菇产业帮扶模式，帮扶打造横江葡萄、星火大米等一批当地品牌。例如，在留坝县推出食用菌"保险+数字化服务"，助力产业转型升级，一方面开办食用菌全生命周期保险、种植收入保险和食品安全责任险，为食用菌生产销售提供全面风险保障；另一方面为留坝县研发自主知识产权的"留坝县食用菌产业数字化管理平台"，推动实现"生产监控+预警调度+技术指导+市场供销"四位一体的食用菌产业数字化管理。在桦川县，推动桦川县与中粮集团有限公司签订中粮鲜到家星火大米采购合同，助力打造"星火大米"品牌，解决农产品销售难题。在吉安县，把横江葡萄作为帮扶主打产业，在品种选择、果农葡萄架水泥柱补贴、每年一度"中国横江葡萄节"产品推广、果农葡萄保险费补贴、销售平台搭建等方面已累计投入超过500万元。在乐安县，引进香菇精粉深加工生产线，带动菇农种植香菇2000余亩，香菇精粉直接销售至县食品产业园，在县域范围实现产销循环。

【金融帮扶】 充分发挥保险金融媒介和增信作用，整合银行、证券等金融机构创能模式共同发力，为乡村振兴提供坚实基础。在乐安县，破解拥有林权、水权、土地经营权等生态资源权益的小微企业和新型农业经营主体"融资难、融资贵"的问题，建立以政府产业政策为导向、银行贷款投入为基础、国有担保为保障、保证保险为缓释的"生态信贷通"融资体系，唤醒"沉睡"的生态资源，拓宽"绿水青山"向"金山银山"转变的通道。在桦川县，与期货公司通力合作，推动落地生猪、大豆等"保险+期货"项目，生猪期货价格保险为养殖户提供近3920万元价格风险保障，帮助农户有效应对"猪周期"；大豆期货收入保险为1407户豆农种植的18.89万亩大豆提供1.19亿元收入保障，弥补因自然灾害和市场风险造成的损失。

（中国人民保险集团股份有限公司

赵春红）

中国人寿保险（集团）公司定点帮扶

【概述】 2022年，中国人寿保险（集团）公司（以下简称"中国人寿"）定点帮扶广西壮族自治区龙州县、天等县和湖北省郧西县、丹江口市巩固拓展脱贫攻坚成果同乡村振兴有效衔接，共选派12名优秀干部挂职帮扶，投入帮扶资金19920.14万元，引进帮扶资金3266.66万元，购买4个定点帮扶县农产品4572.7万元，购买其他帮扶地区农产品1606.18万元，帮助销售脱贫地区农产品2646.77万元，培训4个定点帮扶县乡村基层干部、乡村振兴带头人和专业技术人才4790人次。中国人寿在2022年中央单位定点帮扶工作成效考核中被评为"好"等次。

【帮扶资金投入】 2022年，中国人寿向4个定点帮扶县投入帮扶资金19920.14万元，其中投入无偿帮扶资金3658万元，投入有偿帮扶资金16262.14万元；引进帮扶资金3266.66万元，其中引进无偿帮扶资金740万元，引进有偿帮扶资金2526.66万元，主要用于4个定点帮扶县的产业、人才、文化、生态、组织"五大振兴"帮扶等项目。同时，加强对无偿捐赠公益帮扶资金的项目管理，在4个定点帮扶县重点实施帮扶项目51项。

【组织领导】 中国人寿董事长、总裁担任中国人寿助推脱贫攻坚工作领导小组组长、副组长，集团旗下保险、银行、投资及各职能单位主要负责人担任领导小组成员。领导小组下设办公室，办公室设综合协调组、战略协同组、保险产品组、金融投资组、干部管理组、公益宣传组、督导检查组等7个功能小组，负责落实领导小组的议定事项和工作部署，组织实施中国人寿推进乡村振兴工作安排。

【帮扶制度建设】 研究制订《中国人寿2022年全力推进乡村振兴重点工作落实方案》《中国人寿保险资金落实党中央决策部署、服务国家战略实施方案》《中国人寿投资及信贷支持普惠金融发展的指导意见》等计划方案，各成员单位配套制定落实举措，形成涵盖定点帮扶、保险服务、信贷投资、组织保障等一揽子的制度体系，推动全系统资源力量主动流向乡村振兴领域。

【帮扶会议】 组织召开乡村振兴专题党委会、推进乡村振兴工作领导小组会议和定点帮扶工作专题会，深入学习贯彻习近平总书记关于巩固拓展脱贫攻坚成果同乡村振兴有效衔接的重要讲话精神和重要指示批示精神，统筹推进中国人寿系统乡村振兴工作，落实落细年度定点帮扶计划任务。

【帮扶调研】 中国人寿党委书记与郧西县委书记座谈，党委副书记与天等县县长座谈，调查真情况、研究真问题，提供针对性帮扶举措。集团旗下各直属单位共计25人次深入定点帮扶的4个县调研督导，推动帮扶资源、举措落实落地。

【干部挂职帮扶】 中国人寿在4个定点帮扶县派出12名挂职帮扶干部，其中4名挂职副县长，8名任驻村第一书记。2022年，中国人寿系统各级机构向结对帮扶点共派出挂职帮扶干部（含驻村第一书记等）1100余名。

【金融保险帮扶】 积极创新金融保险产品服务供给，集团旗下寿险公司累计开发推广13款乡村振兴专属系列产品，保险责任涵盖意外、定期寿险、重疾、医疗费用补偿等责任，适用于已脱贫、易返贫人员，为农村人口提供全方位、多层次的保险保障。集团旗下财险公司农业保险为2200万余户农户提供风险保额7700亿元。积极扩大三大粮食作物完全成本（收入）保险试点，累计承保面积4600万余亩，提供风险保障435亿元。集团公司发挥保险资金长期投资优势，将支持乡村振兴作为普惠金融的重要职责加以推进，全集团保险资金投资支持乡村振兴领域存量规模超890亿元，较年初增幅28%。集团旗下广发银行股份有限公司涉农贷款余额超1475亿元，较年初增幅7%；普惠型涉农贷款余额超196亿元，较年初增幅19%，高于全行其他各项贷款增速。集团旗下资产公司发挥专业优势，依托乡村振兴产业基金积极探索对相关领域直接投资，采取债券投资、权益投资的形式助推乡村振兴产业发展。

【产业振兴】 抓住产业发展助力乡村振兴的"牛鼻子"，加大资金支持、创新招商平台，在4个定点帮扶县扶持龙头企业13家、农村合作社9个，建立帮扶车间9个，落地招商引资近2.5亿元。在郧西县，将"教育扶贫基金"提档升级为"乡村振兴基金"，将规模扩大至5000万元，将资助面扩展到帮扶产业。在丹江口市，中国人寿帮扶的国寿丹泉、博奥鱼头产业项目累计带动300余名就业人员月增收3000元以上。

【人才振兴】 把教育扶贫作为重要帮扶手段，为乡村振兴培养储备人才。全年为4个定点帮扶县人才振兴帮扶培训合计4790人次，其中培训乡村基层干部1127人次、培训乡村振兴带头人564人次、培训专业技术人才3099人次；在龙州县培训570人次、在天等县培训978人次、在郧西县培训864人次、在丹江口市培训2378人次，不断提升扶志、扶智成效。集团旗下保险职业学院免费为天等县培养乡村振兴大学生人才；国寿投资控股有限公司为郧西县提供学习锻炼平台，接收该县基层干部到北京挂职。

【文化振兴】 加大公益投入，结合地方传统文化，助推农村移风易俗，积极改善帮扶地区农村生产生活服务、社会事业设施，与定点帮扶县共建美丽乡村。投入100万元扶持龙州县"天琴"和"壮锦"非物质文化发展壮大；投入200万元打造龙州县"国寿新村"；援建郧西县"重走红军路"红色文化旅游项目；组织丹江口市93名乡村学生开展圆梦研学。

【生态振兴】 多措并举，在改善定点帮扶县人居环境的同时，促进优质生态资源价值转化。在郧西县打造美丽乡村示范点，成为当地乡村游网红地；在天等县投入110万元，援建农村道路亮化工程，解决村民夜晚出行难题；在丹江口市引入碳排放权交易机构，助力丹江口优质水资源的价值转化。"国寿丹泉"在中国人寿电商平台累计销售超3000万元，成为中国人寿"生态振兴+产业振兴"的一张名片。

【组织振兴】 积极探索"党建+帮扶"手段，通过与4个定点帮扶县联合党建培训、结对共建等举措，全面提高基层组织的战斗力。在郧西全县乡村党群活动中心捐赠配置自动体外除颤仪（AED）等应急医疗设施。投入100万元援建丹江口市村级光伏发电站，壮大村集体经济。

【消费帮扶】 积极拓宽消费帮扶渠道，通过电商公司"国寿心意"平台、广发银行"广发乡村振兴专区"平台、线下直购等方式，组织发动全系统购买4个定点帮扶县农产品4572.7万元，购买其他帮扶地区农产品1606.18万元，帮助销售脱贫地区农产品2646.77万元，年度消费帮扶总额8825.65万元，全力帮扶脱贫地区群众增产增收。

【公益帮扶】 积极推动公益资源助力巩固拓展脱贫攻坚成果同乡村振兴有效衔接，通过中国人寿慈善基金会捐赠公益慈善资金超4654.18万元。向定点帮扶县捐赠资金3200万元,捐赠500万元持续在欠发达乡村地区开展"百校体育帮扶计划"体育教育公益项目,助力乡村小学的孩子们德智体全面发展;向上海市和吉林省疫情防控形势严峻地区捐款700万元,支持两地疫情防控工作和卫生医疗体系建设;连续14年为汶川地震、舟曲泥石流、玉树地震和鲁甸地震致孤的儿童提供必要的生活助养,并持续关注他们的健康成长;向中国公安民警英烈基金会捐赠公益慈善资金200万元,用于关怀牺牲、负伤和罹患重大疾病的民警及其家属,助力健全国家公安民警风险保障机制。

【帮扶宣传】 协同社会力量全面挖掘定点帮扶县的实践,总结推广金融帮扶的"丹江口模式"和"郧西经验",新华通讯社、人民网、新华网、光明网等中央主流媒体进行报道。例如,《人民日报》推出《再出新举措 中国人寿提档升级设立乡村振兴基金》专题报道;人民网公众号推文《湖北郧西:千村千面 因地制宜发展特色产业》,并与通讯报道《发挥优势凝聚合力 奏响乡村人才振兴交响曲》一同被国家乡村振兴局官方微信转载。创新策划实施"守护美丽乡村"快手挑战赛,累计产生3.8万个短视频作品。中国人寿官方自媒体矩阵开设《乡村振兴进行时》专栏等,保持乡村振兴宣传声量高增长。人民网"我和我的新时代"大型融媒体调研采访赴郧西县,系列报道在人民网全媒体平台上发布,有力传播乡村振兴正能量。

[中国人寿保险(集团)公司办公室 刘 鼎]

中国太平保险集团有限责任公司定点帮扶

【概述】 2022年,中国太平保险集团有限责任公司(以下简称"中国太平")定点帮扶工作全面进步、全面提升,成功为安徽省裕安区引进总投资额超过6亿元的新能源汽车配件项目,落地8933万元,直接投入无偿帮扶资金1532万元,引进无偿帮扶资金273万元,引进有偿帮扶资金600万元,转移就业、招用脱贫人口2446人,培训各类人才1400人,购买农产品2187万元,帮助销售农产品334万元;专门成立"太平乡村振兴投资基金",基金规模5亿元;制定修订《子公司定点帮扶工作考核评价办法》《定点帮扶专项资金管理办法》,制定实施《集团服务国家战略指标体系》,并明确定点帮扶和乡村振兴可量化指标。

【帮扶资金投入】 2022年,中国太平加大帮扶资金投入力度。一是招商引资取得重大突破。为裕安区成功引进上海友升铝业高端新能源轻量化零部件项目,总投资额超过5亿元,当年落地8933万元,是中国太平定点帮扶以来最大的招商引资项目,也是裕安区2022年最大的招商引资项目。二是直接投入稳步提升。年度直接帮扶资金额度由1350万元提高至1532万元,增幅13%,全年帮扶项目达117个。三是引进资金大幅度增长。全年引进873万元,整体增幅256%。其中,太平石化金融租赁有限责任公司为裕安区引进600万元融资贷款;太平产业投资管理有限公司在两当县设立秋实助学基金,引进资金105万元;太平资产管理有限公司为两当县引进帮扶资金130万元。太平财产保险有限公司提供政策性农险、防返贫险等保险帮扶资金350万元。中国太平外资合作伙伴比利时富杰保险国际股份公司,连续第5年为帮扶地区捐资10万元。

【帮扶调研】 中国太平董事长通过视频调研甘肃省两当县,深入落实主管单位工作指示,充分听取地方领导意见建议。中国太平总经理赴裕安区实地调研。中国太平党委副书记履行分管职责,加强统筹把关,并视频调研两当县、裕安区。中国太平职能部门和太平养老保险股份有限公司、太平资本保险资产管理有限公司、太平石化金融租赁有限责任公司等子公司78人次到帮扶点开展调研,调研广度力度创新高。派驻集团纪检监察组赴两当县调研,提出有益意见。

【帮扶会议】 中国太平党委董事会每半年听取1次专题汇报。召开党委会、定点帮扶工作20周年总结会、乡村振兴工作领导小组会等会议开展专题研究,通过集团年度工作会等重要会议推动定点帮扶工作。召开定点帮扶20周年总结会议,两个帮扶县(区)的政府领导致辞,两地农户、企业、挂职干部代表分享帮扶故事,现场签约10项合作协议,会后专场直播销售吸引30万客户。

【帮扶考核】 对标对表中央单位考核办法,制定印发《子公司定点帮扶工作考核评价办法》,将考核结果纳入子公司年度考核。修订印发《定点帮扶专项资金管理办法》,加强资金管理监督。制定实施《集团服务国家战略指标体系》,明确定点帮扶加分项。

【干部挂职帮扶】 健全挂职干部选派管理长效机制,坚持两地4名挂职干部每周向集团主管部门汇报制度。1名干部主动请缨第二次担任两当县石马坪村驻村第一书记。除了两个定点帮扶点，中国太平各公司也积极选派10余名挂职干部赴四川、新疆等地开展帮扶工作。

【产业振兴】 强力帮助两地中华蜂、玫瑰、花椒、茶叶等特色产业提档升级。在两当县，投资建设5个中华蜂智慧蜂场，中华蜂产业带动全县35个合作社、2300余户农户、近万人共享"甜蜜事业"，有的企业逐渐成为产业领头羊，"太平中华蜜"借助帮扶企业太平助农销售有限公司和集团集采平台、网上商城等渠道，跟随50万太平人的脚步走向全国，甚至到达港澳地区。在裕安区，重点推进油茶、稻虾混养、六安瓜片等产业示范项目建设，取得良好成效。

【组织振兴】 太平财产保险有限公司推动党建引领示范村项目在裕安区顺利落地，对个人信用户开展专属保险试点工作，通过党建引领推进整村授信。太平资本保险资产管理有限公司与裕安区、独山镇及当地企业开展党建共建。太平产业投资管理有限公司、中国太平保险集团稽核中心等与帮扶点有关单位达成结对共建意向，结对帮扶两当县石马坪村、裕安区东庙村大力推进"党支部+"系列工作。

【生态振兴】 在两当县大滩村、石马坪村实施生活垃圾和污水治理，在蚂蚱村等开展饮水工程改造，打造石马坪村乡村振兴示范点，创新开展宜居家园"积分超市"创建活动，引导农户以参与人居环境整治获得积分，积分量化兑现实物，提升村风村貌和农户生活品质，破解人居环境长效整治难点。在裕安区，资助丁集镇六明村开展壕沟整治、青山乡黄大桥村进行当家塘清淤，显著改善周边群众居住环境。

【人才振兴】 开展智力帮扶"千人计划"，支持两地培训基层农村干部、专业技术人才及中小学校长、教师、医护人员等近1400人。太平产业投资管理有限公司在两地分别设立"秋实助学慈善基金"，向裕安区首批19名高三学生发放首笔助学金；向两当县"太平产业秋实慈善助学基金"募集善款近105万元。

【保险帮扶】 着力发挥定点帮扶在服务乡村振兴中的"示范点"作用。太平财产保险有限公司大力推动农业保险发展，为超过40万户农户提供88.7亿元风险保障，支付赔款1.6亿元；在山东落地全国首单政策性海水养殖碳汇指数保险；承保近1000个农村公路、美丽乡村景观整治等工程项目，提供240亿元风险保障；在安徽、江西等地推动"防贫保"业务，提供323.9亿元风险保障；在山东、河北等地推动农民工工资支付保证保险业务，提供26.73亿元风险保障。太平养老保险股份有限公司将惠民保、工伤保障、长期护理保险的覆盖范围向农村地区扩大。太平资产管理有限公司积极配置脱贫攻坚领域债券。在两当县，捐赠200万元农业保险补贴，涵盖政策性农业保险产品16个；为3339户脱贫户、49户监测户购买防返贫保险12.72万元；为兴化乡200亩花椒购买花椒气象指数保险3.3万元。太平财产保险有限公司两当县支公司成功中标县"三户一估一留守"大病救助保险项目。在裕安区，捐赠"防贫保"100万元，结合区级财政和农户自筹，保费总计1060万元，承保脱贫户、监测户129417户、258246人，给予特色农产品、健康、意外伤害保险基本保障和其他自选保险保障。

【健康帮扶】 在两当县，为县医院引进帮扶资金122万元，用于建设两当县人民医院血液透析中心项目，解决全县及周边近2万人的医疗需求。在裕安区，牵线大专家、圆和医疗、太平康复医院，打造太平集团医疗联合体帮扶项目，对丁集镇、青山乡、罗集乡卫生院开展医疗帮扶，为5万名居民提供健康管理服务。

【消费帮扶】 进一步完善消费帮扶网上

平台,帮助两地9家供应商在中国太平集采网上商城新上架近50种农特产品,持续动员各级机构利用节日员工福利采购、各类活动竞赛等时机优先选购,全系统采购金额超过2187万元。中国太平工会、团委利用集团健步行等活动采购专属帮扶产品。太平金融服务有限公司在两当县成立农产品跨境销售服务中心,联合中国太平近10家境外机构,帮助企业将产品远销境外海外。

(中国太平保险集团有限责任公司党群工作部　范志刚)

中国出口信用保险公司定点帮扶

【概述】 2022年，中国出口信用保险公司（以下简称"中国信保"）保持资金稳定，投入两个定点帮扶县无偿帮扶资金2432万元（安徽省霍邱县1202万元、江西省余干县1230万元），同比增长8.7%，保持单县千万以上的帮扶资金规模，巩固拓展脱贫攻坚成果。中国信保帮助两个定点县引进无偿帮扶资金300万元。在霍邱县南北四村，利用引入的无偿帮扶资金150万元和中国信保无偿帮扶资金15万元，引入水产养殖企业投资800万元，发展金丝皇菊产业，建设甲鱼养殖基地，全年村集体收入达到60万元。在余干县凤凰村，利用引入的无偿帮扶资金150万元和中国信保无偿帮扶资金15万元，支持发展光伏产业，村集体增收10万元，彻底扭转村集体经济收入长期为0的状况。

【帮扶资金投入】 2022年，中国信保投入两个定点帮扶县无偿帮扶资金2432万元（霍邱县1202万元、余干县1230万元），同比增长8.7%。其中，教育帮扶资金1992万元，帮扶范围从建档立卡贫困户学生扩大至农村低保户学生、孤残儿童和乡村教师，并支持乡村学校教学楼建设；"三支队伍"培训资金160万元，对两县人才振兴提供支持；驻村第一书记所在村帮扶资金160万元，重点聚焦将驻村第一书记所在村打造为乡村振兴示范点；乡村振兴资金80万元，支持定点县电商产业发展和基础设施建设；防返贫资金40万元，重点关注脱贫不稳定户、边缘易致贫户和突发困难户等易返贫致贫人口，帮助定点县守牢防返贫底线。

【帮扶资金管理】 确保教育帮扶措施精准，帮扶资金发放到户，充分发挥帮扶效益。一是帮扶对象精准，通过县教育系统、社保系统和帮扶系统层层把关，精准帮扶定点县建档立卡贫困户和低保户学生。确定帮扶对象时，县教育局按符合帮扶条件的范围提供贫困学生名单，县帮扶办和社保局通过系统对学生家庭进行核查，逐一核对名单确保无误后，将学生情况在政府网站上予以公示，使得帮扶信息公开透明。二是帮扶资金管理制度化。制定《中国出口信用保险公司定点帮扶资金管理规定》，压缩帮扶资金流经环节，直接将教育帮扶资金汇入贫困县财政局，再由县财政局通过"一卡通"方式直接拨付给符合条件的建档立卡户家庭。帮扶资金不流经县教育局、学校和乡镇村等节点。同时，委托县审计局对帮扶资金的发放进行审计，确保事前、事中、事后的有效监督。

【人才振兴】 安排专门资金160万元，结合定点县产业发展需求，支持两县开展"三支队伍"培训。全年累计培训基层乡村干部3541名、专业技术人员3311名、致富带头人2066名、乡村教师2210名，共计11128名。此外，培训脱贫户496名。

【文化振兴】 聚焦派驻驻村第一书记的村发展乡村文化、提升乡风文明。在霍邱县南北四村，着力推广村规民约深入人心，开放爱心超市、盘活农家书屋，建设乡村振兴大讲堂、村微信公众号等文化平台，组织年度"最美致富带头人""劳动之星""先进网格员"等评选，村"夕阳红"文艺舞蹈队连续第三年登上县级大赛舞台并荣获优秀奖,促进广大村民自觉弘扬传统美德、树立良好家风和淳朴民风。在余干县凤凰村,依托中国信保援建的新时代文明实践站,完善办公设备等硬件设施,开展留守儿童读书交流、重阳节孤寡老人慰问等活动,丰富村民生活;创新建立乡村振兴加油站,通过积分评比兑换物质奖励的方式宣传鼓励孝老爱亲、爱护环境、移风易俗等新时代好风尚,促进村民成为美丽乡村的建设者和受益者,学习强国、《人民日报》等平台多次报道,2022年凤凰村被评为"市级文明村"。

【生态振兴】 安排专门资金,努力改善乡村生活服务设施和社会事业设施,打造美丽乡村。在霍邱县南北四村安排60万元,撬动财政资金70万元,实施"信福路"入户道路硬化、"点亮行动"太阳能路灯安装和沟塘堤坝整治小型基础设施建设、试点干湿垃圾分离,进一步改善人居环境、完善生活设施。在余干县凤凰村安排50万元,整治村下水道系统,硬化重点环节水泥道路,维护太阳能路灯。此外,购置洒水车、集中配备垃圾桶,公共卫生环境大幅度提升,在全乡环境卫生综合考评中位居前列。

【组织振兴】 中国信保31家总部部门和分公司与派驻驻村第一书记的定点村建立结对关系,通过捐款捐物、支教活动等多种方式开展帮扶。其中,8家单位与霍邱县南北四村开展支部共建结对帮扶,23家单位与余干县凤凰村开展支部共建结对帮扶,捐款捐物合计金额160559元。组织团员青年认领190名脱贫户学生的"微心愿",为乡村孩子送去温暖。

【帮扶调研】 中国信保党委班子成员多次赴定点县调研,加强督促指导,在定点县召开定点帮扶工作现场会,听取帮扶项目进展和全面推进乡村振兴情况汇报,走访困难脱贫户,现场考察乡村振兴项目和帮扶措施落实情况,督促定点县运行好防止返贫动态监测和帮扶机制,对县委、县政府贯彻落实中共中央重大决策提出具体要求。

加强多层次督促检查,发现问题抓整改。首先,中国信保相关领导在赴定点县调研时,对县委、县政府落实脱贫攻坚主体责任提出建议要求,指出问题并要求整改;其次,中国信保乡振办通过现场检查、电话、邮件和微信等日常沟通,督促定点县加快落实帮扶项目和规范化管理等具体问题;最后,挂职干部发挥上传下达纽带作用,现场督促帮扶问题落实整改,形成上至公司党委、下至具体经办一级抓一级、层层抓落实的工作格局。

实时跟踪监督检查,实现严格过程管理。中国信保乡振办通过电话、邮件、发函和微信等方式和定点县保持密切沟通,挂职帮扶干部实时跟踪帮扶项目进展,上传下达及时报告情况。中国信保全年发函5次,对定点县落实帮扶资金提出具体要求;各级帮扶干部实时沟通,每月书面报告工作情况,切实做到实时跟踪项目资金进展,扎实推进帮扶工作。

【帮扶会议】 先后8次召开定点帮扶工作专题会议研究推动帮扶工作。3月,召开乡村振兴工作领导小组会议,公司党委会议审议通过2022年度定点帮扶工作计划和预算方案,召开年度定点帮扶工作部署会;4月,董事会确定年度帮扶预算;7月,召开定点帮扶工作推进会;9月,在定点县召开定点帮扶工作现场会;10月,召开定点帮扶工作收口会。

【干部挂职帮扶】 按要求轮换挂职副县长。在两个县均选派挂职副县长和驻村第一书记,高度重视对挂职干部的关怀保障,副县长和驻村第一书记挂职期满后,均得到提拔任用。1名挂职干部因挂职期间表现优秀被提拔。加强制度保障,推动挂职干部建功立业。制定出台《中国信保领导干部交流管理办法》和《中国信保领导干部交流管理实施细则》,把培养锻炼干部与定点帮扶工作相结合,把挂职干部和驻村第一书记的工作实绩作为干部考核的重要依据,对挂职表现优秀并得到定点县认可的干部优先提拔任用。

【公益帮扶】 开展"汇聚各方力量 助力乡村振兴"主题活动,汇聚中国信保各方资源,动员广大员工积极参与,帮助定点县巩固拓展脱贫攻坚成果,助力全面推进乡村振兴。

巩固"两不愁三保障",助力改善基础设施。一是继续聚焦教育帮扶,帮扶建档立卡贫困户和农村低保户孩子32151人、孤残儿童1337人,巩固"两不愁三保障"成果。二是在余干县安排资金建设"信保楼",支持公共文化设施建设。三是安排专门资金配合定点县对易返贫人群进行持续监测,对因灾因病易返贫的脱贫不稳定户、边缘易致贫户和突发严重困难户等"三类人员"进行有针对性的特别帮扶,共帮扶"三类人员"85人,其中霍邱县40人、余干县45人,帮助定点县筑牢防返贫底线。

【政策帮扶】 发挥出口信用保险作用,支持定点县保主体稳经济。脱贫攻坚期间,中国信保充分发挥政策性金融机构优势,针对定点县及"三区三州"深度贫困地区,出台优惠出口信用保险政策。2022年,中国信保继续保持优惠政策,对两个县的出口应保尽保,及时足额支付赔款帮助企业渡过难关,其中支持霍邱县出口1.07亿元,支持余干县出口5626万元,赔付203.8万元,为定点县稳经济、稳外贸、保主体做出贡献。

【消费帮扶】 全力组织系统各基层工会和广大干部员工开展消费帮扶,加大动员力度,号召党员领导干部带头,激发广大员工的积极性,100%的基层工会和95%以上的员工参与购买,在两个县消费帮扶金额497.7万元,人均消费金额超过1600元。

【教育帮扶】 自2012年承担定点帮扶任务以来,中国信保一直以帮扶义务教育阶段建档立卡贫困户学生作为主要帮扶模式已形成"中国信保"教育帮扶品牌。

中国信保的教育帮扶深入人心,得到当地的高度认可。中国信保的教育帮扶包括6个层面。一是义务教育帮扶。每年帮扶义务教育阶段贫困孩子共计3.2万名左右,每位贫困学生补助400元,总资金达到1300万元左右。二是优秀学生奖励,对部分优秀的高中生和大学贫困新生予以奖励。具体奖励方法:对当年考入高中的前100名贫困生给予每人1000元奖励,对当年考入大学的文理科各前20名共计40名贫困生给予每人3000元奖励。三是支持定点县教育基础设施建设,帮助乡村学校建设信保楼。四是帮扶残疾儿童,对两个定点县1300多名建档立卡贫困户和低保户家庭因病因残不能随班就读的学龄儿童及孤儿进行帮扶,标准为每人1000元。五是帮扶奖励乡村教师,夯实乡村教育基础。安排专项资金,帮扶家庭困难或出现重大变故的乡村教师,奖励优秀偏远地区乡村教师,提供教师培训,为乡村教师稳定工作提供支持。六是"扶志扶智"培训,为定点县"三支队伍"和贫困户提供就业技能培训。2022年,培训各类人员11128人次;在两个县开展贫困户或脱贫户就业技能培训,帮助他们获得必要的就业技能。

(中国出口信用保险公司 唐徽木)

中国华融资产管理股份有限公司定点帮扶

【概述】 2022年,中国华融资产管理股份有限公司(以下简称"中国华融")深入贯彻落实中共中央、国务院的战略部署,将学习贯彻党的二十大精神与落实定点帮扶责任有机结合,创新帮扶机制、模式,全面高质量落实各项任务,支持定点帮扶的四川省宣汉县巩固拓展脱贫攻坚成果同乡村振兴有效衔接。全年投入及引进各类帮扶资金超过1821万元,同比增长5%;在持续足额派驻干部的基础上,增派1名帮扶干部;培训"三支队伍"3568人,同比增长832人;落实消费帮扶556万元,帮销同比增长17%,帮助脱贫人口就业950人。中国华融创新开展乡村振兴基金等金融帮扶项目,支持建成川东地区最大的车厘子产业示范基地;全面开展与37个脱贫村党建结对。达州市获得国务院办公厅"乡村振兴重点工作成效明显"督查激励,宣汉县获选"全国西部百强县"。中国华融在中央单位定点帮扶工作成效考核评价中被评为"较好"等次。

【帮扶资金投入】 2022年,中国华融通过多渠道投入及引进资金1821万元,其中投入无偿资金715万元、有偿资金800万元;引进无偿资金241万元、有偿资金65万元,全力支持宣汉县乡村振兴。特别是创新金融帮扶模式,助力产业振兴。中国华融主导推动、创新帮扶模式,将捐赠、金融、财政三类资金共同组成基金,首期实缴1000万元并持续募资放大效应。通过"股权+债权"形式,滚动使用、持续"造血",全年投放3个项目600万元,有力地支持宣汉县利用本地资源、辐射带动"巴国老车"品牌车厘子、中药材等特色产业发展。支持城乡水务一体化项目,推动水务产业发展及解决4个乡镇10万余人的安全饮水问题。复制推广融资租赁帮扶模式。组织华融金融租赁股份有限公司在连续2年开展租赁帮扶项目的基础上,复制推广帮扶模式,立足宣汉县4A级景区巴山大峡谷文旅资源禀赋,开展设备回租项目,提供200万元资金支持,辐射带动大巴山区乡镇10余万土家族百姓就业。

【帮扶资金管理】 中国华融定点帮扶宣汉县20余年来,累计投入及引进帮扶资金1.3亿元,形成90余处帮扶资产。为切实加强资产管理,确保已建成项目持续发挥效能,中国华融在强化与宣汉县党委、政府帮扶联动机制的基础上,2022年取得重大突破,与宣汉县签订《定点帮扶项目资产管理协议》,按照乡村振兴阶段要求,明确权责分工,从"确认所有权、放活经营权、抓实管理权"等方面督促支持定点县落实主体责任。加强精细化管理,抓实效能。2022年,存量产业项目及帮扶农业企业实现收入941万元,利润122万元,带动就业466人。

【帮扶调研】 中国华融40人次赴宣汉县现场调研,实地查看支持建设的定点帮扶项目,前往结对帮扶村考察调研,宣讲党的二十大精神,对基层干部开展党建、金融、法律培训,开展慰问活动等。

【帮扶会议】 中国华融党委高度重视帮扶工作,组织召开党委会及领导小组会4次,制订年度帮扶计划,分解任务压实责任,将帮扶工作纳入年度党建、经营考核重点督办。定点帮扶办公室组织召开定点帮扶工作推进会议9次,按月督促年度帮扶工作落实。

【帮扶制度建设】 进一步强化帮扶工作管理制度建设,印发《中国华融对外捐赠管理办法》,修订《中国华融帮扶工作管理办法》,实现"管钱、管人、管事"全覆盖,进一步压实帮扶责任、规范资金使用、推动帮扶项目合规实施,确保帮扶资金、项目取得实效。

【帮扶培训】 创新培训形式,采取"线上+线下""课堂+实操"相结合,通过送金融知识下乡、结对共建、技能培训、组织外出学习等方式开展"三支队伍"培训,培训3568人。增强培训的针对性,结合党的二十大精神学习要求,量身定制"党建+金融"培训内容。紧扣当地乡村振兴需求,加强岗前技能培训,与就业有效衔接。引入中信农业专业培训平台,新增果树种植、畜牧养殖和电子商务等实用课程。

【干部挂职帮扶】 在持续足额派驻挂职副县长和驻村第一书记的基础上,根据宣汉县的需求,主动增派1名专职帮扶干部挂任宣汉县政府办副主任,积极发挥专业优势,加大招商引资和金融帮扶力度。挂职帮扶干部认真落实一线责任,全年深入乡镇村调研200余次,发挥自身优势,围绕巩固拓展脱贫攻坚成果同全面推进乡村振兴有效衔接,探索实践符合宣汉特色和优势的帮扶模式。挂职副县长专注主业,分管乡村振兴工作,引进国新证券股份有限公司与宣汉县签订长期帮扶协议,提供资金及免费上市辅导服务;挂职县政府办副主任充分挖掘梳理宣汉县资源、配套政策等优势,帮助制订《宣汉县招商引资方案》,向中国华融全公司宣传推介;驻村第一书记开展视频带货特色车厘子专项推广活动,积极推介宣汉特色农产品,派驻的峰城镇仁义村党支部成为全县343个村中唯一连续2次获评达州市级先进党组织的党支部。

【脱贫成果巩固】 瞄准定点县发展的难点痛点,投入、引进714万元,巩固脱贫成果加强精准帮扶。医疗方面,针对疫情凸显的乡镇医疗短板,通过中国华融爱心信托投入50万元,为3个乡镇卫生院配置医疗设备,惠及10万人。联动中信医疗健康产业集团有限公司为宣汉县开展免费儿童唇腭裂手术、医疗专科联盟及网上图书馆项目。教育方面,继续开展中国华融最美乡村教师、奖助学金等品牌性帮扶项目,奖励100名乡村教师扎根一线教学,资助380名困难学生;连续第8年组织"一对一"爱心资助350余名宣汉小学生;建设4个留守儿童假期学校,解决山区孩子假期无人照管问题。住房及安全饮水方面,通过产业基金形式投入300万元为宣汉县4个乡镇建设供水工程,覆盖10余万人;投入20万元开展仁义村乡村建设项目,聚焦新村聚居点改善住房配套设施。

【产业帮扶】 通过产业带动就业积极推进乡村振兴。聚焦瞄准派驻驻村第一书记的仁义村打出"产业+金融+党建"帮扶"组合拳",走出一条"高海拔山区+高端水果+高附加值"的"三高"发展之路,通过5年持续发展,成功培育6个高端品种并打造"巴国老车"特色品牌,建成川东地区最大的车厘子种植示范基地,成为全县车厘子产业领头羊。聚焦重点项目,围绕中国华融党建帮扶、产业帮扶项目打造示范点,其中天生镇现代化蔬菜基地已成为全县标杆基地,实现收入800万元、利润80万元,带动就业300余人;毛坝镇脆李产业示范区辐射带动脆李产业约1万亩,带动就业300余人,推进种植、旅游、服务业融合发展,仅民宿一项当地人均增收800余元,实现荒山变果山、农区变景区的转变。

【生态帮扶】 投入30.5万元帮助改善农村人居环境、完善生活设施,打造美丽乡村。为仁义村新建3个垃圾处理池、2个集中污水处理池,惠及村民378人;支持徐家坡供水工程建设,帮助解决君塘、清溪等乡镇10万余人的污水处理问题。广西、江苏分公司支持堡坎维修及塌方清理、撂荒地治理等。

【党建帮扶】 全面开展公司32家单位与37个重点村党支部党建结对,实现高海拔山区乡镇全覆盖,超过200名党员干部与帮扶村开展活动70余次,指导结对村抓党建促乡村振兴,帮助扶持龙头企业及新型农业经营主体21个。仁义村、龙潭村等多个结对村被评为优秀基层党组织及示范点。湖南、河南分公司等投入资金支持党建文化基地建设,加强文化宣传。华融实业投资管理有限公司、固安华融科技有限公司等10家单位与结对村开展读书分享会,特邀党校专家讲解,弘扬爱国主义教育,组织法律、科技专业机构开展分享交流,丰富文化生活。

【就业帮扶】 投入100万元开展2个就业帮扶项目,支持宣汉县开发专职护林员等公益性就业岗位,帮助农村劳动力就业300余人。支持宣汉县补充"创业就业小额担保贴息贷款"风险担保金,扩大就业贷款支持规模,帮助不稳定户、困难人员等群体就业。

【社会帮扶】 举全司之力引进帮扶,制订引资方案,组织全公司宣传推介,将定点县所需与公司所能有机结合,发挥平台效应,全年引进帮扶资金306万元,10余家分子公司引进产业帮扶项目。结合宣汉县特有的矿产资源,深圳、青海、贵州等分公司引入能源企业及科研院所,提供锂钾产业咨询支持,华融金融租赁股份有限公司引入企业为宣汉提供光伏发电产业咨询服务。立足宣汉的天然气能源价格优势,成功推动头部企业再生科技投资玻纤产业园,陕西分公司引入龙头企业提供钾肥技术支持。积极发挥中国中信集团有限公司产融并举优势。拓展帮扶平台,发挥中国中信集团有限公司帮扶平台优势,将帮扶渠道由中国华融拓宽至中国中信集团有限公司全系统,新增线上助农、互联网医疗和培训等帮扶平台。投入优质资源,依托集团农业、医疗、消费资源,引进中信农业科技股份有限公司、中信医疗健康产业集团有限公司、中信泰富有限公司为宣汉县开展大昌兴农消费帮扶、免费儿童唇腭裂手术、医疗专科培训及网上图书馆、乡村振兴云课堂等5个帮扶项目。

【特色帮扶】 抓实资产管理公司服务乡村振兴的发力点。克服没有普惠业务的局限,充分挖掘潜力,创新帮扶模式。与银行合作开展贷款贴息项目,支持解决农户和小微企业"融资难、融资贵"的问题。与保险公司合作防贫保险项目,为宣汉县脱贫户、边缘易致贫户和严重困难户5.8万人免费提供保险保障。立足不良资产主业,重庆分公司为宣汉县提供不良资产债务优化咨询支持,四川分公司持续抓好市场化债转股达州钢铁项目管理,帮助企业实现年产钢材264万吨、利税15亿元,带动就业200人。

【帮扶宣传】 认真总结帮扶工作经验案例,获评中国网"乡村振兴优秀案例奖"、人民银行金融帮扶故事短视频大赛奖。同时,继续讲好帮扶故事,营造良好氛围,主动向上级报送报告等10篇,在内外网、微信发稿42篇,被新华通讯社、学习强国、《金融时报》、《中国银行保险报》等媒体刊载60余次。

(中国华融资产管理股份有限公司 李佳琦)

中国长城资产管理股份有限公司定点帮扶

【概述】 2022年，中国长城资产管理股份有限公司（以下简称"中国长城资产"）抓好调研督导、项目推进、金融帮扶、选派干部等重要环节，不断深化定点帮扶工作。中国长城资产领导深入开展调研，融合金融资源配置优势，促进陕西省陇县经济发展和转型。紧紧围绕产业振兴、人才振兴、文化振兴、生态振兴、组织振兴等重点帮扶领域开展工作，全年投入帮扶资金全部用于陇县县域支柱产业的打造、人才队伍建设、农村人居环境提升整治工程、住房安全等公共事业和新农村建设，极大改善群众生产生活条件，产生良好的社会效益。中国长城资产选派熟悉金融业务的2名干部分别挂职陇县副县长及天成镇铁塬村驻村第一书记，精准发力，助力陇县乡村振兴和县域经济高质量发展。

【帮扶资金投入】 2022年，中国长城资产投入无偿帮扶资金427万元，引进无偿帮扶资金2.268万元、引进有偿帮扶资金（不含招商引资金额）1000万元，全部用于产业振兴、人才振兴、文化振兴、生态振兴、组织振兴五大方面。为落实中央单位有关定点帮扶工作成效考核评价办法，规范中国长城资产定点帮扶工作，陇县制定有关资金管理配套制度，规范项目申报流程、资金划拨手续和项目审计，全力服务县域经济高质量发展和乡村振兴。

【帮扶调研】 充分发挥金融资源配置优势，促进陇县经济发展和转型，助力陇县乡村振兴，促进共同富裕。中国长城资产派员赴陇县实地查看定点帮扶项目，走访多家基层组织，调研农业农村、乡村振兴、乡村教育等工作。根据招商引资推动陇县龙头产业的需要，把帮扶工作放在首位，派员赴陇县实地沟通，并与陇县政府招商小组一起赴浙江杭州、宁波开展招商。

【帮扶培训】 根据定点帮扶县人才振兴需求，重点加强对县乡村基层干部的培训，培训2273人次，专业技术人才培训达4758人次。运用多种形式、分类分层次有计划在陇县开展人才培训，如根据发展电商需要，组织2期127人参与的培训。

【干部挂职帮扶】 中国长城资产派出2名干部到陇县担任挂职副县长和驻村第一书记。2名挂职干部走访调研，积极联络司县协调工作，统筹推进落实督促，发挥自身优势，探索符合当地特色和资产管理公司优势的帮扶模式。例如，副县长围绕公司帮扶工作和在县政府分管协管工作，组织"携手关爱·相伴成长"儿童关爱救助慰问活动，为全县185名留守困难儿童送上节日的问候和祝福；联合陇县天成镇（长城）铁塬小学举行"情系乡村，校服圆梦"捐赠仪式，引入爱心企业无偿捐赠168套校服，安排帮扶资金援建陇县第一个书屋——陇县长城博雅城市书屋建设等。驻村第一书记在陇县铁塬村协调修缮整治村内广场、公共活动场所等，使村容村貌焕然一新。

【产业帮扶】 聚焦陇县特色产业。一是投入帮扶资金50万元用于陇县的首位产业——天成镇张家山羊场改造提升项目，助力陇县创建全国唯一的国家奶山羊现代农业产业园。该项目实行"合作社+农户"的运作机制，合作社为农民提供奶山羊、饲养技术，收购羊奶二是在陇县工业园改扩建钢结构标准化厂房4栋,面积4000平方米,投入帮扶资金52.34万元。改扩建钢结构标准化厂房作为公司的车间,将助力公司成为西部综合智慧水务系统解决方案服务商的标杆企业。三是促进支持县域企业做强做大。安排公司下属企业长城国瑞证券有限公司为当地羊奶粉企业上市提供咨询服务。四是联合产业头部机构,通过联大联强加速陇县羊乳产业链做大做强。着力推动引入贝因美股份有限公司投资或与陇县企业合资建厂,加速陇县羊乳产业发展。2022年,招商引资数额达到6029.9万元,引进有偿帮扶资金1000万元,扶持龙头企业4家。

【特色帮扶】 开展消费帮扶时,在农产品销售端抓好两项工作:一是让市场方便地知道陇县农产品,二是易于复购。围绕这两个要点,在消费帮扶中从4个方面开展工作。一是,借党建平台促进消费帮扶。在陇县开发党建共建帮扶小程序,帮助夯实筑牢乡村振兴"战斗堡垒",同时利用此平台进行农产品销售,小程序不同于App需要单独安装且占用手机空间,易于客户查找、接受,有利于推动农产品销售与复购。二是加强渠道建设,打造网络消费帮扶渠道。先后开拓3个线上渠道,包括党建共建帮扶小程序、金融单位普遍使用的工福云平台、农行网站等。多个网络渠道齐发力,便于陇县农产品快速销售。三是提高知名度,以直播带货方式推动。利用党建共建帮扶小程序,联系陇县"网红"进行4次直播带货,公司员工将直播带货节目在微信朋友圈转发,有力提高陇县农产品的知名度。四是做好基础保障,同步开展电商培训。组织2期127人参加电商培训。

(中国长城资产管理股份有限公司 吴茂华 刘 涛)

中国东方资产管理股份有限公司定点帮扶

【概述】 2022年,中国东方资产管理股份有限公司(以下简称"中国东方")以习近平新时代中国特色社会主义思想为指导,深入贯彻落实党的二十大精神和中共中央、国务院的决策部署,坚决守住不发生规模性返贫底线,努力做好产业、人才、文化、生态和组织振兴,定点帮扶湖南省邵阳县,直接投入帮扶资金1561万元(无偿投入1511万元、有偿投入50万元),引进帮扶资金920万元(无偿引进170万元、有偿引进750万元),引进帮扶项目1个、投资金额777.9万元,购买脱贫地区农产品595.8万元,帮助销售脱贫地区农产品350万元,培训基层干部、乡村振兴带头人和专业技术人员合计2133人次,扶持龙头企业6家、农村合作社11个,帮助建立帮扶车间4个,帮助脱贫人口转移就业23人,打造乡村振兴示范点3个。

【组织领导】 不断加强组织领导,持续健全帮扶工作领导机制,成立定点帮扶工作领导小组及其办公室、定点帮扶项目审批小组。中国东方董事长亲自抓定点帮扶工作,担任定点帮扶工作领导小组组长,董事会秘书任副组长,协助分管定点帮扶工作。领导小组下设办公室,设在人力资源部。定点帮扶项目审批小组审查帮扶捐赠项目资金计划,发挥把关作用。

【帮扶计划】 制订《2022年定点帮扶工作计划》,明确投入帮扶资金、引进帮扶资金、干部人才培训、消费帮扶等主要指标任务,做到责任到单位、到人,并将任务完成情况纳入经营单位综合考核,增强帮扶计划实施的约束力。

【帮扶会议】 召开党委会3次、定点帮扶工作领导小组会议2次、定点帮扶项目审批小组会议3次,传达学习习近平总书记关于巩固拓展脱贫攻坚成果同乡村振兴衔接的重要论述、全国东西部协作和中央单位定点帮扶工作推进会议精神,研究帮扶工作计划、帮扶资金募集、帮扶制度完善等事项。

【帮扶调研】 召开定点帮扶邵阳县调研座谈会,双方围绕重点帮扶项目推进、乡村振兴宣传推广、深化金融帮扶等进行深入交流。中国东方相关领导分3批共16人次赴定点县调研帮扶工作,听取巩固拓展脱贫攻坚成果、实施乡村振兴工作成效及帮扶项目实施情况,深入对口帮扶的双井村调研产业、村民服务中心,慰问困难群众,看望帮扶干部。

【干部挂职帮扶】 向邵阳县选派挂职帮扶干部1名,驻村第一书记1名,增派驻村帮扶工作队队员1名,始终做到压茬交接、不留空档。

【应对疫情】 疫情防控期间,中国东方快速反应、积极行动,调拨100万元资金专项用于邵阳县疫情防控,做好防疫物资采购、寻找物流运输车辆,72小时内将帐篷、口罩、防护服、棉被、防潮垫、食品等物资送到疫区,驻村帮扶干部积极响应,不讲条件、迅速集结,组织开展核酸检测、检查卡口值守、风险排查、政策宣传等一线工作。

【健康帮扶】 与中国乡村发展基金会联合实施"兴源惠民·天使工程乡村医疗服务能力提升计划",向定点县240个行政村捐赠数字化巡诊包,并开展常见病诊断与预防、慢病管理及中医适宜技术等培训,提升乡村医生医疗服务水平。针对偏远乡镇卫生防疫力量薄弱、防疫物资短缺等问题,向塘田市镇、金江乡卫生院捐赠防疫物资,提升乡镇疫情防控能力。

【教育帮扶】 向河伯乡源头联校品学兼优、家庭困难的学生发放助学金,资助困难学生20名,共发放助学金1万元,与共青团邵阳县委合作举行护送留守儿童暑期团聚活动,将留守儿童护送到父母身边团聚,活动惠及158个家庭。留守儿童将县工业园招工手册带给父母,吸引群众返乡工作,缓解留守儿童问题。

【产业帮扶】 按照产业生态化、生态产业化方针,投入400万元,促进一二三产业融合发展。帮扶塘田市镇建立芷江山鸡养殖基地、在塘田战时讲学院周边建立果蔬采摘园,让景区游客参与有机蔬菜采摘,实现红色文旅和富民产业融合发展;帮扶金江乡雪花鱼加工车间转型升级,从生产规模、产品创新、包装改进等向预制菜转型;帮扶九公桥镇建设230亩大棚蔬菜基地,提升县域蔬菜保供能力;帮扶双杏村建立全县第一个红心猕猴桃种植基地,开发特色水果种植;帮扶双龙村发展20亩有机黄骨鱼养殖,引进企业保底收购,带动村集体经济发展;帮扶双井村发展烤烟、特色果蔬、林蛙等种植养殖产业,出产烤烟5万千克,丝瓜、香梨、葡萄等6.5万千克,建成8个、4000平方米林蛙种养结合多功能大棚,建成50亩一二三产业融合发展的中国东方定点帮扶示范产业基地,提供100余个就业岗位,带动脱贫人口致富增收,村集体经济收入突破60万元,居于全县前列。

【金融帮扶】 与邵阳县担保公司合作,推出"生猪担""水稻担""订单担"等产品,为"三农"主体和中小微企业担保贷款750万元,在蔡山团村天子湖湿地公园、对河村塘田战时讲学院改造完善基础设施,发展夜市摊位180多个,人均增收5万元以上;实施政府债务筹划咨询项目,为政府提供资产负债优化咨询。

【联农带农机制】 投入帮扶资金285万元,鼓励扶持脱贫户、监测户参与发展小种植、小养殖、小加工、小商贸、小田园等"五小"经济,采取"公司+合作社+农户"的模式,户均增收达2400元;搭建多层次就业服务平台,为工业园区企业输送脱贫劳动力486人;加快推进帮扶车间建设力度,全年就业帮扶车间劳动者月工资收入人均2287.53元。

【招商引资】 与邵阳县高新技术产业开发区紧密合作,帮助引入新能源项目1个,开发邵阳县"光伏新能源+生态+农业"一体化项目,投资金额为777.91万元。

【人才振兴】 助力定点县加强统筹谋划,着力培养一支懂农业、爱农村、能力强的基层干部和乡村振兴带头人队伍,投入培训资金50万元,举办党建主题培训活动、青年创业培训班、电商直播达人培训班和乡村工匠培训班等,培训基层干部1018人次、乡村振兴带头人505人次、专业技术人才610人次,与县委组织部合作举办全县人才大会,搭建全县人才交流平台,组建专家顾问超200人的乡村振兴"十大顾问(服务)团",为全面推进乡村振兴提供强有力的智力支撑。

【文化振兴】 推进塘田战时讲学院周边环境和基础设施改造提升,修建塘田市公共停车场,有效提升景区接待能力,协助邵阳县举办2022年中国桨板黄金联赛暨第一届天子湖桨板公开赛,带动天子湖沿线28个村发展乡村旅游,把天子湖文旅品牌推向全国。

(中国东方资产管理股份有限公司
人力资源部　魏东东)

中国信达资产管理股份有限公司定点帮扶

【概述】 2022年,中国信达资产管理股份有限公司(以下简称"中国信达")发挥金融中央企业优势,向定点帮扶县青海省乐都区投入和引进帮扶资金2300万元,实施各类帮扶项目44个,派驻帮扶干部2人,培训各类人员5556人次,其中培训基层干部3160人次,培训技术人员2396人次,直接购买和帮助销售脱贫地区农产品927万余元。中国信达的总体帮扶力量坚实稳定,有效推动定点帮扶地区脱贫攻坚成果的巩固拓展和乡村振兴的全面推进。

【帮扶资金投入】 2022年,中国信达投入和引进帮扶资金2300万元。一是巩固脱贫攻坚成果方面投入1005万元,其中安全住房方面投入700万元、义务教育方面投入140万元、饮水保障方面投入50万元、医疗保障方面投入115万元。支持乐都区1000户农户实施住房改造提升,有效解决9个行政村的饮水问题,资助600名贫困家庭中小学生,向南、北山区的3326名小学生捐赠校服和书包,并为贾湾学校修建塑胶体育场地及配备附属设施;为乡镇卫生院配备辅助检查设备,加固修缮房屋院落等基础设施。二是助力"五大振兴"方面投入1295万元,其中产业振兴投入610万元、人才振兴投入90万元、文化振兴投入109万元、生态振兴投入338万元、组织振兴投入148万元。推动4个乡和12个村镇发展特色种植养殖产业、建设高标准农田,开展多维度培训项目,合计培训各类技术人员和基层组织党员干部5556人次,支持2个易地搬迁安置点、3个村镇和3个学校建设新时代文明实践站、乡村文化阵地和强国教育基地,支持8个村镇开展人居环境和生态环境整治工作,并在安置小区打造党群服务中心,支持基层党支部和区团委开展多种形式的结对共建活动。

【帮扶资金管理】 利用集团优势设立慈善信托,通过信托框架为帮扶资金开立专门账户,单独管理,独立运作。同时,引入监察人机制,监督管理帮扶资金,确保帮扶资金的使用安全。

【帮扶会议】 中国信达党委加强组织领导,夯实工作职责,将定点帮扶作为重大政治任务抓紧、抓实、抓好。年内2次调整定点帮扶工作领导小组,坚持公司党委书记、董事长亲自担任组长,并根据领导分工及时调整副组长和领导小组成员单位,强化健全工作机制;全年召开3次定点帮扶领导小组专题会议,研究帮扶任务要求,制订年度帮扶工作计划并督促工作细化落实,总结年度帮扶工作开展情况并做好自评价工作,强化党委对帮扶工作的组织领导;针对乐都区委、区政府提出的支持产业发展、解决政府债务、当地房企纾困等需求,提出切实可行的答复建议,与乐都区开展更深层级的帮扶合作。

【干部挂职帮扶】 坚持压茬选派帮扶干部,按要求保证干部届满轮换,持续保证在乐都区有1名挂职副区长和1名驻村第一书记,确保定点帮扶工作有效衔接;通过全系统组织报名、精心筛选,从总部前台业务部门选派年轻的业务骨干担任第四任驻村第一书记,为精准帮扶村引入全新发展理念。挂职帮扶干部与驻村第一书记均严格按照帮扶工作要求,恪守工作纪律,扎根基层工作,落实帮扶方案,克服种种困难积极主动做好定点帮扶各项工作。

【产业帮扶】 中国信达投入无偿和有偿帮扶资金共计1942万元,用于支持乐都区产业发展,其中投入无偿帮扶资金610万元,支持4个乡采购大型农用车辆机具并修建库房,支持5个村镇修建铺设引水渠道及购置灌溉配套设施,支持5个村镇和1个党建引领示范景区修建产业路和基础设施,支持2个村镇发展沙果种植、富硒洋芋种植和乌鸡养殖等特色种植养殖产业,助力农业生产高质高效推进。设立的产业基金持续向两家本地企业投入有偿帮扶资金1332万元,助力企业成为青海省农牧业一二三产业融合发展示范单位,通过创新金融帮扶模式,为产业振兴固本强基。

【帮扶培训】 中国信达投入培训专项资金170万元,培训各类技术人员和基层组织党员干部5556人次。其中,投入90万元开展中小学骨干教师培训、乡村医生及防疫专干培训、乡村振兴带头人培训、电子商务从业人员技能培训、"金惠工程"志愿者及金融人才培训等培训项目,培训基层教师、医务工作者、乡村致富带头人、电商及金融从业人员2346人次;投入80万元开展青年干部培训、党员进党校集中轮训及驻村工作巩固拓展脱贫攻坚成果同乡村振兴有效衔接政策培训等全覆盖式的现场培训,培训各类基层组织党员干部3160人次。

【教育帮扶】 投入240万元支持乐都区教育发展,其中投入140万元用于开展资助贫困家庭中小学生和修建学校塑胶体育场地项目;投入50万元开展"希望工程"再提升项目,用于为学校修建文化长廊、科技长廊等设施;投入25万元支持开展"慧育中国·山村入户早教计划",投入20万元开展中小学骨干教师培训,投入5万元开展"红领巾讲解员"培训,同时组织开展为期1个月的暑期支教活动,邀请14位大学生到农村与100余名乐都区少年儿童同吃同住。

【生态帮扶】 投入帮扶资金338万元,用于支持7个乡的8个村镇开展人居环境和生态环境整治工作,修缮残垣断壁和年久失修的院墙、安装太阳能高杆路灯、修建暗渠U形渠和进行道路硬化修复,消除地质灾害隐患,支持开展垃圾清理和村庄清洁工作,为乡村配备环卫垃圾车和高压清洗车,支持2个村镇拆除废旧拱棚、整治撂荒地,开展生态系统修护,改良盐碱化的河滩土地,进行复垦复耕。

【文化帮扶】 投入帮扶资金109万元,用于支持建设"七里店""梦圆居"两个乐都区最大的易地搬迁安置点内包括"职工书屋"和"积分超市"在内的新时代文明实践站,支持3个村镇建设老年活动服务中心,支持3所学校建设思政大讲堂、中国文化长廊和中国科技长廊,持续强化乡村文化阵地和校园强国教育基地建设。

【党建帮扶】 投入帮扶资金68万元,用于为安置小区打造党群服务中心,并配备信息化办公设施,为党员活动和党组织生活提供阵地,并支持基层党支部、团支部开展结对共建活动,为280名老党员购买收音机,为7个乡镇的11个结对共建党支部开展党员党性教育培训,并联合乐都区团委开展"红领巾讲解员"活动。

【脱贫成果巩固】 持续巩固"两不愁三保障"脱贫成果,投入帮扶资金1005万元用于住房、饮水、教育、医疗等方面。一是巩固安全住房成果投入700万元,支持全区1000户农户实施住房改造提升,提升农户住房质量与居住环境;二是巩固饮水保障成果投入50万元,支持李家乡的9个村实施人畜饮水补短板项目,有效解决9个行政村1640户5835人的饮水问题;三是巩固义务教育成果投入140万元,其中30万元用于资助全区600名贫困家庭中小学生,60万元用于向南、北山区的3326名小学生捐赠校服和书包,50万元用于为贾湾学校修建塑胶体育场地及配备附属设施,优化乡村学校办学条件,减轻贫困家庭教育负担,促进构建教育高质量发展体系;四是巩固拓展医疗保障成果投入115万元,为乡镇卫生院配备心电图机、多功能手术台、多普勒超声诊断仪等辅助检查设备,加固修缮房屋院落等基础设施,不断优化医疗硬件设施和就医环境,提升基层医疗保障公共管理服务水平。

(中国信达资产管理股份有限公司 工会工作部 余 静)

招商银行股份有限公司定点帮扶

【概述】 2022年,招商银行股份有限公司(以下简称"招商银行")定点帮扶云南省永仁县、武定县,围绕教育铺路、医疗保障、产业支撑、人居打造、人才培养五大方向,上下合力,切实助力定点帮扶县推进乡村振兴。全年向两县累计投入帮扶资金5090.19万元,培训县乡村三级基层干部3300人、乡村振兴带头人386人、各类专业技术人才2169人,购买脱贫地区农产品2082.24万元,帮助销售农产品364.63万元。在中央单位定点帮扶工作成效考核中被评为"好"等次。

【帮扶资金投入】 2022年,招商银行共设立帮扶项目48个(武定县21个、永仁县27个),向武定、永仁两县直接投入帮扶资金5090.19万元,其中武定县2690.19万元、永仁县2400万元;在帮扶项目上重点向教育、医疗、人居环境改善等民生项目倾斜,其中教育帮扶投入3106.04万元、医疗帮扶投入864.2万元、人居环境改善投入325.5万元。此外,还为两县引进帮扶资金302.8万元。

【帮扶资金管理】 招商银行始终高度重视帮扶项目资金管理,所有项目严格按照《招商银行专项帮扶项目资金管理办法》筛选,同时充分发挥帮扶项目评审委员会的专业评审和定点帮扶领导小组办公室的协调办事职能,强化帮扶前、帮扶中和帮扶后的全链条管理,实现对帮扶项目的规范选择和帮扶资金的"把关守口",确保帮扶资金合法、合规、合理使用。

【帮扶调研】 高度重视乡村振兴定点帮扶工作。招商银行行长、监事长、副行长先后率队赴永仁、武定两县调研考察,实地了解两县巩固脱贫攻坚成果和乡村振兴帮扶情况,督促指导相关工作。副行长率队赴云南省楚雄彝族自治州进行党的二十大精神宣讲,并开展定点帮扶工作交流和调研考察。

【帮扶会议】 定期召开招商银行定点帮扶工作专题会议。学习中共中央帮扶精神,制订帮扶工作年度计划,总结工作经验,推动工作落实。共组织召开2次总行定点帮扶工作领导小组专项帮扶项目评审委员会会议、28次总行挂职帮扶干部工作会议、7次两县调研座谈会、2次与楚雄彝族自治州人民政府召开定点帮扶工作座谈会。

【帮扶培训】 高度重视对口帮扶县乡村三级基层干部、致富带头人、技术人才"三支队伍"的培训,把帮扶与扶志、扶智相结合,把产业帮扶和技能帮扶相结合。为永仁、武定两县培训县乡村三级基层干部3300人,其中武定县950人、永仁县2350人;培训乡村振兴带头人386人,其中武定县186人、永仁县200人;培训专业技术人才2169人,其中武定县1884人、永仁县285人。

【干部挂职帮扶】 自1999年以来,招商银行累计派出23批、79名挂职干部到永仁县和武定县挂职担任副县长、县长助理和驻村第一书记。2022年,分别向武定县、永仁县各选派1名挂职副县长,向武定县选派1名插甸镇插甸村委会驻村第一书记。

【产业帮扶】 依托定点帮扶县特色,结合两县产业发展规划精准施策,积极创新帮扶模式,探索产业发展途径,深入推进产业升级和消费促产,在种植产业、养殖产业、旅游产业和文化产业等方面引入市场化模式。一是投资361.8万元在永仁县建设"招银水果数字化光电分选线""招银农产品质量安全检测线",在武定县建设"招银肉产品深加工生产线",通过技术升级促进特色农产品规范出产。二是不断扩大消费帮扶产品种类,搭建消费帮扶产品线上、线下多元化销售渠道,着力打造"产品+平台+合作社+农户"的帮扶新模式,通过提升"阳光永仁"和"罗婺故里"品牌,推动两县农产品出滇,切实助力农民增产增收。借助电商平台,以点带面,通过石榴和核桃的示范作用,带动板栗、青枣、芒果、苹果等其他优秀农产品销售。鼓励当地有条件的企业与知名电商加强合作,扩大电子商务应用,起到衔接需、吸引投资、拉动农民增收就业的作用。2022年,上述电商平台共向两县采购"阳光石榴"、"罗婺故里"老树核桃近1200万元。

【教育帮扶】 在帮扶工作中始终突出教育优先,推进教学提质增效。2022年,共投入教育帮扶项目20个,投入资金占全部直接帮扶投入的61.02%。

全力改善学校办学条件。通过校园建设工程项目15个,投入资金1421.42万元。在永仁县民族小学、永仁县民族中学打造"招银书香墨香校园",进一步培养学生良好的读写习惯,深化学校文化建设。在武定县开展"招银安全饮水学校""招银英语规范考场""招银爱心食堂""招银爱心篮球场"等项目建设,为师生提供优质的学习和生活环境。

构建多元化教师激励机制。2021年在两县设立"招银奖教金",设置招银教学质量奖(分高中、初中、小学阶段)和招银园丁、管理等奖项,大力奖励在教学、管理、任务完成、师德师风建设等方面做出突出贡献的教师。

全面发展学生激励机制。大幅度提升招银奖学金(高考奖励、中考奖励和招银学习进步奖励)和招银助学金(招银"1+1"资助、招银特困资助)的奖励额度,减轻家庭教育支出负担,减少因学致贫、返贫的风险。高考方面,永仁县一本上线18人,近3年首次突破两位数,二本上线137人,完成州下达任务数的175.9%。600分以上3人,本土培养出1个985院校、2个211院校毕业生;武定县600分以上4人,完成州教体局下达任务数的400%,一本上线114人,完成州下达任务数的215.1%。中考方面,永仁县500分以上124人,永仁县第一中学高中录取线从300分提高到了380分;武定县2022年度高一年级学生共录取500分以上学生223人,创历史新高。

【文化帮扶】 采取"发放宣传手册+文艺演出+金融知识问答"等形式,持续开展"普惠金融进万家"活动,宣传国家及地方信用体系建设、个人信用维护、反假币和防金融诈骗等知识,初步探索出包含彝绣培训、彝绣就业、彝绣文创、彝绣合作社(协会)、彝绣展厅、帮扶车间、少儿合唱团和"招银普惠万家工程"等8个方面内容的文化振兴模式。

【生态帮扶】 聚焦教育、医疗、产业、人居四大帮扶主题,在永仁县猛虎乡迤帕拉村委会猛古腊小组打造招银乡村振兴示范基地。筹措整合"招商银行资金+乡村振兴衔接资金+村集体经济资金",逐步改善"两污短板"突出、道路狭窄、残垣断壁、停车困难及"门前三包"责任履行不到位等难题。升级招银猛古腊村卫生室为招银乡村智慧卫生室,通过"互联网+远程医疗会诊",村民在家门口就可以享受专家会诊和开药服务,真正实现"小病不出村、大病不出县"。建设招银冬枣产业帮扶基地,帮助当地合作社成为冬枣行业的致富带头企业。改造猛古腊招银希望小学旧址,将其作为宣传展示招商银行帮扶永仁县教育事业发展的一扇窗口,激励永仁乡村学子通过勤奋学习努力改变命运。积极挖掘文化元素,绘就美丽乡村建设蓝图。因地制宜挖掘猛古腊村象棋文化、蚕桑文化及农耕文化,以"追溯源,传棋文"为精髓,建设"看得见山、望得见水、记得住乡愁"的四美乡村。在建设中注重保护风土人情,建成象棋文化长廊、象棋文化健康步道。积极盘活农村闲置房屋,建成聚缘驿站、烟火人家及藏粮于技3个小景点,实现"资源变资产、农民变股东"。

【健康帮扶】 持续深化医疗帮扶,助力医疗再上台阶。全面完善基本医疗保障能力。一方面,持续推进两县共30个智慧乡村卫生室建设,积极配置互联网医院系统,乡村卫生室实现在线问诊、电子处方、电子病历、患者管理等智慧化医疗服务,解决当地村卫生室基本诊疗设备缺乏、信息化水平不高等问题。另一方面,针对两县村卫生室用房老旧、基本诊疗设备缺乏的问题,改造永仁县猛古腊村、班别村和武定县白云庵村、上沽良村等57个村卫生室,改善诊疗环境,补充诊疗设备,提高服务能力,更好地满足群众医疗保健、基本公共卫生服务的需求。乡村智慧卫生室建成后,每年可为乡村医生平均提高3000~5000元收入。通过信息化技术和软硬件设施建设,有效提升乡村卫生室的诊疗能力,实现就医环境和就医质量双提升。加强乡村医疗队伍建设,提升医生的诊疗能力。组织开展形式多样的培训,确保乡村医生通过培训能掌握各种医疗设备、诊疗软件的使用方法,同时加强临床检验技能的教学,利用人才培训带动乡村两级医疗服务和卫生室的诊疗服务能力提升。积极对接引入名医,每年聘请多名三级以上医院的主任医师、副主任医师(在职或退休),针对县内薄弱的神经外科、耳鼻喉科、普外科等专科开展带教坐诊,进一步提高县级医疗机构的服务技术和能力。

(招商银行股份有限公司福州分行
罗立志
招商银行股份有限公司温州分行
杨　韧)

中国民生银行定点帮扶

【概述】 2022年,中国民生银行(以下简称"民生银行")深入贯彻落实习近平总书记关于巩固拓展脱贫攻坚成果同乡村振兴有效衔接和深化定点帮扶工作的指示精神,牢牢把握金融工作政治性、人民性的总体要求,在持续加大对河南省滑县、封丘县资金、资源投入力度的基础上,不断推动帮扶工作做新、做实、做深,着力打造金融主业特色帮扶和"五大振兴"领域综合帮扶"双轮驱动"的定点帮扶工作模式,深化形成多举措、总动员、广覆盖、深聚焦、真帮扶的工作成效。民生银行针对定点县共计落地重点项目和工作举措73项;投入无偿帮扶资金3700万元,引入无偿帮扶资金3231万元,投入有偿帮扶资金(累计投放贷款)9465万元,引入有偿帮扶资金1505万元,采购和帮销脱贫地区农产品4825万元,培训基层干部、致富带头人、技术人员1.82万人次。

【组织领导】 发挥以党委书记为组长、行长为副组长、其他党委班子成员为组员的乡村振兴工作领导小组的重要作用,民生银行党委全年组织召开乡村振兴定点帮扶主题会议6次。民生银行董事长多次作出部署,要求全行着力创新金融手段,扎实务实推进定点帮扶工作;民生银行行长亲自抓落实,牵头协调企业客户参与民生银行乡村振兴工作,助力脱贫地区产业发展;民生银行纪委书记带队就民生银行乡村振兴示范点、金融服务乡村振兴等重点项目开展调研督导,看望慰问挂职干部,走访群众生产生活情况。结合乡村振兴工作的新任务和新要求,制订《年度定点帮扶工作计划》,印发《定点帮扶工作要点》《全面推进金融服务乡村振兴的意见》,明确帮扶目标与实施措施。继续与46家基层党委签订工作责任书,调整并向全行下发定点帮扶年度考核量化指标,深化形成全行各司其职、各负其责、齐抓共管、协同推进的帮扶格局。组织全行14家机构及29家外部单位赴两县实地调研16次。

【干部挂职帮扶】 通过民生银行选拔的方式,遴选7名业务骨干赴定点帮扶地区挂职;向全国其他地区派驻乡村帮扶干部41人。制定《挂职干部项目推进清单》,进一步压实工作责任,定期召开挂职人员工作检视会。滑县挂职副县长主管县金融、招商引资工作,推动滑县年内多项贷款指标名列全市第一;封丘县挂职副县长主管县金融、电商工作,带领封丘县电子商务交易额年内同比增长超31%;驻村员工凭借工作实绩,荣获"河南省优秀驻村第一书记"等多项荣誉。进一步加强工作人员保障,增设定点帮扶工作组、定点县业务服务团队,单列绩效考核,协调推进乡村振兴和定点帮扶各项工作。

【产业帮扶】 一是着力打造"银政企"协同发展的招商体系。一方面,结合"一行兴一乡"工作机制,进一步深化推进产业招商工作。全年开展各类"银政企"产业对接活动22场,有针对性地帮助县政府对接企业客户、机构客户55个,已落地投资额1.08亿元。联合中国农业大学在滑县建立产业发展合作基金,设立小麦良种教授工作站和"民生田"产教融合创新基地,助推小麦"研产销"链条由大变强;通过本来集团向封丘县引入亳州市中药材协会、亳州花草茶健康协会等专门机构,与金银花种植合作社签订包销协议,扩宽当地特色农产品销路,年内带动销售300余万元。另一方面,创新开展战略客户"携手计划",通过总对总、一体化、协同化的工作体系,"一对一"地逐个推动乡村振兴。引导德龙集团向两县捐赠无偿帮扶资金500万元;通过中国供销集团设立"832平台"两县绿色通道,助力农特产品实现线上销售;引导正泰集团股份有限公司在封丘县投资1.06亿元落地光伏发电项目;依托战略客户京能集团,协同推动京能滑州热电共计投资4.56亿元的风能发电项目落地滑县。二是打造特色消费帮扶模式。在推动全行持续做好"以购代捐"基础工作上,加强"产销一体"的帮扶举措。在总行举办特色"豫北美食节"6场,引入市场化电商企业为两县80余款产品进行品控升级和整改指导,不断助力两县产品变商品、收成变收入。在以市场为导向的帮扶模式下,民生银行对两县的消费帮扶总额较2021年再增长32%,达到2932万元。三是持续加大产业基础设施投入。累计调动资金1490万元,重点支持定点县文旅民宿、电商网红馆、香菇产业园、农业大棚、冷链仓库等产业基础设施建设项目8个,着力优化两县产业结构,助推一二三产业融合发展。

【人才帮扶】 一方面扎实做好人才培训,全年面向两县"三支队伍"举办各类培训课程22期,邀请清华大学、中国社会科学院等顶尖机构的专家学者,成熟示范村和合作社的一线项目带头人,以及教育部推荐的北上广地区名师团队,通过集中培训、实地走访、线上授课等多种形式,累计培训基层干部、致富带头人、县域教师等乡村振兴关键人群1.82万人次。另一方面创新培训形式,在滑县举办首届"众创滑州"乡村振兴创业创新大赛,通过出资设立种子基金的形式,引导驻村第一书记和致富带头人充分发挥"头雁"作用,推动成熟产业和成功模式在全县复制推广;联合中国乡村发展基金会捐建两县"双建"互联网培训平台,通过直播、录播、点评、跟进交流等线上授课方式对基层干部、乡村教师开展专业培训,并从出勤率、结业考试、后台大数据等角度把控学员的学习质量。

【文化帮扶】 一是积极弘扬乡村文化。持续开展"民生艺术+赋能计划(MA+)"项目,举办"乡村振兴与文艺复兴"论坛、"定点帮扶行"等活动,邀请"三农"专家及中国农业大学、中央美术学院等机构的10余位学者教授与定点县共同研讨文化振兴方向与路径,实地考察设计定点县艺术乡建项目,推动两县沉淀的优质文化资源走进公众视野;编制舞蹈《金融助农话共富》,以定点县百姓生产生活为题材,通过艺术手法展现挂职干部和当地农民同生活、共奋斗的美好场景,并在中国金融工会舞蹈大赛等平台上展示。二是助力两县非遗传承。以滑县非物质文化遗产"木板年画"为主题,设计发行"民生非遗信用卡"并配套开展宣传推广;围绕李金梅毛笔、锡器茶配、宋绣台屏等两县非遗艺术作品,进一步打造民生公益文创产品,持续将其推向至民生银行贵宾客户和企业合作伙伴。三是加强乡风文明建设。依托挂职干部和驻村工作队,在定点县捐资举办"元宵节文艺汇演""防范电信诈骗宣传周""妇女节义诊""母亲节鲜花DIY""党建主题观影"等系列乡风文明建设活动20场,累计参与村民约1930人次,进一步丰富乡村日常生活,提振农民的精神面貌。

【生态帮扶】 全年帮助两县完成改厕290个,以堤上村"百美村庄"民宿项目建设为契机,为村子铺设地下雨污管网,完成全村旱厕改造,开展村庄主干道及背街小巷路面铺装,配套麦田酒吧、咖啡书屋、无边泳池等公共空间,联合县政府规划开发"民生大食堂"、匠人工坊、野生动物园、万亩油菜花田、马拉松跑道等联农带农项目。在与县政府的共同努力下，民生银行聚力打造的堤上村被评为全县唯一一个"省级乡村康养旅游示范村"。

【组织帮扶】 一是夯实基层党组织建设。累计与67个两县村级党支部开展党建结对共建，通过多种形式支持基层党组织发展，以开展线上联学联建活动、"防电信诈骗"知识讲座、疫情物资捐助等形式，形成覆盖面广、反应迅速的共建格局。二是大力扶持农业经营主体。通过帮扶资金、信贷资金、引进项目等做法，助力两县31个经营主体发展壮大，并依托合作机构与驻村第一书记，在定点县捐建运营农业种植、综合农服合作社3个，实现销售农产品124万元，推动"生产+供销+信用""农事管理图""生产技术规程"等组织过程资产与成熟管理经验向周边经营主体推广复制。

【金融帮扶】 民生银行在两县贷款余额2.04亿元，全年累计投放贷款9465万元，惠及两县龙头企业11家、种植养殖户103户，带动2000余名脱贫人口就业稳收。一是探索打造数字乡村。联合中国互联发展基金会、滑县政府搭建"数字滑州"乡村振兴平台，推进信用村建设，同时借助行内业务模式，实现民生银行首笔"数字滑州"线上贷款的落地，为县域政府依托外部数字平台增强数据治理水平和信贷融资能力提供典型模式经验。二是着力加强信用贷款投放力度。为解决定点县经营主体融资难、融资贵问题，民生银行进一步聚焦小微信用贷款的模式创新，年内出台多项政策安排和产品制度，面向定点县新型经营主体推出"振兴贷"产品。自8月在定点县落地首笔利率为3.85%的"振兴贷"以来，该产品在3个月内累计放款250万元，有效解决贷款主体缺乏抵押担保的发展难题。三是打造特色增信业务模式。在不断加大信用贷款工作创新之外，民生银行进一步加强各方对接，积极推动供应链金融、担保增信、金融租赁等特色融资模式在定点县落地。依托核心光伏企业客户，打造"光伏贷"产品，实现让农户"靠阳光挣钱"；落地"银行+保险+期货"业务模式，着力打出金融行业通力助农、既给"保障"又给"贷款"的金融帮扶"组合拳"；成为首家与河南省农业信贷担保有限公司建立合作关系的股份制银行，并捐助帮扶资金为县政府设立风险补偿金，通过"银行+政府+农担"业务模式推动农业产业发展；发挥民生金融租赁"融资+融物"的独特属性，帮助定点县承租车主低成本购置卡车，建车队、跑运输，带动当地村民就业增收。

【抗疫救灾】 民生银行上下内引外联、主动驰援，第一时间为两县及结对乡镇输送防疫物资，联合腾讯公益、中国灾害防御协会等外部帮扶机构，为隔离群众提供陪伴式心理辅导，全方位、多层次地为县乡政府及农民群众送去物质和精神层面的双重守护。

【防止返贫动态监测】 出资246万元为封丘县政府设立"一事一议"防返贫救助基金，累计帮助200名"五保户"彻底解决因病返贫问题，同时推动定点县开展数字化防返贫监测，督促夯实"十步工作法""集中托养"等监测帮扶机制。

【教育帮扶】 将连续开展14年的滑县"民生班"品牌教育帮扶项目扩大到全县，实现"民生班"对当地6所重点高中和职业高中的全面覆盖，面向1300名品学兼优的低收入家庭学生和310名县级优秀教师开展资助和表彰工作。

【公益帮扶】 进一步深化"ME计划定点帮扶行"活动成果，年内围绕两县教育福祉、产业提升、社区发展等帮扶主题，引进和捐助来自北京、上海、广州、成都等地的14个社会公益组织扎根两县实施公益项目。例如，资助"阿福童"财商课项目，通过寓教于乐的财经素养桌游和配套工具启蒙乡村儿童"财"智思维，帮助两县2146名小学生树立理财意识；借助"桂馨科学课"教材工具箱和讲座课程分享，帮助定点县21所小学的130名教师提升科学素养和综合教学水平；捐助"一扇窗互联网+"项目，为两县20所乡村学校打造智慧活动室，帮助培训校长、教师80余人，让九成以上的参训学校开办数字素养教育课程；引入"幸福益家"志愿者服务项目，聚焦两县农村"一老一小"困难群体，组织城市志愿者开展"民生大食堂""儿童素养成长营"等系列农村社区关爱活动，累计服务高龄老人3585人次、留守儿童504人次；依托"星能冠军赋能"项目，引导国家前奥运冠军对民生银行长期资助捐建的民生学校开展"冠军精神"宣贯和"健身包"发放，助力县域留守学生健康成长等。

【西部重点地区帮扶】 一是创新金融帮扶模式。深入贯彻国家绿色可持续和东西部协调的发展理念，在宁夏、甘肃、青海、新疆、内蒙古、西藏6个乡村振兴重点省（区）举办"风光无限西北行"大型银政企对接活动。以系列活动为契机，邀请115家企业客户参与西部地区绿色经济发展，为6个省（区）制订"一省一策"专属综合服务及对接方案，累计向风电、光伏等新能源项目授信283.23亿元，实现投放超100亿元。二是持续落实中国银行保险监督管理委员会定点帮扶工作领导小组成员单位职责，全年针对甘肃、内蒙古四旗县，累计捐赠资金470万元，开展"嘉种计划""教育助学"、党建"双基联动""以购代捐"等形式多样、成果颇丰的帮扶项目。三是资助乡村振兴重点帮扶地区公益行动。累计投入捐赠资金1043万元，联合中国光彩事业促进会开展先天性心脏病救治项目，为西藏那曲地区、日喀则市和四川省凉山彝族自治州、阿坝藏族羌族自治州、甘孜藏族自治州的389名先天性心脏病患儿开展筛查和救治工作；支持凉山彝族自治州等脱贫地区防疫抗艾宣传教育"五进"行动及因艾返贫群体扶持工作；依托属地分行，资助开展新疆、宁夏、青海、内蒙古等乡村振兴帮扶工作。

【帮扶宣传】 聚焦先进同业和民生银行工作中涌现的好模式和新做法，建立每周汇总、按月刊发、年度表彰的工作机制，开展全行定点帮扶先进评选，梳理帮扶案例105个，评选并全行推广先进集体、个人和典型案例34个。联合大众媒体建立定点县宣传协同机制，并持续加强典型帮扶模式输出，工作案例荣获中国网"乡村振兴优秀案例"、凤凰网"年度十大公益企业"、21世纪经济报道"乡村振兴贡献企业奖"等评选奖项，帮扶成果2次入选人民银行工作简报、5次在监管工作通报中受到点名表扬，《经济日报》《金融时报》《中国乡村振兴》、学习强国等各类媒体累计刊发转载民生银行定点县帮扶稿件66篇。

（中国民生银行办公室
社会责任管理中心　华超杰）

北京大学定点帮扶

【概述】 2022年，北京大学坚持以习近平总书记关于"三农"工作的重要论述为指导，深入学习党的二十大精神，认真贯彻落实中共中央和上级关于乡村振兴的部署和安排，定点帮扶云南省弥渡县，强化品牌意识，争做帮扶标杆，高质量推进定点帮扶工作，取得积极进展和成效。北京大学在中央单位定点帮扶成效考核中获得"好"等次。

【帮扶资金投入】 2022年，北京大学对定点帮扶县直接投入帮扶资金439.6万元，引进帮扶资金1240万元，培训基层干部1045名、技术人员450名，购买脱贫地区农产品465万元，帮助销售脱贫地区农产品3500万元，有力助推弥渡县巩固拓展脱贫攻坚成果同乡村振兴有效衔接。

【帮扶资金管理】 学校继续按照《北京大学扶贫经费管理办法》《关于加强援派干部人才激励保障的若干措施》等文件，严格帮扶、支援经费管理方式、使用范围等。在涉及对口帮扶资金使用中，严格按照"三重一大"决策制度执行，相关资金专款专用、专款专账，严格把关、严格监管。

【帮扶调研】 7月，北京大学党委书记会见弥渡县党政代表团，就弥渡县经济社会发展情况和未来发展规划进行专题研讨。11月，北京大学副校长线上调研考察弥渡县，组织院系、部门与相关负责同志交流，细化分工、明确责任，为脱贫攻坚与乡村振兴有效衔接"把脉""会诊"。

【干部挂职帮扶】 选派校园服务中心副主任挂职担任弥渡县副县长，推进定点帮扶等多项工作；学生工作部干部1人担任寅街镇勤劳村驻村第一书记。2位挂职干部积极履职尽责，深受学校和当地干部群众好评。

【产业帮扶】 助力特色产业发展，擦亮弥渡县的"产业品牌"。学校围绕"技术支撑、电商引领、金融保障"的思路，协调相关院系投入力量支撑产业发展。联系现代农学院在弥渡县开展品种试种开发、农业技术改良等帮扶工作；设立农民合作社发展基金，积极支持弥渡县农业合作社高质量创新发展；围绕电商平台创新，对接北京大学优质宣传资源和流量渠道，打造弥渡电商品牌；继续实施农村小额担保贷款项目，为农民创业提供信贷支持，促进农村产业和集体经济不断发展壮大。协调校友资源，聘请青海省校友会、湖北省校友会会长为弥渡县乡村振兴产业发展顾问，并设立电商产业发展基金，为弥渡县产业发展"把脉问诊"。此外，挂职干部协助勤劳村委会三合村成立农民合作社，通过打造星空露营地、农家乐餐饮、土鸡养殖等产业形式，进一步丰富和发展乡村产业形态。

【教育帮扶】 创新教育帮扶举措，强化博雅自强班示范效应。学校积极把握托管帮扶工作契机，对弥渡一中发展进行专题研究，制订方案，建立机制，推进帮扶落到实处。在弥渡县投放"筑梦计划"高校专项招生名额，帮助弥渡县高三学子直接受惠于招录优惠政策。持续推进博雅自强班建设，2022届高考一本进线率提高1个百分点。协调方正证券股份有限公司、中国乡村发展基金会和教育部学生服务与素质发展中心开展高中骨干教师培训计划,对弥渡县9个学科40余名骨干教师进行专题培训,带动师资水平提升。协调上海真爱梦想基金会,开展"梦想课堂"、"去远方"游学等项目,在开阔学生视野的同时,留住优质生源。积极组织各院系实践团深入弥渡中小学与当地学生进行交流,开展学习方法指导,促进学生全面发展。

【文化帮扶】 扎实推进美育建设,展现弥渡县的文化品牌。在弥渡县设立乡村振兴美育专家工作站,并协调艺术学院院长、教育部"长江学者"特聘教授担任首席专家,指导建设小河淌水少年合唱团,以乡村美育为抓手,促进非遗项目传承创新。组织县内音乐教师及音乐特长学生开展声乐学习,围绕学生艺术团体建设开展工作,打好传统音乐文化发展基础。协调考古文博学院党委书记多次深入弥渡县,开展田野调查,关注白子国历史研究问题。考古文博学院还在弥渡组织实施冶金实验考古暑期课程,汇聚国内外高校、研究机构的师生关注弥渡历史文化的发掘和研究。

【乡村振兴模式探索】 创新探索振兴模式,为全面推进乡村振兴提供"北大智慧"。持续推进基层乡村建设治理模式探索。在云南弥渡、安徽潜山、江苏江阴、江苏昆山、江西宜黄五地设立"北京大学乡村振兴研究与实践基地",扩大试点范围,继续开展以"村庄共同体建设"为核心的"乡村振兴试验"计划,力争探索、总结出一套可推广的乡村振兴新路径和新模式,为乡村振兴发展提供"北大方案"。

【帮扶培训】 创新打造品牌活动,服务教育系统和全国乡村振兴人才培养大局。充分发挥一流学府人才、教育、师资、学科等优势,推出"乡村振兴千万带头人培养计划",打造乡村人才学习的稳定渠道和平台,围绕党政、产业、教育、文化、规划、治理等人才培养需求,分批分类精准施训。截至2022年年底,培养计划已开展2期,成效显著。一期"党政综合管理班"培训学员1826人、二期"产业领军人才班"培训学员1725人,覆盖29个省(市、区),116个市(州),209个区(县、旗),地点包括国家160个乡村振兴重点帮扶县、教育部直属高校和省合建高校定点帮扶县。通过该计划,一大批一线的优秀党政领导干部、企业带头人等走进"北大课堂",逐渐成长为爱农村、爱农民、懂农业、善经营、会管理的优秀乡村振兴工作者,成为引领乡村振兴发展的强大生力军。

【帮扶宣传】 讲好帮扶故事,推广弥渡县的形象品牌。与中国教育电视台联系沟通,协调《育见》栏目专访北京大学主管帮扶工作的副校长,录制了《北大发挥跨多学科优势 激发内生动力引领乡村振兴》专题片,充分发挥主流媒体宣传影响力,打造和推广弥渡县的良好形象,助力"小河淌水 幸福弥渡"乡村建设。联动艺术学院,加强与中央广播电视总台的沟通,策划播出专题报道,反映小河淌水少年合唱团的发展故事。

(北京大学国内合作办公室 刘爽健)

清华大学定点帮扶

【概述】 2022年，清华大学定点帮扶云南省南涧彝族自治县（以下简称"南涧县"），将"深化定点帮扶工作、服务乡村振兴战略"列入"十四五"规划和2022年度重点工作，严格落实"四个不摘"要求，学校领导带队赴南涧县考察，南涧县委书记来校交流，多次举行专题工作推进会和学术研讨会，扎实推进教育、医疗、人才、产业、党建、消费等重点帮扶工作。

【帮扶资金投入】 2022年，清华大学直接投入帮扶资金201万元，培训南涧县基层党政干部1380人次、技术人员1182人次，直接采购脱贫地区农产品1005.8万元，帮助销售农产品2588.9万元，完成各项目标任务。

【帮扶调研】 清华大学对口支援办公室走访清华控股有限公司、清华大学附属中学（以下简称"清华附中"）、清华大学第一附属医院、建筑学院、团委、校友会、继续教育学院等相关部门，就如何进一步推进帮扶南涧县和推动乡村振兴工作进行研讨。清华大学校务委员会副主任率队赴南涧县实地调研，举行清华大学定点帮扶南涧工作座谈会。清华大学组织碳中和研究院相关专家与南涧县相关部门就南涧县碳中和事宜进行线上交流，为南涧县"双碳"经济的发展建言献策。清华大学中国农村研究院与南涧县举行工作交流视频会议，从专业的角度就南涧县推进乡村振兴建设提出有针对性的建议。清华大学地方基层实践南涧支队6名同学抵达南涧县，开始为期6周的实践活动，针对南涧县当地茶产业发展情况开展专项调研。清华大学学生资助管理中心副主任等学生部教师赴南涧县调研交流。清华大学经管学院院长赴南涧县调研。为落实《"十四五"县域普通高中发展提升行动计划》，专门申请将南涧县第一中学作为托管帮扶中学之一，并签署帮扶协议。南涧县委书记带队访问清华大学，并就清华大学持续深化定点帮扶南涧县工作、更好支持南涧县经济社会发展进行交流座谈。

【帮扶会议】 4月，南涧县与清华大学举行2022年定点帮扶工作视频会，双方就南涧县的具体需求和清华大学对口支援的自身优势进行充分讨论，助力南涧县推进乡村振兴。11月，南涧县委书记带队访问清华大学。清华大学中国农村研究院组织召开"清华大学—南涧县乡村产业振兴"研讨会。

【帮扶培训】 积极推动教育帮扶与乡村振兴有效衔接，无偿为乡村各类人才提供学习项目，促进地方人才发展。累计培训各类人才共计8982124人次。其中，乡村教师培训共计197972人次，南涧县345人次；中小学生培训共计7841896人次，其中南涧县71808人次；基层干部培训共计474621人次，其中南涧县1380人次；培训产业人才共计468235人次，其中南涧县882人次。清华大学举办的2022年乡村产业振兴领头雁培养计划，邀请清华大学教授及农村创业创新优秀带头人等讲授乡村文旅、直播电商、设施农业等课程。该项目专门拿出50个培训名额给南涧县基层干部。

【干部挂职帮扶】 始终把选派能力过硬、作风扎实的优秀干部到南涧挂职作为推进定点帮扶工作的有效举措。选派2人分别任南涧县副县长、南涧镇西山村驻村第一书记。

【产业帮扶】 清华控股有限公司在南涧县创办的无量山清云汇秾实业有限公司稳步发展,旗下各公司面向南涧县大量招聘员工;1—11月合计销售额为2588.88万元。集中采购南涧农产品价值585.9万元,购买脱贫地区农产品价值592万元。学校饮食中心支持南涧籍企业家在学生食堂承包上千平方米的餐厅,并招聘南涧籍务工人员5人。

【智力帮扶】 持续推进设立在南涧镇西山村的清华大学乡村振兴工作站南涧站建设,完成工作站2期建设。清华大学乡村振兴工作站南涧站共举办乡村振兴主题沙龙、讲座3场。共有5支清华大学社会实践支队、63名同学到南涧县开展社会实践,主题涵盖产业发展、清洁再生能源利用、移民村室内空气质量监测、乡村振兴与红色教育、乡村文旅项目规划等。

【教育帮扶】 清华附中在南涧县第一中学、南涧镇中学建设清华附中南涧创新实验班;举办"成志英才培养计划"2022云南省遴选活动,南涧县10名学生入选。组织南涧县初二到高二年级的40名英才班学生在线进行暑期课程学习。组织多场专题讲座对南涧全县教师进行教学质量提升在线培训,为南涧县第一中学领导班子及管理骨干近50人开设9场培训讲座,提升学校建设和教学管理水平。校团委选派5名志愿者在南涧县开展为期1年的全职支教工作。举行大理州校地合作招才引智暨教育帮扶座谈会,确定清华大学托管帮扶南涧县第一中学工作,并签署托管协议。香港大学公民社会与治理研究中心(CCSG)与清华大学公共管理学院、中国农村研究院,泰国亚洲理工学院等共同发起农村可持续发展项目之"亚太城乡可持续发展青年学者"项目,通过南涧县委组织部推荐,邀请南涧县2名青年干部免费入选该项目。

【文化帮扶】 深化设立在南涧镇西山村的清华大学乡村振兴工作站南涧站建设,与县党史研究办公室合作针对西山村党员开展两会精神宣讲,开展面向西山村民、西山小学学生的电影放映、读书分享系列活动。

【健康帮扶】 清华大学第一附属医院与南涧县妇幼保健院开展远程培训、会诊;接受手术治疗10名孩子,并为他们的家庭筹集10余万元的救治费用;医疗专家到南涧县为当地91名患儿筛查确诊先天性心脏病。

【特色帮扶】 清华大学组织建筑学院、土木水利学院、核能与新能源技术研究院、经济管理学院、公共管理学院、社会科学学院、能源与动力工程系、工业工程系、科研院、校团委、技术转移研究院等参与乡村振兴工作的院系部处专家举行线上研讨会,探讨已经开展的亮点工作,交流经验,争取"学者—学生—校友"参与资源投入乡村振兴工作。

(清华大学 宗 菁)

北京科技大学定点帮扶

【概述】 2022年,北京科技大学(以下简称"北科大")定点帮扶甘肃省秦安县,持续强化政治担当,锚定年度性任务,制定针对性举措,突出实效性导向,完善健全工作体系,深入挖掘帮扶资源,克服多重困难,采取更有力举措,压实责任、跟踪问效,定点帮扶工作年度任务指标全部超额完成。北科大对秦安县直接投入资金394.63万元,引进帮扶资金381.98万元,培训基层干部1782人,培训专业技术人员2088人,直接购买脱贫地区农产品658.76万元,帮助销售秦安县农产品565.68万元,切实帮助秦安县巩固拓展脱贫攻坚成果同乡村振兴有效衔接取得新进展。

【帮扶资金投入】 2022年,北科大直接投入帮扶资金394.63万元,其中投入125万元用于示范村镇发展村集体经济;拨付20万元支持全部17个乡镇的防疫工作。针对实际需求,拨付40万元用于为乡镇基层卫生院购买配备救护车辆;投入15万元帮助王尹学区新建梦想教室,20万元帮助第四中学硬化学生操场,5万元帮助刘坪中学更新教学设备,15万元升级县教研中心;投入30万元实施陇城镇镇区路灯建设项目,投入11.3万元助力陇城镇购建垃圾储运设施;投入15万元硬化刘坪镇秦洼村小巷道。投入10万元建设兴国镇康坡村消防站、儿童活动中心户外设施等;投入4万元支持县政府电子政务中心硬件建设,推动完成"甘肃政府服务网"秦安全县17个镇428个行政村数字化框架搭建工作。

【组织领导】 召开定点帮扶工作总结部署会,对2022年度定点帮扶工作进行全面部署。多次组织召开专题会议分解全年帮扶工作任务,细化帮扶举措,研究帮扶资金使用,提高帮扶工作效益,确保各项帮扶工作落到实处。北科大党委常委会讨论推进乡村振兴帮扶工作3次。北科大分管领导与帮扶干部保持经常性联系,常态化督导帮扶工作。

【干部挂职帮扶】 3月,完成挂职干部轮换,继续选拔6名优秀研究生组成支教团,在王尹学区、陇城学区开展支教,助力秦安县乡村教育发展。年内有1名挂职副县长、2名驻村第一书记和6名支教研究生常驻秦安县开展帮扶工作。成立帮扶秦安县临时党支部,开展人居环境整治、中药材种植等公益性活动。学校帮扶干部深入基层开展常态化调研和入户访视,协助包抓镇、帮扶村运行好防返贫监测机制,落细落实过渡期各项帮扶政策,受到基层群众高度肯定。在驻村第一书记所在的刘坪镇秦洼村、兴国镇康坡村等帮扶村开展视觉危房改造、"温暖过冬"等专项工作,为生活困难、确有需要的群众提供实际帮助。

【产业帮扶】 锚定产业根基,推进产业发展,直接投入帮扶资金125万元用于示范村镇发展村集体经济。通过技术培训、产业路修建、电商中心建设和撂荒地整治等多种途径,助力秦安县苹果、蜜桃和花椒等特色优势产业提质升级,帮助秦安县立足实际发展养殖、中药材种植、光伏发电、文旅融合等新产业项目,推动陇城镇千亩中药材示范种植园、康坡屋顶分布式光伏发电项目落地。联合秦安县科学技术局开展24期共计1118人次果树管理培训并发放农具,有力支持秦安林果产业发展。投入10万元支持刘坪镇农文旅田园综合体萌宠乐园建设,深化农旅融合发展。广泛组织力量,助力拓宽产业帮扶渠道。持续开展"我有一棵树 共走富裕路""北科心·秦安情"市场营销大赛等助农品牌活动,帮助销售农副产品350余万元。谋划推进国家"万人计划"中青年科技创新领军人才万向元教授团队,通过技术开发等形式助力秦安县王铺镇千亩甜玉米种植示范基地建设。

【消费帮扶】 持续深化消费帮扶,加大直接采购和帮助销售力度,显著拓展秦安农副产品的市场广度,提升品牌效应。开发"情系秦安"微信采购小程序,帮扶干部多次深入合作社、加工车间、果园、养殖场等实地调研,引入市场竞争机制,上线30余种优质货源,大幅度降低采购成本,建立完善售后渠道,与日常网购接轨。全年社会人士采购额度达17万元,占全部销售额的14%,产生良好的溢出效应。继续组织开展"爱心消费"帮扶活动,全校近2000名党员干部积极响应,直接购买秦安县农副产品123万元。新增重阳节慰问采购项目,采购价值75.4万元的苹果、蜂蜜、杂粮、胎菊等秦安县特产,为2500余名离退休干部送去节日问候。北科大后勤集团和工会通过"832平台"采购农副产品500万元,采购品类涵盖面粉、苹果、鸡蛋、花椒等多种农产品。

【教育帮扶】 筑牢教育底线保障,发挥高校教育资源禀赋,统筹推进秦安乡村教育振兴和教育振兴乡村工作,实现控辍保学常态清零,巩固拓展教育脱贫攻坚成果。北科大400余名教职工和离退休人员持续参与"一对一"结对帮扶活动,每年资助每名困难学生500元,全年共资助470名困难学生23.5万元。3名帮扶干部和6名支教研究生每人捐助1500元发起"温秦计划"公益活动,为王尹学区、陇城学区生活困难学生购买发放羽绒服和文具等。硬件软件齐抓,补齐发展短板。持续支持中小学改善教育教学条件,投入15万元帮助王尹学区新建梦想教室、20万元帮助第四中学硬化学生操场、5万元帮助刘坪中学更新教学设备、15万元升级县教研中心。学校通过多种途径联系社会力量,助力秦安教育事业发展。支持秦安"好校长·好教师工程"建设,联系中国乡村发展基金会引进价值100万元的"双师智慧课堂项目",覆盖当地全部17个学区和5所县直学校。与北京蔚蓝公益基金会、创客教育科技研究院密切联系,引进价值200万元的图书和教学设备等,助力全县中小学课堂教学水平提高。联系对接海淀教师进修学校、西安清华附中等高水平学校,推动开展校际交流,助力提升秦安基础教育学校提高管理水平。服务"双减"战略实施,组织6期"i科学·科普云课堂",打造全视角、常态化网络科普活动,覆盖8所学校中小学生近4000人次,助推秦安县青少年科技创新能力提升。深入实施教育部直属高校乡村振兴创新试验项目"以解决乡村学校发展和小班教学难题为导向,综合施策,探索助力乡村小规模学校均衡发展新模式——以秦安县王尹学区为试点",优化发展理念,组织专家座谈,促进王尹学区教育教学水平全面提升,效果显著。

【帮扶培训】 持续拓展教育培训,夯实人才根基。聚焦秦安县乡村振兴需求,与秦安县政府和相关乡镇联合举办各类基层干部、乡村振兴带头人和专业技术人员培训班,涵盖理论宣传、党建、乡村振兴、社区治理、电商发展、实用技术和教师培训等多个方面,培训基层干部和专业技术人员3870人次,助力秦安县打牢高质量发展的高素质本土人才根基。

【乡村建设帮扶】 投入81.3万元支持陇城镇省级乡村振兴示范镇建设,助力陇城镇娲皇村入选住房和城乡建设部"第六批中国传统村落名录"。多方位支持刘坪镇秦洼村、王尹镇郭山村、郭嘉镇暖泉村、陇城镇凤尾村、中山镇香山村等省级、市级乡村振兴示范村建设。积极参加"百校联百县兴千村"行动，已签署合作协议覆盖秦安县7个乡镇的12个行政村。大力改善帮扶村镇人居环境，投入30万元实施陇城镇镇区路灯建设项目，投入11.3万元助力陇城镇购建垃圾储运设施，投入15万元硬化刘坪镇秦洼村小巷道，投入10万元建设兴国镇康坡村消防站、儿童活动中心户外设施等。

【生态帮扶】 以先进技术赋能乡村生态治理，依托北科大环境科学与工程学科，联合农业农村部规划设计研究院、比尔及梅琳达·盖茨基金会，引进价值40余万元的示范性新世代高新技术厕所，助力刘坪镇农旅融合田园综合体和大地湾遗址—陇城历史文化名镇景区建设项目。

【乡村治理】 着力推动秦安县"数字政府"建设和"放管服"改革，投入4万元支持县政府电子政务中心硬件建设，推动完成"甘肃政府服务网"秦安县17个镇428个行政村数字化框架搭建工作；主动对接国务院办公厅电子政务办公室开展指导，参加"国办政务服务向基层延伸工作调研"，促进秦安县电子政务工作水平跃升。联系北京利商律师事务所，为陇城镇和刘坪镇秦洼村、兴国镇康坡村聘任法律顾问，提升法治建设水平。

【文化帮扶】 开展新时代文明实践活动，支持帮扶村打造村级新时代文明实践站和文化广场，充分利用帮扶村文化广场文旅资源，组织传统节日慰问活动和新时代青年专题文化活动，开展"最美系列评选"等活动。组织"青系基层·家乡有我"返乡大学生志愿服务活动，为乡村建设注入新元素。依托社会工作专业力量，完善社会服务工作站建设，推动教育部直属高校服务乡村振兴创新试验项目建设，组织3名教师和8名研究生驻村提供专业化社会工作服务，开展"关爱留守老人妇女儿童"专项行动，组织"奔跑吧少年""国际理解·共享成长"、趣味科学等夏令营活动和"大手拉小手"线上作业辅导，惠及村民及中小学生1000余人次。

【党建帮扶】 坚持党建引领，有序推动乡村治理改进。加强陇城镇、刘坪镇秦洼村和兴国镇康坡村等帮扶镇村党组织建设，继续组织开展支部共建，新增北科大党校办党支部与王尹学区党支部、高等工程师学院2020级党支部与刘坪镇秦洼村党支部结对共建，已有23个学校部门、党支部参与结对共建活动。开展全县乡村振兴干部培训，着力提升基层干部素质。

【帮扶研究与宣传】 北科大乡村振兴与县域发展研究院组织校内外专家学者，多次召开专题研讨会，围绕秦安乡村发展、乡村建设和乡村治理深入探讨，为定点帮扶工作和秦安县经济社会发展提供智力支撑。帮扶干部发表理论文章5篇，帮扶工作动态和成效经验多次被新华网、人民网等主流权威媒体和教育部乡村振兴专题网站报道。

(北京科技大学 贾兆义)

北京交通大学定点帮扶

【概述】 2022年,北京交通大学(以下简称"北京交大")定点帮扶内蒙古自治区科尔沁左翼后旗(以下简称"科左后旗"),深入学习贯彻党的二十大精神,学习贯彻习近平总书记关于教育、"三农"工作的重要论述,落实国家乡村振兴局、教育部部署,坚持把巩固拓展脱贫攻坚成果同乡村振兴有效衔接作为首要任务,进一步挖掘教育、科技、人才"三位一体"优势,围绕科左后旗发展所需,整合帮扶资源,凝聚帮扶合力,精准发力助推科左后旗经济社会发展。全年赴旗县调研考察82人次,选派挂职干部2人,召开定点帮扶专题工作会议12次,累计投入帮扶资金230.9万元,引进帮扶资金794.2万元,培训基层干部931人,培训技术人员1598人,培训乡村振兴带头人292人,购买脱贫地区农产品252.5万元,帮助销售脱贫地区农产品221.1万元。

【帮扶资金投入】 2022年,北京交大直接投入帮扶资金230.9万元,其中20万元用于科左后旗产业园总体规划制定;25万元用于草甘沙漠旅居车营地详细规划制定;155万元用于支持甘旗卡第二高级中学改善办学条件创建通辽市优质普通高中;22.054万元用于捐赠计算机、打印机等改善基层办公条件;7.54万元用于开展暑期社会实践;1.31万元用于开展各类培训。累计引进帮扶资金794.2万元,其中156万元用于支持科左后旗4所幼儿园、2所中学基础设施改造;636万元用于科左后旗产业园项目建设;2.2万元用于捐赠空调改善基层办公条件。

【帮扶调研】 北京交大赴科左后旗调研考察共计82人次,其中校领导班子成员2次。7月,副校长带队赴科左后旗调研督导定点帮扶工作,实地考察调研帮扶项目推进实施及落地情况,看望慰问挂职干部,并与科左后旗主要领导及有关部门深入座谈交流,校旗共同签署《县中托管帮扶协议》《农副产品采供协议》《小桥工程》等3项帮扶工作协议。组织15个学院的21名青年高层次人才、海外归国教师赴科左后旗开展国情研修,为科左后旗政府提出多项政策建议。

【帮扶会议】 累计召开定点帮扶工作会议12次,其中党委常委会2次、校领导班子专题会5次。在北京交大暑期工作会议、开学典礼等全校性重大会议上,将定点帮扶工作作为重要内容研究部署,广泛动员师生参与。召开定点帮扶工作领导小组会议,总结2021年定点帮扶工作,研究部署2022年定点帮扶工作。

【帮扶培训】 针对科左后旗党政干部、企业家和专业人才的素质提升需求,组织北京交大马克思主义学院、经济管理学院、心理中心专家教授等开展"乡村振兴战略与农业农村现代化""优化营商环境,推动高质量发展""新时代背景下领导干部压力管理、压力应对和心理调适"等培训6期,培训基层干部931人次、乡村振兴带头人292人次。在技术人员培训方面,依托北京交大教师发展中心和援建甘旗卡第二高级中学物理科技馆开展培训7期,累计培训1598人次。

【干部挂职帮扶】 北京交大选派1人继续任科左后旗副旗长,1人继续任巴彦乌楞嘎查驻村第一书记。2位干部充分发挥挂职干部纽带桥梁作用,积极推进定点帮扶落地落实,取得显著成效。挂职干部所写《一粒"种子"的故事》被《党报头条》报道。挂职干部在科左后旗领导班子年终考核中获评优秀、在驻村第一书记考核中获得优秀。

【党建帮扶】 北京交大以支部共建为基础推进乡村党组织建设,继续深化外联处、马克思主义学院、威海校区等与巴彦乌楞嘎查党建共建,试点开展"文明实践积分+"激励约束机制,组织道德模范、最美家庭、"十级文明户"评选等活动。威海校区党委为嘎查村党员讲"努力掌握马克思主义思想方法和工作方法"专题党课。推进基层管理信息化建设,优化基层党组织服务水平,帮助制订《巴彦乌楞嘎查数字乡村项目建设方案》,投入专项资金,打造一体化惠农信息化平台。配合信息化建设,向科左后旗部分嘎查村捐赠计算机59台、打印机18台。

【产业帮扶】 立足于科左后旗农牧大旗实际,继续推进"减肥增效"科研成果转化项目畜禽粪污控失有机肥产业化,已建成年处理牛粪2.19万吨控失有机肥生产示范线,建立控失有机肥生态种植示范基地,开展沙化地生态种植试验示范,发展养种结合现代生态循环农业,年度转移就业12人,引进投资30万元。此外,继续推进农旅融合产业试点建设,制定散都大米核心产区农旅融合发展战略,在巴彦乌楞嘎查开展农旅融合创新试验项目试点工作,确定整村以绿色生态循环农业为引领,3个自然屯分别以绿色水稻、肉牛肉羊养殖、庭院经济为特色的产业发展思路,已组织20户农民加入绿色水稻产业种植合作社,建成70余亩的肉牛、肉羊养殖小区,选取5户农牧户的10余亩庭院用于庭院经济试点工作,种植鸡心果树650余棵、景观海棠树300余棵,成立禾鑫种植养殖专业合作社,创立"思源粮心"大米品牌,实现转移就业8人。

【智力帮扶】 组织北京交大专家、教授帮助科左后旗制定工业园区规划,申报工业园区建设项目,成功争取上级636万元建设资金支持。在2019年帮助制定草甘沙漠旅游发展总体规划,申报3A级景区的基础上,北京交大旅游管理专家团队根据景区发展需要,帮助制定草甘沙漠自驾车旅居车营地控制性详细规划,申报5C自驾车营地,推动草甘沙漠景区旅游高质量发展。

【教育帮扶】 坚持以教育帮扶为核心,做好定点帮扶工作。一是落实县中托管帮扶,按照教育部《关于组织实施部属高校县中托管帮扶项目的通知》,与科左后旗甘旗卡第二高级中学、陕西麟游县中学签订《县中托管帮扶协议》,汇聚优质资源力量,在学校管理、教师培训、教研指导、课程建设、文化建设、学生指导等方面开展精准帮扶,提高托管帮扶县中育人质量。二是改善办学条件,协调引进帮扶资金156万元,投入专项资金155万元,支持科左后旗4所幼儿园、2所中学的基础设施改造,帮助甘旗卡第二高级中学开展体育馆修缮、微机教室建设、物理和化学实验室改造升级等工作,创建通辽市优质普通高中。三是深化学生支教,继续做好向科左后旗派遣研究生支教团工作,已累计选派研究生支教团8届32人。支教学生不断深化"思源学堂"精品活动,构建面向乡村的常态化线上教学机制,形成学院—学科—大学生—中小学生的"四位一体"教学模式,使大学生成为乡村小教师。四是开展师资培训,深入考察调研科左后旗中学教师发展需求,对教师发展中心优秀培训课程进行整合优化,制订针对科左后旗中学教师的包含专题讲座、交流研讨、骨干培训、ISW国际认证等的系统化的教师素质提升培养方案,面向科左后旗中学教师开展为期2个月的系列专题培训。五是建设科普基地,援建甘旗卡第二高级中学物理科技演示与探索馆持续发挥科普示范作用,5月获评通辽市科普示范基地。六是推进职业教育,继续做好科左后旗民族职业技术学院新能源汽车装调与检修专业和高铁运输客服专业的建设支持工作,其中新能源汽车专业招生人数由2020年的14人增至40人,2022年2个专业共有80人毕业,均实现稳定就业。

【文化帮扶】 组织6支学生暑期社会实践团队,54名学生到科左后旗开展暑期社会实践活动,3支实践队伍在首都高校师生服务"乡村振兴"行动中分别荣获二等奖、三等奖和优秀奖。实践团学生发挥专业特长,开展丰富多彩的实践活动,挖掘科左后旗新风画卷,为乡风文明建设、乡村振兴贡献智慧和力量。完成60米长以"党建引领、内蒙风情、稻田碧绿、生产丰收"为主题的墙绘,拍摄科左后旗和北京交大定点帮扶工作宣传片3个,完成调研报告9份,实践团采访学校帮扶工作文稿《新时代驻村书记的"播种"之路》被教育部专栏采纳。

【生态帮扶】 以畜禽粪污有机肥转化生产及示范种植项目为抓手,回收农牧区牛羊粪垃圾进行产业化利用,基本解决散都苏木及周边村落的畜牧粪便对农村环境的污染问题,同时在水稻种植中使用牛羊粪生产的有机肥及土壤调节剂对科左后旗沙化地土壤生态改善起到积极作用。

【整村推进】 北京交大发挥科技、智力、人才优势,在巴彦乌楞嘎查村打造"产业兴旺、生态宜居、乡风文明、治理有效、生活富裕"的乡村样板。在产业方面,打造绿色水稻、庭院经济、肉牛肉羊养殖为特色的三大乡村产业,创立"思源粮心"大米品牌,全年嘎查村销售大米、牛羊肉70余万元;推广畜禽粪污有机肥科研成果转化项目,批量化回收牛羊粪便生产有机肥,并将有机肥用于水稻种植,推动水稻产业向绿色水稻产业转变。在乡风方面,北京交大建艺学院为巴彦乌楞嘎查村设计打造村口标识、指示牌、党建文化广场等设施,为巴彦乌楞嘎查村绘制"党建引领、内蒙风情、稻田碧绿、生产丰收"墙绘,研究生支教团在巴彦乌楞嘎查村设立"思源学堂",长期开展送教下乡和实践活动。在乡村治理方面,巴彦乌楞嘎查村与北京交大对外联络合作处、马克思主义学院、威海校区开展党支部共建"一帮一"活动,投入专项资金,帮助巴彦乌楞嘎查村建设一体化惠农信息化平台。

【帮扶宣传】 充分利用报刊、广播、电视、网络等媒体,广泛宣传定点帮扶工作,全年共计拍摄北京交大定点帮扶工作宣传片4个,各类媒体报道定点帮扶工作65篇,其中校内媒体41篇、校外媒体24篇。《中国青年报》《中国交通报》等主流媒体都对北京交大师生服务乡村振兴工作进行宣传报道。

(北京交通大学 王 刚)

北京邮电大学定点帮扶

【概述】 2022年,北京邮电大学(以下简称"北邮")定点帮扶贵州省长顺县,坚持"长顺所需、北邮所能",强化政治担当,完成挂职干部、驻村第一书记压茬轮换工作,2名新任干部到岗任职,发挥特色优势,聚焦乡村"五大振兴",以高质量推进教育部直属高校服务乡村振兴创新试验项目为抓手,从教育、科技、智力、产业、文化、消费等方面加大帮扶力度,实施帮扶项目19个,直接投入帮扶资金322万元,引进帮扶资金(含有偿)1158万元,开展培训16期,培训基层干部1050人,培训技术人员1023人,采购农产品258.8万元,帮助销售农产品3975.2万元,全面助力长顺县经济社会高质量发展。北邮驻村第一书记所在的长顺县核子村成功入选"全国民主法治示范村(社区)""贵州省特色田园乡村·乡村振兴集成示范试点"。

【帮扶资金投入】 2022年,北邮投入帮扶资金322万元,其中120万元用于支持长顺县电子商务产业发展,69万元用于支持核子村乡村振兴建设项目,36万元用于同笋小学幼儿园建设项目,25万元用于支持樱花基地观景台及停车场建设项目,20万元用于支持长顺县基层干部系列培训项目,15万元用于支持"助顺邮我"智慧旅游导览项目,10万元用于资助长顺县困难学生,10万元用于奖励长顺县优秀中小学教师,10万元用于支持国画之乡创建人才培训项目,7万元用于驻村第一书记工作经费。

【帮扶资金管理】 帮扶项目及资金安排均严格按照"三重一大"决策制度执行,资金使用专款专用、专款专账,有专门计划、专门安排、专门方案。北邮纪委、审计部门开展对帮扶资金使用的专项检查。

【帮扶调研】 北邮校长、校党委副书记率队赴长顺县督导调研,校内各单位师生赴长顺县考察调研87人次,通过查看资料、进村入户、实地观摩、座谈交流等方式,围绕严格落实"四个不摘"、扎实推进巩固拓展脱贫攻坚成果同乡村振兴有效衔接等重点工作开展实地督导调研,进一步提升帮扶对接精度、拓宽帮扶领域。

【帮扶会议】 北邮校长在长顺县督导帮扶工作期间,召开北京邮电大学—长顺县定点帮扶工作座谈会,会议听取长顺县巩固拓展脱贫攻坚成果同乡村振兴有效衔接工作报告,总结定点帮扶工作开展情况,并就做好定点帮扶助力乡村振兴各项工作进行深入研讨。全年召开党委常委会等会议9次,专题研究定点帮扶工作。

【帮扶经验推广】 北邮驻村第一书记助力长顺县核子村,总结形成以"党建引领强组织、示范带动聚村民、村社合一推产业、健全机制抓治理、规划引领促振兴"为纲目的乡村振兴"核子经验",实现全县95个村"核子经验"推广全覆盖。

【帮扶培训】 举办核子村联户长培训大会、乡贤座谈会暨乡村振兴带头人培训会、折耳根种植技术乡村振兴带头人培训、茭白复种工作推进会暨茭白种植技术培训会,累计培训致富带头人342人。全年培训技术人员1023人。结合教育振兴乡村目标要求和教育信息化建设发展趋势,线上、线下相结合开展教学专题培训,覆盖专职教师426人。建设"北京邮电大学电子商务政产学研实践基地",举办电子商务赋能乡村振兴论坛暨长顺县首届电商大赛,组织255人参加电商直播带货培训,加快培育本土电商直播人才。聚焦长顺县干部需求,面向基层干部群体,量身打造深入学习贯彻党的二十大精神暨新提拔领导干部和优秀年轻干部、旅游产业化、乡村振兴暨农业现代化、政府项目投资与债务管理等主题培训班9期,覆盖全县中青年干部1050人。

【干部挂职帮扶】 选派2名挂职干部,分别担任长顺县委常委、副县长和驻村第一书记。挂职干部赴任以来,真蹲实驻、真帮实扶,为长顺县经济社会发展贡献力量,充分展现北邮党员干部的良好形象与责任担当。

【党建帮扶】 开展"校地携手促振兴、支部共建谱新篇"基层党建助力乡村振兴系列活动,捐赠图书2600余本、"廉政文化"主题书法作品80余幅,形成校地科技助农共建方案。发挥北京邮电大学马克思主义学院、中共长顺县委党校(长顺县行政学校)共建基地的作用,开展党的二十大精神宣讲活动。北邮党建与思政工作研究会立项支持乡村振兴与思政育人课题专项研究。

【产业帮扶】 招商引资4000余万元,引进帮扶项目19个,在长顺县鼓扬镇、广顺镇建成扶贫车间2个,招用脱贫人口66人,转移就业392人。核子村特色产业产值突破5000万元,带动种植农户450户,户均增收7万元,利益联结农户近200户,户均增收1000余元,村集体经济增收31.6万元。

【科技帮扶】 实施"数字门牌"农村基层治理改革试点,通过"一码服务"将群众家门口变为办事服务窗口,全面构建"一码采集、一号受理"数字治理工作闭环,实现乡村基础数据"全字段录入、一键化提取",让"群众跑路"变"数据跑路"。在长顺县神泉谷景区开发研制"灵犀""文渊"5G智能交互导览机器人,以智能交互为亮点,助力景区旺季平均月游客增长至9.5万人次,黄金周假期过夜旅客人数增长210%,重点区域服务效率提升2倍,极大降低景区管理人工成本,实现乡村旅游数字化转型升级。组团引入金华市农业科学研究院、贵州大学农学院、贵州省农业科学院园艺研究所等科研院所工作力量,建设核子村数字农业系统,实现300亩茭白种苗繁育基地农田实时数字影像与农业环境数据监测功能全覆盖,推动乡村农业现代化转型升级。

【消费帮扶】 北邮后勤、工会等部门通过"832平台",持续采购长顺县等脱贫地区农产品258.8万元。助力长顺县电子商务产业发展,挂职干部积极开展"线上+线下"助销带货宣传,累计帮助销售农产品3975.2万元。

【教育帮扶】 投入20万元资助长顺县品学兼优学生和优秀教师。北邮校友捐赠30万元设立长顺农村大学生"圆梦计划"。选派9名硕士研究生支教团成员赴长顺开展支教工作。在长顺县中小学实施"红雁助学"项目,认证教师利用线上平台及时、准确、高效地解决学生遇到的问题,学生成绩提升比例达到76%。该项目现有线上助学教师1200人,覆盖6个省113所中小学,辅导学生1万余人,累计服务10万人次,荣获第八届中国国际"互联网+"大学生创新创业大赛全国总决赛青年红色筑梦之旅赛道银奖。引入阿里巴巴集团资源,开展面向职业学校学生的电子商务培训及直播大赛。积极联系北京小米科技有限责任公司、OPPO广东移动通信有限公司、维沃移动通信有限公司等行业头部公司,不断拓宽学生实习实训渠道,有效解决职业学校融资难、就业难等瓶颈问题。

【生态帮扶】 制定《核子村乡村建设规划》,扎实推进生活垃圾集中收运、生活污水集中处理、乱建房屋集中整治、农房庭院集中改造等人居环境提升工程。投入65万元，用于特色养殖业环境整治、农村公共活动区域建设等项目，探索构建政府项目撬动40%、群众自筹20%、合作社投入20%、社会资本注入20%的"4222"宜居农房建设筹资模式，实现"花小钱、办大事"帮扶目标。助力核子村实施农村厕所改造105户。

【文化帮扶】 依托长顺县丰富的自然景观资源和少数民族文化特色，实施长顺县文创品牌孵化项目，组织专业团队，全面开展区域品牌建设、文创产品制作、线上线下销售等工作，设计出傩戏人偶盲盒、枫香染与银饰相结合的文化饰品、绿壳鸡蛋包装礼盒等系列产品。北邮大学生创新创业大赛优秀案例《纪艺》在长顺县孵化落地，数字化推广长顺县枫香染、苗绣、翁贵古法造纸等非遗文化，实现社会效益与经济效益双提升。

【帮扶育人】 开展"请党放心 强国有我"主题教育系列活动，广泛动员师生深入乡村振兴一线开展"三下乡"社会实践活动。组织"我眼中的乡村振兴——国际学生长顺行"活动，为国际学生深入、真实地了解中国国情、感受中国发展提供有效途径。派出第二批"青春黔行"研究生挂职锻炼服务团15名优秀博士、硕士研究生赴长顺县开展挂职工作，引导学生将专业优势与岗位实践相融合，鼓励学生在实践锻炼中扎根基层、服务人民。

【帮扶宣传】 通过北邮新闻网、微信公众号等校内外媒体平台，大力宣传推广帮扶工作亮点和特色，相关工作获学习强国、人民网、教育部网站、《贵州日报》等平台宣传报道。邀请一线挂职干部面向北邮师生作乡村振兴主题报告。

（北京邮电大学帮扶办 王学飞）

中国农业大学定点帮扶

【概述】 2022年,中国农业大学(以下简称"中国农大")定点帮扶云南省镇康县,坚持依镇康之所需、尽农大之所能、扬农大之所长,团结全校师生员工,帮助镇康县巩固拓展脱贫攻坚成果、全面推进乡村振兴。中国农大领导及专家帮扶考察调研29人次,召开帮扶会议17次,完成乡村基层干部培训1356人次、专业技术人员培训1750人次、乡村振兴带头人培训30人次。中国农大直接投入帮扶资金200万元,引进帮扶资金1500万元,帮助销售脱贫地区农副产品338.37万元,直接购买脱贫地区农副产品365.73万元,在中央单位定点帮扶工作成效考核中被评为"好"等次。"四个有机融合"推进云南镇康县帮东特色现代化边境小康村建设获评第七届教育部直属高校精准帮扶典型项目。

【帮扶资金投入】 2022年,中国农大对镇康县直接投入帮扶资金200万元,用于支持当地墨红玫瑰醋加工、帮东村肉牛养殖厂建设、坚果(核桃)林下经济种植及管护技能培训等项目。依托帮东现代化边境小康村乡村振兴示范点建设项目和小落水傈僳山寨建设项目,帮助协调引进帮扶资金1500万元。通过学校工会、食堂等,直接购买脱贫地区农副产品365.73万元。通过举办"助农杯"营销大赛、建立教授工作站等形式,帮助销售脱贫地区农副产品338.37万元。

【帮扶调研】 中国农大领导及专家学生组织考察团,共计29人次深入镇康县督导调研定点帮扶工作。11月,中国农大常务副书记率队赴镇康县考察,召开调研座谈会对接帮扶需求,会议听取镇康县关于中国农大帮扶镇康工作情况的汇报,听取中国农大镇康有机茶园标准化示范基地建设项目、"红色1+1"党支部共建线上活动及甘蔗机收脱叶等项目推进情况;调研镇康县第一中学,看望慰问中国农大第24届研究生支教团云南分队并召开座谈会,听取支教团工作汇报。由中国农大文科讲席教授牵头组建的乡村建设团队共16人次赴镇康县指导开展乡村振兴示范村建设工作,驻村工作时间合计336天。

【帮扶会议】 召开2次党委常委会和校长办公会,乡村振兴工作领导小组召开3次专题部署会,乡村振兴工作领导小组办公室召开12次专题工作推进会。

【帮扶制度建设】 修订《中国农业大学科技成果转化办法》,定点帮扶的科技成果转化项目,采取"一事一议"方式决定。设立乡村振兴社会服务类政策研究项目,为镇康县乡村振兴"把脉问诊"。出台中国农业大学加强国家乡村振兴重点帮扶县科技特派团工作管理与保障的11条措施,支持65名科技特派员深入76个国家乡村振兴重点帮扶县开展工作。

【帮扶培训】 中国农大培训镇康县基层干部共计1356人,其中举办"中国农业大学镇康县乡村振兴网络培训班"培训干部589人次;举办"中国农业大学 镇康县学习贯彻党的二十大精神暨新提拔科技领导干部任职专题网络培训班"培训干部671人;举办"党建引领乡村振兴"主题培训班,线下培训96人。培训镇康县专业技术人员1750人,其中举办"教师教学能力和班级管理能力提升线上培训班"培训教师1630人;线下培训蔗农、肉牛养殖人员共计120人。培训镇康县乡村带头人30人。围绕乡村建设和农业农村发展领域热点问题,举办10期"中国乡村大讲堂·政策对话"活动,邀请近40名专家进行政策解读和学术研讨,在线参与人数累计3000人次。首期"中国农大—腾讯为村乡村CEO培养计划"46名学员顺利结业,带动村集体经济收入从550万元增至3700万元,来自镇康县的2名学员经过9个月的系统培训后成为带领乡村致富的"领头雁"。

【干部挂职帮扶】 中国农大挂职副县长和驻村第一书记按照帮扶工作要求,恪守工作纪律,扎根基层,积极投身边境巡逻固边、疫情防控,认真履职,主动做好定点帮扶各项工作。挂职副县长荣获"临沧市优秀挂职干部"荣誉称号。中国农大驻帮东村第一书记担任队长的镇康县勐堆乡帮东村驻村工作队获批"临沧市十大优秀驻村工作队"。

【产业帮扶】 中国农大动物科技学院肉牛研究中心主任率队调研当地肉牛产业发展状况和"政企银保+合作社+农户"肉牛产业发展模式,为养殖户开展有针对性的技术指导和培训。中国农大资源与环境学院与云南农业大学的教授团队探索"政产学研用"五位一体融合的方式,加快推进云南澳洲坚果产业绿色化、标准化、数字化建设。中国农大在镇康县设立茶叶教授工作站,并联合企业在镇康县设立有机茶园标准化示范基地,扶持1个茶叶专业合作社提升当地合作社能力水平,改造3间初级加工车间,推动原料的高标准、高品质生产。依托甘蔗机械化采收教授工作站,经过前期调研甘蔗收获模式,针对镇康县特殊地形,帮助确定2套甘蔗机收模式及完成配套设备研发。扶持镇康县1个种植养殖专业合作社,指导建立合作社运营机制、培训合作社乡村职业经理人,帮助合作社进行产业规划、业态设计并对接市场。

【教育帮扶】 中国农大第24届研究生支教团11名志愿者完成换届。研究生支教团学生全面参与镇康县第一中学各类课程教学工作与学生思想政治教育工作,运用先进教育理念推动县域教育综合改革,以"跳出书本学知识"的教育理念,全面提升镇康县第一中学的教学水平和质量,帮助该校在2022年中高考中均取得历史性突破,600分以上学生人数20人,一本以上学生人数75人,本科上线率跃升至52.3%。

【文化帮扶】 在镇康县小落水傈彝山寨打造乡村振兴示范点,通过美化乡村公共环境、盘活乡村闲置资产、提升农产品质量发展农文旅新业态,打造以"云巅石板村"为主题的农旅特色村寨,在保护传统古村落的同时,实现产业兴旺与农民增收。

【生态帮扶】 以生态景观有机融入经济建设为目的,在村庄整体风貌提升上下功夫,采取"一条主线、布点扩容、整体提升"的建设模式,在镇康县帮东村协助启动"古树花园""帮东花海"、泼水广场、康养步道、议事亭、寨心湖改造等多个生态景观建设项目。启动"现代化生猪养殖小区改造工程",在生活区外划定不同片区建设集体猪圈,通过建设标准的规范与统一,打造出多层次、可观赏的现代化景观猪圈,已建成2排、约50格圈舍。启动镇康县小落水村容村貌提升改造工程,用以工代赈的方式调动村民积极性,完成"古树花园·青石步道"建设,两个寨门之间的主干道及两个寨门之外延伸50米干道上种植适合生长、有傣族特色的果树、鲜花和绿植。

【党建帮扶】 中国农业大学农村基层党

建研究中心与镇康县定期召开工作交流会,就落实校地合作有关事项进行充分交流和讨论。该中心研究员带队赴镇康县调研,深入走访4个边境村和多个边境联防所,与镇康县相关部门和乡镇负责人、村"两委"委员等召开座谈会多次,并作题为"深入学习新思想 书写复兴大文章"的专题讲座。中国农大工学院车辆研究生第一党支部与镇康县帮东村党总支红色"1+1"共建,支持1套价值1.1万元远程视频设备,用于双方开展线上、线下共学共建。中国农大工学院车辆研究生党支部荣获2022年北京高校红色"1+1"一等奖。

【整村推进】 充分发挥人才与科技优势,联合人文与发展学院、马克思主义学院、理学院等多个学院共同构建立体化、多形式的帮扶生态,巩固拓展脱贫攻坚成果,以组织振兴为引领、以产业振兴为重点、以人才振兴为支撑、以文化振兴为载体、以生态振兴为基础,聚力打造"帮东现代化小康村"乡村振兴示范。中国农大人文与发展学院教授团队带领村民以土地入股形式建立合作社,并协助合作社完成土地整理、优选品种、种植收获等环节;理学院无人机系统研究团队捐赠喷药农业植保无人机等设备,为发展智慧农业、建设无人农场提供人员培训与技术指导;驻村师生还协助合作社建立农产品加工、包装、销售体系,为农产品进行宣传设计、建立公众号,打造"帮东农品"品牌。通过现代化信息技术与农业生产、服务各个环节的有机融合,初步实现以土地租赁、就地务工和享受分红的方式实现"一片土地三次创收"。

【特色帮扶】 落实农业农村部、财政部印发的《乡村产业振兴带头人培育"头雁"项目实施方案》,充分发挥师资优势,中国农大被北京市、天津市、海南省、河南省、河北省、青海省、湖北省、辽宁省、山西省、云南省11个省(市)确定为培育机构,培育任务1650人,成为头雁培育机构中承担省市地区数量最多、范围最大、规模最广的高校。

【帮扶宣传】《中国农业大学校长孙其信:发挥农业大学优势,教学、科研、社会服务多措并举助力乡村振兴全面推进》《中国农业大学师生驻村推动镇康现代化边境小康村建设》分别在教育部官方网站"巩固拓展教育脱贫攻坚成果同乡村振兴有效衔接 统筹推进乡村教育振兴和教育乡村振兴"专题中"高校服务乡村振兴·笔谈"系列和"帮扶案例"系列刊出。中国农大受邀作为教育部直属高校代表参加教育部"教育这十年1+1高校帮扶"新闻发布会,分享在定点扶贫、定点帮扶及乡村振兴方面取得的成绩。中国农大驻村第一书记带领的驻村工作队事迹文章《边境小康村建设的"帮东实践"》在临沧市委组织部官方公众号上宣传。中国农大在镇康县帮东村的乡村建设工作得到《人民日报》《中国日报》《云南日报》、学习强国等多次报道。

(中国农业大学社会服务处　尤泽西)

北京林业大学定点帮扶

【概述】 2022年,北京林业大学(以下简称"北林")继续定点帮扶内蒙古自治区科尔沁右翼前旗(以下简称"科右前旗"),赴科右前旗调研219人次,派遣挂职干部2人,投入帮扶资金220万元,引进帮扶资金741.05万元,培训基层干部1802人次,培训技术人员1253人次,培训乡村振兴带头人1058人次,直接购买脱贫地区农产品222.8万元,帮助销售脱贫地区农产品1263.3万余元,引入草业生产加工企业,注册资金1000万元,全年在当地投入资金280万元,接续助力科右前旗推进乡村振兴。

【帮扶资金投入】 2022年,北林向科右前旗投入直接帮扶资金220万元,引进帮扶资金741.05万元,切实帮助科右前旗推进"五大振兴",提升基础教育质量,斩断贫困代际传递。

【帮扶会议】 北林党委书记、副书记先后2次与兴安盟副盟长、科右前旗旗委书记,围绕教育帮扶、草产业与林果产业发展、乡村振兴规划编制等工作深入会商;与一线帮扶师生、挂职干部通过网络视频会议方式座谈联学,学习习近平总书记重要讲话精神,指导教育帮扶助推乡村振兴具体工作。北林副校长带队赴兴安盟与盟委书记、旗委书记、旗长会商,深入科右前旗大青山自然保护区一线,研究推进生态振兴、文旅发展等重点帮扶工作。盟、旗、校三方领导通过多种方式持续加强交流互访,累计举行各类定点帮扶专题工作会11次。

【帮扶制度建设】 北林党委常委会、校长办公会研究审议并正式印发《北京林业大学2022年定点帮扶工作计划》,明确"3256"工作机制,即"健全组织领导、资源投入和互促共进"三大机制,用好"挂职干部、支教师生"两支队伍,通过党建铸魂、科技支撑、智力支持、人文建设、绿色发展推动"五大振兴",实施消费"富旗"、林果"兴旗"、规划"举旗"、植绿"护旗"、协同"助旗"和宣传"扬旗"六大行动。主管校领导全程参加2022年教育部直属高校定点帮扶工作推进视频会和教育部乡村振兴工作领导小组会暨乡村振兴工作推进会,第一时间部署落实相关工作,压茬推进帮扶任务;通过实地踏勘自然保护地的方式开展深入督促指导,针对文旅发展、生态保护形成专项督导报告,为地方发展建言献策。

【帮扶培训】 发挥人才智力优势,通过安排专家赴科右前旗开展专场报告、现场指导、支教团驻地支教授课等多种方式,为科右前旗做好乡村振兴亟须人才培训。全年累计培训基层干部1802人次,乡村振兴带头人1058人次,专业技术人员1253人次。

【干部挂职帮扶】 持续派遣优秀青年干部赴科右前旗挂职帮扶,1人挂职担任科右前旗副旗长,分管中央单位定点帮扶工作;1人担任居力很镇红旗村驻村第一书记。

【产业帮扶】 牵头编制完成面向科右前旗、科尔沁镇及6个嘎查村的乡村振兴规划,高质量通过由中国工程院院士任组长的专家评审;投入20万元在归流河镇巴达仍贵嘎查打造国家首个面向乡村生态景观领域的重点研发计划专项示范建设点。持续推进北林草学院与当地共建的草原试验基地,已建设成为拥有草原面积2000亩、建成房屋面积2000平方米，集教学科研、科普宣传等多种功能于一体的综合基地，为当地草产业发展提供北林力量。组织校内多个学院多个学科10余名专家教授组成沙果产业科技帮扶专家团队，联合驻科右前旗支教服务的相关专业青年骨干教师，围绕林果产品开发、林果加工装备改良、林果产品包装设计营销推广及科技示范与人才培养开展全产业链精准帮扶。多批次深入产业一线现场指导、建言献策，启动专项科技帮扶和技术支持，其中生物学院食品学科研究团队对接服务的科右前旗沙果"牛羊水果罐头"项目取得突破性成果，成为国内首个落地沙果饲料化产业项目。与当地联合举办兴安盟沙果节暨沙果产销大会，从种植、加工、销售多维度助力沙果产业发展，打造"林果+生态+旅游"产业融合发展新业态，助推"小沙果大产业"目标。截至2022年年底，在北林科技帮扶下的科右前旗沙果种植面积突破11万亩，盛果面积4.5万亩，以林果产业为主导的嘎查村达到156个，占全旗嘎查村的68.4%，1000多户果农每亩增收1500~5000元，人均增收1000元以上。

【消费帮扶】 北林党委做实消费帮扶，依托校工会教工节日慰问活动采购科右前旗农产品41.3万余元、其他脱贫地区农产品75.7万元，提前预留食堂食材份额采购科右前旗农产品55.5万元、其他脱贫地区农产品42.2万余元，发挥科技优势和校友企业力量帮助销售科右前旗农产品1198.3万余元，帮助销售其他地区农产品65万元。

【教育帮扶】 继续开展"林翼"教育帮扶工作，先后选派44名大学教师和32名研究生全年扎根当地12所学校开展支教帮扶，覆盖小学、中学、职业高中全链条，累计授课1.5万余学时，覆盖230个班级和1.3万余名学生。支教教师坚持智志双扶，立足北林优质教学资源，积极辐射带动全旗教育教学质量提升，利用课余时间组织开展面向全旗中小学的"北京林业大学示范课"下乡活动，课程涵盖文史、数理、音美、思政等，累计覆盖当地19所乡村中小学近600名学生。3位支教教师工作优异、帮扶有力，被列入内蒙古三区人才计划，2022年科右前旗第38个教师节表彰大会上获"教育帮扶特殊贡献奖"。

【文化帮扶】 邀请北林支教教师临时党支部党员教师组建"红林"流动图书馆，募集生态启蒙图书1000余册，为当地少年儿童讲述书籍内容、讲解环保知识，在儿童心中种下"绿水青山就是金山银山"理念，年度累计开展15场活动，覆盖6个乡镇9个嘎查村的400个家庭和近千名少年儿童。驻村第一书记受邀担任兴安盟乡村振兴大讲堂主讲人，分享工作经验，培训人员覆盖6个旗(县、市)850个嘎查村9800余人。建设党史学习小院，推广"百姓唠嗑学"活动。组织开展"红旗文化大篷车"活动，推动基层移风易俗，帮扶村居力很镇红旗村获内蒙古自治区文明村镇、全盟文明村镇、示范妇女之家称号。

【乡镇文化站建设】 以结对帮扶的脱贫村红旗村为试点，大力推进基层文明乡风建设。紧紧围绕铸牢中华民族共同体意识，不断丰富农村文化生活，推进移风易俗，建立村规民约，举办"逐梦乡村 百姓大舞台"村民文艺演出2场，打造基层乡村文化传播中心，建设村文化广场等基础设施，利用广场为村民播放电影3场，营造乡村良好的文化氛围。开展"嘉年华"活动，为全村百姓拍摄"全家福"800余张，创作"中华民族一家亲 同心共筑中国梦"主题墙绘1幅，设立民族团结大食堂1处，促进民族团结，推动形成良好家风、淳朴民风，有效推动文化振兴。依托红旗村新时代文明实践站，作为联合承办单位开展"长安街读书会"活动，增强育人实效。

【乡村治理】 北林驻红旗村第一书记带领村"两委"班子梳理发展思路,围绕"五大振兴"要求,结合基层工作实际,创新"党建+"五大发展模式,发挥基层党组织在乡村振兴中的主体作用,使党的"领头雁"作用在推动基层治理中更加凸显。构建"党建+订单+平台"的产业振兴模式,带领全村百姓推进订单农业,种植统一良种玉米3867亩,综合效益达50万元,迎接中共中央农村工作领导小组副组长现场视察;村支部牵头搭建电商平台,与北林经管学院电商专业合作开展"科右前旗杯电子商务大赛",以赛促销农产品超30万元。构建"党建+驻地人才+民众"的人才振兴模式,聘请北林教师为产业指导员,支持村内两座家具制造厂发展,助力家具厂年产值近1000万元。构建"党建+文明实践队+农户"的文化振兴模式,突出"红色文化",规划21条街道,工作方法获全镇推广。构建"党建+五化宜居"的生态振兴模式。红旗村获评国家森林乡村、美丽庭院示范村称号。构建"党建+多元治理"的组织振兴模式,整合村集体项目资金14万元,发起"积分银行"项目,引导村民树立良好风尚,村支部获评科右前旗先进基层党组织。

【协同帮扶】 北林作为常务理事单位参与国家乡村振兴局、清华大学等联合发起的"百校联百县兴千村"行动计划,组建20人的驻地乡村振兴服务队,精准对接5个示范嘎查村,发挥学科人才优势,助力美丽乡村建设。积极对接成英公益基金会等社会力量,为科右前旗引进助学资金,助力地方乡村教育振兴。成立北林乡村振兴宣讲团,吸纳24名校内各领域专家参与,形成涵盖乡村振兴、生态文明建设等领域的72个宣讲题目,进一步增强培训的规范性、体系性。联合北京市海淀区政府发起"认养一只羊"活动,联合北京锦绣大地农产品批发市场精准对接采购需求,创新消费帮扶形式。

【社会帮扶】 协调校内外资源,帮助科右前旗进一步巩固脱贫成果。支教教师对接爱心公益企业向当地中小学捐赠铅笔10万支、毛衣3000件,总价值超50万元,巩固实现"基础教育有保障"。开展一对一结对"微心愿"帮扶,为49名困难学生购买物品,向大坝沟中小学捐赠大型打印机、各类办公用品2343件,补齐乡村教育设施硬件短板。启动捐衣助学活动,募集爱心暖冬毛衣1000件;开展毕业生捐赠活动,筹集各类衣物、生活用品、电子产品近1000件(套),北林爱心教工长期帮扶科右前旗困难学生资助2000元。

【帮扶宣传】 讲好北林帮扶故事,加大帮扶工作宣传,《北京林业大学"五个强化"助力定点帮扶县乡村振兴》获教育部网站报道;落实落细教育部乡村振兴宣传信息征集部署,制订细化校内工作方案,收集提交工作案例2份并被教育部乡村振兴宣传平台采纳。驻村第一书记工作经验获《人民日报》、中国新闻网报道,阅读量超过百万;兴安盟记者专程采访北林支教教师,北林人帮扶事迹获《兴安日报》专栏报道。

(北京林业大学国内合作与校友工作处 王庭秦)

中国地质大学（北京）定点帮扶

【概述】 2022年，中国地质大学（北京）（以下简称"中地大"）定点帮扶青海省化隆回族自治县（以下简称"化隆县"），共投入帮扶资金202万元，引进帮扶资金201万元，举行培训班14期，培训学员2073人次，购买贫困地区农产品315.07万元，帮助销售贫困地区农产品316.9万元。

【帮扶资金投入】 2022年，中地大投入帮扶资金202万元，引进帮扶资金201万元，通过"832平台"优先采购化隆县及其他脱贫地区的农副产品，制订采购计划，不断增加采购种类、优化采购比例，全年共采购脱贫地区农产品315.07万元。发挥脱贫地区农副产品网络销售平台作用，推动线上、线下助销，探索开展学校采购承销、社会力量助销、帮扶专柜展销等多种销售模式，共助销脱贫地区农产品316.9万元，其中学校食堂拉面窗口营业额达241.1万元，学校扶贫超市营业额达43.9万元，助销虫草31.9万元，带动脱贫人口和农村低收入人口增收致富。

【帮扶调研】 7月，中地大党委书记、副校长带队赴化隆县调研督导定点帮扶工作。校长、副校长带队赴化隆县调研督导，对定点帮扶工作再部署、再动员。校县双方召开定点帮扶工作座谈会，提出要面对面听需求、点对点解难题、实打实干工作、心贴心为群众，进一步提升帮扶成效。

【帮扶会议】 召开帮扶工作专题会议8次，其中党委常委会2次、专题推进会4次、对接协调会2次。一是传达指导思想，全面贯彻落实习近平总书记的重要讲话精神和中共中央决策部署、国务院定点帮扶工作相关会议精神及教育部乡村振兴工作领导小组会议暨巩固拓展教育脱贫攻坚成果同乡村振兴有效衔接工作推进会精神。二是听取2022年定点帮扶工作进展，围绕"6个200"指标任务，严格落实"四个不摘"要求，发掘学校的教育、科技和人才优势。三是总结定点帮扶工作经验，在2021年"八农计划"的基础上，升级为"十农计划"，并对下一阶段的工作作出部署。

【组织领导】 制订《中国地质大学（北京）2022年定点帮扶工作计划》，第6次党委常委会讨论通过并印发，明确工作任务，制定责任台账。召开定点帮扶工作领导小组会暨2022年定点帮扶工作部署会，对2022年学校定点帮扶工作进行全面部署。召开2022年第15次常委会，总结上半年学校定点帮扶工作，并对下半年工作的开展进行全面部署。召开定点帮扶工作推进会暨校县对接视频会，定点帮扶工作领导小组成员单位负责同志和一线挂职干部围绕年度定点帮扶任务指标总结上半年工作进展并提出下一步工作计划。

【帮扶培训】 建设结构合理、素质优良的乡村振兴人才队伍，培养乡村振兴带头人。发挥学校学科资源综合优势，积极对接化隆县人才需求，优化培训方案，采取"请进来，走出去"线上线下融合的培训模式，继续打造"乡村振兴北地－化隆大讲堂"品牌项目，逐步向更多专业领域推广，不断扩大受众群体，解放干部群众思想，创造内生发展动力。全年共组织开展培训班14期，培训学员2073人次，其中培训县乡村基层干部1115人，培训乡村振兴带头人591人，培训专业技术人才367人。培训针对干部、林草人员等对象，涉及党员干部能力提升、专业人才队伍建设、政策理论学习、消防安全演练、民族团结等多个领域，为化隆县的建设发展、乡村振兴提供强有力的智力支持。

【帮扶联盟】 充分发挥高校资源环境帮扶联盟作用，召开2022高校"资源环境帮扶联盟"年会暨自然资源与生态文明主题论坛。会上，13所联盟成员高校代表进行交流发言，4位专家代表分别作自然资源与生态文明主题报告。会后，成员高校代表走访调研化隆县阿河滩地质文化村。年会的召开对推动联盟成员高校加强信息和资源共享，开展全方位、宽领域、深层次的交流合作起到重要作用。组织举办第二届全国大学生土地整治与生态修复工程创新设计大赛，邀请联盟成员高校师生共同探讨环境治理，运用理论知识解决资源环境领域中的土地整治与生态修复问题，为国家生态文明、粮食安全、乡村振兴战略贡献智慧和力量。

【产业帮扶】 精准对接化隆县需求，实施特色种养业提升行动，支持化隆县培育绿色食品、有机农产品、地理标志农产品，打造区域公用品牌。知海买村养殖基地正式投入使用，签订20万元红色帮扶资金合同，着力推动当地养殖业发展。注册创立"知海买"品牌，发展知海买村合作社经济，带动当地脱贫户22户102人稳定增收。推动虫草等传统产业提档升级，设计制作包装礼盒，拓宽线上、线下销售渠道，对当地村民进行销售知识培训，虫草销量逐年上升。支持化隆县乡村特色产业发展壮大，推动招牌产业"拉面经济"发展，对拉面从业人员进行培训指导，提高拉面经济服务质量、产业市场竞争力和抗风险能力，促进脱贫人口持续增收。

【教育帮扶】 健全控辍保学工作机制，确保脱贫家庭义务教育阶段适龄儿童、少年不失学辍学。继续设立"雪莲花助学金""大学生奖学金""红色奖助金"和"筑梦化隆"奖助学金，精准资助脱贫家庭经济困难学生，保障农村家庭经济困难学生按规定享受资助，确保各学段学生资助政策落实到位。继续开展"大山里的蒲公英"等主题活动，引导脱贫地区学生树立远大志向，为推进乡村振兴凝聚力量。

【科技帮扶】 发挥学科和人才优势，建设高校服务乡村振兴的创新试验基地，培育富民惠民项目，打造乡村振兴示范点。继续推进"青海省化隆县地质遗迹调查及地学旅游开发"项目，充分挖掘阿河滩村地质文化旅游资源，持续推进地质文化村建设，构建脱贫地区以"地质文化+生态旅游+生态农业"为特色的乡村旅游发展新模式。

【帮扶宣传】 向上级主管部门及中央媒体报送帮扶工作亮点和特色，利用新闻媒体广泛宣传教育脱贫攻坚取得的成效。7月，中地大教授作为特邀嘉宾参加青海省西海都市报《请进我们的直播间》栏目，探讨"打造国际生态旅游目的地，海东探索新路径"的话题，为阿河滩村地质文化村直播代言，吸引30多万人次观看，取得良好的宣传效果。2022高校"资源环境帮扶联盟"年会暨自然资源与生态文明主题论坛化隆县举行，受到新华网、中国新闻社、中国广播网、青海电视台、《青海日报》等多家媒体报道，引起社会各界的广泛关注。10月，中央广播电视总台中央新影发现之旅频道《美丽家园》栏目播出《大美青海　山水化隆》专题片，对化隆县进行全景式的宣传报道，同时介绍学校建设阿河滩地质文化村和开展地质旅游研究开发的重要成果。11月，《中国自然资源报》报道题为"地质为基　文化为魂——中国地质大学（北京）'地质文化村建设赋能乡村振兴'实践团活动纪实"的文章，宣传中地大帮扶工作的最新成果。

[中国地质大学（北京）
校友与社会合作处　任津漪]

中国矿业大学（北京）定点帮扶

【概述】 2022年，中国矿业大学（北京）（以下简称"中国矿大"）扎实开展定点帮扶广西壮族自治区都安瑶族自治县（以下简称"都安县"）工作，向都安县直接投入帮扶资金246.34万元，引进帮扶资金776.57万元，直接购买脱贫地区农产品346.02万元，帮助销售脱贫地区农产品257.31万元，培训县乡村基层干部590人，培训乡村振兴带头人17人，培训专业技术人才6559人，派出挂职干部2人，选派研究生支教团8人。

【帮扶资金投入】 2022年，中国矿大向都安县直接投入帮扶资金246.34万元，引进帮扶资金776.57万元。其中，直接投入资金210余万元建设"矿学云"教育开发项目，搭建乡村振兴在线教育平台；获批资金407万元用于"新能源+"智慧养蜂建设项目；联系武警广西总队投入帮扶资金25万元，用于琴棋村食用菌养殖项目；争取无止桥慈善基金24.92万元，用于琴棋村食堂建设项目。

【帮扶会议】 中国矿大召开党委常委会、校长办公会和专项工作推进会13次，就定点帮扶工作进行深入研究探讨和全面部署推进。4月，中国矿大党委常委、副校长与都安县委书记远程连线，就2022年帮扶重点工作进行交流。7月，广西壮族自治区科学技术厅副厅长到中国矿大交流座谈，校长领衔院士搭桥项目，从科技角度链接智慧养蜂项目落地都安县。中国矿大乡村振兴工作组同"新能源+"智慧养蜂项目组就项目推进、资金启动、人员安排等进一步沟通交流，确保智慧养蜂项目扎实稳步推进。广西北部湾国际港务集团总经理助理、广西华锡集团副总经理到校交流座谈，就校企合作、乡村振兴等方面深入交流。河池市委副书记到校交流座谈，重点交流乡村振兴工作重点帮扶领域及发展方向。与都安县召开乡村振兴工作总结联席会，总结交流定点帮扶工作取得的成绩，谋划下一步开展乡村振兴工作的思路和方案。

【帮扶调研】 7月，中国矿大党委副书记带队赴都安县开展调研交流活动，与学校支教团成员亲切交流，赴驻村第一书记所在的都安县琴棋村走访，调研与都安县瑶族中学共建心理中心建设情况。副校长带队赴青海参加2022高校"资源环境帮扶联盟"年会暨自然资源与生态文明主题论坛并作交流发言。中国矿大共同富裕研究院教授专家、文法学院本科生和研究生联合组建服务团队，赴都安县琴棋村调研，聚焦产业振兴，在实践中探索"琴棋共富"之路。

【干部挂职帮扶】 中国矿大继续做好干部选派工作，2位挂职干部分别任都安县委常委、副县长，都安县琴棋村驻村第一书记。挂职干部深挖岗位资源，全力推动"万企兴万村"行动，组织开展生产技术指导，推进乡村基础设施建设，深化乡村治理，搭建帮扶桥梁。

【党建帮扶】 中国矿大发挥组织优势，面向全校师生讲授"全面建成小康社会"专题课程，结合学校定点帮扶工作，讲述乡村振兴故事。抓实基层党建，继续开展学校党政办党支部和组织部党支部与琴棋村党支部共建工作。11月和12月分别与琴棋村党支部召开支部共建会议，学习党的二十大精神，共谋党建引领乡村治理之路。党政办党支部为琴棋村捐赠口罩1万余包，组织部党支部支援建设经费3万元建设"红湾"主题阅读体验区，在体验区融入琴棋村文化元素，加强琴棋村党建阵地建设和文化建设。

【消费帮扶】 中国矿大始终坚持在同等条件下优先购买脱贫地区农产品的原则，直接购买脱贫地区农产品346.02万元，帮助销售脱贫地区农产品257.31万元。其中，通过"832平台"采购60万元，学校食堂采购脱贫地区农产品250余万元，联系本来生活销售平台、经济合作社、武警广西总队等帮助销售脱贫地区农产品240余万元。

【教育帮扶】 中国矿大发挥教学、师资优势，继续做好选派优秀学生开展支教服务、组织骨干教师开展教育培训、开设远程课堂共享优质资源等教育教学帮扶工作，对接北京市、深圳市和广西壮族自治区等地的教学资源和师资力量，提高都安县教学管理、文化建设、升学水平。一是开展支教服务，充实教育力量。中国矿大第八届研究生支教团圆满完成支教任务。支教期间，8名成员先后承担3个学校5个年级共45个班次7门学科的教学工作，累计授课5500余节，覆盖学生1700余人次，多名成员表现优异，获评"河池优秀共青团员""都安优秀共青团员""优秀教师"等荣誉。第九届研究生支教团成员全新启程，参加"青马工程"广西西部计划专项培训班等一系列学习活动，在思政学习中夯实思想根基；兼任国旗护卫队、学生合唱团、广播站、足球社等学生社团指导教师，在"第二课堂"中激发学生发展内驱力；前往异地帮扶搬迁安置区开展志愿服务，面向留守儿童组织普通话推广、希望阅读、民族团结等活动。二是实施教育专项，培育高知人才。联合北京邮电大学、华北电力大学、中国石油大学（北京）、中国地质大学（北京）等4所高校对都安县高中开展高校专项招生政策线上宣讲会，提供高考政策咨询、填报志愿指导等服务，累计参与6000余人。2022年，中国矿大都安籍学生招生规模已增至38人，招生人数增至帮扶工作开展之前的近6倍。三是创新教育模式，辐射教育资源。积极探索长线"云支教"+短线"线下支教"相结合的教学模式，让学生足不出校便能与全国优质的教师学者面对面互动交流；支持推动"云支教"青苗成长计划，辐射全镇近6000名师生同步学习，推动乡村基础教育发展。四是发展职业教育，提升就业能力。引入碧桂园控股有限公司相关产业，申报技工、技师学院办学资质，联合申办高职教育资质，打造职业教育产业园区；促成与广东智酷研学教育科技有限公司合作，签订《都安瑶族自治县职业教育合作框架协议》，以都安县职业教育中心为基础，深度开展校企合作，以联合办学等形式探索职业教育和人才振兴发展新模式；积极推动都安县职业教育中心与北京城建集团有限责任公司、紫金矿业集团股份有限公司、比亚迪股份有限公司等企业合作，共建4个特色班和8个特色专业，实现学科建设跨越式发展；助力都安县职业教育中心通过"十四五"广西中等职业学校四星级认定，申报的《农村中职携手高等院校助力乡村教育与人才振兴试验项目》获评教育部首批服务乡村振兴创新试验培育项目。

【帮扶培训】 中国矿大组织人才培训，提升"造血"能力。组织都安县2022年领导干部能力提升培训班，制订"干部夜校"培训计划，组织都安县40名教师参加"繁星计划——乡村教师博爱成长行动2022"培训项目，组织乡村致富带头人参加"乡村大讲堂"及各类专业培训，参训人员累计6559人；组织开展巩固拓展脱贫攻坚成果同乡村振兴有效衔接联农带农培训班，共计培训专业技术人才190人次；协助都安县文化广电体育和旅游局组织开展2022年全县"三区"文化人才能力提升培训班，培训文化站负责人、非物质文化遗产传承人等文化工作者347名。邀请商务部、北京师范大学、中国科学院等专家举办都安县新一任领导班子成员和驻村第一书记业务能力提升培训，2期10天，培训700余名干部骨干。

【产业帮扶】 中国矿大帮助都安县发展特色优势产业。一是开展技术指导。联系广西壮族自治区农业科学院食用菌首席专家和广西大学专家，指导都安县黑木耳、葡萄种植业发展；邀请广西壮族自治区农业科学院葡萄和葡萄酒研究所教授团队，到都安县指导推广荒漠化地区种植野生毛葡萄、金银花、田东等中草药与养鸡产业微循环经济发展；邀请中国中丝集团有限公司总经理、国家林业和草原局负责同志指导种桑养蚕技术，建立养蚕基地，促进林业发展。二是助力智慧能源发展。6月，学校院士团队与都安神瑶医药健康管理有限公司签订合作协议，成立"新能源+"智慧养蜂项目组，研发养蜂产业与新能源新联动技术，实现"新能源+"智慧农业项目落地都安；7月，邀请相关专家、学者及政府代表召开专题工作研讨会，深入研讨都安县综合能源智慧利用方案。三是推动碳酸钙产业新发展。与国家能源投资集团有限责任公司签署框架合作协议，采用"高校+央企"的模式，在都安县重点推进零碳综合智慧能源示范县建设，并引入"绿电"助力都安县碳酸钙产业发展。

【智力帮扶】 中国矿大乡村振兴研究中心和共同富裕研究院先后发表《论习近平生态文明思想引领乡村振兴的价值及其实现路径》《浅论乡村振兴战略下的农村基层干部队伍建设》《重大突发疫情防控常态化背景下农村应急合作的演化博弈分析》等文章30余篇，完成省部级课题"农村宅基地制度改革试点评估"10余项。《助力乡村产业发展，谱写共同富裕新篇章》等文章获2022年首都高校师生服务"乡村振兴"行动计划项目优秀奖。

【文化帮扶】 中国矿大结合龙湾乡琴棋村实际，借助挂职干部及驻村第一书记等一线工作者力量，采取制定村规民约、广播、入户宣讲、发放宣传单等方式，推动建设文明乡风、良好家风、淳朴民风，引领乡村文明新风尚。

【帮扶宣传】 中国矿大官方微信公众号发布"暖心故事！支教是一场浪漫的奔赴""云深云浅，星星一直都在"等支教故事，展示支教团成员甘于奉献的青春风采；驻村第一书记荣获广西壮族自治区优秀驻村第一书记，挂职干部1人荣获广西壮族自治区脱贫攻坚先进个人，《人民日报》《光明日报》《广西日报》等多家媒体多次报道挂职干部的先进事迹；学校第八届研究生支教团与服务地师生共庆瑶族传统节日"三月三上巳节"，共同传承和发扬民族文化的事迹被中国青年网等刊登报道。

[中国矿业大学（北京）党政办公室 许静超]

南开大学定点帮扶

【概述】 2022年，南开大学（以下简称"南开"）将助力甘肃省庄浪县巩固拓展脱贫攻坚成果同乡村振兴有效衔接作为重大政治任务，第一时间组织领导班子和定点帮扶工作领导小组成员单位学习中共中央及教育部等相关会议和文件精神，定期召开研讨会，先后组织相关会议11次，确保从上至下将思想认识统一到中共中央要求上来，以实际行动践行"两个维护"。南开党委书记在《中国教育报》上发表题为"为全面推进乡村振兴贡献南开力量"的文章，总结学校服务乡村振兴的典型做法，树牢责任担当。南开不断提高与庄浪县互访频次，并通过双方主要负责同志的深入交流，优化定点帮扶顶层设计与制度保障，高效统筹需求供给管理，系统谋划庄浪县经济社会发展。

【帮扶资金投入】 2022年，南开直接投入200余万元专项经费，围绕乡村振兴开展自然科学、社会科学、"师生四同"立项等课题研究124项。

【帮扶制度建设】 南开进一步优化巩固拓展脱贫攻坚成果同乡村振兴有效衔接的决策议事协调机制。调整定点帮扶工作领导小组，党委书记和校长任双组长，亲自部署；校党委常务副书记，党委常委、分管副校长担任副组长，紧抓落实，督促各部门合理推进相关工作。南开将定点帮扶工作专设条目列入学校"十四五"规划，纳入学校年度工作要点，制订《南开大学2022年定点帮扶工作实施方案》，确立"五位一体"工作格局，构建"清单式、责任式"帮扶工作机制，持续跟踪推进，挂图作战、跟踪问效、压实责任；注重发挥高水平综合性大学的学科、人才、平台优势，广泛动员全校干部师生、各界校友及合作单位等多方力量共同参与，营造定点帮扶庄浪县的浓厚氛围，持续全面推进乡村振兴，汇聚优质资源、形成强大合力。南开校长一行到达庄浪县调研指导，扩大帮扶成果，推动产业、教育、人才、生态等帮扶工作落实落地。

【产业帮扶】 南开以入选教育部首批直属高校服务乡村振兴创新试验培育项目为契机，整合优质资源建设"乡村振兴工作站"，组织专家学者调研，找准产业发展难点、痛点。学校科研部与庄浪县科技局、卫生健康局对接，根据企业提出的发展问题，组建"南开大学科技服务团"，将最新的产业技术、完整的解决方案送到庄浪。为庄浪县农业技术推广中心、庄浪县宏达淀粉加工有限公司等企事业单位提供科技咨询及检测服务21次，帮助解决技术发展瓶颈9项，有效支撑庄浪高质量发展。把科研做在生产实践中。以庄浪县马铃薯、中药材、农村电商等产业链发展迫切需求为出发点，有针对性地开展科研攻关和成果转化，通过科技赋能，对庄浪既有的苹果、马铃薯等优势产业提质增资，重点支持的"马铃薯重大病害高效绿色防控技术""庄浪高端苹果虫害的绿色防控与品牌化建设""庄浪道地大黄质量智能评价及快速检测系统建设研究"等项目陆续落地。引入的"以虫治虫"绿色生物防治技术，在马铃薯种植的全过程杜绝除草剂和农药的使用，杀灭害虫的同时，确保马铃薯质量，并成功通过权威机构267项检测，实现100%无农药残留，每亩增加近1000元经济效益。强化成果输出，培育符合庄浪需求的新产业，将基于遗传学及细胞生物学手段培育的高抗、高含量丹参品种"NK1号"引入庄浪，每亩收益超过5000元，极大地促进村集体种植的积极性，带动周边乡镇纷纷计划引入南开种苗，种植需求超过3000亩。同时，引导企业在庄浪县投资建设道地药材晾晒等加工厂，帮助庄浪县中药材产业强链固链补链延链，有力推进道地药材"种、产、销、深加工"一体化高质量发展。

【消费帮扶】 南开持续做好脱贫地区农特产品进校园、进食堂、进福利工作，鼓励广大师生积极参与消费帮扶。拓展与物美商业超市、中国建设银行、中国农业银行及校友企业的合作，通过建设专柜、线上线下促销等多种形式，提高庄浪县农特产品的知名度。与帮扶甘肃省相关脱贫县的兄弟高校组团推进消费帮扶，联合"e帮扶平台"组织"2022年新春甘味农产品联销行动"，创新消费帮扶模式，带动销售庄浪县等地农特产品，直接采购脱贫地区农特产品316万元，帮助销售脱贫地区农特产品2284.2万元。

【人才振兴】 南开坚持教育先行，将"扶智"与"扶志"相结合作为提升乡村治理能力的关键，以更多优质资源的"硬投入"带动提升更大教育文化"软实力"。开展"喜迎二十大、永远跟党走、奋进新征程"师生同行社会实践活动，超过150位师生组织近20支社会实践队伍赴庄浪县，通过实地走访、考察调研、文化帮扶、送教上门等形式助力乡村振兴，聚焦科技、文化、教育、消费等重点工作，为乡村振兴贡献南开智慧和南开力量。同时，依托乡村具备广泛的应用场景和多元功能性等优势，将乡村打造为开展爱国教育、理论研究、成果推广的思政教育"现场课堂"，推进高校教室"第一课堂"和乡村一线"第二课堂"联结互通，实现教育帮扶与立德树人相得益彰。面向庄浪县科技、卫生、教育等事业发展需求，输出人才，精准对接，靶向用力，全力赋能庄浪高质量发展。学校各部门紧密联系庄浪科技、教育、医疗卫生等领域相关企事业单位，坚持以问题为导向，科学分析需求，搭建沟通平台，拓宽资源渠道，创新对接方式方法。南开大学医学院及附属医院充分调研庄浪县卫生系统医师及管理人员，聘请国内知名专家开展10期定向培训，从专科病症、医疗卫生管理等角度，帮助庄浪卫生系统工作者拓宽学术视野、提升业务水平、提升创新思维。充分发挥"双一流"综合性大学优势，构建"线上+线下"培训机制。全力克服新冠疫情不利影响，创新拓展科教文卫人员、农业技术员、创业致富带头人的培训工作。2022年，为庄浪县专业技术人员开设15个班次培训，服务2064人次，为其他脱贫地区专业技术人员服务1520人次。

【文化振兴】 南开坚持开展多样化活动，丰富农民群众精神文化生活，培育文明乡风、良好家风、淳朴民风，不断提高乡村社会文明程度。依托村党群服务中心组织送春联活动。开展"村级优秀党员""好婆婆好媳妇""爱岗敬业"最美公益岗表彰。协调校友企业，对接波司登国际控股有限公司，组织东门村"乡风文明好少年"表彰活动并发放羽绒服。接力组织做好第24届研究生支教团赴庄浪县学校开展支教服务。依托共青团中央团费改革试点项目，启动"'公能'筑梦助力乡村文化振兴"项目，面向韩店镇东门村以留守儿童为主的500名中小学生，提供体育、美育类活动器材和相关培训。用好由校友出资建设的文化广场，开展"我为群众办实事"实践活动——东门村首届中国象棋"棋王"争霸赛及庆六一儿童节趣味娱乐活动，涵养文明乡风。深入挖掘庄浪地区优秀文化，促进文化资源与产业融合，提升文化的附加价值。依托文学国家级实验教学示范中心在新媒体语境下的技术优势和思维模式,通过数字化技术以影像见证庄浪县在脱贫攻坚和乡村振兴下发生的巨大变化;7月,与庄浪县博物馆合作启动"时间样本·乡村振兴"三维影像志项目,通过激光点云数据、360度全景VR视频和高清静态图片,为云崖寺石窟提供全方位、多维度的可视化呈现,以抢救正在消失的传统文化。结合在地性影响社会学与校村共创模式,促进文化产业与数字产业融合发展,突出以文化为引领,引导数字化、信息化、文旅等领域专家、人才和技术向乡村振兴一线聚集,协助庄浪县占领数字文化阵地,提升庄浪影响力和知名度,促使数字文化成为外界认识庄浪、庄浪了解外界的新名片。

【生态振兴】 南开针对庄浪县生态治理难题,设立"城乡生活垃圾就地处置关键技术研发及应用""庄浪县韩店镇河道整治监测预警系统研究"项目,并跟踪支持落地实施。南开服务庄浪县乡村振兴创新试验郑河乡生活垃圾就地处置示范站自投入运行以来,持续稳定运行,为群众提供舒适干净的宜居宜业环境,为乡村高质量发展奠定坚实基础。2月,以郑河乡生活垃圾处置设施为依托形成系列化运行模式研究,提交《山区乡村生活垃圾就地处置装置运行整体方案》,并进一步设计全域乡村处置方案,形成《庄浪县农村混合生活垃圾就地处理处置可行性研究报告》,综合助力县域破解生态治理痛点、难点,受到庄浪县政府的高度肯定。协调对接中国兵器工业集团有限公司,围绕韩店镇河道违规采砂等问题,启动基于无人机飞行器的河道预警监测系统,通过智能化、数字化技术为乡村生态治理提供方案。

【组织振兴】 南开依托马克思主义理论研究优势,将庄浪县干部纳入中共中央组织部干部教育培训(南开大学)基地平台组织培训工作,精心指导抓实党建促进乡村振兴,提升党政干部政治素养和履职能力。服务庄浪县党政干部2540人次;服务其他脱贫地区党政干部951人次。借助党的二十大胜利召开的契机,遴选优秀青年,组建"学思践悟二十大,筑梦奋进新征程"学生宣讲团,与庄浪县韩店镇党政干部、社区居民、中学教师等共话党的二十大精神,分享"中国化时代化的马克思主义行"的道理学理哲理,为青年干部领会党的二十大精神、青年学生规划未来人生提供指引。南开大学医学院博士生党支部、商学院人力资源系教工党支部和硕士生党支部与庄浪县结对,组成医疗、劳务和青年成长服务志愿队,在创新试验区内开展远程医疗5次、科普教育10余次、为在村大学生31人提供就业和生涯成长等服务5次。积极扩大党建结对范围,与兰州大学商学院第四教工党支部、华泰期货有限公司第七党支部、信达证券股份有限公司天津分公司等企事业单位党支部结对,在农村电商发展、农业保险和撂荒地复垦等方面开展帮扶。党建结对工作的开展提升农村党员素质,丰富党内政治生活,增强组织力和凝聚力。

(南开大学 崔 霖)

天津大学定点帮扶

【概述】 2022年，天津大学定点帮扶甘肃省宕昌县，充分发挥教育、科技、人才优势，牢牢把握目标导向、问题导向、结果导向，深度挖掘宕昌县的核心需求，举全校之力帮助宕昌县巩固拓展脱贫攻坚成果、接续推进乡村振兴。

【帮扶资金投入】 2022年，天津大学直接投入帮扶资金466.57万元，引进帮扶资金1064.96万元，培训干部3255人次，培训乡村振兴带头人和专业技术人才2636人次。

【组织领导】 天津大学成立正处级职能部门"合作办公室"，负责统筹定点帮扶工作，推动36个院级党组织结对帮扶宕昌县25个乡镇及部分对口科局，将帮扶工作抓在日常。例如，天津大学建筑学院风景园林系党支部结对帮扶宕昌县沙湾镇大寨村党支部，设立"共建大寨村"参与式设计工作坊，为大寨村的示范村建设添砖加瓦；环境科学与工程学院党委推动4个系所党支部分别与宕昌县生态环境局、乡村振兴局、旧城中学及桃园村的党支部建立共建关系，充分发挥科技与教育帮扶力量。

【帮扶会议】 天津大学高度重视定点帮扶工作，将定点帮扶工作作为重要政治任务列入重点议题，定期研究部署，紧盯抓好相关任务落实。4月，天津大学党委常委会审议通过定点帮扶年度工作计划，面向全校发布实施方案及任务分解表。5月，天津大学党委书记主持召开定点帮扶工作领导小组会议，督导落实各项任务。7月，天津大学党委书记、校长专题听取定点帮扶工作半年工作进展，并对高质量推进定点帮扶工作提出要求。11月，天津大学与宕昌县采取视频会议方式，召开2022年度定点帮扶工作对接会，共同对宕昌县乡村振兴工作开展督促指导，总结年度工作开展情况，谋划推动下一阶段重点工作。

【帮扶调研】 天津大学组织专家学者、相关职能部门负责人共111人次赴宕昌对接，进一步凝聚思想共识，推动工作落实，谋划合作蓝图。12月，天津大学校长一行赴宕昌县推动定点帮扶工作，召开定点帮扶工作座谈会，并深入沙湾镇大寨村和大寨九年制学校实地考察调研，研究推动乡村振兴的新思路、新方法。

【干部挂职帮扶】 天津大学选派环境工程领域技术专家1人挂职宕昌县乡村振兴局副局长，负责宕昌县乡村振兴衔接、示范村建设、人居环境整治等工作。同时，天津大学党委保密委员会办公室1人继续挂职宕昌县副县长，管理与经济学部正科级秘书1人继续挂职宕昌县大寨村驻村第一书记。一线挂职干部与宕昌县干部群众想在一起、干在一起，全情投入定点帮扶工作，积极投身宕昌县疫情防控攻坚战，全面对接推动天津大学各项帮扶举措落实、落地、落细，帮助宕昌县引进帮扶资金1000万元、招商引资3000万元。

【教育帮扶】 天津大学秉承让学生"留得住""学得好"的理念，继续选派8名研究生赴宕昌支教，深入教研教学、铭记服务初心、担当桥梁纽带，在乡村发挥青年作用。开设2期"宕昌县中小学班主任综合素能提升培训班"，覆盖宕昌县教师200余名，提升当地师资队伍建设水平。天津大学附属小学、幼儿园与宕昌县基础教育系统开展共建活动,为宕昌县百余名小学班主任开展"让每个孩子感受到'被看见'的尊重"线上培训。聚焦宕昌县各中小学在科技、音乐、美术、综合实践等课程的薄弱环节,持续建设"梦想教室",精心打造"智慧云课堂",将优质教育资源源源不断输送到宕昌,开展27期"云课堂",开设"电子线路""音乐感悟""乡土绘卷""手玩斗拱"等课程,覆盖宕昌县学生2000余人次,邀请相关专家和优秀大学生向宕昌学生科普专业知识,激发学习热情。

【健康帮扶】 天津大学划拨80万元专项经费用于帮助宕昌县采购急需的CT机和救护车,并向沙湾镇大寨村捐赠隔离衣、额温枪等防疫物资,有力保障大寨村防疫工作。挂职副县长坚持冲在一线,主动担任宕昌疫情防控重点人群转运组组长,负责所有来宕返宕人员的车辆转运调度。结合天津大学医学部专业特色,选取大寨村为试点,在对大寨村人口规模分布及医疗保障资源进行深入调研的基础上,为大寨村230余户村民初步建立电子健康档案平台,为实现对村民健康状况动态追踪打下坚实的基础。

【科技帮扶】 天津大学坚持以科技赋能宕昌巩固拓展脱贫攻坚成果。一是坚持"揭榜挂帅",凝聚科技合力,继续投入150万元科研经费设立"乡村振兴"自主科研基金项目28项,涉及人居环境整治、饮水健康安全、农业环境修复、乡村规划建设等领域。二是成立"海棠科技工作站",系统谋划科技帮扶落地落实,首期水环境提升专家工作站聘请天津大学7名教授组成专家组,致力于为困扰宕昌的科技难题提供咨询服务与解决方案。三是创新赋能生态治理,由天津大学环境学院多个专家团队负责的农业废弃物资源化利用的试验及推广、旱厕除臭技术、"边修复、边增产"有机肥、大棚蔬菜化肥减量及水肥一体化联合调控技术研发等项目相辅相成,构建从农业土壤改良、"厕所革命"、环境治理到农业增产的全链条技术方案。四是着力解决宕昌饮水安全问题,组织多学科科研团队自主研发"振兴号"饮水净化系统,该系统在沙湾镇大寨村安装调试成功,出水水质经实验室检测达标。截至2022年年底,该系统已在宕昌安装调试53套。

【消费帮扶】 天津大学着力发挥管理等学科优势,组织开展第三届全国公益助农营销赛,吸引28所高校、238人参赛,参赛团队数量、学校覆盖数量、合作企业数量、营销额等重要指标均实现突破,助力宕昌县进一步盘活电商业态,挖掘产品特色,树立区域品牌,走出一条"农户+企业+高校"的产学研结合助农增收之路,以此为主题的帮扶案例获评国家发展和改革委员会"全国消费帮扶助力乡村振兴优秀典型案例"。2022年,天津大学消费帮扶数据稳中有进。

【示范村建设】 沙湾镇大寨村是天津大学派驻第一书记所在村。天津大学充分统筹校内外资源,在环境、教育、产业、文化等方面精准发力。一是改善人居环境。连续2年累计投入75万元建设海棠广场,解决大寨村土地稀少、公共空间拥挤、村民无处开展文化休闲活动的棘手问题;实施"点亮工程",投入4.5万元经费购买太阳能路灯42个,照亮村民回家道路。二是提升教育水平。聚焦大寨九年制学校各类资源力量不足等问题,选派优秀研究生开展支教活动,集中力量投入资金,改造卫生间8个,捐赠净水加热设备13台,建成校园文化展厅、文印室和师生淋浴间,大寨九年制学校在2022年中考中取得新突破,考取重点高中的学生数量比往年翻了一番。三是赋能产业增效,针对大寨村乡村合作社的运营效率问题,运用现代企业管理模式,推动管理体制改革,制定《大寨村合作社管理章程》,成立合作社监督理事会,面向社会聘请职业经理人,建成"大寨甄选"电商平台。2022年,合作社累计收入超过60万元,以"大寨村产业发展"为主题的帮扶案例被国家乡村振兴局评为"社会帮扶助力巩固拓展脱贫攻坚成果同乡村振兴有效衔接典型案例"。四是打造文化载体,通过发掘大寨村的历史文化、地理文化、民俗文化、农耕文化及脱贫攻坚内涵,结合社会主义核心价值观与当代乡村治理的需求,凝练出"爱国守信、勤奋友善、敬老爱亲、勇敢坚韧"的"大寨精神",创作《大寨村村民公约》,撰写《海棠广场记》,记录大寨村脱贫攻坚历史,形成独具特色的乡村文化。

【人才振兴】 天津大学把乡村振兴"大舞台"作为立德树人的"大课堂",引导青年学子全方位参与乡村振兴,受教育、壮筋骨、长才干。一是构建"专业应用+育人"机制,引导学生立足专业担使命。天津大学建筑学院风景园林系在沙湾镇大寨村开设的专业选修课"参与式工作坊"和管理与经济学部市场营销系组织的"全国公益助农营销赛",既让学生们投身乡村振兴工作,又锤炼学生们的专业精神与专业能力,完成本专业的人才培养目标。二是探索"社会实践+育人"路径,引导学生扎根大地做贡献。天津大学组织学生实践队前往宕昌,开展直播带货、产业调研等实践活动,围绕"乡村振兴""产业振兴""生态振兴"等主题开展墙绘,为新时代美丽乡村描绘新气象、新风貌,累计为宕昌县绘制850余平方米"文化墙",在此实践基础上形成的课程《兴学之路——乡村振兴中的青春实践》获批教育部首批国家级一流本科课程。三是搭建"志愿服务+育人"平台,引导学生淬炼情怀当模范。以研究生支教团为支点,引领广大天大青年学子关注乡村、投身乡村,2022年度共有582名学生参与乡村振兴志愿活动,他们在帮扶实践中充分展现天大志向、厚植家国情怀、锤炼过硬本领。

【帮扶宣传】 天津大学注重讲好定点帮扶的"天大故事",传播定点帮扶的"天大声音"。天津大学多项帮扶工作获得中央广播电视总台、《人民日报》、中国新闻网等各级媒体报道。例如,报道天津大学师生在宕昌县开展主题墙绘活动的新闻《妙手丹青绘宏图,天大学子助力打造高颜值美丽乡村》获得《人民日报》、中国科技网、央广网报道;专题采访沙湾镇大寨村驻村第一书记的新闻《投身大寨村的青年教师:想在这里创造更多可能》在中国新闻网上刊发。

(天津大学合作办公室　王　寒　柳丰林　张贵鑫)

山东大学定点帮扶

【概述】 2022年,山东大学深刻认识巩固拓展教育脱贫攻坚成果同乡村振兴有效衔接的重要意义,认真贯彻落实国家乡村振兴局、教育部的部署,在学校党委统一领导下,持续强化政治担当,不断创新工作机制,充分发挥综合性大学优势,坚持以人民为中心的发展思想,坚持实行精准化扶持举措、精确化配置资源,全面助力河南省确山县乡村振兴工作。2022年,直接投入帮扶资金404万元,帮助引进帮扶资金530万元,购买当地农产品999.37万元,帮助销售农产品227.49万元,帮助培训基层干部、乡村振兴带头人和技术人员2008人,在中央单位定点帮扶工作成效考核评价中被评为"好"等次。

【帮扶资金投入】 2022年,山东大学直接投入帮扶资金404万元,其中山东山大资本运营有限公司牵头校属企业、山东大学教育基金会、山东大学工会分别向确山县捐赠200万元、170万元、30万元帮扶资金;山东大学经济学院、马克思主义学院分别捐赠2万元。引进帮扶资金530万元,其中引进中国青少年发展基金会"希望工程圆梦项目"资助金额25万元,帮助50名家庭困难学生圆梦大学;挂职驻村第一书记专项经费50万元;引进老臧庄社区安全用水项目共计85万元;引进道路建设帮扶项目300万元;引进人居环境整治帮扶项目70万元。

【帮扶会议】 山东大学先后召开3次专题会议,深刻理解和把握服务乡村振兴战略的实践基础和时代意义,对定点帮扶工作指标完成情况、教育帮扶工作开展情况、山东大学研究生支教团(确山队)工作开展情况、学院—乡镇(街道)结对帮扶工作开展情况等内容进行研讨,围绕"五大振兴",部署安排下一步帮扶工作,统筹推动各项工作有序开展。

【帮扶培训】 根据疫情防控实际,培训县乡村基层干部共计927人,其中山东大学继续教育学院积极组织并参与课程设计、筛选优质师资等工作,完成线上培训共计870人。线下在山东大学青岛干部培训基地举行确山县人大干部培训班共计培训57人。培训乡村振兴带头人30人,主要产业分布在种植养殖业、畜牧业和部分汽车零部件制造产业。培训专业技术人才共计1051人,其中山东山大基础教育集团加大对乡村中小学一线教师培训力度,分别于5月、8月、10月通过网络直播的形式组织新课标培训等研讨活动,确山县第七小学等4所学校共计571名教师参加培训;山东大学齐鲁医院派出帮扶医生1人到确山县人民医院妇产科帮扶工作3个月,培训人员约200人;山东大学第二医院通过"互联网+医疗健康"形式,培训确山县妇幼保健院人员共计200人。

【干部挂职帮扶】 山东大学选派2名优秀中青年干部到确山县开展定点帮扶工作,驻县帮扶工作组深入走访调研,积极联络校县协调工作,统筹推进落实督促,发挥自身优势,探索实践符合当地特色和学校优势的帮扶模式。选派作风扎实、经验丰富的干部1人到确山县挂职副县长,前后两任干部压茬交接,传授帮扶经验,副县长协助分管住建、自然资源、城市管理、林业、农业农村、乡村振兴等方面的工作,帮助确山开展教育、医疗卫生新课题开发,推进山东大学中草药研发基地建设。驻村第一书记积极开展"五星"支部创建活动,推动社区治理迈上新台阶,在5个村民小组完成道路交通和安全饮水巩固提升建设项目,当地群众收获极大的获得感和幸福感。2022年,驻村第一书记被评为河南省"优秀驻村第一书记"。

【脱贫成果巩固】 山东大学巩固提升当地社区基础设施。积极协调县乡村振兴和涉农项目资金,申请到"2022年确山县三里河街道老臧庄社区基础设施(道路交通)巩固提升建设项目"等2个项目经费支持,主要围绕道路交通和安全饮水方面,涉及硬化路面、排污、修建公厕,工程金额合计255万元,惠及900多个家庭3000多人。

【产业帮扶】 山东大学积极引进老臧庄社区安全用水项目等6个帮扶项目;建设小提琴厂帮扶车间等2个车间;帮助确山县尚韵乐器有限公司等3家公司转移就业共计75人。扶持河南鼎复康药业股份有限公司等4家龙头企业;帮助培育农村合作社3个。积极推进山东大学中草药研发基地建设,制订完成《百蕊草人工抚育实施方案》,山东大学药学院教授多次带队到确山县实地考察、交流,确认草药品种种植筛选等工作。与确山县人民政府签订《确山道地药材高产栽培技术研究》科研合同,该项目主要开展新引进品种的规范化栽培技术研究,为确山中药事业可持续发展提供技术支撑。助力旅游产业发展,依托山东大学在国家级"特色小镇"建设、乡村旅游等研究领域优势,结合当地需求,组织学校文化和旅游领域的专家学者团队开展旅游产业规划设计,助力培育"旅游+农业""旅游+电商"等新业态,留庄镇通过"稻田公园"这一响亮品牌延长观光旅游产业链,打造出集观光、住宿、学习教育于一体的产业体系,已成功获得2022年"河南省特色生态旅游示范镇"称号。

【教育帮扶】 山东大学继续发挥"守望行动"网上交流平台的重要作用,406名学生志愿者"一对一"关爱406名确山留守儿童,志愿服务总时长10309小时。继续开展"大手牵小手"常态化帮教活动,山东大学护理与康复学院全年已完成34位小学生线上"一对一"辅导帮扶工作,还开展"传送门"活动,全年收集小学生信件57封并完成回复。山东大学控制学院连心支教调研团第二届"七彩夏令营"的12名学生线下为孩子们开展为期2周的课程;马克思主义学院12名学生通过线上形式为李新店镇初级中学开设近20门课程,惠及近300名学生。这些活动开蒙启智、创新理念、开阔视野,充实学生的假期生活。在支教方面,8月,山东大学第24届研究生支教团10名成员经过系统培训全部到达确山县,分别被分配到确山县第七小学、老臧庄小学,本年度2届支教团累计完成课时量7686节,延时服务时长达600小时,还协助社区党支部设计党的二十大精神宣传展板和河南省创五星支部宣传展板。第23届研究生支教团河南确山队全员10人被评为确山县2022年度优秀教师,全队累计所获荣誉42个。

【文化帮扶】 山东大学弘扬传统文化,积极学习贯彻习近平总书记给《文史哲》编辑部全体编辑人员回信精神,贯彻落实党的二十大精神,推动中华优秀传统文化"两创",山东大学国际教育学院利用线上"云体验"的方式,举办"中华优秀传统文化"走进确山活动,展示数千年的中华文化精粹元素。山东大学新闻学院依托"文学生活馆"文化育人创新平台,通过"经典十课"优秀课程,形成校地联学共建的文化创新格局。

【生态帮扶】 依托山东大学县域研究院、哲学与社会发展学院、管理学院、信息学院、环境学院等单位专家力量,协助建立健全生态环境监测预警和动态帮扶等机制,从生态治理、生态系统、旅游产业发展等多角度为确山县发展提供参考建议,研究长效、常态帮扶机制等可行性措施,建立适合当地的生态环境体系。岩土中心就确山秀山生态修复进行实地勘探,提出合理化修复建议,为确山生态振兴献计献策。

【党建帮扶】 山东大学发挥微信工作群作用,定期推送上级指导文件、乡镇需求,做好结对帮扶等相关工作的统筹安排,加强沟通交流和学习提升。继续推动山东大学13个学院党委与镇(街道)党委的密切交流联系,学院主要负责人带队赴结对帮扶镇(街道)调研对接。积极做好"五星"支部创建活动,机械工程学院与朗陵街道联合召开乡村振兴专题工作会议,帮扶确山制造产业升级等4个主要方向,推动科技助力乡村振兴再上新台阶。山东大学经济学院举办党的二十大精神专题讲座培训暨与河南省确山县刘店镇党委联学共建活动,在产教融合、结对扶智等方面发挥先进党支部战斗堡垒作用。继续加强对帮扶乡镇的支持,山东大学经济学院、马克思主义学院积极对接,共计捐款4万元用于帮扶结对的确山县镇村党支部文化建设工作。各学院党员干部捐款捐物折合8.32万元。

【健康帮扶】 山东大学创新医疗帮扶举措。充分发挥附属医院资源的优势,针对确山县需求,制订医疗帮扶的工作方案。山东大学齐鲁医院派出帮扶医生1人到确山县人民医院妇产科帮助工作3个月,共演示11台腹腔镜下筋膜外子宫切除手术,开展8次业务学习讲座、3次远程培训,通过门诊诊疗、教学查房、手术示教、学术讲座等方式,共诊疗患者800余人次,培训医护人员近200人次,培养技术骨干5人,并协助确山县人民医院新开展改良式单孔腹腔镜下单侧输卵管切除术,填补当地医院该项技术的空白。建立确山数字健康大数据支撑平台,依托"国家健康医疗大数据研究院"团队,选派多位专家到确山县人民医院等单位进行基础医疗数据汇集整理,汇聚确山县全域电子病历、疾病预防控制等大数据共计859364人、4071922人次,创建大数据标准化工作库及医学科学大数据队列仓库,初步具备应用和服务能力,为确山县医疗体系建设、医院管理水平提升、医共体建设提供支撑。

【特色帮扶】 山东大学结合学院自身优势,发挥学科特长,针对性开展特色帮扶工作。一是开展"一院一品"活动。山东大学新闻传播学院党委继续推动新闻学"双带头人"工作室,与确山竹沟革命纪念馆党支部探索品牌传播等帮扶支援模式,组织师生党支部成员在线上参观确山竹沟革命纪念馆。数学学院结合学科特色打造数学类科普系列讲座,学院教授的《数学中的密码技术》为确山县第六小学等4所学校共520人进行授课。二是利用经济学院在旅游经济、产业发展等方面研究优势,重点围绕花木种植、中药材种植等产业提供发展规划设计、产业链体系建设等智库资源,为帮扶的乡镇在农业经营组织与市场打造、"一村一品"工程建设等方面提出建议对策。三是发布乡村振兴"五化"标准体系。3月,由管理学院教授团队完成的乡村振兴"五化"标准体系发布会在济南举行,"五化"标准体系涵盖产业振兴三产融合化、人才振兴专业职业化等5个子维度,涵盖16个二级指标和54个三级指标。四是药学院科研团队与确山县鼎复康药业股份有限公司对接,就尼群地平溶出度低的问题展开研讨,团队展开资料调研。五是继续推进山东山大基础教育集团引入的山东同创设计咨询集团有限公司完成确山县第二中学改造项目设计工作任务。

【帮扶宣传】 山东大学加强消费帮扶工作推介和宣传,指导支教团积极参加"帮扶确山 乡村振兴"活动,策划"红薯姐抖音视频方案",拍摄宣传视频,助力确山县农产品网上销售工作。积极参与教育部"'乡'约有我"高校智赋乡村视频短片接力活动,制作宣传片《山与山相连,"山岩"人的乡村记忆》,引导广大师生校友共同关注、参与和支持乡村振兴工作。山东大学管理学院青鸟宣讲团10名成员以"造梦师·红领巾向党"为主题,通过文艺创作,将党的伟大创举整理成系列视频,成功申报"推普助力乡村振兴"全国大中专学生暑期社会实践志愿服务活动国家级立项;信息学院"守望行动"积极参与校内《百微山大》宣传片拍摄活动,吸引更多的学生志愿者加入关爱农村留守儿童的行动。支教团成员撰写的支教日记先后在确山县教育云平台、驻马店日报网等媒体发表,宣传山东大学在确山的支教工作。

(山东大学党委、校长办公室　宋文雅)

东北大学定点帮扶

【概述】 2022年,东北大学定点帮扶云南省昌宁县。学校党委高度重视帮扶工作,将定点帮扶作为重要政治任务纳入议事日程,列入《东北大学2022年工作要点》,多次召开校长办公会、定点帮扶工作领导小组会议专题研究定点帮扶工作,部署落实帮扶举措,研究制订《东北大学2022年定点帮扶云南省保山市昌宁县工作计划》,明确分工、逐项落实,确保定点帮扶工作高质量开展。学校党委领导班子成员坚持与昌宁县互访交流,多渠道开展督促指导。东北大学直接投入帮扶资金264.2万元,引入帮扶资金578万元,培训基层干部610人,培训技术人员1187人,购买脱贫地区农产品223.39万元,帮助销售脱贫地区农产品286.11万元,顺利完成2022年中央单位定点帮扶的各项任务。

【帮扶资金投入】 2022年,东北大学直接投入帮扶资金264.2万元,其中投入80万元开展卡斯镇大泺部乡村振兴示范项目;投入15万元开展田园镇龙泉社区龙潭自然村乡村振兴建设项目;投入25万元开展田园镇新华社区道路亮化与达仁社区道路硬化、村庄物理过滤池项目;投入20万元开展湾甸乡民族团结进步示范广场修缮项目;投入20万元支持开展昌宁县干部规划家乡专项行动;投入25万元用于改造昌宁县党员活动室、修缮政府小礼堂;投入20万元用于基层干部教育培训;投入4万元用于建设留守儿童书屋;拨付巩固脱贫攻坚推进乡村振兴指挥部工作经费10万元,帮扶专项活动经费8万元;捐赠计算机(用于教育投入)折算价值37.2万元。全年引入帮扶资金578万元,其中争取中央财政衔接推进乡村振兴补助资金,用于卡斯镇大泺部乡村振兴示范项目资金500万元;积极对接东软医疗系统股份有限公司,帮助昌宁县人民医院以低于市场价60万元采购CT机1台,并免息10万元;引入张学良教育基金会资金8万元,开展漭水镇中心幼儿园活动空间扩建及儿童之家建设。

【帮扶资金管理】 东北大学自开展定点帮扶工作以来坚持规范化使用帮扶资金,充分发挥办学资源优势,多角度、全方位开展帮扶工作,坚持把帮扶资金花在刀刃上,高度重视帮扶资金监管,确保帮扶项目管理规范和帮扶资金使用合规。聚焦昌宁县实际需求,按照年初学校对帮扶工作的统一部署,积极与挂职干部共同研讨、制订工作计划,安排具体开展的帮扶项目,安排自有资金,并多方筹措资金,制订相应的帮扶专项预算方案。为保证项目开展规范性,学校坚持"项目负责制",严格按照工作流程,与合作单位签订项目协议书,协议书中明确规定项目开展的具体内容、合作双方的任务与职责、资金拨付的具体金额、用途及拨付方式,对标昌宁县"三保障"相关要求,对帮扶项目做到科学规划、合理安排,坚持专款专用、专款专账,做到项目跟着规划走、资金跟着项目走,有效确保帮扶工作开展规范有序。项目及资金安排严格按照"三重一大"决策制度执行。

【帮扶调研】 11月,东北大学党委书记、校长、党委副书记及定点帮扶小组相关部门负责人,与昌宁县有关负责人开展线上互访座谈,详细了解年度定点帮扶工作开展情况,并就下一步的交流合作、推动昌宁县乡村全面振兴、全面发展等方面进行了研究探讨。

【帮扶会议】 3月,东北大学党委书记、党委副书记及定点帮扶相关部门负责人,与保山市委常委、副市长一行在东北大学国际交流中心召开座谈会,双方就下一步如何发挥学校科研、人才优势,拓宽双方合作领域,助力双方共同发展、互利共赢等方面展开研讨。4月,召开东北大学2022年第七次校长办公会议,审议通过《东北大学2022年定点帮扶工作计划》。9月,副校长主持召开东北大学定点帮扶领导小组会议,校长办公室负责同志汇报学校2022年定点帮扶工作完成情况,与会人员围绕习近平总书记的《论"三农"工作》开展专题学习研讨。11月,东北大学与昌宁县"线上互访"交流座谈会议召开,会议听取帮扶干部2022年定点帮扶工作开展情况的汇报,双方以长期结对帮扶关系为出发点谋划下一步工作计划。

【帮扶制度建设】 东北大学研究制订《东北大学2022年定点帮扶工作计划》,明确分工、逐项落实,确保成效。建立健全选拔培养、监督管理、考核激励制度的干部评价考核机制,对帮扶干部进行综合考评,确保选派的干部都能担当起乡村振兴重任,提升服务地方经济社会发展能力。设立帮扶专项活动经费,为挂职干部提供工作和生活保障。

【帮扶培训】 东北大学充分发挥人才培养优势,投入专项资金20万元,助力乡村基层干部队伍建设,抓好乡村振兴带头人、专业实用技术型人才的培养。学校培训工作以线上、线下相结合方式开展,分别邀请东北大学文法学院及马克思主义学院教授为昌宁县2022年村(社区)党组织书记能力素质提升培训班、昌宁县人力资源和社会保障局2021—2022年度事业单位岗前培训班线上授课,邀请东北大学心理咨询中心主任为昌宁县初、高中班主任心理教育提升培训,帮扶干部在当地开展以电商、农业科学种植等为主要内容的技术人员培训,累计培训地方干部610人、专业技术人员1187人。

【干部挂职帮扶】 东北大学按照"优中选精、强中选锐"配置工作力量要求,挂职干部在地方充分发扬"自强不息、知行合一"的校训精神,经常性到基层督促检查、现场调研帮扶进展情况,并结合地方现状梳理问题并提出合理化建议,及时向地方反馈发现的问题,驻村第一书记坚持开展"民情民志半月谈",全年撰写民情民志23篇,深入基层帮扶一线,与群众共同发掘致富新路径。选派第9批研究生支教团赴昌宁县职业技术学校支教1年,以实际行动增强实践育人成效。

【帮扶慰问】 东北大学帮扶干部设立"羽宁爱心团队助学基金",坚持为品学兼优的困难学生开展助学圆梦计划,2022年度筹集奖助学金0.88万元;东北大学后勤服务中心向田园镇新华社区困难学生捐赠助学金2.1万元;计算机学院开展"蓝精灵"一对一爱心助学计划资助1.76万元,共惠及困难学生35名,帮助贫困学生完成学业,走出大山;软件学院、团委向昌宁县妇联捐赠物资及资金共5万元用于"明光筑梦"计划相关工作的开展。学校向昌宁县耇街民族中学捐赠电脑63台、向田园镇人民政府捐赠投影仪36台,帮扶干部为新华社区村部购买打印机1台,折合总价值79.32万元,有效提升村部及学校办公条件。

【脱贫成果巩固】 东北大学为巩固拓展"三保障"和饮水安全成果,投入专项资金40万元开展田园镇新华社区道路亮化工程、田园镇达仁社区道路硬化工程、饮水物理过滤池建设工程、田园镇龙泉社区龙潭自然村乡村振兴建设项目,切实为村民的日常出行及生活提供便利、保驾护航;投入20万元修建湾甸乡民族团结进步示范广场,弘扬少数民族文化特色,丰富村民业余生活。东北大学艺术学院副教授带队,深入卡斯镇大沶部自然村开展村容村貌整体改造方案设计,开展以垃圾处理、污水治理等为主要内容的刚需性改造,完成新建文化活动广场1个,傣族特色寨门1道,硬化进村、村庄内道路1.57千米,建设排水沟渠1.57千米,安装太阳能路灯30盏,种植绿化600平方米,建污水管网工程1个,架设污水管道3千米,建设污水处理设施2座,建民族公厕1座、粪污收集池30座,购置垃圾收集车2辆、垃圾收集箱5个,实现从"脏乱差"到文明新村的转变。

【产业帮扶】 东北大学选定昌宁县卡斯镇大沶部村打造乡村振兴典型示范基地,选派专家团队全面开展调研走访,充分利用大沶部的区位优势、产业基础和资源禀赋,建设无土草莓种植基地,种植面积20亩,为村集体经济增收20万元。发展大棚蔬菜种植基地和生猪养殖基地等主导产业,带动地方一大批村户就业,共享振兴成果。通过实施"强村带弱村产业振兴示范园建设",打造具有卡斯品牌的热带水果采摘体验园40亩,吸引周边及外地游客10万余人次,有效带动农文旅融合发展。

【科技帮扶】 东北大学专家再次赴昌宁县国土资源局就3S技术集成的昌宁县自然资源监管平台软件系统进行调试、研究,并投入使用。于2020年开始与昌宁县工业信息商务科技局深入合作,开展"基于AI智慧互联农业科技帮扶共建"项目,打造共同推动"姬松茸菌棚多元生态环境感知与生长周期管理系统"建设,其间团队坚持对系统进行远程监测,充分答疑解惑,为实现农业现代化、降低生产成本、促进农户增产增收提供技术支撑。

【智力帮扶】 东北大学邀请副校长为昌宁县中小学生作"科学中的创新"科普专题报告,共有200所中小学校3.6万多名师生远程观看。东北大学研支团持续谋划开展"东北大学·昌宁扶ZHI工程'1567'计划",通过深入昌宁县小学、初中、高中、职高及青年5类人群中,全面开设"我的大学梦""我的大学生活""创新创业论坛"等课程拓展第二课堂。软件学院"明光守护 少年强国"实践团赴昌宁县开展暑期公益支教实践活动,面向昌宁县下辖6个镇,开展15场暑期课程,结合理想信念、科技创新、环境保护、民族团结、乡村振兴等方面,通过理论宣讲、动手实践、线上互动等形式开展系列活动,受益儿童达500余人。

【教育帮扶】 东北大学坚持以教育帮扶为纽带,完善教育建设基础设施,引入张学良校友基金会5万元帮助漭水镇中心幼儿园进行活动空间改善,3万元用于援建"儿童之家",直接投入4万元建设留守儿童书屋,在帮助儿童健康成长等方面持续发力。

【文化帮扶】 东北大学艺术学院专家团队深入大沶部自然村挖掘傣族文化、传统习俗和传统手工艺,帮助建立傣族文化陈列室,建设特色宜居、增收致富、明礼重教、团结和谐、遵纪守法示范户10户,改建民族手工艺品展销中心1个、硬化场地462平方米、建设民族特色围墙200米、绿化300平方米,开展少数民族示范技能培训2期250人次。通过建设民族特色围墙对少数民族文化、非物质文化遗产开展初步保护及抢修,以傣族文化陈列室为宣传阵地讲述民族工作及民族团结生动故事,使广大群众在耳濡目染中接受民族团结进步教育,营造"全民受教育、个个讲发展、人人促团结"的浓厚氛围,为大沶部民族团结进步发展提供强大的精神力量。

【消费帮扶】 东北大学开展"情系昌宁，感恩有您"昌宁农特商品爱心认购活动，全校党员干部、广大教职工全面参与，实现认购额149.14万元，营造定点帮扶工作全员参与、深度参与的浓厚氛围。东北大学工会、后勤服务中心为教职工采购福利品、食堂原材料等共68.02万元，与昌宁建立长期稳定的供求关系。坚持探索多渠道、多途径、深层次助力消费帮扶，帮扶干部积极发动社会资源，帮助昌宁当地企业将特色产品销往全国各地，帮助实现销售额286.11万元，特别是帮助打通流通渠道隔断、通畅产销信息对接，在昌宁县民生保供和助农销售工作中发挥重要作用。

（东北大学校长办公室　顾　杰）

大连理工大学定点帮扶

【概述】 2022年,大连理工大学定点帮扶云南省龙陵县,投入帮扶资金243万元,引进无偿帮扶资金216.6万元,引进有偿帮扶资金500万元,培训龙陵县基层干部3724人,培训龙陵县技术人员255人,购买贫困地区农产品200万元,帮助销售贫困地区农产品342.64万元。

【帮扶资金投入】 2022年,大连理工大学对龙陵县投入帮扶资金243万元。其中,投入10万元在核桃坪村继续支持建档脱贫户及致富带头人种植30余亩的百香果;投入40万元用于龙陵石斛研究所品牌推广方案设计;投入88万元用于朱家璧红色教育基地美化等8个项目;投入20万元用于促进脱贫人口增收;投入35万元为龙陵县第一中学课桌椅采购翻新;投入20万元用于启动龙江乡乡域与乡村规划设计;投入30万元用于朱家璧红色教育基地美化项目。

【帮扶资金管理】 大连理工大学严格按照"三重一大"决策制度进行帮扶资金的安排与管理,对帮扶专项资金绩效进行自评,并完成自评报告。

【帮扶调研】 5月和8月,大连理工大学党政办副主任分别赴龙陵县及龙山镇核桃坪村,送新赴任的挂职干部到岗,同时对帮扶工作进行考察督导。

【帮扶会议】 大连理工大学党委常委会、校长办公会研究定点帮扶工作议题4次。召开学校定点帮扶龙陵县推进会2次,学校内各部门帮扶工作联席会议1次。8月,学校10个部门召开了定点帮扶工作领导小组工作会议,落实上级和学校党委的工作部署,制订工作推进方案,保证按期完成定点帮扶工作的各项任务。11月,学校党委书记亲自督办,以视频会议形式召开大连理工大学定点帮扶龙陵县工作推进会。会上,学校主要负责领导听取了龙陵县委关于乡村振兴工作的专项报告,双方提出对未来工作的展望与建议。

【培训帮扶】 大连理工大学在当地组织举办各类培训班12期,培训近4000人次,其中培训乡村基层干部3724人次,培训乡村振兴带头人128人次,培训专业技术人员127人次。通过教授送教上门、邀请线上培训等方式,针对县级领导、基层干部、企业负责人、乡村振兴带头人,围绕"学习贯彻党的二十大精神""农业农村发展""乡村振兴""双循环新发展格局"等专题进行针对性、指导性培训。

【干部挂职帮扶】 大连理工大学通过遴选、重点考察,选派2位优秀干部赴龙陵压茬接任、赓续履职。其中,1人任龙陵县副县长,分管县政府办、外办、供销社等工作;1人任龙山镇核桃坪村驻村第一书记。2位挂职干部到任后坚守岗位,尽职尽责,主动谋划,积极联系学校相关部门与龙陵县有关单位协商对接,在基础教育、干部培训、产业发展、乡村振兴规划等方面,开展了多方面的工作。

【产业帮扶】 大连理工大学加大投入,与当地谋划共建。学校挂职干部实地走访、吸引外资、扩大经营,助力鲜花种植、大龙蟹养殖、百香果种植等基地产业实现模式升级,并依托龙陵当地石斛特产开展产业科研,引进中基新型建材建设项目,帮助当地建立帮扶车间1

个,扶持当地龙头企业1家,帮助当地培育新型农业经营主体10个。

谋划壮大鲜切花花卉基地。学校帮扶引进的花卉种植及观光基地自2021年建成之后持续良好运营态势,该基地包括3500平方米生产观光大棚1个、花卉种植大棚40个、210平方米冷库1个,基地占地总面积38亩,基地以种植香水百合、郁金香、康乃馨等市场需求量大且经济效益明显花卉为主。2022年预计产值400万元,村集体经济年净增收入20万元以上,带动就业20余人,个人增收总额80余万元。花卉基地在学校帮扶下,进行经营模式改革,与当地农户特别是防返贫建档立卡监测户签约,确保年人均收入在1.5万元以上。

持续壮大大龙蟹养殖业。在两年的良好运营的基础上,2022年"大龙蟹"基地继续与当地农户签约,同步发展"稻田蟹+生态米"模式,带动就业15人,已上市销售成蟹3000千克左右,亩均蟹额外增收2500元,收入超过50万元,养殖基地也成为周边民众周末休闲的"网红打卡地"。

继续支持百香果种植项目。学校经过前期调研论证与实地走访,2022年投入10万元在核桃坪村继续支持建档脱贫户及致富带头人种植30余亩的百香果,经过一年多培育,已掌握育苗技术、种植技术,打通了销售渠道,全年共实现销售额15万元,同时带动村内多户开始种植百香果,百香果种植基地与10余户农户签约,带动就业23人,人均年收入过万元。

做好紫皮石斛产业发展咨询服务。学校与龙陵县林业和草原局对接,为龙陵石斛研究所直接投入40万元,对龙陵县石斛产业区域品牌定位语、推广语、IP形象、logo完成方案设计;成功举办石斛产业专题培训3次,对接龙陵县石斛企业4户次,推荐对接相关企业1家。

学校通过招商渠道积极引资。通过招商渠道积极引资,吸引中基新型建材建设项目落户龙陵县黄草坝工业园区,一期投资500万元。该项目建成投产预计实现年产值8亿元,上缴税收4000余万元。产品结合水电硅一体化生产尾矿废弃物综合利用,产品的推广应用真正实现绿色节能环保低碳,借助科研技术力量,将不断实现产品技术创新。

【人才帮扶】 大连理工大学与县委宣传部联合立项。举办当地干部专题培训5次,覆盖3400余人次。联合县委宣传部积极对接中央、省市宣讲团为龙陵当地干部及乡村振兴带头人进行党的二十大精神专题宣讲,有力提升了龙陵的干部能力素养。

为进一步推进全县农商产业链健康、快速发展,围绕"大产业+新主体+新平台"发展思路,依托龙陵石斛研究所开展"28天打造百万级爆品"等培训3次,培训石斛种植大户、枫斗加工大户、企业带头人等120余人次;依托县供销社举办电商人才培训覆盖近130人次。此外,学校挂职干部依托"佤佤翁"电商品牌,在当地支持下建立"佤佤翁"电商实训基地,每年定期为核桃坪村村民开展电商销售、经营培训,通过培训每年为村集体增收过万元。

大连理工大学马克思主义学院使理论走出学校,走向最基层,通过"龙陵讲堂"宣讲解读习近平新时代中国特色社会主义思想,为龙陵发展提供了智力支持,打造了"党建+帮扶"的模式。为进一步建强农村基层党组织,提升村(社区)党组织书记综合能力素质,举行2022年村(社区)党组织书记能力提升培训班,全县村(社区)党组织书记共计121人参加培训。挂职干部通过《牢记使命》主题党课及与当地干部"一对一"谈话,全年培训干部超过140人次。

【教育帮扶】 大连理工大学积极关注龙陵县当地教育基础设施建设,通过资金投入努力补齐教育短板。投入15万元用于支持龙陵县龙江乡蕨叶坝小学跑道及附属工程建设；投入35万元用于支持龙陵县第一中学改造翻新1000套课桌椅。通过校友会积极发掘校友企业力量，先后筹资156.6万元用于建设智慧教室和精品录播教室；50万元用于龙山镇中心学校、龙江乡海军希望小学（硝塘小学）的食堂、浴室等基础设施改造。

为让留守儿童课后能有安静读书、完成作业的场所，专资10万元在龙陵县设立"萤萤之光"乡村书屋项目，积极联合当地各级相关单位计划提供图书馆场所、组建为图书馆服务志愿团队、筹集部分建设资金和图书等。

【生态帮扶】 8月，大连理工大学委派建艺学院成立专项工作组对龙陵县新型城镇化和绿美乡村建设项目进行实地考察。工作组先后实地走访调研了龙陵县龙山镇、象达镇、腊勐镇、龙新乡、龙江乡等5个乡镇的10余个村庄、社区，了解当地的乡村建设现状，为当地的发展规划献计献策。学院主要领导及相关专业教师重点到朱家庄红色美丽村庄试点项目建设点实地调研，深入了解红色美丽村庄试点项目建设规划。前期投入70万元用于建立龙江乡乡域规划项目、建设雪山村绿美乡村示范点、朱家庄红色美丽村庄示范点，打造大连理工大学"城乡规划+绿美村庄"精品项目。

【党建帮扶】 大连理工大学联合龙陵县纪委，开展"清廉单元"建设迭代升级专项行动，对清廉村（居）建设进行提升巩固，建设村（社区）廉政文化示范点，努力营造风清气正的政治生态；联合县委组织部建立"名书记工作室"，首批入驻5名工作经验丰富、工作成效明显的"名书记"帮带年轻的村党组织书记；联合龙陵县委宣传部，设立理论宣讲项目，把党的二十大精神在基层讲明白、讲清楚。

挂职干部挂包当地5个村，参与结对共建脱贫村7个（龙江乡蕨叶坝村、勐外坝村、硝塘村、新寨村，龙山镇核桃坪村，象达镇营坡社区及龙新乡雪山村），参与结对共建党支部3个。学校基层党支部也积极参与帮扶工作，依托二级党委组织优势，全年动员广大党员干部捐款捐物折合资金9万余元。

【公益帮扶】 大连理工大学关注龙陵公益事业，在"99公益日"线上捐资助学活动中，开通专门捐资通道为当地募集公益爱心款5423元。此外，"梦起云滇"短期支教团及"研究生支教团"定期发起爱心助学活动，以民间募捐形式为当地筹集爱心助学金（或物资）近万元。

【健康帮扶】 大连理工大学按照中央单位助力定点帮扶县应对农村新冠疫情工作会议要求，根据龙陵县的实际需要，立即统筹资源陆续到位一批医疗物资（心电监护仪5台、心电图机2台、五分类血球仪1台、空气消毒机5台等价值20万元），用于龙陵县农村疫情防控的关键时刻。

【革命老区建设】 大连理工大学建筑与艺术学院主要领导及相关专业教师重点到朱家庄红色美丽村庄试点项目建设点实地调研，深入了解红色美丽村庄试点项目建设规划，努力打造朱家庄红色美丽村庄示范点。

【帮扶宣传】 5月，大连理工大学宣传部特邀《光明日报》驻大连记者站站长赴龙陵县开展专项调研报道工作。报道团一行调研学校定点帮扶工作主要项目成果，并专门采访学校研究生支教团的现任团员，专题文章《一场持续25年的青春接力》已于6月在《光明日报》见刊发表，文章产生了正向积极的社会反响。学校一线挂职干部的工作事迹也被当地报道。专题报道《携母支教，共谱乡村振兴曲》已通过当地组织部、宣传部上传至学习强国、保山日报等主流媒体，新闻累计阅读量超过120万次。

（大连理工大学 刘婷婷）

吉林大学定点帮扶

【概述】 2022年,吉林大学定点帮扶吉林省通榆县,为更好地巩固既有帮扶成果基础,积极为通榆县乡村振兴助力,制订"2+2"目标导向、系统化的工作方案,即2个工作方案和2个与之配套的实施台账,2个工作方案分别为《2022年吉林大学定点帮扶工作方案》和《2022年吉林大学定点帮扶特色工作方案》,2个台账分别对应2个方案中的各项计划、指标和任务,任务分解更加细致、责任人更加明晰、任务完成时限更加具体,"通榆所需、吉大所能"的帮扶原则体现得更加准确。为有效提升吉林大学在乡村振兴方面的研究水平和育人能力、提高助力乡村振兴能力和水平,在学校乡村振兴工作办公室基础上,学校成立由24名相关领域专家组成的吉林大学乡村振兴研究院,紧密围绕国家及吉林省乡村振兴战略规划,立足吉林、面向全国,探索乡村发展规律,解决乡村与农业发展过程中的重大课题与突出难题,助力新时代中国特色社会主义乡村振兴道路探索的理论创新、实践创新、制度创新,完成乡村振兴科学理论研究与智库建设、乡村振兴科技成果转化、乡村振兴人才培育及乡村振兴相关项目的服务和宣传等4个方面主要功能。

【帮扶资金投入】 2022年,吉林大学向通榆县投入帮扶资金732.96万元;无偿投入帮扶资金712万元,有偿转让专利技术20万元。其中,向通榆县捐款200万用于支持乡村振兴建设,专项列支60万元党费用于支持通榆县基层党支部建设;投入400余万元支持设立38个科技转化项目;引进帮扶资金3478.3万元,其中无偿帮扶资金1413.324万元,有偿帮扶资金2036万元;直接购买脱贫地区农产品1626.829万元,帮助销售脱贫地区农产品1.2049亿元;捐赠图书1.5万余册;捐赠价值5万余元药品,义诊1500余人次。

【帮扶资金管理】 吉林大学成立乡村振兴研究院,专门对设立的项目进行管理,并通过制定规章制度规范帮扶资金使用,加强资金监管,把帮扶工作任务分解到各基层单位,列入基层党委考核指标和巡查内容。帮扶项目经费使用严格按照学校财务程序进行,校工会联合审计处加强对帮扶项目投入的帮扶资金审计工作,确保帮扶资金专款专用,做好、做实帮扶工作,取得实实在在的成效。

【帮扶调研】 吉林大学党委书记、校长分别于9月和7月,带队赴通榆县,与通榆县主要领导开展座谈、实地听取定点帮扶工作进展、总结定点帮扶工作经验、现场解决实际问题、慰问一线干部教师。校领导分别到通榆县开展捐助、吉林大学第二医院通榆医院挂牌及定点帮扶通榆县纪念石落成揭幕等活动。

【帮扶会议】 吉林大学党委常委会全年安排6次定点帮扶专项议题,研究和推进定点帮扶工作。分管定点帮扶工作的副书记、副校长先后组织召开6次定点帮扶工作推进会,召集学校不同层面负责人参加,听取工作汇报,研究工作举措,推动工作进展。

【帮扶培训】 吉林大学与通榆县新洋丰现代农业服务有限公司联合建设的职业农民培训学校,对全县农机驾驶员、种植、养殖大户进行农机驾驶、农业生产技术、电商技能等培训,提高其农业生产技能,为乡村振兴做好人才储备。"田间大课堂""乡村吉大"等培训项目形成品牌并建立长效机制。联合通榆县委组织部,对全县各乡镇党委书记、乡镇长、分管乡村振兴工作领导和具体负责人及村党组织书记进行培训,围绕巩固拓展脱贫攻坚成果同乡村振兴有效衔接政策理论和业务知识开展培训,成效显著。联合吉林省驻村第一书记协会对全省2038个村的驻村干部、第一书记、村医、村干部等进行专业防疫知识防护技能线上培训,线上点击量超过20万次。全年累计培训基层干部2351人,培训技术人员5300人,培训乡村振兴带头人193人。

【干部挂职帮扶】 吉林大学继续选派挂职副县长1人、驻村第一书记1人、挂职镇党委书记1人、科技副镇长1人、科技特派员4人,有4名农学专业专家被聘为乡镇农技顾问。

【帮扶慰问】 吉林大学各基层单位多次到定点帮扶村实地走访,为经济困难家庭送去钱款与生活用品,帮助销售帮扶村滞销的农副产品,学校"点对点"帮扶单位为家庭经济困难学生提供助学捐款,向帮扶乡村学校捐赠电脑、图书、文具、体育器材等。学校继续用党费60万元专项支持50余个村党支部建设。

【产业帮扶】 吉林大学全力支持科技专家、科研团队走进通榆县,积极推动优秀项目成果转化。遴选39个定点帮扶科研项目在通榆实施,直接投入专项资金400余万元帮助成果转化。通过"学校+企业(合作社)+大户+农户"模式,闭环式帮扶通榆当地有带动性的传统企业进行技术升级,实现产业转型。吉林大学食品科学学院继续为通榆县天意农产品经贸有限责任公司提供辣白菜配方和酸菜植物菌种发酵剂,实现出口销售额超2亿元,同时帮助开发杂粮煎饼,单项创造产值300万元。植物科学学院、动物科学学院、生物与农业工程学院、艺术学院等多学科专家全产业链支持通榆县新洋丰现代农业服务有限公司延长农产品加工产业链,为农副产品提升品质,增强市场竞争力。该公司连续3年在"832平台"上实现销量领先,并成为第一批国家供销云仓农产品质量溯源3家企业之一,通过各地校友会等帮助销售,产品销售遍布全国。在学校的支持下,通榆县天意集团有限公司、通榆县新洋丰现代农业服务有限公司双双获评省级"五星"龙头农企。

【科技帮扶】 吉林大学发挥智力密集优势,全力支持科技专家、科研团队走进定点帮扶县,积极推动优秀项目成果转化,学校科技帮扶工作年内连续2次受到中央部委的提名表扬。学校设立在通榆实施的定点帮扶项目从原来的24项增加到39项,涵盖党建、种植、养殖、产品深加工、土壤改良、饲料工程、生态文旅等多个方向。吉林大学教授团队针对通榆县自然条件及土壤条件,应用水肥一体化等6项技术,支持和指导铁西村党支部领办合作社粮食生产,提高村集体收入同时增加合作社农民增收,中央广播电视总台新闻频道《24小时》栏目专题报道并得到吉林省主要领导重点关注,省农业农村厅已将该团队和技术作为2023年完成吉林省千亿斤粮食工程的一个重要技术支撑大力推广。"玉米+鹅"种养结合示范项目实现在玉米种植和鹅养殖2方面双向增收,该项目得到省长批示,下一步将在全省"小规模、大范围"进行推广。肉羊养殖示范推广项目成功引入外省资金投入500万元,在通榆成立养殖公司,非繁殖季节诱导发情技术和胚胎移植技术生产优质种养得到应用和推广。拥有独立知识产权的作物品种吉大7水稻、吉大豆19大豆在通榆实现成果转化,碱地大米成为吉林大米3个重要分支之一,大豆公顷增收50%,提振了当地农民的种植信心。高效液化农业废弃物应用项目为铁西村合作社提供有机肥料20吨,改良土壤30公顷。基于向海鹤文化和蒙古族文化挖掘的文旅项目在向海村建设民俗文化体验馆，助力向海村获评年度中国美丽休闲乡村。解决通榆实际需求而开发的"通榆县农村土地资源管理系统"帮助通榆县实现全域土地及相关业务平台化系统管理。

【教育帮扶】 吉林大学将通榆县第一中学列为招生优质生源地，2022年通榆县又有20名优秀高中毕业生考入吉林大学，通榆籍在校本科生已累计达73人。校属企业吉林吉大通信设计院服务有限公司在通榆县第一中学设立奖助学金，3年合计50万元。

【健康帮扶】 吉林大学在通榆建设吉林大学第二临床医院通榆分院。为深入贯彻落实习近平总书记提出的推动医疗卫生工作重心下移、医疗卫生资源下沉，真正解决好基层群众看病难、看病贵问题的重要指示，经过近一年的谋划推动，吉林大学第二临床医院通榆分院于7月正式共建落成。吉林大学第二医院派出业务副院长及各诊疗科室的专家在通榆坐诊，同时开设远程医疗，开辟绿色就诊通道，使得通榆及周边地区的群众医疗保障得以提升，通榆医院的就诊率明显提高，得到通榆百姓的一致认可和赞许。

【社会帮扶】 吉林大学积极参与国家乡村振兴局指导、清华大学发起的"百百千"行动计划，在学校定点帮扶地通榆县对接3个乡镇10个村，开展以补齐乡村建设人才短板、破解乡村发展建设瓶颈、引导社会力量参与乡村建设为主要内容的对接帮扶，帮扶进展效果良好。

【"点对点"帮扶】 吉林大学遴选31家基层单位，直接点对点对接帮扶通榆县，把对接帮扶的村当成自己的"责任田"，在帮助加强村级党支部建设基本任务基础上，发挥桥梁纽带作用，协调各方资源，在乡村规划、产业谋划及消费帮扶等方面做了大量工作，取得了成效。同时，学校把点对点的帮扶作为一个育人特色，在帮扶的同时，创新和提升学校人才培养的模式和水平，把点对点帮扶工作作为师生劳动实践、思政教育和体验"三农"的重要内容，把帮扶点作为教学实习基地、科研创新基地、志愿服务基地，达到相互促进、共同提高的效果。

【帮扶宣传】 11月4日，中央广播电视总台新闻频道《24小时》节目再次报道吉林大学崔金虎团队帮扶故事，节目受到吉林省省长的关注，并作出指示大力推广吉林大学的一系列针对吉林西部盐碱地区高产栽培技术。新华社客户端、人民日报客户端、《光明日报》、《科技日报》等媒体20余次对学校乡村振兴工作进行报道，单次最高阅览量超52万次，产生良好影响。学校连续3年制作定点帮扶工作总结宣传片，帮助通榆县完成的长篇纪实报告文学《鹤鸣九皋闻于天》由人民出版社出版，在通榆县开展"誉满征程——吉林大学定点帮扶通榆县成就展"。为更好地推荐通榆地区农副产品，联合3家帮扶企业，在长春建立了农产品展示和销售中心。此外，吉林大学定点帮扶抖音、快手直播间正在积极建设中，目前已完成前期拍摄任务。

(吉林大学乡村振兴工作办公室　汤文庭　张　刚)

东北林业大学定点帮扶

【概述】 2022年，东北林业大学（以下简称"东林"）定点帮扶黑龙江省泰来县，直接投入帮扶资金260.16万元，引入帮扶资金367.8万元，培训县乡村基层干部740人次，培训专业技术人员1051人次，培训乡村振兴带头人86人次，直接购买泰来县及其他脱贫地区农产品293.82万元，帮助销售泰来县农产品4572.6万元，召开帮扶工作专题会议8次，赴泰来县考察调研39人次，形成督促指导报告4份，扶持龙头企业4家，扶持农村合作社3家，为泰来县招商引资300万元，帮助脱贫人口转移就业420人。

【帮扶资金投入】 2022年，东林为泰来县投入帮扶资金总额为260.16万元，其中乡村振兴专项项目投入152.98万元，泰来县林下复合经济发展投入60万元，泰来县中小学校园社团建设投入40万元，泰来县宏程村疫情防控、房屋维修、垃圾治理投入7.18万元。

【帮扶调研】 东林校领导与泰来县党政领导定期交流座谈，推动帮扶举措落地见效。6月，东林主要负责人带领专家服务团、相关部门负责人等赴泰来县调研帮扶工作，实地查看农林复合生态循环经济产业示范区、生态果蔬种植园、泰湖湿地生态修复治理等各项帮扶项目推进情况，并与泰来县领导开展交流座谈，共同谋划研究帮扶举措，确保帮扶工作走深做实。

【帮扶培训】 东林发挥教育资源优势，根据泰来县人才振兴需求，组织教授服务团开展专题培训。6月，东林林下经济团队开展《黑龙江省林下经济发展规划（2021—2035年）》解读培训，培训泰来县林下种植户23人。9月，东林森林防火学科专家开展"森林草原秋季灭火知识"培训，培训泰来县林草系统干部员工740人。9月、10月、11月，东林先后开展3期电商技能培训，累计培训泰来县电商从业人员1114人次。

【干部挂职帮扶】 东林按照教育部"尽锐出战、压茬交接"的要求，择优选派2位副处级干部接替任职期满的挂职干部和驻村第一书记，2位挂职干部快速投入乡村振兴一线，有序推进落实各项帮扶任务。

【产业帮扶】 东林结合泰来县"十四五"发展规划，投入乡村振兴专项资金，设立12项乡村振兴项目，深化产业帮扶实效。一是优化泰来县食用菌产业，选育适合泰来县种植的食用菌品种，优化小拱棚种植模式，推广灵芝、平菇、金顶侧耳等食用菌栽培技术，促进食用菌产业转型升级。二是以教育部乡村振兴创新试验培育项目为切入点，在泰来县东方红机械林场实施农林复合生态循环经济产业试验项目，种植"红叶榆叶梅+赤芍"为主的"林药经济"20亩，年效益达到2000元/亩，种植"红叶榆叶梅+红豆"为主的"林粮经济"60亩，年效益达到1200元/亩，着力打造农林复合生态循环经济示范区，实现经济效益、生态效益和社会效益"三丰收"。三是加大对幸福车间的技术扶持，选派专家在编织工艺和款式等方面给予指导，增强产品市场竞争力。

【教育帮扶】 东林始终将帮扶工作与育人实践紧密结合，注重提升乡村教育质量。一是结合国家"双减"政策要求，与泰来县签署

《校园社团建设助力计划协议》,每年投入40万元专项资金,选派专业教师和大学生社团帮助泰来县乡镇中小学开展社团建设,2022年首批40万元资金为泰来县2所学校升级文体器材和修建活动场地,为社团活动开展提供硬件支撑。二是推进家校系统育人体系构建,选派学生志愿服务团赴泰来县开展"亲爱的你""最美的背影"等系列亲子活动,成功将情感教育与家庭教育结合起来,使家庭教育与学校教育形成合力。三是鼓励引导大学生走进乡村,东林小水滴实践团队赴泰来县开展暑期社会实践,为泰来县小学生带去《拱形的力量》《吹气球的酵母》《静电的奥秘》等科普课程,激发小学生对科学的兴趣。四是帮助泰来县引入公益组织专项资金161万元,为泰来县基础教育的发展提供资金保障。

【生态帮扶】 东林充分发挥特色专业优势,助力泰来县生态环境保护与资源利用。一是依托学校帽儿山实验林场的林木资源,为泰来县选育扩繁治碱固沙、绿化彩化、药食同源等苗木花卉,持续丰富泰来县植被多样性。二是不断提升泰来县江桥漫步、泰湖观光、森林康养等休闲文化旅游产业影响力,打造"天蓝水净、地绿山青"的生态地域名片。

【党建帮扶】 东林马克思主义学院、外国语学院等6个二级单位党支部与泰来县泰来镇、江桥镇等基层党支部开展支部共建活动,进一步深化"党建引领、项目共建、优势互补、互促共赢"的党建模式,推进党建与乡村振兴工作深度融合。

【就业帮扶】 东林为泰来县引入300万元社会资本,投建眼睫毛生产加工项目,采取车间和居家办公相结合的灵活工作方式,直接带动420余名残疾人和低收入群体就近就业,实现人均增收5000元以上。

【健康帮扶】 东林帮助泰来县引入黑龙江省拓盟科技有限公司的肺炎精准定量分析系统、肺结节辅助诊断系统和三维可视化建模服务,用于帮助泰来县人民医院开展公共医疗服务惠民工程、肺炎诊断和治疗,助力完善医疗信息化体系建设。

(东北林业大学科学技术研究院 王银龙)

复旦大学定点帮扶

【概述】 2022年，复旦大学深入学习贯彻习近平总书记重要指示批示和系列重要讲话精神，以党的二十大精神为指引，对照巩固拓展脱贫攻坚成果同乡村振兴有效衔接阶段的新形势、新要求、新任务，严格落实"四个不摘"工作要求，汇聚校内外优势资源，尽锐出战助力永平"五大振兴"，聚焦事关人民群众民生大计的教育、医疗、消费"三大领域"重点发力，有效有序推进定点帮扶各项工作。学校党委高度重视对云南省永平县的定点帮扶工作，进一步统筹全校力量，不断完善"党委统一领导、统筹部门牵头抓总、二级单位分解任务、业务部门各司其责"的大帮扶格局的内涵和外延，以助力乡村振兴作为育人阵地和实践课堂，与永平县人民携手描绘宜居宜业和美乡村新画卷。

【帮扶资金投入】 2022年，复旦大学直接投入帮扶资金327.1万元，帮助引进资金403.6万元；直接购买农产品270.6万元，帮助销售农产品600.8万元；培训基层干部1090人次、乡村振兴带头人153人次、专业技术人员10355人次。

【组织领导】 复旦大学召开党委常委会，学习领会教育部乡村振兴工作领导小组会暨巩固拓展教育脱贫攻坚成果同乡村振兴有效衔接工作推进会议精神，对标教育部党组部署和工作要求，学校党委研究制订年度定点帮扶工作计划，并认真抓好贯彻落实。

【干部挂职帮扶】 复旦大学党委全面贯彻落实教育部党组工作部署，选派精兵强将赴永平一线培养锻炼。2名挂职干部分别挂任副县长和驻村第一书记，切实发挥学校与永平县联系对接的桥梁枢纽作用。

【帮扶调研】 8月，复旦大学校长、常务副校长一行赴大理白族自治州、永平县，在教育、医疗、科技、人才、文化等方面开展深入调研，与大理大学召开合作交流座谈会，举办复旦助力永平乡村振兴工作现场推进会，调研永平县人民医院和学校科技助力乡村振兴项目，走访慰问复旦挂职干部和脱贫农户。

【健康帮扶】 复旦大学援建医疗队全年累计开展门、急诊接诊14328人次、义诊450人次，开展新技术新项目22项，培训医务人员1049人次，管理住院患者1270人次，开展手术1130次，组织会诊及疑难病例讨论507次、手术示教164次、教学查房208次，并多次走进校园和田间地头，为永平师生和群众开展生理心理健康教育主题讲座和义诊服务。

复旦大学调集附属医院资源，在永平县人民医院落地附属儿科医院"陈翠贞儿童健康发展中心示范点"，新建附属中山医院施东伟、附属儿科医院王立波、附属金山医院陈刚等3个专家工作站。

【教育帮扶】 复旦大学第二附属学校与永平县教育体育局、永平思源实验学校、永平北斗彝族乡九年制学校持续开展教育资源共享、教学研讨交流、党建结对共育等活动；支持永平县第一中学成立的"永平振兴班"首届学生参加高考，一本过线26人，二本过线59人，本科上线率达93.4%；发动校友、附属单位、社会力量等，积极筹措资金，用于奖教助学、阅览室建设、更新教学设备等。

【产业帮扶】 复旦大学精准对接校内相关学科专家资源,以复旦大学科研力量助力永平产业振兴,药学院王建新教授团队与永平县农业科技开发公司合作,成功申报云南省院士(专家)工作站,对滇黄精深加工工艺与系列产品开发展开研究;挂职干部帮助引入大理白族自治州孙达锋专家工作站,在博南镇胜泉村挂牌成立"科技助力产业发展示范村"。

【消费帮扶】 复旦大学多渠道宣传推介永平特色农产品,积极引入师生、校友和企业等资源,促进多方消费形成采购合力。助力"复旦·永平乡村振兴电商平台上海办事处""上海教育超市消费帮扶营销服务中心云南永平工作室"揭牌成立。

【文化帮扶】 复旦大学发挥学科优势,帮助永平深入挖掘博南古道历史文化资源,丰富永平县文化内涵。成功举办第六届"南方丝绸之路高峰论坛",引入专项资金助力建设云南省方志馆博南古道分馆。

【党建帮扶】 复旦大学进一步下沉帮扶力量,着力构建"院系—乡镇"党委结对帮扶机制,首批结对的7个院系党委按照"乡镇所需、院系所能"的原则,广泛动员、精心组织、加强协作,全方位、多维度助力永平乡村振兴。

【人才帮扶】 复旦大学依托中共中央组织部全国干部教育培训高校基地,为永平县干部举办2期培训班,增强党员干部乡村基层组织能力;发挥人才集聚和培养能力优势,新聘5名学者为永平县第二批乡村振兴专家顾问;通过专题讲座、示范教学、备课研讨等形式,帮助永平培训师资136人;选派精干医师为永平县中小学教师培训健康知识和沟通技巧;复旦大学管理学院萌基金师训平台为永平县中小学幼儿园911名班主任和心理教师提供系列线上培训讲座。

【帮扶宣传】 复旦大学消费帮扶案例"推进可持续消费帮扶,助力永平高质量发展"入选国家发展和改革委员会2022年全国消费帮扶助力乡村振兴优秀典型案例。复旦大学注重做好经验提炼,积极推荐优秀项目参加直属高校精准帮扶典型项目评选,持续推动直属高校服务乡村振兴创新试验项目落地落实。校地融媒体加强沟通交流,共同挖掘帮扶实践中的复旦故事,积极宣传帮扶工作的重要意义,充分利用新媒体平台,不断加大宣传力度。

(复旦大学校外合作处　吴　琦)

同济大学定点帮扶

【概述】 2022年，同济大学定点帮扶助力云南省云龙县打赢脱贫攻坚战、全面推进乡村振兴实践。按照国家乡村振兴局和教育部的统一部署，同济大学始终以高度的政治责任感和历史使命感，深入学习贯彻习近平总书记关于巩固拓展脱贫攻坚成果同乡村振兴有效衔接的系列重要讲话精神，坚持稳字当头、稳中求进，继续在规划编制、教育扶智、医疗服务、干部培训、党建助力、产业支持等方面综合施策，以更加扎实的工作确保巩固拓展好脱贫攻坚成果，以更加积极的作为确保全面推进乡村振兴落地见效，推动云龙县乡村振兴取得新进展、迈出新步伐。

【帮扶资金投入】 2022年，同济大学直接投入帮扶资金321.1万元、引进帮扶资金322.35万元，购买脱贫地区农产品309.8万元、帮助销售农产品791.85万元，培训乡村基层干部1784人次，培训技术人才1459人次。

【组织领导】 2022年，同济大学共召开2次同济大学定点帮扶领导小组会议，发布《同济大学2022年定点帮扶工作计划》，明确落实6个"300"的帮扶工作任务，并将定点帮扶工作纳入年度重点督办事项，推动各项帮扶任务落细落实。

【帮扶调研】 7月，同济大学党委书记、副书记、纪委书记一行15人赴云龙县考察调研，并围绕宝丰乡的非物质文化遗产保护工作形成督察报告。校地双方召开座谈会2次，签署各类帮扶协议4项，围绕桥头空间改造、产业升级改造、特色项目遴选等工作召开数次线上线下会议，先后共派出8批次85人次赴云龙县考察交流，通过整合企业、学校、街道等多方资源，在创新乡村振兴实施路径上下功夫、谋突破。

【项目帮扶】 同济大学延续帮扶项目，全力巩固拓展脱贫成果。继续派驻6名研究生赴云龙民族中学开展支教活动。2022年，团队成员获评全国西部计划志愿者优秀等次2人，获云龙县优秀教师、优秀西部计划志愿者、西部计划优秀青年等个人荣誉18人次，相关事迹获共青团上海市委、上海电视台等多家媒体报道；继续开展普法宣传活动，依托同济大学法学院与云龙法院的教学合作基础，组织村民观看《云龙县人民法院开展生态环境保护司法纪实》宣传片，以案释法帮助村民提高用法治力量守护绿水青山的环保意识；继续加强基层组织联动，经济与管理学院赴永安村学习交流，募捐5万元助力永安的产业发展、乡村治理、教育教学及人居环境提升。

【帮扶实践】 同济大学通过组织不同学科团队深入云龙县，坚持一切从客观实际出发，在读懂村民需求上下功夫，在遵循乡村自身发展规律上花精力。实施介入式文化遗产调研。2—3月，同济大学建筑与城市规划学院一行13人赴云龙县开展为期11天的"盐马古道"遗产保护与利用调研，通过覆盖"面、线、点"多层次的介入式调研，探索多元主体参与的共建、共享机制和以文化为引领、五个方面统筹的乡村振兴特色模式。开展随访式乡村规划考察。3月，同济规划院团队一行赴云龙县开展永安村村落随访和乡村规划调研，完成永安村全部12个自然村落的实地考察和航拍记录,深入了解村落发展现状,为编制和完善永安村村落规划奠定扎实基础。组织在地化产业发展调研。3—5月,挂职干部先后赴民建乡、漕涧镇考察调研蔬果大棚种植基地,走访福堂社区考察蔬果大棚种植基地,考察龙飞村、果郎社区了解林下土鸡养殖场,通过了解地方实际、掌握村民民意、组织相近地区村集体经济产业考察等举措,系统谋划永安村产业布局。

【帮扶培训】 同济大学按照"细分培训需求、整合培训资源"的工作思路,投入80万元开展乡村人才培训,覆盖管理干部、产业能手、基础师资、医疗技能、乡土教育等多个领域。1—6月,依托"乡土教育水源计划"支持10所中小学一线教师参与乡土教育实践,开展"立项课程指导赋能""本土文化资源搜集与转化""乡土美育理念解读与课程指导"3门培训课程,培训中小学教师100人次;6月、10月,以"乡村生态振兴路径与实践""云龙县的产业与就业分析""学习贯彻党的二十大精神:新表述、新论断与新思想"为主题,在云龙举办2场"同济·云龙大讲堂",培训全县党员干部2285人次;7月、11月,举办2次"同济医疗活动周",来自2家附属医院11个科室的13名医生赴云龙开展诊疗和医疗培训,培训医疗卫生技术人员120人次;10月,依托高校"城乡规划帮扶联盟"乡村振兴实训基地(华南理工大学基地)举办2期"云龙县干部理论创新与能力提升专题培训班",培训各级管理干部78人次;11月,基础教育校长团一行6人赴云龙开展"中小学校长能力提升培训",与当地3所学校进行座谈交流,举办6场主题报告,培训中小学教育管理干部达134人次;举办"同济教授进中学"系列活动,海洋与地球科学学院、物理科学与工程学院教授赴云龙县第一中学、云龙县第二中学做题为"南方之南——漫谈南极科学考察""科学的方方面面"的主题讲座,聆听报告教师人数183人次、学生2591人次;11—12月,面向定点帮扶中学云龙县第一中学举办3场同济大学基础教育教师发展论坛系列讲座,培训教师347人次,一线教师覆盖率达86%。

【文化帮扶】 同济大学以社会主义核心价值观为引领,坚持规划先行的发展理念,将国土空间总体规划作为云龙县实践的科学指引,逐步形成了"规划引领、科研支撑、教育链接"的文化帮扶模式。学校举办3场"盐马古道"遗产保护与利用座谈会,邀请大理白族自治州各级相关政府部门代表参与研讨,全力推进"盐马古道"遗产保护与利用项目,深入挖掘以"盐马古道"为主线的"盐文化景观"的整体价值,并以宝丰为示范进行"区域—聚落—节点"的规划与设计,坚持以科学研究牵引文化振兴实践,探索以文化遗产引领乡村振兴的机制和路径。学校以保护生态、复兴文化为核心的研究方向和项目取得的阶段性成果得到了大理白族自治州建设名副其实的历史文化名城工作组顾问专家、大理白族自治州住房和城乡建设局党组书记的充分肯定。校地双方对开展文化引领的乡村振兴实践达成高度共识,将在宝丰历史文化名村保护规划修编、国家历史文化名镇名村申报、云龙县盐文化景观论证推广、盐文化旅游规划编制等领域深化合作,探索一条以"文化引领"为特征、适合西南山区城镇发展的乡村振兴之路。

【产业帮扶】 同济大学以产业融合推动乡村振兴,需要积极发挥龙头企业在产业融合中的作用,走市场化道路,采取公司化运作。针对云龙产业发展的困境,学校召开多次产业帮扶会议,多点发力推动产业发展新突破。一是加大消费帮扶力度。1—2月,根据有关要求,同济大学积极组织校工会、上海同济餐饮管理有限公司和定点帮扶的云龙县龙头企业在沪营销门店,抢抓2022年春节、元宵节等消费旺季契机,加大对脱贫地区特色农产品消费采购力度,共落实消费帮扶采购63.12万元。学校直接采购、帮助销售云龙县龙头企业产品达617.59万元。二是升级产业发展能效。学校以云龙县龙头企业在沪门店为平台,积极整合学校、企业、政府资源,引入上海知名意大利餐饮运营团队制订门店运营方案,力邀同济大学特聘教授、意大利著名设计师进行门店整体设计,组织设计与创意学院师生牵头品牌logo设计,多点发力,为扶持云龙县龙头企业在沪转型发展积蓄动力。三是创立同安农场品牌。面对永安村产业发展的困境,学校筹建成立永安村的首个产业品牌同安农场。作为永安村村集体经济的新尝试,同安农场的首个林下土鸡养殖场已正式运营。该养殖场占地约5亩核桃地,共建有3个鸡舍、1间消毒区、1间饲料区、1处生产管理用房(含宿舍、监控室、厕所等设施),养殖无量山乌骨鸡2000羽,2023年出栏量约5000只、每年实现村集体收益10万~15万元。

[同济大学校长办公室（定点扶贫办公室） 毕迪迪]

上海交通大学定点帮扶

【概述】 上海交通大学（以下简称"上海交大"）自2012年起定点帮扶云南省洱源县。2022年，上海交大根据中共中央、国务院和教育部的要求，在云南省的支持下继续在洱源县开展以教育、科技、医疗、生态为主的定点帮扶工作，持续加大资金投入和消费采购力度，继续选派优秀挂职干部和驻村第一书记，超额完成年度帮扶工作计划，着力推动洱源县巩固拓展脱贫攻坚成果同乡村振兴有效衔接。

【帮扶资金投入】 2022年，上海交大根据年度定点帮扶工作计划，向洱源县直接投入帮扶资金270万元，引进帮扶资金350万元。

【帮扶调研】 上海交大领导多次带队赴洱源县，通过多种途径推进帮扶工作，督促洱源县委、县政府落实责任，力求将帮扶工作做到实处，各部门全年赴洱源县进行工作对接、实地调研工作7次，近120人次。11月，上海交大党委书记一行赴云南省与云南省委书记、省长等领导就进一步推进省校战略合作进行了专题座谈，并将定点帮扶洱源县工作纳入省校合作的重点事项。在定点帮扶洱源座谈会上，听取洱源县乡村振兴工作汇报，并表示上海交大要继续加强与洱源县的合作共建，发挥教育、科技、人才等的优势，积极在洱海源头保护、教育医疗帮扶、绿色产业转型发展等方面发挥积极作用，推动双方各领域合作向更高层次发展。上海交大与洱源县签署2022—2023年度定点帮扶工作备忘录。8月，大理白族自治州委书记、洱源县委书记等一行到访上海交大，共同商讨推进定点帮扶工作。

【帮扶会议】 上海交大党委多次专题学习习近平总书记关于乡村振兴的重要指示和重要论述，讨论部署推进乡村振兴工作。全年召开党委常委会与校长办公会及各类专题会议5次，研究部署定点帮扶工作专项议题。12月，上海交大参加国家2022年度巩固拓展脱贫攻坚成果同乡村振兴有效衔接考核评估工作对接会，汇报上海交大定点帮扶工作成效。

【干部挂职帮扶】 上海交大严格按照定点帮扶工作要求，继续选派1人挂任洱源县副县长，分管商务合作、教育体育等工作，选派1人担任洱源县茈碧湖镇丰源村驻村第一书记。为积极开展县中托管帮扶，学校选派附属中学优秀教师担任洱源县第一中学副校长等职务，全力提升洱源县基础教育水平。

【产业帮扶】 上海交大积极对接洱源县产业升级发展需求，通过上海交大洱源专家工作站与洱源产业帮扶基地等科技平台，致力于推广和打造洱源的"绿色食品牌"。洱源专家工作站教授在洱源县凤羽镇等地进行有机种植的现场教学，帮助提升水稻等作物的生态种植水平。通过引进沪滇资金与上海农业企业投资，在洱源县邓川镇中和村建设300亩的葡萄现代农业产业园，由学校专家进行全程种植指导。上海交大洱源产业帮扶基地对灯草湾种植养殖专业合作社进行技术支持，协助完成GAP认证并开展有机认证，实现高原苹果产量翻番。积极引进资金，在洱源县丰源村推动农业品牌孵化基地建设，通过SC认证吸引一批食品加工企业入驻，有效提高产品的品质和市场竞争力，打造乡村振兴示范村。

【人才帮扶】 上海交大针对洱源县实际

需求，持续开展各类人才培训，为洱源县发展提供人才支持，共培训基层干部830人次、专业技术人员1096人次。开展主办"绿色发展与未来"洱海保护科普培训在洱源县科技宣传周启动仪式上揭牌，面向洱源县优秀中学生及洱海保护教育工作者分管领导和教师约500人。洱源县基层青年干部及青年创业者数字素养提升专题培训班以线下、线上相结合的方式举办，洱源县青年团干部等645人参加培训。上海交大主办的洱源县优化营商环境及致富带头人能力提升培训班通过网络召开，为洱源县各乡镇致富带头人、民营企业家代表及电商网店负责人共315人开展了商业教学培训。上海交大专家通过"洱剑文旅引领"青年干部培训班为洱源县培训60名年轻干部和200名农业技术人员，为实现高质量绿色发展提供人才支持。在洱源县深入学习贯彻党的二十大精神暨致富带头人能力提升培训班，上海交大专家为238名当地企业家与商业人员解读党的二十大精神指引下的农村商业改革，进一步提升民营企业家的素质与能力。

【文化帮扶】 8月，上海交大在洱源县第一中学举办了"上海交通大学科学家精神展览暨校史文化"专题报告会、"顾诵芬院士事迹专题展"，并向学校赠送交通大学校史图书，洱源县第一中学校领导及全体高一新生600余人参加活动。通过展示上海交大杰出校友的感人事迹，激励洱源学子刻苦学习、积极进取，形成良好的学习文化氛围。上海交大档案文博管理中心与洱源县茈碧湖镇丰源村就乡村文化建设、藏品征集等进行座谈，并与洱源县档案馆、党史办、县志办进行交流，共商史志档案编研合作。

【生态帮扶】 上海交大与云南省科技厅、大理白族自治州三方合作共建上海交大云南（大理）研究院及云南洱海湖泊生态系统国家野外科学观测研究站，发挥学科优势，推动洱海流域绿色转型发展。上海交大"思源致远"号洱海科考船试航成功，生态保护实力进一步加强；成功举办"云南省生态环境厅驻大理州生态环境监测站专业能力提升"培训班、"高原湖泊保护治理国家级高级研修班"，为洱源培养水环境保护治理专业人才114名，推动洱源生态振兴。11月，上海交大与丽江市、大理白族自治州、玉溪市分别签订合作协议，将洱海治理经验拓展应用到云南省各大高原湖泊，助力全省生态环境保护治理。

【组织帮扶】 上海交大校领导带队赴洱源县茈碧湖镇丰源村，与当地交流组织共建，并代表学校连续第5年向洱源县捐赠30万元专项党费，用于洱源县的基层组织建设与乡村振兴项目支持。3月，"全国党建工作样板支部"培育创建单位，上海交大环境科学与工程学院洱海湖泊生态系统野外科学观测研究站党支部与洱源县茈碧湖镇丰源村党总支开展结对共建签约活动。4月，上海交大教育学院与洱源县第一中学优秀学子结对活动举行线上启动仪式，交大研究生党员与洱源县第一中学42名学生正式结对，依托双方共建的"子午连心"教育基地开展学生结对帮扶，共同探索"党建+教育帮扶"的新模式。11月，上海交大图书馆党委与洱源县第一中学党总支正式揭牌开展结对共建，上海交大图书馆发挥科技优势，帮助洱源县第一中学建设学校信息化系统，并以此平台促进双方基层党组织开展共建活动提升党建水平。

【教育帮扶】 根据《教育部办公厅关于组织实施部属高校县中托管帮扶项目的通知》要求，上海交大与洱源县第一中学签订托管帮扶协议，选派管理与教师团队进行驻校支教；派出第10批研究生支教团6名志愿者赴洱源县第一中学进行为期1年的接力支教，并通过开展师资培训、推进课程建设、举办"思源特班"等形式开展全方位的帮扶工作，通过输出上海交大的教育资源与管理经验,有效提高洱源县基础教育水平。学校设立100万元"交大洱源—吴剑勋王晔助学基金",在洱源县乔后初级中学为27名受助学生颁发助学金,受助学生涉及全镇11个村委会12所中小学,已发放两批助学金共20万元,后续将按学年长期进行资助。上海交大与上海荣昶公益基金会签约设立100万元的"交大洱源—荣昶教育基金",在洱源县开设"交大洱源—荣昶讲坛",支持上海交大学子开展教育帮扶和社会实践工作,更深入更实际地帮助洱源高中学生立志成才。

【专项基金帮扶】 上海交大"心""行""梦""恒"帮扶专项基金继续捐款58万元,精准开展助医助学助教。支持上海交大附属胸科医院医疗团赴当地,服务先天性心脏病患儿141名,其中23名患者符合手术条件,预手术3人;在第一批资助的13名学生全部顺利考入大学后,持续资助第二批10名家庭经济困难的高中生;通过"美育西南乡村助教"项目为当地山区小学聘请音、体、美教师开展艺术启蒙教育。募集8万元专项资金,为洱源县牛街乡中心学校建设食堂雨棚,让学生和教师不用再淋雨排队用餐。

【消费帮扶】 上海交大共采购洱源县农产品386万元,帮助销售农产品521万元。为洱源县免费提供校园核心位置的门店,并进行全新装修,作为展示和销售洱源特产的窗口。鼓励工会和后勤部门积极采购洱源县和脱贫地区农产品,作为节日礼包发放给教职工,并进入学校食堂。

【帮扶宣传】 上海交大积极宣传帮扶工作,努力扩大帮扶影响,多次得到主流媒体转载报道。10月,《中国教育报》专栏发表学校党委书记的文章《探索高校服务乡村振兴的特色小道》,总结了上海交大10年来的帮扶工作经验。上海交大主创推出的脱贫攻坚主题微电影《彩云之交》,根据定点帮扶洱源县的真实事迹,通过上海交大师生与当地群众的演绎,荣获"第九届亚洲微电影艺术节"好作品奖。

(上海交通大学地方合作办公室 陶 伟)

华东理工大学定点帮扶

【概述】 2022年，华东理工大学（以下简称"华理"）定点帮扶云南省寻甸回族彝族自治县（以下简称"寻甸县"）坚持以习近平新时代中国特色社会主义思想为指导，认真学习贯彻党的二十大精神，坚决落实中共中央、国务院关于乡村振兴的决策部署，严格落实"四个不摘"要求，以高度的政治担当，开展"教育+"系列行动，围绕干部队伍建设、青少年成长成才、科技与产业发展、基层社会治理、"党建+"品牌建设等方面推动"五大振兴"，探索符合华理校情和寻甸县情的定点帮扶"华理模式"；选派5批次38人次师生（含学校负责同志3人次）赴寻甸县推进定点帮扶工作，2名帮扶干部在一线奋斗，7名研究生在寻甸县中小学支教1年；直接投入帮扶资金210万元，引进帮扶资金220万元，培训基层干部472名，培训技术人员1868名，购买脱贫地区农产品417万元，帮助销售脱贫地区农产品250万元；研究生支教团、"醒狮"社会实践团、新长城自强社分获全国大学生科技志愿服务示范团队、上海市"五四奖章"集体、第六届中国青年志愿服务项目大赛铜奖、"善行100十周年杰出贡献社"等荣誉称号，华理荣获"善行100十周年杰出贡献高校"、全国大学生土地整治与生态修复工程创新设计大赛优秀组织奖，助力寻甸县仁德第一小学创建云南省现代教育示范学校，寻甸县获推全国科普示范县。

【帮扶资金投入】 2022年，华理直接投入帮扶资金210万元用于寻甸教育发展、乡村振兴示范点和青少年科技馆建设，引进帮扶资金220万元用于寻甸县建设。直接购买寻甸县及其他脱贫地区农产品417万元，帮助销售农产品250万元。联络昆明市生态环境局寻甸分局等建设寻甸县生态文明教育实践基地，捐赠基地经费1万元、VR教学软件5万元。

【帮扶调研】 华理扎实推进帮扶工作"换挡提速"，累计召开工作会议20余次，制订华东理工大学2022年定点帮扶工作计划，明确重点工作任务，为帮扶工作提供行动指南。组织校领导、师生、校友先后共5批次累计38人次到寻甸开展帮扶活动，其中华理党委书记、副校长等领导先后率队到寻甸县推进定点帮扶工作，邀请昆明市、寻甸县主要领导到校访问交流3次，进一步增进双方情谊，强化交流合作。

【帮扶培训】 华理培训基层干部472名、技术人员1868名。联合华东师范大学共同建设寻甸县心理健康教育名师工作室，持续培训寻甸心理健康专业教师，邀请上海学校心理健康教育发展中心顾问赴寻甸县举办"表达性辅导在学生心理健康教育中的运用"专题培训班，培训心理健康教育教师28人；为寻甸中小学教师开设"高校学生朋辈互助能力建设——心理健康教育中戏剧教育的运用"主题线上培训，共培训中小学教师1783名；组织18名寻甸县教师参加戏剧教育线上培训班，逐步提升教师的心理健康教育水平。

【干部挂职帮扶】 华理先后累计派出3名处级干部到寻甸县挂职，担任县委常委、副县长职务，协助分管扶贫和科教文卫工作；4名科级干部到寻甸县脱贫村担任驻村第一书记、驻村工作队队长。2名学校优秀干部在寻甸县挂职,1人任寻甸县委常委、副县长,1人任寻甸县塘子社区驻村第一书记。

【党建帮扶】 华理成立定点帮扶寻甸前线工作临时党支部,挂职副县长任党支部书记,党支部积极沟通协调、高效扎实推进,用高质量党建引领定点帮扶工作,全力以赴谱写党建强村、教育帮扶、人才引育、社会治理、产业兴旺、组团联动"六部曲"。动员二级学院党委、教工党支部与寻甸县乡镇党委及村党支部结对,通过共建基地、专题讲座、捐钱捐物等方式,增强结对帮扶寻甸县党组织的战斗堡垒作用。

【乡村振兴示范点建设】 华理持续推进县域社会建设促进乡村振兴创新试验培育项目和塘子社区民族团结进步乡村振兴示范点项目。由华理帮扶资金支持的塘子社区民族团结进步示范文化广场及周边配套项目已完成并投入使用,绿美乡村,乡村振兴示范村稳步推进。充分发挥全国教育帮扶和乡村振兴专家人才库专家作用,积极为"三农""基层治理""社会管理""特色集镇发展"等领域提供决策咨询服务。在2022年出版单位主题项目申报中半数以上项目选取《反贫困社会工作案例研究:深度贫困脱贫攻坚的社会工作多维实践》等反贫困经验项目,以研究中国反贫困经验为巩固脱贫攻坚成果建言献策,1人以"共同富裕进程中县域乡村振兴研究"课题申报国家社科基金哲学社会科学领军人才。先后投入帮扶资金建设寻甸县社会组织培育孵化中心、塘子街道社会建设与乡村振兴示范点、六哨中心学校社工站,组建以社工专业研究生为成员的"寻甸社会工作服务团"赴寻甸县开展社工项目,助力乡村社工服务站内涵化建设。12名社工研究生在寻甸县开展为期半年的社工服务,相继开展"为爱远行、用心陪伴""我和我的塘子""风韵坝者、巾帼聚力""七彩童行"等系列社工项目,开展"乡村美育课堂""塘子社区历史话剧小组"和"我的优势我做主"优势训练营课程服务,引导学生增强责任感和自信感,授课人数近2500人次。组织开展"小手牵大手"人居环境提升——亲子共扫社区活动,通过学生引导成人关注社区。

【教育帮扶】 华理选派7名研究生开展为期1学年的支教,累计选派42名研究生前往寻甸县支教,担任寻甸县仁德第一完全小学、仁德第四完全小学等学校语、数、外主干教师。以科技教育为主线,开展全国青少年高校科学营华理分营、寻甸县首届科技节等活动,"华理'小叶子'连线云南寻甸县'红领巾',连续四年'云游'进博会"等教育帮扶专题获中国青年报、中国教育报、文汇App、上海科技报等多家媒体报道,研究生支教团荣获2022年全国大学生科技志愿服务示范团队、上海市"五四奖章"集体荣誉称号,赴寻甸县社会实践团"醒狮行动"华理助力青少年启智增能志愿服务项目获第六届中国青年志愿服务项目大赛铜奖,寻甸县获推全国科普示范县。

【消费帮扶】 华理采取线上线下相结合的方式,通过供销社牵线、现场展销会、各类电商平台、直播带货等方式推介寻甸农产品;抢抓春节、中秋节等消费旺季契机,接续做好"农校对接",将特色产品、服务与师生"菜篮子""米袋子""果盘子"的真实需求结合起来;组织校友捐赠塘子村寄宿制完全小学挡墙修缮,引荐上海电力建设有限责任公司帮扶困难家庭等帮扶资金220万元;发动学校工会、后勤、学院等购买农产品417万元,帮助销售农产品250余万元。

(华东理工大学定点帮扶办公室 赵庆新)

东华大学定点帮扶

【概述】 2022年，东华大学定点帮扶云南省盐津县，共开展7次专题研讨会审议定点帮扶工作，全面超额完成计划任务，投入帮扶资金244.67万元，引进帮扶资金290.35万元，采购脱贫地区农副产品352万元，帮助销售农副产品513万元，培训基层干部和技术人员2020人次，持续推进落实系列举措，确保帮扶工作不断线，落到实处。

【帮扶资金投入】 2022年，东华大学直接投入帮扶资金244.67万元，围绕教育帮扶、科技帮扶、消费帮扶等方面开展多项帮扶工作。其中，130万元用于采购电子白板等教学设备，巩固拓展义务教育办学条件成果和教育信息化成果。帮助引进各类帮扶资金290.35万元，动员社会企业为助力盐津乡村振兴提供资金和物资帮扶，其中学校与上海维丽娅职业技能培训学校联合帮扶，已帮助78名云南省学生免费入学，人均减免学费12500元，助力脱贫地区人口就学就业。

【帮扶调研】 东华大学校党委书记牵头谋划教育振兴云南工作，以云南省与教育部省部共建战略合作为契机，扩大帮扶工作覆盖面，邀请昭通学院来校调研交流，围绕人才培养、师资队伍、学生交流等方面，签订了帮扶合作协议。校长出席云南省与教育部推进云南省教育振兴战略合作线上视频会议，代表学校与云南省签订了省校战略合作协议，为2022年度帮扶云南工作谋好篇开好局。校党委常委、副校长定期召开工作会议，研究部署，压实工作责任，并带队赴盐津县调研，与昭通市、盐津县共同召开年度帮扶工作推进会，推进落实系列帮扶举措。校领导班子成员按照学校的工作部署，把责任扛在肩上，把工作落到实处。

【帮扶培训】 东华大学组织管理学院教师以视频会议的形式为盐津县各级干部培训，开展"农产品产业链发展新模式与乡村振兴"等主题培训，帮助300余名干部提升履职能力、拓宽工作视野。发挥学科优势，组织服装学院教师为脱贫地区考入上海职校的200余名技术工人带来"设计与审美"主题的线上讲座，提升职校教师和学生的艺术设计水平。挂职干部和专家在村社区范围内组织开展40余次会议及实践基地培训，累计培训村干部、农业技术带头人、养殖户等1400余人次。从基层干部到农村致富带头人，学校的教育理念帮助盐津多层次人才在工作能力和文化认知层面上得到有效提升。

【干部挂职帮扶】 定点帮扶盐津县以来，东华大学党委先后选派3名处级干部挂职副县长、5名后备骨干任驻村第一书记。挂职副县长及驻村第一书记扎根盐津乡村振兴第一线，切实发挥挂职干部的桥梁纽带作用，不断优化校地联结机制，协调落实学校教育、科技、产业、消费等系列帮扶举措。挂职干部深挖盐津历史积淀和红色文化资源，升级改造《豆沙关》期刊，增设"史志纵横""乡村振兴"板块，助推文旅产业发展。

【教育帮扶】 东华大学以"教育"的初心阻断贫困的代际传递，在昭通地区招生政策宣讲中，帮助1000余名学生了解农村专项的报考途径和方法。近年盐津县报考东华大学和农村专项人数屡创新高，2022年有9名盐津籍学生考入华东大学。相关学院及学生处对盐津学子进行关心关爱和励志培养,提供路费、餐食等各类补助,组织学生勤工助学,在实践中学习成长。学校累计招收75名盐津学子,其中22名学生顺利毕业且高质量就业,3人继续读研深造,实现了"培养一个大学生,致富一个家庭"的目标。

【科技帮扶】 东华大学聚焦科技帮扶,助力生态治理和产业振兴同步推进。结合盐津县"6+N"产业发展实际,建立"帮扶盐津乡村振兴产品研发基地"持续引入和研发落地相关项目;建设"盐津乡村振兴专家工作站",聚焦加快发展乡村产业这一重点任务,充分发挥党建结对促进作用,组织环境工程党支部和计算机教工支部等多位教师投身帮扶工作,科技赋能提升肉牛产业能级,成果转化持续助力环境治理,为盐津产业振兴与生态振兴协调发展贡献力量。

【产业帮扶】 东华大学与地方党政研讨产业发展与生态保护协调推进的关键问题,并提出"做优做绿第一产业,做实做强第二产业,做精做活第三产业,生态治理贯穿始终"的创新发展模式。通过推进规模化养殖下畜禽粪便快速腐熟技术、生态黄精种植基地项目、智慧养牛、天麻检测等做优做绿第一产业夯实基础。通过推进玄武岩纤维、自加热乌骨鸡汤等项目,将优势资源转化为高附加值工业材料和农副产品,做实做强第二产业提升能级。通过建设黄草电商中心、农行掌银消费帮扶专区,对接云南白药等做精做活第三产业拓宽渠道。通过打造盐津"生态污水治理"样板,推进白水江白酒产业污水治理等项目,坚持生态治理贯穿始终。学校从"整体谋划"到"科技研发",从"提升产业能级"到"边发展边治理",积极构建农村一二三产业融合发展,助力盐津践行"两山"理论,实现乡村产业链可持续发展。

【消费帮扶】 东华大学发挥学科特色助力消费帮扶提升能级,以乡村振兴农产品研发基地为平台,研发设计一系列"拳头产品",推进了玄武岩纤维、自加热乌骨鸡汤、寰碧山泉等项目,提升矿资源产业能级和农副产品附加值。其中,自加热乌骨鸡汤已销量近4万罐,销售总额130余万元,带动乌骨鸡和中药材两大富民产业,受益农民280余人,平均每户增收6000元以上。建设黄草电商中心、农行掌银消费帮扶专区、对接云南白药等,累计帮助销售茶叶、竹笋、天麻等农副产品及中药材总计400余万元。学校工会先后在"832平台"和盐津县等地区落实集中采购,完成采购金额352.79万元,以消费带动产业发展。

【党建帮扶】 东华大学以党建结对助力组织振兴,为乡村振兴和教育、科技、产业、消费等帮扶工作实施落地提供根本保障。全校二级单位党组织积极推动党建结对,各学院师生有1300余人次赴盐津推进帮扶工作。以党建为引领,深入推进组织振兴,加强各类培训学习,促进人才队伍能力提升和乡村治理体系和治理能力现代化,为乡村振兴提供组织保障。以"红色育人联盟"为基础,在黄草社区推进"党支部+龙头公司+专业合作社+农户"示范项目,联系机械、环境、计算机等5个学院基层党支部以线上方式开展党建联建活动,强化交流合作,帮助提升乡村治理能力、治理水平,培育新型农业经营主体,推进集体经济快速发展,打造特色党建服务品牌。

【帮扶督导】 东华大学党委切实履行中央单位帮扶的督促指导职能,按照党的二十大报告中关于"五大振兴"的重要指示精神,分析研判盐津乡村振兴的新形势和新任务,将可持续发展的理念贯穿其中,注重产业振兴与生态振兴协调发展,帮助地方政府找准"三农"工作与乡村振兴的重心与方向,明晰阶段目标和有效路径。学校在盐津县调研期间,与县委、县政府反复研讨乡村产业发展转型新规划,帮助论证地方资源优势,理清发展思路,聚焦玄武岩、硅矿资源开发,加快乌骨鸡、肉牛养殖等特色产业发展和生态治理关键目标。结合产业发展规划,学校发挥科研优势,提供核心科技,在驱动乡村产业创新发展的同时,助力盐津严守生态保护红线,筑牢长江上游重要生态屏障。

【帮扶宣传】 东华大学在联合发布"帮扶这十年"宣传活动中,展示十年来的帮扶成果,相关报道点击阅读超5000余人次,致力于从乡村振兴战略实践中深入挖掘思政元素,鼓励党员教师干部到帮扶工作一线,从实践中受教育、长才干、做贡献,发挥党员先锋模范作用,引导广大师生结合专业实践服务国家战略,让帮扶工作的主战场成为立德树人的大讲堂。

(东华大学校长办公室　余思宏)

南京大学定点帮扶

【概述】 2022年,南京大学定点帮扶云南省双柏县,共计投入帮扶资金323.5万元,引进帮扶资金1289万元,购买脱贫地区农产品594.3万元,助销农产品1093万元。学校共117人次赴双柏县考察、调研。

【帮扶资金投入】 2022年,南京大学坚持6项指标不松懈,对双柏县直接投入帮扶资金323.5万元,相关资金由南京大学党委组织部、教育发展基金会、出版社、资产经营有限公司、国内合作办公室等落实,重点支持乡村振兴示范点和教育、产业等帮扶工作。引进帮扶资金1289万元,其中南京大学引进企业云南工麻生物科技有限公司贷款招商银行和中国农业银行1190万元,引进"荣冠宜春奖助学金"等校友、教师、企业家捐资捐物近99万元。

【帮扶调研】 南京大学领导3次赴双柏县调研,推进定点帮扶工作。学校党委书记、副校长等领导班子成员分别于11月、8月、2月带队赴双柏调研定点帮扶工作,先后深入大庄镇普岩村调研村集体经济发展情况,看望上格拉村民贫困户,考察科技帮扶企业,了解双柏县第一中学教育帮扶情况,慰问挂职干部和支教学生,与双柏县召开定点帮扶工作座谈会,督促落实定点帮扶工作任务。

【帮扶会议】 6月,南京大学定点帮扶工作领导小组召开会议,专题研究制订2022年学校定点帮扶工作计划,校党委书记、校长等学校主要领导、相关部门负责人参加会议。副校长参加教育部直属高校定点帮扶工作推进视频会,学习全国东西部协作和中央单位定点帮扶工作推进电视电话会的讲话精神。双柏县委书记一行访问南京大学,双方召开座谈会,共同研究推进2022年定点帮扶工作。8月中国科学院院士、常务副校长率队赴双柏县调研,推进定点帮扶工作,楚雄彝族自治州副州长、双柏县委书记以及相关业务部门负责同志参加调研座谈。楚雄彝族自治州代表团一行访问南京大学,并与南京大学就定点帮扶工作进行对接座谈。9月,副校长参加2022年教育部乡村振兴工作领导小组会暨巩固拓展教育脱贫攻坚成果同乡村振兴有效衔接工作推进会,认真听取和学习讲话精神,并于会上与昆明学院签订校际合作协议。11月,中国科学院院士、校党委书记率队赴双柏调研,深入推进定点帮扶工作,副校长、楚雄彝族自治州副州长、双柏县委书记、县长以及相关业务部门负责同志参加调研座谈。12月,副校长、国内合作办负责同志通过线上方式参加2022年教育部直属高校定点帮扶工作推进视频会。

【教育帮扶】 南京大学继续推进实施"四个一教育帮扶"项目,在校领导推动下,促成香港培侨中学和双柏县第一中学缔结姊妹学校,为双柏高中教育搭建重要的交流学习平台;协同江苏省海安高级中学帮扶双柏高中教育,双柏县第一中学共选派3批30名同学到海安高级中学交流学习、10批50名教师赴海安高级中学跟岗学习;协同昆明学院为双柏县中小学54名管理干部开展专题培训;选派8名研究生支教团学生赴双柏县第一中学和双柏县妥甸中学支教,持续开展"南雍讲堂""1+课工厂""筑梦蓝鲸"等教育帮扶品牌活动;直接投入52.4万元支持双柏县第一中学科技馆建设、向南奖助学金、中学生学科营等活动,引进教育帮扶资金或物资共计90.8万元。

【消费帮扶】 南京大学购买脱贫地区农产品594.3万元,其中学校工会员工福利购买280余万元,后勤服务集团采购300余万元,双创办等部门人员购买14余万元。帮助销售脱贫地区农产品1093万元,学校积极采购云南竑图农业科技发展有限公司、双柏学建食用菌种植农民专业合作社等5家当地企业农产品,通过消费帮扶助推双柏地方产业发展。

【产业振兴】 南京大学副校长赴楚雄彝族自治州考察,与楚雄彝族自治州政府确定通过"飞地经济"模式共建国家大学科技园,为学校引进产业提供重要落地平台;学校为楚雄彝族自治州双柏县承办"新融合 新驱动 新发展"招商推介会南京专场,联系6家"南大系"企业与楚雄高新区、双柏县签署招商合作协议,部分企业已积极赴双柏开展落地工作;学校继续向双柏乡村振兴科技帮扶基金投入40万元,重点支持学校与云南当地高校在双柏开展的产业项目;云南工麻引进资金1390万元;学校引进中广亿播(双柏)科技公司等3家企业落户双柏。

【人才振兴】 南京大学高度重视双柏县干部人才和技术人才培训工作,在双柏举办"院长处长看双柏""南雍讲堂"等活动,邀请知名专家、学科教授赴双柏与基层干部、乡村教师等群体互动交流;每年在南京举办2期党政干部专题培训班,帮助双柏县各层次党政干部了解发达城市先进的管理理念;协同昆明学院等当地高校帮助双柏培训技术人才。学校以"乡村振兴"为主题,围绕乡村人才、产业、生态、教育等方面组织开展青年干部、党务工作者、乡村教师、乡村振兴带头人等专题培训班共12次,培训人员2547名。

【文化振兴】 由南京大学出资建设的虎乡民族刺绣体验馆正式开馆,该项目将进一步挖掘、弘扬和传承双柏民族刺绣文化艺术,通过"公司+合作社+基地"方式,展示、销售独具双柏特色的"堆绣"产品;学校出版社为双柏县编辑出版《中国共产党双柏县历史第二卷(1950—1978)》等书籍,为双柏县文化事业帮扶投入金额22万元;学校哲学系人文智慧企业家精修班向双柏县文联捐款5万元资金,助推双柏文化事业发展。

【生态振兴】 南京大学援助150万元支持乡村振兴示范点大庄社区建设工作,其中12万元支持大庄镇小湾子水产养殖区路面等基础设施建设,28万元支持大庄社区房屋外立面改造项目,110万元支持乡村振兴示范村人畜分离集中养殖点建设。1月,学校建筑与城市规划学院12名师生赴双柏县调研,撰写上村村庄空间设计、普岩村村庄改造等乡村规划报告,与当地文化和旅游局、乡村振兴局、自然资源局等部门深入交流,助力双柏生态振兴发展。

【组织振兴】 10月,南京大学团委党支部与双柏县第一中学党总支开展"共学共践二十大,南与山南再出发"共建活动,学校共有10个机关党支部、2个院系党支部与双柏县基层党支部开展结对共建。学校援助27万元支持双柏党建工作,其中10万元支持农村党员教育基地发展,10万元支持双柏县委组织部人才合作发展平台,7万元支持妥甸镇党建引领产业发展阵地建设。

(南京大学国内合作办公室 汪 磊)

东南大学定点帮扶

【概述】 2022年,东南大学深入学习贯彻党的二十大精神,贯彻落实中共中央、国务院关于中央定点帮扶工作的决策部署,全面落实习近平总书记关于教育、"三农"工作的重要指示,发挥学校教育、科技、人才、医疗优势,采取有力有效措施,巩固提升云南省南华县"三保障"和饮水安全保障水平,创新帮扶举措,增强内生发展动力,"五大振兴"工作取得实效。

【帮扶资金投入】 2022年,东南大学在南华县直接投入帮扶资金340.5万元,引进帮扶资金304.4万元,帮助南华县开展百姓安全饮水工程建设、完善农村生活设施建设、中小学科技馆和图书室建设、乡村振兴工作站建设,实施"至善科学教育提升"计划、"低成本水净化设备"产业示范项目,启动至善彝绣馆、国家首批残疾人"美丽工坊"建设。

【帮扶调研】 东南大学定期召开校党委常委会、定点帮扶工作领导小组会、专项工作推进会共13次、校地党政领导互访5次、学校参访人员142人次,其中东南大学主要负责人赴南华县调研2人次,领导班子其他成员2人次。

【帮扶制度建设】 东南大学从南华县发展需求出发,研究制订《东南大学2022年定点帮扶云南省楚雄彝族自治州南华县工作计划及任务分解》《南华县饮水安全保障方案》《南华县交通组织优化设计方案》《南华县彝绣特色乡村营造建议方案》《南华县彝绣馆室内与空间设计方案》《南华县彝绣设计与宣传整体提升方案》《南华县传统手工艺振兴方案》等,定期召开校党委常委会、定点帮扶工作领导小组会、重要专项工作推进会13次。参加高校农林帮扶联盟、健康帮扶联盟和城乡规划帮扶联盟,与其他高校共建组团帮扶机制。

【帮扶培训】 东南大学培训县乡村基层干部647人次,培训专业技术人员(乡村振兴带头人、教师、医生、农业科技人才)6206人次。举办教师心理健康教育知识、电子商务与物流发展、彝族刺绣技能、医疗救护等培训,切实提升南华县相关人员工作本领和能力,加快推进教育、卫健、产业、乡村治理等重点工作。

【干部挂职帮扶】 东南大学选派管理能力强、学术水平高的年轻干部挂职,推进科教产融合创新。挂职南华县干部被委任重要职务,担任南华彝绣产业发展专班组长,在各级政府指导下带领当地干部、群众大力发展彝族刺绣等地方优势特色产业。云南卫视《清风云南》专栏首次播报南华县彝绣帮扶工作,中国新闻网刊登了《云南楚雄南华彝绣展亮相东南大学诉说情谊》文章,帮扶工作取得新的成效。

【产业帮扶】 东南大学党委书记、校长带队赴南华县调研,就推动南华彝绣特色产业发展壮大,亲自谋划、亲自部署,完成《南华彝绣发展五年规划》《南华彝绣产业发展建议方案》《南华彝绣特色乡村营造建议方案》《彝绣设计与宣传整体提升方案》《南华县传统手工艺振兴方案》等,目标是到2025年南华彝绣产业总值达到1亿元,从业人员超过5000人。2022年,南华彝绣产品种类从80余种增至200余种,全县彝绣产业年营业收入额从2000余万元增长到近3000万元,带动2000余名绣工就业,其中建档立卡户500余户、残疾人109名,打造南华彝绣、饮水净化乡村产业振兴示范点2个。

【教育帮扶】 东南大学继续实施"至善科学教育提升"计划,举办"云上科学桥"、首届科技节、科技夏令营等科教活动,"云上科学桥"累计服务时长1600小时,服务5000余名学生、1800余名教师。继续建设"至善"系列科技馆、图书馆,指导学生参加全国科技竞赛、青少年科学营东南大学分营活动,推动青少年科学素养整体提升、培养创新精神。举办中小学教师心理健康教育知识培训7次,对加强南华教师队伍心理健康建设、推动教育事业健康发展具有重要意义。继续选派6名研究生支教团成员赴南华县开展为期1年的支教工作,继续选派教师团队开展教育帮扶,荣获全国青少年人工智能教育成果展示大赛二等奖1项、云南省第二届新时代文明实践志愿服务项目大赛银奖1项,教育部、科学技术部联合举办第十七届"春晖杯"创新创业大赛优秀奖2项,江苏省"互联网+"红色赛道二等奖1项,"勇担青年使命,筑梦彩云之南"——南华县乡村振兴战略实施调研与赋能项目被中国青年报社评选为"2022全国大学生暑期实践项目十佳"。向南华县捐赠近20万元中学科学演示设备,组织基层党组织和党员与南华县270名家庭经济困难学生结对帮扶,2022—2024年连续3年每生每年资助1500元,组织师生赴南华县开展帮扶工作142人次。

【文化帮扶】 东南大学举办"指尖技艺绣出美好生活 楚雄州南华县首届'东大杯'彝族刺绣技能大赛",积极发现一批优秀彝族刺绣传统手工能手、促进彝绣专业技能培训普及和推广。启动总面积1000余平方米的至善彝绣馆建设,打造集交流、创作、展示、研发、销售于一体的南华特色产业文化展示馆,打造弘扬中华优秀传统文化、铸牢中华民族共同体意识的思想政治教育新课堂,打造学科融合发展、共同服务乡村文化振兴、文化产业发展的新阵地。

【智力帮扶】 东南大学经济管理学院教授团队多次赴南华县开展"电子商务与商贸物流协同发展"主题培训,专题调研帮扶脱贫地区发展特色产业并撰写报告,与大连理工大学、浙江大学、西北农林科技大学联合举办"首届南华县特色产业发展策划大赛",策划方案以南华县野生食用菌等特色农产品为研究对象,从产业背景、市场调研、现状问题、发展规划等角度进行分析,发现问题、分析问题,给出解决问题方案,为南华县六大特色产业发展提供了新思路、新想法。艺术学院教授团队多次赴南华实地开展促南华彝绣发展帮扶工作,从举办彝绣展览、彝绣产品设计、品牌打造等,全力推动南华彝绣产业高质量发展。

【基础设施建设】 东南大学为南华县百姓安全饮水、农业灌溉用水投入建设资金150万元,修缮了龙川镇二街水厂及李家、对门、鲁家小组农村饮水改造,红土坡镇簪花村委会保公定及大嘴子小组安全饮水巩固提升,雨露白族乡集镇供水饮用水处理提升。

【健康帮扶】 东南大学附属中大医院完成为期3个月的南华医务人员9名来校培训帮扶任务,培训人员来自南华县人民医院、南华县妇幼保健院、楚雄州人民医院等医院的妇产科、骨科、心内科、老年科、影像科室。医疗卫生专家团队赴南华县举行了大型义诊活动、带教查房、学术讲座,并深入沙桥镇中心卫生院、龙川镇卫生院、龙川镇徐营卫生院、雨露乡卫生院及红土坡镇依黑么村委会开展义诊800余人次,送医下乡,让群众在家门口享受到更加优质便捷的医疗卫生服务。捐赠2辆价值81.2万元救护车在南华县人民医院、南华县妇幼保健院正式投入使用,有效缓解了南华基层医疗卫生工作中遇到的实际困难。

【消费帮扶】 东南大学直接购买南华县农副产品316.6万元,帮助南华县销售农副产品325.3万元,捐赠物资折合金额93.6万元。

(东南大学校长办公室 刘丽勤)

河海大学定点帮扶

【概述】 2022年,河海大学定点帮扶陕西省石泉县,投入帮扶资金782.7万元,引进帮扶资金514.73万元。赴石泉县考察共计71人次,培训1458人次。

【帮扶资金投入】 2022年,河海大学直接投入帮扶资金400万元,引进帮扶资金280万元,购买农产品332.7万元,中央高校业务费50万元,帮助销售农产品234.7万元。

【帮扶调研】 6月,石泉县县长带队赴河海大学调研交流。河海大学党委书记、校长与对方开展深入交流,围绕乡村振兴任务,与石泉积极创新合作模式,务实推进帮扶共建举措,实现了校地深度融合。7月,河海大学常务副校长带队前往石泉县对接党组织共建、产学研合作等事宜;副校长带队前往安康市参加助力乡村振兴和高质量发展恳谈会。全年学校先后组织师生、专家团队、校友企业家共71人次赴石泉县考察调研。

【帮扶会议】 河海大学领导高度重视定点帮扶工作,在现有工作机构基本稳定的情况下,将定点扶贫工作办公室更改为定点帮扶工作办公室,树立"一盘棋"理念,安排精干力量,实行统一指挥,层层压实责任。全年召开定点帮扶专题工作会4次,聚焦产业、人才、文化、生态、组织"五大振兴"工作,细化任务清单,要求各单位统筹资源、加强协作、创新方法、主动作为,形成长效机制压茬推进,为巩固拓展脱贫攻坚成果同乡村振兴有效衔接贡献力量。

【干部挂职帮扶】 河海大学继续按照政治素养高、综合素质好、经验丰富、勤奋敬业的标准选拔优秀干部赴石泉挂职,切实做到压茬交接、不留空档。挂职副县长充分挖掘和利用多方资源开展帮扶,联系科研院所、校友企业参与产业帮扶、消费帮扶、教育帮扶等工作。挂职石泉县池河镇党委副书记、五爱村驻村第一书记积极走访当地群众,摸清底数、了解实情,联系社会企业入村考察,为五爱村长远发展提供动力。

【智力帮扶】 河海大学充分发挥学校教育资源优势,依托石泉县乡村振兴学院、河海大学、石泉专家工作站、河海大学、池河镇乡村振兴人才队伍建设示范基地等平台,邀请蚕桑专家开展蚕桑养殖技术、桑园套种羊肚菌、小蚕工厂化饲养技术培训,累计培训石泉县专业技术人员557人。组织石泉县乡村振兴管理干部综合能力提升网络培训班、2022年度石泉县中青年干部培训班、池河镇党政干部培训班、石泉县学历提升专升本班等,培训基层干部901人,稳步开展"扶智"工作。

【教育帮扶】 河海大学加强对石泉县教育帮扶力度,推动两地人员、文化交流,建立长效文化交流帮扶机制。协助石泉县举办鎏金铜蚕文化国际研讨会,组织2名留学生参会。投入资金50万元,帮助石泉中学、池河中学建设综合性智慧教室;联系学校基层党支部投入16.1万元,帮助池河小学建设图书角、新棉村建设农家书屋;学校工业设计专业学生为40名留守儿童义务辅导,设计绘制五爱村文化墙;开展"教育e帮扶"活动,采取"1对1"结对,帮扶100名义务教育阶段学生提升学业。持续推进石泉中学"河海图书馆"建设,继续跟进"书香校园"项目和职工之家示范点创建工作。选派6名研究生支教团成员赴石泉县2所中学开展为期1年的支教服务，为乡村振兴注入"活水"。

【消费帮扶】 河海大学充分利用线上线下销售渠道，动员全校师生、凝聚社会合力积极开展消费帮扶。与当地签订农副产品购销合同，促进直接消费；发动合作单位消费帮扶力量，协调石泉县定点帮扶联盟单位帮助购买石泉农副产品156.92万元；与南京大学、东南大学、南京农业大学、中国药科大学联合探索"组团式"消费帮扶新模式，依托教育系统"e帮扶平台"，开展"2022年在宁部属高校消费帮扶活动"，组织购买平台上脱贫地区农副产品共计35.32万元。

【产业帮扶】 学校始终把产业兴旺、人民富足作为乡村振兴首要任务。立足当地实际，通过整合帮扶资金不断发展壮大优势特色产业，深化产教融合。科学制定蚕桑生产"轻简化、高效化"发展规划，继续探索"村集体股份经济合作社+能人大户"的蚕桑生产经营模式新路径，投入资金100万元持续推进石泉高效蚕桑产业示范基地建设项目三期，该项目已入选教育部创新试验培育项目（第一批）。持续推进池河镇一体化现代智慧农业示范园建设项目、中池镇堰坪村樱桃园田间管理项目。帮助石泉县水利局联系陕西丰水源水务科技有限公司，引进价值260万元的城乡供水智慧水务管理软件系统。

【党建帮扶】 河海大学坚持把强化支部结对共建作为夯实引领乡村振兴基础的重点任务，引领各级党组织在乡村振兴中挑大梁、唱主角，紧扣校地工作实际，切实肩负起抓党建促乡村振兴的政治责任，充分利用自身党建优势和先进工作理念，组织20个共建党支部开展组织振兴活动，党员干部捐款捐物折合资金共11.47万元，切实加强与定点帮扶地区党支部的党建交流和帮扶工作，推动结对共建往深里走、往心里走、往实里走，实现校地合作共赢。

【帮扶机制创新】 河海大学始终紧抓国家深化东西部协作和定点帮扶的有利契机，充分发挥"双一流"学科、科技、人才优势，依托河海大学—石泉专家工作站，不断进行顶层设计，科学全面地规划石泉县域经济产业发展的重点。学校组织专家教授前往石泉开展调研，围绕抽水蓄能电站项目建设、数字乡村、"五大振兴"等方面继续设立定点帮扶专项科研经费50万元。一是助力抽水蓄能电站建设。基于"双碳"目标下经济效益及安全性能要求，推动建立1套适用于石泉县的独特抽水蓄能电站体系，助力实现石泉县生态和经济双赢。二是助力数字乡村建设。发挥学校信息学部资源优势，以大力提升"云上乡村"和"数字惠农"水平为核心，以五爱村智慧农业、智慧水利等方面为切入点，为数字智慧赋能乡村振兴提供引领与支撑。三是助力"五大振兴"。结合石泉县资源禀赋，对石泉水生态产品价值实现机制、高校西部定点帮扶地区人才继续教育、生态化水产养殖技术体系、特色研究型高校开展文化帮扶道德体系、高校服务乡村组织振兴等五大方面进行路径探索和深入研究。发挥自身优势，进一步聚焦科技产业帮扶工作，推进河海大学科技资源在石泉实现有效转化应用，为石泉县提供科技支持和产业保障，拓深定点帮扶"深度"，形成区域协调发展、共同发展的良好局面。

【帮扶宣传】 河海大学认真学习贯彻党的二十大精神，以习近平总书记关于教育、"三农"工作的重要论述为指导方针，深入落实中共中央、国务院关于全面推进乡村振兴的决策部署，注重统筹协调和舆论引导。围绕脱贫攻坚以来的重点领域、重点区域和重点人群工作典型，利用校内外新媒体等渠道，全方位营造精准帮扶氛围。通过校园网主页和微信公众号作学校帮扶工作、党支部共建、学生团队帮扶等专题报道,全方位展示乡村振兴定点帮扶质效,讲好河海帮扶故事,推出一批体现河海特色的乡村振兴工作模式和示范样板,激发在校师生、校友、社会多方合力,营造精准帮扶氛围,吸引各类资源向乡村聚焦,为促进乡村全面振兴汇聚力量。

(河海大学校长办公室　姜凯曦)

南京农业大学定点帮扶

【概述】 2022年,南京农业大学(以下简称"南农大")定点帮扶贵州省麻江县,共计向麻江县投入帮扶资金295万元,引进帮扶资金993.5万元,培训基层干部、乡村振兴带头人3325人次,培训技术人才1231人次,购买脱贫地区农产品280.8万元,帮助销售脱贫地区农产品260.4万元。南农大深入贯彻落实中共中央、国务院和教育部党组关于定点帮扶和乡村振兴工作部署,围绕"五大振兴"为麻江县全面开展科学研究、人才培养、社会服务和文化传承与创新,充分发挥载体平台和"根据地"作用,接续巩固拓展脱贫攻坚成果同乡村振兴有效衔接。

【帮扶资金投入】 2022年,南农大向麻江县直接投入帮扶资金295万元。其中,学校划拨工作经费260万元,主要用于麻江乡村振兴研究院、贵州乡村振兴示范点和教育部乡村振兴创新试验培育项目建设;南农大教育发展基金会捐赠35万元,用于麻江教育帮扶。直接购买脱贫地区农产品共计280.8万元,其中工会采购麻江农特产品大礼包62.2万元,后勤保障部采购麻江鸡蛋、大米等农产品218.6万元。南京农业大学资产经营有限公司帮助购买麻江农产品60万元。

【帮扶制度建设】 一是加强组织领导,落实帮扶责任。南农大针对麻江脱贫攻坚有效衔接乡村振兴的实际情况,深入贯彻落实习近平总书记关于"四个不摘"要求,详细制订2022年度定点帮扶工作方案。积极完善校地互访机制,校地互访10余次,南农大中层干部、专家教授等100余人次参加调研考察和对接交流,为麻江蓝莓、柑橘、菊花和锌硒米等多个产业"把脉问诊",制订产业帮扶工作计划。二是打造综合平台,创新帮扶机制。南农大再次向麻江乡村振兴研究院拨付260万元,用于研究院建设、乡村振兴示范点打造及产业科技项目实施等工作。并将"麻江乡村振兴研究生工作站""麻江党员干部教育培训基地""南京农业大学实践教学基地"等载体平台全部纳入研究院的建设范畴,打造综合型科技服务平台;持续推进贵州省乡村振兴集成示范点(河坝村、卡乌村)建设,创新开展"一村一品"和"一户一方案";创新实施"金色稻海、坝上粮仓"保粮工程,"菊花品牌效应"提升工程,"蓝莓产业提质增效"工程,"秋季百亩精品水果采摘园"建设工程,"传承民族瑰宝,助力非遗出山"文化振兴工程,"主题庭院、四季花寨"庭院美化工程等六大工程,深入巩固"两不愁三保障"成果。三是巩固脱贫成果,促进乡村振兴。南农大始终以问题和需求为导向,围绕"五大振兴",充分发挥载体平台和"根据地"作用。《"金菊花"造就"金银谷"——南京农业大学结对帮扶案例》入选第三届"全球减贫最佳案例";南农大校长在"全球减贫伙伴研讨会"上作"中国脱贫的'南农-麻江'模式"大会主旨报告;书记在教育部直属高校定点帮扶工作推进视频会上汇报南农大定点帮扶典型经验做法;校长在教育部"教育这十年""1+1"系列发布会上介绍南农大科技帮扶经验。

【帮扶调研】 南农大党委书记等4位校领导分别带队赴麻江调研指导,深入推进定点帮扶与乡村振兴工作,乡村振兴工作领导小组成员单位相关负责人赴麻江县调研72人次。7月,南农大副校长带队赴麻江调研,深入推进定点帮扶工作,为"南京农业大学—麻江县高标准水稻种植共建基地"揭牌。11月,黔东南苗族侗族自治州委常委、副州长、麻江县委书记带队来校对接定点帮扶工作。南农大党委书记带队赴黔东南州与麻江县调研定点帮扶和乡村振兴工作,为"南京农业大学—麻江县'产学研'合作农特产品加工共建基地"揭牌。南农大副校长带队赴麻江县深入推进贵州省乡村振兴集成示范点建设,并与麻江县供销社召开消费帮扶座谈会。

【帮扶会议】 南农大召开校党委常委会、校长办公会、定点帮扶与乡村振兴工作推进会等各类会议20场次。4月,党委常委会、校长办公会专题研究学校定点帮扶工作部署。5月,召开全面服务乡村振兴工作推进会,进一步推进学校服务乡村振兴战略。召开乡村振兴工作领导小组会议,学习传达全国东西部协作和中央单位定点帮扶工作推进会议精神,全面推进学校2022年度定点帮扶和乡村振兴工作任务落实。校长分别与后勤保障部、工会等8个职能部门签署定点帮扶工作责任书。6月,召开在宁部署高校定点帮扶工作交流会,探索在宁高校创新组团服务乡村振兴新路径与新模式。11月,学校与麻江县召开定点帮扶工作联席会,共商麻江县乡村振兴发展新举措。

【帮扶培训】 南农大联合贵州省委组织部在黔东南州委党校举办"贵州省现代农业产业园建设专题示范培训班",举办"南农—麻江2022年党员干部能力提升培训班""夜校建在村,赋能助振兴"等专题培训班,开展"智慧农业""水稻精确定量栽培技术"等线上线下培训30余场次,累计培训基层干部3071人次,培训乡村振兴带头人254人次,培训技术人才1231人次。

【干部挂职帮扶】 南农大选派校团委副书记任麻江县委常委、副县长,负责协管帮扶与农业农村工作等;选派食品科技学院学生工作办公室副主任陈宏强任麻江县龙山镇河坝村驻村第一书记。挂职干部认真履行岗位职责,深入基层、企业、产业、脱贫户和村居(社区)调研60余次,积极谋划思路,统筹协调,用心用情开展帮扶,体现了挂职干部的政治站位和责任担当。

【党建帮扶】 南农大全面推进院村结对共建,重点帮扶麻江县河坝村、咸宁村、瓮址村、大塘村等12个基层党支部建设,投入115万元专项经费,通过"党建+产业"融合,大力发展产业,开展党员培训,完善阵地设施,助力基层党组织和党员队伍建设,增强了基层组织党建引领乡村振兴发展能力。河坝村党支部获评"黔东南州党支部标准化规范化建设示范点"。

【产业帮扶】 南农大深入推进"产业强县"行动,助力麻江菊花、水稻、蓝莓、果树、蕨菜加工等产业升级。引入优质蔬菜、玉米、大豆、荷花等20余个新品种开展试点种植。全年实施项目21个,其中产业项目16个,引进项目5个;引进企业1家(投资1500万元),建立帮扶车间2个。引进推广南农大"宁香粳9号"自主新品种,主推精确定量栽培及配套技术,水稻平均亩产达666.21千克,实现粮食增产增收;在麻江县通过"一朵金花"推进高标准不打药的菊花茶种植和生产,进一步发挥菊花产业品牌效应。

【智力帮扶】 南农大打造麻江县河坝村省级乡村振兴集成示范村人居环境,启动实施庭院美化行动,推动生态振兴。印发《贵州·麻江庭院美化常用花卉实用手册》,投入改善农村人居环境专项资金累计金额38万元,帮助打造和美乡村示范村4个。挖掘"银发"资源,组织麻江县老干部成立麻江老专家科技服务团,建立乡村振兴老专家工作站,开展花椒种植、蓝莓种植等产业培训,充分引导老干部发挥正能量与乡村振兴战略有机结合。

【教育帮扶】 南农大为强化教育帮扶,创新开展教育实践,深化教育帮扶、文化帮扶。一是助推劳动教育。在麻江县第三小学建成麻江首个劳动教育校内实践基地——"秾心园",惠及学生1500余人。二是助推文化美育教育。组织600余名志愿者、800余名麻江县中小学生共同开展"一起云支教、共同迎冬奥"社会实践活动,麻江县第三小学荣获"一起云支教共同迎冬奥"优秀组织称号。推进传统文化进校园活动,开展传统手工艺制作、中医知识讲授、少数民族文化传承等主题活动3场,累计培训中小学生400余人次。三是助力农耕文化教育。联合南京农业大学中华农业文明博物馆、园艺学院、经济管理学院共同开展农耕文化教育、劳动教育手工课等主题活动4场,累计培训中小学生500余人次。

【文化帮扶】 南农大帮助加强农村思想道德建设和公共文化建设,推进农村移风易俗。在河坝村开展"传承民族瑰宝,助力非遗出山"文化振兴工程;成立麻江县瑶之韵成秀文化工坊,吸纳80位绣娘就业,助力瑶韵文化产业。瑶族刺绣包、枫香染T恤荣获2022年"黔系列"民族文化产业品牌。制定《瓮址村村规民约》,开展"双联双共""四联双增"活动,实现瓮址村基层组织建设、基层治理、村集体经济发展、乡村庭院美化"四变"。

【消费帮扶】 南农大持续深化脱贫地区消费帮扶。在学校120周年校庆成就展厅专门设立定点帮扶展台,张贴消费帮扶宣传单,号召广大校友助力消费帮扶;积极动员各学院单位、师生、校友购买麻江农特产品,联系参加多地开展的展销活动,拓宽销售渠道;通过"南农易农"App麻江农特产品专柜、"喃侬仁"南京农业大学大学生创业扶贫微店和麻江县电子商务服务运营中心"云淘麻江"等线上渠道帮助销售;组织开展"消费帮扶新春行动",在多个网络平台加大宣传力度;联合南京大学、东南大学、河海大学、中国药科大学在宁5所部属高校开展"e帮扶"线上展销活动,积极推动脱贫地区产品和服务走向大市场,共同打造联合帮扶新模式。

【帮扶宣传】 南农大定点帮扶工作及成效获央广网、新华社、《新京报》、学习强国、中国青年网等媒体报道20余篇次。中央广播电视总台《三农群英汇》栏目专题跟踪报道南农大李刚华教授帮扶麻江锌硒米产业的故事。《为乡村振兴插上科技羽翼》登上《中国教育报》"高校助力乡村振兴·笔谈"版块。5—6月,央广网报道《贵州麻江:小蓝莓成就大产业》《贵州麻江:赋能民族非遗 助力"留守绣娘"就业增收》《南农大"黔"心助麻 助力贵州麻江"黔货出山"》。

(南京农业大学社会合作处 傅 珊 蒋大华 严 瑾)

中国药科大学定点帮扶

【概述】 2022年,中国药科大学(以下简称"中国药大")定点帮扶陕西省镇坪县,直接投入帮扶资金208.03万元,引入无偿帮扶资金300万元,培训基层干部1059人次,培训专业技术人员1542人次,培训致富带头人174人次,直接购买农产品237.89万元,帮助销售农产品627.83万元,帮助镇坪县巩固拓展脱贫攻坚成果,有效衔接乡村振兴,中药产业成为引领全县经济发展的首位产业,全县各项事业蓬勃发展。学校连续7年入选教育部直属高校精准帮扶十大典型项目,连续5年在中央单位定点帮扶工作成效评价考核中被评为"好"等次。

【帮扶资金投入】 2022年,中国药大严格落实"四个不摘"要求,坚持政策不变、投入不变、力量不变,直接投入帮扶资金208.03万元,主要用于镇坪中药材研究、科技产品开发、教育卫生事业等,引入无偿帮扶资金300万元;直接购买农产品237.89万元,帮助销售农产品627.83万元,切实把帮扶责任扛在肩头,落到实处。加强镇坪优质农副产品的宣传推广,在学校食堂开设镇坪美食窗口,聘请镇坪籍农民工4人驻校经营,以镇坪特色的腊肉、笋干、黄花菜、香菇、木耳等为原料烹饪地道镇坪美食供师生品尝,宣传推介镇坪特色菜肴和独特的饮食文化,获得师生的普遍欢迎。创新工会采购模式,在食堂设立镇坪优质农产品展示区,展示近30种农产品实物,配套产品信息简介,供全校教职工自主扫码在线选购,实行物流配送直接上门,增强消费帮扶的快捷性、便利性,拓宽销售渠道。

【帮扶资金管理】 中国药大贯彻落实定点帮扶资金管理要求,做好帮扶资金的预算编制,加大对帮扶项目的资金投入。对帮扶资金进行统筹规划、归口管理,指导制订帮扶资金的分配方案,与镇坪县签订帮扶资金使用协议,重点向中医药科技攻关、健康产品研发等方面倾斜,做到因地制宜、精准施策,切实优化资源配置,提高资金的使用效益,实现帮扶目标。进一步强化帮扶资金的监管使用,实行专人负责、专人跟踪,严格落实报销审核制度,严控支出,杜绝铺张浪费和形式主义。根据工作进度,有序推进帮扶资金的拨付使用,避免突击使用,确保钱花在刀刃上。

【帮扶调研】 中国药大领导多次赴镇坪县开展考察调研,实地推进帮扶工作。校党委书记带队赴安康市考察调研,江苏食品药品职业技术学院、陕西省发展和改革委员会、苏陕(江苏)中医药股份有限公司相关同志陪同调研。此行考察了曾家镇中药材标本馆、江苏食品药品职业技术学院中药与康养产品技术成果孵化园、华坪镇团结村万亩黄连示范基地、华坪镇中药特色小学等地,并看望在当地参加暑期大学生社会实践的学生团队,实地指导推动帮扶工作。校党委副书记、副校长参加安康市中央和省级单位对口帮扶恳谈会,并赴镇坪县调研推进定点帮扶工作。

【帮扶会议】 中国药大全年校内召开定点帮扶工作推进会6次,为充分发挥行业引领作用,与江苏食品药品职业技术学院深化战略化合作,大力推进"组团式"帮扶。挂职干部陪同江苏食品药品职业技术学院党委书记、党委副书记、校长一行赴镇坪开展校地合作,与镇坪县签订"乡村振兴产业帮扶黄连系列产品等项目技术开发协议""乡村振兴人才帮扶专题培训协议""院县党建一对一结对帮扶协议"等一揽子合作协议。5月,陕西省发展和改革委员会副主任一行来访,就苏陕协作、乡村振兴、科技创新、政产学研合作等开展深入交流。学校牵线苏陕(江苏)中医药股份有限公司与陕西沣康医药有限公司开展合作,针对镇坪道地药材,加快产品开发和品牌建设,促进东部先进技术、成熟市场与西部优质药材深度结合,实现互惠互利。7月,校党委书记带队赴江苏食品药品职业技术学院考察调研,并与镇坪县举行三方视频座谈会,两校进一步实现优势互补、资源共享、机制协同,在产品研发、技术指导、人员培训、管理运营等方面联合助力镇坪中药首位产业发展。

【帮扶培训】 中国药大不断提升"中国药科大学镇坪乡村振兴继续教育服务站"培训能力,加强师资队伍建设和课程建设,提升培训的针对性、实用性和多样性。开设镇坪科级干部"工商管理"专业学历提升班,为镇坪培养一支基础扎实、业务精通、能力突出、素质过硬的后备干部队伍。加强网络课程开发,针对镇坪中药产业重点领域、关键环节、核心问题制作课程视频,加强课程网络平台建设,提高网络学习的便捷性和覆盖度。举办安康市重点产业链专题培训班,邀请中药产业专家讲授《秦巴医药产业发展专题》《绞股蓝研究现状及产业发展趋势》《江苏桑蚕丝绸产业发展现状和趋势》等课程,培训安康市相关部门管理干部,为全市秦巴中医药产业链发展提供智力支撑。

【干部挂职帮扶】 中国药大坚持精准识人、精准选人、精准用人,支持挂职干部在乡村振兴的一线干事创业。挂职副县长、县委常委持续推进院镇共建,实施"六个一"帮扶机制,即建立一套校县帮扶合作机制、实现一批中药

科技创新成果转化、培养一支中药产业人才队伍、培育一批中药产业示范园区、销售一批镇坪道地农特产品、招引一批中药产业合作企业。统筹整合药学、医学、食品和农林科学等学科资源,新建秦巴特色中药资源产业化协同创新中心,把学校及校友50余名专家镶嵌在中药首位产业链上。针对镇坪道地药材,陆续开发转化药品、药材、药妆、药饮、药浴、药膳等六大系列产品,扶持壮大中药科创园和中药康养产品技术成果孵化园,产业链、创新链和价值链等三链融合,以中药产业振兴引领乡村"五大振兴"。"三链融合、首位突破"入选国家乡村振兴局典型案例。驻村第一书记推动驻村帮扶工作持续深入,打造"黄连种植基地""金银花种植基地""金丝皇菊种植基地""魔芋种植基地""'猪沼药'循环产业示范基地"等五大产业基地,帮助村集体承接中国药科大学100万元农副产品采购合同,依托学校科教资源打造中药特色小学,持续推进尖山坪村"秀美药乡"特色乡村建设。

【产业帮扶】 中国药大以镇坪"五朵金花"(黄连、绞股蓝、葛根、重楼、玄参)为重点,帮助镇坪中药材种植业进一步扩大规模、提升品种、打响品牌。推进万亩黄连基地建设,借助苏陕协作项目、陕澳合作项目等平台,持续宣传推介镇坪黄连,打造"中国黄连第一乡"。推动陕西沣康医药有限公司与镇坪签订中药首位产业战略合作项目,开工建设"镇坪绞股蓝种植基地"项目,不断优化产业布局,凸显特色优势。以项目招引为引擎,以园区建设为载体,引入陕西沣康中药首位产业项目、陕西桂花能源中药科创产业园项目、镇坪国心草本中药康旅等产业项目,到账资金2.1亿元,做大做强中药材深加工,加快从"原字号"到"新字号"的产业转型,提高镇坪优质药材经济附加值,创造更高市场价值。

【教育帮扶】 中国药大基建后勤处、图书

与信息中心和科技处联合向镇坪县华坪小学捐赠一批换代电脑设备,在持续发挥国有资产使用效益的同时,有效提高华坪小学的办学条件,加强信息化校园建设。学校联合镇坪县高级中学在线举办"2022年中国药科大学高校专项计划招生政策解读会",向镇坪师生介绍学校基本概况、学科建设、专业特色及升学就业等情况,重点解读2022年学校高校专项计划招生政策,并就如何运用好国家招生优惠政策圆梦名校进行深入指导。组建"筑梦·研育花朵""爱之光""大书包""见'镇'时光观察团"等4支大学生暑期社会实践团队40余人赴镇坪开展义务支教、志愿服务、社会调研等实践活动,帮助镇坪中小学生提升学业成绩,开阔知识视野,丰富课余生活。同时,让药大学子在乡村振兴的"大课堂"感受农业的发展、农村的变化。关心镇坪籍学生发展,开展困难资助、学业帮扶、就业指导等,3名镇坪籍毕业生2人在本校升学读研,1人实现充分就业。

【文化帮扶】 中国药大为镇坪华坪镇尖山坪村设计专门标识,以尖山坪鹰嘴山为原型,树立和践行"绿水青山就是金山银山"的理念,寄托药大人对尖山坪村"三强一富一美"的美好愿景。打造"秀美药乡"特色文化品牌,举办"赏药园 健步走""识药材 趣采摘"等丰富多彩的活动,将中药文化融入村民生活。支持曾家镇中药材标本馆等乡镇级标本馆建设,在标本制作、科技展示、讲解说明等方面给予专业帮扶,让标本馆成为镇坪中医药文化传播的重要窗口与载体。推进华坪镇中药特色小学建设,加快药大爱心阅览室建设,为孩子们提供环境温馨、布局合理、内容丰富的阅读场所。开展班级文化建设,以镇坪当地中药材为班级名片,领养中药盆栽,推动中药文化进校园、进教室。

【帮扶宣传】 《中国教育报》刊发学校党委书记文章,深入介绍中国药大发挥组织、学科、人才等优势,聚焦镇坪中药产业,带动镇坪"五大振兴"的经验举措,为高校服务乡村振兴提供参考借鉴。《教育部简报》、教育部网站专题报道学校定点帮扶工作10年成效,展示学校良好形象。以中医药文化助力产业发展为视角和切入点,成功入选第七届教育部直属高校精准帮扶典型项目。

(中国药科大学科学技术研究院
社会服务办公室 陈兰兰)

浙江大学定点帮扶

【概述】 2022年，浙江大学（以下简称"浙大"）深入学习贯彻党的二十大精神，以习近平新时代中国特色社会主义思想为指导，严格落实"四个不摘"，纵深推进乡村振兴战略，不断推动定点帮扶云南省景东彝族自治县（以下简称"景东县"）各项工作取得显著成效。全年累计直接投入无偿帮扶资金496.839万元，无偿帮助引进资金531.778万元，直接采购景东县及其他脱贫地区农产品1012.183万元，帮助销售景东县农产品1704.941万元，培训基层干部1814人，培训乡村振兴带头人、教师和医务等专业技术人员2837人。

【帮扶资金投入】 2022年，浙大直接投入帮扶资金496.839万元，其中捐赠景东县农村临时困难家庭救助基金第二期200万元，捐赠景东县"求是助学金""求是奖教金"100万元，通过中央高校基本科研业务费（自然科学领域）设立2022年度科技帮扶项目4项共80万元，支付开展各类继续教育培训40.269万元，助力学生开展社会实践14.58万元，支付产业扶贫专家津贴14.52万元，通过中央高校基本科研业务费设立景东乡村振兴专项5万元，捐赠医疗设备价值42.47万元；浙大无偿引进帮扶资金531.778万元，其中引进北京高汇通商业管理有限公司资金223.32万元，引进浙江皓亮企业管理咨询有限公司资金180万元，引进上海利源进出口有限公司资金3万元，开展"爱在滇西"捐资助学公益活动募集资金125.458万元。

【帮扶调研】 7月，浙大乡村振兴定点帮扶工作领导小组组长、校长、副校长等一行深入景东县一线开展调研指导，考察山冲村乡村振兴创新试验区建设和消费帮扶景东双福农牧有限公司等，看望慰问研究生支教团、暑期社会实践团和青马学院景东政务实习代表等，为"景东浙大求是中学"揭幕，并捐赠景东县山冲村"求是乡村振兴馆"项目建设资金280万元。1月，景东县县长率队访问浙大，并就进一步加强无量中学建设展开研讨。据统计，浙大全年共有47人次专家教授和管理干部赴景东县开展定点帮扶和乡村振兴工作调研，其中主要负责同志1人，班子其他成员3人。

【帮扶会议】 1月，浙大副校长参加"教育部2021年度直属高校定点帮扶分类评价工作启动会"，并落实会议工作部署；参加"2021年度教育部直属高校定点帮扶分类评价会"，代表浙大汇报2021年度定点帮扶和乡村振兴工作情况；3月，校长、党委副书记召开"浙江大学乡村振兴定点帮扶工作领导小组会议"，总结上一年度工作情况，讨论通过2022年度工作计划；4月，国内合作办公室负责人参加"教育部直属高校服务乡村振兴创新试验培育项目工作推进会"，会上汇报"'云景天芝'赋能景东县山冲村　打造中国（西部）高原灵芝第一村"项目进展情况；6月，副校长参加"教育部直属高校定点帮扶工作推进视频会"，并贯彻落实会议精神；8月，在景东县召开"浙江大学—景东县乡村振兴定点帮扶工作座谈会"，校长强调要全面推进服务景东县乡村振兴各项重点任务，普洱市委副书记、市长向浙大长期以来对普洱市和景东县的支持表示衷心感谢，期待在新一轮能源革命和产业变革机遇中并肩前行;9月,党委常委参加"2022年教育部乡村振兴工作领导小组会暨乡村振兴工作推进会",持续做好巩固拓展教育脱贫攻坚成果,全面推进乡村振兴。据统计,全年累计召开各类定点帮扶相关会议13次。

【干部挂职帮扶】 浙大选派1名副处职级干部挂任景东县副县长,1名科级干部挂任驻村第一书记。

【产业帮扶】 浙大针对食用菌、乌骨鸡、核桃、茶叶和林下种植等方向开展技能培训386人。食用菌产业形成菌种全链条产业设施,可支撑产值超1亿元的食用菌栽培所需菌种,全产业链综合产值超过1000万元;开展以核桃仁剥制、保鲜、加工等为核心的核桃产业科技攻关与示范推广,帮助景东昌瑞农特产品开发有限公司建成景东第一条核桃初加工机械一体化生产线和全国第一条深纹核桃仁纯物理去种皮(脱衣)加工生产线及脱衣核桃仁特色系列产品生产线,研制景东农特新产品8个,成功认定为普洱市"绿色食品牌"产业基地和国家有机产品基地,新增产值200余万元;开展景东乌骨鸡健康养殖和产业化技术指导服务,全年无量山乌骨鸡出栏435.69万只,实现产值3.14亿元;茶产业进行全面技术创新和品质提升,"紫金普洱"推出新款,"紫金"系列茶共计销售602.67万元。

【教育帮扶】 浙大帮助景东县引进海亮集团托管景东县无量中学初中部,挂牌设立"景东浙大求是中学";继续选派7名研究生组成第二十四届研究生支教团赴景东县职业高中开展支教活动;组织国际校区景东暑期研学营2期、港澳台学生支教活动1期、景东职中暑期研学活动1期、"城市游学·启梦未来"研究生支教团公益助学活动1期,吸引景东县超过600名中小学生参加;组织9批150余名师生赴景东县开展社会实践活动,其间采访30余人,拍摄专业纪录片3部,形成访谈、调研报告20余篇,受到各级媒体报道30余篇,4支团队入围全国大学生百强暑期实践团队;通过远程教学模式举办线上培训班6期、线下培训班4期,累计培训党政基层干部1814人,乡村振兴带头人、教师等专业技术人员759人。

【消费帮扶】 浙大全年完成采购景东双福农牧食品有限公司箱装冻猪副产品153.247万元,并通过"832平台"采购其他脱贫地区大豆331.34万元;校工会采购景东县核桃油、香肠、普洱古树红茶、火腿等产品527.596万元。8月,浙大校友企业家同学会代表团23位企业家赴景东县签订《茶产业采购和品牌建设项目合作框架协议》《餐桌一站式农产品配送服务供应链体系项目合作框架协议》《农副产品、智慧农业供应链渠道对接项目合作框架协议》《在杭设立云南省景东彝族自治县农特产品展示中心对接项目合作框架协议》等一系列合作协议,助力消费帮扶。9月,海亮乡村教育振兴集团和景东县国资公司、教体局等签订景东县教育后勤战略合作备忘录及投资合作协议,推动景东县农产品统一采购。10月,以线上方式举办景东农产品展销会,销售2.8万元。全年直接采购脱贫地区农特产品1012.183万元,以"线上+线下"模式帮助销售景东县农特产品1704.941万元。

【健康帮扶】 8月,浙大医学院附属第一医院组织赴景东县中医院开展"一心一意"义诊活动,服务患者87人,疑难病症1人,带教查房30人次,超声检查30人次,学术讲座3次、健康科普讲座3次;医学院附属第二医院在景东县人民医院推进骨科、呼吸与危重症医学科、超声医学科等3个专家工作站建设,让景东人民在家门口就能享受三级甲等医院专家诊疗服务,并向景东县人民医院和中医院捐赠价值42.47万元医疗设备,改善医疗条件,接收景东县人民医院2名医务人员进修,为景东县人民医院开展远程教育55期1692人。

【社会帮扶】 浙大发动校友力量,对接迪克森文具(昆山)有限公司向景东县捐赠705箱187万余支彩色铅笔,价值500万元;争取浙江绿色理想科技有限公司捐赠景东县文井镇清凉小学75万元;接受校友集体捐赠43.48万元,支持景东县经济困难学生完成学业。

【乡村振兴创新试验区建设】 浙大围绕打造"中国(西部)高原灵芝第一村"目标,以山冲村"求是乡村振兴馆"建设为牵引,持续推进具有"中国特色、浙大方案"的乡村振兴创新试验区建设。在山冲村"浙大云景谷"灵芝生态创新示范园新建120平方米食用菌菌种实验室和1200平方米食用菌菌种(种苗)示范中心,获得55个纯菌株和年产30万袋优质菌种;获得景东县"食用菌菌种生产许可证",推广栽培食用菌52万袋,辐射周边6个县;研发立体层架式免覆土优质灵芝孢子粉创新栽培模式,采用低温冷冻干燥和超低温物理破壁技术,开发高活性灵芝破壁孢子粉新产品1个;探索"生态灵芝研发—精深加工产品研发—文化融合和品牌打造—互联网及市场通路—智慧产业创建"等业态融合模式,设置15个功能区,目前已投入使用13个;灵芝子实体和孢子粉产值105.95万元,"云景天芝"系列灵芝产品全年实现营收404.48万元,"彝凤"牌灵芝普洱茶产值500.19万元,村民人均增收4000余元。

【帮扶成效】 2021年,浙大定点帮扶景东县工作考核等次为"好";2022年《两道网红菜:一家规上企业的培育之路》入选第七届教育部直属高校精准帮扶典型项目;《让乌骨鸡变身"金凤凰"——家禽优种选育生态养殖领军者》获浙大第十四届"蒲公英"大学生创业大赛二等奖、浙江省第十三届"挑战杯"建设银行大学生创业计划竞赛铜奖;研究生支教团景东分团"爱在滇西 情暖景东"教育帮扶志愿服务项目获云南省第二届新时代文明实践志愿服务项目大赛决赛银奖、普洱市地方赛决赛金奖;《着力科教支撑、提升内源发展:中国高校定点长效帮扶山区特困县的"浙大—景东"模式》入选"第三届全球减贫案例征集活动"最佳减贫案例,并收录进南南合作减贫知识分享网站的中外减贫案例库及在线分享平台。

【帮扶宣传】 6月,浙大校长在《中国教育报》发表署名文章《做全面推进乡村振兴的主力军》,阐述了高水平研究型大学在促进农业高质高效、农村宜居宜业、农民富裕富足等方面展现独特担当;《中国共同富裕发展的时代背景与"提低"路径》在《江苏大学学报(社会科学版)》发表;拍摄制作《下山》《生根发芽》等产品和文化宣传片,获人民网、新华网等中央和省级媒体多次报道,阅读量超200万次,国家乡村振兴局官微专题推送《浙滇"山海情":跨越千里的帮扶"芝"路》报道,全年累计在各级各类宣传媒体上发表报道65篇。

(浙江大学国内合作办公室
帮扶与对口支援部 龚 辉)

合肥工业大学定点帮扶

【概述】 2022年,合肥工业大学定点帮扶安徽省灵璧县,认真贯彻落实习近平总书记关于"三农"和教育工作的重要论述,充分发挥学校整体优势,按照"四个不摘"和"三个转向"的要求,进一步构建"党建帮扶引领,教育、产业、人才、生态、文化、健康、规划帮扶协同实施"的定点帮扶经验模式。先后投入或吸引各类帮扶资金980.44万元,用于灵璧县农村基础设施、乡村文旅项目、职业教育发展和人才培养。通过线上教学、现场授课等形式面向农村致富带头人、基层干部、医生、教师等开展各类培训,共计培训4300余人次。通过学校食堂采购、工会福利采购、教职工以购代捐、消费帮扶专柜、"斛兵商城"平台及校友企业采购等形式,购买脱贫地区农产品1506.89万元。学校在2022年教育部直属高校定点帮扶工作推进视频会、安徽省巩固拓展教育脱贫攻坚成果同乡村振兴有效衔接工作推进会上作典型经验交流。在中央单位定点帮扶工作成效考核评价中被评为"好"等次。

【帮扶资金投入】 2022年,合肥工业大学发掘校内外资源,保持资金投入,先后直接投入或吸引各类帮扶资金980.44万元,用于灵璧县农村基础设施、乡村文旅项目、职业教育发展和人才培养等。其中,划拨200万元用于砂坝村教育振兴乡村示范点建设,划拨100万元用于李宅村乡村文旅项目,向灵璧职高划拨286.83万元用于职业教育发展,资产公司捐赠60万元用于砂坝村义务教育发展,工大监理公司捐赠50万元在灵璧职高设立"工大监理"奖助学金,连续5年捐赠5万元设立砂坝村奖助学金奖助砂坝全体在校学生,联系中铁建投集团捐赠10万元用于砂坝小学建设,学校出版社向灵璧职高捐赠55万元码洋图书,组织部分别向砂坝村等3个帮扶村各划拨3万元(合计9万元)用于村"两委"干部培训和支部共建,吸引中灵公司投入200万元用于李宅村乡村文旅项目。此外,通过送医下乡、捐资捐物、党建帮扶、教育培训等方式捐赠资金或物资18.57万元。

【组织领导】 一是加强组织领导,先后组织3次党委常委会和2次校长办公会就工作计划、干部选派、帮扶资金划拨等5个议题进行研究,分管校领导先后就消费帮扶、产业发展、人才培养等召开各类专题会议16次,推动定点帮扶工作有序开展。保持机构和人员稳定,定点帮扶办公室作为正处级机构设主任1名、副主任6名(兼),明确职能任务,确保专人专责。二是注重顶层设计,学校紧密结合灵璧县所需研究制订2022年定点帮扶工作计划和实施方案,确定8大任务和39条举措,明确定点帮扶责任单位和工作时效,做到有序推进、全面开展。严格落实党委书记和校长是定点帮扶第一责任人要求,理顺定点帮扶工作领导决策机制,建立基层党组织开展定点帮扶工作机制,健全定点帮扶工作活动报备制度、联络员制度和定期通报制度,构建形成全校"党建引领、全面推进"的定点帮扶格局。三是开展督查指导,先后对教育部直属高校服务乡村振兴创新试验项目开展情况、校内定点帮扶工作任务落实情况开展督查,形成督查报告2份。2022年全体帮扶干部履职尽责,严守规矩,未发现相关作风建设和帮扶资金使用不规范的问题。帮扶干部结合灵璧县实际撰写调研报告3篇，其中《灵璧县科技创新存在的问题及对策建议》入选灵璧县委主办的《决策参考》。

【帮扶调研】 一是践行一线规则，克服疫情影响，学校领导班子先后6次（11人次）赴灵璧县调研对接定点帮扶工作，其中校长赴灵璧县推动帮扶工作，在砂坝村发放奖助学金，组织召开乡村振兴对接会，调研轴承产业园、食用菌产业园等；学校党委书记率队赴灵璧县砂坝村调研美好乡村建设、义务教育发展情况，赴李宅村调研乡村文旅项目，调研灵璧职高非遗传承情况，召开乡村振兴对接会等。分管校领导多次率队赴灵璧县推进产业振兴、乡村建设和科技帮扶等，实现校地双方更宽领域、更高层次的合作发展。二是校地联动紧密，建立常态化校地沟通协调机制，灵璧县相关领导4次到合肥工业大学开展产业合作协议签订、共建技师学院灵璧分院续签、骨干教师培养、中国制造业大会灵璧轴承高端论坛等，进一步密切校地关系，推动帮扶工作走深走实。

【干部挂职帮扶】 一是选优帮扶干部，先后选派3名干部赴灵璧县挂职，其中1人挂职县委常委、副县长，对接学校定点帮扶，协助分管农业农村局等。根据工作实际，选派1人赴灵璧开展工作，选派1人担任黄湾镇砂坝村驻村第一书记。二是学校通过交流总结会、专题汇报会、推进会等形式先后4次听取帮扶干部、驻村第一书记汇报情况，及时研究情况，推进工作。三是帮扶干部能够主动谋划，敢于担当，在对接学校帮扶工作、改善乡村治理、发展乡村旅游、打造教育振兴乡村示范点等方面作出成绩。

【教育帮扶】 大力推进"加快技师学院灵璧分院高质量建设"——教育部首批高校服务乡村振兴创新试验培育项目，通过选派教师、专业共建、设置奖助学金、主题培训等形式办好合肥工业大学技师学院灵璧分院，培养高素质技能人才2062人。选拔30名学生赴合肥工业大学宣城校区开展为期1年的技能培训。助力灵璧职高获评A类中职学校。安徽省重大项目合肥工业大学技师学院灵璧分院（二期）加快建设，助力灵璧县职业教育实现跨越式发展，打造皖北地区技能型人才培养高地。积极推进"探索实施'村学+'帮扶模式，打造砂坝村教育振兴乡村示范点"——教育部首批高校服务乡村振兴创新试验培育项目，助力灵璧县砂坝村获批省级美丽乡村建设项目，通过捐赠资金、规划设计、送教下乡等打造教育振兴乡村示范点，投资60万元打造美丽校园，使砂坝幼儿园和小学的教学设备和环境得到极大改善。

【产业帮扶】 学校重点助力灵璧县轴承和食用菌两个主导产业发展，联系学校智能制造研究院、洛阳轴承研究所有限公司、国机集团中机十院国际工程有限公司等单位赴灵璧县开展技术指导、共建研发中心、规划园区建设等。邀请安徽省绿色食品产业联盟、安徽省食用菌协会、上海交通大学等省内外专家为灵璧县产业提供指导。通过校友企业运营"斛兵商城"电商平台，销售灵璧县特色农产品，助力当地企业发展和农民增收。引荐河北翔天菌业集团股份有限公司同灵璧县政府建立战略合作协议，助力食用菌产业提质增效。引荐中电合肥能源有限公司中标灵璧县风电场项目。

【帮扶培训】 聚焦人才振兴，先后通过线上教学、现场授课等形式面向农村致富带头人、基层干部、医生、教师等开展不同层次的各类培训16次，培训2250余人次。组织3支大学生团队赴灵璧县开展暑期"三下乡"社会实践活动和线上支教活动。

【脱贫成果巩固】 坚持"党建帮扶引领带动、汇聚组织帮扶力量"，学校各单位克服疫情影响，累计50余次近300人次赴灵璧县开展帮扶工作,其中赴砂坝村开展捐资捐物、入户慰问、健康义诊、技术指导等,赴技师学院灵璧分院开展师资培训、专业共建、人才培养、物资捐赠等。助力砂坝村和美乡村建设。推动砂坝村入选省级美丽乡村建设名单,吸引投入400余万元用于新时代文明实践广场、道路整理等,划拨160万元用于砂坝村主干道整修和绿化、路灯亮化等,开展"最美庭院"评选活动等。驻砂坝村第一书记协助村委做好农村改厕、道路养护、村资产管理等工作,贯彻"一户一政策""一户一方案",通过盘活帮扶工厂、扩大合作社生产规模、创新光伏收益分配模式、开发基层公益性岗位等方式增加脱贫人口就业。积极开展健康帮扶。校医院发挥医疗资源优势,把医疗技术和服务送到砂坝村,组织成立健康帮扶医疗团队,深入镇村开展义诊及送药下乡活动,接诊300余人次,免费发放价值2万余元药品,指导村卫生室标准化建设。加强村党组织建设。组织收看党的二十大盛会,学习宣传党的二十大精神,同砂坝村、灵璧职高等4个党支部进行结对共建,通过支部共建、捐赠党建图书和资金等形式推进党支部标准化建设。提升"两委"干部学历水平,3名村干部考取合肥工业大学继续教育学院专升本。

【消费帮扶】 持续加大消费帮扶力度,通过学校食堂采购、工会福利采购、教职工以购代捐、消费帮扶专柜、"斛兵商城"平台等形式购买脱贫地区农产品1506.89万元,其中通过"832平台"购买广西田林县、六安市裕安区等农产品233.64万元,通过农校对接平台采购河北青龙满族自治县菌菇96.74万元,并重点加大对灵璧县的采购范围和数量(合计购买669.34万元)。一是积极推进直接采购。通过"832平台"、教育部农校对接平台、"e帮扶平台",由学校工会牵头利用教职工工会福利费采购脱贫地区农产品,采购金额380.83万元。二是积极推进定向采购。在学生食堂设立定点帮扶县消费帮扶专用窗口,优先从定点帮扶县聘用6名工勤人员,帮助脱贫人口实现就业。依托龙头企业建设学校"订单式"农产品直供基地,学校食堂采购界首市、利辛县、寿县等农产品金额490余万元。三是积极推进线上销售。支持和倡导全校师生员工通过"e帮扶平台"绑定学校身份采购脱贫地区农副产品。全体教职工每人拿出1000元以购代捐合计378.14万元。四是接续开展农副产品进校园活动。先后组织5次定点帮扶地区农产品直通合肥工业大学活动,购买金额28余万元。五是充分利用消费帮扶专柜。按照相关要求,科学设置和布局校园内消费帮扶专柜,并做好日常管理,确保有充足的脱贫地区农副产品供应,全年累计销售农副产品130余万元。六是开展帮助销售活动。动员学校设计院、资产经营公司、工大监理公司等积极开展消费帮扶活动,全年累计帮助销售农副产品91.72万元。

【帮扶宣传】 合肥工业大学定点帮扶灵璧县相关工作被国家乡村振兴局《乡村振兴简报》(2022年第15期)整版报道。教育部网站先后4次介绍合肥工业大学帮扶灵璧县工作,合肥工业大学官方微信号先后4次对帮扶灵璧县工作情况进行推送,安徽省乡村振兴局简报、新华网、人民网、学习强国、安徽日报、中安在线等主流平台多次报道合肥工业大学定点帮扶工作,全年各类平台累计报道70余次。

(合肥工业大学定点帮扶办公室 刘 峰)

厦门大学定点帮扶

【概述】 2022年,厦门大学以党的二十大精神为指引,深入学习贯彻习近平总书记关于"三农"工作的重要论述,坚持以习近平总书记致厦门大学建校100周年重要贺信精神领航,积极融入闽宁协作大局,扎实做好中央单位定点帮扶工作,助力宁夏回族自治区隆德县全面推进乡村振兴。《用好用足高校资源赋能区域产业发展——厦门大学建设隆德县康业扶贫产业园案例》入选第三届"全球减贫最佳案例",《厦门大学发挥优势做好定点帮扶工作》在教育部官方网站《战线联播》专栏刊发。央视新闻、《人民日报》、《光明日报》、新华每日电讯、《中国教育报》等主流媒体深入报道学校定点帮扶工作做法和成效。学校严格落实"四个不摘"要求,直接投入帮扶资金782.96万元,引入帮扶资金1246.38万元,培训基层干部2282人次,培训乡村振兴带头人及技术人员956人次,购买脱贫地区农副产品682.61万元,帮助销售脱贫地区农副产品1042.93万元。

【帮扶资金投入】 2022年,厦门大学直接投入帮扶资金782.96万元,其中向隆德县拨付无偿帮扶资金380万元。捐赠价值346万元的实验仪器,为产业园食品检测提供技术支持。免除"厦门大学精准帮扶特色产品直营中心"年租金30万元,助力消费帮扶。后勤集团捐赠教育助学金20万元,其他活动捐赠6.96万元。引进帮扶资金1246.38万元,其中1041.9万元用于建设厦门大学康业扶贫产业园标准厂房以及牛羊肉、毛毯加工等生产线;采购隆德县新坐标鞋服企业新生军训服装192.77万元;组织研究生支教团开展"这条小鱼在乎"助学活动,为家庭经济困难学生募集爱心助学款10.27万元;联系厦门市作家协会为隆德县捐赠折合码洋1.44万元的会员优秀作品图书。

【帮扶调研】 厦门大学高度重视定点帮扶调研工作。7月,校党委书记赴隆德考察调研定点帮扶工作。5月,校党委副书记率队赴隆德看望慰问第22届厦门大学研究生支教团,并深入乡村调研产业发展。学校师生克服新冠肺炎疫情影响,累计8批次112人赴隆德开展帮扶工作。

【帮扶会议】 厦门大学共召开4次党委常委会、2次校长办公会、7次定点帮扶专题会议,认真研究、具体推进帮扶专项工作。召开厦门大学定点帮扶与促进乡村振兴工作领导小组会、学校定点帮扶工作专题会等,专门部署抓好学校定点帮扶工作任务,主持审议《厦门大学2022年定点帮扶工作计划要点》。副校长常态化推进工作,定期多次召集相关部门负责人研究部署工作任务。

【帮扶培训】 厦门大学充分发挥高校教育优势和人才资源,认真开展基层干部、乡村振兴带头人及技术人员培训12期,共计培训基层干部2282人、乡村振兴带头人200人及技术人员756人。组织隆德县民营企业家来校参加经营管理高级研修班,培训干部3名、乡村振兴带头人35名。举办3期"乡村振兴大讲堂",培训干部1119名、乡村振兴带头人165名、技术人员98名。开设"山盟海誓·乡村振兴"志合示范班专题讲座,培训干部298名、技术人员130名。支持隆德县开展乡村振兴专题培训班,培训干部757名。校党委书记为隆德干部讲授专题党课,培训干部92名。开设县中托管帮扶专题培训,培训教师300人次。

【干部挂职帮扶】 厦门大学继续选派优秀干部挂职担任帮扶干部。厦门大学副处级干部1人挂职担任隆德县委常委、副县长,主要负责中央单位定点帮扶、科学技术方面工作,协管县乡村振兴局、科学技术局;厦门大学海洋与地球学院正科级干部1人挂职担任沙塘镇张树村党支部第一书记。

【产业帮扶】 厦门大学聚焦产业振兴开展全方位、多举措帮扶。一是继续建强扶贫产业园。引进帮扶资金建设厦门大学康业扶贫产业园标准厂房以及肉牛羊肉、毛毯加工等生产线,不断完善园区基础设施。继续发挥质量安全控制实验室作用,选派药学院研究团队进驻产业园为马铃薯加工、中药材开发提供科技服务。深化与产业园的消费帮扶协作,建好学校旁黄金地段"直营中心"、校内食堂"帮扶窗口"。在校地的推动下,产业园实现工业总产值6.45亿元,为当地提供了上千个稳定的就业岗位。二是科技赋能产业发展。捐赠价值346万元的检测设备为校地企三方共建食品药品检测中心提供硬件支持,选派13名检测专家组成专委会为检测平台提供技术指导,定期开展技术例会和讲座培训。围绕隆德县中草药发展,签订《厦门大学 隆德县开展中药材产业科技帮扶合作发展协议》,与隆德县科技局、隆德职业学校共建中草药药材种养科研实践示范田,共建产学研基地。三是推进乡村创新试验项目。扎实开展"南强大树"计划,构建"肉牛养殖+胡萝卜种植"产业链。援建的张树村生物制剂生产车间正式启用,产品有效降低青贮饲料腐败率至3%以下,成为当地肉牛的"首喵方子";开展胡萝卜种植指导,大幅度降低种植成本,比进口种子价格降低73%,积极探索"企业+合作社+基地+农户+市场"的发展模式,发挥联农带动机制,设立4个新型胡萝卜种植观摩点,每亩产值可达上万元,带动农户增收5000元以上。划拨定点帮扶专项资金50万元,用于支持隆德县张树村食用菌、南瓜种植以及蔬菜种植的流转土地土壤改良、节水灌溉设施安装。四是精准聚焦产销对接。做好教职工福利采购,采购脱贫地区农产品682.61万元,帮助销售1042.93万元;联系校友企业福龙马集团、宁夏龙岩商会、宁夏供销集团、银川新华百货有限公司等赴隆德县考察。

【教育帮扶】 厦门大学集聚教育资源注入乡村学校,为教育赋能乡村人才培养贡献力量。一是持续开展支教活动。接续选派4名研究生赴隆德县第四中学支教,开展"这条小鱼在乎"助学活动,募集助学金10.27万元;继续推出"南强名师云讲堂"系列活动,策划"嘉庚号"上的"海洋大讲堂",开展"凤凰花班"暑期实践活动,丰富当地孩子暑假生活。开展厦门大学—隆德县寒假"云支教"活动,选派250位优秀大学生与495名隆德县第四中学学生线上共迎"冬奥"、共读好书、共享成长。二是积极助力乡村教育。组织数学科学学院"景润青年"在隆德县张树村开设"景润学堂",为村里留守儿童提供素质能力提升服务;组织教职工资助张树村家庭经济困难、品学兼优的学生;支持厦门大学幼儿园开展爱心义卖活动,并向乡村儿童捐赠善款1.88万元。三是稳步推进县中发展。召开厦门大学—隆德县县中托管帮扶项目座谈会,签订《厦门大学—隆德县县中托管帮扶框架协议》,举办新高考专题培训班,推动隆德教师走出大山"赋能充电",推出"云梦厦启"英语线上辅导活动,助推县域教育事业发展。

【文化帮扶】 厦门大学用好用活艺术文化类学科资源,扎实服务文化振兴。一是营造良好文化氛围。协助举行"山海偕行石榴红"

隆、闽、厦三地书画交流展2场次。在隆德张树村等地策划7场"手风琴的山海情缘"青春音乐党团课巡演。二是推动当地文化建设。捐赠和引进价值码洋4.68万元的图书1565册建设文化图书馆。组织师生走进隆德县张树村，绘制上百米的"一起向未来"山海情艺术文化墙。

【生态帮扶】 厦门大学坚持新发展理念，助推乡村生态宜居、绿色发展。一是共建公益生态林。以"劳动+"帮扶、"公益+"帮扶、"消费+"帮扶方式，吸引师生在隆德种下树木202棵。二是开展乡村建设行动。携手隆德县参与"百校联百县兴千村"乡村建设行动；发挥乡村振兴工作站和驻村第一书记作用，指导张树村开展厕所改造。三是提升技术反哺生态。研发的微生物制剂成功投产，改良后的青贮饲料腐败率降低，经测算可减少肉牛养殖过程中10%的碳排放量，推动实现"双碳"目标。邀请专家为当地农户传授土壤改良方法，改善作物种植环境。

【党建帮扶】 厦门大学积极建强组织阵地，发挥好党建引领的聚合力。一是强基层干部队伍。划拨专项培训资金50万元，支持隆德县开展乡镇领导干部、驻村干部专题培训。二是加强校地支部共建。组织继续教育学院、艺术学院党组织与隆德县党组织共同开展乡村建设沙龙、艺术党课等支部活动。三是培育壮大村集体经济。继续支持张树村养牛合作社、人造花扶贫车间、牛羊肉加工车间及农机服务合作社发展，划拨专项资金10万元支持疫情形势下沙塘镇张树村村民的稳岗就业。向村集体企业厦隆农业综合服务中心采购牛肉100.37万元，以消费帮扶助力村集体创收。

【健康帮扶】 厦门大学整合医疗卫生力量，将健康送到隆德百姓"家门口"。一是加大医疗帮扶力度。组织5家附属医院专家赴隆德开展"组团式"健康帮扶活动，累计接诊患者302人次、会诊疑难病例46例、教学查房24次、手术示教7例、学术讲座10次、推广中医适宜技术1项，并协同建设临床科室。附属翔安医院组织眼科专家团队两赴隆德开展白内障等高发病手术近50场，帮助隆德县人民医院建强眼科科室。实施"送医下乡"行动，组织医学院实践队赴隆德县张树村开展义诊活动，覆盖全村近百名群众；组织附属医院专家团赴乡镇卫生院、诊所开展"传帮带"活动。二是强化医疗硬件支持。持续加强远程会诊平台建设，保障附属翔安医院与隆德县人民医院开展常态化病例研讨。投入定点帮扶专项资金38.6万元用于隆德县乡镇卫生院和村卫生室中医智能舌诊设备全覆盖工程。

【帮扶宣传】 厦门大学加强工作总结、强化宣传引领，积极向社会发出厦大做好定点帮扶、服务乡村振兴的好声音。《光明日报》刊发《厦大：驻村书记助力乡村振兴结硕果》文章，报道厦门大学驻隆德县张树村第一书记的扶农助贫故事；中央广播电视总台新闻聚焦厦门大学打造的"海洋科学大讲堂"，报道了通过云平台实现"山海教育相连"的事迹；《中国教育报》刊发厦门大学党委书记署名文章《聚力用劲为乡村振兴贡献智慧》；中国新闻网刊发、光明网转发《手风琴里的山海情缘：厦门大学青春音乐党课赴宁夏巡演》文章，报道厦门大学为脱贫地区群众带去8场次"手风琴里的山海情缘"青春音乐党课的事迹；《新华每日电讯》头版刊发题为"'凤凰花'绽放在六盘山上"的通讯。

(厦门大学办公室 曾泽鹏)

华中科技大学定点帮扶

【概述】 2022年,华中科技大学(以下简称"华科大")继续对云南省临翔区开展定点帮扶。学校深入学习贯彻习近平总书记关于教育、"三农"工作的重要论述,坚持高标准帮扶、高质量投入、高效率推进,以"升级目标举措、强化投入保障,聚焦持续发展、激发协同动能"为思路,以"夯实一个成果(脱贫攻坚成果)、汇聚三方力量(师生、校友、地方)、落实五大振兴"为举措,开拓创新、踏石留痕,定点帮扶工作取得积极成效。学校直接投入资金275万元,引入帮扶资金351.38万元,培训基层干部924人次,培训技术人员2476人次,培训乡村致富带头人140人次,购买脱贫地区农产品498.6万元,帮助销售脱贫地区农产品766.6万元,顺利完成中央单位定点帮扶的各项任务,在中央单位定点帮扶工作成效考核评价中被评为"好"等次。

【帮扶资金投入】 2022年,华科大直接投入帮扶资金275万元,专项用于定点帮扶地区。设立乡村振兴帮扶科研专项经费145万元,用于解决帮扶地区科技难题攻关,包括开展山地农业机械化、植物免疫蛋白、高岭土研究应用等研究;直接专设定点帮扶临翔区专项经费120万元,用于落实各项工作举措、开展定点帮扶村专项工作等;通过学校教育发展基金会向蚂蚁堆中心完全小学捐赠10万元,用于更换蚂蚁堆中心完全小学食堂餐桌椅和杏勒完小宿舍床架,改善小学生学习生活条件。引入帮扶资金351.38万元,主要用于教育帮扶、产业帮扶、培训等方面。

【帮扶制度建设】 华科大高度重视定点帮扶工作。党委书记和校长任定点帮扶工作领导小组组长,多次召开校党委常委会、校长办公会专题研究部署帮扶工作。研究制订《2022年定点帮扶云南省临沧市临翔区工作计划》,责任到岗、任务到人。调整成立国内合作办公室,增加人员编制,统筹校内外资源,加大帮扶工作力度。学校领导班子成员积极与临翔区互访交流,相关单位组织20余批次200余人前往临翔区开展支医支教支农等工作,共同推进乡村振兴事业。

【帮扶调研】 华科大党委领导班子多次深入临翔区调研督导定点帮扶工作。校党委书记、分管副校长带队到临翔区重点检查教育帮扶、科技产业帮扶、医疗健康帮扶等工作情况,看望慰问挂职干部和帮扶师生,推动帮扶举措落地见效。校党委副书记、纪委书记专门带队赴临翔区开展定点帮扶工作监督检查,提出严格工作纪律和作风的要求,加强定点帮扶工作督促指导。各职能部门、院系积极发挥师生优势,共计派出200余人次赴临翔开展现代生物技术赋能乡村振兴、高岭土陶瓷设计与3D打印、数字助力防止返贫动态监测、乡村社会治理等专题调研和实践,调研成果获评共青团中央社会实践百篇优秀调研报告、湖北省"挑战杯"金奖等荣誉。

【帮扶会议】 华科大7次召开定点帮扶工作会议。3月,召开服务乡村振兴战略、可持续发展战略工作组会议,研究年度定点帮扶工作计划。校长办公会审定通过2022年定点帮扶云南省临沧市临翔区工作计划,明确年度工作任务及责任单位,确保帮扶工作落到实处、干出实效。4月,双方举行定点帮扶工作推进视频会,交流帮扶需求和下一步工作。5月,校党委常委会听取关于定点帮扶工作成效年度考核评价情况汇报。7月,党委书记、校长及定点帮扶相关部门负责人,与临沧市委副书记、临沧市委常委一行在梧桐语问学中心举行定点帮扶工作校地对接交流座谈会,双方就临翔区发展情况、定点帮扶工作展开讨论。10月,校地双方在校召开座谈会,就临翔区招商引资、产业振兴等工作展开讨论。双方召开定点帮扶信息宣传工作视频会,双方就年度定点帮扶工作任务落实情况进行梳理、展开讨论。

【帮扶培训】 根据临翔区人才振兴需求,华科大在校举办3期干部培训班,组织临翔区管理干部和专业技术人员154人参训;组织18名多学科教授赴临翔区开展讲座培训,500余人次参训;在蚂蚁堆村开展女干部职工培训、社会工作培训、政治理论培训,270人次参加。培训基层干部共计924人次。在蚂蚁堆村举办拉祜族文化特色研学项目培训,30人次参训;驻村第一书记在云南省第3期驻村工作"大讲堂"上做报告,110余人线下参加学习,线上近万人次参会。培训乡村振兴带头人共计140人次。依托线上线下资源深化专业技术人才培养,全年培训教育、卫生、科技专业技术人才2476人次。

【干部挂职帮扶】 华科大选派4名优秀干部,分别挂职临翔区副区长、蚂蚁堆村驻村第一书记、蚂蚁堆中心完小校长、临翔区人民医院副院长。以驻点师生为基础,联合援助临翔支教、支医、科技帮扶人员成立华翔党支部,将党支部建成一线指挥部,加强理论学习、研讨推动帮扶工作。同时,学校加强干部管理,"严管厚爱相结合"提出严格纪律要求,定期开展考核。学校派驻4名干部,挂职在区政府、区医院、重点村、农村小学;派出15名西部计划志愿者开展支教;派出8名银龄教师帮扶滇西科技师范学院;派出50余人的科研团队梯次驻扎开展科技与产业帮扶。

【产业帮扶】 华科大结合临翔特色资源禀赋,探索"高校+"的产业发展新路径,助力产业振兴。投入145万元科技产业帮扶引导资金,立项山地农业机械化、植物免疫蛋白等科研帮扶项目。吸引生物科技企业食尚国味公司投入500万元资金筹建生物技术研发中心,支持普洱熟茶发酵、药用植物开发等技术研究。引进30万元建设驻点村蚂蚁堆村龙洞拉祜族风情体验园,发展民族文旅经济。培育金线莲酒、金线莲速溶粉等健康产品,入选云南省级"10大名品"。学校团队为驻点村蚂蚁堆茶厂建设提供持续科技支持,开发"精华熟茶"速溶茶粉系列新产品。

【智力帮扶】 围绕"五大振兴",加强乡村振兴探索实践。强化理论研究,华科大设立专项经费开展"云南省易地扶贫搬迁安置社区治理研究""乡村振兴体制机制创新研究"等20余项。举办"第二届中国乡村振兴高峰论坛",为做好脱贫攻坚与乡村振兴有效衔接、以乡村振兴推进共同富裕等工作献计献策。乡村振兴研究院积极咨政建言,收到中国扶贫发展中心感谢信。规划帮扶团队2项成果获省级优秀城乡规划设计奖一等奖。做实乡村治理平台,成立蚂蚁堆村社会工作服务室、农村基层社会治理研究基地,社会工作团队选派3名博士生驻点开展调研和社会服务培训,推动乡村治理一线问题在一线解决。

【教育帮扶】 乡村振兴,教育先行,华科大选取帮扶小学蚂蚁堆中心完小为试点,"五育并举"打造乡村教育振兴新样板。德育为舵,打造"党旗领航、队旗伴我飞翔"少先队工作体系,成立临沧市首个乡村小学国旗仪仗队,组建红领巾广播站,举办少先队入队仪式;派出社会工作博士生,驻点开展基础教育社工服务,实施心理健康辅导;组织大学生与完小学生开展书信交流活动,激发奋斗内生动力。智育为舱,学校附小开展"课堂教学诊断""线上共享课堂"等提升蚂蚁堆中心完全小学教学质量;开展"培优补差"课外教学、在临翔区乡村小学中首开英语课,充实课程体系;开展"乐知课堂"50余次,通过科学小实验、健康成长讲座等,拓宽学生视野。体育为桨,捐资改造蚂蚁堆完全小学操场,组建足球队、篮球队、乒乓球队,开展体育节活动,培养体育爱好,增强身体素质。美育为窗,选派湖北省优秀美术教师罗红前往支教,开展拉祜族民族特色美术教育教学,创作精美民族文化作品,打造校园美术育人环境,帮助建设临沧市首个"乡村美育示范工作室"示范点。劳育为帆,选派附小高级教师挂职蚂蚁堆中心完全小学校长,加强劳动教育,组织开展月末大扫除,评比卫生班级流动红旗,在学生心中树立尊重劳动、热爱劳动、劳动光荣的正确观念。

【文化帮扶】 助力文化振兴,开展非遗文化研究。华科大教授团队持续开展田野调查、文献研究、寻找传承人、影像记录等工作,形成大量文字、影像、图谱等宝贵的一手资料,为非遗文化的活态传承提供有力支撑,整理的《拉祜族木掌楼营造技艺》入选云南省第五批省级非物质文化遗产代表性项目,是临翔区建造技艺的唯一代表。加强乡村精神文明建设。凝练总结驻点村"蚂蚁搬家"文化,完善村规民约,弘扬传统美德、推进移风易俗。提升文化素养。丰富文化生活,举办蚂蚁堆村群众服装秀,展示民族特色文化;成立"姐妹微家"妇女工作队,共建互帮互助邻里关系。选派专业教师和学生在帮扶小学开展美术教育和科普教育。

【生态帮扶】 华科大助力生态振兴,筹措资金284万元,购置垃圾焚烧炉64个,改建农村无害化卫生户厕40个,新修硬化公路,更新照明路灯,持续改善蚂蚁堆村人居环境。着力挖掘民族特色文化与生态文明结合项目,举办蚂蚁堆村龙洞拉祜族文化艺术手绘亲子研学实验活动周,开放龙洞组拉祜族小寨"美丽庭院",建成区级乡村振兴示范点,持续推进宜居宜业和美乡村建设。帮助蚂蚁堆中心完全小学建成"全年常绿、四季有花、推窗见绿、低头见花、花香满园"的"绿美校园"示范校。

【党建帮扶】 华科大助力组织振兴,学校5个单位与临翔区基层党组织结对共建,共同加强党组织建设和党员队伍建设。在驻点村蚂蚁堆村创新实施"九微工作法",不断建强村级党组织,开展基层党员干部培训,发挥支部战斗堡垒作用,理顺党组织与村办企业关系,做大做强集体经济,村支部获评临沧市"先进基层党组织"、驻村工作队获评临沧市"优秀驻村工作队"。蚂蚁堆村作为全国10个、云南省唯一的中共中央组织部驻村调研点,获得中共中央组织部高度评价。

【社会帮扶】 华科大全年引入帮扶资金351.38万元,主要用于教育教学环境改善、农产示范基地建设、困难家庭对口资助等。引入企业捐赠"新能源发电装备仿真实训系统",价值200万元,用于滇西科技师范学院学生开展专业实训教学、技能培训,提升学生专业实操能力;积极对接华科大同济医学院附属同济医院,捐赠42.35万元,用于蚂蚁堆中心完全小学学生教室智慧黑板和学生课桌椅硬件改造;争取云南省院士专家工作站建设经费30万元,引入临沧马腾茶香族旅游文化有限公司投资30万元,用于建设驻点村蚂蚁堆村龙洞拉祜族风情体验园,发展民族文旅经济;积极联系校友、企业、公益组织、爱心人士开展小额捐赠,共计49.03万元。

【健康帮扶】 华科大紧扣"健康临翔"战略,积极推进创新试验项目。培训急需医师,为临翔区培养住院医师师资75人;实施第二轮"百人计划",全年接收13人到附属协和医院进修学习;帮助区人民医院成功获批云南省临沧市唯一一家助理全科医生培训基地。助力医疗水平提升,筹建风湿骨病科,指导临翔区人民医院发表首篇SCI论文,帮助呼吸与危重症学科成为临沧市首家通过PCCM评审的单位,区人民医院整体通过云南省县级公立综合医院第二阶段提质达标验收,就诊人数、手术难度等指标大幅度增长。开展急难危重患者救治,因先天性重度脊柱畸形危及生命的临翔区"最美乡村医生"在附属协和医院接受免费治疗,康复出院,受到媒体广泛报道,产生良好社会影响。

【整村推进】 华科大在蚂蚁堆村实施"九微工作法",探索乡村治理新模式,带领村班子做到组织有力、治理有策、惠民有方。健全"微组织",理顺党组织和其他组织的管理运行机制;设立5个片区党支部,将141名党员分组,推行"党总支—片区党支部—(党员户)村民小组—网格户"联动机制。建立"微制度",建立"四会联席制",畅通村"两委"、村监委会、驻村工作队集体议事机制,形成村级制度体系。开设"微讲堂",提高村组干部综合能力,组织村干部送学到村组,在田间地头宣传政策;村干部带头制作分享"每日一学"微视频,促进党员学习。织密"微网格",搭建"行政村、自然村、村民小组、网格户"四级网格,建立"1+N"联系制度,每个网格1名党员联系15个农户,小事立办,大事快办。实施"微积分",以表现换积分,以积分高低确定集体产业效益分配比例,帮助168户搬迁群众"搬得出、稳得住、能致富"。塑造"微乡风",凝练"蚂蚁搬家文化",凝聚各族村民共识;开设村委会公众号、视频号,推出"蚂蚁先锋"系列短视频,制作《蚂蚁向上》宣传片,全网播放量累计90余万。布局"微产业",村党支部引进企业,通过规模化、订单式生产,带动务工千余人次;搭建"驿亭好物"微商平台,推出"驿亭百花蜂蜜"等村自有产品,累计助农销售60余万元。推行"微服务",组织专家开展医疗周、免费义诊,为村困难户免费手术;发动学校和村班子对接全村28户34名贫困学子开展一对一结对帮扶,控辍保学。创建"微庭院",帮助编制乡村振兴发展规划,科学推进美丽村庄建设;在易地扶贫搬迁点开展庭院改造和景点打造,建设"美丽庭院";建设拉祜族风情文化体验园,开放迎客上万人,成为市区周边的网红打卡点。4月,中共中央组织部选定蚂蚁堆村为全国10个、云南省唯一的驻村调研点,被评价为"村级工作运行机制顺畅,农村社会治理有序、议事决策规范化、监督效能最大化,群众满意度非常高"。

(华中科技大学国内合作办公室 李 婷)

武汉大学定点帮扶

【概述】 2022年,武汉大学定点帮扶湖北省恩施市,坚决贯彻新发展理念,全面落实"三个转向"要求,充分发挥科教优势,助力恩施市加快实现教育现代化和农业农村现代化。同时,学校将定点帮扶工作和立德树人根本任务相结合,引导干部师生在定点帮扶这个大课堂上锻炼提升,使定点帮扶工作成为学校"服务社会的桥梁、锻炼干部的舞台、教育师生的窗口"。武汉大学全年共投入直接帮扶资金890.72万元,帮助引进资金2701.72万元,采购农副产品1380万元,派出2名干部分别担任恩施市副市长及驻村第一书记,培训基层干部、乡村振兴带头人、各类专业技术人才1031人次。

【帮扶资金投入】 2022年,武汉大学投入直接帮扶资金890.72万元,帮助引进资金2701.72万元,主要用于恩施市30个帮扶项目,包括教育帮扶、产业园区建设、帮扶培训、医疗设备和学习物品捐赠等。

【帮扶制度建设】 武汉大学调整成立武汉大学定点帮扶工作领导小组。校党委书记、校长担任双组长,分管行政、组织、后勤等工作的3位副职校领导担任副组长,党政办公室、组织部等23个职能部门和附属医院负责人为成员。领导小组下设办公室,负责协调日常事务。学校建立了帮扶工作报告制度、督查制度和考核制度,帮扶干部日常工作考勤、年终考核接受地方党委政府领导和考核。学校领导定期赴帮扶工作一线指导推进工作,召开党委常委会等会议专门研究工作,制订年度工作方案,单列专项工作经费预算,确保帮扶工作顺利开展。

【干部挂职帮扶】 武汉大学全年先后协调1次校地帮扶工作对接会、召开2次党委常委会学习研究定点帮扶工作、召开1次干部工作小组会研究定点帮扶干部选派工作、召开2次专题会议协调推进定点帮扶工作。选派1人挂职担任恩施市副市长,1人担任芭蕉侗族乡白果树村驻村第一书记。同时,选派1人担任驻村工作队队员。4位校领导先后赴恩施市指导工作,学校全年先后有600人次师生干部前往恩施市开展义诊、授课、捐赠、支教、招商等活动。

【帮扶培训】 武汉大学本着"缺什么、补什么"的原则,开展多层次培训,提升受援地区内功,实现可持续发展目标。一是开设各类专题培训班开展能力培训。开设恩施市基层治理培训班,培训基层管理干部46人。开办恩施市基层卫生健康管理人才培训班,培训公共卫生管理骨干120人。组织恩施市中小学校长办学能力提升班,培训中小学校长210人。承办恩施市党员干部第二期"夜学"活动,培训干部560人。合办恩施市专兼职教研员教育素能提升班,培训中小学教学骨干60人。协办第二期乡村振兴带头人培训班,培训学员56人。二是组织各类技能训练。针对恩施市旱灾灾后农业复产工作,聘请农技专家开展魔芋种植、茶叶种植等方面的培训,培训种植户370余户。联合湖北民族大学继续教育学院开展恩施护工培训工作,培训护工37人,并接受9人到附属中南医院工作。学校全年累计培训基层干部400人次、乡村振兴带头人236

人次、各类专业技术人才395人次。

【教育帮扶】 武汉大学阻断贫困代际传递,提升贫困群众"造血"能力。一是加大中小学软硬件建设支持力度。出资30万元建设同步课堂,援助恩施一中50万元建设物理实验室,捐赠90台电脑(其中包含30台服务站)、90台显微镜、1500册图书,协调校友企业慧宜集团在恩施一中设立100万元"爱眼基金"。二是提升教学水平。签订与芭蕉民族中学、高旗小学、白果树小学对口帮扶协议,托管帮扶恩施市第三高级中学,大力支持恩施职业技术学院医学院建设。选派退休教师和优秀大学生支教,开展同课异构名师引领示范教学,组织教研员培训班、校长培训班等专题培训。三是拓展学生素质。组织32名师生来校参加青少年科学营,选派专家学者及知名校友赴恩施授课、讲座。接收恩施职业技术学院医学院学生到附属人民医院实习。

【健康帮扶】 武汉大学深入实施健康帮扶,解决"两不愁三保障"医疗保障问题,实现"大病不出州城,小病不出家门"。一是加大重点医院帮扶力度。指派附属人民医院对口支援恩施市中心医院顺利通过三级乙等医院评审,接收慧宜医疗集团加入医学专科联盟,开通湖北民族大学附属医院远程会诊系统。二是提升医护专业水平。开办生物医院研究生班,开设基层卫生健康管理人才培训班,接受医护骨干到学校附属医院免费进修,选派专家赴恩施开展教学查房与手术示教。累计培训医护骨干200余人次。三是做实普惠医疗。设立"恩施州富硒地区出生队列研究"项目跟踪高山富硒地区婴幼儿健康状况,捐赠85万元医疗器械及1500余盒常规药品,开展巡回义诊,组织"暖医之家"暑期实践队送医下乡。学校捐赠32万只口罩支持恩施市芭蕉侗族乡做好疫情防控工作。

【智力帮扶】 武汉大学充分发挥科教优势,为恩施建设献智出力,提升内生动力。一是提供专家服务。教授团队就乡村振兴和美丽乡村建设开展调研指导,就施州古城及相关历史建筑保护和开发提供指导,就柳州城遗址开展考古研究,阐释其文化内涵与历史意义,助力恩施土家族苗族自治州文化遗产保护取得新成绩。二是提供技术支持。教授团队就电商发展进行指导并帮助石榴籽生态农业发展有限公司建设电商网站,采取"合作社+农户+基地+电商"的形式销售农副产品超过2200万元,带动近300户脱贫家庭增收。中工武大设计研究院团队就恩施老城建设编制基础规划。全年学校与恩施市各类企事业单位开展课题合作9项。

【产业帮扶】 武汉大学创新村企合赢模式,培育新型农业经营主体,完善利益共赢机制。指导芭蕉侗族乡整合18个村的集体农业合作社成立村集体联营公司石榴籽生态农业发展有限公司,并将其农副产品纳入学校教职工福利、超市供货商清单,共计采购近1000万元。支持白杨坪乡麂子渡村建设高山富硒有机蔬菜基地,并将其纳入学校食堂直供基地,全年采购生鲜蔬菜400万元。加大招商引资力度,组织55名EMBA班企业家学员和30名卓越企业家培训班学员赴恩施开展实践教学和投资考察工作,引荐校友考察茶光互补发电项目,引入校友企业武汉明诚旺达医药有限公司投资1.6亿元建设恩施市首家硒药产业园,牵线中国卫生集团、浙商振兴乡村产业集团考察富硒资源。联合东湖高新技术开发区促成北京天佑新能投资有限公司投资10.5亿元开发风电项目。

【整村推进】 武汉大学全面把握驻点村恩施市芭蕉侗族乡白果树村村情,整合多方资源补短板,发展特色产业增动力,为白果树村绘就一幅美丽乡村的新蓝图。一是强化村级组织建设。遴选信息管理学院党委与白果树村党支部结对共建,指导开展党史学习教育,做好"两委"换届,培养"明白人、带头人"进入尖刀班,不断夯实乡村振兴的组织基础。依托白果树电商平台搭建蕉果商城,组织茶叶合作社、生猪养殖合作社筹建定制化农业公司,探索建立村集体资产收益扶持机制,明确村集体经济与村干部的激励挂钩、与村民的切身利益挂钩,激发干部群众的干事热情和内生动力。二是加强村容村貌建设。投入资金210万元、引入东湖高新技术开发区资金200万元进一步完善白果树村基础设施建设,指导白果树村开展生态茶园建设,支持白果树村做好美丽乡村规划,建设珞恩乡村公园、乡村图书馆、全民健身广场,做好村组公路改建,实现太阳能路灯全村覆盖。组织开展"六清"专项整治活动,打造美丽庭院,改善人居环境,把美丽乡村建设融入主题党日活动,激发广大党员群众建设美丽家园积极性。三是积极探索乡村自治方式。创新基层治理举措,在白果树村推行人居环境门前整治"五包"和乡村治理积分制管理,让乡村治理各项事务可量化、可评比。探索实践将诚信、友善等优良道德财富转变为看得见、摸得着的信贷抵押物,携手创建更多的"道德银行",将义利并举的理念融入乡村振兴,在恩施市起到示范引领的作用。

(武汉大学国内合作部 胡 浩)

湖南大学定点帮扶

【概述】 2022年,湖南大学定点帮扶湖南省隆回县,深入学习贯彻习近平总书记关于"三农"工作重要论述,全面贯彻中共中央、国务院关于全面推进乡村振兴重点工作和教育部关于巩固拓展教育脱贫攻坚成果同乡村振兴有效衔接工作部署要求,持续发挥科教优势、广泛汇聚帮扶力量,以闯的精神、创的劲头、干的作风,为助力"三宜三融三区"现代化新隆回建设贡献力量。全年直接投入帮扶资金350万元,引进帮扶资金1793万元,培训基层干部2793人次,培训技术人员1452人次,培训致富带头人104人次,购买脱贫地区农副产品580.3万元,帮助销售农副产品1185.76万元。

【帮扶资金投入】 2022年,湖南大学直接投入帮扶资金350万元。其中,107万余元用于支持驻点村开展教育部直属高校服务乡村振兴创新试验项目,助力当地特色产业发展和人居环境改造等;22.5万元用于组织隆回县党政干部和教师等开展专题培训,40余万元用于遴选专业技术人员组建专家服务团开展各类智力帮扶项目;25万余元用于选派2批"魏源人才计划"赴隆回县党政机关开展实习实践、研究生支教团工作和学生团队依托乡村产业开展创新创业等;15万元用于"高校非遗(文创)帮扶联盟"相关工作;其余经费用于打造乡村振兴示范点、配合隆回县做好招商引资、引进帮扶项目、推进消费帮扶等工作。

【干部挂职帮扶】 湖南大学派出1名处级干部到隆回县挂职,担任隆回县委常委、副县长。在工作中,挂职干部严守目标底线,确保定点帮扶指标性任务如期完成,在消费帮扶、基层干部与技术人员培训、乡村振兴示范建设等方面做了大量扎实的基础性工作。选派3名干部组成驻村帮扶工作队,确保巩固拓展脱贫攻坚成果同乡村振兴有效衔接期内帮扶干部力量不减。

【帮扶调研】 湖南大学全年教职工赴隆回县考察调研175人次,校领导先后赴隆回开展督促指导和现场办公,围绕驻村帮扶、项目推进、消费帮扶等重点工作现场交办问题9个。土木、生物、建筑等二级单位积极组织师生赴隆回县开展建筑、产业、人居、社会治理等领域的调研和帮扶工作。

【帮扶培训】 湖南大学依托远程继续教育平台组织隆回县中小学教师开展线上学习,培训教师600余人。举办隆回县年轻的干部和新录公务员示范培训班,线上线下培训基层干部613人。持续依托白水洞村党员教育培训基地、"花瑶课堂"等村级培训平台开展农村党员、乡村振兴带头人培训,组织专家、校友企业负责人赴白水洞村开讲5次。参与县村社区党组织书记培训等工作,提升基层治理能力。

【产业帮扶】 湖南大学巩固拓展特色产业帮扶成果,帮助虎久雾语茶争取邵阳市产业扶持资金100万元;指导云上乡韵食用菌种植合作社不断丰富产业体系和提升产品质量,实现从"小作坊"到"小厂房"转变;培育"花瑶小爱""花小瑶"等本土网红,拓宽乡村产业宣传推介渠道;联合合作企业在小沙江镇、西洋江镇等地建设千亩优质稻生产基地,推广白水洞富硒大米产业模式。编印花瑶旅游攻略、宣传手册,组织免费民俗表演,举办第二届"我在瑶山有块田"系列活动。

【智力帮扶】 湖南大学面向智能制造、新能源等县域重点产业,组织电气、材料、化工等学科专家开展技术服务与科技指导,推动县域经济发展。通过选派支教教师、教学资源共享等形式不断巩固基础教育质量,完成两批22名支教研究生选派工作。不断扩大"魏源人才计划"实践项目参与广度,累计选拔两批36名实践研究生赴隆回县、参与帮扶实践(其中党政机关实习实践21人、项目制15人)。组织"纪念我的抗疫时光——我为隆回乡村振兴出点子"活动,遴选可行性高的"金点子"5个,并组织落地实施。

【文化帮扶】 湖南大学协办隆回"5·19中国旅游日"主题活动,宣传推介隆回县非遗文化及旅游。联合隆回县非遗中心举办"隆回非遗——说给你听"花瑶挑花直播间活动,组织网络主播走进花瑶,通过多家网络平台集中展示花瑶挑花等系列文创产品。深入挖掘地方优秀传统农耕文化,完善乡村振兴工作站集服务、展销、交流于一体的功能布局,支持村民参与文化产品创作与传播。持续发挥非遗文创的帮扶作用,不断丰富"花瑶美育"传统文化教学内容,高校设计力量推动非遗村落振兴的经验做法在省内作经验分享。加强农村思想道德建设和公共文化建设,支持3个村庄文化广场建设。

【基础设施建设】 湖南大学坚持"一张蓝图绘到底",推动驻点村基础设施建设。投入资金40余万元,打造示范院落2个;整合规划、建筑等学科资源完成重点旅游设施、药旅产业园等规划设计,被县有关部门作为2023年拟支持项目。通过示范引领争取帮扶地项目支持,积极承接虎形山瑶族乡、高平镇核心区域规划设计,不断拓展乡村建设工作成果。

【帮扶宣传】 湖南大学录制5期以学校定点帮扶工作为主题的汉语桥课程并全部播出,为800余名海外学子全面展示白水洞村振兴面貌。人民网上刊发的《特色产业促发展,今日瑶乡美如画》专题报道白水洞村产业发展情况,中新网等主流网站转载。省级以上媒体报道学校定点帮扶工作20余次。策划"新时代山乡巨变·走进白水洞村"主题宣传,集中宣传报道10余期,被学习强国、主流媒体广泛宣传。举办"传承红色基因,奋进青春征程"主题文艺作品展,用画笔记录和展示"白水洞村的故事"。

(湖南大学定点帮扶办公室 刘璇子)

中山大学定点帮扶

【概述】 2022年，中山大学贯彻落实中共中央、国务院决策部署，按照教育部工作安排，坚决把定点帮扶工作作为一把手工程抓到底，坚持"授人以渔"助推产业兴旺、"引育并举"助推人才振兴、"以文化人"助推乡风文明、"乡村建设"助推生态宜居、"共建共享"助推治理有效，助力云南省凤庆县巩固拓展脱贫攻坚成果、全面推进乡村振兴。全年直接投入帮扶资金541.9万元，引进帮扶资金206.3万元，培训基层干部和乡村振兴带头人1503人次，培训专业技术人员1562人次，直接购买凤庆县农特产品507万元（叠加购买其他脱贫地区农产品194万元），帮助凤庆县销售农特产品501万元。中山大学在2022年度中央单位定点帮扶工作成效考核评价中获得"好"等次。

【帮扶调研】 中山大学先后22次组织各专业领域的专家团队和师生校友成立调研组，累计374人次深入凤庆县调研推进定点帮扶工作。4月，副校长深入凤庆县开展调研。5月，校长、校党委副书记带队赴凤庆县调研推进定点帮扶工作。

【帮扶会议】 中山大学通过党委常委会、定点帮扶工作领导小组（扩大）会议、党委系统工作会议等共11次校级专题工作会议研究定点帮扶工作。不断健全定点帮扶工作领导小组体制机制，由校党委书记和校长担任双组长，完善校主要领导亲自抓、分管领导具体抓、成员单位合力抓，定点帮扶工作组和挂职干部落细落实的定点帮扶工作大格局，汇聚大合力。

【帮扶培训】 中山大学采取线上、线下相结合等方式，为凤庆县培训基层干部和乡村振兴带头人1503人次，培训专业技术人员1562人次。中山大学副校长为凤庆县基层干部作专题辅导；校长为凤庆学子作讲座，鼓励他们"树立远大的志向，选硬骨头挑战"；教授等专家受邀到凤庆作专题培训。学校还根据凤庆县人才培养发展需求，坚持"引进来"和"走出去"相结合，在广州举办4期专题培训班，着力提升当地乡村基层干部、乡村振兴带头人、乡村企业家、教育工作者等的业务能力。

【干部挂职帮扶】 中山大学不断完善定点帮扶工作组和挂职干部落细落实的定点帮扶工作机制，起草《中山大学定点帮扶工作管理办法》《定点帮扶工作岗位手册汇编》《申请使用广东"扶贫济困日活动"募集资金管理细则》等文件，建立前后方工作例会、帮扶项目中期检查等制度，在前方继续选派2人挂职帮扶的基础上，完成后方工作人员的有序轮换，前后方步调一致、同心同向、担当作为。印有小林漫画的茶盒、高考录取通知书里的茶饼、逸仙楼、立勒书斋等带有中山大学文化印记的帮扶项目落地见效。投入经费支持编排滇红茶历史歌舞剧、采茶舞曲，开展儒家文化推广周、茶马文化推广周等活动，确保帮扶工作压茬推进。

【健康帮扶】 中山大学依托何裕隆等专家工作站平台，组织10家附属医院选派11名优秀医务人员进驻凤庆，帮助创建云南省首家"无痛无呕无骨髓抑制病房"，召开首届滇西南地区肿瘤大会，设立中山大学医疗帮扶凤庆救助金过百万。同时，来自学校各附属医院的近百位医疗专家分批赴凤庆及周边县(市)开展义诊、带教、培训、科室建设等活动,凤庆县医疗影响力已辐射到沧源、耿马等边境县,滇西高原的医疗高地已初见雏形。

【教育帮扶】 中山大学高度重视教育赋能,以"智志双扶"助推凤庆教育高质量发展。2022年,学校直接投入帮扶资金100万元支持凤庆县改善县域学校办学条件;驻凤庆研究生支教队员实现数量倍增,有效补充当地紧缺师资;中山眼科中心为凤庆学子提供免费验光、配镜等服务。此外,学校还组织80多支队伍1400名师生奔赴10余个地市开展"三下乡"社会实践,组织近千名学生分赴全国多个省(区)开展大学生寒暑假"返乡调研"实践活动。

【产业帮扶】 中山大学投入乡村振兴专项帮扶资金200多万元,帮扶车间10个,帮扶合作社10个,受益人口1.2万人。药学院教授援助低温冷萃提取核桃蛋白技术并帮助建成生产线,年设计核桃粉产能1000吨、核桃蛋白500吨,推动核桃全产业链创新研究院在凤庆挂牌落地。围绕凤庆茶产业开展品牌战略规划,帮助当地茶企打造现代营销体系。学校采购凤庆县茶叶、核桃等特色产品500多万元;引进校友企业购买春茶原料500万元;帮扶红塘村建成集体茶厂,带动村集体经营性年收入超过50万元,158户茶农直接受益。

【智力帮扶】 中山大学充分发挥"直属高校定点帮扶工作专项博士招生计划"牵引作用,并配套硕士研究生指标,组建起城乡规划、文旅融合、产业发展、市场营销、医疗救助、基层治理、人才培养等7个定点帮扶高端智库。同时,用乡村振兴的鲜活案例和思政元素反哺人才培养,实现教学科研成果"到乡村去、回学校来"。编印《首届旅游帮扶十大典型案例》,推动旅游帮扶联盟各高校"一校一品"打造与学科特点相结合、与帮扶地优势特点相结合的旅游帮扶精品项目。

【生态帮扶】 中山大学投入专项经费60万元,支持6个结对共建脱贫村整治人居环境,帮助建设氧化塘20个、垃圾处理(收集)池28个,改造厕所42个。帮扶制定的《凤庆县乡村全域旅游发展规划2022—2030》正式通过评审,助力凤庆开启文旅融合发展新篇章;在红塘村启动"茶香小村计划",探索"茶园入股+文旅消费+分红激励"的茶旅融合可持续发展之路,将"绿水青山"变成"金山银山"。

【党建帮扶】 中山大学制订《中山大学和凤庆县党建结对共建实施方案》,遴选7个教职工党支部分别与凤庆县7个基层党支部开展党建结对共建。校地双方积极联动,多次开展结对共建主题座谈会,各结对支部通过同上党课、座谈交流、科普讲座等形式丰富多样的共建活动,不断推动党建工作和帮扶工作双融双促,形成了一批支部共建示范成效和典型经验,切实把组织优势转化为乡村发展优势。

【公益帮扶】 中山大学一是助力教育事业发展。学校整合校友和社会资源捐赠260多万元善款,支持凤庆教育基础设施改善、设立奖助学金。其中,引进校友资源捐赠三岔河完小教学楼建设项目资金100万元,设立"孝亲尊师"奖助学金、"中大情逸仙缘"奖助学金20万元。二是擦亮"四个一"消费帮扶创新名片。学校精准面向凤庆资源禀赋,构建起一项茶品牌、一条茶业链、一场茶博会、一叙茶故事的"四个一"消费帮扶工作体系,推出"定点帮扶凤庆春茶行动",助力3000亩有机茶园认证,构建"凤庆特产馆+直播+精品商店+茶旅"的常态化消费帮扶渠道,将"小茶叶"变成兴县富民的"大产业",相关经验做法获评2022年全国消费帮扶助力乡村振兴优秀典型案例。三是扎实开展消费帮扶。发动广大师生、附属医院职工及广大校友积极参与消费帮扶,直接购买凤庆县农特产品507万元(叠加购买其他脱贫地区农产品194万元),帮助凤庆县销售农特产品501万元。

【帮扶宣传】 中山大学构建"国家级—省级—校级"三级帮扶工作宣传矩阵。2022年，学校定点帮扶工作获人民网、《中国教育报》、教育部官方网站等中央级媒体多次报道，多篇文章获得广泛关注，如《中国教育报》刊发学校党委书记署名文章《为乡村振兴提供强有力的人才支撑》，《中国青年报》刊发《中山大学校长高松带中学生领略奇妙化学世界》，教育部官方网站刊发《汇聚共同缔造美丽乡村的强大合力》等。

（中山大学定点帮扶、双百行动工作办公室　张　剑）

华南理工大学定点帮扶

【概述】 2022年,华南理工大学(以下简称"华工")定点帮扶云南省云县。学校针对云县实际情况,立足长远,按照"云县所需,华工所优"的原则,充分发挥在教育、学科、人才、科技和校友等方面的优势和资源,打造具有华工特色的精准帮扶模式。华工投入帮扶资金400.91万元,引进帮扶资金809.87万元,培训基层干部808人次,培训技术人员995人次,购买定点帮扶县农产品537.5万元,帮助销售定点帮扶县农产品3502.16万元。学校定点帮扶项目连续5年被评为"教育部直属高校精准帮扶典型项目",定点帮扶工作连续4年被评为"好"等次。

【帮扶资金投入】 2022年,华工定点帮扶云县,投入帮扶资金400.91万元。其中,194万元用于设计云县"三馆"建设项目,107.48万元用于开展教育帮扶和培训工作,38万元用于支持产业发展,37.38万元用于提升农村基础设施和人居环境,13.05万元用于慰问农户及学生,11万元用于云县各项事业发展。

【帮扶制度建设】 华工强化组织建设,补充优化学校定点帮扶工作领导小组成员单位,增设定点帮扶工作办公室专职岗位,成立定点帮扶专家小组。制订实施《华南理工大学2022年度定点帮扶云县工作计划》和《华南理工大学2022年推进乡村振兴重点工作任务清单》,多次召开定点帮扶工作专题会议,研究推进各项工作。

【帮扶调研】 华工校长、党委副书记、纪委书记等到云县实地开展帮扶调研,先后调研学校定点帮扶云县产业(蔬菜)基地、三河六岸、云县委党校、光伏产业基地、茶企、头道水酒谷农耕文化园等,对云县产业发展、人才培育、项目规划建设和乡村振兴战略实施情况进行深入了解和研讨,并与中共云县县委签订党组织结对共建协议,首批共结成6对帮扶对子。

【干部挂职帮扶】 华工选派定点帮扶工作领导小组办公室副主任1人挂职云县副县长,分管县特殊教育学校、县教师进修学校,协助分管县地方产业发展服务中心(茶产业工作)、县乡村振兴局(华南理工大学对口帮扶工作)、县职成教育中心。选派机关党委办公室秘书1人担任云县爱华镇小忙兔村驻村第一书记。学校对口帮扶云县爱华镇小忙兔村驻村工作队获云南省临沧市"优秀驻村工作队"荣誉称号。

【产业帮扶】 华工根据云县资源优势和产业布局,在发展特色产业上持续发力,不断推进中草药、蔬菜种植与加工基地建设,积极协调学校专家团队力量,从选址、育苗、种植到加工、包装、销售等做好全产业链服务,通过创新驱动和市场化体系构建的方式不断提升农特产品附加值。新建茶房乡中药材种植示范基地1个,在爱华镇小忙兔村引进500亩滇黄精种植示范基地、红米紫米试验基地、梅片树种植试验基地,基本形成以重楼、滇黄精、泡核桃、茶叶、翠红李、蔬菜、烤烟、百香果、有机红米等特色农业为主的产业帮扶体系,可实现年产值5000万元以上。为进一步推进云县文旅产业发展,在持续深入推进全域规划"1510"一体化帮扶实施方案的基础上,学校为云县编制

《临沧市云县"水润云州·幸福味道"乡村振兴示范带发展建设项目库策划》和文化馆、图书馆、博物馆"三馆"项目规划，为云县产业发展和城乡建设提供科学指导。此外，在推动成立云县品牌联盟、设计云县旅游形象标志等的基础上通过举办"魅力云县"文化创意大赛等形式，继续加强云县品牌塑造和宣传，提升产品溢价。

【消费帮扶】 华工除直接采购云县蔬菜、茶叶、矿泉水等农产品537.5万元外，着力构建消费帮扶市场化体系，在校园内形成了"一馆一店一中心"的布局。一馆，是指消费帮扶智慧体验馆，由在校学生创业团队运营，将帮扶地区农产品销售和学生创新创业有机结合，通过开发校园文创产品等创新举措，开业半年即实现销售额近90万元。一店，是指学校引入云县茶源开设"云·鲤"奶茶店，由学校食品专家团队研发推出基于普洱茶的有机生态奶茶产品，既促进云县茶叶产业发展，又将帮扶文化融入学生生活。一中心，是指学校引入云县企业，设立帮扶地区农特产品直销中心，将云县乌骨鸡、蔬菜等优质农产品引入校园市场，受到校内居民广泛好评，开业2个月销售额就达170余万元。

【帮扶培训】 针对云县党政干部、中小学教师、医疗人员、企业家和技能人才的培训和学历提升需求，华工组织33名当地企业负责人参加"企业家综合素质能力提升培训班"，极大地转变了企业家的生产经营理念；依托华南理工新时代基层人才培育工作站，组织继续教育学院、食品科学与工程学院、工商管理学院、建筑学院等深度对接云县培训部门，举办了危机传播管理、绿色能源、乡村振兴等专题培训班，进一步提高机关企事业单位人员的专业知识水平和工作质效。设立华南理工大学—宏华培训就业服务工作站，开展多工种、实用型、订单式职工技能培训，探索"技能培训+就业"转移就业新模式，不断拓宽百姓就地就业增收渠道。开展线上线下双向交流，邀请多位教授，通过网络视频直播赴云县讲座与答疑等形式，多层面、多渠道为1800余人次开展辅导与培训。

【"组团式"帮扶】 作为轮值高校，华工承办高校城乡规划帮扶联盟2022年年会暨学术和培训会议。12月，11所成员高校齐聚云端总结2022年联盟规划帮扶工作的新成效，谋划2023年联盟发展的新篇章，凝聚规划帮扶乡村振兴"组团式"力量。教育部发展规划司领导、联盟各成员高校校领导、定点帮扶工作部门负责人、挂职干部、相关学科的专家和师生代表，以及帮扶地区的相关领导、乡村振兴带头人等共约800人次参加了会议。在学术和培训会议中，来自11所成员高校的18名规划领域专家作了主题分享或对谈交流，对规划帮扶乡村振兴实践进行研讨。

【创新试验】 华工稳步推进2个直属高校服务乡村振兴创新试验项目。在云县，推动小忙兔村建立党员种植示范基地、妇女联合创业示范基地各1个，提升改造村级科普室1个，制定形成滇黄精林下种植技术规程2套和研究开发滇黄精深加工产品2~3个，辐射带动一批滇黄精种植能手，推动形成"党组织+科技+专业合作社+农户"等创新发展模式，进一步提升基层党组织综合管理和产业发展能力。在惠来县，通过编规划、找资源、落项目等举措，从产业、人才、文化、生态、组织等5个方面全面服务孔美村和隆江镇乡村振兴，无偿为隆江镇完成镇域规划和设计，创作镇歌《隆江调》，助力隆江镇获得揭阳市美丽圩镇PK赛最高等次优胜奖。结合隆江镇孔美村的资源禀赋和文化传统，提出"一院两区三线"建设模式，帮扶制订孔美村乡村振兴综合体建设方案，申报获批广东省地方政府5000万元专项债资金。协调学校建筑设计团队为孔美村设计村史馆,并投入资金60多万元支持建设。针对当地基础教育薄弱的现状,开展华工大学生志愿者"一对一"结对孔美小学生的教育帮扶项目,累计派出志愿者458人,服务小学生340人,共计服务2.5万小时。

【帮扶宣传】 华工学生创业团队服务乡村振兴事迹获《光明日报》头版头条报道,并入选党的十八大以来教育部直属高校定点帮扶工作纪实,学生创业团队经营消费帮扶智慧体验馆案例获《人民日报》等多家媒体报道;学校在教育部直属高校定点帮扶工作推进视频会上作交流发言。

(华南理工大学定点帮扶工作领导小组办公室　陈优芳　沙柯宇)

四川大学定点帮扶

【概述】 2022年，四川大学定点帮扶四川省甘洛县深入学习贯彻党的二十大精神，切实把思想和行动统一到习近平总书记重要指示精神上来，发挥好国家部署在西部重要的综合性大学优势，落实好国家、教育部、四川省关于扎实推动巩固拓展脱贫攻坚成果的工作部署。学校以教育、卫生、文化、科技帮扶为4条主线，以精准帮扶村为聚焦点，以辐射全县为目标，探索"4+1+N"乡村振兴的川大模式，助力甘洛县加快全面推进乡村振兴；直接投入甘洛县帮扶资金321.6万元，引入无偿项目资金795万元，直接采购脱贫地区农产品684.55万元，帮助销售脱贫地区农产品763.07万元，累计培训地方党政干部1209人、专业技术人员1894人、乡村振兴带头人35人。

【帮扶资金投入】 2022年，四川大学按照国家乡村振兴局和教育部要求，签订对四川省甘洛县的定点帮扶责任书，直接投入帮扶资金321.6万元，引入无偿项目帮扶资金795万元。

【帮扶调研】 四川大学分管帮扶工作的校党委副书记先后3次到甘洛县调研推动定点帮扶工作。四川大学与甘洛县共同召开多次工作推进会，学校帮扶办牵头，承担2022年帮扶任务的校内单位到县调研84人次，还派出多支学生实践团队利用寒暑假到县开展"三下乡"社会实践活动。

【帮扶会议】 针对帮扶工作的新要求、新问题，四川大学召开常委会、领导小组会、领导小组办公室专题会共11次，研究部署定点帮扶工作，在实地考察调研和校地充分对接的基础上制订了《四川大学2022年定点帮扶甘洛县工作方案》，确定了2022年帮扶工作目标和工作计划。全年计划实施项目39个，启动实施39个，完成项目39个，完成率100%，与甘洛县签订重点帮扶项目协议，按计划落实项目资金，推进重点帮扶项目落地落实。

【干部挂职帮扶】 四川大学继续选拔优秀干部师生派驻甘洛，担任县级副职和精准帮扶村的驻村第一书记、驻村工作队员。2022年，学校共有3名挂职干部、4名幼儿支教老师、18名研究生支教团学生在甘洛一线蹲点帮扶。自2021年起，四川大学华西第四医院派出2名干部到甘洛县新茶乡新茶村驻村帮扶。

【教育帮扶】 四川大学依托成人继续教育学院和中共中央组织部干部培训基地，构建覆盖"县、镇、村"三级干部能力提升培训体系，针对乡村振兴新形势、新问题，建设适合当地实际需求的课程体系，力求培训取得实效。持续实施"圆梦川大"学历教育计划，在甘洛招生103人。充分利用线上教学平台资源，定制化开展线上线下结合的乡村振兴人才培训工作，截至11月30日，培训基层干部1209人、专业技术人员1894人，为甘洛县培养本土化的乡村振兴人才队伍。学校投入40万元，实施优秀教师育人激励计划，特别是鼓励青年教师立足岗位干好本职。开展"雏鹰计划"活动，组织50名甘洛县中小学生赴四川大学访学，开阔视野，树立远大志向，激发学习主动性。继续选派18名优秀学生到甘洛县职业中学支教，助力甘洛县职业中学教育发展和课堂教学水平提高。继续推进幼儿教育示范点建设,派出4名幼儿教师到甘洛县斯觉镇支教,以幼儿"推普""小手牵大手"促新风、生活习惯养成教育为抓手,助力甘洛县幼儿教育水平上台阶。学校投入10万元,在甘洛县桥边小学共建"新时代川大·甘洛凉山彝族聚居区中小学爱国主义教育示范校",加强民族聚居地少年儿童爱国主义教育,组织师生首次参加甘洛县烈士纪念日公祭活动,开展"缅怀革命先烈 赓续红色基因"活动、"童心向党,喜迎党的二十大,共庆建州七十载"美术活动。

【健康帮扶】 持续推动华西优质医疗资源进乡村。四川大学华西公共卫生学院、华西第四医院6月8—9日赴甘洛县开展"健康体检送下乡"及义诊等巡回医疗服务,为甘洛县新茶乡和格布村207位70岁以上村民开展健康体检并建立健康档案,为300余名群众提供了义诊服务。华西第四医院疫情防控专家组在甘洛县人民医院召开新冠疫情防控专题座谈会,指导甘洛县人民医院落实疫情防控相关要求。同时,组织多科室医生与甘洛县人民医院医疗骨干进行专题交流。组成专家组调研指导斯觉镇、新茶乡卫生院尘肺康复点建设。筛查少年儿童先天性心脏病、唇腭裂患者8名,核实4名,并对接华西医疗资源帮助患儿免费诊治。学校还着力支持甘洛县人民医院呼吸内科、心血管内科重点学科建设,双方学科带头人建立联系,积极推进专科联盟建立;搭建远程平台,帮助提升基层医卫人员疫情防控相关应急救援能力;协助甘洛县人民医院创建产前筛查机构,组建临床、影像、检验3个类别的专家团队赴甘洛县进行产前筛查机构的现场审查。

【科技帮扶】 四川大学水利水电学院、建筑与环境学院相关专家团队深入甘洛县河流、水库和土壤生态保护一线调研了解实际情况,运用新技术,结合甘洛县在生态资源保护与利用、绿色无公害食品等方面的资源优势开展科学创新和技术合作,组织专家就河流灾害防治、土壤治理与环境修复等工作进行专项指导。其中,甘洛河、田坝河河流灾害综合监测预警平台已建成并移交甘洛县水利局投入使用,"山区河流智慧管理与防灾减灾——以四川省凉山州甘洛县为例"获批第一批教育部直属高校服务乡村振兴创新试验培育项目。土壤生态保护项目已获四川省生态环境厅立项支持,获批国家环保中央财政专项资金615万元。

【产业帮扶】 四川大学因地制宜指导制定帮扶村产业发展规划,在"扩面、提质、增效"上下功夫,着力补齐专业合作社经营管理、制度建设、农业技术、农产品销售等短板。已完成格布村集体经济自有商标"彝田香"注册工作,并联合校友企业生产出自有品牌的大米和食用油。同时,推动格布村展望合作社与甘洛县日升昌种植专业合作社合作开发土豆相关制品,并在日升昌土豆面条加工厂设立"四川大学定点帮扶甘洛县乡村振兴车间",深入开展校企合作,助力"小土豆"实现"大发展"。联合校友企业建设"彝乡格布帮扶农产品"抖音号,充分利用互联网特点,帮助格布村集体经济克服疫情影响,拓宽农特产品销路。格布村2022年集体经济收入较2021年同比增长10%的目标正稳步实现。

【文化帮扶】 四川大学继续推进帮扶文化研究,支持出版《凉山之路》等专题报告文学,讲好甘洛故事、民族故事、发展故事、振兴故事。用好四川大学彝族文化研究基地(驻甘洛)平台,衔接甘洛县特色彝族文化、民俗文化,支持培育非物质文化传承人,助力文化场馆建设。学校图书馆已在软件、硬件两个方面协助甘洛县图书馆、文化馆做好达标定级等工作。

【消费帮扶】 由四川大学和甘洛县人民

政府通过线上和线下相结合的方式联合主办了"小满启航·携手振兴"乡村振兴系列活动之产品与文化专场活动。学校与国家杂交水稻研究中心成都分中心联合举办"纪念袁隆平院士,传承科学家精神展"。同时,校内多部门协调联动,推出了"劳动教育展""支教志愿服务成果展""支持甘洛县幼儿教育成果展""乡村振兴系列书刊展""凉山易地扶贫搬迁社区治理三年行动计划展"等系列活动。广大师生校友热情参与、积极购买,活动共销售脱贫地区农产品价值11.12万元,全年直接采购脱贫地区农产品684.55万元,帮助销售脱贫地区农产品763.07万元。

(四川大学定点帮扶工作领导小组办公室 彭嘉淇)

重庆大学定点帮扶

【概述】 按照国家乡村振兴局和教育部的部署安排，重庆大学于2013年起定点帮扶云南省绿春县。同时，根据地方政府要求，学校及附属医院还对口帮扶重庆市巫山县、城口县、万州区等。2022年，重庆大学坚决贯彻落实党的二十大精神，坚持以习近平新时代中国特色社会主义思想为指导，按照中共中央关于实施乡村振兴战略的总体要求，始终秉承"帮扶所需，重大所能"的原则，紧密围绕"五大振兴"工作，切实巩固拓展"两不愁三保障"成果。学校累计直接投入无偿帮扶资金465.02万元，引进无偿帮扶资金1058.94万元，培训基层干部1608人、乡村振兴带头人52人、专业技术人员1263人，购买脱贫地区农产品321.34万元，帮助销售脱贫地区农产品3014.77万元。

【帮扶资金投入】 2022年，重庆大学坚决落实"四个不摘"要求，保持帮扶力度不减，向绿春投入和引进帮扶资金1523.96万元，其中产业帮扶资金715万元、教育帮扶资金592.2万元，文化帮扶资金145.94万元、生态振兴帮扶资金70.82万元，向其他帮扶地区投入帮扶资金57万元。

【帮扶资金管理】 重庆大学将定点帮扶工作经费纳入"三重一大"范围，每年申报专项，严格按照学校财务制度管理使用，并对资金使用情况进行及时监督，确保资金使用合理合规。

【帮扶调研】 重庆大学领导班子成员赴绿春对接落实工作累计2人次，其中主要领导1次，与县乡村振兴局、教体局、农科局等相关部门以及重点帮扶乡镇进行交流对接，研究部署在城乡规划、人才振兴、文化艺术、产业发展等方面的帮扶工作，形成督导报告2份。组织师生、校友和社会力量先后10次共80余人次赴绿春进行调查研究，深入推进帮扶项目。邀请绿春县党政代表团到校开展结对帮扶10周年回访工作，并协调开展招商引资工作和参加重庆地标菜发布活动。

【帮扶会议】 为加强定点帮扶工作的组织领导，重庆大学召开党委常委会、帮扶工作领导小组会等定点帮扶专题工作会16次，传达学习定点帮扶相关精神，总结帮扶工作经验，部署帮扶工作任务，推进帮扶工作落实。

【帮扶制度建设】 重庆大学成立以党委书记、校长为双组长的定点帮扶工作领导小组，统揽学校帮扶工作。设立定点帮扶工作办公室，负责帮扶工作推进落实。研究制订《重庆大学2022年定点帮扶绿春县工作计划》和《重庆大学2022年定点帮扶目标任务分解表》，要求相关责任部门对照职责分工，加强联动协调，形成工作合力。

【干部挂职帮扶】 重庆大学保持挂职干部和驻村第一书记人员稳定，选派3名优秀干部分别任绿春县副县长、绿春县加梅村驻村第一书记和官渡镇大塘村驻村第一书记。

【帮扶培训】 重庆大学在绿春成立"重庆大学·绿春县乡村振兴基地"，打造人才培养基地，为绿春人才振兴、乡村振兴提供强大的人才储备。通过"请进来""走出去"、线上线下相结合的方式，开展基层干部、中小幼教师、乡村振兴带头人、直播带货、法治宣传和普法教育等5类专题培训，共9期培训班累计培训2923

人。继续在绿春设立继教与网教校外学习中心，为176名绿春干部免费提供网络学历教育，共减免学费126.2万元。

【产业帮扶】 重庆大学一是支持特色农业发展。结合技术优势和社会资源，帮助绿春获评2022年度云南省重点帮扶县"一县一业"示范创建县，并落实发展资金650万元。持续推进"云南绿春茶产业'芯'体系创新集成与应用示范"试验，在绿春建立了1000亩重庆大学功能农业茶叶示范基地，由学校产业技术研究院功能农业中心提供技术支持和功能养料，重点指导的3家企业在绿春斗茶大赛中获得9个奖项。联合重庆市食品批发业协会，组织专家赴绿春调研香辛料产业发展情况，帮助搭建符合市场规律的销售链条，助推绿春成立香辛料协会，进一步加快农特产品市场化进程。同时，促成绿春草果等香辛料作为地理标志产品收录至《重庆地标菜》一书，扩大宣传效应，推动"农商文旅"融合发展。二是扶持集体经济。投入帮扶资金56万元，帮助加梅村委会新建传统茶叶加工作坊，帮助阿迪村实施循环农业项目，建设茶叶地套养山地鸡和休闲循环农业两个示范点。三是拓宽销售渠道。将绿春"哈尼山泉"矿泉水作为学校办公和会务指定用水及学校资产公司旗下酒店专用水，并积极向校友企业、合作单位推广。消费帮扶合作单位打造了校园线下助农销售平台"复兴协农——重大生活馆"，搭建起了帮扶地区农产品与高校师生的桥梁。组建"牛魔王"乡村振兴学生创业团队，开展助农直播，将绿春质优价廉的生态农产品通过重庆大市场销往全国各地。四是保持消费帮扶力度不减。在常态化消费帮扶机制下，学校通过工会福利、节日慰问、食堂大宗采购等方式，直接购买脱贫地区农产品321.34万元。抢抓2022年春节、元宵节和国家扶贫日消费契机，3次向全校师生、校友发布消费帮扶倡议，同时利用定点帮扶合作单位销售渠道，帮助销售脱贫地区农产品3014.77万元。

【教育帮扶】 重庆大学一是加大帮扶资金投入。学校投入并帮助引进教育帮扶资金592.2万元，用于改善绿春教育基础设施，资助拉祜寨学生接受学前教育，支持国旗护卫队、舞蹈、足球等学生社团开展活动，帮助搭建学生全面发展舞台，推进基础教育发展和人才振兴。二是选派支教教师。选派1名附属小学教师和6名研究生支教团成员赴绿春开展为期1年的支教工作，持续开设《外面的世界》支教老师特色励志课程，该活动覆盖了3个乡镇、7个学校、50个班级，受益学生人数2600余人。三是整合教育帮扶资源。与英国诺丁汉伦特大学联合，为以云南绿春中学英语教师为代表的偏远地区英语教学开发教学资源包。重庆大学教育发展基金会联合重庆大学重庆校友会数字智能分会、苦志育才基金会着手创办绿春县育才慈善学校，构建针对事实性失养儿童的教育关爱体系，强化对失养儿童、留守儿童等特殊群体的关爱和教育。

【文化帮扶】 重庆大学一是完善基层综合性文化服务中心建设。捐赠文化帮扶经费70万元以及50余万元码洋的图书，帮助建设绿春县图书馆和融媒体中心智能媒体资料库，为重点帮扶的戈奎乡设立民族文化传承发展项目2个，协调校友为绿春拍摄城市文旅宣传片，推动文化服务与群众文化需求有效对接。二是开展非遗传承与保护。投入帮扶资金25万元，帮助绿春创作非物质文化遗产动画片及故事绘本《都玛简收》。推进绿春哈尼声景非遗数字化，组织师生对当地文化与自然展开调研、录制及数据库建立工作，运用声景观艺术进行二次创作成为艺术装置，并探索文化数字化建设基础上的创新文旅建设与推广方式。艺术学院专家团队赴绿春县调研哈尼族传统文化和传统舞蹈，开展云南绿春哈尼族民族艺术资源转化、创新实践和文化传播推广。三是加强乡村治理。推广"法律三个一"模式,组织专家赴绿春开展法治宣传和普法教育,培育群众法律意识和法制观念,加强乡村人民调解组织队伍建设。

【健康帮扶】 重庆大学为对口帮扶的巫山县竹贤乡捐赠25万元资金用于下庄村卫生室改造提升。附属三峡医院驻点帮扶恒合土家族乡卫生院、地宝土家族乡卫生院,"院包科(科包科)"帮扶龙驹分院,选派9名业务骨干支援万州区人民医院、城口县人民医院、西藏昌都市人民医院。附属中心医院主推奉节县乡村振兴工作,建立下派专家指导、接受基层医务人员进修学习的人才培养"双向通道",向冯坪乡捐赠医疗设备,为鹤峰乡卫生院和冯坪乡卫生院开通远程诊疗服务。

【公益帮扶】 重庆大学附属小学学生向绿春县大兴小学捐赠图书和文具53箱,并写信为边疆孩子送去关心和祝福。动员校友企业捐赠麻花300箱,用于慰问绿春县抗疫工作者。联建支部、党员干部和校友向"点亮梦想——重庆大学定点帮扶绿春项目"捐赠资金2万余元。校友企业向绿春学生捐赠营养奶昔3万袋,价值138万元。

【整村推进】 重庆大学推进乡村振兴边境小康示范村建设,选定大头村和咪丕村作为学校重点帮助打造的示范村。投入帮扶资金65万元,改造加梅小学操场,改善教学环境,帮助加梅村委会咪丕村民小组新建传统茶叶加工作坊和推进民族文化传承发展工作,社科处(期刊社)支部与加梅村支部共建,助力组织振兴。拨付帮扶资金50万元,支持重点帮扶的大头村建设综合服务楼和室外娱乐健身场所,完善农村生活设施,推进重大村建设提速。

【帮扶宣传】 重庆大学将帮扶工作融入党团活动、学生活动和文艺演出等活动,以"五大振兴齐发力,筑梦乡村振兴梦"为主题,组织开展"喜迎二十大,书写新篇章"2022年国家扶贫日系列主题活动,举办乡村振兴工作成果和线上消费帮扶展销会。联合绿春融媒体中心开展帮扶十周年系列宣传活动。邀请校内外媒体积极报道学校帮扶工作60余次,同时做好新媒体宣传工作,打造"重大乡协""乡村四时令"等乡村振兴工作专门宣传公众号。

(重庆大学国内合作办公室 陈学瑜)

西安交通大学定点帮扶

【概述】 2022年,西安交通大学(以下简称"西安交大")坚持以习近平新时代中国特色社会主义思想为指导,认真贯彻落实中共中央、国务院关于乡村振兴的重大决策部署,把巩固拓展脱贫攻坚成果同乡村振兴有效衔接作为重要政治任务,严格落实"四个不摘"工作要求,扎实推进云南省施甸县定点帮扶工作,助力乡村振兴。2022年,学校投入资金(含物资折款)为287.01万元,其中直接投入帮扶资金277.12万元,捐款捐物折款9.89万元;引进帮扶资金合计1169.19万元;培训党员干部、乡村振兴带头人、专业技术人员合计3562人次;直接消费帮扶合计456.94万元,帮助销售农产品1375.97万元。

【帮扶资金投入】 2022年,西安交大直接投入帮扶资金277.12万元,捐款捐物折款9.89万元;引进帮扶资金合计1169.19万元。

【帮扶资金管理】 西安交大帮扶资金为学校专项资金,由学校财务处统一账户管理,接受学校审计处的专项审计。帮扶资金预算严格按照学校预算管理办法,"二上二下"后确定下拨,并严格按照审批预算执行。具体帮扶项目需要经相关各方进行前期论证,结合实地调研情况,在充分与当地政府沟通后确定实施。项目实施中,学校一方面组织专人负责监督;另一方面要求当地政府帮扶部门加强监管,按照专款专用原则向学校提供经费使用情况报告,保证经费用到实处。

【帮扶调研】 2022年,西安交大赴施甸县考察调研50人次,推进落实帮扶任务。11月,学校党委书记、党委常委等一行18人到施甸县调研巩固拓展脱贫攻坚成果同乡村振兴有效衔接工作。7月,学校副校长等一行6人到施甸调研帮扶工作。9月,施甸县委书记及党政领导成员11人到访西安交大共同商讨帮扶工作,西安交大相关领导与施甸县党政班子进行座谈,加强帮扶工作的顶层谋划和推进落实。

【帮扶培训】 西安交大培训党员干部、乡村振兴带头人、专业技术人员合计3562人次。其中,培训干部2539人次、乡村振兴带头人超过111人次、专业技术人员超过912人次。线上以网络培训为抓手,积极探索校县合作培训模式,举行施甸县政法队伍政治轮训、施甸县2022年中青年干部培训等。线下坚持"请进来"现场培训,先后到施甸一中为当地初、高中生做志愿填报培训和高考宣讲,在施甸县委政法委为全县29名公检法司干部作题为"法治中国建设与国家治理现代化"的专题培训。

【产业帮扶】 西安交大投入100万元用于万兴乡青储饲料喂养技术推广应用及生态循环母牛肉牛产业项目建设。与万兴乡签订合作协议,引入1136.19万元项目资金。通过共建产业扶贫基地方式扶持当地企业,以电商平台拓展业务、提供技术支持服务等多种形式提升当地企业品质和文化,助其快速发展;通过共建农村合作社基地形式成立西安交通大学帮扶施甸县农产品种植专业合作社,带动施甸县残疾人自立自强、就业创业,扶持其迅速成长为施甸县龙头企业;以消费帮扶方式直接从当地企业购买产品,扶持其提升业务、扩大影响力、带动当地就业。2022年直接消费帮扶合计456.94万元,帮助销售农产品1375.97万元。

【智力帮扶】 西安交大帮助施甸两个乡镇实施青储饲料喂养技术的推广应用及发展肉牛母牛产业。充分发挥学校的科技资源和协作优势,与上海瀚英公司紧密合作,在施甸县太平镇开展新型牧草的试研和基地建设,并基于新型牧草开展肉牛母牛喂养技术的实验和推广应用。2年先后投入205万元,并引进香港小母牛基金1136.19万元,在太平和万兴2个乡镇发展基于新型牧草的肉牛母牛养殖项目。在大坪子村建成新型牧草——金牧粮草种苗基地10亩,通过该基地的引种方式扩大育种200亩金牧粮草核心基地,在饲草基地附近建成青储料加工厂和小型肉牛养殖场,开展多元化经营,给养殖户提供生产技术培训和优质种苗。

在前期投入资金200万元的基础上,再投入10万元用于青少年田园实训基地内建设智慧农田装置项目"西安交大—施甸智慧农业实验基地"建设,让学生在劳动中感受科技、在科技教育中快乐劳动。

9月,在教育部乡村振兴工作领导小组会议暨乡村振兴工作推进会上,学校与保山学院签订《西安交通大学 保山学院合作协议》。保山学院与学校联合申请的科研项目《加强校校合作促进乡村振兴融合路径研究》获得2022年云南省教育厅立项。依托与保山学院共建的乡村振兴研究院、刘跃文专家工作站,定期派遣学校教授团队到保山学院开展学术交流、与保山学院联合举办首届滇西边境山区乡村振兴智库论坛等,努力帮助其建成较高水平的应用型本科院校和国门大学。

【乡村治理】 西安交大投入80万元用于施甸县农村人居环境提升建设。帮助万兴乡小干田安置区提升人居环境,改善脏、乱、差、污水排放不规范等现状;帮助甸阳镇乌邑社区提升人居环境,有效解决乌邑社区下同邑自然村的群众生产生活、安全出行的问题,使环境更加优美、生态更和谐。西安交大帮扶队参与制定万兴乡《村规民约》、甸阳镇《乌邑社区发展规划》,同时引导更多的人参与到村庄自治中,激发群众自我参与、自我教育、自我管理的意识,形成"村在网中、户在格中、人在其中"的农村人居环境整治网格化管理新格局。

【教育帮扶】 西安交大投入95万元,捐款捐物合计9.89万元,用于施甸县教育事业发展。支持施甸一中"书香校园、润泽心灵"读书工程示范学校建设,帮助施甸一中校园文化提升建设,更好地传承和展示施甸一中的办学历史和成就,实现"善洲精神"进校园进课堂,增强师生对学校的认同感和自豪感,促进施甸一中作为云南省一级一等高完中标准建设的新格局;学校投入资金在县城建成青少年心理健康辅导站,解决乡镇学校心理咨询室缺失的问题,在仁和镇建设10个校园心理咨询室,服务辐射周边学校,极大缓解乡村学生心理咨询与教育的功能缺失问题;学校持续帮扶姚关镇雷打树小学,解决校舍线路老化、饮食卫生环境、教学硬件设备维护、多媒体教学与户外场地建设等办学困难问题。雷打树小学在学校持续9年的帮扶下,硬件设施、师资队伍建设、教师业务素养等发生了天翻地覆的改变,彻底摆脱了教学落后和学生学习氛围不浓的现状。

自2013年起,共选派出40名研究生支教团成员赴施甸支教,9月学校第24届支教团的施甸支教工作获得中央广播电视总台(CCTV13)报道。除研究生支教团在施甸接力支教外,学校还开展线上支教与暑期支教活动,为施甸学生辅导学业。不仅如此,学校每年还资助雷打树小学师生11人到学校参加暑期"科学营"活动。2022年7月,雷打树小学参加西安交大"科学营"活动获得中央广播电视总台(CCTV13)报道。

学校持续实施定向培养项目，2022年西安交大与施甸县续签《普通高等学校培养定向就业学生协议书》，为施甸定向培养4名本科生，开展"高考招生和西安交通大学招生政策解读"专题讲座，努力在临床医学类、经济学类的人才培养方面为施甸发展提供人才支撑。

8月，学校与施甸县人民政府签订《西安交通大学　施甸县人民政府　施甸县第一完全中学三方托管帮扶协议》。制订西安交大附中帮扶施甸一中的2022年工作方案。组织中学校长联席会议、教研活动、讲座、联考、跟岗研修和云课堂等，通过有力措施切实帮扶施甸一中稳步提升教育质量。

【社会帮扶】　9月，西安交大安徽校友会向施甸县万兴乡中心学校捐赠少儿图书665册，价值计1.4万元；10月，学校校友相关单位向施甸县甸阳镇乌邑社区捐赠价值3.2万元智慧喇叭系统1套，推进乌邑的社区治理工作。

【健康帮扶】　西安交通大学第一附属医院罗俊担任施甸县人民医院党委书记，全面提升县级医疗机构的管理水平和诊疗水平，县人民医院与学校支部结对共建，加强县医院党的领导和阵地建设，巩固施甸卫生健康帮扶成果。组织全县乡镇村级医护人员业务大培训，系统提升施甸医务人员业务水平；扎实推进具有"交大特色"的县域紧密型医共体建设，该项目2022年入选第二批教育部直属高校服务乡村振兴创新试验培育项目；组建5个危急重症和14个常规专业组的施甸县紧密型县域医共体远程会诊专业组，规范远程会诊和转诊流程；制订完善《施甸县县域内城乡居民医疗保障资金按人头打包付费工作方案（试行）》，积极争取资金推进县域内信息化建设步伐，开展医共体分级诊疗和会诊质控系统开发、医共体信息数据中心机房、医共体数据中心和专线网络建设；协助县人民医院申报慢病管理中心，创伤中心、危重孕产妇救治中心和危重新生儿救治中心"三大中心"建设通过省级验收；协助县人民医院、县妇幼保健院通过二级甲等医院评审验收；加强一附院与县人民医院的"一对一"专科帮扶，接受县人民医院和中医院的医护人员到一附院进行短期跟班学习，继续巩固"五大中心"的医疗能力建设，推进呼吸与危重症医学科建设。

【整村推进】　西安交大深化实施党委（党支部）结对共建计划，加强学校下属各二级学院党支部、职能部门党支部等与施甸县机关、村党支部等开展支部结对共建活动，在2020年、2021年投入经费的基础上丰富和深化共建内容，通过捐赠物资、提供咨询、共上党课、共同学习中央文件精神等形式，助力打造坚强战斗堡垒，带动村集体经济发展。2022年，建立酒房乡后寨村乡村振兴党建示范点，形成药学院党总支和施甸县人民政府办公室支部结对共建机制。

【就业帮扶】　西安交大联系协调帮助脱贫人口转移就业52人，均来自甸阳镇乌邑社区。学校招用施甸县水长乡水长村村民在创新港校区食堂工作，帮助其实现稳定就业。西安交大帮扶队参与开展防返贫动态监测工作，挂钩帮扶脱贫不稳定户5户；挂钩帮扶集中安置点1个，为万兴乡东安社区安置点；挂钩帮扶上访户1户；挂钩帮扶在施甸企业保山市家硕农业有限公司。挂钩1个网格点，负责网格点内的社会治安和人居环境，此外，还参与慰问老党员、走访困难户、监测边缘脱贫户收入状况、入户查看改厕情况等。

（西安交通大学党委办公室、
校长办公室　张文学）

西北农林科技大学定点帮扶

【概述】 2022年,西北农林科技大学(以下简称"西北农大")定点帮扶陕西省合阳县。全年投入帮扶无偿资金759.03万元,引进无偿帮扶资金992万元;培训基层干部1667人次、各类技术人员6151人次(含乡村振兴带头人445人次),扶持龙头企业12家,帮助培育新型农业经营主体4个。学校43个党支部参与结对共建,向合阳县各单位累计捐款捐物折合9.83万元;购买农产品589.58万元,帮销农产品7702.12万元,选派挂职干部1人、驻村第一书记1人。2022年,西北农大全力帮扶合阳县巩固拓展脱贫攻坚成果、有效衔接乡村振兴取得了良好成效,得到了社会各界广泛关注,先后被新华社等各类媒体报道300余次。"打造'三团一队'新模式,构建科技支撑新机制"入选国家乡村振兴局首批社会帮扶助力巩固拓展脱贫攻坚成果典型案例;"'三团一队'定点帮扶模式:脱贫攻坚篇"主题视频入库中国专业学位案例中心;"感知乡村振兴 助力脱贫攻坚 构建'知华友华'留学生实践育人模式——以西北农林科技大学为例"成功入选中国高等教育学会外国留学生教育管理分会留学生培养特色案例;依托合阳县葡萄和樱桃产业示范推广的2项科研成果获"陕西省农业技术推广成果奖一等奖";西北农大获批"双百工程"先进单位;与合阳县共建全国农业科技现代化先行县的工作在农业农村部共建工作考评中获评"优秀";助力合阳县进入首批国家乡村振兴示范县创建序列;助力合阳县获批全国首批农业社会化服务创新试点县。

【帮扶调研】 西北农大党委书记、校长先后率队赴合阳县督导调研帮扶工作2次,形成2份调研报告,其他班子成员4人次赴合阳县推动工作。

【帮扶会议】 西北农大党委常委会会议、校长办公会议、乡村振兴工作领导小组会议等先后5次研究定点帮扶工作,校领导带头督促推进,确保帮扶工作计划落实。

【帮扶制度建设】 西北农大出台《西北农林科技大学乡村振兴工作先进集体和先进个人评选表彰办法(试行)》,设定乡村振兴工作单项奖,并纳入教职工和学生校级荣誉管理体系,作为职称评定、职级晋升和评先评优的重要依据,激励师生员工积极投身定点帮扶工作。2022年,校党委共评选出3家单位、24名师生为2021年度乡村振兴工作先进集体和个人,在西北农大2022年乡村振兴工作推进会上予以表彰。设立研究生助力团"农业农村发展与管理"专业硕士学位研究生培养专项,纳入学校研究生"项目制"人才培养体系,契合乡村人才振兴实际需求针对性制订培养方案。进入专项的研究生完成学校课程教学任务后,到帮扶县开展为期1年的实践锻炼,在服务国家战略中落实立德树人根本任务。首批25个"农业农村发展与管理"专项招生已正式启动。

【帮扶培训】 西北农大一是面向基层干部系统提升能力素质。依托农民发展学院、乡村振兴学堂,从县、镇、村3个层面为合阳基层干部提供系统的线上教育培训,针对性设计培训课程,通过"生态文明和绿色发展""科技服务助力乡村振兴""碳达峰、碳中和与生态文明""发挥农村集体经济组织作用"等14个专题,培训基层干部1667人次,有效提升了业务素养和管理水平。二是面向技术骨干全面培养专业技能。依托试验示范站、产学研一体化示范基地的专家团队,面对基层农技人员、乡村振兴带头人等开展覆盖全产业、贯穿整链条的技能培训和技术指导,先后举办专题培训60余场,培训农技骨干6151人次(含乡村振兴带头人445人次);合阳县葡萄试验示范站通过陕西农村广播、强农App直播、渭南电视台网络直播等形式,开展葡萄管理技术系列讲座培训,累计收听收看人数达56.96万人次,全面提升技术骨干的专业技能。

【干部挂职帮扶】 西北农大选派1名副处级干部挂职担任合阳县副县长,1名科级干部担任坊镇乾落村驻村第一书记;选派2批研究生助力团35名研究生到合阳县12个镇街和5个部门开展6个月的挂职锻炼,助力定点帮扶工作。

【产业帮扶】 西北农大围绕樱桃、葡萄、红薯、苹果等优势主导产业,发挥"1+14+1"(1个试验示范站、14个产学研一体化示范基地和1个农产品加工专家工作站)农业产业帮扶平台的作用,打造1万亩旱地粮食作物试验示范基地,筛选小麦品种8个,推广自主研创的小麦联合精密耕播机械与技术,最高亩产799千克,亩均增产107千克以上,创合阳高产新纪录,为带动合阳40万亩小麦提质增效奠定了基础;在南沟葡萄产业园建设高效节能智慧冷棚、配套水肥一体化系统、补光系统和智能控制系统,为园区176个冷棚安装自动卷膜机和喷药迷雾系统,示范推广配套建园等9项葡萄生态高效栽培技术,2022年园区总产值达2440余万元,比2021年净增700余万元,5个示范户收入均超过50万元,重点培育的1个示范户创造了亩收入8万元的成绩,为合阳15万亩"冷棚红"提高质量发展作出了示范;以方寨樱桃产业示范园为依托,培育推广"秦樱2号""马哈利CDR-2"抗旱抗根癌耐贮运的优良品种和砧木,2022年方寨社区樱桃产业产值突破1亿元,方寨社区760户果农中,723户樱桃收入超过10万元,占比达到95%,培育出合阳首个"亿元村";新建2个标准化新品种苹果示范园、3个新品种高接换头示范园,推广学校培育的"瑞雪""瑞香红"等新品种,助力合阳苹果产业提档升级;开展红薯标准化生产技术推广,建成合阳甘薯脱毒良种繁育中心,年生产脱毒种苗4000万棵,填补了西北地区规模化红薯无毒苗生产的空白。

【教育帮扶】 西北农大一是组织研究生支教夯实基础教育。选派第24届研究生支教团6名研究生赴合阳3所小学接续支教;组织大学生志愿服务队赴合阳县黑池镇五丰社区开展义务支教,累计帮扶中小学生130余人;组织研究生助力团先后赴甘井镇中学、坊镇中心小学开展"喜迎建团一百年 争做时代新青年"宣讲和"学团史,忆英烈,承先志"主题活动;开展"大篷车进校园"主题活动,在新池镇南沟小学和坡赵小学开展"昆虫总动员"科普宣传和"守护你我他"普法宣讲,进一步夯实基础教育的根基。二是组织留学生支教开阔国际视野。建立合阳县留学生社会实践与文化体验基地,构建长效的交流机制和常态化展示窗口;选派11名留学生为合阳3所小学600余名小学生每周开展1次"线上+线下"英语口语教学,弥补了乡村英语教育师资力量的不足,激发了小学生英语学习兴趣;组织7个国家16名留学生赴合阳开展毕业前"最后一堂"实践课,近距离感知中国乡村发展的巨大变化,做强留学生助力乡村振兴的品牌,相关做法在上海合作组织减贫合作与乡村发展论坛上作交流发言。

【智力帮扶】 西北农大一是协助申报项目夯实产业根基。与合阳县合作申报现代农业科技先行县项目2个,获批资金1000万元;

联合地方企业"抗菌肽饲喂肉牛关键技术研究与示范应用"申报2023年度陕西省重点研发计划;协助撰写的"关中地区盐碱化耕地粮油作物技术集成及示范"被列入"2023年陕西省科技发展计划项目"中重点研发计划项目指南。二是建立1个远志专家工作站及教学实习基地,聘请中国工程院院士、西北农大教授担任专家工作站首席顾问;新增黑池镇湛云肉牛和新池镇北沟村脱毒红薯2个产学研一体化基地;在南沟葡萄产业园区、合阳县社会化服务中心、合阳县葡萄试验示范站打造3个智慧农业平台,进一步完善了定点帮扶县的科技支撑体系。

【文化帮扶】 西北农大开展"永远跟党走、奋进新征程"文化下乡专题活动,将精心编排的节目先后送到金峪镇中心小学、新池镇南沟社区;结合合阳文化开展文创设计,围绕合阳剪纸、刺绣、面花、葫芦等非遗技艺开展"设计法则与色彩搭配""二十四节气香包装设计法则与色彩搭配"等专题宣讲;捐赠灵泉村景观提升设计方案和《诗经·合阳》《虎虎生威》等动画设计作品,弘扬了合阳历史文化。

【公益帮扶】 西北农大组织师生帮销代销,利用校内设立的80个扶贫专柜自动售货机,全年销售脱贫地区农产品55万元;连续5年共同举办合阳"方寨红"樱桃节,举办"甜蜜时光,樱有尽有"校园推广活动;协助举办首届金银花采摘节暨产品推介会;联合举办"2022年陕西省葡萄产业高质量发展研讨会";在南沟葡萄产业园区建立"京东农场直采基地";引荐1家合阳企业加入"陕西省名特优新农产品协会",不断提升合阳县农产品的知名度和影响力。

【帮扶宣传】 西北农大全年编发乡村振兴简报10期。"打造'三团一队'新模式,构建科技支撑新机制"入选国家乡村振兴局首批社会帮扶助力巩固拓展脱贫攻坚成果典型案例;"'三团一队'定点帮扶模式:脱贫攻坚篇"主题视频入库中国专业学位案例中心;"感知乡村振兴 助力脱贫攻坚 构建'知华友华'留学生实践育人模式——以西北农林科技大学为例"成功入选中国高等教育学会外国留学生教育管理分会留学生培养特色案例;中央广播电视总台《国际在线》、新华网、央视频、中国教育新闻网、中国经济网、搜狐网、腾讯网、中国青年网以及巴基斯坦官方媒体Express News等国内外媒体先后报道西北农大定点帮扶工作300余次。

(西北农林科技大学
乡村振兴工作办公室　叶月丹)

西安电子科技大学定点帮扶

【概述】 2022年，西安电子科技大学（以下简称"西电"）坚持以习近平新时代中国特色社会主义思想为指导，深入学习贯彻习近平总书记关于教育、"三农"工作的重要论述，集聚学校特色学科优势，以服务为先、振兴为本、创新为要，坚持"四个不摘"，落实"三个转向"，服务"五大振兴"，携手陕西省蒲城县扎实推进乡村振兴战略实施，取得了积极成效，在中央单位定点帮扶工作成效考核评价中被评定为"好"等次。2022年共投入帮扶资金734.74万元，其中直接投入帮扶资金360万元，引进帮扶资金374.74万元，培训蒲城县基层干部5840名，培训乡村振兴带头人472名，培训专业技术人才2770名，累计采购脱贫地区农产品560.87万元，帮助销售脱贫地区农产品1018.5万元，全面超额完成计划指标。

【帮扶资金投入】 2022年，西电直接投入帮扶资金360万元，其中85万元用于支持产学研一体化示范基地和产业数字化生产体系建设，推进一二三产快速融合；45万元用于开展基层干部及基础教育师资培训班，提升基础教育水平，提高干部队伍素养；50万元用于支持"蒲城故事""光影蒲城"等2个文化帮扶项目，推动文旅融合快速发展；17万元用于支持高阳镇、孙镇实施旱厕改造工程；53万元用于支持蒲城县智慧党校平台、智能化政务服务信息系统、网格管理智慧平台、政务服务数字化项目建设；80万元用于"青年红色筑梦之旅科创小屋"建设、运行、保障及帮扶育人项目推进；30万元用于设立2022年基本科研业务费"乡村振兴专项"，支持乡村振兴理论研究。

【组织领导】 西电认真履行中央单位定点帮扶职责，由党委书记、校长任定点帮扶工作领导小组组长，相关校领导任副组长，相关职能部门和所有二级学院作为成员单位，设立单独建制的定点帮扶工作办公室，逐步健全完善形成主要领导带头抓、分管领导具体抓、成员单位协同抓、定点帮扶工作办公室统筹协调、挂职干部和驻村第一书记联合推进、广大师生共同参与的工作机制。校领导切实履行主体责任，分管副校长2次带队赴蒲城县调研对接年度定点帮扶工作，指导推进人才振兴、产业振兴、组织振兴相关工作。

【帮扶制度建设】 西电定期召开党委常委会、领导小组会、工作推进会、校地对接会等，推动工作落实落细。党委常委会研究通过2022年西电定点帮扶工作方案和校内任务指标分解方案。召开定点帮扶工作领导小组会议，传达学习《教育部关于坚持做好直属高校定点帮扶工作的通知》等文件精神，安排部署西电2022年度定点帮扶工作任务，并通过督办系统每月调度督办。分管副校长先后3次主持召开定点帮扶工作推进会，调度帮扶工作推进情况，督促校内各单位按时高质量完成年度帮扶工作任务。西电将定点帮扶工作纳入学校考核评估体系，开展定点帮扶工作专项考核，结合校内任务分解指标完成情况，设定专项绩效奖励，在压实责任中强化正向考核激励。

【干部挂职帮扶】 西电坚持"尽锐出战"的原则，接续选派政治素养高、工作作风实、综合能力强的干部担任挂职干部和驻村第一书记,2位干部履职尽责,充分发挥学校与帮扶地区的桥梁纽带作用,想方设法助农增收,真心实意惠利民生,真正将生活融入农村、将自己融入村民、将真情融入民心。持续加强对挂职干部的关心关爱,出台《西安电子科技大学挂职、借调干部人才工作生活保障暂行办法》,同时,为挂职干部购买人身意外保险,校领导、校工会等定期赴蒲城县慰问看望挂职干部。

【帮扶培训】 西电充分发挥人才智力优势,分类开展干部人才专题培训。联合蒲城县举办十九届六中全会精神专题研讨班、党的二十大精神网络直播培训课堂、工业倍增计划专题培训班、乡村振兴基层干部培训班、优秀团干部培训班等,以学习贯彻党的方针政策精神为主线,提升蒲城县一线干部抓经济、抓工业、抓项目的理论基础和操作能力,累计培训乡村振兴基层干部6312人。在技术人员培训方面,西电组织举办蒲城县教师暑期培训班,面向2770名蒲城县中学、小学和幼儿园教师,针对语文、数学、英语、思想政治和学前教育等学科开展培训。

【党建帮扶】 西电发挥大数据、人工智能学科优势,联合蒲城县委组织部、行政审批局等实施蒲城县智慧党校平台建设、智能化政务服务信息系统建设、政务服务数字化建设、网格管理智慧平台建设等,持续助力政务数字化、信息化。不断深化"党建+帮扶"模式,学校师生党支部与蒲城县各乡镇、中小学党支部常态化开展支部共建,学院党委、师生党支部组织党员赴蒲城开展主题党日活动。依托驻村干部,不断强化基层党建阵地建设,成立村级"三事"(操心事、烦心事、揪心事)工作室,红色代办窗口、志愿服务岗等多个平台,建立网格化管理服务体系,通过"个人领单、组织派单和集体接单"等方式进行服务派遣,办结后安排专人对工作成效进行回访,做到"件件有回音、事事有着落"。

【产业帮扶】 西电聚焦计算机、电子信息、大数据、人工智能等学科优势,力促帮扶产业提质增效。持续推进金银花、农掌门、食用菌、奶山羊等产学研一体化示范基地建设,延伸产业链,推进一二三产业快速融合。金银花面膜、金银花饮用水、免洗抑菌凝胶等新产品相继诞生,农户收益不断提升。建成蒲城县奶山羊产业智慧养殖数据中心,建(改)造3座标准化智慧羊舍,实现奶山羊的集约化、规模化养殖。研发第五代食用菌大棚控制系统,投板制作数据采集模块100套、电源管理模块50套,安装整体设备40套,并开展大棚负责人手机端和电视端App的使用培训工作。开创"农掌门+"跨域服务体系,"农掌门大篷车"途经12个省(市、区),建立多个标准化生产基地,与全国多家商超、农产品采购平台建立合作关系,形成了特色的全国联产联采联供模式。联合蒲城县组织举办"2022蒲城西甜瓜宣传推介活动"。将物联网、区块链溯源技术融入蒲城县传统手工酱油的生产、销售、推广环节,用科技赋能"阿坡酱油"产业链提升,实现酱油生产全流程溯源,提升产品竞争力和附加值。设立2022年基本科研业务费"乡村振兴专项",投入经费30万元立项13个帮扶项目,挖掘并推进优秀项目在帮扶县转化落地。

【文化帮扶】 西电投入60万元支持校地联合开展"光影蒲城"摄影展、"蒲城故事"系列短视频拍摄等活动,举办启动仪式、发布会、摄影展,通过新媒体等方式,向全国展示蒲城天然秀丽的自然景色、绚丽多彩的历史文化、健康文明的生活方式、奋发向上的精神面貌。创新开展美丽乡村墙画设计及绘制工作,组织师生在高阳镇水峪广场绘制以"携手共建美丽乡村、助力乡村振兴"为主题的墙画,展示群众对乡村振兴的美好憧憬和校地之间的深厚情谊。支持乡村特色文化发展,为闫家村建设综合文化服务中心,捐赠秦腔演奏乐器,同村委会一起组织举办"金银花百姓大舞台"活动,丰富乡村文化艺术形式,支持传统文化的弘扬和发展。

【生态帮扶】 西电着力推进生态振兴,推动建设宜居宜业和美乡村。组织实施旱厕改造工程。采用"新建+改建+提升"的思路,累计投入17万元,设立2个帮扶项目,在蒲城县孙镇和高阳镇建立旱厕改造试点,稳步推进旱厕改造。实施"幸福院子"建设工程。累计投入专项资金60万元,为蒲城县闫家村建设"金银花综合服务中心",积极提升改造人居环境。按照美丽乡村建设要求,依托驻村干部督促充实环卫队伍,建立环境卫生和生态护林长效机制,按要求配备垃圾转运车、粪污抽取车、除草机等环卫设备,严格环卫员和护林员日常管理,大力促进人居环境治理和卫生整治,建设宜居和美乡村。

【教育帮扶】 西电持续推进研究生支教团工作。完成第23、24届研究生支教团换届交接工作,接续选派9名优秀大学生前往蒲城县乡村学校开展支教工作。持续传递乡村振兴中国声音,组织来自12个国家的27名来华留学生赴蒲城县,开展"感知中国·蒲城行"教育实践活动,带领留学生走出校园、走进乡村,全方位感受我国农村的发展变化。以此为主题制作的《助力乡村振兴 共担青年责任》视频在中国日报社主办的外国留学生"我的校园故事"主题征文活动中,获得优秀作品奖和优秀组织奖,向世界展示我国乡村振兴发展新面貌。持续打造乡村振兴帮扶育人实践基地,组织学生团队以"共赴牧业——奶山羊智慧养殖开创者"为项目主题参加第八届中国国际"互联网+"大学生创新创业大赛总决赛,获金奖。校地联合申报的金银花采摘劳动教育实践基地入选首批"陕西省大中小学劳动教育实践基地"。

【消费帮扶】 西电持续强化消费帮扶工作要求,推动产销融合,采购过程中实施统一招标遴选,组织专家赴帮扶地区开展农产品招标遴选,共确定38家企业及合作社作为学校农产品采购供应商,把好农产品采购源头关、质量关,实现校内单位采购便捷化。同时,稳固校内采购市场。工会系统创新开展"消费帮扶助新春行动",采用福利套餐制,专设"帮扶产品套餐",稳定采购比例,确保全年福利费超过30%采购脱贫地区农副产品,后勤党委持续开展食堂大宗物资采购,全年不断线采购蒲城县鸡蛋等优质农副产品。学校组织师生成立"工业设计赋能乡村振兴"工作团队,为蒲城县的苹果、香菇、柿子醋、石磨面、黑麦、玉米糁等农产品做包装设计,扩大品牌影响力。校内设立89台消费帮扶专柜,搭建校内优质农产品宣传推介展柜,组建"山货帮"网络销售平台,同时动员多家校友企业等力量全力参与帮销工作,全年累计帮助销售脱贫地区农产品1018.5万元。

(西安电子科技大学 张 鹏)

长安大学定点帮扶

【概述】 2022年，长安大学定点帮扶陕西省商南县，深入学习贯彻习近平总书记关于"三农"工作重要论述，全面贯彻落实党的二十大关于全面推进乡村振兴的部署要求，充分发挥学校学科、科技、人才等方面的优势，不断加强组织领导，抓牢党建引领、"四轮驱动"特色帮扶举措，创新帮扶方法，丰富帮扶内容，围绕"五大振兴"，持续推进定点帮扶工作落实落细，切实做好巩固拓展脱贫攻坚成果同乡村振兴的有效衔接，助力乡村全面振兴。全年直接投入帮扶资金381万元，汇聚校友企业等社会资源，引进帮扶资金300万元；培训基层干部1448人，培训专业技术人员641人；购买脱贫地区农产品540.9万元，帮助销售脱贫地区农特产品419.4万元。

【帮扶资金投入】 2022年，长安大学直接投入帮扶资金381万元，其中投入资金165万元支持8个小微涉农、农产品深加工、乡村休闲旅游类产业项目，发展壮大村集体经济；投入资金35万元推进2个帮扶村卫生厕所建设和改造；投入资金85万元支持6个民生工程项目建设，提升农村人居环境水平；投入资金76万元支持8个分党委、党总支党建结对帮扶项目建设；投入资金20万元为商南县疫情防控捐赠生活和医疗物资。

【帮扶调研】 坚持线上线下相结合，长安大学主要负责同志和班子成员先后5人次赴商南县开展定点帮扶工作调研督导，督促运行好防返贫动态监测和帮扶机制，形成了1份督促指导反馈报告。深化各分党委、党总支与商南县村镇党建结对帮扶成效，强化各分党委、党总支开展帮扶工作的责任担当，全年累计143人次赴商南县调研交流和开展乡村振兴帮扶活动。

【帮扶会议】 长安大学党委高度重视定点帮扶工作，努力克服新冠疫情带来的不利影响，围绕重点工作，研究制定《长安大学2022年乡村振兴帮扶工作要点》，做好任务分工，强化责任担当。组织召开党委常委会、乡村振兴工作领导小组会议、领导小组办公室会议等专题会议6次，专题研究巩固脱贫攻坚成果、全面推进乡村振兴工作，听取工作汇报、研究存在问题，推动各项帮扶工作落实落地。

【帮扶培训】 紧紧围绕商南县发展需要，长安大学举办培训班6期，培训基层干部1448人次、技术人员641人次。举办商南县巩固拓展脱贫攻坚成果同乡村振兴有效衔接政策视频培训会，培训基层干部920人；举办商洛市巩固拓展脱贫攻坚成果同乡村振兴有效衔接政策培训会，培训基层干部498人；举办数字乡村建设专题培训，培训基层干部30人；举办商南县2022年义务教育中小学心理健康教育培训班，培训中小学教师585人；举办乡村振兴健康大讲堂，培训基层干部和医疗卫生人员30人；举办商南县环境保护业务暨技术指导培训，培训专业技术人员26人。

【干部挂职帮扶】 长安大学坚持发挥人才优势，选派优秀年轻的干部到商南县挂职锻炼。选派1人担任商南县委常委、副县长；压茬轮换，选派1人继续担任商南县青山镇花园村驻村第一书记；根据商南县实际需求，学校选派2名专业技术人才赴商南县担任生态环境局、住建局副局长，开展人才帮扶。长安大学与商南县委、县政府共同做好挂职干部的管理、考核和监督，关心支持挂职干部的工作。

【产业帮扶】 长安大学始终坚持咬定产业帮扶不放松，通过党建引领、校地遴选、资金撬动、能人带动、重点培育、消费帮扶系列举措，建立"高校+政府+合作社+农户+市场"产业帮扶模式，投入资金165万元支持桑葚深加工、食用菌产业园、横溪小西瓜、蝎子养殖、百亩桃园、农产品包装生产线、水杂果种植、天麻种植等8个小微涉农、农产品深加工、乡村休闲旅游类产业项目，发展壮大村集体经济，强化联农带农机制，拓宽增收富民路。

【文化帮扶】 长安大学充分发挥文化传承与创新，服务乡村文化振兴使命和担当，援建青山社区党建文化活动室、花园村图书阅览室、石垭子村"红色悦读书屋"、刘家花屋红色文化陈列馆等文化精品项目。驻村第一书记借助党建活动载体，定期开展"第一书记讲党课"活动，组织乡村大舞台文艺汇演和文化宣传活动，广泛开展农村精神文明创建活动和乡村文化宣讲服务，弘扬主旋律和社会正气，焕发乡村文明新气象。

【民生帮扶】 长安大学结合商南县资源禀赋和产业基础，为2个帮扶村制定乡村振兴规划。利用学校专业优势，从农民实际需求出发推进农村厕改行动，因地制宜，支持35万元推进2个帮扶村卫生厕所建设和改造。以推进生态宜居美丽乡村建设为重点，投入帮扶资金35万元建设商南县江西沟村街道组便民桥等民生工程项目，进一步提升农村人居环境水平。

【党建帮扶】 长安大学坚持推进党建结对帮扶，持续开展24个分党委、党总支与商南县22个村党支部结对帮扶，定期组织就业技能培训班、基层干部能力提升班等常态化培训，联合开展"党员+"融合教育等党性教育，建立数字乡村管理平台，用组织振兴"解码"乡村振兴。组织开展了2022年分党委、党总支党建结对帮扶典型项目推选活动，支持结对帮扶村党建活动室、红色悦读书屋、美丽乡村旅游等10个特色党建帮扶项目建设，帮助建强基层战斗堡垒，提升基层党组织治理能力和水平。

【教育帮扶】 长安大学第十届研究生支教团13人在商南县开展支教助学和志愿服务活动，联合长安星火宣讲团开展网络支教活动，通过传承红色基因、理想信念教育、心理健康关怀、基础知识教授等系列活动，帮助青少年坚定奋斗目标，拓宽知识视野，促进全面发展，累计帮扶800余人次。遴选第十一届研究生支教团赴商南县开展支教服务，并依托长安大学附属学校进行岗前培训，接续助力商南县基础教育发展。支持商南县湘河、清油河和青山镇智慧教室改造，为学生提供良好学习环境，提升总体教学质量。

【科技帮扶】 长安大学设立数字乡村、资源环境承载力评价、现代物流、电子商务4个产业经济发展科技帮扶项目，组织动员专家教授开展技术服务、科技攻关、成果转化等产学研用协同工作。充分发挥长安大学乡村振兴研究院的智库优势，探索建设大数据应用平台体系，助力美丽乡村建设和基层治理水平提升。深入推进商南县特色镇域经济发展产学研示范基地和商南县连翘茶深加工实体项目建设。结合商南县金丝峡5A级景区环线、县河水库上游道路等灾害频发的情况，组织开展地质灾害预警平台建设和地质灾害防治援助服务。

【消费帮扶】 长安大学建立长效消费帮扶机制，依托"教职工福利采购、校园生活消费、校园食堂采购"3个消费帮扶平台，推进优质农产品进高校。2022年，教职工福利采购商南县农特产品249.2万元、佳县农特产品

131.7万元;校园食堂采购商南县农特产品70万元、佳县农特产品90万元。通过校园消费帮扶超市、食堂帮扶档口、消费帮扶专柜、"e帮扶平台""832平台"等多种方式,帮助销售脱贫地区农特产品419.4万元。

【帮扶育人】 长安大学以"喜迎二十大 永远跟党走 奋进新征程"为主题,组织6支暑期社会实践队,52人次赴帮扶县开展文化帮扶和志愿服务活动,在乡村一线感悟脱贫成效,用行动助力乡村振兴。组织大学生申报"乡安农兴——中国数字乡村出行安全护航者"等一批助力乡村振兴创新创业项目,获得青年红色筑梦之旅赛道陕西省金奖等省级奖项3项,在乡村振兴一线突出育人特色,深化育人成效。

【疫情防控】 在商南县疫情防控最吃紧的关键时刻,长安大学紧急调配消杀用品、防护服、口罩等防疫物资210箱(桶),面粉、蔬菜等生活物资21吨星夜驰援商南,助力商南县以最快速度打好防控阻击战,夺取疫情全面胜利。长安大学校属各单位也心系商南,积极联系,为帮扶村捐赠防护用品、消杀物品,齐心协力共渡难关。

【创新试验项目】 围绕数字乡村发展战略,依托教育部直属高校服务乡村振兴创新试验项目,长安大学以数字乡村建设为抓手,充分依托校地产学研合作平台,立足试马镇,发挥交通运输、土地、经济及地理信息等学科、技术、人才优势,建设郭家垭村、红庙村数字乡村管理平台2个,提升基层治理水平,全面打造"乡村振兴的抓手、乡村治理的助手"。依托试马镇茶产业发展优势和北茶小镇4A级景区创建,推行茶旅融合理念,直接投入和帮助引进资金320余万元,先后改造提升马泉山茶海公园、荷花园、农耕园等旅游景点15处,通过新修生态产业观光园产业路、旅游步道、生态停车场、生态公厕、观光亭,栽植特色花卉绿植等提升试马镇基础设施水平,推进生态宜居和美乡村建设,助力商南县试马镇省级乡村振兴示范镇建设。

(长安大学 王 凯 郭万江 易 磊)

北京语言大学定点帮扶

【概述】 2022年,北京语言大学定点帮扶广西壮族自治区河池市都安瑶族自治县(以下简称"都安县"),共投入帮扶资金200万元,引进帮扶资金201.7万元,帮助销售脱贫地区农产品200.8万元,采购农副产品213.3万元,帮助销售脱贫地区产品200.89万元,帮助培训乡村基层干部和专业技术人才7267人次,对都安县巩固拓展脱贫攻坚成果同乡村振兴有效衔接工作发挥积极作用。

【帮扶资金投入】 2022年,北京语言大学直接投入帮扶资金200万元,用于支持都安县乡村振兴事业。引进帮扶资金201.7万元,其中投入81.73万元码洋的书籍,用于支持和丰富都安教育系统的中小学课外学习辅导。

【帮扶会议】 北京语言大学召开4次定点帮扶工作会议。1月,召开校长办公会,会议听取学校定点帮扶都安县2021年工作总结和2022年工作计划,要求继续做好与广西都安县的对接工作,加强调研,完善2022年定点帮扶工作计划,聚焦帮扶重点,推进落实,突出特色,利用学校现有资源积极推进语言帮扶。4月,校长办公会审议通过北京语言大学2022年定点帮扶都安县工作要点。11月,召开定点帮扶工作专题会议,领导班子全体成员参加,集体学习党的二十大报告中关于乡村振兴的战略部署,研究部署推进重点、难点攻坚工作。11月,学校定点帮扶工作领导小组组织集体学习,邀请北京师范大学乡村振兴专家讲解高校如何深入参与乡村振兴专题,研究如何发挥学校特色优势深入开展定点帮扶和乡村振兴工作,进一步压实工作责任,推动工作落实。

【干部挂职帮扶】 认真遴选挂职干部,国际教育管理处副处长挂任都安县党委常委、副县长,后勤服务集团正科级干部挂任永安镇安兰村驻村第一书记。前后两任挂职干部压茬交接,保持工作的稳定性、持续性。

【人才帮扶】 开展专业技术人才培训。北京语言大学国家语言文字推广基地面向都安县开办教师国家通用语言文字能力提升在线示范培训,来自都安县中小学的101名教师参加培训。北京语言大学联合都安县教育局开展中小学教师心理健康讲座,邀请北京大家心理服务中心的专家授课,该培训共有都安县的6718名教师参加。开展干部培训,北京语言大学联合都安县委组织部举办都安瑶族自治县2022年领导干部能力提升培训班暨"干部夜校"(第5期),邀请中共中央党校专家围绕党的二十大精神授课,都安县各级领导干部共计448人参加培训。

【教育帮扶】 2022年是北京语言大学开展特色教育帮扶活动"云上传心"的第三年,各开展两期"云支教"和"微心愿"活动,为孩子们提供多元教育资源,助力振兴乡村教育。"云支教"活动上半年共有45名志愿者参与,惠及9个乡镇、11所小学、1500名住宿学生,下半年共有62名志愿者参与,覆盖11个乡镇、14所小学、近2000个服务对象。"微心愿"活动上半年面向都安拉烈中仁小学,收集150个小学生的心愿,150位北京语言大学的学生志愿者参与其中,累计时长450小时;下半年面向都安的澄江镇八仙小学和东庙乡东庙小学,收集

123个小学生心愿,有63名青年志愿者和60名教职工志愿者参与,累计时长369小时。北京语言大学团委申请将研究生支教团的服务点调整为都安县,选拔4名学生组成第24届研究生支教团到都安县两所小学开展为期1年的支教。同时,继续发挥安兰小学基金作用,为都安安兰小学的12名优秀学生和12名小学教师共发放奖助学金6.72万元,进一步激发学生爱学、教师乐教的积极性。

【社会帮扶】 北京语言大学积极主动与东西部协作单位共商共谋都安乡村振兴,互借优势,强强联合,共同打造中央定点帮扶单位与东西部协作单位的合作样板。积极参与深圳粤桂协作项目,从帮扶经费中支出25万元用于在高岭镇海菜花观赏基地的旅游步道上安装100盏路灯,同时在永安镇安兰村打造党建示范"红湾"主题阅读区。汇聚社会力量共同做好都安县的乡村教育振兴工作。一是开展"安兰之梦"捐赠活动。新东方前途出国咨询有限公司与北京语言大学联合开展向都安县永安镇安兰小学定向捐赠图书活动,共募集到各类图书4200余本,总价值达10余万元,充实和丰富安兰小学的图书室资源。二是校企联动,探讨合作帮扶渠道。北京语言大学副校长带队走访新东方教育科技集团有限公司,其中就乡村振兴合作事宜进行洽谈并达成合作意向,计划开展校企联合帮扶,助力当地文化、教育的提升与发展。三是搭建平台,汇聚帮扶力量。北京语言大学与新东方前途出国咨询有限公司积极申请,正式将"安兰之梦"系列公益活动上线志愿北京公益平台。四是对接需求,解决实际困难。新东方"五个一"暖冬公益活动正式启动,面向集团全体人员收集"一件棉衣、一双鞋袜、一条围巾、一副手套、一本书",作为送给孩子们"五个一的新年礼物"。

(北京语言大学国内合作与继续教育办公室 冉 梦)

中国石油大学(北京)定点帮扶

【概述】 2022年,中国石油大学(北京)定点帮扶云南省南华县,切实做好巩固拓展脱贫攻坚成果同乡村振兴有效衔接各项工作。全年直接投入帮扶资金232.6万元,引入帮扶资金434万元,招商落地项目2个,引资落地485万元;培训各类人员共计2758人次,帮助转移就业155人;直接采购农副产品282.4万元,帮助销售农副产品353.1万元;帮助打造云南省乡村振兴"百千万"工程精品村1个。2022年,中国石油大学(北京)继续全力服务助推南华县乡村振兴工作。紧密结合南华县实际,重点聚焦科技与产业发展、教育文化帮扶、基础设施建设等方面,实现6大类23项具体帮扶举措全部落实到位。党委书记等校领导分别赴南华县调研督导定点帮扶工作。坚持为民宗旨、激发动力,强调扶志扶智相结合,激励当地群众勤劳致富;加强乡村公共设施建设,提升乡村精神风貌;坚持党建先行、服务振兴,充分发挥学校党建优势,开展联学联建等,为南华县社会发展、乡村振兴提供强大动力。

【干部挂职帮扶】 中国石油大学(北京)根据中共中央组织部、教育部相关要求,3月派驻青年干部1人赴南华县河硐村挂职驻村第一书记,及时完成干部轮换,确保帮扶工作无缝衔接。

【帮扶调研】 8月,中国石油大学(北京)党委书记带队赴定点帮扶的南华县调研。马克思主义学院、经济管理学院、学校定点帮扶工作办公室相关负责人及校友企业家代表陪同走访。全年,召开党委常委会、工作推进会6次,专题研究部署乡村振兴工作,强化统筹协调,推动工作落实。

【基础设施建设】 中国石油大学(北京)投入帮扶资金60万元,援助南华县罗武庄乡羊成庄村修建硬化道路,推进进村道路路面硬化全覆盖,解决村民出行问题。在龙川镇河硐村段家小组投入帮扶资金60万元,修建大龙坝水库灌溉渠3.2千米,解决群众用水难、农业灌溉难问题。

【基础教育帮扶】 中国石油大学(北京)积极争取彩票公益基金计划项目资金共159万元,与常熟农商银行慈善基金会建立合作帮扶机制,引入捐赠25万元,用于南华县思源实验学校、罗武庄乡中心学校及幼儿园等中小学的厕所、澡堂及其他基础设施修缮改造,惠及2800余名南华县师生。支持推进南华县教育信息化建设,全年累计捐赠50台电脑;积极补充基层教育资源,依托学校附中、小学资源,促成附中附小与南华县中小学的帮扶共建,引进先进教育理念和手段,共享优势教学资源。持续开展线上支教行动,500余名师生与南华县中小学生"一对一、手拉手"开展线上支教,累计授课1.4万余学时。选派第二批3名研究生组成支教团赴南华县支教。单独设置马列专业硕士学位在职研究生指标7个,投入35万元支持5名南华县青年干部学历提升。

【"传承之舟"图书室】 中国石油大学(北京)投资9万元与南华县罗武庄乡中心学校共建完成"传承之舟"图书文化室,同时面向全校教职工和附小等1000余名师生开展募捐适合小学生阅读的儿童书籍,捐赠图书5000多册,其中争取到北京悠贝成长科技有限公司捐赠精品图书1000册。

【"一对一"帮扶】 在前期签订《爱心助学备忘录》的基础上,中国石油大学(北京)完成全校92个教职工党支部"一对一"帮扶南华县困难家庭,共支持96名学生14.4万元;完成"中石大励志奖学金"5万元发放,共支持25名经济困难、品学兼优学生。

【科技帮扶】 中国石油大学(北京)设立校内科研专项课题,组建新能源学科的专家团队,制订"县域有机废弃物无害化处理及资源再利用项目实施方案",分别于6月、8月深入南华县开展农业有机废弃物循环再利用项目的论证,培育新能源产业项目;组织地球科学学院、石油工程学院等师生实践团,开展乡村生态调研工作。

【产业帮扶】 中国石油大学(北京)持续培育乡村特色产业,先后2期共投入100万元建成马街镇沙坦郎茶叶加工帮扶车间,打造"礼舍江沃柑""罗武庄柑橘"品牌,帮助建设"一村一品"产业项目。以村属产业培育为支点,先后投资近400万元,重点扶持山窝鸡养殖、柑橘种植、蔬菜种植等产业,帮助6个村建立起"一村一品"的产业项目,切实提高群众收入。先后引入北京本来工坊科技有限公司、浙江里里农业发展有限公司、云南能惠农业科技开发有限公司,在南华县发展绿色产业项目。扶持南华县当地南华七彩彝州工艺品刺绣加工厂等龙头企业,扩大辐射带动作用,协助开展电商直播、彝绣刺绣等劳动技能培训共计24期2758人次,累计帮助155名群众实现就业。

【消费帮扶】 中国石油大学(北京)在润杰学生公寓建设南华特色美食帮扶档口,面向师生员工直供"南华米线",解决南华县2名群众再就业,实现日销售额最高达6000元。积极对接社会企业,与上海东方卫视合作直播带货推销南华县野生菌达145万元。同时,以工会福利、餐厅采买等形式,直接采购贫困地区农副产品,共计金额282.4万元。通过上线"832平台""e帮扶平台",引入本来生活电商平台、打造网红直播带货等方式,帮扶"礼舍江沃柑""罗武庄柑橘""云小豆荷包豆"等3家合作社企业实现网上销售20多万元,带动1600多名群众增收;统筹协调南华县多家蛋鸡养殖合作社产能,直采鸡蛋198.7万元;面向南华咪依噜天然食品开发有限责任公司,直采深加工产品52.4万元。

【党建帮扶】 中国石油大学(北京)以签订校地党建共建协议为契机,推动克拉玛依校区党委与罗武庄乡党委、学校党委宣传部党支部与龙川镇河硐村党总支、地球物理学院党委与龙川镇徐营村完全小学党支部、机械与储运工程学院与沙桥镇沙桥村等联建,通过线上联合开展组织生活、理论研讨等方式,认真学习党的十九届六中全会精神、二十大精神,有效提升了乡村基层党组织的凝聚力、战斗力,推动了党员干部政治能力、思想水平的提升。

【文化帮扶】 中国石油大学(北京)与云南省党委政策研究室共同打造沙桥镇红色文化体验项目,传承红色基因,投入40万元,建设"红二军团过沙桥"长征历史纪念馆并投入使用。联合南华县思源学校、龙川镇中心学校等举办"传递冬奥精神,共创美好未来""525学生心理健康节""青春呵护、有你有我"等特色文化活动,并获共青团中央青少年自护教育专项资助。中国石油大学(北京)与东南大学、上海机场集团及南华县政府联合,利用当地民族特色的彝绣文化资源,探索组团协同帮扶的新模式,2022年已开展彝绣培训6期,培养合格绣娘73名,平均增收2000余元;在雨露乡建成彝绣车间1个,占地200平方米,解决20余名群众就业。

[中国石油大学(北京)扶贫工作办公室　党　宁]

中国传媒大学定点帮扶

【概述】 作为内蒙古自治区科尔沁右翼前旗（以下简称"科右前旗"）定点帮扶高校，2022年，中国传媒大学（以下简称"中传"）认真贯彻落实习近平总书记关于教育、"三农"工作的重要论述，深入落实中共中央、国务院关于实现巩固拓展脱贫攻坚成果同乡村振兴有效衔接的决策部署，发挥学科专业优势、汇聚各方资源力量，着力建立传媒赋能、文化赋能、教育赋能长效帮扶机制，持续做好定点帮扶工作，助力科右前旗持续巩固拓展脱贫攻坚成果，推动乡村振兴取得新进展。2022年，中传共直接投入无偿帮扶资金200万元，引进无偿帮扶资金673万元，引进帮扶项目或企业2个，培训县乡村基层干部617人，培训乡村振兴带头人54人，培训专业技术人才2486人，购买脱贫地区农产品总值为209.8万元，帮助销售脱贫地区农产品总值为314.9万元，在中央单位定点帮扶工作成效考核评价中被评定为"好"等次。

【帮扶资金投入】 2022年，中传直接投入无偿帮扶资金200万元。其中，投入120万元，用于开展察尔森嘎查创新试验项目，包括筑牢共同体打造农创中心、劳动教育基地建设等，以促进帮扶地区民族融合与乡村振兴有机结合；投入50万元，用于开展"海力森协作体"精准帮扶典型项目，推动海力森百年古榆民俗旅游度假村"五位一体"全面振兴；投入30万元，用于帮扶干部在科右前旗开展帮扶工作，重点支持察尔森嘎查组织振兴、文化振兴等相关工作。

【帮扶调研】 中传领导带队先后10人次深入科右前旗督导调研定点帮扶工作。8月，中传党委常委、副校长带队赴科右前旗调研，了解对接帮扶需求，接续推进乡村振兴工作，并赴阿力得尔苏木政府调研；带队赴察尔森镇察尔森嘎查，调研考察挂职干部工作情况，走访脱贫户，了解村民的生产生活情况；赴海力森嘎查调研，考察"海力森协作体"建设情况，调研萨日朗合作社，扎萨克图民族服饰的生产、经营情况。

【帮扶会议】 中传召开定点帮扶工作会议5次。2月，内蒙古自治区兴安盟委书记一行到中传，双方签署盟校战略合作协议，依托学校媒体专业资源、师生资源、平台渠道等优势，在"让全国了解兴安盟"课题上加大投入力度，讲好振兴故事，助力盟校各项事业高质量发展。4月，中传党委常委会会议审定2022年度定点帮扶工作计划，听取乡村振兴相关文件学习及挂职干部选派情况汇报，要求提高政治站位，持续推进与科右前旗的帮扶任务。8月，中传党委常委、副校长带队赴兴安盟，与科右前旗召开定点帮扶工作座谈会，聚焦帮扶合作备忘录，推进落实帮扶举措，共同助力定点帮扶工作见实见效；带领学校各职能部门主要负责人与兴安盟盟委、行署召开盟校合作座谈会，就继续探索以定点帮扶科右前旗为基点，辐射带动兴安盟全域可持续、可复制的校地合作发展新模式进行深入交流。11月，中传党委常委会会议听取了乡村振兴相关文件学习及年度工作开展情况，要求健全长效帮扶机制，明确落实帮扶目标责任。

【帮扶培训】 2022年，中传共培训县乡村基层干部617人，培训乡村振兴带头人54名，培训专业技术人才2486人。中传为帮扶地区乡村振兴蓄积人才，与兴安盟宣传部联合主办"传媒赋能乡村振兴"公益讲坛10期，邀请等校内知名专家和新华社等媒体行业优秀校友讲授专业技能，联动西藏自治区、广西壮族自治区、陕西省、山西省、拉萨市、三河市等合作单位宣传部门，提升地方一线新闻采编从业人员的职业素养和业务能力，以传媒力量助力乡村振兴。

【干部挂职帮扶】 中传派选工会常务副主席、戏剧影视学院实践教学中心副主任2名干部挂任科右前旗旗委常委、副旗长和察尔森嘎查驻村第一书记，前后两任干部压茬交接，传授帮扶经验，接续开展帮扶工作。驻村帮扶工作组深入走访调研，真抓实干，埋头苦干，积极发挥中传与帮扶地区的桥梁与纽带作用，用传媒优势赋能科右前旗实现乡村振兴。

中传挂职干部牵头开展的"海力森协作体"帮扶模式推动乡村"五位一体"振兴项目，在第七届教育部直属高校精准帮扶和创新试验典型项目推选活动中被评选为精准帮扶典型项目。中传派驻察尔森嘎查驻村第一书记在2022年度盟级嘎查村党组织书记乡村振兴"擂台比武"活动中获得全盟第三，另2名同志均获帮扶地区表彰。

【产业帮扶】 中传整合各类社会资源，搭建起以学校师生为核心、校友资源做支撑、结对高校强联动、社会企业拓平台的"海力森协作体"产业帮扶项目，聚合北京市海淀区政府、北京林业大学、内蒙古农业大学、兴安职业技术学院、北京时代蓝图文化旅游发展公司等20余家企事业单位，总投资2500余万元，预计辐射带动增收致富超1000人，该项目被评为第七届教育部直属高校精准帮扶和创新试验典型项目。中传针对科右前旗文旅发展需要，经过帮扶干部细致深入的调研，提出以486棵百年古榆树为核心生态资源，坚持生态底色、村民主体、协同共创、品牌驱动的思路，立足乡村文化旅游、旅游集散服务、共享庭院经济三大特色产业，建设海力森百年古榆民俗旅游度假村，文化旅游村项目已吸引百余人返乡创业；仅国庆节期间，就接待游客3500余人，10户经营民宿的村民以及4户经营农家乐的村民旅游收入达3万元左右。

【教育帮扶】 中传统筹各类资源，动员校友，共同探索乡村振兴人才培养的创新模式。持续选派师生开展支教帮扶，激发帮扶地区内生动力。11月，4名支教保研学生赴科右前旗第二小学进行支教。中传与兴安盟党校共同申报的国家艺术基金——农旅融合文创产品设计开发创新人才培养项目，联动各界资源深度合作、全方位协同，培养既了解农村、农业又善于创意设计的创新人才，实实在在推动地方乡村振兴。

在国家语言文字工作委员会指导下，中传播音主持艺术学院党员师生积极打造"语同音工程"，面向260余所学校学生开设推广普通话课程，服务辐射总人数超过100万人次。

中传团委青年马克思主义学院28名同学在察尔森嘎查开展主题为"传青马精神，助乡村振兴"的社会实践，开展劳动主题教育，学习插秧、拔草、做木工等农业知识；开展中小学支教活动，普及传媒知识；开展特色小镇调研活动，推广兴安盟的旅游、餐饮；采访报道北京市挂职干部，展现榜样力量。

【文化帮扶】 文化赋能，促进乡村文化振兴。中传同科右前旗政府共同开展"文化村长"项目。聘任全国青联委员、歌唱演员乌兰图雅为察尔森嘎查"文化村长"及文化实践导师，并在察尔森嘎查举办了首个"文化村长"日主题活动，走进察尔森水稻种植区、走进嘎查脱贫户家、走进中学学生课堂，让察尔森嘎查旅游产业及农副产品得到推广、助农增收。聘任艺术研究院党委书记为海力森嘎查"文化村长",以"点对点"的方式深入嘎查开展服务,以文化人、以艺通心,推动乡风文明发展。

【党建帮扶】 中传将助力乡村振兴作为学校落实立德树人根本任务,作为培养教师和党员干部家国情怀的有力抓手,以党建为引领,发挥学科优势、整合专业资源,精准对接,有序落实定点帮扶科右前旗各项任务。2022年,中传党委将定点帮扶工作作为重要政治任务,持续加强组织领导,成立由党委书记、校长担任"双组长"的定点帮扶工作领导小组,努力构建党政主要领导亲自抓,分管领导具体推、其他领导班子成员按照任务要求协助抓的工作格局。中国传媒大学通过结对共建党支部、共建新时代文明实践中心,调动专家学者资源,设立智力帮扶平台"中传书院""教育实训基地"开展线上、线下相结合的专家辅导和培训,探索乡村振兴人才培养的创新模式,为乡村振兴提供智力服务和人才"引擎"。

【公益帮扶】 中传实施"传递'媒'好未来"公益计划。截至2022年年底,在学校党委的直接领导下,经济与管理学院动员全体MBA师生联合修正药业、红猫教育、中国光华科技基金会等多个公益项目和企业向科右前旗教育局赠送了100万元各类图书。为哈拉黑中学捐赠近30万元教学物资、图书和奖学金,其中包括校服388套,1148件球类、羽毛球、围棋、跳绳等文体用品及5万元"众星奖学金",还为11个班级设立了"梦想图书角",帮助学生建立勇敢挑战困难、敢为梦想努力的信心。

【帮扶宣传】 中传发挥传媒优势,结合帮扶地区实际需求,积极推进各项宣传帮扶举措,传媒助力乡村振兴。中国传媒大学宣传部和戏剧影视学院为兴安盟创制"美食风光系列纪录片",其先导片全网播放、点击量突破2000万。中国传媒大学与中共兴安盟委员会、兴安盟行政公署共同启动兴安盟域牌形象塑造传播。"兴安岭上兴安盟"——全国首个域牌形象在北京发布,在全国得到广泛传播与认可,引发全网热议,进一步擦亮了兴安盟名片,塑造了崭新的兴安盟形象。"全国首个域牌形象"关键词在百度搜索达5.98亿次,"兴安盟域牌形象"话题在多平台传播关注度达4.69亿人次。中传结合"一乡一品"系列全媒体直播活动,"传旗源选安心购"直播活动在兴安盟沙果节暨兴安岭上兴安盟"小沙果大产业"产销大会上举办,助力推广当地旅游资源与农产品销售,取得良好的效果。受北京电视台邀请,青年马克思主义学院部分学员与中传挂职科右前旗察尔森嘎查驻村第一书记参与录制了《老师请回答》栏目开设的"为你点赞"特别节目,全方位展示当代青年党员干部的创新意识与科右前旗产业发展转型的瞩目成就。

(中国传媒大学 袁 芳)

中央财经大学定点帮扶

【概述】 2022年，中央财经大学（以下简称"中财大"）继续深入学习贯彻习近平总书记关于巩固拓展脱贫攻坚成果同乡村振兴有效衔接的重要论述，坚决落实中共中央、国务院的决策部署，按照乡村振兴总体要求，进一步强化过渡期内政治担当和"四个不摘"责任落实，坚持"宕昌所需、中财大所为"的帮扶原则，拓宽帮扶思路，创新帮扶举措，高质量推动定点帮扶工作再上新台阶。中财大直接投入帮扶资金213.9万元，引进帮扶资金合计2485.64万元，直接购买脱贫地区农产品250.74万元，帮助销售脱贫地区农产品312.86万元，培训基层干部10202人次、技术人员6565人次、乡村振兴带头人7326人次，在中央单位定点帮扶工作成效考核评价中被评为"好"等次。

【帮扶资金投入】 2022年，中财大在巩固现有脱贫攻坚成果的基础上，继续将"防返贫"作为全面推进乡村振兴的底线任务，紧盯甘肃省宕昌县的发展需求，通过资金投入支持或新开发具有实际效益的精品项目。学校直接投入帮扶资金213.9万元，引进帮扶资金2485.64万元，资金投入覆盖多个领域。在直接投入方面，一是直接投入财政资金200万元，依托项目继续投入帮扶专项资金，其中96万元用于粉条合作社产业升级、登山步道建设等玉岗村建设项目，推动当地民生质量改善提升；104万元用于当地中小学硬件改造、相关基础教育项目建设，并持续推进前期建设项目的维护，推进宕昌县教育事业向好发展。二是汇聚学校相关单位、部门力量，捐赠防疫物资、图书、文体用品、办公用品等，折款13.9万元。

在引进帮扶资金方面，一是引进帮扶资金2000万元，引进中央广播电视总台"品牌强国工程—乡村振兴行动"项目，在中央广播电视总台多个频道及央视网等媒体平台同步播放"甘肃宕昌黄芪、党参"公益广告片30天，助力宕昌特色中药材进入品牌发展的快车道。二是引进国家乡村振兴局"活水计划"、明德云学堂在线教育智库年度课程、蓝图公益基金会"海洋公益研学"等帮扶资金或项目，折款共计482.24万元。三是其他捐赠物资折款，包含办公用品、图书、文体用品等，共计3.4万元。

【帮扶调研】 中财大始终秉持"尽力而为、尽心而为、尽情而为、尽需而为"原则，因地制宜、靶向攻关，筑牢帮扶纽带，推动定点帮扶工作落实、落细。一是加强精准对接。学校与宕昌县采取在线会议形式召开工作对接推进会，双方主要领导就定点帮扶工作进行深入交流，共同探讨做好帮扶宕昌县的下一步思路举措。二是坚持线上督导。分管定点帮扶工作的学校领导多次牵头连线宕昌进行沟通交流指导，围绕责任落实、政策落实、工作落实和作风建设等内容督促地方党委政府落实责任。三是推动校地互访。中财大政府管理学院组建师生团队前往宕昌县考察调研，在哈达铺镇设立"财经人·济世路"乡村振兴服务站，并与宕昌县自然资源局共建中央财经大学城乡规划与治理产教融合创新实践基地，为县内3个村庄提供公益性村庄规划编制技术服务。

【帮扶会议】 中财大党委常委会专题研究定点帮扶工作3次，全面有力部署相关工作；召开全校乡村振兴工作部署会1次、宕昌年度工作对接会1次，推进助力宕昌乡村振兴工作；召开专题座谈会2次、乡村振兴推进会4次、定点帮扶工作例会3次，根据定点帮扶工作的不同阶段进行细致研讨，督促解决重点、难点问题，深入讨论部署乡村振兴工作计划和帮扶举措。

【帮扶制度建设】 中财大坚持从顶层设计和系统谋划上发力，准确把握乡村振兴新形势、新规律、新要求，将"做好定点帮扶，助力乡村振兴"写入《中央财经大学"十四五"教育事业发展规划》，将"完善帮扶长效机制，扎实推进宕昌县乡村振兴"写入《中央财经大学2022年工作要点》，把定点帮扶工作作为学校事业高质量发展和年度重点工作的具体目标。学校制订《2022年定点帮扶宕昌县工作实施方案》，提出7个方面23项具体帮扶措施，将学校的人才优势、科研优势、教育优势、党建优势、校友资源优势与宕昌县发展需求有效对接，强化工作指导，确保定点帮扶工作取得实效。

【帮扶培训】 充分发挥财经学校专业特色，结合宕昌实际需求，精准把握人才培训方向，促进宕昌人才振兴。同时，在融合学校优势学科的基础上，引进"清华大学乡村振兴甘肃省宕昌县远程教学站"作为"中央财经大学宕昌干部培训基地"的组成部分，开展二十大精神宣讲、中央一号文件解读、法治宣传教育等培训。2022年，共为宕昌举办28场专题培训，培训宕昌县基层干部、专业技术人才和乡村振兴带头人共24093人次。一是培训基层干部10202人次。中财大教师、挂职干部、校外专家等通过线上、线下多种方式为宕昌基层干部开展城乡规划、乡村治理、农村集体经济等主题培训。二是培训技术人才6565人次。围绕宕昌技术人才培训需求组织公益性培训，并引进"乡村青年教师支持公益计划"等第三方培训资源，持续提升宕昌技术人才的科技素养与实操能力。三是培训乡村振兴带头人7326人次。先后邀请阿里巴巴农村淘宝讲师、全国电商扶贫讲师及中财大多位专家教授，开展专题报告讲座、课程讲授，并引进腾讯丰收好物"小镇创业家"全域经营能力培训计划、友成基金会——摩根大通·乡村女性经济赋能计划等培训项目，提升宕昌乡村振兴带头人才的金融素养和带富能力。

【干部挂职帮扶】 中财大党委高度重视定点帮扶援派干部工作，坚持把政治素质好、工作能力强的优秀年轻干部接续派出去、用起来，并发挥"传帮带"作用，帮助新选派干部尽快进入工作状态。学校首批赴宕昌县的两名帮扶干部即将挂职期满，经学校党委研究决定，发布《关于做好乡村振兴挂职干部轮换工作的通知》。经广泛动员、优中选优，选派2人作为定点帮扶援派干部。新旧两届干部历经1个月的交接磨合，确保压茬轮换不断档、工作交接不留缝。

【帮扶慰问】 在六一儿童节前夕，为宕昌县部分小学捐赠文具和文体用品，包括儿童书包60个、彩笔60套、铅笔60盒、绘画本60套、儿童足球10个、儿童篮球10个、儿童用篮球架1个、儿童用足球门1个，合计价值5802元。

【产业帮扶】 将带动农民就业增收作为乡村产业发展的基本导向，围绕拓展农业多种功能、挖掘乡村多元价值做文章，把就业机会和产业链增值收益更多留给农民，深化宕昌产业振兴。一是积极参与教育部"旅游联盟""农林联盟"各项工作，联合北京科技大学、南开大学、天津大学和西南交通大学等高校，开展"2022年新春甘味农产品联销活动"，上架销售脱贫地区农产品；参加2022年"高校旅游帮扶联盟"工作会议暨专题培训，与各校共同探讨旅游帮扶长效机制构建思路。二是"授人以渔"，激发产业内生动力。结合宕昌县的资源优势和产业布局，先后邀请北京首东传统医药文化中心、中国医药集团有限公司、国家生态环境部环境规划院等多家单位到宕昌县实地考察,积极推介对接当地产业资源,帮助解决实际问题;在学校的引荐和协调下,中国中医科学院专家团队和国家标准化研究院专家团队分别为宕昌开展黄芪茶、黄芪药膳产品研制的技术服务和市场推广服务,聘请国医大师团队开展技术成果鉴定,进一步推动宕昌食药同源产品的科学化、标准化生产。

【人才帮扶】 中财大共为宕昌举办28场专题培训,培训宕昌县基层干部、专业技术人才和乡村振兴带头人共24093人次,其中培训基层干部10202人次、技术人才6565人次、乡村振兴带头人7326人次。

【智力帮扶】 中财大政府管理学院组建专家团队开展《宕昌县哈达铺镇玉岗村、力藏村、聂仁村"多规合一"实用性村庄规划》编制工作,为3个村庄提供价值45万元的乡村规划编制技术服务,帮助改善农村人居环境,完善农村生活设施,打造宕昌美丽乡村。

【教育帮扶】 继续聚焦强志、兴智。中财大研究生支教团组建"冬奥星火宣讲团",面向宕昌中学生开展榜样宣讲,弘扬北京冬奥精神;挂职干部、支教团成员在宕昌开展招生宣讲会,为学生和家长就学校及专业选择、志愿填报、大学培养模式等问题答疑解惑;组织龙马之光青年志愿服务队启动"星火"梦想课堂"点亮计划",开展"乐学暑假·学习加油站"系列课程、九大学科经验分享直播、"乐美暑假·美育夏令营"等活动;中财大大学生创业项目"乡村振兴战略背景下宕昌南阳镇树莓的品牌研究与营销"荣获"青创北京"2022年"挑战杯"首都大学生创业计划竞赛主赛道银奖;在"财经报国新征程 青春献礼二十大"2022年"返家乡"暑期社会实践中,一院一品项目"青心跨山海,财经'心'宕昌——宕昌县暑期夏令营及调研项目"入选"全国大学生暑期实践展示活动",该活动设立"情系'三农' 乡村振兴"社会实践专题,面向全校学生征集宕昌产销对接信息员55名,深入探索"宕昌模式"。

【文化帮扶】 中财大建立"财经人·济世路"乡村振兴研究生服务站,宕昌县站点组织研究生团队以线上挂职的形式在哈达铺镇玉岗村开展"运用积分制推动乡村治理体系和治理能力现代化"社会实践活动;以红色歌曲为依托开展"红色音乐读本"项目,向宕昌县小学生讲述每一首歌曲背后的红色故事,邀请中财大师生为歌曲配音录唱。

【生态帮扶】 加大力度支持宕昌农村生态环境建设,助力提升村民的环保意识,蓄力宕昌生态振兴。依托"星火云支教"品牌,中财大红十字会和学生园区生活自我管理委员会的优秀青年志愿者组成"振兴乡村,健康生活"宣讲团队,云端连线为村民讲解生活卫生、垃圾分类、急救等常识,帮助村民树立环保意识;通过"宕昌绿语,共读未来"专项,为宕昌县中小学生编制《中央财经大学—宕昌生态绿色读本》《筑梦·绿意宕昌》绿色生态教育读本,内容涵盖当地生态旅游景观、珍稀动植物、环境保护等科普知识,培育学生人与自然和谐共生的理念。

【党建帮扶】 充分发挥党的政治优势、组织优势、密切联系群众的优势,推动党建资源向乡村聚集,助推宕昌组织振兴。一是持续落实好中财大《基层党组织与宕昌县基层党组织结对共建活动实施方案》,进一步细化共建举措。二是加强对结对共建党组织的指导,着力推进红色"1+1"党支部结对共建项目。中财大资产经营(北京)有限公司直属党支部联合宕昌县玉岗村党支部开展主题党日活动,邀请中财大马克思主义学院副院长讲授"从党史看'人民至上'"主题党课。三是做好中财大在宕昌临时党支部的相关工作。宕昌临时党支部多次召开学习交流会,与天津大学研究生支教团、宕昌县大数据中心、玉岗村党支部等多次开展联学、主题党日活动等。四是发挥民主党派广泛联系的优势及统一战线作用,积极建言献策。中国民主同盟中财大支部积极与水滴公司对接,研究部署宕昌县数字政府建设资助项目。五是组织各党支部积极捐款捐物,总价值达3.4万元。

【健康帮扶】 在筹资捐助负压救护车、口罩、额温枪、手套等防疫物资的基础上,中财大先后联系中财大资产经营(北京)有限公司、中国医药集团有限公司、浙江东方基因生物制品有限公司等社会力量,累计向宕昌县捐赠7万人份新型冠状病毒抗原检测试剂盒。中财大在宕昌县挂职干部、宕昌县副县长牵头组建团队,用最短的时间开发"来宕报备"微信小程序,为县里准确掌握返乡人员相关信息、提高信息报备效率和流调效率做出积极贡献。

【帮扶宣传】 中财大充分利用校园网、校报、微博、微信、抖音等校内外媒体平台,全媒体、全方位、全过程宣传报道学校定点帮扶和乡村振兴成果。校园网主页"全面推进乡村振兴"专题发布乡村振兴相关文章6篇,微博、微信发布相关推送30余篇,校报刊发专题文章2篇。举办"启航——中央财经大学助力甘肃宕昌乡村振兴纪实"展览。

(中央财经大学 徐 薇 李 轩)

中国政法大学定点帮扶

【概述】 2022年,中国政法大学(以下简称"法大")定点帮扶内蒙古自治区科尔沁左翼中旗(以下简称"科左中旗")。根据中共中央、国务院关于全面推进乡村振兴重点工作的总体部署,按照教育部和农业农村部工作要求,在学校党委的统一领导下,法大将落实乡村振兴重点工作作为学校重大政治任务和政治责任,坚持用习近平总书记关于乡村振兴的重要论述武装头脑、指导实践、推动工作,从科左中旗实际出发,加强领导、统筹规划、整体设计、动员全校师生力量,坚持党的领导核心,以组织振兴为引领,以法治建设为重点,以基础教育为抓手,充分发挥学校法学特色优势,形成定点帮扶工作的"三大特色"举措,推动科左中旗实现更宽领域、更深层次、更高质量发展。2022年,法大向科左中旗投入自筹资金200万元,引进帮扶资金305.55万元,培训基层干部5096名(含乡村振兴带头人194名),培训专业技术人员481人,直接购买农产品200万元,帮助销售农产品226.02万元,获得中央单位定点帮扶工作成效考核最高评价"好"等次。

【帮扶资金投入】 2022年,法大投入自筹帮扶资金200万元,主要用于教育帮扶、人才振兴、产业振兴和文化振兴项目,助力科左中旗2022年全面推进乡村振兴和农业农村法治建设。7月,学校与科左中旗共同举办捐赠仪式,向科左中旗捐赠救护车3辆,总价值29.55万元,分别用于科左中旗第三人民医院、科左中旗人民医院和科左中旗中医医院的院前急救、疫情防控、下乡培训、卫生医疗宣传、受灾地区救护等工作,惠及脱贫户1935户;捐赠法律法规、案例实务、大众社科、经管、普法等类型书籍,总计101万元,用于丰富藏书、日常借阅等公共用途,助力科左中旗人才队伍建设,直接和间接受益5万余人;自筹和引进帮扶资金275万元,用于科左中旗体育学校、巴彦塔拉镇中心校、舍伯吐中学、舍伯吐镇第二小学、宝龙山镇第二小学、协代苏木中心校、巴彦塔拉中学等7所学校的基础设施建设项目。

【帮扶调研】 法大主要领导带队深入科左中旗考察调研定点帮扶工作共计13人次。7月,校长、副校长带队赴科左中旗调研考察定点帮扶工作和"中国政法大学法治文化示范村建设"情况,召开定点帮扶工作推进座谈会。其间,校长为通辽市干部队伍开展了"习近平法治思想核心要义"主题讲座。

【帮扶会议】 法大党委常委会2次专题研究定点帮扶工作,围绕"四个不摘"帮扶要求,建立主要负责同志亲自部署、亲自督战、亲自参战,分管校领导细化任务、注重时效、狠抓落实的政治责任体系,深入探讨部署乡村振兴工作计划和帮扶举措,制订《中国政法大学定点帮扶工作2022年实施方案》,提出15项具体帮扶措施;分管校领导2次召开定点帮扶工作推进会,根据年度实施方案工作要求,明确目标任务和责任部门,落实落细举措、层层传导责任,确保定点帮扶工作任务按时高效完成。

【干部挂职帮扶】 法大把乡村振兴作为培养锻炼干部干事创业的广阔舞台,把干部在基层一线挂职锻炼与下一步培养使用紧密结合,继续向科左中旗选派挂职帮扶干部和驻村第一书记,并于2022年4月完成新一轮挂职干部和驻村第一书记压茬轮换工作,要求将主要精力放在乡村振兴工作上,确保工作不断、队伍不散、干劲不减,深入定点帮扶工作第一线。同时,学校跟进落实挂职帮扶干部和驻村第一书记相关组织保障工作。

【消费帮扶】 法大把消费帮扶作为定点帮扶的重要工作内容,鼓励有采购需求的各二级单位、各学院,继续通过国家"脱贫地区农副产品网络销售平台"、学校助农超市,优先采购科左中旗和其他脱贫地区农副产品。学校后勤保障处饮食服务中心于"832平台"采购脱贫地区农副产品200万元(其中,购买科左中旗农产品101.26万元)。学校联系北京市盈科律师事务所、北京市两高律师事务所等校友企业,通过助农超市采购科左中旗农产品165.73万元;校工会双节慰问采购科左中旗农产品12.08万元;学校党员干部通过助农超市购买农产品48.21万元。

【帮扶培训】 法大继续教育学院充分利用学校学科特色、师资力量、教育基地等优势资源,为全旗基层干部、政法干警、专业技术人员、乡村振兴带头人等,通过线下集中面授、线上直播培训、线上录播集中学习等形式,开展"习近平法治思想核心要义""习近平法治思想与推进国家治理体系和治理能力现代化""坚持党的领导与习近平法治思想""政务诚信建设概览""未成年犯罪心理的可能路径和干预策略""医师法主要内容及医疗机构落实中的问题""大数据时代与行政执法新发展""学习习近平法治思想,推进法治国家、法治政府、法治社会一体建设"等法治教育培训共计83期;与中共科左中旗委员会签订《共建领导干部法治教育示范旗合作协议》,在人员交流、学习培训、专家咨询、法治建设、信息共享等方面开启深层次、多领域交流合作,全面提升科左中旗法治骨干人才运用法律知识及法治思维处理复杂问题的能力,并投入45万元培训经费用于全旗政法干警培训项目。

【党建帮扶】 为进一步发挥基层党组织在乡村事业发展中的核心领导作用,夯实农村基层党组织根基,法大定点帮扶工作办公室与科左中旗乡村振兴局进行充分沟通,决定以乡村振兴工作为契机形成组织合力,共同组建科左中旗架玛吐镇苏林毛都嘎查乡村振兴驻村工作队,由法大驻村第一书记担任队长,科左中旗乡村振兴局项目股干部担任队员,并与苏林毛都嘎查党支部共同签订《中共中国政法大学委员会中共科尔沁左翼中旗委员会基层党组织结对共建协议书》。5月,法大国内合作处(基金会)党支部与科尔沁左翼中旗乡村振兴局党支部、苏林毛都嘎查党支部共同开展联学活动,并就铸牢中华民族共同体意识、开展乡村振兴和农村法治建设工作进行研讨;7月,国内合作处(基金会)党支部书记带队赴苏林毛都嘎查就组织建设、产业发展等问题进行考察调研;11月,国内合作处(基金会)党支部、法硕学院党支部、科尔沁左翼中旗乡村振兴局党支部与苏林毛都嘎查党支部共同开展专题党课学习活动,邀请马克思主义学院教授作党的二十大精神及其意义解读。同时,法大还通过组织专家学者入村调研,开展科左中旗嘎查村(社区)党组织负责人法治轮训等活动,以实现"党建引领、资源共享、优势互补、共驻共建"为目标,加强村级党支部标准化、规范化建设,充分发挥基层党组织的战斗堡垒作用和党员先锋模范作用。

【法治帮扶】 法大立足学科特色,充分发挥法学优势,在科左中旗开展了干部培训、社区普法、法律援助、依法治旗等一系列法治提升项目。为进一步推动领导干部依法行政,实现人民群众知法、懂法、守法、用法,助力乡村法治文明和乡村振兴,学校以农村法治文化建设为主线,充分发挥法治对农业农村高质量发展的引领和推动作用,通过开展法治教育示范项目,提高法治政府建设能力,为县域经济社会高质量发展提供有力法治保障;通过建设农村法治教育基地,开展"党员领导干部法治思维和依法行政能力提升""乡村振兴与土地产权改革""法治政府建设的形势与任务"等主题培训,增强县域领导干部,特别是村"两委"和工作人员运用法治思维、法治方式推动工作的能力。法大将科左中旗架玛吐镇苏林毛都嘎查作为法治文化示范点,挂牌"中国政法大学法治文化示范村",建设了农村法治教育基地,配备了LED屏、电脑、音箱、桌椅等相关培训设施,通过印发民法典宣传手册,开展专家学者入村调研,推动村级组织在民主决策、村务公开、民主监督等方面建章立制,进一步增强村级干部和工作人员运用法治思维和法治方式推动工作的能力水平;通过打造法治文化广场、法治图书室、"五心合一"矛盾纠纷排查化解中心,增设法治宣传栏、村务公开栏、灯杆标语等农村法治文化氛围设施,培育办事依法、遇事找法、解决问题用法、化解矛盾靠法的乡村治理环境。

同时,法大组建乡村振兴法治引擎实践团队,为法大法治文化示范村,开展"乡村法律援助服务",开办"乡村振兴法治课堂",创建"乡村法治文化矩阵",实施"乡村企业法治会诊",搭建"乡村法律服务平台",累计开展活动9次,荣获首都高校师生服务"乡村振兴"行动计划二等奖。

【教育帮扶】 法大持续聚焦乡村义务教育,加大资金倾斜力度,通过投入帮扶资金有效解决学生活动场所不达标、设施设备不足、资源短缺等实际问题,共修建学校围墙650米,购置教师用床及床垫32张、双开门衣柜32个,购置学生食堂餐桌80套,购置学生用床150套,购置学生桌椅100套,硬化篮、排球场2420平方米,修缮学校食堂800平方米,购置安装玻璃钢化粪池1个,修砌校园排水沟600米,改造学生宿舍142间,惠及学生4656人。选派5名"研究生支教团"内蒙古分团支教学生,分别承担蒙古族中学高一历史、高一思想政治、高二英语和保康县第二中学七年级道德与法治、八年级英语教学任务,"支教团"成员在立足教学工作的同时,为支教地学校整理汇编了《预防校园霸凌宣传手册》《预防校园踩踏事件宣传手册》《预防校园勒索宣传手册》,举办明法公益大讲堂、"预防青少年犯罪"主题普法和模拟宪法宣誓等活动,为学生开授乒乓球课,成立学生会、兴趣社团等学生组织,并投入6万元帮扶资金,惠及学生3631人,为支教地学生的德、智、体、美、劳全面发展注入了强劲动力。

(中国政法大学国内合作处、定点帮扶工作领导小组办公室　赵鑫琪)

北京中医药大学定点帮扶

【概述】 2022年,北京中医药大学(以下简称"北中医")定点帮扶云南省双柏县,发挥中医药优势,为双柏县中医药产业"问诊把脉",脱贫成效持续稳固,有力助推双柏县健康产业发展,共直接投入帮扶资金201万元,购买农产品200万元,帮助销售农产品200万元,引进帮扶资金200万元,帮助培训基层干部、乡村振兴带头人和技术人员1100人次,组织专家学者、中药材相关企业赴当地开展中药材产业调研考察100余人次,以暑期社会实践为契机,组织青年师生和专家教授开展义诊、党建活动、中医药文化进校园行动、学术交流等近100人次,并为爱尼山乡中心学校捐赠价值5000元的中医入门和养生保健书籍、价值2000元的急救包,学校教育基金会捐赠资金20万元,为双柏县援建中彝医药健康文化体验馆,在中央单位定点帮扶工作成效考核评价中被评为"较好"等次。

【帮扶资金投入】 2022年,北中医直接投入和引进帮扶资金401万元,主要用于中药种植加工产业、医药卫生和教育文化事业发展及助残急救等项目。其中,投入10万元用于双柏县残疾人联合会智能化服务平台建设项目,通过建设该平台掌握全县残疾人分布和基本状况,宣传惠残政策,及时了解救助、就业需求,助力残疾人就业等;投入10万元为双柏县爱尼山乡卫生院购买便携式彩色超声设备,便于卫生院工作人员携带设备进村入户提供检查治疗服务;投入5万元资助双柏县红十字会,用于开展应急救护知识和施救技巧等内容培训;投入6万元采购米、面、粮、油等向海资底社区老党员和困难群众年前慰问;投入280万元用于采购金银花种苗,帮助当地农民种植2000亩金银花,提高农户生产收入;投入20万元为双柏县援建中彝医药健康文化体验馆;为改善双柏县中医院医疗设备条件,协调附属医院捐赠2台磁振热治疗仪、2台多功能艾灸仪、4台干涉波疼痛治疗仪,总价达40万元。

【帮扶调研】 北中医先后成立4个调研组,由主管副校长带队共计100余人次深入双柏县督导调研定点帮扶工作,实地调研中药种植基地、中药加工厂、彝族文化建设等情况。组织召开挂职干部座谈会,传达学校党委关于定点帮扶重要部署,监督落实防返贫监测机制,分析双柏中医药发展现状,理清帮扶工作思路,推动帮扶举措落地见效。与县委、县政府相关部门负责人和企业负责人进行座谈,针对推进乡村振兴工作、如何发挥地理优势、利用好当地中药材资源、提升优质药材生产能力和产业质量、建立品牌优势进行指导交流。组织基金会、中药学院、九间棚投资控股(集团)有限公司等单位专家多次到双柏县调研中药种植加工和中彝医药健康文化推广工作。组织中医学院、针灸推拿学院专家到双柏义诊、指导及进行专业技术和健康讲座。同时,楚雄彝族自治州人民政府州长及双柏县委、县政府县长分别带队到北中医开展对接洽谈,交流年度工作内容、医药卫生健康产业方面的合作意向,提出在帮扶工作中存在的问题,并共同探讨解决方案,进一步深化定点帮扶工作。

【帮扶会议】 北中医召开党委常委会和校长办公会3次。审定继续保持现有帮扶力度不变，制订具体工作计划，列出年度工作任务及责任单位，确保帮扶工作落到实处、干出实效。组织相关部门召开专题会议5次，发挥学校二级学院、附属医院中医药专业教育、人才、科技和校友优势，多措并举。双柏县委书记、县长带领相关部门到北中医就进一步深化定点帮扶工作座谈交流2次。参加省校合作协议签订会议，与云南省签订合作协议，主要在教育、人才培养、社会服务、产业、医疗康养等5个方面进行合作。

【帮扶培训】 北中医继续实施"双柏优才计划"，根据双柏县管理工作实际及基层人员教育需求，通过北中医远程培训平台，采用直播课程与录播课程相结合的形式，以提升参训技术人员中医基础理论水平、临床技术服务和中药种植鉴定能力，促进当地医药卫生事业发展和大健康产业建设为目标，开设管理理论实践、新冠疫情防治、中医健康知识、中药材种植与加工等课程。培训共分2期，每周安排1期，每期8学时，其中录播课程6学时、直播课程2学时。2期共培训学员1000人次，每期课程学习完成率达到100%。邀请九间棚投资控股（集团）有限公司为农户进行金银花种植培训百余人次。

【干部挂职帮扶】 北中医挂职双柏县副县长、驻村第一书记统筹学校资源，发挥个人能力，全力推进帮扶任务及时有效完成。推动双柏九间棚金银花种植示范基地建设，加大对双柏金银花产业的指导和帮扶力度，确保其成为一项富民增收产业。将中医药文化和彝医药文化相结合，协调北中医教育基金会援建双柏县中彝医药健康文化体验馆项目，有效传承和创新传统文化。

【公益帮扶】 北中医坚持把"我为群众办实事"活动与定点帮扶工作相结合。2022年，北中医投入6万元，向双柏县海资底社区老党员、困难党员和脱贫困难户开展送温暖活动，为120户454人发放大米、香油、毛毯等过冬物资。协调医药企业购买价值20万元治疗新冠药物、口罩等物资，及时治疗和救助患者。协调附属厦门医院为双柏县中医院捐赠2台磁振热治疗仪、2台多功能艾灸仪、4台干涉波疼痛治疗仪，总价值达40万元。开展暑期社会实践重点项目"赓续百年初心建功新时代 助力乡村振兴喜迎二十大——北京中医药大学青年教师双柏县社会实践"，以党建思想为引领，发挥中医药专业特色优势，围绕"疾病预防"和"健康促进"两大核心，开展中医药文化进校园行动，进行慢病中医养生保健宣讲，提升当地居民的健康素养，实践团开展6场中医药及慢病康养讲座，为爱尼山中心学校捐赠价值5000元的中医入门和养生保健书籍，以及价值2000元的急救包。实践团队还开展当地中医养生保健及中医适宜技术应用现状及需求调研，了解当地居民对中医养生、中医适宜技术的认识程度，从而更加精准发挥传统医学特色优势，更好地为当地民众提供健康服务。

（北京中医药大学　韩额尔德木图）

中国海洋大学定点帮扶

【概述】 2022年，中国海洋大学（以下简称"海大"）定点帮扶云南省绿春县。海大坚持"1+2+5"工作思路不动摇。"1"，即贯彻应绿春所需，尽学校所能的工作原则；"2"，即建立有力的领导体制和良好的工作机制；"5"，即扎实开展产业帮扶、教育帮扶、消费帮扶、智力帮扶、文化帮扶，扎实推进绿春县脱贫攻坚成果同乡村振兴有效衔接。2022年，海大直接投入无偿帮扶资金218万元，引进无偿帮扶资金339万元，培训基层干部2701人次，培训乡村振兴带头人及专业技术人员708人次，购买脱贫地区农产品297万元，帮助销售脱贫地区农产品257万元。

【组织领导】 海大高度重视定点帮扶工作，乡村振兴工作领导小组由学校党委书记和校长担任"双组长"，2位副职校领导担任"双副组长"，统筹指挥学校定点帮扶工作；成立专门机构，定点帮扶工作办公室具体负责落实学校工作部署。学校将定点帮扶工作列入重要议事日程，先后9次召开专题会议研究定点帮扶工作。健全"目标设定—动态监测—定期调度—监督激励—结果反馈"闭环工作机制，充分调动32个二级党组织参与帮扶工作积极性，进一步巩固全员关心帮扶、支持帮扶、参与帮扶的良好工作格局。

【干部挂职帮扶】 海大重视选优配强挂职干部，压茬做好挂职干部轮换。5月，第一批选派干部挂职期满后，学校选派学校团委副书记挂职绿春县副县长，选派人事处干部挂职牛孔村党总支第一书记，接续开展定点帮扶工作。他们担当使命，敢于作为，在认真完成本职工作的同时，充分发挥桥梁和纽带作用，有力推动学校定点帮扶项目和措施落到实处。海大关心他们在滇的工作和生活，通过定期辅导、远程指导、现场督导等方式不断提高他们的能力，校领导专程到绿春县看望慰问，解决他们的实际困难；为每位挂职干部指定校内联系人，加大对他们的关心关爱力度。

【调研督导】 根据绿春县实际需求，海大开展有针对性的"项目式"督导。海大校长、副校长等专家学者和茶商茶农一起走进茶叶明星企业、制备车间、田间地头，通过调研走访、座谈交流了解绿春县茶叶产业发展现状，发现工作中存在的问题和难点并形成督导报告，科学精准指导绿春县特色产业经济发展。认真落实教育部《关于开展教育系统乡村振兴工作书面调研的通知》精神，组织乡村振兴相关专家、定点帮扶一线挂职干部、研究生支教团、红色智援博士团等广泛搜集信息、加强梳理分析，为乡村教育振兴与教育振兴乡村实现"双循环、双促进"贡献海大智慧。

【产业帮扶】 海大为绿春县茶产业发展定制了"四全帮扶"策略，即"全要素投入、全过程提质、全链条指导、全方位服务"，提供"规划+科技+专家+培训+产业+销售"一条龙指导帮扶。"首届全国高校黄大年式教师团队"汪东风教授亲赴绿春县开展技术指导，广邀政府、企业、校友、茶界知名人士、茶农等多方参与茶叶产业建设工作，充分激活农户、技术、资本、茶企、市场活力，推动绿春县茶叶产业由"被动扶"走向"主动兴"。加强技术创新，开展茶叶精深加工。海大受聘绿春县产业"一县一业"

工作技术支撑单位,汪东风教授亲自带领团队前往绿春县,深入一线茶园和生产厂房基地,围绕"高香白茶""玛玉绿茶""富含茶多糖茶饼"加工工艺要点、普洱熟茶新型渥堆发酵设备研发、茶园管理标准等内容,对当地农户和茶企员工进行现场技术培训和实地指导,有力推进绿春县茶叶精深加工技术集成创新。汪东风教授主持的《云南省绿春县茶叶精深加工技术集成创新与推广应用》方案入选第一批教育部直属高校服务乡村振兴创新试验项目。

加强品牌建设,制定技术产品标准。海大高香白茶项目组联合云南省绿春县白茶研发中心、绿春县分管领导和6家生产企业起草申报的绿春"高香白茶"产品标准已获准发布,"富含茶多糖紧压茶"已通过专家组评审。此外,海大建立了高质量绿春茶生产标准清单,为达标茶企授牌中国海洋大学"茶叶精深加工技术生产基地",监督指导绿春茶企高标准做好茶叶生产加工。据不完全统计,在6家示范企业中应用,大大提高了茶叶品质,增值20%以上,全县茶产业增值15%以上。

加强招商引资,优化产业发展模式。协同引进云南"昌宁红"重点茶叶企业项目,海大校长与云南昌宁红茶业集团董事长多次交流沟通,推动校地企三方签订合作协议。在多方共同努力下,昌宁红二期项目5亿元投资框架协议已经完成签订。健全"公司+合作社+基地+农户"产业发展模式,支持龙头企业、合作组织、茶农等建立紧密型产业化联合体。争取绿春县"一县一业"创名牌育龙头奖补政策,支持茶叶骨干企业做大做强,发展壮大茶叶农民专业合作社,形成稳固的利益联结机制,发挥益农带农效应,有效避免规模性返贫现象发生。

加强品牌宣传,定点帮扶与思政育人深度融合。鼓励支持红旗智援博士团等学生团队深度参与定点帮扶工作,通过整合高校科研力量、开展乡村振兴实践活动、加强红色文化宣讲等方式,引领广大青年学生积极投身乡村振兴、中华民族伟大复兴建设。厦门大学、四川大学、山东大学等75所高校1200余名大学生参与学校组织的"智营销"创新创业大赛和"山海情"大学生旅游创意设计大赛。"红旗智援博士团——助革命老区乡村振兴实践育人项目"获评2022年度教育部高校思想政治工作精品项目。汪东风教授深入大山、振兴乡村的事迹感动了青岛人民,他荣获2021年度"感动青岛"道德模范称号。以汪东风为原型,学校拍摄制作了《山海茶缘》短片,参与教育部思政司"乡约有我"高校智赋乡村视频短片接力活动,通过专题报道、《海大文化小客厅》节目、校内宣传栏等进行广泛宣传,展现学校在乡村振兴方面做出的贡献,弘扬汪东风"一生立德树人,半世扶贫助农"的精神,引导激励广大师生在服务国家重大战略中建功立业。

【教育帮扶】 海大加力开展干部教师培训工作。在绿春县举办第四期绿春县党政干部素能提升专题培训班,培训专家教师到绿春实地授课,共计培训基层干部1200余人。建设充实"定点帮扶绿春县教师专题培训"课程资源库,投资开发手机端学习App,制作8门优质网络课程资源,530余名中小学教师参加教师业务能力专项培训班。

助力绿春基础教育发展。研究生支教团赴绿春开展支教,充实绿春教师资源。承办中国科学技术协会"青少年科学营暨海洋科学专题营",为绿春学生开放"云端海洋营",通过云游海大园、专家报告会、线上科研实践等20余项线上活动,让绿春孩子感受海洋科技魅力。开展"少年梦,赴山海,背着'STEM资源包'去支教"专题活动,捐赠总价值4万元码洋海洋科普书籍。捐赠20万元"行远"奖助学金资助品学兼优学生,制作《"行远奖助学金"优秀学生事迹风采录》,激励绿春莘莘学子常怀感恩之心、永葆进取之志。

【消费帮扶】 完善海大校内校外双循环、线上线下共推进消费帮扶体系,为绿春农产品销售搭建广阔平台。一是,常态化线下采购扎实开展。海大后勤、工会教工福利等大宗采购向脱贫地区农产品倾斜,为师生采购物美价廉的农副产品;设立食堂定点帮扶窗口、超市乡村振兴专区等常态化消费帮扶渠道。二是,畅通网上消费帮扶渠道。制作师生消费帮扶"明白纸",鼓励师生通过"832平台"、校园文化用品商店、红旗智援博士团微店等渠道进行采购,学校师生消费帮扶金额连续两年位列"832平台"教育部直属高校第一名。三是,进一步完善全国大学生"智营销"创新创业大赛平台建设,60所高校近1000名大学生参赛,向国内超过60个大中城市推广传播"绿春茶""绿春四季""东仰云海"系列品牌,提升绿春品牌影响力及特色产品知名度。2022年,海大通过集中采购、教职工和校友采购等消费帮扶方式共购买或帮助销售脱贫地区农产品超过554万元。

【智力帮扶】 海大开展"时代先声"党的理论宣讲工作,宣讲团面向云南省绿春县公务员代表和第一中学师生分别开展宣讲活动,通过赋能培训"广覆盖",帮助绿春县干部提高理论水平、丰厚文化底蕴、提升专业素养和管理水平,增强队伍"硬实力"。

实施"文旅春景"计划,协助绿春县文化和旅游局编制完成《绿春县"十四五"文化和旅游发展规划》。联合国家文化和旅游研究基地、绿春县文化和旅游局,开展"山海情"大学生旅游创意设计大赛,紧密围绕绿春县生态文明、美丽乡村建设主题,鼓励大学生针对指定地区设计旅游线路及规划整体方案,促进绿春地区旅游资源有效利用,推动当地特色产业可持续发展。

【文化帮扶】 海大持续推进"文兴绿春"工作,出资30万元设立"文兴绿春"专项资金,捐赠价值40万元码洋优质图书开展"文泽春乡"计划。规划指导绿春本土文化系列图书出版,绿春当地作家文学作品丛书"文情绿春"编辑出版工作初见成效。深化"文宣绿春"计划,大力开展巩固拓展教育脱贫攻坚成果同乡村振兴有效衔接新闻宣传,联动社会媒体广泛宣传定点帮扶成效,深度挖掘乡村振兴故事,树形象、扩影响、聚人心。2022年,海大校内外平台共发布相关文章报道20篇,有效营造了浓厚的工作氛围,立体化地展示了海大定点帮扶工作全貌。

(中国海洋大学党委办公室、校长办公室 张晓宇)

中国地质大学（武汉）定点帮扶

【概述】 2022年，中国地质大学（武汉）（以下简称"地大"）坚持以习近平新时代中国特色社会主义思想为根本遵循，把"迎接学习宣传贯彻党的二十大精神"作为工作主线，认真贯彻落实中共中央、国务院以及国家乡村振兴局、教育部关于定点帮扶的决策部署，聚焦施甸资源禀赋转化运用，持续优化"援派干部+科研团队"的帮扶队伍，在科技帮扶、教育帮扶、驻村帮扶方面持续探索，创新提出了"地球科学+"特色帮扶模式，接续推进"五大振兴"，助力云南省施甸县巩固拓展脱贫攻坚成果同乡村振兴有效衔接取得新成效。全年共完成培训基层干部236人，培训专业技术人员、乡村振兴带头人1442人；直接投入帮扶资金200万元，共引进帮扶资金410.5万元，购买脱贫地区农产品244万元，帮助销售农副产品426万元。

【帮扶资金投入】 2022年，地大参照教育部"6个200"标准，直接投入帮扶资金200万元，开展施甸县天然富硒土地认证、地质文化乡筹建、施甸县第二中学标准攀岩场地和智慧教室建设、驻村点基础设施改善等工作。引进帮扶资金410.5万元，发展富硒种植养殖业、岩气资源勘查等工作，助推经济发展。

【帮扶资金管理】 帮扶资金均按照地大和帮扶县预算管理制度及资金管理办法进行管理。资金使用范围由校地双方结合帮扶计划和帮扶县的实际商定，并签订资金使用协议。资金使用按照《中央财政专项扶贫资金管理办法》《云南省财政厅专项扶贫资金管理办法》《云南省扶贫募捐资金管理使用办法》等相关规定，以及帮扶资金使用的规范程序执行，确保资金合理、合规使用。

【帮扶调研】 地大全年共派出16批120余人次的专家、干部、师生到施甸开展各类帮扶活动。2月，校长、副校长到施甸督导调研，深化校地合作，谋划推动科技帮扶工作。11月，副校长带队到施甸调研，推进科技、教育和驻村帮扶工作走深走实。施甸县委书记、常务副县长等带队共3批17人次来校交流，推进招商引资、教育和消费帮扶。

【帮扶会议】 2022年，地大党委常委会、校务会专题研讨帮扶工作11次，校地双方召开交流推进会20次，常规督查2次，服务乡村振兴创新试验项目专项督查3次。地大在中央单位定点帮扶工作成效考核评价中获评"好"等次。地大高度重视考核结果和反馈问题，认真研究分析，制订整改方案，确保帮扶工作出成效、有亮点。

【帮扶制度建设】 地大把服务乡村振兴列为学校"十四五"发展规划和年度工作重点任务，地大召开帮扶工作领导小组会议，制订定点帮扶年度工作计划，明确具体任务、责任分工及时间节点；进一步完善"统一领导、归口管理、分级负责、协同配合"的帮扶工作机制。

【帮扶培训】 为深化教育帮扶筑根基，提升帮扶地干部管理能力，加强人才队伍建设，地大充分发挥远程与继续教育学院线上线下教学平台优势，围绕帮扶地需求，精准设计培训项目、精心遴选培训师资、精细制订系列培训实施方案。地大与杨善洲干部学院联合举办"施甸县2022年中青年干部培训班"，学校选派多名专家教授围绕"习近平谈治国理政""国土空间规划""富硒农业"等专题进行远程授课。地大遴选施甸县农技骨干、"大学生村官"、乡村教师等各类人员291人,举办"施甸县乡村振兴带头人培训班",考核合格后颁发地大(武汉)非学历教育结业证书。全年已累计培训基层干部236人次,专业技术人员1442人次。

【干部挂职帮扶】 地大按照"尽锐出战"原则,选优配强新一轮工作队。3人组成第二批帮扶工作队。到岗前,校党委书记与队员集体座谈,副校长与队员逐一谈话。第二批工作队到岗压茬交接,确保帮扶工作不断线,接续发挥桥梁纽带作用。地大领导坚持通过走访慰问、调研指导、谈心谈话等方式关心关爱挂职干部的思想、工作和生活。

【产业帮扶】 地大坚持地方资源禀赋与学校科技、人才优势相结合,持续夯实产业增收基础。协助施甸县"姚关镇、旧城乡天然富硒地块"获中国地质学会认定,在全县开展富硒种植养殖业规模化示范推广2200亩,带动富硒种植面积达2万余亩,有效拓宽农民增收渠道。学校帮助施甸县何元乡成功获批挂牌筹建云南省首个"地质文化乡",累计拉动政府和民间投资6000万元,带动返乡创新农户11户,培育特色农业企业1家,新增就业岗位50个。在驻村点杨家社区打造了200亩富硒青豌豆种植基地,在地大食堂开设"云南过桥米线帮扶窗口",引进云南咖啡文化进校园,带动企业增收130余万元,新增村民就业岗位4个、创业岗位1个。

【教育帮扶】 地大坚持师资培训、师生支教、结对关爱、资源共享、援建捐赠等同步行动,有效缓解了施甸县第二中学基础薄弱、师资短缺、资源不足等突出困难,教育教学质量得以大幅度提升。地大投入帮扶资金50万元,在施甸县第二中学建设了全市一流的智慧录播教室,进一步巩固了学校现代化教育硬件。地大"夏心续梦"支教团队到施甸县第二中学进行为期半个月的支教及社会实践活动,开办2期讲座,支教高三450余名学生,利用暑假网络一对一等平台,辅导学生500余人,建立校地实践育人的长效合作机制。施甸县第二中学建成滇西首个完全中学标准攀岩场。挂牌成立"中国登山户外运动学院滇西训练基地"和"中国地质大学(武汉)攀岩后备人才培养基地"。施甸县第二中学被评为"云南省家庭教育创新实践基地""保山市现代教育示范学校"。

【基础设施建设】 地大在驻村点杨家社区积极完善基础设施,共建宜业宜居和美乡村。地大2021年在杨家社区投入帮扶资金80万元建设的"科教融合创新试验基地"竣工验收,基地建筑面积254平方米,设有综合治理、文明实践、电商直播和会议培训等4个功能室,极大提升了基层办公条件和治理水平,积极完善政府、学校、社区"三位一体"科教融合模式,打造乡村振兴创新试验样板。地大投入帮扶资金50万元,争取施甸县财政涉农资金81万元,为杨家社区安装太阳能路灯90盏,修建村级公路防护栏250米,新建了村委会围墙大门,修复山区水毁路段400米,进一步改善人居环境、消除安全隐患,提升基层服务功能,持续增进村民安全感、获得感、幸福感。

【整村推进】 施甸县由旺镇杨家社区是地大驻村帮扶点,地大按照国家"整村推进"的方针,坚持党建引领,紧紧围绕"五大振兴",大力发展乡村产业、培育乡村人才、弘扬文明乡风、打造美丽乡村、加强乡村治理,全力做好脱贫攻坚与乡村振兴有效衔接。一是充分发挥驻村第一书记作用,推进基层党组织和队伍建设。带头访农户、讲党课,培养吸纳优秀青年入党,不断增强村党组织战斗堡垒作用。持续深化校地支部结对共建。社区第一、二、三党支部分别与地大饮食、物业、住宿中心党支部结对共建，各方达成帮助改善公共设施、促进农产品销售，支持村民就业、爱心助学等系列成果。二是绘制乡村长远发展蓝图，打造乡村振兴样板村。地大国土空间规划团队依托前期成果，坚持驻村开展入户访谈、小组座谈、无人机测绘等实地勘测调研，因地制宜编制"杨家社区实用性村庄规划"。三是拓宽产业兴农实践渠道，帮助村民增收致富。在杨家社区挂牌成立"富硒农业技术推广站"，开展富硒青豌豆标准化示范种植200亩，带动村民125户560人增产增收。引进建成"杨家社区电商直播间"，获批市级电商直播示范村建设点。四是创新人才储备和培育机制，助力乡村人才培养。发起"地大教师助学行动"，为社区5名家庭困难大学生筹集助学款11800元/年，为2名留守儿童找到定向资助人。举办"施甸县乡村振兴带头人培训班"，培训施甸县农技骨干、"大学生村官"、乡村教师等各类人员291人。五是关爱留守儿童，培养乡村振兴接班人。组建成立16人"大地暖杨"（杨家社区留守儿童合唱团），选派音乐专业学生到社区指导排练、辅导演出，并为合唱团成员统一购买了服装，赠送了书包、文具、笔记本电脑等学习用品。

〔中国地质大学（武汉）校友与社会合作处　马洪福　田　欢〕

武汉理工大学定点帮扶

【概述】 2022年，武汉理工大学（以下简称"武汉理工"）作为中央单位定点帮扶陕西省石泉县，作为中央在汉高校定点帮扶湖北省保康县后坪镇九池村，同时承担湖北省五峰土家族自治县（以下简称"五峰县"）、秭归县对口支援三峡移民工作任务。学校始终将定点帮扶工作当作一项重大政治任务抓好做实，校党委书记等校领导深入一线推进定点帮扶工作落地见效，全年投入帮扶资金260万元，引入帮扶资金210余万元，采购和帮销农产品550余万元，培训基层干部和技术人员等850余人次，圆满完成定点帮扶石泉县"六个200"目标、湖北省保康县九池村定点帮扶责任书目标等定点帮扶与对口支援任务。

【帮扶资金投入】 2022年，武汉理工共投入帮扶资金260万元，引进帮扶资金213.1万元，采购和帮销农产品551.87万元。其中，向石泉县投入帮扶资金200万元，引进帮扶资金200万元，采购和帮销农产品401.59万元；向保康县九池村投入帮扶资金20万元，引进帮扶资金13.1万元，采购和帮销农产品150.28万元；对口支援五峰县三峡移民帮扶经费20万元，用于牛庄乡清洁能源小镇展示基地项目建设；对口支援秭归县三峡移民帮扶经费20万元，用于归州镇万古寺村综合整治项目。

【干部挂职帮扶】 武汉理工选优配强挂职干部和驻村第一书记组成驻村工作队扎根帮扶地区。"武汉理工大学驻保康县后坪镇九池村帮扶工作队"获评湖北省"2022年度工作突出驻村工作队"，驻村队员获评湖北省"2022年工作突出驻村工作队员"，"武汉理工大学驻石泉县帮扶工作组"获评石泉县"定点帮扶先进单位"。

【帮扶调研】 武汉理工党委书记、党委副书记等领导先后带队到石泉县、保康县调研，走村入户解决贫困群众实际困难，现场推进学校定点帮扶工作。学校校属有关单位累计170余人次赴石泉县、九池村调研，开展帮扶工作。石泉县县长、石泉县人大常委会副主任、石泉县副县长等领导带队到学校深入调研交流，对接帮扶需求，落实帮扶项目。

【消费帮扶】 武汉理工广大师生员工和校友关心、参与、支持定点帮扶与对口支援工作。学校共计购买脱贫地区农产品325.48万元，通过"石泉印象"名优农产品直营店、"知味石泉"App小程序、国家乡村振兴"832平台"采购等举措帮助销售石泉县、保康县农副产品总计超过226万元。师生在学校"10·17"帮扶日活动中踊跃捐款奉献爱心，捐款51万余元、消费帮扶35万余元。

【帮扶培训】 武汉理工面向帮扶地通过线上、线下授课等形式举办专题培训班，开设《基层社会治理》《基层组织建设》《村集体经济发展》《开放招商及利用外资》《市场营销》等课程，帮助石泉县基层干部、技术人员及农村集体经济组织法人代表等提升信息化思维和应用水平，全年培训超过700人次；学校邀请专家为保康县提供人文素质和领导力、专业技能提升、农户核桃种植等方面的培训，全年为保康县培训基层干部15人次，培训专业技术人员113人次、农业实用技术人员30人次。

【产业帮扶】 武汉理工积极对接石泉县

乃至安康市"十四五"发展规划布局,助力当地打造富硒产业、旅游康养、新型材料三大千亿级主导产业集群,深度参与举办"安康市科技活动周启动仪式暨秦创原(安康)科技成果转化项目"路演活动,紧密团结域内高校、企业、科技园区,积极推动科技成果转化。学校与西北农林科技大学、河海大学、安康学院达成蚕桑产业合作发展框架性协议,合力创建蚕桑产业发展研究院。持续推进与河海大学、常州市金坛区人民政府、中国电建集团西北勘察设计研究院联合组建的"石泉县定点帮扶联盟",建立了"政产学研"联合扶贫工作机制。学校组织相关单位与安康市毛绒玩具文创产业、陕西奥邦重工集团、安康柏盛富硒生物科技有限公司等企业精准对接,植入自动化、智能化、信息技术,帮扶打造智慧工厂,促进产能产效提升。学校积极参与石泉县重点项目立项与产业迭代升级,在中池镇粮油基地稳粮扩豆项目、曾溪镇"曾溪乡厨"陕南小吃绿色产业项目、中池镇堰坪村集体经济合作社"康养茶厂"项目、中池镇堰坪村300亩车厘子产业观光园管护项目等重点项目建设,以"输血"促"造血"。中池镇堰坪村康养茶厂已顺利获得安康市市场监督管理局食品生产许可,开始生产,直接经济效益达到30万元。

【教育帮扶】 武汉理工充分发挥教育优势,以学校教育资源优势补强定点帮扶地区群众文化技术短板,强化"造血"帮扶。学校对安康市(含石泉县)户口学生报考网络教育减免10%的学费,赢得当地群众广泛好评;投入帮扶资金在石泉中池镇中心小学建立乡村振兴教育实践基地;武汉理工大学陶瓷艺术梦工场与石泉县中学共建"石泉中学'理泉'陶瓷艺术梦工坊"项目;组织"启智铸材——STEAM科普教育"公益夏令营活动,面向石泉县堰坪村、保康县九池村留守儿童开展科普教育;组织"青春画笔"美丽乡村建设社会实践队,在九池村开展风俗手工画帮扶项目;组织"向太阳"退役军人大学生志愿服务队为保康县后坪镇山区儿童开展"军营生活体验"活动;组织"电商赋能"大学生调研实践队在保康县开展"数字化建设与消费帮扶"调研,为当地数字乡村建设建言献策;在九池村建设"数字农家书屋",捐赠电子图书7万册、有声读物3万集;武汉理工大学湖北省名师工作室(土木工程)在后坪镇中心学校设立奖助学金,2022年资助品学兼优困难学生21名、"育人模范"好老师10名。

【乡村建设】 武汉理工加强统筹谋划、发挥学校优势,助力定点帮扶地区乡村全面振兴。由武汉理工捐建规划,全长106.12米的石泉县中池镇堰坪村大桥(又称"理泉桥")建成通车,打通当地农业和旅游业发展及现代新型集镇建设的重要交通节点,直接创造经济效益100多万元,新增就业岗位100余个,为当地农业和旅游业融合发展及现代新型集镇建设夯实发展基础;石泉县堰坪村被陕西省住房和城乡建设厅、陕西省生态环境厅、陕西省财政厅、陕西省农业农村厅联合评为2022年"陕西省美丽宜居示范村"。学校多方筹集资金在保康县九池村实施2.3千米入村道路的改扩建项目,逐步解决入村难问题;新铺设输水管道2400米,寻找新水源1处,解决了村民季节性缺水问题;建设的九池村垃圾集中处理站于2022年3月正式投入运行,解决了全村181户垃圾处理问题,改善了村民垃圾处理方式和人居环境。

(武汉理工大学党政办公室 王 磊)

中南财经政法大学定点帮扶

【概述】 2022年，按照国家乡村振兴局、教育部关于中央单位定点帮扶工作要求部署，中南财经政法大学（以下简称"中南大"）承担了中央单位定点帮扶任务，结对帮扶云南省盐津县。学校向盐津县投入帮扶资金269.7万元，引进帮扶资金213.5万元，购买盐津县等脱贫县农副产品438.47万元，帮助销售农副产品276.63万元，培训基层干部、技术人员等4393人次，对盐津县实现巩固拓展脱贫攻坚成果同乡村振兴有效衔接发挥了积极作用。

【帮扶资金投入】 2022年，中南大统筹年度自筹资金使用管理，组织动员二级单位和广大师生党员爱心捐赠，积极联系协调学校校友企业、合作单位等向盐津县引进帮扶资金，直接向盐津县支持帮扶资金269.7万元，引进帮扶资金213.5万元。

【帮扶资金管理】 中南大坚持以定点帮扶领域督查为抓手，开展帮扶项目资金管理使用、帮扶项目组织实施、挂职干部工作作风等方面督查工作。2022年，学校开展中央定点帮扶督查1次，形成督查报告1篇。

【帮扶调研】 中南大领导班子成员及其他中层干部共27人次赴盐津县调研定点帮扶工作。学校坚持落实校地联席会议制度，通过线上线下方式召开校地联席会议2次。7月，副校长带队赴昭通市调研乡村振兴、职业教育等工作；11月，原校党委副书记主持召开中南财经政法大学与盐津县校地联席会议暨乡村振兴调研座谈会，调研对接定点帮扶盐津县重点工作。

【帮扶会议】 中南大党委常委会先后4次研究定点帮扶工作，分管校领导先后7次主持召开专题研究调度会，先后召开定点帮扶专题工作会议及其他工作协调会7次，研究推进定点帮扶工作。

【帮扶制度建设】 中南大注重加强定点帮扶制度建设，先后制订《2022年定点帮扶与对口支援工作计划》《援派挂职干部人才工作生活保障实施办法（试行）》《定点帮扶与对口支援资金监督管理办法（试行）》等文件。

【帮扶培训】 中南大聚焦强化人才支撑，提出实施了定点帮扶盐津县"人员素质提升工程"，大力开展人员培训。坚持建强做优"中央定点帮扶盐津县继续教育基地"，为盐津县各级党政干部、专业技术人员等开展法律、经济、管理等方面培训班共8期，培训管理干部390人次、乡村振兴带头人54人次、技术人员3949人次。此外，学校还支持盐津县制订实施基层干部"学历提升计划"，招录2名盐津县乡镇干部到校就读MPA专业研究生。

【干部挂职帮扶】 中南大按照"硬选人、选硬人"原则，首选政治素质过硬、业务能力过硬、工作作风过硬的党员干部赴一线挂职（驻村）工作，选派1名副处级干部挂职担任盐津县副县长、1名科级干部挂职担任驻村第一书记，选派1名优秀本科应届毕业生到盐津县箭坝小学支教。

【帮扶慰问】 中南大各二级单位、师生校友等积极参与支持定点帮扶盐津县工作，共20个基层党组织与盐津县（箭坝村）建立了结对帮扶关系，各二级单位累计30余人次赴盐津县开展结对帮扶活动，捐赠帮扶资金52.7万元,捐赠桌椅、文体用品、口罩、雾化器等各类物资价值23.8万元。

【产业帮扶】 中南大坚持将产业帮扶作为定点帮扶工作的"牛鼻子",提出实施定点帮扶盐津县"产业富民工程",大力开展产业帮扶。一方面,大力支持盐津县改善产业发展基础设施,投入帮扶资金60万元支持完成兴隆乡保宁村茶产业公路硬化项目,解决了周边农户145户515人出行和产业发展难的问题。投入资金10万元,建成1个现代农业高山西红柿实验基地,并已投入使用。投入帮扶资金180万元支持启动箭坝村"双产业路"硬化项目,该项目完工后将有力助推箭坝村万亩乌鸡养殖示范园和瓦房片区1万亩竹产业后续发展,惠及周边500余户2000余人增收。投入帮扶资金10万元,启动建设盐津县普洱镇村级电商中心。另一方面,学校坚持把消费帮扶作为产业帮扶的重要内容,优先采购盐津县等脱贫地区农副产品。学校累计采购盐津县等832个脱贫地区农副产品438.47万元,帮助销售盐津县等832个脱贫地区农副产品276.63万元。积极打造学生消费帮扶创业团队,建成"津津有味MALL"平台,积极推进津味品牌进驻"e帮扶平台",帮助销售盐津县农副产品10.84万元。支持建设两个中央定点帮扶盐津县食堂特色窗口,带动8名脱贫群众就业,年总营业额达50万余元,购买当地特色食材20万元,实现村集体分红2万余元。推进"消费帮扶专柜进校园",布放160个消费帮扶专柜,帮助销售盐津县等脱贫地区农副产品19.42万元。

【智力帮扶】 中南大注重加强乡村振兴研究机构建设,成立乡村文化振兴研究院等13个研究机构,组织开展乡村振兴理论实践研究,形成研究成果16个。投入专项经费36万元,支持设立"渝昆高铁开通对盐津县社会经济发展的影响研究""盐津县'三产融合'发展背景下箭坝村'乌骨鸡'项目发展路径研究(第二期)""党的十八大以来我国高校教育扶贫的成效、问题及展望"等委托科研课题,为盐津县发展高铁经济和特色产业提供智力支持。

【教育帮扶】 中南大坚持统筹教育振兴乡村和振兴乡村教育,提出实施了盐津县"教育强基工程"。支持盐津县制定"青年干部考取中南财经政法大学研究生奖励"和"鼓励盐津高中学生报考中南财经政法大学"相关政策,于2022年8月向考入中南大的本科生、研究生发放奖助学金1.96万元。学校会计学院捐资设立"云岭先锋"奖教金,于2022年9月向10位优秀小学教师发放奖教金1.5万元。支持设立"中南财经政法大学励志奖学金",于2022年11月向432名盐津县高中学生发放奖学金20.88万元。继续开设品牌课堂"四点半云课堂"和"七点半筑梦课堂",累计开展线上辅导62次,辅导学生1984人次。

【基础设施建设】 中南大支持盐津县改善基层办学条件,累计投入帮扶资金210.5万元,支持盐津县开展完成了普洱镇箭坝小学宿舍食堂提升改造工程、普洱镇串丝中学运动场改造工程、落雁乡落雁中心完全小学校园绿化和篮球场硬化工程和豆沙镇豆沙小学配套道路建设工程。投入帮扶资金56万余元支持盐津县完成箭坝村饮用水提升综合改造项目。该项目年设计供水量7.08万立方米,日供水规模达194.06立方米,解决了普洱镇街子片区396户1600余人饮水困难问题。

[中南财经政法大学党委组织部、党校办公室(定点帮扶与对口支援办公室) 徐庆祥]

西南大学定点帮扶

【概述】 按照教育部部署和安排,结合云南省昌宁县发展实际,西南大学统筹谋划,精心组织,严格落实"四个不摘"要求,扎实推进帮扶工作落地见效。全年直接投入帮扶资金582.2万元,引进帮扶资金269万元,购买农产品266.33万元,帮助销售农产品297.84万元,培训基层干部722人次,培训专业技术人才2410人次,引进帮扶项目和企业5个,扶持龙头企业9家,帮助建立帮扶车间1个,帮助转移就业100人,与4个党支部和3个脱贫村开展结对共建。学校帮扶工作受到上级部门和当地干部群众的充分肯定,在教育部网站、光明网、新华网、《云南日报》《保山日报》、昌宁电视台等媒体被多次宣传报道,在2022年教育部直属高校定点帮扶工作考核评价中获得"好"等次。

【帮扶资金投入】 2022年,西南大学直接投入帮扶资金582.2万元,主要用于昌宁县魔芋、茶叶、蚕桑、柑橘等特色产业帮扶、教育帮扶,以及"秀美田园"乡村振兴试验等帮扶项目。全年引进帮扶资金269万元,主要用于昌宁县建设柑橘示范园建设、魔芋生产企业工艺改造、基础教育智慧教室等项目。

【帮扶资金管理】 西南大学投入和引进帮扶资金,结合昌宁特色产业发展、基础教育帮扶需求实际和帮扶工作等,确定帮扶项目及经费,由昌宁县相关部门确定使用方式。

【帮扶调研】 为切实做好帮扶工作,西南大学校长、副校长等先后5次赴昌宁县开展调研,与县领导商议帮扶工作,深入乡镇、企业和学校实地考察,指导督促巩固拓展脱贫攻坚成果同乡村振兴有效衔接。学校党委组织部、党委宣传部、研究生院、国内合作处、资产经营公司及相关学院负责人和专家先后16次到昌宁县,与县乡村振兴局、农业农村局、教育体育局及相关乡镇、企业对接开展帮扶工作。2022年,学校师生赴昌宁县共130人次,在昌宁开展帮扶工作持续半年以上的师生达27人。昌宁县委书记、县委副书记、副县长等县领导多次到访西南大学,对接帮扶需求,落实帮扶项目。

【帮扶培训】 西南大学在昌宁县建立了柑橘、魔芋、蚕桑、茶叶专家工作站。分别在春、夏、秋、冬不同季节,开展柑橘修枝疏果、除草、施肥等种植技术、新品种推广、加工技术等培训,培训500多人次,全力提升农户学科学、用科学的能力素质和行动自觉。西南大学教师教育学院专门为昌宁县、保山市50多名高中教师和校长,举办新高考背景下的教育教学管理改革与实践专题培训和实地考察交流活动;邀请昌宁高中学科教师参加"新时代基础教育强师计划——全国基础教育论坛";附属中学通过线上、线下方式,与昌宁高中教师开展学科教学研讨,多种形式培训中小学幼儿园师资1800人次;先后接收昌宁县15名高中教师到西南大学附中跟岗学习1年,全方位帮助昌宁骨干教师提升教育管理和教学水平。

【干部挂职帮扶】 西南大学选优配强挂职干部,按期完成挂职干部压茬交接。根据昌宁县委、县政府安排,1人任县人民政府党组成员、副县长,协助分管乡村振兴和教育体育工作;1人挂任田园镇党委委员、副镇长,担任新城社区驻村第一书记、驻村工作队队长。2位新任挂职干部迅速进入工作角色，认真履行职责，积极发挥桥梁纽带作用，协调社会资源，引进帮扶资金，在茶叶、柑橘、魔芋等特色产业发展及专家工作站建设、基础教育示范引领、基层治理帮扶等方面开展卓有成效的工作，取得良好进展和成效，受到昌宁干部群众的一致好评。2位同志挂职昌宁县期间工作成绩突出，回校后被学校提拔任用，同时积极"以老带新"帮助接任干部尽快熟悉情况、进入工作角色。学校党委组织部和国内合作处及时跟踪了解新选派干部履职情况，在政治上关心、工作上支持、生活上照顾，尽心尽力解决实际困难，确保挂职干部"下得去、留得下、干得好"。

【产业帮扶】 西南大学发挥农业科技优势，根据昌宁特色产业发展实际，先后设立了蚕桑、魔芋、茶叶、柑橘等4个专家工作站，建立科技支撑产业发展的长效机制，持续赋能昌宁农业特色产业发展。一是科技支撑昌宁魔芋产业发展壮大。魔芋专家工作站专家为企业、农户提供全程技术指导和服务，企业、村集体和农户签订三方协议，企业向农户供应优质魔芋种芋，市场价格高时按市场价格回收，市场价格低时按保底价格回收，同时按照0.2元/千克的标准向村集体支付组织服务费。通过帮扶机制创新，既激发了农户种植魔芋的积极性，也壮大了村集体经济，2022年新增9个村社80家农户标准化种植600多亩，带动全县种植魔芋2万亩以上。二是实施昌宁茶产业发展3年行动计划。茶叶专家工作站针对昌宁县茶树种质资源开发、茶园管理、加工技术、品牌建设中存在的技术问题开展深入研究，引进福建、广东等地茶叶新品种试点嫁接20多亩。完成昌宁县11个乡镇150个红茶样品的品质分析和物质检测工作，通过调整红茶加工工艺、发展茶香、建立感官风味论，提升昌宁红茶品质，推动昌宁红茶做大做强。茶叶专家还协助昌宁县承办了保山市第四届职业技能大赛茶叶比赛。三是建设柑橘示范园，提升标准化种植水平。学校柑橘研究所在昌宁鸡飞镇建立柑橘专家工作站，柑橘专家先后11人次赴昌宁开展柑橘田间管理、营养施肥、全园剪枝、病虫防控等现场指导及技术培训，培养柑橘种植能手130余人，带动种植面积50亩以上的柑橘种植大户70多家，很好促进了昌宁柑橘产业发展。四是推广果桑新优品种，培育蚕桑产业新动能。学校国家蚕桑产业技术体系首席科学家牵头建立蚕桑专家工作站，引进推广学校自主培育的"嘉陵30号""嘉陵40号"优质高产果桑新品种，为昌宁蚕桑产业可持续发展增添新活力。

【教育帮扶】 西南大学继续发挥教师教育优势，以办好西南大学"昌宁高中班"为教育帮扶重点，通过教师支教、合作教研、共享"U云校"教育资源、跟岗学习、专题培训等方式，为昌宁县培育一支"带不走"的骨干教师队伍。一是发挥"昌宁高中班"示范带动效应。8月，西南大学附属中学5位教师圆满完成1年支教工作。经过1年的支教帮扶，昌宁县教师在教育理念、教学教研水平、队伍建设等方面有了明显转变，"昌宁高中班"受到昌宁县教育主管部门、教师、学生及家长的充分肯定。9月，学校又选派历史、生物、外语等3位教师接续承担2022级"昌宁高中班"6个教学班的教学工作，为西南大学附属中学与昌宁高中搭建持续帮扶的桥梁纽带，共享西南大学优质教育资源，让先进的教育理念、教育方法扎根昌宁，把"送教育"变为"种教育"。二是助力乡村教师能力提升。通过线上、线下相结合方式，西南大学附属中学及其支教团队，与昌宁高中教师开展多种形式联合教研，对高中学科教师、新入职教师开展针对性专题培训，以及应对新高考的适应性培训等；教师教育学院专门为昌宁县、保山市50多名高中教师和校长，举办新高考背景下的教育教学管理改革与实践专题培训和实地考察交流活动,邀请昌宁高中学科教师参加"新时代基础教育强师计划——全国基础教育论坛",为昌宁培训中小学幼儿园师资1800人次;先后接收昌宁县15名高中教师到西南大学附属中学跟岗学习1年,全方位帮助昌宁骨干教师提升教育管理和教学水平。三是研究生支教缓解师资缺乏难题。2022年学校共选派10名研究生到思源实验学校和新城完全小学支教,平均每周110课时,他们发挥自身专业特长,为支教学校谱写校歌,组织开展丰富多彩的校园文化活动,深受师生欢迎。

【文化帮扶】 西南大学投入专项资金60万元,以田园镇新城红色教育基地建设为牵引,发动二级单位基层党支部与田园镇多个社区结对共建开展基层党建交流,组织实施人居环境美化、民族团结主题墙绘等一批特色项目,助力打造市级爱国主义教育基地。

【帮扶宣传】 西南大学帮扶工作受到上级部门和当地干部群众的充分肯定,教育部网站发布短视频《向上》,报道学校支教学生开展乡村振兴实践活动,光明网、新华网、中国青年网、《云南日报》、《保山日报》、昌宁电视台等媒体对学校帮扶工作进行了30多次宣传报道。

(西南大学 孙 丹)

中国核工业集团有限公司定点帮扶

【概述】 2022年,中国核工业集团有限公司(以下简称"中核集团")全面贯彻落实党的二十大精神,深入学习贯彻习近平总书记关于全面推进乡村振兴的重要论述,认真贯彻落实中共中央、国务院决策部署,保持战略定力、用好政策推力、释放科创活力、凝聚帮扶合力、激发内生动力,集全系统之力做好定点帮扶,为全面推进乡村振兴贡献"中核智慧、中核力量"。在集团公司党组的坚强领导下,中核集团创新乡村振兴工作体制机制,进一步提高集团上、下对乡村振兴工作的重视程度和支持力度,积极加强内部协作和外部合作。连续第4年获得中央单位帮扶成效考核"好"等次,帮扶资金投入创历史新高,联农带农机制不断深化,帮扶经验被《国家乡村振兴简报》专题推广,成功在中央党校举办首次乡村振兴主题培训班,全年定点帮扶工作再上新台阶。中核集团坚持以更大力度巩固脱贫成效,夯实全面小康基础。全年共向定点帮扶的宁夏回族自治区同心县、重庆市石柱县和陕西省旬阳市、白河县4个县(市)投入无偿帮扶资金6049.26万元,投入有偿帮扶资金11.97亿元,帮助定点帮扶县引进帮扶资金4638万元,培训县乡村基层干部12221人次、乡村振兴带头人5894人次、专业技术人才10295人次,购买定点帮扶县农产品3632.86万元,帮助销售定点帮扶县农产品1432.81万元。

【帮扶资金投入】 2022年,中核集团共向4个定点帮扶县(市)投入无偿帮扶资金6049.26万元,投入有偿帮扶资金11.97亿元,帮助定点帮扶县(市)引进帮扶资金4638万元,围绕产业振兴、人才振兴、组织振兴、生态振兴、文化振兴谋划了一批与当地实际紧密结合的项目。其中,在为石柱县投入帮扶资金1870万元,引进帮扶资金150万元;为同心县投入帮扶资金118034万元,引进帮扶资金3410万元;为旬阳市投入帮扶资金1118万元,引进帮扶资金65万元;为白河县投入帮扶资金4739万元,引进帮扶资金1013万元。

【帮扶资金管理】 10月,驻中核集团纪检监察组副组长带队赴同心县巡察,对中核集团帮扶项目情况进行了详细了解,查看了中核集团捐赠资金使用情况,为规范定点帮扶工作开展提出了指导意见。

【帮扶调研】 中核集团党组书记及相关党组成员分别赴4个定点帮扶地区实地调研督导帮扶工作开展情况。8月,党组书记赴旬阳、白河开展帮扶工作调研;10月,党组副书记赴石柱、旬阳、白河开展调研工作;9月,党组成员赴石柱开展帮扶工作调研,并于11月再赴同心县考察指导。在调研过程中,中核集团公司领导强调要坚决贯彻落实中共中央的决策部署,定点帮扶将坚持"四个不摘",全力落实帮扶计划。

【帮扶会议】 中核集团组织召开了专题党组会、集团公司乡村振兴及帮扶帮困工作专题推进会,针对如何加大工作力度、充分发挥基层单位主观能动性和积极性、解决重点难点问题等进行了系统研究,切实强化集团层面的工作设计与管控。全年通过线上、线下多种形式召开帮扶相关会议4次,加强与定点帮扶县的沟通,全面协同推进乡村振兴。

【帮扶制度建设】 中核集团印发《2022年定点帮扶工作要点》，对定点帮扶工作的总体思路、目标任务、实现路径等进行全面安排部署。印发《关于实行集团公司定点帮扶工作对口联络机制的通知》，对内创新建立乡村振兴对口联络机制，为每个定点帮扶县安排所在地区市场开发部作为对口联系单位，安排3家二级单位作为主要依托支持单位。发布《关于进一步落实和加强艰苦地区挂职干部待遇保障的通知》，切实加大帮扶干部保障力度。

【帮扶培训】 中核集团在派出帮扶干部的基础上，继续大力实施以"核苗计划"为品牌的教育帮扶行动，通过捐赠、资助、培训、培养等多种形式，在援教、育才、培技、就业等方面精准发力，为定点帮扶县发展教育、培养人才提供强大动能。全年以线上线下多种方式为帮扶县培训基层干部12221人次，培训乡村振兴带头人5894人次，培训专业技术人才10295人次。中核集团组织4个定点帮扶县和国家乡村振兴局2个定点帮扶县55名地方干部赴中共中央党校参加乡村振兴主题培训班，提升基层干部推进乡村振兴能力。

【干部挂职帮扶】 中核集团把帮扶工作作为培育干部的重要平台，持续通过选优配强帮扶干部赴帮扶一线挂职锻炼，助力乡村振兴战略落地，2022年度到期轮换的3名帮扶干部中，2名来自中核集团总部，包括1名部门副职。共有11名帮扶干部奋战在4个定点帮扶县(市)，其中4名挂职县委常委、7名挂职驻村第一书记。帮扶干部不仅是乡村产业发展的"推动者"，也是服务乡村群众的"知心人"，赢得了地方人民群众的信任和支持。到期返岗的3名帮扶干部中，有1名由正处级提拔至副局级、1名副局级干部得到重用。

【产业帮扶】 中核集团因地制宜根植"造血"细胞，有力推进了一批重点项目。在同心县，投入11.64亿元，建设中核同心县韦州镇17万千瓦牧光互补光伏发电、中核同心泉眼10万千瓦和20万千瓦储能电站两大项目；协调英利中国投资6000万元建成一期生产线，达产后预计产值达15亿元，助力同心县基本形成完整清洁能源产业链，为该县增加产值近40亿元，实现近千人家门口就业，人均月工资近4000元；先后投资1500多万元打造当地服装龙头企业中核同心防护公司，2022年企业订单额近1亿元，解决当地500名少数民族妇女就业；在同心县旱天岭村，围绕肉牛养殖，2022年陆续配套建设3期现代智慧养殖园区、千亩生态牧草种植园、节水灌溉系统等公共项目，助力村集体资产总额超过5000万元。在石柱县，投入和引进资金1000余万元，保障"月上金铃、月下风情"土家族民俗文化项目顺利开展，带动旅游务工及周边产业就业超500人；与石柱县签订新能源发电项目投资协议，总投资金额预计60亿元。在旬阳市，规模种植辣椒6000亩以上，惠及3000户1万余名群众，户均获纯收益4000元。在白河县，引进年产15万件全智能吊挂服装生产加工企业，并积极协调下属单位采购，带动61名脱贫人口就近就业。

【教育帮扶】 中核集团分两批次安排资金2000余万元，实施白河构扒初级中学(中核友谊学校)援建"交钥匙"工程，并于秋季正式投入使用。该工程是白河县校建标杆工程，入选地方年度民生实事之首，在当地引起强烈反响。与国家乡村发展基金会就开展教育帮扶达成合作协议，协调资金252万元共同开展"核苗"科创包项目、图书角项目、自强班项目，充分利用基金会的渠道和资源优势，进一步提升"核苗计划"教育帮扶成效。

【生态帮扶】 中核集团聚焦清洁能源零碳供暖，投入3600万元，创新实现地热供暖技术与PVT光伏光热技术耦合应用，2021年在同心县旱天岭村成功验证，一个供暖季的花费较传统烧炭模式便宜1/3,而且可实现无人值守、少人维护、零碳排放、使用安全可靠。中核集团联合投资425万元在宁夏同心县、原州区共6个乡镇153户,开展"两地两模式多场景"零碳供暖试验项目,得到自治区数位领导高度肯定和大力支持,《宁夏日报》、宁夏卫视等官方媒体也聚焦该技术,推出了专题报道。在白河县,发挥中核集团在矿山环境治理领域技术优势,协调集团内优势力量,开展科研攻关,先后完成3000余万元硫铁矿污染治理项目,助力保障南水北调中线工程水源地水质,得到国家发展和改革委员会、生态环境部和省、市领导的充分肯定。同时,充分利用地理区位和生态环境优势,以石柱县金铃乡、旬阳市李家台村、同心县旱天岭村、白河县顺利村为依托,因地制宜打造农旅结合特色小镇,优化农村人居环境,有序推进农文旅及产业深度融合加速发展,促进"绿水青山"与"金山银山"的良性循环。

【党建帮扶】 中核集团充分发挥集团公司党建优势,大力推动核工业精神与地方优秀文化相融合。继续组织系统内各单位与定点帮扶县8个党支部、9个脱贫村开展结对共建,下属中核汇能与同心韦州镇党委签订党建联建协议,并为帮扶地区近200个村级党支部订购了全年的《求是》杂志,全力助推地方基层党组织建设。在此基础上,依托当地红色资源、文化特色和中核集团定点帮扶示范项目,积极推进在同心县、旬阳市推进"两弹一星"精神主题纪念馆,宣传弘扬伟大的脱贫攻坚精神、"两弹一星"精神和新时代核工业精神,以文化振兴团结凝聚人心、激励发展动力,让帮扶地区成为传承红色基因的重要阵地,以党建引领"五大振兴"。

【整村推进】 中核集团充分利用地理区位和生态环境优势,以石柱县金铃乡、旬阳市李家台村、同心县旱天岭村、白河县顺利村为依托,因地制宜打造农旅结合特色小镇,优化农村人居环境,有序推进农文旅及产业深度融合加速发展,促进"绿水青山"与"金山银山"的良性循环。在李家台村,围绕旅游示范村建设帮助完善相关基础设施,三国文化广场、观极阁、望江亭、四季花海等迅速成为网红打卡地,望江亭夜间经济繁荣火爆,夏季日接待游客近2000人次。6月,李家台村"三产协同促发展 产改推开幸福门"入选陕西省新型农村集体经济优秀案例。在旱天岭村,按照中核集团与同心县签订的《共建旱天岭高质量发展乡村振兴示范村备忘录》约定,投资近1亿元实施了水源联通、人居环境示范村建设等十大工程,作为典型经验在全区壮大村集体经济交流会上作了发言。

【帮扶宣传】 中核集团坚持因地制宜,依托集团产业优势,立足地方资源禀赋,推动帮扶工作取得显著成效,并形成多个富有中核特色的帮扶模式,得到各方高度认可。国家乡村振兴局刊发《中核集团五力并举 赋能乡村振兴》简报,专题介绍了中核集团27年来的定点帮扶典型经验与做法。《产业直投助推同心县清洁能源产业高质量发展》入选《中央企业助力乡村振兴蓝皮书(2022)》,获评2022年度中央企业助力乡村振兴优秀案例。在同心县实施的"天光地热"零碳功能项目得到自治区数位领导高度肯定和大力支持,主流媒体多次进行宣传报道。

(中国核工业集团有限公司
党群工作部 卓剑波)

中国航天科技集团有限公司定点帮扶

【概述】 2022年,中国航天科技集团有限公司（以下简称"航天科技集团"）定点帮扶陕西省洋县、太白县,河北省涞源县。航天科技集团以习近平新时代中国特色社会主义思想为指导,深入学习贯彻党的二十大精神,全面落实习近平总书记关于乡村振兴工作重要指示及中共中央、国务院总体部署,全年共投入定点帮扶资金2000万元,实施21个帮扶项目,引进帮扶资金49万元,选派挂职副县长3名、驻村第一书记3名,培训基层干部和技术人员1399人,完成消费帮扶2765万元,助力定点帮扶县巩固拓展脱贫攻坚成果,全面推进乡村振兴。

【帮扶资金投入】 2022年,航天科技集团共投入专项定点帮扶资金2000万元,比2021年增加100万元,增长5.3%。其中,向洋县投入帮扶资金680万元,向太白县投入帮扶资金640万元,向涞源县投入帮扶资金680万元;为帮扶县引进无偿帮扶资金49万元。专项资金全面支持帮扶县乡村特色产业发展壮大,促进脱贫人口稳定就业,持续改善脱贫地区基础设施条件,分层分类实施社会救助,高质量完成全年任务目标。

【帮扶资金管理】 为进一步提升定点帮扶工作质量,统筹安排好帮扶项目,航天科技集团召开领导小组会议,制订定点帮扶资金计划并正式印发文件,明确资金筹措方案和具体帮扶项目,及时将资金拨付至相应定点帮扶县指定账户,并将拨付凭证备案。资金计划还要求各组长单位严格执行国家和集团公司相关管理规定,抓好项目落实,保障项目按计划完成验收,确保项目发挥实效;切实做好项目资金使用监管,专款专用,督促项目单位按照计划明确的项目内容合规支出资金;做好项目实施过程记录及实效评估基础数据采集工作,每月定期报告项目实施进展。

【帮扶调研】 航天科技集团总经理、副总经理分别赴3个定点帮扶县检查指导工作,考察帮扶项目执行情况,深入了解项目实施进展及存在困难,慰问驻村工作队员和脱贫户代表,推动帮扶举措落地,要求相关单位深入贯彻落实习近平总书记重要指示精神,把增加脱贫群众收入作为根本措施,确保帮扶项目实效,确保项目质量,高质量完成年度各项帮扶任务。

【帮扶会议】 航天科技集团召开定点帮扶工作领导小组会,学习习近平总书记相关重要指示精神和中共中央农村工作领导小组、国务院国有资产监督管理委员会、国家乡村振兴局关于定点帮扶工作的政策方针,研究部署年度定点帮扶工作,确定全年帮扶任务目标和工作计划,并强调把巩固拓展脱贫攻坚成果、推动与乡村振兴战略有效衔接作为帮扶最重要工作,在帮上做"稳",在扶上思"进",要求集团公司各级把定点帮扶作为重要的政治任务,强化做好组织保障、继续保持帮扶政策稳定、努力提升帮扶成效,确保部署的各项任务如期保质完成。

【产业帮扶】 航天科技集团发挥航天技术优势,把提高贫困地区群众自身"造血"功能作为帮扶工作的出发点和落脚点,围绕乡村特色产业、民生保障、基础设施建设等领域,结合定点帮扶县实际,实施了21个帮扶效果好、带动脱贫户稳定发展的帮扶项目。结合洋县县情,实施龙亭镇农副产品深加工、槐树关镇地理标志红薯标准化生产示范基地带贫益贫产业项目,带动当地农户增收。结合太白县县情,实施乡村旅游提升项目,通过自然环境改造美化、配套设施建设和人居环境提升等,改善了旅游景观,提升了旅游品位,不仅将当地乡村旅游旺季从6—8月延长到4—10月,还通过吸引游客观光旅游度假,提高乡村农家乐餐饮、住宿和农产品销售,增加村集体经济收入,带动镇域各村群众发展壮大乡村旅游产业。结合涞源县县情,按照"一乡一业、一村一品"原则,打造航天帮扶留家庄乡养殖基地,建成养殖场二期项目,为该村养殖户增收30万~50万元。

【消费帮扶】 航天科技集团在帮扶县组织产销对接,多渠道促进对农产品的消费服务,充分化解疫情对帮扶县农产品销售和群众增收带来的不利影响,帮助打造农产品品牌。在洋县组织消费帮扶考察,与多个农产品企业建立订单采购服务;依托集团公司电商平台,助力优特产品走进更多职工家庭,与太白县人民政府共同签订2000万元《推进乡村振兴消费帮扶合作意向书》;在涞源县积极对接当地龙头农产品企业,对提升农副产品质量、降低生产成本提出改进建议,帮助黑木耳注册品牌,提升产品市场竞争力。在国务院国有资产监督管理委员会举办的中央企业消费帮扶"兴农周"期间,积极动员、广泛组织各成员单位参加,参与国务院国有资产监督管理委员会"携手并肩 兴农惠民"网络直播间,太白土蜂蜜、高山果蔬脆和岐山擀面皮3种农特产品销量列居中央企业"兴农周"活动产品销量排名前十。

【就业帮扶】 航天科技集团利用企业管理和市场开发工作优势,组织财务、安全管理相关专家到涞源县冀宝农业公司"把脉会诊",对提升农产品质量、降低生产成本提出改进建议,促进企业管理提档升级,为可持续发展打下良好基础,帮助公司在2022年收入2800万元,带动脱贫人口就业100余人。

【党建帮扶】 航天科技集团在帮扶县持续建强基层党组织,提高农村党支部带领群众脱贫致富能帮助力,扶持党员阵地建设,充分调动发挥党支部先进引领作用。在涞源县分别与留家庄村党支部、上沟村党支部开展党建共建,帮助村党支部标准化建设,开展党的政策宣传、解读、党员培训等,提升基层党组织的领导力;在太白县依托县乡村振兴局开展村干部培训,与马耳山等7个脱贫村开展结对共建,切实增强乡村振兴的组织力量。

【干部挂职帮扶】 航天科技集团聚力做好脱贫地区巩固拓展脱贫攻坚成果同乡村振兴有效衔接重点工作,选派政治素质好、工作作风实、综合能力强、具备履职身体条件的6名挂职帮扶干部和驻村第一书记投身帮扶工作。派驻干部以驻地为家,充分发扬航天精神,勇于担当、履职尽责,担当有为,引入航天项目进度质量管控体系,精准谋划帮扶项目;坚持每周督促、每月检查、每季调度,采取电话督促、现场办公、一线协调等多种方式,全面掌握项目进度和资金使用情况,推动帮扶项目顺利开展;持续加强对挂职副县长和驻村第一书记的管理,定期听取工作汇报,加强帮扶干部作风建设。

【乡村治理】 航天科技集团在洋县建设包扶村主干道,通过坍塌路段防水、换填、加固、加宽、照明、美化等建设,一次性解决多年困扰村民的道路坍塌问题,打造集乡村新风、传统文化、航天精神、模范人物等主题的新主干道;建设村上的第一个广场,营造和谐村风。在太白县实施卫健系统污水处置系统建设项目,在县妇幼保健服务中心、王家堎、太白河、黄柏塬镇卫生院新建预消毒池、污水处理设备厂房,实现医疗污水消毒处理,达到国家规定的相应级别排放标准,确保太白县环境不受医疗废水影响。在涞源县南屯村实施道路硬化项目,彻底改变老百姓"晴天一身土、雨天一身泥"的现状;在走马驿镇实施道路亮化工程,方便百姓夜间出行,补齐基础设施短板;为五节崖村建设"航天桥",历史性解决百姓农忙秋收生产生活绕行的难题。

【脱贫成果巩固】 航天科技集团将帮扶资金用于改善产业、教育、医疗、安全饮水方面基础设施条件,注重加强普惠性、兜底性、基础性民生建设。在洋县纵深推进"企业+合作社+基地+贫困户"模式,鼓励扶持村集体经济发展壮大;在太白县4个村安装防冻水龙头,解决冬季饮水问题;在涞源县积极推进"合作社+村两委+基地+龙头企业"的模式实施产业项目,在不断培育和壮大集体经济的同时,精准带动脱贫户入股分红、参与生产,确保稳定脱贫、持续增收。

【防返贫监测机制】 航天科技集团持续投入扶危救困帮扶资金,用于解决群众当下有追切需求的实际困难,帮助太白县林麝养殖户受灾后重新发展林麝养殖,为上街村4户生大病群众提供大病救助金,对全县20户困难群众进行困难救助,通过县住房和建设局对100名环卫工人进行困难救助;在涞源县对因病、因灾陷入生活困境的防返贫监测户进行救助,共计救助群众40人,持续开展送医下乡、免费义诊活动,定期走访村民,关注因病、因学、因残、因意外事故等9类人员返贫致贫风险,登记"一户一册"户情档案,切实做好防返贫工作。

【帮扶培训】 围绕全面推进乡村振兴需要,全方位培养帮扶县各类人才,扩大总量的同时,提高人才质量、优化人才结构,充分激发人才内在活力。航天科技集团在洋县围绕种植养殖技术,对2022年项目所在单位及项目管理单位进行项目培训,开展种植专业技术培训,受益群众超百人;在太白县针对职业农民、致富带头人、基层干部、驻村第一书记等开展产业技能培训及乡村振兴政策、党建知识等培训,继续与宝鸡职业技术学院联合举办航天科技集团乡村振兴新型农民学历提升大专班,为乡村振兴培养更高层次人才;在涞源县依托县乡村振兴局开展了乡镇基层干部防返贫监测培训并组织考试,与河北农业大学合作开展养牛和黑木耳地摆种植技术培训,培养技术带头人。

(中国航天科技集团有限公司
资产经营部 由晓明)

中国航天科工集团有限公司定点帮扶

【概述】 2022年,中国航天科工集团有限公司(以下简称"航天科工")定点帮扶云南省昆明市东川区、曲靖市富源县。航天科工党组高度重视乡村振兴工作,认真贯彻落实党的二十大对乡村振兴工作的重要战略部署,深入贯彻落实习近平总书记关于乡村振兴的重要指示批示精神及党和国家有关乡村振兴的工作部署,系统推动定点帮扶各项工作。

【帮扶资金投入】 2022年,航天科工向2个定点帮扶县(区)投入帮扶资金1789万元,较2021年提升51%;引入帮扶资金90万元,较2021年提升6%;购买和帮助销售脱贫地区农产品2120万元;在东川区、富源县实施的22个乡村振兴帮扶项目完成率达100%;向东川区、富源县派出帮扶干部数量不减,派出挂职市委常委、副市长1人,挂职副县(区)长2人、驻村第一书记2人。

【组织领导】 航天科工成立乡村振兴工作领导小组及办公室,航天科工党组主要领导担任乡村振兴工作领导小组组长,建立领导小组研究部署、办公室组织策划、挂职干部推进实施的管理体系,先后召开董事会、党组会、董事长专题会、专题办公会、乡村振兴工作领导小组扩大会议、党委书记例会,研究部署、全面推动乡村振兴有关工作。在党的二十大召开后,航天科工第一时间召开乡村振兴工作领导小组扩大会议,专题学习党的二十大关于乡村振兴的重要战略部署、习近平总书记关于"三农"的工作重要论述等,研究部署2023—2025年乡村振兴工作。

【帮扶调研】 航天科工党组领导克服疫情影响,先后于8月、12月赴东川区、富源县现场调研。航天科工全年调研考察定点帮扶县(区)108人次,其中党组领导7人次、二级单位党委领导5人次、其他司局级及以下人员96人次,形成督导报告6份,发现问题10个。

【帮扶表彰】 航天科工发挥航天技术、空间信息应用等航天特色技术优势实施特色帮扶项目、开展精准帮扶工作,得到国家乡村振兴局、国务院国有资产监督管理委员会肯定,在2022年中央单位定点帮扶工作成效考核评价中获"好"等次,国务院国有资产监督管理委员会《中央企业社会责任(援扶工作专刊)》等载体刊发航天科工典型经验与做法。航天科工始终坚持"地方所需,航天所能",紧密围绕当地需求确定帮扶项目。在做好年度计划内帮扶项目的同时,能够及时关注定点帮扶地区疫情发展态势,急地方之所急、想地方之所想,与当地共克时艰,追加帮扶资金400万元专项支持地方疫情防控工作,得到昆明市及东川区、曲靖市及富源县的高度评价。

【产业帮扶】 航天科工推动"产业强基",助力构建现代乡村产业体系。助力魔芋品种改良,推进"一县一业"产业发展。贯彻落实习近平总书记关于种业振兴的重要论述,在开展魔芋太空育种的基础上,为富源县魔芋研究所援建了100平方米魔芋组培室,大幅度提升魔芋种苗培育效率,种苗数量每过1个月可以翻5倍,种苗培育周期从1年缩短至1个月,提高魔芋产能的同时,极大提高农户种植积极性,助力推动富源县魔芋产业的可持续发展。引进科技成果,推动花生产业实现跨越式发展。

帮助引进云南省农科院研发成果,建设东川区国家花生产业技术体系云南综合试验站项目。该项目是全国5个综合试验站项目之一,规划用地30亩,建设七彩花生特色新品种种子种植和培养试验基地,将育种年限缩短至原来的1/3,良种繁殖系数提升10~100倍,打造花生农业新亮点,培植支柱型主导产业,实现当年建设、当年见效,七彩花生等新品种销售供不应求。

【文化帮扶】 航天科工推进"文化共融",聚焦文化引领精神文明建设。推动航天文化与当地精神文明建设结合,在8所学校深入实施"航天文化进校园"活动,援建航天七彩梦想教室、图书角,捐赠学习和生活用品,为孩子们打造更好的教学及学习航天文化、投身航天事业的学习环境;发放航天助学金资助200名考上大学的贫困学生;组织"我心目中的航天"主题演讲、绘画展等,通过全方位的氛围营造,弘扬航天文化,助力培育文明乡风、良好家风、淳朴民风。

【生态帮扶】 航天科工围绕道路、绿化、照明、生活污水处理、饮水安全等百姓关注问题,持续发力,全方位改善人居环境。对碧谷街道老村村进行人居环境改造建设,修缮乡村道路和绿化带、加装路灯照明系统、改造地下排污处理工程,助力老村村成功打造宜居精品示范村示范点。启动"点亮营上"工程,在东川区老村村、富源县营上镇新建、改造太阳能路灯585盏,保障村民夜间出行安全。更换白马村村委会下辖瓦窑山村民小组使用了25年的老旧管道,新建一座50立方米的蓄水池,彻底解决120余户村民长期饮水困难问题等。

【脱贫成果巩固】 航天科工集聚内、外部优势资源,巩固拓展脱贫攻坚成果。教育帮扶助力女童成长成才。实施航天·筑梦"春蕾计划"公益项目,开展求学圆梦、女童科技素养提升、社会实践、牵手成长4个专项行动,通过资金上资助、思想上引领、精神上激励,提升女童教育水平和科学素质。医疗帮扶守护群众健康。对口帮助富源县中医医院,选派多名医护人员分批至北京进修3个月,派驻2名专家到张保专家工作站驻站3个月,组织专家克服新冠疫情影响现场义诊,百姓不出家门就能获得国内权威专家的诊疗,就医满意度显著提升。改善条件保障医生及患者安全。援建县中医医院首个层流净化手术室、捐赠骨伤科手术牵引床,为患者提供可靠安全的手术环境和条件,手术准备及操作时间由3.5小时缩短至2小时以内,术后感染率降低95%以上,手术过程中避免C臂透视时产生的辐射对医护人员的伤害。

(中国航天科工集团有限公司　侯云亮)

中国航空工业集团有限公司定点帮扶

【概述】 2022年,中国航空工业集团有限公司(以下简称"航空工业集团")深入贯彻落实中共中央关于全面推进乡村振兴的决策部署和习近平总书记的重要指示批示精神,坚持"守底线、抓衔接、促振兴"的主基调,持续深耕贵州省紫云苗族布依族自治县(以下简称"紫云县")、关岭布依族苗族自治县(以下简称"关岭县")、镇宁布依族苗族自治县(以下简称"镇宁县")、普定县和陕西省西乡县,进一步深化落实航空工业乡村振兴"八项帮扶举措",扎实推进巩固拓展脱贫攻坚成果同乡村振兴有效衔接,为全面推进乡村振兴提供坚实保障,连续5年在中央单位定点帮扶工作成效考核评价中被评为"好"等次。

【帮扶资金投入】 2022年,航空工业集团直接投入帮扶资金2932.2万元,同比增加43.4%;引进帮扶资金10811.6万元,同比增加39.6%。全年引进和实施农业科技引领、农产品深加工等特色产业帮扶项目21个。各类帮扶资金持续向国家重点帮扶县关岭县、紫云县倾斜。

【帮扶调研】 航空工业集团党组高度重视乡村振兴工作,做好顶层规划、快速高位推动乡村振兴。积极与贵州省安顺市委书记举行座谈会,就定点帮扶工作深入交流,明确年度重点帮扶方向。航空工业集团主要领导、专职副书记克服疫情困难,赴定点帮扶县调研考察和指导,实现定点帮扶5个县实地调研全覆盖,所属各级帮扶单位深入一线推动项目实施,全年累计赴一线调研督导350余人次。

【帮扶会议】 航空工业集团坚持完善定点帮扶工作机制,建立健全联席会议机制。定期召开航空工业集团乡村振兴工作领导小组会议、办公室会议,研究和决策年度定点帮扶工作重点内容。组织召开年度乡村振兴工作会议,印发2022年度乡村振兴工作计划和帮扶产业项目计划,完成年度定点帮扶产业项目审定和资金拨付,严格确保年度帮扶项目按节点推进。定期组织召开现场指挥部、工作组与定点帮扶县年度帮扶工作会议,强化帮扶单位与定点帮扶县工作协作机制,加强交流协同,夯实定点帮扶工作基础。

【帮扶培训】 航空工业集团坚持需求为导向、农民为中心,遵循乡村人才培训规律,创新培训方式、方法和模式,持续开展乡村振兴"三类人才"培训,举办各类培训班并开展培训10406人次。其中,开展"一对一"村级公司管理培训,完成基层干部培训1598人次,开展水稻栽培、茶叶加工、服装裁剪、直播带货等培训,着力加大农村电商本土人才培训力度,完成各类技术带头人培训5708人次,开展"蓝粉笔"乡村教师培训、北京"医疗博士团"等品牌活动,建立乡村人才师资专项培训机制,完成乡村教师、医技人员培训3000余人次。

【干部挂职帮扶】 航空工业集团坚持选优配强,为乡村振兴注入强劲动力。航空工业集团共派出挂职、驻村干部26人,其中在贵州地区派出24人,位列中央企业定点帮扶贵州省首位。6月,按期完成1名挂职副市长和1名驻村第一书记到期轮换及压茬交接。派驻期间,严管厚爱、加大激励,在国家重点帮扶县关岭县专项实施《派驻乡村振兴帮扶干部关怀激励及慰问管理办法（试行）》，开展先进集体和个人评选表彰，注重培养使用，鼓励帮扶干部奋发有为，为帮扶干部成长拓宽渠道。

【产业帮扶】 航空工业集团打造精准、规范、示范型的产业项目，强化产业支撑推动县域经济发展。结合不同县乡村实际，制订不同的产业帮扶计划，择选出9个产业帮扶项目。以农业科技引领、农产品深加工、一二三产业融合、红色美丽村庄建设等为重点，以壮大村集体经济为目标，以产业项目规范化运行为抓手，以示范产业项目为引领，培育壮大地方特色产业，推动实现帮扶产业全产业链可持续发展。镇宁县建成3500平方米智能种植示范基地项目，开展农作物无土栽培，西乡县农特产品加工厂在原有帮扶车间基础上，增加产品包装、冷藏等功能，有效提升农产品精品化水平。

【人才帮扶】 航空工业集团坚持人才是关键的思路，开展多方位、多层次人才培训。建强帮扶干部队伍，在集团层面开展挂职、驻村干部线上培训班，择优选取部分学员和县乡村振兴局工作人员、村级公司优秀管理人员赴蒙顶山学院进行线下学习实践。充分发挥共建党支部作用，开展"一对一"村级公司管理培训，组织乡村企业负责人赴航空工业集团下属单位学习实践，通过产、学、研模式，将航空企业优秀管理经验送到帮扶一线。

【教育帮扶】 航空工业集团坚持示范引领，打造一批可复制、可推广的示范文化活动，打造一县一个文明示范村。航空文化活动出新出彩。将乡村振兴工作与贯彻落实中共中央宣传部关于开展"强国复兴有我"群众性主题宣传教育活动的部署相结合，突出航空特色文化与地方民族文化融合，精心策划"强国复兴有我——爱党爱国爱航空"文化帮扶活动，参与人数达793人；在西乡县持续投入资金打造县级航空科普综合体；在定点帮扶5个县建设现代多功能航空科普教室，按照"成熟一所

申报一所"的原则，指导申报全国航空特色学校，2022年6月23日成功完成贵州省第一所全国航空特色学校揭牌，同时带领学生参加全国青少年无人机大赛，获得优异成绩；持续开展"中国梦航空梦"百场航空科普进校园、"筑梦蓝天"航空夏令营等特色活动，覆盖师生4000余人。

【文化帮扶】 航空工业集团坚持以传统文化活动创新创收。多年持续打造普定县"荷花节"、镇宁县"樱桃节"等文化节，在助农产品推广的同时促进乡村旅游，有效带动500余名周边群众务工，年人均增收5000余元。中国农民丰收节前夕，在贵州定点帮扶4县4村组织开展"航空助力共庆丰收"劳动竞赛，极大地调动了当地群众的劳动热情。结合党建帮扶举措，在镇宁县凡旗村、普定县水井村、关岭县白泥村、紫云县小湾村、西乡县回龙村开展"三风"文化建设上墙，争做"文明家风示范户""淳朴民风带头人"评比，持续开展文明示范村建设工作，推动打造美丽宜居乡村。

【党建帮扶】 航空工业集团坚持党建"一对一"结对帮扶，将党建工作与产业帮扶相融合。印发《关于进一步开展党建一对一帮扶工作的通知》，在定点帮扶5个县共有116个党支部与36个脱贫村签订帮扶协议，以帮扶村组织建设为主线，以壮大村集体经济为目标，把党建结对帮扶作为脱贫攻坚与乡村振兴有效衔接的有力抓手。积极开展党的理论宣讲。持续开展"我为群众办实事"，巩固"两不愁三保障"，投资100万元建设普定县水井村污水处理站，覆盖60余户农户；投入资金修建便民桥，进行房屋修缮、供电设备改造、太阳能路灯新建、饮水设施改善等，有效改善生活环境，促进饮水安全。组织系统内医疗机构赴定点帮扶县开展医疗业务培训、义诊，救助患有重大疾病脱贫户3人，实施医疗救助8万元，助推农村医疗改善。

【社会帮扶】 航空工业集团深化消费帮扶。通过航空工业天虹商场及各单位内部超市建立乡村振兴产品专柜,通过"爱心·航空"消费帮扶平台积极推进订单式农业发展模式,持续打造"一县一品",实现农产品商品化、新农人培育和乡村电商平台搭建。2022年,紫云香粽、镇宁团圆饼年销售额超2000万元。创新金融帮扶。筹备成立乡村振兴慈善信托,首批资金策划实施"书香航空阅享角"品牌公益项目,筹建中航产融乡村振兴"金融服务团",组织专家深入定点帮扶县调研,综合运用证券、租赁、信托、保险等金融工具,助力农业产业发展。引导留守妇女就业。结合地方少数民族文化特色,联合当地妇联等群团组织,在关岭县探索实施在家就业,引导留守妇女参与"绣娘计划",解决当地群众就业,提高群众人均收入。首批绣品已在2022年第14届中国国际航空航天博览会(珠海)上亮相。

【特色帮扶】 航空工业集团以示范带动为牵引,实施"五大工程"。实施科技引领示范工程、红色农旅示范工程、合规经营示范工程、龙头企业带动示范工程、振兴产业集成示范村工程。通过农业科技转化,开发地方"红色"资源,探索村级股权资产经营分配模式,实现帮扶村股权经营联动,促进一二三产业融合发展,有效实现地方特色产业价值最大化。组建第一书记服务团,促进党建与产业深度融合。创新组建"第一书记服务团",突破驻村帮扶局限,变单打独斗为团队作战、变处理琐事为谋划大事、变单一模式为多点发力,通过联席会议、结对帮带等一系列机制,集聚第一书记智慧,在乡村振兴征途上努力创造"1+1>2"的协同效应。继续选派11名优秀航空青年组成"讲师团"开展支教工作,将航空文化注入乡村素质教育,助力镇宁良田镇中心学校成功申报全国航空特色学校,成为贵州省第一所获此殊荣的小学。不断健全"航空支教队伍、航空支教理论、航空支教教室、航空支教活动"四合一的航空支教体系。深入5个县7所学校开展"强国复兴有我,爱党爱国爱航空"文化帮扶活动,使孩子们不出大山就能接触到先进的航空知识、感受到航空魅力。暑假期间,择选优秀学生和教师代表参加"航空夏令营",走进航空企业,将航空文化于无形化为有形。

(中国航空工业集团有限公司 党建文宣部 冉勇波)

中国船舶集团有限公司定点帮扶

【概述】 2022年，中国船舶集团有限公司（以下简称"中国船舶集团"）认真贯彻落实中共中央、国务院关于巩固拓展脱贫攻坚成果、全面推进乡村振兴决策部署，扎实开展对云南省鹤庆县、勐腊县、丘北县定点帮扶工作，投入帮扶资金6029.2万元，其中投入无偿帮扶资金6019.2万元，引进帮扶资金207.3万元，招商引资4238万元，购买农副产品6995.5万元、帮助销售农副产品5490万元，实施帮扶项目46个，持续支持3个县巩固拓展脱贫成果、加快推进乡村振兴。

【帮扶资金投入】 2022年，中国船舶集团投入帮扶资金6029.2万元，其中无偿帮扶资金6019.2万元，通过产业扶贫基金投入1000万元，帮助引进无偿帮扶资金207.3万元，主要用于在定点帮扶县开展产业帮扶、教育帮扶、健康帮扶、基础设施建设、干部及技术人员培训等。

【帮扶调研】 中国船舶集团2位党组成员带队先后4次赴定点帮扶县开展帮扶调研督查和项目对接，推动帮扶项目实施。7月、8月，赴丘北县检查年度定点帮扶工作计划执行情况；10月，赴鹤庆县推进精准帮扶工作，并与鹤庆县签署消费帮扶采购协议；11月，赴勐腊县推进帮扶项目实施，并与定点帮扶县主要领导座谈和研究谋划下一步帮扶思路；组织开展定点帮扶督查，形成督查指导报告3份、发现反馈问题10个，并监督定点帮扶县整改。

【帮扶培训】 中国船舶集团为定点帮扶县培训基层干部1257人，其中鹤庆县570人、勐腊县336人、丘北县351人；支持定点帮扶县开展养蜂、土鸡养殖等技术培训，培训技术人员2044人，其中鹤庆县604人、勐腊县850人、丘北县590人。

【干部挂职帮扶】 中国船舶集团选派3名优秀干部到鹤庆县、勐腊县、丘北县担任挂职副县长，3位挂职副县长均协助分管乡村振兴工作。选派3名干部到鹤庆县六合乡松园村、勐腊县磨憨镇尚勇村、丘北县八道哨乡小矣堵村担任驻村第一书记。中国船舶集团持续强化挂职干部管理，积极关心挂职干部工作生活。6名挂职干部扎根基层、深入一线，推动中国船舶集团定点帮扶项目落地实施，积极参与定点帮扶县脱贫攻坚和经济社会发展。

【产业帮扶】 中国船舶集团在鹤庆县、勐腊县、丘北县投入无偿帮扶资金2248万元，实施产业帮扶项目13个，支持3个县相关产业发展。其中，投入210万元，支持鹤庆县乡村奶牛养殖场、兰花种植示范基地建设，助力鹤庆县大力发展乳畜业和驻村第一书记所在村发展兰花种植产业；投入1008万元，支持勐腊县龙茵小组寨文旅改造、"智慧胶园"、蜂蜜加工车间、农田改造等项目建设，带动当地橡胶、蜂蜜、乡村旅游等产业发展；投入1030万元，支持丘北县特色蔬菜基地、乡村旅游振兴示范项目等建设，助力当地蔬菜产业规模化发展和乡村旅游开发。

【消费帮扶】 中国船舶集团组织成员单位和干部职工，采购定点帮扶县农产品6995.5万元，其中购买鹤庆县农产品2425.3万元、勐腊县农产品2279.9万元、丘北县农产品2290.3万元。同时，利用自有电商平台、参加慈展会、推介入住相关销售平台等方式，帮助定点帮扶县销售农产品5490万元，其中帮助鹤庆县销售农产品1500万元、勐腊县销售农产品1900万元、丘北县销售农产品2090万元。

【教育帮扶】 中国船舶集团继续在定点帮扶县围绕打造"中国船舶春蕾班"等品牌项目，实施智慧课堂建设、希望小学援建等帮扶项目，支持定点帮扶县贫困学生接受教育，持续改善定点帮扶县中小学教育条件。全年投入555.46万元，在3个县开办春蕾班32个、资助学生1503人。投入958.21万元，支持3个县小学教学楼、智慧教学系统、篮球场、足球场、厕所、围墙等设施建设，向学生发放相关补助和奖励，实施智慧课堂建设、开展"筑梦深蓝"国防教育夏令营。为丘北、勐腊两县3所中小学购买图书5.1万册。在勐腊县开展名师工作室建设，支持开展教师培训，促进该县师资力量提升。

【基础设施建设】 中国船舶集团围绕定点帮扶县脱贫攻坚急需，投入1098.14万元实施贫困村进村道路、管网、污水提升改造、危房改造及人居环境提升等基础设施建设项目，改善贫困群众生产生活条件，助力美丽乡村和文明乡村建设。投入476万元，支持鹤庆县实施上古乐搬迁避让项目，为45户196名遭受山体滑坡灾害的村民集中安置点配套建设道路、管网等基础设施；投入150万元，支持丘北县12个乡镇开展60个公厕、2400个户厕改造，改善农村人居环境。投入268.14万元，建设3个县进村道路，支持勐腊县实施关累镇区污水提升改造项目，改善脱贫村基础设施条件。投入204万元，在丘北聘任90名乡村护河员、190名乡村保洁员，在不断加强河湖和乡村道路监督管理、促进生态环境改善的同时，持续为脱贫户提供就业岗位、创造稳定收入来源。同时，积极统筹脱贫攻坚和精神文明建设，投入28.5万元，支持24个乡村旅游示范村挖掘整理民族传统文化、建筑文化、民间音乐，更好宣传展示当地民族特色文化；投入210万元，支持实施64个村爱心超市、回宽新老寨风貌民俗提升改造工程，保护边境民族村寨文化。

【健康帮扶】 中国船舶集团投入435.4万元，支持鹤庆县实施医疗设备升级及疫情防控治疗能力提升项目和乡村卫生室建设，助力其核酸检测能力从600人次/日提高到2000人次/日；投入160.5万元，为勐腊县、丘北县15家乡镇卫生院购置相关医疗设备设施，进一步提升基层卫生院诊治能力。

【帮扶宣传】 中国船舶集团加强定点帮扶宣传，相关成绩和事迹在人民日报客户端等主流媒体及今日头条、百度、中国网等社会媒体被宣传报道，人民日报新媒体平台"人民号"刊发《十年帮扶 硕果累累 中船情满云南丘北》，中国船舶报刊发、搜狐网转载《十年而已 二十不惑 中国船舶定点帮扶工作纪实》，在中国船舶集团微信公众号、微博、官方网站上及时报道帮扶工作进展和成效，提升帮扶工作影响力和关注度。组织中国船舶报社记者到勐腊县、丘北县开展帮扶工作直播，深入一线报道产业、教育等帮扶项目实施情况，并在直播平台上开展互动，让更多人了解、参与帮扶工作。联合鹤庆县共同拍摄"中国船舶春蕾班"开办20周年宣传视频，着力打造品牌帮扶项目。

（中国船舶集团有限公司
党群工作部社会责任处　乔绪衡）

中国兵器工业集团有限公司定点帮扶

【概述】 2022年，中国兵器工业集团有限公司（以下简称"兵器工业集团"）党组高度重视定点帮扶工作，深入贯彻党的二十大精神，学习领悟习近平总书记关于"三农"工作重要论述，坚决落实中共中央、国务院巩固拓展脱贫攻坚成果同乡村振兴有效衔接决策部署，弘扬伟大的脱贫攻坚精神和人民兵工精神，真心真情真帮真扶做好云南省红河县及黑龙江省甘南县2个定点帮扶县助力乡村振兴工作，在产业发展、人才振兴、文化传承、医疗保障、消费帮扶及农村基础设施建设等方面持续发力，取得显著帮扶实效。全年共投入定点帮扶资金2000万元，其中向国家乡村振兴重点帮扶县红河县倾斜投入帮扶资金1400万元，向甘南县投入帮扶资金600万元，在红河县和甘南县实施24项兵器特色帮扶项目，建设红河县宝华镇借湖村、大科寨及甘南县山湾村3个乡村振兴示范村。购买和帮扶销售定点帮扶县农产品共计3807.86万元，其中购买定点帮扶县农产品1437.59万元，帮助销售定点帮扶县农产品2370.27万元。兵器系统企业购买其他帮扶县农产品792.34万元。积极调动社会资源，通过中国乡村发展基金会等社会团体为定点帮扶县引进帮扶资金334.16万元。在中央单位定点帮扶工作成效考核评价中被评为"好"等次。

【帮扶资金投入】 2022年，兵器工业集团坚持帮扶资金力度不减、标准不降的原则，继续强化帮扶资金保障，投入帮扶资金2000万元，保持2021年计划投入资金水平。其中，向国家乡村振兴重点帮扶县红河县倾斜，投入帮扶资金1400万元；向甘南县投入帮扶资金600万元，按照帮扶计划认真组织资金拨付工作，8月前实现帮扶资金足额到位。积极调动社会资源，通过中国乡村发展基金会等社会团体为定点帮扶县引进帮扶资金334.16万元。其中，实施价值254.97万元的"爱心包裹"项目，基本覆盖红河县全部乡村小学。摩根大通乡村产业与人才发展计划（红河）项目投入46万元，支持红河县善品良田专业合作社提高生产技术、供应链服务、小型硬件设备，扩大开展技术服务范围和提升技术推广带动效果。"关爱红河事实孤儿"项目为红河县募集善款33.19万元。

【帮扶调研】 兵器工业集团领导部署、参与定点帮扶工作，主要负责同志和班子其他成员共计3人次对2个定点帮扶县进行了全覆盖调研，对落实中共中央决策部署和兵器工业集团帮扶工作进行全面检查督导，进一步增强定点帮扶工作的针对性和实效性。9月，党组副书记、总经理带队赴甘南县开展定点帮扶工作调研督导，实地查看东阳镇同盟村"寒地林果"扶贫产业园等帮扶项目，慰问挂职干部，并就项目建设情况及下一步帮扶工作与县委、县政府进行座谈。10月，党组成员、副总经理组织召开红河县定点帮扶工作视频调研座谈会，了解帮扶项目进展情况，听取2位挂职干部汇报，对下阶段工作提出了具体建议。11月，党组书记、董事长带队赴红河县调研定点帮扶工作，实地考察帮扶项目和示范村建设，慰问选派挂职干部，向红河县捐赠医疗物资，与云南省、红河哈尼族彝族自治州及红河县就认真贯彻党的二十大精神，全面推进乡村振兴，以及兵器工业集团下一步帮扶工作进行了深入交流。2022年，兵器工业集团共有68人次考察调研红河县、甘南县定点帮扶工作。

【帮扶培训】 兵器工业集团聚焦基础教育、职业教育、基层干部、致富带头人技能培训，持续推动扶智扶志，为2个定点帮扶县累计培训基层干部768人、乡村振兴带头人115人、技术人员6979名。开展基层干部能力提升等培训项目，进一步增强了两县768名基层干部的政策理论水平，为全面振兴提供了坚强的人才保障和智力支撑。致富带头人培训项目，有效提高两县115名乡村振兴"领头雁"带头致富、带领群众增收的"双带"能力。红河县中小学教师专业发展能力提升通识性培训项目，覆盖全县中小学，累计培训2期6250人，促进了教师专业化发展。提升劳动技能是实现稳就业增收入的关键，兵器工业集团根据帮扶县脱贫青年的就业需求和市场需求，按需打造"起重装卸接卸操作工""中式烹调师""酒店从业人员""网络创业""家政服务"等培训项目，为红河县培养了50名起重装卸接卸操作工、45名中式烹调师、41名酒店从业人员、30名傣陶技术学员、57名竹编技术学员、32名景区讲解员、50名家政服务员、200名"兵器"冠名班职业技能学员等，为甘南县培养了55名缝纫工、90名饲养员，提升了劳动技能水平，90%以上的参训人员实现就业增收，其中在兵器工业集团下属企业就业的20名红河籍青年中，有3人晋升为技术员岗位、1人进入管理岗位。

【干部挂职帮扶】 2022年，兵器工业集团选派4位优秀干部分别在红河县和甘南县担任挂职副县长和驻村第一书记，为两县巩固拓展脱贫攻坚成果同乡村振兴有效衔接提供人才和组织支持。任职期间，4位选派干部深入基层，充分发挥挂职干部桥梁纽带作用，在帮扶项目策划与实施及疫情防控、返贫监控和基层党建等方面发挥了重要作用。在甘南县，挂职副县长全年深入村屯社区调研86次，在第一线走访基层干部群众，及时了解解决群众"急难愁盼"问题。山湾村驻村第一书记抓党建工作落实、抓干部队伍建设和制度规范执行，带头发挥山湾村年轻党员模范带头作用。在红河县，挂职副县长积极协调中国乡村发展基金会等资源为产业发展助力，借湖村驻村第一书记在云南省驻村大讲堂上作交流发言，介绍驻村工作中统筹有序推动产业发展的经验和亮点。由于在定点帮扶工作中的突出表现，2021年2人在红河哈尼族彝族自治州委组织部和红河县委组织部干部考核中均被评为"优秀"等次。

【产业帮扶】 兵器工业集团聚焦"五大振兴"目标持续发力。发展乡村特色产业，全年投入734万元实施6个产业帮扶项目，红河县稻渔共作项目受益农户超2000户。打造红河县稻田鱼养殖示范区，以"合作社+基地+农户"分步构建包括技术研究、饲料生产、养殖育苗、运输销售一体化的稻鱼增值模式，提升稻渔共作效益。甘南县小浆果产业园项目栽植80万株红树莓苗木，村集体年增收90万元，700名务工群众增加工资收入400余万元。加大人才培训力度，累计培训基层干部768人、乡村振兴带头人115人、技术人员6979名，聚焦基础教育、职业教育、基层干部、致富带头人技能培训，持续推动扶智扶志，为两县乡村振兴提供了人才保障。保护传承民族文化和非遗技艺，依托"哈尼梯田生态保护学校"双遗产项目，对接当地需求开展红河县文化旅游人才、傣陶技术与竹编技术传承、景区或乡村旅游导游、酒店管理员与服务员等培训，打通传统技艺非物质文化遗产经济转化通道，实现了稳定增收。建设宜居宜业和美乡村，围绕打造红河县借湖村、大科寨村，甘南县山湾村3个乡村振兴示范村，开展人居环境整治，实现村庄美化亮化、环境卫生改善,全面提升生态和人居环境,增强农户生产生活信心。开展党支部结对共建,17个基层党支部与帮扶村党支部开展支部结对活动,使人民兵工精神更好地扎根在帮扶一线。

【文化帮扶】 兵器工业集团紧密依托哈尼梯田"双遗产"项目,实施红河县文化旅游人才培训项目,开展傣陶技术与竹编技术传承培训、景区或乡村旅游导游培训、酒店管理员与服务员培训,培养了一支热爱和传承民族文化与非物质文化遗产、拥有竹编傣陶制作等传统工艺和技艺的人才队伍,打通传统技艺非物质文化遗产经济转化通道,实现了稳定增收;打造了一支业务素质高、管理能力强、懂管理会管理的旅游开发队伍,成为红河县文旅产业发展的主力军;锤炼了一批气质形象好、懂宣传、会宣传,具备较好专业知识,拥有丰富经验的景区导游和讲解员,成为展示红河县传统文化与文明形象的窗口和代言人。

【生态帮扶】 兵器工业集团开展乡村人居环境整治,让良好生态成为乡村振兴重要支撑点。在红河县宝华镇宝华村委会借湖生态宜居示范村,修缮道路、架设路灯、改建水塘、水井、公厕,美化房屋、安装护栏、修砌花台,新建观景台、凉亭、停车场、产业水沟,建设村史室、老年活动场所和小学食堂等,有效治理了农村突出环境问题和重大安全隐患,同时带动休闲观光、田园体验产业发展,提高了当地旅游吸引力。在甘南县山湾村中心屯,栽植紫叶稠李、王族海棠、云杉等绿化树木2865株,硬化路边沟1600米,安装路灯30盏,有效提升了山湾村村屯绿化率,改善了山湾村人居环境。

【党建帮扶】 兵器工业集团为加强党支部间互动交流、增强党支部活力、促进基层党组织和党员队伍建设,集团公司积极推动所属单位与驻村第一书记所在村开展结对共建活动。2022年,华安集团与兴十四镇党委共同举办"企地党建共建 助力乡村发展"主题党日活动,并参观兴十四展览馆,感悟奋斗历史,慰问当地老党员;夜视院集团光电仪器公司机械制造部党支部与红河县宝华镇宝华村委会开展"党支部结对共建"活动,就乡村振兴工作开展交流研讨,为示范村建设及管理提供好思路、好办法。实施山湾村党建活动室改造项目,购置安装生物质锅炉、暖气等取暖设施,墙壁张贴党建宣传图板,改善党建活动环境。夜视院集团向"关爱红河事实孤儿"项目捐助7.44万元,光电仪器公司党委发动党员干部、职工向宝华小学、县托养老中心捐书500余册。

【整村推进】 兵器工业集团结合定点帮扶县自然禀赋和人文特色优势,积极推进乡村振兴示范村建设,以点带面推动乡村全面振兴,群众幸福感、获得感显著增强。投入550万元开展红河县宝华镇宝华村委会借湖生态宜居示范村建设(二期)项目,从民族特色住房到小菜园、凉亭、护栏、绿化带,让古老村庄焕发新颜,不仅方便了村民生活,而且极大改善了村容村貌。集中资金对甘南县兴十四镇山湾村进行全方位提升,系统推进示范村经济、文化、生态建设和党的建设,壮大了山湾村机械服务工程队,改建了纺织加工车间,完善了党建活动室、补足了基础设施建设短板,进一步丰富了山湾村集体产品结构,持续增加了村集体积累,推进了乡村治理体系和治理能力现代化,真正使村级阵地成为群众办事、休闲娱乐的综合服务中心。

(中国兵器工业集团有限公司 马丽媛)

中国兵器装备集团有限公司定点帮扶

【概述】 2022年是开启全面建设社会主义现代化国家新征程、巩固拓展脱贫攻坚成果同乡村振兴有效衔接的关键之年,中国兵器装备集团有限公司(以下简称"兵器装备集团")坚决贯彻落实习近平总书记的重要指示批示精神,严格落实"四个不摘"要求。全年向定点帮扶云南省泸西县、砚山县投入帮扶资金4500万元,购买农产品886万元,帮助销售农产品3761万元,引进帮扶资金1612.1万元,帮助培训基层干部、乡村振兴带头人和技术人员744人次。

【帮扶资金投入】 2022年,兵器装备集团直接投入帮扶资金4500万元,定点帮扶两县实施帮扶项目27个,重点涉及产业帮扶、人才培训、乡村振兴示范村打造等。其中,向泸西县投入帮扶资金2250万元,实施9个帮扶项目;向砚山县投入帮扶资金2250万元,实施18个帮扶项目。不断强化产业协同发展,切实巩固脱贫攻坚成果、扎实推动乡村振兴。

【帮扶资金管理】 兵器装备集团编制印发《中国兵器装备集团有限公司定点帮扶项目资金管理办法》,对资金使用采取前期规划、中期评估、后期督查的制度化管理。派出业务骨干,并聘请第三方事务所,对定点帮扶县资金使用情况、干部廉洁情况及政策落实情况进行专项督查,形成报告1份,确保资金使用合理、干部尽职尽责、政策切实落地。

【帮扶调研】 兵器装备集团先后组织调研共计12人次,由集团公司总经理、副总经理带队赴泸西县和砚山县对定点帮扶工作督导调研,实地查看商品牛养殖基地、教育帮扶学校、基础设施项目等产业、文化、生态振兴项目建设情况,坚持将发挥兵器特色融入当地产业,与两县共同谋划产业融合项目,将做好帮扶工作作为弘扬人民兵工精神的最佳实践。

【帮扶会议】 兵器装备集团公司党组书记、董事长亲自谋划、亲自部署、亲自推动,召开党组会1次、董事会1次、全行业视频会1次,专项研究部署帮扶工作。

【帮扶培训】 兵器装备集团出资支持泸西县、砚山县举办基层干部素质提升培训班,培训基层干部531人,实现基层干部培训全覆盖。发挥资源优势,培训乡村振兴带头人158人,组织技能培训,培训技术人员55人。

【干部挂职帮扶】 兵器装备集团选派3名政治过硬、本领过硬、作风过硬的优秀干部到乡村振兴一线岗位,其中2人任副县长,1人任驻村第一书记。挂职工作期间,帮扶干部坚决做到摆正位子、挑起担子、俯下身子,成为脱贫致富的引路人、项目监管的明白人,一点一滴地呵护乡亲们的致富希望,增进发展信心,增强经济实力,获得省州县一致好评。

【产业帮扶】 兵器装备集团投入资金1949万元用于支持生鲜果蔬、商品牛养殖及花卉等项目,一系列项目的实施有效提升了"菜、花、果、畜"四大产业组织化、规模化、设施化、品牌化水平,进一步延伸了产业链条,既增加了农户收入,又壮大了村集体经济,促进了高原特色农业产业发展。

【教育帮扶】 兵器装备集团投入帮扶资金1135万元用于支持中小学建设住宿楼、智能化教室、运动场和教师人才培训等,改善寄宿条件、完善运动设施,不断提升教育教学条件,为推动基础教育均衡发展,提高边疆少数民族地区教育质量,加快推进人才振兴打下坚实基础。

【就业帮扶】 兵器装备集团在直接支持脱贫群众发展产业增收的基础上,通过新型经营主体带动了转移性就业增收。2022年,直接帮助就近就地转移就业人数306人;深化校企合作,持续开展订单、定向培训,云南技师学院泸西分院131名学生进入长安汽车等公司实习就业,实现1人长期就业,全家稳定增收的目标。

【帮扶宣传】 兵器装备集团联合泸西县政府特别协调中央广播电视总台(CCTV-4)《源味中国》节目专程深入泸西羊格黑拍摄专题片《梨花漫山开 高原梨结致富果》,近1亿人次的观看量引起热烈反响。

(中国兵器装备集团有限公司
安全环保部 潘美霖)

中国电子科技集团有限公司定点帮扶

【概述】 2022年,中国电子科技集团有限公司(以下简称"中国电科")定点帮扶陕西省绥德县、四川省叙永县、青海省达日县。中国电科深入学习贯彻习近平总书记重要讲话和重要指示批示精神,把定点帮扶工作作为重要政治任务,摆在突出位置抓紧抓好,认真履行帮扶责任,按照"因地制宜、精准帮扶、'造血'为主、数字赋能"的工作方针充分发挥在数字产业、电子信息技术和资源等方面的优势,同步推进乡村产业、人才、文化、生态、组织"五大振兴",落实帮扶责任,创新帮扶方式,激发乡村活力,切实做好脱贫攻坚成果同乡村振兴有效衔接各项工作,在2022年度中央单位定点帮扶工作成效考核中获得综合评价"好"等次。

【帮扶资金投入】 2022年,中国电科投入帮扶资金3929万元。向叙永县投入帮扶资金1932万元,绥德县投入帮扶资金1200万元,达日县投入帮扶资金797万元,重点围绕乡村产业数字化、乡村文化数字化、乡村教育数字化、乡村治理数字化、巩固脱贫攻坚成果等方面开展27个项目。联系外部单位引进帮扶资金190万元。

【帮扶资金管理】 中国电科统筹谋划项目,精心组织实施。深化帮扶项目论证,科学组织好项目实施,把监管贯穿于全过程,做好完工验收和审计工作,切实提高资金使用效益。对帮扶工作采取周汇报、月统计、季总结的工作机制,加强指导并帮助解决困难问题,与地方政府密切配合,通力合作、共同监管,确保帮扶质量。

【帮扶调研】 中国电科党组高度重视定点帮扶工作,党组靠前指挥,部署推动落实。党组副书记赴叙永县调研,副总经理赴达日县调研,党组成员赴绥德县调研,详细了解帮扶项目情况,听取地方对巩固拓展脱贫攻坚成果同乡村振兴有效衔接工作的意见和建议,并就下一阶段乡村振兴定点帮扶工作进行研讨,从严从实抓好定点帮扶工作。

【组织领导】 中国电科成立定点帮扶工作领导小组和帮扶工作办公室,主抓统筹协调,分管领导负责,总部多个部门全面配合,川、陕、渝等各相关成员单位狠抓落实的帮扶工作体系,持续打造"横向到边、纵向到底"的帮扶工作格局。按照"因地制宜、精准帮扶、'造血'为主、数字赋能"的工作方针,充分发挥自身在电子信息领域的技术与资源优势,大力实施数字乡村"四新工程"。

【干部挂职帮扶】 中国电科始终坚持驻村帮扶队伍不撤、力量不减,把乡村振兴作为培养锻炼干部的广阔舞台,锻造引领乡村振兴的突击队。坚持以精选建强挂职干部为抓手,持续将政治过硬、思想坚定、德才兼备的青年骨干选派到脱贫地区挂职工作,锻炼服务人民群众本领,严把选派对象履职条件,选派1人赴达日县挂职副县长,为助力定点帮扶县全面推进乡村振兴注入新鲜血液。中国电科共有3名挂职副县长、2名驻村第一书记在任,这些干部充分发挥自身管理和技术优势,主动为帮扶县经济发展和脱贫群众致富想办法、出主意,赢得了当地政府和群众的一致好评。

【党建帮扶】 中国电科着力建强基层组

织,充分发挥党建引领保障作用,认真履行职责配合地方政府,发挥挂职帮扶干部及驻村第一书记国企干部管理优势,引入国企党建先进经验,筑牢党建阵地,充分发挥基层党组织战斗堡垒作用。继续搭建好党建综合帮扶平台,重视农民思想道德教育,重视法治建设,健全乡村治理体系,深化村民自治实践,指导帮助建立健全党组织领导的自治、法治、德治相结合的乡村治理体系,推动乡村治理能力现代化。

【乡村产业数字化建设】 中国电科帮助乡村特色产业发展壮大、提质增效,着力打造科技农业、智慧农业、品牌农业,充分发挥典型示范带动作用。依托叙永地理特点,应用智慧生态监测、智慧水肥一体化等数字技术,打造综合柑橘产业平台,并积极探索叙永—秭归两个原国定贫困县柑橘产业携手发展的乡村示范新机制,形成"示范引领+科技赋能+精深加工+双线销售+民族文旅"新模式,扩大"赤水河"甜橙的品牌影响力。在前期"平台+散养"绿色肉牛养殖、杜仲订单式林业项目的基础上,继续完善全产业链支持引导措施,加大帮扶资金投入力度,加强产业后续培育,提高肉牛、杜仲产业市场竞争力和抗风险能力。2022年,杜仲产业链育苗、干叶及茶叶为高家沟村集体经济增收130万元,杜仲产业务工人员年增收8000元左右,土地入股、集体分红每年增收2000元。

【乡村文化数字化建设】 中国电科结合人工智能、文物数字化采集、全息数字、传感和声光电、VR、MR、XR等技术,实现对叙永革命烈士陵园展厅红色文化的数字化保护与展示。以多元化、形象化、情境化的叙事方式展现了叙永当地的革命人物故事,有力提升了叙永革命历史纪念馆的保护、管理及服务水平,凸显了叙永地区的革命历史文化地位,传承红色基因,助力文化振兴。抓住绥德县郝家桥村生态环境优势,以郝家桥红色教育景区为主线,打造郝家桥线上乡村振兴成果展示平台和数字景区管理系统,实现景区管理、农副产品展销、数据分析等功能,帮助游客人数迅速增长4倍,带动人均纯收入同比增长30%以上。

【乡村教育数字化建设】 中国电科回归教育本质,振兴乡村教育,夯实农村地区教育信息化基础,开创"智志双扶"新模式。与复旦大学等高校开展校企联合、定点支教等工作,联合建立"校企联合帮扶支教点",利用互联网技术,开展线上支教活动,积极探索和推进教育公平化,不断提升教育质量,助力推进教育公平化。开展"大爱电科"系列志愿行动,号召广大干部职工积极参与"梦想1+1"助学帮扶行动,推动健全志愿服务常态化机制。加大"科技小屋"建设投入力度,激发学生的学习热情和对知识的渴求。

【乡村治理数字化建设】 中国电科坚持绿色发展,帮助打造良好的生态环境。加大在小型数字基础设施建设等方面的支持力度,继续为脱贫摘帽后仍存在住房安全隐患的特殊困难户进行危房改造,积极开展乡村环境治理、道路安防等提升改造工程,铺设数字太阳能路灯绿色照明,着力推动科技赋能乡村人居环境改善和基础设施建设,为巩固拓展脱贫攻坚成果提供技术支撑。

【脱贫成果巩固】 中国电科推进新型数字技术在乡村基本医疗和公共服务中的融合应用,持续实施"北斗新合·心电仪""互联网+健康""羊羔花"残疾儿童康复救助等项目,对因患疾病导致基本生活陷入困境的群众继续实施专项帮扶,阻断因病返贫路。继续开展"同舟工程救急难"专项行动,利用技术优势,为广大农民群众基本医疗实现提供切实保障。提高防疫抗疫水平和疾病预防发现能力,初步形成远程医疗监测体系。

【消费帮扶】 中国电科始终把消费帮扶

作为带动产业升级的重要抓手,持续加强消费帮扶力度。充分发挥"电科商城"的作用,做好宣传推介和备货准备,不断加强与中国社会扶贫网、中央企业其他消费帮扶平台及相关专业消费帮扶平台合作,帮扶脱贫地区拓宽特色产品销售渠道。2022年,完成消费帮扶2159万元,帮助销售当地农产品78万元。积极参加"央企消费帮扶兴农周",充分发挥内部消费和渠道平台优势,完成销售额547万元。

【帮扶培训】 中国电科建立培养专业人才服务乡村振兴的长效机制,针对定点帮扶地区基层干部和脱贫群众,持续加大培训力度,开展基层干部、乡村振兴带头人、中小学教师培训和校企共建——职高技能人才培养等培训项目,受众共6628人次。同时,针对农业发展困境,有计划地开展乡村振兴政策法规、农牧业新业态、数字农业等专题培训,培养一批致富带头人、专业技术人才和经营管理人才,进一步增强脱贫地区持续发展的内生动力。

(中国电子科技集团有限公司　郭　睿)

中国石油天然气集团有限公司定点帮扶

【概述】 2022年，中国石油天然气集团有限公司（以下简称"中国石油"）在新疆察布查尔县、尼勒克县、托里县、青河县、吉木乃县、巴里坤县，河南台前县、范县，贵州习水县，江西横峰县共10个县开展定点帮扶工作。紧紧围绕民生、产业、教育、消费、健康等重点任务，扎实有序推进工作落实，全年投入帮扶资金8.8亿元，实施项目93个，培训基层干部、乡村振兴带头人、专业技术人员7.8万人，消费帮扶金额达12亿元。结合各县自然禀赋和发展诉求，编制《"十四五"助力乡村振兴发展规划》，以"六大行动"为抓手科学确定重点项目，切实做到"一县一策"。中国石油"幸福乡村"人居工程提升项目入选《中国农村人居环境发展报告》，消费帮扶工作案例被国家发展和改革委员会评选为"全国消费帮扶助力乡村振兴优秀典型"，"青河全产业链发展模式"入选国务院国有资产监督管理委员会《援扶专刊》，并作为中央企业代表在乌镇世界互联网大会上分享数字减贫经验，连续6年在中央单位定点帮扶考核中被评为"好"等次。

【帮扶资金投入】 2022年，中国石油连续第7年增加定点帮扶资金投入，在10个县投入资金8.8亿元，其中无偿投入1.78亿元，用"真金白银"助力脱贫地区全面推进乡村振兴；有偿投入7亿元，发挥自身行业优势，在定点帮扶县加大油气勘探开发、化工产品加工等工作力度。在引入资金方面，在10个县引入帮扶资金8.67亿元，其中引入无偿资金4180万元，开展助学活动、公益医疗、发放爱心包裹，带动社会力量参与乡村振兴；引入有偿资金8.25亿元，利用援建项目吸引龙头企业投资，延伸特色产业链，为脱贫地区经济社会发展做出积极贡献。

【帮扶会议】 中国石油把深入学习贯彻习近平总书记重要讲话精神作为"第一议题"不折不扣落实到位。3月，中国石油董事长主持召开2022年度领导小组会议，深入学习贯彻习近平总书记关于"三农"工作的重要论述，研究部署抓紧抓实助力乡村振兴重点工作。全年召开党组会议（扩大）和专题会议9次，传达学习习近平总书记关于"三农"工作的重要论述，研究贯彻具体落实举措；所属单位召开专题会议67次，落实集团公司计划要求，部署推进帮扶工作。

【帮扶调研】 中国石油党组高度重视定点帮扶工作，深入乡村振兴一线开展调研考察，9名党组领导调研全部定点帮扶县，推进各项举措落实落地。中国石油持续推进定点帮扶10个县走访调研常态化，全年478名局级及以下人员开展调研，督促指导地方贯彻落实中央重大决策部署，就各县在政策执行、产业发展等方面遇到的新情况新问题建言献策。

【干部挂职帮扶】 中国石油把挂职干部选派、管理和培训作为工作重点，充分发挥挂职干部桥梁纽带作用，推动"企地"共同推进乡村全面振兴。集团层面选优配强11人（挂职副县长10人，驻村第一书记1人）在定点帮扶10个县开展工作，与其中10名挂职副县长逐一签订责任书，从组织领导、项目管理等13个方面量化工作指标。完善对所属单位挂职干部、驻村第一书记和工作队人员动态管理机制,建立挂职干部信息档案,针对694名所属单位挂职干部、驻村第一书记、驻村工作队员画像分析,对优秀干部优先提拔使用。各级干部在乡村振兴、疫情防控、助学助残等方面取得积极进展,得到了受援地干部群众广泛赞誉。

【脱贫成果巩固】 中国石油把补齐乡村发展短板、改善基础设施条件和提升公共服务作为巩固拓展脱贫攻坚成果重点任务。在义务教育保障方面,针对脱贫地区义务教育发展不均衡等问题,连续第8年开展"益师计划"教师培训,着力提升定点帮扶地区教师队伍素质,2022年累计培训10个定点帮扶县教育工作者超2万人次。在基本医疗保障方面,在新疆托里县新建乡级卫生院,改善群众医疗条件;在定点帮扶县为低收入家庭儿童提供公益保险,降低因病致返贫发生率;在新疆定点帮扶县借助北京医疗资源优势,推进互联网健康管理项目,推动"一老一小"关爱行动落地见效。在基础设施保障方面,在多个人居环境提升示范村帮助修建文化广场、主干道及院墙,改善村容村貌,提升人居环境质量,日益满足农民群众对美好生活的向往。

【产业帮扶】 中国石油把产业帮扶作为助力乡村振兴的首要任务,推动特色主导产业落地生根和乡村新产业新业态发展壮大。聚焦粮食安全,在尼勒克县援建玉米烘干厂项目,建设2000吨/天加工烘干玉米粒生产线;在吉木乃县继续建设智慧粮仓,通过现代化管控促进仓储技术提升,为阿勒泰地区粮食安全提供有力保障。聚焦产业链条延伸,在青河县援建生物饲料厂,推动集牧草种植、饲料生产、牲畜养殖、加工屠宰、产品销售一体化发展。聚焦乡村二三产业发展,在范县援建农林花卉基地项目,推动花卉种植标准化、市场化;在横峰县援建乡村旅游梯田民宿,在习水县实施古树茶文旅乡村示范项目,因地制宜发展乡村旅游、休闲农业。支持项目建设运营和驻地企业用工向定点帮扶县倾斜,2022年帮助10个县转移就业3797人,本单位招用脱贫人口529人,解决脱贫群众就业问题。

【帮扶培训】 中国石油把智力帮扶作为着眼长远、面向未来的重点工作。投入专项资金打造中国石油"兴农"讲堂自有培训平台,坚持问题导向,结合帮扶地需求,量身定制有关乡村振兴、专业技术等课程300多节,全年在线19.7万人次,培训人数再创新高。

【教育帮扶】 中国石油在河南范县、江西横峰县小学援建配套设施,新建标准操场和室内体育馆,提升乡村小学硬件水平。以油气专业为培养方向,开设"油苗计划"定向班,在新疆定点帮扶6个县招收100名高三应届毕业生,将学历教育和职业教育相结合,未来优先在中国石油所属单位就业。

【文化帮扶】 中国石油在定点帮扶县持续推动文明乡风、良好家风、淳朴民风建设。累计投入5000万元,在河南范县和台前县援建2个乡村旅游帮扶示范项目,深入挖掘中原文化、黄河文化价值内涵,推进移风易俗,革除陈规陋习,带动民宿经济和特色文创产业发展。在贵州习水县和江西横峰县依托"四渡赤水"和方志敏"可爱的中国"红色资源,设立"红色教育现场教学点",近千名党员干部到现场开展主题教育,组织铁人学院与四渡赤水培训学院达成共建协议,促进老区精神与石油精神和大庆精神铁人精神相融合。在新疆地区以铸牢中华民族共同体意识为主线,大力实施"同心"工程,组织民族团结政策学习1620场次,开展主题文化活动600余场次,帮助推进乡村精神文明建设,丰富文化生活,营造良好文化气氛。

【消费帮扶】 中国石油持续推动脱贫地区产品和服务融入全国大市场,继续更新消费帮扶产品目录,向油田、炼厂等130余家单位推荐290个脱贫县3200余种产品,动员各单位和广大员工积极采购,推动工会、食堂与脱贫地区建立长期供应关系,有效加强产销对接。以年节假日和"央企消费帮扶周"为契机,通过官方微信、好客商城和"百城万站"便利店推介名优产品,组织全部销售单位开展直播带货,走进"田间地头",带动农民增收、产业升级,全年消费帮扶金额达12亿元。

【生态帮扶】 中国石油将基础设施援建、农村环境整治、环境保护等有机结合。2022年投入近5000万元在10个县推进"幸福乡村"建设行动,在76个村实施生活垃圾和污水治理,累计厕改2000余户,深入推进村庄绿化美化亮化提升。累计投入4000余万元在新疆察布查尔县援建国家储备林及碳汇研究等"双碳"项目,实施1万亩苗木购置、种植、管护,创造生态护林员等就业岗位,推动乡村绿色发展。在缺水、低产、弃耕地区援建节水灌溉项目,在新疆青河县通过水肥一体化和高效节水灌溉项目,把2万亩戈壁变良田。在新疆青河县投入启动"送河狸宝宝回家"计划,实现科普教育、水土保持、濒危动物保护和农牧民增收有机结合,探索建立人与自然和谐共荣示范基地。

【健康帮扶】 中国石油把健康管理和乡村振兴相结合,在托里县援建乡级卫生院,新建门诊住院综合楼及附属设施,惠及群众4万余人。持续推进"互联网+医疗健康"项目,为新疆6县3600多名患者远程会诊,实现大病不出县;为县级医院和村卫生所5200多名医务工作者开展培训,提升医疗水平。发挥互联网优势,聚焦"一老一小",投入1500万元帮扶资金实施"加油宝贝"健康项目,吸引256万名社会大众捐赠善款1500万元,为脱贫地区13万个家庭困难儿童提供大病公益保险。围绕养老产业开展专题培训,探索农村"医养结合+居家养老"新模式。向尼勒克县捐赠巡诊包,为青河县捐赠7辆营房车,全面提升农村疫情防控能力。

【党建帮扶】 中国石油充分发挥中央企业党建优势,围绕基层党组织、基层干部和乡村治理3项重点,推进实施"基层党建提升行动"。统筹对口管理单位和挂职干部在定点帮扶10个县结对共建党支部33个、脱贫村25个,通过组织集体学习习近平新时代中国特色社会主义思想,不断提高基层党组织的凝聚力和战斗力。把基层干部作为重点,持续开展党的路线方针政策、基层组织管理等培训,激发干事创业热情和使命担当,提高履职能力。2022年为10个县培训基层干部2.2万余人次。在10个县探索"党组织+龙头企业+农户"等模式,扶持龙头企业39个,培育合作社等新型农业经营主体94个,增加基层组织收入,提升乡村治理水平,实现了服务群众网格化、乡村治理精细化。

【公益帮扶】 面对新冠疫情和自然灾害,中国石油第一时间履行决策程序,先后向北京、新疆、四川、内蒙古捐赠1.12亿元现金和防疫物资,助力各地防疫和赈灾工作。各所属单位也积极参与防疫和救灾工作,提供资金、物资、人力和能源保障,始终与地方同呼吸共命运,共同构筑抗疫、救灾安全防线,彰显政治责任和社会责任。在公益方面,根据社会主流公益事业发展趋势,结合公益项目管理经验,编制印发《公益指导手册》,宣传典型案例、推进合规管理、提升项目成效;持续开展"旭航"助学项目,在8个省20所学校设立"旭航"班59个,资助2894名家庭困难学生,持续发挥公益服务效能。

(中国石油天然气集团有限公司
党群工作部 王 子)

中国石油化工集团有限公司定点帮扶

【概述】 2022年，中国石油化工集团有限公司（以下简称"中国石化"）坚持以习近平新时代中国特色社会主义思想为指导，深入学习贯彻党的二十大精神和习近平总书记关于乡村振兴工作重要指示批示精神，按照中央单位定点帮扶工作要求，以更加主动的作为、更加有力的举措助力定点帮扶县高质量开展乡村振兴工作。全年定点帮扶安徽省颍上县、岳西县，湖南省凤凰县、泸溪县，新疆维吾尔自治区岳普湖县，甘肃省东乡族自治县（以下简称"东乡县"）6个县，派出帮扶挂职干部9人，围绕产业、教育、消费三大重点帮扶工作实施帮扶项目68个，投入和引进各类资金13.43亿元，开展乡村振兴培训65353人，全系统员工参与消费帮扶，完成金额11.56亿元。中国石化始终坚持巩固拓展脱贫成果同乡村振兴有效衔接，围绕"五大振兴"，高水平推进产业帮扶，持续打造"一县一链"；高标准开展教育帮扶，努力办好"老百姓家门口的学校"；高效率拉动消费帮扶，持续提高脱贫群众收入。中国石化帮扶成效卓越，岳西县被评为国家乡村振兴示范县，产业帮扶荣获中国品牌"优秀案例"。与中国儿童少年基金会在东乡县建成全国首个关爱女童空间"春蕾加油站"，帮扶视频《我眼中的东乡》被中共中央组织部评选为全国党员教育电视片三等奖。中国石化帮扶案例和经验材料多次在中央报刊、媒体和简报中刊登发表。中国石化连续6年被评价为"好"等次。

【帮扶资金投入】 2022年，中国石化继续加大投入力度，向6个定点帮扶县投入无偿帮扶资金21116万元，同比增长10%。发动24家直属企业向24所帮扶学校捐助物资1000余万元。

【帮扶资金管理】 中国石化在定点县实施的帮扶项目严格执行"集团党组调研指导、乡村振兴办公室定期督导、挂职干部日常落实"的督导工作机制，全年开展线上视频工作推进会、产业项目专项工作对接会、建设项目调度会等累计47余次。严格落实《中国石化对口支援及定点扶贫项目执行和资金使用管理办法》《中国石化对外捐赠管理办法》《帮扶挂职干部业务经费账务处理》等制度，确保帮扶项目保质保量按时完成。

【产业帮扶】 中国石化持续完善"一县一链"帮扶模式和产业发展规划，在定点县用工业元素改造传统农业，提升当地群众收入。依托地区资源禀赋，发展东乡县藜麦、岳普湖县"阳光巴扎"灰枣、岳西县茶叶和桑枝木耳、颍上县烤鸭蛋、泸溪县铁骨猪、凤凰县猕猴桃、班戈县和泽库县牦牛肉产品的"一县一链"产业，以东乡藜麦和岳西翠兰茶叶作为"一县一链"示范项目，大力发展农产品精深加工业务，提升产品附加值，对产品品牌、质量、包装等方面前置管理，构建完整现代农业产业链。2022年实施产业项目16个，在东乡县与甘肃省农业科学院合作，推广种植藜麦1.6万余亩，大力开展种源关键核心技术攻关，建立藜麦新品种试验示范基地，示范藜麦新品种16个，示范面积200亩，筛选推广高代杂交品种，培育优秀藜麦品种。在岳西县结合安徽农业大学专家组指导意见，完善茶叶产业发展规划，设计产业品牌,优化茶叶品种,改善种植环境,培育优质精品产业。开展集"育、产、加、销、研"于一体的产业帮扶,努力使每个县都有一条高品质农业产业链、有一批具有市场竞争力的产品。

【消费帮扶】 中国石化依托企业内部市场优势和外部销售渠道优势,加大"一县一链"重点商品帮销力度。发挥政治优势,向全系统印发《加强消费帮扶助力乡村振兴的通知》,将消费帮扶纳入直属单位党建考核内容,充分挖掘工会、内部食堂采购需求,明确采购标准,同等条件下优先采购脱贫地区帮扶商品。发挥销售渠道优势,充分利用2.8万个易捷便利店、石化员工团购网、"易捷加油"等线上线下渠道销售帮扶商品的同时,将乡村振兴帮扶产品与易捷名品组合营销,以"加油送好礼""油非互促""黔货出山"等形式纳入"年货节""水饮节""易享节"三大知名营销活动,全力扩大销售。全年帮助销售帮扶商品11.56亿元,同比增长11%,其中6个定点帮扶县产品销售额达1.63亿元。在"消费帮扶新春行动""央企消费帮扶兴农周"等活动中,购买金额均超过1亿元。与帮扶县签订文旅商贸合作框架协议,建设乡村旅游网红民宿,助力一二三产业融合,推动县域文旅产业发展,带动当地消费,拉动经济发展。在东乡打造"布楞沟村"中国石化红色教育基地,动员石化员工分14批次共243人赴东乡布楞沟村史馆参观学习,实现消费帮扶近100万元。

【防返贫监测机制】 中国石化定期与帮扶县合作推进防返贫工作,挂职干部落实防返贫监测,根据实际县情提供帮扶资金解决百姓"急难愁盼"的生活问题,督促定点帮扶县每月定期上报乡村振兴考核指标完成情况,并提报至全国防止返贫监测和衔接推进乡村振兴信息系统,向帮扶县传达国务院国有资产监督管理委员会每月数据完成情况通报,建立联动机制,督导帮扶县完成指标任务,全面落实防返贫工作,坚决杜绝帮扶地区返贫情况发生。

【脱贫成果巩固】 中国石化投入6829万元助力定点帮扶县巩固"两不愁三保障"成果,同比增长20%,关注重点群体,资助特殊困难户,积极遴选帮扶地区名优特产进入中国石化线上线下渠道平台,通过大力帮销增加脱贫群众收入,实施乡村旅游民宿建设项目、扶贫车间扩建、村集体经济发展示范项目等村级产业建设,增加脱贫户就业人数,发展具有当地特色的稳定产业,切实提高帮扶群众民生收入水平,持续巩固脱贫攻坚成果。

【就业帮扶】 充分发挥中国石化网络优势,提供优质就业岗位,在帮扶县开设技能课程,带动农民长期稳定就业,增加收入。全年帮助转移就业1279人,本单位招用脱贫人口181人。

【社会帮扶】 中国石化集聚帮扶力量,与社会各界合作开展帮扶。在定点帮扶县引进帮扶资金23157万元。与中国儿童少年基金会合作,实施关爱女童的"春蕾加油站"行动。与中国科学技术协会合作,在中国石化帮扶学校开展科普教育。从北京、上海、广东、杭州等地,引入清华大学附属中学、上海傅雷中学、杭州第二中学、东营市第一中学、武汉红钢城小学等知名学校与受援学校建立一对一的"姊妹校"结对关系,建立"蓝青"师徒帮带170余对。与北京2022年冬奥会和冬残奥会组织委员会合作,开展组织游学活动,开阔受援学校师生视野。与甘肃省农业科学院合作,在东乡县大力开展种源关键核心技术攻关,培育示范藜麦新品种16个,建立面积200亩的示范基地,培育优秀藜麦品种。借助科技小院力量,在凤凰县推动农技助力乡村产业发展,优化猕猴桃种植土壤、水分环境,改良种植品种,培育优质红心猕猴桃,为深加工提供精品原果,并开展套种灵芝创新试验。结合安徽农业大学专家组指导意见,在岳西县完善茶叶产业发展规划,设计产业品牌,优化茶叶品种,改善种植环境,培育优质精品产业。

【乡村治理】 中国石化在定点帮扶县投入改善农村人居环境资金375万元,完善农村生活设施资金601.32万元,实施人居环境提升、村容村貌提升、农村就医条件改善等惠民工程,推进美丽乡村建设。帮助定点县实施农村厕改251户,实施15个村的生活垃圾和污水治理。将一二三产业融合发展作为助力乡村振兴的有效途径,与甘肃省临夏回族自治州政府签订《文旅商贸合作框架协议》,大力推进美丽乡村建设,投入1480万元打造临夏州乡村振兴示范村——布楞沟村,发展特色精品民宿,助力美丽乡村建设。在岳西、凤凰、泸溪等地推广休闲农业和乡村旅游精品路线。在定点县深入开展习近平新时代中国特色社会主义思想宣传教育,帮助当地干部和村民群众深刻领会党的二十大精神和习近平总书记重要指示精神。

【组织领导】 中国石化党组高度重视定点帮扶工作,始终作为"一把手"工程推进落实。2022年公司主要领导共主持召开3次定点帮扶领导小组会议,学习贯彻习近平总书记乡村振兴重要论述,研究部署重点工作。中国石化党组书记、董事长调研了定点帮扶6个县中的5个县,公司各级领导共543人次赴6个县调研指导。中国石化向6个定点帮扶县派驻挂职干部9人,挂职县级干部7人、驻村第一书记2人。全系统参与乡村振兴和定点帮扶工作。在总部部门参与定点帮扶的基础上,37家直属企业直接参与教育结对帮扶工作。全系统员工参与消费帮扶工作,每人完成消费帮扶金额过百元。

【教育帮扶】 中国石化始终把教育帮扶作为重点工作落实推进。以曾经援建的246所学校为基础,从定点帮扶县、老少边穷地区、革命老区、西部民族地区的乡镇里选择37所学校进行重点帮扶,围绕"办好老百姓家门口学校"的主题,从硬件和软件两个维度着手提升,在校园、教师、学生3个层面着力帮扶,探索出"集团化、立体式、结对型"的教育结对帮扶模式。启动开展"院士进课堂"活动,开展"校园科技馆"建设,提升学生科学素养。与中国儿童少年基金会深化合作,实施关爱女童的"春蕾加油站"行动,建成"女童成长友好空间"11个,发放"春蕾爱心书包"1500份。在西部15个受援学校8000名师生中开展"童心向党、与爱同行"普通话推广活动,帮助孩子们铸牢中华民族共同体意识,助力民族地区、农村地区国家通用语言文字推广。共组织872名学生参加了"公众开放日"等游学活动,捐赠图书13万册,惠及在校师生2万余人。经过持续帮扶,受援学校教学质量显著提升,多个学校成绩排名已名列全县前茅,部分乡镇学校学生成绩已超过县城学校,学生出现回流,学校人数持续增加。

【帮扶培训】 中国石化强调目标导向,坚持"所办为所需,所学为所用"。投入190万元对定点县乡村三级干部开展政策知识、办公软件、文案材料、理念提升等各类知识培训,提升定点县乡村振兴系统工作人员业务水平。发挥国家重点实验室专业优势,为栽培和加工技术提升开展专项培训,依托专家团队开展综合防治难题攻关研究,为帮扶县选派专业技术人员讲授农作物日常管理、病虫害防治等技术。开展电商带货、保育员、家政服务员及机械操作等实用技术培训班,提高基层干部带领群众致富本领。2022年,共计培训人员65353人,同比增长74%。

【医疗救助】 中国石化在东乡、岳普湖、凤凰等地投入285万元支持医疗条件改善提升,完善残疾儿童托养康复中心建设,购置康复训练设施、医疗保障设施,开展医生培训,支持县域心理健康咨询指导师专项培训,落实特殊家庭患病群众医疗资助。捐赠200万元物资支持东乡、凤凰、泸溪开展疫情防控工作,驻地加油加气站和便利店开辟"绿色通道",提供服务保障。

【帮扶宣传】 成立中国石化乡村振兴宣传工作组,发布"中国石化助力岳西茶产业升级"等稿件,在新华网、人民网、中国网等主流媒体上刊发相关新闻资讯136篇,制作宣传广告短片,在中央广播电视总台黄金时段播出。以"国际茶日"为契机,挂职干部出镜代言岳西翠兰。视频首发后,新华网等媒体跟进发布,累计播放量超500万次。纪录短片《教育援藏·筑梦高原——法籍员工吉尔姆探访离天空最近的援藏小学》获第四届"一带一路"百国印记短视频大赛社会公益奖。在"央企消费帮扶兴农周"活动中,通过《中国石化报》及报社各级记者站公众号平台转发活动推广45篇,动员石化系统内各级单位积极采购活动商品,累计阅读量超60万人次。联合中国经济出版社编撰《石化教育帮扶故事》,宣传助学帮扶活动与感人事迹。

（中国石油化工集团有限公司
乡村振兴工作领导小组办公室　严　超）

中国海洋石油集团有限公司定点帮扶

【概述】 2022年,中国海洋石油集团有限公司(以下简称"中国海油")以习近平新时代中国特色社会主义思想为指导,认真学习宣传贯彻党的二十大精神,坚定不移贯彻落实中共中央、决策部署及上级部委有关要求,投入帮扶资金超过1.3亿元,扎实做好甘肃夏河县、合作市、内蒙古卓资县、海南保亭县、五指山市等5个县(市)的定点帮扶及西藏尼玛县的对口支援工作,在中央单位定点帮扶工作考核中连续五年获"好"等次。

【帮扶资金投入】 中国海油在5个定点帮扶县(市)投入无偿帮扶资金9025.4万元,在西藏尼玛县投入帮扶资金4000万元。全年引进无偿帮扶资金1616.1万元。帮扶资金主要用于保障和改善民生,完善农牧村基础设施,切实巩固拓展脱贫攻坚成果。此外,中国海油还投入有偿帮扶资金17880万元,在合作市开展"牧光互补"新能源产业项目。

【帮扶调研】 中国海油党组书记、董事长坚持以上率下,亲自研究、亲自部署、亲自推动。党组领导统一思想认识,带头抓好落实。深入一线考察,共谋振兴发展。党组领导带队调研达43人次,克服疫情影响,实现5个定点帮扶县市调研全覆盖。

【帮扶会议】 3月,中国海油召开集团公司乡村振兴工作会议,部署全年重点任务,发布《中国海油"十四五"助力乡村振兴工作规划》。4月,第一时间传达学习习近平总书记考察海南时的重要讲话精神,切实把习近平总书记重要论述和重要指示精神落实到工作各个环节。8月,召开乡村振兴工作领导小组会议,部署全面推进乡村振兴重点工作。同时,主动梳理2017—2022年帮扶项目完成情况及资金结余使用情况,持续跟进帮扶项目进展,提升帮扶工作质效。

【干部挂职帮扶】 中国海油持续选好挂职干部、驻村第一书记和工作队,健全常态化驻村工作机制。中国海油共在5个定点帮扶地区派出6名挂职干部和驻村第一书记。在西藏地区派出2名援藏干部。此外,还在5个省(市)15个村镇选派驻村工作队开展地方帮扶工作。集团公司通过建立健全管理机制,建立挂职干部月度例会沟通制度,制定挂职干部管理规定,加强对挂职干部的日常工作考核。对挂职期间表现优秀、成绩突出、群众认可的干部,优先提拔使用。

【产业帮扶】 中国海油通过调整帮扶资金投向,将40%以上的帮扶资金投向产业振兴领域,助推产业提档升级。一是发展特色种植产业。全流程扶持新村5家茶企及手工坊,实现茶树种植550亩,茶青产值220万元,营业额达550万元,促进农民增收。二是发展壮大村集体经济。投入专项帮扶资金支持新村百香果集体合作社,带动30户脱贫户就近就地就业。三是引进龙头企业。推动五指山大地硕果农业科技有限公司成果落户五指山市,项目年产值将达1.27亿元。通过上述举措助推帮扶地区产业提档升级,带动脱贫户就近就地就业,托起群众致富梦。四是深化消费帮扶。购买定点帮扶县市农产品3247.05万元,帮助销售帮扶地区农产品543.01万元,购买其他脱贫地区农产品323.85万元。发布《关于深化拓展乡村振兴消费帮扶工作的通知》，建立消费帮扶联席会议机制，并积极参与各类消费帮扶直播活动，推动帮扶地区产业振兴。五是引进新能源产业大项目。中国海油投入有偿帮扶资金17880万元，在合作市开展"牧光互补"集中式光伏发电项目，以新能源产业助力帮扶地区产业升级发展。

【人才帮扶】 中国海油聚焦乡村潜力，打造群贤毕至的人才乡村人才振兴格局。2022年投入662万元，持续抓好乡村振兴培训。将构建多层次培训体系作为中国海油民生工程"3+10"件实事中重要一项，组织开展教育、旅游、农业、电子商务、动物疫病等专题培训30期，全年培训2874人。新招聘定点帮扶县市大学生30人。有针对性地提供适合当地高校毕业生特点、有利于发挥其专长的就业岗位，助力稳就业保就业工作。目前在岗的定点帮扶县市大学生人数累计达到251人。

【教育帮扶】 中国海油坚持以振兴乡村教育赋能乡村振兴。一是捐赠教室、宿舍用品，让学生无后顾之忧。向卓资县捐赠价值100万元的云智慧电教室，600套宿舍生活用品和100台教学电脑；向保亭县捐赠中小学图书40146册。二是优化教育资源配置，夯实乡村教育基础。分3年投入3600万元支持保亭民族中学高中部升级改造，有效解决保亭县普通高中学位紧缺的问题，将全县高中入学率提高12个百分点。三是接续实施"雏凤"助学项目。连续15年在五指山市开展"雏凤"助学，累计资助1302名高中女生。

【公益帮扶】 中国海油发挥公益基金会平台优势，向定点帮扶县市引入无偿帮扶资金1616万元，引导更多社会资源向乡村流动。联合中国妇女发展基金会打造"海油母亲健康快车"，向对口帮扶县市投入9辆救护车，在医疗救助、下乡排查、疫情防控等方面发挥效益；作为首家中央企业联合中国科学技术协会开展"中小科技馆共建"行动，推动科普与科技助力乡村振兴；联合中国教育发展基金会，在卓资县、保亭县、五指山市打造"劳动主播"直播间，培养一批新型复合型主播人才；联合中国宋庆龄基金会实施"健康中国AED"项目，把急救设备和知识带入乡村。

【基础设施建设】 中国海油坚持把推进农村人居环境治理作为加快乡村振兴和提高群众生活品质的有力抓手，擦亮乡村底色。在合作市投入320万元建设两个生态文明小康村，在卓资县投入190万元用于巴音锡勒镇宿亥沟村"小康示范村"二期项目建设，在五指山市投入150万元支持新村乡村振兴示范点建设，在保亭县投入730万元用于2个村的人居环境建设项目，加快建设宜居宜业和美乡村。

【特色帮扶】 中国海油投入150万元支持保亭县创建"保亭柒鲜"（红毛丹、菠萝蜜、百香果、榴莲、黄秋葵、什玲鸡、六弓鹅）公用农业品牌，帮助当地培育龙头企业，并成功申报"中国村庄红毛丹之乡"，保亭红毛丹入选农业农村部品牌精品培育计划。"保亭柒鲜"品牌发布后，带动产业经济效益显著提升，红毛丹售价高达18元/斤，同比增长300%，2022年即使受疫情影响，红毛丹价格仍稳定在15元/斤，农户种植积极性提高，产业年产值达4.5亿元，已初步培育12家自主品牌，解决128人就近就业，带动2365户农民增收。

【整村推进】 中国海油全力将五指山市水满乡新村，打造成乡村振兴示范村。新村是五指山市唯一的苗族行政村，为推进农文旅结合，中国海油出资成立村集体文化旅游企业，建设新村游客服务中心，挖掘苗绣等传统文化资源，开发文创产品，2022年新村旅游收入达60万元。培育人才促就业，开展专业技能培训，提高脱贫群众劳动就业技能。此外，还扶植新村发展壮大百香果、水稻种植等村集体经济，带动30户脱贫户就业，并不断提升村容村貌,开展"村庄环境清洁行动",建设美丽乡村。

【帮扶宣传】 中国海油积极打造助力乡村振兴宣传矩阵,加大宣传力度,营造浓厚振兴氛围。一是对内持续输出高质量新媒体内容。在《海洋石油报》刊发3期专刊,全年不间断策划乡村振兴内容作品,在公众号、报纸等融媒体平台发布132篇。二是对外讲好中国海油帮扶故事。向国资委、国家乡村振兴局以及人民网等报送典型案例9篇,积极参与"乡村振兴,企业在行动"征文活动,投稿23篇征文作品,获二等奖1篇,优秀奖1篇。配合海南省民政厅、海南新闻频道完成新村"救急难"宣传片制作,并开展线上推广。

(中国海洋石油集团有限公司
乡村振兴工作领导小组办公室
王　鹏)

国家电网有限公司定点帮扶

【概述】 2022年,国家电网有限公司(以下简称"国家电网")认真贯彻落实中共中央、国务院决策部署,坚持以人民为中心、以电网为基础、以精准为关键、以机制为保障,定点帮扶湖北省秭归县、长阳县、巴东县、神农架林区和青海省玛多县(以下简称"五县区"),引进和投入帮扶资金6.43亿元,实施民生改善、产业发展、培训就业等各类帮扶项目,完成消费帮扶5.48亿元,帮助培训县乡村基层干部、乡村振兴带头人、专业技术人员2351人次,助力五县区脱贫成效持续稳固,拓展乡村振兴取得积极进展,在中央单位定点帮扶工作成效考核中连续6年评价为"好"等次。

【帮扶资金投入】 2022年,国家电网在五县区直接投入无偿帮扶资金4663.98万元,实施帮扶项目64个。直接投入有偿帮扶资金3.34亿元,加强五县区电网建设,面对秭归严重干旱高温灾害,新建、更换电力线路16.8千米,保障柑橘丰收。引进中国乡村发展基金会等单位无偿帮扶资金676.56万元,实施教育、医疗等项目15个。引进中国能建葛洲坝集团等单位有偿帮扶资金2.58亿元,实施光伏电站、旅游康养等项目20个。公司各单位在驻村帮扶点直接投入无偿帮扶资金1.17亿元,实施无偿帮扶项目605个,惠及群众285万人。

【帮扶会议】 国家电网把巩固拓展脱贫攻坚成果同乡村振兴有效衔接作为重大政治任务,董事长主持召开乡村振兴领导小组会议,听取2021年助力乡村振兴工作报告,审定公司2022年工作要点,安排部署10个方面34项重点工作。全年召开专题会议10次,坚持月调度、季分析,推动各项工作落地落实。公司领导班子成员以现场调研和视频调研相结合的方式对五县区进行考察督导,邀请湖北省神农架林区、秭归县政府主要领导来京会谈,促进政企沟通交流、共谋乡村振兴。

【干部挂职帮扶】 国家电网选派5名副处级干部挂职五县区副县(区)长,协助分管乡村振兴工作,其中,玛多县挂职副县长于7月份完成轮换。选派7名干部分别担任长阳合子坳村和峰岩村、秭归花果园村、巴东宋家梁子村、神农架长青村、玛多扎地村和玛拉驿村驻村第一书记。承担各级地方党委政府安排的1579个脱贫村驻村帮扶任务,在任帮扶干部3249人。根据国家有关部委关于选派科技特派团的工作要求,遴选6名电商、信息方面专家开展科技帮扶。

【脱贫成果巩固】 国家电网帮助五县区13所学校、4所乡镇医院改善基础条件,救治白内障患者291人,扶助困难学生874人。通过北京电力医院开展医疗巡诊,服务当地群众412人次,捐赠医疗药品3万盒。为长阳职业教育中心捐建2个电工实训基地,邀请老师驻校教学。建设公共厕所5个、户用厕所5个、垃圾污水处理点11个、爱心路灯416盏,惠及当地群众2万余人。为秭归水田坝乡、神农架松柏镇购置电动公交车5辆,方便群众绿色出行。捐建的254座光伏电站年发电10210万千瓦·时,收益7899万元,分配使用7014万元,设置公益性岗位5922个。

【产业帮扶】 国家电网结合五县区资源禀赋,扶持"一县一品"重点产业项目,推动神农架林区"全电绿色景区"建设，落地玛多畜产品屠宰加工项目，支持秭归脐橙、巴东椪柑、长阳高山蔬菜产业发展。投入无偿帮扶资金2460万元，引入配套资金798万元，实施产业帮扶项目16个，为五县区建设魔芋、蜂蜜、牛羊肉等农产品加工厂房，引进电炒茶、电烤烟等电气化设备，配套屋顶光伏、冷库、滴灌等基础设施。建立帮扶车间19个，帮助转移就业581人，各级单位招用脱贫人口258人，帮助当地群众增收致富。

【帮扶培训】 国家电网根据五县区人才振兴需求，举办培训班19期，培训县乡村基层干部889人次、乡村振兴带头人745人次、专业技术人员717人次。在"慧农帮"平台开设"慧农人"培训专区，邀请知名专家在线授课，参培人员8498人次。在国家电网"云课堂"开设乡村振兴公开班，邀请农业农村部、国家乡村振兴局等部委专家开发录制课程22节，在线学习人数累计5.7万人次。

【消费帮扶】 国家电网持续推动帮扶地区农产品进食堂、进工会慰问品，开展"丰收礼赞 国网情深"等爱心订购活动，2022年完成消费帮扶5.48亿元，采购脱贫地区农产品2.98亿元，帮助销售2.5亿元。落实国家发展和改革委员会和国务院国有资产监督管理委员会安排，运营"中央企业消费帮扶"电商平台，截至2022年年底，平台上架95家中央企业帮扶的291县（区）特色农产品1.17万款，累计销售规模近10亿元。支持国务院国有资产监督管理委员会中央企业消费帮扶行动，先后承办中央企业"消费帮扶兴农周""富民兴疆"等活动，近百家中央企业、上千万职工参与，得到高度评价。

【就业帮扶】 国家电网落实"雨露计划+"就业促进行动，建立招生、学习培养、就业指导等全过程扶助机制，依托下属职业院校定向培养"雨露计划+"及防止返贫监测对象家庭学生，2022年定向培养相关方面学生3395人，招聘录用801人。在甘肃，组织农民工高压电工特种作业取证培训，有33人成功取证并推荐至电力施工单位就业。在湖南，依托长沙电力职业技术学院，连续五年实施"教育+就业"帮扶电力励志工程，599名困难家庭学生实现就业。在西藏，实施"三优三降"招聘优惠政策，招录西藏籍高校毕业生744人，定向培养高中毕业生50人，在电网建设工程中，吸纳当地农牧民工近1.56万人次。

【电力爱心超市】 国家电网在27个省投入1827万元，开展积分制培育文明乡风实践，建设运营"电力爱心超市"305座，以劳积分、以分换物、以物励志，引导村民参加公益劳动、照顾孤寡老人、做好人好事，全年组织喜迎党的二十大、移风易俗、卫生整治等各类活动3297次，累计发放积分310万分，关心慰问留守老人、儿童4088人次，助力发生好人好事2722件。青海省玛多县玛拉驿村"电力爱心超市"由青海省委宣传部授牌成为全省首个党企共建新时代文明实践站。

【农村电力保障】 国家电网接续实施农网巩固提升工程，2022年完成投资1314亿元，农村综合电压合格率完成99.808%，供电可靠率完成99.897%，年户均停电时间降至9.03小时，较去年同期缩短3.56小时。优化农村地区电力营商环境，城乡160千瓦及以下小微企业"三零"服务全覆盖，业务办理实现企业"一证办"、居民"刷脸办"。落实"低保户""五保户"电费减免政策，2022年累计减免电费93亿元。开展农村电网老旧设备、"三线搭挂"专项治理，排查、整改"三线"违规搭挂隐患2.14万处，清理废旧杆塔1.7万根。

【帮扶宣传】 国家电网向中央报送乡村振兴相关专报3期，《国家乡村振兴简报》《央企社会责任援扶工作专刊》等刊载电力爱心超市、乡村共享用电等经验模式5次，《人民日报》、新华社、中央广播电视总台等中央主流媒体刊载国家电网乡村振兴相关报道178篇。在第三届国际减贫案例征集活动中,浙江公司《"寓建光伏"助脱贫,绿色能源促发展》等5个案例入选获奖案例,在"巩固拓展脱贫成果·全面推进乡村振兴"主题作品征集活动中,天津公司《大山里行走的红马甲》等6个作品获奖。

(国家电网有限公司乡村振兴工作办公室　董佳乐)

中国南方电网有限责任公司定点帮扶

【概述】 2022年,中国南方电网有限责任公司(以下简称"南方电网公司")坚持以习近平新时代中国特色社会主义思想为指导,坚持共同富裕方向,坚决落实"四个不摘"和"三个转向"工作要求,持续抓好广西东兰县、云南维西县等帮扶点的帮扶工作,全力服务巩固拓展脱贫攻坚成果,加快推进乡村振兴。南方电网公司在东兰县、维西县直接投入无偿帮扶资金3794万元、有偿帮扶资金11347万元;帮助培育新型农业经营主体14个,转移就业449人次,同比增长13%;购买脱贫地区农产品4400万元,帮助销售农产品1200万元,同比均增长15%以上。南方电网公司帮扶工作获得各方认可,连续5年获得中央单位定点帮扶工作考核最高评价"好"等次。

【帮扶资金投入】 2022年,南方电网公司聚焦助力产业振兴、人才振兴、文化振兴、生态振兴及组织振兴,全力推进各级单位定点帮扶工作,共计投入定点帮扶资金10553万元,同比增长10%。其中,投入东兰县、维西县帮扶资金3794万元,同比保持增长。通过实施万亩油茶示范基地、糯山药标准化种植等11个产业项目,帮助东兰县、维西县培育新型农业经营主体14个,转移就业449人次,帮助东兰县、维西县脱贫人口实现人均纯收入13652元、16009元,同比增长13%、16%,均超过全县人均增幅。

【帮扶调研】 南方电网公司总经理、副总经理等领导先后带队赴广西东兰县、云南维西县、广东新兴县太平镇等帮扶点调研,全面了解帮扶情况,协调解决困难和问题,有效推动责任落实和工作开展。

【帮扶会议】 召开南方电网公司乡村振兴工作领导小组第一次会议,传达学习《中共中央 国务院关于做好2022年全面推进乡村振兴重点工作的意见》的精神,研究部署巩固拓展脱贫攻坚成果同乡村振兴有效衔接工作,下达年度重点工作计划并有序推进。全年先后召开5次定点帮扶专题会,及时督导工作落实。

【帮扶培训】 南方电网公司采用线上形式举办2022年乡村振兴帮扶干部培训班,覆盖公司各级乡村振兴管理人员及全部帮扶干部共770人,并为所有参培人员配发国家乡村振兴局主编的《巩固拓展脱贫攻坚成果同乡村振兴有效衔接政策解读》,有效提升其履职能力。南方电网公司在维西县建设农村党员和实用人才实训基地,在东兰县组织开展离任驻村工作队员"回头看、回头访、回头帮"活动,推动帮扶村人才队伍建设。依托南方电网公司党校优秀的师资和广州丰富的红色资源,继续为维西县34名基层干部举办培训班,帮助其拓宽视野,提升履职能力。帮助东兰县、维西县培养乡村基层干部、乡村振兴带头人、各类专业技术人才1113人次。

【产业帮扶】 南方电网公司全年安排产业帮扶项目139个,资金总额4462万元,占总帮扶资金近一半,进一步巩固发展帮扶点特色产业。因地制宜打造了肉牛、百香果、茶叶等种植养殖项目63个,建成了生态大米精加工、水产冷冻烘干等农特产品生产线项目15个,助农益农效益逐步凸显。在南方五省区打造省域帮扶平台,为帮扶点提供产业产品整合、品牌建设、售后服务提升及外部市场开拓等全产业链条服务。

【消费帮扶】 印发南方电网公司帮扶产品电商化运营管理工作指引,进一步规范南网商城(赫兹乐购)益农帮扶平台运营管理,畅通帮扶产品销售渠道,累计上线脱贫地区农产品8个品类、803种,较2021年度增加一倍,涵盖东兰县、维西县全部帮扶产品。支持国家能源局和其他兄弟中央企业上线帮扶产品,互通有无,形成消费帮扶工作合力。南方电网公司全年采购帮销帮扶产品5600万元,同比继续保持增长。

【生态帮扶】 南方电网公司投入365万元用于改善帮扶县人居环境、完善农村生活设施。一是实施东兰县集祥村饮水安全巩固提升,坡索村户厕改造等项目。二是帮助维西县永安村建立"四美创建"工作体系,采用量化积分制,兑换积分奖励6万多分,选树2个最美村组、8个最美家庭,建设1个四美创建试点村。三是扎实推动帮扶县绿色低碳转型发展。累计支付光伏帮扶电站上网电费和补贴超15万元,有力巩固光伏扶贫成效。实施"以电代柴"等电能替代项目36个,替代电量439万千瓦·时,建成57个电动汽车充电桩,有力推动乡村绿色发展。

【组织帮扶】 南方电网公司深入开展支部结对共建,深化乡村振兴组织保障。一是公司下属单位与东兰县2个帮扶村党支部开展组织规范化管理共建,坡索村获得自治区五星级党支部评定。与维西县永安村党总支共同开展"七一"活动1场、乡村振兴专题宣讲13场。二是公司乡村振兴工作领导小组办公室和东兰县供电局开展支部结对共建,促进其服务乡村振兴能力提升。三是大力扶持村集体经济发展。东兰县147个村村集体经济规模全部超过5万元,其中公司直接帮扶的坡索村集体经济超过100万元,成为东兰县村集体经济产业增收第一大村。

【脱贫成果巩固】 南方电网公司在东兰县索坡村、维西县永安村等帮扶点依托光伏发电等产业帮扶项目,从项目收益中提取部分资金建立防返贫互助基金,制定基金管理制度,支持帮扶点主动出击、快速响应,及时帮助脱贫人员摆脱返贫风险,将配合地方政府完善监测帮扶机制的责任落到实处。南方电网公司在广东省云浮市太平镇建立的防返贫互助基金入选广东省"千企帮千镇 万企兴万村"典型案例。

【教育帮扶】 南方电网公司投入2980万元在南方五省区脱贫地区建设108间南网知行书屋,已累计建成260间书屋。举办南网知行书屋"世界读书日"、乡村小学阅读状况调查报告网络发布会、知行儿童读书节等系列活动,线上收看均超过10万人次,受到国家有关部委、广大师生、地方教体部门等的热烈欢迎,得到新华网、人民网、国资小新等主流媒体集中报道。开展南网知行老科学家进校园活动,累计为近2000名学生举办10场科普讲座。南网知行教育帮扶行动品牌影响力进一步提升,南网知行书屋项目入选国家乡村振兴局社会帮扶助力巩固脱贫攻坚成果同乡村振兴有效衔接第一批典型案例。

【特色帮扶】 南方电网公司在东兰县、维西县等13个帮扶点试点开展"十四五"帮扶工作规划编制,结合地方帮扶需求和资源禀赋,明确未来3年帮扶工作的方向和重点举措,建立帮扶项目库,进一步提升帮扶工作的体系化、组织化,促进帮扶产业的规模化、可持续发展,加快建设乡村振兴帮扶示范点。

【帮扶宣传】 南方电网公司深入挖掘乡村振兴工作中的有效经验、典型人物和突出事迹,及时开展系列总结宣传活动,累计在中央媒体刊登乡村振兴报道210篇,地方各级媒体

1838篇,讲好南网故事、展现南网担当。在国务院国有资产监督管理委员会创办的《中央企业社会责任(援扶工作专刊)》连续两期刊发南方电网公司助力乡村人才振兴、学习贯彻党的二十大精神主题文章,有力提升公司援扶工作影响力。

(中国南方电网有限责任公司
战略规划部 刘树楷)

中国华能集团有限公司定点帮扶

【概述】 中国华能集团有限公司（以下简称"中国华能"）贯彻落实中共中央、国务院关于开展中央单位定点帮扶工作部署，认真学习领会习近平总书记关于"三农"工作的重要指示和批示精神，与定点帮扶的陕西省榆林市横山区、新疆维吾尔自治区阿合奇县委、县政府同心协力，锚定目标任务、层层压实责任，巩固拓展脱贫攻坚成果同乡村振兴有效衔接、同步推进。2022年，中国华能在两县（区）共投入帮扶资金4531万元，购买农产品10957万元，帮助销售农产品5447万元，引进帮扶资金284万元，引进社会投资500万元，帮助培训基层干部、乡村振兴带头人和技术人员人累计5426人次，在中央单位定点帮扶工作成效考核评价中被评为"好"等次。

【帮扶资金投入】 2022年，中国华能在两县（区）直接投入无偿帮扶资金4211.6万元，重点实施栋梁工程助学行动、同舟工程救急难行动和祝福工程兴农行动；直接投入有偿帮扶资金320万元，启动建设100兆瓦风力发电项目；引进中国乡村发展基金会无偿帮扶资金284万元，实施教育教学能力提升项目；引进榆林市乡村产业发展基金500万元，投资建设农产品加工项目。

【帮扶调研】 7月，中国华能总经理、党组副书记带队赴阿合奇县调研，与地方党委政府共同研究推进托什干流域资源开发和农村产业发展，深入别迭里村考察驻村帮扶措施和取得成效，慰问中国华能驻村工作队员。8月上旬，直属党委副书记带队分别赴阿合奇县和横山区考察调研，持续深入开展党建兴农行动，与地方党委政府领导座谈，推进当期帮扶项目加快实施。12月20日，党组成员、副总经理赴横山区考察帮扶项目，调研第一书记驻村工作情况，入户慰问困难群众。

【干部挂职帮扶】 中国华能先后选派8名优秀干部赴定点帮扶地区挂职或担任驻村第一书记，其中陕西省榆林市及横山区3人，新疆维吾尔自治区克孜勒苏柯尔克孜自治州及阿合奇县5人。挂职干部任期2~3年，分管或协管帮扶援助及乡村振兴工作。其间，通过定期汇报、现场考察和组织座谈等方式，及时了解挂职干部的工作情况和实际困难。

【党建帮扶】 中国华能结合驻村第一书记工作，探索基层组织建设促进乡村经济发展的有效方式，致力打造乡村振兴示范典型。

在横山区马家梁村，中国华能第一书记带领村党支部严格执行"三会一课"制度，组织开展集中理论学习、举办专题活动。组织总部办公室党支部开展结对共建活动，建设公共屋顶光伏项目，每年增加村集体收入9万元，2022年被评为"省级标准化示范村""市级五星级党组织""区级五好党支部"。

在阿合奇县别迭里村，中国华能驻村工作队发挥基层党组织的战斗堡垒作用，修订完善议事规则，建立"三中心"工作机制。发展庭院经济同环境美化有机结合，实施农村采暖"煤改电"和"厕所革命"户改厕工程，带领村民参与沙棘种植、管护和采摘作业，实现万亩沙棘林"公司化"运营，2022年荣获新疆维吾尔自治区"访惠聚"驻村工作先进集体。

【脱贫巩固成果】 中国华能持续开展栋

梁工程和同舟工程，根据当地防止返贫动态监测情况，配合政府主管部门对脱贫不稳定户、边缘易致贫户进行及时帮扶，对因病、因灾、因意外事故导致基本生活出现严重困难的家庭进行及时救助，2022年累计帮扶3689户，奖励和资助学生628名。

【产业帮扶】 中国华能支持横山区羊产业发展，当期完成相关规划编制，联合西北农林科技大学建设陕北白绒山羊产业创新研究中心，完善农产品溯源大数据中心功能，开展"陕北横山"区域公用品牌的产品认证、市场策划和产品研发，推行产品分级标准和品牌融合包装，组织运营团队开设天猫、京东品牌旗舰店，协调榆林市产业扶贫基金投资建设羊肉定点屠宰和深加工项目。引进京东数字农业全产业链服务，支持阿合奇县建设沙棘产业标准化生产体系、产品溯源体系和市场推广体系，编制《阿合奇县沙棘产业发展规划》，建设数字化种植基地6000亩，联合专业机构开展"阿合奇天山沙棘"区域公用品牌设计策划和市场推广，沙棘产品年销售额超过3000万元。组织农牧民参与采收劳动2200人次，增加收入646万元。引进新疆春晓农业开展沙棘标准化管护、多胎羊舍饲养殖以及牲畜屠宰加工销售等业务，带动当地就业44人，中国华能别迭里水电站当期录用本地工人17名。

【文化帮扶】 中国华能挖掘陕北黄土文化、草原文化、边塞文化和老区红色文化，在建成陕北羊文化展馆的基础上，新建横山区羊文化广场，形象展示当地农牧文化的悠久历史、传统民俗和特色饮食，成为文化宣传、民俗体验和品牌传播的新窗口；拍摄"阿合奇天山沙棘"公用品牌宣传片，挖掘传播当地"玛纳斯之乡""猎鹰之乡"等柯尔克孜民族传统文化。

【生态帮扶】 中国华能在横山区建设饲料加工基地、有机肥加工项目和分布式屋顶光伏项目，解决饲草利用、秸秆焚烧、畜粪处置等农业生产难题，探索生态种植养殖与可持续发展的有效途径。在阿合奇县推广种植大果沙棘，当期建成6000亩数字化基地，累计建成近7万亩沙棘林，成为当地改善环境的生态树、绿色产业的经济树、农牧民的致富树。在横山区建设100兆瓦风电项目和100兆瓦农牧光伏项目，总投资11亿元，2022年风电项目完成投资320万元；在阿合奇县承建大型水利枢纽工程及配套电站项目，投资概算40亿元，2022年正式开工，累计垫资786万元。

【消费帮扶】 中国华能制订实施《2022年消费帮扶行动工作方案》，在华能电子商城开设消费帮扶专区，上架脱贫地区商品502款，其中定点帮扶地区184款、全国其他脱贫地区318款。组织所属单位和员工积极采购消费帮扶产品，累计购买消费帮扶产品10957万元（其中，横山区4726万元、阿合奇县528万元、其他地区5702万元）。支持南疆纺织产业发展，组织所属单位订购工装83394套，累计金额1865万元。支持两县企业在西安、杨凌、乌鲁木齐、成都等地开设专营店、体验店，与本来生活、领先未来等电商平台开展合作，线上、线下同步推广，帮助销售定点帮扶县农产品5447万元（其中，横山区4803万元、阿合奇县643万元），帮助其他脱贫地区销售农产品5180万元。

【特色帮扶】 作为国有大型骨干发电企业，中国华能在定点帮扶和对口支援工作中发挥自身优势，将水能资源开发与发展沙棘产业有机结合，助力阿合奇县实现工农协同发展。投资17.87亿元建设大型水电项目，累计上缴税费3.41亿元。依托水电项目新增的灌溉能力发展区域特色产业，出资建设沙棘深加工园区和标准化种植基地，扶持培育沙棘产业核心企业，建立完善产业链体系，实现产业链的延展与升级，与当地政府携手开创科技兴农、品牌强农的乡村产业发展新格局，将沙棘的"防风固沙"的生态功能拓展至"养活一方人"的经济功能。2022年沙棘产品销售额突破3000万元,农牧民增收约1050万元。

【帮扶宣传】 中国华能发布可持续发展报告,展示企业助力巩固脱贫和参与乡村振兴的典型案例。在《中国华能》杂志系列报道帮扶一线人物的生动事迹。南疆沙棘产业帮扶案例入围《中央企业助力乡村振兴蓝皮书》。荣获全球契约中国网络"实现可持续发展目标企业最佳实践(消除贫困和促进繁荣)"表彰,连续多届获得民政部颁发"中华慈善奖"。

(中国华能集团有限公司规划发展部 唐　凯)

中国大唐集团有限公司定点帮扶

【概述】 2022年，中国大唐集团有限公司（以下简称"中国大唐"）承担广西壮族自治区大化县、陕西省澄城县定点帮扶任务，扎实推进定点帮扶工作，创新开展"组团式"教育帮扶，全年投入无偿帮扶资金3907万元、有偿帮扶资金10.7亿元，引进帮扶项目7个，建立帮扶车间3个，帮助转移就业3291人，开展基层干部等各类培训4114人次，购买和帮助购买脱贫地区农产品4344万元，打造党建品牌，创建示范点5个，有力促进巩固拓展脱贫攻坚成果同乡村振兴有效衔接，助力产业、人才、文化、生态、组织振兴。2022年度定点帮扶工作成效考核评价为"好"等次。

【帮扶资金投入】 2022年，中国大唐在定点帮扶县投入无偿帮扶资金3907万元，同比增长61.4%；投入有偿帮扶资金10.7亿元，同比增长75.4%；引进帮扶资金954万元，同比增长90%。其中，在大化县，投入无偿帮扶资金2610万元，同比增长54%；投入5364万元用于清洁能源开发与利用；引进帮扶资金574万元，促进产业发展。在澄城县，投入无偿帮扶资金1297万元；引进帮扶资金380万元；投入10.17亿元推进农光互补和储煤基地项目建设。

【帮扶调研】 2022年，中国大唐党组书记、董事长分别拜访了广西壮族自治区和河池市主要领导，汇报交流大化县乡村振兴工作，对大化县定点帮扶工作开展现场调研督导1次，现场召开教育帮扶座谈会1次、乡村振兴座谈会1次。通过视频调研督导定点帮扶工作2次。党组副书记、董事到大化县督导调研1次，到澄城县督导调研1次，在北京分别会见河池市委书记和大化县县长，就大化县乡村振兴工作交换意见。全年包括二级单位在内共开展现场督促指导13次，发现各类问题30项，形成督促指导报告13份，提出针对性建议，相关问题均及时整改、反馈，得到当地政府肯定。

【帮扶会议】 中国大唐召开2次工作领导小组会议，学习贯彻习近平总书记关于乡村振兴的重要指示批示精神，认真落实中共中央、国务院各项部署，研究推动大唐特色的帮扶体系。全年包括广西桂冠和陕西公司召开的定点帮扶专题工作会议共15次，安排部署和督促落实各项帮扶工作。

【帮扶制度建设】 中国大唐坚持把制度建设贯穿乡村振兴工作全过程，提高规范化、制度化水平，构建问题督导、定期调度、宣传引导"三个机制"。制定并印发《关于扎实推进乡村振兴 做深做实做好"三扶三真，五位一体"大唐特色帮扶体系的指导意见》，明确7个方面、26条保障措施和责任分工，作为中国大唐做好乡村振兴工作，促进人民幸福，推进共同富裕的指南。制订了2022年乡村振兴工作计划，下发了2022年乡村振兴捐赠预算的通知，对帮扶指标细化分解，要求相关单位按照全面预算管理的标准推动帮扶工作。

【帮扶培训】 中国大唐培训基层干部人数2452人（大化县1504人、澄城县948人），培训乡村振兴带头人224人（大化县75人、澄城县149人），培训专业技术人才1438人（大化县530人、澄城县908人），进一步提高了脱贫群众就业创业能力，拓宽了干部群众的视野，提升了教师的教学能力,坚定了乡村振兴的信心。在大化县,中国大唐联合北京师范大学开展"组团式"教育帮扶,采用"引进来"和"走出去"相结合的方式开展校长、中层、教师等培训。举办农村电子商务技能培训班,对种植大户、农业技术人员、返乡创业青年、农户电商等开展多轮次培训。在澄城县,聚焦"头雁"效应,组织县镇村三级乡村振兴干部和新农民共48人在北京师范大学珠海校区乡长学院开展了为期1周的"中国大唐·聚力赋能"助推乡村振兴专题培训。探索"培育+陪跑"培训模式,开展农民专业合作社带头人、返乡创业青年等电商专业人才培训、新农民培训。

【干部挂职帮扶】 中国大唐建立市县乡村四级协同定点帮扶体系,选派9名敢担当、善作为的优秀干部挂职地方。选派总部部门副职挂职河池市委常委、副市长,协管乡村振兴工作,选派2名基层副处级干部分别挂职大化县和澄城县副县长,选派1名副科级干部挂职大化县教育局副局长,协助推动教育帮扶工作,选派5名挂职干部在定点帮扶大化县、澄城县驻村,其中3人担任驻村第一书记。中国大唐注重对挂职干部付诸关心关爱,打造有"温度"的帮扶队伍,激励挂职干部在地方工作站得稳、融得进、干得好,3人获得集团公司"先进个人"称号,2名驻村第一书记得到提拔。

【教育帮扶】 中国大唐与北京师范大学战略合作,共同探索大化县"组团式"教育帮扶模式,合力打造优质教育资源集群,努力培养贫困孩子反哺家乡,阻断贫困代际传递。一是企校携手创新开展"优师兴教、同心筑梦"教育帮扶。北京师范大学派驻校长和教师团队托管大化县高中提高教学水平,对大化县校长、教育行政干部、教师等专项培训,以交流协作提升教师专业能力,同时引进北京师范大学基础教育平台公开课、示范课,以资源共享增强大化县教育质量。二是企地共建实施"一条主线、五项措施"教育帮扶方案。中国大唐强化教育激励,5年出资600万元设立包括奖学金、奖教金、助学金的大唐"筑梦三金",2022年分两期发放240万元,惠及师生2531人(次)。组织开展"山里娃娃看大唐""大唐启明星"课堂、"企业开放日"等特色活动解决学生视野偏窄问题。在前期援建新城中学、板兰村小学等学校的基础上,以一流示范标准协助建设新高中,解决学位不足问题。将所属大化县水电厂作为职校学生校外实训基地,整合内部技术专家能手等资源为职校提供师资力量,解决职高发展落后问题。实施定向培养解决师资力量薄弱问题,对接国内知名师范院校,每年委托培养定向就业师范生3~5名。各方力量协同落地,大化县"组团式"教育帮扶效果初显,2022年留在大化县中考A+学生由2021年的84人提升至180人,增长了114%,特别是有20名已经报考县外高中的学生选择了回到大化县接受教育。高考成绩创历史最高,二本线以上1137人(2名学生考入清华大学)。

【产业帮扶】 中国大唐充分发挥能源主业优势,把产业发展和乡村振兴融合,把产业赋能作为乡村振兴可持续推动的物质基础,努力探索产业带动区域经济发展的新路径。在大化县打造多能互补产业链,已经投运的大化水力发电厂(75.8万千瓦)和岩滩电厂(181万千瓦)年纳税额超过大化县财政收入的75%。投资6.83亿元建成6.5万千瓦光伏和5.4万千瓦风电项目,每年为当地纳税1400万元以上;建成的板兰村700千瓦分布式光伏项目,每年为村集体带来收益20万元以上。正在加快推进投资约30亿元的60万千瓦百马抽水蓄能项目。在澄城县,建设大型清洁能源基地,投资9.5亿元建成的10万千瓦光伏和5万千瓦风电项目,每年为当地增加税收1500万元。通过在定点帮扶县产业帮扶,实现项目利润和税金增收"反哺"地方财政,同时依托产业从科普、培训、岗位、资金等方面立体化支持,实现产业带动就业、就业带动学业、学业带动教育、教育带动振兴,走出产教融合带动乡村振兴的新路径。

【民生帮扶】 中国大唐系统购买脱贫地区农产品3709万元,其中购买定点帮扶县农产品2487万元(大化县1063万元、澄城县1424万元),购买其他脱贫地区农产品1222万元。帮助销售脱贫地区农产品634.6万元,其中帮助销售定点帮扶县农产品389.6万元,帮助销售其他脱贫地区农产品245万元。在大化县,履行生态环保责任,成立红水河中游水电梯级珍稀特有鱼类增殖放流中心站,自主喂养、繁殖、驯养11种珍稀特有鱼类,在库区9个放流点进行鱼类增殖放流共计132万尾,有力保障红水河流域生物多样性。持续改善乡村人居环境,新建"微景观"60余处,修缮候车亭3个、水柜75个,提升群众幸福感和获得感;在定点帮扶板兰村、安兰村完成厕所、厨房改造70户,改变"脏、乱、差"面貌。在澄城县,常态化开展"三堆三乱"清理整治,加快农村生活污水治理,铺设乡道4000余米,栽种绿植500余株,喷绘墙体1000余平方米;援建寺前学校塑胶操场投用;改造和家楼村"一部两中心",新设垃圾处理站2座,修缮渠道150米,实施农村危房改造9处。

【就业帮扶】 中国大唐发挥主业优势和区域要素优势,在两县的存量和增量能源产业为两县增收的同时,解决脱贫群众197人就业,帮助脱贫群众转移就业3291人。在大化县,引进帮扶项目4个,帮助建立帮扶车间1个。与粤桂协作财政帮扶合作,援建年产300万羽七百弄鸡繁育基地完成投产,通过产业链辐射直接与间接惠及3000户1.5万人创收,带动区域种植养殖及农产品加工等产业发展;培养3名"养鸽"能手,推动援建养殖设施优化升级,解决4人就业。在澄城县,引进帮扶项目3个,帮助建立帮扶车间2个。培育百康农业合作社,实现集体经济年分红15万元以上,稳固和转移种植养殖就业3000余人;援建的和家楼村集体大棚,直接带动脱贫户就业26户42人,付本村劳务用工工资40万元,分红超过20万元;援建的和家楼村粉条厂完成提档升级,产值超过100万元,解决脱贫人口15人就业。对已经引进到澄城县的唐威服装厂进行扶持,组织系统内部给予8.09万套兜底服装订单,解决易地搬迁128名妇女(建档立卡贫困户35户)就业,实现人均年收入近4万元,构建"大唐带民企,民企促就业"帮扶模式,让就业帮扶工作处于良性循环之中。

【党建帮扶】 中国大唐在大化县打造"先锋桂冠·情暖瑶乡"党建品牌,与16个乡镇党委开展"五基三化行动·五联五促共建·助力乡村振兴"党建联建活动,在板兰、安兰两村同步实施"两年强基、三年提升"党建专项行动,制定涵盖13方面33项党建帮扶措施,推进两村党支部标准化建设;构建"支部联小组、小组联党员、党员联群众"的组织体系,打通党员联系服务群众"最后一公里",通过联建结对监测脱贫户3091户,消除风险户2092户,实现"控辍保学"、住房安全保障、农村供水问题动态清零;通过党建云平台对农村党员开展培训,将党建引领贯穿乡村治理全过程;组建"党的二十大精神宣讲团",以线上线下相结合的方式举办宣讲报告会5场,推动党的二十大精神进基层、进农村、进农户。在澄城县打造"大唐红·无限能"党建品牌,推出"党建结对·共谋发展"主题活动,11家大唐基层企业党委与11个镇街、经济开发区党委结对,共同开展交流座谈、实地考察、主题党日、党课共享等活动17次,共话振兴之策,共商党建之计,共谋发展之路,营造良好共建共赢氛围;通过举办"党建结对·共同富裕"主题活动,完成全县139户防返贫监测户的走访慰问,制定防返贫工作措施;依托党建结对活动,开展党的二十大精神系列宣讲工作,组织3次线上交流会,推动党的二十大精神落地生根。

【文化帮扶】 中国大唐在大化县板兰村、安兰村,完善"一约四会"体系(建立村规民约,设立村民议事会、道德评议会、红白理事会、禁毒禁赌会),推进移风易俗,组织开展乡风文明主题宣传活动4场,发放倡议书6000余份,辐射群众超3000人次。以"画好服务群众同心圆"为主题,开展了民族美食节展演、民族团结进步文艺演出、卫生清洁示范户创建宣传、民族团结专题党课、瑶族民族节日活动等活动。在大化县板兰村、安兰村设立"爱心超市"引导村民通过参与乡村振兴、基层治理等获得积分,凭积分兑换物品,有效调动村民参与乡村治理的积极性、主动性。深挖澄城县红色文化资源,资助"共和国勋章"获得者张富清老英雄战斗旧址——壶梯山爱国主义教育基地,布展"红色长廊",赓续红色基因。在传统文化研学基地开展面花、剪纸等地方特色非遗手工工艺培训、推广工作,开发农文科创产品,引流部分消费客群。

【整村推进】 中国大唐以建设美丽乡村为抓手,打造了5个乡村振兴示范点。在大化县,创建板兰村民族团结进步示范村项目,列入广西壮族自治区乡村振兴重点示范村名单。在澄城县,打造西夏村、雷庄村、吴家坡村、西观村等4个人居环境改善示范村项目,列入渭南市乡村振兴"十百千"示范工程示范村名单。定点帮扶的和家楼村一直保持"省级党组织标准化建设村"和"渭南市集体经济发展示范村"称号。

(中国大唐集团有限公司战略规划部 高星照)

中国华电集团有限公司定点帮扶

【概述】 2022年,中国华电集团有限公司(以下简称"中国华电")定点帮扶新疆维吾尔自治区阿图什市、乌恰县。中国华电成立以党组书记、董事长和党组副书记、董事、总经理任组长,党组成员、副总经理任副组长,相关部门负责人为成员的乡村振兴工作领导小组及办公室,在总部单设乡村振兴工作处,在华电新疆发电有限公司单设乡村振兴办,确保定点帮扶工作有专职机构和专人负责。2022年,中国华电保持主要帮扶政策总体稳定,发挥自身优势和专业特长,围绕脱贫地区特色产业发展、清洁能源转型、基层民生改善、干部人才培养、内生动力提升等补短板、固成果、夯基础、促振兴,持续推进产业帮扶、人才帮扶、教育帮扶、医疗帮扶、就业帮扶、消费帮扶、党建帮扶等,在全国110个县(市、区)投入无偿帮扶资金1.6亿元,选派帮扶干部105名,助力阿图什市、乌恰县等脱贫地区在巩固拓展脱贫攻坚成果的基础上,接续推进经济社会发展和群众生活改善。中国华电在2022年中央单位定点帮扶工作成效考核中继续被评为"好"等次。

【帮扶资金投入】 2022年,中国华电在2个定点帮扶县投入无偿帮扶资金3221万元,引进无偿帮扶资金210万元,持续推进产业帮扶、人才帮扶、教育帮扶、医疗帮扶、党建帮扶等;投入有偿帮扶资金3.2亿元,建设光伏发电项目;引进有偿帮扶资金5200万元,推进乡村旅游业和农产品深加工业发展。在对口支援的新疆维吾尔自治区喀什市和青海省都兰县投入无偿帮扶资金1050万元,援建乡村中小学基础设施,提升基层教学水平。此外,中国华电捐赠1200万元物资支持新疆维吾尔自治区疫情防控工作。

【帮扶调研】 中国华电班子成员赴定点帮扶县考察调研4人次。6月,中国华电党组书记、董事长与党组成员、副总经理赴阿图什市和乌恰县调研督导,同地方党委政府主要负责同志沟通交流产业帮扶思路,现场了解定点帮扶地区清洁能源产业、畜牧业和林果业发展情况,与挂职干部和驻村第一书记深入交流打造特色品牌、延伸产业链提高农产品附加值等产业帮扶举措。3月,时任董事长出席中央企业产业兴疆恳谈会,并代表中国华电与新疆维吾尔自治区签署项目合作协议,推动中国华电援疆工作再上新台阶。

【帮扶会议】 中国华电召开涉及定点帮扶、助力乡村振兴等帮扶工作议题的党组会和总经理办公会11次,中国华电乡村振兴办公室组织召开定点帮扶工作专题会议5次,召开帮扶项目调度会7次,压实帮扶责任,推动定点帮扶工作计划有效实施。

【干部挂职帮扶】 中国华电继续保持2个定点帮扶县各有1名挂职干部和1名驻村干部。2名挂职干部分别担任阿图什市副市长、乌恰县副县长,协助分管乡村振兴工作;2名驻村干部分别担任阿图什市瓦克瓦克村驻村第一书记、乌恰县巴音库鲁提村驻村第一书记,其中瓦克瓦克村驻村第一书记完成轮换,切实做到压茬交接,不留空档。同时,华电新疆发电有限公司向克孜勒苏柯尔克孜自治州、喀什地区和阿克苏地区选派"访惠聚"驻村帮扶干部37名。加强帮扶干部管理和关心关爱,中国华电主要负责同志、分管负责同志及公司系统相关负责同志72人次赴定点帮扶县看望慰问帮扶干部,组织帮扶干部参加2022年第一期和第三期中央单位定点帮扶示范培训班,提升履职能力。

【督促指导】 2022年,中国华电主要负责同志和分管负责同志重点围绕防止返贫帮扶机制运行情况、帮扶政策措施落实情况等对2个定点帮扶县各开展调研督导1次,中国华电乡村振兴办公室和华电新疆发电有限公司结合帮扶计划推进和帮扶项目实施对2个定点帮扶县各开展督导检查1次,向2个县政府反馈督导报告2份、帮扶项目专项督导报告6份。

【帮扶培训】 中国华电加大对基层干部、技术人员和乡村致富带头人技能培训力度,实施乡村振兴实用人才带头人培训工程,将课堂培训调整为农田、牧区、蔬菜大棚现场培训,持续聘请林果专家深入乌恰县巴音库鲁提村田间地头进行实践培训。全年投入帮扶资金250万元,培训定点帮扶县基层干部796人次、专业技术人员2996人次、致富带头人115人次。

【脱贫成果巩固】 中国华电向两个定点帮扶县投入和引进无偿帮扶资金1702万元,支持完善乡村卫生院、学校、易地搬迁点为民服务中心等基础设施,持续跟踪已投入使用的援建卫生院、学校使用情况,帮助78户大病困难家庭减轻就医负担,资助652名困难家庭大学生顺利完成学业。

【产业帮扶】 中国华电以《"十四五"定点帮扶工作规划》为引领,着力加大产业帮扶力度。一是推动定点帮扶县风光资源优势加快转化为经济优势。立足资源禀赋,发挥自身优势,实施"绿能"行动计划,在乌恰县注册成立华电乌恰能源发展有限公司,投资3.2亿元开发乌恰县10万千瓦光伏发电项目,带动清洁能源产业发展和当地群众就近就业增收;实施"金太阳"行动计划,有序推进定点帮扶县村级光伏电站全覆盖,投入帮扶资金1280万元启动首批24个村光伏电站建设,建成后可持续25年帮助每个村每年节支增收约5万元。推广实施乌恰县无电牧区光伏供电工程,试点"光伏提灌""光伏+储能+清洁供暖技术",打造农村清洁用能示范。二是推动定点帮扶县传统畜牧业和林果业提质增效。持续打造乌恰县"葱岭牧人""云尚巴音"、阿图什市"瓦克瓦克""绿林果园"等农牧品牌,加大柯尔克孜羊、帕米尔高原牦牛和老鸽子等当地特色产品扶持力度,引进林果深加工企业和专业生鲜运营商,从生产、加工、销售、物流、利润分配等多环节深入帮扶,引导和培训当地农牧民提高生鲜农产品销售服务意识,提升产品市场竞争力,夯实特色产业可持续发展基础。

【消费帮扶】 中国华电持续深化消费帮扶,常态化组织公司系统工会、食堂和干部职工采购脱贫地区农产品,在自有电子商务平台"华电商城"开通助力乡村振兴专区,上架、销售脱贫地区农产品并全额减免平台服务费;帮助定点帮扶县农产品上架中央企业消费帮扶平台、能源行业消费帮扶合作行动平台,参加农产品展销会、参与"央企消费帮扶新农周""消费帮扶新春行动""央企富民兴疆消费帮扶行动""能源行业消费帮扶行动"等活动,拓展销售渠道,解决农产品滞销卖难问题。全年累计采购和帮助销售脱贫地区农副产品7784万元,其中在2个定点帮扶县消费帮扶1532万元。扶持的乌恰县巴音库鲁提村"葱岭牧人"合作社年销量连续两年超过500万元,逐步走上独立自主生产经营道路。

【创新帮扶举措】 中国华电持续探索光伏扶贫电站运行管理"1+3+N"模式,2022年是"3"阶段第2年,坚持无偿为脱贫攻坚时期援建的乌恰县巴音库鲁提村光伏扶贫电站提供免费后台管理和技术支持，节省村集体维护费用。2022年巴音库鲁提村500千瓦光伏扶贫电站收入75万元，为村内公益性岗位设置和小型基础设施建设提供资金保障。在阿图什市瓦克瓦克村探索应用"农渔光伏互补盐碱地治理利用"技术，获得1项实用新型专利。在乌恰县高山牧区探索实施光伏提灌及草场喷洒项目，增加草场面积4000亩，每亩增产牧草200千克，为新增4450只柯尔克孜羊提供放养饲料，辐射带动周边畜牧业发展。持续推进"华电三力果园"建设，逐年扩大阿图什市盐碱地水蜜桃、油桃和乌恰县荒漠化土地樱桃等果树种植规模，已形成350余亩挂果桃林、400余亩挂果樱桃林，生态效益和经济效益初步显现。

【党建帮扶】 中国华电借鉴中央企业坚持和加强党的全面领导管理经验，指导阿图什市瓦克瓦克村探索党支部、村委会和集体经济组织整合的"村企合一"发展模式，注册成立村集体企业，把村内致富能手、返乡大学生、议事会成员中优秀党员吸纳到集体企业任职，通过控股村内集体企业、参股村外企业，全年村集体经济净利润超过50万元，村民就地就业人数增加30%、收入增长60%。继续联合定点帮扶县基层党组织开展党建共建活动，组织3个华电党支部与定点帮扶县2个村党支部结对共建，华电党员干部向定点帮扶县捐款25万元，支持基层组织建设；充分发挥中央企业党建优势和驻村党员干部模范带头作用，组织全国劳模为乌恰县巴音库鲁提村党员上党课，组织华电党员进村入户指导和帮助检修用电、供热设备，深入交心引领思想，提升村"两委"组织力、战斗力，培养"永不走的工作队"。

【帮扶合力】 中国华电组建由总部专业部门、直属科工单位、基层发电企业、现场帮扶干部组成的产业帮扶团队，通过帮扶干部负责项目策划和现场协调、科工单位负责EPC、技术经济部门提供全过程工程咨询、基层发电企业结对帮扶保障后期运行维护等，合力推进产业帮扶项目加快落地。同时，加强民营企业、国有企业产业帮扶合作，携手一线光伏组件厂家为定点帮扶县光伏产业发展提供组件材料保障，长期协同中国华电开展帮扶。项目开发建设中，联合参建各方有序组织当地群众参与工程建设，为当地群众增收创造更多机会。结合定点帮扶县种植养殖业发展，引进生鲜运营专业团队赴定点帮扶县考察筛选优质农特产品、制定产业链打造方案、搭建专属购买平台，助力定点帮扶县农牧民合作社加速适应市场、接轨市场。

【帮扶宣传】 国家乡村振兴局《乡村振兴简报东西部协作和定点帮扶专刊》专题报道"中国华电高质量推进定点帮扶工作"。西部地区中央单位定点帮扶工作总结项目课题组专程调研中国华电定点帮扶经验做法。《人民日报》、新华网等主流媒体报道中国华电定点帮扶工作成效，新疆电视台迎接党的二十大专题片《十年·巨变》第一集《人民情怀》讲述中国华电派驻阿图什市瓦克瓦克村第一书记奚科伟感人故事，见证中国华电推动定点帮扶县乡村发展、乡村建设、乡村治理的使命担当。中国华电《发展藏式木刻产业，保护传承非遗文化》《"爱心积分超市"帮扶项目，助力健全乡村治理体系》分别获评"中央企业助力乡村振兴优秀案例""中央企业助力乡村振兴示范项目"，入选《中央企业助力乡村振兴蓝皮书2022》。中国华电《传承藏族雕版印刷技艺助推边疆民族地区乡村振兴——发展"非遗经济"减贫案例》和《三产融合助力脱贫攻坚、乡村振兴——"渔光旅"光伏发电项目案例》荣获"第四届全球减贫案例征集活动"最佳减贫案例。

（中国华电集团有限公司战略规划部 刘　敏）

国家电力投资集团有限公司定点帮扶

【概述】 2022年,国家电力投资集团有限公司(以下简称"国家电投")积极主动适应定点帮扶工作新形势新任务新要求,聚焦巩固拓展脱贫攻坚成果,严格落实"四个不摘",深化定点帮扶工作,全面研究部署实施乡村振兴战略。积极发挥自身产业优势,优化帮扶举措,推进"绿电+乡村振兴+生态"融合发展,助力定点帮扶县经济社会高质量发展,取得了积极成效。2022年,国家电投无偿投入帮扶资金9689万元。其中,国家定点帮扶的陕西省延川县、河南省商城县、四川省美姑县,合计投入无偿帮扶资金2310万元,完成全年计划100%;投入有偿帮扶资金5189.6万元;引进无偿帮扶资金190.5万元,完成计划的124%;引进有偿帮扶资金450万元;培训基层干部591名,完成计划的219%;培训乡村振兴带头人144人,完成计划的205%;培训技术人员651名,完成计划的164%。全年购买消费帮扶金额达5122.71万元,其中,消费帮扶定点帮扶县农产品2358.45万元,完成全年计划的310%;帮助销售定点帮扶县农产品2273.96万元,完成全年计划的118%;购买其他脱贫地区产品490.3万元。获得2022年度中央单位定点帮扶工作成效考核评价"好"等级。

【帮扶资金投入】 2022年,国家电投在商城县投入500万元,用于联合中国扶贫基金会在磨盘山开展"百美村宿"项目,带动地方旅游产业发展;投入15万元,用于开展"金秋助学圆梦"活动,资助30名贫困大学生顺利完成学业;投入30万元,用于饮水设施修缮,保障居民用水安全。在延川县投入直接帮扶资金700万元,用于乡村基础设施建设、农业设施的维护与升级改造、教育现代化建设及支持引进企业华延服装厂改(扩)建等。在美姑县直接投入帮扶资金1063万元,主要用于当地医疗卫生事业,投入828万元修建美姑县候古莫镇卫生院,先后完成房屋主体、室内装修、医疗办公设施添置,卫生院建成投运进一步改善了候古莫镇及周边群众就医条件;实施美姑县人民医院住院服务设施提升项目,投入20万元,解决医疗设施不足短板问题,进一步改善美姑县人民医院就医条件;投入35万元开展远方助学活动,资助优秀大学生、励志中小学生;25万元用于基层干部、致富带头人、技术人员培训。

【帮扶培训】 针对乡村基层干部、乡村振兴带头人及各类专业技术人才缺乏等问题,国家电投组织商城县乡村基层干部开展培训264人,进一步增强党性、提高工作水平;组织技术专家通过多种形式,开展了县村级电站运维员、小罐茶制作、板栗深加工等专业技术人才培训271人,培训乡村振兴致富带头人48人,开拓视野、增强干事创业的能力。组织延川县乡村振兴带头人培训57人次;乡村基层干部培训238人次;专业技术人才培训348人次。2022年累计培训总人数为643人次,持续为延川县人才振兴提供坚强支持。根据2022年美姑县乡村振兴共建协议,在瓦候乡投入养蜂产业帮扶资金25万元,发展蜜蜂养殖产业。邀请美姑县林业和草原局专家到现场开展培训,讲解蜂种知识、蜜蜂的生活习性、蜂群的管理、饲喂工作、病害防控等方面的知识,取得了预期效果。培训基层干部89人、致富带头人39人、技术人员32人。

【干部挂职帮扶】 国家电投商城县挂职副县长充分发挥能源中央企业优势，深入挖掘地方资源，成功申报"商城县农村能源革命示范县""商城县整县屋顶光伏试点示范县"。与中国乡村发展基金会合作，引进无偿资金141.5万元，扶持汪桥镇孔楼村板栗开发合作社开展板栗板深度加工。人民网以"国电投帮扶孔楼村板栗产业助力山村群众奔'钱'景"为专题进行报道。选派2名干部到延川县担任挂职副县长和曲溪交村驻村第一书记。在产业、人才、生态、文化、组织方面全面推进各项帮扶工作，助力延川县高质量发展和乡村全面振兴。2022年，在曲溪交村挂职第一书记的干部荣获陕西省"定点帮扶工作先进个人"荣誉称号。选派3名干部到美姑县担任挂职副县长、驻村第一书记及驻村工作队员，前后两任干部压茬交接，传授帮扶经验。驻县帮扶工作组深入走访调研，驻村第一书记在能和村号召当地村民通过移风易俗破除陈规陋习，树立文明新风。组织设立"里鲁博"积分超市活动，带动当地群众全力开展人居环境整治，培育文明乡风，建设美丽宜人、业兴人和的新农村。

【帮扶慰问】 国家电投坚持把结对慰问与定点帮扶工作相结合，与美姑县脱贫户签订结对协议，开展老党员、困难党员和脱贫困难户送温暖活动，走访慰问11人次；向能和村捐赠1.5万元用于开展移风易俗积分评比工作。

【脱贫成果巩固】 国家电投持续加大对引进的延川县华延服装厂的扶持力度，投入160万元用于华延服装厂永坪分厂的建设。该项目总投资约1200万元（其中国家电投帮扶资金300万元、苏陕协作帮扶资金270万元、青岛泰立德集团购买设备资金624万元），共建设10条流水线，总用工需求约240人，年产值达5000万元，年进出口额可达500万美元，上缴税额100万元。项目已建成投产，实现了异地搬迁"搬得出稳得住"目标、异地搬迁群众致富目标和异地搬迁群众融入新生活目标。

国家电投牵头建立基地，流转土地500亩，以订单式农业种植模式，建立美姑县峨曲古乡雷觉莫社区高山娃娃菜种植园，项目探索建立"党支部+合作社+企业+农户"的发展模式，健全脱贫群众利益联结机制，每千克蔬菜给予0.4元的收割费，鼓励脱贫群众就近务工，同时投入帮扶资金30余万元，改善提升基地围栏、喷灌设施、转运场所等基础设施，有助于提高蔬菜产量、品质，改善运输条件。项目于2022年5月投产，已就近就业1600余人次，实现收入20余万元，累计生产高山娃娃菜622吨，产值99万元，带动220户周边农户和集中安置点社区群众户均增收727元。

【产业帮扶】 国家电投自2019年在商城县扶持发展鸭稻米、丝瓜络产业以来，积极开展消费帮扶，助力脱贫人口稳岗就业，产品销售呈逐年递增趋势，年均增长20%。2022年订单鸭稻米种植达到1.2万亩，丝瓜络产业种植2000亩，年产鸭稻米250万千克，丝瓜300万根，带动劳动就业680人，带动脱贫户就业280人，年人均增收5000元。持续支持推进延川县设施农业产业，坚持以产业帮扶为主导、以"扶持一个产业、致富一方百姓"为目标，重点发展蔬菜大棚。2022年，在做好已建成的974座大棚日常维护、运行工作的同时，投入80万元对定点帮扶村曲溪交村32座大棚进行科技升级改造，按标准棚计算每年均棚可提升收益约1万元。

会同瓦候乡政府利用瓦候乡依吾古村闲置村委会，带动瓦候乡蜜蜂养殖户成立养蜂合作社，推动当地养蜂产业向规模化、规范化生产发展。项目投入资金约25万元，会同美姑县瓦候乡人民政府成立了养蜂专业合作社，以中华土蜂保护为前提，通过产品的精品化升级，提升中华土蜂产品的附加值和蜂农的收入，在全乡开拓出了3个养殖点，覆盖森林面积200余亩，吸纳10户养蜂人，共400个蜂箱，年产值达20余万元。

【教育帮扶】 国家电投投入直接帮扶资金350万元改善延川县延川中学（路遥中学）基础设施。在靠近居民区的教室统一安装了断桥铝窗户，教室更加明亮，也有效隔离噪声。所有教室、宿舍、办公室进行内外墙粉刷，更换了所有的供热管道、暖气片、地砖、办公室和教室桌椅，并新添置了直饮水设备，重新铺设了跑道，使学校面貌焕然一新，极大地鼓舞了全体师生工作和学习的积极性，吸引了更多学子就读。2022年，学校招录高一新生503人，同比2021年改造前增加200余人。

【党建帮扶】 2022年，国家电投下属单位凉山分公司经营党支部与瓦候乡能和村党支部"强党建、助新风、易风俗"主题党员实践活动，宣读《加强乡风文明建设实施细则》，向能和村党支部移交移风易俗奖励基金1.5万元。组织全体党员参加能和村移风易俗年度评比，评选出20户移风易俗好家庭并颁发了奖牌和奖品。活动极大地推动了当地美丽乡村建设。

【就业帮扶】 2022年，国家电投积极协调支付宝公益基金会、阿里巴巴人工智能实验室联合中国妇女发展基金会在延川启动了"AI豆（谐音'爱豆'）计划"。经与蚂蚁集团多次协调沟通后，确定在延川县城北关人才港设立阿里服务星站，国家电投投入帮扶资金50万元与县政府乡村振兴配套资金251万元，用于服务星站建设。服务星站已投入使用，增加就业220人。

【帮扶宣传】 国家电投在美姑县帮扶的蜜蜂养殖、蔬菜、花椒种植等项目在《人民日报》、四川在线、《中国经济导报》、《凉山州日报》、学习强国等平台发布宣传报道7次。

（国家电力投资集团有限公司发展部 蒋荣清）

中国长江三峡集团有限公司定点帮扶

【概述】 中国长江三峡集团有限公司(以下简称"三峡集团")自2002年起定点帮扶重庆市巫山县、奉节县、江西省万安县和内蒙古自治区巴林左旗等4个县(旗)。2022年,三峡集团深入学习贯彻党的二十大精神和习近平总书记关于"三农"工作的重要论述,坚决贯彻执行中共中央决策部署,积极履行中央企业政治责任和社会责任,严格落实"四个不摘"和"三个转向"要求,扎实推动帮扶县乡村产业、人才、文化、生态、组织振兴,为全面助力乡村振兴贡献三峡力量。2022年,三峡集团在中央单位定点帮扶考核中连续第5年获得最高等次"好"评价,继续位居中央企业前列;先后荣获首届内蒙古慈善奖、2022责任金牛奖"责任管理奖"和"海外履责奖"、第十七届人民企业社会责任奖"乡村振兴奖"等奖项。

【帮扶资金投入】 2022年,三峡集团向4个定点帮扶县(旗)投入帮扶资金4.06亿元,县均超1亿元,共计实施帮扶项目60项。引进帮扶资金(无偿)207万元;直接投入帮扶资金(有偿)2.94亿元;引进帮扶资金(有偿)1.18亿元。

【组织领导】 三峡集团始终将定点帮扶工作作为重要的政治任务推进落实,构建并完善了"将定点帮扶纳入党组重要议事日程,主要领导身体力行高位推动,分管领导日常督导,归口部门统筹协调,责任单位推进落实,挂职干部协同配合,定期开展监督检查"的工作机制,形成定点帮扶工作同向发力、上下联动、全集团一盘棋的工作格局。2022年,三峡集团专设社会责任办公室,归口管理三峡集团履行社会责任、定点帮扶、乡村振兴、援疆援藏援青等工作,成为首家在集团总部机构专设社会责任职能部门的中央企业。印发三峡集团2022年定点帮扶工作方案、2022年履行社会责任工作要点、2022年履行社会责任项目计划,确保年度定点帮扶工作、履行社会责任工作高质量完成。

【帮扶会议】 三峡集团党组高度重视定点帮扶工作。2022年,三峡集团党组理论学习中心组全年专题学习习近平总书记关于"三农"工作的重要论述6次,认真学习领会贯彻落实中共中央关于定点帮扶工作的新部署新要求。全年召开党组会、董事长专题会、总经理办公会等会议5次,全年召开定点帮扶工作推进会、专题会28次,专题研究部署定点帮扶工作。

【帮扶调研】 三峡集团董事长、党组书记和总经理、党组副书记带头赴定点帮扶县调研,实现主要领导对4县调研全覆盖。此外,全年组织专项工作组赴定点帮扶县考察调研122人次,企地双方主要领导实现互访10次,持续深化交流对接,密切协调配合,督促工作落实。相关负责同志赴定点帮扶县督导10次,组织年度助力乡村振兴专项监督检查,及时发现薄弱环节并全面整改落实。

【干部挂职帮扶】 三峡集团共有5名挂职干部和5名驻村第一书记在定点帮扶县在岗工作。集团组织全体外派干部集中学习习近平总书记关于乡村振兴的重要论述、开展年中述职;建立健全外派干部定点帮扶工作月会商机制,及时解决工作中的难点问题,及时推进重点帮扶项目实施,有效发挥挂职干部、驻村第一书记桥梁纽带和协同配合作用。

【脱贫成果巩固】 三峡集团持续注重巩固拓展教育、医疗等民生领域的帮扶成果,继续补足帮扶地区民生短板。全年投入8710万元,实施教育、医疗等民生保障项目。在万安县新建、扩建幼儿园和小学各1所,不断优化育人环境,提高办学水平,进一步激发当地青少年成长成才内生动力;在奉节县和巴林左旗针对脱贫监测群众等特殊困难群体给予医疗兜底救助,有效遏制因病返贫风险,援建4座乡镇卫生所并配备血液透析机、内窥镜等医疗设备,进一步提升当地基层医疗服务水平,实现"小病不出村,大病不出县";携手新兴际华集团,在巫山县、奉节县开展医疗助听资助项目,帮助100名失聪患者免费植入人工耳蜗;联合中国乡村发展志愿服务促进会实施三峡"光明行动",为定点帮扶地区困难家庭白内障患者提供免费救治。

【消费帮扶】 三峡集团优化升级消费帮扶电商平台"三峡e购"服务功能,实现集中采购与个性化购买的精准配送,全年直接购买帮扶农产品4233.86万元,其中定点帮扶县2883.55万元,帮助销售定点帮扶县农产品5426.29万元。动员集团广大干部职工参加"央企消费帮扶兴农周"活动,直接采购农产品322.6万元,帮助销售322.52万元,有力缓解脱贫地区农产品滞销卖难问题。

【产业振兴】 三峡集团充分发挥主业优势,助力定点帮扶县将资源优势转化为竞争优势和发展优势。在巫山县总投资3.7亿元的青山头42.5兆瓦风电项目和总投资8亿元的两坪乡182兆瓦光伏项目已建成投产,新增稳定税源每年2000万元,同时提供400个岗位促进当地群众就地就近就业,人均增收每年5万元;总投资120亿元的万安县"风光水储一体化"百万千瓦清洁能源基地项目建设有序推进。已建成的100兆瓦渔光互补项目累计为周边村民提供1400人次用工岗位,招聘5名当地高校毕业生从事电站运营工作;总投资83亿元的奉节县菜籽坝抽水蓄能项目已获核准,成为奉节县有史以来投资最大的单体项目。全年在定点帮扶县投入2.48亿元,实施现代设施农业、特色养殖业、返乡创业园等产业帮扶项目34个,招商引资3.05亿元,扶持龙头企业4家,援建帮扶车间9个。

【人才振兴】 三峡集团投入1350万元,实施培训项目4个,累计培训县乡村基层干部7477人次,乡村振兴带头人1260人次,专业技术人才4288人次,有效发挥乡村振兴人才基础保障作用。

【文化振兴】 三峡集团投入3000万元,实施文化振兴系列项目4个。在全国脱贫攻坚楷模毛相林所在的巫山县下庄村,广泛开展乡村治理和精神文明阵地建设;助力万安县高陂镇打造"中国农民画村",弘扬社会主义核心价值观,不断改善农民精神风貌。

【生态振兴】 2022年,三峡集团投入9644万元,实施美丽乡村和生态环保项目14个,着力加强生态环境保护、改善人居环境,建设美丽宜人乡村。对巫山县骡坪镇九湾河沟河堤采用"生态修复+人文元素+采摘休闲"融合模式进行改善,为打造清清河水、水乡九湾的乡村旅游品牌夯实基础;在巴林左旗富河镇海力吐村实施生态治理及水土保持项目,通过育草、种草防治水土流失,在提高土地产出率的同时,有效改善农业生态环境。在巫山县和万安县共计投资5.68亿元开展城乡水环境综合治理PPP项目,探索实践县域水污染治理整体解决方案,确保一江清水浩荡东流。

【组织振兴】 2022年,三峡集团积极开展"联学联建"党建帮扶活动,结对共建党支部10个,参与结对共建脱贫村7个,不断强化基层党组织政治功能和组织力。推动成立巫山县委党校下庄校区,传承弘扬"下庄精神",开展党性教育2.7万人次,获评全国"大思政课"实践教学基地。助力万安县红色名村建设走在前列,罗塘乡康克清故居等革命旧址成为全国重要红色教育基地。

【对口支援】 2022年,三峡集团在做好定点帮扶工作的同时,积极组织开展对口支援、援疆援藏援青、库区移民帮扶、长江生态环保、抗震救灾、疫情防控等工作,全年对外捐赠支出9.79亿元,惠及全国102个县(市、区)。其中投入超过8000万元开展援疆援藏援青;投入1.79亿元支持三峡库区19个县和金沙江库区35个县经济社会发展,助力库区乡村振兴;积极响应国务院国资委号召,第一时间向四川省泸定县捐赠5000万元全力支援抗震救灾和灾后重建工作,向内蒙古自治区、贵州省、武汉市、兰州市等地区捐赠4788万元,全力支持打赢疫情防控阻击战。

【帮扶宣传】 三峡集团坚持"线上线下"齐发力、"内宣外宣"齐并进,全方位、多层次讲好三峡帮扶故事。高质量编制发布三峡集团2021年可持续发展报告,开展社会责任优秀案例征集,共有10篇案例作为优秀案例入选《中央企业社会责任蓝皮书》《中央企业助力乡村振兴蓝皮书》等书籍。利用内外部各类媒体平台发布助力乡村振兴原创稿件110余篇,讲好三峡助力乡村振兴新成效和乡村发展新风貌,展示三峡责任与担当。制作定点帮扶宣传片《我的妈妈》《映山红》等独具特色的作品,凝聚助力乡村振兴的强大正能量。

(中国长江三峡集团有限公司
社会责任办公室　黄晓天)

国家能源投资集团有限责任公司定点帮扶

【概述】 2022年,国家能源投资集团有限责任公司(以下简称"国家能源集团")承担山西省右玉县、内蒙古自治区宁城县、陕西省米脂县和吴堡县、四川省普格县和布拖县、青海省曲麻莱县7个县的定点帮扶工作。国家能源集团深入贯彻落实中共中央关于巩固拓展脱贫攻坚成果和全面推进乡村振兴的决策部署,严格按照国家乡村振兴局和国务院国资委的总体要求,切实做到帮扶力度不减,积极推动帮扶举措创新,协同各县坚守不发生规模性返贫底线,扎实推进乡村"五大振兴",各项工作实现整体提升、全面深化。

【帮扶资金投入】 2022年,国家能源集团向7个定点帮扶县投入无偿帮扶资金共计2.43亿元,在"两不愁三保障"、产业振兴、人才振兴、文化振兴和生态振兴方面开展帮扶项目103个。同时,充分发挥集团公司新能源技术优势,结合当地资源禀赋投入有偿帮扶资金1.11亿元,推动新能源发展。另外,积极动员各方面的社会力量参与乡村振兴事业,全年向7县引进外部无偿帮扶资金148.79万元。

【帮扶调研】 国家能源集团开展考察调研44人次。集团公司党组成员赴定点帮扶县实地调研7人次,其中党组成员赴普格县、布拖县调研;党组成员、副总经理赴宁城县调研;党组成员、副总经理赴米脂县、吴堡县调研;党组成员、副总经理赴右玉县、曲麻莱县调研,慰问干部群众,与县领导座谈研究,了解乡村振兴工作推进情况,并就巩固拓展脱贫攻坚成果同乡村振兴有序衔接工作进行全面部署。

【帮扶会议】 2022年,国家能源集团共召开各级各类乡村振兴专题会议50次,深入学习贯彻最新政策要求,推动各项帮扶工作有效落实。其中,国家能源集团党组召开1次党组理论学习中心组学习会,集中学习习近平《论"三农"工作》,就集团公司助力乡村振兴进行重点学习交流;先后召开3次董事长专题会,研究部署国家能源集团全年乡村振兴工作,审定年度工作计划、帮扶项目计划等重点事项;3月,组织召开抓党建促乡村振兴推进会,贯彻落实中央组织部抓党建促乡村振兴电视电话会议精神,凝心聚力巩固拓展脱贫攻坚成果,助力推进定点帮扶县乡村全面振兴;6月,召开国家能源集团2022年乡村振兴工作专题会议,落实国务院国有资产监督管理委员会助力乡村振兴工作要求,对国家能源集团乡村振兴全年工作进行再部署、再安排、再推进。

【帮扶培训】 国家能源集团投入帮扶培训资金1147.5万元,举办各类基层干部、村两委班子培训班19期,培训基层干部2303名;举办乡村振兴带头人培训班11期,培训乡村振兴带头人1038名;举办技术人员培训班33期,培训技术人员3905人,较2021年稳中有升。其中,在普格、布拖、曲麻莱3个国家乡村振兴重点帮扶县培训基层干部1442名,培训乡村振兴带头人433名,培训技术人员3133人,分别占各项培训人数的63%、42%和80%。在培训内容设置上,既注重提高政治素养,又提供发展思路,也培育致富本领,切实做到志智双扶。

【干部挂职帮扶】 国家能源集团派驻7个定点帮扶县在任挂职干部(含驻村第一书

记)19名,保证每县各有1名县级挂职干部和1名驻村第一书记在岗开展帮扶工作。轮换派驻曲麻莱县的县级挂职干部1名,同时继续保持布拖和普格两县挂职干部的选派力度,向两县分别加派3名和1名挂职干部,担任乡镇副职,起到居中协调衔接的关键作用,促进国家能源集团在当地的帮扶项目和举措得到更好的落实。国家能源集团高度重视挂职干部的管理工作,注重挂职干部教育培训,帮助提升政治素养和业务水平,按规定落实挂职干部工作经费等待遇,加强对挂职干部的日常考核和届满评定,及时提拔使用优秀挂职干部。

【教育帮扶】 国家能源集团在教育帮扶方面投入11074万元,在布拖县、普格县、右玉县、宁城县、曲麻莱县新(续)建各类中小学并配套相关设施,稳定保障和均衡各地教育资源。其中,投入2876万元继续建设布拖县特木里镇中学项目;投入2340万元建设普格县红军树小学;继续在普格县开展远程网络教育项目,通过"空中课堂"将发达地区优质的教学资源覆盖到全县小学,提升教学软实力;投入113万元实施曲麻莱县车辆维修实训基地学员宿舍建设及附属设施项目。继续发挥原全国"扶贫日"捐款专项奖励基金作用,专项奖励优秀教师和学生,累计受益优秀教师和学生1351人,吸引优秀教师扎根民族地区教育事业,促进民族地区教学质量稳步提升。

【健康帮扶】 国家能源集团在健康帮扶方面投入1376万元,助力开展专项医疗项目和提升各县医疗硬件条件。在布拖县开展"爱心红丝带"项目,持续实施"艾防母婴阻断"项目,降低艾滋病母婴传播风险,在普格县购置核磁共振设备,在曲麻莱县购置医疗配套设施并开展"让生命听见声音"听障医疗活动,在米脂县持续开展"救急难"活动。

【产业帮扶】 国家能源集团累计投入产业帮扶资金6609万元,实施产业帮扶项目12个;投资1.11亿元,在帮扶县发展能源产业,帮助全面推进乡村产业振兴。一是继续助力发展现代设施农业,投入2389万元,建设宁城县八里罕镇设施农业日光温室、普格县红军树村农旅融合产业示范园、米脂县小米提质增效项目、吴堡县青梨产业项目、右玉县牛羊棚项目等,做强做大特色种养业,培育特色农业产品品牌,帮扶发展壮大新型农村集体经济,带动更多困难户、边缘户稳定增收。二是支持农产品流通设施建设,投入1670万元援建布拖县冷链服务中心,解决3000亩以上蔬菜种植贮藏问题,实现本地农产品的错季保鲜销售,提升当地农产品流通环境;投入350万元建设曲麻莱县牦牛良种繁育基地改造,助力打造本地牦牛肉及加工品优质品牌。三是发挥自身产业优势,在右玉县投资1.11亿元建设高家堡风电项目,可在2023年投产运行,每年可实现发电量10160万千瓦·时,实现利税15680万元;投入无偿帮扶资金2200万元,援建米脂县高西沟村分布式光伏项目和曲麻莱县开展无电村清洁能源供给项目,帮助村集体增加电费收入,带动当地群众增收致富,为助力实现"双碳"目标、保护生态环境发挥积极作用。

【就业帮扶】 国家能源集团大力实施稳岗就业,通过积极吸纳和聘用当地困难群众,帮助转移就业人数600人,招用脱贫人数42人,促进劳动力就地就近就业。目前,国家能源集团累计已招用7县籍在岗职工达453人,继续在曲麻莱县和右玉县选聘近400名有劳动能力的脱贫不稳定户、边缘易致贫户担任生态管护员和护林员,在保护生态环境的同时帮助他们通过劳动增加收入。

【文化帮扶】 国家能源集团持续深入实施移风易俗等各类文化振兴举措。一是加强县文化服务设施水平,投入300万元对现有布拖县文化馆进行升级改造。二是在村口、路边、村委会和集中居住点搭建乡土文化宣传平台,从美化家园、文明新风、子女教育等方面进行广泛宣传,引导彝族村民形成良好家风、文明乡风、淳朴民风。三是动员群众在村口路边、庭前院后种花种树,帮助完善生活垃圾转运处置、生活污水治理等设施,整治居家环境卫生,美化生活环境,开展群众性文体活动,开展"六洗一剪"检查评比,改变生活陋习,教育引导群众文明健康生活。四是修订村规民约,提升村民自我约束能力,将爱护环境卫生、禁止吸毒贩毒、婚丧嫁娶新办简办等内容纳入村民公约并做到家喻户晓,营造自我约束、相互监督的浓厚氛围。

【生态帮扶】 国家能源集团投入无偿帮扶资金2658万元,实施生态帮扶和乡村建设项目9个。一是继续实施生态保护项目,投入500万元在吴堡县建设辛家沟镇沿黄生态林,投入290万元在曲麻莱县黄河源头开展治理保护,投入576万元在右玉县开展公益林种植和管护工作,投入243万元在米脂县杨家沟建设碳汇林基地,将乡村振兴工作与生态保护和高质量发展深度融合。二是大力改善农村人居环境,在布拖县投入599万元,开展拖觉片区农村"厕所革命"整村推进示范区项目,为2291户村民新建、改建无害化厕所。三是集中力量打造美丽乡村,投入122万元,对布拖县博作村进行"水美新村"规划设计,打造乡村振兴示范点;投入190万元,在普格县黎安乡建设民俗文化广场和配套修建服务用房、公共卫生间等设施,大力改变村容村貌。

【基础设施建设】 国家能源集团投入无偿帮扶资金2091万元,帮助各县不断完善农村基础设施。一是投入1105万元,在普格县、吴堡县、米脂县、曲麻莱县实施照明、道路、养老设施等项目建设,在曲麻莱县实施"五小工程"提升及职工周转房改造和清洁能源煤改电工程项目,为乡村百姓安居提供便利条件。二是在吴堡县投入736万元,实施岔上镇、寇家塬镇、张家山镇等地农村饮水安全保障提升工程,受益农户约1000户;投入250万元在右玉县实施高家堡乡农村生活用水改造项目,解决高家堡4个村村民用水难等问题。

【党建帮扶】 国家能源集团组织17个党支部与13个贫困村开展结对共建活动,通过开展主题党日、讲授党课、组织爱心捐款、举办农民夜校等活动,在支部建设、人才培养、发展村集体经济移风易俗等方面充分发挥党建引领作用,实现企业机关党建与农村基层党组织互进互促、共同发展。在帮助培育新型农业经营主体方面,共在布拖县、吴堡县、右玉县扶持龙头企业3家,在布拖县、普格县、米脂县、吴堡县、右玉县培育新型农业经营主体7个,党员干部捐款捐物合计32.43万元。

【帮扶宣传】 国家能源集团大力宣传"乡村振兴中的成果、典型,全面展示集团公司责任央企"的良好形象。充分发挥集团传媒公司、各组长单位宣传资源,系统策划,重点推进,多渠道全方位展示集团公司助力乡村振兴的生动实践,广泛宣传集团公司在帮扶县的工作成效、先进经验、典型案例和感人故事。加强与各方宣传部门、媒体密切协作,及时跟进乡村振兴推进情况,总结经验、选树典型,营造良好氛围,在新华网、中央农网、学习强国、《中国电力报》、《国资报告》、《能源》杂志、中国煤炭网等主流媒体刊登宣传报道。2022年,米脂、吴堡县产业帮扶和曲麻莱县生态帮扶案例入选第三届"全球减贫案例征集活动"最佳案例,曲麻莱县生态帮扶案例入选《中央企业助力乡村振兴蓝皮书(2022)》,充分发挥引领和鼓励作用。

(国家能源投资集团有限责任公司
乡村振兴办公室　牛　猛)

中国电信集团有限公司定点帮扶

【概述】 2022，中国电信集团有限公司（以下简称"中国电信"）深入学习贯彻习近平总书记关于"三农"工作重要指示批示精神，坚决贯彻落实中共中央、国务院有关决策部署，保持帮扶干劲不松、投入力度不减、工作标准不降，深化围绕"1个总体目标"、做好"2个结合"、实现"3个转换"、着眼"4个聚焦"、推动"5大振兴"工作总思路，向4个定点帮扶县投入帮扶资金14447万元，引进帮扶资金4399.43万元，培训基层干部、技术人员、乡村振兴带头人53441人次，直接购买与帮助销售农副产品24595万元，助力集团公司定点帮扶和对口支援的6个县、各级公司4个县、4个乡镇、1248个帮扶村全面推进乡村振兴，连续5年获得中央单位定点帮扶考核评价"好"等次。

【帮扶资金投入】 2022，中国电信强化资金保障，在4个定点帮扶县，聚焦产业振兴、人才振兴、生态振兴、数字乡村等重点领域，坚持投引结合，持续拓展资金渠道，保障资金落实，在乡村振兴重点帮扶县资金投入保持稳定增长。捐赠资金方面，投入无偿捐赠资金超1.13亿元，涉及24个精准帮扶项目，近60%为产业和往年延续、扩建类项目；投入网络建设资金超3000万元优化农村重点区域网络覆盖及质量，为优质教育、医疗资源下沉夯实网络基础。引进资金方面，引进华为、中兴等30余家单位无偿帮扶资金超1899万元，用于实施产业帮扶、民生改善等"造血"项目；引进邮政储蓄银行、桂林银行等普惠贷款2500万元，以普惠金融助力定点县特色产业发展壮大。

【帮扶资金管理】 中国电信坚持捐赠资金全过程管理，做实预算管理，按照上年预算执行情况及全年捐赠预算需求，统筹安排集团帮扶捐赠资源，及时进行余缺调剂，确保精准帮扶。抓好审计检查，集团审计部将帮扶工作纳入经济责任审计范围，重点关注集团定点帮扶县大额援建项目。各省公司对帮扶资金使用等关键领域进行监督，对帮扶工程建设项目进行结决算审计。加强对工程立项建设、招投标采购、合同签订、资产交付等各环节监督，提升帮扶资金使用效益。加强纪检监督，纪检监察组列席乡村振兴工作领导小组会议，梳理重点问题建立监督台账，针对重点地区开展现场监督检查，持续做好信访工作，通过宣讲、谈话、警示教育等方式加强廉洁教育，强化帮扶领域常态化监督。

【帮扶调研】 中国电信坚持系统谋划，强化组织领导，紧跟形势变化，召开党组会、乡村振兴领导小组会议，研究部署全集团帮扶工作、审议捐赠资金项目，印发《2022年助力全面推进乡村振兴工作要点》；进一步加强组织领导，将采购供应链管理中心、数字生活公司新增纳入乡村振兴领导小组成员单位；延续集团对各省级公司帮扶考核办法，凝聚全集团合力，切实做好巩固拓展脱贫攻坚成果同乡村振兴有效衔接各项工作。本年度中国电信主要负责同志等3名党组成员赴4个定点帮扶县督促检查调研全覆盖，向当地党委政府反馈4份专题报告，发现问题8个、提出建议8条，切实督促指导帮扶县全面推进乡村振兴。

【干部挂职帮扶】 中国电信把乡村振兴作为培养锻炼干部的广阔舞台，向定点县派出

4名挂职干部和2名驻村第一书记。中国电信每月了解挂职干部思想动态、工作状态，帮助解决实际困难；每季度通报援助项目进展情况，督促落实工作计划。公司领导赴帮扶县调研期间，深入挂职干部办公地点、职工宿舍与挂职干部座谈交流，落实谈心谈话、工作督促长效机制，强化职责使命严格落实。

【基础设施建设】 中国电信持续提升农村网络服务，夯实数字乡村建设基础保障。在农村地区投入超63亿元，提升光纤网络和移动网络覆盖；投入第七批、第八批普遍服务专项补贴合计超7亿元，完成约4000个4G基站建设任务。持续加强定点县基础网络建设，在已实现行政村光宽和4G网络"双100%"覆盖基础上，2022年投入网络建设资金超3000万元，在县城和重点乡镇区域开展千兆光网和5G建设，让人民群众享受到先进的通信信息网络服务。

【信息化帮扶】 中国电信充分发挥企业信息化能力优势，以信息化赋能乡村振兴。乡村治理数字化，在全国建设数字乡村17万个。与定点县乡村三级政府共同打造数字乡村综合服务平台，将320个行政村建设成为数字乡村示范村，大幅度提升村委工作效率，推动村级管理水平显著提高。农业生产智能化，在全国承建400多个智慧农业标杆项目。在田林县，打造"5G+智慧葡萄园"种植示范园区，利用"5G+数据桅杆"搭载高精度土壤墒情和空气湿度传感器，实时采集农作物信息，基于人工智能算法建立精准种植模型，实现葡萄年产量5万千克，惠及群众3901户，16479人受益，其中防返贫监测对象138户496人。农民生活智慧化，在广大农村地区搭建远程医疗、疫情防控、远程教育等信息化应用平台。在定点帮扶县运用"天翼云播"等产品，实现信息实时播报、定时播报、分组播报，以及疫情防控口罩识别、防护服识别、人车识别等AI能力。建成木里县"5G远程医疗+名院战略结对帮扶"医疗服务平台，协调引入上海同济医院，与木里县人民医院结成战略合作单位，在列瓦镇、西秋乡等5个乡镇卫生院各建1个远程会诊室。建成盐源县医院"5G远程医疗会诊中心"，打通盐源县人民医院与华西医院等专家"面对面"会诊通道；建设5G远程诊疗示范项目，将县医院、中医院等优质医疗资源辐射至7个边远乡镇，惠及人民群众6万余人。

【产业帮扶】 中国电信坚持把推动产业兴旺作为做好有效衔接、助力乡村振兴的基础和关键，发挥企业优势，推动脱贫地区更多依靠发展来巩固拓展脱贫攻坚成果。壮大特色产业。按照"一县一品"的产业发展目标，结合帮扶地区自然资源禀赋，实施盐源县苹果产业园、木里县中草药加工厂、疏附县产业园数字化提升、田林县板栗加工厂等19个产业项目和往年延续、扩建类项目，为乡村特色产业发展壮大持续注入不竭动力。推进智慧农业。实施"春晓行动"，充分发挥数字化对乡村产业振兴的驱动引领作用，推动智慧农业升级，大力推广大数据、云计算、物联网、人工智能与"三农"工作全面融合，在4个定点县建成中国电信数字乡村320个，打造疏附县智慧畜牧养牛平台、盐源县智慧苹果种植基地、田林县"5G+智慧葡萄"产业园区，加快推动农业农村现代化。夯实消费支撑。坚持农副产品消费采买对特色产业发展的辐射放大作用，广泛发动全集团40万名员工，以秒杀、满减拼团、抽奖等营销形式吸引全网3.8亿电信用户及广大网民共同参与消费帮扶，通过"天虎云商"、天翼积分商城、翼支付等自有电商平台开展一系列消费帮扶主题活动，走进4个定点县，开展66场"中国电信消费助农翼起来"系列直播，累计完成直接购买帮扶产品1.84亿元，帮助销售6100万元。

【消费帮扶】 中国电信持续推广"天虎云

商+益农网+益农社+信息员"帮扶模式,进一步整合系统内各类电商平台和涉农应用服务,从"我买"和"帮卖"两条线为偏僻山村开拓消费大市场,走出一条具有鲜明电信特色的消费帮扶助力乡村振兴之路。扩大农村电商平台。在全国18个省区市、735个县市区搭建线上益农服务平台、建设村级益农信息社11万个,打造农产品进城和农资下乡的村级触点。开展"益农社暖心行"活动6000余场,开展益农信息员培训225场,培育农村电商人才8000余名。拓宽供需对接渠道。在自有电商平台搭建"一县一馆"乡村振兴专馆,招募供应商近100家,打通城乡农产品组织销售一体化绿色通道。举办"助农直播""寻味家乡""认领一棵树"等活动,打造沉浸式消费新模式,累计组织销售助农产品5000余款。输出电商运营能力。针对脱贫县农副产业品牌包装差、运营人才缺、产业集中度低等困难,先后选派数百余人次电商团队深入帮扶地区,进行"开店+农产品组织+品牌包装+物流+销售"全流程面对面指导,有效突破农村电商发展瓶颈。凝聚内外部消费合力。一方面,广泛发动全集团40万名员工参与消费帮扶,通过员工福利、爱心购买、行政后勤采购等方式购买农副产品,2021年直接购买超1.7亿元;另一方面,充分利用天虎云商、积分商城、翼支付等自有电商平台,吸引全网3.5亿电信星级用户及广大网民参与,同时深化与中国建设银行、中国工商银行合作,累计帮助销售农副产品超5000万元。

【就业帮扶】 中国电信保持全集团就业帮扶政策稳定,将脱贫5年内人员、易返贫致贫人员、低收入人员纳入帮扶范围,各单位自主招聘的就业帮扶对象,经集团审批后不占用本单位用工计划。同时,在援助项目实施中尽可能吸纳脱贫人口、易返贫人口就业,累计帮助1292名脱贫群众就业。

【人才帮扶】 中国电信围绕产业帮扶项目需要和最新政策理论知识,充分发挥信息化能力优势,采用"云培训""云会议"等"线上+线下"方式开展基层干部、乡村振兴带头人、技术人才培训,扩大培训覆盖面,实现效率技能双提升。2022年,培训定点县基层干部19141人次,培训乡村振兴带头人8508人次,培训技术人员25792人次。同时,面向全集团专兼职帮扶干部组织开展"中国电信乡村振兴能力提升示范培训",通过网络直播、网上大学学习专区等形式,实现集团3300余名专兼职乡村振兴干部全覆盖。

(中国电信集团有限公司办公室
乡村振兴工作处 马先元)

中国联合网络通信集团有限公司定点帮扶

【概述】 中国联合网络通信集团有限公司（以下简称"中国联通"）定点帮扶河北省沽源县、康保县，黑龙江省饶河县，贵州省册亨县。2022年，中国联通坚持以习近平新时代中国特色社会主义思想为指导，深入学习贯彻党的二十大精神和习近平总书记关于"三农"工作的重要论述，坚决贯彻落实中共中央全面推进乡村振兴的战略决策部署，坚持把开展好定点帮扶工作作为重大政治责任，始终摆在突出重要位置，坚持高位推进，加强组织领导，科学统筹部署，高质量推进落实，在助力定点帮扶县巩固拓展脱贫攻坚成果、全面推进乡村振兴方面取得新成效。

【帮扶资金投入】 2022年，中国联通向定点帮扶县投入无偿帮扶资金1.32亿元，实施产业、医疗教育、数字化建设、培训、文化宣传、党建结对等帮扶项目35个，促进帮扶产业持续健康发展，数字化赋能乡村振兴。投入有偿帮扶资金1663.94万元，加强定点帮扶县数字信息基础设施建设，提升通信网络覆盖和服务质量。帮助引进各类帮扶资金2674万元，助力推动产业发展。

【帮扶调研】 中国联通党组成员先后5次赴4个定点帮扶县实地考察、调研、督导定点帮扶工作，实现定点帮扶县全覆盖。8月，党组书记、董事长赴饶河县调研。7月，党组副书记、总经理赴饶河县调研。6月30日—7月1日，党组副书记赴沽源县和康保县调研；7月，党组副书记赴册亨县调研。调研期间，党组领导与县委、县政府领导充分沟通，加强帮扶工作顶层设计；实地考察中国联通支持开展的帮扶项目，看望脱贫群众代表，慰问挂职干部、驻村第一书记和帮扶工作队员。

【帮扶制度建设】 中国联通制定《中国联通2022年助力乡村振兴工作要点》，从定点帮扶、行业帮扶、消费帮扶、帮扶宣传4个方面，对17项重点工作进行了部署安排。制定《2022年度乡村振兴工作考核评价办法》，压实省级分公司定点帮扶工作责任，确保年度目标全面完成。印发《关于做好2022年集团公司定点帮扶工作的通知》《关于进一步加强集团公司定点帮扶工作的通知》等文件，建立健全并坚持落实定点帮扶工作月调度会制度，进一步加强定点帮扶过程管控，提升工作成效。

【帮扶会议】 中国联通党组召开专题会3次，集中学习习近平总书记关于"三农"工作的重要论述和最新重要指示精神，研究谋划中国联通2022年助力乡村振兴工作。召开助力乡村振兴工作会议2次，集团党组领导对全系统助力乡村振兴年度重点工作作出全面部署，对高质量推进"数字乡村"建设、助力乡村全面振兴提出要求。中国联通乡村振兴工作办公室积极发挥工作职能，组织相关省级分公司和挂职干部召开月调度视频会议5次，定期沟通、督导推动定点帮扶工作。4个定点帮扶县所在的省级分公司组织召开各类会议10余次，上下联动，同频共振，扎实推进定点帮扶工作。

【干部挂职帮扶】 中国联通向4个定点县各派出1名优秀处级干部担任县委常委、副县长或县委常委、副书记，协助分管定点帮扶工作，助力开展乡村振兴。为每位挂职干部配备3人组成的帮扶工作队，长期驻县帮扶，协同挂职干部开展工作。向4个定点帮扶县派出驻村第一书记6人，为每位驻村第一书记配备1~2人的驻村工作队员，共同开展驻村帮扶工作。选派优秀局级干部1人，赴定点帮扶饶河县所在的黑龙江省双鸭山市挂职，任市委常委、副市长。所属各级公司按照地方党委、政府工作部署，派出1500余名帮扶干部，奋战在乡村振兴一线。

【产业帮扶】 中国联通坚持以培育和促进产业发展为核心，以产业带就业，以就业促增收。在4个定点帮扶县累计扶持地方龙头企业13家、农村合作社6个，帮助建立帮扶车间12个，重点扶持推动册亨县糯米蕉、沽源县藜麦、康保县亚麻籽油、饶河县大米产业不断发展壮大。发挥公司优势，助力打造"数字产业"，以数字化赋能帮扶产业，激发产业振兴的内生发展动力。

【文化帮扶】 中国联通联合地方政府举办"庆丰收 迎盛会 中国联通定点帮扶县推介活动"。活动利用5G+8K技术，由4个定点帮扶县的县委书记、县长亲自出镜，面向3亿联通用户、30万联通员工和产业链合作伙伴，推介宣传本县优质特色产品、旅游资源和营商环境，打造具有地方特色的"烫金名片"。活动以线上云推介方式，通过地方形象展示、虚拟云游和线下实景连接相结合，挖掘当地文化、旅游、产业等特色资源，向全国观众全景展示了县域自然风光、风土人情、文化形象和特色产品，全面展现了脱贫地区"旧貌换新颜"后的新容颜新风貌，引起社会的广泛关注和强烈反响。

【民生帮扶】 中国联通积极践行绿水青山就是金山银山的理念，助力河北沽源县石头坑村推动人居生态环境持续改善，重点发展"游学+民宿"产业，带动村民建设特色民宿，实现生态系统良性循环，建设美丽宜居新农村。铺设水泥路1.7千米、柏油路1.2千米，修缮庭院围墙30余处，修建路边花坛25处，描画室外墙绘280平方米，全村建成85个高标准客房，170张床位。通过"数字乡村"平台，综合应用5G、云计算、大数据、物联网等创新优势，利用新媒体、720°全景展示、VR、AR等先进技术，对石头坑村周围景点和富有本地特色的乡村旅游资源进行充分挖掘和集中展示，把美丽乡村搬到了"云"上。

【党建帮扶】 中国联通发挥企业技术优势，构建智慧党建平台，助力推动数字技术和农村党建深度融合。中国联通智慧党建平台在31个省落地，包括7个省级平台、200余个市县级平台，服务全国3.3万个党委和党总支、63.4万个党支部和1103.76万名党员。其中，在康保县投入无偿帮扶资金3500万元建设的"智慧康保"项目，打造了包括"1个平台、5大环节、10个应用"的"1+5+10"智慧党建体系，提供集宣传、教育、管理、服务于一体的平台级管理应用，实现康保县326个行政村的党务管理智能化、支部活动网络化、组织建设精准化和党员学习便捷化。运用大数据手段，及时掌握村情民意，解决群众"急难愁盼"问题，让农村党建看得见、有实效，推动形成领导有力、功能完善、运转有序的农村基层党组织，以组织振兴助推乡村振兴。

【消费帮扶】 中国联通下达消费帮扶年度目标，压实各分子公司主体责任。持续提升电商平台运营能力和管理水平，加强平台管理和产品管理，优化丰富消费帮扶产品上架销售。利用传统节日契机，组织"消费帮扶新春行动""央企消费帮扶兴农周""中国联通消费帮扶周"等专项行动，开展现场展销、直播带货等活动，提升定点帮扶县特色产品知名度，带动帮扶产业销售增长。全年购买和帮助销售脱贫地区农产品累计完成1.22亿元。

【帮扶培训】 中国联通发挥资金、技术、

平台等资源优势,通过线上线下相结合的方式,开展三类人才培训。依托联通党校网上学习平台,开辟"助力定点帮扶县网上培训专区",开通40门线上培训课程,涵盖党建、乡村建设、产业振兴、组织振兴、生态振兴、文化振兴等内容,为定点帮扶县基层干部、乡村振兴带头人和技术人员免费提供全天候学习渠道。为每个定点帮扶县拨付培训资金80万元,用于基层干部培训。协调产业帮扶的龙头企业,邀请农业专家到田间地头为乡村振兴带头人和技术人员开展技能培训,提升农民的种植技能,激发群众致富奔小康的内生动力。全年累计培训基层干部19879人次、乡村振兴带头人5178人次、技术人员4095人次。

【帮扶宣传】 中国联通以讲好中国联通帮扶故事为切入口,大力宣传中国联通在乡村振兴中所做的扎实工作、取得的坚实成果。建立乡村振兴宣传机制,加强乡村振兴宣传台账管理,挖掘优秀案例,主动发声,促进提升乡村振兴工作质量。全集团在省级及以上级媒体发表助力乡村振兴宣传报道500余篇。向国务院国有资产监督管理委员会、国家乡村振兴局等上级主管单位报送工作信息7篇、典型案例15个。其中,中国联通携手册亨县打造糯米蕉全产业链案例被中央广播电视总台农业农村频道在《脱贫之后再出发》栏目中播放,被国家乡村振兴局评选为第一批"社会力量助力巩固拓展脱贫成果同乡村振兴有效衔接典型案例",在2022年第三期中央单位定点帮扶工作示范培训会上进行经验交流。中国联通以产业帮扶打造沽源藜麦"一县一品"、大力推进"数字乡村"建设案例,被国务院国有资产监督管理委员会《国资工作交流》刊发推广。

(中国联合网络通信集团有限公司
党群工作部 张 晨)

中国移动通信集团有限公司定点帮扶

【概述】 2022年,中国移动通信集团有限公司(以下简称"中国移动")继续承担黑龙江桦南县、汤原县,新疆阿克陶县、疏勒县、洛浦县,海南白沙县等6个县的定点帮扶任务(以下简称"定点六县")以及各级地方政府安排的1442个县、乡、村的帮扶任务,全面推进"数智乡村振兴计划",持续做好"七项帮扶举措",深入实施"七大数智化工程",有效助力帮扶地区巩固拓展脱贫成果、衔接推进乡村全面振兴。继续得到政府及社会各界的广泛认可,在中央单位定点帮扶考核中位居全部中央企业第二名,连续四年位居中央企业前三名,连续五年被评为最高等级"好";助力乡村教育振兴项目获评2022年"全球减贫案例",连续三届作为全球唯一电信运营商入选;精准帮扶管理系统作为我国唯一案例荣获2022年信息社会世界峰会(WSIS)最高项目奖,是我国唯一一家两次获得WSIS大奖的企业。

【帮扶资金投入】 2022年,中国移动向全国对口帮扶地区捐赠帮扶资金3.48亿元,向六县捐赠帮扶资金2.22亿元,与2021年基本持平,实施产业、民生等帮扶项目41个;投入有偿帮扶资金1.6亿元,持续完善当地新型信息基础设施;引进无偿帮扶资金2071万元,实施产业、民生等帮扶项目50余个;引进中国建设银行贷款等有偿帮扶资金9.75亿元。

【帮扶调研】 2022年,中国移动4位公司领导(包括2位主要领导)先后赴帮扶县实地调研督导,实现定点六县全覆盖。8月,党组书记、董事长赴黑龙江汤原县和桦南县开展乡村振兴调研。11月,党组副书记、总经理赴海南白沙县开展乡村振兴调研。12月,党组成员、副总经理新疆阿克陶县、疏勒县和洛浦县开展视频调研。12月,党组成员、副总经理赴新疆阿克陶县、疏勒县和洛浦县开展乡村振兴调研。集团公司及各省公司领导全年208次到定点帮扶县调研督导。

【帮扶会议】 中国移动召开全集团定点帮扶和乡村振兴工作会议3次。3月,集团公司党组成员、副总经理主持专题会议,研究2022年定点帮扶和乡村振兴工作计划。3月,党组书记、董事长主持召开乡村振兴工作领导小组会议,专题研究审议乡村振兴行动方案。7月,召开全集团乡村振兴工作会议,公司全体党组成员出席,党组书记、董事长全面部署2022年定点帮扶、乡村振兴等工作,共870余人参加会议。

【干部挂职帮扶】 2022年,中国移动选派挂职干部、驻村第一书记、驻村工作队成员2400余人,累计派出5770余人。向六县分别选派1名挂职帮扶干部担任挂职副县长,均分管或协助分管定点帮扶和乡村振兴工作;向定点六县选派驻村第一书记8人,派出全职驻村工作队员25人。严格落实中央对挂职干部轮换和报备要求,所有干部任职期均满2年,按要求完成黑龙江桦南县1名挂职副县长和新疆疏勒县1名驻村第一书记压茬轮换。11月,派驻新疆阿勒泰地区富蕴县吐尔洪乡霍孜克村的驻村工作队副队长因公殉职。

【脱贫成果巩固】 中国移动在阿克陶县丝路佳苑搬迁点建设1200平方米的幼儿园,容纳学生300余人;在昆仑佳苑搬迁点建设2140平方米的卫生医院;在洛浦县新建杭桂镇第二中学,容纳学生1600名。发挥公司网络优势,实现新疆349个易地搬迁点5G和家庭宽带网络全覆盖;在白沙县建设水质监测系统,实现全县3条主要河道支流以及重点水库的水质实时监测,确保11个乡镇20余万人饮水安全;实施洛浦县高级技工学校和洛浦县中等职业中专信息化建设项目,以数智化手段提升边疆学校管理水平和教学质量;在白沙县实施平安智慧校园项目,升级全县11个乡镇58所学校视频监控设备,惠及全县3万余名师生;在阿克陶县实施数字医疗项目,建设120调度平台覆盖118个村镇,实施县人民医院信息化建设项目惠及周边群众10余万人。在全国建设"同步课堂"8000间,推动优质教育资源与乡村学校、家庭远程对接;"全球通蓝色梦想公益项目"向31省62所农村学校捐赠图书、教具等教学设施。助力1600余家乡村医疗机构接入国家远程医疗平台,促进优质医疗资源向偏远农村地区下沉。

【网络帮扶】 2022年,中国移动为全国脱贫地区网络信息服务投入专项帮扶资金192亿元、累计投入近2000亿元,持续完善4G和有线宽带网络,4G网络覆盖全国99.6%的行政村,5G网络基本实现乡镇5G连续覆盖以及发达农村、重点区域有效覆盖。深入落实政府提速要求,全国农村家庭宽带管线覆盖约2.5亿户,农村OLT(光线路终端)90%以上具备千兆平台能力。保质保量完成第七批电信普遍服务试点建设任务,在偏远农村地区建设4G基站5056个,在边境线地区建设4G基站263个,以一家之力承担过半的行业任务量。

【资费优惠】 2022年,中国移动面向脱贫人口持续开展专项资费优惠活动,帮扶资费惠及脱贫客户1739万户,累计让利77亿元。

【消费帮扶】 2022年,中国移动积极帮助提升帮扶地区特色农产品竞争力,助力"消费帮扶"逐渐向市场化过渡。参加国家发展和改革委员会"消费帮扶新春行动"帮扶金额4500万元;参加国务院国有资产监督管理委员会"央企消费帮扶兴农周"采购金额超过4700万元。全年购买脱贫地区农产品2.5亿元、同比增长32%,帮助销售农产品2.2亿元、同比增长83%;其中,购买定点六县农产品1.4亿元、同比增长55%,帮助销售定点六县农产品7000余万元、同比增长52%。消费帮扶金额累计达12亿元。

【产业帮扶】 2022年,中国移动在全国对口帮扶地区引进企业或帮扶项目56个,实际投资3.2亿元,助力转移就业6530人,招用脱贫家庭人口751人;在全国打造智慧农业5G龙头示范项目180个。在六县,援助实施地瓜种植、旅游小镇、鸽兔养殖等产业项目11个,引进企业或项目22个,招商引资3.2亿元,帮助建立帮扶车间18个,帮助实现转移就业589人,招用脱贫人口223人。在疏勒县援建现代物流信息平台基地,提供就业岗位500人以上,带动周边约200户村民增收致富。在白沙县元门乡援建800余亩的地瓜种植和旅游基地,带动当地5500余名群众增收。通过众包方式向300余名脱贫人口提供呼入、外呼热线等稳定就业岗位。

【民生帮扶】 2022年,中国移动在全国对口帮扶地区帮助4.9万户村民实施厕所改造,在552个村实施生活垃圾、污水治理和村容村貌整治。在定点六县,帮助967户村民实施厕改,帮助14个村整治生活垃圾、污水和村容村貌,改善居住环境。在疏勒县等南疆三县因户施策稳步推进"厕所革命",为960户村民建设冲水式厕所。在河北打造厕所管护信息化平台,利用物联网、视频识别等技术提升农村厕所日常管理服务水平,覆盖全省34个区县,实时监控吸粪车2200余辆,覆盖中转站500余个,惠及1300余万乡村居民。

【就业帮扶】 中国移动在全国对口帮扶地区培训专业技术人才6.8万人次、基层干部3万余人次、乡村振兴带头人7000余人次。在定点六县,培训专业技术人员6.1万人次、基层干部2.3万人次、乡村振兴带头人5200余人次。在疏勒县完成三期高素质农民培训，其中养殖及疫病防治技术培训1250人、特色林果种植培训860人、蔬菜种植培训1890人。在农业农村部"全国农民手机应用技能培训周"活动中，组织开展农产品出村进城、农业实用技术推广、短视频营销等专题培训，线下线上共642万人次参与。为全国226家基层单位1.5万名党员开展党建信息化培训。

【组织振兴】 中国移动1088个党支部与帮扶地区964个脱贫村结对共建，党员干部捐款捐物219万元。在定点六县，22个党支部与11个脱贫村结对共建，扶持龙头企业14家，帮助培育新型农业经营主体11个，党员干部捐款捐物30万元。打造集管理、教育、服务于一体的"星火党建"智慧党建平台，服务3万个基层党组织。向定点六县赠阅《求是》杂志800份，推动习近平新时代中国特色社会主义思想和党的路线方针政策进基层。"云视讯"平台搭建5.39万个高清视频会场，助力县乡村三级政府实现跨部门、跨地区高效沟通。"和你在一起"活动发动党员团员累计捐款134万元，"一对一"资助定点六县困难学生6008名。

【文化振兴】 中国移动在汤原县建设虚拟现实（VR）村史馆，远隔千里即可身临其境体验红色抗联文化；在洛浦县建设数字化宣传阵地和村集体活动中心，在白沙县建设少数民族文化宣传墙和文化广场，促进维吾尔族、黎族、汉族等各民族文化交流交融。承办中宣部和国家乡村振兴局主办的"2022新时代乡村阅读季"活动，691万农村用户参与"我爱读书100天"活动，在线阅读时长超过5200万小时。宽带电视业务内容点播覆盖超6000万农村家庭，为农民打造健康、丰富的精神生活。推广5G放映厅和数字院线，为乡村用户提供更便捷的观影方式，累计播放用户数超过1亿。在咪咕音乐App开辟民族音乐专区，开展"中文语言日彝族汉语诗"等专题活动，覆盖3000万人次，助力民族音乐传承。

【社会帮扶】 中国移动积极发挥公司产业链影响力，动员合作伙伴、广大客户、慈善机构共同参与帮扶事业。引进200多家产业链合作伙伴无偿帮扶资金2071万元，实施辣椒种植、人居环境整治等产业民生帮扶项目50余个，直接购买和帮助销售定点六县农产品1.12亿元。携手近百万全球通用户捐赠454万元，向31省62所农村学校捐赠图书、教具、教学设施等。中国移动慈善基金会蓝色梦想项目累计培训中西部农村中小学校长近13万人，捐建多媒体教室4330余间；爱"心"行动项目累计筛查先心病患儿63291名，免费救治儿童7444名。

【国家乡村振兴示范县】 中国移动发挥数智化优势，助力白沙县成功入选2022年国家乡村振兴示范县创建名单。积极开展数字乡村大会战，全面提升乡村数字化水平，建设数字乡村达标村29万个。

【帮扶宣传】 中国移动持续开展"乡村振兴路上的移动人""数智'振三农' 5G兴万村"等主题宣传活动，通过多种方式讲好帮扶故事，凝聚接续奋斗力量。9月9日，《人民日报》以"5G覆盖独龙江乡"为题整版刊发中国移动助力独龙族"一网跃千年"的工作成效，国家乡村振兴局官方微信全文转载。9月23日农民丰收节，新华社客户端首发《移动十年》乡村振兴宣传片，播放量超过200万次。全年通过文字、图片、视频、5G慢直播等方式在中央广播电视总台、《人民日报》、新华社、《中国青年报》、《人民邮电报》、新华网、央视频等近1400家媒体发布相关新闻上万篇次。

（中国移动通信集团有限公司乡村振兴办公室　杨志军）

中国电子信息产业集团有限公司定点帮扶

【概述】 2022年,中国电子信息产业集团有限公司(以下简称"中国电子")定点帮扶陕西省商洛市镇安县、四川省南充市阆中市、贵州省铜仁市松桃苗族自治县(以下简称"松桃县")、海南省临高县等4个县(市),通过发挥网信产业国家队的优势和平台优势,创新帮扶举措、加强工作指导,促进定点帮扶县巩固脱贫攻坚成果同乡村振兴有效衔接。中国电子坚持党的统一领导、落实"一县一企"人才支撑、保障帮扶资金准时投入,助力定点帮扶县实现五大振兴,打造"数字镇安"县域治理能力数字化项目、推进临高县防返贫信息化建设,形成多个可落地推广的典型经验做法。中国电子全年投入帮扶资金2800万元,招商引资6245万元;培训县乡村基层干部、乡村振兴带头人和专业技术人才数2953人次,积极参加"央企消费帮扶兴农周"活动,通过以消促产,打通农产品外销堵点,助推乡村产业振兴和农民持续稳定增收。

【帮扶资金投入】 2022年,中国电子直接投入帮扶资金2800万元,其中向陕西省镇安县投入帮扶资金共计700万元,主要用于产业振兴领域建设,投入400万元打造镇安县"数字+碳汇"生态产品价值实现平台。向贵州省松桃县投入帮扶资金700万元,主要用于文化振兴领域建设,投入200万元开展松桃第三高级中学书院楼改造及国学文化教育;投入200万元用于松桃中等职业学校"组团式"教育帮扶项目。向海南省临高县投入帮扶资金共计700万元,主要用于产业振兴领域建设,投入190万元用于开展"临高县防返贫监测系统"项目建设;投入160万元用于临高县寿门坊长寿文化园项目。向四川省阆中市投入帮扶资金共计700万元,主要用于人才振兴领域建设;投入142万元,开展河溪中学运动场及学生宿舍维修项目;投入60万元,开展河楼小学运动场建设项目;投入30万元,开展人才振兴教师培训活动。

【帮扶培训】 中国电子根据定点帮扶县(区)人才振兴需求,通过举办培训班的形式,进行乡村振兴干部培训,2022年共培训县乡村基层干部1256人次,乡村振兴带头人1253人次,专业技术人才444人次。中国电子抓实抓细师资、技能人才培训项目,采取"教育+就业"相结合的帮扶措施,加快培养符合新时代要求的乡土人才。向贵州省松桃县黄板镇投入30万元,用于开展"尚学苗乡·书香黄板"国学诵读主题活动、农民实用技能培训、致富带头人培训等活动,加强干部人才培训,重点提升黄板镇干部和全镇教师队伍能力素质,共计培训专业技术人才256人次;向四川省阆中市投入30万元,用于开展人才振兴教师培训项目,采用实践性、指导性、操作性较强的方式开展有针对性的培训,坚持"线上+线下""走出去+请进来""集中培训+自主学习"相融合,提升农村中小学、幼儿园教师专业素养和教学能力,提升新任校园长的管理能力。

【干部挂职帮扶】 中国电子共选派8名干部前往定点帮扶县挂职帮扶,各挂职干部通过实地调研、分析研讨等方式及时掌握定点帮扶县实际情况,并结合当地实际挖掘可促进乡村振兴的特色项目。陕西省镇安县委常委、副县长充分发挥电商平台的作用,在抖音开展"县长来直播"带货活动,积极宣传和销售农产品,逐步完善镇安电子商务发展公共服务体系、物流体系和供应链体系,解决物流运输问题,带动镇安县农村电子商务实现质的飞跃。时任贵州省松桃苗族自治县委副书记,积极组织开展中华优秀传统文化进校园活动,培养学生的民族精神,增强文化自信,使其继承和发扬中华优秀传统文化和传统美德。海南省临高县政府党组成员、副县长充分发挥集团行业和技术优势,深入调研数字乡村建设,开展防返贫监测大数据系统建设,通过系统内精准帮扶、返贫预警、压力测试等功能,提升防返贫监测的数字化、精准化。四川省南充市阆中市委常委、副市长结合定点帮扶县实际情况,依托阆中江天环线建设,利用江南街道办千佛岩村富硒软籽石榴产业园,开发生态种植养殖、水果采摘、农家乐等娱乐项目,发展田园养生、亲子体验、户外拓展,实现农旅融合发展,打造产业发展和旅游观光全产业链。

【产业帮扶】 中国电子通过内抓产业发展、外联企业聚力的方式,针对性地引进符合本地生态环境要求,符合地方长远发展利益的优质产业项目。2022年,直接投入460万元帮扶资金,实施阆中市柏垭镇优果鲜燕窝果产业园、千佛岩村富硒软籽石榴产业园、松桃县黄板镇龙洞村2万羽蛋鸡养殖场等特色农产品数字化、智能化生产基地建设,通过科技帮扶有效提升特色农产品生产效率和品牌打造,支撑产业转型升级,促进农业现代化高质量发展。

【人才帮扶】 中国电子以利益链接为纽带,以增加农民资产性收益为目标,增强贫困人口的脱贫主动性,2022年直接投入340万元帮扶资金,实施松桃中等职业学校"组团式"教育帮扶、黄板镇教育人才振兴、妙隘乡完全小学重启"薄改工程"、阆中市教育科技体育局教师职业培训、镇安中学建成集成电路科技创新实验室等项目,为乡村振兴战略提供人才支撑和智力保障,进一步激发创新活力。镇安中学的两名同学分获全国青少年电子信息智能创新大赛总决赛物资分拣主题一等奖、二等奖。

【文化帮扶】 中国电子持续建强乡土文化人才队伍,大力弘扬社会正气主旋律,不断改善农民精神风貌,2022年,直接投入170万元帮扶资金,实施松桃县黄板镇枹木村"国学经典·家风课堂"项目、木树镇文化振兴项目、临高县波莲镇南斗村文化室建设等,提高乡村社会文明程度,有效凝聚社会发展力量,为乡村振兴提供坚实的精神文明保障。

【生态帮扶】 中国电子着力补齐脱贫地区基础设施、公共服务等领域的短板,重点扶持脱贫基础不牢固地区,2022年直接投入320万元帮扶资金,实施镇安县村卫生室建设、松桃县黄板镇前丰村数字美丽乡村建设、阆中市妙高镇魏家梁村路灯安装、临高县波莲镇古柳村神仙洞遗址改造等项目,持续加码基础设施投入,依托旅游产业推进生态文明,守好发展和生态两条底线助力生态振兴。

【党建帮扶】 中国电子坚持党建引领的帮扶策略,加强党对乡村振兴工作的领导,通过推广宣传"党建小屋"工作站,强化党建与乡村振兴工作有机结合,帮助基层组织发挥好战斗堡垒作用。2022年中国电子4个定点帮扶县结对共建党支部11个,参与结对共建脱贫村9个,通过广泛开展支部结对共建活动,发挥干部群众能动作用,增强基层党组织对党员的吸引力和凝聚力,助力基层党组织和党员队伍的建设。

(中国电子信息产业集团有限公司
人力资源部帮扶办公室 李牧原)

东风汽车集团有限公司定点帮扶

【概述】 2022年，东风汽车集团有限公司（以下简称"东风公司"）深入学习贯彻习近平总书记关于实施乡村振兴战略重要讲话和指示精神，按照《中共中央 国务院关于做好2022年全面推进乡村振兴重点工作的意见》的要求，坚持"四个不摘"，持续加大帮扶力度，不断创新帮扶模式，认真落实中共中央、国务院决策部署，以高度的政治责任感和历史使命感，继续在广西马山县、新疆柯坪县开展定点帮扶工作，推动定点帮扶地区经济社会高质量发展，带领当地群众从稳脱向致富迈进，持续提升当地群众获得感、幸福感、安全感，高质量完成各项帮扶任务，全力推进乡村振兴工作。东风公司向马山县、柯坪县共投入帮扶资金1638万元，引进帮扶资金24426万元，全年安排项目共36个，项目涵盖产业振兴、人才振兴、文化振兴、生态振兴、组织振兴等。同时，构建东风公司全价值链消费帮扶体系，在定点帮扶地实现消费帮扶6732万元；在帮扶地培训县乡村基层干部、乡村振兴带头人和专业技术人员共计405人次。东风公司在中央企业2021年度定点帮扶工作成效考核评价中获得"好"等次。

【帮扶资金投入】 2022年，东风公司向马山县、柯坪县投入帮扶资金1638万元，资金用于深圳—东风产业园项目、东风果蔬示范园项目、东风机电科技园项目、无土栽培牧草工厂等，聚焦产业，推动产业链现代化；引进帮扶资金2318万元（无偿），引进帮扶资金22108万元（有偿）。

【帮扶资金管理】 东风公司加强制度保障和流程管理，严格按照《东风汽车集团有限公司乡村振兴帮扶项目管理办法》，加强对项目定位、项目立项、项目实施及验收、项目资金审批与拨付管理等，促进公司帮扶项目管理的科学化、规范化、制度化。同时，定期对定点帮扶乡村振兴工作情况进行检查督导，坚持问题导向原则，坚持合法合纪要求。2022年对马山县、柯坪县乡村振兴工作出具督查报告两份，提出问题点五个，相关问题已经完成整改落实。

【帮扶调研】 东风公司领导高度重视乡村振兴现场调研，在新疆疫情反复、多次谋划仍不能成行的情况下，东风公司总经理、党委副书记对东风公司在新疆柯坪县的乡村振兴情况进行线上调研，检查指导在柯坪县的乡村振兴工作推进情况；东风公司党委副书记赴马山县进行乡村振兴工作调研。

【帮扶会议】 东风公司召开党委常委会，对公司乡村振兴工作进行研究部署，确定2022年"三不减、两持续、一动员"的工作方针，全方位加强在乡村振兴工作上的投入和支持。4月，东风公司召开2022年消费帮扶工作推进会，深入学习贯彻落实国务院国有资产监督管理委员会等有关消费帮扶文件精神，表彰2021年消费帮扶先进单位，部署2022年重点工作。11月东风公司召开乡村振兴工作推进会，总结回顾了东风公司2021年以来乡村振兴工作情况，并部署下一阶段乡村振兴工作重点：坚决贯彻党的二十大精神，深入学习贯彻习近平总书记关于实施乡村振兴战略的重要指示批示精神，把推进乡村振兴作为重要政治责任和历史使命,紧扣"五大振兴",实施升级版"赋能工程",打造"帮扶套餐",发挥东风产业优势,全面做实做优乡村振兴工作。

【帮扶培训】 东风公司从夯实人才根基入手,针对当地企业经营管理能力薄弱、种植技术落后等情况,开展各种形式的人才培训活动,为当地培养一批有带动作用、示范作用的管理人才和专业技术人才,切实提高帮扶地区自我发展能力,努力确保脱贫成果长久稳定。2022年,在广西马山县和新疆柯坪县共投入50万元开展农业技术培训和基层干部培训,培训内容包括农业实用技术、乡村振兴实务等,培训县乡村基层干部及乡村振兴带头人共计142人次,培训专业技术人员263人次。

【干部挂职帮扶】 东风公司前后选派5名干部分别担任定点帮扶县副县长和驻村第一书记。在马山县,前后选派1名挂职副县长,2名驻马山县白山镇立星村第一书记。在柯坪县,前后选派1名挂职副县长,1名驻盖孜力克镇玉斯屯喀什艾日克村第一书记。新老帮扶干部扎根帮扶一线,严格遵守各项纪律,积极履行政治责任,发挥他们经营管理、招商引资方面的优势,扎实有效推进帮扶地区乡村振兴工作的全面开展,获得当地干部群众的高度认可,展现了东风公司干部的责任担当和素质水平。

【脱贫成果巩固】 东风公司坚持把帮助脱贫群众增收、改善基础设施条件和提升公共服务能力作为助力乡村振兴重点。在广西马山县投入50万元,对立星村主要干道实施亮化工程,改善乡村环境,消除夜晚交通隐患;投入25万元,在里当乡实施人饮工程,改善17户农户生活用水条件;投入10万元,在白山镇脱贫村实施农厕旱改水及垃圾池改善项目,提升农民生活品质。在新疆柯坪县投入50万元,在柯小驼纺织公司实施扩大再就业项目,为当地脱贫群众提供就业岗位200多个,保持收入不断稳步增加;投入30万元在盖孜力克镇实施户厕改善项目,改善农牧民居住环境。

【产业帮扶】 东风公司一方面继续扶持原有产业做大做强,另一方面积极寻找新的产业发展点,着力推进产业链的形成,升级驱动引擎。在广西马山县,推进实施深圳—东风产业园建设,该项目为南宁市重点项目,分两期建设,东风公司投入200万元,引入粤桂资金1988万元共建,打造新的增长点,项目全部建成后,预计每年可带来产值超过2亿元,年综合利润3000万元以上,解决就业300人;投入175万元延续帮扶立星村东风果蔬示范园和东风沃柑产业基地做大做强,提质增效;投入100万元用于立星村预制菜基地产业路硬化和供水工程建设。在新疆柯坪县,投入100万元续建无土栽培牧草工厂;投入402万元续建东风机电科技园项目,该项目集汽车零部件生产、车辆年检过户上牌、汽车配件超市、东风品牌车辆销售、物流仓储、酒店、商超、车辆过夜停车场等综合职能于一身,为柯坪县汽车产业赋能,带动柯坪县经济社会发展;另外新增农产品展销中心、电商平台等项目,加强特色农产品优选及营销,推进产业不断兴旺。

【教育帮扶】 依托东风公司的教育体系,加大职业技术教育培训。在马山县投入185万元实施东风日产阳光关爱小学建设项目、里当乡初中篮球场建设项目、支持示范性高中马山中学提升项目;奖助双扶,投入20万元助力90名优秀学生和家庭经济困难学生圆梦大学;专项投入64万元支持东风南方技师班(二期)班继续开班培育汽车维修技师。在新疆柯坪县,投入30余万元用于100余名考上大学的新生入学奖励,扶助品学兼优、家庭经济困难的学生完成学业报效祖国。

【党建帮扶】 东风公司充分发挥中央企业党建优势,通过帮扶共建,加强乡村党组织堡垒作用。在广西马山县不断丰富和深化党建共建,继续开展东风日产总经办党支部与立星村党总支部党建共建、立星小学的"图书漂流"活动;推进东风日产数据服务有限公司党支部与立星村党总支部党建共建、东风日产乘用车公司售后服务部党支部与马山民族职业技术学校支部党建共建。在柯坪县玉斯屯喀什艾日克村投入100万元建设和悦文化广场,打造集民族团结、红色教育、休闲活动为一体的援疆公园,大力开展"民族团结一家亲"活动,通过红色及传统文化教育、电影播放、广场舞等多种形式增强党组织号召力和凝聚力,充分发挥党组织的堡垒作用。

【基础设施建设】 东风公司在马山县投入85万元实施立星村基础设施提升项目、里当乡太平村人饮工程、白山镇脱贫村农厕旱改水项目;改建围墙、安装路灯120余盏、建设人饮工程1个、改造22户农厕等。在柯坪县投入30万元实施户厕改造项目,投入35万元实施锅炉煤改电项目。通过美化人居环境和完善农村公共基础设施,提升乡村风貌,不断满足群众对美好生活的追求。

【帮扶宣传】 东风定点帮扶工作受到国内主流媒体的广泛关注,分别在新华网、人民网、《光明日报》、《湖北日报》、学习强国、新疆石榴云、《广西日报》、马山融媒体、十堰广电及《东风汽车报》、东风汽车公众号、视频号等媒体发布《广西立星村:夯实产业根基 点燃乡村振兴"主引擎"》《乡村振兴在行动|新疆柯坪:盐碱地上绽放"幸福花"》《深化定点帮扶 共绘柯坪乡村振兴新画卷》《东风化雨润马山 乡村振兴再出发》《新疆柯坪羊吃上了"水培牧草"》等稿件,累计报道200多次。

(东风汽车集团有限公司
乡村振兴领导小组办公室 朱志胜)

中国一重集团有限公司定点帮扶

【概述】 2022年，中国一重集团有限公司（以下简称"中国一重"）定点帮扶安徽省泗县。中国一重定点帮扶工作以习近平新时代中国特色社会主义思想为指导，认真学习贯彻党的二十大精神和习近平总书记关于巩固拓展脱贫攻坚成果同乡村振兴有效衔接的重要讲话和重要指示精神，认真贯彻落实中共中央、国务院关于帮扶工作具体要求，扎实推进帮扶项目的落实落地，忠实履行中央企业社会责任。中国一重认真落实定点帮扶工作，超额完成了帮扶计划的各项指标。对安徽省泗县投入帮扶资金1147万元，引进帮扶资金796.61万元，招商引资企业投入帮扶资金380万元；培训基层干部540人次，培训乡村振兴带头人6人次，培训技术人员46人次；购买农产品41.94万元；帮助脱贫地区销售农产品666万元；帮助定点帮扶县销售农机产品拖拉机100台1370万元；积极组织参与"央企消费兴农周"活动，帮助销售90.88万元农产品。通过全面实施产业帮扶、消费帮扶、教育医疗帮扶、农机产业帮扶等"组合拳"，推动定点帮扶县持续巩固拓展脱贫攻坚成果，全面推进乡村振兴。

【帮扶资金投入】 2022年，中国一重按照"四个不摘"和"靶心不变，力度不减"要求，加大了帮扶资金投入。2022年投入帮扶资金1147万元，其中320万元用于花卉种植基地建设，70万元用于千亩核桃林基地围栏建设，14万元用于纯净水厂改造，6万元教育帮扶，7万元用于惠民院改善，3万元用于医疗帮扶，捐赠米面油等20万元用于脱贫户等救助，捐赠物资296万元用于宿州环保工程学校技能人才培训教学实习；投入有偿帮扶资金411万元解决拖拉机厂无资金购买原材料问题。

【帮扶资金管理】 中国一重坚持"先审批、再投入、保及时"原则，严格抓好帮扶资金管理。召开集团公司党委常委会，结合帮扶项目讨论研究资金使用，做到了充分论证，避免"盲目投入"。全年帮扶资金均按时间节点汇入定点帮扶县指定账户，保证了帮扶项目实施。此外，按照"国有资本投到哪里，审计监督就跟到哪里"总体要求，中国一重组织纪委（监察部）、审计与风险管理部每年都对帮扶资金投入、支出进行审计，审计采取到定点帮扶县调取财务账目、招投标手续等进行审计，提出意见和建议，对不合规项目现场纠正。通过审计加强和规范了帮扶资金的管理，防止了帮扶资金挤占、截留、贪污等行为。

【帮扶调研】 2022年，中国一重在帮扶工作中既"参战"又"督战"，强化对定点帮扶工作调研督促检查指导，公司党委书记、董事长，总经理、党委副书记，党委副书记及具体负责部门和相关部门等13人次到定点帮扶县调研、督导定点帮扶工作，召开村、镇、县三级座谈会，听取帮扶工作的难点和重点、县域经济发展情况汇报，围绕帮扶项目招投标、进度、质量、运营、资金使用、返贫致贫动态清零等方面研究制定具体帮扶措施和提出工作要求，确保了帮扶项目全面完成和脱贫攻坚成果持续巩固，为全面推进乡村振兴提供了坚强保障。

【帮扶会议】 中国一重党委始终把定点帮扶工作作为重要的政治任务和重大的社会

责任进行贯彻落实,全年召开1次集团党委常委会专题研究部署定点帮扶工作,深入学习传达贯彻习近平总书记关于巩固拓展脱贫攻坚成果同乡村振兴有效衔接的重要讲话和重要指示精神、国家乡村振兴局关于帮扶工作有关文件精神,研究落实帮扶计划、资金和具体措施。为推动帮扶工作措施有效落实落地,将定点帮扶工作纳入《中国一重贯彻落实习近平总书记视察东北三省重要讲话及视察中国一重重要指示精神"挂表督战图"》进行月考核、季总结,并与责任单位工资总额挂钩。

【帮扶培训】 为提高泗县各级干部推动乡村振兴工作能力,不断解放思想、转变观念,改善知识结构,增强工作本领,推动泗县人才队伍建设,有针对性地进行教育培训。中国一重共培训基层干部540人次,技术人员36人次,乡村振兴带头人6人次。通过教育培训提升了基层干部乡村振兴领导力、执行力,提升了技术人员的技术水平和管理能力。

【干部挂职帮扶】 中国一重根据乡村振兴需要技术干部的需求,选派了2名一重集团大连工程技术有限公司的高技术人才挂职到定点帮扶县。其中,1人挂职副县长,协管乡村振兴;1人挂职大庄镇党委委员、东风村驻村第一书记,协管大庄镇乡村振兴、东风村党建和乡村振兴。2位挂职干部素质高、能力强,得到了当地干部群众的高度认可。对挂职干部建立了中国一重和定点帮扶县"双管理"机制,调动挂职干部干事创业的积极性、主动性。同时对他们关心关爱,提高他们的工资待遇。

【健康教育帮扶】 虽然定点帮扶县医疗体系和教育体系比较健全,医疗和教育实现了保障,但大庄镇仍有部分硬件设施存在短板和弱项。为此,中国一重投入帮扶资金3.8万元为东风村卫生室购置了医疗器材,进一步完善医疗设施,满足了村民就医需求。中国一重投入帮扶资金6万元为大庄镇中心校购置了音体美器材,改善了教学条件。

【消费帮扶】 中国一重通过购买定点帮扶县农产品和帮助脱贫地区销售农产品方式,促进消费帮扶,解决农民卖粮难问题。中国一重购买定点帮扶县41.94万元农产品,解决定点帮扶县农产品销售问题,特别是在疫情期间积极购买定点帮扶县农产品,促进了疫情期间复工复产。帮助脱贫地区销售农产品666万元。积极组织参与"央企消费兴农周"活动,帮助销售90.88万元农产品。帮助定点帮扶县销售农机产品拖拉机100台1370万元,解决了农机具销售难题。

【产业帮扶】 中国一重投入320万元用于花卉种植项目二期工程建设,力争将该示范区基地打造成为皖北地区最大的花卉种苗基地,国内知名的特色农产品交易中心。项目建成后,预计实现年销售收入接近3500万元,利税1000万元;带动低收入户(80~100人)就业,月收入3000元/人;每年增加集体经济收入100万元。同时,花卉苗木种植可以促进美丽乡村建设,改善周边生活环境,创造美丽和谐、宜居宜业泗县乡村新面貌。该项目将与周边花卉苗木基地形成产业集聚效应,进一步促进该产业由量变到质变的跨越式发展。同时,投入70万元千亩核桃林项目围栏建设,14万元用于纯净水厂改造,产业项目的建设和改造,推动产业项目对乡村振兴的引领作用。

【社会帮扶】 中国一重积极吸纳社会资源参与到帮扶领域,共同促进帮扶项目管理,实现帮扶项目专业化管理。2022年引进帮扶资金196.61万元,解决项目专业化管理问题。其中引进宿州长林生态农业发展有限公司对薄核桃林项目进行专业化管理,该公司投入资金74.41万元;引进安徽泾县桃花潭山泉矿泉水有限公司对水厂进行改造完善管理,该公司投入资金122.2万元。同时,引进帮扶企业1

家,该企业投入有偿帮扶资金600万元;招商引资380万元经营振兴大酒店,盘活了闲置资产。

【整村推进】 中国一重按照国家"整村推进"和开发式帮扶的方针,集中力量以点带面、以点促面开展帮扶工作。将泗县大庄镇东风村作为重点帮扶对象,建设了千亩核桃林、纯净水厂、花卉种植项目等产业项目,带动脱贫户和村民就业50余人,增加村集体经济收入150万元以上。

【农机产业帮扶】 安徽省泗县是农业大县,对农机装备需求十分旺盛,而泗县农机产业发展薄弱,特别是农机全产业链服务上处于起步阶段。一重集团(黑龙江)农机发展有限公司在泗县设立了分公司,建立管理技术帮扶机制,与安徽泗州拖拉机制造有限公司进了战略合作,重点在开发大马力拖拉机、农机技术升级、农机维修服务上给予重点帮扶,发展高端农机装备制造业。以搭平台促销售,建立销售帮扶机制,帮助建立线上线下(O2O)的销售模式,用户线上下单、线下提货。2022年,帮助销售100台拖拉机,销售额1370万元。在农机企业资金出现短缺问题,没有资金采购原材料,严重影响生产和交货,一重农机公司马上提供流动资金支持,有效解决了农机企业发展瓶颈问题,后续资金支持仍在持续进行中。

【人才帮扶】 协调技师学院参与校际合作,推动人才振兴。中国一重积极与中国一重技师学院沟通协调,达成了中国一重技师学院与宿州环保工程学院合作,优势互补,签订了战略合作协议,为定点帮扶县培训机械加工技能人才,解决定点帮扶县机械加工技能人才短缺问题。为解决宿州环保工程学院实习实训缺少工具和材料问题,中国一重2022年捐赠296万元的实习物资。

【防返贫监测帮扶】 为巩固拓展脱贫攻坚成果,加强动态监测,实现动态清零,防止返贫致贫,中国一重建立了易返贫致贫人口快速发现和响应机制,完善农户自主申报、村组干部排查、部门筛查预警等监测方式,互为补充、互相协同,确保每户监测对象至少有1名监测联系人、每户脱贫户有1名帮扶责任人。落实好教育、医疗、住房、饮水、产业、就业以及社会救助、兜底保障等政策,实现"动态清零",没有发生规模性返贫致贫。

(中国一重集团有限公司
社会服务中心　丁启春)

中国机械工业集团有限公司定点帮扶

【概述】 2022年，按照中共中央和国务院有关要求，中国机械工业集团有限公司（以下简称"国机集团"）继续对河南省固始县、淮滨县和山西省平陆县、四川省广元市朝天区等4个县（区）开展定点帮扶工作。国机集团在4个定点帮扶县（区）投入无偿帮扶资金3701.3万元，围绕农机装备、特色产业、人才培训、公共服务、乡村治理等方面开展帮扶，谋划实施38个帮扶项目。同时，投入有偿帮扶资金512万元；引进无偿帮扶资金258.32万元，引进有偿帮扶资金（含招商引资）1.7亿多元，引进帮扶项目和企业5家，帮助建立帮扶车间数达到18个；通过开展爱心捐助、志愿服务活动，向定点帮扶县（区）捐款捐物合计价值17.39万元。在4个定点帮扶县（区）培训乡村基层干部1125人次、乡村振兴带头人829人次，培训教师、医生、农业、电商等各类专业技术人才9336人次，帮助1174人实现转移就业。组织下属企业购买脱贫地区农副产品2337.67万元，帮助销售脱贫地区农副产品1816.8万元，助力解决当地农产品销售难题，促进农户增产增收，带动当地农业特色产业发展。全年累计组织193人次赴4个定点帮扶县（区）开展考察调研22次；召开各类专题会18次，组织开展4次督促指导活动，形成4份督促检查报告，推动帮扶计划有序实施，督促当地运行好防止返贫动态监测和帮扶机制，落实过渡期各项帮扶政策措施，全力推动责任落实、政策落实、工作落实和任务落实，与定点帮扶地区携手做好全面推进乡村振兴各项工作。在2022年中央单位定点帮扶工作成效考核中被评为"好"等次。

【帮扶资金投入】 向4个定点帮扶县（区）投入无偿帮扶资金3701.3万元，实施38个帮扶项目。其中，围绕巩固拓展脱贫攻坚成果专门谋划实施9个帮扶项目，投入帮扶资金620万元，持续增强群众的获得感、幸福感；围绕助力当地发展特色产业，谋划实施15个帮扶项目，投入产业帮扶资金2270多万元，超过帮扶资金总投入的60%。在固始县，投入帮扶资金1040.49万元，从特色产业、教育、人才培训、基础设施等方面开展帮扶。在淮滨县，投入帮扶资金900.95万元，从农机装备、特色产业、人才培训、基础设施、公共服务等方面开展帮扶。在平陆县，投入帮扶资金769.86万元，从农机装备、特色产业、技能人才培训、基础设施、公共服务、"救急难"等方面开展帮扶。在朝天区，投入帮扶资金990万元，从农机装备、特色产业、教育培训、基础设施、公共服务等方面开展帮扶。投入有偿帮扶资金512万元购买服装加工设备，在固始县、淮滨县新建成1个服装加工厂和2个帮扶车间。

【帮扶会议】 召开各类专题会18次。其中，国机集团党委召开2次党委常委会，深入学习贯彻习近平总书记关于乡村振兴的重要讲话和指示批示精神，认真贯彻党的二十大精神，全面落实中共中央、国务院决策部署，专题研究安排定点帮扶乡村振兴工作，制订定点帮扶计划，推动高质量完成定点帮扶各项工作任务。与定点帮扶地区召开12次专题会，了解当地乡村振兴工作部署，共同研究确定帮扶举措，携手推动帮扶项目精准落地。组织下属企业召开4次专题会议，落实国机集团党委工作要求,研究讨论帮扶项目计划,分解落实帮扶资金,齐心协力高质量完成定点帮扶工作各项任务。

【帮扶调研】 国机集团乡村振兴办公室会同4个定点帮扶县(区)牵头单位成立调研小组,结合定点帮扶地区乡村振兴工作部署,注重发挥国机所长,立足培育壮大特色产业、加强乡村建设、补齐社会事业短板弱项,召开4次专题会与当地有关部门进行座谈、协商,研究提出帮扶计划建议。组织有关单位成立督导小组,深入一线实地查看帮扶项目进展和成效,召开专题会议讨论帮扶工作,推动帮扶工作按计划实施。国机集团党委书记、总经理等共计4人次,赴定点帮扶地区开展实地考察,看望慰问挂职帮扶干部,检查定点帮扶项目进展情况,与当地政府举行座谈会,推动帮扶计划有序实施。下属企业120多人次,深入4个定点帮扶县(区)开展调研15次。

【帮扶培训】 在4个定点帮扶县(区)投入帮扶资金380万元,针对医疗卫生、教师、服装加工、水果种植、农机等方面的人才开展技能培训,培训乡村振兴带头人829人次、专业技术人才9336人次。投入帮扶资金近85万元,对基层党组织书记、县乡干部、驻村干部、村两委班子等基层干部开展业务培训,共计培训1125人次。组织下属企业4个党支部分别与4个脱贫村开展支部共建活动,通过加强沟通交流,进一步提升脱贫村干部业务能力,推动党建与乡村振兴工作深度融合,助力基层党组织能力建设,提升为民服务水平。下属企业积极发挥在养老、电商方面的资源优势,专门投入帮扶资金94万元,在集团4个定点帮扶县(区)举办6期乡村振兴养老照护普惠培训班和2期电商培训班,培训养老和电商技能人才487人,积极探索具有国机特色的人才培养模式,助力乡村人才振兴。

【干部挂职帮扶】 按照中央有关要求,继续向4个定点帮扶县(区)各选派1名挂职帮扶干部从事定点帮扶工作,且均挂任所在县(区)常委或政府副县(区)长职务,分管或协助分管乡村振兴工作;并向4个定点帮扶县(区)各派驻1名驻村第一书记。2022年,按照"压茬交接、不留空档"的要求,对派驻朝天区挂职帮扶干部和平陆县关家窝村驻村第一书记进行轮换,并将轮换情况及时报有关部门备案。派驻定点帮扶地区的2名驻村第一书记获评河南省优秀驻村第一书记。

【特色帮扶】 立足巩固拓展脱贫攻坚成果、全面推进乡村振兴,充分发挥自身所长,为定点帮扶地区提供农业科技和装备支撑,提升当地农业现代化发展水平,助力建设农业强国。针对朝天区种植山地核桃采摘和管护成本高、效率低的实际困难,投入帮扶资金近260万元,专门研发3款农机设备,并捐赠470多台供农户使用,既提高核桃采收效率,保证果品质量,又能促进核桃增产、农民增收,惠及当地4万多户核桃种植农户。针对朝天区山地运输难题,投入帮扶资金240万元,帮助朝天区在蔬菜和核桃种植园区建设近20千米的山地轨道运输线,让蔬菜、核桃、化肥等坐上"过山车"(山地单轨运输车),有效化解朝天区山地人力运输劳动强度高、效率低、成本高这一历史难题,填补朝天区乃至广元市在山地机械化运输领域的空白,每亩增收500~1000元,极大提高农民种植的积极性,直接惠及农业人口8000多人,获得当地政府和广大农户的广泛赞誉。针对朝天区河谷地带粮油作物机械化作业依靠联系外省农业机械跨区作业的困境,投入帮扶资金100万元,帮扶建设广元市首个由村集体经济组织牵头建立的"全程机械化+综合农事"服务中心,购置以水稻、玉米、油菜等粮食作物为主的育苗、移栽、植保、收获、烘干等农业机械二十四大类89台(套)。农机具统一纳入村集体资产管理,以村集体经济组织入股方式运行。综合农事服务中心可服务周边水稻田3000余亩,玉米、小麦、油菜等旱地8000余亩,惠及4个镇2500余户8000余人,实现人均增收150元以上,大幅度减少外省农业机械跨区服务费,进一步扩大水稻等粮油作物种植面积,提升当地农业综合生产能力和主要粮油农作物农机化率,助力农户节本增收。同时,通过"国机集团帮扶+供销联社合作+村集体经济组织"的联建模式,建成农事服务中心孵化阵地,推动农资经营、农机耕种收烘一体化发展,助力实现粮油生产的全程机械化作业。平陆县作为山西省大豆玉米带状复合种植示范推广县之一,急需专门的复合种植播种机,完成2022年推广示范玉米大豆带状复合种植1.5万亩的任务。根据平陆县农业农村局来函,第一时间部署下属中国一拖集团有限公司专门组织力量,在1个月的时间内完成20台玉米大豆带状复合播种机的研发生产任务,确保及时交付使用,有效提高当地粮食播种效率和农业机械化水平,得到当地政府和农户的高度认可。在淮滨县,投入帮扶资金135万元,捐赠适合当地农业需要的小麦收获机,帮助组建专业化的小麦收获机械化服务组织,农机设备所有权归脱贫村所有,并由中国一拖集团有限公司农服平台承租运营,租金归村集体所有,提升当地小麦机械化水平。

【产业帮扶】 将产业帮扶作为帮扶重点,将自身优势特长与定点帮扶地区资源禀赋有机结合,围绕定点帮扶地区服装加工、特色农业、文化旅游等方面,共谋划实施15个产业帮扶项目,投入产业帮扶资金2270多万元,占帮扶资金总投入的60%以上。在固始县、淮滨县,投入帮扶资金800万元,围绕固始县、淮滨县将发展纺织服装产业作为核心优势产业和特色主导产业的发展目标,积极发挥在服装加工方面的优势,在原来已经帮扶淮滨县建设1个服装加工厂和4个服装加工车间的基础上,又帮扶淮滨县建立2个服装加工帮扶车间,并将这种产业帮扶举措延伸到与之相邻的固始县,帮扶固始县建立1个服装加工分厂,形成"1+6+1"的纺织服装产业帮扶格局,拉动两个县的纺织服装产业连片发展,壮大产业规模,进一步提高帮扶成效。另外,在固始县投入帮扶资金110万元,以"国机+集体经济+合作社+农户"的联建模式,推进固始县油茶产业发展,并通过产学研结合,创新林下经济发展思路,探索"油茶+中药材"复合经营。在淮滨县投入帮扶资金135万元,围绕提升农业产业机械化水平开展帮扶。在平陆县,投入帮扶资金388万元,围绕农副产品园区冷库建设、国机平陆现代农业采摘示范园(二期)、大豆玉米带状复合种植、农技人才培训等农业产业发展项目进行帮扶。在朝天区,投入帮扶资金840万元,帮扶发展蚕桑、核桃、食用菌、农文旅、水果等特色产业,持续提升农业机械化水平,帮助改善农业产业基础设施,助力当地发展特色优势产业。同时,在4个定点帮扶县(区)扶持龙头企业15家,帮助培育新型农业经营主体(家庭农场、合作社等)58个。

【教育帮扶】 投入帮扶资金455万元,持续开展教育帮扶。在固始县,投入帮扶资金185万元,在国机励志学校开展优秀教师激励计划和学生关爱计划,稳定教师队伍、激发教师工作积极性,为脱贫家庭学生进行保险兜底、保障在校生巩固提升学习成绩,并帮助建设智慧化教室,通过远程教学互联及示范课教研,分享名校名师资源,打造全县智慧教学示范基地。在淮滨县,投入帮扶资金120万元,继续改善乡村学校基础设施,帮扶开展智慧课堂建设,推动优质教育资源共建共享,提升教育质量。在平陆县,投入帮扶资金100万元,采用"走出去、请进来"的形式,对平陆县近1300名骨干教师和教育工作者开展专业培训,提高当地师资水平,助力平陆县圆满完成三年教育提升大培训计划。

【文化帮扶】 通过帮扶完善文化活动设施,开展多种形式的文化主题活动,助力定点帮扶地区文化振兴。在固始县,投入帮扶资金50万元,建设党群文化活动中心、乡村智慧书屋,通过开展关爱留守老人主题活动,助推乡风文明建设。在淮滨县,通过开展助学、慰问等主题活动,将对服装加工车间工人的关爱落到实处。在平陆县,投入帮扶资金40万元,用于建设古城村乡村记忆馆,助力打造乡村旅游示范村。在朝天区,投入帮扶资金50万元,对麻柳乡小学刺绣传习室、刺绣文化研究室等有关硬件设施进行升级改造,助力国家级非物质文化遗产麻柳刺绣的传承,并通过开展走访慰问、爱心捐赠、文化下乡等主题活动,为广大群众送去关爱,丰富群众文化生活。

【生态帮扶】 围绕助力生态振兴,投入帮扶资金1129万元,持续加强乡村环境治理,改善基础设施。在固始县,投入帮扶资金140万元,建设村级污水处理站,改善学校教学和乡村文化、医疗设施,持续改善农村人居环境。在淮滨县,投入帮扶资金240万元,帮助修建道路和公共设施,推动厕所改造,助力美丽乡村建设。在平陆县,投入帮扶资金192万元,帮助建设道路、实施亮化工程、建设公共卫生间、改善养老基础设施等,助力农村人居环境整治提升。在朝天区,投入帮扶资金557万元,帮助改善农村基础设施、建设垃圾和污水处理设施,持续改善乡村生态条件。

【帮扶宣传】 发挥农机装备所长开展定点帮扶工作的做法,作为典型案例刊登在国家乡村振兴局《乡村振兴简报》上。助力乡村振兴的典型做法入选《中央企业社会责任蓝皮书(2022)》,并获评乡村振兴优秀案例。帮扶建设的农事服务中心、山地单轨运输车,为朝天区研发山地农业机械,助力解决山区现代农业产业发展短板,获中央广播电视总台、人民网、《中国县域经济报》等多家主流媒体的关注和报道。同时,充分利用微信公众号、网站、报纸、学习强国等宣传平台,宣传报道定点帮扶工作动态。积极协调定点帮扶县(区)各类媒体资源,及时宣传报道定点帮扶工作成效,讲好国机帮扶故事。定点帮扶工作获得四川、河南、山西等地方媒体160余次宣传报道。

(中国机械工业集团有限公司党委工作部乡村振兴办公室　李庆涛)

中国东方电气集团有限公司定点帮扶

【概述】 2022年,中国东方电气集团有限公司(以下简称"东方电气集团")以习近平新时代中国特色社会主义思想为指导,深入学习贯彻党的二十大精神和习近平总书记关于"三农"工作重要论述和指示批示精神,坚决落实中共中央、国务院决策部署,继续定点帮扶四川省昭觉县、山西省吉县。结合地方所需、企业所能,把巩固拓展脱贫攻坚成果同乡村振兴有效衔接摆在突出位置,共派出7名帮扶干部到定点帮扶县挂职,组织实地调研239人次,围绕产业、教育等方面实施帮扶项目25项,直接投入无偿帮扶资金2052.3万元和有偿帮扶资金677.3万元,引进帮扶资金1443.99万元,干部职工捐款捐物折合17.9万元,转移就业326人,直接招聘8人,统筹三项培训1701人,完成以购代捐1889.32万元,帮助销售2094.46万元,牢牢守住不发生规模性返贫底线,让帮扶成果更多更好惠及更广大农民群众。在2022年度中央单位定点帮扶工作成效考核评价中获得"好"等次。

【帮扶资金投入】 2022年,东方电气集团在2个定点帮扶县直接投入无偿帮扶资金2052.3万元(投入国家乡村振兴重点帮扶县昭觉县的占84%),直接投入有偿帮扶资金677.3万元,引进帮扶资金1443.99万元,以购代捐1889.32万元,帮助销售2094.46万元。

【帮扶资金管理】 开展2021—2022年落实国家乡村振兴战略、开展定点帮扶工作情况的专项审计;针对内部审计反馈4个方面共9个问题制订整改方案,逐条明确整改措施、责任单位及完成时间,整改完成率100%。

【帮扶调研】 党组书记、董事长和党组副书记、总经理及班子成员8人次、其他同志231人次先后赴定点帮扶县调研考察,与地方党委、政府共商振兴发展良策。全年开展督导8次,发现问题9个,形成督导情况反馈函2份,并根据实际情况分别给出若干建议措施。党组成员、纪检监察组组长还对监督、教育挂职干部、合规使用帮扶资金、按期推进帮扶项目等提出明确要求。

【帮扶会议】 "第一议题"学习贯彻党的二十大精神和习近平总书记关于乡村振兴的重要论述,召开专题会议5次,认真落实中共中央、国务院各项要求;研究部署各项帮扶工作,协调解决工作推进中的难点和问题,制订印发2022年定点帮扶工作计划。

【干部挂职帮扶】 结合定点帮扶县所需增派2名驻村干部,并于3月初到岗履职;全年共有7名挂职干部、驻村第一书记和工作队员分别在昭觉县、吉县参与乡村振兴工作,进一步壮大帮扶力量,巩固"县-村"帮扶体系。

【脱贫成果巩固】 投入帮扶资金78.9万元用于昭觉县和吉县80余户村民厨卫改造、饮水安全工程建设,持续巩固提升"三保障"和饮水安全保障水平。在吉县,投入25万元捐建车城乡车城村、文城乡古贤村、吉昌镇谢悉村100盏太阳能路灯,进一步完善村级基础设施。

【产业帮扶】 以规划完善乡村机制体制为指引,以"发展乡村产业建设、紧抓乡村治理、强化民生服务"为抓手,坚持可持续、可复制、可扩展的原则,致力解决乡村产业发展、强化乡村治理效能,促进当地一、二、三产深度融合,打造具有时代性、先进性、地域特色的可持续发展的乡村产业。在昭觉县,投入650万元利用解放沟镇火普村10余亩滩涂荒地捐建1兆瓦光伏,每年为村集体经济带来稳定收入约30万元,惠及392户1581名村民,为火普村村民生产生活和产业发展提供充足的"能源"。在吉县,投入40万元打造吉县赵村100亩花生种植基地和柏山寺乡100亩金丝皇菊种植基地,创新"帮扶企业+社会资本+集体经济+基地+农户"模式,构建花生、金丝皇菊全链条产业格局;投入50万元捐建750平方米钢结构烘干厂房及配套烘干设备,惠及5个自然村800余口人,深挖农业多元价值,带动周边群众就近就业增收约80万元;投入70万元升级上东村"东方·时光"儿童主题乐园,形成"一轴三区九组团"产业框架,成功入选临汾市乡村振兴示范村创建名单,实现村集体经济增收50余万元,助力村集体经济突破百万元;投入70万元打造林雨村数字乡村示范村,通过乡村治理、产业、民生、环境、安全五方面数字化应用,提升林雨村数字化、可视化、智能化、高效化及多元化发展水平,成功入选2022年山西省数字乡村示范创建名单,成为山西省11个数字乡村示范创建村之一;借2022世界清洁能源装备大会举办之机,协助吉县在四川省德阳市举办吉县苹果品牌战略·城市符号发布暨招商引资大会,吸引千万余人次关注,有力推广"吉祥吉县·吉地吉品"品牌,助推吉县苹果产业高质量发展。召开产业发展现场分红大会,向昭觉县特惠合作社分红100余万元,坚定其参与乡村振兴的决心。还以清洁能源整体解决方案完善帮扶地区产业体系建设,在昭觉县签订分散式风能、光伏资源开发协议,一期投资约3亿元的48.5兆瓦风电项目已获凉山彝族自治州发展和改革委员会赋码备案;在吉县完成200兆瓦林光互补项目和200兆瓦风力发电项目入库工作;项目实施后可为当地带来长期稳定就业和税收收入,促进帮扶地区经济社会全面高质量发展。

【消费帮扶】 坚持通过各级企业工会集中采购促进乡村产业发展,累计购买定点帮扶县农产品达1723.54万元,采购其他脱贫地区农产品165.78万元;通过动员社会力量购买、推荐农产品上线中央企业消费帮扶平台、参加兴农周专项活动等方式,累计帮助定点帮扶县销售农产品2094.5万元,进一步促进乡村产业升级转型,增加农民收入。

【人才帮扶】 瞄准"推动乡村全面振兴关键靠人"和农业农村发展实际,在昭觉县投入430万元捐建牛博安置社区高标准幼儿园1所,满足近百名适龄儿童在家门口接受学前学普教育。捐资130余万元在定点帮扶县设立专项奖学金、助学金、奖教金,支持品学兼优学子完成学业、激励教师提高教学质量,惠及师生2000余人。投入45万元组织定点帮扶县专业技术骨干到本企业参加岗位培训,统筹开展基层干部、致富带头人和技能人才等培训1800余人次,促进农村服务提质增效,帮助脱贫群众以训稳岗、以训强业。依托帮扶项目,提供就近就业岗位,帮助脱贫群众转移就业326人,直接招用脱贫地区人口8人。

【文化帮扶】 致力弘扬文明乡风,丰富村民精神文化生活,激发农民脱贫增收内生动力。在昭觉县,投入20万元支持特布洛乡开展"移风易俗专项评比表彰""禁毒防艾暨抵制高价彩礼,深化移风易俗万人签名"活动,持续推进"道德积分"管理;投入10万元开展"东方电气·昭觉"文化交流活动,参演凉山彝族自治州建州70周年庆典等工作。

【生态帮扶】 投入资金420万元,以打造"望得见山、看得见水、记得住乡愁,人与自然和谐共生、生产生活生态有机融合的美丽家园"为切入点,完成绿化、污水处理等系统建设,打造"一棵树庇护一个村"的昭觉县特布洛乡特布洛村示范村、昭觉县谷莫村乡村振兴示范村、吉县林雨村数字乡村示范村,与帮扶地区携手共绘乡村振兴新画卷。

【党建帮扶】 加强党建引领,和二级企业组团与定点帮扶地区1个乡党委和22个村党支部开展党建结对共建,开展主题党日活动、先进表彰、助学慰问等,帮助建强基层党组织,深入推进抓党建促振兴;重点帮扶村火普村获得2021年全国先进基层党组织、2021年度凉山彝族自治州先进村党组织。捐资20万元支持昭觉县基层党组织阵地建设,强化党员学习培训,提升基层组织战斗力。投入10万元在吉县举办基层党务工作者及优秀驻村队员党性修养培训班,为巩固拓展脱贫攻坚成果同乡村振兴有效衔接培养一支政治素养高、业务能力强、敢闯敢干的骨干人才队伍。

【帮扶宣传】 通过东方电气集团官方网站、微信公众号、《人民日报》四川频道、人民网四川频道、国务院国有资产监督管理委员会网站、国企党建研究等内外部媒体加强对定点帮扶工作的宣传报道,发布定点帮扶稿件80余篇,进一步营造内外部共同关注、支持乡村振兴工作的良好氛围。

(中国东方电气集团有限公司 樊 宇)

鞍钢集团有限公司定点帮扶

【概述】 2022年,鞍钢集团有限公司(以下简称"鞍钢")定点帮扶新疆维吾尔自治区塔什库尔干塔吉克自治县(以下简称"塔县")和贵州省盘州市。鞍钢拨付无偿帮扶资金2819.93万元;派驻帮扶干部15名;消费帮扶6247万元;引进有偿帮扶资金8561万元;累计培训人员2817人;定向采购盘州煤炭55.4亿元;招录脱贫人口5人,帮助脱贫人口转移就业405人。塔县波斯特班迪尔村先后被评为新疆维吾尔自治区脱贫攻坚示范村、新疆维吾尔自治区美丽庭院示范村、新疆维吾尔自治区时代文明新村。鞍钢连续三年在中央单位定点帮扶工作成效考核评价中获得"好"等次。

【帮扶资金投入】 2022年,鞍钢克服困难,保持帮扶力度不减,累计拨付无偿帮扶资金2819.93万元,同比增长3.0%。其中,塔县1609.93万元,同比增长5.2%;盘州1210万元。向帮扶地区倾斜采购政策,采购盘州煤炭55.4亿元,同比增长38.8%,支持地方支柱产业和经济发展。2021—2022年投入无偿帮扶资金合计5557万元,已达到"十三五"总体投入水平的88.5%。

【帮扶资金管理】 精准编制2022年度对外捐赠预算,纳入集团公司预算管理,严格履行《鞍钢集团有限公司对外捐赠管理办法》资金审批流程,根据单项捐赠资金额度实施授权审批。对2015年以来产业帮扶项目实施情况进行专项审计,重点审计项目收益、带动效果、可持续发展等情况,并形成《鞍钢集团乡村振兴(扶贫)产业帮扶项目专项审计报告》,确保鞍钢帮扶资金使用规范。

【帮扶会议】 召开定点帮扶专题工作会议8次,学习研讨中共中央、国务院关于定点帮扶工作的新政策、新要求,推进帮扶工作落实落地。4月,鞍钢党委书记、董事长主持召开2022年定点帮扶工作领导小组会议,安排部署年度帮扶重点任务。会议审议通过《鞍钢集团有限公司2022年定点帮扶工作计划》,将年度重点工作细化为《鞍钢集团有限公司2022年定点帮扶工作项目表》和《鞍钢集团有限公司2022年定点帮扶指标表》,明确分工,压实责任,强化落实,确保帮扶实效。

【帮扶调研】 主要领导实现定点帮扶县调研全覆盖,班子成员先后深入帮扶点调研指导4人次,相关负责同志调研49人次。6月,鞍钢党委书记、董事长,鞍钢党委副书记,国家监察委员会驻鞍钢监察专员、纪委书记一行6人赴塔县调研;同月,鞍钢总经理一行5人赴盘州调研。调研强调,要全面加强与地方政府沟通,精准对接帮扶项目,突出帮扶重点,凝聚发展合力,用心、用情、用力做好定点帮扶工作,全面推进乡村振兴。

【干部挂职帮扶】 共派出挂职干部15人,其中2人分别挂任新疆塔县委常委、副县长和贵州省六盘水市盘州市委常委、副市长,2人挂任贵州省六盘水市盘州市驻村第一书记。此外,选派1人挂任六盘水市委常委、副市长,分管乡村振兴等工作。

【产业帮扶】 始终坚持将产业振兴作为重中之重,投入产业帮扶资金2228万元,占无偿帮扶资金总额的79%。在盘州市,投入870万元援建食用菌种植园10亩、菌棒加工车间

1个、露天蔬菜种植园400亩、万寿菊种植基地600亩、精品无土蔬菜种植大棚3万平方米,累计实现销售收入约200万元,发放劳务费68万元,村集体收入38万元。在塔县,投入895.2万元购置500头西门塔尔肉牛,同时引进2家企业投入有偿帮扶资金6021万元,以"企业+合作社"的经营模式,每年按照每头牛本金的8%作为塔县塔吉克阿巴提镇集体经济收入分红,受益脱贫户491户2110人。

【督导机制】 根据反馈问题整改工作要求,制订《鞍钢集团有限公司2021年定点帮扶成效评价反馈问题整改方案》,围绕5个方面问题,制定13项整改措施,整改完成率100%。通过公司领导实地调研等方式,督促塔县和盘州市政府落实责任,形成督查报告分别提交盘州市政府(2份)和塔县政府(2份),指出问题8个,提出工作建议8个。

【帮扶培训】 聚焦志智双扶,打造"带不走"的人才队伍。累计培训2817人次,其中,基层干部1041人次、乡村振兴带头人214人次、技术人员1562人次。在盘州市,依托下属机电学院师资力量和外聘农技专家,开展基层干部、致富带头人和蔬菜种植户等专题培训12期。在塔县,组织实施特色种植类、基础管理类和专业技术类等3类7项培训课程。以促进和加强帮扶县干部人才队伍能力建设为主线,投入40万元实施塔县基层干部到鞍钢内部企业挂职交流学习;组织48名盘州市地方国企和主管部门负责人到鞍钢参加领导人员能力素质提升培训。

【教育帮扶】 持续实施"文化润疆"工程。投入302万元,实现塔县乡镇中小学爱国主义教育基地和国学课堂全覆盖,帮助塔县青少年了解中华民族灿烂的文化与悠久的历史,增强其民族自信心与自豪感,全县9406名学生和972名教职工受益。

【乡村治理】 开展移风易俗和乡风文明活动。在塔县,派驻帮扶干部与当地19户脱贫户结对认亲,定期走访、慰问,帮助解决生活困难问题,推进农村革除陈规陋习。在盘州市,花甲山村第一书记带头编制村规民约"三字经",将家风美作为文明户评选重要指标;三角田村第一书记带领组建民俗歌舞队,定期开展志愿者活动,服务环境卫生治理和孤寡老人帮扶。

【人居环境整治提升】 实施环境整治工程,打造生态宜居和美乡村。在塔县投入59.9万元,修缮改造49个厕所,并新建1座村级化粪池,妥善处理粪污,保证当地饮用水安全;在盘州市积极争取污水治理、人居环境改善、厕所提质改造等政府专项资金约660万元,从根本上解决生态环境问题,让村庄面貌焕然一新。

【消费帮扶】 建立市场化产销对接平台,持续开展消费帮扶。依托员工福利、以购代捐、食堂采购等方式,推进特色农产品进工厂、进食堂、进超市、上职工餐桌,采购脱贫地区农产品6247万元,同比增长16%。发挥企业资源优势,通过向产业链上、下游企业推介帮扶产品,在鞍钢自有商超、食堂开设帮扶专柜等方式,帮助销售特色农产品200余万元,助推塔县、盘州市特色农产品入辽入川。

【社会帮扶】 广泛发动社会帮扶力量,帮助引进帮扶企业5家;引进有偿帮扶资金8561万元,同比增长694%。在塔县,引进2家企业投入有偿帮扶资金6021万元,为塔县畜牧产业发展注入蓬勃动力。在盘州市,引进中国石油化工股份有限公司投资1960万元在当地建设加油站,同时引进广东企业在盘州市投资发展食用菌种植产业,花甲山食用菌种植园被评为全国基层"农业科技示范基地"。

【乡村振兴宣传】 充分利用集团官方微信公众号、《鞍钢日报》、外部各级主流媒体等渠道讲述鞍钢帮扶故事,传播乡村振兴正能量。在市级及以上主流媒体刊发帮扶宣传稿件40余篇,新华社客户端以"实干成就未来 把'鞍钢答卷'写在乌蒙深处""鞍钢集团定点帮扶新疆塔县 助力乡村振兴再发力"为题,对鞍钢定点帮扶盘州市、塔县进行专题报道。"推动三项工作,实现三个助力,赋能盘州刺梨产业"典型经验做法,被国务院国有资产监督管理委员会《中央企业社会责任援扶工作专刊》2022年第2期收录推广。

(鞍钢集团有限公司定点帮扶办公室　陈　玲)

中国宝武钢铁集团有限公司定点帮扶

【概述】 2022年，中国宝武钢铁集团有限公司（以下简称"中国宝武"）承担云南、湖北、广西6个脱贫县的定点帮扶任务，对口支援西藏、青海的2个县，下属单位参与新疆、山西、湖北、云南、安徽、广东、重庆等7个省级行政区5个县1个镇64个行政村的地方帮扶任务。中国宝武认真贯彻落实中共中央、国务院关于巩固拓展脱贫攻坚成果同乡村振兴有效衔接的决策部署，全力践行中央企业政治责任和社会责任，按照国家乡村振兴局、国务院国有资产监督管理委员会部署要求，积极适应机构转型、工作转轨新形势，严格落实"四个不摘"要求，资金保障及时有力，政策调整优化任务全部完成。全年对6个定点帮扶县投入帮扶资金1.25亿元，引进帮扶资金9564.46万元，培训基层干部和技术人员1.96万人，购买和帮助销售贫困地区农产品1.55亿元，在中央单位定点帮扶工作成效考核评价中连续五年获评"好"等次。

【帮扶资金投入】 2022年，中国宝武直接投入帮扶资金1.25亿元，同比增长10%，其中无偿帮扶资金9106.2万元，有偿帮扶资金3429.92万元；引进帮扶资金9564.46万元，同比增长17%，其中引进有偿帮扶资金8449万元；继续加大对乡村振兴重点帮扶县资金支持力度，向广南县投入帮扶资金（含无偿和有偿）2760万元，引进帮扶资金（含无偿和有偿）2010.79万元，且总额为6个县中最高。

【组织领导】 领导班子带头作表率，调研督导帮扶工作。主要负责同志深入国家生态文明建设示范县上林县、全国民族团结进步示范县镇沅县调研考察，其他领导班子成员分赴4个县调研考察，与地方党委、政府共商振兴良策，实现定点帮扶县全覆盖。集团总部各部门、相关子公司根据承担的帮扶责任，272人次赴帮扶县调研并推动产业帮扶等工作。强化顶层设计，有序推进帮扶工作。中国宝武党委坚持把定点帮扶工作作为重要政治任务，放在与生产经营同等重要位置不放松、不懈怠，明确"加大产业帮扶力度，促进帮扶地区经济发展、百姓就业"的年度重点工作重点方向。开展"共建产业生态圈助力乡村振兴"课题调研，以理论研究成果指导工作实践。完善制度，逐级压实责任。制定印发《中国宝武定点帮扶工作管理办法》，进一步完善"统一管理、分级负责、上下联动"工作机制。面向宝武乡村振兴工作领导小组成员单位分类划分帮扶主体，建立起以33个关键指标任务分解与落实为主要形式的防返贫动态监测和帮扶机制，通过下达指标、明确任务、动态跟踪、实时督促等举措，确保年度各项帮扶政策措施有形化地有力落实。召开专题工作会议37次，实地调研走访各帮扶县，推动帮扶任务按年度计划落地落实。

【督促指导】 坚持真抓实干，做深做实督促指导。中国宝武纪委、审计部深化协同督导机制，全年实施督导各县贯彻落实中央重大决策部署行动23次，帮助发现政策执行过程中出现的新情况、新问题38个，提出有针对性的建议报告25份，进一步夯实帮扶成效。

【干部挂职帮扶】 做好干部轮换，确保帮扶任务无缝衔接。坚持以选派帮扶干部为抓手,持续将政治过硬、年富力强、德才兼备的年轻骨干选派到帮扶地区挂职工作,锻炼服务人民的本领。按期完成普洱市、罗田县和上林县三地4名挂职帮扶干部的压茬交接工作。新任干部在完成向中共中央组织部备案和任前培训后赴帮扶地任职,并按照有关规定,做好任期届满干部的回任安排。8名挂职帮扶干部和5名驻村第一书记接续奋斗,确保年度工作任务有序衔接和高质量完成。

【帮扶培训】 累计培训基层干部7772人次、乡村振兴带头人2430人次、各类专业技术人才9421人次;对国家乡村振兴重点帮扶县广南县继续加大培训支持力度,培训干部人才1932人次。

【消费帮扶】 全年购买和帮助销售脱贫县农产品超过1.55亿元,其中直接购买农产品7589万元,帮助销售农产品7946.8万元。积极参与"央企消费帮扶兴农周"活动。提前多次开展活动预热,掀起全员采购脱贫地区农产品热潮,线上共计采购1780万元。探索与中粮集团有限公司、上海来伊份股份有限公司等食品行业高信誉企业开展品牌共建合作,助推帮扶地区咖啡、坚果、生鲜等特色农产品全产业链提质增效。升级宝武智慧工会乡村振兴平台,深度开发可直达宝武员工的"三助"(认养助农、微心愿助困助学、非遗展示助推民族文化传播)爱心公益功能,通过智慧工会乡村振兴平台参与消费帮扶已形成全员行动自觉。

【创新帮扶】 系统构建共建产业生态圈助力乡村振兴模式,深度挖掘产业链、价值链上与乡村资源禀赋的契合点,依托生态圈伙伴产业多元化差异化优势,解决工业制造业企业与生态资源禀赋地区的帮扶优势匹配度较低的问题,为切实提升帮扶质量及成效夯实理论基础,通过着力培育、深度打造"四个示范",聚焦"一县一业"县域特色产业发展,将理论成果转化为助力乡村全面振兴的宝武实践。巩固脱贫攻坚成果,坚持帮助定点帮扶县巩固"两不愁三保障"成果,投入资金1967万元助力改善基础设施条件、提高公共服务水平。在完善教育配套设施方面,在广南县率先启动"希望澡堂"项目,投入136万元为9所小学修建洗澡堂,促成广南县全面实施农村义务教育寄宿制学校浴室建设,解决116所寄宿制学校的学生洗澡难问题。

【典型经验与做法】 "宁碳惠"助力宁洱哈尼族彝族自治县(以下简称"宁洱县")成功创建国家林业碳汇试点县。下属宝山钢铁股份有限公司、宝武碳业科技股份有限公司、华宝证券股份有限公司、华宝投资有限公司等企业向宁洱县提供资金、技术、人才、平台、服务等支持,并引入上海环境能源交易所,协同打造中国宝武帮扶宁洱县的"双碳振兴生态圈",通过实施"C123"行动计划(1个顶层规划、2个碳平台开发、3项重点工作),将"绿水青山就是金山银山"的理念化为实际行动,助力宁洱县推进乡村产业振兴和生态振兴。中国宝武产业生态圈助力罗田县易地搬迁群众安居乐业。下属企业宝武集团环境资源科技有限公司引进合作伙伴湖北宝欣包装材料有限公司产业落地胜利镇,建成5个村级帮扶生产车间,购置现代生产设备近100台,年生产工业包装吨袋达120万条、编织袋800万条,年产值达3000万元。帮助108名易地搬迁群众实现家门口就业,其中女工92人,人均月工资3100元,最高者可达6000元/月,纳税位居胜利镇前列。车间建成以来,中国宝武及下属企业倾斜支持、优先采购,并在宝武"欧贝"平台帮助外销工业包装袋共计1430万元。创立"宁小豆"咖啡帮助宁洱县打造从咖啡田到咖啡杯的全产业链商业模式。投入340万元无偿帮扶资金建设宁洱县现代咖啡产业创新园项目,引进社会资本700余万元,推动成立一家本土咖啡精深加工公司,组建"宝武授渔匠"项目团队重点实施"一二三"咖啡产业振兴行动,打造"宁小豆"零碳咖啡探索品牌、推动宁洱咖啡全产业链可持续商业模式落地,参与联合国全球契约组织领导人峰会"全球影响力论坛",将普洱咖啡推向全球。铁粉包衣稻种直播技术助推镇沅县和罗田县水稻产业绿色高质量发展。下属宝钢金属有限公司联合江西农业大学自主研发的"宝武清洁铁粉包衣稻种湛水直播健身营养栽培集成技术",具有促进种子发芽、高效防除杂草、抵御自然灾害、无须种子消毒和预防苗期病虫等优点,高速推动中国直播稻的发展,夯实粮食安全基础。在镇沅县已推广3年并向罗田县成功复制,大大降低稻农种植成本,同时减少碳排放,最大化收获经济、社会和生态效益。"授渔"智慧农业平台推动罗田县加速农业数字化发展。下属上海宝信软件股份有限公司在湖北罗田县建成全国首个农业全产业链"授渔"智慧农业平台、武钢新村数字乡村馆,通过一块屏幕调度全镇、一张网格兜牢民生、一套系统服务全产业链。智慧农业平台帮助罗田县域特色黑山羊养殖户数增加一倍,龙头企业销售额翻倍至年销2亿元,开创黑山羊认养预售实现订单农业模式,让农业"智"变、乡村"智"理在帮扶地区成为可能。

(中国宝武钢铁集团有限公司 刘慧君)

中国铝业集团有限公司定点帮扶

【概述】 2022年,中国铝业集团有限公司(以下简称"中铝集团")持续帮扶湖北省阳新县,始终坚持以习近平新时代中国特色社会主义思想为指引,认真学习贯彻习近平总书记关于定点帮扶工作重要指示批示精神,坚决贯彻落实中共中央、国务院决策部署,助力阳新县巩固拓展来之不易的脱贫攻坚成果,接续推动阳新乡村全面振兴,超额完成2022年度帮扶工作任务。

【帮扶资金投入】 根据阳新农村发展实际和产业发展规律,做优帮扶设计,细化帮扶措施,制订《中国铝业集团有限公司2022年度定点帮扶工作计划》,直接投入无偿帮扶资金1000万元,额外给予资助44万元,合计1044万元。帮助争取阳新水产项目资金1500万元,既"扶上马"又"送一程",在发展县域特色产业、扶志扶智、改善基础设施条件、提升公共服务水平等帮扶项目上持续用力、久久为功。

【帮扶资金管理】 中铝集团定点帮扶资金实行预算管理,纳入年度预算。根据预算,由集团定点帮扶工作领导小组相关成员单位在充分调研并征求阳新县有关方面的意见后,提出年度项目和资金安排计划。在报经定点帮扶工作领导小组专题会议研究审核同意后,由中铝集团将款项拨至阳新县财政局国库科,设立专户,专款专用,纳入国库统一管理。中铝集团挂职干部对年度计划及资金使用情况进行总体监管,定点帮扶工作领导小组不定期到阳新县督导检查帮扶资金使用情况。

【帮扶调研】 8月,中铝集团纪检监察组组长、党组成员带领纪检监察组、党群工作部和中铜华中铜业有限公司主要负责人赴阳新督导定点帮扶工作,看望慰问驻阳新挂职干部和驻三溪镇柏树村第一书记,先后实地调研三溪镇柏树村油茶林种养基地、百亩水果基地,浮屠镇森罗公路,城东新区新塘春茶厂、新塘社区,陶港镇绿湖生态综合体,与镇、村(社区)干部和基地负责人交流,详细了解产业运行、带动群众就业增收等情况,并为产业发展出谋划策。

【帮扶会议】 贯彻落实中央企业党史学习教育"我为群众办实事"实践活动推进会精神,第一时间将定点帮扶工作纳入办实事重要内容和首批重点民生项目清单。定点帮扶和对口支援工作领导小组由党组书记、董事长亲自挂帅,党组副书记、总经理任副组长,并负责联系阳新县。全年主持召开专题工作会议3次,研究部署、推动落实定点帮扶和乡村振兴工作,研究出台《中国铝业集团有限公司2022年度定点帮扶工作计划》。

【帮扶培训】 高度重视挂职干部的政治素养和工作能力,帮扶干部每年参加中央企业政治理论网络培训班学习,不定期参加省市组织的业务培训班研学。把人才帮扶作为治本之策,以务实管用举措培育乡村振兴事业人才,培养乡村振兴"领头羊",在阳新县委党校组织召开乡村振兴专题培训班,邀请湖北省农业规划设计研究院常务副院长,围绕乡村振兴主题作专题授课,阳新各乡镇干部、致富带头人、驻村工作队长等689人参加培训;连续2期,邀请阳新61名青年干部参加中铝集团高质量发展线上培训班学习,帮助阳新年轻干部开阔视野、提高本领。

【干部挂职帮扶】 中铝集团党组坚持对挂职干部实行"三从严一优先"管理，即从严选拔、从严管理、从严考核，优先培养使用。挂职干部深入镇村调研、督导210余次，推进帮扶项目落地落效，开展"一下三民"实践活动，加强乡村振兴工作研究，挂点排市镇，联系下容村，结对铁铺村，并为阳新消费帮扶和招商引资多方奔走，推动阳新县佳南食品有限公司和湖北畅享食品有限公司落户黄石国家农业科技园区，总投资额2.6亿元，投产后年产值分别可达8500万元和2.5亿元。下属企业中铜华中铜业有限公司干部在担任三溪镇柏树村第一书记期间，积极开展党组织结对共建，发展富民产业，提升治理水平，真心为民办事，工作富有成效，树立个人和企业良好形象。

【产业帮扶】 在巩固援建阳新水果、油茶、茶叶、食用菌等八大产业基础上，补链延链强链，实现三产融合。做大"一产"，打造排市镇油茶小镇和洋港镇花菇小镇。排市镇有千年油茶种植历史，大力支持在西元村建设千亩高产油茶园，引进油茶加工企业，采取"企业+村集体+合作社+农户"形式，流转周边村基地，打造油茶产业航母，38户脱贫户以土地入股，为37名脱贫群众提供栽植、打药、除草等固定务工岗位；帮助洋港镇下磨村合作社在该村新建100万棒食用菌制棒车间，购买制棒设备，为下磨村57户脱贫户提供菌棒2万棒，并改造升级食用菌种植大棚70个，实现"制棒—育菌—出菇—包装"全链条生产，户均增收3万元。做深"二产"，发展茶叶、柑橘、中药材、辣椒等重点产业加工。投入160万元帮助阳新县新塘春茶叶种植合作社改造原阳新城东新区国有茶场，整修厂房，建设品茶区、展示厅，购置红茶和绿茶生产线，增设高端绿茶炒制设备，研发茶叶品种，培育"新塘春""网湖玉叶"品牌，年产值500多万元，带动每年500多人次参与采摘、培育和加工；支持阳新县鑫满园生态农业专业合作社联合社新上柑橘初加工生产线，年加工柑橘5000吨，带动军垦农场及周边地区种植柑橘1万亩；扶持阳新石田农业旅游产业园有限公司在枫林镇建设辣椒育苗大棚、辣椒加工厂、院士专家工作站以及仓储冷链中心，通过订单农业带动近3000户农户种植增收。做强"三产"，依托当地特色山水资源助推农旅融合发展。支持阳新绿湖生态种养殖专业合作社在碧庄村建设水果水产综合种养殖基地，发展精养鱼池100亩，栽植柿子、甜橙等果树400亩，建设游客接待中心400平方米，集采摘、观赏、垂钓、食宿、休闲于一体的现代农业生态观光园成为网红打卡地。

【教育帮扶】 高度重视对贫困家庭的教育帮扶，实施爱心助学，积极消除贫困的代际传递。在龙港镇富水中学设立36.8万元中铝爱心助学基金，分3年6个学期助力家庭困难学子和品学兼优学生完成学业，累计已经惠及学生1000余人次；每年预算50万元左右用于资助阳新县考上大专院校经济困难学生，在2021年已资助319名学生基础上，继续资助293名学生，着力阻断代际贫困；帮助白沙镇枫树下完全小学建设1300平方米塑胶跑道，为6个行政村5000余名学生提供安全整洁的健身环境。

【基础设施建设】 按照"量力而行、尽力而为"原则，提升阳新基础设施水平，增强发展后劲。浮屠镇森罗公路是堤路结合工程，全长6530米，集团投入150万元帮助完成路面拓宽刷黑，使之北接阳新第一峰七峰山，南连武阳一级路，一边千亩良田，一边蜿蜒水港，解决三镇6个村15000余名群众出行难题，畅通七峰山旅游区通道；投入120万元硬化通往九顶山的3800米产业路，促进九顶山2800余亩生态白茶和1300余亩花海发展建设，提升白茶采摘和乡村旅游康养需求，促进白沙镇山口村乡村振兴;支持汪佐村、西边良村、洋港村、河北村建设产业路和通组路共计5010米。

【打造示范点】 按照"因地制宜、突出特色、循序渐进、逐步打造"思路,打造2个中铝集团乡村振兴示范村,给予浮屠镇朝六村和城东新区新塘社区村庄规划和建设资金支持,撬动社会资金投入,鼓励依照村庄规划,发展特色产业,提升基础设施水平,整治人居环境,建设农民幸福家园。帮助朝六村拓宽刷黑2500米进村主公路,沿路安装路灯100盏,建设候车亭6座,新建党群服务中心和老年活动广场,村庄面貌的改善促进当地产业的投资建设,有苎麻育苗基地、仔鸡和水产养殖场等,村级集体经济年收入突破30万元。支持新塘社区建设,修建柏油马路,拆除危旧房,改造居民点,疏通排水沟,新建口袋公园,新建公厕2座,帮助引进集住宿、游乐、垂钓、探险于一体的湖北丰义文化产业园落户该社区,该村先后获评湖北省宜居村庄、黄石市美丽乡村示范村、阳新县最美社区等多项荣誉称号。

【生态帮扶】 以实际行动践行习近平总书记"两山"理论,助力阳新县东春湖生态振兴,重拳打击投料行为,强化日常巡湖工作,研究治理措施,牵头成立东春湖水质整治提升专项工作领导小组,开展水质提升联合执法行动,全力遏制水质恶化势头;收回湖泊承包经营权,联系阳新县农村产业扶贫投资开发有限公司对承包业主投入资产进行清算和赔偿,收回东春湖和周边精养鱼池承包经营权,实行人放天养;开展面源污染整治,投入60万元、争取乡村振兴资金30万元,帮助学诗村3个湾组建设东春湖自然湾生产生活污水处理设施项目,近1500名村民生活污水实行过滤净化后排放,改变污水乱流场面,东春湖水质改善效果显著。

【消费帮扶】 把消费帮扶作为重要任务,通过以买代帮、扮靓形象、电商运作等多方面发力,大力拓宽阳新县农产品销售渠道。鼓励各下属单位和企业购买阳新县农产品,各子公司召开消费帮扶座谈会14场,直接采购达948万元;联系中国移动通信集团有限公司、江苏洋河酒厂股份有限公司等兄弟企业,推荐阳新农产品,帮助销售297万元;推进"互联网助农"计划,开通中铝定点帮扶商城网站,上架阳新县50多种农产品面向17万员工销售,并在中国建设银行、中国农业银行及国务院国有资产监督管理委员会等商务平台开设中铝集团帮扶馆,帮助销售阳新特色产品,激发新型经营主体发展生产和群众致富的信心与决心。

【就业帮扶】 积极开展就业帮扶,持续组织中铝田间学校活动,培养农村致富带头人,2022年度村级农业技术培训班在白沙镇38个村依次展开,以"课堂教学+田间操作"方式,开展水稻、杂柑、家禽、生猪、柑橘、水产等种养技术培训,2241人参训(含155名基层干部),实现脱贫人口转移就业541人,农户反响良好。扶持农民专业合作社,支持有种养技术的16家专业合作社和家庭农场,扩大产业,吸纳脱贫户参与合作经营、务工增收。

【扶危济困】 坚持以人民为中心的发展思想,把救助帮扶当作有力补充,关怀"老、弱、病、残、孤"等缺少劳动能力的贫困群众,持续巩固脱贫攻坚成果,确保不发生规模性返贫。开展暖心结对,每年定时救助分散五保户和特困户。对4个乡镇的85名特困户和60名困难留守儿童按照每户(人)500元标准实施救助。补齐短板不足,支持排市镇下桥村、铁铺村和上王村为10户34人低收入脱贫户新建住房,对铁铺村卫生室进行扩建和改造提档升级,并设置药房区、配药区、病房区、办公区,解决2300人就医难题。积极抗旱救灾,7月以来,阳新天热少雨,农民群众饮水困难,农业受灾严重。旱情发生后,中铝集团第一时间伸出援手,先后出资72余万元支持各镇村打井,修水塘疏通渠道,采购水泵108台套,修建2座拦水坝,新建和维修泵站3处,组织车辆送水,帮助阳新抗旱救灾,受益群众87081人。

(中国铝业集团有限公司　郭康安)

中国远洋海运集团有限公司定点帮扶

【概述】 2022年,中国远洋海运集团有限公司(以下简称"中国远洋海运")定点帮扶云南省永德县、湖南省安化县和沅陵县,全年无偿投入帮扶资金6720万元,帮助引进资金1457.6万元,培训干部、技术人员、乡村振兴带头人等各类人才2522人次,消费帮扶1374.1万元,实施助学2616人次,高质量完成定点帮扶工作任务。

【帮扶资金投入】 2022年,中国远洋海运在定点帮扶的3个县投入帮扶资金6720万元,盘活结余资金210万元,实施项目52个,惠及人口近40万人。

【帮扶资金管理】 印发《中国远洋海运集团有限公司2022年定点帮扶和对口支援工作要点》,明确33项重点工作,下达6项任务指标。定点帮扶和对口支援工作小组专题研究讨论年度工作任务和落实方案,组织各县挂职干部抓好现场监督管理,特别针对党组会研究决定的加强资金及项目管理10条要求,向各县明确操作流程和运行规则,确保资金及项目安全。

【帮扶调研】 克服疫情影响,合理规划现场调研及交流活动,集团领导、各职能部门和所属相关单位全年开展调研55人次,与定点帮扶地区互访12批次,现场考察调研及督促指导全覆盖。党组书记、董事长于11月带队赴安化县开展考察调研,与益阳市及安化县领导召开座谈会,共同研究将党的二十大精神贯彻落实到乡村振兴工作实践的具体措施;党组成员、副总经理、总会计师于9月带队赴永德县开展考察调研;党组成员、副总经理于10月带队赴安化县、沅陵县开展现场调研。考察调研组与当地干部群众面对面交流,了解实际需求,解决急切问题,慰问挂职干部,指导驻村第一书记抓好基层党建促乡村振兴。

【帮扶会议】 集团党组高度重视巩固拓展脱贫攻坚成果推进乡村振兴工作,做好定点帮扶和对口支援工作顶层设计。分别召开党组会、总经理办公会、董事会专题听取工作汇报,研究审议2022年度帮扶资金计划,组织学习中央及上级主管单位有关精神,部署贯彻落实工作;4月召开党组会、总经理办公会研究集团定点帮扶和对口支援工作要点、审议各县项目方案,研究完善资金及项目管理相关措施;12月召开集团定点帮扶和对口支援工作专题会,听取年度工作汇报,分析研究形势和问题,党组书记、董事长对下一步工作进行部署,要求全集团把党的二十大精神学习成果转化为干事创业的强大动力,在全面推进乡村振兴工作中展现新担当、新作为。中国远洋海运共与帮扶地区召开6场座谈会。

【帮扶培训】 加强乡村振兴工作队伍建设,结合工作特点,建立线上学习交流机制,定期组织传达学习上级精神,共享兄弟单位案例,互相交流工作经验。组织集团及各单位主管乡村振兴工作管理干部及挂职干部参加国务院国有资产监督管理委员会举办的两期乡村振兴培训班,组织召开定点帮扶和对口支援系统党的二十大精神联学活动,通过学习、宣讲和交流,增强理解和认识,明确贯彻落实党的二十大精神的具体措施。

【干部挂职帮扶】 在定点帮扶地区派驻

5名挂职干部和2名驻村第一书记。严格挂职干部选派、考核及管理，持续更新《挂职干部教育培训手册》。组织挂职干部培训班，请专家和前期优秀挂职干部开展有针对性的授课，与挂职干部座谈交流，讨论工作中遇到的问题，研究解决办法，培训结束后对所有挂职干部进行考评，合格率达100%。年底再次组织定点帮扶管理干部和挂职干部参加国务院国有资产监督管理委员会举办的国有企业助力乡村振兴网络培训班。

【产业振兴】 投入1605万元，实施项目12个。扶持各县种养殖业发展，建设乡村产业路；为安化县槎溪村建设果园，修建冷库和产业路，壮大集体经济，带动村民致富；支持永德县忙见田村村民养殖合作社，帮助开发与销售鸡蛋和肉鸡。组织各县商家农户与集团各单位和职工进行线上对接，积极参与"央企消费帮扶兴农周"活动；实时更新集团帮扶产品清单，通过集采平台及电商帮助推销，在集团官方微博、视频号、报纸上开展宣传报道，组织直播带货活动等，消费帮扶再创佳绩。

【人才振兴】 投入2065万元，实施项目9个。组织各县基层干部轮训，提升行政管理水平；通过设立医务人员培养基金，稳固乡村医务人员队伍；通过开展乡村振兴带头人、青年教师、专业技术人员等培训，提升乡村人口素质；为26所乡村学校建设教学楼、宿舍楼、文体场馆并配备多媒体教学、课桌椅等。

【文化振兴】 投入319万元，涉及项目4个。在各县建设乡村文化活动场所、添置文体设施、设置宣传栏、编印历史文化书籍等，组织文化活动向广大群众宣传党和国家政策及改革开放成果，普及法律知识，建设文明乡村。

【生态振兴】 投入1806万元，实施项目12个。开展乡村人居环境提升工程，建设新农村示范点，建设乡村安全饮水设施，提升污水及垃圾处理能力等。

【组织振兴】 结合选派驻村第一书记加强基层组织建设，集团11个党支部与定点帮扶各县开展党建共建，继承和发扬中国远洋海运"支部建在船上"的红色基因，传授加强基层组织建设先进经验，帮助提升基层党建，带动乡村振兴。

（中国远洋海运集团有限公司
帮扶办公室 张 进）

中国航空集团有限公司定点帮扶

【概述】 2022年,中国航空集团有限公司(以下简称"中航集团")定点帮扶的广西壮族自治区昭平县、内蒙古自治区苏尼特右旗在脱贫摘帽的基础上巩固拓展脱贫成果,接续奋进乡村振兴。连续6年在中央单位定点帮扶工作成效考核中获得"好"等次;中航集团扶贫办公室获得"全国脱贫攻坚先进集体""民航打赢脱贫攻坚战先进集体"荣誉称号。"中航蓝天课堂"志愿支教项目成功入选2022年度中央企业助力乡村振兴优秀案例;助力昭平县广西将军峰茶叶集团有限公司发展壮大县域茶产业案例入选国务院国有资产监督管理委员会课题《中央企业社会责任蓝皮书》。

【帮扶资金投入与管理】 2022年,中航集团向帮扶地区投入帮扶资金4024万元,开展帮扶项目25个;组织员工购买农特产品5209万元;帮助销售农特产品730万元;助力帮扶地区招商引资1.05亿元;引进有偿帮扶资金4572万元;引入无偿帮扶资金219.3万元;成立由纪检监察组办公室、审计部组成的专项监督检查工作组,赴帮扶地区开展年度专项监督检查和资金专项审计,检查帮扶资金使用情况、帮扶项目进展及实际效果。

【帮扶调研】 坚持以习近平总书记关于巩固拓展脱贫攻坚成果、接续奋进乡村振兴有关重要论述精神为根本遵循,心系"国之大者",将定点帮扶工作作为重要政治任务抓紧抓牢,不断增强"四个意识"、坚定"四个自信"、做到"两个维护",坚决扛起定点帮扶政治责任,董事长、党组书记赴帮扶地区实地调研,走访慰问当地困难群众,党组分管帮扶工作领导2次赴帮扶地区了解当地乡村振兴工作并推动工作落实,纪检监察组组长、总法律顾问分别带队赴帮扶地区开展年度专项监督审计。全年赴定点帮扶地区调研共计93人次,其中各重点项目牵头单位50余人次赴帮扶地区,围绕产业、消费、教育等重点帮扶领域推进项目落地实施。

【帮扶会议】 组织召开2次定点帮扶工作领导小组会、5次定点帮扶工作座谈会,深入学习贯彻党的二十大精神及上级有关乡村振兴工作指示精神,结合帮扶地区实际研究谋划帮扶举措。通过实地调研共学、视频联学形式,与帮扶地区党委、政府共同深入学习领会党的二十大有关乡村振兴指示精神,为在新时代新征程中更好推进乡村振兴工作统一思想、凝聚力量。

【帮扶培训】 充分发挥自身培训资源优势,结合帮扶地区人才振兴需求,通过"请进来、送出去"等形式开展对乡村基层干部、乡村振兴带头人、专业技术人员的线上、线下培训,全年培训基层干部3446人、技术人员1694人,为脱贫地区培养一支懂农业、爱农村、爱农民的人才队伍贡献中央企业力量。

【干部挂职帮扶】 现有3名挂职优秀年轻干部于2021年赴帮扶地区任职(任期2年),其中2人分别挂任昭平县委常委、副县长,苏尼特右旗副旗长,均分管或协助定点帮扶、乡村振兴工作,1人任昭平县江口村第一书记。对挂职帮扶干部予以关心关爱,做好工作、生活、安全保障,同时选派4名集团优秀团员青年赴帮扶地区开展交流锻炼。

【企业帮扶模式】 贯彻落实中共中央、国务院、国务院国有资产监督管理委员会关于做好中央企业定点帮扶工作的部署要求,制订印发《中航集团关于做好定点帮扶工作的实施意见》,加强顶层设计,做好长远谋划。在"航空+扶贫"的基础上,继续优化探索"航空+帮扶"模式,制订印发《2022年定点帮扶工作重点项目方案》,通过深化航空餐食采购研发、推广里程积分兑换帮扶产品、借助航空媒体和各类博览会等契机加强宣传推广,进一步将帮扶工作融入集团全产业链条,并通过明确责任部门和工作任务,建立从立项、统筹推进到成效反馈的工作落实机制,确保帮扶项目成效。

【脱贫成果巩固】 在帮扶机制与举措相对稳定的基础上,聚焦短板不足采取针对性举措,帮助完善医疗教育基础设施,促进脱贫群众就业增收,不断提升帮扶地区自我发展能力。基础教育方面全年投入帮扶资金840万元,在昭平县建设特殊教育学校,修建昭平镇中学足球场、篮球场等设施,为当地学生体育素质提升提供条件。在苏尼特右旗为全旗9所中小学购置护眼灯,为幼儿园安装防护桩等安全设施。携手中国乡村发展基金会为两地孩子们提供价值60余万元的爱心美术包,助力美育素质提升。在苏尼特右旗总计投入帮扶资金480万元,援建蒙医医院、设立"中航蓝天医疗卫生基金""特殊困难户救助"等项目,确保脱贫群众不因病返贫,紧紧扭住巩固拓展脱贫攻坚成果不放松,让脱贫基础更加稳固、成效更可持续。

【产业帮扶】 准确把握"三个转向"的内涵要义,把增加脱贫群众收入、促进脱贫县加快发展作为主攻方向,持续完善"航空+"帮扶模式,助力帮扶地区夯实发展基础、改善发展条件、增强发展能力。以科技创新为驱动,助力产业振兴,全年投入产业帮扶资金2053万元,开展昭平县茶产业加工基地升级建设、茶产业东融运营中心建设、茶产业科研基地建设等项目。发挥科技创新在产业发展中的核心作用,助力帮扶地区龙头企业广西将军峰茶叶集团有限公司实现从茶叶加工、品牌打造到现代智慧农业种植技术的全面升级。以消费帮扶为途径,帮助和指导当地企业不断完善管理体系,提升质量打造品牌,采买帮扶地区农特产品5209万元。同时,充分发挥自身资源优势加大对帮扶地区的宣传推广力度,中国国际进口博览会召开期间,在上海中航泊悦酒店和机场国航高端休息室开展"将军峰"茶叶品牌推广活动。组织集团青年志愿者在茶园开展直播带货,单场在线人数突破3.1万人次,累计销售额110.2万元,有效提升当地茶产业、人文旅游和农特产品知名度,多措并举促进产业链、创新链、价值链融合发展。

【人才帮扶】 在昭平县投入200万元,与北京师范大学等专业教育机构合作,根据当地教师队伍的实际情况,针对学校管理者、心理健康教师、英语骨干教师开展系列综合素质项目培训,为来自昭平91所中小学的教师提供专项培训,为当地培养"留得下"的师资队伍。在两地总计投入255万元分别开展综合培训和乡村振兴培训,进一步提高定点帮扶县基层干部业务水平、增强脱贫户就业技能。

【教育帮扶】 连续7年在昭平县开展"新长城高中生自强班"项目,累计捐助资金300万元,帮助500名家庭困难高中生顺利完成学业。2019年开始,连续4年累计投入200万元在苏尼特右旗设立中航蓝天教育发展基金,表彰当地优秀教师、班主任、教育工作者等及旗级以上三好学生、少先队员、团员等;投入25万元在苏尼特右旗开展"中航蓝天青少年研学"项目,开阔学生视野,丰富文化知识,树立社会责任感,涵养社会主义核心价值观。

【文化帮扶】 自2019年以来,连续4年与内蒙古苏尼特右旗乌兰牧骑开展共建,累计投入无偿帮扶资金200万元。作为内蒙古第一支乌兰牧骑,苏尼特右旗乌兰牧骑在深入基层、扎根草原、传承民族优秀传统文化方面发挥不可替代的重要作用。乌兰牧骑队员与中航集团员工共同创作《初心不变》等歌曲,为促进文化繁荣、推进文化振兴、铸牢民族团结发挥作用。在昭平县,以美育教育为切入口,组建中航江口凤之音少儿合唱团,并助力合唱团登上中央广播电视总台舞台,向全国人民展现脱贫地区奋发向上的精神风貌。2019年开始与渡渡鸟研究院合作,在昭平开展"中航蓝天课堂"亲子育儿教育活动,帮助当地家长及教育工作者强化亲子教育能力,助力当地家风、家教文化传播和践行。2022年,联手渡渡鸟研究院开展第一期"中航蓝天夏令营"活动,为创建家庭教育示范区打下坚实基础。

【生态帮扶】 坚决贯彻"绿水青山就是金山银山"的绿色发展理念,积极参与乡村建设和乡村治理,改善人民群众的生产、生活环境,投入42.2万元用于昭平县5个社区道路维修、硬化,太阳能路灯安装、排污排水管道安置等,有效提升社区群众的出行安全和生活质量。

【党建帮扶】 始终坚持并发挥党的领导在推进乡村振兴中的重要作用,持续助力帮扶地区基层党组织能力建设,在苏尼特右旗总计投入190万元帮扶资金开展党校基础设施建设、党校专项培训、党群服务中心办公设备采购等项目,为基层党组织发挥作用提供基础保障和必要支持。向昭平县江口村划拨专项工作经费,支持驻村第一书记履行工作职责,2021年江口村的所有党支部都从自治区三星级党支部提升到四星级,当前正积极争创五星级党支部。积极开展"时代楷模"国航"金凤"乘务组与苏尼特右旗乌兰牧骑党支部、昭平广西将军峰茶叶集团有限公司党支部长期共建,将载旗航空的红色基因转化为乡村振兴的坚定动力。中国国际航空股份有限公司桂林营业部党支部与昭平县昭平镇江口村党总支部联合开展"党建联建聚合力,同心共迎二十大"的党建联建主题党日活动,从基层抓起,构建资源共享、优势互补、互相促进、共同提高的基层党建工作新格局。

【帮扶宣传】 充分发挥中央企业平台优势和传媒宣传优势,通过多种渠道加强对帮扶地区的宣传推广,在中国国际旅游交易会、中国国际投资贸易洽谈会、中国亚欧博览会期间,在国航展台设置展示专区,广泛宣传帮扶地区独特的旅游、人文、美食、特色产品,提高曝光率,促进帮扶地区企业打造当地优势品牌。结合昭平"早春第一茶"采摘活动,聚焦当地特色优势产业和集团历年来帮扶举措,积极对接主流媒体、自媒体,策划主题宣传活动,相关报道经中国新闻周刊网、中国日报中文网、经济参考网、大公文汇网、中国民航网等多家媒体及自媒体转载传播,累计报道134篇次,带动一二三产业融合发展,有效提高当地人文旅游和农特产品知名度。

(中国航空集团有限公司 范 沛)

中国东方航空集团有限公司定点帮扶

【概述】 2022年,中国东方航空集团有限公司(以下简称"中国东航")坚持以习近平新时代中国特色社会主义思想为引领,始终牢记习近平总书记2021年给云南省沧源佤族自治县(以下简称"沧源县")边境村的老支书们重要回信的殷殷嘱托和"富脑袋""富口袋"的谆谆教诲,以"我们都是收信人"的高度政治自觉,紧密结合实际,集中优势资源,创新工作方法,高质量、高水平、可持续地开展对云南省沧源县、双江拉祜族佤族布朗族傣族自治县(以下简称"双江县")的定点帮扶工作。

【帮扶资金投入】 2022年,中国东航累计投入无偿帮扶资金4172.77万元、有偿帮扶资金6399万元,引进无偿帮扶资金381.22万元,培训人员8774人次,帮助转移就业668人,直接采购沧源、双江两县和其他脱贫地区农产品3367.31万元,帮助销售农产品320.2万元。其中,无偿投入资金、引进帮扶资金、直接采购和帮助销售消费帮扶产品等4项主要指标均超过2021年。

【组织领导】 制订全年定点帮扶工作计划,及时召开定点帮扶工作会议进行部署。总经理、党组副书记、定点帮扶工作领导小组组长多次主持召开专题会议,研究部署定点帮扶相关工作,召开集团党会会、总经理办公会等8次;党组副书记、定点帮扶工作领导小组常务副组长等党组成员赴沧源、双江两县调研4次,督促指导定点县贯彻落实中共中央重大决策部署,督促当地落实防止返贫动态监测,落实过渡期各项帮扶政策措施等,与当地干部共同商讨帮扶事项。发现并提出"村集体经济较弱,产业支撑不足"等问题和建议5项,两县均已书面反馈,其中4项已整改完毕,1项持续整改中。

【组织保障】 由主要领导继续担任定点帮扶工作领导小组组长;继续选派3名优秀干部赴定点县挂职,其中2人分别担任沧源县、双江县副县长,协助分管乡村振兴工作;1人担任驻村第一书记。12个东航基层党支部与定点县村级党组织结对共建,全年开展实地调研103人次,形成调研报告26期,有力推动帮扶项目顺利开展。修订发布《中国东航挂职帮扶干部管理与关爱办法》《中国东航对外捐赠管理规定》《关于进一步规范定点帮扶项目资金事前报告报批有关事项的通知》等规章制度,进一步促进定点帮扶工作的规范化、制度化。

【航空特色帮扶】 充分利用民航运输业优势,以及民航业强势拉动当地GDP的特点,持续加强乡村振兴航线航班运营投入,进一步延伸航线、拓展航网,强化空地衔接,乡村交通落后的面貌得到根本改变。通过人流、物流、信息流和资金流的有效合理流动,带动经济快速发展。坚持沧源、临沧等乡村振兴航线"能排尽排、能飞尽飞",共运营涉及临沧、沧源航班近2500班,运输旅客近20万人次,通过航线带动当地GDP近4亿元。

2022年,东方航空传媒股份有限公司与沧源县、双江县签署协议:在《东方航空》《上海航空》《东方风情》等5本机上杂志上,每月分别推出1页整版临沧宣传图文稿件,共计12期;在"东行记"App上同步刊发宣传稿件,贡献宣传资源费用2500万元。东方航空物流股份有限公司通过临沧机场和沧源机场,免费提供520吨的全国航空货运物流服务。

【产业振兴】 继续联合中国农业科学院蜜蜂研究所,大力开展生物育种和科技创新,推动沧源县蜜蜂产业提质升级,积极发挥联农带农机制,取得良好成效,全县蜂农人均收入增长千元以上,不少蜂农家庭年收入超过10万元。2022年沧源蜜蜂产业获科学技术部和农业农村部两项国家级科学研究和推广立项,沧源米团花黑蜜的科研成果论文登上世界顶级农业食品期刊。中国东航支持沧源县成功举办第七届全国中蜂产业发展大会暨乡村振兴高质量发展论坛。11月,经中国东航的不懈努力和推动,全球知名企业正大集团和沧源县正式签署"中蜂标准化养殖项目"合作协议,标志着中国东航、正大集团、中国农业科学院蜜蜂研究所对蜜蜂产业的合作帮扶迈入更深层次、更宽领域、更大市场。

持续做好"东航那杯茶"(原料采用双江县生产的茶叶)帮扶产品的研发和推广,在双江县实施"中央企业+地方政府+合作社+帮扶车间+茶农"的帮扶机制和举措,2022年新推出玫瑰红茶、白桃乌龙茶、金银花陈皮白茶等口味的健康品类。戴着"小红帽"的那杯茶已作为航空机上用茶,在东航全部航线航班上推广使用,一人一杯,茶水分离,反复冲泡,更加环保、安全可靠,深受旅客和消费者青睐。通过科技赋能和航空示范,"东航那杯茶"有效带动双江县茶叶产业的升级发展。9月,中国东航帮助双江县在昆明举办"茶香双江 相约同德"展示活动,全方位展示双江县的产业优势、区位优势、民族文化优势,进一步扩大双江知名度和吸引力,让更多人走进双江、助力双江,为双江高质量发展注入源源不断动力。

在英国伦敦举行的世界非政府组织创新与发展峰会上,中国东航推荐的云南沧源黑蜜获评"最佳体验公益产品项目","东航那杯茶"作为黑蜜产品的战略搭档,共同成为助力国际非政府组织项目产品的商业品牌。在加拿大渥太华举办的2021—2022年度全球航空餐饮榜单评选上,"东航那杯茶"再获唯一"最佳五星奖"。

【组织振兴】 2021年年底,下属12家单位的基层党支部与定点县12个村级党支部签订结对协议。2022年年初,制订了《党支部结对共建成效考核评价方案》,通过考核约束机制,确保结对共建取得实实在在的成效。各结对党支部克服疫情影响,纷纷组织线上共建,学习交流党的知识,助力乡村基层党组织建设;通过调研走访,协同制订科学有效的帮扶计划;大力开展消费帮扶,助力农产品销售。

【人才振兴】 努力克服疫情对线下培训的影响,通过与清华大学联合在沧源、双江两县建立的乡村振兴远程教学站,积极开展对基层干部、产业带头人和新时代农民的培训。2022年累计完成线上培训5100人次,有效弥补当地教育资源不足的问题。同时,积极协调中国农业科学院蜜蜂研究所沧源试验站的驻点专家,培训当地蜜蜂产业人才450人次,极大提升当地蜜蜂产业人员的理论水平和业务技能,为乡村振兴提供人才保障。

中国东航联合教育部教师工作司,实施"助力沧源、双江两县教师培训三年行动",每年投入1000万元,由北京师范大学和华东师范大学分别实施。2022年共培训校长、骨干教师、教研员和管理人员等758人次。

【生态振兴】 为进一步完善乡村公共服务设施,提升村容村貌,累计投入资金390万元。其中,210万元用于援助挂职干部挂钩的双江县允俸村景亢自然村村貌提升改造,完善公共服务设施,助力乡村旅游;180万元用于援助驻村第一书记所在的双江县大荒田村,改造村内浴室和厕所等设施,修缮村内道路,改善乡村人居环境。

【文化振兴】 完成挂职干部挂钩的沧源县帕浪村舞台文化广场建设并正式启用。充分利用支部共建或走访调研等机会,组织部分员工前往沧源县,与当地佤族群众开展文化交流活动,促进边疆少数民族地区与东部沿海地区的交往、交流、交融,推动乡风文明和民俗文化互动融合。

【巩固脱贫成果】 通过现场调研、结对党支部干部蹲点、派出挂职干部实地检查等多种方式,督促定点县做好返贫监测,坚决防止出现规模性返贫;连续第四年在沧源开展橡胶期货保险帮扶项目,2022年保费增加至280万元,覆盖橡胶林4.1万亩,保障1348户胶农稳定增收;为部分山村捐赠图书、电脑、打印机等物品及输液座椅、听诊器、止血钳等医疗设备;积极参加"让生命听见声音——中央企业公益助残活动",帮助沧源县部分听障儿童实施人工耳蜗手术等。

积极在沧源县帕浪村、莲花塘村助力文化振兴,在沧源县翁丁村、新寨村助力产业振兴,在双江县允俸村、大荒田村助力生态振兴,在双江县同化村助力组织振兴,帮助打造乡村振兴示范点7个;大力开展消费帮扶行动,积极参加"央企消费帮扶兴农周"等活动,全年直接采购和帮助销售消费帮扶产品3687.51万元。

(中国东方航空集团有限公司
定点帮扶办公室　刘秉晟)

中国中化控股有限责任公司定点帮扶

【概述】 2022年,中国中化控股有限责任公司(以下简称"中国中化")坚持以习近平新时代中国特色社会主义思想为指导,深入学习贯彻党的二十大关于全面推进乡村振兴的战略部署,严格落实"四个不摘"要求,全面发挥产业、科技、人才等优势,扎实践行以产业帮扶和民生帮扶双轮驱动,以智志双扶、消费帮扶、党建引领、社会动员为重要支撑的中国中化"2+4"特色帮扶模式,全面做好内蒙古自治区赤峰市阿鲁科尔沁旗(以下简称"阿旗")、林西县,甘肃省武威市古浪县,河北省石家庄市平山县的定点帮扶工作,同时承担对口支援西藏自治区日喀则市岗巴县和青海省海西蒙古族藏族自治州大柴旦行政区的光荣任务。连续5年在中央单位定点帮扶工作成效考核评价中获"好"等次。

【帮扶资金投入】 中国中化全年向4个定点帮扶县(旗)投入无偿帮扶资金5533.16万元,同比增长16.1%;有偿帮扶资金4967.37万元,同比增长5.2%;引进无偿帮扶资金595.6万元、有偿帮扶资金6930万元。投入3.12亿元参股中央企业乡村产业投资基金。深入贯彻落实新时代中共中央的治藏方略,向西藏岗巴县和青海大柴旦投入援助资金2905万元。

【帮扶资金管理】 持续加强项目、资金监管。出台《中国中化2022年定点帮扶和对口支援工作计划》,召开14次帮扶专题工作会,公司及下属各二级单位均出台援助帮扶与对外捐赠管理办法,全过程做好谋划部署、统筹协调和推动落实。在公司党群工作部(援扶工作办公室)下增设专门部门,下属3家产业单位成立乡村振兴平台事业部、乡村振兴研究中心等实体部门,加大帮扶资源力量的投入和统筹。帮扶专项资金拨付至受援地政府财政部门资金管理专用账户,确保专款专用、专人管理、专项核算、定期对账。在资金使用过程中,切实提高资金的利用率和使用效益,做到精细使用与监管,及时接受中国中化及受援地政府相关部门的审计和监督。

【帮扶调研】 领导、援扶工作办公室和下属企业、帮扶干部三类群体全面开展实地督导调研,注重加强对帮扶县责任、政策和工作落实,特别是防止返贫动态监测和帮扶机制等方面的督促指导,同时发挥自身优势为帮扶县乡村振兴贡献产业力量。全年各级共125人次赴帮扶县督导调研,形成4篇督导报告、3篇调研报告,提出4个问题不足及11项建议并反馈当地政府。其中,中国中化党组书记、董事长,时任党组副书记、董事视频调研定点帮扶阿旗和林西县工作,时任党组副书记、董事分别于7月、9月赴平山县、古浪县现场调研指导,并先后两次与赤峰市、阿旗、林西县主要领导共商定点帮扶工作。

【帮扶会议】 召开年度项目和资金沟通会,公司援扶工作办公室组织援扶干部共同研究谋划全年工作。召开党组会,专题学习习近平总书记关于巩固拓展脱贫攻坚成果、全面推进乡村振兴等重要讲话精神。党组会研究审定年度援扶工作计划。召开年度援扶工作会议,具体部署全年工作。9月、11月分别召开援扶工作推进会,全面总结定点帮扶工作进展,对下一步工作进行再推进、再落实。

【干部挂职帮扶】 高标准选派7名挂职帮扶干部,其中4名干部分别挂职阿旗常委副旗长、林西县常委副县长、古浪县副县长、平山县副县长,均分管或协管乡村振兴工作,3名干部分别挂职阿旗新平村第一书记、古浪县感恩新村第一书记、平山县南庄村第一书记。向41个国家乡村振兴重点帮扶县选派65名科技特派员,占中央企业总选派人数的59%,截至10月底累计完成现场支持620天,单个特派员最多现场支持天数已达62天。帮扶干部履职尽责、靠前作为,深入基层扎实做好乡村振兴分管工作,全力支持经济建设、防洪防汛、疫情防控等全局任务。

【脱贫成果巩固】 持续用力保障改善民生,有效促进脱贫人口增收。坚持"向基层倾斜、向民生倾斜",共投入2723.11万元、引进537.9万元巩固提升"三保障"及饮水安全保障水平。教育方面,投入2257.85万元,援建2栋教学楼、1栋校舍、2所公益图书馆、6所数字图书馆,捐赠6294册图书。医疗方面,建成1座卫生院,第一时间向疫情严重的帮扶县捐赠防疫生活物资。住房方面,投入245万元,在易地搬迁的感恩新村等村落实施住房改造项目,为重点帮扶县古浪县富康新村175户居民安装75台生物质采暖炉具,用清洁能源解决冬季取暖问题。饮水方面,投入154万元,在两个第一书记所在村修建污水管网、安装净水设备、修葺水井、购置吸污车,并建设扬水站解决灌溉水问题。生活保障方面,慰问104户困难群众家庭,发送慰问品和慰问金5.26万元;在平山县开展"村民互助食堂",解决孤寡老人和留守儿童吃饭不便的问题。增收方面,3个第一书记所在村2022年人均收入1.2万元,同比增加17%;村集体平均收入110万元,同比增加22%。

【产业帮扶】 投入产业无偿帮扶资金3327.7万元、有偿帮扶资金4967.37万元,重点发挥MAP模式的带动作用,MAP在4个帮扶县总帮扶规模扩大至37万亩,联农带农5000余户,助农年均亩产增收10%~30%,化肥、农药利用效率提升15%以上,不仅全面助力当地打造各具特色的农业产业振兴示范样板,而且有效帮助农民"种出好品质,卖出好价钱"。在阿旗,显著扩大MAP旗舰技术服务中心的帮扶规模和成效,围绕苜蓿、燕麦、玉米、谷子等作物提供产供销全链条服务,2022年服务面积26万亩,包括15个MAP示范农场和40个大型农牧场,联农带农1349户,亩均增收超10%,户均增收超2700元。建立小米MAP beSide全程品控溯源体系,实施订单农业,实现扫码全流程可见,较传统种植方式增收超20%,帮助301户农户户均增收1100元,下游加工企业增收182万元。

在林西县,实施番茄科技示范园项目,建设高标准暖棚12栋及配套设施,打造大规模MAP示范农场,通过农资投入、技术指导、品牌升级、数字赋能、金融服务等手段,服务农户1242户,带动1600户大棚种植户亩均增产23%、亩均增收3000元,每年为当地乡镇带来超15万元集体经济收益,同时向社会宣传农技知识,搭建新型农业观光休闲场所。实施新林镇毡铺村万头肉牛养殖圈舍建设项目、中草药苍术种植项目,近百名农户受益,人均增收2500余元。

在乡村振兴重点帮扶县古浪县,盘活60亩建设用地的烂尾项目,建设运营西北地区面积最大、功能最全的MAP旗舰技术服务中心并配套10万吨粮库,为周边15万亩优质玉米种植基地提供耕种管收的全程服务,可带动当地1500多户农户增产增收5%~15%,每年为古浪创造至少3亿元销售收入,辐射形成至少30万亩优质粮生产基地。建成产能30万吨/年的配方肥加工厂,通过科学测土、配方施肥提升农业生产科技水平和品质产量,预计年产值至少2.5亿元。建设运营年产800万穗优质甜(糯)玉米真空穗生产加工线,以订单农业、精深加工提升产品附加值,可带动8个乡镇发展甜(糯)玉米种植2500亩,年产值可达2500万元,形成融合一二产业的果蔬全产业链。运营1座MAP经济作物技术服务中心并配套高标准智能温室育苗中心,围绕番茄、娃娃菜、洋葱、辣椒等经济作物,服务农户5000余户,服务面积约1万亩。

在平山县,建设MAP西柏坡技术服务中心,以集成现代农业技术和智慧农业为抓手,为4家农业园区和5类农产品提供全产业链服务,服务面积3000余亩。开展优质油葵和蔬菜种子推广、蔬菜育苗基地建设、日光温室阳光玫瑰葡萄示范园建设等项目,在MAP"良种+良法"推动下,油葵种子推广1万余亩,惠及17个乡镇,为农户带来收入1800万元,葡萄大棚年均经济收益30万元。在3个村分别围绕蛋鸡养殖、生猪养殖、中药材种植,建立并发展村集体经济基地,每个村集体年均增收约6万元。

【帮扶培训】 联合4个帮扶县委组织部门开展2期"振兴讲堂"线上培训和3期线下培训。产业培训方面,依托4个帮扶县的MAP中心开发培训课程22门,建设农民培训教室和观摩基地26个,举办超过61场示范观摩,培训1200余人次。教育培训方面,创建"乡村振兴1号星火慈善信托",筹集管理100.6万元用于支持"乡村青年教师社会支持公益计划",为4个帮扶县345名特岗教师提供线上和外出培训。在重点帮扶县古浪县,引进先正达基金会投入57.7万元,建立青贮育苗试验基地3个,发放科技包1000套,为2320人次提供林果、蔬菜技术培训。2022年共培训基层干部11050人次、乡村振兴带头人309人次、专业技术人才3607人次。

【教育帮扶】 持续激发帮扶"正能量"。连续十年开展爱心助学项目"圆梦行动",2022年共有2.8万余名员工捐助556万元,帮扶学生4250人。同时,继续实施"揽秀基金""筑梦行动""蓝星自强班"等品牌助学项目,共捐助109.29万元助学金、10万元奖教金,帮助困难家庭学生,奖励乡村教师,捐赠金额和受益人数均创历史新高。

【文化帮扶】 丰富形式载体,助力文化振兴。在阿旗举办"丰收新时代"文艺晚会,用多种农牧民喜闻乐见的艺术形式演绎乡村振兴壮美画卷,超过19万人以线上、线下相结合的方式观看,直播扩散社群超过400个,得到《农民日报》、人民三农网、中国青年网等10余家中央及地方主流媒体宣传报道。投入635万元,在选派驻村第一书记的3个村和其他2个村,改造5个文化广场,建设文化墙和公告栏,配建党员活动室、村史展览室、村民阅览室等场所,加强农村精神文明建设,丰富农村文化生活。在阿旗设立校园足球发展基金,为当地女足提供训练设施、物资和外出训练机会,助力天山六中女足在赤峰市"市长杯"、阿旗"旗长杯"比赛中均卫冕成功。在平山县南庄村组织党员、村民代表,开展"移风易俗大讨论"和"树家风、传家训"活动,组建村道德评议委员会,引导村民重视家庭美德建设,争做良好家风家训的践行者。MAP模式改变4个帮扶县农民的种植轮作方式和观念,引领农民科学耕种、勤劳致富的风气,通过流转土地和订立村规民约引导组建合作社并持续扩大规模,培养市场经济的意识和能力。

【生态帮扶】 产业科技赋能,助力生态振兴。投入400万元,撬动社会资本3000万元,在林西县统部镇实施种养循环示范项目,一方面通过科技赋能改善人居环境、提升土壤地力,建设肉牛粪污收集体系和有机无机复混肥生产线,每年为当地处理废弃物60余万立方米,生产有机肥25万吨,利用粪污资源化产品改良土壤500亩,帮助白菜成熟期提前10天,产量增加30%;另一方面通过产业赋能促进增产增收,建设双季冷凉白菜示范基地、巨菌饲草种植示范基地,组织当地合作社首次成功种植2500亩双季冷凉白菜,每亩收益由1000元提升至7400元,同时首次成功种植10亩巨菌饲草,盘活闲置暖棚10座,每棚净收益约17800元,带动5000余人受益。该重点项目有效助力该镇以肉牛产业入围第十二批全国"一村一品"示范村镇名单。建设林西县"碳中和"污水处理站,合同金额1238万元,有效解决当地污水排放和循环利用问题,成为林西县中小学生环保教育示范基地。投入891万元在4个帮扶县的7个村因地制宜实施平安乡村建设、道路铺设、绿化美化及生活垃圾和污水治理项目,同时总计实施厕改286户,通过工艺优化解决"建得起、用不起"的困境。

【党建帮扶】 加强党建引领,助力组织振兴。与4个帮扶县中小学校、挂职干部联系村、第一书记所在村等27个党支部、19个脱贫村开展形式多样、内容丰富的结对共建,如依托林西县统部镇种养循环示范项目,公司与当地相关联的6个单位党组织、50余名党员凝聚到一起,组建"党建引领种养循环绿色产业发展共同体",围绕产业发展和人才培养开展联建共建,助力统部镇党委荣获"内蒙古自治区抓党建促乡村振兴先进集体"荣誉称号。以MAP帮扶和资金投入为抓手,扶持龙头企业10家,培育服务38个合作社、118个种植大户、15家农牧企业、7个家庭农场等178个新型农业经营主体,显著壮大村集体经济。在古浪县感恩新村实施"爱心积分超市",并推广到周边7个村,有效提升乡村治理水平、涵养文明乡风。在平山县南庄村,组织全体党员干部到西柏坡镇北庄村接受红色教育,修订《南庄村村规民约细则》,建立"街巷长"制度,组织村内党员担任环境卫生监督员和管理员,常态化评比"卫生清洁户""最美庭院"。

【就业帮扶】 在定点帮扶县,投入产业帮扶资金8295.07万元,引进产业帮扶资金6930万元,引进帮扶项目及企业8家,扶持10家龙头企业、178个合作社和农牧企业等新型农业经营主体,帮助建立帮扶车间10个,帮助转移就业1498人,招用脱贫人口195人。投入350万元,建设古浪县返乡农民工就业技能公共实训基地,预计年培训7000人以上,有效带动全县劳动力稳就业促增收。

【社会帮扶】 协调引进安踏体育为阿旗天山六中300名困难学生捐赠价值50万元的运动服和运动鞋;为阿旗民族职业教育中心引进中国农业大学教育资源,对100名农牧业从业人员进行种植养殖专业技术培训,提升农牧民专业理论水平和实践能力。与中国光华科技基金会联合开展"一起云支教+阅读向未来"活动,组织4个旗(县)6056名学生共同进行线上阅读和体育锻炼。

【整村推进】 集中力量、突出重点,打造乡村振兴典型示范。充分发挥自身优势,以产业和科技为牵引,以改善民生和建设美丽乡村为保障,助力帮扶县打造示范样板。聚焦第一书记所在村,在阿旗新平村,MAP产业帮扶规模和特色庭院经济不断壮大,显著助力新型经营主体增产增收,村集体年收入实现110万元,人均年收入增长到1.5万元。在易地搬迁的古浪县感恩新村,持续投入资金建设高标准温室大棚和实施村容村貌提升工程,注重改善民生、强化党建共建,该村已申报国家乡村振兴示范村。在平山县南庄村,围绕特色经济作物和养殖业开展产业帮扶,实施美丽乡村建设规划,用好当地红色资源,丰富文化振兴和组织振兴载体。突出产业帮扶项目的示范拉动作用,4个帮扶县的现代农业产业项目及林西县种养循环示范项目助农惠农效果好、可持续性强、科技支撑有力、辐射周边村镇范围广,多次被列入省、市、县重点观摩项目。

【特色帮扶】 全面发挥产业优势，打造产业振兴示范。公司农业、环境、金融等主业与乡村振兴十分契合，形成以农业产业帮扶为主导，相关产业帮扶齐头并进的帮扶格局。MAP模式通过"良种+良法"带领农民获得好收成，通过"品控溯源+溢价订单"帮助农民卖出好价钱，发展数字农业为农业产业集好大数据，提高农业投入品使用效率，促进绿色可持续发展，在近100个原国家级贫困县建设运营113座MAP技术服务中心，服务面积258万亩，联农带农约43万户，助农增收超过5亿元。农业金融服务产业，全年发放惠农贷款超38.5亿元，农业主动管理类产品新增信托规模16亿元，服务农户超10万人次，均居行业第一，推出国内首创的"大数据产量保险"，并以慈善信托的方式支持"乡村青年教师社会支持公益计划"。在原国家级贫困县吉林省大安市开展盐碱地植物生态修复与作物循环利用技术体系研究与应用，编制《盐碱地区土壤修复效果评价标准》《盐碱地生态保护修复工程本底调查技术规程》。

【消费帮扶】 多措并举推进消费帮扶，全链条提升品牌附加值。在种植端，以生产服务或托管等方式组织农户和下游企业开展订单种植和生产，打造出阿旗牧草、林西番茄等优质农产品，为农户平均带来5%~20%的溢价收益。在加工端，在古浪县建设甜（糯）玉米真空穗生产加工线，带动一二产业有效融合，并扶持5个农产品深加工车间，提升当地产品标准化、精细化和品牌化生产运营能力。在消费端，通过工会购买、员工食堂、内外部电商平台和直播带货，旗下69个加油站销售多种帮扶产品、积极参加"央企消费帮扶兴农周"等举措促进采买和帮销，并将帮扶县产品上线"中化电商平台"和下属单位对外营销平台，针对庞大的外部客户群体开展折扣、积分兑换等促销活动。电商赋能方面，投入50万元，新建1个扶贫车间电商平台，改造3个帮扶县电商平台，从品牌打造、包装设计、宣传推广等方面开展培训和赋能。品控溯源方面，投入180万元，在3个帮扶县搭建MAP beSide全程品控溯源体系，通过"从农田到餐桌全程监管+线下品控+线上区块链溯源"的技术手段为优质农产品背书，提升附加值，溯源产品累计7个，使用溯源标签15.1万枚，食品价值链合作方增收15%，农民增收20%。品牌助力方面，发布8期优质农产品榜单《熊猫指南》，原国家级贫困县和73家农民合作社的近50款优质农产品上榜，销量显著提升。分别购买帮扶县、其他脱贫地区农产品3150.21万元、3151.69万元，分别帮销帮扶县、其他脱贫地区农产品8921.38万元、1631.86万元。

【帮扶宣传】 分享现代农业技术服务平台（Modern Agriculture Platform，MAP）模式在推进定点帮扶和农业农村发展等方面的具体实践。在中央广播电视总台《中国经济大讲堂》《焦点访谈》《种子种子》等节目中，分享助力乡村产业振兴、打造现代智慧农业的经验做法。参加甘肃省乡村振兴新闻发布会，展示在重点帮扶县古浪县全面推进乡村振兴的工作成效。2022年，提报的"'产业技术+数字技术'重塑粮食产业链"荣获"第三届全球减贫案例征集活动"最佳减贫案例，积极向《中央企业社会责任蓝皮书（2022）》《中央企业助力乡村振兴蓝皮书》《央企人在村儿里》等上报典型案例30余篇。中国石化定点帮扶工作受到《人民日报》、新华通讯社、中央广播电视总台、《中国乡村振兴》杂志、帮扶县所在的自治区或省级官方主流媒体170余次报道，利用海内外自有媒体平台发布24篇帮扶报道，阅读量超过21万。

（中国中化控股有限责任公司
援扶工作办公室　李创业）

中粮集团有限公司定点帮扶

【概述】 2022年，中粮集团有限公司（以下简称"中粮集团"）坚持以习近平新时代中国特色社会主义思想为指导，深入学习贯彻党的二十大精神，认真落实中共中央、国务院关于巩固拓展脱贫攻坚成果同乡村振兴有效衔接的决策部署，坚决扛起政治责任，聚焦"守底线、抓发展、促振兴"年度重要任务，把握"三个转向"，落实"四个不摘"总体要求，发挥农粮领域全产业链优势，结合帮扶县当地资源禀赋，产业引领、消费拉动、志智双扶、科技赋能，全面完成定点帮扶、对口支援各项任务，成功助力7个定点帮扶县和3个对口支援县守住不发生规模性返贫的底线，脱贫攻坚成果得到进一步巩固拓展，助力乡村振兴取得良好开局。在中央单位定点帮扶工作成效考核评价中被评为"好"等次。

【帮扶资金投入】 2022年，中粮集团向7个定点帮扶县直接投入帮扶资金5720万元。其中，向国家乡村振兴重点县的甘孜县、石渠县及原国家深度贫困地区、新疆南疆四地州的乌什县倾斜。引进无偿帮扶资金198.91万元，引进有偿帮扶资金3728.91万元。购买脱贫地区农产品293439.53万元，帮助销售农产品78520.95万元，全年总计消费帮扶371960.48万元。

【帮扶调研】 中粮集团党组成员分赴绥滨县、隆安县、甘孜县、石渠县、延寿县、乌什县、修水县实地调研督导，形成督导报告7份、发现问题21个，已分别向7个县反馈并督促整改落实。

【帮扶会议】 坚持把学习贯彻习近平总书记关于"三农"工作的重要论述和实施乡村振兴战略的重要讲话和指示批示精神作为"第一议题"，深刻领会精神实质，用思想自觉引领行动自觉。全年以党组会、总经理办公会、工作推进会、专业化公司党委会等形式，研究推动定点帮扶工作会议达23次。中粮集团党组研究出台《中粮集团2022年助力乡村振兴工作计划》《中粮集团2022年助力乡村振兴和对口支援资金项目计划》，明确2022年助力乡村振兴总目标、路线图和时间表。

【帮扶培训】 通过线上、线下方式，有针对性地开展种植养殖、农业科技、电商品牌等培训课程，共培训基层干部894人、乡村振兴带头人740人、专业技术人才3041人，为7个定点帮扶县提升群众创业致富的综合能力，为全面推进乡村振兴提供有力的人才支撑。中粮资本控股股份有限公司在隆安县、绥滨县开展金融类专业知识培训，加强基层干部、乡村振兴带头人风险管理意识，增加金融专业知识。中粮家佳康食品有限公司为养猪散户开展养殖技术专项培训，帮助养殖户更好地掌握养殖技术，拓宽就业渠道，提升靠发展养殖致富的内生动力。

【干部挂职帮扶】 选派优秀干部挂职。向7个定点帮扶县选派优秀干部挂职，担任帮扶县副书记或副县长，均分管或协助分管乡村振兴工作。向甘孜、石渠、乌什、延寿和修水县选派5名驻村第一书记。在疆企业向乌什县派驻2个驻村工作队30名队员，开展定点包村、"访惠聚"结对工作，为促进民族团结、助力乡村振兴工作贡献力量。落实上级要求，向6

个国家乡村振兴重点帮扶县派出7名科技特派员,帮助当地产业技术提档升级。加强挂职干部管理和关爱。一方面加强挂职干部日常管理。做好挂职干部岗前、岗中培训,建立挂职干部季度报告制度,及时解决工作中遇到的困难和问题;另一方面按规定落实挂职干部相关待遇、岗位补贴和探索休假制度,党组成员赴定点帮扶县调研慰问挂职干部,把集团党组的关怀送到定点帮扶一线。

【脱贫成果巩固】 坚持把补齐乡村短板、改善基础设施条件作为助力乡村振兴重点,在7个县直接投入2719.8万元,用于巩固"两不愁三保障"项目建设。教育帮扶方面,用于建设隆安县村级幼儿园教学辅助及活动用房等设施、开展乌什学子阳光夏令营践学活动,惠及师生400余人。医疗帮扶方面,建设甘孜县老年养护院配套附属设施、乌什县阿克托海乡卫生院业务综合楼。开展"救急难"帮扶工程,在绥滨县、修水县,全年投入专项资金70多万元,累计救助困难群众348户,为帮助困难群众摆脱贫困起到重要作用。

【产业帮扶】 结合帮扶地区自然禀赋和发展诉求,充分发挥资源优势,帮助乡村特色产业发展壮大。开展种植养殖提升行动。在乌什县,实施"十百千"特色林果、畜牧养殖产业提质增效项目,既解放了劳动力,又提升科学养殖水平和林果管理水平,为农牧民增收致富起到示范引领带动作用。在延寿县,开展二次使用水稻育秧大棚项目,提升育秧大棚的使用效率,解决长期困扰农户的育秧大棚闲置问题。支持当地特色产业发展。中国茶叶精选优质产茶带的茶叶资源,精选江西修水宁红茶、福建建宁红茶、贵州雷山银球茶、陕西紫阳富硒茶、四川马边绿茶等2个州12个县特色茶品,打造"山水中茶-中国印象"系列产品60余款,形成"中茶+特色名优茶"产品矩阵,助力好茶走出茶山,将"绿水青山"的茶产品转化成"金山银山"的好商品,真正把茶农的好收成变为实实在在的好收入。积极促进当地群众就业。中粮集团所属基层企业用工向定点帮扶县倾斜,全年帮助转移就业1781人,招用脱贫人口61人。帮助隆安县创建"小梁送工"App,方便搬迁户打零工,对稳定异地搬迁群众"搬得出、稳得住"起到重要作用。"小梁送工"就业服务成果在第二届公共就业服务专项业务竞赛全国总决赛中,荣获"优秀就业服务成果一等奖"。

【教育帮扶】 在石渠县,设立"中粮奖学金",投入100万元用于帮助困难学子顺利完成学业,激励优秀学生和行业优秀代表奋勇拼搏、争创一流,进一步推进石渠教育振兴,2022年获奖者共计254名,择优参加"中粮夏令营"活动,让孩子们近距离感受中粮集团的企业文化和精神。在乌什县,组织全县中小学四年级以上46名优秀学生代表和6名优秀教师赴西安开展研学活动,帮助青少年拓宽视野、增长见识,增强爱党爱国爱人民意识。在隆安县,建设博浪村文体活动中心,丰富农村文化生活。在绥滨县,向109个农家书屋捐赠图书,营造"心向党、聚合力"的文化氛围。

【生态帮扶】 投入515万元完善农村生活设施。实施乌什县阿克托海村、甘孜县觉日村美丽乡村村貌提升项目,为延寿县崇和村道路安装铁栅栏,持续改善群众的居住和出行条件,扎实开展重点领域农村基础设施建设。在甘孜县投入25万元对觉日村全部厕所进行改造升级。在石渠县开展金沙江岸水土保护的公益环保项目。通过发动民众植树造林、河岸垃圾分类清理等活动,把社区治理理念引入石渠,提升金沙江流域的生态修复能力。

【党建帮扶】 持续推进"中粮党建+"模式,从组织、业务、标准、效果4个维度,持续推进定点帮扶村基层党组织标准化、规范化建设。充分发挥驻村第一书记作用,通过5个驻村第一书记与驻村点党支部结对共建。党员干部捐款捐物折合资金9.67万元。在石渠县更沙村、延寿县崇和村实施基层党组织建设工程,进行党员活动室设施采买及党员培训,助力夯实农村基层党组织根基。建强基层组织,在乌什县扎实做好"访惠聚"驻村工作,了解群众所期、所盼,协调解决群众反映的实际困难和问题。

【社会帮扶】 旗下大悦城控股集团股份有限公司充分发挥商业优势,与ZARA品牌合作开展"悦公益"活动,向甘孜县团委捐赠图书7249册,共计33万余元。携手相关企业捐赠献爱心,联系北京软实力创新教育科技研究院向甘孜县民族中学捐赠45万元的床垫;路桥区知联会捐赠12万元服装和5000支核酸采样管。

【特色帮扶】《中共中央 国务院关于做好2022年全面推进乡村振兴重点工作的意见》锚定乡村振兴的总体目标,指出要聚焦产业促进乡村发展,着力"推进农村一二三产业融合发展""发展县域富民产业""促进农民就地就近就业创业"。通过打造因地制宜、主辅结合、特色多元的农粮产业链升级路径,让农业成为有奔头的产业。在延寿县,以"订单农业"推进当地水稻种植、加工、品牌及基础设施建设,提升水稻溢价能力。在修水县,采用"销售公司+村集体+合作社+农户"的模式,帮扶东港乡1100亩"茶叶+油茶"套种产业基地建设。通过金融保险、技术指导、创新收储、人才培养、入股分红等机制创新,引导和组织农民进入现代农业产业体系、生产体系、经营体系,拓宽农民增收致富渠道,让农民成为有吸引力的职业。在绥滨县,由中粮集团和绥滨县政府牵头,集合多家单位,共同出资7000万元组建中粮贸易(绥滨)农业发展有限公司,打造"公司+合作社+农户"的绥滨模式,2021年股东分红1018万元,2022年分红1600万元,让农民持续分享产业增值带来的收益。在乌什县,建设牛羊养殖基地,村集体可以通过租赁的方式,承租给养殖户,每年可为村集体增加30余万元收入。在隆安县,帮助建设东信村养鸭厂,14户农户增收121.6万元,村集体收入39万元,村集体经济进一步巩固和扩大。通过持续加大资金投入,助力乡村人居环境优化,广泛开展爱心公益活动,让农村成为安居乐业的家园。在赤峰市翁牛特旗,中粮家佳康食品有限公司通过沼液还田、沼气发电、沼渣化肥,真正实现资源多层次利用,"变粪为宝",成功构建以沼液返田为核心的种养结合模式,带动周边农民增产增收,联动周边产业实现良性循环,为农民节约肥料760吨,节约成本152万元,增加收益380万元,走出一条绿色循环可持续发展之路。

【帮扶宣传】 高度重视宣传工作,充分利用社会媒介和自有媒体平台,广泛宣传中粮集团在帮扶县的工作成效、先进经验和典型案例。《人民日报》《农民日报》《中国青年报》和学习强国等主流媒体先后刊发报道中粮集团助力乡村振兴文章30余篇,展示中粮集团良好形象。在2022年第三期中央企业定点帮扶工作示范培训班上分享"中粮集团打造产业帮扶'绥滨模式'"的经验做法;中粮集团助力绥滨县减贫的做法作为中方的六个案例之一收入《金砖国家农业可持续发展案例报告》;国家乡村振兴局《乡村振兴简报》第11期刊载《中粮集团统筹茶产业发展成效显著》,宣传中粮集团茶产业助力乡村振兴的做法经验。中粮集团2个助力乡村振兴案例入选《中央企业助力乡村振兴蓝皮书(2022)》。

(中粮集团有限公司 匡砚涵)

中国五矿集团有限公司定点帮扶

【概述】 2022年,中国五矿集团有限公司(以下简称"中国五矿")认真贯彻落实中共中央、国务院关于接续推进脱贫攻坚成果同乡村振兴有效衔接的各项决策部署,坚决扛稳扛实"四个不摘"责任,积极践行矿业报国、矿业强国光荣使命,按照精准、特色、长效三大原则,扎实有序推进对云南省镇雄县、彝良县、威信县,湖南省花垣县,贵州省沿河土家族自治县(以下简称"沿河县")、德江县6个定点帮扶县和青海省祁连县1个对口支援县的帮扶工作,助力7个县巩固拓展脱贫攻坚成果,全面推进乡村振兴。全年克服疫情不利影响,坚持对7个县开展了全覆盖调研;紧密围绕"五大振兴"向6个定点帮扶县投入无偿援助资金5267.1万元,发挥企业优势特长投入有偿帮扶资金4.4亿元,引入无偿援助资金1350万元,引入有偿帮扶资金192.03万元;购买全部脱贫地区农产品3373.7万元,帮助销售农产品809.7万元,合计4183.4万元;召开定点帮扶工作专题会2次,培训各类干部人才4816人次,投资项目招用脱贫人口2055人。中国五矿在2022年中央单位定点帮扶工作成效考核评价中获得"好"等次。

【帮扶资金投入】 2022年,中国五矿向6个定点帮扶县投入无偿帮扶资金5267.1万元,加大对镇雄、彝良、沿河三个国家乡村振兴重点帮扶县的资金支持力度,三县总额超过全部定点帮扶投入总额的60%。此外,向对口支援县和其他已脱贫地区投入1683万元。帮助6个定点帮扶县引入无偿援助资金1350万元,主要用于开展爱心包裹、爱加餐、加油未来、智惠教室等教育类帮扶项目;引入有偿帮扶资金192.03万元,开展能源和农产品加工项目。向6个定点帮扶县投入有偿帮扶资金4.4亿元,用于投资新能源产业项目、改善人居环境。

【帮扶调研】 时任中国五矿党组副书记、董事率队赴全部6个定点帮扶县和1个对口支援县开展全覆盖调研,实地查看帮扶项目建设运营情况,调研考察2022年拟建项目,对挂职干部进行慰问。全年累计开展督促指导12次,形成调研督查报告12份,发现问题34个。其中,中国五矿领导开展全覆盖式调研督查,入村访户、翻阅资料调研乡村振兴政策落实情况,就存在的问题和下一步发展思路与地方党政领导深入沟通;中国五矿党组抽调财务、工程领域专家组赴全部7个帮扶县,专项检查2021年度帮扶资金使用和项目建设运营情况,就发现的问题形成督促指导函反馈各县,形成工作闭环。

【帮扶会议】 高度重视乡村振兴工作,党组中心组和党组会"第一议题"先后4次传达学习习近平总书记关于"三农"和乡村振兴工作的重要讲话、指示精神;党组会、董事会、董事长专题会、总经理办公会专题研究定点帮扶和对口支援工作5次。其中,3月、8月两次专题召开定点帮扶和对口支援工作推进会,集中传达学习有关政策文件,总结研讨分析帮扶工作进展与经验成效,安排部署下一阶段重点工作。

【干部挂职帮扶】 共向6个定点帮扶县派驻挂职干部9名,其中6人挂职副县长,3人为驻村第一书记,3个国家乡村振兴重点县全部配齐副县长和驻村第一书记,挂职副县长分管(协管)帮扶工作,挂职干部任期均为2年及以上。加强对挂职干部的规范化管理,年初确定个人年度任务目标,定期召开专题视频会,按月调度完成情况,按季度提交工作总结,就关键项目进行点对点工作汇报与沟通。

【产业帮扶】 进一步提升产业帮扶资金投入比例,将资金总额的60%投向16个产业帮扶项目,深入研究县域特点,复制推广"央企出资+农村合作社运营+带动建档立卡户收益+企业购买产品带动销售+明确收益分配培育企业内生动力"的"小而美"产业帮扶模式,聚焦"一县一品"发展富民产业,培育彝良天麻、沿河桃梨、德江花椒、威信食品加工、花垣"稻鱼菌"等一批具有优势特色的农业产业项目,帮助建立帮扶车间14个、转移就业744人;继续开展五矿特色的"期货+保险"金融帮扶,推动农户、企业和产业三方共赢;帮助招商引资3374.9万元,引进7个帮扶企业项目,促进帮扶县产业发展。

【人才帮扶】 帮扶资金总额的15%投入教育领域,帮助镇雄、彝良完善中小学教育基础设施,开展"矿心"职业教育、爱心包裹等品牌项目;强化统筹部署,调动各方面资源,紧密围绕各县、村产业特点,扎实开展兼具针对性、指导性、实用性的培训工作,累计培训4816人次,其中组织基层干部就基层党建、乡村振兴政策、发展壮大集体经济等主题培训1714人次,围绕农作物种植养殖技术、新媒体电商销售、财务运营、农业项目管理管护等主题培训乡村振兴带头人、技术人员3102人次。

【党建帮扶】 各级党组织切实发挥党建在助力乡村振兴中的引领作用,组织引导20个所属企业党支部深入14个帮扶村,广泛开展结对共建特色活动,党员干部捐款捐物折合资金10.7万元,支持龙头企业7家,帮助培育新型农业经营主体11户。各支部分享建设"职工书屋"经验,在镇雄县开展"翻阅山海 书达希望"主题志愿服务活动,发动职工捐赠图书1500余册;捐建德江县第八中学图书走廊,培养易地搬迁移民子女多读书、读好书的良好习惯,助力帮扶地区营造全民阅读氛围,凝聚新时代精神力量。

【生态文化帮扶】 顺应群众殷切期盼,将帮扶资金总额的20%投入"三保障"和文旅提升领域,集中开展赤水源镇银厂村美丽村庄建设、高坡村纳支寨文旅提升、木卓集镇水毁公路修复改造、楠木园易地扶贫搬迁安置区公共服务改善、坳田村室外公共空间环境提升等一批美丽乡村基础设施建设项目,打造镇雄县高坡村、彝良县两河社区、沿河县爱群村、花垣县十八洞村等4个乡村振兴示范点,助力乡村人居环境提质改造,提高公共服务水平,推动乡村生产、生活、生态"三位一体"融合发展,让脱贫群众获得更多归属感、幸福感。

【消费帮扶】 充分依托所属700余个工会组织,克服疫情影响,接续开展消费帮扶工作,全年购买全部脱贫地区农产品3373.7万元、帮助销售农产品809.7万元。积极响应国务院国有资产监督管理委员会号召,第一时间发布通知,广泛发动各级企业、员工深度参与"央企消费帮扶兴农周"活动,指导所属2个电商平台加强线上销售对接,活动期间实现销售额149.2万元;针对帮扶产业项目丰产丰收情况,开展专项帮销活动,组织所属企业集中定点采购十八洞猕猴桃、德江菊花和脐橙等农特产品,精准助力产业增效、群众增收。

【教育帮扶】 持续创新优化教育帮扶方案,连续4年为7个县学子量身打造"矿心计划",依托所属国家重点职业院校攀枝花技师学院,在职业教育和帮扶工作上找到结合点,面向7个帮扶县的困难学子,创新开展"矿心"职业教育帮扶计划,免费提供职业教育机会,并结合各自特点进一步培养。该计划自

2019年启动以来,在保证教育资源与教育质量的前提下,稳步扩大项目招生规模,累计拨付帮扶资金420余万元,面向7个县招收145名贫困学生。2022年,第一届"矿心"职业教育帮扶计划帮扶学子顺利毕业,其中7名学生成功考上大学,32名学生走上工作岗位,近20名学生陆续加入国家级技能大赛集训队,"矿心"职业教育帮扶计划结出丰硕果实。此外,在中国五矿所属北京五色土幼儿园的对口帮扶下,云南省镇雄县幼儿园于2022年11月升级为云南省"一级一等"幼教示范园,实现从乡镇普通幼儿园到省级专业幼儿园的跨越。自2019年以来,北京五色土幼儿园根据镇雄县幼儿园实际情况制定教育帮扶工作规划,确定对象针对化、内容实效化、形式多样化的帮扶路径,先后派出专家教师团队对镇雄县幼儿园户外游戏、区域游戏、园本教研、业务培训、晋升资料等方面进行指导,带领当地教师更新教育观念,规范教育行为,提升教学质量。

【金融帮扶】 创新帮扶模式,连续六年开展"期货+保险"金融帮扶,有效利用期货市场的价格发现和风险对冲功能,努力保障广大种植养殖户稳定收益预期、保护种植养殖业积极性。六年来,共开展63个"保险+期货"试点项目,惠及47个区(县),保障金额19.39亿元,理赔金额5395.29万元,有效助力广大种植养殖户抵御市场价格波动风险。2022年,开展项目21个,惠及33个区(县),保障金额7.51亿元,已完成理赔金额473.34万元。此外,还进一步扩大在定点帮扶县的参保帮扶力度,2022年首次在彝良县开展试点项目,捐赠保费共计141万元,保险保障金额达6962.68万元。

(中国五矿集团有限公司　杨　晴)

中国通用技术(集团)控股有限责任公司定点帮扶

【概述】 2022年,中国通用技术(集团)控股有限责任公司(以下简称"通用技术集团")定点帮扶内蒙古自治区武川县、商都县。通用技术集团深入学习贯彻党的二十大精神和习近平总书记关于定点帮扶工作重要论述,严格落实"四个不摘"要求,秉承"定点帮扶与地方经济社会特点、集团主业优势相结合"可持续帮扶理念,持续加大资金投入和工作力度,推动两县乡村振兴取得新进展、迈出新步伐,切实发挥中央企业在乡村振兴事业中"顶梁柱"作用。向武川县、商都县投入无偿帮扶资金2880万元、引进帮扶资金100万元,向重庆市酉阳土家族苗族自治县、陕西省米脂县等其他脱贫地区投入无偿帮扶资金50万元;培训基层干部、乡村振兴带头人、技术人员994人次,购买和帮助销售定点帮扶县和其他脱贫地区农特产品1561.8万元。连续四年在中央单位定点帮扶工作成效考核评价中被评为"好"等次。中央广播电视总台新闻频道《新闻直播间》介绍通用技术集团"小通移动诊疗车"打通看病就医"最后一公里"的做法。

【组织领导】 通用技术集团党组高度重视乡村振兴工作,为巩固拓展脱贫攻坚成果同乡村振兴有效衔接,及时调整定点帮扶工作领导小组,进一步健全领导机构,切实加强组织领导。年初专门制订定点帮扶工作方案,明确全年工作重点,全年召开8次党组会、2次专题会议,传达学习习近平总书记关于乡村振兴和定点帮扶工作重要指示批示精神,研究贯彻落实措施,形成季度总结、半年调度的工作模式。党组主要领导对两县进行视频调研;分管领导赴两县开展现场调研,交流工作思路、协调解决工作中存在的问题,推进重点帮扶项目落实。

【干部挂职帮扶】 选派3名优秀干部赴两县挂职,其中2名干部挂职副县长,均协助分管乡村振兴工作,1名干部任驻村第一书记。高度重视对挂职干部的管理,要求每半年向集团书面汇报1次工作情况,年底上报年度履职情况。

【产业振兴】 抓住产业这个根本,坚持特色化发展思路,立足两县资源禀赋,引导扶持两县发展一批特色产业。在武川县,立足马铃薯、中药材两大优势产业,投入70万元支持武川县开展马铃薯样品检测、"武川土豆"质量品质分析,进一步助力武川打造马铃薯品牌。大力支持武川县中药材产业发展,坚持融合化发展,在推动中药材种植的基础上,进一步向产后加工、产品营销、科技服务、融合发展转变,投入895万元盘活内蒙古三子药业有限责任公司,推动武川县中药材产业向金三角园区集中,进行全产业链开发。在商都县,把发展壮大村集体经济作为增加群众收入的重要途径,投入55万元支持派驻第一书记所在村建设商都县禾田种植养殖专业合作社,项目为村集体所有,合作社带领村民发展庭院经济养鸡并统一收购和销售,既壮大村集体经济,又增加村民收入。

【人才振兴】 帮助两县培训基层干部、乡村振兴带头人、专业技术人员共计994人次,为两县经济社会发展提供人才支撑。在武川县,开设乡村振兴基层干部和带头人培训班,对174名乡村振兴基层干部和带头人进行培训；开设农民实用技术培训班，对马铃薯栽培技术和病虫害防治技术、肉牛养殖技术、肉羊养殖技术、燕麦和藜麦种植技术等进行培训；开展中药材种植户培训，通过系统讲解黄芩、黄芪的栽培技术，病虫害防治措施及其他高品质药材的种植技术，提高种植户种植水平。此外，还投入60万元支持武川县通用技术职业学校办学，增添教学设备、资助教师进修培训、改善办学条件，提升办学质量。在商都县，投入1000万元支持"智慧课堂"项目二期，建设智慧教室160间，每个教室配备教学主屏、教学辅屏、录播主机、摄像头及拾音麦等设备，通过互联网技术和信息化手段，推动优质学校带动薄弱学校发展，实现"四级"（北京学校→县城学校→城乡接合部学校→乡镇学校）优质师资下沉的预期目标，通过"云送课"让商都乡村的孩子们和北京的孩子同上一堂课，享受到北京的名校名师教学。设立中国通用技术教育发展基金，投入45万元资助、表彰商都县50名在校家庭困难学生和15名一线在职教师。继续开展大学生志愿服务西部计划，33名志愿者赴商都县各乡镇中心学校开展志愿支教，为志愿者按月发放生活补助和相关费用，有效解决商都县教师资源短缺的问题。此外，大力支持校园基础设施建设，投入100万元支持通用小学、通用第二幼儿园安装LED宣传展示屏和通用小学供热系统改造项目，切实提升学校办学环境和质量。

【文化振兴】 文化振兴既是实现乡村振兴的重要路径，也是乡村振兴的基本目标之一。在武川县，把乡村振兴与红色旅游"嫁接"，投入30万元改造武川县井尔沟红旅游客服务中心，对大青山抗日游击根据地展馆、司令部旧址、郝区政府旧址进行特色布展，打造集参观、体验、学习、互动等功能于一体的红色教育中心，为乡村振兴提供新的发展动能。在商都县，落实习近平总书记关于抓好县级融媒体中心建设重要指示，针对县融媒体中心设备老化与损坏的问题，投入125万元支持更换老旧设备，奖励优秀宣传工作人员，保证融媒体中心运转。此外，为探索开展示范村建设，在驻村第一书记所在村泉脑子村开展文化强村行动，建成文体活动中心，推动建设全县第一支村舞蹈队，跳出乡村振兴新气象。

【生态振兴】 武川县境内大青山是内蒙古中部重要的水源涵养地区和天然生态屏障，也是控制风沙侵袭京津地区的重要防线。2022年，通用技术集团继续开展"绿化青山 守护北疆"生态建设行动，投入200万元在武川县得胜沟乡种植200亩生态公益林，主要种植品种为云杉、樟子松等苗木较高的树苗，在构建祖国北疆生态防护屏障的同时，通过"合作社+农户"、雇用农户等模式，带动当地百姓增收致富。在商都县，积极响应"双碳"目标，投入45万元帮助泉脑子村109户村民安装煤改电锅炉，成为商都县煤改电第一批示范村。

【组织振兴】 组织振兴是乡村振兴的原动力，是党在农村工作的基础。2022年以来，通用技术集团在两县开展"百个党支部帮扶百名留守学生"主题活动，在集团系统内遴选100个党支部，在两县遴选100名义务教育阶段在校学生，通过"一对一认领"的方式进行结对帮扶，按照"三知、三多、三沟通"原则（知道留守儿童的个人基本情况、父母基本情况、监护人基本情况；多与留守儿童谈心沟通、多组织留守儿童参加集体活动、多到留守儿童家中走访；定期与留守儿童父母、监护人、班主任沟通），开展"四个一"活动（明确一名党员联络员、开展一次捐资助学、进行一次沟通交流、编制一本工作手册），每个党支部每年捐助1000元助学金，直至完成九年义务教育，为留守学生提供精神和物质上的关心。同时，积极发挥武川县大青山"通用技术集团党性教育基地"

作用,推动各单位分批到党性教育基地开展培训活动,助力武川县红色教育产业发展。

【健康帮扶】 深入落实习近平总书记关于推动优质医疗资源下沉重要指示精神,按照与武川县总医院签订的医疗帮扶协议,以帮建、帮提、帮教的"三帮"模式,通过派驻专家、远程会诊、人员进修、科室建设等方式对武川县总医院进行结对帮扶。同时,组织旗下航天医疗健康科技集团有限公司赴商都县进行医疗帮扶专项对接,根据当地需求,确定初步帮扶思路,帮助县医院创建三级医院。此外,对2021年捐赠的小通移动诊疗车,成立专门项目组,进行跟踪服务,购入服务器用于医院管理信息(HIS)系统的部署,增加前置机和虚拟专用网络(VPN)设备,升级车内移动5G网络与VPN网络设备,小通移动诊疗车全年为两县职工进行体检、诊疗1388人次,为基层百姓提供优质、高效、安全、可及的医疗卫生服务。

[中国通用技术(集团)控股有限责任公司
党群工作部　黄　涛]

中国建筑集团有限公司定点帮扶

【概述】 2022年,中国建筑集团有限公司(以下简称"中建集团")深入学习贯彻习近平总书记关于"三农"工作的重要论述和中共中央、国务院定点帮扶工作决策部署,大力弘扬脱贫攻坚精神,扎实开展甘肃省甘南藏族自治州卓尼县、临夏回族自治州康乐县、陇南市康县(以下简称"三县")定点帮扶工作,向三县投入帮扶资金9058.81万元,引进帮扶资金3073.3万元,培训基层干部和技术人员16.3万人次,采购帮销脱贫地区农特产品6928万元,全面完成帮扶工作任务,助力三县未发生规模性返贫,乡村振兴取得重要成果。中建集团帮扶工作得到三县干部群众和社会各界广泛赞誉,受邀加入中国乡村发展协会,帮扶经验在甘肃省新闻发布会、《国资工作交流》《企业文明》等平台广泛传播,连续五年获评中央单位定点帮扶考核"好"等次。

【帮扶资金投入】 2022年,中建集团向三县投入帮扶资金9058.81万元,引进帮扶资金3073.3万元,推动落实帮扶项目134个,助力三县稳步推进产业、文化、人才、生态、组织"五大振兴"。投入5100余万元,建设康乐县现代农业科技示范基地综合服务中心改造提升建设项目、康县阳坝镇山泉水生产基地项目、奋盖川旅游标杆村建设项目等产业帮扶项目。投入1400余万元,开展基层干部、技术人员、致富带头人培训,帮助改善教育基础设施,提高乡村教学水平。投入1973.6万元,实施卓尼县城区人居环境综合改造提升工程、康乐县何家沟村人居环境改造提升项目等,助力当地生态振兴。投入341万元,建设康乐县农村新时代文明实践站所示范建设项目、康乐县何家沟村史馆等,助力文化振兴。投入108万元,帮助康县阳坝镇未子沟村、柯家河村等村庄发展村集体经济,改善村党组织活动场所。

【帮扶调研】 中建集团党组书记、董事长带队赴康县现场调研督导,三县实现公司党组领导调研全覆盖。中建集团乡村振兴办公室及子企业赴三县实地调研278人次,邀请三县领导到中建集团考察交流18人次,组织召开座谈会36次,发出督导函件25份,形成督导报告8份,反馈问题建议26项,督促三县党委、政府落实乡村振兴主体责任。

【帮扶会议】 落实"第一议题"制度,5次召开党组会议和专题会议,及时跟进学习习近平总书记重要指示批示精神,专项部署推进定点帮扶工作。举办中建集团乡村振兴干部培训班,2次参加中央单位定点帮扶工作示范培训班,加强定点帮扶工作纵横交流,进一步提高政治站位。印发中建集团定点帮扶工作要点和任务清单,明确帮扶工作时间表、任务书和路线图,并以党建考核倒逼责任落实。

【帮扶培训】 向三县引进清华大学专业培训力量,在三县建立清华大学乡村振兴远程教学站,免费提供农村文旅项目运营等海量课程培训,分批次线上培训三县干部群众15.6万人次。拨付专项培训资金815万元,举办乡村振兴工作培训班。完成卓尼县优化营商环境等基层干部培训4150人、康县青年民营企业家管理培训班等乡村振兴带头人培训1155人、康乐县酒店服务和管理人员培训等专业技术人员培训1178人。中建集团与康县县委党校共同开办培训专班,组织89名进城务工人员学员完成10天的职业技能培训,并帮助解决就业问题。

【干部挂职帮扶】 坚持"五条标准",选派3名挂职副县长、5名驻村第一书记、4名驻村队员,当好党委、政府"参谋员",政策信息"宣传员",帮扶项目"施工员",群众致富"领航员"。3位挂职副县长均分管协管乡村振兴工作,发挥自身优势,助力帮扶县全面实施乡村振兴战略。挂职干部积极开展定点帮扶和招商引资工作,为康县引进花椒籽油研发建设项目,引进资金3000万元,并受邀参加甘肃省新闻发布会,介绍中建集团帮扶工作经验;协调推进年度帮扶项目建设,助力八松乡纳沟村入选农业农村部"2022年中国美丽休闲乡村"名单,胭脂镇大庄村入选农业农村部"全国'一村一品'示范村镇";积极帮助落实帮扶项目、关心解决群众困难。

【产业帮扶】 帮助三县持续建强特色产业发展链条,助力产业振兴。捐建康乐县旅游大通道、卓尼县奋盖川旅游标杆村、康县旅游产业示范园四期等项目,完善三县旅游基础设施。引进旗下专业运营公司接手康县旅游产业示范园运营工作,实现项目投资、设计、建造、运营的全产业链帮扶。投入1780万元,选派15人专业建设团队捐建康县阳坝镇水厂、中建卓尼蓝泉水厂,盘活水资源,做大水产业。捐建康乐县现代农业科技示范基地,扶持康乐香菇、中药,卓尼藜麦、青稞等特色产业,延伸三县特色产品研发、加工、培训、展销等产业链条。

【教育帮扶】 始终坚持教育帮扶,帮助三县改善乡村教学环境,提升教学水平,助力人才振兴。推进"送教入陇"研学班,以中海教育为依托,指导创建"名师工作室",选拔6名乡村教师到大湾区开展教学培训,选派优秀团队与7家工作室、3所学校结对,全面开展小、初、高整体教育帮扶。设立结对帮扶"奖学班",拨付300万元支持成立卓尼县教育促进会,已完成对467名优秀(困难)师生资助奖励。举办"中海珍珠班""彩虹益路""励志领航"等帮扶活动,"一对一"结对帮扶三县136名困难学生。为康县云台镇关场村、上磨村,碾坝镇寨后沟村发放金秋助学金15万元。

【文化帮扶】 帮助三县加强农村乡风文明建设,助力文化振兴。完善三县文化设施,持续打造卓尼洮砚产业园、卓尼文化商业街等,传承弘扬洮砚雕刻技艺国家级非物质文化遗产。在康乐县打造20个村级文明实践示范点,建设村史馆、乡村书屋、文化广场等文化设施。营造乡风文明氛围,组织550名干部群众开展农村精神文明建设、法律法规等专题培训。开展"行为公益活动",建设"巾帼家美"等积分超市,通过用文明积分圆梦微心愿,引导村民恪守村规民约,践行社会主义核心价值观。开展文化交流互动,联合三县文学艺术界联合会创作县歌《你可曾来咱康县做过客》《锦绣康乐》《人间仙境大峪沟》,通过新华号等主流媒体宣传推广,浏览量超千万次。举办"建证党旗红""安心妈妈"等文化共建活动,开展"民族团结进步示范家庭"评选表彰,助力康乐县获评"全国民族团结进步示范县"。

【生态帮扶】 帮助三县改善美丽乡村人居环境,助力生态振兴。以规划引领三县生态建设,坚持生态保护优先,帮助卓尼县编制全域旅游和大峪沟景区5A级规划。以旅游产业塑造美丽乡村,持续打造卓尼特色产业示范区、康县旅游产业示范园等旅游产业项目,带动三县打造旅游示范村20余个。在康乐县纳沟村,投入2600余万元建设花儿民宿、纳沟游客中心等重点项目,助力纳沟村获评"中国美丽休闲乡村"和"全国示范性老年友好型社区"。持续整治改善人居环境,在康乐县何家沟村、康县张家河村等4个村庄实施"三改造、五建设"项目,捐建康乐县何家沟村蓄水池,实施卓尼县人居环境综合改造提升工程,惠及2万余名当地群众。

【党建帮扶】 持续深化与三县支部结对共建,助力组织振兴。与三县19个村党支部结对,组织党员干部捐款捐物68.76万元,并通过帮助培训村"两委"班子、改造党组织活动场所、开展党员志愿活动等,助力激发乡村振兴战斗堡垒作用。扶持农村集体经济发展,投入3057万元捐建卓尼县桥南传统服装加工厂、康县张家河村木耳大棚、康乐县老树沟村中药合作社等13个帮扶车间,吸纳1344人就地就业。打造示范引领村庄,投入专项帮扶资金,在乡村产业、乡村建设和乡村治理方面全面发力,着力打造乡村振兴示范村,卓尼县奋盖川旅游标杆村成为全州观摩标杆。

【就业帮扶】 坚持鱼渔双授,打造劳务输出示范基地,加强三县群众就业保障。联合甘肃建筑职业技术学院开办中建高级技能人才培训班,帮助74人开展学历提升。降低招录标准,宣传到户到人,招录和劳务转输1726名三县群众到中建集团就业。借鉴全国建筑劳务基地建设经验,组织6家子企业与三县劳务工作办公室对接,签约扶持6家劳务公司,持续打造67个劳务输出示范村,整建制解决劳动力外出就业难题。成立务工人员党校暨技能培训学校,对输转人员进行10天的岗前集训。加强"工友村"建设,开展关爱农村留守儿童百场宣讲进工地活动,强化劳务实名制管理,推动进城务工人员向产业工人转型。

【乡村振兴规划】 坚持规划先行,践行"两山"理念,助力三县擘画乡村振兴美好蓝图。深度参与乡村振兴村庄规划,发挥规划设计优势,帮助康乐县编制完成剩余53个乡村振兴村庄规划,实现乡村规划全覆盖,得到省州领导的充分肯定。组织专业力量参与三县旅游产业发展规划,引进中国建筑大师吴宜夏团队为卓尼县编制旅游发展规划、大峪沟创建国家5A级旅游景区规划,为县域旅游产业发展提供有效指引。打造村庄规划践行样板。选定康乐县纳沟村、何家沟村,卓尼县奋盖川、吾固村,康县张家河村、朱家沟村等为试点,整合资金、人才等帮扶力量,落实村庄规划理念,打造出一批当地乡村振兴样板。

【消费帮扶】 利用庞大合作伙伴群体、全行业最大网络集采平台优势,打造"云筑惠农商城"和"海惠优选"双电商平台,开设"中海优家"消费帮扶实体店,为三县171家企业(合作社)开设网店,上架商品1300余种。拉通生产设计、商标注册、质量监管、推广销售全产业链,开展楼盘营销、客户馈赠、美食品鉴等推广活动60余场,打造"云间沃野"青稞杂粮粥等畅销品牌40余种。引进北京新发地采购商与康乐县大庄村香菇产业园区签订战略协议,163万元香菇直销北京。积极参与"央企消费帮扶兴农周"活动,作为10家央企代表之一现场签约,全年共采购帮销脱贫地区农产品6900余万元。

(中国建筑集团有限公司党建工作部 杜雪松)

中国储备粮管理集团有限公司定点帮扶

【概述】 2022年，中国储备粮管理集团有限公司（以下简称"中储粮集团公司"）认真贯彻习近平总书记关于全面推进乡村振兴重要论述和重要指示批示精神，把定点帮扶工作作为义不容辞的责任，紧密联系帮扶县实际，统筹配置资源，为巩固拓展脱贫攻坚成果同乡村振兴有效衔接、促进定点帮扶县经济社会发展贡献中储粮力量。全年投入无偿帮扶资金7183.42万元，购买农产品41960.1万元，帮助销售帮扶地区农产品51.1万元。中储粮集团公司连续三年获得中央单位定点帮扶工作成效考核评价"好"等次，多次受到国务院国有资产监督管理委员会通报表扬。定点帮扶县黑龙江省兰西县被农业农村部、国家乡村振兴局评为"2022年国家乡村振兴示范县"。在国务院国有资产监督管理委员会组织的"央企消费帮扶兴农周"活动中，采购农产品2.03亿元。消费帮扶经验做法入选国家发展和改革委员会2022年全国消费帮扶助力乡村振兴优秀典型案例。教育帮扶接力推进，"三年筑基工程"助推新疆伽师县教育教学水平大幅度提升，教育帮扶案例入选国务院国有资产监督管理委员会《中央企业助力乡村振兴蓝皮书（2022）》，并荣获新疆维吾尔自治区"第十批中央和国家机关、中央企业援疆工作先进集体"。定点帮扶工作的事迹受到媒体广泛关注，多次被"学习强国"等相关媒体转载。

【帮扶资金投入】 2022年，面对市场粮价居高不下的形势，中储粮集团公司树立过紧日子的思想，积极通过削减各项费用支出的方式缓解经营压力。在帮扶资金投入上坚决"不缩水"，继续在3个定点帮扶县共投入无偿帮扶资金7183.42万元。其中，向伽师县投入无偿帮扶资金5084万元，占总投入的70.8%，投入4384万元用于援建初中、烘干厂、厕所及LED屏幕，投入700万元开展"三年筑基工程"教育培训项目；向兰西县投入无偿帮扶资金1329.42万元，修建4.5米宽水泥道路21.6千米、开展"救急难"行动，帮助困难群众10户；向拜泉县投入无偿帮扶资金770万元，援建3个党员活动室和5个村屯基础设施项目。为定点帮扶县引进帮扶资金183.3万元。

【帮扶资金管理】 连续四年对定点帮扶项目开展专项审计，实现审计监督全覆盖。9月，中储粮集团公司党组专门听取2021年定点帮扶专项审计的报告，针对审计发现的定点帮扶县在项目实施和手续等方面的问题，要求认真落实问题整改主体责任，承担帮扶任务的分（子）公司督促地方有关部门做好审计发现问题整改，发挥好选派到定点帮扶县挂职干部的作用，强化对帮扶项目建设及问题整改工作的跟踪督导，充分发挥帮扶资金使用效益。形成督促指导报告10份，向定点帮扶县政府及其有关部门发督导函10次，发现并反馈问题28个，基本做到立行立改，当年整改完成。将帮扶工作纳入纪检监察监督范围，开展帮扶领域作风问题专项治理，全系统未发现帮扶领域腐败问题，持续打造帮扶"廉洁工程"，营造风清气正的帮扶环境。

【帮扶调研】 主要负责同志及分管公司领导先后深入定点帮扶县实地考察调研，与地方党委、政府座谈，共商乡村振兴大计；协调地方党委、政府,深入定点帮扶县黑龙江省兰西县等实地调研,深入考察帮扶项目建设情况,对持续推动定点帮扶工作提出明确要求;赴伽师县调研督导工作,实地考察集团公司援建的小学、果品保鲜库及新梅产业园,要求加快推进项目建设,确保及早投入使用,发挥投资效益;两次通过视频方式调研拜泉县定点帮扶工作,与县委、县政府主要领导交流意见,研究推动定点帮扶工作的具体办法。

【帮扶会议】 中储粮集团公司党组高度重视定点帮扶工作,把定点帮扶工作作为全面推进乡村振兴的重要抓手,持续加强统筹领导。召开党组会议研究部署定点帮扶工作,提出年度帮扶资金投入不低于2021年的总要求,审议2022年度定点帮扶项目,把各项工作谋划在先、抢抓在前。制定2022年定点帮扶工作实施意见,召开乡村振兴工作会议,与承担帮扶任务的分(子)公司签订年度帮扶责任书,层层压实责任。

【帮扶培训】 联合中国大连高级经理学院举办帮扶干部培训班,精心选择培训课程,对公司系统近400名帮扶干部和帮扶工作人员进行培训,帮助他们开阔视野、增长见识、提升能力,更好适应新时期帮扶工作需要。同时,在3个定点帮扶县加大基层干部、专业技术人员、乡村振兴带头人培训,支持他们尽快提升专业能力,尽早成为乡村振兴骨干力量。全年培训基层干部1266名,培训技术人员935名,培训乡村振兴带头人367名,成为帮扶县持续发展的可用之才。

【干部挂职帮扶】 选派6名挂职干部到3个定点帮扶县挂职,3名干部担任县委或县政府副职,分管或协助分管乡村振兴工作,3名干部担任驻村第一书记。同时,新疆分公司选派驻村干部员工42人,组成13个驻村工作队。他们把帮扶县的事当作自己的事,真心实意帮助解决实际问题,在派驻一线全情投入、成长成才,成为定点帮扶县委、政府和相关部门的好帮手,成为地方党委、政府离不开,干部群众能信赖的好干部。

【产业帮扶】 坚持把企业优势同帮扶地区的资源禀赋紧密衔接起来,助力伽师县在新梅产业建链、补链、延链上下功夫,走出一条产业强、农民富的特色产业发展道路。重点围绕补齐产业链短板集中发力,邀请农业农村部专家和人民网等主流媒体前往伽师县调研考察,围绕新品开发、品牌塑造、渠道构建等,为伽师新梅产业把脉献策;先后援建南疆地区仓容最大的果蔬冷库、支持果农成立专业合作社,并实现与京东智能供应链中心有效对接,通过冷藏保鲜、收储调控、错峰销售,促进农民增收。无偿投入300万元建设果蔬脱水处理和热风烘干厂,解决次级果售价低、销售困难等问题。该项目可辐射周边15个村组,处理加工新梅废果1000吨左右,年产值可达300余万元,提高农产品附加值。同时,积极发挥体系优势,组织系统企业集中采购、发动员工购买,利用各种展会和媒体全方位宣传报道,助力新梅走出去、品牌打出去,特别是在"央企消费帮扶兴农周"活动中,新疆伽师新梅销售额一周内突破百万元。如今伽师新梅种植面积达45万亩,已成为当地的重要产业支柱和全国最大的新梅种植基地。

【教育帮扶】 投入4300万元在伽师县开展教育帮扶。从硬件投入抓起,持续解决学位紧张问题。应当地政府需求,计划利用两年的时间,每年投入4000万元,为伽师县新建一所初级中学。推动"硬件投入"与"软件提升"双向发力,助力伽师县教育质量持续提升。从软件提升入手,创新教师队伍培育模式。投入700万元,开展"伽师县区域教育质量千日筑基工程"项目,项目开展以来,学生学习成绩提高,学习兴趣浓厚,效果显著。以巴仁镇第五中学期末数学成绩为例,经考试成绩对比发现,平均分、及格率、优秀率都有较大提高,低分率明显下降,最高分由之前的89分提至100分。随着项目的开展,教师自身的教育教学能力得到全面提升。

【特色帮扶】 政策惠农。树立"大帮扶"工作理念,发挥收储体系优势,严格执行国家收购政策,十余年来累计直接收购农民粮食近10亿吨,助农增收2000亿元以上,仅2022年在拜泉县、兰西县、伽师县共收购农产品总价值4.2亿元,在243个中央企业定点帮扶县收购农产品价值2亿元,坚决守住农民种粮卖得出的底线,确保收获的粮食颗粒归仓,农民种粮得实惠。科技助农。针对市场信息不对称、农民卖粮信息渠道有限等实际问题,积极打造"互联网+粮食"电商交易平台,陆续开发出政策性粮油"一卡通"系统和"惠三农"综合服务平台,帮助农民足不出户即可预约售粮,实现让数据多跑路,让农民少跑腿、快售粮,农民结算粮款越来越安全、便捷,有效避免委托和租赁的地方企业给售粮农民"打白条"问题。服务利农。发挥公司系统技术优势,推行储粮技术进万家,为农民提供粮食市场信息、宣传粮食储藏知识,引导农民合理调整种植结构,生产适销对路的农产品,提升农民"造血"功能。

(中国储备粮管理集团有限公司 姚惠宇)

国家开发投资集团有限公司定点帮扶

【概述】 2022年,国家开发投资集团有限公司(以下简称"国投")深入学习党的二十大精神,坚持无偿捐赠总体投入稳定,不断加大产业投入帮扶力度,创新拓展帮扶成效,扎实创新开展定点帮扶工作,聚焦重点、难点,统筹协调、精准施策,调动一切积极因素,全面完成全年各项帮扶工作。全年向定点帮扶县共无偿投入9078万元,无偿引进40.36万元,成功帮助引进帮扶资金7466万元、实现招商引资5100万元;完成年度乡村基层干部、致富带头人、专业技术人才等培训3175人次;全年采购脱贫地区农产品1046.56万元、帮助销售农产品1749.31万元。在中央单位定点帮扶工作成效考核评价中被评为"好"等次。

【帮扶资金投入】 2022年,国投向定点帮扶县投入帮扶资金40058.66万元,其中直接无偿投入9078万元(含工会以购代捐帮扶投入949.82万元,平均每县无偿投入2269.5万元),直接投入有偿帮扶资金30980.66万元,帮助持续巩固拓展脱贫攻坚成果。在宁县投入无偿帮扶资金1979.18万元,涵盖产业帮扶、教育资助、医疗帮扶、金融帮扶、技能培训、党建帮扶、消费帮扶7类10个项目。投入有偿帮扶资金116万元,引进"期货+保险"帮扶项目1个。在合水县投入无偿帮扶资金1871.78万元,涵盖产业帮扶、基础设施建设、教育资助、乡村建设、医疗援助、党建帮扶、技能培训、消费帮扶8类11个项目,引入无偿帮扶资金35.81万元。在平塘县投入无偿帮扶资金2134.4万元,涵盖产业帮扶、教育资助、医疗帮扶、乡村建设、党建帮扶、技能培训、消费帮扶7类12个项目。投入有偿帮扶资金3.09亿元,引进有偿帮扶资金750万元。在罗甸县投入无偿帮扶资金3092.5万元,涵盖教育资助、乡村建设、党建帮扶、公益慰问、医疗资助、技能培训6类21个项目。引入有偿帮扶资金6600万元,实现招商引资5100万元。

【监督管理】 国投乡村振兴办公室共到定点帮扶县督促指导工作4次,对以往帮扶项目运转情况进行专项检查,并对列入计划的帮扶项目进行广泛调研,认真听取县委、县政府的工作建议。

【帮扶调研】 共有81人次赴定点帮扶县调研督导。国投党组成员先后带队赴全部4个定点帮扶县进行实地调研,实现集团领导调研督导全覆盖,调研期间多次与帮扶地区的市(州)委、市(州)政府,县委、县政府召开定点帮扶工作现场推进会,督促指导帮扶工作落实落细。

国投党组提出深入研究如何更好做好乡村振兴工作的课题。国投乡村振兴办公室牵头成立工作专班,先后到访国家乡村振兴局、国务院国有资产监督管理委员会社会责任局,实地调研甘肃、贵州等帮扶地区,与政府部门、受援对象、挂职干部交流访谈,通过线上、线下相结合的方式与多家中央企业交流帮扶经验和做法,编制《国投乡村振兴工作研究报告》,探索提出以产业投资为重点方向,无偿援助与产业投资相结合,统筹协调国投产业优势与地方资源禀赋,一县一策、量力而行、务求实效,努力打造具有国投特色的可持续振兴帮扶模式。

【帮扶会议】 国投党组深入学习党的二十大及十九届历次全会精神,贯彻落实习近平总书记关于乡村振兴工作的重要论述,召开1次党组会研究部署帮扶工作,先后召开3次专题研讨会推进落实帮扶计划。国投成立专班统筹推进定点帮扶,探索新时期国投助力乡村振兴工作路径。

【帮扶制度建设】 修订《国投乡村振兴帮扶资金和项目管理办法》《挂职干部和帮扶工作人员廉洁从业若干规定》等制度,确保各项工作有效合规地在帮扶地区落实落地。

【帮扶培训】 专项列支120万元无偿帮扶资金用于定点帮扶县基层人才培训,全年共培训定点帮扶县基层干部1228人次、乡村振兴带头人450人次、专业技术人才1497人次,带动提高基层干部素质,助力提升定点帮扶县基层治理水平。在甘肃合水县,邀请解放军总医院第一医学中心外周中心静脉导管(PICC)专项组成员、肿瘤内科护士长,围绕PICC的概念、适应证、禁忌证、维护流程、注意事项、患者健康教育及居家护理等内容结合临床实践为参训人员进行详细讲解,提升定点帮扶县医护工作的服务质量。

【干部挂职帮扶】 在4个定点帮扶县共有8名挂职干部在岗履职,确保每县分别派驻1名分管帮扶工作的副县长和1名驻村第一书记。国投帮扶挂职干部充分发挥自身优势,既当帮扶干部,又当项目专家,扎根帮扶一线,同当地百姓想在一起、干在一起。合水县挂职干部联系中国-加拿大肉牛产业合作联盟引进甘肃润泽合一生物科技有限公司,落地投产中国-加拿大肉牛产业合作联盟项目;平塘县挂职干部积极联系社会爱心人士一起结对帮扶家庭条件相对困难、品学兼优的10名中小学生,每年资助每人2500元;嵩咀铺村驻村第一书记利用"第一书记讲党课"和"主题党日活动"带领全村党员学习《中共中央 国务院关于做好2022年全面推进乡村振兴重点工作的意见》、党的二十大精神,结合退苗还田、保障粮食安全等实际工作为党员解难题、为村民百姓办实事。

【产业帮扶】 深入与帮扶县对接研究投资机会,经反复调研磋商,在贵州省投资落地300兆瓦新能源项目。2022年度实际完成投资30980.66万元。其中,200兆瓦光伏项目完成投资26980.66万元,成为平塘县第一家新能源发电企业;100兆瓦风电场项目全年实现投资4000万元,助力平塘县实现"双碳"目标。10月,国投与贵州省罗甸县签订新能源投资协议,项目总投资16亿元,建设装机容量约为200兆瓦风电场、150兆瓦农业光伏电站等。

【教育帮扶】 投入3469.2万元,先后实施宁县鲁甲小学低碳取暖校园维修、合水县三里店小学搬迁、罗甸县第六小学教学楼建设、平塘县第四中学教学楼建设等项目,有效解决易地扶贫搬迁户子女入学难问题;通过中国乡村发展基金会,在定点帮扶县开展"新长城自强班"项目,持续资助困难高中生、大学生完成学业;通过上海真爱梦想公益基金会援建"真爱梦想中心教室"、开设"运动梦想课",帮助困难家庭学生素养提升。

【文化帮扶】 投入无偿帮扶资金200万元将罗甸县沫阳村闲置小学改造为就业帮扶车间和布依文化中心,引进贵州吉森垚鞋业有限公司,购买就业车间设备60套,改造染料储藏室等各功能室790平方米,购买文化活动设备。自10月投入生产以来,该项目已帮助解决周边农户就近务工296人,实现打工、看家两不误,人均月收入3000元,实现产值88.8万元。建成贵州省文化展示区、文创产品销售区、文艺队伍活动和民俗节日活动场所,展示布依族特色的民俗、节庆、婚俗、服饰、日常生活生产物件,传承文化记忆,展示以扎染、蜡染、刺绣为主的民族文化创意手工艺品,开展农耕文化研学、体验、交流等活动。

【健康帮扶】 投入1290万元,支持宁县、罗甸县购置负压救护车、核酸标本转运车辆等车载急救设备,提升定点帮扶县整体疫情防控响应能力;支持合水县采购96孔核酸检测扩增仪,提升合水县核酸检测日单检10000管能力;支持平塘县、罗甸县建设疾病预防控制中心、乡镇核酸实验室,有效提升县乡疫情防控和医疗救治服务能力。

【消费帮扶】 持续开展与央企消费平台、"公益中国"等多个电商平台的合作。印发《关于继续组织消费帮扶并积极开展"消费帮扶新春行动"的通知》《关于积极组织参加"央企消费帮扶兴农周"活动的通知》,高位指导组织开展"消费帮扶新春行动",积极参与国务院国有资产监督管理委员会组织的"央企消费帮扶兴农周"活动。同时,依托挂职干部加强地企联动举办直播带货活动。2022年共实现购买脱贫地区农产品1046.56万元,帮助销售农产品1749.31万元;着力解决农特产品产、供、销中的一系列难题,促进脱贫地区产业发展,助力脱贫群众增收。

【特色帮扶】 受托管理的两只国家级产业基金("欠发达地区产业发展基金""中央企业乡村产业投资基金")将工作重心转向服务乡村振兴战略,新成立5只产业子基金服务乡村振兴。立足打造以"农业农村现代化"为核心的现代产业体系,国投创益产业基金管理有限公司聚焦农业科技、资源开发、清洁能源、先进制造、医疗健康等领域,兼顾社会效益和经济效益,通过市场化运作,实现滚动投资和可持续发展,成为中央企业服务国家战略的特色品牌和重要载体。截至2022年年底,共投资决策项目235个,投资金额超580亿元,引领撬动社会资本超3500亿元,累计带动就业360万人次,为就业人口提供收入4000亿元,为地方政府贡献税收1000亿元。

2022年2月,国投创益产业基金管理有限公司领投汇通达网络股份有限公司,聚焦解决中国乡村零售"夫妻店"普遍存在的资金和库存周转难,经营管理工具、方式和理念落后等问题,助力持续加强对乡镇零售店和传统产业互联网平台改造升级。汇通达网络股份有限公司已覆盖21个省2.2万个乡镇,拥有19.2万家会员零售店,累计培训农村电子商务人员13万人,带动超3万名新农人返乡就业。

(国家开发投资集团有限公司
乡村振兴办 刘 骋)

招商局集团有限公司定点帮扶

【概述】 2022年,招商局集团有限公司(以下简称"招商局集团")深入学习习近平总书记关于"三农"工作的重要论述,坚决扛起定点帮扶责任,切实把巩固拓展脱贫攻坚成果、防止出现规模性返贫作为首要政治任务,进一步创新思路理念、方式方法和工作举措,持续做好乡村建设、乡村发展和乡村治理等各项工作,为帮扶县注入"三力"推进"三兴",助力有效衔接乡村振兴。招商局集团在中央单位定点帮扶工作成效考核评价中被评为"好"等次。

【帮扶资金投入】 2022年,招商局集团投入无偿帮扶资金16618.42万元(含其他地区帮扶资金736.64万元),主要用于补齐民生短板、支持产业发展、促进乡村建设。引进无偿帮扶资金361.75万元,引进有偿帮扶资金8410.76万元,引进帮扶项目或企业9个,培训县乡村基层干部752人次,培训乡村振兴带头人375人次,培训专业技术人才16136人次,购买脱贫地区农产品4348.21万元,帮助销售脱贫地区农产品2132.24万元。

【帮扶调研】 赴定点帮扶县考察调研共76人次,其中主要负责同志1人次,班子或党组成员5人次,司局级及以下70人次。招商局集团相关领导与毕节市及威宁彝族回族苗族自治县(以下简称"威宁县")相关领导就推进威宁乡村振兴进行深入交流,督促加快2022年度帮扶工作进度;与蕲春县就蕲春产业转型升级及乡村振兴示范区打造开展现场调研;带队赴新疆维吾尔自治区莎车、叶城两县,召开专题会议研究部署稳就业、促发展等相关举措落地落实。此外,就帮扶项目开展专项调研,形成专项报告5份。其中,对威宁县和蕲春县巩固脱贫攻坚成果存在的基础设施短板,叶城县和莎车县产业发展存在的物流薄弱环节,开展专题调研,并以此为依据落实开展相关帮扶项目。同时就现场发现的问题,与帮扶县及时沟通并督促整改,包括督促威宁县完善幸福乡村卫生室附属配套,督促蕲春县出台2022年产业振兴规划方案,督促叶城县及时验收"访惠聚"项目,督促莎车县规范项目管理等。

【帮扶会议】 全年组织召开高层次帮扶工作专题会议10次。其中,多次召开专题会议,学习传达习近平总书记系列重要讲话精神,强调参与定点帮扶不仅是脱贫地区实现跨越式发展的迫切需要,也是中央企业深化改革、拓展发展空间的重要机遇,要进一步加大帮扶力度、强化帮扶举措,把帮扶工作做出招商特色。3月,就2022年帮扶工作进行部署,要求将帮扶资源用到刀刃上、效果落在老百姓心坎上,督促落实不出现规模性返贫的底线要求,全面推进帮扶地区乡村振兴。

【帮扶培训】 培养乡村公共服务人才、培育乡村振兴带头人是招商局集团推进人才振兴的有力举措。一方面,通过与专业社会组织合作,重点为乡村医生、教师提供定制化、高质量培训,年内共培训16136人次。与中国人口福利基金会合作,邀请具有丰富诊疗经验的专家开展中医适宜技术培训;与北京慈弘慈善基金会、上海互济公益基金会合作,向蕲春、威宁乡村教师提供阅读技巧、教学管理等培训;与中央企业远程医疗平台合作,链接北京安定医院优质师资,为威宁县教师提供中小学生心理健康教育和辅导培训。另一方面,支持帮扶县通过赴优秀示范点交流学习,大力培育乡村"领头雁",不断提升乡村干部抓产业领航乡村发展的能力,带领帮扶地区村民走向共同富裕。

【干部挂职帮扶】 在4个定点帮扶县派驻挂职副县长4名、驻村第一书记4名、驻村工作队员8名。4个定点帮扶县的挂职副县长一方面协调各县乡村振兴专班跟进落实2022年帮扶工作计划,确保各帮扶项目按期推进,帮扶资金发挥实效;另一方面结合自身业务领域及资源优势积极参与各县经济发展,为帮扶县引进有偿帮扶资金8400多万元,招商引资6400多万元。驻村第一书记坚守一线,带领村干部和群众做好乡村振兴项目建设和疫情防控工作。其中,叶城县和莎车县驻村书记深入开展"民族团结一家亲"活动,全力解决群众生活物资保障问题,筹措资源为困难群众送去"暖心煤""暖心包"。

【脱贫成果巩固】 做好帮扶县医疗、教育、就业等基本公共服务提升工作,为脱贫人口持续提供生产生活保障。优化县域教育资源配置、促进教育均衡发展,向威宁县投入1亿元无偿帮扶资金援建招商局威宁育才高中;持续在叶城县和莎车县以"工装援疆"开展校服捐赠项目,不断改善边疆学生学习生活条件;在蕲春县全面调研乡镇巩固脱贫需求,投入专项资金补短板。

【产业帮扶】 开展产业帮扶项目8个,引进帮扶项目5个,扶持龙头企业及合作社14家。支持威宁县迤那镇中海村、幺站镇平原村乡村振兴示范点建设,为两个示范村改造养牛圈舍、种植玉露香梨等,推进产业标准化发展;支持蕲春县以提升油茶产业基础,做强初加工、探索深加工为工作思路,在6个示范村建设初加工、深加工车间,建设产业路和晒果厂,促进油茶产业的延链补链强链;支持叶城县在伯西热克乡9村、10村完善基础设施,提升村容村貌,支持村民发展庭院经济、路边经济、夜市经济等多元乡村旅游业态,增强村经济活力;助力莎车县完善驼奶乳制品加工厂设施设备并链接销售渠道,持续培育壮大驼奶特色产业;支持莎车县新建温室大棚56座,加快设施农业向高效、特色迈进,帮助种植户种出致富好"钱景"。依托挂职干部向帮扶县引入电商平台、产业园、服饰鞋类等产业基地项目5个,累计签约额达6.52亿元,为帮扶县经济业态增添活力。

【教育帮扶】 投资1亿元建设招商局威宁育才高中,教育帮扶基本形成"强基赋能并重,全程贯通培养"的育才模式。持续开展小学生"悦读成长计划",联系社会力量,累计为威宁县捐建图书角1250个、配书12.5万册,并举办"招商杯"小学生阅读创作大赛,引领乡村阅读新风尚。支持举办"招商杯"校园足球联赛,威宁县67支队伍1600名中小学生参赛,展现乡村少年新风貌,强化乡村凝聚力。

【文化帮扶】 支持派驻新疆叶城县驻村第一书记及驻村工作队在3个驻点村开展文化街建设,丰富老年活动中心活动等,不断完善文化阵地,满足群众精神文化需求。

【生态帮扶】 立足帮扶县民生短板,以保护生态、改善环境为出发点,助力完善生产生活基础设施,提高居民生活便利化水平。支持蕲春县在3个乡镇4个村实施生态振兴项目,建设桥梁、产业灌溉工程及泄洪闸等,解决群众出行难、用水难、易受灾等问题。支持威宁县、叶城县实施环境整治项目,改善人居环境,建设生态宜居新农村。

【党建帮扶】 充分发挥基层组织的带动作用,在乡村振兴示范村实施"党建+"项目,凝心聚力,纵深推进党建工作与乡村振兴深度融合,实现强村、富村、美村。以集团15个党支部与帮扶县脱贫村结对为抓手,以"补足一批短板、发展一批产业、引进一批企业、培育一批自组织"为导向,因地制宜设计和落地帮扶项目。实施"党建+民生"项目,为威宁县修建产业蓄水池,为蕲春县修建冷库、行人桥,为叶城县修建乡村卫生室、老年活动中心等,补足民生短板,建强村庄基础;实施"党建+产业"项目,打造威宁肉牛、蕲春油茶、叶城农旅、莎车驼奶等一批兴村富农产业基地;实施"党建+企业"项目,为蕲春县乡村振兴示范点项目村建立加工厂、配套用房以"筑巢引凤",不断壮大村集体经济;实施"党建+自组织"项目,组建威宁县环境整治志愿者队伍,威宁寨营村、新田村产业用水管理小组,蕲春乡村幼儿家长委员会,叶城县乡村旅游小组等自组织,改善农村人居环境,完善产业设施,不断激发农村自治活力,创新乡村治理模式。其中,叶城县伯西热克乡阿亚格喀拉巴格村因成效显著,被列为新疆维吾尔自治区级乡村振兴示范村。

【革命老区建设】 向吉安市青原区捐赠防护服、口罩、测试管等物资,助力疫情防控工作,保障帮扶地区人民群众安全。投入300万元支持吉安市阳明中学、吉安市第一中学打造名校,协调吉安市第一中学与吉安市阳明中学结对合作办学,包括管理层选派培养、教师结对提升、教学资源共享等;开展师资培训项目,选拔全区优秀学校管理人员和名课带头人,到全国名校跟班学习。

(招商局集团有限公司
定点帮扶乡村振兴办公室 周园翔)

华润(集团)有限公司定点帮扶

【概述】 2022年，华润(集团)有限公司(以下简称"华润集团")定点帮扶江西省广昌县、宁夏回族自治区海原县。按照中共中央、国务院关于乡村振兴工作的统一部署，华润集团以习近平新时代中国特色社会主义思想为指导，持续助力广昌县和海原县巩固拓展脱贫攻坚成果同乡村振兴有效衔接，同时主动参与革命老区脱贫攻坚，在全国建设12座"华润希望小镇"。在广昌县，选派1名干部挂职广昌县委常委、副县长，捐赠帮扶资金1319.6万元重点开展"华润希望乡村"项目建设和乡村振兴工作。完成"华润希望乡村-莲心姚西"二期项目建设，完善村内公共配套和基础设施建设，支持广昌县发展孟戏保护传承和青少年足球事业；充分发挥华润集团旗下华润万家超市的平台和渠道优势，帮扶广昌县销售白莲等农产品达1199.28万元；协调动员华润集团在赣企业结合各自需求实际，优先选购广昌县白莲、茶树菇、藕粉等农副产品，消费帮扶采购金额达56.31万元。在海原县，选派1名挂职干部和1名驻村第一书记，捐赠3558.6万元重点帮扶肉牛养殖项目、"华润希望乡村"项目建设和"一对一"帮扶海原贫困大学生助学项目，并统筹协调下属单位，开展产业帮扶、医疗帮扶、教育帮扶。

【帮扶资金投入】 为整合华润集团的定点帮扶资金和企业资源，规范定点帮扶项目运作，于2010年1月在民政部发起成立华润慈善基金会，统一口径具体实施华润集团的定点帮扶项目。2022年，华润慈善基金会共对外捐赠资金23985.82万元，支持定点帮扶项目、"华润希望小镇"建设、文化、教育等公益事业发展。其中，向定向帮扶县捐赠资金总额4878.2万元，占对外捐赠总额的20.34%。向广昌县捐赠1319.6万元，其中1065万元用于"华润希望乡村-莲心姚西"二期项目建设，100万元用于支持青少年足球事业发展，50万元用于孟戏保护与传承项目，30万元用于支持广昌县参加华润集团定点帮扶与对口支援县干部培训班，23.5万元用于设立华润助学金，12.6万元用于开展"救急难"活动；向海原县捐赠3558.6万元，其中2700万元用于支持海原县开展肉牛屠宰厂建设项目，739万元用于在曹洼乡南河村建设"华润希望乡村"项目，78.4万用于"一对一"帮扶海原贫困大学生助学项目，21.2万元用于支持海原县打赢疫情防控阻击战，20万元用于海原希望小镇物业管理项目。

【帮扶资金管理】 联合定点帮扶县一起"管钱"，从项目前期预算到后期审计对帮扶资金实施严细的过程管理。在广昌县重点推进"华润希望乡村-莲心姚西"二期项目建设，广昌县提交的项目预算为9628782.82元，华润集团对项目进行预算审核，预算核减为9543574.28元。华润集团要求广昌县审计局对该项目进行专项审计，这种精益求精、严抓细管的帮扶工作作风受到当地政府和村民的普遍好评。

【帮扶调研】 高度重视和定点帮扶县的互访工作。华润集团党委成员及集团其他相关领导，以及集团乡村振兴领导小组和领导小组办公室成员累计赴广昌县现场考察督导帮扶工作36人次；赴海原县现场考察督导帮工作16次25人次。

【帮扶会议】 共召开2次专题帮扶工作会议,分别为2月召开的华润集团党委会和华润集团董事会,2次会议均听取华润集团2021年定点帮扶广昌、海原两县的工作汇报,并审议通过2022年定点帮扶工作计划。按照定点帮扶工作计划,在广昌县重点开展"华润希望乡村"项目建设及白莲产业帮扶项目,并积极开展产业、人才、文化、生态和组织振兴帮扶项目;在海原县继续支持肉牛养殖产业,建设"华润希望乡村"项目,并统筹协调下属单位,在产业、人才、文化、生态和组织振兴多领域帮扶海原县巩固拓展脱贫攻坚成果同乡村振兴有效衔接。

【帮扶培训】 完成培训县乡村基层干部136名,其中海原县104名、广昌县32名;完成培训乡村振兴带头人16名,其中海原县10名、广昌县6名;完成培训专业技术人才836名,其中海原县786名、广昌县50名。

【干部挂职帮扶】 向广昌县、海原县先后选派3名厅级干部、6名处级干部和3名驻村第一书记,分别担任中卫市副市长、海原县副县长、海原县县长助理、广昌县副县长、海原县曹洼乡曹洼村驻村第一书记等职务,挂职干部全部协助分管帮扶工作。

【产业帮扶】 华润集团累计捐赠4.42亿元,帮扶海原县发展肉牛养殖产业。首先,向海原县捐赠2.65亿元,建设一座存栏10000头,设有母牛隔离舍、育肥舍、高档肉牛繁育舍、草料棚、青贮窖、办公生活区等功能的草畜一体化肉牛养殖基地。其次,向海原县捐赠1.2亿元,创办"基础母牛银行"帮扶模式,即每头价值1万元的母牛,由华润集团提供6000元赊销款,政府提供2000元帮扶资金,农户自筹2000元即可领回,这样每户农户只用花4000~10000元认养2~5头基础母牛,就可建立一个小型的家庭农场。农户饲养的基础母牛产下牛犊后,母牛犊留存用来扩大养殖规模,公牛犊作为肉牛,由农户育肥后再由华润集团回购并抵顶农户每头6000元的赊销款。华润集团将回购的肉牛集中加速育肥后统一销售,收回的赊销款继续帮扶更多农户开办家庭农场。按这种模式,一户农户赊销5只母牛,经过5年的帮扶周期,可实现存栏牛23.75头,5年累计增收14.25万元。

2021年,捐赠3000万元帮扶海原县建设的年屠宰6万头肉牛的屠宰厂已经投产运营,从饲草种植到肉牛养殖,一直到屠宰销售,海原县肉牛养殖全产业链已初步形成。2022年,捐赠2700万元用于支持县里基础母牛扩群工作。在华润集团的持续帮扶下,海原县已经成为西北地区乃至全国高端肉牛繁育集散地之一,肉牛养殖帮扶产业已经发展成为海原县的支柱产业之一。

【人才帮扶】 开展"一对一"帮扶海原县300名贫困大学生的助学项目,为每位贫困大学生每学期资助2000元助学金,其中华润集团各利润中心经理人或员工个人捐赠1000元,华润慈善基金会配捐1000元。截至2022年10月,累计开展8期助学活动,总共资助454名2124人次海原贫困大学生,累计捐赠424.8万元。其中,2022年完成第7期和第8期助学金的拨付工作,共计56.4万元。

【基础设施建设】 在广昌县,2014—2020年,共捐赠4533万元完成4个"共创小康"项目的援建工作。2021年,捐赠1000万元在驿前镇姚西村开展"华润希望乡村-莲心姚西"一期项目建设。2022年,捐赠1065万元开展"华润希望乡村-莲心姚西"二期项目建设,其中投入414.7万元用于改善农村人居环境,投入65.84万元用于垃圾分类和污水治理,投入413万元用于完善农村生活设施,进行户厕改革86户。

在海原县,捐赠739万元在曹洼乡曹洼村

建设"华润希望乡村"项目,其中投入516万元用于改善农村人居环境(包括生活垃圾和污水治理12.4万元、户厕改革35户),投入191万元用于完善农村生活设施项目。

"华润希望小镇"是华润集团的品牌公益项目。自2008年开始,共捐资超12亿元,在全国建成广西百色、河北西柏坡、湖南韶山、福建古田、贵州遵义、安徽金寨、江西井冈山、宁夏海原、贵州剑河、湖北红安、陕西延安、四川南江12座"华润希望小镇",甘肃康乐、吉林通化、河北张北、内蒙古阿尔山、山东沂蒙5座"华润希望小镇"正在规划建设中。"华润希望小镇"直接受益农民总计3000余户10000余人,辐射带动小镇周边县100万余人脱贫致富奔小康。2022年,投入20万元用于海原希望小镇物业管理项目,进一步提升小镇的人居环境。

【健康帮扶】 在广昌县持续开展"救急难"项目,捐赠12.6万元,资助61名因病、因残困难群众。华润医药集团有限公司于8月在广昌县驿前镇姚西村开展义诊活动,为受诊群众捐赠"润心健康包"家庭常备药箱200个,总价值近5万元。此外,华润医药集团有限公司还向海原县曹洼乡捐赠一批价值20万元的家庭常备药品。

[华润(集团)有限公司办公室　周建章]

中国旅游集团有限公司定点帮扶

【概述】 2022年,中国旅游集团有限公司(以下简称"中旅集团")深入学习贯彻习近平新时代中国特色社会主义思想和习近平总书记关于"三农"工作重要论述,严格落实"四个不摘",强化组织领导,加大资金投入,发挥主业优势,创新帮扶举措,全面高质量完成贵州省黎平县,云南省西盟佤族自治县(以下简称"西盟县")、孟连傣族拉祜族佤族自治县(以下简称"孟连县")、香格里拉市、德钦县5个县(市)定点帮扶工作和四川省马边彝族自治县(以下简称"马边县")、雷波县协助帮扶工作。向5个定点帮扶县(市)直接投入无偿帮扶资金3360万元,引进帮扶资金837.33万元,培训县乡村基层干部619人,培训乡村振兴带头人129人,培训专业技术人才1410人,购买脱贫地区农产品420.81万元,帮助销售脱贫地区农产品661.71万元。

【帮扶资金投入】 2022年,中旅集团向5个定点帮扶县(市)直接投入无偿帮扶资金3360万元,继续加大对国家乡村振兴重点帮扶县中的香格里拉市和德钦县无偿帮扶资金投入力度,引进帮扶资金837.33万元。

【消费帮扶】 购买脱贫地区农产品420.81万元,帮助销售脱贫地区农产品661.71万元。发挥旅游零售渠道优势,在中旅集团所属全球最大单体免税城——海口国际免税城和三亚国际免税城设立"星旅云品"助农专区。不断拓宽销售渠道,通过"公益中旅协""中旅通"等多个线上平台帮助销售脱贫地区农产品。

【干部挂职帮扶】 将定点帮扶工作作为培养年轻干部的重要平台,按照"压茬交接"工作要求,选派7名(含驻村第一书记2名)政治素质好、工作作风实、专业素养高、综合能力强的干部投身帮扶一线。挂职干部平均年龄43岁,其中"80后"干部4人,均协助分管乡村振兴和文化旅游工作,组织实施一批产业发展、文化旅游、人才培训、民生保障等帮扶项目,得到当地干部群众的广泛赞誉,展现挂职干部的良好形象。

【帮扶调研】 3月、5月,中旅集团党委书记、董事长带队分别赴云南省西盟县、孟连县、香格里拉市、德钦县,贵州省黎平县现场调研,实现集团5个定点帮扶县(市)调研全覆盖,全面指导推进集团定点帮扶工作。中旅集团党委副书记赴定点帮扶县调研。全年共有3名党委委员调研定点帮扶县,持续高位推动定点帮扶工作。

【帮扶会议】 全年召开党委专题会议1次,集团领导定期听取帮扶工作汇报,指导各项工作有力有序推进。各二级公司共召开22次会议,专题部署推进帮扶工作。出台《中国旅游集团2022年深化巩固拓展脱贫攻坚成果同乡村振兴有效衔接工作意见》,制订全年定点帮扶工作计划。持续深化"集团负总责、二级公司抓落实、帮扶干部驻点帮扶"三级帮扶工作体系,与各二级公司签订集团帮扶工作责任书,压紧压实帮扶责任。

【产业振兴】 一方面,充分发挥旅游主业优势,开展旅游产业帮扶。通过发展乡村旅游,以一业带动"三农",促进农文旅融合发展,在定点帮扶的黎平县黄岗村、香格里拉市小中甸镇联合村、德钦县玉杰村、西盟县里坎村、孟连县拉嘎村和协助帮扶的马边县福来村、雷波县唐家山村打造中旅集团美丽乡村项目，5个美丽乡村项目已投入运营，2个美丽乡村项目正在详细规划。在黎平县，投资1300余万元打造黄岗村美丽村宿项目，策划组织黄岗村"喊天节"活动，推介"神韵黄岗·喊天节"旅游精品路线，活动期间接待游客2万人次，实现旅游综合收益200余万元。在马边县，协助中共中央纪律检查委员会、国家监察委员会在四川省马边县投资建设旅游产业帮扶项目——卡莎莎乡村度假区，将其打造成为一个集"彝、茶"文化为内核，"产品有卖点、效益能持续、帮扶有实效、产业有引领、模式有创新"的美丽乡村标杆项目，招募培训30余名村民，户均年增收近3万元。另一方面，因地制宜开展特色产业帮扶。结合各县资源禀赋和产业特点，助力特色产业提质增效。在孟连县，重点扶持牛油果产业，建设牛油果选果基地，实现集中选果和分级销售，持续壮大村集体经济。孟连县已经发展成为全国最大的牛油果产区，种植面积达到7.04万亩。在香格里拉市，援建桥头村云畅种植农民专业合作社的葡萄基地扩大种植项目和野山养殖农民专业合作社的江边土鸡脱温育仔基地项目，有效形成以种植养殖业为重点的桥头村产业发展格局。

【人才振兴】 聚焦本土人才需求，加强各类人才队伍建设，全年累计培训2158人，其中县乡村基层干部619人、乡村振兴带头人129人、专业技术人才1410人。在西盟县，开展少数民族文化歌舞、非遗文化等培训，培养近百名舞蹈人员，增加就业机会。

【文化振兴】 加强少数民族特色文化传承，探索以乡村文化振兴赋能少数民族地区的基层社会治理。在黎平县，实施民族民间文化进校园项目，为肇兴镇初级中学购置侗族琵琶、芦笙、牛腿琴等民族乐器，促进侗族文化同现代化教学融合发展。在孟连县，实施中国韬奋基金会全民阅读图书项目，开展全民阅读活动。在西盟县，实施特色新时代文明实践中心提升改造暨村史室建设项目，开辟西盟文化新空间。

【生态振兴】 以生态建设为重点，建设宜居型新农村，推动美丽乡村绿色发展。在黎平县，对肇兴侗寨景区公共区域水渠、护栏等基础服务设施进行修补提质，对农村旅游公厕、景区旅游步道等进行修缮，进一步提升肇兴侗寨景区旅游环境。在西盟县，对里坎村乡村度假村进行乡村风貌改造，对新建民房和缅寺外立面进行美化，通过人居环境改善促进农户增收。

【组织振兴】 以基层党建为抓手，深入开展支部结对共建，在5个定点帮扶县(市)结对共建7个党支部和7个脱贫村，助力基层党组织和党员队伍建设。在西盟县，通过扶持西盟佤族织锦非遗代表性传承人及其创办企业，助力首批10万元订单的佤族织锦作品走进全国各地星巴克门店。

【教育帮扶】 实施"希望之星好老师"项目。孟连县高三学生高考成绩达到一本线以上14人、二本线以上53人，高考上线率100%，本科上线人数创历史新高。开展"希望之星"夏令营研学活动。组织香格里拉市和德钦县70名师生赴山东省和陕西省开展"希望之星"夏令营研学活动。开办"中国旅游集团-迪庆职专旅游精品班"。自2021年起，联合香格里拉市和德钦县在迪庆藏族自治州唯一职业学校——迪庆州民族中等专业学校开办"旅游精品班"，为该校旅游管理专业学生提供订单式培养，共招收42名学生，2022年安排13名学生到中旅集团旗下酒店实习。

(中国旅游集团有限公司社会工作部 黄韦韦)

中国商用飞机有限责任公司定点帮扶

【概述】 2022年,中国商用飞机有限责任公司(以下简称"中国商飞")充分发挥大飞机帮扶优势,始终把定点帮扶宁夏回族自治区固原市西吉县作为重大政治任务,用心、用情、用力做好各项定点帮扶工作。坚持以调研交流引路、以管理优化提质、以强力督导固本、以靠前指挥增效,重点围绕产业延链升级、人才精准赋能培育、文化塑形铸魂、人居环境美化、党建引领治理、联动打造示范等方面,带动西吉县拓宽发展渠道,夯实乡村振兴成果。全年直接投入帮扶资金1195万元,直接采购西吉县农副特产品1096.8万元,帮销西吉县农副特产品1163.2万元,全面完成2022年年初制定的"三个一千万"帮扶目标,全面对标考核评估要求完成4个方面18项内容,助力西吉县特色主导产业提档升级,打造特色产业三产融合示范,突出大飞机帮扶特色,持续打造大飞机帮扶品牌。中国商飞在中央单位定点帮扶工作成效考核评价中获得"好"等次。

【帮扶资金投入】 2022年,中国商飞直接投入帮扶资金1195万元,其中投入390万元,用于支持西吉县肉牛养殖项目转型、冷凉蔬菜种植规模扩张、艾草产业机械化水平升级、文旅产品开发、家庭农场合作社培育,助力产业延链升级,增加群众收入;投入105万元,用于建设西吉特色产品各类展销平台、加大特色产品推广宣传力度,拓宽产品销售渠道;投入50万元,用于西吉县基层干部、乡村振兴带头人、大飞机支教团、帮扶专员等群体的专项培训,进一步锤炼大飞机帮扶队伍;投入95万元,用于对妇女、临床骨干医师、中小学英语教师、种植及畜牧业工作者等当地群众进行能力再提升培训,帮助当地群众进一步提升专业能力;投入155万元,用于沉浸式红色研学空间打造、红色书籍采购、基层党组织和党员教育基地建设,丰富红色基因传承载体;投入30万元,设立助学金,资助高考生100名;投入15万元,用于困难群众、退役军人和军烈属关心关爱工作;投入140万元,用于农村人居环境改善、大飞机生态示范林建设,多点发力美化环境;投入35万元,支持各类文体活动开展,为图书馆采购图书,丰富群众精神文化生活;投入180万元,用于组织开展中小学生"大飞机夏令营"、升级西吉大飞机博物馆,打造大飞机文化名片。

【帮扶资金管理】 为加强项目资金管理,提高资金使用效益,指导西吉县践行"四专"工作机制,持续做好项目资金管理。一是"专立制度",发布《西吉县中国商飞公司定点帮扶资金管理暂行办法(试行)》,进一步完善帮扶资金管理程序;二是"专管项目",压实项目实施主体责任,实施资金预拨,报账核销,专款专用;三是"专设清单",明确帮扶资金使用负面清单,确保资金规范有序使用,加强资金使用全流程管理;四是"专建程序",健全项目申请、实施、验收、监督、审计等程序,并开展专项审计工作,确保资金使用合法合规。

【帮扶调研】 严格执行脱贫攻坚"一把手"负责制,由中国商飞领导带队共组织10批次58人次赴西吉县开展考察调研。前往固原市、西吉县,开展航空知识科普展示宣传,深入帮扶车间调研,与自治区、固原市、西吉县相关负责人召开座谈会,协调、指导定点帮扶工作再上新台阶;在上海、珠海等地多次召开座谈会,与西吉县主要领导面对面交流加大帮扶力度举措,深入讨论定点帮扶工作,与西吉县来沪培训基层干部、乡村振兴带头人进行座谈交流,与新任挂职干部、帮扶专员、支教团员开展行前谈话;深入将台堡镇,入户走访"三类人群"、脱贫户等50余户,督导完善优化帮扶措施,及时为当地群众解难纾困;前往火家沟村,逐户走访统计收入,建立台账管理,紧盯14类57个问题,对照西吉县形成151条整改措施,严抓整改落实,推动帮扶举措落地见效。

【帮扶会议】 总部及各单位累计召开14次乡村振兴定点帮扶专题工作会,全面推动帮扶任务按年度计划落地实施。研究决定在乡村振兴定点帮扶工作领导小组办公室工作机构的基础上,增设乡村振兴专岗1名和前线帮扶专员2名,强化帮扶力量,编制《中国商飞公司2022年定点帮扶任务表》,围绕"五大振兴"形成40项具体工作,与西吉县签订《2022年定点帮扶意向书》,相继出台《公司党委关于进一步扎实推进乡村振兴定点帮扶工作的通知》《乡村振兴定点帮扶工作先进评选实施细则》等文件,进一步完善乡村振兴定点帮扶工作机制。公司党委常委会第136次会议上要求,要赓续红色血脉、传承奋斗精神,推动落实公司定点帮扶任务,助力西吉县全面推进乡村振兴,坚定文化自信,传承好中华优秀传统文化。

【帮扶培训】 进一步发挥知识、人才资源优势,开展针对性更强的高质量培训。分两期组织西吉县党员干部、乡村振兴带头人共计61人走进长三角"田园五镇"学习"新仓经验"。举办"鲲鹏英语教师特训营",由上海外国语大学针对100名西吉县中小学英语教师开展业务培训。开展临床骨干医师培训,邀请上海中医药大学专家对西吉县县乡两级100名临床骨干医师开展集中指导授课。联系浙江大学农学院开展西吉主导产业专题培训,覆盖全县19个乡镇畜牧兽医站和动物疾控中心技术人员50人。柔性引进高水平蔬菜种植专家、肉牛养殖专家为人员提供个性化农业咨询服务。选派13名优秀青年组成大飞机支教团,前往西吉县4所中学开展支教帮扶,并积极开展航空科普、心理咨询、公益服务等活动,更好支持学生成长、学校发展。

【干部挂职帮扶】 选派2名干部到西吉县担任挂职副县长和驻村第一书记。前线帮扶工作队深入走访调研,积极联络央地协调工作,统筹推进落实督促,发挥自身优势,探索"西吉所需,商飞所能"帮扶模式。挂职副县长结合分管领域,推进"兵支书""兵委员"充实村级干部队伍,增强基层治理力量;推动火集村、明荣村党支部提档上星,为大飞机示范村明台村、保林村选优配强村支书;指导支持火集村"两委"探索打造冷凉蔬菜产业"联产单干"模式,建立村集体统一经营与农户各自承包有机统一的生产经营和利益联结机制,与周边的保林村、东坡村形成规模化集约化冷凉蔬菜产业集群;帮扶保林村、明星村大力改善人居环境,助推明台村、毛沟村打造红色美丽村庄。挂职副镇长兼第一书记在包片村建设特色农业技术党建服务点,邀请专家为农户培训肉牛养殖技术;制订产业"一户一策"、就业"一人一策"帮扶计划,建立劳动力资源数据库,强化"点对点"输送,做好区外就业与县内转移就业相结合。

【脱贫成果巩固】 坚持精准施策,巩固脱贫攻坚成果,持续补足西吉县民生短板。教育方面,接续做好"智志双扶"。设立"大飞机助学金",投入30万元帮助100名家庭困难大一新生顺利入学;大飞机支教团为支教学校学生引进文具、衣物等捐赠物资折款2.2万元。医疗方面,在4个大飞机示范村建设理疗室,采购理疗设备,举行老年人体检巡诊活动;帮助西吉县人民医院实施改造提升项目,购置1500套床单、被套等切实改善住院条件。住房饮水安全方面,在和美新村移民安置点打造幸福农家院,为大飞机示范村建档立卡户购置14套饮用水设备,改善困难群众饮水安全。关心关爱方面,投入15万元对西吉县109名军烈属、大飞机示范村困难群众进行关爱帮扶,为宁夏"最美退役军人"捐赠冰箱褒扬励志典型,为袁河中学突发家庭变故的学生开展献爱心助学捐款并提供心理辅导。

【产业帮扶】 持续助力西吉县产业延链升级,立足西吉县实际高位推进产业帮扶。围绕肉牛产业,采用"前中后端多点增值、农民全产业链收益"模式。投入100万元支持兴隆镇单南村"出户入园"项目,引进16家养殖大户成立肉牛养殖专业合作社,前端建设饲草料加工车间,中端建设42.83亩肉牛养殖园区,后端积极推动产品推广平台建设,村集体全年预计创收48万元,帮助当地20余个困难家庭就业。着眼冷凉蔬菜产业,打造"联动带农"新模式。投入225万元在保林村、东坡村打造2000亩标准化冷凉蔬菜种植基地,通过集中规划、集中采购、集中培训、集中配套多管齐下降低生产成本,惠及2个村7个组491户,实现产值800万元,带动全镇4个种植面积1000亩以上行政村扩大规模,同时培育以将台堡镇农机站为主体的农机协作,实现农机服务产值约40万元。立足高原艾草产业,发挥"中国商飞全产业链帮扶+标杆企业全产业链带动+村集体全产业链参与+村民全产业链获益"帮扶机制作用。发掘高原艾草品种,通过引进专家、持续改良,成功获得"有机产品认证"(OGA),实现科学育种与无公害种植结合,年产值400余万元,村集体分红30余万元。

【生态帮扶】 在生态帮扶工作方面多点发力,持续推进美丽乡村建设。持续打造"大飞机生态林",在2022年共种植62亩5900棵红梅杏,并探索实物资产归村集体所有、碳汇交易权归中国商飞的有偿帮扶新模式。助力建设环境整治示范村,结合将台堡镇规划,重点支持保林村、明星村改善人居环境和基础设施,完成10户农村卫生厕改,配置铁皮垃圾箱、户用垃圾桶等垃圾处理设备600个。聚焦移民发展庭院经济,在硝河乡和美新村移民安置点完成81户幸福农家院建设,培育果园、菜园、花园、树园"四园",打造环境美、田园美、村庄美、庭院美的"四美"移民点,实实在在提升移民幸福感。

【教育帮扶】 持续发挥人才优势,坚持智志双扶做实教育帮扶。接力大飞机支教团火炬,选派第五批大飞机支教团共计13名支教教师奔赴西吉县4所中学开展支教帮扶,教授初中语文、历史、地理等课程;培育校园航空科普活动延续力,支教教师在各校开展航空科普、心理咨询、公益服务等活动,组建航空兴趣小组;积极组织特色活动,在西吉县将台中学、西吉县第六中学和西吉县兴平中学组织"我和大飞机"主题绘画大赛,在西吉县什字中学组织航空知识竞赛、航空科普送到家家访活动。做优"航空大咖进校园"品牌,安排飞机总设计师、"大国工匠"、试飞员、海外专家、西北工业大学教授等"航空大咖"到西吉为中小学生现场讲授航空科普课,打下航空知识理论基础;连续举办两届"大飞机"航模挑战赛,"航空大咖"指导学生开展航模制作,现场实操教学创意手掷模型飞机竞距、创意手掷模型飞机留空竞时、超级起落架承载质量及模拟飞行4类项目,吸引10余所中学的百余名师生参与,打造西吉县最受瞩目的"航展"盛会,培育中小学生航空实践兴趣。通过开展系列活动,进一步激发当地学生树立志向、增长智慧、践行梦想,坚定建设美好家乡的理想信念。

【文化帮扶】 投入90万元,引进专业机构升级改造大飞机航空博物馆,增配设备,优化陈展内容,进一步增强体验性、趣味性和专业性;投入50万元,持续创建航空科普示范校,建设航空科普阵地,引导航空文化深入课堂;投入75万元,在火家沟、西坪等10个村打造航空科普墙,支持美丽乡村龙王坝村建设航空航天国防科普展、设立科技馆,探索"旅游+科普"实践;投入40万元,组织西吉县优秀中小学生前往上海参加"大飞机夏令营";投入25万元,打造200平方米大飞机西吉文创基地,深化与剪纸、皮影等7类非遗传承人合作,协助开发摆件、剪纸、桌旗等20余类文创产品,逐步促进手艺传承、实现产品市场化;投入30万元,组织西吉县"大飞机杯"特色文体活动,促进文化产业消费带动经济增长,组织开展"棋王""戏王""舞王""球王"等群众喜闻乐见的文体活动,活跃乡村文化氛围;投入15万元,制定乡村文明积分卡制度和爱心超市积分兑换制度,采购爱心超市商品,鼓励村民积极参与产业发展、移风易俗、公益事业等积累分值并兑换日用品,优化乡村风气;投入20万元,为西吉县图书馆、党校、共建支部、包抓乡村等捐赠图书9117册,丰富群众文化需求。

【党建帮扶】 中国商飞及下属单位8个"灯塔"党支部参与结对共建,联学党的二十大精神,联建党员活动室,以"支部+"引领带动,探索"支部+党史课堂""支部+助学启智""支部+美丽村庄"帮扶模式,力促支部管理"建制"、党务队伍"增智"、青年人才"立志"、乡村建设"提治"。帮助火家沟村优化帮扶车间生产模式和工艺布局,提升管理水平和产品质量,提供电商技术支援;帮助龙王坝村推介旅游产品、大岔村推介杂粮和手工艺品,拓展农产品销路;支持明台、单南、新庄、龙王坝等村打造村史馆、充实图书室,组织开展移风易俗活动,在结对村打造航空科普文化墙,协助龙王坝村科技馆丰富航空科普展品;支持下堡村、龙王坝村安装爱心路灯、开展亮化绿化,支持明台村、硝河村购置铲车、垃圾箱等环境整治设备。

【就业帮扶】 重点面向西吉县妇女、电商从业者、高校毕业生等群体开展就业帮扶。支持西吉县妇联开办5期民俗、非遗技能培训班,培训指导250人次,并通过订单式采购12万元手工编织品带动移民无业妇女、留守妇女、下岗退休妇女实现家门口就业增收。助力打造"西吉电商"劳务品牌,开展2期网络创业培训60人次。开设西吉专场招聘,吸纳5名当地毕业生加入大飞机人才队伍。着力打造将台镇艾草打绒车间、艾草制品车间、艾草工艺品加工车间等3个帮扶车间,提供固定岗位22个,灵活用工约1000人次,帮助当地群众进一步解决家门口就业难问题。

【公益帮扶】 中国商飞及参与共建的党支部自发组织所属单位向西吉县学校、党支部捐助书籍、文具、衣物、助学金等共计15.7万元;上海飞机制造有限公司组织38个党支部为结对共建的硝河村267户家庭开展"圆梦微心愿"的活动,提供家庭所需的生活用品,受到当地群众一致好评。大飞机支教团为支教学校学生引进文具、衣物等捐赠物资折款2.2万元。联合"组团式"帮扶的福清市第三医院医疗专家为"三类人群"入户义诊。联合光大证券股份有限公司等企业为西吉捐赠15万余元防疫物资,有效缓解物资紧缺问题。

【社会帮扶】 协调哈尔滨莱特兄弟科技开发有限公司无偿捐助35万元,用于推动西吉县大飞机博物馆改造项目,提升大飞机航空科普能力。协调光大证券股份有限公司无偿向西吉县红十字会捐助5.02万元,用于防护服、口罩、面罩等急需防疫物资采购。联系扬州市邗江区程康爱心义工团捐赠2.2万元,为西吉县兴平中学学生购买2000套笔记本、2000套黑色水笔和2500套笔芯,改善学生学习条件。引入有偿帮扶资金43.4万元,打造红色研学空间项目,依托将台堡红军食堂平台,开发长征情景剧本,运用短距连体投影技术打造沉浸式红色研学空间,带动老百姓以群演、餐饮服务等方式实现灵活就业增收。引入480万元有偿资金,用于助力大飞机文创基地项目,打造文化旅游产业集散地,为西吉县文旅产品提供规格高、条件好的展销平台。

(中国商用飞机有限责任公司　余成超)

中国节能环保集团有限公司定点帮扶

【概述】 2022年,中国节能环保集团有限公司(以下简称"中国节能")按照"顶层设计、系统思维、一体推进"的工作思路,将自身政治优势、组织优势、密切联系群众优势、节能环保专业优势与定点帮扶地区资源优势、地域优势紧密结合,精准聚焦产业、人才、生态、文化和组织"五大振兴",全力完成河南省洛阳市嵩县和广西壮族自治区贺州市富川瑶族自治县(以下简称"富川县")两个定点帮扶县的帮扶工作。对嵩县、富川县投入无偿帮扶资金2200万元、有偿帮扶资金781.5万元,引入无偿帮扶资金143万元、有偿帮扶资金230万元,招商引资730万元,资助困难大学生336人,帮助培训涉农干部1405人次,消费帮扶总额达1088万元。在中央单位定点帮扶工作成效考核评价中被评为"好"等次。

【帮扶资金投入】 2022年,中国节能直接投入无偿帮扶资金2200万元,投入900万元,助力嵩县打造精品旅游线路;投入127万元,为嵩县石场村持续打造乡村振兴示范村"节能小镇";投入40万元,在嵩县实施"山区亮化"工程;投入30万元,在嵩县开展医疗帮扶;投入20万元,在嵩县组织开展走访慰问活动;投入700万元,为富川县新建1所幼儿园;投入56万元,为富川县新建1座帮扶车间;投入69万元,为富川县建设1个生态果蔬大棚;投入30万元,为富川县新建1个瑶秀馆;投入87万元,对富川县新石村进行环境改造;投入80万元,在嵩县、富川县实施"圆梦大学·放飞希望"项目;投入10万元,组织富川县优秀高中生开展夏令营活动,成立青少年综合服务中心;投入45万元,帮助嵩县、富川县培训基层干部、乡村振兴带头人、专业技术人员;投入6万元,用于派驻嵩县石场村、富川县新石村第一书记扎实推进帮扶工作。

【帮扶调研】 领导班子成员深入定点帮扶县开展调研1人次,其他人员调研11人次,并接待定点帮扶地区主要领导到访北京,共商打开乡村振兴新局面具体措施。通过调研交流,帮助嵩县、富川县做好乡村振兴顶层设计和落实措施,并要求帮扶干部切实发挥"调研员""联络员""战斗员""宣传员"作用,确保各项帮扶工作落实落地。

【帮扶会议】 先后召开4次党委常委会、1次乡村振兴工作会,及时学习中共中央、国务院有关乡村振兴工作的重大决策部署,听取工作进展,分析工作形势,部署推进措施。此外,根据人员调整,及时调整乡村振兴工作领导小组成员。

【帮扶培训】 积极组织定点帮扶县开展基层干部专题培训、行动学习骨干暨促进师认证培训班及中青年干部培训班等,内容涉及"揭榜领题·汇智破题"行动、"双碳"行动专题讲座等,共培训基层干部130人次、乡村振兴带头人188人次、专业技术人员1087人,为嵩县、富川县乡村振兴工作奠定坚实人才基础。

【干部挂职帮扶】 向两个定点帮扶县各选派1名挂职副县长和1名驻村第一书记,并及时完成两个定点帮扶县挂职副县长的轮换工作。

【帮扶慰问】 坚持对困难群众开展常态化慰问,在春节、中秋等重要节日期间组织开展走访慰问活动,为困难群众发放大米、食用油、月饼等慰问品,特别是重点对监测户、五保户进行入户慰问,为他们带去衣食住行必需品。此外,投入1.42万元,为嵩县石场村新建养老互助站,探索建立村级"互助养老"帮扶机制,让更多农村老人安享幸福晚年,共享发展硕果。

【脱贫成果巩固】 在巩固"两不愁三保障"和安全饮水等方面持续发力。投入2.17万元,为嵩县石场村卫生室和特困分散供养住房屋顶做防水,为村民就医、老人居住提供保障;投入19.17万元,实施"山区甘露"工程,用于维修两口水井和新建两个小型饮水工程,并选派下属中环保水务投资有限公司专业团队现场检修,帮助解决饮水问题。

【产业帮扶】 以产业帮扶为龙头,全面助力帮扶地区乡村振兴。投入900万元,助力嵩北打造精品旅游线路,对相关基础设施进行整体改造,提升旅游品质和人居环境,有效促进城乡融合发展。投入56万元,在富川县柳家乡大湾村新建1个生产山茶油及腊肉的产业帮扶车间,可吸收全村81户农户近400人的山茶油果深加工,带动脱贫户50户、监测户1户,每年可实现产值约140万元。此外,依托往年捐建的富阳镇西屏村帮扶车间厂房,引入外部投资200万元,共同建成数据线生产线,提供就业岗位80个,带动脱贫户就业60人,提高人均月收入2000元,年村集体收入增加5万元。投入69万元,在富川葛坡镇白牛村建设1座生态果蔬大棚,创新探索"云上农场"认养模式,通过数字赋能拓宽销售渠道,提升富川果蔬品牌价值。同时,带动客商投资700万元。发挥主业优势,在嵩县投资清洁能源产业,持续推进风力发电项目(总投资6.9亿元,共计100兆瓦)和整县推进分布式光伏发电项目。

【教育帮扶】 将教育作为定点帮扶工作的着力点、切入点,在富川县积极开展捐资助学活动。为支持富川县教育事业发展,投资700万元在富川县捐建中国节能·富能幼儿园。该幼儿园预计设置12个班,可解决360名幼儿入园问题,极大缓解富川县学前教育学位紧缺问题。

【文化帮扶】 积极扶持富川瑶秀文化发展,投入30万元建设1间瑶秀馆。该工坊由国家级瑶绣传承人负责经营,集瑶绣技艺传承挖掘、产品设计开发和量产、瑶医体验推广等于一体,预计每年可培养瑶绣传承绣娘8~10人,解决就业6人。依托嵩县石场村"两山戏台",成立文艺表演队,村民闲暇之余在戏台跳广场舞、打太平鼓、唱非物质文化遗产——豫西老调"靠山簧",丰富农村文化生活,营造良好文化氛围。驻村第一书记积极做好基层一线宣传,每天走村串巷为村民解读惠农政策、讲解村规民约,推进农村移风易俗、树立文明乡风。

【生态帮扶】 充分发挥主业优势,实施"山区亮化"工程,投入40万元为嵩县9个镇村、13个村级养老服务站提供太阳能路灯105盏,惠及群众8000余人。投入87万元,对富川县柳家乡新石村老铺寨自然村进行环境改造,完成"三清三拆"约9000平方米,改善村容村貌,建设美丽乡村。

【党建帮扶】 所属党组织与定点帮扶村党支部建立联系帮带制度,定期沟通交流,帮助培育专业合作社2个。为嵩县石场村捐资5.69万元用于建设党建广场和创建五星党支部。所属财务公司党支部与富川县政协机关党支部开展支部共建活动,捐赠2万元帮助购买党建、时政等方面书籍。

【就业帮扶】 发挥主业优势,在嵩县设立环卫服务分公司,招用本地工人1019人,其中脱贫监测户363人,累计发放工资约1000万元,帮助群众就近就便就业,有效解决疫情防控期间"务工难"问题。

【社会帮扶】 与中国乡村发展基金会长

期合作,为嵩县引入无偿帮扶资金103万元,其中,"爱加餐"项目投入84万元,为6848人次学生提高供餐条件、改善营养状况,"新长城高中生自强班"项目投入19万元,资助2个自强班共计100名家庭困难高中生生活费。

【公益帮扶】 联合两县举办"喜迎二十大、永远跟党走、奋进新征程'你的愿望我实现'"主题活动,通过中国节能职工一对一认领愿望的方式,帮助307名孩子实现微心愿,捐赠价值约14万元的图书和学习用品,帮助乡村儿童健康快乐成长。

【健康帮扶】 在两个定点帮扶县持续实施"健康帮扶"项目,投入30万元用于全科医生助手机器人运营维护,帮助帮扶地区患者享受便捷有效的医疗服务,助力打造县乡村三级联动医疗体系。

【整村推进】 向嵩县石场村投入127万元,引入帮扶项目1个,持续打造乡村振兴示范村"节能小镇",因地制宜投建精品木屋民宿3套,维护景区道路、景观、游乐设施等,提升旅游品质。通过致富车间、果蔬大棚和光伏车棚等项目,招用本村村民40余人,累计发放工资约40万元,年村集体收入增加约20万元。此外,帮扶干部借助专业优势和资源优势,推动富川县朝东镇设立香芋瑶乡三产融合专项债,融资总额4.9亿元,到位资金1亿元,为冷泉香芋基地建设、冷链物流深加工、配套基础设施建设等提供融资保障。2022年11月,富川县朝东镇被评为全国"一村一品"示范村镇。

【特色帮扶】 在地方政府支持下,发挥自身专业优势,成功在富川县实施道路智慧照明项目,投资3798万元,合同期10年,改造路灯近8000盏,在提升县城整体照明效果的同时,每年至少节约电费125万元,节约标准煤762.8吨,减少二氧化硫排放56.6吨。该项目是中国节能与富川县形成定点帮扶关系以来落地的首个县域重点商业合作项目,真正实现帮扶工作从"输血"到"造血"的转变。

【消费帮扶】 大力推广"以购代捐",多渠道搭建展销平台,积极参加国务院国有资产监督管理委员会"央企消费帮扶兴农周"等活动,真正让好的产品走出去、让农民的口袋鼓起来。系统各单位工会、食堂和职工积极购买帮扶地区农产品。消费帮扶总额达1088万元,其中嵩县334万元,富川174万元、其他地区580万元,首次突破1000万元。

(中国节能环保集团有限公司
党群工作部 杨 超)

中国国际工程咨询有限公司定点帮扶

【概述】 2022年,中国国际工程咨询有限公司(以下简称"中咨公司")立足智力型咨询企业实际,持续加大对安徽省利辛县帮扶力度,聚焦产业振兴、人才振兴、文化振兴、生态振兴、组织振兴5个方面,围绕定规划、重调研、做研究、促产业、出标准,探索出一条以"智"帮扶的新路径,助推乡村振兴不断取得新成效。全年投入无偿帮扶资金500万元,引进无偿帮扶资金、物资合计110余万元,投入有偿帮扶资金630余万元,积极联系引进有偿帮扶资金和银行低息贷款等资金1400余万元;直接购买农产品53万余元,帮助销售农产品92万余元;培训基层干部、乡村振兴带头人、技术人员共计2150余人次;选派2名干部在利辛县开展帮扶工作,1人任县委常委、副县长,1人任驻村第一书记;积极开展"救急难"活动,实施现金救助11户,累计发放3万元;梳理重点产业项目库,绘制产业招商图谱,并协助亳州市对接相关企业5家,中标"中煤新集利辛板集电厂二期项目施工监理项目",中标价格930万元,推动产业振兴稳步发展。

【帮扶资金投入】 2022年,中咨公司投入无偿帮扶资金500万元,主要用于帮助利辛县发展一批优势产业、带动一批稳定就业、创建一批示范村庄、培养一批急需人才、打造一批特色品牌、解决一批突出问题等重点工程。以工程项目监理等形式,投入有偿帮扶资金630余万元,为利辛县工程项目保驾护航。经中咨公司及选派帮扶干部多方联系,共引进无偿帮扶资金、物资合计110余万元,用于社会经济发展和乡村振兴工作。通过积极联系推动,引进有偿帮扶资金和银行低息贷款等资金1400余万元。

【帮扶调研】 全年调研考察,主要领导1人次、班子成员1人次,司局级及其他人员150余人次。党委书记、董事长、总经理率队赴安徽省亳州市进行考察调研,对定点帮扶利辛县推进巩固拓展脱贫攻坚成果同乡村振兴有效衔接进行工作部署,党委副书记、董事陪同考察调研。调研期间,党委书记一行实地调研涡阳县化工园区、康美(亳州)华佗国际中药城、安徽古井集团有限责任公司、利辛县城污水处理厂、中煤新集利辛板集电厂、孙刘村蔬菜大棚基地、利辛县马店孜学区中心学校等地,走访慰问脱贫户代表,并为利辛县马店孜学区中心学校智能化录播教室揭牌。除领导班子赴利辛县一线调研考察指导工作外,各部门、所属企业、帮扶项目负责同志等带领团队先后11次前往利辛县开展调研考察和指导工作。调研团队根据调研情况,掌握大量一手数据,经过分析研判,形成督导报告5份,提出乡村振兴工作意见建议,督促利辛县更好开展乡村振兴工作。

【帮扶培训】 重点围绕宏观政策、产业发展、基层干部、专业技能等方面开设课程,创新开展农牧业新业态、产城融合、新媒体营销等内容培训,提升脱贫地区群众自我发展能力。多措并举丰富培训方式,采取集中授课、送教下乡、网络直播等方式,拓展培训覆盖范围,通过课间提问、实时互动等环节,激发线下、线上培训热情,提高参与度。全年培训共计2150余人次,其中培训基层干部420余人次、乡村振兴带头人630余人次、培训技术人员1100余人次。

【干部挂职帮扶】 选派2名干部在利辛县开展帮扶工作,1人任县委常委、副县长,1人任驻村第一书记。

【帮扶慰问】 积极开展"救急难"活动。对因遭遇突发紧急事件或意外事故,致使基本生活陷入困境的群众,采取"一事一办、特事特办"的方式,实施现金救助11户,累计发放3万元。

【产业帮扶】 常态化推进"四送一服"工程,将全县省重点项目、省"四上"企业(规模以上工业企业、资质等级建筑业企业、限额以上批零住餐企业、规模以上服务业)、专精特新企业、重点外贸企业等纳入"四送一服"包保范围。积极为利辛县谋划板集热电厂产业园,推进产城融合。在园区规划中以板集电厂为核心,向东预留足够用地空间,打造县域南部重大产业发展平台,在现有煤电循环产业基础上推进相应高科技附加值的产业门类,形成复合化工业产业体系,为工业化转型升级提供足够支撑;向北依托陶集镇构建产城融合示范区,打造高品质的居住生活区,为产业园区提供优质配套空间,同时为推进新型城镇化提供高效空间载体。注重企业与地方发展双融合。形成中煤新集能源股份有限公司"1+N"电力产业布局和产城融合发展规划,即"1"项中煤新集能源股份有限公司电力产业布局总体规划,"N"个产城融合发展方案。

【智力帮扶】 积极推进涡阳化工园区精准招商,编制《亳州市涡阳化工园区招商引资方案》和《打造涡河经济带重点产业高质量发展规划方案》。梳理重点产业项目库,绘制产业招商图谱,并协助亳州市对接相关企业5家。积极推动产业高质量发展,研究编制《亳州市"华夏酒城"产业规划研究报告》,在此基础上形成《亳州市"华夏酒城"产业规划》及《"华夏酒城"重大项目专篇策划报告》。编制《亳州市纺织服装产业高质量发展实施方案》,包括产业发展思路、谋划重点产业项目库、绘制产业招商图谱,同时协助亳州市对接相关企业5家。中标"中煤新集利辛板集电厂二期项目施工监理项目",中标价格930万元,建设规模为2×660兆瓦超超临界二次再热燃煤发电机组。在国家帮扶政策制定、课题研究、督导考核、后评价等方面积极贡献中咨智慧,全过程参与《在重点工程项目中推行以工代赈方式促进当地群众就业增收工作方案》的制订工作;高水平完成《2022年度督查激励全国易地扶贫搬迁后续工作成效明显地市》的第三方评选工作。

【教育帮扶】 扶持利辛县中小学建设,捐赠教学基础设施,把抓好教育帮扶作为阻断贫困代际传递的根本措施。为利辛县中小学、幼儿园购买教育教学设备,改善校园教育教学环境。捐助65万元用于利辛县马店孜学区中心学校维修围墙和兴建一个标准化的录播教室,通过录播教室录制课堂实录活动,借助现场观摩和录像观看,教师之间相互评课、议课,互相学习,提高教学研究和学校管理的深度与力度,成为有效提升办学质量的有力工具。持续开展"金秋助学"活动,资助考上大专院校的脱贫家庭学生学杂费用,发放助学金4万余元。

【文化帮扶】 推动图书室、乡镇文化站、村(社区)综合性文化服务中心正常免费开放。以群众文化需求为导向,开展送戏、送电影下基层,满足群众基本文化需求,丰富广大群众的文化生活。积极引导全县公民注重家庭建设、家教传承和家风培育,开展评选表彰"五星级文明户""好婆婆""好媳妇"等活动,形成健康向上、昂扬奋进精神风貌。

【生态帮扶】 积极推动利辛县乡村振兴和生态宜居等农业资源综合利用,编制《利辛县水生态环境综合治理规划》《利辛县生态修复等领域重点项目谋划》。以利辛县西淝河和茨淮新河为切入点,全面梳理全县黑臭水体治理清单,制定任务清单,解决全县水环境污染问题,促进人居环境改善,实现全县生态振兴。以中央现有的资金支持为导向,全面梳理谋划利辛县在生态修复、水污染治理、农村环境综合整治、有机废弃物资源化利用等领域的重点项目,积极争取中央资金支持。同时,解决老百姓身边环境问题,在脱贫村开展全村亮化工程,改善群众休闲娱乐场地,全面落实年度农村改厕任务,开展房屋安全隐患排查整治工作,确保群众住房安全。

【党建帮扶】 积极选派优秀驻村第一书记充实强化"两委"班子,优化班子结构,提升"两委"干部履职能力和综合素质,切实增强村级组织的战斗堡垒作用。中咨公司6个相关部门、所属企业、项目团队党组织与利辛县有关委办局、有关乡镇村联合开展党建共建活动,助力推动党组织和党员队伍建设。积极探索"支部+产业项目+农户"模式,切实将党的组织嵌入产业帮扶,引导村党组织创办领办产业项目,积极推进"支部引导产业链、党员聚在产业链、群众富在产业链"。认真开展"一月一课一片一实践"活动。

【就业帮扶】 全过程参与《在重点工程项目中推行以工代赈方式促进当地群众就业增收工作方案》的制订工作。重点承担研究制定在哪些领域的重大工程、哪些环节中适宜推行以工代赈方式,如何组织推动落实、如何规范管理等,并参与方案制订工作。

【健康帮扶】 向利辛县部分乡镇卫生院捐赠价值100万元的医疗设备,新设备投入使用后,部分卫生院的诊疗条件进一步改善,将给后期执行双级诊疗,包括大病不出镇、小病不出村提供有力的保障,同时也会给周边乡镇的患者带去福音。

【特色帮扶】 承担国家农村产业融合发展示范园的动态监测工作,每半年提供一次监测报告。完成国家后备粮食基地、动植物保护体系等多项国家重点工程的论证工作,有力支持国家乡村振兴事业。为地方巩固拓展脱贫攻坚成果,衔接乡村振兴出谋划策,其中包括承担云南全省乡村振兴的评价工作、山西省财政PPP方式支持美丽乡村建设方案的评审优化,新疆维吾尔自治区粮食、畜牧、绿色果蔬和棉纺产业等八大产业集群化发展的研究工作,云南省怒江傈僳族自治州泸水市的香料产业发展规划等,为各地高水平推进乡村振兴提供智力支持。

(中国国际工程咨询有限公司
党群工作部　聂玉亮)

中国诚通控股集团有限公司定点帮扶

【概述】 2022年,中国诚通控股集团有限公司(以下简称"中国诚通")坚持以习近平新时代中国特色社会主义思想为指导,深入学习贯彻习近平总书记关于定点帮扶和乡村振兴的重要指示批示精神,认真贯彻落实中共中央、国务院关于中央单位定点帮扶工作的决策部署,助力河南省宜阳县巩固拓展脱贫攻坚成果和全面推进乡村振兴。

【帮扶资金投入】 2022年,中国诚通投入帮扶项目资金1210万元,引进帮扶资金15万元,完成消费帮扶210.56万元,帮助销售农产品2716.02万元。

【帮扶调研】 中国诚通集团党委多次召开定点帮扶专题工作会议,研究部署抓紧抓实乡村振兴工作。集团主要领导及班子成员3人次赴宜阳县实地调研督导,协助落实中央乡村振兴工作的决策部署,所属出资企业班子成员先后18人次赴帮扶县实地调研,实现对16个对口帮扶村调研全覆盖。

【组织领导】 印发《定点帮扶三年规划》《2022年定点帮扶工作计划》。"三年规划"从帮扶工作概况、面临的新形势、保障机制等方面对未来三年工作进行顶层谋划和前瞻考虑,强化责任意识,明确目标任务,把握工作重点,力求取得实效。"年度计划"聚焦巩固脱贫攻坚成果同乡村振兴衔接转换,对帮扶县的基础设施建设、产业发展、社会保障、教育和卫生等帮扶工作标准、进度、责任定下责任书,推动帮扶项目落地见效。

【加强督导】 持续强化项目监管,细化任务清单,将各帮扶项目逐一明确责任单位、工作目标、工作内容及完成时间。推进帮扶任务督导常态化,集团及所属帮扶企业党委(党支部)及乡村振兴部门领导通过实地或视频电话等形式对定点帮扶县督导检查和工作指导120多人次。持续完善项目监管和评价体系,建立督查监察常效机制,确保资金使用公开透明、依法合规,项目建设高效有序推进。

【干部挂职帮扶】 坚持选优配强帮扶干部,从所属金融公司选派具有大学生村官经历的中层干部任挂职副县长,从所属人力资源公司选派具有市场开拓经验的干部任驻村第一书记。把挂职干部选派、管理、培训作为工作重点,充分发挥挂职干部的桥梁纽带作用,推动企地共同推进乡村全面振兴。压实挂职干部的工作责任,健全定期述职、跟踪管理、服务保障等工作机制,切实激励帮扶干部履职尽责、担当作为。

【产业振兴】 在巩固脱贫成效的基础上,加强从特色产业布局、延伸特色产业链条、夯实产业帮扶力量等方面发力,实施"特色产业提升行动",不断深化产业帮扶效果。推动花果山乡沟域坡地复垦和耕地质量提升,在大尖村援建玉米加工厂、建设智慧粮仓,为粮食安全提供有力保障。延伸富民产业链条,在董王庄、韩城等地援建花椒加工、中草药种植、饲料生产、畜牧养殖等一体化产业链,统筹做好优质产业深加工后半篇文章,提高农产品附加值和农民致富收入。先后帮助锦屏镇、赵堡镇打造文旅综合示范区项目各1个,初步实现"沟谷文旅业、半坡林果业、山顶生态林"的全景式沟域生态经济带建设,推进农村一二三产业

【人才振兴】 中国诚通累计培训基层干部和技术人员7000余人,为乡村振兴奠定人才基础。深入实施"头雁"工程,结对帮扶16个村级党支部,帮助完成600余名村支部书记、致富带头人培训,建强基层堡垒。持续加强教育投入,完成第八届诚通宏志班50名新生的招生。组织宏志班40名师生参加"走出大山看上海"夏令营活动。继续设立"诚通帮扶助学基金",深化"教师能力提升三年培训"成果,全面提升农村基础教育质量。

【文化振兴】 坚持传承发展农村优秀文化思想,推动文明乡风、良好家风、淳朴民风建设。深入挖掘传统文化,依据当地民风民俗,帮助锦屏镇杏花村援建民俗窑洞、绿皮火车餐厅、露营基地等项目,推动特色文创产业发展。推动村级党建活动阵地提升,提升樊村镇沙坡村党建活动广场的文化活动功能,新建赵堡镇红岭欢乐谷文旅配套项目,巩固董王庄乡诚通党建小屋示范点建设,组织动员群众积极参加重阳节饺子宴、端午节赛龙舟等各类文化体育活动。

【生态振兴】 深入学习贯彻"绿水青山"生态文明理念,统筹推动基础设施援建、农村环境整治、环境保护等有机结合。完成白杨镇浅山丘陵地区800亩山核桃种植,改善生态环境质量,推动沟域经济绿色发展。推进"诚通幸福乡村"建设行动,帮助沙坡村完成建设规划,开展"五美庭院"整治,推动完成190户家庭"旱改厕"。深入实施生活垃圾和污水处理,积极组织广大群众对房前屋后的美化、绿化、亮化,推动绿色发展,促进"绿水青山"与"金山银山"的良性循环。

【组织振兴】 充分发挥中央企业党建工作优势,围绕基层党组织、基层干部和基层治理3个重点,推进实施"基层党建提升行动"。持续深化集团帮扶企业与结对村镇共建水平,15家帮扶企业以不同形式定期指导16个村党支部组织能力提升,集团总部定点帮扶的沙坡村党支部获评河南省"五星党支部"荣誉称号。把基层干部作为培训重点,持续对基层干部开展党的路线方针政策、基层组织管理培训,激发干事创业和使命担当,提升基层组织坚强堡垒作用。

【建设和美乡村】 结合沙坡村自身的资源禀赋和人文积淀,高起点规划,高标准实施,推动完成示范村建设,示范引领全县村庄建设提质升级。改善人居环境,着力提升安全饮水工程质量,推动定点帮扶的16个行政村集中供水率达100%,污水收集处理实现全覆盖。增加基础设施配置,扎实推进"远程诊疗""就业服务平台""智慧物流"等数字化乡村信息平台建设,补强基础设施和公共服务短板弱项,推动农村逐步具备基本的现代生活条件。

【康养服务帮扶】 中国诚通积极发挥康养产业优势,按照养老事业与康养产业协同发展的思路,构建完善普惠型养老服务供给体系,不断推动品牌化、规模化发展。在对灵山闲置校舍资源盘活和适老化改造的基础上,继续对宜阳县工矿区一栋3层楼房升级改造,推动"互联网+健康养老"的智慧信息平台建设,推动完成锦屏镇卫生院配套服务升级,可惠及周边多个乡镇2万余名老年人日常就医和基本养老服务需求。

【防返贫机制】 出资150万元专项设立"产业风险基金"和"防返贫保险"项目,巩固"两不愁三保障"成果,兜牢因疫情、灾情、大病、意外等给群众带来的返贫风险。"精准防贫保险"采取框定人群投保、框定人群受益的模式运行,引入"脱贫救助"险种,防止降低脱贫质量或造成新的返贫致贫。全县累计理赔606户111.71万元,其中因病82户、因学22户、因灾14户、因意外20户、临贫救助468户。

(中国诚通控股集团有限公司)

中国中煤能源集团有限公司定点帮扶

【概述】 2002年,中国中煤能源集团有限公司(以下简称"中国中煤")先后承担河北省蔚县、南山区和贵州省印江土家族苗族自治县(以下简称"印江县")的定点帮扶任务。中国中煤认真全面贯彻落实习近平总书记关于巩固拓展脱贫攻坚成果同乡村振兴有效衔接的重要指示精神,按照国务院国有资产监督管理委员会和国家乡村振兴局定点帮扶工作总体部署,把做好定点帮扶工作作为践行"两个维护"的具体行动,把深化巩固拓展脱贫攻坚成果同乡村振兴有效衔接作为年度定点帮扶工作主题,把作风建设贯穿定点帮扶工作全过程,在助力3个定点帮扶县(区)乡村振兴和农业农村现代化建设中展现中央企业担当。

【帮扶资金投入】 2002年,中国中煤持续加大帮扶力度,向3个定点帮扶县(区)直接投入帮扶资金2500万元。向三地引进和直接投入各类帮扶资金及物资3658万元;招商引资9858万元;打造乡村振兴示范点8个。

【组织领导】 中国中煤党委把定点帮扶工作摆在重要议事日程,先后9次召开党委常委会学习习近平总书记关于乡村振兴战略重要讲话精神,贯彻落实中共中央、国务院决策部署,专题研究定点帮扶工作;研究制订《中国中煤2022年定点帮扶工作计划》,对全年定点帮扶工作进行部署安排;组织召开年度定点帮扶工作专题会议,推动定点帮扶工作平稳过渡、帮扶举措落实落细落地;制定并印发《定点帮扶工作管理办法》,进一步将定点帮扶工作制度化、规范化。中国中煤党委书记、董事长到印江县实地调研考察,党委副书记、董事调研河北蔚县和南山区,督导帮扶工作扎实有效开展。全年赴定点帮扶县考察调研40人次,领导班子成员深入实地,开展针对性指导;所属企业班子成员、工会主席等带头结对帮扶,对接帮扶需求、加强企地合作、落实帮扶任务。

【干部挂职帮扶】 3名挂职干部及1名驻村第一书记在3个定点帮扶县(区)继续分管或协管乡村振兴工作。做好选派挂职干部的管理、培训和监督。组织帮扶干部参加国务院国有资产监督管理委员会专项网络培训班,领会中共中央部署,提升业务能力,加强廉政教育,推动干部培训常态化机制化。建立健全挂职干部定期汇报机制,及时调度工作进展情况,并由集团纪委机关定期监督执纪。集团系统共督促指导帮扶点4次,发现主要问题6个,形成督导报告4份。三地挂职干部恪尽职守,求真务实,业绩突出,得到当地政府和干部群众的好评,共获得市政府嘉奖2次、县委嘉奖1次;2人在所属市管干部2021年度考核中评为"优秀";2人分别获得市级和县级先进个人称号。

【产业帮扶】 发挥龙头带动作用,助力乡村产业振兴。围绕"三农"工作重心转移要求,以全面提升帮扶地区人口承载力、产业竞争力和可持续发展能力为目标,全年安排800万元帮扶资金,支持三地发展农业种植业和小加工等龙头产业。积极探索"产业+资金+技术帮扶"路径,发挥"1(龙头企业)+N(村集体+基地+农户)"的带动作用,共扶持龙头企业11家,进一步强化与农户的利益联结机制,确保帮扶群众充分受益、稳定增收。其中,河北蔚县利用中国中煤帮扶资金打造的集非遗手工、传统工艺、民俗古屋特色于一体的"南山小院"文旅项目，创建"帮扶资金+集体+公司"募资模式和"康养+微度假"的乡村旅游模式，带动周边200余名村民实现稳定就业；南山区创新经营模式，打造箱包产业联合体，盘活大量村微工厂扶贫资产，带动600余名群众"家门口"转移就业；印江"云上天池"乡村旅游点年接待游客9万余人次，年营业额230余万元，带动周边1000余名群众增收致富。

【教育帮扶】 整合教育资源，打造"中煤教育振兴工程"系列品牌。全年投入帮扶资金338万元向家庭经济相对困难学生发放"中煤励志奖学金"；投入157万元开展"中煤爱心助学行动"，提升基层学校数字信息化教育教学设备水平；投入88万元实施"中煤关爱园丁计划"，资助表彰坚守在乡村一线教师岗位上的优秀教职员工。围绕人才振兴、教育强县等目标，积极开展教育帮扶工作。直接投入帮扶资金308万元，启动印江"乡村振兴·中煤班"励志助学项目，致力于帮助品学兼优且家庭困难的学生完成学业。2022年度印江县中考成绩前200名的学子中有188名学生选择在印江"乡村振兴·中煤班"就读，改变印江县无优质高中生源的困局，激发印江师生工作、学习的积极性。

【消费帮扶】 探索消费帮扶举措多样化，助力产品"走出去"。积极探索并运用"企村结对，定点供销"模式，充分调动中国中煤13万名员工的强大购买力，推动帮扶产品进超市、进食堂、进家庭。总部员工内购超市特设乡村振兴"消费帮扶专区"；积极参与"央企消费帮扶兴农周""央企兴农节"等活动。全年完成消费帮扶金额总计2407万元，帮助销售金额总计505万元。

围绕"中央要求、地方所需、企业所能"，在数字兴农上谋新招、出实招，开展以"央地携手，兴农惠民"为主题的首届"中煤兴农节"电商消费帮扶活动。利用"中煤易购"电商平台，推介定点帮扶地区的特色农货、手工艺品等数百种商品，切实帮助地方特色产品第一时间出村。活动期间，注重发挥"1（总部机关）+N（所属职工）"的带动作用，推动帮扶工作从"单位主导"向"职工广泛参与"转变，活动期间订单量突破6万单，累计成交额超1200万元。

【文化帮扶】 安排帮扶资金200余万元支持蔚县非物质文化遗产宣传平台建设，如印江蔡伦造纸、高腔民歌等非遗文化传承项目，为非遗文化传承和文旅融合搭建平台。在对口帮扶印江县十周年之际，面对印江县虽坐拥梵净山等丰富文旅资源，但因地处偏远、宣传手段不足导致"养在深闺人未识"的现状，中国中煤在文旅帮扶上努力找思路、想办法、破难题。受印江县政府聘任，中国中煤定点帮扶工作负责人担任"印江文化旅游宣传大使"，企地联合录制的独白式形象宣传片《印象·印江》，引起社会高度关注和广泛好评，助力印江迈出从"半遮面"到"始出来"。带动集团内部5批次赴印江开展文旅帮扶，社会游客15余万人，间接带动产值1.6亿元，有效壮大印江文旅产业，促进引领消费升级，进一步提升帮扶县自我"造血"能力。

【党建帮扶】 持续落实抓党建促乡村振兴的组织要求，深入开展支部结对共建，助力基层党组织和党员队伍建设。集团系统各级党组织积极与帮扶县（区）农村党支部结对共建，帮助帮扶地新建或修缮党员活动场所，配置或更新必要的硬件设施，共同开展主题党日活动和爱心助学、关心关爱行动。先后与8个党支部、6个帮扶村达成共建协议，党员干部捐款捐物折合91.92万元。

【培训、就业帮扶】 充分利用公司内部和社会资源开展网络课程培训，支持帮助帮扶县（区）基层党组织党建培训工作，帮助基层干部增强带领群众致富本领,增强帮扶地区持续发展的动力。三地共计培训乡村基层干部585人次,乡村带头人407人次,专业技术人才2289人次。面对印江县部分劳动力就业压力加大,难以实现稳定就业的现状,中国中煤加强对困难群体就业兜底帮扶,深入推进印江县困难人员稳岗就业,吸纳48名印江籍大学毕业生和退役军人入职中国中煤中天合创能源有限责任公司煤炭分公司,走出大山,逐梦矿山。

【技术帮扶】 安排帮扶资金70余万元建立木盆情竹木工艺品加工有限公司,并深度嵌入竹编工艺非遗传承人、全国人大代表杨昌芹团队体系,组织动员村留守妇女手工制作精加工竹制工艺品。以全面提升木盆村人口承载力、产业竞争力和可持续发展能力为目标,坚持市场主导、村民自愿、民主合作、兴农富农的基本原则,培养发展带动作用突出、综合竞争力强的集体产业,解决"想致富、没技术"难题,已带动当地60余名村民稳定就业,实现"手上技艺"向"指尖经济"转化的初步尝试,助力当地村民持续稳步增收、灵活就地就业,推动形成适应市场需求、产业链完整、功能业态多样、产村融合协调的农村产业新发展格局。

【驻村工作】 中国中煤挂职蔚县副县长利用帮扶资金50万元为包联的西合营镇羊圈庄村新建文化活动广场,推动村内建设1500亩谷子种植基地,解决老百姓农产品销路不畅的问题。协调村委会发起"点亮行动",为羊圈庄村主要街道安装路灯56个。

(中国中煤能源集团有限公司
党建工作部　吴竞姣)

中国煤炭科工集团有限公司定点帮扶

【概述】 2022年，中国煤炭科工集团有限公司（以下简称"中国煤科"）助力山西省武乡县和安徽省寿县，扎实做好巩固拓展脱贫攻坚成果同乡村振兴有效衔接各项工作；立足两县实际，坚持问题导向，发挥企业优势，聚焦特色农业、文旅开发、安全低碳、教育医疗、电商消费、基础设施建设等领域，精准谋划实施"六个帮扶"，多措并举巩固拓展帮扶成果；投入帮扶资金914万元，引进帮扶资金330万元，购买脱贫地区农产品605万元，帮助销售脱贫地区农产品217.8万元，全面超额完成年度各项计划任务。

【帮扶资金投入】 2022年，中国煤科向武乡县和寿县累计投入定点帮扶资金914万元，引进帮扶资金330万元，购买脱贫地区农产品605万元，帮助销售脱贫地区农产品217.8万元。

【帮扶调研】 集团公司党委书记、董事长带头，其他2位集团公司领导班子成员及所属企业负责同志分赴定点帮扶两县调研督导26人次，实现两县调研督导全覆盖。进一步加强调研深度和对重点项目谋划，通过座谈交流、专题会议、实地走访等方式，及时发现工作中存在的问题和不足，及时调整改进帮扶思路和方式方法，让工作更富有成效。

【帮扶会议】 组织召开定点帮扶专题会议11次，研究部署推动2022年定点帮扶工作，制订印发年度帮扶工作计划，压实责任，推动工作落实。在系统梳理2021年定点帮扶工作的基础上，进一步加大创新工作力度，立足两县资源特点，发挥集团产业、技术优势，科学谋划、精心培育煤矿安全治理、文旅规划、地热能开发等产业帮扶项目，为两县全面推进乡村产业振兴注入强劲动能。

【干部挂职帮扶】 继续向定点帮扶县选派政治素质好、工作作风实、综合能力强的优秀干部，包括挂职帮扶干部2人、驻村第一书记1人，轮换到期干部1人。持续加强干部管理，强化责任担当和创新意识，督促指导有关工作开展。帮扶干部走村入户、深入田间地头、生产车间，切实了解脱贫群众困难与诉求，并根据地方政府工作要求，认真研究有关工作，创新调整工作思路和方式方法，加强对项目的调研、策划和论证，有效推动工作开展，取得积极成效。

【产业帮扶】 聚焦特色农业帮扶。在武乡县，持续打造小米农特产品，依托已经帮扶投产的小米饼干生产线，继续开发桃酥等相关产品，并形成系列化饼干型谱。继续巩固栗家沟辣椒产业，继续扩大种植示范基地建设，规模达1200亩；持续推动辣椒产品深加工，适应用户需求，开发出小蒜辣椒等新产品。在寿县，持续推进大米区域品牌创建，助力开展"寿县大米""安徽气候好产品"商标续展、国家地理标志商标认证，推动成立寿县稻米行业协会、省级科技特派员工作站和省级科技特派团，助力协会经营主体与高校、科研院所和农技推广部门等开展产学研合作，有效提升"寿县大米"品牌影响力。

聚焦文旅开发帮扶。在武乡县，充分发掘红色精神主题，稳步推进洪水镇红色文教培训基地建设项目，助力开发丰州镇兴盛垴村生态农耕文旅项目,通过红色文教培训、就餐住宿等经营活动,持续壮大村集体经济,助力文旅融合实践,带动百姓实现"三产"增收。在寿县,充分发挥重庆市设计院有限公司规划设计优势,深度参与《芍陂(安丰塘)文化旅游产业发展总体策划》,以千年古塘为核心,以阡陌水系为纽带,以历史文化为引领,助力景区创建,持续推动文化旅游产业向纵深发展,帮助寿县打造世界水利文化遗产展示利用样板区。

【教育帮扶】 坚持扶志扶智,接续开展教育帮扶。在中国煤科教育帮扶基金设立的第二年,继续投入资金200万元,专项用于资助两县家庭经济困难和表彰奖励优秀的学生及教师,累计帮扶学生、教师670人;继续组建集团公司研究生支教团,赴武乡县开展第三届暑期帮扶支教活动,助力提升素质教育水平;帮助实施武乡故城镇小学运动场地等基础设施改造项目,有效解决学校师生活动安全隐患问题。

【基础设施建设】 改善就医环境,提升医疗服务综合能力。在武乡县,投入100万元助力开展县医院体检中心改建、耳鼻喉科能力提升建设项目,帮助购置医疗设备,开展县域内鼻咽喉镜筛查和专科人才培训,并制定相关优惠政策,对农村低收入人口、外出务工人员给予医疗费用减免,有效提升县域医疗水平。在寿县,帮助购置疫情防控设施,并帮助遭遇急、难问题,特别是医疗负担沉重的困难家庭和因病致困家庭渡过难关,累计帮扶困难家庭30户。

(中国煤炭科工集团有限公司
党委宣传部　董智盟)

中国机械科学研究总院集团有限公司定点帮扶

【概述】 2022年,中国机械科学研究总院集团有限公司(以下简称"中国机械总院")牢记习近平总书记"两个更好"重大要求,坚决贯彻落实中共中央、国务院关于实现巩固拓展脱贫攻坚成果同乡村振兴有效衔接的工作部署,主动扛稳中央企业政治责任,积极践行中央企业社会责任,充分发挥行业优势,努力克服疫情影响,超额完成年度定点帮扶计划和责任书目标,在2022年度中央单位定点帮扶工作成效考核评价中获得"好"等次。

【帮扶资金投入】 中国机械总院全年直接投入帮扶资金895.05万元(无偿帮扶资金825.05万元、有偿帮扶资金70万元),引进帮扶资金2932万元(无偿帮扶资金632万元、有偿帮扶资金2300万元)。

【组织领导】 坚持把定点帮扶工作作为一项重要政治任务,始终牢记习近平总书记"两个更好"殷殷嘱托,切实履职尽责。强化组织保障。集团党委书记、董事长、乡村振兴工作领导小组组长以上率下,切实扛起第一责任人职责,亲自研究部署推动,其他班子成员统一思想认识,带头抓好落实。2月、4月分别召开领导小组会议专题安排部署各项帮扶工作;5月,集团党委会研究定点帮扶工作,编制印发《中国机械总院2022年定点帮扶工作计划》;11月,集团主要领导、分管领导与新县主要负责同志交流定点帮扶工作情况,共同谋划老区下一步帮扶发展重点。深入实地调研。6月,集团党委委员、副总经理带领集团相关部门、有关二级单位负责人实地调研乡村振兴工作,与新县主要领导、相关分管领导和单位负责人共同召开定点帮扶工作座谈会,进一步理清帮扶工作思路,细化下一步帮扶重点任务。强化督导落实。将定点帮扶工作作为政治任务,摆在重要位置,17家二级单位参照集团帮扶领导架构,充实帮扶领导机构人员,结合单位实际,分别制订下发2022年定点帮扶工作方案,明确帮扶重点,细化帮扶举措。同时,加大督导力度,集团明确专职干部负责定点帮扶工作落实,细化工作职责,确保每项具体帮扶举措落实到位。

【干部挂职帮扶】 持续发挥选派干部作用,在2021年选派1人任挂职副县长、1人任驻村第一书记的基础上,2022年完成科技特派员轮换。积极整合优势资源,全力支持挂职干部开展工作,做好挂职干部坚强后盾,加强派驻干部管理考核和激励保障,推动派驻干部更好发挥桥梁纽带作用,坚持沉在乡村、干在一线,带领强县富民。同时,延续双向交流机制,新县继续选派干部赴集团挂职锻炼,集团定期安排挂职干部参加考察学习,为老区振兴提供高质量、高标准的人才支援和智力支持。

【产业振兴】 着力发展现代农业。支持金兰村发展绿色农业经济,在提质增效上狠下功夫,扩大农业采摘园建设规模,帮助金兰村农业采摘园增加两个育苗棚,完善采摘园大门、园区路面等相关基础设施。挂职副县长带队招商引资,引进食用菌菌棒自动化高效生产技术,为引领食用菌产业转型升级,促进新县菌业产业发展起到重要作用。大力开展科技创新。发挥智能制造行业优势,加大人力财力投入,提升新县生产力促进中心创新发展水平，组织雁栖湖基础制造技术研究院(北京)有限公司、北京机械工业自动化研究所有限公司协同新县生产力促进中心帮助长园智能装备(河南)有限公司开展智能制造成熟度评估工作，助力新县培育高新技术企业12家，完成3家省级以上创新平台、7家市级工业技术研究中心、1家市级实验室、30家国家科技型中小企业创建，不断提升新县智能制造业水平。全力开展技术指导。依托新县生产力促进中心，开展6期智能制造大讲堂，开展科技活动周暨科普基地观摩活动、规上工业企业研发活动全覆盖观摩活动，为企业提供科技政策咨询、技术指导、创新创业指导等基础服务和项目规划实施、产品研发、品牌策划等特色服务，促进支柱特色产业发展。合力拓展购销渠道。加强农商互联，完善中国机械总院乡村振兴平台建设，与福地金兰购物平台对接上百种农特产品及企业加工产品，充分利用线上线下、直播带货、社区团购等多种方式进行联合促销，进一步发挥电商释放消费活力、推动消费、保市场主体等重要作用，年度采购农产品332.7万元，帮助销售农产品155万元。

【人才振兴】 把引才、育才、留才作为促进人才振兴的重要抓手，助力新县加强人才队伍建设。用好渠道聚才。针对老区高层次人才匮乏问题，积极发挥集团资源优势，加强与国家一流大学、省级以上重点实验室、工程技术研究中心联系对接，组织各类专家、教授、工程师等高层次人才借助现代通信、互联网等手段，聚焦老区智能制造、生物医药等重点发展领域，提供智力支持和技术指导。发挥优势育才。持续推进"人人持证、技能河南"建设，加大帮扶投入，按照"学历+技能+创业"培养模式，开展个性化、订单式培训，联合新县县委组织部，组织县乡村三级一线乡村振兴干部培训，培训基层干部982人次；依托信阳涉外职业技术学院，加大"三农"领域实用专业人才培育力度，培训乡村振兴带头人1033人次；结合自身特色优势，开设焊接、工程机械等各类专业技术领域培训班，培训高素质技能人才1339人次。加大教育支持。积极践行"科技+教育+公益"模式，举办第六届科普夏令营，拓宽学生视野，激发教学活力，全面提高基础教育教学质量。发放桃李奖学金50万元，奖励优秀学子，激励教师争先创优。建设4所乡村创客教室，培养学生兴趣，启发学生智慧。

【文化振兴】 持续帮助新县推动文旅发展，推动交旅文创融合发展、全域旅游迭代升级，助力乡村振兴发展。建强基础设施。加大帮扶投入，进一步深化新县科技馆设计方案内容，优化方案效果，从风格定位、主题主线、服务运营等角度完善方案内容，努力推进新县科普事业的可持续发展，切实把科技馆建设作为全县人民群众提升科学素质的重要阵地、丰富精神文化生活的重要场所、展现科技文化成果的重要平台。丰富文体活动。发挥派驻挂职干部和新科基金作用，积极争取各方支持、全面参与，支持新县举办2022年社区治理共同体"中国机械总院杯"趣味运动会等文体赛事活动。挖掘义门陈等家风文化，积极培育农村业余文艺队伍，常态化组织开展寓教于乐的农民文化活动；结合党建统领基层治理，多形式、广路径开展五星支部创建、"饺子宴""五美家庭"和三星级"文明户"评选活动，不断丰富群众精神文化生活。实施品牌创建。持续加大投入，将定点帮扶的金兰居委会阮湾打造成网红体育小镇，实施足球场、篮球场、羽毛球场、星空民宿、攀岩、CS户外拓展基地等项目。打造"金兰花海"景观带，努力将体育小镇打造成集体育比赛、观光旅游、民宿体验、健康养老于一体的新业态融合发展的县城后花园和假日休憩地。

【生态振兴】 改善人居环境，完善农村生活设施，打造"豫风楚韵"全景美丽乡村。筑牢生态屏障。挂职副县长担任乡村振兴指挥部指挥长，积极开展跑项争资，帮助新县与京东云计算有限公司等签订战略合作协议，积极打造高标准野生油茶产业基地、现代农业产业示范基地。持续巩固"中国天然氧吧"创建成果，顺利通过复查认定。打造生态亮点。持续改善金兰体育小镇基础设施，建设标准化足球场、篮球场，良好的自然环境和完备的旅游设施年吸引游客3万余人次，成功创建为国家3A级旅游景区，带动周边群众增收致富，实现"绿水青山"变"金山银山"。开展生态治理。以"六清十创十覆盖"和"六抓六整治"为抓手，以"四起来"为目标，加大帮扶投入，引导帮扶村常态化开展人居环境整治行动，发动群众自发清理房前屋后有碍观瞻物30余处，拆除违法建筑、残垣断壁20余处，改造农户"三格式"生态厕所10余户，实施体育小镇亮化工程，引导村民开展村旁、宅旁、路旁、水旁"四旁"植树活动，打造美丽乡村绿色连接线，推动帮扶村人居环境品质化升级、景观化改造。

【组织振兴】 持续与新县开展支部共建，提升党支部组织力，进一步推动支部优势互补、资源共享、互相促进、共同提高。筑实战斗堡垒。充分发挥集团各二级单位党组织作用，通过线上视频共建形式，定期开展共建共商活动，并根据调研座谈发现的短板弱项，组建以党务干部、专家学者、乡土人才等为主的师资队伍，精心组织开展"三农"政策、社会治理、基层党建等精准培训，线下积极发展农村致富带头人入党，协助开展软弱涣散基层党组织整顿，激发党员干部干事创业热情，将各方力量拧成一股绳、聚成一团火，投入乡村振兴。突出产业发展。发挥党组织和党员在政策引导、技术指导等方面的联动优势，在第一书记所驻村探索成立文旅体产业发展共同体党总支，探索建立"合作社党组织-党员产业大户-党员-农户"发展模式，把党支部建在产业链上、党员聚在产业链上、群众富在产业链上，因地制宜选准产业项目，帮助合作社科学制定产业规划，将分散的农户组织起来、分散作业的产业连接起来，推动现代农业主体和农户发展壮大，拓宽群众增收渠道。

【健康帮扶】 利用捐赠的大型流动医疗车，帮助解决老区困难群众看病远、看病不方便的问题，全年义诊6000余人，免费体检5000余人，适龄妇女"两癌"筛查1500余人，发放健康教育资料及健康扶贫政策宣传资料20000余份。积极组织集团及二级单位支部与新县各级支部的互联共建活动，积极开展支部助学、"三留守"人员关爱等互联共建活动，并积极参与共建村发展。持续开展"我为群众办实事"实践活动，全年为困难群众解决就业等问题50余个，将党的服务触角延伸到基层，不断提升老区人民幸福感和满意度。

(中国机械科学研究总院集团有限公司 吴 非)

中国钢研科技集团有限公司定点帮扶

【概述】 2022年,中国钢研科技集团有限公司(以下简称"中国钢研")聚焦巩固拓展脱贫攻坚成果同乡村振兴有效衔接,坚决贯彻落实中共中央、国务院部署,积极承担政治责任,履行社会责任,开展定点帮扶工作,对口帮扶陕西省山阳县,制订定点帮扶工作计划。一年来,围绕组织领导、选派挂职干部、促进乡村振兴、工作创新等方面圆满完成各项工作任务。中国钢研高度重视,积极落实部署,根据集团公司实际,成立集团公司乡村振兴工作领导小组,并设立专门办公室,负责统筹开展乡村振兴各项工作。

【帮扶资金投入】 2022年,中国钢研加大对定点帮扶县山阳县的帮扶资金投入,直接投入无偿帮扶资金271.35万元,引进无偿帮扶资金8.2万元。

【帮扶资金管理】 同定点帮扶县政府签订帮扶资金捐赠协议,明确规定了帮扶资金的立项、拨付、使用、验收等资金管理细节。中国钢研纪委督促检查历年帮扶资金使用管理情况。了解帮扶项目及资金使用情况,要求做好集团公司帮扶项目和资金的监管,真正做到精准帮扶。召开约谈会,约谈外派挂职干部并提出纪律要求。

【帮扶调研】 各级领导克服疫情影响,赴山阳县督导检查、考察调研4次,共计20人次。6月,党委副书记、总经理一行赴山阳县考察调研,指导推进2022年重点帮扶项目,先后考察天竺山镇僧道关村五味子种植基地、三槐村蜂蜜、乡村休闲民宿等项目,详细了解当地防疫防灾情况,向钢研小学捐赠学习用品,与挂职干部交流。7月,钢铁研究总院冶金工艺研究所所长一行前往山阳县开展科技助力乡村振兴合作调研,在陕西五洲矿业股份有限公司座谈交流,就金属钒深加工工艺和应用技术方面的科技创新等挖掘合作潜力。7月,中国钢研党委常委、纪委书记一行赴山阳县考察调研乡村振兴定点帮扶工作,与山阳县纪律检查委员会、监察委员会共同商讨定点帮扶工作监督等事宜,要求挂职干部明确职责、强化担当,坚决完成好各项帮扶任务。8月,钢铁研究总院党委书记、常务副院长一行赴山阳县就贯彻落实集团公司做好定点帮扶乡村振兴和科技帮扶支持产业发展工作进行考察调研,并慰问脱贫群众。

【帮扶培训】 为山阳县培训乡村基层干部50人次、乡村振兴致富带头人57人次、技能培训专业技术人才50人次,储备和培养一批懂政策、熟技术、善经营的乡村人才。

【干部挂职帮扶】 选派一批党性原则正、文化水平高、业务能力强、综合素质优的年轻干部到基层挂职锻炼。挂职副县长和驻村第一书记扎根基层,敢于担当,主动作为,赢得当地干部群众的赞誉。

驻村第一书记于2021年4月轮换到岗,开展卓有成效的工作。巩固脱贫成果,改善人居环境。聚焦产业升级,促进联农带农。坚持教育优先,开展捐资助学。抓实防疫防返贫,守护一方平安。

挂职副县长于2021年10月轮换到岗,围绕乡村振兴五大方向,根据山阳县的资源禀赋特点,积极谋划产业发展项目,开展许多先导性的工作。依托中国钢研人才、技术优势助力当地企业科技创新。着力抓好青少年的素质教育,改善教学设施。推进非物质文化遗产和生态文化遗产的保护挖掘利用。

【产业帮扶】 产业振兴方面,重点实施的产业项目有天竺山镇五味子中药材种植基地项目、电商助农项目。五味子中药材种植基地项目建设105亩高标准五味子种植基地,采用"企业+农户"的模式运营,建设规模化和规范化的药源基地,并与农户签订土地流转合同,提供就业服务,以租金变股金等方式提高参与农户经济收益,起到很好的联农带农作用。电商助农项目从新产品开发、大型直播带货、农产品助销等方面开展工作,特别是网红商品蜂蜜、五彩手工挂面、无添加香椿酱等新产品的开发,为山阳县特色直播带货注入源头活水,丰富"源味山阳"品牌的内涵,提升县域农产品的技术价值和质量竞争力。引进村集体经济合作企业1家,引进企业实际投资20万元。通过与陕西鸿瑞投资集团有限公司和丹青旅居品牌合作共同打造乡村休闲旅游项目,改扩建示范特色民宿2套。定点帮扶的三槐村入选《2022年陕西省新型农村集体经济优秀案例》。

钒资源是山阳县的优势资源,但当地企业在钒资源应用和开发技术上仍有突出的短板,生产能力有待提升,产品升级尚有潜力。中国钢研依托人才、技术优势,多年持续派出专家团队为企业问诊把脉。2022年进一步加大帮扶力度,先后两次派出一线资深专家团队前往陕西五洲矿业股份有限公司现场调研,反复交流,就金属钒深加工工艺和应用技术方面的科技创新等达成初步合作意向。

【教育帮扶】 中国钢研定点帮扶山阳县20年来,援建12所钢研小学。过去的帮扶一般只限于学校基础条件建设,在教育质量提升方面的关注较少。2022年,中国钢研帮扶干部深入走访县城、乡镇、偏远乡村等地方的各级学校20余所,详细了解关键智能化设施、素质教育等方面存在的问题和困难,决定在乡村振兴阶段,针对教育质量的提升做更多工作。针对6所缺少教学一体机设备的学校,补充购置46套,全县20人以上班级已基本配齐设备。针对高中、初中、小学、幼儿园4个不同年龄阶段学生教育存在的关键问题,分别实施学习方法提升工程、素质教育引导工程、健康成长陪伴工程、教学质量共建工程。

【文化帮扶】 文化振兴方面,三槐村"地质文化村"项目得到中国地质调查局地质环境监测院、陕西省地质调查院等单位的高度重视和大力支持,目的是建设美丽乡村,促进经济高质量发展,普及科学知识,提高全民文化素质。建成后对县域知名度提升、文旅品牌统筹发展、乡村振兴示范效应有较好的促进作用。三槐村深挖山阳县革命老区红色文化遗产,捐资修缮天竺山镇烈士陵园,赓续红色血脉;基于当地的陕南民俗文化、地质风貌特色,编制《三槐村基本村情》《三槐村文化遗产》《三槐村地质文化村建设报告》《三槐村地质文化村策划方案》等调研报告或方案,着力打造陕西省首个具有秦岭文化底蕴的"地质文化村"。

【消费帮扶】 全年购买定点帮扶县农产品242.7万元,帮助销售农产品118.7万元,带动2350户(其中脱贫户1820户)增收,联农带农有明显成效。消费帮扶工作方面,传统做法主要是直接购买、动员购买、帮助销售地方农产品,属于"输血",而帮扶本质上是为了更好地"造血"。通过走访调研各家企业,定位主要的问题是产品品质,所有的产品普遍存在质量不高、策划不准、用户体验不佳等问题。因此，消费帮扶工作将重点放在以下方面：新产品开发和设计、用户体验提升，开发2款网红产品，市场反响良好；组织大型的直播带货，以产品设计为导向，将有市场潜力的产品投放到有潜力的商户，在市场互动中形成合作的良性循环；加大助销力度，将经过精心设计的高质量产品，大力推广到定点采购、市场平台等渠道。

（中国钢研科技集团有限公司
党群工作部　王成喜）

中国化学工程集团有限公司定点帮扶

【概述】 2022年,中国化学工程集团有限公司(以下简称"中国化学工程")扎实推进甘肃省庆阳市华池县和环县定点帮扶工作,高标准履行中央企业政治责任和社会责任,在中央单位定点帮扶工作成效考核评价中获评"好"等次;挂职干部在地方年度考核评价中均得到"优秀"的评定,驻村第一书记所在村被评为省级文明村、党支部被评为甘肃省五星级标准化党支部。2022年,以"五大振兴"为帮扶重点投入资金1348万元,选派4名挂职干部坚持扎根一线,用情用力帮扶;培训基层干部和技术人员7229人次、累计消费帮扶635万元,圆满完成全年定点帮扶各项任务。

【帮扶调研】 继续发扬脱贫攻坚中深入调研、现场办公的优良作风,6月和11月,集团公司总经理,党委副书记分别到两个定点帮扶县,调研考察产业项目持续帮扶情况、新建项目建设运营情况,开展党建活动、入户慰问,深化党史学习教育和"我为群众办实事"实践活动,考察挂职干部履职尽责等情况。与市县两级党政领导、县政府各相关部门深入探讨交流,帮助发现政策执行中出现的新情况、新问题,提出针对性建议,助力地方振兴发展。

【帮扶会议】 坚持集团会议、现场会议相结合,坚持研究部署与督办推进相结合。党委书记、董事长自觉履行定点帮扶第一责任人职责,坚持亲自挂帅、部署、督战,多次组织党委理论中心组学习,并于4月组织党委常委会、总经理办公会深入学习习近平总书记关于乡村振兴的重要讲话精神,专题研究落实举措,部署年度重点工作。将定点帮扶工作纳入党委常委会督办事项,每月督办落实情况。主要领导分别在华池县和环县组织召开现场会议,现场协调解决重点难点问题,促进帮扶重点工作落地见效。

【专项督导检查】 坚持"日常+专项"并举,进一步加大督导检查力度。引进中国志愿服务基金会专业力量,对前期立项评估、项目实施过程、资金精准使用、项目验收结项等环节参与监管。公司领导到帮扶县调研同时落实督导责任,与地方党委、政府分析发展现状,督促指导当地贯彻落实中共中央重大决策部署。由公司纪委牵头成立专项检查工作组,开展专项督导检查,有效推动帮扶质量的提升。

【就业帮扶】 打造系列"就业组合拳",帮助两县解决不同群体就业。产业项目促就业。在研判和立项产业项目时重点考虑带动就近就业能力,帮助299名不想外出务工又没有一技之长的农村劳动力实现家门口就业增收。订单培训稳就业。连续第五年投入专项经费,在中国化学工程环县劳务培训基地组织焊工技能脱产培训,共招收"三类户"两后生等学员50名,42名合格学员全部分配到集团所属企业就业,成为熟练技工后,年均收入可达8万元以上。专项招聘保就业。连续五年在两个帮扶县举办大学生专题招聘会,已有400余名老区大学生入职中国化学工程。同时,总部和所属企业还专门拿出大量后勤服务岗位,招收两县的一批剩余劳动力。2022年招聘工作一直延期,改为线上后,已有100余人达成就业意向,12人正式录用上岗,系列就业帮扶"组合拳"确保困难群众就业有门路、生活有保障。

【教育帮扶】 开展捐资助学,聚焦硬件改善,加大帮扶力度,捐款捐物23万元,为学校添置图书、电脑、课桌椅、教学设备等;建立长效助学帮扶机制,捐赠13.5万元帮助35名中学生等完成学业。开展关爱服务,在端午、重阳、六一等节日对留守老人、儿童进行慰问并免费赠拍"全家福",开设"暑期补习班",为村里20余名留守儿童辅导课业。引进社会爱心资金16万元,为12所乡村学校捐赠护眼灯200台、爱心助学包裹1000个,为12名学生捐赠助学金,系列举措助力帮扶县办学条件提升。

【干部挂职帮扶】 高度重视干部选派,严格把关,优中选优,已选派13名懂帮扶、会帮扶的优秀干部驻市驻县驻村挂职。中国化学工程把干部选派作为密切联系群众和乡村振兴工作的重要抓手,2021年完成新一届压茬选派,目前4名挂职干部坚持扎根一线,实干苦干,实现"干一岗、带一方"的目标。

【产业振兴】 把帮助两县提升"造血"功能和自我发展能力作为深化定点帮扶的首要任务,年内实施产业项目6个,投入资金1100万元,占帮扶总投入的79.5%。坚持培育优势产业。结合庆阳市和帮扶县的发展规划,因地制宜在华池县实施肉牛养殖项目,实现"企业带联社、联社覆盖村、村有合作社、社带养殖户"的良性循环养殖模式。在环县投建肉羊育肥厂等项目,全年可实现出栏育肥羊1.6万只,带动群众户均增收5120元。延长产业链条。探索生产、加工、销售一体化的全产业链条,提高农特产品附加值,实施现代农业综合示范项目,扶持新建小杂粮加工厂2个,辐射带动周边600多户农户种植小杂粮,户年均增收3000元,新建酱油醋加工厂1个,带领30户群众加入醋坊,户年均增收8000元。新建全混合日粮加工厂1个,带动周边村民种植牧草5000亩,间接带动87户养殖户发展草羊产业,可实现户年均增收4500元,村集体分红13.2万元。做好产业与生态振兴融合。按照华池县"百公里养牛示范片带"建设目标,在城壕镇新南路沿线建设标准化养殖棚圈59座,大幅度提升村容村貌,养殖粪污无序排放的"脏乱差"问题得以彻底改善,优化生态环境,消除"视觉贫困",实现产业和生态良性循环。

【人才振兴】 针对不同群体,分层分类开展培训。投入105万元,在华池县和环县开展线下基层干部培训,农村致富带头人、产业带头人培训,种养大户、合作社技术骨干及技术人员培训等,累计培训1249人。专门邀请省、市、县各行业领域专家授课,提升培训效果。积极拓展信息化教育资源,继续加强与清华大学合作,依托知名高校在线教育资源在华池县、环县挂牌成立乡村振兴远程教学站,定期直播党的建设理论、农业技术、社会服务、文化传承等方面课程,年内培训5980人次。坚持打造特色技能培训,连续第五年举办焊工技能培训,2022年共培训50人,42名学员考核合格,全部输转到中国化学工程所属企业就业。

【文化振兴】 大力培育文明乡风、良好家风、淳朴民风。在环县赵洼村改造群众文化活动中心,配备图书、设施设备、文体活动用具等,定期开展文体文化活动,丰富村民精神文化生活。搭建夏令营活动平台,在华池县举办青少年羽毛球夏令营活动,引导青少年远离电子产品,树立积极向上的生活情趣,培养健康生活学习方式。开展文化下乡活动。引进韬奋基金会20万元图书送书下乡,进一步充实农家书屋。建立评比激励机制,新建巾帼家美积分超市,以积分奖励方式激励乡村妇女积极参与村级事务;开展精神文明表彰活动,对孝老爱亲、创业致富、遵纪守法等各类村民先进及精神文明示范户等进行表彰,引导乡村文明建设。

【生态振兴】 结合两县地理地域特点,积极探索美丽乡村建设有益举措。依托公司的资金、设备,培育的620万株沙棘苗让华池县城壕镇的野地荒山变成绿水青山、金山银山,既带动大量脱贫户务工,也有利于生态环境的保护和改善。2022年再次对华池县沙棘产业提档升级,引进天津市供销集团有限公司与华池县甘农生物科技有限公司合作,建立产业联盟,助力沙棘产业做大做强。整治人居环境。在环县赵洼村实施亮化美化工程,安装太阳能路灯40盏,投放大型垃圾箱5个,帮助实施厕所改造90户;投入15万元,为赵洼村村部新建6间公共浴室,每天免费向村民开放,解决群众长期以来洗澡难的问题。开展栽植护绿活动。投入30万元,腾退苗木,帮助农户在庄前屋后栽植果木、林木;发挥驻村第一书记作用,在帮扶村组织发放种植葡萄苗、云杉树苗等1700多棵,改善人居环境,提升居住品位,打造生态宜居的美丽乡村。

【结对帮扶】 在脱贫攻坚阶段,中国化学工程共计3521名党员干部自掏腰包与华池县、环县的1497户建档立卡贫困户结成帮扶对子,同时基层单位与帮扶户所在村镇畅通帮扶渠道。2022年,借助结对帮扶优势,将其作为返贫监测和精准帮扶的有效手段,全年开展助学、助工、助医等帮扶举措,捐款捐物累计106万元。坚持在甘肃南梁干部学院持续开展党员轮训,推动到现场抓党建活动的同时,落实定点帮扶责任,带动定点帮扶县红色旅游。

【支部共建】 公司基层党支部与华池县、环县基层党支部广泛开展共建,2022年再增5个结对共建关系,帮助完成党建活动阵地布设及提升,联合开展主题党日等各项活动,实现"组织共建、队伍共建、资源共建、助学帮困"目标,增强双方党组织、党员队伍的凝聚力,激发党建活力。其中,中国化学工程第十四建设有限公司基层党支部向庄科村党支部拨付经费11万元,开展主题党日等各类活动19次,协助庄科村"两委"收购城壕镇快递驿站经营权,推进邮快合作,快递入村到户,庄科村党支部被评为甘肃省标准化先进党支部。

【应对疫情】 9—11月,中国化学工程第一时间组织专用车辆,紧急捐赠过氧乙酸消毒液8吨,捐赠核酸采样亭2个、口罩10.6万只、防护服1400套及帐篷等防疫物资共计37.4万元,帮助华池县和环县部分乡镇缓解防疫物资紧缺压力。

【消费帮扶】 优化升级中国化学工程电商平台,继续在公司办公楼和生活区设立帮扶产品超市,维护好与中国农业银行、中国建设银行等金融机构及本来生活网的合作,拓宽消费帮扶渠道。2022年累计帮助销售农特产品201万元。加大采购力度,总部和全集团30余家分子公司、各个项目部食堂等向两县定向采购;各级工会在开展困难慰问、发放福利时,优先采购帮扶县农产品,全年完成采购434万元。强化宣传推介,落实国务院国有资产监督管理委员会"央企消费帮扶兴农周"活动要求,通过下发通知、发起倡议、官方微博推文、网站首页宣传、楼宇电视轮播、发动员工朋友圈转发等方式加大宣传动员和产品推介力度。联合各帮销平台开展补贴促销活动,帮助两县优质农产品销往全国各地。

【乡村振兴示范点】 以选派的驻村第一书记所在村镇为重点,打造乡村振兴示范点。向华池县乡村建设市级示范乡镇城壕镇、环县重点建设示范村赵洼村投入定点帮扶资金527万元,集中实施小杂粮加工厂、养殖棚圈建设、群众文化活动中心等项目,围绕"五大振兴"探索形成"政企融合产业提质增效、联农带农生态宜居宜业、堡垒共筑联结乡村建设"的新发展模式,助力形成产业壮大、乡风文明、宜居宜业、治理现代的新农村示范村镇,有力发挥示范引领、辐射周边、带富百姓的积极作用。

【帮扶宣传】 加强总结提炼,优秀经验做法被新华通讯社内参《国内动态清样》报道,公司入选"央企ESG·社会价值先锋50指数"。举办多场"时代楷模"、挂职干部邱军同志先进事迹报告会,大力宣传帮扶干部脱贫攻坚精神。全年重点围绕"时代楷模"邱军同志的先进事迹、定点帮扶各项活动等在集团官方网站、官方微博及各级媒体开展宣传报道,既展示中央企业的良好形象,又宣传革命老区,提高定点帮扶县的社会知名度。

(中国化学工程集团有限公司　郭黎明)

中国盐业集团有限公司定点帮扶

【概述】 2022年,中国盐业集团有限公司(以下简称"中盐集团")定点帮扶陕西省延安市宜川县和榆林市定边县。中盐集团坚持以习近平新时代中国特色社会主义思想为指导,坚决落实"四个不摘"要求,积极开展定点帮扶工作,通过加强组织领导、加大资金投入、围绕"五大振兴"、创新帮扶举措,助力定点帮扶县全力巩固拓展脱贫攻坚成果、全面推进乡村振兴。向定点帮扶县派出挂职干部2人、驻村第一书记1人,累计投入帮扶资金818.4万元,引进帮扶资金530万元,培训乡村基层干部625人次、乡村振兴带头人489人次、专业技术人员1069人次,购买脱贫地区农产品346.15万元,帮助销售脱贫地区农产品122.58万元。

【帮扶资金投入】 2022年,中盐集团加大资金投入力度,向2个定点帮扶县投入无偿帮扶资金818.4万元,以产业帮扶、人才帮扶、文化帮扶、生态帮扶、组织帮扶为重点开展帮扶项目20个。积极引进帮扶资金530万元,主要用于帮助发展壮大村集体经济,进一步带动当地农民增加收入。

【帮扶调研】 中盐集团党委书记、董事长先后组织召开3次党委会,传达学习中共中央、国务院关于乡村振兴有关精神,贯彻落实国家乡村振兴局、国务院国有资产监督管理委员会关于定点帮扶工作要求,总结集团公司定点帮扶工作,研究部署重点帮扶任务。集团公司主要领导、分管领导带队先后到陕西省宜川县、定边县调研帮扶工作,通过座谈交流、实地调研等形式,督促指导项目落实。

【干部挂职帮扶】 选派2名同志继续挂任宜川县、定边县委、副县长,负责帮扶工作;1名同志继续挂任宜川县集义镇桌里村党支部第一书记,开展驻村帮扶工作。集团公司加强对挂职干部管理,按照"每周工作互通、每月跟踪指导、每季度报告工作"的要求,及时掌握挂职干部工作进展情况,确保帮扶项目有序推进。

【产业帮扶】 在宜川县投入110万元重点扶持2家地方龙头企业,帮助建设25个高品质食用菌大棚,实现20人就业。帮助建立英旺乡玉米深加工车间、云岩镇粉条加工车间,有力提升农产品附加值,促进当地群众增收。在定边县投入50万元用于建设定边盐场工业遗产红色旅游项目,帮助周边村庄转移就业76人。立足定边当地特色农产品资源,投入40万元帮助当地企业进行车间升级改造,对当地胡麻油、荞麦等农产品进行深加工,提升产品附加值,带动周边42户直接受益,订单种植及农产品收购受益918人。

【人才帮扶】 继续投入专项资金,分别为宜川县、定边县培训基层干部、乡村振兴带头人、专业技术人员625人、489人、1069人,帮助定点帮扶县筑牢人才振兴的基础,增强可持续发展的内生动力,提升当地群众致富的本领。在宜川县投入80万元用于中盐·宜川职业果农实训基地二期项目建设,为当地职业农民提供可参考、可复制的苹果种植技术,全年累计培训700余人次,解决30名当地群众就业。同时，安排11名优秀年轻干部到中盐集团所属企业挂职锻炼，帮助地方加快培养一支懂经营、会管理的专业化人才队伍。

【文化帮扶】 帮助宜川县薛家坪村、如意村、桌里村建设宣传阵地5个、文化墙2处，帮助定边县小涧子村、苏兴庄村、十里沙村安装文化窗3个，及时将国家最新政策、最新思想传递给当地群众。为宜川县、定边县印制涵盖移风易俗和抵制十大乡村陋习的文明乡风建设宣传手册，通过开展文化活动，进村入户宣传，引导当地村民树立文明新风。

【生态帮扶】 在宜川县投入40万元，帮助集义镇修复因2021年强降水冲毁堵塞的河道和堤坝，同时进行存水围堰，满足农业生产灌溉需求。在桌里村修建生态阶梯水坝两座，解决村里靠河缺水的问题，修复盐渠、水亭，帮助桌里村发展生态文旅产业。在定边县组织开展"中盐集团植绿定边植树活动"，助力当地生态振兴。7月初，定边县连降暴雨，中盐集团修建的二三湾淤坝在降雨期间发挥积极作用，保障下游人民群众生命财产安全。

【组织帮扶】 在定边县十里沙村组织召开定点帮扶共建工作推进会，进一步明确共建项目、共建形式、共建内容等，并分别向宜川县、定边县投入专项资金，帮助村党支部改善办公条件、制作安装宣传文化窗，助力基层组织建设再上新台阶。组织基层乡村党员干部到中盐集团所属企业参观交流，帮助他们开阔思路、提升履职能力，并向结对共建支部捐赠党建、生活、经营等学习书籍和工具，为宜川县、定边县基层党组织订阅《学习时报》各250份。

【教育帮扶】 在宜川县投资20万元帮助集义镇中小学购置物理、化学实验室教材和器皿、体育、音乐教学器材和教室图书架等，帮助住宿学生更新被套床单。为宜川县中学发放"励志奖学金"23万元，奖励2个优秀教学团队、20名高考优秀学子，助力宜川县打造教育强县。在定边县投入50万元对白湾子镇学校旧校舍进行维修改造，设立党史、校史长廊，民俗展厅，社团活动室等功能室，有效改善办学环境。向定边县教育基金增资100万元，用于解决孤儿、残疾家庭子女、脱贫不稳定家庭子女等上学问题，向138名家庭困难学生发放助学金33.6万元。

【基础设施建设】 在宜川县投入20万元，改扩建桌里村驻村工作队宿舍，修缮村水泵房，给村民更换水龙头、水管等基础设施，保障村民饮水安全。在定边县投入50万元，配合县政府在白湾子镇实施户厕改造工程，包括100个户厕和2个公厕，户厕改造工程极大改善村民的生活条件。在定边县投入60万元修建45座农户家庭水窖、2座集体水窖，缓解村庄用水难、灌溉难的现状。

【消费帮扶】 加大脱贫地区农产品采购力度，积极参加国家发展和改革委员会举办的"消费帮扶新春行动"、国务院国有资产监督管理委员会举办的"央企消费帮扶兴农周"活动，鼓励所属企业在慰问困难职工、困难党员期间，在发放员工福利时，优先采购脱贫地区农产品作为慰问品、节日福利，鼓励引导中盐集团广大干部、职工消费脱贫地区的特色农产品。组织中盐集团及所属企业利用自有销售平台，积极销售脱贫地区农产品。投入20万元，帮助宜川县在西安继续开设农产品专营店，助力当地特色农产品"走出去"。全年购买脱贫地区农产品346.15万元，帮助销售脱贫地区农产品122.58万元。

【中盐"爱心盐"】 连续5年在宜川县开展中盐"爱心盐"免费发放活动。2022年继续向宜川县12万百姓发放"爱心盐"500吨，全力保障当地群众吃上"放心盐""健康盐"。通过

"小温暖 大爱心",充分彰显中盐集团心系群众、服务社会的使命感和责任感。

【中盐特色帮扶机制】 立足自身实际,通过重点扶持一批当地龙头企业、农村合作社,聚焦当地独特资源禀赋,抓特色优势产业,将解决当地农村劳动力就业纳入扶持协议,积极为当地农民创造稳定收入来源,努力打造"扶持重点企业—发展特色产业—解决农民就业—稳定收入来源"的中盐特色帮扶模式。

(中国盐业集团有限公司
党群工作部 张 慧)

中国建材集团有限公司定点帮扶

【概述】 2022年,中国建材集团有限公司(以下简称"中国建材集团")深入学习习近平总书记重要指示批示精神,贯彻落实党的二十大精神和中共中央决策部署,围绕"五大振兴"目标任务,在安徽省石台县、宁夏回族自治区泾源县、云南省昭通市昭阳区、永善县和绥江县等5个定点帮扶县(区)投入帮扶资金7940万元,实施帮扶项目27个,引进帮扶资金271.8万元,培训基层干部、致富带头人、各类技术人员856人,购买和帮助销售脱贫地区农产品2037.34万元,历年累计消费帮扶总数突破1亿元。中国建材集团及各成员企业倾情、倾力、倾智,与地方深化沟通协作、保持同频共振,扎实开展定点帮扶工作,圆满完成全年各项帮扶任务,在中央单位定点帮扶工作成效考核评价中被评为"好"等次。

【帮扶资金投入】 2022年,中国建材集团落实中共中央关于"十四五"期间不低于"十三五"总体水平的要求,在5个定点帮扶县(区)实际投入帮扶资金7940万元,实施帮扶项目27个,涵盖产业发展、示范村镇、教育培训、基层组织建设等方面。除了援建帮扶项目外,还积极进行捐资捐赠和举办各类公益活动。联系西安市医疗资源在泾源县开展地方病义诊活动;集团总部和各成员企业党员干部积极践行"我为群众办实事"实践活动,看望脱贫地区留守儿童,送去书包、水杯等礼物;为永善县学生捐赠过冬校服等物资43万元;全年在各定点帮扶地区新建"善学书屋"5间,捐赠图书5000余册;成员企业中国建筑材料工业地质勘查中心和中国中材国际工程股份有限公司组织学生走出大山,到成都、南京等地开展夏令营活动;中国建筑材料工业地质勘查中心和中国建材集团财务有限公司共同出资10万元向绥江县罗坪村小学捐赠教学物资;西南水泥有限公司向昭阳区卡子村小学捐款8万元组建小学生足球队;凯盛科技集团有限公司党员干部捐款10万元资助品学兼优的贫困学生。中国建材集团积极动员合作单位及社会各界力量,全年在5个定点县(区)实际引进帮扶资金271.8万元。

【帮扶会议】 中国建材集团党委全年召开常委会专题研究帮扶事项5次,学习中共中央精神,研究工作要点,听取进度汇报,确保各项帮扶措施落地落实。集团党委书记、董事长多次主持召开专题会议研究定点帮扶工作,亲自谋划帮扶方向,悉心指导帮扶项目,要求务必坚持更高站位、更大力度、更实举措、更高标准,扎实推进定点帮扶工作。组织召开定点帮扶工作专题会议,传达学习《中共中央 国务院关于做好2022年全面推进乡村振兴重点工作的意见》精神,宣贯国务院国有资产监督管理委员会《关于做好2022年定点帮扶工作的通知》,印发《中国建材集团有限公司2022年定点帮扶工作要点》,研究布署各项具体帮扶工作。会议要求,要以更加集中的支持、更加有效的举措、更加有力的工作,不断拓宽帮扶渠道,提升帮扶实效。要求各成员企业积极行动,认真学习领会中共中央文件精神,结合集团帮扶工作要点,准确把握工作方向,巩固完善"集团统一领导、包保单位主动谋划推进、挂职干部紧盯一线落实、全体成员企业积极响应支援"的立体帮扶模式,围绕提升县域自我发展内生动力这一主线,落实好各项工作任务。

【帮扶调研】 先后开展5次调研活动,参加调研人数共计74人,覆盖泾源县、石台县、昭阳区、永善县、绥江县等5个定点帮扶县(区)。集团党委副书记、总经理前往石台县实地查看牯牛降基础设施综合提升项目、大演乡生态富硒农产品加工园区和七都镇乡村振兴产业园项目,表示将全力支持帮扶县产业升级,提升脱贫地区"造血"功能和可持续发展能力;集团党委副书记前往永善县调研溪洛渡镇卫生院、红光易迁扶贫车间、云南八凯农业开发有限公司、细沙乡黄金村示范乡村建设,出席中国建材集团2022年"善建"七彩课堂开班典礼,前往昭阳区调研八仙营中共党史学习教育基地、守望乡卡子小学、永丰苹果种植基地等项目,前往绥江县调研板栗镇集镇更新改造项目、罗坪村易迁安置点和云绣娘文化产业项目,出席罗坪小学"善学书屋"挂牌暨教学物资捐赠仪式和"善学杯"儿童绘画比赛颁奖典礼,指导开展系列教育帮扶,组织召开泾源县督导调研座谈会,研究谋划帮扶举措,推动帮扶项目落地落实,拓宽农民增收致富渠道。

【帮扶培训】 根据定点帮扶县(区)人才振兴需求,培训县乡村基层干部397人次、乡村振兴带头人245人次、专业技术人员229人次。在泾源县开展抓党建促乡村振兴专题培训班,坚持党建引领,充分发挥"乡村基层干部、乡村振兴带头人、专业技术人才"辐射作用;在石台县推行培训轮训模式,组织基层干部参加相关各类培训班,参加轮训人数共计168人,确保新选派和驻村干部都参加轮训;根据绥江县工作需求,选拔相关人员参加地质勘查和找矿项目研讨交流、无人机应用(地理测绘信息专业)技术培训班等业务学习;组织永善县乡村基层干部、"万名人才兴万村"专家、中国建材集团挂联派驻永善县干部等150余人开展乡村振兴业务培训;在昭阳区开展"助力乡村振兴、扬巾帼风采"专项培训,先后联合区妇女联合会组织全区150余名乡镇妇女干部、致富带头人、专业技术人才开展针对性培训。

【干部挂职帮扶】 共向5个定点帮扶县(区)选派挂职帮扶干部11人。挂职帮扶期间,干部深入基层一线,开展走访调研,积极联络协调,推进帮扶项目,探索实践符合当地特色和企业优势的帮扶模式。泾源县帮扶工作队积极创新工作方法,聚焦肉牛特色产业,探索"政企农"联结机制,充分利用集团450万元帮扶资金为泾源县建立"公益牛"基金,将帮扶资金变股金,防返贫监测对象变为股东,委托养牛企业(合作社)饲养肉牛,帮扶案例《建立"公益牛"分红机制 带动帮扶对象"稳增收"》入选国务院国有资产监督管理委员会《中央企业助力乡村振兴蓝皮书(2022)》优秀案例;昭阳区帮扶工作队联络集团驻滇主要企业与昭阳区开展考察交流活动,在产业合作、业务拓展、消费帮扶及劳务用工等方面开展互动;永善县帮扶工作队举办技能人才招聘会,采取"现场+直播"的模式宣传招聘,共提供80个工作岗位;绥江县帮扶工作队联系集团成员企业,通过"以购代帮"助力绥江县优质农特产品销售48万元。

【产业帮扶】 落实中共中央精神要求,在围绕"五大振兴"开展的帮扶工作中重点突出产业帮扶。实施产业帮扶项目11个,使用帮扶资金6783万元,占全部投入的85.43%。投入1274万元建设的石台县七都镇农民返乡创业园项目,新建标准化厂房5栋,共计7500平方米,实现当年立项、当年施工、当年投入使用,提供务工岗位,带动村集体增收,受益人口210户645人;投入1050万元实施的泾源县"牛街"特色旅游区改造提升项目和养殖业"出户入园"项目,围绕泾源肉牛特色产业,促进当地经济发展;投入1440万元建设的永善县细沙易地搬迁产业园区项目,通过修建标准厂房和配套设施,帮助易地搬迁群众实现家门口创业就业;投入1280万元实施的昭阳区永丰镇青坪村农产品交易市场建设项目、乐居镇上街村温家街自然村乡村旅游项目、旧圃镇红泥闸村农业旅游产业园项目、守望回族乡肉牛产业发展服务项目,不断壮大村集体经济,有效促进百姓增收致富。

【教育帮扶】 整合多年帮扶经验做法,围绕提升学生素质探索实施"善学计划"。继续完善基础条件,筹集资金550万元向泾源高级中学捐赠课桌椅1515套,实施运动场改造、VR教室、3D实验室、智慧图书室建设等;向永善县黄金村、绥江县罗坪村等学校捐赠校服和课桌椅。设立"善学"奖学金,资助各县(区)品学兼优的贫困学生,帮助和激励学生树立远大志向。开展"善学"夏令营活动,带着孩子们走出大山,到南京、成都等大城市开阔视野、种下梦想。开展"善学七彩课堂"志愿服务活动,组织110名优秀青年员工,在5个帮扶县(区)设立15个教学点,陪伴740余名留守儿童度过快乐难忘的暑假。设立"善学书屋"5间,将"北京市重点小学推荐阅读书目"带到定点帮扶地区,让山区儿童与北京学生共读一本书,还特别为昭通市特殊教育学校精心挑选低幼启蒙书、触感玩具书等专用图书,帮助提升智力残疾儿童语言认知和社会交往能力。举办"善学杯"儿童绘画比赛,培养学生绘画特长,5个县(区)师生踊跃参赛,共收到作品300余幅。此外,在帮扶地区组建一支中学生篮球队、一支小学生足球队和一支跆拳道队,鼓励引导学生兴趣爱好。

【党建帮扶】 在5个帮扶地区开展一系列主题活动,助力基层党组织建设。开展支部共建活动。在建党101周年之际,组织各成员企业与帮扶县(区)基层党组织开展结对共建,参与共建组织数23个,为村党支部捐赠电脑、打印机等办公设备,研讨提升集体经济路径,举行多场招聘会提供就业机会,采购滞销农产品解决农民实际困难。开展"巾帼心向党 奋斗新征程"主题活动。以党建引领文化,聚焦妇女在乡村治理中的重要作用,关心关爱女性、树立先进典型,培养巾帼人才。发挥帮扶项目作用,传承弘扬红色精神。投入661万元在昭阳区建设的八仙营中共党史学习教育基地和投入800万元建设的泾源县杨岭村"两山理论"红色教育基地已建成使用,为传播红色文化、激励广大干部群众传承红色基因发挥重要作用。培养爱党爱国情怀"从娃娃抓起"。在5个县(区)组织开展的"善学杯"儿童绘画比赛以"童心齐向党 喜迎二十大"为主题,旨在通过儿童的视角展现家乡的巨大变化,从小树立孩子们爱党爱国的浓厚情感和对美好生活的向往期盼。

【消费帮扶】 有效发挥"禾苞蛋"电商帮扶平台作用,在5个帮扶县(区)培育合作社26个,拓宽农产品销售渠道,同时印发《关于开展福利采购农产品支持乡村振兴的通知》,号召成员企业积极开展消费帮扶,助力提升销量,促进农民增收。全年购买和帮助销售脱贫地区农产品2037.34万元,历年累计购买和帮助销售脱贫地区农产品10409.3万元,消费帮扶总数突破1亿元。通过中国建材集团20万员工推广带动,各县(区)农产品顺利走出大山,品牌效应逐渐形成,甚至出现供不应求的情况。积极参与国务院国有资产监督管理委员会组织的"央企消费帮扶兴农周"活动,"禾苞蛋"平台组织开展"消费兴农"直播活动,同时在线人数超过4万人,销售农产品187.88万元。

【帮扶宣传】 加大宣传力度,以各种途径宣传帮扶地区山乡巨变,推介农产品和文化旅游等特色资源,挖掘集团帮扶工作经验和先进事迹,营造全面推进乡村振兴的浓厚氛围。中央广播电视总台《乡村振兴中国行》节目专访集团党委书记、董事长,向公众集中展示中国建材集团参与脱贫攻坚和乡村振兴的经验做法。行业媒体《中国建材报》头版全版报道中国建材集团为美丽乡村建设所做出的努力与贡献,并配发评论员文章。各大地方媒体也争相报道中国建材集团帮扶成效,《云南日报》以"定点帮扶结硕果 描绘乡村新画卷"为题报道帮扶昭阳区工作纪实,称赞其为"真帮实扶的建设者";昭通广播电视台报道绥江县板栗镇罗坪村通过易地搬迁走上生态产业化道路,把5万亩森林宝库称作百姓致富的"绿色银行";永善县媒体跟进报道中国建材集团投入资金2055万元支持的细沙乡示范乡镇项目,关注施工进度;池州市媒体聚焦中国建材集团对石台县帮扶工作成效和在池州重大投资项目;泾源县融媒体报道中国建材集团向泾源高级中学捐赠1515套课桌椅并出资组建中学生"善建"篮球队及地方病义诊等一系列帮扶举措。

(中国建材集团有限公司 王 恒)

中国有色矿业集团有限公司定点帮扶

【概述】 2022年,中国有色矿业集团有限公司(以下简称"中国有色集团")定点帮扶云南省梁河县。中国有色集团党委始终高度重视乡村振兴工作,坚持高位谋划、高点推进,聚焦乡村产业、人才、文化、生态、组织"五大振兴"持续发力,助力梁河县巩固拓展脱贫攻坚成果,全面推进乡村振兴战略实施。全年投入和引进帮扶资金980万元,实现了"四个不低于"目标,即2022年投入帮扶资金较2021年增长不低于20%,引进帮扶资金增长不低于10%,购买和帮助销售农产品不低于150万元,培训基层干部、农村致富带头人和技术人员不低于1100人次目标。中国有色集团在2022年度中央单位定点帮扶工作成效考核评价中获得"好"等次。

【帮扶资金投入】 2022年,中国有色集团投入直接帮扶资金820万元,其中投入300万元用于实训楼建设,通过产教深度融合、产业孵化等延伸功能,助力梁河县产业振兴;投入300万元在温泉度假区周边打造丙赛村乡村振兴示范点,积极开发乡村养生、温泉养生和田园养生等旅游产品,助力打造"葫芦丝之乡·康养新梁河"品牌;投入60万元,建设挂钩脱贫村平易村文化楼及文化广场,推进易地搬迁后的村庄稳定、融合、凝聚和发展;投入100万元,建设梁河县第一中学学生宿舍楼,解决学生开学住宿燃眉之急;投入30万元,对基层干部、致富带头人和技术人员开展培训,提高当地民众教育水平和知识技能水平;投入30万元,帮助当年考入大学的贫困家庭新生减轻家庭负担。引入帮扶资金120万元,其中引入10万元用于2022年职业技能培训(城区班),助力梁河县实现高质量就业;引入110万元在梁河县2个行政村建设文化广场和卫生室,帮助解决安置区公共服务重点、难点问题。投入40万元,用于建设红色教育基地和党建村史馆。

【帮扶资金管理】 持续加强对定点帮扶县工作指导,督促落实乡村振兴主体责任,派出工作组对梁河县进行2022年定点帮扶专项审计和检查,通过现场审计、查阅资料、访谈相关人员、实地考察项目进展情况等方式,对梁河县扶贫工作制度和规划,中国有色集团帮扶项目审批实施、跟踪监督和资金使用、派出挂职干部履职等情况做专项审计及检查,形成专项审计报告1份,共发现问题6个,不存在挂职干部履职的相关问题,向梁河县提出整改建议要求并明确整改时限,全面落实整改要求。

【帮扶调研】 8月,中国有色集团党委书记、董事长率队4人到梁河县调研,实地考察集团公司定点帮扶项目,走进中共梁河特委旧址与大厂乡党委及两个党支部举行主题党日活动;调研挂钩村平易村,走访慰问脱贫户,实地查看帮扶项目文化广场、党建村史馆、村民活动中心、扶贫车间;调研产教融合发展实训基地,实地查看项目建设情况,出席集团冠名的产业孵化园揭牌暨大学生助学金发放仪式;实地考察聚缘村扶贫车间、南甸伴山温泉小镇、丙赛村乡村振兴示范点建设、平易村光伏电站、梁河县电子商务服务公共中心、工业园区、梁河县益坤粮油工业有限责任公司。与当地州、县委、政府组织召开定点帮扶座谈会,分析发展现状,理清发展思路,推动帮扶举措落地见效。

【帮扶会议】 3次召开定点帮扶工作会议。5月,集团党委会审定2022年定点帮扶工作要点,按照主要帮扶指标实现"四个不低于"要求,制订具体工作计划,列出年度工作任务,确保帮扶工作落到实处、干出实效。9月,召开集团公司乡村振兴工作推进会,进一步落实好《中共中央 国务院关于做好2022年全面推进乡村振兴重点工作的意见》、全国东西部协作和中央单位定点帮扶工作推进电视电话会议精神和国务院国有资产监督管理委员会(以下简称"国务院国资委")党委工作部署,凝聚集团上下进一步做好乡村振兴工作的强大合力,切实推动集团公司履行好新时代中央企业社会责任。9月,集团公司党委会研究审定投入帮扶资金100万元建设梁河县第一中学学生宿舍。

【帮扶制度建设】 结合梁河县实际,在深入调研的基础上,编制完成《中国有色矿业集团有限公司定点帮扶梁河县三年规划(2023—2025年)》。规划落实党的二十大精神,立足梁河县资源禀赋,找准梁河县发展方向,系统安排部署集团公司定点帮扶工作,力争助推梁河县到2025年实现一二三产业融合度进一步提高,"葫芦丝之乡·康养新梁河"品牌影响力进一步增强,群众增收渠道进一步拓展。

【帮扶培训】 投入帮扶资金40万元,根据定点帮扶县人才振兴需求,帮助梁河县开展基层干部专题培训、致富带头人专题培训、文旅培训、医务人员培训和职业技能培训等4个项目,分别培训驻村工作队员、村干部和乡村振兴人才共733人次,文化旅游相关从业人员共87人次,乡村两级医务人员、卫生应急人员共352人次,钢筋工电工150人次。

【干部挂职帮扶】 2名干部在梁河县担任挂职副县长和平易村驻村第一书记。挂职副县长走访梁河县的全部乡镇,深入调研推动集团27个帮扶项目,组织编制完成《中国有色矿业集团有限公司定点帮扶梁河县三年规划(2023—2025年)》,为梁河县巩固脱贫攻坚成果、乡村振兴和高质量跨越式发展做出积极贡献。驻村第一书记扎根基层、深入群众,将工作一项一项落实落细。2022年度集团挂钩帮扶的河西乡平易村被评为云南省民主法治示范村、森林乡村、绿美乡村、"百千万"工程精品村和德宏傣族景颇族自治州基层党建"十面红旗"——"乡村治理"先锋旗示范创建点,成为中央企业帮扶地方的样板。

【产业帮扶】 发挥自身优势,立足资源禀赋,激活产业发展新动能。以梁河葫芦丝文化为统领,立足丰富地热温泉资源,对标国家级美丽乡村,投入300万元在温泉度假区周边打造丙赛村乡村振兴示范点,发挥示范引领作用,壮大村集体经济,积极开发乡村养生、温泉养生和田园养生等旅游产品,助力打造"葫芦丝之乡·康养新梁河"品牌;通过2个帮扶车间,帮助实现脱贫人口转移就业96人,所属企业招用挂钩村脱贫户5人。发挥有色金属行业优势,帮助引进一家主营金属材料、新型金属功能材料、非金属矿及制品销售的民营企业到县投资,实现招商引资金额100万元。

【教育帮扶】 帮助梁河县巩固义务教育基础设施和改善职业教育办学条件,投入100万元补足梁河县第一中学学生宿舍楼建设资金缺口,解决学生开学住宿问题;投入300万元新建产教融合基地产业孵化园,重点培育葫芦丝演奏、制作和旅游服务管理等专业人才,形成集技术人才培养、专业研究、产业服务于一体的产业性经营实体;投入30万元为梁河县60名当年考入大学的脱贫户家庭子女提供助学金,帮助他们顺利完成学业,并从2022年起将连续4年定向资助就读采矿、地质、冶金等专业学生,毕业后安排与集团公司相关企业进行就业双向选择,激励更多青少年接受高等教育,提升梁河县群众整体受教育水平。

组织6家南方片区和缅甸企业拿出一批稳得住脱贫劳动力的岗位在梁河县内招工,吸纳5名脱贫劳动力在集团内就业;建立2个帮扶车间,帮助96名脱贫人口转移就业;出资10万元开展建筑工技能培训,为持续促进脱贫人口稳定就业增收奠定基础。

【消费帮扶】 积极参与国务院国资委等组织的"央企消费帮扶兴农周""消费帮扶新春行动""央企富民兴疆消费帮扶行动"等活动,大力发掘自身需求,推动帮扶产品进食堂、进工会、进家庭、进员工福利采购和慰问走访目录,全年累计实现采购帮销合计177.11万元。

【帮扶宣传】 组织编制《春风化雨二十载　情满梁河振兴路》等宣传片3部,刊登各类媒体宣传帮扶成效和典型经验40余篇,《中国有色集团:定点帮扶有声有色》《春风化雨二十载　情满梁河振兴路》《践行央企担当　为梁河县发展注入强劲动力——中国有色集团定点帮扶云南省梁河县二十年纪实》《定点帮扶拔穷根　携手缔结致富果》分别在国家级期刊《中国乡村振兴》、《中国村庄》、国务院国资委网站、《德宏团结报》刊登,其中《中国有色集团:定点帮扶有声有色》被《中国乡村振兴——政策与实践》收录。

(中国有色矿业集团有限公司
党群工作部　江　姗)

中国有研科技集团有限公司定点帮扶

【概述】 2022年，中国有研科技集团有限公司（以下简称"中国有研"）紧紧围绕中共中央、国务院及国务院国有资产监督管理委员会关于定点帮扶工作的总体部署，结合贵州省思南县巩固拓展脱贫攻坚成果和全面推进乡村振兴工作实际，严格落实"四个不摘"总体要求，积极履行中央企业责任，推动巩固脱贫成果上台阶、乡村振兴开新局。全年投入无偿帮扶资金303.5万元，引进无偿帮扶资金20万元，培训基层干部、致富带头人和专业技术人员511人次，直接采购脱贫地区农特产品74.9万元，帮助销售脱贫地区农特产品196万元，实施产业振兴、教育帮扶、人才培训、特色田园乡村建设等帮扶项目14个。在中央单位定点帮扶工作成效考核评价中被评为"较好"等次。

【帮扶资金投入】 2022年，中国有研直接投入帮扶资金303.5万元，其中投入128.5万元用于教育帮扶，帮助支持思南县校园科技馆建设、校园危房维修、幼儿康复中心建设、研究生支教等，整体提升思南县基础教育水平；投入70万元用于产业帮扶，支持思南县邵家桥镇珠池坝村柚子仓储物流系统建设、柚子产业园配套设施提升；投入75万元，用于思南县双塘街道易地扶贫安置点丽景社区、邵家桥镇珠池坝村、大河坝镇马尖山村人居环境改善；投入30万元，用于思南县致富带头人、基层干部、实用技术培训，实训基地建设。

【组织领导】 2月，中国有研党委书记、董事长主持召开定点帮扶领导小组专题会议，听取挂职干部汇报年度定点帮扶工作计划，审议研究年度定点帮扶工作方案。3月，集团党委会专题研究定点帮扶工作，审议通过年度定点帮扶工作计划，对巩固拓展脱贫攻坚成果和接续推进乡村振兴工作作出部署，持续加大在资金、人才等方面的帮扶力度。5月，集团党委书记、董事长再次主持召开定点帮扶工作领导小组专题会议，听取挂职干部汇报工作进展情况，督导工作跟进实施；集团主要负责同志2人分别于7月和9月带队赴思南县开展考察调研，听取思南县巩固拓展脱贫攻坚成果和乡村振兴工作情况汇报，深入实地考察帮扶项目，形成督导报告2份，督导帮扶工作进一步见实效。

【帮扶培训】 根据定点帮扶县人才振兴需求，组织开展人才培训5期，培训各类人员500余人次。在县委党校组织开展基层党务干部助推乡村振兴培训班，提升全县200余名基层干部推动乡村振兴的能力和综合素质。邀请铜仁学院专家教授，采用课堂授课与实地观摩相结合的方式，培训乡村致富带头人65名。组织开展3期科技人才培训，在科研管理、课题申报和高新技术企业培育等方面培训思南县相关企业200余人次。

【干部挂职帮扶】 2021年5月，选派2名干部到思南县接续担任挂职副县长和驻村第一书记。2022年，挂职副县长深入当地调查研究，找准工作切入点，充分发挥集团科技和人才优势，组织帮扶项目实施，开展研究生支教、科技普及、技术培训、产业发展等工作，得到思南县委、县政府和广大群众的肯定和好评。驻村第一书记持续在提升基层组织力上下功夫，带领村委会重点做好防返贫监测工作，强化组织队伍建设，党员先锋模范作用和党支部的战斗堡垒作用充分发挥，实现村容村貌焕然一新,珠池坝村被评为全市"乡村振兴集成示范点"和"党支部标准化规范化建设示范点"。

【产业帮扶】 聚焦思南县珠池坝村柚子产业发展资金、基础配套短板问题,协调财政衔接补助资金100万元,注入无偿帮扶资金70万元,帮助建立思南县邵家桥镇珠池坝村柚子储存仓库和完善柚子产业园配套设施。该项目采取差异化的分红机制,构建集体和群众之间的利益联结纽带,待项目产生效益后,盈利资金用于贫困户与村集体分红,盈利资金的70%分配给贫困户,剩余的30%用于壮大村集体经济。2022年柚子产量超过2.5万千克,产值约20万元,带动212户868人增收。

【乡村振兴示范点】 以推进特色田园乡村示范点项目建设为抓手,发挥集团在政策、人才、管理等方面优势,积极争取东西部协作和社会各界帮扶力量,开展"组团式"帮扶,做精、做实、做细村庄规划设计方案编制,将思南县珠池坝村打造成具有石尚古寨特色的田园乡村示范点,为乡村振兴提供经验模板。在集团驻村第一书记带领下,以党建为引领,推动乡村治理。规范村级党组织,建立村级事项和公共服务清单,通过党课、党日活动等形式,做好政策宣传,凝聚党支部战斗力;以产业为基础,提供发展保障。投入帮扶资金用于柚子产业园基础设施提升工程,健全柚子发展产业链,协调引进致富带头人回乡创业,打造"龙头企业+基地+农户"经营模式,成功为村集体申请"柚思黔"商标,进一步强化当地柚子产品的标准化、规模化、品质化和品牌化;坚持乡风文明建设,按照"就地取材、因地制宜"的方针,积极推动人居环境、文化和产业联动,保护石尚古寨传统肌理格局,培育原始风貌特色村庄。打造村史展示中心、知青屋、孝爱广场及兼具农耕文化、地域历史、生态观光、农事科普的特色农耕文化田园综合体,为村民持续增收、产业兴旺、农业创新发展创造切实可行的路径。举办铜仁市特色田园乡村建设现场观摩会,示范点建设经验在全市进行推广,得到新华社、人民网、中国新闻网等多家新闻媒体的宣传报道,成为思南县的"网红村"。

【教育帮扶】 依托自身在科技创新和教育上的资源优势,结合思南县教育发展实际需求,持续打造出"有研金色希望"教育帮扶亮丽名片。投入帮扶资金30万元,联系天津市源初公益基金会捐赠20万元,成立"有研金色希望"基金,长期化、制度化奖励和资助品学兼优和家庭困难的学生,2022年共资助学生267名;发挥在研究生培养方面的资源优势,连续第六年开展"金色希望,筑梦黔行"研究生支教活动,18名优秀的博士、硕士研究生,不远千里为思南县的孩子们带来知识与希望,用素质教育点亮乡村孩子对未来的憧憬和梦想,思南县200余名学生受益;大力支持教育基础设施改善,投入92万元,共建"有研金色希望"校园,实施校园教学楼危房改造,完善相关教学基础设施,消除校园安全隐患,两所学校900余名师生因此受益。在思南县特殊教育学校建成"有研金色希望"康复训练中心,建设多感官综合训练活动室及相关康复训练器材,为159名患有脑瘫、孤独症等疾病的特殊儿童提供康复训练新模式。结合集团在有色金属新材料科技研发方面的资源,联合中国科技发展基金会,在思南县第三中学建设"有研金色希望"科技馆,开展稀土功能材料、半导体材料等新材料的科普宣传教育活动,助力思南县"全国科普示范县"创建工作;积极开展结对共建工作,北京有色金属研究总院幼儿园与丽景社区幼儿园结对共建,充分发挥自身北京市级示范园的辐射带动作用,加强与思南县学前教育交流,支持当地提升学前教育质量。

(中国有研科技集团有限公司 易见伟)

矿冶科技集团有限公司定点帮扶

【概述】 2022年，矿冶科技集团有限公司（以下简称"矿冶集团"）定点帮扶河南省平舆县，以习近平新时代中国特色社会主义思想为指导，贯彻落实中共中央、国务院和国务院国有资产监督管理委员会部署，积极履行中央企业责任，推动巩固脱贫成果上台阶、乡村振兴开新局。矿冶集团切实加强组织领导，加大投入力度，通过定向扶智帮扶、精准教育帮扶、医疗帮扶行动，直接帮扶500多户困难家庭。发挥科技型中央企业优势，以矿冶特色精准帮扶，助力平舆县乡村振兴，深化"党建+帮扶"、产业帮扶、"扶志+扶智"等创新帮扶方式，开展支部共建、电商助力消费帮扶、助学圆梦、智慧教研扶持活动，超额完成2022年度定点帮扶考核任务。2022年中央单位定点帮扶工作成效考核评价结果为"较好"。

【帮扶资金投入】 2022年，矿冶集团向平舆县无偿捐赠帮扶资金共计781.23万元，其中700万元用于产业帮扶、人居环境整治等乡村振兴项目，44.16万元用于教育帮扶，15.9万元用于开展医疗帮扶，16.44万元用于开展人员培训，1.5万元用于前张村乡村文明选树活动，3.23万元用于助力疫情防控。引进无偿帮扶资金1万元，用于双庙乡前张村治理"六乱"开展"六清"工作。引进有偿帮扶资金1.5万元，帮扶河南省昊昆休闲用品有限公司提升生产能力。

【帮扶资金管理】 积极落实乡村振兴工作重心转换，提升资金使用效益，与平舆县协商制定《矿冶科技集团有限公司扶持资金使用管理办法》，部署2022—2025年帮扶资金重点支持方向和资金使用要求，将稳步提高帮扶资金用于产业发展的比重。

【帮扶调研】 集团领导共2人次，其中主要负责同志1人次，到平舆县开展帮扶调研考察和督促指导。9月，集团党委副书记、总经理等一行9人赴平舆县专题调研帮扶工作，检查集团前期帮扶项目实施效果，对平舆县巩固脱贫成果和促进乡村振兴工作进行督促指导，调研乡村振兴有关重点项目，双方围绕巩固脱贫攻坚成果、助力乡村振兴、助推产业发展等方面工作进行交流。

【帮扶会议】 集团第五次党委会专题研究定点帮扶工作，会议听取2021年中央单位定点帮扶工作成效考核评价情况的汇报，研究2022年定点帮扶方案，提出新的帮扶措施，确定2022年度定点帮扶预算总体额度。

【干部挂职帮扶】 选派2名干部分别到平舆县挂职副县长和到前张村任驻村第一书记。2021年5月，选派工程公司总承包部主任接任平舆县双庙乡前张村驻村第一书记。第一书记持续在提升基层组织力上下功夫，带领前张村委强化组织队伍建设、制度机制建设、学用结合建设、改革创新建设、服务效能建设、示范带动建设，重点做好防返贫监测工作，党员先锋模范作用和党支部的战斗堡垒作用充分发挥，成为乡村振兴工作的"主心骨"，得到广大群众，双庙乡党委，平舆县委、县政府的肯定和好评。驻村第一书记荣获2022年度"河南省优秀驻村第一书记"称号。2021年5月，选派工程公司副总经理接任平舆县挂职副县长。挂职副县长自任职以来，工作认真负责，深入当地调查研究，找准工作切入点，做到精准帮扶，充分发挥智力优势和专业特长，组织帮扶项目实施，开展科技普及、技术培训、产业发展等工作，并积极为当地经济社会发展建言献策。

【产业帮扶】 融入平舆县"三园"建设产业振兴规划，聚焦特色产业，帮扶龙头企业，投入400万元支持乡级乡村振兴产业园——平舆县世界芝窗白芝麻科技创新产业园河南省三粒芝麻健康食品有限公司豆面条项目建设，助力芝麻特色产业升级。积极利用技术和人才优势，融入平舆县乡村振兴，支持和服务地方经济社会发展，在工程设计和规划专业方面参与2个产业园区的设计和规划。与本来生活开展"电商助力消费帮扶"战略合作，深入调研平舆县特色农产品重点企业，通过"电商+产品升级+供应链优化"模式，实现从生产到销售的全流程帮扶，帮助平舆县芝麻特色产业提高市场竞争力，带动就业增收。

【帮扶培训】 在助力提升"三支队伍"战斗力上下功夫，委托新乡先进群体精神教育基地举办平舆县农村"三支队伍"乡村振兴培训班，围绕巩固拓展脱贫攻坚成果，接续推动乡村振兴培训62名干部人才，累计300多人次，使受训人员了解新政策、掌握新知识、积累新经验、增强新本领。集团工程公司高级工程师、派驻平舆县双庙乡前张村第一书记开展建筑知识专题培训，对建筑的防火消防抗震进行新旧对比和全面解读，培训基层干部8人、技术人员34人，提升技术人员知识水平。

【文化帮扶】 矿冶集团通过技术、人才、物资和资金等方式促进前张村文化振兴。集团选派的前张村驻村第一书记将文化创建作为乡村振兴重点工作来抓，与村"两委"班子制订文化创建和具体实施方案，聘请矿冶集团、县乡专业技术人员共同做好前张村建设规划，并积极组织落实。坚持宣传先行，利用广播、党员大会、村民代表会等多种形式，广泛宣讲创建文明村的意义、目的和创建的内容。用好集团投资设立的文化墙、好人榜、家风家训宣传栏等阵地，以及村道德广场、休闲凉亭、村级文化中心等文化设施，让文明理念深入人心。集团职工积极捐赠适合村民阅读的各类图书100余册，帮助村民增长知识，丰富精神生活。组织村民开展乡村文明选树活动，广泛挖掘乡亲真实感人事迹，评选出"好媳妇""好儿女""好公婆""返乡创业好青年"等典型9人，设立前张村2022年乡村光荣榜，带动更多人共同塑造文明乡风、良好家风、淳朴民风。

【生态帮扶】 继续投入资金帮助平舆县改善农村人居环境，高标准配套和完善基础设施和公共服务设施，打造美丽乡村。持续开展双庙乡街道道路修缮，前张村环境整治工作。开展双庙乡街道排水管网改造、主街道辅路部分铺设沥青路面工程、乡道主路部分改造工程。前张村对所辖的10个自然村19个村民小组合理布局规划，严格按照治理"六乱"开展"六清"的标准全面开展整治工作，开展"三捐"活动，已拆除旱厕56个、违章私建房屋7处、治理沟塘122条，绘制墙体宣传标语76面，整治工作成效显著。逐步完善公共服务设施，完成十字路乡石磙庙村委、高杨店镇四门代村委及射桥镇后刘村委小游园景观、设施建设，以及老王岗乡白龙庙村便民服务中心等设施建设。

【党建帮扶】 矿冶集团北矿检测技术有限公司党支部和前张村党支部持续开展支部共建，分享支部建设经验，帮助前张村加强组织队伍建设，更好地将党建和乡村振兴工作融合。矿冶集团冶金研究设计所党总支与平舆县第二高级中学党总支签订《党建共建协议书》和《"冶金圆梦"爱心助学活动协议书》，开展支部共建，双方就校企合作共建平台、基层党支部标准化建设、党员骨干培训、党建与业务融合、扶智助学等专项活动进行交流，积极发挥共建平台作用,推动党建融入实践育人、党建促进业务发展。

【教育帮扶】 自2013年起,开展定向扶智帮扶,每年出资20万元对平舆县第一初级中学的困难家庭学生进行帮扶,2022年帮扶困难学生400人次,累计帮扶困难学生3800人次,收到积极效果,得到平舆县和平舆县第一初级中学广大师生的好评。自2016年起,决定开展精准教育帮扶,2022年投入13.96万元,资助双庙乡、老王岗乡和平舆县第一初级中学因学致贫的77名困难家庭学生,累计精准帮扶358名困难家庭学生。整合内部各方资源,开展爱心捐赠、定向资助系列教育帮扶活动,做到扶志、扶智相结合。集团和平舆县第一高级中学携手开展"阳光育苗助学行动"帮扶活动,组织在培养孩子方面有优异成绩的部分职工与平舆县第一高级中学学生开展一对一互助互学,引导帮助好苗子成为社会栋梁之材;矿冶集团冶金研究设计所与平舆县第二高级中学开展党建共建和"冶金圆梦"助学活动,以党建共建深化扶智扶志;北矿检测技术有限公司在前张村小学设立"北矿检测"奖学金,对品学兼优的学生予以鼓励;各单位捐赠资金和物资7.43万元、图书400余册,帮助前张村小学改善办学条件及基础教育设施,帮助学生们增长知识、拓宽视野。

【健康帮扶】 自2016年起开展精准医疗帮扶,2022年投入15.9万元资助双庙乡和老王岗乡共53户因病困难家庭,累计帮助286户困难家庭。

【消费帮扶】 矿冶集团响应中共中央和国务院国有资产监督管理委员会号召,积极参与"央企消费帮扶兴农周"活动和"央企富民兴疆消费帮扶行动"活动,引入电商增添助力,开展多种形式的消费帮扶,累计支出128.11065万元,超出年度帮扶预算97.1%,其中在定点县完成消费帮扶支出74.952万元,其他地区支出53.15865万元。帮助销售脱贫地区农产品12.697万元。

(矿冶科技集团有限公司　党群部门　白　洁)

中国国际技术智力合作集团有限公司定点帮扶

【概述】 2022年,中国国际技术智力合作集团有限公司(以下简称"中智集团")从2003年起定点帮扶云南省大姚县、姚安县。根据全国东西部协作和中央单位定点帮扶工作推进会精神,中智集团继续定点帮扶大姚县、姚安县。按照中共中央"四个不摘"的要求,将定点帮扶工作重点继续聚焦在两县产业帮扶和教育帮扶方面,推动巩固脱贫攻坚成果同乡村振兴有效衔接,切实履行中央企业政治责任和社会责任。向定点帮扶县投入帮扶资金610.96万元,引进无偿帮扶资金7.15万元,全年采购定点帮扶地区农产品91.84万元,帮助销售定点帮扶地区农产品411.41万元,培训乡村基层干部、乡村振兴带头人及专业技术人员1125人次。

【帮扶资金投入】 2022年,中智集团向定点帮扶县投入帮扶资金610.96万元,比2021年度增加10%;引进无偿帮扶资金7.15万元。

【帮扶资金管理】 帮扶资金是根据年度帮扶工作计划,按项目拨付给定点帮扶县相关政府部门的,实行专款专用,并由当地政府相关部门和挂职干部监督帮扶项目的实施和帮扶资金的使用。每年派出督促指导小组对定点帮扶县进行督促指导,对帮扶项目的实施和帮扶资金的使用进行专项检查,确保帮扶资金不被挤占或挪用。

【组织领导】 根据全国东西部协作、中央单位定点帮扶工作推进会精神及国务院国有资产监督管理委员会、国家乡村振兴局的指导意见,中智集团设立集团定点帮扶工作领导小组,由党委书记、董事长和党委副书记、总经理担任双组长,专职党委副书记担任常务副组长,其他领导班子成员担任副组长,总部综合职能部门负责人和人力资源服务、科技创新和智力开发两大业务板块负责人任成员,组织领导公司定点帮扶工作。领导小组下设办公室,负责落实集团定点帮扶工作。

【帮扶调研】 中智集团党委副书记、定点帮扶工作领导小组常务副组长,集团党委委员、纪委书记分别于3月和9月带领调研组赴姚安、大姚两县调研,分别与姚安县委、县政府,大姚县委、县政府进行座谈交流。考察姚安县光禄古镇历史文化旅游建设项目、左门乡红色旅游及康养基地建设项目、云南云秀花卉有限公司、水果分拣包装冷藏中心,官屯镇马游小学"美丽中国"支教项目、现代养牛企业,大姚县三台乡生态文化旅游建设项目、六苴镇波西村藏香猪养殖农民合作社、六苴镇"铜都记忆"生态文化旅游建设项目、大姚广益发展有限公司、大姚县利英特色食品股份有限公司、云南纳喜文化创意开发有限公司,走访金碧镇金碧小学,观摩"中智音乐教室"和"中智创客教室"现场教学,并对帮扶项目进行督察。

云南省楚雄彝族自治州(以下简称"楚雄州")州委副书记率领楚雄州代表团到中智集团总部进行对接交流,双方就中智集团助力楚雄州及大姚、姚安两县巩固提升脱贫攻坚成果、推进乡村振兴交换意见。大姚县委副书记率领大姚县代表团到中智集团总部进行对接交流。

【干部挂职帮扶】 向大姚和姚安两县各

选派1名挂职干部,分别担任大姚县副县长和姚安县副县长,协助分管乡村振兴工作。派驻干部担任姚安县前场镇新街村(社区)驻村第一书记。3月,完成挂职大姚县副县长到期轮换,并进行压茬交接。

【就业帮扶】 围绕促进脱贫人口特别是残疾人就业,投入40万元,组织大姚、姚安两县残疾人制衣培训,并择优录取为助残就业服装加工厂员工,在帮助残疾人高质量就业的同时,免费为大姚县乡镇中小学捐赠价值20万元的校服,并视经营效益积极参与助残捐赠。

【产业帮扶】 在产业帮扶方面投入资金145万元,支持大姚和姚安两县产业发展。大姚县赵家店镇拥有楚雄州最高的瀑布(三潭瀑布)和金沙江观音岩水电站移民搬迁集中安置点(紫丘村),是大姚县彝族传统"火把节"的举办地,具有较好的旅游资源和基础设施条件。中智集团资助30万元,在赵家店镇紫丘村建设数字乡村智慧小镇的相关基础设施,助力赵家店镇民族特色乡村文化旅游产业开发,打造以"美丽彝乡、智慧彝乡"为特色的乡村振兴示范村。姚安县左门乡地索村是姚安县最早设立党支部、拥有党领导的武装力量的地方。建设左门乡红色教育基地,并与乡村旅游相结合,既填补姚安县红色教育基地的空白,又为当地脱贫群众就业和开展生态民宿旅游奠定基础。在2021年投入帮扶资金200万元的基础上,2022年继续投入帮扶资金115万元,资助左门乡红色教育基地建设、左门乡乡村生态旅游和康养设施建设,打造乡村振兴示范村。

【教育帮扶】 在教育、培训帮扶项目上继续发力。依托大姚县金碧镇七街社区革命红色文化资源,坚持传承红色基因从校园抓起,在大姚县七街寅阶小学投入120万元,完善校园红色文化特色硬件基础,助力该小学创建省级红色示范标杆学校。资助35万元,为姚安县引入"美丽中国"公益支教项目,12名支教教师在姚安县4所山区学校支教2年。继续选派大姚县30名骨干教师,分批次到上海的中小学参加相关课程培训,借鉴上海中小学教育先进的管理方法和优秀的教学理念,提升教师队伍素质、能力。

【帮扶培训】 出资40万元,组织大姚县、姚安县基层干部到北京开展为期5天的乡村振兴基层干部能力提升培训班,共培训乡村基层干部84名,培训乡村振兴带头人35名,线上培训专业技术人员1006人次,有效提升基层干部指导乡村振兴工作的能力水平。持续开展乡村卫生院系统骨干培训,出资40万元,组织30名医护骨干人员前往上海知名医院开展为期2个月的素质提升培训,全面提升医院管理、技术质量、诊疗水平等,提升基层医疗卫生服务能力,为群众提供安全、有效、方便、优质的基本医疗服务。组织上海三甲医院资深医疗专家,利用远程诊疗系统,对大姚、姚安两县4家医院的医务人员进行线上培训,共安排"增强CT扫描的临床应用""医患沟通技巧""护患沟通技巧""甲状腺结节的诊疗方案""无痛病房的建设与管理"等专业课程,培训医务人员900余人次。

【消费帮扶】 把消费帮扶作为巩固脱贫攻坚成果、增加农民收入的长期有效措施,通过工会采购、员工采购、客户采购,参加"央企消费帮扶兴农周"等方式,采购和帮助销售脱贫地区农产品。全年采购定点帮扶地区农产品91.84万元,帮助销售定点帮扶地区农产品411.41万元。

【招商引资】 在挂职干部的推动下,为姚安县引入一家农产品种植加工企业——中键闽楚(云南)农业发展有限公司,注册资金1000万元;为大姚县引入一家农产品种植加工企业——中创弘楚农产品有限公司,注册资金5000万元。

【社会帮扶】 中智集团发挥业务优势,动

员社会力量推进乡村振兴。

持续九年在帮扶县实施的"美丽中国"公益支教项目,是社会力量参与教育帮扶的典型案例。自2014年引入"美丽中国"公益支教项目以来,共有247名支教教师在大姚县6所山区学校和姚安县各校任教,有效地弥补山区学校缺少英语、音乐、美术、计算机等专业教师的不足。"美丽中国"支教教师开设的"无伴奏合唱""太极课间操""书法与美术"等课程,深受孩子们的喜爱。2022年"美丽中国"公益支教项目扩展到姚安县,实现中智集团定点帮扶县全覆盖。

【文化帮扶】 姚安县光禄古镇具有2000年的历史,2017年入选"全国特色小镇",2019年入选"中国历史文化名镇"。中智集团投入无偿帮扶资金100万元,在光禄古镇建设"三非遗"(姚安花灯、姚安梅葛、坝子腔等三种姚安特色非物质文化遗产)特色文化展演中心,推进光禄古镇文化旅游开发。

(中国国际技术智力合作集团有限公司定点帮扶办公室　高立立)

中国建筑科学研究院有限公司定点帮扶

【概述】 2022年，中国建筑科学研究院有限公司（以下简称"中国建研院"）坚持以习近平新时代中国特色社会主义思想为指导，深入学习贯彻习近平总书记关于脱贫攻坚和乡村振兴的重要讲话和重要指示精神，严格落实"四个不摘"要求，以全面推进乡村振兴为引领，以巩固拓展"两不愁三保障"成果为基础，及时调整帮扶工作机构，选派挂职干部，制订帮扶计划，推进帮扶措施，进一步发挥技术、资金、干部、人才等优势，持续助力山西省偏关县巩固拓展脱贫攻坚成果、推进乡村振兴。中国建研院共直接投入无偿帮扶资金556.17万元，引入无偿帮扶资金33万元，采购偏关县农特产品110万元，通过帮扶推介帮助销售偏关县农特产品37.56万元。

【帮扶资金投入】 2022年，中国建研院直接投入无偿帮扶资金556.17万元，引入无偿帮扶资金33万元，主要用于"两不愁三保障"成果巩固提升、特色产业发展、村集体经济壮大、村容村貌提升、教育设施改善等方面的帮扶工作。其中，继续投入100万元，建设老营镇日光温室大棚整合开发利用项目，发展特色羊肚菌产业，促进农业规模化经营，推动农业增质增效、农民增收。投入100万元，为偏关县窑头乡陈家营村新建6000立方米机械冷库1座，添置速冻甜糯玉米生产线1条，发展甜糯玉米种植加工特色产业，推广甜糯玉米种植3000亩，带动300余户农户增收，解决就业300余人。投入50万元，在黄河一号旅游公路重要节点村沙庄窝村新建旅游文化广场，第一期新建特色村标、停车场、农特产品展示长廊，加速黄河一号旅游公路沿线脱贫村旅游产业发展。投入30万元，建设偏关县安全饮水管网压力监测及智慧水务系统，有效保障县城、郊区村庄的饮水安全。投入40万元，在张家庄村、尚峪村新建水窖、供水点及供水管线，提升居民饮水安全，解决养殖产业用水问题。投入85万元，为偏关中学建设第一期"数字化智慧地理教室"。投入11.7万元，为偏关县购买疫情防控物资。积极组织下属单位采购偏关小米、杂粮、醋、甜糯玉米等特色农产品，采购金额110万元，通过帮扶推介帮助销售偏关县农产品37.56万元。

【帮扶调研】 中国建研院党委书记、董事长于2022年8月带队到偏关县调研定点帮扶工作，深入偏关县水泉村、老营村、县自来水公司等地先后调研水泉红门口党性教育培训中心、国家重点研发计划课题"分布式多能互补热电联供系统"示范工程、黄河流域生态保护和高质量发展项目规划与建设、援建的安全饮水管网压力监测及智慧水务系统、援建帮扶的羊肚菌种植项目，在老营镇开展入户走访等活动；与偏关县委、县政府举行定点帮扶专题工作会，认真听取地方党委、政府对年度帮扶工作的意见和对来年帮扶资金、项目的安排意见，协调解决面临的困难与问题，压实选派干部担子，切实担负起中央企业帮扶责任，助力培育偏关县特色产业；进一步强化沟通协调，创新合作方式，紧盯帮扶项目跟踪对接，共同推动帮扶工作落地见效。

【帮扶会议】 坚持落实"第一议题"制度，多次专题传达学习习近平总书记关于乡村振兴的重要讲话精神和党的二十大精神,坚持"摘帽"不"摘责",研究制订2022年度帮扶计划和任务,做到年初有计划、月度有检查、日常跟踪督办、年中岁末总结评价,专人负责定点帮扶系统管理,将帮扶工作标准化、规范化融入日常。共召开专题工作会议3次,听取帮扶工作汇报,研究审议帮扶资金安排使用等重大事项,推动帮扶任务按年度计划落地落实。

【帮扶培训】 根据定点帮扶县人才振兴需求,配合县委组织部、县委党校,在帮扶建设的水泉红门口党性教育培训中心开设中青年干部培训班和读书班2期共103人,深入学习贯彻习近平新时代中国特色社会主义思想、党的十九大和十九届历次全会精神,学习习近平总书记视察山西重要讲话精神,巩固拓展党史学习教育成果。联合偏关县畜牧产业发展中心开展"偏关羊肉"地理标志项目暨偏关羊养殖技术培训,打造地理标志农产品引领乡村特色产业发展样板,培育一批技术过硬、懂管理、善经营、思想观念新的养殖户,充分发挥示范带动作用,调动广大养殖户的学习积极性,促进养殖观念和养殖模式的转变,提高广大养殖户的创新意识和技术水平,使全县养殖向标准化、规模化、集约化转变,使畜牧业真正成为强县富民的支柱产业。挂职干部深入机关、社区、村基层开展宣讲培训,以"党的二十大精神和新思想在山西"为主题,学习党的二十大报告、习近平新时代中国特色社会主义思想,宣讲党的百年历史、新时代党的伟大成就,深入学习贯彻习近平总书记考察调研山西重要指示精神。

【干部挂职帮扶】 持续派驻2名干部到偏关县挂职副县长和老营村驻村第一书记,持续压实选派干部担子,切实担负起中央企业帮扶责任。挂职副县长和驻村第一书记立足当地资源禀赋滚动支持帮扶老营村发展羊肚菌产业,推动农业增质、增效;帮扶窑头乡开展甜糯玉米种植加工特色产业省级示范基地创建,发展壮大村集体经济;联合偏关县畜牧产业发展中心开展"偏关羊肉"地理标志项目暨偏关羊养殖技术培训,打造地理标志农产品引领乡村特色产业发展样板;建设偏关县安全饮水管网压力监测及智慧水务系统;在张家庄村、尚峪村新建水窖、供水点及供水管线,巩固提升居民饮水安全,解决养殖产业用水问题;在偏关县老营镇联合学校开展爱心助学"六一"捐赠活动;积极推进消费帮扶,促进特色产品推广。驻村第一书记所在的老营村被列入第六批中国传统村落名录。

【产业帮扶】 持续打造特色产业,进一步深化拓展羊肚菌、甜糯玉米、非笼养蛋鸡养殖等产业帮扶,促进乡村产业可持续健康发展。发展特色羊肚菌产业,根据偏关县老营镇多年大棚种植经验和基础条件优势,引入山西盘中餐农产品开发有限公司投资500万元建设老营镇日光温室大棚整合开发利用项目并获得试种成功,继续滚动帮扶老营村集体出资100万元以分红的方式参与该项目,已经投入使用大棚40座,种植经济价值较高的羊肚菌,实现农业规模化经营,推动农业增质、增效,吸收周边劳动力就业30余人,促进农民增收。协助县委、县政府引入河北投资商,成立偏关县东润农业科技有限公司,实施偏关县老营镇羊肚菌产业园区项目,该项目立足农业资源禀赋和产业优势,以种植羊肚菌为主导,倒茬种植彩椒等蔬菜的思路,新建、改造土墙日光温室用于羊肚菌及彩椒等蔬菜的种植,推动当地蔬菜产业可持续发展,已投资700余万元。发展壮大陈家营村集体经济,引导陈家营村先行先试,由陈家营村集体经济联合社继续在甜糯玉米加工厂新建6000立方米机械冷库1座、添置速冻甜糯玉米生产线1条,中国建研院提供帮扶资金100万元。推广甜糯玉米种植3000亩,带动300余户农户增收,解决就业300余人。

【文化帮扶】 结合偏关县楼沟乡柏家咀村的光荣革命传统，继续挖掘柏家咀村的红色文化，帮扶修缮刘华香少将旧居并完善李林烈士旧居，建设红色孝老餐厅，为年过70岁的退役军人及村内其他老人提供午餐、晚餐。为党性教育基地、红色教育基地增添更加丰富的内容，形成偏关县独特的红色文化带，更好地实现以文化振兴推动乡村振兴，激励人们发扬光荣革命传统、弘扬爱国主义精神。

【生态帮扶】 为进一步改善人居环境，加速黄河一号旅游公路沿线脱贫村旅游产业发展，打造原生态的游客休憩广场，为乡村产业发展、农特产品展示提供平台，结合旅游示范村建设标准，在黄河一号旅游公路重要节点村沙庄窝村新建旅游文化广场，第一期新建特色村标1座、停车场、农特产品展示长廊21米。

【党建帮扶】 中国建研院所属基层党组织分别与偏关县白龙殿村、老营村、大河湾村、窑头村、陈家营村、水泉村、偏关县晋电化工有限责任公司7个基层党组织开展结对共建。积极促进农村新型经营主体发展，帮助培育偏关县农务农业发展有限公司，从事农业托管服务，对进一步引领全县广大农户积极参与发展现代化农业，集中连片推进机械化、规模化、集约化的绿色高效现代农业生产方式，促进农业节本增效，加快构建新型农业经营体系，推进全县农业现代化具有重要意义。帮助培育偏关县东润农业科技有限公司，以壮大偏关县食用菌产业为目标，走"公司+农户"的产业化道路，以公司带动农户方式，发展壮大食用菌产业。

【特色帮扶】 充分发挥自身优势，根据实际需求，编制偏关县生态文旅园区综合能效提升项目建议书，推动偏关县景区建设分布式光伏电站，以实现在高原、山区等基础供电设施不发达地区采用分布式光伏电站形式综合利用清洁能源为目标，完成各驿站、民宿和景区的清洁能源结构建设，以实际行动助力国家及偏关县碳达峰、碳中和。在国家积极推进清洁能源综合利用的大背景下，偏关县积极降低涉及旅游设施的碳排放和运维成本，在以长城和黄河为核心的历史文化景区内建设新的绿色能源长城。

（中国建筑科学研究院有限公司
办公室 孙 松）

中国中车集团有限公司定点帮扶

【概述】 2022年,中国中车集团有限公司(以下简称"中车集团")深入学习贯彻习近平总书记系列重要指示精神,坚决落实中共中央、国务院决策部署,把定点帮扶工作摆在突出位置,作为一项重要政治任务扎实推进。实施帮扶项目10个,引进帮扶项目2个,扶持龙头企业2个、农村合作社5个,帮助脱贫人口转移就业221人。累计投入无偿帮扶资金1728万元,引进无偿帮扶资金170万元,引进有偿帮扶资金1500万元,培训基层干部和乡村振兴带头人1351名,直接购买和帮助销售帮扶地区农产品3934万元。助力广西壮族自治区靖西市、那坡县和甘肃省麦积区、甘谷县巩固脱贫攻坚成果、增强发展后劲、全面推进乡村振兴。主动担负广西壮族自治区百色市和国务院国有资产监督管理委员会(以下简称"国务院国资委")定点帮扶河北省魏县等产业帮扶任务,在中央单位定点帮扶工作成效考核评价中评为"好"等次;《"五帮五强"真情付出,一份以"真心"换取"振兴"的坚守》入选《中央企业助力乡村振兴蓝皮书(2022)》和上市公司乡村振兴优秀实践案例。

【帮扶资金投入】 2022年,中车集团按照"2022年定点帮扶资金原则上不低于2021年水平"要求,全年向4个帮扶县(市、区)直接投入和引进无偿帮扶资金1898万元;引进有偿帮扶资金1500万元;购买和帮助销售贫困地区农产品3934万元;购买甘谷县就业帮扶车间工服2.2万套,金额238万元。

【帮扶资金管理】 认真抓好帮扶项目前期考察工作,加强同帮扶地区党委、政府及业务部门的沟通协调,精准确定帮扶项目,引导困难群众参与帮扶项目的决策和管理,接受群众和社会监督。同时,根据帮扶任务的需要,及时修订并完善《中国中车集团有限公司定点帮扶资金管理办法》和《中国中车集团有限公司定点帮扶资金收缴办法》。集团帮扶办公室组织纪委、审计等部门适时开展检查,确保项目和资金使用合规有效;挂职干部采取定期和不定期、抽检和普检、关键环节全程跟踪等方式,加大帮扶项目和资金的监管与检查力度,并及时向集团定点帮扶工作领导小组汇报。

【组织领导】 始终保持帮扶机构稳定,根据帮扶任务新情况及时调整定点帮扶工作领导小组,增选公司总经理为领导小组组长,实行双组长制;将产业发展事业部、城市交通事业部等纳入小组成员;由公司办公室兼帮扶工作办公室,设立帮扶处。形成领导小组统筹决策、责任部门组织衔接、挂职干部协调落实的立体帮扶工作机制,做到目标明、责任清、措施实、效果好。

【帮扶会议】 中车集团党委书记、董事长自觉履行第一责任人职责,多次组织召开帮扶相关会议,定期听取情况汇报,亲力亲为抓好工作落实,主持召开集团定点帮扶工作领导小组会议并强调"6个必须坚持";总经理传达学习《中共中央 国务院关于做好2022年全面推进乡村振兴重点工作的意见》主要精神;传达国务院国资委《关于做好2022年定点帮扶工作的通知》精神;会议听取公司办公室(帮扶工作办公室)关于中车集团2021年定点帮扶工作开展情况的汇报,审议通过2022年定点帮扶工作计划，明确抓好产业、就业、培训、党建、消费等方面重点工作。对每项任务进行分解，规定时间节点，责任细化到人，确保各项举措层层推进。会后，及时印发会议纪要、中车集团2021年定点帮扶工作开展情况及2022年帮扶工作计划。

【帮扶调研】 中车集团主要领导带队分别赴广西百色市及靖西市、那坡县和甘肃省天水市及麦积区、甘谷县考察调研，与3个市2个县主要领导座谈交流；实地查看帮扶项目，慰问贫困群众，进一步增强帮扶工作的针对性和有效性。集团相关领导和帮扶干部先后10批共58人次深入4个县（市、区）走访调查。帮扶地区各级党委、政府3批25人次到集团总部对接帮扶工作，利用双方领导互访座谈等方式，了解乡村振兴开展情况，并督导地方党委、政府履行好乡村振兴主体责任。

【干部挂职帮扶】 始终坚持选派政治素质好、工作作风实、综合能力强的帮扶干部，把定点帮扶工作作为培养锻炼干部的广阔舞台，任期不少于2年。共选派8名优秀干部挂职，其中4名干部挂职帮扶县任副职，均分管或者协管乡村振兴相关工作；从总部选派1名、中车兰州机车有限公司选派3名年轻干部，分别担任麦积区草滩村和甘谷县石坪村第一书记，切实压茬交接，不留空档。出台《中国中车援派挂职干部管理办法》，做到政治上关注、工作中关爱、生活上关心。挂职干部能够克服困难，自觉责任担当，主动融入当地政府工作，真抓实干，得到当地干部群众的广泛赞誉。

【产业帮扶】 投入产业帮扶资金815万元，积极打造村集体经济产业品牌，提高特色产业市场竞争力，结合当地实际补齐短板。在甘谷县石坪村新建新型秸秆燃料加工项目，每年按比例分红；依托麦积区崖湾村特色油菜资源，新建榨油厂一座；在那坡县坡荷乡新建中车农业特色产业园，套种百香果350亩，延伸产业链条，带动12个村405户1530人增收；在靖西市注资康城社区合作社，入股靖西市广康食品有限公司，股权利润用于社区支配，解决易地搬迁户就业岗位近300个等。在做好定点帮扶工作的同时，充分发挥本企业优势。3月，中车百色新能源装备产业基地项目在百色市开工建设，项目投资18亿元，具备300套风电整机、300台套塔筒的产能，年产值约45亿元，提供就业岗位1200余个，同时将优先解决靖西市、那坡县脱贫群众就业。为持续推进中车集团在国务院国资委定点帮扶的河北魏县和平乡县项目，到2025年投资将达1.36亿元，年产能1.47亿件，年产值6.58亿元，提供就业岗位2000个，实现地方经济社会和企业高质量发展双促进。

【消费帮扶】 坚持架桥搭台，既让农产品销路旺、卖得出，又让农产品品牌响、卖得好，困难群众直接受益。开展产销对接。与中国建设银行和中国农业银行续签消费帮扶战略协议，利用"中车购公益"和"中车智程"平台优势，将4个县（市、区）优质农产品直接上线两大银行和中央企业消费帮扶平台，实现资源共享。组织活动参与。利用国务院国资委组织的"央企消费帮扶兴农周"活动之机，充分利用集团官网、公众号等媒体渠道广泛宣传，动员所属企业、员工和供应商等积极参与，销售农产品148万元。发动内部购买。面对疫情和自然灾害的影响，下发《关于做好2022年消费帮扶采购工作的通知》，明确采购数量，加大购买力度。全年采购工服2.2万套238万元；员工参与"果树认养"518棵；直接购买和帮助销售帮扶地区产品共3934万元。

【智力帮扶】 根据乡村振兴新任务、新要求开展人才培训，努力激发帮扶地区和困难群众内生动力。在中车常州培训中心举办第五期"天鹅计划"中车集团帮扶地区乡村振兴基层干部领导力提升培训，来自2个市4个县及西藏共93人参加。利用中车高新技术和管理优势,结合江浙发达地区的经营理念,邀请专家到田间地头进行培训。全年共培训基层干部560人、乡村振兴带头人158人、农村技术骨干633人次。

【党建结对帮扶】 按照"党建搭台、部门唱戏、共建共享"方式,组织下属公司基层党支部与帮扶县村党支部开展结对共建,深入推进"五帮五强"活动,以党建引领助力乡村振兴。中车兰州机车有限公司以甘谷县石坪村党支部为主体,协调150万元建设一条秸秆加工燃烧颗粒生产线;中车永济电机有限公司发动党员购买麦积区草滩村蜂蜜33万元;中车南京浦镇车辆有限公司和中车浦镇阿尔斯通运输系统有限公司党支部分别与靖西市康城社区和更村党支部签署共建协议,开展慰问并帮助两村(社区)加强基层阵地建设等,持续为中车党建"金名片"添彩。

【帮扶宣传】 打造的麦积区郭坪村乡村振兴示范村和草滩村中蜂养殖基地在天水市中央单位定点帮扶工作推进会上进行现场推介;《殷殷关爱帮扶情——中车帮扶那坡县20年》,在百色市《右江日报》进行专题报道;甘谷县腾达扶贫车间率先转型成为甘肃省首个就业帮扶车间等。同时,充分利用《中国中车》、OA、微信公众号等媒体平台,大力宣传乡村振兴战略,及时报道帮扶工作取得的成效和涌现的先进典型,积极营造人人支持、参与的良好氛围。

(中国中车集团有限公司帮扶工作办公室 童福林)

中国铁路工程集团有限公司定点帮扶

【概述】 2022年,中国铁路工程集团有限公司(以下简称"中国中铁")深入贯彻中共中央、国务院和国务院国有资产监督管理委员会的决策部署,秉持"规划科学、重点突出、举措创新"原则,以特色产业扶持、和美乡村建设为重心,全面有序推动各项工作落实落地,帮助定点帮扶县湖南省桂东县、汝城县,山西省保德县健全完善巩固拓展脱贫攻坚成果同乡村振兴有效衔接长效机制,高质量完成年度工作任务,各项指标均创新高。全年投入定点帮扶资金8463万元(无偿帮扶资金6440万元、有偿帮扶资金2023万元),引进帮扶资金5.73亿元(无偿帮扶资金2.58亿元、有偿帮扶资金3.15亿元),培训基层干部406人次,培训乡村振兴带头人123人次,培训专业技术人员1160人次,购买农产品2248.2万元,帮助销售农产品220.8万元,在中央单位定点帮扶工作成效考核评价中连续四年被评为"好"等次。

【帮扶资金投入】 2022年,中国中铁投入无偿捐赠资金6440万元,其中投入2000万元建设保德县神山村5兆瓦光伏电站项目,以项目收益助力当地公益事业发展及贫困户帮扶;投入500万元,成立白毛茶产业发展基金,并计划在"十四五"期间每年投入500万元,用于扶持白毛茶产业发展;投入2000万元用于桂东县X004线增口至泮溪公路改建项目(中铁振兴大道南段),拟通过疏解附近交通拥堵压力,促进地区文旅地产项目发展;投入1500万元,深入开展乡村建设、农村人居环境整治行动,倾力打造干净、整洁、有序的美丽宜居家园。

【帮扶资金管理】 按照"一县一策"原则,结合企业专业优势和帮扶地区资源禀赋,科学研判年度重点帮扶项目资金投入方案,发布《中国中铁2022年定点帮扶工作计划》。组织召开定点帮扶工作领导小组会议,两位主要领导出席会议,对年度资金使用方案进行研究,对全面做好年度帮扶工作作出部署安排。按照会议安排,成立由中国中铁为捐赠人、中国志愿服务基金会为委托人、所属金融企业中铁信托有限责任公司为受托人的慈善信托,助力帮扶资金监管力量更加全面,拨付效率、使用质量不断提升,合规监管持续加强。

【帮扶调研】 中国中铁党委高度关注帮扶工作成效,领导班子成员先后两次赴定点帮扶地区调研考察。8月,公司总裁、党委副书记带队共计33人次到汝城县、桂东县调研考察;9月,公司党委副书记、工会主席带队共计17人次到保德县调研考察,两位领导分别与当地政府深入座谈交流,全面了解关于中共中央乡村振兴最新要求的贯彻落实情况,及时掌握巩固拓展脱贫攻坚成果同乡村振兴有效衔接工作的开展情况,听取帮扶地区和挂职干部的工作汇报,考察中国中铁援建的汝城县白毛茶种植园、保德县第十一小学宿舍楼等项目,走访慰问脱贫户和困难群众。

【帮扶会议】 先后6次召开定点帮扶工作专题会议。7月,召开第三次定点帮扶工作领导小组会议。公司党委书记、董事长,总裁、党委副书记,领导小组其他班子成员出席会议,领导小组成员部门负责人参加会议。会议传达学习了《中共中央 国务院关于做好

2022年全面推进乡村振兴重点工作的意见》，国务院国有资产监督管理委员会《关于做好2022年定点帮扶工作的通知》等文件精神，研究讨论2022年帮扶资金使用计划和重点帮扶项目实施方案，安排部署下一阶段重点工作。此外，领导小组办公室按照工作安排定期召开部内专题会议，跟踪了解帮扶项目推进情况，及时进行督促指导，协调成员部门共同监管，保证年度工作有序推进、有效落实，全年共召开5次部内专题会议。

【帮扶培训】 精准结合帮扶县实际需求，分层次、分类别组织做好各类人员培训工作，扩大培训的覆盖面，全年共培训基层干部406人，乡村振兴带头人123人，专业技术人才1160人。利用中国中铁党校等培训平台，组织54名帮扶县基层干部参加第二期定点帮扶基层党支书培训班，进一步发挥乡村振兴带头人的"领头雁"作用；发挥公司行业技术优势，定期组织公司劳模和高端技能人才到帮扶县传授经验，引领当地技术技能进步，助力汝城县职业中等专业学校获得全国职业院校技能大赛中职组工程测量赛项三等奖；指导各帮扶县持续做好就业培训工作，打造"保德好物业"劳务品牌，帮助首批44名脱贫户家庭人员完成相关技能提升培训，为脱贫户劳动力找到一条致富新门路。

【干部挂职帮扶】 选派的3名挂职副县长和3名驻村第一书记，按照"一张蓝图绘到底、一任接着一任干"的精神，创新思维、真抓实干、实事求是，高标准完成各项工作，成效显著，以实实在在的行动和成绩践行共产党员的初心和使命。积极沟通协调，做好资金引进工作。全年共引进帮扶资金5.74亿元，其中汝城县挂职干部为当地争取项目资金和困难群众救助资金等2.55亿元，桂东县挂职干部为当地优质农副产品季度建设申请银行贷款8000万元；保德县挂职干部为保德县中医院和保德职业学校争取国家专项债券1.6亿元，为帮扶地区民生工程添砖加瓦。为民冲锋陷阵，勇当开路先锋排头兵。坚持"人民至上、生命至上"，把百姓的安危作为头等大事。统筹抓好安全生产和疫情防控，坚持严防死守疫情防控交通防线，实现疫情防控"零感染"。带着温度工作，与群众建立血脉联系。猎窝村第一书记自掏腰包表彰村里3名"光荣在党50年"的老党员；光明村第一书记带领当地村民在闲置的山地种植中药岗梅，种植面积达到300亩，有效盘活闲置的土地资源，增加村集体收入；外沙村第一书记带头发动捐款，调动村民投工投劳，克服资金困难，超额完成村道路改造工作，赢得老百姓的信任和赞扬。

【脱贫成果巩固】 持续健全完善帮扶项目督办和防止返贫监测机制，动态掌握帮扶工作开展情况，重点跟进帮扶项目建设和资金使用情况，结合公司领导现场调研情况，坚持问题导向，向驻帮扶县工作组下达7份督办函，对统筹疫情防控与项目推进、加快项目进度、加大消费帮扶力度等方面提出改进整改要求。充分做好防灾抢险准备，面对汝城县端午节期间百年一遇大洪水，挂职副县长现场指挥抢险，调度中国中铁驻汝城项目部投入人员330人次，抢险大型装备83台班次，紧急处理事故现场，保障全县交通在48小时内恢复正常。密切联系、结对帮扶基层党员群众，多次邀请中国中铁所属单位党支部到当地开展支部共建活动，推行"吾心有爱、伴汝成长"助学帮扶活动，结对延寿瑶族乡9名困难学子，资助其至大学毕业，其中2022年1人考取北京大学；建立农产品销售"一平台四机制"，即建立微信小程序网络销售平台，建立价格最低、品质最优、爱心公益、便捷安心机制，进一步疏通销售渠道和保障购买职工的利益，全年实现购买农产品2248.2万元；帮助销售脱贫地区农产品220.8万元。

【产业帮扶】 捐赠2500万元资金用于帮扶地区特色产品发展,其中投入500万元支持汝城县白毛茶产业发展,多次与湖南农业大学刘仲华院士团队、郴州市农业科学研究所交流探讨,签订科技研发协议。组织湖南木草人茶叶股份有限公司、汝城县九龙白毛茶农业发展有限公司参加第十四届湖南茶业博览会,扩大白毛茶知名度。加快推进茶叶规模种植,发动30多户百姓,种植茶叶1000亩以上,并在三江口瑶族镇建立3个母本育苗园,为优选种苗、扩大规模打下坚实基础。汝城白毛茶成功认证为国家地理标志农产品。投入2000万元,建设神山村5兆瓦光伏电站项目,该项目充分利用保德县日照时间长、太阳能资源丰富优势,预计运转周期25年,年均收益超过250万元,收益将全部用于当地公益事业发展及贫困户帮扶。

【教育帮扶】 作为重点教育帮扶项目之一,中国中铁进一步在桂东县搭建"乡村梦想教室"平台,已建成"10个乡村梦想教室",基本实现桂东县乡镇全覆盖,实现课外学习、心理辅导、权益保护、理想教育四大核心功能,对接"中国中铁五彩梦想"、心理辅导"知心屋"、留守儿童"亲情聊天室""护花绽放"权益保护、"点亮微心愿"等重点项目,让全县12382名乡村小学生、3086名留守儿童直接受益,农村留守儿童心理问题发生率下降21%,为全面实现人才振兴打下了坚实基础。针对农村家庭上学实际困难,开展"爱心助学"活动,投入400余万元,为3792名困难家庭学生解决资金难题;开展"关爱再出发,圆梦微心愿"志愿服务活动,帮助困境儿童、特殊青少年、事实无人抚养儿童、留守儿童等特殊群体实现"微心愿"8000余个。

【文化帮扶】 以"用好红色资源、讲好红色故事"为重点,致力将汝城县打造成最美潇湘文化阵地,在"门前十小"的基础上做好文旅融合文章,重点打造土桥镇黄家村、延寿瑶族乡官亨村文化服务中心,其中官亨村被确定为全市两个村中心阵地之一向省里推荐。全面收集、整理红色资源,编撰《红色汝城》《马桥红色故事》作为教育读本。开展红色文化进校园活动,指导团县委制作的少儿歌曲《半条被子的温暖》登上"学习强国"平台,被评为郴州市精神文明建设"五个一工程"优秀内容。

【基础设施建设】 发扬"开路先锋"精神,发挥政企沟通"桥梁纽带"作用,继续投入1500万元,改扩建桂东县中铁振兴大道,该项目是中国中铁补齐帮扶地区交通短板的有力举措,沿线乡镇产业带动效果显著,全年桂东县民宿产业收入达1.8亿元。在保德县援建的第十一小学宿舍楼保质保量顺利竣工,有效改善易地搬迁区孩子们学习生活条件。捐建的大塘工业园标准厂房正式启用,陆续吸引6家企业入驻,解决300余名易地搬迁群众的就业问题。

【整村推进】 按照"办点、连线、扩面、成景"整体思路,投入1500万元帮扶资金,选取马桥镇外沙村等8个村整村推进示范村,撬动企业、村民、乡贤等社会资本超过1亿元,累计改修建通村组道路3380米,硬化巷道67700平方米,建设排污渠14140米,硬化房前屋后及小广场13000平方米。改造过程中,在隆兴村建设700立方米冷冻库和66千瓦光伏发电项目,为村集体经济增收10万元以上;热水镇吸引4000万元社会资本投资高端民宿;上河村整合资金,购买商铺,建设光伏,入股养殖业发展集体经济,集体收入超过100万元。逐步探索形成的"四出六靠"模式,成为汝城县振兴工作新亮点。

【劳务输出】 在总结"保德好司机"成功经验基础上,继续打造"保德好物业"又一劳务品牌,累计投入80万元,通过技能提升、稳岗就业、劳动力转移等途径,设定固定岗位62

个,实现季节性灵活岗位53个;完成专项技能培训19次,带动稳就业107人,人均年收入提高6000元,建立形成可复制推广物业服务管理标准体系,为持续增加困难家庭收入、有力巩固拓展脱贫攻坚成果做出积极贡献。

【帮扶宣传】 及时总结经验成果,形成典型案例、先进事例共计14篇,其中"'保德好司机'项目助力就业增收"案例入选国家乡村振兴局社会帮扶助力巩固拓展脱贫攻坚成果同乡村振兴有效衔接典型案例;以猫窝村乡村面貌变化和村民过上幸福生活为题材的《幸福"窝"》短视频,在全国乡村振兴"听老乡说小康"荣获"评委提名奖";根据汝城县帮扶模式总结的"四出六靠"模式受到国家乡村振兴局的高度评价。总结的定点帮扶工作经验登上《国资工作交流》专刊;工会牵头全系统工会持续做好消费帮扶动员工作;充分利用中国中铁官方微信公众号、新浪微博等媒体平台大力宣传帮扶成果。

(中国铁路工程集团有限公司 林震远)

中国铁道建筑集团有限公司定点帮扶

【概述】 2022年，中国铁道建筑集团有限公司（以下简称"中国铁建"）深入学习贯彻党的二十大精神和习近平总书记关于"三农"工作有关重要论述和指示批示精神，全面贯彻落实中共中央、国务院关于定点帮扶和乡村振兴各项决策部署，扎实履行中央企业的政治责任和社会责任，大力弘扬伟大脱贫攻坚精神，乘势而上、接续奋斗，统筹谋划年度各项帮扶工作重点任务，积极创新各项帮扶工作举措，持续推动落实"四个不摘"要求，全面推进各项帮扶工作做深做实做细，持续推动巩固拓展脱贫攻坚成果同乡村振兴有效衔接。公司全年对河北省张家口市尚义县、万全区和青海省果洛藏族自治州甘德县等3个定点帮扶县（区）累计投入无偿帮扶资金2501.93万元、有偿帮扶资金1233.53万元，引进无偿帮扶资金998万元、有偿帮扶资金58万元，积极购买定点帮扶地区农副产品3223.9万元，帮助销售定点帮扶地区农产品168.6万元。公司坚持立足帮扶地区实际，结合当地资源禀赋和前期帮扶工作成效，切实发挥自身主营业务优势，充分利用各类帮扶资金和帮扶项目的撬动效应，积极推进帮扶地区产业、人才、文化、生态、组织等"五大振兴"，成功实施一系列帮扶项目并取得较好成果，以实际行动有效助力定点帮扶地区乡村全面振兴。在中央单位定点帮扶工作成效考核评价中被评为"好"等次。

【帮扶资金投入】 2022年，中国铁建在3个定点帮扶县（区）直接投入有偿和无偿帮扶资金3735.46万元，共实施各类项目27个，涵盖乡村基础设施建设、文化、教育、产业、民生、医疗等方面。其中，投入530万元，用于尚义县文化广电和旅游公共信息服务体系、尚义县融媒体中心高清演播室、尚义县惠民苑社区综合文化活动中心及太平街小学操场及附属工程等4个文化项目建设；投入250万元用于万全区铁建阳光幼儿园二期扩建；投入300万元为万全区实施美化乡村"一揽子"项目工程（包括乡村道路硬化、污水处理、绿化等）；投入200万元用于甘德县教育医疗人才培养项目，培训各类人才110人；投入270万元用于甘德县群团服务中心和甘德县公安局执法办案中心两个项目建设，积极助力组织振兴；投入150万元用于甘德县下贡麻乡俄尔金村幼儿园、县幼儿园、教育支教点补短板项目；投入40万元用于甘德县牦牛规模化养殖基地建设项目，积极推动当地畜牧业等特色产业发展；投入20万元用于甘德县开展"金秋助学"项目，资助当地贫困中小学生100余人。

【帮扶调研】 先后3次成立调研组，由公司分管领导带队共计62人次深入万全区、尚义县和甘德县调研定点帮扶工作，并与当地政府领导深入对接交流，了解地方帮扶诉求。在甘德县，实地看望慰问脱贫户，查看巡回教育支教点建设情况，带去直接帮扶资金，参加帮助牧民购买牲畜保险捐赠仪式等活动；在万全区和尚义县，实地查看万全区铁建阳光幼儿园和三里庄村张家口万铁安全防护装备公司、尚义县游客服务中心、南朝碾村张家口大好河山兔业有限公司养殖场等帮扶项目实施进展情况和效果。调研过程中，组织督促所属承担帮扶具体工作的各二级单位要全面贯彻落实中国铁建乡村振兴工作年度各项任务部署,加大定点帮扶工作力度,持续巩固脱贫攻坚成果,高质量推进乡村振兴工作。

【帮扶培训】 大力推动定点帮扶地区人才振兴,全年累计为3个地区培训县乡村基层干部471人、乡村振兴带头人67人、专业技术人才5144人。其中,在万全区,全年开展培训10余场,培训乡村基层干部300多人、乡村振兴带头人50余人、专业人才5000余人;依托万全区乡村振兴网络平台《空中大课堂》栏目,讲授各类农牧业种植养殖技术,组织乡村致富带头人培训,共计培训全区171个村及驻村工作队第一书记、工作队长、队员等358人,其他种植养殖技术培训超千人次,尤其是邀请农业专家在杂粮加工厂开展化验员技能培训,有力提升了该专业的实际操作能力。在尚义县,为60名幼儿教师进行集中培训,构建了幼儿教师应用信息技术发展新机制,有效促进了幼儿教师的专业化成长;同时利用企业资源优势采取"以干代训"方式为尚义城乡建设投资有限公司培养公路施工专业管理技术人才4名。在甘德县,投入5万元引进果洛藏族自治州专业培训机构,在江千乡对村干部及牧民群众进行培训,学习乡村管理基本知识,开展烹饪厨艺和宾馆民宿服务等专业技能培训。

【干部挂职帮扶】 继续按照"1+1"模式(1个定点县派驻1名副县职挂职干部和1名驻村第一书记),共向3个定点帮扶县(区)选派6名挂职干部和驻村第一书记,他们坚守帮扶一线,扎实抓好公司各项帮扶工作在当地落实落地开展。3名挂职干部均担任副县(区)长职务,协助县(区)主要领导分管乡村振兴有关工作,积极协调各方资源,统筹落实好公司有关帮扶资金、帮扶项目等在当地的扎实推进;3名驻村第一书记扎根乡村一线,持续帮助发展壮大村集体经济、增加村民收入。

【脱贫成果巩固】 牢牢守住不发生规模性返贫底线,在坚持巩固"两不愁三保障"成果和饮水安全保障水平方面持续加大工作力度,全年累计投入资金898.2万元,力所能及帮助定点帮扶县(区)更好解决困难群众在教育、医疗、公共服务、住房安全等方面的短板弱项。在万全区,投入4万余元为三里庄村村民购买"乡村振兴保"保险,有效规避村民面临的部分不确定风险;投入5万元用于"救急难"基金,救助未消除风险的重点监测户。在尚义县,为64名小学生发放助学金9.6万元,为困难学生送去学习用品,减轻困难学生家庭教育负担;投入11万元,对南朝碾村300户村民进行春节慰问,对大病及困难村民进行暖心帮扶,为村民发放防暑降温物资。在甘德县,投入40万元用于完善甘德县教育巡回支教点建设、俄尔金村铁建阳光幼儿园及县幼儿园基础教育设施,改善幼儿学习生活环境;投入20万元,用于青珍乡860名学生购置校服和奖励小升初、初升高、高中考大学成绩优异的学生;投入帮扶资金慰问协隆村20户脱贫户,每户发放慰问金和洗衣机,提高当地藏民的生活水平,缓解生活困难;投入100万元建立甘德县公安局执法办案中心,为促进社会稳定、促进民族团结奠定基础。

【产业帮扶】 坚持立足帮扶地区实际,围绕加快乡村产业发展,加大力度开展产业帮扶,不断培育乡村振兴发展内生动能,全年引进帮扶项目和企业26个,招商引资1010万元,帮助建立帮扶车间10个。在万全区,充分发挥企业投资、设计、施工优势,为万全区包装城西河河滨缓冲带生态修复和人工湿地水质净化工程项目等一批基础建设类投资开发项目,助推帮扶地区经济发展;2022年7月,中国铁建在万全区投资建设的"铁建情超市"正式营业,该超市采用农超深度结合的经营方式,以超市为平台与村中蔬菜产业相结合,形成一条新型供销产业链,既可提供部分就业岗位,转移农村剩余劳动力,也可为村民农副产品走出"农家院"进入大市场做好铺垫。在尚义县,中国铁建建立无公害小杂粮种植基地510亩,定向收购杂粮300万元,通过杂粮定点种植、定向收购带动附近群众就业增收,吸纳就业4000余人次,仅用工费一项就为当地群众增收80余万元。在甘德县,为柯曲镇目日村和上贡麻乡珠合隆村投入40万元帮扶资金,建设规模化牦牛养殖基地,促进甘德县生态畜牧业发展;投入15万元,完善江千乡叶合青村宾馆超市配套设施,让无人承租的宾馆超市重新承包运营,带动村集体产业,解决老百姓就业问题并提高群众收益。

【特色帮扶】 深化企地合作,建立人才交流管理模式。在万全区突出工作亮点,创新帮扶举措,发挥建筑央企管理优势,强化帮扶县人才交流培养,促进企地合作。公司领导高度重视,制定"三带来三留下"指导思想:带来地方眼中对建筑央企的认识感受、带来需要企业协调解决的实际问题、带来本人具有学习借鉴的工作经验,留下对挂职单位改革发展的意见建议、留下挂职工作的感悟体会、留下乡村振兴重难点问题的思考及对策,安排万全区18名青年干部到中国铁建所属6家单位交流学习,挂实职1年。挂职岗位与原工作岗位或所学专业保持高度一致,确保学有所用、学有所为。建立"企业-地方政府-挂职干部"三方微信群,对挂职期间人才管理、思想动态、沟通交流等方面实时跟踪,为万全区青年挂职干部购买保险、签订岗位保密协议。挂职期间,在实际工作基础上,深度探讨企地合作模式,为乡村振兴过程中企业与地方政府合作互利互赢打造坚实根基。瞄准绿色生态,打造联动配套资源产业链。根据尚义县实现"绿色环保、节能减排"的发展理念,充分利用可再生能源可持续增长的动力,瞄准光伏发电产业安全可靠、无污染、能源质量高、建设周期短等优势,结合尚义县光照时间长、纬度优势明显的特殊性,量身打造392千瓦的屋顶分布式光伏项目,项目发展前景良好,利用可再生资源实现25年发电效率不衰减的稳定发电量保障,位于尚义县南朝碾村,现已并入国家电网,年发电量67万千瓦·时,可实现每年25万元的稳定收入,同时电站下方配套设施也被设计更改为2000平方米的原生态养殖圈舍,形成"光伏产业+原生态养殖"联动配套发展的天然资源产业链,圈舍受众人群覆盖628人,可实现3000元/户的年收入,既实现村集体收入的稳定提升,又可以普惠到每一户参与原生态养殖的村民。推进科技种植,夯实产业帮扶基础。在万全区引进华中农业大学板蓝根青菜(油松1号)育种种植项目。该板蓝根青菜是一种具有广谱抗病毒功效的新型蔬菜,具有产量高、营养丰富和口感好等优点,尤其是作为蔬菜提供给大众餐食及作为饲料添加到牲畜养殖过程中时,都具有抗病功能和抗流感病毒效果,受到更多人的青睐。该项目位于万全区张贵屯村,一期以育种为主,种植面积270亩,一年可种植2季,每季亩产预计1000千克。可实现每季每亩至少增收2000元,年增收至少108万元,同时解决当地农民就业300余人。

(中国铁道建筑集团有限公司 彭 勇)

中国交通建设集团有限公司定点帮扶

【概述】 2022年,中国交通建设集团有限公司(以下简称"中交集团")深入学习贯彻习近平总书记关于"三农"工作的重要论述和指示批示精神,认真落实中共中央、国务院的决策部署和国务院国有资产监督管理委员会的工作要求,接续落实好"四个不摘""四大衔接""三个确保",持续扎牢"351"定点帮扶工作体系,扎实开展"中交助梦"行动,助力云南省怒江傈僳族自治州泸水市、福贡县、贡山县、兰坪县和新疆维吾尔自治区英吉沙县巩固拓展脱贫攻坚成果、全面推进乡村振兴。在全国东西部协作和中央单位定点帮扶工作推进电视电话会议上,中交集团作为唯一的中央企业代表参会并作交流发言,连续5年获得中央单位定点帮扶成效考核"好"等次。

【帮扶资金投入】 2022年,中交集团累计投入帮扶资金40757万元,其中无偿帮扶资金27371万元,有偿帮扶资金13224万元,引入帮扶资金162万元,实施225个帮扶项目。

【帮扶会议】 中交集团把学习贯彻习近平总书记关于定点帮扶和乡村振兴工作的重要讲话和指示批示精神作为党委会"第一议题"和理论学习中心组学习重要内容,认真组织传达学习并严格贯彻落实。组织召开推进定点帮扶助力乡村振兴工作会议,系统分析形势任务,研究部署年度帮扶重点工作,为全年工作开展把关定向;印发年度定点帮扶工作要点,明确6个方面28项具体任务,为全年帮扶工作顺利开展夯实基础。

【帮扶调研】 主要领导与怒江傈僳族自治州(以下简称"怒江州")党政领导召开乡村振兴座谈会,就巩固拓展脱贫攻坚成果、全面推进乡村振兴等工作进行交流并签署战略合作框架协议。公司领导班子对5个帮扶县实现调研全覆盖,公司全年共237人次赴定点帮扶地区调研督导,形成高质量督导报告13份,发现问题42个,并有针对性地开展精准帮扶,助力5个帮扶县补齐发展短板。

【组织保障】 认真发挥公司定点帮扶工作领导小组及其办公室作用,组织开展2021年度定点帮扶"回头看",形成项目评估和工作自评报告,提出工作改进措施。与所属35家二级单位签订《2022年度定点帮扶责任书》,下达年度定点帮扶指标,明确各二级单位主要负责同志为定点帮扶工作第一责任人,建立了上下贯通、层层落实的组织保障体系。

【干部挂职帮扶】 选派1名总部部门正职轮换接替挂职怒江州委常委、副州长,定点帮扶挂职干部保持在10人,其中4人担任驻村第一书记。全力支持挂职干部工作,继续为每名驻村第一书记提供300万元的帮扶资金支持,将所属单位帮扶资源集中到县,为县挂职干部开展工作提供资源支持。

【产业振兴】 开展"中交助梦·产业振兴"行动,多维产业助力打造"有产业"的乡村。在建筑产业上,联合怒江州政府举办面向怒江建筑产业园产业帮扶签约仪式,完成项目招标签约56个,涉及合同金额3亿元。截至2022年年底,怒江建筑产业园累计入驻企业371家,培训产业工人1000余人,吸纳就业1100余人,贡献建筑业产值27.04亿元,上缴税金3506.59万元,有效推动怒江州产业兴旺、农民增收。

在农特产业上,拨付8279万元助力怒江香料产业园发展峡谷特色香料产业,拨付1000万元援建独龙江乡草果烘干厂,拨付1250万元援建英吉沙县工业园区帮扶车间、英吉沙县乡镇农贸市场等项目,推动当地群众就近就业。在文旅产业上,连续五年支持举办"中国交建杯"怒江皮划艇野水公开赛,投资近亿元建设运营的中交伊拉米拉大酒店已于2022年6月正式开业,运营良好。

【人才振兴】 开展"中交助梦·教育提升"行动,多措并举助力打造"有思想"的乡村,全年教育帮扶投入达到1.04亿元,为"富脑袋"带动"富口袋"提供了有力支撑。在教育设施建设上,拨付8372万元,援建中交泸水新时代希望学校、中交兰坪新时代希望学校、中交福贡米俄洛新时代希望幼儿园,大力提升教育教学环境。在师生素质提升上,积极参与中共中央组织部、教育部教育人才"组团式"帮扶工作,在定点帮扶县开展10项教育帮扶工作,实施教师素质提升工程,继续在怒江州民族中学设立奖学奖教金,助力教师素质提升、学生向善向上;联合韬奋基金会在定点帮扶县设立5个"中交韬奋图书室"并配套价值500万元图书,帮助脱贫群众和学校师生开阔视野。在技能人才培养上,实施"中交助梦工坊"建筑产业工人培训、开展基层干部及乡村振兴带头人素质能力提升培训29期,培训县乡村基层干部7914人、乡村振兴带头人321人、专业技术人才858人,增强各级各类人员带头致富本领。

【文化振兴】 开展"中交助梦·文化振兴"行动,塑形铸魂助力打造"有乡愁"的乡村。在以文塑形上,充分发掘少数民族的乡村文化底蕴和精神价值,助力打造乡村振兴示范点8个,支持北甸村史馆、秋那桶怒族文化街建设,帮助建设边境小康村、文化广场、民族特色美丽庭院等民族文化站点,增强了乡村文化软实力。在以文铸魂上,举办各类文化节、舞台剧、农民运动会、民族文艺晚会等多样新时代文明实践活动,助力少数民族特色文化活动蓬勃发展;驻村第一书记所在的兰坪白族普米族自治县(以下简称"兰坪县")北甸村创新开展群众乐于参与的新时代文明实践活动,坚持"天天有歌舞、周周有宣讲、月月有评比、年年有培训、常常有暖心"的"五有"原则,丰富村民的精神文化生活,提升乡村的精神文明面貌。在以文易俗上,注重培育文明乡风、良好家风、淳朴民风,拨付900万元支持驻村第一书记开展传承传统文化、推进移风易俗;驻村第一书记积极参与修订村规民约,创新乡村治理方式方法,积极推广应用人居环境整治积分奖励制度,将村民的现实表现与积分挂钩,推动形成文明乡风。

【生态振兴】 开展"中交助梦·美丽乡村"行动,治山治水助力打造"有颜值"的乡村。在人居环境改善上,持续驻村支持第一书记所在村开展乡村绿化、污水管线改造、厕所革命、房屋外墙粉刷等工作,支持独龙江乡、普拉底乡等改善人居环境,秋那桶村被授予"云南省绿美村庄""云南省卫生村"称号。在美丽乡村打造上,投入800万元支持的泸水市三河村美丽乡村正式建成开业,投入1500万元帮助沙瓦村打造特色怒族文化旅游村,成为当地旅游新景观。在支持地质灾害防治上,拨付95万元,帮助怒江州加强地质灾害遥感监测,为怒江州地质灾害防治工作提供技术支撑。

【组织振兴】 开展"中交助梦·强基固本"行动,凝心聚力助力打造"有活力"的乡村。在组织共建上,加强对42个结对共建基层党组织的指导和支持,帮助完善党建阵地建设,规范开展党建活动,切实提升脱贫村的组织力、战斗力和执行力。在队伍共抓上,设立300万元奖励基金,支持怒江州委组织部开展"头雁培养"三年行动,帮助培育打造一支高素质农村党组织和支部书记队伍。在资源共享上,组织内外优秀师资力量对当地党员干部进行集中轮训,在政策理论、产业发展、技能提升、综合治理等方面提供一批精品课程,出资帮助怒江州基层干部和乡村振兴带头人走出去开眼界、长见识、强本领。在发展共商上,结对双方党组织共同商定结对帮扶思路、举措和具体项目,围绕产业发展、助力就业等共建目标进行研讨策划。在作风共促上,与结对党组织共同走访调研困难群众,解决"急难愁盼"问题,增强基层组织的凝聚力和号召力,提升基层治理水平。

【消费帮扶】 落实"工装援疆"要求,开展以"销"带"扶",在英吉沙县定制工装67213套,合计金额1007万元,有力推动了当地服装专业合作社快速发展。继续帮助打造泸水老窝火腿、福贡石月亮红茶、贡山神山百花蜜、兰坪山野珍品、英吉沙色买提杏等"一县一业"消费品牌,全年购买定点帮扶地区农产品1100万元,帮助销售农产品250万元。在7月"央企消费帮扶兴农周"期间,广泛推动帮扶产品进工会、进食堂、进项目、进家庭,积极引导所属单位、合作伙伴及职工个人采购特色农产品765万元,汇集兴农惠农强大合力。

【健康帮扶】 围绕巩固"两不愁三保障"成果,投入530万元开展"中交助梦·医疗保障"行动,支持怒江州口腔专科、泸水市妇产科等专科发展;投入90万元,援助兰坪县通甸镇、中排乡3辆负压救护车,提升边远山村医疗应急响应能力。

【基础设施建设】 助力改善基础设施条件、提升公共服务水平。投入120万元,对泸水市中元村1.2千米村道进行翻修改建,以满足106户387位村民及车辆安全通行,打通群众出行"最后一公里";援助170万元,帮助福贡县、贡山独龙族怒族自治县易地扶贫搬迁安置点完善公共服务配套设施,提升服务群众能力。

【典型示范】 完善联农惠农机制,设置"村集体+致富带头人+村民"的入股方式并建立"入股分红+务工收入"双保险,全年为1200余名脱贫群众发放劳务工资4000余万元;引入市场机制,为怒江建筑产业园入园企业提供56个项目,合同额达3亿元,截至2022年年底怒江建筑产业园已入驻企业362家,贡献产值56.97亿元,上缴税金5415.9万元,带动怒江州建筑业总产值增速蝉联云南省第一;构建协调联动机制,联合当地政府、行业主管部门、社会组织力量,合力开展"峡谷金牌工人"培训,帮助498名建筑工人取得各类执业证书,有效激发了脱贫群众内生发展动力,秋那桶村、米俄洛村、自扁王基村三个村率先成为集体经济收入"百万村"。

【帮扶宣传】 加强对定点帮扶工作经验成果的总结提炼,以丰富的宣传载体生动讲述定点帮扶的"中交故事",广泛传播党领导下乡村振兴和共同富裕工作的生动实践。"中交集团探索形成从'输血'走向'造血'的可持续帮扶模式"入选社会帮扶助力巩固拓展脱贫攻坚成果同乡村振兴有效衔接第一批典型案例,"新型产业园发展模式助力怒江州产业兴乡村美村民富"荣获"第三届全球减贫案例征集活动"最佳减贫案例,并将录入中外减贫案例库及在线案例分享平台。公司帮扶案例还刊登于国家乡村振兴局《乡村振兴简报》、国家民族事务委员会《民族工作简报》,多个帮扶事迹受《人民日报》《经济日报》、人民网、新华网、中国新闻网、《中国乡村振兴》杂志、《云南日报》等主流媒体广泛传播,引起社会各界热烈反响,展示了国资央企负责任、有担当的良好形象。

(中国交通建设集团有限公司
党委工作部　陶　伟)

中国信息通信科技集团有限公司定点帮扶

【概述】 2022年，中国信息通信科技集团有限公司（以下简称"中国信科集团"）深入学习贯彻习近平总书记关于实施乡村振兴战略重要论述，成立以集团党委书记、董事长为组长的乡村振兴工作领导小组，主动对标中共中央关于实现巩固拓展脱贫攻坚成果同乡村振兴有效衔接的部署要求，准确把握中央企业定点帮扶的主要责任和工作任务，充分发挥政治优势、组织优势和科技优势，立足帮扶地区实际，因地制宜制订2022年帮扶规划和实施方案，助力定点帮扶县做好巩固拓展脱贫攻坚成果同乡村振兴有效衔接，取得显著成效。

【帮扶资金投入】 2022年，中国信科集团认真履行定点帮扶工作职责，对定点帮扶县投入帮扶资金519万元，引进帮扶资金399万元，购买脱贫地区农产品266万元，帮助销售脱贫地区农产品46.6万元。

【帮扶资金管理】 每年年初根据定点帮扶工作年度计划，党委会专题研究年度帮扶资金预算，及时完成资金拨付。捐赠资金由地方政府负责完成事前招标、事后审计等流程，挂职干部督导捐款接收单位按指定用途使用资金。定点帮扶责任部门与挂职干部共同研究，加强和规范帮扶资金的日常管理。集团纪委针对定点帮扶履行情况，专题督查集团选派的挂职干部认真履行乡村振兴工作职责方面的情况，重点对脱贫攻坚成效、乡村振兴、帮扶资金使用及挂职干部工作作风、履职尽责等方面进行了专项监督检查，确保帮扶工作实效。

【帮扶调研】 集团党委书记、党委副书记先后分别带队深入湖北省大悟县、河南省沈丘县，通过实地考察、与县乡村三级干部座谈、督导帮扶项目建设进展等多种形式了解脱贫攻坚与乡村振兴有效衔接开展落实情况，对接沟通当地推进乡村振兴建设需求，深入讨论具体帮扶工作，为集团下一步巩固定点帮扶成果，全力协助推动两县乡村振兴建设做好充分调研准备。

【帮扶会议】 集团党委专题听取定点帮扶工作进展情况，就定点帮扶工作关注存在的问题进行认真研究。集团党委要求，必须强化督促检查，通过督促检查落实各项政策措施和工作任务，查找问题，提出改进建议，形成真抓实干的局面，促进集团定点帮扶工作取得实效。

【帮扶制度建设】 主动沟通帮扶地区建设需求，结合实际讨论具体帮扶工作，建立巩固脱贫攻坚成果长效机制。对脱贫不稳定户、边缘易致贫户及因病因灾因意外事故等刚性支出较大或收入大幅度缩减导致基本生活严重困难户，实行常态化预警检测，准备专项帮扶政策和资金，动态管理。集团针对定点帮扶地区产业特点，加大资金投入和落实帮扶项目，推动茶叶产业联农带农，培育壮大集体经济、带动脱贫群众增收致富。建立季度督办制度，按照国家乡村振兴局和国务院国有资产监督管理委员会信息报送要求，对帮扶工作重大事项进展情况按照时间节点进行督察督办，年中、年底分别形成总结报告向国家乡村振兴局和国务院国有资产监督管理委员会上报。制订年度定点帮扶工作计划，紧密结合定点帮扶县实际需要，聚焦生活困难人员返贫问题，重点开展产业帮扶、"同舟工程"、居民环境整治等任务,确保帮扶工作精准有效。

【帮扶培训】 为提升大悟县、沈丘县基层干部的管理能力,改善知识结构,了解科技知识,支持帮扶地区人才队伍建设,举办6期基层领导干部培训班,共培训基层干部118人。另外,组织培训技术人员373人,培训乡村振兴带头人44人,极大提升本地人才素质,促进返乡就业。在央企联合帮扶基地定期开展技术培训,对推动地方高科技企业发展、促进人才回流、带动县域经济发展起到积极作用。

【干部挂职帮扶】 坚决落实"四个不摘"要求,做到思想不懈怠,工作不断档,责任不缺位。派出帮扶人员与地方统一标准、统一行动,通过规范驻村制度,与驻村工作队密切配合,下沉到村,严格按照国家、省、市、县四级工作要求规范台账、建立日志,细化驻村走访排查工作措施,做到帮扶工作一手清。挂职干部及驻村工作队协同村"两委"开展全村每日"四个一"(一消杀、一摸排、一汇总、一上报)模式,圆满完成防疫任务。持续强化定点帮扶工作组织建设。

【产业帮扶】 呼叫中心产业帮扶落地成效不断显现,这种集团业务优势与地方人力资源互补的央地联合产业帮扶模式是县域经济产业振兴的重要抓手。中国信科集团不断优化项目,持续提高专业运营水平,积极拓展市场,确保产业帮扶项目良好运行,座席人员持续稳定在1000人以上规模,极大促进脱贫人口就业和现代服务业人才培养。大悟县呼叫中心基地以集团派驻的挂职干部作为联系桥梁,与大悟县委宣传部、人力资源和社会保障局、商务局、中等职业技术学校等本地单位紧密联络,进一步深化县域稳岗就业。围绕大悟县金墩村集体产业特点,在已投入建成茶叶加工厂房基础上,先后为村集体茶园建设标准化滴灌工程和配置茶叶加工炒茶设备,拉动了村民务工增收,实现村民家门口就业,壮大集体经济。

【整村推进】 通过配合建立临时党支部,集中优势兵力,锻造攻坚尖刀,聚焦未脱贫户、脱贫监测户、边缘户"三类人员",统筹推进"稳脱贫、防返贫、不致贫"各项措施,通过深入细致的实地入户走访,制订切实可行的帮扶计划和方案,为贫困户改善居住环境,增加增收渠道,进一步激发贫困群众自身发展内生动力,确保实现稳脱贫不返贫,真正发挥基层党组织的战斗堡垒作用。2022年11月,定点帮扶村大悟县金墩村被评为农业农村部第十二批全国"一村一品"示范村镇。沈丘县以集团定点帮扶村文殊庵村作为样板,建立乡镇示范村标杆,在全年历次观摩评比中始终位列全县前三名。

【教育帮扶】 长期帮扶实践中,在帮扶地区逐步探索出针对特殊困难人群的有效综合帮扶策略,并不断探索斩断贫困代际传递的长效模式,以有组织的技能培训和产业资源协调过程参与作为人才培训重点,将支教活动作为教育帮扶的有益补充。针对不同的群体,开展人次梯次帮扶培养方案:在义务教育领域,继续推进大悟思源实验学校"春蕾计划",为家庭经济困难学生、孤儿等提供助学资助,并向考试成绩优异学生发放奖学金,鼓励大悟思源实验学校学生顺利完成学业。在职业教育领域,积极探索中央企业"志智双扶"、激发内生动力创新模式,结合本地产业发展导向和职业教育培养特色,在大悟县中等职业技术学校投入资金用于设立"中国信科大悟茶产业实训基地"和"中国信科大悟电商实训基地",助力新设立学科建设。中国信科集团与沈丘县教育体育局签订协议,通过共建中等职业学校信息服务专业并全额招收毕业生入职方式,拓展乡村带头人视野、提升留守家庭妇女技能、丰富初级劳动力技能层次。在产业培训领域,针对农业产业带头人与基础农业技术人才、职业农民，继续开展人才振兴活动，捐赠大悟县农业技能培训中心开展专业技能培训，让农业人员有意愿、有想法、有技能服务乡村振兴工作。与沈丘县农业农村局密切配合，组织多轮观摩培训，有重点地探索种植养殖产业技术培训与地方农业产业资源协调相结合。在关爱未成年人领域，集团驻村工作队利用学校暑假期间，在大悟县金墩村开展"童心向党、快乐成长"公益活动，对留守儿童开展青少年近视防控科普讲座、未成年人心理健康知识讲座及防溺水讲座。

【基础设施建设】 一方面，继续完善传统的人居环境基础设施建设；另一方面，充分利用自身产业和技术优势，探索推动落地数字乡村建设。人居环境治理美化项目。继续按照沈丘县文殊庵村环境整治规划设计方案，持续进行村容村貌提升改善，完成村史馆建设及整村废弃宅基地优化美化，对因使用维护不当、气候灾害频发导致破损的环村主干道进行全民升级改造。河沟治理项目。完成大悟县金墩村村湾水沟治理一期工程。同时，针对村内生活污水治理现状，尝试5G与物联网技术相结合，进行农户厕所改造和农村生活污水共治的模式探索，形成农村厕污共治试点建设。亮化工程项目。结合群众"急难愁盼"的诉求，捐赠专项资金，实施大悟县金墩村亮化工程，该项目有效解决村民夜间出行问题，得到一致认同。"云视听"数字乡村项目。针对村中防疫、防盗、防山火、防溺水等防控需求及村内广播系统等切实需求，建设基于5G技术的金墩村云视听项目，有效解决村中防山火、防盗茶、防交通事故、防溺水等需求，提升村民安全感、获得感。

（中国信息通信科技集团有限公司
总经理办公室　王力轩）

中国农业发展集团有限公司定点帮扶

【概述】 2022年,中国农业发展集团有限公司(以下简称"中农发集团")向安徽省萧县投入无偿帮扶资金431万元,引进无偿帮扶资金15万元,引进有偿帮扶资金119万元;培训乡村基层干部146人次,培训乡村带头人125人次,培训专业技术人才194人次;购买农产品45.5万元,帮助销售农产品40.8万元。在"央企消费帮扶兴农周"活动中,从央企消费帮扶电商平台购买贫困地区农产品38.3万元。

【组织领导】 中农发集团党委高度重视定点帮扶和乡村振兴工作,坚决贯彻落实中共中央、国务院和国务院国有资产监督管理委员会(以下简称"国务院国资委")有关指示精神。5月,国务院国资委党委书记到集团调研指导工作,视频连线集团定点帮扶县萧县张庄寨镇欧庙村优质小麦"泛麦8号"种植基地,听取集团挂职副县长关于集团在萧县的帮扶工作汇报。集团党委书记、董事长及班子成员先后赴萧县调研,坚持一线工作作风,直接到有关乡镇查看集团的帮扶项目,与县委、县政府主要领导共商乡村振兴工作,还调研以托管方式"替"农民种地的萧县金丰公社。全年集团总部和各二级企业,先后有23人次赴萧县一线考察调研帮扶项目,跟踪检查帮扶项目落实情况。根据集团党委安排部署,3月集团召开党委会研究2022年帮扶项目和工作计划。4月集团召开定点帮扶工作会议,总结2021年定点帮扶工作、部署2022年工作。8月集团接受中央定点帮扶工作第三方调研组一行赴萧县实地检查,调研组对近年集团定点帮扶取得的成果给予肯定和表扬。安徽省副省长一行赴集团总部调研,签署有关合作协议,并对集团长期帮扶萧县给予充分肯定。萧县主要领导分别带队到集团总部对接定点帮扶工作,商讨下一步围绕乡村振兴拟开展的合作事项。萧县挂职副县长带领部分乡镇负责人到集团在北京5家二级企业学习考察,对接帮扶项目。

【干部挂职帮扶】 中农发集团选派的挂职副县长和驻村第一书记分别于2021年9月和11月轮换到位,2人坚持一线工作作风,主动克服工作、生活和家庭困难,全身心投入帮扶工作,个人作用发挥明显,工作表现突出,得到县乡各级领导干部和群众的好评。挂职副县长积极帮助引进萧县绿色低碳数字农业示范园、年产1000万件硅胶密封件及300万个宠物橡胶玩具项目、年产毛绒玩具900万只项目、安徽轩林家居饰品等4个产业项目,帮助招商引资3700万元;帮助扶持萧县龙头企业3家;2月,与分管农业副县长带领农业农村局和乡村振兴局负责人到集团山东企业考察调研对接;6月,带领农业农村局和2名乡镇负责人到集团江苏企业考察,并到生态环境部南京环境科学研究所考察洽谈有机农业发展;到一线扶持47个农村合作社,对田间种植进行现场指导,帮助联系国内一流优质农资企业、社会化服务企业,积极拓展订单农业、单一品种规模化种植;帮助建立3个帮扶车间,帮助脱贫人口转移就业350人,招用脱贫人口15人;5月,在全县党组织领办合作社暨科技培训会上做专题报告。挂职副县长和前任帮扶副县长在宿州市2021年度挂职干部考核中荣获"优秀"等次，并获得嘉奖。驻村第一书记为了改善官桥镇前白村村民生活设施，利用集团80万元帮扶资金，为村里新建420平方米群众文化活动中心，在工程设计、施工过程中坚持全程现场跟踪，确保工程建设质量和资金安全。

【乡村振兴项目】 向萧县投入无偿帮扶资金431万元，比2021年增长9.1%，共实施6个帮扶项目。向萧县捐赠价值216万元山东巨明机械有限公司生产的小麦收获机8台、履带式玉米收获机8台。连续4年累计捐赠农机78台，进一步提升全县农业机械化水平。在2021年试种基础上，再向重点乡、村捐赠总价值115万元中农发种业集团股份有限公司培育的小麦、玉米、水稻种子。集团帮扶80万元新建萧县官桥镇前白村群众文化活动中心。集团帮扶12万元举办县乡村基层干部、乡村振兴带头人、各类专业技术人才现场培训。集团帮扶5万元用于庄里镇陶墟村600亩榛子种植基地的管理维护。集团帮扶3万元购买米、面、油等生活用品，慰问官桥镇前白村生活困难老党员、孤寡老人等。

【典型经验做法】 充分发挥企业优势，结合萧县村党组织领办合作社土地集约化、规模化优势，一方面向萧县捐赠现代化农业机械，帮助提升农机现代化水平和作业能力，提高土地深耕率，降低机收损失率，确保丰产丰收、颗粒归仓，助推该县村党组织领办合作社向更高层次发展；另一方面在萧县广袤田野上推进科研成果转化利用，推广先进农作技术，开展小麦、玉米等规模化专业化种植，促进粮食增产、农业增效、农民增收。

2020年以来，萧县以推动农业高质量发展为主题，聚焦粮食主导产业，通过推行村党组织领办合作社，构建完善"村集体+服务组织+农户"三位一体联动服务模式，有效整合农村分散土地资源，开展小麦、玉米等粮食作物规模化集约经营，探索出一条激活农村土地要素、释放农村发展活力的新路径。全县已有232个村开展村党组织领办合作社，占全县涉农村（社区）总数的91.34%，有效实现支部有作为、集体增收入、群众得实惠、粮食保安全，成为萧县推进乡村振兴道路上强劲新"引擎"。

从2021年开始，中农发集团与萧县共建优质小麦种植基地和繁种基地，开展优质小麦订单农业，全过程进行技术指导，给农业加上科技的翅膀，大大提高经营效益，充分保障国家粮食安全。已建立优质小麦"泛麦8号"种植基地4万多亩。2022年，萧县张庄寨镇欧庙村党组织领办合作社集约4000亩分散的土地，与集团签订订单，种植"泛麦8号"，亩均产量达600千克，增产超过15%，集团每千克加价1角钱回购，每亩就可增收300元，仅夏收一季该村集体经济可增收100多万元。此外，种植区村民通过固定收益、保底分红、股份合作模式，每亩地可获得不低于800元甚至1000元以上的收入。

中农发集团还与萧县共同搭建集玉米育种专家、农业合作社、养殖场、玉米深加工企业于一体的全产业链合作平台，实现精准化育种、科学化种植、高效化应用，让产业链上的各个主体都增收增效。

（中国农业发展集团有限公司　徐金海）

中国林业集团有限公司定点帮扶

【概述】 2022年,中国林业集团有限公司(以下简称"中林集团")为深入贯彻落实习近平总书记关于乡村振兴重要指示批示精神和国家乡村振兴战略,在国家乡村振兴局、国务院国有资产监督管理委员会社会责任局的具体指导下,积极发挥林业中央企业优势,结合定点帮扶县湖南省通道侗族自治县(以下简称"通道县")"生态立县、旅游兴县、产业强县"发展需求,多措并举巩固拓展脱贫攻坚成果,全面推进乡村振兴工作。先后选派6名干部到通道县挂职副县长,3名驻村第一书记到通道县驻村参与帮扶工作。截至2022年年底,共投入帮扶资金1041万元,引进帮扶资金130万元,采购通道县农产品151.53万元,帮助销售农产品1512.8万元,培训基层干部916人次,培训技术人员3790人次,带动脱贫人口就业320人,为通道县巩固脱贫攻坚成果做出积极贡献。在2022年度中央单位定点帮扶工作成效考核评价中被评为"较好"等次。

【帮扶资金投入】 2022年,中林集团直接投入无偿帮扶资金201余万元,其中50万元用于助力生态产品价值实现,30万元用于湖南通道转兵纪念馆革命传统教育基地建设和维护,30万元用于残疾人专项支持,20万元用于教育助学,20万元用于基层干部培训,21万元用于乡村"暖心工程"和"微服务"建设,20万元用于医疗卫生提升,10万元用于党、团组织建设和乡村文化振兴;引进有偿帮扶资金20万元用于湖南农达健康产业发展有限公司提升林下经济黄精种植与加工技术。帮扶资金的投入,持续推动通道县各项事业的发展。

【帮扶调研】 对定点帮扶工作高度重视,主要领导多次作出安排部署,并亲自带队,与通道县委、县政府主要领导就巩固拓展脱贫攻坚成果、全力推进乡村振兴工作进行深入交流和规划,研究突出在产业发展上重点发力,精准帮扶。围绕中林集团林业主责主业,将最先进的要素资源赋能通道县林业产业发展,全面提升当地森林质量、科学开展绿化,大力推动国家储备林建设,积极探索竹缠绕技术、重型木结构、生物质能源转化,从根本上为通道县乡村振兴注入新的活力。到通道县考察指导5次36人次,其中总公司3次25人次,二级子企业2次11人次,形成督促指导报告,对发现的防返贫监测、脱贫群众增收、稳岗就业、产业融合等问题指导整改。明确要求贯彻落实习近平生态文明思想,结合林业央企优势加大定点帮扶力度,持续做好"整村推进,连村联创"林下经济钩藤产业发展、教育助学、人才培训、就业创业等帮扶工作。

【帮扶会议】 召开定点帮扶工作会4次,专题研究部署定点帮扶通道县工作。成立由党委书记、董事长任组长,分管副总经理任副组长,各二级子企业分管领导和集团总部有关部门负责人为成员的定点帮扶工作领导小组,对定点帮扶工作进行总体筹划、统一指挥,围绕制定的2022年度定点帮扶通道县工作任务抓好落实并正式印发《中林集团2022年定点帮扶工作计划》。

【干部挂职帮扶】 选派2名干部到通道县担任挂职副县长和所里村驻村第一书记,驻县帮扶围绕巩固拓展脱贫攻坚成果同全面推进乡村振兴有效衔接工作，发挥自身优势，积极向上争取资金项目，统筹推进工作落实，探索实践符合当地特色的帮扶模式。挂职副县长围绕中林集团中央企业优势，结合通道县生态资源丰富的实际，助力生态产品价值实现机制建立，推进实施国家储备林建设项目；助推通道县全省碳汇试点工作，建成全省首个县级碳汇交易综合服务平台；创新性开展"整村推进、连村联创"林下经济钩藤产业发展，帮助通道县荣获"中国钩藤之乡"荣誉称号。驻村第一书记扎根农村，与群众打成一片，积极推动所里村各项工作全面发展。完成村内民心桥建设、便民道路建设，修缮整治村内公共活动场所，村容村貌焕然一新。2022年，通道县在湖南省巩固拓展脱贫攻坚成果同乡村振兴有效衔接工作中被评定为"好"等次；挂职副县长2021年、2022年连续两年被怀化市评为优秀并嘉奖一次。

【帮扶慰问】 开展"暖心工程"和"微服务"建设活动，多举措实施困难群众解困帮扶。对通道县34名困难群众和播阳镇26户受灾户进行困难救助、慰问总计10.7万元；开展"让生命听见声音——中央企业公益助残活动"，提供30万元资金帮扶通道县3名脱贫重度听障患者植入人工耳蜗，改善和增进残疾人民生福祉；向村集体和困难群众支持水泥40吨，解决实际所需。

【脱贫成果巩固】 将防止返贫致贫作为巩固脱贫攻坚成果的底线任务，开展助力易地搬迁后续帮扶，确保"搬得出、稳得住、有事做、能致富"，让搬迁户在新环境中安居乐业。助力开展创业就业培训。协助举办创业就业培训4场次，在电商服务、直播卖货、种植养殖等方面培训易地搬迁户创业就业。有种植户72户、养殖户18户、产品加工16户、工商经营户11户、运输户7户，以"种、养、加"为重点，从多方面增收稳收。助力易地搬迁点帮扶车间企业发展。扶持帮扶车间发展，实现易地搬迁群众楼上居住、楼下就业，特别是解决留守老人和照看小孩妇女就业。通过对帮扶车间的助力，提供电子零配件手工绕制等灵活就业岗位，解决易地搬迁点部分60~75岁老年人"想适当劳动挣钱"的现实需求。助力完善基础配套设施。支持易地搬迁点建立新时代文明建设实践站，开展有效的新时代文明建设。通过支持修建凉亭、篮球场等方式，为易地搬迁户提供文体活动场所，供易地搬迁点群众休闲娱乐。根据山区群众喜欢饮用井水需求，助力双江镇东环路易地搬迁点群众修建水池和洗菜台，方便搬迁群众使用井水，提高搬迁群众满意度和幸福指数。

【产业帮扶】 积极推动国家储备林示范项目建设。通道县森林覆盖面广，覆盖率达77.24%，是湖南省重点林区县。中林集团充分发挥林业企业优势，助力通道县以国家储备林建设为抓手，撬动经济发展新动能。协助通道县全国储备林示范县创建，对接湖南省市相关部门、银行等金融机构，加快推进38.6万亩国家储备林项目建设。通道县成立国家储备林项目建设领导小组专班，挂职副县长担任副组长并负责主抓全县储备林项目建设。9月初，在湖南省设立子公司，与怀化市政府签订300万亩国家储备林项目建设正式合作协议。通道县国家储备林项目建设全市率先启动、先行先试。通道县第一期9.2万亩国家储备林示范基地建设方案已通过评审，投资6.3亿元，项目建设工作已在进行。

【人才帮扶】 根据定点帮扶县人才振兴需求，中林集团所属中林云信（上海）网络技术公司"双碳"专业人员赴通道县对县长及林业方面的业务骨干18人进行林业碳汇资源开发技术及实践操作培训。8月，邀请南昌大学江西生态文明研究院副院长为通道县部分单位主要领导、分管领导、专干共30人就森林康养生态产品价值实现进行授课,拓宽通道县落实"双碳"战略视野;与通道县"两茶一药"办合作,邀请3名钩藤种植专家,对"整村推进,连村联创"钩藤种植、管理、加工等方面知识进行培训,提升群众技能。与通道县工商业联合会合作,组织对44家企业负责人和60余位电商从业者在法律、商务运营管理等方面进行培训,推动企业用创新驱动发展,带领当地群众增收致富;与通道县教育局合作,开展教师工作坊研修,使参训教师的思想政治素质、职业技能素养、教育研学能力得到进一步提升。2022年,共助力通道县培训430人,其中培训县乡村基层干部250人,产业、企业发展等乡村振兴带头人70人,教师、电商等专业技术人才110人。

【教育帮扶】 实施教育助学帮扶。开展"捐书助学,扶智增才"活动,向通道县坪坦乡中心小学坪坦书屋捐赠800册图书和2万元维修管护资金;通过开展"助力通道县乡村教育振兴"活动,向通道县芙蓉完全小学、所里小学291名师生赠送582套"爱心校服"。教育助学活动的开展,既是对学生们成长的关爱,又宣传中华传统文化,增加学生自立、自强的信心。

【生态帮扶】 推动生态产品价值实现驱动经济发展。协助通道县争创怀化市生态产品价值实现机制试点县,构建以合理利用生态产品和构建生态产品产业链为目标,推动通道县域经济与生态资源的协同发展。在挂职干部的倡议和推动下,通道县制订《通道侗族自治县建立健全生态产品价值实现机制实施方案》,现已通过县政府常务会议审定。协调通道县与中国农业银行怀化分行签订《生态产品价值实现战略合作协议》,推进政银生态产品价值实现金融合作,将金融资源配置到绿色经济、循环经济和低碳经济重要领域。协议商定中国农业银行怀化分行在"十四五"期间向通道县生态产品价值实现提供金融支撑投放贷款不低于50亿元。邀请南昌大学江西生态文明研究院编制《通道县森林康养生态产品价值实现规划方案》,创新构建"森林本色、侗乡特色、文化为魂、产业为体"的通道县森林康养生态产品价值实现新模式。通道县万佛山镇木脚村现已被成功入列湖南省级森林康养基地。

【党建帮扶】 开展党建"中林+通道"支部结对。推进抓党建促乡村振兴,深入开展支部结对共建活动,助力基层党组织和党员队伍建设。集团机关党委和通道县会商制订《"党建引领,央地共建,助力乡村振兴"党支部结对共建活动实施方案》,集团机关党委第四党支部与湖南通道转兵纪念馆党支部结对共建,形成"中林+通道"基层党建平台。通过共建平台,双方党组织建立互帮、互学、互助的有效机制,共同致力于乡村振兴,切实将党建政治优势更好地转化为发展优势。

【就业帮扶】 做好就业帮扶工作,帮扶"整村推进,连村联创"钩藤产业56个村集体合作社发展。通过合作社平台,开展就业帮扶工作,直接吸纳就业人数300余人,其中脱贫人口120人,带动从业人员5000余人;积极协调参与中林集团龙头企业(帮扶车间)发展平台的40余家企业,发挥示范带动作用,带动当地群众1300余人就业,其中脱贫人口365人;通过招商引进的钩藤加工、仓储企业湖南森丰农业发展有限公司,新增就业人员21个,其中脱贫人口5人。积极的就业帮扶举措,让当地群众既增加收入又照顾家庭,得到当地群众的一致好评。

【基础设施建设】 积极参与乡村治理。充分发挥党支部"头雁"引领作用,强化"四议两公开"程序,围绕产业、人才、文化、生态、组织振兴和疫情防控、安全生产、森林防灭火、移风易俗等工作,积极推动联系村万佛山镇所里村全面发展,着力打造乡村振兴示范典型。通过联系帮扶,为所里村村民赠送钩藤幼苗

22650株,投入2.2万元资金和20吨水泥用于场地硬化等基础设施建设,救助慰问6户困难党员群众2.18万元,组织开展种植培训,助力建成钩藤种植示范区400亩,水果种植示范园区52亩,红茄种植园区200亩,为所里村实现乡村振兴打好基础。推进农村"厕所革命",万佛山镇雷团村、所里村、坪地村7户农户厕改受益,参与整治生活垃圾处理点21处,捐赠垃圾桶100个,进一步推动和巩固农村人居环境整治工作成果。

【整村推进】 结合通道县"两茶一药"产业规划,创新推行"整村推进,连村联创"林下经济钩藤产业发展。制订《中林集团助推通道县"整村推进,连村联创"林下经济钩藤产业发展奖扶实施方案》,通过奖励资金、机器、奖品,设立钩藤帮扶车间,提供法律顾问、技能培训、协助销售、交流学习、发展困难帮扶等措施,为通道县钩藤产业发展做出突出贡献的个人、集体、经营主体、乡镇开展钩藤产业奖扶帮扶,全力助推通道县钩藤产业发展热情。累计投入帮扶资金231万元,招商引进钩藤加工、仓储企业1家,以帮扶56个村集体合作社为主体,推动通道县建设200亩以上的钩藤种植基地22个,从事钩藤收购、加工企业5家,80%以上的行政村种植钩藤,带动从业人员5000余人,利用荒山、田边空地、房前屋后等种植面积近6万亩,年产值约1.5亿元,农户增收达到1亿元以上,为村集体经济增收、农民致富做出积极贡献。

【特色帮扶】 协助通道县申报现代油茶产业体系试点争创,帮助规划通道县油茶产业绿色发展路径,将油茶改培抚育、精深加工、茶旅结合,大力推广油茶林套种,鼓励发展林下经济,打造道地茶油品牌,做优油茶绿色健康产业。在挂职干部的争取和协调下,现代油茶体系示范建设纳入怀化市整体规划,通道县报省批补助资金指标为1.6亿元。10月,中林集团所属子企业上海国林鸿国际贸易港公司与通道县乡村振兴公司签订1000万元木材加工板材采购合作协议,通过订单式帮销,带动当地企业规模化、精细化发展,倒逼通道县林木企业实施转型升级,提升林木产品质量。

(中国林业集团有限公司
办公室 杨 艺)

中国医药集团有限公司定点帮扶

【概述】 2022年，中国医药集团有限公司（以下简称"国药集团"）深入贯彻落实习近平总书记关于"三农"工作和巩固脱贫攻坚成果做好乡村振兴的重要指示精神，按照中共中央要求和国务院国有资产监督管理委员会党委有关部署，严格落实"四个不摘"要求，继续发挥自身优势，投入大量资源，不折不扣、高质高效完成年度各项帮扶任务，与对口帮扶的青海省治多县、吉林省靖宇县在乡村振兴之路上携手奋进。年内共投入无偿帮扶资金1119.5万元，比2021年增长11.95%，投入有偿帮扶资金390.36万元，引进无偿帮扶资金3.1万元、有偿帮扶资金65.64万元。向两县分别选派1名干部担任挂职副县长，分管协管帮扶工作；分别选派1名干部，担任驻村第一书记，在一线助力乡村振兴。

【帮扶资金投入】 2022年，国药集团共投入无偿帮扶资金1119.5万元，比2021年增长11.95%；投入有偿帮扶资金390.36万元。引进无偿帮扶资金3.1万元、有偿帮扶资金65.64万元。产业振兴方面，投入105万元支持治多县国有牧场发展建设，20万元用于帮助靖宇县靖安村中药资源圃建设，300万元用于靖宇县国药岐伯中医药文化园和研学线路建设。人才振兴方面，投入25万元用于支持治多县乡村三级党员干部学习培训。文化振兴方面，在靖宇县继续投入10万元实施"家庭成长计划"，帮助10户困难家庭的孩子改造学习空间，并进行成长陪伴活动，以"助人自助"的专业理念促使目标家庭和儿童自身赋能。生态振兴方面，投入10万元为治多县牧民购置人工饲草料，保护高原生态，帮助牧场牲畜顺利过冬；投入30万元用于购置环卫休息室部分设施及环卫工人棉服，助力改善人居环境；投入5万元用于靖宇县靖安村"爱心超市"美丽乡村建设项目，通过积分制兑换奖励的方式激励村民自觉改善乡村人居环境。组织振兴方面，投入10万元作为靖宇县靖安村党建促乡村振兴专项资金，10万元用于靖安村知春合作社扶持资金，助力靖安村党建引领合作社经营发展。

【帮扶调研】 国药集团党委领导班子前往两县考察调研定点帮扶工作，通过实地考察、走访慰问、座谈交流等方式，详细了解两县巩固拓展脱贫成果、接续推进乡村振兴产业发展情况，并慰问困难群众。1月，党委书记、董事长带队，党委副书记、工会主席及集团党委工作部、纪委、公共事务部负责人一行5人前往靖宇县考察调研，与干部群众深入交流，了解实际需求，解决实际困难，并到当地敬老院亲切慰问，捐赠御寒衣物，看望困难群众，并对派驻干部进行工作督促指导。8月，党委书记、董事长带队一行13人赴治多县考察调研，在县敬老院举行年度帮扶协议捐赠仪式，为老人们捐赠血压计、血氧仪等高原必备医疗器械，深入了解年度重点帮扶项目供氧系统的建设需求；与县委、县政府座谈交流，详细了解治多县巩固拓展脱贫成果、接续推进乡村振兴产业发展情况，督促指导相关工作落实；随后对2021年度集团援建的治多县党建联建中心进行调研，对帮扶成果进行督导；到治多县国有牧场了解特色农畜产品的生产销售情况、生态暖棚的建设和收益情况,现场部署下一步技术帮扶、产业帮扶的接续工作。集团乡村振兴(定点帮扶)工作领导小组办公室年内两次到靖宇县调研,引进本来生活电商平台与县有关企业进行对接,帮助当地企业及村集体合作社提高产品标准化水平,推进当地中药保健产品、百合煎饼等特色农产品上线销售。

【帮扶会议】 集团党委高度重视定点帮扶工作,集团乡村振兴(定点帮扶)工作领导小组第一季度研究制订了定点帮扶工作年度计划,落实专门工作机构和责任人,全年召开5次乡村振兴(定点帮扶)工作领导小组会,传达学习贯彻习近平总书记关于"三农"工作和乡村振兴工作有关指示批示精神,研究推进定点帮扶县具体工作。分别在靖宇县、治多县召开乡村振兴交流座谈会,并举办帮扶协议签订仪式。

【帮扶培训】 投入25万元用于支持治多县县乡村三级党员干部学习培训;集团医疗板块分别于6月、10月组织医疗专家为治多县医疗、防疫、社区工作人员等群体进行疫情防控知识培训和急诊、传染等专业培训,参加培训医护人员270余人次。年内两县共培训基层干部56人,乡村振兴带头人30人,专业技术人员280人。

【干部挂职帮扶】 为贯彻落实《中共中央办公厅 国务院办公厅关于坚持做好中央单位定点帮扶工作的意见》,国家乡村振兴局提出把乡村振兴作为培养锻炼干部的广阔舞台,向定点帮扶县选派挂职帮扶干部和驻村第一书记。国药集团党委坚持政治素质优、工作作风实、业务能力强的原则向两县选派挂职干部,为定点帮扶工作提供人才保障。在靖宇县,继续选派集团制药板块1名同志任副县长职务,分管帮扶工作,继续选派集团总部纪委1名同志担任靖宇镇靖安村驻村第一书记。在治多县,原挂职治多县政府副县长8月底到龄退休,集团选派中药板块太极集团有限公司1名同志接任,任职县委副书记、县人民政府副县长,分管医疗保障局,负责定点帮扶工作。继续选派集团工业板块连续获得优秀员工称号的1名同志任扎河乡治赛村驻村第一书记。

【帮扶慰问】 1月,党委书记、董事长带队前往靖宇县考察调研,到当地敬老院亲切慰问,捐赠100余套御寒衣物,并看望困难群众。8月,党委书记、董事长带队一行13人赴治多县敬老院举行年度帮扶协议捐赠仪式,为老人们捐赠血压计、血氧仪等高原必备医疗器械,深入了解年度重点帮扶项目供氧系统的建设需求。12月,治多县敬老院被民政部评为"全国养老服务先进单位"。

【产业帮扶】 完善合作社帮扶机制,研究并摸索出以"党支部+企业+村集体(合作社)+村民(包括全体脱贫户)"的帮扶模式。帮助靖安村推动品牌建设,申请注册"知靖"商标,实现合作社准许经营范围内的全覆盖注册,合作社目前形成10余款"知靖"产品。7月举办的"央企消费帮扶兴农周"活动中,集团采购金额为250.09万元,在参与活动的100家中央企业中排名第39。集团对口帮扶靖宇县靖安村合作社在平台店铺销售额超过180万元,是2021年全年销售额的3.4倍。合作社店铺中的"知靖"品牌大米销量达到10293件,全平台大米品类排名第五。中药板块与靖宇县达成定向收购协议,每年从靖宇县收购人参、五味子等中药材不少于200万元,已连续实施4年。各级子公司积极参与消费帮扶,全年购买脱贫地区农产品金额达到2565.04万元。集团与本来生活电商平台接洽合作,对治多县、靖宇县农产品优势资源进行调研,初步确定从治多牦牛肉、靖宇人参制品、百合煎饼等特色产品入手,为两县相关企业量身定制优化方案,提升产品标准化水平,使其适应市场化要求,逐步在本来生活消费帮扶频道上线。11月底,以靖宇"人参蜜片"为代表的十余种产品正式上线。

【人才帮扶】 国药集团中医药板块为治多县乡村各级干部和国有牧场专业人员进行人工虫草种植技术培训,帮助党员干部了解中医药前沿技术。投入10万元作为靖宇县靖安村党建促乡村振兴专项资金,10万元用于靖安村知春合作社扶持资金,助力靖安村党建引领合作社经营发展。年内两县共培训基层干部56人、乡村振兴带头人30人、专业技术人员280人。

【教育帮扶】 连续第三年在靖宇县继续投入10万元实施"家庭成长计划",帮助10户困难家庭的孩子改造学习空间,并进行成长陪伴活动,以"助人自助"的专业理念促使目标家庭和儿童自身赋能。

【生态帮扶】 为保护高原生态,帮助牧场牲畜顺利过冬,投入10万元为治多县牧民购置人工饲草料;投入30万元用于购置环卫休息室部分设施及环卫工人棉服,助力改善人居环境。投入5万元用于靖宇县靖安村"爱心超市"美丽乡村建设项目,通过积分制兑换奖励的方式激励村民自觉改善乡村人居环境。

【健康帮扶】 坚持依托医药全产业链优势,秉承"护佑生命,关爱健康"的企业理念,重点扶持两县民生项目。在治多县,投入400万元帮助县敬老院建设供氧系统和提供必需医疗设备;投入30万元用于帮助县人民医院医共体服务能力提升;提供50万元资金用于购买疫情防控相关物资。10月,克服高寒地区路况恶劣、运输困难和疫情影响,用时十余天将价值275万元的64排螺旋CT机走陆路从北京运送到县人民医院,完成安装调试并对医护人员进行使用培训,使县人民医院的诊疗水平有了大跨步的提升。在靖宇县,2020年出资建设扶贫保障药房以来,后续每年投入85万元为靖宇县农村百姓无偿提供药品援助和义诊服务,有效减轻贫困患者的用药负担,每年提供20万元"救急难"资金用于靖宇县需要紧急援助的大病困难群体。积极协助国务院国有资产监督管理委员会做好乡村振兴对口帮扶工作,国药乐仁堂医药有限公司与河北省平乡县达成合作协议,分3年为平乡县无偿提供价值100万元的重点人群常用药品,2022年已完成第一批40万元药品的捐赠。

【特色帮扶】 帮扶措施重点倾向于医药健康领域,利用点多面广、产业链齐全的优势,完成许多重点、难点任务,如帮助治多县两所医院通过"二甲"评审,完成全县第一台剖宫产手术等。11月底,治多县统战部向集团发出救助申请,帮助县里一个肺结核家庭的4名患病孤儿寻找难买的药品。通过挂职干部的积极沟通联系,集团迅速协调药品分销板块的国药控股四川医药股份有限公司,就近在成都配齐药品,迅速送往治多县,缓解4个孩子的燃眉之急。集团后续深入了解该家庭情况,着手制订帮扶方案,带4个孩子前往成都进行全面诊疗,4个患病儿童已脱离生命危险,明确后续治疗方案。

[中国医药集团有限公司
党委工作部(帮扶办公室) 赵 蕊]

中国保利集团有限公司定点帮扶

【概述】 2022年，中国保利集团有限公司（以下简称"保利集团"）定点帮扶山西省河曲县、五台县，内蒙古自治区喀喇沁旗，云南省鲁甸县、巧家县、宁蒗彝族自治县（以下简称"宁蒗县"），广西壮族自治区忻城县。保利集团在产业帮扶、教育帮扶、就业帮扶等方面持续发力，投入帮扶资金5045.29万元，开展各类帮扶项目25个，帮助引进帮扶资金933.3万元，助力落实招商引资3000万元，帮助培训基层干部、乡村振兴带头人和技术人员7636人次，采销定点帮扶县农产品1963.5万元。保利集团在2022年中央单位定点帮扶工作成效考核评价中被评为"好"等次。

【帮扶资金投入】 2022年，保利集团实施帮扶项目25个，投入帮扶资金5045.29万元，其中，投入资金2327万元发展特色产业，占总投入的46.12%；投入资金1690万元用于在教育、医疗、助残方面巩固提升帮扶成果，占总投入的33.50%；投入资金530.68万元用于推进就业帮扶，并开展基层干部、技术人员培训，占总投入的10.52%；投入资金174.61万元开展具有保利特色的文化振兴项目，占总投入的3.46%；投入193万元用于推动人居环境改善和森林防火方面的生态振兴工作，占总投入3.82%；投入130万元用于支持基层组织建设和发展村集体经济，占总投入2.58%。

【帮扶调研】 充分发挥调研作用，坚决落实好"主要领导至少到定点扶贫县调研考察一次"要求，保利集团党委书记、董事长，党委副书记、总经理分别带队赴喀喇沁旗、河曲县和五台县开展调研，对当地巩固脱贫成果防返贫、谋划推进乡村振兴等工作进行考察。集团党委班子成员、中层以上干部和二级公司主要负责人、帮扶分管领导分赴各帮扶一线察实情、定思路、谋举措，全年共前往7个定点帮扶县（旗）开展调研100人次，实现定点帮扶调研的全覆盖。

【帮扶会议】 全年召开3次党委会、7次专题会研究帮扶工作。其中，3月召开定点帮扶工作专题会暨挂职干部座谈会，总结交流2021年定点帮扶工作，提出优化机制、凝聚合力、聚焦重点的工作思路和七县（旗）"一盘棋"工作要求，并据此研究部署2022年重点帮扶任务、制订帮扶计划、编制帮扶预算。

【帮扶制度建设】 制定出台《中国保利集团有限公司定点帮扶工作管理办法》，从8个方面明确保利集团定点帮扶工作办公室、责任单位、挂职干部各自的权责范围和边界，厘清优化帮扶项目和帮扶资金管理流程，进一步优化"集团—责任单位—挂职干部"管理流程。同时，建立挂职干部日常工作和指标落实情况月报机制，推动责任单位落实项目进度跟踪报告机制，开展工作季度通报，并进一步迭代原有工作格局，整合同类项目、凝聚系统资源、融合各方优势，升级打造一批覆盖全部帮扶地区的综合性帮扶项目，形成集团总部和责任单位齐抓共管、通力协作、各展所长的帮扶工作新局面。

【帮扶培训】 将帮扶项目与培训工作深度融合，结合产业、教育、医疗帮扶项目人才需求，投入260万元用于支持开展各类培训，推动人才振兴。其中，在鲁甸县，投入40万元开展教育人才振兴项目,支持开展乡村振兴带头人、高层次人才等培训工作,并助力建设鲁甸县人才信息管理系统。在忻城县,投入220万元高标准建设由保利中丝蚕丝绸缎板块在当地负责运营的中国保利(忻城)乡村振兴学院,并围绕茧丝绸等重点产业,开展茧丝绸产业、农业技能、实用技术等培训,共举办技术推广培训班、经验技术交流会4场,培训人员近500人次,接待各地区参观考察调研的人员30批,合计近千人次。2022年,累计帮助培训基层干部、乡村振兴带头人和技术人员7636人次。

【干部挂职帮扶】 坚持尽锐出战不放松,在7个县(旗)派出挂职干部、驻村第一书记共13人。各挂职干部均协管乡村振兴或中央单位定点帮扶工作,他们坚持以高度的责任心和饱满的战斗热情投入乡村振兴新征程,并充分发挥自身所长,协助当地政府抓好农业、文化旅游、招商引资等具体工作。

【产业帮扶】 保利集团创新性地把集团丝绸业务优势与忻城县的蚕桑资源禀赋特色相结合,成立中国蚕丝绸缎有限公司忻城分公司,打造保利中丝(马泗)蚕桑示范基地(以下简称"马泗基地")。一方面,高标准抓好基地建设,安排多位具有丰富蚕桑生产理论和极具生产实践经验、从事蚕桑工作30余年的专家在基地担任技术顾问,邀请所属中国轻工业南宁设计工程有限公司、广西壮族自治区蚕业技术推广总站、广西大学蚕学研究所等相关行业龙头单位专家到场指导,帮助设计饲料育蚕室、基地污水处理设施,并在马泗乡组织租赁和发展高标准集中连片桑园100余亩,推广应用新优桑树品种,进行科学合理的施肥管理和病虫害统防统治,努力提升农户建设优质高产桑园的意识和技术。另一方面,高科技赋能桑蚕培育,联合来宾市农业科学院,在马泗基地建设自动温湿度调节系统,开展人工饲料育蚕,且在育蚕期间实行专家全程跟踪指导,极大地提高养蚕安全性和养殖效率。2022年,马泗基地共吸纳当地务工劳动力40余人,为当地务工群众带来收入20万元,桑园租赁收入27万元,村集体收入16万元,共育四龄蚕1200余张,辐射周边乡镇蚕农,为蚕农带来300余万元蚕茧收入,带动全乡及周边桑园品质升级及产业升级。

【教育帮扶】 坚持利长远、出长效,累计投入1360万元持续聚焦教育帮扶工作。其中,以"星火"品牌整合7个帮扶县(旗)原有助学、助教项目,打造星火教育计划——保利星火教育金,出台《保利国际助学教育金实施方案》,按每个帮扶县(旗)30万元标准设立"星火奖学金""星火助学金""星火优秀教师奖",截至2022年11月,共在7个帮扶县(旗)发放各类奖金210万元,让1763名家庭困难需要帮助的品学兼优的学生、277名优秀教师获得资助和奖励;投入150万元,将五台县职业中学作为"星火启航"劳务输出项目培训基地,为其援建强化班培训教室、微机室、介护实训室、非建制班日语专用教室等教学设施;投入330万元,帮助实施鲁甸县第一幼儿园改扩建工程,引入猿辅导旗下飞象教育,为保利幼儿园搭建"保利·飞象智慧学堂",设计VR数字教室、图书室,开发网络课程;投入670万元,援建宁蒗县16所中学英语听力教室,帮助贝尔学校进一步改造完善视频监控和校园广播系统,出资帮助宁蒗县恢复地震受灾教育设施,坚持开展结对助学活动,共惠及当地师生29290人。

【生态帮扶】 聚焦森林防火治理和帮扶县(旗)自然人居环境改善,投入193万元用于推进生态振兴。其中,在巧家县投入170万元,续建巧家县森林草原监测监控系统,确保24小时监测国有林场、自然保护区和湿地等重要区域火情。在忻城县投入23万元,持续巩固往年道路亮化帮扶成效,使板河村亮化工程覆盖率达到100%。

【组织振兴】 坚持推进以基层组织建设带动乡村发展振兴。在全集团上下积极推动和挂职干部、驻村第一书记共同努力下,共发动挂职干部派出单位基层党组织与喀喇沁旗、鲁甸县、巧家县、忻城县、宁蒗县等5个县(旗)的9个村级党组织建立结对共建关系,签署结对共建协议并开展形式多样的共建活动。同时,聚焦村集体经济建设,利用产业振兴项目、派出单位支持和挂职干部资源,以挂职干部包干村、驻村第一书记所在村为重点,全年共扶持龙头企业、农村合作社7个,并提高对驻村第一书记申报项目重视程度;投入130万元,支持河曲县河湾村建设70千瓦屋顶光伏帮扶项目,支持鲁甸县江底社区驻村第一书记建设保利工艺文化活动中心、村史馆等文创项目。

【劳务输出】 聚焦脱贫人口"就业务工"短板弱项,在五台县创新启动"星火启航"劳务输出项目试点。一方面,以"助力脱贫人口出国就业,打造高端劳务输出品牌"为宗旨,充分利用山西省对外劳务输出优惠政策,通过市场化合作方式,将传统就业帮扶与所属中国轻工集团有限公司康养人才对外劳务输出业务有机结合,以实现脱贫人口增收、执行单位适当盈利、集团履行社会责任、地方政府提振就业水平"四赢"局面。另一方面,聚焦康养人才培养输出,整体采用集团资金与考核倾斜、执行单位市场化运作+脱贫户减免、政府补助政策支持、人员出国工作+回国就业闭环培养的运营模式,特别加强与保利自身及外部养老产业合作,引导掌握技能和国外先进管理理念的康养人才回流,既解决外出回国人员,特别是脱贫户持续就业的后顾之忧,又有利于接收企业引进高素质人才,促进自身产业升级。截至2022年年底,项目已面向山西省11个市、46个县发布招生通知,开设7个非建制培训班,涉及旅游服务与管理、养老护理等10个专业,招收培训学员336人,发布对外劳务招聘岗位450个。

【就业帮扶】 "保利星火班"植根"培训+就业"模式,由保利物业服务股份有限公司、委培院校、帮扶县(旗)政府相关部门三方深度合作,定向招收帮扶县(旗)脱贫户子女,开展免费职业技能培训,并安排进入保利系统实习就业。持续投入270.68万元开办第七期"保利星火班",在7个帮扶县(旗)共计招收84名脱贫户子女参与培训,并进入保利物业服务股份有限公司入职就业。同时,"保利星火班"着力升级"培训+就业"帮扶模式,从就业意愿、思想素质、未来规划3个方面优化招生考察,从开发实操演练类课程上提升教学质量,从设置"师徒"帮带制、优化在职培养机制上保证岗位成才,并在保利物业服务股份有限公司旗下保利(佛山)物业服务有限公司创新启动"星火闪耀行动"工作试点,以云南保利山水云亭为培养基地,选拔往期星火学员组建项目团队开展专项培养和志愿服务等活动,以人才反哺方式助力家乡发展。截至2022年年底,项目试点成果获得试点小区业主广泛认可,初步形成影响力,相关学员均入选单位后备干部库。

【特色帮扶】 保利集团全面发挥自身文化产业主业优势,投入174.61万元,打造"文化保利·润泽乡村"文化产业赋能乡村振兴项目,在7个帮扶县(旗)全面部署"光影润心""艺术润行""曲艺润情""臻藏润德"四大板块任务。其中,"光影润心"板块以"农村电影放映工程"项目为契机,向7个县(旗)20个村捐赠可实现片源5G传输功能的新式农村放映设备和统一线上技术安装培训课程,打造乡村电影放映点,免费播放主旋律影片和地方剧目。"艺术润行"板块依托保利WeDo音乐教育资源,为五台县16所学校、忻城县14所学校的乡村教师开展专业培训,邀请专业作曲家为五台县创作"保利春兰小学校歌",打造专业童声合唱团。"曲艺润情"板块利用保利剧院74家院线资源优势，组织河曲二人台剧团赴株洲、孝感、潜江、武汉、云南、鄂尔多斯保利剧院演出6场，在河曲县开展送戏下乡活动62场，同步开展线上直播，扩大地方剧目"走出去"的影响力。"臻藏润德"板块利用保利拍卖行业优势，携手公益机构，开展"臻藏润德"网络公益拍卖会——山西河曲县专场，所筹善款直接捐赠给河曲县人民政府用于乡村振兴事业。

【健康帮扶】 聚焦五台县医疗资源需求，累计投入300万元开展五台县第一人民医院医联体建设项目，通过协调山西省、忻州市卫生健康委员会和山西白求恩医院，促成山西白求恩医院与五台县医疗集团建立对口支援长效机制，以及五台县第一人民医院与山西白求恩医院签订合作协议，确立2022—2025年的对口支援目标，并协调山西白求恩医院在五台县第一人民医院开展义诊活动，当日门诊量达到近500人。使用帮扶资金230万元，帮扶五台县医疗系统购置妇产科、儿科等医疗设备提高硬件水平，设立人才基金，用于医疗人才的"选用育留"。使用帮扶资金70万元，推动五台县卫生健康局与中联肝健康促进中心签订合作协议，在全县范围内针对高中生及医疗、公安等高危职业人群，开展乙肝筛查补种和丙肝筛查工作，累计筛查8510人次，乙肝疫苗补种5980人，筛查补种总人次14490人次，极大提升群众肝健康意识，为阻断肝病传播筑牢屏障。

【帮扶宣传】 坚持讲好帮扶故事，推广帮扶经验，在中央单位定点帮扶工作培训班上做"扶志与扶智 脱贫振兴中的星火力量"典型发言，广泛推介保利"教育+就业"帮扶模式；在《农民日报》登载《抒写"保国利民"乡村振兴新篇章》《一份小文具、点亮大梦想》；在《乡村振兴》杂志登载《定点帮扶——一缕蚕丝牵深情》；"保利星火班"《点燃星火的三封信》入选国务院国有资产监督管理委员会"砥砺辉煌十年 强国复兴有我"第五届中央企业优秀故事，人民网、新华网等主流媒体对保利集团多个重点项目情况进行相关报道。开展"保利星火小记者"宣传活动，从帮扶县孩子们的视角宣传展现乡村振兴成果，开通"保利少年报"微信公众号，打造自有宣传阵地，并制作保利集团定点帮扶工作宣传片，集中展示保利十年帮扶成绩。

(中国保利集团有限公司
定点帮扶工作办公室 张光韬)

中国建设科技有限公司定点帮扶

【概述】 2022年,中国建设科技有限公司(以下简称"中国建科")持续深入贯彻落实习近平总书记关于巩固拓展脱贫攻坚成果、全面推进乡村振兴有关重要讲话和指示批示精神,按照国务院国有资产监督管理委员会(以下简称"国务院国资委")党委关于定点帮扶工作的部署要求,提高政治站位,积极对接协调,扎实做好2022年度定点帮扶工作任务。中国建科党委坚持把巩固拓展脱贫攻坚成果、继续奋战乡村振兴列为鲜明的政治责任,明确时间任务、狠抓落地见效、及时督促督导,一体化推进定点帮扶工作。

【帮扶资金投入】 按照不低于2021年资金规模要求,2022年中国建科向定点帮扶县甘肃省陇西县集中在3个示范村6个新建项目持续投入1060万元。集团总裁会通过定点帮扶资金分配计划,集团及所属企业执行捐赠资金,8月完成全部拨付。中国建科特意安排捐赠27台电脑给陇西县定点培训基地。

【帮扶调研】 中国建科相关领导到陇西县考察调研定点帮扶工作。9月,党委副书记、职工董事、工会主席,党委委员、副总裁等领导率队赴陇西县调研定点帮扶工作。调研组一行9人考察调研崔湾村香菇种植基地,实地参观河那坡村村史馆、生态蔬菜产业园、生态农业公司生产一线,听取河那坡村乡村建设和巩昌镇川河经济建设情况的工作汇报。在陇西县润博职业技能培训学校举行中国建科定点培训基地启用揭牌暨电脑捐赠仪式,并在陇西县政府召开定点帮扶工作座谈会。集团纪委副书记、综合监督室主任率督导组成员通过座谈了解、实地查看等方式,深入了解定点帮扶项目实施情况,掌握项目进展和资金支付情况,以及项目实施过程中存在的困难和问题,对下一步项目建设和资金报账进度、提升帮扶效益等工作提出要求。

【帮扶制度建设】 中国建科党委高度重视,严格按照"四个不摘"要求,助力陇西县继续巩固脱贫成果。5月,召开会议研究集团定点帮扶工作计划,研究部署定点帮扶9个方面的工作。在2021年定点帮扶工作的基础上,结合国务院国资委产业帮扶的要求,发挥科技型中央企业优势,立足集团专业特长,科技先行,在固废处理、装配式农业设施等方面立项,有效提升农业农村生产效率和生活水平。将定点帮扶任务列入年度重点工作,建立定期研究督导机制,定期听取定点帮扶工作汇报,研究具体工作,每月督导落实各项任务。坚持帮扶责任有序传导,通过把集团所属企业党组织完成定点帮扶工作任务情况纳入集团党建工作责任制考核和基层党组织书记抓党建述职评议考核内容体系,有效压实责任,形成上下联动、齐抓共管的工作局面。集团纪委不断深化对帮扶工作落实情况的监督检查,定期听取工作落实情况,开展督导检查、提出工作建议,推动定点帮扶工作取得切实成效。

【帮扶会议】 中国建科党委第一时间研究计划举措、第一时间部署具体任务,先后3次召开专题工作会,研究定点帮扶项目计划、明确科研立项主责部门和实施企业,进一步领会政策要求,明确工作思路和具体工作计划,分阶段部署推进。10月,组织召开定点帮扶专项工作会,调整定点帮扶工作领导小组人员,进一步明确集团职能部门、集团所属企业党组织职责分工。各党组织主要领导为落实帮扶任务第一责任人,在生产经营受疫情影响的情况下,按照"四个不摘"要求,确保帮扶资金只增不减。

【干部挂职帮扶】 严格按照中共中央组织部有关要求,为加强与陇西县的紧密联系、工作沟通,于2021年向陇西县选派挂职帮扶干部2名,其中1人挂职担任县委常委、副县长,1人任驻村第一书记。严格按照中共中央组织部的要求,完成干部轮换和新选派干部的教育培训,并上报中共中央组织部、中共甘肃省委组织部备案。持续加强对挂职干部和驻村第一书记的管理,通过定期或不定期采取电话问询等形式,与2名挂职干部及时沟通工作中遇到的困难,并进行鼓励教育引导,不断提高政治认识和政治站位,以强烈的使命感和责任心,把陇西县定点帮扶任务和推动乡村振兴放在心上,杜绝"身心不一""帮扶真空"等情况出现。

【帮扶培训】 选派中国建筑标准设计研究院有限公司专家骨干,赴陇西县开展定点帮扶乡村振兴基层干部和技术人员专题培训,共计160余人参加培训。定点帮扶陇西县基层干部培训班于11月顺利开班,培训为期4天,采取在线授课的方式,来自17个乡镇215个行政村的"两委"班子成员共计215人参加培训。在陇西县累计开展培训共3次,已累计培训576人。其中,培训基层干部325人、乡村振兴带头100人、专业技术人才151人,提升陇西县基层干部及后备力量的综合素养和服务技能,为陇西县建设发展提供有力的人才保障和智力支持。

【生态帮扶】 利用在规划和设计领域的技术优势和行业资源,围绕生态保护、产业兴旺、文化传承、创新标准的原则,为推动陇西县高质量发展,以城市建设提质升级为重要指导,所属企业中国城市发展规划设计咨询有限公司联合深圳市华森建筑工程咨询有限公司共同编制《陇西县城区城市设计及风貌改造规划》,2022年7月经陇西县审议通过。采取文、旅、农、生、科、创"六位一体"的创新发展模式,打造乡村振兴时代背景下的生态产业发展之路,为国家乡村振兴战略的深入实施奠定深厚基础。

【组织帮扶】 组织振兴是产业振兴、经济发展的重要保证。中国建科共有9个党支部与陇西县桦林村、崖湾村、乡村振兴局党支部建立结对共建关系。集团所属中国市政工程华北设计研究总院有限公司兰州分公司党支部与陇西县巩昌镇崖湾村党支部开展以"奋进新征程,建功新时代"甘肃省第十四次党代会精神宣讲为主题的党建共建活动。集团所属建科公共设施运营管理有限公司、深圳市华森建筑工程咨询有限公司党支部与陇西县委办公室党支部、陇西县崖湾村党支部共同举行"贯彻二十大精神,村企携手共振兴,同心奋进新征程"线上支部共建活动,共同助力乡村振兴之路,党员干部共计100余人参加此次活动。集团所属中国建筑设计研究院有限公司党支部与陇西县自然资源局局机关党支部联合开展以"深入学习二十大会议精神,共谋陇西县高质量发展路径"为主题的线上大会,中国建筑设计研究院有限公司党支代表党委向陇西县自然资源局局机关党支部捐赠《党的二十大报告辅导读本》《党的二十大报告学习辅导百问》和《中国共产党章程》40余套,共计3000余元。

【产业帮扶】 结合陇西县政府提出的有关农业大棚建设和尾菜处理等亟待解决的问题和需求,依托集团科技创新基金项目,采取定向委托的方式,组织所属中国城市建设研究院有限公司和中国建筑标准设计研究院有限公司等2家企业,针对陇西县特点开展装配式农业温室大棚系统集成与产品研究,以及尾菜处理模式与技术研究,已完成项目任务书编制。

【消费帮扶】 积极优先采购、帮销陇西县农特产品,在全集团内部商超、食堂设立6个帮扶产品售卖专柜,通过签订采购和直供直销合同,鼓励集团干部职工优先通过平台采购帮销等方式购买陇西县农特产品约96.44万元。在集团所属企业共同努力下,完成消费帮扶资金约96.71万元。2022年,集团及所属企业克服疫情困难,累计采购脱贫农产品约419.15万元。集团在定点帮扶项目中投资建设的蔬菜初加工车间,主要用于蔬菜初加工(酸菜、浆水等)及销售,2022年帮助销售农产品135万元,带动当地群众通过种植蔬菜和吸纳务工就业增收致富,促进脱贫地区产业发展和脱贫群众稳定增收。

【抗疫救灾】 践行中央企业社会责任,彰显中央企业担当作为,积极支持陇西县疫情防控和做好泸定县灾后重建帮扶工作。8月,陇西县疫情防控形势异常严峻,集团党委高度重视,捐赠3万元防控物资送往陇西县。2022年9月5日,四川省甘孜藏族自治州泸定县发生6.8级地震,集团积极响应国务院国资委号召,组织向四川受灾群众捐款100万元用于支持四川"9·5"泸定地震抗震救灾及灾后重建相关工作。

(中国建设科技有限公司党群工作部 冯博洋)

中国冶金地质总局定点帮扶

【概述】 2022年，中国冶金地质总局（以下简称"国冶总局"）定点帮扶云南省大理白族自治州漾濞彝族自治县（以下简称"漾濞县"）和巍山彝族回族自治县（以下简称"巍山县"）。巍山县和漾濞县分别于2018年9月和2019年4月脱贫摘帽。国冶总局党委坚持把全力做好定点帮扶工作、全面推进乡村振兴摆在更加突出位置，坚决扛起中央企业政治责任，贯彻落实"四个不摘"要求，围绕"五大振兴"，全力以赴开展各项帮扶工作。

【帮扶调研】 7月，国冶总局领导带队赴定点帮扶县调研考察。此次调研共发现问题6项，形成调研检查报告2份。国冶总局党委持续瞄准突出问题和薄弱环节，狠抓政策落实、巩固成果与问题整改，切实担当起定点帮扶工作政治责任。8月，国冶总局党委书记及全体班子成员与定点帮扶县领导举行会谈，交流巩固脱贫成果、助力乡村振兴等有关工作，发挥各类资源优势，聚焦当地特色产业可持续高质量发展，推动乡村振兴战略走深走实。

【帮扶会议】 国冶总局党委高度重视定点帮扶工作，坚持早谋划、早启动、早落实，认真研究部署，印发2022年度定点帮扶工作计划，拨付全部帮扶资金，全年通过线上、线下多种形式召开帮扶相关会议6次，审定工作计划、听取工作汇报，加强与定点帮扶县沟通，加快推进各项工作。

【帮扶培训】 国冶总局加大对定点帮扶县三类人才培训力度，持续开展相关专业培训活动，为定点帮扶县培养更多高素质人才。通过组织开展青年干部培训班，教育引导年轻干部筑牢理想信念根基，守住拒腐防变防线，树立和践行正确政绩观，发扬担当和斗争精神，练就过硬本领。极具特色的"田间课堂"技术人员培训，深受农民喜欢，既不耽误农活又能学到新技能是大家对培训最多的评价。国冶总局投入培训资金30万元，助力两县顺利完成培训计划，培训基层干部650人次，培训乡村振兴带头人和技术人员共1182人次。

【产业振兴】 围绕乡村特色产业，提升农产品价值，促进农村一二三产业融合发展，投入帮扶资金285万元，在漾濞县、巍山县实施弓鱼养殖基地等6个精准帮扶项目，在稳定增加贫困户收入、创造就业岗位、实现村集体经济增收方面都发挥着重要支撑作用，在"稳"的基础上，帮助引进资源、技术等，带动辐射周边村镇，带动帮扶县农户增收，实现产业"造血"功能，持续为农业农村现代化赋能。

【教育帮扶】 持续在定点帮扶县实施"国冶励志奖学金"计划，旨在帮助品学兼优、自强自立、受重大意外伤害的家庭经济困难大学新生、高中生（含职校生）、初中生、少年儿童，为他们提供学习生活费用的资助，改善学习、生活条件，帮助他们完成相应阶段的学业。

【生态振兴】 加强乡村基础设施建设，提高居住水平，改造危房等。特别是漾濞县遭遇地震后，追加投入50万元，用于对苍山西镇受地震影响的25户民房进行拆除重建，有力提高群众住房安全水平。从提升人居环境和设施方面入手，聚焦生活垃圾和污水治理、农村厕所改革等，投入帮扶资金570万元，实施精准帮扶项目6个。利用厕所粪污治理基础设施、设备,有效管控乱排乱放的粪污,实现保护饮水水源的目的。建立生态垃圾桶,修建文化长廊,有效改善农村环境脏乱差的现状,既打造良好的生态环境,又完善农村生活设施。充分利用地理区位和生态环境优势,因地制宜打造农旅结合特色民宿村落,优化农村人居环境,有序推进农文旅及产业深度融合加速发展。

【消费帮扶】 各所属单位积极落实帮扶责任,组织各级工会、后勤食堂和员工开展爱心消费,高位推进消费帮扶工作。借助国务院国有资产监督管理委员会组织的"消费帮扶新春行动"、"大爱无疆央企同行"新疆兵团中央企业消费扶贫专项活动、"央企消费帮扶兴农周"等大型消费帮扶活动,设立定点帮扶县农产品专柜,助力农特产品进一步打开市场,增加销路,想方设法增加帮扶县特色农产品品种和数量,对接合作销售平台上架,实现以买促帮持续推动农户增收。

【党建帮扶】 国冶总局党委始终坚持党建在乡村振兴中的引领作用,所属昆明地质勘察院等4家单位党委与帮扶县重点村党支部建立结对帮扶机制。帮扶干部定期为当地党员讲党课,为当地群众开展党性教育、理想信念和党史学习教育,数十名帮扶群众主动提交入党申请。同时,通过建设法治文化主题公园,打造多元素主题长廊,丰富村民文化生活,以文化振兴团结凝聚人心、激励发展动力。

(中国冶金地质总局办公室　武思乔)

新兴际华集团有限公司定点帮扶

【概述】 2022年,新兴际华集团有限公司(以下简称"新兴际华集团")定点帮扶甘肃省定西市安定区和内蒙古自治区乌兰察布市四子王旗,立足当地实际,加强调查研究,保持常态互动对接,精心组织实施帮扶项目,选派帮扶挂职干部,集中财力、人力、技术等优势资源,倾情倾心倾力开展真帮实扶,有力巩固拓展脱贫攻坚成果,有序推进乡村全面振兴,促进当地经济社会实现追赶发展和高质量发展目标。投入帮扶资金1500万元,培训基层干部318人,培训乡村振兴带头人57人,培训技术人员64人,引进帮扶资金2821万元,直接购买和帮助销售帮扶地区农畜产品788万元,在中央单位定点帮扶工作成效考核评价中连续被评为"好"等次。

【帮扶资金投入】 2022年,新兴际华集团投入帮扶资金1500万元,用于产业帮扶、医疗帮扶、人居环境整治、人才培训、教育帮扶、农资补贴、旅游配套项目等5类7个项目;引进总投资2800万元的有机肥生产基地建设项目,较2021年度增长3倍。

【产业帮扶】 在安定区投入400万元,持续推进实施甘肃定西现代丝路寒旱农业综合示范产业园建设项目,新建马铃薯种子分拣包装储藏中心1座3000平方米,配套相应设施设备,硬化8米宽道路220米,成品U形水渠530米等。进一步扩大全区马铃薯原种生产规模,提升原种供应能力,使全区马铃薯脱毒原种年生产能力达到7.5亿粒左右,占全国总产量的15%,成为马铃薯原种生产重要基地,为当地脱贫农民提供数百个稳定岗位,带动9个乡21个经济薄弱村发展壮大村集体经济。

根据安定区畜牧业发展情况,协调引进总投资约2800万元的有机肥生产基地建设项目,建成原料储藏库5000平方米、成品储藏库5000平方米、有机肥生产车间1000平方米、发酵车间1000平方米、原料贮存车间1000平方米、成品库550平方米、三级沉淀池200平方米,供电设备1项,有机肥生产设备5套,尾菜+畜禽粪便生产处理等配套设备。150余户通过饲料收购、发放有机肥受益,通过就业实现增收,更有力地促进当地绿色农业产业化。协调有关金融机构为安定区鲁家沟镇御风村11户脱贫人口发放小额信贷贷款45万元,帮助脱贫户和"三类户"发展致富特色主导产业,巩固脱贫攻坚成果。

【干部挂职帮扶】 继续选派政治素质好、工作能力强的3名优秀干部挂职,分别担任安定区政府副区长、四子王旗政府副旗长、鲁家沟镇御风村驻村帮扶工作队队长和驻村第一书记,承担具体定点帮扶工作,他们与广大干部群众想在一起、干在一起,协调解决工作中遇到的困难和问题,对当地经济社会发展和农民持续增收发挥促进和带动作用。集团公司积极宣传挂职干部和驻村第一书记的先进典型事迹,1人先后被授予西安市劳动模范、甘肃省脱贫攻坚帮扶先进个人、西安市脱贫攻坚劳动竞赛先进个人、陕西省劳动模范等多项荣誉,弘扬踔厉奋发、勇毅前行、吃苦耐劳、无私奉献的工作作风和企业精神。

【帮扶调研】 5月,新兴际华集团公司党委书记、董事长带队到安定区考察调研和指导帮扶工作，对做好定点帮扶工作做了部署和要求。党委常委、副总经理7—8月分别到四子王旗和安定区考察调研、召开座谈会，督导帮扶工作进展及成效。集团公司帮扶办公室及相关二级公司组织29人次落实帮扶项目进行实地调研和指导，有力推进定点帮扶工作的落实。

【帮扶会议】 新兴际华集团高度重视，把巩固拓展脱贫攻坚成果、防止出现规模性返贫作为首要政治任务，与集团公司重点工作任务同安排、同部署、同推进、同落实。2月，召开专题会议审定2022年定点帮扶工作计划，部署帮扶项目及资金、消费帮扶等工作任务。5月，定点帮扶工作领导小组召开会议，研究围绕巩固拓展脱贫攻坚成果同乡村振兴有效衔接重点工作，为扎实深入推动帮扶工作落地实施、走深走实打下基础。

【帮扶培训】 在安定区投入资金20万元，采用"走出去、请进来、远程视频云教学"等多种方式，培训乡村基层干部、乡村教师、致富带头人、专业技术人员等196人次；联系清华大学继续教育学院建立乡村振兴甘肃安定区远程教学站，搭建远程学习平台，提供乡村振兴专题内容，培训40人次；组织高素质农民25人赴陇南等地培训，其中专业技术人才13人，为乡村振兴事业提供持续的内生动力。

在四子王旗投入11万元，对96名农牧业技术人员进行封闭或开放式培训，广大农牧技术人员在畜牧业良种繁育、兽药经营管理、动物防疫等方面理论和实践水平都有较大的提高。投入9万元分3期对122名嘎查村党支部书记进行封闭培训，提升基层干部的思想素质和工作能力水平。

指导安定区鲁家沟镇基层干部始终坚持以党的政治建设为统领，把政治标准和政治要求贯穿基层党建全过程，强化基层党组织和提高党员队伍业务水平，8个村党组织书记实现专职化，12个行政村实现党组织书记和村委会主任"一肩挑"，打造一支政治过硬、素质优良、结构合理、数量充足的乡村振兴生力军队伍。

【消费帮扶】 新兴际华集团动员总部及所属企业以直接购买和帮助销售的方式，全方位参与国务院国有资产监督管理委员会社会责任局组织"央企消费帮扶兴农周"活动，直接购买帮扶地区农畜产品377万元，帮助销售帮扶地区农畜产品411万元，共计销售农产品788万元，切实发挥消费帮扶在巩固拓展脱贫攻坚成果同乡村振兴有效衔接中的重要作用。

【驻村帮扶】 挂职干部和驻村第一书记与帮扶地区广大干部群众工作生活在一起，大力培育文明乡风、良好家风、淳朴民风，指导鲁家沟镇开展宣传教育"十大创建行动""做文明有礼的安定人""十大文明行动""讲文明树新风"行动，改善农民精神风貌，凝聚乡村振兴力量。协助鲁家沟将台村、御风村改善农民精神风貌，开展"五星文明户"创评工作，推荐鲁家沟镇75个家庭和28对婆媳参与"最美婆媳"幸福如花网上评选活动，大力营造社会主义家庭文明新风尚。用中华优秀传统文化、感人至深的身边故事，引导村民崇德向善，厚植"听党话、感党恩、跟党走"的爱党爱国情怀。

扎实开展"我为群众办实事"行动，在安定区鲁家沟镇御风村的马铃薯种植农户配套发放价值10万元22.24吨化肥，带动御风村马铃薯种植，提高马铃薯产量，增加农民产业收入。大力推进黄河流域生态工程建设和高质量发展，统筹开展"四旁"植树造林10万株、面山绿化500亩、通道绿化2千米，努力打造美丽乡村。在四子王旗供济堂镇投入30万元，按照每户2万元标准帮助村民建成40平方米草棚15处，为牧民生产生活解决实际困难。

【专项督察】 新兴际华集团帮扶工作办公室多次开展责任落实、政策落实、工作落实和作风建设等方面督促指导,针对工作计划任务落实、帮扶资金使用、驻村帮扶等方面进行7次督促指导,发现主要问题6项,形成督导报告5份。加强对挂职干部的日常工作联系和监督考核,挂职干部定期汇报帮扶工作,确保帮扶工作方案实施顺利。充分利用挂职干部的桥梁、纽带作用,把定点帮扶工作做实、做细。

【特色产业基地建设】 紧盯帮扶地区产业发展需求,坚持不懈建基地、强龙头、延链条、壮产业,促进安定区特色产业发展,经济效益显著增强,群众获得稳定收入,为安定区巩固拓展脱贫攻坚成果同乡村振兴有效衔接做出显著成绩。连续五年筹措资金1980万元,帮扶建设甘肃定西现代丝路寒旱农业综合示范产业园,进一步扩大全区马铃薯原原种生产规模,年生产能力达到7.5亿粒左右,成为全国最大的马铃薯原原种生产基地。园区建设通过统一指挥协调机制、领导干部负责机制、项目带动机制、多元联动机制4项机制,保障产业帮扶工作顺利开展。按照"渠道不乱、用途不变、集中使用、各记其功"的原则,整合各方资金资本投入,引导鼓励社会资金参与,撬动金融资金支持,形成政府调控、市场引导、效益推动、群众参与、多方促进、多元联动的产业推进机制,促进产业振兴稳定可持续发展。

园区运营采取"企业+基地+农户"模式,将脱贫户和搬迁群众融入产业链条、参与生产经营、分享发展红利,有效实现农民与新型经营主体利益共享、互惠共赢,形成土地流转托管园、稳定务工就业园、联合经营创业园、职业农民孵化园、休闲农业观光园"五园一体保增收"的产业发展新路子。实现土地流转增租金收入、折股量化增分红收入、就近务工增劳务收入;对脱贫农户承租产业设施、签订产品收购订单开展技术指导,提高收入;吸纳周边农户进入园区生产,带动他们持续增收;推动定点帮扶由"输血型"支援向"造血型"合作转变。

【健康帮扶】 在全面建设社会主义现代化国家的新征程中,绝不能让残疾群体掉队。安定区持证残疾人14156名,其中听力残疾人占8%;四子王旗持证残疾人8549名,听力残疾人占11%。听力障碍是长期困扰残疾人家庭生产生活的瓶颈,也是巩固脱贫攻坚成果过程中"因病致贫、因病返贫"的重要影响因素。结合自身旗下医疗板块企业的技术优势创新帮扶,将恢复听力障碍患者听力作为一项帮扶政治责任和慈善之举,累计直接投入帮扶资金1000万元,对接争取到公益基金会和爱心企业的大力支持捐赠,协调引进公益资金55万元对听力障碍患者对象进行全员筛查和住院费用兜底承担,为100名听力障碍患者全额免费进行人工耳蜗植入手术。在国务院国有资产监督管理委员会的倡议和具体指导下,集团公司大力开展"让生命听见声音"人工耳蜗救助项目公益活动,众多中央企业、社会力量逐步参与进来,帮助更多听力障碍患者走进有声世界,过上与正常人同样的生活,让他们重塑生活信心,增强内生发展致富动力,充满对未来幸福美好生活的向往和信心。

人工耳蜗植入手术费用高、手术难度大。集团公司党委书记、董事长等领导高度重视,多次亲自部署并看望公益救助项目的人工耳蜗植入者,了解患者在植入后的生活工作情况。选派业务负责人和骨干与帮扶地区残联部门多次拜访甘肃、内蒙古三甲医院,量身定制方案。承接手术的主任医师不辞辛劳放弃周末双休日时间,组织术前筛查和手术实施。该项目的成功实施得到患者及家人的好评,反馈整体效果良好。人民咨询网、中国甘肃网以"大爱大善让他们走进'有声世界'"为题进行报道。

(新兴际华集团有限公司帮扶工作办公室 杨现栋)

中国民航信息集团有限公司定点帮扶

【概述】 2022年，中国民航信息集团有限公司（以下简称"中国航信"）定点帮扶山西省神池县，充分发挥科技中央企业研发特长和智力优势，积极调动全集团之力，以科技助农、人才培训、乡村治理等为工作重点，持续探索具有科技型企业特色的帮扶工作长效机制，在神池县开展14个精准帮扶项目，涉及农业、教育、电商等众多领域。直接投入帮扶资金1546万元，引入无偿帮扶资金5万元，引入有偿帮扶资金200万元，直接购买脱贫地区农产品491.75万元，帮助销售神池县农产品307.70万元，培训基层干部671人次，培训乡村振兴带头人418人次，培训技术人员534人次，引进2个产业帮扶项目，扶持培育2家村集体经济主体。

【帮扶资金投入】 2022年，中国航信直接投入帮扶资金1546万元（其中，两次拨付帮扶资金共计1200万元、投入信息系统开发人工成本302万元、捐款捐物44万元），引入无偿帮扶资金5万元，有偿帮扶资金200万元，引进2个产业帮扶项目，扶持培育2家村集体经济主体，使用帮扶资金开展14个精准帮扶项目，为神池县转型崛起贡献央企力量。

【帮扶调研】 中国航信领导高度重视定点帮扶工作，认真做到年度计划亲自审定、重要问题亲自过问、重点环节亲自协调。中国航信党委副书记、工会主席作为定点帮扶工作主要负责同志赴神池县调研考察1次，其他3名班子成员分别赴神池县开展调研3次，共形成4份调研报告。考察调研重点听取神池县巩固拓展脱贫攻坚成果和开展乡村振兴情况汇报；督促认真贯彻落实防止返贫动态监测和帮扶机制等各项帮扶政策和措施；实地走访帮扶项目实施地，详细了解帮扶项目进展和帮扶资金使用情况，提出解决意见；走村入户开展慰问访谈，听取脱贫群众意见，推动定点帮扶工作更贴合实际、更符合民生。

【帮扶培训】 开展电商专业技术人员培训。邀请肃宁、杭州的电商团队来神交流，定期开展电商培训和电商沙龙，营造良好从业氛围。组织开展电商直播带货技能培训3期，共计226人次，其中83人获得电子商务师中级证书，新成立26个电商从业市场主体，7名待业学员实现直接就业。组织短视频创作、电商直播带货等技能竞赛4场，吸引314人次参赛实战。持续培养"三农"人才。累计培训基层干部671人次，培训乡村振兴带头人418人次，为神池县巩固拓展脱贫攻坚成果和推进乡村振兴储备本土人才。因地制宜开展就业技能培训。组织124名农村人口参加家政服务培训，对进京就业人员发放稳定就业补助金43人次，帮助脱贫人口转移就业15人次，持续打造"神池保姆"品牌。

【干部挂职帮扶】 在全集团范围通过公开报名、组织推荐等方式，共开展2轮次工作选派挂职干部。党委进行多次研究讨论，选派软件研发能力突出、团队管理经验丰富的研发干部和具有乡村生活经历、适应力强、肯吃苦的年轻同志，着力推动定点帮扶县电商产业和数字化治理水平迈上新台阶。2022年年初，选派1名同志为神池县第三任挂职帮扶干部，担任神池县副县长，负责定点帮扶并协管乡村振兴工作;选派1名同志为神池县东湖乡三山村第三任驻村第一书记,负责驻村各项工作开展。在工作中,帮扶干部严格按照帮扶工作要求,克服工作和生活方面的种种困难,做好定点帮扶各项工作。

【产业帮扶】 实施"数字农场"项目,帮助神池县建立农产品溯源和双品牌运营体系。投入资金450万元,引入北京京东世纪贸易有限公司与神池县一同建设农产品溯源体系,开展京东农场和神池县农产品双品牌运营。农产品溯源体系通过物联网、区块链、大数据技术,对农产品生命轨迹进行生动回溯,有效保障农产品的质量和安全,提升神池县农产品附加值。双品牌运营借助京东品牌的流量优势,为神池县农副产品提供宣传途径,拓宽销售渠道,树立品牌形象,逐步推动神池县农产品实现从物美价廉到质优价高的转变。推动芥菜全产业链发展。投入140万元,持续建设千亩芥菜种植示范基地,扩大种植面积,从生产端、加工端、销售端全方位提升芥菜产业发展水平。2022年,芥菜种植面积增加至1300亩,年产约145万千克,按照当地批发价1.4元/千克测算,预计可带动284户农户、3个村集体增收223万元以上。帮助建立帮扶车间,帮助易地搬迁群众稳定增收。投入28万元,为义井镇富康村箱包厂就业帮扶车间修建库房等配套设施,箱包厂年产量可达4万个,惠及群众35户72人,其中搬迁群众25户53人,每年可为村集体增收1.8万元。

【智力帮扶】 充分运用科技手段,积极构建"数字+"帮扶新模式,帮扶神池县建设数字乡村综合智治平台。以互联网、物联网、大数据技术为基础,以整合资源、提高效率为原则,以提升乡村现代化治理水平为目标,在神池县东湖乡率先建设试点数字乡村综合智治平台,打造包括业务大屏、考勤打卡、信息上报、网格管理、护林打卡、智慧安防等一系列跨部门多业务协同应用,实现一部手机上传下达、一块大屏统筹全乡、一个镜头守护平安。

【教育帮扶】 投入147万元,面向全县开展优秀教师的奖励培训和困难学生的生活补助,确保优质教育资源长"住"神池。25家直属单位继续结对帮扶神池县全部17所中小学,全体干部职工共向神池县中小学捐款捐物价值44万元,通过共办特色活动等方式为学生们丰富基础教育设施,共享优质教育资源。

(中国民航信息集团有限公司党群工作部 朱晓莉)

中国航空油料集团有限公司定点帮扶

【概述】 2022年,中国航空油料集团有限公司(以下简称"中国航油")认真贯彻习近平总书记在全国脱贫攻坚总结表彰大会重要讲话及全国东西部协作和中央单位定点帮扶工作推进会精神,紧密结合宁夏回族自治区盐池县实际,聚焦"五大振兴",围绕促进发展深化协作帮扶,支持盐池县当地产业发展壮大。直接投入无偿帮扶资金850万元、有偿帮扶资金53.89万元;组织动员全系统购买定点帮扶的盐池县农产品513.61万元,帮助销售农产品14025.12万元;帮助引进无偿帮扶资金30.75万元、有偿帮扶资金16800万元,为当地招商引资10723万元;扶持龙头企业1家、农村合作社9个,打造乡村振兴示范点1个,帮助建立帮扶车间4个,帮助脱贫人口转移就业130人;培训县乡村基层干部309人次、乡村振兴带头人111人次、专业技术人才271人次;打造红色乡村旅游建设项目1个;扶持高效节水设施建设项目1个;援建特色科技育苗种植基地1个;结对共建党支部11个、脱贫村10个,党员干部捐款捐物折合资金11.75万元;捐助用于胸部疾病治疗的相关医疗仪器,开展"同舟共济""救急难"工程,救助因病因火导致的困难群众56户(人),守牢不发生规模性返贫的底线。

【帮扶资金投入】 2022年,中国航油定点帮扶产业振兴、文化振兴、生态振兴、人才振兴等6类9个项目,直接投入无偿帮扶资金850万元、有偿帮扶资金53.89万元;组织动员全系统购买定点帮扶的盐池县农产品513.61万元,帮助销售农产品14025.12万元;帮助引进无偿帮扶资金30.75万元、有偿帮扶资金16800万元,为当地招商引资10723万元。

【帮扶资金管理】 严格按照党委会"定金额",实地调研"查项目",党委研究"定项目"的审批流程确定帮扶项目、拨付帮扶资金,并通过领导调研、项目考察等多种方式,对帮扶资金、帮扶项目的推进情况进行监督检查,坚决防止帮扶资金被套取、被滥用。2月,相关领导带队到盐池县现场调研帮扶项目;5月,研究印发《关于推进盐池县乡村振兴的工作方案》,进一步明确未来五年定点帮扶过渡期的重点工作任务,确定帮扶力度不减、人力不减、资金不减的"三个不减"原则;6月,相关领导再次到盐池县现场调研帮扶项目,并将850万元帮扶资金全部拨付到位。盐池县乡村振兴局已经对中国航油投入的850万元资金按照帮扶计划拨付至各个帮扶项目,帮扶资金实现阳光下管理使用。

【帮扶会议】 6月,中国航油党委书记、董事长主持召开党委常委专题会议,研究部署帮扶工作,审议2022年定点帮扶项目计划,对下一步工作作明确要求,强调要切实把思想和行动统一到习近平总书记重要指示精神上来。成立中国航油与盐池县基层党组织结对共建工作领导小组,通过强化组织建设、开展党员交流、打造党建品牌、巩固脱贫成果、助力产业发展、加强人才建设、促进乡风文明,以党建帮扶助推乡村振兴向好向快发展。

【帮扶调研】 中国航油领导3人次到盐池县调研,实地指导帮扶项目建设,现场办公发现问题、解决问题,助力特色产业和县域经济社会高质量发展。3月,集团公司党委副书记、工会主席带队到盐池县开展新时代基层党组织结对共建活动并进行专题调研。中国航油与盐池县委签订新时代基层党组织结对共建实施方案,明确常态化开展企地双方基层党组织共建、互帮互学活动。6月,集团公司总经理、党委副书记带队到盐池县开展定点帮扶工作调研,深入了解定点帮扶资金落实情况和项目进展情况。调研组走进宁鑫生态牧场、佟记圈村肉牛养殖示范基地和党群服务中心、丰泽种植养殖专业合作社枸杞基地等调研,仔细询问特色产业、村集体经济发展和联农带农情况,详细了解滩羊、肉牛、枸杞等特色重点产业的资金落实、厂房建设和用工情况,与盐池县党政领导、帮扶干部及当地群众共谋发展之路,切实推进乡村振兴工作取得扎实成效。8月,受集团公司党委委托,团委书记一行到盐池县开展"聚光行动"方案完善的前期调研工作,并与盐池县委、团委、农业农村局、乡村振兴局等相关单位负责同志、优秀青年企业负责人代表、职业技能培训院校代表同志座谈,研究讨论加快推动"聚光行动"开展实施,助力乡村人才振兴和青年人才成长。

【帮扶培训】 坚持"盐池县需要什么就培训什么,基层干部缺什么就补什么"原则,将乡村人才振兴纳入党委人才工作总体部署,加快建设政治过硬、本领过硬、作风过硬的乡村振兴干部队伍,培训县乡村基层干部309人次、乡村振兴带头人111人次、专业技术人才271人次。

【干部挂职帮扶】 认真做好定点帮扶挂职干部管理工作,按照要求按期轮换挂职干部,切实做到压茬交接,不留空档。选派政治素质好、工作作风实、综合能力强、具备履职身体条件的优秀干部投身帮扶工作。党委及时了解掌握挂职干部的思想、工作情况,定期听取工作报告、思想报告,掌握干部动态。两位挂职干部坚持以"在岗一分钟、干好60秒"的热情和"用脑用情、尽心尽力"的原则全力做好帮扶工作,受到盐池县委、县政府的多次表扬。

【产业帮扶】 滩羊、枸杞、肉牛等种植养殖业是盐池县的传统优势产业,在脱贫攻坚中发挥重要作用,也是集团公司一直以来重点扶持的产业。2022年,已投入帮扶资金560万元,实施肉牛养殖帮扶、滩羊养殖全产业链帮扶、科技育苗和特色种植项目,打造乡村振兴示范村1个,扶持龙头企业1家、农村合作社9个,建设帮扶车间2个。

【消费帮扶】 中国航油利用遍布全国的非油业务向社会各界销售盐池县特色农产品,并组织动员全系统共同发力,加大采购力度,做到盐池县农产品进入各单位食堂和员工的餐桌,全年直接采购盐池县农产品共513.61万元。在线上,构建"互联网+农产品销售"模式,用好电商平台帮助销售农产品,帮销金额突破1.4亿元。

【教育帮扶】 加大力度开展对盐池县困难学生、受大病大灾困难群众等"一站式"全方位帮扶,严防脱贫群众因病因灾因学返贫致贫。积极组建志愿服务队伍,以优质的志愿服务推动基层治理、教育、民生保障等水平的提档升级。

【文化帮扶】 整合盐池县红色旅游资源,持续完善盐池县委旧址李塬畔红色研学游线路功能,打造集党建工作示范村、红色教育示范村、基层治理示范村和宜居宜业示范村于一体的党史教育文旅融合发展示范点。

【公益帮扶】 党员干部捐款捐物折合资金11.75万元;捐助用于胸部疾病治疗的相关医疗仪器,开展"同舟共济""救急难"工程,救助因病因灾导致的困难群众56户(人),守牢不发生规模性返贫的底线。持续强化乡村公共卫生服务体系建设,为农村地区提供更多的医疗卫生资源,不断提升乡村医疗服务能力和水平。通过在李塬畔红色美丽村庄设置公益岗用于餐饮、住宿和培训等日常维护运营,为群众增收,年增收20万元,带动脱贫户69户、受益194人。

【党建帮扶】 3月,中国航油党委到盐池县开展新时代基层党组织结对共建活动并进行专题调研。中国航油与盐池县委签订新时代基层党组织结对共建实施方案,明确常态化开展企地双方基层党组织共建、互帮互学活动,结对共建党支部11个、脱贫村10个。

【革命老区建设】 盐池县是陕甘宁革命老区,有"打不垮的红色政权"之称。中国航油结合党史学习教育,着力夯实党组织基础、赓续红色基因,构建以李塬畔红色美丽村庄为中心的红色文化旅游精品线路,融入全县全域旅游发展,每年接待2万人次及上百批次团体参观学习,带动红色旅游产业发展,促进当地滩羊、黑毛猪、大接杏和小杂粮等特产销售。

(中国航空油料集团有限公司
党委宣传部　安建冲)

中国航空器材集团有限公司定点帮扶

【概述】 2022年,中国航空器材集团有限公司(以下简称"中国航材")坚决贯彻落实党的二十大精神,以习近平总书记关于全面推进乡村振兴的重要指示批示精神为指引,强化政治站位与责任担当,按照国家乡村振兴局、国务院国有资产监督管理委员会对定点帮扶工作的总体安排部署,坚持落实"四个不摘"要求,持续加大帮扶力度,切合实际创新拓展帮扶举措,提升定点帮扶质量成效,助力陕西省白水县推动乡村振兴工作不断进步。

【帮扶资金投入】 2022年,中国航材直接投入无偿帮扶资金550万元,同比增长11.8%,在中国航材党委坚强领导下科学谋划帮扶举措,凝聚集团上下力量,提高定点帮扶工作效率,取得良好成效。引入无偿帮扶资金3.55万元开展关爱留守儿童项目,带动当地社会各界关注关爱留守儿童。出资25万元对应届高考二本以上家庭生活困难学生进行资助,并支持当地改善中小学基层教学条件。所属中国航空器材有限责任公司与古槐村举行结对帮扶捐赠仪式,为古槐村2022年考上大学的困难学生捐赠慰问金和行李箱,勉励新一代好好学习、回馈社会。

【帮扶制度建设】 中国航材党委提前做好统筹谋划,明确将定点帮扶工作作为本年度重点任务,于2021年年底召开集团公司总经理办公会、党委会、董事会等决策会议,研究制订2022年度帮扶计划,明确提出"坚持精准长效帮扶不松劲,确保定点帮扶提质增效"工作要求,为做好全年定点帮扶工作指明方向。召开定点帮扶专题会议3次,及时研究解决定点帮扶工作的问题,提高工作效率,推动各项帮扶举措落实落地。

【帮扶调研】 中国航材党委书记、董事长与分管定点帮扶工作副总经理一行深入白水县调研定点帮扶工作,通过"看当地生产、看特色产业、看乡村建设、看公共服务、看文明新风、看基层堡垒"实地了解当地乡村振兴政策落实情况,检查定点帮扶项目实施情况;通过帮扶村与基层干部座谈交流、入户慰问等了解困难和帮扶需求,为制订2023年帮扶计划打下坚实基础。通过与县级领导和相关部门座谈,及时反馈问题,落实督导责任。

【干部挂职帮扶】 选派白水县挂职干部和驻古槐村第一书记分别于7月、9月任期到期。集团公司高度重视、优中选强,从集团总部选派2名优秀帮扶干部接续帮扶,任期2年。为充分做好干部轮换工作,认真开展任前培训,悉心指导帮扶干部学习习近平总书记关于乡村振兴工作的指示批示精神,详细讲解定点帮扶工作政策要求。建立帮扶干部工作衔接机制,由上一任干部在到期之后继续留任一个月,手把手指导帮助新上任干部快速进入工作角色,真正做到无缝衔接。此外,根据上级单位文件精神选派1名优秀干部到陕西省渭南市挂任副市长职务,协助分管定点帮扶工作,为地方乡村振兴提供有力人才支持。

【产业振兴】 立足白水县特色资源禀赋,大力支持发展当地优势产业,更多更好惠及农村农民。建成第五批白水苹果产业标准化现代化示范园项目。截至2022年年底,共建成白水苹果产业标准化现代化示范园600亩,采用科学种植技术、机械化操作与现代化管理模式,已覆盖全县50%以上的镇,有效提升苹果品质和产量。共扶持3个县级企业,带动周边5个集体经济组织实施示范种植,扶持贫困户51户,年度帮扶分红43.7万元,为周边群众提供就近务工机会317个,发放工资22.6万元。开展航天蔬果种植项目。加大资金投入力度提供科技种苗,开展农技培训,提高蔬果品质与产量,支持当地龙头企业依托自身种植基础和市场销售优势,帮助广大种植农户增收,取得良好成果。共扶持2个县级企业种植航天圣女果、草莓、高糖西红柿140亩,产量总计超过50万千克,销售总额340余万元,带动周边6个村集体经济组织和种植户实施示范种植,为附近群众提供务工机会并发放工资9.7万元。充分发挥产业振兴对乡村振兴的带动作用,统筹资源、创新思路,帮助推动白水县苹果产业成为白水县乡村振兴的希望产业和持久发展的富民产业。推进苹果产业标准化体系建设,将"好资源"转化为"好品质"。加强调研谋划,在积极引导当地政府制定推动白水县苹果高质量发展规划的基础上,将建设"苹果产业扶贫示范园"升级为"白水苹果产业标准化现代化示范园"。以产业示范园区作为先行先试的典范,带头进行标准化规模化生产,带动建成20万亩白水苹果高标准种植项目,提升苹果产量和品质。该项目受到渭南市高度重视,被作为市重点项目之一,为推动白水县特色苹果产业发展注入新动能。多渠道拓展销售市场,将"好品质"转化为"好销量"。帮助白水县建立白水苹果北京直营店,为提升白水县农特产品知名度和市场占有率搭建有益平台,助力白水县农副产品线上、线下销售融合发展。同时,积极响应国家号召组织员工参与"消费帮扶新春行动"活动,通过集团公司微信公众号、公司食堂"白果餐厅"等渠道,结合员工福利优先购买白水县农副产品,直接帮助群众增收致富。提升当地优势产业科技含量,将"好销量"转化为"好价格"。引入科学示范种植模式与先进农业技术,促使当地苹果实验站研究的新品种、新技术实现快速转化应用,带动"瑞阳""瑞雪""瑞香红"等新品种广泛种植,成功推向市场,切实以科技为依托提高苹果品质和市场价格,建强稳固产业发展"造血"机能。

【人才振兴】 抓实人才培训赋能乡村振兴,分享产业发展经验做法,指导新时代村集体经济组织工作实践,传授干部群众能信服可操作的"土方子"。已培训县乡村基层干部215人次,完成年度计划的215%;培训乡村振兴带头人100人次,完成年度计划的100%;培训专业技术人才176人次,完成年度计划的176%。

【文化振兴】 多措并举不断满足当地人民群众日益增长的文化生活需要,推进当地人民群众精神文明建设走深走实。加强文化设施建设。持续推进白水县图书馆提升改造项目,丰富馆藏资源,满足不断变化发展的社会公众阅读需求。修建古槐村村民休闲广场,打造公共文体服务休闲场所,丰富当地百姓精神文化生活。夯实文化宣传阵地。通过建设古槐村宣传文化墙和广播站,面向乡镇(街道)和村居群众开展国家乡村振兴政策、产业发展、乡风文明等主题宣传活动,拓宽当地百姓获取知识信息渠道。开展先进评选活动。支持林皋镇开展优秀村民和先进家庭评选活动,鼓励宣传崇德向善的优良家风与感人事迹,激发见贤思齐的正能量,为推进林皋镇乡风文明建设营造浓厚氛围。

【生态振兴】 立足白水县地理环境特点和乡村基础设施现状,帮助白水县消防救援大队购置消防车及配套消防器材装备,助力加强白水县10余万亩山林的消防救援能力建设,为区域生态环境保护贡献力量。同时,继续帮助部分脱贫村修建巷道护栏,对部分村落环境实施清理整顿,进一步整洁美化村容环境。

【组织振兴】 所属中国航空器材有限责任公司与白水县林皋镇党委开展党建共建工作,共捐赠12万元支持白水县林皋镇"厕所革命"工作,帮助完善镇内公共卫生厕所改造,进一步提升镇区街道整体卫生条件。

【消费帮扶】 帮助建立白水苹果北京直营店取得良好销售业绩,帮助销售脱贫地区农产品285.44万元,完成年度计划的1427.2%,消费帮扶实现新突破。同时,充分利用集团自有媒体加强宣传,努力加大消费帮扶力度,组织开展"消费帮扶新春行动""央企富民兴疆消费帮扶行动""央企消费帮扶兴农周"活动;同时,号召集团员工积极购买白水县脱贫地区农产品共计21.31万元,完成年度计划的163.9%。

【社会帮扶】 2022年,已连续7年开展"救急难"工作,出资20万元为白水户籍因病因灾突发事件陷入临时困境的困难家庭实施救助,共救助28人;开展残疾人救助工作,出资10万元帮助残疾人家庭更好参与社会生产活动,共发放轮椅、助听器等辅助器具125件。

【基础设施建设】 聚焦重点帮联的古槐村,因村制宜支持村集体经济组织发展产业,开展优质品种红薯、玉米种植;开展村部办公场所基础设施改造,为移民搬迁点及村巷道统一修建花坛护栏,修建村民休闲小广场,使整体村容村貌焕然一新;绘制宣传乡村振兴以及村规民约、移风易俗的系列墙画,营造积极向上的文化氛围,让群众从身边的变化感受生活幸福,当地百姓的获得感与幸福感得到进一步提升。

【帮扶培训】 紧紧围绕白水县脱贫攻坚向乡村振兴有效衔接热点难点问题,聚焦当地实际需求开展系列培训,既扶志又扶智,既送去知识、技术和思路,又送去思想、观念和信心。强化乡村治理培训,让乡村人才更有"活力"。聘请党校讲师围绕基层组织建设、乡村社会治理等课程开展专题讲座,学习吸取新农村建设好经验好做法,提升镇村干部理论水平和业务素质,提高当地干部干事创业凝聚力、向心力和战斗力。深化职业技能培训,让乡村人才更有"能力"。实施培训提升+产业扶持+乡村振兴"三位一体"培训模式,以扩大就业增收为出发点,强化融合农村一二三产业就业技能培训,将培训内容与产业发展紧密结合。细化实用农技培训,让乡村人才更有"实力"。坚持"重实践、兼理论"的培训思路,以白水苹果品种迭代为契机开展管理技术专题讲座,科学设置林果栽培、高接换优、品种推广等实操技能培训课程,不断强化培训针对性、实操性。

(中国航空器材集团有限公司　王璐宇)

中国电力建设集团有限公司定点帮扶

【概述】 2022年,中国电力建设集团有限公司(以下简称"中国电建")认真学习习近平总书记关于乡村振兴工作重要论述和指示精神,学习贯彻党的二十大关于"加快建设农业强国,扎实推动乡村产业、人才、文化、生态、组织振兴"指示精神,落实国家乡村振兴局、国务院国有资产监督管理委员会关于乡村振兴工作的部署,牢固把握"促发展"的鲜明导向,紧密结合地方发展需求,科学制订2022年度实施方案,扎实推进"发展乡村特色产业,拓宽农民增收致富渠道,巩固拓展脱贫攻坚成果,增强脱贫地区和脱贫群众内生发展动力",高质量完成公司定点帮扶云南省大理白族自治州(以下简称"大理州")剑川县、新疆维吾尔自治区和田地区民丰县乡村振兴工作。定点帮扶助力乡村振兴工作连续五年被国务院国有资产监督管理委员会考核评价为"好"等次。

【帮扶资金投入】 2022年,中国电建投入无偿帮扶资金3360万元,投入有偿帮扶资金36736万元;引进有偿帮扶资金7484万元,引进无偿帮扶资金129万元。

【帮扶调研】 8月,中国电建党委常委、副总经理率队赴民丰县开展乡村振兴工作调研;同月,党委副书记、总经理率队赴剑川县开展乡村振兴工作调研。与定点帮扶县协商解决困难问题的有效路径,督促指导帮扶举措尽快落地。公司各级领导及振兴办负责同志先后赴定点帮扶县开展实地调研52人次。

【帮扶培训】 出资140万元在剑川县设立中国电建(剑川)乡村振兴工作站,引进清华大学远程教育教学站模式,携手本来生活等社会机构商务专家加强定点帮扶县乡村基层干部、乡村振兴带头人和各专业技术人才培训。共培训县党政干部、农村致富带头人、乡村振兴带头人、新型经营主体、卫生健康和派驻干部等3855人次。

【干部挂职帮扶】 选派帮扶干部7人,其中定点帮扶县挂职干部3人(挂职剑川县副县长1人、民丰县副县长1人、剑川县乡村振兴局副局长1人);驻村第一书记3人(剑川县2人,民丰县1人);挂职云南大理州帮扶干部1人,任大理州委常委、大理州副州长。注重选优配强,不断提升选派干部政治思想觉悟以及工作能力水平,督促选派干部遵规守纪,确保帮扶工作全面、精准、有效。

【产业帮扶】 坚持以产业帮扶为核心,本着"优势互补、互利共赢、带动效果好、可持续发展"的原则,在特色产业帮扶上持续发力,助力地方特色产业提质增效,带动当地特色优势产业加快发展。在剑川县继续投入850万元无偿帮扶资金,累计投入2350万元,实施中国电建剑川县消化疾病防控中心建设,协助扩充专家医疗资源,加强医生培训,打造服务剑川县及周边县市的一流消化疾病防控中心,助力阻断因病致贫和返贫,保障脱贫攻坚成果,助推剑川县康养医疗产业发展。立足剑川县石龙村丰富的自然资源、传统的原生文化,以及传统民俗保留完整优势,投入490万元建设中国电建沙溪镇石龙村乡村旅游示范项目,完成白族非遗体验中心和民俗博物馆建设,开展民宿提升改造和人居环境整治,打造剑川白族乡村旅游金字招牌,带动剑川县域旅游产业发展。累计投入2500万元推进民丰县尼雅文化博物馆建设,全力助推民丰县以尼雅文化为标志的文旅产业发展。出资100万元设立中国电建民丰县光伏产业基地发展基金,推进民丰县1000万千瓦大型光伏基地开发项目前期工作。光伏资源是民丰县优势资源之一,符合国家积极推进以沙漠、戈壁、荒漠地区为重点的大型风电、光伏基地建设的战略方向,符合公司"十四五"发展战略,可充分利用闲置荒漠、戈壁,带动民丰县经济社会可持续发展。加强对剑川县云端牧场、光伏帮扶投资项目,民丰县全产业链肉羊等既有帮扶项目的督导检查,强化运营管理,推进项目后续建设发展,确保帮扶项目在巩固脱贫攻坚成果推动乡村振兴中发挥实效。

【规划设计帮扶】 充分发挥规划设计技术优势和专业专长,为民丰县编制新能源基地设计方案;完成民丰县全域旅游规划项目、乡村振兴示范村建设项目及乡镇排水管网改造工程的初步设计;为剑川县编制《2022剑川县沙溪镇石龙村乡村振兴示范项目——精品示范村创建》实施性规划,推动地方经济有序发展。

【教育帮扶】 注重"智志双扶",通过多"补针"、勤"点睛"不断提升定点帮扶县教育质量,消除落后思想的代际传递,阻断因学致贫返贫。出资10万元培训中小学教师142人次;出资40万元继续设立第五期"圆梦的手"助学金,资助剑川县145名2022年参加高考并被录取的"三类"家庭大学生和部分有特殊困难的高等教育阶段学生,项目累计已为300名学生提供资助。出资100万元携手中国妇女发展基金会实施"电建家庭成长计划(第二期)"公益项目,为剑川县84户困难家庭的5~14岁儿童改善房间环境、提供定期入户陪伴及家庭共建等服务,助力青少年儿童健康成长。出资100万元帮扶资金用于维修民丰县寄宿制初级中学学生生活区校舍,极大改善住宿学习生活环境,惠及学生约2900名。

【生态帮扶】 实施的剑湖治理项目阶段性治理初见成效,剑湖流域成为高质量生态环境涵养地和鸟类重要的栖息地,进一步改善剑川县域旅游和社会发展环境,有效带动剑川县旅游产业发展和当地群众增收。协助剑川县摸排农村厕所情况,继续实施加固修复、安全饮水等巩固提升工程等,有效解决村民民生难点、痛点问题。在"十三五"实施的剑川村级帮扶项目为村集体带来持续性收益,部分资金用于维护村内基础设施,为生态振兴提供自生动能。

【基础设施建设】 继续推进剑川县剑湖流域水环境综合治理PPP项目建设,包括为16个村实施村级污水处理。剑湖治理项目阶段性治理初见成效,剑湖流域成为高质量生态环境涵养地和鸟类重要的栖息地,进一步改善剑川县域旅游和社会发展环境,有效带动剑川县旅游产业发展和当地群众增收。向剑川县捐赠剑湖水质监测新能源船和绞吸式清淤船,在有效保护剑湖河道自然生态环境的同时,提升云南省河湖疏浚的现代化、机械化管理水平。出资400万元支持民丰县尼雅湾生态治理修复配套项目,建设健身步道、绿化、应急避难场所等配套设施,助力民丰县推进生态文明建设和巩固环境保护成果。持续发挥剑川县村级光伏等既有帮扶项目的"造血"功能,持续改善农村人居生产生活环境。积极参与乡村建设和乡村治理,助力定点帮扶县完善乡村规划、农村厕所改革、垃圾处理、污水治理等,促进美丽乡村建设。

【特色帮扶】 结合定点帮扶县农产品特色,建设中国电建云南剑川县苹果、土豆种植示范基地,以及新疆大枣、甜瓜种植示范基地,提升农产品种植技术水平,打造市场化优质品牌,拓宽农产品销售渠道,促进农产品销售和农民增收。公司所属各级企业和干部员工积极参与购买帮扶地区特色农产品,通过中国电建消费帮扶平台和中央企业消费帮扶平台等渠道采购脱贫地区特色农产品共计2721万元,帮助销售农产品423万元,消费帮扶总计3144万元。

【社会帮扶】 携手中国妇女发展基金会实施"电建家庭成长计划(第二期)"公益项目,为剑川县84户困难家庭的5~14岁儿童改善房间环境、提供定期入户陪伴及家庭共建等服务,助力青少年儿童健康成长。与中国光华科技基金会合作,通过"书海工程"公益筹集无偿向剑川县、民丰县中小学校及基层村党支部捐赠价值129万元图书。

(中国电力建设集团有限公司 孙 晶)

中国黄金集团有限公司定点帮扶

【概述】 2022年,中国黄金集团有限公司(以下简称"中国黄金")定点帮扶河南省新蔡县和贵州省贞丰县,严格落实"四个不摘"原则,在全年投入帮扶资金2000万元的基础上,考虑到贞丰县巩固脱贫成果、衔接乡村振兴任务较重,向贞丰县追加支持帮扶专项资金809万元,2022年度定点帮扶资金增至2809万元。其中,2409万元用于支持两县特色产业、村集体经济和各类帮扶项目,400万元用于"中国黄金宏志班"全日制教育帮扶及基层干部和技术人员培训。帮助招商引资1839.5万元,引进社会帮扶资金1869.5万元。助力巩固"两不愁三保障"成果投入资金1145万元。直接采购两县农副产品402万元,帮助销售农特产品550万元。面向两县党员干部、致富带头人、基层工作人员和技术人员开展政治理论学习和业务培训共11期,共培训3918人。

【帮扶资金投入】 全年中国黄金投入帮扶资金2809万元。从帮扶对象看,对新蔡县投入710万元;对贞丰县投入2099万元。从帮扶项目看,其中2409万元用于支持两县特色产业、村集体经济和各类帮扶项目,400万元用于"中国黄金宏志班"全日制教育帮扶及基层干部和技术人员培训。

【帮扶资金管理】 高度重视帮扶资金的安排和管理,按照"三重一大"决策程序,党委前置研究年度定点帮扶资金预算,纳入集团年度全面预算,并经总经理办公会议研究同意、董事会审议批准。集团帮扶工作办公室协调各捐赠企业将帮扶资金按时支付到定点帮扶县指定账户,并会同挂职干部严格按照年度帮扶项目计划安排落实帮扶资金。集团审计部门对帮扶资金进行审计并提出建议,加强和规范帮扶资金的使用。

【帮扶调研】 加强与当地党政领导的沟通交流。11月,中国黄金相关领导会见新蔡县委书记一行,双方就巩固脱贫攻坚成果,全面推进乡村振兴进行充分交流。中国黄金相关领导表示将以更加有力的举措、更加强大的力量推进乡村振兴战略的实施,延续产业帮扶、教育帮扶等好经验、好做法,提高乡村振兴具体措施的针对性、精准性和有效性。9月,中国黄金相关领导赴新蔡县考察调研乡村振兴相关帮扶工作。集团公司第二巡视组、集团总部中层领导、集团下属中国黄金集团贵州有限公司、中国黄金集团河南有限公司领导多次分赴两县调研。通过一系列交流互访和调研座谈,双方就"十四五"期间进一步深化帮扶协作关系达成共识,共同为当地群众谋划发展途径,为中国黄金在助推两县巩固拓展脱贫攻坚成果,接续推进乡村振兴战略中发挥更大作用奠定坚实基础。

【帮扶会议】 持续强化"领导小组统筹谋划、总部联动保障、企业积极参与、挂职干部主抓落实"的工作机制。召开对口帮扶工作视频会议,传达学习中共中央指示精神、国务院国有资产监督管理委员会上半年定点帮扶工作通报和考核评价建议,听取上半年工作汇报,研究部署下一步工作安排。制订《中国黄金集团有限公司2022年定点扶贫工作计划》,明确年度重点任务和落实措施。

【帮扶培训】 以下属中等专业学校河南

省三门峡黄金工业学校为依托，投入400万元专门用于教育帮扶和开展各类培训。从两县招收60名困难家庭学生进行两年全日制免费培养并帮助其市场化就业。围绕"五大振兴"，在两县开展11期培训，涵盖产业振兴、生态农业、劳动力就业技能、基层医务人员职业能力提升、基层干部素质提升、中青年干部乡村振兴素质提升、思政教师专业提升等多个方面，受训人员达3918人。

联合清华大学继续教育学院，围绕民生普惠、特殊群体支撑、民族文化传承与推广、产业孵化问题研究与实施等主题，对基层党政干部进行培训，引导学员遵循乡村经济、社会、人口、文化、生态发展规律和演变趋势，把握差异性、找准突破口，全面推进乡村振兴。8月，中国黄金·新蔡县清华大学乡村振兴党政干部创新发展研修班成功开班。培训班共举办3期，由清华大学政治素质过硬、业务能力精湛的专家为培训班学员集中授课。培训采取线上、线下的方式进行，通过实地观摩、现场交流，着力提升培训成效。

【干部挂职帮扶】 现有挂职干部4名，其中2名为副县级挂职干部，2名挂职驻村第一书记。其中，1名副县级挂职干部和1名挂职驻村第一书记任期已满，本年均完成轮换。通过"五个到位"加强挂职干部管理，确保挂职干部下得去、待得住、有作为。轮换交接到位。高度重视挂职干部轮换工作，严格按照有关要求，认真遴选政治素养高、业务能力强、工作作风硬的优秀青年党员干部担当挂职重任。为做好工作衔接，将交接期延长至两个月，要求前任挂职干部帮助新任挂职干部全面熟悉集团帮扶项目，深度了解当地风土人情，尽快完成角色转换，确保挂职"接力棒"交稳交实。思想教育到位。集团公司主要领导和分管领导同挂职干部进行任前谈话，从政治站位、重点任务、工作要求、廉洁自律等方面作出严格要求，帮助挂职干部提高思想认识，提升工作实效。监督管理到位。集团公司帮扶工作办公室专人联系挂职干部，定期进行谈心谈话，了解思想动态，指出问题不足，提出要求。建立定期汇报制度，形成工作台账，做到"天天有动态、月月有小结、季度有总结、年终有报告"。考核考评到位。组织部门对挂职干部思想政治表现、工作实绩、遵守组织纪律等情况出具鉴定，记入个人档案，作为评优考核的重要依据。服务保障到位。进行定点帮扶调研时必到派驻第一书记的定点村召开现场座谈会，认真听取工作汇报，交流心得体会。

【产业帮扶】 在新蔡县，紧紧围绕发展现代农业，构建现代乡村产业体系，加快转变农业发展方式，重点支持带动就业增收明显的扶贫车间、返乡创业园、龙头企业带动的优质合作项目，扶持龙头企业2家、农村合作社1个、帮扶车间4个，补上技术、设施、营销等短板，强化龙头带动作用，促进产业提档升级，实现稳定增收，夯实乡村振兴基础。帮助引进资金1789.5万元，引进孙召镇面粉食品加工研发中心建设项目、河坞乡柏围孜村水蛭药材产业项目、韩集镇乡村振兴功能农业科技产业园项目、宋岗乡三产融合有机蔬菜生态农业产业园项目、今是街道余庄村针织加工项目，推进农村一二三产业融合发展，提供就业岗位1030个，带动脱贫户、监测户295人，人均年增收1.56万元。在贞丰县，重点做好易地搬迁后续扶持工作、完善基础设施建设，巩固脱贫成果，直接投入资金1090万元，实施生猪、芒果、金丝皇菊等种植养殖项目，以及搬迁安置点的蚕房、食用菌产业园、高粱仓储、两个村的道路硬化等产业建设项目。引进和扶持企业、合作社、帮扶车间解决就业230人；在贞丰县企业解决当地就业548人，并通过上缴税款、本地化采购生产生活物资、向周边社区发包零星工程等形式，为贞丰县创造收益近7000万元。

【文化帮扶】 着力加强农村精神文明建设,不断提升农民文明素养,以美丽乡村建设为核心,推进乡村传统文化资源传承和特色文化产业发展,丰富乡村文化生活,培育乡土文化文艺人才,弘扬和践行社会主义核心价值观,焕发乡村文明新气象。支持57.5万元用于新蔡县委宣传部乡风文明建设和关爱退役军人宣传、县文化广电和旅游局非物质文化遗产保护、砖店镇周寺村农耕文化传承保护。支持10万元在贞丰县开展"最美家庭""最美庭院"评选表彰、Join Fun图书馆建设及一系列乡风文明宣传活动,引导群众提高文化知识水平,破除陈规陋习,涵养良好家风、淳朴民风。

【公益帮扶】 织牢织密基层医疗健康网,守护乡村振兴"健康线",持续提升基层医疗健康基础设施水平,着眼预防,让村民"少生病、晚生病、不生大病"。与中国妇女发展基金会合作,投入100万元为两县采购"母亲健康快车",免费提供义诊、健康知识宣讲、"两癌"筛查、疫情防控,以及重度困难残疾人托养等服务,发挥培训与宣导、筛查与体检、预防与救助的卫生健康服务移动平台功能。开展新蔡县卫生健康体育委员会专项采购和周寺村卫生室建设。支持一批乡镇、街道、村级和易地搬迁点卫生室提级改造,大幅度提升基层医疗保障能力。

【易地扶贫搬迁后续扶持】 及时研究跟进中共中央政策,对接定点帮扶县实际需求,对帮扶资金进行统筹调度,切实发挥帮扶资金"造血"功能。2015年,贵州省启动大规模易地扶贫搬迁工程,成为全国搬迁人数最多的省份。"十三五"时期,贞丰县所在的黔西南布依族苗族自治州易地扶贫搬迁33.85万人,规模为全国第二,是贵州全省搬迁人口最多的市州。中国黄金直接投入5528万元用于补充县财政缺口,顺利完成"一达标两不愁三保障"。为解决搬迁户子女就学问题,出资援建贞丰县龙场镇第二初级中学综合教学楼、龙场镇易地扶贫搬迁安置点小学新园小学、平街乡云盘小学人行安全天桥、第七小学微机室、实验室、浴室,以及贞丰县职业技术学校学生宿舍洗澡间、洗衣间配备等项目,惠及学生4800多名,其中建档立卡贫困户学生1512名,易地搬迁户子女1000多名。2022年,连续第三年加大资金帮扶力度,追加809万元支持县财政,帮助其全面推进乡村振兴。

【整村推进】 探索建立"四方共创"扶贫模式,即由贞丰县党委政府、科研机构、贵州锦丰矿业有限公司(以下简称"锦丰公司")、矿区周边社区四方共同参与,通过吸纳当地就业、扶持特色产业、捐资助学、解决群众诉求等方式建立惠及贫困户的利益带动模式,并通过打造平台标准化党支部,以高质量党建引领高质量扶贫,帮助数千名贫困群众实现可持续发展。自2012年"四方共创"党建帮扶平台成立以来,通过上缴利税、生产生活物资本地化采购、吸纳境内劳动力就业、零星工程发包、基础设施建设、特色农业产业扶持、捐资助学等多种形式,已累计为当地创造经济收益及各项资金投入达4.99亿元,解决当地就业548人,矿区周边社区已有210户1100余名居民乔迁到贞丰县城,融入城镇新生活,实现从农民向市民的华丽转变。2022年,锦丰公司累计从贞丰县境内采购生产生活物资2822.93余万元,其中米面、肉类、蔬菜、水果及干货等农副产品总值303.76万元。累计发放当地员工工资及用工劳务费达2706万元。共向矿区周边金山村、尼罗村和烂泥沟村专业合作社发包矿区零星工程7项,支付工程款总额60余万元,并提取3%作为村集体收入,普惠更多村民。出资9万元为沙坪镇金山村特色产业发展修建2千米产业路,有效盘活850亩空闲土地,规划种植小黄豆、芒果、油茶等农特产品近1000亩,带动农户153户增收。连续十二年开展"四方共创"助学金发放活动,向58名高中生、29名大学新生发放助学金18.2万元,累计资助学生500余人次,发放助学金121.5万元。与社会慈善组织合作开展贫困中小学生"一对一"助养项目,共助养360余人,发放助养金100余万元。"四方共创"帮扶模式受到上级部门充分肯定,2020年6月,锦丰公司党委荣获贵州省"全省脱贫攻坚先进党组织"荣誉称号;2021年4月,锦丰公司被中共贵州省委、省政府授予"全省脱贫攻坚先进集体"荣誉称号;同年7月,锦丰公司党委被贵州省国有资产监督管理委员会党委授予贵州省国有资产监督管理委员会系统"先进基层党组织"荣誉称号。2021年,"'四方共创'党支部品牌建设"案例入选国务院国有资产监督管理委员会"国有企业品牌建设典型案例"。2022年9月,"'四方共创'党建创新案例"成功入选"2022年度国企党建创新优秀案例"。"四方共创"党建创新模式及先进事迹先后被《光明日报》《新华日报》《新华社内参》《中国日报》《国企·党建》《中国企业报》《贵州日报》《中国黄金报》等300余家主流新闻媒体或期刊持续关注和报道,获得社会各界广泛关注和高度评价。

【消费帮扶】 积极参与"央企消费帮扶兴农周"活动,集团领导部署推进,结合两县产品特色优势,精选60余种质量过硬、服务可靠、价格公道的农副产品参加活动。专门制订活动方案,动员集团各级企业和广大职工积极参与,以集中采购、个人购买、观看直播等方式,助力消费帮扶。安排集团自有媒体在微信公众号适时发布广告、新闻,面向全社会宣传集团消费帮扶。活动期间,集团公司采购金额达122.13万元。

(中国黄金集团有限公司
党建工作部 邓小睿)

中国广核集团有限公司定点帮扶

【概述】 2022年,中国广核集团有限公司(以下简称"中广核")自2002年开始承担广西壮族自治区百色市凌云县和乐业县国家定点帮扶任务,认真贯彻落实习近平总书记关于巩固拓展脱贫攻坚成果、继续奋战乡村振兴有关重要讲话和指示批示精神,坚决扛起乡村振兴重大政治责任,严格落实"四个不摘"要求,扎实推进帮扶工作。在凌云、乐业两县保持帮扶力度不减,以产业振兴、人才振兴为主攻阵地,推动"五个振兴",促进高质量发展,精准帮扶,真抓实干,取得良好成效。全年直接投入无偿帮扶资金3279.36万元,投入有偿帮扶资金37596.26万元,培训基层干部1543人次,培训乡村振兴带头人1175人次,培训专业技术人才1131人次,购买两县农产品1682.82万元,帮助销售农产品2906.21万元。在2022年中央单位定点帮扶工作成效考核评价中,中广核获"好"等次。

【帮扶资金投入】 2022年,中广核向定点帮扶县投入帮扶资金3279.36万元,实施产业振兴、生态振兴、人才振兴、消费帮扶、整村帮扶等5个方面16个帮扶项目。引入社会专业化力量,动员香港中华电力有限公司、深圳市传梦公益基金会、君行乡村数字图书馆公益基金、深圳市齐心文具股份有限公司等社会力量携手帮扶,累计引进111万元,落地乡村数字图书馆、资教工程、"智慧语文"等项目。结合两县产业规划,引入高山有机茶、实木颗粒板、金属材料技术改造、服装加工等4个项目,总投资1.1亿元,帮助建立帮扶车间4个。发挥产业优势,年内累计投入3.7亿元,实施乐业风电二期项目、逻沙林光互补集中式光伏发电项目。

【帮扶资金管理】 持续加强帮扶资金规范管理,以"一本计划、两份报告、三个会议"为统筹指引,以"一份协议、两张表格、三份报告"为项目推进抓手,全过程跟踪资金拨付和使用。建立中广核专用帮扶资金账户,确保专款专用,实现管理规范化、程序化。涉及帮扶资金的项目,均明确中广核、帮扶县双方责任单位、责任人,定期跟踪项目进展和资金使用情况。实行清单制,滚动跟踪重点项目及行动进展。

【帮扶调研】 强化组织领导和调查研究,集团党委书记、董事长赴凌云、乐业两县1次,调研定点帮扶工作开展情况,检查帮扶项目进展。协助分管乡村振兴工作的党委常委与分管产业发展的党委常委各赴两县调研1次,检查定点帮扶工作推进情况,与当地县委、县政府就进一步深化合作、共同推进乡村振兴工作进行交流。集团3名外部董事赴两县调研1次,加强集团董事会层面对定点帮扶工作的重视。各成员公司专项督导,落实乡村振兴帮扶责任,2022年共50人次实地检查、督导挂职干部履职、帮扶资金使用及项目竣工验收等情况。挂职干部日常督导,定期走访基层,了解实际问题,研究制定解决对策。

【帮扶会议】 中广核党委书记、董事长是帮扶工作第一责任人,组织召开1次党委会,研究具体帮扶举措;主持召开集团首次乡村振兴工作会议,邀请国家乡村振兴局社会帮扶司领导作政策培训,全面回顾集团脱贫攻坚和乡村振兴工作亮点和成效，深入总结经验做法，深刻分析新征程上的形势任务，对下一阶段乡村振兴工作进行部署；协助分管帮扶工作的党委常委主持召开5次乡村振兴例会。

【帮扶制度】 完善帮扶机制和管理体系，加强计划引领和工作跟踪。结合定点帮扶县发展规划和自身工作实际，制订年度计划，对照评价办法，逐项分解落实。发布集团乡村振兴帮扶工作评估标准，纳入党建考核。以年度计划为统筹指引，明确责任单位和责任人，按照集团投资建设核电站的标准推动帮扶项目建成见效。实行项目清单管理，滚动跟踪重点项目及行动进展，提升统筹工作有效性。

【帮扶培训】 发挥人力资源和产业优势，全年累计培训基层干部1543人次，培训乡村振兴带头人1175人次，培训专业技术人才1131人次。利用帮扶项目积极开展定向招工培训，培训合格入职24人。

【干部挂职帮扶】 选派的4名政治素质好、综合能力强的年轻干部继续在两县挂职，其中2名干部任县委常委、副县长，分管当地乡村振兴工作，另有2名干部任驻村第一书记。组织新任干部岗前培训、新旧干部交接会，实现无缝对接、并轨运行，确保"目标要求、思路措施、帮扶规划、运行机制、情报信息、重点任务"六大衔接。挂职干部快速融入当地，两位挂职驻村第一书记完成两村共计44个村民小组、112个自然屯、623户脱贫户（监测户）的遍访，积极推进当地产业振兴与党建工作。挂职两县县委常委、副县长均获评百色市委组织部2022年度处级干部考核"优秀"等次；挂职凌云县陇槐村驻村第一书记获评2022年集团"十佳青年标兵"；挂职乐业县板洪村驻村第一书记获评2022年集团成员公司"青年标兵""优秀共产党员"。

【产业帮扶】 发挥自身优势，拓展产业链，促进一二三产业融合，形成"由点到线再到面"的市场化全产业链帮扶模式，以产业帮扶为核心协同实现"五个振兴"。发挥产业和技术优势，在百色市建成投运我国首个农产品原产地电子束保鲜示范中心，可在确保农产品安全的前提下大幅度延长农产品保鲜时间，降低农产品损耗，助力脱贫地区农产品错峰销售，既解决农产品滞销的问题，也有较好的销售价格。通过"电子束处理+低温储存"，可使猕猴桃保鲜期由40天延长至100天以上，芒果储存坏果发生率下降30%~50%。截至2022年11月，该项目已为芒果、猕猴桃等农副产品提供保鲜加工量逾572吨，受益农民估计可达9000户30000余人。同时，项目有效带动上、下游产业发展，为上、下游产业新增100多个就业岗位，带动农民务工增收。

针对乡村垃圾渗滤液体量化较小的项目特点，打造国内首个县域级电子束全量化处理垃圾渗滤液示范项目。该项目位于乐业县生活垃圾填埋场内，于5月正式动工建设，11月底正式投运。该项目采用中广核自主研发的"和美Ⅰ号"电子束全量化处理垃圾渗滤液一体化设备，该设备具备模块化、装配化、标准化、智能化等特点，能够实现快速组装、简单管理、稳定达标，既可用于新建废水处理工程，也可用于改、扩建提标改造工程，推动垃圾渗滤液处理技术工艺的多元化发展，为垃圾渗滤液全量化、经济化处理提供一套全新的方案，解决县域级垃圾填埋场普遍存在的垃圾渗滤液治理难点，控制垃圾填埋场渗滤液污染扩散风险，具有重要的推广应用价值。该项目由集团成员公司与乐业县国资公司共同组建百色市和乐科技有限公司负责运营管理，共同开展环保业务及市场营销工作，以项目为依托，培养一批优秀核环保工程的建设、运营、管理人才，可谓一举多得，同时实现产业振兴、人才振兴与生态振兴。

【教育帮扶】 全年投入540万元专项教

育帮扶资金，支持"中广核——凌云县特少数民族白鹭班"（以下简称"白鹭班"）发展，打造"白鹭班"教育帮扶金字招牌并不断推广复制。"白鹭班"首届1名毕业生于7月入职广西防城港核电有限公司，并推广至5个省区10所学校，累计帮扶2513名学生。推进凌云县览金小学、乐业县谐里村小学"白鹭班"彩虹计划，加强对留守儿童的关心关爱，现有在校帮扶学生175名，累计帮扶学生241名。帮助览金小学开展"智慧语文"学科建设项目，试点班级成绩跃升至全镇第一。

【消费帮扶】 通过工会福利采购、餐厅集中采购等渠道，购买脱贫地区农产品累计金额1839万元，集团人均超400元。坚持市场化推动，对接线上平台，帮助销售脱贫地区农产品累计金额6857万元。参与国务院国有资产监督管理委员会举办的"央企消费帮扶兴农周"活动，累计下单金额56.6万元。帮扶建设的凌云县农产品展销馆正式开馆营业。

【生态帮扶】 乐业风电项目为当地提供清洁能源，守护碧水蓝天。据测算，该项目每年节约标准煤11.8万吨，相应每年可减少多种大气污染物的排放，其中减少二氧化硫排放量约2340吨、二氧化碳约28.9万吨。发挥核技术科技创新优势，采用电子束全量化处理特种废物技术，实施乐业县生活垃圾填埋场渗滤液处理生态帮扶项目，解决乐业县垃圾渗滤液治理难题。还依托环保产业专业能力，设计专项方案，处理凌云县红薯粉加工生产导致的黑臭水体问题，建设宜居宜业和美乡村。

【党建帮扶】 成员公司数十个党支部到两县开展支部共建和志愿服务活动，搭建益农直播平台，捐建"中广核梦想书屋"，改造村民房屋线路，结对帮扶留守儿童。乐业风电项目所在党支部与全达村党支部结对共建，发挥党建力量，互通宝贵经验，共同学习提升，激发乡村振兴和基层治理新活力，共同打造新时代乡村振兴示范点。双方在支部建设、党史学习、产业振兴、村集体经济发展等方面开展深度合作。两位挂职驻村第一书记坚持以党建为引领，以共建为抓手，帮助村党支部开拓思路、拓展资源，支持两村产业发展。

【整村推进】 在驻村第一书记所在村，打造乡村振兴示范点。在凌云县陇槐村，打造种桑养蚕和白毫茶支柱产业，建成蚕茧及丝绸加工项目、"蚕房冬用"项目，建设数字乡村，助力村集体经济收入突破25万元。依托"互联网+"打造集农业生产、数据共享、业务办理、信息反馈于一体的数字平台，让老百姓参与行政问政，提升获得感、幸福感。在乐业县板洪村，打造猕猴桃产业园示范基地，建设产业数字智能化项目，延伸猕猴桃产业链，助力板洪村获评"自治区乡村振兴改革集成优秀试点村"，入选第十二批全国"一村一品"示范村镇。

【帮扶宣传】 总结典型案例，讲好帮扶故事。内部新闻平台发布报道175篇次。"央企消费帮扶兴农周"期间，在集团新闻平台发布相关稿件35篇次，阅读量达3.34万次。《人民日报》《科技日报》、中国新闻社等媒体报道中广核乡村振兴工作500余篇次。中广核的帮扶工作得到国家乡村振兴局、国务院国有资产监督管理委员会等上级单位的高度认可。2022年，百色电子束保鲜项目入选国家乡村振兴局社会帮扶助力巩固拓展脱贫攻坚成果同乡村振兴有效衔接典型案例（第一批），乐业风电帮扶项目荣获"第三届全球减贫案例征集活动"最佳减贫案例，向世界讲好中国乡村振兴的故事。

（中国广核集团有限公司乡村振兴处 檀松朴）

南光(集团)有限公司定点帮扶

【概述】 2022年,南光(集团)有限公司(以下简称"南光集团")认真学习贯彻落实党的二十大精神及习近平总书记关于推进乡村振兴重要论述,认真落实中共中央、国务院决策部署和国家乡村振兴局、国务院国有资产监督管理委员会工作要求,强化责任落实,加强统筹部署,发挥自身优势,不断加大定点帮扶力度,认真履行定点帮扶责任,持续扎实做好定点帮扶甘肃省临夏县、云南省禄劝彝族苗族自治县(以下简称"禄劝县")工作,继续投入无偿帮扶资金1150万元港币(未特别注明为人民币),其中临夏县650万元港币、禄劝县500万港元;继续派出4名干部到帮扶县工作,完成2名挂职副县长轮换工作,2名干部均是南光集团重要二级企业的领导班子成员;着力帮扶6个项目,其中产业项目5个,惠及定点帮扶县22396人,禄劝县11993人,临夏县10403人,特别是禄劝县南美白对虾工厂化养殖项目,填补禄劝县特色养殖项目上的空白,呈现出产业良好的场景和巨大的市场价值。

【帮扶资金投入】 2022年,南光集团继续投入无偿帮扶资金1150万元港币,其中临夏县650万元港币、禄劝县500万港元;大力帮销帮购,截至12月,购买帮扶地区农产品58.9万元,完成年度计划的155%;帮助销售帮扶地区农产品62万元,完成年度计划的207%;培训基层干部158名,完成年度计划的367%;培训技术人员及教师282名,完成年度计划的269%;延续校企合作"就业直通车"。在"央企消费帮扶兴农周"活动中,成功动员两个帮扶县8家企业上线,南光集团共帮销帮购农副产品114万元,其中临夏县52.5万元,禄劝县61.5万元。

【帮扶调研】 南光集团主要领导亲自抓部署、抓协调,与定点帮扶两县一直保持紧密的联系。5月,南光集团董事兼副总经理一行到禄劝县开展定点帮扶调研,与县委、县政府就当地乡村振兴工作开展情况进行深入交流并就下一步工作开展坦率交换意见。10月,南光集团副总经理一行到禄劝县开展项目调研及挂职干部轮换工作,并实地调研转龙镇大学生返乡创业园(轿子山泉水厂),听取转龙镇对园区生产经营状况、帮扶机制落实情况及未来发展规划情况汇报;听取转龙镇关于林下天麻产业发展情况的汇报,详细了解林下天麻种植规模、技术研发和生产销售等情况;听取转龙镇农文旅融合产业发展情况及平安福生态露营地文化旅游发展情况汇报等。南光集团与临夏县政府坚持常态化线上沟通,推动帮扶项目落实落地,按计划完成,如期完成挂职干部轮换。9月,南光集团与临夏县召开帮扶工作现场视频调研会,克服疫情对现场调研不便,就巩固脱贫攻坚成果衔接乡村振兴进行深入交流。临夏县县长、副书记、副县长及相关县直单位负责同志,南光集团董事长、副总经理、集团派驻干部、社工部及各二级公司帮扶工作负责人通过视频参加会议。

【帮扶培训】 积极助力人才振兴。为两县培训基层干部158名,培训技术人员及教师282名。支持临夏县选派2名干部到澳门地区挂职锻炼,帮助培养干部,发挥企地沟通协同的桥梁纽带作用,取得良好效果。建立帮扶地区人才库，对接当地大学生、应届毕业生的就业需求，通过南光招聘平台促进其就业，同时以职介所管理澳门地区劳务10多年工作平台为基础，向澳门地区公司雇主优先推荐。积极开展定点帮扶县应届毕业生的招聘工作，成功招聘5人赴澳门地区工作，其中澳门公共汽车股份有限公司维修技工1人、南光置业有限公司工程技工1人、澳门中国旅行社股份有限公司服务岗位3人。

【产业帮扶】 立足稳固防返贫需求，因时因势调整帮扶投入方向，着力加大产业帮扶投入力度，坚持把巩固拓展脱贫攻坚成果与衔接乡村振兴战略相结合。投入无偿帮扶资金421万元用于支持禄劝县发展3项产业项目，这些都是禄劝县具有地方特色、发展优势和当地政府、群众意愿强烈的产业项目，以及投入无偿帮扶资金548万元用于临夏县发展3个帮扶项目，全部项目均在计划期限内完成，部分已转入运营。其中，禄劝县南美白对虾工厂化养殖项目是南光集团积极探索出的"科研机构+公司+基地+产业"乡村振兴新模式，秉持"创新、协调、绿色、开放、共享"的科学发展理念，与中国科学院海洋研究所合作实行工厂化养殖，既解决规模化养殖用地难的问题，也通过设施设备对养殖环境的精准控制，克服传统养殖靠天吃饭的弊端。以"留住绿水青山，建设美丽乡村"为指导思想，推动"海货"出山，也坚持环境保护"零排放"底线，与中国科学院海洋研究所就"产业+环境"的结合作出深度的研究，创造性地利用"尾水循环池"这一先进做法，既可以实现尾水收集不对环境进行污染排放，又能将尾水进行循环利用，不但对环境友好、资源节约，还大大降低企业的生产成本，实现环境保护与经济发展齐头并进，以实际行动践行"绿水青山就是金山银山"理念。此项目最大的集中市场在昆明市，禄劝县距离昆明市仅65千米，单物流成本即可节约4元/千克，以昆明市的市场吞吐能力解决未来规模扩大后带来的销售压力。南美白对虾养殖基地全部生产线建成投产后，预计年产值可达千万元，解决附近村民就近务工50人以上，每年增加村集体经济收入30万元以上，工厂化循环水养殖南美白对虾，是中国科学院海洋研究所该项养殖技术在内陆地区的首次应用，具有较高的科研价值和推广应用价值。

【特色帮扶】 积极向澳门地区宣传国家战略。坚持把落实国家乡村振兴战略与服务澳门特色"一国两制"伟大事业紧密结合，立足在澳优势，深入践行"南光+"合作发展理念，积极宣传推动澳门地区共同参与乡村振兴工作，共担民族复兴大任。带领在澳人士充分学习党的十八大以来乡村振兴重要讲话精神。11月，南光集团董事长就党的二十大精神及结合集团改革发展实际向在澳中资企业进行授课教学，深入学习贯彻习近平总书记重要指示精神。充分发挥中央企业市场、资源和信息优势，推动帮扶地区优质农副产品外销。利用贸易优势，帮助打通澳门地区与云南及西南内陆地区的经贸渠道，将禄劝县轿子山泉瓶装水进行品牌定制水推广，把优质菌类等特色优质农特产品引入澳门地区，帮助拓展市场。3月临夏鲜切荷兰玫瑰花直供澳门地区，实现临夏县产品直供澳门零的突破。同时，帮助了解客户市场需要，在南光集团本部、珠澳两地下属公司和在澳中资企业范围内进行推广和销售。发挥南光集团在珠澳举办各种大型展会的资源和优势，特邀禄劝及临夏两县参加展销会。11—12月，禄劝县5家企业参加南光集团在澳门举办的首届中国（澳门）国际高品质消费博览会，同时在集团属下酒店举办农副产品展销会，为禄劝县产品宣传及拓宽产品销路提供机会。积极帮助帮扶地区劳动力到澳门地区就业。发挥所属职介所桥梁纽带作用，积极动员合作企业优先招用帮扶地区劳动力，虽疫情下澳门各企业招聘务工人员均有所减少,但仍特别招聘禄劝县职业高级中学5名毕业生到澳门就业。结合国情教育,助力"一国两制"与乡村振兴紧密对接。南光集团先后组织澳门特别行政区立法会议员代表,澳门建筑置业商会、澳门供应商联合会、澳门石油业商会、澳门粤港澳大湾区青年协会等优秀青年学者代表赴临夏县,组织澳门特别行政区立法会议员、澳门中华民族文创学会会长携澳门民众愿景协会、澳门民众建澳联盟等代表赴禄劝县开展帮扶调研、教育帮扶和产业帮扶对接,实地感受国家脱贫攻坚的重大意义和巨大成就,通过国情教育引导澳门地区同胞爱国爱澳、坚定"一国两制"制度自信,增加对国家的政治认同、情感认同,号召广大澳门同胞主动认识并参与国家乡村振兴战略的伟大实践。

[南光(集团)有限公司 欧阳铭聪 欧秀珊]

中国电气装备集团有限公司定点帮扶

【概述】 2022年,中国电气装备集团有限公司(以下简称"中国电气装备")定点帮扶陕西省麟游县,聚力组织领导、"五大振兴"、工作创新,发挥重组合力,赴定点帮扶县调研指导38人次,投入无偿帮扶资金500万元,培训基层干部、技术人才和致富带头人338人次,消费帮扶金额476万元,防返贫监测户已全部退出,圆满完成年度各项目标任务。

【帮扶资金投入】 2022年,中国电气装备投入无偿帮扶资金500万元。其中,投入237万元用于发展产业、延伸产业链;投入130万元用于健康帮扶项目;投入80万元改善农村居住环境;投入20万元用于帮扶培训;投入20万元实施救助;投入13万元用于文化帮扶。

【帮扶调研】 中国电气装备董事长、分管领导及所属各级企业领导先后38人次赴麟游县开展实地调研督导,深入调研帮扶项目运行情况,为定点帮扶工作指方向、定措施。根据麟游县实际需求,在年初投入240万元的基础上,追加260万元无偿帮扶资金投入,增加3个定点帮扶项目,帮助提升农业技术水平和改善基层医疗基础设施。帮扶干部平均每月入户40户,解决群众关心问题32个,让群众感受到组织温暖。

【产业振兴】 依托企业管理经验,在经营过程中帮助指导村集体经济、帮扶企业解决实际问题,实施精益生产,开拓外部市场,转变经营思路。试点种植适合麟游县地理环境的黑色玉米20亩,为乡村种植产业发展探寻新出路。建设完工有机肥加工厂、生物质颗粒加工厂,打造循环经济体,走可持续发展之路。捐资160万元实施智慧蔬菜温室建设项目和供港澳蔬菜种植大棚改造项目,提升农产品产出效益、发展现代农业。帮扶培育的麟游蜂蜜入选农业农村部农产品质量安全中心2022年第二批全国名特优新农产品名录。

【人才振兴】 按照"缺什么、补什么"的原则,培训338名基层干部、技术人才和致富带头人。结合援建项目用工需要,开展针对性劳动技能培训,帮助60余名不能外出务工群众就近务工。推动所属西安技师学院招生宣传,畅通当地毕业生就学通道,资助困难学子38人,招聘麟游籍大学毕业生2名。

【生态振兴】 投入80万元,完成万家城村太阳能光热取暖二期项目,累计实现96户居民冬季清洁取暖。投资建设有机化肥社区工厂二期项目,有效解决养殖场污粪污染问题。持续推动"厕所革命",累计修建卫生厕所145户。落实"六包"责任制,帮扶的万家城村成功创建陕西省美丽宜居示范村、市级乡村振兴示范村、县级美丽村庄红旗村。

【组织振兴】 坚持"扶志"与"扶远"相结合,中国电气装备党委书记、董事长赴定点帮扶县调研,以亲身感受为麟游县镇村党员干部讲专题党课,在思想上引导党员干部推动党的二十大精神在定点帮扶县落实落地。组织所属先进基层党支部与帮扶村党支部进行共建联建,积极开展爱心捐赠、道德讲堂、教育帮扶、管理提升、志愿服务等活动。

【文化振兴】 投入13万元,积极打造"书香麟游",捐资建设万家城村便民图书室及党员活动室,捐赠5000余册图书。建立社会主义核心价值观和乡村振兴战略宣传长廊,绘制孝文化墙,安装仿古围栏等。开展组织村老年自乐班,利用村口广场组织乘凉晚会,安装健身器材,丰富村民业余生活。

【消费帮扶】 发挥重组资源优势,统筹协调,着力在消费帮扶上下功夫,印发《关于做好2022年消费帮扶工作的通知》,统筹利用职工福利、食堂采购渠道,提前部署春节、中秋节等重要节日消费帮扶工作,购买脱贫县产品476万元。在央企消费帮扶平台搭建中国电气装备馆,完成麟游县帮扶农产品上架,在职工食堂设置麟游产品销售专柜,策划实施首次直播带货活动,进一步拓宽农产品销售渠道。

【健康帮扶】 投入130万元用于实施麟游县中医院特色康复中心项目建设、为麟游县级医院配备两辆救护车并投入使用,助力改善农村医疗基础设施条件,满足当地大骨节地方病较多的康复需求。

【民生帮扶】 通过建立小清单、制定小公约等系列举措,提升麟游县乡村治理水平。通过村集体经济分红补贴全体村民养老保险、医疗保险缴费总额的10%,实施网络免费入户工程且每年每户送电话费。2022年,万家城村防返贫监测户7户33人已全部退出。帮扶村无辍学学生,安全住房、安全饮水达100%,新型合作医疗、大病保险实现全覆盖,"两不愁三保障"5项核心指标全部达标。

(中国电气装备集团有限公司
党委工作部　钱罗权)

中国国新控股有限责任公司定点帮扶

【概述】 2022年,中国国新控股有限责任公司(以下简称"中国国新")深入学习贯彻习近平新时代中国特色社会主义思想,坚决落实中共中央、国务院决策部署,按照国务院国有资产监督管理委员会部署和国家乡村振兴局要求,加强组织领导、加大帮扶力度、创新帮扶方式,在落实帮扶资金和项目、开展消费帮扶和组织专项人才培训等方面积极开展工作,全力助力湖北省利川市乡村振兴。中国国新围绕产业、人才、消费帮扶等领域,扎实推进各项帮扶任务,不断创新帮扶方式,切实提高帮扶实效,高质量完成年度任务目标。全年实施帮扶项目27项,累计向利川市投入帮扶资金1321万元(含无偿和有偿),引入帮扶资金2325万元(含无偿和有偿);共计29人次赴利川市开展现场调研考察;帮助利川市有关方面顺利对接中粮集团有限公司、中国医药集团有限公司等中央企业,助推当地茶叶、中药销售达2300万元;培训当地基层干部377人次、技术人员125人次、乡村振兴带头人147人次,推动利川市乡村振兴工作走深、走实。

【帮扶资金投入】 2022年,中国国新直接捐赠帮扶资金821万元。在助力产业振兴方面,投入90万元,用于利川市民族文化产品和特色农副产品展示中心运营,进一步提高利川市特色农副产品知名度;投入80万元,用于汪营镇团合村党群活动中心一层车间扩建,帮助团合村培育新型农业经营主体,提供更多劳动岗位,让村民分享产业增值收益;投入60万元,用于利川生物医药产业园规划展示厅主体建设,促进招商引资。在助力人才振兴方面,投入80万元,用于开展乡村基层干部、乡村振兴带头人、相关专业技术人才等综合能力提升培训项目,提升各类人员综合素质,助力人才振兴。在助力文化振兴方面,投入130万元,用于优化利川市中小学信息化教学软硬件,提高利川信息化教育水平;青年职工捐款捐物近万元,用于在儿童节前夕举办公益捐赠活动,为利川市团合村生活困难儿童送上节日祝福和礼物。在助力生态振兴方面,投入90万元,用于建设利川市诸天村村民综合服务中心,为村民提供高效便捷、优质贴心的服务;投入50万元,用于修缮改造利川市民族实验幼儿园食堂,为全园师生提供安全可靠的就餐环境;投入70万元,用于毛坝镇双河村生产生活用路硬化,解决村民生产和出行难题,为道路两侧茶叶种植与运输提供便利;投入10万元,用于团合村基础设施建设、慰问品捐赠、村民就医等,提高村民生活质量;投入150万元,用于利川市有关医院DRG或DIP精细化管理服务试点项目,促进利川市医保基金日常支付管理的科学化、规范化。在慈善帮扶方面,投入10万元,用于救助利川市先天性心脏病儿童患者,帮助患儿构建健康人生新起点。

【帮扶调研】 加强与利川市的交流互访,中国国新及所属企业先后7次成立调研组,共计29人次赴利川市调研定点帮扶工作,其中1次为公司领导带队调研。2月,利川市市长带队到中国国新走访座谈,围绕全面推进利川市乡村振兴和年度重点帮扶项目深入开展研讨。11月，中国国新党委委员、副总经理一行赴利川市考察调研，指导和检查年度帮扶项目进展情况，听取国新健康等重点帮扶项目汇报，现场参观利川生物医药产业园规划展示厅、团堡镇黄泥坡村智农蔬菜产业园等项目，实地走访中国国新驻村第一书记所在的凉雾乡诸天村，与利川市委、市政府召开乡村振兴示范村基层座谈会，共同研讨交流乡村振兴工作。其间，所属中国国新证券股份有限公司与利川市政府签订"一司一县"结对帮扶合作协议。

【帮扶会议】 先后召开党委会、总经理办公会研究年度帮扶资金预算安排，保持过渡期帮扶力度不减。3月，召开党委会专题研究年度帮扶任务计划，要求准确把握定点帮扶工作新形势、新要求，加强组织领导，压紧压实帮扶责任，持续助力利川市特色产业提质增效，推动教育、医疗和农村环境条件改善，进一步提升定点帮扶工作质量。中国国新党委研究制订《2022年度定点帮扶工作计划》，明确全年工作计划，逐项细化资金使用方案，对资金投入、责任单位、完成时限等予以明确，层层压实帮扶责任，推动重点帮扶项目尽快实施，全力推进帮扶利川市工作落实落地。

【帮扶培训】 积极助力人才振兴，加大培训与人才支持力度。捐赠80万元用于开展乡村基层干部、乡村振兴带头人、相关专业技术人才等综合能力提升培训项目，提升人员综合素质，助力人才振兴。4月，所属中国国新基金管理有限公司派人为利川市开发区、招商服务中心、湖北利川振业发展有限公司干部职工百余人讲授私募股权基金知识，就当地产业基金设立与市场化运作等提供咨询和建议。协调利川市基层干部145人参加"十四五"时期我国开发区体制机制改革新趋势培训、利川市财政局企业国有资产交易专题培训。8月，先后协助利川市委组织部组织全市村（社区）党组织书记培训班，培训利川市基层党组织书记147人；利川市委党校秋季专题培训班培训利川市基层干部73人；浙江大学继续教育学院乡村振兴能力提升培训班培训利川市基层干部59人。中国国新驻村干部在团合村组织月嫂培训、中药材加工培训，共计培训125人。

【干部挂职帮扶】 共有4名干部在利川市挂职工作，分别担任利川市副市长、利川市财政局副局长、利川市经济开发区管理委员会副主任、驻村第一书记。他们积极履职、无私奉献，深入基层一线做好帮扶工作，把自己当作真正的利川人，真心实意为当地群众办好事做实事，获得当地政府肯定和群众好评。其中，挂职利川市副市长扎根利川市9年，荣获"全国脱贫攻坚先进个人"称号，被授予2022年湖北省利川市"候鸟"人才特别贡献奖。

【帮扶慰问】 积极主动对接中华慈善总会，连续两年无偿救助利川市先天性心脏病儿童患者，帮助患儿构筑健康人生新起点。中国国新团委在儿童节前夕举办"凝聚青力量，点亮'微心愿'"公益捐赠活动，为利川市团合村生活困难儿童送上节日祝福和礼物。

【产业帮扶】 积极助力产业振兴，推动利川市优势产业继续做大。捐赠90万元用于利川市民族文化产品和特色农副产品展示中心运营，进一步提高利川市特色农副产品知名度。捐赠80万元用于汪营镇团合村党群活动中心一层车间扩建，帮助团合村培育新型农业经营主体，发展壮大村集体经济，提供更多劳动岗位，让村民分享产业增值收益。捐赠60万元用于利川生物医药产业园规划展示厅主体建设，促进招商引资。通过保理业务提供金融服务，给予团合村新型农业经营主体500万元授信额度，缓解资金压力，保障药农及时收款、扩产增收。对接中粮集团有限公司等兄弟央企、生物医药领域优势企业、孚能科技（赣州）股份有限公司等被投企业赴利川市开展产业调研，探索项目合作，支持利川市实体产业发展。持续跟进中国国新入股的利川风电项目，将2021年分红反哺利川乡村振兴帮扶项目，发挥产业帮扶可持续效应。

【教育帮扶】 针对利川市部分山区教育资源匮乏、师资严重紧缺等问题，积极履行社会责任，结合利川市当地实际，充分发挥所属企业国新文化控股股份有限公司在教育信息化领域的产品、技术及平台资源优势，主动探索推进以"三个课堂"（专递课堂、名师课堂和名校网络课堂）为核心的精准教育帮扶模式，通过提供录播设备、互动管理平台、全连接智慧教学平台，以及构建跨区域教研模式等手段，有效缓解教育薄弱问题，助力文化振兴。帮扶项目共涉及乡镇5个、覆盖学校24所，有效巩固拓展脱贫攻坚成果，打通利川市教育均衡的"最后一公里"，激发帮扶地区内生动力，积极探索打造央企教育帮扶样板。

【文化帮扶】 捐赠90万元，继续帮助利川市在京运营民族文化产品和特色农副产品展示中心。自2019年展示中心设立以来，中国国新支持展示中心日常运营和销售宣传，坚持助力利川品牌建设和品牌推广，打造利川民族特色文化新名片。

【党建帮扶】 发挥所属驻利川乡村振兴工作队临时党支部战斗堡垒作用和派驻党员干部先锋模范作用。工作队每月组织学习习近平总书记关于乡村振兴的重要论述，与团合村党支部、驻定点帮扶地区的其他支部常态化开展党建联建、业务交流、调研走访活动，为利川市出谋划策、群策群力，争取更多资源支持。工作队充分利用业务微信群、村镇宣传栏等载体，宣传脱贫攻坚和乡村振兴相关政策，在团合村积极开展技能培训、疫情防控、趣味运动等专题活动，团结凝聚人心，让党的惠民政策普及到村民。

【社会帮扶】 立足定点帮扶地区实际，再次联合中华慈善总会开展利川市先天性心脏病儿童无偿救助活动，对未满18岁孩子做先天性心脏病筛查和救治，累计已为203位儿童进行面诊和心脏B超，确诊的22人已到中国人民解放军总医院进行免费手术治疗。此次无偿救助活动是中国国新联合多方社会力量开展定点帮扶工作的有益探索，活动竭力帮助患儿及其家庭摆脱疾病困扰，构建健康人生新起点。

【健康帮扶】 继续助力利川市公共服务建设，依托所属上市公司国新健康保障服务集团股份有限公司，捐赠150万元用于利川市有关医院DRG或DIP精细化管理服务试点项目，提升相关医院病案数据质量，促进利川医保基金日常支付管理的科学化、规范化。积极主动对接中华慈善总会，连续两年无偿救助利川市先天性心脏病儿童患者，帮助患儿构建健康人生新起点。

【特色帮扶】 牢牢把握国有资本运营公司功能定位，将运营公司平台优势与利川市团合村当地需求相结合，针对团合村种植黄连品质好的特点，适应合作社中药材初加工实际，持续加大基础设施建设，畅通黄连"运输路"；引入长期稳定采购药企，拓宽黄连"销售路"；运用金融科技优势为合作社授信，稳定黄连"金融路"。统筹当地产业选择、资金筹措、技术支撑、产销对接、利益联结等多种要素，发挥中国国新驻村干部的积极作用，主动作为，精准帮扶，逐步探索出一条"选对路、促产能、帮到位"的乡村振兴帮扶路径，为助力当地振兴"全国黄连基地"贡献中央企业力量。

【帮扶宣传】 充分拓展内外部资源，统筹利用自有阵地，积极拓宽外部渠道，宣传利川市帮扶工作成果。2月,"学习强国"平台发布《从"三个课堂"出发,用心丈量教育均衡的最后一公里》一文,深入报道中国国新在利川市教育帮扶行动中的积极探索。中国国新案例"打造教育数字化帮扶新模式,助力利川教育优质均衡发展"入选《中央企业助力乡村振兴蓝皮书(2022)》优秀案例集。

(中国国新控股有限责任公司
党群工作部　高洁儒)

中国国民党革命委员会中央委员会定点帮扶

【概述】 2022年,中国国民党革命委员会中央委员会(以下简称"民革中央")认真学习中共二十大精神,以习近平总书记关于"三农"工作的重要论述为指引,贯彻落实中共中央、国务院关于坚持做好中央单位定点帮扶工作的各项部署,坚决扛起定点帮扶政治责任,发挥自身优势,创新帮扶举措,加强工作指导,督促政策落实,提高帮扶实效,全力助推贵州省纳雍县巩固拓展脱贫攻坚成果和全面推进乡村振兴。

【帮扶资金投入与管理】 2022年,民革中央在纳雍县直接投入帮扶资金684.38万元,引进帮扶资金682.36万元。完善帮扶资金和项目管理办法,对通过中山博爱基金会捐赠的资金,按照基金会内部有关章程和资金管理规定,进行公告公示,强化监督检查,安排专业机构进行资金审计,加强和规范帮扶资金的使用。按照《民革中央机关选派驻村第一书记工作经费资金管理办法》,规范驻村工作经费使用。

【帮扶会议】 民革中央主要负责同志2次组织召开定点帮扶纳雍县工作专题会议。2月,在纳雍县召开定点帮扶助力乡村振兴工作推进会,总结2021年定点帮扶工作,部署2022年工作任务。会议期间,常务副主席带队赴纳雍县董地乡街上村实地考察乡村振兴示范点建设情况,听取部分民革省级组织开展乡村振兴示范点建设的情况汇报,并与纳雍县负责同志座谈。9月,在浙江省衢州市召开助推纳雍县美丽乡村建设现场会,组织北京等8个民革省级组织和纳雍县干部赴衢州市柯城区、衢江区实地考察学习美丽乡村建设做法和经验,进一步明确帮扶工作思路,科学有序地推进纳雍县乡村振兴示范点建设。

【帮扶调研】 组织有关领导、专家和企业家赴纳雍县开展调研和帮扶活动159人次,通过实地考察、召开工作座谈会等形式,与纳雍县共同研究新阶段定点帮扶工作,推动乡村振兴示范点建设。2月,民革中央主要领导赴纳雍县调研并召开定点帮扶助力乡村振兴工作推进会。8月,受民革中央领导委托,民革中央社会服务部负责人带队赴纳雍县调研,推进督导定点帮扶工作。

【帮扶培训】 发挥人才智力和联系广泛优势,调动各级组织和社会力量,结合纳雍县需求,提升各类干部人才培训实效,培训基层干部435人次、乡村振兴带头人90人次、各类技术人员1633人次,"基层法律明白人"246人次。在贵州省雷山县举办基层党政干部乡村振兴工作培训班,帮助基层党政干部明确工作思路,补齐能力短板;举办2期"助力乡村教育振兴深耕计划"教育培训班,帮助纳雍县中小学校长和教师提高教育管理和教学水平;邀请知名中医专家赴纳雍县开展针刀技术培训并为脱贫群众义诊;组织民革党员中的法律专家,针对纳雍县基层司法工作人员、村(社区)"两委"班子成员、村民小组长等基层治理参与者开展法治培训,培养一批"基层法律明白人"。

【干部挂职帮扶】 7月,按规定完成挂职干部轮换,继续选派1名处级干部到纳雍县挂任副县长,负责对接民革中央帮扶纳雍县方面工作,协助分管乡村振兴、脱贫成果巩固和招商引资工作;继续选派1名中共党员干部到纳雍县玉龙坝镇岩脚社区任驻村第一书记,强化基层党建,推进乡村振兴。民革中央挂职干部尽职尽责,勤勉务实,深入基层,关注民生,聚焦巩固拓展脱贫攻坚成果同乡村振兴有效衔接开展帮扶工作,受到地方干部和群众的认可。

【产业帮扶】 坚持以市场化产业化为导向,积极招商引资、招才引智,帮助纳雍县农产品加工产业延长链条,提质增效。帮助纳雍县引进福建新锐包装有限公司食品容器制罐厂,项目投资1000万元,达产后日制罐30万个,解决脱贫人口就业30人。协调仲恺农业工程学院与纳雍县达成合作,共同探索开展现代农业科技研发及成果转化新模式的科技合作,优化种植养殖模式,打造文化品牌。

【教育帮扶】 联系民革上海市委会"博爱·新纪元"助学基金资助纳雍县45名高一新生到四川省广元外国语学校就读,共资助3个年级纳雍籍学生125人学杂费、食宿费、奖学金等534.75万元;在纳雍县开展"小手牵小手"助学活动,资助纳雍县173名中小学生助学金和物资折款72.66万元。联系福建省逸仙教育基金会出资50万元,用于昆寨乡小学和幼儿园完善基础设施。联系上海、江苏、安徽、山东等地民革组织和党员捐赠助学金和物资合计14.68万元。连续第六年通过中山博爱基金会出资举办"中山博爱夏令营"活动。8月,第六届"中山博爱夏令营"在纳雍县开营,民革中央邀请党员专家为80名当地少年儿童开设音乐、美术、足球、心理辅导等课程,并带教当地教师。11月,在纳雍县开展"一书一碟一剧"未成年人预防性侵公益宣教活动,受益学生3000余人。

【健康帮扶】 联系湖南省长沙市第一医院与纳雍县人民医院建立合作关系,选派纳雍县医院骨干医生赴长沙市进行为期3个月至1年的进修培训。民革中央和地方组织邀请医疗专家,通过专家讲座、义诊带教等形式,全年培训纳雍县医务人员164人次,义诊活动惠及当地群众200人次。

【消费帮扶】 持续开展"我为帮扶下一单"消费帮扶活动,号召民革全党通过"以购代捐""以买代帮"等形式,购买纳雍县等地区特色农产品,帮助当地群众将产品变商品、收成变收入。帮助纳雍县进一步拓展销售渠道,联系协调纳福康商城、中粮我买网、广东中洲农会网等电商平台,动员《团结报》、团结网、微信公众号和户外阅报屏宣传推介,组织形式多样的产销对接活动,帮助提高纳雍县等脱贫地区农产品销量。民革各级组织和广大党员全年购买纳雍县农产品140.55万元,帮助销售农产品3040万元。

【示范建设】 进一步强化对乡村振兴示范点建设的支持,在原有羊场乡曾底坝村等10个乡村振兴示范点基础上,增加董地乡新华村开展示范建设。通过中山博爱基金会对11个示范点每个给予50万元经费支持额度,年内拨付到位495万元,设计实施示范建设项目42个,类型涉及农村人居环境整治、基础设施改善、特色产业发展、民族文化传承等方面。

(中国国民党革命委员会
中央委员会社会服务部 艾 岩)

中国民主同盟中央委员会定点帮扶

【概述】 2022年,中国民主同盟中央委员会(以下简称"民盟中央")定点帮扶河北省广宗县。民盟中央以习近平总书记关于乡村振兴重要指示精神为指引,按照定点帮扶年度责任书要求,紧抓年度任务,采取针对举措,从产业帮扶、教育帮扶、医疗帮扶、文化帮扶入手,通过特色产业培育、专业技术人员培训、资金捐赠、帮助拓宽农副产品销售渠道等多种形式,积极推进广宗县定点帮扶工作。共投入帮扶资金516.5万元,其中直接投入帮扶资金173万元,引进帮扶资金343.5万元,超额完成年度帮扶工作计划。共完成县乡村基层干部培训50人次,乡村振兴带头人培训180人次,专业技术人员培训2150人次,均超额完成。赴定点帮扶县考察调研40人次,召开定点帮扶专题工作会2次,督促指导2次,发现问题3处,并形成督促指导报告1份。

【帮扶资金投入】 2022年,民盟中央累计直接投入帮扶资金173万元。主要直接投入为民盟盟员捐赠帮扶资金300万元,其中100万元用于直接投入帮扶广宗县发展;民盟中央机关工会全年共直接采购广宗县等贫困地区农副产品23.9万元,民盟中央直接拨款50万元在常阜村建设广宗县首座果品保鲜气调库,投资5万元用于爱心超市建设,发放慰问金3万元。协调引进帮扶资金343.5万元,用于广宗县社会各项事业发展。盟员企业家捐赠资金300万元,其中200万元用于广宗中小学教学设施改善和教师培训;北京情系远山公益基金会投入资金40余万元开展"联想科学课""县域高中成长计划"项目;与北京新东方公益基金会合作,向广宗县中小学教师免费开放价值65万元的心理辅导和家庭教育课程;携手中国乡村发展基金会在广宗县实施"童伴妈妈"项目,第一期资金32万元已经落实到位。协调澜之教育基金会,及时为广宗县捐赠价值近5万元的防疫物资。

【消费帮扶】 始终将产业帮扶作为定点帮扶工作的重点,努力夯实贫困群众自主稳定脱贫的产业基础。加大对广宗县及其他脱贫地区消费帮扶支持力度,通过下发《关于开展消费帮扶助力乡村振兴的通知》、发动线上工作群等形式,号召广大盟员积极购买脱贫地区特色农副产品。同时,协调东方甄选及山东、浙江盟员企业积极帮助销售广宗县、贵州省等脱贫地区农副产品。据不完全统计,民盟中央机关工会全年共直接采购贫困地区农副产品23.9万元,帮助销售农副产品8500多万元。

【帮扶调研】 民盟中央领导高度重视广宗县定点帮扶工作,民盟中央定点帮扶工作领导小组先后召开多次专门会议学习贯彻习近平总书记关于乡村振兴重要指示精神,研究制订《2022年民盟中央定点帮扶工作方案》及中期调整方案,对定点帮扶工作作出专门部署。民盟中央领导先后带队赴广宗县考察调研。民盟中央主席在广宗县考察调研时指出,民盟各级组织要深入学习贯彻习近平总书记关于乡村振兴的重要论述和中共中央决策部署,积极发挥民盟资源优势,在教育、产业等方面继续真情帮扶,进一步做好脱贫攻坚成果巩固,为全面实施乡村振兴战略提供坚强助力,用心、用力、用情为广宗县提供更多支持。民盟中央社会服务部按照民盟中央主席指示精神，与广宗县加强联系协调，通过线上协调会、实地调研、挂职干部情况反馈等方式，全方位了解广宗县实际需求，不断优化定点帮扶工作方案，并积极动员全盟力量，全力支持广宗县脱贫成果巩固和乡村振兴工作。

【教育帮扶】 为推进广宗县农村教育事业发展，民盟中央协调盟员企业家捐赠资金300万元，用于广宗县中小学教学设施改善和教师培训；与北京情系远山公益基金会合作，在广宗县12所小学开展"联想科学课"项目，为近千名小学生和任课教师提供优质双师直播科学课；与北京新东方公益基金会合作，向广宗县中小学教师免费开放心理辅导和家庭教育课程；携手中国乡村发展基金会在广宗县实施"童伴妈妈"项目，为当地留守儿童提供关怀和支持；携手北京星能公益基金会在广宗县第一中学开展"奥运冠军校园行"活动，奥运冠军亲自为广宗的体育教师授课指导，反响热烈。民盟中央还通过"新东方教师社会责任行""双师课堂"等项目，持续加强广宗农村教师培训和支教助学工作，全年累计培训农村中小学教师860余人次，受益学生3300余人次。

【健康帮扶】 持续做好医疗帮扶工作，协调北京大学肿瘤医院与广宗县医院建立结对帮扶关系，在医院管理、专科建设、人才培训等方面开展全方位帮扶，并持续做好民盟"天使工程"乡村振兴医师能力提升项目医学影像技师培训、村医培训、"天使健康行"义诊等医疗帮扶活动，进一步推动广宗县卫生事业发展。同时，时刻关注广宗县疫情防控形势，协调澜之教育基金会为广宗县捐赠价值近5万元的防疫物资。

【产业帮扶】 充分发挥自身智力资源优势，不断创新工作方式，协调中国农业大学盟员专家实施广宗"科技小院"提质增效项目，在常阜村新设"科技小院"1处，开展非洲雁养殖、无公害生姜种植等多项技术攻关，帮助当地引入大棚葡萄与非洲雁共养、阳光玫瑰、车厘子等先进生产技术和优良品种；持续做好"零距离、零门槛、零费用、零时差"的"四零"科技服务，面向农业龙头企业和农民群众，线上、线下同时发力，加强双线日常科技指导，努力推动企业增效、农民增收；充分挖掘当地人才潜力，发挥他们懂农业、知乡情的优势，积极培养懂经营、善管理的农村致富带头人，先后举办农业技术、电商培训15场，培训农业技术人员和群众1000余人次。

针对广宗县葡萄产业发展遇到的生产设施落后、产业链条缺失问题，捐资50万元在常阜村建设广宗县首座果品保鲜气调库，项目资金已经拨付到位，项目建设完成后当地葡萄、油蟠桃等水果销售期将延长3~5个月，根据以往的销售情况，阳光玫瑰葡萄的错季售价预计可提升15%~30%，同时气调库的聚集带动效应，也可为周边包装、物流等领域的小微企业、个体群众提供发展机会，直接或间接带动群众就业可达50~200人。此外，气调库划归村集体财产，也可使村集体年收入增加5万~6万元，提高为群众提供公共服务的财政保障能力。

【文化帮扶】 积极探索乡村文化振兴新模式，拨付10万元为常阜村捐建文化演出场所，协调民盟中央艺术团副团长、京剧名家到常阜村指导当地群众京剧文化活动，受到群众的热烈欢迎。为了充分调动当地村民的发展积极性，激发村民的内生动力，变"输血"为"造血"、变"送"为"奖"、变"被动接受"为"主动争取"，为常阜村捐资3万元设立爱心超市，助力乡风文明建设。

【智力帮扶】 发挥智力资源优势，在广宗县开展实施"科技小院"提质增效项目。"科技小院"项目组织中国农业大学教授级专家为人才支撑，由中国农业大学派出2~3名研究生长期驻点,把课堂和实验室搬到田间地头,驻点研究生与农民群众同吃、同住、同劳动,在作物生长的关键时期开展实时生产指导,并在农闲时节组织专门技术培训。"科技小院"打破农业技术推广"最后一公里"的屏障,做到住在小院随时找得到、行在地里随时看得见、下到田里及时给帮助,实现科研与生产、技术与农民的紧密结合,对推动当地特色农业产业发展、提高农民收入都起到积极的促进作用。

还将"科技小院"作为深入基层、深入群众的重要渠道,了解地方发展需求,倾听群众心声,结合地方实际制定有针对性的帮扶措施,积极服务定点帮扶地区乡村振兴事业。根据"科技小院"反馈的情况,先后捐资110万元用于广宗县常阜村村部和果品保鲜气调库建设项目,帮助群众解决公共服务、文化娱乐设施落后和果品保鲜存储困难等问题,有效提升当地葡萄、油蟠桃等水果种植产业的市场竞争力,村集体经济也有新的增收手段,为村民提供公共服务的能力也得到进一步增强,同时依托新建设施积极开展义诊、文化下乡等活动,农民群众的获得感、幸福感显著提升。

【干部挂职帮扶】 继续派出1名同志到广宗县担任挂职副县长。挂职干部在广宗县工作期间,认真履行工作职责,积极协调盟内外资源,全面对接民盟中央帮扶项目;疫情防控期间坚守岗位,积极参加一线防疫和帮扶工作;因工作突出,得到当地干部群众的一致好评,在年底考核中被评为"优秀"。

【驻村帮扶】 2021年5月,选派1名同志任北塘疃镇常阜村驻村第一书记,驻村开展对口帮扶及党建工作,2022年继续挂职工作。其扎根基层,任劳任怨,工作作风踏实,认真履行工作职责,积极协调盟内外资源,对接民盟中央帮扶项目,在协调联系、引资引智等方面做了大量工作,得到当地干部群众的广泛认可,在年底考核中被评为"优秀"。

【帮扶培训】 为做好乡村人才振兴,依托"科技小院"充分挖掘当地人才潜力,发挥他们懂农业、知乡情的优势,积极培养懂经营、善管理的农村致富带头人,先后举办农业技术、电商培训15场,培训农业技术人员和群众1000余人次。采取线上、线下相结合的方式,组织广宗县中小学教师参加在江苏省江阴市举办的"烛光行动——中小学校长培训班",并参加线上"新东方暑期责任行"等活动,累计培训农村中小学校长、教师860余人次;在广宗县实施名医义诊、民盟名医大讲堂等活动,积极开展基层医卫人员培训,提高基层卫生机构诊疗水平。

【督促检查】 陆续组织多个调研组对广宗县巩固拓展脱贫攻坚成果同乡村振兴有效衔接工作进行督促指导。在广宗县教育、农业、工业发展等多个领域进行深入广泛的调查和政策研究,发现一些政策执行过程中的新情况、新问题,并及时向广宗县进行反馈。

在广宗县教育发展上,民盟中央经调研发现广宗县中小学尤其是乡村学校依然缺乏定期的青少年素质教育课程;在教师培训、培养上仍然存在不足;教育资源上县域城区学校与各乡镇中小学差距较大,部分乡镇中小学生源和师资流失严重。针对发现的问题,民盟中央向广宗县反馈,引入和协调民盟等在内的优质教育资源,通过远程教学、现场授课等方式,实现优质教育资源共享;积极组织青少年素质教育教师培训等活动,助力广宗县教育发展。

在农业发展领域,民盟中央经调研发现,广宗县农业生产产值和附加值较低,农产品精细加工产业发展缓慢;农村电商产业和农产品商品化处理存在不足,缺乏通风储藏库、机械冷库等储存设施;农民的生产技能水平较低,依靠经验生产现象普遍;农业用水上面临季节性短缺问题。经与广宗县协调反馈,广宗县计划开展干制、腌制、熟制等农产品初加工,发展农产品精细加工,提高农产品附加值和加工转换增值空间;提高土壤创造的经济效益,适当引入生姜、花椒等经济效益较高的作物在沙土地种植;发展农村电商产业,鼓励新型经营主体和农户建设通风贮藏库、机械冷库等设施,提高农产品商品化处理和错峰销售能力,结合物流、冷链仓储、产品加工、包装标识等推动农业全产业链培育发展;加强对农民的技能培训工作,探索生物防治、土壤治理、轮耕轮作等生态农业措施,推行生态化农业和农产品的产业化发展,形成以点带链、以链扩面的良性发展局面;根据地理情况和区域遥感地图情况,选择合适的水道交会地点建立蓄水功能为主的水利设施,缓解农业用水问题。

在工业领域发展上,经调研发现,广宗县工业职业技能人才缺口较大,蓝领工人较为缺乏;产业自主创新能力较弱,传统产业和劳动密集型产业为主要产业方向;产业聚集程度低,发展成本高,工业园区的上、中、下游聚集性较弱。经与广宗县反馈,广宗县计划依托职业教育中心等教育机构,与当地企业合作培养具有一定技能的蓝领工人;推动当地企业产业升级,重视工业DIY和定制化概念,发展中高端自行车产品在内的个性化工业产品,实现工业产品高附加值;探索工业生产中新能源科技的引入和应用。

(中国民主同盟中央委员会　魏仕雯)

中国民主建国会中央委员会定点帮扶

【概述】 2022年,中国民主建国会中央委员会(以下简称"民建中央")深入学习贯彻中共十九大、十九届历次全会和中共二十大精神,贯彻落实习近平总书记关于"三农"工作的重要论述及对定点帮扶工作的重要指示批示精神,在中共中央统一战线工作部、国家乡村振兴局的指导下,积极应对疫情影响、努力调动全会力量、不断创新帮扶举措,高质量完成定点帮扶工作年度计划,助推河北省丰宁满族自治县(以下简称"丰宁县")巩固拓展脱贫攻坚成果同乡村振兴有效衔接。民建中央各级组织全年共16批次169人次赴丰宁县考察调研,实施帮扶项目96个,本系统直接投入帮扶资金(含无偿和有偿)4524.75万元,帮助引进各类资金(含无偿和有偿)136153万元,举办培训班培训12971人次,协调落实招商引资项目5个,促成项目投入落地金额1242.93万元。

【帮扶资金投入】 2022年,民建中央在丰宁县直接投入无偿帮扶资金3581.82万元,协调引进无偿帮扶资金553万元,直接投入有偿帮扶资金942.93万元,协调引进有偿帮扶资金13.56亿元。

【帮扶资金管理】 按照要求,就丰宁县巩固拓展脱贫攻坚成果与实施乡村振兴战略相衔接的主体责任落实、过渡期内防止返贫动态监测和帮扶机制建立、帮扶项目资金管理、工作落实、作风建设等方面的情况及"民建爱心超市"项目的落地运转情况等开展专项督导1次,形成督促检查报告2份,发现问题6个,提出意见建议6条,均已及时向当地党委、政府反馈。

【组织领导】 始终把对丰宁县的定点帮扶工作作为"一把手"工程,民建中央主席带头研究部署,主持召开专题工作会议,定任务、压责任,推动工作落实,全年共召开定点帮扶工作领导小组(扩大)会议、定点帮扶工作推进会等6次专题工作会。充分发挥定点帮扶工作领导小组作用,主席、副主席2人次赴丰宁县开展帮扶调研,进村入户了解情况,督促帮扶进展、解决实际问题,民建省级组织主委4人次(含副部级2人次)赴丰宁县落实帮扶项目。

【爱心超市】 延续和扩大"爱心超市"品牌的成效,各级组织全年捐赠价值1750.57万元的款物,保障"爱心超市"良性运转;联合下洼子村开展"美丽庭院""好媳妇""好婆婆"评选表彰,专门向村"爱心超市"捐赠奖品,民建中央副主席出席活动并向群众颁奖。

【光伏帮扶】 继续打造"聚光福"系列品牌,开展"聚光福 助振兴"亮化项目,投入114万元为丰宁乡村捐建太阳能路灯678盏,充分用好丰宁县光伏资源优势。

【产业帮扶】 聚力产业帮扶,投入农业产业帮扶资金1410.03万元(无偿帮扶资金205.1万元),帮助丰宁县发展燕麦、中药材、反季节蔬菜、乡村旅游等特色产业,扶持农业合作社12家,帮助建立帮扶车间7个,带动1000余户群众持续增收;持续推动丰宁抽水蓄能电站建设,电站投入项目建设资金13.53亿元,首批机组已于2月发电,工程建设每年拉动地方消费3000余万元。

【消费帮扶】 购买脱贫地区农产品544.98万元,帮助销售脱贫地区农产品11.25亿元,其中购买丰宁县农产品132.9万元,帮助丰宁县销售农产品4268.12万元。由中华思源工程基金会发起成立的中国电商乡村振兴联盟帮助其他脱贫地区销售农产品10.56亿元。

【防止返贫监测机制】 延续"一省帮一乡,全国民建帮丰宁"的结对帮扶工作机制,实行"月统计、季通报"制度,制订年度工作计划,编发3期《乡村振兴信息》,及时通报工作进展,压实帮扶责任,确保力度不减、推进有序、落实有力、扎实有效。

【脱贫成果巩固】 将巩固拓展脱贫攻坚成果作为定点帮扶工作的首要任务着力推进,全年聚焦"两不愁三保障"投入资金(物资)3984.04万元。其中,投入1652.51万元开展教育帮扶,实施"授渔计划·丰宁启航"3个课堂教师培训、"兜学兜会"智慧教育平台建设、"民建扬帆班""心愿100助学金""音乐教室""春华助学"等帮扶项目,还捐赠图书、文具、校服、书包等大量爱心物资;投入182.61万元开展医疗健康帮扶,实施"乡村卫生室提质升级""重点人群核酸检测监管平台服务系统建设""精神疾病患者救助"等帮扶项目,捐赠口罩、消毒液、B超机、心电图机、液体伤口敷料等医疗物资;投入254.8万元帮助改善住房和人居环境,实施"低收入家庭问题房屋修缮"、"聚光福"路灯亮化、"村庄卫生环境整治"、"村道水泥硬化"等帮扶项目,帮助建设2座文化广场、修缮1处红色文化遗址;投入57万元助力饮水安全,向天桥镇龙潭村捐赠1台一体化污水处理设备。

【就业帮扶】 结合丰宁县产业发展和群众就业需求,坚持以线下为主、线上线下相结合的培训模式,邀请师资资源、提供资金保障,开展"乡村振兴"主题讲座,组织农村电商、种植养殖、家政服务、养老护理、中式面点、手工编织等实用就业技能培训和教师、医生等人才培训36次,累计培训1.3万人次。

【乡村治理】 投入资金499.28万元,开展村庄环境整治和绿化美化等民生项目,帮助改善居住环境和生活条件,提升村容村貌。根据丰宁县需求,邀请有关部委河湖水利环保专家赴潮河、滦河源头,调研流域环境综合治理及生态环保建设,助力丰宁打造"最美两河源头"。

【驻村帮扶】 选定2个村作为乡村振兴示范点,以结对帮扶为基础,以挂职干部和党支部结对共建为纽带开展帮扶,取得初步成效。在丰宁增加1个乡村振兴示范点,在原有两名干部分别挂任副县长和驻示范村第一书记的基础上,再增派3名优秀年轻干部,担任示范点驻村工作队员,全面参与乡村振兴示范点建设。以机关党支部与示范村支部结对共建为基础,推动各级组织、会员企业等开展各种类型的结对共建,提高党建水平和帮扶成效。同时,引导帮扶力量重点向3个示范村倾斜,动员各级组织和广大会员广泛参与示范点建设,全年向3个村投入帮扶资金393.1万元,开展帮扶项目16个,打造具有一定规模和影响力的示范项目,进一步增强示范效应、扩大示范影响。和地方党委、政府合力将3个村打造成民建定点帮扶"责任田"中的"示范田",力求探索总结出可推广复制的乡村振兴模式。

【帮扶表彰】 对2020年以来在定点帮扶工作中事迹突出、成效显著的141名个人和49个集体进行表彰。

【帮扶宣传】 10月,"民建爱心超市"被国家乡村振兴局列入社会帮扶助力巩固拓展脱贫攻坚成果同乡村振兴有效衔接第一批典型案例。7月,受邀在2022年第一期中央单位定点帮扶工作示范培训班上作典型发言。

(中国民主建国会中央委员会 赵思源)

中国民主促进会中央委员会定点帮扶

【概述】 2022年,中国民主促进会中央委员会(以下简称"民进中央")定点帮扶贵州省黔西南布依族苗族自治州安龙县。民进中央深入贯彻习近平总书记关于定点帮扶工作的重要指示精神,严格落实"四个不摘"重要指示要求,协调民进各级组织,联系社会各方力量,直接投入无偿帮扶资金423.87万元;引进无偿帮扶资金1239.32万元,引进有偿帮扶资金2003.24万元;培训安龙县人员,其中教师、医卫及其他技术人员13978人次,基层干部8869人次,乡村振兴带头人181人次;购买脱贫地区农特产品23.32万元;帮助销售农特产品54424.75万元。

【帮扶资金投入】 2022年,民进中央协调各级组织和社会力量投入资金5905.99万元,其中直接投入帮扶资金574.27万元,帮助引进资金3242.56万元,完成招商引资2089.16万元。

【组织领导】 民进中央主席主持召开3次民进中央定点帮扶工作领导小组会议,学习习近平总书记关于定点帮扶工作的重要指示精神,贯彻落实中共中央统一战线工作部统一战线定点帮扶工作通报会精神,研究、部署、总结定点帮扶工作和民进参与乡村振兴工作。民进中央定点帮扶工作领导小组办公室每月召开工作会议落实推进定点帮扶工作。民进中央常务副主席等领导带队到安龙县调研,主持召开定点帮扶工作座谈会,考察民进中央帮扶项目,实地调研巩固拓展脱贫攻坚成果同乡村振兴有效衔接情况。民进系统全年共有138人次到安龙县调研。

【干部挂职帮扶】 加强与受援地政府沟通协调,推动挂职干部兼任招商、农业等县直部门领导职务加强锻炼,帮助脱贫群众发展产业、扩大就业。与定点帮扶县开展干部双向交流,安龙县选派干部赴民进中央跟岗交流,有利于提高沟通实效,进一步夯实帮扶工作基础,有效推动帮扶项目落地完成。

【产业帮扶】 聚焦招商引资,为引进新项目牵线搭桥。协调安徽、重庆、广东等民进会员企业赴安龙县开展招商引资对接,共同参与安龙县产业帮扶,全年累计完成招商引资2089.16万元。加大已有产业项目投资发展协调力度,助力帮扶县产业稳步发展,通过就近务工、产业分红等方式带动群众增收。推动安龙温氏畜牧有限公司持续投入生猪养殖产业,创新发展模式,培养新型职业农民;推动会员企业参与发展铁皮石斛和中药材种植,提升安龙县特色优势农产品的影响力。

【消费帮扶】 围绕产业振兴开辟帮扶新模式。开展"以产促销、以销稳产、增收致富"的产销对接活动,探索出有效的产业帮扶"三种模式"。"产销一体化"模式,协调推进生猪养殖、铁皮石斛等安龙县主产业帮扶,实现销售3.56亿元;"渠道采购"模式,协调河北美食林商贸集团有限公司等会员单位帮扶,采购包括安龙县在内的脱贫地区农产品8840万元;"消费助农"模式,开展"安龙农产品走进民进——我为消费助农下一单"直播带货活动,实施"直播带货一小时""消费促销一周""坝盘村农产品采购一整年"等3项联动消费助农活动,协调开明商城、大汉福利等合作平台帮扶,下发

《关于开展"安龙农产品走进民进——我为消费助农下一单"系列活动的通知》《民进消费助农活动倡议书》,帮助销售安龙县和其他脱贫地区农产品4856万元。

【防返贫监测】 以教育为切入点,依托各省级组织"彩虹结对"关系,构建爱心服务网络,深化"控辍保学"成果。加大对留守儿童、困难家庭子女、残疾人员等群体的教育、技能服务支持力度,全年共资助困难学生298名。协调慈善组织开展针对原建档立卡贫困户学生的"同心·彩虹行动"、针对困难优秀高中生和事实孤儿的"贝壳"助学活动和"小海豚关爱计划"及针对建档立卡户的困难学生的救助计划。

【脱贫成果巩固】 以教育为抓手,定期收集"控辍保学"信息,依托各省级组织与乡镇结对关系,根据需要进行重点帮扶,巩固脱贫攻坚成果。聚焦乡村振兴示范村困难群体,开展送温暖慰问活动,向坝盘村全村158户村民发放价值37446元的春节慰问物资,发放慰问金共计8000元。全年帮助巩固提升"三保障"和饮水安全保障水平投入资金1449.41万元。

【就业帮扶】 推动民进职业教育单位、就业平台面向安龙县学生开放,帮助安龙县困难初中毕业生接受职业教育并实现就业,协调安龙县6名困难家庭学生赴上海市电视中等专业学校、上海开放大学学习深造,毕业后进行岗前培训签订就业意向书,可选择留沪就业,并将受助学生范围扩大到贵州金沙苗族布依族自治县、紫云苗族布依族自治县,资助三县14名学生。

【社会帮扶】 协调开明慈善基金会安龙定点帮扶定向捐款75.38万元,资助开明讲堂2万元;协调北京明伦公益基金会安龙定点帮扶捐资助学22.55万元。协调北京青爱教育基金会捐赠价值1027.11万元的青爱线上健康教育课程和价值8.66万元的青爱小屋;协调陶行知教育基金会捐赠价值138万元教学设备。

【教育帮扶】 继续深化"同心·彩虹行动"。发挥优势,点面结合,分解责任目标,促进安龙县基础教育水平提升,全年共计培训安龙县教师13683人次。发动名校名师强化师资培训。以"引进来"和"走出去"形式开展针对帮扶学校的教师教学培训指导,结合当地教学需求,采取建立"师徒"关系、创设名师网络工作室、开展线上研修指导等方式,同时帮助改善教育教学条件,强化课堂教学、课程共享、学校管理的帮扶指导,搭建常态化教师交流平台。开展"组团式"教育帮扶。由大学教授和研究生、著名国手和一线教练员、裁判员、北京名校民进支部组成帮扶团队,参与名师送教、篮球公益行、教师课堂评价等项目。积极助力搭建教育平台。协调北京师范大学教师教育研究中心采用"启师在线"项目,委托兴义民族师范学院依托共建成果开展"同心·彩虹行动"中小学(幼儿园)骨干教师培训,协调民进河北省委员会开展"烛光计划"线上书法培训、"追光教育"学校后勤管理培训等,持续探索人才培训新路子。为乡村教育多做贡献。继续实施助力原52个挂牌督战县乡村教师三年(2020—2022年)公益培训计划,累计培训骨干教师985人;参与中共中央统一战线工作部定点帮扶县教师培训工作,培训黔西南布依族苗族自治州晴隆县教师103人次。

【文化帮扶】 积极推进文化项目,助力提升乡村文化建设。推动搬迁社区移风易俗,协调开明慈善基金会在安龙县蘑菇小镇继续开设"开明感恩道德讲堂"和"开明新生活超市",累计服务新市民24101人次。助力少儿阅读能力提升,开展"开明书架进班级——少儿阅读水平提升计划",覆盖安龙县八所学校小学一至六年级,受益学生7763人,投入善款74.38万元。助力非物质文化遗产保护工作,传承好民族服饰文化。协调北京服装学院参与民族服饰文化的保护和传承,助力坝盘村民族文化陈列馆建设。

【帮扶培训】 在线基层干部培训,组织会内外知名专家就"县域经济发展""宏观经济""共同富裕战略"等专题举办"开明讲堂"系列讲座,邀请民进中央专门委员会和参政议政特邀研究员等知名专家学者,为基层干部开展系列讲座,培训基层干部8833人次;线下基层干部培训,协调民进四川省委员会和民进浙江省委员会举办乡村振兴培训班,培训基层干部36人;乡村振兴带头人培训,以家庭农场建设为抓手培养新型职业农民和乡村振兴带头人181人次。

【乡村治理】 助力村基础设施建设,在安龙县坝盘村捐建"开明·同心文化广场""开明·同心篮球场"等开明系列标识设施,打造民进帮扶特色。推动乡村治理和乡风文明工作,实施坝盘好人积分卡项目。通过发放积分兑换礼品的方式,鼓励村民参与村人居环境整治、疫情防控、安全巡逻等乡村治理工作。助推集体经济发展,发动各级民进组织和会员通过村合作社购买农特产品,帮助村集体增收。协助共建基层组织,落实民进中央机关党支部和村党支部共建协议,搭建共建平台;策划村"开明之家"建设,打造民进和党支部共建实践基地、多党合作示范基地。

【体育帮扶】 在贵州省安龙县、金沙县等地实施"组团式"篮球培训帮扶,共在贵州省金沙县、安龙县、兴义市举办3批篮球教练员培训班,培训学员318名,在金沙县第二中学、安龙县春潭街道第一小学、万峰湖镇民族小学共培训青少年学员326名。拓展新帮扶项目。北京市篮球运动协会为万峰湖镇民族小学捐赠专业室外篮球场。为当地教育提供智力支持。北京市篮球运动协会联引中国建筑设计研究院有限公司组建专家团队赴安龙县开展实地调研,为安龙加油书院设计和篮球场馆打造提供专业指导。为帮扶工作注入活力。为安龙县录制短视频,获得高频转载。在2022贵州安龙加油"荷"动季中开展花式篮球表演,举办"加油安龙"篮球友谊赛等活动。

(中国民主促进会中央委员会
社会服务部 项旭兵)

中国农工民主党中央委员会定点帮扶

【概述】 2022年,中国农工民主党中央委员会(以下简称"农工党中央")定点帮扶贵州省大方县。农工党中央以习近平新时代中国特色社会主义思想为指导,深入学习贯彻习近平总书记关于深化定点帮扶工作的重要指示精神,全面落实《中共中央办公厅 国务院办公厅关于坚持做好中央单位定点帮扶工作的意见》,立足"大方县所需、农工党所能",举全党之力,发挥党派优势,助力定点帮扶大方县巩固拓展脱贫攻坚成果,全面推进乡村振兴。

农工党中央主席、农工党中央定点帮扶工作领导小组组长亲自率队赴大方县开展定点帮扶工作调研。农工党中央副主席、农工党中央定点帮扶工作领导小组副组长3次赴大方县开展定点帮扶工作调研和督促指导工作调研。2022年,农工党各级组织共有30批次430人次赴大方县开展帮扶活动;对大方县直接投入无偿帮扶资金1055.1193万元,直接投入有偿帮扶资金111.86万元;引进无偿帮扶资金700万元,引进有偿帮扶资金60万元;培训乡村基层干部100名,培训乡村振兴带头人52名,培训专业技术人才3659名;购买和帮助销售脱贫地区农产品134万元,圆满完成各项任务。在中央单位定点帮扶工作成效考核评价中被评为"好"等次。

【帮扶资金投入】 2022年,农工党中央通过引资、捐资和协调资金、物资等方式,对大方县投入帮扶资金1926余万元,其中直接投入无偿帮扶资金1055.1193万元,直接投入有偿帮扶资金111.86万元;引进无偿帮扶资金700万元,引进有偿帮扶资金60万元。购买和帮助销售大方县等脱贫地区农产品134万元。

【帮扶调研】 1月,农工党中央主席、农工党中央定点帮扶工作领导小组组长亲自率队赴大方县从民生保障、产业项目、教育事业等方面深入基层一线了解情况,开展乡村振兴调研,为全年定点帮扶工作谋篇布局。分管定点帮扶工作的副主席,3次前往大方县调研、指导工作,部署年度重点工作,亲自协调、督办重点项目,要求全党各级组织切实扛起帮扶责任,全力以赴抓好任务落实。

【帮扶会议】 通过中央常委会、主席会议、主席办公会议和定点帮扶工作领导小组会议,研究制订定点帮扶大方县工作计划。通过党务工作会议、定点帮扶工作座谈会、社会服务工作骨干培训班、农工党党员民营企业家座谈会等,部署落实定点帮扶大方县有关工作。

【帮扶培训】 在浙江大学举办"大方县2022年城镇提质与规划管理专题培训班",全方位、多角度地拓宽学员视野、启发学员思维,让大方县有关部门的50名领导干部在政策解读和典型案例中汲取先进经验,为今后的工作实践精准赋能。在上海交通大学举办"全域旅游开发与文旅升级专题培训班",助力大方县提升旅游开发能力水平,推进文旅融合发展,大方县52名干部参加培训。支持大方县举办2022年统战干部业务能力提升培训班,40余名统战工作分管领导或业务骨干参加为期4天的培训。支持大方县举办民营经济人士、新的社会阶层人士主题教育能力提升培训班,培训民营经济人士、新的社会阶层人士40人次。

组织专家为大方县卫生专业技术人员开展"临床常见危重病识别与处理"线上培训。大方县3家县级医疗卫生机构、26个乡镇卫生院、4个社区卫生服务中心、23家民营医院和部分村卫生室一线医务人员共1434人参加培训。组织开展大方县乡村能人和专业技术干部线上培训班,保障农业农村产业发展,共培训50人。

【干部挂职帮扶】 选派农工党中央机关2名优秀干部到大方县挂职,分别挂任大方县副县长、凤山乡羊岩村驻村第一书记。挂职副县长在大方县协管乡村振兴工作,充分发挥身处帮扶一线联络协调作用,落实农工党中央在大方县各项定点帮扶项目。驻村第一书记以加强基层党建为根本,以建设"双好双强"村党支部为目标,以壮大村集体经济、进一步增加村民收入和提升乡村环境综合治理水平为抓手,着力解决羊岩村巩固拓展脱贫攻坚成果同乡村振兴有效衔接工作中的短板问题,打造乡村振兴示范村。

【产业帮扶】 继续实施"同心圆博爱家园乡村振兴项目",打造"永不关门的银行"。通过无息借款、鼓励捐赠、透明运作、循环使用的方式,帮助有发展产业愿望又有一定能力的脱贫户劳动致富,激发内生发展动力。继续推动"生计金"滚雪球式发展。多方筹措,协调汇聚50万元注入"生计金"资金池,推动猕猴桃、魔芋、小龙虾等特色产业做大做强。安排"生计金"200万元,按照每个试点两年期20万元的额度,支持大方县10个基层党支部领办的农业合作社,助力乡村产业发展。

【教育帮扶】 根据大方县教育需求,在大方县举行2022年暑期中小学教师全员培训活动,安排农工党党员专家分别做"新高考对基础教育的影响"和"情绪决定成败"讲座,共培训2230名教师。继续加强对大方县低收入家庭子女的援助,其中捐赠助学款现金24.2万元,笔记本电脑、平板电脑等教学物资价值合计约147.8万元。此外,农工党中央与广州天河区整合中央单位和东西部协作单位资源,合力帮扶对江镇元宝小学。为提升教学质量、加强软硬件建设,协调350余万元资金改建校舍,广州天河区协调300多万资金改善营养餐。以元宝小学和大方天河实验学校为试点,积极开展"引苗"计划,发动广州市足球协会到元宝小学选材加入广州女足梯队,并代表两地球队夺得多个冠军。大方县元宝小学女足改变命运的励志帮扶故事被拍成纪录片,亮相世界足坛,对外讲好中国故事,被《人民日报》授予2021年"社会责任奖"。

【文化帮扶】 "请进来"。在农工党中央书画院指导下,农工党重庆市委会书画院赴大方县开展"弘扬文化力量 助推乡村振兴"书画交流活动,与大方县文学艺术界联合会领导,大方县书法家协会、美术家协会开展座谈,共同助推乡村振兴,共绘大方县文化蓝图。"走出去"。经农工党中央书画院、农工党中央文体委沟通联系,协调大方县美术家协会主席、大方县农民画传承人等参加国家艺术基金"西部少数民族青年中国画创作人才培养项目",希望以点带面,以优秀的艺术创作继续为家乡的文化发展做出贡献。

【生态帮扶】 协调推动贵州省生态环境厅在大方县凤山乡和羊场镇实施单株碳汇项目。共计挂牌树木13万余株,惠及农户359户,可为受益农户增加40.85万元收入。在贵州省2022年全国低碳日实践活动中,认购总金额34.8万元。积极为大方县争取地方政府新增一般债券项目农村污水治理及生活垃圾处理资金700万元。在大方县羊场镇、凤山乡羊岩村、六龙镇新丰村三地实施农村生活污水处理及资源化利用项目试点。向大方县凤山乡捐赠一台价值215万元的分层温控无动力小型生活垃圾热解装置,帮助凤山乡建设生活垃圾热解处理中心,提高群众生产生活质量。

【健康帮扶】 推动四川大学华西医院赋能大方县,助力大方县医疗服务质效双提高。在农工党中央的推动下,四川大学华西医院与大方县人民医院签署帮扶协议,大方县人民医院加挂"四川大学华西医院协作医院"牌子,聘任华西医院专家为学术院长、副院长。四川大学华西医院将采用"领办+帮扶"模式,在加强学科建设、建设建强专业技术人员队伍和提升医院管理水平等方面提供切实帮助,把更多优势资源带到大方县,切实打造一支"带不走的华西团队",更好为当地患者提供优质的医疗卫生服务,加快推进大方县医疗卫生事业高质量发展。在"2022届中国医院竞争力排行榜"系列榜单中,大方县人民医院从全国1万多家县级医院中脱颖而出,首次入列中国县级医院500强,贵州省仅9家医院上榜。延伸"强直性脊柱炎健康乡村救助项目",普惠更多群众。该项目首批在大方县试点成功,在帮扶大方县的同时,已在毕节市七星关区、金沙县、赫章县、织金县等地开展活动,通过毕节市红十字会共捐赠500万元,并分批次按进度拨款,累计筛查800余人,义诊173人,救治114人。农工党中央及各级组织高度关注支持大方县疫情防控工作,向大方县捐赠抗疫物资价值约672万元,为大方县全面打赢疫情防控阻击战、歼灭战贡献农工党力量。

【特色帮扶】 以大方县凤山乡为试点,打造乡村振兴样板乡。通过问诊、查房、带教、中医技术培训等医疗服务促进凤山乡卫生院发展。捐赠实施安全饮水及农业灌溉水肥一体化项目,完成500亩猕猴桃种植基地水肥一体化灌溉项目和两所学校及乡卫生院安全饮水改造。投资280万元在凤山乡店子村建立60个大棚水产智能化养殖基地。联系北京协和医学院设立农业职业防护实践基地,为大方县农业产业高质量发展提供基础保障。在驻村第一书记所在的羊岩村,建立"羊岩羊"特色养殖品牌,投入111余万元,培育致富带头企业,将惠及全村群众403户1429人,带动农户每年增收1200元以上。协调专业团队,为羊岩村制定旅游规划,帮助当地将"绿水青山"变"金山银山",打造乡村文化旅游试点村。

【帮扶宣传】 通过农工党中央网站和微信公众号广泛宣传定点帮扶工作,在党刊《前进论坛》以专刊形式讲好定点帮扶故事,团结引领农工党党员参与定点帮扶工作;定点帮扶成果"精准医疗爱心行动织密基层健康防护网"和"同心全科医生特岗人才计划为基层培养健康守门人"作为优秀案例在人民网2022乡村振兴创新案例中展示;定点帮扶成果"聚力脱贫攻坚,重塑美好笑颜"作为优秀案例在人民网2022健康中国创新实践典型案例中展示。

(中国农工民主党中央委员会
社会服务部 徐朝阳)

中国致公党中央委员会定点帮扶

【概述】 2022年,中国致公党中央委员会(以下简称"致公党中央")定点帮扶重庆市酉阳土家族苗族自治县(以下简称"酉阳县")。致公党中央坚持以习近平新时代中国特色社会主义思想为指导,坚决贯彻落实中共二十大精神和中共中央关于巩固拓展脱贫攻坚成果同乡村振兴有效衔接、做好定点帮扶工作有关部署,在中共中央统一战线工作部指导下精准发力,扎实做好对酉阳县定点帮扶工作。

【帮扶资金投入】 2022年,致公党中央在酉阳县投入帮扶资金280.42万元,引进帮扶资金413.85万元。

【帮扶会议】 围绕定点帮扶工作召开主席办公会议3次、乡村振兴工作会议3次、专题帮扶项目座谈会2次,与酉阳县有关领导面对面座谈1次。克服疫情影响,多次与酉阳县举行视频会议,沟通具体帮扶事项,推进帮扶项目加快落实。全年共组织赴酉阳县开展调研和帮扶71人次,在调研过程中坚持目标与问题导向相结合,与酉阳县共同研究解决发展过程中的相关问题,提出意见建议,推动定点帮扶工作高质量落实,助力酉阳县巩固拓展脱贫攻坚成果同乡村振兴有效衔接。

【帮扶制度建设】 印发助力酉阳县等地区巩固脱贫攻坚成果聚力乡村振兴项目计划,制订《2022年致公党中央对重庆市酉阳县乡村振兴定点帮扶工作计划》,强化帮扶合力。制定《致公党省级组织及中央直属江西支部参与致公党中央开展乡村振兴帮扶工作评价办法》,首次对致公党各省级组织参与定点帮扶工作进行综合评价,进一步明确工作责任,强化央地协同。

【帮扶培训】 为酉阳县培训基层干部960人次,培训教师、医生、致富带头人等各类技术人员1330人次。举办致公党中央第四期乡村振兴培训班,邀请酉阳县基层干部赴福建省福州市参加培训,现场学习福州市乡村振兴实践经验;定期举办"致公大讲堂",开展酉阳县基层干部常规培训;举办"西部地区产业振兴培训班",帮助酉阳县培养产业致富带头人;指导"致公电商创业园"注册"致西职业技术培训学校",实施酉阳县农村电商人才"金种子工程"培训4期,直接带动酉阳县农民工返乡"创业潮";实施"致福青少年足球专项培训活动",为酉阳县6所学校11支足球队提供专业培训。举办"提升服务能力,助力乡村振兴"专题培训班,引导致公党党员、机关干部在参与"致西合作"事业中更好地提升服务能力,助力乡村振兴。

【干部挂职帮扶】 挂职干部、驻村第一书记积极发挥作用,加强与酉阳县相关部门的协调配合,持续打造酉阳县板溪镇杉树湾村乡村振兴示范点,不断完善"致惠"系列帮扶工作布局,助力发展紫山药和中华蜂等数字种植养殖业,落实杉树湾村便民服务中心提档升级、村居环境改善等帮扶项目,切实提高帮扶成效。

【基础设施建设】 围绕打造乡村振兴示范点,在酉阳县板溪镇杉树湾村开展太阳能路灯"点亮工程"、垃圾分类、文化广场、村卫生室建设等帮扶项目,帮助改善基础设施条件和村民生产生活环境。

【产业帮扶】 结合酉阳县实际,发挥民主党派联系广泛和智力密集优势,加大对油茶产业和电商产业的帮扶力度。致公党中央副主席率队赴国家林业和草原局走访,为酉阳县油茶产业发展争取支持;搭建油茶专家工作群,为酉阳县油茶产业发展汇聚人才力量;开展油茶产业发展论文征集活动,形成《致公党中央助力重庆市酉阳县油茶产业发展论文汇编》等理论成果。升级电商帮扶模式,指导"酉好货"电商帮扶平台、"致公电商创业园"规范经营,挂牌成立"致福农民工返乡创业园",培育各类网企、网店80多家,带动美工、客服、打包员、快递员等300余人就业。

【文化帮扶】 在酉阳县板溪镇杉树湾村绘制"艺术赋能乡村振兴"民居墙画,开展致公文明超市物品捐赠和致公书屋捐赠,协调建设乡村振兴致富学堂,通过营造村庄文化氛围、丰富村民精神生活,助力村庄生态文明、精神文明建设,提升村庄治理效能。

【教育帮扶】 拓展提升"致公科普中心"品牌项目,帮助酉阳县天馆初级中学建设致公科普中心,制订科普中心提质升级培训计划并联系师资,培训学校管理人才。联系香港青年社团、韬奋基金会、华夏心理集团、致公出版社,以及上海、福建、云南、辽宁等致公党省级组织,向酉阳县捐赠体育器材、教学设备、图书、服装等共计137万元。举办"致公党中央帮扶酉阳中小学心理健康教育座谈会(视频)",组织北京师范大学师资力量赴酉阳县开展青少年心理健康帮扶。

【健康帮扶】 组织医疗团队赴酉阳县开展"致福送诊",指导酉阳县中医院创建"三甲"医院,累计开展活动11人次,诊疗患者3700余人次,捐赠药品、图书12万元,受到当地群众广泛认可。推动在酉阳县建设"致公名医工作站",开展名师带徒、院校合作、科室建设等系列帮扶。联系重庆爱尔儿童眼科医院,为酉阳县940余名小学生开展近视防控宣讲、公益眼健康检查、爱心眼镜验配等系列活动。

【消费帮扶】 广泛动员致公党各级组织和致公党党员开展消费帮扶,形成"四季购"消费帮扶工作模式,超额完成消费帮扶计划任务。2022年直接购买酉阳县农产品533.18万元,帮助销售酉阳县农产品1175.11万元。

【帮扶宣传】 全面加大定点帮扶乡村振兴宣传力度,先后在《人民政协报》《团结报》等媒体刊发致公党中央电商惠农助力酉阳乡村振兴、发展智慧农业、开展医疗帮扶、消费帮扶、致公科普活动中心建设等方面的宣传报道,积极讲好多党合作故事。酉阳县返乡农民工掀起电商"创业潮"帮扶工作被《重庆日报》关注报道,取得良好社会反响。完成《携手共圆脱贫梦——"致酉合作"三十周年纪念》图书出版和"致酉合作"图片布展,总结宣传"致酉合作"典型经验和先进事迹。依托海创论坛,向致公党海创企业家推介酉阳县生态旅游和文化资源,为定点帮扶酉阳县工作凝聚更多力量。

(中国致公党中央委员会
社会服务部 于 雷)

九三学社中央委员会定点帮扶

【概述】 2022年,九三学社中央委员会(以下简称"九三学社中央")认真学习贯彻习近平总书记关于巩固拓展脱贫攻坚成果、全面推进乡村振兴的重要讲话和指示精神,坚决落实中央单位定点帮扶工作部署要求,始终秉持"旺苍所需、九三所能"的工作原则,统筹整合资源,创新帮扶举措,围绕"五大振兴"目标和要求,扎实推进产业、教育、医疗等各类帮扶项目。全年共组织开展调研和帮扶活动23场次190余人次;协调引进帮扶资金2685.49万元,投入各类帮扶资金803.895万元;培训基层干部450名教师、医生等专业技术人才1146名;组织各级社组织和社员购买脱贫县农产品69万余元、帮助销售脱贫县农产品460万余元,为旺苍县经济社会高质量发展作出了积极贡献。

【帮扶资金投入】 2022年,九三学社中央直接投入帮扶资金803.895万元,其中在大竹、福临等4个村投入资金50万元发展食用菌、中药材种植和黄牛养殖等产业;协调北京大北农科技集团股份有限公司捐赠60万元建设"大北农旺苍县振兴小学";协调深圳市吉尊玛慈善基金会开展助学活动,捐赠55.7万元助学金,并联合深圳市志愿服务基金会、深圳市幸福西饼慈善基金会开展"阳光少年公益行"爱心活动,捐赠价值90万元的新课桌和棉服;协调九三学社广州市委员会捐资15万元开展"红城助学、逐梦远航"助学活动;协调九三学社浙江省委员会捐资30万元用于"同心树人"奖学奖教活动;协调九三学社上海市委员会捐赠价值40万元的减压赋能机器仓;发放广东省依依关爱儿童基金会助学金10万元;九三学社中央机关干部捐资12250元持续开展"一对一"捐资助学;协调浙江社员企业捐资75万元用于安装太阳能路灯,升级改造村委会日料中心、妇女儿童之家、残疾人康养中心;协调深圳市裕同公益基金会在旺苍县人民医院"九三·裕同"眼科中心投入资金301.9万元用于医院医疗设备更新升级;协调北京九三王选关怀基金会和中国光华科技基金会捐赠价值15万元的抗疫生活物资;协调九三学社深圳市委员会、深圳市裕同公益基金会捐赠价值39.5万元新冠病毒抗原检测试剂盒;投入资金3万元在国华镇开展农村卫生室建设,投入资金10万元在三江镇和东河镇开展日间照料中心建设,投入资金5万元开展白内障免费治疗"亮康行动";九三学社中央机关和工会购买旺苍县农副产品2.57万元。

【帮扶调研】 始终高度重视定点帮扶工作,九三学社中央主席在九三学社中央全会、主席办公会议、战略研讨会等重要会议上研究部署定点帮扶工作,并多次对帮扶工作作出具体指示,强调全社上下要把做好定点帮扶工作作为一项重要的政治任务,要不断强化政治责任、使命担当和行动自觉,严格按照中共中央工作部署,扎实做好帮扶各项工作。副主席亲自推进定点帮扶工作落实,克服疫情影响带队赴旺苍县农产品扶贫中心、黄洋镇金华村、高阳镇双午村和东河镇福临村,调研农村电商发展、畜禽养殖、猕猴桃种植、中蜂养殖和村集体产业发展等情况,并组织召开九三学社中央定点帮扶助力旺苍乡村振兴工作座谈会,对

2022年定点帮扶工作进行安排部署。九三学社中央副主席要求旺苍县委、县政府坚持和加强中共中央的全面领导,有效提升农村基层组织化程度;坚持以新发展理念统领乡村振兴工作全局,把《中华人民共和国乡村振兴促进法》落实落地;充分发挥集体经济组织在乡村社会建设中的主体作用,在壮大村集体经济中更好地实现共同富裕;落实主体责任,做到疫情防控和经济社会高质量发展两手抓,运行好防止返贫动态监测和帮扶机制,落实好过渡期各项帮扶政策措施,防止出现规模性返贫。

【帮扶培训】 充分发挥人才荟萃、智力密集、联系广泛的优势,动员各方力量赴旺苍县开展各类专业技术人才培训活动。其中,围绕乡村振兴重点难点问题,邀请农业农村部专家为旺苍县450名干部作题为《推动新型农村集体经济发展壮大》的辅导报告,为农村集体经济发展壮大"把脉问诊",助力旺苍县创建新型农村集体经济示范区;针对产业发展中存在的具体问题,两次组织专家为60余名中蜂养殖大户和农村致富带头人开展集中授课、现场教学、对口指导等多种形式的技术培训,为特色产业发展、群众增产增收提供科技支撑;组织浙江专家开展语文教研线上培训,为嘉川小学30余名教师作教学示范引领;组织天津专家为680余名中小学班主任和新入职教师开展线上专题教学培训;持续打造"九三名医工作室",邀请北京医疗专家到旺苍县人民医院、旺苍县中医医院及部分乡镇卫生院开展"服务百姓健康"义诊活动,并为346名医护人员开展专题培训。

【干部挂职帮扶】 2021年6月,选派两名优秀机关干部分别挂任旺苍县副县长和福临村驻村第一书记,为期两年。两位干部认真落实九三学社中央各项帮扶任务,扎实推进帮扶项目,主动协调对接社组织和社员到旺苍县开展调研帮扶,对九三学社中央做好定点帮扶工作发挥积极作用。

【产业帮扶】 把实施多党合作乡村振兴示范项目、开展特色产业帮扶作为助推旺苍产业振兴、村集体经济发展壮大的重要抓手,连续多年选点实施产业项目,帮助完善产业链条、增加产业链值,助力旺苍县打造"好品牌"、培育"好产业"。2022年在大竹、福临等4个村投入资金50万元,指导成立农村专业合作社,引导群众发展食用菌、中药材种植和黄牛养殖等产业,帮助健全完善"农户+合作社+村集体"联农带农利益联结机制,有效促进脱贫人口和村集体经济持续增收;协调农业龙头企业赴旺苍县考察投资,促成北京大北农科技集团股份有限公司与旺苍县人民政府签署合作协议,帮助发展特色农产品种植和肉牛羊养殖等产业;持续号召各级社组织和广大社员积极参与消费帮扶,组织协调社员企业以直播带货的形式帮助脱贫县销售农产品。

【党建帮扶】 把驻村第一书记所在福临村作为帮扶工作重点村,围绕乡村发展、乡村建设、乡村治理等重点工作,以强化党建为抓手,广泛开展多种形式帮扶共建活动,助力发展新型农村集体经济、集中解决群众"急难愁盼"问题,帮助福临村"谋发展、抓建设、强治理",创建市级乡村振兴示范村。其中,支持驻村第一书记举办首届"好村民"评选活动,并联合北京文化传媒公司捐赠3050册"童心向党"红色教育图书;支持驻村第一书记举办"优秀党员先进事迹报告会""我为群众办实事""铭初心 感党恩 喜迎二十大"等庆"七一"主题党日活动,为党的二十大胜利召开凝聚共识与力量;组织开展村"两委"班子负责人和致富带头人乡村振兴外出学习考察活动,助力增强乡村振兴工作本领;在福临村投入20万元资金用于肉牛养殖,帮助发展壮大村集体经济;协调资金支持发展软籽石榴、枇杷种植,肉牛养殖产业,在实践中探索党支部领办村集体经济合作社的发展模式;动员东部地区社组织、社员开展面向福临村"一事一议"定向捐赠,协调资金30万元安装路灯、对村委会阵地进行升级改造。

【特色帮扶】 为促成九三学社萧山区基层委员会和旺苍县基层委员会开展结对共建,确定"提升参政履职能力、促进创新协调发展、推动精准有效帮扶"结对共建主题,共同开展"一会一课一调研、一村一叶一平台、一校一室一基地"九大项目,以萧山、旺苍两地社组织共建为抓手,持续深化东西部协作和定点帮扶合作,开展有效精准帮扶、落实落细工作任务,以"互不见外"的合作,创造"喜出望外"的成果;针对旺苍县域医院眼科医疗资源严重不足,无法满足当地群众看病需求的难题,九三学社中央整合社内外资源在旺苍县人民医院共建"九三·裕同"眼科中心。通过"领导高位推动""建立规范工作机制""逐步提升硬件水平""加强人才队伍建设""持续开展'光明行'活动""开展健康科普及白内障筛查"等6个方面的工作,不断提高旺苍县眼健康医疗管理和服务水平,为县及周边群众提供更为优质、高效、便捷、安全的眼健康医疗服务;协调深圳市眼科医院专家到旺苍县人民医院"九三·裕同"眼科中心开展挂职带教,支援地方医院专科发展,不断增强人民群众的获得感、幸福感、安全感和认同感。

【帮扶宣传】 认真总结各级组织和广大社员积极参与帮扶旺苍县大事要事,并以文件形式下发到各省(市)予以通报表扬。其中,把踊跃参与帮扶工作的组织和社员纳入2021—2022年九三学社社会服务工作先进集体和先进个人的表彰名单,以激励更多组织和社员投身帮扶工作;通过九三学社中央网站和微信公众号、"九广合作"网站等媒体累计刊发50余条定点帮扶新闻稿件,联合旺苍县人民医院在其公众号刊发5期"旺苍九三·裕同眼科中心新技术"专题文章,扩大定点帮扶工作的社会影响力。

(九三学社中央委员会　董　刚)

台湾民主自治同盟中央委员会定点帮扶

【概述】 2022年,台湾民主自治同盟中央委员会(以下简称"台盟中央")深入贯彻落实习近平总书记关于巩固拓展脱贫攻坚成果同乡村振兴有效衔接的重要指示精神,突出抓好调查研究、人才培训、消费帮扶等3项重点工作,努力克服新冠疫情不利影响,积极统筹协调,创新举措,将对口贵州省赫章县各项定点帮扶工作任务落到实处,取得良好效果。台盟中央向赫章县直接投入帮扶资金60万元,引进帮扶资金30万元;发挥党派智力资源优势,开展5期"筑梦"系列培训班,累计培训985人次,其中县乡村基层干部40人、乡村振兴带头人150人、专业技术人才795人;组织专家、企业家、台湾同胞61人次赴赫章县开展实地调研5次,其中班子成员带队开展调研和督促检查工作1次;选派1名机关干部到赫章县挂职,直接参与乡村振兴相关工作,派驻1名驻村第一书记,重点打造乡村振兴示范村;购买脱贫地区农产品6.5万元,帮助销售农产品3万元。从产业发展带动、教育人才培养、医师技能提升、示范品牌项目建设等多角度发力,助力赫章县全面推进乡村振兴。

【帮扶资金投入】 2022年,台盟中央通过聚合全盟力量,对赫章县直接投入帮扶资金60万元,引进帮扶资金30万元。

【帮扶会议】 4月,召开2022年台盟中央社会服务工作视频会议,传达学习统一战线定点帮扶工作专题会议精神,制订并通过了《2022年台盟中央开展定点帮扶工作实施方案》。5月,台盟中央社会服务部与赫章县委、县政府有关部门召开定点帮扶工作协调会,调研了解帮扶工作开展情况,研究部署下一步工作。

【干部挂职帮扶】 选派财务处四级调研员到赫章县挂职赫章县委常委、副县长,主抓台盟中央在赫章帮扶工作落地实施;选派联络部四级主任科员担任平山镇农庄村驻村第一书记。

【疫情防控】 第一时间筹措资金40万元,分别捐赠给毕节市、赫章县用于支援抗疫工作,为当地夺取疫情防控和经济社会发展双胜利做出贡献。

【帮扶培训】 组织赫章县各乡镇及各部门共40人前往浙江大学开展"走进乡村振兴示范省,学习乡村振兴浙江经验"专题培训,助力赫章县夯实人才振兴基础。开展教育卫生专业技术人才培训,帮助他们拓宽视野、增强本领。创新调整培训方式,把原计划的出省培训改为线上、线下相结合的方式举办,由安徽医科大学专家进行远程视频授课,由贵州省内医科院校组织进行实操教学;协调赫章县教育局开展"筑梦师者"培训班,保障培训工作圆满完成,共计培训教师、医生等专业技术人才795人。

【"六一"慰问】 在赫章县开展"六一"捐赠慰问系列活动。台盟中央副主席通过视频方式致辞,由挂职干部代表台盟中央向赫章县5所小学捐赠学习用品、教学用具及中长跑训练专用器材,总价值15万元,进一步帮助赫章县部分中小学补齐教育短板,发展山区青少年特色运动,推动新时代青少年全面发展。

【搭建交流平台】 广泛动员广大台湾同

胞参与乡村振兴事业。组织台盟成都支部盟员、台湾同胞16人赴赫章县开展"矢志不渝跟党走,携手奋进新时代"主题教育,让台湾地区青年亲身体验脱贫攻坚伟大成就和中国特色新型政党制度优势;协调台湾地区青年、企业向赫章县农庄村捐赠月饼等慰问品。

【产业振兴】 坚持"产业为先"的思路,组织专家赴赫章县开展实地调研,对产业发展情况进行多次论证,帮助明确产业发展方向。协调资金20万元注入乡村振兴示范点——平山镇农庄村集体合作社,投入天麻产业,作为产业示范,并带动村民自发投入资金80余万元。联合多个部门举办乡村振兴带头人——天麻技术专题培训班,培训各村天麻产业带头人150余人。

【文化振兴】 进一步弥补赫章县城市公共文化服务短板,营造全民阅读良好氛围,台盟中央积极推进文化振兴示范项目"同心城市书房"建设,多次实地调研项目施工进度。经过半年多精心施工和筹备,书房于年底正式投入使用。

【生态振兴】 抢抓"双碳"战略实施机遇,进一步发挥毕节市国家储备林项目的碳汇优势,台盟中央与中国林业集团有限公司签订课题委托合同,开展贵州省赫章县林业碳汇开发助力乡村振兴实现机制研究,论证建设毕节市国家储备林项目碳汇交易机制的可行性,希望通过推动建立碳汇综合开发利用平台,发挥赫章县林业资源优势,推动当地在生态振兴与产业振兴融合发展上开新局。

(台湾民主自治同盟中央委员会 刘沈韬)

中华全国工商业联合会定点帮扶

【概述】 2022年,中华全国工商业联合会(以下简称"全国工商联")坚持以习近平新时代中国特色社会主义思想为指导,深入贯彻落实习近平总书记关于定点帮扶工作重要指示精神,按照统一战线定点帮扶工作座谈会要求,不断增强定点帮扶工作的责任感和使命感,务实推动帮扶举措落地见效,助力贵州省织金县巩固拓展脱贫攻坚成果同乡村振兴有效衔接。

【帮扶会议】 2月,召开全国工商联定点帮扶工作会商会,深入学习习近平总书记关于定点帮扶工作指示精神,聚焦巩固脱贫攻坚成果同乡村振兴的有效衔接,与织金县一起分析现状,理清发展思路,细化工作举措,推进定点帮扶工作。

4月,召开2022年定点帮扶织金视频对接工作会议。织金县介绍有关情况,开展招商引资项目推介,居然之家新零售集团股份有限公司董事长、千喜鹤集团董事长、依文集团董事长、北京联东投资(集团)有限公司董事长等13位企业家作针对性对接交流发言,北京联东投资(集团)有限公司等企业达成一批帮扶意向。

8月,全国工商联定点帮扶暨创建"万企兴万村"典型县座谈会在织金县召开。会议明确要凝聚全国工商联、贵州省工商联合会、毕节市工商联合会和织金县委、县政府合力,把织金县建设成为巩固拓展脱贫攻坚成果的典型县、推进全面乡村振兴的典型县、160个国家乡村振兴重点帮扶县实现经济社会高质量发展的典型县、"万企帮万村"向"万企兴万村"有效衔接的典型县。

【组织领导】 5月,召开第六次主席办公会专题研究定点帮扶工作,听取关于做好2022年定点帮扶工作的总体考虑,研究定点帮扶工作思路,部署下一步工作。会议调整全国工商联定点帮扶工作领导小组人员组成,凝聚合力推进工作。会议明确以将织金县建设成全国"万企兴万村"行动典型县为目标,以织金县新"五个一"请求事项作为今后一段时间重点工作内容,结合全国工商联优势协调多方力量,帮助织金县推介项目,组织相关企业赴织金县考察投资,探索县域"万企兴万村"行动有效推进的路径和模式。

【项目帮扶】 经全国工商联协调推进,达成一批帮扶项目:北京联东投资(集团)有限公司围绕中石化织金50万吨/年PGA项目的上下游产业,在织金县合作建设特色产业园区;居然之家新零售集团股份有限公司拟投资金额8亿元,在织金县建设乡村振兴商业综合体;蚂蚁科技集团股份有限公司通过"百县百品"助农活动等扶持织金县乡村振兴产业发展;网商银行通过开展普惠金融合作,助力当地"三农"和小微企业发展;抖音集团(香港)有限公司助力当地发展特色产业,培育品牌,培训数字人才,扶持数字就业;北京本来工坊科技有限公司开展农产品产销合作,意向销售金额超2000万元;依文集团开展文旅和绣娘工坊合作;中跃能源(福建)有限公司拟投资7亿元建百万吨级的硅基新材料基地;江苏宗意坊金属新材料有限公司拟投资1.2亿元建设固废原石膏处理生产线。抖音集团(香港)有限公司联引的数字标注中心、中跃能源硅基新材料和宗意坊固废原石膏处理3个项目已实现落地，到位资金达1.5亿元。

【公益帮扶】 加大公益帮扶力度，募集1700余万元意向善款，开展定点帮扶公益项目，助力织金县巩固拓展脱贫攻坚成果。拨付500万元支持织金县疫情防控，协调复星国际有限公司为织金县优先供应移动核酸检测方舱等检测设备，动员依文集团捐赠价值20余万元防疫物资。捐赠300余万元，帮助织金县编制县域乡村振兴空间布局规划，选择基础条件较好的20个村庄编制"多规合一"规划，为织金县典型县创建和未来乡村振兴战略实施画好蓝图。动员用友网络科技股份有限公司面向160个国家乡村振兴重点帮扶县捐赠"用友智村"平台，将织金县作为第一批应用地区，总价值约200万元。此外，全国工商联还捐赠200万元支持猫场镇龙潭村乡村示范点发展樱桃和河虾等集体经济项目。捐赠39.2万元支持黑土镇韭黄等集体经济项目。协调北京三快在线科技有限公司捐资120万元帮助织金县建设11个山区幼儿园运动场，改善办园条件，提高教学水平。协调深圳市腾讯计算机系统有限公司（以下简称"腾讯公司"）捐赠100万元支持猫场镇龙潭村小学基础设施建设。协调江苏省乡村发展基金会捐100万元支持龙场镇提升人居环境。协调广州市白云区民营企业捐赠20万元重点巩固"两不愁三保障"薄弱环节。

【智力帮扶】 举办全国工商联国家乡村振兴重点帮扶县小微企业经营者培训班，培训织金县小微企业经营者等150人，助力小微企业降成本、渡难关、稳发展。举办织金县乡镇干部培训班，培训织金县乡镇干部40人，进一步提高乡镇干部理论素养、开阔思维眼界、提升能力素质。协调腾讯公司将培养织金县致富带头人纳入腾讯公司丰收好物"小镇创业家"全域经营能力培养计划，培训50名织金县返乡创业人员，以及电子商务、特色产业从业人员，提升参训人员农产品数字营销能力，依托腾讯公司资源支持县域农产品品牌推广。协调蚂蚁科技集团股份有限公司举办"数字木兰"民宿管家培训计划第70期（织金县）培训班，培训织金县25名女性乡村文旅从业人员。协调抖音集团（香港）有限公司联引镇江嘉创网络科技有限公司在织金县易地扶贫搬迁安置小区惠民街道投资建设乡村数字标注中心，为附近居民提供免费职业培训，2022年累计培训120名"AI数字标注训练师"，提供近百个就业岗位。

【消费帮扶】 购买贫困地区农副产品18.98万元，用于干部职工福利，其中织金县3.75万元。积极帮助脱贫地区帮扶产品做好产销对接，拓宽销售渠道，通过全国工商联消费扶贫运营中心"联成e家"销售脱贫地区农产品1.24亿元，其中织金县1893.6万元。动员蚂蚁科技集团股份有限公司发挥平台优势，通过支付宝"百县百品"助农活动等，助力160个国家乡村振兴重点帮扶县、欠发达县培养特色农产品品牌，引入流量，增加销量。2022年共计完成8站主题活动，品牌曝光量超15亿，助销农产品3793万元。其中，织金县专项活动期间上架辣椒、皂角米、竹荪、猕猴桃等9个特色农产品，传播曝光量超7400万，7.2万人次购买近5万千克特色农产品，销售总额超103万元。

（中华全国工商业联合会　林原羽）

2022年中央单位定点帮扶情况统计表

单位名称	定点帮扶县名称	选派帮扶干部数量/人	赴定点县考察/人次	本单位直接投入（含无偿和有偿）/万元	帮助引进各类资金（含无偿和有偿）/万元	培训情况/人次
中共中央纪律检查委员会、中华人民共和国国家监察委员会	雷波、马边（四川）	5	24	1176.8	28947.26	8071
中共中央组织部	舟曲（甘肃）；台江（贵州）	7	8	1350	11467.8	8414
中共中央宣传部	耀州（陕西）；科尔沁右翼中旗（内蒙古）	4	33	224	3542.37	553
中共中央统一战线工作部	赫章、晴隆、望谟、三都（贵州）；积石山（甘肃）	6	321	2771	4234	5670
中共中央对外联络部	行唐（河北）	2	1	290.67	2829.75	467
中共中央政法委员会	扎赉特旗（内蒙古）	3	2	180	172300	9800
中共中央网络安全和信息化委员会办公室	佛坪（陕西）	1	1	362.2	5807.1	690
中共中央委员会台湾工作办公室	广河（甘肃）	2	4	46.9	845.1	506
中共中央外事工作委员会办公室	彭水（重庆）	1	15	17.38	4103	714
中共中央机构编制委员会办公室	化德（内蒙古）	3	4	379.46	12362.21	1250
中共中央和国家机关工作委员会	平山、临城、阳原（河北）；宁武（山西）	13	2	362	18737	1782
中共中央党校（国家行政学院）	武邑（河北）；安远（江西）；大关、墨江（云南）	12	71	740	38683	4520

续表

单位名称	定点帮扶县名称	选派帮扶干部数量/人	赴定点县考察/人次	本单位直接投入（含无偿和有偿）/万元	帮助引进各类资金（含无偿和有偿）/万元	培训情况/人次
中共中央党史和文献研究院	南召（河南）；镇原（甘肃）；唐县（河北）	6	13	722.6	295.86	1380
人民日报社	虞城（河南）、滦平（河北）	4	19	100	1057.8	2374
求是杂志社	杂多（青海）	2	5	82.9	442.4	131
中华全国总工会	和顺、壶关（山西）	7	40	1487.74	417	2378
中国共产主义青年团中央委员会	灵丘、石楼（山西）	8	26	3798.573	8517.101	5301
中华全国妇女联合会	漳县、西和（甘肃）	4	10	1522	6360	1810
中国文学艺术界联合会	武都（甘肃）	2	15	407.97	20	1699
中国作家协会	临潭（甘肃）	2	11	330	20	147
中国科学技术协会	岚县、临县（山西）	4	70	1251.8	2000	1395
中华全国归国华侨联合会	上饶（江西）	2	8	141.88	308	275
全国人民代表大会常务委员会办公厅	太仆寺旗、察哈尔右翼前旗（内蒙古）	3	42	603.94	11932.25	4017
中国人民政治协商会议全国委员会办公厅	舒城、颍东（安徽）	17	87	131.67	1542.24	2407
最高人民法院	睢县、宁陵（河南）	3	0	600	2900	15041
最高人民检察院	西畴、富宁（云南）	4	13	300	124945	900
外交部	麻栗坡、金平（云南）	5	21	2199.44	2472.21	1183
国家发展和改革委员会	灵寿（河北）；田东（广西）；汪清（吉林）	56	60	4357	2309	3931
教育部	青龙、威县（河北）	13	43	2137.43	34110.92	27139
科学技术部	佳县、柞水（陕西）；井冈山、永新（江西）；屏山（四川）	12	53	5931.39	1121.65	1530
工业和信息化部	洛宁、汝阳（河南）；南部、嘉陵（四川）	23	65	2283.5	97456.6	1700

续表

单位名称	定点帮扶县名称	选派帮扶干部数量/人	赴定点县考察/人次	本单位直接投入（含无偿和有偿）/万元	帮助引进各类资金（含无偿和有偿）/万元	培训情况/人次
国家民族事务委员会	巴林右旗(内蒙古)；德保(广西)	3	28	2666	30	106
公安部	兴仁、普安(贵州)；三江(广西)	9	639	5873	121891	14765
国家安全部	敖汉旗(内蒙古)；盐山(河北)	4	32	1211.51	44698	5267
民政部	遂川、莲花(江西)	5	23	1908	4236.9	11801
司法部	平昌、苍溪(四川)；阜城(河北)	3	52	570	1689.2	8059
财政部	平江(湖南)；永胜(云南)	4	63	17385.27	55194.58	2020
人力资源和社会保障部	天镇(山西)；金寨(安徽)	5	100	931.47	3820.8	4109
自然资源部	赣县、宁都、兴国、于都(江西)；琼中(海南)；海伦(黑龙江)	10	135	2529.24	44040.33	3113
生态环境部	围场、隆化(河北)	4	159	4798	12259	5827
住房和城乡建设部	湟中、大通(青海)；红安、麻城(湖北)	5	56	16470	31919	2755
交通运输部	黑水、壤塘、小金、色达(四川)	7	166	19453	36373	627
水利部	城口、巫溪、丰都、武隆、万州区(重庆)；郧阳区(湖北)	13	170	8505	5176.5	2454
农业农村部	咸丰、来凤(湖北)；龙山、永顺(湖南)；剑河(贵州)	8	301	55500	335200	8976
商务部	广安、仪陇(四川)；城步(湖南)	10	28	2943.84	612.54	2065

续表

单位名称	定点帮扶县名称	选派帮扶干部数量/人	赴定点县考察/人次	本单位直接投入（含无偿和有偿）/万元	帮助引进各类资金（含无偿和有偿）/万元	培训情况/人次
文化和旅游部	娄烦、静乐(山西)；巴马(广西)；阿尔山(内蒙古)	7	21	698.99	1252.97	2704
国家卫生健康委员会	大宁、永和(山西)；清涧、子洲(陕西)	6	134	783.73	774	4606
应急管理部	阳高、广灵(山西)	4	30	2295.73	9216	866
中国人民银行	宜君、印台(陕西)	2	29	21929.7	615.8	916
审计署	顺平(河北)；丹寨(贵州)	4	5	170.43	45129.57	816
国务院国有资产监督管理委员会	平乡、魏县(河北)	3	128	657	8328	6739
海关总署	鲁山、卢氏、民权(河南)	6	40	565.27	88001.52	3760
国家税务总局	民和、平安(青海)	3	60	581.46	1708.99	1444
国家广播电视总局	德格(四川)；平顺(山西)	4	15	581	4041	5106
国家体育总局	繁峙、代县(山西)	3	90	1583.01	10700	2008
国家统计局	岢岚(山西)；正镶白旗(内蒙古)	9	11	400	1250	938
国家医疗保障局	积石山(甘肃)	2	0	20	2006.3	580
国务院参事室	龙井(吉林)	2	10	38.46	99441.71	753
国务院研究室	淅川(河南)	2	6	16	32754.15	351
新华通讯社	石阡(贵州)；新河(河北)	9	56	3816	4685	1831
中国科学院	水城(贵州)；环江(广西)；库伦旗(内蒙古)	3	261	1610	4031	5765
中国工程院	会泽、澜沧(云南)	3	27	300	24463.35	2931
国务院发展研究中心	大名(河北)	2	24	1014.5	561	1131
中国气象局	突泉(内蒙古)	3	34	515.2	919.2	2246

续表

单位名称	定点帮扶县名称	选派帮扶干部数量/人	赴定点县考察/人次	本单位直接投入（含无偿和有偿）/万元	帮助引进各类资金（含无偿和有偿）/万元	培训情况/人次
国家信访局	海兴(河北)	4	9	172.16	4980	2413
中华全国供销合作总社	潜山(安徽);寻乌(江西)	4	42	1260	9036	5824
光明日报社	囊谦(青海)	2	14	730.49	119.2	2100
中国日报社	会昌(江西)	2	4	368.25	550	1390
中国外文出版发行事业局	左权(山西)	3	14	425.22	90	50
经济日报社	赤城(河北)	2	136	252.45	257.7	55
中国法学会	开州区(重庆)	2	6	20	425	516
中国人民对外友好协会	兴县(山西)	2	15	86.82	425	565
中华全国新闻工作者协会	文县(甘肃)	2	0	30.65	384.79	262
中国国际贸易促进委员会	林甸(黑龙江);从江(贵州)	6	19	1496.46	153.85	1705
中国残疾人联合会	南皮(河北)	2	52	411.12	108.7	1272
中国红十字会总会	英山(湖北)	2	43	1325	172	787
中国宋庆龄基金会	彭阳(宁夏)	3	1	679.5	130	200
中国国家铁路集团有限公司	和田(新疆);栾川(河南);勉县(陕西);原州区(宁夏)	105	704	30279.5	21701.2	31330
中国投资有限责任公司	会宁、静宁(甘肃);施秉(贵州);循化(青海)	17	87	31002	11166	21412
中国中信集团有限公司	元阳、屏边(云南);黔江(重庆)	6	95	86790	23307	5203
中国光大集团股份公司	新化、古丈、新田(湖南)	4	119	24314.9	4981.2	5242
中国邮政集团有限公司	商州、洛南(陕西)	4	296	1348	86.38	6147
中国出版集团有限公司	泽库(青海)	3	13	550	0	285
国家保密局	房县(湖北)	2	0	42.19	4137.16	364

续表

单位名称	定点帮扶县名称	选派帮扶干部数量/人	赴定点县考察/人次	本单位直接投入（含无偿和有偿）/万元	帮助引进各类资金（含无偿和有偿）/万元	培训情况/人次
国家档案局	喜德（四川）	2	0	131.68	76.86	1633
国家粮食和物资储备局	阜南（安徽）	7	27	582.7	33500	7177
国家能源局	清水、通渭（甘肃）	8	45	253.46	157832	8775
国家国防科技工业局	略阳、宁强（陕西）	5	28	292.1	409	2301
国家烟草专卖局	竹溪、竹山（湖北）；红寺堡区（宁夏）	5	62	16635.73	6528.2	14194
国家林业和草原局	罗城、龙胜（广西）；荔波、独山（贵州）	10	142	36983.68	40755.62	1245
国家铁路局	榕江（贵州）	2	20	110	693	278
中国民用航空局	策勒、于田（新疆）	2	29	4030.83	123.9	525
国家邮政局	平泉（河北）	2	6	180	2303.7	711
国家文物局	淮阳（河南）	2	1	220.03	935	607
国家中医药管理局	五寨（山西）	2	41	1430	645	1791
国家药品监督管理局	临泉、砀山（安徽）	4	12	455.8	1334.6	2568
国家知识产权局	桑植（湖南）；崇礼（河北）	6	97	1768.91	2229.68	3777
中国地震局	永靖（甘肃）	5	28	660	35.4	13832
国家自然科学基金委员会	奈曼旗（内蒙古）	2	35	170	300	2340
中国浦东干部学院	江口（贵州）	2	7	285.31	3702.38	8645
中国延安干部学院	越西（四川）	2	6	126.5	3259.79	10235
中国井冈山干部学院	鄱阳（江西）	2	6	154.7	20	51
中国工程物理研究院	富平（陕西）	3	47	1189	5135	3844
北京航空航天大学	中阳（山西）	2	60	357.92	3960	4123
北京理工大学	方山（山西）	2	166	480.5	3694.6	2611
西北工业大学	融水（广西）	2	105	679.14	1880	6778
哈尔滨工业大学	金秀（广西）	2	71	445.55	2382	2288
中国科学技术大学	六枝特区（贵州）	3	51	379.66	40	1700

续表

单位名称	定点帮扶县名称	选派帮扶干部数量/人	赴定点县考察/人次	本单位直接投入（含无偿和有偿）/万元	帮助引进各类资金（含无偿和有偿）/万元	培训情况/人次
中国银行保险监督管理委员会	和政、临洮（甘肃）；察哈尔右翼中旗、察哈尔右翼后旗（内蒙古）	8	18	1745.77	6941.07	2619
中国证券监督管理委员会	隰县、汾西（山西）；宿松、太湖（安徽）；兰考、桐柏（河南）；延长（陕西）；武山（甘肃）；麦盖提县（新疆）	12	63	5870.06	11382.08	6575
国家外汇管理局	巨鹿（河北）	3	14	1144.21	4445.82	1278
中国进出口银行	岷县（甘肃）；云阳（重庆）	4	30	23515	8856.45	5900
中国农业发展银行	大安（吉林）；隆林（广西）；锦屏（贵州）；马关（云南）	11	137	193217.66	65995.16	18923
中国工商银行股份有限公司	南江、通江、万源、金阳（四川）	18	15	194028	60205	135974
中国农业银行股份有限公司	武强、饶阳（河北）；秀山（重庆）；黄平（贵州）	20	91	501433	35745	90805
中国银行股份有限公司	永寿、长武、淳化、旬邑（陕西）	14	58	78613	21707	30560
中国建设银行股份有限公司	汉滨、紫阳、汉阴、岚皋（陕西）	23	88	153207	9914	107715
交通银行股份有限公司	天祝（甘肃）；理塘（四川）；浑源（山西）	5	66	24748.2	1566.2	3783
中国人民保险集团股份有限公司	乐安、吉安（江西）；桦川（黑龙江）；留坝（陕西）	21	96	7191.42	1751	9255

续表

单位名称	定点帮扶县名称	选派帮扶干部数量/人	赴定点县考察/人次	本单位直接投入（含无偿和有偿）/万元	帮助引进各类资金（含无偿和有偿）/万元	培训情况/人次
中国人寿保险(集团)公司	龙州、天等(广西)；郧西、丹江口(湖北)	12	25	19920.14	3266.66	4790
中国太平保险集团有限责任公司	两当(甘肃)；裕安(安徽)	4	86	1532	873.28	1399
中国出口信用保险公司	霍邱(安徽)；余干(江西)	4	13	2635.832	1100	11128
中国华融资产管理股份有限公司	宣汉(四川)	3	40	1515	306	3568
中国长城资产管理股份有限公司	陇县(陕西)	2	4	426.659	1002.268	6518
中国东方资产管理股份有限公司	邵阳(湖南)	3	16	1561	920	2133
中国信达资产管理股份有限公司	乐都(青海)	1	10	3582	50	5556
招商银行股份有限公司	永仁、武定(云南)	3	34	5090.19	302.8	5855
中国民生银行	封丘、滑县(河南)	7	159	13165	4736	18232
北京大学	弥渡(云南)	2	68	439.6	1240	1495
清华大学	南涧(云南)	3	18	615.57	1282.18	2662
北京科技大学	秦安(甘肃)	3	13	394.63	381.98	3870
北京交通大学	科尔沁左翼后旗(内蒙古)	2	82	230.9	794.2	2821
北京邮电大学	长顺(贵州)	2	87	322	1158	2073
中国农业大学	镇康(云南)	2	29	200	1500	3136
北京林业大学	科尔沁右翼前旗(内蒙古)	2	219	220	741.05	4113
中国地质大学(北京)	化隆(青海)	2	15	202	201	2073
中国矿业大学(北京)	都安(广西)	2	16	246.34	776.57	7166
南开大学	庄浪(甘肃)	2	215	303	634	4989
天津大学	宕昌(甘肃)	3	111	466.57	1064.96	5891
山东大学	确山(河南)	2	23	404	530	2008

续表

单位名称	定点帮扶县名称	选派帮扶干部数量/人	赴定点县考察/人次	本单位直接投入（含无偿和有偿）/万元	帮助引进各类资金（含无偿和有偿）/万元	培训情况/人次
东北大学	昌宁（云南）	2	31	264.2	578	1797
大连理工大学	龙陵（云南）	2	97	243	716.6	3979
吉林大学	通榆（吉林）	4	150	732.96	3478.3	7844
东北林业大学	泰来（黑龙江）	2	39	260.16	367.8	1954
复旦大学	永平（云南）	2	158	327.1	403.6	11598
同济大学	云龙（云南）	2	83	321.1	322.35	3243
上海交通大学	洱源（云南）	2	120	270	350	1926
华东理工大学	寻甸（云南）	2	38	210	220	2340
东华大学	盐津（云南）	2	135	244.67	290.35	2020
南京大学	双柏（云南）	2	117	323.5	1289	2579
东南大学	南华（云南）	2	142	340.5	304.4	6853
河海大学	石泉（陕西）	2	71	782.7	514.7	1458
南京农业大学	麻江（贵州）	2	72	295	993.5	4556
中国药科大学	镇坪（陕西）	2	40	208.03	300	2775
浙江大学	景东（云南）	2	47	496.839	531.778	4651
合肥工业大学	灵璧（安徽）	3	154	597.5	382.94	4746
厦门大学	隆德（宁夏）	2	112	782.96	1246.38	3238
华中科技大学	临翔（云南）	4	112	275	351.38	3540
武汉大学	恩施（湖北）	2	600	890.72	2701.72	1031
湖南大学	隆回（湖南）	4	175	350	1793	4349
中山大学	凤庆（云南）	2	374	541.9	206.3	3065
华南理工大学	云县（云南）	2	25	400.91	809.87	1803
四川大学	甘洛（四川）	5	84	321.6	795	3138
重庆大学	绿春（云南）	2	80	465.02	1058.94	2923
西安交通大学	施甸（云南）	5	50	287.01	1169.19	3562
西北农林科技大学	合阳（陕西）	2	498	759.03	992	7818
西安电子科技大学	蒲城（陕西）	2	18	360	374.74	9082
长安大学	商南（陕西）	4	143	381	300	2089
北京语言大学	都安（广西）	2	16	200	201.7	7267
中国石油大学（北京）	南华（云南）	2	80	232.6	434	2758

续表

单位名称	定点帮扶县名称	选派帮扶干部数量/人	赴定点县考察/人次	本单位直接投入（含无偿和有偿）/万元	帮助引进各类资金（含无偿和有偿）/万元	培训情况/人次
中国传媒大学	科尔沁右翼前旗（内蒙古）	2	10	200	673	3157
中央财经大学	宕昌（甘肃）	2	42	213.9	2485.64	24093
中国政法大学	科尔沁左翼中旗（内蒙古）	2	13	200	305.55	5577
北京中医药大学	双柏（云南）	2	100	201	200	1100
中国海洋大学	绿春（云南）	2	18	218	339	3409
中国地质大学（武汉）	施甸（云南）	3	120	200	410.5	1678
武汉理工大学	石泉（陕西）	2	170	200	200	700
中南财经政法大学	盐津（云南）	2	27	269.7	213.5	4393
西南大学	昌宁（云南）	2	130	582.2	269	3132
中国核工业集团有限公司	石柱（重庆）；同心（宁夏）；旬阳、白河（陕西）	11	152	125761	4638	28410
中国航天科技集团有限公司	太白、洋县（陕西）；涞源（河北）	6	63	2000	49	1399
中国航天科工集团有限公司	富源、东川区（云南）	5	108	1789	90	1840
中国航空工业集团有限公司	镇宁、普定、关岭、紫云（贵州）；西乡（陕西）	26	350	2932.2	10811.6	10406
中国船舶集团有限公司	鹤庆、勐腊、丘北（云南）	6	4	6029.2	4445.3	3301
中国兵器工业集团有限公司	红河（云南）；甘南（黑龙江）	2	68	2000	334	7862
中国兵器装备集团有限公司	泸西、砚山（云南）	3	12	4500	1612.1	744
中国电子科技集团有限公司	绥德（陕西）；叙永（四川）	5	41	3929	190	6628

续表

单位名称	定点帮扶县名称	选派帮扶干部数量/人	赴定点县考察/人次	本单位直接投入（含无偿和有偿）/万元	帮助引进各类资金（含无偿和有偿）/万元	培训情况/人次
中国石油天然气集团有限公司	台前、范县(河南)；尼勒克、托里、巴里坤、吉木乃、青河、察布查尔(新疆)；习水(贵州)；横峰(江西)	11	513	88009	86725	78372
中国石油化工集团有限公司	岳西、颍上(安徽)；凤凰、泸溪(湖南)；岳普湖(新疆)；东乡(甘肃)	9	543	21116.45	23156.81	65353
中国海洋石油集团有限公司	保亭、五指山市(海南)；夏河、合作(甘肃)；卓资(内蒙古)	6	43	26905.4	1616.1	2874
国家电网有限公司	巴东、秭归、长阳、神农架(湖北)；玛多(青海)	12	47	38018.31	26436.17	2351
中国南方电网有限责任公司	维西(云南)；东兰(广西)	4	20	15141	2583	1113
中国华能集团有限公司	横山(陕西)；阿合奇(新疆)	3	17	4531	784	5426
中国大唐集团有限公司	大化(广西)；澄城(陕西)	9	65	110938	954	4114
中国华电集团有限公司	乌恰、阿图什(新疆)	4	72	35246	5410	3907
国家电力投资集团有限公司	商城(河南)；美姑(四川)；延川(陕西)	7	63	7499.6	640.5	1386
中国长江三峡集团有限公司	巫山、奉节(重庆)；万安(江西)；巴林左旗(内蒙古)	10	122	70000	12007	13025

续表

单位名称	定点帮扶县名称	选派帮扶干部数量/人	赴定点县考察/人次	本单位直接投入（含无偿和有偿）/万元	帮助引进各类资金（含无偿和有偿）/万元	培训情况/人次
国家能源投资集团有限责任公司	米脂、吴堡（陕西）；布拖、普格（四川）；曲麻莱（青海）；宁城（内蒙古）；右玉（山西）	19	44	35402.07	148.79	7246
中国电信集团有限公司	木里（四省藏区）、盐源（四川）；田林（广西）；疏附（新疆）	6	68	14447	4399.43	53441
中国联合网络通信集团有限公司	康保、沽源（河北）；饶河（黑龙江）；册亨（贵州）	5	56	14868.08	2674	29152
中国移动通信集团有限公司	汤原、桦南（黑龙江）；白沙（海南）；疏勒、洛浦、阿克陶（新疆）	14	208	38320	99575	89717
中国电子信息产业集团有限公司	镇安（陕西）；阆中（四川）；松桃（贵州）；临高（海南）	8	47	2800	1500	2953
东风汽车集团有限公司	马山（广西）；柯坪（新疆）	4	20	1638	24426	405
中国一重集团有限公司	泗县（安徽）	2	13	1147	796.61	592
中国机械工业集团有限公司	固始、淮滨（河南）；朝天（四川）；平陆（山西）	4	193	4213.3	17285.51	11290
中国东方电气集团有限公司	昭觉（四川）；吉县（山西）	7	239	2729.6	1443.99	1701
鞍钢集团有限公司	塔什库尔干塔吉克（新疆）；盘州市（贵州）	15	53	556830	8597	2817

续表

单位名称	定点帮扶县名称	选派帮扶干部数量/人	赴定点县考察/人次	本单位直接投入（含无偿和有偿）/万元	帮助引进各类资金（含无偿和有偿）/万元	培训情况/人次
中国宝武钢铁集团有限公司	宁洱、江城、镇沅、广南（云南）；罗田（湖北）；上林（广西）	13	272	12536.12	9564.46	19623
中国铝业集团有限公司	阳新（湖北）	2	6	1044	3895	3145
中国远洋海运集团有限公司	沅陵、安化（湖南）；永德（云南）	7	55	6720	1457.6	2522
中国航空集团有限公司	苏尼特右旗（内蒙古）；昭平（广西）	3	93	4024	4791.3	4456
中国东方航空集团有限公司	双江、沧源（云南）	3	103	10571.77	381.22	8774
中国中化控股有限责任公司	林西、阿鲁科尔沁旗（内蒙古）；古浪（甘肃）；平山（河北）	7	125	10500.53	7525.6	14966
中粮集团有限公司	延寿、绥滨（黑龙江）；乌什（新疆）；隆安（广西）；甘孜、石渠（四川）；修水（江西）	12	61	5720	3927.82	4675
中国五矿集团有限公司	威信、镇雄、彝良（云南）；花垣（湖南）；沿河、德江（贵州）	9	13	49272.55	1542.03	4816
中国通用技术（集团）控股有限责任公司	武川、商都（内蒙古）	3	45	2880	100	994
中国建筑集团有限公司	卓尼、康乐、康县（甘肃）	12	296	9058.81	3073.3	163010
中国储备粮管理集团有限公司	拜泉、兰西（黑龙江）；伽师（新疆）	6	29	7183.42	183.3	2568

续表

单位名称	定点帮扶县名称	选派帮扶干部数量/人	赴定点县考察/人次	本单位直接投入（含无偿和有偿）/万元	帮助引进各类资金（含无偿和有偿）/万元	培训情况/人次
国家开发投资集团有限公司	罗甸、平塘（贵州）；合水、宁县（甘肃）	8	81	40058.66	7506.36	3175
招商局集团有限公司	威宁（贵州）；蕲春（湖北）；叶城、莎车（新疆）	8	76	15881.78	8773.51	17263
华润(集团)有限公司	广昌（江西）；海原（宁夏）	4	61	4878.2	8688.81	988
中国旅游集团有限公司	黎平（贵州）；西盟、孟连、香格里拉、德钦（云南）	7	81	3360	837.33	2158
中国商用飞机有限责任公司	西吉（宁夏）	2	58	1195	565.6	621
中国节能环保集团有限公司	嵩县（河南）；富川（广西）	4	12	2981.5	373	1405
中国国际工程咨询有限公司	利辛（安徽）	2	152	1130	1510	2150
中国诚通控股集团有限公司	宜阳（河南）	2	37	1225	400	7545
中国中煤能源集团有限公司	蔚县、南山区（河北）；印江（贵州）	4	40	2668	11515.3	3281
中国煤炭科工集团有限公司	寿县（安徽）；武乡（山西）	3	26	914	330	1155
中国机械科学研究总院集团有限公司	新县（河南）	2	10	895.05	2932	3354
中国钢研科技集团有限公司	山阳（陕西）	2	20	271.35	8.2	157
中国化学工程集团有限公司	环县、华池（甘肃）	4	20	1348.3	36.1	7229

续表

单位名称	定点帮扶县名称	选派帮扶干部数量/人	赴定点县考察/人次	本单位直接投入（含无偿和有偿）/万元	帮助引进各类资金（含无偿和有偿）/万元	培训情况/人次
中国盐业集团有限公司	定边、宜川(陕西)	3	10	818.4	530	2183
中国建材集团有限公司	昭阳区、永善、绥江(云南)；石台(安徽)；泾源(宁夏)	11	74	7940	271.8	856
中国有色矿业集团有限公司	梁河(云南)	2	4	860	120	1322
中国有研科技集团有限公司	思南(贵州)	2	10	303.5	4997	511
矿冶科技集团有限公司	平舆(河南)	2	9	781.23	2.5	104
中国国际技术智力合作集团有限公司	姚安、大姚(云南)	3	8	610.96	7.15	1125
中国建筑科学研究院有限公司	偏关(山西)	2	5	556.17	33	103
中国中车集团有限公司	麦积区、甘谷(甘肃)；那坡、靖西(广西)	8	58	1728	1670	1351
中国铁路工程集团有限公司	桂东、汝城(湖南)；保德(山西)	6	50	8463	57300	1689
中国铁道建筑集团有限公司	尚义、万全区(河北)；甘德(青海)	6	62	3735.46	1056	5682
中国交通建设集团有限公司	贡山、福贡、泸水、兰坪(云南)；英吉沙(新疆)	10	237	40757	162	9093
中国信息通信科技集团有限公司	沈丘(河南)；大悟(湖北)	4	18	519	399	535
中国农业发展集团有限公司	萧县(安徽)	1	23	431	134	465

续表

单位名称	定点帮扶县名称	选派帮扶干部数量/人	赴定点县考察/人次	本单位直接投入（含无偿和有偿）/万元	帮助引进各类资金（含无偿和有偿）/万元	培训情况/人次
中国林业集团有限公司	通道(湖南)	2	36	201	120	430
中国医药集团有限公司	靖宇(吉林);治多(青海)	4	18	1503.86	68.74	366
中国保利集团有限公司	五台、河曲(山西);喀喇沁旗(内蒙古);鲁甸、巧家、宁蒗(云南);忻城(广西)	13	100	5045.29	933.3	7639
中国建设科技有限公司	陇西(甘肃)	2	9	1097	16	576
中国冶金地质总局	漾濞、巍山(云南)	4	18	1180	173.51	1420
新兴际华集团有限公司	四子王旗(内蒙古);安定区(甘肃)	3	45	1500	2821	439
中国民航信息集团有限公司	神池(山西)	2	21	1546	205	1623
中国航空油料集团有限公司	盐池(宁夏)	2	19	903.89	16830.75	691
中国航空器材集团有限公司	白水(陕西)	3	7	550	3.55	491
中国电力建设集团有限公司	剑川(云南);民丰(新疆)	7	52	40096	7613	3855
中国黄金集团有限公司	贞丰(贵州);新蔡(河南)	4	36	2809	3709	3918
中国广核集团有限公司	乐业、凌云(广西)	4	56	40875.62	11811	3849
南光(集团)有限公司	禄劝(云南);临夏(甘肃)	4	55	1057.69	5563.27	445
中国电气装备集团有限公司	麟游(陕西)	2	38	502.7	13.28	338

续表

单位名称	定点帮扶县名称	选派帮扶干部数量/人	赴定点县考察/人次	本单位直接投入（含无偿和有偿）/万元	帮助引进各类资金（含无偿和有偿）/万元	培训情况/人次
中国国新控股有限责任公司	利川（湖北）	4	29	1321	2325	649
中国国民党革命委员会中央委员会	纳雍（贵州）	2	159	684.38	682.36	2158
中国民主同盟中央委员会	广宗（河北）	2	40	173	343.5	2280
中国民主建国会中央委员会	丰宁（河北）	2	169	4524.75	136153	12971
中国民主促进会中央委员会	安龙（贵州）	2	138	574.27	5331.72	23028
中国农工民主党中央委员会	大方（贵州）	2	430	1166.9793	760	3811
中国致公党中央委员会	酉阳（重庆）	2	71	280.42	413.85	2290
九三学社中央委员会	旺苍（四川）	2	190	803.895	2685.49	1596
台湾民主自治同盟中央委员会	赫章（贵州）	2	61	60	30	985
中华全国工商业联合会	织金（贵州）	2	16	1039.2	550	385

(三)军队帮扶

【概述】 2022年，全军部队坚决贯彻中共中央、中央军委和习近平主席重要决策指示，聚焦"守底线、抓衔接、促振兴"，严格落实不摘责任、不摘政策、不摘帮扶、不摘监管"四个不摘"要求，坚持高位统筹、体系推进，因地制宜、精准施策，发挥优势、主动作为，持续抓好4100个帮扶村巩固拓展脱贫攻坚成果同乡村振兴有效衔接工作，以实际行动助力脱贫地区振兴发展、脱贫群众稳定增收，彰显人民子弟兵爱民为民良好形象。

【组织指导】 全军各级深刻把握"三农"工作重心转移、加快全面推进乡村振兴的工作要求，积极推动部队定点帮扶工作提质增效。军队参加和支援经济社会建设领导小组召开第四次全体会议，深入学习中央经济工作会议、中央农村工作会议等精神，整合各成员单位帮扶优势资源力量，不断延伸拓展帮扶内涵格局，两次下发通知就抓好年度重点工作、深化消费帮扶等作出部署。中央军委政治工作部加强与中央和国家机关有关部门沟通协调，优化完善定点帮扶工作机制，会同中央军委后勤保障部下发《关于军队单位援建项目和经费管理有关问题的通知》，规范项目审批权限、经费保障渠道、管理监督要求等，专门申请下拨帮扶资金5.51亿元，支撑保障帮扶工作深入开展。各部门各单位召开党委会、援建领导小组会，专题研究推进工作。克服疫情影响，各级领导带头深入帮扶一线调研指导，官兵2万余人次进村入户真帮实扶，保持工作不断、力度不减。发挥检查督导"指挥棒"作用，在各级全覆盖自查核查基础上，中央军委机关有关部门组成4个检查调研组，赴13个省（自治区）和新疆生产建设兵团抽查63个帮扶村，综合评定帮扶成效，逐村通报检查结果，严肃整改问题，压实责任，推动提升帮扶质效。

【防止返贫】 坚持预先防范、及早干预，军地合力牢牢守住不发生规模性返贫底线，协调将4100个帮扶村纳入国家防止返贫监测信息系统，动态监测脱贫不稳定户9376户30078人，指导部队与帮扶村建立定期联系、及时响应等机制，采取产业就业倾斜、政策兜底保障、重点困难救济等方式，及时化解消除返贫风险。针对四川泸定地震灾害影响，中央军委政治工作部投入210万元资助4个受灾帮扶村和1所"八一爱民学校"建设，指导有关部队跟进帮助群众克服灾情影响，恢复生产生活秩序，防止因灾返贫致贫。陆军会同地方建立健全群众自主申报、地方分类预警、部队每月对接、专人入户回访"四位一体"防返贫机制，海军组织对脱贫不稳定户逐一摸清底数、建立台账、精准帮扶，空军专门设立"蓝天关爱基金"资助罹患重大疾病、发生意外变故等生活困难群众。各单位结合实际组织帮扶村年轻劳动力开展实用技能培训，协调推荐务工就业，优先安排脱贫群众担任信息安全员和参与营区社会化保障服务等，多措并举守住来之不易的脱贫成果。

【产业帮扶】 军队各级紧紧扭住产业这一重中之重，统筹融入驻地经济社会建设总体布局，紧贴帮扶村地域实际、资源禀赋和乡土特色，支持发展红色旅游、生态养殖、大棚种植、食品加工、帮扶车间等产业，累计投入1.1亿元扩大产业规模、助力产业升级，增强产业"带富""致富"效能。注重提升4380个种植项目、2146个养殖项目的市场竞争力，坚持引技术和拓销路同向发力，帮助加强运营管理和风险研判，延伸冷链物流和深加工链条，促进产生更高效益，带动群众持续增收。帮助提升463个加工车间产品附加值，协调地方落实小微企业优惠帮扶政策，跟进市场需求发展效费比更高、群众更加受益的项目。充分挖掘帮扶村乡土风情、乡村生态、历史文化等优势资源，支持村容村貌改善提升,拓展生态康养功能,采取"合作社+公司+农户"等联营模式,带动发展乡村旅游和民宿等项目。中央军委办公厅支持建成福山口农家乐带动30余名群众稳定就业,中央军委联合参谋部、后勤保障部、装备发展部协调农科专家加强对禽畜养殖、猕猴桃种植、蔬菜大棚等项目的技术指导,中央军委政治工作部一体推进红色旅游、脆红李种植产业项目产生良好效益。

【消费帮扶】 全军各级严格落实《深化军队消费帮扶工作措施及任务分工》有关要求,加大伙食费定向采购、副食品区域集中筹措力度,持续挖掘部队集团消费潜力,全年累计采购帮销农副产品4.7亿元,同比增长15.7%,惠及34万余名群众。中央军委政治工作部在贵阳召开消费帮扶推进会,总结推广陆军某单位"驻训消费帮扶"、贵州省军区"黔货出山进军营"等模式,协调在军委机关"服务+"App开设消费帮扶专区,推荐93个县(市)593款农副产品统一销售,线上、线下立体推动脱贫地区、革命老区农副产品进军营。东部、北部、中部战区机关指导部队就近就便定向采购帮扶村特色农副产品,南部战区机关和驻香港、澳门部队持续丰富军营超市革命老区绿色农副产品种类品种,西部战区机关指导相关部队开展"藏货进军营"行动,陆军组织应急采购部队周边因疫情防控滞销农产品,海军"爱我家乡爱我舰"消费模式打通脱贫地区农副产品从"田间地头"到"水兵餐桌"链路,空军细化5个方面15项具体措施推广"蓝天兴农"消费模式,火箭军梳理175种优质产品目录鼓励官兵和家属多采多购,战略支援部队开展"乡村振兴·航天助力"直播带货惠及更多脱贫地区和群众。

【助学兴教】 各级持续深化助学兴教行动,发挥优势启智铸魂,协同地方同心筑梦,倾力培育下一代。中央军委政治工作部会同教育部、全国双拥工作领导小组办公室下发援建"八一爱民学校"的通知,将数量规模从长征沿线156所扩大到全国360所,统一规范命名挂牌,深化开展打造一块国防教育阵地、办好一个红色教育课堂、帮建一支优秀教师队伍等"六个一"活动,支持建设军事体验场、国防文化角、战斗英雄墙等国防和军事特色项目,厚植青少年爱党爱国爱军队的红色基因。各部队在突出改善1508所村小学、幼儿园办学条件基础上,组织开展军事夏令营、国防教育进校园等活动,采取教师跟岗培训、定期下乡支教、网上同步教学、城村学校"手拉手"等方式,推动城乡优质教育资源共享,让脱贫地区孩子享受更好教育。驻云南、西藏、新疆等边境民族地区部队,配合学校推广国家通用语言文字。各军兵种持续深化"党小组结对助学""启航助学""蓝天春蕾""砺剑助学"等助学兴教特色品牌,累计选派7000余名优秀官兵担任校外辅导员,年度资助5万余名学生学习成才。武警部队广泛开展援建100所学校、资助1000名大学生和10000名高中生"百千万"爱心助学行动,注重在经济上资助、成长上关注,激励学生知恩明志、学习成才。中国人民解放军军事科学院、中国人民解放军国防大学、国防科技大学充分发挥教育资源优势,帮助培训师资力量队伍,加强技术成果转化运用,组织开展义务支教活动等,促进结对帮扶学校软硬条件同步提升。

【健康帮扶】 围绕优抚医院建设提质增效、县级医院预备前置的目标,组织军队医疗系统与60所优抚医院签订共建协议,密切与28所临边地区县级医院对接联系,加大人才培育、远程会诊、科研合作等帮带力度,通过远程平台教育培训1499人次、会诊155场次,选派业务骨干171人组成28支医疗队,现地帮助受援医院开展新技术、新业务343项,着力建强医疗保障的"后备队"。各级持续对口支援乡村医疗机构,积极开展健康帮扶"八一行动""军医进村庄"活动,采取送技术、结对子、跟岗学等方式提升诊疗能力水平,支援配送酒精、84消毒液、医用口罩、免洗洗手液等防疫物资,协助地方担负核酸采样任务,普及高血压、糖尿病、关节炎、白内障等常见病防护技能和保健知识,派出3520多批次医疗分队巡诊5万余人次,倾力守护群众健康。空军成立"蓝天军医讲师团"依托远程医疗服务系统开展"健康云讲座",单场在线观看超3600人次。联勤保障部队选派1000余名专家,深入陕西延安、甘肃会宁、贵州遵义等革命老区,集中开展"军医老区行"活动,举办健康大讲堂164场次,走访慰问老红军、老英模等500余人,诊治老区群众上万人次,为老区群众上门送健康。

【助力振兴】 各帮扶单位紧紧围绕"产业兴旺、生态宜居、乡风文明、治理有效、生活富裕"目标,主动与地方党委、政府和有关部门沟通协调,协助帮扶村制定"一村一策"发展规划,明确实现路径和项目支撑,以硬实举措助力衔接推进乡村振兴。注重深化乡村"铸魂""塑形",持续加紧强支部、兴人才、树新风,常态开展军地基层党组织互学共促活动,配套完善村支部、党员活动中心设施,组织580余支宣讲队深入帮扶村宣传党的二十大精神,选派2600余名优秀官兵兼职帮扶村"党建指导员",结对培育741名"兵支书"、2455名"兵委员",帮助建强战斗堡垒;广泛开展军民共建社会主义精神文明活动,丰富完善2200余个新时代文明实践中心、文化广场等功能作用,支持提升公共服务和治理水平,挖掘红色文化、乡土文化和民间文化,培育文明乡风、良好家风和淳朴民风,提振群众奋进振兴的精气神。中央军委国防动员部充分调动军地资源力量,帮产业、帮人才、帮组织一体联动夯实2404个帮扶村振兴发展基础。驻疆部队官兵积极与少数民族群众"结对认亲",驻藏部队在21个边境县深化开展"五共五固"结对共建,助力边疆地区民族团结和振兴发展。相关单位发挥航空、交通等专业优势参与飞播造林、兴修水利等生态保护工程,支持边境地区建设"惠民驿站"服务群众抵边生产生活,综合施策助力打造一批美丽宜居乡村。军队帮扶村有256个被列为省级乡村振兴示范创建对象,100多个帮扶村被评为"全国乡村治理示范村""中国少数民族特色村寨""中国传统村落""中国美丽休闲乡村"等。

【典型宣传】 积极讲好军队爱民助民故事,依托《解放军报》和中央广播电视总台军事节目报道设立《乡村振兴》《双拥视界》等专栏,及时宣传各级巩固脱贫成果、支持乡村振兴典型线索和先进事迹,先后在《全国双拥工作简报》编发2期、在《解放军报》推出2个专版宣传相关单位帮扶经验做法,协调军事频道播出相关单位帮扶事迹,营造助力乡村振兴的浓厚氛围。

(中央军委政治工作部群众工作局 吴 波)

（四）"万企兴万村"行动

综　述

2022年，中华全国工商业联合会（以下简称"全国工商联"）、农业农村部、国家乡村振兴局等部门认真学习领会习近平总书记关于"万企兴万村"行动的重要指示精神，努力推动"万企帮万村"与"万企兴万村"行动有效衔接，持续助力巩固拓展脱贫攻坚成果。

【健全制度机制】　7月25日，全国"万企兴万村"行动领导小组办公室组织召开行动领导小组成员单位议事工作会议，会议明确将巩固拓展脱贫攻坚成果作为行动今后五年重点任务，通报上半年全国"万企兴万村"行动进展情况，就部分成员单位有关人员调整和工作机制调整作了说明，审议《关于在"万企兴万村"行动中充分发挥先进典型带动作用的意见》和《2022年全国"万企兴万村"行动工作推进会方案》，研究下一步工作。印发《关于充分发挥商会在"万企兴万村"行动中作用的意见》，指导商会完善工作机制，加强示范引领，组织会员企业优先与脱贫地区结对，引导商会和广大民营企业积极参与国家乡村振兴战略。印发《关于开展"万企兴万村"行动先进典型选树创建工作的通知》，指导各地区分不同参与主体开展"万企兴万村"行动先进典型选树创建工作，示范引领更多社会力量参与乡村振兴。

【合力推进巩固拓展脱贫攻坚成果同乡村振兴有效衔接工作电视电话会议】　3月，全国工商联会同国家乡村振兴局、退役军人事务部、中国共产主义青年团中央委员会、中华全国妇女联合会、中国科学技术学会、中国残疾人联合会共同召开的推进巩固拓展脱贫攻坚成果同乡村振兴有效衔接工作电视电话会议，明确各地工商联抓好"万企帮万村"行动与"万企兴万村"行动有效衔接，保持帮扶对象不变、做到帮扶力度不减、推动帮扶措施创新，凝心聚力，倾斜支持国家乡村振兴重点帮扶县。

【全国工商联系统社会服务工作会议】　4月，召开全国工商联系统社会服务工作会议，明确要求各级工商联要以巩固拓展脱贫攻坚成果同乡村振兴有效衔接为重点，抓好"万企帮万村"与"万企兴万村"的有效衔接，"万企帮万村"行动同巩固拓展脱贫攻坚成果、帮扶国家乡村振兴重点帮扶县、全国工商联系统援藏援疆等重点工作的有效衔接"四个有效衔接"的工作任务。

【全国"万企兴万村"行动工作推进会】　9月，召开全国"万企兴万村"行动工作推进会，将抓好"有效衔接"作为首要任务进行重点部署，要求各级全面开展"万企帮万村"行动"回头看"，指导支持参与原"万企帮万村"行动的企业稳定帮扶关系，确保与脱贫群众的帮扶关系不断线；鼓励企业在乡村发展链条长、农民参与度高、受益面广的项目，巩固脱贫人口稳定脱贫、稳步致富的可持续发展机制。

【重点帮扶县专项行动】　印发《"万企兴万村"行动倾斜支持国家乡村振兴重点帮扶县专项工作方案》，指导东西部协作省际和西部有重点县10个省内开展专项行动。结合实验项目、"回报家乡"等重点工作开展倾斜帮扶，优先帮助国家乡村振兴重点帮扶县成立民营企业、回报家乡的企业，开展项目推介，达成帮扶项目。

【发挥商会作用】　指导直属商会落实《关

于充分发挥商会在"万企兴万村"行动中作用的意见》,以巩固拓展原"万企帮万村"成果和支持重点县为工作重点,引导会员企业助力当地培育乡村特色产业、积极参与乡村建设、创新做好乡村人才培养、促进乡村劳动力就业创业、提升农村人居环境水平、积极开展消费帮扶。召开商会参与"万企兴万村"行动座谈会,走访20余家商会和民营企业,了解商会和企业参与行动意见建议,梳理160个国家乡村振兴重点帮扶县的产业投资和公益捐赠项目需求情况,组织开展商会同国家乡村振兴重点帮扶县结对帮扶工作。

【加强支持服务】 分别与农业农村部、国家乡村振兴局相关部门对接,争取在项目、技术、信息、培训、销售等方面给予参与行动企业倾斜支持,优先将行动企业实施的产业发展、乡村建设等项目纳入衔接推进乡村振兴项目库。指导各地行动领导小组推动"联企兴村贷"等金融服务政策落实落地,加大对参与行动民营企业金融支持力度。与中国农业银行共同开展"金融服务进民企"专项活动,针对脱贫攻坚阶段做出过贡献的民营企业,主动走上门,送关心、送政策、送服务;同网商银行签署战略合作协议,共同开展"助农振兴"行动,对"万企兴万村"行动中的小微、"三农"等市场主体做好信贷服务支持,增强涉农经营性贷款可得性,提升农村金融服务质效。

【强化台账管理】 开发上线运行"万企兴万村"行动台账管理系统,展示民营企业参与行动的贡献,记录整个行动的成果,通过全面、翔实、准确的数据信息,为开展科学决策、政策支持、金融服务、宣传表扬提供基础依据。先后召开全国台账管理视频培训会、台账填报工作视频调度会,指导各地落实台账填报工作。指导各地工商联按照"万企兴万村"行动实验项目体系建设方案要求,注重把握好时间节点和进度,自下而上逐级认定实验项目。将实验项目认定工作与台账管理工作结合起来一体推进,为实验项目增加单独指标体系,指导企业及时完善有关信息,增强对实验项目管理和考评问效。

(中华全国工商业联合会 林原羽)

上海复星高科技(集团)有限公司帮扶

【概述】 2022年,上海复星高科技(集团)有限公司(以下简称"上海复星集团")植根于中国、成长于全球,是既具备深厚科技与创新能力,又具有全球运营与投资能力的中国企业。上海复星集团在30年前创立之初就提出"修身、齐家、立业、助天下"的价值观。中共中央发出至2020年消灭绝对贫困、一定让广大农村地区百姓实现"两不愁三保障"的号召后,上海复星集团基于自身的产业基础,于2017年12月,在国家卫生健康委员会、国务院扶贫开发领导小组办公室(现为国家乡村振兴局)的指导下,联合中国光彩事业基金会、中国人口福利基金会等,启动"健康暖心——乡村医生健康扶贫"项目(现更名为"健康暖心——乡村医生项目",以下简称"乡村医生项目"),并将此项目作为上海复星公益基金会(以下简称"复星基金会")的重要项目,致力于瞄准精准扶贫的薄弱环节——农村人口的基本医疗保障需求,守护、激励、赋能乡村医生。通过全方位的立体帮扶计划,为贫困地区培养并留住合格的乡村医生,减少因病致贫返贫,进一步提高基层医疗卫生服务水平和公共卫生服务可及性,助力国家脱贫攻坚和乡村振兴战略,并在实践中探索乡村振兴的更多可能性。

【"五个一"工程】 "五个一"工程作为乡村医生项目的常态化帮扶举措。通过开展一个乡村医生保障工作、推出一个乡村医生能力提升工程、救助一批大病患者、组织一批暖心乡村医生评选、升级一批智慧卫生室,乡村医生项目形成对乡村医生的守护、赋能和激励的体系网络,在一定程度上改善乡村医生的执业处境,有助于村医人才队伍的稳定。对保障农村居民的基本医疗和公共卫生需求,促进乡村振兴起到基础性的作用。截至年底,乡村医生项目已覆盖16个省(自治区、直辖市)的73个国家乡村振兴重点帮扶县,累计派出314人次驻县帮扶,守护乡村医生23956名,惠及300万个基层家庭。

【乡村医生保障工程】 乡村医生保障工程为乡村医生投保团体意外险和重大疾病险,为乡村医生日常工作提供健康保障。截至12月,共为乡村医生投保团体意外险61801份、团体重疾险39096份、理赔意外险74起,共计理赔1423537.2元;理赔重疾险11起,共计理赔110万元。

【乡村医生能力提升工程】 乡村医生能力提升工程为项目县乡村医生开通定制的线上培训课程,联合项目县卫健部门、县医院等举办线下培训,提供"大班+小班"的个性化乡村医生培训计划。截至12月,培训场次共计111场(协办12场),培训人数20422人。投入培训资金共6300164.9元(不含未结项项目县尾款)。大班培训100场(协办12场),培训人数20107人,已投入资金5492794.9元;小班培训11场,人数315人,已投入资金807370元,线上培训人数5182人。截至12月,龙门梦想计划累计支持867位乡村医生考取乡村全科执业助理医师资格证,发放资助金额260.1万元。

1月,复星基金会与上海复星医药(集团)股份有限公司共同发起的《乡村医生诊疗口袋书(先行本)》正式发布,并捐赠给10个项目县村医。8月"中国医师节"当天,项目上线"名医开讲啦"系列公开课,截至年末已开展5期,村医观看量超70万。

【大病患者救助】 复星基金会联合中国大病救助平台对乡村医生项目县的大病患者发起救助。截至12月,驻点队员和乡村医生共救助258例大病患者,总募款6057446.13元(其中上海复星集团配捐100万元),帮助困难家庭渡过难关。

【暖心乡村医生评选】 为激励乡村医生有所作为,复星基金会联合中国人口福利基金会开展"暖心乡村医生""暖心乡镇卫生院院长""青年榜样"的评选活动,拟在全国范围内寻找一批扎根基层、服务百姓,深受群众信任与喜爱的新时代基层卫生工作者。通过初筛、初评、终评、网络点赞等环节,最终选出一批优秀案例,以榜样激励乡村医生有所作为。自2019年2月"2018十大暖心乡村医生及十大乡镇卫生院院长"发布以来,截至2022年,已评选出87名"暖心乡村医生""暖心乡镇卫生院院长""青年榜样"等给予上万元现金奖励并安排赴复星旗下北京和睦家医院、佛山复星禅城医院有限公司及复旦大学附属中山医院、上海交通大学医学院附属新华医院等进行免费进修。

【智慧卫生室】 截至12月,智慧乡村健康生态建设工程在13个项目县的20个村卫生室及乡镇卫生院实施完成。智慧生态设备已全部寄送到县。20个村卫生室智慧生态设备均已投入使用。截至12月,累计完成310个村智慧卫生室升级改造。

【项目发展与乡村振兴有效衔接】 基于项目发展,乡村医生项目在实践中探索乡村振兴发展可帮扶处,寻求创新发展点,在实现脱贫攻坚成果同乡村振兴有效衔接中承担更大的责任。

【产业振兴】 乡村医生项目落地以来,通过消费帮扶助力乡村振兴。采购优质农产品总金额超212万元。助农产品"粒粒皆热爱"咖啡就是一个典例。2022年,乡村医生项目联合云南当地专业的咖啡品牌艾哲,开启守护村医梦想的新赛道——首款复星基金会乡村振兴特色助农产品"粒粒皆热爱"咖啡豆,礼盒来自云南省普洱市澜沧拉祜族自治县乡村医生的家乡,这是复星基金会发力乡村振兴领域的重要尝试,也是乡村医生口中"能让自己踏实干村医"的保障性收入来源之一。这一助农行动应可发挥双方优势,提升云南咖啡原产地价值,助力当地产业振兴。

【音乐会助力公益】 "99公益日"期间,复星基金会携手腾讯公益首次推出的小红花音乐会,特邀请"乡村医生守护者""关爱豆蔻大使"献唱,为两个项目筹款助力,总计483万人观看,筹得善款约80万元,创新公益活动,集结社会力量参与助力乡村振兴发展。

【关爱豆蔻计划】 7月,复星公益基金会与上海仁德基金会共同发起"关爱豆蔻计划",该项目为复星基金会乡村医生项目分项,旨在为农村地区青少年搭建青春期成长关爱体系,进行正确性教育启蒙与指导。为乡村女孩提供"月来月好"豆蔻关爱包(含红糖水、卫生巾、暖宝宝、湿纸巾等用品),截至2022年,共计发放豆蔻关爱包6100份(价值409166元)用于豆蔻项目县(普格县、德钦县、永平县、红寺堡区)。向"关爱豆蔻计划"项目县普格县捐赠羽绒服51件,价值26499元。此外,联合专业教育机构,提供青春期生理教育系列课程及开办线下青少年成长关爱营等活动,护航豆蔻女孩健康成长。8月,为了更好地唤起公众对"豆蔻年华"的关注,作为"关爱豆蔻计划"的一部分,复星基金会发起豆蔻主题摄影展。摄影展开幕活动沙龙特别邀请到"关爱豆蔻大使"进行现场连线,为乡村女孩带去成长能量。邀请摄影展掌镜人分享实地拍摄感悟。在当天活动中,特别策划主题论坛环节,结合多方视角去讨论"关爱少女的公益力量"。

【承担社会责任】 在上海复星集团党委的统筹领导下,复星全球合伙人每人至少对口帮扶一个县。多位复星全球合伙人践行"助天下"的初心,足迹遍布乡村医生项目县,累计下乡58场次,走访村卫生室,慰问村医、贫困户,倾听村医故事、了解基层卫生建设,共话乡村振兴发展之道,并捐赠医疗物资、卫生室办公设备,爱心教育物资等,确保做好乡村振兴工作的基础,深挖"旅游+产业"潜力,实现企业效益和当地经济协调发展,推动农文旅体康产业深度融合发展,培育乡村旅游新产品新业态新模式,助力实现共同富裕。此外,还有很多项目外捐赠公益,如日常药品、医疗器械等物资捐赠。

【人才振兴】 自乡村医生项目落地以来,号召毕业大学生深入基层锻炼自己,联合共青团中央青年志愿者行动指导中心及共青团省(市)委员会派驻西部计划大学生志愿者120名。驻点志愿者作为乡村医生项目当地代表,工作具有较高的自主性与发展空间,能力得到提升与锻炼。此外,队员在工作过程中,挖掘联络当地人才,为当地有创业团队的大学生提供支持,形成驻点地人才库,促进当地可持续发展。此外,上海复星集团成员企业派驻全职骨干员工74名。累计派出314人次驻县帮扶,共覆盖16个省(自治区、直辖市)的73个县。帮扶队员所带来的不同于驻点县内部的工作方式和发展方法为项目县的发展注入新鲜血液。

[上海复星高科技(集团)有限公司
刘　帅　刘怡君]

北京天安农业发展有限公司帮扶

【概述】 2022年,北京天安农业发展有限公司(以下简称"天安农业")成立于2006年,集蔬菜生产种植、加工、物流、销售于一体,是北京市农业产业化龙头企业,全国农业农村信息化示范基地,旗下蔬菜品牌"小汤山"是北京市著名商标。天安农业率先建立蔬菜安全生产的企业标准和全程追溯的管理体系,探索出"企业+合作社+农户"的生产模式,对生产基地进行全面布局,形成小汤山总部试验示范、消费者体验基地,北京的密云、顺义、延庆的全年主供基地,河北崇礼、尚义夏淡季冷凉基地,云南、海南等冬淡季基地,新疆、内蒙古、宁夏等地域优势产品基地的专业化布局,建成1万余亩的生产供应基地。

天安农业自成立以来,始终以解决"三农"问题为己任,以带动农民致富为企业使命,在帮扶工作中,积极探索帮扶工作模式,采取多种方式实现农民增收。

【产业帮扶】 以紧密合作、订单采购、松散合作等多种方式建立蔬菜生产基地1万余亩,带动农户1.2万余户,连续与内蒙古乌兰察布察哈尔右翼前旗,河北崇礼、张北、抚宁、平泉,天津蓟州,海南东方市签订协议,开展市场对接、技术对接和标准输出等工作。对接产品包括火山岩红土豆、胡萝卜、菠菜、结球生菜、西兰花、小番茄等63个蔬菜品种,年均供应量6000吨。通过与各基地的产业纽带对接,2022年,天安农业圆满完成冬季奥林匹克运动会、残疾人奥林匹克运动会保障任务,供应蔬菜品类达到30多个,供应蔬菜原材料63.97吨,鲜切蔬菜供应57.54吨,总计121.51吨。

【就业帮扶】 2018年,响应北京昌平产业扶贫号召,天安农业在河北尚义开展专项扶贫工作,累计投资1300万元,建设现代化蔬菜生产园区,实现南壕堑镇官村整村脱贫。尚义农场持续带动周边临近14个乡镇32个村的劳动力就业,仅通过直接就业的方式带动100多人,农户年增收150多万元。

【农产品质量安全水平提升】 秉承"民以食为天,食以安为先"的理念,在华北冷凉地区推广安全生产技术体系保障蔬菜质量安全。2022年,建设北京延庆、河北张家口、内蒙古乌兰察布、山西大同4个核心示范基地,共计1440亩。全面集成应用绿色安全苗菜种植、机械化种植、集约化育苗、绿色防控、水肥一体化、物流保鲜、信息化管理技术,病虫害发生率减少20%,通过闭环冷链产运销系统,减少过程污染,确保产品安全,提升蔬菜成品率、标准化率、货架期,有效提高蔬菜生产安全性。华北冷凉蔬菜示范基地的土壤、用水及基地蔬菜产品质量和产品农药残留合格率100%,均符合标准。

【品牌帮扶】 经过不断的实践,天安农业创立依托于龙头企业和北京市著名商标"小汤山"品牌的"品牌企业+低收入村(低收入户)+全程技术服务+销售渠道+提质增收"的品牌引领精准帮扶模式。通过科学技术和精准规范管理提升农民种植技术水平和管理水平,提高蔬菜农产品质量,实现优质优价,并通过企业所覆盖京津冀的近200家超市和品牌影响力,将生产者与市场连接起来,将规范管理和科学技术融入农民的意识,实现农民收入的增加。

【消费帮扶】 天安农业自有基地1400亩，投入品不可或缺。2022年，采取"以买带帮"的方式采购内蒙古锡林浩特贫困地区有机肥料，实现可持续消费帮扶。有机肥购买近3000吨，消费帮扶金额96万元。

【帮扶培训】 针对生产中存在的问题，邀请理论基础扎实、授课水平高、实践经验丰富、指导能力强的专家、专业技术骨干，通过观摩、培训、现场指导等多种形式传播新技术，传授新技能，进行标准化科学生产技术推广，提高农民生产技术水平，提高农户的收入。2020—2022年，组织技术人员、农户开展课堂培训、田间观摩、技术交流16次，累计培训技术人员1129人次、农户778人次。线上通过小程序，进行农产品质量安全、蔬菜种植技术、全程可溯源、农业信息化等领域综合培训，包括生产、保鲜、运输、抽样、投入品安全等20个专题，累计线上培训27490人次。

（北京天安农业发展有限公司　冉梦梦）

（五）社会组织帮扶

中国乡村发展基金会帮扶

【概述】 2022年,中国乡村发展基金会把"转型升级"作为全年的工作定位,进一步做好巩固拓展脱贫攻坚成果同乡村振兴有效衔接,齐心协力、努力克服困难,顺利完成机构更名、迁入新办公区、全国性社会组织评估获评5A等级、编制助力乡村振兴行动五年规划等多项重大工作。进入新的发展阶段,以促进乡村发展为思路,不断探索创新项目领域、升级项目内容,积极推进乡村可持续发展,以构建平台为目标,多方合作、积极开展公益及乡村振兴交流,广泛汇聚资源。全年慈善收入11.58亿元、慈善活动支出10.81亿元,再创历史新高。

【产业帮扶】 在乡村旅游领域,百美村宿项目进一步升级为百美村庄项目,以"产业强、人才旺、生态美、文化兴、治理好"为项目发展目标,增添田园观光、"百美优品"购物等旅游体验新亮点,建立乡村赋能实训基地,组织开展垃圾治理等村庄清洁行动,开展百美驿站设计和社区营造活动,完成合作社工作操作指南和乡村积分管理系统建设,全面转型升级为综合发展项目。项目共惠及13个省30个县的30个村,2.6万人(次)受益。在产业培育领域,开展产业助农项目(善品公社)和乡村产业发展项目。产业助农项目(善品公社)以"抓规范、促转型"为工作思路,注重合作社运营和服务能力提升。项目惠及四川、云南、陕西、湖北等16个省(自治区、直辖市)48个县(市、区)的97家合作社,7.45万人(次)受益,其中3家被评为"国家级农民合作社示范社",6家荣获"省级农民合作社示范社"称号。开发及帮扶农产品超过91个品类,帮销农产品49个品类,建设仓储中心46个,建立示范基地67913亩,基地辐射面积16.56万亩,消费帮扶线上交易额1400万元,消费帮扶线下交易额7471.82万元。乡村产业发展项目着力打造星巴克咖旅融合发展、中国航空工业集团有限公司定向帮扶等重点项目,惠及云南、贵州等6个省12个县,4.67万人次受益。2022年,产业发展方向项目累计筹集善款11815.11万元,慈善支出9435.88万元。

【人才帮扶】 在新农人培训领域,新农人合作社理事长培训项目以培养新农人、服务合作社、带动小农户为工作思路,开展新农人培养、点位实训、专家指导、合作交流等工作,惠及12个省20余个县。能工计划项目通过研究倡导、能力建设和资源链接等方式,支持乡村基层组织发展和人才队伍建设。年内共开展培训38次,3453人(次)受益,包含爱心月嫂家政培训、乡村民宿管家培训、乡村代言人培训、半导体职业赋能公益培训等。受国家乡村振兴局委托,承接乡村工匠遴选分类项目,负责在山西、福建、广东、四川、云南5个试点省开展乡村工匠(传统技艺)人才挖掘、分类、遴选和认定工作,组织省级乡村工匠比赛,推选出10个乡村工匠助力乡村振兴典型案例,编写10部传统技艺教材并分别拍摄教学片。2022年,人才发展方向项目累计筹集善款5540.81万元,慈善支出3075.33万元。

【乡村建设】 在人居环境领域,生态林建设项目在生态脆弱地区种植适宜林木改善植被生态,并通过为低收入人群创造养护林木的就业机会,帮助群众增收,拓展造林面积22.53万亩,惠及甘肃、山西、内蒙古3个省(自治区)18个县(区、旗)57个村,19.71万人(次)受益。宜居家园项目通过推进农村"厕所革命",开展农村污水治理,同时探索建立长效管护机制,提升农村人居环境治理水平,惠及新疆、贵州、河南3个省(自治区)5个市(州)6个乡(村),3929人(次)受益。在基础设施领域,实施21座乡村小型便民桥建设,方便群众出行。通过开展"筑巢行动",支持湖南、湖北、河南、四川等省经济欠发达地区的乡村小学完善校舍设施建设,共开展12所学校项目建设。阳光跑道项目进一步提升欠发达地区学校校园基础设施水平,为学生提供良好的体育教学场地及活动空间,提升欠发达地区学生体育教育质量,在16所学校开展项目建设。在灾害响应领域,通过活动倡导、能力建设和援助支持等方式,提升乡村在发展中的防灾减灾能力,提升安全发展理念;通过减灾、备灾及紧急救援、过渡安置、灾后恢复重建等方式,向受灾群众、受灾地区提供援助,减低灾害损失,提高社区韧性,帮助受灾群众渡过难关、重建家园。积极做好备灾工作,不断完善救灾物资的采购、仓储、物流等各个环节,建立紧急援助项目矩阵,强化制度体系、数字化管理以及执行力,提高灾情响应效率。减防灾项目以倡导减防灾教育为工作重点,惠及四川、贵州等4个省10个县,4.63万人(次)受益。针对发生的地震、暴雨洪涝、凝冻等多种自然灾害开展44次救援行动,惠及吉林、上海、甘肃等省(区、市),115.8万人次受益。河南水灾救援项目进入灾后重建阶段,在开展灾后恢复、产业振兴和乡村旅游示范项目建设的同时,注重灾区人居环境整治、留守儿童陪护、校园食堂基础设施建设、农村人才发展能力建设、医疗环境改善及受灾群众健康等项工作,乡村韧性建设得到加强,项目惠及河南省97个县(市、区),181.7万人(次)受益。2022年,乡村建设方向项目累计筹集善款18204.26万元,慈善支出33661.25万元。

【社会事业】 在健康领域,顶梁柱健康公益保险项目积极开展投保和项目理赔升级工作,惠及四川、云南、贵州等6个省28个县,99.33万人次受益。天使工程项目开展巡诊包数字化升级和天使赋能培训优化等工作,惠及山西、陕西、河南等10个省14个县,2819人(次)受益。加油宝贝——儿童健康保障项目惠及新疆、河北、甘肃等9个省(自治区)16个县,13.11万人次受益。在教育领域,爱心包裹项目优化升级,通过发放科创包、配套指南、举办活动等举措,进一步改善孩子们的素养教育学习条件,结对发放美术包29万个、温暖包6565个、科创包4万个,惠及18个省71个县的33.66万名小学生。新长城高中生项目围绕"提升项目品质、把控项目风险",持续为家庭经济困难的高中生提供经济资助和成才支持服务,帮助学生顺利完成学业,提升综合能力,项目惠及23个省253个县,在329所高中学校设立511个新长城高中生自强班,为3.35万名家庭经济困难学生提供奖助学金和成才支持。新长城大学生资助项目为家庭经济困难大学生提供生活费资助,减轻其生活压力。项目增设奖学金内容,为在服务三年和乡村振兴领域表现优秀的大学生提供奖学金资助,为学生成长成才赋能,项目惠及30个省133所大学,2886人(次)受益。新长城职教赋能项目通过提供经济资助、成才支持、技能培训等举措,帮助学生完成学业、拓宽视野、提升就业能力,惠及四川、江西、湖南等7个省38所中高职院校,2300人(次)受益。加油未来项目通过围绕"优化调整内容、提升项目规模"定位开展加油课程、加油空间、加油领航、加油关爱四个方面工作,惠及云南、贵州、河北等5个省11个县,559所学校15.64万名乡村师生受益。在儿童发展领域,爱加餐项目持续通过营养加餐、爱心厨房和营养宣教等方式,改善欠发达地区儿童的营养状况。为儿童提供900多万份营养加餐,为377所学校配备爱心厨房设备。惠及云南、贵州等12个省43个县,23.44万人(次)受益。童伴妈妈项目以"高质量服务,促进多元发展"作为工作思路,围绕乡村儿童福利与保护服务,惠及11个省102个县1262个村,76.23万名儿童受益。0~3岁儿童早期发展项目通过培育本土养育师队伍,建立儿童早期发展活动中心,开展儿童早期发展服务,提升家长科学育儿观念,帮助农村欠发达地区的婴幼儿实现发展潜能,促进儿童健康成长,项目惠及江苏、江西、贵州3个省3个县30个村的4189人。2022年,乡村社会事业方向项目累计筹集善款54518.09万元,慈善支出41470.66万元。

【社会动员】 在组织培育领域,活水计划项目按照扩规模、强能力、抓项目、聚资源的工作思路,积极探索项目规模化发展模式,逐步搭建起"赋能培训、督导陪伴、专业评估、模式研究"全方位的能力建设支持体系,基层社会组织在开展活水计划项目过程中自主能力得到全面提升。共惠及贵州、甘肃、四川等12个省104个县的基层社会组织,11.41万人(次)受益。公益同行项目通过为社会组织提供资金、项目管理能力建设等综合支持,引导社会组织围绕产业发展、人才发展、乡村建设、社会事业开展项目,提升社会组织综合发展能力。惠及贵州、四川等31个省453个县,11.94万人(次)受益。人人公益项目通过为社会组织提供互联网募捐平台支持及项目设计、项目管理、项目筹款等能力建设,助力更多的社会组织具备互联网资源动员能力,拓宽资源筹集渠道,惠及30个省334个县,25.12万人(次)受益。在社会倡导领域,捐一元筹款活动在做好线下推广的基础上,主动出击、尝试创新。善行100活动通过鼓励大学生投身公益,塑造和提升青年综合能力,形成大学生志愿服务的有效模式,为大学生助力脱贫攻坚和乡村振兴搭建有效平台。公益未来项目以高校公益社团为抓手,以大学生为主体,鼓励青年人用创新的方法助力社会发展和乡村振兴,通过培训与实践等方式使其成为富有创造力、团队协作能力和社会责任感的新一代青年。2022年,社会动员方向项目累计筹集善款16389.17万元,慈善支出14600.42万元。

(中国乡村发展基金会 朱 峰)

中国乡村发展协会帮扶

【概述】 2022年,中国乡村发展协会服务"三农"工作重心转向全面推进乡村振兴。新时期、新阶段,中国乡村发展协会的工作领域、工作对象、工作任务也随之全面转型,以习近平新时代中国特色社会主义思想为指导,认真贯彻落实中共中央、国务院决策部署,站在新的历史起点,面对新的历史任务,对标对表。以服务乡村振兴,促进农业农村现代化,服务农业高质高效、农村宜居宜业、农民富裕富足,促进"三农"全面发展,服务缩小城乡差距,促进共同富裕"三服务"为工作方向;以助力巩固拓展脱贫攻坚成果、建设农业强国、建设宜居宜业和美乡村、促进乡村文明建设、提升农民素质"五助力"为主要任务;以启动实施助力乡村振兴"百千万行动"为主要抓手,进一步整合资源、聚合力量,努力为实现农业农村现代化、加快建设农业强国、建设宜居宜业和美乡村贡献力量。

【帮扶培训】 中国乡村发展协会深入贯彻落实帮扶工作的部署要求,充分发挥在科技、教育、农业等领域人才帮扶的积极作用,多措并举做实做细干部人才帮扶工作,切实巩固拓展脱贫攻坚成果、全面推进乡村振兴。开展与中国石油天然气集团有限公司的定点帮扶县乡村振兴人才培训工作。培训内容包括农民合作社管理、农文旅融合、农村法律人才、农村电商与直播电商、农村新职业技能(含数字农业)、实用技术(畜牧养殖、果蔬种植、汽车维修、手工艺)等方面,培训覆盖面共涉及6个省12个县,共组织3期线上培训。为新疆维吾尔自治区的6个县进行送课下乡培训,培训总人数1000人,1万多名乡村干部及带头人通过观看直播、回放授课视频的形式进行学习。承接中国国民党革命委员会中央委员会定点帮扶的贵州省纳雍县干部培训,共组织纳雍县100名乡镇干部赴雷山县脚尧村开展实践活动,重走脚尧路,重温脚尧故事,学习"脚尧精神"。该培训得到中国国民党革命委员会中央委员会、贵州省、市、县政府的好评。

【健康帮扶】 乡村医疗互助项目是农业农村部、国家发展和改革委员会、国家乡村振兴局推介的全国第三批农村公共服务典型案例项目,该项目具有"低成本、低缴费、广覆盖、广受益"的制度优势,是基本医疗保障之外以群众互助为基本特征的补充医疗保障项目。中国乡村发展协会于2022年正式启动,专门设立"医疗互助促共富"公益项目专项资金鼓励推广。2022年,共向22个县59个镇捐献资金855万元,在612个村开展项目,参加人数达324311人,参加人员起付线以上部分平均减负35.69%,有效解决因病返贫致贫问题,完善当地农村医疗卫生公共服务体系。

【党建帮扶】 始终总结运用抓党建促脱贫攻坚的先进经验,全面加强支部建设,通过持续强化思想引领和理论武装,不断推动工作、指导实践,切实为全面推进乡村振兴、加快建设农业强国做出更大贡献。及时学习习近平总书记最新指示批示,始终坚持与中共中央和习近平总书记的重要指示批示对标对表,保持高度一致。采取集体学习与个人自学相结合的方式,认真组织学习农业农村部部署的《习近平经济思想学习纲要》等学习书目。组织全体党员参加习近平总书记的《论"三农"工作》研读领学接力活动,全年共学习43讲。组织学习贯彻党的二十大精神系列活动,组织全体人员收看习近平总书记在党的二十大上所作的报告,开展学习讨论党的二十大精神专题等活动,推动党的二十大精神入脑入心。

(中国乡村发展协会　王东旭)

中国老区建设促进会帮扶

【概述】 2022年,中国老区建设促进会(以下简称"中国老促会")坚持以习近平新时代中国特色社会主义思想为指导,认真学习贯彻落实党的二十大精神和中共中央、国务院有关老区工作的重要指示,围绕"一个加快""两个更好""四个重要作用",大力弘扬老区精神,积极助力乡村振兴,为革命老区巩固拓展脱贫攻坚成果同乡村振兴有效衔接做出积极贡献。

【帮扶调研】 7—11月,根据国家乡村振兴局的任务要求,围绕"革命老区乡村振兴领域有关政策执行情况及效果分析"课题,中国老促会将12个重点革命老区划分为4个调研组,由会领导带队进行调研。撰写的调研报告和典型案例约3万字,受到国家乡村振兴局业务部门和评审专家的好评。普遍认为"课题比较重要,调研下的功夫大、成果比较丰富"。中国老促会会长积极协调建立老区省际省部会商机制。中国人民政治协商会议上关于"加大统筹和督导力度,促进老区省部会商、省际协商机制尽快建立"的提案,已被列入重点提案。11月,中国人民政治协商会议全国委员会组织召开由太行革命老区四省领导和国家有关部委参加的"建立省部会商省际协商机制,加大对革命老区振兴发展统筹协调力度"重点提案督办调研座谈会,取得初步效果。

【产业帮扶】 3月,协调中国品牌建设促进会、中国农产品市场协会、中国城镇化促进会、中国优质农产品开发服务协会等社会组织,共同发起"推动品牌强农,助力乡村振兴"行动。5个社团先后组织召开8次联席会议,有75个革命老区县签订"品牌消费、杜绝假劣"承诺书。持续开展助力江西省石城县和云南省广南县乡村振兴行动。江西省石城县和云南省广南县是中国老促会的重点帮扶县。6月,会领导带相关企业到广南县开展调研慰问活动,向敬老院和革命老军人捐赠价值约70万元的紧急呼救器、监控设备、空调、棉被等物资和慰问金,捐赠30万元用于黑支果乡天生桥村讲习所和文化中心建设。9月,组织相关人员专程到石城县调研。深入石城县铜锣湾易地搬迁安置社区、麒麟山创业致富带头人实训基地、"石城红米"科研展览馆、袁梦小镇等考察了乡村振兴发展情况,组织北京大北农科技集团股份有限公司对白莲产业进行考察,就产业规划、园区规模、品牌策划及销售升级推广等达成一致意见,相关企业先后达成3000万元合作意向和协议。与中国志愿服务基金会合作设立"饮水思源老区关爱专项基金",10月举行启动仪式,为支持老区乡村振兴多渠道聚财聚力。

【教育帮扶】 协调地方政府相关部门,协助江苏银河人力资源集团有限公司在河南省平顶山市3个县(郏县、叶县、鲁山县)、甘肃省庄浪县、青海省民和回族土族自治县和宁夏回族自治区吴忠市红寺堡区落地"工小兔"项目,累计完成培训1.2万余人次,发证3.3万余人次。通过"工小兔"项目建立11个县级综合服务中心,全年向全国各地大中型企业输送优质员工2万多人。与中职北方智扬(北京)教育科技有限公司(北方汽车专修学校)签订为期3年的免费培训协议,为河南省、山西省和内蒙古自治区率先开展师资和技师免费培训。

【健康帮扶】 联合北京长峰医院在河北省黄骅、河间两市开展"情系老区、抗癫圆梦"公益救助活动。对老区军烈属、老党员、退役军人和生活困难的癫痫病患者开展减免费救助服务,共接诊患者154名,129名癫痫病患者分批安排到北京长峰医院接受免费或优惠治疗。协调中关村华医移动医疗技术创新研究院完成各类远程医疗协作病例11万多例,减少就医成本5100万元。动员中国民族卫生协会和北京德康公益基金会参与支持老区医疗机构建设,为信阳市中心医院、酉阳土家族苗族自治县人民医院等协调经费、捐赠设备近10亿元。

【公益帮扶】 与中国红十字会总会事业发展中心签订合作协议,于5月、6月、10月、12月,分别到湖北省英山县、云南省广南县、山西省定襄县、广东省陆河县进行了"曜阳关爱活动进老区"和企业对接座谈等系列活动,收到良好效果。组织协调广东容升电器有限公司为海南、云南、广东、浙江4个省100余个老区县捐赠价值1.8亿元太阳能光伏路灯12万盏。

【老区宣传】 制订《关于贯彻落实中央决策部署 推进老区精神深入学习宣传践行的实施方案》,借助主流媒体,系统宣传老区精神,形成舆论强势;发挥《中国老区建设》和中国老区网主阵地作用,全方位、多角度地推介革命老区、讴歌老区精神,及时宣传报道弘扬老区精神的工作动态和经验做法;组织召开全国老区宣传工作会议,近万人线上参会;与中央广播电视总台中文国际频道联合拍摄《革命战士——李象九》上、下集,5月在《国家记忆》栏目播出;与中国数字电视国学频道联合制播老区专题宣传片《红色记忆》;持续推进老区县发展史丛书编纂工作,有922个县完成任务。系列丛书被中央党史和文献研究院、中央档案馆、中国国家图书馆、香山革命纪念馆等单位收藏。

(中国老区建设促进会 李学峰)

友成企业家乡村发展基金会帮扶

【概述】 2022年,友成企业家乡村发展基金会(以下简称"友成基金会")坚持党建引领全面工作。在乡村振兴板块,重点聚焦东西部协作、就业帮扶、定点帮扶、产业帮扶、医疗帮扶、乡村教育、人才培养等方面,精准发力、一体推进,充分发挥自身优势,集中优势资源助力巩固拓展脱贫攻坚成果同乡村振兴有效衔接,具体开展了"美好乡见"项目、"香橙妈妈"乡村女性经济赋能项目、"乡恋计划"、"乡村振兴领头雁计划"、"青椒计划"、"放飞梦想"波音航空科普教育项目、"编程·创未来"、"山桥计划"等众多乡村振兴项目。友成基金会始终定位为创新方案的设计者、企业和社会组织等各方参与者的连接者,并通过共建共享共治的模式,共同探索乡村振兴之路的资助与合作。在社会创新板块,友成基金会以与腾讯公益慈善基金会联合开展的互联网公募公益项目公信力评估为抓手,拓展了"三A三力"社会价值评估体系的应用广度,与中国人民大学合作的社会创新案例库强化了"三A"框架的学术深度,并在积极筹备以"三A"为核心能力的生态建设。

【帮扶资金投入】 友成基金会全年公益总收入8.46万元、投入帮扶资金8412万元,项目覆盖全国2862个区县,直接受益人数达610296人,间接受益人数达17817407人,被授予"中基透明指数FTI年度满分基金会"称号。

【东西部协作】 在国家乡村振兴局的指导下,友成基金会设立东西部协作专家委员会,共组建专家团队赴西部58个东西部协作县进行调研。其中,国家乡村振兴重点帮扶县18个;共组织召开东西部协作座谈会36场,访谈党政干部416人次,实地调研东西部协作项目277个,实地走访151个村庄,其中,东西部协作乡村振兴示范村45个;共形成调研总报告1篇,决策参考3篇,调研微报告79篇,典型案例49个,以及全国东西部协作工作总结调研分报告10篇,成果共计30万字。

【"香橙妈妈"项目】 2022年,友成基金会-摩根大通乡村女性经济赋能项目、东方红"启成妈妈"项目、友成·埃森哲"香橙妈妈"项目、中远海运-友成基金会"香橙妈妈"项目,培训乡村女性887人。项目已在17个省117个县市开展,直接受益人达17705人,间接受益人多达90000人,其中65%的学员通过电商领域的就业创业提高了经济收入,人均收入增加800元以上,实现了乡村留守女性的自我价值。2022年,项目联合北京星巴克公益基金会共同开展了"星绣未来"乡村女性经济赋能与非遗传承项目。2022年,"香橙妈妈"项目入选国家乡村振兴局遴选的社会帮扶助力脱贫攻坚成果同乡村振兴有效衔接典型案例。

【乡村振兴领头雁计划】 项目由中国慈善联合会、清华大学社会学系、友成基金会等联合发起,以自建互联网平台为主要阵地,以"线上学习+线下孵化+社群营造+市场对接"为核心模式,将互联网思维与公益项目深度融合。2022年,在陆金所控股有限公司、重庆德勤公益基金会等单位的支持下,项目累计服务全国31个省区市的超过13万新农人,其中2022年新增3万人,成为面向社会各界普及乡村发展知识的公益性闭环体系赋能平台,初步形成覆盖全国城乡的乡村振兴人才网络和人才发展的社会支持网络。在2022中国公益慈善项目大赛中以总分第一的成绩荣获"五星优质项目"荣誉称号。

【国家乡村振兴重点帮扶县结对帮扶】为了深入贯彻落实国家乡村振兴局、民政部《社会组织助力乡村振兴专项行动方案》要求，进一步加大对国家乡村振兴重点帮扶县的支持力度，友成基金会与甘肃省庆阳市环县、云南省怒江傈僳族自治州贡山独龙族怒族自治县、四川省甘孜藏族自治州理塘县确定乡村振兴重点帮扶县结对帮扶关系。在甘肃省庆阳市环县，友成基金会引入支付宝云客服数字帮扶车间，在云南省怒江傈僳族自治州贡山独龙族怒族自治县、四川省甘孜藏族自治州理塘县则以非遗合作社为主要帮扶主体，对其进行产品设计、市场推广、技能培训、合作社管理等孵化帮扶。

【整村社区综合发展】 2022年，在贵州省雷山县委、县政府与融创中国控股有限公司的支持下，"美好乡见"——龙塘村项目入选《2022世界旅游联盟——旅游助力乡村振兴案例》。2022年，在广西壮族自治区桂林市龙胜各族自治县、深圳市南山区、腾讯可持续社会价值事业部（SSV）、腾讯公益慈善基金会的支持下，"美好乡见"项目成功落地广西壮族自治区桂林市龙胜各族自治县，真正地实现了携手政府和社会力量参与乡村振兴建设的目标，同时也在试点村探索打造"共富乡村建设"新模式和综合性乡村振兴示范样板。

【青椒计划】 "青椒计划"，全称为"乡村青年教师社会支持公益计划"，作为全国优秀的助力乡村青年教师成长和发展的创新平台项目，自2017年9月发起至2022年7月已经完成五届项目相关活动，2022年10月9日开启第六届。2022—2023学年（第六届）"青椒计划"项目获得教育部教师工作司发红头文件指导在全国各县开展，在中国对外经济贸易信托有限公司、重庆德勤公益基金会、华为技术有限公司、亚马逊中国、北京市戈友援助公益基金会的支持下，累计22个省355个区县教育局组织30277名新教师报名参与线上培训。6年来，"青椒计划"总共服务25个省607个区县教育局、13万名乡村教师，间接受益学生600多万名。

【"放飞梦想"波音航空科普教育项目】 2022年，在波音公司的支持下，项目累计支持了20个省（68个县）的110所学校开设航空科普课。项目获得了2022年第六届CSR中国教育榜"CSR CHINA年度最佳可持续发展"、"CSR CHINA TOP100年度最佳责任企业品牌"两个奖项，并被评为凤凰网行动者联盟·企业社会责任与创新案例。

【"编程·创未来"——乡村编程教育普及公益项目】 2022年，项目联合亚马逊（中国）投资有限公司、高通公司、中国青少年科技教育工作者协会、腾讯科技（深圳）有限公司为4个省6个县48所乡村学校、107名乡村教师提供陪伴式深入支持，直接受益学生达5796名，间接受益学生达6881名。

【"山桥计划"欠发达地区县域教育综合改善项目】 2022年，在深圳市坪山区粤桂协作工作队与德保县教育局的支持下，"山桥计划"在德保县实现了10所重点学校覆盖，共计为德保县培训教师16340人次，累计直接服务学生32000余人次，间接辐射数万名学生。在深圳市南山区驻龙胜县粤桂协作工作队和龙胜县教育局的支持下，在龙胜县两年项目实施期间，"山桥计划"辐射全县学校，聚焦6所重点学校，累计为龙胜县培训教师3800人，累计受益20000人次；受益学生25665人，受益52613人次。

【"益教室"乡村美育教育项目提升】 2022年，友成基金会与澳门同济慈善会合作资助河南省濮阳市台前县、甘肃省白银市会宁县、湖南省怀化市沅陵县、河北省秦皇岛市昌黎县、云南省文山壮族苗族自治州富宁县5个县"县域中小学艺术双师课程支持计划"项目，覆盖321所中小学，受益教师1359人，受益学生40.7万人，完成了音乐、美术各9次线上教师培训，共计培训教师8517人次，其中音乐教师培训4695人次、美术教师培训3822人次。

【健康帮扶】 2022年，友成基金会携手江苏恒瑞医药股份有限公司共同发起"千院万医"健康公益项目，致力于提升中西部地区基层医疗机构医护人员管理和专科水平，进一步补齐中西部地区特别是基层卫生健康服务短板，巩固健康帮扶成果，助力解决东西部之间、城乡之间优质医疗资源分布不均衡等问题。截至2022年年底，已签约顾问65人、专家1513人，已开展线上线下专题论坛7场，累计上架279条专业知识视频。

【慈善信托助力乡村振兴】 2021年12月，平安普惠融资担保有限公司设立全国首只碳中和慈善信托——"平安碳中和绿色金融发展慈善信托"，该信托由友成基金会担任项目管理人，平安信托有限责任公司担任受托人，信托初始规模590万元，聚焦生态守护者的发展需求，开展"平安守护者行动－国家公园"项目，该项目是正式对外发布的首个专注于支持中国首批国家公园环境保护及周边乡村发展的公益项目。2022年，项目落地大熊猫国家公园、东北虎豹国家公园，为一线巡护员、科研员等生态守护者提供专业设备、物资支持，并助力雅安市宝兴县、荥经县、天全县的生态林改造。

【互联网公募公益项目公信力评估】 2022年6月，腾讯公益慈善基金会联合友成基金会，依托腾讯公益平台，由腾讯公益慈善基金会资助，以友成基金会前期开发的"三A三力"公益项目评估指南团体标准为基准，共同开发互联网公募公益项目公信力评估系统，并倡导和鼓励通过互联网公募的公益项目进行自评估。系统于2022年7月1日上线，总共有836个项目参与了自评估，获取了公信力评估报告。这标志着以公信力为内容的评估第一次在中国如此大范围地实施。

【社会创新领袖人才】 2022年，友成基金会持续支持"新公益领导力研修班"项目、"社创之星"大赛，并新拓展"社会组织参与乡村振兴"能力建设项目，切实发挥行业支持作用；12月，猎鹰加速器在线上开设了乡村振兴—未来思维工作坊，30余名猎鹰和友成基金会骨干一起参与体验了发现信号、发现链接、共创联合行动的未来学思维和工作方式。

【联合抗疫】 2022年1—3月，友成基金会携手北京博辉瑞进生物科技有限公司，为疫情反复的贵州省黔东南苗族侗族自治州雷山县、贵州省黔东南苗族侗族自治州锦屏县，广西壮族自治区百色市德保县、广西壮族自治区桂林市龙胜各族自治县，云南省临沧市永德县、河北省塞罕坝林区六地捐赠BH-YTD高质量民用防护口罩70万只。4月至7月，由北京市社会心理工作联合会指导，友成基金会联合北京博能志愿公益基金会、北京惠泽人公益发展中心等20多家公益机构共同发起的抗疫志愿行动计划——"I Will-安心志愿行动"，为北京、上海、广西的抗疫提供支持，取得了直接服务2000余人、媒体宣传影响超415万人次、社会服务捐赠价值208万元、创建九大组30多个微信群、进行近40场培训等显著成绩，让居者安心、让社区安定、让信心安住。

【抗震救灾】 2022年9月四川甘孜藏族自治州泸定县发生6.8级地震，造成了人员和财产的重大损失。为支持"9·5"泸定地震灾后恢复重建工作，亚马逊（中国）投资有限公司于11月联合友成基金会向四川省泸定县捐赠家庭生活保障箱900套、家庭温暖包1000套和儿童温暖包900套。

【**国际交流合作**】 2022年,在联合国人权理事会第49、第50、第51届会议上,友成基金会通过视频、书面报告和发言的形式介绍了"青椒计划""香橙妈妈""乡村振兴领头雁计划"等一系列促进乡村发展、教育公平以及人才赋能的项目模式和成效。

【**定点帮扶**】 2022年,在国家乡村振兴局的指导和贵州省黔东南苗族侗族自治州雷山县委、县政府的支持下,友成基金会持续扶持雷山县产业发展,累计向雷山县投入产业资金超过6636万元,投入五黑鸡、笋用竹、天麻加工、茶产业提质增效、乌冬民宿、节水灌溉、鱼种繁育、中华土蜂养殖等产业项目。项目带动3613户农户增收1500万余元。此外,通过社会力量、各项政府帮扶政策成功引入假发企业在雷山县注册成立雷山谷雅发制品有限公司。帮扶车间现有120名工人,员工月工资在1700~4400元,收入相对稳定可观,促进了本地手工业发展,打通了搬迁群众和企业致富路。

(友成企业家乡村发展基金会
传播外联部　吴佳聪)

中国乡村发展志愿服务促进会帮扶

【概述】 2022年,中国乡村发展志愿服务促进会坚持以习近平新时代中国特色社会主义思想为指导,认真学习贯彻党的二十大精神,按照农业农村部、民政部对社会组织参与巩固拓展脱贫成果和乡村振兴工作的要求,在新冠疫情影响下,主要项目和重点工作不仅做到坚持不懈,有些还取得一些新的突破和新的成效。召开换届大会,完成换届工作和更名手续,选举产生新一届领导班子,修改章程。研究制定《中国乡村发展志愿服务促进会五年规划(2022—2026)》。

【白内障救治项目】 根据原国家卫生和计划生育委员会、原国务院扶贫开发领导小组办公室印发的《"光明扶贫工程"工作方案》,在全国防盲技术指导组和各地乡村振兴、卫健部门支持下,组织实施"光明扶贫工程",为建档立卡贫困患者提供单眼手术不超过1500元的医疗自付费用补助。打赢脱贫攻坚战以后更名为"光明工程·白内障复明"项目继续实施,将补助范围从建档立卡贫困户扩大到面向中西部地区农村全体农民,并向160个国家乡村振兴重点帮扶县、易地扶贫搬迁集中安置点、革命老区、边疆地区和民族地区倾斜。1063家医院报名参与该项目并签订协议。编制项目指南实行规范化建设,搭建管理系统实行信息化建设,依托中国社会帮扶网主动公开项目救治情况、受益人群、资金使用等信息,实行透明化建设。当年新增救治32万例,补助11万例,同比增长190%。项目累计救治194万例,补助45万例。

【学前学会普通话项目】 在四川省大小凉山地区继续巩固拓展"学前学普"成果。向四川省、浙江省和教育部领导汇报"学前学普"工作进展情况。四川省教育厅印发《巩固拓展凉山州学普用普成果三年行动计划》,安排6000万元专项资金用于凉山彝族自治州(以下简称"凉山州")"学前学普"。浙江省将凉山州"学前学普"纳入东西部协作重点任务。与技术保障单位签署技术保障协议,继续在大小凉山地区设立3538个幼教园点,新增培训学普儿童7.1万名,累计培训60.2万名。招录聘用16617名幼儿教师和辅导员承担保教工作,安排技术保障单位人员驻县巡点督导教学进度和质量。组织开发"学前学普"信息系统,线上线下开展幼儿教师和辅导员教学能力提升培训,实行规范化、信息化、透明化管理。在获得省级教学成果奖的基础上继续总结经验,启动国家基础教育成果奖申报工作。

【强直性脊柱炎救治项目】 根据原国务院扶贫开发领导小组办公室综合司、国家卫生健康委员会办公厅印发的《强直性脊柱炎健康扶贫工程工作方案》,在中国农工民主党中央组织专家医疗队的支持下,与中国残疾人福利基金会合作继续实施强直性脊柱炎救治项目,为农村强直性脊柱炎患者提供救治、辅助治疗费用,并向160个国家乡村振兴重点帮扶县、易地扶贫搬迁集中安置点、革命老区、边疆地区和民族地区倾斜。新签约定点医院111家,开展项目业务讲座和义诊活动199场,参加讲座的基层医护人员1.44万人,筛查1766人,救治农村强直性脊柱炎患者2982人,支付项目补贴252.46万元。截至2022年年底,项目累计签约定点医院864家,开展项目业务讲座和义诊活动601场,参加讲座的基层医护人员2.25万名,筛查1.25万人,救治8666人(其中脱贫人口6157人),支付项目补贴493.49万元。

【乡村振兴特色产业培育工程】 按照全面推进乡村振兴的要求,贯彻落实"国之大者",向山上要油料,向构树要蛋白,保障粮食安全,启动实施乡村振兴特色优势产业培育工程。研究制订乡村振兴特色优势产业培育工程实施方案,在继续做好原有青藏高原青稞、牦牛,新疆南疆核桃、红枣4个产业促进的基础上,新增油茶、核桃油、油橄榄、杂交构树、酿酒葡萄5个产业重点促进。先后组织召开乡村振兴特色优势产业培育座谈会,研究制定《特色优势产品认定办法》,组织专家、企业家赴云南、安徽等省市县村开展实地调研,同多家金融机构、高校和地方政府深入座谈交流,签署特色优势产业合作框架协议等,通过多种措施推进。

【乡村振兴产业带头人培养工程】 启动实施乡村振兴产业带头人培养工程,在总结贫困村创业致富带头人培训经验的基础上,研究制订《乡村振兴产业带头人培养工程实施方案》,探索开展9个特色优势产业培育和发展乡村旅游的定向培训,结合东西协作、定点帮扶等工作开展定制培训和实用技术培训,在贵州省黔西南布依族苗族自治州举办油茶产业带头人定制培训班。

(中国乡村发展志愿服务促进会　于　波)

中国人口福利基金会帮扶

【概述】 2022年,中国人口福利基金会作为全国性5A级公募基金会,充分发挥机制灵活、拾遗补阙作用,依托卫生健康资源优势和公益慈善行业力量,广泛动员社会资源,积极融入乡村振兴、助力健康乡村建设,实现收入4.37亿元,支出4.56亿元,超额完成年度预定目标。

【幸福工程】 加速推动幸福工程深层次改革,在内蒙古等4个省(自治区)设立项目点,投入754万元,帮扶困境母亲195人,惠及人口585人;在安徽省金寨县等20个帮扶点投入"三下乡"帮扶资金305万元,采购计算机等物资;在湖南等3个省开展妇女赋能项目,培训人员800名,其中有784人入职;推出"他乡的妳"流动女性支持计划,50余个项目进入复审;善佑母婴行动捐赠宫颈治疗仪等设备13台。

【健康暖心工程】 2022年,动员募款2081万元,支出5643.5万元,重点用于山西、陕西、江西等省脱贫县的县乡村三级医疗卫生服务能力提升、县域特色产业升级、脱贫地区民生改善等领域。支持永和县开展心肺复苏和海姆立克急救法培训;支持清涧县特色医院文化医院建设;支持永和县索驼村种植大棚整修及备种项目、坡头乡蛋鸡养殖项目和道路亮化工程;支持子洲县小微企业生产设备帮扶项目;支持五寨县道地中药材规范化种植及生产;积极参与党建帮扶工作,资助西藏自治区聂拉木县101.8万元,采购防疫物资和生活物资。

【中国大病社会救助平台】 聚焦民生保障,从大病救助切入,探索建立防止因病致贫返贫长效工作机制,中国大病社会救助平台筹款7861.4万元,救助1529名大病患者,累计收录全国大病救助政策10331条,整合各类大病救助公益项目665个。

【乡村医生支持计划】 面向贵州等11个省发放乡村医生线上调研问卷,有效回收近5万份,全面掌握村医需求;妥善推进乡村医生培训,累计开展14期线下培训、25期线上培训,参与培训498人次;"龙门梦想计划"资助220名村医考取全科执业助理医师资格证;开展2022年暖心乡村医生案例征集活动,征集暖心村医、暖心院长、青年榜样各类案例696个;依托卫健系统专业力量,推出《中西部地区乡村卫生健康服务质量提升重点分析报告》。

【养育未来项目】 常态化运营"家长学校•养育未来"农村婴幼儿照护服务公益项目,依托贵州省紫云苗族布依族自治县、广西壮族自治区环江毛南族自治县9个养育中心累计为1681人次婴幼儿、2064个家庭提供24267节亲子课程指导,开展亲子活动2888次;举办赋能培训班,主动推广环江项目经验;在全国政协人口资源环境委员会"关于促进欠发达地区农村婴幼儿早期发展"座谈交流会、"国际家庭日"和"婴幼儿照护周"主题宣传活动等场合,汇报项目经验做法,积极建言献策。

【参与行业建设】 受邀加入中国基金会发展论坛组委会,承办主题为"汇聚社会力量 多元化建设健康乡村"的平行论坛,协调政府官员、行业学者、社会组织参与相关议题分享,探讨公益视角下的乡村基本医疗卫生服务,对社会组织参与健康乡村建设进行思考和总结,展示在基层医疗健康服务上的探索实践和经验,观看量超10万人次。

做好政策倡导、传达民意、架设慈善桥梁和提供公益项目等工作,结合健康中国行动,聚焦健康乡村建设。

(中国人口福利基金会社会联络部 高 航)

中国网络社会组织联合会帮扶

【概述】 2022年是"十四五"全面推进乡村振兴、加快农业农村现代化的关键之年。根据中共中央网络安全和信息化委员会办公室印发的《中央网信办2022年定点帮扶工作计划》,中国网络社会组织联合会(以下简称"中网联")深入学习贯彻习近平总书记关于全面推进乡村振兴的重要论述,全面贯彻党的二十大精神,切实担负定点帮扶政治责任,认真落实中共中央、国务院关于定点帮扶工作重大决策部署,组建工作专班,组织会员单位参与定点帮扶、教育帮扶等工作,巩固发展脱贫攻坚成果,有效衔接乡村振兴。

【产业帮扶】 协调携程打造度假农庄。6月,陕西省首家携程度假农庄(陕西佛坪店)正式开工建设。携程出资1000万元与地方政府共同投资建设,农庄建成后既能解决当地用工问题,又能助力文旅产业发展。

【社会帮扶】 协调北京字节跳动公益基金会向佛坪县慈善协会捐赠100万元,用于建设抖音电商佛坪特产馆。

【教育帮扶】 开展"网联优教"网络帮扶活动,助力教育信息化。中网联与中央电化教育馆联合启动第三期"网联优教"网络帮扶活动,组织召开线上洽谈会,对接供需双方需求,引导捐赠落地。北京盛兴利合网络科技有限公司、成都景中教育软件有限公司、广州市吉星信息科技有限公司等,向辽宁省铁岭市、陕西省佛坪县、山西省洪洞县、河北省青龙满族自治县捐赠网络集体备课平台、网络画板、实训室无线全录播系统等产品和服务,捐赠价值640余万元。

【帮扶宣传】 联合会员单位网络媒体力量,大力宣传佛坪县,积极开展直播助农等活动。协调抖音、快手等平台每周进行农产品直播;打造抖音账号"熊猫漫城",对原生态珍稀产品和佛坪县生态全域旅游产品进行推广;动员网络社会组织购买办公室坐垫、靠垫等特色产品。协调会员单位积极参与2022年大熊猫文化旅游节相关活动。

(中国网络社会组织联合会 张家铭)

中国残疾人福利基金会帮扶

【概述】 中国残疾人福利基金会（以下简称"中国残基会"）是经国务院批准于1984年3月15日成立的全国性公募基金会。基金会的宗旨是弘扬人道，奉献爱心，全心全意为残疾人服务。理念是"集善"，即集合人道爱心，善待天下生命。工作目标是努力建设成为公开、透明、高效率和高公信力的慈善组织。中国残基会自成立以来，高举人道主义旗帜，大力倡导扶残助困的良好社会风尚，积极开展募捐活动，筹集资金，努力改善残疾人康复、教育、就业等各方面状况，推动了中国残疾人事业的发展。

【"衣恋集善·幸福温暖"项目】 自2014年起衣恋集团与中国残基会合作开展了系列公益项目。共捐赠给中国残基会6000万元现金及价值6000万元的衣物，开展了"衣恋集善·幸福同行""衣恋融合教育""衣恋集善·幸福温暖"等涵盖残疾人教育、康复及就业等领域的公益项目，为困难肢体残疾人安装适配假肢，对孤独症儿童进行融合教育，向特教学校捐赠衣物。该项目2022年资助西藏自治区残疾人福利基金会总价值760.986271万元的服饰和鞋袜，在拉萨市、山南市、日喀则市、林芝市、昌都市、那曲市及阿里地区等7个地市开展"衣恋集善·幸福温暖"项目，为困难残疾人提供服装鞋袜，改善他们的生活状况。资助新疆维吾尔自治区残疾人福利基金会总价值505.4694万元的服饰鞋袜，为哈密市和喀什地区的困难残疾人提供舒适服装鞋袜，改善他们的生活状况。

【丰田无障碍车辆捐赠项目】 北京冬残奥会闭幕后，丰田汽车（中国）投资有限公司将238辆为奥运服务的无障碍车辆捐赠给中国残基会，合作开展丰田无障碍车辆捐赠项目，为全国31个省市区及新疆生产建设兵团的基层残疾人服务机构继续提供出行支持，充分发挥冬奥遗产作用，推动无障碍出行环境建设，为残疾人提供便利化生活环境。该项目2022年为全国31个省区市及新疆生产建设兵团共计215家基层残疾人服务机构提供出行支持，助力推动全国各省市区无障碍环境建设，该项目获得车辆捐赠238辆和配套经费160余万元，共计8374.26万元，为残疾人提供无障碍出行支持，推动无障碍环境建设。

【集善工程——（中远海运）助残行动项目】 2018年起，中远海运慈善基金会（以下简称"中远海运"）与中国残基会共同开展"中远海运·助残行动"。重点帮扶中远海运扶贫地区云南省永德县，湖南省安化县、沅陵县残疾人及适应证人士。项目主要内容为捐建"中远海运"关爱基层听障服务机构，培养听力康复师，帮扶受助地区听障及适应证人士无偿安装验配高品质助听器。听障服务机构为本地及周边地区适应证人士开展日常听力检测、咨询、残疾预防宣传、助听器验配调试等。该项目2022年资助西藏自治区洛隆县582辆轮椅，582名肢体残疾人受益；完成湖南、云南两省3个县区康复机构和特教学校的资助工作。

【"集善扶困（贫）健康行"骨关节项目】 2015年以来，西部贫困人群骨关节疾病致残致贫的情况引起中国残基会的高度重视，中国残基会通过媒体向社会机构和爱心企业介绍骨关节疾病给贫困人群造成的痛苦和贫困,呼吁社会对这类贫困人群给予关心和帮助。中国残基会理事长办公会议确定设立骨关节置换公益项目,制订切实可行的工作方案,与中国康复研究中心签订项目合作协议,北京博爱医院关节病诊疗中心负责组织专家团队,并全面负责项目的具体执行。在各省残基会和县残疾人联合会的积极配合下,中国残基会项目组陪同骨科专家走入西部农村贫困骨关节病患者家中,逐一筛查,按照"一户一扶,一人一策,一病一方"的办法,做到精准到户,精准到人,精准到病。凡是能进行手术治疗的病困残疾人,依据国务院扶贫开发领导小组办公室的大数据档案和低保人员登记表,认真建档立卡,按协议和程序拨付资金。中国医师协会的领导非常重视手术治疗的质量,从全国抽调经验丰富的院长级和主治医师级骨科专家参加专家医疗队,积极参与"集善扶困(贫)健康行"公益项目。该项目2022年为云南、贵州、山西等7个省146名困难家庭骨关节患者实施164例免费骨关节置换手术及康复治疗。

【"集善美丽魔方温暖助残"项目】 为提高残疾人生活水平,提升其身体素质,2021年,中国残基会与深圳美丽魔方健康投资集团合作开展了"集善美丽魔方温暖助残"项目,旨在帮扶全国范围内的残疾人。截至2022年底,该项目通过向全国范围内的残疾人捐赠蛋白粉等举措,惠及河北、黑龙江、江苏、浙江、江西、山东、广东、贵州、甘肃、内蒙古、广西、宁夏、新疆、重庆等10多个省区市的近万名残疾人,深受各受助地区好评。该项目2022年资助新疆维吾尔自治区昌吉市价值110490元的381罐美丽魔方蛋白粉,127人受益。

【"爱可声传递"助听项目】 "爱可声传递"助听项目旨在通过捐赠助听器,帮助最困难、最急需的听力残疾人早日走出无声世界,提升生活质量。2016—2022年,"爱可声传递"助听项目为6000多名听力残疾人适配助听器,价值人民币9469.2万元,在四川、河北、广元等省市开展项目。该项目2022年资助价值1203万元助听器,1200名残疾人受益,其中新疆维吾尔自治区昌吉回族自治州100台价值94万元助听器,帮助听力残疾人走出无声世界。

【"正保集善助学"项目】 "正保集善助学"项目是中国残基会和正保远程教育集团共同开展的助学公益项目,学习卡价值2000元,涉及会计、医学、建筑工程、职业培训、自学考试等学习内容,为残疾人、残疾人亲属、残疾人工作者提供一个足不出户提高文化知识水平和业务专长能力的学习平台,同时极大地丰富了残疾人、残疾人家庭成员、残疾人工作者的精神文化生活。该项目2022年资助新疆维吾尔自治区残疾人福利基金会1000张正保远程教育集善学习卡,每张价值2000元,总价值200万元。帮助残疾人、残疾人家庭成员和残疾人工作者进行专业技能学习。

【"集善扶困健康行·精神救助"项目】 随着中国经济的快速发展,由于长期压力、环境变化的影响,精神疾病和心理健康疾病逐年增加。据国家卫生健康委员会统计,中国有1600万精神疾病患者,有超过3亿人正在遭受不同程度的心理、精神疾病和行为问题困扰,而临床数据显示,因大部分患者缺少对精神疾病的了解,得不到科学有效的治疗,接受正规治疗人数只占全部患者数的20%,每年有高达28.7万人因精神疾病自杀,大量精神疾病患者得不到及时有效的治疗康复,精神卫生问题成为日趋严重的社会问题。近年国内频发的精神障碍患者凶杀案,与精神(心理)状态有着千丝万缕关系的自杀事件,以及吸毒、酗酒、网络成瘾和报复社会的暴力事件等,均反映出精神障碍以及心理健康问题所带来的严重社会问题,给社会治安、社会稳定、社会文明和社会经济建设带来了不容忽视的负面影响。近年来中国残基会创新开展的精神救助项目在2022年度为10个省区11家医院提供重度生活困难精神残疾人补贴合计1271万元,累计救助3111人次,其中资助新疆维吾尔自治区残疾人福利基金会22.08万元,帮扶62人次精神障碍患者3个月住院补贴。

【"脑瘫儿童滋养计划"项目】 脑性瘫痪简称"脑瘫",是指围产期(出生前到生后1个月内)由各种原因所致的非进行性脑损伤。主要表现为中枢性运动障碍及姿势异常,症状在婴儿期出现,可伴有(或不伴有)智力低下、癫痫、行为异常、运动功能障碍及感知觉障碍。由于康复教育机构服务能力有限,家庭对孩子康复、教育的重视度不够,以及家庭经济压力沉重等原因,部分脑瘫儿童正错失着康复、教育的最佳时期。脑瘫儿童不能进行有效的康复和接受教育,成年后只能靠社会及家庭的照顾度过一生。脑瘫儿童的存在,对其家庭而言,无论是在经济还是心理方面,都是极其沉重的压力和负担。为此,"脑瘫儿童滋养计划"将集结社会各界爱心,帮助0~18岁的脑瘫儿童走出家门,接受长期可持续的康复训练,内容包括康复、特殊教育、心理及行为引导、社会生活能力培养等,使脑瘫儿童的潜能得到全面发展。该项目2022年资助新疆维吾尔自治区疏勒县彩虹康复教育中心,为25名脑瘫儿童提供1年的康复训练服务。

【"助星儿圆梦"项目】 孤独症是当代儿童精神残疾的重灾区,新疆维吾尔自治区地处偏远且发展滞后,人们对孤独症不了解、不理解,大部分患儿家庭没有能力接受系统的康复训练。因此,乌鲁木齐市启慧康复中心发起"助星儿圆梦"项目,采用阶梯式的课程,为孤独症儿童及其家庭提供服务,通过个训课、小组课为不同程度的孤独症儿童提供个别化训练,并为其家庭提供康复技术培训、心理疏导等服务,旨在帮助孤独症儿童早日回归社会。在中国残基会支持下发起的"助星儿圆梦"项目,2016—2023年筹款近400万元,为190个家庭开展了康复训练服务,培训康复教师12人,志愿者参与231人次。2022年资助新疆维吾尔自治区乌鲁木齐市启慧康复中心为24名孤独症儿童提供专业康复训练服务。

【定点帮扶南皮县】 按照中国残疾人联合会定点帮扶工作的统一安排,中国残基会认真开展定点帮扶工作。2022年,中国残基会将定点帮扶工作纳入公益项目计划并积极筹措资金,"加油追梦人"假肢矫形适配救助项目为肢体残疾人适配假肢或矫形器,该项目2022年在南皮县共救助7人;"正保集善助学"项目积极在南皮县推进开展,支持1000张每张价值2000元的线上学习培训课程卡,为1000名残疾人工作者、残疾人及残疾人家庭成员提供线上培训和知识服务;中国残基会党支部采用微信推送、短信提醒、会议宣讲等方式积极对南皮县农特产品进行宣传,2022年采购南皮县价值5万元的农副产品。中国残基会制定定期与对口帮扶方联系的工作机制,保持沟通,努力探讨帮扶渠道和方式。

(中国残疾人福利基金会
刘书娜 刘兆龙)

中国儿童少年基金会帮扶

【概述】 2022年,中国儿童少年基金会在中华全国妇女联合会的坚强领导下,深入学习贯彻习近平新时代中国特色社会主义思想,全面贯彻落实习近平总书记重要指示精神和党的二十大精神,坚守为党育人、为国育才的使命,落实立德树人根本任务,突出重点,抓好"春蕾计划——梦想未来"行动女童教育帮扶和申报联合国教科文组织女童和妇女教育奖工作,破解难点,统筹推进流动儿童、留守儿童、困境儿童等关爱帮扶,充分发挥"联"字优势,凝聚爱心力量,在巩固拓展脱贫攻坚成果同乡村振兴有效衔接、统筹疫情防控与儿童慈善事业发展、推进儿童健康成长和全面发展中发挥公益组织的积极作用。

【帮扶资金投入】 中国儿童少年基金会全年公益总收入4.22亿元,投入帮扶资金3.72亿元,受益儿童和家庭600余万人次,被评为中国慈善榜"年度榜样基金会"、中基透明指数FTI年度满分基金会。

【女童教育帮扶】 深入实施"春蕾计划——梦想未来"行动。加强工作统筹推进,召开妇联系统"春蕾计划——梦想未来"行动提升推进工作交流会,做好女童教育帮扶工作的研究与部署。加强思想引领和助学帮扶,开展"朵朵春蕾 红心向党"主题教育,参与女童10万余名,激励女童心怀感恩、奋进成长。资助各学龄段女童13万人次,以不同方式惠及女童510.3万人次。加强心理关爱和综合素养提升,创建"春蕾加油站"等14个女童成长友好空间,发放1.8万个"筑未来"女童成长能量包,线上线下开展青春期健康教育、女童保护讲座800余场。实施"春蕾女童科技与音乐素养提升"项目,开发科技素养系列课程,培养女童数字素养和技能,已有2000名女童受益。在10个省(自治区、直辖市)组建12支"春蕾梦想合唱团",为女童点亮音乐梦想。加强重点地区和困境女童关爱,大力实施"促进凉山女童教育发展"公益项目,募集款物8477.28万元。面向国家乡村振兴重点帮扶县捐助款物5000余万元。

【困境儿童帮扶】 积极推动解决流动、留守及困境儿童"急难愁盼"问题。加强留守儿童关爱服务,推进建设200个"阳光驿站",常态化运营1452个"儿童快乐家园"。为2067个"小候鸟"图书角捐赠图书,发动大学生志愿者参与"守护童年·牵手共成长"等公益活动,帮助留守儿童身心健康成长。为边疆儿童送温暖,实施"恒爱行动——百万家庭亲情一线牵"公益活动,为边疆儿童等编织近8万件爱心毛衣,并线上举办"编织新生活 共筑中国梦"新一年度项目启动仪式及恒爱行动公益论坛,线上观看人次达120.3万。

【儿童健康帮扶】 多措并举帮助儿童安全健康成长。捐赠2.44万套"HELLO小孩"爱心套餐,捐建10所安康图书馆,开展生命关爱、平安少年等公益讲座600多场,开展1000场孕妇公益课堂、发放21.8万份科普宣传手册,提高家庭科学育儿水平。

【应急救灾】 大力开展儿童和家庭应急救助。积极落实中华全国妇女联合会部署,携手爱心企业,驰援上海、吉林、广州等地抗疫,援助首都高校抗疫,支援泸定地震救灾,共响应规模性救灾7次,募集发放款物4174万元,为农村困难儿童及家庭紧急筹措5万个爱心防疫包,帮助他们渡过难关。

【家庭建设帮扶】 探索推进"新家长学院/全国网上家长学校"公益项目。为逾86万名注册用户提供家庭教育指导服务,在首个全国家庭教育宣传周期间推出系列精品课程,累计观看逾6000万人次。

【儿童综合素养提升帮扶】 深入开展"少年儿童心向党"主题教育,受益儿童达4万余名,在少年儿童心中厚植爱党爱国情怀。实施"少年公益学院"等项目,组织开展线上线下公益实践活动120余场,引导广大少年儿童争当德、智、体、美、劳全面发展的新时代好儿童。

(中国儿童少年基金会 张东梅)

上海真爱梦想公益基金会帮扶

【概述】 2022年,上海真爱梦想公益基金会(以下简称"真爱梦想")以教育均衡为使命,致力于发展素质教育,促进教育均衡,帮助孩子自信、从容、有尊严地成长。从2008年起,真爱梦想开始在西部偏远区县开展教育帮扶工作,以标准化的"梦想中心素养教育"公益产品为核心,探索出"梦想中心+梦想课程+梦想领路人教师培训+梦想盒子线上社区+五年学校运营服务"五位一体的教育公益模式,融入公立学校的课程体系,帮助校长、教师提升教育教学专业能力,促进教书育人价值意义认同,进而启发孩子们的自我意识,让孩子们探索更大的世界和更广阔的人生。

【教育帮扶】 2022年,真爱梦想继续积极响应社会组织助力乡村振兴的号召,整合社会资源,在爱心企业、人士和政府的支持下,共募集资金2.97亿元,全年公益支出2.51亿元,实现持续增长;在全国新建631间梦想中心,比2021年新增80间,为孩子们带来超过59.6万课时的梦想课程,受益师生58.5万人。其中,在7个省15个市19个国家乡村振兴重点帮扶县新建并运营75间梦想中心,累计投入社会捐赠资金1551万元。

真爱梦想持续赋能陪伴教师专业成长,尤其是中西部偏远地区的乡村教师,助力其成为学校课程建设、教书育人、办学质量提升的生力军,全年累计培训17562名教师,其中,赋能一线教师15867人、校长1273人、局长422人。继续承接"国培计划(2022)"综合改革项目,为云南省12个国家乡村振兴重点帮扶县的50名教师开展为期10天的培训,提升云南省高素质专业化创新型教师队伍建设。举办第一届"卓越梦想校长"发布会,发布《卓越梦想校长专业能力评价指标》,公布"卓越梦想校长"工作室主持人名单,发挥社会公益的力量,为10位卓越梦想校长提供持续两年总计10万元的专业发展基金支持。联合上海师范大学教育学院发起"真爱梦想师范班奖学金项目",共同筹措社会资源,鼓励和引导更多优秀师范学生参与乡村振兴的教育事业,让更多乡村地区的孩子享受到更公平、更优质的教育服务。联合教育科学出版社发起"真爱书友共读营",通过提供高质量的导读材料和伴读服务,助力教师发展,累计6000多名教师参加,覆盖全国500多个区县。

【对口支援】 在上海市民政局、上海市人民政府合作交流办公室的指导下,在各地挂职扶贫干部的联结和支持下,真爱梦想联结社会各界,在上海对口支援的云南省,青海省果洛藏族自治州,新疆维吾尔自治区喀什市、克拉玛依市,西藏自治区日喀则市,三峡库区落地素质教育服务体系,以"梦想中心"为核心项目推进教育扶贫扶智工作。2022年,真爱梦想在上海支持的5个省区15个地市州41个区县市,累计捐建330余间梦想中心,投入社会捐赠资金4000余万元。其中,云南省为重点支援地区,在云南省各区县教育体育局的支持下,真爱梦想在12个县共建成梦想中心23间,受益师生2.4万余人。

2021—2022年,在上海市人民政府合作交流办公室专项资金资助下,真爱梦想在云南、西藏、青海、贵州等上海东西部协作、对口支援地区开展品牌项目的实施,3年累计投入579万元,其中2022年投入超过230万元。

真爱梦想与上海市援滇干部联络组签订《上海市社会力量助力对口帮扶地区全面推进乡村振兴结对帮扶框架协议》,即"163百万公益行动"计划,与嘉定区结对帮扶云南省楚雄彝族自治州、迪庆藏族自治州德钦县,承诺三年帮扶项目不少于100万元。2022年年底,已在德钦县落地"国门学校"项目,在楚雄彝族自治州永仁县、武定县落地梦想中心等公益项目,累计投入社会捐赠资金150余万元。

【爱在边疆项目】 响应国家第十四个五年规划和2035年远景目标纲要,根据在边境县(团场)建设100所"国门学校"的要求,跨界联结政府对口支援单位、民族品牌企业、受益地区教育局和学校,构建出"1+1+5+X"组团式教育帮扶模式,即由1家民族品牌企业;1所东部城市龙头学校,持续3年支持;5所县域学校,确定1所"国门学校"和4所梦想中心项目学校,为5所学校提供梦想课程及教育专业支持和服务,共同支持边疆少数民族地区义务教育的质量提升和均衡发展。

经过为期1年的走访调研,选定在云南省泸水市、福贡县、贡山独龙族怒族自治县、德钦县、维西傈僳族自治县、景洪市、勐海县、澜沧拉祜族自治县、沧源佤族自治县、永胜县、腾冲市、西藏自治区亚东县,新疆维吾尔自治区巴楚县、富蕴县、乌恰县及内蒙古自治区乌拉特后旗等16个边境县域落地"爱在边疆"项目,确定"国门学校"15所,配套"梦想中心"学校49所,共计64所项目学校;截至2022年年底,在云南省怒江傈僳族自治州、迪庆藏族自治州完成5所"国门学校"建设,并带动20所周边学校,形成"1+1+5+X"以点带面模式,累计获得爱心企业家捐赠资金1155万元。

针对5个边疆省(自治区)24所"国门学校"和"梦想中心"学校开展系列访谈调研。基于调研精准识别学生、教师、学校和区域的需求,联合外部生态伙伴,为部分县域引入运动梦想课程、"积极心理学"等专题培训。

【"去远方"研学旅行项目】 启动"去远方"梦想课程研发,通过这门课程,教会孩子们制订研学旅行方案、掌握基本出行等技能,并筹集社会资金资助孩子们"实践"研学方案,实现"去远方"的梦想,成为自信、独立自主、有担当的勇敢追梦人。2014年,第一批7支研学队伍实现"去远方",9年来累计募集社会资金超过2000万元,课程惠及103万名孩子,资助30个省1600多个研学队伍,约8500名学生与教师走出家乡、阔步远方。

2022年,"去远方"研学旅行项目在31个省(自治区、直辖市)312个区县的700多所学校落地,31万多名孩子通过线上或线下的方式参与"去远方"课程学习。在社会各界的支持下,有200所学校600支学生小队的3100名孩子走出家乡,在约500名教师、350名爱心志愿者陪伴下,圆梦远方,累计投入社会捐赠资金832万元。此外,"去远方"研学旅行项目荣获澎湃新闻2022"年度责任践行公益项目"称号,入选凤凰网行动者联盟年度十大公益项目。

【运动梦想课项目】 2017年,真爱梦想开展"青少年体育现状公益调研",基于调研报告,在"安踏茁壮成长公益计划"资助下,于2018年研发并推出"运动梦想课",打造一个集课程体系体育器材、教师培训和成长、运动装备激励、体育教研和赛事支持及线上平台资源支持的全方位体育素养教育公益服务体系。运动梦想课作为学校体育课程的补充,旨在更新体育教师的教育理念,让体育课更加创新、灵活,通过丰富、有趣的互动,提高受益学生对体育运动的喜爱度,提升专注力、团队感和运动技能。

运动梦想课项目运营5年来,累计在全国

28个省(自治区、直辖市)培训1859所学校的3905名一线体育教师,受益学生超过186万。2022年,运动梦想课在15个省(自治区、直辖市)53个市县的633所项目学校落地,66万名中小学生受益。其中,安踏集团为山西省和贵州省的3所学校捐建3个足球场,3414名学生因此受益;并在黑龙江、内蒙古、四川、云南、贵州、河南、甘肃等16个省(自治区、直辖市)捐赠运动器材,受益学校206所,受益学生18万。在中国证券投资基金业协会组织倡导下,广东省易方达公益基金会、嘉实基金管理有限公司、广发基金管理有限公司、九坤投资(北京)有限公司、中欧基金管理有限公司、银华基金管理有限公司、南方基金管理股份有限公司、华商基金管理有限公司、中国期货市场监控中心等9家机构在山西省临汾市汾西县共捐建3所学校的运动场地,受益学生2743人。

2022年,成立33支运动梦想团队伍,覆盖项目学校191所,举办滑雪营、篮球营、足球营等4场公益体育营活动,邀请全国各地运动梦想团项目学校的学生和教师参与,受益学生220名、受益教师42人、受益学校18所。

(上海真爱梦想公益基金会秘书处 宿彦慧)

腾讯公益慈善基金会帮扶

【概述】 2022年,腾讯公益慈善基金会(以下简称"腾讯基金会")积极响应民政部、国家乡村振兴局发布的《关于动员引导社会组织参与乡村振兴工作的通知》,以推动可持续社会价值创新为战略导向,充分依靠深圳市腾讯计算机系统有限公司(以下简称"腾讯公司")的技术和数字化能力,协同多方力量,通过科技创新、产品创新、模式创新,探索助推乡村全面振兴的可持续解决方案。

【社会动员】 人与人的联结,是腾讯公司最大的产品资源优势。腾讯基金会致力于通过公益数字化推动全民慈善、支持乡村振兴。2022年的"99公益日"吸引超9000个公益项目参与,超5800万人次捐赠善款33.1亿元,其中大部分用于支持乡村振兴类公益项目,腾讯基金会配捐3亿元。联合地方政府、慈善协会等主体开展公益数字化区域专场活动,以省为单位发起乡村振兴主题专场,以地域为纽带链接公众情感,支持区域性的中小社会组织通过腾讯公益平台进行互联网筹款。2022年共举办重庆、湖北、陕西、江苏、河南等7个乡村振兴专场,公众捐款超2000万人次,帮助中小公益组织筹款超15亿元,腾讯基金会配捐超2.4亿元。

【县域公益】 为助力县域公益生态建设,推动形成县域基层社会组织助力乡村全面振兴的长效机制,在国家乡村振兴局社会帮扶司指导下,腾讯基金会联合中国乡村发展基金会发起"活水计划——乡村振兴重点帮扶县基层社会组织赋能行动",通过强能力、抓项目、聚资源、扩影响的模式创新,系统解决县域基层社会组织存在的资金有限、人才匮乏、能力不足等共性问题。2022年,首批投入8000万元资金和资源专项支持80个国家乡村振兴重点帮扶县的社会组织发展,聚焦易地搬迁后续扶持、乡村产业发展、特殊群体关爱、乡村人居环境改进等四大领域,获得180多万人次爱心支持,捐款总额超过1.2亿元,上百万农村困难群众受益。"活水计划"项目成功入选国家乡村振兴局全国第一批社会帮扶典型案例。

【产业发展】 腾讯基金会联合腾讯公司王者荣耀、QQ飞车、腾讯出行等产品团队推出"一花一梦想·农兴计划"公益项目,累计带动1785.86万名爱心网友参与,捐出3360万朵小红花,与四川海惠助贫服务中心等行业伙伴携手共建落地,助力全国112个乡村发展特色农业产业,探索乡村产业振兴新路径。

【农业科创】 为助力深圳市对口支援新疆喀什地区工作,捐赠3000万元支持"深喀农业科创中心项目",助力喀什地区现代农业发展。资金用于保障深喀现代生态农业产业园科创中心机构日常运转、中式效能温室示范区可应用可推广性验证运营,以及开展面向南疆涉农人员的分类培训、涉农专业研究生联合培养、产学研合作和主题论坛等。

【定点帮扶】 腾讯基金会积极参与支持相关部委定点帮扶项目,2022年累计捐赠3550余万元。其中,创新性推出"公益捐步"活动,助力相关部委开展定点帮扶工作,即政府部门干部职工日常走路健身后,在腾讯公益平台上捐出走路步数,腾讯基金会按一定比例进行配捐,并将善款专用于政府部门定点帮扶地区的公益项目。2022年,共有14个部委参与该活动,配捐资金达1400万元。

【灾害救援】 在新冠疫情防控,洪涝、干旱、地震灾害救援中,腾讯基金会勇于担当、积极作为,将农村困难群体作为主要帮扶对象,累计捐款1500余万元,帮扶近36万名困难群众。

(腾讯公益慈善基金会)

中国青少年发展基金会帮扶

【概述】 2022年,中国青少年发展基金会(以下简称"中国青基会")是由中国共产主义青年团中央委员会发起并主管的全国性公募基金会,是希望工程的实施主体。自1989年成立以来,始终坚守为党育人的初心使命,主动服务党和国家事业大局、充分融入中国共产主义青年团工作格局,培育实施希望小学、希望工程1+1、圆梦行动、希望厨房、希望高中班等多个具有广泛影响力和社会效益的公益项目,在助力脱贫攻坚、促进教育发展、服务青少年成长、引领社会风尚等方面发挥重要作用。截至2022年年底,全国希望工程累计接受捐赠收入210.76亿元,援建希望小学20992所,资助困难学生692.9万名。中国青基会被授予"全国抗震救灾英雄集体"、全国"两基"工作先进单位、"全国先进社会组织"等荣誉称号,连续4次被民政部评定为5A级基金会,被中共中央、国务院授予"全国脱贫攻坚先进集体"称号,10余个项目荣获中华慈善奖。

2022年,中国青基会坚持以习近平新时代中国特色社会主义思想为指导,以迎接和学习宣传贯彻党的二十大为主题主线,深入落实习近平总书记对希望工程的重要寄语精神,坚持把巩固拓展脱贫攻坚成果同乡村振兴有效衔接作为重要政治任务,在脱贫攻坚、疫情防控、紧急救灾等重要任务中挺膺担当,在绿色发展、乡村振兴、科技创新、社会服务等领域持续探索,构建"新助力新希望"育人项目集群,全面推动项目体系提质升级、数字化建设步伐加快、内部治理更加完善、公益效能持续提升。全年实现总收入7.12亿元、总支出6.15亿元,累计助学、奖学青少年18.38万名,惠及832个原国家级贫困县及160个国家乡村振兴重点帮扶县。

【教育帮扶】 着眼解决青少年"急难愁盼"问题,深入实施以助学兴教、健康守护、素质提升、紧急救助、铸魂育人"五大计划"为核心的"新助力新希望"育人项目。

助学兴教计划着力建设特色希望小学、改善办学条件,为家庭困难青少年提供学业资助、社会实践、思想引领、创业就业等方面帮助,开展教师研修及城乡结对帮扶等,助力城乡教育均衡发展。2022年,建设高质量希望小学55所,支持建设配套设施297个,资助涵盖小学至大学阶段的乡村困难青少年18.38万人,发放助学金超过2.62亿元。

健康守护计划关注青少年营养健康、用眼健康、心理健康,致力于向青少年普及健康知识,改善青少年身心健康状况。捐建2所"希望厨房",提升乡村学校厨房供餐条件和营养供餐水平。实施"如新中华儿童心脏病公益基金"先天性心脏病救助项目,投入122万元帮助131名先天性心脏病患儿完成手术治疗、恢复健康。实施"清泉计划",投入40.8万元升级校园厕所及浴室,改善学生的卫生和生活条件。投入90万元捐建心灵成长驿站,配套开展教师培训、校园活动和亲子活动,覆盖3万余名青少年。实施12355青少年健康守护行动,投入资金228万元,惠及20个省40所学校近3.6万名青少年。

素质提升计划着力通过开展科技、体育、美育、劳动深层次教育,帮助青少年开阔眼界、丰富思维、增强体质,提升审美和人文素养,提高青少年综合能力。在中西部省份捐建希望工程快乐体育园地、音乐教室、美术教室、美育教室、图书室、多媒体教室等功能室132个,投入资金789万多元,惠及乡村青少年3万余名。强化青少年科技创新基础,推进"小平科技创新实验室"建设,投入162万元援建小平实验室(小学版)6个。坚持以体育人,实施"安踏茁壮成长公益计划"、"追风计划"、姚基金希望小学篮球季、阿迪达斯"Happy Sport"等公益项目,累计投入1300余万元开展运动场地援建、体育教师培训和特色体育比赛等活动。

紧急救助计划着力为青少年提供解困疏难的即时救助,帮助因突发事件和家庭重大变故影响学业的青少年脱离险境和困境,解决学习和生活实际困难。实施"广发希望慈善基金"特困青少年资助项目和关爱听力障碍儿童项目,在"乡村振兴和强镇筑基"重点乡镇资助500名因家庭遭遇特殊困难、突发重大变故或身患重大疾病的义务教育及幼儿园阶段困难学生,为114名家庭困难的听力障碍儿童提供人道主义救助。建设希望工程青少年发展服务热线4008-012355,打造直接联系服务青少年的桥梁纽带。实施希望工程"及时雨"青少年应急救助项目,累计救助184名困难家庭青少年。

铸魂育人计划着力教育青少年通过经典诵读、希望阅读、公益研学等感受中华优秀传统文化、革命文化和社会主义先进文化,自觉树立坚定的理想信念。举办"心向党·致远方"希望工程云分享会直播活动,邀请冬季奥林匹克运动会冠军、"希望学子"典型代表等做客直播间,为各地青少年讲述优秀青年和"希望学子"成长成才的生动经历和感人故事,激励和引导广大青少年坚定不移听党话、跟党走,观看量达28.4万人,点赞次数总计472.3万次。

【助力乡村社会建设】 关爱乡村留守儿童。联合中华全国青年联合会在全国建设"希望小屋"183个,为乡村学校和学生家庭改造建成"第二课堂"和"焕新空间",帮助包括留守儿童在内的青少年享受更优质丰富的学习生活。实施"伙伴计划""青年之家·红领巾学堂"等项目,支持基层团组织和青年社会组织为易地扶贫搬迁安置社区的青少年开展学业辅导、亲情陪伴、社区融入、环境美化等服务。助力生态振兴,实施"保护母亲河行动""希望工程环保小卫士"项目,开展植树造林、环保科普等,为乡村发展构筑生态屏障。积极参与乡村环境整治,投入100万元对陕西省乡村公共厕所进行改造修建,提高乡村健康环境水平,帮助青少年从小养成良好卫生习惯。助力提升基层治理水平,动员中国建设银行等爱心企业投入100万元为陕西省农村提供硬件和软件支持,充分运用大数据、物联网、政务云、人工智能技术等建设"智慧乡村",促进乡村智慧化治理,为乡村青少年提供更科学便捷的信息化服务。

【抗疫、救灾行动】 在吉林、上海等地发生疫情,四川泸定发生地震灾害后,迅速启动"抗击疫情,希望同行——2022希望工程特别行动"和"希望工程泸定救灾特别行动",研发"希望工程关爱一线青年志愿者应急包"和"希望工程应急救助箱"等项目,为在抗疫抗震一线奋战的青年志愿者和受疫情影响的青少年提供支持和帮助,累计投入资金609万元,捐赠物资价值4878万余元。

(中国青少年发展基金会 陈 希)

开明慈善基金会帮扶

【概述】 2022年,开明慈善基金会自2012年成立至今,始终秉承"开来而既往,明道不计功"的精神,在扶贫济困、助学兴教、抗震救灾、乡村振兴等领域开展多项公益活动,惠及23个省(自治区、直辖市),资助困难学生8200余人次,培训校长、教师等1800余人次,累计公益支出6751.78万元;服务国家大局,以党建引领,聚焦乡村振兴,在乡村治理、乡村教师培训、乡村阅读能力提升、乡村学校课后服务、易地搬迁帮扶、乡村体育、疫情防控等领域开展公益项目活动,助力巩固拓展脱贫攻坚成果同乡村振兴有效衔接,做出积极贡献,产生良好的社会效应。全年累计募集善款787.07万元,公益支出652.21万元。

【党建引领】 以习近平新时代中国特色社会主义思想为指导,深入贯彻落实党的二十大精神,以政治建设为统领,以落实全面从严治党为己任,加强党的全面领导,以忠诚担当、高度负责、昂扬向上的精神状态推进党建与业务工作深度融合,以党建促进业务发展,扎实做好各项工作,推动基金会平稳、健康、高效发展。

【乡村治理】 关注少数民族困难群体,在贵州省黔西南布依族苗族自治州安龙县坝盘村开展春节慰问村民及老党员活动,为坝盘村158户家庭送上大米、食用油、小麦粉、牛奶,向37户低保户、特困供养户、残疾户、党龄20年以上的党员送上慰问。投入善款7.76万元,开展坝盘村乡村振兴考察培训、乡村治理、人居环境改善、住房和饮水安全等项目,组织坝盘村驻村第一书记、干部、党员骨干分别赴贵州省黔西南布依族苗族自治州普安县、晴隆县、贞丰县、册亨县考察学习,激励村民参与坝盘村人居环境整治、疫情防控、安全巡逻等各方面乡村治理,推进乡村人居环境整治,进一步打造乡风文明、生态宜居的美丽乡村。

【乡村教师培训】 2020年,为贯彻落实习近平总书记关于"对工作难度大的县和村挂牌督战"的重要指示精神,落实国务院扶贫开发领导小组《关于开展挂牌督战工作的指导意见》,在国务院扶贫开发领导小组办公室、教育部、国家卫生健康委员会等相关部门有关司局的指导支持下,制订"同心·彩虹行动"助力挂牌督战乡村教师和乡村医生三年(2020—2022年)能力提升计划并实施。投入善款22万元,开展"同心·彩虹行动"国家乡村振兴重点帮扶县教师培训,培训云南省国家乡村振兴重点帮扶县(27个县)教师90人、贵州省金沙县中小学骨干教师10人、宁夏回族自治区国家乡村振兴重点帮扶县西吉县47所中小学及教育行政部门的书法教师及书法教育工作者60人。培训课程综合运用理论授课、实践教学、结构化研讨、师生互动等多种教学方式,涉及全面认识乡村振兴战略、职业技能提升、现代职业教育与经济发展等内容,具有很强的针对性和实用性,受到参训教师的一致好评。

【乡村阅读能力提升】 为缩小城乡青少年的阅读"鸿沟",切实提升中西部青少年整体素质,从教育、文化领域推动国家乡村振兴战略的实现,2021年在安龙县和金沙县启动"开明书架进班级"少儿阅读能力提升计划。2022年投入善款87.3万元,覆盖安龙县、金沙县12

所小学177个班级,受益学生近8000人,进一步提升师生及家长阅读素养,培养学生良好阅读习惯,得到当地政府、教育局和师生的一致好评。

【乡村学校课后服务】 为推进城乡学校课后服务资源均衡发展,投入善款35.92万元,在安龙县春潭街道第一小学开展"课后服务课程"项目,受益学生1796人,课后服务涵盖科学、绘画、英语、数学、历史、文化、辩论等十余个类别,减轻学生在校外补课的压力,提升孩子们的终身学习力和兴趣力,助力安龙县教育发展新局面。

【易地搬迁后续帮扶】 安龙县新市民居住区蘑菇小镇主要安置2018年易地扶贫搬迁对象1878户8440人,2020年7月,基金会经过调研,在蘑菇小镇开设"开明感恩道德讲堂"和"开明新生活超市"。通过开展感恩教育、学习道德文化,引导新市民提升文化修养,做爱党爱国、文化自信、幸福快乐的中国人。新市民通过学习道德文化和劳动获得积分,用积分到超市兑换生活所需物品,改善生活品质。截至2022年年底,讲堂累计服务群众2.4万余人次,兑换积分12万余分。该项目助力构建城乡文化服务和社区治理,见证当地村风村貌的改变,得到当地政府与新市民的认可和欢迎。

【乡村体育】 为进一步贯彻落实习近平总书记在贵州视察时的重要讲话精神,积极响应《国务院关于支持贵州在新时代西部大开发上闯新路的意见》要求,切实提升西部偏远地区篮球整体水平,促进体育事业发展,投入善款16.36万元,委托北京市篮球运动协会开展"北京篮球公益行——贵州站"活动。公益行活动由包括篮球专家、著名篮球裁判员、篮球教练员、高校篮球教师、花式篮球A级培训师及大学生志愿者在内的15名成员组成培训团队,通过理论与实践相结合的方式,分别在安龙县、金沙县对318名教练员、裁判员及326名青少年开展西部基层教师和学生培训活动。

【疫情灾情应对】 2022年,基金会投入疫情善款154.52万元,以实际行动为国家乡村卫生健康事业发展做出积极贡献。向山东五莲县红十字会捐赠3辆价值94.56万元的负压式救护车,用于当地一线医院,助力五莲县疫情防控工作。向西安市慈善会捐赠善款31.42万元,救助当地受困进城务工人员,为他们购买急需食品物资。联合北京明伦公益基金会采购1辆负压式救护车,捐赠给宝鸡市中医医院。向长春大学、东北电力大学、吉林外国语大学3所高校捐赠善款共计20万元和价值10万元2000套医用一次性防护服,用于保障师生健康安全,关爱驻校抗疫一线工作人员。投入善款18.44万元,携手中国新高教集团开展"新高教河南洪灾专项捐助"项目,资助因暴雨受灾的河南郑州职业技术学院367名学生,帮助他们共渡难关,保障学习生活。

【专项基金与合作项目】 携手各方,开展济困、助学、医疗、文化等公益慈善项目。联合河北省退役军人事务厅、河北省粮食和物资储备局开展"关爱功勋老兵·为群众办实事"项目,资助73名退役功勋老兵3个月所用的牛奶、米、面等生活必需品,项目支出10.4万元。"福建星空专项基金"开展资助武夷学院100名困难学生、福建省政和县澄源乡31名困难中小学生和医疗救助等活动,项目支出41.18万元;"广东同心筑梦专项基金"在广东省东源县下屯村开展"情暖夕阳·爱心午餐"活动,关爱孤寡老人、空巢老人和老党员等村居老人257人次,为他们开展义诊、义剪和爱心午餐活动,项目支出2万元;"广西同心圆梦专项基金"在安龙县和金沙县开展图书捐赠活动,项目支出4万元;"重庆小桔灯教育专项基金"在重庆市国家乡村振兴重点帮扶县城口县咸宜镇中心小学开展"小桔灯教育奖学金"项目,资助5名优秀教师和10名优秀学生;"学大教育集团个性化教育专项基金"在金沙县民兴街道红岩社区和红兴社区开展"同心书房"建设,受益群众21933人,项目支出9.3万元;"金帆教育专项基金"在内蒙古乌兰浩特市第四中学开展"金帆奖教·共筑师魂"活动,资助在抗击新冠疫情中坚守岗位的优秀教师69名,项目支出37万元。携手中国民主促进会河北省委员会、河北省书法家协会开展"烛光计划"2022年乡村中小学书法种子教师培训,来自贵州省安龙县和金沙县、新疆、西藏、云南、北京、天津、河北等地的书法种子教师学员共160余人参加开班仪式,项目支出20万元;联合北京市西城区律师协会公益法律服务委员会举办"大手拉小手"一对一捐资助学活动,资助内蒙古自治区赤峰市喀喇沁旗和云南省河口瑶族自治县中小学困难学生565名,项目支出94.3万元。携手宝鸡鑫河运业有限公司开展2022年"鑫河运业助学"活动,为陕西省宝鸡市陈仓区、国家乡村振兴重点帮扶县略阳县25名困难大学生发放助学金,项目支出7.5万元。携手中国民主促进会无锡市委员会在青海省开展"美育共建"公益活动,为海东市乐都区6所小学捐赠6间美育教室硬件设备和相关教材,培训6名美育专业教师,并派美育专家到乐都区开展公益送教送培活动,提高西部地区美育教育水平、培养西部学生对美的感受能力,助力西部乡村振兴战略,项目支出15万元。

(开明慈善基金会办公室 黄少燕)

中国青年创业就业基金会帮扶

【概述】 2022年，中国青年创业就业基金会紧紧围绕乡村振兴工作大局，按照中国共产主义青年团中央委员会（以下简称"共青团中央"）"乡村振兴青春建功行动"等工作部署，聚焦产业振兴、人才振兴，积极帮助乡村青年创业就业，助力乡村社会建设，积极引领服务广大青年在乡村振兴中建功有为。全年捐赠款物收入近2亿元，慈善支出超过1.92亿元。

【大学生乡村创业】 深入贯彻落实就业优先战略，围绕促进创业带动就业，按照"共青团促进大学生就业行动"整体安排部署，牵头全团资助支持3550个乡村领域大学生创业项目，直接投入各类帮扶资金8578万元（其中，直接投入资金2440万元），联合金融机构提供贷款1.3亿元，并为受助项目提供课程培训、宣传推广、导师辅导等综合培育，带动近2000名高校应届毕业生就业创业，为乡村振兴注入青春动能。

【金融帮扶】 紧扣创业青年面临的"资金难"问题，通过公益资助、债权融资和股权融资等多种形式帮扶乡村青年创业，打造青年创业金融扶持项目矩阵。截至2022年年底，依托公益资助模式，突出荣誉激励、示范引导效应，累计直接资助1678个青年创业项目5000余万元，向创业青年提供免息借款1000余万元。依托债权融资模式，为初创期青年创业项目提供低息、小额、短期的创业贷款服务，累计向10个地方团委提供金融风险补偿金借款等共计5030万元，各地累计发放贷（借）款23826笔，贷（借）总额54.38亿元；为发展期农村青年创业项目提供大额、优惠、便捷的担保贷款服务，与财政部下属国家农村信贷担保联盟有限责任公司合作，向全国10个省份提供大额贷款担保12583笔，担保金额60.77亿元。依托股权融资模式，服务青年创业企业更高层次融资需求，发挥中国青年创业投资人俱乐部等枢纽型组织功能，汇聚国内相关领域投资人和投资机构，近年已促成百余个优秀项目与创投机构达成意向投资总额超过14亿元。

【基层建设】 落实做好共青团中央定点帮扶工作。支持山西省灵丘县、石楼县各类帮扶资金255万元，包联资助中国共产主义青年团促进乡村振兴特色村建设。落实共青团团中央重点项目资助支持。向黑龙江共青农场提供专项资金2万元，支持"青马工程"西部计划专项年度工作经费250万元，向边远地区青年团组织提供倾斜支持。助力基层公共卫生事业。开展青年基层公共卫生教研实践基地项目，资助云南省陆良县200万元建设基地，支持基层卫生院购置医疗设备，开展青年基层医护人员教研培训。

【青年服务组织赋能】 聚焦乡村振兴新阵地，重点围绕项目支持、导师结对、创业培训等方面，持续赋能县级青年创业组织建设。进行项目资助，向全国762个县域青年创业组织会员的创业项目给予1823万元的资金支持；开展导师结对，统筹推动各省级团委组织1065名全国级青年创业导师与县域青创组织及骨干进行一对一结对，开展常态化创业服务；开展创业培训，联合专业机构定制培训课程，通过开展中国青年创业云讲堂、县域青年创业组织代表培训班等活动，共计培训85.04万人次，多措并举促进青年投身乡村振兴领域就业创业。

【交流展示】 立足自身优势，聚焦重点群体，打造常态化创业活动服务品牌，积极引领广大青年投身乡村振兴实践。举办世界青年发展论坛。7月，为落实习近平总书记在全球发展高层对话会上的倡议，促进青年发展领域的国际合作，共青团中央、中华全国青年联合会在北京举办世界青年发展论坛，基金会承办就业创业主题论坛，邀请乡村振兴领域创业青年代表分享农业农村领域创业经验。活动同步线上直播，吸引共计94.5万人次观看。开展"创青春"中国青年创新创业大赛乡村振兴专项。"创青春"中国青年创新创业大赛由共青团中央联合有关部委及省级人民政府共同主办，是创办时间最早、影响范围最广的青年创新创业赛事之一。2022年乡村振兴专项赛在江苏盐城举办，共吸引全国32个省份4867个项目报名，参与人数超过1.4万人，共产生12个金奖、26个银奖、42个铜奖和46个优秀奖，大力促进乡村振兴领域青年创业者的交流合作。

【调研宣传】 全面贯彻落实大兴调查研究工作之风精神，深入基层、联系青年，围绕乡村振兴领域开展系列调研活动。开展青年创业理论研究工作。自2017年起联合高校、研究院等专业团队连续5年发布《中国青年创业发展报告》，2022年创业报告面向全国32个省份的团组织开展线上与线下相结合的调研，其中一个重要的内容就是系统分析去（返）乡创业青年面临的主要困难和诉求、典型城市助力青年投身乡村振兴的措施，提出各地可设立针对乡村创业的组织，统筹构建乡村创新创业"新生态"的建议。组织乡村振兴创业青年典型采访。联合《中华儿女》杂志，组织13名乡村青年创业典型围绕学习贯彻党的二十大精神，交流分享投身乡村振兴建设的创业心得，发表文章《为中国式现代化汇聚创新创业的青春力量》。

【社会救助】 积极延伸服务青年链条，不断拓展乡村振兴领域青少年帮扶项目。实施特殊青少年帮扶项目。与香港地区爱国企业家联系合作，实施"青春逐梦行动"——润心培根项目，为特殊困难青少年群体提供医疗救助。截至2022年年底，已与12个省份28家医院形成合作，共拨付专项资金8400万元，对5300余名患先天性心脏病及出生缺陷疾病的困难青少年提供医疗救助，同时聚焦农业、电商、餐饮等主题，向受助家庭成员开展5期线上技能培训课程。聚焦重点群体开展就业帮扶。发起实施"携手起航"青年就业帮扶项目，聚焦青年农民工、高校困难家庭学生等群体提供技能培养、岗位对接等就业服务。累计在全国举办6场线上招聘会，动员428家企业参加，提供2万余个岗位，约268万人次在线参与，并向5个省发放价值164.8万元的大学生就业帮扶礼包。支持少数民族地区公共卫生事业发展。联合海尔集团公司向西藏林芝捐赠价值约1800万元的大型放疗设备，支持林芝有关医疗机构建设并提供相关医护人员培训。

【救灾防疫】 支持湖北疫后重振工作，拨付资金200万元，用于支持湖北各级团组织因地制宜开展青年创业服务活动；助力大理震后重建，资助受地震影响的10个乡村振兴项目、30个大学生及返乡青年创业项目，举办4期青年创业就业培训班、1期交流活动，共计250名青年参加活动。

【生态保护】 为深化共青团中央"美丽中国·青春行动"，深入实施保护母亲河行动解放军青年林项目、"百万青年沿黄生态产业发展协作公益基金"项目，开展"种子力量"中国青年丰田环境保护资助行动，为乡村振兴贡献青春力量，为建设美丽中国打造美丽乡村的生态屏障。

（中国青年创业就业基金会
张　超　曹偌琳　孟　省　王佩琪）

北京泰康溢彩公益基金会帮扶

【概述】 2022年,北京泰康溢彩公益基金会(以下简称"泰康溢彩"),坚守"关爱生命,造福民生"宗旨,通过支持助老、助学、公共卫生、乡村振兴、灾害救助等项目,推动公益慈善发展,帮助更多人享受健康快乐的生活。截至2022年年底,累计捐赠超4000万元助力乡村振兴,项目覆盖全国,其中包括甘肃、广西、内蒙古、青海、云南、贵州、四川、重庆等8个省(自治区、直辖市)共23个国家乡村振兴重点帮扶县。

【乡村助老】 以助老为主要业务方向,将乡村振兴与助老业务有机结合,注重"造血"式帮扶与可持续发展,积极应对老龄化上升为国家战略。通过赋能养老机构、赋能养老从业人员、赋能助老社会组织,构建助老、敬老的公益生态。"溢彩千家养老机构资助项目"是基金会的旗舰项目,计划用10年左右资助1000家养老机构,改善硬件设施,提升管理服务水平。截至2022年年底,"溢彩千家养老机构资助项目"已累计资助养老机构286家,覆盖31个省(自治区、直辖市)和新疆生产建设兵团,2022年共资助县镇级及以下养老机构25家,占全年资助机构的30%;国家乡村振兴局建立针对160个国家乡村振兴重点帮扶县的结对帮扶项目库,"溢彩千家养老机构资助项目"首批进入。泰康溢彩基金会为北京市门头沟区下马岭村、延安市麻洞川镇互助幸福院、四川省绵阳市新生敬老院、内蒙古自治区乌兰察布市察哈尔右翼中旗敬老院送去慰问生活物资。捐助全国社会保障基金理事会发起的"兴和县养老助老项目",帮助修缮当地养老互助幸福院。开发线上"泰康溢彩学习平台",免费向社会公众开放优质的养老服务培训课程,为乡村养老机构从业人员提供便利,随时随地学习,提升专业水平。连续3年,泰康溢彩联合民政部社会福利中心为"三区三州"养老服务人才举办公益培训,累计培训近2万人。

【乡村教育】 资助"溢彩挚友县镇中学生成长陪伴计划"10所PEER空间持续运营,为15000名县中学生提供素质教养服务,21位挚行者在湖南、广西、贵州3个省10所PEER空间提供驻校服务,95名青年志愿者经过面试、培训等考核后为777名学生提供夏令营活动服务。连续3年开展星能冠军助学项目,重点资助50多名贫困学生和运动员,近万名学生从中受益感受到体育的力量,荣登中国保险行业年度社会责任榜。泰康溢彩联合泰康在线财产保险股份有限公司走进贵州省织金县第一中学,将"星能冠军精品课"送到学校。连续两年开展内蒙古自治区乌兰察布市凉城县民族小学困难学生捐助项目,2022年为凉城县民族小学200名困难学生提供生活补助。2021—2022年,资助中国发展研究基金会中国儿童发展基金用于欠发达地区儿童发展的社会试验,努力为儿童发展和政策制定做工作,产生良好的政策和社会影响力。泰康溢彩联合泰康人寿保险股份有限公司发起"小手拉小手"公益项目,旨在关注中国乡村儿童学习成长的同时,带动众多爱心力量参与其中,倡导小朋友帮助小朋友,体验分享和互助的美好。该项目于5月25日至6月14日通过向全国的小朋友募集绘画作品传递爱心,由泰康人寿保险股份有限公司捐赠资金,为四川省大凉山地区的5所小学、新疆维吾尔自治区英阿瓦提村和内蒙古自治区乌兰察布市凉城县小学的3400名学生捐赠书包。共有55604位小朋友上传绘画作品,上万名泰康员工和泰康人寿保险股份有限公司的客户通过点赞助力、转发扩散等方式,对公益活动进行支持,向乡村小朋友表达关爱。

【乡村建设】 开展新疆维吾尔自治区英阿瓦提村村民帮扶项目,资助当地购置核桃生产线,帮助村民开展核桃加工,提高收入。

【灾害救助】 向四川地震灾区捐赠300万元,用于支持甘孜藏族自治州泸定县及周边受灾地区的紧急救援、受灾群众生活救助及灾后重建等相关工作。

(北京泰康溢彩公益基金会)

中国民族贸易促进会帮扶

【概述】 2022年,中国民族贸易促进会(以下简称"中国民贸")认真落实中共中央、国务院决策部署,坚持促进经济、繁荣贸易、团结进步、共同发展,加强协会组织建设,认真履行办会职能,充分发挥平台作用,切实肩负起推动民族地区经济、社会、文化发展重任,整合汇聚社会力量,有力助推乡村振兴高质量发展。

【帮扶会议】 12月,在湖南长沙举办第六届全国民族地区发展大会暨2022一乡一品国际商品博览会,同期举办一乡一品国际合作论坛等系列活动。大会以"铸牢中华民族共同体意识——奋进新征程·建功新时代"为主题,以联通内外、畅通城乡、对接产销、促进投资、服务贸易为办会办展目标,进一步聚合社会各方资源、动员社会各界力量,共同推动中国一乡一品产业促进计划全面落地实施,助推民族地区乡村振兴。

全国民族地区发展大会立足民族地区在发展一乡一品、推进乡村振兴过程中的实际需求,对接引入人才、资金、项目、技术、信息等关键要素,为参会的地方政府、各类企业搭建起招商引资、项目对接和产品销售平台,集中展示民族团结一家亲、同心共圆中国梦的时代新貌,民族地区社会进步的崭新面貌和一乡一品的最新成果,重点推介民族地区的一乡一品产业资源,促进民族地区与东部地区、海外市场和"一带一路"国家的交流交往,取得良好的社会效益。

【党建帮扶】 中国民贸党组织坚持高举习近平新时代中国特色社会主义思想伟大旗帜,全面贯彻党的十九届六中全会和党的二十大精神,牢牢把握高质量发展主题,聚焦协会改革发展目标任务,常态化开展党史学习教育,持续巩固拓展党建引领协会创新发展成效。

带领广大会员企业面对新冠疫情反复态势,应对风险挑战、克服困难阻力、破解发展瓶颈,把加强政治建设、提高政治能力作为驻会领导干部和支部全体党员日常学习和工作的重要内容,始终把党的政治建设摆在首位,确保中国民贸的党员干部把准政治方向、夯实政治基础、涵养政治生态、提高政治能力,担负起党赋予社会组织的政治责任,确保中共中央关于民族工作、乡村振兴、质量强国等各项决策部署通过中国民贸的平台、机构和网络,在行业企业、民族地区贯彻到位。

党组织深入开展常态化、长效化党史学习教育,持续开展"我为群众办实事"活动11场次,调研地点涉及湖南、江西、重庆、上海、浙江、江苏等省(市),把党的二十大精神和创新理论切实转化为社会组织积极参与推动县域乡村振兴的工作成果。

【帮扶调研】 聚焦"服务国家、服务社会、服务行业、服务群众"4个服务能力建设,坚持调研先行、凝聚共识、责任担当、建言献策。先后组织会员企业组成考察团前往湖南、重庆、上海、浙江等地调研,撰写《重庆市县域高质量发展调研与规划建议》《助力十八洞 聚力兴花垣》《一乡一品"双碳"之道》《数字化背景下"一乡一品"发展现状及优化策略研究》等专题调研报告;中国民贸会长在《人民日报》发表《推动社会组织高质量发展》理论文章,在学习强国平台刊发《中国社会组织奋力推进中国式现代化》专题文章,在《中国社会组织》杂志刊登《深刻领悟习近平总书记重要讲话精神 在"两个确立"中迎接党的二十大胜利召开》主题文章;编制《中国一乡一品产业促进计划高质量发展三年行动方案(2022—2024年)》;向中国人民政治协商会议全国委员会和部分省市中国人民政治协商会议委员会提报《关于发展一乡一品,助力乡村产业振兴的提案》《关于推动设立民族医药数字化发展基金提案》。中共中央统一战线工作部、民政部等国家部委和相关地方政府采纳中国民贸提报的咨政建言。

下设部门和分支机构共开展调研考察317人次,前往湖南十八洞村、江西赣州、浙江杭州、重庆各区县开展专题调研、专项汇报,为地方政府和会员企业精准对接引入优质资源,助力招商引资。

中国民贸与花垣县人民政府签署全面战略合作协议,联合中国保信集团有限公司、中车唐山机车车辆有限公司、寒舍旅游投资管理集团有限公司、湖南东文新锐传媒有限公司、美人椒共益农业科技有限公司等会员企业及江南大学等院校智库围绕花垣县"十四五"时期重点打造的新材料、新能源、新农业和新文旅"四新"产业,与花垣县委、县政府领导及十八洞村"两委"班子深入座谈,通过精准研判、精准施策、精准赋能,为花垣县和十八洞村乡村振兴高质量发展献计献策,在习近平总书记提出"精准扶贫"的首倡地发挥社会组织的资源整合优势、一乡一品的平台聚合优势及会员企业的市场主体优势,接续推进花垣县和十八洞村乡村振兴。

受重庆市人民政府邀请,中国民贸分4个调研小组,对重庆20多个区(县)的经济社会发展情况进行集中调研考察,着力推动中国一乡一品(重庆)数字经济创新基地建设,充分结合重庆县域经济发展趋势,导入中国一乡一品产业促进计划"6+3"产业融合发展模式,以数字创新基地联动一乡一品先导示范区,聚合社会资源和社会力量,共同推动中西部乡村振兴高质量发展。

【产业帮扶】 持续推动中国一乡一品产业促进中心扩能提质升级增效,以"6+3"产业融合发展模式,发挥龙头企业示范引领作用,提升一乡一品公共品牌价值。推动创建中国一乡一品内蒙古自治区清水河示范县、中国一乡一品呼和诺尔示范镇、呼和浩特市新城区豪沁营示范镇、兴盛源葡萄种植产业示范基地等乡村产业振兴示范标杆。

在"政学产研用"协同创新方面,中国民贸与江南大学合作成立中国一乡一品产业研究院和中国一乡一品品牌战略研究院。两大研究院的成立是全国性社会组织与"双一流"大学合作共建的"产研学用"相结合的创新智库,旨在依托江南大学在食品产业与轻工产业等方面的学术研究及科研创新优势,紧密围绕中国一乡一品产业促进计划,共同打造一乡一品"6+3"产业融合发展的新平台、新模式。

在湖南省湘西土家族苗族自治州,投资3200万元的一乡一品辣椒基地已建成,带动当地百姓每亩增收2000元以上;湘西一乡一品七绣文化产业发展有限公司推出的"十八洞杯茶"成为助推当地乡村振兴的新项目、新产业。中国民贸会员单位中国保信集团有限公司与花垣县"一户一名大学生"培养计划正式签约,为"精准扶贫"首倡地引入源源不断的乡村振兴"人才活水"。

在湖南宁乡,精准赋能巷子口镇乡村振兴,先后多次组织企业代表及专家团队赴巷子口镇进行调研考察。中国一乡一品产业促进计划依托当地优势产业,协助该镇举办"2022年乡村振兴人才技能培训——小水果种植技术提升培训活动";开展一乡一品农特产品选品工作;促成国家能源集团国网安徽省电力有限公司在该镇建设光伏发电新能源项目;协助巷子口镇南轩文化园被评定为劳动与实践教育基地(营地)。

此外,下设的标准化工作委员会在2022年度发布8项团体标准,开展12项标准立项工作,推动《森林康养从业人员资格要求评价》《山东金银花产业》《蒙药浴》等专项标准的评审工作。

【公益帮扶】 向会员企业、分支(代表)机构发布《关于做好疫情防控工作的倡议书》,号召会员企业提高政治站位,加强内部管理,提升应急能力,加强疫情防控,做好复工达产。

会员单位和社会各界积极捐款捐物共战疫情。中国民贸一乡一品科技产业有限公司向上海长宁敬老院捐赠价值20万元的生活物资;会员单位深圳市安多福消毒高科技股份有限公司向香港地区捐赠3万瓶消毒液、抗菌洗手液等,价值约140万元;会员单位德荣医疗科技股份有限公司向湖南省益阳市南县红十字会捐赠医用口罩、空气消毒机、防护服、除颤监护仪等价值120余万元的防疫物资;会员单位青海5369生态牧业科技有限公司向上海捐赠3.1吨优质牦牛肉制品;会员单位日丰企业集团有限公司主动参与援建广东、吉林等7个省份及香港特别行政区共9家方舱医院,高质高效完成方舱交付投用;团体会员西部企业家商会向抗疫一线捐赠款物超470万元,派出核酸检测医护人员1400多人次、志愿者超过1500人次,服务点位700余个,累计核酸采样150余万份;内蒙古民族贸易促进会所属会员企业向自治区红十字系统和防疫防控站捐款捐物累计达1283万元。

面对西藏突发的新一轮疫情,中国民贸迅速响应西藏自治区政府号召,向社会各界和会员企业发出倡议,积极组织力量筹措物资,多家会员企业主动与中国民贸抗击新冠疫情志愿服务平台联系,把疫区急需的物资送到藏区百姓手中。

汇聚向善力量、积极回馈社会。为巩固拓展脱贫攻坚成果、接续推进乡村振兴注入社会动力,持续开展民族地区综合帮扶,以一乡一品、民族医药为抓手,组织开展党建联建、招商引资、对接项目、慈善捐赠、志愿助学、消费帮扶等活动,帮助湖南十八洞、重庆五县区、江西赣州及于都红区等地产业振兴,助力产销对接,激发乡村可持续发展能力,以公益事业彰显中国民贸的社会担当。

【文化帮扶】 "同心圆梦·民族春晚"走进四川红军第一村。2022年农历新年前夕,中国民贸下设的文化交流委员会与四川红军第一村红色文化培训中心共同主办"同心圆梦·民族春晚"《红军村里过大年》特别节目,走进四川红军第一村遂宁牛角沟村。民族春晚作为中国民贸重点文化帮扶项目,传承蓬溪红军第一村的红色基因,助推农文旅融合发展。

聚焦民族地区乡村文化振兴,突出铸牢中华民族共同体意识工作主线,打造的56个民族代表形象——"民族娃娃"成为民族团结"石榴籽"筑基工程的原创IP,以有形有感有效的视觉形象和衍生产品在青少年儿童之间、各民族同胞之间和"一带一路"国家之间传递中华民族团结共圆中国梦的时代新声。"民族娃娃"获得2022年"广西有礼"文化旅游创意设计大赛铜奖、2022年华潮十大创意产品。

此外,中国民贸基于"民族娃娃"IP,创作儿歌《石榴籽》,以民族文化艺术的创新表达和贴近少年儿童的词曲说唱讲述各民族像石榴籽一样紧紧抱在一起团结奋进的精彩故事。

(中国民族贸易促进会　李国栋)

中国人保公益慈善基金会帮扶

【概述】 2022年，中国人保公益慈善基金会（以下简称"人保基金会"）坚持以习近平新时代中国特色社会主义思想为指引，深入贯彻落实党的二十大精神，充分发挥社会组织职能优势，服从服务大局，扎实推进内部治理，深度参与脱贫攻坚和乡村振兴，主动融入新冠疫情防控大局，积极策划、开展捐资助学、医疗援助、扶贫济困等系列公益慈善项目，为实现共同富裕和人民对美好生活的向往贡献力量。

【党建帮扶】 坚持把政治建设摆在首位，深刻领悟"两个确立"的决定性意义，坚决做到"两个维护"，在民政部部管社会组织综合党委及中国人民保险集团股份有限公司机关党委的领导下，持续加强和改进党的建设，深化和探索"党建+"融合模式，不断推进人保基金会党建工作高质量发展。联合党支部在服务国家战略、加强支部建设等方面取得积极成效，被中央和国家机关工作委员会授予"中央和国家机关'四强'党支部"称号。

【疫情防控】 积极贯彻落实集团党委决策部署，依托基金会平台，捐赠1000万元助力上海抗击新冠疫情，以实际行动践行"人民保险、服务人民"的使命。4月，吉林省新冠疫情形势复杂严峻，当地的防控压力较大，人保基金会向吉林省慈善总会捐赠200万元，用于购买抗疫物资，抗击新冠疫情。人保基金会向西城区红十字会捐赠100万元，支持西城区开展"健康送万家活动"，为全区家庭、"七小门店"送健康防疫包，帮助居民群众做好安全防护，助力正常生产生活秩序恢复。

【健康帮扶】 为支持甘肃省开展疫情防控工作，人保基金会向甘肃省红十字会捐赠抗疫资金357.6万元，购买11辆负压式救护车，改善当地医疗保障条件。向江西省莲花县慈善会捐赠63.78万元，购买2辆负压式救护车，支持江西省莲花县健康卫生事业发展。

【教育帮扶】 为帮助改善宕昌县职业教育基础设施，人保基金会向甘肃省宕昌县教育局捐赠75.87万元，支持该县职业教育实训室二期建设项目，帮助提升当地职业教育学生的从业技能。

【关爱特殊群体】 为帮助困境母亲、建设幸福家庭，人保基金会向中国人口福利基金会捐款3.5万元，以实际行动践行社会主义核心价值观。

（中国人保公益慈善基金会）

阿里巴巴公益基金会帮扶

【概述】 2022年,阿里巴巴公益基金会成立于2011年,以"天更蓝、心更暖,更多人帮助更多人"为愿景,积极回应践行国家战略,以专业公益理念和方法聚合动员阿里巴巴集团控股有限公司(以下简称"阿里巴巴")及生态伙伴力量,推动科技向善,倡导人人公益,逐步形成以平台公益、乡村振兴和绿水青山为代表的六大项目体系,是阿里巴巴履行社会责任、实现公益愿景的设计者、服务者和守护者,致力于成为极具公共利益精神和社会价值创造力的现代化企业基金会。阿里巴巴公益基金会通过联动阿里巴巴在消费、产业、培训、就业、教育、科技、民生、文旅、基础设施建设等方面的资源优势,整合技术、产品、运营等资源,直接助力国家乡村振兴重点帮扶县域的科学发展;充分联动企业、科研院所、公益机构及平台商家、消费者等阿里巴巴生态伙伴,从成立"阿里巴巴脱贫基金"到"阿里巴巴乡村振兴基金",探索实践出"互联网+乡村振兴"模式,助力国家乡村发展。多年来的实践,阿里巴巴取得助力脱贫与乡村振兴的显著效果:2018年至2022年年底,832个原国家级贫困县在阿里巴巴平台网络销售额已超5200亿元;截至2022年年底,菜鸟已在全国建设1200多个县级共同配送中心,在近50000个村镇建设快递服务站;提升61所乡村寄宿制学校的乡村教育与职业教育水平,使得100余万名学生受益;淘宝教育人才培训基地覆盖超16.5万人次,培训基层医生超16万人次;12个省(自治区、直辖市)110个县(市、区)为1434万人次提供健康保障。

从2019年起,阿里巴巴每年持续向欠发达县域派驻乡村特派员,这些特派员均为阿里巴巴资深员工,有着丰富的工作经验,通过2年及以上深入驻扎县域,从欠发达县域发展实际需求出发,用互联网思维和方法,充分调动阿里巴巴生态的各方资源,为当地提供定制化帮扶。截至2022年年底,累计派出27名乡村振兴特派员先后驻扎在河北、陕西、山西、湖南、贵州、甘肃、江西等13个省的25个欠发达县域。

【乡村振兴特派员项目】 2019年5月,阿里巴巴创新开展"脱贫特派员(乡村振兴特派员)"项目,将资深员工派往乡村一线,从欠发达县域发展实际需求出发,对接协调阿里巴巴生态的各方资源,为当地提供定制化帮扶。该项目已经逐渐形成具有可持续性和成长性的帮扶机制,是企业助力乡村振兴的新模式。截至2022年年底,阿里巴巴共派出27名员工赴河北、陕西、山西、湖南、贵州、甘肃、江西13个省的25个欠发达县域,长期驻扎县域开展工作。特派员具备较强的政企协同、产业规划、项目执行能力,以及强烈社会责任感。首先,做好"侦察兵",全方位了解基层政府和群众的痛点和难点,带回真问题、真需求;其次,发挥"千斤顶"作用,在巩固脱贫成果的基础上,围绕产业、人才、科技等方向,共同推进产业、就业、教育、健康等工作,根据县域实际与阿里巴巴平台优势,制订行之有效的互联网助力乡村振兴方案,协调县域各种资源,抓好项目落地实施。项目高效落地,还提升当地基础设施水平和营商环境,为社会企业深度参与乡村振兴提供借鉴。截至2022年年底,特派员个人已获得甘肃省、吉林省和贵州省脱贫攻坚组织创新奖及甘肃省青年五四奖章,国家广播电视总局"脱贫攻坚先进个人"等省部级荣誉8项、市级荣誉5项、县级荣誉27项。

【消费帮扶】 持续利用芭芭农场、淘宝直播、盒马等阿里巴巴生态的平台资源,并在淘宝开设"土货鲜食"专区,集中资源帮助农产品上行。此外,以各品类大数据为依托,利用互联网技术帮助县域完善供应链体系,提升农业规模化、标准化和市场化水平,帮助更多县域实现由"品"到"业"的升级。2018—2022年,832个原国家级贫困县在阿里巴巴平台累计销售额近5287亿元,还通过与盒马县(村)的深度合作,经过层层筛选,让越来越多的精品农产品走上全国人民的餐桌。

【产业帮扶】 聚焦打造农产品品牌和深加工的创新探索。在县域公共品牌建设上,"寻找远方的美好"公益项目从农特产品包装、文旅产品到县域品牌提供全方案设计,实现县域品牌全方位升级,提升县域品牌知名度、影响力,在县域实现广泛应用。设计"寻味乡村"系列,在保障品质的基础上,聚焦农产品的深加工创新,帮助县域打造休闲产业零食系列。截至2022年年底,项目为13个县域定制设计全套的县域品牌方案。通过农产品外包装升级,使当地的农产品零售价格比往年增长20%以上。

【文旅帮扶】 协同飞猪、高德地图促进文旅产业融合发展,用数字化能力助力乡村旅游,围绕线上营销、智慧旅游、人才培养、品牌打造等方面升级投入,把游客带到乡村,把数字化发展旅游的经验带到乡村,探索农文旅融合的乡村振兴之路。在阿里巴巴重点帮扶县域,飞猪定制开发"益起寻美数字攻略",在线上为县域打造文旅第二官方网站,帮助县域延伸文旅公共服务;线下则通过一份手绘地图全面覆盖吃住行游购拍,融合农文旅资源。此外,2022年,飞猪推出"益起寻美·乡村旅游助力计划",通过开设"益起寻美旅游旗舰店"公益店铺、推出乡村"云游"和带货直播系列、落地乡村农旅人才培训等举措,助力乡村旅游热。截至2022年年底,飞猪在澜沧拉祜族自治县、平顺县、遂川县、康定市等9个县域完成乡村旅游人才培训,累计超1000人次。

【就业帮扶】 在欠发达县域落地阿里巴巴县级客服中心、信息审核标注中心、数字标注等数字就业和假发社区工厂、非遗手工等传统手工业项目,提供高质量就业岗位。这些岗位月薪平均2000~5000元,收入最高超过10000元,不仅让一些留守女性实现带娃顾家与赚钱养家的兼顾,而且吸引越来越多的年轻人返乡就业,实现留得坚决、干得安心。其中,阿里巴巴客户体验中心已在14个省开设42个基地,为14000人次带来就业岗位。据统计,尤其在阿里巴巴重点帮扶县域,数字化就业带动当地年轻人返乡工作率达30%。通过多样化的就业岗位,更多的劳动力实现自我价值。

【帮扶培训】 利用自身优势以"电商直播"为抓手,加大人才培训力度,还通过推出"陪跑计划",电商专家下县域"一对一"指导重点商家,帮助欠发达县域扩大电商人才储备,为电商发展提供人才保障。此外,累计在全国77个区域建立人才培训基地,累计开设超1000个线下班次,覆盖超16.5万人次,助力数字人才培育。"阿里健康公益基层医生培训平台"向县级医院提供免费知识输出和技能培训,帮助县级医院医生提升医技能力。截至2022年年底,该项目已覆盖青海、四川、陕西等31个省(自治区、直辖市)355座城市的1004家县医院,累计培训县域医院医生超16万人次。

【教育帮扶】 联合马云公益基金会与蔡崇信公益基金会通过"乡村教育计划""职业教

育计划",持续为欠发达地区教育发展及人才培养提供立体化支持。"乡村教育计划"通过资助乡村教师、乡村校长和乡村师范生,在帮助乡村教育工作者增强意识和能力的同时,使贫困县域学生受益。2015—2022年,马云公益基金会累计支持全国801名乡村教师、120名乡村校长、800名投身乡村教育的师范毕业生,提高61所乡村寄宿制学校教育教学水平,影响100余万名学生。截至2022年年底,蔡崇信公益基金会"职业教育计划"覆盖19个省(自治区、直辖市)的包括88个原国家级贫困县学校在内的136所学校,影响7000多名教师和5万余名学生。

【科技帮扶】 运用科学技术在智慧农业、乡村治理、品牌保护、普惠金融上开展帮扶工作。2022年,中国农业科学院作物科学研究所与阿里巴巴合作建立的"智慧育种公共服务平台"取得阶段性成果。在计算加速上,阿里巴巴完成序列比对和排序去重的阶段性加速工作,提速几十到一百倍;在预测算法上,完成4个公开数据集的AI模型构建,准确率提升0.5%~5.1%等。除此之外,对80位青年科学家进行科研激励。2022年5月,阿里巴巴正式启动"乡村振兴技术官"项目,在内部招募选拔技术人才,分批次组团下乡,为县域提供技术保障、培训与支持,为乡村提供强有力的人才支持。截至2022年年底,阿里巴巴"乡村振兴技术官"项目已完成12个项目,涵盖文旅、农业、溯源、文物保护、数字化便民服务等领域,不断探索互联网优势与乡村实际需求紧密结合的创新路径,助力国家实现乡村振兴。

【民生保障】 充分发挥平台优势带动爱心企业、公益机构,搭建公开、透明、社会协同的互联网公益平台,打造"人人公益"参与乡村振兴的创新实践,并涌现出一批优秀项目。例如,阿里巴巴互联网公益平台支持的"小鹿灯"儿童重疾救助平台公益项目,为乡村重疾儿童家庭带来新的希望;"大地新芽母婴健康关爱行动""母亲健康快车"等项目为保障农村地区妇女儿童健康带来更多社会力量支持;"童伴妈妈"项目为农村地区留守儿童提供更多关爱与支持;截至2022年年底,"顶梁柱"公益保险项目共覆盖12个省(自治区、直辖市)110个县(市、区),为1434万人次提供健康保障。"小鹿灯"儿童重疾救助平台公益项目在全国经济欠发达的31个县域陆续展开,已累计筛查出生缺陷患儿超过6000人。

【基础设施建设】 在教育、物流、医疗等多方面助力县域基础设施建设。在教育方面,持续通过乡村寄宿制学校计划在不同地区的项目试点学校打造农村寄宿制学校样板。在物流方面,持续在重点帮扶县域推进上行物流中心和产地仓建设。截至2022年年底,菜鸟乡村已在12个省、38个县域建设农产品上行供应链项目,其中产地仓14个、上行中心20个。在医疗方面,与爱德基金会继续扩大"乡村医疗计划"项目,通过在欠发达县域开展乡村卫生室建设、卫生室医疗设备配备、村医培训等活动,提升乡村基础医疗水平。截至2022年年底,"乡村医疗计划"支持新建、翻修233个卫生室,为692个乡村卫生室提供设备支持并开展村医培训,累计受益人数已达137万人。

(阿里巴巴公益基金会)

北京字节跳动公益基金会帮扶

【概述】 2022年,北京字节跳动公益基金会(以下简称"字节跳动基金会")是由抖音视界有限公司发起,于2020年8月在北京市民政局正式登记成立的非公募慈善组织;以"连接善意,共创美好"为愿景,致力于创造更大规模、更高效率、更可持续的公益慈善实践。自成立以来,在贵州、陕西、山西、河南、河北等地投入资金超过1.5亿元,探索政企社协同解决社会问题的有效模式。

【"银杏家园"项目】 2021年,字节跳动基金会与中国社会福利基金会、北京新民社会组织能力建设促进中心联合发起"银杏家园"老年公益项目。该项目通过组建老年站点、聘用当地专职社会工作者开展老年服务,帮助老年人解决核心刚需吃饭问题及日趋严重的数字化鸿沟、反诈骗问题,增强老年人群的幸福感和社区认同感,保障老年人基本权利,让老年人安享晚年。截至2022年12月底,"银杏家园项目"在全国开设9个站点,项目累计服务受益老年人超过3.2万人次。与政府、社会组织合作,各司其职,组建基于城乡地区的老年照护体系,让政府福利政策、公益组织力量有落脚点,解决"最后一公里"老年人服务难题。同时,作为项目合作支持方,字节跳动基金会借助产品与技术优势,让项目内容实现更大范围的传播扩散,为老年人提供一个可靠、安全表达自我的平台。在抖音上,"银杏家园"站点开餐期间进行全程直播,可以让公众更好地了解老人的用餐情况,也让项目反馈更为及时透明,为社会提供一个了解老年人生活现状、倾听老年人声音、参与帮助老年人更好融入现代化生活的渠道。

【"益童乐园"项目】 "益童乐园"是由深圳壹基金公益基金会发起,字节跳动基金会支持的儿童公益项目。该项目通过组建儿童友好空间、聘用当地专职儿童工作者开展儿童服务、提供优质儿童课外内容,帮助乡村儿童获得更好的校外陪伴、学习和成长。2018—2022年,该项目已在贵州、河北两省累计开设313个站点,受益儿童超过196万人次,开展活动37000多场。

字节跳动基金会作为"益童乐园"项目的合作支持方,和公益机构一起探索更加高效精准的方式,让项目信息更好地被看见。站点的教师在抖音的技术支持下,学会拍摄、剪辑视频,在抖音上记录孩子们的学习和生活,把益童乐园里的欢乐和精彩传播到每个角落。

【"益校计划"项目】 "益校计划"项目成立于2021年7月27日,由字节跳动基金会联合中国教育发展基金会发起。首期项目捐赠资金7940万元,包含抖音视界有限公司捐助和员工捐款,重点帮助河南暴雨中因灾受损的乡镇学校修缮和重建,资助不幸遇难或受伤的师生,是国内首个关注河南灾区校园重建方向的公益计划。"益校计划"已成为重大自然灾害后,支持灾后长期恢复重建的专项项目。截至2022年12月,"益校计划"项目已在2021年7月河南水灾、2021年10月山西水灾、2022年9月四川泸定地震灾害后响应救灾3次,累计投入资金超1.1亿元,已支持210所乡镇学校进行灾后恢复重建、捐建144间"益童美好空间"教室。

在"益校计划"项目中,字节跳动基金会秉承"精准务实、快速响应、着眼未来"的理念,不仅进行专项资金拨付、校舍修复重建,助力受灾学校顺利开学,还通过链接社会各方资源,助力学校及师生的长期发展,如在援助河南、山西后发起"益童美好空间"项目,提供"益童美好空间"教室硬件建设、与学校共创共享优质素养教育内容、梦想校长或教师发展体系、持续5年的运营陪伴机制。通过"硬件+软件+运营"支持一体化的系统青少年素养教育服务体系,帮助校园承载更多优质教育内容,开展素质素养教育活动,打造本地创新教育标杆,培养具有自信心、好奇心和责任心的新时代青少年。

(北京字节跳动公益基金会　李　婧)

中国妇女发展基金会帮扶

【概述】 2022年,中国妇女发展基金会(以下简称"中国妇基会")在中华全国妇女联合会党组领导下,聚焦"国之大者",围绕中心工作,充分发挥机构优势,积极履行宗旨使命,以妇女及其家庭的切实需求为工作着力点,积极参与"乡村振兴巾帼行动",为全面推进乡村振兴、建设农业强国做贡献。在推动妇女全面发展,助力乡村振兴方面,中国妇基会投入项目款物共计4.14亿元,在产业振兴、文化振兴、生态振兴、人才振兴、健康促进、家庭建设等领域积极行动,为全面推进乡村振兴贡献女性公益力量。

【产业帮扶】 "母亲创业循环金"项目以小额循环贷款为切入点,以帮扶农村合作社或小微企业带头人优质项目为载体,扶持优质产业发展,探索形成产供销一条龙项目模式。该项目受益女性依托合作社或协会、基地等组织,利用产业到户扶持资金参与项目投资建设入股分红、承包经营或直接就业务工;同时,该项目通过加强对当地妇女种植、修剪、采摘、晾晒、饲料、防疫、营销等种植养殖技术的科学指导,帮助乡村困境女性在黑猪、鸡等养殖业、玫瑰花、牡丹、菌菇、枸杞、火龙果等种植业及农副产品加工业等方面实现就业,促进乡村女性增收致富。2022年,该项目在黑龙江、吉林、甘肃、宁夏、江西5个省份共发放创业循环金1960万元,覆盖921名妇女和家庭。"天才妈妈"项目关注拥有非遗手工技艺的低收入女性,支持手工艺创新、技能培训,打造研发、传播、推广、义卖等全产业链条的支持体系。该项目充分挖掘乡村特色文化与技艺,通过支持建立梦想工坊,开展女性手工艺人的赋能培训和扶持工作,将"指尖技艺"真正变为"指尖经济",帮助困境妇女、留守妇女、残疾妇女等女性就地就近居家灵活就业,带动以非遗文化为基础的文化产业发展,提升乡村女性及家庭生产生活水平,为全面推进乡村振兴贡献力量。2022年该项目实施资金超过400万元,在云南、贵州、湖北、海南、陕西等省份成立7家梦想工坊,涉及傣锦、竹编、西兰卡普等手工艺,设计公益产品113款,通过线上线下活动、义卖等为手工艺女性带来100万余元的订单收入。"妈妈茶园"项目,通过"捐赠一亩茶园,帮扶一户困境家庭"的方式,以产业带动为乡村女性提供就近就地就业的机会,在促进当地茶文化及旅游业发展的同时,帮助贵州省丹寨县的困境妇女就近就业增收,在一定程度上解决当地乡村留守儿童及空巢老人问题。2022年,该项目实施资金17.87万元,共帮助252名困境女性实现就近就业、获得稳定收入,有效提升受益妇女及家庭经济水平。

【数字赋能】 "AI豆计划"聚焦人工智能数据标注产业,通过在中西部欠发达地区释放数字产业链前端环节的就业机会,为乡村女性及其家庭成员提供人工智能数据标注技能培训和就业机会,吸引一批年轻人返乡就业。该项目逐渐打造形成培训认证—孵化社会企业—持续提供订单的数字产业公益模式,不仅帮助当地女性实现在地就业,也有效带动当地数字产业发展。2022年,"AI豆计划"项目实施资金共66.156万元,成功孵化陕西延川县人工智能产业孵化空间,并针对前期已成功孵化的14家"AI豆计划"智能产业扶贫孵化空间持续开展新业务培训、管理团队赋能、基地激励、定期监测等成长期激励帮扶。截至2022年年底,该项目已在贵州、陕西、山西、甘肃、宁夏等省(区)15个县(区)成立数字就业中心,有效培训学员4038名,通过考核上岗3067人,稳岗就业1204人,稳岗3个月以上学员月均收入达到3648元,为巩固拓展脱贫攻坚成果,实现共同富裕做出积极努力。

【人居环境提升】 围绕绿色乡村建设,将饮水安全、环境卫生治理、水源地保护、庭院经济与提升农村妇女参与能力相结合,充分发挥妇女在生态文明建设中的重要作用。"母亲水窖"项目实施农村安全饮水工程、农业节水工程、污水处理工程,进行卫生厕所改造、垃圾分类,开展卫生健康、环境保护、农业技术培训等,保障乡村妇女群众及家庭获得充足的生活、生产用水,助力乡村人居环境改善,促进人与自然和谐发展,推进美丽中国建设。2022年,"母亲水窖"项目共落实资金2855.17万元,在10个省(自治区、直辖市)建设集中供水工程46处,农业节水工程2处,污水处理工程2处,在陕西、河南、甘肃等省的11个村开展"母亲水窖-绿色乡村"项目,帮助40.43万人改善饮水质量和人居环境,发展绿色产业,建设美丽宜居乡村。

【人才帮扶】 持续通过开展种植养殖、电商直播等技能培训项目,创新赋能培训模式,提升女性的创业就业技能,拓宽就业和增收渠道,在带动妇女实现自我可持续发展的同时,促进电商产业发展,为推动乡村振兴和实现共同富裕贡献巾帼力量。2022年,"@她创业计划——'她乡好货'"项目实施资金323.8万元,在江苏、浙江、湖南三省为400名女性提供电商直播、现代零售技巧等赋能培训;"她力量·乡村振兴帮扶计划"项目共投入资金135万元,开展4场电商培训活动,400名乡村女性受益,为乡村振兴培养一批"懂电商、会直播、能带货"的农村巾帼电商人才。

【健康帮扶】 "母亲健康快车"项目着重向国家乡村振兴重点帮扶县域倾斜公益资源,为当地妇女、儿童及家庭提供义诊咨询、健康科普、妇科病检查、接转孕产妇、基层医师培训等多种形式的健康服务。通过硬件支持、健康服务、疾病救助、宣传倡导、医务工作者培训等公益服务形式,提高妇女及家庭成员的健康意识,提升乡村妇幼保健水平及健康素养,助力健康乡村建设。2022年,该项目共实施资金超过2634万元,捐赠149辆医疗救护车及车载医疗设备,覆盖23个省(自治区、直辖市)的149家基层医疗单位,惠及群众29.8余万人次。"华润健康乡村"项目以县域医疗共同体为基础,通过线上、线下多种形式的教育及软硬件建设等,推进优质医疗资源下沉,提高经济欠发达地区基本医疗卫生服务水平。2022年,该项目共实施资金约1350万元,捐赠物资约800万元,足迹遍及贵州、宁夏、江西等十余个省(自治区、直辖市),受益近300万人次。

【家庭帮扶】 为深入贯彻习近平总书记关于注重家庭家教家风建设的重要论述精神,进一步落实"家家幸福安康工程",中国妇基会围绕儿童健康、教育、环境等方面,通过开展家庭支持行动,提升乡村地区家庭教育能力和水平,促进儿童健康成长。"家庭成长计划"项目通过改善困境家庭儿童的学习生活环境,开展家庭教育指导,推进家庭亲子阅读,推动家庭教育支持服务体系建设,提升家庭家教家风建设水平,促进儿童及家庭共同成长。2022年,"家庭成长计划"项目实施资金近400万元,为939户困境家庭开展包括环境改善、家庭陪伴在内的项目综合服务。

【日常关爱与紧急救灾】 通过"母亲邮包""加油木兰"等公益项目,为乡村困境妇女提供生活保障、健康保险等日常关爱服务,改善乡村妇女及家庭生活状况。"母亲邮包"项目2022年共向西藏、新疆、青海、广西、四川、山西等地发放4.3万余个"母亲邮包",总价值1085万余元,帮助4.3万名困境妇女及其家庭。"加油木兰"项目,通过为乡村振兴重点帮扶地区脱贫女性人口提供免费的"教育+医疗"公益保险,缓解乡村困境女性看病难、读书难的问题,为乡村女性看病、读书提供有力保障。2022年,该项目覆盖11个省(自治区、直辖市)22个县(市、区),落实项目资金2294万余元,共计为67万余人次女性脱贫人口提供"教育+医疗"保障,在防止乡村女性因病致贫返贫方面做出积极贡献。

围绕紧急救灾,2022年中国妇基会联合爱心合作企业,为四川泸定、青海、山西等受灾地区群众共筹集款物380余万元,通过采购"母亲邮包"、常用药品、帐篷、食品等急需物资,第一时间为灾区群众送去温暖与关怀,帮助他们共渡难关。同时,积极筹措资金为乡村地区灾后重建工作贡献力量。

(中国妇女发展基金会　靳世花)

中国食用菌协会帮扶

【概述】 2022年,中国食用菌协会认真学习贯彻习近平总书记重要讲话精神,贯彻落实中华全国供销合作总社"十四五"规划、七届四次理事会精神,明确工作重点,持续推进巩固拓展脱贫攻坚成果同乡村振兴有效衔接;适应疫情防控要求,务实创新,狠抓落实,较好地完成2022年帮扶任务。

【党建帮扶】 认真开展"学查改"专项工作,组织学习中华全国供销合作总社《关于开展以机关党建推动落实习近平总书记重要指示和党中央经济工作决策部署专项工作方案》,采取多种形式认真学习习近平总书记的经济思想,围绕习近平总书记提出的4个规律性认识、7个方面政策取向、5个重大理论和实践问题进行研讨。按照"六对照六看六查"要求,查摆问题,分析产生原因,提出整改措施,明确并积极推进3项重点工程:积极培育壮大会员队伍工程、推动协会服务工作高质量发展工程和切实加强协会自身建设工程。积极实施5个重点项目:组织实施"全国食用菌行业助力乡村振兴、促进共同富裕万里行活动";重点打造协会品牌会议;深入开展行业调研;加强食用菌大数据平台建设,推进信用体系建设;加强标准化工作。明确责任人、完成时限,加强督导检查,确保各项工作积极有序推进。

【乡村振兴菌业行动】 组织线上参加民政部、国家乡村振兴局召开的社会组织助力乡村振兴工作推进会,研究贯彻落实会议精神,进一步完善"全国食用菌行业助力乡村振兴、促进共同富裕万里行活动"方案,在巩固拓展脱贫攻坚成果基础上,按照"产业兴旺、生态宜居、乡风文明、治理有效、生活富裕"总要求,发挥好作用、多做出贡献。切实以高度思想自觉、政治自觉、行动自觉,积极参与乡村振兴宏伟事业,建功新时代,推动协会自身高质量发展。

6月10—12日,举办第三届中国食用菌产业博览会。会展规模达2万平方米,突破前两届规模,保持食用菌业界第一大展会的地位。该会设置食用菌生产基地展区、食用菌品牌展区、食用菌产学研展区、食用菌菌需物资展区、食用菌机械及设备展区、菌菇预制菜展区、食用菌大型采购商1V1对接区、百菇部落等八大展区,共吸引16个省(自治区、直辖市)259家食用菌相关企业参展。累计接待客商观众10079人,现场零售达2536万元,实现经贸配对额1.98亿元。

6月10日,举办2022年菌菇流通创新与发展论坛。来自农业农村部等有关部门领导和业内专家通过线上、线下分别围绕"数字化助力食用菌产业发展""食用菌行业品牌价值再造与流通创新""食用菌批发市场流通渠道创新经验""预制菜的核心担当——鲜食预制菜"等食用菌流通热点主题进行主旨演讲,分享行业趋势及经验心得。引导行业拓宽思路,找到解决食用菌流通和供需矛盾的突破口,畅通食用菌行业大循环,促进行业的可持续发展,构建新发展格局。业界流通领域、产品创新领域的专家、各食用菌主产县领导、生产流通领域企业家代表、参展团代表等近200人参加论坛。

6月28—30日在广州市成功举办2022中国品牌农业乡村振兴大会暨中国食用菌品牌渠道创新推进会。大会围绕食用菌品牌建设与渠道创新,对食用菌预制菜市场进行深度分析,同时对食用菌大型农产品批发市场及商场超市、生鲜电商、社区零售及餐饮等全渠道推广模式进行探讨。来自美团、地利生鲜、叮咚买菜、钱大妈、果多美、果蔬好等渠道商、广东省食用菌行业协会及上海雪榕生物科技股份有限公司、江苏香如生物科技股份有限公司及广东各地区食用菌企业等的200余人参加会议。

6月30日,举办以"始于松茸 不止于松茸"为主题的首届香格里拉松茸论坛暨2022年顺丰松茸寄递解决方案发布会。政府相关领导、专家学者、协会、企业代表800余人共同出席此次发布会。发布会形成《迪庆藏族自治州香格里拉松茸白皮书》,对松茸的产地概况、采摘标准、等级划分、销售规划及运输物流标准做出细致、专业的说明,为松茸产业的发展提供坚实的保障。

8月19—21日,召开冠县灵芝全产业链高质量发展大会。会议围绕"打造灵芝高地 引领健康生活"主题,聚焦顶层设计与行业协同发展,探索如何实现绿色发展,推动灵芝产业提质升级。各级领导、专家,生产销售加工企业代表、媒体代表等300余人参加此次会议。大会发布灵芝产业高质量发展助力乡村振兴倡议书。

【帮扶培训】 4月19—22日,由中国食用菌协会、科学技术部中国农村技术开发中心共同主办的全国食用菌产业骨干科技特派员专题培训班在线开班。科学技术部中国农村技术开发中心有关领导、柞水县人民政府和南平市科技特派员学院领导等出席会议,来自内蒙古、江西、广西、重庆、四川、贵州、云南、西藏、陕西、甘肃、青海等国家乡村振兴重点帮扶县和科学技术部定点帮扶县的300多名食用菌产业骨干科技特派员在线参训。通过听取专家"云授课"、跟随讲解员"云考察"食用菌产业基地、观看"大美科技特派员"微视频、与优秀科技特派员"云分享"、学员之间"云讨论"等形式,学习"三农"政策和科技特派员制度、了解食用菌产业最新科技成果、交流科技特派员工作方法与实践案例,提升服务国家乡村振兴重点帮扶县食用菌产业创新发展的本领和能力。

【食用菌品牌周】 5月10—21日,开展"食用菌品牌周"宣传活动,集中展示信用食用菌品牌、信用食用菌企业、信用食用菌主产区及信用食用菌投入品等品牌成果,开展品牌食用菌产销对接。此次参评产品种类多样,有香菇、黑木耳、羊肚菌等大宗及珍稀品种,还有香菇酱、灵芝孢子油等初加工、精深加工产品。参评企业覆盖面广,涉及生产、加工、流通、装备与菌需物资等全产业链;参评产区代表性强,包含华北、华中、东北、西南等食用菌主产区。通过讲好食用菌品牌故事,促进品牌消费升级,助力产业实现高质量发展。

【定点帮扶】 赴甘肃省礼县罗坝镇参加国家市场监督管理总局标准技术司帮扶工作,并组织食用菌爱心企业向当地捐资捐物。为在礼县开展"国家食用菌栽培标准化示范区"项目申报工作开展前期准备工作。

【金融帮扶】 为推动中国食用菌产业高质量发展,特别是巩固拓展脱贫攻坚成果同乡村振兴有效衔接,发挥中国建设银行金融资源优势,中国食用菌协会与中国建设银行总行乡村振兴金融服务部加强合作,以构建食用菌全产业链生态场景,形成全链条、全客群、全场景的金融服务模式为总目标,拟在2023年由协会推荐头部企业,中国建设银行提供个性化综合服务方案,为中小型企业(合作社)提供全产业链金融服务,同时搭建数字化产业链服务平台,以为食用菌种植农户提供线上、线下信用贷款为主要内容,推进金融助力食用菌产业高质量发展。

(中国食用菌协会 徐泽群)

浙江蚂蚁公益基金会帮扶

【概述】 浙江蚂蚁公益基金会(以下简称"蚂蚁公益基金会")是由蚂蚁科技集团股份有限公司发起的非公募基金会,于2019年4月在浙江省民政厅正式注册成立,2021年在浙江省社会组织评估中被评为5A级社会组织。截至2022年年底,蚂蚁公益基金会已在32个省(自治区、直辖市)落地公益项目,累计捐赠金额8.02亿元。2022年,蚂蚁公益基金会围绕国家乡村振兴战略,聚焦易返贫、致贫人群,团结社会各类公益资源,并立足技术创新优势,在脱贫成果巩固、乡村人才发展、应急救灾和公众参与等方面开展一系列探索与实践。

【脱贫成果巩固】 积极响应号召,关注乡村困难群体,积极携手公益伙伴,发起"加油系列"公益项目,助力降低欠发达地区致贫、返贫发生率。其中,联合中国妇女发展基金会发起的"加油木兰"保障计划,关注欠发达地区低收入家庭女性,充分应用互联网平台和金融科技的力量精准助脱贫,让困难女性上学、看病有保障。2022年,该项目为11个省(自治区)22个县(区、旗)的乡村困难女性送出67.5万份公益保险。联合中国乡村发展基金会发起的"加油宝贝"健康计划,为欠发达地区低收入家庭儿童提供最高19万元的住院医疗、特定疾病、意外伤残、罕见病等综合保障。2022年,该项目为7个省(自治区)11个县(区、旗)的10.83万名乡村儿童送出保障。联合中国残疾人福利基金会发起的"加油追梦人"助残项目,通过专业技术为乡村肢体残疾人提供定制化的假肢适配服务和康复训练,助力他们回归社会、创造价值。2022年,该项目共服务56位残疾人,帮助他们获得高质量的生活发展能力。

除此之外,随着农村老龄化的加剧,蚂蚁公益基金会在助老领域也开展项目探索。通过"蚂蚁庄园—乐龄年夜饭"项目为44个县(区)的2万余名老年人送去丰盛热闹的年夜饭,传承敬老爱老文化,提升乡村孤寡老人的幸福感。通过"蓝马甲行动",在中国国家反电信网络诈骗中心、全国老龄工作委员会办公室、工业和信息化部反诈中心的指导下,聚焦帮助老人解决智能手机"不会用""不敢用"的问题,深入社区和乡村开展防骗集市及助老课堂活动。2022年,该项目在重庆、江西、安徽、浙江等地的50个县(区)开展助老活动400余场。

【人才帮扶】 在积极守护脱贫成果的同时,在乡村人才发展上投入大量资源和资金,借助数字技术和平台的力量,为以乡村女性为主的群体探索实现自我发展的多条路径。蚂蚁公益基金会联合蚂蚁科技集团股份有限公司设立"数字木兰"就业培训专项基金,开展落地"AI豆计划"、手艺计划、民宿管家培训计划、乡镇社工培训计划等一系列项目。

其中,"AI豆计划"通过在欠发达地区引入人工智能产业、提供数字就业机会、开展新型职业技能培训、孵化在地运营社会企业等方式,帮助欠发达地区的女性、返乡青年在家门口就业。2022年,该项目在陕西清涧县、山西永和县、甘肃积石山保安族东乡族撒拉族自治县等地的17个县域数字就业中心为当地年轻人提供人工智能训练师等数字就业机会。"数字木兰"民宿管家培训计划以经验丰富的五星级酒店管理者、国家认证专业厨师、礼仪培训国家级培训师等构建师资队伍,为学员提供各项专业技能培训,从实际出发手把手传授工作技能,2022年在7个省设立12个培训基地,累计培训2000多名乡村民宿管家。乡镇社工培训计划为乡镇基层社工提供专业素养和实践能力提升培训,加强基层社会工作人才队伍建设,2022年为四川、云南、陕西、贵州等地超5800名新上岗的乡镇社工提供培训。"追风计划"乡村校园女足支持项目直接资助70支乡村校园女子足球队,23个省(自治区、直辖市)的300余所乡村小学受益,为乡村女孩提供多元发展机会。

【应急救灾】 蚂蚁公益基金会先后向西安市红十字会捐赠1000万元驰援西安市抗疫,重点保障抗疫医疗民生物资、志愿者招募支持等;向上海尚医医务工作者奖励基金会捐赠2000万元,专项用于关心慰问奋战在疫情防控一线的医务工作者及支持医护人员的能力提升和综合发展;向160个国家乡村振兴重点帮扶县的敬老机构捐赠500台制氧机和5万根鼻氧管,助力缓解疫情对农村老年群体的影响。蚂蚁公益基金会开展为期1年的"河南暴雨灾情心理援助"项目,按照国家应急心理干预相关要求,建立"培训—咨询—督导"心理援助服务操作流程及规范制度,组织心理咨询师团队,开展线上、线下的心理咨询服务。

【行业帮扶】 为支持更多的社会组织和公益项目良性发展,蚂蚁公益基金会联合蚂蚁科技集团股份有限公司的支付宝公益平台和蚂蚁庄园发起"开放合作计划",利用互联网平台优势倡导公众关注乡村振兴,为公益组织提供资金、资源支持,扩大和加大公益项目对乡村特殊群体的帮扶范围和帮扶力度,助力社会组织共同参与和支持乡村振兴。2022年,该项目带动24家公益组织捐赠2.35亿元,支持46个乡村公益项目,服务50余万名乡村困难群众。

(浙江蚂蚁公益基金会)

民生通惠公益基金会帮扶

【概述】 2022年,民生通惠公益基金会始终坚持扶志、扶智和扶业协同共进,帮扶困难群体、抗疫援助、改善生态环境、促进教育质量提升,助力乡村振兴,慈善活动支出超5778万元,直接受益人数超10000人。

【公益帮扶】 "四个一万工程"是一项长期坚守的公益项目,资助一万名孤儿、一万名困难学生、一万名残疾儿童、一万名孤寡老人,通过帮助一个人改善一个家庭,勉励受助者摆脱困境、成就未来、反馈社会,为共同富裕做力所能及的事。"四个一万工程"涉及21个省(自治区、直辖市)222个县240个资助点,其中有80%的受助人在农村,85%的受助人是学生,支持农村学生教育脱困,以知识改变命运。2022年,资助金额1509.64万元,涉及165个资助点,受益人数6990人。

【教育帮扶】 促进教育发展方面,在浙江萧山区、淳安县设立"鲁冠球教育奖",促进提高教育质量,激励教师优化教育教学,鼓励学生取得优异成绩,兼顾培育特色教学项目,让善教好学成为受人尊敬并被广泛认可的导向。2022年奖励优秀师生807.32万元,受益师生2564人次,支持10余个教研项目。

【生态帮扶】 发起"江河荟·浙江翠"生态系统和生物多样性恢复项目,建立以生物多样性恢复带动乡村振兴的生态共富试点。开展具有示范性的生态系统和生物多样性恢复及保护工作,并改造相关科普和自然体验场馆,向公众传递绿色环保理念,推动公众参与自然教育活动。自2021年起,在萧山区义桥镇启动实施,2022年4月依托千岛湖独特的地理位置、自然资源,将羡山半岛打造成以生物多样性为特色的非营利性植物园。吸引高层次创新人才20余人、博士科研团队队员5人、当地青年12人进驻乡村开展生物多样性保护相关工作,并持续开展"山中青年"长期驻地志愿者招募计划,吸引年轻力量回归乡村,实现乡村产业振兴和人才振兴。践行绿色农业模式,以生态收益实现共富。一方面向当地农民推广科学绿色种植方式,减少土壤及水源污染,保护美丽田园;另一方面提升当地农产品品质,开发农产品附加值,跨领域、破圈层,实现公益资源高效整合,打造高质量乡土品牌,提高农民收入。2022年,"江河荟·浙江翠"生态系统和生物多样性恢复项目投入超2364.72万元。

(民生通惠公益基金会)

（六）中国社会帮扶网帮扶

中国社会帮扶网帮扶

【概述】 2022年,中国社会帮扶网(以下简称"帮扶网")坚持以习近平新时代中国特色社会主义思想为指导,认真学习领会党的二十大精神,深入贯彻习近平总书记关于乡村振兴工作的重要论述,落实《关于动员引导社会组织参与乡村振兴工作的通知》《社会组织助力乡村振兴专项行动方案》的要求,积极履行社会责任,在中国扶贫志愿服务促进会的指导下,成立中国社会帮扶网建设工作领导小组,制定五年规划,完善制度建设,统筹推进数字乡村、公益帮扶、消费帮扶平台建设和运营,切实发挥社会帮扶载体作用,不断增强服务社会、服务群众的能力,为巩固拓展脱贫攻坚成果同乡村振兴有效衔接贡献社会力量。

【数字乡村平台】 在推广应用上,按照"试点先行、逐步完善、全面推广"的方式,先后在常德市、邵阳市的6个县30个村开展试点工作,经过半年努力,试点工作进展顺利,受到广大干部群众欢迎,在推进乡村治理、乡风文明、民生关切等方面发挥积极作用,进一步提升试点地区乡村数字化治理水平和工作效率,畅通便民为民服务渠道,激发村民自觉参与美丽乡村建设的共同意愿和行动,形成可复制、可推广的经验做法。7月,在湖南省邵阳市召开数字乡村平台试点总结推广座谈会,国家乡村振兴局相关司局领导出席会议并讲话,肯定数字乡村平台的价值,提出完善改进意见,调动与会省份参与试点工作的积极性,数字乡村平台的推广应用工作取得阶段性进展。10月,江西省石城县等5个县陆续启动平台试点工作。截至2022年12月31日,平台试点已扩展到5个省12个县的432个村,注册用户超过10万人,信息发布数超过32万条,浏览量超过3602万次。

在平台建设上,秉持"管理者有用,使用者好用"的理念,围绕乡村振兴重点工作任务,不断强化内容经营,发挥政策发布、村内信息、村民互动、我的乡愁、爱心超市5个功能板块作用,探索清单制、积分制在地方的应用,推动村务管理、村民自治等线上管理规范化,着力推动解决信息沟通不畅、群众参与不便、基层办事跑腿等问题,不断推进网络化、信息化、数字化在乡村发展、乡村治理中的广泛应用。同时,结合地方实际需要和试点过程中反馈的主要问题,多渠道推进平台建设,增强服务能力。2022年,与洞口县"六零"村创建工作相结合,增强平台的特色化应用。在产品功能设计上,小程序端进行村民认证、村内外出务工信息采集等37项功能完善;PC端完成官方网站优化、地方区划信息不一致等35个问题优化;App完成开发上线,新增地方赋能、农产品销售、实用技术等内容,进一步增强平台的实用性,拓宽应用渠道。

在物资募集上,开通20个爱心超市,累计募集儿童教具礼盒、雨伞等物资33万件,公允价值688万元,向湖南省新邵县、甘肃省渭源县、贵州省雷山县等10个县进行物资捐赠。

【公益帮扶平台】 按照规范化、信息化、透明化的原则,结合《慈善组织互联网公开募捐信息平台基本技术规范》《慈善组织互联网公开募捐信息平台基本管理规范》的要求,帮扶网为相关公益项目认真做好系统建设和技术支撑，并研究提升线上、线下募捐能力的有效途径，探索盘活用户活跃度的方式方法，提高帮扶对接成功率，努力打造社会组织助力乡村振兴的公益品牌。

在"两病一学"公益项目上，白内障项目按计划完成系统的优化完善和运营支撑，并接通民政部低收入人群数据库验证，为扩大覆盖农村困难群众提供技术保障；"学前学会普通话"项目引入技术合作单位共同推进系统开发，完成凉山彝族自治州、乐山市共7个县25个教学点的系统试用及应用培训，不断满足考核监督需求和地方教育系统建设管理需要；强直性脊柱炎项目基本完成系统的优化工作，进行系统验收和上线。

在个人对接和公募业务上，面向同行业平台、地方各级管理员、乡村振兴局、脱贫户、爱心人士、医院、学校、基金会等进行充分调研和分析评估，重新梳理工作思路，谋划顶层设计，进行产品研发，进一步完善功能应用，提高求助的便捷性、规范化，促进帮扶需求与帮扶资源、帮扶力量有效对接，帮助乡村困难群众解决实际问题。截至2022年12月31日，平台累计入驻慈善组织242家，发布公募项目411个，2022年新增11个，累计筹款金额88642万元，年新增102万元。个人对接业务累计发布需求743.15万条，2022年新增发布需求2.63万条，对接成功1.82万条，受捐金额387.22万元。

参与中华全国工商业联合会、农业农村部、国家乡村振兴局开展的"万企兴万村"项目信息化建设及培训应用工作，完成系统建设，在帮扶网首页开通系统填报入口，支持PC端、移动端H5等多通道服务，为在河北省、贵州省的试点再到全国的推广使用提供重要的技术支撑和应用培训支持。

【消费帮扶平台】 按照"一馆一柜一直播"的工作思路，聚焦中西部帮扶产品销售，不断加强与企业和地区之间的合作，为相关企业和爱心人士等社会力量提供销售渠道，帮助解决农产品销售不畅等问题，推动建立可持续的产销对接帮扶机制，增加农民群众收入。

在消费帮扶专馆方面，上线专馆系统平台，支持企业及个人采购，在原《全国消费扶贫产品目录》基础上，积极组织动员帮扶产品上架和供应商入驻，初步形成以中国电信集团有限公司为代表的积分兑换模式和以中国石油天然气集团有限公司为代表的集采模式。截至2022年12月31日，开通10个专馆，上架帮扶产品1325种，引导入驻生产企业76家，2022年销售收入10096.51万元。

在消费帮扶专柜方面，加强帮扶产品、机柜硬件、金融对接服务和客户服务能力，筛选1210种帮扶产品，适配主流机柜9种。加快推进专柜布放，挖掘存量，促进增量，动员平台原有99家企业，完成39家专柜运营企业新系统迁移。积极协调点位资源，与中国国家铁路集团有限公司、北京市地铁运营有限公司、北京移动通信有限责任公司等单位达成合作。截至2022年12月31日，注册专柜累计52633台，专柜2022年新增2893台，销售额1.38亿元，接入合作运营商39家，消费人数782.84万人，覆盖31个省（自治区、直辖市）244个市995个县。

在消费直播方面，顺应互联网直播发展趋势，启动消费直播业务，组建直播队伍，搭建直播间、产品展示间等直播设施，做好内容策划、产品质量把控、售后机制完善等工作，同时制定《消费帮扶产品认定办法》，精选九大产业10家企业的20个优质特色农产品，通过员工、企业及志愿者等形式开展常态化直播工作，讲好脱贫攻坚和乡村振兴故事，进一步拓宽帮扶产品销售渠道。

（社会帮扶网科技有限公司办公室　丁艳）

第九篇

国际合作篇

国际减贫交流

【第十六届中国—东盟社会发展与减贫论坛】 2022年6月28日至7月1日,由中国国家乡村振兴局、广西壮族自治区政府联合主办,中国国际扶贫中心、广西壮族自治区乡村振兴局联合承办,东盟秘书处、联合国开发计划署和中国国际经济技术交流中心支持的第十六届中国—东盟社会发展与减贫论坛在广西南宁以线上、线下相结合的形式举办。论坛以"加强减贫交流,共建繁荣家园"为主题,旨在继续深化中国—东盟在社会发展与减贫领域的交流合作,为构建更为紧密的中国—东盟命运共同体、携手落实联合国2030年可持续发展议程做出努力。

中国和文莱、柬埔寨、印度尼西亚、老挝、马来西亚、菲律宾、新加坡、泰国、缅甸、越南等东盟十国相关政府部门代表,有关东盟国家驻华使领馆代表,国际组织、非政府组织代表,专家学者、企业代表及媒体等约160人参加论坛。论坛配套举办"中国—东盟村官交流项目""数字乡村研讨会",并赴乡村一线实地考察广西巩固拓展脱贫攻坚成果,推进乡村发展、乡村建设及乡村治理的实践做法。

【第二届中拉减贫与发展论坛】 2022年7月13日,由中国国家乡村振兴局和阿根廷外交、国际贸易和宗教事务部联合主办,中国国际扶贫中心承办的第二届中拉减贫与发展论坛以视频会议方式成功举办。论坛主题为"后疫情时代推进中拉减贫合作",旨在助推中拉在减贫与农村发展领域的深入合作,为建设中拉命运共同体做出更大的贡献。来自中国和拉共体轮值主席国阿根廷等22个拉共体成员国有关部门、3个拉美地区国际组织和6个联合国机构的代表,以及有关企业代表、专家学者、媒体代表等80余人参加会议。

【第十届东盟+中日韩村官交流项目】 2022年8月25日,由中国国际扶贫中心主办、东盟秘书处支持的"第十届东盟+中日韩村官交流项目"以视频会议方式成功举办。本届交流项目以"从减贫到可持续乡村振兴"为主题,旨在通过分享区域内各国农村和城市社区促进减贫和发展的成功案例和有益实践,相互借鉴启发,通过能力建设助力农村和城市社区发展,共同为消除绝对贫困、推进乡村振兴和城乡融合发展做出贡献。来自中国、日本、韩国、文莱、柬埔寨、印度尼西亚、老挝、马来西亚、菲律宾、新加坡、泰国、缅甸有关部门的政府官员、基层"村官"代表、专家学者、在华留学生及媒体代表等60余位嘉宾参加。

【中非减贫与发展伙伴联盟成立大会暨2022年中非合作论坛——减贫与发展会议】 2022年11月10日,由中国国家乡村振兴局主办,中国国际扶贫中心承办的"中非减贫与发展伙伴联盟成立大会暨2022年中非合作论坛——减贫与发展会议"在北京成功举办。会议以"深化减贫与发展伙伴关系,推动中非合作高质量发展"为主题,以线上和线下相结合的方式举办,共有来自中国和非洲国家相关领域约100名代表参加会议。会议围绕"不断深化中非减贫与发展伙伴关系""不断加强中非减贫与发展政策交流"及"不断促进中非减贫与发展合作实践"3个议题展开讨论。与会代表还就疫情影响下粮食安全、就业、绿色发展等议题进行交流研讨。与会代表一致表示,消除贫困、实现可持续发展是中国人民和非洲人民的共同心愿,是中非务实合作的重要领域。论坛期间成立中非减贫与发展伙伴联盟,这是新时期推进中非减贫与发展合作的重要平台,将为中非减贫与发展合作事业赋予新内涵、为推动构建新时代中非命运共同体注入新动力。

【2022全球减贫伙伴研讨会】 2022年11月11日,由中国国际扶贫中心、联合国粮食及农业组织、国际农业发展基金、联合国世界粮食计划署和中国互联网新闻中心联合主办的2022全球减贫伙伴研讨会以线上、线下相结合的方式在北京成功举办。来自中外政府部门、国际机构、社会组织、科研院所和媒体的100余位代表参会。会议以"共享发展——消除贫困与可持续乡村振兴"为主题,围绕"全球实现可持续发展议程减贫目标的进程与展望""乡村产业发展与减贫"两个议题展开讨论。研讨会上发布《国际减贫年度报告2022》《全球减贫案例集2022》、第三届全球减贫案例征集活动获奖案例,同时启动第四届全球减贫案例征集活动。

国际减贫合作

【东亚减贫示范合作技术援助项目】2022年，完成对项目的专项评估，持续扩大该项目的传播力度和影响力。设计制作了项目画册，出版《中国援外乡村减贫项目操作指南》英文版，丰富知识产品的种类，增强项目影响的传播面和国际性。协助中国国际电视台（CGTN）在东盟峰会期间对柬埔寨项目进行跟踪报道，持续扩大项目影响力。

【澜湄合作减贫联合工作】为庆祝2022年澜湄周，以"澜湄减贫，我们在行动"为主题，在中国国际扶贫中心官方网站的《澜湄合作》专栏，以图片、文字和视频等形式，宣传展示澜湄减贫工作组会议、能力建设、扶贫示范点项目等活动的成果。2022年11月22日，澜湄合作减贫联合工作组第六次会议以线上形式召开。

【中国—乌兹别克斯坦减贫合作】中国国家乡村振兴局、中国国际扶贫中心与乌兹别克斯坦经济发展与减贫部签署中乌减贫合作联合工作组成立文件。中国国际扶贫中心按照2022年实施计划推进与乌兹别克斯坦减贫合作各项内容。参加乌兹别克斯坦国际减贫论坛期间，与乌兹别克斯坦经济发展与减贫部以视频方式签署2022—2023年减贫领域合作规划。回应乌方学习借鉴中国减贫经验的愿望，启动中乌减贫合作研究，并围绕乌方关切的产业扶贫等5个减贫主题开发可视化产品。

【中国政府与联合国开发计划署（UNDP）减贫合作项目】中国国际扶贫中心—UNDP第四期减贫合作项目"建立全球减贫与乡村发展伙伴关系，推动在全球范围内消除贫困"正式启动实施。该项目由中国国际扶贫中心与联合国开发计划署、商务部中国国际经济技术交流中心共同开展，旨在加强中国与其他发展中国家的减贫合作，进一步提升中国国际扶贫中心国际交流合作能力。项目在前三期合作基础上，进一步拓展项目领域和内容，围绕国内乡村振兴工作借鉴国际经验，开展研究、交流和能力建设等活动。同时，探索建立全球减贫与乡村发展伙伴关系的可行和有效路径，更好地履行减贫与乡村发展领域国际交流合作和知识共享职责。

【与毛里求斯社会融合、社会保障和国家团结部签署合作谅解备忘录】2022年11月10日，为进一步深化中国与毛里求斯之间的友好合作关系，推动两国在减贫和发展领域交流与合作，积极呼应联合国2030年可持续发展议程和全球发展倡议，中国国际扶贫中心与毛里求斯社会融合、社会保障和国家团结部在中非减贫与发展伙伴联盟成立仪式上，正式签署合作谅解备忘录。双方同意通过举办论坛、研讨会、实地考察等方式，加强双方在减贫与发展领域的经验交流与知识分享，开展减贫与发展领域的人员交流、能力建设与合作研究，积极推动双方在中非减贫与发展伙伴联盟框架下的交流合作。

国际减贫培训

【线上减贫培训】 2022年,受疫情影响,以线上方式实施商务部援外培训项目,成功举办11期国际减贫和乡村振兴主题培训项目(多边项目8期、双边项目3期),设置"中国脱贫攻坚政策与实践""中国生态环境保护与减贫""中国农村循环经济发展政策和实践"等特色课程44门。来自亚、非、拉美、大洋洲四大洲25个国家的361名学员参加研修。围绕减贫、农村发展、中小企业发展与民间组织扶贫能力建设、推进乡村振兴加快国家现代化进程、农业园区建设与管理、生态农业价值链提升等主题,全面介绍中国在相关领域的政策措施、特色做法、突出成效和经验启示。

国际发展援助和国际化倡导

【国际发展援助项目】 创新尝试由国别办公室辐射管理周边国家的模式,努力化解海外执行力度减弱的风险。国际爱心包裹项目按照稳住基本盘、拓展新内容、守住制高点、打开新局面的工作思路,进一步扩大项目规模,共惠及缅甸、尼泊尔、埃塞俄比亚、柬埔寨、老挝、巴基斯坦、南苏丹和布隆迪等8个国家的21.29万名学生。国际微笑儿童项目进一步优化项目管理,学校供餐或粮食发放的规模和受益人范围稳定扩大,共惠及埃塞俄比亚、尼泊尔、缅甸等5个国家的4.05万人次。国际化项目按照"尊重当地,需求导向"的原则,通过与当地合作伙伴合作,开展水与健康、人道救援、国际助学、国际化学习发展等专项工作。2022年,在国际减贫合作中共筹集善款3100.96万元,慈善支出5640.29万元。

【国际化倡导】 组织和参与15场国际高端平台会议,以视频发言的形式参加联合国第49届、第50届和第51届人权理事会;主办国际爱心包裹项目启动三周年总结会暨中国社会组织"走出去"座谈会;承办金砖国家民间社会组织减贫线上研讨会;协助中共中央对外联络部、中国民间组织国际交流促进会组织中国-埃及民间组织网络研讨会;受邀参加中共中央对外联络部、中国民间组织国际交流促进会举办的"国际民间社会共同落实全球发展倡议交流大会"并现场签署联合宣言;在尼泊尔加德满都举办全球发展和南南合作基金支持的微笑儿童项目启动仪式;在埃塞俄比亚、缅甸、尼泊尔举行办公室周年总结仪式;参加中墨政府间两国常设委员会第七次会议社会发展工作组线上会议、中非减贫与发展伙伴联盟成立大会暨2022年中非合作论坛——减贫与发展会议、"文明多样性与全球人权治理"国际研讨会、"百企千村"座谈会、"推动'一带一路'民心相通"双周协商座谈会。

(中国乡村发展基金会 朱 峰)

第十篇

专题研究篇

乡村振兴中基层干部群众的所思、所想、所盼

党的十九大提出实施乡村振兴战略以来，在国家层面围绕乡村振兴战略形成较为完备的政策体系和制度框架，全国各地开展和实施了大量的乡村振兴实践工作和项目行动。在乡村振兴基层一线，广大干部群众如何理解和投入其中；农民作为乡村建设的主体对乡村振兴有何期望；农民参与乡村振兴行动的意愿如何；基层干部作为乡村发展的"领头雁"，如何理解和推进乡村振兴工作；基层干部在实践中面临怎样的困境。这些都是乡村振兴应关注的核心问题。

为了进一步贯彻落实中共中央、国务院关于乡村振兴战略的方针政策和决策部署，深入了解乡村振兴中基层干部群众的所思、所想、所盼，分析总结重要关切与重点命题，并提出政策建议，中国农业大学研究团队开展基层干部群众所思、所想、所盼专题研究。该研究团队以"倾听农民声音，理解乡村现实"为目标，于2021—2022年分别在河北省、陕西省、山东省、湖南省、浙江省、江苏省、河南省、四川省、贵州省、宁夏回族自治区10个省（自治区）的10个县、20个村开展深入调研，主要通过问卷调查和深度访谈等方式展开调研，共完成农民问卷529份，基层干部、新型经营主体和小农户深度访谈326份（访谈资料229万字）。

研究发现，农民最关心、最迫切希望解决的问题，依次是医疗、教育、养老、就业、种粮、污水排放、基础设施建设、组织公平感、政策执行方式方法等9个问题，尤其是医疗、教育、养老、就业4个方面直接构成了农民对乡村振兴和生活富裕的理解和期盼。这些问题的解决将极大提高农民的获得感、幸福感、安全感。河北省的一位农民说："好日子就等于看得了病、上得了学、养得了老、就得了业。"陕西省的一位农民说："现在不愁吃不愁穿了，住房也有保障，只要医疗、教育、养老有保障就可以了，再能有活干、有钱挣，就是理想中的美好生活了。"山东省的一位农民说："现在家家户户生活都挺好，唯独看病、上学、养老对老百姓压力大，乡村振兴要让农民有事做、有收入。"乡村振兴要为农民而兴，乡村建设要为农民而建。建议将解决现阶段农民最关心的9个问题作为推进乡村振兴和实现共同富裕的优先任务和重点任务加以落实。

基层干部在乡村振兴实践中锻炼了执行能力、提高了能动性、加强了工作中的干群联系，基层干部队伍的整体成长效果显著。然而基层干部在政策理解、政策执行、群众依赖性、资源配置、考核形式、工作负担、基层融入、职业认同、乡村活力等9个方面存在困惑和困难。这些困惑和困难关系到基层干部群体的思想心理和工作生活，也关系到乡村振兴各项事业的稳步推进和现代化治理转型，应当引起重视。

本研究在深入了解基层现实、倾听基层声音的基础上，聚焦乡村振兴中基层干部群众的所思、所想、所盼，明晰农民视角和基层干部视角的乡村振兴整体图景及迫切需求，对在社会主义现代化国家新征程中进一步全面推进乡村振兴、加快农业农村现代化的实现具有重要参考价值。

本研究坚持问题导向,无论是课题设计、课题调研,还是课题成果,均践行党的二十大提出的精神和要求,即要增强问题意识,聚焦实践遇到的新问题、人民群众"急难愁盼"问题,不断提出真正解决问题的新理念、新思路、新办法。

一、乡村振兴应优先解决农民最关心的9个问题

(一)医疗负担重:看病难、看病贵是农民的最大担忧

医疗问题排在农民最关心问题的第一位。有农民说"生活富裕就是看得起病,不怕生病",也有农民感叹:"农村家庭最怕生病,一场大病就拖垮一个家。"江苏省的一位驻村工作队员说:"老百姓最担心的就是重大疾病,这是他们最大的风险,虽然有医疗保险,但根本不够。"现阶段,农村医疗条件有限,与城市差距较大。农民反映"乡村很难留住好医生";"村里只能看看常见的小病,生病了经常被推到乡里,乡里又推到县里或市里"。宁夏回族自治区的一位村支书说:"村里只有一个赤脚医生,村卫生室成了卖药的地方,老百姓生个病就得往县城跑100多千米,赶到县城病也耽误了,如果没有子女或亲戚在村里,家里也没有车,咋办呢?"与此同时,城乡居民基本医疗保险(原"新农合")缴费标准上涨过快。湖南省的一位农民说:"过去每人每年缴10元钱,现在每人每年缴320元,种一年地也不够缴费,而且越到县外医院报销比例越低,三甲医院根本看不起。"江苏省的一位村会计说:"医疗保险年年交、年年涨,现在是每人每年320元,家里6口人,一下就要交2000元。"调研中,有44.2%的农民表示"看病就医"是其家庭主要支出之一。

农民的医疗卫生服务需要重点考虑"可获得性"和"能承担度"。通过建设城乡医疗联合体的方式带动基层改善医疗设施条件,通过荣誉、职称、待遇激励等方式鼓励高水平医生到基层工作,通过稳定医保缴费标准、提高大病报销比例等方式减轻农民的医疗负担。此外,进一步完善医疗险种,针对大病、中病、小病设置不同险种,进一步完善国家正在推行的分诊制度,尤其是在推进基层医疗硬件建设的同时,加强基层医生队伍建设。

(二)教育压力大:农村孩子上学面临"在村"困境、"离村"难题

子女成才是所有农村家庭的最大关切。农民说:"最关心的是把孩子教育好,要搞乡村振兴,就必须解决农村的教育问题。"调研发现,37.3%的农村家庭表示对教育不太满意。调研的20个村庄仅一半有幼儿园,无一有完整小学。农民表示"学校没有了,年轻人走了,村里没人气了";"好老师都走了";"上小学都要走好几公里,接送孩子负担很重"。农村教育普遍面临"城市挤不进、农村又很空"的困境。一位村支书说:"'村小'倒了,我们感觉很空虚,没有了娃娃就没有了朝气。我们经历过'村小'红火的阶段,前后一比较,能明显感觉到村子没有了生气。城里的学校有时掏钱也进不去,农村的学校却都空着。"教育上移给农村家庭带来巨大压力,普遍性的县城购房上学、陪读等大大加重了教育负担,经常出现教育负债现象。江苏省的一位农民说:"现在需要在县城买房子、租房子带孩子上学,但家里的地还要忙,这压力能不大吗?"

农村教育需要重点关注"就近上学"和"提高水平师资"两个方面。适当考虑通过相邻村庄共建(恢复)完整"村小"的方式,让农村孩子就近入学,让教育回归乡村,让农村再现活力;通过城乡教育联合体的方式带动农村学校提高教学水平,通过荣誉、职称、待遇激励等方式鼓励高水平教师到农村学校工作。

（三）养老挑战多：农村家庭养老功能弱化，养老金杯水车薪

村庄常住人口中，老年人口比例平均为30.4%，约为城镇（15.8%）的2倍。养老成为农村家庭必须面对的压力。农民说："生活富裕要让养老有保障。"很多农民表示，将来农村老人的养老是个大问题。目前，居家生活是农村养老的主要方式，但家庭养老的功能不断弱化，自我养老的质量不断降低。在调研村庄中，70.3%的老人为"老两口"共同生活或独居，子女照护越来越少。此外，农村居民养老金水平远不能满足基本生活需要，一些农民反映："70多岁还要打工，80多岁还得种地，每月100元钱没有办法养老。"

农民养老需要在家庭养老的基础上，重点考虑社区功能的发挥和社会政策的支持。积极推动村庄"互助养老""抱团养老"等新型社区养老方式的实践和落地，建设共享食堂、日间照料中心等设施服务，以解决老人（特别是"空巢老人"）最紧迫的生活难题；适当上调农村养老金、增加餐食补贴，以满足农村老人的基本生活需要；农村社区和社会组织对独居、残疾、孤寡及因计划生育而产生的失独老人等特殊群体给予特殊的关怀和关爱。

（四）就业机会少：农村缺少就业岗位，在地就业需求强烈

产业兴旺，就业是重点。农民说："乡村振兴的首要任务是让农民在乡村有事做、有活干、有钱赚。"一位浙江省的农民说："带动周围群众一起富起来才算真正的产业兴旺，如果就一个人富裕，那不叫产业兴旺。"贵州省的一位长期从事帮扶工作的干部说："发展产业很重要，但更重要的还是就业，就业能直接转化为现金收入，因此最直观，老百姓最喜欢。"调研发现，目前乡村产业的发展根本无法提供吸引年轻人回乡就业的岗位，也不能满足农村中老年人口的就业需求。尤其是随着城市"禁止60周岁以上男性、50周岁以上女性进入施工现场从事建筑施工作业"等规定的出台，不少从事相关行业的新型产业工人不得不返回家乡。

产业兴旺需要重点关注就业和收入两个方面。应以就业为目标制定乡村产业发展规划，将就业岗位数量作为对农村产业进行财政支持的重要指标；在土地流转、新型主体培育等旨在实现规模化的产业发展中，应避免以牺牲小农户劳动就业机会为代价来实现效率和效益的提高；应支持发展各种可持续的如编织类、手工类的乡村小作坊、小车间，为农民提供多样化的灵活就业渠道。

（五）种粮风险高：种粮不赚钱，农业生产面临不确定性

调研发现，"种粮不赚钱"是许多农民的共识。尽管如此，大量小农户并不愿意放弃种地。但是，未来农业生产尤其是粮食种植面临很多挑战和不确定性。一是目前农村只剩"最后一茬种地人"，很多已经60多岁，甚至70多岁或80多岁，而大量年轻人和二代新型产业工人都不愿种地或不会种地。二是农资、农机等粮食生产投入成本逐年上涨，而粮价长期保持较低水平。三是一些地方的粮食作物容易遭受野猪、鸟类等破坏。四是土地流转后常常因为用途改变而导致地力受损，地貌很难恢复。这些是几乎所有地区的农民和农业面临的普遍问题。

粮食生产需要充分发挥小农户的积极作用。对于粮食生产的一切政策支持、项目申请和补贴奖励，都应取消规模门槛；应提高针对小农户粮食生产的补贴标准；对因年龄限制不得不返乡的新型产业工人进行农业生产培训，鼓励他们继续农业生产；对因生态保护而遭受野猪破坏的农作物进行足额补贴或保险赔偿；应加大对流转土地的监管力度，确保地力地貌不受损坏。

(六)污水排放乱:生活污水缺乏处理,影响地下水源和农民健康

调研发现,农民普遍对目前的"污水排放处理"有意见。农民说:"现在农村生活污水的排放大多是'顺其自然'。"农村家庭产生的大量生活污水都是直接或通过化粪池排放到河流、湖泊、池塘、农田,或因无处可排而挖坑渗入地下。一位贵州省的农民说:"现在最恼火的就是污水,没办法处理,一般是顺着沟排,有的直接流到田里,有的排放到菜园里,夏天很臭,油腻消除不了,下雨天走在村里全是污水的味道。"一位湖南省的农民反映:"排出去的污水肯定渗漏下去,家里的井水基本不敢吃,吃了会长结石,因此大家都买水吃。"这样的排放方式不仅污染村庄环境和地下水资源,也威胁着农民的饮水安全和身体健康。

农村生活污水的治理需要从规范排放和科学处理两个方面入手。应严格要求生活污水必须经管道进入村庄集中处理单元或家庭自建的化粪池;对农民进行污水处理和化粪池建设维护的技术培训;在"厕所革命"推进中,应配套污水处理设施建设;在乡村建设中优先规划和实施农村垃圾和污水处理工程。

(七)基础设施缺:部分村庄道路落后,生产生活用水保障水平需要加强

调研发现,在部分丘陵地区或山区,尤其是非原贫困村,农民对乡村振兴的理解首先就是"基础设施能跟上"。他们希望"把家门口的路修好","能喝上自来水"。一个调研村通往外面的道路坑坑洼洼,一下雨更是泥泞不堪,有农民说:"去镇上只有那一条路,来回十里,走路骑车都会摔倒";"路又破又烂,粮食既没人上门收,也很难拉到镇上卖"。此外,2个调研村均未实现自来水入户,因为不敢吃井水,家家户户不得不购买桶装水或净水器。除了饮水外,有些村的生产用水也非常紧缺,影响农业生产。

基础设施建设是实现乡村振兴的基础性保障。建议对道路和用水等基础设施薄弱的村庄进行专项财政支持;充分调动乡贤、企业、村民等社会资源,鼓励他们为村庄基础设施建设出钱出力;应加强村庄污水治理,对村民开展节水教育和技术培训。

(八)公平感受低:村干部不能"一碗水端平",农民有意见

农民认为,村干部最重要的是要办事公正,要"一碗水端平"。调研发现,71%的农民看重村干部"办事公平"的能力和表现。农民认为治理有效要靠"村干部以身作则,解决不公平的问题"。虽然基层干部认识到这一点,但在现实中部分村干部在处理村庄事务时不能秉持公心,尤其是在分配利益和资源时。村民常说:"农村是熟人社会,办事容易'看关系'。"

治理公平需要加强透明度和参与度。对来自国家、社会及村庄自己创造的各项资源的分配过程和结果进行规范,并在村内公示,要尽可能避免在农户之间出现悬殊的差距;对村庄各项工作中的群众参与、群众监督和群众评价进行规范,并在村内公示;对村干部开展常态化的职业道德和能力提升培训;进一步完善信访举报机制,既要拓宽群众信访举报渠道、回应群众诉求、维护社会公平正义,又要坚持线索清晰、证据确凿,避免"按闹分配"等现象。

(九)政策执行硬:地方政府"一刀切",影响农民正常生产生活

国家多次强调乡村振兴不搞"一刀切""不刮风"。然而一些地方政府为了"保证不出事",常常采取"免责第一"的简单化思维,不顾农民生产生活的特点,制定各种"不准""不得""不允许"的禁令强加给农民。一位农民反映,当地不准三轮车载客,而留在村里的大多是老人,他们种着几亩苹果树,上山路程远,一个老人很难把苹果运下山,需要两个老人协作,但

若两位老人坐三轮车一起下地,则会被罚款。另一位农民反映,当地不允许村庄出现"三堆",即草堆、土堆、粪堆,但这显然与农民生活和家庭养殖存在矛盾。

政策执行是为了发展乡村、服务农民。应以发展农村生产为目标,加强生产过程的技术服务和监督指导,而不是简单地禁止正常的生产活动;应以服务农民生活为目标,加强对农民生活方式的科学引导和现代化改造,而不是一味地限制农民的生活方式。

二、乡村振兴应关注基层干部最关切的9个问题

(一)政策理解浅:理论学习时间少、政策存在模糊性,理解执行难到位

调研发现,基层干部普遍缺少理论学习的时间和精力,对政策的领会不深。一位基层干部反映"政策文件白天基本上没有时间看,都是中午休息时抽空看看";"白天一般都不可能定下心来看文件,只有晚上才可能坐下来梳理一下"。对政策学习的欠缺常常导致工作中出现困惑和困难,尤其是对一些系统性、纲领性的文件掌握不到位,往往导致工作中出现临时性、短视性的做法,甚至是"一刀切"。此外,部分制度设计和政策本身存在模糊性,基层干部难以厘清。例如,基层干部反映:"在脱贫攻坚和乡村振兴衔接过程中,在政府部门之间存在明显的分工模糊和工作交叉的问题。"这些都给基层干部带来政策理解和执行的难度。

基层干部是乡村振兴工作的重要推动者,需要对政策有精准的解读和系统的把握。应加强政策文件在基层的传达宣讲,既要阐述理念精神,又要拿出操作方案;加强和完善干部培训体系,推动封闭脱产培训、异地交流培训等制度创新,确保基层干部对政策的领会和理解;理顺部门关系,减少部门间的职责模糊性,明确权责分工,优化管理效能。

(二)政策限制多:政策执行自主探索受限,基层工作存在路径依赖

基层干部是各项工作的具体执行者。但调研发现,基层干部在执行政策过程中往往难以发挥自主性,存在唯指标论、唯过程论的倾向。一方面政策限制性大,一些基层干部很难依据地方情况进行创新探索,工作的目标在一定程度上是"完成上级指令"而非"促进地方发展";另一方面严厉的问责机制倒逼政策执行简单化,"一刀切"虽然饱受诟病,但也意味着不会犯错误。一位基层干部说:"基层工作就是宁可不办、办砸,也不能违反程序。"在此理念下,开展工作必然出现路径依赖,因为按照老方法一般不会出错,但同时也必然限制探索和创新。

政策执行应给基层留下一定的空间。一位乡镇干部指出:"基层干部还是有一些思考的,他们并不是没有想法,只是想了也没用,这样久而久之也就不想了。"也就是说,顶层设计应主要聚焦方向把握,但具体执行应给地方留出探索空间。与此同时,应建立更加合理的容错纠错机制,鼓励基层干部想作为、能作为、敢作为、善作为。

(三)群众依赖强:群众高度依赖政府,发动群众积极参与存在困难

调研发现,群众缺乏自主性意识,对政府产生明显的依赖思想,给基层治理带来挑战。有干部指出:"大部分工作是干部干、群众看,形成了群众对政府的高度依赖。"数据显示,农民认为乡村的产业发展、环境治理、乡风文明、治理有效主要靠村干部的比例分别达到37.3%、53.5%、54.6%、76.6%。有村民说:"村里大小事情都要靠干部,没干部什么事都办不成。"这种依赖思想会加剧群众对集体事务的冷漠,一些农民认为乡村振兴就是要等国家拿钱振兴农村,导致基层干部发动群众存在现实

困难。在乡村实践中,"三治"融合往往依靠村"两委"的推动,各类群众组织的建立大多来自制度设计,无法真正满足地方的需求,"三治"融合常常浮于表面。而在某些领域,如互助养老、文明乡风等,村干部的推动往往收效甚微,自治与德治常常可以发挥重要作用,十分需要群众的自我组织和积极参与。

在乡村振兴的治理实践中应进一步转变工作思路,既要扭转农民"等着政府拿钱振兴乡村"的思想,也要转变政府包揽一切的做法。强化村民的集体意识和参与意识,鼓励村民建设服务自己的组织;政府在强化服务意识的同时,加强原则意识,厘清权力边界;加强基层干部队伍能力建设,提高基层干部动员群众、发动群众的能力。

(四)资源配置缺:基层人财权缺乏,基础管理缺乏支撑

调研发现,基层干部都将人、财、权等资源的缺乏当作基层工作面临的主要问题。首先是人员的缺乏。虽然县、乡两级都有一些政策可以引育人才,但基层却难以留住人才。即便人才来到基层,也会因为借调、遴选等原因不断离开基层。其次是资金紧张。资金紧张既包括缺乏资金,也包括缺乏对资金的支配权限。一位干部指出:"一些部门可能会下拨资金,但基层对资金的使用实际上是没有发言权的,而且监管严。"最后是执法权的缺乏。基层干部反映,现在事权层层上移而责任不断下移,基层干部面对管理要求却缺乏管理权限。一位干部说:"不只是经济需要供给侧改革,基层管理更需要供给侧改革。"

资源配置应进一步向基层倾斜,缓解基层资源窘况。在人才方面,应提高基层补贴,拓宽选人用人渠道,提高基层干部获得感,严格规范上级政府的借调、抽调行为;在财、权方面,推动权限下放,厘清权责关系,给基层提供更多支持。

(五)考核形式僵:督导考核形式主义严重,基层干部减负难

督导考核本是为了推动政策任务的落实。但调研发现,督导使得基层干部疲于应付,考核本身反而成为基层工作的核心目标,督导考核存在严重的形式主义。一是政策评价体系空泛。一些政策的考核评价指标体系不仅脱离实际,而且非常烦琐,基层干部群众无法理解,很难反映真实情况。二是检查暗访多。不同部门都频繁下基层,但他们一般只检查、不指导。三是过程考核重。现在不断强化工作留痕,不顾基层现实,不得不将本该用于做实事的大部分工作精力用于各种形式的迎检与汇报等方面。四是问责压力大。一票否决的事项过多过杂,属地管理与维稳政策导致畸形治理。一位基层干部指出:"上面下来检查主要是为了挑问题,常常会以少数村民的意见来否定基层工作,而不顾大多数村民的意见。"此外,调研还发现,虽然国家十分关心基层减负问题,但收效并不显著。

破解基层形式主义难题,切实推进基层减负,必须进行系统性设计。应精简考核体系,简化考核程序,减少考核数量,整合考核类别,以权威性的"期末大考"取代数量繁多的"期中小测";推动考核方式革新,通过"四不两直"等形式将工作实绩作为考核的重要依据,避免唯表格论和唯指标论;应慎重运用考核结果,为想干事、能干事的干部留出空间。

(六)工作负担重:基层工作头绪多、问责压力大,基层干部倚重非正式手段

调研发现,沉重的工作负担成为基层干部普遍面临的问题。基层干部提出:"现在村干部管得太多了,对村里的事承担无限连带责任,既要让老百姓满意,也要让领导满意。"但是,面对自上和自下两方的诉求,村干部往往难以兼顾,始终深陷于头绪繁多的工作任务中。再加上日渐严厉的问责压力,基层干部为

了完成任务,有时不得不采取非正式的手段。这里的非正式手段包括在处理如征地、拆迁等问题中的过激型"示强"和在处理如信访、维稳等问题中的委屈型"示弱"两种形式。而对非正式手段的依赖也会加剧正式手段的失灵。特别是,村干部兼具"村民"与"干部"的双重身份,可以以不同身份、灵活运用多种方式来处理乡村问题,但若过多倚重非正式手段开展工作,长远来看也会消解正式治理手段的权威,削弱基层治理的能力。

减轻基层工作负担、推进治理模式改革,必须进行系统性调整。一方面应进一步明确各级部门职责和权限,避免滥用属地管理等显性与隐性的责任转嫁行为;另一方面应出台完善基层干部行为准则清单,厘清个人权责边界,既要防止越权带来的吃拿卡要、权力寻租行为,也要避免权责不对等带来的基层干部疲于奔命、工作疲惫情绪,从而构建有法可依、有法必依、执法必严、违法必究的现代化治理体系。

(七)扎根基层难:年轻干部融入基层有困难,心理落差大

调研发现,部分年轻干部融入基层存在困难,存在心理落差。一方面在机关的年轻干部缺乏真正融入农村基层的锻炼。一些地方将刚入职的年轻干部(尤其是选调生)安排在机关工作,一边忙于机关事务,一边挂职农村锻炼。这种"两头跑"的设计本是为了年轻干部既可以培养机关工作的政治意识与规矩意识,又可以积累基层经验。但结果并不尽如人意,这种制度设计使得年轻干部不得不分散工作精力,年轻干部尽管有深入基层的意愿,但往往难以实现。另一方面在基层的年轻干部存在心理落差,难以长期扎根基层。年轻人有思想、有活力,有在城市生活的经历,面对农村的现实,往往产生巨大的思想落差。一位年轻基层干部表示:"看到自己的同学过得越来越好,我还在乡镇这么辛苦,就感觉很难受。我对孩子的未来发展有些恐慌,担心不能给孩子一个好的起步平台。"

应通过系统性的支持,解除年轻干部扎根基层的担忧。进一步完善机关年轻干部到农村挂职锻炼的制度设计,明确专人专岗,促进年轻干部真正融入基层、得到锻炼;加强对基层年轻干部的生活保障水平,在子女教育、住房补贴、父母养老等方面提供支持和保障,消除年轻干部的后顾之忧;为基层年轻干部的晋升流动留出空间,进一步完善选人用人机制,以实际工作业绩考核干部,引导年轻干部将精力真正用于基层工作。

(八)职业认同低:基层干部缺乏职业认同,基层心声缺乏表达

调研发现,基层干部长期与农村、农民打交道,面对外部世界的冲击,极易产生自我怀疑与自我否定,形成职业认同危机。一是对于自身价值感觉迷茫。一位基层干部说:"很多同学会觉得我在乡镇做这些事情没出息,对他们说我服务了多少人、解决了多少群众的困难,他们很多听不懂、不理解。"一位已经离职的基层干部说:"在体制内我觉得自己还挺好,离开后才发现自己能力有限。"二是缺乏来自家人的认同。一位基层女性干部很委屈地说:"我爱人说我工作那么累,不知图什么?我告诉他,不能诋毁我的工作。"三是缺乏心声表达和被倾听。一位基层干部指出:"现在基层没人敢说,说了也没人听。"此外,调研也发现,职务收入低、与个人付出不对等是多数基层干部在表达心声时都会提及的。有不少村干部为了支撑家庭支出常常需要经营副业,不仅分散精力,更是产生工作上的消极懈怠情绪。

提高基层干部职业认同应从加强关爱和提高待遇两方面着手。组织部门积极开展关爱基层干部调研工作,深入了解基层干部的期待与困惑,并推进基层治理模式转型;进一步

提高基层干部的待遇水平,通过增加基层补贴、工资收入等切实提高基层干部的获得感。

(九)乡村活力弱:村庄共同体不断消解,乡村治理延续面临挑战

调研发现,随着经济社会的快速发展,城乡人口流动加速,村庄共同体不断消解。这种消解最直观的表现是乡村日益空心化,公共生活难以开展。即便是经济较为发达的地区,状况同样不容乐观。基层干部说:"年轻人都出去了,现在活动组织不起来,要是请人来讲课,农民也不相信,因为上过太多当,农民只相信那些种植养殖的人。"基层治理归根到底是人的治理,需要集人力、聚人心,以保持延续性。然而,现实的乡村既没有可以强化共同体意识的有力载体,也没有可以凝聚人心的有效机制。一方面村庄共同体的构建需要有集体经济作为重要支撑,但多数村庄的集体经济极为薄弱或稀缺。村干部指出:"集体除了村委会外,没有任何资产,没人愿意跟着干。"另一方面面对乡村的日益原子化,村庄缺乏相应机制,难以凝聚人心。村干部说:"村里搞活动也没人来,都忙着在外面赚钱,在家的都是老弱病残,有心无力。"

增强村庄活力、保持乡村治理延续性对全面推进乡村振兴至关重要。发展壮大村集体经济,强化村民联结,提高村庄凝聚力;强化机制创新,发挥不同主体的优势,汇聚多方力量形成治理合力;立足村庄实际,深入挖掘村庄传统文化价值,强化村庄共同体意识,以多样化的活动为媒介,增强村庄向心力,确保乡村治理的延续性。

(农业农村部　林江平　余　礽)

第十一篇

宣传表彰篇

巩固拓展脱贫攻坚成果及乡村振兴宣传

加强统筹谋划。印发《国家乡村振兴局2022年宣传工作要点》，紧跟年度重要会议、重大活动、重点工作，分阶段展开、分主题实施、分批次推进。

组织开展系列宣传活动。围绕"巩固成果这一年"主题，协调中央主要媒体推出综述性报道，在《人民日报》刊发中央农村工作领导小组办公室、国家乡村振兴局党组联合署名文章，录播《奋斗新征程——2022年全国乡村振兴特别节目》。组织中央主要媒体对浙江省安吉县白茶帮扶3个省5个县工作集中开展宣传报道。突出迎接和贯彻党的二十大精神的主线，集中精力，协调各方，攻坚克难。联合中央广播电视总台摄制播出5集电视专题片《脱贫之后再出发》。牵头举办"新起点上的接续奋斗——巩固拓展脱贫攻坚成果同乡村振兴有效衔接成果展"，出版展览画册，开通网络展，网络点击量达1.56亿人次。配合筹办迎接党的二十大胜利召开主题成就展，协助举办"'三农'这十年——新时代农业农村发展成就展""新时代的乡村振兴"主题新闻发布会。协助摄制大型纪录片《征程》和大型电视专题片《领航》。配合中共中央宣传部编辑出版"记录小康工程"中央丛书之《全国脱贫攻坚先锋风采录》。推动新华网乡村振兴频道上线，指导办好特色栏目。结合"奋进新征程、建功新时代"重大主题采访活动，遴选推荐32名青年典型对象和10个方面37条"非凡十年"典型宣传线索。组织媒体赴湖南省、湖北省、安徽省等地开展走基层活动，联合央视网开展"乡村振兴万里行"采访活动。

稳妥开展外宣工作。配合国务院新闻办公室邀请境内的外宣媒体等走进湖南省、贵州省等地采访考察，实地感受我国减贫成就。做好有关国际减贫交流活动的宣传报道，持续讲好中国减贫与乡村振兴故事。制作《告别绝对贫困》外宣片，推出《中国故事》《我的故事》系列外宣微视频。开发制作"乡村里的中国"主题外宣产品。

做好舆情监测处置。制定《关于接受新闻媒体采访暂行规定》《国家乡村振兴局防范和应对涉"弱势群体"舆情风险工作方案》，认真落实24小时舆情监测制度，做好党的二十大召开前后舆情监测。举办全国乡村振兴舆论宣传骨干培训班，做好国家乡村振兴局官方网站改版建设，加强局"两微一端"运维管理。在国家乡村振兴局系统宣传平台开展编辑错误排查整改。及时监测发现并通报辟谣"23类项目可以申请补贴，数额超亿"等虚假信息，稳妥处置相关热点舆情。

（农业农村部　唐丕跃）

第十二篇

统计数据篇

表1　2016—2022年农村居民人均收支情况

单位：元

指　标	2016年	2017年	2018年	2019年	2020年	2021年	2022年
农村居民人均可支配收入	12363.4	13432.4	14617.0	16020.7	17131.5	18930.9	20132.8
1．工资性收入	5021.8	5498.4	5996.1	6583.5	6973.9	7958.1	8449.2
2．经营净收入	4741.3	5027.8	5358.4	5762.2	6077.4	6566.2	6971.5
3．财产净收入	272.1	303.0	342.1	377.3	418.8	469.4	509.0
4．转移净收入	2328.2	2603.2	2920.5	3297.8	3661.3	3937.2	4203.1
农村居民人均现金可支配收入	11600.6	12703.9	13912.8	15279.8	16394.5	17596.4	19084.3
1．工资性收入	5000.8	5470.9	5961.3	6540.2	6926.6	7881.7	8367.8
2．经营净收入	4203.9	4547.0	4969.5	5382.2	5720.3	5709.1	6397.0
3．财产净收入	272.1	303.0	342.1	377.3	418.8	469.4	509.0
4．转移净收入	2123.8	2383.0	2639.9	2980.2	3328.9	3536.2	3810.5
农村居民人均消费支出	10129.8	10954.5	12124.3	13327.7	13713.4	15915.6	16632.1
服务性消费	3750.9	4130.2	4644.7	5290.2	5189.9	6142.9	6357.9
1．食品烟酒	3266.1	3415.4	3645.6	3998.2	4479.4	5200.2	5485.4
2．衣着	575.4	611.6	647.7	713.3	712.8	859.5	864.0
3．居住	2147.1	2353.5	2660.6	2871.3	2962.6	3314.7	3502.5
4．生活用品及服务	595.7	634.0	720.5	763.9	767.5	900.5	933.8
5．交通通信	1359.9	1509.1	1690.0	1836.8	1840.6	2131.8	2230.3
6．教育文化娱乐	1070.3	1171.3	1301.6	1481.8	1308.7	1645.5	1683.1
7．医疗保健	929.2	1058.7	1240.1	1420.8	1417.5	1579.6	1632.5
8．其他用品及服务	186.0	200.9	218.3	241.5	224.4	283.8	300.5
农村居民人均现金消费支出	8127.3	8856.5	9862.0	10854.5	11097.2	12857.6	13580.6
1．食品烟酒	2763.4	2921.2	3226.3	3538.2	3945.5	4594.1	4911.7
2．衣着	575.0	610.9	647.2	712.9	712.5	859.0	863.7
3．居住	832.8	956.0	1084.0	1163.8	1195.3	1250.0	1400.5
4．生活用品及服务	589.7	624.9	709.0	748.9	752.9	887.3	923.6
5．交通通信	1357.8	1508.1	1685.0	1835.5	1839.3	2129.0	2228.8
6．教育文化娱乐	1069.9	1170.7	1300.5	1481.3	1308.4	1645.0	1682.7

续表

指　标	2016年	2017年	2018年	2019年	2020年	2021年	2022年
7. 医疗保健	755.8	868.2	997.4	1137.9	1125.4	1223.7	1284.1
8. 其他用品及服务	183.0	196.3	212.7	236.0	217.9	269.6	285.5

注：本篇表中数据引自国家统计局编著的《中国统计年鉴2023》。

表2 2016—2022年农村居民按东、中、西部及东北地区分组的人均可支配收入

单位:元

组　别	2016年	2017年	2018年	2019年	2020年	2021年	2022年
东部地区	15498.3	16822.1	18285.7	19988.6	21286.0	23556.1	25037.3
中部地区	11794.3	12805.8	13954.1	15290.5	16213.2	17857.5	19080.1
西部地区	9918.4	10828.6	11831.4	13035.3	14110.8	15608.2	16632.1
东北地区	12274.6	13115.8	14080.4	15356.7	16581.5	18280.4	18919.2

表3 2016—2022年分地区农村居民人均可支配收入

单位:元

地 区	2016年	2017年	2018年	2019年	2020年	2021年	2022年
全 国	12363.4	13432.4	14617.0	16020.7	17131.5	18930.9	20132.8
北 京	22309.5	24240.5	26490.3	28928.4	30125.7	33302.7	34753.8
天 津	20075.6	21753.7	23065.2	24804.1	25690.6	27954.5	29017.8
河 北	11919.4	12880.9	14030.9	15373.1	16467.0	18178.9	19364.2
山 西	10082.5	10787.5	11750.0	12902.4	13878.0	15308.3	16322.7
内蒙古	11609.0	12584.3	13802.6	15282.8	16566.9	18336.8	19640.9
辽 宁	12880.7	13746.8	14656.3	16108.3	17450.3	19216.6	19908.0
吉 林	12122.9	12950.4	13748.2	14936.0	16067.0	17641.7	18134.5
黑龙江	11831.9	12664.8	13803.7	14982.1	16168.4	17889.3	18577.4
上 海	25520.4	27825.0	30374.7	33195.2	34911.3	38520.7	39729.4
江 苏	17605.6	19158.0	20845.1	22675.4	24198.5	26790.8	28486.5
浙 江	22866.1	24955.8	27302.4	29875.3	31930.5	35247.4	37565.0
安 徽	11720.5	12758.2	13996.0	15416.0	16620.2	18371.7	19574.9
福 建	14999.2	16334.8	17821.2	19568.4	20880.3	23228.9	24986.6
江 西	12137.7	13241.8	14459.9	15796.3	16980.8	18684.2	19936.0
山 东	13954.1	15117.5	16297.0	17775.5	18753.2	20793.9	22109.9
河 南	11696.7	12719.2	13830.7	15163.7	16107.9	17533.3	18697.3
湖 北	12725.0	13812.1	14977.8	16390.9	16305.9	18259.0	19709.5
湖 南	11930.4	12935.8	14092.5	15394.8	16584.6	18295.2	19546.3
广 东	14512.2	15779.7	17167.7	18818.4	20143.4	22306.0	23597.8
广 西	10359.5	11325.5	12434.8	13675.7	14814.9	16362.9	17432.7
海 南	11842.9	12901.8	13988.9	15113.1	16278.8	18076.3	19117.4
重 庆	11548.8	12637.9	13781.2	15133.3	16361.4	18099.6	19312.7
四 川	11203.1	12226.9	13331.4	14670.1	15929.1	17575.3	18672.4
贵 州	8090.3	8869.1	9716.1	10756.3	11642.3	12856.1	13706.7
云 南	9019.8	9862.2	10767.9	11902.4	12841.9	14197.3	15146.9

续表

地 区	2016年	2017年	2018年	2019年	2020年	2021年	2022年
西 藏	9093.8	10330.2	11449.8	12951.0	14598.4	16932.3	18209.5
陕 西	9396.4	10264.5	11212.8	12325.7	13316.5	14744.8	15704.3
甘 肃	7456.9	8076.1	8804.1	9628.9	10344.3	11432.8	12165.2
青 海	8664.4	9462.3	10393.3	11499.4	12342.5	13604.2	14456.2
宁 夏	9851.6	10737.9	11707.6	12858.4	13889.4	15336.6	16430.3
新 疆	10183.2	11045.3	11974.5	13121.7	14056.1	15575.3	16549.9

表4 2022年分地区农村居民人均可支配收入来源

单位:元

地 区	可支配收入	工资性收入	经营净收入	财产净收入	转移净收入
全 国	20132.8	8449.2	6971.5	509.0	4203.1
北 京	34753.8	24928.1	1849.6	3555.8	4420.3
天 津	29017.8	16278.3	6679.4	1146.1	4914.0
河 北	19364.2	10107.8	6402.7	416.5	2437.1
山 西	16322.7	7272.4	4267.5	231.6	4551.2
内蒙古	19640.9	3794.6	10718.3	500.5	4627.6
辽 宁	19908.0	7441.8	8830.8	423.4	3211.9
吉 林	18134.5	3984.6	11058.2	459.8	2631.9
黑龙江	18577.4	3416.8	9698.4	1310.1	4152.0
上 海	39729.4	24644.2	2211.9	1372.1	11501.2
江 苏	28486.5	13977.0	7353.2	974.4	6182.0
浙 江	37565.0	22687.3	9148.5	1176.9	4552.3
安 徽	19574.9	6861.2	7227.7	427.9	5058.1
福 建	24986.6	11360.9	9128.2	518.9	3978.7
江 西	19936.0	8884.2	6322.2	377.0	4352.6
山 东	22109.9	11045.9	7505.2	532.0	3026.8
河 南	18697.3	7025.4	6033.1	262.0	5376.8
湖 北	19709.5	6417.6	8130.0	282.3	4879.6
湖 南	19546.3	7631.3	6961.3	283.4	4670.3
广 东	23597.8	13560.2	5759.3	868.8	3409.5
广 西	17432.7	5921.9	6982.3	429.7	4098.8
海 南	19117.4	7764.8	7722.4	328.8	3301.4
重 庆	19312.7	6921.0	6234.7	476.3	5680.7
四 川	18672.4	5843.9	7044.7	627.7	5156.1
贵 州	13706.7	5584.7	4218.7	116.6	3786.7
云 南	15146.9	4928.4	7379.1	229.5	2609.9
西 藏	18209.5	6366.0	7730.2	797.7	3315.6
陕 西	15704.3	6497.3	4702.2	258.8	4246.0

续表

地　区	可支配收入	工资性收入	经营净收入	财产净收入	转移净收入
甘　肃	12165.2	3498.1	5435.4	160.9	3070.8
青　海	14456.2	4751.4	5585.9	380.2	3738.8
宁　夏	16430.3	6079.3	6656.3	369.4	3325.3
新　疆	16549.9	5398.9	7116.9	526.3	3507.9

表5 2022年分地区农村居民人均消费支出构成

单位：元

地区	消费支出	食品烟酒	衣着	居住	生活用品及服务	交通通信	教育文化娱乐	医疗保健	其他用品及服务
全国	16632.1	5485.4	864.0	3502.5	933.8	2230.3	1683.1	1632.5	300.5
北京	23745.4	6503.2	1108.0	7910.2	1359.5	3281.9	1306.9	1900.3	375.5
天津	18934.2	6533.8	989.1	3962.8	1106.1	2521.6	1089.6	2286.1	445.3
河北	16270.6	5258.7	1030.5	3082.8	971.3	2469.1	1480.2	1662.1	316.0
山西	12090.9	3880.5	778.4	2741.1	636.0	1371.9	1110.7	1324.4	247.9
内蒙古	15443.6	4795.9	829.3	2997.6	698.2	2240.7	1446.8	2140.3	294.7
辽宁	14326.1	4509.7	855.8	2707.9	658.1	2175.5	1468.5	1631.8	318.8
吉林	12729.2	4234.1	714.2	2070.8	519.6	1881.3	1335.9	1661.6	311.8
黑龙江	15161.8	5081.8	954.4	2320.2	629.4	2229.5	1539.6	2125.3	281.3
上海	27430.3	10604.0	1295.5	6029.8	1372.3	3783.0	1169.5	2690.1	486.2
江苏	22596.9	7421.1	1246.6	5114.5	1448.9	3148.5	1731.0	1994.1	492.4
浙江	27483.4	8496.9	1336.4	7794.7	1539.9	3816.3	2121.2	1847.3	530.8
安徽	17980.4	6353.9	1042.2	3698.6	1060.3	2030.7	1926.1	1554.1	314.6
福建	20466.5	7060.5	962.6	5175.9	1033.5	2322.9	1843.8	1634.2	433.0
江西	16984.4	5666.9	737.4	4204.3	888.3	1854.6	1936.4	1491.0	205.5
山东	14686.7	4337.3	811.3	2736.5	925.0	2534.8	1535.9	1577.6	228.4
河南	14823.9	4339.9	1032.0	3017.1	917.9	1835.3	1792.4	1641.5	247.8
湖北	18991.0	5800.8	1021.8	3752.5	1057.7	2886.5	2153.5	1975.6	342.6
湖南	18077.7	5520.7	789.5	3953.5	1016.7	2115.0	2424.8	2004.8	252.9
广东	20800.0	8393.1	694.0	4782.7	992.5	2471.2	1881.0	1219.6	365.9
广西	14657.7	4703.9	443.7	3111.8	717.9	1903.8	2041.2	1539.0	196.5
海南	15145.5	6507.4	423.1	2954.7	583.0	1837.9	1568.3	1060.1	211.1
重庆	16727.1	6106.1	879.5	3023.0	1035.6	1970.1	1663.1	1773.4	276.3
四川	17199.0	6188.8	888.1	3218.1	1139.3	2174.4	1400.5	1878.0	311.8
贵州	13172.5	4118.0	695.7	2703.8	802.0	1929.6	1693.5	993.0	236.9
云南	13308.6	4589.2	529.7	2626.5	644.0	2013.1	1508.2	1217.6	180.2

续表

地区	消费支出	食品烟酒	衣着	居住	生活用品及服务	交通通信	教育文化娱乐	医疗保健	其他用品及服务
西藏	11138.9	4458.4	784.2	2228.5	680.9	1716.6	555.4	490.5	224.3
陕西	14094.2	4188.2	722.8	3148.6	806.2	1782.7	1340.1	1894.7	210.9
甘肃	11494.2	3681.6	654.5	2296.9	593.2	1535.6	1235.9	1307.8	188.6
青海	12515.8	4470.5	869.5	2100.3	632.7	1991.4	798.8	1353.9	298.6
宁夏	12825.3	4028.0	689.6	2373.4	747.1	1958.9	1255.5	1552.6	220.1
新疆	12169.1	3869.8	788.2	2252.3	639.8	1634.4	1076.4	1222.6	685.6

表6 2022年中西部22省(区、市)脱贫县农村居民人均可支配收入

地区	2021年 绝对数/元	2022年 绝对数/元	比2021年增长/%
全国	14050.9	15111.2	7.5
河北	14271.9	15425.2	8.1
山西	11665.7	12723.5	9.1
内蒙古	15034.4	16223.1	7.9
吉林	12905.9	13667.4	5.9
黑龙江	13474.1	14392.7	6.8
安徽	16589.0	17780.6	7.2
江西	14452.1	15740.8	8.9
河南	15752.5	16879.7	7.2
湖北	14822.4	16188.3	9.2
湖南	13536.7	14713.6	8.7
广西	14663.5	15796.1	7.7
海南	15683.5	16935.3	8.0
重庆	16667.9	17875.2	7.2
四川	14908.8	15949.5	7.0
贵州	12702.8	13569.4	6.8
云南	13027.1	14027.2	7.7
西藏	16932.3	18209.5	7.5
陕西	13908.9	14837.9	6.7
甘肃	10458.4	11190.1	7.0
青海	13604.2	14456.2	6.3
宁夏	13045.3	14151.4	8.5
新疆	14476.9	15416.5	6.5

注:脱贫县包括原832个国家扶贫开发工作重点县和集中连片特困地区县,以及新疆阿克苏地区7个市县;2020年我国现行农村贫困标准下的农村贫困人口全部脱贫,国家统计局不再发布农村贫困人口和贫困发生率数据,如需要查询相关历史数据和国家脱贫攻坚普查主要结果数据,可查阅《中国统计年鉴2021》。

附 录

（一）2022年有关文件汇编

·中共中央、国务院文件·

中共中央 国务院关于做好2022年全面推进乡村振兴重点工作的意见

（2022年1月4日）

当前，全球新冠肺炎疫情仍在蔓延，世界经济复苏脆弱，气候变化挑战突出，我国经济社会发展各项任务极为繁重艰巨。党中央认为，从容应对百年变局和世纪疫情，推动经济社会平稳健康发展，必须着眼国家重大战略需要，稳住农业基本盘、做好"三农"工作，接续全面推进乡村振兴，确保农业稳产增产、农民稳步增收、农村稳定安宁。

做好2022年"三农"工作，要以习近平新时代中国特色社会主义思想为指导，全面贯彻党的十九大和十九届历次全会精神，深入贯彻中央经济工作会议精神，坚持稳中求进工作总基调，立足新发展阶段、贯彻新发展理念、构建新发展格局、推动高质量发展，促进共同富裕，坚持和加强党对"三农"工作的全面领导，牢牢守住保障国家粮食安全和不发生规模性返贫两条底线，突出年度性任务、针对性举措、实效性导向，充分发挥农村基层党组织领导作用，扎实有序做好乡村发展、乡村建设、乡村治理重点工作，推动乡村振兴取得新进展、农业农村现代化迈出新步伐。

一、全力抓好粮食生产和重要农产品供给

（一）稳定全年粮食播种面积和产量。坚持中国人的饭碗任何时候都要牢牢端在自己手中，饭碗主要装中国粮，全面落实粮食安全党政同责，严格粮食安全责任制考核，确保粮食播种面积稳定、产量保持在1.3万亿斤以上。主产区、主销区、产销平衡区都要保面积、保产量，不断提高主产区粮食综合生产能力，切实稳定和提高主销区粮食自给率，确保产销平衡区粮食基本自给。推进国家粮食安全产业带建设。大力开展绿色高质高效行动，深入实施优质粮食工程，提升粮食单产和品质。推进黄河流域农业深度节水控水，通过提升用水效率、发展旱作农业，稳定粮食播种面积。积极应对小麦晚播等不利影响，加强冬春田间管理，促进弱苗转壮。

（二）大力实施大豆和油料产能提升工程。加大耕地轮作补贴和产油大县奖励力度，集中支持适宜区域、重点品种、经营服务主体，在黄淮海、西北、西南地区推广玉米大豆带状复合种植，在东北地区开展粮豆轮作，在黑龙江省部分地下水超采区、寒地井灌稻区推进水改旱、稻改豆试点，在长江流域开发冬闲田扩种油菜。开展盐碱地种植大豆示范。支持扩大油茶种植面积，改造提升低产林。

（三）保障"菜篮子"产品供给。加大力度落实"菜篮子"市长负责制。稳定生猪生产长效性支持政策，稳定基础产能，防止生产大起大落。加快扩大牛羊肉和奶业生产，推进草原畜牧业转型升级试点示范。稳定水产养殖面

积,提升渔业发展质量。稳定大中城市常年菜地保有量,大力推进北方设施蔬菜、南菜北运基地建设,提高蔬菜应急保供能力。完善棉花目标价格政策。探索开展糖料蔗完全成本保险和种植收入保险。开展天然橡胶老旧胶园更新改造试点。

(四)合理保障农民种粮收益。按照让农民种粮有利可图、让主产区抓粮有积极性的目标要求,健全农民种粮收益保障机制。2022年适当提高稻谷、小麦最低收购价,稳定玉米、大豆生产者补贴和稻谷补贴政策,实现三大粮食作物完全成本保险和种植收入保险主产省产粮大县全覆盖。加大产粮大县奖励力度,创新粮食产销区合作机制。支持家庭农场、农民合作社、农业产业化龙头企业多种粮、种好粮。聚焦关键薄弱环节和小农户,加快发展农业社会化服务,支持农业服务公司、农民合作社、农村集体经济组织、基层供销合作社等各类主体大力发展单环节、多环节、全程生产托管服务,开展订单农业、加工物流、产品营销等,提高种粮综合效益。

(五)统筹做好重要农产品调控。健全农产品全产业链监测预警体系,推动建立统一的农产品供需信息发布制度,分类分品种加强调控和应急保障。深化粮食购销领域监管体制机制改革,开展专项整治,依法从严惩治系统性腐败。加强智能粮库建设,促进人防技防相结合,强化粮食库存动态监管。严格控制以玉米为原料的燃料乙醇加工。做好化肥等农资生产储备调运,促进保供稳价。坚持节约优先,落实粮食节约行动方案,深入推进产运储加消全链条节粮减损,强化粮食安全教育,反对食物浪费。

二、强化现代农业基础支撑

(六)落实"长牙齿"的耕地保护硬措施。实行耕地保护党政同责,严守18亿亩耕地红线。按照耕地和永久基本农田、生态保护红线、城镇开发边界的顺序,统筹划定落实三条控制线,把耕地保有量和永久基本农田保护目标任务足额带位置逐级分解下达,由中央和地方签订耕地保护目标责任书,作为刚性指标实行严格考核、一票否决、终身追责。分类明确耕地用途,严格落实耕地利用优先序,耕地主要用于粮食和棉、油、糖、蔬菜等农产品及饲草饲料生产,永久基本农田重点用于粮食生产,高标准农田原则上全部用于粮食生产。引导新发展林业上山上坡,鼓励利用"四荒"资源,不与粮争地。落实和完善耕地占补平衡政策,建立补充耕地立项、实施、验收、管护全程监管机制,确保补充可长期稳定利用的耕地,实现补充耕地产能与所占耕地相当。改进跨省域补充耕地国家统筹管理办法。加大耕地执法监督力度,严厉查处违法违规占用耕地从事非农建设。强化耕地用途管制,严格管控耕地转为其他农用地。巩固提升受污染耕地安全利用水平。稳妥有序开展农村乱占耕地建房专项整治试点。巩固"大棚房"问题专项清理整治成果。落实工商资本流转农村土地审查审核和风险防范制度。

(七)全面完成高标准农田建设阶段性任务。多渠道增加投入,2022年建设高标准农田1亿亩,累计建成高效节水灌溉面积4亿亩。统筹规划、同步实施高效节水灌溉与高标准农田建设。各地要加大中低产田改造力度,提升耕地地力等级。研究制定增加农田灌溉面积的规划。实施重点水源和重大引调水等水资源配置工程。加大大中型灌区续建配套与改造力度,在水土资源条件适宜地区规划新建一批现代化灌区,优先将大中型灌区建成高标准农田。深入推进国家黑土地保护工程。实施黑土地保护性耕作8000万亩。积极挖掘潜力增加耕地,支持将符合条件的盐碱地等后备资源适度有序开发为耕地。研究制定盐碱地综合利用规划和实施方案。分类改造盐碱地,推动由主要治理盐碱地适应作物向更多选育耐盐碱植物适应盐碱地转变。支持盐碱地、干旱半干旱地区国家农业高新技术产业示范区建设。启动全国第三次土壤普查。

(八)大力推进种源等农业关键核心技术攻关。全面实施种业振兴行动方案。加快推进农业种质资源普查收集,强化精准鉴定评价。推进种业领域国家重大创新平台建设。启动农业生物育种重大项目。加快实施农业关键核心技术攻关工程,实行"揭榜挂帅""部省联动"等制度,开展长周期研发项目试点。强化现代农业产业技术体系建设。开展重大品种研发与推广后补助试点。贯彻落实种子法,实行实质性派生品种制度,强化种业知识产权保护,依法严厉打击套牌侵权等违法犯罪行为。

(九)提升农机装备研发应用水平。全面梳理短板弱项,加强农机装备工程化协同攻关,加快大马力机械、丘陵山区和设施园艺小型机械、高端智能机械研发制造并纳入国家重点研发计划予以长期稳定支持。实施农机购置与应用补贴政策,优化补贴兑付方式。完善农机性能评价机制,推进补贴机具有进有出、优机优补,重点支持粮食烘干、履带式作业、玉米大豆带状复合种植、油菜籽收获等农机,推广大型复合智能农机。推动新生产农机排放标准升级。开展农机研发制造推广应用一体化试点。

(十)加快发展设施农业。因地制宜发展塑料大棚、日光温室、连栋温室等设施。集中建设育苗工厂化设施。鼓励发展工厂化集约养殖、立体生态养殖等新型养殖设施。推动水肥一体化、饲喂自动化、环境控制智能化等设施装备技术研发应用。在保护生态环境基础上,探索利用可开发的空闲地、废弃地发展设施农业。

(十一)有效防范应对农业重大灾害。加大农业防灾减灾救灾能力建设和投入力度。修复水毁灾损农业、水利基础设施,加强沟渠疏浚以及水库、泵站建设和管护。加强防汛抗旱应急物资储备。强化农业农村、水利、气象灾害监测预警体系建设,增强极端天气应对能力。加强基层动植物疫病防控体系建设,落实属地责任,配齐配强专业人员,实行定责定岗定人,确保非洲猪瘟、草地贪夜蛾等动植物重大疫病防控责有人负、活有人干、事有人管。做好人兽共患病源头防控。加强外来入侵物种防控管理,做好普查监测、入境检疫、国内防控,对已传入并造成严重危害的,要"一种一策"精准治理、有效灭除。加强中长期气候变化对农业影响研究。

三、坚决守住不发生规模性返贫底线

(十二)完善监测帮扶机制。精准确定监测对象,将有返贫致贫风险和突发严重困难的农户纳入监测范围,简化工作流程,缩短认定时间。针对发现的因灾因病因疫等苗头性问题,及时落实社会救助、医疗保障等帮扶措施。强化监测帮扶责任落实,确保工作不留空档、政策不留空白。继续开展巩固脱贫成果后评估工作。

(十三)促进脱贫人口持续增收。推动脱贫地区更多依靠发展来巩固拓展脱贫攻坚成果,让脱贫群众生活更上一层楼。巩固提升脱贫地区特色产业,完善联农带农机制,提高脱贫人口家庭经营性收入。逐步提高中央财政衔接推进乡村振兴补助资金用于产业发展的比重,重点支持帮扶产业补上技术、设施、营销等短板,强化龙头带动作用,促进产业提档升级。巩固光伏扶贫工程成效,在有条件的脱贫地区发展光伏产业。压实就业帮扶责任,确保脱贫劳动力就业规模稳定。深化东西部劳务协作,做好省内转移就业工作。延续支持帮扶车间发展优惠政策。发挥以工代赈作用,具备条件的可提高劳务报酬发放比例。统筹用好乡村公益岗位,实行动态管理。逐步调整优化生态护林员政策。

（十四）加大对乡村振兴重点帮扶县和易地搬迁集中安置区支持力度。在乡村振兴重点帮扶县实施一批补短板促发展项目。编制国家乡村振兴重点帮扶县巩固拓展脱贫攻坚成果同乡村振兴有效衔接实施方案。做好国家乡村振兴重点帮扶县科技特派团选派,实行产业技术顾问制度,有计划开展教育、医疗干部人才组团式帮扶。建立健全国家乡村振兴重点帮扶县发展监测评价机制。加大对国家乡村振兴重点帮扶县信贷资金投入和保险保障力度。完善易地搬迁集中安置区配套设施和公共服务,持续加大安置区产业培育力度,开展搬迁群众就业帮扶专项行动。落实搬迁群众户籍管理、合法权益保障、社会融入等工作举措,提升安置社区治理水平。

（十五）推动脱贫地区帮扶政策落地见效。保持主要帮扶政策总体稳定,细化落实过渡期各项帮扶政策,开展政策效果评估。拓展东西部协作工作领域,深化区县、村企、学校、医院等结对帮扶。在东西部协作和对口支援框架下,继续开展城乡建设用地增减挂钩节余指标跨省域调剂。持续做好中央单位定点帮扶工作。扎实做好脱贫人口小额信贷工作。创建消费帮扶示范城市和产地示范区,发挥脱贫地区农副产品网络销售平台作用。

四、聚焦产业促进乡村发展

（十六）持续推进农村一二三产业融合发展。鼓励各地拓展农业多种功能、挖掘乡村多元价值,重点发展农产品加工、乡村休闲旅游、农村电商等产业。支持农业大县聚焦农产品加工业,引导企业到产地发展粮油加工、食品制造。推进现代农业产业园和农业产业强镇建设,培育优势特色产业集群,继续支持创建一批国家农村产业融合发展示范园。实施乡村休闲旅游提升计划。支持农民直接经营或参与经营的乡村民宿、农家乐特色村（点）发展。将符合要求的乡村休闲旅游项目纳入科普基地和中小学学农劳动实践基地范围。实施"数商兴农"工程,推进电子商务进乡村。促进农副产品直播带货规范健康发展。开展农业品种培优、品质提升、品牌打造和标准化生产提升行动,推进食用农产品承诺达标合格证制度,完善全产业链质量安全追溯体系。加快落实保障和规范农村一二三产业融合发展用地政策。

（十七）大力发展县域富民产业。支持大中城市疏解产业向县域延伸,引导产业有序梯度转移。大力发展县域范围内比较优势明显、带动农业农村能力强、就业容量大的产业,推动形成"一县一业"发展格局。加强县域基层创新,强化产业链与创新链融合。加快完善县城产业服务功能,促进产业向园区集中、龙头企业做强做大。引导具备条件的中心镇发展专业化中小微企业集聚区,推动重点村发展乡村作坊、家庭工场。

（十八）加强县域商业体系建设。实施县域商业建设行动,促进农村消费扩容提质升级。加快农村物流快递网点布局,实施"快递进村"工程,鼓励发展"多站合一"的乡镇客货邮综合服务站、"一点多能"的村级寄递物流综合服务点,推进县乡村物流共同配送,促进农村客货邮融合发展。支持大型流通企业以县城和中心镇为重点下沉供应链。加快实施"互联网+"农产品出村进城工程,推动建立长期稳定的产销对接关系。推动冷链物流服务网络向农村延伸,整县推进农产品产地仓储保鲜冷链物流设施建设,促进合作联营、成网配套。支持供销合作社开展县域流通服务网络建设提升行动,建设县域集采集配中心。

(十九)促进农民就地就近就业创业。落实各类农民工稳岗就业政策。发挥大中城市就业带动作用。实施县域农民工市民化质量提升行动。鼓励发展共享用工、多渠道灵活就业,规范发展新就业形态,培育发展家政服务、物流配送、养老托育等生活性服务业。推进返乡入乡创业园建设,落实各项扶持政策。大力开展适合农民工就业的技能培训和新职业新业态培训。合理引导灵活就业农民工按规定参加职工基本医疗保险和城镇职工基本养老保险。

(二十)推进农业农村绿色发展。加强农业面源污染综合治理,深入推进农业投入品减量化,加强畜禽粪污资源化利用,推进农膜科学使用回收,支持秸秆综合利用。建设国家农业绿色发展先行区。开展农业绿色发展情况评价。开展水系连通及水美乡村建设。实施生态保护修复重大工程,复苏河湖生态环境,加强天然林保护修复、草原休养生息。科学推进国土绿化。支持牧区发展和牧民增收,落实第三轮草原生态保护补助奖励政策。研发应用减碳增汇型农业技术,探索建立碳汇产品价值实现机制。实施生物多样性保护重大工程。巩固长江禁渔成果,强化退捕渔民安置保障,加强常态化执法监管。强化水生生物养护,规范增殖放流。构建以国家公园为主体的自然保护地体系。出台推进乡村生态振兴的指导意见。

五、扎实稳妥推进乡村建设

(二十一)健全乡村建设实施机制。落实乡村振兴为农民而兴、乡村建设为农民而建的要求,坚持自下而上、村民自治、农民参与,启动乡村建设行动实施方案,因地制宜、有力有序推进。坚持数量服从质量、进度服从实效,求好不求快,把握乡村建设的时度效。立足村庄现有基础开展乡村建设,不盲目拆旧村、建新村,不超越发展阶段搞大融资、大开发、大建设,避免无效投入造成浪费,防范村级债务风险。统筹城镇和村庄布局,科学确定村庄分类,加快推进有条件有需求的村庄编制村庄规划,严格规范村庄撤并。开展传统村落集中连片保护利用示范,健全传统村落监测评估、警示退出、撤并事前审查等机制。保护特色民族村寨。实施"拯救老屋行动"。推动村庄小型建设项目简易审批,规范项目管理,提高资金绩效。总结推广村民自治组织、农村集体经济组织、农民群众参与乡村建设项目的有效做法。明晰乡村建设项目产权,以县域为单位组织编制村庄公共基础设施管护责任清单。

(二十二)接续实施农村人居环境整治提升五年行动。从农民实际需求出发推进农村改厕,具备条件的地方可推广水冲卫生厕所,统筹做好供水保障和污水处理;不具备条件的可建设卫生旱厕。巩固户厕问题摸排整改成果。分区分类推进农村生活污水治理,优先治理人口集中村庄,不适宜集中处理的推进小型化生态化治理和污水资源化利用。加快推进农村黑臭水体治理。推进生活垃圾源头分类减量,加强村庄有机废弃物综合处置利用设施建设,推进就地利用处理。深入实施村庄清洁行动和绿化美化行动。

(二十三)扎实开展重点领域农村基础设施建设。有序推进乡镇通三级及以上等级公路、较大人口规模自然村(组)通硬化路,实施农村公路安全生命防护工程和危桥改造。扎实开展农村公路管理养护体制改革试点。稳步推进农村公路路况自动化检测。推进农村供水工程建设改造,配套完善净化消毒设施设备。深入实施农村电网巩固提升工程。推进农村光伏、生物质能等清洁能源建设。实施农房质量安全提升工程,继续实施农村危房改造和抗震改造,完善农村房屋建设标准规范。加强对用作经营的农村自建房安全隐患整治。

(二十四)大力推进数字乡村建设。推进智慧农业发展,促进信息技术与农机农艺融合应用。加强农民数字素养与技能培训。以数字技术赋能乡村公共服务,推动"互联网+政务服务"向乡村延伸覆盖。着眼解决实际问题,拓展农业农村大数据应用场景。加快推动数字乡村标准化建设,研究制定发展评价指标体系,持续开展数字乡村试点。加强农村信息基础设施建设。

(二十五)加强基本公共服务县域统筹。加快推进以县城为重要载体的城镇化建设。加强普惠性、基础性、兜底性民生建设,推动基本公共服务供给由注重机构行政区域覆盖向注重常住人口服务覆盖转变。实施新一轮学前教育行动计划,多渠道加快农村普惠性学前教育资源建设,办好特殊教育。扎实推进城乡学校共同体建设。深入推进紧密型县域医疗卫生共同体建设,实施医保总额付费,加强监督考核,实现结余留用、合理超支分担。推动农村基层定点医疗机构医保信息化建设,强化智能监控全覆盖,加强医疗保障基金监管。落实对特殊困难群体参加城乡居民基本医保的分类资助政策。有条件的地方可提供村卫生室运行经费补助,分类落实村医养老保障、医保等社会保障待遇。提升县级敬老院失能照护能力和乡镇敬老院集中供养水平,鼓励在有条件的村庄开展日间照料、老年食堂等服务。加强乡镇便民服务和社会工作服务,实施村级综合服务设施提升工程。健全分层分类的社会救助体系,切实保障困难农民群众基本生活。健全基层党员、干部关爱联系制度,经常探访空巢老人、留守儿童、残疾人。完善未成年人关爱保护工作网络。

六、突出实效改进乡村治理

(二十六)加强农村基层组织建设。强化县级党委抓乡促村职责,深化乡镇管理体制改革,健全乡镇党委统一指挥和统筹协调机制,加强乡镇、村集中换届后领导班子建设,全面开展农村基层干部乡村振兴主题培训。持续排查整顿软弱涣散村党组织。发挥驻村第一书记和工作队抓党建促乡村振兴作用。完善村级重要事项、重大问题经村党组织研究讨论机制,全面落实"四议两公开"制度。深入开展市县巡察,强化基层监督,加强基层纪检监察组织与村务监督委员会的沟通协作、有效衔接,强化对村干部的监督。健全党组织领导的自治、法治、德治相结合的乡村治理体系,推行网格化管理、数字化赋能、精细化服务。推进村委会规范化建设。深化乡村治理体系建设试点示范。开展村级议事协商创新实验。推广村级组织依法自治事项、依法协助政府工作事项等清单制,规范村级组织机构牌子和证明事项,推行村级基础信息统计"一张表"制度,减轻村级组织负担。

(二十七)创新农村精神文明建设有效平台载体。依托新时代文明实践中心、县级融媒体中心等平台开展对象化分众化宣传教育,弘扬和践行社会主义核心价值观。在乡村创新开展"听党话、感党恩、跟党走"宣传教育活动。探索统筹推动城乡精神文明融合发展的具体方式,完善全国文明村镇测评体系。启动实施文化产业赋能乡村振兴计划。整合文化惠民活动资源,支持农民自发组织开展村歌、"村晚"、广场舞、趣味运动会等体现农耕农趣农味的文化体育活动。办好中国农民丰收节。加强农耕文化传承保护,推进非物质文化遗产和重要农业文化遗产保护利用。推广积分制等治理方式,有效发挥村规民约、家庭家教家风作用,推进农村婚俗改革试点和殡葬习俗改革,开展高价彩礼、大操大办等移风易俗重点领域突出问题专项治理。

(二十八)切实维护农村社会平安稳定。推进更高水平的平安法治乡村建设。创建一批"枫桥式公安派出所""枫桥式人民法庭"。常态化开展扫黑除恶斗争,持续打击"村霸"。防范黑恶势力、家族宗族势力等对农村基层政权的侵蚀和影响。依法严厉打击农村黄赌毒和侵害农村妇女儿童人身权利的违法犯罪行为。加强农村法治宣传教育。加强基层社会心理服务和危机干预,构建一站式多元化矛盾纠纷化解机制。加强农村宗教工作力量。统筹推进应急管理与乡村治理资源整合,加快推进农村应急广播主动发布终端建设,指导做好人员紧急转移避险工作。开展农村交通、消防、安全生产、自然灾害、食品药品安全等领域风险隐患排查和专项治理,依法严厉打击农村制售假冒伪劣农资、非法集资、电信诈骗等违法犯罪行为。加强农业综合行政执法能力建设。落实基层医疗卫生机构疾病预防控制责任。健全农村新冠肺炎疫情常态化防控工作体系,严格落实联防联控、群防群控措施。

七、加大政策保障和体制机制创新力度

(二十九)扩大乡村振兴投入。继续把农业农村作为一般公共预算优先保障领域,中央预算内投资进一步向农业农村倾斜,压实地方政府投入责任。加强考核监督,稳步提高土地出让收入用于农业农村的比例。支持地方政府发行政府债券用于符合条件的乡村振兴公益性项目。提高乡村振兴领域项目储备质量。强化预算绩效管理和监督。

(三十)强化乡村振兴金融服务。对机构法人在县域、业务在县域、资金主要用于乡村振兴的地方法人金融机构,加大支农支小再贷款、再贴现支持力度,实施更加优惠的存款准备金政策。支持各类金融机构探索农业农村基础设施中长期信贷模式。加快农村信用社改革,完善省(自治区)农村信用社联合社治理机制,稳妥化解风险。完善乡村振兴金融服务统计制度,开展金融机构服务乡村振兴考核评估。深入开展农村信用体系建设,发展农户信用贷款。加强农村金融知识普及教育和金融消费权益保护。积极发展农业保险和再保险。优化完善"保险+期货"模式。强化涉农信贷风险市场化分担和补偿,发挥好农业信贷担保作用。

(三十一)加强乡村振兴人才队伍建设。发现和培养使用农业领域战略科学家。启动"神农英才"计划,加快培养科技领军人才、青年科技人才和高水平创新团队。深入推行科技特派员制度。实施高素质农民培育计划、乡村产业振兴带头人培育"头雁"项目、乡村振兴青春建功行动、乡村振兴巾帼行动。落实艰苦边远地区基层事业单位公开招聘倾斜政策,对县以下基层专业技术人员开展职称评聘"定向评价、定向使用"工作,对中高级专业技术岗位实行总量控制、比例单列。完善耕读教育体系。优化学科专业结构,支持办好涉农高等学校和职业教育。培养乡村规划、设计、建设、管理专业人才和乡土人才。鼓励地方出台城市人才下乡服务乡村振兴的激励政策。

(三十二)抓好农村改革重点任务落实。开展第二轮土地承包到期后再延长30年整县试点。巩固提升农村集体产权制度改革成果,探索建立农村集体资产监督管理服务体系,探索新型农村集体经济发展路径。稳慎推进农村宅基地制度改革试点,规范开展房地一体宅基地确权登记。稳妥有序推进农村集体经营性建设用地入市。推动开展集体经营性建设用地使用权抵押融资。依法依规有序开展全域土地综合整治试点。深化集体林权制度改

革。健全农垦国有农用地使用权管理制度。开展农村产权流转交易市场规范化建设试点。制定新阶段深化农村改革实施方案。

八、坚持和加强党对"三农"工作的全面领导

（三十三）压实全面推进乡村振兴责任。制定乡村振兴责任制实施办法，明确中央和国家机关各部门推进乡村振兴责任，强化五级书记抓乡村振兴责任。开展省级党政领导班子和领导干部推进乡村振兴战略实绩考核。完善市县党政领导班子和领导干部推进乡村振兴战略实绩考核制度，鼓励地方对考核排名靠前的市县给予适当激励，对考核排名靠后、履职不力的进行约谈。落实各级党委和政府负责同志乡村振兴联系点制度。借鉴推广浙江"千万工程"经验，鼓励地方党委和政府开展现场观摩、交流学习等务实管用活动。开展《乡村振兴战略规划（2018—2022年）》实施总结评估。加强集中换届后各级党政领导干部特别是分管"三农"工作的领导干部培训。

（三十四）建强党的农村工作机构。各级党委农村工作领导小组要发挥"三农"工作牵头抓总、统筹协调等作用，一体承担巩固拓展脱贫攻坚成果、全面推进乡村振兴议事协调职责。推进各级党委农村工作领导小组议事协调规范化制度化建设，建立健全重点任务分工落实机制，协同推进乡村振兴。加强各级党委农村工作领导小组办公室建设，充实工作力量，完善运行机制，强化决策参谋、统筹协调、政策指导、推动落实、督导检查等职责。

（三十五）抓点带面推进乡村振兴全面展开。开展"百县千乡万村"乡村振兴示范创建，采取先创建后认定方式，分级创建一批乡村振兴示范县、示范乡镇、示范村。推进农业现代化示范区创建。广泛动员社会力量参与乡村振兴，深入推进"万企兴万村"行动。按规定建立乡村振兴表彰激励制度。

让我们紧密团结在以习近平同志为核心的党中央周围，真抓实干，埋头苦干，奋力开创全面推进乡村振兴新局面，以实际行动迎接党的二十大胜利召开！

·中共中央办公厅、国务院办公厅文件·

中共中央办公厅 国务院办公厅印发《乡村建设行动实施方案》

乡村建设是实施乡村振兴战略的重要任务,也是国家现代化建设的重要内容。党的十八大以来,各地区各部门认真贯彻党中央、国务院决策部署,把公共基础设施建设重点放在农村,持续改善农村生产生活条件,乡村面貌发生巨大变化。同时,我国农村基础设施和公共服务体系还不健全,部分领域还存在一些突出短板和薄弱环节,与农民群众日益增长的美好生活需要还有差距。为扎实推进乡村建设行动,进一步提升乡村宜居宜业水平,制定本方案。

一、总体要求

(一)指导思想。以习近平新时代中国特色社会主义思想为指导,坚持农业农村优先发展,把乡村建设摆在社会主义现代化建设的重要位置,顺应农民群众对美好生活的向往,以普惠性、基础性、兜底性民生建设为重点,强化规划引领,统筹资源要素,动员各方力量,加强农村基础设施和公共服务体系建设,建立自下而上、村民自治、农民参与的实施机制,既尽力而为又量力而行,求好不求快,干一件成一件,努力让农村具备更好生活条件,建设宜居宜业美丽乡村。

(二)工作原则

——尊重规律、稳扎稳打。顺应乡村发展规律,合理安排村庄建设时序,保持足够的历史耐心,久久为功、从容建设。树立正确政绩观,把保障和改善民生建立在财力可持续和农民可承受的基础之上,防止刮风搞运动,防止超越发展阶段搞大融资、大拆建、大开发,牢牢守住防范化解债务风险底线。

——因地制宜、分类指导。乡村建设要同地方经济发展水平相适应、同当地文化和风土人情相协调,结合农民群众实际需要,分区分类明确目标任务,合理确定公共基础设施配置和基本公共服务标准,不搞齐步走、"一刀切",避免在"空心村"无效投入、造成浪费。

——注重保护、体现特色。传承保护传统村落民居和优秀乡土文化,突出地域特色和乡村特点,保留具有本土特色和乡土气息的乡村风貌,防止机械照搬城镇建设模式,打造各具特色的现代版"富春山居图"。

——政府引导、农民参与。发挥政府在规划引导、政策支持、组织保障等方面作用,坚持为农民而建,尊重农民意愿,保障农民物质利益和民主权利,广泛依靠农民、教育引导农民、组织带动农民搞建设,不搞大包大揽、强迫命令,不代替农民选择。

——建管并重、长效运行。坚持先建机制、后建工程,统筹推进农村公共基础设施建设与管护,健全建管用相结合的长效机制,确保乡村建设项目长期稳定发挥效用,防止重建轻管、重建轻用。

——节约资源、绿色建设。树立绿色低碳理念,促进资源集约节约循环利用,推行绿色规划、绿色设计、绿色建设,实现乡村建设与自然生态环境有机融合。

（三）行动目标。到2025年，乡村建设取得实质性进展，农村人居环境持续改善，农村公共基础设施往村覆盖、往户延伸取得积极进展，农村基本公共服务水平稳步提升，农村精神文明建设显著加强，农民获得感、幸福感、安全感进一步增强。

二、重点任务

（四）加强乡村规划建设管理。坚持县域规划建设一盘棋，明确村庄布局分类，细化分类标准。合理划定各类空间管控边界，优化布局乡村生活空间，因地制宜界定乡村建设规划范围，严格保护农业生产空间和乡村生态空间，牢牢守住18亿亩耕地红线。严禁随意撤并村庄搞大社区、违背农民意愿大拆大建。积极有序推进村庄规划编制。发挥村庄规划指导约束作用，确保各项建设依规有序开展。建立政府组织领导、村民发挥主体作用、专业人员开展技术指导的村庄规划编制机制，共建共治共享美好家园。

（五）实施农村道路畅通工程。继续开展"四好农村路"示范创建，推动农村公路建设项目更多向进村入户倾斜。以县域为单元，加快构建便捷高效的农村公路骨干网络，推进乡镇对外快速骨干公路建设，加强乡村产业路、旅游路、资源路建设，促进农村公路与乡村产业深度融合发展。推进较大人口规模自然村（组）通硬化路建设，有序推进建制村通双车道公路改造、窄路基路面拓宽改造或错车道建设。加强通村公路和村内道路连接，统筹规划和实施农村公路的穿村路段建设，兼顾村内主干道功能。积极推进具备条件的地区城市公交线路向周边重点村镇延伸，有序实施班线客运公交化改造。开展城乡交通运输一体化示范创建。加强农村道路桥梁、临水临崖和切坡填方路段安全隐患排查治理。深入推进农村公路"安全生命防护工程"。加强农村客运安全监管。强化消防车道建设管理，推进林区牧区防火隔离带、应急道路建设。

（六）强化农村防汛抗旱和供水保障。加强防汛抗旱基础设施建设，防范水库垮坝、中小河流洪水、山洪灾害等风险，充分发挥骨干水利工程防灾减灾作用，完善抗旱水源工程体系。稳步推进农村饮水安全向农村供水保障转变。强化水源保护和水质保障，推进划定千人以上规模饮用水水源保护区或保护范围，配套完善农村千人以上供水工程净化消毒设施设备，健全水质检测监测体系。实施规模化供水工程建设和小型供水工程标准化改造，更新改造一批老旧供水工程和管网。有条件地区可由城镇管网向周边村庄延伸供水，因地制宜推进供水入户，同步推进消防取水设施建设。按照"补偿成本、公平负担"的原则，健全农村集中供水工程合理水价形成机制。

（七）实施乡村清洁能源建设工程。巩固提升农村电力保障水平，推进城乡配电网建设，提高边远地区供电保障能力。发展太阳能、风能、水能、地热能、生物质能等清洁能源，在条件适宜地区探索建设多能互补的分布式低碳综合能源网络。按照先立后破、农民可承受、发展可持续的要求，稳妥有序推进北方农村地区清洁取暖，加强煤炭清洁化利用，推进散煤替代，逐步提高清洁能源在农村取暖用能中的比重。

（八）实施农产品仓储保鲜冷链物流设施建设工程。加快农产品仓储保鲜冷链物流设施建设，推进鲜活农产品低温处理和产后减损。依托家庭农场、农民合作社等农业经营主体，发展产地冷藏保鲜，建设通风贮藏库、机械冷库、气调贮藏库、预冷及配套设施设备等农产品冷藏保鲜设施。面向农产品优势产区、重要集散地和主要销区,完善国家骨干冷链物流基地布局建设,整合优化存量冷链物流资源。围绕服务产地农产品集散和完善销地冷链物流网络,推进产销冷链集配中心建设,加强与国家骨干冷链物流基地间的功能对接和业务联通,打造高效衔接农产品产销的冷链物流通道网络。完善农产品产地批发市场。实施县域商业建设行动,完善农村商业体系,改造提升县城连锁商超和物流配送中心,支持有条件的乡镇建设商贸中心,发展新型乡村便利店,扩大农村电商覆盖面。健全县乡村三级物流配送体系,引导利用村内现有设施,建设村级寄递物流综合服务站,发展专业化农产品寄递服务。宣传推广农村物流服务品牌,深化交通运输与邮政快递融合发展,提高农村物流配送效率。

(九)实施数字乡村建设发展工程。推进数字技术与农村生产生活深度融合,持续开展数字乡村试点。加强农村信息基础设施建设,深化农村光纤网络、移动通信网络、数字电视和下一代互联网覆盖,进一步提升农村通信网络质量和覆盖水平。加快建设农业农村遥感卫星等天基设施。建立农业农村大数据体系,推进重要农产品全产业链大数据建设。发展智慧农业,深入实施"互联网+"农产品出村进城工程和"数商兴农"行动,构建智慧农业气象平台。推进乡村管理服务数字化,推进农村集体经济、集体资产、农村产权流转交易数字化管理。推动"互联网+"服务向农村延伸覆盖,推进涉农事项在线办理,加快城乡灾害监测预警信息共享。深入实施"雪亮工程"。深化乡村地名信息服务提升行动。

(十)实施村级综合服务设施提升工程。推进"一站式"便民服务,整合利用现有设施和场地,完善村级综合服务站点,支持党务服务、基本公共服务和公共事业服务就近或线上办理。加强村级综合服务设施建设,进一步提高村级综合服务设施覆盖率。加强农村全民健身场地设施建设。推进公共照明设施与村内道路、公共场所一体规划建设,加强行政村村内主干道路灯建设。加快推进完善革命老区、民族地区、边疆地区、欠发达地区基层应急广播体系。因地制宜建设农村应急避难场所,开展农村公共服务设施无障碍建设和改造。

(十一)实施农房质量安全提升工程。推进农村低收入群体等重点对象危房改造和地震高烈度设防地区农房抗震改造,逐步建立健全农村低收入群体住房安全保障长效机制。加强农房周边地质灾害综合治理。深入开展农村房屋安全隐患排查整治,以用作经营的农村自建房为重点,对排查发现存在安全隐患的房屋进行整治。新建农房要避开自然灾害易发地段,顺应地形地貌,不随意切坡填方弃渣,不挖山填湖、不破坏水系、不砍老树,形成自然、紧凑、有序的农房群落。农房建设要满足质量安全和抗震设防要求,推动配置水暖厨卫等设施。因地制宜推广装配式钢结构、木竹结构等安全可靠的新型建造方式。以农村房屋及其配套设施建设为主体,完善农村工程建设项目管理制度,省级统筹建立从用地、规划、建设到使用的一体化管理体制机制,并按照"谁审批、谁监管"的要求,落实安全监管责任。建设农村房屋综合信息管理平台,完善农村房屋建设技术标准和规范。加强历史文化名镇名村、传统村落、传统民居保护与利用,提升防火防震防垮塌能力。保护民族村寨、特色民居、文物古迹、农业遗迹、民俗风貌。

(十二)实施农村人居环境整治提升五年行动。推进农村厕所革命,加快研发干旱、寒冷等地区卫生厕所适用技术和产品,因地制宜选择改厕技术模式,引导新改户用厕所基本入院入室,合理规划布局公共厕所,稳步提高卫生厕所普及率。统筹农村改厕和生活污水、黑臭水体治理,因地制宜建设污水处理设施,基本消除较大面积的农村黑臭水体。健全农村生活垃圾收运处置体系,完善县乡村三级设施和服务,推动农村生活垃圾分类减量与资源化处理利用,建设一批区域农村有机废弃物综合处置利用设施。加强入户道路建设,构建通村入户的基础网络,稳步解决村内道路泥泞、村民出行不便、出行不安全等问题。全面清理私搭乱建、乱堆乱放,整治残垣断壁,加强农村电力线、通信线、广播电视线"三线"维护梳理工作,整治农村户外广告。因地制宜开展荒山荒地荒滩绿化,加强农田(牧场)防护林建设和修复,引导鼓励农民开展庭院和村庄绿化美化,建设村庄小微公园和公共绿地。实施水系连通及水美乡村建设试点。加强乡村风貌引导,编制村容村貌提升导则。

(十三)实施农村基本公共服务提升行动。发挥县域内城乡融合发展支撑作用,强化县城综合服务功能,推动服务重心下移、资源下沉,采取固定设施、流动服务等方式,提高农村居民享受公共服务的可及性、便利性。优先规划、持续改善农村义务教育学校基本办学条件,支持建设城乡学校共同体。多渠道增加农村普惠性学前教育资源供给。巩固提升高中阶段教育普及水平,发展涉农职业教育,建设一批产教融合基地,新建改扩建一批中等职业学校。加强农村职业院校基础能力建设,进一步推进乡村地区继续教育发展。改革完善乡村医疗卫生体系,加快补齐公共卫生服务短板,完善基层公共卫生设施。支持建设紧密型县域医共体。加强乡镇卫生院发热门诊或诊室等设施条件建设,选建一批中心卫生院。持续提升村卫生室标准化建设和健康管理水平,推进村级医疗疾控网底建设。落实乡村医生待遇,保障合理收入,完善培养使用、养老保障等政策。完善养老助残服务设施,支持有条件的农村建立养老助残机构,建设养老助残和未成年人保护服务设施,培育区域性养老助残服务中心。发展农村幸福院等互助型养老,支持卫生院利用现有资源开展农村重度残疾人托养照护服务。推进乡村公益性殡葬服务设施建设和管理。开展县乡村公共服务一体化示范建设。

(十四)加强农村基层组织建设。深入抓党建促乡村振兴,充分发挥农村基层党组织领导作用和党员先锋模范作用。大力开展乡村振兴主题培训。选优配强乡镇领导班子特别是党政正职。充实加强乡镇工作力量。持续优化村"两委"班子特别是带头人队伍,推动在全面推进乡村振兴中干事创业。派强用好驻村第一书记和工作队,健全常态化驻村工作机制,做到脱贫村、易地扶贫搬迁安置村(社区)、乡村振兴任务重的村、党组织软弱涣散村全覆盖,推动各级党组织通过驻村工作有计划地培养锻炼干部。加大在青年农民特别是致富能手、农村外出务工经商人员中发展党员力度。强化县级党委统筹和乡镇、村党组织引领,推动发展壮大村级集体经济。常态化整顿软弱涣散村党组织。完善党组织领导的乡村治理体系,推行网格化管理和服务,做到精准化、精细化,推动建设充满活力、和谐有序的善治乡村。推进更高水平的平安法治乡村建设,依法严厉打击农村黄赌毒、侵害农村妇女儿童人身权利等各种违法犯罪行为,切实维护农村社会平安稳定。

(十五)深入推进农村精神文明建设。深入开展习近平新时代中国特色社会主义思想学习教育,广泛开展中国特色社会主义和中国梦宣传教育,加强思想政治引领。弘扬和践行社会主义核心价值观,推动融入农村发展和农民生活。拓展新时代文明实践中心建设,广泛开展文明实践志愿服务。推进乡村文化设施建设,建设文化礼堂、文化广场、乡村戏台、非遗传习场所等公共文化设施。深入开展农村精神文明创建活动,持续推进农村移风易俗,健全道德评议会、红白理事会、村规民约等机制,治理高价彩礼、人情攀比、封建迷信等不良风气,推广积分制、数字化等典型做法。

三、创新乡村建设推进机制

(十六)建立专项任务责任制。按照一项任务、一个推进方案的要求,牵头部门要加强统筹协调,制定专项推进方案,指导地方组织实施。各地要细化措施,强化政策的衔接协调,形成工作合力,加强项目和资金监督管理,防止造成资金和资源浪费。

(十七)建立项目库管理制度。按照村申报、乡审核、县审定原则,在县一级普遍建立乡村建设相关项目库。加强项目论证,优先纳入群众需求强烈、短板突出、兼顾农业生产和农民生活条件改善的项目,切实提高入库项目质量。安排乡村建设项目资金,原则上须从项目库中选择项目。各地可结合实际制定"负面清单",防止形象工程。建立健全入库项目审核机制和绩效评估机制。

(十八)优化项目实施流程。对于按照固定资产投资管理的小型村庄建设项目,按规定施行简易审批。对于采取以工代赈方式实施的农业农村基础设施项目,按照招标投标法和村庄建设项目施行简易审批的有关要求,可以不进行招标。对于农民投资投劳项目,采取直接补助、以奖代补等方式推进建设。对于重大乡村建设项目,严格规范招投标项目范围和实施程序,不得在法律法规外,针对投资规模、工程造价、招标文件编制等设立其他审批审核程序。严格规范乡村建设用地审批管理,坚决遏制乱占耕地建房。

(十九)完善农民参与乡村建设机制。健全党组织领导的村民自治机制,充分发挥村民委员会、村务监督委员会、集体经济组织作用,坚持和完善"四议两公开"制度,依托村民会议、村民代表会议、村民议事会、村民理事会、村民监事会等,引导农民全程参与乡村建设,保障农民的知情权、参与权、监督权。在项目谋划环节,加强农民培训和指导,组织农民议事,激发农民主动参与意愿,保障农民参与决策。在项目建设环节,鼓励村民投工投劳、就地取材开展建设,积极推广以工代赈方式,吸纳更多农村低收入群体就地就近就业。在项目管护环节,推行"门前三包"、受益农民认领、组建使用者协会等农民自管方式。完善农民参与乡村建设程序和方法。在乡村建设中深入开展美好环境与幸福生活共同缔造活动。

(二十)健全乡村公共基础设施管护机制。各地要以清单形式明确村庄公共基础设施管护主体、管护责任、管护方式、管护经费来源等,建立公示制度。供水、供电、供气、环保、电信、邮政等基础设施运营企业应落实普遍服务要求,全面加强对所属农村公共基础设施的管护。有条件的地方推进公共基础设施城乡一体化管护。推行经营性、准经营性设施使用者付费制度,鼓励社会资本和专业化企业有序参与农村公共基础设施管护。农村生活污水处理设施用电按规定执行居民生活用电价格。

四、强化政策支持和要素保障

(二十一)加强投入保障。中央财政继续通过现有渠道积极支持乡村建设,中央预算内投资将乡村建设行动作为重点积极予以支持,并向欠发达地区适当倾斜。将乡村建设作为地方政府支出的重点领域,合理安排资金投入。土地出让收入用于农业农村部分可按规定统筹安排支持乡村建设。将符合条件的公益性乡村建设项目纳入地方政府债券支持范围。允许县级按规定统筹使用相关资金推进乡村建设。

(二十二)创新金融服务。鼓励银行业金融机构扩大贷款投放,支持乡村建设。运用支农支小再贷款、再贴现等政策工具,引导机构法人、业务在县域的农信社、村镇银行等金融机构把工作重心放在乡村振兴上。开展金融科技赋能乡村振兴示范工程,鼓励金融机构在依法合规前提下量身定制乡村建设金融产品,稳妥拓宽农业农村抵质押物范围。探索银行、保险、担保、基金、企业合作模式,拓宽乡村建设融资渠道。加强涉农金融创新服务监管和风险防范。

(二十三)引导社会力量参与。将乡村建设纳入东西部协作帮扶和中央单位定点帮扶重点支持领域。扎实开展"万企兴万村"行动,大力引导和鼓励社会力量投入乡村建设。对经营性建设项目,规范有序推广政府和社会资本合作模式,切实发挥运营企业作用。

(二十四)完善集约节约用地政策。合理安排新增建设用地计划指标,规范开展城乡建设用地增减挂钩,保障乡村建设行动重点工程项目的合理用地需求。优化用地审批流程,在符合经依法批准的相关规划前提下,可对依法登记的宅基地等农村建设用地进行复合利用,重点保障乡村公共基础设施用地。探索针对乡村建设的混合用地模式。探索开展全域土地综合整治,整体推进农用地整理和建设用地整理,盘活农村存量建设用地,腾挪空间用于支持乡村建设。

(二十五)强化人才技术标准支撑。加快培育各类技术技能和服务管理人员,探索建立乡村工匠培养和管理制度,支持熟悉乡村的专业技术人员参与村庄规划设计和项目建设,统筹推进城乡基础设施建设管护人才互通共享。鼓励支持企业、科研机构等开展乡村建设领域新技术新产品研发。分类制定乡村基础设施建设和运行维护技术指南,编制技术导则。建立健全乡村基础设施和基本公共服务设施等标准体系,完善建设、运行维护、监管、服务等标准。

五、加强组织领导

(二十六)强化统筹协调。按照中央统筹、省负总责、市县乡抓落实的要求,推进乡村建设行动落地实施。中央农村工作领导小组统筹组织实施乡村建设行动,建立专项推进机制,协调推进重点任务。省级党委和政府要精心组织、加强协调,及时解决推进乡村建设中遇到的困难和问题。市县乡党委和政府要把乡村建设行动作为实施乡村振兴战略的重要内容,切实担负责任,细化具体措施,确保各项建设任务落到实处。结合"百县千乡万村"乡村振兴示范创建,统筹开展乡村建设示范县、示范乡镇、示范村创建。

(二十七)实行清单管理。各省(自治区、直辖市)应按照近细远粗、分步建设的原则,按年度确定建设任务,细化到县(市、区、旗)。各县(市、区、旗)按照建设一批、储备一批、谋划一批要求,科学制定任务清单,建立乡村建设台账。各地综合考虑乡村建设进展情况和年度任务完成情况等,科学调整下一年度任务清单。

(二十八)加强评估考核。将乡村建设行动实施情况作为乡村振兴督查考核的重要内容。各省(自治区、直辖市)将乡村建设行动实施情况纳入市县党政领导班子和领导干部推进乡村振兴战略实绩考核,采取第三方评估、交叉考核、群众满意度调查等方式,确保乡村建设项目质量和实际效果。实施乡村建设评价,查找和解决乡村建设中的短板和问题。

(二十九)强化宣传引导。深入宣传乡村建设取得的新进展新成效,总结推广乡村建设好经验好做法,发挥示范带动作用。加强舆论引导,及时回应社会关切。编制创作群众喜闻乐见的乡村建设题材文艺作品,增强乡村建设的社会认知度。

(资料来源:新华社2022年5月23日)

·行业部门文件·

生态环境部　农业农村部　住房和城乡建设部　水利部　国家乡村振兴局关于印发《农业农村污染治理攻坚战行动方案（2021—2025年）》的通知

环土壤〔2022〕8号

各省、自治区、直辖市和新疆生产建设兵团生态环境厅（局）、农业农村（农牧）厅（局、委）、住房和城乡建设厅（局）、水利（水务）厅（局）、乡村振兴局：

为贯彻落实党中央、国务院关于深入打好污染防治攻坚战的决策部署要求，制定《农业农村污染治理攻坚战行动方案（2021—2025年）》，请认真贯彻执行。

生态环境部　农业农村部
住房和城乡建设部　水利部
国家乡村振兴局
2022年1月19日

农业农村污染治理攻坚战行动方案（2021—2025年）

治理农业农村污染是深入打好污染防治攻坚战的重要任务，是实施乡村振兴战略的重要举措，对推动农业农村绿色低碳发展、履行生物多样性公约、加强农村生态文明建设具有重要意义。为贯彻落实《中共中央　国务院关于深入打好污染防治攻坚战的意见》《农村人居环境整治提升五年行动方案（2021—2025年）》，加快解决农业农村突出环境问题，制定本行动方案。

一、总体要求

基本思路：以习近平新时代中国特色社会主义思想为指导，全面贯彻党的十九大和十九届历次全会精神，按照深入打好污染防治攻坚战总要求，坚持精准治污、科学治污、依法治污，聚焦突出短板，以农村生活污水垃圾治理、黑臭水体整治、化肥农药减量增效、农膜回收利用、养殖污染防治等为重点领域，以京津冀、长江经济带、粤港澳大湾区、黄河流域等为重点区域，强化源头减量、资源利用、减污降碳和生态修复，持续推进农村人居环境整治提升和农业面源污染防治，增强农民群众获得感和幸福感，为实现乡村生态振兴提供有力支撑。

行动目标：到2025年，农村环境整治水平显著提升，农业面源污染得到初步管控，农村生态环境持续改善。新增完成8万个行政村环境整治,农村生活污水治理率达到40%,基本消除较大面积农村黑臭水体;化肥农药使用量持续减少,主要农作物化肥、农药利用率均达到43%,农膜回收率达到85%;畜禽粪污综合利用率达到80%以上。

二、主要任务

(一)加快推进农村生活污水垃圾治理

分区分类治理生活污水。以解决农村生活污水等突出问题为重点,提高农村环境整治成效和覆盖水平。推动县域农村生活污水治理统筹规划、建设和运行,与供水、改厕、水系整治、农房道路建设、农业生产、文旅开发等一体推进,有效衔接。结合村庄规划,重点治理水源保护区和城乡结合部、乡镇政府驻地、中心村、旅游风景区等人口居住集中区域农村生活污水。2022年6月底前,将县域农村生活污水治理专项规划(或方案)向社会公开并按年度实施。按照平原、山地、丘陵、缺水、高寒和生态环境敏感等典型地区,分类完善治理模式,科学合理建设农村生活污水收集和处理设施。做好户用污水收集系统和公共污水收集系统的配套衔接,合理选择排水体制和收集系统建设方式,确保污水有效收集。在生态环境敏感的地区,可采用污水处理标准严格的高级治理模式;在居住较为集中、环境要求较高的地区,可采用集中处理为主的常规治理模式;在居住分散、干旱缺水的非环境敏感区,结合厕所粪污无害化处理和资源化利用,可采用分散处理为主的简单治理模式。优先推广运行费用低、管护简便的污水治理技术,鼓励居住分散地区采用生态处理技术,可通过黑灰水分类收集处理、与畜禽粪污协同治理、建设人工湿地等方式处理污水,达到资源化利用要求后,用于庭院美化、村庄绿化等。2023年底前,省级相关部门筛选建立适合本地区的农村生活污水治理模式和技术工艺。督促各地完成现有农村生活污水收集处理设施运行情况排查,对设施停运破损、管网未配套、处理能力不符合实际需求、出水水质不达标等非正常运行的设施制定改造方案,有序完成整改,提高设施正常运行率。到2025年,东部地区、中西部城市近郊区等有基础、有条件的地区,农村生活污水治理率达到55%左右;中西部有较好基础、基本具备条件的地区,农村生活污水治理率达到25%左右;地处偏远、经济欠发达地区,农村生活污水治理水平有新提升。(生态环境部牵头,国家发展改革委、科技部、住房和城乡建设部、农业农村部、国家乡村振兴局等按职责分工负责)

加强农村改厕与生活污水治理衔接。科学选择改厕技术模式,宜水则水、宜旱则旱。加快研发干旱、寒冷地区卫生厕所适用技术和产品。在水冲式厕所改造中积极推广节水型、少水型水冲设施。因地制宜推进厕所粪污分散处理、集中处理与纳入污水管网统一处理,鼓励联户、联村、村镇一体处理。已完成水冲式厕所改造的地区,具备污水收集处理条件的,优先将厕所粪污纳入生活污水收集和处理系统;暂时无法纳入污水收集处理系统的,应建立厕所粪污收集、储存、资源化利用体系,避免化粪池出水直排。计划开展水冲式厕所改造的地区,鼓励将改厕与生活污水治理同步设计、同步建设、同步运营;暂时无法同步建设的,预留后续污水治理空间。(农业农村部、国家乡村振兴局、生态环境部、国家卫生健康委等按职责分工负责)

健全农村生活垃圾收运处置体系。在不便于集中收集处置农村生活垃圾的地区,因地制宜采用小型化、分散化的无害化处理方式,降低设施建设和运行成本。完善日常巡检机制,严厉查处在农村地区饮用水水源地周边、农村黑臭水体沿岸随意倾倒、填埋垃圾行为。到2025年,进一步健全农村生活垃圾收运处

置体系。(住房和城乡建设部牵头,农业农村部、国家乡村振兴局、生态环境部等按职责分工负责)

推行农村生活垃圾分类减量与利用。加快推进农村生活垃圾分类,探索符合农村特点和农民习惯、简便易行的分类处理方式,减少垃圾出村处理量。协同推进农村有机生活垃圾、厕所粪污、农业生产有机废弃物资源化处理利用,以乡镇或行政村为单位建设一批区域农村有机废弃物综合处置利用设施。(农业农村部、住房和城乡建设部牵头,生态环境部、国家乡村振兴局、全国供销合作总社等按职责分工负责)

(二)开展农村黑臭水体整治

明确整治重点。建立农村黑臭水体国家监管清单,优先整治面积较大、群众反映强烈的水体,实行"拉条挂账、逐一销号",稳步消除较大面积的农村黑臭水体。在农村河流湖塘分布密集地区,进一步核实黑臭水体排查结果,对新发现的黑臭水体及时纳入监管清单,加强动态管理。在治理任务较重、工作基础较好的地区,支持开展农村黑臭水体整治试点。(生态环境部牵头,农业农村部、国家乡村振兴局等按职责分工负责)

系统开展整治。针对黑臭水体问题成因,以控源截污为根本,综合采取清淤疏浚、生态修复、水体净化等措施。将农村黑臭水体整治与生活污水、垃圾、种植、养殖等污染统筹治理,将治理对象、目标、时序协同一致,确保治理成效。对垃圾坑、粪污塘、废弃鱼塘等淤积严重的水体进行底泥污染调查评估,采取必要的清淤疏浚措施。对清淤产生的底泥,经无害化处理后,可通过绿化等方式合理利用,禁止随意倾倒。根据水体的集雨、调蓄、纳污、净化、生态、景观等功能,科学选择生态修复措施,对于季节性断流、干涸水体,慎用浮水、沉水植物进行生态修复。对于滞流、缓流水体,采取必要的水系连通和人工增氧等措施。(生态环境部、水利部牵头,农业农村部、国家乡村振兴局等按职责分工负责)

推动"长治久清"。鼓励河长制湖长制体系向村级延伸。充分发挥河湖长制平台作用,压实部门责任,实现水体有效治理和管护。对已完成整治的黑臭水体,开展整治过程和效果评估,确保达到水质指标和村民满意度要求。严禁表面治理和虚假治理,禁止简单采用冲污稀释、一填了之等"治标不治本"的做法。将农村黑臭水体排查结果和整治进展通过县级媒体等向社会公开,在所在村公示,鼓励群众积极参与,对排查结果、整治情况监督举报。(生态环境部、水利部牵头,农业农村部、国家乡村振兴局等按职责分工负责)

(三)实施化肥农药减量增效行动

深入推进化肥减量增效。聚焦长江经济带、黄河流域重点区域,明确化肥减量增效技术路径和措施。实施精准施肥,分区域、分作物制定化肥施用限量标准和减量方案,制定水稻、玉米、小麦、油菜等氮肥推荐定额用量,依法落实化肥使用总量控制。大力推进测土配方施肥,优化氮、磷、钾配比,逐步实现在粮食主产区及果菜茶等经济作物优势区的全覆盖。改进施肥方式,推广应用机械施肥、种肥同播、水肥一体化等措施,减少养分挥发和流失,提高肥料利用效率。加强绿色投入品创新研发,积极推广缓释肥料、水溶肥料、微生物肥料等新型肥料,拓宽畜禽粪肥、秸秆和种植绿肥的还田渠道,在更大范围推进有机肥替代化肥。在旱作区大力发展高效旱作农业,集成配套全生物降解地膜覆盖、长效肥料应用、保水剂混肥底施等措施,减少养分挥发和随雨流失。培育扶持一批专业化服务组织,提供统测、统配、统供、统施"四统一"服务。鼓励以循环利用与生态净化相结合的方式控制种植业污染,农企合作推进测土配方施肥。到2025

年,主要农作物测土配方施肥技术覆盖率稳定在90%以上。(农业农村部牵头,生态环境部、全国供销合作总社等按职责分工负责)

持续推进农药减量控害。推进科学用药,推广应用高效低风险农药,分期分批淘汰现存10种高毒农药。推广新型高效植保机械,推进精准施药,提高农药利用效率。创建一批绿色防控示范县,推行统防统治与绿色防控融合,提高防控组织化程度和科学化水平。构建农作物病虫害监测预警体系,建设一批智能化、自动化田间监测网点,提高重大病虫疫情监测预警能力。到2025年,主要农作物病虫害绿色防控及统防统治覆盖率分别达到55%和45%。(农业农村部牵头,生态环境部、全国供销合作总社等按职责分工负责)

(四)深入实施农膜回收行动

落实严格的农膜管理制度,加强农膜生产、销售、使用、回收、再利用等环节的全链条监管,持续开展塑料污染治理联合专项行动。全面加强市场监管,禁止企业生产销售不符合国家强制性标准的地膜,依法严厉查处不合格产品。因地制宜调减作物覆膜面积,大力推进废旧农膜机械化捡拾、专业化回收、资源化利用,建立健全回收网络体系,提高废旧农膜回收利用和处置水平。加强农膜回收重点县建设,推动生产者、销售者、使用者落实回收责任,集成推广典型回收模式。推进全生物可降解地膜有序替代,在不同类型区域建设试验示范基地。建立健全农田地膜残留监测点,开展常态化、制度化监测评估。(农业农村部牵头,生态环境部、市场监管总局、全国供销合作总社等按职责分工负责)

(五)加强养殖业污染防治

推行畜禽粪污资源化利用。完善畜禽粪污资源化利用管理制度,依法合理施用畜禽粪肥。推动畜禽规模养殖场粪污处理设施装备提档升级,规范畜禽养殖户粪污处理设施装备配套,开展设施装备配套情况核查。整县推进畜禽粪污资源化利用,改造提升粪污处理设施,建设粪肥还田利用示范基地,推进种养结合,畅通粪肥还田渠道。建立畜禽规模养殖场碳排放核算、报告、核查等标准,探索制定重点畜产品全生命周期碳足迹标准,引导畜禽养殖环节温室气体减排。完善畜禽粪肥限量标准,指导各地安全合理施用粪肥。到2025年,畜禽规模养殖场建立粪污资源化利用计划和台账,粪污处理设施装备配套率稳定在97%以上,畜禽养殖户粪污处理设施装备配套水平明显提升。(农业农村部牵头,生态环境部、国家发展改革委、市场监管总局参与)

严格畜禽养殖污染防治监管。组织各地依法编制实施畜禽养殖污染防治规划,到2023年,畜牧大县率先完成规划编制。推动各省(自治区、直辖市)根据畜禽养殖发展情况和生态环境保护需要,制修订畜禽养殖污染物地方排放标准。严格落实环境影响评价与排污许可制度,依法开展环境影响评价,监督指导畜禽规模养殖场依法持证排污、按证排污或者进行排污登记,遵守排污许可证管理规定。结合养殖场直联直报信息和全国排污许可证管理信息平台,对畜禽粪污资源化利用计划、台账和排污许可证执行报告进行抽查。加大环境监管执法力度,依法查处无证排污、不按证排污、污染防治设施配套不到位以及粪肥超量施用污染环境等环境违法行为。(生态环境部牵头,农业农村部参与)

推动水产养殖污染防治。养殖大省要依法加快制定出台水产养殖业水污染物排放控制标准,加强水产养殖尾水监测,规范工厂化水产养殖尾水排污口设置。以珠三角、长江流域、黄渤海等区域为重点,依法加大环境监管执法检查力度。(生态环境部负责)大力发展水产生态健康养殖,积极推广池塘工厂化循环水、大水面生态增养殖、稻渔综合种养等多种

生态健康养殖模式。实施池塘标准化改造,完善循环水和进排水处理设施,推进养殖尾水节水减排。(农业农村部负责)

三、保障措施

(一)强化组织领导

生态环境部联合农业农村部、住房和城乡建设部、水利部、国家乡村振兴局等部门,加强信息共享、定期会商、督导评估,强化"一岗双责",齐抓共管,协同推进攻坚战。各地有关部门要密切协作配合,形成工作合力,将深入打好农业农村污染治理攻坚战目标任务逐级分解落实,制定实施方案,明确职责分工、时限要求和责任人员,并将主要任务纳入当地督查督办重要内容,建立定期调度机制。各省(自治区、直辖市)生态环境部门要会同有关部门将实施方案于2022年6月底前报生态环境部、农业农村部、住房和城乡建设部、水利部、国家乡村振兴局,按季度报送目标任务进展情况,按年度总结推进。

(二)强化政策保障

地方各级财政落实农业农村污染治理支出责任,保障重点任务实施。发挥中央农村环境整治资金等政策引导效应,加强资金绩效管理,支持解决农村环境突出问题,推动农村人居环境保护。建立农村人居环境整治管护长效机制,推动农村厕所、生活污水和垃圾处理设施等一体化运行管护。落实污染治理相关税费优惠政策。农村生活污水处理设施建设用地,按照公用基础设施建设优先列入建设用地计划,依法落实用地审批。大力发展农业农村绿色金融,引导社会资本以多种形式参与农业农村污染治理项目投资建设。鼓励有条件地区依法建立农村生活污水垃圾治理农户付费制度。加强农村生态环境宣传教育,提高村民生态文明意识,引导公众积极参与生态环境保护。

(三)强化监测监控

加强农村环境质量监测,在人口集中区、主要养殖区和种植区等,加密布设水体质量监测点位,基本实现监测点位区县级全覆盖。持续推进日处理20吨及以上农村生活污水处理设施出水水质监测。结合环境监测工作,调查农村生活污水收集情况、污染物去除效果,并对设施正常运行情况进行通报。采用卫星遥感等技术,对较大面积农村黑臭水体进行动态排查;对国家监管清单中已完成整治的黑臭水体,省级有关部门要组织监测透明度、溶解氧和氨氮3项指标,原则上每年至少监测1次。在典型灌区开展农田灌溉用水和出水水质监测。加强畜禽规模养殖场环境执法监测。推进农业面源污染监测网建设;选择典型小流域,试点开展农业面源污染长期监测。鼓励有条件的地区,建设农业农村生态环境监管信息平台,加强污染治理调查评估,强化环境质量改善效果分析,对农村生活污水处理设施、畜禽规模养殖场污染排放和黑臭水体整治情况等进行监控。

(四)强化监督考核

各省(自治区、直辖市)相关部门以本地区实施方案为依据,将农业农村污染治理工作纳入本省污染防治攻坚战考核范围,作为目标责任考核重要参考。健全农村环境整治成效评估机制,对污染治理设施运行情况进行抽查。将农村黑臭水体整治情况纳入强化监督。将农业农村污染治理突出问题纳入中央和省级生态环境保护督察范畴,对污染问题严重、治理工作推进不力的地区进行严肃问责。

财政部 农业农村部 国家乡村振兴局 国家发展改革委 国家民委 国家林草局关于加强中央财政衔接推进乡村振兴补助资金使用管理的指导意见

财农〔2022〕14号

各省、自治区、直辖市财政厅（局）、农业农村厅（局、委、农垦管理部门）、乡村振兴局、发展改革委、民（宗）委（厅、局）、林业和草原主管部门，新疆生产建设兵团财政局、农业农村局、乡村振兴局、发展改革委、民宗局、林草局：

为深入贯彻落实习近平总书记关于巩固拓展脱贫攻坚成果同乡村振兴有效衔接的重要指示批示精神，认真落实《中共中央 国务院关于全面推进乡村振兴加快农业农村现代化的意见》《中共中央 国务院关于实现巩固拓展脱贫攻坚成果同乡村振兴有效衔接的意见》《中共中央 国务院关于做好2022年全面推进乡村振兴重点工作的意见》有关部署，针对巩固衔接过渡期新情况，切实加强中央财政衔接推进乡村振兴补助资金（以下简称衔接资金）使用管理，推动提升资金使用效益，坚决守住不发生规模性返贫底线，现制定以下指导意见。

一、总体要求

（一）指导思想。深入贯彻习近平总书记关于巩固拓展脱贫攻坚成果同乡村振兴有效衔接的重要指示批示精神，认真贯彻落实党中央、国务院决策部署，保持过渡期财政支持政策总体稳定，积极适应巩固衔接工作形势的发展变化，更多依靠发展来巩固拓展脱贫攻坚成果，进一步优化资金使用结构，突出资金支持重点，创新资金使用方式，强化资金项目管理，切实提升资金使用效益，为巩固好脱贫攻坚成果，衔接全面推进乡村振兴提供有力支撑。

（二）基本原则。

总体稳定。围绕坚决守住不发生规模性返贫的底线，继续通过原有资金渠道巩固"三保障"。坚持中央衔接资金管理办法不变、主管部门不变、分配方式总体稳定、支持重点进一步聚焦，稳步提高用于产业发展的比重，促进带动就业，力争过渡期内脱贫人口收入增速高于当地农民收入平均增速。

突出重点。突出重点地区，进一步加大对国家乡村振兴重点帮扶县的倾斜力度。突出重点群体，优先支持监测对象、脱贫户增收。突出重点内容，推动帮扶产业提档升级、提质增效。聚焦短板弱项，继续支持弥补农村供水等小型公益性基础设施建设短板和急需的农村人居环境整治设施项目。

聚焦关键。加强工作的系统谋划，紧紧围绕一二三产业融合发展、培育县域富民产业，支持全产业链的关键环节，解决产业 提档升级的关键制约。创新资金分配使用方式，强化生产经营主体的引领带动作用,提升到人到户项目的帮扶实效。

压实责任。发挥地方各级党委农村工作领导小组在督促强化资金使用管理方面的领导作用。压实县级主体责任,落实行业主管部门资金项目指导监督管理责任,凝聚资金使用管理合力。聚焦项目储备、项目实施、绩效管理等重点环节,提升项目资金使用管理水平。

二、加大对国家乡村振兴重点帮扶县的倾斜支持

有关省份要切实将国家乡村振兴重点帮扶县摆在巩固拓展脱贫攻坚成果的突出位置,统筹整合各方资源,加大对重点帮扶县的倾斜支持力度。在分配中央和省级衔接资金时,根据重点帮扶县巩固拓展脱贫攻坚成果的需要,符合资金管理规定的可以单独 给予定额补助支持,也可在因素法分配时适当调高重点帮扶县的 困难系数权重、补助系数等,确保中央有关倾斜支持重点帮扶县的要求不折不扣落实到位。强化对重点帮扶县的工作指导,督促 指导编制巩固拓展脱贫攻坚成果同乡村振兴有效衔接实施方案,实施一批补短板促发展项目,提升财政资金使用效益。

三、突出资金支持重点

(一)优先支持联农带农富农产业发展。

1. 重点内容。逐年稳步提高中央衔接资金用于产业的比重,支持各地以产业发展规划为引领,重点支持具有较好资源禀赋、良好市场前景、带动增收能力强的种养业,延伸支持农产品精深加工、副产物综合利用和以农业产业为主体的一二三产业融合发展,统筹支持具有民族特色、地域特色的手工业,并建立健全联农带农富农机制。

2. 关键环节。落实高质量发展要求,以促进全产业链发展、产业集聚发展为方向,补上技术、设施、营销等短板,促进产业 提档升级。支持推广良种良法和先进生产加工技术,购买技术服务。支持建设配套于具体产业项目的农业生产设施,以当地农产品为主要原料供应的加工、产地冷藏保鲜等产业配套设施,鼓励建设标准化生产、加工、仓储基地。支持农产品、特色手工制品品牌打造和产销对接,促进解决农产品"卖难"问题。

3. 扶持方式。各地可创新资金使用方式,通过以奖代补、贷款贴息、购买服务等方式,支持重点产业、重点环节,具体由地方根据产业类型和支持环节论证选择。落实精准帮扶要求,中央 衔接资金要优先保障到人到户项目的资金需求,重点支持监测对象、脱贫户发展生产增收。通过完善奖补政策设计,引导其扩大 种植养殖规模、应用良种良法、调整优化生产结构等,通过参与 生产提高家庭经营性收入。

积极发挥龙头企业、专业合作社、村级集体经济组织、家庭 农场、农业社会化服务组织的引领带动作用。依托上述主体实施的产业项目,财政投入资金应优先形成固定资产,并通过方案、协议等形式,明确土地流转、就业务工、带动生产、帮助产销对接、资产入股、收益分红等利益联结机制,带动村级集体经济、易地搬迁安置社区发展,避免简单入股分红,确保群众充分受益,并向监测对象倾斜。龙头企业、专业合作社、家庭农场等生产经营主体申报衔接资金项目,一律不得由中介机构直接代理,一律 不得将财政补助资金用于支付中介费用。

鼓励各地顺应产业发展规律,立足当地优势资源禀赋,统筹支持产业发展的各渠道资金,用好脱贫县涉农资金统筹整合政策,支持现代农业产业园、农业产业强镇和优势特色产业集群建设,壮大县域富民产业,让农民群众

更多分享产业增值收益。

各地在不违反资金管理办法的前提下,利用中央衔接资金支持上述重点领域、关键环节之外的产业项目,要更加充分做好可行性论证、支持方式比选,确保资金使用效益。依托企业等生产经营主体实施的单个项目投资规模达到一定标准的,项目主管部门要组织开展尽职调查,具体限额标准由省级明确。

(二)统筹支持促进增收的其他相关领域。

各地可利用中央衔接资金,支持对符合条件的监测对象、脱贫人口开展小额信贷贴息、生产经营和劳动技能培训,到帮扶车间就业,聘用搬迁群众提供易地搬迁集中安置区公共服务,优先聘用监测对象等从事公益岗位,帮助就业创业增收。可对跨省就业的脱贫劳动力(含监测对象)适当安排一次性往返交通补助,促进脱贫劳动力稳定转移就业。对符合条件的脱贫家庭(含监测对象)安排"雨露计划"补助,帮助提升就业能力。东部省份应结合实际将中央衔接资金主要用于吸纳中西部脱贫人口跨省就业。

各地可利用中央衔接资金(少数民族发展任务)支持实施兴边富民行动、人口较少民族发展、民族手工业等特色产业发展和实施困难群众饮用低氟边销茶试点。利用中央衔接资金(以工代赈任务)支持实施以工代赈项目,带动当地监测对象、脱贫人口等务工就业。利用中央衔接资金(欠发达国有农场、国有林场巩固提升任务)支持发展农场、林场的特色优势产业,挖掘开发优势资源。

(三)支持必要的基础设施补短板。

1. 重点内容。扎实稳妥推进乡村建设,根据城镇和村庄布局分类,支持有条件、有需求的村庄编制村庄规划,重点支持因地制宜补齐农村供水设施短板、稳步提升农村供水保障水平,允许适当安排资金改善影响群众基本生活条件的村(农场、林场)内道路、桥梁、排水等小型公益性基础设施。支持完善易地搬迁集中安置区社区内必要的配套设施,适当补助"一站式"社区综合服务设施建设。支持少数民族特色村寨整村规划建设,集中连片民族村寨整体规划建设,推动民族村寨整体面貌提升,特色建筑保护利用。中央衔接资金支持的村内小型公益性基础设施建设和农村人居环境整治项目,要避免与其他渠道安排的资金重复。

2. 支持方式。各地可因地制宜采取以奖代补等方式实施项目建设,具备条件的可推广以工代赈方式,带动群众就地就业。允许各地在科学规划、统筹谋划的基础上,采取分领域推进的方式,解决符合资金用途的一两项突出短板,看准一件抓一件;或者统筹相关领域资金,集中连片改善村内基础设施条件,确保建一个成一个。利用中央衔接资金支持的基础设施补短板项目,要根据发展水平、发展阶段合理确定建设标准,杜绝形象工程。

(四)杜绝用于负面清单事项。

各地要严格按照中央衔接资金管理办法规定的用途安排使用资金,不得将资金用于与巩固拓展脱贫攻坚成果和推进乡村振兴无关的支出,包括:单位基本支出、交通工具及通讯设备购置支出、修建楼堂馆所、发放各种工资奖金津贴和福利性补助、防止返贫监测预警工作经费;偿还债务本息(不含对纳入"十三五"规划的易地搬迁贷款给予贴息和对调整规范易地搬迁融资方式后发行的地方政府一般债券按规定予以补助)和垫资等。

低保、医保、养老保险、临时救助等有稳定、固定资金渠道的综合保障措施,教育、卫生、养老服务、文化等有相应资金渠道的农村基本公共服务,按原资金渠道予以支持保障。

四、强化项目实施管理

(一)建立健全项目库。衔接资金支持的

项目原则上从巩固拓展脱贫攻坚成果和乡村振兴项目库选择。各省份乡村振兴、发展改革、民族工作、农业农村(农垦)和林草等行业主管部门,组织本行业开展项目库建设,编制项目入库指南,完善项目库建设管理制度,推动项目库共建共享。各地应高度重视项目储备工作,当年第四季度完成下年度项目申报、评审和入库,避免出现"钱等项目"。入库项目实施动态管理,有进有出,3年未执行的项目自动出库,再次入库按照新项目办理。

(二)严把项目入库质量。各相关行业主管部门严格按程序组织项目申报、评审和报批。项目单位提交项目申请时,应完成必要的前期工作,明确建设内容、投资概算、预期绩效目标、利益联结机制、实施期限等。各相关行业主管部门严格对照入库要求审核,确保入库项目质量,资金到位后可以立即启动。分配到县衔接资金支持的项目,由县级乡村振兴部门统一汇总报县委农村工作领导小组审批。省、市两级实施的项目按规定履行报批程序后,一并纳入巩固拓展脱贫攻坚成果和乡村振兴项目库管理,具体程序由省级明确。在项目申报、评审、批复各环节,严格落实公告公示要求,接受社会各界监督。

(三)夯实项目施工准备。各相关行业主管部门要根据年度资金安排,商财政部门及时制定年度项目实施计划。对于纳入年度实施计划的项目,组织编制项目实施方案,提前做好项目开工准备。编制项目实施方案时,要加强衔接资金与其他财政资金的统筹,同一项目整合不同渠道资金实施的,须在实施方案中明确说明,并区分不同资金的具体支持内容,避免交叉重复,不得利用中央衔接资金承担明确由地方履行的支出责任或者承担的配套资金。年度预算批复后,需要进行政府采购、招投标的抓紧开展,符合规定的村庄小型建设项目可施行简易审批,加快前期工作进度,最大程度用好施工季节。

(四)确保项目有序推进。项目具备施工条件后,项目实施主体要抓紧抓好实施工作,原则上要在明确的实施期限内完成,不得随意变更项目实施内容,确需变更的要按规定履行审批程序。各相关行业主管部门要抓好项目实施工作跟踪督促和质量监督,推动项目按计划如期实施,完成后及时做好项目验收报账工作。

五、切实加强资金管理

(一)加快资金下达和支出进度。各级财政部门收到上级补助的衔接资金后,要根据预算法、预算法实施条例和资金管理办法规定,相关行业主管部门及时做好资金测算分配和下达工作。各相关行业主管部门要及时将本级使用的资金分解到具体项目,纳入脱贫县涉农资金统筹整合使用试点实施方案的衔接资金,可按整合规定安排项目,督促加快项目实施进度。财政部门根据实施进度及时办理资金拨付。各地不得为了抬高支出进度"以拨代支"。规范列支衔接资金,中央和省级衔接资金原则上在"21305"科目列支,并严格按照衔接资金管理办法使用管理。

(二)落实全面绩效管理。各相关主管部门承担项目绩效主体责任。落实全面实施绩效管理要求,建立全过程绩效管理链条。强化绩效目标管理,衔接资金支持的具体项目,事前应明确项目绩效目标,未明确绩效目标的项目不得安排预算。做好绩效运行监控,及时发现和纠正问题。扎实开展绩效评价,加强绩效评价结果应用,作为以后年度申请项目、资金分配的依据。落实资金项目管理各环节的公开公示要求,接受群众和社会监督。

(三)开展定期跟踪督促。省级各相关行业主管部门要定期调度本部门管理的项目实施进度和衔接资金支出进度,每季度结束后次月10日前报送上级主管部门,同时抄送财政部当地监管局接受日常监管。在项目推进重点环节或重要施工季节,根据需要开展专门调度。各级行业主管部门要加强资金政策落实情况跟踪督促和调研,及时发现问题、督促整改,推动不断改进工作,确保衔接资金效益和项目成效。

(四)抓细政策落实工作。省级财政和相关行业主管部门要根据本意见精神,结合本地实际情况,进一步细化政策和工作要求,全面加强衔接资金使用管理政策培训,确保有序推进巩固拓展脱贫攻坚成果同乡村振兴有效衔接各项工作。各地要按照"三个区分开来"的要求,在衔接资金支持产业发展中落实好容错纠错机制,鼓励干部干事创业、担当作为,坚决守住不发生规模性返贫底线,推动乡村振兴不断开创新局面。

财政部　农业农村部
国家乡村振兴局　国家发展改革委
国家民委　国家林草局
2022年2月24日

水利部关于做好支持革命老区民族地区边境地区巩固拓展水利扶贫成果和推进乡村振兴水利保障工作的通知

水振兴〔2022〕157号

部机关各司局，部直属各单位，各有关省（自治区、直辖市）水利（水务）厅（局）、新疆生产建设兵团水利局：

为贯彻落实党中央、国务院关于支持革命老区、民族地区、边境地区巩固脱贫攻坚成果和推进乡村振兴的决策部署，结合水利工作实际，现就做好支持革命老区、民族地区、边境地区巩固拓展水利扶贫成果和推进乡村振兴水利保障工作有关事项通知如下。

一、提高思想认识，切实增强责任感使命感

党中央、国务院高度重视革命老区、民族地区和边境地区发展，对新时代支持革命老区、民族地区加快发展，加强边疆地区建设，出台了一系列文件，部署了相关工作，提出了具体要求。《中共中央　国务院关于实现巩固拓展脱贫攻坚成果同乡村振兴有效衔接的意见》明确提出，支持革命老区、民族地区、边疆地区巩固脱贫攻坚成果和乡村振兴。这是党中央做出的重大决策部署，对于促进区域协调发展、维护国家安全、民族团结和社会稳定、逐步实现共同富裕具有重要意义。各级水利部门要切实增强政治责任感和历史使命感，把巩固拓展水利扶贫成果和乡村振兴水利保障工作放在突出位置，更好统筹发展和安全，强化政策倾斜支持，采取更加精准有力的举措，坚决守住农村饮水安全底线，持续改善水利基础设施条件，着力提升水利管理服务能力，推进革命老区、民族地区和边境地区水利高质量发展，为人民群众过上更加幸福美好的生活提供坚实的水利支撑和保障。

二、强化政策支撑，加大投资倾斜力度

有关省、自治区、直辖市水行政主管部门要加强部门协调和政策衔接，充分利用国家在投资、财政、金融、土地、产业、价格、生态补偿、帮扶等方面的相关支持政策，促进革命老区、民族地区和边境地区水利改革发展。坚持多渠道、多元化落实投资，持续加大水利基础设施建设与运行管护力度。在分解下达中央水利投资、落实省级水利资金时，要向革命老区、民族地区、边境地区所属县倾斜，重点向脱贫县特别是国家乡村振兴重点帮扶县倾斜。积极争取水利以外其他渠道专项资金支持，统筹用好财政涉农资金、地方政府专项债券、土地出让收益等资金，推进实施民生水利项目。指导地方结合开展乡村振兴、农业农村现代化、城乡融合发展等方面重大行动，统筹协调相关政策和资金支持，实施配套水利基础设施建设。指导脱贫县尽可能将重点水利项目纳入

当地巩固拓展脱贫攻坚成果和乡村振兴项目库，做好项目储备，优先推进实施。鼓励有条件的地区在全面深化水利改革方面先行先试，创新水利投融资理念和方式，积极利用金融优惠政策支持水利建设，引导社会力量参与水利工程建设和运行管理。

三、推进项目实施，打牢乡村振兴水利基础

按照守底线、补短板、促振兴的工作思路，以相关规划为基础，以项目实施为抓手，加快推进革命老区、民族地区、边境地区水利基础设施建设。加强沟通协调，积极争取将"十四五"相关规划中涉及革命老区、民族地区、边境地区的重大水利工程、重点水利项目纳入相关工作机制和绿色通道，用好用地、用电、税收等优惠政策，落实要素保障条件，尽快完成前期论证和审查审批，为项目实施创造条件。要分类推进项目实施，督促地方加强农村供水工程建设，强化运行管理管护，坚决防止发生整乡整村的饮水安全问题；加快推进中小型水库和引调水工程、大中型灌区建设与改造、病险水库除险加固、中小河流治理及山洪灾害防治等项目实施，因地制宜实施国家水土保持重点工程，支持有条件的地区实施水系连通及水美乡村建设，加强江河源头、重要水源地、母亲河生态环境复苏，实施地下水超采综合治理。要加强项目建设管理，规范施工现场秩序，落实安全生产责任，强化监督检查，确保项目进度和质量。

四、加强管理管护，提升服务能力水平

支持革命老区、民族地区、边境地区不断提升水利管理管护和服务支撑能力。全方位贯彻"四水四定"原则，严格水资源保护监管措施，深入实施国家节水行动，全面提升水资源集约节约安全利用能力和水平。推进河湖长制有能有效，开展河湖健康评价，完善基层河湖巡查管护体系，解决河湖管护"最后一公里"问题。建立常态化水利设施运行管护机制，落实管护主体、经费、人员和措施，推广市场化、专业化管护模式。鼓励具备条件的地区建立统一的农村供水管理服务机构，统一监管、运行管理和技术服务。落实农村水利基础设施领域开展以工代赈方式和水利劳务帮扶等政策，促进当地劳动力就业增收。结合数字孪生流域、数字孪生水利工程等，推动农村水利基础设施智能化改造，完善水利监测设施，建立水利业务智能应用体系，搭建水旱灾害防御"四预"业务平台，促进水安全风险从被动应对向主动防控转变。

五、挖掘水文化资源，助力乡村文化振兴

充分挖掘革命老区、民族地区丰富的水文化资源，在保护传承弘扬水文化的过程中，促进乡村文化振兴和文旅产业发展。要指导革命老区、民族地区梳理水利遗产，加强水利遗产系统保护，深入挖掘其蕴含的时代价值。推动新疆坎儿井等民族地区特有水利遗产的保护和利用。指导原中央苏区、陕甘宁边区等开展水利遗产保护与展示工程，推动江西瑞金山林水利局旧址等重要革命文物和红色遗迹进行提升改造。把党领导人民治水的红色资源作为水利系统巩固党史学习教育成果、坚定理想信念、加强党性修养的生动教材。聚焦筑牢中华民族共同体意识，加强民族团结进步宣传教育，积极营造各民族团结治水的良好氛围。加强革命老区、民族地区水利领域重点工作、重大项目和先进人物事迹、援助帮扶的宣传报道，讲好水利故事，凝聚推动新阶段水利高质量发展的精神力量。

六、激发内生动力,做好人才技术帮扶

加强革命老区、民族地区、边境地区水利人才队伍建设帮扶。按照中央有关部署,结合实际需要,有针对性地选派优秀水利干部人才到革命老区、民族地区、边境地区挂职帮扶,选派专业技术骨干提供技术咨询服务。面向西藏阿里等水利工程建设管理任务重、专业技术人才匮乏的地区,开展人才"组团式"帮扶。加强教育培训帮扶,精准对接有关地区需求,组织开展水利业务帮扶专题培训,相关培训班调训名额向革命老区、民族地区、边境地区倾斜。强化人才培养帮扶,发挥行业指导作用,组织搭建基层用人单位和相关水利院校供需对接平台,推动落实人才向艰苦边远地区和基层一线流动相关优惠政策,指导推动有条件的地区因地制宜开展水利人才"订单式"培养。加大水利科技帮扶力度,采用项目实施、技术推介等多种形式,积极推动水利高校、科研院所和企业开展水利科技研究,加强相关先进科技成果的推广应用。推动实施水利科技组团式帮扶新疆、西藏相关工作,支持四川凉山州解决水利管理和技术难题。

七、明确责任分工,合力抓好工作落实

坚持党的全面领导,把党的领导贯穿到新时期水利高质量发展的全过程和全领域。按照中央统筹、省负总责、市县乡抓落实的工作机制,相关省、自治区、直辖市水行政主管部门要将支持革命老区、民族地区、边境地区巩固拓展水利扶贫成果和推进乡村振兴水利保障作为重点任务,加强组织领导,完善工作机制,明确责任分工,制定实施方案,细化具体举措,督促指导有关县市加强组织实施,推进任务落实。部机关有关司局和直属单位要结合职责分工和工作安排,统筹做好支持革命老区、民族地区、边境地区发展有关水利工作。加强指导,对相关规划确定的重大项目、重点任务、重要举措等实施情况进行跟踪监督和协调落实,统筹做好水利援藏、援疆工作,加大西藏定点帮扶和江西赣州对口支援力度。利用水利乡村振兴信息管理系统,定期报送工作进展情况,及时总结工作成效,推动形成工作合力。

水利部
2022 年 4 月 2 日

商务部、国家邮政局等八部门关于加快贯通县乡村电子商务体系和快递物流配送体系有关工作的通知

商流通函〔2022〕143号

各省、自治区、直辖市及新疆生产建设兵团商务、邮政管理、网信、发展改革、农业农村、市场监管部门,各乡村振兴局、供销合作社:

发展农村电子商务和快递物流配送是促进城乡生产和消费有效衔接的重要举措,是全面推进乡村振兴、构建新发展格局的客观要求。为认真贯彻落实党中央、国务院决策部署,深入推进电子商务与快递物流配送协同发展,加快贯通县乡村电子商务体系和快递物流配送体系,现就有关工作通知如下。

一、工作目标

升级改造一批县级物流配送中心,促进县域快递物流资源整合,建设一批农村电商快递协同发展示范区,提升公共寄递物流服务能力,争取到2025年,在具备条件的地区基本实现县县有中心、乡乡有网点、村村有服务。农村电子商务、快递物流配送覆盖面进一步扩大,县乡村电子商务体系和快递物流配送体系更加健全,农产品出村进城、消费品下乡进村的双向流通渠道更加畅通,人民群众获得感、幸福感不断增强。

二、主要任务

(一)完善基础设施,优化网络布局。鼓励各地结合实际,加强县乡村快递物流配送基础设施建设,升级改造县级物流配送中心,面向乡镇、村及本地生产流通企业、邮政快递企业、合作社、家庭农场等各类主体,提供仓储、分拣、中转、配送等服务。引导农村邮政、快递物流企业利用现有设施资源合作建设乡镇服务站点。依托村邮站、益农信息社、村委会等公共服务设施和夫妻店、便利店、电子商务服务站点等便民商业设施,设立村级寄递物流综合服务站,实现"多站合一、一点多能、一网多用"。鼓励有条件的村布放智能快件箱(信包箱)、快递自提点。通过基础设施建设,基本形成以县级物流配送中心、具有集散功能的乡镇网点和村级寄递物流综合服务站为主体的农村快递物流配送体系。

(二)补齐冷链短板,提升冷链流通率。聚焦鲜活农产品主产区、特色农产品优势区,推进农产品仓储保鲜冷链物流设施建设,加快补齐产地冷链物流短板,促进农产品电子商务高质量发展。结合农产品生产情况和物流集散点网络布局,在具备条件的县域或特大镇建设具有商品化处理能力的产地冷链集配中心,推广移动式冷库。加强农产品供应链建设,引导农产品批发市场加快完善具备物流集散、低温配送等功能的冷链设施。推进农产品冷链标准制修订,加强生鲜农产品质量监管和产品溯源。

（三）整合快递物流资源，提高配送效率。支持农村电子商务、快递物流配送协同发展。引导电子商务、邮政、供销、快递、物流、商贸流通等各类主体开展市场化合作，推动仓储、揽收、分拣、运输、配送"五统一"，场地、车辆、人员、运营、管理"五整合"，提升快递物流配送能力。鼓励具备条件的农村地区探索智慧物流，依托云计算、大数据、物联网等技术，推进农村快递物流数字化、智能化改造，打造仓储、分拣、配送、增值服务等一体化快递物流配送服务体系。发挥邮政网络在边远地区的基础支撑作用，鼓励邮政快递企业整合末端投递资源，满足边远地区群众基本寄递需求。支持农产品产地发展"电子商务+产地仓+快递物流"仓配融合模式，提高农产品上行效率。

（四）扩大电子商务覆盖面，提升服务能力。鼓励依托县级物流配送中心、农村快递物流站点等，完善农村电子商务公共服务体系，提供产品开发、品牌孵化、包装设计、数据分析、市场营销等服务，提高农村电子商务应用水平。鼓励大型电子商务企业、流通企业以县镇为重点，下沉供应链和新型交易模式，推动农村流通设施和业态融入现代流通体系。支持农村产业融合发展示范园建设，畅通农产品线上线下多渠道流通，促进农村产业融合发展。建设农村电商快递协同发展示范区，打造快递服务现代农业示范项目，支撑农业转型、农民增收。实施"互联网+"农产品出村进城工程，建立健全适应农产品网络销售的供应链体系、运营服务体系和支撑保障体系。

（五）培育市场主体，促进协同发展。支持农村邮政、供销、快递物流和商贸流通企业数字化、连锁化转型升级、做大做强，带动县域商业体系建设和促进农村消费。引导农村中小电子商务、快递物流企业采用联盟、股权投资等方式合作，提高市场竞争力。加强农村电子商务、快递物流配送人员培训，强化实操技能，增强创业就业能力。鼓励电子商务平台与快递物流企业深入合作，搭建特色农产品外销平台，推动农产品上行。

（六）规范行业秩序，优化发展环境。简化农村快递末端网点备案手续，鼓励发展农村快递末端服务。修订《快递服务》等标准，规范农村快递经营行为。加强寄递物流服务监管，依法查处未按约定地址投递、违规收费等行为，促进公平竞争，保障用户合法权益。指导从事农村快递物流的企业严格遵守服务规范、安全生产、绿色发展、疫情防控等管理规定，提供规范化服务。引导快递物流企业合理制定价格，探索符合农村实际的成本分担、利益共享等机制，促进电子商务、快递、商贸等企业合作，维护各方权益，推动农村快递物流基础设施共建共用，为农村电子商务快递"最后一公里"配送提供保障。

三、保障措施

（七）加强组织领导，压实主体责任。各地要积极支持农村电子商务和快递物流配送协同发展，建立政府统一领导、多部门共同参与的农村电子商务、快递物流配送协同发展工作协调机制。把贯通县乡村电子商务体系和快递物流配送体系作为保障和改善民生的重要工作，扎实统筹推进。强化"省级统筹、市县抓落实"机制要求，省级主管部门做好政策、资金、资源等要素统筹和成效监督；市县结合本地区实际，实化细化本地区工作方案，强化技术指导和监督考核，压实责任，务求实效。

（八）加强横向协作，形成工作合力。各地有关主管部门要牢固树立一盘棋思想，统筹资金政策，加强沟通协调，突出功能错位和优势互补，避免多头投入、重复建设，共同推动农村电子商务和快递物流配送协同发展。鼓励"一点多能、一网多用"，以共建共享为方向，整合村邮站、益农信息社、电子商务服务站、快递物流站点等网点设施,叠加日用消费品、农资、电子商务、邮政、快递、涉农信息等综合服务功能,更好服务农民生产和生活消费。

(九)加强政策保障,推动工作落地。各地要跟踪研究农村电子商务和快递物流配送发展中面临的问题,积极出台支持政策,发挥中央财政和地方财政资金示范引导作用,带动社会资本加大投入,推动县级物流配送中心、乡镇服务站点、村级寄递物流综合服务站等数字化信息化改造和综合服务提升,综合施策降低农村快递物流成本。推动农村电子商务和快递物流配送发展纳入本地乡村振兴重要工作,加强指导监督检查。

各地要把加快贯通县乡村电子商务体系和快递物流配送体系作为全面推进乡村振兴、加快农业农村现代化的重要任务,加强工作指导,密切跟踪进展。重要情况及时按程序报告有关部门。

商务部　国家邮政局　中央网信办
发展改革委　农业农村部　市场监管总局
国家乡村振兴局　中华全国供销合作总社
2022年5月18日

自然资源部办公厅关于过渡期内支持巩固拓展脱贫攻坚成果同乡村振兴有效衔接的通知

自然资办发〔2022〕45号

各省、自治区、直辖市自然资源主管部门，新疆生产建设兵团自然资源局，各派驻地方的国家自然资源督察局，部乡村振兴工作领导小组成员单位：

脱贫攻坚期内，自然资源部和各级自然资源主管部门坚持以习近平新时代中国特色社会主义思想为指导，认真学习贯彻习近平总书记关于扶贫工作的重要论述，坚决落实党中央、国务院决策部署，立足部门职责，加强政策供给，有力地支持打赢脱贫攻坚战。为更好地推动巩固拓展脱贫攻坚成果同乡村振兴有效衔接，部坚持和落实最严格的耕地保护制度、最严格的生态环境保护制度和最严格的节约用地制度，统筹发展和安全，对以往印发的政策文件进行了梳理，明确了过渡期内有关支持事项，现通知如下。

一、科学推进村庄规划编制管理

顺应乡村发展规律，根据乡村人口变化、区位条件和发展优势，通盘考虑土地利用、产业发展、居民点布局、人居环境整治、生态保护和历史文化传承，在县级国土空间总体规划中统筹城镇和村庄布局，科学确定村庄分类，加快推进有条件有需求的村庄编制"多规合一"实用性村庄规划。依据村庄类型，分类引导村庄规划编制的内容和深度，可以多个行政村为单元联合编制，实现资源高效配置、空间高效融合。编制村庄规划要落实上位规划确定的各类管控边界、约束性指标等管控要求，坚持村民主体地位，尊重村民意愿，反映村民诉求，合理安排村庄用地布局。

二、加强建设用地计划指标保障

每个脱贫县每年安排新增建设用地计划指标600亩，专项用于巩固拓展脱贫攻坚成果和乡村振兴用地需要，不得挪用；原深度贫困地区新增建设用地计划指标不足的，由所在省份协调解决。

三、完善耕地保护措施

按照《自然资源部 农业农村部 国家林业和草原局关于严格耕地用途管制有关问题的通知》（自然资发〔2021〕166号）要求，改进和规范建设占用耕地占补平衡制度，耕地转为其他农用地及农业设施建设用地实行年度"进出平衡"。严格控制新增农村道路、畜禽养殖设施、水产养殖设施和破坏耕作层的种植业设施等农业设施建设用地使用一般耕地。过渡期内，继续执行跨省域补充耕地国家统筹政策，补充耕地指标优先考虑耕地保护成效突出的革命老区、民族地区、边疆地区和脱贫地区。鼓励支持脱贫地区光伏项目在戈壁、荒漠等地区建设，不得新增占用耕地建设光伏项目。

四、延续建设占用永久基本农田预审政策

2024年1月2日前,原深度贫困地区、集中连片特困地区、国家扶贫开发工作重点县省级以下基础设施、易地扶贫搬迁、民生发展等建设项目,确实难以避让永久基本农田的,可纳入重大建设项目范围,由省级自然资源主管部门办理用地预审,并按照规定办理农用地转用和土地征收。

五、优化完善增减挂钩节余指标跨省域调剂政策

按照《自然资源部 财政部 国家乡村振兴局关于印发〈巩固拓展脱贫攻坚成果同乡村振兴有效衔接过渡期内城乡建设用地增减挂钩节余指标跨省域调剂管理办法〉的通知》(自然资发〔2021〕178号),支持原"三区三州"及其他深度贫困县、国家乡村振兴重点帮扶县所在省份,优先按照东西部协作和对口支援关系开展增减挂钩节余指标跨省域调剂。对其他脱贫地区继续实施城乡建设用地增减挂钩节余指标省域内交易政策。同时,工矿废弃地复垦利用政策已到期,政策到期后不再新增项目,但符合条件的工矿废弃地可纳入增减挂钩实施。

六、优化工业项目用地指标控制

国家乡村振兴重点帮扶县、原深度贫困地区按规划新批准的工业项目,过渡期内,其建设用地控制指标可不受相应地区行业投资强度控制指标约束。

七、推动城镇低效用地再开发

继续支持脱贫地区依据国土空间规划开展城镇低效用地再开发。在城镇开发边界内编制或修编详细规划,优化存量空间结构;在保障安全和节约集约的原则基础上,因地制宜制定地方规划用地标准,引导土地混合开发和空间集约复合利用,推动城镇有机更新。不再开展历史遗留工矿废弃地复垦利用、低丘缓坡开发利用试点。

八、盘活利用集体建设用地

按照《自然资源部 国家发展改革委 农业农村部关于保障和规范农村一二三产业融合发展用地的通知》(自然资发〔2021〕16号)要求,农村集体经济组织兴办企业或者与其他单位、个人以土地使用权入股、联营等形式共同举办企业的,可以依据《土地管理法》第六十条规定使用规划确定的建设用地;单位或者个人也可按照国家统一部署,通过集体经营性建设用地入市的渠道,以出让、出租等方式使用集体建设用地;在充分尊重农民意愿的前提下,可依据国土空间规划,以乡镇或村为单位开展全域土地综合整治,盘活农村存量建设用地,腾挪空间用于支持农村产业融合发展和乡村振兴;在符合国土空间规划和用途管制要求、确保安全的前提下,鼓励对依法登记的宅基地等农村建设用地进行复合利用,发展乡村民宿、农产品初加工、电子商务等农村产业。

九、加强矿产资源开发利用

在生态保护红线之外,加大地质找矿力度,选择有市场前景、有资源潜力的资源富集区开展前期调查勘查,统筹安排矿产资源开发利用的指标、项目、技术、资金等,在同等条件下,向国家乡村振兴重点帮扶县、原深度贫困地区倾斜支持。

十、加大地质灾害防治力度

加大地质灾害防治投入,对脱贫地区上报的符合条件的特大型地质灾害治理项目予以重点支持。加强山体崩塌、滑坡、泥石流等地质灾害防治,抓好灾害易发区的监测预警、搬迁避让和工程治理等措施的落实,建立健全脱贫地区地质灾害防治体系。

十一、搞好地质信息服务

引导和鼓励各类市场主体、地勘单位等积极开展原深度贫困地区现有地质资料的二次开发,深入挖掘地质资料潜力,继续开展地质资料专题服务和定制服务。积极实施原深度贫困地区地质调查,进一步摸清地质资源优势;继续加强原深度贫困地区土地质量地球化学调查,助力特色农业发展;继续加强原深度贫困地区地下水综合调查,助力解决饮水用水难题。

本文件自下发之日起执行,有效期至2025年12月31日。此前部印发的支持脱贫攻坚的政策文件,有关规定与本文件明确支持事项规定不一致的,以本文件为准。

自然资源部办公厅
2022年10月13日

财政部办公厅 农业农村部办公厅 国家乡村振兴局综合司 中华全国供销合作总社办公厅 关于进一步做好政府采购脱贫地区农副产品 有关工作的通知

财办库〔2022〕273号

各省、自治区、直辖市、计划单列市财政厅（局）、农业农村（农牧）厅（局、委）、乡村振兴局、供销合作社，新疆生产建设兵团财政局、农业农村局、乡村振兴局、供销合作社：

为贯彻2022年中央一号文件有关工作部署，落实《财政部 农业农村部 国家乡村振兴局 中华全国供销合作总社关于印发〈关于深入开展政府采购脱贫地区农副产品工作推进乡村产业振兴的实施意见〉的通知》（财库〔2021〕20号）有关要求，现就依托脱贫地区农副产品网络销售平台（以下简称"832平台"）深入推进政府采购脱贫地区农副产品工作通知如下。

一、供应商申请条件

（一）供应商申请入驻条件。申请入驻"832平台"的供应商，应当是注册在832个脱贫县域内生产农副产品的企业、农民专业合作社、家庭农场等市场主体，有较强的产业带动能力和明确的联农带农机制。农业产业化龙头企业、农业产业强镇和"一村一品"示范村镇经营主体优先入驻平台。注册在832个脱贫县域内的贸易企业可以受供应商委托，在"832平台"代理销售农副产品。

（二）产品申请条件。供应商在"832平台"所售农副产品应出产自脱贫县，符合农产品质量和食品安全国家标准，对本地区脱贫群众增收带动作用明显。优先支持绿色食品、有机农产品、地理标志农产品、取得食用农产品承诺达标合格证的产品、脱贫县特色产业规划确定的主导产业相关产品。

二、供应商审核推荐流程

脱贫县建立"主体自愿申请、县级部门推荐、平台审核"的"832平台"供应商审核推荐机制。

（一）供应商申请。供应商通过"832平台"供应商审核推荐管理系统（以下简称管理系统）在线提交入驻申请，按要求填写市场主体信息、产品信息。

贸易企业受供应商委托在"832平台"代理销售农副产品的，应按要求提交企业信息、所代理供应商出具的销售授权委托书。贸易企业从脱贫县农户收购农副产品在"832平台"销售的，可不提供销售授权委托书，但应对所售农副产品来源作出书面说明。贸易企业可受供应商委托在"832平台"管理系统代为提交入驻申请。供应商和贸易企业对提交的申请材料和联农带农帮扶成效真实性负责。

(二)部门推荐。脱贫县农业农村部门会同乡村振兴部门建立"832平台"供应商审核推荐机制。依据部门职责和行业管理情况,县级农业农村部门重点对供应商生产经营状况、产品供应能力和质量安全进行把关,县级乡村振兴部门重点对供应商联农带农和帮助脱贫群众增收情况进行把关。供应商提交申请后10个工作日内完成推荐工作。

(三)平台审核。"832平台"按照网络销售平台相关法律法规要求,在5个工作日内完成对县级部门推荐供应商相关信息的审核。通过审核的供应商,"832平台"为其开通销售权限。

三、供应商管理与服务

(一)加强供应商动态管理。脱贫县县级财政、农业农村、乡村振兴、供销合作社等部门加强供应商和产品动态管理,明确职责分工,强化对供应商在"832平台"所售产品质量、售价、产地真实性、销量等方面监督检查,对存在问题的供应商督促其整改,情节严重或拒不整改的取消其供应商资格。

(二)加强价格、质量监测和用户评价管理。"832平台"依法制定并公开平台交易规则和服务协议。建立完善价格监测、质量监督和用户评价机制,对存在价格虚高、产品质量不合格问题的供应商采取约谈、下架产品等措施,并向有关县级部门报告。

(三)提升平台服务能力。"832平台"落实政府采购支持乡村产业振兴政策要求,制定完善交易规则,编制用户操作手册,免费提供方便快捷的在线展示、网上交易、物流跟踪等服务。丰富农副产品展示维度,对绿色食品、有机农产品、地理标志农产品、脱贫县特色产业

规划确定的主导产业相关产品优先展示。围绕供应商需求,拓展运营培训、包装设计、仓储物流、品牌推广等市场化增值服务,推动脱贫地区产业升级发展。

四、加强组织实施

(一)加强监督指导。财政部、农业农村部、国家乡村振兴局和中华全国供销合作总社加强对"832平台"的监督指导。省级财政部门、农业农村部门、乡村振兴部门、供销合作社及时将政策要求传达到有关县级部门,强化"832平台"运营服务、产品销售等方面的工作跟踪评估,及时将发现的问题和本地反馈的意见通告"832平台",推动整改和改进。

(二)强化沟通协调。各级财政部门、农业农村部门、乡村振兴部门、供销合作社建立沟通机制,加强会商协作,及时协调解决工作推进过程中面临的困难和问题。"832平台"定期向省级以上财政、农业农村、乡村振兴和供销合作社等部门报告供应商入驻、产品销售、平台运营情况,为相关部门统筹推进乡村产业振兴提供工作支撑。

(三)强化宣传引导。总结宣传各地推进政府采购脱贫地区农副产品工作成效,加大产销对接力度,进一步激发全社会参与积极性。鼓励承担帮扶任务的国有企业、国有金融企业通过"832平台"采购脱贫地区农副产品。各单位通过"832平台"采购脱贫地区农副产品工作情况纳入本单位消费帮扶工作成效评价。

附件:市场主体申请入驻"832平台"需填报的信息

财政部办公厅
农业农村部办公厅
国家乡村振兴局综合司
中华全国供销合作总社办公厅
2022年11月17日

国家发展改革委等部门关于推动大型易地扶贫搬迁安置区融入新型城镇化实现高质量发展的指导意见

推动大型易地扶贫搬迁安置区融入新型城镇化，是巩固拓展脱贫攻坚成果、增强脱贫地区和搬迁群众内生发展动力的重要举措。为深入学习贯彻党的二十大精神和习近平总书记关于做好易地扶贫搬迁后续扶持工作的重要指示精神，落实"十四五"规划《纲要》《中共中央 国务院关于实现巩固拓展脱贫攻坚成果同乡村振兴有效衔接的意见》《中共中央办公厅 国务院办公厅关于推进以县城为重要载体的城镇化建设的意见》以及《"十四五"新型城镇化实施方案》有关部署要求，有力有序推动大型易地扶贫搬迁安置区融入新型城镇化、实现高质量发展，提出如下指导意见。

一、总体要求

以习近平新时代中国特色社会主义思想为指导，深入学习贯彻党的二十大精神，坚持稳中求进工作总基调，完整、准确、全面贯彻新发展理念，加快构建新发展格局，统筹发展和安全，坚持以人民为中心的发展思想，坚持尽力而为、量力而行，聚焦大型易地扶贫搬迁安置区，以满足搬迁群众对美好生活的向往为出发点和落脚点，以巩固拓展易地扶贫搬迁脱贫成果实施新型城镇化和乡村振兴战略为主线，着力扶持壮大县域特色产业，着力促进搬迁群众就业创业，着力提升安置区配套设施，着力完善基本公共服务体系，着力健全社区治理体系，解决好搬迁群众急难愁盼问题，加快实现人口市民化、就业多元化、产业特色化、基本公共服务均等化、社会治理现代化，全面转变搬迁群众生产生活方式，确保搬迁群众稳得住、逐步能致富，为推动脱贫地区高质量发展如期实现中国式现代化打下坚实基础。

二、分类引导大型安置区融入新型城镇化

（一）推动安置区与所在城镇一体化建设发展。将城镇安置区产业就业、基础设施和公共服务提升完善、社区管理和文化服务等项目，统一纳入所迁入地区国民经济和社会发展规划、国土空间规划及相关建设规划予以重点支持和优先保障。统筹县域内资源禀赋大力发展特色优势产业，全力提升搬迁群众稳定就业质量。将安置社区纳入所在城镇社区治理体系，创新社区治理模式，建立开放融合现代社区，推动搬迁群众生产生活方式由农民向市民转变。促进城镇居民与搬迁群众交流交往交融，提高搬迁群众适应城镇能力，增强搬迁群众对所在城镇的认同感和归属感。

（二）推进产业园区安置区产城融合发展。开展产业园区与周边安置社区"两区共建"，探索安置社区参与产业园区发展建设的有效实现形式，完善利益联结机制，让搬迁群众更多分享产业园区发展红利。支持将符合条件的安置区配套产业纳入产业园区范围，支

持安置区配套产业园区提档升级,培育壮大特色支柱产业,增强园区吸纳搬迁群众就业创业能力。推动城镇基础设施向产业园区和安置区覆盖延伸,合理配建教育、医疗、养老、托育、商贸物流等生活服务设施,加快建成宜业宜居、环境优美、治理高效的现代化产业园区和安置社区。

(三)促进农村安置区城乡融合发展。结合实施乡村振兴战略,扎实稳妥推进乡村建设,推动城镇基础设施和公共服务设施向有条件的农村安置区延伸覆盖。强化县城对农村安置区后续产业的辐射带动能力,推动特色产业可持续发展。深化要素市场化配置改革,促进要素更多向农村安置区集聚,形成人才、土地、资金汇聚的良性循环。

三、加快搬迁人口市民化进程

(四)推进有序落户城镇。充分尊重搬迁人口落户城镇意愿,因地制宜制定具体落户办法,提高户籍登记和迁移便利度,鼓励支持有条件有意愿的搬迁群众进城落户。积极稳妥推广新市民居住证制度,推动城镇基本公共服务逐步覆盖未落户搬迁人口。依法保障已落户城镇的搬迁群众在迁出地农村的合法权益。

(五)提高融入城镇能力。大力推进移风易俗,继续开展搬迁群众生活方式适应性教育培训,帮助解决生活融入方面存在的困难。积极引导搬迁群众参加群团组织、社会团体,开展工会、共青团、妇联及志愿服务组织等关爱搬迁群众行动。鼓励引导新市民与所在地居民融合交往,构建团结和谐互帮互助的新型邻里关系,努力实现搬迁群众在迁入城镇的身份融入、情感融入、文化融入。

(六)强化合法权益保障。切实保障搬迁群众在迁出地原有合法耕地、林地、草场等承包经营权以及各类农牧业补贴和生态补偿等权益,探索整合利用腾退宅基地和碎片化集体建设用地,加快土地流转。做好迁出地和迁入地间各类社会保障政策转移接续工作,确保搬迁群众医疗保险、养老保险、城乡低保等应保尽保。有条件的地方可通过采购意外伤害保险、商业护理保险等方式,提升困难搬迁群众保障水平。加强对搬迁群众防止返贫动态监测,精准落实各类帮扶措施,对搬迁后出现突发性、紧迫性、临时性生活困难的人员按规定及时给予临时救助。鼓励支持各地在迁出区开展土地规模经营、依法依规实施国家储备林项目或油茶等木本油料种植项目,退耕还林还草,盘活迁出地土地资源,不断拓宽搬迁群众增收渠道。

四、促进高质量充分就业

(七)全面促进多元化就业。加强搬迁群众就业情况动态监测,提升大型安置区就业公共服务能力,合理配备公共就业服务站点或专门窗口,开展常态化用工信息对接。结合实施"春风行动"、东西部劳务协作等,深入开展职业指导、专场招聘会等就业服务活动,通过政府购买服务、补贴交通费用等方式,为搬迁群众外出就业提供劳务输出服务,对有需要的提供"点对点、一站式"服务。强化安置区配套产业园区、就业帮扶车间、社区工厂的就业吸纳能力,建立完善吸纳就业数量与具备条件的相关扶持措施之间的挂钩联动机制。支持在大型安置区设立零工市场,为搬迁群众灵活提供多种形式的临时性就业岗位。鼓励大型安置区成立社区劳务合作社或劳务服务公司,组织搬迁群众积极参与周边以工代赈项目和县域内重点工程项目建设,提高务工收入。充分挖掘县域就业资源,持续发挥公益性岗位作用,促进搬迁群众就地就近就业增收。

(八)大力支持多业态创业。鼓励和引导搬迁群众结合自身优势特长,围绕家政服务、餐饮服务、社区便利服务、产品组装加工、现代物流等领域开展创业,在安置区及其周边大力发展"小店经济""夜市经济"。支持符合条件的大型安置区建设实训基地、创业园区等创业载体,引导具备创业能力和意愿的搬迁群众优先入驻,按规定给予创业补贴、场地租金和管理费减免、水电费用优惠等扶持政策。优化创业服务体系,强化创业培训,向安置区创业群众提供市场开拓、管理辅导、品牌打造等深度服务,引导当地龙头企业带动搬迁群众依托其产业链创业发展。

（九）全方位提升就业技能。依托用工企业、职业院校、技工学校等,持续开展面向搬迁群众的岗前培训、岗位技能提升培训、新型学徒制培训,按规定使用各类培训资源予以支持。围绕当地特色产业发展和劳务输出地用工需求,采取整建制购买培训项目、直接补贴等方式,畅通培训补贴资金直达用工企业和培训者渠道。鼓励地方在大型安置区举办多种形式的群众夜校,大力推广国家通用语言文字,探索推广职业技能线上培训,发挥致富能手"传帮带"作用,帮助搬迁群众就近就地接受便利培训服务。

五、推动县域产业特色化发展

（十）提升安置区后续产业可持续发展能力。立足当地资源禀赋和市场需求,支持有条件的大型城镇安置区新建改扩建一批配套产业园区、仓储保鲜冷藏设施、集贸市场等。引导临近产业园区的大型安置区配套建设社区工厂、商贸流通站点、休闲商业街区等,积极发展来料加工、包装运输、餐饮休闲等产业。在农村集中安置区规划发展一批"一村一品"专业村,因地制宜发展特色种养、农产品加工、特色手工业、电子商务、乡村旅游等产业。鼓励和引导具备条件的搬迁脱贫群众和防返贫监测对象高质量发展庭院经济。延续支持安置区帮扶车间的相关优惠政策,通过骨干企业认领、合作重组等有效措施,推动帮扶车间规范化可持续运营。

（十一）强化区域产业协作帮扶。积极发挥东西部协作、对口支援、定点帮扶和省域内对口帮扶等机制作用,动员东部地区和省域内发达地区的企业、社会组织对大型安置区开展结对帮扶,推广"发达地区企业+安置区卫星工厂+搬迁群众"的产业协作模式,鼓励东部地区或省域内发达地区以托管、代管等方式与大型安置区合作共建产业园区、"飞地"园区、帮扶车间等。继续大力实施消费帮扶,引导大型仓储物流、商贸物流、文旅企业通过股权投资、订单采购等方式,与大型安置区所在地建立产销共同体,支持对口帮扶城市将安置区特色产品纳入相关消费帮扶展销平台、直营店、专柜等,打通安置区特色产品供应链。鼓励对口帮扶城市大力推介大型安置区所在市县精品旅游线路和重点景区。

（十二）提升县域特色产业辐射带动能力。优先支持大型安置区所在县建设产业转型升级示范园区和农村产业融合发展示范园,带动大型安置区配套产业园区发展。支持大型安置区围绕县域主导产业配套发展加工流通、冷链仓储、品牌电商、劳务经济等。优化大型安置区所在县域营商环境,加大招商引资力度,有序承接东部地区产业转移,建设一批资源精深加工、绿色食品、新材料、电子信息、轻工产品等劳动密集型产业基地。鼓励大型安置区所在县建设具备运输仓储、集散分拨等功能的物流配送中心,引导供销、邮政、大型电商平台等在大型安置区布局服务网点。支持大型安置区所在县开展国家全域旅游示范区、国家森林康养基地、精品生态旅游地创建,推动将有条件的大型安置区纳入区域性精品旅游线路。

六、全面提升安置区生产生活便利性

（十三）推动县城基础设施延伸覆盖。结合推进以县城为重要载体的城镇化建设，推动大型安置区与县城基础设施一体规划、建设和管护。升级改造通达安置区的道路设施，为有条件的大型安置区开通公交或城乡客运线路，提高安置区与县城互联互通水平。统筹规划各类市政公用设施，推动供水、供气、供热管网和垃圾污水处理设施、信息通信网络等向安置区全面延伸覆盖。

（十四）支持配套设施提档升级。提升安置区生活垃圾和污水治理设施配套能力，合理布局防洪排涝设施，完善消防栓、蓄水池、微型消防站等配套设施。补齐安置社区服务设施短板，支持社区服务中心、综合性文体场所等建设。推动邮政、金融、电信、燃气、电力等公共事业和资源回收商业网点覆盖一定人口规模的安置区。

（十五）实现公共服务提标扩面。强化基本公共服务供给县域统筹，支持有条件的地方开展易地扶贫搬迁安置区基本公共服务标准化建设。对易地扶贫搬迁安置完成后，符合当地城镇住房保障条件的住房困难家庭，纳入城镇住房保障范围，按照当地政策给予保障。在安置区配套建设完善与人口规模相适应的幼儿园，确保提供普惠性服务，满足就近入园需要，不断提升保教质量。支持安置区周边有条件的义务教育学校扩容增位，强化教师配备，加大紧缺学科专职教师补充力度。支持万人以上特大型安置区医疗卫生机构建设，完善县乡村三级联动医疗服务体系，支持发展远程医疗、派驻、巡诊、轮岗等服务方式。支持人口规模较大的安置区建设托育机构、未成年人救助保护机构、儿童福利院、养老院、幸福院和日间照料中心等，适度建设残疾人康复综合服务设施。支持安置区全民健身场地设施建设，打造绿色便捷全民健身新载体。

七、建设治理现代化的安置社区

（十六）提高社区服务能力。按照国务院关于"十四五"城乡社区服务体系建设相关要求，鼓励通过政府购买服务提供安置区公共服务，提升服务效能，助推安置区公共服务体系建设。优化安置社区综合服务设施，规范安置社区公共服务和代办政务服务事项，推动就业、养老托育、医疗卫生、家政、助残等便民服务下沉，加强社区服务质量监管。鼓励安置社区以"党组织+居民委员会+社区资产运营机构"方式，采取资产入股、资源开发、合作运营等方式盘活社区资产。培育壮大安置社区专业人才队伍，优化配置社区工作者，支持大型安置区发展社会工作服务机构和志愿服务组织，提升对青少年、未成年人等重点群体服务的专业化水平，在有条件的安置社区积极配置公益律师、心理咨询师、矛盾调解员等。

（十七）创新社区治理模式。按照宜城则城、宜乡则乡原则，加快构建以基层党组织为核心的安置社区组织体系。加强安置社区党组织建设，强化政治功能和组织功能，更好发挥党组织在社区治理中的领导作用，充分发挥党员先锋模范作用。新设立居民委员会的，应根据搬迁人口城镇落户进度和居住格局，科学确定居委员会规模和辖区范围，推动居民委员会"应建尽建"。确需保留村民委员会的，应妥善做好村民委员会调整工作。加强安置社区基层群众性自治组织规范化建设，发挥基层群众性自治组织基础作用，引导群众形成科学健康绿色生活方式，促进居民融入社区。强化安置社区管理队伍建设，加大安置区街道、社区管理机构人员配备力度。完善网格化管理，加强安置区地名信息采集更新与共享应用，强化社区治理信息化建设，提高应急反应能力和管理服务水平。畅通搬迁群众诉求表达、利益协调、权益保障渠道，加强对重点人群的帮扶救助、法律援助、心理疏导。加强对事实无人抚养儿童关心关爱，切实加强其教育就学和基本生活保障。充分发挥工会、共青团、妇联等群团组织和社会组织作用，引导各类社会力量参与社区治理。

八、保障措施

（十八）强化组织领导。各地要加强对大型易地扶贫搬迁安置区融入新型城镇化工作的组织领导，明确部门责任分工，建立协调推进机制，推动安置区和搬迁群众后续发展相关目标任务纳入本地区新型城镇化和乡村振兴规划计划。充分发挥各级易地扶贫搬迁后续扶持工作领导小组、协调机制作用，压紧压实县级政府属地化管理责任，强化基层后续扶持工作人员力量配备，确保大型安置区融入新型城镇化各项任务和政策举措落地落实。省域内大型易地扶贫搬迁安置区的标准和范围，由各省份易地扶贫搬迁后续扶持牵头部门会同相关部门结合本省实际研究确定。

（十九）强化政策支持。将大型安置区后续发展项目纳入县城、市辖区建设项目库，符合条件的积极纳入巩固拓展脱贫攻坚成果和乡村振兴项目库，推动新型城镇化和乡村振兴相关政策在具备条件的大型安置区落实。建立健全新增城镇建设用地规模与搬迁人口落户城镇数量挂钩机制，加大新增建设用地计划指标对搬迁人口大县的倾斜支持力度。支持省级易地扶贫搬迁投融资平台业务转型，重点转向依法合规支持安置区融入新型城镇化及相关产业振兴项目建设，符合条件的可承担地方政府专项债券项目建设运营，积极支持发行公司信用类债券。统筹考虑安置规模、安置方式等多方面因素，稳妥适度增设行政区划建制并优化管辖范围，支撑大型安置区及相关区域提升管理和服务水平。

（二十）强化资金保障。按照"钱随人走"的原则，通过农业转移人口市民化奖励机制，对吸纳搬迁人口落户多的地区给予财政支持。鼓励各地利用中央和省级财政衔接推进乡村振兴补助资金，积极支持城镇集中安置区实施符合规定的易地扶贫搬迁后续扶持项目。将符合条件的安置区融入新型城镇化相关项目纳入地方政府专项债券支持范围。鼓励引导省级相关投融资平台按照市场化原则，加大对大型安置区相关后续发展项目的投入力度。在不新增政府隐性债务的前提下，引导银行业金融机构加大对安置区后续发展的信贷投入，为推动安置区和搬迁群众融入新型城镇化提供高效优质的金融服务。

国家发展改革委　国家乡村振兴局
教育部　工业和信息化部
公安部　民政部　财政部
人力资源社会保障部　自然资源部
住房和城乡建设部　交通运输部
农业农村部　商务部　文化和旅游部
国家卫生健康委　中国人民银行
银保监会　市场监管总局
国家林草局
2022年12月28日

民政部　财政部　国家卫生健康委　中国残联关于开展"精康融合行动"的通知

民发〔2022〕104号

各省、自治区、直辖市民政厅（局）、财政厅（局）、卫生健康委、残联，各计划单列市民政局、财政局、卫生健康委、残联，新疆生产建设兵团民政局、财政局、卫生健康委、残联：

精神障碍社区康复服务是以促进精神障碍患者回归和融入社会为目标，以改善和提高患者生活自理能力、社会适应与参与能力和就业能力为重点，综合运用精神医学、康复治疗、社会心理、社会工作、社区支持、志愿服务等专业技术和方法，开展全生命周期关怀帮助、健康教育、功能训练、社会支持，以提高患者健康水平的专业社会服务。近年来，各地积极探索精神障碍社区康复服务模式、加强服务体系建设，取得一定成效，但仍存在工作机制不顺、资金投入不足、专业力量不强等问题，亟待深化以社区融合、家庭服务、居家照料为核心的精神障碍社区康复服务。为深入贯彻落实习近平总书记"关心关爱精神障碍人员"的重要指示精神，提高精神障碍社区康复服务质量和水平，为精神障碍患者提供更加公平可及、系统连续的基本康复服务，根据民政部等四部门《关于加快精神障碍社区康复服务发展的意见》（民发〔2017〕167号）要求，决定开展为期三年的全国精神障碍社区康复服务融合行动（以下简称精康融合行动）。

一、总体要求

（一）指导思想。以习近平新时代中国特色社会主义思想为指导，深入贯彻落实党的二十大精神，坚持以人民为中心，认真履行基本民生保障、基层社会治理、基本社会服务等职责，以促进患者回归和融入社会、减轻精神障碍患者、家庭及社会总负担为目标，着力推动精神障碍社区康复服务体系布局优化、资源投入整合强化、服务内容提质增效，促进基层治理体系和治理能力现代化，增强精神障碍患者及家庭获得感、幸福感，努力为全面建设社会主义现代化国家营造安全、平稳、健康、有序的社会环境。

（二）基本原则。

聚焦重点，精准实施。坚持示范带动，聚焦提高服务可及性、实施精准度，聚焦提升服务公平性、对象覆盖率，引导工作基础好、重视程度高的城市发挥引领示范作用，带动科学布局布点、夯实基础能力、提升服务效果。

统筹协调，汇聚合力。坚持系统观念，统筹存量与增量，发挥有关部门在规划布局、政策扶持、资源投入等方面的统筹引导作用，形成政策合力，构建分类指导、城乡统筹、上下联动的工作格局，推动精神障碍社区康复服务均衡发展。

需求牵引，提质增效。坚持需求导向，整合运用各类康复服务资源、方法和先进康复技术，着力提升精神障碍社区康复服务科学化、标准化、规范化发展水平，推动形成全方位、全生命周期的服务模式。

制度保障,持续运行。坚持顶层设计,总结精神障碍社区康复服务基层实践和创新,推动重要制度和工作机制成熟定型,引导多方资源投入和社会力量参与,促进精神障碍社区康复服务可持续发展。

(三)主要目标。用3年左右时间,基本形成布局健全合理、服务主体组成多元、形式方法多样灵活、转介衔接顺畅有序、管理机制专业规范的精神障碍社区康复服务体系,为实现2025年目标任务奠定坚实基础。

第一年(2023年1月至2023年12月),围绕"服务覆盖年"建设目标,精神障碍社区康复服务主体培育取得显著成效,依托现有资源建立的转介服务机制基本完善,全国统一的精神障碍社区康复服务国家转介信息平台(以下简称全国转介信息平台)基本搭建完成,精神障碍社区康复服务机构和康复对象档案数据比较完善。全国50%以上的县(市、区、旗)开展精神障碍社区康复服务,登记康复对象接受规范服务率达30%以上。

第二年(2024年1至2024年12月),围绕"提质增效年"建设目标,精神障碍社区康复服务形式较为丰富,康复对象疾病复发率、致残率显著降低,生活自理能力、就业能力明显提高,康复对象及照料者接受专业服务的意识和意愿显著增强,全国65%以上的县(市、区、旗)开展精神障碍社区康复服务,登记康复对象接受规范服务率达45%以上。

第三年(2025年1月至2025年12月),围绕"长效机制建设年"建设目标,全国精神障碍社区康复服务体系持续完善,服务专业性、稳定性、可及性明显增强,社会舆论环境持续向好,社会歧视现象明显减少。全国80%以上的县(市、区、旗)开展精神障碍社区康复服务,登记康复对象接受规范服务率达60%以上。

二、重点任务

(一)全国精神障碍社区康复服务体系建设布局优化行动。

1. 科学规划精神障碍社区康复服务体系建设。综合精神障碍流行病学调研数据、精神卫生服务机构数量、社区康复设施状况、社会工作者等专业人才规模等要素,统筹规划精神障碍社区康复服务体系建设,合理布局精神障碍社区康复服务机构。每个地级市应设置具备评估转介、培训督导、服务示范等综合功能的精神障碍社区康复服务机构,发挥辐射带动作用和指导功能,逐步推动精神障碍社区康复服务机构等级划分与评定。

2. 高质量建设基层服务网络。按照有利于满足精神障碍社区康复服务对象需求、交通便利、场所安全、转诊便捷、公用基础设施完善等原则,并根据日间照料和居家支持等不同功能要求,推动精神障碍社区康复服务机构场所面积、承载能力、功能设计、设施配置、人员配备构成等的标准化建设,逐步建立权责清晰、内部制度完备的规范化运行管理机制。

3. 统筹推进城乡精神障碍社区康复服务发展。拓展精神卫生医疗机构、社区卫生服务机构、乡镇卫生院等的技术支持和服务辐射范围;引导城市精神卫生优质服务资源到农村开展康复服务,通过驻点帮扶、人才培养、技术指导等方式提升农村地区精神障碍社区康复服务能力和水平;支持探索和推广适合农村地区的精神障碍社区康复服务模式,大力发展成本可负担、效果明显、方便可及的农村地区精神障碍社区康复服务。

(二)畅通精神障碍治疗与康复双向转介行动。

4. 改进精神障碍社区康复转介信息服务。统筹利用现有资源,整合形成全国统一的精神障碍社区康复服务国家转介信息平台,对接国家数据共享交换平台,实现与国家严重精神障碍信息系统等数据交换共享,以县(市、区、旗)为单位,推进辖区内精神卫生医疗机构、基层医疗卫生机构、社区康复服务机构及康复对象需求信息的收集、整合和共享,为康复对象提供及时、高效、便捷的转介服务。开展全国精神障碍社区康复服务现状摸底调查,建立完善精神障碍社区康复服务机构和康复服务对象信息档案,提高精神障碍社区康复服务精准管理水平,从源头上实现精神障碍治疗与精神障碍社区康复服务有效衔接。

5. 建立基于专业评估和自愿申请的转介登记机制。医疗机构对精神障碍患者开展出院康复评估、门诊就诊诊断评估,为符合条件的精神障碍患者及其监护人提供社区康复建议,引导其接受社区康复服务。对于有社区康复需求的严重精神障碍患者经患者及监护人同意后,有关医疗卫生机构通过国家严重精神障碍信息系统上传转介信息。全国转介信息平台通过国家数据共享交换平台获取患者评估转介数据。同时,精神障碍患者及监护人可通过精神卫生医疗机构或精神障碍社区康复服务机构的社会工作者自愿提出社区康复申请,由社会工作者审核评估康复需求后在全国转介信息平台登记。各类企事业单位、村(居)民委员会、社会组织和个人发现精神障碍患者社区康复需求时,可以通过相关机构、网络等适当渠道向全国转介信息平台提出登记申请,由社会工作者审核评估康复需求后给予登记。

6. 完善精神障碍社区康复服务机构康复转介机制。全国转介信息平台接收转介申请后,应及时汇总、分派、转送至精神障碍社区康复服务机构。因缺少承接服务的精神障碍社区康复服务机构,需要患者等候时间超过3个月的,应在康复转介前由社会工作者再次审核申请人意愿和实际情况。精神障碍社区康复服务机构应及时组织精神科医生、护士、康复师、社会工作者等专业人员对服务对象进行综合评估,出具康复意见。精神障碍患者离开本地的,原精神障碍社区康复服务机构应及时通过全国转介信息平台,将患者信息推送至其新居住地精神障碍社区康复服务机构对其开展康复服务。精神障碍社区康复服务机构在开展康复服务前,应与康复对象及监护人签订知情同意书、服务协议等。精神卫生医疗机构和精神障碍社区康复服务机构建立绿色通道,康复对象在社区康复期间病情复发的,可通过所在精神障碍社区康复服务机构向精神卫生医疗机构快速转介。

7. 建立完善精神障碍社区康复服务后转介机制。精神障碍社区康复服务机构应定期组织专业人员对康复对象的康复效果、疾病状态、生活自理能力、就业意愿和就业能力等情况开展定期转介评估,经评估符合转出条件的,按照不同需求进行推荐就业或公益性庇护性就业、申请其他类型社区康复服务、返回社区居住等转介服务,并将精神障碍社区康复服务后转介情况向全国转介信息平台登记结案。

各地要根据实际制定推行康复评估、后转介评估、知情同意、服务协议等方面的标准、程序和示范文本,规范服务转介及签约履约行为,鼓励有条件的地方使用电子协议。

(三)精神障碍社区康复服务供给能力提升行动。

8. 统筹利用各类精神障碍社区康复服务资源。利用好城乡社区各类服务机构等场地资源,依托精神卫生医疗机构、心理健康和精神卫生防治机构、社区卫生服务机构等技术支持,发挥精神卫生福利机构、有条件的残疾人康复中心等的辐射带动作用,提高精神障碍社区康复服务供给能力。推动引入第三方评价机制,对精神障碍社区康复服务内容及形式、服务质量、服务对象满意度、业务培训、行业标准与法规制定等开展综合评价,并明确评价结果使用办法。

9. 加快培育精神障碍社区康复服务多元市场主体。完善相关政策,鼓励社会力量通过公建民营、政府购买服务、政府和社会资本合作(PPP)等方式参与精神障碍社区康复服务供给。加大政府购买服务力度,明确政府购买服务的量化指标,支持提供精神障碍社区康复服务的社会服务机构和企业规模化、特色化、专业化发展。引导口碑好、经验丰富、专业素质强、服务质量高的品牌化社会服务机构发挥联动发展效应,每个地级市培育至少1家以提供精神障碍社区康复服务为主,专业化程度高、服务能力强、社会影响大的品牌化精神康复社会服务机构。

10. 丰富发展精神障碍社区康复服务内容。丰富完善服药训练、生活技能训练、社交技能训练、职业能力训练、居家康复指导等基础服务内容,不断健全满足全面康复需要的全人服务网络。根据儿童、青少年、老年人等不同年龄段康复对象的特殊需求和特点,设计专门的康复服务内容,以提高康复服务效果。有条件的地区可探索运用5G、智能机器人、虚拟现实等信息技术手段,构建工作生活服务场景,提升康复服务效果。

11. 推进精神障碍社区康复服务形式多样化。根据康复对象个性需求和实际情况,有针对性地提供日间训练和职业康复服务、过渡性住宿服务、居家支持和家庭支援、同伴支持、患者家属专家交流互助等多种形式的精神障碍社区康复服务。发挥社会工作者等精神障碍社区康复服务人员的创造性和自主性,大力推行个案管理、小组工作等精准康复服务形式。在制定机构运行和服务规范时,应增强服务的可及性、灵活性、个性化,避免形式主义、官僚主义,不得以过度标准化限制服务提供形式。开展相关工作过程当中,要严格保护服务对象隐私,保障数据信息安全,保护合法权益。

(四)高素质专业人才队伍建设行动。

12. 加强精神障碍社区康复服务专业人才挖掘使用。重视解决精神障碍社区康复服务人才短缺问题,大力培育精神卫生社会工作者队伍,动员组织具备精神障碍社区康复服务知识和技能的社会志愿服务队伍,用好用足精神科医师、康复师、心理治疗师、心理咨询师、公共卫生医师、护士等专业技术人才,为精神障碍社区康复服务提供人力支持。到"精康融合行动"结束时,精神障碍社区康复服务机构中具有精神卫生、社会工作、心理健康相关专业学历的从业人员应占30%以上。分级分类建立"精康融合行动"专家指导组,广泛开展技术指导、评估督导和培训示范工作,不断提高精神障碍社区康复服务的专业性、规范性。

13. 强化精神障碍社区康复服务从业人员督导培训。总结形成精神障碍社区康复服务理论与实践系统化课程,加强《精神障碍社区康复服务工作规范》宣贯,指导精神障碍社区康复服务从业人员根据实际需要接受岗前培训、集中培训、跟踪督导培训、职业技能培训。直接服务人员每年至少接受20小时的精神障碍康复专业知识培训,从事评估转介的社会工作者须经过精神障碍康复需求评估能力培训,切实提高从业人员素质能力,保障精神障碍社区康复服务效果和质量。推动将精神障碍社区康复服务理念、评估和转介列入精神科医师和护士培训内容,促进精神障碍诊疗和康复服务衔接。

14. 提高精神障碍社区康复服务人才保障水平。根据实际建立日常岗位服务评价和激励保障制度,对满意度高、口碑较好、康复效果好的精神障碍社区康复服务优秀人才在职称评定或技能评定上给予倾斜考虑,实行体现专业服务价值激励导向的薪酬分配制度。鼓励精神障碍社区康复服务机构投保雇主责任险,为员工投保意外伤害保险、职业责任保险。

(五)精神障碍社区康复服务可持续发展保障行动。

15. 强化政府政策引领推动作用。民政、卫生健康、残联等部门和单位通过统筹现有资源,积极支持"精康融合行动"实施,在政府购买服务、精神障碍社区康复服务人才引进和培训、精神障碍社区康复服务机构标准化建设等方面加大政策扶持力度。促进社会资本与中小精神障碍社区康复服务企业对接,落实企业税收优惠政策。支持符合条件的精神障碍社区康复服务企业发行社会领域产业专项债券。

16. 引导社会资金筹集和使用。推动实施"精康融合行动"过程中,注意更好发挥第三次分配调节作用,引导鼓励爱心企业、慈善组织、基金会设立专项基金、开展公益捐赠,支持符合条件且认定为慈善组织的精神障碍社区康复服务社会服务机构依法取得公开募捐资格,提高可持续发展能力。完善激励保障措施,落实慈善捐赠的相关优惠政策,引导社会力量支持参与提供精神障碍社区康复服务。

(六)精神障碍社区康复服务支撑体系优化行动。

17. 建立精神障碍社区康复服务记录和监管制度。建立服务记录和统计报告等运行监管制度,引导精神障碍社区康复服务机构采取信息化、电子化方式适当记录服务过程,作为监督依据。采取"双随机、一公开"、协同监管等方式加强精神障碍社区康复服务机构专业人才队伍稳定性、团队管理专业性、服务质量可控性、资金使用合规性等监管,不过度要求提供书面报告。通过设立监督电话、公众号等方式,为服务对象和社会公众提供监督渠道,促进精神障碍社区康复服务机构改进服务。

18. 加强标准化建设和价格监管。加强精神卫生领域有关国家标准的实施推广,根据地方实际建立完善精神障碍社区康复服务标准体系,鼓励先行出台地方性法规、规章。扶持培育精神障碍社区康复服务行业组织,促进行业自律和组织地区间交流。规范精神障碍社区康复服务价格秩序,实行明码标价并以适当方式向社会公开,定价既要保证精神障碍社区康复服务机构可持续发展,也要考虑当地实际消费水平。规范精神障碍社区康复服务协议的价格条款,对随意涨价行为加强监管。精神障碍社区康复服务机构要制定突发事件处置应急预案,防范消除安全风险和隐患。

19. 发挥正面宣传和社区支持作用。通过社区精神卫生健康宣传教育、政策宣传、公益广告等方式,引导社区居民接纳精神障碍患者。为精神障碍患者提供社区融入服务,推动其参加社区活动,建构社区关系网络。推动加强县(市、区、旗)、乡镇(街道)对城乡社区组织的指导,经常性走访了解辖区内精神障碍患者及家庭情况,帮助链接残疾人福利政策、职业康复等社会资源,改善患者家庭经济状况。

三、保障措施

20. 加强组织领导。建立党委领导、政府负责、部门协作、社会参与的工作机制,统筹协调解决突出问题,整合和集中使用相关部门的资金、政策及设施等资源,确保"精康融合行动"稳妥有序推进实施。民政部门要推动社区、社会组织、社会工作者、社区志愿者、社会慈善资源"五社联动"支持精神障碍社区康复服务发展,推进精神障碍治疗、康复有机衔接和转介,加强精神障碍社区康复服务标准化体系建设,促进精神障碍社区康复服务广泛开展。财政部门要加强资金保障,民政、卫生健康、残联等部门和单位依法对精神障碍社区康复服务所涉及资金使用情况、政府购买精神障碍社区康复服务社会服务机构情况进行监督管理。卫生健康部门要将精神障碍社区康复服务纳入心理健康和精神卫生防治体系建设，提供精神卫生医疗服务和专业技术人才支持，促进精神障碍预防、治疗、康复衔接。指导医疗机构将精神障碍患者康复评估情况及建议告知患者及监护人，引导其接受社区康复服务，并将有关信息上传至严重精神障碍信息系统，实现与全国转介信息平台共享。残联要积极反映精神残疾人诉求，维护精神残疾人康复权益，将精神障碍社区康复与残疾人康复、托养、就业等服务共同推进。对病情稳定、有就业意愿且具备就业能力的精神障碍社区康复服务对象提供就业培训指导，做好推荐就业和公益性庇护性就业转介工作。

21. 加大政策扶持。各地要落实好最低生活保障、城乡居民医疗保险、困难群众医疗救助、困难残疾人生活补贴和重度残疾人护理补贴、严重精神障碍患者监护职责以奖代补等政策。国家和省级有关部门形成政策合力，有条件的地方可创新发展政策，促进"精康融合行动"实施。

22. 制定行动方案。各省级民政部门会同相关部门根据本通知精神，结合当地实际情况，细化深化实化"精康融合行动"推进方案，并报民政部备案。

23. 加强督促落实。民政部将会同相关部门对推进方案实施情况进行跟踪监测，采取适当方式，通报各地"精康融合行动"进展情况；并适时征集发布一批"精康融合行动"优秀案例，确定一批基础扎实、示范性强的重点城市，发挥辐射示范作用。

民政部　财政部
国家卫生健康委
中国残疾人联合会
2022年12月29日

·国家乡村振兴局文件·

国家乡村振兴局　民政部
关于印发《社会组织助力乡村振兴专项行动方案》的通知

国乡振发〔2022〕5号

各省、自治区、直辖市和新疆生产建设兵团乡村振兴局、民政厅（局）：

为深入贯彻落实《民政部　国家乡村振兴局关于动员引导社会组织参与乡村振兴工作的通知》要求，进一步动员社会组织积极参与巩固拓展脱贫攻坚成果和全面推进乡村振兴，加大对国家乡村振兴重点帮扶县支持力度，更好发挥示范带动作用，国家乡村振兴局、民政部制定了《社会组织助力乡村振兴专项行动方案》，现印发给你们，请认真组织实施。

国家乡村振兴局　民政部
2022年5月7日

社会组织助力乡村振兴专项行动方案

为进一步动员社会组织积极参与巩固脱贫攻坚成果和全面推进乡村振兴，加大对国家乡村振兴重点帮扶县的支持力度，搭建社会组织助力乡村振兴工作平台，更好发挥示范带动作用，按照《民政部　国家乡村振兴局关于动员引导社会组织参与乡村振兴工作的通知》要求，结合工作实际，制定本方案。

一、总体要求

（一）指导思想。以习近平新时代中国特色社会主义思想为指导，全面贯彻落实党的十九大和十九届历次全会精神，坚定共同富裕方向，将巩固拓展脱贫攻坚成果放在突出位置，充分发挥社会组织作用，加大帮扶力度，助力守牢不发生规模性返贫底线。积极探索创新，加快推进社会组织参与乡村产业、人才、文化、生态、组织全面振兴。

（二）目标任务。组织动员部分重点社会组织对160个国家乡村振兴重点帮扶县进行对接帮扶，做好巩固拓展脱贫攻坚成果同乡村振兴有效衔接工作。动员社会组织积极参与乡村振兴，围绕乡村发展、乡村建设、乡村治理等重点工作，打造社会组织助力乡村振兴公益品牌。针对乡村振兴重点区域和重点领域，开展社会组织乡村行活动，搭建项目对接平台，促进帮扶项目落地实施。选树一批社会组织参与乡村振兴的先进典型，强化示范带动，推动形成社会组织助力乡村全面振兴良好局面。

二、基本原则

(一)坚持党的领导。坚持党对乡村振兴工作的全面领导,把加强和改进社会组织参与乡村振兴列入重要议事日程。加强社会组织党的建设,充分发挥社会组织党组织领导作用和政治核心作用,确保社会组织扎实有序参与乡村振兴。

(二)坚持政府主导。发挥政府主导作用,加大社会组织参与乡村振兴的政策引导、统筹协调和规范监管,为社会组织参与乡村振兴创造良好环境,提供必要支持。

(三)坚持依法推进。坚持依法合规管理,确保社会组织在参与乡村振兴的过程中遵守法律法规要求,建立合理有效的工作评估机制和应急处理机制,有效防范风险隐患。

(四)坚持社会协同。充分发挥社会组织优势作用,以社会组织参与乡村振兴为载体,引导和组织企业、公民个人等广泛参与。充分维护农民利益,尊重农民意愿,切实发挥农民主体作用。

三、重点任务

(一)结对帮扶国家乡村振兴重点县,持续巩固拓展脱贫攻坚成果。组织有一定实力和能力的全国性社会组织、东部省(市)社会组织,力争对160个国家乡村振兴重点帮扶县实现结对帮扶全覆盖,通过一个社会组织帮扶一个或多个重点帮扶县,或多个社会组织组团帮扶一个或多个重点帮扶县的方式参与帮扶。参与专项行动的社会组织要立足国家乡村振兴重点帮扶县实际,有针对性地开展产业、就业、教育、健康、养老、消费帮扶或多样化帮扶。鼓励东部省(市)社会组织依托东西部协作机制参与国家乡村振兴重点帮扶县工作。鼓励有国家乡村振兴重点帮扶县的西部省(区、市)的社会组织对本地的国家乡村振兴重点帮扶县开展帮扶活动。动员引导社会组织对西藏、新疆开展帮扶活动。参与结对帮扶的社会组织要注重对当地社会组织、志愿者和社会工作者的培育、培训,要挖掘当地潜力,激发当地发展活力,促进帮扶项目留得住、可持续、出成效。

(二)积极参与乡村振兴重点工作,打造社会组织助力乡村振兴公益品牌。引导不同类型的社会组织依据章程、业务范围和自身专长优势,开展专业化、差异化、个性化特色活动。动员引导行业协会商会等社会组织聚焦产业、就业和消费帮扶,打造社会组织参与乡村发展品牌。动员引导各类社会组织聚焦改善农村人居环境、完善基本公共服务设施、推进数字乡村建设,打造社会组织参与乡村建设品牌。动员引导公益慈善类社会组织、社区社会组织聚焦"三留守"人员等特殊群体巡访关爱、促进矛盾调解、发展农村养老服务、培育文明乡风等,打造社会组织参与乡村治理品牌。通过打造具有可持续性和影响力的公益品牌,动员引导各类社会组织充分发挥优势,积极开展示范创建,探索有效参与机制,抓点带面发挥好引领作用。

(三)聚焦重点区域和重点领域,开展社会组织乡村行活动。组织有条件、有实力的社会组织针对国家乡村振兴重点帮扶县和乡村振兴重点领域开展项目对接活动,集中优势资源助力巩固拓展脱贫攻坚成果和全面推进乡村振兴。每年根据工作推进情况确定当年社会组织乡村行的地域和主题,组织全国性社会组织和东部省(市)社会组织到相关地区,开展富有特色和成效的项目对接活动。对社会组织项目对接及项目落地情况进行持续跟踪,对社会组织乡村行活动进行研究总结,加强宣传推广,逐步推进形成活动品牌。

四、保障措施

（一）强化组织领导。国家乡村振兴局、民政部加强组织推动和统筹协调，推荐各自领域有一定实力和能力的社会组织，与国家乡村振兴重点帮扶县进行结对帮扶，并组织开展打造乡村振兴公益品牌和社会组织乡村行活动。强化年度工作部署，及时调度进展情况，研究解决存在的问题。国家乡村振兴局社会帮扶司和民政部社会组织管理局作为联络单位，具体负责沟通协调、跟踪调度、典型宣传等工作。

（二）强化政策支持。国家乡村振兴局、民政部推动社会组织资源供给和农村需求实现有效对接，为社会组织参与乡村振兴搭建参与平台、提供信息服务。鼓励通过政府购买服务推动社会组织参与乡村振兴，鼓励各地民政、乡村振兴部门出台配套扶持政策，为社会组织开展活动提供政策支持。

（三）强化工作落实。各省级乡村振兴部门、民政部门协调好本省（区、市）社会组织助力乡村振兴工作，可按照本方案，制定本省（区、市）社会组织助力乡村振兴行动方案，每年底向国家乡村振兴局、民政部报送本地区社会组织参与乡村振兴工作情况。县级乡村振兴部门会同民政部门协调做好社会组织与国家乡村振兴重点帮扶县结对工作，提出工作需求，加强工作对接，衔接做好社会组织助力乡村振兴相关工作。

（四）强化组织培训。民政部、国家乡村振兴局围绕提升社会组织参与乡村振兴工作组织开展培训。各地民政和乡村振兴部门要加大对社会组织的政策引导和能力培训，推动社会组织有效参与乡村振兴。

（五）强化激励引导。国家乡村振兴局会同民政部搭建社会组织参与乡村振兴专项行动统计平台，建立反映社会组织参与乡村振兴专项行动的评估评价体系。开展社会组织参与乡村振兴案例征集研究，围绕专项行动选树优秀社会组织和知名公益品牌，总结经验做法，加大宣传推介，发挥示范引领作用，营造支持社会组织参与乡村振兴的良好氛围。

国家乡村振兴局关于进一步健全完善帮扶项目联农带农机制的指导意见

各省、自治区、直辖市和新疆生产建设兵团乡村振兴局，有关省、直辖市协作办（对口办）：

脱贫攻坚期间，各地建立产业扶贫带贫减贫机制，带动农户参与产业发展，不断增加贫困人口收入，为助力打赢脱贫攻坚战发挥了重要作用。脱贫攻坚战取得全面胜利后，各地认真落实"四个不摘"要求，继续加大产业帮扶力度，持续完善帮扶项目联农带农机制，不断巩固拓展帮扶成效。但在实际工作中，有的地方还存在帮扶项目联农带农机制不健全、带动责任落实不到位、带动方式比较单一、带动效果不够明显等问题，影响帮扶项目资金效益发挥和农户持续稳定增收。为进一步健全完善联农带农机制，有效发挥帮扶项目资金对农户特别是脱贫人口、防止返贫监测帮扶对象（以下简称"监测对象"）的带动作用，使其更多分享产业增值收益，不断增强自我发展能力，持续稳定增加收入，更好巩固拓展脱贫攻坚成果、全面推进乡村振兴，现就过渡期内进一步健全完善帮扶项目联农带农机制，提出如下指导意见。

一、总体要求

以习近平新时代中国特色社会主义思想为指导，全面落实党中央、国务院关于巩固拓展脱贫攻坚成果同乡村振兴有效衔接决策部署，切实提高帮扶项目资金使用效果，健全完善帮扶项目联农带农机制，带动农户参与产业发展，持续增加收入。坚持获得支持与落实联农带农责任相结合，使用相关帮扶资金的经营性帮扶项目，原则上都要建立联农带农机制，做到应带尽带。坚持强化带动效益与提升带动能力相结合，科学合理确定带动方式和受益程度，健全完善"带得准""带得稳""带得久"的长效机制，既带动农户实现增收，又促进帮扶项目持续发展，为巩固拓展脱贫攻坚成果、全面推进乡村振兴提供有力支持。

二、确定联农带农对象

建立联农带农机制的帮扶项目，重点对脱贫人口和监测对象进行带动帮扶，在此基础上，有序带动其他农户发展。注重发挥农户主体作用，强化依靠辛勤劳动稳定脱贫、增收致富的工作导向，不断激发群众内生动力，提高自我发展能力。

三、落实联农带农责任

纳入扶贫项目资产管理的经营性项目资产，原则上都要建立联农带农机制，资产经营主体要落实联农带农责任。过渡期内，使用各级财政衔接推进乡村振兴补助资金、脱贫县统筹整合使用财政涉农资金、东西部协作资金、中央单位定点帮扶无偿援助资金、社会捐赠资金（上述资金以下统称为"帮扶资金"）扶持的经营性项目，原则上都要建立联农带农机制，项目经营主体要落实联农带农责任。其他资金支持的经营性帮扶项目，具备条件的鼓励建立联农带农机制，采取多种方式带动农户受益。

四、增强联农带农能力

（一）培育壮大农业经营主体。培育发展龙头企业、农民专业合作社、家庭农场、专业大户等农业经营主体，不断提升农业经营主体发展水平和带动能力。鼓励农业经营主体在具备条件的村建设生产基地，加强田头市场、产地储藏、保鲜烘干、食品加工、物流配送等产业设施建设，将适合就地承接的采购订单和劳务等提供给农民专业合作社、村集体经济组织或农户。

（二）加强产业园区建设。支持各地围绕培育壮大特色优势产业，推动产业园区建设，促进特色产业发展。充分发挥东西部协作、省内区域协作、定点帮扶、"万企兴万村"行动等社会帮扶机制作用，加强脱贫地区与经济发达地区的经济交流合作，共建产业园区，加大企业引进力度，推动产业梯度转移。重点发展劳动密集型产业，提升县域就业容量。着力优化营商环境，细化落实支持措施，支持入园企业发展。

（三）增强村集体经济组织发展活力。发挥基层党组织战斗堡垒作用，采取多种措施增强村集体经济组织发展活力，深入推进农村产权制度改革，加强农村集体资产管理和运营，整合盘活农村各项资源要素，培育壮大村集体经济，夯实农户稳定收益的基础。过渡期内经营性帮扶项目资产权属和收益尽量下沉到村到户，确权到村集体的经营性资产收益权量化到成员，在充分尊重成员意见的基础上可将集体收益优先用于脱贫人口和监测对象。帮扶项目产生的村集体经济收益重点用于产业基础设施、乡村公益性岗位、项目运营维护、村级公益事业等。杜绝简单发钱发物，防止"一股了之""一发了之"和"泛福利化"。

（四）支持就业帮扶车间升级发展。进一步支持就业帮扶车间升级发展，持续巩固帮扶成效，引导就业帮扶车间吸纳更多农村劳动力就地就近稳定就业。对具有较好市场前景的帮扶车间，积极支持其发展壮大，推动帮扶车间发展成为稳定吸纳就业的产业。对闲置的就业帮扶车间积极盘活，调整优化，提升经营带动能力。

五、规范联农带农方式

（一）带动农户发展生产。积极推行经营主体直接带动农户发展生产的利益联结模式，引导支持经营主体与农户通过订单生产、托养托管、产品代销、保护价收购等多种方式，建立利益联结机制，形成经营主体与农户在产业链上优势互补、分工合作的格局，把有发展意愿和能力的农户纳入产业发展之中，增加农户经营性收入。

（二）吸纳农村劳动力稳定就业。积极推动经营主体通过吸纳就业等方式，建立与农村劳动力的利益联结。支持经营主体拓宽用工渠道，扩大用工数量，规范用工方式，积极吸纳农村劳动力就业，稳定增加农村劳动力工资性收入。对劳动能力较弱的农村劳动力，支持通过设立乡村公益性岗位等方式，帮助其实现就业增收。

（三）促进农户共享资产收益。使用帮扶资金的经营性项目，应明确所形成帮扶项目资产的产权归属和收益分配方式，并通过方案、协议等形式予以明确，确保发挥联农带农作用。引导支持农户以资金、土地、房屋、自有设备等资产入股经营主体，以"保底收益+按股分红"等方式获得收益；鼓励农户通过土地流转、房屋租赁等方式获得租金收益，增加农户财产性收益。

六、加强组织领导

（一）加强统筹协调。各级乡村振兴（东西

部协作)等部门要进一步提高思想认识,把健全完善帮扶项目联农带农机制作为加强帮扶资金使用管理和促进农户增加收入的重要举措,切实强化组织领导,进行专题安排部署,加强调度推进,多措并举抓好工作落实,督促经营主体认真落实联农带农责任。各地结合实际,根据帮扶项目类型和帮扶资金投入规模,确定具体的联农带农方式、标准和预期成效,确保带动效果。

(二)强化监督管理。各级乡村振兴(东西部协作)部门要会同相关行业部门,按照"谁审批谁负责、谁使用谁负责"的原则,加大对帮扶项目联农带农机制落实情况的监督。使用帮扶资金的经营性项目,在纳入巩固拓展脱贫攻坚成果和乡村振兴项目库时,要审核联农带农机制和预期成效,没有建立联农带农机制和明确成效的,不得纳入项目库;未建立联农带农机制的经营性帮扶项目,不得审批实施。对已经实施的帮扶项目要加强监督检查,科学评估联农带农方式和效果,及时发现解决存在的问题,对不履行带动责任或者带动效果差、资产闲置、经营亏损的帮扶项目,要妥善整改;对挂名帮扶却未产生带动效果的项目,要及时处置,坚决制止打着帮扶旗号从事与帮扶无关的活动。将健全完善联农带农机制情况纳入巩固拓展脱贫攻坚成果同乡村振兴有效衔接考核评估内容,强化考核指挥棒作用,推动工作落地落实。

(三)注重宣传引导。各级乡村振兴(东西部协作)部门要会同相关部门加强联农带农政策宣传解读,提高政策知晓率。总结推广工作中的好经验、好做法,积极选树联农带农机制完善、带动效果明显、可学可用的先进典型,充分运用报刊、电视、广播、网络等媒体资源进行宣传,发挥示范带动作用。

各级乡村振兴(东西部协作)部门要结合本地实际,制定健全完善帮扶项目联农带农机制的具体实施细则,细化要求,明确责任,抓好落实。

国家乡村振兴局

2022年9月20日

国家乡村振兴局　中国科协关于印发《组建产业顾问组支持脱贫县产业发展专项工作方案》的通知

各省、自治区、直辖市和新疆生产建设兵团乡村振兴局、科协，有关省、直辖市协作办（对口办），中国科协所属全国学会、协会、研究会：

《组建产业顾问组支持脱贫县产业发展专项工作方案》已经国家乡村振兴局、中国科协研究通过，现印发你们，请结合实际，认真抓好贯彻落实。

国家乡村振兴局　中国科协

2022年9月23日

组建产业顾问组支持脱贫县产业发展专项工作方案

农业农村现代化关键在科技、在人才。坚持人才下沉、科技下乡、服务"三农"，对于促进脱贫县产业发展和脱贫群众增收，有效巩固拓展脱贫攻坚成果，加快全面推进乡村振兴，具有十分重要的意义。为深入贯彻落实党中央、国务院关于动员广大科技工作者助力乡村振兴的决策部署，着力强化科技和人才支撑，推动脱贫县产业发展，按照《中共中央、国务院关于做好2022年全面推进乡村振兴重点工作的意见》要求，落实《中国科协、国家乡村振兴局关于实施"科技助力乡村振兴行动"的意见》具体安排，现就组建产业顾问组支持脱贫县产业发展有关工作，制定如下方案。

一、总体要求

以习近平新时代中国特色社会主义思想为指导，贯彻落实党中央、国务院关于巩固拓展脱贫攻坚成果同乡村振兴有效衔接的决策部署，坚持乡村振兴的前提是巩固拓展脱贫攻坚成果，把增加脱贫群众收入作为根本措施，把促进脱贫县加快发展作为主攻方向，不断强化科技和人才支撑，着力推动脱贫县产业发展。坚持政府引导与社会动员相结合。采取政策引导、金融服务等措施，支持科技人才服务脱贫县产业发展。发挥科协组织优势，依托各级科协组织、科研单位，进行广泛深入发动，动员广大科技工作者、专家学者积极参与，汇聚各方力量，统筹各类资源，建立广泛协同、多方参与的工作格局。坚持因地制宜与精准匹配相结合。综合考虑脱贫县资源禀赋、产业基础、市场需求、技术支撑等因素，坚持问题导向和需求导向，围绕脱贫县产业发展瓶颈短板，找准工作切入点，实现科技人才智力优势与脱贫县产业发展需求精准匹配。坚持统筹推进与自愿对接相结合。统筹科技人才资源和脱贫县产业发展需求，搭建上下联动、集成优势、对接参与的平台，建立健全对接机制，推动脱贫县与科技人才双向选择，自主自愿建立合作关系，充分调动各方参与的积极性和主动性。

二、重点任务

动员引导广大科技工作者组成产业顾问组，为国家乡村振兴重点帮扶县之外的脱贫县（以下简称"脱贫县"）提供科技服务。聚焦脱贫县县域要求最紧迫、发展最急需的产业，围绕产业发展方向、布局和定位，瞄准生产、加工、保鲜、储运、品牌等全产业链发展关键技术，提供科技对接服务，帮助脱贫县找准产业发展方向，解决产业发展中的突出问题，提升一二三产业融合发展水平，为脱贫县巩固拓展脱贫攻坚成果同乡村振兴有效衔接提供智力和技术支持。

三、组建产业顾问组

根据脱贫县产业发展现状和需求摸底情况，由中国科协从全国学会、企业科协、高校科协、各级科协组织、各级农技协组织等有关单位中遴选科技工作者，组成产业顾问组。以"一县一组"的方式，与脱贫县建立对接关系，开展科技服务。每个产业顾问组由10名左右科技工作者组成，其中脱贫县科技工作者1至2名，由脱贫县推荐。组长由国家级专家担任，负责统筹安排和组织开展产业顾问组工作。

四、工作内容

（一）指导主导产业发展。对于已经有明确主导产业的脱贫县，重点围绕延伸产业链条、提升产品附加值、促进主导产业提质增效和做大做强等方面，提供科技服务。对于尚需进一步明确主导产业的脱贫县，帮助摸清产业发展现状、挖掘特色资源潜力、把准县域比较优势，指导制定县域主导产业发展规划，促进脱贫县培育壮大特色优势主导产业。

（二）提供决策咨询服务。组织开展产业发展调查研究，帮助梳理脱贫县产业发展存在的问题，提出优化产业产品结构、促进产业发展的意见建议。开展专家咨询，围绕发展环境、产业政策、项目建设、前沿技术、市场开拓和风险防控等，提供决策服务。

（三）开展技术指导服务。结合脱贫县产业发展实际，跟踪提供技术指导，围绕生产、加工、流通等环节存在的技术瓶颈，加强技术攻关，攻克一批制约当地产业发展的关键技术。聚焦产品标准化生产和品牌化打造，开展产业科技服务，促进产业提档升级。

（四）帮助培养本土人才。产业顾问组通过专题讲座、现场讲解、示范服务等方式，开展产业发展带头人培训，帮带一批懂技术、会经营、善管理的产业发展带头人。立足脱贫县实际，挑选有培养潜力的基层科技人员，开展结对帮带，着力培养本土技术骨干人才，积极培育促进产业发展的农技协等社会组织。

（五）促进科研成果转化。通过建立科技成果转移转化试验示范基地等方式，进行品种引进、技术推广和成果转化，促进脱贫县产业技术迭代升级。围绕脱贫县产业发展技术瓶颈，推动一批符合产业转型发展需求的科技成果在脱贫县转化应用。发挥科技工作者联系广泛的优势，帮助脱贫县引进科技企业，承接产业转移，带动产业发展，促进群众增收。充分利用数字化技术和在线创新创业平台，开展线上线下一体化科技服务，强化资源下沉效果，协同基层治理。

五、保障措施

（一）统筹整合资源。产业顾问组在脱贫县服务的项目，符合条件的可按程序申报，经村、乡两级公告公示（在固定公开栏公开均不少于10天），严格论证审批后纳入县级巩固拓展脱贫攻坚成果和乡村振兴项目库，在县级政府门户网站主动公开，接受各方面监督。按程序入库的项目可统筹财政衔接推进乡村振兴补助资金、东西部协作资金、定点帮扶资金等现有资金政策,积极协调金融机构给予支持。依托"科创中国"、科技小院、全国科普示范县(市、区)等现有科技服务品牌工作,加大对产业顾问组工作的支持力度。

(二)建立激励机制。国家乡村振兴局和中国科协对产业顾问组和成员进行认定,并发放聘书。对产业顾问组和成员,由脱贫县进行工作评价,国家乡村振兴局和中国科协汇总有关方面意见给予评价,向产业顾问组成员派出单位进行通报。对工作业绩突出的产业顾问组和成员,进行表扬,对地方认可、群众满意的产业顾问组和成员,向有关部门推荐报送有关情况。推动有关部门在评优评先、科研成果认定、职称评审等方面对产业顾问组成员予以倾斜支持。

(三)强化工作支撑。脱贫县要为产业顾问组创造必要的工作和生活条件,为其提供工作场所、交通保障和食宿等服务。要加强协调服务,积极搭建平台,协调产业顾问组与项目实施主体建立合作对接关系,促进产业顾问组工作落地落实。

六、实施步骤

(一)自愿申报。脱贫县对当地产业发展进行深入分析研究,梳理需要外部科技工作者提供服务的急迫需求,汇总形成需求事项。脱贫县已有科技服务团队的,继续做好相关工作。脱贫县没有科技服务团队或者虽有科技服务团队但仍需县域外科技工作者提供服务的,按照确有需求、自主自愿的原则,向市级乡村振兴部门和科协组织提出产业顾问匹配申请,经省级乡村振兴部门和科协组织审核,报国家乡村振兴局和中国科协。国家乡村振兴局和中国科协建立脱贫县产业发展需求清单,依托"科创中国"平台汇聚脱贫县产业技术需求,为促进产业顾问组与脱贫县产业发展需求精准对接提供支撑。

(二)精准匹配。国家乡村振兴局和中国科协对各省(自治区、直辖市)上报的产业顾问匹配申请进行综合分析研判,按照成熟一批、匹配一批的原则,确定匹配产业顾问组的脱贫县名单。国家层面,中国科协依托全国学会、各有关科协组织等,围绕脱贫县产业顾问匹配申请,动员相关领域科技工作者参与产业顾问组工作,建立产业顾问专家库。各省级科协积极推荐本地科技工作者进入产业顾问专家库。东部省(直辖市)协作部门、科协组织依托东西部协作结对关系,按照每个结对的脱贫县1至2名科技工作者的标准,组织动员本地科技工作者参与协作地产业顾问组工作,纳入东西部协作人才交流工作范畴。中西部省(自治区、直辖市)科协组织动员本地科技工作者参与脱贫县产业顾问组工作。中国科协和国家乡村振兴局统筹各方面科技工作者资源,确定脱贫县产业顾问组人员名单。

(三)对接合作。省级乡村振兴部门和科协组织协调所辖脱贫县与产业顾问组进行对接洽谈,在双方自主自愿的前提下,确定合作重点事项。需要进行深度合作的,双方签订合作协议。产业顾问组采取柔性工作方式,根据脱贫县产业发展需求,每年安排一定时间开展现场服务。产业顾问组定期开展集中会商,原则上每半年至少召开1次会商会议,交流情况、研究问题、提出意见建议,为脱贫县产业发展提供针对性的服务。产业顾问组与脱贫县建立远程指导机制,通过视频会议等形式提供服务支持,根据实际情况随时开展对接活动。产业顾问组与脱贫县共同协商,每年年初形成工作计划,年底形成工作总结,省级乡村振兴部门和科协组织汇总后,报送国家乡村振兴局和中国科协。

七、工作要求

（一）压实工作责任。国家乡村振兴局和中国科协结合实际，强化配合协作，把组建产业顾问组支持脱贫县产业发展作为科技助力乡村振兴的重要工作摆上议事日程。省、市、县乡村振兴部门和科协组织要建立工作协调机制，统筹协调产业顾问组支持脱贫县产业发展专项工作，定期开展工作会商。省、市、县乡村振兴部门和科协组织要分别确定1名联络员，具体做好产业顾问组的沟通联系工作。脱贫县要主动对接，精心组织实施，每个脱贫县要明确1名县级党委或政府负责同志作为召集人，负责做好本县产业顾问组的沟通对接、日常联络、服务保障等工作。脱贫县每年要与产业顾问组共同研究制定工作计划，系统谋划全年科技服务工作，并召开相关会议进行部署。

（二）强化管理服务。各级乡村振兴部门和科协组织建立产业顾问组及其成员台账，实行动态管理，定期调度工作进展，对产业顾问组工作情况开展效果评估。对产业顾问组服务的项目要强化跟踪管理，主动接受和配合纪检监察、审计和社会各界监督，有效防范风险隐患，防止发生违规违纪问题。产业顾问组开展科技服务工作要严格遵守中央八项规定精神等有关规定，注重工作实效，坚决防止出现形式主义问题，切实减轻基层负担。

（三）做好跟踪评价。各级乡村振兴部门和科协组织要做好跟踪评价工作，及时发现整改有关问题，改进相关工作。要及时总结成功模式和经验做法，加强宣传引导，大力宣传产业顾问组先进团队和典型事迹，复制推广一批操作性强、惠农范围广、经济社会价值高的典型案例，营造科技助力脱贫县产业加快发展和乡村全面振兴的良好氛围。

国家乡村振兴局 农业农村部
关于鼓励引导脱贫地区高质量发展庭院经济的指导意见

各省、自治区、直辖市和新疆生产建设兵团乡村振兴局、农业农村厅（局、委）：

为深入贯彻习近平总书记关于巩固拓展脱贫攻坚成果的重要指示精神，落实党中央、国务院部署要求，有效应对新冠肺炎疫情影响，守牢不发生规模性返贫底线，现就鼓励引导脱贫地区高质量发展庭院经济提出如下意见。

一、重要意义

脱贫攻坚以来，脱贫地区农民收入实现较快增长，但与全国平均水平相比仍有较大差距。千方百计增加脱贫群众收入，不断缩小收入差距，对巩固拓展脱贫攻坚成果、守牢不发生规模性返贫底线至关重要。当前，农村劳动力就业不充分，特别是受新冠肺炎疫情影响，部分脱贫劳动力返乡回流，部分有外出务工意愿的脱贫劳动力无法外出务工。鼓励和引导农户特别是脱贫人口和防止返贫监测对象（以下简称"监测对象"）在符合用地政策前提下，利用自有院落空间及资源资产，高质量发展庭院经济，是促进就地就近就业创业、发展乡村特色产业、拓展增收来源的有效途径。

二、总体要求

（一）指导思想。以习近平新时代中国特色社会主义思想为指导，深入贯彻落实党中央、国务院决策部署，立足新发展阶段、贯彻新发展理念、构建新发展格局、推动高质量发展，坚持以农业农村资源为依托，以农户为主体，以市场化、特色化、品牌化为导向，与区域特色主导产业相协调，按照项目到户、扶持到人的要求，加大创新驱动，强化政策引导，提升组织化水平，拓展庭院经济增值增效空间，为脱贫地区培育壮大特色优势产业，多渠道增加农民收入，实现巩固拓展脱贫攻坚成果同乡村振兴有效衔接提供有力支撑。

（二）工作原则。

——坚持依法依规、符合政策。严格遵守土地、环保、市场监管等方面的法律法规，认真落实国家相关政策，坚持节约集约用地、依法合规生产经营，坚决防止出现乱占耕地、违规搭建、质量安全等问题。对不符合相关规定和要求的庭院经济项目不予支持。

——坚持因地制宜、分类指导。科学把握发展庭院经济的基础和条件，在适宜地方推进实施高质量庭院经济项目。从实际出发，突出乡土特色，走特色化、差异化发展路子，宜种则种、宜养则养、宜加则加、宜商则商，探索发展多种类型庭院经济。鼓励非脱贫县结合实际，因地制宜发展庭院经济。

——坚持稳扎稳打、有序推进。强化科学论证、注重典型引路，合理确定发展模式和目标。树立正确政绩观，坚决杜绝刮风搞运动，防止不顾实际、一哄而上。不搞层层加码，不搞一刀切,不搞形式主义,久久为功,扎实推进。

——坚持政府引导、农民主体。尊重农民意愿,以农户为主体开展庭院生产经营,加强组织引导,调动农民的积极性、主动性、创造性。采取政策引导、技术服务、消费帮扶等措施,扶持多种类型、适度规模的庭院经济发展。

——坚持市场导向、融合发展。立足资源条件和市场需求,顺应产业发展规律,创新经营方式,强化庭院经济经营户与龙头企业、农民专业合作社、家庭农场等生产经营主体的分工协作和利益联结,增强庭院经济发展活力,提高庭院经济市场竞争力。强化农业全产业链带动,促进庭院经济与农村一二三产业融合发展。

——坚持生态优先、绿色引领。强化庭院经济发展与自然环境相融合、与乡村建设和乡村治理相结合,促进经济效益与生态效益、社会效益相统一,绿化美化庭院,改善农村人居环境,实现资源利用更加高效,庭院环境更加美丽。

(三)主要目标。到2025年,脱贫地区庭院经济产业规模不断扩大,产业类型更加丰富,产销衔接更加顺畅,发展活力持续增强,发展水平明显提升。农户特别是脱贫人口和监测对象参与发展庭院经济成效明显,内生动力进一步激发,自我发展能力不断增强,通过庭院经济获得的收入持续增加。

三、发展重点

(一)发展庭院特色种植。筛选市场前景好、附加值高的种植品种,重点发展蔬菜、林果、花卉、盆栽等特色作物,加大新品种、新技术试验推广,形成与大田作物差异化、互补性发展,填补市场空缺,提高种植效益,确保质量安全。发展庭院设施农业,因地制宜种植中药材、食用菌等附加值高的特色经济作物,打造一批微茶园、微菜园、微果园、微菌园。城镇近郊可适当发展时令鲜蔬、名优花木等,就近满足城市消费。探索实行统一规划布局、统一技术标准、统一收购销售、分户经营种植的发展模式。

(二)发展庭院特色养殖。积极推广适合庭院养殖的特色优良品种,优化养殖结构,应用养殖新技术、新模式,强化兽药、饲料及饲料添加剂等农业投入品科学使用指导,提高养殖效益。根据脱贫地区实际合理规划庭院生活区与养殖区,实现人畜分离、干净整洁。改善庭院养殖条件,提高生产管理水平,推动庭院养殖融入当地现代养殖业生产体系。强化动物防疫,做好重大动物疫病和常见多发动物疫病防控工作。

(三)发展庭院特色手工。立足乡村特色资源,开发具有鲜明地域特点、民族特色、乡土特征的特色产品,满足市场多样化、特色化需求,培育乡村产业发展新的增长点。传承创新乡村传统工艺,发展特色食品和特色手工艺品,培育乡村工匠,创响"土字号"乡村特色品牌。依托乡村非物质文化遗产,发展一批特色鲜明、带动作用明显的非遗工坊。引导文化创意公司、民间手工艺人等领办或创办一批家庭工厂、手工作坊,开发一批乡村特色文创产品。指导利用闲置庭院设立帮扶车间,带动群众增加收入。

(四)发展庭院特色休闲旅游。推进庭院经济与休闲农业、民宿旅游等融合发展,拓展庭院多重功能。指导农户依托当地文化旅游资源,利用自有庭院发展特色民宿、家庭旅馆、休闲农庄、农家乐、小型采摘园等,促进农文旅融合,打造一批精品田园和美丽庭院。积极引导城镇居民到乡村消费,把农村庭院变成城市居民的小菜园、后花园、微农场,满足定制化、个性化、差别化服务需求,将乡村生态环境优势转变为产业发展优势。

（五）发展庭院生产生活服务。鼓励龙头企业、农民专业合作社、家庭农场和农业社会化服务组织通过整村领办、合作经营等方式，带动农户利用现有庭院开展代收代储、产品代销、原料加工、农资配送、农机作业等生产性服务。指导农户利用自有庭院设立电商销售点、直播带货点、快递代办点等，开办小超市、小餐饮、理发店、修理店等生活性服务业，为村民提供便利服务，增加农户经营收入。

四、支持政策

（一）用好资金支持政策。在适合发展庭院经济的地方，谋划一批庭院经济重点项目，符合条件的按程序申报，村、乡两级公告公示（在固定公开栏公开均不少于10天），经严格论证审批后纳入县级巩固拓展脱贫攻坚成果和乡村振兴项目库，在县级政府门户网站主动公开。统筹各级财政衔接推进乡村振兴补助资金、东西部协作资金、定点帮扶资金等现有资金，对符合条件的庭院经济项目给予支持。动员社会资本投入庭院经济发展，强化与农户的带动联结，促进共同发展。县级要细化支持庭院经济发展项目资金管理使用措施，规范项目资金管理，提高资金使用效益。

（二）用好金融支持政策。落实好脱贫人口小额信贷政策，支持符合条件且有贷款意愿的脱贫人口和监测对象申请小额贷款用于发展庭院经济。加强与金融机构的对接，用好创业担保贷款、"富民贷"等金融产品。鼓励脱贫地区利用保险政策，加大庭院经济保险支持，提升庭院经济风险保障水平。

（三）用好创业就业支持政策。将符合条件的庭院经济经营户纳入乡村创业就业政策支持范围。鼓励大学毕业生、雨露计划毕业生、退伍军人、有技能的退休人员、乡村工匠、返乡人员等各类人才从事庭院经济，做好创业咨询、项目策划、手续办理等服务，落实产业帮扶政策，带动庭院经济加快发展。鼓励采取多种形式对庭院经济经营户进行培训指导，帮助解决生产经营中的困难问题，提高农户发展庭院经济的基本技能和经营管理水平。

（四）用好消费帮扶支持政策。加大产销对接力度，组织庭院经济经营户与城市市场、超市、酒店、网购平台、社区团购、文旅经营主体等开展对接活动，建立稳定购销关系，将庭院经济产品和服务供给与市场需求紧密联系起来，帮助解决销售问题。加大消费帮扶力度，东西部协作、定点帮扶、社会力量帮扶将采购和帮助销售庭院经济产品作为支持内容，帮助提升产品品质和知名度，不断拓宽销售渠道。加大电商平台帮扶力度，动员电商企业与脱贫地区对接，采取针对性帮扶措施，帮助扩大庭院经济产品销售规模。支持庭院经济经营户加大电商营销力度，开展直播带货，多种渠道促进产品销售。

五、组织实施

（一）加强统筹协调。省级农业农村部门立足部门职责，发挥行业优势，做好脱贫县庭院经济发展规划（实施方案）制定、项目谋划实施指导，以及技术服务、人才培训等方面工作；乡村振兴部门协调加大相关帮扶力量和帮扶资金支持力度，加强联结带动机制建设。乡村振兴部门会同农业农村等部门，强化分类指导、经验交流和督促检查，统筹推进脱贫地区高质量发展庭院经济。适宜发展庭院经济的脱贫县要制定扶持庭院经济发展的具体措施，建立工作推进机制，强化责任落实。充分发挥县级行业部门和乡村干部、驻村第一书记和工作队作用，加强庭院经济重点项目跟踪服务，开展一对一帮扶，围绕项目实施的关键环节、困难问题等进行协调服务，确保项目实施质量。在县乡两级遴选庭院经济技术指导员，在村一级培养庭院经济"明白人"，为发展庭院经济的农户提供指导服务。

(二)加强规划引导。具备条件、有发展意愿的脱贫县要充分对接县域"十四五"特色产业发展规划,因地制宜制定高质量发展庭院经济规划,明确发展布局、目标、重点和技术模式等。具备条件的乡(镇)、村和易地扶贫搬迁安置点,整体制定实施方案,明确庭院经济建设内容、标准、方式、规模等,研究确定重点项目。盘活闲置庭院资源,对于村内无劳动能力或长期在外农户,按照自愿有序原则,动员其规范有偿流转庭院发展庭院经济。对具备良好资源禀赋和生态环境条件的村,通过租赁等方式引进有实力的经营主体,对闲置庭院进行统一规划、改造升级、专业化经营。鼓励发展庭院经济的村扎实稳妥推进乡村建设,持续改善村庄环境。

(三)加强联结带动。建立健全"村党组织+新型经营主体+村集体经济组织+农户"利益联结机制,发挥当地产业乡土能人、经营大户等示范带动作用,用好"龙头企业+""合作社+""致富带头人+"等模式,鼓励各类经营主体通过领办、订单生产、流转入股等多种方式,与庭院经济经营户建立紧密合作关系,统一培训、统一供料、统一收购,走分散生产、联合经营、规模发展之路,实现庭院经济与产业链有效联结。组织动员餐饮企业与庭院经济经营户加强合作,建立食材供应点,形成稳定的供应关系。组织动员工业企业、帮扶车间将适合分散加工的产品延伸到庭院经济经营户,因地制宜设立庭院加工点,带动庭院加工业发展,促进就地就近就业。组织动员文旅经营主体与庭院经济经营户合作,打造住农家屋、干农家活、吃农家饭的农村体验式旅游线路。

(四)加强督促检查。适宜发展庭院经济的脱贫县要建立庭院经济规范管理相关制度,强化绿色导向、标准引领,把标准化贯穿庭院经济发展全过程,提高庭院经济经营管理水平。加强日常指导管理,落实安全生产责任,确保农产品质量安全,确保庭院服务规范有序。加强庭院经济项目资金绩效管理和监督检查,确保其发挥应有效益。对庭院经济工作推进有力的地方,给予表扬激励。

(五)加强宣传引导。加大宣传工作力度,充分发挥新闻媒体作用,深入宣传高质量发展庭院经济政策举措,广泛宣传发展庭院经济对克服新冠肺炎疫情影响、促进产业就业、增加群众收入的重要作用。加强正面引导,及时化解苗头性问题。挖掘培育发展庭院经济的先进典型,总结经验,加大宣传推广力度,努力营造全社会关心、支持、参与脱贫地区高质量发展庭院经济的良好氛围。

国家乡村振兴局　农业农村部
2022年9月26日

国家乡村振兴局　教育部　工业和信息化部 人力资源社会保障部　住房城乡建设部 农业农村部　文化和旅游部　全国妇联 关于推进乡村工匠培育工作的指导意见

国乡振发〔2022〕16号

各省、自治区、直辖市乡村振兴局、协作（对口）办、教育厅（局）、工业和信息化厅（局）、人力资源社会保障厅（局）、住房城乡建设厅（局）、农业农村（农牧）厅（局、委）、文化和旅游厅（局）、妇联：

为深入贯彻党的二十大精神，认真落实习近平总书记关于推动乡村人才振兴的重要指示精神，按照《中共中央办公厅、国务院办公厅印发〈关于加快推进乡村人才振兴的意见〉的通知》相关要求，现就加快推进乡村工匠培育工作提出如下意见。

一、总体要求

（一）指导思想。以习近平新时代中国特色社会主义思想为指导，全面贯彻党的二十大精神，认真落实党中央、国务院决策部署，围绕巩固拓展脱贫攻坚成果、全面推进乡村振兴，建立和完善乡村工匠培育机制，挖掘培养一批、传承发展一批、提升壮大一批乡村工匠，激发广大乡村手工业者、传统艺人创新创造活力，带动乡村特色产业发展，促进农民创业就业，为乡村全面振兴提供重要人才支撑。

（二）基本原则。

1. 传承优秀传统文化。广泛发掘传统技艺技能人才，维护和弘扬传统技艺所蕴含的文化精髓和价值，活态传承发展优秀传统乡土文化，展现新魅力、新风采，促进乡村文化振兴。

2. 服务产业就业。尊重市场规律，把握产业发展趋势，激发乡村工匠队伍活力，发挥辐射带动作用，引导助力创业就业，打造乡村工匠品牌，带动群众稳定增收，促进乡村产业振兴。

3. 弘扬工匠精神。弘扬敬业、精益、专注、创新等工匠精神内涵，营造尊重劳动、尊重人才、尊重创造的良好环境，提高乡村技术技能人才社会地位，促进乡村人才振兴。

4. 统筹协调推进。坚持中央统筹、省负总责、市县乡抓落实，构建上下联动、部门协同、分级负责的乡村工匠推进机制。动员社会力量，集聚各方资源，形成参与广泛、优势互补、共建共享的工作格局。

5. 因地因人制宜。坚持实事求是，立足本地资源、特色产业优势，顺应乡土人才成长规律，挖掘培育乡村各类技能人才，分类分层精准施策，激发乡村工匠内生动力，促进技能乡村建设。

（三）目标任务。"十四五"期间，乡村工匠培育、支持、评价、管理体系基本形成，乡村振兴部门统筹、多部门协同推进的乡村工匠培育工作机制有效运行。挖掘一批传统工艺和乡村手工业者，认定若干技艺精湛的乡村工匠，遴选千名乡村工匠名师、百名乡村工匠大师，培育一支服务乡村振兴的乡村工匠队伍。设立一批乡村工匠工作站、名师工作室、大师传习所，扶持乡村工匠领办创办特色企业，打造乡村工匠品牌。

二、认定条件和程序

（一）范围。乡村工匠主要为县域内从事传统工艺和乡村手工业，能够扎根农村，传承发展传统技艺、转化应用传统技艺，促进乡村产业发展和农民就业，推动乡村振兴发展的技能人才。目前，主要从刺绣印染、纺织服饰、编织扎制、雕刻彩绘、传统建筑、金属锻铸、剪纸刻绘、陶瓷烧造、文房制作、漆器髹饰、印刷装裱、器具制作等领域中产生。各地可结合实际拓展认定范围。

（二）资格。乡村工匠应具备以下条件：爱党爱国、遵纪守法、品行端正、德艺双馨、个人信用记录良好；能传承工匠精神，从事本行业及相关产业5年以上，在本行业内有一定影响，带动当地乡村产业发展和农民就业增收效果明显的乡村手工业者、传统艺人和非遗传承人等。乡村工匠名师原则上从乡村工匠中产生，技艺精湛，业内有一定知名度，对技艺传承和产业发展作出一定贡献。乡村工匠大师原则上从乡村工匠名师中产生，在行业内享有盛誉，对促进传统工艺发展振兴作出突出贡献，带动县域特色产业发展成效明显。

（三）规模。乡村工匠、省级乡村工匠名师规模，由各省（区、市）根据实际情况确定。国家级乡村工匠名师、大师规模每年由国家乡村振兴局与教育、工业和信息化、人力资源社会保障、住房城乡建设、农业农村、文化和旅游、全国妇联等相关部门共同商定。

（四）程序。乡村工匠由本人申请或组织推荐，市县乡村振兴部门分别会同相关部门进行资格审核，采取技能比赛、综合评价等方式评选，公示后认定。省级乡村工匠名师由各省（区、市）自行组织认定，报国家乡村振兴局备案。国家级乡村工匠名师和大师由国家相关部门和各省（区、市）推荐，国家乡村振兴局组织评审复核，公示公告后认定。

三、重点工作

（一）挖掘乡村工匠资源。各地结合本地实际，挖掘县域内有传承基础、规模数量、市场需求、社会价值、发展前景的传统工艺。发现一批有培养潜力的乡村手工业者、传统艺人，认定一批技艺精湛、带动产业发展能力强的乡村工匠，建立省市县目录清单，实施动态管理。

（二）构建多元乡村工匠培育机制。各地可结合实际，鼓励支持乡村工匠设立乡村工匠工作站、名师工作室、大师传习所，开展师徒传承，传授传统技艺。各地各部门可结合实际制定专项研培计划，提升工匠技艺水平与创新能力。各行业部门要统筹各类资源，对乡村工匠开展技艺提升、主体创办、品牌打造、电商营销等能力提升培训。相关高校、职业院校要加强传统工艺特色专业建设，开发精品课程，开展学历和非学历提升教育培训，培养传统工艺专业人才。鼓励和支持聘请乡村工匠名师、大师进学校、进课堂，构建传统工艺传承教育体系，弘扬优秀传统文化。动员社会力量开展乡村工匠培训、交流，带动更多人员参与，厚植社会基础，提高乡村工匠的职业认可度、影响力。

（三）实施"双百双千"培育工程。"十四五"期间，全国推出百名乡村工匠大师，鼓励设立百个大师传习所；遴选千名乡村工匠名师，鼓励设立千个名师工作室。着力打造一批技艺技能水平精湛、带动产业就业作用明显、善经营会管理的高素质乡村工匠名师和乡村工匠大师队伍。积极探索乡村工匠特色学徒制，依托名师工作室和大师传习所,开展师徒传承、提升乡村工匠技艺、创作传统工艺精品、转化技艺研究成果,发挥乡村工匠领军人才作用,传承发展创新传统技艺,带动特色产业发展,稳定就业增收,为推动乡村振兴提供人才保障。

(四)支持创办特色企业。鼓励各地围绕乡村振兴战略,打造一批"工匠园区",结合当地实际成立乡村工匠产业孵化基地,打造众创空间。扶持一批基础条件好、有一定经营规模的就业帮扶车间、非遗工坊、妇女手工基地等转型升级、发展壮大。培育乡村传统工艺龙头企业与新型经营主体,推动县域特色产业高质量发展。支持乡村工匠自主创业,领办创办特色企业。健全乡村工匠创办的经营主体与农户利益联结机制,发挥其促进就业、带动增收的作用。

(五)打造乡村工匠品牌。鼓励文化和旅游企业、相关高校、职业院校、科研院所和社会组织等与乡村工匠合作,传承发展、守正创新,出精品、树品牌。鼓励各地通过开展技能比赛、产品展览展示等活动,加大乡村工匠品牌宣传推介力度,提升品牌公信力,扩大市场占有率。定期推出乡村工匠知名品牌,讲好品牌故事,提升品牌价值。

(六)完善乡村工匠评价体系。各地要制定适合本地发展的与乡村工匠相关职业(工种)评价办法和评价标准,建立健全具有地域特点的乡村工匠技能分类分级评价体系,纳入人力资源社会保障部门的技能认定体系。鼓励制定符合乡村工匠特点的技能评价标准条件和程序,建立以实操能力为导向,实用技能为重点,注重职业道德和知识水平,结合业绩贡献、经济社会效益和示范带动作用的多层次综合评价方式。

四、激励措施

(一)支持乡村工匠培育。各地各部门要结合实际和职能,充分发挥各类教育培训资源作用,支持乡村工匠培育工作。鼓励乡村手工业者、乡村工匠参加人力资源社会保障部门组织的专项职业能力培训考核。组织动员符合条件的乡村工匠参加教育、人力资源社会保障、农业农村、文化和旅游等有关部门组织的教育培训活动。对参加教育培训的脱贫人口、防止返贫监测对象、高校毕业生等,符合条件的按规定给予支持。

(二)扶持发展特色产业。统筹利用金融、保险、用地等产业帮扶政策,支持乡村工匠发展特色企业。对乡村工匠和乡村工匠名师、大师领办创办的传统工艺特色产业发展项目,经严格论证审批符合条件的,纳入巩固拓展脱贫攻坚成果和乡村振兴项目库,在县级政府门户网站主动公开。对乡村工匠领办创办的乡村工匠工作站、名师工作室、大师传习所开展师徒传承、研习培训、示范引导、精品创作、组织实施传统工艺特色产业项目等,按规定统筹使用东西部协作资金、定点帮扶资金等现有资金政策给予支持;对符合条件的脱贫人口、防止返贫监测对象按规定落实就业帮扶政策。鼓励各地结合实际,出台扶持乡村工匠发展产业、带动就业的支持政策。

(三)加大人才支持力度。支持鼓励返乡青年、职业院校毕业生、大学生、致富带头人等群体参加乡村工匠技能培训,列入乡村工匠后备人才库。鼓励符合条件的乡村工匠参加职称评审,文化和旅游部门优先将符合条件的乡村工匠纳入非物质文化遗产代表性传承人、乡村文化和旅游带头人评选范围,妇联可按照有关规定在进行城乡妇女岗位先进集体(个人)评选表彰活动时对乡村工匠适当倾斜。在全国乡村振兴职业技能大赛、巾帼创新创业大赛等比赛中设置乡村工匠大师、名师展示环节。

五、组织实施

（一）加强组织领导。各地各部门要高度重视乡村工匠培育工作，将其作为乡村人才振兴重要内容，制定工作方案，统筹各方力量，落实相关工作。各级乡村振兴部门要具体组织、统筹实施乡村工匠培育工作，负责制定年度工作计划，组织协调乡村工匠培育认定等工作，会同有关部门开展日常管理监测。各级教育、工业和信息化、住房城乡建设、农业农村、文化和旅游、妇联等部门负责本领域乡村手工业者、传统艺人挖掘摸排和乡村工匠组织推荐、资格审核、评选认定，落实相关支持政策。

（二）建立工作机制。成立乡村工匠培育工作推进小组，由国家乡村振兴局牵头，教育、工业和信息化、人力资源社会保障、住房城乡建设、农业农村、文化和旅游、全国妇联等部门参加，研究乡村工匠培育政策措施，制定年度工作计划，协调推进乡村工匠名师、大师评选组织、赛事举办、资格认定等事宜。

（三）强化监测评估。各地乡村振兴部门要开展动态监测评估，对乡村工匠技艺传承、促进就业、品牌培育、带动特色产业发展等进行评估，加强日常管理。建立动态调整机制，对严重违法违纪违规、造成恶劣影响的，违反职业道德、弄虚作假的，不再从事技艺传承、不带动农民就业增收发展产业的，予以清理退出；对符合条件的及时认定纳入。健全评选监督、回避机制，确保评选过程阳光透明。引导乡村工匠注重保护知识产权，保障产品质量安全。加强资金使用监管与绩效管理，将乡村工匠带动发展特色产业实绩作为乡村工匠认定、评优晋级的主要依据。

（四）加大宣传力度。充分利用各类媒体平台，宣传乡村工匠培育政策，激励城乡劳动者积极参与。策划举办乡村工匠主题宣传活动，选树一批乡村工匠先进典型，传播技能文化，弘扬工匠精神，营造良好的舆论导向和社会氛围。

国家乡村振兴局　教育部
工业和信息化部　人力资源社会保障部
住房城乡建设部　农业农村部
文化和旅游部　全国妇联
2022年11月14日

（二）全球减贫与发展概况

一、全球减贫概况

贫困是困扰人类社会的重大问题,消除贫困是各国人民梦寐以求的共同理想。《联合国2030年可持续发展议程》将"在全世界消除一切形式的贫困"作为首要目标。据联合国《2022年可持续发展目标报告》,2020年疫情使全球7100多万人重新陷入极端贫困。据《2020年全球多维贫困指数》[1]数据,减少多维贫困的进展倒退了8~10年,且多维贫困指数较高的国家受到的影响更为严重。

全球食物等基础物资供应受限。据《世界粮食安全和营养状况(2022)》[2]报告,2021年全球受饥饿影响的人数达8.28亿人,较2020年增加约4600万人,全球约有23亿人面临中度或重度粮食不安全状况。全球患有消瘦症的儿童将增加900万人左右。

大批工人失业,就业市场遭受严重打击。全球经济贸易受到严重影响,大批企业破产或倒闭,工作岗位锐减,对工人的收入造成了破坏性影响。据联合国《2022年可持续发展目标报告》,2021年全球失业率为6.2%。与2019年相比,2021年仍有1.25亿个全职工作岗位流失。

全球医疗保健系统承受巨大压力。世界卫生组织和世界银行发布的《全民健康覆盖情况追踪:2021年全球监测报告》显示,2020年以前,全球有5亿多人因不断增加的医疗费用而变成或即将变成极端贫困人口;2020年以后,阻滞了全球20年来在普及医疗服务方面的进展。医疗服务、卫生服务中断和卫生系统紧张的范围不断扩大,免疫接种率也出现了10年来的首次下降。

妇女儿童生命安全和合法权益受到威胁。妇女获得良好医疗保健、教育、就业及获得政府支持补贴的机会减少。联合国儿童基金会指出,疫情是过去75年来儿童所面临的最大危机。

二、全球减贫进展

(一)绝对贫困

全球减贫进展受到削弱。过去20年来,全球减贫取得积极有效进展,2.15美元标准下全球贫困发生率从2000年的29.10%下降至2019年的8.4%[3]。2019—2020年1.90美元标准下全球贫困发生率从8.3%上升到9.2%[4]。这是自1998年来的首次上升,也是自1990年以来的最大上升。根据联合国《2022年可持续发展目标报告》中的数据,2020—2021年在有数据更新的155个国家中,1.90美元标准下平均贫困发生率为12.72%,较2019年增加0.11%,绝对贫困人口共计5.99亿人,增加0.22亿人。根据联合国对2022年的预测估计,生

---

[1]《2020年全球多维贫困指数》由联合国开发计划署和牛津大学贫困与人类发展计划联合发布。

[2]《世界粮食安全和营养状况(2022)》由联合国粮食及农业组织、国际农业发展基金、联合国儿童基金会、联合国世界粮食计划署和世界卫生组织联合发布。

[3] 自世界银行在《1990年世界发展报告》中提出每人每天1美元的贫困线标准以来,一直使用购买力平价(PPP)推导国际贫困线并估算全球贫困人口。2022年5月9日,世界银行宣布将全球贫困线由1.90美元上调至2.15美元,并已于2022年秋季开始执行。其中,1.90美元是2011年PPP标准,2.15美元是2017年PPP标准。此处2000—2019年数据采用2.15美元标准开展研究。由于世界银行目前尚未发布2020—2021年2.15美元标准下贫困发生率等数据,因此2019年以后采用联合国可持续发展报告数据库中1.90美元标准下的数据开展研究。

[4] 依据联合国《2022年可持续发展目标报告》中的数据。

活在极端贫困中的人数将比预期多7000余万人。预计2030年极端贫困发生率为6%,消除极端贫困的目标或将难以实现(见图1)。

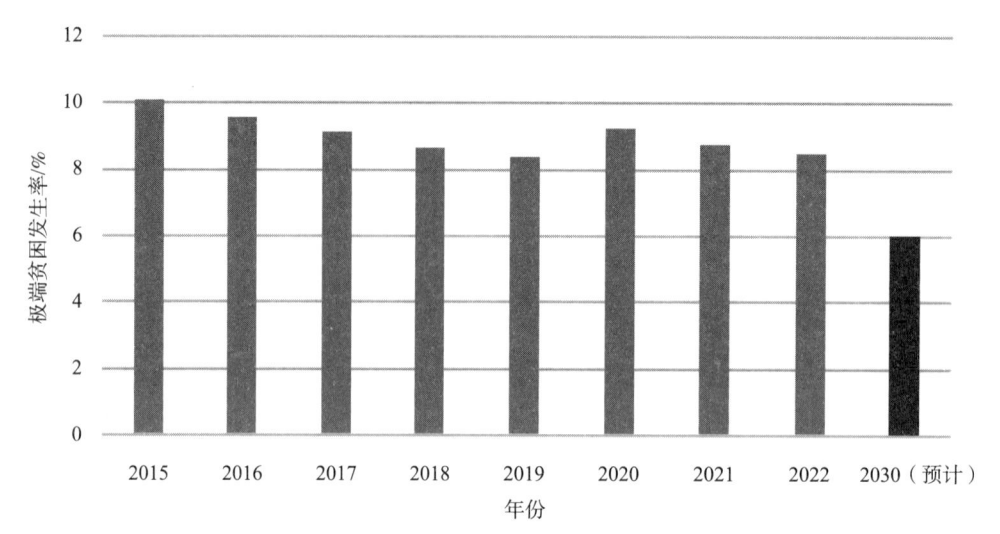

图1 世界银行1.90美元标准下全球贫困人口变化(2015年以来)

注:极端贫困人口数据来源于联合国《2022年可持续发展目标报告》,极端贫困发生率通过极端贫困人口数据与世界银行人口数据计算得出(备注:删掉此图中与疫情相关的三条曲线)。

撒哈拉沙漠以南非洲地区多数国家绝对贫困发生率上升。相较于2019年,1.90美元标准下有63个国家绝对贫困发生率增长,增长幅度大于3%的国家大多位于撒哈拉沙漠以南的非洲地区[1]。

(二)多维贫困

全球多维贫困加剧。根据《2021年全球多维贫困指数》,2021年全球多维贫困发生率为21.7%,相较于2019年增加了10.9%(见图2)。在人口构成方面,2021年全球多维贫困人口约为13亿人,其中18岁以下的儿童及青少年占49.5%(6.44亿人),18~60岁的成年人占42.3%(5.50亿人),60岁以上老年人占8.2%(1.07亿人)。在地区分布方面,多维贫困人口多分布于非洲地区和农村地区,近85%生活在撒哈拉沙漠以南非洲地区(5.56亿人)或南亚地区(5.32亿人)。从城乡分布来看,约84%(11亿人)的多维贫困人口居住在农村地区,约16%(2.09亿人)居住在城市地区。

---

[1] 依据联合国《2022年可持续发展目标报告》中的数据。

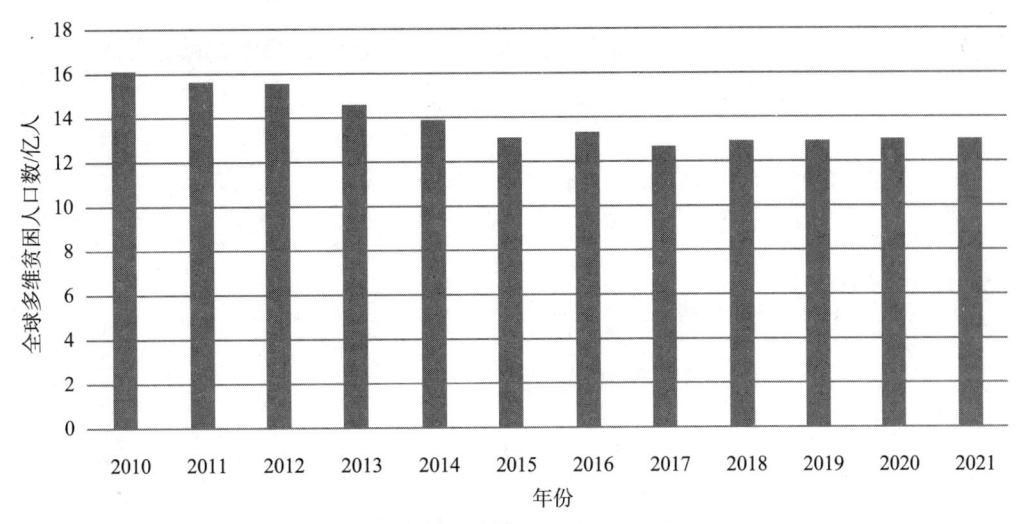

图2 全球多维贫困人口数量变化情况（2010—2021年）

注：图中数据来源于《2021年全球多维贫困指数》数据库。

根据联合国《2022年可持续发展目标报告》，2020年全球焦虑和抑郁症的流行率增加约25%，年轻人和妇女所受影响最大。教育方面，儿童失学问题进一步严重。生活水平方面，全球住房及交通设施服务匮乏、资产设备短缺、供电不足、饮用水短缺和住房不达标等多种问题凸显。当前，超过10亿人口仍生活在贫民窟或非正规居住区。全球有6.78亿人缺电，5.68亿人缺乏30分钟内往返可获取的改善饮用水。贫困人口获得营养食品和基本营养服务的机会减少，约7.88亿人的家庭中至少有1位成员营养不良❶。

不同国家的多维贫困指数差异较大。在有统计数据的109个发展中国家中，28个国家的多维贫困指数大于等于0.2，多维贫困程度较高。低收入国家多维贫困程度相对较深。低收入国家的平均多维贫困指数为0.33，远高于中高收入国家（0.03）和中低收入国家（0.12）。从地区分布来看，各地区多维贫困状况呈现出显著差异。撒哈拉沙漠以南非洲地区的多维贫困指数最高（0.286），欧洲与中亚地区的多维贫困指数最低（0.004）（见图3）。

通过分析多维贫困指标构成因素可以看出，有63%的国家主要受生活水平影响，23%的国家主要受教育因素的影响，14%的国家主要受健康因素的影响。在多维贫困指数低于0.3的国家，健康维度的贡献度较高；当多维贫困指数高于0.3时，生活水平则成为决定性因素（见图4）。

---

❶ 依据《2021年全球多维贫困指数》中的数据。

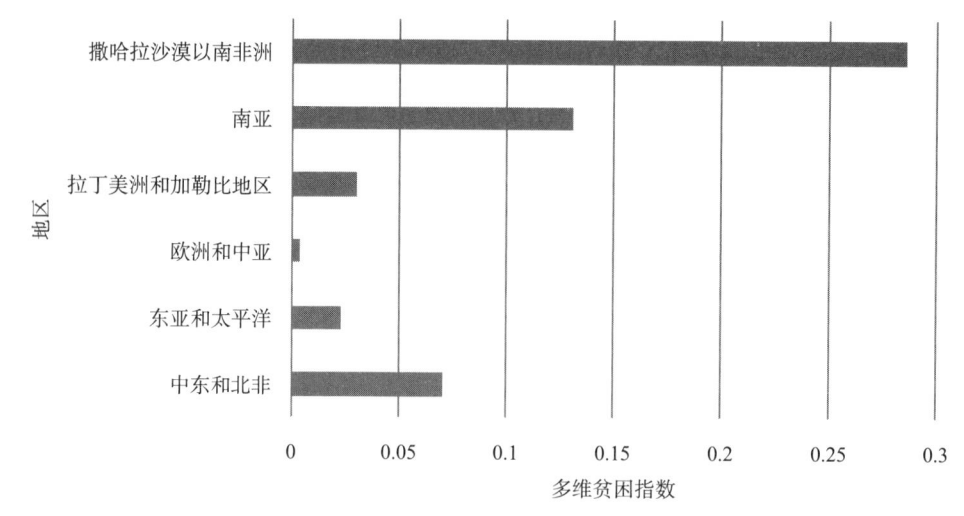

图3 不同区域的多维贫困指数

注:图中数据来源于《2021年全球多维贫困指数》数据库。

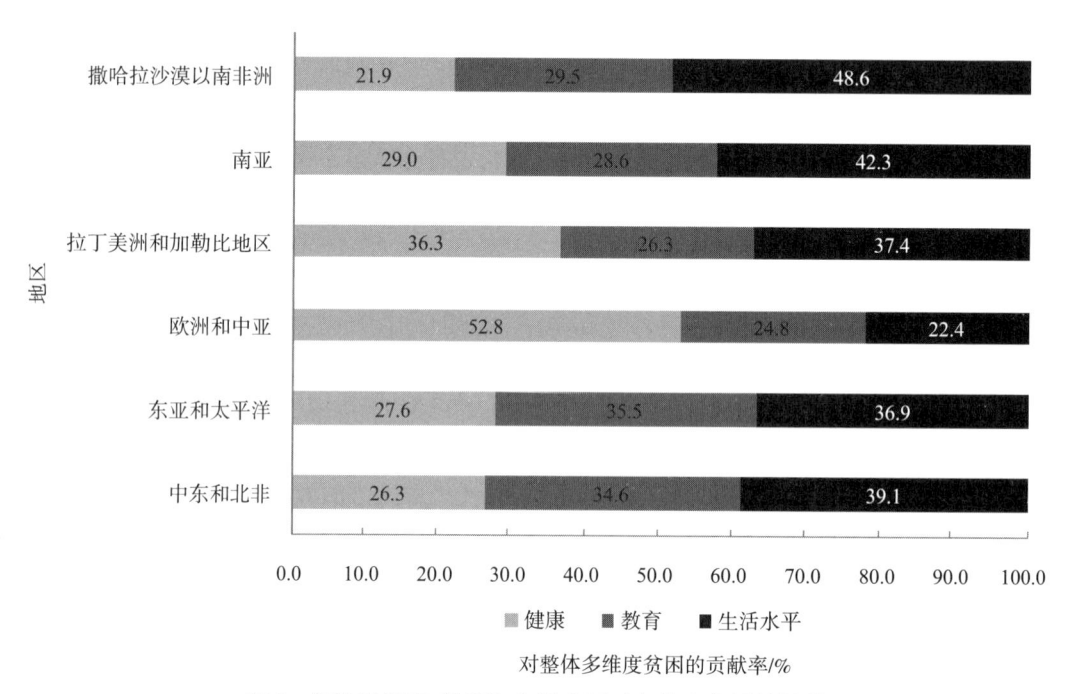

图4 各地区健康、教育和生活水平对多维度贫困的贡献

注:图中数据来源于《2021年全球多维贫困指数》数据库。

三、全球致贫与返贫展望

(一)全球致贫与返贫

2021年,全球部分国家和地区绝对贫困发生率逐步减少,恢复到2019年水平。除东亚和太平洋地区贫困发生率增加0.23%以外,其余地区均有不同程度的降低,其中南亚地区下降幅度最大,从2020年的4.59%下降至

2021年的3.75%。2022年,绝大多数地区保持了贫困发生率持续下降的趋势,部分地区有望恢复至2019年水平(见图5)。

虽然发展态势不断向好,但地区冲突等问题仍给全球减贫事业造成较大压力。2020年,全球新增约7100万贫困人口[1]。新增贫困人口集中在撒哈拉沙漠以南非洲地区、中东和北非地区及南亚地区。贫困人口基数大、贫困发生率相对较高的国家受影响更大,贫困群体也变得更加脆弱。

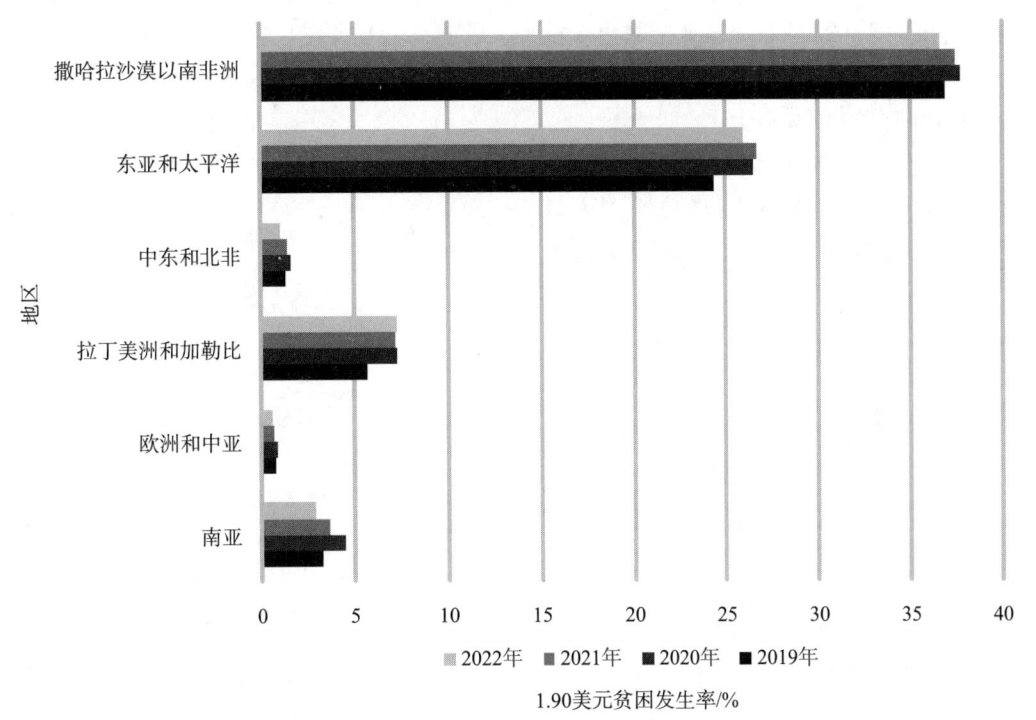

图5 2019—2022年世界银行1.90美元标准下不同区域国家的贫困发生率变化

注:图中数据来源于联合国《2022年可持续发展目标报告》数据库。

(二)区域致贫与返贫情况

撒哈拉沙漠以南非洲有超过4亿人极端贫困人口,是全球减贫的重点区域。近年,对撒哈拉沙漠以南非洲地区新增贫困人口数量的预测有所下调,非洲面对的贫困状况和减贫压力有所减轻。非洲开发银行发布的《2022年非洲经济展望报告》显示,非洲2021年新增3000万人极端贫困人口。

东亚和太平洋地区的减贫进程受阻,2020年全球新增贫困人口的7%来自东亚地区。[2]

国际货币基金组织预计,2020年亚太地区经济萎缩约2.2%,直至2025年都无法恢复到2019年水平。经济的衰退使得失业人口大量增加,劳动力收入大幅度下降,多维贫困程度加深。

2020年,拉丁美洲和加勒比地区经济呈现120年以来最大幅度的萎缩,进而产生大量失业人口,贫困人口大幅度增加。2021年,该

---

[1] 依据联合国《2022年可持续发展目标报告》中的数据。
[2] 依据亚洲开发银行《COVID-19如何改变世界:统计视角第3卷》中的数据。

地区新增1600万名极端贫困人口[1]，按此趋势该地区极端贫困和多维贫困都将上升到至少10年未见的水平。

欧洲及中亚地区2021年新增约430万名贫困人口。[2]根据世界银行的数据，2020年欧洲及中亚地区的生产总值降低了约3.5%。俄乌冲突给该地区未来的减贫事业带来更多挑战。世界银行预计，2022年欧洲和中亚地区的经济产出将萎缩4.1%以上。

南亚地区约3200万人陷入贫困。[3]南亚地区占全球总人口和贫困人口的1/4，且人口密度大，经济复苏和减贫工作压力巨大。该地区减贫进程放缓，未来贫困人口及贫困发生率仍有可能上升。

中东和北非地区新增约300万名极端贫困人口。[4]根据世界银行统计，该地区2020年经济萎缩了3.8%，近两年经济脆弱且不均衡。部分地区政治不稳定，难民流动性较大，地区的脆弱性和冲突也进一步加剧了政府面临的挑战。

（本文节选自中国国际扶贫中心、中央财经大学共同发布的《国际减贫年度报告2022》）

---

[1] 依据联合国拉丁美洲和加勒比经济委员会的数据。
[2] 依据世界银行《在欧洲和中亚与贫困作斗争》中的数据。
[3] 依据联合国公开的数据。
[4] 依据世界银行《贫困与共享繁荣》中的数据。

图书在版编目（CIP）数据

巩固拓展脱贫攻坚成果同乡村振兴有效衔接年鉴.2023 /《巩固拓展脱贫攻坚成果同乡村振兴有效衔接年鉴》编委会编. — 北京：知识产权出版社，2023.12

ISBN 978-7-5130-9027-8

Ⅰ.①巩… Ⅱ.①巩… Ⅲ.①农村—社会主义建设—中国—2023—年鉴 Ⅳ.①F320.3-54

中国国家版本馆CIP数据核字（2023）第243358号

责任编辑：王志茹　张　珑　　　　　　　　　　　　　　责任印制：刘译文

巩固拓展脱贫攻坚成果同乡村振兴有效衔接年鉴2023

GONGGU TUOZHAN TUOPIN GONGJIAN CHENGGUO TONG XIANGCUN ZHENXING YOUXIAO XIANJIE NIANJIAN 2023

《巩固拓展脱贫攻坚成果同乡村振兴有效衔接年鉴》编委会　编

出版发行：知识产权出版社 有限责任公司	网　　址：http://www.ipph.cn
电　　话：010－82004826	http://www.laichushu.com
社　　址：北京市海淀区气象路50号院	邮　　编：100081
责编电话：010－82000860转8761	责编邮箱：laichushu@cnipr.com
发行电话：010－82000860转8101	发行传真：010－82000893
印　　刷：三河市国英印务有限公司	经　　销：新华书店、各大网上书店及相关专业书店
开　　本：787mm×1092mm　1/16	印　　张：79
版　　次：2023年12月第1版	印　　次：2023年12月第1次印刷
字　　数：1870千字	定　　价：390.00元

ISBN 978-7-5130-9027-8

出版权专有　侵权必究

如有印装质量问题，本社负责调换。